DEUTSCHE
BIBEL
GESELLSCHAFT

Gute
Nachricht
Bibel*

SLIM BIBEL

ALTES UND NEUES TESTAMENT

DEUTSCHE BIBELGESELLSCHAFT

Gute Nachricht Bibel

Gemeinsame Bibelübersetzung im
Auftrag und in Verantwortung von:
Deutsche Bibelgesellschaft
(Evangelisches Bibelwerk)
Katholisches Bibelwerk e.V.
Österreichische Bibelgesellschaft
Österreichisches Katholisches Bibelwerk
Schweizerische Bibelgesellschaft
Schweizerisches Katholisches Bibelwerk

Die Deutsche Bibelgesellschaft ist eine kirchliche Stiftung des öffentlichen Rechts. Sie übersetzt die biblischen Schriften, entwickelt und verbreitet innovative Bibelausgaben und eröffnet für alle Menschen Zugänge zur Botschaft der Bibel. International verantwortet sie die wissenschaftlichen Bibelausgaben in den Ursprachen. Durch die Weltbibelhilfe unterstützt sie in Zusammenarbeit mit dem Weltverband der Bibelgesellschaften (United Bible Societies) weltweit die Übersetzung und Verbreitung der Bibel, damit alle Menschen die Bibel in ihrer Sprache lesen können.
Weitere Informationen finden Sie unter:
www.die-bibel.de

ISBN 978-3-438-01732-1 SlimBibel

Bibeltext: Gute Nachricht Bibel ohne Spätschriften
Durchgesehene Neuausgabe 2018

Konzept *720 Slim Bible*:

Innentypografie und Satz: 2K/DENMARK AS
Schrift: Bible Sans von 2K/DENMARK
Einbandgestaltung: Karin Hauptmann und
Marion Köster, Stuttgart
Druck und Bindearbeiten: C.H. Beck, Nördlingen

Das Holz zur Herstellung des Papiers für diese Ausgabe stammt nachweislich aus nachhaltig und vorbildlich bewirtschafteten Wäldern.

Printed in Germany

4.2020

INHALT

DAS ALTE TESTAMENT

DAS NEUE TESTAMENT

Hinweis zu dieser Ausgabe
Schrägstriche im Bibeltext kennzeichnen Stellen, an denen normalerweise Zeilenwechsel folgen, z. B. in poetischen Texten. Doppelte Schrägstriche signalisieren sowohl Leerzeilen als auch Beginn und Schluss solcher Passagen. Auf die Umbrüche wurde hier aus Platzgründen verzichtet.

DAS ALTE TESTAMENT

DAS ERSTE BUCH MOSE
GENESIS

DIE ERSCHAFFUNG DER WELT

1 Am Anfang schuf Gott Himmel und Erde. 2 Die Erde
war noch leer und öde, Dunkel bedeckte sie und
wogendes Wasser, und über den Fluten schwebte
Gottes Geist. 3 Da sprach Gott: »Licht entstehe!«, und
das Licht strahlte auf. 4 Und Gott sah das Licht an: Es
war gut. Dann trennte Gott das Licht von der Dunkel-
heit 5 und nannte das Licht Tag, die Dunkelheit Nacht.
Es wurde Abend und wieder Morgen: der erste Tag.
6 Dann sprach Gott: »Im Wasser soll ein Gewölbe ent-
stehen, eine Scheidewand zwischen den Wassermas-
sen!« 7 So geschah es: Gott machte ein Gewölbe und
trennte so das Wasser unter dem Gewölbe von dem
Wasser, das darüber war. 8 Und Gott nannte das Ge-
wölbe Himmel. Es wurde Abend und wieder Morgen:
der zweite Tag. 9 Dann sprach Gott: »Das Wasser unter
dem Himmelsgewölbe soll sich alles an *einer* Stelle
sammeln, damit das Land hervortritt.« So geschah
es. 10 Und Gott nannte das Land Erde, die Sammlung
des Wassers nannte er Meer. Und Gott sah das alles
an: Es war gut. 11 Dann sprach Gott: »Die Erde lasse
frisches Grün aufsprießen, Pflanzen und Bäume von
jeder Art, die Samen und samenhaltige Früchte tra-
gen!« So geschah es: 12 Die Erde brachte frisches Grün
hervor, Pflanzen jeder Art mit ihren Samen und alle
Arten von Bäumen mit samenhaltigen Früchten. Und
Gott sah das alles an: Es war gut. 13 Es wurde Abend
und wieder Morgen: der dritte Tag. 14 Dann sprach
Gott: »Am Himmel sollen Lichter entstehen, die Tag
und Nacht voneinander scheiden, leuchtende Zei-
chen, um die Zeiten zu bestimmen: Tage und Feste
und Jahre. 15 Sie sollen am Himmelsgewölbe leuch-
ten, damit sie der Erde Licht geben.« So geschah es:
16 Gott machte zwei große Lichter, ein größeres, das
den Tag beherrscht, und ein kleineres für die Nacht,
dazu auch das ganze Heer der Sterne. 17 Gott setzte
sie an das Himmelsgewölbe, damit sie der Erde Licht
geben, 18 den Tag und die Nacht regieren und Licht
und Dunkelheit voneinander scheiden. Und Gott
sah das alles an: Es war gut. 19 Es wurde Abend und
wieder Morgen: der vierte Tag. 20 Dann sprach Gott:
»Das Wasser soll von Leben wimmeln, und in der Luft
sollen Vögel fliegen!« 21 So schuf Gott die Seeunge-
heuer und alle Arten von Wassertieren, ebenso jede
Art von Vögeln und geflügelten Tieren. Und Gott sah
das alles an: Es war gut. 22 Und Gott segnete seine
Geschöpfe und sagte: »Seid fruchtbar, vermehrt euch
und füllt die Meere, und ihr Vögel, vermehrt euch auf
der Erde!« 23 Es wurde Abend und wieder Morgen: der
fünfte Tag. 24 Dann sprach Gott: »Die Erde soll Leben
hervorbringen: alle Arten von Vieh und wilden Tieren
und alles, was auf der Erde kriecht.« So geschah es.
25 Gott machte die wilden Tiere und das Vieh und alles,
was auf dem Boden kriecht, alle die verschiedenen
Arten. Und Gott sah das alles an: Es war gut. 26 Dann
sprach Gott: »Nun wollen wir Menschen machen, ein
Abbild von uns, das uns ähnlich ist! Sie sollen Macht
haben über die Fische im Meer, über die Vögel in der
Luft, über das Vieh und alle Tiere auf der Erde und über
alles, was auf dem Boden kriecht.« 27 So schuf Gott
die Menschen nach seinem Bild, als Gottes Ebenbild
schuf er sie und schuf sie als Mann und als Frau. 28 Und
Gott segnete die Menschen und sagte zu ihnen: »Seid
fruchtbar und vermehrt euch! Füllt die ganze Erde und
nehmt sie in Besitz! Ich setze euch über die Fische
im Meer, die Vögel in der Luft und alle Tiere, die auf
der Erde leben, und vertraue sie eurer Fürsorge an.«
29 Weiter sagte Gott zu den Menschen: »Als Nahrung
gebe ich euch die Samen der Pflanzen und die Früchte,
die an den Bäumen wachsen, überall auf der ganzen
Erde. 30 Den Landtieren aber und den Vögeln und al-
lem, was auf dem Boden kriecht, allen Geschöpfen,
die den Lebenshauch in sich tragen, weise ich Gräser
und Blätter zur Nahrung zu.« So geschah es. 31 Und
Gott sah alles an, was er geschaffen hatte, und sah:
Es war alles sehr gut. Es wurde Abend und wieder
Morgen: der sechste Tag.

2 So entstanden Himmel und Erde mit allem, was
lebt. 2 Am siebten Tag hatte Gott sein Werk voll-
endet und ruhte von aller seiner Arbeit aus. 3 Und Gott
segnete den siebten Tag und erklärte ihn zu einem hei-
ligen Tag, der ihm gehört, denn an diesem Tag ruhte
Gott, nachdem er sein Schöpfungswerk vollbracht
hatte. 4a Dies ist die Geschichte der Entstehung von
Himmel und Erde; so hat Gott sie geschaffen.

DER MENSCH IM GARTEN EDEN (DAS PARADIES)

4b Als Gott, der HERR, Erde und Himmel machte, 5 gab
es zunächst noch kein Gras und keinen Busch in der
Steppe; denn Gott hatte es noch nicht regnen lassen.
Es war auch noch niemand da, der das Land bearbei-
ten konnte. 6 Nur aus der Erde stieg Wasser auf und
tränkte den Boden. 7 Da nahm Gott, der HERR, Staub
von der Erde, formte daraus den Menschen und blies
ihm den Lebensatem in die Nase. So wurde der Mensch
ein lebendes Wesen. 8-9 Dann legte Gott im Osten, in
der Landschaft Eden, einen Garten an. Er ließ aus
der Erde alle Arten von Bäumen wachsen. Es waren
prächtige Bäume und ihre Früchte schmeckten gut.
Dorthin brachte Gott den Menschen, den er gemacht
hatte. In der Mitte des Gartens wuchsen zwei beson-
dere Bäume: der Baum des Lebens, dessen Früchte
Unsterblichkeit schenken, und der Baum der Erkennt-
nis, dessen Früchte das Wissen verleihen, was für den
Menschen gut und was für ihn schlecht ist. 10 In Eden
entspringt ein Strom. Er bewässert den Garten und teilt
sich dann in vier Ströme. 11 Der erste heißt Pischon; er
fließt rund um das Land Hawila, wo es Gold gibt. 12 Das
Gold dieses Landes ist ganz rein, außerdem gibt es
dort kostbares Harz und den Edelstein Karneol. 13 Der

zweite Strom heißt Gihon; er fließt rund um das Land
Kusch. 14 Der dritte Strom, der Tigris, fließt östlich von
Assur. Der vierte Strom ist der Eufrat. 15 Gott, der HERR,
brachte also den Menschen in den Garten Eden. Er
übertrug ihm die Aufgabe, den Garten zu pflegen und
zu schützen. 16 Weiter sagte er zu ihm: »Du darfst von
allen Bäumen des Gartens essen, 17 nur nicht vom
Baum der Erkenntnis. Sonst musst du sterben.«

DIE ERSCHAFFUNG DER FRAU

18 Gott, der HERR, dachte: »Es ist nicht gut, dass der
Mensch so allein ist. Ich will ein Wesen schaffen, das
ihm hilft und das zu ihm passt.« 19 So formte Gott aus
Erde die Tiere des Feldes und die Vögel. Dann brachte
er sie zu dem Menschen, um zu sehen, wie er jedes
Einzelne nennen würde; denn so sollten sie heißen.
20 Der Mensch gab dem Vieh, den wilden Tieren und
den Vögeln ihre Namen, doch unter allen Tieren fand
sich keins, das ihm helfen konnte und zu ihm passte.
21 Da versetzte Gott, der HERR, den Menschen in einen
tiefen Schlaf, nahm eine seiner Rippen heraus und
füllte die Stelle mit Fleisch. 22 Aus der Rippe machte
er eine Frau und brachte sie zu dem Menschen. 23 Der
freute sich und rief: »Endlich! Sie ist's! Eine wie ich!
Sie gehört zu mir, denn von mir ist sie genommen.«
24 Deshalb verlässt ein Mann Vater und Mutter, um mit
seiner Frau zu leben. Die zwei sind dann eins, mit Leib
und Seele. 25 Die beiden waren nackt, aber sie schäm-
ten sich nicht voreinander.

DIE MENSCHEN MÜSSEN DEN GARTEN EDEN VERLASSEN

3 Die Schlange war das klügste von allen Tieren
des Feldes, die Gott, der HERR, gemacht hatte. Sie
fragte die Frau: »Hat Gott wirklich gesagt: ›Ihr dürft
die Früchte von den Bäumen im Garten nicht essen‹?«
2 »Natürlich dürfen wir sie essen«, erwiderte die Frau,
3 »nur nicht die Früchte von dem Baum in der Mitte des
Gartens. Gott hat gesagt: ›Esst nicht davon, berührt
sie nicht, sonst müsst ihr sterben!‹« 4 »Nein, nein«,
sagte die Schlange, »ihr werdet bestimmt nicht ster-
ben! 5 Aber Gott weiß: Sobald ihr davon esst, werden
euch die Augen aufgehen; ihr werdet wie Gott sein und
wissen, was gut und was schlecht ist. Dann werdet ihr
euer Leben selbst in die Hand nehmen können.« 6 Die
Frau sah den Baum an: Seine Früchte mussten köstlich
schmecken, sie anzusehen war eine Augenweide und
es war verlockend, dass man davon klug werden sollte!
Sie nahm von den Früchten und aß. Dann gab sie auch
ihrem Mann davon und er aß ebenso. 7 Da gingen den
beiden die Augen auf und sie merkten, dass sie nackt
waren. Deshalb flochten sie Feigenblätter zusammen
und machten sich Lendenschurze. 8 Am Abend, als es
kühler wurde, hörten sie, wie Gott, der HERR, durch den
Garten ging. Da versteckten sich der Mensch und seine
Frau vor Gott zwischen den Bäumen. 9 Aber Gott rief
nach dem Menschen: »Wo bist du?« 10 Der antwortete:
»Ich hörte dich kommen und bekam Angst, weil ich
nackt bin. Da habe ich mich versteckt!« 11 »Wer hat
dir gesagt, dass du nackt bist?«, fragte Gott. »Hast
du etwa von den verbotenen Früchten gegessen?«
12 Der Mensch erwiderte: »Die Frau, die du mir an die
Seite gestellt hast, gab mir davon; da habe ich geges-
sen.« 13 Gott, der HERR, sagte zur Frau: »Was hast du
da getan?« Sie antwortete: »Die Schlange ist schuld,
sie hat mich zum Essen verführt!« 14 Da sagte Gott,
der HERR, zu der Schlange: »Verflucht sollst du sein
wegen dieser Tat! Auf dem Bauch wirst du kriechen
und Staub fressen dein Leben lang – du allein von al-
len Tieren. 15 Und Feindschaft soll herrschen zwischen
dir und der Frau, zwischen deinen Nachkommen und
den ihren. Sie werden euch den Kopf zertreten, und ihr
werdet sie in die Ferse beißen.« 16 Zur Frau aber sagte
Gott: »Ich verhänge über dich, dass du Mühsal und
Beschwerden hast, jedes Mal wenn du schwanger bist;
und unter Schmerzen bringst du Kinder zur Welt. Es
wird dich zu deinem Mann hinziehen, aber er wird über
dich herrschen.« 17 Und zum Mann sagte Gott: »Weil
du auf deine Frau gehört und mein Verbot übertreten
hast, gilt von nun an: Deinetwegen ist der Acker ver-
flucht. Mit Mühsal wirst du dich davon ernähren, dein
Leben lang. 18 Dornen und Disteln werden dort wach-
sen, und du wirst die Pflanzen des Feldes essen. 19 Viel
Schweiß musst du vergießen, um dein tägliches Brot
zu bekommen, bis du zurückkehrst zur Erde, von der du
genommen bist. Ja, Staub bist du, und zu Staub musst
du wieder werden!« 20 Der Mensch nannte seine Frau
Eva, denn sie sollte die Mutter aller Menschen werden.
21 Und Gott, der HERR, machte für den Menschen und
seine Frau Kleider aus Fellen. 22 Dann sagte Gott: »Nun
ist der Mensch wie einer von uns geworden und weiß,
was gut und was schlecht ist. Es darf nicht sein, dass
er auch noch vom Baum des Lebens isst. Sonst wird
er ewig leben!« 23 Und er schickte den Menschen aus
dem Garten Eden weg, damit er den Ackerboden be-
arbeite, aus dem er gemacht war. 24 So trieb Gott, der
HERR, die Menschen hinaus und stellte östlich von
Eden die Kerubim und das flammende Schwert als
Wächter auf. Niemand sollte zum Baum des Lebens
gelangen können.

DER BRUDER ERHEBT SICH GEGEN DEN BRUDER

4 Adam schlief mit seiner Frau Eva, und sie wurde
schwanger. Sie brachte einen Sohn zur Welt und
sagte: »Mithilfe des HERRN habe ich einen Mann her-
vorgebracht.« Darum nannte sie ihn Kain. 2 Später
bekam sie einen zweiten Sohn, den nannte sie Abel.
Abel wurde ein Hirt, Kain ein Bauer. 3 Einmal brachte
Kain von seinem Ernteertrag dem HERRN ein Opfer.
4 Auch Abel brachte ihm ein Opfer; er nahm dafür
die besten von den erstgeborenen Lämmern seiner
Herde. Der HERR blickte freundlich auf Abel und sein
Opfer, 5 aber Kain und sein Opfer schaute er nicht an.
Da stieg der Zorn in Kain hoch und er blickte finster
zu Boden. 6 Der HERR fragte ihn: »Warum bist du so
zornig? Warum starrst du auf den Boden? 7 Wenn du
Gutes im Sinn hast, kannst du den Kopf frei erheben;
aber wenn du Böses planst, lauert die Sünde vor der Tür

deines Herzens und will dich verschlingen. Du musst
Herr sein über sie!« 8 Kain aber sagte zu seinem Bruder
Abel: »Komm und sieh dir einmal meine Felder an!«
Und als sie draußen waren, fiel er über seinen Bruder
her und schlug ihn tot. 9 Der HERR fragte Kain: »Wo
ist dein Bruder Abel?« »Was weiß ich?«, antwortete
Kain. »Bin ich vielleicht der Hüter meines Bruders?«
10 »Weh, was hast du getan?«, sagte der HERR. »Hörst
du nicht, wie das Blut deines Bruders von der Erde zu
mir schreit? 11 Du hast den Acker mit dem Blut deines
Bruders getränkt, deshalb stehst du unter einem Fluch
und musst das fruchtbare Ackerland verlassen. 12 Wenn
du künftig den Acker bearbeitest, wird er dir den Er-
trag verweigern. Als heimatloser Flüchtling musst du
auf der Erde umherirren.« 13 Kain sagte zum HERRN:
»Die Strafe ist zu hart, das überlebe ich nicht! 14 Du
vertreibst mich vom fruchtbaren Land und aus deiner
schützenden Nähe. Als heimatloser Flüchtling muss ich
umherirren. Ich bin vogelfrei, jeder kann mich unge-
straft töten.« 15 Der HERR antwortete: »Nein, sondern
ich bestimme: Wenn dich einer tötet, müssen dafür
sieben Menschen aus seiner Familie sterben.« Und er
machte an Kain ein Zeichen, damit jeder wusste: Kain
steht unter dem Schutz des HERRN. 16 Dann musste
Kain aus der Nähe des HERRN weggehen. Er wohnte
östlich von Eden im Land Nod.

KULTURENTWICKLUNG UND MENSCHLICHE ÜBERHEBLICHKEIT

17 Kain schlief mit seiner Frau, da wurde sie schwanger
und gebar einen Sohn: Henoch. Danach gründete Kain
eine Stadt und nannte sie Henoch nach dem Namen
seines Sohnes. 18 Henochs Frau gebar ihm einen Sohn:
Irad. Dieser Irad zeugte Mehujaël, Mehujaël zeugte
Metuschaël, und Metuschaël zeugte Lamech. 19 La-
mech nahm sich zwei Frauen: Ada und Zilla. 20 Ada
gebar ihm Jabal; von dem stammen alle ab, die mit
Herden umherziehen und in Zelten wohnen. 21 Sein
jüngerer Bruder war Jubal, von dem kommen die Zi-
ther- und Flötenspieler her. 22 Auch Zilla gebar einen
Sohn: Tubal-Kain. Er wurde Schmied und machte alle
Arten von Waffen und Werkzeugen aus Bronze und
Eisen. Seine Schwester war Naama. 23 Lamech sagte
zu seinen Frauen: »Ihr meine Frauen, Ada, Zilla, hört!
Passt auf, wie Lamech sich sein Recht verschafft: Ich
töte einen Mann für meine Wunde und einen Jungen,
wenn mich jemand schlägt! 24 Ein Mord an Kain – so
hat es Gott bestimmt – verlangt als Rache sieben
Menschenleben; für Lamech müssen siebenundsieb-
zig sterben!«

ERSATZ FÜR ABEL

25 Adam schlief wieder mit Eva, und sie gebar noch
einmal einen Sohn. Sie nannte ihn Set, denn sie sagte:
»Gott hat mir wieder einen Sohn geschenkt! Der wird
mir Abel ersetzen, den Kain erschlagen hat.« 26 Auch
Set wurde ein Sohn geboren, den nannte er Enosch.
Damals fingen die Menschen an, im Gebet den Namen
des HERRN anzurufen.

DIE NACHKOMMEN ADAMS DURCH SET

5 Hier ist die Liste der Nachkommen von Adam. Als
Gott die Menschen erschuf, machte er sie nach
seinem Bild; 2 und er erschuf sie als Mann und als Frau.
Er segnete sie und gab ihnen den Namen »Mensch«.
3 Als Adam 130 Jahre alt war, zeugte er einen Sohn nach
seinem Bild, als sein Ebenbild, und gab ihm den Namen
Set. 4-5 Danach zeugte er noch weitere Söhne und Töch-
ter und starb im Alter von 930 Jahren. 6-8 Als Set 105
Jahre alt war, zeugte er Enosch. Danach zeugte er noch
weitere Söhne und Töchter und starb im Alter von 912
Jahren. 9-11 Als Enosch 90 Jahre alt war, zeugte er Kenan.
Danach zeugte er noch weitere Söhne und Töchter und
starb im Alter von 905 Jahren. 12-14 Als Kenan 70 Jahre
alt war, zeugte er Mahalalel. Danach zeugte er noch
weitere Söhne und Töchter und starb im Alter von 910
Jahren. 15-17 Als Mahalalel 65 Jahre alt war, zeugte er
Jered. Danach zeugte er noch weitere Söhne und Töch-
ter und starb im Alter von 895 Jahren. 18-20 Als Jered 162
Jahre alt war, zeugte er Henoch. Danach zeugte er noch
weitere Söhne und Töchter und starb im Alter von 962
Jahren. 21 Als Henoch 65 Jahre alt war, zeugte er Metu-
schelach. 22 Danach lebte er noch 300 Jahre und zeugte
weitere Söhne und Töchter. 23 Er wurde 365 Jahre alt.
24 Henoch hatte in enger Verbindung mit Gott gelebt.
Dann war er plötzlich nicht mehr da; denn Gott hatte
ihn von der Erde weggenommen. 25 Als Metuschelach
187 Jahre alt war, zeugte er Lamech. 26 Danach lebte er
noch 782 Jahre und zeugte weitere Söhne und Töchter.
27 Er starb im Alter von 969 Jahren. 28 Als Lamech 182
Jahre alt war, zeugte er einen Sohn. 29 Er sagte: »Der
wird uns Trost verschaffen bei der harten Arbeit, die
uns auferlegt ist, weil der HERR den Acker verflucht
hat.« Deshalb gab er ihm den Namen Noach. 30 Danach
lebte er noch 595 Jahre und zeugte weitere Söhne und
Töchter. 31 Er starb im Alter von 777 Jahren. 32 Als Noach
500 Jahre alt war, zeugte er Sem, Ham und Jafet.

GOTT ENTSCHLIESST SICH ZUM EINGREIFEN

6 Die Menschen begannen sich zu vermehren und
sich über die Erde auszubreiten. Es wurden ihnen
auch viele Töchter geboren. 2 Da sahen die Gottessöhne,
dass die Töchter der Menschen sehr schön waren. Sie
nahmen die von ihnen als Frauen, die ihnen am besten
gefielen, und zeugten mit ihnen Kinder. 3 Der HERR aber
sagte: »Ich lasse meinen Lebensgeist nicht für unbe-
grenzte Zeit im Menschen wohnen, denn der Mensch
ist schwach und anfällig für das Böse. Ich begrenze seine
Lebenszeit auf 120 Jahre.« 4 Damals und auch noch spä-
ter lebte auf der Erde das Geschlecht der Riesen. Sie
waren aus der Verbindung der Gottessöhne mit den
Menschentöchtern hervorgegangen und sind als die
großen Helden der Vorzeit bekannt. 5 Der HERR sah,
dass die Menschen auf der Erde völlig verdorben waren.
Alles, was aus ihrem Herzen kam, ihr ganzes Denken und
Planen, war durch und durch böse. 6 Das tat ihm weh,
und er bereute, dass er sie erschaffen hatte. 7 Er sagte:
»Ich will die Menschen wieder von der Erde ausrotten –
und nicht nur die Menschen, sondern auch die Tiere auf

der Erde, von den größten bis zu den kleinsten, und auch
die Vögel in der Luft. Es wäre besser gewesen, wenn ich
sie gar nicht erst erschaffen hätte.« 8 Noach war der
Einzige, der vor den Augen des HERRN bestehen konnte.

GOTT GIBT NOACH DEN BEFEHL ZUM BAU DER ARCHE

9 Dies ist die Geschichte Noachs und seiner
Nachkommen: Im Gegensatz zu seinen Zeitgenossen
war Noach ein rechtschaffener, durch und durch red-
licher Mann; er lebte in enger Verbindung mit Gott. 10 Er
hatte drei Söhne: Sem, Ham und Jafet. 11 Alle anderen
Menschen konnten vor Gott nicht bestehen; die Erde
war voll von Unrecht und Gewalt. 12 Wohin Gott auch
sah: überall nichts als Verdorbenheit. Denn die Men-
schen waren alle vom rechten Weg abgekommen. 13 Da
sagte Gott zu Noach: »Mit den Menschen mache ich ein
Ende. Ich will sie vernichten samt der Erde; denn die
Erde ist voll von dem Unrecht, das sie tun. 14 Bau dir ein
Schiff, eine Arche. Mach sie aus festem Holz und dichte
sie innen und außen mit Pech ab. Im Innern soll sie viele
Räume haben. 15 Sie muss 150 Meter lang sein, 25 Meter
breit und 15 Meter hoch. 16 Mach oben ein Dach darüber,
zieh zwei Zwischendecken ein, sodass es dreistöckig
wird, und bring an der Seite eine Tür an. 17 Ich werde
eine Flut über die Erde hereinbrechen lassen, in der
alles Lebendige umkommen soll. Weder Mensch noch
Tier wird mit dem Leben davonkommen. 18 Mit dir aber
schließe ich meinen Bund. Ich verspreche dir: Du sollst
gerettet werden. Geh mit deiner Frau, deinen Söhnen
und deinen Schwiegertöchtern in die Arche! 19 Nimm
von allen Tieren ein Männchen und ein Weibchen mit,
damit sie mit dir gerettet werden. 20 Von jeder Tierart
sollst du ein Paar in die Arche bringen, damit sie am
Leben bleiben, alle Arten von Landtieren und Vögeln.
21 Nimm für jedes Tier das richtige Futter mit, und auch
genug zu essen für dich und deine Familie.« 22 Noach tat
alles genau so, wie Gott es ihm befohlen hatte.

NOACH, SEINE FAMILIE UND DIE TIERE GEHEN IN DIE ARCHE

7 Dann sagte der HERR zu Noach: »Geh mit deiner
Familie in die Arche! Du bist der Einzige unter den
Menschen, der vor mir als gerecht bestehen kann.
2 Nimm von allen reinen Tieren je sieben Paare mit, aber
von den unreinen Tieren nur jeweils ein Männchen und
ein Weibchen. 3 Auch von den verschiedenen Vögeln
nimm je sieben Paare mit. Ich möchte, dass jede Art er-
halten bleibt und sich wieder auf der Erde fortpflanzen
kann. 4 Noch sieben Tage, dann werde ich es vierzig
Tage und Nächte lang ununterbrochen regnen lassen.
Alles Leben auf der Erde, das ich geschaffen habe, wird
dann ausgelöscht.« 5 Noach machte alles genau so,
wie der HERR es befohlen hatte. 6 Er war damals 600
Jahre alt, als die große Flut über die Erde hereinbrach.

DIE SINTFLUT KOMMT AUF DIE ERDE

7 Noach ging also mit seiner Frau, seinen Söhnen und
seinen Schwiegertöchtern in die Arche. 8 Von allen
reinen und unreinen Landtieren sowie von allen Vö-
geln und den am Boden kriechenden Tieren 9 ließ er je
ein Paar mit sich in die Arche gehen, ein Männchen und
ein Weibchen, wie Gott es befohlen hatte. 10 Sieben Ta-
ge später kam die große Flut über die Erde. 11 Im 600.
Lebensjahr Noachs, am 17. Tag des 2. Monats, öffneten
sich die Schleusen des Himmels und die Quellen der
Tiefe brachen von unten aus der Erde hervor. 12 Vierzig
Tage und vierzig Nächte lang regnete es von da an in
Strömen auf die Erde. 13 An jenem Tag ging Noach mit
seiner Frau, mit seinen Söhnen Sem, Ham und Jafet
und mit den Frauen seiner Söhne in die Arche, 14 dazu
je ein Paar von allen Tierarten: den wilden und den
zahmen Tieren, den Tieren, die am Boden kriechen,
und allen geflügelten Tieren. 15 Von allen Tierarten,
allem, was auf der Erde lebt, gingen je zwei zu Noach
in die Arche, 16 immer ein Männchen und ein Weibchen,
so wie Gott es befohlen hatte. Und der HERR schloss
hinter Noach die Tür zu. 17 Vierzig Tage lang regnete
es ununterbrochen. Das Wasser stieg an und hob die
Arche vom Boden ab. 18 Es stieg immer weiter, und die
Arche schwamm jetzt frei auf dem Wasser. 19 Es stieg
höher und höher, und schließlich waren auf der Erde
sogar die Berge bedeckt; 20 das Wasser stand sieben
Meter über den höchsten Gipfeln. 21 Da starb alles,
was auf der Erde lebte und sich regte: Vögel, zahme
und wilde Tiere, all die kleinen Tiere, von denen es auf
der Erde wimmelte, und alle Menschen. 22 Alles, was
Lebensgeist in sich trug und auf dem Land lebte, fand
den Tod. 23 So vernichtete der HERR alles Leben auf der
Erde, vom Menschen bis zum kriechenden Getier, vom
Vieh bis zu den Vögeln. Nur Noach und alle, die bei ihm
in der Arche waren, blieben übrig.

GOTT DENKT AN DIE ÜBERLEBENDEN IN DER ARCHE

24 Hundertfünfzig Tage lang war das Wasser auf der
8 Erde gestiegen. 1 Da dachte Gott an Noach und an
all die Tiere, die bei ihm in der Arche waren. Er ließ
einen Wind über die Erde wehen, sodass das Wasser
fiel. 2 Er ließ die Quellen der Tiefe versiegen und schloss
die Schleusen des Himmels, sodass es zu regnen auf-
hörte. 3 So fiel das Wasser nach hundertfünfzig Tagen.
4 Am 17. Tag des 7. Monats setzte die Arche auf einem
Gipfel des Araratgebirges auf. 5 Das Wasser fiel stän-
dig weiter, bis am 1. Tag des 10. Monats die Berggipfel
sichtbar wurden. 6 Nach vierzig Tagen öffnete Noach
die Dachluke, die er gemacht hatte, 7 und ließ einen
Raben hinaus. Der flog so lange hin und her, bis die Erde
trocken war. 8 Noach ließ auch eine Taube fliegen, um
zu erfahren, ob das Wasser von der Erde abgeflossen
war. 9 Sie fand aber keine Stelle, wo sie sich niederlas-
sen konnte; denn die ganze Erde war noch von Wasser
bedeckt. Deshalb kehrte sie zur Arche zurück. Noach
streckte die Hand aus und holte sie wieder herein. 10 Er
wartete noch einmal sieben Tage, dann ließ er die Taube
zum zweiten Mal fliegen. 11 Sie kam gegen Abend zu-
rück und hielt einen frischen Ölbaumzweig im Schna-
bel. Da wusste Noach, dass das Wasser abgeflossen

war. 12 Er wartete noch einmal sieben Tage, dann ließ
er die Taube zum dritten Mal fliegen. Diesmal kehrte
sie nicht mehr zurück.

NOACHS OPFER UND GOTTES ZUSAGE

13 Am ersten Tag des Jahres, in dem Noach sechshun-
dertundein Jahr alt wurde, hatte sich das Wasser ver-
laufen. Noach öffnete das Dach und hielt Ausschau.
Da sah er, dass auf der Erde kein Wasser mehr stand.
14 Am 27. Tag des 2. Monats war die Erde schließlich
ganz trocken. 15 Da sagte Gott zu Noach: 16 »Verlass
die Arche mit deiner Frau, deinen Söhnen und deinen
Schwiegertöchtern! 17 Lass auch alle Tiere hinaus, die
in der Arche sind, die Vögel, die großen Landtiere und
alles, was am Boden kriecht. Es soll wieder von ihnen
wimmeln auf der Erde; sie sollen fruchtbar sein und
sich vermehren auf der Erde.« 18 Da ging Noach mit sei-
ner Familie aus der Arche, 19 und auch die Tiere kamen
heraus, alle die verschiedenen Arten. 20 Noach baute
einen Opferaltar für den HERRN. Dann nahm er welche
von allen reinen Tieren und allen reinen Vögeln und
opferte sie darauf als Brandopfer für den HERRN. 21 Der
HERR roch den besänftigenden Duft des Opfers und
sagte zu sich selbst: »Ich will die Erde nicht noch ein-
mal bestrafen, nur weil die Menschen so schlecht sind!
Alles, was aus ihrem Herzen kommt, ihr ganzes Denken
und Planen, ist nun einmal böse von Jugend auf. Ich
will nicht mehr alles Leben auf der Erde vernichten,
wie ich es getan habe. // 22 Von jetzt an gilt, / solange
die Erde besteht: / Nie werden aufhören / Saat und
Ernte, / Frost und Hitze, / Sommer und Winter, / Tag
und Nacht.« //

GOTTES FRIEDENSBUND MIT DEN MENSCHEN UND TIEREN

9 Gott segnete Noach und seine Söhne und sagte zu
ihnen: »Seid fruchtbar, vermehrt euch und füllt die
ganze Erde! 2 Alle Tiere werden sich vor euch fürchten
müssen: die großen Landtiere, die Vögel, die Tiere, die
am Boden kriechen, und die Fische im Meer. Ich gebe
sie in eure Gewalt. 3 Ihr dürft von jetzt an Fleisch essen,
nicht nur Pflanzenkost; alle Tiere gebe ich euch als
Nahrung. 4 Nur Fleisch, in dem noch Blut ist, sollt ihr
nicht essen; denn im Blut ist das Leben. 5 Euer eigenes
Blut darf auf keinen Fall vergossen werden. Ich wache
darüber und fordere Leben für Leben, vom Tier und erst
recht vom Menschen. 6 Wer einen Menschen tötet,
muss von Menschenhand sterben; denn der Mensch ist
nach dem Bild Gottes geschaffen. 7 Also seid fruchtbar,
vermehrt euch, sodass es von euch wimmelt auf der
Erde!« 8 Weiter sagte Gott zu Noach und zu seinen
Söhnen: 9 »Ich schließe meinen Bund mit euch und
mit euren Nachkommen 10 und auch mit allen Tieren,
die bei euch in der Arche waren und künftig mit euch
auf der Erde leben, den Vögeln, den Landtieren und
allen kriechenden Tieren. 11 Ich gebe euch die feste
Zusage: Ich will das Leben nicht ein zweites Mal ver-
nichten. Die Flut soll nicht noch einmal über die Erde
hereinbrechen. 12-13 Das ist der Bund, den ich für alle
Zeiten mit euch und mit allen lebenden Wesen bei euch
schließe. Als Zeichen dafür setze ich meinen Bogen in
die Wolken. Er ist der sichtbare Garant für die Zusage,
die ich der Erde mache. 14 Jedes Mal, wenn ich Regen-
wolken über der Erde zusammenziehe, soll der Bogen
in den Wolken erscheinen, 15 und dann will ich an das
Versprechen denken, das ich euch und allen lebenden
Wesen gegeben habe: Nie wieder soll das Wasser zu
einer Flut werden, die alles Leben vernichtet. 16 Der
Bogen wird in den Wolken stehen, und wenn ich ihn
sehe, wird er mich an den ewigen Bund erinnern, den
ich mit allen lebenden Wesen auf der Erde geschlossen
habe. 17 Dieser Bogen«, sagte Gott zu Noach, »ist das
Zeichen für den Bund, den ich jetzt mit allen lebenden
Wesen auf der Erde schließe.«

SCHEIDUNG UNTER NOACHS SÖHNEN

18 Zusammen mit Noach waren seine Söhne Sem, Ham
und Jafet aus der Arche gegangen. Ham war der Vater
Kanaans. 19 Die Nachkommen der drei Söhne Noachs
haben sich dann über die ganze Erde ausgebreitet.
20 Noach trieb Ackerbau. Er war der Erste, der einen
Weinberg anlegte. 21 Als er von dem Wein trank, wurde
er betrunken, und in seinem Rausch lag er entblößt in
seinem Zelt. 22 Ham, der Vater Kanaans, sah es und ließ
seinen Vater nackt daliegen, er ging sogar zu seinen
Brüdern und erzählte es ihnen. 23 Da nahmen Sem und
Jafet eine Decke, legten sie über ihre Schultern, gin-
gen rückwärts ins Zelt und deckten ihren Vater damit
zu. Sie hielten dabei das Gesicht von ihm abgewandt,
um ihn nicht nackt zu sehen. 24 Als Noach aus seinem
Rausch erwachte und erfuhr, was sein Sohn Ham ihm
angetan hatte, 25 sagte er: »Fluch über Kanaan! Er wird
seinen Brüdern dienen als der letzte ihrer Knechte.
26 Gepriesen sei der HERR, der Gott Sems! Er mache
Kanaan zu Sems Knecht! 27 Gott schaffe Jafets Leuten
weiten Wohnraum, bis mitten unter die Leute Sems. Er
mache Kanaan zu Jafets Knecht!« 28 Nach der großen
Flut lebte Noach noch 350 Jahre; 29 er starb im Alter
von 950 Jahren.

VÖLKER, DIE VON NOACH ABSTAMMEN

10 Hier ist die Liste der Nachkommen Noachs: No-
ach hatte drei Söhne: Sem, Ham und Jafet. Deren
Kinder wurden nach der großen Flut geboren. 2 *Jafets*
Söhne sind: Gomer, Magog, Madai, Jawan, Tubal, Me-
schech und Tiras. 3 Von Gomer stammen Aschkenas,
Rifat und Togarma, 4 von Jawan Elischa, Tarschisch,
die Kittäer und die Rodaniter. 5 Die Nachkommen Ja-
wans besiedelten die Küstenländer bis zum Rand der
Erde. Diese alle wurden zu Völkern, von denen jedes
nach Sippen geordnet in seinem Gebiet lebt und seine
eigene Sprache hat. 6 *Hams* Söhne sind: Kusch, Mizra-
jim, Put und Kanaan. 7 Von Kusch stammen Seba, Ha-
wila, Sabta, Ragma und Sabtecha; von Ragma stammen
Saba und Dedan. 8 Kusch zeugte einen Sohn namens
Nimrod, der war der Erste, der fremde Völker seiner
Herrschaft unterwarf. 9 Er war auch ein kühner Jäger;
deshalb sagt man noch heute von jemand: »Er ist ein

gewaltiger Jäger vor dem HERRN wie Nimrod.« 10 Zuerst
herrschte er über die Städte Babel, Erech und Akkad,
die alle im Land Schinar liegen. 11 Von da aus zog er ins
Land Assur. Dort baute er die Städte Ninive, Rehobot-Ir
und Kelach 12 sowie Resen, das zwischen Ninive und
Kelach liegt. Ninive ist die bekannte große Stadt. 13 Von
Mizrajim stammen die Luditer, Anamiter, Lehabiter, Naf-
tuhiter, 14 Patrositer und Kasluhiter sowie die Kaftoriter,
von denen die Philister herkommen. 15 Kanaans Söhne
sind: Sidon, sein Erstgeborener, und Het, 16 außerdem
stammen von ihm die Jebusiter, Amoriter, Girgaschiter,
17 Hiwiter, Arkiter, Siniter, 18 Arwaditer, Zemariter und
Hamatiter. Die Sippen der Kanaaniter breiteten sich so
stark aus, 19 dass ihr Gebiet von Sidon südwärts bis nach
Gerar und Gaza reichte und ostwärts bis nach Sodom
und Gomorra, Adma, Zebojim und Lescha. 20 Diese alle
sind Nachkommen Hams. Sie wurden zu Völkern, von
denen jedes nach Sippen geordnet in seinem Gebiet
lebt und seine eigene Sprache hat. 21 Auch *Sem*, dem
ältesten Bruder Jafets, wurden Kinder geboren. Von ihm
stammen alle Nachkommen Ebers ab. 22 Sems Söhne
sind: Elam, Assur, Arpachschad, Lud und Aram. 23 Von
Aram stammen Uz, Hul, Geter und Masch. 24 Arpach-
schad zeugte Schelach, Schelach zeugte Eber. 25 Eber
wurden zwei Söhne geboren. Der eine hieß Peleg (Tei-
lung), denn zu seiner Zeit verteilte sich die Menschheit
über die Erde; der andere hieß Joktan. 26 Die Söhne
Joktans sind Almodad, Schelef, Hazarmawet, Jerach,
27 Hadoram, Usal, Dikla, 28 Obal, Abimaël, Saba, 29 Ofir,
Hawila und Jobab. Sie alle sind Nachkommen Joktans.
30 Ihr Gebiet reicht von Mescha über Sefar bis an das
Gebirge im Osten. 31 Diese alle sind Nachkommen Sems.
Sie wurden zu Völkern, von denen jedes nach Sippen ge-
ordnet in seinem Gebiet lebt und seine eigene Sprache
hat. 32 Alle diese Stämme und Völker sind Nachkommen
der Söhne Noachs. Von den Söhnen Noachs stammen
sie ab und haben sich nach der großen Flut über die
ganze Erde ausgebreitet.

DIE MENSCHHEIT WILL ES MIT GOTT AUFNEHMEN (DER BABYLONISCHE TURM)

11 Die Menschen hatten damals noch alle dieselbe
Sprache und gebrauchten dieselben Wörter. 2 Als
sie nun von Osten aufbrachen, kamen sie in eine Ebene
im Land Schinar und siedelten sich dort an. 3 Sie sagten
zueinander: »Ans Werk! Wir machen Ziegel aus Lehm
und brennen sie!« Sie wollten die Ziegel als Bausteine
verwenden und Asphalt als Mörtel. 4 Sie sagten: »Ans
Werk! Wir bauen uns eine Stadt mit einem Turm, der bis
an den Himmel reicht! Dann wird unser Name in aller
Welt berühmt. Dieses Bauwerk wird uns zusammen-
halten, sodass wir nicht über die ganze Erde zerstreut
werden.« 5 Da kam der HERR vom Himmel herab, um
die Stadt und den Turm anzusehen, die sie bauten. 6 Als
er alles gesehen hatte, sagte er: »Wohin wird das noch
führen? Sie sind ein einziges Volk und sprechen alle
dieselbe Sprache. Wenn sie diesen Bau vollenden, wird
ihnen nichts mehr unmöglich sein. Sie werden alles
ausführen, was ihnen in den Sinn kommt.« 7 Und dann
sagte er: »Ans Werk! Wir steigen hinab und verwirren
ihre Sprache, damit niemand mehr den anderen ver-
steht!« 8 So zerstreute der HERR sie über die ganze Erde
und sie konnten die Stadt nicht weiterbauen. 9 Darum
heißt diese Stadt Babel, denn dort hat der HERR die
Sprache der Menschen verwirrt und von dort aus die
Menschheit über die ganze Erde zerstreut.

DIE NACHKOMMEN SEMS BIS ZU ABRAHAM (ABRAM)

10 Hier ist die Liste der Nachkommen Sems: Als Sem
100 Jahre alt war, zeugte er Arpachschad. Das war zwei
Jahre nach der großen Flut. 11 Danach lebte er noch 500
Jahre und zeugte weitere Söhne und Töchter. 12-25 Als
Arpachschad 35 Jahre alt war, zeugte er Schelach und
lebte danach noch 403 Jahre. Als Schelach 30 Jahre alt
war, zeugte er Eber und lebte danach noch 403 Jahre.
Als Eber 34 Jahre alt war, zeugte er Peleg und lebte da-
nach noch 430 Jahre. Als Peleg 30 Jahre alt war, zeugte
er Regu und lebte danach noch 209 Jahre. Als Regu 32
Jahre alt war, zeugte er Serug und lebte danach noch
207 Jahre. Als Serug 30 Jahre alt war, zeugte er Nahor
und lebte danach noch 200 Jahre. Als Nahor 29 Jahre
alt war, zeugte er Terach und lebte danach noch 119
Jahre. Sie alle zeugten nach ihrem Erstgeborenen noch
weitere Söhne und Töchter. 26 Als Terach 70 Jahre alt
war, zeugte er Abram, Nahor und Haran. 27 Hier ist die
Liste der Nachkommen Terachs: Seine Söhne waren
Abram, Nahor und Haran. Haran zeugte Lot; 28 er starb
noch vor seinem Vater Terach in seiner Heimatstadt Ur
in Chaldäa. 29 Abram heiratete Sarai und Nahor heira-
tete Milka, die Tochter Harans und Schwester Jiskas.
30 Sarai aber bekam keine Kinder. 31 Terach brach aus
Ur in Chaldäa auf, um ins Land Kanaan zu ziehen. Er
nahm seinen Sohn Abram, seinen Enkel Lot und seine
Schwiegertochter Sarai mit. Sie kamen bis nach Haran
und siedelten sich dort an. 32 Terach wurde 205 Jahre
alt; er starb in Haran.

GOTT BERUFT ABRAHAM (ABRAM)

12 Da sagte der HERR zu Abram: »Verlass deine
Heimat, deine Sippe und die Familie deines Va-
ters und zieh in das Land, das ich dir zeigen werde!
2 Ich will dich segnen und dich zum Stammvater eines
mächtigen Volkes machen. Dein Name soll in aller Welt
berühmt sein. An dir soll sichtbar werden, was es be-
deutet, wenn ich jemand segne. 3 Alle, die dir und dei-
nen Nachkommen Gutes wünschen, haben auch von
mir Gutes zu erwarten. Aber wenn jemand euch Böses
wünscht, bringe ich Unglück über ihn. Alle Völker der
Erde werden Glück und Segen erlangen, wenn sie dir
und deinen Nachkommen wohlgesinnt sind.« 4 Abram
folgte dem Befehl des HERRN und brach auf, und Lot
ging mit ihm. Abram war 75 Jahre alt, als er seine Hei-
matstadt Haran verließ. 5 Seine Frau Sarai und Lot, der
Sohn seines Bruders, begleiteten ihn. Sie nahmen ihren
ganzen Besitz mit, auch die Menschen, die sie in Haran
in Dienst genommen hatten. So zogen sie in das Land
Kanaan, 6 in dem damals noch das Volk der Kanaaniter

wohnte. Sie durchquerten das Land bis zu dem hei-
ligen Baum bei Sichem. 7 Dort erschien dem Abram
der HERR und sagte zu ihm: »Deinen Nachkommen will
ich dieses Land geben!« Da baute Abram dem HERRN
einen Altar an der Stelle, wo er ihm erschienen war.
8 Von dort aus zog er in das Bergland östlich von Bet-El.
Seine Zelte standen zwischen Bet-El im Westen und Ai
im Osten. Auch dort baute er einen Altar und rief im
Gebet den Namen des HERRN an. 9 Dann zog er von
Lagerplatz zu Lagerplatz immer weiter nach Süden.

ABRAHAM (ABRAM) UND SARA (SARAI) IN ÄGYPTEN BEWAHRT

10 Damals brach im Land Kanaan eine schwere Hun-
gersnot aus. Darum suchte Abram Zuflucht in Ägypten.
11 Als er an die ägyptische Grenze kam, sagte er zu Sa-
rai: »Ich weiß, dass du eine schöne Frau bist. 12 Wenn
die Ägypter dich sehen, werden sie sagen: ›Das ist
seine Frau‹, und sie werden mich totschlagen, um
dich zu bekommen. 13 Sag deshalb, du seist meine
Schwester, dann werden sie mich deinetwegen gut
behandeln und am Leben lassen.« 14 In Ägypten traf
ein, was Abram vorausgesehen hatte. Überall fiel Sarai
durch ihre Schönheit auf. 15 Die Hofleute priesen sie
dem Pharao in den höchsten Tönen, und er ließ sie in
seinen Palast holen. 16 Ihr zuliebe war er freundlich zu
Abram und schenkte ihm Schafe und Ziegen, Rinder,
Esel und Kamele, Sklaven und Sklavinnen. 17 Doch weil
der Pharao sich die Frau Abrams genommen hatte, be-
strafte der HERR ihn mit einer schweren Krankheit, ihn
und alle andern in seinem Palast. 18 Da ließ der Pharao
Abram rufen und sagte zu ihm: »Warum hast du mir
das angetan? Du hättest mir doch sagen können, dass
sie deine Frau ist! 19 Aber du hast sie für deine Schwes-
ter ausgegeben, nur deshalb habe ich sie mir zur Frau
genommen. Nun, sie gehört dir; nimm sie und geh!«
20 Der Pharao bestellte eine Abteilung Soldaten und
ließ Abram mit seiner Frau und seinem ganzen Besitz
über die Grenze bringen.

ABRAHAM (ABRAM) UND LOT TRENNEN SICH

13 Abram kehrte mit seiner Frau und seinem ganzen
Besitz an Tieren und Menschen in den südlichs-
ten Teil des Landes Kanaan zurück. Auch sein Neffe Lot
begleitete ihn. 3 Von dort zog er von Lagerplatz zu La-
gerplatz bis zu der Stelle zwischen Bet-El und Ai, wo er
zuerst seine Zelte aufgeschlagen hatte. 4 Das war auch
der Ort, an dem er den Altar gebaut hatte. Dort rief er
im Gebet den Namen des HERRN an. 2 Abram war sehr
reich. Er besaß große Viehherden und viel Silber und
Gold. 5 Auch Lot, der mit ihm zog, hatte viele Schafe,
Ziegen und Rinder und viele Zelte, in denen seine Hir-
ten mit ihren Familien lebten. 6 Das Weideland reichte
nicht aus für die Viehherden der beiden; sie konnten
auf die Dauer nicht zusammenbleiben. 7 Es gab immer
Streit zwischen den Hirten Abrams und den Hirten Lots.
Außerdem wohnten damals noch die Kanaaniter und
die Perisiter im Land. 8 Da sagte Abram zu seinem Nef-
fen: »Es soll doch kein Streit zwischen uns sein, auch
nicht zwischen unseren Hirten. Wir sind doch Brüder!
9 Das Beste ist, wir trennen uns. Das ganze Land steht
dir offen: Du kannst nach Norden gehen, dann gehe ich
nach Süden; du kannst auch nach Süden gehen, dann
gehe ich nach Norden.« 10 Lot schaute sich nach allen
Seiten um. Er sah, dass es in der Jordanebene reich-
lich Wasser gab. Bevor der HERR Sodom und Gomorra
zerstörte, war es dort wie im Garten Gottes oder wie
am Nil in Ägypten – bis hinab nach Zoar. 11 Deshalb
entschied sich Lot für die Jordangegend und zog nach
Osten. So trennten sich die beiden: 12 Abram blieb im
Land Kanaan, Lot ging ins Gebiet der Jordanstädte und
kam im Lauf der Zeit mit seinen Zelten bis nach Sodom.
13 Die Bewohner Sodoms aber führten ein schändliches
Leben, das dem HERRN missfiel. 14 Nachdem Lot sich
von Abram getrennt hatte, sagte der HERR zu Abram:
»Sieh dich von hier aus nach allen Seiten um, nach Nor-
den, nach Süden, nach Osten und nach Westen! 15 Das
ganze Land, das du siehst, will ich für immer dir und
deinen Nachkommen geben. 16 Und ich werde deine
Nachkommen so zahlreich machen wie den Staub auf
der Erde, den niemand zählen kann. 17 Durchzieh das
Land nach allen Richtungen; dir und keinem anderen
gebe ich es.« 18 Abram zog mit seinen Zelten weiter
und nahm seinen Wohnsitz in Hebron, bei den Eichen
von Mamre. Dort baute er einen Altar für den HERRN.

ABRAHAM (ABRAM) RETTET LOT

14 1-2 Um diese Zeit brach im Land Kanaan ein Krieg
aus. Vier Großkönige – Amrafel von Schinar, Ar-
joch von Ellasar, Kedor-Laomer von Elam sowie Tidal,
der König vieler Völker – zogen ins Feld gegen die fünf
Stadtkönige Bera von Sodom, Birscha von Gomorra,
Schinab von Adma, Schemeber von Zebojim und den
König von Bela, das jetzt Zoar heißt. 3 Diese fünf hatten
sich zusammengeschlossen und waren mit ihren Trup-
pen in das Siddimtal gezogen, wo heute das Tote Meer
ist. 4 Zwölf Jahre lang hatten sie unter der Oberherr-
schaft Kedor-Laomers gestanden, im dreizehnten wa-
ren sie von ihm abgefallen. 5 Jetzt im vierzehnten Jahr
rückten Kedor-Laomer und die mit ihm verbündeten
Großkönige heran. Zuerst besiegten sie die Rafaïter
in Aschterot-Karnajim, die Susiter in Ham, die Emiter
in der Ebene von Kirjatajim 6 und die Horiter in ihrem
ganzen Gebiet vom Bergland Seïr bis hinunter nach El-
Paran am Rand der Wüste. 7 Von dort wandten sie sich
nordwärts nach En-Mischpat, das jetzt Kadesch heißt,
und verwüsteten das ganze Gebiet der Amalekiter und
die von Amoritern besiedelte Gegend von Hazezon-Ta-
mar. 8 Im Siddimtal stellten sich ihnen die abgefallenen
Stadtkönige entgegen; 9 mit vier Großkönigen mussten
es die fünf kleinen Stadtkönige aufnehmen. 10 Nun ist
das Siddimtal voll von Asphaltgruben. In diese Gruben
fielen die Könige von Sodom und Gomorra, als sie sich
zur Flucht wandten; die anderen Stadtkönige flohen
auf das Gebirge. 11 Die Großkönige plünderten Sodom
und Gomorra und nahmen alle Lebensmittelvorräte mit
und alles, was wertvoll war. 12 Auch Abrams Neffen Lot,
der damals in Sodom wohnte, schleppten sie mit, dazu

seinen ganzen Besitz. 13 Einer von denen, die sich retten
konnten, kam zu dem Hebräer Abram und berichtete
ihm alles. Abram wohnte damals bei den Eichen des
Amoriters Mamre, der war ein Bruder von Eschkol und
Aner; alle drei waren mit Abram verbündet. 14 Als Ab-
ram hörte, dass sein Neffe in Gefangenschaft geraten
war, rief er seine kampferprobten Leute zusammen, 318
zuverlässige Männer, die alle in seinen Zelten geboren
worden waren. Mit ihnen jagte er hinter den siegrei-
chen Königen her. In der Gegend von Dan holte er sie
ein. 15 Er teilte seine Männer in zwei Gruppen, überfiel
die vier Könige bei Nacht, schlug sie in die Flucht und
verfolgte sie bis nach Hoba nördlich von Damaskus.
16 Er nahm ihnen die ganze Beute ab und befreite sei-
nen Neffen Lot samt den verschleppten Frauen und
den übrigen Gefangenen.

DIE BEGEGNUNG MIT MELCHISEDEK

17 Als Abram nach seinem Sieg über Kedor-Laomer
und die anderen Großkönige heimkehrte, zog ihm der
König von Sodom entgegen ins Schawetal, das jetzt
Königstal heißt. 18 Auch Melchisedek, der König von Sa-
lem, kam dorthin und brachte Brot und Wein. Melchise-
dek diente dem höchsten Gott als Priester. 19 Er segnete
Abram und sagte zu ihm: »Glück und Segen schenke
dir der höchste Gott, der Himmel und Erde geschaffen
hat! 20 Der höchste Gott sei dafür gepriesen, dass er
dir den Sieg über deine Feinde gegeben hat!« Abram
aber gab Melchisedek den zehnten Teil von allem, was
er den Königen abgenommen hatte. 21 Der König von
Sodom sagte zu Abram: »Gib mir meine Leute zurück,
alles andere kannst du behalten!« 22 Aber Abram erwi-
derte: »Ich schwöre beim HERRN, dem höchsten Gott,
der Himmel und Erde gemacht hat: 23 Ich behalte nichts
von dem, was dir gehört, auch nicht einen Faden oder
Schuhriemen! Gott ist mein Zeuge! Du sollst nicht sa-
gen können: ›Ich habe Abram reich gemacht.‹ 24 Ich
nehme nichts für mich. Nur das nehme ich von dir an,
was meine Leute verzehrt haben und was von der Beute
auf meine Bundesgenossen Aner, Eschkol und Mamre
entfällt. Die sollen ihren Anteil behalten.«

GOTTES BUND MIT ABRAHAM (ABRAM)

15 Einige Zeit danach erging das Wort des HERRN
an Abram, und er empfing eine Offenbarung. Der
HERR sagte zu ihm: »Hab keine Angst, Abram, ich bin
dein Schutz! Du sollst reich belohnt werden.« 2 »Herr,
mein Gott«, erwiderte Abram, »womit willst du mich
denn belohnen? Ich sterbe ohne Kinder, und meinen
Besitz erbt Eliëser aus Damaskus.« 3 Weiter sagte Ab-
ram: »Sieh doch, du hast mir keine Kinder gegeben, und
mein eigener Sklave wird mich beerben!« 4 Da erging
an Abram das Wort des HERRN: »Nein, nicht Eliëser
wird dich beerben! Du wirst einen Sohn bekommen;
der soll dein Erbe sein.« 5 Und der HERR führte Abram
aus dem Zelt und sagte: »Sieh hinauf zu den Sternen am
Himmel! Kannst du sie zählen? So unzählbar werden
deine Nachkommen sein.« 6 Abram glaubte der Zusage
des HERRN, und der HERR rechnete ihm dies als Beweis
der Treue an. 7 Weiter sagte der HERR zu Abram: »Ich bin
es, der dich aus Ur in Chaldäa geführt hat, um dir dieses
Land zu geben, ich, der HERR!« 8 »Herr, mein Gott«,
erwiderte Abram, »kann ich denn sicher sein, dass ich
es je besitzen werde? Gib mir doch eine Bestätigung da-
für!« 9 Der HERR sagte: »Bring mir eine dreijährige Kuh,
eine dreijährige Ziege, einen dreijährigen Schafbock,
eine Turteltaube und eine junge Taube!« 10 Abram holte
die Tiere, zerteilte jedes der Länge nach in zwei Hälften
und legte die Teile einander gegenüber; nur die Vögel
zerteilte er nicht. 11 Raubvögel fielen über die Stücke her,
aber Abram verscheuchte sie. 12 Als die Sonne unter-
ging, fiel Abram in einen tiefen Schlaf, und eine unheim-
liche, erdrückende Angst legte sich auf ihn. 13 Der HERR
sagte zu ihm: »Du sollst jetzt erfahren, wie es deinen
Nachkommen ergehen wird. Sie werden als Fremde in
einem Land leben, das ihnen nicht gehört. Man wird
sie unterdrücken und zu Sklavendiensten zwingen. Das
dauert vierhundert Jahre. 14 Dann werde ich über das
Volk, dem sie dienen müssen, ein Strafgericht halten,
und sie werden von dort mit reichem Besitz wegziehen.
15 Du selbst wirst ein hohes Alter erreichen und dann
in Frieden sterben und begraben werden. 16 Erst die
vierte Generation wird hierher zurückkehren; denn die
Schuld der Amoriter, die jetzt dieses Land bewohnen,
hat ihr volles Maß noch nicht erreicht.« 17 Als die Sonne
untergegangen und es ganz dunkel geworden war, sah
Abram auf einmal einen rauchenden Schmelzofen und
eine brennende Fackel, die fuhren zwischen den zer-
teilten Tieren hindurch. 18 Auf diese Weise schloss der
HERR damals mit Abram einen Bund und gab ihm die
Zusage: »Deinen Nachkommen gebe ich dieses Land,
von der Grenze Ägyptens bis an den Eufrat, 19 das ganze
Gebiet, in dem jetzt noch andere Völker wohnen: die
Keniter, die Kenasiter und Kadmoniter, 20 die Heti-
ter, Perisiter und Rafaïter, 21 die Amoriter, Kanaaniter,
Girgaschiter und Jebusiter.«

SARA (SARAI) WILL GOTT NACHHELFEN: HAGAR UND ISMAËL

16 Abrams Frau Sarai blieb kinderlos. Sie hatte
aber eine ägyptische Sklavin namens Hagar.
2 So sagte sie zu ihrem Mann: »Du siehst, der HERR
hat mir keine Kinder geschenkt. Aber vielleicht kann
ich durch meine Sklavin zu einem Sohn kommen. Ich
überlasse sie dir.« Abram war einverstanden, 3 und
Sarai gab ihm die ägyptische Sklavin zur Frau. Er lebte
damals schon zehn Jahre im Land Kanaan. 4 Abram
schlief mit Hagar und sie wurde schwanger. Als sie
merkte, dass sie ein Kind bekommen würde, begann
sie auf ihre Herrin herabzusehen. 5 Da sagte Sarai zu
ihrem Mann: »Mir geschieht Unrecht, und du trägst
dafür die Verantwortung! Ich habe dir meine Sklavin
überlassen. Seit sie weiß, dass sie ein Kind bekommt,
verachtet sie mich. Ich rufe den HERRN als Richter an!«
6 Abram erwiderte: »Sie ist deine Sklavin. Mach mit ihr,
was du für richtig hältst!« Sarai ließ daraufhin Hagar
die niedrigsten Arbeiten verrichten; da lief sie davon.
7 In der Wüste rastete Hagar bei dem Brunnen, der am

Weg nach Schur liegt. Da kam der Engel des HERRN
zu ihr 8 und fragte sie: »Hagar, Sklavin Sarais! Woher
kommst du? Wohin gehst du?« »Ich bin meiner Herrin
davongelaufen«, antwortete sie. 9 Da sagte der Engel:
»Geh zu deiner Herrin zurück und ordne dich ihr unter!
10 Der HERR wird dir so viele Nachkommen geben, dass
sie nicht zu zählen sind. 11 Du wirst einen Sohn gebä-
ren und ihn Ismaël (Gott hat gehört) nennen; denn
der HERR hat deinen Hilferuf gehört. 12 Ein Mensch
wie ein Wildesel wird er sein, im Streit mit allen und
von allen bekämpft; seinen Brüdern setzt er sich vors
Gesicht.« 13 Hagar rief: »Habe ich wirklich den gese-
hen, der mich anschaut?« Und sie gab dem HERRN,
der mit ihr gesprochen hatte, den Namen »Du bist der
Gott, der mich anschaut«. 14 Darum nennt man jenen
Brunnen Beer-Lahai-Roi (Brunnen des Lebendigen,
der mich anschaut). Er liegt zwischen Kadesch und
Bered. 15 Hagar gebar Abram einen Sohn, und Abram
nannte ihn Ismaël. 16 Abram war damals 86 Jahre alt.

GOTTES BUND MIT ABRAHAM (ABRAM) UND DAS BUNDESZEICHEN DER BESCHNEIDUNG

17 Als Abram 99 Jahre alt war, erschien ihm der
HERR und sagte zu ihm: »Ich bin Gott, der
Gewaltige. Führe dein Leben in enger Verbindung mit
mir und halte dich ganz an mich! 2 Ich schließe mit dir
einen Bund und mache dir die feste Zusage: Ich will
dir unermesslich viele Nachkommen geben.« 3 Abram
warf sich vor Gott nieder, und Gott sagte weiter zu ihm:
4 »Ich verbürge mich dafür: Du wirst zum Vater vieler
Völker werden. 5 Deshalb sollst du nicht mehr Abram
heißen, sondern Abraham; denn ich habe dich zum
›Vater vieler Völker‹ bestimmt. 6 Ich werde dich über-
aus fruchtbar machen. Du wirst so viele Nachkommen
haben, dass sie zu ganzen Völkern werden, und sogar
Könige sollen von dir abstammen. 7 Meine Zusage gilt
dir und deinen Nachkommen in jeder Generation; sie
ist unumstößlich für alle Zeiten: Ich bin euer Gott 8 und
werde euch das ganze Land Kanaan geben, in dem
du jetzt als Fremder lebst. Für immer soll es deinen
Nachkommen gehören, und ich werde ihr Gott sein.«
9-10 Weiter sagte Gott: »Mein Bund mit dir und deinen
Nachkommen legt euch eine Verpflichtung auf, die
ihr erfüllen müsst, in jeder kommenden Generation:
Jeder von euch, der männlichen Geschlechts ist, muss
beschnitten werden. 11 Ihr müsst bei allen die Vorhaut
am Geschlechtsteil entfernen. Dies soll das Zeichen
dafür sein, dass ich meinen Bund mit euch geschlossen
habe. 12 An jedem männlichen Neugeborenen muss am
achten Tag diese Beschneidung vollzogen werden. Das
gilt auch für die Sklaven, die bei euch geboren werden
oder die ihr von Fremden kauft; 13 auch sie müssen un-
bedingt beschnitten werden. Ihr alle sollt das Zeichen
meines Bundes an eurem Körper tragen. Das ist eine
Bestimmung für alle Zeiten, so gewiss mein Bund für
alle Zeiten gilt. 14 Wer von euch nicht beschnitten ist,
hat sein Leben verwirkt und muss aus dem Volk aus-
gestoßen werden, denn er hat meinen Bund gebro-
chen.« 15 Dann sagte Gott zu Abraham: »Deine Frau
Sarai sollst du von jetzt an Sara nennen. 16 Ich will sie
segnen und dir auch durch sie einen Sohn schenken.
Ich segne sie so, dass sie die Mutter ganzer Völker wird,
sogar Könige werden von ihr abstammen.« 17 Abraham
warf sich vor Gott nieder, aber er lachte in sich hin-
ein und dachte bei sich: »Ich bin hundert Jahre alt, da
soll mir noch ein Sohn geboren werden? Und Sara ist
neunzig, da soll sie noch ein Kind zur Welt bringen?«
18 Er sagte zu Gott: »Wenn nur Ismaël am Leben bleibt!
Lass doch deine Zusage für *ihn* gelten!« 19 Aber Gott
sagte: »Nein! Deine Frau Sara wird dir einen Sohn
gebären, den sollst du Isaak nennen. Ihm und seinen
Nachkommen gilt meine Zusage für alle Zeiten. 20 Doch
auch deine Bitte für Ismaël will ich erfüllen: Ich werde
ihn segnen und fruchtbar machen und ihm sehr viele
Nachkommen geben. Zwölf Fürsten wird er zeugen,
und ich lasse ihn zum Vater eines großen Volkes wer-
den. 21 Aber meinen Bund mache ich mit Isaak, den
dir Sara gebären wird. Nächstes Jahr, genau um diese
Zeit, wird es so weit sein.« 22 Als Gott ausgeredet hatte,
fuhr er von Abraham in den Himmel empor. 23 Noch am
gleichen Tag beschnitt Abraham seinen Sohn Ismaël
und alle seine Sklaven, die bei ihm geboren oder bei
Fremden gekauft worden waren, genau wie Gott es
angeordnet hatte. 24 Auch Abraham selbst ließ sich
beschneiden. Er war damals 99 Jahre alt, 25 und sein
Sohn Ismaël war 13, als er beschnitten wurde. 26 Vater
und Sohn wurden am gleichen Tag beschnitten, 27 zu-
sammen mit allen anderen Männern, die zu Abrahams
Haushalt gehörten.

GOTT KÜNDIGT ABRAHAM UND SARA EINEN SOHN AN

18 Abraham wohnte bei den Eichen von Mamre.
Dort erschien ihm der HERR. Abraham saß ge-
rade in der Mittagshitze am Eingang seines Zeltes.
2 Als er aufblickte, sah er wenige Schritte vor sich drei
Männer stehen. Sofort sprang er auf, warf sich vor ih-
nen nieder 3 und sagte: »Mein Herr, wenn ich Gnade
vor dir gefunden habe, dann geh nicht hier vorüber. Ich
stehe dir zu Diensten! 4 Man wird euch sogleich Wasser
bringen. Ihr könnt euch die Füße waschen und es euch
unter dem Baum bequem machen. 5 Ich will inzwischen
eine kleine Erfrischung holen, damit ihr euch stärken
und dann euren Weg fortsetzen könnt. Wozu sonst seid
ihr bei eurem Diener vorbeigekommen?« »Es ist gut«,
sagten die Männer. »Tu, was du vorhast!« 6 Abraham
lief sogleich ins Zelt und sagte zu Sara: »Schnell, nimm
drei Backschüsseln von deinem feinsten Mehl, mach
einen Teig und backe Fladenbrot!« 7 Dann lief er zum
Vieh, suchte ein schönes, gesundes Kalb aus und be-
fahl dem Knecht, es zuzubereiten. 8 Er holte süße und
saure Milch, nahm das gekochte Fleisch und trug alles
hinaus unter den Baum. Mit eigener Hand bediente
er seine Gäste und stand dabei, während sie aßen.
9 Nach dem Mahl fragten die Männer Abraham: »Wo
ist deine Frau Sara?« »Drinnen im Zelt«, antwortete
er. 10 Da sagte der HERR: »Nächstes Jahr um diese Zeit
komme ich wieder zu dir, dann wird deine Frau einen

Sohn haben.« Sara stand im Rücken Abrahams am
Zelteingang und horchte. 11 Die beiden waren damals
schon alt, und Sara war schon lange über die Wech-
seljahre hinaus. 12 Sie lachte in sich hinein und dachte:
»Jetzt, wo ich alt und verwelkt bin, soll ich noch ein
Kind empfangen? Und mein Mann ist auch viel zu alt!«
13 Da sagte der HERR zu Abraham: »Warum hat Sara
gelacht? Warum zweifelt sie daran, dass sie noch ein
Kind gebären wird? 14 Ist für den HERRN irgendetwas
unmöglich? Nächstes Jahr um die verabredete Zeit
komme ich wieder, dann hat Sara einen Sohn.« 15 »Ich
habe doch nicht gelacht«, leugnete Sara. Sie hatte
Angst bekommen. Aber der HERR sagte: »Doch, du
hast gelacht!«

ABRAHAM BITTET FÜR SODOM

16 Die Männer machten sich auf den Weg und Abraham
begleitete sie ein Stück weit. Als sie an eine Stelle
kamen, von der aus die Stadt Sodom zu sehen war,
17 dachte der HERR: »Soll ich wirklich vor Abraham ver-
heimlichen, was ich mit Sodom vorhabe? 18 Ich habe
ihm doch zugesagt, er soll der Vater eines großen und
mächtigen Volkes werden; und am Verhalten zu ihm
und seinen Nachkommen wird sich für alle Völker der
Erde Glück und Segen entscheiden. 19 Ich habe ihn
ausgewählt, damit er seine Söhne und seine weiteren
Nachkommen dazu anhält, meinen Geboten zu fol-
gen; er soll sie lehren, zu tun, was recht ist, sodass ich
meine Zusage an ihn einlösen kann.« 20 Darum sagte
der HERR zu Abraham: »Über die Leute von Sodom und
Gomorra sind schwere Klagen zu mir gedrungen. Ihre
Schuld schreit zum Himmel. 21 Deshalb will ich jetzt
hingehen und mit eigenen Augen sehen, ob das wahr
ist, was ich gehört habe. Ich will wissen, ob sie es wirk-
lich so schlimm treiben.« 22 Zwei der Männer gingen
in Richtung Sodom, während der HERR bei Abraham
zurückblieb. 23 Abraham trat an ihn heran und sagte:
»Willst du wirklich Schuldige und Schuldlose ohne
Unterschied vernichten? 24 Vielleicht gibt es in Sodom
fünfzig Leute, die kein Unrecht getan haben. Willst
du sie auch umkommen lassen und nicht lieber die
ganze Stadt verschonen wegen der fünfzig? 25 Du
kannst doch nicht die Unschuldigen zusammen mit
den Schuldigen töten und die einen genauso behan-
deln wie die andern? Du bist der oberste Richter der
ganzen Erde, darum darfst du nicht selbst gegen das
Recht verstoßen!« 26 Der HERR sagte: »Wenn ich in
Sodom fünfzig Unschuldige finde, will ich ihretwegen
die ganze Stadt verschonen.« 27 Abraham wandte sich
noch einmal an den HERRN: »Ich habe es gewagt, dir
dreinzureden, Herr, obwohl ich Staub und Asche bin.
28 Vielleicht gibt es wenigstens fünfundvierzig, die
nicht schuldig geworden sind. Willst du dann wegen
der fehlenden fünf die ganze Stadt vernichten?« Der
HERR antwortete: »Ich verschone sie, wenn ich fünf-
undvierzig finde.« 29 Abraham gab sich noch nicht
zufrieden. »Und wenn es nur vierzig sind?«, fragte er.
Der HERR erwiderte: »Dann verschone ich sie wegen
der vierzig.« 30 »Bitte, Herr«, sagte Abraham, »werde
nicht zornig über mich, wenn ich noch weitergehe.
Vielleicht sind es nur dreißig.« »Dann verschone ich
sie wegen der dreißig.« 31 Noch einmal fing Abraham
an: »Ich habe es nun einmal gewagt, dir dreinzureden,
Herr! Vielleicht sind es nur zwanzig.« »Ich verschone
sie auch wegen zwanzig.« 32 »Nur noch ein einziges
Mal lass mich reden, Herr«, sagte Abraham; »werde
nicht zornig! Vielleicht sind es auch nur zehn.« Und
der HERR sagte: »Ich verschone sie auch wegen zehn.«
33 Damit brach der HERR das Gespräch ab. Er ging wei-
ter und Abraham kehrte heim.

DIE VERDORBENHEIT DER MÄNNER VON SODOM

19 Es war schon gegen Abend, als die beiden En-
gel nach Sodom kamen. Lot saß gerade beim
Tor der Stadt. Als er sie kommen sah, ging er ihnen
entgegen, warf sich vor ihnen nieder, das Gesicht zur
Erde, 2 und sagte: »Ich bin euer Diener, mein Haus steht
euch offen! Ihr könnt eure Füße waschen und bei mir
übernachten. Und morgen früh könnt ihr weiterzie-
hen.« »Nein, nein«, sagten die beiden, »wir wollen
hier auf dem Platz übernachten.« 3 Aber Lot redete
ihnen so lange zu, bis sie mit ihm ins Haus kamen. Er
ließ ein Mahl für sie bereiten und ungesäuertes Brot
backen, und sie aßen. 4 Die beiden wollten sich eben
schlafen legen, da kamen die Männer von Sodom, alle
miteinander, alte und junge, und umstellten das Haus.
5 »Lot, Lot«, riefen sie, »wo sind die Männer, die heute
Abend zu dir gekommen sind? Gib sie heraus, wir wol-
len mit ihnen Verkehr haben!« 6 Lot trat zu ihnen vor
das Haus, die Tür schloss er hinter sich zu. 7 »Meine
Brüder«, rief er, »begeht doch nicht ein solches Ver-
brechen! 8 Ich habe zwei Töchter, die noch kein Mann
berührt hat. Ich will sie zu euch herausbringen; macht
mit ihnen, was ihr wollt. Aber diese beiden Männer
behelligt mir nicht; sie sind meine Gäste und stehen
unter meinem Schutz.« 9 Sie aber schrien: »Mach,
dass du wegkommst! Du bist ein Fremder und willst
uns Vorschriften machen? Wir werden dir noch ganz
anders mitspielen als denen!« Sie fielen über Lot her
und versuchten, die Tür aufzubrechen. 10 Da zogen die
beiden Männer Lot ins Haus und verschlossen die Tür.
11 Sie schlugen die Leute draußen allesamt mit Blind-
heit, sodass sie die Tür nicht mehr finden konnten.

LOT UND SEINE TÖCHTER WERDEN GERETTET

12 Darauf sagten die beiden zu Lot: »Hast du vielleicht
noch andere Verwandte hier, einen Schwiegersohn,
Söhne und Töchter oder sonst wen? Nimm deine ganze
Familie und führe sie von hier weg! 13 Wir müssen diese
Stadt vernichten, dazu hat der HERR uns hergeschickt.
Denn es sind schwere Klagen über ihre Bewohner
vor ihn gekommen.« 14 Da ging Lot zu den Verlob-
ten seiner Töchter und sagte zu ihnen: »Rettet euch,
verlasst diese Stadt; denn der HERR wird sie vernich-
ten.« Aber sie dachten, er wolle sie zum Besten hal-
ten. 15 Als die Morgenröte kam, drängten die Engel Lot
zur Eile: »Schnell, nimm deine Frau und deine beiden

Töchter, sonst trifft die Strafe für diese Stadt euch mit!«
16 Während Lot noch überlegte, ergriffen sie ihn, seine
Frau und seine Töchter bei der Hand, führten sie aus der
Stadt hinaus und ließen sie erst draußen vor dem Tor
wieder los. Denn der HERR wollte Lot und die Seinen
retten. 17 Als alle auf dem freien Feld waren, sagte der
HERR: »Lauft jetzt, so schnell ihr könnt! Es geht um euer
Leben! Bleibt nicht stehen und schaut nicht zurück!
Rettet euch auf die Berge, sonst seid ihr verloren!«
18 »Ach, Herr«, sagte Lot, 19 »erlaube mir eine Bitte!
Du bist so freundlich zu mir gewesen und hast mir die
große Gnade erwiesen, mein Leben zu retten. Aber
auf die Berge ist es zu weit, wir kommen nicht dorthin,
bevor das Unheil hereinbricht; und dann sind wir verlo-
ren. 20 Sieh doch, hier in der Nähe ist eine kleine Stadt,
dorthin könnten wir uns retten. Verschone sie doch, sie
ist ja so klein! Dann bleiben wir am Leben.« 21 »Gut«,
sagte der HERR, »ich will dir auch das gewähren und
die Stadt nicht vernichten. 22 Flieh schnell dorthin! Ich
kann nichts tun, bevor du dort bist.« Weil Lot die Stadt
»klein« nannte, erhielt sie den Namen Zoar.

DER UNTERGANG VON SODOM UND GOMORRA. LOTS FRAU SCHAUT ZURÜCK

23 Die Sonne ging gerade auf, als Lot in Zoar ankam.
24 Da ließ der HERR Schwefel und Feuer vom Himmel
auf Sodom und Gomorra herabfallen. 25 Er vernichtete
die beiden Städte und die ganze Gegend, ihre Bewoh-
ner und alles, was dort wuchs. 26 Lots Frau aber schaute
zurück; da erstarrte sie zu einer Salzsäule. 27 Früh am
Morgen ging Abraham an die Stelle, wo er mit dem
HERRN gesprochen hatte. 28 Als er auf Sodom und Go-
morra und das ganze Gebiet am Jordan hinunterschau-
te, sah er von dort eine Rauchwolke aufsteigen wie von
einem Schmelzofen. 29 Aber Gott hatte an Abraham
gedacht: Als er die Städte in der Jordangegend ver-
nichtete, sorgte er dafür, dass Lot, der dort wohnte,
der Katastrophe entging.

LOT UND SEINE TÖCHTER: ÜBER DIE HERKUNFT DER MOABITER UND AMMONITER

30 Lot hatte Angst, in Zoar zu bleiben. Deshalb ging er
mit seinen beiden Töchtern ins Bergland hinauf und
lebte dort mit ihnen in einer Höhle. 31 Eines Tages sagte
die ältere Tochter zur jüngeren: »Unser Vater wird alt,
und weit und breit gibt es keinen Mann, der uns heira-
ten könnte. 32 Komm, wir geben unserem Vater Wein
zu trinken und legen uns zu ihm, damit wir von ihm
Kinder bekommen!« 33 Noch am selben Abend mach-
ten sie ihren Vater betrunken. Die Ältere ging in sein
Zelt und legte sich zu ihm, und er merkte nichts, weder
wie sie zu ihm kam noch wie sie von ihm aufstand.
34 Am anderen Tag sagte sie zu ihrer Schwester: »Ich
habe heute Nacht mit unserem Vater geschlafen. Wir
wollen ihm auch diesen Abend Wein zu trinken geben;
dann legst *du* dich zu ihm, damit wir alle beide von ihm
Kinder bekommen.« 35 Am Abend machten sie ihren
Vater wieder betrunken. Die Jüngere ging in sein Zelt
und legte sich zu ihm, und er merkte nichts, weder wie
sie zu ihm kam noch wie sie von ihm aufstand. 36 So
wurden die beiden Töchter Lots von ihrem eigenen
Vater schwanger. 37 Die Ältere gebar einen Sohn und
gab ihm den Namen Moab. Er wurde der Stammvater
der Moabiter. 38 Auch die Jüngere bekam einen Sohn
und nannte ihn Ben-Ammi. Er wurde der Stammvater
der Ammoniter.

ABRAHAM UND SARA BEI ABIMELECH

20 Abraham zog von dort in den Süden des Landes.
Eine Zeit lang blieb er in der Gegend zwischen
Kadesch und der Wüste Schur, dann fand er Aufnahme
in der Stadt Gerar. 2 Seine Frau Sara gab er als seine
Schwester aus. Da ließ Abimelech, der König von Ge-
rar, sie in sein Haus holen. 3 In der Nacht aber kam Gott
im Traum zu Abimelech und sagte: »Du musst sterben,
weil du diese Frau genommen hast. Sie ist verheiratet
und gehört einem anderen.« 4 Abimelech hatte Sara
jedoch nicht berührt, und er erwiderte: »Herr, willst du
wirklich unschuldige Menschen töten? 5 Er hat gesagt:
›Sie ist meine Schwester‹, und sie hat bestätigt: ›Er ist
mein Bruder.‹ Ich habe in gutem Glauben gehandelt,
mein Gewissen ist rein.« 6 Gott antwortete Abime-
lech: »Ich weiß, du hast in gutem Glauben gehandelt.
Deshalb habe ich dich davor bewahrt, vor mir schuldig
zu werden, und habe dir nicht erlaubt, sie zu berühren.
7 Gib sie jetzt zurück! Ihr Mann ist ein Prophet; er wird
für dich beten, dann bleibst du am Leben. Wenn du sie
aber behältst, musst du sterben, und alle in deinem
Haus mit dir.« 8 Am nächsten Morgen rief Abimelech
seine Leute zusammen und berichtete ihnen, was ge-
schehen war. Alle bekamen große Angst. 9 Dann rief
er Abraham und hielt ihm vor: »Wie konntest du uns
das antun? Womit habe ich mich an dir versündigt,
dass du mich und mein Volk in diese schwere Schuld
gestürzt hast? Es ist unerhört, was du mir angetan
hast! 10 Was hast du dir dabei gedacht?« 11 Abraham
erwiderte: »Ich dachte: In dieser Stadt nehmen sie
Gott bestimmt nicht ernst und werden mich wegen
meiner Frau töten. 12 Übrigens ist sie wirklich meine
Schwester: Sie ist die Tochter meines Vaters, stammt
aber von einer anderen Mutter; darum konnte sie
meine Frau werden. 13 Als Gott mich aus meiner Hei-
mat in die Fremde schickte, sagte ich zu ihr: ›Tu mir den
Gefallen und gib mich überall, wohin wir kommen, als
deinen Bruder aus.‹« 14 Abimelech schenkte Abraham
viele Schafe, Ziegen, Rinder, Sklaven und Sklavinnen
und gab ihm seine Frau Sara zurück. 15 Er sagte zu ihm:
»Mein ganzes Land steht dir offen; du kannst dich an-
siedeln, wo es dir gefällt.« 16 Und zu Sara sagte er: »Ich
gebe deinem Bruder 1000 Silberstücke. Damit wird vor
allen euren Leuten erwiesen, dass deine Ehre nicht
angetastet worden ist, und niemand darf dir etwas
nachsagen.« 17 Nun betete Abraham zu Gott, und er
nahm die Strafe von Abimelech und von seiner Frau
und seinen Sklavinnen, sodass in seinem Haus wieder
Kinder geboren wurden. 18 Der HERR hatte nämlich in
Abimelechs Haus jeden Mutterleib verschlossen, weil
der König die Frau Abrahams zu sich genommen hatte.

SARA BEKOMMT EINEN SOHN

21 Der HERR dachte an Sara und tat an ihr, was
er angekündigt hatte. 2 Sie wurde schwanger
und gebar Abraham noch in seinem Alter einen Sohn.
Es war genau zu der Zeit, die Gott angegeben hatte.
3 Abraham nannte den Sohn, den Sara ihm geboren
hatte, Isaak. 4 Als Isaak acht Tage alt war, beschnitt er
ihn, genau wie Gott es angeordnet hatte. 5 Abraham
war bei Isaaks Geburt 100 Jahre alt. 6 Sara aber sagte:
»Gott hat dafür gesorgt, dass ich lachen kann. Alle,
die davon hören, werden mit mir lachen. 7 Noch nie
hat Abraham es erlebt, dass ihm einer die Nachricht
brachte: ›Deine Frau Sara stillt ein Kind.‹ Aber jetzt in
seinem Alter habe ich ihm noch einen Sohn geboren!«
8 Isaak wuchs und gedieh. Als er von der Mutterbrust
entwöhnt wurde, feierte Abraham mit seinen Leuten
ein großes Fest.

HAGAR UND ISMAËL WERDEN VERSTOSSEN UND GERETTET

9 Eines Tages sah Sara den Sohn der Ägypterin Hagar
spielen, das Kind, das diese Abraham geboren hatte.
10 Da sagte sie zu ihrem Mann: »Jag diese Sklavin und
ihren Sohn fort! Der Sohn der Sklavin darf nicht mit
meinem Sohn Isaak zusammen erben!« 11 Abraham
missfiel das sehr, denn auch Ismaël war ja sein Sohn.
12 Aber Gott sagte zu Abraham: »Gräme dich nicht
wegen des Jungen und deiner Sklavin! Tu, was Sara
von dir verlangt; denn die Nachkommen Isaaks sollen
als deine rechtmäßigen Nachkommen gelten. 13 Aber
auch den Sohn der Sklavin werde ich zu einem Volk
machen, weil er von dir abstammt.« 14 Am nächsten
Morgen nahm Abraham Brot und einen Schlauch mit
Wasser, legte beides Hagar auf die Schulter, übergab
ihr das Kind und schickte sie fort. Hagar ging weg und
irrte ziellos in der Wüste bei Beerscheba umher. 15 Als
das Wasser im Schlauch aufgebraucht war, warf sie
das Kind unter einen Strauch 16 und setzte sich etwa
einen Bogenschuss davon entfernt auf die Erde. Denn
sie sagte: »Ich kann nicht mit ansehen, wie der Junge
stirbt!« So saß sie in einiger Entfernung und weinte
laut. 17 Aber Gott hörte das Kind schreien. Da rief der
Engel Gottes vom Himmel aus Hagar zu: »Warum
bist du verzweifelt, Hagar? Hab keine Angst, Gott
hat das Schreien des Kindes gehört! 18 Steh auf und
nimm den Jungen bei der Hand; denn ich werde seine
Nachkommen zu einem großen Volk machen.« 19 Gott
öffnete Hagar die Augen, da sah sie einen Brunnen.
Sie ging hin, füllte den Schlauch mit Wasser und gab
dem Kind zu trinken. 20 Auch weiterhin half Gott dem
Jungen. Er wuchs heran und wurde ein Bogenschütze.
21 Er lebte in der Wüste Paran und seine Mutter gab ihm
eine Ägypterin zur Frau.

EIN VERTRAG ZWISCHEN ABRAHAM UND ABIMELECH

22 Damals kam Abimelech mit seinem Heerführer Pi-
chol zu Abraham und sagte zu ihm: »Ich sehe: Gott
steht dir bei und lässt dir alles gelingen, was du tust.
23 Darum schwöre mir jetzt bei Gott, dass du an mir
und meinem Sohn und allen meinen Nachkommen
nicht treulos handeln wirst. Ich habe dir nur Gutes
erwiesen; handle du nun ebenso an mir und an dem
Land, in dem du als Fremder lebst!« 24 »Das schwöre
ich dir«, sagte Abraham. 25 Er beklagte sich aber bei
Abimelech darüber, dass dessen Knechte ihm einen
Brunnen weggenommen hatten. 26 »Ich weiß nicht,
wer das war«, sagte Abimelech. »Du hast mir bisher
nichts davon gesagt. Ich höre heute zum ersten Mal
davon!« 27 Abraham gab Abimelech Schafe, Ziegen
und Rinder, und sie schlossen einen Vertrag. 28 Dann
sonderte Abraham noch sieben Lämmer aus seiner
Herde aus. 29 »Was sollen diese Lämmer?«, fragte Abi-
melech. 30 Abraham erwiderte: »Die musst du von mir
annehmen! Damit bezeugst du, dass ich den Brunnen
gegraben habe und er mir gehört.« 31 Der Ort erhielt
den Namen Beerscheba, weil Abraham und Abimelech
hier ihren Vertrag mit einem Schwur bekräftigt hatten.
32 Nachdem sie in Beerscheba den Vertrag geschlos-
sen hatten, kehrten Abimelech und sein Heerführer
Pichol in das Land der Philister zurück. 33 Abraham
aber pflanzte in Beerscheba einen Tamariskenbaum
und rief im Gebet den Namen des HERRN, des ewigen
Gottes, an. 34 Lange Zeit lebte Abraham als Fremder
im Land der Philister.

GOTT STELLT ABRAHAM AUF DIE PROBE

22 Einige Zeit danach geschah es: Gott stellte
Abraham auf die Probe. »Abraham!«, rief er.
»Ja?«, erwiderte Abraham. 2 »Nimm deinen Sohn«,
sagte Gott, »deinen einzigen, der dir ans Herz gewach-
sen ist, den Isaak! Geh mit ihm ins Land Morija auf
einen Berg, den ich dir nennen werde, und opfere ihn
mir dort als Brandopfer.« 3 Am nächsten Morgen stand
Abraham früh auf. Er spaltete Holz für das Opferfeuer,
belud seinen Esel und machte sich mit seinem Sohn
auf den Weg zu dem Ort, von dem Gott gesprochen
hatte. Auch zwei Knechte nahm er mit. 4 Am dritten
Tag erblickte er den Berg in der Ferne. 5 Da sagte er zu
den Knechten: »Bleibt hier mit dem Esel! Ich gehe mit
dem Jungen dort hinauf, um mich vor Gott niederzu-
werfen; dann kommen wir wieder zurück.« 6 Abraham
packte seinem Sohn die Holzscheite auf den Rücken;
er selbst nahm das Becken mit glühenden Kohlen und
das Messer. So gingen die beiden miteinander. 7 Nach
einer Weile sagte Isaak: »Vater!« »Ja, mein Sohn?«
»Feuer und Holz haben wir, aber wo ist das Lamm für
das Opfer?« 8 »Gott wird schon für ein Opferlamm sor-
gen!« So gingen die beiden miteinander. 9 Sie kamen zu
dem Ort, von dem Gott zu Abraham gesprochen hatte.
Auf dem Berg baute Abraham einen Altar und schich-
tete die Holzscheite auf. Er fesselte Isaak und legte ihn
auf den Altar, oben auf den Holzstoß. 10 Schon fasste er
nach dem Messer, um seinen Sohn zu schlachten, 11 da
rief der Engel des HERRN vom Himmel her: »Abraham!
Abraham!« »Ja?«, erwiderte er, 12 und der Engel rief:
»Halt ein! Tu dem Jungen nichts zuleide! Jetzt weiß
ich, dass du Gott gehorchst. Du warst bereit, mir sogar

deinen einzigen Sohn zu opfern.« 13 Als Abraham auf-
blickte, sah er einen einzelnen Schafbock, der sich mit
seinen Hörnern im Gestrüpp verfangen hatte. Er ging
hinüber, nahm das Tier und opferte es anstelle seines
Sohnes auf dem Altar. 14 Er nannte den Ort »Der HERR
sorgt vor«. Noch heute sagt man: »Auf dem Berg des
HERRN ist vorgesorgt.« 15 Noch einmal rief der Engel
des HERRN vom Himmel her 16 und sagte zu Abraham:
»Ich schwöre bei mir selbst, sagt der HERR: Weil du mir
gehorcht hast und sogar bereit warst, mir deinen ein-
zigen Sohn zu geben, 17 werde ich dich segnen! Deine
Nachkommen mache ich so zahlreich wie die Sterne
am Himmel und die Sandkörner am Meeresstrand. Sie
werden ihre Feinde besiegen und ihre Städte erobern.
18 Bei allen Völkern der Erde werden die Leute zuein-
ander sagen: ›Gott segne dich wie die Nachkommen
Abrahams!‹ Das ist die Belohnung dafür, dass du mei-
nem Befehl gehorcht hast.« 19 Abraham kehrte wieder
zu seinen Knechten zurück und sie gingen miteinander
nach Beerscheba. Dort blieb Abraham wohnen.

DIE NACHKOMMEN NAHORS

20 Bald danach erhielt Abraham die Nachricht: »Auch
Milka hat deinem Bruder Nahor Söhne geboren.«
21-23 Es waren acht, die sie dem Bruder Abrahams ge-
boren hatte: Uz, der Erstgeborene, Bus, Kemuël, von
dem die Aramäer abstammen, Kesed, Haso, Pildasch,
Jidlaf und Betuël, der Vater von Rebekka. 24 Außerdem
hatte Nahors Nebenfrau Rëuma ihm die Söhne Tebach,
Gaham, Tahasch und Maacha geboren.

SARA STIRBT UND ABRAHAM ERWIRBT EIN FAMILIENGRAB IM LAND KANAAN

23 Sara wurde 127 Jahre alt, 2 dann starb sie in
Hebron, das damals Kirjat-Arba hieß, im Land
Kanaan. Abraham trauerte um sie und hielt die Toten-
klage. 3 Dann ging er von der Toten weg, setzte sich zu
den Hetitern im Tor und sagte zu ihnen: 4 »Ich bin ein
Fremder und habe nur Gastrecht bei euch. Verkauft mir
ein Stück Land als Grabstätte für meine Familie, damit
ich dort meine Frau zur letzten Ruhe betten kann!«
5 Die Hetiter antworteten Abraham: 6 »Höre, was wir dir
vorschlagen, Herr! Wir ehren dich als einen Mann, dem
Gott Macht und Reichtum gegeben hat. Bestatte doch
deine Frau im vornehmsten unserer Gräber! Jeder von
uns wird dir gerne sein Grab zur Verfügung stellen.«
7 Abraham stand auf, verneigte sich vor ihnen 8 und
sagte: »Wenn ihr also damit einverstanden seid, dass
ich meine Frau hier bei euch bestatte, dann legt bei
Efron, dem Sohn Zohars, ein Wort für mich ein! 9 Ich
bitte ihn um die Höhle Machpela am Ende seines Fel-
des. Er soll sie mir um den vollen Preis verkaufen, damit
ich hier bei euch ein Familiengrab besitze.« 10 Efron
saß selbst mitten unter den Hetitern, die sich im Tor
der Stadt versammelt hatten, und in Gegenwart aller
sagte er zu Abraham: 11 »Nein, mein Herr, hör mich an:
Ich schenke dir die Höhle und das Feld dazu! Hier vor
allen meinen Landsleuten schenke ich sie dir, damit du
deine Frau bestatten kannst!« 12 Abraham verneigte
sich wieder vor den Hetitern 13 und sagte zu Efron in
Gegenwart aller: »Bitte, hör mich an: Ich zahle den
Kaufpreis für das Feld. Nimm ihn von mir an und lass
mich dort meine Frau bestatten.« 14 Efron erwiderte:
15 »Ach, mein Herr, hör mich an: Ein Stück Land im Wert
von 400 Silberstücken – was bedeutet eine solche Klei-
nigkeit schon zwischen uns beiden? Du kannst dort
deine Frau bestatten.« 16 Abraham ging darauf ein und
wog Efron die Summe ab, die dieser vor den versam-
melten Hetitern genannt hatte, 400 Silberstücke nach
dem Gewicht, das die reisenden Händler benutzen.
17-18 So ging das Feld Efrons bei Machpela östlich von
Mamre in den Besitz Abrahams über. Vor den Augen
aller Männer, die im Tor versammelt waren, wurde das
Feld samt der Höhle und allen Bäumen darauf als Ab-
rahams Eigentum bestätigt. 19 Dort in der Höhle bei
Mamre, in Hebron im Land Kanaan, legte Abraham
seine Frau Sara zur letzten Ruhe. 20 Das Feld mit der
Höhle war nun also von den Hetitern in den Besitz Ab-
rahams übergegangen, als Grabstätte für seine Familie.

ABRAHAMS KNECHT SUCHT EINE FRAU FÜR ISAAK

24 Abraham war sehr alt geworden. Der HERR
hatte ihn gesegnet und ihm alles gelingen las-
sen. 2 Eines Tages sagte er zu seinem ältesten Knecht,
der seinen ganzen Besitz verwaltete: »Leg deine Hand
zwischen meine Beine 3 und schwöre mir! Versprich
mir beim HERRN, dem Gott des Himmels und der Erde,
dass du für meinen Sohn Isaak keine Frau auswählst, die
hier aus dem Land Kanaan stammt. 4 Gib mir dein Wort,
dass du in meine Heimat gehst und ihm eine Frau aus
meiner Verwandtschaft suchst.« 5 Der Besitzverwalter
sagte: »Was soll ich aber tun, wenn die Frau mir nicht
hierher folgen will? Soll ich dann deinen Sohn wieder
in deine Heimat zurückbringen?« 6 »Auf keinen Fall!«,
sagte Abraham. »Das darfst du niemals tun! 7 Der HERR,
der Gott des Himmels, wird seinen Engel vor dir her-
schicken, sodass dein Auftrag gelingt und die Frau dir
folgen wird. Er hat mich aus meiner Sippe und Heimat
weggeholt und mir mit einem Schwur zugesagt, dass er
meinen Nachkommen dieses Land geben wird. 8 Wenn
die Frau dir nicht folgen will, bist du nicht mehr an dei-
nen Schwur gebunden. Aber auf keinen Fall darfst du
meinen Sohn dorthin zurückbringen!« 9 Da legte der
Verwalter seine Hand zwischen die Beine Abrahams
und schwor ihm, alles so auszuführen, wie er es ver-
langt hatte. 10 Dann machte er zehn von den Kamelen
seines Herrn reisefertig, nahm wertvolle Geschenke
mit und reiste nach Mesopotamien, in die Stadt, in der
die Familie von Abrahams Bruder Nahor lebte. 11 Als er
dort ankam, hielt er an der Quelle vor der Stadt an und
ließ die Kamele niederknien. Es war gegen Abend, um
die Zeit, wenn die Frauen zum Wasserholen herauskom-
men. 12 »HERR, du Gott meines Herrn Abraham«, betete
er, »gib mir Glück zu meinem Vorhaben! Sei gut zu mei-
nem Herrn und erfülle seinen Wunsch! 13 Gleich werden
die jungen Mädchen aus der Stadt hierher kommen
und Wasser schöpfen. 14 Dann will ich eins von ihnen

bitten: ›Reiche mir deinen Krug, damit ich trinken kann!‹
Wenn das Mädchen sagt: ›Trink nur; ich will auch dei-
nen Kamelen zu trinken geben‹, dann weiß ich: Sie ist
es, die du für deinen Diener Isaak bestimmt hast. Daran
werde ich erkennen, dass du zu meinem Herrn gut bist
und seinen Wunsch erfüllt hast.« 15 Kaum hatte er zu
Ende gebetet, da kam aus der Stadt ein Mädchen mit
einem Wasserkrug auf der Schulter. Es war Rebekka, die
Tochter von Betuël und Enkelin von Milka, der Frau von
Abrahams Bruder Nahor. 16 Sie war sehr schön und noch
nicht verheiratet; kein Mann hatte sie berührt. Sie ging
die Stufen zum Wasser hinab, füllte ihren Krug, hob ihn
auf die Schulter und kam wieder herauf. 17 Schnell trat
der Verwalter Abrahams auf sie zu und bat sie: »Gib mir
doch einen Schluck Wasser aus deinem Krug!« 18 »Trink
nur, Herr!«, sagte das Mädchen, ließ sogleich den Krug
auf ihre Hand herunter und hielt ihn so, dass er trinken
konnte. 19 Als er genug getrunken hatte, sagte sie: »Ich
will noch mehr Wasser holen, damit auch deine Kamele
trinken können!« 20 Sie leerte den Krug in die Tränkrin-
ne, stieg rasch wieder zur Quelle hinab und schöpfte so
lange, bis alle Kamele genug hatten. 21 Abrahams Ver-
walter stand schweigend dabei und schaute ihr zu. Er
wartete gespannt, ob der HERR seine Reise gelingen las-
sen würde. 22 Als die Kamele getrunken hatten, holte er
für Rebekka einen kostbaren goldenen Nasenring und
zwei schwere goldene Armreifen hervor 23 und sagte zu
ihr: »Wessen Tochter bist du? Hat dein Vater in seinem
Haus vielleicht Platz für uns, damit wir übernachten
können?« 24 »Ich bin die Tochter von Betuël«, antwor-
tete sie; »es ist der Betuël, den die Milka dem Nahor
geboren hat. 25 Wir haben Platz genug und auch Stroh
und Futter für die Tiere.« 26 Da warf sich der Verwalter
Abrahams vor dem HERRN nieder und betete: 27 »Dank
sei dir, HERR, du Gott meines Herrn Abraham! Du hast
ihm deine Güte und Treue bewahrt und hast mich ge-
radewegs zu den Verwandten meines Herrn geführt.«

DIE WERBUNG UM REBEKKA

28 Das Mädchen lief inzwischen nach Hause zu ihrer
Mutter und erzählte, was sie erlebt hatte. 29-30 Sie
hatte einen Bruder, der hieß Laban. Als der den gol-
denen Schmuck sah und hörte, was der Mann zu ihr
gesagt hatte, lief er hinaus an die Quelle. Dort war-
tete Abrahams Besitzverwalter noch mit den Kamelen.
31 »Komm herein zu uns!«, rief Laban. »Du bringst den
Segen des HERRN mit. Warum bleibst du hier draußen?
Ich habe schon alles herrichten lassen, auch für deine
Kamele ist genug Platz.« 32 Da ging der Verwalter mit
ins Haus. Laban ließ die Kamele abzäumen und Streu
und Futter für sie holen. Dem Gast und seinen Leuten
brachte man Wasser, damit sie sich die Füße waschen
konnten. 33 Als sie ihm aber etwas zu essen brachten,
sagte er: »Ich esse erst, wenn ich meinen Auftrag
ausgerichtet habe.« Laban forderte ihn auf zu reden,
34 und er begann: »Ich bin Abrahams Besitzverwalter.
35 Der HERR hat meinen Herrn reich gesegnet und zu
hohem Ansehen gebracht. Er hat ihm viele Schafe, Zie-
gen und Rinder gegeben, dazu Silber und Gold, Sklaven
und Sklavinnen, Kamele und Esel. 36 Auch hat Sara, die
Frau meines Herrn, ihm in ihrem Alter noch einen Sohn
geboren, dem er seinen ganzen Besitz vermacht hat.
37 Nun hat mein Herr mich einen Eid schwören lassen
und hat mir aufgetragen: ›Du darfst für meinen Sohn
Isaak keine Frau aus dem Land Kanaan wählen. 38 Geh
zu meinen Verwandten, zur Familie meines Vaters, und
hole ihm von dort eine Frau.‹ 39 Als ich einwandte, dass
die Frau mir vielleicht nicht in das fremde Land folgen
werde, 40 da sagte er: ›Der HERR, nach dessen Willen
ich mich immer gerichtet habe, wird seinen Engel mit
dir schicken und deine Reise gelingen lassen, sodass du
für meinen Sohn eine Frau aus meiner Verwandtschaft,
aus der Familie meines Vaters, findest. 41 Wenn meine
Verwandten dir aber keine Frau für meinen Sohn geben
wollen, bist du nicht mehr an deinen Schwur gebun-
den.‹ 42 Als ich nun heute an die Quelle kam, betete
ich zum HERRN und sagte: ›Gott Abrahams, meines
Herrn, wenn du doch meine Reise gelingen lassen woll-
test! 43 Ich stehe hier an der Quelle und bitte dich um
ein Zeichen: Zu dem ersten heiratsfähigen Mädchen,
das herauskommt, will ich sagen: Gib mir doch einen
Schluck aus deinem Krug! 44 Wenn sie darauf sagt:
Trink nur, und auch deinen Kamelen will ich zu trin-
ken geben – dann weiß ich: Sie ist es, die du, HERR, für
den Sohn meines Herrn bestimmt hast.‹ 45 Kaum hatte
ich diese Worte in meinem Herzen gesprochen, da kam
Rebekka mit dem Krug auf der Schulter, stieg die Stufen
zur Quelle hinab und schöpfte Wasser. Ich sagte zu ihr:
›Gib mir doch etwas zu trinken!‹ 46 Da ließ sie sogleich
ihren Krug von der Schulter herunter und sagte: ›Trink
nur, und auch deinen Kamelen will ich zu trinken ge-
ben!‹ Als alle Tiere getrunken hatten, 47 fragte ich sie
nach ihrem Vater, und sie sagte mir, dass es Betuël sei,
der Sohn Nahors von seiner Frau Milka. Da legte ich ihr
den goldenen Ring an die Nase und die Goldreifen um
ihre Arme. 48 Und dann warf ich mich nieder und dankte
dem HERRN, dem Gott meines Herrn Abraham, dass er
mich geradewegs zum Bruder meines Herrn geführt
hat und ich jetzt dessen Tochter als Frau für den Sohn
meines Herrn erbitten kann. 49 Sagt mir nun also, ob
ihr meinem Herrn gut seid und seinen Wunsch erfüllen
wollt! Wenn nicht, dann muss ich anderswo suchen.«
50 Laban und seine Familie erwiderten: »Das hat der
HERR gefügt! Wir können seine Entscheidung nur an-
nehmen. 51 Hier ist Rebekka, nimm sie mit! Sie soll den
Sohn deines Herrn heiraten, wie der HERR es bestimmt
hat.« 52 Als Abrahams Verwalter das hörte, warf er sich
auf die Erde und dankte dem HERRN. 53 Darauf packte
er Silber- und Goldschmuck und festliche Kleider aus
und gab sie Rebekka. Auch ihrem Bruder und ihrer
Mutter gab er kostbare Geschenke.

REBEKKA KOMMT ZU ISAAK

54 Dann aßen und tranken die Gäste und legten sich
schlafen. Am anderen Morgen sagte Abrahams Ver-
walter zum Bruder des Mädchens und zu seiner Mutter:
»Lasst mich jetzt zu meinem Herrn zurückkehren!«
55 Die beiden baten ihn: »Lass sie doch noch eine

Weile bei uns bleiben, nur zehn Tage; dann kann sie mit dir gehen!« 56 Er aber sagte: »Haltet mich nicht auf! Gott in seiner Güte hat meine Reise gelingen lassen. Ich möchte jetzt zu meinem Herrn zurückkehren.« 57 »Wir rufen das Mädchen«, sagten die beiden, »sie soll selbst entscheiden.« 58 Sie riefen Rebekka und fragten sie: »Willst du mit diesem Mann mitgehen?« Rebekka sagte: »Ja, das will ich.« 59 Da verabschiedeten sie Rebekka und ihre Amme und auch den Verwalter Abrahams mit seinen Leuten. 60 Sie segneten Rebekka und sagten: »Schwester, du sollst die Mutter von vielen Tausenden werden! Mögen deine Nachkommen ihre Feinde besiegen und ihre Städte erobern!« 61 Rebekka und ihre Dienerinnen machten sich reisefertig, setzten sich auf die Kamele und zogen mit dem Besitzverwalter Abrahams. So brach er mit Rebekka in seinem Gefolge auf. 62 Isaak wohnte zu der Zeit im südlichsten Teil des Landes in der Nähe des Brunnens Lahai-Roi. 63 Eines Abends, als er gerade auf dem Feld war, sah er auf einmal Kamele daherkommen. 64 Auch Rebekka hatte Isaak erblickt. Schnell stieg sie vom Kamel und fragte den Verwalter Abrahams: 65 »Wer ist der Mann, der uns dort entgegenkommt?« »Es ist mein Herr«, erwiderte er; und Rebekka bedeckte ihr Gesicht mit dem Schleier. 66 Der Besitzverwalter erzählte Isaak, was alles geschehen war, 67 und Isaak führte Rebekka in das Zelt seiner Mutter Sara. Er nahm sie zur Frau und gewann sie lieb. So wurde er über den Verlust seiner Mutter getröstet.

ABRAHAMS WEITERE NACHKOMMEN UND SEIN TOD

25 Abraham heiratete noch einmal, die Frau hieß Ketura. 2 Sie gebar ihm die Söhne Simran, Jokschan, Medan, Midian, Jischbak und Schuach. 3 Jokschan zeugte Saba und Dedan, und von Dedan stammen die Aschuriter, die Letuschiter und Lëummiter ab. 4 Midians Söhne waren Efa, Efer, Henoch, Abida und Eldaga. Sie alle stammen von Abrahams Frau Ketura. 5 Abraham übergab Isaak seinen gesamten Besitz. 6 Den Söhnen seiner Nebenfrauen gab er eine Abfindung und schickte sie noch zu seinen Lebzeiten in das Land im Osten. Sie sollten nicht mit seinem Sohn Isaak zusammenbleiben. 7 Abraham wurde 175 Jahre alt; 8 dann starb er, gesättigt von einem langen und erfüllten Leben, und wurde im Tod mit seinen Vorfahren vereint. 9 Seine Söhne Isaak und Ismaël bestatteten ihn in der Höhle Machpela. Sie liegt auf dem Feld östlich von Mamre, das dem Hetiter Efron gehört hatte 10 und das Abraham von den Hetitern erwarb. Dort waren nun also Abraham und seine Frau Sara zur letzten Ruhe gebettet. 11 Nach Abrahams Tod segnete Gott dessen Sohn Isaak. Isaak wohnte beim Brunnen Lahai-Roi.

DIE NACHKOMMEN ISMAËLS

12 Dies ist die Geschichte Ismaëls, des Sohnes Abrahams, den Hagar, die ägyptische Sklavin Saras, ihm geboren hatte: 13 Von den Söhnen Ismaëls kommen die Ismaëliter mit ihren Stämmen. Ismaëls Söhne waren: Nebajot, der Erstgeborene, Kedar, Adbeel, Mibsam, 14 Mischma, Duma, Massa, 15 Hadad, Tema, Jetur, Nafisch und Kedma. 16 Nach ihnen werden die Stämme der Ismaëliter benannt, die in Dörfern und Zeltlagern wohnen; zwölf Stämme mit je einem Oberhaupt an der Spitze. 17 Ismaël wurde 137 Jahre alt; dann starb er und wurde im Tod mit seinen Vorfahren vereint. 18 Seine Nachkommen wohnten im Gebiet zwischen Hawila und Schur, das östlich von Ägypten am Karawanenweg nach Assur liegt. Von ihnen gilt, was über Ismaël gesagt wurde: »Seinen Brüdern setzt er sich vors Gesicht.«

REBEKKA BEKOMMT ZWILLINGE

19 Dies ist die Geschichte Isaaks, des Sohnes Abrahams: Abraham zeugte Isaak. 20 Als Isaak 40 Jahre alt war, heiratete er Rebekka, die Tochter von Betuël aus dem oberen Mesopotamien, die Schwester Labans. 21 Rebekka aber bekam keine Kinder. Deshalb betete Isaak zum HERRN, und der HERR erhörte seine Bitte. Daraufhin empfing Rebekka Zwillinge. 22 Als die Kinder im Mutterleib heftig gegeneinander stießen, sagte sie: »Wenn es so steht, warum bin ich dann schwanger geworden?« Sie ging, um den HERRN zu befragen, 23 und der HERR gab ihr die Antwort: »Zwei Völker trägst du jetzt in deinem Leib, in deinem Schoß beginnen sie zu streiten. Das eine wird das andere unterwerfen: der Erstgeborene wird dem Zweiten dienen.« 24 Als die Zeit der Entbindung kam, brachte Rebekka tatsächlich Zwillingsbrüder zur Welt. 25 Der erste, der herauskam, war am ganzen Körper mit rötlichen Haaren bedeckt; sie nannten ihn Esau. 26 Danach kam sein Bruder heraus, der hielt Esau an der Ferse fest; darum nannten sie ihn Jakob. Ihr Vater Isaak war 60 Jahre alt, als die beiden geboren wurden.

ESAU VERKAUFT SEIN ERSTGEBURTSRECHT

27 Die Kinder wuchsen heran. Esau wurde ein Jäger, der am liebsten in der Steppe umherstreifte. Jakob wurde ein häuslicher, ruhiger Mensch, der bei den Zelten blieb. 28 Ihr Vater, der gerne Wild aß, hatte eine Vorliebe für Esau; Jakob aber war der Liebling der Mutter. 29 Als Esau einmal erschöpft nach Hause kam, hatte Jakob gerade Linsen gekocht. 30 »Gib mir schnell etwas von dem roten Zeug da, dem roten«, rief Esau, »ich bin ganz erschöpft!« Daher bekam Esau den Beinamen Edom. 31 Jakob sagte: »Nur wenn du mir vorher dein Erstgeburtsrecht abtrittst!« 32 »Ich sterbe vor Hunger«, erwiderte Esau, »was nützt mir da mein Erstgeburtsrecht!« 33 »Das musst du mir zuvor schwören!«, sagte Jakob. Esau schwor es ihm und verkaufte so sein Erstgeburtsrecht an seinen Bruder. 34 Dann gab ihm Jakob eine Schüssel gekochte Linsen und ein Stück Brot. Als Esau gegessen und getrunken hatte, stand er auf und ging weg. Sein Erstgeburtsrecht war ihm ganz gleichgültig.

ISAAK UND REBEKKA IN GERAR

26 Wieder einmal, wie schon zur Zeit Abrahams, brach über das Land eine Hungersnot herein. Isaak suchte bei dem Philisterkönig Abimelech in Gerar Zuflucht. 2 Der HERR war ihm erschienen und hatte

gesagt: »Geh nicht nach Ägypten! Ich will dir sagen,
wo du bleiben kannst. 3 Lebe hier im Land Kanaan
als Fremder, dann werde ich dir beistehen und dich
segnen. Dir und deinen Nachkommen will ich alle
diese Landstriche geben. Ich halte den Eid, den ich
deinem Vater Abraham geschworen habe. 4 Ich mache
deine Nachkommen so zahlreich wie die Sterne am
Himmel und gebe ihnen dieses ganze Land. Bei allen
Völkern der Erde wird man dann zueinander sagen:
›Gott segne dich wie die Nachkommen Isaaks!‹ 5 Das
ist der Lohn dafür, dass Abraham meinem Befehl ge-
horcht und alle meine Gebote und Weisungen befolgt
hat.« 6 So blieb Isaak in Gerar. 7 Als die Männer dort
seine Frau Rebekka sahen, fragten sie ihn nach ihr.
Da fürchtete er, sie könnten ihn ihretwegen umbrin-
gen, weil sie so schön war. Deshalb sagte er: »Sie ist
meine Schwester.« 8 Isaak lebte mit seiner Frau schon
längere Zeit in Gerar, da schaute König Abimelech
eines Tages zum Fenster hinaus und sah, wie Isaak
und Rebekka sich umarmten. 9 Er rief ihn zu sich und
hielt ihm vor: »Sie ist ja deine Frau! Warum hast du
sie für deine Schwester ausgegeben?« »Ich hatte
Angst, es würde mich sonst das Leben kosten«, er-
widerte Isaak. 10 Doch Abimelech sagte: »In welche
Gefahr hast du uns da gebracht! Wie leicht hätte es
geschehen können, dass einer meiner Männer mit
ihr geschlafen hätte! Dann hättest du uns in schwere
Schuld gestürzt.« 11 Allen seinen Leuten ließ Abime-
lech bekannt geben: »Wer diesen Mann oder seine
Frau antastet, muss sterben.«

STREIT MIT DEN PHILISTERN UM DIE BRUNNEN

12 Isaak säte in Gerar Getreide aus und erntete in die-
sem Jahr hundertmal so viel, wie er gesät hatte. Denn
der HERR segnete ihn. 13 Auch weiterhin vermehrte
sich Isaaks Besitz, und er wurde ein sehr reicher Mann.
14 Er hatte so viele Schafe, Ziegen, Rinder und Knechte,
dass die Philister neidisch wurden. 15 Deshalb schütte-
ten sie alle Brunnen zu, die von den Knechten seines
Vaters Abraham gegraben worden waren. 16 Abime-
lech sagte zu Isaak: »Zieh von uns weg! Du bist uns
zu mächtig geworden.« 17 So verließ Isaak das Stadt-
gebiet und schlug sein Lager im Tal von Gerar auf. 18 Er
legte die Brunnen wieder frei, die von den Leuten Ab-
rahams gegraben und nach dessen Tod von den Phi-
listern zugeschüttet worden waren, und er gab ihnen
wieder die alten Namen, die sein Vater ihnen gegeben
hatte. 19 Als die Knechte Isaaks im Tal gruben, stießen
sie auf eine Quelle. 20 Die Hirten von Gerar machten
den Hirten Isaaks die Quelle streitig und erklärten:
»Das Wasser gehört uns!« Deshalb nannte Isaak den
Brunnen Esek (Streit). 21 Seine Leute gruben einen wei-
teren Brunnen, und auch um den gab es Streit; deshalb
nannte er ihn Sitna (Zank). 22 Dann zog er von dort weg
und grub an anderer Stelle einen Brunnen. Diesmal
gab es keinen Streit. Da sagte Isaak: »Jetzt hat der
HERR uns freien Raum gegeben; hier werden wir uns
ausbreiten können.« Deshalb nannte er den Brunnen
Rehobot (Weite).

DIE PHILISTER ERKENNEN, DASS GOTT ISAAK SEGNET

23 Von da aus zog Isaak weiter nach Beerscheba. 24 In
der ersten Nacht erschien ihm dort der HERR und sagte
zu ihm: »Ich bin der Gott deines Vaters Abraham. Hab
keine Angst; ich stehe dir bei! Ich will dich segnen und
dir viele Nachkommen geben, wie ich es meinem Die-
ner Abraham versprochen habe.« 25 Isaak baute an
der Stelle einen Altar und rief im Gebet den Namen
des HERRN an. Er schlug sein Lager dort auf, und seine
Knechte begannen einen Brunnen zu graben. 26 Da
besuchte ihn König Abimelech aus Gerar mit sei-
nem Ratgeber Ahusat und seinem Heerführer Pichol.
27 »Warum kommt ihr zu mir?«, fragte Isaak. »Ihr habt
mich doch wie einen Feind behandelt und von euch
fortgejagt!« 28 Sie antworteten: »Wir haben erkannt,
dass der HERR auf deiner Seite steht. Deshalb haben
wir gedacht, wir sollten einen Friedensvertrag schlie-
ßen und ihn durch einen feierlichen Eid bekräftigen.
29 Versprich uns, dass du uns keinen Schaden zufü-
gen willst! Wir haben dir ja auch nichts zuleide getan;
wir haben dir nur Gutes erwiesen und dich in Frieden
ziehen lassen. Es ist offenkundig, dass der HERR dich
segnet.« 30 Isaak ließ ein Festmahl zubereiten und sie
aßen und tranken miteinander. 31 Am anderen Morgen
schworen sie einen feierlichen Eid, sich gegenseitig
keinen Schaden zu tun. Isaak verabschiedete die drei
und ließ sie in Frieden ziehen. 32 Am selben Tag kamen
die Knechte, die den Brunnen gruben, zu Isaak und
berichteten: »Wir sind auf Wasser gestoßen!« 33 Da
nannte Isaak den Brunnen Schiba (Schwur). Deshalb
heißt der Ort bis zum heutigen Tag Beerscheba.

ESAUS FRAUEN

34 Als Esau 40 Jahre alt war, heiratete er zwei Hetiterin-
nen, Jehudit, die Tochter von Beeri, und Basemat, die
Tochter von Elon. 35 Darüber waren Isaak und Rebekka
sehr bekümmert.

ISAAK WILL SEINEN ERSTGEBORENEN SEGNEN. REBEKKAS LIST

27 Isaak war alt geworden und konnte nicht mehr
sehen. Da rief er eines Tages seinen älteren Sohn
Esau zu sich und sagte: »Mein Sohn!« »Ja, Vater?«,
erwiderte Esau. 2 Isaak sagte: »Ich bin alt und weiß
nicht, wie lange ich noch lebe. 3 Deshalb nimm Pfeil
und Bogen, jage ein Stück Wild 4 und bereite mir
ein leckeres Gericht, wie ich es gern habe. Ich will
mich stärken, damit ich dich segnen kann, bevor ich
sterbe.« 5 Rebekka hatte das Gespräch mit angehört.
Als Esau gegangen war, um für seinen Vater das Stück
Wild zu jagen, 6 sagte sie zu Jakob: »Ich habe gehört,
wie dein Vater zu deinem Bruder Esau sagte: 7 ›Jage mir
ein Stück Wild und bereite mir ein leckeres Gericht! Ich
will mich stärken und dich segnen, bevor ich sterbe.‹
8 Darum hör auf mich, mein Sohn, und tu, was ich dir
sage: 9 Hol mir von der Herde zwei schöne Ziegen-
böckchen! Ich werde daraus ein leckeres Gericht be-
reiten, wie es dein Vater gern hat. 10 Das bringst du ihm

dann, damit er dich vor seinem Tod segnet.« 11 »Aber
Esaus Haut ist behaart und meine ist glatt«, erwiderte
Jakob. 12 »Wenn mich nun mein Vater betastet, merkt
er den Betrug, und statt mich zu segnen, verflucht
er mich.« 13 Doch seine Mutter beruhigte ihn: »Der
Fluch soll auf mich fallen, mein Sohn! Tu, was ich dir
gesagt habe, und bring mir die Böckchen!« 14 Jakob
holte sie, und seine Mutter bereitete ein Gericht zu,
wie sein Vater es gern hatte. 15 Darauf holte Rebekka
das Festgewand Esaus, ihres Älteren, das sie bei sich
aufbewahrte, und zog es ihrem jüngeren Sohn Jakob
an. 16 Die Felle der Böckchen legte sie ihm um die
Handgelenke und um den glatten Hals. 17 Dann gab
sie ihm das leckere Fleischgericht und dazu Brot, das
sie frisch gebacken hatte.

JAKOB WIRD ANSTELLE SEINES BRUDERS GESEGNET

18 Jakob ging zu Isaak ins Zelt und sagte: »Mein Vater!«
»Ja«, sagte Isaak; »welcher von meinen Söhnen bist
du?« 19 »Esau, dein Erstgeborener«, antwortete Jakob.
»Ich habe deinen Wunsch erfüllt. Setz dich auf und
iss von meinem Wild, damit du mich segnen kannst.«
20 »Wie hast du so schnell etwas gefunden, mein
Sohn?«, fragte Isaak. Jakob erwiderte: »Der HERR,
dein Gott, hat es mir über den Weg laufen lassen.«
21 »Tritt näher«, sagte Isaak, »ich will fühlen, ob du
wirklich mein Sohn Esau bist.« 22 Jakob trat zu seinem
Vater. Der betastete ihn und sagte: »Die Stimme ist Ja-
kobs Stimme, aber die Hände sind Esaus Hände.« 23 Er
erkannte Jakob nicht, weil seine Hände behaart waren
wie die seines Bruders. Darum wollte er ihn segnen.
24 Aber noch einmal fragte Isaak: »Bist du wirklich
mein Sohn Esau?« Jakob antwortete: »Ja, der bin ich.«
25 »Dann bring mir das Gericht!«, sagte Isaak. »Ich
will von dem Wild meines Sohnes essen und ihn dann
segnen.« Jakob gab ihm das Gericht und sein Vater
aß, dann reichte er ihm Wein und er trank. 26 Darauf
sagte Isaak: »Komm her, mein Sohn, und küsse mich!«
27 Jakob trat heran und küsste ihn. Isaak roch den Duft
seiner Kleider, da sprach er das Segenswort: »Mein
Sohn, du duftest kräftig wie die Flur, wenn sie der
HERR mit seinem Regen tränkt. 28 Gott gebe dir den
Tau vom Himmel und mache deine Felder fruchtbar,
damit sie Korn und Wein in Fülle tragen! 29 Nationen
sollen sich vor dir verneigen, und Völker sollen deine
Diener werden. Du wirst der Herrscher deiner Brüder
sein, sie müssen sich in Ehrfurcht vor dir beugen. Wer
dich verflucht, den soll das Unglück treffen; doch wer
dir wohl will, soll gesegnet sein!«

ISAAK KANN DEN SEGEN NICHT RÜCKGÄNGIG MACHEN

30 So segnete Isaak seinen Sohn Jakob. Kaum aber
war er damit fertig und kaum war Jakob aus dem
Zelt gegangen, da kam auch schon sein Bruder Esau
von der Jagd zurück. 31 Auch er bereitete ein leckeres
Gericht, brachte es seinem Vater und sagte: »Mein Va-
ter, setz dich auf und iss von meinem Wild, damit du
mich segnen kannst!« 32 »Wer bist denn *du*?«, fragte
Isaak. »Dein Sohn Esau, dein Erstgeborener«, war die
Antwort. 33 Da begann Isaak vor Schreck heftig zu zit-
tern. »Wer?«, rief er. »Wer war dann der, der soeben
von mir ging? Er hat ein Stück Wild gejagt und es mir
gebracht, und ich habe davon gegessen, bevor du
kamst. Ich habe ihn gesegnet und kann es nicht mehr
ändern – er wird gesegnet bleiben!« 34 Esau schrie
laut auf, als er das hörte, voll Schmerz und Bitterkeit.
»Vater«, rief er »segne mich auch!« 35 Aber Isaak erwi-
derte: »Dein Bruder ist gekommen und hat dich mit List
um deinen Segen gebracht.« 36 »Zu Recht trägt er den
Namen Jakob«, sagte Esau. »Schon zum zweiten Mal
hat er mich betrogen: Erst nahm er mir das Erstgeburts-
recht und jetzt auch noch den Segen. Hast du denn kei-
nen Segen mehr für mich übrig?« 37 Isaak antwortete:
»Ich habe ihn zum Herrscher über dich gemacht; alle
seine Brüder müssen ihm dienen. Mit Korn und Wein
habe ich ihn reichlich versehen. Was bleibt mir da noch
für dich, mein Sohn?« 38 Esau sagte: »Hast du nur den
einen Segen, Vater? Segne mich auch!« Und er begann
laut zu weinen. 39 Da sagte Isaak: »Weit weg von guten
Feldern wirst du wohnen, kein Tau vom Himmel wird
dein Land befeuchten, 40 ernähren musst du dich mit
deinem Schwert! Du wirst der Sklave deines Bruders
sein; doch eines Tages stehst du auf und wehrst dich
und wirfst sein Joch von deinen Schultern ab!«

REBEKKA RÄT JAKOB ZUR FLUCHT

41 Esau konnte es Jakob nicht verzeihen, dass er ihn
um den väterlichen Segen gebracht hatte. Er dachte:
»Mein Vater lebt nicht mehr lange. Wenn die Trauerzeit
vorüber ist, werde ich meinen Bruder Jakob umbrin-
gen.« 42 Rebekka wurde zugetragen, dass ihr älterer
Sohn Esau solche Reden führte. Da ließ sie Jakob, den
jüngeren Sohn, rufen und sagte zu ihm: »Dein Bruder
Esau will sich an dir rächen und dich umbringen.
43 Darum hör auf mich, mein Sohn! Flieh nach Haran
zu meinem Bruder Laban! 44 Bleib einige Zeit dort, bis
sich der Zorn deines Bruders gelegt hat – 45 bis er dir
nicht mehr so böse ist und nicht mehr daran denkt, was
du ihm angetan hast. Ich werde dir Nachricht schicken,
wenn du wieder zurückkehren kannst. Ich will euch
doch nicht beide an *einem* Tag verlieren!«

JAKOB SOLL EINE FRAU AUS DER ALTEN HEIMAT HEIRATEN

46 Rebekka sagte zu Isaak: »Das Leben ist mir verlei-
det, weil Esau diese Hetiterinnen geheiratet hat. Wenn
auch noch Jakob eine Frau aus dem Land hier nimmt,
möchte ich lieber gleich sterben.«

28 Da rief Isaak seinen Sohn Jakob zu sich. Er
segnete ihn und sagte: »Du darfst auf keinen
Fall eine Frau aus dem Land Kanaan heiraten! 2 Geh
nach Mesopotamien zur Familie Betuëls, des Vaters
deiner Mutter, und nimm dir eine von den Töchtern
Labans, des Bruders deiner Mutter, zur Frau. 3 Gott, der
Gewaltige, wird dich segnen. Er wird dich fruchtbar
machen und dir viele Nachkommen schenken, sodass

aus dir eine ganze Schar von Völkern wird. 4 Auf dich und deine Nachkommen wird der Segen übergehen, den Abraham empfangen hat: Sie werden das Land in Besitz nehmen, in dem du noch als Fremder lebst und das Gott einst Abraham zugesprochen hat.« 5 Nachdem Isaak ihn verabschiedet hatte, ging Jakob ins obere Mesopotamien zu Laban, dem Sohn des Aramäers Betuël, dem Bruder von Rebekka, seiner und Esaus Mutter. 6 Das alles erfuhr Esau: Sein Vater Isaak hatte seinen Bruder Jakob gesegnet und nach Mesopotamien geschickt, damit er sich dort eine Frau suche. Als er ihn segnete, hatte er ihm befohlen: »Du darfst auf keinen Fall eine Frau aus dem Land Kanaan heiraten!« 7 Und Jakob hatte seinem Vater und seiner Mutter gehorcht und war nach Mesopotamien gegangen. 8 Da begriff Esau, dass die Frauen Kanaans seinem Vater zuwider waren. 9 Er ging zu Ismaël und nahm zu seinen anderen Frauen hinzu noch dessen Tochter Mahalat, die Schwester Nebajots und Enkelin Abrahams, zur Frau.

JAKOBS TRAUM VON DER »HIMMELSLEITER«

10 Jakob machte sich auf den Weg von Beerscheba nach Haran. 11 Er kam an einen Platz und übernachtete dort, weil die Sonne gerade untergegangen war. Hinter seinen Kopf legte er einen der großen Steine, die dort umherlagen. Während er schlief, 12 sah er im Traum eine breite Treppe, die von der Erde bis zum Himmel reichte. Engel stiegen auf ihr zum Himmel hinauf, andere kamen zur Erde herunter. 13 Der HERR selbst stand ganz dicht bei Jakob und sagte zu ihm: »Ich bin der HERR, der Gott deiner Vorfahren Abraham und Isaak. Das Land, auf dem du liegst, will ich dir und deinen Nachkommen geben. 14 Sie werden so unzählbar sein wie der Staub auf der Erde und sich nach allen Seiten ausbreiten, nach West und Ost, nach Nord und Süd. Am Verhalten zu dir und deinen Nachkommen wird sich für alle Menschen Glück und Segen entscheiden. 15 Ich werde dir beistehen. Ich beschütze dich, wo du auch hingehst, und bringe dich wieder in dieses Land zurück. Ich lasse dich nicht im Stich und tue alles, was ich dir versprochen habe.« 16 Jakob erwachte aus dem Schlaf und rief: »Wahrhaftig, der HERR ist an diesem Ort, und ich wusste es nicht!« 17 Er war ganz erschrocken und sagte: »Man muss sich dieser Stätte in Ehrfurcht nähern. Hier ist wirklich das Haus Gottes, das Tor des Himmels!« 18 Früh am Morgen stand Jakob auf. Den Stein, den er hinter seinen Kopf gelegt hatte, stellte er als Steinmal auf und goss Öl darüber, um ihn zu weihen. 19 Er nannte die Stätte Bet-El (Haus Gottes); vorher hieß der Ort Lus. 20 Dann legte Jakob ein Gelübde ab: »Wenn der HERR mir beisteht«, sagte er, »wenn er mich bewahrt auf der Reise, die ich jetzt antrete, wenn er mir Nahrung und Kleidung gibt 21 und wenn ich wohlbehalten wieder nach Hause zurückkomme, dann soll er allein mein Gott sein. 22 Hier an dieser Stelle, wo ich den Stein aufgestellt habe, soll dann ein Heiligtum für ihn errichtet werden. Von allem Besitz, den er mir schenken wird, werde ich ihm den zehnten Teil geben.«

JAKOB KOMMT ZU LABAN

29 Jakob machte sich auf den Weg und wanderte weiter, dem Steppenland im Osten zu. 2 Eines Tages kam er am Rand der Steppe zu einem Brunnen, aus dem die Hirten der Gegend ihr Vieh tränkten. Drei Herden Schafe und Ziegen lagerten dort; aber der große Stein lag noch auf dem Brunnenloch. 3 Die Hirten warteten für gewöhnlich, bis alle Herden beisammen waren; dann schoben sie den Stein weg, tränkten die Tiere und schoben den Stein wieder an seinen Platz. 4 »Meine Brüder, wo seid ihr zu Hause?«, fragte Jakob die Hirten. »In Haran«, antworteten sie. 5 Er fragte weiter: »Kennt ihr dort Laban, den Sohn Nahors?« »Gewiss«, sagten sie. 6 »Geht es ihm gut?«, wollte Jakob wissen. »O ja«, war die Antwort; »da drüben kommt gerade seine Tochter Rahel mit ihrer Herde!« 7 »Warum wartet ihr eigentlich hier?«, sagte Jakob. »Die Sonne steht noch hoch und es ist zu früh, um die Herden zusammenzutreiben. Tränkt sie und lasst sie wieder weiden!« 8 Die Hirten erwiderten: »Das geht nicht! Erst müssen die anderen Herden hier sein. Dann schieben wir miteinander den Stein weg und geben dem Vieh zu trinken.« 9 Während er noch mit ihnen redete, war auch schon Rahel mit der Herde herangekommen. Sie war Hirtin und hütete die Schafe und Ziegen ihres Vaters. 10 Jakob sah Rahel und ihre Herde, und er sagte sich: »Sie ist die Tochter Labans, des Bruders meiner Mutter, und das hier sind die Schafe und Ziegen Labans, des Bruders meiner Mutter!« Und er ging zum Brunnen, schob den Stein zur Seite und tränkte die Tiere Labans, des Bruders seiner Mutter. 11 Dann küsste er Rahel und weinte laut. 12 Er sagte ihr, dass er der Neffe ihres Vaters und ein Sohn von Rebekka sei; und sie lief zu ihrem Vater und erzählte es ihm. 13 Als Laban hörte, dass der Sohn seiner Schwester gekommen war, lief er Jakob entgegen. Er umarmte und küsste ihn und nahm ihn mit sich in sein Haus. Jakob erzählte ihm, was ihn hergeführt hatte. 14a Als Laban alles gehört hatte, sagte er zu ihm: »Ja, du bist wahrhaftig mein eigen Fleisch und Blut!«

JAKOBS HEIRAT MIT LEA UND RAHEL

14b Jakob war nun schon einen Monat lang im Haus seines Onkels. 15 Eines Tages sagte Laban zu ihm: »Du sollst nicht umsonst für mich arbeiten, nur weil du mein Verwandter bist. Was willst du als Lohn haben?« 16 Nun hatte Laban zwei Töchter, die ältere hieß Lea, die jüngere Rahel. 17 Lea hatte glanzlose Augen, Rahel aber war ausnehmend schön. 18 Jakob liebte Rahel und so sagte er: »Gib mir Rahel, deine jüngere Tochter, zur Frau! Ich will dafür sieben Jahre bei dir arbeiten.« 19 Laban sagte: »Ich gebe sie lieber dir als einem Fremden. Bleib also die Zeit bei mir!« 20 Jakob arbeitete bei Laban sieben Jahre für Rahel, und weil er sie so sehr liebte, kamen ihm die Jahre wie Tage vor. 21 Danach sagte er zu Laban: »Die Zeit ist um. Gib mir jetzt die Frau, um die ich gearbeitet habe! Ich will mit ihr Hochzeit halten.« 22 Laban lud alle Leute im Ort zur Hochzeitsfeier ein. 23 Aber am Abend führte er nicht Rahel, sondern Lea ins Brautgemach und Jakob schlief mit ihr. 24 Als Dienerin gab Laban ihr seine Sklavin Silpa. 25 Am Morgen sah Jakob, dass es gar nicht Rahel, sondern Lea war. Da stellte er Laban zur Rede: »Warum hast du mir das angetan? Ich habe doch um Rahel gearbeitet! Warum hast du mich betrogen?« 26 »Es ist bei uns nicht Sitte«, erwiderte Laban, »die Jüngere vor der Älteren wegzugeben. 27 Verbringe jetzt mit Lea die Hochzeitswoche, dann geben wir dir Rahel noch dazu. Du wirst dann um sie noch einmal sieben Jahre arbeiten.« 28 Jakob ging darauf ein. Nachdem die Woche vorüber war, gab Laban ihm auch Rahel zur Frau. 29 Als Dienerin gab er Rahel seine Sklavin Bilha. 30 Jakob schlief auch mit Rahel, und er hatte sie lieber als Lea. Er blieb noch einmal sieben Jahre lang bei Laban und arbeitete für ihn.

GOTT SCHENKT LEA SÖHNE

31 Der HERR sah, dass Jakob Lea zurücksetzte, deshalb schenkte er ihr Kinder, während Rahel kinderlos blieb. 32 Als Lea ihren ersten Sohn geboren hatte, sagte sie: »Der HERR hat meinen Kummer gesehen; jetzt wird mein Mann mich lieben.« Deshalb nannte sie das Kind Ruben. 33 Danach wurde sie wieder schwanger und gebar einen zweiten Sohn. Sie sagte: »Der HERR hat mir auch noch diesen gegeben, weil er gehört hat, dass mein Mann mich zurückgesetzt hat.« So nannte sie ihn Simeon. 34 Wieder wurde sie schwanger und gebar einen Sohn. »Jetzt habe ich meinem Mann drei Söhne geboren«, sagte sie; »nun wird er vielleicht doch an mir hängen.« Deshalb nannte sie ihn Levi. 35 Als sie schließlich ihren vierten Sohn zur Welt brachte, sagte sie: »Jetzt will ich dem HERRN danken«, und nannte ihn Juda. Dann bekam sie lange Zeit keine Kinder mehr.

DIE SÖHNE DER BEIDEN NEBENFRAUEN

30 Als Rahel sah, dass Lea Kinder bekam und sie nicht, wurde sie eifersüchtig auf ihre Schwester und sagte zu Jakob: »Sorge dafür, dass ich Kinder bekomme, sonst will ich nicht länger leben!« 2 Jakob wurde zornig und sagte: »Kann denn ich etwas dafür? Ich bin doch nicht Gott, der dir Kinder versagt!« 3 Da sagte Rahel: »Hier hast du meine Dienerin Bilha. Schlafe mit ihr, damit sie an meiner Stelle ein Kind bekommt. Wenn sie es auf meinem Schoß zur Welt bringt, ist es wie mein eigenes.« 4 So gab Rahel ihm ihre Dienerin Bilha zur Frau und er schlief mit ihr. 5 Bilha wurde schwanger und gebar Jakob einen Sohn. 6 Rahel sagte: »Gott hat mir zu meinem Recht verholfen, er hat meine Bitten gehört und mir einen Sohn geschenkt.« Darum nannte sie ihn Dan. 7 Danach wurde Rahels Dienerin Bilha noch einmal schwanger und gebar Jakob einen weiteren Sohn. 8 Rahel sagte: »Mit Gottes Hilfe habe ich gegen meine Schwester gekämpft und habe gesiegt.« Und sie nannte ihn Naftali. 9 Als Lea sah, dass sie keine Kinder mehr bekam, gab sie Jakob ihre Dienerin Silpa zur Frau. 10 Auch Silpa gebar Jakob einen Sohn. 11 »Er bringt Glück«, sagte Lea und nannte ihn Gad. 12 Danach gebar Silpa noch einen zweiten Sohn, 13 und Lea sagte: »Ich bin glücklich! Alle Frauen werden mich beneiden.« Darum nannte sie ihn Ascher.

GOTT SCHENKT RAHEL EINEN SOHN

14 Zur Zeit der Weizenernte ging Ruben einmal aufs Feld. Er fand dort Alraunfrüchte und brachte sie seiner Mutter Lea. Da bat Rahel ihre Schwester: »Gib mir doch ein paar von diesen Zauberfrüchten, die dein Sohn gefunden hat.« 15 Aber Lea sagte: »Reicht es dir nicht, dass du mir meinen Mann weggenommen hast? Musst du mir auch noch die Liebesäpfel meines Sohnes nehmen?« Rahel erwiderte: »Wenn du sie mir gibst, soll Jakob meinetwegen heute Nacht bei dir schlafen.« 16 Als Jakob am Abend vom Feld nach Hause kam, ging ihm Lea entgegen und sagte: »Heute musst du bei *mir* schlafen; ich habe dafür mit den Liebesäpfeln meines Sohnes bezahlt.« Jakob schlief bei ihr, 17 und Gott erhörte Leas Bitte. Sie wurde schwanger und gebar Jakob einen fünften Sohn. 18 Sie sagte: »Gott hat mich dafür belohnt, dass ich meinem Mann meine Dienerin gegeben habe.« Darum nannte sie ihn Issachar. 19 Sie wurde noch einmal schwanger und gebar Jakob einen sechsten Sohn. 20 Und sie sagte: »Gott hat mir ein kostbares Geschenk gemacht. Jetzt endlich wird mein Mann mich annehmen, nachdem ich ihm sechs Söhne geboren habe.« Darum nannte sie ihn Sebulon. 21 Danach gebar sie noch eine Tochter und nannte sie Dina. 22 Da endlich dachte Gott an Rahel: Er erhörte ihr Gebet und öffnete ihren Mutterschoß. 23 Sie wurde schwanger und brachte einen Sohn zur Welt. Da sagte sie: »Gott hat meine Schande von mir genommen.« 24 Sie nannte ihn Josef und sagte: »Möge der HERR mir noch einen Sohn dazugeben!«

JAKOB KOMMT ZU SEINEM VERDIENTEN LOHN

25 Nachdem Rahel Josef geboren hatte, sagte Jakob zu Laban: »Lass mich nun frei! Ich möchte in meine Heimat zurückkehren. 26 Gib mir meine Frauen und Kinder, die ich mit meiner Arbeit verdient habe, und lass mich ziehen! Du weißt, wie ich mich mit aller Kraft für dich eingesetzt habe.« 27 Aber Laban erwiderte: »Erweise mir die Gunst, noch zu bleiben! Ich habe genau gemerkt, dass der HERR mich deinetwegen gesegnet und mir Wohlstand geschenkt hat. 28 Was willst du künftig als Lohn? Ich gebe dir, was du verlangst.« 29 Jakob sagte: »Du weißt ja, was ich für dich getan habe und wie dein Vieh sich vermehrt hat. 30 Bevor ich kam, hattest du nur ein paar Tiere, und nun sind daraus so riesige Herden geworden. Für jeden meiner Schritte hat der HERR dich gesegnet. Jetzt muss ich endlich einmal an mich selbst denken und für meine Familie sorgen!« 31 »Sag doch, was verlangst du als Lohn?«, fragte Laban. »Gar nichts«, sagte Jakob; »du musst nur eine einzige Bedingung erfüllen, dann werde ich auch weiterhin für deine Herden sorgen: 32-33 Ich werde heute aus deiner Herde alle schwarzen, schwarz gefleckten und schwarz gesprenkelten Schafe und alle weiß gescheckten und weiß gesprenkelten Ziegen entfernen. Wenn danach trotzdem noch ein gesprenkeltes oder geflecktes Ziegenlamm oder ein schwarzes Schaflamm geworfen wird, soll es mir als Lohn gehören. Du wirst künftig auf *einen* Blick sehen

können, ob ich ehrlich gegen dich bin oder ob ich dich
bestohlen habe: Die Farbe meiner Tiere wird für mich
zeugen.« 34 »Einverstanden!«, antwortete Laban.
»Wir machen es, wie du vorgeschlagen hast.« 35 Er
suchte noch am gleichen Tag aus seiner Herde alle Zie-
gen und Ziegenböcke heraus, an denen etwas Weißes
war, und alle Schafe, an denen etwas Schwarzes war. Er
gab sie seinen Söhnen, 36 und die mussten damit drei
Tagereisen weit wegziehen. Die restliche Herde blieb
unter der Aufsicht Jakobs. 37 Nun schnitt sich Jakob
Zweige von Pappeln, Mandelbäumen und Platanen
und schälte Streifen von der Rinde ab. Diese weiß ge-
streiften Stecken 38 legte er in die Tränkrinnen, wenn
die Tiere zum Trinken kamen; denn er wusste, dass sie
sich dort paarten. 39 Und weil die Tiere beim Anblick
der Stäbe begattet wurden, warfen sie lauter gestreif-
te, gesprenkelte und gescheckte Junge. 40 Außerdem
ließ Jakob die Tiere bei der Paarung in Richtung auf die
gestreiften und dunkelfarbigen Tiere der Herde Labans
blicken. Die jungen Tiere nahm Jakob beiseite und bil-
dete eine eigene Herde daraus. 41 Er legte die Stecken
aber nur dann in die Tränkrinnen, wenn die kräftigen
Tiere sich begatteten; 42 bei den schwächlichen Tieren
tat er es nicht. So bekam Jakob die kräftigen Jungtiere
und Laban die schwachen. 43 Auf diese Weise wurde
Jakob sehr reich und besaß schließlich viele Herden,
dazu Esel, Kamele, Sklaven und Sklavinnen.

JAKOB, RAHEL UND LEA BESCHLIESSEN, LABAN HEIMLICH ZU VERLASSEN

31 Jakob kam zu Ohren, wie die Söhne Labans
über ihn redeten. »Sein ganzer Reichtum ge-
hört eigentlich unserem Vater«, sagten sie. »Alles,
was er hat, hat er uns weggenommen.« 2 Auch Laban
war ihm nicht mehr so wohlgesinnt wie früher. Wenn
Jakob ihn sah, konnte er es deutlich an seinem Gesicht
ablesen. 3 Da sagte der HERR zu Jakob: »Kehre in das
Land deiner Vorfahren und zu deinen Verwandten zu-
rück! Ich werde dir beistehen.« 4 Jakob ließ Rahel und
Lea zu sich auf die Weide rufen. 5 Er sagte zu ihnen:
»Ich merke, dass euer Vater mir nicht mehr so freund-
lich begegnet wie früher. Aber ich bin nur deshalb
so reich geworden, weil der Gott meines Vaters mir
zur Seite stand. 6 Ihr wisst selbst, wie ich mit meiner
ganzen Kraft für euren Vater gearbeitet habe. 7 Er hat
mich betrogen und meinen Lohn zehnmal verändert;
aber Gott hat nicht zugelassen, dass er mir schaden
konnte. 8 Wenn euer Vater sagte: ›Du bekommst die
Gesprenkelten als Lohn‹, wurden lauter gespren-
kelte Tiere geboren; und wenn er sagte: ›Nein, die
Gestreiften‹, gab es lauter gestreifte. 9 Gott selbst hat
die Herden eurem Vater genommen und mir gegeben.
10 Während der Brunstzeit der Tiere sah ich im Traum,
dass alle Böcke, die die Schafe und Ziegen besprangen,
gestreift, gesprenkelt und gescheckt waren. 11 Der En-
gel Gottes rief mich im Traum beim Namen, und als ich
antwortete, 12 sagte er: ›Sieh genau hin: Alle Böcke sind
gestreift, gesprenkelt und gescheckt; denn ich habe
gesehen, was Laban dir antut. 13 Ich bin der Gott, der
dir in Bet-El begegnet ist; dort hast du mir einen Stein
geweiht und ein Gelübde getan. Zieh jetzt aus diesem
Land fort und geh in deine Heimat zurück.‹« 14 Rahel
und Lea antworteten Jakob: »Was haben wir noch von
unserem Vater zu erwarten? 15 Er hat uns wie Fremde
behandelt, verkauft hat er uns und das Geld hat er für
sich verbraucht. 16 Uns und unseren Kindern steht zu,
was Gott unserem Vater weggenommen hat. Tu, was
Gott dir gesagt hat!« 17 Da setzte Jakob seine Frauen
und Kinder auf die Kamele, 18 nahm sein ganzes Vieh
und alles, was er in Mesopotamien erworben hatte, und
machte sich auf den Weg ins Land Kanaan zu seinem
Vater Isaak. 19 Laban war gerade zur Schafschur gegan-
gen. Rahel benutzte die Gelegenheit und entwendete
ihm seinen Hausgott. 20 Jakob hielt seinen Aufbruch vor
dem Aramäer Laban geheim. 21 Fluchtartig machte er
sich auf und davon, überquerte den Eufrat und zog in
Richtung auf das Bergland Gilead.

GOTT SCHÜTZT JAKOB VOR LABAN. RAHELS LIST

22 Zwei Tage später erfuhr Laban, dass Jakob geflo-
hen war. 23 Mit allen Männern aus seiner Familie jagte
er hinter ihm her, und nach sieben Tagen holte er ihn
im Bergland Gilead ein. 24 Gott aber erschien dem
Aramäer Laban in der Nacht im Traum und sagte zu
ihm: »Hüte dich, mit Jakob anders als freundlich zu
reden!« 25 Als Laban Jakob einholte, hatte Jakob ge-
rade seine Zelte im Bergland aufgeschlagen. Auch
Laban und seine Verwandten schlugen dort ihre Zelte
auf. 26 Laban sagte zu Jakob: »Warum hast du mich
hintergangen und meine Töchter wie Kriegsgefan-
gene weggeschleppt? 27 Warum hast du dich heimlich
davongemacht und mir nichts gesagt? Ich hätte dir
gerne mit Gesang und Zithern und Handpauken das
Geleit gegeben. 28 Warum hast du mir nicht erlaubt,
meine Töchter und Enkel zum Abschied zu küssen?
Das war nicht klug von dir! 29 Ich hätte ja die Macht,
mich an euch zu rächen; aber der Gott eures Vaters hat
mich heute Nacht gewarnt: ›Hüte dich, mit Jakob an-
ders als freundlich zu reden!‹ 30 Nun gut, du hast mich
verlassen, weil es dich nach Hause zog; aber warum
hast du mir auch noch meinen Hausgott gestohlen?«
31 Jakob erwiderte: »Ich hatte Angst, du würdest nicht
zulassen, dass deine Töchter mitkommen. 32 Aber dei-
nen Hausgott? Wenn du ihn hier bei irgendjemand
findest – die Person muss sterben! Durchsuche alles
in Gegenwart der Männer, die du mitgebracht hast,
unserer Verwandten, und nimm dir, was dir gehört.«
Jakob wusste nämlich nicht, dass Rahel den Haus-
gott mitgenommen hatte. 33 Laban durchsuchte das
Zelt Jakobs, das Zelt Leas und das Zelt der beiden
Nebenfrauen – vergeblich. Dann ging er zu Rahel.
34 Sie hatte den Hausgott in den korbförmigen Sattel
ihres Kamels gelegt und sich darauf gesetzt. Ihr Vater
durchsuchte das ganze Zelt; 35 sie aber sagte zu ihm:
»Sei nicht böse, wenn ich nicht vor dir aufstehe! Ich
habe gerade meine Tage.« Laban durchsuchte alles,
konnte aber nichts finden. 36 Da wurde Jakob zornig
und begann mit Laban abzurechnen. »Was für ein

Verbrechen habe ich begangen«, sagte er, »dass du mir so wild nachgejagt bist? 37 Meinen ganzen Hausrat hast du durchwühlt; hast du etwas gefunden, was dir gehört? Lege es hier vor meinen und deinen Leuten auf die Erde, damit sie entscheiden, wer von uns beiden im Recht ist! 38 Zwanzig Jahre lang bin ich nun bei dir gewesen, und während der ganzen Zeit haben deine Schafe und Ziegen keine Fehlgeburt gehabt. Nicht einen einzigen Bock von deiner Herde habe ich für mich geschlachtet. 39 Wenn ein Schaf von Raubtieren gerissen wurde, durfte ich es nicht zu dir bringen, um meine Unschuld zu beweisen; ich musste es ersetzen, ganz gleich, ob es bei Tag oder bei Nacht geraubt worden war. 40 Tagsüber litt ich unter der Hitze und nachts unter der Kälte, und oft fand ich keinen Schlaf. 41 Zwanzig Jahre habe ich das nun auf mich genommen; vierzehn habe ich um deine Töchter gearbeitet und sechs um die Herde, und du hast meinen Lohn zehnmal verändert. 42 Wenn der Gott meines Großvaters Abraham und der Gott, vor dem mein Vater Isaak zitterte, mir nicht geholfen hätte, dann hättest du mir alles genommen und mich mit leeren Händen ziehen lassen. Aber Gott hat gesehen, wie ich mich für dich abgearbeitet habe und wie schlecht du mich behandelt hast; deshalb hat er sich in der vergangenen Nacht auf meine Seite gestellt.«

EIN VERTRAG ZWISCHEN JAKOB UND LABAN

43 Laban sagte zu Jakob: »Meine Töchter gehören mir, ihre Söhne gehören mir und diese Herde gehört mir; alles, was du hier siehst, ist mein Eigentum. Aber was kann ich jetzt noch für meine Töchter tun und für die Söhne, die sie geboren haben? 44 Wir wollen einen Vertrag miteinander schließen und ein Zeichen errichten, das uns beide daran erinnert.« 45 Dann nahm Jakob einen großen Stein und stellte ihn als Erinnerungszeichen auf. 46 Er forderte seine Verwandten auf, Steine zu sammeln und sie zu einem Hügel zusammenzutragen. Auf diesem Steinhügel hielten sie ein gemeinsames Mahl. 47 Laban nannte ihn Jegar-Sahaduta und Jakob Gal-Ed. 48 Laban sagte: »Dieser Hügel ist Zeuge für unsere Abmachung.« Daher bekam er den Namen Gal-Ed (Zeugenhügel). 49 Er wird aber auch Mizpa (Wachtturm) genannt, weil Laban fortfuhr: »Möge der HERR ein wachsames Auge auf jeden von uns haben, nachdem wir auseinandergegangen sind! 50 Nimm dich davor in Acht, meine Töchter schlecht zu behandeln oder noch weitere Frauen zu nehmen. Kein Mensch ist hier als Zeuge für unsere Abmachung, Gott ist unser Zeuge!« 51 Weiter sagte Laban zu Jakob: »Dieser Steinhügel und dieses Steinmal, das ich zwischen uns errichtet habe, 52 sie sollen uns warnen, dass keiner von uns die Grenze zum andern in böser Absicht überschreitet. 53 Der Gott Abrahams und der Gott Nahors sollen den bestrafen, der sich nicht daran hält!« Jakob schwor bei dem Gott seines Vaters Isaak, sich an diese Abmachung zu halten. 54 Dann schlachtete er dort im Bergland ein Opfertier und lud seine Verwandten zum Opfermahl ein. Sie aßen mit ihm und blieben dort über Nacht.

32 Am anderen Morgen küsste Laban seine Töchter und Enkel zum Abschied und segnete sie. Dann kehrte er in seine Heimat zurück.

JAKOB BEREITET SICH AUF DIE BEGEGNUNG MIT ESAU VOR

2 Als Jakob weiterzog, begegneten ihm Engel Gottes. 3 Erstaunt rief er: »Hier ist das Lager Gottes!« Deshalb nannte er den Ort Mahanajim (Doppellager). 4 Dann sandte er Boten voraus zu seinem Bruder Esau, der sich im Gebirge Seïr im Land Edom aufhielt. 5 Sie sollten Esau, seinem Herrn, ausrichten: »Dein ergebener Diener Jakob lässt dir sagen: ›Ich bin die ganze Zeit über bei Laban gewesen und komme jetzt zurück. 6 Ich habe reichen Besitz erworben: Rinder, Esel, Schafe und Ziegen, Sklaven und Sklavinnen. Ich lasse es dir, meinem Herrn, melden und bitte, dass du mich freundlich aufnimmst.‹« 7 Die Boten kamen zurück und berichteten Jakob: »Wir haben deinem Bruder Esau die Botschaft ausgerichtet. Er ist schon auf dem Weg zu dir; vierhundert Mann hat er bei sich.« 8 Als Jakob das hörte, erschrak er. Er verteilte seine Leute und das Vieh und die Kamele auf zwei Karawanen; 9 denn er dachte: Wenn Esau auf die eine trifft und alles niedermetzelt, wird wenigstens die andere gerettet. 10 Dann betete Jakob: »HERR, du Gott meines Großvaters Abraham und meines Vaters Isaak! Du hast zu mir gesagt: ›Kehr in deine Heimat und zu deiner Familie zurück; ich beschütze dich und lasse es dir gut gehen.‹ 11 Ich bin es nicht wert, dass du mir, deinem Diener, so viel Gutes getan und deine Zusage wahr gemacht hast. Ich besaß nur einen Wanderstock, als ich den Jordan überschritt, und nun komme ich zurück mit zwei großen Karawanen. 12 Rette mich doch jetzt vor meinem Bruder Esau! Ich habe solche Angst vor ihm. Er wird uns alle umbringen, auch die Frauen und Kinder. 13 Du hast mir doch versprochen: ›Ich beschütze dich; ich lasse es dir gut gehen. Deine Nachkommen sollen wie der Sand am Meer werden, den niemand zählen kann.‹« 14 Jakob blieb die Nacht über an diesem Ort. Dann stellte er aus seinem Besitz ein Geschenk für seinen Bruder Esau zusammen. 15 Er nahm 200 Ziegen und 200 Schafe, dazu 20 Ziegenböcke und 20 Schafböcke, 16 30 Kamelstuten mit ihren Jungen, 40 Kühe, 10 Stiere, 20 Eselinnen und 10 Esel. 17 Die gab er seinen Hirten, jedem eine Herde, und befahl ihnen: »Zieht voraus und lasst einen Abstand zwischen den Herden!« 18 Zum ersten sagte er: »Wenn mein Bruder Esau dir entgegenkommt, wird er dich fragen: ›Wer ist dein Herr? Wohin ziehst du? Wem gehört das Vieh, das du vor dir hertreibst?‹ 19 Antworte ihm: ›Es gehört Jakob, deinem ergebenen Diener. Er möchte es dir, meinem Herrn, schenken; er selbst kommt gleich hinterher.‹« 20 Dasselbe befahl er auch dem zweiten und dritten und allen übrigen, und er schärfte ihnen ein: »Ihr müsst zu Esau sagen: 21 ›Dein ergebener Diener Jakob kommt gleich hinter uns her.‹« Er dachte nämlich: Ich will zurückbleiben und ihn erst mit meinen Geschenken günstig stimmen; vielleicht nimmt er mich dann freundlich auf. 22 Jakob blieb also

die Nacht über am Lagerplatz, während die Herden,
die er als Geschenk für seinen Bruder bestimmt hatte,
vorauszogen.

JAKOB RINGT MIT GOTT

23 Mitten in der Nacht stand Jakob auf und nahm seine
beiden Frauen und die beiden Nebenfrauen und seine
elf Söhne und brachte sie an einer seichten Stelle über
den Jabbok; 24 auch alle seine Herden brachte er über
den Fluss. 25 Nur er allein blieb zurück. Da trat ihm ein
Mann entgegen und rang mit ihm bis zum Morgen-
grauen. 26 Als der andere sah, dass sich Jakob nicht
niederringen ließ, gab er ihm einen Schlag auf das
Hüftgelenk, sodass es sich ausrenkte. 27 Dann sagte
er zu Jakob: »Lass mich los; es wird schon Tag!« Aber
Jakob erwiderte: »Ich lasse dich nicht los, bevor du
mich segnest!« 28 »Wie heißt du?«, fragte der andere,
und als Jakob seinen Namen nannte, 29 sagte er: »Du
sollst von nun an nicht mehr Jakob heißen, du sollst
Israel heißen! Denn du hast mit Gott und mit Men-
schen gekämpft und hast gesiegt.« 30 Jakob bat ihn:
»Sag mir doch deinen Namen!« Aber er sagte nur:
»Warum fragst du?«, und segnete ihn. 31 »Ich habe
Gott von Angesicht gesehen«, rief Jakob, »und ich lebe
noch!« Darum nannte er den Ort Penuël. 32 Als Jakob
den Schauplatz verließ, ging die Sonne über ihm auf.
Er hinkte wegen seiner Hüfte. 33 Bis zum heutigen Tag
essen die Leute von Israel, wenn sie Tiere schlachten,
den Muskel über dem Hüftgelenk nicht, weil Jakob auf
diese Stelle geschlagen wurde.

DAS WIEDERSEHEN MIT ESAU

33 Als Jakob aufblickte, sah er Esau kommen und
hinter ihm seine vierhundert Mann. Da stellte er
die Kinder zu ihren Müttern, zu Lea und zu Rahel und
zu den beiden Nebenfrauen. 2 Dann ließ er die Neben-
frauen mit ihren Kindern vorangehen, dahinter ging Lea
mit ihren Kindern, und zum Schluss kam Rahel mit Josef.
3 Jakob selbst ging an der Spitze des Zuges und warf
sich siebenmal auf die Erde, bis er zu seinem Bruder
kam. 4 Esau aber lief ihm entgegen, umarmte und küsste
ihn. Beide weinten vor Freude. 5 Als Esau die Frauen
mit ihren Kindern sah, fragte er seinen Bruder: »Wen
hast du da bei dir?« »Das sind die Kinder, die Gott mir
geschenkt hat«, sagte Jakob. 6 Die Nebenfrauen mit
ihren Kindern traten herzu und warfen sich vor Esau
nieder, 7 ebenso Lea mit ihren Kindern, und zuletzt Ra-
hel mit Josef. 8 »Was wolltest du denn mit den Herden,
die du mir entgegenschicktest?«, fragte Esau seinen
Bruder. »Ich wollte dir, meinem Herrn, ein Geschenk
machen, damit du mich freundlich aufnimmst«, erwi-
derte Jakob. 9 »Lieber Bruder«, sagte Esau, »ich habe
selbst genug. Behalte es nur!« 10 »Nein, nein!«, sagte
Jakob. »Wenn du mir wieder gut bist, musst du mein
Geschenk annehmen. Wie man vor Gott tritt, um Gnade
zu finden, so bin ich vor dich getreten, und du hast mich
freundlich angesehen. 11 Darum nimm mein Geschenk
an! Gott hat mir Glück gegeben, ich bin sehr reich ge-
worden.« Jakob drängte seinen Bruder so lange, bis
er alles annahm. 12 Dann schlug Esau vor: »Wir wollen
weiterziehen! Ich werde dich begleiten.« 13 Aber Jakob
sagte: »Hör deinen Diener! Du siehst ja, dass die Kinder
nicht so schnell gehen können. Außerdem muss ich die
säugenden Schafe und Rinder schonen. Wenn ich sie
nur einen Tag lang zu schnell treibe, wird mir die ganze
Herde vor Erschöpfung sterben. 14 Zieh darum ruhig
voraus; ich werde dir nach Seïr folgen, so schnell es
mit den Kindern und Tieren möglich ist.« 15 Esau wollte
wenigstens ein paar von seinen Leuten als Begleitung
zurücklassen, aber Jakob sagte: »Ich brauche sie wirk-
lich nicht. Es genügt mir, wenn du, mein Herr, mir auch
künftig gut bist.« 16 Esau machte sich auf den Rückweg
nach Seïr, 17 und Jakob zog weiter nach Sukkot (Hüt-
ten). Dort baute er sich ein Haus; für das Vieh machte
er Schutzdächer aus geflochtenen Zweigen. Davon hat
der Ort seinen Namen. 18 Schließlich kam Jakob wohl-
behalten nach Sichem. Hier war er am Ziel seiner Reise,
die er in Mesopotamien begonnen hatte. Vor der Stadt
schlug er auf freiem Feld seine Zelte auf 19 und kaufte
das Grundstück für den Lagerplatz für 100 große Sil-
berstücke von den Söhnen Hamors, des Gründers der
Stadt. 20 Er errichtete dort einen Altar und gab ihm den
Namen ›Gott ist der Gott Israels‹.

VERGEWALTIGUNG DINAS UND KONFLIKT MIT DEN KANAANITISCHEN BEWOHNERN DES LANDES

34 Dina, die Tochter Leas und Jakobs, ging einmal
aus dem Zeltlager, um Frauen der Landesbe-
wohner zu besuchen. 2 Sichem, der Sohn des Hiwiters
Hamor, des führenden Mannes der Gegend, sah sie, fiel
über sie her und vergewaltigte sie. 3 Er hatte aber eine
echte Zuneigung zu Dina gefasst; deshalb suchte er ihr
Herz zu gewinnen. 4 Zu seinem Vater Hamor sagte er:
»Sieh zu, dass ich dieses Mädchen zur Frau bekomme!«
5 Jakob hörte, dass seine Tochter Dina geschändet wor-
den war; aber weil seine Söhne gerade draußen bei den
Herden waren, unternahm er nichts und wartete ihre
Rückkehr ab. 6 Sichems Vater kam zu Jakob, um mit ihm
über die Sache zu reden. 7 Als die Söhne Jakobs heim-
kamen und davon erfuhren, waren sie tief verletzt und
es packte sie der Zorn, weil Sichem die Tochter Jakobs
vergewaltigt hatte. Das galt in Israel als Schandtat; so
etwas durfte nicht geschehen! 8 Hamor aber redete
ihnen zu und sagte: »Mein Sohn Sichem liebt das
Mädchen; gebt sie ihm doch zur Frau! 9 Warum sollen
wir uns nicht miteinander verschwägern? Gebt uns
eure Töchter, und heiratet ihr unsere Töchter! 10 Unser
Gebiet steht euch zur Verfügung. Werdet hier bei uns
ansässig und tauscht eure Erzeugnisse gegen die un-
seren. Wenn ihr wollt, könnt ihr auch Grund und Bo-
den erwerben.« 11 Sichem sagte zu Dinas Vater und zu
ihren Brüdern: »Schlagt meine Bitte nicht ab! Ich will
euch alles geben, was ihr verlangt. 12 Ihr könnt den
Brautpreis und die Hochzeitsgabe für die Braut so hoch
ansetzen, wie ihr wollt; ich zahle alles, wenn ich nur das
Mädchen zur Frau bekomme.« 13 Die Söhne Jakobs ga-
ben Sichem und seinem Vater Hamor eine hinterlistige

Antwort, weil Sichem ihre Schwester Dina geschändet hatte. 14 Sie sagten: »Wir können unsere Schwester nicht einem unbeschnittenen Mann geben; das geht gegen unsere Ehre. 15 Wir werden auf eure Bitte nur eingehen, wenn ihr uns gleich werdet und alle männlichen Bewohner eurer Stadt sich beschneiden lassen. 16 Dann geben wir euch unsere Töchter, und wir können eure Töchter heiraten; dann wollen wir bei euch bleiben und mit euch zusammen ein einziges Volk bilden. 17 Wenn ihr darauf nicht eingeht, nehmen wir das Mädchen und ziehen weg.« 18 Hamor und sein Sohn Sichem fanden den Vorschlag gut. 19 Der junge Mann nahm die Angelegenheit sogleich in die Hand, denn er liebte das Mädchen, und alle in seiner Familie hörten auf ihn. 20 Hamor und Sichem gingen zum Versammlungsplatz am Tor und trugen die Sache den Männern ihrer Stadt vor. Sie sagten: 21 »Diese Leute kommen in friedlicher Absicht zu uns; lassen wir sie doch bei uns wohnen und ihren Geschäften nachgehen. Es ist Platz genug für sie im Land. Wir wollen uns durch gegenseitige Heirat mit ihnen verbinden. 22 Sie sind bereit, bei uns zu bleiben und sich mit uns zu einem einzigen Volk zu vereinen. Nur eine Bedingung stellen sie: dass alle männlichen Bewohner unserer Stadt beschnitten werden, so wie es bei ihnen Brauch ist. 23 Wir wollen ihnen diese Bedingung erfüllen, dann werden sie unter uns wohnen und ihre Herden und ihr ganzer Besitz werden uns gehören!« 24 Die Männer der Stadt hörten auf die beiden, und alles, was männlich war, wurde beschnitten. 25 Am dritten Tag aber, als sie im Wundfieber lagen, nahmen Dinas Brüder Simeon und Levi ihre Schwerter, drangen in die unbewachte Stadt ein und töteten alle männlichen Bewohner. 26 Sie erschlugen auch Hamor und Sichem, holten ihre Schwester aus Sichems Haus und nahmen sie mit. 27 Dann raubten die Söhne Jakobs die Erschlagenen aus und plünderten die Stadt. So rächten sie sich dafür, dass Sichem ihre Schwester geschändet hatte. 28 Sie nahmen alle Schafe und Ziegen, Rinder, Esel und was sonst noch an Tieren in der Stadt und auf dem freien Feld war 29 und raubten alles, was sie in den Häusern fanden. Auch die Frauen und Kinder schleppten sie als Beute weg. 30 Jakob aber sagte zu Simeon und Levi: »Ihr habt mich ins Unglück gebracht! Die Bewohner des Landes, die Kanaaniter und die Perisiter, werden mich jetzt hassen wie einen Todfeind. Ich habe nur eine Handvoll Leute. Wenn sich alle gegen uns zusammentun, ist es um uns geschehen; sie bringen mich um mit meiner ganzen Familie!« 31 Aber die beiden erwiderten: »Wir konnten doch nicht hinnehmen, dass er unsere Schwester wie eine Hure behandelt hat!«

JAKOB KOMMT NACH BET-EL

35 Gott sagte zu Jakob: »Zieh von hier weg und geh nach Bet-El! Bleib dort und baue mir einen Altar; denn dort bin ich dir erschienen, als du vor deinem Bruder Esau fliehen musstest.« 2 Da befahl Jakob seiner ganzen Familie samt den Sklaven und Sklavinnen: »Schafft alles fort, was mit fremden Göttern zu tun hat! Reinigt euch und zieht frische Kleider an! 3 Wir gehen miteinander nach Bet-El. Dort will ich einen Altar bauen für den Gott, der mich in der Not gehört hat und mir auf dem ganzen Weg zur Seite gestanden ist.« 4 Alle gaben Jakob ihre Götterfiguren und die Ohrringe, die sie als Amulette trugen, und er vergrub sie unter der großen Eiche bei Sichem. 5 Dann machten sie sich auf den Weg. Gott aber ließ über die Bewohner der umliegenden Städte einen solchen Schrecken kommen, dass sie es nicht wagten, sie zu verfolgen. 6 So kam Jakob mit allen seinen Leuten nach Lus im Land Kanaan, das auch Bet-El heißt. 7 Er baute dort einen Altar und nannte die Opferstätte El-Bet-El (Gott von Bet-El); denn hier war ihm Gott erschienen, als er vor seinem Bruder fliehen musste. 8 Damals starb Debora, die Amme Rebekkas. Sie begruben sie unter der Eiche bei Bet-El, die davon den Namen Klageeiche erhielt.

GOTT WIEDERHOLT SEIN VERSPRECHEN

9 Nachdem Jakob aus Mesopotamien zurückgekehrt war, erschien ihm Gott ein zweites Mal. Er segnete ihn 10 und sagte: »Du sollst von jetzt an nicht mehr Jakob heißen, sondern Israel.« So gab er ihm den Namen Israel. 11 Weiter sagte Gott: »Ich bin der Gewaltige. Sei fruchtbar und vermehre dich! Deine Nachkommen sollen zu einem ganzen Volk, ja zu einem Verband von Völkern werden, und sogar Könige werden von dir abstammen. 12 Dir und deinen Nachkommen will ich das Land geben, das ich Abraham und Isaak zugesprochen habe.« 13 Als Gott zu Ende gesprochen hatte, fuhr er von dem Ort, an dem er mit Jakob geredet hatte, in den Himmel empor. 14 Jakob errichtete an dieser Stelle ein Steinmal, goss darüber Wein als Trankopfer aus und besprengte es mit Öl. 15 Er nannte den Ort, an dem Gott mit ihm gesprochen hatte, Bet-El (Haus Gottes).

RAHEL STIRBT BEI BENJAMINS GEBURT

16 Dann zog Jakob mit seiner Familie von Bet-El weiter. Als sie nur noch ein kleines Stück von Efrata entfernt waren, setzten bei Rahel die Wehen ein. Sie hatte eine sehr schwere Geburt. 17 Während sie sich unter großen Schmerzen abmühte, rief ihr die Hebamme zu: »Hab keine Angst! Du hast wieder einen Sohn!« 18 Aber Rahel spürte, dass es mit ihr zu Ende ging. Deshalb nannte sie das Kind Ben-Oni; aber sein Vater nannte es Benjamin. 19 Rahel starb, und Jakob begrub sie dort an der Straße nach Efrata, das jetzt Betlehem heißt. 20 Er stellte auf ihrem Grab einen Denkstein auf; der steht dort noch heute als Grabmal Rahels. 21 Dann zog er weiter und schlug seine Zelte hinter Migdal-Eder auf. 22a Dort geschah es, dass Ruben einmal zu Bilha, der Nebenfrau seines Vaters, ging und mit ihr schlief. Als Jakob davon erfuhr, empfand er es als eine schwere Kränkung.

LISTE DER SÖHNE UND FRAUEN JAKOBS. ISAAKS TOD

22b Jakob hatte zwölf Söhne. 23 Die Söhne, die Lea geboren hatte, waren: Ruben, der Erstgeborene, Simeon, Levi, Juda, Issachar und Sebulon. 24 Die Söhne, die

Rahel geboren hatte, waren: Josef und Benjamin. 25 Die Söhne von Bilha, der Dienerin Rahels, waren Dan und Naftali, 26 die von Silpa, der Dienerin Leas, waren Gad und Ascher. Das sind die Söhne Jakobs, die ihm in Mesopotamien geboren wurden. 27 Zuletzt kam Jakob zu seinem Vater Isaak nach Mamre bei Kirjat-Arba, das jetzt Hebron heißt. Dort hatten Abraham und Isaak als Fremde in diesem Land gelebt. 28 Isaak wurde 180 Jahre alt. 29 Dann starb er, gesättigt von einem langen und erfüllten Leben, und wurde im Tod mit seinen Vorfahren vereint. Seine beiden Söhne Esau und Jakob begruben ihn.

ESAU UND SEINE FRAUEN. IHRE NACHKOMMEN: DIE EDOMITER

36 Hier ist die Liste der Nachkommen Esaus, der auch Edom heißt: 2 Esau hatte drei Frauen aus dem Land Kanaan geheiratet: die Hetiterin Ada, eine Tochter Elons, die Hiwiterin Oholibama, eine Tochter Anas und Enkelin Zibons, 3 sowie Basemat, eine Tochter Ismaëls und Schwester Nebajots. 4 Ada gebar Elifas, Basemat gebar Reguël, 5 und Oholibama gebar Jëusch, Jalam und Korach. Alle diese Söhne wurden Esau im Land Kanaan geboren. 6 Später zog Esau von seinem Bruder Jakob weg in ein anderes Land. Seine Frauen, seine Söhne und Töchter und alle seine Leute nahm er mit, ebenso seine Herden und seinen ganzen Besitz, den er im Land Kanaan erworben hatte. 7 Die beiden Brüder waren zu reich, um auf die Dauer zusammenbleiben zu können; es gab im Land nicht genügend Weide für ihre großen Viehherden. 8 Deshalb nahm Esau – das ist Edom – seinen Wohnsitz im Bergland Seïr. 9 Dies ist die Liste der Nachkommen Esaus, des Stammvaters der Edomiter, die auf dem Bergland Seïr leben: 10 Von seinen Frauen Ada und Basemat hatte Esau je einen Sohn: Elifas und Reguël. 11 Elifas wurde der Vater von Teman, Omar, Zefo, Gatam und Kenas. 12 Seine Nebenfrau Timna gebar ihm außerdem noch Amalek. Diese alle stammen von Esaus Frau Ada ab. 13 Reguël wurde der Vater von Nahat, Serach, Schamma und Misa. Sie alle stammen von Esaus Frau Basemat ab. 14 Oholibama aber, die Tochter Anas und Enkelin Zibons, gebar Esau die Söhne Jëusch, Jalam und Korach. 15 Von Esau leiten sich die Stämme der Edomiter mit ihren Oberhäuptern her. Von Elifas, dem Erstgeborenen Esaus, stammen: Teman, Omar, Zefo, Kenas, 16 Gatam und Amalek. Sie alle gehen auf Esaus Frau Ada zurück. 17 Von Esaus zweitem Sohn Reguël stammen: Nahat, Serach, Schamma und Misa. Sie gehen auf Esaus Frau Basemat zurück. 18 Von Esaus Frau Oholibama, der Tochter Anas, stammen: Jëusch, Jalam und Korach. 19 Alle diese Stämme und ihre Oberhäupter sind Nachkommen Esaus. Sie bilden zusammen das Volk der Edomiter.

DIE NACHKOMMEN SEÏRS

20-21 Die ursprünglichen Bewohner des Landes Edom sind Nachkommen des Horiters Seïr. Dessen Söhne waren: Lotan, Schobal, Zibon, Ana, Dischon, Ezer und Dischan. Von ihnen leiten sich die Stämme der Horiter ab. 22 Der Stamm Lotan verzweigt sich in die Sippen Hori und Hemam; auch die Stadt Timna gehört zu diesem Stamm. 23 Der Stamm Schobal verzweigt sich in die Sippen Alwan, Manahat, Ebal, Schefi und Onam. 24 Der Stamm Zibon verzweigt sich in die Sippen Aja und Ana. Ana war es, der in der Wüste eine Quelle fand, als er die Esel seines Vaters Zibon hütete. 25 Der Stamm Ana verzweigt sich in die Sippen Dischon und Oholibama. Oholibama war eine Tochter von Ana. 26 Der Stamm Dischon verzweigt sich in die Sippen Hemdan, Eschban, Jitran und Keran. 27 Der Stamm Ezer verzweigt sich in die Sippen Bilhan, Saawan und Akan. 28 Der Stamm Dischan verzweigt sich in die Sippen Uz und Aran. 29-30 Dies also sind die Stämme der Horiter im Land Seïr nach der Reihenfolge ihrer Stammväter: Lotan, Schobal, Zibon, Ana, Dischon, Ezer, Dischan.

DIE KÖNIGE DER EDOMITER

31 In der Zeit, bevor es in Israel einen König gab, herrschten über das Land Edom nacheinander die folgenden Könige: // 32 Bela, der Sohn Beors, in der Stadt Dinhaba; / 33 Jobab, der Sohn Serachs, aus der Stadt Bozra; / 34 Huscham aus dem Gebiet des Stammes Teman; / 35 Hadad, der Sohn Bedads, in der Stadt Awit; er besiegte die Midianiter in einer Schlacht auf dem Gebiet von Moab; / 36 Samla aus der Stadt Masreka; / 37 Schaul aus der Stadt Rehobot am Fluss; / 38 Baal-Hanan, der Sohn Achbors; / 39 Hadad in der Stadt Pagu; seine Frau Mehetabel war eine Tochter Matreds und Enkelin Me-Sahabs. //

NOCH EINE STAMMESLISTE DER EDOMITER

40 Dies sind die Oberhäupter der Nachkommen Esaus, die auch ihren Stämmen und Städten den Namen gegeben haben: Timna, Alwa, Jetet, 41 Oholibama, Ela, Pinon, 42 Kenas, Teman, Mibzar, 43 Magdiël und Iram. Dies sind die Stämme Edoms und ihre Wohnsitze in dem Land, das sie in Besitz genommen haben. Dies ist die Nachkommenschaft Esaus, von dem die Edomiter abstammen.

JOSEF HAT PROPHETISCHE TRÄUME

37 Jakob nahm seinen Wohnsitz im Land Kanaan, dem Land, in dem schon sein Vater als Fremder gelebt hatte. 2 Dies ist die Familiengeschichte Jakobs: Jakobs Sohn Josef war noch ein junger Bursche von siebzehn Jahren. Er half seinen Brüdern, den Söhnen von Bilha und Silpa, beim Hüten der Schafe und Ziegen. Er hinterbrachte seinem Vater immer, was die Leute sich von dem Treiben seiner Brüder erzählten. 3 Jakob hatte Josef von allen seinen Söhnen am liebsten, weil er ihm erst im Alter geboren worden war. Deshalb ließ er ihm ein prächtiges Gewand machen. 4 Als seine Brüder sahen, dass der Vater ihn mehr liebte als sie alle, begannen sie ihn zu hassen und konnten kein freundliches Wort mehr mit ihm reden. 5 Einmal hatte Josef einen Traum. Als er ihn seinen Brüdern erzählte, wurde ihr Hass noch größer. 6 »Ich will euch sagen, was ich

geträumt habe«, fing Josef an. 7 »Wir waren mitein-
ander auf dem Feld, schnitten Getreide und banden
es in Garben. Auf einmal stellt sich meine Garbe auf
und bleibt stehen. Und eure Garben, die stellen sich
im Kreis um sie herum und verneigen sich vor meiner.«
8 Seine Brüder sagten zu ihm: »Du willst wohl noch
König werden und über uns herrschen?« Wegen sei-
ner Träume und weil er sie so offen erzählte, hassten
ihn seine Brüder noch mehr. 9 Er hatte nämlich noch
einen anderen Traum, und auch den erzählte er ihnen.
»Ich habe noch einmal geträumt«, sagte er. »Ich sah
die Sonne, den Mond und elf Sterne. Stellt euch vor: Die
alle verneigten sich vor mir.« 10 Als er das seinem Vater
und seinen Brüdern erzählte, fuhr sein Vater ihn an und
sagte: »Was ist das für ein dummer Traum, den du da
geträumt hast? Ich und deine Mutter und deine Brüder,
wir alle sollen uns vor dir niederwerfen?« 11 Die Brüder
waren eifersüchtig auf Josef; aber sein Vater behielt die
Sache im Gedächtnis.

DIE BRÜDER VERKAUFEN JOSEF NACH ÄGYPTEN

12 Einmal waren Josefs Brüder unterwegs; sie weideten
die Schafe und Ziegen ihres Vaters in der Nähe von
Sichem. 13 Da sagte Jakob zu Josef: »Du weißt, deine
Brüder sind mit den Herden bei Sichem. Ich will dich
zu ihnen schicken.« »Ich bin bereit«, antwortete Josef.
14 Sein Vater gab ihm den Auftrag: »Geh hin und sieh,
ob es deinen Brüdern gut geht und ob auch bei den
Herden alles in Ordnung ist. Dann komm wieder und
bring mir Nachricht!« So schickte Jakob ihn aus dem Tal
von Hebron nach Sichem. 15 Dort traf ihn ein Mann, wie
er auf dem Feld umherirrte, und fragte ihn: »Was suchst
du?« 16 »Ich suche meine Brüder«, sagte Josef, »kannst
du mir sagen, wo sie ihre Herden weiden?« 17 Der Mann
antwortete: »Sie sind nicht mehr hier. Ich hörte, wie sie
sagten: ›Wir wollen nach Dotan gehen!‹« Da ging Josef
ihnen nach und fand sie in Dotan. 18 Die Brüder sahen
Josef schon von Weitem. Noch bevor er herangekom-
men war, stand ihr Entschluss fest, ihn umzubringen.
19 Sie sagten zueinander: »Da kommt der Kerl, dem
seine Träume zu Kopf gestiegen sind! 20 Schlagen wir
ihn doch tot und werfen ihn in die nächste Zisterne! Wir
sagen einfach: Ein Raubtier hat ihn gefressen. Dann
wird man schon sehen, was aus seinen Träumen wird!«
21 Als Ruben das hörte, wollte er Josef retten. »Lasst ihn
am Leben!«, sagte er. 22 »Vergießt kein Blut! Werft ihn
in die Zisterne da drüben in der Steppe, aber vergreift
euch nicht an ihm!« Er hatte die Absicht, Josef heimlich
herauszuziehen und zu seinem Vater zurückzubrin-
gen. 23 Als Josef bei ihnen ankam, zogen sie ihm sein
Obergewand aus, das Prachtgewand, das er anhatte.
24 Dann packten sie ihn und warfen ihn in die Zisterne.
Die Zisterne war leer; es war kein Wasser darin. 25 Dann
setzten sie sich zum Essen. Auf einmal sahen sie eine
Karawane von ismaëlitischen Kaufleuten aus der Rich-
tung von Gilead herankommen. Die Ismaëliter waren
auf dem Weg nach Ägypten; ihre Kamele waren mit den
kostbaren Harzen Tragakant, Mastix und Ladanum be-
laden. 26 Da sagte Juda zu seinen Brüdern: »Was nützt
es uns, wenn wir unseren Bruder umbringen? Wir wer-
den nur schwere Blutschuld auf uns laden. 27 Lassen wir
ihn leben und verkaufen ihn den Ismaëlitern; er ist doch
unser Bruder, unser eigen Fleisch und Blut!« Die ande-
ren waren einverstanden. 28 Als die reisenden Kauf-
leute herankamen, zogen sie Josef aus der Zisterne. Sie
verkauften ihn für 20 Silberstücke an die Ismaëliter, die
ihn nach Ägypten mitnahmen. 29 Als nun Ruben wieder
zur Zisterne kam, war Josef verschwunden. Entsetzt
zerriss er seine Kleider, 30 ging zu seinen Brüdern und
rief: »Der Junge ist nicht mehr da! Was mache ich nur?
Wo bleibe ich jetzt?« 31 Die Brüder schlachteten einen
Ziegenbock und tauchten Josefs Prachtgewand in das
Blut. 32 Sie brachten das blutbefleckte Gewand zu ihrem
Vater und sagten: »Das haben wir gefunden! Ist es viel-
leicht das Gewand deines Sohnes?« 33 Jakob erkannte
es sogleich und schrie auf: »Mein Sohn! Es ist von mei-
nem Sohn! Ein Raubtier hat ihn gefressen! Zerfleischt
ist Josef, zerfleischt!« 34 Er zerriss seine Kleider, band
den Sack um seine Hüften und betrauerte Josef lange
Zeit. 35 Alle seine Söhne und Töchter kamen zu ihm, um
ihn zu trösten, aber er wollte sich nicht trösten lassen.
»Nein«, beharrte er, »voll Kummer und Gram gehe ich
zu meinem Sohn in die Totenwelt hinunter!« So sehr
hatte ihn der Verlust getroffen. 36 Die Kaufleute aber
brachten Josef nach Ägypten und verkauften ihn dort
an Potifar, einen Hofbeamten des Pharaos, den Befehls-
haber der königlichen Leibwache.

DIE MUTIGE TAMAR HOLT SICH IHR RECHT

38 Um diese Zeit trennte sich Juda von seinen Brü-
dern und zog hinunter ins Hügelland. Er wohnte
in Adullam bei einem Mann namens Hira. 2 Dort sah er
die Tochter des Kanaaniters Schua und heiratete sie.
3 Sie wurde schwanger und gebar einen Sohn, dem er
den Namen Er gab. 4 Dann wurde sie wieder schwanger
und gebar einen zweiten Sohn; den nannte sie Onan.
5 Und den dritten Sohn nannte sie Schela. Als dieser
geboren wurde, war Juda gerade in Kesib. 6 Juda ver-
heiratete Er, seinen erstgeborenen Sohn, mit einer Frau
namens Tamar. 7 Aber sein Erstgeborener tat, was dem
HERRN missfällt, und der HERR ließ ihn sterben. 8 Da
sagte Juda zu Onan: »Dein Bruder hat deine Schwä-
gerin kinderlos hinterlassen. Du bist verpflichtet, für
deinen Bruder einen Sohn zu zeugen, damit sein Ge-
schlecht nicht ausstirbt.« 9 Onan war es klar, dass das
Kind nicht ihm gehören würde. Deshalb ließ er jedes
Mal, wenn er mit Tamar schlief, seinen Samen auf die
Erde fallen, um seinem Bruder keine Nachkommen
zu verschaffen. 10 Das missfiel dem HERRN und er
ließ auch Onan sterben. 11 Da sagte Juda zu seiner
Schwiegertochter Tamar: »Bleib jetzt als Witwe im
Haus deines Vaters, bis mein Sohn Schela alt genug
ist.« In Wahrheit aber dachte er: »Ich will nicht auch
noch den letzten Sohn verlieren.« So kehrte Tamar ins
Haus ihres Vaters zurück und blieb dort. 12 Nach eini-
ger Zeit starb Judas Frau, die Tochter Schuas. Als die
Trauerzeit vorüber war, ging Juda mit seinem Freund
Hira auf die Berge nach Timna, um nach den Männern

zu sehen, die gerade seine Schafe schoren. 13 Als Ta-
mar hörte, dass ihr Schwiegervater auf dem Weg nach
Timna war, 14 legte sie ihre Witwenkleider ab, verhüllte
ihr Gesicht mit einem Schleier und setzte sich an die
Straße nach Timna, dort, wo der Weg nach Enajim ab-
zweigt. Sie hatte genau gemerkt, dass Schela inzwi-
schen erwachsen war und Juda nicht von ferne daran
dachte, sie nun seinem Sohn zur Frau zu geben. 15 Als
Juda sie verschleiert am Wegrand sitzen sah, hielt er
sie für eine Prostituierte. 16 Er ging zu ihr hin und sagte:
»Lass mich mit dir schlafen.« Er wusste ja nicht, dass
es seine Schwiegertochter war. »Was gibst du mir da-
für?«, fragte sie. 17 Er sagte: »Ich schicke dir ein Ziegen-
böckchen von meiner Herde.« »Gut, aber du musst mir
ein Pfand dalassen.« 18 »Was soll es sein?« »Das Band
mit deinem Siegelring und der geschnitzte Stock in dei-
ner Hand.« Juda gab ihr, was sie wollte. Dann schlief
er mit ihr und sie wurde schwanger. 19 Sie ging wieder
weg, legte den Schleier ab und zog ihre Witwenkleider
an. 20 Juda schickte seinen Freund aus Adullam mit dem
Ziegenböckchen, um die Pfänder einzulösen. Aber die
Frau war nicht mehr zu finden. 21 Der Freund fragte
die Leute aus Enajim: »Wo ist denn die geweihte Frau,
die hier an der Straße saß?« Sie sagten: »Hier gibt es
keine geweihte Frau.« 22 Er kehrte zu Juda zurück und
berichtete ihm: »Ich habe sie nicht gefunden, und auch
die Leute dort erinnern sich nicht an eine solche Frau.«
23 »Soll sie die Sachen behalten«, sagte Juda. »Wenn
wir weiter nachforschen, komme ich noch ins Gerede.
Ich habe mein Versprechen gehalten, aber du hast sie
nicht gefunden.« 24 Nach etwa drei Monaten bekam
Juda die Nachricht: »Deine Schwiegertochter Tamar
hat Hurerei getrieben und ist davon schwanger gewor-
den!« »Führt sie vor das Dorf!«, befahl Juda. »Sie muss
verbrannt werden.« 25 Als man sie hinausführen wollte,
schickte Tamar ihrem Schwiegervater die Pfänder und
ließ ihm sagen: »Sieh dir einmal den Siegelring und
den Stock da an! Von dem Mann, dem das gehört, bin
ich schwanger.« 26 Juda sah sich die Sachen genau an
und sagte dann: »Sie ist im Recht, die Schuld liegt bei
mir. Ich hätte sie meinem Sohn Schela zur Frau geben
müssen.« Er nahm sie in sein Haus, schlief aber nicht
wieder mit ihr. 27 Als für Tamar die Zeit der Entbindung
kam, zeigte es sich, dass sie Zwillinge hatte. 28 Während
der Geburt streckte der eine seine Hand heraus. Die
Hebamme band einen roten Faden um das Handgelenk
und sagte: »Der ist der Erstgeborene.« 29 Er zog seine
Hand aber wieder zurück und sein Bruder kam zuerst
heraus. Die Hebamme sagte: »Mit was für einem Riss
hast du dir den Vortritt erzwungen!« Deshalb nannte
man ihn Perez. 30 Erst dann kam der mit dem roten Fa-
den heraus; ihn nannte man Serach.

JOSEF BEI POTIFAR. KONFLIKT MIT DESSEN FRAU

39 Josef war von den ismaëlitischen Kaufleuten
nach Ägypten gebracht worden. Ein Mann na-
mens Potifar, ein Hofbeamter des Pharaos, der Be-
fehlshaber der königlichen Leibwache, kaufte ihn den
Ismaëlitern ab. 2 Josef wurde in seinem Haus beschäf-
tigt. Gott aber half ihm, sodass ihm alles glückte, was
er tat. 3 Weil der Ägypter sah, dass Gott Josef beistand
und ihm alles gelingen ließ, 4 fand Josef seine Gunst. Er
machte ihn zu seinem persönlichen Diener, übergab
ihm sogar die Aufsicht über sein Hauswesen und ver-
traute ihm die Verwaltung seines ganzen Besitzes an.
5 Von diesem Zeitpunkt an lag der Segen Gottes auf
Potifar; Josef zuliebe ließ Gott im Haus und auf den
Feldern alles gedeihen. 6 Sein Herr überließ Josef alles
und kümmerte sich zu Hause um nichts mehr außer um
sein eigenes Essen. Josef war ein ausnehmend schöner
Mann. 7 So kam es, dass Potifars Frau ein Auge auf ihn
warf. Eines Tages forderte sie ihn auf: »Komm mit mir
ins Bett!« 8 Josef wies sie ab: »Mein Herr hat mir seinen
ganzen Besitz anvertraut und kümmert sich selbst um
nichts mehr in seinem Haus. 9 Er gilt hier nicht mehr als
ich. Nichts hat er mir vorenthalten außer dich, seine
Frau! Wie könnte ich da ein so großes Unrecht bege-
hen und mich gegen Gott versündigen?« 10 Tag für
Tag redete sie auf Josef ein, aber er gab ihr nicht nach.
11 Einmal hatte Josef im Haus zu tun; niemand von der
Dienerschaft war gerade in der Nähe. 12 Da hielt sie ihn
an seinem Gewand fest und sagte: »Komm jetzt mit ins
Bett!« Er riss sich los und lief hinaus; das Gewand blieb
in ihrer Hand zurück. 13 Als sie merkte, dass Josef fort
war und sie sein Gewand in der Hand hielt, 14 rief sie
die Dienerschaft herbei und sagte: »Seht euch das an!
Mein Mann hat uns diesen Hebräer ins Haus gebracht,
der nun seinen Mutwillen mit uns treibt. Er drang bei
mir ein und wollte mit mir ins Bett. Da habe ich laut
geschrien. 15 Und als er mich schreien hörte, ließ er sein
Gewand neben mir liegen und rannte davon.« 16 Sie
legte Josefs Gewand neben sich und wartete, bis ihr
Mann nach Hause kam. 17 Auch zu ihm sagte sie: »Dein
hebräischer Knecht, den du ins Haus gebracht hast,
drang bei mir ein und wollte sein Spiel mit mir trei-
ben; 18 und als ich laut zu schreien anfing, ließ er sein
Gewand neben mir liegen und rannte davon.« 19 Als
Potifar das hörte, packte ihn der Zorn. 20a Er ließ Josef
festnehmen und in das königliche Gefängnis bringen.

IM GEFÄNGNIS DEUTET JOSEF TRÄUME

20b Josef war nun also im Gefängnis. 21 Aber der HERR in
seiner Treue stand ihm bei. Er verschaffte ihm die Gunst
des Gefängnisverwalters. 22 Der Verwalter übertrug
Josef die Aufsicht über alle anderen Gefangenen, und
alle Arbeiten im Gefängnis geschahen unter Josefs Lei-
tung. 23 Der Verwalter vertraute ihm völlig und gab ihm
freie Hand; denn er sah, dass der HERR ihm beistand
und alles gelingen ließ, was er tat.

40 1-2 Bald danach ließen sich zwei höhere Be-
amte des Pharaos etwas gegen den Pharao
zuschulden kommen, der oberste Mundschenk und
der oberste Bäcker. Ihr Herr, der Pharao, wurde zor-
nig auf sie 3 und ließ sie im Haus des Befehlshabers
seiner Leibwache in Haft halten, in dem Gefängnis,
in dem auch Josef war. 4 Der Befehlshaber der Leib-
wache teilte ihnen Josef als Diener zu. Nach einiger

Zeit 5 hatte jeder der beiden in der Nacht einen Traum, der für ihn von Bedeutung war. 6 Als Josef am Morgen bei ihnen eintrat, sah er gleich, dass sie in schlechter Stimmung waren. 7 »Warum lasst ihr heute den Kopf hängen?«, fragte er sie. 8 »Wir haben geträumt«, antworteten sie, »und hier im Gefängnis haben wir keinen Traumdeuter, der uns sagen kann, was es bedeutet.« Josef sagte: »Träume zu deuten ist Gottes Sache. Erzählt mir doch einmal, was ihr geträumt habt!« 9 Zuerst erzählte der oberste Mundschenk seinen Traum: »Ich sah vor mir einen Weinstock, 10 und an dem Weinstock waren drei Ranken. Der Saft stieg in die Knospen, sie blühten auf, und schon reiften die Trauben. 11 Ich hatte den Becher des Pharaos in der Hand. Ich nahm die Trauben, presste sie über dem Becher aus und reichte den Becher dem Pharao.« 12 Josef sagte: »Hier ist die Deutung: Die drei Ranken sind drei Tage. 13 Heute in drei Tagen wird der Pharao dich erhöhen und dich wieder in dein Amt einsetzen. Dann wirst du wieder wie früher sein Mundschenk sein und ihm den Becher reichen. 14 Aber vergiss mich nicht, wenn es dir gut geht! Tu mir den Gefallen und empfiehl mich dem Pharao! Bring mich aus diesem Kerker heraus! 15 Man hat mich aus dem Land der Hebräer entführt, und auch hier in Ägypten habe ich nichts Unrechtes getan. Ich bin ohne jede Schuld in diesem Loch.« 16 Als der oberste Bäcker sah, dass Josef dem Traum eine günstige Deutung gegeben hatte, sagte er: »Auch ich hatte einen Traum, in dem ich selber vorkam! Auf dem Kopf trug ich drei Körbe mit Gebäck, einen über dem andern. 17 Im obersten lagen Backwaren für die Tafel des Pharaos. Da kamen Vögel und fraßen den Korb leer.« 18 Josef sagte: »Hier ist die Deutung: Die drei Körbe sind drei Tage. 19 Heute in drei Tagen wird der Pharao dich erhöhen und an einen Baum hängen. Dann werden die Vögel dein Fleisch fressen.« 20 Drei Tage später feierte der Pharao seinen Geburtstag. Er lud alle seine Hofbeamten zu einem Festmahl ein. Da erhöhte er den obersten Mundschenk und den obersten Bäcker vor ihnen allen: 21 Den einen setzte er wieder in sein Amt ein und er durfte ihm den Becher reichen, 22 den andern ließ er hängen, genau wie Josef es vorausgesagt hatte. 23 Aber der oberste Mundschenk dachte nicht an Josef; er hatte ihn schon vergessen.

DER PHARAO TRÄUMT

41 Zwei volle Jahre waren vergangen, da hatte der Pharao einen Traum. In dem Traum stand er am Ufer des Nils, 2 und er sah: Aus dem Nil stiegen sieben schöne, wohlgenährte Kühe und weideten in dem Gras, das am Ufer wuchs. 3 Danach sah er sieben andere Kühe aus dem Nil steigen, hässlich und mager, die stellten sich neben sie. 4 Und die mageren Kühe fielen über die fetten her und fraßen sie auf. Der Pharao wachte auf 5 und schlief noch einmal ein. Wieder hatte er einen Traum, und er sah: Auf einem einzigen Halm wuchsen sieben dicke, volle Ähren. 6 Nach ihnen wuchsen sieben andere Ähren auf, die blieben kümmerlich und waren vom Ostwind ausgedörrt. 7 Und die kümmerlichen Ähren verschlangen die sieben dicken, vollen Ähren. Da erwachte der Pharao und merkte, dass es ein Traum gewesen war. 8 Am Morgen war er sehr beunruhigt und ließ alle Gelehrten und Wahrsager Ägyptens rufen. Er erzählte ihnen, was er geträumt hatte, aber keiner von ihnen konnte ihm sagen, was es bedeuten sollte. 9 Da wandte sich der oberste Mundschenk an den Pharao und sagte: »Ich muss den Pharao heute an meine früheren Verfehlungen erinnern. 10 Mein Herr, der Pharao, war unzufrieden mit seinen Dienern, mit mir und mit dem obersten Bäcker, und ließ uns im Haus des Befehlshabers der Leibwache gefangen halten. 11 Dort hatte einmal jeder von uns beiden einen Traum, der für ihn wichtig war, in derselben Nacht. 12 Nun hatten wir im Gefängnis als Diener einen jungen Hebräer, einen Sklaven des Befehlshabers der Leibwache; dem erzählten wir unsere Träume, und er erklärte jedem, was sein Traum bedeutete. 13 Und es ist alles genauso eingetroffen, wie er es vorausgesagt hatte: Ich wurde wieder in mein Amt eingesetzt und der andere wurde gehängt.«

JOSEF DEUTET DIE TRÄUME DES PHARAOS

14 Sofort sandte der Pharao nach Josef und sie holten ihn aus dem Kerker. Er ließ sich die Haare schneiden, zog seine guten Kleider an und trat vor den Pharao. 15 Der sagte zu ihm: »Ich habe etwas geträumt, und niemand kann mir sagen, was es bedeutet. Man hat mir gesagt, dass du jeden Traum auf der Stelle deuten kannst.« 16 »Nicht ich!«, erwiderte Josef. »Die Antwort kommt von Gott, und er wird dem Pharao bestimmt etwas Gutes ankündigen.« 17 Da erzählte der Pharao: »In meinem Traum stand ich am Nil 18 und sah sieben schöne, wohlgenährte Kühe aus dem Wasser steigen und im Ufergras weiden. 19 Und dann stiegen sieben andere Kühe heraus, ganz elend und bis auf die Knochen abgemagert; ich habe in ganz Ägypten noch nie so hässliche gesehen. 20 Die mageren Kühe fraßen die fetten; 21 aber es half ihnen nichts, sie blieben so dürr und hässlich wie zuvor. Da wachte ich auf. 22 Dann hatte ich einen zweiten Traum: Ich sah, wie auf einem einzigen Halm sieben prächtige, volle Ähren wuchsen. 23 Danach sah ich sieben schwache, kümmerliche Ähren aufwachsen, ganz vom Ostwind ausgedörrt. 24 Und die kümmerlichen Ähren verschlangen die sieben vollen. Ich habe es schon den Wahrsagern erzählt«, schloss der Pharao, »aber keiner konnte mir sagen, was es bedeutet.« 25 Da antwortete Josef: »Gott hat dem Pharao im Traum gezeigt, was er vorhat. Beide Träume bedeuten dasselbe; 26 es ist eigentlich ein einziger Traum. Die sieben fetten Kühe und die sieben prächtigen Ähren bedeuten sieben fruchtbare Jahre. 27 Die sieben mageren, hässlichen Kühe und die sieben kümmerlichen, vertrockneten Ähren bedeuten ebenso viele Hungerjahre. 28 Ich habe es schon gesagt: Damit will Gott dem Pharao ankündigen, was er in Kürze geschehen lässt. 29 In den nächsten sieben Jahren wird in ganz Ägypten Überfluss herrschen. 30-31 Aber dann kommen sieben Hungerjahre, da wird es mit dem Überfluss vorbei sein;

man wird nichts mehr davon merken, und drückende
Hungersnot wird im Land herrschen. 32 Dass der Pharao
zweimal das Gleiche geträumt hat, bedeutet: Gott ist
fest entschlossen, seinen Plan unverzüglich auszufüh-
ren. 33 Darum rate ich dem Pharao, einen klugen, ein-
sichtigen Mann zu suchen und ihm Vollmacht über ganz
Ägypten zu geben. 34 Der Pharao sollte in den kommen-
den guten Jahren den fünften Teil der Ernte als Abgabe
erheben. Er sollte dafür Beamte einsetzen, 35 die unter
der Aufsicht des Pharaos das Getreide in den Städten
sammeln und speichern. 36 Dann ist ein Vorrat da für
die sieben schlechten Jahre, und das Volk im ganzen
Land Ägypten wird nicht vor Hunger zugrunde gehen.«

JOSEF WIRD DER STELLVERTRETER DES PHARAOS

37 Der Pharao fand den Vorschlag gut, und alle seine
Berater ebenso. 38 Er sagte zu den Beratern: »In diesem
Mann ist der Geist Gottes. So einen finden wir nicht
noch einmal.« 39 Zu Josef sagte er: »Gott hat dir dies
alles enthüllt. Daran erkenne ich, dass keiner so klug
und einsichtig ist wie du. 40 Du sollst mein Stellver-
treter sein und mein ganzes Volk soll deinen Anord-
nungen gehorchen. Nur die Königswürde will ich dir
voraushaben. 41 Ich gebe dir die Vollmacht über ganz
Ägypten.« 42 Mit diesen Worten zog er seinen Siegel-
ring vom Finger und steckte ihn Josef an. Dann ließ er
ihn in feinstes Leinen kleiden und legte ihm eine gol-
dene Halskette um. 43 Er ließ ihn den Wagen besteigen,
der für den Stellvertreter des Königs bestimmt war, und
die Läufer, die vor ihm her den Weg bahnten, riefen
den Leuten zu: »Abrek! Aus dem Weg!« So machte der
Pharao Josef zum Herrn über ganz Ägypten. 44 »Ich
bin und bleibe der Pharao«, sagte er zu ihm, »aber
ohne deine Erlaubnis darf niemand im ganzen Land
auch nur die Hand oder den Fuß bewegen.« 45 Er ver-
lieh Josef den Namen Zafenat-Paneach und gab ihm
Asenat, die Tochter des Priesters Potifera von On, zur
Frau. So wurde Josef Herr über ganz Ägypten. 46 Er
war 30 Jahre alt, als er vor dem Pharao, dem König von
Ägypten, stand. Josef bereiste sofort das ganze Land.
47 Es begannen jetzt die sieben fruchtbaren Jahre und
die Felder brachten einen überreichen Ertrag. 48 Josef
ließ während dieser Jahre alles Getreide, das geern-
tet wurde, in die Städte bringen, in jede Stadt den
Ertrag der Felder, die in ihrer Umgebung lagen. 49 In
den Speichern häufte sich das Getreide wie der Sand
am Meer. Josef musste schließlich darauf verzichten,
es abmessen zu lassen, weil es jedes Maß überstieg.
50 Noch ehe die Hungerjahre begannen, gebar Asenat
dem Josef zwei Söhne. 51 »Gott hat mich alle Not und
den Verlust meiner Familie vergessen lassen«, sagte er
und nannte den Erstgeborenen Manasse. 52 Den zwei-
ten nannte er Efraïm, denn er sagte: »Gott hat mir im
Land meines Unglücks Kinder geschenkt.«

JOSEFS BRÜDER REISEN NACH ÄGYPTEN

53 Als die sieben reichen Jahre vorüber waren,
54 brachen die Hungerjahre an, genau wie Josef
es vorausgesagt hatte. In allen Ländern rings um
Ägypten herrschte Hungersnot, nur in Ägypten gab
es Vorräte. 55 Aber auch dort hungerten die Men-
schen und verlangten vom Pharao Brot. Da ließ der
Pharao im ganzen Land verkünden: »Wenn ihr Brot
wollt, dann wendet euch an Josef und tut, was er euch
sagt.« 56 Die Not wurde immer drückender. Josef ließ
alle Kornspeicher öffnen und verkaufte den Ägyp-
tern Getreide. Denn die Hungersnot war drückend im
ganzen Land und ebenso in allen anderen Ländern.
57 Deshalb kamen Leute aus aller Welt nach Ägypten zu
Josef, um Getreide zu kaufen; denn überall herrschte
Hungersnot.

42 Als Jakob erfuhr, dass es in Ägypten Getreide zu
kaufen gab, sagte er zu seinen Söhnen: »Was
steht ihr da und schaut einander an? 2 Ich habe gehört,
dass es in Ägypten Getreide gibt. Reist hin und kauft
uns welches, sonst werden wir noch verhungern!«
3 Da reisten die zehn Brüder Josefs nach Ägypten, 4 nur
Benjamin, den zweiten Sohn Rahels, behielt sein Vater
zu Hause. Denn er dachte: »Es könnte ihm unterwegs
etwas zustoßen!« 5 Weil im Land Kanaan Hungersnot
herrschte, zogen viele den gleichen Weg. Mit ihnen
kamen die Söhne Jakobs nach Ägypten.

DIE BRÜDER ERKENNEN JOSEF NICHT

6 Josef war der Machthaber im Land; wer Getreide kau-
fen wollte, musste zu ihm gehen. Als nun seine Brüder
hereinkamen und sich vor ihm zu Boden warfen, 7 er-
kannte er sie sofort. Er ließ sich aber nichts anmer-
ken und behandelte sie wie Fremde. »Woher kommt
ihr?«, fragte er sie streng. »Wir kommen aus dem Land
Kanaan«, antworteten sie, »wir möchten Getreide kau-
fen.« 8 Die Brüder erkannten Josef nicht, aber er wusste
genau Bescheid. 9 Er musste daran denken, was er einst
in seiner Jugend von ihnen geträumt hatte, und er fuhr
sie an: »Spione seid ihr! Ihr wollt erkunden, wo das
Land ungeschützt ist.« 10 »Nein, nein, Herr!«, riefen
sie. »Wir sind nur hierher gekommen, um Getreide
zu kaufen. 11 Wir alle sind Söhne *eines* Vaters, ehrliche
Leute! Wir sind keine Spione!« 12 Aber Josef blieb hart:
»Das ist nicht wahr«, sagte er, »ihr wollt erkunden,
wo das Land ungeschützt ist.« 13 Sie verteidigten sich:
»Wir sind zwölf Brüder, deine ergebenen Diener, Söhne
eines Mannes im Land Kanaan. Der Jüngste blieb bei
unserem Vater, und einer ist tot.« 14 Doch Josef sagte:
»Ich bleibe dabei: Ihr seid Spione! 15 Ich werde eure
Behauptung prüfen: Euer jüngster Bruder muss her;
sonst kommt ihr nie mehr nach Hause. Das schwöre
ich beim Pharao! 16 Einer von euch soll euren Bruder
holen; ihr anderen bleibt so lange gefangen. Dann
wird man sehen, ob ihr die Wahrheit gesagt habt. Aber
beim Pharao: Ihr seid ja doch Spione!« 17 Josef ließ sie
für drei Tage ins Gefängnis bringen. 18 Am dritten Tag
sagte er zu ihnen: »Tut, was ich euch sage, dann bleibt
ihr am Leben. Auch ich ehre Gott. 19 Wenn ihr wirklich
ehrliche Leute seid, dann lasst mir einen von euch als
Geisel im Gefängnis zurück. Ihr anderen zieht nach
Hause und bringt euren hungernden Familien Getreide.

20 Aber schafft mir euren jüngsten Bruder her! Dann
will ich euch glauben und ihr müsst nicht sterben.« Die
Brüder waren einverstanden. 21 Sie sagten zueinander:
»Das ist die Strafe für das, was wir unserem Bruder
angetan haben. Seine Todesangst ließ uns ungerührt.
Er flehte uns um Erbarmen an, aber wir hörten nicht
darauf. Dafür müssen wir nun selbst solche Angst aus-
stehen.« 22 Ruben erinnerte die anderen: »Ihr wolltet
ja nicht hören, als ich zu euch sagte: ›Vergreift euch
nicht an dem Jungen!‹ Jetzt werden wir für seinen Tod
zur Rechenschaft gezogen!« 23 Weil Josef sich mit ih-
nen durch einen Dolmetscher verständigte, ahnten sie
nicht, dass er alles verstand. 24 Die Tränen kamen ihm
und er musste sich abwenden. Als er wieder sprechen
konnte, ließ er Simeon festnehmen und vor ihren Augen
fesseln. 25 Dann befahl er seinen Leuten, die Säcke der
Brüder mit Getreide zu füllen und jedem das Geld, mit
dem er bezahlt hatte, wieder oben in den Sack zu legen.
Er ließ ihnen auch noch Verpflegung für die Reise mit-
geben. Als das geschehen war, 26 luden die Brüder ihre
Säcke auf die Esel und machten sich auf den Heimweg.

HEIMKEHR UND SORGEN

27 Am Abend öffnete einer von ihnen in der Herberge
seinen Sack, um seinen Esel zu füttern. Da sah er oben-
auf sein Geld liegen. 28 »Mein Geld ist zurückgekom-
men!«, berichtete er seinen Brüdern. »Hier ist es, in
meinem Sack!« Sie erschraken. Ganz niedergeschla-
gen sahen sie einander an und sagten: »Warum hat
Gott uns das angetan?« 29 Als sie zu ihrem Vater Jakob
nach Kanaan kamen, berichteten sie ihm alles, was sie
erlebt hatten. 30 »Der Mann, der in Ägypten die Macht
hat, empfing uns sehr ungnädig«, erzählten sie. »Wir
seien Spione, sagte er. 31 Wir wehrten uns und sagten:
›Wir sind ehrliche Leute und keine Spione, 32 zwölf
Brüder sind wir; einer von uns ist tot, und der Jüngste
ist bei unserem Vater im Land Kanaan geblieben.‹ 33 Da
sagte er: ›Ich werde sehen, ob ihr ehrliche Leute seid.
Einer von euch bleibt hier bei mir; ihr anderen nehmt
Getreide, damit eure Familien nicht hungern müs-
sen, und zieht nach Hause. 34 Aber schafft mir euren
jüngsten Bruder her! Daran werde ich erkennen, dass
ihr keine Spione seid, sondern ehrliche Leute. Dann
gebe ich auch euren anderen Bruder wieder frei und
ihr dürft euch ungehindert im Land bewegen.‹« 35 Als
sie die Säcke leeren wollten, fand jeder seinen Geld-
beutel oben im Sack. Jakob stand dabei, und alle er-
schraken. 36 Ihr Vater Jakob sagte: »Ihr raubt mir meine
Kinder! Josef ist weg, Simeon ist weg, und jetzt wollt
ihr mir auch noch Benjamin nehmen. Nichts bleibt mir
erspart!« 37 Da sagte Ruben zu seinem Vater: »Wenn
ich Benjamin nicht gesund zurückbringe, darfst du
dafür meine beiden Söhne töten. Vertraue ihn mir an!
Ich bringe ihn dir bestimmt wieder zurück.« 38 Aber
Jakob sagte: »Mein Sohn Benjamin wird nicht mit euch
gehen! Sein Bruder Josef ist tot, er ist der Letzte von
den Söhnen Rahels. Ich bin ein alter Mann; wenn ihm
unterwegs etwas zustößt – der Kummer würde mich
ins Grab bringen!«

JAKOB LÄSST BENJAMIN MITZIEHEN

43 Die Hungersnot lag weiter schwer auf dem
Land. 2 Als das Getreide, das die Brüder aus
Ägypten mitgebracht hatten, aufgezehrt war, sagte
ihr Vater zu ihnen: »Geht wieder nach Ägypten und
kauft uns zu essen!« 3 Aber Juda gab zu bedenken:
»Der Ägypter hat ausdrücklich erklärt: ›Kommt mir
nicht unter die Augen ohne euren Bruder!‹ 4 Deshalb
gehen wir nur, wenn du uns Benjamin mitgibst, 5 sonst
bleiben wir hier. Ohne ihn dürfen wir uns nicht vor dem
Mann blicken lassen.« 6 »Warum habt ihr ihm auch
verraten, dass ihr noch einen Bruder habt?«, klagte
Jakob. 7 Sie verteidigten sich: »Er hat sich so genau
nach uns und nach unserer Familie erkundigt. ›Lebt
euer Vater noch?‹, wollte er wissen. ›Habt ihr noch
einen Bruder?‹ Da haben wir ihm wahrheitsgemäß
Auskunft gegeben. Wir konnten doch nicht ahnen,
dass er verlangen würde: ›Bringt euren Bruder her!‹«
8 Juda schlug seinem Vater vor: »Vertrau den Jungen
mir an, damit wir gehen können und nicht alle vor
Hunger umkommen, wir Brüder, du selbst und unsere
Familien! 9 Ich will Bürge für ihn sein, von mir sollst
du ihn fordern. Mein Leben lang soll die Schuld auf
mir lasten, wenn ich ihn dir nicht hierher zurückbrin-
ge. 10 Wir wären schon zweimal wieder da, wenn wir
nicht so lange gezögert hätten!« 11 Ihr Vater erwiderte:
»Wenn es unbedingt sein muss, dann nehmt ihn mit.
Aber bringt dem Ägypter als Geschenk etwas von den
Schätzen unseres Landes: Honig, Pistaziennüsse, Man-
deln und dazu die kostbaren Harze Mastix, Tragakant
und Ladanum. 12 Nehmt auch doppelt Geld mit, damit
ihr das, was ihr in euren Säcken wiedergebracht habt,
zurückgeben könnt; vielleicht war es ein Versehen.
13 Und dann nehmt euren Bruder Benjamin und macht
euch auf den Weg 14 Ich bete zu Gott, dem Gewaltigen,
dass der Ägypter Erbarmen mit euch hat und Benjamin
und euren anderen Bruder wieder mit euch heimkeh-
ren lässt. Muss ich denn alle meine Kinder verlieren?«

JOSEF EMPFÄNGT DIE BRÜDER FÜRSTLICH

15 Die Brüder nahmen das doppelte Geld und die
Geschenke und reisten mit Benjamin zu Josef nach
Ägypten. 16 Als Josef sah, dass sie Benjamin mitge-
bracht hatten, sagte er zu seinem Hausverwalter:
»Führe diese Männer in meinen Palast! Schlachte ein
Rind und bereite es zu! Sie werden heute Mittag mit
mir essen.« 17 Als der Verwalter die Brüder in den Pa-
last führen wollte, 18 bekamen sie Angst und sagten
zueinander: »Das ist wegen des Geldes, das wieder in
unsere Säcke geraten ist! Die Ägypter werden über uns
herfallen, uns unsere Esel wegnehmen und uns zu Skla-
ven machen.« 19 Noch vor dem Tor sprachen sie den
Hausverwalter an: 20 »Auf ein Wort, Herr! Wir waren
früher schon einmal hier, um Getreide zu kaufen. 21 Als
wir auf der Heimreise in der Herberge unsere Säcke
aufmachten, fanden wir obenauf alles Geld liegen, das
wir bezahlt hatten. Wir haben es wieder mitgebracht
22 und dazu neues Geld für das Getreide, das wir jetzt
kaufen wollen. Wir wissen nicht, wer unser Geld in die

Säcke gelegt hat.« 23 »Es ist alles gut«, erwiderte der
Verwalter, »macht euch deshalb keine Sorgen! Euer
Gott, der Gott eures Vaters, hat euch einen Schatz in
eure Säcke gelegt. Ich habe euer Geld erhalten.« Dann
brachte er Simeon zu ihnen heraus. 24 Nachdem sie in
den Palast eingetreten waren, ließ der Verwalter ihnen
Wasser bringen, damit sie ihre Füße waschen konnten,
und ihren Eseln ließ er Futter geben. 25 Während die
Brüder auf Josef warteten, legten sie ihre Geschenke
zurecht. Sie hatten nämlich erfahren, dass sie zu Mittag
dort essen sollten. 26 Als nun Josef nach Hause kam,
brachten sie ihm die Geschenke und warfen sich
vor ihm nieder. 27 Josef erkundigte sich nach ihrem
Ergehen und fragte dann: »Wie geht es eurem alten
Vater, von dem ihr mir erzählt habt? Lebt er noch?«
28 Sie antworteten: »Unserem Vater, deinem ergebenen
Diener, geht es gut; er ist noch am Leben.« Noch einmal
erwiesen sie ihm Ehre und warfen sich vor ihm nie-
der. 29 Da erblickte Josef seinen Bruder Benjamin, den
Sohn seiner eigenen Mutter. »Das ist also euer jüngster
Bruder, von dem ihr mir erzählt habt!«, sagte er, und
zu Benjamin: »Gott segne dich, mein Sohn!« 30 Dann
lief er schnell hinaus. Er war den Tränen nahe, so sehr
bewegte ihn das Wiedersehen mit seinem Bruder. Er
eilte in sein Privatgemach, um sich dort auszuweinen.
31 Dann wusch er sich das Gesicht und kam zurück.
Er nahm sich zusammen und befahl seinen Dienern:
»Tragt das Essen auf!« 32 Josef aß allein an einem Tisch,
die Brüder an einem anderen, und an einem dritten die
Ägypter, die zum Haushalt Josefs gehörten. Ägypter es-
sen nämlich nicht an einem Tisch mit Hebräern, weil sie
meinen, dadurch unrein zu werden. 33 Die Brüder saßen
Josef gegenüber. Die Plätze hatte man ihnen genau
nach ihrem Alter angewiesen. Als sie es bemerkten,
sahen sie einander verwundert an. 34 Josef ließ ihnen
von den Gerichten servieren, die auf seinem eigenen
Tisch aufgetragen wurden. Benjamin erhielt fünfmal so
viel wie die anderen Brüder. Sie tranken mit Josef Wein,
bis sie in ausgelassener Stimmung waren.

JOSEF STELLT SEINE BRÜDER AUF DIE PROBE

44 Später befahl Josef seinem Hausverwalter:
»Fülle ihre Säcke mit Getreide. Gib ihnen so viel,
wie sie gerade noch tragen können. Das Geld kommt
wieder obenauf. 2 Und in den Sack des Jüngsten legst
du dazu meinen Becher, du weißt, den silbernen!«
Der Verwalter tat genau, was Josef befohlen hatte.
3 Früh am Morgen durften die Brüder mit ihren Eseln
heimreisen. 4 Sie waren noch nicht weit von der Stadt
entfernt, da befahl Josef seinem Hausverwalter: »Los,
jag ihnen nach, und wenn du sie erreicht hast, sag zu
ihnen: ›Warum habt ihr Gutes mit Bösem vergolten?
5 Ihr habt den Becher mitgenommen, aus dem mein
Herr trinkt und aus dem er die Zukunft voraussagt! Da
habt ihr ein schweres Unrecht begangen!‹« 6 Als der
Verwalter sie eingeholt hatte, stellte er sie mit diesen
Worten zur Rede. 7 »Wie kannst du uns das zutrauen?«,
antworteten sie. »So etwas würde uns nie einfallen!
8 Das Geld, das wir in unseren Säcken fanden, haben
wir aus dem Land Kanaan wieder mitgebracht – wie
kämen wir darauf, aus dem Haus deines Herrn Silber
oder Gold zu stehlen? 9 Wenn sich der Becher bei einem
von uns findet, soll der Betreffende sterben, und wir
anderen wollen deine Sklaven sein.« 10 »Gut«, sagte
der Verwalter, »wir wollen sehen. Der, bei dem der
Becher gefunden wird, soll mein Sklave sein; die an-
dern können unbehelligt weiterreisen.« 11 So schnell
sie konnten, luden sie ihre Säcke ab und öffneten sie.
12 Der Verwalter ging der Reihe nach vom Ältesten bis
zum Jüngsten, und der Becher fand sich im Sack Benja-
mins. 13 Die Brüder zerrissen entsetzt ihre Kleider, belu-
den ihre Esel und kehrten allesamt in die Stadt zurück.
14 So kamen sie zu Josef, der in seinem Palast wartete,
und warfen sich, Juda voran, vor ihm zu Boden. 15 »Was
habt ihr euch dabei gedacht?«, herrschte Josef sie an.
»Ihr musstet doch wissen, dass ein Mann wie ich so et-
was mit Leichtigkeit herausfindet!« 16 »Was sollen wir
sagen, Herr?«, ergriff Juda das Wort. »Womit könnten
wir uns rechtfertigen? Gott hat unsere Schuld ans Licht
gebracht. Wir alle sind jetzt deine Sklaven, genau wie
der, bei dem sich der Becher gefunden hat.« 17 Aber
Josef sagte: »So ungerecht werde ich nicht handeln!
Der, bei dem der Becher gefunden wurde, soll mein
Sklave sein; ihr anderen könnt in Frieden zu eurem Va-
ter heimkehren.«

JUDA TRITT FÜR SEINEN BRUDER EIN

18 Da trat Juda vor und sagte: »Herr, du bist so mächtig
wie der Pharao! Erlaube mir, dass ich trotzdem das
Wort an dich richte, und zürne mir nicht! 19 Das letzte
Mal hast du uns gefragt: ›Habt ihr noch einen Vater
oder Bruder?‹ 20 Und wir haben ehrlich geantwortet:
›Wir haben zu Hause noch einen alten Vater und einen
Bruder, der ihm im Alter geboren wurde. Der Junge
ist der Letzte von den beiden Söhnen seiner Mutter;
der ältere ist tot, darum hängt der Vater so an seinem
Jüngsten.‹ 21 Da befahlst du uns, ihn herzubringen;
22 aber wir gaben zu bedenken: ›Es wäre der Tod für
unseren Vater, wenn er den Jungen hergeben müsste.
Er muss bei seinem Vater bleiben.‹ 23 Doch du bestan-
dest darauf: ›Ohne ihn dürft ihr mir nicht wieder unter
die Augen kommen!‹ 24 Als wir nach Hause kamen,
berichteten wir das alles unserem Vater. 25 Und als er
uns dann wieder zum Getreidekauf hierher schicken
wollte, 26 wandten wir ein: ›So können wir unmöglich
reisen. Benjamin muss mit. Sonst dürfen wir uns vor
dem Ägypter nicht mehr sehen lassen.‹ 27 Da sagte
mein Vater, dein ergebener Diener: ›Ihr wisst doch,
dass meine Lieblingsfrau mir nur zwei Söhne geboren
hat. 28 Der eine ist fort, ein Raubtier muss ihn zerrissen
haben; bis heute habe ich ihn nicht wiedergesehen.
29 Nun wollt ihr mir auch noch den zweiten nehmen.
Ich bin ein alter Mann. Wenn ihm unterwegs etwas
zustößt – der Kummer würde mich ins Grab bringen!‹
30 So sprach mein Vater, dein ergebener Diener. Wenn
wir nun zu ihm zurückkommen und er sieht, dass der
Junge, an dem er so hängt, nicht bei uns ist, 31 wird er
auf der Stelle tot umfallen. Dann haben wir es auf dem

Gewissen, wenn unser alter Vater stirbt und mit Kummer beladen zu den Toten hinunter muss. 32 Außerdem habe ich mich dafür verbürgt, dass ich den Jungen wieder zurückbringe; ich habe die ganze Schuld auf mich genommen. 33 Erlaube mir also, Herr, dass ich anstelle des Jungen hier bleibe und dein Sklave werde. Ihn aber lass mit den anderen heimkehren! 34 Ich darf nicht ohne ihn zurückkommen. Ich könnte das Unglück nicht mit ansehen, das meinen Vater treffen würde.«

JOSEF GIBT SICH SEINEN BRÜDERN ZU ERKENNEN

45 Da konnte Josef nicht länger an sich halten. Er schickte alle Ägypter aus dem Raum. Kein Fremder sollte dabei sein, wenn er sich seinen Brüdern zu erkennen gab. 2 Als er mit ihnen allein war, brach er in Tränen aus. Er weinte so laut, dass die Ägypter es hörten, und bald wusste der ganze Hof des Pharaos davon. 3 »Ich bin Josef!«, sagte er zu seinen Brüdern. »Lebt mein Vater noch?« Aber sie brachten kein Wort heraus, so fassungslos waren sie. 4 Er rief sie näher zu sich und wiederholte: »Ich bin Josef, euer Bruder, den ihr nach Ägypten verkauft habt! 5 Erschreckt nicht und macht euch keine Vorwürfe deswegen. Gott hat mich vor euch her nach Ägypten gesandt, um viele Menschen am Leben zu erhalten. 6 Zwei Jahre herrscht nun schon Hungersnot, und es kommen noch fünf Jahre, in denen man die Felder nicht bestellen und keine Ernte einbringen kann. 7 Deshalb hat Gott mich vorausgeschickt. Es ist sein Plan, euch und eure Nachkommen überleben zu lassen, damit er eine noch größere Rettungstat an euch vollbringen kann. 8 Nicht ihr habt mich hierher gebracht, sondern Gott. Er hat es so gefügt, dass ich die rechte Hand des Pharaos geworden bin und sein ganzer Hof und ganz Ägypten mir unterstellt ist. 9 Macht euch schnell auf den Weg und bringt meinem Vater die Botschaft: ›Dein Sohn Josef lässt dir sagen: Gott hat mich zum Herrn über ganz Ägypten gemacht. Komm hierher zu mir, besinn dich nicht lange! 10 Du sollst in der Provinz Goschen wohnen, ganz in meiner Nähe. Bring deine Kinder und Enkel mit, deinen Besitz und all dein Vieh, Schafe, Ziegen und Rinder. 11 Die Hungersnot dauert noch fünf Jahre. Ich werde für euch sorgen, damit ihr keine Not leidet.‹ 12 Ihr seht doch mit eigenen Augen«, fuhr Josef fort, »dass ich es bin, der mit euch redet, auch du, mein Bruder Benjamin! 13 Ihr müsst meinem Vater alles erzählen, was ihr hier gesehen habt. Sagt ihm, was für eine Stellung ich hier in Ägypten habe. Bringt ihn hierher, so schnell es geht!« 14 Dann umarmte Josef seinen Bruder Benjamin, und beide weinten dabei vor Freude. 15 Danach küsste er unter Tränen auch die anderen. Erst jetzt fanden die Brüder die Sprache wieder und sie redeten mit Josef.

DER PHARAO LÄSST JAKOB NACH ÄGYPTEN HOLEN

16 Als am Hof des Pharaos bekannt wurde, dass Josefs Brüder gekommen waren, nahmen der Pharao und seine Minister die Nachricht wohlwollend auf. 17 Der Pharao gab Josef die Anweisung: »Sag deinen Brüdern, sie sollen ihre Tiere beladen, ins Land Kanaan reisen 18 und ihren Vater und ihre Familien herbringen. Sie dürfen im fruchtbarsten Gebiet Ägyptens wohnen und bekommen das Beste zu essen, was in Ägypten wächst. 19 Mache Gebrauch von deiner Vollmacht und gib ihnen auch Wagen mit für die kleinen Kinder und die Frauen und besonders für euren Vater, damit sie bequem hierher reisen können. 20 Sie sollen ihren Hausrat ruhig zurücklassen. Sie werden dafür hier das Beste bekommen, was Ägypten zu bieten hat.« 21 Die Brüder waren damit einverstanden. Nach der Weisung des Pharaos gab Josef ihnen die Wagen und auch Verpflegung für die Reise mit. 22 Er schenkte jedem ein Festgewand. Benjamin aber bekam fünf Festgewänder und noch 300 Silberstücke dazu. 23 Seinem Vater schickte Josef zehn Lastesel mit den kostbarsten Erzeugnissen Ägyptens und zehn Eselinnen mit Getreide, Brot und anderen Lebensmitteln für die Reise. 24 Dann verabschiedete er seine Brüder und sie machten sich auf den Weg. »Streitet euch nicht unterwegs«, rief er ihnen nach. 25 Die Brüder kamen ins Land Kanaan zu ihrem Vater Jakob 26 und berichteten ihm: »Josef lebt! Denk doch, er ist Herr über ganz Ägypten!« Aber ihr Vater rührte sich nicht; er glaubte ihnen nicht. 27 Sie erzählten ausführlich, wie es ihnen ergangen war und was Josef ihnen aufgetragen hatte. Sie zeigten ihm auch die Wagen, die er für ihn mitgeschickt hatte. Da endlich kam Leben in Jakob. 28 »Kein Wort mehr!«, rief er. »Josef lebt noch! Ich muss hin und ihn sehen, ehe ich sterbe!«

GOTT MACHT JAKOB MUT FÜR DIE REISE

46 Jakob machte sich auf den Weg; seinen ganzen Besitz nahm er mit. Als er nach Beerscheba kam, opferte er dort dem Gott seines Vaters Isaak Tiere von seinen Herden und hielt ein Opfermahl. 2 In der Nacht erschien ihm Gott und sagte: »Jakob! Jakob!« »Ja?«, antwortete er. 3 Gott sagte zu ihm: »Ich bin Gott, der Gott deines Vaters. Hab keine Angst, nach Ägypten zu ziehen! Ich will deine Nachkommen dort zu einem großen Volk machen. 4 Ich selbst werde mit dir gehen, ich werde dich auch wieder zurückbringen; und wenn du stirbst, wird Josef dir die Augen zudrücken.« 5 Von Beerscheba aus ging die Reise weiter. Die Söhne Jakobs setzten ihren Vater, ihre Frauen und ihre kleinen Kinder in die Wagen, die der Pharao mitgeschickt hatte. 6 Mit ihren Herden und ihrem ganzen Besitz, den sie im Land Kanaan erworben hatten, kamen sie nach Ägypten, Jakob und seine ganze Familie, 7 die Söhne und Töchter, die Enkel und Enkelinnen. Seine ganze Nachkommenschaft brachte Jakob mit sich nach Ägypten.

EINE LISTE DER JAKOBSFAMILIE

8-15 Dies sind die Namen der Söhne Jakobs, die mit ihrem Vater, der auch Israel heißt, nach Ägypten kamen. An der Spitze stehen die Söhne, die Lea ihm in Mesopotamien geboren hatte: // *Ruben,* der Erstgeborene, und seine Söhne Henoch, Pallu, Hezron und Karmi; / *Simeon* und seine Söhne Jemuël, Jamin, Ohad, Jachin, Zohar

und Schaul, der Sohn einer Kanaaniterin; / *Levi* und
seine Söhne Gerschon, Kehat und Merari; / *Juda* und
seine Söhne Er, Onan, Schela, Perez und Serach; die
ersten beiden waren schon in Kanaan gestorben; Perez
hatte zwei Söhne: Hezron und Hamul; / *Issachar* und
seine Söhne Tola, Puwa, Jaschub und Schimron; / *Se-
bulon* und seine Söhne Sered, Elon und Jachleel; / dazu
eine Tochter: Dina // Nachkommen Jakobs von Lea: 33
Personen // 16-18 Von der Sklavin Silpa, die Laban sei-
ner Tochter Lea mitgegeben hatte, stammten: // *Gad*
und seine Söhne Zifjon, Haggi, Schuni, Ezbon, Eri, Arod
und Areli; / *Ascher* und seine Söhne Jimna, Jischwa,
Jischwi und Beria, dazu seine Tochter Serach; Beria
hatte zwei Söhne: Heber und Malkiël // Nachkommen
Jakobs von Silpa: 16 Personen // 19-22 Von Jakobs
Lieblingsfrau Rahel stammten: // *Josef* mit seinen
Söhnen Manasse und Efraïm, die ihm Asenat, die
Tochter des Priesters Potifera aus On in Ägypten ge-
boren hatte; / *Benjamin* und seine Söhne Bela, Becher,
Aschbel, Gera, Naaman, Ehi, Rosch, Muppim, Huppim
und Ard // Nachkommen Jakobs von Rahel: 14 Per-
sonen // 23-25 Von der Sklavin Bilha, die Laban seiner
Tochter Rahel mitgegeben hatte, stammten: // *Dan* und
sein Sohn Huschim; / *Naftali* und seine Söhne Jachzeel,
Guni, Jezer und Schillem // Nachkommen Jakobs von
Bilha: 7 Personen // 26 Mit Jakob siedelten 66 Kinder
und Enkel nach Ägypten über, dazu noch die Frauen
seiner Söhne. 27 Zählt man Josef und seine Söhne hinzu,
so kamen – Jakob selbst eingeschlossen – insgesamt 70
Angehörige der Jakobsfamilie nach Ägypten.

JAKOBS FAMILIE KOMMT NACH ÄGYPTEN

28 Jakob kam also mit seiner ganzen Familie nach
Ägypten. Er hatte Juda vorausgeschickt, um Josef
seine Ankunft anzukündigen und ihn zu sich nach Go-
schen zu rufen. 29 Josef ließ seinen Wagen anspannen
und fuhr seinem Vater entgegen. Als Jakob ihn sah,
schloss er ihn in die Arme und weinte lange. 30 »Jetzt
sterbe ich gern«, sagte Jakob. »Ich habe dich wie-
dergesehen und weiß, dass du noch am Leben bist.«
31 Dann sagte Josef zu seinen Brüdern und ihren Ange-
hörigen: »Ich gehe jetzt zum Pharao und melde ihm,
dass ihr aus Kanaan zu mir gekommen seid. 32 Ich sage
ihm, dass ihr Viehhirten seid und eure Schafe, Ziegen,
Rinder und euren übrigen Besitz mitgebracht habt.
33 Wenn der Pharao euch zu sich rufen lässt und euch
nach eurem Beruf fragt, 34 dann antwortet ihm: ›Wir
sind von Jugend an Viehhirten gewesen wie unsere
Vorfahren.‹ Dann wird er euch erlauben, hier in der
Provinz Goschen zu bleiben.« Die Ägypter haben näm-
lich einen Abscheu vor Schaf- und Ziegenhirten; sie
gelten bei ihnen als unrein.

47 Josef ging zum Pharao und berichtete ihm:
»Mein Vater und meine Brüder sind aus dem
Land Kanaan hierher gekommen. Ihre Herden und
ihren ganzen Besitz haben sie mitgebracht. Sie sind
in der Provinz Goschen.« 2 Josef hatte fünf von sei-
nen Brüdern mitgebracht und stellte sie dem Pharao
vor. 3 »Was ist euer Beruf?«, fragte der Pharao, und sie
antworteten: »Wir sind Schafhirten, großer König, wie
es schon unsere Vorfahren waren.« 4 Weiter sagten sie:
»Wir möchten gern eine Zeit lang als Gäste in Ägypten
leben. Im Land Kanaan finden unsere Herden wegen
der Dürre keine Weide mehr. Erlaube uns, mächtiger
Herr, dass wir in der Provinz Goschen bleiben.« 5 Der
Pharao sagte zu Josef: »Dein Vater und deine Brüder
sind also zu dir gekommen! 6 Ganz Ägypten steht dir
zur Verfügung. Lass sie im besten Teil des Landes woh-
nen; sie können in Goschen bleiben. Und wenn unter
ihnen tüchtige Leute sind, dann vertraue ihnen die
Verantwortung für meine eigenen Herden an.«

JAKOB STEHT VOR DEM PHARAO

7 Josef brachte auch seinen Vater Jakob zum Pharao.
Jakob begrüßte den Herrscher mit einem Segens-
wunsch. 8 Der Pharao fragte ihn nach seinem Alter
9 und Jakob erwiderte: »Hundertunddreißig Jahre
lebe ich jetzt als Fremder auf dieser Erde. Mein Leben
ist kurz und leidvoll im Vergleich zu dem meiner Vor-
fahren, die heimatlos wie ich auf dieser Erde lebten.«
10 Jakob verabschiedete sich vom Pharao mit einem
Segenswunsch. 11 Wie der Pharao befohlen hatte, ließ
Josef seinen Vater und seine Brüder in der Gegend
von Ramses, im besten Teil des Landes, wohnen und
gab ihnen dort Grundbesitz. 12 Er sorgte auch dafür,
dass seine Angehörigen Brot zugeteilt bekamen, jede
Familie nach ihrer Kopfzahl.

DIE ÄGYPTER VERKAUFEN SICH AN DEN PHARAO

13 Die Hungersnot war sehr drückend, weil im ganzen
Land kein Getreide mehr wuchs. Nicht nur in Kanaan,
sondern auch in Ägypten waren die Menschen ausge-
zehrt vom Hunger. 14 Sie konnten zwar bei Josef Ge-
treide bekommen, aber sie mussten dafür bezahlen;
und so kam es, dass schließlich alles Geld aus Kanaan
und Ägypten in der Hand Josefs war. Josef brachte es
in den Palast des Pharaos. 15 Als sie ihr ganzes Geld aus-
gegeben hatten, kamen die Ägypter alle miteinander
zu Josef und sagten zu ihm: »Gib uns Korn! Oder sollen
wir hier vor deinen Augen verhungern? Wir haben kein
Geld mehr.« 16 »Bringt mir statt Geld euer Vieh«, ant-
wortete ihnen Josef, »dann will ich euch dafür Getreide
geben.« 17 Sie brachten ihm all ihr Vieh: Pferde, Esel,
Rinder, Schafe und Ziegen, und Josef versorgte sie dafür
das ganze Jahr über mit Nahrung. 18 Im folgenden Jahr
kamen sie wieder zu Josef und sagten zu ihm: »Wir müs-
sen dir, unserem Herrn, unsere ganze Not sagen. Unser
Geld ist zu Ende, unser Vieh ist in deinem Besitz; wir ha-
ben nur noch uns selbst und unsere Felder. 19 Sollen wir
hier vor deinen Augen sterben und sollen unsere Felder
veröden? Kaufe uns und unsere Felder für den Pharao!
Das Land soll ihm gehören und wir wollen seine Sklaven
sein. Gib uns dafür Getreide, von dem wir leben können,
und Saatgut, damit die Felder nicht zur Wüste werden!«
20 Weil die Hungersnot so groß war, musste jeder Ägyp-
ter seinen Grundbesitz verkaufen. Josef kaufte alles auf
und machte das ganze Land zum Eigentum des Pharaos.

21 Die Bewohner Ägyptens machte er zu dessen Sklaven. 22 Nur die Priester mussten ihre Felder nicht verkaufen, weil sie von dem Einkommen leben konnten, das der Pharao für sie festgesetzt hatte. 23 Josef sagte zu den Ägyptern: »Ich habe heute euch und euer Land für den Pharao erworben. Lasst euch nun dafür Saatgut geben und sät es aus. 24 Von der Ernte gehört der fünfte Teil dem Pharao; das Übrige ist für euch und eure Familien. Ihr könnt davon leben und neues Saatgut zurücklegen.« 25 Sie sagten: »Du rettest uns das Leben! Wenn du damit einverstanden bist, wollen wir gerne Sklaven des Pharaos sein.« 26 Josef legte gesetzlich fest, dass in ganz Ägypten der fünfte Teil jeder Ernte an den Pharao abzuliefern war. Dieses Gesetz gilt dort bis zum heutigen Tag. Nur der Grundbesitz der Priester wurde nicht Eigentum des Pharaos.

JAKOBS LETZTER WILLE

27 Nun war also das Israel-Volk nach Ägypten gekommen und lebte in der Provinz Goschen. Sie waren fruchtbar, vermehrten sich und wurden sehr zahlreich. 28 Jakob lebte noch siebzehn Jahre in Ägypten und erreichte ein Alter von 147 Jahren. 29 Als er sein Ende nahen fühlte, ließ er seinen Sohn Josef rufen und sagte zu ihm: »Wenn du gut zu mir sein willst, dann leg deine Hand zum Schwur zwischen meine Beine. Erweise mir Güte und Treue und begrabe mich nicht in Ägypten! 30 Lass mich im Tod mit meinen Vorfahren vereint sein: Bring mich von hier weg und begrabe mich dort, wo sie begraben sind.« Josef versprach ihm: »Ich werde deinen Wunsch erfüllen.« 31 »Schwöre es mir!«, sagte Jakob, und Josef schwor es ihm. Darauf verneigte sich Jakob anbetend auf seinem Bett.

JAKOB SEGNET VOR SEINEM ENDE DIE SÖHNE JOSEFS

48 Nach einiger Zeit erhielt Josef die Nachricht, dass sein Vater krank sei. Da nahm er seine beiden Söhne Manasse und Efraïm und machte sich auf den Weg. 2 Als Jakob gesagt wurde: »Dein Sohn Josef ist da«, nahm er alle seine Kräfte zusammen und setzte sich im Bett auf. 3 Er sagte zu Josef: »Gott, der Gewaltige, erschien mir in Lus im Land Kanaan. Er segnete mich 4 und sagte: ›Ich will dich fruchtbar machen und vermehren und dich zu einer ganzen Schar von Völkern machen. Und dieses Land will ich deinen Nachkommen für alle Zeiten zum Besitz geben.‹ Das hat er mir zugesagt. 5 Deine beiden Söhne Efraïm und Manasse aber, die dir hier in Ägypten geboren wurden, bevor ich ins Land kam, die nehme ich als meine eigenen Söhne an; sie sollen mir genauso viel gelten wie Ruben und Simeon. 6 Deine späteren Söhne und ihre Nachkommen sollen als deine Nachkommenschaft gelten, doch bekommen sie ihren Anteil am Landbesitz im Gebiet ihrer älteren Brüder. 7 Ich tue das deiner Mutter Rahel zuliebe. Sie starb, als ich aus Mesopotamien ins Land Kanaan zurückkam, kurz vor der Stadt Efrata, und ich begrub sie dort am Wegrand.« – Efrata heißt jetzt Betlehem. 8 Jakobs Blick fiel auf Manasse und Efraïm, die Söhne Josefs. »Wen bringst du da mit?«, fragte er Josef. 9-10 Seine Augen waren altersschwach geworden und er konnte nicht mehr deutlich sehen. »Es sind die Söhne, die Gott mir hier in Ägypten geschenkt hat«, erwiderte Josef. »Bring sie her«, sagte Jakob, »ich will sie segnen!« Jakob zog sie an sich, umarmte und küsste sie. 11 Er sagte zu Josef: »Ich hätte nie geglaubt, dich wiederzusehen, und jetzt lässt Gott mich sogar noch deine Kinder sehen.« 12 Josef nahm die beiden von Jakobs Knien und beugte sich vor seinem Vater bis zur Erde. 13 Dann nahm er Efraïm an die rechte Hand, sodass er von Jakob aus gesehen links stand, und an seine linke Hand nahm er Manasse. So brachte er sie zu seinem Vater. 14 Jakob aber kreuzte seine Hände und legte die rechte auf den Kopf des jüngeren Bruders Efraïm und die linke auf den Kopf Manasses, obwohl Manasse der Erstgeborene war. 15 Dann segnete er die Söhne Josefs und sagte: »Ich bete zu dem Gott, nach dessen Willen meine Väter, Abraham und Isaak, sich stets gerichtet haben. Ich bete zu dem Gott, der mich wie ein Hirt mein Leben lang geführt und beschützt hat. 16 Ich bete zu dem Gott, der in aller Not zur Stelle war und mich gerettet hat. Er segne diese Kinder, damit mein Name und der meiner Väter Abraham und Isaak in ihnen und ihren Nachkommen fortlebe. Er lasse ihre Nachkommen zahlreich werden, damit sie das Land füllen.« 17 Josef gefiel es nicht, dass sein Vater die rechte Hand auf Efraïm gelegt hatte. Deshalb nahm er sie und wollte sie auf Manasse legen. 18 »Du irrst, Vater«, sagte er, »dieser ist der Erstgeborene, auf ihn musst du die rechte Hand legen!« 19 Aber Jakob wehrte ab: »Das weiß ich«, sagte er. »Sei unbesorgt, auch die Nachkommen Manasses sollen zu einem großen Volk werden. Aber sein jüngerer Bruder soll noch größer werden als er; seine Nachkommen sollen zu einer Menge von Völkern werden.« 20 So segnete Jakob die Söhne Josefs und sagte zu ihm: »Du und deine Kinder, ihr werdet in Israel ein Beispiel besonderen Segens sein. Wenn die Leute in Israel einander Glück wünschen, werden sie sagen: ›Gott segne dich wie Efraïm und Manasse!‹« Ganz bewusst nannte er dabei Efraïm an erster Stelle. 21 Dann sagte er: »Ich sterbe jetzt. Gott wird euch beistehen und euch in das Land zurückbringen, das er euren Vorfahren versprochen hat. 22 Dir aber gebe ich einen Bergrücken hoch über den Wohnsitzen deiner Brüder. Ich habe ihn den Amoritern mit Schwert und Bogen weggenommen.«

JAKOB SCHAUT DIE ZUKUNFT DER ZWÖLF STÄMME ISRAELS

49 Jakob rief alle seine Söhne zu sich und sagte zu ihnen: »Kommt her, ich will euch wissen lassen, wie es euren Nachkommen ergehen wird. 2 Kommt und hört, meine Söhne, was euer Vater Israel euch zu sagen hat: // 3 Du, *Ruben*, bist mein Erstgeborener, / das Zeugnis meiner besten Kraft, / weil ich dich als den Ersten zeugte; / du bist der Erste auch an Macht und Hoheit! / 4 Und doch kannst du nicht Erster bleiben; / denn zügellos wie wilde Fluten / bist du einst

auf mein Bett gestiegen / und hast dich dadurch
selbst geschändet. // 5-6 Ihr beiden Brüder, *Simeon*
und *Levi*, / ihr könnt mich nie dafür gewinnen, / mich
euren Plänen anzuschließen; / denn ihr kennt nichts
als Wut und Willkür! / Ganz sinnlos habt ihr Männer
abgeschlachtet / und starke Stiere ohne Grund ver-
stümmelt. / 7 Verflucht sei euer wildes Wüten, / weil es
so roh und grausam ist. / Das Urteil über euch hat Gott
gesprochen: / ›Ihr dürft nicht mehr zusammenblei-
ben; / ich werde euch in Israel zerstreuen!‹ // 8 Dich,
Juda, preisen deine Brüder! / Voll Freude jubeln sie dir
zu, / weil du den Feind im Nacken packst, / und in den
Staub hinunterzwingst. / 9 Mein Sohn, du gleichst dem
jungen Löwen, / der niemals leer vom Raubzug heim-
kehrt: / Er legt sich neben seine Beute, / und keiner
wagt ihn aufzustören. / 10 Nur dir gehören Thron und
Zepter, / dein Stamm wird stets den König stellen, / bis
Schilo kommt, der große Herrscher, / dem alle Völker
dienen sollen. / 11 Ja, Juda lebt im Überfluss: / Ganz
achtlos bindet er sein Reittier / am allerbesten Wein-
stock fest / und wäscht im Traubenblut den Man-
tel. / 12 Der Wein macht seine Augen funkeln / und
Milch die Zähne blendend weiß. // 13 Du, *Sebulon*,
wohnst nah beim Meer, / dort, wo die Schiffe einen
Hafen finden; / bis hin nach Sidon reicht dein Land! //
14-15 Du, *Issachar*, beugst deinen Rücken / und
schleppst als Sklave schwere Lasten. / Genauso
wie ein dürrer Esel / brichst du darunter in die
Knie. / Du zahlst den Preis für deine Sehnsucht / nach
einem schönen, ebnen Land / und einem Leben
ohne Mühe! // 16 Du, *Dan*, bewahrst das Recht
des Volkes! / Deswegen wird dein Stamm geach-
tet / von allen Stämmen Israels. / 17 Gefährlich bist
du wie die Schlange, / die auf der Lauer liegt am Weg-
rand: / Sie beißt das Pferd in seine Fesseln, / dann
stürzt der Reiter rücklings ab. / So siegst du über
deine Feinde! // 18 Ich warte, HERR, auf deine
Hilfe! // 19 Du, *Gad*, von Räubern oft bedrängt, / lässt
dich von ihnen nie berauben; / du wehrst sie ab und
jagst sie fort! // 20 Die Felder *Aschers* tragen reiche
Frucht; / in seinem Land wächst nur das Beste, / die
Speise für des Königs Tisch. // 21 Du, *Naftali*, gleichst
einer Hirschkuh, / die auf den Bergen frei umher-
läuft / und schöne, starke Junge hat. // 22 Du, *Josef*,
bist dem Weinstock gleich, / der an der Quelle üp-
pig treibt / und seine Mauer überwuchert. / 23 Die
Feinde fordern dich zum Kampf, / beschießen dich
mit ihren Pfeilen; / 24 doch du bleibst unerschüttert
stehen / und schießt mit rascher Hand zurück. / Bei
dir ist Jakobs starker Gott; / deswegen führst du
Israel / und bist des Volkes Schutz und Stärke. / 25 Gott,
der Gewaltige, ist es, der dir hilft; / dich segnet dei-
nes Vaters Gott. / Er gibt dir Regen aus dem Him-
mel, / gibt Quellen aus der Erdentiefe. / Das Leben
mehrt und segnet er / mit Fruchtbarkeit des Mutterlei-
bes, / mit Überfluss aus Mutterbrüsten. / 26 Du siehst
die Berge, fest und ewig, / die hoch bis in die Wolken
ragen; / dein Reichtum überragt sie alle. / Dies al-
les ist dir vorbehalten, / weil du den Segen erben
sollst, / den ich, dein Vater, einst empfing. / Du,
Josef, bist der Auserwählte / inmitten aller deiner
Brüder! // 27 Du, *Benjamin*, bist wie der Wolf, / der
morgens seinen Raub verschlingt / und abends seine
Beute teilt.« // 28 Mit diesen Worten segnete Jakob
seine Söhne. Er gab jedem zum Abschied ein beson-
deres Segenswort. In die Zukunft blickend, sprach er
von den zwölf Stämmen Israels. 29-30 Danach ordnete
er an: »Wenn ich tot bin, dann bringt mich ins Land
Kanaan und bettet mich zur letzten Ruhe neben mei-
nen Vorfahren, in der Höhle auf dem Feld Machpela
östlich von Mamre. Dieses Grundstück hat Abraham
von dem Hetiter Efron als Grabstätte für seine Familie
erworben. 31 Dort wurden Abraham und Sara zur letz-
ten Ruhe gebettet, dort liegen Isaak und Rebekka, und
auch Lea habe ich dort beigesetzt. 32 Das Feld und die
Höhle darauf sind unser rechtmäßiges Eigentum; wir
haben es von den Hetitern gekauft.« 33 Während Jakob
seinen Söhnen diese letzten Anweisungen gab, saß er
auf dem Rand seines Bettes. Nun hob er seine Füße
aufs Bett und legte sich zurück. Bald darauf starb er
und wurde im Tod mit seinen Vorfahren vereint.

DIE TOTENFEIER FÜR JAKOB

50 Josef warf sich über seinen Vater, weinte um
ihn und küsste ihn. 2 Dann befahl er den Ärzten,
die in seinem Dienst standen, Jakob einzubalsamie-
ren. 3 Wie üblich brauchten sie dazu vierzig Tage. Ganz
Ägypten trauerte um Josefs Vater siebzig Tage lang.
4 Danach wandte sich Josef an die Hofleute des Pharaos
und sagte zu ihnen: »Wenn ihr mir eine Gunst erwei-
sen wollt, dann richtet dem Pharao aus: 5 ›Ich musste
meinem Vater schwören, ihn im Land Kanaan beizuset-
zen, in dem Grab, das er selbst für sich vorbereitet hat.
Deshalb möchte ich nun hinreisen und ihn zur letzten
Ruhe betten, dann werde ich wieder zurückkommen.‹«
6 Der Pharao ließ ihm antworten: »Mach es so, wie du
es deinem Vater geschworen hast.« 7 Josef machte
sich auf den Weg, und die hohen Beamten des Pha-
raos und alle führenden Männer Ägyptens begleiteten
ihn. 8 Auch seine Brüder kamen mit, dazu alle aus dem
Haus Josefs und aus der Großfamilie seines Vaters, nur
die Kinder und die Gebrechlichen und das Vieh blieben
in der Provinz Goschen zurück. 9 Sogar eine Abteilung
Elitetruppen mit Streitwagen gab dem Toten das Geleit;
es war ein gewaltiger Trauerzug. 10 Unterwegs hielten
sie in Goren-Atad östlich des Jordans eine große Trau-
erfeier ab; sieben Tage lang ließ Josef seinen Vater be-
weinen. 11 Die Kanaaniter, die dort wohnten, wunderten
sich und sagten zueinander: »Die Ägypter halten aber
eine große Trauerfeier ab!« Deshalb heißt der Ort auch
Abel-Mizrajim (Trauer der Ägypter). 12 Dann erfüllten
die Söhne Jakobs den letzten Wunsch ihres Vaters: 13 Sie
brachten ihn in das Land Kanaan und bestatteten ihn
östlich von Mamre in der Höhle auf dem Feld Machpela,
die Abraham von dem Hetiter Efron als Grabstätte für
seine Familie erworben hatte. 14 Nachdem Josef seinen
Vater beigesetzt hatte, kehrte er mit seinen Brüdern und
allen, die ihn begleitet hatten, nach Ägypten zurück.

DER MENSCH DENKT, GOTT LENKT

15 Weil nun ihr Vater tot war, gerieten die Brüder Josefs in Sorge. »Wenn Josef uns nur nichts mehr nachträgt!«, sagten sie zueinander. »Sonst wird er uns jetzt heimzahlen, was wir ihm einst angetan haben.« 16 Sie ließen Josef ausrichten: »Dein Vater hat uns vor seinem Tod die Anweisung gegeben: 17 ›Bittet Josef, dass er euch verzeiht und euch nicht nachträgt, was ihr ihm angetan habt.‹ Deshalb bitten wir dich: Verzeih uns unser Unrecht! Wir bitten dich bei dem Gott deines Vaters, dem auch wir dienen!« Als Josef das hörte, musste er weinen. 18 Danach gingen die Brüder selbst zu Josef, warfen sich vor ihm zu Boden und sagten: »Wir sind deine Sklaven!« 19 Aber Josef erwiderte: »Habt keine Angst! Ich werde doch nicht umstoßen, was Gott selbst entschieden hat! 20 Ihr hattet Böses mit mir vor, aber Gott hat es zum Guten gewendet; denn er wollte auf diese Weise vielen Menschen das Leben retten. Das war sein Plan, und so ist es geschehen. 21 Habt also keine Angst! Ihr könnt euch auf mich verlassen, ich werde für euch und eure Familien sorgen.« So beruhigte Josef seine Brüder und gab ihnen wieder Mut.

JOSEFS ENDE

22 Josef blieb mit allen Nachkommen seines Vaters in Ägypten. Er wurde 110 Jahre alt 23 und sah noch die Enkel seines Sohnes Efraïm; er erlebte es auch noch, wie seinem Enkel Machir, dem Sohn Manasses, Söhne geboren wurden, und nahm sie feierlich in seine Sippe auf. 24 Als Josef sein Ende kommen fühlte, sagte er zu seinen Brüdern: »Gott wird euch nicht vergessen. Er wird euch aus diesem Land wieder in das Land zurückbringen, das er Abraham, Isaak und Jakob mit einem Eid versprochen hat. 25 Wenn das geschieht, dann nehmt auch meine Gebeine von hier mit.« Die Brüder mussten es Josef schwören. 26 Dann starb er im Alter von 110 Jahren. Sein Leichnam wurde einbalsamiert und in Ägypten in einen Sarg gelegt.

DAS ZWEITE BUCH MOSE
EXODUS

DER PHARAO BEKOMMT ANGST VOR DEN ISRAELITEN

1 Zusammen mit Jakob, der auch Israel heißt, waren elf seiner zwölf Söhne mit ihren Familien nach Ägypten ausgewandert, nämlich: 2 Ruben, Simeon, Levi und Juda, 3 Issachar, Sebulon und Benjamin, 4 Dan und Naftali, Gad und Ascher. 5 Josef war schon vorher nach Ägypten gekommen. Insgesamt waren es mit Kindern und Enkeln siebzig direkte Nachkommen Jakobs. 6 Dann waren Josef und seine Brüder gestorben. Von ihrer ganzen Generation lebte niemand mehr. 7 Aber ihre Nachkommen, die Israeliten, waren fruchtbar und vermehrten sich; sie nahmen überhand und wurden so zahlreich, dass sie das Land füllten. 8 Da kam in Ägypten ein neuer König an die Macht, der von Josef nichts mehr wusste. 9 Er sagte zu seinen Leuten: »Die Israeliten sind so zahlreich und stark, dass sie uns gefährlich werden. 10 Wir müssen etwas unternehmen, damit sie nicht noch stärker werden. Sie könnten sich sonst im Kriegsfall auf die Seite unserer Feinde schlagen, gegen uns kämpfen und dann aus dem Land fortziehen.« 11 Die Ägypter setzten deshalb Aufseher ein, um die Israeliten mit Fronarbeit unter Druck zu halten. Die Männer mussten für den Pharao die Vorratsstädte Pitom und Ramses bauen. 12 Aber je mehr man die Israeliten unterdrückte, desto zahlreicher wurden sie und desto mehr breiteten sie sich aus. Den Ägyptern wurde das unheimlich. 13-14 Darum ließen sie die Männer Israels als Sklaven für sich arbeiten, misshandelten sie und machten ihnen das Leben zur Hölle. Sie zwangen sie, aus Lehm Ziegel herzustellen und schwere Feldarbeit zu verrichten.

DIE HEBAMMEN DURCHKREUZEN DEN PLAN DES PHARAOS

15 Doch nicht genug damit: Der König von Ägypten ließ die beiden hebräischen Hebammen Schifra und Pua rufen und befahl ihnen: 16 »Wenn ihr den hebräischen Frauen bei der Geburt beisteht, dann achtet darauf, ob sie einen Sohn oder eine Tochter zur Welt bringen. Die männlichen Nachkommen müsst ihr sofort umbringen, nur die Mädchen dürft ihr am Leben lassen.« 17 Die Hebammen aber gehorchten Gott und befolgten den Befehl des Königs nicht. Sie ließen auch die Söhne am Leben. 18 Da ließ der König die Hebammen kommen und fragte sie: »Warum widersetzt ihr euch meinem Befehl und lasst die Jungen am Leben?« 19 Sie antworteten dem Pharao: »Die hebräischen Frauen sind kräftiger als die ägyptischen. Bis die Hebamme zu ihnen kommt, haben sie ihr Kind schon längst zur Welt gebracht.« 20 So vermehrte sich das Volk Israel auch weiterhin und wurde immer stärker. Gott aber ließ es den Hebammen gut gehen. 21 Weil sie ihm gehorcht hatten, schenkte er ihnen zahlreiche Nachkommen. 22 Nun gab der Pharao seinem ganzen Volk den Befehl: »Werft jeden Jungen, der den Hebräern geboren wird, in den Nil! Nur die Mädchen dürfen am Leben bleiben.«

ISRAELS KÜNFTIGER RETTER WIRD AUS DEM WASSER GERETTET

2 Ein Mann aus der Nachkommenschaft von Levi heiratete eine Frau, die ebenfalls zu den Nachkommen Levis gehörte. 2 Sie wurde schwanger und brachte einen Sohn zur Welt. Als sie sah, dass

es ein gesundes, schönes Kind war, hielt sie es drei
Monate lang versteckt. 3 Länger konnte sie es nicht
verbergen. Deshalb besorgte sie sich ein Kästchen
aus Binsen, dichtete es mit Pech ab, sodass es kein
Wasser durchließ, und legte das Kind hinein. Dann
setzte sie das Kästchen ins Schilf am Ufer des Nils. 4 Die
Schwester des Kindes versteckte sich in der Nähe, um
zu sehen, was mit ihm geschehen würde. 5 Da kam
die Tochter des Pharaos an den Nil, um zu baden. Ihre
Dienerinnen ließ sie am Ufer zurück. Auf einmal sah sie
das Kästchen im Schilf. Sie schickte eine Dienerin hin,
um es zu holen. 6 Als sie es öffnete, fand sie darin einen
weinenden Säugling, einen kleinen Jungen. Voller Mit-
leid rief sie: »Das ist einer von den Hebräerjungen!«
7 Die Schwester des Kindes kam aus ihrem Versteck
und fragte: »Soll ich eine hebräische Frau rufen, die das
Kind stillen kann?« 8 »Ja, tu das!«, sagte die Tochter
des Pharaos. Da holte das junge Mädchen die Mut-
ter des Kindes, 9 und die Tochter des Pharaos sagte
zu ihr: »Nimm dieses Kind und stille es für mich! Ich
werde dich dafür bezahlen.« So kam es, dass die Frau
ihr eigenes Kind mit nach Hause nehmen und stillen
konnte. 10 Als der Junge größer war, brachte sie ihn
wieder zurück. Die Tochter des Pharaos nahm ihn als
ihren Sohn an. Sie sagte: »Ich habe ihn aus dem Was-
ser gezogen.« Darum gab sie ihm den Namen Mose.

DER SOHN DER KÖNIGSTOCHTER ENTDECKT SEINE BRÜDER

11 Als Mose erwachsen war, ging er einmal zu seinen
Brüdern, den Israeliten, hinaus und sah, wie sie Fron-
arbeiten verrichten mussten. Er wurde Zeuge, wie ein
Ägypter einen Hebräer, einen von seinen Brüdern, tot-
schlug. 12 Da schaute er sich nach allen Seiten um, und
als er sah, dass niemand in der Nähe war, erschlug
er den Ägypter und verscharrte ihn im Sand. 13 Am
nächsten Tag ging er wieder hinaus. Da sah er zwei
Hebräer, die miteinander stritten. Er sagte zu dem, der
im Unrecht war: »Warum schlägst du einen Mann aus
deinem eigenen Volk?« 14 Der antwortete: »Wer hat
dich zum Aufseher und Richter über uns eingesetzt?
Willst du mich auch umbringen wie den Ägypter?« Da
bekam Mose Angst, denn er dachte: »Es ist also doch
bekannt geworden!«

DER FLÜCHTLING FINDET EIN ZUHAUSE

15 Als der Pharao von dem Vorfall erfuhr, wollte er
Mose töten lassen. Mose aber floh vor ihm in das
Land Midian. Dort setzte er sich an einen Brunnen,
um auszuruhen. 16 Der Priester des Landes hatte
sieben Töchter; die kamen zu dem Brunnen, um die
Schafe und Ziegen ihres Vaters zu tränken. Als sie ge-
rade die Tränkrinnen voll Wasser geschöpft hatten,
17 kamen Hirten und drängten sie weg. Mose stand
auf und nahm die Mädchen in Schutz. Er legte selbst
Hand an beim Tränken der Tiere. 18 Als die Mädchen
nach Hause zu ihrem Vater Reguël kamen, fragte er:
»Warum seid ihr heute schon so früh wieder da?« 19 Sie
antworteten: »Ein Ägypter hat uns vor den Hirten in
Schutz genommen. Er hat uns beim Tränken geholfen
und sogar selbst Wasser geschöpft.« 20 »Wo ist er?«,
fragte Reguël seine Töchter. »Warum habt ihr ihn nicht
mitgebracht? Holt ihn! Er soll mit uns essen.« 21 Reguël
lud Mose ein, bei ihm zu bleiben, und Mose war damit
einverstanden. Der Priester gab ihm seine Tochter Zip-
pora zur Frau. 22 Als sie einen Sohn zur Welt brachte,
sagte Mose: »Er soll Gerschom (Gast-dort) heißen,
denn ich bin Gast in einem fremden Land geworden.«

GOTT HÖRT DEN HILFERUF DER ISRAELITEN

23 So verging eine lange Zeit. Inzwischen war der
König von Ägypten gestorben. Aber die Lage der Is-
raeliten hatte sich nicht gebessert. Sie stöhnten unter
der Zwangsarbeit und schrien um Hilfe. Ihr Schreien
drang zu Gott, 24 und als er es hörte, erinnerte er sich
an den Bund, den er mit Abraham, Isaak und Jakob
geschlossen hatte. 25 Er wandte sich den Israeliten zu
und kümmerte sich um sie.

GOTT BRAUCHT MOSE FÜR SEINEN PLAN

3
Mose hütete die Schafe und Ziegen seines Schwie-
gervaters Jitro, des Priesters von Midian. Als er die
Herde tief in die Wüste hineintrieb, kam er eines Tages
an den Gottesberg, den Horeb. 2 Dort erschien ihm der
Engel des HERRN in einer lodernden Flamme, die aus
einem Dornbusch schlug. Mose sah nur den brennen-
den Dornbusch, aber es fiel ihm auf, dass der Busch von
der Flamme nicht verzehrt wurde. 3 »Das ist doch selt-
sam«, dachte er. »Warum verbrennt der Busch nicht?
Das muss ich mir aus der Nähe ansehen!« 4 Als der HERR
sah, dass Mose näher kam, rief er ihn aus dem Busch
heraus an: »Mose! Mose!« »Ja«, antwortete Mose,
»ich höre!« 5 »Komm nicht näher!«, sagte der HERR.
»Zieh deine Schuhe aus, denn du stehst auf heiligem
Boden.« 6 Dann sagte er: »Ich bin der Gott, den dein Va-
ter verehrt hat, der Gott Abrahams, Isaaks und Jakobs.«
Da verhüllte Mose sein Gesicht, denn er fürchtete sich,
Gott anzusehen. 7 Weiter sagte der HERR: »Ich habe
genau gesehen, wie mein Volk in Ägypten unterdrückt
wird. Ich habe gehört, wie es um Hilfe schreit gegen
seine Antreiber. Ich weiß, wie sehr es leiden muss, 8 und
bin herabgekommen, um es von seinen Unterdrückern
zu befreien. Ich will es aus Ägypten führen und in ein
fruchtbares und großes Land bringen, ein Land, das von
Milch und Honig überfließt. Ich bringe es in das Land
der Kanaaniter, Hetiter, Amoriter, Perisiter, Hiwiter und
Jebusiter. 9 Ich habe den Hilfeschrei der Leute von Israel
gehört, ich habe gesehen, wie grausam die Ägypter sie
unterdrücken. 10 Deshalb geh jetzt, ich schicke dich zum
Pharao! Du sollst mein Volk, die Israeliten, aus Ägypten
herausführen.« 11 Aber Mose wandte ein: »Ich? Wer
bin ich denn! Wie kann ich zum Pharao gehen und
das Volk Israel aus Ägypten herausführen?« 12 Gott
antwortete: »Ich werde dir beistehen. Und das ist das
Zeichen, an dem du erkennst, dass ich dich beauftragt
habe: Wenn du das Volk aus Ägypten herausgeführt
hast, werdet ihr mir an diesem Berg Opfer darbringen
und mich anbeten.«

GOTT GIBT SICH MOSE ZU ERKENNEN

13 Mose sagte zu Gott: »Wenn ich nun zu den Leuten
von Israel komme und zu ihnen sage: ›Der Gott eurer
Vorfahren hat mich zu euch geschickt‹, und sie mich
dann fragen: ›Wie ist sein Name?‹ – was soll ich ih-
nen sagen?« 14 Gott antwortete: »Ich bin da«, und
er fügte hinzu: »Sag zum Volk Israel: ›Der Ich-bin-da
hat mich zu euch geschickt: 15 der HERR! Er ist der
Gott eurer Vorfahren, der Gott Abrahams, Isaaks und
Jakobs.‹ Denn ›HERR‹ (Er-ist-da) ist mein Name für
alle Zeiten. Mit diesem Namen sollen mich auch die
kommenden Generationen ansprechen, wenn sie zu
mir beten. 16 Geh nun und rufe die Ältesten des Volkes
Israel zusammen! Sag zu ihnen: ›Der HERR, der Gott
eurer Vorfahren, ist mir erschienen, der Gott Abra-
hams, Isaaks und Jakobs. Er hat zu mir gesagt: Ich
habe genau gesehen, was man euch in Ägypten antut.
17 Darum bin ich entschlossen, euch aus diesem Land
herauszuführen, in dem ihr so unterdrückt werdet.
Ich bringe euch in das Land der Kanaaniter, Hetiter,
Amoriter, Perisiter, Hiwiter und Jebusiter, ein Land,
das von Milch und Honig überfließt.‹ 18 Wenn du so
zu ihnen sprichst, werden die Ältesten des Volkes auf
dich hören. Dann musst du mit ihnen zum König von
Ägypten gehen, und ihr sollt zu ihm sagen: ›Der HERR,
der Gott der Hebräer, ist uns erschienen. Deshalb wol-
len wir drei Tagereisen weit in die Wüste gehen und
dort dem HERRN, unserem Gott, Opfer darbringen.‹
19 Ich weiß, dass der König von Ägypten euch nicht
gehen lässt; keine Macht der Welt könnte ihn dazu be-
wegen. 20 Aber ich werde meine Hand ausstrecken und
die Ägypter schlagen, ich werde schreckenerregende
Wunder in ihrer Mitte vollbringen. Und dann wird er
euch ziehen lassen. 21 Ich werde sogar dafür sorgen,
dass die Ägypter euch wohlgesinnt sein werden und
ihr nicht mit leeren Händen wegziehen müsst. 22 Alle
Frauen aus Israel sollen sich vor dem Aufbruch von
ihren ägyptischen Nachbarinnen Silber- und Gold-
schmuck erbitten und festliche Kleider. Das können
dann eure Söhne und Töchter tragen. Auf diese Weise
sollt ihr die Ägypter berauben.«

MOSE MACHT EINWENDUNGEN

4 Mose erwiderte: »Und was ist, wenn die Leute
von Israel mir nicht glauben und nicht auf mich
hören, sondern behaupten: ›Der HERR ist dir nicht er-
schienen!‹ Was soll ich dann tun?« 2 »Was hast du da
in deiner Hand?«, fragte der HERR. »Einen Stock«,
sagte Mose. 3 »Wirf ihn auf die Erde!«, befahl der HERR.
Mose tat es. Da wurde der Stock zu einer Schlange, und
Mose lief vor ihr davon. 4 Der HERR befahl ihm: »Pack
sie beim Schwanz!« Mose fasste zu, und sie wurde in
seiner Hand wieder zum Stock. 5 Da sagte der HERR:
»Tu das vor ihren Augen, damit sie glauben, dass
ich dir erschienen bin – ich, der Gott ihrer Vorfahren
Abraham, Isaak und Jakob.« 6 Dann befahl er Mose:
»Steck die Hand in dein Gewand!« Mose gehorchte,
und als er seine Hand wieder hervorzog, war sie voll
Aussatz, weiß wie Schnee. 7 »Steck deine Hand noch
einmal in dein Gewand«, befahl der HERR. Mose tat es,
und als er sie wieder hervorzog, war sie so gesund wie
der übrige Körper. 8 Der HERR sagte: »Wenn sie sich
durch das Wunder mit dem Stock nicht überzeugen
lassen, dann wird dieses zweite Wunder sie überzeu-
gen. 9 Wenn sie aber immer noch nicht glauben und
nicht auf dich hören wollen, dann nimm Wasser aus
dem Nil und schütte es auf den Boden, und es wird zu
Blut werden.« 10 Doch Mose erwiderte: »Ach Herr, ich
habe doch noch nie gut reden können, und auch seit
du mit mir, deinem Diener, sprichst, ist das nicht besser
geworden. Ich bin im Reden viel zu schwerfällig und
unbeholfen.« 11 Der HERR antwortete: »Wer hat den
Menschen die Sprache gegeben? Wer macht die Men-
schen stumm oder taub? Wer macht sie sehend oder
blind? Ich bin es, der HERR! 12 Also, geh jetzt! Ich werde
dir helfen und dir sagen, was du reden sollst.« 13 Doch
Mose erwiderte: »Nimm es mir nicht übel, Herr, aber
schicke einen andern!« 14 Da wurde der HERR zornig
auf Mose und sagte: »Du hast doch noch einen Bruder,
den Leviten Aaron! Ich weiß, dass er gut reden kann.
Er ist auf dem Weg zu dir und wird sich freuen, wenn
er dich wiedersieht. 15 Du sagst ihm alles, was er re-
den soll. Ich helfe dir dabei, und ihm helfe ich auch. Ich
sage euch, was ihr tun und reden sollt. 16 Wenn Aaron
für dich zum Volk spricht, wird das so sein, wie wenn
ein Prophet die Botschaften seines Gottes weitergibt.
17 Und den Stock hier nimm in die Hand! Mit ihm wirst
du die Wunder tun, die dich ausweisen.«

MOSE MACHT SICH AUF DEN WEG NACH ÄGYPTEN

18 Mose kehrte zurück zu seinem Schwiegervater Jitro
und sagte: »Ich möchte wieder zu meinen Brüdern,
den Israeliten, nach Ägypten gehen und sehen, ob sie
noch am Leben sind.« Jitro sagte: »Glückliche Reise!
Zieh in Frieden!« 19 Noch im Land Midian sagte der
HERR zu Mose: »Du kannst jetzt nach Ägypten zurück-
kehren, denn alle, die dich umbringen wollten, sind
gestorben.« 20 So ließ Mose seine Frau mit den kleinen
Kindern auf den Esel steigen und machte sich mit ih-
nen auf den Weg nach Ägypten. Den Stock nahm er
mit. 21 Noch einmal sprach der HERR zu Mose; er sagte:
»Wenn du nach Ägypten kommst, dann vollbringe
vor dem Pharao die Wunder, zu denen ich dich bevoll-
mächtigt habe. Ich werde ihn so starrsinnig machen,
dass er das Volk nicht gehen lässt. 22 Dann sollst du
dem Pharao verkünden: ›So spricht der HERR: Israel
ist mein erstgeborener Sohn, 23 und ich befehle dir, ihn
ziehen zu lassen, damit er mir Opfer darbringen kann.
Wenn du dich weigerst, bekommst du es mit mir zu tun:
Dann werde ich *deinen* erstgeborenen Sohn töten.‹«

MOSES ERSTGEBORENER WIRD BESCHNITTEN

24 Als sie einmal unterwegs übernachteten, fiel der
HERR über Mose her und wollte ihn töten. 25 Da nahm
Zippora einen scharfen Stein, schnitt die Vorhaut am
Glied ihres Sohnes ab und berührte damit Moses Beine.
Dabei sagte sie: »Du bist für mich ein Blutbräutigam.«

26 So nannte sie ihn wegen der geschehenen Beschneidung. Da ließ der HERR von Mose ab.

MOSE UND AARON ALS FÜHRER DER ISRAELITEN

27 Der HERR sagte zu Aaron: »Geh Mose entgegen in die Wüste!« Aaron machte sich auf den Weg. Beim Gottesberg traf er Mose und küsste ihn. 28 Mose erzählte ihm, welchen Auftrag er vom HERRN erhalten hatte und was für Wunder er tun sollte. 29 Dann gingen die beiden nach Ägypten und versammelten alle Ältesten des Volkes Israel. 30 Aaron berichtete ihnen alles, was der HERR zu Mose gesagt hatte, und Mose vollbrachte vor den Augen des ganzen Volkes die Wunder, zu denen Gott ihn bevollmächtigt hatte. 31 Da glaubten ihm die Israeliten. Sie begriffen, dass der HERR ihre Unterdrückung gesehen hatte und ihnen helfen wollte. Und sie warfen sich anbetend vor dem HERRN nieder.

MOSE UND AARON GEHEN ZUM PHARAO

5 Nun gingen Mose und Aaron zum Pharao und sagten: »So spricht der HERR, der Gott Israels: ›Lass mein Volk ziehen, damit es in der Wüste ein Fest für mich feiern kann!‹« 2 »Der HERR? Wer ist das?«, erwiderte der Pharao. »Was hat er mir zu befehlen? Ich kenne keinen ›HERRN‹ und werde das Volk Israel auch nicht gehen lassen.« 3 Mose und Aaron sagten: »Er ist der Gott der Hebräer, und er ist uns erschienen. Deshalb wollen wir jetzt drei Tagereisen weit in die Wüste gehen und ihm dort Opfer darbringen. Sonst wird er uns mit Krankheit oder Krieg strafen.« 4 Der Ägypterkönig fuhr sie an: »Was denkt ihr euch eigentlich, dass ihr das Volk von der Arbeit abhalten wollt? Macht, dass ihr fortkommt! An eure Fronarbeit!« 5 Und er sagte noch: »Sie sind schon so zahlreich, und da wollt ihr ihnen auch noch eine Arbeitspause verschaffen!«

DIE NOT WIRD GRÖSSER

6 Am selben Tag befahl der Pharao den ägyptischen Antreibern und den Listenführern aus dem Volk Israel: 7 »Hört auf, den Leuten wie bisher das Stroh zu liefern, das sie zur Herstellung der Ziegelsteine brauchen. Sie sollen es sich selbst zusammensuchen! 8 Aber sie müssen genauso viele Ziegel abliefern wie bisher. Ihr dürft ihnen nichts erlassen. Faul sind sie, deshalb schreien sie: ›Wir wollen in die Wüste und unserem Gott Opfer darbringen.‹ 9 Setzt sie unter Druck! Verlangt mehr von ihnen, damit sie arbeiten, anstatt sich von diesen Verführern etwas vorgaukeln zu lassen.« 10 Die Antreiber und die Listenführer gingen hin und sagten zu den Israeliten: »So spricht der Pharao: ›Ich lasse euch von jetzt an kein Stroh mehr liefern. 11 Geht selbst und sucht euch welches! Ihr müsst aber genauso viele Ziegel abliefern wie bisher.‹« 12 So verteilten sich die Männer Israels über das ganze Land und sammelten Stroh auf den Feldern. 13 Die Ägypter aber trieben sie an und sagten: »Ihr müsst jeden Tag genauso viele Ziegel abliefern wie früher, als euch noch Stroh gestellt wurde!« 14 Die Antreiber schlugen die Listenführer der Israeliten, die sie eingesetzt hatten, und schrien sie an: »Ihr habt heute schon wieder zu wenig Ziegel abgeliefert!« 15 Da beschwerten sich die Listenführer beim Pharao: »Warum tust du uns das an? Wir sind doch immer deine treuen Diener gewesen! 16 Man hat unseren Leuten kein Stroh geliefert und doch sollen sie Ziegel herstellen. Sogar geschlagen hat man uns. Die Schuld liegt bei deinen eigenen Leuten!« 17 Der Pharao antwortete: »Faul seid ihr, ganz einfach faul! Deswegen schreit ihr: ›Wir wollen in die Wüste und unserem Gott Opfer darbringen.‹ 18 Macht, dass ihr wieder an eure Arbeit kommt! Stroh bekommt ihr nicht; aber die vorgeschriebene Anzahl Ziegel müsst ihr abliefern!« 19 Die Listenführer der Israeliten sahen sich in eine schlimme Lage versetzt, als man ihnen sagte: »Sorgt dafür, dass eure Leute pro Tag die gleiche Menge Ziegel herstellen wie bisher!«

GOTT KÜNDIGT SEIN EINGREIFEN AN

20 Als die Listenführer der Israeliten vom Pharao kamen, trafen sie auf Mose und Aaron, die auf sie warteten. 21 Sie überhäuften die beiden mit Vorwürfen: »Ihr habt uns beim Pharao und seinen Leuten verhasst gemacht! Ihr habt ihnen eine Waffe in die Hand gegeben, mit der sie uns töten werden. Der HERR soll euch dafür strafen!« 22 Mose wandte sich an den HERRN und sagte: »Herr, warum peinigst du dieses Volk? Wozu hast du mich hierher geschickt? 23 Seit ich zum Pharao gegangen bin und ihm deinen Befehl überbracht habe, hat er das Volk noch mehr misshandelt. Und du hast nichts getan, um dein Volk zu retten!«

6 Darauf sagte der HERR zu Mose: »Jetzt wirst du erleben, was ich mit dem Pharao machen werde. Ich werde ihn zwingen, die Israeliten gehen zu lassen, ja, er wird sie sogar mit Gewalt aus seinem Land forttreiben.«

MOSE WIRD NOCH EINMAL BEAUFTRAGT

2 Da sprach Gott zu Mose und sagte: »Ich bin der HERR. 3 Als Gott, der Gewaltige, bin ich Abraham, Isaak und Jakob erschienen; aber unter meinem Namen ›der HERR‹ habe ich mich ihnen noch nicht zu erkennen gegeben. 4 Doch ich habe meinen Bund mit ihnen geschlossen und ihnen das Land Kanaan zugesagt, in dem sie als Fremde lebten. 5 Ich habe das Schreien der Leute von Israel gehört, die von den Ägyptern zur Arbeit gezwungen werden. Deshalb will ich jetzt meine Zusage einlösen. 6 Richte deinem Volk aus: ›Ich bin der HERR! Ich werde euch aus dem Frondienst für die Ägypter wegholen und aus der Zwangsarbeit befreien, die sie euch auferlegt haben. Mit meinem ausgestreckten Arm werde ich euch retten und eure Unterdrücker hart bestrafen. 7 Ich will euch als mein Volk annehmen und will euer Gott sein. Dann werdet ihr erkennen, dass ich der HERR bin, euer Gott, der euch aus dem Frondienst für die Ägypter befreit. 8 Ich bringe euch in das Land, das ich Abraham, Isaak und Jakob mit einem Eid versprochen habe; ich gebe es euch, ihren Nachkommen,

als bleibenden Besitz. Ich bin der HERR!‹« 9 Mose sagte
dies alles den Israeliten, aber sie glaubten ihm nicht;
sie waren zu erschöpft von der harten Arbeit und völlig
entmutigt. 10 Da sagte der HERR zu Mose: 11 »Geh jetzt
zum Pharao, dem König von Ägypten, und verlange,
dass er das Volk Israel aus seinem Land ziehen lässt!«
12 Aber Mose erwiderte: »Nicht einmal die Leute von
Israel haben mir geglaubt, wie sollte da der Pharao auf
mich hören? Ich bin ja auch so unbeholfen im Reden.«
13 Der HERR aber schickte Mose und Aaron von Neuem
zu den Israeliten und zum Pharao, weil er sein Volk aus
Ägypten herausführen wollte.

MOSE UND AARON ALS NACHKOMMEN VON LEVI

14 Hier ist die Liste der Sippenhäupter des Volkes Israel:
Die Nachkommen *Rubens*, des erstgeborenen Sohnes
Jakobs, gliederten sich in die Sippen seiner Söhne He-
noch, Pallu, Hezron und Karmi, 15 die Nachkommen *Si-
meons* in die Sippen seiner Söhne Jemuël, Jamin, Ohad,
Jachin, Zohar und Schaul – Schaul war der Sohn einer
Kanaaniterin –, 16 und die Nachkommen *Levis* in die
Sippen seiner Söhne Gerschon, Kehat und Merari. Levi
selbst war 137 Jahre alt geworden. 17 Die Sippe seines
Sohnes *Gerschon* gliederte sich in die Familien von des-
sen Söhnen Libni und Schimi, 18 die Sippe seines Sohnes
Kehat in die Familien von dessen Söhnen Amram, Jiz-
har, Hebron und Usiël – Kehat wurde 133 Jahre alt –,
19 und die Sippe seines Sohnes *Merari* in die Familien
von dessen Söhnen Machli und Muschi. 20 Kehats Sohn
Amram heiratete Jochebed, die Schwester seines Va-
ters. Sie gebar ihm die beiden Söhne Aaron und Mose.
Amram wurde 137 Jahre alt. 21 Kehats Sohn *Jizhar* hatte
drei Söhne: Korach, Nefeg und Sichri, 22 und sein Sohn
Usiël hatte ebenfalls drei Söhne: Mischaël, Elizafan und
Sitri. 23 *Aaron* heiratete Elischeba, eine Tochter Ammi-
nadabs und Schwester Nachschons. Sie gebar ihm die
vier Söhne Nadab und Abihu, Eleasar und Itamar. 24 *Ko-
rach* hatte drei Söhne, nach denen sich die Familien
der Korachiten benennen: Assir, Elkana und Abiasaf.
25 Aarons Sohn *Eleasar* heiratete eine Tochter Putiëls,
die ihm einen Sohn namens Pinhas gebar. Damit sind
alle Familienhäupter der Leviten aufgezählt. 26 Aaron
und Mose, die dabei genannt wurden, sind eben die,
denen der HERR befohlen hatte: »Führt das Volk Israel
in geordneten Scharen aus Ägypten!« 27 Sie sind es,
die mit dem Pharao, dem Ägypterkönig, verhandeln
und die Israeliten aus Ägypten herausführen sollten.

FORTSETZUNG DES BERICHTS ÜBER DIE BEAUFTRAGUNG MOSES

28 Gott hatte also zu Mose in Ägypten gesagt: 29 »Ich
bin der HERR! Sag dem Pharao, dem König von
Ägypten, alles, was ich dir auftrage!« 30 Mose aber
hatte eingewandt: »Ich bin doch so ungeschickt im
Reden, wie sollte da der Pharao auf mich hören?«

7 Darauf sagte der HERR zu Mose: »Ich bevollmäch-
tige dich, vor den Pharao hinzutreten, als wärst
du Gott, und dein Bruder Aaron wird dein Prophet
sein. 2 Du sagst Aaron alles, was ich dir auftrage, und
er fordert dann vom Pharao, dass er die Israeliten aus
seinem Land ziehen lässt. 3 Ich werde jedoch den Pha-
rao starrsinnig machen, damit ich umso mehr meine
Macht durch staunenerregende Wundertaten erwei-
sen kann. 4 Der Pharao wird eure Forderung ablehnen,
und dann werden die Ägypter meine Hand zu spüren
bekommen. Durch schwere Strafgerichte werde ich
es so weit bringen, dass ich mein Volk, die Israeliten,
aus Ägypten führen kann. 5 Wenn ich so meine Hand
gegen die Ägypter erhebe und das Volk Israel mitten
aus ihrem Land wegführe, dann werden die Ägypter
erkennen, dass ich der HERR bin.« 6 Mose und Aaron
folgten genau den Anweisungen des HERRN. 7 Mose
war damals 80 und Aaron 83 Jahre alt.

DIE ÄGYPTISCHEN PLAGEN

8 Der HERR sagte zu Mose und Aaron: 9 »Wenn euch
der Pharao auffordert, euch durch ein Wunder auszu-
weisen, dann sagst du, Mose, zu Aaron: ›Nimm deinen
Stock und wirf ihn vor dem Pharao auf den Boden!‹
Dann wird er zu einer Schlange werden.« 10 Mose und
Aaron gingen zum Pharao und taten, was ihnen der
HERR aufgetragen hatte. Aaron warf seinen Stock vor
dem Pharao und seinen Ministern auf den Boden und
er wurde zur Schlange. 11 Aber der Pharao rief seine
Magier und Beschwörer, und sie vollbrachten mit ih-
ren Zauberkünsten dasselbe. 12 Jeder von ihnen warf
seinen Stock auf den Boden und er wurde zu einer
Schlange. Doch Aarons Stock verschlang die Stöcke
der Ägypter. 13 Trotzdem blieb der Pharao starrsinnig
und schlug ihre Forderung ab, genau wie der HERR es
vorausgesagt hatte.

ERSTE PLAGE: WASSER WIRD BLUT

14 Darauf sagte der HERR zu Mose: »Der Pharao ist trot-
zig; er weigert sich, das Volk ziehen zu lassen. 15 Geh
morgen früh zu ihm, wenn er gerade zum Nil hinunter-
geht, und tritt ihm am Ufer des Flusses entgegen. Nimm
den Stock mit, der sich in eine Schlange verwandelt
hat. 16 Dann sag zum Pharao: ›Der HERR, der Gott der
Hebräer, hat mich zu dir geschickt und fordert dich auf:
Lass mein Volk in die Wüste ziehen, damit es mir dort
Opfer darbringen kann! Bis jetzt hast du nicht darauf
gehört. 17 Aber jetzt sollst du erkennen, dass du es mit
dem HERRN zu tun hast. In seinem Auftrag werde ich
mit dem Stock in meiner Hand in das Wasser des Nils
schlagen und es wird zu Blut werden. 18 Alle Fische wer-
den sterben und der Fluss wird so sehr stinken, dass die
Ägypter nicht mehr von seinem Wasser trinken kön-
nen.‹« 19 Weiter sagte der HERR zu Mose: »Aaron soll
seinen Stock ausstrecken über alle Gewässer Ägyptens,
über die Flüsse und Kanäle, die Teiche und alle Wasser-
stellen. Alles Wasser in Ägypten wird dann zu Blut wer-
den, sogar in den Gefäßen aus Holz und Stein.« 20 Mose
und Aaron taten, was der HERR ihnen befohlen hatte.
Vor den Augen des Pharaos und seiner Minister erhob
Mose seinen Stock und schlug in das Wasser des Nils.
Da wurde alles Wasser im Strom in Blut verwandelt.

21 Die Fische starben und das Wasser begann so sehr zu stinken, dass die Ägypter es nicht mehr trinken konnten. Im ganzen Land war das Wasser zu Blut geworden. 22 Aber die ägyptischen Magier brachten mit ihren Zauberkünsten dasselbe fertig. Deshalb blieb der Pharao starrsinnig und ließ das Volk nicht ziehen, genau wie der HERR es vorausgesagt hatte. 23 Der Pharao ging in seinen Palast zurück und nahm auch diesen Machterweis des HERRN nicht ernst. 24 Die Ägypter aber gruben an den Ufern des Nils nach Trinkwasser, denn das Nilwasser war ungenießbar geworden.

ZWEITE PLAGE: FRÖSCHE

25 Sieben Tage waren vergangen, seit der HERR den Nil verseucht hatte. 26 Da sagte der HERR zu Mose: »Geh zum Pharao und sage zu ihm: ›So spricht der HERR: Lass mein Volk ziehen, damit es mir Opfer darbringen kann! 27 Wenn du dich weigerst, werde ich über dein ganzes Land eine Froschplage hereinbrechen lassen. 28 Im Nil wird es von Fröschen wimmeln und sie werden das Wasser verlassen und in deinen Palast kommen, sogar in dein Schlafzimmer und auf dein Bett. Auch in die Häuser deiner Minister und deines ganzen Volkes werden sie eindringen und werden sich in die Backtröge und Backöfen setzen. 29 Dich und alle deine Untertanen wird diese Froschplage treffen.‹«

8 Weiter sagte der HERR zu Mose: »Aaron soll die Hand mit dem Stock über die Flüsse, Kanäle und Teiche ausstrecken, damit Frösche herauskommen und das Land heimsuchen.« 2 Aaron streckte seine Hand über die Gewässer Ägyptens aus, da kamen so viele Frösche heraus, dass sie das ganze Land bedeckten. 3 Aber die ägyptischen Magier vollbrachten mit ihren Zauberkünsten dasselbe und ließen ebenfalls in ganz Ägypten Frösche aus dem Wasser kommen.

FROSCHPLAGE ABGEWENDET – DER PHARAO BLEIBT HART

4 Da ließ der Pharao Mose und Aaron rufen und sagte zu ihnen: »Bittet doch den HERRN für mich, dass er mich und mein Volk von den Fröschen befreit! Dann will ich die Israeliten ziehen lassen, damit sie dem HERRN ihre Opfer darbringen.« 5 Mose antwortete dem Pharao: »Ich bin bereit! Du brauchst mir nur zu sagen, wann ich für dich, deine Minister und dein Volk zum HERRN beten soll. Ich werde ihn bitten, dass die Frösche aus euren Häusern verschwinden und nur noch im Nil welche zu finden sind.« 6 »Morgen«, sagte der Pharao, und Mose antwortete: »Gut, es wird geschehen, wie du wünschst; und daran sollst du erkennen, dass niemand es mit dem HERRN, unserem Gott, aufnehmen kann. 7 Ihr alle werdet von den Fröschen befreit werden, nur im Nil werden noch welche übrig bleiben.« 8 Mose und Aaron verließen den Pharao, und Mose betete zum HERRN, dass er der Froschplage ein Ende mache. 9 Der HERR erhörte sein Gebet, und in allen Häusern, auf den Höfen und Feldern starben die Frösche. 10 Haufenweise kehrte man sie zusammen und ein übler Gestank lag über dem ganzen Land. 11 Als der Pharao sah, dass die Froschplage vorüber war, wurde er trotzig wie zuvor und ließ das Volk nicht ziehen. Aber so hatte der HERR es vorausgesagt.

DRITTE PLAGE: STECHMÜCKEN

12 Nun sagte der HERR zu Mose: »Aaron soll seinen Stock ausstrecken und damit auf die Erde schlagen. Dann wird der Staub in ganz Ägypten zu Stechmücken.« 13 Aaron tat es, da wurde aller Staub in Ägypten zu Stechmücken, die den Menschen und Tieren zusetzten. 14 Die ägyptischen Magier versuchten, mit ihren Zauberkünsten ebenfalls Stechmücken hervorzubringen; aber sie konnten es nicht. 15 Da sagten sie zum Pharao: »Dieser Stock ist Gottes Finger!« Aber der Pharao blieb starrsinnig und ließ auch jetzt das Volk nicht ziehen, genau wie der HERR es vorausgesagt hatte.

VIERTE PLAGE: UNGEZIEFER

16 Da sagte der HERR zu Mose: »Geh morgen früh zum Pharao, wenn er gerade zum Nil hinabgeht, und sag zu ihm: ›So spricht der HERR: Lass mein Volk ziehen, damit es mir Opfer darbringen kann! 17 Sonst werde ich dich, deine Minister und dein ganzes Volk mit Ungeziefer plagen. Im ganzen Land und in allen Häusern wird es davon wimmeln. 18 Nur die Provinz Goschen, in der mein Volk wohnt, werde ich verschonen. Daran sollst du erkennen, dass ich, der HERR, in deinem Land meine Macht zeige. 19 Ich werde mein Volk von dem Ungeziefer freihalten, von dem dein Volk geplagt wird. Gleich morgen wird das geschehen.‹« 20 Am nächsten Tag ließ der HERR große Schwärme von Ungeziefer in den Palast des Pharaos und in die Häuser seiner Minister eindringen. Im ganzen Land richteten sie schweren Schaden an.

DER PHARAO MACHT VORÜBERGEHEND ZUGESTÄNDNISSE

21 Da ließ der Pharao Mose und Aaron rufen und sagte zu ihnen: »Ihr könnt eurem Gott eure Opfer darbringen, aber es muss in diesem Land geschehen!« 22 Mose entgegnete: »Das geht nicht; denn unsere Art zu opfern würde bei den Ägyptern Anstoß erregen. Wenn sie das zu sehen bekämen, würden sie uns bestimmt steinigen. 23 Nein, wir müssen drei Tagereisen weit in die Wüste ziehen und dort dem HERRN, unserem Gott, die Opfer darbringen, die er haben will.« 24 Der Pharao sagte: »Gut, ich will euch gehen lassen, aber entfernt euch nicht zu weit! Und betet für mich, dass die Plage aufhört.« 25 Mose antwortete: »Wenn ich jetzt von dir weggehe, werde ich zum HERRN beten, und morgen werdet ihr alle von dem Ungeziefer befreit sein, du, deine Minister und dein ganzes Volk. Aber täusche uns nicht wieder! Nicht dass du uns hinterher doch nicht ziehen und dem HERRN unsere Opfer darbringen lässt!« 26 Mose verließ den Pharao und betete zum HERRN. 27 Der HERR erhörte sein Gebet und befreite den Pharao, seine Minister und sein Volk von dem Ungeziefer. Nicht der kleinste Rest blieb davon übrig. 28 Aber der Pharao wurde wieder trotzig und ließ das Volk auch diesmal nicht ziehen.

FÜNFTE PLAGE: VIEHPEST

9 Der HERR befahl Mose: »Geh zum Pharao und
sage zu ihm: ›So spricht der HERR, der Gott der
Hebräer: Lass mein Volk ziehen, damit es mir Opfer dar-
bringen kann! 2 Wenn du dich weigerst und es daran
hinderst, 3 wird der HERR eine schwere Seuche über
dein Vieh kommen lassen, über Pferde, Esel, Kamele,
Rinder, Schafe und Ziegen. 4 Er wird genau unterschei-
den zwischen dem Vieh der Israeliten und dem Vieh
der Ägypter: Von dem Vieh, das den Israeliten gehört,
wird kein einziges Tier sterben. 5 Der HERR hat auch
die Zeit dafür festgelegt und gesagt: Morgen lasse ich
das geschehen.‹« 6 Am nächsten Tag führte der HERR
aus, was er angekündigt hatte. Alles Vieh der Ägypter
verendete; aber von dem Vieh der Israeliten kam kein
einziges Tier um. 7 Als der Pharao hinschickte und es
nachprüfen ließ, ergab sich, dass bei den Israeliten
tatsächlich nicht ein Tier verendet war. Dennoch blieb
er trotzig und ließ das Volk nicht ziehen.

SECHSTE PLAGE: GESCHWÜRE

8 Der HERR sagte zu Mose und Aaron: »Nehmt beide
Hände voll Ofenruß! Mose soll ihn vor den Augen des
Pharaos in die Luft werfen. 9 Dann wird er sich wie
feiner Staub über ganz Ägypten ausbreiten und an
Menschen und Tieren Geschwüre hervorrufen, die zu
offenen Wunden werden.« 10 Mose und Aaron nahmen
Ruß aus einem Ofen und traten vor den Pharao, und
Mose warf den Ruß in die Luft. Da entstanden an Men-
schen und Tieren Geschwüre, die zu offenen Wunden
wurden. 11 Auch die ägyptischen Magier wurden von
den Geschwüren nicht verschont und konnten Mose
nicht gegenübertreten. 12 Aber der HERR machte den
Pharao so starrsinnig, dass er auch diesmal das Volk
nicht ziehen ließ – genau wie der HERR es Mose an-
gekündigt hatte.

SIEBTE PLAGE: HAGEL

13 Der HERR befahl Mose: »Geh morgen früh zum Pha-
rao und sage zu ihm: ›So spricht der HERR, der Gott der
Hebräer: Lass mein Volk ziehen, damit es mir Opfer dar-
bringen kann! 14 Wenn du auch diesmal nicht hörst,
lasse ich eine so schwere Plage über dich, deine Minis-
ter und dein Volk hereinbrechen, dass du endlich erken-
nen musst: Niemand in der ganzen Welt kann es mit mir
aufnehmen! 15 Ich hätte schon lange meine Hand aus-
strecken und dich und dein Volk mit Seuchen vernichten
können. 16 Aber ich habe dich noch am Leben gelassen,
um dir meine Macht zu zeigen und meinen Namen in
der ganzen Welt bekannt zu machen. 17 Noch glaubst
du, mit meinem Volk nach deiner Willkür verfahren zu
können. 18 Aber morgen um diese Zeit werde ich einen
so schweren Hagel schicken, wie man ihn seit Bestehen
Ägyptens noch nie erlebt hat. 19 Darum lass dein Vieh in
Sicherheit bringen und sorge dafür, dass keiner von dei-
nen Leuten auf freiem Feld bleibt. Denn alle Menschen
und Tiere, die nicht unter ein festes Dach flüchten, wird
der Hagel erschlagen.‹« 20 Einige Minister des Pha-
raos nahmen die Ankündigung des HERRN ernst und
brachten ihre Hirten und ihr Vieh in Sicherheit. 21 Andere
aber kümmerten sich nicht darum und ließen ihre Her-
den draußen auf dem Feld. 22 Nun sagte der HERR zu
Mose: »Streck deine Hand zum Himmel aus, damit in
ganz Ägypten Hagel fällt, auf die Menschen, die Tiere
und alle Pflanzen auf dem Feld.« 23 Mose erhob sei-
nen Stock, da ließ der HERR ein Gewitter mit schwerem
Hagel über Ägypten niedergehen. Es donnerte, 24 der
Hagel prasselte auf die Erde und dazwischen zuckten
die Blitze. Ein so heftiges Unwetter hatten die Ägypter
in ihrer ganzen Geschichte noch nie erlebt. 25 Überall
tötete der Hagel die Menschen und Tiere, die auf freiem
Feld waren. Er zerschlug alle Pflanzen und riss die Äste
von den Bäumen. 26 Nur die Provinz Goschen, wo das
Volk Israel wohnte, wurde verschont.

DER PHARAO GIBT VORÜBERGEHEND NACH

27 Da ließ der Pharao Mose und Aaron rufen und sagte
zu ihnen: »Diesmal bekenne ich mich schuldig! Der
HERR ist im Recht, ich und mein Volk sind im Unrecht.
28 Betet für uns zum HERRN! Wir können seinen
schrecklichen Donner und den Hagel nicht mehr ertra-
gen. Ich will euch ja ziehen lassen und nicht länger hier
festhalten!« 29 Mose antwortete: »Sobald ich die Stadt
verlassen habe, werde ich meine Arme zum HERRN
ausbreiten und zu ihm beten. Dann wird der Donner
aufhören und kein Hagel mehr fallen. Daran sollst du
erkennen, dass unser Gott der Herr der ganzen Erde
ist. 30 Aber ich weiß, dass du dich immer noch nicht vor
ihm fürchtest und deine Minister genauso wenig.«
31 Der Flachs und die Gerste waren schon vernichtet;
denn die Gerste hatte gerade Ähren angesetzt und der
Flachs stand in Blüte. 32 Aber Weizen und Dinkel blie-
ben verschont, weil sie später wachsen. 33 Mose verließ
den Pharao und ging zur Stadt hinaus. Er breitete die
Arme zum Gebet aus, da hörte es auf zu donnern und
zu hageln und es regnete auch nicht mehr. 34 Als der
Pharao sah, dass das Unwetter aufgehört hatte, wurde
er wieder so trotzig wie zuvor. Er widersetzte sich dem
HERRN und ebenso seine Minister. 35 Er blieb starrsin-
nig und ließ die Israeliten nicht ziehen – genau wie der
HERR es durch Mose angekündigt hatte.

DER PHARAO BLEIBT HART

10 Nun sagte der HERR zu Mose: »Geh zum Pharao!
Ich selbst habe ihn und seine Minister so trot-
zig gemacht, damit ich alle diese Wunder unter ihnen
vollbringen konnte 2 und damit du deinen Kindern und
Enkeln erzählen kannst, wie ich den Ägyptern meine
Macht gezeigt habe. Denn daran sollt ihr erkennen,
dass ich der HERR bin.« 3 Mose und Aaron gingen wie-
der zum Pharao und sagten zu ihm: »So spricht der
HERR, der Gott der Hebräer: ›Wie lange sträubst du
dich noch, meine Macht anzuerkennen? Lass mein Volk
ziehen, damit es mir Opfer darbringen kann! 4 Sonst
lasse ich morgen Heuschrecken in dein Land einfal-
len. 5 Sie werden das ganze Land bedecken, sodass der
Boden nicht mehr zu sehen ist. Alles Grün, das der Ha-
gel übrig gelassen hat, werden sie auffressen, auf den

Feldern und an den Bäumen. 6 Auch in deinen Palästen
und in den Häusern deiner Minister und aller Ägypter
wird es von Heuschrecken wimmeln. Solange deine
Vorfahren auch schon in diesem Land wohnen – solch
eine Katastrophe haben sie nicht erlebt.‹« Nachdem
Mose das gesagt hatte, verließ er den Pharao. 7 Da sag-
ten die Minister zum Pharao: »Wie lange wollen wir
uns noch solchen Gefahren aussetzen? Lass die Leute
ziehen und dem HERRN, ihrem Gott, ihre Opfer dar-
bringen! Siehst du denn nicht, dass Ägypten zugrunde
geht?« 8 Darauf wurden Mose und Aaron zum Pharao
zurückgeholt. »Geht und bringt dem HERRN, eurem
Gott, eure Opfer!«, sagte der Pharao zu ihnen. Aber
dann fragte er: »Wer soll denn mitgehen?« 9 Mose
antwortete: »Alle, die Jungen und die Alten, unsere
Söhne und Töchter, unsere Schafe, Ziegen und Rinder.
So gehört es sich, wenn wir ein Fest für den HERRN fei-
ern.« 10 Der Pharao spottete: »Der HERR gebe seinen
Segen dazu! Ich denke nicht daran, eure Frauen, Kinder
und Alten mitgehen zu lassen! Es ist doch klar, was ihr
im Schilde führt! 11 Wenn ihr wirklich dem HERRN Opfer
darbringen wollt und sonst nichts, dann genügt es,
wenn die Männer gehen.« Und der Pharao ließ Mose
und Aaron hinauswerfen.

ACHTE PLAGE: HEUSCHRECKEN

12 Da sagte der HERR zu Mose: »Streck deine Hand aus
über Ägypten, um die Heuschrecken herbeizurufen.
Sie sollen das Grün, das der Hagel übrig gelassen hat,
bis auf den letzten Rest auffressen.« 13 Mose streckte
seinen Stock über Ägypten aus, und der HERR ließ den
ganzen Tag und die ganze Nacht einen Ostwind we-
hen. Als der Morgen kam, waren die Heuschrecken
da. 14 Sie fielen in ganz Ägypten ein und ließen sich
in riesigen Schwärmen nieder. Eine so große Menge
Heuschrecken wurde noch nie gesehen, und man wird
sie auch nie wieder zu sehen bekommen. 15 Der ganze
Boden war bedeckt, das Land war schwarz von Heu-
schrecken. Sie fraßen alle Pflanzen, auch die Früchte
an den Bäumen, alles, was der Hagel verschont hatte.
Weder auf den Bäumen noch am Boden ließen sie ir-
gendetwas Grünes übrig. 16 Der Pharao ließ in aller
Eile Mose und Aaron rufen. Er bekannte: »Ich bin vor
dem HERRN, eurem Gott, schuldig geworden und auch
vor euch. 17 Vergebt mir nur noch dies eine Mal meine
Schuld! Bittet den HERRN, euren Gott, dass er dieses
tödliche Verderben abwendet!« 18 Als Mose vom Pha-
rao weggegangen war, betete er zum HERRN. 19 Da
ließ der HERR den Wind drehen und in einen starken
Westwind umschlagen. Der nahm die Heuschrecken
mit und wehte sie ins Rote Meer; in ganz Ägypten blieb
nicht eine Heuschrecke übrig. 20 Aber der HERR machte
den Pharao auch jetzt wieder starrsinnig, sodass er das
Volk nicht ziehen ließ.

NEUNTE PLAGE: FINSTERNIS

21 Darauf sagte der HERR zu Mose: »Streck deine Hand
zum Himmel aus, und es wird eine Finsternis über
Ägypten kommen, so dicht, dass sie mit den Händen
zu greifen ist.« 22 Da erhob Mose seine Hand, und drei
Tage lang wurde es in Ägypten stockfinster. 23 Die
Ägypter konnten einander nicht sehen, und drei Tage
lang verließ niemand sein Haus. Nur wo die Israeli-
ten wohnten, blieb es hell. 24 Der Pharao ließ Mose
rufen und sagte: »Geht und bringt dem HERRN eure
Opfer! Auch eure Familien könnt ihr mitnehmen; nur
die Schafe, Ziegen und Rinder müsst ihr hierlassen.«
25 Mose erwiderte: »Wirst vielleicht *du* uns Tiere zur
Verfügung stellen, die wir dem HERRN, unserem Gott,
als Brandopfer und Mahlopfer darbringen können?
26 Nein, auch unser Vieh muss mit uns gehen! Kein ein-
ziges Tier bleibt zurück. Erst wenn wir an Ort und Stelle
sind, können wir wissen, welche Tiere wir zum Opfer
für den HERRN, unseren Gott, brauchen.« 27 Da machte
der HERR den Pharao von Neuem starrsinnig, sodass er
das Volk Israel nicht ziehen ließ. 28 Der Pharao sagte zu
Mose: »Verschwinde! Wenn du mir noch *einmal* unter
die Augen kommst, bist du ein toter Mann.« 29 »Wie
du sagst!«, erwiderte Mose. »Ich werde dir nie wieder
unter die Augen kommen.«

GOTT KÜNDIGT DEM PHARAO DEN SCHWERSTEN SCHLAG AN

11 Da sagte der HERR zu Mose: »Noch einen einzi-
gen Schlag werde ich gegen den Pharao und ge-
gen ganz Ägypten führen. Danach wird er euch ziehen
lassen. Ja, er wird euch nicht nur ziehen lassen, er wird
euch von hier fortjagen! 2 Deshalb sag deinem Volk,
dass Männer und Frauen sich von ihren ägyptischen
Nachbarn und Nachbarinnen Schmuckstücke aus Sil-
ber und Gold erbitten sollen.« 3 Der HERR sorgte dafür,
dass die Ägypter den Israeliten wohlgesinnt waren.
Mose genoss sogar hohes Ansehen bei den Minis-
tern des Pharaos und beim ganzen ägyptischen Volk.
4 Bevor Mose ging, sagte er zum Pharao: »So spricht
der HERR: ›Um Mitternacht werde ich durch Ägypten
gehen. 5 Dann werden alle Erstgeborenen in Ägypten
sterben, von deinem eigenen Sohn, der dein Nach-
folger auf dem Thron werden soll, bis zum Sohn der
Sklavin, die an der Handmühle kniet. Auch beim Vieh
werden alle Erstgeburten sterben. 6 In ganz Ägypten
wird es ein Wehklagen geben, wie man es noch nie
gehört hat und auch nie wieder hören wird.‹ 7 Aber
den Leuten von Israel wird kein Haar gekrümmt wer-
den, auch ihren Tieren wird nichts geschehen. Daran
sollt ihr Ägypter erkennen, dass der HERR zwischen
euch und den Israeliten genau unterscheidet. 8 Dann
werden alle deine Minister zu mir kommen und mich
auf den Knien anflehen: ›Geh endlich fort, du und dein
ganzes Volk!‹ Und dann werde ich das Land verlas-
sen.« So ging Mose voll Zorn vom Pharao weg. 9 Der
HERR hatte zu Mose gesagt: »Der Pharao wird nicht
auf eure Forderung hören, damit ich in Ägypten durch
viele Wunder meine ganze Macht zeigen kann.« 10 Alle
diese Wunder hatten Mose und Aaron vor den Augen
des Pharaos getan; aber der HERR hatte den Pharao
starrsinnig gemacht, sodass er das Volk Israel nicht
aus dem Land gehen ließ.

VOR DEM AUFBRUCH FEIERN DIE ISRAELITEN DAS PASSAFEST

12 Der HERR sagte zu Mose und Aaron, als sie noch in Ägypten waren: 2 »Dieser Monat soll für euch der Beginn des Jahres sein. 3 Sagt der ganzen Gemeinde Israel, dass jeder Familienvater am 10. Tag des Monats für seine Familie ein Lamm auswählt. 4 Ist die Familie zu klein, um ein ganzes Tier zu verzehren, so soll sie sich mit der Nachbarfamilie zusammentun. Sie sollen sich vorher überlegen, wie viel jeder essen kann, damit nichts übrig bleibt. 5 Das Tier muss einjährig und männlich sein und darf keine Fehler haben. Ihr könnt ein Schaf- oder ein Ziegenböckchen nehmen. 6 Das Tier wird bis zum 14. Tag des Monats von der übrigen Herde gesondert gehalten. Gegen Abend schlachten dann alle Familien in der ganzen Gemeinde ihr Lamm. 7 Von dem Blut nehmen sie etwas und streichen es an die beiden Türpfosten und den oberen Türbalken der Häuser, in denen sie das Mahl halten. 8 Sie braten das Lamm am Feuer und essen es in derselben Nacht, zusammen mit ungesäuertem Brot und bitteren Kräutern. 9 Ihr dürft nichts von dem Lamm roh oder gekocht essen. Es muss am Feuer gebraten sein, und zwar ganz, mit Kopf, Beinen und Innereien. 10 Ihr dürft auch nichts davon bis zum andern Morgen übrig lassen. Die Reste müsst ihr verbrennen. 11 Beim Essen sollt ihr reisefertig gekleidet sein, die Sandalen an den Füßen und den Wanderstab in der Hand. In Hast und Eile sollt ihr essen. Dies ist das Passafest für mich, den HERRN. 12 In dieser Nacht werde ich durch Ägypten gehen und alle Erstgeborenen töten, bei Mensch und Vieh. An allen Göttern Ägyptens werde ich mein Gericht vollstrecken, ich, der HERR. 13 Eure Türen aber sollen durch das Blut bezeichnet sein. Überall, wo ich dieses Blut sehe, werde ich vorübergehen, und so werdet ihr verschont bleiben, wenn ich strafend durch ganz Ägypten gehe. 14 Dieser Tag soll für euch ein Gedenktag sein, der in allen kommenden Generationen als Festtag für mich gefeiert wird. Das ist eine Anweisung für alle Zeiten. 15 Vom Passa-Abend an sollt ihr sieben Tage lang ungesäuertes Brot essen. Vor Beginn des Festes müsst ihr den Sauerteig aus euren Häusern entfernen. Wer während dieser sieben Tage Brot isst, das mit Sauerteig zubereitet wurde, hat sein Leben verwirkt und muss aus dem Volk Israel ausgestoßen werden. 16 Der erste und der siebte Tag sind heilige Tage, an denen jede Arbeit ruhen muss. Nur das Essen darf zubereitet werden. 17 Jahr für Jahr sollt ihr das Fest der Ungesäuerten Brote feiern, weil ich euch am ersten Tag dieses Festes in geordneten Scharen aus Ägypten herausgeführt habe. Alle kommenden Generationen sollen diesen Festtag begehen. 18 Vom Abend des 14. Tages bis zum Abend des 21. Tages im 1. Monat dürft ihr nur ungesäuertes Brot essen. 19 Sieben Tage lang darf kein Sauerteig in euren Häusern sein. Wer in dieser Zeit gesäuertes Brot isst, hat sein Leben verwirkt und muss aus der Gemeinde Israel ausgestoßen werden, der Israelit genauso wie der Fremde, der bei euch lebt. 20 Ihr dürft in dieser Zeit nichts essen, das mit Sauerteig zubereitet ist. Das gilt für alle eure Wohnsitze.«

DAS BLUT DES PASSALAMMES

21 Mose rief die Ältesten Israels zusammen und befahl ihnen: »Jeder Familienvater soll sich ein Schaf- oder Ziegenböckchen aussuchen und es für das Passamahl schlachten. 22 Er soll das Blut in einer Schüssel auffangen, ein Büschel Ysop hineintauchen und die beiden Türpfosten und den oberen Türbalken mit dem Blut bestreichen. Danach darf niemand mehr das Haus verlassen bis zum Morgen. 23 Wenn der HERR in der Nacht vorbeikommt, um den Schlag gegen Ägypten zu führen, wird er das Blut an den Türpfosten und Türbalken sehen und vorübergehen. Er wird nicht zulassen, dass der Todesengel eure Häuser betritt. 24 Diese Anweisungen sollt ihr auch künftig befolgen; sie gelten für eure Nachkommen zu allen Zeiten. 25 Auch wenn ihr in das Land kommt, das der HERR euch zugesagt hat, sollt ihr an diesem Brauch festhalten. 26 Und wenn euch eure Kinder fragen, was das bedeutet, 27 dann antwortet ihnen: ›Wir schlachten am Passafest ein Tier für den HERRN, weil er in Ägypten an den Häusern der Israeliten vorüberging und uns verschonte, als er den Schlag gegen die Ägypter führte.‹« Die Leute von Israel warfen sich anbetend vor dem HERRN nieder. 28 Dann gingen sie und taten alles genau so, wie der HERR es Mose und Aaron befohlen hatte.

ZEHNTE PLAGE: TÖTUNG DER ERSTGEBURT

29 Um Mitternacht tötete der HERR alle Erstgeborenen in Ägypten, angefangen vom erstgeborenen Sohn des Pharaos, der sein Nachfolger auf dem Thron werden sollte, bis zum Erstgeborenen des Gefangenen im Kerker, auch jede Erstgeburt beim Vieh. 30 In jener Nacht wurden der Pharao, seine Minister und alle Ägypter aus dem Schlaf aufgeschreckt. Lautes Wehgeschrei erhob sich, denn es gab kein Haus bei den Ägyptern, in dem nicht ein Toter war.

DER AUSZUG DES VOLKES ISRAEL AUS ÄGYPTEN

31 Noch in derselben Nacht ließ der Pharao Mose und Aaron rufen und drängte sie: »Schnell, verlasst das Land! Geht fort von meinem Volk, ihr und die anderen Israeliten! Bringt dem HERRN eure Opfer, wie ihr es verlangt habt. 32 Nehmt eure Schafe, Ziegen und Rinder mit, aber geht! Bittet euren Gott, dass er auch mich segnet!« 33 Die Ägypter drängten das Volk, schleunigst das Land zu verlassen. »Sonst kommen wir noch alle um!«, sagten sie. 34 Die Israeliten nahmen ihren Brotteig ungesäuert in den Backtrögen mit; die Männer trugen die Tröge in ihr Obergewand gewickelt auf ihren Schultern. 35 Nach der Anweisung Moses hatten die Leute von den Ägyptern Schmuckstücke aus Silber und Gold und festliche Kleider erbeten. 36 Der HERR hatte dafür gesorgt, dass die Ägypter ihnen wohlgesinnt waren und ihnen alles gaben, was sie verlangten. Auf diese Weise beraubten sie die Ägypter. 37 Die Israeliten brachen von Ramses auf und zogen nach Sukkot. Es waren etwa sechshunderttausend, die Frauen, Kinder und Alten nicht mitgezählt. 38 Auch eine erhebliche Zahl von Fremden schloss sich ihnen an. Große

Herden von Schafen, Ziegen und Rindern führten sie
mit. 39 Aus dem Teig, den sie ungesäuert aus Ägypten
mitgenommen hatten, backten sie Fladenbrote. Sie
hatten aus Ägypten aufbrechen müssen, noch ehe der
Sauerteig dem Brotteig zugesetzt war, und hatten auch
keine Verpflegung für unterwegs vorbereitet. 40 Vier-
hundertunddreißig Jahre lang hatten die Israeliten
in Ägypten gelebt. 41 Nach Ablauf dieser Zeit, an dem
genannten Tag, zog das Volk des HERRN in geordneten
Scharen aus Ägypten aus. 42 Während der Nacht, in der
sie der HERR aus Ägypten herausführte, wachte er über
sie. Seitdem ist diese Nacht für alle in Israel eine Nacht,
in der sie zur Ehre des HERRN wach bleiben.

VORSCHRIFTEN FÜR DAS PASSAFEST

43 Der HERR sagte zu Mose und Aaron: »Beim Passa-
mahl müsst ihr folgende Vorschriften beachten: Kein
Ausländer darf daran teilnehmen. 44 Ein ausländischer
Sklave, den ein Israelit gekauft hat, darf mitessen, wenn
er vorher beschnitten worden ist. 45 Aber die Fremd-
arbeiter und die Lohnarbeiter dürfen nicht teilnehmen.
46 Das Lamm muss in demselben Haus gegessen wer-
den, in dem es zubereitet worden ist; kein Stück davon
darf aus dem Haus gebracht werden. Dem Tier darf kein
Knochen gebrochen werden. 47 Die ganze Gemeinde
Israel soll dieses Mahl feiern. 48 Wenn ein Fremder für
immer bei euch lebt und das Passafest für den HERRN
mitfeiern will, müssen alle männlichen Angehörigen
seiner Familie beschnitten werden. Dann rechnet er
zu den Einheimischen und darf das Passa feiern; aber
ein Unbeschnittener darf auf keinen Fall teilnehmen.
49 Für den Fremden, der sich beschneiden lässt, gilt
dasselbe Gesetz wie für die Israeliten.« 50 Die Leute von
Israel befolgten alles, was der HERR ihnen durch Mose
befohlen hatte. 51 An jenem Tag führte der HERR das
Volk Israel in geordneten Scharen aus Ägypten heraus.

DIE ERSTGEBURTEN GEHÖREN GOTT

13 Der HERR sagte zu Mose: 2 »Weihe mir alle Erst-
geburten! Jedes männliche Kind bei den Israeli-
ten, das von einer Frau als erstes geboren wird, und je-
des männliche Tier, das von einem Muttertier als erstes
geboren wird, gehört mir.«

DAS FEST DER UNGESÄUERTEN BROTE

3 Mose sagte zum Volk: »Feiert jedes Jahr den Tag, an
dem ihr aus Ägypten gezogen seid, und erinnert euch
daran, wie der HERR euch mit starker Hand aus dem
Land herausgeführt hat, in dem ihr Sklaven gewesen
seid. Esst an diesem Tag kein Brot, das mit Sauerteig
gebacken ist! 4 Ihr zieht jetzt im Frühlingsmonat aus
Ägypten fort. 5 Wenn der HERR euch in das Land bringt,
das er euren Vorfahren mit einem Eid zugesagt hat – das
Land der Kanaaniter, Hetiter, Amoriter, Hiwiter und Je-
busiter, ein Land, das von Milch und Honig überfließt –,
dann sollt ihr jedes Jahr in diesem Monat dieses Fest be-
gehen. 6 Sieben Tage lang dürft ihr nur solches Brot es-
sen, das ohne Sauerteig zubereitet ist, 7 und am siebten
Tag feiert ihr als abschließenden Höhepunkt ein Fest
für den HERRN. Im ganzen Land darf es in dieser Zeit
keinerlei Sauerteig geben. 8 Bei dieser Gelegenheit sollt
ihr euren Söhnen erklären: ›Wir halten diesen Brauch
zur Erinnerung an das, was der HERR für uns getan hat,
als er uns aus Ägypten herausführte.‹ 9 Dieser Brauch
hat für euch dieselbe Bedeutung wie die Zeichen am
Arm und auf der Stirn. So wie diese Zeichen erinnert er
euch daran, das Gesetz des HERRN immer wieder zu le-
sen und zu lernen. Der HERR hat euch mit starker Hand
aus Ägypten herausgeführt. 10 Darum sollt ihr jährlich
zu dieser Zeit diese Vorschrift befolgen.«

BESTIMMUNGEN FÜR DIE ERSTGEBURTEN

11 Weiter sagte Mose: »Wenn der HERR euch nun in
das Land der Kanaaniter bringt und es euch gibt, wie
er das euren Vorfahren und euch selbst mit einem Eid
versprochen hat, 12 dann sollt ihr jede Erstgeburt dem
HERRN als Eigentum übergeben. Jedes männliche Tier,
das als erstes von einem Muttertier geboren wird, ge-
hört dem HERRN und muss ihm als Opfer dargebracht
werden. 13 Nur bei Eseln sollt ihr dem HERRN als Ersatz
ein Schaf oder eine Ziege opfern. Wenn ihr das nicht
tun wollt, müsst ihr dem Eselsfohlen das Genick bre-
chen. Auch für die menschliche Erstgeburt, für den
Jungen, den eine Frau als erstes Kind zur Welt bringt,
sollt ihr dem HERRN einen Ersatz geben. 14 Wenn eure
Söhne euch künftig fragen werden, warum ihr diesen
Brauch befolgt, dann sagt ihnen: ›Dieser Brauch geht
zurück auf die Zeit, als der HERR uns mit starker Hand
aus Ägypten, wo wir Sklaven waren, herausgeführt
hat. 15 Damals weigerte sich der Pharao hartnäckig,
uns ziehen zu lassen, und deshalb tötete der HERR alle
Erstgeborenen in Ägypten, unter den Menschen wie
unter dem Vieh. Deshalb opfern wir dem HERRN jede
männliche Erstgeburt; unsere erstgeborenen Söhne
aber kaufen wir durch ein Ersatzopfer frei.‹ 16 Dieser
Brauch hat für euch dieselbe Bedeutung wie die Zei-
chen am Arm und auf der Stirn; denn mit starker Hand
hat der HERR uns aus Ägypten herausgeführt.«

GOTT BEGLEITET SEIN VOLK

17 Als der Pharao das Volk endlich ziehen ließ, führte
Gott sie nicht am Mittelmeer entlang und durch das
Land der Philister, obwohl das der kürzeste Weg ge-
wesen wäre. Gott dachte: »Wenn das Volk dort auf
Widerstand stößt und kämpfen muss, ändert es seine
Meinung und kehrt wieder nach Ägypten zurück.«
18 Darum ließ er das Volk einen Umweg machen und
führte es durch die Wüste den Weg zum Schilfmeer.
Geordnet wie eine Armee zogen die Israeliten aus
Ägypten. 19 Mose nahm die Gebeine Josefs mit, wie
dieser es vor seinem Tod ausdrücklich erbeten hatte.
Damals hatte Josef zu seinen Brüdern gesagt: »Gott
wird euch nicht vergessen. Dann müsst ihr meine Ge-
beine von hier mitnehmen.« 20 Von Sukkot zogen die
Israeliten weiter nach Etam, wo die Wüste beginnt.
Dort schlugen sie ihr Lager auf. 21 Während der Wan-
derung ging der HERR tagsüber in einer Wolkensäule
vor ihnen her, um ihnen den Weg zu zeigen, und nachts

in einer Feuersäule, um ihnen zu leuchten. So konnten
sie Tag und Nacht unterwegs sein. 22 Jeden Tag war die
Wolkensäule an der Spitze des Zuges und jede Nacht
die Feuersäule.

DIE ÄGYPTER JAGEN DEN ISRAELITEN NACH

14 Der HERR sagte zu Mose: 2 »Befiehl den Israeliten,
dass sie vom direkten Weg abgehen und vor Pi-
Hahirot ihr Lager aufschlagen, zwischen Migdol und
dem Meer, gegenüber von Baal-Zefon. 3 Der Pharao
wird denken: ›Sie haben sich verlaufen und sitzen in der
Wüste fest.‹ 4 Ich werde ihn so starrsinnig machen, dass
er euch verfolgen wird. Dann will ich an ihm und seinem
ganzen Heer durch einen vernichtenden Schlag meine
Macht erweisen. Die Ägypter sollen erkennen, dass
ich der HERR bin.« Die Israeliten taten, was der HERR
gesagt hatte, und änderten ihre Marschrichtung. 5 Als
dem König von Ägypten gemeldet wurde, dass die Isra-
eliten geflohen waren, bereuten er und seine Minister
ihre Nachgiebigkeit. Sie sagten: »Was für eine Dumm-
heit haben wir gemacht! Wir haben die Israeliten laufen
lassen, unsere Arbeitskräfte!« 6 Der Pharao ließ seinen
Wagen anspannen und bot seine ganze Kriegsmacht
auf. 7 Alle verfügbaren Streitwagen Ägyptens nahm er
mit, auch die sechshundert, die seine Elitetruppe bilde-
ten. Jeder Wagen war nicht nur mit dem Wagenlenker
und dem Bogenschützen, sondern auch noch mit einem
Schildträger besetzt. 8 Der HERR machte den Pharao,
den König von Ägypten, so starrsinnig, dass er den
Israeliten nachjagte, die unter dem Schutz ihres Gottes
weiterzogen. 9 Die ganze ägyptische Streitmacht – alle
Pferdegespanne und Kriegswagen des Pharao, seine
Reiter und sein Heer – verfolgte die Israeliten und holte
sie ein, während sie bei Pi-Hahirot gegenüber Baal-Ze-
fon am Meer lagerten.

DAS VERTRAUEN DER ISRAELITEN REICHT NICHT WEIT

10 Als die Leute von Israel sahen, wie der Pharao mit
seinem Heer heranrückte, packte sie die Angst und sie
schrien zum HERRN um Hilfe. 11 Zu Mose aber sagten
sie: »Hast du uns aus Ägypten geführt, damit wir hier
in der Wüste sterben? Gab es in Ägypten keine Gräber?
Wozu hast du uns von dort weggeführt? 12 Haben wir
nicht gleich gesagt, du sollst uns in Ruhe lassen, wir
wollen lieber den Ägyptern dienen? Wir wären bes-
ser Sklaven der Ägypter, als dass wir hier in der Wüste
umkommen!« 13 Mose antwortete ihnen: »Habt keine
Angst! Wartet ab und seht zu, wie der HERR euch heute
retten wird. Ihr werdet Zeugen sein, wie die Ägypter
ihre größte Niederlage erleben. 14 Der HERR wird für
euch kämpfen, ihr selbst braucht gar nichts zu tun.«
15 Der HERR sagte zu Mose: »Warum schreist du zu mir
um Hilfe? Befiehl den Israeliten, dass sie weiterziehen!
16 Du aber streck deine Hand aus und erhebe deinen
Stock über das Meer und spalte es, damit die Leute von
Israel trockenen Fußes ins Meer hineingehen können!
17 Ich werde die Ägypter so starrsinnig machen, dass
sie hinter ihnen her ins Meer gehen. Dann will ich am
Pharao und seinem Heer, an allen seinen Streitwagen
und Wagenkämpfern, meine Macht erweisen. 18 Die
Ägypter sollen erkennen, dass ich der HERR bin, wenn
ich am Pharao und seinem ganzen Heer meine Macht
erweise!« 19 Der Engel Gottes, der sonst stets vor dem
Volk Israel herging, trat nun an das Ende des Zuges.
Auch die Wolkensäule, die sonst immer vor ihnen war,
stellte sich hinter sie, 20 sodass sie zwischen den Ägyp-
tern und den Israeliten stand. Auf der Seite der Ägypter
war sie dunkel, aber auf der Seite der Israeliten erhellte
sie die Nacht. So konnten die Ägypter den Leuten von
Israel die Nacht über nicht näher kommen.

GOTT RETTET DIE ISRAELITEN VOR IHREN VERFOLGERN

21 Nun streckte Mose seine Hand über das Meer aus,
und der HERR ließ die ganze Nacht über einen star-
ken Ostwind wehen, der das Wasser zurücktrieb. So
verwandelte sich das Meer in trockenes Land. Das
Wasser teilte sich, 22 es stand auf beiden Seiten wie
eine Mauer, und die Israeliten gingen trockenen Fu-
ßes mitten durchs Meer. 23 Die Ägypter verfolgten sie;
und alle Streitwagen des Pharaos mit den Pferden und
Wagenkämpfern jagten hinter ihnen her ins Meer hin-
ein. 24 Kurz vor Morgengrauen sah der HERR aus der
Feuer- und Wolkensäule auf das Heer der Ägypter und
stürzte es in Verwirrung. 25 Er hemmte die Räder ihrer
Wagen, sodass sie nur mit Mühe vorwärtskamen. Die
Ägypter sagten: »Der HERR steht auf der Seite Israels!
Er kämpft gegen uns. Nur fort von hier!« 26 Nun sagte
der HERR zu Mose: »Streck deine Hand über das Meer
aus! Dann wird das Wasser zurückfluten und die ägyp-
tischen Streitwagen und Wagenkämpfer unter sich
begraben.« 27 Mose streckte seine Hand aus, und so
strömte das Wasser bei Tagesanbruch zurück. Die flie-
henden Ägypter rannten geradewegs hinein; der HERR
trieb sie mitten ins Meer. 28 Das Wasser bedeckte die
Streitwagen und Wagenkämpfer, die gesamte Armee
des Pharaos, die den Israeliten ins Meer gefolgt war.
Kein einziger von den Ägyptern kam mit dem Leben
davon. 29 Die Israeliten aber waren auf trockenem
Grund mitten durchs Meer gegangen, während links
und rechts das Wasser wie eine Mauer stand. 30 So ret-
tete der HERR an diesem Tag das Volk Israel vor seinen
Verfolgern. Als die Leute von Israel die Leichen am
Strand liegen sahen, 31 erkannten sie, dass der HERR
die Ägypter durch seine große Macht vernichtet hatte.
Das erfüllte sie mit Furcht und Staunen, und sie fassten
festes Vertrauen zu ihm und zu Mose, seinem Diener
und Bevollmächtigten.

DAS DANKLIED DER BEFREITEN

15 Damals sangen Mose und die Israeliten dem
HERRN dieses Lied: // Dem HERRN zu Ehren
will ich singen, / denn er hat siegreich seine Macht
gezeigt: / Ins Meer geworfen hat er Ross und
Mann! / 2 Mit meinem Lobgesang will ich ihn prei-
sen, / den HERRN, der mir in Not zu Hilfe kam! / Mein
Gott ist er, ich rühme seine Macht; / ich preise ihn, den

schon mein Vater ehrte. / 3 Welch großer Kämpfer ist
er, dieser Gott! / Das kündet uns sein Name: »Ich bin
da!« / 4 Die Streitmacht Pharaos warf er ins Meer, / die
schnellsten Wagen und die besten Krieger – / im
Schilfmeer sind sie allesamt versunken. / 5 Die Was-
serfluten überrollten sie, / sie sanken in die Tiefe wie
ein Stein. // 6 HERR, deine Hand erringt den Sieg, / sie
ist voll ungeheurer Macht, / und sie zerschmettert
jeden Feind. / 7 In großer Hoheit zeigst du dich, / und
wer sich gegen dich erhebt, / den wirfst du nieder in
den Staub. / Dein Zorn ist eine Feuersglut, / die jeden
Feind wie Stroh verbrennt. / 8 Mit deinem Atem blie-
sest du aufs Meer / und türmtest seine Wassermassen
auf. / Die Fluten standen aufrecht wie ein Damm, / er-
starrt wie Mauern mitten in dem Meer. / 9 Die Feinde
prahlten: ›Auf und ihnen nach! / Los, holt sie ein, wir
teilen uns die Beute! / Für jeden gibt's genug! Auf,
zieht das Schwert, / und löscht sie aus bis auf den letz-
ten Mann!‹ / 10 Jedoch, HERR, nur ein Atemstoß von
dir, / und schon bedeckte sie der Wasserwirbel; / sie
sanken auf den Meeresgrund wie Blei. // 11 Wer von
den Göttern kann sich dir vergleichen? / Wer ist so
heilig, HERR, und so gewaltig? / Wer sonst weckt
Furcht und Staunen durch sein Tun? / 12 Du brauch-
test nur die rechte Hand zu heben, / und schon ver-
schlang die Erde deine Feinde. / 13 Mit starker Hand
hast du dein Volk befreit, / in deiner Güte hast du
es geführt, / du bringst es hin zu deiner heiligen
Wohnung. / 14 Die Nachbarvölker haben das ge-
hört, / sie haben keine Ruhe mehr und zittern. / Ein
kalter Schauder schüttelt die Philister, / 15 die Edo-
miterfürsten sind bestürzt, / den Führern Moabs ist
der Mut entfallen, / die Völker Kanaans sind voller
Angst. / 16 Sie sind von Furcht und Schrecken wie ge-
lähmt, / dein starker Arm lässt sie wie Stein erstar-
ren, / damit dein Volk vorüberziehen kann, / das Volk,
das du zum Eigentum erwähltest. / 17 Du selber bringst
es hin zu deinem Berg / und pflanzt es ein am Ort, an
dem du wohnst, / beim Heiligtum, das du geschaf-
fen hast. / 18 HERR, du bist König, jetzt und allezeit! //

DER SIEGESREIGEN DER FRAUEN

19 Die Pferde und Streitwagen des Pharaos samt allen
Wagenkämpfern waren also hinter dem Volk Israel ins
Meer hineingezogen, und der HERR hatte das Was-
ser über sie zurückfluten lassen. Aber die Leute von
Israel waren trockenen Fußes ans andere Ufer gelangt.
Darum sangen sie dieses Lied. 20 Die Prophetin Mirjam,
die Schwester Aarons, nahm ihre Handpauke, und alle
Frauen schlossen sich ihr an. Sie schlugen ihre Hand-
pauken und tanzten im Reigen. 21 Mirjam sang ihnen
vor und sie antworteten im Chor: // »Singt alle, singt
dem HERRN zu Ehren, / denn er hat siegreich seine
Macht gezeigt: / Ins Meer geworfen hat er Ross und
Mann!« //

GOTT MACHT DAS BITTERWASSER GENIESSBAR

22 Mose führte das Volk vom Schilfmeer aus in die
Wüste Schur. Drei Tage lang wanderten die Israeliten
durch die Wüste, ohne Wasser zu finden. 23 Dann ka-
men sie nach Mara, wo es Wasser gab. Aber sie konn-
ten es nicht trinken, weil es bitter war. Deshalb hatte
der Ort auch den Namen Mara (Bitterwasser) erhal-
ten. 24 Die Leute von Israel rotteten sich gegen Mose
zusammen und murrten: »Was sollen wir trinken?«
25a Mose schrie zum HERRN um Hilfe, und der HERR
zeigte ihm ein Stück Holz. Das warf Mose in das Wasser,
da konnten sie es trinken.

»ICH BIN EUER ARZT!«

25b An diesem Ort gab Gott dem Volk Gesetze und
stellte seinen Gehorsam auf die Probe. 26 Er sagte zu
den Leuten von Israel: »Achtet darauf, was ich, euer
Gott, euch sage, und handelt danach! Befolgt alle
meine Anordnungen und Gebote und tut, was ich für
recht erklärt habe! Dann werde ich euch keine von
den Krankheiten schicken, mit denen ich die Ägypter
geplagt habe. Ich, der HERR, bin euer Arzt!« 27 Das Volk
zog weiter in die Oase Elim und schlug dort sein Lager
auf. Es gab in Elim zwölf Quellen und siebzig Palmen.

GOTT SORGT FÜR SEIN VOLK

16 Von Elim zogen die Israeliten weiter in die Wüste
Sin, die zwischen Elim und dem Berg Sinai liegt.
Sie kamen dorthin am 15. Tag im 2. Monat nach dem
Aufbruch aus Ägypten. 2 Hier in der Wüste rottete sich
die ganze Gemeinde Israel gegen Mose und Aaron
zusammen. Sie murrten: 3 »Hätte der HERR uns doch
getötet, als wir noch in Ägypten waren! Dort saßen wir
vor vollen Fleischtöpfen und konnten uns an Brot satt
essen. Aber ihr habt uns herausgeführt und in diese
Wüste gebracht, damit die ganze Gemeinde verhun-
gert!« 4 Der HERR sagte zu Mose: »Ich werde euch Brot
vom Himmel regnen lassen. Die Leute sollen vors Lager
hinausgehen und so viel sammeln, wie sie für den Tag
brauchen – aber nicht mehr, damit ich sehe, ob sie mir
gehorchen. 5 Am sechsten Tag sollen sie so viel sam-
meln, wie sie finden. Wenn sie es zubereiten, werden
sie entdecken, dass es doppelt so viel ist, wie sie sonst
gesammelt haben.« 6 Mose und Aaron sagten nun zu
allen Israeliten: »Heute Abend werdet ihr erkennen,
dass der HERR es war, der euch aus Ägypten herausge-
führt hat. 7 Und morgen früh werdet ihr die Herrlichkeit
des HERRN sehen. Er hat euer Murren gehört. Denn ihn
habt ihr angeklagt, nicht uns. Wer sind wir schon, dass
ihr euch über uns beschwert? 8 Er wird euch am Abend
Fleisch geben und am Morgen Brot, dass ihr euch satt
essen könnt. Gegen ihn habt ihr Klage geführt, nicht
gegen uns. Wer sind denn schon wir?« 9 Dann sagte
Mose zu Aaron: »Befiehl der ganzen Gemeinde Israel:
›Kommt her und stellt euch vor dem HERRN auf, denn
er hat euer Murren gehört!‹« 10 Kaum hatte sich das
Volk mit dem Blick zur Wüste aufgestellt, da erschien
auch schon von dort her die Herrlichkeit des HERRN in
der Wolke. 11 Der HERR sagte zu Mose: 12 »Ich habe das
Murren der Israeliten gehört und lasse ihnen sagen:
›Gegen Abend werdet ihr Fleisch zu essen bekom-
men und am Morgen so viel Brot, dass ihr satt werdet.

Daran sollt ihr erkennen, dass ich der HERR, euer Gott,
bin.‹« 13 Am Abend kamen Wachteln und ließen sich
überall im Lager nieder, und am Morgen lag rings um
das Lager Tau. 14 Als der Tau verdunstet war, blieben
auf dem Wüstenboden feine Körner zurück, die aus-
sahen wie Reif. 15 Als die Leute von Israel es sahen,
sagten sie zueinander: »Was ist denn das?« Denn sie
wussten nichts damit anzufangen. Mose aber erklärte
ihnen: »Dies ist das Brot, mit dem der HERR euch am
Leben erhalten wird. 16 Und er befiehlt euch: ›Sammelt
davon, so viel ihr braucht, pro Person einen Krug voll
Jeder soll so viel sammeln, dass es für seine Familie
ausreicht.‹« 17 Die Leute gingen und sammelten, die
einen mehr, die andern weniger. 18 Als sie es aber ab-
maßen, hatten die, die viel gesammelt hatten, nicht
zu viel, und die, die wenig gesammelt hatten, nicht zu
wenig. Jeder hatte gerade so viel gesammelt, wie er
brauchte. 19 Mose sagte zu ihnen: »Niemand soll etwas
davon bis zum anderen Morgen aufheben!« 20 Einige
hörten nicht auf ihn und legten etwas für den ande-
ren Tag zurück, aber am Morgen war es voller Maden
und stank. Da wurde Mose zornig, weil sie nicht auf
ihn gehört hatten. 21 Morgen für Morgen sammelte
nun jeder, so viel er brauchte. Sobald die Sonne höher
stieg, zerschmolz der Rest, der nicht aufgesammelt
worden war.

GOTT SORGT FÜR DEN SABBAT VOR

22 Am sechsten Tag stellten sie fest: Sie hatten dop-
pelt so viel gesammelt wie an den anderen Tagen,
zwei Krüge pro Person. Die führenden Männer der
Gemeinde kamen zu Mose und berichteten es ihm.
23 Er sagte zu ihnen: »Damit ist genau das eingetrof-
fen, was der HERR angekündigt hatte. Denn morgen ist
Ruhetag, der heilige Tag, der dem HERRN gehört, der
Sabbat. Backt und kocht von dem Gesammelten so viel
ihr heute essen wollt; den Rest bewahrt für morgen
auf.« 24 Nach der Weisung Moses legten die Leute bei-
seite, was überschüssig war, und siehe da: Am anderen
Morgen stank es nicht und es fand sich keine Made
darin. 25 Mose sagte: »Esst das heute! An diesem Tag
ist Sabbat, der Tag, der dem HERRN gehört; da werdet
ihr draußen nichts finden. 26 Jeweils sechs Tage lang
sollt ihr sammeln, aber am siebten Tag, dem Sabbat,
ist nichts da.« 27 Trotzdem gingen ein paar von ihnen
am siebten Tag hinaus und wollten sammeln; aber sie
fanden nichts. 28 Da sagte der HERR zu Mose: »Wie
lange weigert ihr euch noch, mir zu gehorchen und
meine Gebote und Anordnungen zu befolgen? 29 Weil
ich euch den Sabbat als Ruhetag gegeben habe, darum
gebe ich euch am sechsten Tag Nahrung für zwei Tage.
Am siebten Tag sollt ihr alle im Lager bleiben, niemand
darf hinausgehen.« 30 So beging das ganze Volk den
siebten Tag als Ruhetag.

EINE PROBE MANNA ZUR ERINNERUNG

31 Die Leute von Israel nannten diese Speise das Manna.
Es war weiß wie Koriandersamen und schmeckte
wie Honigkuchen. 32 Mose sagte zum Volk: »Der
HERR hat befohlen, eine Tagesration Manna für eure
Nachkommen aufzubewahren. Sie sollen sehen, wo-
mit er euch in der Wüste am Leben erhielt, nachdem er
euch aus Ägypten herausgeführt hatte.« 33 Dann sagte
er zu Aaron: »Nimm einen Krug und fülle ihn mit einer
Tagesration Manna! Stelle ihn im Heiligtum des HERRN
auf, als Erinnerung für die künftigen Generationen.«
34 Aaron tat es und stellte den Krug vor die Lade mit
dem Bundesgesetz. 35 Vierzig Jahre lang aßen die Is-
raeliten Manna, die ganze Zeit, während der sie in der
Wüste umherzogen, bis sie in das Land Kanaan kamen.

IN MASSA UND MERIBA GIBT GOTT DEM VOLK ZU TRINKEN

17 Auf Befehl des HERRN zog die ganze Gemeinde
Israel von der Wüste Sin aus weiter, von einem
Lagerplatz zum andern. Einmal schlugen sie ihr La-
ger bei Refidim auf. Dort gab es kein Trinkwasser. 2 Da
machten die Israeliten Mose schwere Vorwürfe und
forderten: »Gib uns Wasser zum Trinken!« Mose erwi-
derte: »Warum macht ihr mir Vorwürfe? Warum stellt
ihr den HERRN auf die Probe?« 3 Aber die Leute von
Israel hatten großen Durst, deshalb murrten sie gegen
Mose und sagten: »Wozu hast du uns eigentlich aus
Ägypten herausgeführt? Nur damit wir hier verdurs-
ten, samt unseren Kindern und dem Vieh?« 4 Da schrie
Mose zum HERRN: »Was soll ich mit diesem Volk ma-
chen? Es fehlt nicht viel und sie steinigen mich!« 5 Der
HERR antwortete ihm: »Rufe ein paar von den Ältesten
Israels zu dir und geh mit ihnen dem Volk voran. Nimm
den Stock in die Hand, mit dem du ins Nilwasser ge-
schlagen hast. 6 Dort drüben auf dem Felsen, am Berg
Horeb, werde ich dich erwarten. Schlag an den Felsen,
dann wird Wasser herauskommen und das Volk kann
trinken.« Vor den Augen der Ältesten Israels tat Mose,
was der HERR ihm gesagt hatte. 7 Der Ort wurde Massa
und Meriba (Ort der Probe und Anklage) genannt, weil
dort die Israeliten Mose angeklagt und den HERRN auf
die Probe gestellt hatten. Denn sie hatten gefragt: »Ist
der HERR mitten unter uns oder nicht?«

ERHOBENE HÄNDE BRINGEN DEN SIEG

8 Bei Refidim geschah es auch, dass die Amalekiter an-
rückten, um gegen die Israeliten zu kämpfen. 9 Mose
sagte zu Josua: »Biete die kampffähigen Männer
auf! Morgen sollt ihr gegen die Amalekiter kämp-
fen. Ich selbst werde oben auf dem Hügel stehen und
den Stock in der Hand halten, durch den Gott bisher
so große Wunder getan hat.« 10 Josua tat, was ihm
Mose befohlen hatte. Er rückte zum Kampf gegen die
Amalekiter aus, nachdem Mose, Aaron und Hur zur
Hügelkuppe hinaufgestiegen waren. 11 Solange Mose
die Hand mit dem Stock emporhob, waren die Männer
Israels überlegen. Ließ er sie aber sinken, so waren die
Amalekiter überlegen. 12 Nach und nach wurden Mose
die Hände schwer. Da brachten Aaron und Hur einen
Stein herbei, auf dem Mose sitzen konnte. Sie selbst
standen rechts und links von ihm und stützten seine
Hände, bis die Sonne unterging. 13 So konnte Josua

das Heer der Amalekiter völlig vernichten. 14 Darauf
sagte der HERR zu Mose: »Ich werde die Amalekiter
vollständig von der Erde ausrotten, sodass niemand
mehr an sie denken wird. Schreib das auf, damit es nie-
mals in Vergessenheit gerät, und präge es Josua ein!«
15 Mose baute dort einen Altar und nannte ihn: »Unser
Feldzeichen ist der HERR!« 16 Er sagte: »Schwört dem
HERRN treue Gefolgschaft! Zwischen ihm und den
Amalekitern ist Krieg für alle Zeiten.«

DER BESUCH DES MIDIANITISCHEN PRIESTERS

18 Jitro, der Priester von Midian, der Schwiegerva-
ter von Mose, erfuhr, was Gott alles für Mose und
für sein Volk Israel getan und dass er die Israeliten aus
Ägypten herausgeführt hatte. 2 Da machte er sich mit
seiner Tochter Zippora auf den Weg. Mose hatte näm-
lich seine Frau Zippora vorsichtshalber zu ihrem Vater
zurückgeschickt. 3 Jitro nahm auch die beiden Söhne
Zipporas mit. Der ältere hieß Gerschom (Gast-dort),
weil Mose bei seiner Geburt gesagt hatte: »Ich bin
Gast in einem fremden Land geworden«; 4 der jün-
gere hieß Eliëser (Gott hilft), denn Mose hatte gesagt:
»Der Gott meines Vaters hilft mir, er hat mich vor dem
Schwert des Pharaos gerettet.« 5 Moses Schwiegerva-
ter kam also mit den Familienangehörigen Moses zu
ihm an den Lagerplatz in der Wüste, zum Gottesberg.
6 Er ließ Mose ausrichten: »Dein Schwiegervater Jitro
ist gekommen! Auch deine Frau ist da und bringt deine
beiden Söhne mit!« 7 Da ging Mose seinem Schwieger-
vater entgegen, beugte sich nieder und küsste ihn.
Nachdem sie einander begrüßt hatten, gingen sie in
Moses Zelt. 8 Mose berichtete seinem Schwiegervater,
was der HERR alles gegen den Pharao und die Ägypter
getan hatte, um das Volk Israel zu befreien, und wie er
sie unterwegs in allen Nöten und Gefahren beschützt
hatte. 9-10 Jitro freute sich, dass der HERR den Israeliten
so viel Gutes erwiesen hatte, und sagte: »Gepriesen sei
der HERR, der euch aus der Gewalt des Pharaos und der
Ägypter gerettet und das Volk von der Unterdrückung
befreit hat! 11 Jetzt weiß ich: Der HERR ist größer als alle
anderen Götter; denn er hat sich als stärker erwiesen
als die Ägypter in ihrer Vermessenheit.« 12 Dann op-
ferte er Gott Tiere als Brand- und Mahlopfer, und Aaron
und alle Ältesten Israels kamen dazu und hielten mit
ihm das Opfermahl vor Gott.

EINSETZUNG VON SCHIEDSLEUTEN ALS HELFER MOSES

13 Am nächsten Tag setzte sich Mose hin, um in Streit-
fällen Recht zu sprechen. Die Leute drängten sich vor
ihm vom Morgen bis zum Abend. 14 Als sein Schwieger-
vater sah, wie viel Arbeit Mose damit hatte, fragte er
ihn: »Was machst du dir da für eine Mühe? Die Leute
drängen sich vor dir vom Morgen bis zum Abend.
Musst du das alles alleine tun?« 15 Mose sagte: »Was
soll ich machen? Sie wollen eine Entscheidung von
Gott haben. 16 Wenn zwei von ihnen Streit haben,
kommen sie zu mir. Ich entscheide ihren Fall und sage
ihnen die Gesetze und Weisungen Gottes.« 17 Sein
Schwiegervater erwiderte: »Du musst das anders an-
fassen. 18 Es ist einfach zu viel für dich; du kannst nicht
alles alleine tun. Du reibst dich sonst noch auf, und
auch für die Leute ist es viel zu anstrengend. 19 Pass
auf, was ich dir rate – Gott möge seinen Segen dazu
geben! Deine Aufgabe soll es sein, in schwierigen
Rechtsfällen die Entscheidung Gottes einzuholen.
20 Du sollst ihnen auch die Gebote und Anordnungen
Gottes erklären und ihnen sagen, welche Regeln für
das Zusammenleben des Volkes gelten sollen. 21 Für die
leichteren Streitfälle aber wähle angesehene Männer
aus, die nach Gottes Geboten leben, zuverlässig und
unbestechlich sind. Setze sie ein als Verantwortliche
für jeweils tausend, hundert, fünfzig und zehn. 22 Sie
sollen dem Volk jederzeit als Schiedsleute zur Verfü-
gung stehen und die gewöhnlichen Rechtsfälle ent-
scheiden; nur mit den schwierigeren Fällen sollen sie
zu dir kommen. Mach dir die Last leichter, lass sie daran
mittragen! 23 Wenn Gott damit einverstanden ist und
du so verfährst, wirst du unter der Last deines Amtes
nicht zusammenbrechen, und die Leute werden immer
zufrieden nach Hause gehen.« 24 Mose nahm den Rat
seines Schwiegervaters an und handelte danach. 25 Er
wählte aus allen Stämmen Israels angesehene Männer
aus und setzte sie als Verantwortliche über je tausend,
hundert, fünfzig und zehn. 26 Sie entschieden von nun
an die einfacheren Streitfälle und legten Mose nur
die schwierigen Fälle zur Entscheidung vor. 27 Darauf
verabschiedete Mose seinen Schwiegervater, und Jitro
kehrte wieder in sein Land zurück.

VORBEREITUNG AUF DIE BEGEGNUNG MIT GOTT

19 Am dritten Neumondstag nach dem Auszug der
Israeliten aus Ägypten kamen sie in die Wüste
Sinai. 2 Sie waren von ihrem Lagerplatz bei Refidim
dorthin aufgebrochen und schlugen nun ihr Lager vor
dem Berg Sinai auf. 3 Mose stieg zu Gott auf den Berg.
Der HERR rief ihm vom Berg aus zu: »Sag dem Volk
Israel, den Nachkommen Jakobs: 4 ›Ihr habt gesehen,
wie ich an den Ägyptern meine Macht erwiesen habe.
Und ihr habt erlebt, dass ich euch getragen habe wie
ein Adler seine Jungen; ich habe euch wohlbehalten
hierher zu mir gebracht. 5 Wenn ihr mir nun treu bleibt
und auf mich hört, sollt ihr mein ganz persönliches
Eigentum sein unter allen Völkern. Die ganze Erde ge-
hört mir; 6 aber ihr sollt ein Volk von Priestern sein, das
mir ganz zur Verfügung steht und mir ungeteilt dient.‹
Das sollst du den Leuten von Israel sagen.« 7 Als Mose
zurückkam, rief er die Ältesten des Volkes zusammen
und richtete ihnen aus, was der HERR ihm aufgetragen
hatte. 8 Das ganze Volk stimmte zu: »Wir wollen alles
tun, was der HERR gesagt hat!« Mose überbrachte
dem HERRN die Antwort des Volkes, 9 und der HERR
sagte zu ihm: »Ich werde in einer dunklen Wolke zu
dir kommen, damit das Volk hören kann, wie ich mit
dir rede, und damit es nie mehr daran zweifelt, dass
ich dich beauftragt habe.« 10 Weiter sagte der HERR:
»Geh zum Volk und sorge dafür, dass sie sich heute

und morgen auf die Begegnung mit mir vorbereiten. Sie sollen alles meiden, was unrein macht, und sollen ihre Kleider waschen. 11 Übermorgen sollen sie bereit sein. Denn an diesem Tag werde ich vor den Augen des ganzen Volkes auf den Berg Sinai herabkommen. 12 Zieh eine Grenze rings um den Berg und sag ihnen: ›Nehmt euch in Acht! Steigt nicht auf den Berg, berührt auch nicht seinen Fuß! Wer es tut, ist dem Tod verfallen. 13 Er muss gesteinigt oder mit Speeren und Pfeilen umgebracht werden. Das gilt für Mensch und Tier in gleicher Weise. Erst wenn die Posaune ertönt, dürfen die, die ich dafür bestimmen werde, auf den Berg steigen.‹« 14 Mose stieg wieder hinab zum Volk. Er befahl den Israeliten, sich auf die Begegnung mit dem HERRN vorzubereiten und ihre Kleider zu waschen. 15 Er sagte zu ihnen: »Macht euch für übermorgen bereit. Kein Mann darf in der Zwischenzeit mit einer Frau Verkehr haben.«

GOTT KOMMT AUF DEN BERG SINAI

16 Am Morgen des dritten Tages, als es gerade hell wurde, begann es zu donnern und zu blitzen, eine dichte Wolke bedeckte den Berg und mächtiger Posaunenschall war zu hören. Das Volk im Lager zitterte vor Angst. 17 Da führte Mose das Volk aus dem Lager heraus, Gott entgegen. Am Fuß des Berges stellten sie sich auf. 18 Der ganze Berg Sinai war in Rauch gehüllt, weil der HERR im Feuer auf ihn herabgekommen war. Der Rauch stieg auf wie der Rauch eines Schmelzofens und der ganze Berg bebte. 19 Der Posaunenschall wurde immer lauter. Mose rief und Gott antwortete ihm mit einer Stimme, die wie Donner klang. 20 Nachdem der HERR auf den Gipfel des Berges herabgekommen war, rief er Mose zu sich und der stieg hinauf. 21 Doch der HERR sagte zu ihm: »Geh noch einmal zurück und warne das Volk! Schärfe ihnen ein, dass sie auf keinen Fall die Grenze überschreiten, um mich zu sehen. Sonst werden viele von ihnen den Tod finden. 22 Auch die Priester, die beim Opferdienst in meine Nähe kommen, müssen sich durch besondere Handlungen darauf vorbereiten, sonst ist es um ihr Leben geschehen.« 23 Mose erwiderte: »Das Volk kann gar nicht heraufkommen, denn du selbst hast uns befohlen, eine Grenze um den Berg zu ziehen und ihn damit für heilig und unbetretbar zu erklären.« 24 Doch der HERR sagte zu ihm: »Geh hinunter! Und dann komm mit Aaron wieder herauf. Die Priester aber und das Volk dürfen die Grenze nicht überschreiten, um zu mir heraufzusteigen. Sonst richte ich ein Blutbad unter ihnen an.« 25 So ging Mose noch einmal hinunter und warnte das Volk.

DIE ZEHN GEBOTE GOTTES FÜR SEIN VOLK

20 Dann gab Gott dem Volk seine Gebote. Er sagte: [1] 2 »Ich bin der HERR, dein Gott! Ich habe dich aus Ägypten herausgeführt, ich habe dich aus der Sklaverei befreit. 3 Du sollst keine anderen Götter neben mir haben. [-/2] 4 Du sollst dir kein Gottesbild anfertigen. Mach dir überhaupt kein Abbild von irgendetwas im Himmel, auf der Erde oder im Meer. 5 Wirf dich nicht vor fremden Göttern nieder und diene ihnen nicht. Denn ich, der HERR, dein Gott, bin ein leidenschaftlich liebender Gott und erwarte auch von dir ungeteilte Liebe. Wenn sich jemand von mir abwendet, dann ziehe ich dafür noch seine Nachkommen zur Rechenschaft bis in die dritte und vierte Generation. 6 Wenn mich aber jemand liebt und meine Gebote befolgt, dann erweise ich auch noch seinen Nachkommen Liebe und Treue, und das über Tausende von Generationen hin. [2/3] 7 Du sollst den Namen des HERRN, deines Gottes, nicht missbrauchen; denn der HERR wird jeden bestrafen, der das tut. [3/4] 8 Halte den Ruhetag in Ehren, den siebten Tag der Woche! Er ist ein heiliger Tag, der dem HERRN gehört. 9 Sechs Tage sollst du arbeiten und alle deine Tätigkeiten verrichten; 10 aber der siebte Tag ist der Ruhetag des HERRN, deines Gottes. An diesem Tag sollst du nicht arbeiten, auch nicht dein Sohn oder deine Tochter, dein Sklave oder deine Sklavin, dein Vieh oder der Fremde, der bei dir lebt. 11 Denn in sechs Tagen hat der HERR Himmel, Erde und Meer mit allem, was lebt, geschaffen. Am siebten Tag aber ruhte er. Deshalb hat er den siebten Tag der Woche gesegnet und zu einem heiligen Tag erklärt, der ihm gehört. [4/5] 12 Du sollst deinen Vater und deine Mutter ehren. Dann wirst du lange in dem Land leben, das dir der HERR, dein Gott, gibt. [5/6] 13 Du sollst nicht morden. [6/7] 14 Du sollst nicht die Ehe brechen. [7/8] 15 Du sollst nicht stehlen. [8/9] 16 Du sollst nichts Unwahres über deinen Mitmenschen sagen. [9-10/10] 17 Du sollst nicht versuchen, etwas an dich zu bringen, das deinem Mitmenschen gehört, weder seine Frau noch seinen Sklaven oder seine Sklavin, sein Rind oder seinen Esel noch irgendetwas anderes, das ihm gehört.«

MOSE ALS MITTLER ZWISCHEN GOTT UND VOLK

18 Als das ganze Volk erlebte, wie es blitzte und donnerte, Posaunenschall ertönte und der Berg rauchte, bekam es große Angst und blieb zitternd in weiter Ferne stehen. 19 Die Leute sagten zu Mose: »Wir haben Angst, wenn Gott so mit uns redet. Wir werden noch alle umkommen! Sprich du an seiner Stelle zu uns, wir wollen auf dich hören.« 20 Da sagte Mose zum Volk: »Ihr müsst keine Angst haben. Gott ist nur gekommen, um euch auf die Probe zu stellen. Er will, dass ihr ihn ehrt und euch davor hütet, ihm ungehorsam zu sein.« 21 Das Volk blieb also in der Ferne stehen. Mose aber näherte sich der dunklen Wolke, in der Gott war.

ANWEISUNG FÜR DEN ALTARBAU

22 Der HERR sagte zu Mose: »Richte den Israeliten aus: ›Ihr habt erlebt, wie ich vom Himmel her mit euch gesprochen habe. 23 Darum sollt ihr keine anderen Götter neben mir haben. Macht euch keine silbernen und goldenen Götzenbilder! 24 Macht mir einen Altar aus aufgeschütteter Erde! Darauf sollt ihr mir eure Opfer darbringen, die Brand- und Mahlopfer von euren Schafen, Ziegen und Rindern. Ihr könnt das an jedem Ort tun, den ich zum Heiligtum für mich bestimmen werde. Überall dort werde ich euch nahe sein und werde euch

Glück und Segen schenken. 25 Wenn ihr aber einen Altar
aus Steinen für mich bauen wollt, dürft ihr nur unbehau-
ene Steine verwenden. Wenn der Stein mit dem Meißel
in Berührung gekommen ist, ist er entweiht. 26 Baut mir
keine hohen Altäre mit Stufen, damit der Priester nicht
hinaufsteigen muss und dabei seine Scham entblößt.‹«

21 Der HERR gab Mose für das Zusammenleben der
Israeliten die folgenden Gesetze:

SCHUTZBESTIMMUNGEN FÜR SKLAVEN

2 Wenn ein Israelit einen hebräischen Sklaven kauft,
darf er ihn höchstens sechs Jahre lang für sich arbeiten
lassen. Im siebten Jahr muss er ihn freilassen und darf
kein Lösegeld verlangen. 3 War er verheiratet, als er
Sklave wurde, so wird seine Frau mit ihm freigelassen.
War er unverheiratet, so wird er allein freigelassen.
4 Wenn sein Herr ihm eine Frau gegeben hat, bleiben
die Frau und ihre Kinder Eigentum des Herrn; nur er
selbst wird frei. 5 Wenn aber der Sklave ausdrücklich
erklärt: »Ich liebe meinen Herrn, meine Frau und meine
Kinder; ich will nicht freigelassen werden«, 6 dann soll
in der Gegenwart Gottes ein neues Rechtsverhältnis
begründet werden. Sein Herr stellt ihn an die Tür oder
an den Türpfosten und bohrt eine Ahle durch sein Ohr-
läppchen ins Holz. Der Mann ist dann für immer ein
Glied der Hausgemeinschaft und Sklave seines Herrn.

SCHUTZBESTIMMUNGEN FÜR SKLAVINNEN

7 Verkauft ein Israelit seine Tochter als Sklavin, so darf
sie nicht wie ein Sklave im siebten Jahr einfach freige-
lassen werden. 8 Hatte der Käufer sie als Frau für sich
selbst bestimmt, aber sie gefiel ihm nicht, so muss er
ihrer Familie Gelegenheit geben, sie zurückzukaufen.
Er darf sie nicht an Ausländer weiterverkaufen, weil er
seine Zusage ihr gegenüber nicht gehalten hat. 9 Hat er
sie als Frau für seinen Sohn bestimmt, so muss er ihr die
gleichen Rechte gewähren wie einer eigenen Tochter.
10 Heiratet er selbst sie und nimmt später noch eine
zweite Frau, so darf er ihr die Versorgung mit Nahrung
und Kleidung und den ehelichen Umgang nicht verkür-
zen. 11 Vernachlässigt er eine dieser drei Pflichten, so
muss er sie ohne Lösegeld freilassen.

GESETZE ÜBER TODESWÜRDIGE VERGEHEN

12 Wer einen anderen so schwer schlägt, dass er stirbt,
wird mit dem Tod bestraft. 13 Hat er ihn nicht vorsätz-
lich getötet, sondern die Hand ist ihm ausgeglitten,
weil Gott es so zugelassen hat, so kann er an einen Ort
fliehen, den der HERR dafür bestimmen wird. 14 Wenn
er aber seinen Mitmenschen vorsätzlich und hinter-
hältig getötet hat, kann er auch am Altar des HERRN
keinen Schutz finden; ihr müsst ihn von dort wegholen
und hinrichten. 15 Wer seinen Vater oder seine Mut-
ter schlägt, wird mit dem Tod bestraft. 16 Wer einen
Menschen geraubt hat, wird mit dem Tod bestraft,
gleichgültig, ob er ihn schon verkauft oder noch in
seiner Gewalt hat. 17 Wer seinen Vater oder seine Mut-
ter verflucht, wird mit dem Tod bestraft.

GESETZE ÜBER KÖRPERVERLETZUNG

18 Wenn Männer sich streiten und einer verletzt dabei
den andern mit einem Stein oder einer Hacke, sodass
er bettlägerig wird, 19 aber später wieder aufstehen
und draußen am Stock umherlaufen kann, dann wird
der Täter nur zu einer Ersatzleistung verurteilt. Er
muss dem Verletzten ein Entgelt für die Arbeitsunfä-
higkeit geben und ihm die Heilungskosten erstatten.
20-21 Wenn jemand seinen Sklaven mit einem Stock
schlägt und er auf der Stelle stirbt, verfällt er der Blut-
rache. Wenn jedoch der Geschlagene noch ein oder
zwei Tage am Leben bleibt, geht der Besitzer straffrei
aus; es handelt sich ja um sein Eigentum. Diese Rege-
lung gilt genauso bei einer Sklavin. 22 Wenn Männer
sich streiten und sie stoßen dabei eine schwangere
Frau und sie hat eine Fehlgeburt, es ist aber kein wei-
terer Schaden entstanden, dann soll der Schuldige
eine Geldstrafe zahlen, die der Mann der betreffenden
Frau festlegen kann. Die Zahlung der Ersatzsumme
muss gerichtlich bestätigt werden. 23 Trägt jedoch die
Frau einen Schaden davon, so gilt für das Strafmaß der
Grundsatz: Leben für Leben, 24 Auge für Auge, Zahn für
Zahn, Hand für Hand, Fuß für Fuß, 25 Brandwunde
für Brandwunde, Verletzung für Verletzung, Strieme
für Strieme. 26-27 Wenn jemand seinem Sklaven ein Au-
ge ausschlägt, soll er ihn zur Entschädigung freilassen.
Auch wenn er ihm einen Zahn ausschlägt, soll er ihn
dafür freilassen. Diese Regelung gilt genauso bei einer
Sklavin. 28 Wenn ein Rind einen Mann oder eine Frau
stößt, sodass sie sterben, muss das Rind gesteinigt
werden, sein Besitzer aber bleibt straffrei. Das Fleisch
des Tieres darf nicht gegessen werden. 29 War jedoch
das Rind schon längere Zeit stößig und sein Besitzer
hat es nicht eingesperrt, obwohl man ihn darauf auf-
merksam gemacht hat, so muss nicht nur das Rind ge-
steinigt, sondern auch sein Besitzer getötet werden.
30 Wenn ihm die Zahlung eines Sühnegeldes erlaubt
wird, kann er sich damit freikaufen, aber er muss den
vollen Betrag zahlen, der ihm auferlegt wird. 31 Stößt
das Rind einen Jungen oder ein Mädchen zu Tode, muss
genauso verfahren werden. 32 Bei einem Sklaven oder
einer Sklavin soll der Besitzer des Rindes dem Besitzer
des Sklaven dreißig Silberstücke zahlen. Das Rind muss
auch in diesem Fall gesteinigt werden.

SCHADEN AN FREMDEM VIEH

33 Wenn jemand eine Zisterne oder Vorratsgrube offen
lässt oder eine gräbt und nicht abdeckt, und ein Rind
oder ein Esel fällt hinein und verendet, 34 dann muss
er das Tier seinem Eigentümer in Geld ersetzen; den
Kadaver kann er behalten. 35 Wenn jemandes Rind das
Rind eines anderen stößt, sodass es eingeht, sollen die
Besitzer der beiden Tiere das lebende verkaufen und
den Erlös teilen. Auch das tote Tier sollen sie teilen.
36 War es jedoch bekannt, dass das Rind schon län-
gere Zeit stößig war, und sein Besitzer hat es trotzdem
nicht eingesperrt, so soll er vollen Ersatz leisten, und
zwar ein lebendes Rind für das tote. Das tote darf er
behalten.

GESETZE ÜBER EIGENTUMSVERGEHEN

37 Wenn jemand ein Rind, ein Schaf oder eine Ziege stiehlt und das Tier schlachtet oder verkauft, muss er für das Rind fünffachen Ersatz geben und vierfachen für das Schaf oder die Ziege.

22 Wenn ein Dieb bei einem nächtlichen Einbruch ertappt und so geschlagen wird, dass er stirbt, dann gilt der, der ihn geschlagen hat, nicht als Mörder. 2 War jedoch die Sonne schon aufgegangen, zählt es als Mord. Ein Dieb muss für das Gestohlene vollen Ersatz leisten. Falls er dazu nicht imstande ist, muss er selbst als Sklave verkauft werden. 3 Hat er ein Stück Vieh – Rind, Esel, Schaf oder Ziege – gestohlen und es wird noch lebend bei ihm gefunden, muss er doppelten Ersatz leisten. 4 Wenn ein Mann sein Vieh auf seine Felder oder in seinen Weinberg treibt und es nicht beaufsichtigt, sodass es auch das Feld eines anderen abweidet, muss er Ersatz leisten. Er muss dem Geschädigten das Beste vom Ertrag seines eigenen Feldes oder Weinbergs geben. 5 Wenn jemand Feuer macht und es erfasst eine Dornenhecke und greift auf ein Getreidefeld oder aufgestellte Garben über oder vernichtet irgendetwas anderes auf dem Feld, dann muss er für den Schaden vollen Ersatz leisten.

HAFTUNG FÜR FREMDES EIGENTUM

6 Wenn ein Mann einem anderen Geld oder Wertsachen zur Aufbewahrung anvertraut und etwas davon wird aus dem Haus dieses anderen gestohlen, dann muss der Dieb, wenn er gefasst wird, den doppelten Betrag erstatten. 7 Kann er nicht ermittelt werden, muss der Besitzer des Hauses einen Eid vor Gott schwören, dass er nicht selbst das Eigentum des anderen an sich genommen hat. 8 Immer wenn zwei Männer sich um etwas streiten, um ein Rind, einen Esel, ein Schaf oder eine Ziege, ein Kleidungsstück oder irgendetwas sonst, und jeder behauptet, es sei sein Eigentum, dann sollen sie sich einem Gottesurteil unterwerfen. Wer als schuldig daraus hervorgeht, muss dem anderen das Doppelte erstatten. 9 Wenn ein Mann einem anderen einen Esel, ein Rind, ein Schaf oder ein anderes Tier zur Aufsicht übergibt und es stirbt, bricht sich ein Bein oder wird von Feinden weggetrieben, ohne dass er einen Zeugen dafür hat, 10 dann muss der, dem das Tier anvertraut wurde, dem anderen einen Eid beim HERRN schwören, dass er sich nicht am fremden Eigentum vergriffen hat. Der andere muss das gelten lassen und darf keinen Ersatz fordern. 11 Ist es dagegen nachweislich gestohlen worden, so muss der, dem es anvertraut war, dafür Ersatz leisten. 12 Ist es von wilden Tieren gerissen worden und er kann es beweisen, muss er keinen Ersatz leisten. 13 Leiht sich ein Mann von einem anderen ein Tier und es bricht sich ein Bein oder stirbt, während der Eigentümer nicht zugegen ist, so muss er vollen Ersatz leisten. 14 War jedoch der Eigentümer zugegen, muss er keinen Ersatz leisten. War das Tier gemietet, so ist der Verlust durch den Mietpreis abgegolten.

FOLGEN BEI VERFÜHRUNG EINES MÄDCHENS

15 Wenn ein Mann ein unberührtes Mädchen verführt, das noch nicht verlobt ist, muss er den Brautpreis bezahlen und sie heiraten. 16 Weigert sich ihr Vater, sie ihm zu geben, so muss er trotzdem den üblichen Brautpreis für eine Jungfrau bezahlen.

WEITERE TODESWÜRDIGE VERGEHEN

17 Eine Zauberin darf nicht am Leben bleiben. 18 Wer mit einem Tier Verkehr hat, wird mit dem Tod bestraft. 19 Wer anderen Göttern opfert außer dem HERRN, muss aus Israel ausgerottet werden.

RÜCKSICHT GEGENÜBER DEN SCHWACHEN

20 Weiter ließ der HERR dem Volk Israel durch Mose sagen: »Ihr dürft die Fremden, die bei euch leben, nicht ausbeuten oder unterdrücken. Vergesst nicht, dass ihr selbst in Ägypten Fremde gewesen seid. 21 Nutzt die Schutzlosigkeit der Witwen und Waisen nicht aus! 22 Wenn ihr es dennoch tut und sie zu mir um Hilfe schreien, werde ich, der HERR, bestimmt darauf hören. 23 Ich werde in furchtbaren Zorn geraten und euch durch das Schwert eurer Feinde töten. Eure Frauen werde ich zu Witwen machen und eure Kinder zu Waisen. 24 Wenn du einem Armen aus meinem Volk Geld leihst, verhalte dich ihm gegenüber nicht wie ein Wucherer. Verlange keine Zinsen von ihm! 25 Falls du von einem anderen Israeliten das Obergewand zum Pfand nimmst, so gib es vor Sonnenuntergang wieder zurück. 26 Denn sein Obergewand ist das Einzige, womit er sich warm halten kann. Worin soll er sonst schlafen? Wenn er sich bei mir über dich beklagt, werde ich ihn hören; denn ich bin barmherzig.«

ACHTUNG VOR GOTT

27 »Ihr sollt Gott nicht lästern und ein Oberhaupt eures Volkes nicht verfluchen. 28 Von euren Ernteerträgen an Getreide und Wein dürft ihr mir meinen Anteil nicht vorenthalten. Eure erstgeborenen Söhne müsst ihr mir übereignen 29 und ebenso die Erstgeburten eurer Rinder, Schafe und Ziegen. Sieben Tage lang soll das erstgeborene Jungtier bei seiner Mutter bleiben; am achten Tag sollt ihr es mir übereignen. 30 Weil ihr mir als ein heiliges Volk gehört, sollt ihr kein Fleisch von einem Tier essen, das von einem Raubtier gerissen und auf freiem Feld tot aufgefunden worden ist. Ihr sollt es den Hunden hinwerfen.«

GERECHTIGKEIT UND MITMENSCHLICHKEIT

23 »Bring bei einem Gerichtsverfahren keine Gerüchte vor. Lass dich von jemand, der Unrecht getan hat, nicht für eine falsche Zeugenaussage gewinnen. 2 Schließ dich nicht der Mehrheit an, wenn sie auf der Seite des Unrechts steht. Musst du in einer Gerichtsverhandlung als Zeuge aussagen, so beuge dich nicht einer Mehrheit, die das Recht verdreht. 3 Du darfst aber auch nicht den Armen und Schwachen widerrechtlich begünstigen. 4 Wenn du siehst, dass ein Tier deines Feindes sich verlaufen hat, ein Rind oder

ein Esel, dann bring es ihm ohne Zögern zurück! 5 Ist
der Esel deines Feindes unter seiner Last zusammen-
gebrochen und du kommst gerade dazu, so geh nicht
weiter, sondern hilf ihm, das Tier wieder auf die Beine
zu bringen. 6 Bei einem Gerichtsverfahren darfst du
niemand sein Recht vorenthalten, nur weil er arm ist.
7 Verweigere deine Mitwirkung bei einem betrügeri-
schen Prozess. Verurteile keinen Unschuldigen zum
Tod; ein solches Unrecht lasse ich nicht durchgehen.
8 Nimm von den Prozessierenden keine Geschenke an;
denn das trübt das Urteilsvermögen und verführt die
ehrenwertesten Männer dazu, das Recht zu verdrehen.
9 Beutet die Fremden nicht aus, die bei euch leben. Ihr
wisst doch, wie es einem Fremden zumute ist, weil ihr
selbst in Ägypten als Fremde gelebt habt.«

ANWEISUNGEN FÜR SABBATRUHE UND FEIERTAGE

10 »Sechs Jahre lang sollst du dein Land bearbeiten
und den Ertrag ernten, den es dir bringt. 11 Aber im
siebten Jahr lass es brachliegen. Was dann von selbst
wächst, sollen die Armen essen, den Rest überlass dem
Wild. Ebenso sollst du es mit deinen Weingärten und
Ölbäumen halten. 12 Sechs Tage lang sollst du deine
Arbeit verrichten, aber am siebten Tag sollst du alles
ruhen lassen. Auch dein Rind und dein Esel sollen sich
ausruhen; dein Sklave und der Fremde, der bei dir lebt,
sollen sich erholen können. 13 Richtet euch nach allem,
was ich, der HERR, euch gesagt habe! Betet nicht zu
anderen Göttern, erwähnt nicht einmal ihre Namen!
14 Dreimal im Jahr sollt ihr mir zu Ehren ein großes Fest
feiern. 15 Haltet als erstes das Fest der Ungesäuerten
Brote. Zur festgesetzten Zeit im Frühlingsmonat, dem
Monat eures Auszugs aus Ägypten, sollt ihr sieben Ta-
ge lang nur solches Brot essen, das ohne Sauerteig zu-
bereitet ist, so wie ich es euch befohlen habe. Niemand
soll mit leeren Händen zu meinem Heiligtum kommen.
16 Wenn die ganze Getreideernte eingebracht ist, sollt
ihr das Pfingstfest feiern und im Herbst, wenn ihr die
Früchte von euren Weinstöcken und Bäumen abgele-
sen habt, das Fest der Lese. 17 Dreimal im Jahr, zu die-
sen drei Festen, sollen alle Männer Israels zu mir, dem
HERRN, an mein Heiligtum kommen. 18 Zum Blut eines
Mahlopfers dürft ihr mir nicht Brot darbringen, das mit
Sauerteig zubereitet ist. Das Fett des Opfertieres muss
am selben Tag verbrannt werden; es darf nicht bis zum
nächsten Morgen aufbewahrt werden. 19 Die erstge-
ernteten Früchte eurer Felder sollt ihr zum Haus des
HERRN, eures Gottes, bringen. Ihr dürft ein Böcklein
nicht in der Milch seiner Mutter kochen.«

HEILSZUSAGE UND WARNUNG

20 Der HERR sagte: »Ich verspreche euch, ich werde
einen Engel vor euch hersenden, der euch unterwegs
beschützt und euch sicher in das Land bringt, das ich
für euch bestimmt habe. 21 Haltet euch genau an seine
Weisungen! Wenn ihr euch gegen ihn auflehnt, wird
er euch das nicht vergeben, denn in seiner Person bin
ich selbst mitten unter euch. 22 Wenn ihr ihm aufs Wort
gehorcht und alles tut, was ich euch durch ihn sage,
werde ich eure Feinde niederwerfen und jeden in die
Enge treiben, der euch bedrängt. 23 Mein Engel geht
vor euch her und bringt euch in das Land der Amoriter,
Hetiter, Perisiter, Kanaaniter, Hiwiter und Jebusiter.
Ich werde alle diese Völker vernichten. 24 Folgt nicht
ihrem schlimmen Beispiel! Werft euch nicht vor ihren
Göttern nieder, dient ihnen nicht! Stürzt ihre Götzen-
bilder um und zerschlagt ihre Steinmale. 25 Ehrt mich
allein, den HERRN, euren Gott, dann werde ich dafür
sorgen, dass es in eurem Land genug zu essen gibt
und ihr reichlich Wasser habt. Ich werde auch alle
Krankheiten von euch fern halten. 26 Es wird dann in
eurem Land keine Frau geben, die eine Fehlgeburt hat
oder kinderlos bleibt. Niemand wird vor der Zeit aus
dem Leben gerissen werden. 27 Angst und Schrecken
werde ich vor euch hersenden. Ich werde die Völker,
zu denen ihr kommt, in Verwirrung stürzen; alle eure
Feinde werden vor euch die Flucht ergreifen. 28 Panik
werde ich vor euch her verbreiten und so die Hiwiter,
Kanaaniter und Hetiter vertreiben. 29 Allerdings werde
ich sie nicht schon im ersten Jahr vollständig vertrei-
ben, sonst bleiben weite Landstriche unbestellt und
verwildern, und das Wild vermehrt sich so stark, dass
ihr nicht mehr Herr darüber werdet. 30 Deshalb werde
ich sie nur nach und nach vor euch vertreiben, in dem
Maß, in dem ihr euch vermehrt und das Land in Besitz
nehmen könnt. 31 Zuletzt aber werdet ihr ein Gebiet
besitzen, das vom Roten Meer bis zum Mittelmeer und
von der Wüste im Süden bis an den Eufrat reicht. Alle
Bewohner dieses Landes gebe ich in eure Hand, sodass
ihr sie vertreiben könnt. 32 Schließt keinen Bund mit
ihnen und lasst euch nicht mit ihren Göttern ein. 33 Sie
dürfen nicht mit euch zusammen in eurem Land leben,
sonst werden sie euch dazu verleiten, mir untreu zu
werden und ihre Götter zu verehren. Und das würde
euch den Untergang bringen.«

GOTT SCHLIESST SEINEN BUND MIT ISRAEL

24 Der HERR sagte zu Mose: »Komm zu mir herauf
auf den Berg! Nimm Aaron, Nadab und Abihu
mit und siebzig von den Ältesten Israels. Werft euch in
gebührender Entfernung vor mir nieder. 2 Nur du allein
darfst in meine Nähe kommen. Das Volk darf überhaupt
nicht auf den Berg steigen.« 3 Mose trat vor das ver-
sammelte Volk und sagte ihm die Gebote und Gesetze
des HERRN. Das ganze Volk antwortete einmütig: »Wir
wollen alles tun, was der HERR uns befiehlt!« 4 Darauf
schrieb Mose die Gebote und Gesetze in ein Buch. Am
nächsten Morgen errichtete er am Fuß des Berges
einen Altar und stellte zwölf Steinmale auf, für jeden
Stamm Israels eines. 5 Er beauftragte einige junge Män-
ner, dem HERRN Brandopfer darzubringen und für das
Opfermahl Stiere zu schlachten. 6 Die Hälfte des Blutes
tat Mose in Schalen, die andere Hälfte goss er an den
Altar. 7 Dann nahm er das Buch, in dem er das Bundesge-
setz aufgeschrieben hatte, und las es den versammelten
Israeliten laut vor. Sie versprachen: »Wir wollen alles
gehorsam tun, was der HERR uns befiehlt.« 8 Darauf

sprengte Mose aus den Schalen Blut über das Volk und sagte dazu: »Durch dieses Blut wird der Bund in Kraft gesetzt, den der HERR jetzt mit euch auf der Grundlage dieser Gebote und Gesetze schließt.« 9 Danach stieg Mose den Berg hinauf, und die anderen begleiteten ihn: Aaron, Nadab und Abihu und siebzig von den Ältesten Israels. 10 Droben sahen sie den Gott Israels. Der Boden zu seinen Füßen war wie mit blauem Edelstein ausgelegt, klar und leuchtend wie der Himmel. 11 Gott erlaubte den ausgewählten Vertretern des Volkes, in seine Nähe zu kommen; er streckte nicht die Hand gegen sie aus, um sie zu töten. Sie durften Gott sehen und aßen und tranken in seiner Gegenwart.

MOSE WIRD AUF DEN BERG GERUFEN

12 Nun sagte der HERR zu Mose: »Steig zu mir auf den Berg herauf und bleib eine Zeit lang hier! Ich werde dir die Steintafeln geben, auf die ich meine Gebote geschrieben habe. Das Volk soll genau wissen, was ich von ihm verlange.« 13 Mose und sein Diener Josua machten sich bereit, um auf den Gottesberg zu steigen. 14 Zu den Ältesten des Volkes sagte Mose: »Wartet hier auf uns, bis wir zurückkommen! Aaron und Hur bleiben bei euch. Wer einen Streitfall hat, soll sich an sie wenden.« 15 Dann stieg Mose den Berg hinauf. Die Wolke verhüllte den Gipfel 16-17 und die Herrlichkeit des HERRN kam auf den Berg Sinai herab. Für die Israeliten sah sie aus wie ein loderndes Feuer auf dem Berggipfel. Sechs Tage lang blieb der Berg so von der Wolke verhüllt. Dann rief der HERR am siebten Tag aus der Wolke heraus Mose zu sich. 18 Jetzt ging Mose mitten in die Wolke hinein und stieg auf den Gipfel des Berges hinauf. Dort oben blieb er vierzig Tage und vierzig Nächte.

AUFRUF ZU EINEM OPFER FÜR DAS HEILIGE ZELT

25 Der HERR befahl Mose: 2 »Sag den Leuten von Israel, sie sollen mir eine freiwillige Abgabe leisten. Jeder, der etwas geben möchte, soll es herbringen. 3 Es kann Gold, Silber und Bronze sein, 4 blaue, rote und karmesinrote Wolle, Leinen und Ziegenhaar, 5 rot gefärbte Widderfelle, Delfinhäute, Akazienholz, 6 Öl für die Lampen, wohlriechende Zutaten für das Salböl und für die Weihrauchmischung 7 oder Karneolsteine und andere Edelsteine zum Schmuck für Amtsschurz und Brusttasche des Obersten Priesters. 8 Mithilfe dieser Gaben sollen die Israeliten mir ein Heiligtum errichten, denn ich will unter ihnen wohnen. 9 Ich zeige dir jetzt das Modell meiner Wohnung und der dazugehörigen Geräte, damit ihr es genau nach diesem Muster herstellen könnt.«

DIE BUNDESLADE

10 »Die Israeliten sollen eine Lade aus Akazienholz anfertigen: eineinviertel Meter lang, drei viertel Meter breit und ebenso hoch. 11 Außen und innen soll sie mit reinem Gold überzogen sein und ringsum mit einer Goldleiste verziert. 12 Lass vier Ringe aus Gold gießen und sie an den vier Ecken anbringen, sodass an jeder Längsseite zwei Ringe sind. 13 Weiter lass Stangen aus Akazienholz machen und sie mit reinem Gold überziehen. 14 Die Stangen sollen durch die Ringe an den Seiten der Lade gesteckt werden, damit man die Lade tragen kann. 15 Die Stangen müssen in den Ringen bleiben und dürfen nicht entfernt werden. 16 In die Lade legst du die zwei Tafeln mit dem Bundesgesetz, die ich dir geben werde. 17 Lass eine Deckplatte aus reinem Gold herstellen, die in den Maßen genau auf die Lade passt. 18-19 An den beiden Schmalseiten werden auf der Deckplatte zwei geflügelte Kerubfiguren aus getriebenem Gold angebracht. 20 Sie stehen einander zugewandt, den Blick auf die Deckplatte gerichtet; ihre Flügel halten sie schirmend über der Platte ausgebreitet. 21 In der Lade verwahrst du die zwei Tafeln mit dem Bundesgesetz und legst die Deckplatte darauf. 22 Dort will ich dir begegnen. Von der Deckplatte aus, von der Stelle zwischen den beiden Kerubim, werde ich mit dir reden und dir alle Anweisungen für das Volk Israel geben.«

DER TISCH FÜR DIE GEWEIHTEN BROTE

23 »Lass einen Tisch aus Akazienholz machen, einen Meter lang, einen halben Meter breit und drei viertel Meter hoch. 24 Er soll mit reinem Gold überzogen und die Tischplatte soll ringsum mit einer goldenen Schmuckleiste eingefasst sein. 25 Außerdem soll auf die Tischplatte ringsum noch eine Randleiste von zehn Zentimeter Höhe aufgesetzt werden, die ebenfalls mit einer goldenen Schmuckleiste einzufassen ist. 26 Lass vier goldene Ringe machen und sie oben an den Kanten der vier Beine anbringen, 27-28 dicht unter der umlaufenden Randleiste. Dann lass zwei Stangen aus Akazienholz machen und sie mit Gold überziehen. Sie werden durch die Ringe gesteckt, sodass man den Tisch tragen kann. 29 Lass aus reinem Gold auch die Geräte für das Trankopfer machen, die zu dem Tisch gehören: die Schalen, Schüsseln, Becher und Kannen. 30 Auf diesem Tisch sollen ständig die geweihten Brote vor mir ausgelegt sein.«

DER GOLDENE LEUCHTER

31 »Lass einen Leuchter aus reinem Gold machen. Er soll mit allen seinen Teilen aus einem Stück gearbeitet sein. 32 Von seinem Schaft sollen nach beiden Seiten je drei Arme ausgehen, 33 jeder mit drei Blütenkelchen verziert. 34 Auf dem Schaft selber befinden sich vier Blütenkelche, 35 drei davon an den Ansatzstellen der Arme, jeweils unterhalb der Stelle, von der ein Armpaar abzweigt. 36 Der ganze Leuchter soll aus reinem Gold bestehen und aus einem Stück gearbeitet sein. 37 Lass für den Leuchter sieben Lichtschalen machen, die mit Öl gefüllt und so aufgesetzt werden, dass der Einschnitt für den Docht bei allen nach vorn zeigt. 38 Aus reinem Gold sollen auch die Dochtscheren und Reinigungsnäpfe angefertigt werden. 39 Für den Leuchter mit allem Zubehör sollt ihr einen Zentner reines Gold verarbeiten. 40 Gib acht, dass alles genau nach dem Modell angefertigt wird, das ich dir hier auf dem Berg gezeigt habe.«

DIE ZELTDECKEN FÜR DAS HEILIGTUM

26 »Für meine Wohnung sollst du zehn kostbare
Zeltbahnen anfertigen lassen. Sie sollen aus ge-
zwirnten Leinenfäden gewebt sein und mit Bildern
von Kerubim geziert, die mit blauer, roter und karme-
sinroter Wolle darauf gestickt sind. 2 Jede Bahn soll
14 Meter lang und 2 Meter breit sein. 3 Je fünf Bahnen
werden auf der Langseite miteinander zu einem grö-
ßeren Stück vernäht. 4-5 Auch diese beiden Stücke
sollen miteinander verbunden werden können. Zu
diesem Zweck werden bei jedem an einer Langseite
fünfzig Schlaufen aus blauer Wolle angebracht, die
sich genau gegenüberstehen, wenn man die Stücke
nebeneinanderlegt. 6 Dann lässt du fünfzig goldene
Klammern machen, die die Schlaufen zusammenhalten
und so die beiden Teile zu einem Ganzen verbinden.
7 Weiter lässt du für die Überdachung elf Zeltbahnen
herstellen, die aus Ziegenhaar gewebt sind. 8 Jede
Bahn soll 15 Meter lang und 2 Meter breit sein. 9 Die
Bahnen werden wieder zu zwei größeren Stücken zu-
sammengenäht, von denen das eine aus fünf, das an-
dere aus sechs Bahnen besteht. Die sechste Bahn des
größeren Stücks, die beim Aufstellen des Zeltes über
dem Eingang ausgespannt wird, soll doppelt gelegt
werden. 10 An dem Ende, wo die beiden Stücke zusam-
mengefügt werden sollen, lässt du bei jedem fünfzig
Schlaufen anbringen, genau einander gegenüber,
11 und dann fünfzig bronzene Klammern anfertigen,
die die Schlaufen zusammenhalten und so die beiden
Teile zu einem Ganzen verbinden. 12-13 Das Zeltdach
aus Ziegenhaar wird so über die wollenen Zeltbahnen
gelegt, dass an der Rückseite eine halbe Bahnbreite
übersteht und an den Seiten rechts und links je ein
Stück von einem halben Meter, an der Rückseite das
Doppelte. 14 Darüber werden noch zwei Schutzdecken
gelegt. Die untere soll aus rot gefärbten Widderfellen,
die obere aus Delfinhäuten bestehen.«

DIE HOLZWÄNDE DES HEILIGTUMS

15 »Weiter lass Bretter aus Akazienholz zurecht-
sägen, die unter dem Zeltdach als die Wände mei-
ner Wohnung aufgestellt werden. 16 Jedes Brett soll
fünf Meter lang und 75 Zentimeter breit sein 17 und
an der unteren Schmalseite zwei Zapfen tragen.
18-21 Die nördliche und die südliche Seitenwand sollen
jeweils aus zwanzig aufgestellten Brettern bestehen.
Jedes Brett steht auf zwei silbernen Bodenplatten, in
die es mit den hölzernen Zapfen gesteckt wird. 22 Für
die Rückwand nach Westen sollen sechs Bretter ge-
schnitten werden, 23-24 dazu rechts und links für die
Ecken noch je ein Winkelbrett. 25 Die Rückwand wird
also aus insgesamt acht Brettern gebildet und auch
hier steht jedes Brett auf zwei silbernen Bodenplatten.
26-27 Weiter lass Querstangen aus Akazienholz ma-
chen, die die Bretter zusammenhalten, und zwar
jeweils fünf Stangen für jede Wand. 28 Die mittlere
Stange soll genau auf halber Höhe angebracht wer-
den und für jede Wand aus einem einzigen Stück
gefertigt sein. 29 Die Stangen werden durch goldene
Ringe gesteckt, die an den Brettern angebracht sind.
Bretter und Stangen sollen ganz mit Gold überzogen
sein. 30 Aus diesen Teilen sollst du meine Wohnung
errichten lassen, genau nach dem Modell, das ich dir
hier auf dem Berg gezeigt habe.«

DIE VORHÄNGE FÜR DAS HEILIGTUM

31 »Lass einen Vorhang aus gezwirntem Leinen ma-
chen, auf den mit blauer, roter und karmesinroter
Wolle Bilder von Kerubim gestickt sind. 32-33 Er soll eine
Scheidewand bilden zwischen dem Allerheiligsten und
dem übrigen Heiligtum. Aufgehängt wird er an vier
Säulen aus Akazienholz, die mit Gold überzogen sind
und auf silbernen Sockeln stehen. Auch die Haken, an
denen der Vorhang oben an den Säulen befestigt wird,
sollen von Gold sein. Hinter den Vorhang stellst du die
Lade mit dem Bundesgesetz 34 und legst die Deckplatte
darauf. 35 Vor den Vorhang stellst du links den Tisch für
die geweihten Brote und rechts den goldenen Leuch-
ter. 36 Für den Eingang des Zeltes lass einen Vorhang
aus gezwirntem Leinen machen, in das blaue, rote und
karmesinrote Wollfäden eingewebt sind. 37 Er wird mit
goldenen Haken an fünf Säulen aus Akazienholz aufge-
hängt, die mit Gold überzogen sind und auf bronzenen
Sockeln stehen.«

DER TRAGBARE BRANDOPFERALTAR

27 »Weiter lass aus Akazienholz einen Altar ma-
chen, zweieinhalb Meter lang und ebenso breit
und eineinhalb Meter hoch. 2 An seinen oberen Ecken
sollen vier Hörner aufragen, die mit dem übrigen Altar
aus einem Stück gefertigt sind. Der ganze Altar soll
mit Bronzeblech beschlagen werden. 3 Lass auch alle
Geräte herstellen, die beim Opferdienst gebraucht
werden, die Schalen zum Auffangen des Blutes, die
Fleischgabeln und Kohlenbecken, die Schaufeln und
Kübel zum Beseitigen der Asche. Alle diese Geräte
sollen aus Bronze sein. 4-5 Mache für den Altar einen
gitterförmigen Bronzerahmen, der auf seinen vier Sei-
ten vom Boden bis zur halben Höhe reicht und dort auf
die Einfassung trifft, die außen rings um den Altar läuft.
An den vier Ecken dieses Rahmens wird je ein bronze-
ner Ring angebracht. 6 Weiter lässt du zwei Stangen
aus Akazienholz machen und mit Bronze beschlagen.
7 Für den Transport des Altars werden sie durch die
Ringe gesteckt. 8 Der Altar soll nicht aus massivem
Holz bestehen, sondern aus Brettern zusammengefügt
werden, sodass er innen hohl ist. Lass ihn genauso
machen, wie ich es dir gezeigt habe.«

DIE ABGRENZUNG DES HEILIGEN BEREICHS

9-10 »Weiter sollst du den Vorhof rings um meine
Wohnung mit einer Abgrenzung umgeben. Auf der
Südseite werden auf einer Länge von 50 Metern leinene
Planen angebracht; sie werden von zwanzig Holzsäulen
gehalten, die auf Sockeln aus Bronze stehen; die Haken
und Stangen zum Aufhängen der Planen sind aus Silber.
11 Genauso wird auf der Nordseite verfahren, ebenfalls
auf einer Länge von 50 Metern. 12 Auf der Westseite ist

der Vorhof 25 Meter breit; die leinenen Planen werden
von zehn Säulen auf bronzenen Sockeln gehalten. 13 Auf
der Eingangsseite im Osten ist der Vorhof ebenfalls 25
Meter breit. 14-15 Rechts und links vom Eingang sind
zwischen je drei Säulen jeweils siebeneinhalb Meter
Planen angebracht. 16 Der Eingang in der Mitte ist 10
Meter breit. Der Vorhang am Eingang soll aus gezwirn-
tem Leinen sein, in das blaue, rote und karmesinrote
Wollfäden eingewebt sind; er wird an vier Säulen auf-
gehängt. 17 Alle Säulen rings um den Vorhof sollen auf
bronzenen Sockeln stehen; die Tücher werden an Haken
und Stangen aus Silber aufgehängt. 18 Der ganze Vorhof
ist also 50 Meter lang und 25 Meter breit. Die Höhe der
Abgrenzung soll zweieinhalb Meter betragen. 19 Wie
die Geräte, die für den Dienst am Heiligtum gebraucht
werden, sollen auch die Pflöcke, die das Zelt und die
Abgrenzung des Vorhofs halten, aus Bronze sein.«

ÖL FÜR DIE LAMPE IM HEILIGTUM

20 Der HERR sagte zu Mose: »Die Israeliten sollen
dir reines Öl aus gepressten Oliven geben, damit es
stets für die Lampe im Heiligtum zur Verfügung steht.
21 Aaron und seine Söhne sollen dafür sorgen, dass die
Lampe im Heiligen Zelt vom Abend bis zum Morgen
leuchtet. Sie hat ihren Platz vor dem Vorhang, der die
Lade mit dem Bundesgesetz verdeckt. Auch in allen
kommenden Generationen sind die Israeliten zu dieser
Abgabe verpflichtet.«

DIE AMTSKLEIDUNG DES OBERSTEN PRIESTERS

28 Weiter sagte der HERR zu Mose: »Rufe Aaron
und seine Söhne Nadab und Abihu, Eleasar und
Itamar zu dir. Ich sondere sie aus den übrigen Israeliten
aus, damit sie mir als Priester dienen. 2 Lass für deinen
Bruder Aaron kostbare Priesterkleider machen, die der
Würde seines Amtes angemessen sind 3 und mit denen
er den Priesterdienst ausüben kann. Übertrage ihre
Anfertigung fähigen Leuten, denen ich die Weisheit
dafür gegeben habe. 4 Folgende Kleidungsstücke sol-
len sie für Aaron und seine Nachfolger herstellen: die
Brusttasche, den Amtsschurz, das Obergewand, das
Hemd mit eingewebten Mustern, den Gürtel und den
Turban. 5 Als Material sollen sie Gold, blaue, rote und
karmesinrote Wolle und gezwirntes Leinen nehmen.
6 Den Amtsschurz sollen sie aus gezwirntem Leinen
weben und kunstvoll mit Goldfäden und den farbigen
Wollfäden besticken. 7-8 Der Gürtel, mit dem er um den
Leib befestigt wird, soll aus demselben Material be-
stehen und an den Schurz angewebt sein. Außerdem
sollen zwei breite Bänder über die Schultern gelegt
und vorn und hinten am Schurz befestigt werden.
9-12 Auf jedem der Bänder lässt du oben in goldener
Fassung einen kostbaren Karneolstein anbringen. In
diese Steine werden die Namen der zwölf Stämme
Israels eingraviert, in jeden Stein sechs Namen. Auf
diese Weise soll Aaron die Namen der Stämme Israels
an sich tragen, wenn er ins Heiligtum geht. Er soll die
Israeliten bei mir in Erinnerung bringen, damit ich mich
ihnen freundlich zuwende. 13-14 Weiter lässt du zwei
goldene Ösen an den Schulterbändern anbringen und
zwei goldene Kettchen daran befestigen.«

DIE BRUSTTASCHE DES OBERSTEN PRIESTERS

15 »Aus demselben Material wie den Amtsschurz sollst
du die Brusttasche machen lassen, in der die heiligen
Lose aufbewahrt werden. 16 Sie hat eine Größe von 25
auf 25 Zentimeter und besteht aus einem zusammenge-
falteten Stück Gewebe. 17-20 Auf der Vorderseite soll sie
mit zwölf goldgefassten Edelsteinen besetzt werden,
die in vier Reihen angeordnet sind: in der ersten Reihe
ein Rubin, ein Topas, ein Smaragd; in der zweiten Reihe
ein Karfunkel, ein Saphir, ein Jaspis; in der dritten
Reihe ein Achat, ein Hyazinth, ein Amethyst; in der vier-
ten Reihe ein Chrysolith, ein Karneol und ein Onyx. 21 In
die Steine werden die Namen der zwölf Stämme Israels
eingraviert, in jeden Stein ein Name. 22-25 An den oberen
Ecken der Tasche werden zwei Goldringe angebracht
und mit den goldenen Kettchen verbunden, die an den
Ösen auf den Schulterbändern befestigt sind. 26 Zwei
weitere Goldringe werden an den unteren Ecken der
Tasche angebracht, und zwar auf der Rückseite, 27 und
noch einmal zwei Goldringe unten auf den Schulter-
bändern, dicht über dem Gürtel, der den Schurz hält.
28 Wenn dann die beiden unteren Ringe auf jeder Seite,
die an der Tasche und die auf dem Schulterband, jeweils
mit einer blauen Schnur verbunden werden, sitzt die
Tasche fest über dem Gürtel des Schurzes und kann
sich nicht verschieben. 29 Auf diese Weise soll Aaron
jedes Mal, wenn er ins Heiligtum geht, die Namen
der Stämme Israels auf seinem Herzen tragen. Dann
werde ich mich den Israeliten freundlich zuwenden.
30 Du sollst in die Brusttasche die heiligen Lose legen,
damit Aaron auch diese immer, wenn er vor mich tritt,
auf seinem Herzen trägt. Die Lose als das Mittel, mit
dem ich gerechte Entscheidungen herbeiführe, soll er
immer vor mir auf dem Herzen tragen.«

WEITERE KLEIDUNGSSTÜCKE FÜR DEN OBERSTEN PRIESTER

31 »Das Obergewand, das unter dem Amtsschurz getra-
gen wird, soll ganz aus blau gefärbtem Leinen sein. 32 Es
hat in der Mitte eine Öffnung für den Kopf, die mit einer
gewebten Borte eingefasst ist, damit sie nicht einreißt
– ähnlich wie die Halseinfassung bei einem Panzer-
hemd. 33 Am Saum des Gewandes werden Granatäpfel
aus blauer, roter und karmesinroter Wolle befestigt
und zwischen den Granatäpfeln goldene Glöckchen
aufgehängt, 34 sodass immer auf einen Granatapfel
ein Glöckchen folgt, und das ringsherum. 35 Aaron soll
dieses Gewand bei seinem Dienst im Heiligtum tragen.
Wenn er hineingeht und wenn er herauskommt, wer-
den die Glöckchen erklingen und so kann er ungefähr-
det die Schwelle des Heiligtums überschreiten. 36 Lass
ein kleines Schild aus reinem Gold machen und darauf
eingravieren: ›Dem HERRN geweiht!‹ 37 Es soll mit einer
blauen Schnur vorn an Aarons Turban befestigt werden,
38 sodass es über seiner Stirn hängt. Wenn er damit vor
mich tritt, werde ich die Verstöße, die die Israeliten bei

der Darbringung ihrer Opfer begangen haben, verge-
ben und mich ihnen freundlich zuwenden. 39 Weiter
lass für Aaron noch das leinene Hemd mit eingewebten
Mustern anfertigen und den Turban, ebenfalls aus Lei-
nen, und schließlich den prachtvoll gewebten Gürtel.«

KLEIDUNGSSTÜCKE FÜR DIE ÜBRIGEN PRIESTER

40 »Für die Söhne Aarons lass Hemden, Gürtel und klei-
nere Turbane anfertigen, die der Würde ihres Amtes
angemessen sind. 41 Dann sollst du Aaron und seinen
Söhnen die Priesterkleider anlegen und sollst sie mit
Salböl besprengen und in den Priesterdienst einsetzen.
42 Lass noch leinene Kniehosen für sie anfertigen, da-
mit ihre Scham bedeckt ist. 43 Aaron und seine Söhne
sollen sie tragen, wenn sie in das Heilige Zelt gehen
oder am Brandopferaltar Dienst tun, damit sie nicht
schuldig werden und sterben müssen. Diese Vorschrift
gilt auch für alle ihre Nachkommen, die künftig den
Priesterdienst versehen werden.«

ANWEISUNGEN FÜR DIE EINSETZUNG DER PRIESTER

29 »Auf die folgende Weise sollst du Aaron und
seine Söhne in den Priesterdienst einsetzen:
Wähle einen Stier und zwei Schafböcke aus, lauter
fehlerfreie Tiere, 2-3 und lege in einen Korb Rundbrote,
mit Öl zubereitete Ringbrote und mit Öl bestrichene
Fladenbrote, alles aus Weizenmehl und ohne Sauer-
teig gebacken. 4 Dann führe Aaron und seine Söhne
zum Eingang des Heiligen Zeltes und wasche sie
mit Wasser. 5 Nimm die Priesterkleider und bekleide
Aaron mit dem Priesterhemd, dem Obergewand und
dem Amtsschurz mit der Brusttasche. Befestige den
Schurz mit dem daran angewebten Gürtel. 6 Setze Aaron
den Turban auf und befestige daran vorne das goldene
Schild. 7 Dann nimm Salböl, gieße es auf Aarons Kopf
und weihe ihn so zum Priesterdienst. 8 Darauf lässt du
die Söhne Aarons herantreten. Du bekleidest sie mit
dem Priesterhemd, 9 legst ihnen den Gürtel an und
windest ihnen den Turban um den Kopf. So setzt du
sie in das Priesteramt ein und überträgst ihnen das
Priestertum für alle Zeiten. 10 Nun holst du den Stier
herbei, und Aaron und seine Söhne legen ihre Hände
auf seinen Kopf. 11 Dann schlachtest du den Stier bei
meinem Altar vor dem Eingang des Heiligen Zeltes.
12 Nimm von dem Blut und streiche es mit dem Finger
an die Hörner des Altars; das übrige Blut schütte un-
ten an den Altar. 13 Verbrenne für mich auf dem Altar
die besten Stücke des Stieres: das Fett an den Einge-
weiden, den Fettlappen an der Leber und die beiden
Nieren mit dem Nierenfett. 14 Das Fleisch, die Haut und
die Eingeweide samt Inhalt musst du außerhalb des
Lagers verbrennen. Es handelt sich um ein Sühneopfer.
15 Dann holst du den einen Schafbock, und Aaron und
seine Söhne legen ihre Hände auf seinen Kopf. 16 Du
schlachtest das Tier und sprengst sein Blut ringsum an
den Altar. 17 Darauf zerlegst du das Tier und legst die Stü-
cke samt dem Kopf auf den Altar. Die Eingeweide und
Unterschenkel säuberst du vorher mit Wasser. 18 Dann
wird das ganze Tier auf dem Altar verbrannt. Es ist ein
Brandopfer für mich, den HERRN, ein Opfer, das mich
gnädig stimmt. 19 Hol dann den zweiten Schafbock und
lass Aaron und seine Söhne die Hände auf seinen Kopf
legen. 20 Schlachte den Schafbock, nimm etwas von
seinem Blut und betupfe damit das rechte Ohrläpp-
chen, den rechten Daumen und die rechte große Zehe
Aarons und seiner Söhne; das übrige Blut sprengst du
ringsum an den Altar. 21 Nimm dann etwas von diesem
Blut und etwas Salböl und besprenge damit Aaron und
seine Kleider und auch seine Söhne und deren Kleider,
damit sie samt ihren Kleidern dem HERRN geweiht sind.
22 Dieser zweite Schafbock ist für das Einsetzungsopfer
bestimmt. Du nimmst nun von ihm den Fettschwanz
und das Fett an den Eingeweiden, den Fettlappen an
der Leber und die beiden Nieren mit dem Nierenfett,
ebenso die rechte Hinterkeule, 23 und dazu aus dem
Korb mit den ungesäuerten Broten, der vor dem Altar
steht, ein Rundbrot, ein mit Öl zubereitetes Ringbrot
und ein Fladenbrot. 24 Das alles legst du Aaron und sei-
nen Söhnen in die geöffneten Hände, damit sie es mir,
dem HERRN, darbieten. 25 Dann nimmst du es ihnen wie-
der aus den Händen und verbrennst es für mich auf dem
Altar, wo du schon das Brandopfer dargebracht hast,
als ein Opfer, das mich gnädig stimmt. 26 Das Bruststück
des zweiten Schafbocks nimmst du selbst in die Hand,
um es mir symbolisch zu übereignen; es fällt dir als dein
Anteil an dem Opfer zu. 27-28 Von allen Mahlopfern der
Israeliten sollen das Bruststück und die Keule für alle
Zeiten den Nachkommen Aarons als Anteil zustehen,
weil beim Schafbock des Einsetzungsopfers für Aaron
und seine Söhne das Bruststück mir, dem HERRN, über-
eignet und die Keule vor dem Altar emporgehoben
worden ist. Du sollst deshalb diese Stücke für heilig
erklären und den Priestern zusprechen. 29 Die Pries-
terkleider Aarons gehen später an seine Nachfolger
über. In ihnen sollen sie mit Salböl geweiht und in den
Priesterdienst eingesetzt werden. 30 Jeweils der von
Aarons Nachkommen, dem die Nachfolge Aarons zu-
fällt und der den Dienst im Innern des Heiligen Zeltes zu
versehen hat, soll sie bei der Feier seiner Einsetzung sie-
ben Tage lang tragen. 31 Das Fleisch des zweiten Schaf-
bocks kochst du im Bereich des Heiligtums. 32 Aaron und
seine Söhne sollen es am Eingang des Heiligen Zeltes
essen, zusammen mit dem Opferbrot aus dem Korb.
33 Es ist als Opfer bei ihrer Einsetzung dargebracht wor-
den, deshalb dürfen sie es essen; aber niemand sonst
darf davon essen, denn es ist heilig. 34 Was von dem
Fleisch und dem Brot am anderen Morgen noch übrig
ist, darf nicht gegessen werden; es muss verbrannt wer-
den. 35 An sieben Tagen nacheinander sollst du dieses
Einsetzungsopfer wiederholen. 36 Jeden Tag schlachtest
du einen Stier als Sühneopfer und reinigst mit seinem
Blut den Altar von der Befleckung durch menschliche
Verfehlungen. Außerdem bestreichst du den Altar mit
Salböl und machst ihn dadurch heilig. 37 An sieben Ta-
gen sollst du das wiederholen, dann wird der Altar in
besonderem Maße heilig sein; jeder Unbefugte, der ihn
berührt, muss sterben.«

DIE TÄGLICHEN OPFER

38 »Tag für Tag sollst du auf dem großen Altar zwei
einjährige Schafe als Brandopfer darbringen lassen,
39 das eine am Morgen, das andere in der Abenddäm-
merung. 40-41 Dazu kommen jeweils als Speiseopfer
1/10 Efa (gut 1 Kilo) Weizenmehl, das mit 1/4 Hin (knapp 1
Liter) feinstem Olivenöl vermengt wird, und als Trank-
opfer 1/4 Hin Wein. So ist es ein Opfer, das mich gnädig
stimmt. 42a Als regelmäßiges tägliches Opfer sollt ihr
und eure Nachkommen es mir in alle Zukunft am Ein-
gang des Heiligen Zeltes darbringen.

DIE BEDEUTUNG DES HEILIGTUMS

42b Hier in diesem Heiligtum komme ich euch nahe,
hier rede ich mit dir. 43 Hier soll es zur Begegnung zwi-
schen mir und den Israeliten kommen. Das Heilige Zelt
wird durch die Gegenwart meiner Herrlichkeit zu einer
heiligen Stätte werden 44 und genauso wird der Altar
durch meine Gegenwart heilig. Auch Aaron und seine
Söhne mache ich heilig, damit sie mir als Priester die-
nen können. 45 Ich werde mitten unter dem Volk Israel
wohnen und als ihr Gott bei ihnen sein. 46 Dann werden
sie erkennen, dass ich der HERR, ihr Gott, bin, der sie
aus Ägypten herausgeführt hat, um in ihrer Mitte zu
wohnen. Ich bin der HERR, ihr Gott.«

DER ALTAR FÜR DAS RÄUCHEROPFER

30 Weiter sagte der HERR: »Lass einen Altar aus
Akazienholz machen, auf dem Weihrauch als
Opfer für mich verbrannt wird. 2 Er soll einen halben
Meter lang und genauso breit und einen Meter hoch
sein. Er muss samt seinen Hörnern aus einem Stück
gefertigt werden. 3 Lass ihn außen mit reinem Gold
überziehen und bringe ringsum eine goldene Leiste
an. 4 Unter der Leiste sollen auf zwei einander gegen-
überliegenden Seiten je zwei goldene Ringe befestigt
werden, durch die die Tragstangen gesteckt werden
können. 5 Die Tragstangen sollen aus Akazienholz sein
und ebenfalls mit Gold überzogen werden. 6 Stell die-
sen Altar vor dem Vorhang auf, hinter dem sich die Lade
mit dem Bundesgesetz befindet, wo ich dir begegnen
will. 7 Jeden Morgen, wenn Aaron die Lampen neu her-
richtet, soll er wohlriechenden Weihrauch auf diesem
Altar verbrennen 8 und genauso jeden Abend, wenn er
die Lampen anzündet. Für alle Zukunft erwarte ich von
euch dieses regelmäßige Räucheropfer. 9 Ihr dürft auf
diesem Altar keine anderen Duftstoffe verbrennen, als
ich euch vorgeschrieben habe, und auch kein Brand-,
Speise- oder Trankopfer darbringen. 10 Einmal im Jahr
soll Aaron die Hörner des Altars mit dem Blut des Süh-
neopfers bestreichen und ihn so von aller Entweihung
reinigen. Er gehört zu den Dingen, die in besonderem
Maße heilig sind.«

DIE KOPFSTEUER FÜR DAS HEILIGTUM

11 Der HERR sagte zu Mose: 12 »Wenn du die Zahl der
wehrfähigen Männer in Israel feststellst, muss jeder
der Gezählten mir ein Sühnegeld für sein Leben zahlen.
Sonst könnte zur Strafe eine schwere Seuche unter
ihnen ausbrechen. 13-14 Jeder männliche Israelit ab 20
Jahren muss mir als Opfergabe ein halbes Silberstück
zahlen, gewogen nach dem Gewicht des Heiligtums,
das Silberstück zu zwölf Gramm. 15 Ein Reicher soll
nicht mehr zahlen und ein Armer nicht weniger. Mit
dieser Abgabe leistet ihr Sühne, damit ihr am Leben
bleibt. 16 Du nimmst das Geld von den Männern
Israels in Empfang und gibst es den Priestern für den
Dienst am Heiligen Zelt. Es soll die Israeliten bei mir in
Erinnerung bringen, damit ich mich ihnen freundlich
zuwende und sie verschone.«

DAS WASSERBECKEN

17 Weiter sagte der HERR zu Mose: 18 »Lass ein Wasser-
becken aus Bronze anfertigen und auf einem bron-
zenen Untersatz zwischen dem Heiligen Zelt und
dem Brandopferaltar aufstellen. Fülle es mit Wasser,
19-20 damit Aaron und seine Söhne sich die Hände und
Füße waschen können, wenn sie ins Heilige Zelt gehen
oder an den Altar treten, um ein Opfer darauf zu ver-
brennen. 21 Wenn sie das unterlassen, müssen sie ster-
ben. Diese Anweisung gilt auch für ihre Nachkommen
in aller Zukunft.«

DAS HEILIGE SALBÖL

22 Weiter erhielt Mose vom HERRN die Anweisung:
23-24 »Besorge dir kostbare Duftstoffe, sechs Kilo Myr-
rhe, drei Kilo Zimt, drei Kilo Kalmus, sechs Kilo Kassia,
gewogen nach dem Gewicht des Heiligtums, und dazu
dreieinhalb Liter Olivenöl. 25 Lass daraus das wohlrie-
chende Salböl bereiten, das für die Weihe von Personen
und Gegenständen gebraucht wird. 26-28 Salbe mit dem
Öl das Heilige Zelt, die Lade mit dem Bundesgesetz, den
Tisch für die geweihten Brote mit allen Geräten und
den Leuchter mit allem Zubehör, weiter den Räucher-
und den Brandopferaltar mit allen zugehörigen Gerä-
ten und das Wasserbecken samt Untersatz. 29 Dadurch
wird dies alles mir geweiht und in besonderem Maße
heilig. Wer als Unbefugter eines dieser geweihten
Dinge berührt, muss sterben. 30 Auch Aaron und seine
Söhne sollst du mit dem Öl salben, wenn du sie in den
Priesterdienst einsetzt. 31 Den Israeliten aber musst du
sagen: ›Das Öl, das nach dieser Anweisung bereitet
wird, ist dem HERRN allein vorbehalten. Dies gilt für
alle Zukunft. 32 Es darf nicht auf die Haut gewöhnlicher
Menschen kommen und ihr dürft es überhaupt nicht
für den Gebrauch außerhalb des Heiligtums herstellen.
Es ist heilig und ihr sollt es gebührend achten. 33 Wer
unbefugt solches Öl herstellt oder einen gewöhnlichen
Menschen damit salbt, hat sein Leben verwirkt und
muss aus dem Volk ausgestoßen werden.‹«

DAS RÄUCHEROPFER

34 Weiter sagte der HERR zu Mose: »Besorge dir wohl-
riechende Stoffe: Stakte, Räucherklaue, Galbanum,
Gewürzkräuter und reines Weihrauchharz. Nimm
von jedem die gleiche Menge 35 und lass daraus die
Mischung für das Räucheropfer bereiten. Füge auch
etwas Salz hinzu und verwende nur reine Stoffe.

36 Zerstoße jeweils einen Teil davon zu Pulver und
verbrenne ihn im Heiligen Zelt vor der Lade mit dem
Bundesgesetz, wo ich dir begegnen werde. Diese
Weihrauchmischung soll euch als etwas besonders
Heiliges gelten. 37 Deshalb ist sie mir allein vorbehal-
ten; ihr dürft sie nicht für euren eigenen Gebrauch
herstellen. 38 Wer es tut, um selbst diesen Duft zu ge-
nießen, hat sein Leben verwirkt und muss aus dem
Volk ausgestoßen werden.«

DIE AUSFÜHRENDEN KÜNSTLER UND HANDWERKER

31 Dann sagte der HERR zu Mose: 2 »Ich habe Bezalel,
den Sohn von Uri und Enkel von Hur vom Stamm
Juda, dazu berufen, alle diese Arbeiten auszuführen.
3 Ich habe ihn mit meinem Geist erfüllt, ihm Weisheit
und Einsicht gegeben und ihn zu jeder künstlerischen
Tätigkeit befähigt. 4 Er kann Bilder und Gegenstände
entwerfen und sie in Gold, Silber oder Bronze ausfüh-
ren; 5 er kann Edelsteine schneiden und fassen und Holz
kunstvoll bearbeiten; in jeder künstlerischen Technik
ist er erfahren. 6 Ihm zur Seite stelle ich Oholiab, den
Sohn Ahisamachs vom Stamm Dan, und zu ihren Hel-
fern bestimme ich alle kunstfertigen Handwerker in
Israel. Ich habe sie dazu befähigt, alles herzustellen,
was ich angeordnet habe: 7-11 das Heilige Zelt, die Lade
für das Bundesgesetz mit ihrer Deckplatte, den Tisch für
die geweihten Brote mit seinen Geräten, den Leuchter
mit allem Zubehör, den Räucher- und den Brandopfer-
altar mit allen Geräten, das Wasserbecken mit seinem
Untersatz, die Priesterkleidung für Aaron und seine
Söhne, das Salböl und die Weihrauchmischung für den
Gebrauch im Heiligtum. Sie sollen alles genau so aus-
führen, wie ich es dir befohlen habe.«

LETZTE WEISUNG UND ÜBERGABE DER GESETZESTAFELN

12-13 Abschließend ließ der HERR dem Volk Israel durch
Mose sagen: »Beachtet bei all diesen Arbeiten stets
meinen Ruhetag! Ich habe den Sabbat eingesetzt als
Zeichen für den Bund zwischen mir und euch in allen
kommenden Generationen. Daran sollen alle ande-
ren erkennen, dass ich der HERR bin, der euch als sein
heiliges Volk ausgesondert hat. 14-15 Beachtet also den
Sabbat! Er soll euch ein heiliger Tag sein. Sechs Tage
in der Woche sollt ihr eure Arbeit tun. Der siebte Tag
aber ist der Ruhetag, der mir gehört. Wer an diesem Tag
irgendeine Arbeit tut und ihn dadurch entweiht, muss
mit dem Tod bestraft werden. Ein solcher Mensch hat
sein Leben verwirkt und soll aus seinem Volk ausge-
rottet werden. 16-17 Dies soll für euch in alle Zukunft ein
unverbrüchliches Gesetz sein. Für alle Zeiten ist der
Sabbat ein Zeichen des Bundes zwischen mir und dem
Volk Israel. Denn in sechs Tagen habe ich Himmel und
Erde geschaffen, aber am siebten Tag habe ich geruht
und mich von meiner Arbeit erholt.« 18 Nachdem der
HERR zu Ende gesprochen hatte, übergab er Mose auf
dem Berg Sinai die beiden Steintafeln, auf die er selbst
das Bundesgesetz geschrieben hatte.

DER SELBST GEMACHTE GOTT: DAS GOLDENE KALB

32 Das Volk Israel hatte am Fuß des Berges auf die
Rückkehr von Mose gewartet. Als er lange nicht
kam, versammelten sich die Männer bei Aaron und
forderten: »Mach uns einen Gott, der uns schützt und
führt! Denn was aus diesem Mose geworden ist, der
uns aus Ägypten hierher geführt hat – niemand weiß
es.« 2 Aaron sagte zu ihnen: »Nehmt euren Frauen,
Söhnen und Töchtern die goldenen Ringe ab, die sie
an den Ohren tragen, und bringt sie her!« 3 Alle nah-
men ihre goldenen Ohrringe ab und brachten sie zu
Aaron. 4 Er schmolz sie ein, goss das Gold in eine Form
und machte daraus das Standbild eines Jungstiers.
Da riefen sie: »Hier ist dein Gott, Israel, der dich aus
Ägypten hierher geführt hat!« 5 Aaron errichtete vor
dem goldenen Stierbild einen Altar und ließ im La-
ger bekannt machen: »Morgen feiern wir ein Fest für
den HERRN!« 6 Früh am nächsten Morgen brachten
die Leute Tiere, die als Brandopfer dargebracht oder
für das Opfermahl geschlachtet wurden. Sie setzten
sich zum Essen und Trinken nieder und danach be-
gannen sie einen wilden Tanz. 7 Da sagte der HERR zu
Mose: »Steig schnell hinunter! Dein Volk, das du aus
Ägypten hierher geführt hast, läuft ins Verderben. 8 Sie
sind sehr schnell von dem Weg abgewichen, den ich
ihnen mit meinen Geboten gewiesen habe: Ein ge-
gossenes Kalb haben sie sich gemacht, sie haben es
angebetet und ihm Opfer dargebracht und gerufen:
›Hier ist dein Gott, Israel, der dich aus Ägypten hierher
geführt hat!‹«

MOSE TRITT BEI GOTT FÜR SEIN VOLK EIN

9 Weiter sagte der HERR zu Mose: »Ich habe erkannt,
dass dies ein widerspenstiges Volk ist. 10 Deshalb will
ich meinen Zorn über sie ausschütten und sie vernich-
ten. Versuche nicht, mich davon abzubringen! Mit dir
will ich neu beginnen und deine Nachkommen zu
einem großen Volk machen.« 11 Mose aber suchte den
HERRN, seinen Gott, umzustimmen und sagte: »Ach
HERR, warum willst du deinen Zorn über dein Volk aus-
schütten, das du zuvor mit starker Hand aus Ägypten
herausgeführt hast? 12 Willst du denn, dass die Ägyp-
ter von dir sagen: ›Er hat sie nur herausgeführt, um
sie dort am Berg zu töten und völlig vom Erdboden
auszurotten!‹ Lass ab von deinem Zorn, lass dir das
Unheil leidtun, das du über dein Volk bringen willst!
13 Denk doch an Abraham, Isaak und Jakob, die dir treu
gedient haben und denen du mit einem feierlichen
Eid versprochen hast: ›Ich will eure Nachkommen so
zahlreich machen wie die Sterne am Himmel; ich will
ihnen das ganze Land, von dem ich zu euch gespro-
chen habe, für immer zum Besitz geben.‹« 14 Da sah
der HERR davon ab, seine Drohung wahr zu machen,
und vernichtete sein Volk nicht.

MOSE ZERBRICHT DIE BUNDESTAFELN

15-16 Mose stieg den Berg hinunter. In der Hand hatte er
die zwei Steintafeln, die auf beiden Seiten beschrieben

waren. Gott selbst hatte die Tafeln gemacht und mit
eigener Hand das Bundesgesetz darauf geschrie-
ben. 17 Als Josua das Lärmen und Schreien im Lager
hörte, sagte er zu Mose: »Es ist Krieg ausgebrochen!«
18 »Nein«, widersprach Mose, »das hört sich nicht an
wie Siegesjubel und auch nicht wie das Klagegeschrei
nach einer Niederlage. Ich höre Festgesang!« 19 Als
Mose näher kam, sah er das Stierbild und das wild tan-
zende Volk. Da packte ihn der Zorn und er zerschmet-
terte die Tafeln auf dem Felsboden am Fuß des Berges.
20 Das Götterbild, das sie gemacht hatten, schmolz er
ein und zerstampfte es dann zu Pulver. Das Pulver ver-
mischte er mit Wasser und gab es den Leuten von Israel
zu trinken. 21 Zu Aaron aber sagte er: »Was hat dir das
Volk getan, dass du es in so schwere Schuld gestürzt
hast?« 22 Aaron erwiderte: »Sei nur nicht zornig! Du
weißt doch, wie sehr das Volk zum Bösen neigt. 23 Sie
drängten mich: ›Mach uns einen Gott, der uns schützt
und führt! Denn was aus diesem Mose geworden ist,
der uns aus Ägypten hierher geführt hat – niemand
weiß es.‹ 24 Da sagte ich zu ihnen: ›Wer goldenen
Schmuck hat, soll ihn herbringen!‹ Sie gaben mir das
Gold, ich warf es ins Feuer und herausgekommen ist
dieser Stier!«

BESTRAFUNG DER ISRAELITEN UND FÜRBITTE MOSES

25 Mose sah, dass das Volk zügellos geworden war;
denn Aaron hatte die Zügel schleifen lassen, zur Scha-
denfreude ihrer Feinde. 26 Darum stellte Mose sich ans
Lagertor und rief: »Her zu mir, wer zum HERRN hält!«
Alle Leviten sammelten sich um ihn 27 und er sagte zu
ihnen: »So spricht der HERR, der Gott Israels: ›Nehmt
euer Schwert und geht durch das ganze Lager, von
einem Tor zum andern! Tötet alle, die schuldig ge-
worden sind, selbst eure Brüder, Verwandten und
Freunde!‹« 28 Die Leviten führten den Befehl aus und
töteten an jenem Tag dreitausend Mann. 29 Darauf
sagte Mose zu den Leviten: »Weiht euch heute zum
Priesterdienst für den HERRN! Weder Sohn noch
Bruder habt ihr geschont, darum wird der HERR sei-
nen Segen auf euch legen.« 30 Am folgenden Tag sagte
Mose zum Volk: »Ihr habt schwere Schuld auf euch ge-
laden. Darum will ich jetzt zum HERRN hinaufsteigen.
Vielleicht kann ich erreichen, dass er euch die Schuld
vergibt.« 31 Mose kehrte zum HERRN zurück und sagte:
»Ach Herr, das Volk hat sich schwer gegen dich vergan-
gen! Einen Gott aus Gold haben sie gemacht. 32 Vergib
doch ihre Schuld! Wenn nicht, dann streiche meinen
Namen aus dem Buch, in dem die Namen der Deinen
eingetragen sind.« 33 Der HERR aber sagte: »Ich strei-
che nur den Namen dessen aus meinem Buch, der sich
gegen mich vergangen hat. 34 Geh jetzt und führe das
Volk an den Ort, den ich dir genannt habe. Mein Engel
wird vor dir hergehen. Wenn die Zeit gekommen ist,
werde ich dieses Volk für seine Verfehlung bestrafen.«
35 Der HERR aber ließ eine Seuche unter den Israeliten
wüten, weil sie Aaron dazu verleitet hatten, für sie das
Götzenbild zu machen.

DIE ISRAELITEN SUCHEN GOTT GNÄDIG ZU STIMMEN

33 Der HERR sagte zu Mose: »Brecht jetzt auf! Bring
das Volk, das du aus Ägypten hierher geführt
hast, in das Land, das ich Abraham, Isaak und Jakob
mit einem Eid als Besitz für ihre Nachkommen verspro-
chen habe, 2-3 dieses Land, das von Milch und Honig
überfließt! Ich werde einen Engel mitsenden, der vor
euch hergeht, und werde die Völker im Land vor euch
vertreiben, die Kanaaniter, Amoriter, Hetiter, Perisiter,
Hiwiter und Jebusiter. Aber ich selbst werde nicht mit
euch ziehen. Ihr seid ein widerspenstiges Volk und ich
müsste euch deshalb unterwegs vernichten.« 4 Als die
Leute das hörten, wurden sie traurig, und zum Zeichen
ihrer Trauer legten alle ihren Schmuck ab. 5 Da sagte
der HERR zu Mose: »Sag den Leuten von Israel: ›Ihr
seid zwar ein widerspenstiges Volk, und wenn ich auf
dem Weg ins Land auch nur einen Augenblick in eurer
Mitte weilen würde, müsste ich euch vernichten. Aber
wenn ihr jetzt euren Schmuck für immer ablegt, will
ich sehen, was ich für euch tun kann.‹« 6 Da trennten
sich die Leute von Israel noch am Berg Horeb von ih-
rem Schmuck.

GOTT GEWÄHRT DEN ISRAELITEN SEINE NÄHE

7 Von da an schlug Mose jedes Mal, wenn das Volk Rast
machte, außerhalb des Lagers ein Zelt auf. Er nannte es
das Zelt der Begegnung mit Gott. Wer von den Leuten
im Volk eine Weisung oder Entscheidung des HERRN
suchte, ging aus dem Lager hinaus zum Zelt der Be-
gegnung. 8 Immer wenn Mose zu diesem Zelt ging,
standen alle auf und traten an den Eingang ihrer Zelte.
Sie blickten ihm nach, bis er ins Zelt hineingegangen
war. 9 Sobald Mose hineinging, kam die Wolkensäule
herab und blieb am Eingang des Zeltes stehen. Dann
redete der HERR mit Mose. 10 Wenn die Leute von Israel
die Wolkensäule über dem Zelt stehen sahen, warfen
sich alle anbetend am Eingang ihrer Zelte nieder. 11 Der
HERR sprach mit Mose Auge in Auge wie ein Mensch
mit einem andern. Darauf kehrte Mose ins Lager zu-
rück. Sein Diener Josua aber, der Sohn Nuns, damals
noch ein junger Mann, blieb stets als Hüter im Zelt.

MOSE BITTET UM GOTTES MITKOMMEN

12 Mose sagte zum HERRN: »Du befiehlst mir: ›Führe
das Volk in sein Land!‹, aber du hast mir nicht gesagt,
wen du mitschicken wirst. Du hast mir versichert, dass
ich in deiner Gunst stehe und dass du mich als deinen
Vertrauten betrachtest. 13 Wenn ich wirklich in deiner
Gunst stehe, dann bestätige es jetzt und sag mir, was
du vorhast. Und bedenke doch, dass diese Leute dein
Volk sind!« 14 Der HERR erwiderte: »Ich werde mit-
gehen, du kannst ruhig sein.« 15 Mose sagte: »Wenn
du nicht mitgehst, wäre es besser, du ließest uns hier
bleiben. 16 Woran sollen wir denn erkennen, dass wir
in deiner Gunst stehen, ich und dein Volk? Doch nur
daran, dass du mit uns ziehst und uns dadurch vor allen
anderen Bewohnern der Erde auszeichnest, nicht nur
mich, sondern auch dein ganzes Volk!« 17 Der HERR

antwortete: »Ich werde auch diese Bitte erfüllen, weil
du in meiner Gunst stehst und mein Vertrauter bist.«

MOSE MÖCHTE GOTTES HERRLICHKEIT SCHAUEN

18 Nun bat Mose den HERRN: »Lass mich doch den
Glanz deiner Herrlichkeit sehen!« 19 Der HERR erwi-
derte: »Ich werde in meiner ganzen Pracht und Hoheit
an dir vorüberziehen und meinen Namen ›der HERR‹
vor dir ausrufen. Es liegt in meiner freien Entschei-
dung, wem ich meine Gnade erweise; es ist allein meine
Sache, wem ich mein Erbarmen schenke. 20 Trotzdem
darfst du mein Gesicht nicht sehen; denn niemand,
der mich sieht, bleibt am Leben.« 21 Weiter sagte der
HERR: »Hier auf dem Felsen neben mir kannst du ste-
hen. 22 Wenn meine Herrlichkeit vorüberzieht, werde
ich dich in einen Felsspalt stellen und dich mit meiner
Hand bedecken, bis ich vorüber bin. 23 Dann werde
ich meine Hand wegnehmen und du kannst mir nach-
schauen. Aber von vorn darf mich niemand sehen.«

MOSE IN GOTTES NÄHE

34 Dann sagte der HERR zu Mose: »Hau dir zwei
Steintafeln zurecht wie die ersten, die du zer-
brochen hast. Ich werde die Worte darauf schreiben,
die schon auf den ersten Tafeln standen. 2 Mach dich
für morgen bereit und steig in der Frühe auf den Berg
Sinai. Stell dich auf den Gipfel und erwarte mich dort.
3 Du sollst niemand mit hinaufnehmen, überhaupt
darf kein Mensch den Berg betreten. Auch das Vieh
darf nicht an seinem Fuß weiden.« 4 Mose machte die
beiden Steintafeln zurecht und nahm sie am nächsten
Morgen mit auf den Berg, wie der HERR es befohlen
hatte. 5 In einer Wolke kam der HERR auf den Berg
herab, stellte sich neben Mose und rief seinen Namen
aus. 6 Er ging an Mose vorüber und rief: »Ich bin der
HERR! ›Ich bin da‹ ist mein Name! Ich bin ein Gott voll
Liebe und Erbarmen. Ich habe Geduld, meine Güte
und Treue sind grenzenlos. 7 Ich erweise Güte über
Tausende von Generationen hin, ich vergebe Schuld,
Verfehlung und Auflehnung; aber ich lasse auch nicht
alles ungestraft hingehen. Wenn sich jemand gegen
mich wendet, dann bestrafe ich dafür noch seine Kin-
der und Enkel bis in die dritte und vierte Generation.«
8 Da warf sich Mose anbetend vor dem HERRN nieder.

BITTE UM VERGEBUNG DER SCHULD UND ERNEUTER BUNDESSCHLUSS

9 Mose sagte: »Herr, wenn ich in deiner Gunst stehe,
dann sei doch in unserer Mitte und zieh mit uns in das
Land! Es ist ein widerspenstiges Volk, aber vergib uns
unsere Schuld und unseren Ungehorsam und nimm
uns als dein Volk an!« 10 Darauf sagte der HERR: »Ich
schließe einen Bund mit euch und werde vor euren
Augen Wunder tun, wie sie noch niemand vollbracht
hat unter allen Völkern der Erde. Das ganze Volk, in
dessen Mitte du stehst, soll meine Taten sehen. Furcht
und Staunen erregend werden die Wunder sein, die ich
für euch tun will. 11 Befolgt genau die Gebote, die ich
euch heute gebe. Ich werde die Bewohner des Landes,
in das ich euch führe, vor euch vertreiben, die Amoriter,
Kanaaniter, Hetiter, Perisiter, Hiwiter und Jebusiter.
12 Ihr dürft mit ihnen keinen Bund schließen, wenn
ihr in ihr Land kommt, sonst könnten sie euch zum
Verderben werden. 13 Ihr müsst ihre Altäre zerstören,
die heiligen Steinmale zerschlagen und die geweihten
Pfähle umhauen. 14 Ihr dürft euch vor keinem ande-
ren Gott niederwerfen, denn ich, der HERR, bin ein
leidenschaftlich liebender Gott und erwarte auch von
euch ungeteilte Liebe. 15 Schließt keinen Bund mit den
Bewohnern des Landes, damit ihr nicht mit ihrem Göt-
zendienst in Berührung kommt. Lasst euch nicht zu
ihren Opfermählern einladen 16 und verheiratet eure
Söhne nicht mit ihren Töchtern, sonst verleiten sie
eure Söhne dazu, hinter ihren Götzen herzulaufen.
17 Ihr dürft keine gegossenen Götterbilder machen.
18 Ihr sollt das Fest der Ungesäuerten Brote halten,
wie ich es euch befohlen habe. Sieben Tage lang dürft
ihr nur solches Brot essen, das ohne Sauerteig zu-
bereitet ist. Feiert dieses Fest zur festgesetzten Zeit
im Frühlingsmonat; denn in diesem Monat seid ihr
aus Ägypten weggezogen. 19 Jede Erstgeburt gehört
mir. Wenn eure Rinder, Schafe und Ziegen als erstes
Junges ein männliches Tier werfen, müsst ihr es für
mich aussondern. 20 Für ein erstgeborenes Eselsfohlen
sollt ihr mir als Ersatz ein einjähriges Schaf oder eine
einjährige Ziege geben oder ihr müsst ihm das Genick
brechen. Für eure erstgeborenen Söhne sollt ihr mir
ein Lösegeld geben. Niemand soll mit leeren Händen
zu meinem Heiligtum kommen. 21 Sechs Tage in der
Woche sollt ihr arbeiten; aber am siebten Tag dürft ihr
keine Arbeit tun. Das gilt auch für die Zeit des Pflügens
und Erntens. 22 Ihr sollt das Pfingstfest feiern, wenn
die Weizenernte vorüber ist, und im Herbst das Fest
der Lese. 23 Dreimal im Jahr sollen alle Männer zum
Heiligtum des HERRN, des Gottes Israels, kommen.
24 Ihr braucht keine Angst zu haben, dass in dieser
Zeit jemand in euer Land einfällt; denn ich werde alle
fremden Völker vor euch vertreiben. 25 Zum Blut eines
Mahlopfers dürft ihr mir nicht Brot darbringen, das mit
Sauerteig zubereitet ist. Das Fleisch des Passalamms
darf nicht bis zum anderen Morgen aufbewahrt wer-
den. 26 Die erstgeernteten Früchte eurer Felder sollt ihr
in das Heiligtum des HERRN, eures Gottes, bringen. Ihr
dürft ein Böcklein nicht in der Milch seiner Mutter ko-
chen.« 27 Der HERR sagte zu Mose: »Schreib alle diese
Anordnungen auf! Auf ihrer Grundlage schließe ich
meinen Bund mit dir und dem Volk Israel.« 28 Vierzig
Tage und vierzig Nächte blieb Mose auf dem Berg beim
HERRN, ohne zu essen und zu trinken. Er schrieb auf
die Steintafeln die Grundregeln des Bundes zwischen
Gott und seinem Volk, die Zehn Gebote.

MOSE MUSS SEIN GESICHT VERHÜLLEN

29 Als Mose mit den beiden Tafeln den Berg Sinai hin-
abstieg, wusste er nicht, dass sein Gesicht einen strah-
lenden Glanz bekommen hatte, während der HERR mit
ihm sprach. 30 Aaron und das ganze Volk sahen das

Leuchten auf Moses Gesicht und fürchteten sich, ihm
nahe zu kommen. 31 Erst als Mose sie zu sich rief, kamen
Aaron und die führenden Männer der Gemeinde her-
bei und er redete mit ihnen. 32 Dann kamen auch die
anderen Israeliten, und Mose gab ihnen alle Anord-
nungen weiter, die der HERR ihm auf dem Berg Sinai
gegeben hatte. 33 Als Mose ihnen alles gesagt hatte,
verhüllte er sein Gesicht. 34-35 Sooft er ins Zelt ging, um
mit dem HERRN zu reden, nahm er die Verhüllung ab.
Wenn er dann herauskam, um den Leuten von Israel
zu sagen, was der HERR ihm aufgetragen hatte, musste
er sein Gesicht wieder bedecken; denn die Leute konn-
ten das Leuchten auf seinem Gesicht nicht ertragen.
So hielt Mose sein Gesicht verhüllt, bis er wieder zum
HERRN hineinging, um mit ihm zu reden.

MOSE ERINNERT AN DAS SABBATGEBOT

35 Mose rief die ganze Gemeinde Israel zusammen
und sagte zu ihnen: »Der HERR hat euch befoh-
len: 2 ›Sechs Tage in der Woche sollt ihr arbeiten; aber
der siebte Tag, der Sabbat, ist der Ruhetag, der mir ge-
hört. Wer an diesem Tag irgendeine Arbeit tut, muss mit
dem Tod bestraft werden. 3 Ihr dürft auch kein Herd-
feuer anzünden. Das gilt für alle eure Wohnsitze.‹«

AUFFORDERUNG ZU SPENDEN UND AUFTRAG AN DIE HANDWERKER

4 Mose sagte zur ganzen Gemeinde Israel: »Der HERR
hat befohlen: 5 ›Ihr sollt mir eine freiwillige Abgabe
leisten; alle, die etwas geben möchten, sollen es her-
bringen. Gebraucht werden Gold, Silber und Bronze,
6 blaue, rote und karmesinrote Wolle, Leinen und Zie-
genhaar, 7 rot gefärbte Widderfelle, Delfinhäute, Aka-
zienholz, 8 Öl für die Lampen, wohlriechende Zutaten
für das Salböl und für die Weihrauchmischung 9 sowie
Karneolsteine und andere Edelsteine zum Schmuck für
Amtsschurz und Brusttasche des Obersten Priesters.‹
10 Alle, die sich auf ein Handwerk verstehen, sollen nun
kommen und alles herstellen, was der HERR angeord-
net hat: 11 das Zelt und die Schutzdecken darüber, die
Haken, die Bretter und die Querstangen, die Säulen
und Sockel; 12 weiter die Bundeslade mit Tragstangen
und Deckplatte, den Vorhang, der das Allerheiligste
verdeckt, 13 den Tisch für die geweihten Brote mit den
Tragstangen und allen zugehörigen Geräten sowie die
Brote selbst, 14 den Leuchter mit seinen Lampen und
mit den zur Wartung nötigen Geräten sowie das Öl
für die Lampen, 15 den Altar für das Räucheropfer mit
seinen Tragstangen, das Salböl und die Weihrauchmi-
schung; weiter den Vorhang am Eingang des Zeltes,
16 den Brandopferaltar mit dem kupfernen Traggestell,
den Tragstangen und allen zugehörigen Opfergeräten,
das Wasserbecken mit seinem Untersatz, 17 die Abgren-
zung rings um den Vorhof mit ihren Säulen und deren
Sockeln, den Vorhang am Eingang des Vorhofs, 18 die
Pflöcke und Stricke zur Befestigung des Zeltes und der
Abgrenzung 19 und schließlich die heiligen Gewän-
der, die Aaron und seine Söhne beim Priesterdienst
tragen sollen.«

FREIWILLIGE SPENDEN FÜR DAS HEILIGTUM

20 Die versammelte Gemeinde ging auseinander, 21 und
alle, die es dazu trieb, brachten ein freiwilliges Opfer
für das Heilige Zelt, seine Ausstattung und die Pries-
terkleider. 22 Männer und Frauen opferten dem HERRN
aus freiem Antrieb goldene Schmucksachen: Spangen,
Ohrringe, Fingerringe und Halsketten. 23 Sie brachten
auch blaue, rote und karmesinrote Wolle, Flachs, Zie-
genhaar, rot gefärbte Widderfelle und Delfinhäute,
24 außerdem Silber, Bronze und Akazienholz. 25-26 Die
Frauen, die die Fertigkeit besaßen und sie gerne aus-
übten, verspannen die Wolle zu Wollfäden und den
Flachs zu gezwirnten Leinenfäden und spannen Fä-
den aus dem Ziegenhaar. 27 Die Stammesoberhäupter
brachten Karneolsteine und andere Edelsteine, die die
Schulterbänder am priesterlichen Amtsschurz Aarons
und seine Brusttasche schmücken sollten, 28 außer-
dem Olivenöl für den Leuchter und für das Salböl und
Duftstoffe für das Salböl und die Weihrauchmischung.
29 Viele aus dem Volk trieb es, etwas zu dem Werk bei-
zutragen, das der HERR durch Mose angeordnet hatte.
Sie alle, Männer wie Frauen, brachten dem HERRN ein
freiwilliges Opfer.

MOSE BEAUFTRAGT DIE KÜNSTLER UND HANDWERKER

30 Nun sagte Mose zum Volk: »Der HERR hat Bezalel, den
Sohn von Uri und Enkel von Hur vom Stamm Juda, dazu
bestimmt, die Arbeiten für sein Heiligtum in eigener
Verantwortung durchzuführen. 31 Er hat ihn mit seinem
Geist erfüllt, ihm Weisheit und Einsicht gegeben und
ihn zu jeder handwerklichen und künstlerischen Tätig-
keit befähigt. 32 So kann er Bilder und Gegenstände ent-
werfen und sie in Gold, Silber oder Bronze ausführen;
33 er kann Edelsteine schneiden und fassen und Holz
kunstvoll bearbeiten; in jeder künstlerischen Technik
ist er erfahren. 34 Der HERR hat ihn auch dazu befähigt,
andere zu solchen Arbeiten anzuleiten. Dasselbe gilt
von Oholiab, dem Sohn Ahisamachs vom Stamm Dan.
35 Der HERR hat ihnen beiden auch die Fähigkeit gege-
ben, blaue, rote und karmesinrote Wolle und gezwirnte
Leinenfäden zu verarbeiten, und das in allen Arten von
kunstvoller Weberei und Stickerei; sie können für alles
Entwürfe machen und sie ausführen.

36 Bezalel, Oholiab und alle, die Fertigkeiten besit-
zen, weil der HERR ihnen Weisheit und Einsicht
gegeben hat, sollen nun ausführen, was er angeordnet
hat.« 2 Mose rief Bezalel, Oholiab und alle, die der HERR
fähig und bereit gemacht hatte, ans Werk. 3 Er über-
gab ihnen alles, was die Israeliten für die Herstellung
des Heiligtums gespendet hatten. Auch weiterhin
brachten die Leute zu Mose jeden Morgen freiwillige
Gaben. 4 Da kamen alle kunstfertigen Männer, die an
dem Werk beteiligt waren, zu Mose, jeder von seiner
Arbeit, 5 und sagten: »Das Volk bringt mehr, als wir für
die aufgetragene Arbeit brauchen!« 6 Darauf ließ Mose
im Lager ausrufen: »Niemand, weder Mann noch Frau,
soll von jetzt an noch eine Spende für das Heiligtum
abliefern!« So hörte der Spendenfluss auf. 7 Was bisher

abgeliefert worden war, reichte als Material für alle
Arbeiten aus und es blieb sogar noch davon übrig.

DIE BESTANDTEILE FÜR DAS HEILIGE ZELT

8 Zusammen mit den Männern, die sich auf diese
Arbeiten verstanden, stellte Bezalel die Einzelteile her,
aus denen die Wohnung des HERRN aufgebaut werden
sollte. Sie webten zehn kostbare Zeltbahnen aus ge-
zwirnten Leinenfäden und stickten darauf mit blauer,
roter und karmesinroter Wolle Bilder von Kerubim.
9 Jede Bahn war 14 Meter lang und 2 Meter breit.
10-13 Je fünf Bahnen wurden auf der Langseite miteinan-
der vernäht und die beiden so entstandenen größeren
Teile durch je fünfzig einander gegenüberstehende
Schlaufen aus blauer Wolle und fünfzig goldene
Klammern verbunden. 14 Weiter webten die Männer
elf Zeltbahnen aus Ziegenhaar, 15 jede 15 Meter lang und
2 Meter breit. 16 Sie wurden zu zwei größeren Stücken
aus fünf und sechs Teilen zusammengenäht 17-18 und
diese wieder durch je fünfzig Schlaufen und fünfzig
bronzene Klammern zu einem Stück verbunden. 19 Dann
machten sie noch zwei Schutzdecken, die untere aus rot
gefärbten Widderfellen, die obere aus Delfinhäuten.
20 Weiter sägten sie Bretter aus Akazienholz, die unter
dem Zeltdach als Wände für die Wohnung des HERRN
aufgestellt werden sollten, 21 jedes Brett fünf Meter lang
und 75 Zentimeter breit, 22 mit zwei Zapfen an der un-
teren Schmalseite. 23-26 Je zwanzig Bretter machten sie
für die nördliche und südliche Seitenwand und zu jedem
Brett zwei silberne Bodenplatten, in die es mit seinen
Zapfen eingesteckt werden konnte. 27-30 Für die Rück-
wand nach Westen machten sie sechs Bretter und dazu
für die Ecken zwei Winkelbretter, insgesamt also acht
Bretter und sechzehn Bodenplatten. 31-32 Weiter mach-
ten sie Querstangen aus Akazienholz, je fünf für eine
Wand. 33 Die mittlere Stange, die in halber Höhe anzu-
bringen war, bestand durchlaufend aus einem einzigen
Stück. 34 Als Halter für die Stangen brachten sie an den
Brettern goldene Ringe an und überzogen die Bretter
und Stangen mit Gold. 35 Sie webten den Vorhang vor
dem Allerheiligsten aus gezwirnten Leinenfäden und
stickten darauf mit blauer, roter und karmesinroter
Wolle Bilder von Kerubim, 36 weiter machten sie aus
Akazienholz die vier Trägersäulen des Vorhangs, die mit
Gold überzogen wurden, dazu die goldenen Haken und
die silbernen Sockel. 37 Aus demselben Material webten
sie einen Vorhang für den Eingang des Zeltes, 38 mach-
ten seine fünf Trägersäulen mit ihren bronzenen Sockeln
und überzogen die Kapitelle und die Stangen, an denen
der Vorhang aufgehängt werden sollte, mit Gold.

DIE BUNDESLADE

37 Dann machte Bezalel die Lade aus Akazienholz,
eineinviertel Meter lang, drei viertel Meter breit
und ebenso hoch. 2 Er überzog sie außen und innen mit
reinem Gold und verzierte sie ringsum mit einer Gold-
leiste. 3 Er goss vier Ringe aus Gold und brachte sie an
den vier Ecken der Lade an, zwei Ringe auf jeder Längs-
seite, 4 machte zwei Stangen aus Akazienholz, überzog
sie mit Gold 5 und steckte sie durch die Ringe, sodass
man die Lade tragen konnte. 6 Er machte eine Deck-
platte aus reinem Gold, die in den Maßen genau auf
die Lade passte, 7-8 sowie zwei geflügelte Kerubfiguren
aus getriebenem Gold, die an den beiden Schmalseiten
auf der Deckplatte angebracht wurden. 9 Sie standen
einander zugewandt, den Blick auf die Deckplatte
gerichtet; ihre Flügel hielten sie schirmend über der
Platte ausgebreitet.

DER TISCH FÜR DIE GEWEIHTEN BROTE

10 Dann machte Bezalel den Tisch aus Akazienholz,
einen Meter lang, einen halben Meter breit und drei
viertel Meter hoch. 11 Er überzog ihn mit reinem Gold
und fasste die Tischplatte ringsum mit einer golde-
nen Schmuckleiste ein. 12 Außerdem setzte er auf die
Tischplatte ringsum eine Randleiste von zehn Zenti-
meter Höhe auf und fasste auch sie mit einer golde-
nen Schmuckleiste ein. 13 Er goss vier goldene Ringe
und befestigte sie oben an den Kanten der vier Beine,
14-15 dicht unter der umlaufenden Randleiste. Er machte
zwei Stangen aus Akazienholz, überzog sie mit Gold
und steckte sie durch die Ringe, sodass man den Tisch
tragen konnte. 16 Außerdem machte er aus reinem Gold
die Geräte für das Trankopfer, die auf dem Tisch stehen
sollten: die Schalen, Schüsseln, Becher und Kannen.

DER GOLDENE LEUCHTER

17 Weiter machte Bezalel den Leuchter aus reinem
Gold, und zwar mit allen seinen Teilen aus einem
Stück. 18 Von seinem Schaft gingen nach beiden Sei-
ten je drei Arme aus, 19 jeder mit drei Blütenkelchen
verziert. 20 Auf dem Schaft selber befanden sich vier
Blütenkelche, 21 drei davon an den Ansatzstellen der
Arme, jeweils unterhalb der Stelle, von der ein Armpaar
abzweigte. 22 Der ganze Leuchter bestand aus reinem
Gold und war aus einem Stück gearbeitet. 23 Bezalel
machte für den Leuchter auch die sieben Lichtscha-
len sowie die Dochtscheren und die Reinigungsnäpfe,
alles aus reinem Gold. 24 Für den Leuchter und sein
Zubehör verarbeitete er einen Zentner reines Gold.

DER ALTAR FÜR DAS RÄUCHEROPFER. SALBÖL UND WEIHRAUCH

25 Bezalel machte aus Akazienholz den Altar für das
Räucheropfer, einen halben Meter lang und ebenso
breit und einen Meter hoch, samt seinen Hörnern aus
einem Stück gefertigt. 26 Er überzog ihn außen mit rei-
nem Gold und brachte ringsum eine goldene Leiste an.
27 Unter der Leiste befestigte er die goldenen Ringe für
die Tragstangen, 28 machte aus Akazienholz die Stan-
gen und überzog auch sie mit Gold. 29 Durch kundige
Männer ließ er das heilige Salböl und den wohlrie-
chenden Weihrauch bereiten.

DER BRANDOPFERALTAR

38 Weiter machte Bezalel aus Akazienholz den
Altar für die Brandopfer, zweieinhalb Meter
lang und ebenso breit und eineinhalb Meter hoch.

2 An seinen oberen Ecken hatte er vier Hörner, die mit
ihm aus einem Stück gefertigt waren. Der ganze Altar
wurde außen mit Bronze überzogen. 3 Bezalel ließ auch
die zugehörigen Geräte herstellen, alle aus Bronze: die
Schalen zum Auffangen des Blutes, die Fleischgabeln
und Kohlenbecken sowie die Schaufeln und Kübel zum
Beseitigen der Asche. 4-5 Für den Transport wurde der
Altar auf seinen vier Seiten mit einem gitterförmigen
Bronzerahmen eingefasst, der vom Boden bis zur hal-
ben Höhe reichte und dort auf die Einfassung traf, die
außen rings um den Altar lief. An den vier Ecken dieses
Rahmens wurde je ein bronzener Ring angebracht, um
die Tragstangen hindurchzustecken. 6 Die Tragstangen
wurden aus Akazienholz gefertigt, mit Bronze über-
zogen 7 und durch die Ringe gesteckt. Der Altar war
innen hohl, da er aus Brettern zusammengefügt war.

DAS WASSERBECKEN

8 Weiter machte Bezalel das Becken aus Bronze und
seinen bronzenen Untersatz. Er fertigte beides aus
den Bronzespiegeln der Frauen, die am Eingang des
Heiligen Zeltes ihren Dienst verrichteten.

DIE ABGRENZUNG DES HEILIGEN BEREICHS

9-17 Als Abgrenzung des Vorhofs machte Bezalel leinene
Planen und Säulen, zwischen denen sie angebracht
werden sollten. Auf der Nord- und Südseite waren es
je zwanzig Säulen auf jeweils fünfzig Meter Länge, auf
der Westseite zehn Säulen auf fünfundzwanzig Meter.
Die Säulen erhielten bronzene Sockel; die Haken und
Stangen zum Befestigen der Tücher wurden aus Silber
gemacht. Auf der Ostseite kamen links und rechts des
Eingangs je drei Säulen auf einer Breite von jeweils
siebeneinhalb Metern. Die Kapitelle der Säulen waren
mit Silber überzogen. 18-19 Den Vorhang am Eingang
machten die Männer aus gezwirntem Leinen und web-
ten blaue, rote und karmesinrote Wollfäden hinein. Er
wurde zwischen vier Säulen aufgehängt, die genau wie
die übrigen Säulen gefertigt waren; seine Höhe war
wie die der gesamten Abgrenzung zweieinhalb Meter.
20 Alle Pflöcke, die das Zelt und die Abgrenzung halten
sollten, wurden aus Bronze hergestellt.

SUMME DER AUFGEWENDETEN METALLE

21-23 Bezalel, der Sohn von Uri und Enkel von Hur aus
dem Stamm Juda, hatte nun alle Anweisungen ausge-
führt, die Mose vom HERRN bekommen hatte. Oholiab,
der Sohn Ahisamachs aus dem Stamm Dan, war ihm
dabei zur Seite gestanden, ein erfahrener Handwer-
ker, der sich insbesondere auf das kunstvolle Weben
und Sticken mit blauer, roter und karmesinroter Wolle
und gezwirntem Leinen verstand. Da befahl Mose dem
Priester Itamar, dem Sohn Aarons, mithilfe der Levi-
ten eine Aufstellung zu machen, wie viel Gold, Silber
und Bronze für das Heilige Zelt, die Wohnstätte des
Bundesgesetzes, aufgewendet worden war. 24 Die
Goldmenge, die für das Heiligtum gespendet und bei
seiner Herstellung verarbeitet worden war, betrug
mehr als 29 Zentner, gewogen nach dem Gewicht des
Heiligtums. 25-26 Die 603 550 Männer der Gemeinde, die
20 Jahre und älter waren, hatten jeder ein halbes Sil-
berstück beigesteuert; das machte nach dem Gewicht
des Heiligtums zusammen über 100 Zentner Silber.
27 Genau 100 Zentner wurden für die hundert silbernen
Bodenplatten verbraucht, die die Wandbretter des Hei-
ligtums trugen, auf jede Platte kam ein Zentner Silber.
28 Aus den darüber hinausgehenden 13 Kilo wurden die
silbernen Haken und Stangen und die Verkleidung der
Kapitelle hergestellt. 29 Die gestiftete Kupfermenge
betrug fast 71 Zentner. 30-31 Daraus fertigten sie den
Metallüberzug und den Rahmen des Brandopfer-
altars und alle zum Altardienst nötigen Geräte sowie
die Sockel der Säulen am Eingang des Zeltes und der
Säulen rund um den Vorhof, und schließlich noch die
Pflöcke, mit denen das Zelt und die Abgrenzung des
Vorhofs befestigt wurden.

DIE PRIESTERKLEIDER

39 1-2 Nach der Anweisung, die Mose vom HERRN
erhalten hatte, machten die kunstfertigen Män-
ner auch die Priesterkleider für Aaron. Aus gezwirn-
tem Leinen webten sie den Amtsschurz des Obersten
Priesters und bestickten ihn kunstvoll mit Goldfäden
und Fäden aus blauer, roter und karmesinroter Wolle.
3 Zur Gewinnung der Goldfäden hämmerten sie dünne
Goldbleche und zerschnitten sie in schmale Streifen.
4-5 Der Gürtel, mit dem der Schurz um den Leib befes-
tigt wird, wurde aus demselben Material gemacht und
an den Schurz angewebt. Die beiden Schulterbänder
wurden vorn und hinten an ihm befestigt, genau wie
der HERR es Mose befohlen hatte. 6 Dann fassten sie
zwei Karneolsteine in Gold, gravierten in die Steine
die Namen der zwölf Stämme Israels ein 7 und brach-
ten sie auf den Schulterbändern an, um die Israeliten
beim HERRN in Erinnerung zu bringen – alles genauso,
wie der HERR es Mose befohlen hatte. 8 Aus demsel-
ben Material wie den Amtsschurz machten sie die
Brusttasche, 9 25 auf 25 Zentimeter groß aus einem
zusammengefalteten Stück Gewebe. 10-13 Die Vorder-
seite wurde mit zwölf in Gold gefassten Edelsteinen
besetzt, die in vier Reihen angeordnet waren: in der
ersten Reihe ein Rubin, ein Topas und ein Smaragd; in
der zweiten Reihe ein Karfunkel, ein Saphir, ein Jaspis;
in der dritten Reihe ein Achat, ein Hyazinth, ein Ame-
thyst; in der vierten Reihe ein Chrysolith, ein Karneol
und ein Onyx. 14 In die Steine wurden die Namen der
zwölf Stämme Israels eingraviert, in jeden Stein ein
Name. 15-18 Dann machten sie zwei goldene Kettchen,
brachten an den Schulterbändern zwei goldene Ösen
an und an den oberen Enden der Brusttasche zwei
Goldringe. Öse und Ring wurden auf jeder Seite durch
eines der Kettchen verbunden; so wurde die Tasche an
den Schulterbändern aufgehängt. 19-21 An den unteren
Ecken der Tasche und unten an den Schulterbändern,
dort, wo sie auf den Gürtel des Schurzes treffen, wur-
den ebenfalls Goldringe angebracht und die Ringe
auf beiden Seiten jeweils mit einer blauen Schnur ver-
bunden, sodass die Tasche fest über dem Gürtel des

Schurzes saß und sich nicht verschieben konnte. So hatte der HERR es Mose befohlen. 22 Dann machten sie das Obergewand, das unter dem Amtsschurz getragen wird; es war ganz aus blau gefärbtem Leinen. 23 Die Öffnung für den Kopf wurde mit einer Borte eingefasst, damit sie nicht einreißen konnte, ähnlich wie die Halseinfassung bei einem Panzerhemd. 24-26 Am Saum des Gewandes wurden ringsum Granatäpfel aus blauer, roter und karmesinroter Wolle befestigt und jeweils zwischen zwei Granatäpfeln ein goldenes Glöckchen aufgehängt. So hatte der HERR es für den Dienst im Heiligtum angeordnet. 27-29 Weiter machten sie für Aaron und seine Söhne die Hemden, Kopfbedeckungen und Kniehosen aus Leinen und für Aaron den prächtigen Gürtel, alles, wie der HERR es Mose befohlen hatte. 30 Sie machten das goldene Schild als Stirnschmuck für Aaron und gravierten darauf ein: »Dem HERRN geweiht!« 31 An dem Schild brachten sie eine blaue Schnur an, die man um den Turban binden und so das Schild über der Stirn befestigen konnte, alles nach der Anordnung des HERRN.

DIE VOLLENDUNG DER ARBEITEN FÜR DAS HEILIGTUM

32 Schließlich war die ganze Arbeit am Heiligen Zelt, der Wohnung des HERRN, vollendet. Die Israeliten hatten alles genauso gemacht, wie der HERR es Mose aufgetragen hatte. 33-34 Nun brachten sie alles zu Mose: die Bretter für die Wände der Wohnung mit den Vorrichtungen für ihre Aufstellung, das Zeltdach mit seinen Schutzdecken und den inneren Vorhang, 35 die Lade für das Bundesgesetz mit den Tragstangen und der Deckplatte, 36 den Tisch mit den geweihten Broten und allen seinen Geräten, 37 den Leuchter mit seinen Lampen, dem Öl und allem Zubehör, 38 den goldenen Altar für das Räucheropfer, das Salböl und den Weihrauch sowie den Vorhang am Eingang des Zeltes, 39 weiter den bronzenen Altar für die Brandopfer mit seinem Rahmen und mit allen Geräten, das Wasserbecken mit seinem Untersatz, 40 die Abgrenzung des Vorhofs mit allem, was zu ihrer Aufstellung benötigt wird, und alle Geräte, die sonst noch im Heiligen Zelt gebraucht werden, 41 auch die Priesterkleider, die Aaron und seine Söhne beim Dienst im Heiligtum tragen sollten. 42 Die Israeliten hatten alles genauso ausgeführt, wie der HERR es ihnen durch Mose befohlen hatte. 43 Und Mose sah alles an, was sie gemacht hatten, das ganze Werk: Es war alles genauso geworden, wie der HERR es angeordnet hatte. Und Mose segnete sie.

ANWEISUNG ZUR AUFRICHTUNG DES HEILIGEN ZELTES

40 Der HERR sagte zu Mose: 2 »Am 1. Tag des 1. Monats sollst du meine Wohnung, das Heilige Zelt, aufrichten. 3 Bringe in den hinteren Teil die Lade mit dem Bundesgesetz und hänge den Vorhang davor. 4 Dann stelle im vorderen Teil den Tisch mit den geweihten Broten und den Gefäßen für das Trankopfer auf. Bring auch den Leuchter dorthin und setze die Lichtschalen darauf. 5 Stelle in den vorderen Teil auch den goldenen Altar für das Räucheropfer, direkt gegenüber der Stelle, wo hinter dem Vorhang die Lade mit dem Bundesgesetz steht, und hänge auch den Vorhang am Eingang meiner Wohnung auf. 6 Stelle davor den Altar für die Brandopfer 7 und zwischen Zelt und Altar das große Becken und fülle es mit Wasser. 8 Errichte die Abgrenzung rings um den Vorhof und hänge den Vorhang an seinem Eingang auf. 9-11 Nimm das Salböl und salbe damit meine Wohnung und alles, was darin ist. Salbe auch den Brandopferaltar mit allen seinen Geräten und ebenso das Wasserbecken und seinen Untersatz. Weihe auf diese Weise das Zelt und alles, was dazugehört, sodass es heilig wird. Der Altar aber wird durch diese Weihe in besonderem Maße heilig. 12 Lass dann Aaron und seine Söhne an den Eingang des Zeltes treten und sich waschen. 13 Lege Aaron die heiligen Gewänder an, salbe ihn mit dem Öl und weihe ihn dadurch zum Priesterdienst für mich. 14 Auch seine Söhne lass herantreten und lege ihnen die Priesterhemden an. 15 Salbe auch sie mit dem Öl, damit sie mir als Priester dienen können. Damit überträgst du ihnen und ihren Nachkommen das Priestertum für alle Zukunft. Auch ihre Nachkommen sollen durch Salbung in ihren Dienst eingesetzt werden.«

DAS HEILIGE ZELT WIRD AUFGERICHTET

16 Mose tat, was der HERR ihm aufgetragen hatte. 17 Am 1. Tag des 1. Monats, genau ein Jahr, nachdem das Volk Israel Ägypten verlassen hatte, wurde die Wohnung des HERRN aufgestellt. 18 Mose steckte die Bretter mit den Zapfen in die Bodenplatten, fügte aus ihnen die Wände zusammen und verband sie durch die Querstangen. Er stellte auch die Säulen auf, die den Vorhang tragen sollten. 19 Dann breitete er das Zelt über dieses Gehäuse und legte noch die Schutzdecke oben darüber, wie der HERR es ihm befohlen hatte. 20 Darauf nahm Mose die Tafeln, auf denen das Bundesgesetz geschrieben stand, und legte sie in die Lade, steckte die Tragstangen in die Ringe an der Lade und legte die Deckplatte darauf. 21 Er brachte die Lade in den hinteren Teil des Zeltes und hängte den trennenden Vorhang davor, wie der HERR es angeordnet hatte. 22 Dann brachte er den Tisch ins Zelt und stellte ihn außerhalb des Vorhangs an der rechten Seite auf. 23 Er legte die geweihten Brote darauf, wie der HERR es befohlen hatte. 24 Auf die linke Seite stellte er den Leuchter 25 und setzte die Lichtschalen darauf, wie der HERR es angeordnet hatte. 26-27 Nach der Anweisung des HERRN stellte er genau in der Mitte vor dem Vorhang den goldenen Altar auf und verbrannte darauf wohlriechenden Weihrauch. 28 Dann brachte er den Vorhang am Eingang des Zeltes an. 29 Davor stellte er den großen Altar auf und verbrannte darauf Brandopfer und Speiseopfer, wie der HERR es angeordnet hatte. 30 Das Wasserbecken stellte er zwischen das Zelt und den Altar und füllte es mit Wasser. 31 Mose selbst, Aaron und seine Söhne wuschen sich darin Hände und Füße. 32 Immer bevor sie in das Heilige Zelt gingen oder an den Altar traten, wuschen sie sich, wie der HERR

es befohlen hatte. 33a Zuletzt errichtete Mose die Ab-
grenzung des Vorhofs, der das Heilige Zelt und der
Altar umgibt, und brachte den Vorhang am Eingang
des Vorhofs an.

DER HERR NIMMT WOHNUNG UNTER DEM VOLK ISRAEL

33b Als Mose das ganze Werk vollendet hatte, 34-35 kam
die Wolke vom Berg Sinai herab und verhüllte das
Heilige Zelt. Die Herrlichkeit des HERRN erfüllte mit
ihrem Glanz die ganze Wohnung. Deshalb konnte
Mose nicht in das Zelt hineingehen. 36-37 Während
der ganzen Wanderschaft richteten sich die Israeli-
ten nach der Wolke über der Wohnung des HERRN.
Solange die Wolke auf ihr ruhte, blieben sie an ihrem
Lagerplatz. Sobald sie sich erhob, zogen sie weiter.
38 Immer wenn die Israeliten ihr Lager aufgeschlagen
hatten, konnten sie tagsüber die Wolke des HERRN
über der Wohnung sehen und nachts leuchtete Feuer
in der Wolke.

DAS DRITTE BUCH MOSE
LEVITIKUS

ANWEISUNGEN FÜR DAS BRANDOPFER

1 Der HERR rief Mose zum Heiligen Zelt und redete
von dorther zu ihm. 2 Mose sollte dem Volk Israel
im Auftrag des HERRN sagen: Wenn jemand von euch
dem HERRN ein Opfer darbringen möchte, soll er dafür
ein Rind, ein Schaf oder eine Ziege nehmen. 3 Will er
ein Brandopfer darbringen und wählt dafür ein Rind, so
muss es ein männliches und fehlerfreies Tier sein, sonst
verschafft es ihm nicht das Wohlwollen des HERRN. Er
muss das Tier zum Eingang des Heiligen Zeltes bringen
4 und seine Hand auf dessen Kopf legen; dann nimmt
der HERR sein Opfer an und vergibt ihm seine Schuld.
5 Darauf schlachtet er das Tier dort vor dem Heiligen
Zelt. Ein Priester aus der Nachkommenschaft Aarons
nimmt das Blut des Opfertieres und sprengt es ringsum
an den Altar, der am Eingang des Heiligen Zeltes steht.
6 Während das Tier von dem, der es gebracht hat, ent-
häutet und in Stücke zerlegt wird, 7 facht der Priester
die Glut auf dem Altar an und schichtet Brennholz
darüber. 8 Dann legt er die Stücke oben darauf, auch
den Kopf und die Fettteile. 9 Die Eingeweide und Unter-
schenkel muss der Betreffende vorher mit Wasser säu-
bern. Der Priester lässt alles auf dem Altar verbrennen.
So ist es ein Brandopfer, das den HERRN gnädig stimmt.
10 Will jemand als Brandopfer ein Schaf oder eine Ziege
darbringen, so muss es ebenfalls ein männliches und
fehlerfreies Tier sein. 11 Er schlachtet es rechts neben
dem Altar, der vor dem Heiligen Zelt steht. Ein Priester
aus der Nachkommenschaft Aarons sprengt das Blut
ringsum an den Altar. 12-13 Darauf zerlegt der, der es
gebracht hat, das Tier und säubert die Eingeweide
und Unterschenkel mit Wasser. Dann legt der Priester
die Stücke, auch den Kopf und die Fettteile, auf den
Holzstoß und lässt alles auf dem Altar verbrennen. So
ist es ein Brandopfer, das den HERRN gnädig stimmt.
14 Will jemand als Brandopfer ein Stück Geflügel dar-
bringen, so muss es eine Turteltaube oder eine andere
Taube sein. 15 Der Priester bringt sie zum Altar, reißt
ihr den Kopf ab und verbrennt ihn im Altarfeuer. Das
Blut presst er an der Altarwand aus. 16 Den Kropf mit
Inhalt entfernt er und wirft ihn auf den Aschenhaufen
vor dem Altar, auf der Seite, die vom Heiligen Zelt ab-
gewandt ist. 17 Die Flügel soll er am Körper des Tieres
einreißen, aber nicht abreißen, und dann das Tier auf
dem Altar verbrennen. So ist es ein Brandopfer, das
den HERRN gnädig stimmt.

ANWEISUNGEN FÜR DAS SPEISEOPFER

2 Wenn jemand dem HERRN ein Speiseopfer dar-
bringen möchte, soll er Weizenmehl nehmen,
Olivenöl darüber gießen und Weihrauch dazulegen.
2 Dann bringt er alles zu den Priestern aus der Nach-
kommenschaft Aarons. Einer von ihnen nimmt eine
Handvoll von dem öldurchtränkten Mehl und den ge-
samten Weihrauch und verbrennt diesen Teil der Gabe
auf dem Altar zum Zeichen, dass die ganze Opfergabe
dem HERRN gehört. So ist es ein Brandopfer, das den
HERRN gnädig stimmt. 3 Der Rest des Speiseopfers fällt
den Priestern zu. Es ist etwas besonders Heiliges, weil
es dem HERRN als Opfergabe dargebracht worden ist.
4 Will jemand als Speiseopfer etwas im Ofen Gebacke-
nes darbringen, so muss es aus Weizenmehl zuberei-
tet sein, ohne Verwendung von Sauerteig; entweder
als Ringbrot aus Mehl, das mit Öl vermengt wurde,
oder als Fladenbrot, das mit Öl bestrichen ist. 5 Will
jemand etwas auf einer Eisenplatte Gebackenes als
Speiseopfer darbringen, so muss es aus Weizenmehl
zubereitet sein, das mit Öl vermengt wurde, ebenfalls
ohne Verwendung von Sauerteig. 6 Er soll es in Stü-
cke brechen und Öl darüber gießen. So gehört es sich
für ein Speiseopfer. 7 Will jemand etwas in der Pfanne
Gebackenes als Speiseopfer darbringen, so soll es
aus Weizenmehl zubereitet sein und in Öl gebacken
werden. 8 Was nach diesen Vorschriften zubereitet
wurde, kann dem HERRN als Speiseopfer dargebracht
werden. Es wird dem Priester überreicht, der es dann
zum Altar bringt. 9 Der Priester verbrennt einen Teil
davon auf dem Altar zum Zeichen, dass die ganze Op-
fergabe dem HERRN gehört. So ist es ein Opfer, das den
HERRN gnädig stimmt. 10 Der Rest des Speiseopfers fällt
den Priestern zu. Es ist etwas besonders Heiliges, weil
es dem HERRN als Opfergabe dargebracht worden

ist. 11 Kein Speiseopfer, das ihr dem HERRN darbringt,
darf mit Sauerteig zubereitet sein; ihr dürft auch kei-
nen Honig verwenden. 12 Wenn ihr die ersten Früchte
eurer Ernte zum HERRN bringt, dürfen Sauerteig und
Honig nicht fehlen; aber als Opfer, das auf dem Altar
verbrannt wird, sind sie ausgeschlossen. 13 Doch muss
jedes Speiseopfer, überhaupt jedes Opfer, gesalzen
werden; denn das Salz ist ein Zeichen dafür, dass der
Bund Gottes mit euch von ewiger Dauer ist. 14 Wenn
jemand dem HERRN vom ersten Ernteertrag ein Speise-
opfer darbringen möchte, soll er frische Getreide-
körner nehmen und sie über dem Feuer rösten und
zerstoßen. 15 Dann gießt er Olivenöl darauf und gibt
Weihrauch dazu. So gehört es sich für ein Speise-
opfer. 16 Der Priester verbrennt einen Teil der Körner
mit dem gesamten Weihrauch auf dem Altar zum Zei-
chen, dass das ganze Opfer dem HERRN gehört. So ist
es eine Gabe für den HERRN.

ANWEISUNGEN FÜR DAS MAHLOPFER

3 Für das Opfer, das mit einem Mahl verbunden ist,
gelten folgende Anweisungen: Wer dem HERRN
als Mahlopfer ein Rind darbringen möchte, kann ein
männliches oder ein weibliches Tier nehmen, doch
muss es fehlerfrei sein. 2 Er legt seine Hand auf den
Kopf des Tieres und schlachtet es am Eingang des
Heiligen Zeltes. Ein Priester aus der Nachkommen-
schaft Aarons sprengt das Blut ringsum an den Altar.
3 Die besten Teile des Tieres müssen als Opfer für den
HERRN verbrannt werden, nämlich alles Fett an den
Eingeweiden, 4 die beiden Nieren mit dem Nierenfett
und der Fettlappen an der Leber. 5 Der Priester legt
alle diese Teile auf das Altarfeuer und verbrennt sie
zusammen mit den Brandopfern. So ist es ein Opfer,
das den HERRN gnädig stimmt. 6 Wer als Mahlopfer
ein Schaf oder eine Ziege darbringen möchte, kann
ein männliches oder ein weibliches Tier nehmen, doch
muss es fehlerfrei sein. 7-16 Er bringt das Opfertier zum
Heiligtum, legt die Hand auf den Kopf des Tieres und
schlachtet es. Der Priester sprengt das Blut ringsum
an den Altar. Die besten Teile werden als Opfer für den
HERRN verbrannt, nämlich alles Fett an den Einge-
weiden, die beiden Nieren mit dem Nierenfett und
der Fettlappen an der Leber. Beim Schaf kommt noch
der Fettschwanz hinzu, der dicht an der Schwanzwur-
zel abgetrennt werden muss. Dies alles verbrennt der
Priester für den HERRN auf dem Altar. So ist es eine
Gabe für den HERRN. Grundsätzlich ist alles Fett für
den HERRN bestimmt, als eine Gabe, die ihm Freude
macht. 17 Niemand von euch darf Fett oder Blut essen.
Diese Anordnung gilt für alle eure Nachkommen und
an allen euren Wohnsitzen.

ANWEISUNGEN FÜR DAS SÜHNEOPFER

4 Der HERR befahl Mose, 2 dem Volk Israel zu sagen:
Wenn jemand ohne Absicht gegen irgendein Ge-
bot des HERRN verstößt und etwas tut, was er verboten
hat, dann gelten folgende Anweisungen: 3 Ist es der
Oberste Priester, der unbeabsichtigt gegen ein Gebot
des HERRN verstößt und dadurch Schuld über das
ganze Volk bringt, so muss er dem HERRN als Sühne-
opfer einen fehlerfreien Stier darbringen. 4 Er führt den
Stier zum Eingang des Heiligen Zeltes, legt seine Hand
auf dessen Kopf und schlachtet ihn dort vor dem Zelt.
5 Dann bringt er einen Teil des Blutes in einer Schale
ins Heiligtum. 6 Er sprengt mit dem Finger siebenmal
etwas von dem Blut auf den Boden vor dem Vorhang,
der das Allerheiligste verdeckt. 7 Dann streicht er et-
was von dem Blut an die Hörner des Räucheraltars, der
im vorderen Teil des Zeltes steht. Den Rest des Blutes
schüttet er unten an den Brandopferaltar am Eingang
des Zeltes. 8 Dann schneidet er alle Fettstücke des Tie-
res heraus, das gesamte Fett an den Eingeweiden, 9 die
beiden Nieren mit dem Nierenfett und den Fettlappen
an der Leber, 10 genauso wie es beim Rind des Mahl-
opfers gemacht wird. Er verbrennt diese Stücke auf
dem Brandopferaltar. 11-12 Das ganze übrige Tier – Haut,
Fleischteile und Knochen, auch Kopf, Schenkel und die
Eingeweide samt Inhalt – wird aus dem Lager an den
abgegrenzten Ort gebracht, wo man die Opferasche
hinschüttet. Dort wird alles in einem Holzfeuer ver-
brannt. 13 Ist es die ganze Gemeinde Israel, die unbe-
absichtigt gegen ein Gebot des HERRN verstößt und
dadurch Schuld auf sich lädt, 14 so muss sie, sobald die
Verfehlung bekannt wird, einen Stier als Sühneopfer
darbringen. Das Opfertier wird vor das Heilige Zelt
gebracht 15 und die Ältesten der Gemeinde legen ihre
Hände auf seinen Kopf und schlachten es dort vor dem
Zelt. 16-21 Mit dem Blut, dem Fett und dem übrigen Op-
fertier verfährt der Oberste Priester genauso wie bei
dem Sühneopfer für sich selbst. Auf diese Weise bringt
er die Sache wieder ins Reine und der HERR vergibt der
ganzen Gemeinde ihre Schuld. 22 Ist es das Oberhaupt
eines Stammes, das unbeabsichtigt gegen ein Gebot
des HERRN, seines Gottes, verstößt und dadurch Schuld
auf sich lädt, 23 so muss der Betreffende, sobald er dar-
auf aufmerksam wird, als Opfer einen fehlerfreien Zie-
genbock darbringen. 24 Er legt die Hand auf den Kopf
des Ziegenbocks und schlachtet ihn als Sühneopfer
vor dem Heiligen Zelt, an der Stelle, wo die Tiere für
das Brandopfer geschlachtet werden. 25 Dann streicht
der Priester mit dem Finger etwas von dem Blut an die
Hörner des Brandopferaltars und schüttet den Rest des
Blutes unten an den Altar. 26 Das ganze Fett verbrennt
er auf dem Altar, wie es beim Mahlopfer geschieht.
Auf diese Weise bringt er die Sache wieder ins Reine
und der HERR vergibt dem Stammesoberhaupt seine
Schuld. 27 Wenn irgendjemand aus dem Volk unbe-
absichtigt gegen ein Gebot des HERRN verstößt und
dadurch Schuld auf sich lädt, 28 muss der Betreffende,
sobald er darauf aufmerksam wird, als Opfer eine feh-
lerfreie Ziege darbringen. 29 Er legt seine Hand auf den
Kopf des Opfertieres und schlachtet es an der Stelle, wo
man die Tiere für das Brandopfer schlachtet. 30 Dann
streicht der Priester mit dem Finger etwas von dem
Blut an die Hörner des Brandopferaltars und schüttet
den Rest des Blutes unten an den Altar. 31 Die Fettstücke
werden herausgeschnitten wie beim Mahlopfer, und

der Priester verbrennt sie als ein Opfer, das dem HERRN Freude macht. Auf diese Weise bringt er die Sache wieder ins Reine und der HERR vergibt dem Betreffenden seine Schuld. 32-35 Anstelle einer Ziege kann als Sühneopfer auch ein Schaf, ein weibliches, fehlerfreies Tier, dargebracht werden. Es wird mit ihm genauso verfahren wie mit der Ziege. Die Fettstücke verbrennt der Priester auf dem Altar, im Anschluss an die übrigen Opfergaben. Auf diese Weise bringt er die Sache wieder ins Reine und der HERR vergibt dem Betreffenden seine Schuld.

WEITERE BESTIMMUNGEN FÜR DAS SÜHNEOPFER

5 Ein Sühneopfer wird auch in den folgenden Fällen erforderlich: // wenn jemand unter einem Fluch steht, weil er einem öffentlichen Aufruf zur Zeugenaussage nicht Folge leistete und verschwieg, was er gesehen oder gehört hat; / 2 wenn jemand etwas Unreines berührt, zum Beispiel das Aas von irgendeinem Tier, und das erst später bemerkt; / 3 wenn jemand etwas Unreines berührt, das an einem Menschen ist oder von einem Menschen herrührt, und das erst später bemerkt; / 4 wenn jemand unbedacht einen Meineid schwört, gleichgültig, ob es zu seinem Vorteil oder Nachteil ist, und er erst später darauf aufmerksam wird. // 5 In diesen Fällen muss der Schuldige, ob Mann oder Frau, zum Priester gehen und vor ihm bekennen, was er getan hat. 6 Darauf muss er zur Wiedergutmachung dem HERRN ein Schaf oder eine Ziege opfern, und zwar soll es ein weibliches Tier sein. Mit diesem Sühneopfer bringt der Priester die Sache wieder ins Reine und befreit ihn von seiner Schuld. 7 Ist der Schuldige zu arm, um ein Schaf oder eine Ziege zu geben, so soll er dem HERRN stattdessen zwei Turteltauben oder zwei andere Tauben darbringen, eine als Sühneopfer und eine als Brandopfer. 8 Der Priester nimmt zuerst die zum Sühneopfer bestimmte Taube, bricht ihr das Genick, trennt aber den Kopf nicht ab, 9 und sprengt etwas von ihrem Blut an die Altarwand. Das restliche Blut presst er am Fuß des Altars aus. So gehört es sich für ein Sühneopfer. 10 Danach opfert der Priester die zweite Taube nach den Vorschriften für das Brandopfer. Auf diese Weise bringt er die Sache wieder ins Reine und der HERR vergibt dem Schuldigen seine Verfehlung. 11 Ist der Schuldige auch noch zu arm, um zwei Tauben aufzubringen, so soll er dem HERRN stattdessen 1/10 Efa (gut 1 Kilo) Weizenmehl darbringen. Er darf jedoch weder Öl darüber gießen noch Weihrauch dazutun, weil es ein Sühneopfer und kein Speiseopfer ist. 12 Der Priester nimmt eine Handvoll von dem Mehl und verbrennt diesen Teil auf dem Altar im Anschluss an die übrigen Opfergaben, als ein Zeichen dafür, dass das ganze Opfer dem HERRN gehört. So gehört es sich für ein Sühneopfer. 13 Auf diese Weise bringt der Priester die Sache wieder ins Reine und der HERR vergibt dem Schuldigen seine Verfehlung. Das übrige Mehl gehört dem Priester wie beim Speiseopfer.

ANWEISUNGEN FÜR DAS WIEDERGUTMACHUNGSOPFER

14 Der HERR gab Mose noch weitere Anweisungen: 15 Wenn jemand ohne böse Absicht versäumt, die Abgaben für den HERRN zu entrichten und dadurch schuldig wird, muss er dem HERRN als Wiedergutmachungsopfer einen fehlerfreien Schaf- oder Ziegenbock darbringen. Das Tier muss so viele Silberstücke wert sein, wie du festlegst; als Maßeinheit gilt das Gewicht des Heiligtums. 16 Die Abgaben, die der Betreffende schuldig geblieben ist, muss er dem Priester abliefern und muss noch einen Aufschlag von einem Fünftel dazugeben. Mit dem Opfer bringt der Priester die Sache wieder ins Reine und der HERR vergibt dem Betreffenden seine Verfehlung. 17 Wenn jemand unbeabsichtigt gegen irgendein Gebot des HERRN verstößt und etwas Verbotenes tut, so hat er damit Schuld auf sich geladen, auch wenn es ohne Wissen geschehen ist. 18-19 Er muss dafür dem Priester als Wiedergutmachungsopfer einen fehlerfreien Schaf- oder Ziegenbock bringen, dessen Wert du festlegst. Damit bringt der Priester die Sache wieder ins Reine und der HERR vergibt die Schuld. Das Opfer dient als Wiedergutmachung, denn der Betreffende hat sich gegen den HERRN vergangen, auch wenn es unwissend geschehen ist. 20 Der HERR gab Mose noch eine Anweisung: 21-22 Es kann sein, dass jemand für seinen Mitbürger etwas aufbewahrt, von ihm geliehen, ihm geraubt oder von ihm erpresst hat oder etwas gefunden hat, das dem anderen gehört. Wenn er das ableugnet und die Lüge – in diesen oder weiteren Fällen – auch noch mit einem Eid bekräftigt, dann vergeht er sich gegen den HERRN. 23-24 Wenn er auf diese Weise schuldig geworden ist, muss er dem anderen sein Eigentum zurückgeben oder es ersetzen und muss zu dem vollen Betrag noch ein Fünftel hinzufügen. Die Erstattung muss an dem Tag erfolgen, an dem er für seine Schuld das Wiedergutmachungsopfer darbringt. 25 Dieses Opfer besteht in einem fehlerfreien Schaf- oder Ziegenbock, dessen Wert du festlegst. Er gibt das Tier dem Priester 26 und der Priester bringt damit die Sache vor dem HERRN wieder ins Reine. Dann vergibt der HERR dem Betreffenden die Schuld, die er auf sich geladen hat.

ZUSÄTZLICHE VORSCHRIFTEN FÜR BRAND- UND SPEISEOPFER

6 1-2 Der HERR redete weiter mit Mose und gab ihm Anweisungen für Aaron und seine Söhne. Er sollte ihnen sagen: Für das Brandopfer gilt folgende Vorschrift: Das Opfer bleibt die ganze Nacht über auf dem Altar und die Glut darf nicht verlöschen. 3 Am Morgen zieht der Priester sein Leinenhemd an und dazu die leinenen Kniehosen. Er nimmt die Asche des Brandopfers von der Glut und schüttet sie neben den Altar. 4 Dann wechselt er seine Kleider und bringt die Asche aus dem Lager an einen abgegrenzten Ort. 5-6 Über der Glut auf dem Altar schichtet er Holz auf und legt oben auf das Holz das Brandopfer und die Fettstücke der Mahlopfer. So facht er das Feuer auf dem Altar jeden Morgen neu

an. Es muss stets in Brand gehalten werden und darf
nie verlöschen. 7 Für das Speiseopfer gilt folgende
Vorschrift: Ein Priester aus der Nachkommenschaft
Aarons tritt damit an den Altar, um es dem HERRN
darzubringen. 8 Er nimmt eine Handvoll von dem öl-
durchtränkten Mehl und den gesamten Weihrauch
und verbrennt diesen Teil der Gabe auf dem Altar zum
Zeichen, dass die ganze Opfergabe dem HERRN ge-
hört. So ist es ein Opfer, das den HERRN gnädig stimmt.
9-10 Den Rest des Speiseopfers dürfen die Priester es-
sen. Es muss ohne Sauerteig verbacken und an ge-
weihter Stätte, im Vorhof des Heiligen Zeltes, verzehrt
werden. Der HERR hat es den Nachkommen Aarons
als ihren Anteil am Opfer zugesprochen. Es ist etwas
besonders Heiliges, genauso wie das Fleisch des Süh-
neopfers und des Wiedergutmachungsopfers. 11 Alles,
was damit in Berührung kommt, wird ebenfalls heilig.
Nur die männlichen Nachkommen Aarons dürfen da-
von essen; es ist für alle Zukunft ihr festgesetzter Anteil
an den Opfern des HERRN. 12 Weiter erhielt Mose vom
HERRN die Anweisung: 13 Nachdem Aaron zum Priester
gesalbt worden ist, müssen er und seine Nachkommen
dem HERRN von da an täglich ⅒ Efa (gut 1 Kilo) Wei-
zenmehl als Speiseopfer darbringen, die eine Hälfte am
Morgen, die andere Hälfte am Abend. 14 Das Mehl wird
mit Olivenöl vermengt und auf einer eisernen Platte zu
Fladen verbacken; die Fladen werden in Stücke gebro-
chen und dem HERRN dargebracht. So ist es ein Opfer,
das den HERRN gnädig stimmt. 15 Wer jeweils in der
Nachfolge Aarons den Priesterdienst versieht, muss
dieses Speiseopfer zubereiten und für den HERRN auf
dem Altar verbrennen. Diese Anordnung gilt für alle
Zukunft. 16 Überhaupt muss jedes Speiseopfer, das ein
Priester für sich selbst darbringt, ganz verbrannt wer-
den; es darf nichts davon gegessen werden.

ZUSÄTZLICHE VORSCHRIFTEN FÜR SÜHNE- UND WIEDERGUTMACHUNGSOPFER

17-18 Auch die folgenden Anweisungen erhielt Mose
für Aaron und seine Söhne: Für das Sühneopfer gilt
die Vorschrift: Genau wie beim Brandopfer muss
das Opfertier rechts neben dem Altar, der vor dem
Heiligen Zelt steht, geschlachtet werden. Das Fleisch
des Sühneopfers ist etwas besonders Heiliges. 19 Der
Priester, der das Opfer darbringt, soll es essen, aber nur
an geweihter Stätte, im Vorhof des Heiligtums. 20 Alles,
was mit dem Opferfleisch in Berührung kommt, wird
ebenfalls heilig. Kommt ein Spritzer von dem Blut auf
ein Kleidungsstück, so muss der Fleck an geweihter
Stätte ausgewaschen werden. 21 Wird das Fleisch in
einem Tongefäß gekocht, so muss dieses anschließend
zerschlagen werden; bei einem Metallgefäß genügt
es, wenn es gescheuert und gründlich mit Wasser
gespült wird. 22 Nur die männlichen Mitglieder der
Priesterfamilien dürfen das Fleisch essen; es ist etwas
besonders Heiliges. 23 Wenn jedoch das Blut des Opfer-
tieres ins Heilige Zelt gebracht wurde, um damit Sühne
zu schaffen, darf niemand von dem Fleisch essen; es
muss verbrannt werden.

7 Für das Wiedergutmachungsopfer gilt die Vor-
schrift: Das Fleisch dieses Opfers ist etwas beson-
ders Heiliges. 2 Genau wie beim Brandopfer muss das
Opfertier rechts neben dem Altar vor dem Heiligen
Zelt geschlachtet werden. Der Priester sprengt das
Blut ringsum an den Altar. 3-5 Die besten Stücke gehö-
ren dem HERRN, nämlich der Fettschwanz, das Fett an
den Eingeweiden, die beiden Nieren mit dem Nieren-
fett und der Fettlappen an der Leber. Sie werden vom
Priester auf dem Altar als Wiedergutmachungsopfer
verbrannt. 6 Das Fleisch dürfen die männlichen Mitglie-
der der Priesterfamilien essen, aber nur an geweihter
Stätte; denn es ist etwas besonders Heiliges. 7 Wie beim
Sühneopfer, so fällt auch beim Wiedergutmachungs-
opfer das Fleisch dem Priester zu, der das Opfer dar-
bringt. 8 Beim Brandopfer eines Einzelnen gehört dem
amtierenden Priester das Fell des Opfertieres. 9 Auch
jedes Speiseopfer, das im Ofen gebacken oder in der
Pfanne oder auf einer Platte zubereitet ist, fällt dem
Priester zu, der es darbringt. 10 Die übrigen Speiseopfer
dagegen, ob mit oder ohne Öl dargebracht, werden
unter allen Priestern aufgeteilt.

WEITERE ANWEISUNGEN FÜR MAHLOPFER

11 Für das Mahlopfer gilt folgende Vorschrift: 12 Wird
es als Dankopfer dargebracht, so sollen außer dem
Opfertier noch Ringbrote aus Weizenmehl, das mit
Olivenöl vermengt ist, und mit Öl bestrichene Fladen
dargebracht werden. Beides muss ohne Sauerteig
zubereitet werden. Dazu kommt Ringbrot aus feinem
Mehl, das mit Öl verrührt worden ist. 13 Zusätzlich
kann auch noch Brot mit Sauerteig dargebracht
werden. 14 Von jeder Art Brot hebt der Opfernde ein
Stück vor dem Altar des HERRN in die Höhe; dieser
Anteil fällt dem Priester zu, der das Blut des Opfer-
tieres an den Altar sprengt. 15 Das Fleisch eines Dank-
opfers muss an dem Tag gegessen werden, an dem
das Opfer dargebracht wird. Es darf nichts bis zum
anderen Morgen übrig bleiben. 16 Wird das Mahlopfer
aufgrund eines Gelübdes oder aus freien Stücken dar-
gebracht, so kann auch noch am folgenden Tag von
dem Fleisch gegessen werden. 17 Aber was am drit-
ten Tag übrig ist, muss verbrannt werden. 18 Wenn
jemand trotzdem noch von dem Fleisch des Opfer-
tieres isst, bringt das Opfer ihm nicht das Wohlwol-
len des HERRN; es wird ihm nicht angerechnet. Noch
schlimmer: Es ist dem HERRN zuwider, und wer davon
isst, muss es büßen. 19 Auch Fleisch, das mit etwas
Unreinem in Berührung kommt, darf nicht gegessen,
sondern muss verbrannt werden. Nur wer rein ist, darf
am Opfermahl teilnehmen. 20 Das Opferfleisch ist dem
HERRN geweiht. Wer im Zustand der Unreinheit davon
isst, hat sein Leben verwirkt und muss aus seinem
Volk ausgestoßen werden. 21 Dasselbe gilt für jemand,
der etwas Unreines berührt, irgendeine menschliche
Ausscheidung oder ein unreines Tier, und trotzdem
von dem Opferfleisch isst; ein solcher Mensch hat
sein Leben verwirkt und muss aus seinem Volk aus-
gestoßen werden.

VERBOT DES GENUSSES VON FETT UND BLUT

22-23 Für das ganze Volk erhielt Mose vom HERRN die Anweisung: Ihr dürft keinerlei Fett essen, weder vom Rind noch vom Schaf noch von der Ziege. 24 Fett von verendeten oder gerissenen Tieren dürft ihr für alle möglichen Zwecke verwenden, aber auf keinen Fall essen. 25 Wer von dem Fett eines Tieres isst, das dem HERRN als Opfer dargebracht werden kann, hat sein Leben verwirkt und muss aus seinem Volk ausgestoßen werden. 26 Genauso wenig dürft ihr Blut essen, weder von Vögeln noch von anderen Tieren. Das gilt für euch an allen euren Wohnsitzen. 27 Auch wer Blut isst, hat sein Leben verwirkt und muss aus seinem Volk ausgestoßen werden.

DER ANTEIL DER PRIESTER

28-29 Noch eine weitere Anweisung erhielt Mose für das ganze Volk: Wer ein Opfermahl feiert, muss einen Teil des Opfertieres dem HERRN darbringen. 30 Mit eigener Hand bringt er die Teile herbei, die für den HERRN bestimmt sind: die Fettstücke und die Fleischstücke von der Brust. Die Bruststücke übereignet er symbolisch dem HERRN; 31 dann bekommen sie die Priester als ihren Anteil. Die Fettstücke werden auf dem Altar verbrannt. 32 Auch die rechte Hinterkeule zählt zum Priesteranteil. 33 Sie fällt dem Priester zu, der dem HERRN das Blut und das Fett des Mahlopfertieres darbringt. 34-36 Die Brust und die rechte Hinterkeule der Tiere, die die Israeliten dem HERRN als Mahlopfer darbringen, bestimmt der HERR zum Anteil des Priesters Aaron und seiner Söhne. Diese Stücke stehen Aaron und allen seinen Nachkommen als Anteil am Opfer zu, sobald sie in den Priesterdienst eingesetzt sind. Die Israeliten sind verpflichtet, den Priestern diesen Anteil zu geben. Diese Vorschrift gilt für alle Zukunft. 37 Dies sind die Anordnungen für das Brandopfer, das Speiseopfer, das Sühneopfer, das Wiedergutmachungsopfer, das Mahlopfer und das Opfer bei der Einsetzung der Priester. 38 Der HERR gab diese Anweisungen Mose auf dem Berg Sinai. Damals befahl er den Israeliten, ihm Opfergaben darzubringen.

AARON UND SEINE SÖHNE WERDEN ALS PRIESTER EINGESETZT

8 Der HERR sagte zu Mose: 2-3 »Komm mit Aaron und seinen Söhnen zum Eingang des Heiligen Zeltes! Bring auch die Priesterkleider mit, das Salböl, den Stier für das Sühneopfer, die beiden Schafböcke und den Korb mit den ungesäuerten Broten. Ruf die ganze Gemeinde dorthin zusammen.« 4 Mose tat, was der HERR ihm befohlen hatte, und die Gemeinde versammelte sich am Eingang des Heiligen Zeltes. 5 Mose sagte zu ihnen: »Was ihr mich jetzt tun seht, hat der HERR mir aufgetragen.« 6 Er ließ Aaron und seine Söhne vortreten und begoss sie mit Wasser. 7 Dann zog er Aaron das Priesterhemd an, band ihm den Gürtel um, legte ihm das Obergewand an und band den Amtsschurz mit dem daran angewebten Gürtel fest. 8 An den Schulterbändern machte er die Brusttasche fest und legte die heiligen Lose hinein. 9 Er setzte Aaron den Turban auf und befestigte daran vorne das goldene Schild, genau wie der HERR es ihm befohlen hatte. 10-11 Danach nahm Mose das Salböl und weihte damit das Heiligtum und den Altar. Er besprengte mit dem Öl die Wohnung des HERRN und alles, was darin war. Siebenmal sprengte er von dem Öl gegen die Altarwand und besprengte auch alle Opfergeräte und das große Wasserbecken mit seinem Untersatz. 12 Dann goss er Salböl auf Aarons Kopf und weihte ihn zum Priester. 13 Er ließ Aarons Söhne vortreten und bekleidete sie mit Priesterhemd, Gürtel und Kopfbedeckung, wie der HERR es ihm befohlen hatte. 14 Mose ließ nun den Stier herbeibringen, der als Sühneopfer bestimmt war. Aaron und seine Söhne legten ihre Hände auf den Kopf des Tieres 15 und Mose schlachtete es. Er nahm von dem Blut und strich es mit dem Finger an die Hörner des Altars; das übrige Blut schüttete er unten an den Altar. So weihte er den ganzen Altar und reinigte ihn von der Befleckung durch menschliche Verfehlungen. 16 Die Fettstücke des Opfertieres – alles Fett an den Eingeweiden, den Fettlappen an der Leber und die beiden Nieren mit dem Nierenfett – verbrannte er auf dem Altar. 17 Den Rest des Tieres – Haut, Fleisch und Eingeweide – verbrannte er außerhalb des Lagers, wie der HERR es ihm befohlen hatte. 18 Dann ließ er den Schafbock herbeibringen, der als Brandopfer bestimmt war. Aaron und seine Söhne legten ihre Hände auf den Kopf des Tieres. 19 Mose schlachtete es und sprengte das Blut ringsum an den Altar. 20 Dann zerlegte er das Tier und verbrannte die Stücke samt dem Kopf und dem Fett auf dem Altar. 21 Die Eingeweide und Unterschenkel säuberte er mit Wasser und verbrannte auch sie auf dem Altar. Genau wie der HERR es befohlen hatte, wurde das Tier als Brandopfer dargebracht, als eine Gabe, die den HERRN gnädig stimmt. 22 Dann ließ Mose den zweiten Schafbock bringen, der als Opfer zur Einsetzung der Priester bestimmt war. Aaron und seine Söhne legten ihre Hände auf den Kopf des Tieres 23 und Mose schlachtete es. Er nahm etwas von dem Blut und betupfte damit Aarons rechtes Ohrläppchen, seinen rechten Daumen und seine rechte große Zehe. 24 Dann ließ er die Söhne Aarons vortreten und betupfte auch bei ihnen das rechte Ohrläppchen, den rechten Daumen und die rechte große Zehe mit Blut. Das übrige Blut sprengte er ringsum an den Altar. 25 Darauf nahm er den Fettschwanz, die übrigen Fettstücke, die Nieren und dazu die rechte Hinterkeule. 26 Aus dem Korb mit den ungesäuerten Broten, der vor dem Altar stand, nahm er ein gewöhnliches Ringbrot und ein solches, das mit Öl zubereitet war, sowie ein Fladenbrot. Er legte die Brote auf die Fettstücke und auf die Keule 27 und gab alles zusammen Aaron und seinen Söhnen in die Hände. Diese boten es dem HERRN dar. 28 Darauf nahm Mose ihnen alles wieder aus den Händen, legte es auf den Altar und verbrannte es wie zuvor das Brandopfer. So wurde es ein Einsetzungsopfer, wie es den HERRN gnädig stimmt. 29 Dann nahm Mose die Bruststücke und übereignete sie symbolisch dem HERRN. Der HERR hatte bestimmt, dass dieser Teil des Einsetzungsopfers

Mose gehören solle. 30 Danach nahm Mose noch einmal Salböl und etwas Blut vom Altar und sprengte beides auf Aaron und seine Söhne sowie auf deren Kleider. So weihte er sie und ihre Kleider. 31 Dann sagte Mose zu Aaron und seinen Söhnen: »Kocht das Fleisch des zweiten Schafbocks am Eingang zum Heiligen Zelt. Esst es dort zusammen mit dem Opferbrot aus dem Korb. So hat der HERR es mir befohlen. 32 Was von dem Fleisch und Brot übrig bleibt, müsst ihr verbrennen. 33 Solange die Einsetzungsfeier dauert, dürft ihr euch nicht vom Eingang des Zeltes entfernen – sieben Tage lang. 34 Der HERR hat angeordnet, die Opfer des heutigen Tages an den folgenden Tagen zu wiederholen, damit eure Schuld weggenommen wird. 35 Bleibt also sieben Tage und Nächte lang am Eingang des Heiligen Zeltes. Wenn ihr diese Anweisung nicht befolgt, müsst ihr sterben. So hat der HERR es mir befohlen.« 36 Aaron und seine Söhne taten alles, was der HERR durch Mose angeordnet hatte.

DER ERSTE OPFERGOTTESDIENST

9 Als die sieben Tage um waren, rief Mose Aaron und seine Söhne sowie die Ältesten Israels zu sich 2 und sagte zu Aaron: »Hol dir einen jungen Stier für ein Sühneopfer und einen Schafbock für ein Brandopfer und bring sie zum Heiligen Zelt! Beide Tiere müssen fehlerfrei sein. 3 Sag den Leuten von Israel, sie sollen ebenfalls Opfertiere bringen: für das Sühneopfer einen Ziegenbock und für das Brandopfer einen einjährigen Stier und ein einjähriges Schaf, beides fehlerfreie Tiere. 4 Sie sollen auch einen Stier und einen Schafbock bringen für das Opfermahl, das wir vor dem HERRN feiern wollen, und außerdem noch Mehl und Öl für das Speiseopfer. Denn heute will der HERR sich euch zeigen.«

AARON OPFERT FÜR SICH SELBST

5 Man brachte alles, wie Mose es angeordnet hatte, vor das Heilige Zelt, und die ganze Gemeinde versammelte sich dort vor dem HERRN. 6 Mose sagte: »Heute dürft ihr die Herrlichkeit des HERRN sehen. Tut deshalb, was der HERR euch befohlen hat!« 7 Zu Aaron sagte er: »Geh jetzt an den Altar und opfere für dich selbst das Sühneopfer und das Brandopfer, damit deine Schuld weggenommen wird. Anschließend bringst du die Opfer für die Schuld des Volkes dar. Tu alles, wie der HERR es vorgeschrieben hat.« 8 Aaron ging zum Altar und schlachtete den jungen Stier, den er als Sühneopfer für sich selbst mitgebracht hatte. 9 Seine Söhne fingen das Blut auf und brachten es ihm. Mit dem Finger strich er von dem Blut an die Hörner des Altars; das übrige Blut schüttete er unten an den Altar. 10 Die Fettstücke, die Nieren und den Fettlappen an der Leber verbrannte er auf dem Altar, genau wie der HERR es Mose aufgetragen hatte. 11 Das Fleisch und die Haut verbrannte er außerhalb des Lagers. 12 Nun schlachtete Aaron den Schafbock für das Brandopfer. Seine Söhne fingen das Blut auf und er sprengte es ringsum an den Altar. 13 Dann zerlegten sie das Opfertier und reichten ihm die Stücke, zuletzt den Kopf. Aaron verbrannte alles auf dem Altar. 14 Die Eingeweide und die Unterschenkel säuberte er mit Wasser und legte sie oben auf die brennenden Stücke.

AARON OPFERT FÜR DAS VOLK

15 Danach brachte Aaron dem HERRN die Opfergaben des Volkes. Er schlachtete den Ziegenbock, der als Opfer für die Verfehlungen des Volkes bestimmt war, und verfuhr damit wie bei dem Sühneopfer für sich selbst. 16 Er besorgte das Brandopfer genau nach der Anordnung. 17 Vom Speiseopfer nahm er eine Handvoll und verbrannte diesen Teil auf dem Altar, zusätzlich zu dem Speiseopfer, das zum Morgenbrandopfer gehört. 18 Dann schlachtete er den Stier und den Schafbock für das Opfermahl des Volkes. Seine Söhne fingen das Blut auf und Aaron sprengte es ringsum an den Altar. 19-20 Die besten Stücke der beiden Opfertiere legten seine Söhne auf die Fleischstücke von der Brust: das Fett an den Eingeweiden, die beiden Nieren mit dem Nierenfett, den Fettlappen an der Leber und dazu vom Schafbock den Fettschwanz. Aaron verbrannte alle Fettstücke auf dem Altar; 21 die Bruststücke und die rechte Hinterkeule aber übereignete er symbolisch dem HERRN, genau wie Mose es befohlen hatte. 22 Als Aaron alle Opfer dargebracht hatte, hob er seine Hände empor und segnete das Volk. Dann stieg er vom Altar herab. 23 Zusammen mit Mose ging er in das Heilige Zelt. Als sie wieder herauskamen und das Volk segneten, zeigte sich die Herrlichkeit des HERRN dem ganzen Volk. 24 Flammen gingen von ihr aus und verzehrten die Brandopferstücke und die Fettstücke auf dem Altar. Bei diesem Anblick brach das Volk in Jubel aus und alle warfen sich anbetend zu Boden.

EIN SCHWERER VERSTOSS GEGEN DIE OPFERVORSCHRIFTEN

10 Zwei Söhne Aarons, Nadab und Abihu, nahmen ihre Räucherpfannen, legten Glut und Weihrauch hinein und gingen damit ins Heilige Zelt. Aber sie hatten die Weisung des HERRN nicht beachtet und die Glut nicht vom Altar des HERRN genommen. 2 Da ging Feuer vom HERRN aus und tötete sie. 3 Mose sagte zu Aaron: »Hier erfüllt sich, was der HERR gesagt hat: ›Ich erweise mich als der heilige Gott an denen, die mir nahen dürfen; und meine Macht und Hoheit zeige ich vor meinem ganzen Volk.‹« Aaron war vor Schreck wie gelähmt. 4 Mose rief Mischaël und Elizafan, die Söhne von Aarons Onkel Usiël, und befahl ihnen: »Schafft die Leichen eurer Verwandten aus dem Heiligtum! Bringt sie vors Lager hinaus!« 5 Sie gehorchten und schafften die Toten in ihren Priesterhemden an einen Platz außerhalb des Lagers. 6 Mose sagte zu Aaron und dessen Söhnen Eleasar und Itamar: »Lasst eure Brüder, die anderen Israeliten, um die beiden Männer trauern, die der HERR bestraft hat! Ihr aber dürft eure Haare nicht ungepflegt hängen lassen und eure Kleider nicht zerreißen. Sonst müsst auch ihr sterben und der Zorn des HERRN kommt über die ganze Gemeinde. 7 Entfernt euch auf keinen Fall vom Eingang des Heiligen Zeltes,

sonst müsst ihr sterben; denn ihr seid mit heiligem Öl
zu Priestern des HERRN geweiht.« Aaron und seine
Söhne befolgten diese Anweisung.

EINSCHÄRFUNG DER PRIESTERPFLICHTEN

8 Der HERR sagte zu Aaron: 9 »Wenn ein Priester, du
selbst oder einer deiner Söhne, ins Heilige Zelt geht,
darf er vorher weder Wein noch Bier trinken, sonst
muss er sterben. Diese Vorschrift gilt für alle Zukunft.
10 Ihr müsst unterscheiden zwischen gewöhnlichen
Orten und meinem Heiligtum, zwischen reinen Dingen
und unreinen. 11 Ihr müsst den Israeliten alle Gesetze
einprägen, die ich durch Mose verkündet habe, und
müsst sie ihnen erklären.« 12-13 Mose sagte zu Aaron
und den beiden Söhnen, die ihm geblieben waren,
Eleasar und Itamar: »Was von den Speiseopfern übrig
bleibt, die dem HERRN dargebracht werden, dürft ihr
nehmen und daraus Brot backen, aber ohne Sauerteig.
Esst es an geweihter Stätte, neben dem Altar, denn es
ist etwas besonders Heiliges. So hat der HERR es mir
befohlen. Es ist der Anteil, der dir, Aaron, und deinen
Nachkommen von den Speiseopfern des HERRN zu-
steht. 14 Die Brust und die Keule, die dir und deinen
Nachkommen von den Mahlopfern der Israeliten zu-
stehen, könnt ihr an einem anderen reinen Ort ver-
zehren, nicht nur du und deine Söhne, sondern auch
die Frauen. 15 Die Priester sollen aber zuerst Keule und
Brust zusammen mit den Fettstücken des Opfertieres
zum Altar bringen und sie dem HERRN symbolisch über-
eignen. Danach gehören sie dir und deinen Söhnen. Das
steht euch für alle Zukunft als euer Anteil zu. So hat der
HERR es befohlen.« 16 Als Mose nach dem Ziegenbock
fragte, der als Sühneopfer dargebracht worden war,
stellte sich heraus, dass man auch Fleisch und Fell des
Tieres verbrannt hatte. Da wurde Mose zornig auf Ele-
asar und Itamar, die beiden Söhne, die Aaron geblieben
waren, und sagte: 17 »Warum habt ihr das getan? Ihr
hättet das Fleisch des Sühneopfers an geweihter Stätte
essen sollen; denn es ist etwas besonders Heiliges. Der
HERR hat es euch gegeben, weil ihr zwischen ihm und
der Gemeinde alles wieder ins Reine bringen und die
Schuld der Gemeinde wegschaffen sollt. 18 Nur wenn
das Blut des Opfertieres ins Heiligtum vor den HERRN
gebracht worden wäre, hätte das Tier verbrannt wer-
den dürfen. So aber hättet ihr das Fleisch im Heiligtum
essen müssen, wie ich es angeordnet hatte.« 19 Aaron
antwortete Mose: »Du weißt doch, meine Söhne ha-
ben ihr Sühneopfer und ihr Brandopfer dem HERRN
heute ordnungsgemäß dargebracht und trotzdem ist
so etwas Fürchterliches geschehen. Meinst du, es hätte
dem HERRN gefallen, wenn wir ausgerechnet heute das
Fleisch des Sühneopfers gegessen hätten?« 20 Mose
ließ sich das sagen und hieß es gut.

WELCHE TIERE DIE ISRAELITEN ESSEN DÜRFEN UND WELCHE NICHT

11 1-3 Der HERR befahl Mose und Aaron, den Leuten
von Israel zu sagen: »Folgende Tiere dürft ihr es-
sen: Von den großen Landtieren sind euch alle erlaubt,
die deutlich gespaltene Klauen haben und zugleich
ihre Nahrung wiederkäuen. 4-6 Dagegen sollt ihr Ka-
mele, Hasen und Klippdachse meiden. Sie sind zwar
Wiederkäuer, haben aber keine gespaltenen Klauen.
7 Auch das Schwein ist für euch verboten. Es hat zwar
gespaltene Klauen, ist aber kein Wiederkäuer. 8 Esst
keins von diesen Tieren und berührt sie auch nicht,
wenn sie verendet sind. Sie alle gelten für euch als un-
rein. 9-12 Von den Tieren, die im Wasser leben, in Flüssen,
Seen und Meeren, dürft ihr nur die essen, die Flossen
und Schuppen haben, die übrigen sollen euch als un-
genießbar gelten. Esst keins von diesen Tieren und
wendet euch voll Ekel davon ab, wenn ihr irgendwo
ein verendetes findet. 13-19 Folgende Vögel dürft ihr
auf keinen Fall essen; sie sollen euch als ungenießbar
gelten: Adler, Geier, Eulen und alle anderen Raubvö-
gel, außerdem Krähen, Strauße, Schwalben, Möwen,
Störche, Reiher, Wiedehopfe und Fledermäuse. 20 Auch
alle vierfüßigen geflügelten Insekten sollt ihr verab-
scheuen, 21 mit Ausnahme derer, die Sprungbeine ha-
ben und damit auf der Erde hüpfen können. 22 Ihr dürft
also alle Heuschreckenarten essen; 23 aber alles andere
Ungeziefer mit Flügeln und Füßen ist für euch unge-
nießbar. 24-28 Die folgenden Tiere dürft ihr nicht berüh-
ren, wenn sie verendet sind: alle großen Landtiere, die
nicht deutlich gespaltene Hufe haben und zugleich
Wiederkäuer sind, und alle Tiere, die vier Füße haben
und auf Tatzen gehen. Wer eines dieser Tiere berührt, ist
unrein bis zum Abend, und wer das Aas eines solchen
Tieres wegschafft, muss außerdem noch seine Kleider
waschen. 29-31 Von den kleinen Landtieren, die auf der
Erde kriechen, gelten für euch als unrein die Mäuse und
Maulwürfe, alle Eidechsenarten und das Chamäleon.
Wer sie berührt, nachdem sie verendet sind, ist bis zum
Abend unrein. 32 Alle Gegenstände, auf die ein totes
Tier dieser Art fällt, werden unrein, gleichgültig, ob
sie aus Holz, Leinen, Leder oder Ziegenhaar sind, und
gleichgültig, wofür sie gebraucht werden. Sie müssen
sogleich in Wasser getaucht werden und bleiben un-
rein bis zum Abend. 33 Fällt ein totes Tier dieser Art in ein
Tongefäß, so wird dessen Inhalt unrein und ihr müsst
das Gefäß zerschlagen. 34 Jede Speise, die mit Wasser
aus solch einem Gefäß zubereitet wird, ist unrein, und
auch alle Getränke sind unrein, die aus solch einem Ge-
fäß getrunken werden. 35 Wenn das tote Tier auf einen
Herd oder Backofen fällt, muss er eingerissen werden;
er ist unrein und für immer unbenutzbar geworden.
36 Jedoch ein Brunnen oder eine wassergefüllte Zis-
terne bleibt rein. Unrein wird nur, wer das tote Tier her-
ausholt. 37 Fällt Aas auf Saatgut, das gerade ausgesät
werden soll, so bleibt das Saatgut rein; 38 war es aber
zum Vorkeimen in Wasser gelegt worden, so wird es
unrein. 39 Wenn ein Tier, das ihr eigentlich essen dürft,
verendet, darf es nicht berührt werden; wer es berührt,
wird bis zum Abend unrein. 40 Wer das verendete Tier
wegträgt oder etwas davon isst, muss außerdem seine
Kleider waschen. 41-42 Alle kleinen Landtiere müsst
ihr verabscheuen und dürft sie auf keinen Fall essen,
gleichgültig, ob sie auf dem Bauch kriechen oder sich

auf vier oder mehr Füßen fortbewegen. 43 Sonst wer-
det ihr unrein und erregt meinen Abscheu. 44 Ich bin
der HERR, euer Gott! Ich bin heilig, deshalb sollt auch
ihr rein und heilig sein. Verunreinigt euch nicht durch
irgendetwas, was auf der Erde kriecht. 45 Ich bin der
HERR, der euch aus Ägypten geführt hat, um euer Gott
zu sein. Ihr sollt heilig sein, weil ich heilig bin.« 46 Dies
sind die Anweisungen zur Beurteilung der verschiede-
nen Tierarten. 47 Sie sind gegeben, damit unterschieden
wird zwischen rein und unrein, zwischen Tieren, die
gegessen werden dürfen, und solchen, die nicht ge-
gessen werden dürfen.

REINHEITSVORSCHRIFTEN FÜR WÖCHNERINNEN

12 1-2 Der HERR befahl Mose, den Leuten von Israel
zu sagen: Wenn eine Frau einen Sohn zur Welt
bringt, ist sie 7 Tage unrein, genau wie während ihrer
monatlichen Blutung. 3 Am 8. Tag soll der Sohn be-
schnitten werden. 4 Danach muss die Frau noch 33 Tage
warten, bis sie wieder ganz rein ist. In dieser Zeit darf sie
nicht zum Heiligtum kommen und auch nichts berüh-
ren, was als Opfer oder Abgabe für das Heiligtum be-
stimmt ist. 5 Hat sie eine Tochter zur Welt gebracht, wird
sie 14 Tage unrein und muss dann noch 66 Tage warten,
bis sie wieder ganz rein ist. 6 Sind die 33 oder 66 Tage
um, so soll die Frau ein einjähriges Schaf als Brandopfer
und eine Taube oder Turteltaube als Sühneopfer zum
Priester an den Eingang des Heiligen Zeltes bringen.
7-8 Ist sie zu arm, um ein Schaf zu opfern, so soll sie zwei
Turteltauben oder zwei andere Tauben nehmen, eine als
Brandopfer und eine als Sühneopfer. Der Priester bringt
ihre Opfergaben dem HERRN dar und nimmt damit ihre
Unreinheit weg; dann ist sie wieder rein. Dies sind die
Reinheitsvorschriften für Wöchnerinnen.

BESTIMMUNGEN ÜBER DIE FESTSTELLUNG VON AUSSATZ

13 Der HERR gab Mose und Aaron folgende
Anweisungen: 2 Wenn sich auf der Haut eines
Menschen eine Schwellung zeigt oder Schuppen oder
ein heller Fleck und somit der Verdacht auf Aussatz
besteht, muss die betreffende Person zum Priester,
zu Aaron oder einem seiner Söhne, gebracht werden.
3 Der Priester muss sich den Fall ansehen. Ist die Be-
haarung an der kranken Stelle weiß und liegt diese
tiefer als die umgebende Haut, so handelt es sich um
Aussatz. Sobald der Priester das festgestellt hat, erklärt
er die betreffende Person für unrein. 4 Ist es aber ein
heller Fleck auf der Haut, der nicht tiefer liegt als die
umgebende Haut und dessen Behaarung nicht weiß
geworden ist, so soll der Priester die erkrankte Person
eine Woche lang isolieren. 5 Dann soll er sie sich wie-
der ansehen. Wenn die Stelle noch genauso aussieht
wie vorher und der Befall sich nicht ausgebreitet hat,
soll er sie noch einmal sieben Tage isolieren. 6 Ist dann
der Fleck dunkler geworden und hat sich nicht weiter
ausgebreitet, so war es ein harmloser Ausschlag und
der Priester erklärt die Person für rein. Sie muss nur
noch ihre Kleider waschen. 7 Wenn der Ausschlag sich
später doch wieder ausbreitet, muss sie sich ein zwei-
tes Mal dem Priester zeigen. 8 Findet der Priester den
Verdacht auf Aussatz bestätigt, muss er sie für unrein
erklären. 9-10 Wenn sich auf der Haut eines Menschen
eine weiße Schwellung zeigt, muss die betreffende
Person zum Priester gebracht werden, damit der sich
den Fall ansieht. Ist auch die Behaarung an der kranken
Stelle weiß geworden und es wuchert darauf wildes
Fleisch, 11 so handelt es sich um Aussatz im fortge-
schrittenen Stadium. Der Priester muss die betref-
fende Person für unrein erklären; der Fall ist eindeutig.
12-13 Wenn aber der Priester sieht, dass der Ausschlag
den ganzen Körper von Kopf bis Fuß bedeckt, soll er
die erkrankte Person für rein erklären. Weil die ganze
Haut weiß geworden ist, gilt die Person als rein.
14-15 Sobald jedoch irgendwo wildes Fleisch wuchert,
muss sie für unrein erklärt werden. Wucherndes
Fleisch ist ein Zeichen für Aussatz. 16-17 Wenn die
Wucherung zurückgeht und alles weiß wird, soll sie
wieder zum Priester gehen und der Priester erklärt
sie für rein. 18 Wenn auf der Haut eines Menschen
ein Geschwür entsteht und wieder abheilt, 19 aber
an der Stelle des Geschwürs bildet sich eine weiße
Schwellung oder ein rotweißer Fleck, dann muss die
betreffende Person sich dem Priester zeigen. 20 Liegt
die Stelle tiefer als die umgebende Haut und ist die Be-
haarung darauf weiß geworden, so soll der Priester die
Person für unrein erklären. Es handelt sich um Aussatz,
der mit einem Geschwür angefangen hat. 21 Kann der
Priester jedoch keine solchen Anzeichen feststellen
und die Färbung ist sogar zurückgegangen, so soll er
die betreffende Person sieben Tage isolieren. 22 Hat der
Fleck sich danach ausgedehnt, so ist es Aussatz und der
Priester muss die erkrankte Person für unrein erklären.
23 Ist der Fleck jedoch nicht größer geworden, so ist
es nur die Narbe von dem Geschwür und der Priester
erklärt die Person für rein. 24 Wenn jemand eine Brand-
wunde auf der Haut hat und sich darin ein rotweißer
oder weißer Fleck bildet, 25 muss die betreffende Per-
son die Wunde dem Priester zeigen. Stellt sich heraus,
dass die Behaarung auf dem Fleck weiß geworden ist
und die Stelle tiefer liegt als die umgebende Haut, so
ist in der Brandwunde Aussatz ausgebrochen und der
Priester muss die Person für unrein erklären. 26 Kann
der Priester jedoch keine solchen Anzeichen feststel-
len und die Färbung ist sogar zurückgegangen, so soll
er sie eine Woche lang isolieren 27 und sich dann wie-
der ansehen. Hat der Fleck sich in der Zwischenzeit
ausgedehnt, so ist es Aussatz und der Priester muss die
erkrankte Person für unrein erklären. 28 Ist der Fleck
jedoch nicht größer geworden und die Haut hat wieder
ihre normale Färbung, so ist es nur die Narbe von der
Brandwunde und der Priester erklärt die Person für
rein. 29 Wenn ein Mann oder eine Frau einen Ausschlag
auf der Kopfhaut bekommt oder der Mann unter dem
Bart, 30 dann muss der Priester sich den Fall ansehen.
Liegt der Ausschlag tiefer als die umgebende Haut
und die Haare an der Stelle sind gelblich geworden

und haben ihre Festigkeit verloren, so ist es Aussatz, wie er auf dem Kopf oder im Bart auftritt, und der Priester muss die erkrankte Person für unrein erklären. 31 Liegt der Ausschlag zwar nicht tiefer als die umgebende Haut, aber das Haar an der Stelle ist gelblich geworden, so soll der Priester die Person eine Woche lang isolieren 32 und sich dann wieder ansehen. Hat sich der Ausschlag in der Zwischenzeit nicht weiter ausgebreitet, haben sich keine gelblichen Haare mehr gebildet und erscheint die Stelle nicht tiefer als die umgebende Haut, 33 so soll die Person das Haar rund um die Stelle abrasieren lassen. Der Priester isoliert sie noch einmal sieben Tage 34 und sieht sich den Fall danach wieder an. Hat sich der Ausschlag nicht weiter ausgebreitet und die Stelle liegt nicht tiefer als die umgebende Haut, so erklärt er die betreffende Person für rein. Sie muss nur noch ihre Kleider waschen. 35 Wenn der Befall sich später doch noch weiter ausbreitet, 36 muss der Priester sich die Person noch einmal ansehen. Hat sich der Ausschlag wirklich ausgebreitet, so braucht er nicht erst nach gelblich gewordenen Haaren zu suchen. Der Fall ist eindeutig: Die erkrankte Person ist unrein. 37 Findet jedoch der Priester, dass der Ausschlag sich nicht weiter ausgebreitet hat, und sprossen an der Stelle wieder schwarze Haare, so ist der Ausschlag geheilt und der Priester erklärt die Person für rein. 38 Zeigen sich bei einem Mann oder einer Frau weiße Flecken auf der Haut, 39 so muss der Priester sich den Fall ansehen. Sind es nur blassweiße Flecken, so ist es ein harmloser Ausschlag und die betreffende Person ist rein. 40-41 Verliert ein Mann die Haare auf seinem Kopf, an der Stirnseite oder auf dem Hinterkopf, wird er dadurch nicht unrein. 42-43 Zeigt sich aber auf der kahlen Stelle ein rotweißer Ausschlag, so muss der Priester sich den Fall ansehen. Stellt er fest, dass der rotweiße Fleck genauso aussieht wie Aussatz am Körper, 44 so handelt es sich tatsächlich um Aussatz und der Priester muss den Betreffenden für unrein erklären. Es ist Aussatz am Kopf.

ÜBER DAS VERHALTEN VON AUSSÄTZIGEN

45 Alle, die von Aussatz befallen sind, müssen zerrissene Kleider tragen und ihr Haar frei hängen lassen; Männer müssen den Bart verhüllen. Sie müssen andere, die in ihre Nähe kommen, mit dem Ruf »Unrein, unrein!« warnen. 46 Solange der Zustand anhält, bleiben sie unrein. Sie müssen abgesondert leben und sich außerhalb des Lagers aufhalten.

BESTIMMUNGEN FÜR DEN BEFALL VON GEBRAUCHSGEGENSTÄNDEN

47-49 Wenn an einem Kleid oder Gewebe aus Wolle oder Leinen oder an gegerbten Fellen oder an Gegenständen aus Leder ein Fleck auftritt und dieser Fleck gelblich grün oder rötlich ist, dann kann es sich um fressenden Schimmel handeln und das Stück muss dem Priester gezeigt werden. 50 Der Priester sieht es sich an und schließt es sieben Tage ein. 51 Hat sich danach der Fleck vergrößert, so ist es tatsächlich fressender Schimmel. Der Priester erklärt das Stück für unrein 52 und es muss verbrannt werden. 53 Stellt der Priester jedoch fest, dass der Fleck sich nicht ausgebreitet hat, 54 so lässt er das befallene Stück waschen und schließt es noch einmal sieben Tage ein. 55 Ist danach das Aussehen an der Stelle unverändert, so ist das Stück unrein, auch wenn der Fleck sich nicht weiter ausgebreitet hat. Es muss verbrannt werden, weil der Schimmel so tief sitzt, gleichgültig, ob es auf der Außenseite oder auf der Innenseite ist. 56 Stellt der Priester fest, dass der Fleck nach der Reinigung verblasst ist, so reißt er das befallene Stück von dem Kleid, dem Leder oder dem Gewebe ab. 57 Tritt der Befall danach an den übrigen Teilen auf, so muss der Gegenstand verbrannt werden. 58 Ist jedoch der Fleck bei der Reinigung ganz verschwunden, so muss das Stück ein zweites Mal gewaschen werden und ist dann rein. 59 Nach diesen Regeln muss bei Schimmel an einem Kleid oder Gewebe aus Wolle oder Leinen oder an Gegenständen aus Leder entschieden werden, ob etwas für rein oder unrein zu erklären ist.

BESTIMMUNGEN FÜR DIE REINERKLÄRUNG VON AUSSÄTZIGEN

14 1-2 Der HERR sagte Mose auch, wie zu verfahren ist, damit ein Aussätziger, der geheilt ist, wieder als rein gelten kann. Der Betreffende wird zum Priester gebracht, 3 der dazu vor das Lager hinausgeht. Wenn der Priester feststellt, dass der Kranke von seinem Aussatz geheilt ist, 4 ordnet er an, dass zwei lebende reine Vögel, Zedernholz, Karmesinfarbe und Ysop gebracht werden. 5 Er lässt den einen Vogel über einer Tonschale mit Quellwasser schlachten. 6 Dann wirft er das Zedernholz, die Karmesinfarbe und den Ysop in das mit dem Wasser vermischte Blut und taucht auch den lebenden zweiten Vogel hinein. 7 Mit der Mischung besprengt er den Genesenen siebenmal und erklärt ihn für rein; den Vogel lässt er fortfliegen. 8 Dann wäscht der Genesene seine Kleider, er lässt sein gesamtes Haar scheren und spült sich mit Wasser ab. Nun ist er rein und er darf ins Lager kommen, muss aber noch sieben Tage außerhalb seines Zeltes zubringen. 9 Am siebten Tag muss er sein Haar nochmals scheren lassen, das Kopf- und Barthaar, die Augenbrauen und die Haare am übrigen Körper, er muss seine Kleider waschen und seinen Körper mit Wasser abspülen. Dann ist er endgültig rein. 10 Am achten Tag nimmt der Genesene zwei fehlerfreie junge Schafböcke und ein fehlerfreies einjähriges Schaf sowie als Speiseopfer 3/10 Efa (3,5 Kilo) Weizenmehl mit Olivenöl vermengt und außerdem 1/12 Hin (1/3 Liter) Olivenöl. 11 Der Priester führt ihn mit seinen Opfergaben zum Eingang des Heiligen Zeltes und stellt ihn vor den HERRN. 12 Der erste Schafbock und das Öl sind für das Wiedergutmachungsopfer bestimmt. Der Priester übereignet diese Opfergaben symbolisch dem HERRN 13 und schlachtet dann den Schafbock an geweihter Stätte, dort, wo die Sühne- und Brandopfertiere geschlachtet werden. Genau wie das Sühneopfer fällt das Wiedergutmachungsopfer dem Priester zu; es ist etwas besonders Heiliges. 14 Der Priester nimmt etwas von dem Blut des Opfertieres und betupft damit dem Genesenen das rechte Ohrläppchen, den rechten Daumen und die rechte große Zehe. 15 Von dem Öl gießt er sich etwas in die hohle linke Hand, 16 taucht den rechten Zeigefinger hinein und sprengt damit siebenmal an den Altar. 17 Dann betupft er damit dem Genesenen das rechte Ohrläppchen, den rechten Daumen und die rechte große Zehe 18 und streicht ihm den Rest des Öls in seiner Hand auf den Kopf. So sorgt er dafür, dass zwischen dem Genesenen und dem HERRN alles wieder ins Reine gebracht wird. 19 Dann bringt der Priester das Schaf als Sühneopfer dar und befreit so den Genesenen von dem Makel, der ihm wegen seiner Unreinheit anhaftet. Danach schlachtet er den zweiten Schafbock für das Brandopfer 20 und verbrennt ihn zusammen mit dem Speiseopfer auf dem Altar. So nimmt der Priester die Unreinheit des Genesenen weg und er ist wieder rein. 21 Ist jemand zu arm für diese Opfergaben, so muss er nur den einen Schafbock aufbringen, der als Wiedergutmachungsopfer dient und dem HERRN symbolisch übereignet wird, damit alles ins Reine kommt. Dazu nimmt er als Speiseopfer $1/10$ Efa (gut 1 Kilo) Mehl mit Öl vermengt und $1/12$ Hin ($1/3$ Liter) Öl 22 sowie zwei Turteltauben oder zwei andere Tauben, die eine für das Sühneopfer, die andere für das Brandopfer. 23 Er bringt dies alles am achten Tag zum Priester an den Eingang des Heiligen Zeltes und tritt damit vor den HERRN. 24 Der Priester nimmt den Schafbock für das Wiedergutmachungsopfer sowie das Öl und übereignet beides symbolisch dem HERRN. 25-31 Darauf schlachtet er den Bock und verfährt mit dem Blut und dem Öl genau wie im vorangehenden Fall. Dann bringt er die eine Taube als Sühneopfer dar, die andere als Brandopfer, und dazu das Speiseopfer. So sorgt er dafür, dass zwischen dem Genesenen und dem HERRN alles wieder ins Reine gebracht wird. 32 Nach dieser Vorschrift ist zu verfahren, wenn jemand vom Aussatz genesen, aber zu arm ist, um ein größeres Opfer für seine Reinigung aufzubringen.

BESTIMMUNGEN FÜR BEFALL AN HÄUSERN

33 Weiter sagte der HERR zu Mose und Aaron: 34 Wenn ihr in das Land kommt, das der HERR euch zum Eigentum gibt, und der HERR lässt an einem Haus Schwamm auftreten, 35 dann muss der Besitzer des Hauses zum Priester gehen und melden: »An meinem Haus ist etwas, das wie Aussatz aussieht.« 36 Bevor der Priester in das Haus geht, lässt er es ausräumen. Sonst muss, wenn der Verdacht zutrifft, der ganze Hausrat für unrein erklärt werden. Erst danach geht er hinein und sieht sich das Haus an. 37 Stellt er fest, dass an der Wand gelblich grüne oder rötliche Flecken sind, die tiefer liegen als die übrige Wand, 38 so versperrt er das Haus für sieben Tage. 39 Stellt er danach fest, dass die Flecken an der Wand sich ausgedehnt haben, 40 so lässt er die Steine, die davon befallen sind, herausreißen und außerhalb der Stadt an einen unreinen Platz werfen. 41 Die Innenwände werden ringsum abgekratzt und der Putz wird ebenfalls an einen unreinen Platz vor der Stadt geworfen. 42 Dann werden andere Steine anstelle der alten eingesetzt und das Haus wird neu verputzt. 43 Kommen die Flecken danach wieder zum Vorschein 44 und der Priester stellt fest, dass sie sich ausbreiten, so ist es fressender Schwamm. Das Haus ist unrein; 45 es muss niedergerissen werden. Steine, Balken und Putz werden an einen unreinen Platz außerhalb der Stadt geschafft. 46 Wer das Haus betritt, während es abgesperrt ist, wird unrein bis zum Abend. 47 Wer dort schläft oder isst, wird unrein und muss seine Kleider waschen. 48 Stellt der Priester jedoch fest, dass die Flecken nicht wieder aufgetreten sind, nachdem der Putz erneuert wurde, erklärt er das Haus für rein; der Befall ist völlig beseitigt. 49 Um das Haus vollends rein zu machen, nimmt er zwei Vögel, Zedernholz, Karmesinfarbe und Ysop. 50 Er schlachtet den einen Vogel über einer Tonschale mit Quellwasser, 51 wirft das Zedernholz, den Ysop und die Karmesinfarbe in das mit dem Wasser vermischte Blut und taucht auch den anderen Vogel hinein. Mit der Mischung besprengt er das Haus siebenmal. 52-53 Dann lässt er den lebenden Vogel aus der Stadt hinausfliegen. So nimmt er die Unreinheit von dem Haus und es ist wieder rein. 54-57 Nach diesen Weisungen soll der Priester Hautausschläge bei Menschen und Flecken an Stoffen und Häusern beurteilen und entscheiden, ob der erkrankte Mensch oder der befallene Gegenstand rein oder unrein ist.

BESTIMMUNGEN ÜBER KÖRPERLICHE UNREINHEIT

15 1-2 Der HERR befahl Mose und Aaron, den Leuten von Israel zu sagen: Jeder Mann, der einen krankhaften Ausfluss aus seinem Glied hat, wird dadurch unrein, 3 gleichgültig, ob der Ausfluss wässrig oder dickflüssig ist. 4 Auch alles, worauf der Kranke liegt oder sitzt, wird unrein. 5-6 Wer dessen Lager berührt oder sich auf etwas setzt, worauf er gesessen hat, muss die Kleider waschen und sich mit Wasser abspülen und bleibt unrein bis zum Abend. 7-11 Dasselbe gilt, wenn einer den Kranken selbst berührt, von ihm bespuckt wird, etwas berührt oder wegträgt, worauf dieser gesessen hat, oder wenn er von dem Kranken angefasst wird, ohne dass dieser sich zuvor die Hände gewaschen hat. Auch der Sattel, auf dem der Kranke reitet, wird unrein. 12 Ein Tongefäß, das der Kranke berührt, muss zerschlagen, ein Holzgefäß muss mit Wasser abgespült werden. 13 Wird der Kranke von seinem Ausfluss geheilt, so wartet er noch sieben Tage. Dann wäscht er seine Kleider, spült seinen Körper mit frischem Wasser ab und ist wieder rein. 14 Am achten Tag nimmt er zwei Turteltauben oder zwei andere Tauben und tritt damit vor den HERRN am Eingang des Heiligen Zeltes. Die Tauben gibt er dem Priester. 15 Der opfert die eine als Sühneopfer, die andere als Brandopfer und bringt so zwischen dem Kranken und dem HERRN alles wieder in Ordnung. 16 Hat ein Mann im Schlaf einen Samenerguss, so muss er seinen ganzen Körper

mit Wasser abspülen und ist bis zum Abend unrein.
17 Jedes Kleidungsstück oder Fell, woran etwas von
dem Samen gekommen ist, muss mit Wasser gerei-
nigt werden und ist unrein bis zum Abend. 18 Hat er
den Samenerguss im Verkehr mit einer Frau, so müs-
sen sich beide mit Wasser abspülen und bleiben bis
zum Abend unrein. 19 Wenn eine Frau ihre monatliche
Blutung hat, ist sie sieben Tage lang unrein. Jeder, der
sie berührt, wird unrein bis zum Abend. 20 Auch alles,
worauf sie sich während dieser Zeit legt oder setzt,
wird unrein. 21-22 Wer ihr Lager oder etwas, worauf sie
gesessen hat, berührt, muss seine Kleider waschen,
sich selbst mit Wasser abspülen und bleibt bis zum
Abend unrein. 23 Auch wer irgendetwas auf ihrem La-
ger oder ihrer Sitzgelegenheit berührt, wird unrein
bis zum Abend. 24 Hat ein Mann während dieser Zeit
mit ihr Geschlechtsverkehr, wird er selbst für sieben
Tage unrein. Jedes Lager, auf dem er liegt, wird unrein.
25 Dauert die monatliche Blutung länger als sieben
Tage oder hat eine Frau außerhalb ihrer Periode einen
Ausfluss, der längere Zeit anhält, so ist sie während
dieser Zeit genauso unrein wie während ihrer Mo-
natsblutung. 26 Jedes Lager, auf dem sie liegt, und je-
der Gegenstand, auf den sie sich setzt, wird unrein.
27 Wer diese Dinge berührt, wird selbst unrein. Er muss
seine Kleider waschen und sich mit Wasser abspülen
und bleibt unrein bis zum Abend. 28 Wird sie von dem
Ausfluss geheilt, so wartet sie noch sieben Tage und
ist dann wieder rein. 29 Am achten Tag bringt sie zwei
Turteltauben oder zwei andere Tauben zum Priester an
den Eingang des Heiligen Zeltes. 30 Der Priester opfert
die eine als Sühneopfer, die andere als Brandopfer und
bringt so zwischen der Kranken und dem HERRN alles
wieder in Ordnung. 31 Abschließend sagte der HERR zu
Mose und Aaron: »Schärft den Leuten von Israel ein,
dass sie diese Reinheitsvorschriften beachten. Denn
wenn sie in unreinem Zustand meiner Wohnung, die
mitten in ihrem Lager ist, nahe kommen, müssen sie
sterben.« 32-33 Nach diesen Anordnungen ist zu verfah-
ren, wenn jemand, ob Mann oder Frau, einen Ausfluss
aus seinem Geschlechtsteil hat oder wenn ein Mann
mit einer Frau schläft, die ihre monatliche Blutung hat.

BESTIMMUNGEN FÜR DEN VERSÖHNUNGSTAG

16 1-2 Nachdem die beiden Söhne Aarons gestorben
waren, weil sie sich dem HERRN auf eigenmäch-
tige Weise genähert hatten, sagte der HERR zu Mose:
»Sag deinem Bruder Aaron, dass er nur zu bestimmten
Zeiten durch den Vorhang in das innerste Heiligtum,
das Allerheiligste, gehen darf. Sonst muss er sterben.
Denn dort zeige ich mich in einer Wolke über der gol-
denen Deckplatte, die auf der Bundeslade liegt. 3 Er
darf auf keinen Fall hineingehen, bevor er einen Stier
als Sühneopfer und einen Schafbock als Brandopfer
dargebracht hat. 4 Zuerst soll er sich waschen und
besondere Kleider anziehen: ein Priesterhemd und
Kniehosen, Turban und Gürtel, alles aus einfachem
Leinen. 5 Dann lässt er sich von der Gemeinde Israel
zwei Ziegenböcke als Sühneopfer und einen Schafbock
als Brandopfer geben. 6 Er selbst hält als Sühneopfer
für die eigene Schuld und die Schuld seiner Familie
den Stier bereit. 7 Die beiden Böcke bringt er zu mir
an den Eingang des Heiligen Zeltes. 8 Das Los soll ent-
scheiden, welcher Bock mir und welcher Asasel gehört.
9 Der Bock, den das Los für mich bestimmt, wird mir von
Aaron als Opfer für die Schuld des Volkes dargebracht;
10 der andere soll lebend vor mich gestellt und mit der
Schuld des Volkes beladen zu Asasel in die Wüste ge-
trieben werden. 11 Zuvor aber muss Aaron den Stier
opfern, damit seine Schuld und die seiner Familie weg-
geschafft wird. Nachdem er das Tier geschlachtet hat,
12 nimmt er eine Pfanne voll glühender Kohlen vom
Altar vor dem Heiligen Zelt und dazu zwei Handvoll
zerstoßenen Weihrauch und geht damit durch den Vor-
hang in das Allerheiligste. 13 Dort streut er den Weih-
rauch über die Glut, damit der aufsteigende Rauch die
Deckplatte über der Lade mit dem Bundesgesetz ver-
hüllt und er nicht sterben muss. 14 Dann holt er etwas
von dem Blut des geschlachteten Stieres und sprengt
es mit dem Finger einmal gegen die Vorderseite der
Deckplatte und siebenmal vor ihr auf die Erde. 15 Darauf
schlachtet er den Ziegenbock, der als Sühneopfer für
die Schuld des Volkes bestimmt ist, bringt sein Blut hin-
ter den Vorhang und sprengt davon auf die Deckplatte
der Lade und vor ihr auf die Erde, genau wie er es mit
dem Blut des Stieres gemacht hat. 16 Auf diese Weise
reinigt er das Allerheiligste, das durch die Sünden der
Israeliten befleckt worden ist, und anschließend rei-
nigt er das ganze Heilige Zelt, das mitten im Lager der
Israeliten steht und durch ihre Verfehlungen unrein
wird. 17 Niemand darf im Heiligen Zelt anwesend sein,
während Aaron in das Allerheiligste geht und für sich,
seine Familie und ganz Israel diese Sühnehandlung
vollzieht. 18 Anschließend geht Aaron zum Altar, der
vor dem Heiligen Zelt steht, und reinigt auch ihn. Er be-
streicht die Hörner des Altars mit dem Blut der beiden
Opfertiere 19 und sprengt mit dem Finger siebenmal
Blut an den Altar. Auf diese Weise reinigt er ihn von der
Befleckung durch die Sünden des Volkes.«

DER SÜNDENBOCK

20 »Wenn Aaron das Allerheiligste, das Zelt und den
Altar gereinigt hat, bringt er den zweiten Ziegenbock
herbei. 21 Er legt seine beiden Hände auf den Kopf des
Bockes und spricht über ihm alle Verfehlungen aus,
durch die sich die Leute von Israel schuldig gemacht
haben. So legt er alle Sünden des Volkes dem Bock auf
den Kopf und lässt dann das Tier durch einen dazu be-
stellten Mann in die Wüste jagen. 22 Der Bock trägt alle
diese Sünden weg und bringt sie in eine unbewohnte
Gegend. 23 Dann geht Aaron in das Heilige Zelt und legt
die leinenen Kleider ab, die er für diese Sühnehand-
lung angezogen hat. Sie werden im Zelt aufbewahrt.
24 Er wäscht sich im Bereich des Heiligtums, legt seine
Priesterkleider an und bringt für sich und für das Volk
die beiden Schafböcke als Brandopfer dar. Auch damit
schafft er Sühne für sich selbst und für das Volk. 25 Die
Fettstücke der Sühneopfer verbrennt er ebenfalls auf

dem Altar. 26 Der Mann, der den Bock zu Asasel in die Wüste gejagt hat, muss seine Kleider und sich selbst mit Wasser abspülen, bevor er ins Lager zurückkehrt. 27 Die Reste des Stieres und des anderen Ziegenbocks, mit deren Blut das Heiligtum gereinigt worden ist, bringt man vor das Lager hinaus und verbrennt dort alles, Fell, Fleisch und Eingeweide. 28 Der Mann, der es verbrennt, darf ebenfalls erst ins Lager zurückkehren, wenn er sich und seine Kleider mit Wasser abgespült hat.«

WEITERE VORSCHRIFTEN FÜR DEN VERSÖHNUNGSTAG

29 »Am 10. Tag des 7. Monats sollt ihr diesen Feiertag begehen. Die Bestimmungen dafür gelten für alle Zukunft. Ihr müsst euch Bußübungen auferlegen und dürft an diesem Tag keine Arbeit verrichten. Das gilt auch für die Fremden, die bei euch leben. 30 An diesem Tag wird für eure Sünden Sühne geleistet und eure Unreinheit wird von euch genommen; ihr werdet wieder rein vor dem HERRN. 31 Darum ist dieser Tag für euch ein strenger Ruhetag, an dem ihr euch Bußübungen auferlegt. Diese Anordnung gilt für alle Zukunft. 32 Der Priester, der als Nachfolger Aarons gesalbt und in dessen Priesteramt eingesetzt wird, hat die vorgeschriebenen Handlungen zu vollziehen. In den leinenen Kleidern, die eigens dafür bestimmt sind, 33 soll er das Allerheiligste, das ganze Heilige Zelt und den Altar von aller Befleckung reinigen und die übrigen Priester und das ganze Volk von ihrer Schuld befreien. 34 Einmal im Jahr müssen auf diese Weise alle Verfehlungen der Leute von Israel gesühnt werden. So sollt ihr es halten für alle Zukunft.« Aaron führte alles so aus, wie der HERR es Mose befohlen hatte.

SCHLACHTUNG VON TIEREN NUR AM HEILIGTUM

17 Der HERR befahl Mose, 2 zu Aaron und seinen Söhnen sowie zu allen Israeliten zu sagen: »Hört, was der HERR angeordnet hat! 3 Wenn ein Israelit ein Rind, ein Schaf oder eine Ziege schlachten will, darf er es nicht an einem beliebigen Platz innerhalb oder außerhalb des Lagers tun. 4 Er muss das Tier an den Eingang des Heiligen Zeltes bringen und es dort vor der Wohnung des HERRN als Opfergabe für ihn schlachten. Wer es anderswo schlachtet, handelt wie jemand, der das Blut eines Menschen vergießt, und lädt schwere Schuld auf sich. Er hat sein Leben verwirkt und muss aus seinem Volk ausgestoßen werden. 5 Deshalb sollen die Leute von Israel die Opfertiere, die sie bis jetzt auf freiem Feld geschlachtet haben, zum HERRN bringen, zu seinem Priester an den Eingang des Heiligen Zeltes. Dort sollen sie die Tiere für das Opfermahl mit dem HERRN schlachten. 6 Der Priester sprengt das Blut an den Altar des HERRN, der am Eingang des Heiligen Zeltes steht, und verbrennt auf dem Altar die Fettstücke als ein Opfer, das den HERRN gnädig stimmt. 7 Die Leute von Israel sollen ihre Tiere nicht mehr als Opfer für die Dämonen schlachten, denen sie nachlaufen. Diese Anordnung gilt für alle Zukunft.«

VERBOT VON BLUTGENUSS

8-9 Weiter ließ der HERR dem Volk durch Mose sagen: »Wer anderen Göttern ein Brandopfer oder ein anderes Opfer darbringt, statt es mir am Eingang des Heiligen Zeltes zu opfern, hat sein Leben verwirkt und muss aus seinem Volk ausgestoßen werden. Das gilt auch für die Fremden, die bei euch leben. 10 Genauso ergeht es jedem Israeliten und jedem Fremden unter euch, der irgendwelches Blut isst: Ich selbst wende mich gegen ihn und rotte ihn aus seinem Volk aus. 11 Denn im Blut ist das Leben. Ich habe bestimmt, dass alles Blut zum Altar gebracht wird, um Schuld zu sühnen. Weil im Blut das Leben ist, schafft es Sühne für verwirktes Leben. 12 Darum habe ich zu den Leuten von Israel gesagt: Niemand von euch darf Blut essen, auch nicht die Fremden, die bei euch leben. 13 Wenn ein Israelit oder ein Fremder Wild oder Vögel jagt, die ihr essen dürft, dann muss er das Blut der erlegten Tiere auslaufen lassen und mit Erde bedecken. 14 Denn im Blut ist das Leben, und deshalb habe ich euch verboten, Blut zu essen. Jeder, der Blut isst, muss sterben. 15 Wenn irgendjemand, ein Israelit oder ein Fremder, ein verendetes oder gerissenes Tier isst, muss er seine Kleider und sich selbst mit Wasser abspülen und bleibt bis zum Abend unrein. 16 Wenn er es unterlässt, muss er die Folgen tragen.«

VERBOT GESCHLECHTLICHER VERIRRUNGEN

18 Der HERR sagte zu Mose: 2 »Richte den Leuten von Israel aus, was ich ihnen zu sagen habe: ›Ich bin der HERR, euer Gott. 3 Lebt nicht so, wie die Leute in Ägypten leben, woher ihr kommt, auch nicht so, wie sie in Kanaan leben, wohin ich euch bringe. Die Sitten dieser Völker gehen euch nichts an. 4 Ihr sollt euch nach meinen Ordnungen richten und meinen Anweisungen gehorchen. Ich bin der HERR, euer Gott. 5 Wer meine Gebote und Weisungen befolgt, bewahrt sein Leben. Ich bin der HERR! 6 Kein Mann unter euch darf mit einer Blutsverwandten geschlechtlich verkehren. Ich bin der HERR! 7 Du darfst nicht mit deiner Mutter schlafen und dadurch deinen Vater entehren; denn sie ist deine Mutter. 8 Du darfst nicht mit einer anderen Frau deines Vaters schlafen; denn auch dadurch entehrst du deinen Vater. 9 Du darfst nicht mit deiner Schwester oder Halbschwester schlafen, gleichgültig, ob sie die Tochter deines Vaters oder deiner Mutter ist und ob sie in der gleichen Ehe geboren ist oder nicht. 10 Du darfst nicht mit deiner Enkeltochter schlafen; denn dadurch entehrst du dich selbst. 11 Du darfst nicht mit einem Mädchen schlafen, das die Tochter deines Vaters und einer seiner Frauen ist; denn sie ist deine Schwester. 12 Du darfst nicht mit einer Schwester deines Vaters schlafen; denn sie ist mit deinem Vater blutsverwandt. 13 Du darfst nicht mit einer Schwester deiner Mutter schlafen; denn sie ist mit deiner Mutter blutsverwandt. 14 Du darfst nicht mit der Frau deines Onkels, des Bruders deines Vaters, schlafen; denn sie ist deine Tante. 15 Du darfst nicht mit deiner Schwiegertochter schlafen; denn sie ist die Frau deines Sohnes. 16 Du darfst nicht mit deiner Schwägerin

schlafen; denn dadurch entehrst du deinen Bruder.
17 Wenn du mit einer Frau verkehrst, darfst du nicht
gleichzeitig mit ihrer Tochter oder Enkeltochter schla-
fen. Sie sind mit ihr blutsverwandt, deshalb ist das so
viel wie Blutschande. 18 Du darfst nicht die Schwester
deiner Frau zur Nebenfrau nehmen, solange deine Frau
noch lebt. 19 Du darfst nicht mit einer Frau schlafen, die
ihre monatliche Blutung hat; denn in dieser Zeit ist sie
unrein. 20 Du darfst nicht mit der Frau eines anderen
Mannes schlafen; denn dadurch wirst du unrein. 21 Du
darfst keines deiner Kinder als Opfer für den Götzen
Moloch verbrennen; denn dadurch beleidigst du dei-
nen Gott. Ich bin der HERR! 22 Kein Mann darf mit einem
anderen Mann geschlechtlich verkehren; denn das
verabscheue ich. 23 Kein Mann und keine Frau dürfen
mit einem Tier geschlechtlich verkehren. Das ist wider-
wärtig und macht unrein. 24 Verunreinigt euch nicht
durch alle diese Verirrungen, wie es die Völker getan
haben, die ich vor euch vertreibe. 25 Sie haben das Land
unrein gemacht; aber ich sorge dafür, dass es seine Be-
wohner ausspuckt und so wieder rein wird. 26 Ihr aber
sollt euch nach meinen Geboten und Weisungen rich-
ten und genauso die Fremden, die bei euch leben. Tut
nicht solche abscheulichen Dinge 27 wie die Leute, die
vor euch das Land bewohnten und es unrein machten.
28 Sonst wird euch das Land genauso ausspucken, wie
es jetzt seine bisherigen Bewohner ausspuckt. 29 Wer
irgendeine von diesen Abscheulichkeiten tut, hat sein
Leben verwirkt und muss aus seinem Volk ausgestoßen
werden. 30 Gehorcht meinen Anweisungen und richtet
euch nicht nach den abscheulichen Sitten der Völker,
die vor euch das Land bewohnten. Verunreinigt euch
nicht durch ein solches Verhalten. Ich bin der HERR,
euer Gott!«

»IHR SOLLT HEILIG SEIN, DENN ICH BIN HEILIG!«

19 Der HERR sagte zu Mose: 2 »Richte der ganzen
Gemeinde Israel aus, was ich ihr zu sagen habe:
›Ihr sollt heilig sein; denn ich, der HERR, euer Gott, bin
heilig. 3 Jeder soll seine Mutter und seinen Vater ehren
und den wöchentlichen Ruhetag, meinen Sabbat, be-
achten. Ich bin der HERR, euer Gott! 4 Wendet euch
nicht anderen Göttern zu und macht euch keine Göt-
terbilder. Ich bin der HERR, euer Gott! 5 Wenn ihr mir
zu Ehren ein Opfermahl feiert, dann haltet euch an die
Vorschriften, damit euer Opfer euch mein Wohlwollen
bringt. 6 Esst das Opferfleisch am Tag der Schlachtung
und auch noch am Tag danach; aber was am dritten
Tag noch übrig ist, muss verbrannt werden. 7 Wenn
jemand dann noch davon isst, nehme ich das ganze
Opfer nicht an; es ist mir zuwider. 8 Wer davon isst, lädt
Schuld auf sich. Er hat entweiht, was mir, dem HERRN,
heilig ist. Damit hat er sein Leben verwirkt und muss
aus seinem Volk ausgestoßen werden. 9 Wenn ihr ern-
tet, sollt ihr euer Feld nicht bis an den Rand abernten
und keine Nachlese halten. 10 Auch eure Weinberge
sollt ihr nicht ganz ablesen und die heruntergefalle-
nen Trauben nicht aufheben. Lasst etwas übrig für die
Armen und für die Fremden bei euch. Ich bin der HERR,
euer Gott! 11 Vergreift euch nicht an fremdem Eigen-
tum. Belügt und betrügt einander nicht. 12 Missbraucht
nicht meinen Namen, um etwas Unwahres zu be-
schwören; denn damit entweiht ihr ihn. Ich bin der
HERR! 13 Erpresst und beraubt nicht eure Mitmenschen.
Wenn jemand um Tageslohn für euch arbeitet, dann
zahlt ihm seinen Lohn noch am selben Tag aus. 14 Sagt
nichts Böses über einen Tauben, der es nicht hören
und sich nicht wehren kann, und legt einem Blinden
keinen Knüppel in den Weg. Nehmt meine Weisungen
ernst: Ich bin der HERR! 15 Wenn ihr einen Rechtsfall
zu entscheiden habt, dann haltet euch streng an das
Recht. Bevorzugt weder den Armen und Schutzlosen
noch den Reichen und Mächtigen. Wenn ihr als Richter
über einen Mitmenschen das Urteil sprecht, darf allein
die Gerechtigkeit den Maßstab abgeben. 16 Verbreitet
keine Verleumdungen über eure Mitmenschen. Sucht
niemand dadurch aus dem Weg zu schaffen, dass ihr
vor Gericht falsche Anschuldigungen gegen ihn vor-
bringt. Ich bin der HERR! 17 Wenn du etwas gegen dei-
nen Bruder oder deine Schwester hast, dann trage
deinen Groll nicht mit dir herum. Rede offen mit ihnen
darüber, sonst machst du dich schuldig. 18 Räche dich
nicht an deinem Mitmenschen und trage niemand et-
was nach. Liebe deinen Mitmenschen wie dich selbst.
Ich bin der HERR!

WEITERE WEISUNGEN FÜR GOTTES HEILIGES VOLK

19 ›Befolgt meine Anordnungen! Kreuzt nicht Tiere
verschiedener Art miteinander. Sät nicht auf demsel-
ben Acker zwei verschiedene Sorten Saatgut. Tragt
auch keine Kleidung, die aus zwei verschiedenen Gar-
nen gewebt ist. 20 Wenn ein Mann mit einer Sklavin
schläft, die einem anderen Mann zur Ehe zugesagt,
aber noch nicht losgekauft oder freigelassen worden
ist, dann muss er mir eine Wiedergutmachung leisten.
Die beiden werden nicht mit dem Tod bestraft, weil
die Frau noch nicht frei war. 21 Der Mann muss einen
Schafbock als Wiedergutmachungsopfer zu mir an
den Eingang des Heiligen Zeltes bringen. 22 Mit die-
sem Opfer bringt der Priester die Sache wieder ins
Reine und ich, der HERR, vergebe dem Betreffenden
seine Schuld. 23 Wenn ihr in euer Land kommt und
Obstbäume pflanzt, sind die Früchte drei Jahre lang
unrein und dürfen nicht gegessen werden. 24 Im vier-
ten Jahr sollen alle Früchte als Dankopfer mir, dem
HERRN, geweiht werden. 25 Vom fünften Jahr ab dürft
ihr die Früchte essen. Wenn ihr so verfahrt, werden
eure Bäume umso mehr Früchte tragen. Ich bin der
HERR, euer Gott! 26 Esst kein Fleisch, in dem noch Blut
ist. Treibt keine Wahrsagerei oder Zauberei. 27-28 Wenn
ihr einen Toten beweint, sollt ihr nicht das Haar ab-
schneiden, den Bart stutzen oder euch Einschnitte
am Körper oder Tätowierungen machen. Ich bin der
HERR! 29 Entehrt eure Töchter nicht dadurch, dass ihr
sie zur Hurerei anhaltet. Sonst wird sich diese Unsitte
über das ganze Land verbreiten und euer Land wird mir

ein Gräuel. 30 Haltet den Sabbat in Ehren und entweiht
nicht mein Heiligtum. Ich bin der HERR! 31 Wendet euch
nicht an Wahrsager und an Leute, die die Geister der
Toten befragen. Wer das tut, macht sich unrein. Ich bin
der HERR, euer Gott! 32 Steht ehrerbietig auf, wenn ein
Mensch mit grauem Haar zu euch tritt. Begegnet den
Alten mit Achtung und fürchtet euren Gott. Ich bin
der HERR! 33 Unterdrückt nicht die Fremden, die bei
euch im Land leben, 34 sondern behandelt sie genau
wie euresgleichen. Jeder von euch soll seinen frem-
den Mitbürger lieben wie sich selbst. Denkt daran,
dass auch ihr in Ägypten Fremde gewesen seid. Ich
bin der HERR, euer Gott! 35-36 Übervorteilt niemand
und verwendet keine falschen Maße und Gewichte.
Eure Waage muss stimmen, und die Gewichtssteine
und die Längen- und Hohlmaße müssen genau der
Norm entsprechen. Ich bin der HERR, euer Gott, der
euch aus Ägypten herausgeführt hat! 37 Richtet euch
in allem nach meinen Geboten und Weisungen und
befolgt sie. Ich bin der HERR!««

STRAFEN FÜR SCHWERE VERIRRUNGEN

20 1-2 Weiter ließ der HERR den Leuten von Israel
durch Mose sagen: »Wer von euch und von den
Fremden, die in Israel leben, sein Kind dem Götzen
Moloch opfert, muss mit dem Tod bestraft werden. Die
versammelte Gemeinde soll ihn steinigen. 3 Ich selbst
wende mich gegen ihn und rotte ihn aus seinem Volk
aus. Er hat eins von seinen Kindern dem Moloch ge-
geben und damit mein Heiligtum unrein gemacht und
meinen heiligen Namen entehrt. 4 Wenn die Männer
der Gemeinde ihre Augen vor seiner Untat verschlie-
ßen und ihn leben lassen, 5 dann gehe ich selbst mit
ihm und seiner Sippe ins Gericht. Ich werde ihn und
alle, die sich nach seinem Beispiel mit dem Götzen Mo-
loch einlassen, aus ihrem Volk ausrotten. 6 Auch wenn
jemand sich an Wahrsager wendet und an Leute, die
die Geister der Toten befragen, ist das Götzendienst.
Ich selbst wende mich gegen alle, die so etwas tun,
und rotte sie aus ihrem Volk aus. 7 Reinigt euch von
allem, was mir zuwider ist, und lebt so, dass ihr mein
heiliges Volk seid; denn ich bin der HERR, euer Gott.
8 Richtet euch nach meinen Geboten und befolgt sie.
Ich bin der HERR und habe euch aus den Völkern aus-
gesondert, damit ihr heilig seid. 9 Wer seinen Vater
oder seine Mutter verflucht, muss getötet werden;
sein Blut findet keinen Rächer. 10 Wenn jemand mit
der Frau eines anderen Israeliten Ehebruch begeht,
müssen beide getötet werden, der Ehebrecher und
die Ehebrecherin. 11 Wenn jemand mit einer Frau sei-
nes Vaters schläft und dadurch seinen Vater entehrt,
müssen beide getötet werden; ihr Blut findet keinen
Rächer. 12 Wenn jemand mit seiner Schwiegertochter
schläft, müssen beide getötet werden. Sie haben sich
auf eine schändliche Weise befleckt; ihr Blut findet
keinen Rächer. 13 Wenn ein Mann mit einem anderen
Mann geschlechtlich verkehrt, haben sich beide auf
abscheuliche Weise vergangen. Sie müssen getötet
werden; ihr Blut findet keinen Rächer. 14 Wenn jemand
Tochter und Mutter zugleich zur Frau nimmt, ist das
ein schändliches Vergehen. Alle drei müssen ver-
brannt werden; denn so etwas Schändliches darf es
bei euch nicht geben. 15 Wenn ein Mann mit einem Tier
geschlechtlich verkehrt, muss er getötet werden; auch
das Tier müsst ihr umbringen. 16 Wenn eine Frau sich
irgendeinem Tier nähert und mit ihm geschlechtlich
verkehrt, sollt ihr die Frau und das Tier umbringen.
Sie müssen getötet werden; ihr Blut findet keinen
Rächer. 17 Wenn ein Mann mit seiner Schwester oder
Halbschwester schläft, machen sich beide schuldig; es
ist eine schlimme Schandtat. Die beiden müssen vor
versammeltem Volk getötet werden. Der Mann hat
mit seiner Schwester verkehrt und muss die Folgen
seiner Untat tragen. 18 Wenn ein Mann mit einer Frau
während ihrer monatlichen Blutung schläft, machen
sich beide schuldig und müssen aus ihrem Volk aus-
gerottet werden. 19 Niemand darf mit der Schwester
seiner Mutter oder seines Vaters schlafen; denn sie ist
seine Blutsverwandte. Die beiden müssen die Folgen
ihrer Untat tragen. 20 Wer mit der Frau seines Onkels
schläft, entehrt damit seinen Onkel. Die beiden müs-
sen die Folgen ihres Vergehens tragen; sie werden
ohne Nachkommen sterben. 21 Wer mit der Frau sei-
nes Bruders schläft, entehrt seinen Bruder und tut
etwas Schändliches. Er und die Frau werden keine
Nachkommen haben. 22 Richtet euch nach allen mei-
nen Geboten und Weisungen und befolgt sie. Nur dann
wird euch das Land nicht ausspucken, in das ich euch
bringen will. 23 Nehmt nicht die Sitten der Leute an, die
ich vor euch vertreibe. Weil sie all diese Schandtaten
begangen haben, sind sie mir zum Abscheu geworden
24 und deshalb habe ich zu euch gesagt: ›Ihr Land gebe
ich euch; ihr sollt es in Besitz nehmen – ein Land, das
von Milch und Honig überfließt.‹ Ich, der HERR, euer
Gott, habe euch aus den anderen Völkern ausgeson-
dert. 25 Deshalb sollt ihr auch genau zwischen reinen
und unreinen Tieren unterscheiden. Esst keine Tiere,
die ich für unrein erklärt habe. Sonst werdet ihr selbst
unrein und erregt meinen Abscheu. 26 Ihr sollt heilig
sein und mir allein gehören, denn ich, der HERR, bin
heilig. Ich habe euch aus den anderen Völkern ausge-
wählt, damit ihr mir gehört. 27 Wenn aus einem Mann
oder aus einer Frau ein Totengeist oder ein Wahrsage-
geist spricht, müssen sie getötet werden. Ihr sollt sie
steinigen; ihr Blut findet keinen Rächer.«

BESONDERE REINHEITSVORSCHRIFTEN FÜR PRIESTER

21 Den Priestern, den Söhnen Aarons, ließ der
HERR durch Mose sagen: »Kein Priester darf
sich dadurch verunreinigen, dass er mit einer Leiche
in Berührung kommt. 2 Ausgenommen sind nur die
nächsten Angehörigen: Mutter, Vater, Sohn, Tochter,
Bruder, 3 auch eine unverheiratete Schwester, die noch
mit ihrem Bruder im selben Haushalt lebt. 4 An der Lei-
che einer verheirateten Schwester jedoch entweiht er
sich. 5 Kein Priester darf sich bei einem Trauerfall den
Kopf kahl scheren, den Bart stutzen oder Einschnitte

am Körper machen. 6 Die Priester sollen ein Leben
führen, das mir, ihrem Gott, geweiht ist, und sollen
meinen Namen heilig halten. Sie bringen mir die Op-
fergaben dar, die auf meinem Altar verbrannt werden
und die meine Speise sind, darum müssen sie alles
meiden, was sie unrein machen könnte. 7 Sie dürfen
keine Prostituierte heiraten, auch kein Mädchen,
das nicht mehr Jungfrau ist, auch keine geschiedene
Frau; denn ein Priester ist seinem Gott geweiht. 8 Ein
Priester soll euch als ein Mann gelten, den ich für
mich ausgesondert habe; denn er bringt mir meine
Opferspeise dar. Ich bin der heilige Gott und habe
euch als mein Volk ausgesondert. 9 Wenn die Toch-
ter eines Priesters eine Prostituierte wird, entweiht
sie ihren Vater und muss verbrannt werden. 10 Der
oberste unter den Priestern, der bei der Amtseinset-
zung mit den vorgeschriebenen Gewändern bekleidet
worden ist und auf dessen Kopf das Salböl gegossen
wurde, darf bei einem Trauerfall nicht sein Haar frei
hängen lassen oder seine Kleider zerreißen. 11 Er darf
zu keinem Toten gehen, weil er dadurch unrein wird,
auch nicht, wenn es sein Vater oder seine Mutter ist.
12 Solange ein Toter in seinem Haus liegt, soll er nicht
dorthin gehen. Er muss ständig in meinem Heiligtum
bleiben, damit er es nicht entweiht; denn er ist mit
dem heiligen Öl gesalbt. Ich bin der HERR! 13 Er darf
nur eine unberührte Jungfrau heiraten, 14 keine Witwe
und keine Geschiedene und keine Prostituierte. Er
muss ein Mädchen aus seinem eigenen Volk zur Frau
nehmen. 15 Sonst würde er unreine Kinder haben. Ich,
der HERR, habe ihn zu meinem Dienst ausgesondert.«
16-17 Weiter ließ der HERR dem Priester Aaron durch
Mose sagen: »Wenn einer deiner Nachkommen ein
Gebrechen hat, darf er nicht zum Altar kommen, um
mir eine Opfergabe darzubringen. Dieses Verbot gilt
für alle Zukunft. 18 Keiner ist zum Opferdienst zuge-
lassen, der blind oder gelähmt oder irgendwie miss-
gestaltet ist, 19 auch niemand, dessen Arm oder Bein
verkrüppelt ist, 20 kein Buckliger oder Kleinwüchsiger,
keiner, der eine Augen- oder Hautkrankheit hat, auch
keiner mit zerquetschten Hoden. 21 Niemand von den
Nachkommen des Priesters Aaron, der irgendein Ge-
brechen hat, darf jemals eine Opfergabe als Speise für
mich, seinen Gott, auf dem Altar verbrennen. 22 Er darf
von den Opfern essen, die mir dargebracht werden,
sowohl von den heiligen als auch von den besonders
heiligen Opfergaben; 23 aber weil er ein Gebrechen
hat, darf er nicht zum Vorhang gehen oder sich dem
Altar nähern. Er soll mein Heiligtum und alle seine
heiligen Gegenstände nicht entweihen; denn ich bin
der HERR, der sie heilig macht.« 24 Mose teilte diese
Anordnungen Aaron und seinen Söhnen und dem
ganzen Volk mit.

WER VON DEN OPFERGABEN ESSEN DARF

22 1-2 Weiter ließ der HERR dem Priester Aaron
und seinen Söhnen durch Mose sagen: »Geht
achtsam um mit den heiligen Gaben, die die Leute von
Israel mir bringen, sonst entehrt ihr meinen heiligen
Namen. Ich bin der HERR! 3 Wenn jemals einer von
euch oder euren Nachkommen sich im Zustand der
Unreinheit diesen heiligen Gaben nähert, hat er sein
Priestertum verwirkt und muss sterben. Ich bin der
HERR! 4 Wer von Aarons Nachkommen Aussatz oder
einen unreinen Ausfluss hat, darf von den heiligen
Opfergaben erst essen, wenn er wieder rein ist. Wenn
einer von ihnen etwas berührt, was durch einen Toten
verunreinigt ist, oder einen Samenerguss hatte 5 oder
unreines Ungeziefer angefasst hat oder einen Men-
schen, der aus irgendeinem Grund unrein ist, 6-7 wird
er selbst unrein bis zum Abend und darf so lange nicht
von den heiligen Opfergaben essen. Nach Sonnen-
untergang soll er seinen Körper mit Wasser abspü-
len, dann ist er wieder rein und darf von den heiligen
Gaben essen; denn er muss ja davon leben. 8 Keiner
von den Nachkommen Aarons darf Fleisch von ver-
endeten oder gerissenen Tieren essen, denn das macht
ihn unrein. Ich bin der HERR! 9 Die Priester sollen sich
nach den Anordnungen richten, die ich, der HERR,
gegeben habe, und sich nichts zuschulden kommen
lassen. Wer die heiligen Opfergaben entweiht, muss
sterben. Ich bin der HERR, ich habe die Priester zum
Dienst für mich ausgesondert. 10 Nur wer zur Familie
eines Priesters gehört, darf von den heiligen Opfer-
gaben essen, sonst niemand, auch nicht ein Fremd-
arbeiter oder Lohnarbeiter, der bei ihm lebt. 11 Ein
Sklave, den ein Priester sich gekauft hat, darf davon es-
sen, auch einer, der im Haus eines Priesters geboren ist.
12 Heiratet die Tochter eines Priesters einen Mann,
der selbst kein Priester ist, so darf sie nicht mehr von
den heiligen Opfergaben essen. 13 Wenn sie aber als
Witwe oder Geschiedene ohne Kinder in das Haus
ihres Vaters zurückkehrt, darf sie wie früher von dem
essen, was ihrem Vater als Priester zusteht. Nur wer
zur Familie eines Priesters gehört, darf davon essen.
14 Wenn eine andere Person versehentlich etwas
von den heiligen Opfergaben isst, muss sie es dem
Priester ersetzen und noch ein Fünftel hinzufügen.
15-16 Die Priester sollen dafür sorgen, dass niemand
unbefugt von den Opfergaben isst, sonst laden sie
der Gemeinde schwere Schuld auf. Sie sollen dafür
sorgen, dass meine heiligen Gaben nicht entweiht
werden. Ich bin der HERR, ich habe sie zum Dienst für
mich ausgesondert.«

VORSCHRIFTEN ÜBER OPFERTIERE

17-18 Der HERR ließ Aaron, seinen Söhnen und dem
ganzen Volk durch Mose sagen: »Wenn ein Israelit
oder ein Fremder, der in Israel lebt, mir ein Brandopfer
darbringen will, um ein Gelübde zu erfüllen oder auch
um mir freiwillig etwas zu geben, 19-20 dann muss er
dafür ein fehlerfreies männliches Tier wählen, und
zwar von Rindern, Schafen oder Ziegen. Wenn das
Tier irgendein Gebrechen hat, wird das Opfer euch
nicht mein Wohlwollen bringen. 21 Auch wenn jemand
mir ein Rind, ein Schaf oder eine Ziege als Mahlopfer
darbringt, um ein Gelübde zu erfüllen oder mir frei-
willig etwas zu geben, nehme ich es nur an, wenn das

Opfertier fehlerfrei ist. 22 Ihr dürft keine Opfertiere zu mir bringen, die blind, verkrüppelt oder verstümmelt sind, die Entzündungen oder Hautkrankheiten haben. Solche Tiere dürfen nicht als Opfer auf meinen Altar kommen. 23 Ein Rind, ein Schaf oder eine Ziege mit missgebildeten oder verkümmerten Körperteilen können als freiwilliges Opfer dargebracht werden, als Opfer zur Erfüllung eines Gelübdes nehme ich sie nicht an. 24 Auch ein kastriertes Tier dürft ihr mir nicht opfern. Ihr sollt in eurem Land überhaupt keine Tiere kastrieren; 25 aber auch von einem Ausländer dürft ihr kein kastriertes Tier kaufen, um es mir als Opfer darzubringen. Solche Tiere sind nicht vollwertig. Wenn ihr sie opfert, werden sie euch nicht mein Wohlwollen bringen.« 26 Weiter ließ der HERR durch Mose sagen: 27 »Wird ein Kalb oder ein Schaf- oder Ziegenlamm geboren, so muss es sieben Tage bei seiner Mutter bleiben. Erst vom achten Tag an nehme ich es als Opfergabe an. 28 Ihr dürft auch nicht das Muttertier am gleichen Tag wie das Junge schlachten. 29-30 Wenn ihr mir für etwas danken wollt und mir ein Mahlopfer bringt, müsst ihr das Fleisch am selben Tag essen und dürft nichts bis zum anderen Morgen übrig lassen. Sonst wird das Opfer euch nicht mein Wohlwollen bringen. Ich bin der HERR! 31 Beachtet meine Gebote und befolgt sie. Ich bin der HERR! 32 Entweiht nicht meinen heiligen Namen. Alle Israeliten sollen mich als den heiligen Gott anerkennen. Ich bin der HERR und habe euch als mein Volk ausgesondert. 33 Ich habe euch aus Ägypten geführt, um euer Gott zu sein. Ich bin der HERR!«

SABBAT UND FESTZEITEN

23 1-2 Der HERR befahl Mose, den Leuten von Israel zu sagen: »Folgende Feste hat der HERR angeordnet; ihr sollt sie als heilige Zeiten ausrufen, die ihm geweiht sind: 3 Haltet regelmäßig den Sabbat. Sechs Tage sollt ihr arbeiten; aber am siebten Tag ist ein strenger Ruhetag, ein heiliger Tag, der dem HERRN gehört. Niemand darf an diesem Tag eine Arbeit verrichten. Der Sabbat gehört dem HERRN. Diese Anordnung gilt überall, an allen euren Wohnsitzen. 4 Feiert die großen Feste zu Ehren des HERRN als heilige Zeiten. Zu den folgenden Zeiten sollt ihr sie ausrufen:

PASSAFEST UND ERSTE GARBE

5 Das Passafest begeht ihr zu Ehren des HERRN am 14. Tag des 1. Monats nach Sonnenuntergang. 6 Am darauf folgenden Tag beginnt zu Ehren des HERRN das Fest der Ungesäuerten Brote. Es dauert sieben Tage lang. Während der ganzen Festwoche dürft ihr nur solches Brot essen, das ohne Sauerteig zubereitet ist. 7 Der erste Tag ist für euch ein heiliger Tag; ihr dürft an ihm keinerlei Arbeit verrichten. 8 An jedem der sieben Festtage verbrennt ihr ein Opfer für den HERRN. Der siebte Tag ist wieder ein heiliger Tag, an dem ihr keinerlei Arbeit verrichten dürft.« 9-10 Weiter ließ der HERR den Leuten von Israel durch Mose sagen: »Wenn ihr in dem Land, das der HERR euch geben wird, die Gerste erntet, dann sollt ihr die erste Garbe davon dem Priester übergeben. 11 Am Tag nach dem Sabbat übereignet der Priester sie symbolisch dem HERRN; dann wird der HERR sie als Opfergabe annehmen und euch sein Wohlwollen zuwenden. 12 Opfert dem HERRN an diesem Tag ein fehlerfreies einjähriges Schaf als Brandopfer 13 und dazu als Speiseopfer 2/10 Efa (2,5 Kilo) feines Mehl, mit Olivenöl vermengt – ein Opfer, das den HERRN gnädig stimmt. Als Trankopfer kommt dazu 1/4 Hin (knapp 1 Liter) Wein. 14 Erst wenn ihr eurem Gott diese Gaben gebracht habt, dürft ihr Brot und frische oder geröstete Körner von der neuen Ernte essen. Diese Anordnung gilt für alle Zukunft und an allen euren Wohnsitzen.

PFINGSTFEST UND ERSTE BROTE

15 Vom Tag nach dem Sabbat, an dem ihr dem HERRN die erste Gerstengarbe gebracht habt, zählt ihr sieben volle Wochen 16 und bringt dann am 50. Tag, dem Tag nach dem siebten Sabbat, dem HERRN ein Speiseopfer von der neuen Ernte. 17 Jede Familie bringt zwei Brote zum Heiligtum, die aus je 2/10 Efa (2,5 Kilo) neuem Weizenmehl mit Sauerteig gebacken sind. Als Erstlingsgabe der Weizenernte gehören sie dem HERRN. 18 Außer dem Brot opfert die ganze Gemeinde dem HERRN sieben fehlerfreie einjährige Schafe, einen Stier sowie zwei Schafböcke als Brandopfer und dazu die vorgeschriebenen Speise- und Trankopfer – ein Opfer, das dem HERRN Freude macht. 19 Opfert auch noch einen Ziegenbock als Sühneopfer und zwei einjährige Schafe als Mahlopfer. 20 Der Priester übereignet die Brote samt all diesen Opfergaben symbolisch dem HERRN, ebenso die beiden Schafe. Sie sind eine heilige Gabe für den HERRN und fallen den Priestern zu. 21 Ihr müsst diesen Tag als heiligen Tag ausrufen und dürft an ihm keinerlei Arbeit verrichten. Diese Anordnung gilt für alle Zukunft und an allen euren Wohnsitzen. 22 Wenn ihr erntet, sollt ihr euer Feld nicht bis an den Rand abernten und keine Nachlese halten. Lasst etwas übrig für die Armen und die Fremden bei euch. Ich bin der HERR, euer Gott!«

NEUJAHR, VERSÖHNUNGSTAG UND LAUBHÜTTENFEST

23-24 Weiter ließ der HERR den Israeliten durch Mose sagen: »Auch der 1. Tag des 7. Monats ist für euch ein Ruhetag, der dem HERRN heilig ist. An diesem Tag sollt ihr die Trompeten blasen und euch so beim HERRN in Erinnerung bringen. 25 Ihr dürft keinerlei Arbeit verrichten und sollt für den HERRN Opfer verbrennen.« 26 Weiter ließ er ihnen sagen: 27 »Am 10. Tag des 7. Monats ist der Versöhnungstag. Er ist ein heiliger Tag; ihr sollt euch Bußübungen auferlegen und Opfer für den HERRN verbrennen. 28 Ihr dürft an diesem Tag keinerlei Arbeit verrichten; denn es ist der Versöhnungstag, an dem im Heiligtum Sühne für eure Schuld geschaffen wird. 29 Wer an diesem Tag nicht fastet und sich Bußübungen auferlegt, hat sein Leben verwirkt und muss aus seinem Volk ausgestoßen werden. 30 Der

HERR selbst wird jeden aus seinem Volk ausrotten, der an diesem Tag irgendeine Arbeit verrichtet. 31 Für diesen Tag ist unbedingte Arbeitsruhe vorgeschrieben. Diese Anordnung gilt für alle Zukunft und an allen euren Wohnsitzen. 32 Der Versöhnungstag ist für euch ein besonders strenger Ruhetag, an dem ihr euch Bußübungen auferlegt. Vom Abend des 9. Tages bis zum Abend des 10. Tages müsst ihr diesen Ruhetag einhalten.« 33-34 Weiter ließ der HERR den Leuten von Israel durch Mose sagen: »Am 15. Tag des 7. Monats beginnt das Laubhüttenfest. Es wird zu Ehren des HERRN sieben Tage lang gefeiert. 35 Der erste Tag ist ein heiliger Tag; ihr dürft an ihm keinerlei Arbeit verrichten. 36 Sieben Tage lang sollt ihr täglich Opfer für den HERRN verbrennen. Der achte Tag ist wieder ein heiliger Tag, an dem ihr Opfer für den HERRN verbrennt; ihr kommt an diesem Tag zur großen Festversammlung zusammen und dürft keinerlei Arbeit verrichten. 37 Dies sind die Feste des HERRN, die ihr als heilige Zeiten ausrufen und an denen ihr dem HERRN Opfer darbringen sollt – Brandopfer, Speiseopfer, Mahlopfer und Trankopfer, wie sie für das jeweilige Fest vorgeschrieben sind. 38 Außerdem begeht ihr wöchentlich den Sabbat als Tag des HERRN, und außer den Festopfern bringt ihr dem HERRN eure regelmäßigen Gaben sowie die Opfer, die ihr ihm durch ein Gelübde versprochen habt oder freiwillig geben wollt. 39 Zum Laubhüttenfest, das nach dem Einbringen der Ernte am 15. Tag des 7. Monats mit einem Ruhetag beginnt und eine Woche später mit einem Ruhetag abschließt, müsst ihr noch beachten: 40 Ihr nehmt am ersten Tag des Festes die schönsten Früchte eurer Bäume, dazu Palmzweige und Zweige von Laubbäumen und Bachweiden und feiert dann sieben Tage lang ein Freudenfest zu Ehren des HERRN, eures Gottes. 41 Jedes Jahr sollt ihr dieses Fest im 7. Monat feiern; diese Anordnung gilt für immer, für alle eure Nachkommen. 42 Alle Leute von Israel im ganzen Land müssen diese sieben Tage in Laubhütten wohnen. 43 Eure Nachkommen in allen künftigen Generationen sollen daran erinnert werden, dass ich, der HERR, das Volk Israel einst auf dem Weg von Ägypten in sein Land in Laubhütten wohnen ließ. Ich bin der HERR, euer Gott!« 44 Alle diese Anweisungen für die Feste des HERRN übermittelte Mose dem Volk.

LEUCHTER UND OPFERBROTE

24 Der HERR sagte zu Mose: 2 »Befiehl den Leuten von Israel, dir reines Olivenöl zu bringen, damit jede Nacht im Heiligtum Lichter brennen. 3 Aaron soll sie jeden Abend vor dem Vorhang, der die Lade mit dem Bundesgesetz verdeckt, anzünden und soll dafür sorgen, dass sie bis zum Morgen nicht erlöschen. Diese Anordnung gilt für alle Zukunft. 4 Aaron soll die Lampen auf dem goldenen Leuchter vor dem Vorhang regelmäßig anzünden. 5 Lass zwölf Brote backen, jedes aus 2/10 Efa (2,5 Kilo) Weizenmehl, 6 und lege sie in zwei Stapeln zu je sechs auf den goldenen Tisch vor dem Vorhang im Heiligtum. 7 Lege auf jeden Stapel reinen Weihrauch. Der Weihrauch wird als Zeichen, dass die Brote mir gehören, verbrannt. 8 Jeden Sabbat soll Aaron die Brote neu auflegen. Dazu sind die Leute von Israel für alle Zukunft verpflichtet. 9 Die abgeräumten Brote gehören Aaron und seinen Nachkommen; sie stehen den Priestern für alle Zukunft als Anteil an meinen Opfern zu. Sie sind etwas besonders Heiliges und müssen deshalb an geweihter Stätte gegessen werden.«

EIN FALL VON GOTTESLÄSTERUNG. GRUNDSÄTZE DES STRAFRECHTS

10-11 Im Lager der Israeliten war ein Mann, der eine israelitische Mutter und einen ägyptischen Vater hatte. Seine Mutter hieß Schelomit und war eine Tochter Dibris vom Stamm Dan. Deren Sohn geriet mit einem Israeliten in Streit. Dabei lästerte er den HERRN und schmähte seinen Namen. Man brachte den Mann zu Mose 12 und der ließ ihn einsperren, bis der HERR eine Weisung geben würde, was mit ihm geschehen sollte. 13 Der HERR sagte zu Mose: 14 »Führe den Mann aus dem Lager! Alle, die seine Lästerung gehört haben, legen ihre Hände auf seinen Kopf; dann wird er von der ganzen Gemeinde gesteinigt. 15 Den Leuten von Israel aber sollst du sagen: Wer seinen Gott lästert, muss die Folgen tragen. 16 Wer den Namen des HERRN schmäht, hat sein Leben verwirkt und muss von der ganzen Gemeinde gesteinigt werden. Für euch Israeliten wie für die Fremden, die bei euch leben, gilt: Wer den Namen Gottes schmäht, muss sterben. 17 Wer einen Menschen erschlägt, muss mit dem Tod bestraft werden. 18 Wer ein Stück Vieh erschlägt, muss es ersetzen. Stets gilt der Grundsatz: Leben für Leben! 19 Wer seinem Mitmenschen einen Schaden am Körper zufügt, muss zur Strafe denselben Schaden am eigenen Leib erleiden. 20 Wer dem anderen einen Knochen bricht, dem wird dafür ebenfalls ein Knochen gebrochen; wer ihm ein Auge oder einen Zahn ausschlägt, verliert dafür selbst Auge oder Zahn. Stets gilt der Grundsatz: Auge für Auge, Zahn für Zahn. Was jemand einem anderen zufügt, das wird zur Strafe ihm selbst zugefügt. 21 Wer ein Stück Vieh erschlägt, muss es ersetzen; aber wer einen Menschen erschlägt, hat sein eigenes Leben verwirkt. 22 Dieses Gesetz gilt für alle ohne Unterschied, für euch Israeliten wie für die Fremden, die bei euch leben. Ich bin der HERR, euer Gott!« 23 Mose sagte dies alles den Leuten von Israel. Sie gehorchten dem Befehl des HERRN, brachten den Mann, der Gott gelästert hatte, aus dem Lager und steinigten ihn.

SABBATJAHR UND ERLASSJAHR

25 1-2 Der HERR sagte zu Mose auf dem Berg Sinai: »Richte den Leuten von Israel aus, was ich ihnen zu sagen habe: ›Wenn ihr in das Land kommt, das ich euch geben werde, müsst ihr dafür sorgen, dass das Land mir jedes siebte Jahr einen Sabbat feiert. 3 Sechs Jahre sollt ihr eure Felder bestellen, eure Weinstöcke beschneiden und den Ertrag einsammeln.

4 Aber jedes siebte Jahr muss das Land ruhen; es feiert
einen Sabbat zu Ehren des HERRN. Ihr dürft in die-
sem Jahr kein Feld bestellen und keinen Weinberg
pflegen. 5 Auch was sich selbst ausgesät hat, darf
nicht abgeerntet werden und ungepflegt wachsen-
de Weintrauben dürfen nicht abgelesen werden. Ihr
müsst das Land unbedingt ruhen lassen. 6 Es wird
aber während des Sabbatjahres genügend Nahrung
für euch hervorbringen, auch für eure Sklaven und
Sklavinnen, die Lohnarbeiter und Fremdarbeiter, für
alle, die bei euch leben, 7 für euer Vieh und die wild
lebenden Tiere. Ihr dürft alles von der Hand in den
Mund essen, was von selbst wächst. 8 Wenn ihr das
Sabbatjahr siebenmal gefeiert habt und also insge-
samt 49 Jahre vergangen sind, 9 lasst ihr am 10. Tag
des 7. Monats, dem Versöhnungstag, im ganzen Land
das Widderhorn blasen. 10 Dies ist das Zeichen dafür,
dass alle seine Bewohner wieder in ihre ursprüng-
lichen Rechte eingesetzt werden. Das 50. Jahr muss
für euch als ein Jahr gelten, das mir gehört. Es ist das
Erlassjahr, in dem eine allgemeine Wiederherstellung
erfolgt. Jeder Israelit, der seinen erblichen Land-
besitz verpfändet hat, bekommt ihn wieder zurück,
und wer sich einem anderen Israeliten als Sklaven
verkauft hat, darf zu seiner Sippe zurückkehren. 11 In
diesem Jahr darf nicht gesät werden, und was ungesät
nachwächst, darf nicht abgeerntet werden; 12 auch die
von selbst wachsenden Weintrauben dürft ihr nicht
ablesen. Das ganze Jahr soll ein heiliges Jahr sein,
das mir gehört. Ihr dürft aber vom Feld weg essen,
was darauf wächst. 13 Im Erlassjahr soll jeder seinen
Besitz an Grund und Boden zurückerhalten. 14 Dies
müsst ihr berücksichtigen, wenn ihr von einem an-
deren Israeliten Land kauft oder es ihm verkauft.
15-16 Der Preis richtet sich nach der Zeitspanne bis
zum nächsten Erlassjahr. Sind es noch viele Jahre, so
ist der Kaufpreis höher, sind es nur noch wenige, so
ist er entsprechend niedriger. Gekauft wird nicht das
Land, sondern die Anzahl der Ernten. 17 Darum soll kei-
ner von euch einen anderen Israeliten übervorteilen.
Nehmt meine Weisungen ernst, denn ich bin der HERR,
euer Gott. 18-19 Gehorcht meinen Geboten und richtet
euch nach meinen Weisungen, dann werdet ihr ruhig
und sicher in eurem Land leben können, und das Land
wird so viel hervorbringen, dass ihr genug zu essen
habt. 20 Ihr braucht euch nicht zu sorgen: Was werden
wir im siebten Jahr essen, wenn wir nicht säen und
nicht ernten können? 21 Ich, der HERR, werde das Land
im sechsten Jahr so reich segnen, dass der Ertrag für
zwei Jahre ausreicht. 22 Nachdem ihr im achten Jahr
ausgesät habt, könnt ihr dann noch bis zur neuen
Ernte vom Ertrag des sechsten Jahres leben.‹

DAS LAND ALS EIGENTUM GOTTES UND BESITZ DER MENSCHEN

23 ›Besitz an Grund und Boden darf nicht endgültig
verkauft werden, weil das Land nicht euer, sondern
mein Eigentum ist. Ihr lebt bei mir wie Fremde oder
Gäste, denen das Land nur zur Nutzung überlassen
ist. 24 Bei jedem Landkauf müsst ihr ein Rückkaufs-
recht einräumen. 25 Wenn dein Bruder, ein anderer
Israelit, verarmt und etwas von seinem Grundbesitz
verkaufen muss, soll sein nächster Verwandter als Lö-
ser für ihn eintreten und das Veräußerte zurückkaufen.
26 Angenommen, es findet sich niemand, der dazu in
der Lage ist, aber er selbst bringt später genug auf, um
seinen Besitz zurückzukaufen, 27 dann muss er so viel
dafür bezahlen, wie der Zeitspanne entspricht, die
noch bis zum nächsten Erlassjahr verbleibt. 28 Kann
er die Mittel zum Rückkauf nicht aufbringen, so bleibt
sein Besitz bis zum Erlassjahr in der Hand des Käufers
und fällt dann wieder an ihn, den ursprünglichen Be-
sitzer, zurück. 29 Verkauft jemand ein Wohnhaus in
einer befestigten Stadt, so wird ihm das Rückkaufs-
recht nur für ein Jahr eingeräumt. 30 Wenn es inner-
halb dieser Frist nicht zurückgekauft wird, geht es
unwiderruflich an den Käufer und seine Erben über
und fällt auch im Erlassjahr nicht an den früheren Be-
sitzer zurück. 31 Anders ist es, wenn das Haus zu einem
Dorf ohne Schutzmauer gehört. Es wird dann genauso
behandelt wie das freie Feld: Es kann unbefristet zu-
rückgekauft werden und im Erlassjahr fällt es an den
ursprünglichen Besitzer zurück. 32 Auch für die Häuser
der Leviten in ihren Städten besteht ein unbefristetes
Rückkaufsrecht, 33 und wenn sie nicht vorher zurück-
gekauft wurden, fallen sie im Erlassjahr an ihren ers-
ten Besitzer zurück. Denn die Häuser der Leviten sind
ihr Erbbesitz unter den Israeliten, 34 genauso wie das
Weideland, das zu ihren Städten gehört. Das Weide-
land der Leviten darf jedoch überhaupt nicht verkauft
werden; es ist ihr unveräußerlicher Besitz.‹

EIN ISRAELIT DARF NICHT VERSKLAVT WERDEN

35 ›Wenn dein Bruder, ein anderer Israelit neben dir,
verarmt ist und seinen ganzen Besitz verloren hat,
dann hilf ihm! Sorge dafür, dass er wie ein Fremder
oder ein Fremdarbeiter unter euch sein Leben fris-
ten kann. 36-37 Fordere keine Zinsen von ihm, wenn
du ihm Geld leihst, und verlange die Nahrungsmittel,
mit denen du ihm aushilfst, nicht mit einem Aufschlag
zurück. Nehmt meine Weisungen ernst und sorgt dafür,
dass euer Bruder neben euch leben kann. 38 Ich bin
der HERR, euer Gott, der euch aus Ägypten geführt
hat, um euch das Land Kanaan zu geben und euer
Gott zu sein. 39 Wenn dein Bruder neben dir so sehr
verarmt, dass er sich selbst an dich verkaufen muss,
dann behandle ihn nicht wie einen Sklaven, 40 son-
dern wie einen Lohnarbeiter oder Fremdarbeiter. Er
muss bis zum nächsten Erlassjahr für dich arbeiten,
41 dann wird er samt seiner Familie wieder frei und
kann zu seiner Sippe zurückkehren; auch seinen Erb-
besitz erhält er wieder zurück. 42 Denn alle Israeliten
sind mein Eigentum, weil ich sie aus Ägypten geführt
habe. Sie dürfen nicht als Sklaven verkauft werden.
43 Nehmt meine Weisungen ernst und zwingt keinen
Israeliten zur Sklavenarbeit. 44 Wenn ihr Sklaven und
Sklavinnen braucht, könnt ihr sie von euren Nachbar-
völkern kaufen. 45 Auch Fremdarbeiter, die bei euch

wohnen, könnt ihr als Sklaven erwerben und ebenso ihre Nachkommen, die in eurem Land geboren sind. Ihr könnt sie für immer als euer Eigentum behalten 46 und auch euren Söhnen vererben; sie müssen nicht freigelassen werden. Aber eure Brüder, die Israeliten, dürft ihr nicht zu Sklaven machen. 47 Es kann sein, dass ein Fremder, der bei euch lebt, oder ein Fremdarbeiter zu Reichtum kommt, während euer Bruder, ein Israelit, in seiner Nähe verarmt und sich ihm oder seinen Nachkommen als Sklaven verkaufen muss. 48-49 Dann besteht für den Israeliten jederzeit das Recht auf Freikauf. Einer seiner leiblichen Brüder oder sein Onkel oder Vetter oder ein anderer naher Verwandter kann als Löser für ihn eintreten und ihn zurückkaufen oder er kann es selbst tun, wenn er die Mittel zusammenbringt. 50 Er überschlägt dann mit seinem Herrn, wie viele Jahre er ihm gedient hat und wie viele es noch bis zum nächsten Erlassjahr sind, und berechnet den Jahressatz nach dem Lohn für einen Arbeiter. 51-52 Die Summe für den Freikauf entspricht der Zahl der Jahre, die noch bis zum Erlassjahr fehlen. 53 Sein Herr soll ihn stets wie einen freien Mann behandeln, der für einen jährlichen Lohn bei ihm arbeitet; ihr dürft nicht zulassen, dass er ihn zum Sklaven macht. 54 Wenn ein Freikauf nicht möglich ist, muss er samt seiner Familie im nächsten Erlassjahr freigelassen werden. 55 Denn mir gehören alle Israeliten als Sklaven, sie sind mein Eigentum, weil ich sie aus Ägypten geführt habe. Ich bin der HERR, euer Gott!‹«

GEHORSAM BRINGT GLÜCK UND SEGEN

26 Zum Abschluss ließ der HERR den Leuten von Israel sagen: »Ihr dürft euch keine Götzenbilder anfertigen. Ihr dürft in eurem Land keine solchen Bilder aufstellen und anbeten, gleichgültig, ob es geschnitzte oder gegossene Standbilder oder Steinmale oder Steine mit eingeritzten Bildern sind. Denn ich bin der HERR, euer Gott! 2 Haltet meinen Ruhetag, den Sabbat, in Ehren und entweiht nicht mein Heiligtum. Ich bin der HERR! 3 Wenn ihr euch nach meinen Anweisungen richtet und meine Gebote befolgt, werde ich euch mit Segen überschütten. 4 Ich werde zur rechten Zeit Regen schicken, sodass die Felder reichen Ertrag bringen und die Bäume Früchte tragen. 5 Ihr werdet dann so viel ernten, dass die Dreschzeit sich bis zur Weinlese ausdehnt und die Weinlese bis zur nächsten Aussaat. Ihr werdet genügend zu essen haben und sicher in eurem Land wohnen. 6 Ich werde dafür sorgen, dass in eurem Land Frieden herrscht. Wenn ihr euch schlafen legt, braucht ihr nicht zu befürchten, dass euch jemand aufschreckt. Ich werde alle wilden Tiere im Land ausrotten und kein fremdes Heer wird in euer Land einfallen. 7 Ihr werdet eure Feinde in die Flucht schlagen und mit dem Schwert niedermachen. 8 Fünf von euch werden hundert vor sich herjagen und hundert von euch zehntausend; eure Feinde werden reihenweise vor euch umsinken. 9 Ich werde mich euch zuwenden und dafür sorgen, dass ihr viele Kinder bekommt und immer zahlreicher werdet. Ich werde zu meinem Bund stehen und alles erfüllen, was ich euch zugesagt habe. 10 Ihr werdet noch von der alten Ernte zu essen haben, wenn schon die neue da ist; ihr werdet sogar die Reste der alten Ernte wegwerfen müssen, um Platz für die neue zu bekommen. 11 Ich werde mitten unter euch wohnen und werde mich nie mehr voll Abscheu von euch abwenden müssen. 12 Ich werde bei euch bleiben und euer Gott sein und ihr werdet mein Volk sein. 13 Ich bin der HERR, euer Gott, der euch aus Ägypten geführt hat, wo ihr Sklaven gewesen seid. Ich habe euer Sklavenjoch zerbrochen und euch wieder aufrecht gehen lassen.«

UNGEHORSAM BRINGT UNGLÜCK

14 »Wenn ihr mir aber nicht gehorcht und meine Weisungen nicht befolgt, 15 wenn ihr meine Gebote missachtet und euch um meine Rechtsordnungen nicht kümmert und damit den Bund, den ich mit euch geschlossen habe, brecht, 16 dann werde ich lauter Unglück über euch hereinbrechen lassen. Ich werde euch unheilbare Krankheiten schicken, sodass ihr erblindet und langsam dahinsiecht. Vergeblich werdet ihr aussäen, denn eure Feinde werden die Ernte einbringen. 17 Ich selber werde zu eurem Feind und lasse eure Feinde über euch siegen; ihr werdet fliehen, obwohl euch niemand verfolgt. 18 Wenn ihr mir auch dann noch nicht gehorcht, werde ich euch siebenmal so hart bestrafen. 19 Ich breche euren Starrsinn und lasse es nicht mehr regnen; der Himmel über euch wird wie eine eiserne Glocke sein und der Boden unter euren Füßen hart wie Stein. 20 Alle eure Mühe ist dann vergeblich. Auf euren Feldern wächst nichts mehr und die Bäume tragen keine Früchte. 21 Wenn ihr mir dann immer noch nicht gehorcht und euch mir weiter widersetzt, werde ich eure Strafe nochmals siebenfach steigern. 22 Ich werde Raubtiere auf euch loslassen, die werden eure Kinder und euer Vieh fressen und so viele von euch umbringen, dass die Straßen verlassen daliegen. 23 Wenn ihr dann immer noch nicht auf mich hören wollt und euch weiterhin gegen mich stellt, 24 dann stelle auch *ich* mich gegen *euch* und bestrafe euch noch siebenmal härter. 25 Weil ihr meinen Bund gebrochen habt, lasse ich feindliche Heere in euer Land einfallen. Sucht ihr dann hinter euren Mauern Zuflucht, so wird die Pest unter euch ausbrechen. Die Feinde werden einen so dichten Ring um eure Städte legen, 26 dass ihr von jeder Zufuhr abgeschnitten seid. Dann brauchen zehn Frauen nur noch einen Backofen und das Brot wird mit der Waage zugeteilt. Und wenn ihr eure Ration aufgegessen habt, seid ihr noch genauso hungrig wie zuvor. 27 Wenn ihr mir auch dann noch nicht gehorcht und euch weiterhin gegen mich stellt, 28 bekommt ihr meinen ganzen Zorn zu spüren und werdet noch siebenmal härter bestraft. 29 Vor Hunger werdet ihr das Fleisch eurer eigenen Kinder essen. 30 Ich werde die Altäre zerschlagen, auf denen ihr euren Götzen Opfer darbringt, und werde eure Leichen auf die Trümmer eurer Götzenbilder werfen. Ich werde mich voll Abscheu von euch abwenden. 31 Eure Opfer werde ich

nicht mehr annehmen, eure Städte lege ich in Schutt
und Asche und zerstöre eure Heiligtümer. 32 Ich selber
werde euer Land so verwüsten, dass eure Feinde sich
darüber entsetzen, wenn sie es in Besitz nehmen. 33 Ich
werde euch in alle Welt zerstreuen; mit dem Schwert
werde ich euch forttreiben. Eure Felder werden zur
Wüste und eure Städte zu Trümmerhaufen. 34-35 Dann
wird euer Land endlich die Ruhe finden, die ihr ihm
nicht gegönnt habt. Während es verwüstet daliegt und
ihr weit weg bei euren Feinden leben müsst, wird es
feiern und die versäumten Sabbatjahre nachholen kön-
nen. 36-37 Die aber von euch, die das alles überleben und
in die Länder eurer Feinde verschleppt werden, mache
ich so verzagt, dass sie schon vor einem raschelnden
Blatt davonlaufen, als sei ein feindliches Heer hinter
ihnen her. Sie werden stolpern und hinfallen, einer wird
über den andern stürzen, obwohl sie niemand verfolgt.
Ihr werdet vor keinem Feind mehr standhalten können
38 und in der Fremde zugrunde gehen; das Land eurer
Feinde wird euch verschlingen. 39 Die Überlebenden
und ihre Nachkommen werden in den Ländern ihrer
Feinde an den Folgen ihrer Schuld und der Schuld ihrer
Vorfahren dahinsiechen. 40 Aber dann werden sie ihre
Schuld und die Schuld ihrer Vorfahren bekennen, sie
werden es bereuen, dass sie mir die Treue gebrochen
und sich mir widersetzt haben. 41 Ich musste sie dafür
bestrafen und sie in das Land ihrer Feinde treiben. Aber
wenn ihr trotziges Herz sich beugt und sie genug für
ihre Schuld gebüßt haben, 42 will ich mich an meinen
Bund mit Jakob erinnern und an meinen Bund mit Isaak
und mit Abraham und werde an das Land denken, das
ich ihnen für ihre Nachkommen versprochen hatte.
43 Sie mussten zwar das Land verlassen, damit es die
Sabbatjahre nachholen kann, die sie ihm vorenthal-
ten haben; sie müssen ihre Schuld bezahlen, weil sie
meine Rechtsordnungen missachtet und sich nicht um
meine Gebote gekümmert haben. 44 Aber dass sie im
Land ihrer Feinde leben müssen, bedeutet nicht, dass
ich mich ganz von ihnen abgewandt habe und sie dem
Untergang preisgebe. Ich stehe zu meinen Zusagen; ich
bin der HERR, ihr Gott! 45 Ich habe mit ihren Vorfahren
meinen Bund geschlossen, damals, als ich allen Völkern
meine Macht gezeigt und mein Volk aus Ägypten ge-
führt habe, um sein Gott zu sein. Dieser Bund bleibt
bestehen; ich bin der HERR!« 46 Dies sind die Gesetze,
Gebote und Rechtsordnungen, die der HERR für die
Beziehung zwischen ihm und seinem Volk erlassen und
den Israeliten am Berg Sinai durch Mose gegeben hat.

BESTIMMUNGEN ÜBER DIE AUSLÖSUNG VON WEIHEGABEN

27 1-2 Der HERR gab Mose für die Israeliten auch
noch folgende Anweisungen: »Wenn jemand
durch ein besonderes Gelübde versprochen hat, mir
einen bestimmten Menschen zu geben, dann muss er
an dessen Stelle den entsprechenden Geldwert ent-
richten, den du jeweils bestimmst. 3-7 Du legst den Wert
in Silberstücken fest, gewogen nach dem Gewicht des
Heiligtums, und zwar:

für einen Mann zwischen 20 und 60 Jahren	50
für eine Frau im selben Alter	30
für eine männliche Person zwischen 5 und 20 Jahren	20
für eine weibliche Person im selben Alter	10
für einen Jungen zwischen 1 Monat und 5 Jahren	5
für ein Mädchen im selben Alter	3
für einen Mann über 60 Jahre	15
für eine Frau im selben Alter	10

8 Wenn der Mann, der das Gelübde geleistet hat, zu arm
ist, um diesen Preis zu bezahlen, muss er mit der Per-
son, die er dem HERRN versprochen hat, zum Priester
gehen. Der Priester setzt einen niedrigeren Preis fest,
den der Mann bezahlen kann. 9 Wenn jemand dem
HERRN ein Tier verspricht, das als Opfer dargebracht
werden kann, gilt dieses Tier als Eigentum des HERRN.
10 Es darf nicht gegen ein schlechteres oder besseres
Tier ausgewechselt werden. Sonst verfallen dem
HERRN beide Tiere. 11 Wenn aber jemand dem HERRN
ein unreines Tier verspricht, das nicht als Opfer dar-
gebracht werden darf, muss er es zum Priester brin-
gen. 12 Der Priester schätzt das Tier und legt seinen
Wert fest; seine Entscheidung ist nicht anfechtbar.
13 Wenn der Besitzer des Tieres es zurückhaben will,
muss er zum Schätzwert noch ein Fünftel dazuzahlen.
14 Wenn jemand dem HERRN durch ein Gelübde sein
Haus übereignet, muss der Priester den Wert abschät-
zen; seine Entscheidung ist nicht anfechtbar. 15 Wenn
der Betreffende sein Haus zurückkaufen will, muss
er zum Schätzwert ein Fünftel dazuzahlen. 16 Wenn
jemand dem HERRN durch ein Gelübde etwas von sei-
nem erblichen Landbesitz übereignet, sollst du den
Wert nach der Größe des Grundstücks festlegen, und
zwar für ein Feld, auf dem man drei Zentner Gerste
aussäen kann, 50 Silberstücke. 17 Wenn das Feld direkt
vom Erlassjahr ab dem HERRN versprochen ist, gilt der
volle Schätzwert; 18 wenn es später geschieht, soll der
Priester den Preis ermäßigen, je nachdem, wie viele
Jahre es noch bis zum nächsten Erlassjahr sind. 19 Wenn
der Betreffende sein Feld zurückkaufen will, muss er
zum Schätzwert ein Fünftel dazuzahlen. 20 Wenn er
das Feld dem HERRN versprochen hat und es dann an
einen anderen verkauft, ohne es vorher vom HERRN
zurückzukaufen, verliert er das Rückkaufsrecht für alle
Zeiten. 21 Wird dann das Feld im Erlassjahr frei, so ist es
für immer Eigentum des HERRN und geht in den Besitz
der Priester über. 22 Wenn jemand dem HERRN durch
ein Gelübde ein Feld übereignet, das nicht zu seinem
erblichen Landbesitz gehört, sondern durch Kauf er-
worben ist, 23 berechnet der Priester, wie viel von dem
Schätzwert, den du festgelegt hast, auf die Zeitspanne
bis zum nächsten Erlassjahr entfällt. Der Betrag gehört
dem HERRN und muss noch am gleichen Tag an das
Heiligtum bezahlt werden. 24 Im Erlassjahr fällt das
Feld an den ursprünglichen Besitzer zurück, von dem
der Betreffende es gekauft hat. 25 Allen Schätzwerten
sollst du das Gewicht des Heiligtums zugrunde legen.«

NACHTRÄGE ZUR FRAGE DER AUSLÖSUNG

26 »Ein erstgeborenes Jungtier von Rindern, Schafen
oder Ziegen kann dem HERRN nicht durch ein besonde-
res Gelübde übereignet werden, weil es ihm schon als
Erstgeburt zusteht. 27 Das gilt auch für die erstgebore-
nen Jungen von unreinen Tieren; diese können jedoch
losgekauft werden, wenn der Besitzer zum Schätzwert
ein Fünftel zuzahlt. Wird ein Tier nicht losgekauft, so
wird es von den Priestern zum Schätzpreis verkauft.
28 Wenn jemand dem HERRN etwas von seinem Besitz
an Menschen, Tieren oder Feldern unwiderruflich ge-
weiht hat, kann es nicht wieder freigekauft und darf
auch nicht an einen anderen verkauft werden. Es steht
unter dem Bann und ist als etwas besonders Heiliges
für immer dem HERRN verfallen. 29 Auch Menschen,
die auf diese Weise dem HERRN zugeeignet werden,
dürfen nicht losgekauft, sondern müssen getötet
werden. 30 Der zehnte Teil von jeder Ernte an Getreide
und Früchten gehört als heilige Abgabe dem HERRN.
31 Wenn jemand etwas davon loskaufen will, muss er
zum Gegenwert in Geld noch ein Fünftel zuzahlen.
32-33 Auch von den Rindern, Schafen und Ziegen ge-
hört jedes zehnte Stück dem HERRN. Die Tiere dürfen
nicht nach ihrem größeren oder geringeren Wert
ausgesucht werden; jedes zehnte Stück, das unter
dem Hirtenstab hindurchgeht, wird ausgesondert
und gehört dem HERRN. Es darf nicht mit einem an-
deren ausgetauscht werden. Sonst fallen beide Tiere
dem HERRN zu und können nicht mehr ausgelöst wer-
den.« 34 Dies sind die Gebote, die Mose auf dem Berg
Sinai vom HERRN erhalten hat, um sie dem Volk Israel
weiterzugeben.

DAS VIERTE BUCH MOSE
NUMERI

ZÄHLUNG DER STÄMME ISRAELS

1 Ein Jahr und ein Monat waren seit dem Aufbruch der
Israeliten aus Ägypten vergangen. Noch immer war
das Volk in der Wüste Sinai. Da sagte der HERR am 1. Tag
des 2. Monats im Heiligen Zelt zu Mose: 2-3 »Zähle mit
Aaron zusammen die ganze Gemeinde Israel! Erfasst in
Listen alle wehrfähigen Männer ab zwanzig Jahren, ge-
ordnet nach Sippen und Familien. 4-15 Aus jedem Stamm
bestimme ich einen Sippenältesten, damit sie euch da-
bei helfen. Es sind die folgenden Männer: // aus dem
Stamm Ruben: / Elizur, der Sohn von Schedëur; / aus
dem Stamm Simeon: / Schelumiël, der Sohn von Zu-
rischaddai; / aus dem Stamm Juda: / Nachschon,
der Sohn von Amminadab; / aus dem Stamm Issa-
char: / Netanel, der Sohn von Zuar; / aus dem Stamm
Sebulon: / Eliab, der Sohn von Helon; / aus den Jo-
sefsstämmen für Efraïm: / Elischama, der Sohn von
Ammihud, / und für Manasse: / Gamliël, der Sohn
von Pedazur; / aus dem Stamm Benjamin: / Abidan,
der Sohn von Gidoni; / aus dem Stamm Dan: / Ahi-
ëser, der Sohn von Ammischaddai; / aus dem Stamm
Ascher: / Pagiël, der Sohn von Ochran; / aus dem
Stamm Gad: / Eljasaf, der Sohn von Dëuël; / aus dem
Stamm Naftali: / Ahira, der Sohn von Enan.« // 16 Diese
zwölf Männer wurden aus der Gemeinde berufen, um
als Stammesoberhäupter ihre Stämme zu vertreten.
17-18 Dann riefen Mose und Aaron die ganze Gemeinde
Israel zusammen. Mithilfe der Stammesoberhäupter
trugen sie alle Männer, die 20 Jahre und älter waren,
in Listen ein, geordnet nach Sippen und Familien. Das
geschah am 1. Tag des 2. Monats 19 in der Wüste Sinai,
wie der HERR es Mose befohlen hatte. 20-46 Die Zahl der
wehrfähigen Männer eines jeden Stammes ist in der
folgenden Liste verzeichnet. An erster Stelle stehen die
Nachkommen von Jakobs erstgeborenem Sohn Ruben.

Stamm	*Anzahl*
Ruben	46 500
Simeon	59 300
Gad	45 650
Juda	74 600
Issachar	54 400
Sebulon	57 400
Efraïm	40 500
Manasse	32 200
Benjamin	35 400
Dan	62 700
Ascher	41 500
Naftali	53 400
Gesamtzahl	603 550

DIE SONDERSTELLUNG DER LEVITEN

47 Der Stamm Levi wurde nicht mit den anderen Stäm-
men zusammen erfasst. 48 Der HERR hatte zu Mose
gesagt: 49 »Die Leviten darfst du nicht für den Kriegs-
dienst erfassen und ihre Anzahl nicht zur Summe der
Männer Israels hinzuzählen. 50 Sie müssen für das
Heilige Zelt, die Wohnstätte des Bundesgesetzes, sor-
gen und für alles, was dazugehört. Auf der Wanderung
tragen sie das Zelt und seine Geräte. Deshalb sollen sie
ihre Zelte rings um das Heiligtum aufschlagen. 51 Wenn
das Lager abgebrochen wird, bauen sie das Heilige Zelt
ab und schlagen es am neuen Lagerplatz wieder auf.
Jeder Unbefugte, der sich dem Zelt nähert, wird mit
dem Tod bestraft. 52 Die übrigen Stämme lagern sich
um das Feldzeichen ihrer jeweiligen Heeresabteilung;
53 aber die Leviten müssen rings um das Heilige Zelt,
die Wohnstätte des Bundesgesetzes, wohnen und es
bewachen, damit die übrigen Israeliten ihm nicht zu
nahe kommen und mein Zorn die Gemeinde trifft.«

54 Die Israeliten machten alles, wie der HERR es Mose
befohlen hatte.

DIE ORDNUNG DER STÄMME

2 Der HERR sagte zu Mose und Aaron: 2 »Die Israeliten
sollen ihr Lager in einiger Entfernung rings um das
Heilige Zelt aufschlagen. Jeder von ihnen hat seinen
Platz unter dem Feldzeichen seiner Heeresabteilung
und beim Zeichen seiner Sippe.« 3-8 Auf der Ostseite
bekam die Abteilung unter dem Feldzeichen Judas ihr
Lager, drei Stämme mit ihren Oberhäuptern, und zwar:

Stamm	*Oberhaupt*	*Anzahl*
Juda	Nachschon, der Sohn Amminadabs	74 600
Issachar	Netanel, der Sohn Zuars	54 400
Sebulon	Eliab, der Sohn Helons	57 400

9 Ihre Gesamtzahl betrug 186 400. Diese Abteilung
sollte beim Weitermarsch zuerst aufbrechen. 10-15 Auf
der Südseite bekam die Abteilung unter dem Feldzei-
chen Rubens ihr Lager, drei Stämme mit ihren Ober-
häuptern, und zwar:

Stamm	*Oberhaupt*	*Anzahl*
Ruben	Elizur, der Sohn Schedëurs	46 500
Simeon	Schelumiël, der Sohn von Zurischaddai	59 300
Gad	Eljasaf, der Sohn Dëuëls	45 650

16 Ihre Gesamtzahl betrug 151 450. Diese Abteilung
sollte beim Weitermarsch als zweite aufbrechen.
17 Danach sollten sich die Leviten mit dem Heiligen
Zelt einordnen. Ihr Platz war genau in der Mitte, im
Lager und unterwegs. 18-23 Auf der Westseite bekam
die Abteilung unter dem Feldzeichen Efraïms ihr La-
ger, drei Stämme mit ihren Oberhäuptern, und zwar:

Stamm	*Oberhaupt*	*Anzahl*
Efraïm	Elischama, der Sohn Ammihuds	40 500
Manasse	Gamliël, der Sohn Pedazurs	32 200
Benjamin	Abidan, der Sohn von Gidoni	35 400

24 Ihre Gesamtzahl betrug 108 100. Diese Abteilung
sollte beim Weitermarsch als dritte aufbrechen, direkt
nach den Leviten. 25-30 Auf der Nordseite bekam die
Abteilung unter dem Feldzeichen Dans ihr Lager, drei
Stämme mit ihren Oberhäuptern, und zwar:

Stamm	*Oberhaupt*	*Anzahl*
Dan	Ahiëser, der Sohn von Ammischaddai	62 700
Ascher	Pagiël, der Sohn Ochrans	41 500
Naftali	Ahira, der Sohn Enans	53 400

31 Ihre Gesamtzahl betrug 157 600. Diese Abteilung
sollte beim Weitermarsch als letzte aufbrechen.
32 Die Gesamtzahl aller wehrfähigen Israeliten betrug
603 550. 33 Nach der Anweisung des HERRN wurden die
Leviten nicht zusammen mit den anderen erfasst. 34 Die
Israeliten führten alles so aus, wie der HERR es Mose
aufgetragen hatte. Sie lagerten jeweils unter ihrem
Feldzeichen, nach Sippen und Familien geordnet, und
so brachen sie auch auf.

DIE SÖHNE AARONS

3 1-2 Zu jener Zeit, als der HERR mit Mose auf dem
Berg Sinai redete, lebten folgende Nachkommen
Aarons: Nadab, der Erstgeborene, und Abihu, Eleasar
und Itamar. 3 Diese vier waren durch Salbung zu Pries-
tern geweiht und in ihren Dienst eingesetzt worden.
4 Aber Nadab und Abihu fanden den Tod, als sie dem
HERRN in der Wüste Sinai ein Weihrauchopfer dar-
brachten, das er nicht vorgeschrieben hatte. Sie star-
ben kinderlos. Eleasar und Itamar versahen weiterhin
den Priesterdienst unter ihrem Vater Aaron.

DIE LEVITEN WERDEN DEN PRIESTERN UNTERSTELLT

5 Der HERR sagte zu Mose: 6 »Rufe die Männer des
Stammes Levi zusammen und bringe sie zum Priester
Aaron! Sie sollen seine Helfer sein 7 und für ihn und die
ganze Gemeinde vor dem Heiligen Zelt Dienst tun und
für meine Wohnung sorgen. 8 Sie sollen die heiligen
Geräte in Ordnung halten und stellvertretend für das
Volk alle Dienste an meiner Wohnung versehen. 9 Du
sollst die Leviten Aaron und seinen Nachkommen
unterstellen; denn sie sind ihnen von den übrigen Is-
raeliten als Eigentum übergeben. 10 Aaron und seine
Nachkommen aber sollen den Priesterdienst versehen.
Nur sie sind dazu befugt; jeder andere, der sich dieses
Recht anmaßt, wird mit dem Tod bestraft.« 11 Weiter
sagte der HERR zu Mose: 12 »Ich habe die Leviten für
mich ausgesondert. Sie gehören mir anstelle eurer
erstgeborenen Söhne. 13 Denn jede Erstgeburt gehört
mir. Als ich die Erstgeborenen der Ägypter tötete, habe
ich mir alles vorbehalten, was unter euch zuerst aus
dem Mutterschoß kommt, bei Tieren wie bei Men-
schen. Es gehört mir, dem HERRN.«

ZÄHLUNG DER LEVITEN

14 Dort in der Wüste Sinai sagte der HERR zu Mose:
15 »Zähle die Leviten, geordnet nach Sippen und Fa-
milien! Alle männlichen Angehörigen des Stammes
Levi, die älter sind als einen Monat, sollst du in Listen
erfassen.« 16 Mose tat, was der HERR ihm befohlen
hatte. 17 Levi hatte drei Söhne: Gerschon, Kehat und
Merari. 18 Die Söhne Gerschons waren Libni und Schimi,
19 die Söhne Kehats Amram, Jizhar, Hebron und Usiël,
20 und die Söhne Meraris Machli und Muschi. Von ihnen
stammen die Sippen und Familien ab, die ihre Namen
tragen. 21 Gerschon war der Ahnherr der Sippen Libni
und Schimi. 22 Die Gesamtzahl ihrer männlichen An-
gehörigen, die älter waren als einen Monat, betrug

7500. 23 Sie sollten auf der Rückseite des Heiligtums im Westen lagern. 24 Ihr Oberhaupt war Eljasaf, der Sohn Laëls. 25 Sie trugen die Verantwortung für das Zelt, seine Schutzdecke und den Vorhang an seinem Eingang, 26 für die Planen, die den Vorhof rings um Zelt und Altar umgeben, für den Vorhang am Eingang des Vorhofs und für die Zeltstricke. Sie hatten für alles zu sorgen, was mit diesen Gegenständen zusammenhing. 27 Kehat war der Ahnherr der Sippen Amram, Jizhar, Hebron und Usiël. 28 Die Gesamtzahl ihrer männlichen Angehörigen, die älter als einen Monat und für den Dienst am Heiligtum bestimmt waren, betrug 8300. 29 Sie sollten an der Südseite des Heiligtums lagern. 30 Ihr Oberhaupt war Elizafan, der Sohn Usiëls. 31 Sie trugen die Verantwortung für die Bundeslade, den Tisch mit den geweihten Broten, den Leuchter, die beiden Altäre, die Geräte für den Opferdienst sowie für den Vorhang, der das Allerheiligste verdeckt. Sie hatten für alles zu sorgen, was mit diesen Gegenständen zusammenhing. 32 Über den Oberhäuptern der Leviten stand Eleasar, der Sohn des Priesters Aaron. Er hatte die Aufsicht über alle, die am Heiligtum Dienst taten. 33 Merari war der Ahnherr der Sippen Machli und Muschi. 34 Die Gesamtzahl ihrer männlichen Angehörigen, die älter als einen Monat waren, betrug 6200. 35 Sie sollten an der Nordseite des Heiligtums lagern. Ihr Oberhaupt war Zuriël, der Sohn Abihajils. 36 Sie trugen die Verantwortung für die Bretter, die die Wände des Heiligtums bilden, und ihre Querstangen, für seine Säulen und Sockel und für alles weitere Zubehör der Wohnung des HERRN. Sie hatten für alles zu sorgen, was mit diesen Gegenständen zusammenhing, 37 außerdem für die Säulen rings um den Vorhof mit ihren Sockeln, die Zeltpflöcke und Zeltstricke. 38 Mose und Aaron mit seinen Söhnen sollten vor dem Eingang des Heiligen Zeltes auf der Ostseite lagern. Sie hatten für alle Israeliten den Dienst am Heiligtum zu versehen. Der HERR drohte jedem den Tod an, der sich unbefugt dem Heiligtum näherte. 39 Die Gesamtzahl aller männlichen Leviten, die älter waren als einen Monat, betrug 22 000. Dies war das Ergebnis der Zählung, die Mose und Aaron auf Befehl des HERRN in ihren Sippen durchgeführt hatten.

DIE LEVITEN VERTRETEN DIE ERSTGEBORENEN

40 Der HERR sagte zu Mose: »Zähle alle erstgeborenen männlichen Israeliten, die älter sind als einen Monat. 41 Denn alle erstgeborenen Söhne der Israeliten gehören mir. An ihrer Stelle beanspruche ich, der HERR, die Leviten als mein Eigentum. Ebenso erhebe ich Anspruch auf das Vieh der Leviten anstelle aller erstgeborenen Tiere der Israeliten.« 42 Mose ließ die Erstgeborenen zählen, wie der HERR es befohlen hatte, 43 und kam auf eine Gesamtzahl von 22 273. 44 Darauf sagte der HERR zu Mose: 45 »Übergib mir die Leviten anstelle der erstgeborenen Israeliten als mein Eigentum und das Vieh der Leviten anstelle der Erstgeburten ihres Viehs. 46 Die 273 Erstgeborenen, die die Zahl der Leviten übersteigen, musst du freikaufen. 47 Pro Kopf macht das fünf Silberstücke, gewogen nach dem Gewicht des Heiligtums. 48 Das Silber sollst du Aaron und seinen Söhnen geben.« 49-51 Mose ließ sich von den Israeliten das Lösegeld zahlen und gab die Gesamtmenge von 1365 Silberstücken Aaron und seinen Söhnen, wie der HERR es ihm befohlen hatte.

DIE PFLICHTEN DER GRUPPE KEHAT

4 Der HERR sagte zu Mose und Aaron: 2-3 »Erfasse von den Nachkommen Kehats aus dem Stamm Levi alle, die eine Aufgabe am Heiligen Zelt zu übernehmen haben, das sind die Männer zwischen 30 und 50 Jahren, geordnet nach Sippen und Familien. 4 Sie sind für den Transport der besonders heiligen Dinge zuständig. 5 Wenn das Lager abgebrochen wird, müssen zunächst Aaron und seine Söhne in das Zelt hineingehen, den Vorhang vor dem Allerheiligsten abnehmen und ihn über die Lade mit dem Bundesgesetz decken. 6 Weiter breiten sie eine Decke aus Delfinleder und ein violettes Tuch darüber und bringen die Tragstangen an der Bundeslade an. 7 Auch über den Tisch, auf dem das geweihte Brot ausgelegt wird, breiten sie ein violettes Tuch und stellen darauf die Schalen, Schüsseln, Becher und Kannen für das Trankopfer; auch das Brot legen sie darauf. 8 Darüber decken sie ein dunkelrotes Tuch und eine Decke aus Delfinleder und bringen die Tragstangen an. 9 Dann nehmen sie ein violettes Tuch und hüllen damit den Leuchter samt seinen Lichtschalen ein, außerdem die Dochtscheren und die Reinigungsnäpfe und alle Ölgefäße, die dazugehören. 10 Darüber breiten sie eine Decke aus Delfinleder und legen alles auf ein Traggestell. 11 Danach breiten sie ein violettes Tuch über den goldenen Altar, legen eine Decke aus Delfinleder darüber und bringen die Tragstangen an. 12 Alle Geräte, die im Heiligtum gebraucht werden, schlagen sie in ein violettes Tuch ein, hüllen sie in eine Decke aus Delfinleder und legen sie auf ein Traggestell. 13 Den Brandopferaltar reinigen sie von der Asche und bedecken ihn mit einem purpurroten Tuch. 14 Darauf legen sie alle Geräte, die am Altar gebraucht werden: die Kohlenbecken und die Fleischgabeln, die Schaufeln zum Beseitigen der Asche und die Schalen zum Auffangen des Blutes. Dann breiten sie eine Decke aus Delfinleder darüber und bringen die Tragstangen an. 15 Erst wenn Aaron und seine Söhne alle heiligen Geräte eingehüllt haben, dürfen die Leviten der Sippe Kehat eintreten und alles wegtragen. Wenn sie die unverhüllten heiligen Geräte berühren würden, müssten sie sterben. 16 Eleasar, der Sohn des Priesters Aaron, trägt die Verantwortung für das Lampenöl, den Weihrauch, das tägliche Speiseopfer, das Salböl und für die ganze Wohnung mit all ihren heiligen Gegenständen und den dazugehörigen Geräten.« 17 Der HERR sagte zu Mose und Aaron: 18-19 »Weil die Nachkommen Kehats bei ihrem Dienst mit den besonders heiligen Dingen zu tun haben, müsst ihr dafür Sorge tragen, dass sie nicht zu Schaden kommen und alle den Tod finden. Sie dürfen nicht unaufgefordert ins Heiligtum gehen, vielmehr müssen Aaron und seine Söhne sie hineinführen und jeden Einzelnen

anweisen, was er tragen soll. 20 Wenn sie zu früh hinein-
gehen und auch nur für einen Augenblick die heiligen
Geräte unverhüllt sehen, müssen sie sterben.«

DIE PFLICHTEN DER GRUPPEN GERSCHON UND MERARI

21 Der HERR sagte zu Mose: 22-23 »Erfasse von den
Nachkommen Gerschons aus dem Stamm Levi alle,
die eine Aufgabe am Heiligen Zelt zu übernehmen
haben, das sind die Männer zwischen 30 und 50 Jah-
ren, geordnet nach Sippen und Familien. 24-25 Beim
Transport meiner Wohnung sind sie zuständig für die
Zeltbahnen, die beiden Schutzdecken, den Vorhang
am Eingang des Zeltes, 26 die Planen, die den Vorhof
abgrenzen, und den Vorhang an seinem Eingang, für
die Zeltstricke und alles, was sonst noch dazugehört.
27-28 Für dies alles sind die Nachkommen Gerschons
verantwortlich. Aaron und seine Söhne weisen ihnen
die Arbeit an. Itamar, der Sohn des Priesters Aaron,
führt die Aufsicht über sie. 29-30 Erfasse auch von den
Nachkommen Meraris aus dem Stamm Levi alle, die
eine Aufgabe am Heiligen Zelt zu übernehmen haben,
das sind die Männer zwischen 30 und 50 Jahren, ge-
ordnet nach Sippen und Familien. 31 Beim Transport des
Heiligen Zeltes sind sie zuständig für die Bretter, die
die Wände des Heiligtums bilden, und für ihre Quer-
stangen, für seine Säulen und Sockel, 32 die Säulen rund
um den Vorhof mit ihren Sockeln, die Zeltpflöcke und
Zeltstricke und alles, was sonst noch dazugehört. Jeder
von ihnen wird mit einer bestimmten Aufgabe betraut.
33 Für dies alles sind die Nachkommen Meraris verant-
wortlich. Itamar, der Sohn des Priesters Aaron, führt
die Aufsicht über sie.«

DIE ZAHL DER DIENSTFÄHIGEN LEVITEN

34-49 Mose, Aaron und die Oberhäupter der Stämme
erfassten unter den Nachkommen Kehats, Gerschons
und Meraris alle, die eine Aufgabe am Heiligen Zelt
zu übernehmen hatten, also die Männer zwischen 30
und 50 Jahren, geordnet nach Sippen und Familien.
Die Zählung ergab:

Gruppe	*Männer zwischen 30 und 50*
Kehat	2750
Gerschon	2630
Merari	3200
Gesamtzahl	8580

Jedem Einzelnen wurde seine Aufgabe zugewiesen,
wie der HERR es Mose befohlen hatte.

AUSWEISUNG ALLER UNREINEN

5 Der HERR sagte zu Mose: 2 »Befiehl den Leuten
von Israel, jeden aus dem Lager zu schicken, der
an Aussatz oder an einem Ausfluss leidet oder einen
Toten berührt hat. 3 Das gilt für Männer und Frauen in
gleicher Weise. Sie machen sonst das Lager unrein, in
dem ich selbst, der HERR, mitten unter euch wohne.«
4 Die Leute von Israel folgten dem Befehl und schick-
ten alle, die unrein geworden waren, aus dem Lager.

WIEDERGUTMACHUNG FÜR EIGENTUMSVERGEHEN

5-6 Der HERR gab Mose für die Israeliten die Anwei-
sung: Wenn jemand sich am Eigentum eines anderen
vergangen hat und dadurch vor dem HERRN schuldig
geworden ist, 7 soll er seine Schuld bekennen und dem
Geschädigten Wiedergutmachung leisten. Dabei muss
er zu dem Schadenswert noch ein Fünftel hinzufügen.
8 Ist der Geschädigte nicht mehr am Leben und hat
keinen nahen Verwandten, der den Schadenersatz an
seiner Stelle entgegennehmen kann, so gehört dieser
dem HERRN und fällt dem Priester zu, und zwar zusätz-
lich zu dem Schafbock, mit dessen Blut der Priester die
Schuld gegenüber dem HERRN ins Reine gebracht hat.
9-10 Auch alle besonderen Gaben, die die Leute von
Israel dem HERRN bringen, gehören den Priestern.

GOTTESURTEIL BEIM VERDACHT DES EHEBRUCHS

11-15 Der HERR gab Mose auch die folgenden
Anweisungen für die Israeliten: Wenn ein Mann Ver-
dacht schöpft, dass seine Frau ihm untreu geworden
ist und mit einem anderen Mann geschlafen hat, aber
er hat keinen Zeugen dafür, dann soll er sie zum Priester
bringen. Auch wenn ein Mann eifersüchtig wird, ohne
dass seine Frau ihm dazu Anlass gegeben hat, soll er sie
dorthin bringen. Als ihre Opfergabe soll er $^{1}/_{10}$ Efa (gut
1 Kilo) Gerstenmehl mitnehmen. Er darf aber weder
Olivenöl noch Weihrauch hinzufügen, denn es ist ein
Eifersuchtsopfer, durch das die Wahrheit an den Tag
kommen soll. 16 Der Priester lässt die Frau an den Altar
treten. 17 Dann nimmt er ein Tongefäß mit geweihtem
Wasser und tut Erde vom Boden des Heiligen Zeltes
hinein. 18 Er löst das Haar der Frau und legt das Eifer-
suchtsopfer in ihre Hände. Er selbst nimmt das Gefäß
mit dem Wasser, das Bitterkeit und Fluch bringt. 19 Dann
sagt er zu der Frau: »Wenn du mit keinem anderen als
mit deinem eigenen Mann geschlafen hast, dann wird
dieses bittere, Fluch bringende Wasser dir nichts anha-
ben. 20 Hast du aber die Ehe gebrochen und mit einem
anderen Mann geschlafen, dann wird dieses Wasser es
offenbar machen.« 21-22 Der Priester stellt die Frau unter
einen Fluch und sagt: »Wenn du so etwas getan hast,
dann wird der HERR dich zu einem abschreckenden
Beispiel unter deinem Volk machen. Das Wasser wird
in deine Eingeweide eindringen, sodass dein Bauch
anschwillt und deine Geschlechtsorgane einschrump-
fen.« Darauf muss die Frau antworten: »Amen, so soll
es sein!« 23 Nun schreibt der Priester diesen Fluch auf
Pergament und wäscht die Schrift in dem bitteren
Wasser ab. 24-26 Er nimmt das Eifersuchtsopfer aus
den Händen der Frau und übereignet es symbolisch
dem HERRN. Dann nimmt er eine Handvoll davon und
verbrennt diesen Teil auf dem Altar zum Zeichen da-
für, dass die ganze Opfergabe dem HERRN gehört. Das
Wasser gibt er der Frau zu trinken, damit es in ihr wirken
kann. 27 Hat sie tatsächlich Ehebruch begangen, so wird
das Wasser ihr bittere Qualen verursachen: Ihr Bauch
wird anschwellen und ihre Geschlechtsorgane werden

einschrumpfen. Sie wird zu einem abschreckenden Bei-
spiel für ihr Volk werden. 28 Ist sie aber unschuldig, so
wird ihr das Wasser nichts anhaben können und sie
wird auch künftig Kinder zur Welt bringen können. 29 So
muss verfahren werden, wenn ein Mann den Verdacht
hat, dass seine Frau ihm untreu geworden ist, 30 oder
ihn die Eifersucht plagt. Die Frau muss vor den HERRN
gestellt werden und der Priester führt mit ihr die be-
schriebenen Handlungen aus. 31 Der Mann wird nicht
zur Rechenschaft gezogen, wenn er sich geirrt hat; aber
die Frau muss, wenn sie schuldig ist, die Folgen tragen.

REGELN FÜR DIE GOTTGEWEIHTEN

6 1-2 Der HERR gab Mose für die Israeliten die Anwei-
sung: Wenn ein Mann oder eine Frau das Gelübde
ablegt, sich dem HERRN für eine bestimmte Zeit zu wei-
hen, 3 dann darf die betreffende Person weder Wein
noch Bier trinken. Sie darf überhaupt nichts trinken,
was aus Weintrauben bereitet ist, und darf auch keine
frischen oder getrockneten Trauben essen. 4 Sie soll
nichts genießen, was vom Weinstock kommt. 5 Solange
das Gelübde gilt, darf ein Gottgeweihter sich Haare und
Bart nicht schneiden. Zum Zeichen, dass er dem HERRN
geweiht ist, muss er das Haar ungehindert wachsen
lassen. 6 Er darf auch die ganze Zeit über nicht in die Nä-
he eines Toten kommen. 7 Selbst wenn sein Vater oder
seine Mutter stirbt, sein Bruder oder seine Schwester,
muss er sich von ihnen fernhalten, weil er sich seinem
Gott geweiht hat. 8 Für die ganze Zeit seines Gelübdes
gehört er ausschließlich dem HERRN. 9 Stirbt aber je-
mand unvorhergesehen, während er dabei ist, so wird
sein geweihtes Haar unrein. Er muss sechs Tage warten,
bis er wieder rein ist, und muss sich dann am siebten
Tag die Haare abschneiden. 10 Am Tag darauf muss
er zwei Turteltauben oder zwei andere Tauben zum
Priester an den Eingang des Heiligen Zeltes bringen.
11 Der Priester opfert die eine als Sühneopfer und die an-
dere als Brandopfer und bringt damit die Verschuldung
gegenüber dem HERRN ins Reine. Gleichzeitig wird
das nachwachsende Haar für geweiht erklärt. 12 Der
Betreffende muss noch ein einjähriges Schaf als Wie-
dergutmachungsopfer darbringen und sich dann noch
einmal für eine ebenso lange Zeit wie beim ersten Mal
dem HERRN weihen. Die Zeit vor seiner Verunreinigung
wird nicht auf sein Gelübde angerechnet.

DAS OPFER DER GOTTGEWEIHTEN NACH ABSCHLUSS DER WEIHEZEIT

13 Wenn die Zeit des Gelübdes abgelaufen ist, muss die
Person, die sich dem HERRN geweiht hat, zum Eingang
des Heiligen Zeltes gehen 14 und ihm drei fehlerfreie
Tiere opfern: ein einjähriges Schafböckchen als Brand-
opfer, ein einjähriges Schaf als Sühneopfer und einen
ausgewachsenen Schafbock als Mahlopfer, 15 außer-
dem die dazugehörigen Speise- und Trankopfer und
als zusätzliches Speiseopfer noch einen Korb voll Ge-
backenes, das aus Weizenmehl ohne Sauerteig bereitet
ist, und zwar Ringbrote aus Mehl, das mit Öl vermengt
wurde, und Fladenbrote, die mit Öl bestrichen sind.
16 Das alles soll der Priester zum Altar bringen und zu-
erst das Sühne- und das Brandopfer vollziehen. 17 Dann
opfert der Priester dem HERRN den Schafbock als Mahl-
opfer und dazu das Gebackene, danach die übrigen
Speise- und Trankopfer. 18 Der Geweihte schneidet am
Eingang des Heiligen Zeltes sein geweihtes Haar ab
und wirft es in das Altarfeuer, in dem die Fettstücke des
Mahlopfers verbrannt werden. 19 Dann legt der Priester
ein gekochtes Stück von der Schulter des Schafbocks
zusammen mit einem Ringbrot und einem Fladenbrot
aus dem Korb in die Hände des Geweihten. 20 Darauf
nimmt er die Opfergaben selbst in die Hand, um sie
symbolisch dem HERRN zu übereignen. Sie sind dem
HERRN geweiht und gehören dem Priester, genauso
wie die Brust und die Hinterkeule, die ihm ordnungsge-
mäß zustehen. Danach darf der Geweihte wieder Wein
trinken. 21 Wer sich dem HERRN für eine bestimmte Zeit
weiht, muss nach deren Abschluss diese Opfer darbrin-
gen, abgesehen von dem, was er etwa noch zusätzlich
versprochen hat. Er muss das Gelübde, das er abgelegt
hat, ohne Abstriche erfüllen.

DER PRIESTERLICHE SEGEN

22 Der HERR sagte zu Mose: 23 »Wenn Aaron und seine
Söhne den Leuten von Israel den Segen erteilen, sol-
len sie sprechen: // 24 Der HERR segne euch / und
beschütze euch! / 25 Der HERR blicke euch freund-
lich an / und schenke euch seine Liebe! / 26 Der HERR
wende euch sein Angesicht zu / und gebe euch Glück
und Frieden! // 27 Mit diesen Worten sollen sie den
Leuten von Israel die Segenskraft meines Namens zu-
sprechen. Dann werde ich mein Volk Israel segnen.«

DAS EINWEIHUNGSOPFER DER STAMMESOBERHÄUPTER

7 Als die Wohnung des HERRN mit allem, was dazu-
gehörte, fertig war und Mose sie zum ersten Mal
aufgestellt hatte, besprengte er das Zelt, den Altar und
alle heiligen Geräte mit Öl und weihte so das ganze
Heiligtum dem HERRN. 2-3 Noch am selben Tag brach-
ten die Stammesoberhäupter der Israeliten, die an der
Spitze der gezählten Männer standen, dem HERRN ihre
Opfergaben. Es waren sechs mit Planen überdach-
te Lastkarren mit je zwei Rindern davor, sodass auf
zwei Oberhäupter ein Lastkarren und auf jeden ein
Rind kam. Sie brachten die Gaben vor die Wohnung
des HERRN. 4 Der HERR sagte zu Mose: 5 »Nimm die
Gaben von ihnen an! Die Karren und Zugtiere sollen für
den Transport des Heiligen Zeltes verwendet werden.
Verteile sie unter die Leviten und berücksichtige dabei
die unterschiedlichen Aufgaben der einzelnen Grup-
pen.« 6 Mose tat, was der HERR ihm befohlen hatte.
7 Den Nachkommen von Gerschon gab er zwei Last-
karren mit vier Rindern, 8 den Nachkommen von Merari
aber vier Lastkarren mit acht Rindern für die Aufgaben,
die sie unter der Leitung des Priesters Itamar auszu-
führen hatten. 9 Den Nachkommen von Kehat gab er
keine Lastkarren, weil sie für die besonders heiligen
Dinge zuständig waren, die auf den Schultern getragen

werden müssen. 10 Außerdem hatten die Stammes-
oberhäupter Opfer für die Einweihung des Altars
bereitgestellt. Als sie ihre Gaben zum Altar bringen
wollten, 11 sagte der HERR zu Mose: »Die Stammes-
oberhäupter sollen ihre Gaben an zwölf aufeinander
folgenden Tagen darbringen, jeder an einem Tag.«
12-83 Sie brachten also ihre Gaben nacheinander: // am
1. Tag Nachschon, der Sohn Amminadabs, vom Stamm
Juda, / am 2. Tag Netanel, der Sohn Zuars, vom Stamm
Issachar, / am 3. Tag Eliab, der Sohn Helons, vom
Stamm Sebulon, / am 4. Tag Elizur, der Sohn Schedëurs,
vom Stamm Ruben, / am 5. Tag Schelumiël, der Sohn
Zurischaddais, vom Stamm Simeon, / am 6. Tag Elja-
saf, der Sohn Dëuëls, vom Stamm Gad, / am 7. Tag Eli-
schama, der Sohn Ammihuds, vom Stamm Efraïm, / am
8. Tag Gamliël, der Sohn Pedazurs, vom Stamm Ma-
nasse, / am 9. Tag Abidan, der Sohn Gidonis, vom
Stamm Benjamin, / am 10. Tag Ahiëser, der Sohn Ammi-
schaddais, vom Stamm Dan, / am 11. Tag Pagiël, der
Sohn Ochrans, vom Stamm Ascher, / am 12. Tag Ahira,
der Sohn Enans, vom Stamm Naftali. // Alle brachten
die gleichen Gaben, und zwar jeder eine Silberschüs-
sel von 1500 Gramm und eine Silberschale von 800
Gramm, gewogen nach dem Gewicht des Heiligtums;
beide Silbergefäße enthielten als Speiseopfer Wei-
zenmehl, das mit Olivenöl vermengt war. Außerdem
brachte jeder eine kleine Schale aus Gold, 120 Gramm
schwer und mit Weihrauch gefüllt; dazu als Brandopfer
einen Stier, einen Schafbock und ein einjähriges Schaf,
als Sühneopfer einen Ziegenbock sowie als Mahlopfer
zwei Rinder, fünf Schafböcke, fünf Ziegenböcke und
fünf einjährige Schafe. 84-88 Alles in allem brachten
die zwölf Stammesoberhäupter als Gaben für die
Einweihung des Altars: // 12 Silberschüsseln und 12
Silberschalen mit einem Gesamtgewicht von 27 600
Gramm; / 12 Goldschalen mit einem Gesamtgewicht
von 1440 Gramm, gefüllt mit Weihrauch; / 12 Stiere, 12
Schafböcke und 12 einjährige Schafe als Brandopfer so-
wie die dazugehörigen Speiseopfer; / 12 Ziegenböcke
als Sühneopfer; / 24 Rinder, 60 Schafböcke, 60 Ziegen-
böcke und 60 einjährige Schafe als Mahlopfer. // 89 Als
Mose daraufhin ins Heilige Zelt trat, um mit dem HERRN
zu reden, hörte er die Stimme des HERRN von der Lade
her, in der das Bundesgesetz aufbewahrt wurde. Sie
ging von der Stelle zwischen den beiden Kerubim aus,
die sich auf der Deckplatte der Lade befanden.

ANWEISUNG FÜR DAS AUFSETZEN DER LICHTER

8 Der HERR sagte zu Mose: 2 »Sage Aaron, dass er
die sieben Lichtschalen so auf den Leuchter setzt,
dass ihr Docht nach vorne zeigt.« 3 Aaron verfuhr nach
dieser Anweisung. 4 Der Leuchter bestand aus reinem
Gold und war mit allen Teilen aus einem Stück gearbei-
tet, genau nach dem Modell, das Mose vom HERRN auf
dem Berg gezeigt bekam.

WEIHE UND EINSETZUNG DER LEVITEN

5 Der HERR sagte zu Mose: 6-7 »Sondere die Leviten aus
den übrigen Israeliten aus. Sie müssen für den Dienst
an meinem Heiligtum rein sein. Deshalb besprenge
sie mit Reinigungswasser und sorge dafür, dass sie
alle Haare an ihrem Leib abrasieren und ihre Kleider
waschen. 8 Dann sollen sie als Brandopfer einen Stier
nehmen und dazu als Speiseopfer Weizenmehl, das
mit Olivenöl vermengt ist. Du selbst nimmst einen
zweiten Stier für das Sühneopfer. 9 Darauf bringst du
die Leviten zum Heiligen Zelt und versammelst dort
die ganze Gemeinde Israel. 10 Du stellst die Leviten
vor den HERRN und die Israeliten legen ihre Hände
auf sie. 11 Aaron soll sie mir symbolisch übereignen
als eine Opfergabe der Israeliten; denn sie sollen an
meinem Heiligtum Dienst tun. 12 Die Leviten legen ihre
Hände auf die Köpfe der beiden Stiere und Aaron op-
fert mir den einen als ihr Sühneopfer, den andern als
ihr Brandopfer. Auf diese Weise wird jede Verfehlung
der Leviten mir gegenüber ins Reine gebracht. 13 Dann
stellst du die Leviten vor Aaron und seine Söhne, um
sie mir symbolisch zu übereignen. 14 Auf diese Weise
werden sie aus den übrigen Israeliten ausgesondert
und zu meinem Eigentum gemacht. 15 Danach dürfen
die Leviten in das Heilige Zelt gehen und dort Dienst
tun. 16 Sie sind mein besonderes Eigentum. Ich erhebe
Anspruch auf sie anstelle der erstgeborenen Söhne
aller übrigen Israeliten. 17 Denn mir gehört in Israel
alles, was zuerst aus dem Mutterschoß kommt, bei
Tier und Mensch. Ich habe es mir vorbehalten, als ich
alle Erstgeborenen der Ägypter tötete. 18 Nun aber
habe ich anstelle der Erstgeborenen Israels die Leviten
angenommen. 19 Ich habe sie zu meinem Eigentum
erklärt und sie Aaron und seinen Söhnen gegeben.
Sie sollen den Dienst im Heiligen Zelt verrichten, die
Sühnehandlungen vollziehen und dadurch die ande-
ren Israeliten vor dem Unheil bewahren, das sie treffen
müsste, wenn sie dem Heiligtum zu nahe kämen.«
20 Mose, Aaron und die ganze Gemeinde Israel verfuh-
ren mit den Leviten, wie der HERR es Mose befohlen
hatte. 21 Nachdem die Leviten sich und ihre Kleider
gewaschen hatten, übereignete Aaron sie symbolisch
dem HERRN und brachte die beiden Opfer dar, um alle
ihre Verfehlungen ins Reine zu bringen. 22 Dann gingen
die Leviten ins Heilige Zelt und übernahmen ihren
Dienst unter der Leitung Aarons und seiner Söhne.
Alles war genauso ausgeführt worden, wie der HERR
es Mose befohlen hatte.

DAS DIENSTALTER DER LEVITEN

23 Weiter sagte der HERR zu Mose: 24-25 »Die Leviten
sollen ihren Dienst im Heiligen Zelt mit 25 Jahren auf-
nehmen und mit 50 Jahren beenden. 26 Wer älter ist,
kann den diensttuenden Leviten zur Hand gehen; aber
er darf das Amt nicht mehr selbst ausüben. Nach dieser
Regel sollst du die Leviten für ihren Dienst einteilen.«

ZUSÄTZLICHE ANWEISUNGEN FÜR DAS PASSAFEST

9 Im 1. Monat des 2. Jahres, nachdem das Volk Israel
aus Ägypten aufgebrochen war, sagte der HERR zu
Mose in der Wüste Sinai: 2-3 »Am 14. Tag dieses Monats

gegen Abend sollen die Israeliten das Passamahl feiern. Sie sollen alle Vorschriften genau einhalten, die dafür gelten.« 4 Mose sagte dies den Israeliten weiter 5 und sie feierten das Passafest am Abend des 14. Tages in der Wüste Sinai. 6 Einige Männer waren jedoch unrein geworden, weil sie einen Toten berührt hatten. Deshalb konnten sie das Passamahl nicht am vorgeschriebenen Tag halten. Sie sagten zu Mose und Aaron: 7 »Wir sind unrein, weil wir einen Toten berührt haben. Müssen wir deshalb zurückstehen und dürfen nicht wie die anderen Israeliten dem HERRN das Passaopfer darbringen?« 8 Mose erwiderte: »Wartet, bis der HERR mir gesagt hat, was ihr tun sollt.« 9-11 Der HERR aber gab Mose für die Israeliten die Anweisung: »Alle, die sich an einem Toten Verunreinigt haben oder gerade auf einer Reise sind und trotzdem das Passafest feiern wollen, können es einen Monat später tun, ebenfalls am Abend des 14. Tages. Diese Regel gilt für euch und eure Nachkommen. Sie sollen das Passalamm mit ungesäuertem Brot und bitteren Kräutern essen 12 und auf keinen Fall etwas bis zum anderen Morgen übrig lassen. Auch dürft ihr dem Tier keinen Knochen brechen. Alle Vorschriften für das Passafest müssen genau befolgt werden. 13 Wer aber weder unrein noch auf Reisen ist und trotzdem das Passafest nicht zur vorgeschriebenen Zeit feiert, der hat sein Leben verwirkt und muss aus seinem Volk ausgestoßen werden. Er hat das Opfer für den HERRN nicht zur vorgeschriebenen Zeit dargebracht und muss die Folgen seiner Verfehlung tragen. 14 Wenn ein Fremder unter euch lebt, der das Passafest mitfeiern möchte, kann er das tun, doch muss er alle Vorschriften genau befolgen. Für Einheimische und für Fremde gilt ein und dasselbe Gesetz.«

DIE WOLKE ALS ZEICHEN DER GEGENWART GOTTES

15 An dem Tag, als das Heilige Zelt, die Wohnstätte des Bundesgesetzes, zum ersten Mal aufgerichtet wurde, senkte sich die Wolke darauf herab, und am Abend wurde sie zu einem Feuerschein, der bis zum Morgen leuchtete. 16 So blieb es von nun an: Bei Tag stand die Wolke über der Wohnung des HERRN und bei Nacht der Feuerschein. 17 Immer wenn die Wolke sich erhob, brachen die Israeliten ihre Zelte ab und zogen weiter. An dem Ort, wo die Wolke sich niederließ, schlugen sie das neue Lager auf. 18-19 Sie brachen auf und machten halt genau nach dem Befehl des HERRN. Blieb die Wolke längere Zeit über dem Zelt, so folgten die Israeliten der Weisung des HERRN und machten einen längeren Aufenthalt. 20 Blieb sie nur wenige Tage, so zogen sie entsprechend früher weiter, jeweils nach der Weisung des HERRN. 21-22 Ob die Wolke nur eine Nacht blieb oder einen ganzen Tag oder zwei Tage oder auch einen Monat, stets richteten die Israeliten die Dauer ihres Aufenthalts nach der Wolke. 23 Sie blieben oder brachen auf, wie der HERR es befahl. So befolgten sie die Anweisung, die der HERR durch Mose gegeben hatte.

DIE SIGNALTROMPETEN

10 Der HERR sagte zu Mose: 2 »Lass zwei Trompeten aus getriebenem Silber anfertigen. Mit ihnen sollst du die Gemeinde zusammenrufen und auch das Zeichen zum Aufbruch geben. 3 Wenn beide Trompeten geblasen werden, muss sich die ganze Gemeinde bei dir am Eingang des Heiligen Zeltes versammeln. 4 Wird nur eine Trompete geblasen, müssen die Oberhäupter der Stämme zu dir kommen. 5 Wenn mit den Trompeten geschmettert wird, müssen die Stämme aus dem Lager aufbrechen, beim ersten Zeichen die auf der Ostseite des Heiligen Zeltes, 6 beim zweiten Zeichen die auf der Südseite. Schmettern ist das Signal zum Aufbruch, 7 während gewöhnliche Töne zur Versammlung rufen. 8 Die Trompeten sollen von den Söhnen Aarons, den Priestern, geblasen werden. Diese Regeln gelten auch für alle eure Nachkommen. 9 Wenn später einmal Feinde in euer Land einfallen und ihr gegen sie in den Kampf zieht, dann müsst ihr mit den Trompeten schmettern. Dann werde ich, der HERR, euer Gott, an euch denken und euch vor euren Feinden retten. 10 Auch bei freudigen Anlässen, wenn ihr Festtage oder den Monatsanfang begeht und mir dabei Brand- und Mahlopfer darbringt, sollt ihr die Trompeten blasen. Dann werde ich an euch denken, denn ich bin der HERR, euer Gott.«

DER AUFBRUCH DES VOLKES VOM BERG SINAI

11 Am 20. Tag des 2. Monats – es war das zweite Jahr nach dem Auszug der Israeliten aus Ägypten – erhob sich die Wolke vom Heiligen Zelt, der Wohnstätte des Bundesgesetzes. 12 Da brachen die Israeliten aus der Wüste Sinai auf. Die Wolke führte sie bis zur Wüste Paran; dort ließ sie sich nieder. 13 Zum ersten Mal vollzog sich damals der Aufbruch nach der Ordnung, die der HERR durch Mose vorgeschrieben hatte. 14-16 An der Spitze ging die Abteilung unter dem Feldzeichen des Stammes Juda. Zu ihr gehörten außer Juda noch Issachar und Sebulon; die Anführer dieser drei Stämme waren Nachschon, Netanel und Eliab. 17 Nachdem die Wohnung des HERRN abgebaut war, folgten ihnen die Leviten der Gruppen Gerschon und Merari, die die Bestandteile des Zeltes zu tragen hatten. 18-20 Danach kam die Abteilung unter dem Feldzeichen des Stammes Ruben, zu der noch Simeon und Gad gehörten; die Anführer dieser drei Stämme waren Elizur, Schelumiël und Eljasaf. 21 Ihnen folgten die Leviten der Gruppe Kehat, die die heiligen Geräte zu tragen hatten. Bis sie im neuen Lager ankamen, sollte die Wohnung schon wieder aufgebaut sein. 22-24 Hinter ihnen zog die Abteilung unter dem Feldzeichen des Stammes Efraïm, zu der auch Manasse und Benjamin gehörten; die Anführer dieser drei Stämme waren Elischama, Gamliël und Abidan. 25-27 Die Nachhut bildete die Abteilung unter dem Feldzeichen des Stammes Dan, zu der noch Ascher und Naftali gehörten; die Anführer dieser drei Stämme waren Ahiëser, Pagiël und Ahira. 28 Nach dieser Ordnung brach das Volk Israel regelmäßig aus dem Lager auf.

GOTT SELBST FÜHRT SEIN VOLK

29 Mose sagte zu Hobab, dem Sohn seines midianitischen Schwiegervaters Reguël: »Wir machen uns jetzt auf den Weg in das Land, das der HERR uns geben will. Geh mit uns! Dann geben wir dir einen Anteil an dem guten Land, das der HERR seinem Volk Israel zugesagt hat.« 30 Hobab erwiderte: »Ich möchte lieber in meine Heimat zurückkehren.« 31 Aber Mose bat ihn: »Verlass uns doch nicht! Wir brauchen dich, weil du dich in der Wüste auskennst und weißt, wo geeignete Lagerplätze sind. Du musst uns den Weg zeigen! 32 Wenn du mit uns kommst, wollen wir alles, was der HERR uns geben wird, mit dir teilen.« 33 Die Israeliten machten sich auf den Weg und zogen vom Berg des HERRN aus drei Tagereisen weit. Die Bundeslade ging an der Spitze, um jedes Mal den Lagerplatz zu bestimmen. 34 Unterwegs war bei Tag die Wolke des HERRN über ihnen. 35 Immer wenn die Bundeslade aufgehoben wurde, sagte Mose: »Steh auf, HERR, damit deine Feinde vor dir fliehen und in alle Winde zerstieben!« 36 Wenn sie abgesetzt wurde, sagte er: »Kehre zurück, HERR, zu den zahllosen Scharen Israels!«

UNZUFRIEDENHEIT UNTER DEM VOLK

11 Das Volk beklagte sich beim HERRN darüber, dass es so viel entbehren müsse. Als der HERR das hörte, wurde er zornig und schickte ein Feuer, das vom Rand des Lagers her um sich griff. 2 Da schrie das Volk zu Mose um Hilfe. Mose betete für sie zum HERRN und das Feuer erlosch. 3 Sie nannten den Ort Tabera (Brand), weil der HERR dort das Lager in Brand gesetzt hatte. 4 Unter dem bunt zusammengewürfelten Haufen von Fremden, die sich dem Volk Israel beim Auszug aus Ägypten angeschlossen hatten, brach ein unwiderstehliches Gelüst nach Fleisch aus. Die Israeliten ließen sich davon anstecken und fingen wieder an zu jammern: »Wenn uns doch nur jemand Fleisch verschaffen würde! 5 Wie gut ging es uns doch in Ägypten! Da konnten wir Fische essen und mussten nicht einmal dafür bezahlen. Wir hatten Gurken und Melonen, Lauch, Zwiebeln und Knoblauch. 6 Aber hier gibt es tagaus, tagein nichts als Manna. Das bleibt einem ja allmählich im Hals stecken!« 7 Manna hatte die Form von Koriandersamen und sah weißlich aus wie Bdelliumharz. 8-9 Es fiel nachts mit dem Tau aufs Lager. Die Leute sammelten es, zerrieben es zwischen Mahlsteinen oder zerstießen es in Mörsern, kochten es im Topf oder backten Fladen daraus. Die schmeckten wie Fladenbrot aus Weizenmehl und Olivenöl.

MOSE BEKOMMT HELFER

10 Mose sah die Leute von Israel, alle Sippen und Familien, vor ihren Zelten stehen und hörte sie klagen. Ein heftiger Zornausbruch des HERRN bahnte sich an. Mose war die ganze Sache leid 11 und sagte zum HERRN: »Warum tust du mir, deinem Diener, dies alles an? Womit habe ich es verdient, dass du mir eine so undankbare Aufgabe übertragen hast? Dieses Volk liegt auf mir wie eine drückende Last. 12 Schließlich bin ich doch nicht seine Mutter, die es geboren hat! Wie kannst du von mir verlangen, dass ich es auf den Schoß nehme wie die Amme den Säugling und es auf meinen Armen in das Land trage, das du ihren Vätern zugesagt hast? 13 Fleisch wollen sie; sie liegen mir in den Ohren mit ihrem Geschrei. Woher soll ich Fleisch nehmen für ein so großes Volk? 14 Ich allein kann dieses ganze Volk nicht tragen, die Last ist mir zu schwer. 15 Wenn du sie mir nicht erleichtern willst, dann hab wenigstens Erbarmen mit mir und töte mich, damit ich nicht länger diese Qual ausstehen muss.« 16 Der HERR antwortete Mose: »Versammle siebzig angesehene Männer aus dem Kreis der Ältesten Israels, die sich als Aufseher bewährt haben, und hole sie zum Heiligen Zelt. Dort sollen sie sich neben dir aufstellen. 17 Ich werde herabkommen und mit dir sprechen, und dann werde ich von dem Geist, den ich dir gegeben habe, einen Teil nehmen und ihnen geben. Dann können sie die Verantwortung für das Volk mit dir teilen und du brauchst die Last nicht allein zu tragen. 18 Zum Volk aber sollst du sagen: ›Macht euch bereit für morgen und seht zu, dass ihr rein seid! Der HERR hat gehört, wie ihr vor ihm gejammert habt: Wer gibt uns Fleisch; in Ägypten hatten wir es so gut! Ihr sollt euer Fleisch bekommen, der HERR wird es euch geben. 19 Und das nicht nur einen Tag oder zwei, auch nicht fünf, zehn oder zwanzig Tage lang, 20 nein, einen ganzen Monat lang, bis es euch zum Hals heraushängt und euch davon übel wird. Das ist die Strafe dafür, dass ihr euch nach Ägypten zurückgesehnt und den HERRN verachtet habt, der mitten unter euch gegenwärtig ist.‹« 21 Mose aber sagte zum HERRN: »Das Volk, in dessen Mitte ich stehe, hat allein 600 000 wehrfähige Männer, und da sagst du, du willst dem gesamten Volk einen Monat lang Fleisch zu essen geben? 22 Wo lassen sich so viele Schafe, Ziegen und Rinder finden, um sie zu sättigen? Selbst wenn man alle Fische im Meer fangen würde, wäre es noch nicht genug!« 23 Der HERR antwortete: »Meinst du, es gibt eine Grenze für meine Macht? Du wirst jetzt gleich sehen, ob meine Zusage eintrifft oder nicht.«

MOSES HELFER BEKOMMEN VON SEINEM GEIST

24 Mose ging hinaus und teilte dem Volk mit, was der HERR gesagt hatte. Er versammelte siebzig Männer aus dem Kreis der Ältesten Israels und stellte sie rings um das Heilige Zelt auf. 25 Da kam der HERR in der Wolke herab und redete mit Mose. Er nahm einen Teil des Geistes, den er Mose gegeben hatte, und gab ihn den siebzig Ältesten. Als der Geist Gottes über sie kam, gerieten sie vorübergehend in ekstatische Begeisterung wie Propheten. 26 Zwei Männer, die ebenfalls auf der Liste der siebzig standen, Eldad und Medad, waren nicht zum Heiligen Zelt gegangen, sondern im Lager geblieben. Aber auch über sie kam der Geist Gottes und sie wurden von ekstatischer Begeisterung ergriffen. 27 Ein junger Mann lief zu Mose und erzählte ihm, was mit Eldad und Medad geschehen war. 28 Josua, der Sohn Nuns, der von Jugend an Moses Diener war, mischte sich ein und sagte zu Mose: »Lass

das nicht zu!« 29 Aber Mose erwiderte: »Fürchtest du
um mein Ansehen? Ich wäre froh, wenn alle Israeliten
Propheten wären. Wenn doch der HERR seinem ganzen
Volk seinen Geist gegeben hätte!«

DAS VOLK BEKOMMT FLEISCH

30 Mose und die siebzig Ältesten gingen ins Lager zu-
rück. 31 Inzwischen hatte der HERR einen Sturm auf-
kommen lassen, der trieb riesige Scharen von Wachteln
vom Meer heran. Er warf sie im Umkreis von einem Ta-
gesmarsch rings um das Lager zur Erde. Die Tiere lagen
fast einen Meter hoch. 32 Den ganzen Rest des Tages,
die folgende Nacht und noch den nächsten Tag über
waren die Leute damit beschäftigt, Wachteln einzu-
sammeln. Das wenigste, was einer zusammenbrachte,
waren zehn Eselsladungen. Sie breiteten die Tiere zum
Dörren rings um das Lager aus. 33 Aber die Israeliten
hatten kaum begonnen, von dem Fleisch zu essen, es
war noch unzerkaut zwischen ihren Zähnen, da traf sie
der Zorn des HERRN und viele starben. 34 Man nannte
den Ort Kibrot-Taawa (Lustgräber), weil dort die Leute
begraben wurden, die es nach Fleisch gelüstet hatte.
35 Von Kibrot-Taawa zog das Volk weiter nach Hazerot
und schlug dort sein Lager auf.

MIRJAM UND AARON LEHNEN SICH GEGEN MOSE AUF

12 Mirjam und Aaron machten Mose Vorwürfe
wegen der kuschitischen Frau, die er geheira-
tet hatte. 2-3 Zu den Israeliten sagten sie: »Darf Mose
behaupten, dass nur er den Willen des HERRN kennt?
Hat der HERR nicht auch zu uns gesprochen?« Mose
unternahm nichts dagegen; denn er war der beschei-
denste Mensch, der je auf der Erde gelebt hat. Aber
der HERR hörte, was sie sagten. 4 Er forderte Mose und
Aaron und Mirjam auf: »Geht hinüber zum Heiligen
Zelt, ihr drei!« Als sie dort waren, 5 kam der HERR in
der Wolkensäule herab und stellte sich an den Eingang
des Zeltes. Er rief Aaron und Mirjam, und die beiden
traten vor. 6 Dann sagte er zu ihnen: »Hört her! Wenn
ich Propheten zu euch sende, offenbare ich mich ihnen
in Visionen und spreche zu ihnen in Träumen. 7 Mit mei-
nem Bevollmächtigten Mose aber halte ich es anders.
Ihm habe ich mein ganzes Haus anvertraut. 8 Deshalb
rede ich zu ihm wie ein Mensch zu einem andern, in
klaren, eindeutigen Worten. Er darf sogar mich selbst
sehen. Wie könnt ihr es wagen, ihm etwas vorzuwer-
fen?« 9 Voll Zorn ging der HERR weg. 10 Als die Wolke
verschwunden war, war Mirjam von Aussatz befallen
und ihre Haut war weiß wie Schnee geworden. Aaron
sah es 11 und sagte zu Mose: »Verzeih, wir haben im
Unverstand gehandelt und unrecht getan. Lass uns
nicht dafür büßen! 12 Soll Mirjam wie eine Totgeburt
aussehen, deren Fleisch schon halb verwest ist, wenn
sie aus dem Mutterschoß kommt?« 13 Mose schrie zum
HERRN: »O Gott, lass sie doch wieder gesund werden!«
14 Der HERR antwortete: »Sie muss sieben Tage lang
aus dem Lager ausgesperrt werden, dann könnt ihr
sie wieder in eure Gemeinschaft aufnehmen. Wenn ihr
Vater ihr ins Gesicht gespuckt hätte, müsste sie sich ja
auch sieben Tage lang schämen.« 15 So wurde Mirjam
für sieben Tage aus dem Lager ausgesperrt. Das Volk
aber zog nicht weiter, bis Mirjam wieder aufgenom-
men werden durfte. 16 Dann verließen sie Hazerot und
schlugen ihr Lager in der Wüste Paran auf.

ERKUNDUNG DES LANDES KANAAN

13 Der HERR sagte zu Mose: 2 »Sende Leute aus,
damit sie das Land Kanaan erkunden, das ich
dem Volk Israel geben will. Nimm dazu aus jedem der
zwölf Stämme einen der führenden Männer!« 3 Mose
folgte dem Befehl des HERRN. Er wählte zwölf Män-
ner aus, lauter Sippenälteste, und schickte sie von der
Wüste Paran aus ins Land Kanaan. 4-15 Es waren: // aus
dem Stamm Ruben: / Schammua, der Sohn von Sak-
kur; / aus dem Stamm Simeon: / Schafat, der Sohn von
Hori; / aus dem Stamm Juda: / Kaleb, der Sohn von Je-
funne; / aus dem Stamm Issachar: / Jigal, der Sohn von
Josef; / aus dem Stamm Efraïm: / Hoschea, der Sohn
von Nun; / aus dem Stamm Benjamin: / Palti, der Sohn
von Rafu; / aus dem Stamm Sebulon: / Gaddiël, der
Sohn von Sodi; / aus dem Stamm Manasse: / Gaddi,
der Sohn von Susi; / aus dem Stamm Dan: / Ammiël,
der Sohn von Gemalli; / aus dem Stamm Ascher: / Se-
tur, der Sohn von Michael; / aus dem Stamm Naf-
tali: / Nachbi, der Sohn von Wofsi; / aus dem Stamm
Gad: / Gëuël, der Sohn von Machi. // 16 Diese zwölf
Männer schickte Mose aus, um das Land zu erkun-
den. Hoschea, dem Sohn Nuns, gab er den Namen
Josua. 17 Er sagte zu ihnen: »Geht zunächst durch das
Steppengebiet und durchstreift dann das Bergland,
das sich nordwärts anschließt. 18 Seht euch Land und
Leute genau an! Erkundet, wie viele Menschen dort
wohnen und wie stark sie sind. 19-20 Achtet darauf, ob
ihre Städte befestigt sind oder nicht. Seht, ob ihr Land
fruchtbar ist und ob es dort Wälder gibt. Habt keine
Angst und bringt Proben von den Früchten des Landes
mit.« Es war gerade die Jahreszeit, in der die ersten
Trauben reif werden. 21 Die zwölf Männer machten
sich auf den Weg und erkundeten das Land von der
Wüste Zin bis hinauf nach Rehob bei Lebo-Hamat.
22 Zunächst zogen sie durch das Südland und kamen
dann nach Hebron. Dort wohnten Ahiman, Scheschai
und Talmai, die Nachkommen Anaks. – Die Stadt Heb-
ron war sieben Jahre früher gegründet worden als
Zoan in Ägypten. – 23 Als sie in das Traubental kamen,
schnitten sie eine Weinranke mit einer Traube ab; die
war so schwer, dass zwei von ihnen sie auf einer Stange
tragen mussten. Auch Granatäpfel und Feigen nahmen
sie mit. 24 Das Tal bekam später den Namen Eschkol
(Traubental) wegen der Traube, die die Kundschafter
der Israeliten dort abgeschnitten hatten.

DIE KUNDSCHAFTER BERICHTEN

25 Nach vierzig Tagen hatten die zwölf Männer ihre
Erkundung abgeschlossen 26 und kehrten zu Mose
und Aaron und der ganzen Gemeinde Israel nach Ka-
desch in der Wüste Paran zurück. Sie erzählten, was

sie gesehen hatten, und zeigten die mitgebrachten
Früchte vor. 27 Sie berichteten Mose: »Wir haben das
Land durchzogen, in das du uns geschickt hast, und
wir haben alles genau angesehen. Es ist wirklich ein
Land, das von Milch und Honig überfließt. Sieh hier
seine Früchte! 28 Aber die Leute, die dort wohnen, sind
stark und ihre Städte sind groß und gut befestigt. Und
dann haben wir auch noch die Anakssöhne gesehen!
29 Im Südland wohnen die Amalekiter, im Bergland die
Hetiter, Jebusiter und Amoriter und in der Jordanebene
die Kanaaniter!« 30 Das Volk war aufgebracht gegen
Mose, aber Kaleb beruhigte die Leute und rief: »Wir
können das Land sehr wohl erobern! Wir sind stark
genug!« 31 Doch die anderen Kundschafter sagten:
»Wir können es nicht! Das Volk im Land ist viel stärker
als wir!« 32 Sie erzählten den Israeliten schreckliche
Dinge über das Land, das sie erkundet hatten. »In die-
sem Land kann man nicht leben, es verschlingt seine
Bewohner«, sagten sie. »Alle Männer, die wir gesehen
haben, sind riesengroß, 33 besonders die Nachkommen
Anaks! Wir kamen uns ihnen gegenüber wie Heuschre-
cken vor und genauso winzig müssen wir ihnen vor-
gekommen sein!«

DAS VOLK VERTRAUT GOTT NICHT MEHR

14 Die ganze Gemeinde Israel schrie laut auf vor
Entsetzen und die Leute weinten die ganze
Nacht. 2 Alle miteinander lehnten sich gegen Mose
und Aaron auf, sie murrten und sagten: »Wären wir
doch lieber in Ägypten gestorben oder unterwegs in
der Wüste! 3 Warum will der HERR uns in dieses Land
bringen? Wir werden im Kampf umkommen und un-
sere Frauen und kleinen Kinder werden den Feinden
in die Hände fallen. Es wäre besser, wir kehrten wieder
nach Ägypten zurück!« 4 Schon gaben einige die Paro-
le aus: »Wir wählen einen neuen Anführer und gehen
zurück nach Ägypten!« 5 Da warfen sich Mose und
Aaron vor den versammelten Israeliten auf die Erde.
6 Josua und Kaleb aber, die zusammen mit den anderen
das Land erkundet hatten, zerrissen ihre Kleider 7 und
sagten zu der ganzen Gemeinde Israel: »Das Land,
das wir erkundet haben, ist ein sehr gutes Land, 8 das
von Milch und Honig überfließt! Wenn der HERR uns
gut ist, wird er uns in dieses Land hineinbringen und
es uns geben. 9 Lehnt euch nicht gegen ihn auf! Habt
keine Angst vor den Bewohnern des Landes! Wir wer-
den im Handumdrehen mit ihnen fertig. Sie sind von
ihren Göttern verlassen, aber uns steht der HERR zur
Seite. Habt also keine Angst vor ihnen!« 10 Aber die
ganze Gemeinde wollte sie steinigen. Da erschien die
Herrlichkeit des HERRN vor den Augen aller Israeliten
über dem Heiligen Zelt.

MOSE BITTET FÜR DAS UNGEHORSAME VOLK

11 Der HERR sagte zu Mose: »Wie lange will mich die-
ses Volk noch verhöhnen? Wie lange weigern sie sich
noch, mir zu vertrauen? Habe ich ihnen nicht genug
Beweise meiner Macht und Fürsorge gegeben? 12 Ich
will sie an der Pest sterben lassen, ich will das ganze
Volk ausrotten. Mit dir will ich neu beginnen und deine
Nachkommen zu einem Volk machen, das größer und
stärker ist als sie.« 13 Aber Mose erwiderte: »Was wer-
den dann die Ägypter sagen? Sie haben gesehen, wie
du dieses Volk durch deine Macht aus ihrem Land ge-
führt und bis hierher gebracht hast. 14 Und was werden
die Bewohner dieses Landes sagen? Sie haben gehört,
dass du, HERR, selbst mitten unter uns bist, dass du mir
Auge in Auge gegenübertrittst, dass deine Wolke über
uns steht und dass du vor uns hergehst, bei Tag in einer
Wolkensäule und in einer Feuersäule bei Nacht. 15 Und
dann tötest du dieses ganze Volk auf einen Schlag! Die
Völker, die von deinen Taten gehört haben, werden sa-
gen: 16 ›Er war zu schwach, um dieses Volk in das Land
zu bringen, das er ihnen mit einem Eid versprochen
hatte. Deshalb hat er sie in der Wüste abgeschlach-
tet.‹ 17 Ach Herr, lass doch deine Macht an uns sichtbar
werden! Du hast uns zugesagt: 18 ›Ich bin der HERR, ich
habe Geduld, meine Güte ist grenzenlos. Ich vergebe
Schuld und Auflehnung; aber ich lasse nicht alles unge-
straft hingehen. Wenn sich jemand gegen mich wendet,
dann bestrafe ich dafür noch seine Kinder und Enkel
bis in die dritte und vierte Generation.‹ 19 Weil nun
deine Güte so groß ist, darum vergib diesem Volk seine
Schuld! Du hast ihm ja auch bisher vergeben während
der ganzen Zeit, seit du es aus Ägypten herausgeführt
hast!« 20 Der HERR antwortete: »Ich vergebe ihnen,
weil du mich darum bittest. 21 Aber so gewiss ich lebe
und meine Herrlichkeit die ganze Erde erfüllen wird:
22-23 Diese Männer werden nicht in das Land kommen,
das ich ihren Vorfahren versprochen habe! Sie haben
meine Herrlichkeit gesehen und die Wunder, die ich in
Ägypten und in der Wüste getan habe, und trotzdem
haben sie mich nun zehnmal auf die Probe gestellt
und sich gegen mich aufgelehnt. Keiner von denen,
die mich missachtet haben, wird das Land betreten.
24 Nur meinen Diener Kaleb will ich in das Land bringen,
das er erkundet hat; seine Nachkommen sollen dort
leben. Denn in ihm war ein anderer Geist, er ließ sich
nicht beirren und hat mir vertraut. 25 In den Ebenen
aber bleiben die Amalekiter und Kanaaniter wohnen.
Morgen kehrt ihr um und zieht wieder durch die Wüste,
dem Schilfmeer zu.«

DIE STRAFE: VIERZIG JAHRE IN DER WÜSTE

26 Der HERR sagte zu Mose und Aaron: 27 »Wie lange
soll ich es noch hinnehmen, dass dieses eigensinnige
Volk sich gegen mich auflehnt? Ich habe wohl gehört,
wie sie gegen mich murren. 28 Richte ihnen meine
Antwort aus! Sage zu ihnen: ›Ich, der HERR, schwöre
euch: Was ihr da gesagt habt, lasse ich in Erfüllung
gehen – so gewiss ich lebe! 29 In dieser Wüste sollt ihr
sterben, alle wehrfähigen Männer von zwanzig Jah-
ren an aufwärts. Das ist die Strafe dafür, dass ihr euch
gegen mich aufgelehnt habt. 30 Keiner von euch soll in
das Land kommen, das ich euch mit einem Eid zugesi-
chert habe, mit Ausnahme von Kaleb und Josua. 31 Eure
kleinen Kinder dagegen, von denen ihr gesagt habt: Sie
werden den Feinden in die Hände fallen – die werde ich

in das Land hineinbringen, das ihr verschmäht habt;
genau sie werden es in Besitz nehmen. 32 Ihr aber wer-
det in dieser Wüste sterben. 33 Doch auch eure Söhne
werden wegen eurer Untreue zu leiden haben: Noch
vierzig Jahre lang müssen sie mit ihrem Vieh in der
Wüste umherziehen, bis von eurer Generation keiner
mehr am Leben ist. 34 Vierzig Tage lang habt ihr das
Land erkundet; so sollt ihr nun vierzig Jahre lang, für je-
den Tag ein Jahr, eure Schuld abbüßen. Dann merkt ihr,
was für Folgen es hat, wenn jemand sich von mir ab-
wendet. 35 Ich werde mein Wort nicht zurücknehmen.
Keiner von euch soll aus dieser Wüste herauskommen;
alle werden in ihr den Tod finden. Diese ganze böse
Gemeinde, die sich gegen mich zusammengerottet
hat, soll ihrer Strafe nicht entgehen.‹« 36-37 Die Män-
ner aber, die Mose ausgesandt hatte, um das Land zu
erkunden, bestrafte der HERR auf der Stelle, sodass sie
tot umfielen. Sie hatten nach ihrer Rückkehr schreck-
liche Dinge über das Land erzählt und so die ganze
Gemeinde gegen Mose aufgewiegelt und zum Murren
gegen ihn gebracht. 38 Nur Josua und Kaleb blieben
verschont.

DIE REUE KOMMT ZU SPÄT

39 Mose sagte allen Israeliten die Antwort des HERRN.
Da begann das Volk zu weinen und zu klagen. 40 Am
anderen Morgen aber rüsteten sich die Männer Israels,
um ins Bergland hinaufzuziehen. Sie sagten zu Mose:
»Wir sind jetzt bereit! Wir wollen dem HERRN gehor-
chen und in das Land ziehen. Wir haben gestern un-
recht getan.« 41 Aber Mose erwiderte: »Warum wollt
ihr gegen den ausdrücklichen Befehl des HERRN
handeln? Das kann nicht gut gehen. 42 Ich sage euch:
Zieht nicht hinauf; denn der HERR wird nicht mit euch
gehen! Die Feinde werden euch in die Flucht schlagen.
43 Die Amalekiter und die Kanaaniter sind gerüstet und
warten auf euch; ihr werdet alle umkommen. Ihr habt
euch vom HERRN abgewandt; denkt nur nicht, dass er
euch jetzt beistehen wird!« 44 Sie aber hatten es sich in
den Kopf gesetzt, ins Bergland hinaufzuziehen. Mose
ging nicht mit und auch die Bundeslade blieb im Lager.
45 Die Amalekiter und die Kanaaniter, die das Bergland
bewohnten, griffen sie von oben her an, schlugen sie in
die Flucht und verfolgten sie bis nach Horma.

ANWEISUNGEN ÜBER DIE BEIGABEN ZU TIEROPFERN

15 1-2 Der HERR gab Mose für die Israeliten die fol-
genden Anweisungen. Sie sollten sich danach
richten, wenn sie einmal in dem Land leben würden,
das er ihnen geben wollte: 3 Wenn ihr den HERRN mit
einer Opfergabe gnädig stimmen und ihm ein Rind,
ein Schaf oder eine Ziege als Brand- oder Mahlopfer
darbringen wollt – sei es zur Erfüllung eines Gelüb-
des, als freiwilliges Opfer oder als Festopfer –, 4-5 dann
müsst ihr ein Speiseopfer und ein Trankopfer dazuge-
ben. Wer dem HERRN ein Schaf oder eine Ziege op-
fert, soll als Speiseopfer 1/10 Efa (1,2 Kilo) Weizenmehl
geben, vermengt mit 1/4 Hin (knapp 1 Liter) Olivenöl,
dazu als Trankopfer dieselbe Menge Wein. 6 Wer dem
HERRN einen Schafbock opfert, nimmt 2/10 Efa (2,4
Kilo) Mehl, vermengt mit 1/3 Hin (1 1/2 Liter) Öl, 7 und
dazu dieselbe Menge Wein. Das ist ein Opfer, das den
HERRN gnädig stimmt. 8 Wer dem HERRN ein Rind als
Brand- oder Mahlopfer darbringt, sei es als Opfer zur
Erfüllung eines Gelübdes oder um ein Opfermahl zu
feiern, 9 nimmt als Speiseopfer 3/10 Efa (3,6 Kilo) Mehl,
vermengt mit 1/2 Hin (knapp 2 Liter) Öl, 10 dazu als Trank-
opfer dieselbe Menge Wein. Das ist ein Opfer, das den
HERRN gnädig stimmt. 11-12 Wenn ihr mehrere Tiere
derselben Art opfert, muss für jedes einzelne Tier die
vorgeschriebene Menge als Speise- und Trankopfer
gegeben werden. 13-14 Diese Vorschrift gilt nicht nur
für euch Israeliten, sondern auch für jeden, der als
Fremder vorübergehend oder dauernd unter euch
lebt und dem HERRN ein Opfer darbringen will, das
ihn gnädig stimmt. 15-16 Für euch und für die Fremden,
die bei euch leben, gilt in dieser Sache dasselbe Gesetz,
und zwar für alle Zeiten. In den Augen des HERRN gibt
es zwischen einem Israeliten von Geburt und einem,
der in Israel Aufnahme findet, keinen Unterschied.

DAS ERSTE BROT GEHÖRT GOTT

17-18 Auch die folgende Anweisung erhielt Mose vom
HERRN für die Zeit, wenn die Israeliten einmal in dem
Land leben würden, das er ihnen geben wollte: 19 Wenn
ihr von dem Korn, das ihr in eurem Land erntet, Brot
backt, müsst ihr etwas davon dem HERRN abgeben.
20-21 Das erste Brot, das ihr aus dem Mehl der neuen
Ernte backt, gehört dem HERRN, genauso wie ihm ein
erster Anteil am frisch gedroschenen Korn zusteht.
Diese Vorschrift gilt für alle Zeiten.

SÜHNE FÜR UNBEABSICHTIGTE VERFEHLUNGEN

22-23 Auch diese Anweisung erhielt Mose vom HERRN:
Wenn ihr oder eure Nachkommen versehentlich gegen
irgendeines der Gebote verstoßt, die der HERR euch
durch Mose bekannt gemacht hat, muss die Verfehlung
durch ein Opfer wieder ins Reine gebracht werden.
24 Ist die ganze Gemeinde versehentlich schuldig ge-
worden, muss sie zur Sühne dem HERRN einen Stier
als Brandopfer darbringen, ein Opfer, das ihn gnädig
stimmt. Dazu kommt das vorgeschriebene Speiseopfer
und Trankopfer und noch ein Ziegenbock als Sühne-
opfer. 25-26 Der Priester bringt durch diese Opfer die
Verfehlung wieder ins Reine, und der HERR wird der
ganzen Gemeinde vergeben, weil der Verstoß unbe-
absichtigt geschehen ist und weil sie ihm diese Opfer
dargebracht hat. Auch den Fremden, die bei euch
leben und die mit den anderen schuldig geworden
sind, wird die Verfehlung vergeben. 27 Ist eine Einzel-
person versehentlich schuldig geworden, muss sie als
Sühneopfer eine einjährige Ziege darbringen. 28 Der
Priester bringt mit diesem Opfer die Verfehlung wieder
ins Reine und der HERR wird diesem Menschen verge-
ben. 29 Diese Anordnung gilt genauso für die Fremden,
die bei euch leben. 30-31 Wer jedoch mit Wissen und

Willen gegen ein Gebot des HERRN handelt, beleidigt den HERRN und hat sein Leben verwirkt. Ein solcher Mensch muss aus dem Volk ausgestoßen werden, gleichgültig, ob er ein Israelit ist oder ein Fremder; denn er hat den ausdrücklichen Befehl des HERRN missachtet. Ein solches Vergehen kann durch kein Opfer wieder gutgemacht werden.

EIN FALL VON SABBATSCHÄNDUNG

32 Während die Israeliten noch in der Wüste waren, wurde ein Mann dabei ertappt, wie er an einem Sabbat Holz sammelte. 33 Die Leute, die ihn gesehen hatten, brachten ihn vor Mose und Aaron und die ganze Gemeinde. 34 Weil es für einen solchen Fall noch keine Entscheidung des HERRN gab, wurde er vorläufig eingesperrt. 35 Der HERR aber sagte zu Mose: »Der Mann hat sein Leben verwirkt. Die ganze Gemeinde soll ihn draußen vor dem Lager durch Steinigung hinrichten.« 36 Da führten alle Männer den Schuldigen aus dem Lager und steinigten ihn, wie der HERR es Mose befohlen hatte.

EIN ERINNERUNGSZEICHEN AN DER KLEIDUNG

37-38 Der HERR befahl Mose, den Israeliten zu sagen, sie sollten Quasten an den vier Zipfeln des Tuches anbringen, das sie als Obergewand trugen. Diese Vorschrift sollte auch für alle ihre Nachkommen gelten. An jeder Quaste sollte eine violette Kordel sein. 39-40 »Jedes Mal, wenn ihr die Quasten seht«, sagte der HERR, »sollen sie euch an meine Gebote erinnern. Sie sollen euch mahnen, dass ihr nach meinen Weisungen lebt und euch nicht von euren Gedanken und euren lüsternen Augen zum Ungehorsam verleiten lasst. Dann werdet ihr ein heiliges Volk sein, ein Volk, das seinem Gott ganz gehört. 41 Ich bin der HERR, euer Gott. Ich habe euch aus Ägypten geführt, weil ich euer Gott sein wollte. Und ich bin es auch, ich, der HERR!«

DIE ANHÄNGER KORACHS LEHNEN SICH GEGEN MOSE AUF

16 1-2 Korach, der Sohn Jizhars, ein Levit von den Nachkommen Kehats, war so vermessen, sich gegen Mose aufzulehnen. Er wurde unterstützt von einigen Männern aus dem Stamm Ruben: von Datan und Abiram, den Söhnen Eliabs, und von On, dem Sohn Pelets, sowie von zweihundertfünfzig anderen angesehenen Israeliten, lauter Männern, die in der Gemeinde mit einer Aufgabe betraut waren. 3 Sie alle kamen miteinander zu Mose und Aaron und warfen ihnen vor: »Ihr nehmt euch zu viel heraus! Alle Israeliten gehören dem HERRN in gleicher Weise und er ist mitten unter ihnen. Warum erhebt ihr euch über die Gemeinde des HERRN?« 4 Als Mose das hörte, warf er sich zu Boden und betete. 5 Dann sagte er zu Korach und seinen Anhängern: »Morgen wird der HERR zeigen, wer zu ihm gehört und wen er als heilig anerkennt. Er wird nur den in seine Nähe kommen lassen, den er ausgewählt hat. 6 Nehmt Räucherpfannen, 7 legt Glut hinein und Weihrauch darauf und kommt damit morgen vor das Heilige Zelt. Dann wird es sich zeigen, wen der HERR ausgewählt hat und wen er als tauglich zu seinem Dienst anerkennt. Ihr Leviten seid es, die sich zu viel herausnehmen!« 8 Weiter sagte Mose zu Korach und seinen Anhängern: »Hört her, ihr Leviten! 9 Der Gott Israels hat euch aus der ganzen Gemeinde ausgesondert, er lässt euch in seine Nähe kommen und den Dienst an seiner Wohnung verrichten; ihr dürft vor der Gemeinde stehen und ihr Dienste leisten. Ist euch das noch nicht genug? 10 Dir, Korach, und den übrigen Leviten hat der HERR dieses Vorrecht gegeben und nun wollt ihr auch noch das Priesteramt? 11 Gegen den HERRN habt ihr euch zusammengerottet, du und dein ganzer Haufen! Wer ist schon Aaron? Euer Murren geht doch nicht gegen ihn!« 12 Mose ließ Datan und Abiram rufen; aber sie ließen ihm ausrichten: »Wir kommen nicht! 13 Es reicht gerade, dass du uns aus Ägypten, dem Land, das von Milch und Honig überfließt, weggeführt hast und uns in der Wüste sterben lässt! Du willst dich auch noch als Herr über uns aufspielen? 14 Hast du uns denn in ein Land gebracht, das von Milch und Honig überfließt? Hast du uns Äcker und Weinberge zum Besitz gegeben? Du machst diesen Leuten doch nur etwas vor! Wir jedenfalls werden nicht kommen.« 15 Voll Zorn sagte Mose zum HERRN: »Nimm von ihnen kein Opfer mehr an! Ich habe meine Stellung nie missbraucht, noch nicht einmal einen Esel habe ich beansprucht.«

WER DARF SICH GOTT MIT WEIHRAUCH NÄHERN?

16 Zu Korach sagte Mose: »Morgen wirst du mit allen deinen Anhängern vor dem HERRN erscheinen. Auch Aaron wird dabei sein. 17 Jeder nimmt seine Pfanne mit Weihrauch, du und Aaron und die zweihundertfünfzig, und dann kommt ihr zum Heiligtum des HERRN.« 18 Alle, auch Mose und Aaron, legten Glut und Weihrauch in ihre Pfannen und traten an den Eingang des Heiligen Zeltes. 19 Korach hatte die ganze Gemeinde Israel auf seine Seite gebracht und trat an ihrer Spitze Mose und Aaron entgegen, die am Eingang des Heiligen Zeltes standen. Da erschien die Herrlichkeit des HERRN vor aller Augen 20 und der HERR sagte zu Mose und Aaron: 21 »Entfernt euch von dieser Gemeinde! Ich will sie alle auf einen Schlag vernichten.« 22 Da warfen die beiden sich nieder und beteten: »O Gott, alles Leben kommt doch von dir, du hast es geschaffen! Willst du die ganze Gemeinde bestrafen, weil ein Einzelner sich gegen dich verfehlt hat?«

DIE ERDE VERSCHLINGT DIE AUFRÜHRER

23 Der HERR sagte zu Mose: 24 »Befiehl der ganzen Gemeinde, sich von den Zelten Korachs, Datans und Abirams fernzuhalten.« 25 Da ging Mose mit den Ältesten Israels zu Datan und Abiram hin. 26 Er sagte zur Gemeinde Israel: »Entfernt euch von den Zelten dieser Männer, die sich gegen Gott auflehnen. Berührt nichts, was ihnen gehört, sonst trifft es euch mit, wenn sie zur Strafe für ihren Ungehorsam vernichtet werden.« 27 Alle entfernten sich aus dem Bereich der Wohnungen

Korachs, Datans und Abirams. Datan und Abiram waren
aus ihren Zelten herausgekommen und standen mit ih-
ren Frauen, Kindern und Enkeln vor den Zelteingängen.
28 Mose sagte zu den Leuten von Israel: »An dem, was
jetzt geschieht, werdet ihr erkennen, ob der HERR mich
gesandt hat oder ob ich eigenmächtig handle. 29 Wenn
diese Männer hier eines natürlichen Todes sterben,
dann hat der HERR mich nicht gesandt. 30 Wenn aber
der HERR etwas Unerhörtes tut, wenn die Erde sich
öffnet und sie samt ihrem Besitz verschlingt, sodass
sie lebendig in die Totenwelt hinuntermüssen, dann
wisst ihr, dass sie sich gegen den HERRN aufgelehnt
haben.« 31 Kaum hatte Mose zu Ende gesprochen, da
spaltete sich die Erde unter Datan und Abiram 32 und
verschlang sie mit Hab und Gut und allen Angehörigen
und ebenso alle Anhänger Korachs mit ihrem Besitz.
33 So stürzten sie alle lebendig in die Totenwelt hinunter
und die Erde schloss sich über ihnen. Ohne eine Spur
zu hinterlassen, waren sie mitten aus der Gemeinde
heraus verschwunden. 34 Als die anderen Israeliten
ihre Entsetzensschreie hörten, rannten sie davon und
riefen: »Nur fort! Sonst verschlingt uns die Erde auch!«

WER UNBEFUGT IN DIE NÄHE GOTTES KOMMT ...

35 Die 250 Männer aber, die den Weihrauch zum Altar
des HERRN gebracht hatten, verzehrte ein Feuer, das
vom HERRN ausging.

17 Da sagte der HERR zu Mose: 2-3 »Befiehl dem
Priester Eleasar, dem Sohn Aarons, die Räucher-
pfannen aus der Asche zu holen und die glühenden
Kohlen darin weit umher zu verstreuen. Die Pfannen
gehören dem HERRN, weil sie zu seinem Altar gebracht
worden sind. Die Männer, die sie herbeibrachten, ha-
ben für ihre Schuld mit dem Leben bezahlt. Zur War-
nung für alle Israeliten soll man Platten aus ihnen
schmieden und den großen Altar damit umkleiden.«
4 Der Priester Eleasar nahm die bronzenen Pfannen
und ließ daraus Platten für den Altar schmieden, 5 wie
der HERR es durch Mose befohlen hatte. Sie sollten die
Israeliten daran erinnern, dass niemand außer den
Nachkommen Aarons mit Weihrauch in die Nähe des
HERRN kommen darf. Sonst ergeht es ihm wie Korach
und seinen Anhängern.

MOSE UND AARON RETTEN DAS AUFRÜHRERISCHE VOLK

6 Am nächsten Morgen versammelte sich die ganze
Gemeinde und murrte gegen Mose und Aaron. »Ihr
habt das Volk des HERRN getötet!«, warfen die Män-
ner Israels ihnen vor. 7 Als sie aber zum Heiligen Zelt
blickten, sahen sie, dass die Wolke es bedeckte: Die
Herrlichkeit des HERRN war erschienen. 8 Mose und
Aaron gingen zum Zelt 9 und der HERR sagte zu Mose:
10 »Entfernt euch schnell aus dieser Gemeinde! Ich
will sie alle auf einen Schlag vernichten.« Die beiden
warfen sich nieder und beteten. 11 Dann sagte Mose zu
Aaron: »Nimm schnell deine Räucherpfanne, lege Glut
vom Altar hinein und streue Weihrauch darauf. Geh
damit zu den versammelten Israeliten und bring ihre
Verfehlung wieder ins Reine. Der HERR ist zornig, sein
Strafgericht hat schon begonnen.« 12 Aaron lief mit
der Räucherpfanne mitten in die Versammlung hinein.
Als er sah, wie die Leute scharenweise tot umfielen,
streute er Weihrauch auf die Glut, um ihre Verfehlung
gegenüber dem HERRN wieder ins Reine zu bringen.
13 Da griff das Unheil nicht weiter um sich; die Stelle, an
der er stand, bezeichnete die Grenze zwischen Toten
und Lebenden. 14 Es waren 14 700 Israeliten getötet
worden, zusätzlich zu den Anhängern Korachs, die
am Tag zuvor umgekommen waren. 15 Aaron kehrte
zu Mose an den Eingang des Heiligen Zeltes zurück.
Das Unheil war endgültig gebannt.

GOTT BESTÄTIGT DAS PRIESTERTUM AARONS UND SEINER NACHKOMMEN

16 Der HERR sagte zu Mose: 17-18 »Lass dir von den Stam-
mesoberhäuptern des Volkes zwölf Stöcke geben, für
jeden Stamm einen, und schreib auf jeden Stock den
Namen seines Stammes. Auf den Stock des Stammes
Levi schreibst du den Namen Aarons. 19 Lege die zwölf
Stöcke im Heiligen Zelt vor die Lade mit dem Bundes-
gesetz, wo ich euch begegne. 20 Der Stock dessen, den
ich ausgewählt habe, wird Blätter treiben. So sorge
ich dafür, dass das Murren ein Ende nimmt und die
Leute von Israel sich nicht länger gegen mich auf-
lehnen.« 21 Mose sagte es den Israeliten und jedes
Stammesoberhaupt gab ihm einen Stock für seinen
Stamm. Zusammen mit dem Stock Aarons waren es
zwölf. 22 Mose legte die Stöcke im Heiligen Zelt vor
dem HERRN nieder. 23 Als er am nächsten Tag wieder
ins Zelt kam, sah er, dass der Stock Aarons, der den
Stamm Levi vertrat, Zweige und Blüten getrieben hatte
und schon Mandeln trug. 24 Mose nahm die Stöcke und
zeigte sie den Israeliten. Sie sahen, was geschehen war,
und jedes Stammesoberhaupt nahm seinen Stock wie-
der an sich. 25 Der HERR aber befahl Mose: »Bring den
Stock Aarons zurück ins Zelt und bewahre ihn vor der
Lade mit dem Bundesgesetz auf. Er soll eine Warnung
sein für jeden, der sich meinen Anordnungen nicht
fügt. Die Leute von Israel sollen aufhören, zu murren
und sich gegen mich aufzulehnen; denn ich will nicht,
dass sie alle sterben.« 26 Mose tat, was der HERR ihm
befohlen hatte.

DIE VERANTWORTUNG DER PRIESTER UND LEVITEN

27 Die Leute von Israel sagten zu Mose: »Wir werden
noch alle umkommen. Bald wird keiner mehr von uns
übrig sein. 28 Jeder, der sich der Wohnung des HERRN
nähert, muss sterben. Gibt es keine Rettung für uns?«

18 Da sagte der HERR zu Aaron: »Du und deine Söhne
und alle Leviten, ihr müsst die Folgen tragen,
wenn beim Dienst am Heiligtum irgendetwas falsch
gemacht wird; für einen Fehler beim Priesterdienst aber
trifft die Strafe dich und deine Söhne allein. 2-4 Die übri-
gen Männer vom Stamm Levi dürfen mit dir und deinen
Söhnen zum Zelt mit dem Bundesgesetz kommen und

euch helfen, wenn ihr dort den Priesterdienst verseht.
Sie sollen alle Arbeiten am Heiligen Zelt verrichten, aber
sie dürfen auf keinen Fall den Altar und die heiligen
Geräte berühren, sonst müssen sie sterben und ihr mit
ihnen. Ihr dürft euch von niemand außer von den Levi-
ten helfen lassen. 5-6 Ich habe sie dazu bestimmt, alle
Arbeiten am Heiligen Zelt zu verrichten. Sie sind mein
Eigentum und ich stelle sie euch zur Verfügung. Der
Dienst im Heiligtum und am Altar aber ist allein eure
Sache. So habe ich es angeordnet, damit mein Zorn
nicht noch einmal über das Volk kommt. 7 Du und deine
Nachkommen, ihr sollt als Priester am Altar und im Al-
lerheiligsten Dienst tun. Euch habe ich das Priester-
amt übertragen. Wenn irgendein anderer mir zu nahe
kommt, wird er mit dem Tod bestraft.«

DER ANTEIL DER PRIESTER AN DEN OPFERGABEN

8 Weiter sagte der HERR zu Aaron: »Für den Dienst, den
ihr mir leistet, bekommt ihr einen Teil von den Opfer-
gaben, die die Leute von Israel mir bringen. Dies gilt
für alle Zukunft. 9 Von den besonders heiligen Opfer-
gaben gehören euch alle Speiseopfer, Sühneopfer und
Wiedergutmachungsopfer, die die Leute von Israel
mir darbringen – natürlich ohne den Anteil, der auf
dem Altar verbrannt wird. Sie sind etwas besonders
Heiliges 10 und dürfen nur von den männlichen An-
gehörigen der Priesterfamilien und nur an geweihter
Stätte verzehrt werden. Achtet darauf, dass ihr sie nicht
entheiligt! 11 Die übrigen Gaben, die die Leute von Israel
mir bringen, gebe ich deinen Söhnen und Töchtern
und allen deinen Nachkommen für alle Zukunft. Alle
in euren Familien, die rein sind, dürfen davon essen.
12-13 Das gilt für die Abgaben an Öl, Wein und Korn, für
alle Früchte von jeder Ernte, die die Israeliten mir als
Erstlingsgaben bringen. Alle, die rein sind, dürfen da-
von essen. 14 Außerdem gehört euch alles in Israel, was
mir unwiderruflich geweiht worden ist, 15 auch alle
Erstgeburten bei Mensch und Tier, die mir von den Is-
raeliten gebracht werden. Doch müsst ihr anstelle der
erstgeborenen Kinder einen entsprechenden Geldbe-
trag annehmen. Das Gleiche gilt für die Erstgeburten
von solchen Tieren, die nicht als Opfer zugelassen sind.
16 Für die erstgeborenen Kinder sind, wenn sie das Alter
von einem Monat erreicht haben, fünf Silberstücke
zu entrichten, gewogen nach dem Gewicht des Hei-
ligtums. 17 Für die Erstgeburten von Rindern, Schafen
und Ziegen aber dürft ihr kein Geld annehmen, denn
sie sind als Opfer für mich bestimmt. Ihr Blut müsst
ihr an den Altar sprengen und ihre Fettstücke darauf
verbrennen, als ein Opfer, das mich gnädig stimmt.
18 Das ganze Fleisch gehört euch, ebenso wie beim
Mahlopfer die Brust und die rechte Hinterkeule des
Opfertieres. 19 Alle diese Gaben, die die Leute von Israel
mir bringen, gebe ich dir und deinen Nachkommen; alle
eure Familienangehörigen dürfen davon essen. Diese
Vorrechte gelten für alle Zukunft. Sie sind in meinen
Augen so unwiderruflich wie ein Vertrag, der durch
gemeinsames Essen von Salz besiegelt worden ist.«

DER UNTERHALT DER LEVITEN UND IHRE ABGABE AN DIE PRIESTER

20 Weiter sagte der HERR zu Aaron: »Wenn das Volk
Israel in sein Land kommt, wird dir und deinem Stamm
kein Anteil am Grundbesitz zugeteilt werden. Ich selbst
bin euer Anteil, von mir bekommt ihr alles, was ihr
braucht. 21 Den Leviten aber weise ich als Entgelt für
die Arbeit am Heiligen Zelt den zehnten Teil jeder Ernte
in Israel zu. 22-23 Künftig sollen allein sie zum Heiligen
Zelt kommen und dort Dienst tun. Sie allein sollen die
Verantwortung tragen. Dies ist ihre Aufgabe für alle
Zukunft. Wenn dagegen jemand von den anderen Is-
raeliten dem Heiligen Zelt zu nahe kommt, macht er
sich schuldig und muss sterben. Die Leviten dürfen
keinen Grundbesitz unter den Israeliten bekommen.
24 Ich gebe ihnen stattdessen den Ernteanteil, den die
Leute von Israel mir abliefern. Deshalb bestimme ich,
dass sie keinen Landbesitz in Israel haben sollen.«
25-26 Weiter ließ der HERR den Leviten durch Mose sa-
gen: »Ich habe euch anstelle eines Anteils am Land-
besitz den zehnten Teil von dem zugewiesen, was die
Leute von Israel ernten. Davon müsst ihr wiederum den
zehnten Teil nehmen und ihn mir abliefern. 27 Ihr gebt
mir damit den Zehnten, so wie jeder Israelit mir von
seinem Korn und Wein den zehnten Teil abgibt. 28 Der
Unterschied ist nur, dass ihr euren Zehnten von dem
nehmt, was die Leute von Israel euch als ihren Zehnten
abliefern. Diesen Teil, der mir zusteht, gebt ihr Aaron
und seinen Nachkommen, den Priestern. 29 Von allem,
was ihr bekommt, müsst ihr das Beste nehmen und
mir abgeben. 30 Wenn ihr das tut, könnt ihr den Rest
für euch selbst verbrauchen, wie der Bauer den Rest
seiner Ernte an Korn und Wein. 31 Ihr dürft es mit euren
Familien an jedem beliebigen Ort verzehren; denn es
ist der Lohn für eure Arbeit am Heiligen Zelt. 32 Ihr ent-
weiht damit nicht die heiligen Gaben der Israeliten,
sofern ihr mir vorher das Beste davon als Zehnten ab-
gegeben habt. Wenn ihr dies jedoch versäumt, macht
ihr euch schuldig und müsst sterben.«

DIE HERSTELLUNG EINES REINIGUNGSWASSERS

19 Der HERR sagte zu Mose und Aaron: 2 »Was ich
euch jetzt befehle, soll auch in Zukunft regelmä-
ßig ausgeführt werden. Lasst euch von den Israeliten
eine rote Kuh bringen, die fehlerfrei und noch nie zur
Arbeit eingespannt worden ist. 3 Gebt sie dem Priester
Eleasar, damit er sie vor das Lager hinausführen und
dort in seiner Gegenwart schlachten lässt. 4 Von ihrem
Blut soll er mit dem Finger siebenmal etwas in Rich-
tung auf die Vorderseite des Heiligen Zeltes sprengen.
5 Dann wird die ganze Kuh vor seinen Augen verbrannt,
nicht nur die Fettstücke, sondern auch Fleisch, Blut
und Haut und die Eingeweide samt ihrem Inhalt. 6 Der
Priester wirft Zedernholz, Ysop und Karmesinfarbe in
das Feuer. 7 Darauf wäscht er sich und seine Kleider
mit Wasser. Er kann dann ins Lager gehen, bleibt aber
bis zum Abend unrein. 8 Auch der Mann, der die Kuh
verbrannt hat, muss sich und seine Kleider waschen
und bleibt bis zum Abend unrein. 9 Jemand, der rein

ist, sammelt die Asche der Kuh ein und bringt sie an
einen reinen Platz außerhalb des Lagers. Dort wird
sie aufbewahrt, damit daraus für die Gemeinde Israel
ein Reinigungswasser zur Beseitigung von Unreinheit
hergestellt werden kann; denn die Verbrennung der
Kuh hat die Wirkung eines Sühneopfers. 10a Der Mann,
der die Asche eingesammelt hat, muss seine Kleider
waschen und bleibt bis zum Abend unrein.«

ANWENDUNG DES REINIGUNGSWASSERS

10b »Für die Israeliten wie für die Fremden, die bei ihnen
leben, gilt in alle Zukunft die Anordnung: 11 Wer einen
Toten berührt, wird für sieben Tage unrein. 12 Er muss
sich am dritten und am siebten Tag mit dem Reinigungs-
wasser besprengen lassen und ist dann wieder rein.
Wenn er es unterlässt, bleibt er unrein. 13 Ein solcher
Mensch entweiht die Wohnung des HERRN; er hat sein
Leben verwirkt und muss aus Israel ausgestoßen wer-
den. Seine Unreinheit ist nicht wieder zu beseitigen,
weil kein Reinigungswasser über ihn gesprengt worden
ist. 14 Wenn in einem Zelt jemand stirbt, werden alle für
sieben Tage unrein, die gerade im Zelt sind oder es be-
treten. 15 Auch jedes offene Gefäß, das nicht mit einem
festen Deckel verschlossen ist, wird unrein. 16 Unrein
wird auch für sieben Tage, wer im Freien einen Toten
berührt, gleichgültig, ob dieser erschlagen worden oder
eines natürlichen Todes gestorben ist, und ebenso wird
unrein, wer mit menschlichen Gebeinen oder einem
Grab in Berührung kommt. 17 Um die Unreinheit zu be-
seitigen, nehmt ihr etwas Asche von der als Sühneopfer
verbrannten Kuh und vermischt sie in einem Gefäß
mit frischem Wasser. 18 Jemand, der rein ist, nimmt ein
Büschel Ysop, taucht es in das Wasser und besprengt
damit das Zelt, die Gefäße darin und jeden, der im Zelt
war oder im Freien einen Toten, seine Gebeine oder ein
Grab berührt hat. 19 Dies wird am dritten und am siebten
Tag ausgeführt. Nach der Besprengung am siebten Tag
müssen alle, die unrein geworden sind, sich und ihre
Kleider waschen, dann sind sie am Abend wieder rein.
20 Wer aber unrein wird und nicht diese Sühne an sich
vollziehen lässt, entweiht das Heiligtum des HERRN.
Er bleibt unrein, weil kein Reinigungswasser über
ihn gesprengt worden ist. Er hat sein Leben verwirkt
und muss aus der Gemeinde ausgestoßen werden.
21 Diese Anordnung gilt in Israel für alle Zukunft. Auch
der Mann, der das Reinigungswasser versprengt, muss
seine Kleider waschen, und jeder, der mit dem Wasser
in Berührung kommt, ist bis zum Abend unrein. 22 Alles,
was ein Unreiner berührt, wird unrein, und auch wer
einen Unreinen berührt, ist bis zum Abend unrein.«

MOSE UND AARON ZWEIFELN

20 Im ersten Monat des Jahres kamen die Isra-
eliten, die ganze Gemeinde, in die Wüste Zin.
Längere Zeit blieben sie in der Oase Kadesch. Während
dieser Zeit starb Mirjam und wurde dort bestattet. 2 Als
das Wasser ausging, lief die ganze Gemeinde zusam-
men und machte Mose und Aaron Vorwürfe. 3 »Wären
wir doch auch umgekommen wie die anderen, die der
HERR sterben ließ«, hielten sie ihnen vor. 4 »Warum
habt ihr die Gemeinde des HERRN in diese Wüste ge-
bracht? Unser Vieh verdurstet hier und wir verdursten
mit! 5 Wozu habt ihr uns aus Ägypten geführt, wenn ihr
uns nichts Besseres zu bieten habt? Hier wächst weder
Korn noch Wein es gibt keine Feigen und keine Granat-
äpfel, nicht einmal Wasser gibt es zu trinken!« 6 Mose
und Aaron wichen vor dem Volk bis zum Eingang des
Heiligen Zeltes zurück und warfen sich dort nieder. Da
erschien ihnen die Herrlichkeit des HERRN 7 und der
HERR sagte zu Mose: 8 »Hol deinen Stock und geh mit
Aaron zu dem Felsen dort drüben! Befehlt dem Felsen
vor der versammelten Gemeinde, euch Wasser zu ge-
ben! Dann wird Wasser daraus hervorsprudeln und ihr
könnt Menschen und Vieh zu trinken geben.« 9 Wie der
HERR es befohlen hatte, holte Mose den Stock, der im
Heiligtum aufbewahrt wurde. 10 Zusammen mit Aaron
rief er die Gemeinde zu dem Felsen und sagte: »Ihr
seid ein widerspenstiges Volk! Glaubt ihr wirklich, wir
könnten euch Wasser aus diesem Felsen verschaffen?«
11 Er hob den Stock und schlug damit zweimal an den
Felsen. Da kam so viel Wasser heraus, dass Menschen
und Vieh genug zu trinken hatten. 12 Aber der HERR
sagte zu Mose und Aaron: »Ihr habt mir nicht vertraut
und wolltet mir keine Gelegenheit geben, mich vor den
Leuten von Israel als der heilige und mächtige Gott zu
erweisen. Darum könnt ihr dieses Volk nicht bis in das
Land führen, das ich ihnen versprochen habe.« 13 Die
Quelle erhielt den Namen Meriba (Anklage), weil hier
die Israeliten den HERRN angeklagt hatten; doch er
erwies sich als der heilige und mächtige Gott.

DIE EDOMITER VERWEIGERN DEN DURCHZUG

14 Von Kadesch aus schickte Mose Boten ins Land Edom.
Sie sagten zum König der Edomiter: »Wir bringen Bot-
schaft von euren Brüdern, den Israeliten. Sie lassen
euch sagen: ›Ihr wisst selbst, was wir alles durchge-
macht haben. 15 Unsere Vorfahren zogen nach Ägypten
und haben lange dort gewohnt. Aber die Ägypter be-
handelten uns schlecht. 16 Da schrien wir zum HERRN
um Hilfe. Er hörte uns und schickte einen Engel, der uns
aus Ägypten herausführte. Jetzt sind wir in Kadesch,
einer Stadt in der Nähe eurer Grenze. 17 Erlaubt uns,
dass wir durch euer Land ziehen! Wir werden stets auf
der großen Straße bleiben, die dem König gehört, und
nicht einen Schritt von ihr abweichen. Wir ziehen nicht
durch eure Äcker und Weinberge und trinken keinen
Tropfen aus euren Brunnen.‹« 18 Aber die Edomiter ant-
worteten: »Wir erlauben nicht, dass ihr durch unser
Land zieht! Wenn ihr es versucht, werden wir gegen
euch kämpfen.« 19 Die Israeliten versicherten noch ein-
mal: »Wir werden auf der festen Straße bleiben. Wenn
wir oder unser Vieh Wasser brauchen, werden wir es
euch bezahlen. Wir kommen zu Fuß und führen nichts
gegen euch im Schilde.« 20 Aber die Edomiter wieder-
holten: »Ihr dürft nicht durchziehen!« Sie rückten mit
einer starken Heeresmacht gegen die Israeliten aus.
21 Weil die Edomiter ihnen den Durchzug verweigerten,
wählten die Israeliten einen anderen Weg.

AARON MUSS STERBEN

22 Sie brachen von Kadesch auf und kamen zum Berg
Hor, 23 der an der Grenze des Landes Edom liegt. Dort
sagte der HERR zu Mose und Aaron: 24 »Aarons Zeit
ist jetzt abgelaufen! Weil ihr beiden mir an der Meri-
ba-Quelle nicht gehorcht habt, darf er das Land nicht
betreten, das ich dem Volk Israel versprochen habe.«
25 Zu Mose aber sagte er: »Nimm Aaron und seinen
Sohn Eleasar mit dir auf den Berg Hor. 26 Dort zieh Aaron
die Priesterkleider aus und lege sie seinem Sohn an.
Denn Aaron wird dort oben sterben.« 27 Mose tat, was
der HERR befohlen hatte. Vor den Augen der ganzen
Gemeinde stiegen die drei auf den Gipfel des Berges
28 und Mose legte Eleasar die Kleider Aarons an. Dann
starb Aaron, und Mose kehrte mit Eleasar wieder ins La-
ger zurück. 29 Als die Leute von Israel hörten, dass Aaron
gestorben war, trauerten sie dreißig Tage lang um ihn.

EIN ERSTER SIEG ÜBER DIE KANAANITER

21 Als der Kanaaniterkönig von Arad im Südland
erfuhr, dass die Israeliten den Weg über Atarim
eingeschlagen hatten, griff er sie an und nahm einige
von ihnen gefangen. 2 Da versprachen die Männer
Israels dem HERRN: »Wenn du dieses Volk in unsere
Hand gibst, werden wir an ihren Städten den Bann
vollstrecken.« 3 Der HERR erhörte ihre Bitte und gab
ihnen den Sieg über den König von Arad. Die Israeliten
erfüllten ihr Gelübde und vernichteten die Besiegten
samt ihren Städten. Deshalb bekam die Stadt, die heute
dort liegt, den Namen Horma (Bann).

DIE ERHÖHTE SCHLANGE RETTET VOM SCHLANGENBISS

4 Als die Israeliten vom Berg Hor aus weiterzogen,
wandten sie sich zunächst nach Süden in Richtung
Schilfmeer, um das Gebiet der Edomiter zu umgehen.
Aber unterwegs verlor das Volk die Geduld 5 und sie
beklagten sich bei Gott und bei Mose: »Warum habt
ihr uns aus Ägypten weggeführt, damit wir in der Wüste
sterben? Hier gibt es weder Brot noch Wasser, und die-
ses elende Manna hängt uns zum Hals heraus!« 6 Da
schickte der HERR zur Strafe giftige Schlangen unter das
Volk. Viele Israeliten wurden gebissen und starben. 7 Die
Leute kamen zu Mose und sagten: »Es war unrecht, dass
wir uns gegen den HERRN und gegen dich aufgelehnt
haben. Leg doch beim HERRN ein Wort für uns ein, da-
mit er uns von diesen Schlangen befreit!« Mose betete
für das Volk 8 und der HERR sagte zu ihm: »Fertige eine
Schlange an und befestige sie oben an einer Stange.
Wer gebissen wird, soll dieses Bild ansehen, dann wird
er nicht sterben!« 9 Mose machte eine Schlange aus
Bronze und befestigte sie an einer Stange. Wer gebis-
sen wurde und auf diese Schlange sah, blieb am Leben.

DER WEG BIS AN DIE GRENZE DES LANDES KANAAN

10-12 Die Israeliten brachen auf und zogen weiter. Ihre
nächsten Lagerplätze hatten sie in Obot, in Ije-Abarim
in der Wüste östlich des Landes Moab und im Sered-Tal.
13 Von dort zogen sie bis in die Wüste nordöstlich des
Arnonflusses, wo das Gebiet der Amoriter beginnt.
Der Arnon bildet die Grenze zwischen Moabitern und
Amoritern. 14 Deshalb heißt es im Buch der Kriege des
HERRN: »... die Stadt Waheb in Sufa, die Bachtäler des
Arnon, 15 die Hochebene, die sich zur Stadt Ar hin senkt
und sich an das Bergland von Moab anlehnt.« 16 Von
dort zogen sie nach Beer, wo der HERR zu Mose sagte:
»Ruf das Volk zusammen, ich will ihnen Wasser ge-
ben!« 17 Damals sangen die Israeliten: »Brunnen, lass
das Wasser fließen; singend wollen wir's begrüßen!
18 Stab und Zepter edler Leute gruben diesen Brunnen
heute.« Aus der Wüste zogen sie nach Mattana 19 und
von dort über Nahaliël und Bamot-Baal 20 in das Tal im
Gebiet von Moab beim Gipfel des Berges Pisga, von
dem aus die Jordanebene zu sehen ist.

DER SIEG ÜBER DEN AMORITERKÖNIG SIHON

21 Die Männer Israels schickten Boten zu Sihon, dem
König der Amoriter, und ließen ihm sagen: 22 »Erlaube
uns, dass wir durch dein Land ziehen! Wir werden stets
auf der großen Straße bleiben, die dem König gehört,
und keinen Acker oder Weinberg betreten; wir werden
auch keinen Tropfen Wasser aus deinen Brunnen trin-
ken.« 23 Aber Sihon gab ihnen den Durchzug nicht frei.
Im Gegenteil, er rief seine Kriegsleute zusammen und
zog den Israeliten in die Wüste hinaus entgegen. Bei Ja-
haz stieß er mit ihnen zusammen und griff sie an. 24 Aber
die Männer Israels brachten ihm eine schwere Nieder-
lage bei und besetzten sein Land vom Arnontal im Süden
bis zum Jabbokfluss im Gebiet der Ammoniter. – Die
Grenze der Ammoniter war befestigt. – 25 Die Israeliten
nahmen Heschbon und die anderen Städte der Amoriter
in Besitz und siedelten sich darin an. 26 Heschbon war
die Residenz des Amoriterkönigs Sihon gewesen. Dieser
hatte gegen den früheren König der Moabiter gekämpft
und ihm das ganze Gebiet bis zum Arnon weggenom-
men. 27 Daran erinnern die bekannten Verse: // Kommt
nach Heschbon, baut es wieder, macht es stark, mit fes-
ten Mauern! Einst war Sihon dort der Herrscher 28 und er
brachte das Verderben über Moabs stolze Herren. Feuer
ging hervor aus Heschbon, fraß die stolze Stadt Ar-Moab
auf den Höhen überm Arnon. 29 Weh, mit Moab ist's zu
Ende, machtlos war sein Kriegsgott Kemosch. Fliehen
mussten seine Männer, und die Frauen schleppte Sihon
als Gefangene mit nach Hause. 30 Aber nun sind wir die
Sieger, und von Heschbon bis nach Dibon wurde jede
Stadt zertrümmert; nichts blieb übrig in den Flammen,
auch Medeba fraß das Feuer. // 31 Die Leute von Israel
nahmen also das Land der Amoriter in Besitz. 32 Mose
ließ erkunden, wie man die Stadt Jaser angreifen könnte.
Die Männer Israels eroberten sie samt dem umliegenden
Gebiet und vertrieben auch dort die Amoriter.

DER SIEG ÜBER KÖNIG OG

33 Dann zogen sie nordwärts gegen das Land Ba-
schan. Bei Edreï stellte sich ihnen König Og mit sei-
nem ganzen Heer entgegen. 34 Aber der HERR sagte zu
Mose: »Hab keine Angst vor ihm! Ich habe ihn, seine

Kriegsleute und sein ganzes Land in deine Hand gegeben. Du wirst ihm das gleiche Schicksal bereiten wie dem Amoriterkönig Sihon, der in Heschbon regiert hat.« 35 Die Männer Israels brachten König Og eine vernichtende Niederlage bei und besetzten sein Land. Sein ganzes Heer wurde aufgerieben; nicht ein Einziger entkam. Auch der König und seine Söhne fielen.

DER MOABITERKÖNIG BALAK SUCHT HILFE BEIM MAGIER BILEAM

22 Das Volk Israel zog wieder südwärts und schlug im moabitischen Steppengebiet, in der Jordanebene gegenüber von Jericho, sein Lager auf. 2 Der König der Moabiter, Balak, der Sohn Zippors, wusste, welch schwere Niederlage die Israeliten seinen Nachbarn, den Amoritern, bereitet hatten. 3 Als er und sein Volk die Menge der Israeliten sahen, erschraken sie und verloren allen Mut. 4 Sie ließen den Sippenältesten der Midianiter sagen: »Diese Riesenmenge wird rings um uns das ganze Land in Besitz nehmen. Sie sind wie eine Rinderherde, die noch den letzten Grashalm abfrisst.« 5 König Balak schickte Boten in die Stadt Petor am Eufrat, um Bileam, den Sohn Beors, zu Hilfe zu rufen. Er ließ ihm sagen: »Ein großes Volk bedroht mich! Sie sind aus Ägypten gekommen und haben sich hier niedergelassen; direkt an meiner Grenze haben sie ein riesiges Lager aufgeschlagen. 6 Ich kann nicht mit ihnen fertigwerden; deshalb komm bitte und hilf mir! Wenn du einen Fluch gegen sie aussprichst, wird es mir vielleicht gelingen, sie zu besiegen und zu vertreiben. Ich weiß, was dein Wort bewirken kann. Wen du segnest, dem muss alles glücken, und wen du verfluchst, der rennt in sein Verderben.« 7 Die Ältesten der Moabiter und der Midianiter gingen zu Bileam und nahmen den Lohn für seine Dienste gleich mit. Sie richteten ihm die Botschaft Balaks aus. 8 Bileam antwortete ihnen: »Bleibt die Nacht über hier! Morgen kann ich euch sagen, welche Anweisung der HERR mir gegeben hat.« So blieben die Abgesandten der Moabiter bei Bileam.

EIN MAGIER, DER AUF GOTT HÖRT

9 In der Nacht kam Gott zu Bileam und fragte: »Was für Männer hast du da bei dir zu Gast?« 10 Bileam antwortete: »Der Moabiterkönig Balak, der Sohn Zippors, hat sie zu mir geschickt. 11 Das Volk, das aus Ägypten gekommen ist, macht ihm Angst. Nun soll ich hingehen und es mit einem Fluch belegen, damit er es vertreiben kann.« 12 Gott aber sagte zu Bileam: »Geh nicht mit ihnen! Du darfst dieses Volk nicht verfluchen, denn ich habe es gesegnet.« 13 Am Morgen sagte Bileam zu den Abgesandten des Königs: »Ihr müsst ohne mich heimkehren. Der HERR hat mir verboten, mit euch zu gehen.« 14 Die Abgesandten kehrten zu Balak zurück und berichteten ihm das. 15 Da schickte Balak eine noch größere Gesandtschaft und wählte dafür noch angesehenere Männer aus. 16 Sie kamen zu Bileam und richteten ihm aus: »Balak, der Sohn Zippors, lässt dir sagen: ›Nichts darf dich abhalten zu kommen! 17 Ich werde dich reich belohnen und alles tun, was du von mir verlangst. Tu mir nur den einen Gefallen und verfluche dieses Volk!‹« 18 Bileam antwortete ihnen: »Balak mag mir alles Silber und Gold geben, das er besitzt – gegen den Befehl des HERRN, meines Gottes, kann ich auch nicht den kleinsten Schritt tun. 19 Aber bleibt auch ihr die Nacht über bei mir zu Gast. Ich will sehen, was der HERR mir diesmal sagt.« 20 In der Nacht kam Gott und sagte zu Bileam: »Wenn die Männer gekommen sind und dich holen wollen, dann geh ruhig mit ihnen; aber tu nur das, was ich dir sagen werde.«

DIE HELLSICHTIGE ESELIN – BILEAM WIRD GEWARNT

21 Am Morgen sattelte Bileam seine Eselin und machte sich mit den Abgesandten der Moabiter auf den Weg. 22 Darüber wurde Gott zornig. Während Bileam mit seinen beiden Dienern dahinritt, stellte sich ihm der Engel des HERRN in den Weg. 23 Die Eselin sah den Engel mit dem gezogenen Schwert dastehen und wich ihm aus. Sie ging vom Weg ab ins Feld hinein. Bileam schlug sie und trieb sie wieder auf den Weg zurück. 24 Da stellte sich der Engel an eine Stelle, wo der Weg rechts und links von Weinbergmauern begrenzt war. 25 Die Eselin sah den Engel und suchte ihm auszuweichen; sie drückte sich an die Mauer. Bileams Fuß wurde eingequetscht und wieder schlug er sie. 26 Der Engel ging nochmals ein Stück weiter und suchte eine Stelle, wo es keine Möglichkeit zum Ausweichen gab, weder rechts noch links. 27 Als die Eselin ihn sah, ging sie in die Knie und legte sich auf die Erde. Bileam wurde vom Zorn gepackt und er schlug mit dem Stock auf sie ein. 28 Da gab der HERR der Eselin die Fähigkeit zu sprechen und sie sagte zu Bileam: »Du hast mich nun dreimal geschlagen. Was habe ich dir denn getan?« 29 »Zum Narren hältst du mich!«, schrie Bileam. »Wenn ich ein Schwert hätte, wäre es schon längst um dich geschehen.« 30 Die Eselin sagte: »Schon so lange reitest du nun auf mir und kennst mich genau. Warst du bisher jemals unzufrieden mit mir?« »Nein, nie«, antwortete Bileam. 31 Da öffnete der HERR ihm die Augen und er sah den Engel mit dem Schwert mitten auf dem Weg stehen. Bileam warf sich vor ihm nieder, das Gesicht zur Erde. 32 »Warum hast du deine Eselin nun schon dreimal geschlagen?«, fragte ihn der Engel des HERRN. »Ich selbst habe mich dir entgegengestellt, weil du auf einem verkehrten Weg bist. 33 Aber deine Eselin hat mich gesehen und ist dreimal vor mir ausgewichen. Du verdankst ihr dein Leben, denn wenn du weitergeritten wärst, hätte ich dich getötet; nur sie hätte ich verschont.« 34 »Ich habe unrecht getan«, sagte Bileam. »Ich habe nicht gewusst, dass du dich mir in den Weg gestellt hattest. Ich werde sofort umkehren, wenn du mit dieser Reise nicht einverstanden bist.« 35 »Geh ruhig mit diesen Männern«, sagte der Engel des HERRN. »Aber du darfst nur sagen, was ich dir auftrage.« So folgte Bileam weiter den Abgesandten des Königs.

BILEAM MUSS ISRAEL SEGNEN

36 Als Balak hörte, dass Bileam zu ihm unterwegs war, ging er ihm bis zur Grenzstadt Moabs am Arnonfluss entgegen. 37 »Warum bist du nicht gleich gekommen?«,

fragte er ihn. »Ich habe doch so dringend nach dir geschickt. Meinst du vielleicht, ich könnte dich nicht angemessen belohnen?« 38 »Jetzt bin ich ja hier!«, erwiderte Bileam. »Aber ich weiß nicht, ob ich deinen Wunsch erfüllen kann. Ich kann nur sagen, was Gott mir zu sagen befiehlt.« 39 Bileam folgte Balak nach Kirjat-Huzot. 40 Dort schlachtete der König Rinder, Schafe und Ziegen für ein Opfermahl und ließ einen Anteil davon zu Bileam und den moabitischen Abgesandten bringen. 41 Am anderen Morgen ging Balak mit Bileam auf die Baalshöhen; von dort konnte er den Rand des israelitischen Lagers sehen.

23 Bileam sagte zum König: »Lass sieben Altäre errichten und dann sieben Stiere und sieben Schafböcke zum Opfer bereitstellen.« 2 Balak ließ alles nach Bileams Wunsch vorbereiten und die beiden opferten auf jedem Altar einen Stier und einen Schafbock als Brandopfer. 3 Dann sagte Bileam zu Balak: »Bleib du hier bei deinem Opfer; ich will dort hinübergehen und sehen, ob der HERR mir erscheint. Ich werde dir dann sagen, was er mir offenbart hat.« Bileam ging auf eine kleine unbewaldete Anhöhe. 4 Dort erschien ihm Gott und Bileam sagte zu ihm: »Ich habe dir sieben Altäre gebaut und auf jedem einen Stier und einen Schafbock als Opfer dargebracht.« 5 Der HERR wies Bileam an, was er sagen sollte, und schickte ihn zu Balak zurück. 6 Der König stand noch bei seinem Opfer und auch die führenden Männer der Moabiter waren bei ihm. 7 Da begann Bileam zu sprechen: // »Vom Osten her, vom Aramäerland / und seinen Bergen, rief mich König Balak / und er befahl: ›Du sollst das Jakobsvolk / mit einem schweren Fluch belegen! / Verwünschen sollst du dieses Israel!‹ / 8 Wie kann ich dieses Volk verwünschen, / wenn Gott, der HERR, es nicht verwünschen will? / Wie soll ich es verfluchen können, / solange er nicht selbst den Fluch ausspricht? / 9 Hier von der Höhe aus kann ich sie sehen, / von diesem Felsengipfel aus erkenne ich: / Sie sind ein Volk von ganz besonderer Art, / das sich mit andern Völkern nicht vermischt. / 10 Kein Mensch kann diese Jakobsleute zählen, / wie Staub bedecken sie die Erde, / die Scharen Israels, die vielen Tausend. / Sie sind ein Volk, das stets das Rechte tut. / Ich möchte, dass ich einmal so wie sie / in Gottes Frieden sterben könnte!« // 11 Empört rief Balak: »Warum hast du mir das angetan? Ich habe dich holen lassen, damit du meine Feinde verfluchst, und nun segnest du sie!« 12 Aber Bileam erwiderte: »Ich kann nichts anderes sagen, als was der HERR mir in den Mund legt.«

GOTT LÄSST SICH NICHT BESTECHEN

13 Balak sagte zu Bileam: »Komm jetzt mit mir zu einer anderen Stelle, von der aus du das ganze Volk sehen kannst. Von hier siehst du nur den Rand ihres Lagers. Verfluche sie mir von dort aus!« 14 Er nahm Bileam mit zum Späherplatz auf dem Gipfel des Berges Pisga. Auch dort errichtete er sieben Altäre und opferte auf jedem einen Stier und einen Schafbock. 15 »Bleib du hier bei deinem Opfer«, sagte Bileam, »ich will nach dort drüben gehen und sehen, ob der HERR mir begegnet.« 16 Der HERR erschien Bileam und wies ihn an, was er sagen sollte. 17 Als Bileam zu Balak und den führenden Moabitern zurückkam, fragte ihn der König: »Was hat der HERR dir aufgetragen?« 18 Bileam begann: // »Hör mir gut zu jetzt, Balak, Zippors Sohn! / 19 Du darfst nicht meinen, Gott sei wie ein Mensch! / Er lügt nicht und er ändert niemals seinen Sinn. / Denn alles, was er sagt, das tut er auch. / Verspricht er etwas, hält er es gewiss. / 20 Er gab mir Weisung, dieses Volk zu segnen; / und wenn er segnen will, kann ich's nicht ändern. / 21 Es bleibt dabei: Kein Unglück wird sie treffen, / kein Unheil wird in Israel zu sehen sein. / Der HERR steht ihnen bei, er ist ihr Gott; / er ist ihr König, dem ihr Jubel gilt. / 22 Er hat sie aus Ägypten hergebracht / und streitet für sie wie ein wilder Stier. / 23 Mit Zauberei und mit Beschwörungsformeln / ist gegen dieses Volk nichts auszurichten. / Darum zeigt man auf Israel und sagt: / ›Sieh doch, was Gott für sie getan hat!‹ / 24 Ein Löwe gibt nicht eher Ruhe, / als bis er seine Beute eingefangen / und seines Opfers Blut getrunken hat. / So stark und fürchterlich ist dieses Volk!« // 25 König Balak rief: »Wenn du sie schon nicht verfluchen kannst, dann brauchst du sie doch nicht gleich zu segnen!« 26 Aber Bileam erwiderte: »Ich habe dir doch gesagt: Ich werde genau das sagen, was der HERR mir aufträgt.«

DER DRITTE VERSUCH ENDET WIE DIE VORHERGEHENDEN

27 »Komm«, sagte Balak zu Bileam, »ich will dich noch an eine dritte Stelle führen! Vielleicht erlaubt Gott, dass du sie mir von dort aus verfluchst.« 28 Er nahm Bileam mit auf den Gipfel des Berges Pegor. Von dort aus kann man direkt in die Jordanebene hinunterschauen. 29 »Baue mir hier sieben Altäre«, sagte Bileam, »und richte mir sieben Stiere und sieben Schafböcke als Opfer her.« 30 Balak tat es und opferte auf jedem Altar einen Stier und einen Schafbock.

24 Bileam erkannte: Es war der Wille des HERRN, dass er dieses Volk segnen sollte. Deshalb schaute er diesmal nicht nach Vorzeichen aus. Er blickte in die Ebene hinunter 2 und sah dort Israel nach Stämmen geordnet lagern. Da kam der Geist Gottes über ihn 3-4 und Bileam, der Sohn Beors, begann zu reden. Er sagte: // »Ich höre, was der HERR verkündet. / Ich sehe, was der Mächtige mir zeigt. / Ich sinke wie betäubt zu Boden / und schaue dennoch klar, / was mir Gott vor Augen stellt: / 5 Wie schön sind deine Zelte, Israel! / Wie blühend sehen deine Dörfer aus! / 6 In allen Tälern dehnen sie sich weit, / wie frisches Grün, wie Gärten an den Bächen, / wie starke Bäume, die der HERR gepflanzt hat, / wie Zedern an den Wasserläufen. / 7 Die Brunnen Israels versiegen nicht, / die Saat steht reich bewässert auf den Feldern. / Sie werden mächtiger als ihre Nachbarn, / ihr König wird selbst König Agag schlagen. / 8 Ihr Gott errettete sie aus Ägypten, / er streitet für sie wie ein wilder Stier. / Sie werden ihre Feinde ganz vernichten, / so wie ein

Raubtier seine Beute frisst / und ihr die Knochen
durchbeißt und zermalmt. / Die Pfeile dieses Volkes
treffen tödlich. / 9 Es ist gefährlich wie ein starker Lö-
we – / wer wagt ihn aufzustören, wenn er ruht? / Ein
jeder, der dich segnet, Israel, / hat selber teil an diesem
Segen. / Wer dich verflucht, / wird selbst vom Fluch
getroffen!« // 10 Vor Zorn ballte Balak die Fäuste und
sagte zu Bileam: »Du solltest einen Fluch auf meine
Feinde schleudern, der ihnen den Untergang bringt.
Dazu ließ ich dich holen. Du aber hast sie gesegnet,
und das schon zum dritten Mal! 11 Mach, dass du fort-
kommst! Scher dich nach Hause! Ich hatte dir eine
reiche Belohnung versprochen. Du kannst dich beim
HERRN dafür bedanken, dass sie dir jetzt entgeht!«

BILEAM BLICKT IN DIE ZUKUNFT

12 Bileam erwiderte: »Ich habe doch gleich zu deinen
Boten gesagt: 13 ›Auch wenn König Balak mir alles Sil-
ber und Gold gibt, das er besitzt – ich kann nur tun, was
der HERR mir aufträgt. Ich verteile Fluch und Segen
nicht nach meinem eigenen Willen. Ich muss sagen,
was der HERR mir befiehlt.‹ 14 Jetzt kehre ich nach
Hause zurück. Aber vorher will ich dir noch ankün-
digen, was dein Volk von diesem Volk in der Zukunft
zu erwarten hat.« 15-16 Und Bileam, der Sohn Beors,
begann zu reden. Er sagte: // »Ich höre, was der
HERR verkündet. / Ich sehe, was der Mächtige mir
zeigt. / Ich sinke wie betäubt zu Boden / und schaue
dennoch klar, / was mir Gott vor Augen stellt: / 17 Ich
sehe einen, noch ist er nicht da; / ganz fern erblick
ich ihn, er kommt bestimmt! / Ein Stern geht auf im
Volk der Jakobssöhne, / ein König steigt empor in
Israel. / Er wird die Moabiter tödlich treffen, / die
ganze Sippe Sets wird er vernichten. / 18 Das ganze
Seïr nimmt er in Besitz, / das Land der Edomiter, sei-
ner Feinde. / Und Israel wird stark und mächtig wer-
den. / 19 Der König, der von Jakob abstammt, / wird
über alle seine Feinde siegen. / Auch wer sich in die
feste Stadt gerettet hat, / wird dort vor ihm nicht si-
cher sein.« // 20 Als Bileam umherschaute und das
Gebiet der Amalekiter erblickte, sagte er: »Amalek,
einst das erste unter den Völkern – doch bald schon
schlägt seine letzte Stunde.« 21 Als er das Gebiet der
Keniter erblickte, sagte er: »Wie sicher ihr wohnt!
Eure Orte scheinen unangreifbar zu sein wie ein Vo-
gelnest oben im Fels. 22 Doch ihr werdet vernichtet,
Nachkommen Kains. Schon bald schleppt der Assyrer
euch gefangen fort.« 23-24 Weiter sagte Bileam: »Wehe,
wer kommt da vom Norden? Scharen aus dem Land der
Kittäer! Sie schlagen die Syrer und die Hebräer. Doch
bald schlägt auch ihnen die letzte Stunde!« 25 Als Bi-
leam seine Weissagungen beendet hatte, kehrte er in
seine Heimat zurück und auch Balak ging seines Wegs.

VERFÜHRUNG ZUM GÖTZENDIENST AM BERG PEGOR

25 Als das Volk bei Schittim lagerte, begannen die
Männer, sich mit moabitischen Frauen einzulas-
sen. 2 Die Moabiterinnen luden die Männer Israels auch
zu den Opferfesten ein, die sie zu Ehren ihres Gottes
feierten. Die Männer aßen von dem Opferfleisch und
warfen sich anbetend vor dem Moabitergott zu Bo-
den. 3 So ließ sich Israel in das Joch des Baal vom Berg
Pegor einspannen. Da wurde der HERR zornig 4 und
befahl Mose: »Nimm alle Anführer des Volkes fest
und lass sie sofort, noch am hellen Tag, vor meinen
Augen hinrichten, damit ich in meinem glühenden
Zorn nicht das ganze Volk vernichten muss!« 5 Mose
befahl den Schiedsmännern des Volkes: »Tötet von
den Leuten, für die ihr zuständig seid, alle, die sich mit
dem Baal eingelassen haben!« 6 Mose und die ganze
Gemeinde Israel hatten sich klagend und trauernd
vor dem Heiligen Zelt niedergeworfen. Da brachte
ein Israelit vor aller Augen eine midianitische Frau in
das Zelt seiner Familie. 7 Als der Priester Pinhas, der
Sohn Eleasars und Enkel Aarons, das sah, stand er auf
und verließ die Versammlung. Er nahm einen Speer,
8 folgte den beiden in den innersten Raum des Zeltes
und durchbohrte sie. Sofort hörte die Seuche, die unter
dem Volk wütete, auf. 9 Es waren schon 24 000 Men-
schen daran gestorben. 10 Der HERR sagte zu Mose:
11 »Pinhas, der Priester, der Sohn von Eleasar und Enkel
von Aaron, hat die Strafe vom Volk abgewendet. Er hat
denselben Zorn empfunden wie ich und aus diesem
Zorn heraus hat er gehandelt. Sonst hätte ich meinem
Zorn den Lauf gelassen und noch alle Israeliten umge-
bracht. 12 Sag ihm, dass ich ihm dafür ein besonderes
Vorrecht gewähre: Ich schließe mit ihm einen Bund,
der ihm Frieden zusichert. 13 Ich verspreche ihm, dass
seine Nachkommen für alle Zeiten meine Priester sein
sollen. Das ist der Lohn dafür, dass er sich so rückhalt-
los für seinen Gott eingesetzt und das Verhältnis zwi-
schen mir und dem Volk wieder ins Reine gebracht
hat.« 14 Der Israelit, der zusammen mit der Midianiterin
getötet wurde, war Simri, der Sohn Salus, ein Sippen-
ältester des Stammes Simeon. 15 Die Frau hieß Kosbi;
ihr Vater Zur war der Anführer einer midianitischen
Stammesgruppe. 16 Der HERR befahl Mose: 17 »Greift
die Midianiter an und bestraft sie! 18 Denn *sie* haben
angefangen und euch heimtückisch angegriffen: Sie
haben euch dazu verführt, den Baal vom Berg Pegor zu
verehren, und sie haben euch ins Unheil gestürzt durch
Kosbi, die Tochter eines ihrer Oberhäupter, die an dem
Tag getötet wurde, als die Seuche unter euch wütete.«

ZWEITE ZÄHLUNG DER STÄMME ISRAELS

26 25,19 Als die Seuche vorüber war, 1 sagte der HERR
zu Mose und dem Priester Eleasar, dem Sohn
Aarons: 2 »Zählt die ganze Gemeinde Israel! Erfasst
alle wehrfähigen Männer ab 20 Jahren, geordnet nach
ihren Sippen.« 3-4 Mose und Eleasar gehorchten dem
Befehl des HERRN und riefen alle erwachsenen Män-
ner zusammen. Dies geschah im moabitischen Step-
pengebiet in der Jordanebene gegenüber von Jericho.
Hier folgt die Liste der Männer Israels, die aus Ägypten
ausgezogen waren: 5-51 An der Spitze steht der Stamm
Ruben; denn Ruben war der erstgeborene Sohn von
Israels Stammvater Jakob.

Stamm	Sippen	Anzahl
Ruben	Henoch	43 730
	Pallu	
	Hezron	
	Karmi	

Von Pallu stammen Eliab und dessen Söhne Nemuël, Datan und Abiram. Datan und Abiram, die in der Gemeinde mit einem Amt betraut waren, hatten sich gegen Mose und Aaron aufgelehnt, als Korach und seine Anhänger sich gegen den HERRN erhoben. Die Erde hatte sich geöffnet und sie verschlungen, und mit ihnen Korach, dessen 250 Anhänger das Feuer verzehrte. Sie wurden zu einem warnenden Beispiel für Israel. Die Söhne Korachs waren übrigens verschont geblieben.

Stamm	Sippen	Anzahl
Simeon	Jemuël	22 200
	Jamin	
	Jachin	
	Serach	
	Schaul	
Gad	Zifjon	40 500
	Haggi	
	Schuni	
	Osni	
	Eri	
	Arod	
	Areli	
Juda	Schela	76 500
	Perez	
	Hezron	
	Hamul	
	Serach	

Die Sippen Hezron und Hamul hatten sich von der Sippe Perez abgezweigt. Zwei von Judas Söhnen, Er und Onan, waren bereits vor der Übersiedlung nach Ägypten in Kanaan gestorben.

Stamm	Sippen	Anzahl
Issachar	Tola	64 300
	Puwa	
	Jaschub	
	Schimron	
Sebulon	Sered	60 500
	Elon	
	Jachleel	
Manasse	Machir	52 700
	Gilead	
	Ieser	
	Helek	
	Asriël	
	Schechem	
	Schemida	
	Hefer	
Efraïm	Schutelach	32 500
	Eran	
	Becher	
	Tahan	

Die Stämme Manasse und Efraïm waren die Nachkommen Josefs. Die Sippe Gilead hatte sich von der Sippe Machir abgezweigt und von der Sippe Gilead wiederum die Sippen Ieser, Helek, Asriël, Schechem, Schemida und Hefer. Zelofhad, der Sohn Hefers, hatte keine Söhne, sondern nur Töchter. Sie hießen Machla, Noa, Hogla, Milka und Tirza. Die Sippe Eran hatte sich von der Sippe Schutelach abgezweigt.

Stamm	Sippen	Anzahl
Benjamin	Bela	45 600
	Ard	
	Naaman	
	Aschbel	
	Ahiram	
	Schufam	
	Hufam	
Dan	Schuham	64 400
Ascher	Jimna	53 400
	Jischwi	
	Beria	
	Heber	
	Malkiël	

Die Sippen Ard und Naaman hatten sich von der Sippe Bela abgezweigt, die Sippen Heber und Malkiël von der Sippe Beria. Ascher hatte noch eine Tochter namens Serach.

Stamm	Sippen	Anzahl
Naftali	Jachzeel	45 400
	Guni	
	Jezer	
	Schillem	
Gesamtzahl der erwachsenen Männer Israels		601 730

52 Der HERR sagte zu Mose: 53 »Teile das Land unter die Stämme Israels auf, und zwar nach der Anzahl der Stammesangehörigen. 54-56 Gib den größeren Stämmen einen größeren Anteil und den kleineren Stämmen einen geringeren. Durch das Los soll jedem Stamm sein Stück Land zugeteilt werden.«

DER STAMM LEVI UND DIE FAMILIEN VON AARON UND MOSE

57 Der Stamm Levi bestand aus den Sippen Gerschon, Kehat und Merari. 58-61 Kehat war der Vater Amrams. Dieser Amram heiratete Jochebed, die ebenfalls dem Stamm Levi angehörte und noch in Ägypten geboren worden war. Sie gebar Amram zwei Söhne: Aaron und Mose, und dazu eine Tochter Mirjam. Aaron hatte vier Söhne: Nadab und Abihu, Eleasar und Itamar. Nadab und Abihu starben, als sie ein Räucheropfer darbrachten, ohne dabei die Weisung des HERRN zu beachten. Zu den Leviten zählten auch die Sippen Libna, Hebron, Machli, Muschi und Korach. 62 Die Zahl aller männlichen Leviten, die älter waren als einen Monat, betrug 23 000. Sie wurden nicht zusammen mit den Israeliten erfasst, weil ihnen kein Landbesitz zustand. 63 Alle diese Sippen wurden von Mose und dem Priester

Eleasar im moabitischen Steppengebiet in der Jordanebene gegenüber von Jericho gezählt. 64 Von den Männern, die Mose und Aaron bei der ersten Volkszählung in der Wüste Sinai erfasst hatten, lebte niemand mehr. 65 Denn der HERR hatte zu ihnen gesagt, dass sie alle in der Wüste sterben müssten. Und so war es auch eingetroffen. Nur Kaleb, der Sohn von Jefunne, und Josua, der Sohn Nuns, waren übrig geblieben.

ERBREGELUNG BEIM FEHLEN VON SÖHNEN

27 Zelofhad, der Sohn Hefers, der über seine Vorfahren Gilead, Machir und Manasse von Josef abstammte, hatte fünf Töchter hinterlassen: Machla, Noa, Hogla, Milka und Tirza. 2 Diese kamen an den Eingang des Heiligen Zeltes und sagten zu Mose und dem Priester Eleasar vor den Stammesoberhäuptern und der ganzen Gemeinde: 3 »Unser Vater ist in der Wüste gestorben. Er gehörte nicht zu den Anhängern Korachs, die sich gegen den HERRN aufgelehnt hatten, sondern er musste sterben, weil er wie alle anderen seiner Generation dem HERRN ungehorsam gewesen war. Er hat keine Söhne hinterlassen. 4 Soll nun sein Name in Israel aussterben, nur weil kein männlicher Erbe da ist, der ihn weiterträgt? Gebt uns in der Sippe unseres Vaters einen eigenen Anteil am Landbesitz!« 5 Mose bat den HERRN um eine Entscheidung 6 und der HERR antwortete ihm: 7 »Die Töchter Zelofhads haben recht. Sie sollen neben den Brüdern ihres Vaters erbberechtigt sein und den väterlichen Grundbesitz erben. 8 Zu allen Israeliten aber sollst du sagen: ›Wenn ein Mann stirbt, ohne einen Sohn zu hinterlassen, hat seine Tochter Anspruch auf sein Erbe. 9 Hat er auch keine Tochter, so soll es seinen Brüdern zufallen, 10 und wenn er keine Brüder hat, den Brüdern seines Vaters. 11 Hat auch sein Vater keine Brüder, so fällt das Erbe dem Nächstverwandten aus seiner Sippe zu.‹ Dies soll bei den Israeliten gültiges Recht werden. Ich, der HERR, habe es angeordnet und dir gesagt.«

JOSUA ALS MOSES NACHFOLGER

12 Der HERR sagte zu Mose: »Steig auf das Abarim-Gebirge und blicke über das Land, das ich dem Volk Israel geben will! 13 Danach musst du sterben, so wie dein Bruder Aaron gestorben ist. 14 Ihr dürft das Land nicht betreten, weil ihr mir damals in der Wüste Zin nicht gehorcht habt. Als die ganze Gemeinde gegen mich Anklage erhob, wolltet ihr mir keine Gelegenheit geben, mich vor den Leuten von Israel durch das Wasser aus dem Felsen als der heilige und mächtige Gott zu erweisen.« – Von daher hatte die Quelle bei Kadesch den Namen Meriba, d.h. Anklage, erhalten. 15 Mose sagte: 16 »HERR, du Gott, von dem alles Leben kommt, setze einen Mann ein, der das Volk führt, 17 der an der Spitze des Heeres mit ihm auszieht und an seiner Spitze wieder mit ihm heimkehrt. Sonst wird deine Gemeinde wie eine Herde sein, die keinen Hirten hat.« 18-19 Der HERR antwortete: »Nimm Josua, den Sohn Nuns; ihn habe ich durch meinen Geist dazu befähigt. Lass ihn vor den Priester Eleasar und die ganze Gemeinde treten und bestelle ihn vor ihnen allen zu deinem Nachfolger. Leg deine Hände auf ihn 20 und gib ihm von deiner Vollmacht, damit ihm die ganze Gemeinde Israel gehorcht. 21 Bei allen wichtigen Entscheidungen soll er sich an den Priester Eleasar wenden, damit der durch die heiligen Lose meine Weisung einholt. Nach dem Bescheid Eleasars sollen dann er und alle Israeliten handeln.« 22 Mose tat, was der HERR ihm befohlen hatte. Er holte Josua und ließ ihn vor Eleasar und die ganze Gemeinde treten. 23 Dann legte er seine Hände auf ihn und setzte ihn als seinen Nachfolger ein, wie der HERR es ihm aufgetragen hatte.

DIE REGELMÄSSIGEN OPFER – TÄGLICH, AM SABBAT UND AM MONATSANFANG

28 Der HERR sagte zu Mose: 2 »Die Leute von Israel sollen darauf achten, dass sie die Opfer, die meine Speise sind und mir Freude machen, jeweils zur vorgeschriebenen Zeit auf meinem Altar verbrennen.« 3 Im Einzelnen sollte Mose den Israeliten folgende Anweisungen weitergeben: Ihr sollt für den HERRN täglich als Brandopfer zwei fehlerfreie einjährige Schafe verbrennen. 4-7 Das eine wird am Morgen dargebracht, das andere in der Abenddämmerung. Als Speiseopfer gehören dazu jeweils 1/10 Efa (1,2 Kilo) Weizenmehl, das mit 1/4 Hin (knapp 1 Liter) feinstem Olivenöl vermengt wird. Dies ist das regelmäßige tägliche Brandopfer, wie es zum ersten Mal am Berg Sinai dargebracht wurde, um den HERRN gnädig zu stimmen. Als Trankopfer kommt dazu jeweils 1/4 Hin (knapp 1 Liter) Wein, der für den HERRN im Heiligtum ausgegossen wird. 8 Am Abend wird dasselbe Opfer dargebracht wie am Morgen – ein Brandopfer, das den HERRN gnädig stimmt. 9-10 Am Sabbat werden zusätzlich zwei fehlerfreie einjährige Schafe als Brandopfer dargebracht, dazu als Speiseopfer 2/10 Efa (2,4 Kilo) Mehl, das mit Öl vermengt ist, und das dazugehörige Trankopfer. 11 Am 1. Tag des Monats werden dem HERRN als Brandopfer zwei Stiere, ein Schafbock und sieben fehlerfreie einjährige Schafe dargebracht, 12 dazu Speiseopfer aus Weizenmehl, das mit Olivenöl vermengt ist, und zwar für jeden Stier 3/10 Efa (3,6 Kilo) Mehl, für den Schafbock 2/10 Efa (2,4 Kilo) 13 und für jedes Schaf 1/10 Efa (1,2 Kilo). Dies sind Opfer, die den HERRN gnädig stimmen. 14 Als Trankopfer gehören zu jedem Stier 1/2 Hin (knapp 2 Liter) Wein, zu dem Schafbock 1/3 Hin (gut 1 Liter) und zu jedem Schaf 1/4 Hin (knapp 1 Liter). An jedem Monatsanfang sollt ihr diese Opfer darbringen. 15 Zusätzlich zum regelmäßigen täglichen Brandopfer soll an diesem Tag ein Ziegenbock als Sühneopfer dargebracht werden.

OPFER AM PASSAFEST UND AM PFINGSTFEST

16 Das Passafest wird zu Ehren des HERRN am 14. Tag des 1. Monats gefeiert. 17 Am 15. Tag desselben Monats beginnt das Fest der Ungesäuerten Brote, während dessen ihr sieben Tage lang nur solches Brot essen dürft, das ohne Sauerteig zubereitet ist. 18 Der erste Tag ist für euch ein heiliger Tag, an dem ihr keinerlei

Arbeit verrichten dürft. 19 Bringt dem HERRN als Brandopfer zwei Stiere, einen Schafbock und sieben einjährige Schafe, alles fehlerfreie Tiere, 20-21 und dazu als Speiseopfer dieselbe Menge wie am Monatsanfang. 22 Außerdem sollt ihr einen Ziegenbock als Sühneopfer darbringen, damit eure Verfehlungen gegenüber dem HERRN ins Reine gebracht werden. 23-24 Dies alles muss zusätzlich zum täglichen Morgenbrandopfer und dem zugehörigen Trankopfer dargebracht werden, und zwar an jedem Tag der Festwoche. Diese Opfer sind dem HERRN als seine Speise darzubringen und stimmen ihn gnädig. 25 Der siebte Tag ist für euch wieder ein heiliger Tag, an dem ihr keinerlei Arbeit verrichten dürft.
26 Das Pfingstfest, an dem ihr dem HERRN das erste Getreide der neuen Ernte als Speiseopfer darbringt, ist für euch ebenfalls ein heiliger Tag, an dem ihr keinerlei Arbeit verrichten dürft. 27-29 Bringt dem HERRN, um ihn gnädig zu stimmen, als Brandopfer zwei Stiere, einen Schafbock und sieben einjährige Schafe und gebt dazu als Speiseopfer dieselbe Menge wie an jedem Monatsanfang, 30-31 außerdem die zugehörigen Trankopfer und als Sühneopfer einen Ziegenbock. Dies alles wird zusätzlich zum regelmäßigen täglichen Brandopfer und den zugehörigen Speiseopfern dargebracht. Es müssen unbedingt fehlerfreie Tiere sein.

OPFER AN NEUJAHR UND AM VERSÖHNUNGSTAG

29 Auch der 1. Tag des 7. Monats ist für euch ein heiliger Tag, an dem ihr keinerlei Arbeit verrichten dürft. An diesem Tag wird der Beginn des neuen Jahres mit Trompetenblasen gefeiert. 2 Opfert dem HERRN, um ihn gnädig zu stimmen, als Brandopfer einen Stier, einen Schafbock und sieben einjährige Schafe, alles fehlerfreie Tiere, 3-4 dazu als Speiseopfer dieselbe Menge wie an jedem Monatsanfang, 5-6 außerdem die zugehörigen Trankopfer und als Sühneopfer einen Ziegenbock, damit eure Verfehlungen gegenüber dem HERRN ins Reine gebracht werden. Alle diese Opfer werden zusätzlich zum regelmäßigen täglichen Brandopfer und dem Brandopfer für den Monatsanfang und den zugehörigen Speiseopfern dargebracht, um den HERRN gnädig zu stimmen. 7 Der 10. Tag des 7. Monats ist für euch wieder ein heiliger Tag. Ihr müsst fasten und euch Bußübungen auferlegen und dürft keinerlei Arbeit verrichten. 8-10 Opfert dem HERRN als Brandopfer einen Stier, einen Schafbock und sieben einjährige Schafe, dazu als Speiseopfer dieselbe Menge wie an jedem Monatsanfang, 11 außerdem die zugehörigen Trankopfer und einen Ziegenbock als Sühneopfer, und zwar zusätzlich zum regelmäßigen täglichen Brandopfer mit dem zugehörigen Speiseopfer und zu dem Bock, der an diesem Tag als Sühne für die Schuld des ganzen Volkes dargebracht wird.

OPFER AM LAUBHÜTTENFEST

12 Der 15. Tag des 7. Monats ist für euch ebenfalls ein heiliger Tag, an dem ihr keinerlei Arbeit verrichten dürft. Von diesem Tag an feiert ihr sieben Tage lang ein Fest zu Ehren des HERRN. 13 Opfert dem HERRN am ersten Tag als Brandopfer, das ihn gnädig stimmt, dreizehn Stiere, zwei Schafböcke und vierzehn einjährige Schafe, alles fehlerfreie Tiere, 14-15 dazu als Speiseopfer zu jedem Tier dieselbe Menge wie an jedem Monatsanfang, 16 außerdem als Sühneopfer einen Ziegenbock, und zwar alles zusätzlich zum regelmäßigen täglichen Brandopfer mit dem zugehörigen Speise- und Trankopfer. 17 Am zweiten Tag des Festes opfert ihr zwölf Stiere, zwei Schafböcke und vierzehn einjährige Schafe, alles fehlerfreie Tiere, 18-19 und dazu die Speise- und Trankopfer, das Sühneopfer und das tägliche Brandopfer wie am ersten Tag. 20-34 An den folgenden Tagen bringt ihr dem HERRN dieselben Opfer, nur von den Stieren jeden Tag einen weniger, also am dritten Tag elf, am vierten zehn, am fünften neun, am sechsten acht und am siebten sieben Stiere. Opfert sie zusammen mit den übrigen Opfern wie am ersten Tag. 35 Am achten Tag kommt ihr zur großen Festversammlung zusammen; alle Arbeit muss an diesem Tag ruhen. 36 Opfert dem HERRN als Brandopfer, das ihn gnädig stimmt, einen Stier, einen Schafbock und sieben einjährige Schafe, alles fehlerfreie Tiere, 37-38 dazu die übrigen Opfer wie an den anderen Tagen.
39 Diese Opfer sollt ihr dem HERRN an euren Festen darbringen, und zwar abgesehen von den Brand-, Speise-, Trank- und Mahlopfern, die ihr außerdem als Gelübdeopfer und freiwillige Opfer darbringen wollt.

WANN GELÜBDE VON FRAUEN UNGÜLTIG SIND

30 1-2 Mose sagte dies alles dem Volk, wie der HERR es ihm aufgetragen hatte. Weiter gab er den Stammesoberhäuptern im Auftrag des HERRN die folgenden Anweisungen: 3 Wenn ein Mann gelobt, dem HERRN etwas zu geben, oder schwört, auf bestimmte Dinge zu verzichten, muss er sein Wort halten und alles tun, was er versprochen hat. 4 Wenn eine unverheiratete Frau, die noch im Haus ihres Vaters lebt, ein derartiges Gelübde ablegt, 5 ist es gültig, sofern ihr Vater, wenn er davon hört, keinen Einspruch erhebt. 6 Verbietet er ihr aber, das Gelübde zu erfüllen, und zwar noch am selben Tag, an dem er davon erfährt, so ist es damit außer Kraft gesetzt. Der HERR wird ihr keine Schuld anrechnen, wenn sie es nicht erfüllt; denn ihr Vater hat es ihr verwehrt. 7 Wenn eine Frau vor ihrer Heirat ein Gelübde abgelegt oder unbedacht dem HERRN etwas versprochen hat, 8 dann bleibt das Gelübde auch nach ihrer Heirat gültig, sofern der Ehemann keinen Einspruch erhebt. 9 Verbietet er ihr aber, das Gelübde zu erfüllen, und zwar noch am selben Tag, an dem er davon erfährt, so ist es ungültig geworden. Der HERR wird ihr keine Schuld anrechnen, wenn sie es nicht erfüllt. 10 Eine Witwe oder eine geschiedene Frau jedoch muss alles halten, was sie versprochen hat. 11 Wenn eine verheiratete Frau dem HERRN irgendein Gelübde ablegt, 12 dann ist es gültig, sofern der Ehemann keinen Einspruch erhebt. 13 Verbietet er ihr aber, das Gelübde zu erfüllen, und zwar noch am selben Tag, an dem er davon hört, so ist es ungültig geworden. Der HERR wird ihr keine Schuld anrechnen, wenn sie es nicht erfüllt; denn ihr Mann hat es ihr verwehrt. 14 Wenn eine Frau dem HERRN etwas gelobt oder schwört, auf etwas zu verzichten, hat der Ehemann das Recht, das Gelübde seiner Frau gelten zu lassen oder aufzuheben. 15 Wenn er aber nicht am selben Tag, an dem er davon hört, Einspruch erhebt, billigt er durch sein Schweigen das Gelübde seiner Frau. 16 Erhebt er erst später Einspruch und hindert seine Frau daran, ihr Gelübde zu erfüllen, so macht er und nicht die Frau sich schuldig und er muss die Folgen tragen. 17 Diese Anweisungen über die Gültigkeit von Gelübden einer unverheirateten oder verheirateten Frau erhielt Mose vom HERRN.

DIE STRAFEXPEDITION GEGEN DIE MIDIANITER

31 Der HERR befahl Mose: 2 »Bestrafe die Midianiter für das, was sie den Israeliten angetan haben. Danach wirst du sterben.« 3 Darauf sagte Mose zu den Männern Israels: »Macht euch zum Kampf bereit. Es geht gegen die Midianiter! Der HERR will sie strafen für das, was sie uns angetan haben. 4 Von jedem Stamm sollen tausend Mann in den Kampf ziehen.« 5 Aus jedem Stamm wurden tausend Kämpfer ausgewählt, sodass ein Heer von 12 000 Mann zusammenkam. 6 Mose schickte den Priester Pinhas, den Sohn von Eleasar, mit ihnen. Dieser hatte die heiligen Geräte und die Signaltrompeten bei sich. 7 Sie griffen die Midianiter an, wie der HERR es Mose befohlen hatte, und töteten alle Männer, 8 auch die fünf Könige der Midianiter: Ewi, Rekem, Zur, Hur und Reba. Auch Bileam, den Sohn Beors, töteten sie. 9 Die Frauen und Kinder nahmen sie gefangen, auch die Viehherden und den ganzen übrigen Besitz der Midianiter nahmen sie mit. 10 Die Städte und Zeltlager verbrannten sie. 11-12 Die Gefangenen und die ganze Beute brachten sie zu Mose und Eleasar und der ganzen Gemeinde Israel in das Lager, das im moabitischen Steppengebiet in der Jordanebene bei Jericho war. 13 Mose, Eleasar und die Stammesoberhäupter gingen vor das Lager, um die Heimkehrenden zu empfangen. 14 Als Mose sie sah, wurde er zornig und sagte zu den Befehlshabern der zwölf Truppenabteilungen: 15 »Warum habt ihr die Frauen am Leben gelassen? 16 Wisst ihr nicht mehr, dass es die Frauen waren, die dem Rat Bileams folgten und mit ihrem Götzen, dem Baal vom Berg Pegor, die Israeliten zur Untreue gegen den HERRN verführten? Deshalb ist doch die Strafe über die Gemeinde des HERRN gekommen! 17 Tötet alle Kinder, die männlichen Geschlechts sind, und alle Frauen, die schon mit einem Mann Verkehr gehabt haben! 18 Nur die Mädchen, die noch unberührt sind, dürft ihr am Leben lassen und für euch behalten. 19 Wer jemand getötet oder eine Leiche berührt hat, muss sieben Tage außerhalb des Lagers bleiben und am dritten und am siebten Tag die Reinigung an sich vollziehen lassen; dasselbe gilt für die gefangenen Mädchen. 20 Auch die Kleidungsstücke müssen mit Reinigungswasser besprengt werden, ebenso alles, was aus Leder, Ziegenhaar oder Holz hergestellt ist.« 21 Der Priester Eleasar sagte zu den Männern, die aus dem Kampf heimgekehrt waren: »Hört, was der HERR durch Mose angeordnet hat: 22 Alle Beutestücke aus Gold, Silber, Bronze, Eisen, Zinn oder Blei, 23 also alles, was nicht verbrennen kann, sollt ihr ins Feuer halten und danach mit Reinigungswasser besprengen. Alles, was im Feuer verbrennen würde, sollt ihr in Wasser tauchen. 24 Am siebten Tag sollt ihr eure Kleider waschen, dann seid ihr wieder rein und könnt ins Lager zurückkehren.«

DIE VERTEILUNG DER BEUTE

25 Der HERR sagte zu Mose: 26 »Zähle mit Eleasar und den Stammesoberhäuptern die lebende Beute, Menschen und Tiere. 27 Teile sie in zwei gleiche Teile; den einen Teil für die Männer, die gekämpft haben, den anderen für das übrige Volk. 28 Von der Hälfte, die den Kriegsleuten gehört, wird jeweils ein Mensch oder Tier von fünfhundert als Abgabe für den HERRN erhoben. 29 Gib sie dem Priester Eleasar. 30 Von der Hälfte, die dem übrigen Volk gehört, wird jeweils ein Mensch oder Tier von fünfzig ausgesondert. Gib sie den Leviten, die an der Wohnung des HERRN Dienst tun.« 31 Mose und Eleasar führten die Anweisung aus. 32-35 Die Zählung der gesamten Beute erbrachte 675 000 Schafe und Ziegen, 72 000 Rinder, 61 000 Esel und 32 000 Menschen, nämlich unberührte Mädchen. 36-40 Der Anteil für die Kriegsleute betrug demnach 337 500 Schafe und Ziegen, 36 000 Rinder, 30 500 Esel und 16 000 Mädchen, und ihre Abgabe für den HERRN 675 Schafe und Ziegen, 72 Rinder, 61 Esel und 32 Mädchen. 41 Mose gab diese Abgabe dem Priester Eleasar, wie der HERR es befohlen hatte. 42-46 Der Anteil des übrigen Volkes war genauso groß wie der Anteil der Kriegsleute. 47 Den fünfzigsten Teil davon nahm Mose und gab ihn den Leviten, wie der HERR es befohlen hatte. 48 Die Truppenführer kamen zu Mose 49 und sagten: »Wir haben die Männer, die unter unserem Befehl standen, gezählt; nicht ein Einziger wird vermisst. 50 Darum bringen wir nun dem HERRN, was wir an Goldschmuck erbeutet haben: Armbänder, Armspangen, Siegelringe, Ohrringe und Halsketten. Wir bringen es ihm als Opfergabe, damit uns kein Unheil widerfährt.« 51 Mose und Eleasar nahmen den Goldschmuck in Empfang. 52 Die Abgabe der Truppenführer hatte ein Gewicht von nahezu vier Zentner. 53 Was die einfachen Kriegsleute erbeutet hatten, behielten sie für sich. 54 Mose und Eleasar nahmen die Gabe und brachten sie ins Heilige Zelt. Sie sollte die Israeliten beim HERRN in Erinnerung bringen, damit er sich ihnen freundlich zuwende.

DIE STÄMME RUBEN UND GAD BITTEN UM DAS EROBERTE OSTJORDANLAND

32 Die Stämme Ruben und Gad hatten sehr große Viehherden. Als sie sahen, dass das Gebiet rings um die Städte Jaser und Gilead ein gutes Weideland war, 2 sagten sie zu Mose und zum Priester Eleasar und zu den Stammesoberhäuptern: 3-4 »Seht hier dieses Land, das der HERR, vor der Gemeinde Israel herziehend, für sein Volk erobert hat – das ganze Gebiet der

Städte Atarot, Dibon, Jaser, Nimra, Heschbon, Elale,
Sibma, Nebo und Beon. Es ist gutes Weideland und wir
sind Schaf- und Ziegenhirten.« 5 Und sie sagten weiter
zu Mose: »Wenn wir Gnade vor dir gefunden haben,
dann lass doch dieses Land uns, deinen ergebenen
Dienern, zuweisen! Erlaube uns, dass wir uns hier an-
siedeln und nicht erst den Jordan überqueren müssen.«
6 Mose antwortete: »Sollen die anderen Stämme allein
in den Kampf ziehen, während ihr ein gutes Leben habt?
7 Wenn ihr hierbleibt, nehmt ihr den Israeliten allen Mut,
über den Jordan in das Land zu ziehen, das der HERR ih-
nen geben will. 8 Genauso haben eure Väter gehandelt,
als ich sie von Kadesch-Barnea aus in das Land schickte,
um es zu erkunden. 9 Sie kamen bis ins Traubental und
sahen sich das Land an, und als sie zurückkamen, ent-
mutigten sie die Israeliten, sodass sie nicht in das Land
zu ziehen wagten, das der HERR ihnen geben wollte.
10 Damals wurde der HERR zornig und schwor: 11 ›Weil
sie meiner Führung nicht vertraut haben, wird keiner
der Männer, die aus Ägypten gezogen und jetzt 20 Jahre
oder älter sind, das Land sehen, das ich Abraham, Isaak
und Jakob mit einem Eid versprochen habe. 12 Nur Kaleb,
der Sohn von Jefunne aus der Sippe Kenas, und Josua,
der Sohn Nuns, werden hineinkommen.‹ Diese beiden
hatten dem HERRN völlig vertraut. 13 So traf der Zorn des
HERRN die Leute von Israel und er ließ sie vierzig Jahre
in der Wüste umherziehen, bis alle gestorben waren, die
sich gegen ihn aufgelehnt hatten. 14 Und nun macht ihr
es genauso! Als echte Kinder eurer Väter reizt ihr den
HERRN noch mehr zum Zorn gegen sein Volk. 15 Wenn
ihr Männer von Ruben und Gad dem HERRN jetzt nicht
gehorcht, wird er das Volk noch länger in der Wüste
umherirren lassen, bis sie vollends alle umgekommen
sind. Das ist dann allein eure Schuld!« 16 Sie traten näher
zu Mose und sagten: »Wir wollen ja nur Einfriedungen
für unsere Schaf- und Ziegenherden machen und be-
festigte Städte für unsere Frauen und Kinder bauen,
17 damit sie vor den Bewohnern des Landes sicher sind.
Dann werden wir sofort an der Spitze der übrigen Isra-
eliten in den Kampf ziehen, bis wir auch ihnen zu ihrem
Land verholfen haben. 18 Wir werden nicht eher nach
Hause zurückkehren, als bis alle Israeliten ein Stück
Land als Erbbesitz bekommen haben. 19 Wir selbst ha-
ben unseren Landanteil hier auf der östlichen Seite des
Jordans und beanspruchen nichts von dem Land auf
der anderen Seite.«

MOSE GIBT EINE BEDINGTE ZUSAGE

20-22 Mose erwiderte: »Wenn ihr so handelt, dann
bleibt ihr weder dem HERRN noch den anderen Is-
raeliten etwas schuldig. Rüstet euch also vor den
Augen des HERRN zum Kampf und überschreitet
vor seinen Augen vollzählig den Jordan, und kehrt
erst wieder hierher zurück, nachdem der HERR seine
Feinde vertrieben und sich das ganze Land unterwor-
fen hat! Wenn dies geschehen ist, dann wird euch in
Gegenwart des HERRN das Land auf dieser Seite des
Jordans als euer rechtmäßiger Besitz zugesprochen
werden. 23 Wenn ihr aber euer Wort nicht haltet, ladet
ihr Schuld auf euch und die Strafe des HERRN wird euch
mit Sicherheit treffen. 24 So baut nun feste Städte für
eure Frauen und Kinder und Einfriedungen für eure
Herden, und dann tut, was ihr versprochen habt.«
25 Die Männer von Gad und Ruben sagten zu Mose:
»Wir sind deine Diener, wir werden ganz bestimmt
tun, was du verlangst. 26 Unsere Frauen und Kinder
und all unser Vieh bleiben hier in den Städten, 27 wir
Männer aber sind bereit, vor den Augen des HERRN
den Jordan zu überschreiten und in den Kampf zu
ziehen, genau wie du es wünschst.« 28 Mose gab dar-
auf Eleasar, Josua und den Oberhäuptern der übrigen
Stämme die Anweisung: 29 »Wenn die Männer von
Gad und Ruben mit euch zusammen den Jordan über-
schreiten und so lange kämpfen, bis das ganze Land
in eurer Hand ist, dann gebt ihnen das Gebiet östlich
des Jordans als ihren Besitz. 30 Wenn sie aber nicht mit
euch in den Kampf ziehen, müssen sie sich mit einem
Stück Land in eurer Mitte begnügen.« 31 Die Männer
von Gad und Ruben versicherten: »Wir sind deine Die-
ner, wir werden tun, was der HERR befohlen hat. 32 Wir
werden gerüstet vor den Augen des HERRN den Jordan
überschreiten und in den Kampf ziehen, damit wir das
Land auf dieser Seite des Jordans als unseren Besitz be-
halten dürfen.« 33 Mose sprach also den Stämmen Gad
und Ruben sowie dem halben Stamm des Josefssohnes
Manasse das Gebiet des Amoriterkönigs Sihon und das
Gebiet des Königs Og von Baschan zu, das ganze Land
mit allen seinen Städten. 34 Darauf bauten die Männer
des Stammes Gad die befestigten Städte Dibon, Atarot,
Aroër, 35 Atrot-Schofan, Jaser, Jogboha, 36 Bet-Nimra
und Bet-Haran und errichteten Einfriedungen für ihre
Herden. 37 Die Männer des Stammes Ruben bauten die
Städte Heschbon, Elale, Kirjatajim, 38 Nebo, Baal-Meon
und Sibma und gaben ihnen Namen.

DAS SIEDLUNGSGEBIET FÜR DEN HALBEN STAMM MANASSE

39 Die Männer der Sippe Machir vom Stamm Manasse
eroberten das Bergland Gilead und vertrieben die
Amoriter, die dort wohnten. 40 Deshalb gab Mose ih-
nen das Gebiet Gilead als ihren Besitz und sie siedelten
sich dort an. 41 Jaïr vom Stamm Manasse eroberte eine
Reihe von Ortschaften und nannte sie »Dörfer Jaïrs«.
42 Nobach eroberte die Stadt Kenat mit dem zugehöri-
gen Gebiet und gab ihr seinen eigenen Namen.

DIE LAGERPLÄTZE DER ISRAELITEN AUF DEM WEG VON ÄGYPTEN BIS AN DEN JORDAN

33 Hier folgt eine Übersicht über die Stationen des
Weges, den das Volk Israel genommen hatte,
nachdem es unter Führung von Mose und Aaron in
geordneten Scharen aus Ägypten gezogen war. 2 Auf
Befehl des HERRN hatte Mose jedes Mal, wenn sie
einen Lagerplatz abbrachen, den Namen des Ortes
aufgeschrieben. 3 Die Israeliten brachen auf in der
Stadt Ramses, am 15. Tag des 1. Monats, am Morgen
nach dem Passamahl. Vor den Augen aller Ägypter
zogen sie unter dem Schutz des Herrn aus Ägypten

aus. 4 Die Ägypter begruben gerade ihre erstgeborenen Söhne, die der HERR getötet hatte. Er hatte den Ägyptern damit gezeigt, dass er mächtiger ist als ihre Götter. 5 Von Ramses zogen die Israeliten nach Sukkot 6 und weiter nach Etam am Rand der Wüste. 7 Von dort wandten sie sich seitwärts nach Pi-Hahirot gegenüber von Baal-Zefon und schlugen ihr Lager bei Migdol auf. 8 Dann zogen sie mitten durch das Meer und weiter drei Tagesmärsche weit durch die Wüste von Etam bis nach Mara. 9 Von dort zogen sie nach Elim, wo es zwölf Quellen und siebzig Palmen gab, 10 und weiter zum Schilfmeer, 11 darauf in die Wüste Sin 12-14 und von dort nach Dofka, Alusch und Refidim. In Refidim fanden sie kein Trinkwasser. 15-37 Dann kamen sie in die Wüste Sinai und darauf nach Kibrot-Taawa, Hazerot, Ritma, Rimmon-Perez, Libna, Rissa, Kehelata, zum Berg Schefer, nach Harada, Makhelot, Tahat, Terach, Mitka, Haschmona, Moserot, Bene-Jaakan, Hor-Gidgad, Jotbata, Abrona, Ezjon-Geber, nach Kadesch in der Wüste Zin und schließlich zum Berg Hor an der Grenze des Landes Edom. Als die Israeliten dort lagerten, 38-39 stieg der Priester Aaron auf Befehl des HERRN auf den Berg Hor. Dort oben starb er im Alter von 123 Jahren, am 1. Tag des 5. Monats im vierzigsten Jahr, nachdem die Israeliten aus Ägypten ausgezogen waren. 40 Damals erfuhr der Kanaaniterkönig von Arad im Südland, dass die Israeliten im Anmarsch waren. 41-49 Weiter kamen die Israeliten nach Zalmona, Punon, Obot, Ije-Abarim, Dibon-Gad, Almon-Diblatajema und zum Gebirge Abarim gegenüber der Stadt Nebo. Schließlich erreichten sie das moabitische Steppengebiet in der Jordanebene gegenüber Jericho und schlugen ihr Lager zwischen Bet-Jeschimot und Abel-Schittim auf.

KEINE SCHONUNG FÜR DIE BEWOHNER DES LANDES

50-51 Dort im moabitischen Steppengebiet in der Jordanebene gegenüber von Jericho erhielt Mose vom HERRN den Auftrag, den Israeliten in seinem Namen zu sagen: »Wenn ihr den Jordan überschreitet und ins Land Kanaan kommt, 52 müsst ihr alle seine Bewohner vertreiben. Zerstört ihre steinernen und bronzenen Götzenbilder und ihre Altäre. 53 Nehmt das Land in Besitz und besiedelt es, denn ich, der HERR, gebe es euch zu Eigen. 54 Teilt es durch das Los unter euch auf und gebt jedem Stamm einen Anteil, der der Zahl seiner Angehörigen entspricht. 55 Ihr müsst unbedingt alle Bewohner des Landes vertreiben. Wenn ihr einige zurücklasst, werdet ihr es bereuen; denn sie werden euch Leiden zufügen wie ein Dorn im Auge und wie Stachelpeitschen, mit denen man Ochsen antreibt. 56 Ich werde dann mit euch genauso verfahren, wie ihr nach meinem Befehl mit ihnen verfahren solltet.«

DIE GRENZEN VON ISRAELS GEBIET

34 1-2 Der HERR befahl Mose, den Israeliten die Anweisung zu geben: »Wenn ihr in das Land Kanaan kommt und es in Besitz nehmt, sollen eure Grenzen folgendermaßen verlaufen: 3 Im Süden wird euer Land von der Wüste Zin und dem Gebiet von Edom begrenzt. Im Einzelnen verläuft dort die Grenze vom südlichen Ende des Toten Meeres 4 in südwestlicher Richtung am Fuß der Skorpionensteige vorbei über Zin bis südlich von Kadesch-Barnea und weiter über Hazar-Addar nach Azmon. 5 Von Azmon läuft sie nordwestlich zu dem Tal, das die Grenze Ägyptens bildet, und folgt diesem bis zum Mittelmeer. 6 Die Westgrenze bildet das Mittelmeer. 7 Die Nordgrenze verläuft vom Mittelmeer zum Berg Hor 8 und von dort über Lebo-Hamat nach Zedad 9 und weiter über Sifron bis nach Hazar-Enan. 10 Die Ostgrenze verläuft von Hazar-Enan über Schefam 11 und den Ort Ribla östlich von Ajin bis zu den Abhängen am Ostufer des Sees Gennesaret 12 und dann weiter den Jordan entlang bis zum Toten Meer. Das Land innerhalb dieser Grenzen soll euch gehören.« 13 Weiter sagte Mose zu den Israeliten: »Dies also ist das Land, das durch das Los unter euch verteilt werden soll. Der HERR hat befohlen, es den neuneinhalb Stämmen als Besitz zu übergeben. 14-15 Die Stämme Ruben und Gad und der halbe Stamm Manasse haben ihren Landbesitz schon auf der Ostseite des Jordans, gegenüber von Jericho, erhalten.«

BEFEHL ZUR VERTEILUNG DES LANDES

16 Der HERR sagte zu Mose: 17 »Der Priester Eleasar und Josua, der Sohn Nuns, sollen das Land unter das Volk verteilen. 18-28 Von jedem Stamm bestimme ich einen der führenden Männer, damit sie ihnen dabei helfen. Es sind die folgenden: // aus dem Stamm Juda: / Kaleb, der Sohn von Jefunne; / aus dem Stamm Simeon: / Schemuël, der Sohn von Ammihud; / aus dem Stamm Benjamin: / Elidad, der Sohn von Kislon; / aus dem Stamm Dan: / Bukki, der Sohn von Jogli; / aus dem Stamm Manasse: / Hanniël, der Sohn von Efod; / aus dem Stamm Efraïm: / Kemuël, der Sohn von Schiftan; / aus dem Stamm Sebulon: / Elizafan, der Sohn von Parnach; / aus dem Stamm Issachar: / Paltiël, der Sohn von Asan; / aus dem Stamm Ascher: / Ahihud, der Sohn von Schelomi; / aus dem Stamm Naftali: / Pedahel, der Sohn von Ammihud.« // 29 Diesen Männern gab der HERR den Auftrag, das Land Kanaan unter die Israeliten aufzuteilen.

STÄDTE FÜR DIE LEVITEN

35 Im moabitischen Steppengebiet in der Jordanebene gegenüber von Jericho sagte der HERR zu Mose: 2-3 »Die Leute von Israel sollen von ihrem Landbesitz den Leviten Städte geben, in denen sie wohnen können, und dazu Weideland für ihr Vieh. 4-5 Das Weideland soll sich von der Stadtmauer aus in jeder Richtung 500 Meter weit erstrecken, sodass ein Quadrat von 1000 Meter Seitenlänge entsteht mit der Stadt in der Mitte. 6-7 Insgesamt sollt ihr den Leviten 48 Städte mit dem dazugehörigen Weideland geben. Sechs davon sind als Asylstädte bestimmt, in die jeder fliehen kann, der unabsichtlich einen Menschen getötet hat. 8 Die Anzahl der Levitenstädte in jedem Stamm richtet sich nach der Größe seines Gebietes.«

ASYLSTÄDTE FÜR TOTSCHLÄGER UND VERFAHREN BEI MORD

9-10 Der HERR gab Mose noch weitere Anweisungen
für die Israeliten: »Wenn ihr den Jordan überquert
und ins Land Kanaan kommt, 11 sollt ihr Asylstädte
auswählen, in die jeder fliehen kann, der unbeabsich-
tigt einen Menschen getötet hat. 12 Kein Verwandter
der getöteten Person darf dort an ihm die Blutrache
vollziehen. Er darf nur getötet werden, wenn er in
einer öffentlichen Gerichtsverhandlung schuldig ge-
sprochen worden ist. 13 Bestimmt sechs solche Städte,
14 drei östlich des Jordans und drei im Land Kanaan.
15 Jeder Israelit und jeder Fremde, der bei euch lebt,
auch der Fremdarbeiter, soll dorthin fliehen können,
wenn er unabsichtlich einen Menschen getötet hat.
16-18 Wenn aber jemand einen anderen mit einem Stein
oder einem eisernen oder hölzernen Gegenstand er-
schlagen hat, ist er ein Mörder und muss mit dem Tod
bestraft werden. 19 Der Nächstverwandte der ermor-
deten Person hat die Pflicht, ihn zu töten, wo immer er
ihn findet. 20-21 Auch wer einen anderen durch einen
Stoß oder Schlag mit der Faust oder durch einen Wurf
mit irgendeinem Gegenstand umgebracht hat, gilt als
Mörder, sofern er es aus Hass und Feindschaft oder
heimtückisch getan hat. Er ist genauso dem Tod ver-
fallen. 22-23 Wenn dagegen jemand einen Menschen,
der nicht sein Feind ist und dem er gar keinen Schaden
zufügen wollte, durch einen Stoß oder Wurf mit einem
Stein oder irgendeinem Gegenstand fahrlässig ge-
tötet hat, 24-25 dann soll die Gemeinde, aus der er
stammt, in öffentlicher Gerichtsverhandlung seine
Unschuld feststellen und sein Leben vor der Blutrache
schützen. Danach wird er in die Asylstadt zurückge-
bracht, in die er geflohen war. Dort muss er bleiben
bis zum Tod des amtierenden Obersten Priesters, der
mit dem heiligen Öl gesalbt worden ist. 26 Wenn aber
der Totschläger den Zufluchtsort verlässt, 27 kann
der Nächstverwandte des Getöteten ihn erschlagen,
ohne dass er damit Schuld auf sich lädt. 28 Erst nach
dem Tod des Obersten Priesters kann der Totschlä-
ger ohne Gefahr nach Hause zurückkehren. 29 Diese
Anordnungen gelten für alle eure Nachkommen an
jedem Ort des Landes, in dem ihr wohnt. 30 Niemand
darf wegen eines Mordes zum Tod verurteilt wer-
den, wenn nicht mindestens zwei Zeugen für die Tat
vorhanden sind. Auf eine einzige Zeugenaussage hin
darf kein Todesurteil gefällt werden. 31 Einen Mörder,
der schuldig gesprochen ist, dürft ihr nicht gegen ein
Lösegeld freilassen; er muss hingerichtet werden.
32 Und wer in eine Asylstadt geflohen ist, den dürft
ihr nicht gegen ein Lösegeld bereits vor dem Tod des
Obersten Priesters nach Hause zurückkehren lassen.
33 Entweiht nicht das Land, in dem ihr lebt! Es wird
entweiht durch das Blut eines Ermordeten und kann
nur wieder rein werden durch das Blut dessen, der
den Mord begangen hat. 34 Lasst das Land, in dem ihr
lebt, nicht unrein werden; denn ich, der HERR, wohne
mitten unter euch.«

ERGÄNZENDE BESTIMMUNGEN ZUM ERBRECHT DER TÖCHTER

36 Die Sippenältesten der Nachkommen Gileads,
des Sohnes Machirs und Enkels des Josefssoh-
nes Manasse, gingen zu Mose und den Stammesober-
häuptern des Volkes 2 und sagten zu Mose: »Der HERR
hat dir, unserem Herrn, befohlen, das Land durchs
Los unter die Israeliten aufzuteilen. Er hat dir auch
befohlen, den Landanteil unseres Verwandten Ze-
lofhad seinen Töchtern zuzusprechen. 3 Wenn diese
nun aber Männer aus einem anderen Stamm heiraten,
wird ihr Land unserem Stammesbesitz entzogen und
dem anderen Stamm zugeschlagen. 4 Und wenn dann
das Erlassjahr kommt, wird ihr Landbesitz endgültig
dem Stamm zufallen, in den sie eingeheiratet haben.«
5 Auf Befehl des HERRN gab Mose den Israeliten die
Anweisung: »Die Männer vom Stamm Manasse ha-
ben recht. 6 Darum hat der HERR bestimmt: Die Töch-
ter Zelofhads dürfen heiraten, wen sie wollen, aber
nur innerhalb ihres eigenen Stammes. 7 Kein Grund-
besitz darf von einem Stamm zu anderen übergehen,
sondern der Anteil jedes Stammes muss geschlossen
erhalten bleiben. 8-9 Deshalb darf eine Tochter, die
erbberechtigt ist, nur einen Mann aus ihrem eigenen
Stamm heiraten.« 10-11 Machla, Tirza, Hogla, Milka
und Noa, die Töchter Zelofhads, handelten nach die-
ser Anweisung und heirateten ihre Vettern. 12 So ver-
blieb ihr Landbesitz beim Stamm ihres Vaters. 13 Alle
diese Gesetze und Anordnungen gab der HERR den
Israeliten durch Mose im moabitischen Steppenge-
biet in der Jordanebene gegenüber von Jericho.

DAS FÜNFTE BUCH MOSE **DEUTERONOMIUM**

MOSE HÄLT RÜCKSCHAU

1 In diesem Buch ist aufgeschrieben, was Mose zum
ganzen Volk Israel gesprochen hat, in der Steppe
östlich des Jordans, in der Nähe von Suf, zwischen Pa-
ran und Tofel, Laban, Hazerot und Di-Sahab. – 2 Vom
Berg Horeb über das edomitische Bergland bis nach
Kadesch-Barnea sind es elf Tagereisen. – 3 Im 40. Jahr
nach dem Aufbruch von Ägypten, am 1. Tag des 11. Mo-
nats, sagte Mose den Israeliten alles, was der HERR
ihm für sie aufgetragen hatte. 4 Zuvor hatte Mose die
beiden Könige östlich des Jordans besiegt: Sihon, den
König der Amoriter, der in Heschbon regierte, und Og,

den König von Baschan, der in Aschtarot und Edreï regierte. 5 Dort im Land Moab verkündete Mose dem Volk das Gesetz des HERRN. Er begann: 6 Als wir schon längere Zeit am Berg Horeb waren, hat der HERR, unser Gott, zu uns gesagt: »Ihr seid jetzt lange genug hier gewesen. 7 Macht euch auf und zieht in das Land Kanaan zu den Amoritern, die im Bergland wohnen, und zu ihren Nachbarvölkern in der Jordanniederung, im westlichen Hügelland, in der südlichen Steppe und in der Küstenebene, ja bis zum Libanongebirge und zum Eufratstrom im Norden. 8 Dieses ganze Land übergebe ich euch. Zieht hinein und nehmt es in Besitz! Es ist das Land, das ich euren Vorfahren Abraham, Isaak und Jakob mit einem Eid zugesagt habe, als bleibenden Besitz für sie und ihre Nachkommen.«

WIE MOSE RICHTER EINSETZTE

9 Dort am Berg Horeb sagte ich zu euch: »Ich kann die Last, für euch verantwortlich zu sein, nicht mehr allein tragen. 10 Der HERR, euer Gott, hat euch so zahlreich werden lassen wie die Sterne am Himmel. 11 Und mein Wunsch ist, dass er, der schon eure Vorfahren beschützt hat, euch auch weiterhin segnet und euch noch tausendmal so zahlreich werden lässt, genau wie er euch das zugesagt hat. 12 Ich kann die Last nicht allein tragen, sie ist mir zu schwer; und ich kann auch nicht selbst alle eure Streitfälle schlichten. 13 Bestimmt aus jedem Stamm eine Reihe von Männern mit Verstand und Erfahrung, die ich als Oberhäupter über euch einsetzen kann.« 14 Ihr gabt mir zur Antwort: »Dein Vorschlag ist gut, wir sind damit einverstanden!« 15 Ich wählte also in allen Stämmen erfahrene Männer aus, machte sie zu Aufsehern und setzte sie ein über jeweils tausend, hundert, fünfzig und zehn von euch. 16 Ich übertrug ihnen das Richteramt und befahl ihnen: »Untersucht jeden Streitfall zwischen zwei Israeliten oder zwischen einem Israeliten und einem Fremden, der bei euch lebt, und entscheidet, wer im Recht ist. 17 Urteilt unparteiisch! Hört die kleinen Leute genauso an wie die vornehmen und einflussreichen und lasst euch von niemand einschüchtern; denn Gott selbst wacht über das Recht. Ist euch ein Fall zu schwierig, so kommt zu mir, damit ich ihn entscheide.« 18 Damals gab ich euch auch alle Anweisungen, die ihr befolgen sollt.

WIE MOSE KUNDSCHAFTER AUSSCHICKTE

19 Wir folgten also dem Befehl des HERRN, unseres Gottes, und machten uns vom Berg Horeb aus auf den Weg in das Bergland der Amoriter. Wir zogen durch die große gefährliche Wüste, an die ihr euch gut erinnert, und kamen bis nach Kadesch-Barnea. 20 Dort sagte ich zu euch: »Wir stehen jetzt vor dem Bergland der Amoriter, das der HERR für euch bestimmt hat. 21 Er hat das Land in eure Gewalt gegeben. Zieht also hinauf und nehmt es in Besitz! Der HERR, der Gott eurer Vorfahren, hat es euch zugesprochen. Habt keine Angst, lasst euch nicht abschrecken!« 22 Aber ihr alle kamt zu mir und sagtet: »Wir wollen ein paar Männer vorausschicken, die das Land erkunden. Sie sollen uns sagen, welchen Weg wir am besten einschlagen und was für Städte wir dort antreffen.« 23 Ich fand den Vorschlag gut und wählte zwölf Männer aus, von jedem Stamm einen. 24 Sie machten sich auf den Weg ins Bergland und erkundeten es bis zum Traubental. 25 Sie brachten Proben von den Früchten des Landes mit und berichteten, was sie gesehen hatten. »Es ist ein gutes Land«, sagten sie, »das der HERR, unser Gott, uns geben will.« 26 Aber ihr widersetztet euch dem Befehl des HERRN, eures Gottes, und wolltet nicht in das Land ziehen. 27 Ihr begannt zu meutern und sagtet zueinander in euren Zelten: »Der HERR hasst uns! Er hat uns aus Ägypten herausgeführt, um uns den Amoritern auszuliefern, damit sie uns vernichten. 28 Worauf lassen wir uns da ein! Unsere Kundschafter haben uns allen Mut genommen. Sie haben uns berichtet, dass die Bewohner des Landes stärker und zahlreicher sind als wir und die Mauern ihrer Städte bis zum Himmel reichen. Und was sie erst von den Anakitern erzählt haben!« 29 Ich sprach euch Mut zu und sagte: »Habt doch keine Angst vor ihnen! 30 Der HERR, euer Gott, wird vor euch herziehen und für euch kämpfen. Ihr habt erlebt, was er in Ägypten für euch getan hat; 31 und durch die Wüste hat er euch getragen wie ein Vater sein Kind, den ganzen langen Weg bis hierher.« 32 Aber obwohl er all das für euch getan hat, hattet ihr kein Vertrauen zum HERRN, eurem Gott – 33 zu ihm, der doch vor euch hergezogen war, um die Lagerplätze auszusuchen und euch den Weg zu zeigen, bei Tag in einer Wolke und bei Nacht in einer Feuersäule!

WIE DAS VOLK FÜR SEINEN UNGLAUBEN BESTRAFT WURDE

34 Als der HERR hörte, was ihr da sagtet, wurde er zornig und schwor: 35 »Keiner von diesen Männern, keiner aus dieser ganzen widerspenstigen Generation wird das gute Land zu sehen bekommen, das ich ihren Vorfahren zugesagt habe. 36 Nur Kaleb, der Sohn von Jefunne, wird das Land betreten; ihm und seinen Nachkommen gebe ich das Gebiet, das er erkundet hat. Denn er ließ sich nicht beirren und hat mir vertraut.« 37 Sogar auf mich wurde der HERR euretwegen zornig und sagte zu mir: »Auch du wirst das Land nicht betreten! 38 Dein Diener Josua, der Sohn Nuns, wird hineinkommen. Ihm mach Mut, denn er soll es als Erbbesitz unter die Israeliten verteilen.« 39 Und zum ganzen Volk sagte der HERR: »Eure kleinen Kinder, die noch nicht zwischen Gut und Böse unterscheiden können, die werden in das Land hineinkommen. Ihr habt gesagt: ›Sie werden den Feinden in die Hände fallen‹ – aber gerade ihnen werde ich das Land geben, sie werden es in Besitz nehmen. 40 Ihr aber kehrt jetzt um und zieht wieder in die Wüste, dem Schilfmeer zu!« 41 Da sagtet ihr zu mir: »Wir haben unrecht getan, wir waren dem HERRN ungehorsam. Doch jetzt wollen wir in das Land hinaufziehen und es erobern, wie der HERR, unser Gott, es uns befohlen hat.« Jeder nahm seine Waffen und ihr wolltet sofort losziehen.

42 Aber der HERR ließ euch durch mich warnen. »Fallt nicht in das Land ein«, sagte er, »versucht nicht, es zu erobern! Ich werde nicht mit euch gehen und ihr werdet von euren Feinden geschlagen.« 43 Ich sagte euch das, aber ihr hörtet nicht darauf. Ihr widersetztet euch dem HERRN und zogt in eurem Übermut ins Bergland hinauf. 44 Da stellten sich euch die Amoriter entgegen, die dort wohnten, besiegten euch und jagten euch vom Bergland Seïr bis nach Horma, wie ein Bienenschwarm trieben sie euch vor sich her. 45 Dann kehrtet ihr um und weintet vor dem HERRN und wolltet ihn umstimmen, aber er hörte euch nicht. 46 Ihr bliebt dann lange Zeit in der Oase Kadesch.

WIE DIE ISRAELITEN DURCH EDOM, MOAB UND AMMON ZOGEN

2 Wir kehrten nun um und zogen in die Wüste hinein, in Richtung Schilfmeer, wie der HERR es mir befohlen hatte. Lange Zeit wanderten wir im Wüstengebiet rings um das Bergland Seïr umher. 2 Schließlich sagte der HERR zu mir: 3 »Ihr seid hier nun lange genug umhergezogen. Wendet euch jetzt nach Norden!« 4-5 Und er gab mir für euch die Anweisung: »Wenn ihr jetzt durch Edom, das Gebiet eurer Stammesverwandten, der Nachkommen Esaus, zieht, dann beginnt auf keinen Fall einen Krieg mit ihnen! Sie werden zwar vor euch Angst haben; aber ich werde euch von ihrem Land nicht einen Fußbreit geben. Das Bergland Seïr habe ich den Nachkommen Esaus als bleibenden Besitz zugesprochen. 6 Wenn ihr beim Durchzug Brot und Wasser braucht, sollt ihr es ihnen bezahlen.« 7 Das konntet ihr ja auch, denn der HERR, euer Gott, hatte all euer Tun reich gesegnet. Er vergaß euch nicht in der großen Wüste. Vierzig Jahre lang hat er euch begleitet und für euch gesorgt; nie hat es euch an etwas gefehlt. 8 So zogen wir nordwärts, aber nicht durch das Land unserer Verwandten, der Nachkommen Esaus, und auch nicht auf der Straße, die von Ezjon-Geber und Elat durch die Senke zum Toten Meer führt. Danach zogen wir weiter in Richtung Moab. 9 Der HERR aber sagte zu mir: »Kämpft nicht gegen die Moabiter, greift sie nicht an; denn auch von ihrem Land werde ich euch nichts geben. Sie sind die Nachkommen Lots und ich habe ihnen das Gebiet von Ar als bleibenden Besitz zugesprochen.« 10 – Früher wohnten dort die Emiter, ein großes und mächtiges Volk, dessen Männer ebenso riesenhaft waren wie die Anakiter. 11 Wie die Anakiter werden sie zu den Rafaïtern gezählt; aber die Moabiter nennen sie Emiter. 12 Im Bergland Seïr wohnten früher die Horiter, aber die Nachkommen Esaus rotteten sie aus und nahmen ihr Land in Besitz, wie es die Israeliten mit dem Land machten, das der HERR ihnen gegeben hatte. – 13 »Überschreitet jetzt den Bach Sered«, befahl der HERR und wir taten es. 14 Seit unserem Aufbruch aus Kadesch-Barnea waren damals 38 Jahre vergangen. In dieser Zeit waren alle wehrfähigen Männer jener Generation gestorben, wie der HERR es als Strafe über sie verhängt hatte. 15 Der HERR hatte dafür gesorgt, dass keiner von ihnen am Leben blieb. 16 Nachdem sie nun alle tot waren, 17 sagte der HERR zu mir: 18 »Ihr werdet jetzt durch das Gebiet der Moabiter ziehen 19 und dann an die Grenze der Ammoniter kommen. Kämpft nicht gegen die Ammoniter und greift sie nicht an; denn auch von ihrem Land werde ich euch nichts geben. Sie sind die Nachkommen Lots und ich habe ihnen ihr Land als bleibenden Besitz zugesprochen.« 20 – Auch dieses Gebiet gilt als Land der Rafaïter, weil dort früher die Rafaïter wohnten. Von den Ammonitern wurden sie Samsummiter genannt; 21 auch sie waren ein großes und mächtiges Volk, dessen Männer so riesenhaft waren wie die Anakiter. Aber der HERR gab sie in die Gewalt der Ammoniter, die sie ausrotteten und ihr Land in Besitz nahmen, 22 genauso wie er die Horiter und ihr Land in die Gewalt der Edomiter gab, die dort bis heute wohnen. 23 Die Awiter aber, die zwischen diesem Gebiet und der Gegend von Gaza in Dörfern gewohnt hatten, mussten den Philistern, die aus Kreta kamen, weichen. –

DER SIEG ÜBER KÖNIG SIHON

24 »Brecht jetzt auf«, sagte der HERR weiter, »und überschreitet den Arnonfluss! Ich habe den Amoriterkönig Sihon, der in Heschbon regiert, in eure Hand gegeben. Eröffnet den Kampf gegen ihn und nehmt sein Land in Besitz! 25 Von heute an werde ich allen Völkern der Erde Furcht und Schrecken vor euch einjagen. Sie werden zittern vor euch und sich winden vor Angst, wenn sie hören, was man sich von euch erzählt.« 26 Da schickte ich von der Wüste Kedemot aus Boten nach Heschbon zu König Sihon und ließ ihm sagen: »Wir kommen in friedlicher Absicht! 27 Erlaube uns, durch dein Land zu ziehen. Wir wollen nur die Straße benutzen und werden weder nach rechts noch nach links davon abgehen. 28 Was wir an Brot und Wasser brauchen, werden wir bezahlen. Wir wollen nichts weiter als durchziehen, 29 wie uns das schon die Edomiter und Moabiter erlaubt haben. Unser Ziel ist das Land auf der anderen Seite des Jordans, das der HERR, unser Gott, uns geben will.« 30 Aber König Sihon wollte uns nicht durchziehen lassen. Der HERR, euer Gott, hatte ihn starrsinnig und uneinsichtig gemacht; denn er wollte ihn in eure Hand geben, wie es tatsächlich geschehen ist. 31 Er sagte zu mir: »Ich habe schon für euch gehandelt: Sihon und sein Land sind euch wehrlos preisgegeben. Nun handelt auch ihr: Nehmt sein Land in Besitz!« 32 Als uns nun Sihon mit seiner ganzen Kriegsmacht nach Jahaz entgegenzog, 33 gab der HERR ihn in unsere Hand, und wir töteten ihn, seine Söhne und alle seine Kriegsleute. 34 Dann nahmen wir alle seine Städte ein und vollstreckten den Bann an ihren Bewohnern, den Männern, Frauen und Kindern. Niemand ließen wir lebend entkommen. 35 Nur das Vieh verschonten wir und nahmen es als Beute, und dazu alles, was sonst noch von Wert war. 36 Von Aroër auf den Höhen über dem Arnontal und der Stadt, die direkt am Arnonfluss liegt, bis hin zur Landschaft Gilead konnte sich keine einzige Stadt gegen uns behaupten; alle gab der HERR, unser Gott, in unsere Hand. 37 Nur vom Land der Ammoniter habt ihr euch ferngehalten und habt das Gebiet

zu beiden Seiten des Jabboks und die Städte im angren-
zenden Bergland nicht besetzt, weil der HERR, unser
Gott, es uns verwehrt hatte.

DER SIEG ÜBER KÖNIG OG VON BASCHAN

3 Als wir zum Land Baschan weiterzogen, stellte
sich uns bei Edreï der König des Landes, Og von
Baschan, mit seiner ganzen Kriegsmacht in den Weg.
2 Der HERR aber sagte zu mir: »Hab keine Angst vor
ihm! Ich habe ihn und seine Kriegsleute und sein
Land in deine Hand gegeben. Du wirst ihm dasselbe
Schicksal bereiten wie dem Amoriterkönig Sihon.«
3 Und der HERR, unser Gott, gab uns auch den Sieg über
König Og von Baschan. Wir töteten ihn und alle seine
Kriegsleute; kein Einziger konnte entkommen. 4 Dann
nahmen wir alle seine Städte ein, insgesamt sechzig,
das ganze Gebiet von Argob in der Landschaft Ba-
schan, über das er geherrscht hatte. 5 Es waren lauter
befestigte Städte mit hohen Mauern und verriegelten
Toren; dazu kam noch eine große Anzahl unbefestigter
Ortschaften. 6 An den Bewohnern – Männern, Frauen
und Kindern – vollstreckten wir den Bann, genau wie
wir es in den Städten König Sihons getan hatten. 7 Das
Vieh und alles, was sonst noch von Wert war, nahmen
wir als Beute. 8 So hatten wir nun das Land der bei-
den Amoriterkönige im Gebiet östlich des Jordans
erobert, vom Arnontal bis zum Berg Hermon – 9 die
Phönizier nennen ihn Sirjon und die Amoriter Senir –,
10 alle Städte der Hochebene nördlich des Arnons, dazu
die ganze Landschaft Gilead sowie die Landschaft Ba-
schan bis hin nach Salcha und Edreï, alle Städte, über
die König Og von Baschan geherrscht hatte. 11 König
Og war der Letzte vom Geschlecht der Rafaïter. Sein
eiserner Sarg ist noch heute in Rabba, der Hauptstadt
der Ammoniter, zu sehen; er ist viereinhalb Meter lang
und zwei Meter breit.

WIE DAS LAND ÖSTLICH DES JORDANS VERTEILT WURDE

12 Nachdem wir die beiden Königreiche erobert hat-
ten, gab ich das Gebiet nördlich von Aroër und dem
Arnonfluss sowie die halbe Landschaft Gilead mit
allen Städten den Stämmen Ruben und Gad als blei-
benden Besitz. 13 Die andere Hälfte von Gilead und
ganz Baschan, das Land des König Og, das ganze
Gebiet von Argob, gab ich der einen Hälfte des Stammes
Manasse. – Die Landschaft Baschan wurde auch Ra-
faïterland genannt. 14 Jaïr aus dem Stamm Manasse
nahm das ganze Gebiet von Argob in Besitz, bis an
die Grenzen von Geschur und Maacha, und gab die-
sem Gebiet, der Landschaft Baschan, seinen eigenen
Namen. Diese Gegend heißt noch heute »Siedlungen
Jaïrs«. – 15 Die Landschaft Gilead teilte ich der Stam-
mesgruppe Machir zu, 16 den Stämmen Ruben und Gad
aber das Gebiet südlich davon bis zum Arnon und öst-
lich bis zum Jabbok, der Grenze der Ammoniter, 17 und
dazu das Jordantal vom See Gennesaret bis zum Toten
Meer und zum Fuß des Berges Pisga. 18 Damals sagte
ich zu den Männern dieser Stämme: »Der HERR, euer
Gott, hat euch dieses Land als bleibenden Besitz ge-
geben. Dafür müsst ihr nun aber auch an der Spitze
eurer Brüder, der übrigen Israeliten, bewaffnet über
den Jordan ziehen. Alle wehrfähigen Männer sind
dazu verpflichtet. 19 Nur eure Frauen und Kinder und
euer Vieh – ihr habt ja so große Herden – können hier
in den Städten bleiben, die ich euch zugeteilt habe.
20 Erst wenn der HERR auch euren Brüdern Ruhe ver-
schafft und ihnen auf der anderen Seite des Jordans
ihr Land gegeben hat, dürft ihr wieder zurückkehren,
jeder zu dem Stück Land, das ihm zugeteilt worden
ist.« 21 Zu Josua aber sagte ich: »Du hast gesehen, was
der HERR, euer Gott, mit diesen beiden Königen getan
hat. Genauso wird er an den Königen auf der anderen
Seite des Jordans handeln, in deren Land du das Volk
jetzt führen wirst. 22 Habt keine Angst vor ihnen! Der
HERR, euer Gott, wird selbst für euch kämpfen.«

WARUM MOSE DAS BETRETEN DES LANDES VERWEHRT WIRD

23 Damals bat ich den HERRN: 24 »Herr, mein Gott, du
hast begonnen, mir, deinem Diener, deine Größe und
Macht zu zeigen. Nirgends im Himmel und auf der
Erde gibt es einen Gott, der so gewaltige Taten und
erstaunliche Wunder vollbringt wie du. 25 Lass mich
nun auch über den Jordan ziehen und das schöne Land
dort sehen, dieses ganze herrliche Bergland bis hinauf
zum Libanon!« 26 Aber weil ihr euch dem HERRN wider-
setzt hattet, war der HERR zornig auf mich und erfüllte
meine Bitte nicht. Er sagte zu mir: »Genug! Kein Wort
mehr davon! 27 Steig auf den Gipfel des Berges Pisga
und schau nach allen Seiten, nach Westen, nach Nor-
den, nach Süden und nach Osten. Du darfst das Land
mit deinen Augen sehen, aber den Jordan darfst du
nicht überschreiten. 28 Übertrage Josua die Führung
und mache ihm Mut! Er ist es, der vor dem Volk her
über den Jordan gehen und ihm das Land zuteilen wird,
das du sehen darfst.« 29 Wir blieben nun eine Zeit lang
im Tal bei der Stadt Bet-Pegor.

DAS GESETZ IST ISRAELS KOSTBARSTER BESITZ

4 Und nun, Volk Israel, höre die Gebote und Rechts-
bestimmungen, die ich euch allen verkünde!
Befolgt sie, dann werdet ihr am Leben bleiben und
das Land in Besitz nehmen, das der HERR euren Vor-
fahren zugesagt hat und das er euch geben will. 2 Fügt
nichts hinzu und nehmt nichts davon weg. Befolgt die
Gebote des HERRN, eures Gottes, genau so, wie ich sie
euch sage. 3 Ihr habt mit eigenen Augen gesehen, was
der HERR, euer Gott, beim Berg Pegor getan hat: Er hat
alle aus eurer Mitte ausgerottet, die sich dort mit dem
Götzen Baal einließen. 4 Ihr aber seid am Leben geblie-
ben, weil ihr treu zum HERRN, eurem Gott, gehalten
habt. 5 Ich verkünde euch jetzt die Gebote und Rechts-
bestimmungen, so wie sie mir der HERR, mein Gott, für
euch gegeben hat, damit ihr sie befolgt in dem Land,
das ihr nun in Besitz nehmt. 6 Beachtet sie also und
handelt danach! Dann werdet ihr unter den Völkern
für eure Weisheit berühmt werden. Denn wenn die

anderen Völker hören, nach was für Geboten ihr lebt,
werden sie voll Achtung auf euch blicken und sagen:
»Wie klug und einsichtig ist doch dieses große Volk!«
7 Kein anderes von den großen Völkern hat ja einen
Gott, der ihm mit seiner Hilfe so nahe ist wie uns der
HERR, unser Gott. Er hilft uns, sooft wir zu ihm rufen.
8 Und kein anderes großes Volk hat so gute Gebote und
Rechtsbestimmungen wie die, die ich euch heute gebe.

DER GOTT ISRAELS IST EINZIGARTIG

9 Aber gebt acht, dass ihr nie vergesst, was ihr mit eige-
nen Augen gesehen habt! Haltet die Erinnerung daran
euer Leben lang lebendig und erzählt es euren Kindern
und Enkeln weiter. 10 Denkt an den Tag, als ihr am Berg
Horeb vor dem HERRN, eurem Gott, gestanden habt.
Der HERR hatte zu mir gesagt: »Rufe das ganze Volk
zusammen! Sie sollen hören, was ich ihnen zu sagen
habe, und sollen lernen, mich und meine Weisungen
ernst zu nehmen, die ganze Zeit, die sie in ihrem Land
leben. Sie sollen auch ihre Kinder dazu anhalten.« 11 Da
kamt ihr heran und stelltet euch am Fuß des Berges
auf. Der Berg stand in Flammen, die bis zum Himmel
loderten, und ringsum war er von dunklen, schwarzen
Wolken umgeben. 12 Der HERR sprach zu euch aus dem
Feuer heraus. Ihr konntet seine Stimme hören, aber se-
hen konntet ihr ihn nicht; da war nur die Stimme. 13 Er
verkündete euch die Zehn Gebote als die Verpflichtun-
gen, die sein Bund euch auferlegt, und schrieb sie auf
zwei Steintafeln. 14 Mir aber befahl er, euch alle Gebote
und Rechtsbestimmungen einzuprägen, nach denen
ihr in eurem Land leben sollt. 15 Vergesst nicht, dass
ihr damals am Berg Horeb, als der HERR aus dem Feuer
zu euch redete, nur die Stimme gehört, aber keinerlei
Gestalt gesehen habt. 16 Darum macht euch kein Got-
tesbild; das wäre ein unverzeihliches Vergehen, ganz
gleich, was für eine Gestalt ihr nachbildet: einen Mann
oder eine Frau, 17-18 ein vierfüßiges Landtier, einen Vo-
gel, ein kriechendes Tier oder einen Fisch. 19 Und wenn
ihr zum Himmel aufblickt und die Sonne, den Mond
und die Sterne seht, das ganze Himmelsheer, dann
lasst euch nicht dazu verleiten, sie als Götter anzube-
ten und ihnen zu dienen. Die Verehrung der Gestirne
hat der HERR, euer Gott, allen anderen Völkern der
Erde zugewiesen. 20 Euch aber hat er aus Ägypten,
diesem glühenden Schmelzofen, herausgeholt, um
euch zu seinem eigenen Volk zu machen, wie ihr es nun
seid. 21 Doch weil ihr ihm nicht gehorcht habt, wurde
der HERR zornig auf mich und schwor, ich würde nicht
über den Jordan in das schöne Land kommen, das er
euch als Erbbesitz geben wird. 22 Darum muss ich auf
dieser Seite des Jordans sterben; ihr aber werdet das
Land in Besitz nehmen. 23 Seht euch vor, dass ihr nicht
den Bund vergesst, den der HERR, euer Gott, mit euch
geschlossen hat! Macht euch niemals ein Gottesbild,
ganz gleich, von welcher Gestalt, weil der HERR, euer
Gott, euch das verboten hat. 24 Der HERR, euer Gott, ist
ein verzehrendes Feuer, ein leidenschaftlich liebender
Gott, der es nicht hinnimmt, wenn ihr irgendetwas
anderes außer ihm verehrt.

DEM VERIRRTEN VOLK STEHT DIE RÜCKKEHR OFFEN

25 Wenn ihr schon viele Generationen lang in eurem
Land lebt, könntet ihr versucht sein, euch irgendwel-
che Gottesbilder zu machen. Damit würdet ihr dem
HERRN missfallen und seinen Zorn herausfordern.
26 Ich rufe Himmel und Erde als Zeugen an: Wenn ihr
so etwas tut, werdet ihr euch nicht in dem Land halten
können, das ihr jetzt in Besitz nehmt! Es wird dann sehr
schnell um euch geschehen sein. 27 Der HERR wird euch
unter die Völker zerstreuen; nur ein kleines Häuflein
von euch wird dort überleben. 28 Ihr werdet Göttern
dienen müssen, die von Menschen gemacht sind, Bil-
dern aus Holz und Stein, die weder sehen noch hören
noch schmecken noch riechen können. 29 Dort werdet
ihr dann den HERRN, euren Gott, suchen, und er wird
sich von euch finden lassen, wenn ihr euch ihm mit
ganzem Herzen und mit allen Kräften zuwendet. 30 In
ferner Zukunft, wenn all diese Not über euch kommt,
werdet ihr wieder zum HERRN, eurem Gott, umkeh-
ren und auf seine Stimme hören. 31 Der HERR ist ja ein
Gott voll Erbarmen und er ist und bleibt euer Gott. Er
wird euch nicht fallen lassen, euch nicht vernichten.
Er vergisst nicht, was er euren Vorfahren mit einem
Eid zugesagt hat. 32 Durchforscht doch einmal die Ver-
gangenheit, die ganze Zeit, seit Gott die Menschen
geschaffen hat! Durchforscht die ganze Erde von
einem Ende zum andern! Ist irgendwann sonst etwas
so Großes geschehen? Weiß man irgendwo sonst von
etwas dergleichen zu erzählen? 33 Hat je ein Volk die
Stimme Gottes aus dem Feuer heraus gehört und ist
am Leben geblieben, wie ihr das erlebt habt? 34 Hat
jemals ein Gott es unternommen, ein Volk aus einem
anderen Volk herauszuholen und zu seinem Eigentum
zu machen, wie das der HERR, euer Gott, in Ägypten
an euch getan hat? Vor euren Augen hat er unerhör-
te Wunder vollbracht, er hat eure Unterdrücker in
Furcht und Schrecken versetzt und hat furchtbare
Plagen über sie gebracht. Ja, er hat selbst für euch
gekämpft; mit starker Hand und ausgestrecktem Arm
hat er euch aus ihrer Mitte herausgeführt! 35 Das alles
hat der HERR euch erleben lassen, damit ihr erkennt,
dass er wahrhaftig Gott ist und es außer ihm keinen
anderen Gott gibt. 36 Er sprach zu euch vom Himmel
herab und gab euch seine Weisungen; ihr habt sein
gewaltiges Feuer gesehen und aus dem Feuer heraus
seine Stimme gehört. 37 Weil er eure Vorfahren liebte,
hat er euch ausgewählt. Er ging mit euch und hat euch
mit seiner großen Macht aus Ägypten herausgeführt,
38 um Völker vor euch zu vertreiben, die größer und
mächtiger sind als ihr, und euch ihr Land als Erbbesitz
zu geben, wie ihr das jetzt erlebt. 39 Begreift also heute
und nehmt es zu Herzen, dass der HERR allein Gott ist
im Himmel und auf der Erde und es außer ihm keinen
Gott gibt. 40 Lebt nach seinen Geboten und Weisungen,
die ich euch heute verkünde! Dann wird es euch und
euren Nachkommen gut gehen, und ihr werdet für
immer in dem Land bleiben, das der HERR, euer Gott,
euch geben wird.

ASYLSTÄDTE FÜR TOTSCHLÄGER IM OSTJORDANLAND

41 Damals bestimmte Mose im Gebiet östlich des
Jordans drei Städte als Zufluchtsorte, **42** damit jeder
dorthin fliehen könnte, der unbeabsichtigt einen
Menschen getötet hat. Wenn der Totschläger wirk-
lich vorher keinen Hass auf den anderen gehabt hat,
kann er dort Asyl finden und so sein Leben retten. **43** Im
Gebiet des Stammes Ruben bestimmte Mose dafür
die Stadt Bezer in der Steppenhochebene östlich des
Toten Meeres, im Gebiet des Stammes Gad die Stadt
Ramot im Bergland Gilead und im Gebiet des halben
Stammes Manasse die Stadt Golan im Land Baschan.

MOSE ERINNERT AN DIE GRUNDLAGEN DES BUNDES

44-45 Es folgt jetzt das ganze Gesetz, das Mose dem Volk
Israel nach seinem Auszug aus Ägypten verkündet hat,
die Gebote, Rechtsbestimmungen und Ermahnungen.
46 Er verkündete dies alles im Tal gegenüber von Bet-
Pegor, im ehemaligen Herrschaftsgebiet des Amoriter-
königs Sihon, der in Heschbon regiert hatte. Ihn hatten
die Israeliten unter der Führung Moses besiegt **47** und
sein Land in Besitz genommen und anschließend auch
das Land des Königs Og von Baschan. Sie hatten das
ganze Gebiet der beiden Amoriterkönige östlich des
Jordans besetzt, **48** von Aroër am Arnonfluss bis zum
Hermongebirge, **49** eingeschlossen die östliche Seite
der Jordansenke bis hinab zum Toten Meer und zum
Fuß des Berges Pisga.

DIE ZEHN GEBOTE

5 Mose rief ganz Israel zusammen und sagte: Volk
Israel, höre die Gebote und Weisungen des HERRN,
die ich euch allen jetzt verkünde! Lernt sie auswendig
und befolgt sie genau. **2** Der HERR, unser Gott, hat am
Berg Horeb mit uns einen Bund geschlossen. **3** Dieser
Bund galt nicht nur unseren Vorfahren, die gestorben
sind; er gilt uns allen, die wir heute als Lebende hier
stehen. **4** Auge in Auge hat er dort auf dem Berg aus dem
Feuer zu euch gesprochen. **5** Ihr seid allerdings nicht
auf den Berg gestiegen, weil ihr euch vor dem Feuer
gefürchtet habt. Deshalb stellte ich mich zwischen den
HERRN und euch und gab euch weiter, was der HERR
mir sagte. Und das hat er gesagt: [1] **6** Ich bin der HERR,
dein Gott! Ich habe dich aus Ägypten herausgeführt,
ich habe dich aus der Sklaverei befreit. **7** Du sollst keine
anderen Götter neben mir haben. [-/2] **8** Du sollst dir
kein Gottesbild anfertigen. Mach dir kein Abbild von
irgendetwas im Himmel, auf der Erde oder im Meer.
9 Wirf dich nicht vor ihnen nieder und bete sie nicht an.
Denn ich, der HERR, dein Gott, bin ein leidenschaftlich
liebender Gott und erwarte auch von dir ungeteilte
Liebe. Wenn sich jemand von mir abwendet, dann ziehe
ich dafür noch seine Nachkommen zur Rechenschaft bis
in die dritte und vierte Generation. **10** Wenn mich aber
jemand liebt und meine Gebote befolgt, dann erweise
ich auch seinen Nachkommen Liebe und Treue, und
das über Tausende von Generationen hin. [2/3] **11** Du
sollst den Namen des HERRN, deines Gottes, nicht miss-
brauchen; denn der HERR wird jeden bestrafen, der
das tut. [3/4] **12** Halte den Ruhetag am siebten Tag der
Woche, so wie es der HERR, dein Gott, befohlen hat.
Er ist für dich ein heiliger Tag, der dem HERRN gehört.
13 Sechs Tage in der Woche sollst du arbeiten und alle
deine Tätigkeiten verrichten; **14** aber der siebte Tag ist
der Ruhetag des HERRN, deines Gottes. An diesem Tag
sollst du nicht arbeiten, auch nicht dein Sohn oder deine
Tochter, dein Sklave oder deine Sklavin, dein Rind, dein
Esel oder ein anderes von deinen Tieren und auch nicht
der Fremde, der bei dir lebt. An diesem Tag sollen dein
Sklave und deine Sklavin genauso ausruhen können
wie du. **15** Denke daran, dass du selbst in Ägypten ein
Sklave warst und der HERR, dein Gott, dich mit starker
Hand und ausgestrecktem Arm von dort in die Freiheit
geführt hat. Deshalb befiehlt er dir, den Tag der Ruhe
einzuhalten. [4/5] **16** Du sollst deinen Vater und deine
Mutter ehren. So hat der HERR, dein Gott, es dir befoh-
len; und wenn du das tust, wirst du lange leben und es
wird dir gut gehen in dem Land, das der HERR, dein Gott,
dir gibt. [5/6] **17** Du sollst nicht morden. [6/7] **18** Du sollst
nicht die Ehe brechen. [7/8] **19** Du sollst nicht stehlen.
[8/9] **20** Du sollst nichts Unwahres über deinen Mitmen-
schen sagen. [9-10/10] **21** Du sollst nicht versuchen, die
Frau deines Mitmenschen an dich zu bringen. Du sollst
überhaupt nichts begehren, was deinem Mitmenschen
gehört: sein Haus und seinen Grundbesitz, seinen Skla-
ven, sein Rind, seinen Esel oder sonst irgendetwas, was
deinem Mitmenschen gehört.

MOSE ERINNERT AN DIE ANTWORT DES VOLKES

22 Diese Gebote gab euch der HERR am Berg Horeb.
Eure ganze Gemeinde war versammelt und hörte, wie
er sie mit lauter Stimme verkündete, aus dem Feuer
und der dunklen Wolke heraus. Dies sind die Grund-
gebote; er schrieb sie auf zwei Steintafeln und gab die
Tafeln mir. **23** Als ihr damals den Berg in Flammen saht
und die Stimme aus dem Dunkel heraus hörtet, kamen
alle eure Stammesoberhäupter und Ältesten zu mir
24 und sagten: »Der HERR, unser Gott, hat uns heute
seine Größe und Herrlichkeit sehen lassen und wir
haben aus dem Feuer seine Stimme gehört. Wir haben
staunend erfahren, dass Gott zu Menschen sprechen
kann, ohne dass sie deshalb sterben müssen. **25** Aber
wir haben Angst, dass uns dieses große Feuer doch
noch verzehren wird. Wenn wir die Stimme des HERRN,
unseres Gottes, noch länger hören, werden wir es ge-
wiss nicht überleben. **26** Noch kein sterblicher Mensch
hat so wie wir die Stimme des lebendigen Gottes mit-
ten aus dem Feuer reden hören und ist am Leben ge-
blieben. **27** Deshalb geh du jetzt hin, höre alles, was der
HERR, unser Gott, sagt, und teile es uns mit. Wir wer-
den darauf hören und alles befolgen.« **28** Da sagte der
HERR zu mir: »Ich habe gehört, worum das Volk dich
gebeten hat. Es ist gut, was sie sagen. **29** Wenn sie nur
immer so gesinnt bleiben! Wenn sie mich nur immer
so ernst nehmen und meine Gebote befolgen! Dann
wird es ihnen und ihren Nachkommen stets gut gehen.

30 Sag ihnen, sie sollen in ihre Zelte zurückkehren.
31 Du aber tritt her zu mir! Ich will dir alle die Gesetze,
Gebote und Rechtsbestimmungen sagen, die du ihnen
einprägen sollst und nach denen sie leben sollen in
dem Land, das ich ihnen gebe.« 32 Befolgt also sorg-
fältig alles, was der HERR, euer Gott, euch befohlen
hat. Weicht nicht davon ab! 33 Bleibt genau auf dem
Weg, den er euch mit seinen Geboten gewiesen hat.
Dann werdet ihr am Leben bleiben und es wird euch
gut gehen und ihr werdet immer in dem Land wohnen
können, das ihr jetzt in Besitz nehmt.

DAS GRUNDGEBOT: GOTT ÜBER ALLES LIEBEN

6 Ich sage euch jetzt die Gesetze und Rechtsbestim-
mungen, die der HERR, euer Gott, euch gegeben
hat. Ihr sollt sie euch einprägen, damit ihr danach han-
delt, wenn ihr das Land in Besitz genommen habt, in
das ihr jetzt hinüberzieht. 2 Nehmt den HERRN, euren
Gott, ernst und befolgt stets seine Anweisungen, die
ich euch heute sage, ihr und eure Kinder und die Kin-
der eurer Kinder. Tut es euer Leben lang, dann wird der
HERR euch auch ein langes Leben schenken. 3 Höre nun
seine Gebote, Volk Israel, und befolge sie, damit es dir
gut geht und du ein großes Volk wirst in dem Land,
das von Milch und Honig überfließt, so wie der HERR,
der Gott eurer Vorfahren, euch das versprochen hat.
4 Höre, Israel! Der HERR ist unser Gott, der HERR und
sonst keiner. 5 Darum liebt ihn von ganzem Herzen,
mit ganzem Willen und mit aller Kraft. 6 Behaltet die
Gebote im Gedächtnis, die ich euch heute verkünde!
7 Prägt sie euren Kindern ein und sagt sie euch immer
wieder vor – zu Hause und auf Reisen, wenn ihr euch
schlafen legt und wenn ihr erwacht. 8 Bindet sie euch
zur ständigen Erinnerung an den Arm und auf die Stirn.
9 Schreibt sie auf die Türpfosten eurer Häuser und auf
die Tore eurer Städte.

GOTT NIEMALS VERGESSEN

10 Der HERR, euer Gott, bringt euch jetzt in das Land,
das er euch zum Besitz geben will, wie er das euren Vor-
fahren Abraham, Isaak und Jakob geschworen hat. Ihr
werdet dort große und schöne Städte vorfinden, die ihr
nicht selbst gebaut habt, 11 und Häuser voll von Besitz,
den ihr nicht selbst erworben habt, Brunnen, die ihr
nicht gegraben, und Weinberge und Olivenhaine, die
ihr nicht angelegt habt. Wenn es euch dann gut geht
und ihr euch satt essen könnt, 12 dann gebt acht, dass
ihr den HERRN nicht vergesst, der euch aus Ägypten
herausgeführt hat, wo ihr Sklaven gewesen seid!
13 Nehmt den HERRN, euren Gott, ernst und gehorcht
ihm! Schwört nur bei seinem Namen! 14 Lauft nicht hin-
ter den Göttern her, die die Völker rings um euch ver-
ehren. 15 Der HERR, euer Gott, ist ein leidenschaftlich
liebender Gott, der von euch ungeteilte Liebe erwartet;
wenn ihr ihm nicht treu bleibt, fordert ihr seinen Zorn
heraus und er wird euch ausrotten. 16 Stellt seine Ge-
duld nicht auf die Probe, wie ihr es bei Massa getan
habt. 17 Gehorcht seinen Befehlen, beachtet sorgfältig
die Gebote und Weisungen, die er euch gegeben hat.
18 Tut das, was vor ihm recht und gut ist. Dann wird es
euch gut gehen und ihr werdet das gute Land in Besitz
nehmen, das der HERR euren Vorfahren versprochen
hat. 19 Ihr werdet dann alle eure Feinde aus dem Land
vertreiben, wie er es zugesagt hat.

DIE GROSSEN TATEN GOTTES WEITERSAGEN

20 Wenn eure Kinder später fragen, wozu all die
Weisungen, Gebote und Rechtsbestimmungen gut
sind, die ihr vom HERRN, eurem Gott, bekommen
habt, 21 dann gebt ihnen zur Antwort: »Als Sklaven
mussten wir dem König von Ägypten dienen, doch
der HERR befreite uns mit seinem starken Arm. 22 Wir
haben mit eigenen Augen gesehen, wie er durch seine
staunenerregenden Wundertaten Verderben über
den Pharao und seine Familie und über alle Ägypter
brachte. 23 Uns aber hat er aus Ägypten herausgeführt
und hierher gebracht, um uns das Land zu geben, das
er unseren Vorfahren versprochen hatte. 24 Er hat uns
befohlen, ihn, unseren Gott, ernst zu nehmen und alle
diese Gebote zu befolgen, damit es uns gut geht und er
uns am Leben erhalten kann, wie das heute tatsächlich
der Fall ist. 25 Unser Tun findet beim HERRN Anerken-
nung, wenn wir alles genau befolgen, was er, unser
Gott, uns befohlen hat.«

DER VERFÜHRUNG ZUM UNGEHORSAM VORBEUGEN

7 Ihr werdet jetzt bald aufbrechen, um euer Land
in Besitz zu nehmen, und der HERR, euer Gott,
wird es euch gelingen lassen. Er wird sieben Völker
vor euch vertreiben, die größer und stärker sind als
ihr: die Hetiter, Girgaschiter, Amoriter, Kanaaniter,
Perisiter, Hiwiter und Jebusiter. 2 Wenn der HERR sie
in eure Gewalt gibt, dürft ihr keinen Friedensvertrag
mit ihnen schließen. Ihr dürft sie nicht verschonen,
sondern müsst den Bann an ihnen vollstrecken. 3 Ihr
dürft euch auf keinen Fall mit ihnen verschwägern.
Eure Töchter dürft ihr keinem Mann aus diesen Völ-
kern geben und für eure Söhne dürft ihr keine Frau aus
diesen Völkern nehmen. 4 Sonst könnten sie von ihnen
dazu verleitet werden, sich vom HERRN abzuwenden
und andere Götter zu verehren. Dann würde der HERR
über euch zornig werden und euch in kürzester Zeit
vernichten. 5 Es gibt für euch nur eins: Reißt ihre Altäre
nieder, zerschlagt ihre Steinmale, haut ihre geweihten
Pfähle um und verbrennt ihre Götzenbilder. 6 Denn ihr
seid ein Volk, das ausschließlich dem HERRN gehört.
Der HERR, euer Gott, hat euch unter allen Völkern der
Erde ausgewählt und zu seinem Eigentum gemacht.
7 Das tat er nicht, weil ihr größer seid als die anderen
Völker – ihr seid vielmehr das kleinste unter ihnen!
8 Nein, er tat es einzig deshalb, weil er euch liebte und
das Versprechen halten wollte, das er euren Vorfahren
gegeben hatte. Nur deshalb hat er euch herausgeholt
aus dem Land, in dem ihr Sklaven wart; nur deshalb
hat er euch mit seiner starken Hand aus der Gewalt
des Pharaos befreit. 9 Er wollte euch zeigen, dass er
allein der wahre Gott ist und dass er Wort hält. Er steht

zu seinem Bund und erweist seine Liebe bis in die tausendste Generation an denen, die ihn lieben und seine Gebote befolgen. 10 Aber alle, die sich ihm widersetzen, bestraft er auf der Stelle und vernichtet sie. Er wird nicht zögern, sondern jeden auf der Stelle vernichten, der ihn missachtet. 11 Darum haltet euch stets an seine Weisung, an die Gebote und Rechtsbestimmungen, die ich euch heute verkünde!

GEHORSAM BRINGT SEGEN

12 Wenn ihr dem HERRN, eurem Gott, treu bleibt und auf seine Gebote hört und sie befolgt, wird auch er treu sein und zu den Zusagen stehen, die er euren Vorfahren gegeben hat. 13 Er wird euch seine Liebe erweisen und seinen Segen über euch ausschütten. Er wird euch zahlreich werden lassen und euren Wohlstand mehren in dem Land, das er euch geben wird, wie er es euren Vorfahren geschworen hat. Er wird euch viele Kinder schenken und reiche Ernten an Getreide, Wein und Öl; eure Rinder, Schafe und Ziegen wird er vermehren. 14 Kein anderes Volk wird so reich gesegnet sein wie ihr. Kein Mann wird bei euch zeugungsunfähig und keine Frau unfruchtbar sein; auch alle eure Tiere werden Nachwuchs haben. 15 Der HERR wird euch vor allen Krankheiten schützen, er wird die bösen Seuchen von euch fernhalten, die ihr aus Ägypten kennt, und wird sie eure Feinde treffen lassen. 16 Alle Völker, die der HERR in eure Hand gibt, müsst ihr vernichten. Ihr dürft kein Mitleid mit ihnen haben und auf keinen Fall ihre Götter verehren, denn das würde euch ins Verderben stürzen.

KEINE ANGST VOR DEN VÖLKERN DES LANDES

17 Vielleicht seid ihr in Sorge und denkt: »Die Völker im Land Kanaan sind viel stärker als wir. Die können wir nie vertreiben!« 18 Habt keine Angst vor ihnen! Denkt doch daran, wie der HERR, euer Gott, den Pharao und alle Ägypter seine Macht spüren ließ. 19 Denkt an die Plagen, die er ihnen geschickt hat, und an all seine staunenerregenden Wundertaten. Denkt daran, wie er euch mit starker Hand und ausgestrecktem Arm aus Ägypten herausgeführt hat! Genauso wird er die Völker, vor denen ihr jetzt Angst habt, seine Macht spüren lassen. 20 Er wird einen panischen Schrecken über sie kommen lassen, bis auch noch die letzten Überlebenden, die sich irgendwo vor euch versteckt haben, umgekommen sind. 21 Ihr braucht keine Angst vor ihnen zu haben; denn der HERR, euer Gott, ist bei euch. Er ist stark und mächtig und alle seine Feinde müssen sich vor ihm fürchten. 22 Er wird diese Völker vor euch vertreiben. Allerdings lässt er euch nicht von heute auf morgen mit ihnen fertigwerden. Sonst würden sich die wilden Tiere zu stark vermehren und euch Schaden zufügen. 23 Der HERR, euer Gott, wird die Völker im Land euch preisgeben; er wird sie in Furcht und Schrecken versetzen, sodass ihr sie völlig vernichten könnt. 24 Er wird ihre Könige in eure Hand geben; keiner von ihnen wird sich gegen euch behaupten können. Ihr werdet sie alle vernichten; nicht einmal an ihre Namen wird man sich noch erinnern. 25 Die Standbilder ihrer Götter müsst ihr ins Feuer werfen. Lasst euch auch nicht dazu verleiten, den goldenen und silbernen Belag abzulösen und an euch zu nehmen. Das würde euch Unheil bringen; denn solches Gold und Silber verabscheut der HERR, euer Gott. 26 Und was der HERR verabscheut, sollt ihr nicht in eure Häuser bringen, sonst seid ihr genauso wie diese Bilder dem Bann verfallen und müsst sterben. Behandelt sie als etwas Abscheu- und Ekelerregendes, das vernichtet werden muss.

DAS VOLK VERDANKT ALLES SEINEM GOTT

8 Das ganze Gesetz, das ich euch heute verkünde, sollt ihr sorgfältig befolgen, damit ihr am Leben bleibt und euch vermehrt und das Land in Besitz nehmen könnt, das der HERR euren Vorfahren mit einem Eid zugesagt hat. 2 Vergesst nicht, wie der HERR, euer Gott, euch vierzig Jahre lang in der Wüste umherziehen ließ! Das tat er, um euch vor Augen zu führen, dass ihr ganz auf ihn angewiesen seid, aber auch um euch auf die Probe zu stellen und zu sehen, ob ihr seinen Weisungen folgen würdet oder nicht. 3 Er ließ euch hungern, damit ihr lernt, dass ihr ohne ihn nicht leben könnt. Und er gab euch das Manna zu essen, von dem ihr bis dahin nichts gewusst hattet, so wenig wie eure Vorfahren; denn er wollte euch zeigen: Der Mensch lebt nicht nur von Brot, sondern er lebt zuerst und zuletzt von dem Wort, jedem einzelnen Wort, das aus dem Mund des HERRN kommt. 4 Die ganzen vierzig Jahre lang sind eure Kleider nicht zerschlissen und ihr habt keine wunden Füße bekommen. 5 Daran sollt ihr erkennen, dass der HERR, euer Gott, euch auf den rechten Weg bringen will wie ein Vater, der sein Kind erzieht. 6 Darum folgt seinem Befehl und bleibt auf dem Weg, den er euch weist. Nehmt seine Warnungen ernst! 7 Der HERR, euer Gott, wird euch in ein schönes und fruchtbares Land bringen. In der Ebene wie im Bergland gibt es dort Quellen und Bäche, die unerschöpflich aus der Tiefe hervorsprudeln. 8 Es gibt Weizen und Gerste, Trauben, Feigen und Granatäpfel, Oliven und Honig. 9 Ihr werdet euer Essen nicht sorgsam einteilen müssen, es wird euch an nichts fehlen. Das Land hat sogar eisenhaltiges Gestein und in seinen Bergen könnt ihr Kupfer schürfen. 10 Wenn ihr euch dann satt essen könnt, sollt ihr dem HERRN, eurem Gott, aus vollem Herzen danken für das gute Land, das er euch gegeben hat. 11 Vergesst nicht den HERRN, euren Gott! Missachtet nicht seine Weisungen, Gebote und Rechtsbestimmungen, die ich euch heute verkünde! 12-14 Werdet nicht übermütig, wenn es euch gut geht, wenn ihr reichlich zu essen habt und in schönen Häusern wohnt, wenn eure Viehherden wachsen, euer Gold und Silber und all euer Besitz sich vermehrt. Vergesst dann nicht den HERRN, euren Gott! Er hat euch aus Ägypten, wo ihr Sklaven gewesen seid, herausgeführt. 15 Er hat euch durch die große und gefährliche Wüste geführt, wo giftige Schlangen und Skorpione hausen, wo alles ausgedörrt ist und es nirgends einen Tropfen Wasser gibt.

Aber dann ließ er aus dem härtesten Felsen Wasser für euch hervorquellen, 16 und er gab euch mitten in der Wüste Manna zu essen, von dem eure Vorfahren noch nichts wussten. Durch Gefahr und Mangel wollte er euch vor Augen führen, dass ihr ganz auf ihn angewiesen seid; er wollte euch auf die Probe stellen, um euch am Ende mit Wohltaten zu überhäufen. 17 Vergesst das nicht und lasst euch nicht einfallen zu sagen: »Das alles haben wir uns selbst zu verdanken. Mit unserer Hände Arbeit haben wir uns diesen Wohlstand geschaffen.« 18 Seid euch vielmehr bewusst, dass der HERR, euer Gott, euch die Kraft gab, mit der ihr dies alles erreicht habt. Und er hat es getan, weil er zu den Zusagen steht, die er euren Vorfahren gegeben hat, wie ihr das heute sehen könnt. 19 Aber ich warne euch: Wenn ihr den HERRN, euren Gott, vergesst und hinter anderen Göttern herlauft, wenn ihr sie anbetet und ihnen dient, werdet ihr unweigerlich zugrunde gehen. 20 Wenn ihr dem HERRN, eurem Gott, nicht gehorcht, werdet ihr genauso untergehen wie die Völker, die er vor euch vertreibt und untergehen lässt.

EIN UNVERDIENTES GESCHENK

9 Höre, Volk Israel! Du wirst jetzt den Jordan überschreiten. Du wirst Völker vertreiben, die größer und stärker sind als du, und Städte in Besitz nehmen, die durch himmelhohe Mauern geschützt sind. 2 Es gibt dort das Volk der Anakiter, ein großes Volk mit riesenhaften Männern. Ihr habt von ihnen gehört und kennt das geflügelte Wort: »Mit den Anakitern nimmt es keiner auf.« 3 Aber ihr werdet erleben, dass der HERR, euer Gott, vor euch herzieht wie ein verzehrendes Feuer; er wird sie vor euch in die Knie zwingen, sodass ihr sie in kürzester Zeit vertreiben und vernichten könnt, wie er es euch versprochen hat. 4-5 Wenn das geschehen ist und der HERR sie vor dir vertrieben hat, dann lass dir nicht einfallen zu sagen: »Das ist der Lohn für meinen Gehorsam! Weil ich immer das Rechte getan habe, hat der HERR mich in dieses Land gebracht.« Nein, der HERR gibt dir dieses Land nicht deshalb, weil du ihm gehorcht hast und ihm immer treu gefolgt bist. Vielmehr vertreibt er diese Völker vor dir, weil sie sich schuldig gemacht haben und um die Zusage einzulösen, die er deinen Vorfahren Abraham, Isaak und Jakob mit einem Eid gemacht hat. 6 Macht euch nichts vor! Der HERR, euer Gott, gibt euch dieses schöne Land nicht wegen irgendwelcher Verdienste. Nein, ihr seid ein durch und durch widerspenstiges Volk!

DER UNGEHORSAM DES VOLKES AM GOTTESBERG

7 Denkt doch daran, wie oft ihr in der Wüste den Zorn des HERRN, eures Gottes, herausgefordert habt! Von dem Tag an, da ihr aus Ägypten aufgebrochen seid, bis zu eurer Ankunft an diesem Ort habt ihr euch dem HERRN widersetzt. 8 Am Berg Horeb habt ihr ihn so sehr zum Zorn gereizt, dass er euch vernichten wollte. 9 Ich war damals auf den Berg gestiegen, denn der HERR wollte mir die beiden Steintafeln übergeben, auf denen die Verpflichtungen des Bundes geschrieben standen, den er mit euch geschlossen hatte. Vierzig Tage und vierzig Nächte blieb ich oben auf dem Berg, ohne etwas zu essen und zu trinken. 10 Dort gab der HERR mir die beiden Tafeln. Er hatte mit eigener Hand die Worte darauf geschrieben, die er aus dem Feuer heraus zu euch gesprochen hatte, während ihr unten am Berg versammelt wart. 11 Es war am Ende der vierzig Tage und vierzig Nächte, dass der HERR mir die Tafeln mit den Bundesverpflichtungen gab. 12 Dann sagte er zu mir: »Steig rasch den Berg hinab! Dein Volk, das du aus Ägypten herausgeführt hast, hat etwas Schreckliches getan. Sie sind sehr schnell von dem Weg abgewichen, den ich ihnen doch eben erst durch meine Gebote gewiesen habe. Sie haben sich ein gegossenes Gottesbild gemacht.« 13 Und er fügte hinzu: »Ich weiß jetzt, was für ein widerspenstiges Volk sie sind. 14 Versuche nicht, mich umzustimmen. Ich will sie vernichten, sodass nicht einmal ihr Name in Erinnerung bleibt. Aus deinen Nachkommen aber will ich ein Volk machen, das noch größer und stärker ist als sie.« 15 Sofort stieg ich den Berg hinunter, der noch immer in Flammen stand. Die beiden Steintafeln trug ich in den Händen. 16 Da sah ich, dass ihr euch gegen den HERRN, euren Gott, aufgelehnt und euch ein gegossenes Stierbild gemacht hattet. So schnell wart ihr von dem Weg abgewichen, den er euch mit seinen Geboten gewiesen hatte! 17 Ich schleuderte die beiden Tafeln zu Boden und zerschmetterte sie vor euren Augen. 18 Dann warf ich mich vor dem HERRN nieder und lag vor ihm noch einmal vierzig Tage und vierzig Nächte lang, ohne etwas zu essen und zu trinken. Ich trat für euch ein und flehte ihn an, dass er euch eure Schuld vergibt; denn ihr hattet mit eurem Götzendienst seinen Zorn erregt. 19 Ich fürchtete, der HERR würde in seinem Zorn euch alle vernichten; doch der HERR hörte auch diesmal auf mein Gebet. 20 Auch auf Aaron war der HERR zornig und wollte ihn töten; aber ich betete auch für ihn. 21 Das Stierbild, das ihr in eurer Auflehnung gegen den HERRN gemacht hattet, warf ich ins Feuer, zermalmte es und zerrieb die Überreste zu Pulver. Das streute ich in das Wasser des Baches, der vom Berg herabkommt. 22 Schon zuvor und auch später immer wieder, bei Tabera, bei Massa und bei Kibrot-Taawa, habt ihr den HERRN zum Zorn gereizt. 23 Und als der HERR, euer Gott, in Kadesch-Barnea zu euch sagte: »Zieht los und erobert das Land, das ich euch zugesprochen habe«, da widersetztet ihr euch seinem Befehl. Weil ihr dem HERRN nichts zugetraut habt, habt ihr ihm nicht gehorcht. 24 Seit ich euch kenne, lehnt ihr euch gegen ihn auf.

WIE GOTT AUF MOSES FÜRBITTE ANTWORTET

25 Ich lag also damals vierzig Tage und vierzig Nächte im Gebet vor dem HERRN, weil er gedroht hatte, euch zu vernichten. 26 Ich betete: »Ach HERR, du mächtiger Gott, vernichte doch nicht dein Volk, dein Eigentum, das du in deiner großen Macht aus dem Sklavendienst befreit und mit starker Hand aus Ägypten herausgeführt hast! 27 Denk an Abraham, Isaak und Jakob, die

dir treu gedient haben, und sieh nicht auf die Schuld
dieses widerspenstigen Volkes! 28 Lass nicht zu, dass
sie in dem Land, aus dem du uns herausgeführt hast,
sagen: ›Ihr Gott war nicht imstande, sie in das Land zu
bringen, das er ihnen zugesagt hatte! Oder er hat sie
gehasst und hat sie nur von hier weggeführt, damit
sie in der Wüste umkommen.‹ 29 Sie sind doch dein
Eigentum, dein Volk, das du mit deiner großen Kraft
und deinem ausgestreckten Arm in die Freiheit ge-
führt hast!«

10 Da sagte der HERR zu mir: »Haue zwei steinerne
Tafeln zurecht, genau wie die ersten waren, und
mache für sie eine Lade aus Holz. Bring die Tafeln zu mir
auf den Berg! 2 Ich werde darauf die Worte schreiben,
die auf den ersten Tafeln standen, die du zerbrochen
hast, und du legst sie dann in die Lade.« 3 Ich machte
eine Lade aus Akazienholz, hieb die zwei Steintafeln
zurecht und stieg mit ihnen auf den Berg. 4 Der HERR
schrieb darauf dieselben Worte, die schon auf den ers-
ten Tafeln gestanden hatten: die Zehn Gebote, die er
euch aus dem Feuer heraus gesagt hatte, als ihr alle am
Berg versammelt wart. Dann gab er mir die Tafeln. 5 Ich
stieg mit ihnen vom Berg und legte sie in die Lade, die
ich gemacht hatte. Dort liegen sie noch heute, genau
wie der HERR es befohlen hat.

DER TOD AARONS UND DER DIENST DER LEVITEN

6 Die Israeliten zogen von Beerot-Bene-Jaakan nach
Mosera. Dort starb Aaron und wurde auch dort begra-
ben und sein Sohn Eleasar wurde sein Nachfolger im
Priesterdienst. 7 Die Israeliten zogen dann weiter nach
Gudgoda und von dort nach Jotbata, wo es reichlich
Wasser gibt. 8 Damals sonderte der HERR den Stamm
Levi aus den übrigen Israeliten aus und übertrug ihm
besondere Aufgaben. Die Nachkommen Levis sollten
die Lade mit dem Bundesgesetz des HERRN tragen,
dem HERRN als Priester dienen und dem Volk den
Segen des HERRN zusprechen, wie es bis heute ge-
schieht. 9 Deshalb bekamen die Nachkommen Levis
keinen Anteil am Landbesitz. Der HERR selbst ist ihr
Anteil, er sorgt für ihren Unterhalt, wie er, euer Gott,
ihnen das zugesagt hat.

GOTT ERHÖRT MOSES GEBET FÜR DAS VOLK

10 Ich aber war vierzig Tage und vierzig Nächte auf dem
Berg gewesen, genau wie beim ersten Mal, und der
HERR hatte mein Gebet erhört und mir versprochen,
euch nicht zu vernichten. 11 Und er hatte mir befohlen:
»Geh jetzt und stell dich an die Spitze des Volkes! Brich
mit ihnen auf, damit sie das Land in Besitz nehmen, das
ich ihren Vorfahren für sie zugesagt habe.«

EIN EINZIGARTIGER GOTT

12 Und nun höre, Volk Israel: Der HERR, euer Gott, ver-
langt von euch nur das eine, dass ihr ihn ernst nehmt,
seinen Weisungen folgt und ihn mit ganzem Herzen
und mit allen Kräften liebt und ehrt. 13 Lebt nach sei-
nen Geboten und Anordnungen, die ich euch heute
verkünde! Wenn ihr das tut, wird es euch gut gehen.
14 Haltet euch vor Augen: Dem HERRN, eurem Gott,
gehören der Himmel und alle Himmelswelten und die
ganze Erde mit allem, was darauf lebt. 15 Euren Vor-
fahren aber wandte der HERR seine besondere Liebe
zu und er wählte euch, ihre Nachkommen, aus allen
Völkern aus und machte euch zu seinem Volk, wie ihr
das heute seid. 16 Darum seid nicht länger widerspens-
tig! Am Körper seid ihr beschnitten, aber ihr müsst
auch euer Herz beschneiden! 17 Denn der HERR, euer
Gott, ist Herr über alle Götter und Gewalten, er ist groß
und mächtig und verbreitet Furcht und Schrecken um
sich. Er ist nicht parteiisch und lässt sich nicht beste-
chen. 18 Er verhilft den Waisen und Witwen zu ihrem
Recht; er liebt auch die Fremden, die bei euch leben,
und versorgt sie mit Nahrung und Kleidung. 19 Darum
sollt auch ihr die Fremden lieben. Ihr habt ja selbst
in Ägypten als Fremde gelebt. 20 Nehmt den HERRN,
euren Gott, ernst, ehrt und liebt ihn! Schwört nur bei
seinem Namen! 21 Ihr habt Grund, den HERRN, euren
Gott, zu rühmen und zu preisen; denn ihr habt mit eige-
nen Augen gesehen, was für große und schreckenerre-
gende Taten er für euch getan hat. 22 Als eure Vorfahren
nach Ägypten zogen, waren sie nur siebzig Leute, und
jetzt hat der HERR euch zu einem Volk gemacht, das so
zahlreich ist wie die Sterne am Himmel!

DIE GROSSEN TATEN GOTTES

11 Liebt den HERRN, euren Gott, und befolgt stets
seine Weisungen, seine Anordnungen, Gebote
und Rechtsbestimmungen! 2 Denkt daran, wie der
HERR euch durch seine mächtigen Taten eine Lehre
erteilt und euch den rechten Weg gewiesen hat. Eure
Kinder haben das nicht erlebt; aber ihr habt es gesehen
und wisst, wie er euch mit starker Hand und ausge-
strecktem Arm aus Ägypten herausgeführt hat. 3 Ihr
habt erlebt, wie er in Ägypten über den Pharao und
sein ganzes Land die schlimmsten Plagen hereinbre-
chen ließ 4 und wie er das Heer der Ägypter vernichtet
hat, als sie euch nachjagten. Mit ihren Pferden und
Streitwagen versanken sie in den Fluten des Schilf-
meers und ihre Macht ist gebrochen bis zum heutigen
Tag. 5 Ihr habt erlebt, wie er auf dem Weg durch die
Wüste für euch gesorgt und euch wohlbehalten bis
hierher gebracht hat; 6 aber ihr habt auch gesehen,
wie er Datan und Abiram, die sich gegen ihn auflehn-
ten, bestraft hat, wie die Erde sich spaltete und sie
mit ihren Zelten und Familien und allen, die zu ihnen
gehörten, lebendig verschlang. 7 Ihr habt mit eigenen
Augen alle diese großen Taten gesehen, die der HERR
vollbracht hat. 8 Darum befolgt sorgfältig alle seine
Weisungen, die ich euch heute verkünde! Dann wird
er euch die Kraft geben, das Land zu erobern, das ihr
jetzt in Besitz nehmen wollt, 9 und ihr werdet lange in
dem Land leben, das der HERR euren Vorfahren und
euch versprochen hat, diesem Land, das von Milch und
Honig überfließt. 10 Hier müsst ihr euch nicht so plagen
wie in Ägypten, woher ihr gekommen seid. Wenn ihr
dort euer Getreide ausgesät hattet, musstet ihr die

Äcker mühsam bewässern, wie man es sonst nur bei
Gemüsegärten macht. 11 In dem Land, in das ihr jetzt
kommt, gibt es Berge und Täler und es wird vom Regen
bewässert. 12 Der HERR, euer Gott, kümmert sich selbst
um das Gedeihen und blickt das ganze Jahr über, vom
Anfang bis zum Ende, freundlich auf das Land. 13 Wenn
ihr wirklich die Weisungen des HERRN, die ich euch
heute verkünde, befolgt und ihn, euren Gott, mit gan-
zem Herzen und mit allen Kräften liebt und ehrt, 14 wird
er euren Feldern zur rechten Zeit Regen schicken, im
Herbst und im Frühjahr. Ihr werdet Korn, Wein und Öl
ernten können 15 und euer Vieh wird Gras zum Weiden
finden. Ihr werdet immer genug zu essen haben.

VOM GEHORSAM DES VOLKES HÄNGT SEINE ZUKUNFT AB

16 Nehmt euch in Acht und lasst euch nicht dazu verlei-
ten, dem HERRN untreu zu werden. Verehrt nicht andere
Götter, dient ihnen nicht; 17 sonst wird der HERR zornig
auf euch werden und den Himmel verschließen, sodass
kein Regen mehr fällt. Dann wächst nichts mehr auf den
Feldern und ihr müsst elend umkommen und verliert
sehr schnell wieder das schöne Land, das der HERR euch
geben wird. 18 Darum prägt euch die Gebote ein, die
ich euch heute gebe, und behaltet sie im Gedächtnis!
Bindet sie euch zur ständigen Erinnerung an den Arm
und auf die Stirn. 19 Prägt sie euren Kindern ein und sagt
sie euch immer wieder vor – zu Hause und auf Reisen,
wenn ihr euch schlafen legt und wenn ihr erwacht.
20 Schreibt sie auf die Türpfosten eurer Häuser und auf
die Tore eurer Städte. 21 Dann werdet ihr in dem Land,
das der HERR euren Vorfahren für euch zugesagt hat,
wohnen bleiben, ihr und alle eure Nachkommen, so-
lange der Himmel sich über der Erde wölbt. 22 Wenn ihr
alle Weisungen, die ich euch verkünde, genau befolgt,
den HERRN, euren Gott, liebt, euch zu ihm haltet und auf
seinen Wegen bleibt, 23 dann wird er alle diese Völker
vor euch vertreiben, obwohl sie größer und stärker sind
als ihr, und ihr werdet ihr Land in Besitz nehmen kön-
nen. 24 Jeden Fleck Erde, den ihr betreten werdet, gebe
ich euch, von der Wüste im Süden bis zum Libanon-
gebirge und vom Eufratstrom bis zum Mittelmeer.
25 Niemand wird sich gegen euch behaupten können;
denn der HERR wird Angst und Schrecken vor euch
über alle Bewohner des Landes kommen lassen, wie
er euch das versprochen hat. 26 Ich stelle euch heute
vor die Wahl: Wollt ihr Segen oder Fluch? 27 Der Segen
wird euch zuteil, wenn ihr die Weisungen des HERRN,
eures Gottes, die ich euch heute verkünde, befolgt.
28 Der Fluch trifft euch, wenn ihr sie missachtet, wenn
ihr den Weg, den ich euch weise, verlasst und euch an-
deren Göttern zuwendet, von denen ihr bisher nichts
gewusst habt. 29 Wenn der HERR, euer Gott, euch in das
Land bringt, das ihr jetzt in Besitz nehmen werdet, sollt
ihr die Segenszusagen auf dem Berg Garizim und die
Fluchdrohungen auf dem Berg Ebal ausrufen. – 30 Das
sind die beiden Berge auf der anderen Seite des Jordans,
jenseits der Straße, die durch die Jordanniederung
führt, in der Nähe der heiligen Bäume bei Gilgal. –
31 Ihr werdet bestimmt den Jordan überschreiten und
das Land in Besitz nehmen und besiedeln, das der HERR,
euer Gott, euch geben wird. 32 Dann achtet sorgfältig
darauf, dass ihr nach den Geboten und Rechtsbestim-
mungen lebt, die ich euch heute verkünde!

12 Ich verkünde euch jetzt die Gebote und Rechts-
bestimmungen, die ihr befolgen müsst in dem
Land, das der HERR, der Gott eurer Vorfahren, euch
geben wird. Sie gelten, solange ihr in diesem Land lebt.

DAS GRUNDGEBOT: EIN ZENTRALES HEILIGTUM FÜR GANZ ISRAEL

2 Zerstört alle Opferstätten auf den Bergen und Hü-
geln und unter den heiligen Bäumen, an denen die
Völker, die ihr vertreiben werdet, ihre Götter vereh-
ren. 3 Reißt die Altäre ab, zertrümmert die Steinmale,
verbrennt die geweihten Pfähle und stürzt alle Göt-
zenbilder um. Nichts darf mehr an die fremden Göt-
ter erinnern. 4 Ihr dürft es auch nicht den Völkern des
Landes nachmachen und den HERRN, euren Gott, an
solchen Stätten verehren. 5 Ihr sollt vielmehr zu der
einen und einzigen Stätte kommen, die er im Gebiet
eurer Stämme auswählen und dazu bestimmen wird,
dass sein Name dort wohnt. 6 Dorthin sollt ihr ihm alle
eure Opfer bringen: die Brandopfer und Mahlopfer,
den zehnten Teil eurer Ernte, die Pflichtabgaben, die
freiwilligen Gaben und was ihr dem HERRN durch ein
Gelübde versprochen habt, ebenso die Erstgeburten
eurer Rinder, Schafe und Ziegen. 7 Dort sollt ihr vor dem
HERRN, eurem Gott, das Opfermahl halten. Feiert es
zusammen mit euren Familien und genießt voll Freude,
was eure Arbeit euch durch Gottes Segen eingebracht
hat. 8 Bis jetzt konnte jeder von euch seine Opfer dar-
bringen, wo und wie es ihm gefiel. 9 Denn ihr hattet das
Land noch nicht in Besitz genommen, in dem euch der
HERR, euer Gott, nach der langen Wanderung zur Ruhe
kommen lassen will. 10 Aber wenn ihr nun den Jordan
überschritten und das Land in Besitz genommen habt,
das der HERR euch geben will, und wenn ihr mit seiner
Hilfe alle eure Feinde besiegt habt und in Ruhe und Si-
cherheit lebt, 11 dann gilt eine andere Ordnung. Dann
sollt ihr eure Opfer und Abgaben ausschließlich zu der
einen Stätte bringen, die der HERR, euer Gott, dazu
auswählen wird, dass sein Name dort wohnt. 12 Dort, in
Gegenwart eures Gottes, sollt ihr eure Opferfeste fei-
ern und fröhlich sein mit euren Söhnen und Töchtern,
euren Sklaven und Sklavinnen. Lasst auch die Leviten
mitfeiern, die in euren Dörfern und Städten wohnen,
denn sie haben ja keinen Landbesitz unter euch.

DIE FOLGE: UNTERSCHEIDUNG VON OPFER UND SCHLACHTUNG

13 Hütet euch, eure Brandopfer an irgendeiner der
Opferstätten darzubringen, die ihr im Land vorfin-
det. 14 Ihr müsst damit zu der einen und einzigen
Stätte kommen, die der HERR im Gebiet eines eurer
Stämme dafür auswählen wird. Dorthin sollt ihr auch
alle anderen Opfer und Abgaben bringen, die ich euch

vorschreibe. 15 Ihr dürft aber ohne Einschränkung in euren Ortschaften Tiere schlachten und ihr Fleisch essen – so viel der HERR euch in seiner Güte geben wird. Alle dürfen davon essen, auch wer gerade unrein und deshalb von der Teilnahme an einem Opfer ausgeschlossen ist. Es ist genauso, als würdet ihr ein Stück Wild essen, eine Gazelle oder einen Hirsch. 16 Nur das Blut dürft ihr nicht essen; ihr müsst es wie Wasser auf die Erde fließen lassen. 17 Aber nichts von dem, was für den HERRN bestimmt ist, dürft ihr in euren Ortschaften verzehren, weder den zehnten Teil von eurem Getreide, Wein und Öl noch die Erstgeburten eures Viehs noch irgendeine andere Opfergabe oder Abgabe. 18 Nur in Gegenwart des HERRN, eures Gottes, an dem einen Heiligtum, das er bestimmen wird, dürft ihr es verzehren, ihr und eure Söhne und Töchter, eure Sklaven und Sklavinnen und die Leviten, die bei euch leben. Genießt voll Freude vor dem HERRN, eurem Gott, was eure Arbeit euch eingebracht hat. 19 Und vergesst dabei nie, solange ihr in eurem Land lebt, für die Leviten zu sorgen. 20 Wenn der HERR, euer Gott, euer Gebiet erweitern wird, wie er euch das zugesagt hat, und ihr wollt gerne Fleisch essen, dann dürft ihr das unbedenklich an euren Wohnsitzen tun, sooft ihr wollt. 21 Ihr müsst dazu nicht zu der Stätte gehen, die der HERR, euer Gott, dazu auswählen wird, dass sein Name dort wohnt. Alle, die zu weit von seinem Heiligtum entfernt leben, dürfen an ihren Wohnsitzen von den Rindern, Schafen und Ziegen, mit denen der HERR sie gesegnet hat, schlachten und verzehren, was sie wollen, so wie ich das angeordnet habe. 22 Ihr sollt es genauso halten, wie wenn ihr ein Stück Wild verzehrt: Jeder kann davon essen, auch wer gerade unrein und deshalb von der Teilnahme an einem Opfer ausgeschlossen ist. 23 Nur eins müsst ihr auch in diesem Fall beachten: Ihr dürft niemals Fleisch essen, in dem noch Blut ist; denn im Blut ist das Leben. 24 Ihr müsst das Blut wie Wasser auf die Erde fließen lassen. 25 So gefällt es dem HERRN, und wenn ihr das beachtet, wird es euch und euren Nachkommen gut gehen. 26 Aber die Abgaben und alles, was ihr durch ein Gelübde dem HERRN versprochen habt, müsst ihr zu seinem Heiligtum bringen. 27 Auch die Tiere für das Brandopfer müsst ihr dorthin bringen und sie vollständig dem HERRN, eurem Gott, darbringen, das Blut und das ganze Fleisch. Das Blut der Tiere, die für das gemeinsame Opfermahl bestimmt sind, müsst ihr dort an den Altar gießen; das Fleisch dürft ihr essen. 28 Befolgt genau alle diese Vorschriften, die ich euch jetzt gebe, und tut alles, was vor dem HERRN, eurem Gott, recht und gut ist. Dann wird es euch und euren Nachkommen immer gut gehen.

WARNUNG VOR NACHAHMUNG FREMDER BRÄUCHE

29 Wenn ihr in das Land einzieht und der HERR, euer Gott, euch seine Bewohner preisgibt, sodass ihr sie vernichten und ihr Land in Besitz nehmen könnt, 30 dann lasst euch nicht dazu verführen, ihre Bräuche nachzuahmen. Erkundigt euch nicht danach, wie sie ihre Götter verehrt haben, um euren Gottesdienst ebenso einzurichten. 31 Ihr dürft den HERRN, euren Gott, nicht auf ihre Weise verehren. Denn diese Völker haben zu Ehren ihrer Götter lauter Dinge getan, die dem HERRN zuwider sind und die er hasst. Sie haben sogar ihre Söhne und Töchter als Opfer für die Götzen verbrannt.

VOLLSTÄNDIGKEIT DES GESETZES

13 Befolgt das ganze Gesetz, das ich euch heute gebe, mit allen seinen Weisungen. Lasst nichts aus und fügt auch nichts hinzu!

GEGEN VERFÜHRUNG ZUM GÖTZENDIENST

2-3 Ihr müsst damit rechnen, dass in eurer Mitte falsche Propheten auftreten werden oder Leute, die sich auf Träume berufen; die werden euch auffordern, fremde Götter zu verehren und ihnen zu dienen. Sie werden sich dadurch auszuweisen suchen, dass sie ein außerordentliches Ereignis ankündigen, das dann auch wirklich eintrifft. 4 Hört trotzdem nicht auf sie! Der HERR, euer Gott, will euch nur auf die Probe stellen. Er möchte wissen, ob ihr ihn mit ganzem Herzen und mit allen Kräften liebt. 5 Ihn, euren Gott, sollt ihr ehren und ihn ernst nehmen, auf ihn hören und seinen Weisungen gehorchen, ihm dienen und ihm treu sein. 6 Der HERR, euer Gott, hat euch aus dem Sklavendienst in Ägypten losgekauft und von dort in die Freiheit geführt. Wer euch zur Untreue gegen ihn verleiten und von dem Weg abbringen will, den er euch vorgeschrieben hat, muss getötet werden. Ihr sollt das Böse aus eurer Mitte entfernen. 7-8 Ihr müsst damit rechnen, dass die Menschen, die euch am nächsten stehen, euch heimlich dazu anstiften wollen, andere Götter zu verehren. Sie werden euch zu überreden suchen, dass ihr euch den Göttern der Völker zuwendet, die in eurer näheren oder ferneren Umgebung wohnen, obwohl weder ihr noch eure Vorfahren jemals etwas mit diesen Göttern zu tun hattet. Aber selbst wenn dein leiblicher Bruder, dein Sohn oder deine Tochter, deine geliebte Frau oder dein bester Freund dir so zuredet – 9 höre nicht darauf! Hab kein Mitleid mit solch einem Verführer und schone ihn nicht! Verheimliche seine Schuld nicht, 10 sondern zeige ihn an. Wirf den ersten Stein auf ihn, wenn er durch Steinigung hingerichtet wird. 11 Auf diese Weise muss er sterben; denn er wollte dich vom HERRN, deinem Gott, abbringen, der euch aus dem Sklavendienst in Ägypten befreit und von dort herausgeführt hat. 12 Alle in Israel müssen von seiner Bestrafung erfahren. Dann werden sie sich fürchten und niemand wird es mehr wagen, so etwas Verwerfliches zu tun. 13-14 Ihr müsst damit rechnen, dass in einer von den Städten, die der HERR, euer Gott, euch geben wird, nichtsnutzige Leute auftreten werden, die ihre Mitbürger dazu verleiten, fremde Götter zu verehren. Wenn ihr davon hört, 15 müsst ihr nachforschen, ob es sich so verhält, und den Vorgang genau untersuchen. Wenn sich das Gerücht bewahrheitet und wirklich so etwas Abscheuliches unter euch geschehen ist, 16 müsst ihr an der betreffenden Stadt

den Bann vollstrecken. Menschen und Tiere müsst ihr
mit dem Schwert erschlagen 17 und die ganze Beute
auf dem Marktplatz zusammentragen. Dann zündet
ihr die Stadt an und verbrennt sie samt der Beute als
ein Brandopfer für den HERRN, euren Gott. Die Stadt
muss in Trümmern liegen bleiben und darf nie mehr
aufgebaut werden. 18-19 Niemand darf etwas von dem
Beutegut an sich nehmen. Wenn ihr dies alles tut, wird
der HERR von seinem Zorn ablassen und euch seine
Güte erweisen. Wenn ihr dem HERRN, eurem Gott,
gehorcht und alle seine Gebote befolgt, die ich euch
heute verkünde, und stets tut, was ihm gefällt, dann
wird er euer Volk wachsen lassen und so zahlreich ma-
chen, wie er es euren Vorfahren zugesagt hat.

ISRAEL SOLL REIN UND HEILIG SEIN

14 Ihr seid das Volk des HERRN, ihr gehört ihm wie
Kinder ihrem Vater. Deshalb dürft ihr euch we-
der Schnitte in die Haut machen noch die Haare über
der Stirn abrasieren, wenn ihr um einen Toten trauert.
2 Der HERR, euer Gott, hat euch als ein heiliges Volk
für sich ausgesondert; er hat euch unter allen Völkern
der Erde als sein Eigentum ausgewählt. 3 Esst nichts,
was der HERR verabscheut und wodurch ihr in seinen
Augen unrein werdet! 4 Unbedenklich essen dürft ihr
Rinder, Schafe und Ziegen, 5 Hirsche, Gazellen, Antilo-
pen, Bergziegen und Steinböcke. 6 Überhaupt dürft ihr
alle Tiere essen, die gespaltene Klauen haben und zu-
gleich ihre Nahrung wiederkäuen. 7-8 Dagegen sollt ihr
Kamele, Hasen und Klippdachse meiden. Sie sind zwar
Wiederkäuer, haben aber keine gespaltenen Klauen.
Auch das Schwein ist für euch verboten. Es hat zwar ge-
spaltene Klauen, ist aber kein Wiederkäuer. Esst keins
von diesen Tieren und berührt sie auch nicht, wenn sie
verendet sind. Sie gelten für euch als unrein. 9 Von den
Tieren, die im Wasser leben, dürft ihr nur die essen,
die Flossen und Schuppen haben, 10 die übrigen sind
für euch verboten, sie gelten als unrein. 11-18 Ihr könnt
alle Vögel essen, nur nicht Adler, Geier, Eulen und alle
anderen Raubvögel, Krähen, Strauße, Schwalben, Mö-
wen, Störche, Reiher, Wiedehopfe und Fledermäuse.
19-20 Sie sind genauso unrein wie die geflügelten In-
sekten. Alles andere, was fliegt, ist rein und ihr dürft es
essen. 21 Verendete Tiere dürft ihr nicht essen. Ihr könnt
sie den Fremden geben, die bei euch leben, oder an
Ausländer verkaufen. Ihr aber seid ein heiliges Volk, das
der HERR, euer Gott, für sich ausgesondert hat. Ihr dürft
ein Böcklein nicht in der Milch seiner Mutter kochen.

DER ZEHNTE TEIL DER ERNTE GEHÖRT GOTT

22 Jedes Jahr müsst ihr den zehnten Teil eurer Ernte für
den HERRN beiseitelegen. 23 Bringt ihn zu der Stätte,
die der HERR dafür auswählen wird, dass sein Na-
me dort wohnt. Feiert dort ein Fest und verzehrt es
alles vor dem HERRN, eurem Gott: den zehnten Teil
von eurem Korn, Wein und Öl und dazu die erstge-
borenen Jungtiere eurer Rinder, Schafe und Ziegen.
So sollt ihr lernen, immer dem HERRN, eurem Gott, zu
gehorchen. 24 Wenn jedoch die Stätte, die der HERR
auswählen wird, für euch zu weit entfernt ist und der
HERR euch so reichen Ertrag geschenkt hat, dass ihr
Mühe habt, den ihm zustehenden Anteil dorthin zu
bringen, 25 sollt ihr ihn verkaufen und das Geld zu sei-
nem Heiligtum mitnehmen. 26 Kauft dort für das Geld,
was euer Herz begehrt: Rinder, Schafe und Ziegen,
Wein und Bier und was ihr wollt, und genießt alles mit
euren Familien in Gegenwart des HERRN, eures Gottes,
und seid fröhlich dabei. 27 Lasst auch die Leviten aus
euren Dörfern und Städten mitfeiern, denn sie haben
keinen Anteil an Grund und Boden in dem Land, das der
HERR euch geben wird. 28 Jedes dritte Jahr aber sollt
ihr den zehnten Teil eurer Ernte in euren Ortschaften
abliefern und dort in Vorratshäusern sammeln. 29 Es ist
der Lebensunterhalt für die Leviten, denn sie haben ja
keinen Landbesitz; auch die Waisen und Witwen und
die Fremden, die bei euch leben, sollen davon essen,
damit sie keine Not leiden. Wenn ihr so handelt, wird
der HERR alle eure Arbeit segnen.

SCHULDENERLASS IN JEDEM SIEBTEN JAHR

15 Immer wenn sieben Jahre vergangen sind,
müsst ihr alle Schulden erlassen. 2 Dafür gelten
folgende Bestimmungen: Wer einem anderen Israeli-
ten Geld geliehen hat, muss ihm jetzt die Schulden
erlassen. Er darf sie von seinem Bruder, dem anderen
Israeliten, nicht mehr eintreiben. Denn man hat zu
Ehren des HERRN einen Schuldenerlass ausgerufen.
3 Von einem Ausländer könnt ihr Schulden eintreiben,
aber nicht von einem, der zu eurem eigenen Volk ge-
hört und deshalb euer Bruder ist. 4-5 Wenn ihr auf den
HERRN, euren Gott, hört und alle seine Weisungen be-
folgt, die ich euch verkünde, wird es jedoch überhaupt
keine Armen unter euch geben. Denn dann wird der
HERR euch genug zum Leben schenken in dem Land,
das er euch gibt. 6 Er wird sein Versprechen halten und
euer Land segnen. Ihr werdet so viel haben, dass ihr
davon noch an andere Völker ausleihen könnt, doch
ihr selbst braucht nichts zu borgen. Ihr werdet viele
Völker unterwerfen, doch über euch wird kein anderes
Volk herrschen. 7 Wenn aber dein Bruder, ein ande-
rer Israelit, Not leidet, irgendwo in dem Land, das der
HERR euch geben wird, dann darfst du nicht hartherzig
sein und deine Hand vor deinem Bruder verschließen.
8 Leih ihm gegen ein Pfand, so viel er braucht. 9 Sei auch
nicht so gemein und berechnend, dass du denkst: »Das
siebte Jahr ist nicht mehr fern, dann muss ich ihm die
Schulden erlassen!« Gönne ihm das und lass ihn nicht
vergeblich bitten! Wenn er sich beim HERRN über dich
beklagen muss, hast du schwere Schuld auf dich ge-
laden. 10 Hilf ihm gern, tu es nicht widerwillig! Dafür
wird dir der HERR auch alles gelingen lassen, was du
unternimmst. 11 Es wird in eurem Land immer Arme ge-
ben; deshalb befehle ich euch: Unterstützt eure armen
und Not leidenden Brüder!

FREILASSUNG VON SKLAVEN IM SIEBTEN JAHR

12 Wenn jemand aus Israel, dein Bruder oder deine
Schwester, sich als Sklaven oder Sklavin an dich

verkauft, dann soll der Betreffende dir sechs Jahre
dienen; im siebten Jahr musst du ihn wieder freige-
ben. 13 Schick ihn aber nicht mit leeren Händen weg,
14 sondern gib ihm reichlich von dem, was der HERR
dir geschenkt hat: Schafe und Ziegen, Korn und Wein.
15 Denk daran, dass ihr alle in Ägypten Sklaven gewe-
sen seid und dass der HERR, euer Gott, euch befreit hat.
Deshalb gebe ich euch heute dieses Gebot. 16 Wenn es
aber deinem Sklaven bei dir gefällt, wenn er dich und
deine Familie lieb gewonnen hat und erklärt, dass er
bei dir bleiben will, 17 dann nimm eine Ahle und bohre
sie durch sein Ohr in die Haustür. Dann ist er für im-
mer dein Sklave. Entsprechend verfährst du mit einer
Sklavin. 18 Musst du ihn aber freigeben, so nimm es
nicht zu schwer. Du hast durch ihn sechs Jahre lang den
Lohn für einen Arbeiter gespart. Außerdem wird dir der
HERR dafür alles gelingen lassen, was du unternimmst.

BESTIMMUNGEN FÜR DIE DARBRINGUNG DER ERSTGEBURTEN

19 Wenn eure Rinder, Schafe und Ziegen als Erstge-
burt ein männliches Tier zur Welt bringen, müsst ihr
es als Eigentum des HERRN, eures Gottes, aussondern.
Ein erstgeborenes Rind dürft ihr nicht für irgendeine
Zugarbeit einspannen und die Erstgeburt von Schaf
oder Ziege nicht scheren. 20 Einmal im Jahr sollt ihr
die erstgeborenen Tiere zu der Stätte bringen, die der
HERR auswählen wird, und sie dort vor dem HERRN,
eurem Gott, mit euren Familien verzehren. 21 Wenn das
Tier aber lahm oder blind ist oder sonst einen schwer-
wiegenden Fehler hat, dürft ihr es nicht als Opfergabe
zum HERRN, eurem Gott, bringen. 22 Ihr könnt es dann
in euren Ortschaften verzehren; jeder darf mitessen,
auch wer gerade unrein ist, genau wie bei irgendeinem
Wild. 23 Nur das Blut dürft ihr nicht essen, ihr müsst es
auf die Erde fließen lassen wie Wasser.

DAS PASSAFEST

16 Im Frühlingsmonat, wenn die Getreideernte be-
ginnt, sollt ihr zu Ehren des HERRN das Passafest
feiern. Denn in diesem Monat hat der HERR, euer Gott,
euch mitten in der Nacht aus Ägypten in die Freiheit
geführt. 2 Ihr müsst zu diesem Fest an die Stätte kom-
men, die der HERR, euer Gott, dafür auswählen wird,
dass sein Name da wohnt. Dort schlachtet ihr ihm als
Passaopfer ein Schaf, eine Ziege oder ein Rind. 3 Ihr
dürft dazu kein Brot essen, das mit Sauerteig geba-
cken ist. Sieben Tage lang sollt ihr ungesäuertes Brot
essen, genau wie damals, als ihr in größter Eile aus
Ägypten geflohen seid. Dieses »Brot der Not« soll
euch euer Leben lang an den Tag erinnern, an dem ihr
aus Ägypten ausgezogen seid. 4 Sieben Tage lang darf
niemand im ganzen Land Sauerteig im Haus haben.
Von dem Fleisch des Opfertieres, das ihr am Vorabend
des ersten Festtages schlachtet, darf nichts bis zum
nächsten Morgen übrig bleiben. 5 Ihr dürft das Passa-
opfer nicht an euren Wohnsitzen schlachten, die der
HERR euch zuteilen wird, 6 sondern ausschließlich an
der Stätte, die der HERR, euer Gott, auswählen wird.
Schlachtet es am Abend, wenn die Sonne untergeht;
denn zu dieser Zeit seid ihr aus Ägypten aufgebrochen.
7 Kocht das Fleisch und verzehrt es an der Stätte, die
der HERR auswählen wird. Am nächsten Morgen geht
ihr wieder nach Hause 8 und esst dann sechs Tage lang
nur solches Brot, das ohne Sauerteig gebacken ist.
Am siebten Tag ist eine große Festversammlung am
Heiligtum des HERRN, eures Gottes. Alle Arbeit muss
an diesem Tag ruhen.

DAS PFINGSTFEST

9-10 Sieben Wochen nach Beginn der Getreideernte
sollt ihr zu Ehren des HERRN, eures Gottes, das Pfingst-
fest feiern. Dabei bringt ihr dem HERRN, eurem Gott,
freiwillige Opfergaben, als Dank dafür, dass er eure
Felder gesegnet hat, und nach dem Maß, in dem euch
dieser Segen in dem betreffenden Jahr zuteilgeworden
ist. 11 Feiert ein fröhliches Fest vor dem HERRN, eurem
Gott, an der Stätte, die er auswählen wird, zusammen
mit euren Söhnen und Töchtern, euren Sklaven und
Sklavinnen und mit den Leviten in eurer Stadt, mit den
Fremden, die bei euch leben, den Waisen und Witwen.
12 Denkt daran, dass ihr selbst in Ägypten Sklaven ge-
wesen seid. Richtet euch nach diesen Weisungen und
befolgt sie!

DAS LAUBHÜTTENFEST

13 Wenn nicht nur die Getreide-, sondern auch die
Weinernte eingebracht ist, sollt ihr sieben Tage lang
das Laubhüttenfest feiern. 14 Begeht es als Freudenfest
mit euren Söhnen und Töchtern, euren Sklaven und
Sklavinnen und mit den Leviten in eurer Stadt, den
Fremden, die bei euch leben, den Waisen und Witwen.
15 Feiert es sieben Tage lang zu Ehren des HERRN an der
Stätte, die er auswählen wird. Der HERR, euer Gott,
wird seinen Segen auf alle eure Arbeit legen und euch
reichen Ertrag schenken. Deshalb sollt ihr euch an die-
sem Fest von Herzen freuen. 16 Dreimal in jedem Jahr
sollen alle Männer Israels zum HERRN, eurem Gott,
an die Stätte kommen, die er auswählen wird: zum
Fest der Ungesäuerten Brote, zum Pfingstfest und zum
Laubhüttenfest. Keiner soll mit leeren Händen kom-
men. 17 Jeder soll eine Gabe für den HERRN mitbringen,
viel oder wenig, je nachdem wie viel einer besitzt und
was der HERR, euer Gott, ihm gegeben hat.

ORDNUNG DES RECHTSWESENS

18 Setzt in euren Stammesgebieten in jeder Stadt, die
der HERR euch geben wird, Richter und Aufsichts-
beamte ein. Sie sollen dafür sorgen, dass alle im Volk
zu ihrem Recht kommen. 19 Ihr dürft das Recht nicht
beugen. Ihr dürft im Gerichtsverfahren niemand be-
günstigen. Ihr dürft von den Prozessierenden keine
Geschenke annehmen; denn das trübt das Urteils-
vermögen auch der klügsten Leute und verführt die
ehrenwertesten Männer dazu, Recht und Unrecht zu
verwechseln. 20 Gerechtigkeit muss euer oberstes Ziel
sein. Dann werdet ihr für immer in dem Land leben
können, das der HERR, euer Gott, euch geben wird.

REINHEIT DES GOTTESDIENSTES

21 Ihr dürft keinen geweihten Pfahl neben dem Altar
aufstellen, den ihr für den HERRN, euren Gott, errich-
ten werdet. 22 Ihr dürft keine Steinmale aufstellen;
denn sie sind dem HERRN, eurem Gott, zuwider.

17 Ihr dürft dem HERRN, eurem Gott, kein Tier
opfern – sei es Rind, Schaf oder Ziege –, das
krank oder irgendwie verunstaltet ist; denn das ver-
abscheut er.

VERFAHREN BEI GÖTZENDIENST

2-4 Gesetzt den Fall, irgendwo in eurem Land vergeht
sich ein Mann oder eine Frau gegen den HERRN, euren
Gott, bricht dessen Bund und verehrt andere Götter
oder betet Sonne, Mond und Sterne an, was ich euch
verboten habe. Wenn ihr von so etwas hört oder es
euch angezeigt wird, müsst ihr genaue Nachforschun-
gen anstellen. Wenn es sich herausstellt, dass tatsäch-
lich etwas so Abscheuliches geschehen ist, wie es in
Israel niemals geschehen dürfte, 5 dann müsst ihr den
Mann oder die Frau vor das Tor der Stadt hinausfüh-
ren und durch Steinigung hinrichten. 6 Zwei oder drei
Zeugen müssen das Vergehen bestätigen; auf die Aus-
sage eines einzigen Zeugen hin darf niemand getötet
werden. 7 Die Zeugen werfen als Erste einen Stein auf
die betreffende Person, danach alle versammelten
Männer der Stadt so lange, bis sie tot ist. Ihr müsst das
Böse aus eurer Mitte entfernen.

DAS OBERSTE GERICHT

8 Wenn in euren Städten Rechtsfälle vorkommen, die
den dortigen Richtern zu schwierig erscheinen, so-
dass sie keine Entscheidung zu treffen wagen – Fälle
von Mord und Totschlag, Körperverletzungen und
Streitigkeiten in Eigentumsfragen –, dann könnt ihr
zu der Stätte gehen, die der HERR auswählen wird.
9 Dort tragt ihr den Fall den Priestern aus dem Stamm
Levi oder dem obersten Richter vor, der dann gerade
im Amt ist. Lasst sie die Entscheidung treffen. 10-11 Ein
Urteil, das von dieser Instanz gefällt wird, ist verbind-
lich und ihr müsst es genau vollstrecken. Ihr dürft die
Entscheidung weder verschärfen noch abmildern.
12 Wer so vermessen ist, dass er auf den Priester, der
dem HERRN, eurem Gott, dient, oder auf den obersten
Richter nicht hört, muss getötet werden. Ihr müsst
das Böse aus Israel entfernen. 13 Alle in Israel sollen
von seiner Bestrafung erfahren. Dann werden sie sich
fürchten und niemand wird mehr wagen, so etwas
Unerhörtes zu tun.

ANWEISUNGEN FÜR DEN KÖNIG

14 Wenn ihr in dem Land wohnt, das der HERR, euer
Gott, euch geben will, und es so weit kommt, dass
ihr einen König haben wollt wie alle anderen Völker
ringsum, 15 dann könnt ihr einen König über euch
einsetzen, aber nur einen, den der HERR, euer Gott,
selbst auswählt. Er muss aus eurem Volk stammen
und darf kein Ausländer sein. 16 Er soll sich nicht eine
Menge Pferde halten und seine Landsleute nicht nach
Ägypten verkaufen, um dafür Pferde einzuhandeln.
Denn der HERR hat verboten, dass sein Volk wieder
nach Ägypten zurückkehrt. 17 Der König soll auch nicht
zu viele Frauen haben, damit sie sein Herz nicht vom
HERRN abwenden, und er soll nicht große Schätze von
Gold und Silber anhäufen. 18 Wenn er den Thron bestie-
gen hat, muss er sich dieses Gesetzbuch abschreiben
lassen, das die Priester aus dem Stamm Levi aufbewah-
ren. 19 Er soll die Abschrift stets greifbar haben und
alle Tage darin lesen. So lernt er, den HERRN, seinen
Gott, ernst zu nehmen und alle Gebote dieses Gesetz-
buches sorgfältig zu beachten. 20 Das wird ihn davor
bewahren, auf die anderen Israeliten, die doch seine
Brüder sind, herabzusehen und sich über Gottes Wei-
sung hinwegzusetzen. Dann wird er lange über Israel
herrschen und seine Nachkommen ebenso.

DER UNTERHALT DER PRIESTER

18 Der Stamm Levi, dessen Männer zum
Priesterdienst berufen sind, soll nicht wie die
übrigen Stämme Israels einen Anteil am Landbesitz be-
kommen. Die Priester erhalten vielmehr Anteil an dem,
was dem HERRN selbst zusteht: an den Opfern und
Abgaben, die ihm von den Israeliten gebracht werden.
Das soll ihr Lebensunterhalt sein. 2 Sie sollen keinen An-
teil am Land besitzen, weil der HERR selbst ihr Anteil ist
und für sie sorgt, wie er es ihnen zugesagt hat. 3 Wenn
jemand dem HERRN ein Rind, ein Schaf oder eine Ziege
als Mahlopfer darbringt, muss er dem Priester eine Vor-
derkeule, die beiden Kinnbacken und den Labmagen
geben. Auf diese Stücke haben die Priester Anspruch.
4 Weiter müsst ihr ihnen die ersten Früchte von eurer
Ernte geben, von Korn, Wein und Öl, und ebenso die
erste Schur eurer Schafe und Ziegen. 5 Denn der HERR,
euer Gott, hat den Stamm Levi aus allen euren Stäm-
men ausgewählt, damit seine männlichen Angehöri-
gen ihm für alle Zeiten in seinem Heiligtum als Priester
dienen. 6 Angehörige des Stammes Levi, die über ganz
Israel verstreut in euren Ortschaften leben, dürfen,
wenn sie wollen, zu der Stätte kommen, die der HERR
erwählen wird, 7 und den Priesterdienst verrichten,
genau wie die aus dem Stamm Levi, die dort zu Pries-
tern bestellt sind. 8 Sie sollen auch einen gleich großen
Anteil wie diese von den Abgaben bekommen, die dem
Heiligtum zufließen, ohne Rücksicht darauf, wie groß
ihr ererbtes Vermögen ist.

GOTT LEITET DAS VOLK DURCH SEINE PROPHETEN

9 Wenn ihr in das Land kommt, das der HERR, euer Gott,
euch geben wird, dann hütet euch, die abscheulichen
Bräuche seiner Bewohner zu übernehmen. 10 Keiner
von euch darf seinen Sohn oder seine Tochter als Opfer
auf dem Altar verbrennen. Ihr dürft keine Wahrsager
und Wahrsagerinnen unter euch dulden, niemand, der
aus irgendwelchen Zeichen oder mit irgendwelchen
Praktiken die Zukunft voraussagt, 11 auch niemand, der
Zauberformeln benutzt und damit Geister beschwört
oder Tote befragt. 12 Wer so etwas tut, ist dem HERRN

zuwider. Genau wegen dieser Dinge vertreibt der
HERR die Bewohner des Landes vor euch. 13 Der HERR
ist euer Gott; ihm sollt ihr ganz und ungeteilt gehö-
ren. 14 Die Völker, die ihr vertreiben werdet, hören auf
Wahrsager und Zeichendeuter; euch aber sagt der
HERR, euer Gott, auf anderem Wege, was ihr tun sollt.
15 Einen Propheten wie mich wird der HERR immer wie-
der aus euren Brüdern, aus eurer Mitte, berufen; auf
den sollt ihr hören. 16 Das war es doch, worum ihr den
HERRN gebeten habt, als ihr euch am Berg Horeb vor
ihm versammelt hattet. Ihr habt gesagt: »Wir können
die Stimme des HERRN, unseres Gottes, nicht länger
hören und dieses große Feuer nicht mehr sehen, sonst
müssen wir sterben!« 17 Damals sagte der HERR zu mir:
»Sie haben recht! 18 Ich will Propheten wie dich aus
ihrer Mitte berufen und durch ihren Mund zu ihnen
sprechen. Sie werden dem Volk sagen, was ich von
ihm verlange. 19 Wer nicht befolgt, was ein solcher
Prophet in meinem Auftrag sagt, den ziehe ich dafür
zur Rechenschaft. 20 Wenn aber ein Prophet in mei-
nem Namen etwas sagt, was ich ihm nicht aufgetragen
habe, oder wenn er im Namen anderer Götter spricht,
muss er sterben.« 21 Nun fragt ihr vielleicht: »Wie kön-
nen wir denn beurteilen, was der HERR gesagt hat und
was nicht?« 22 Wenn ein Prophet im Namen des HERRN
etwas sagt und seine Voraussage trifft nicht ein, dann
hat der HERR nicht durch ihn geredet; er hat in eigenem
Auftrag gesprochen. Einen solchen Propheten braucht
ihr nicht ernst zu nehmen.

ASYLSTÄDTE FÜR TOTSCHLÄGER

19 1-2 Wenn der HERR, euer Gott, die Völker vernich-
tet hat, deren Land er euch geben will, und ihr
deren Städte und Häuser in Besitz genommen habt,
dann sollt ihr drei Asylstädte auswählen. 3 Achtet dar-
auf, dass die Städte gleichmäßig über das Land verteilt
sind, und teilt entsprechend das ganze Land in drei
Bezirke ein. 4-6 Die Städte sollen jedem als Zuflucht
dienen, der unbeabsichtigt einen Menschen getötet
hat. Es kann zum Beispiel vorkommen, dass einer mit
seinem Nachbarn in den Wald geht, um Bäume zu fäl-
len, und wenn er mit der Axt ausholt, gleitet ihm das
Eisen vom Stiel und trifft den anderen tödlich. Weil
er ohne Vorsatz und nicht aus Hass getötet hat, kann
er sein Leben vor dem Bluträcher retten, wenn er in
einer der Asylstädte Schutz sucht. Der Weg dorthin
darf nicht zu weit sein, sonst wird der Rächer in seiner
Erbitterung den Totschläger einholen und umbringen,
obwohl dieser keinen Mord begangen und den Tod
nicht verdient hat. 7 Ihr sollt also zunächst drei Städte
als Zufluchtsorte bestimmen. 8 Sie reichen aus, solange
ihr erst einen Teil des Landes in Besitz genommen habt.
Später aber wird der HERR euch das ganze Land ge-
ben, das er euren Vorfahren zugesagt hat. 9 Voraus-
setzung dafür ist allerdings, dass ihr alle seine Gebote
sorgfältig befolgt, die ich euch heute verkünde, dass
ihr ihn, euren Gott, liebt und euch stets nach seinen
Weisungen richtet. Wenn ihr dann das ganze Land
in Besitz genommen habt, sollt ihr noch drei weitere
Asylstädte auswählen. 10 So sollt ihr dafür sorgen, dass
in dem Land, das der HERR euch als Erbbesitz gibt, kein
Unschuldiger getötet wird; denn dadurch würdet ihr
schwere Schuld auf euch laden. 11 Wer jedoch seinem
Nachbarn feind ist, ihm auflauert, ihn überfällt und
erschlägt, kann in diesen Asylstädten keinen Schutz
finden. Wenn er in eine von ihnen flieht, 12 müssen die
Ältesten seiner Heimatstadt ihn von dort holen lassen
und zur Hinrichtung dem Bluträcher übergeben. 13 Ihr
dürft ihn nicht aus Mitleid verschonen. Mord darf in
Israel nicht ungesühnt bleiben. Wenn ihr so handelt,
wird es euch gut gehen in eurem Land.

SCHUTZ DER GRUNDSTÜCKSGRENZEN

14 Wenn ihr in dem Land lebt, das der HERR, euer Gott,
euch geben wird, darf niemand die Grenzen seines
Grundbesitzes, die seit alters festgelegt sind, auf
Kosten seines Nachbarn verrücken.

ZEUGEN BEI GERICHTSVERFAHREN

15 Wenn eine Anklage vor Gericht nur von einem einzi-
gen Zeugen gestützt wird, darf die angeklagte Person
nicht schuldig gesprochen werden, gleichgültig, um
was für ein Vergehen es sich handelt. Erst aufgrund von
zwei oder drei Zeugenaussagen darf ein Schuldspruch
gefällt werden. 16 Wenn ein Angeklagter behauptet,
dass ein Zeuge ihn wissentlich falsch beschuldigt,
17 dann müssen die beiden zum Heiligtum des HERRN
gehen und ihre Sache den Priestern oder Richtern vor-
tragen, die dann gerade im Amt sind. 18 Diese sollen
alles gründlich untersuchen, und wenn es sich heraus-
stellt, dass der Zeuge den anderen mit vollem Wissen
falsch beschuldigt hat, 19 muss über ihn die Strafe ver-
hängt werden, die er über den anderen bringen wollte.
Ihr müsst das Böse aus eurer Mitte entfernen. 20 Alle in
Israel sollen von der Bestrafung des falschen Zeugen
erfahren. Dann werden sie sich fürchten und niemand
unter euch wird mehr wagen, solch ein Unrecht zu
begehen. 21 Ihr dürft niemand aus Mitleid verschonen.
Stets gilt der Grundsatz: Leben für Leben, Auge für Au-
ge, Zahn für Zahn, Hand für Hand, Fuß für Fuß.

DAS AUFGEBOT DES HEERES

20 Wenn ihr gegen Feinde ins Feld zieht, die zahl-
reicher sind als ihr und außerdem mit Pferden
und Streitwagen ausgerüstet, dann fürchtet euch
nicht. Der HERR, euer Gott, der euch aus Ägypten
geführt hat, steht euch bei. 2 Aber ehe es zum Kampf
kommt, soll der Priester vor die versammelten Israeli-
ten treten und zu ihnen sagen: 3 »Männer von Israel,
ihr zieht jetzt in den Kampf gegen eure Feinde. Seid
mutig und habt keine Angst vor ihnen! Lasst euch
nicht von ihrer Stärke beeindrucken; weicht nicht
zurück, wenn sie angreifen! 4 Der HERR, euer Gott,
zieht mit euch. Er selbst kämpft gegen eure Feinde
und hilft euch!« 5 Danach sollen die Männer, die mit
der Aufstellung des Heeres beauftragt sind, zu den
versammelten Israeliten sagen: »Ist jemand da, der
ein neues Haus gebaut und noch nicht eingeweiht hat?

Er soll heimkehren, damit er nicht im Kampf fällt und
ein anderer das Haus an seiner Stelle bewohnt. 6 Oder
ist jemand da, der einen neuen Weinberg angelegt und
noch nicht davon geerntet hat? Er soll heimkehren,
damit er nicht fällt und ein anderer die erste Lese hält.
7 Oder ist jemand da, der sich mit einem Mädchen ver-
lobt, es aber noch nicht geheiratet hat? Er soll heim-
kehren, damit er nicht fällt und ein anderer seine Braut
bekommt.« 8 Schließlich sollen sie noch hinzufügen:
»Ist jemand da, der Angst hat und sich vor dem Feind
fürchtet? Er soll heimkehren, damit er nicht die ande-
ren ansteckt und auch ihnen den Mut nimmt.« 9 Wenn
sie das alles gesagt haben, sollen sie die Truppenführer
bestimmen, die den Befehl übernehmen.

REGELN FÜR DIE KRIEGFÜHRUNG

10 Bevor ihr eine Stadt angreift, sollt ihr zuerst mit den
Bewohnern verhandeln und sie zur friedlichen Über-
gabe auffordern. 11 Wenn sie darauf eingehen und
euch die Tore öffnen, müssen sie euch gehorchen und
Zwangsarbeit für euch leisten. 12 Lehnen sie das An-
gebot ab und wollen kämpfen, so belagert die Stadt.
13 Wenn der HERR, euer Gott, euch dann siegen lässt,
müsst ihr alle Männer töten. 14 Die Frauen und Kinder,
das Vieh und den übrigen Besitz dürft ihr behalten; ihr
dürft die ganzen Vorräte eurer Feinde essen, alles, was
der HERR in eure Hand fallen ließ. 15 So sollt ihr ver-
fahren, wenn eine Stadt weit von euren Wohnsitzen
entfernt ist. 16 Wenn sie aber in dem Land liegt, das der
HERR, euer Gott, euch geben wird, dürft ihr niemand
am Leben lassen. 17 An allen Völkern im Land müsst
ihr den Bann vollstrecken, wie der HERR, euer Gott, es
befohlen hat: an den Hetitern, Amoritern, Kanaanitern,
Perisitern, Hiwitern und Jebusitern. 18 Sonst verführen
sie euch dazu, dem HERRN untreu zu werden und alle
die Scheußlichkeiten nachzuahmen, die sie zu Ehren
ihrer Götter begehen. 19 Müsst ihr eine Stadt lange
belagern, bevor ihr sie erobern könnt, so schont die
Obstpflanzungen in ihrer Umgebung. Haut die Stämme
nicht um! Oder sind etwa die Bäume auf dem Feld Men-
schen, sodass ihr sie bekämpfen müsst? Außerdem
könnt ihr ja von den Früchten essen. 20 Nur Bäume,
die keine essbaren Früchte tragen, dürft ihr abhauen,
um damit Belagerungsanlagen zu bauen.

VERFAHREN BEI EINEM UNAUFGEKLÄRTEN MORD

21 Gesetzt den Fall, in dem Land, das der HERR, euer
Gott, euch geben will, wird auf freiem Feld ein
Erschlagener gefunden, es lässt sich aber nicht in Er-
fahrung bringen, wer ihn getötet hat. 2 Dann sollen die
Ältesten und die Richter der betreffenden Gegend an
die Stelle gehen, wo der Erschlagene gefunden wurde,
und sollen feststellen, welche Stadt diesem Platz am
nächsten liegt. 3 Die Ältesten jener Stadt müssen dar-
auf eine junge Kuh nehmen, die noch nie zur Arbeit
eingespannt worden ist. 4 Sie führen die Kuh in ein Tal,
in dem keine Äcker sind und durch das ein nie versie-
gender Bach fließt. Dort brechen sie ihr das Genick.
5 Nun treten die Priester vom Stamm Levi herzu, die
der HERR, euer Gott, für den Dienst am Heiligtum
und zur Erteilung des Segens ausgewählt hat und
die in allen strittigen Rechtsfällen und bei tätlichen
Auseinandersetzungen zu entscheiden haben. 6 In ih-
rer Gegenwart waschen die Ältesten über der toten
Kuh ihre Hände 7 und sprechen stellvertretend für die
ganze Stadt: »Unsere Hände haben diesen Mord nicht
begangen. Unsere Augen haben nicht gesehen, wie er
verübt worden ist. 8 HERR, lass durch das Blut dieses
unschuldig Ermordeten nicht Unheil über dein Volk
kommen! Du hast dein Volk aus Ägypten freigekauft,
darum rechne ihm dieses Verbrechen nicht an!« Dann
wird der HERR die Blutschuld wegnehmen. 9 Auf diese
Weise tut ihr dem Grundsatz Genüge: »Mord darf in
Israel nicht ungesühnt bleiben«, und ihr handelt, wie
es dem HERRN gefällt.

EHE MIT KRIEGSGEFANGENEN FRAUEN

10 Gesetzt den Fall, ihr zieht gegen Feinde in den Kampf
und der HERR gibt euch den Sieg und ihr macht Ge-
fangene. 11 Wenn dann einer von euch unter den
Gefangenen ein Mädchen sieht, das ihm so gut ge-
fällt, dass er es heiraten möchte, 12 darf er es mit sich
nach Hause nehmen. Dort soll das Mädchen sich den
Kopf kahl scheren, die Nägel schneiden, 13 neue Kleider
anziehen und einen Monat lang über seine erschlage-
nen Eltern trauern. Danach darf der Betreffende es
zur Frau nehmen. 14 Wenn die Frau ihm später nicht
mehr gefällt, muss er sie freigeben. Er darf sie nicht
als Sklavin verkaufen oder selber als Sklavin behalten;
denn sie ist seine Frau gewesen.

DAS RECHT DES ERSTGEBORENEN SOHNES

15 Gesetzt den Fall, ein Mann hat zwei Frauen, von denen
er die eine mehr liebt als die andere, und beide haben
ihm einen Sohn geboren. Wenn der zuerst Geborene
von der weniger geliebten Frau stammt, 16 darf der Va-
ter bei der Verteilung des Erbes den Sohn der Frau, die
er mehr liebt, trotzdem nicht bevorzugen und ihn als
Erstgeborenen behandeln. 17 Er muss dem Sohn der
ungeliebten Frau sein Erstgeburtsrecht lassen und ihm
doppelt so viel vererben wie dem anderen. Denn er ist
nun einmal der erste Sohn, den er gezeugt hat.

VERFAHREN GEGEN EINEN UNVERBESSERLICHEN

18 Gesetzt den Fall, jemand hat einen Sohn, der so wi-
derspenstig und ungehorsam ist, dass er trotz aller
Strafen und Mahnungen weder auf seinen Vater noch
auf seine Mutter hört. 19 Dann sollen ihn seine Eltern
gemeinsam zum Versammlungsplatz am Tor bringen,
ihn den Ältesten der Stadt vorführen 20 und zu ihnen
sagen: »Unser Sohn hier ist widerspenstig und will
uns nicht gehorchen. Wir können sagen, was wir wol-
len – er ist ein Prasser und Säufer.« 21 Dann sollen alle
Männer der Stadt ihn durch Steinigung hinrichten.
Ihr müsst das Böse aus eurer Mitte entfernen. Alle in
Israel sollen davon erfahren, damit sie sich fürchten.

BESTATTUNG EINES HINGERICHTETEN

22 Wenn jemand wegen eines Verbrechens zum Tod
verurteilt und hingerichtet worden ist und der Tote
danach an einem Pfahl aufgehängt wird, 23 dürft ihr
ihn nicht über Nacht dort hängen lassen. Ihr müsst
ihn noch vor Sonnenuntergang begraben; denn wer
am Holz hängt, ist von Gott verflucht und bringt Unheil
über das Land. Ihr sollt das Land nicht unrein machen,
das der HERR, euer Gott, euch geben wird.

NACHBARSCHAFTLICHE HILFE

22 Du sollst nicht untätig zusehen, wie sich das
Rind oder Schaf eines anderen Israeliten ver-
läuft. Du musst das verirrte Tier so schnell wie möglich
zu seinem Besitzer zurückbringen. 2 Falls er weiter ent-
fernt wohnt oder dir unbekannt ist, sollst du das Tier
bei dir aufnehmen, bis der Besitzer kommt und danach
fragt; dann musst du es ihm zurückgeben. 3 Genauso
musst du verfahren, wenn jemand seinen Esel, sein
Obergewand oder sonst etwas verloren hat und du es
findest. Du darfst ihm deine Hilfe nicht versagen. 4 Du
darfst auch nicht untätig zusehen, wie der Esel oder
das Rind eines anderen Israeliten unterwegs unter
seiner Last zusammenbricht. Hilf dem anderen, das
Tier wieder aufzurichten.

VERSCHIEDENE ANDERE GESETZE

5 Eine Frau darf keine Männerkleidung tragen und ein
Mann keine Frauenkleidung. Der HERR, euer Gott, ver-
abscheut jeden, der das tut. 6 Wenn du unterwegs auf
einem Baum oder auf der Erde ein Vogelnest findest,
in dem eine Vogelmutter über ihren Eiern oder Jungen
sitzt, dann darfst du die Mutter nicht von den Jungen
wegfangen. 7 Die Jungen kannst du fangen, aber lass
die Mutter fliegen. Dann wird es dir gut gehen und
du wirst lange leben. 8 Wenn du dir ein Haus baust,
musst du den Rand des Flachdaches mit einem Gelän-
der schützen. Wenn jemand vom Dach stürzt und dabei
den Tod findet, lädst du schwere Schuld auf dich und
alle, die in dem Haus wohnen. 9 Du darfst in deinem
Weinberg neben den Weinstöcken nicht noch irgend-
etwas anderes pflanzen. Sonst fällt die ganze Ernte
dem Heiligtum zu, der Wein ebenso wie die andere
Frucht. 10 Du darfst auch nicht Rind und Esel nebenein-
ander vor den Pflug spannen. 11 Du darfst keine Kleider
tragen, deren Stoff aus Wolle und Flachs gemischt ist.
12 Du sollst an den vier Zipfeln deines Obergewandes
Quasten anbringen.

RECHTSSCHUTZ FÜR EINE VERLEUMDETE FRAU

13 Gesetzt den Fall, ein Mann heiratet, aber dann ge-
fällt ihm die Frau nicht mehr. Er möchte sie loswerden,
14 bringt sie in schlechten Ruf und erklärt öffentlich:
»Als ich mit dieser Frau die Ehe vollziehen wollte,
stellte sich heraus, dass sie nicht mehr unberührt
war.« 15 Dann sollen der Vater und die Mutter der jun-
gen Frau zum Versammlungsplatz am Tor gehen und
den Ältesten der Stadt das Beweisstück dafür vorle-
gen, dass die Tochter ihrem Ehemann als unberührte
Jungfrau übergeben wurde. 16 Der Vater erklärt dazu:
»Ich habe meine Tochter diesem Mann zur Frau gege-
ben. Jetzt will er sie loswerden 17 und verleumdet sie mit
der Behauptung, sie sei nicht unberührt gewesen. Aber
die Spuren auf diesem Gewand beweisen das Gegen-
teil.« Dabei breiten die Eltern das Obergewand ihrer
Tochter aus, auf dem das Paar die Hochzeitsnacht ver-
bracht hat. 18 Darauf sollen die Ältesten den Ehemann
auspeitschen lassen. 19 Außerdem muss er dem Vater
der jungen Frau 100 Silberstücke zahlen, als Entschä-
digung dafür, dass er ein Mädchen aus dem Volk Israel
verleumdet hat. Er muss die Frau zeitlebens behalten
und darf sie nicht wegschicken. 20 Hat der Ehemann
aber mit seiner Beschuldigung recht gehabt und die
Eltern können die Unberührtheit ihrer Tochter nicht
beweisen, 21 so wird die junge Frau vor das Haus ihres
Vaters geführt und dort von den Männern der Stadt
durch Steinigung hingerichtet. Sie hat sich wie eine
Hure benommen, obwohl sie noch im Haus ihres Vaters
lebte. Eine solche Schandtat darf in Israel nicht gesche-
hen. Ihr müsst das Böse aus eurer Mitte entfernen.

VERSCHIEDENE FÄLLE VON UNZUCHT

22 Wenn ein Mann dabei ertappt wird, dass er mit der
Frau eines anderen schläft, müssen alle beide sterben.
Ihr müsst das Böse aus Israel entfernen. 23 Wenn ein
Mann irgendwo in der Stadt mit einem unberührten
Mädchen schläft, das einem anderen Mann zur Ehe
versprochen ist, 24 müsst ihr die beiden vor das Tor
der Stadt führen und dort durch Steinigung hinrich-
ten. Das Mädchen muss sterben, weil es mitten in der
Stadt nicht um Hilfe gerufen hat, und der Mann, weil
er mit einem Mädchen geschlafen hat, das rechtlich
schon die Frau eines anderen war. Ihr müsst das Böse
aus eurer Mitte entfernen. 25 Wenn aber der Mann das
verlobte Mädchen draußen auf dem Feld trifft und ver-
gewaltigt, muss nur er sterben. 26 Dem Mädchen kann
kein todeswürdiges Verbrechen zur Last gelegt wer-
den. Der Fall liegt genauso, wie wenn ein Mann über
einen anderen herfällt und ihn totschlägt. 27 Vielleicht
hat das Mädchen draußen auf dem Feld um Hilfe ge-
schrien, aber niemand war da, der es schützen konnte.
28-29 Wenn ein Mann dabei ertappt wird, dass er ein
unberührtes Mädchen vergewaltigt, muss er dem Va-
ter des Mädchens 50 Silberstücke geben. Er muss das
Mädchen zur Frau nehmen, weil er es entjungfert hat;
er darf es zeitlebens nie mehr wegschicken.

23 Kein Mann darf mit einer Frau seines Vaters
schlafen, denn damit entehrt er seinen Vater.

WER AM GOTTESDIENST ISRAELS TEILNEHMEN DARF

2 Wenn die Gemeinde des HERRN sich zum Gottesdienst
versammelt, darf keiner dabei sein, der kastriert oder
dessen Zeugungsglied abgeschnitten worden ist.
3 Auch einer, an dessen Geburt ein Makel haftet, darf
nicht teilnehmen und seine Nachkommen sind noch in
der zehnten Generation von der Gemeinde Israel aus-
geschlossen. 4 Dasselbe gilt für einen Ammoniter oder

Moabiter: Sie sind von der Gemeinde des HERRN ausgeschlossen und niemals, nicht einmal in der zehnten Generation, dürfen ihre Nachkommen an den gottesdienstlichen Versammlungen teilnehmen. 5 Die Ammoniter und Moabiter haben sich geweigert, euch Brot und Wasser zu geben, als ihr von Ägypten kamt und durch ihr Land gezogen seid; sie haben sogar den Magier Bileam aus Mesopotamien gerufen und ihm Geld geboten, damit er euch verfluchen sollte. 6 Aber weil der HERR, euer Gott, euch liebt, ließ er Bileams Worte nicht in Erfüllung gehen und verwandelte den Fluch in Segen. 7 Sucht also nicht die Freundschaft dieser Völker und schließt keine Verträge mit ihnen – für alle Zeiten nicht! 8 Dagegen sollt ihr die Edomiter nicht streng ausschließen, denn sie sind eure Brüder, und auch nicht die Ägypter, denn ihr wart in ihrem Land zu Gast. 9 Wenn einer von ihnen bei euch wohnt, dürfen sich seine Nachkommen von der dritten Generation ab der Gemeinde des HERRN anschließen.

DIE REINHALTUNG DES HEERLAGERS

10 Wenn ihr gegen eure Feinde in den Krieg zieht und ein Lager aufschlagt, müsst ihr euch rein halten, wie die Nähe des HERRN es verlangt. 11 Wenn ein Mann im Schlaf einen Samenerguss gehabt hat, muss er den ganzen Tag außerhalb des Lagers bleiben. 12 Gegen Abend soll er sich mit Wasser abspülen und bei Sonnenuntergang kann er wieder ins Lager zurückkehren. 13 Ihr sollt außerhalb des Lagers einen Platz bestimmen, wo ihr eure Notdurft verrichtet. 14 Haltet Schaufeln bereit, grabt ein Loch, ehe ihr euch hinhockt, und macht es nachher wieder zu. 15 Euer Lager muss rein sein, denn der HERR, euer Gott, ist mitten unter euch, um euch zu schützen und euch den Sieg über eure Feinde zu geben. Wenn er etwas Anstößiges bei euch entdeckt, wird er euer Lager verlassen.

ASYL FÜR FLÜCHTLINGE

16 Wenn sich ein ausländischer Sklave zu euch flüchtet und bei euch Schutz sucht, dann liefert ihn nicht seinem Herrn aus. 17 Er soll in Freiheit bei euch leben dürfen, wo es ihm gefällt. Nutzt seine Notlage nicht aus!

WAS DEN HERRN BELEIDIGT

18 Kein Israelit und keine Israelitin dürfen sich dem Dienst eines fremden Gottes weihen. 19 Ihr dürft den Gewinn aus anrüchigen Geschäften und aus dem Verkauf unreiner Tiere nicht in das Heiligtum des HERRN, eures Gottes, bringen, um damit ein Gelübde zu erfüllen. Der HERR verabscheut solches Geld.

BESTIMMUNGEN ÜBER DAS ZINSNEHMEN

20 Wenn du einem anderen Israeliten, deinem Bruder, Geld oder Getreide oder sonst etwas leihst, darfst du dafür keinen Zins erheben. 21 Von einem Ausländer kannst du Zins nehmen, aber nicht von einem Israeliten. Wenn du das beachtest, wird der HERR dein Tun segnen und dir alles gelingen lassen in dem Land, das ihr jetzt in Besitz nehmen werdet.

BESTIMMUNGEN ÜBER GELÜBDE

22 Wenn du das Versprechen ablegst, dem HERRN, deinem Gott, irgendetwas zu schenken, dann gib es ihm auch. Schieb es nicht auf, dein Gelübde zu erfüllen! Du wirst sonst Schuld auf dich laden; denn der HERR nimmt dich beim Wort. 23 Der HERR verlangt nicht, dass du ihm etwas versprichst, 24 aber wenn du es aus freien Stücken getan hast, musst du es auch halten.

ERLAUBTER MUNDRAUB

25 Wenn dein Weg durch einen Weinberg führt, darfst du Trauben essen, so viel du willst, um deinen Hunger zu stillen. Aber du darfst nichts in ein Gefäß sammeln. 26 Wenn du an einem Kornfeld vorbeikommst, darfst du mit der Hand Ähren abreißen. Aber du darfst sie nicht mit der Sichel abschneiden.

SCHEIDUNG UND WIEDERVERHEIRATUNG

24 Gesetzt den Fall, ein Mann heiratet und findet dann etwas an der Frau, das ihm zuwider ist, stellt ihr eine Scheidungsurkunde aus und schickt sie weg. 2 Wenn nun ein zweiter Mann die Frau heiratet 3 und sie ebenfalls mit einer Scheidungsurkunde wegschickt oder auch stirbt, 4 darf ihr erster Mann sie nicht wieder zur Frau nehmen; sie ist für ihn unberührbar geworden. Sonst tut er etwas, was der HERR verabscheut. Ihr dürft das Land, das der HERR, euer Gott, euch geben wird, nicht durch solch ein Vergehen entweihen.

VERSCHIEDENE SCHUTZBESTIMMUNGEN

5 Wenn ein Mann heiratet, wird er ein Jahr lang vom Kriegsdienst und von allen Arbeitsleistungen für öffentliche Belange befreit. Er soll sich ungestört seiner Frau widmen können. 6 Wenn ihr ein Pfand nehmt, dürfen es nicht die Mühlsteine sein, mit denen das Korn zum Brotbacken gemahlen wird. Denn dann würdet ihr das Lebensnotwendige, ja das Leben selbst zum Pfand nehmen. 7 Wenn jemand einen anderen Israeliten, einen von seinen Brüdern, raubt und ihn als Sklaven hält oder verkauft, muss er getötet werden. Ihr müsst das Böse aus eurer Mitte entfernen. 8 Wenn jemand unter euch von Aussatz befallen wird, müsst ihr genau die Anweisungen der Priester aus dem Stamm Levi befolgen. Der HERR selbst hat ihnen diese Anweisungen gegeben. 9 Denkt daran, wie es Mirjam erging, die der HERR, euer Gott, nach eurem Auszug aus Ägypten für ihren Ungehorsam mit Aussatz bestrafte.

SCHUTZ DER SCHWACHEN

10 Wenn du einem anderen Israeliten ein Darlehen gibst, sollst du nicht in sein Haus gehen, um dir selbst ein Pfand auszusuchen. 11 Du musst draußen warten, bis er dir das Pfand herausbringt. 12 Wenn der andere so arm ist, dass er sein Obergewand verpfänden muss, darfst du das Pfand nicht über Nacht behalten, 13 sondern musst es bei Sonnenuntergang zurückbringen, damit er darin schlafen kann. Wenn du so handelst, wird er dir Gutes wünschen und du wirst vor dem HERRN, deinem Gott, als gerecht dastehen. 14 Wenn ein armer,

völlig mittelloser Mann um Tageslohn für dich arbeitet, darfst du ihn nicht ausbeuten, gleichgültig, ob er einer von deinen Brüdern ist oder ein Fremder, der bei euch lebt. 15 Gib ihm seinen Lohn, bevor die Sonne untergeht; denn er braucht ihn dringend. Sonst beklagt er sich beim HERRN über dich und du wirst vor dem HERRN als schuldig dastehen. 16 Wenn jemand ein Verbrechen begangen hat, auf das die Todesstrafe steht, darf nur er selbst dafür bestraft werden, nicht seine ganze Familie. Die Eltern sollen nicht für die Schuld ihrer Kinder sterben und die Kinder nicht für die Schuld ihrer Eltern. Jeder soll nur für seine eigene Schuld bestraft werden. 17 Verweigert Fremden und Waisen nicht ihr Recht und nehmt nicht das Oberkleid einer Witwe zum Pfand. 18 Denkt daran, dass auch ihr in Ägypten Sklaven gewesen seid und der HERR, euer Gott, euch von dort freigekauft hat. Deshalb sollt ihr euch um die Schwachen kümmern. 19 Wenn ihr bei der Ernte eine Garbe auf dem Feld vergessen habt, dann geht nicht zurück, um sie zu holen. Sie soll den Fremden, den Waisen und Witwen gehören. Dafür wird der HERR euch segnen bei allem, was ihr tut. 20 Wenn ihr die Oliven von euren Ölbäumen schüttelt, dann sucht nicht hinterher noch die Zweige ab. Lasst den Rest für die Fremden, die Waisen und Witwen. 21 Wenn ihr in eurem Weinberg die Trauben erntet, dann haltet keine Nachlese. Lasst den Rest für die Fremden, die Waisen und Witwen. 22 Denkt daran, dass ihr in Ägypten Sklaven gewesen seid, und handelt danach!

BEGRENZUNG DER PRÜGELSTRAFE

25 1-2 Wenn bei einem Prozess zwischen zwei Männern über einen von ihnen die Prügelstrafe verhängt wird, muss der Richter veranlassen, dass der Verurteilte sich hinlegt und in Gegenwart des Richters so viele Schläge erhält, wie es seiner Schuld entspricht. 3 Auf keinen Fall darf er ihm mehr als vierzig Schläge geben lassen, sonst würde der Bestrafte, der doch euer Bruder ist, öffentlich entehrt.

TIERSCHUTZ

4 Einem Rind, das vor den Dreschschlitten gespannt wird, darfst du das Maul nicht zubinden.

DIE SCHWAGEREHE

5 Wenn zwei Brüder auf demselben Grundbesitz wohnen und einer von ihnen stirbt, ohne einen Sohn zu hinterlassen, dann soll seine Witwe keinen Mann außerhalb der Familie heiraten. Der Bruder des Verstorbenen hat die Pflicht, sie zur Frau zu nehmen. 6 Der erste Sohn, den sie dann zur Welt bringt, gilt als Nachkomme des verstorbenen Bruders, damit dessen Name in Israel erhalten bleibt. 7 Will der Mann jedoch seine Schwägerin nicht heiraten, so soll sie zum Versammlungsplatz am Stadttor gehen und zu den Ältesten sagen: »Mein Schwager lehnt es ab, mich zur Frau zu nehmen und den Namen seines verstorbenen Bruders in Israel zu erhalten.« 8 Dann sollen die Ältesten ihn rufen lassen und ihn zur Rede stellen. Wenn er auf seiner Weigerung beharrt, 9 soll seine Schwägerin in Gegenwart der Ältesten zu ihm hingehen, ihm einen Schuh ausziehen, ihm ins Gesicht spucken und sagen: »So verfährt man mit jedem, der sich weigert, die Familie seines Bruders zu erhalten!« 10 Seine eigene Familie aber wird man in ganz Israel nur noch die »Barfüßer« nennen.

ÜBERGRIFFE BEIM STREIT

11 Wenn zwei Männer in Streit geraten sind und die Frau des einen kommt ihrem bedrängten Mann zu Hilfe und packt den andern bei den Hoden, 12 dann dürft ihr kein Mitleid mit ihr haben; ihr müsst ihr die Hand abhacken.

RECHTES MASS UND GEWICHT

13 Du darfst beim Messen und Wiegen nicht betrügen. In deinem Beutel dürfen nicht zweierlei Gewichtssteine sein, ein Satz mit vollem Gewicht und einer mit geringerem, 14 und in deinem Haus nicht zwei verschiedene Kornmaße, ein größeres und ein kleineres. 15 Deine Gewichtssteine müssen das volle Gewicht haben und deine Kornmaße das volle Maß. Dann wirst du lange leben in dem Land, das der HERR, euer Gott, euch gibt. 16 Der HERR verabscheut jeden, der seinen Mitmenschen betrügt.

VERGELTUNG AN DEN AMALEKITERN

17 Vergesst nicht, was die Amalekiter euch angetan haben, als ihr von Ägypten kamt! 18 Als ihr von der beschwerlichen Wanderung müde wart, haben sie euch von hinten angegriffen und alle niedergemetzelt, die erschöpft zurückgeblieben waren. Sie kümmerten sich nicht um Gott und seine Gebote. 19 Wenn ihr das Land in Besitz genommen habt, das der HERR, euer Gott, euch geben will, und er euch Ruhe verschafft hat vor allen Feinden ringsum, dann müsst ihr die Amalekiter ausrotten, sodass nichts von ihnen übrig bleibt. Vergesst das nicht!

BEKENNTNIS BEI DER ABLIEFERUNG DER ERNTEGABEN

26 Wenn du in das Land kommst, das der HERR, euer Gott, euch geben will, wenn du es in Besitz genommen und dich darin eingerichtet hast, 2 dann sollst du die ersten Früchte deiner Ernte in einen Korb legen. Du sollst damit zu der Stätte gehen, die der HERR, euer Gott, auswählen und dafür bestimmen wird, dass sein Name dort wohnt. 3 Du sollst vor den Priester treten, der zu jener Zeit dort den Dienst versieht, und sagen: »Heute bestätige ich vor dem HERRN, deinem Gott, dass ich in das Land gekommen bin, das er unseren Vorfahren durch eine eidliche Zusage für uns versprochen hat.« 4 Wenn dann der Priester den Korb entgegengenommen und vor den Altar des HERRN gestellt hat, 5 sollst du vor dem HERRN, deinem Gott, bekennen: »Mein Vorfahr war ein heimatloser Aramäer. Als er am Verhungern war, zog er mit seiner Familie nach Ägypten und lebte dort als Fremder. Mit einer Handvoll Leuten kam er hin, aber seine Nachkommen wurden dort zu einem großen und starken Volk. 6 Die Ägypter unterdrückten uns und zwangen uns zu harter Arbeit. 7 Da schrien wir zum HERRN,

dem Gott unserer Väter, um Hilfe. Er hörte uns und half
uns aus Not, Elend und Sklaverei. 8 Er versetzte die Ägyp-
ter durch seine staunenerregenden Wundertaten in
Angst und Schrecken. Er führte uns mit starker Hand und
ausgestrecktem Arm aus Ägypten heraus. 9 Er brachte
uns an diese heilige Stätte und gab uns dieses Land, das
von Milch und Honig überfließt. 10 Und hier bringe ich
nun die ersten Früchte der Ernte, die ich in dem Land
eingebracht habe, das der HERR mir gegeben hat.« Dann
sollst du deinen Korb vor den Altar des HERRN stellen
und dich vor dem HERRN, deinem Gott, niederwerfen.
11 Genieße voll Freude all das Gute, das er dir und deiner
Familie gegeben hat, und lass auch die Leviten und die
Fremden, die bei dir leben, daran teilhaben.

GEBET BEI DER ABLIEFERUNG DER ARMENABGABE

12 Jedes dritte Jahr sollt ihr den zehnten Teil eurer Ernte
in euren Ortschaften sammeln, damit die Leviten, die
Fremden, die Waisen und Witwen davon leben können.
Ihr dürft nichts davon zurückbehalten. Wenn einer sei-
nen Zehnten abgeliefert hat, 13 soll er feierlich vor dem
HERRN, eurem Gott, erklären: »Ich habe alles, was dir,
HERR, gehört, abgeliefert. Ich habe es den Leviten, den
Fremden, den Waisen und Witwen gegeben, wie du mir
befohlen hast. Ich habe alle deine Vorschriften genau
befolgt. 14 Ich habe nichts davon gegessen, als ich in
Trauer war; ich habe nichts berührt, als ich unrein war,
und nichts davon einem Toten als Wegzehrung mitge-
geben. Ich habe alle deine Anweisungen, HERR, mein
Gott, genau befolgt. 15 Sieh herab von deiner himm-
lischen Wohnung! Segne dein Volk Israel und segne
dieses Land, das du schon unseren Vorfahren zugesagt
und uns nun gegeben hast, ein Land, das von Milch und
Honig überfließt.«

MOSE VERMITTELT DEN BUND ZWISCHEN GOTT UND VOLK

16 Mose sagte: »Der HERR, euer Gott, befiehlt euch
heute, euer Leben nach allen diesen Geboten und
Rechtsbestimmungen auszurichten. Befolgt sie mit
ganzem Herzen und mit allen euren Kräften. 17 Der
HERR hat euch heute die Zusicherung gegeben, dass
er euer Gott sein will, wenn ihr auf ihn hört und alle
seine Gebote, Weisungen und Rechtsbestimmungen
stets genau beachtet. 18 Und ihr habt vor ihm die feier-
liche Erklärung abgegeben, dass ihr sein Angebot an-
nehmen, dass ihr sein Volk sein und alle seine Gebote
befolgen wollt. 19 Ihr habt Ja dazu gesagt, dass ihr ein
heiliges Volk sein sollt, das ausschließlich dem HERRN,
seinem Gott, gehört, ein Volk, mit dem der HERR Ehre
einlegen und das er hoch über alle anderen Völker er-
heben will, die er geschaffen hat.«

ERRICHTUNG VON STEINMALEN MIT DEM GESETZ

27 Mose trat mit den Ältesten Israels vor das Volk
und sagte: »Achtet stets auf alle Gebote, die ich
euch heute gebe! 2 An dem Tag, an dem ihr den Jordan
überschreitet, um in das Land zu ziehen, das der HERR,
euer Gott, euch geben will, sollt ihr große Steine auf-
richten, sie mit weißer Tünche bestreichen 3 und dieses
ganze Gesetz darauf schreiben. Dann werdet ihr das
Land in Besitz nehmen können, das der HERR euch ge-
ben will – ein Land, das von Milch und Honig überfließt,
wie er das euren Vorfahren versprochen hat. 4 Ihr sollt
die Steine, nachdem ihr den Jordan überschritten habt,
auf dem Berg Ebal aufstellen und mit Tünche bestrei-
chen. 5-6 Dort sollt ihr auch einen Altar für den HERRN,
euren Gott, bauen. Er muss aus unbehauenen Feldstei-
nen errichtet werden, die mit keinem eisernen Werk-
zeug in Berührung gekommen sind. Auf diesem Altar
sollt ihr dem HERRN, eurem Gott, Brandopfer darbringen
7 und sollt dort Tiere für das Opfermahl schlachten und in
Gegenwart des HERRN ein fröhliches Mahl halten. 8 Auf
die getünchten Steine aber müsst ihr klar und deutlich
alle Bestimmungen dieses Gesetzes schreiben.«

DER BUND ZWISCHEN GOTT UND DEM VOLK

9 Umgeben von den Priestern aus dem Stamm Levi
sagte Mose zu dem ganzen Volk: »Sei still und höre,
Volk Israel! Heute bist du zum Volk des HERRN, deines
Gottes, geworden. 10 Darum gehorche seinen Befehlen
und befolge alle seine Gebote und Weisungen, die ich
dir heute verkündet habe!«

WAS GOTT VERABSCHEUT

11 Weiter sagte Mose an jenem Tag zu dem Volk:
12-13 »Wenn ihr den Jordan überschritten habt, sollen
sich die Stämme Simeon, Levi, Juda, Issachar, Josef
und Benjamin auf dem Berg Garizim aufstellen und
die Stämme Ruben, Gad, Ascher, Sebulon, Dan und Naf-
tali auf dem Berg Ebal. Die einen sollen Segenszusagen
über das Volk ausrufen, die anderen Fluchandrohun-
gen aussprechen. 14 Danach sollen die Leviten allen
Männern Israels mit lauter Stimme zurufen: 15 ›Fluch
über jeden, der sich aus Holz oder Metall ein Gottes-
bild anfertigen lässt, ein Werk von Menschenhand, das
dem HERRN zuwider ist, und es heimlich aufstellt.‹ Und
das ganze Volk sagt: ›Amen!‹ (So sei es!) 16 ›Fluch über
jeden, der seinen Vater oder seine Mutter missachtet!‹
Und das ganze Volk sagt: ›Amen!‹ 17 ›Fluch über jeden,
der den Grenzstein zwischen ihm und seinem Nachbarn
verrückt!‹ Und das ganze Volk sagt: ›Amen!‹ 18 ›Fluch
über jeden, der einen Blinden auf den falschen Weg
führt!‹ Und das ganze Volk sagt: ›Amen!‹ 19 ›Fluch über
jeden, der einem Fremden, einer Witwe oder Waise ihr
Recht vorenthält!‹ Und das ganze Volk sagt: ›Amen!‹
20 ›Fluch über jeden, der mit einer Frau seines Vaters
schläft und so seinen Vater entehrt!‹ Und das ganze Volk
sagt: ›Amen!‹ 21 ›Fluch über jeden, der mit einem Tier
verkehrt!‹ Und das ganze Volk sagt: ›Amen!‹ 22 ›Fluch
über jeden, der mit seiner Schwester oder Halbschwes-
ter schläft!‹ Und das ganze Volk sagt: ›Amen!‹ 23 ›Fluch
über jeden, der mit seiner Schwiegermutter schläft!‹
Und das ganze Volk sagt: ›Amen!‹ 24 ›Fluch über jeden,
der heimlich einen anderen erschlägt!‹ Und das ganze
Volk sagt: ›Amen!‹ 25 ›Fluch über jeden, der sich dafür

bezahlen lässt, einen Schuldlosen zu ermorden!‹ Und
das ganze Volk sagt: ›Amen!‹ 26 ›Fluch über jeden, der
die Bestimmungen dieses Gesetzes nicht genau be-
folgt!‹ Und das ganze Volk sagt: ›Amen!‹«

SEGEN DES GEHORSAMS

28 Weiter sagte Mose: »Wenn ihr auf den HERRN,
euren Gott, hört und alle seine Gebote, die ich
euch heute verkünde, sorgfältig befolgt, wird er euch
hoch über alle Völker der Erde erheben. 2 Die ganze
Fülle seines Segens wird euch zuteilwerden, wenn ihr
den Weisungen des HERRN, eures Gottes, gehorcht. 3 In
der Stadt und auf dem Feld schenkt er euch Gedeihen:
4 Gesunde Kinder gibt er euch und reiche Ernten; eure
Rinder, Schafe und Ziegen werden sich vermehren,
5 Korb und Backtrog nicht leer werden. 6 Das Glück
wird euch begleiten, wenn ihr auszieht und wenn ihr
wieder heimkehrt. 7 Wenn sich Feinde gegen euch er-
heben, wird der HERR sie vor euch zu Boden werfen.
Auf *einem* Weg werden sie gegen euch anrücken und
auf *sieben* nach allen Richtungen vor euch fliehen.
8 Der HERR wird eure Vorratshäuser füllen und euch
alles gelingen lassen, was ihr tut. In allem wird er euch
segnen in dem Land, das er euch geben wird. 9 Der
HERR, euer Gott, wird euch zu einem Volk machen,
das ausschließlich ihm gehört, so wie er es euch mit
einem Eid zugesichert hat – wenn ihr nur seine Gebote
beachtet und euer Leben danach ausrichtet. 10 Alle
Völker der Erde werden dann erkennen, dass der HERR
euch zu seinem Eigentum erklärt hat, und sie werden
sich vor euch fürchten. 11 Der HERR wird euch viele
Kinder geben, er wird euer Vieh vermehren und euch
reiche Ernten bescheren, sodass ihr in Wohlstand lebt
in dem Land, das er euren Vorfahren mit einem Eid für
euch versprochen hat. 12 Er wird seine himmlischen
Vorratskammern öffnen und Regen auf euer Land her-
absenden zur rechten Zeit, damit eure Arbeit Frucht
trägt. Ihr werdet so viel haben, dass ihr davon noch an-
deren Völkern ausleihen könnt, ihr selbst aber braucht
nichts zu borgen. 13 Der HERR wird euch zum ersten
unter den Völkern machen, ihr werdet unaufhaltsam
immer weiter aufsteigen. Ihr müsst nur die Gebote des
HERRN, eures Gottes, befolgen, auf die ich euch heute
verpflichte. 14 Ihr dürft niemals abweichen von dem
Weg, den ich euch weise; ihr dürft nicht hinter anderen
Göttern herlaufen und ihnen dienen.«

FLUCH DES UNGEHORSAMS

15 »Wenn ihr aber nicht auf den HERRN, euren Gott, hört
und seine Gebote und Weisungen, die ich euch heute
verkünde, nicht befolgt, wird nicht sein Segen, sondern
sein Fluch über euch kommen: 16 Missgeschick wird
euch verfolgen in der Stadt und auf dem Feld, 17 Korb
und Backtrog werden leer bleiben, 18 eure Kinder wer-
den dahinsterben und die Äcker Missernten bringen,
eure Rinder, Schafe und Ziegen werden sich nicht ver-
mehren. 19 Unglück wird euch begleiten, wenn ihr aus-
zieht und wenn ihr wieder heimkehrt. 20 Der HERR wird
einen Fluch auf euer Tun legen; er wird euch so
verwirren, dass euch nichts mehr glücken wird. Weil ihr
den HERRN mit euren bösen Taten beleidigt und euch
von ihm abgewandt habt, wird es in kürzester Zeit mit
euch zu Ende sein. 21-22 Der HERR wird euch die Pest schi-
cken, er wird euch mit Schwindsucht, Entzündung und
Fieber heimsuchen und eure Ernten durch Dürre und
Schädlinge vernichten, bis niemand mehr von euch üb-
rig ist in dem Land, das ihr jetzt in Besitz nehmen wollt.
23 Der Himmel über euch wird wie eine bronzene Glocke
sein und die Erde unter euren Füßen hart wie Eisen.
24 Statt Regen werden Staub und Asche vom Himmel
fallen, bis ihr völlig vernichtet seid. 25 Der HERR wird
euch vor euren Feinden zu Boden werfen. Auf *einem*
Weg werdet ihr gegen sie ausziehen und auf *sieben* nach
allen Richtungen vor ihnen fliehen. Alle Völker der Erde
werden schaudernd sehen, wie es euch ergeht. 26 Aas-
geier und Hyänen werden sich über eure Leichen her-
machen und niemand wird sie verscheuchen. 27 Der
HERR wird euch mit Geschwüren strafen, wie er sie den
Ägyptern geschickt hat, mit Beulen, Ausschlag, Krätze,
und ihr werdet kein Heilmittel dagegen finden. 28 Er wird
euch strafen mit Wahnsinn, Blindheit und Geistesver-
wirrung, 29 sodass ihr am hellen Tag umhertappt wie
Blinde. Nichts mehr wird euch glücken. Ihr werdet un-
terdrückt und ausgebeutet werden und niemand wird
euch beistehen. 30 Du verlobst dich mit einem Mädchen,
aber ein anderer wird mit ihr schlafen. Du baust ein Haus,
aber wirst nicht darin wohnen; du pflanzt einen Wein-
berg, aber wirst keine Trauben ernten. 31 Deine Rinder
werden vor deinen Augen geschlachtet und du be-
kommst nicht einen Bissen davon ab. Dein Esel wird vor
deinen Augen weggeführt und du siehst ihn nie wieder.
Feinde nehmen dir deine Schafe und Ziegen weg und
niemand hilft dir, wenn du dich dagegen wehren willst.
32 Deine Söhne und Töchter werden vor deinen Augen
zu einem fremden Volk in die Sklaverei geführt; du wirst
dich in Sehnsucht nach ihnen verzehren, aber du wirst
ohnmächtig zusehen müssen. 33 Ein Volk, das aus weiter
Ferne kommt, wird den Ertrag deiner Äcker verzehren,
für den du so mühsam gearbeitet hast, und du wirst im-
merzu unterdrückt und misshandelt werden. 34 Wenn
ihr das alles mit ansehen müsst, werdet ihr vor Schmerz
wahnsinnig werden. 35 Der HERR wird euch an den Bei-
nen, ja von der Fußsohle bis zum Scheitel, mit bösen
Geschwüren strafen, die niemand heilen kann. 36 Er wird
euch und den König, den ihr über euch gesetzt habt, in
die Verbannung führen, zu einem fernen Volk, das weder
ihr noch eure Vorfahren bis dahin gekannt habt. Dort
werdet ihr fremde Götter verehren müssen, Bilder aus
Holz und Stein. 37 Unter den Völkern, zu denen der HERR
euch verstoßen wird, werdet ihr zum abschreckenden
Beispiel und sie werden ihren Spott mit euch treiben.
38 Ihr werdet reichlich Samen aufs Feld streuen, aber nur
wenig Korn ernten, weil die Heuschrecken alles abfres-
sen. 39 Ihr werdet Weinberge anlegen und pflegen, aber
keinen Wein keltern, weil die Raupen alles kahl fressen.
40 Im ganzen Land werden Ölbäume wachsen, aber ihr
werdet kein Öl haben, um euch damit zu salben, weil die
Oliven unreif abfallen. 41 Ihr werdet Kinder zeugen, aber

sie werden euch nicht gehören, sondern als Gefangene weggeführt werden. 42 Alle eure Bäume und alle Pflanzen auf den Feldern werden von Schädlingen befallen werden. 43 Die Fremden, die bei euch leben, werden ihren Besitz vergrößern und immer mehr Einfluss gewinnen, während es mit euch immer weiter bergab geht. 44 Ihr könnt ihnen nichts mehr leihen, sondern werdet von ihnen borgen müssen, und schließlich werden sie die Herren sein und ihr die Sklaven. 45 All dieses Unheil wird über euch kommen und euch verfolgen, bis ihr völlig vernichtet seid, wenn ihr nicht auf den HERRN, euren Gott, hört und seine Gebote und Weisungen befolgt. 46 Daran wird dann für alle Zeiten zu erkennen sein, dass euch und eure Nachkommen der Fluch des HERRN getroffen hat. 47 Wenn ihr dem HERRN, eurem Gott, nicht gern und voll Freude dient, aus Dank für den Wohlstand, den er euch schenkt, 48 werdet ihr euren Feinden dienen müssen, die der HERR gegen euch aufbietet, und ihr werdet dabei von Hunger und Durst gequält, ihr werdet nichts anzuziehen haben und an allem Mangel leiden. Der HERR wird euch unter ein eisernes Joch zwingen, bis ihr alle umgekommen seid. 49 Er wird aus weiter Ferne ein Volk gegen euch heranführen, dessen Sprache ihr nicht versteht. Wie der Adler herabstößt, kommen sie über euch 50 und kennen kein Erbarmen, auch Kinder und Greise metzeln sie nieder. 51 Sie verzehren euer Vieh, sie verzehren Korn, Wein und Öl; nichts lassen sie euch übrig, sodass ihr verhungern müsst. 52 Sie werden euch in euren Städten einschließen, auf deren mächtige Mauern ihr euch verlassen habt, überall in dem Land, das der HERR, euer Gott, euch gegeben hat. Sie werden euch belagern und bekämpfen, bis sie die Mauern zum Einsturz bringen. 53 In der Hungersnot, die während der Belagerung in euren Städten herrscht, werdet ihr das Fleisch eurer eigenen Kinder essen, der Söhne und Töchter, die der HERR, euer Gott, euch geschenkt hat. 54-55 Der vornehmste Mann, der auf seine feine Lebensart stolz ist, wird sich nicht scheuen, seinen eigenen Sohn zu verzehren; er wird eifersüchtig darüber wachen, dass keiner von seinen Verwandten einen Bissen davon bekommt, nicht einmal die geliebte Frau und die übrigen Kinder. So groß wird die Not sein in den Städten, die von euren Feinden belagert werden. 56-57 Die verwöhnteste Dame, die vor lauter Vornehmheit keinen Fuß auf die Erde setzt, wird in der höchsten Not ihre Nachgeburt verzehren und sogar das Kind, das sie soeben geboren hat; sie wird es in aller Heimlichkeit tun und nicht einmal dem geliebten Mann und den übrigen Kindern etwas davon gönnen. 58 Achtet also stets darauf, dass ihr den HERRN, euren Gott, ehrt, der so große Wunder tut und seinen Feinden Furcht und Schrecken einjagt. Befolgt sorgfältig alle seine Gebote, die in diesem Buch aufgeschrieben sind. 59 Sonst wird der HERR euch und eure Nachkommen mit schrecklichen Krankheiten bestrafen, gegen die es kein Heilmittel gibt. 60 Die Seuchen, die ihr in Ägypten kennen und fürchten gelernt habt, wird er bei euch ausbrechen lassen, 61 und auch alle die Krankheiten und Plagen, die in diesem Buch nicht erwähnt sind, wird er euch schicken, bis ihr ganz vernichtet seid. 62 Statt dass ihr so zahlreich werdet wie die Sterne am Himmel, wird von euch nur noch ein winziges Häuflein übrig bleiben, wenn ihr dem HERRN, eurem Gott, nicht gehorcht. 63 Während der HERR früher seine Freude daran hatte, euch Gutes zu tun und euch immer zahlreicher zu machen, wird er dann seine Freude daran haben, euch zu schaden und euch auszurotten. Er wird euch aus dem Land, das ihr jetzt in Besitz nehmt, ausreißen 64 und euch unter alle Völker zerstreuen, von einem Ende der Erde bis zum andern. Dort werdet ihr Götter verehren müssen, die euch und euren Vorfahren bis dahin fremd waren, Bilder aus Stein und Holz. 65 Aber selbst dort werdet ihr keine Bleibe finden, sondern ruhelos umherirren; denn der HERR wird euch in Angst, Finsternis und Verzweiflung hineintreiben. 66 Ihr werdet ständig um euer Leben zittern müssen und euch keinen Augenblick sicher fühlen, weder bei Nacht noch bei Tag. 67 Am Morgen werdet ihr den Abend herbeisehnen und am Abend den Morgen. Denn alles, was ihr erlebt, wird euch immer neue Angst einjagen. 68 Der HERR wird euch so weit bringen, dass ihr auf Schiffen nach Ägypten zurückkehrt, obwohl er euch versprochen hat, ihr müsstet niemals wieder dorthin zurückkehren. Dort werdet ihr euch euren Feinden auf dem Sklavenmarkt als Sklaven und Sklavinnen anbieten, aber niemand wird euch kaufen.«

MOSE ERÖFFNET DEN BUNDESSCHLUSS

69 Der HERR befahl Mose, dort im Land Moab in seinem Auftrag einen Bund mit dem Volk Israel zu schließen, als Ergänzung zu dem Bund, den er am Berg Horeb mit Israel geschlossen hatte. Es folgen hier die Worte, mit denen dieser Bund besiegelt wurde.

29 Mose rief alle Israeliten zusammen und sagte zu ihnen: »Ihr habt miterlebt, was der HERR in Ägypten getan hat, wie er den Pharao, seine Minister und das ganze Volk seine Macht spüren ließ. 2 Mit eigenen Augen habt ihr gesehen, was für staunenerregende Wunder der HERR vollbracht hat und welche schrecklichen Plagen er über die Ägypter kommen ließ. 3 Aber erst heute öffnet der HERR euch Augen, Ohren und Verstand für das, was damals geschehen ist. 4 Vierzig Jahre lang habe ich euch durch die Wüste geführt und eure Kleider und Schuhe sind nicht zerschlissen. 5 Ihr hattet weder Brot zu essen noch Wein oder Bier zu trinken. Der HERR selbst hat für euch gesorgt, damit ihr erkennt, was für ein Gott das ist, der euch zu seinem Volk gemacht hat. 6 Als wir in diese Gegend kamen, zogen die Könige Sihon von Heschbon und Og von Baschan gegen uns aus, aber wir konnten sie besiegen, 7 ihnen ihr Land nehmen und es unter die Stämme Ruben und Gad und den halben Stamm Manasse verteilen. 8 Darum bleibt dem Bund treu, den der HERR mit euch schließt, und erfüllt alle eure Verpflichtungen; dann wird euch alles gelingen, was ihr tut.«

DER BUND GILT FÜR ALLE GENERATIONEN

9 »Ihr alle habt euch heute vor dem HERRN, eurem Gott, aufgestellt: die Oberhäupter der Stämme, die

Ältesten, die Aufseher und alle Männer Israels, 10 dazu
die Frauen und Kinder und die Fremden, die bei euch
leben, bis hin zu den Holzhauern und Wasserträgern.
11-12 Mit euch allen will der HERR heute seinen Bund
schließen. Er erklärt hiermit feierlich, dass ihr sein Volk
seid und er euer Gott ist, wie er euch das versprochen
und wie er es euren Vorfahren Abraham, Isaak und
Jakob mit einem Eid zugesichert hat. Er fordert euch
auf, in diesen Bund einzuwilligen und die Verpflich-
tungen zu übernehmen, die darin eingeschlossen
sind. 13-14 Aber nicht nur mit euch, die ihr heute vor
dem HERRN, eurem Gott, steht, wird dieser Bund ge-
schlossen, sondern zugleich mit euren Nachkommen,
die noch nicht geboren sind.«

WARNUNG VOR GÖTZENDIENST

15 »Ihr habt unter den Ägyptern gelebt und seid dann
durch das Gebiet fremder Völker gezogen, durch das
euer Weg führte. 16 Ihr habt die verabscheuenswerten
Götzen all dieser Völker gesehen, Bilder aus Holz, Stein,
Silber und Gold. 17 Gebt acht, dass niemand unter euch,
kein Mann und keine Frau, keine Sippe, kein Stamm,
sich heute vom HERRN, unserem Gott, abwendet, um
den Göttern dieser Völker zu dienen. Daraus könnte nur
Unheil und Verderben für uns alle erwachsen. 18 Wenn
der Fluch ausgesprochen wird, der jeden treffen soll,
der den Bund mit dem HERRN verletzt, darf es niemand
unter euch geben, der heimlich bei sich sagt: ›Für mich
soll das nicht gelten! Mich möge kein Unglück treffen,
wenn ich es trotzdem tue, damit endlich die Dürre auf-
hört!‹ 19 Wer so etwas tut, fordert den Zorn des HERRN
heraus. Alle Drohungen, die in diesem Buch aufge-
schrieben sind, werden an ihm in Erfüllung gehen und
der HERR wird ihn vollständig vernichten. Für ein sol-
ches Vergehen gibt es keine Vergebung. 20 Der HERR
wird ihn aus den Stämmen Israels ausstoßen und dem
Untergang ausliefern; alle Strafen werden ihn treffen,
die in diesem Gesetzbuch dem angedroht werden, der
den Bund mit dem HERRN bricht. 21-22 Wenn ihr dem
HERRN untreu werdet, wird er Seuchen und Katastro-
phen über das Land hereinbrechen lassen. Es wird
aussehen wie nach dem Untergang von Sodom und
Gomorra oder von Adma und Zebojim, die der HERR
in seinem Zorn vernichtet hat: der Boden völlig aus-
gebrannt, von Schwefel und Salz bedeckt; es lässt sich
nichts darauf aussäen, nicht ein Grashalm wächst dar-
auf. 23 Alle Völker werden dann sagen: ›Warum hat der
HERR dieses Land so hart bestraft? Was ist der Grund
für seinen schrecklichen Zorn?‹ 24 Und man wird ihnen
antworten: ›Das kommt davon, dass seine Bewohner
dem Bund untreu geworden sind, den der HERR, der
Gott ihrer Vorfahren, mit ihnen schloss, als er sie aus
Ägypten herausführte. 25 Sie wandten sich von ihrem
Gott ab und beteten andere Götter an, von denen sie
vorher nichts wussten und deren Verehrung er ihnen
verboten hatte. 26 Deshalb wurde der HERR zornig auf
dieses Land und ließ alle Drohungen in Erfüllung ge-
hen, die in diesem Buch aufgeschrieben sind. 27 In sei-
nem glühenden Zorn riss er die Bewohner aus ihrem
Land aus und schleuderte sie in ein fremdes Land, wo
sie noch heute sind.‹ 28 Seinen verborgenen Plan kennt
der HERR, unser Gott, allein; aber seinen Willen hat er
uns und unserer Nachkommen für alle Zeiten klar und
deutlich verkündet, damit wir stets nach den Geboten
leben, die er uns in diesem Gesetzbuch gegeben hat.«

AUF UMKEHR FOLGT NEUER SEGEN

30 »Ich habe euch klar und deutlich gesagt, dass
Gehorsam euch Segen bringt, Ungehorsam
aber Verderben. Wenn ihr und eure Nachkommen
nun trotzdem die Gebote des HERRN missachtet und
zur Strafe vom HERRN, eurem Gott, unter fremde
Völker zerstreut werdet, kommt ihr vielleicht dort
zur Besinnung, 2 kehrt zum HERRN, eurem Gott, zu-
rück, werdet ihm gehorsam und befolgt mit ganzem
Herzen und mit allen Kräften seine Gebote, die ich
euch heute verkündet habe. 3 Dann wird der HERR,
euer Gott, Erbarmen mit euch haben. Er wird alles für
euch wieder zum Guten wenden und euch aus den
Völkern, unter die er euch zerstreut hat, heraussho-
len. 4 Selbst wenn er euch bis ans äußerste Ende der
Welt verstoßen hat, wird er euch von dort zurückholen
5 und euch in das Land bringen, das euren Vorfahren
gehört hat. Ihr werdet es wieder in Besitz nehmen
können und der HERR wird euch noch mehr segnen
und euch noch zahlreicher machen als eure Vorfah-
ren. 6 Er selbst wird eure Herzen beschneiden und die
Herzen eurer Nachkommen, sodass ihr den HERRN,
euren Gott, mit ganzem Herzen und mit allen Kräf-
ten lieben könnt und dadurch euer Leben rettet. 7 Das
Verderben, das der HERR euch angedroht hat, wird er
dann über eure Feinde hereinbrechen lassen, die euch
unterdrückt und verfolgt haben. 8 Ihr aber werdet euch
dem HERRN wieder zuwenden, ihm gehorchen und alle
seine Gebote befolgen, die ich euch heute verkündet
habe. 9 Dann wird der HERR, euer Gott, euer Tun segnen
und euch alles im Überfluss schenken. Ihr werdet viele
Kinder haben, euer Vieh wird sich vermehren und die
Felder werden reiche Ernten bringen. Der HERR wird
wieder Freude an euch haben und euch Gutes tun, so
wie es bei euren Vorfahren gewesen ist. 10 Ihr müsst
euch nur dem HERRN, eurem Gott, wieder mit ganzem
Herzen und mit allen Kräften zuwenden, auf ihn hören
und nach seinen Geboten und Weisungen leben, die in
diesem Gesetzbuch aufgeschrieben sind.«

GOTTES WORT IST FÜR ALLE ZUGÄNGLICH

11 »Das Gesetz, das ich euch heute gebe, ist nicht zu
schwer für euch und auch nicht unerreichbar fern.
12 Es schwebt nicht über den Wolken, sodass ihr fra-
gen müsstet: ›Wer steigt in den Himmel und holt es
herab, damit wir es kennenlernen und dann befolgen
können?‹ 13 Es ist auch nicht am Ende der Welt, sodass
ihr fragen müsstet: ›Wer fährt übers Meer und holt es
herbei, damit wir es kennenlernen und dann befolgen
können?‹ 14 Nein, Gottes gebietendes Wort ist euch
ganz nahe. Es ist auf euren Lippen und in eurem Her-
zen. Ihr müsst es nur befolgen!«

ENTSCHEIDUNG ZWISCHEN LEBEN UND TOD

15 »Ich stelle euch heute vor die Wahl zwischen Glück und Unglück, zwischen Leben und Tod. 16 Wenn ihr die Gebote des HERRN, eures Gottes, befolgt, die ich euch heute verkündet habe, wenn ihr den HERRN liebt und seinen Weisungen folgt, seine Anordnungen, Gebote und Rechtsbestimmungen genau beachtet, werdet ihr am Leben bleiben und immer zahlreicher werden. Der HERR, euer Gott, wird euch dann segnen in dem Land, das ihr jetzt in Besitz nehmt. 17 Aber wenn ihr euch vom HERRN abwendet und ihm nicht mehr gehorcht, sondern euch dazu verleiten lasst, andere Götter anzubeten und ihnen zu dienen, 18 werdet ihr untergehen. Ihr werdet dann nicht lange in dem Land leben, in das ihr kommt, wenn ihr nun den Jordan überschreitet. Das lasst euch gesagt sein! 19 Himmel und Erde sind meine Zeugen: Ich habe euch heute Segen und Fluch, Leben und Tod vor Augen gestellt. Wählt das Leben, damit ihr am Leben bleibt, ihr und eure Nachkommen! 20 Liebt den HERRN, euren Gott! Gehorcht ihm und bleibt ihm treu! Denn davon hängt es ab, ob ihr auf die Dauer als Volk fortbesteht und in dem Land bleiben dürft, das der HERR euren Vorfahren Abraham, Isaak und Jakob mit einem Eid versprochen hat.«

MOSE SETZT JOSUA ALS NACHFOLGER EIN

31 Nun sagte Mose zum ganzen Volk Israel: 2 »Ich bin jetzt 120 Jahre alt; ich kann nicht mehr euer Anführer sein. Außerdem hat der HERR zu mir gesagt: ›Du wirst den Jordan, der hier vor dir liegt, nicht überschreiten!‹ 3 Der HERR, euer Gott, wird selbst vor euch herziehen. Er wird die Völker dieses Landes dem Untergang preisgeben, sodass ihr sie vernichten könnt. Josua soll euer Anführer sein, wie der HERR es angeordnet hat. 4-5 Der HERR wird die Völker des Landes genauso in eure Hand geben wie die Amoriterkönige Sihon und Og. Dann müsst ihr an ihnen den Bann vollstrecken, wie ich es euch in seinem Auftrag befohlen habe. 6 Seid mutig und entschlossen! Habt keine Angst! Erschreckt nicht vor ihnen! Der HERR, euer Gott, wird selbst mit euch ziehen. Er wird euch gewiss nicht im Stich lassen.« 7 Mose rief nun Josua zu sich und sagte zu ihm vor allen Israeliten: »Sei mutig und entschlossen! Du wirst dieses Volk in das Land bringen, das der HERR ihren Vorfahren mit einem Eid zugesagt hat; du wirst es auch unter sie aufteilen. 8 Der HERR selbst wird vor dir herziehen. Er wird dir helfen und dich niemals im Stich lassen. Hab keine Angst und lass dich von keinem Gegner einschüchtern!«

REGELMÄSSIGE VERLESUNG DES GESETZBUCHES

9 Mose schrieb dieses ganze Gesetz in ein Buch und übergab es den Priestern aus dem Stamm Levi, die die Bundeslade trugen, sowie den Ältesten des Volkes. 10-11 Er gab ihnen den Auftrag: »Alle sieben Jahre, im Erlassjahr, sollt ihr dieses Gesetzbuch öffentlich verlesen. Tut es vor allen Israeliten, wenn sie am Laubhüttenfest zum HERRN, eurem Gott, an die Stätte kommen, die er auswählen wird. 12 Ruft dann das ganze Volk zusammen, Männer, Frauen und Kinder und auch die Fremden, die bei euch leben. Sie sollen dieses ganze Gesetz hören, damit sie lernen, den HERRN, euren Gott, ernst zu nehmen und alle seine Weisungen in diesem Gesetzbuch genau zu befolgen. 13 Auch eure Kinder, die dieses Gesetz noch nicht kennen, sollen es hören, damit sie lernen, den HERRN, euren Gott, ernst zu nehmen und ihm zu gehorchen. So soll es sein während der ganzen Zeit, die ihr in dem Land lebt, das ihr jetzt in Besitz nehmen werdet.«

BEAUFTRAGUNG JOSUAS. VORBEREITUNG ZUM LIED MOSES

14 Der HERR sagte zu Mose: »Deine Tage sind gezählt. Rufe Josua und komm mit ihm zum Heiligen Zelt, damit ich ihn zu deinem Nachfolger einsetze.« Als Mose und Josua in die Nähe des Zeltes kamen, 15 erschien der HERR in der Wolkensäule über dem Eingang des Zeltes. 16 Er sagte zu Mose: »Du wirst nun bald sterben, und nach deinem Tod wird dieses Volk mir untreu werden und sich von mir abwenden. Sie werden den Bund, den ich mit ihnen geschlossen habe, brechen und sich mit den Göttern des Landes einlassen, in das sie kommen. 17 Deshalb werde ich zornig auf sie sein, ich werde mich von ihnen abkehren und ihnen nicht mehr helfen. Dann werden sie dahinschwinden, viel Not und großes Unglück werden über sie kommen. Sie werden dann zueinander sagen: ›Das alles müssen wir erleiden, weil unser Gott nicht mehr in unserer Mitte ist!‹ 18 Ich aber werde mich völlig von ihnen abkehren, zur Strafe dafür, dass sie mir ungehorsam waren und sich anderen Göttern zugewandt haben. 19 Schreib nun für sie das Lied auf, das ich dir sage. Sie sollen es lernen und nachsingen, damit ich es in Zukunft als Zeugen gegen sie benutzen kann. 20 Ich werde sie in das Land bringen, das ich ihren Vorfahren versprochen habe, ein Land, das von Milch und Honig überfließt; sie aber werden sich satt essen und fett werden und sich anderen Göttern zuwenden und ihnen dienen. Mich werden sie verachten und meinen Bund brechen. 21 Wenn dann Not und Unglück sie treffen, wird dieses Lied ihnen sagen, warum das geschieht. Sie werden es immer noch singen und so wird es als Zeuge gegen sie dastehen. Denn ich weiß wohl, wonach ihnen der Sinn steht, und das schon heute, noch ehe ich sie in das Land gebracht habe, das ich ihnen versprochen habe.« 22 Am selben Tag schrieb Mose das Lied auf, das der HERR ihm sagte, und er ließ es die Leute von Israel lernen. 23 Dann sagte der HERR zu Josua, dem Sohn Nuns: »Sei mutig und entschlossen! Ich werde dir beistehen und du wirst das Volk Israel in das Land bringen, das ich ihm mit einem Eid zugesagt habe.«

GESETZBUCH UND LIED ALS ZEUGE GEGEN DAS VOLK

24 Als Mose dieses ganze Gesetz in ein Buch geschrieben hatte, 25 befahl er den Leviten, die die Bundeslade

des HERRN trugen: 26 »Nehmt dieses Gesetzbuch und legt es neben die Bundeslade des HERRN, eures Gottes, damit er es künftig als Zeugen gegen dieses Volk benutzen kann.« An das Volk gewandt, fuhr er fort: 27 »Ich weiß genau, wie widerspenstig und eigensinnig ihr seid. Ihr habt euch schon bisher gegen den HERRN aufgelehnt, während ich noch bei euch war. Wie wird es da erst nach meinem Tod aussehen! 28 Lasst die Ältesten eurer Stämme und alle Aufseher vortreten, damit ich sie noch einmal warne. Himmel und Erde werde ich dabei als Zeugen anrufen. 29 Ich weiß, dass ihr nach meinem Tod von dem Weg abgeht, den ich euch gewiesen habe, und euch in schwere Schuld verstrickt. Ihr werdet tun, was dem HERRN missfällt, und ihn durch eure Götzenbilder zum Zorn reizen. Dafür wird euch zuletzt schweres Unheil treffen.«

DAS LIED MOSES: ABRECHNUNG MIT DEM UNGEHORSAMEN VOLK

30 Dann trug Mose vor ganz Israel, vor der gesamten Versammlung, das folgende Lied vor:

32 Den Himmel rufe ich als Zeugen an, / die Erde höre meine Worte! / 2 Sie mögen strömen wie ein Regenschauer, / der ausgedörrtes Land befeuchtet, / und niederträufeln wie der Tau, / der ringsum alles junge Grün erquickt! / 3 Preist unsern großen und erhabenen Gott! / Ich rufe ihn bei seinem Namen, / 4 ihn, unsern Fels und starken Schutz! / In allem, was er plant und ausführt, / ist er vollkommen und gerecht. / An niemand handelt er mit Trug und Tücke, / er steht zu seinem Wort, denn er ist treu! // 5 Doch dieses Volk ist treulos und verkehrt – / zu ihrer Schande muss ich es bekennen –, / ganz aus der Art sind sie geschlagen; / sie können nicht mehr seine Kinder sein. / 6 Ist das der Dank für alle seine Güte, / ihr unverbesserlichen Narren? / Ist er es nicht, der euch geschaffen hat / und wie ein Vater für euch sorgt? // 7 Erinnert euch an ferne Zeiten, / fragt eure Väter, wie es früher war, / und eure Alten fragt, woher ihr kommt! / 8 Damals erschuf der höchste Gott die Völker / und ließ sie auf der Erde wohnen; / für jedes Volk bestimmte er ein Land / und teilte jedem einen Engel zu. / 9 Doch Israel, die Jakobskinder, / erwählte er sich selbst als Eigentum / und machte sie zu seinem Volk. // 10 Er fand sie hilflos in der Wüste, / umlauert und umheult von wilden Tieren, / da nahm er sie in seine Obhut, / er schützte sie mit aller Sorgfalt, / so wie ein Mann sein eigenes Auge schützt. / 11 Ein Adler scheucht die Jungen aus dem Nest, / damit sie selber fliegen lernen. / Doch wachsam schwebt er über ihnen, / und wenn eins müde wird und fällt, / dann breitet er die Flügel unter ihm / und fängt es auf und trägt es fort. / 12 Genauso hat der HERR sein Volk beschützt; / er ganz allein hat Israel geführt, / kein fremder Gott stand ihm zur Seite! // 13 Dann ließ er sie ein Land erobern. / Sie konnten auf den Feldern Korn anbauen, / aus Felsenspalten Honig sammeln, / auf steinbesätem Grund Oliven ernten. / 14 Sie hatten Milch von Kühen und von Schafen, / das Fleisch der Lämmer und der Böcke; / sie aßen von dem allerbesten Weizen / und tranken ihren süßen, roten Wein. // 15 Sie lebten nun in Glück und Wohlstand, / sie waren satt, sie wurden reich; / ja, Jeschurun nahm zu und wurde fett. / Ihr Wohlstand machte sie rebellisch, / sie stießen Gott im Übermut zurück, / ihn, der sie doch geschaffen hatte; / ihr Fels und Schutz galt ihnen nichts. / 16 Sie wandten andern ihre Liebe zu / und kränkten ihn mit ihrem Götzendienst. / 17 Sie brachten ihre Opfer dar für Götter, / die keine sind und die nicht helfen können; / den Vätern waren sie noch unbekannt, / erst kürzlich sind sie aufgekommen. / 18 Den starken Felsen, ihn, der euch gezeugt hat, / den Gott, aus dem ihr allesamt geboren seid, / habt ihr verraten, habt ihr ganz vergessen! // 19 Das sah der HERR; er wurde zornig, / weil seine Söhne, seine Töchter ihn verschmähten. / 20 Und er beschloss: »Ich ziehe mich zurück / und überlasse sie sich selbst; / dann will ich sehn, wohin das führt! / Sie sind voll Widerspruch und Starrsinn / und kennen weder Dankbarkeit noch Treue. / 21 Sie kränken mich mit einem Un-Gott, / erbittern mich durch hohle, leere Götzen; / ich kränke sie mit einem Un-Volk / und strafe sie durch aufgeblasene Menschen. // 22 Mein Zorn ist gegen sie entbrannt, / ich schicke ihnen Feuer auf die Erde, / damit es alles, was dort wächst, versengt; / bis in die Totenwelt soll es sich fressen / und auch den Grund der Berge unterhöhlen. / 23 Ich überschütte sie mit schweren Plagen, / verschieße auf sie alle meine Pfeile. / 24 Dann werden sie vor Hunger sterben, / durch Fieberglut und Pest zugrunde gehen. / Ich lasse wilde Tiere auf sie los, / das Gift der Schlangen soll sie niederstrecken! / 25 Das Schwert soll wüten auf den Straßen, / im Hause drinnen soll der Schreck sie töten: / den jungen Mann, das junge Mädchen, / den kleinsten Säugling und den Greis! // 26 Fast hätte ich sie alle ausgerottet / und niemand hätte mehr an sie gedacht; / 27 doch will ich nicht, dass andere mein Tun missdeuten, / dass ihre Feinde sich den Sieg zuschreiben. / Sie würden sagen: ›Das war unser Werk!‹, / statt einzusehn, dass ich, der HERR, es tat. / 28-29 Denn sie sind töricht, ohne jede Einsicht; / sonst müssten sie es doch erkennen / und an ihr eigenes Ende denken. / 30 Wie könnte *einer* tausend Mann verjagen, / wie könnten zwei aus ihren Reihen / zehntausend meines Volkes schlagen, / wenn ich es nicht verlassen hätte, / wenn nicht sein Gott, sein starker Fels, / es in die Hand der Feinde gäbe? // 31 Sogar die Feinde haben es erkannt, / dass ihre Götter keine Helfer sind / und sich in nichts mit mir vergleichen können, / dem Helfer und Beschützer Israels. / 32 Verdorben sind sie wie die Leute, / die einst in Sodom und Gomorra wohnten. / Sie gleichen einem Weinstock, dessen Trauben / statt Süße Bitterkeit und Gift enthalten; / 33 der Wein, den man aus seinen Beeren presst, / ist tödlicher als Schlangengift. / 34 Dies alles bleibt mir im Gedächtnis, / ich werde nichts davon vergessen. / 35 Ich werde bald an ihnen Rache nehmen / und sie für alle Bosheit hart bestrafen. / Noch kurze Zeit, dann kommt ihr Untergang, / ihr Ende ist nicht aufzuhalten.« // 36 Der HERR wird seinem Volk zu Hilfe kommen / er wird Erbarmen haben mit den Seinen. / Er sieht es ja, dass sie am Ende sind / und dass die Starken wie die Schwachen fallen. / 37 Dann fragt er sie: »Wo sind jetzt eure Götter, / auf deren Schutz ihr euch verlassen habt? / 38 Ihr brachtet ihnen reiche Opfer dar, / ihr habt sie vollgestopft mit Fett und Wein. / Nun sollen sie beweisen, wer sie sind, / und für euch kämpfen und euch schützen! / 39 Erkennt doch: Ich, nur ich bin Herr, / ich ganz allein bin Gott, sonst keiner! / Ich schlage Wunden und ich heile sie, / ich töte und ich wecke wieder auf. / Aus meiner Hand kann niemand retten. / 40 Ich hebe meine Hand zum Schwur / und sage: ›So gewiss ich ewig lebe: / 41 Sie alle, die mich hassen und anfeinden, / bekommen meinen Zorn zu spüren!‹ / Ich schärfe jetzt mein Racheschwert, / dann schlag ich zu und schaffe Recht. / 42 Ich mache meine Pfeile ganz betrunken / vom Blut der toten und gefangenen Gegner, / mein Schwert wird unersättlich um sich fressen, / es soll die Köpfe meiner Feinde spalten!« // 43 Du, Himmel, freu dich mit dem HERRN! / Ihr Götter, werft euch vor ihm nieder! / Der HERR nimmt Rache an den Feinden, / weil sie die Seinen hingemordet haben. / Doch seinem Volk schenkt er Vergebung / und nimmt vom Land den Fluch der Schuld. //

LETZTE ERMAHNUNG AN DAS VOLK

44 Zusammen mit Josua, dem Sohn Nuns, trug Mose dieses Lied dem ganzen Volk vor. 45-46 Dann sagte er zu ihnen: »Nehmt euch diese Mahnungen zu Herzen und gebt sie euren Kindern weiter, damit sie ihr Leben nach den Vorschriften dieses Gesetzes richten. 47 Das Wort des HERRN ist kein leeres Wort, es ist euer Leben! Wenn ihr ihm folgt, werdet ihr lange in dem Land leben können, das ihr jetzt in Besitz nehmt.«

LETZTER BEFEHL GOTTES AN MOSE

48 Am selben Tag sagte der HERR zu Mose: 49 »Geh jetzt ins Abarim-Gebirge dort drüben und steig auf den Berg Nebo, der im Land Moab gegenüber von Jericho liegt. Sieh von dort aus in das Land Kanaan hinüber, das ich dem Volk Israel zum Besitz geben werde! 50 Danach wirst du auf dem Berg sterben und im Tod mit deinen Vorfahren vereint werden, so wie schon dein Bruder Aaron vor dir gestorben ist. 51 Ihr beide dürft das Land nicht betreten, weil ihr mir an der Quelle von Meriba bei Kadesch in der Wüste Zin vor allen Israeliten ungehorsam wart und mir nicht die Gelegenheit geben wolltet, mich vor ihnen als der heilige und mächtige Gott zu erweisen. 52 Du darfst das Land, das ich dem Volk Israel gebe, aus der Ferne sehen, aber du selbst wirst nicht hineinkommen.«

MOSE BLICKT IN DIE ZUKUNFT ISRAELS

33 Bevor Mose, der Mann Gottes, starb, sprach er noch Segensworte über das Volk Israel. 2 Er sagte: »Der HERR ist zu seinem Volk gekommen vom Sinai her, seinem heiligen Berg. Wie die Sonne ging er auf über den Bergen Edoms, sein Glanz strahlte auf vom Gebirge Paran. Mit ihm kommen Scharen heiliger Engel, starke Helden begleiten ihn. 3 Der HERR liebt die Stämme Israels, er beschützt alle, die zu ihm gehören. Sie werfen sich vor ihm nieder und nehmen seine Befehle entgegen. 4 Mose hat uns Gottes Gesetz gegeben, den kostbarsten Besitz aller Nachkommen Jakobs. 5 Der HERR wurde König in Jeschurun, alle Ältesten des Volkes waren versammelt, zusammengeströmt alle Männer Israels.« 6 Dann sagte Mose: »Lass *Ruben* leben und nicht untergehn, doch mache seine Männer nicht zu zahlreich!« 7 Über den Stamm *Juda* sagte er: »Die Bitte Judas, HERR, erhöre sie; bring ihn zurück zu seinen Brüdern! Mit seinen Händen soll er für sie kämpfen, steh du ihm gegen seine Feinde bei!« 8 Über den Stamm *Levi* sagte er: »Die heiligen Lose übergabst du Levi, weil er in ganzer Treue zu dir hielt. Bei Massa stelltest du ihn auf die Probe, bei Meriba hast du mit ihm gestritten. 9 Doch später stand er fest auf deiner Seite, selbst gegen seine Eltern, Brüder, Kinder. Die Männer Levis folgten dir aufs Wort und hielten treu zu deinem Bund. 10 Sie werden Israel dein Recht verkünden, damit dein Volk stets dein Gesetz befolgt. Sie bringen Opfer dar auf dem Altar, verbrennen dir zu Ehren süßen Weihrauch. 11 HERR, schenke ihnen Glück und Wohlstand und blicke freundlich auf ihr Tun! Vernichte alle ihre Feinde, damit sich keiner gegen sie erhebt!« 12 Über den Stamm *Benjamin* sagte er: »Das Lieblingskind des HERRN ist Benjamin. Der höchste Gott wacht täglich über ihn, er wohnt beschützt und sicher zwischen Bergen.« 13 Über den Stamm *Josef* sagte er: »Der Segen Gottes komme über ihn! Ja, reich gesegnet sei sein Land vom HERRN mit Regen, der vom Himmel niederrinnt, mit Wasser aus den Speichern in der Tiefe, 14 mit allem, was die Sonne wachsen lässt und was im Lauf der Monde reif wird! 15-16 Das Beste nur vom Besten soll er haben, es werde ihm in reichstem Maß zuteil! Die Erde bringe es für ihn hervor, die Berge sollen es ihm tragen! Der Gott, der in dem Dornbusch wohnte, er wende Josef seine Liebe zu, ihm, dem Erwählten unter seinen Brüdern! 17 Er gleicht dem Erstgeborenen des Stiers, in Josef wohnt die Stärke seines Gottes. Er hat die Hörner eines Büffels: die vielen tausend Männer von *Manasse*, Zehntausende von Kriegern *Efraïms*, mit denen er die Feinde niederwirft bis zu den Grenzen dieser Erde.« 18 Über die Stämme *Sebulon* und *Issachar* sagte er: »Du, Sebulon, erfährst dein Glück auf See und du in deinen Zelten, Issachar! 19 Sie laden ihre Nachbarvölker ein, auf ihren heiligen Berg zu kommen; sie bringen Opfer, die Gott wohlgefällig sind. Sie finden ihren Reichtum auf dem Meer und holen ihre Schätze aus dem Sand.« 20 Über den Stamm *Gad* sagte er: »Der HERR gibt Gad ein weites Land und dafür sei ihm Preis und Dank gebracht! Auf Beute lauert Gad, dem Löwen gleich, und reißt den Opfern Kopf und Arme ab. 21 Vom Land erwählte er das beste Stück, denn dort beim Anteil eines großen Fürsten versammeln sich die Stammesoberhäupter. Der Wille Gottes wird von Gad vollstreckt; zusammen mit dem ganzen Israel bringt er das Recht des HERRN zur Geltung.« 22 Über den Stamm *Dan* sagte er: »Auch Dan ist wie ein junger Löwe, er springt hervor aus Baschans Wald.« 23 Über den Stamm *Naftali* sagte er: »Der HERR hat Naftali gesegnet und sättigt ihn mit seiner Gunst. Vom See greift er nach Süden aus.« 24 Über den Stamm *Ascher* sagte er: »Auf Ascher blicken liebevoll die Brüder, er ist noch mehr gesegnet als die andern. Sein Land ist überreich an Öl, so reich, dass er die Füße darin badet. 25 Die Städte Aschers seien wohl bewacht mit Eisenriegeln an den Toren. Solange er bestehen bleibt, so lange fehle es ihm nie an Kraft!« 26 Weiter sagte Mose: »Kein anderer Gott ist dem Gott Israels gleich, dem Gott Jeschuruns! In seiner Majestät fährt er über den Himmel, auf den Wolken eilt er dir zu Hilfe. 27 Der ewige Gott ist deine Zuflucht, Israel, in seinen Armen fängt er dich auf. Er hat deine Feinde vor dir vertrieben und dir befohlen: ›Vernichte sie!‹ 28 Nun wohnst du in sicheren Grenzen, ausgesondert aus den übrigen Völkern. Tau und Regen schenkt dir der Himmel, Korn und Wein bringt die Erde in Fülle hervor. 29 Wie glücklich bist du, Israel! Kein anderes Volk kann sich mit dir vergleichen, denn der HERR ist dein Helfer. Du kannst dich auf ihn verlassen, er ist für dich wie ein schützender Schild und ein scharfes, siegreiches Schwert. Deine Feinde müssen dich um Gnade bitten, doch du schreitest stolz über sie hinweg.«

MOSE STIRBT

34 Dann stieg Mose vom moabitischen Steppengebiet hinauf auf den Berg Nebo, auf den Gipfel des Pisga, der östlich von Jericho liegt. Dort oben zeigte ihm der HERR das Land, das zu seinen Füßen ausgebreitet war: die Landschaft Gilead und die daran anschließenden Gebiete bis hinauf zum Stammesgebiet von Dan, 2 das ganze Gebiet des Stammes Naftali, das Gebiet der Stämme Efraïm und Manasse und das ganze Gebiet des Stammes Juda bis zum Meer im Westen, 3 ebenso das Südland und die Senke von der Palmenstadt bis nach Zoar. 4 Er sagte zu ihm: »Dies ist das Land, das ich Abraham, Isaak und Jakob mit einem Eid versprochen und von dem ich zu ihnen gesagt habe: ›Euren Nachkommen will ich es geben!‹ Du hast es jetzt mit eigenen Augen gesehen, aber du selbst darfst es nicht betreten.« 5 So starb Mose, der Bevollmächtigte Gottes, im Land Moab, wie der HERR es bestimmt hatte. 6 Gott begrub ihn dort im Tal gegenüber von Bet-Pegor. Bis heute weiß niemand, wo sein Grab ist. 7 Mose war 120 Jahre alt, als er starb. Aber bis zuletzt war er rüstig geblieben und seine Sehkraft hatte nicht nachgelassen. 8 Dreißig Tage lang hielt das ganze Volk im moabitischen Steppengebiet für ihn die Totenklage. 9 Josua, der Sohn Nuns, wurde nun der Anführer der Israeliten. Er war mit Weisheit und Umsicht begabt, seit Mose ihm die Hände aufgelegt und ihn dadurch zu seinem Nachfolger eingesetzt hatte. Die Leute von Israel gehorchten ihm, wie der HERR ihnen das durch Mose befohlen hatte. 10 Nie mehr gab es in Israel einen Propheten wie Mose, mit dem der HERR Auge in Auge gesprochen hat. 11 Kein anderer Prophet hat solche staunenerregenden Wunder vollbracht wie die, mit denen er im Auftrag des HERRN in Ägypten gegen den Pharao, seine Minister und sein ganzes Land aufgetreten ist. 12 Kein anderer hat Israel mit so starker Hand geführt und vor den Augen des ganzen Volkes solche mächtigen und schreckenerregenden Taten vollbracht wie er.

DAS BUCH **JOSUA**

GOTT GIBT DEN BEFEHL ZUM EINZUG IN DAS LAND

1 Nachdem Mose, der Bevollmächtigte des HERRN, gestorben war, sagte der HERR zu Josua, dem Sohn Nuns, dem Helfer Moses: 2 »Mein Diener Mose ist tot. Nun mach dich auf und zieh mit dem ganzen Volk über den Jordan in das Land, das ich euch geben will! Führe das ganze Volk Israel über den Jordan! 3 Jeden Fleck Erde, den ihr betreten werdet, gebe ich euch, wie ich es Mose versprochen habe. 4 Euer Gebiet soll von der Wüste im Süden bis zum Libanongebirge im Norden reichen, es soll nach Osten zu das ganze Land der Hetiter bis zum Eufrat einschließen; im Westen erstreckt es sich bis zum Mittelmeer. 5 Kein Feind wird sich gegen dich behaupten können; denn ich werde dir dein Leben lang zur Seite stehen, genauso wie ich Mose zur Seite gestanden habe. Niemals werde ich dir meine Hilfe entziehen, nie dich im Stich lassen. 6 Sei mutig und entschlossen! Du wirst diesem Volk das Land, das ich ihren Vorfahren mit einem Eid zugesagt habe, als bleibenden Besitz zuteilen. 7 Halte dich mutig und entschlossen an das, was mein Diener Mose gesagt hat! Befolge mein Gesetz, das er dir übergeben hat, und lass nicht das Geringste davon außer Acht; dann wird dir alles gelingen, was du unternimmst. 8 Sprich die Weisungen aus meinem Gesetzbuch ständig vor dich hin und denke Tag und Nacht darüber nach, damit dein ganzes Tun an meinen Geboten ausgerichtet ist. Dann wirst du Erfolg haben und wirst alles, was du beginnst, glücklich vollenden. 9 Ich sage dir noch einmal: Sei mutig und entschlossen! Hab keine Angst und lass dich durch nichts erschrecken; denn ich, der HERR, dein Gott, bin bei dir, wohin du auch gehst!«

JOSUA BEREITET DEN EINMARSCH VOR

10-11 Darauf ließ Josua die Aufseher durch das Lager gehen und überall bekannt machen: »In drei Tagen werden wir den Jordan überschreiten und das Land in Besitz nehmen, das der HERR uns geben will. Bereitet genügend Verpflegung für den Marsch vor!«

12 Zu den Stämmen Ruben und Gad und dem halben Stamm Manasse sagte Josua: 13 »Mose, der Bevollmächtigte des HERRN, hat euch zugesagt: ›Der HERR, euer Gott, gibt euch auf dieser Seite des Jordans eure Heimat.‹ Denkt nun daran, was er euch damals befohlen hat! 14 Eure Frauen und Kinder und eure Herden können auf dieser Seite des Jordans bleiben, aber alle eure wehrfähigen Männer müssen an der Spitze ihrer Brüder, der anderen Israeliten, über den Jordan ziehen und ihnen helfen, 15 das Land einzunehmen, das der HERR, euer Gott, ihnen geben will. Erst wenn der HERR euren Brüdern so wie euch eine Heimat gegeben hat, könnt ihr zurückkommen und euch hier in dem Land östlich des Jordans ansiedeln, das euch Mose zugesprochen hat.« 16 Sie antworteten Josua: »Wir wollen alles tun, was du uns gesagt hast, und überall hingehen, wohin du uns schickst. 17 Wir werden dir gehorchen, so wie wir Mose gehorcht haben. Der HERR, dein Gott, stehe dir bei, wie er Mose beigestanden hat. 18 Jeder, der sich dir widersetzt und deinen Befehlen nicht folgt, muss mit dem Tod bestraft werden. Sei nur mutig und entschlossen!«

DIE KANAANITERIN RAHAB HILFT DEN KUNDSCHAFTERN ISRAELS

2 Von Schittim aus schickte Josua heimlich zwei Männer auf die andere Seite des Jordans und befahl ihnen: »Erkundet das Land dort drüben und besonders die Stadt Jericho!« Die Kundschafter kamen in die Stadt und kehrten im Haus einer Prostituierten namens Rahab ein, um dort zu übernachten. 2 Noch am selben Abend wurde dem König von Jericho gemeldet, dass Kundschafter der Israeliten in die Stadt gekommen waren. 3 Sofort schickte er Wachtleute zu Rahab und befahl ihr: »Gib die beiden Männer heraus, die bei dir eingekehrt sind! Sie sind nur gekommen, um unser Land auszuspionieren.« 4-6 Rahab versteckte die beiden auf dem flachen Dach ihres Hauses unter einem Haufen von Flachs und sagte zu den Wachtleuten: »Ja, es waren zwei Männer bei mir. Aber ich wusste nicht, woher sie kamen. Beim Einbruch der Dunkelheit, bevor das Tor geschlossen wurde, haben sie die Stadt wieder verlassen. Ich weiß nicht, in welche Richtung sie gegangen sind. Aber wenn ihr schnell hinterherlauft, könnt ihr sie noch einholen.« 7 Die Wachtleute nahmen sofort die Verfolgung auf und liefen bis an den Jordanübergang. Das Stadttor wurde wieder hinter ihnen geschlossen.

DIE KANAANITER HABEN DEN MUT VERLOREN

8 Noch bevor sich die beiden Kundschafter zum Schlafen zurechtgelegt hatten, kam Rahab zu ihnen aufs Dach 9 und sagte: »Ich weiß, dass der HERR euch dieses Land gegeben hat. Alle seine Bewohner zittern vor euch, sie sind vor Angst wie gelähmt. 10 Wir haben gehört, dass euer Gott euch einen Weg durch das Schilfmeer gebahnt hat, als ihr aus Ägypten gezogen seid. Wir wissen auch, dass ihr auf der anderen Seite des Jordans die beiden Amoriterkönige Sihon und Og besiegt und getötet habt. 11 Deshalb haben wir allen Mut verloren. Keiner von uns wagt, gegen euch zu kämpfen. Denn der HERR, euer Gott, hat die Macht im Himmel und auf der Erde. 12 Ich bitte euch, schwört mir bei ihm, dass ihr an meiner Familie genauso handelt, wie ich an euch gehandelt habe. Und gebt mir ein zuverlässiges Zeichen, dass ihr es ernst meint 13 und meinen Angehörigen das Leben retten wollt, meinem Vater und meiner Mutter, meinen Brüdern und meinen Schwestern und meinem ganzen Hausgesinde!« 14 Die Kundschafter antworteten ihr: »Der HERR soll unser eigenes Leben von uns fordern, wenn einem von euch etwas geschieht! Aber ihr dürft niemand sagen, dass wir hier waren. Dann werden wir uns an die Abmachung halten und dich und deine Angehörigen verschonen, wenn der HERR uns dieses Land gibt.«

DIE RÜCKKEHR DER KUNDSCHAFTER

15 Rahabs Haus war unmittelbar an die Stadtmauer gebaut. So ließ sie die beiden Männer an einem Seil aus dem Fenster die Mauer hinunter. 16 Dabei sagte sie zu ihnen: »Geht zuerst ins Bergland und versteckt euch dort, damit ihr nicht euren Verfolgern in die Hände lauft. Wartet drei Tage lang, bis sie die Verfolgung aufgegeben haben. Dann könnt ihr unbehelligt in euer Lager zurückkehren.« 17 Zum Abschied sagten die Kundschafter: »Hör, was du tun musst, andernfalls ist unser Eid ungültig: 18 Binde diese rote Schnur an das Fenster, durch das du uns hinuntergelassen hast, und nimm deine Eltern und Geschwister und alle anderen Verwandten zu dir ins Haus. 19 Niemand darf es verlassen. Wer hinausgeht und getötet wird, ist selbst daran schuld. Wir übernehmen dafür keine Verantwortung. Nur wenn jemand drinnen im Haus umgebracht wird, trifft die Schuld uns. 20 Du darfst aber nichts verraten! Sonst sind wir nicht mehr an den Eid gebunden, den wir dir geschworen haben.« 21 »Gut«, sagte Rahab, »so soll es sein«, und ließ sie gehen. Dann band sie die rote Schnur ans Fenster. 22 Die beiden Männer versteckten sich drei Tage in den Bergen, bis ihre Verfolger wieder in die Stadt zurückgekehrt waren. Die Wächter hatten alle Wege in der ganzen Gegend abgesucht, aber niemand gefunden. 23 Danach machten sich die Kundschafter auf den Rückweg. Sie stiegen ins Jordantal hinunter, überquerten den Fluss und kamen ins Lager der Israeliten. Sie berichteten Josua, was sie erlebt hatten, 24 und versicherten ihm: »Der HERR hat das ganze Land in unsere Hand gegeben. Alle seine Bewohner zittern vor uns.«

DER ÜBERGANG ÜBER DEN JORDAN

3 Am nächsten Morgen brach Josua mit dem ganzen Volk von Schittim aus auf und zog mit ihnen bis an den Jordan. Dort schlugen sie ihr Lager auf. 2 Am dritten Tag schickte Josua wieder die Aufseher durchs Lager 3 und ließ den Befehl ausgeben: »Wenn ihr seht, dass die Priester aus dem Stamm Levi die Bundeslade des HERRN, eures Gottes, aus dem Lager tragen, dann brecht auf und zieht hinter ihr her! 4 Sie wird euch den Weg zeigen; ihr seid ihn ja noch nie gegangen. Kommt der Lade aber nicht zu nahe, sondern haltet einen Abstand von etwa tausend Schritten!« 5 Weiter sagte Josua zum Volk: »Macht euch bereit! Sorgt dafür, dass ihr rein seid, wie der HERR es von seinem Volk verlangt. Denn morgen wird der HERR ein Wunder für euch tun.« 6 Am nächsten Tag befahl Josua den Priestern: »Nehmt die Bundeslade und geht vor uns her durch den Jordan!« Da hoben sie die Bundeslade auf ihre Schultern und gingen dem Volk voran. 7 Der HERR aber sagte zu Josua: »Von heute ab werde ich dich vor dem ganzen Volk Israel groß machen. Sie sollen merken, dass ich dir beistehe, wie ich Mose beigestanden habe. 8 Befiehl den Priestern, die die Bundeslade tragen: ›Sobald ihr den ersten Schritt ins Wasser des Jordans getan habt, bleibt stehen!‹« 9 Da rief Josua das Volk zu sich und sagte: »Hört, was der HERR, euer Gott, euch sagen lässt: 10-13 Wählt zwölf Männer aus, von jedem Stamm einen! Die Bundeslade des HERRN, dem die ganze Erde gehört, wird voranziehen und euch einen Weg durch den Jordan bahnen. Sobald die Priester, die sie tragen, ihre Füße ins Jordanwasser setzen, wird kein Wasser mehr nachfließen. Der Fluss wird sich weiter oben anstauen wie vor einem Damm. Daran sollt ihr erkennen, dass ihr einen lebendigen Gott habt. Er wird sein Versprechen halten und die Völker des Landes vor euch vertreiben: die Kanaaniter, Hetiter, Hiwiter, Perisiter, Girgaschiter, Amoriter und Jebusiter.« 14 Nun brach das Volk auf, um den Jordan zu überschreiten. An der Spitze des Zuges gingen die Priester mit der Bundeslade. 15 Es war gerade Frühjahr; um diese Zeit führt der Jordan so viel Wasser, dass er über die Ufer tritt. In dem Augenblick, als die Priester den Fuß ins Wasser setzten, 16 staute sich der Fluss weit oben bei dem Ort Adam in der Nähe von Zaretan und das Wasser unterhalb der Stauung lief zum Toten Meer ab. So konnte das ganze Volk trockenen Fußes bei Jericho durch den Jordan gehen. 17 Die Priester aber blieben mit der Bundeslade im Flussbett stehen, bis alle sicher auf der anderen Seite angekommen waren.

STEINE ALS ERINNERUNGSZEICHEN

4 Als das ganze Volk durch den Jordan gegangen war, sagte der HERR zu Josua: 2 »Wählt zwölf Männer aus, von jedem Stamm einen, 3 und lasst sie zwölf Steine aus dem Jordan holen, von der Stelle, wo die Priester stehen. Sie sollen die Steine mitnehmen und dort niederlegen, wo ihr das Nachtlager aufschlagt.« 4 Josua wählte zwölf Männer aus, für jeden Stamm Israels einen. 5 Er sagte zu ihnen: »Geht zur Bundeslade des HERRN, eures Gottes, in den Jordan und hebt jeder einen großen Stein auf. Nehmt ihn auf die Schulter – so viele Steine, wie es Stämme im Volk Israel gibt. 6-7 Wenn später eure Kinder fragen, was diese Steine bedeuten, dann erzählt ihnen, wie das Wasser des Jordans versiegte, als die Bundeslade den Fluss durchquerte. Diese Steine sollen die Israeliten für alle Zukunft daran erinnern.« 8 Die Männer befolgten Josuas Anweisung und holten zwölf Steine aus dem Jordan, für jeden Stamm Israels einen, wie der HERR es befohlen hatte. Sie trugen sie bis zum Lagerplatz und stellten sie dort auf. 9 Josua stellte auch mitten im Jordan zwölf Steine auf an der Stelle, wo die Priester mit der Bundeslade haltgemacht hatten. Die Steine sind noch heute dort. 10 Die Priester blieben mit der Bundeslade so lange im Jordan stehen, bis alles ausgeführt war, was der HERR dem Volk durch Josua befohlen hatte. Schon Mose hatte Josua diese Anweisung gegeben. Das Volk ging, so schnell es konnte, durch das trockene Flussbett. 11 Als alle drüben waren, gingen auch die Priester mit der Bundeslade ans Ufer und stellten sich an die Spitze des Zuges. 12 Die Männer der Stämme Ruben und Gad und des halben Stammes Manasse gingen kampfbereit vor den übrigen Israeliten her, so wie Mose es ihnen befohlen hatte. 13 Etwa 40 000 Kriegsleute zogen unter der Führung des HERRN zum Kampf in die Ebene von Jericho. 14 Der HERR machte an diesem Tag Josua vor dem ganzen Volk groß, und die Israeliten achteten ihn sein Leben lang, genauso wie sie Mose geachtet hatten. 15 Dann sagte der HERR zu Josua: 16 »Befiehl den Priestern, die die Lade mit dem Bundesgesetz tragen, aus dem Jordan heraufzukommen!« 17 Josua befahl es, 18 und kaum hatten die Priester das Flussbett verlassen, da kam das Wasser wieder und der Fluss trat über seine Ufer wie zuvor. 19 Das Volk ging durch den Jordan am 10. Tag des 1. Monats und schlug sein Lager bei Gilgal auf, an der Ostgrenze des Gebietes von Jericho. 20 Dort stellte Josua die zwölf Steine auf, die sie aus dem Jordan mitgenommen hatten, 21 und sagte zu den Israeliten: »Wenn später eure Kinder fragen, was diese Steine bedeuten, 22 dann erzählt ihnen, wie das Volk Israel den Jordan trockenen Fußes durchquert hat. 23 Der HERR, euer Gott, hat das Wasser des Jordans vor euch austrocknen lassen, bis ihr hindurchgezogen wart, genauso wie er das Schilfmeer vor uns austrocknen ließ, damit wir hindurchziehen konnten. 24 Daran sollen alle Völker der Erde erkennen, wie groß die Macht des HERRN ist, und ihr selbst sollt den HERRN, euren Gott, dafür in alle Zukunft ehren.«

5 Alle Könige der Amoriter westlich des Jordans und alle Könige der Kanaaniter an der Küste des Mittelmeeres hörten davon, wie der HERR den Jordan austrocknen ließ, bis das Volk Israel hindurchgezogen war. Da packte sie die Angst vor den Israeliten und sie verloren allen Mut.

BESCHNEIDUNG UND ERSTES PASSAFEST IN KANAAN

2 Damals sagte der HERR zu Josua: »Mach dir Messer aus Stein und beschneide alles, was männlich ist, in Israel! Zum zweiten Mal soll dies jetzt geschehen.« 3 Josua machte sich Steinmesser und beschnitt die männlichen Israeliten an einem Platz, der seitdem Beschneidungshügel heißt. 4-6 Als die Israeliten Ägypten verließen, waren alle männlichen Personen beschnitten gewesen. Aber während der vierzigjährigen Wüstenwanderung wurden keine Neugeborenen beschnitten. Die Männer, die beim Auszug aus Ägypten

im wehrfähigen Alter gestanden hatten, waren in-
zwischen gestorben. Sie hatten dem HERRN nicht
gehorcht und deshalb hatte der HERR geschworen:
»Sie sollen das Land nicht sehen, das ich ihren Vätern
versprochen habe, das Land, das von Milch und Honig
überfließt!« 7 Ihre herangewachsenen Söhne hatte
der HERR an die Stelle ihrer Väter treten lassen, und
sie waren es, die jetzt von Josua beschnitten wurden;
denn unterwegs war dies nicht geschehen. 8 Nachdem
alle beschnitten worden waren, blieben sie im Lager,
bis die Wunden geheilt waren. 9 Der HERR sagte zu
Josua: »Heute habe ich die Schande von euch ge-
nommen, dass ihr in Ägypten Sklaven gewesen seid.«
Deshalb wurde der Platz Gilgal genannt und so heißt
er bis heute. 10 Während die Israeliten bei Gilgal in der
Ebene von Jericho lagerten, feierten sie das Passafest.
Das geschah am 14. Tag des 1. Monats, als es Abend
wurde. 11 Am Tag darauf aßen sie zum ersten Mal et-
was, was im Land Kanaan gewachsen war: geröstete
Getreidekörner und ungesäuertes Brot. 12 Von diesem
Zeitpunkt an blieb das Manna aus; die Israeliten fan-
den jetzt keines mehr. Sie aßen schon in diesem ersten
Jahr, was in Kanaan gewachsen war.

GOTT SCHICKT EINEN MÄCHTIGEN HELFER

13 In der Nähe von Jericho sah Josua plötzlich einen
Mann vor sich stehen, der ein gezogenes Schwert in
der Hand hielt. Josua ging auf ihn zu und fragte ihn:
»Freund oder Feind?« 14 »Keins von beiden«, antwor-
tete der Fremde. »Ich bin der Befehlshaber über das
Heer des HERRN. Und jetzt bin ich hier.« Josua warf
sich in Ehrfurcht vor ihm nieder und sagte: »Ich bin dein
Diener! Was befiehlst du mir, Herr?« 15 Er sagte zu Josua:
»Zieh deine Schuhe aus, denn du stehst auf heiligem
Boden!« Und Josua tat, was er ihm befohlen hatte.

DIE MAUERN JERICHOS FALLEN

6 Alle Tore der Stadt Jericho waren fest verriegelt,
als die Israeliten heranrückten. Niemand konnte
hinein und niemand heraus. 2 Da sagte der HERR zu
Josua: »Jetzt gebe ich Jericho mit seinem König und
allen seinen Kriegsleuten in deine Hand. 3 Zieh mit allen
kriegstüchtigen Männern täglich einmal um die Stadt,
sechs Tage lang. 4 Sieben Priester mit Kriegshörnern
sollen vor der Bundeslade hergehen. Am siebten Tag
aber zieht ihr siebenmal um die Stadt und die Priester
sollen dabei die Hörner blasen. 5 Sobald die Männer
die Hörner hören, stimmen alle ein lautes Kriegsge-
schrei an. Dann wird die Mauer einstürzen, und jeder
kann von der Stelle aus, wo er gerade steht, in die Stadt
eindringen.« 6 Josua rief die Priester zu sich und sagte
zu ihnen: »Nehmt die Bundeslade des HERRN auf eure
Schultern. Sieben von euch gehen mit Kriegshörnern
vor ihr her.« 7 Dann befahl er den Kriegsleuten: »Auf!
Zieht rund um die Stadt! Die erfahrensten Kämpfer
gehen der Bundeslade als Vorhut voraus.« 8-9 So ge-
schah es. Zwischen den ausgewählten Kriegern und
der Bundeslade gingen die sieben Priester, die ständig
ihre Hörner bliesen. Zum Schluss kam das ganze übrige
Heer. 10 Josua hatte den Männern Israels befohlen, sich
ganz still zu verhalten und erst auf seinen Befehl das
Kriegsgeschrei anzustimmen. 11 So ließ er den gan-
zen Zug mit der Bundeslade des HERRN einmal um die
Stadt marschieren. Dann kamen sie ins Lager zurück
und blieben die Nacht über dort. 12 Früh am nächsten
Morgen gab Josua wieder den Befehl zum Aufbruch.
Die Priester nahmen die Bundeslade auf ihre Schul-
tern. 13 Dann zogen sie los: zuerst die Vorhut, dann die
Priester, die ständig ihre Hörner bliesen, hinter ihnen
die Bundeslade und schließlich das übrige Heer. 14 Auch
an diesem zweiten Tag marschierten sie einmal rund um
die Stadt. So taten sie es sechs Tage lang. 15 Am sieb-
ten Tag brachen sie beim Morgengrauen in derselben
Ordnung auf. An diesem Tag zogen sie siebenmal um die
Stadt. 16 Beim siebten Mal, als die Priester ihre Hörner an
den Mund setzten, befahl Josua den Männern Israels:
»Jetzt schreit los! Der HERR hat euch die Stadt ausgelie-
fert. 17 Aber hört her: Die Stadt ist dem HERRN geweiht
und steht unter seinem Bann mit allem, was darin ist.
Kein Mensch und kein Tier darf am Leben bleiben. Nur
die Prostituierte Rahab und alle, die in ihrem Haus sind,
sollen verschont werden; denn sie hat damals unsere
Kundschafter versteckt. 18 Hütet euch, etwas von dem
Gebannten für euch selbst zu nehmen, sonst kommt der
Bannfluch über das ganze Lager Israels und stürzt euch
ins Verderben. 19 Alles Gold und Silber und alle Geräte
aus Bronze und Eisen gehören dem HERRN und kommen
in die Schatzkammer seines Heiligtums.« 20 Die Priester
stießen in ihre Hörner, und als das Volk den Hörnerschall
hörte, erhob es ein lautes Kriegsgeschrei. Da stürzte die
Mauer in sich zusammen, und die Männer Israels dran-
gen von allen Seiten in die Stadt ein und eroberten sie.
21 Sie erschlugen nach dem Befehl des HERRN alles, was
in der Stadt lebte, mit dem Schwert: Männer und Frauen,
Kinder und Alte, Rinder, Schafe und Esel.

RAHABS FAMILIE WIRD VERSCHONT

22 Den beiden Kundschaftern aber hatte Josua den
Auftrag gegeben: »Geht in das Haus der Prostituierten
und holt sie mit allen ihren Angehörigen heraus, wie
ihr es geschworen habt!« 23 Sie gingen hin und holten
Rahab aus dem Haus, dazu ihren Vater, ihre Mutter,
ihre Brüder, das Hausgesinde und die ganze Verwandt-
schaft. Sie brachten sie in Sicherheit und wiesen ihnen
einen Platz außerhalb des Lagers an. 24 Dann brannten
die Männer Israels die ganze Stadt nieder. Nur das Gold
und das Silber und die Gefäße aus Bronze und Eisen ka-
men in die Schatzkammer beim Heiligtum des HERRN.
25 Die Prostituierte Rahab und alle ihre Angehörigen
verschonte Josua zum Dank dafür, dass sie die Kund-
schafter versteckt hatte. Ihre Nachkommen leben noch
heute in Israel. 26 Damals sprach Josua die Warnung
aus: »Wer versucht, die Stadt Jericho wieder aufzu-
bauen, den trifft der Fluch des HERRN. Wenn er die
Fundamente legt, kostet es ihn seinen erstgeborenen
Sohn. Wenn er die Tore einsetzt, kostet es ihn seinen
Jüngsten.« 27 Der HERR stand Josua bei und sein Ruhm
verbreitete sich im ganzen Land.

DAS KRIEGSGLÜCK WENDET SICH VON ISRAEL

7 Der HERR hatte den Israeliten befohlen, die Stadt
und alles darin unter den Bann zu stellen und sich
nichts davon anzueignen. Diese Anweisung wurde von
den Israeliten nicht streng befolgt. Ein Mann namens
Achan nahm etwas von den verbotenen Dingen. Er
war der Sohn von Karmi und Enkel von Sabdi und ge-
hörte zur Sippe Serach, die zum Stamm Juda zählte.
Da wurde der HERR zornig und ließ es die Israeliten
spüren. 2 Josua hatte einige Männer von Jericho nach
Ai geschickt, einer Stadt östlich von Bet-El in der Nähe
von Bet-Awen. Er hatte ihnen befohlen, die Umgebung
von Ai zu erkunden. Die Männer führten den Befehl
aus, 3 kehrten zu Josua zurück und meldeten: »Es ist
keine große Stadt. Du brauchst nicht alle Kriegsleute
aufzubieten; zwei- bis dreitausend werden genügen,
um Ai einzunehmen.« 4 So griffen etwa 3000 Israeliten
die Stadt an, aber sie wurden zurückgeschlagen. 5 Die
Männer von Ai verfolgten sie vom Stadttor bis zu der
Stelle, wo die Felsen steil abfallen, und töteten dort
am Abstieg 36 von den Angreifern. Da verlor das Volk
allen Mut. 6 Josua und die Ältesten Israels waren so
erschüttert, dass sie ihre Kleider zerrissen, Erde auf
den Kopf streuten und sich vor der Bundeslade des
HERRN zu Boden warfen. So lagen sie bis zum Abend.
7 Josua betete: »Ach HERR, du mächtiger Gott! Warum
hast du uns über den Jordan gebracht? Nur um uns in
die Hände der Amoriter fallen zu lassen und uns zu
vernichten? Wären wir doch auf der anderen Seite des
Jordans geblieben! 8 Was soll ich dazu sagen, Herr, dass
die Männer Israels vor ihren Feinden geflohen sind?
9 Wenn die Kanaaniter und die übrigen Bewohner des
Landes davon hören, werden sie alle kommen und uns
aus dem Land treiben. Was willst du dann noch tun, um
die Ehre deines großen Namens zu retten?«

DIE URSACHE: UNGEHORSAM

10 Der HERR antwortete Josua: »Steh auf! Warum liegst
du auf dem Boden? 11 Die Israeliten haben Schuld auf
sich geladen, sie haben den Bund gebrochen, den ich
mit ihnen geschlossen habe. Sie haben heimlich etwas
von den Dingen, die vernichtet werden sollten, weg-
genommen und sich angeeignet. 12 Das ist der Grund,
weshalb sie ihren Feinden nicht standhalten können.
Sie müssen vor ihnen fliehen, weil sie jetzt selbst unter
dem Bann stehen und dem Untergang preisgegeben
sind. Ich werde euch nicht mehr beistehen, wenn ihr
nicht alles vernichtet, was ihr gegen mein Verbot weg-
genommen habt. 13 Steh auf und bereite das Volk auf
die Begegnung mit mir vor! Befiehl ihnen, dass sie sich
reinigen, damit sie morgen vor mich treten können.
Sag zu ihnen: ›So spricht der HERR, der Gott Israels:
Ihr habt Dinge bei euch, die unter dem Bann stehen.
Israel wird seinen Feinden nicht mehr standhalten
können, solange ihr euch nicht davon trennt.‹ 14 Sie
sollen morgen früh nach Stämmen geordnet antreten.
Der Stamm, auf den ich das Los fallen lasse, soll nach
Sippen geordnet vortreten. Dann wird aus dem Stamm
eine Sippe und aus der Sippe eine Familie ausgelost.
15 Wen dann von den Männern dieser Familie das Los
trifft, der ist es; er hat sich an den verbotenen Dingen
vergriffen und muss verbrannt werden, er und alles,
was ihm gehört. Er hat etwas getan, was in Israel eine
Schandtat ist, und hat dadurch den Bund mit dem
HERRN gebrochen.«

DAS VERGEHEN WIRD GESÜHNT

16 Am nächsten Morgen ließ Josua alle Männer Israels
nach Stämmen geordnet antreten und das Los traf den
Stamm Juda. 17 Als der Stamm Juda mit seinen Sippen
vortrat, traf es die Sippe Serach und aus der Sippe Se-
rach die Familie Sabdi. 18 Unter den Männern der Fami-
lie Sabdi traf das Los Achan, den Sohn von Karmi und
Enkel von Sabdi. 19 Josua sagte zu ihm: »Mein Sohn,
gib dem HERRN, dem Gott Israels, die Ehre und be-
kenne vor ihm deine Schuld! Sag mir offen, was du
getan hast, und verbirg mir nichts!« 20 »Ja«, antwor-
tete Achan, »ich war es, der sich gegen den HERRN,
den Gott Israels, vergangen hat. 21 Ich sah unter den
Beutestücken einen wertvollen babylonischen Man-
tel, 200 Silberstücke und einen Goldbarren, der gut
ein halbes Kilo wiegt. Ich konnte nicht widerstehen
und nahm es mir. Du wirst es alles in meinem Zelt ver-
graben finden; das Silber liegt zuunterst.« 22 Josua
schickte einige Männer zu Achans Zelt, und sie fanden
alles, wie er es beschrieben hatte. 23 Sie brachten die
Beutestücke zu Josua und allen Israeliten und legten
sie vor der Bundeslade des HERRN nieder. 24 Josua und
das ganze Volk brachten Achan und die Beutestücke
und dazu seine Söhne und Töchter, seine Rinder, Esel,
Schafe und Ziegen, sein Zelt und alles, was ihm sonst
noch gehörte, in das Achor-Tal. 25 Josua sagte: »Du
hast uns ins Unglück gestürzt. Dafür stürzt der HERR
auch dich jetzt ins Unglück.« Alle Israeliten steinig-
ten Achan und seine Angehörigen und verbrannten
sie. 26 Dann errichteten sie über ihnen einen großen
Steinhaufen, der bis heute zu sehen ist. Da ließ der
HERR von seinem Zorn ab. Wegen dieses Vorfalls heißt
das Tal bis heute Achor-Tal (Unglückstal).

JOSUAS KRIEGSLIST

8 Darauf sagte der HERR zu Josua: »Hab keine Angst,
sei nicht verzagt! Nimm alle Kriegsleute mit dir
und zieh noch einmal hinauf vor die Stadt Ai. Ich habe
den König von Ai, sein Volk, seine Stadt und sein Land
in deine Hand gegeben. 2 Du sollst mit der Stadt und
ihrem König genauso verfahren wie mit Jericho und
seinem König; aber ihr dürft diesmal das Beutegut
und das Vieh für euch selbst behalten. Lege jetzt
einen Teil der Männer in einen Hinterhalt im Rücken
der Stadt!« 3 Bevor Josua mit allen Kriegsleuten nach
Ai hinaufzog, suchte er 30 000 seiner besten Leute aus
und schickte sie noch in der Nacht voraus. 4 Er befahl
ihnen: »Legt euch auf der anderen Seite der Stadt in
einen Hinterhalt, aber nicht zu weit entfernt. Seid je-
derzeit zum Angriff bereit. 5 Ich werde mit dem ganzen
Rest unserer Leute vor die Stadt ziehen. Wenn dann die
Männer von Ai wieder einen Ausfall machen, werden

wir umkehren und weglaufen, 6 damit sie hinter uns
herjagen. So werden wir sie von der Stadt weglocken;
denn sie werden denken, dass wir vor ihnen fliehen
wie beim ersten Mal. 7 Unterdessen müsst ihr aus dem
Hinterhalt hervorbrechen und die Stadt einnehmen.
Der HERR, euer Gott, wird sie in eure Gewalt geben.
8 Steckt sie sofort in Brand, wie der HERR es angeord-
net hat. Haltet euch streng an meinen Befehl!« 9 Nach
der Anweisung Josuas zogen sie los und legten sich in
einen Hinterhalt, westlich von Ai, in Richtung Bet-El.
Josua blieb die Nacht über beim Hauptheer. 10 Früh am
Morgen ließ er die Kriegsleute antreten, stellte sich
zusammen mit den Ältesten des Volkes an ihre Spitze
und rückte gegen Ai vor. 11 Nördlich davon schlugen
sie ihr Lager auf; nur ein Tal trennte sie von der Stadt.
12 Josua legte noch 5000 Mann in den Hinterhalt west-
lich der Stadt, zwischen Ai und Bet-El. 13 Das Lager war
also nördlich, der Hinterhalt westlich der Stadt. Josua
selbst kehrte in der Nacht in die Jordanebene zurück.
14 Als der König von Ai das Heer Josuas sah, zögerte
er nicht lange und rückte mit seinen Leuten gegen
die Israeliten aus. Er zog zu dem Platz, der zur Jordan-
ebene offen ist, um sie dort anzugreifen. Er wusste
nicht, dass Josua ihm einen Hinterhalt gelegt hatte.
15 Josua und seine Leute ließen sich zum Schein von
ihnen zurückschlagen und flohen in Richtung Jordan-
ebene. 16 Darauf wurden alle Männer, die noch in Ai
waren, aufgeboten, um die Fliehenden zu verfolgen.
Die Israeliten lockten sie immer weiter von der Stadt
weg. 17 Nicht ein Mann war in Ai zurückgeblieben, alle
jagten hinter den Israeliten her. Die Stadt lag ohne
Schutz mit offenen Toren da.

EROBERUNG UND VERNICHTUNG VON AI

18 Nun sagte der HERR zu Josua: »Streck deine Hand
mit dem Schwert gegen Ai aus! Ich gebe die Stadt in
deine Gewalt.« Josua tat es, 19 und sobald er seine Hand
ausstreckte, kamen die Israeliten aus dem Hinterhalt,
liefen in die Stadt, besetzten sie und steckten sie sofort
in Brand. 20-21 Als die Männer von Ai zurückblickten,
sahen sie Rauch von ihrer Stadt aufsteigen. Da wuss-
ten sie, dass sie verloren waren. Sobald Josua und die
fliehenden Israeliten erkannten, dass die Stadt einge-
nommen war, machten sie kehrt und griffen die Männer
von Ai an. 22 So waren diese nun auf beiden Seiten ein-
geschlossen und keiner von ihnen kam mit dem Leben
davon. 23 Nur den König von Ai nahmen die Männer
Israels gefangen und brachten ihn zu Josua. 24 Als die
Israeliten alle Männer von Ai, die ihnen nachgejagt
waren, erschlagen hatten, zogen sie in die Stadt und
töteten die Zurückgebliebenen. 25 So kamen an diesem
Tag alle Einwohner von Ai ums Leben, 12 000 Männer
und Frauen. 26 Josua hielt seine Hand mit dem Schwert
so lange ausgestreckt, bis der Bann an allen vollstreckt
war. 27 Das Vieh und das sonstige Beutegut aus der Stadt
aber behielten die Israeliten für sich, wie der HERR es
durch Josua angeordnet hatte. 28 Josua brannte Ai nie-
der und machte es für alle Zeiten zum Trümmerhaufen.
So liegt es noch heute da. 29 Den König von Ai ließ er
hängen. Bis zum Sonnenuntergang hing er an einem
Baum, dann befahl Josua, den Leichnam abzunehmen
und in den Durchgang des Stadttores zu werfen. Die
Männer Israels errichteten über ihm einen großen
Steinhaufen, der noch heute zu sehen ist.

FEIERLICHE VERLESUNG DES GESETZES

30 Damals baute Josua auf dem Berg Ebal einen Altar
für den HERRN, den Gott Israels, 31 so wie das Mose, der
Bevollmächtigte des HERRN, den Israeliten befohlen
hatte. Er baute ihn genau nach den Anweisungen, die
im Gesetzbuch Moses aufgeschrieben sind: aus unbe-
hauenen Feldsteinen, die mit keinem eisernen Werk-
zeug in Berührung gekommen sind. Auf diesem Altar
opferten die Leute von Israel dem HERRN Brandopfer
und Mahlopfer. 32 Auf die mitgebrachten Steine schrieb
Josua eine Abschrift des Gesetzes, das Mose vor den
Augen des Volkes niedergeschrieben hatte. 33 Die Is-
raeliten mit ihren Ältesten, Anführern und Richtern
und alle Fremden, die bei ihnen lebten, standen auf
beiden Seiten der Bundeslade des HERRN. Die eine
Hälfte war dem Berg Garizim, die andere Hälfte dem
Berg Ebal zugewandt. Zwischen ihnen und der Lade
des HERRN standen die Priester aus der Nachkommen-
schaft Levis. In dieser Aufstellung sollte das Volk nach
der Anweisung Moses den Segen des HERRN empfan-
gen. 34 Dann las Josua das ganze Gesetz vor, auch die
Segenszusagen und Fluchandrohungen, alles, was im
Buch des Gesetzes geschrieben steht. 35 Er ließ kein
Wort von dem weg, was Mose gesagt hatte. Die ganze
Gemeinde Israel hörte zu, auch die Frauen und Kinder
und die Fremden, die bei ihnen lebten.

DIE LEUTE VON GIBEON RETTEN SICH DURCH EINE LIST

9 Die Siege der Israeliten sprachen sich im ganzen
Land herum. Alle Könige westlich des Jordans – im
Gebirge, im Hügelland und in der Küstenebene bis hin
zum Libanon – erfuhren davon, die Könige der Hetiter
und Amoriter, der Kanaaniter, Perisiter, Hiwiter und
Jebusiter. 2 Sie alle taten sich zusammen, um gemein-
sam gegen Josua und die Israeliten zu kämpfen. 3 Als
die Bewohner von Gibeon, die zu den Hiwitern gehör-
ten, erfuhren, was Josua mit Jericho und Ai gemacht
hatte, 4-5 dachten sie sich eine List aus. Einige von ihnen
verkleideten sich als Boten aus einem fernen Land.
Sie zogen alte Kleider und abgetragene und geflickte
Schuhe an, beluden ihre Esel mit abgenutzten Proviant-
säcken und geflickten Weinschläuchen und packten
lauter steinhartes Brot ein. 6 So gingen sie ins Lager
nach Gilgal und sagten zu Josua und den Männern
Israels: »Wir sind aus einem fernen Land gekommen
und möchten, dass ihr ein Bündnis mit uns schließt.«
7 Aber die Israeliten antworteten den Hiwitern: »Wir
können doch nicht einfach ein Bündnis mit euch schlie-
ßen! Vielleicht wohnt ihr ganz in unserer Nähe.« 8 Die
Männer von Gibeon sagten zu Josua: »Wir sind deine
ergebenen Diener!« »Wer seid ihr? Woher kommt
ihr?«, fragte er sie. 9 Da erzählten sie ihm folgende

Geschichte: »Deine ergebenen Diener kommen aus
einem weit entfernten Land, weil der Ruhm des HERRN,
eures Gottes, bis zu uns gedrungen ist. Wir haben alles
erfahren, was er in Ägypten getan hat, 10 und auch alles,
was er mit den beiden Amoriterkönigen auf der ande-
ren Seite des Jordans gemacht hat, mit König Sihon von
Heschbon und König Og von Baschan, der in Aschtarot
regierte. 11 Da sagten unsere Ältesten und alle Bewoh-
ner unseres Landes zu uns: ›Nehmt Verpflegung mit
und macht euch auf die Reise zu diesen Leuten. Sagt
ihnen, dass wir ihre ergebenen Diener sind, und bit-
tet sie, ein Bündnis mit uns zu schließen.‹ 12 Und nun
seht hier unser Brot: Es war noch warm, als wir von
zu Hause aufbrachen; jetzt ist es hart geworden und
zerbröckelt. 13 Seht unsere Weinschläuche: Sie waren
noch neu, als wir sie füllten, aber jetzt sind sie rissig.
Und unsere Kleider und Schuhe sind zerschlissen von
der langen Reise.« 14 Die Männer Israels aßen zum Zei-
chen der Verbrüderung etwas von dem Proviant, den
die Fremden mitgebracht hatten. Sie versäumten es
jedoch, vorher den HERRN zu fragen. 15 Josua gab den
Leuten aus Gibeon die vertragliche Zusicherung, sie
am Leben zu lassen. Und die Stammesoberhäupter der
Israeliten versprachen ihnen das mit einem Eid. 16 Drei
Tage nach Vertragsabschluss kam es heraus, dass die
Fremden in Wirklichkeit in nächster Nähe mitten im
Gebiet Israels lebten. 17 Die Israeliten waren nämlich
weitergezogen und auf die Städte gestoßen, aus denen
die Boten stammten: Gibeon, Kefira, Beerot und Kir-
jat-Jearim. 18 Sie konnten ihnen nichts antun, weil ihre
eigenen Oberhäupter ihnen im Namen des HERRN, des
Gottes Israels, Frieden geschworen hatten. Das ganze
Volk murrte gegen die Stammesoberhäupter, 19 aber sie
antworteten: »Wir haben ihnen im Namen des HERRN,
des Gottes Israels, Frieden geschworen. Darum dürfen
wir ihnen nichts antun 20 und müssen sie am Leben las-
sen, sonst wird der HERR uns schwer bestrafen. 21 Aber
wir versprechen euch, sie sollen für ganz Israel den
Dienst von Holzhauern und Wasserträgern überneh-
men.« So geschah es auch. 22 Josua ließ die Abgesand-
ten aus Gibeon zu sich kommen und sagte zu ihnen:
»Warum habt ihr uns betrogen? Ihr habt erzählt, dass
ihr von weit her kommt, und dabei wohnt ihr ganz in
der Nähe! 23 Weil ihr das getan habt, sollt ihr verflucht
sein. Euer Volk wird für alle Zeiten die Sklaven stellen,
die für das Heiligtum meines Gottes Holz fällen und
Wasser schöpfen.« 24 Sie erwiderten: »Wir haben so
gehandelt, weil wir um unser Leben fürchteten. Wir
hatten gehört, dass der HERR, euer Gott, euch durch
Mose, seinen Bevollmächtigten, das ganze Land zuge-
sprochen und euch befohlen hatte, alle seine Bewoh-
ner zu töten. 25 Nun, wir sind in deiner Hand; mach mit
uns, was du für richtig hältst.« 26 Josua schützte die
Männer von Gibeon und erlaubte den Männern Israels
nicht, sie zu töten. 27 Doch machte er sie zu Sklaven,
die für die Israeliten und für den Opferdienst am Altar
des HERRN Holz fällen und Wasser schöpfen mussten.
Sie tun das noch heute an der Stätte, die der HERR zu
seinem Heiligtum bestimmt hat.

STRAFEXPEDITION DER KANAANITER GEGEN GIBEON

10 Josua hatte die Stadt Ai eingenommen und an
ihr wie zuvor an Jericho den Bann vollstreckt.
Daraufhin hatten die Leute von Gibeon sich den Is-
raeliten unterworfen und erreicht, dass sie mitten
im Gebiet Israels wohnen bleiben konnten. Als der
König Adoni-Zedek von Jerusalem davon erfuhr,
2 brach unter seinen Leuten große Angst aus. Denn
Gibeon war so groß wie die Städte, die einen König
hatten, und es war sogar größer als Ai. Außerdem
waren die Männer von Gibeon als tapfere Kämpfer
bekannt. 3 Deshalb schickte der König von Jerusalem
Boten zu den Nachbarkönigen Hoham von Hebron,
Piram von Jarmut, Jafia von Lachisch und Debir von
Eglon und forderte sie auf: 4 »Kommt und helft mir!
Wir wollen die Leute von Gibeon dafür bestrafen, dass
sie sich Josua und den Leuten von Israel unterworfen
haben.« 5 So zogen die fünf Könige mit ihrer gesam-
ten Heeresmacht vor Gibeon, belagerten die Stadt
und kämpften gegen sie. 6 Da schickten die Leute von
Gibeon Boten ins Lager der Israeliten bei Gilgal und
baten Josua: »Lass uns nicht im Stich! Wir sind deine
Sklaven und haben uns unter deinen Schutz gestellt.
Komm uns schnell zu Hilfe und rette uns! Alle Könige
der Amoriter hier oben im Bergland haben sich gegen
uns zusammengetan!« 7 Josua rief alle kriegstüchti-
gen Männer Israels zusammen und brach mit dem
ganzen Heer von Gilgal auf. 8 Der HERR sagte zu ihm:
»Hab keine Angst vor ihnen! Ich habe sie alle in deine
Hand gegeben. Keiner wird sich gegen dich behaup-
ten können.«

GOTT VERHILFT DEN ISRAELITEN ZUM SIEG

9 Josua marschierte mit seinen Männern die ganze
Nacht hindurch und so kam sein Angriff für die Amori-
ter völlig überraschend. 10 Der HERR versetzte sie beim
Anblick der Israeliten in einen solchen Schrecken, dass
sie in wirrem Durcheinander flüchteten. Die Männer
Israels brachten ihnen in Gibeon eine schwere Nie-
derlage bei und verfolgten sie bis zur Steige von Bet-
Horon und noch weiter bis nach Aseka und Makkeda.
11 Als die Amoriter die Steige von Bet-Horon hinabflo-
hen, ließ der HERR riesige Hagelkörner auf sie fallen,
auf dem ganzen Weg bis nach Aseka. Durch sie kamen
mehr Amoriter ums Leben als durch die Schwerter der
Israeliten. 12 Damals, als der HERR die Amoriter den
Israeliten auslieferte, betete Josua zum HERRN und
rief vor ganz Israel: // »Sonne, steh still über Gibeon,
du, Mond, überm Tal von Ajalon!« 13 Und die Sonne
stand still, auch der Mond blieb stehn; Israels Feinde
mussten untergehn. // Diese Verse stehen im Buch
der Heldenlieder. Fast einen Tag lang blieb die Sonne
hoch am Himmel stehen und bewegte sich nicht von
der Stelle. 14 Weder vorher noch nachher hat der HERR
jemals auf das Gebet eines Menschen hin so etwas
getan. Der HERR selbst kämpfte auf der Seite Israels.
15 Als der Sieg errungen war, kehrte Josua mit dem gan-
zen Heer ins Lager bei Gilgal zurück.

FÜNF KANAANITERKÖNIGE WERDEN GEFANGEN UND HINGERICHTET

16 Die fünf Amoriterkönige jedoch waren entkommen
und hatten sich in einer Höhle bei Makkeda versteckt.
17 Das wurde Josua gemeldet 18 und er ordnete an:
»Wälzt große Steine vor den Höhleneingang und lasst
eine Wache dort zurück. 19 Ihr anderen aber haltet euch
nicht auf! Verfolgt weiter die übrig gebliebenen Feinde,
damit sie sich nicht in ihre Städte zurückziehen können.
Der HERR, euer Gott, hat sie in eure Hand gegeben.«
20 So brachten Josua und seine Leute den Amoritern
eine vernichtende Niederlage bei; nur einige wenige
konnten sich in die befestigten Städte retten. 21 Danach
kehrten alle Männer Israels unversehrt zu Josua ins
Lager bei Makkeda zurück. Niemand im ganzen Land
wagte mehr, gegen einen Israeliten auch nur den Mund
aufzumachen. 22 Nun befahl Josua: »Wälzt die Steine
vom Höhleneingang und bringt die fünf Könige zu mir
heraus!« 23 Man öffnete die Höhle und führte die fünf
heraus zu Josua: die Könige von Jerusalem, von Hebron,
Jarmut, Lachisch und Eglon. 24 Als sie vor ihm standen,
rief Josua alle Männer Israels zu sich und befahl den
Anführern, die mit ihm in den Kampf gezogen waren:
»Tretet vor und setzt euren Fuß auf den Nacken dieser
Könige!« 25 Dann sagte er zu den Anführern: »Habt
keine Angst und lasst euch durch nichts erschrecken!
Seid mutig und entschlossen! So wie ihr es hier seht,
wird der HERR mit allen euren Feinden verfahren.«
26 Dann erschlug Josua die Könige mit dem Schwert
und hängte ihre Leichen an fünf Bäume. Dort hingen
sie bis zum Abend. 27 Als die Sonne unterging, ließ er
sie abnehmen. Die Männer warfen sie in die Höhle, in
der sie sich zuvor versteckt hatten, und wälzten große
Steine vor den Eingang, die dort bis heute zu sehen sind.

DER SÜDEN KANAANS WIRD EROBERT

28 Noch am selben Tag griff Josua die Stadt Makkeda an
und eroberte sie. Am König und an allen Einwohnern
ließ er den Bann vollstrecken. Alle wurden mit dem
Schwert erschlagen; niemand konnte entkommen.
Dem König der Stadt bereitete Josua dasselbe Schick-
sal wie dem König von Jericho. 29 Von Makkeda zog
Josua mit dem Heer Israels vor die Stadt Libna und griff
sie an. 30 Der HERR gab auch Libna und seinen König in
die Hand der Israeliten. Sie erschlugen alle Einwohner
mit dem Schwert und ließen niemand entkommen.
Dem König der Stadt bereiteten sie dasselbe Schicksal
wie dem König von Jericho. 31 Von Libna aus zogen sie
vor die Stadt Lachisch, umzingelten sie und griffen sie
an. 32 Am zweiten Tag der Belagerung gab der HERR die
Stadt in die Hand der Israeliten. Sie eroberten sie und
erschlugen alle Einwohner, genau wie in Libna. 33 Auch
König Horam von Geser, der den Leuten von Lachisch
zu Hilfe eilte, wurde von Josua besiegt, seine Truppen
wurden bis auf den letzten Mann aufgerieben. 34 Von
Lachisch aus zogen sie vor die Stadt Eglon, umzingel-
ten sie und griffen sie an. 35 Sie eroberten sie am selben
Tag und vollstreckten an allen Einwohnern den Bann,
genau wie in Lachisch. 36 Von Eglon aus zogen sie vor
die Stadt Hebron, griffen sie an 37 und eroberten sie. Sie
vollstreckten den Bann an der Stadt genau wie an Eg-
lon und erschlugen den König und alle Bewohner, auch
die der umliegenden Ortschaften. Niemand konnte
entkommen. 38 Darauf zogen sie weiter und griffen die
Stadt Debir an. 39 Sie eroberten sie samt den umliegen-
den Ortschaften und vollstreckten den Bann an ihrem
König und an allen Einwohnern. Sie bereiteten Debir
und seinem König dasselbe Schicksal wie Hebron und
wie Libna mit seinem König. 40-41 Auf diese Weise er-
oberte Josua das ganze Land: das Gebirge in der Mitte,
das westliche Hügelland, den östlichen Gebirgsabfall
und das Steppenland im Süden, das ganze Gebiet von
Kadesch-Barnea bis Gaza und von der Landschaft Go-
schen bis nach Gibeon. Er besiegte alle Könige und
ließ niemand in diesem ganzen Gebiet am Leben; an
allen vollstreckte er den Bann, wie der HERR, der Gott
Israels, es befohlen hatte. 42 In einem einzigen Feldzug
eroberte Josua dieses Gebiet und besiegte alle Könige,
die dort regiert hatten; denn der HERR, der Gott Israels,
kämpfte für sein Volk. 43 Danach kehrte Josua mit dem
ganzen Heer Israels nach Gilgal zurück.

DIE KÖNIGE NORDKANAANS WERDEN BESIEGT

11 1-2 Als König Jabin von Hazor von den Siegen
der Israeliten erfuhr, rief er alle benachbarten
Könige zu einem gemeinsamen Kriegszug zusam-
men: den König Jobab von Madon, die Könige von
Schimron und Achschaf und die übrigen Könige im
nördlichen Bergland, in der Ebene am See Gennesa-
ret, im westlichen Hügelland und im Küstengebiet
von Dor. 3 Außerdem schickte er Boten zu den Ka-
naanitern östlich und westlich des Gebirges und zu
den Amoritern, Hetitern, Perisitern und Jebusitern im
Bergland selbst sowie zu den Hiwitern am Fuß des
Hermongebirges im Gebiet von Mizpe. 4 Sie alle kamen
mit ihren Kriegsleuten, einer Menge, die so unzähl-
bar war wie die Sandkörner am Meeresstrand. Auch
viele Streitwagen mit Pferden brachten sie mit. 5 Sie
vereinigten ihre Truppen gegen Israel und schlugen
bei den Quellen von Merom ihr gemeinsames Lager
auf. 6 Der HERR aber sagte zu Josua: »Hab keine Angst
vor ihnen! Morgen um diese Zeit werdet ihr sie alle er-
schlagen haben. Dafür sorge ich. Nach dem Sieg müsst
ihr ihren Pferden die Fußsehnen durchschneiden und
ihre Streitwagen verbrennen.« 7 Josua machte mit al-
len seinen Kriegsleuten einen Überraschungsangriff
auf das Lager der Feinde 8 und der HERR gab sie in die
Hand Israels. Die Israeliten schlugen sie in die Flucht
und verfolgten sie nach Norden bis zur großen Stadt
Sidon und bis Misrefot-Majim und nach Osten bis zur
Ebene von Mizpe. Sie erschlugen alle und ließen kei-
nen entkommen. 9 Nach dem Befehl des HERRN ließ
Josua die Fußsehnen der Pferde durchschneiden und
die Streitwagen verbrennen.

DER NORDEN KANAANS WIRD EROBERT

10 Dann kehrte Josua um und eroberte die Stadt Hazor,
die damals die führende Stellung unter den Städten

in diesem ganzen Bereich hatte. Er erschlug ihren
König 11 und die Männer Israels vollstreckten an al-
len Einwohnern den Bann. Niemand blieb am Leben;
die Stadt wurde niedergebrannt. 12 Auch alle anderen
Städte eroberte Josua und ließ ihre Könige und alle
Einwohner töten, wie es Mose, der Bevollmächtigte
des HERRN, befohlen hatte. 13 Diese Städte wurden je-
doch nicht niedergebrannt; sie stehen noch heute auf
ihren Hügeln. 14 Die Israeliten nahmen alle wertvollen
Dinge und alles Vieh für sich; aber von den Menschen
ließen sie niemand am Leben. 15 So hatte der HERR es
seinem Bevollmächtigten Mose befohlen und Mose
hatte den Befehl an Josua weitergegeben. Josua hielt
sich genau an alle Weisungen, die Mose vom HERRN
erhalten hatte.

DIE EROBERUNG DES LANDES WIRD VOLLENDET

16 Josua eroberte das ganze Land von Süden bis Nor-
den: das Bergland, das Steppengebiet im Süden, die
ganze Landschaft Goschen, das Hügelland im Wes-
ten und die Jordanebene, 17 das gesamte Gebiet vom
Kahlen Berg, der zum Gebirge Seïr hin liegt, bis nach
Baal-Gad in der Ebene zwischen dem Libanon und dem
Hermongebirge. Alle Könige dieses Gebietes nahm
Josua gefangen und tötete sie. 18 Er musste jedoch
lange gegen sie kämpfen. 19 Außer der Hiwiterstadt
Gibeon schloss keine andere Stadt mit den Israeliten
Frieden. Alle mussten erobert werden. 20 Der HERR
hatte ihre Bewohner so starrsinnig gemacht, dass sie
den Israeliten Widerstand leisteten; denn er wollte,
dass sie alle dem Bann verfielen und ohne Erbarmen
vernichtet würden. So hatte er es Mose befohlen.
21 Damals vernichtete Josua auch die Anakiter, die in
den Städten Hebron, Debir und Anab und in anderen
Orten im Bergland von Juda und Israel lebten. Er voll-
streckte den Bann an ihnen 22 und ließ niemand von ih-
nen übrig. Nur die Anakiter in Gaza, Gat und Aschdod
entkamen dem Untergang. 23 Josua eroberte das ganze
Land, wie der HERR es Mose angekündigt hatte. Er gab
es dem Volk Israel als Erbbesitz und teilte jedem Stamm
sein Gebiet zu. Das Land hatte nun Ruhe und Frieden.

DIE VON MOSE UND JOSUA BESIEGTEN KÖNIGE

12 Hier folgt die Liste der Könige des Landes, über
die die Israeliten gesiegt und deren Land sie er-
obert hatten. Im östlichen Teil der Jordansenke und
im ostjordanischen Gebiet vom Arnontal bis zum
Hermongebirge waren es: 2 Erstens Sihon, der König
der Amoriter, der in Heschbon regierte. Sein König-
reich erstreckte sich von Aroër auf den Höhen über
dem Arnontal und der Stadt, die direkt am Arnonfluss
liegt, über die halbe Landschaft Gilead hinweg bis zum
Jabbokfluss, an dem das Gebiet der Ammoniter be-
ginnt, 3 außerdem umfasste es den östlichen Teil der
Jordanebene vom See Gennesaret bis zum Nordende
des Toten Meeres, wo die Straße nach Bet-Jeschimot
führt, und noch weiter südlich bis zu den Abhängen des
Berges Pisga. 4 Zweitens: Og, der König von Baschan,
der Letzte vom Geschlecht der Rafaïter, der in Aschtarot
und Edreï regierte. 5 Sein Königreich umfasste das Her-
mongebirge und die Landschaften Salcha und Baschan,
begrenzt im Westen von den Königreichen Geschur
und Maacha, dazu die nördliche Hälfte von Gilead, die
an das Gebiet Sihons, des Königs von Heschbon, grenzt.
6 Diese beiden Könige waren von den Israeliten unter
der Führung Moses besiegt worden, und Mose, der
Bevollmächtigte des HERRN, hatte ihr Land den Stäm-
men Ruben und Gad und dem halben Stamm Manasse
als Besitz zugesprochen. 7 Es folgen die Könige, die
Josua und die Israeliten im Gebiet westlich des Jordans
besiegt hatten, von Baal-Gad am Fuß des Libanonge-
birges bis zum Kahlen Berg, der zum Gebirge Seïr hin
liegt. Josua verteilte ihr Land unter die Stämme Israels
und gab es ihnen als dauernden Besitz, 8 das Gebirge
in der Mitte, das Hügelland im Westen, den Gebirgsab-
fall im Osten mit der Wüste Juda und der Jordanebene
und das Steppenland im Süden, das ganze Gebiet der
Hetiter, Amoriter, Kanaaniter, Perisiter, Hiwiter und Je-
busiter. 9-24 Und dies sind die Könige: // der König von
Jericho / der König von Ai in der Nähe von Bet-El / der
König von Jerusalem / der König von Hebron / der
König von Jarmut / der König von Lachisch / der König
von Eglon / der König von Geser / der König von De-
bir / der König von Geder / der König von Horma / der
König von Arad / der König von Libna / der König von
Adullam / der König von Makkeda / der König von
Bet-El / der König von Tappuach / der König von He-
fer / der König von Afek / der König von Scharon / der
König von Madon / der König von Hazor / der König
von Schimron-Meron / der König von Achschaf / der
König von Taanach / der König von Megiddo / der
König von Kedesch / der König von Jokneam am Kar-
mel / der König von Dor an der Meeresküste / der
König von Haroschet-Gojim in Galiläa / der König
von Tirza // Könige insgesamt: 31 //

GOTT ORDNET DIE VERTEILUNG DES LANDES AN

13 Josua war inzwischen sehr alt geworden. Der
HERR sagte zu ihm: »Du hast nicht mehr lange zu
leben, aber es muss noch ein großer Teil des Landes er-
obert werden, 2 nämlich das ganze Gebiet der Philister
im Süden und im Norden das gesamte Gebiet der Ge-
schuriter. 3 Diese Gebiete reichen von der ägyptischen
Grenze nordwärts bis Ekron; dieser ganze Landstrich
wird den Kanaanitern zugerechnet und umfasst die
fünf Stadtfürstentümer der Philister: Gaza, Aschdod
und Aschkelon, Gat und Ekron und dazu das Gebiet der
Awiter im Süden. 4 Weiter gehört dazu das gesamte Ge-
biet der Kanaaniter von der Stadt Ara, die zu Phönizien
gehört, bis zur Stadt Afek und zum Gebiet der Amoriter,
5 das Gebiet der Stadt Gebal und im Osten der ganze
Libanon von Baal-Gad am Fuß des Hermongebirges
bis nach Lebo-Hamat. 6 Auch alle Gebirgsbewohner
Phöniziens, vom Libanon bis nach Misrefot-Majim,
werde ich vor den Israeliten aus dem Land vertreiben.
Teile trotzdem schon jetzt das ganze Land durchs Los
unter die Israeliten auf, wie ich es dir befohlen habe.
7 Das Land vom Jordan bis zum Mittelmeer teilst du

den neuneinhalb Stämmen als bleibenden Besitz zu.«
8 Der halbe Stamm Manasse hatte zusammen mit den
Stämmen Ruben und Gad seinen Anteil am Land schon
östlich des Jordans erhalten; Mose, der Bevollmäch-
tigte des HERRN, hatte ihnen die folgenden Gebiete
zugeteilt: 9-10 die ganze Hochebene zwischen Medeba
und Dibon und alle Städte, über die der Amoriterkönig
Sihon von Heschbon aus geherrscht hatte, von Aroër
auf den Höhen über dem Arnontal und der Stadt, die
direkt am Arnonfluss liegt, nach Norden bis zur Grenze
der Ammoniter; 11 die Landschaft Gilead, das Gebiet von
Geschur und Maacha, das ganze Hermongebirge und
die ganze Landschaft Baschan bis nach Salcha, 12 also
das gesamte Gebiet, über das König Og von Baschan
in Aschtarot und Edreï geherrscht hatte, der Letzte aus
dem Geschlecht der Rafaïter, die von Mose besiegt
und vertrieben worden waren. 13 Allerdings hatten
die Israeliten die Bewohner von Geschur und Maacha
nicht vertrieben; deshalb leben sie bis heute mitten in
Israel. 14 Nur dem Stamm Levi gab Mose keinen Anteil
am Land. Der HERR hatte ihnen die Opfergaben, die
ihm gebracht werden, als ihren Anteil zugesprochen.

DAS GEBIET DES STAMMES RUBEN

15 Zuerst hatte Mose den Sippen des Stammes Ruben
ihr Gebiet zugeteilt. 16 Es erstreckt sich von Aroër auf
den Höhen über dem Arnontal und der Stadt direkt am
Arnonfluss nach Norden über die ganze Hochebene
bis nach Medeba 17 und weiter bis nach Heschbon. In
diesem Gebiet liegen die Städte Dibon, Bamot-Baal,
Bet-Baal-Meon, 18 Jahaz, Kedemot, Mefaat, 19 Kirjat-
ajim, Sibma, Zeret-Schahar auf dem Gebirge östlich des
Jordans, 20 Bet-Pegor, Aschdot-Pisga, Bet-Jeschimot
21 und die übrigen Städte der Hochebene. Es umfasst
das ganze ehemalige Herrschaftsgebiet des Amori-
terkönigs Sihon, der in Heschbon regiert hatte und
den Mose genauso besiegt hatte wie die midianiti-
schen Stammesoberhäupter Ewi, Rekem, Zur, Hur und
Reba, die im Land König Sihons lebten und in seinen
Diensten standen. 22 Mit ihnen zusammen hatten die
Israeliten auch den Wahrsager Bileam, den Sohn Be-
ors, mit dem Schwert erschlagen. 23 Die Westgrenze
des Stammes Ruben ist der Jordan. Alle diese Städte
mit ihren Dörfern bilden den Erbbesitz des Stammes
Ruben und seiner Sippen.

DAS GEBIET DES STAMMES GAD

24 Den Sippen des Stammes Gad hatte Mose das nörd-
lich anschließende Gebiet zugeteilt. 25 Es umfasst Ja-
ser und alle Städte der Landschaft Gilead sowie das
halbe Land der Ammoniter bis nach Aroër bei Rabba,
26-27 also das restliche Herrschaftsgebiet des Amoriter-
königs Sihon; es erstreckt sich von Heschbon bis nach
Ramat-Mizpe und Betonim und weiter von Mahanajim
bis zum Gebiet von Lo-Dabar. Ferner gehört dazu die
östliche Jordanebene bis zum Südende des Sees Gen-
nesaret mit den Städten Bet-Haram, Bet-Nimra, Sukkot
und Zafon. 28 Alle diese Städte mit ihren Dörfern bilden
den Erbbesitz des Stammes Gad mit seinen Sippen.

DAS GEBIET DES ÖSTLICHEN HALBSTAMMES MANASSE

29-30 Den Sippen des halben Stammes Manasse hatte
Mose das Gebiet zugeteilt, das sich von Mahanajim
nordwärts erstreckt. Es umfasst die ganze Landschaft
Baschan, das ehemalige Herrschaftsgebiet des Königs
Og von Baschan, und dazu die sechzig Ortschaften,
die Machirs Sohn Jaïr erobert hatte. 31 Der Hälfte der
Sippen, die von Manasses Sohn Machir abstammen,
wurde die halbe Landschaft Gilead mit den Städten
Aschtarot und Edreï zugeteilt, in denen König Og re-
giert hatte. 32 Alle diese Gebiete hatte Mose im moa-
bitischen Steppengebiet in der Jordanebene östlich
von Jericho als Erbbesitz an die zweieinhalb Stämme
verteilt. 33 Dem Stamm Levi gab er keinen Anteil am
Landbesitz. Der HERR, der Gott Israels, ist selbst ihr
Erbbesitz; von ihm bekommen sie ihren Lebensunter-
halt, wie er ihnen das zugesagt hat.

BEGINN DER VERTEILUNG DES WESTJORDANLANDES

14 Es folgt jetzt eine Aufzählung der Gebiete, die
die Israeliten im Land Kanaan in Besitz nahmen.
Der Priester Eleasar und Josua, der Sohn Nuns, teilten
zusammen mit den Sippenoberhäuptern der einzelnen
Stämme das Land unter das Volk auf. 2 Wie der HERR es
Mose befohlen hatte, wurden die Gebiete westlich
des Jordans unter die neuneinhalb Stämme durchs
Los verteilt. 3-4 Das Land östlich des Jordans war den
anderen zweieinhalb Stämmen schon durch Mose
zugeteilt worden. Die Nachkommen Josefs waren in
zwei Stämme geteilt: Manasse und Efraïm. Die Leviten
erhielten keinen Landbesitz, nur Städte, in denen sie le-
ben konnten, und die dazugehörigen Weidegebiete für
ihre Viehherden. 5 Die Israeliten verteilten das Land un-
ter die Stämme, wie der HERR es Mose befohlen hatte.

KALEB BEKOMMT SEINE BELOHNUNG

6 Nun traten die Männer des Stammes Juda zu Josua;
alle waren noch im Lager in Gilgal. Mit ihnen kam Ka-
leb, der Sohn von Jefunne aus der Sippe Kenas. Er sagte
zu Josua: »Du weißt, was der HERR in Kadesch-Barnea
durch Mose, den Bevollmächtigten Gottes, uns beiden
zugesagt hat. 7 Ich war damals 40 Jahre alt, und Mose,
der Diener des HERRN, hatte mir den Auftrag gegeben,
von dort aus das Land zu erkunden. Als ich zurückkam,
berichtete ich darüber so, wie es meiner Einsicht ent-
sprach. 8 Die Männer, die mit mir das Land erkundet
hatten, machten dem Volk Angst; aber ich ließ mich
nicht beirren und habe dem HERRN, meinem Gott, ver-
traut. 9 Da versprach mir Mose mit einem Eid: ›Der Teil
des Landes, den du als Kundschafter betreten hast,
soll für alle Zeiten dir und deinen Nachkommen als
Erbbesitz gehören. Das ist der Lohn dafür, dass du dich
an den HERRN, meinen Gott, gehalten und ihm vertraut
hast.‹ 10 Seither sind 45 Jahre vergangen, und der HERR
hat mein Leben bewahrt, wie er es mir versprochen
hatte, in der ganzen Zeit, während die Israeliten in
der Wüste umhergezogen sind. Sieh mich an! Ich bin

85 Jahre alt 11 und bin noch genauso stark wie damals,
als Mose mich ausschickte, und kann noch ebenso gut
in den Krieg ziehen. 12 Darum gib mir nun als meinen
Anteil das Bergland, von dem der HERR gesprochen
hat. Du weißt noch von damals, dass dort die Anakiter
in großen, stark befestigten Städten wohnen. Vielleicht
steht der HERR mir bei, sodass ich sie vertreiben kann;
er hat es mir ja zugesagt.« 13 Josua segnete Kaleb und
gab ihm die Stadt Hebron als Erbbesitz. 14 Sie gehört
noch heute seinen Nachkommen, weil er sich an den
HERRN, den Gott Israels, gehalten und ihm vertraut
hat. 15 Hebron hieß früher Kirjat-Arba (Stadt Arbas);
dieser Arba war der größte unter den Riesen im Volk
der Anakiter. Das Land hatte nun Ruhe und Frieden.

DAS GEBIET DES STAMMES JUDA

15 Die Sippen des Stammes Juda erhielten folgen-
den Anteil am Land: Im Süden grenzt ihr Gebiet
an die Wüste Zin, die zu Edom gehört. 2 Im Einzelnen
verläuft die Südgrenze vom südlichen Ende des Toten
Meeres 3 zunächst in südwestlicher Richtung, und zwar
am Fuß der Skorpionensteige vorbei über Zin bis süd-
lich von Kadesch-Barnea, und weiter über Hezron,
Addar und Karka 4 nach Azmon. Von dort läuft sie nord-
westlich zu dem Tal, das die ägyptische Grenze bildet,
und folgt diesem bis zum Mittelmeer. Dies soll eure
Südgrenze sein. 5-6 Die Ostgrenze von Juda bildet das
Tote Meer bis zur Einmündung des Jordans. Von dort
verläuft die Nordgrenze nach Bet-Hogla und nördlich
an Bet-Araba vorbei bis zum Bohanfels – Bohan war
ein Sohn Rubens –, 7 dann durchs Achor-Tal nach Debir
und weiter zu den Gelilot; die liegen der Adummim-
Steige gegenüber, die am Südhang des Tales entlang-
läuft. Sodann geht die Grenze an der Sonnenquelle
und der Rogel-Quelle vorbei 8 und weiter durch das
Hinnom-Tal den Südhang des Berges entlang, auf dem
die Jebusiterstadt Jerusalem liegt, und dann auf den
Gipfel des Berges, der das Hinnom-Tal im Westen und
die Ebene Rafaïm im Norden begrenzt. 9 Vom Gipfel
biegt sie ab zur Quelle Neftoach und weiter zur Spitze
des Berges Efron und nach Baala, dem heutigen Kir-
jat-Jearim, 10 dann südwestlich über den Bergrücken
Seïr, an der Nordseite des bewaldeten Höhenzugs von
Kesalon entlang, nach Bet-Schemesch hinunter und
weiter nach Timna. 11 Von dort verläuft sie nordwestlich
zum Höhenzug bei Ekron und dann über Schikkaron,
den Berg Baala und die Stadt Jabneel zum Mittelmeer.
12 Die Westgrenze wird von der Küste des Meeres ge-
bildet. Dies ist das Gebiet, das dem Stamm Juda mit
seinen Sippen zusteht.

KALEB IN HEBRON, SEINE TOCHTER ACHSA IN DEBIR

13 Kaleb, der Sohn von Jefunne, hatte mitten in Juda
seinen Erbbesitz erhalten, wie der HERR es Josua be-
fohlen hatte. Er bekam die Stadt Hebron, die Arba, der
Stammvater der Anakiter, gegründet hatte. 14 Kaleb
vertrieb die drei Anakiter Scheschai, Ahiman und Tal-
mai samt ihren Sippen aus der Stadt. 15 Von dort zog
er vor die Stadt Debir, die früher Kirjat-Sefer hieß. 16 Er
erklärte: »Wer Kirjat-Sefer für sich erobert, dem gebe
ich meine Tochter Achsa zur Frau.« 17 Da eroberte Ka-
lebs Bruder Otniël, ein Sohn von Kenas, die Stadt und
erhielt die Tochter Kalebs zur Frau. 18 Am Hochzeitstag
veranlasste Otniël seine Frau, ihren Vater um Ackerland
zu bitten. Sie stieg von ihrem Esel und Kaleb fragte sie:
»Was möchtest du?« 19 Sie antwortete: »Gib mir als
Zeichen, dass dein Segen mich begleitet, ein Geschenk.
Du hast mich in das regenarme Südland verheiratet;
gib mir wenigstens ein paar Quellen!« Da gab ihr Ka-
leb die oberen und unteren Teichanlagen bei Hebron.

DIE ZWÖLF BEZIRKE DES STAMMESGEBIETES VON JUDA

20-21 Der Erbbesitz des Stammes Juda mit seinen
Sippen umfasste folgende Städte im Gebiet zwi-
schen der Nordgrenze und der Grenze zu Edom: //
(I) *Im Südland:* Kabzeel, Arad, Jagur, 22 Kina, Dimona,
Arara, 23 Kadesch, Hazor-Jitnan, 24 Sif, Telem, Bealot,
25 Hazor-Hadatta, Kerijot-Hezron – das ist Hazor –,
26 Amam, Schema, Molada, 27 Hazar-Gadda, Hesch-
mon, Bet-Pelet, 28 Hazar-Schual, Beerscheba und die
dazugehörigen Dörfer, 29 Baala, Ijim, Ezem, 30 Eltolad,
Kesil, Horma, 31 Ziklag, Madmanna, Sansanna, 32 Bet-
Lebaot, Scharuhen, En-Rimmon – das sind neun-
undzwanzig Städte mit den umliegenden Dörfern. /
(II) 33 *Im Hügelland:* Eschtaol, Zora, Aschna, 34 Sano-
ach, En-Gannim, Tappuach, Enam, 35 Jarmut, Adullam,
Socho, Aseka, 36 Schaarajim, Aditajim, Gedera und Ge-
derotajim – das sind vierzehn Städte mit den umlie-
genden Dörfern. / (III) 37 Außerdem: Zenan, Hadascha,
Migdal-Gad, 38 Dilan, Mizpe, Jokteel, 39 Lachisch, Boz-
kat, Eglon, 40 Kabbon, Lachmas, Kitlisch, 41 Gederot,
Bet-Dagon, Naama und Makkeda – das sind sechzehn
Städte mit den umliegenden Dörfern. / (IV) 42 Ferner:
Libna, Eter, Aschan, 43 Jiftach, Aschna, Nezib, 44 Keïla,
Achsib und Marescha – das sind neun Städte mit den
umliegenden Dörfern. / (V) 45 Ferner: Ekron mit den
umliegenden Siedlungen 46 sowie die Ortschaften zwi-
schen Ekron und dem Mittelmeer, 47 ebenso Aschdod
und Gaza mit den zugehörigen Ortschaften, das ganze
Gebiet bis zum Mittelmeer und im Süden bis zu dem Tal,
das die ägyptische Grenze bildet. / (VI) 48 *Im Bergland:*
Schamir, Jattir, Socho, 49 Danna, Kirjat-Sefer, das ist
Debir, 50 Anab, Eschtemoa, Anim, 51 Goschen, Holon,
Gilo – das sind elf Städte mit den umliegenden Dör-
fern. / (VII) 52 Außerdem: Arab, Duma, Eschan, 53 Ja-
num, Bet-Tappuach, Afeka, 54 Humta, Kirjat-Arba, das
ist Hebron, und Zior – das sind neun Städte mit den
umliegenden Dörfern. / (VIII) 55 Ferner: Maon, Karmel,
Sif, Jutta, 56 Jesreel, Jorkoam, Sanoach, 57 Kajin, Gibea
und Timna – zehn Städte mit den umliegenden Dör-
fern. / (IX) 58 Ferner: Halhul, Bet-Zur, Gedor, 59 Maarat,
Bet-Anot und Eltekon – das sind sechs Städte mit den
umliegenden Dörfern. / (X) Ferner: Tekoa, Efrata, das
ist Betlehem, Pegor, Etam, Kulon, Tatam, Schoresch,
Kerem, Gallim, Bet-Ter und Manocho – das sind elf
Städte mit den umliegenden Dörfern. / (XI) 60 Ferner:

Kirjat-Baal, das ist Kirjat-Jearim, und Rabba – das sind zwei Städte mit den umliegenden Dörfern. / (XII) 61 *In der Steppe* nordwestlich des Toten Meeres: Bet-Araba, Middin, Sechacha, 62 Nibschan, Ir-Melach (die Salzstadt) und En-Gedi – das sind sechs Städte mit den umliegenden Dörfern. // 63 Die Männer von Juda konnten die Jebusiter nicht aus Jerusalem vertreiben; deshalb leben diese noch heute dort mit den Judäern zusammen.

DAS GEBIET DER JOSEFSSTÄMME

16 Der Landanteil der Nachkommen Josefs wird im Süden durch eine Linie begrenzt, die am Jordan bei Jericho beginnt; sie verläuft dann an den Quellen nordwestlich Jerichos vorbei und bergauf bis nach Bet-El 2 und weiter nach Lus, in das Gebiet der Arkiter und nach Atarot; 3 dann geht sie bergab nach Westen zum Gebiet der Sippe Jaflet und zum unteren Bet-Horon und weiter über Geser zum Mittelmeer. 4 Die Nachkommen Josefs, die Stämme Efraïm und Manasse, erhielten dieses Gebiet als Erbbesitz.

DER ANTEIL DES STAMMES EFRAÏM

5 Die Sippen des Stammes Efraïm bekamen darin ihr besonderes Teilgebiet; dessen Südgrenze beginnt östlich von Atrot-Addar und läuft zum oberen Bet-Horon 6-9 und von dort zum Mittelmeer, die Nordgrenze von Michmetat westwärts nach Tappuach und durch das Kana-Tal ebenfalls bis zum Mittelmeer. Von Michmetat aus führt die Ostgrenze über Taanat-Schilo, Janoach, Atarot, Naara und an Jericho vorbei zum Jordan. Dieses Gebiet mit seinen Städten und Dörfern liegt mitten im Gebiet des Stammes Manasse und gehört den Sippen des Stammes Efraïm als Erbbesitz. 10 Sie konnten jedoch die Kanaaniter, die in Geser lebten, nicht vertreiben. Darum wohnen diese noch heute mitten im Gebiet des Stammes Efraïm; doch müssen sie Fronarbeit verrichten.

DER ANTEIL DES STAMMES MANASSE. REGELUNG FÜR DIE TÖCHTER ZELOFHADS

17 Der Hauptanteil des Gebietes fiel dem Stamm Manasse zu, der von Josefs erstgeborenem Sohn Manasse abstammt. Die Nachkommen von Manasses Erstgeborenem Machir hatten schon früher die Landschaften Gilead und Baschan östlich des Jordans erhalten. Sie waren tüchtige Krieger und hatten das Land Gilead erobert. 2 Nun wurde dem Rest des Stammes Manasse sein Land westlich des Jordans zugeteilt, also den Nachkommen von Manasses übrigen Söhnen Abiëser, Helek, Asriël, Schechem, Hefer und Schemida. 3 Zelofhad aber, der Sohn Hefers – ein Enkel Gileads, der wiederum ein Sohn Machirs und Enkel Manasses war –, hatte keine Söhne, sondern nur Töchter; sie hießen Machla, Noa, Hogla, Milka und Tirza. 4 Diese gingen zum Priester Eleasar und zu Josua und den Stammesoberhäuptern und sagten: »Der HERR hat durch Mose befohlen, uns einen Landanteil in der Sippe unseres Vaters zu geben.« Josua folgte dem Befehl des HERRN und behandelte sie bei der Landverteilung genau wie die Brüder ihres Vaters. 5-6 Daher kommt es, dass der Stamm Manasse zehn Landanteile erhalten hat, Gilead und Baschan auf der Ostseite des Jordans nicht mitgerechnet; denn die weiblichen Nachkommen Manasses bekamen genauso ihren Erbbesitz wie die männlichen. 7 Das Stammesgebiet von Manasse grenzt im Norden an das Gebiet des Stammes Ascher. Die Südgrenze verläuft zunächst von Michmetat in der Nähe von Sichem nach Jaschub bei der Quelle von Tappuach. 8 Das Gebiet rund um Tappuach gehört zu Manasse, aber die Stadt Tappuach selbst zu Efraïm. 9-10 Die Grenze folgt dann dem Kana-Tal bis zum Mittelmeer. Nördlich des Kana-Tals liegt das Hauptgebiet von Manasse, südlich davon liegen die Siedlungen Efraïms in einem Gebiet, das ebenfalls noch zum Stamm Manasse zählt. Im Norden grenzt Manasse also an das Gebiet des Stammes Ascher, im Osten an das des Stammes Issachar. 11 In beiden Stammesgebieten, Ascher und Issachar, gehören einige Städte mit den umliegenden Dörfern zu Manasse: Bet-Schean, Jibleam, Dor – gemeint ist der ganze Bezirk –, En-Dor, Taanach und Megiddo. 12 Die Männer von Manasse konnten diese Städte allerdings nicht erobern und so blieben die Kanaaniter in dieser Gegend wohnen. 13 Auch als die Israeliten stärker wurden, konnten sie die Kanaaniter nicht vertreiben, doch mussten diese Frondienste für sie leisten.

DIE JOSEFSSTÄMME BESCHWEREN SICH BEI JOSUA

14 Die Nachkommen Josefs sagten zu Josua: »Warum hast du uns bei der Landverteilung nur den Anteil eines einzigen Stammes gegeben? Wir sind doch sehr zahlreich, weil uns der HERR so gesegnet hat.« 15 Josua antwortete ihnen: »Wenn ihr so zahlreich seid, dass euch das Bergland von Efraïm zu eng ist, dann zieht in das Waldgebiet hinauf, in das Land der Perisiter und Rafaïter, und rodet euch dort Acker- und Weideland.« 16 Die Nachkommen Josefs sagten: »Das Bergland ist nicht groß genug für uns und drunten in der Ebene sind die Kanaaniter. Sie haben überall eiserne Streitwagen, in der Gegend von Bet-Schean genauso wie in der Ebene Jesreel.« 17 Da antwortete Josua den Nachkommen Josefs, den Männern von Efraïm und Manasse: »Ihr seid ein zahlreiches Volk und habt Kraft. Deshalb fällt euch auch kein gewöhnlicher Anteil zu, 18 sondern ihr bekommt ein bewaldetes Bergland. Den Wald könnt ihr roden und dadurch neues Land gewinnen. Ja, ihr werdet sogar die Kanaaniter vertreiben, auch wenn sie noch so stark sind und eiserne Streitwagen haben.«

DER REST DES LANDES WIRD IN ORTSLISTEN ERFASST

18 Die ganze Gemeinde Israel versammelte sich in Schilo und richtete dort das Heilige Zelt auf. Das gesamte Land war jetzt erobert. 2 Es gab aber noch sieben Stämme, die ihren Anteil am Land noch nicht in

Besitz genommen hatten. 3 Da sagte Josua zu den Män-
nern dieser Stämme: »Wie lange wollt ihr noch warten,
bis ihr das Land in Besitz nehmt, das der HERR, der Gott
eurer Väter, euch gegeben hat? 4-6 Wählt aus jedem
Stamm drei Männer, die ich ausschicken kann, damit
sie eine Liste von allen Städten des Landes aufstellen.
Der Stamm Juda hat schon im Süden sein Gebiet erhal-
ten und die Josefsstämme haben das ihre im Norden.
Das restliche Land sollen die ausgewählten Männer in
sieben gleichwertige Gebiete aufteilen, das Ergebnis
aufschreiben und zu mir bringen. Dann werde ich das
Los werfen und den HERRN, euren Gott, bitten, dass
er selbst entscheidet, welcher Teil welchem Stamm
zufällt. 7 Die Leute vom Stamm Levi bekommen keinen
Anteil am Land, denn ihr Anteil ist der Priesterdienst
für den HERRN, und die Stämme Ruben und Gad und
der halbe Stamm Manasse haben ihr Land schon öst-
lich des Jordans bekommen; Mose, der Bevollmäch-
tigte des HERRN, hat es ihnen zugewiesen.« 8 Zu den
ausgewählten Männern sagte Josua: »Geht durch das
ganze Land, nehmt es auf und kehrt dann zu mir zu-
rück, damit ich hier für euch das Los werfen kann.«
Die Männer machten sich auf 9 und durchzogen das
Land. Sie teilten die noch verbliebenen Gebiete in sie-
ben Teile auf und legten eine Liste der Städte an, die in
jedem dieser Teile lagen. Dann kamen sie zu Josua ins
Lager bei Schilo zurück. 10 Josua ließ den HERRN durch
das Los entscheiden, und wie die Lose fielen, so ver-
teilte er das Land unter die restlichen Stämme Israels.

DAS GEBIET DES STAMMES BENJAMIN

11 Das erste Los fiel auf den Stamm Benjamin mit seinen
Sippen. Sie bekamen das Gebiet zwischen dem Stamm
Juda und den Josefsstämmen. 12 Seine Nordgrenze
beginnt im Osten am Jordan, läuft dann zur Höhe nörd-
lich von Jericho und weiter bergauf zum Weidegebiet
von Bet-Awen, 13 dann über den Bergrücken südlich
von Lus – das ist Bet-El – hinunter nach Atrot-Addar,
und zwar verläuft sie über die Höhe südlich des un-
teren Bet-Horon. 14 Hier wendet sie sich nach Süden
und läuft bis Kirjat-Baal – das ist Kirjat-Jearim –, das
schon auf dem Gebiet des Stammes Juda liegt. 15 Vor
Kirjat-Jearim biegt die Grenze nach Osten um und
führt an der Quelle Neftoach vorbei 16 zu dem Berg
an der Nordseite der Ebene Rafaïm, hinter dem das
Hinnom-Tal beginnt; sie führt dann durch das Hin-
nom-Tal den Südhang der Jebusiterstadt Jerusalem
entlang zur Rogel-Quelle, 17 dann zur Sonnenquelle
und zu den Gelilot, die der Adummim-Steige gegen-
überliegen, und hinunter zum Bohanfels – Bohan war
ein Sohn Rubens –; 18 sie läuft dann auf der Nordseite
an dem Gipfel vorbei, der am Gebirgsabfall über der
Jordanebene liegt, dann in die Ebene hinunter 19 und
ebenfalls nördlich an der Anhöhe bei Bet-Hogla vorbei
und endet dort, wo der Jordan ins Tote Meer mündet.
20 Die Ostgrenze bildet der Jordan. Innerhalb dieser
Grenzen liegt das Gebiet, das den Sippen des Stammes
Benjamin als Erbbesitz zufiel. 21 Dem Stamm Benjamin
mit seinen Sippen gehören folgende Städte: Jericho,
Bet-Hogla, Emek-Keziz, 22 Bet-Araba, Zemarajim,
Bet-El, 23 Awim, Para, Ofra, 24 Kefar-Ammoni, Ofni und
Geba – das sind zwölf Städte mit den umliegenden
Dörfern; 25 außerdem Gibeon, Rama, Beerot, 26 Mizpe,
Kefira, Moza, 27 Rekem, Jirpeel, Tarala, 28 Zela-Haëlef,
die Jebusiterstadt, das ist Jerusalem, Gibea und Kirjat-
Jearim – das sind vierzehn Städte mit den umliegenden
Dörfern. Dies ist das Gebiet, das den Sippen des Stam-
mes Benjamin als Erbbesitz gehört.

DAS GEBIET DES STAMMES SIMEON

19 Das zweite Los fiel auf den Stamm Simeon mit
seinen Sippen. Sein Erbbesitz lag innerhalb der
Grenzen des Stammes Juda 2 und umfasste folgende
Städte: Beerscheba, Schema, Molada, 3 Hazar-Schual,
Baala, Ezem, 4 Eltolad, Betul, Horma, 5 Ziklag, Bet-Mar-
kabot, Hazar-Susim, 6 Bet-Lebaot und Scharuhen – das
sind dreizehn Städte mit den umliegenden Dörfern;
7 außerdem En-Rimmon, Eter und Aschan – das sind
vier Städte mit den umliegenden Dörfern. 8 Das Ge-
biet reichte im Süden bis nach Baalat-Beer und Ramat-
Negeb. Dies ist der Teil, der den Sippen des Stammes
Simeon als Erbbesitz zufiel. 9 Sie bekamen als ihr Gebiet
ein Stück von Juda, weil der Stamm Juda mehr Land
bekommen hatte, als er brauchte.

DAS GEBIET DES STAMMES SEBULON

10 Das dritte Los fiel auf den Stamm Sebulon mit seinen
Sippen. Sein Gebiet reicht im Südosten bis nach Sarid;
11 von dort verläuft die Grenze nach Westen über Ma-
rala und Dabbeschet bis zu dem Tal westlich von Jok-
neam. 12 Die Ostgrenze führt von Sarid aus nordwärts
am Gebiet von Kislot-am-Tabor vorbei nach Daberat
und hinauf nach Jafia, 13 dann weiter nach Gat-Hefer
und Et-Kazin und über Rimmon bis nach Nea; 14 von
dort verläuft die Nordgrenze westwärts über Hanna-
ton zum Tal von Jiftach-El. 15 Zum Gebiet von Sebulon
gehören noch die Städte Kattat, Nahalal, Schimron,
Jidala und Betlehem – insgesamt zwölf Städte mit den
umliegenden Dörfern. 16 Diese Städte mit ihren Dörfern
bilden das Gebiet, das den Sippen des Stammes Sebu-
lon als Erbbesitz zufiel.

DAS GEBIET DES STAMMES ISSACHAR

17 Das vierte Los fiel auf den Stamm Issachar mit seinen
Sippen. 18 Sein Gebiet umfasst die Städte Jesreel, Ke-
sullot, Schunem, 19 Hafarajim, Schion, Anahara, 20 Da-
berat, Kischjon, Ebez, 21 Remet, En-Gannim, En-Hadda
und Bet-Pazzez. 22-23 Im Norden verläuft die Grenze
vom Berg Tabor über Schahazajim und Bet-Schemesch
bis zum Jordan. Dieses Gebiet mit insgesamt sechzehn
Städten und den dazugehörigen Dörfern fiel den Sip-
pen des Stammes Issachar als Erbbesitz zu.

DAS GEBIET DES STAMMES ASCHER

24 Das fünfte Los fiel auf den Stamm Ascher mit seinen
Sippen. 25 Die Südgrenze seines Gebietes führt von
Helkat westwärts über Hali, Beten, Achschaf, 26 Alam-
melech, Amad und Mischal bis zum Karmelgebirge und

zum Fluss Libnat; 27 die Ostgrenze führt von Helkat aus nördlich nach Bet-Dagon, berührt die Grenze des Stammes Sebulon und das Tal Jiftach-El und verläuft weiter über Bet-Emek und Negiël bis nach Kabul und über Mischal, 28 Abdon, Rehob, Hammon und Kana bis zum Gebiet der großen Stadt Sidon. 29 Dann biegt die Grenze um nach Rama, erreicht die befestigte Stadt Tyrus, geht weiter nach Hosa und endet am Mittelmeer. Zum Gebiet von Ascher gehören auch Mahaleb, Achsib, 30 Akko, Afek und Rehob – insgesamt zweiundzwanzig Städte mit den umliegenden Dörfern. 31 Dieses ganze Gebiet, Städte und Dörfer, fiel den Sippen des Stammes Ascher als Erbbesitz zu.

DAS GEBIET DES STAMMES NAFTALI

32 Das sechste Los fiel auf den Stamm Naftali mit seinen Sippen. 33 Die Südgrenze seines Gebietes führt von Helef ostwärts nach Elon-Zaanannim und weiter über Adami-Nekeb und Jabneel nach Lakkum und endet am Jordan; 34 westwärts führt sie über Asnot-am-Tabor nach Hukkok. Das Gebiet von Naftali stößt im Süden an das Stammesgebiet Sebulon, im Westen an das Stammesgebiet Ascher und im Osten an den Jordan. 35 Die befestigten Städte in diesem Gebiet waren Ziddim, Zer, Hammat, Rakkat, Kinneret, 36 Adama, Rama, Hazor, 37 Kedesch, Edreï, En-Hazor, 38 Jiron, Migdal-El, Horem, Bet-Anat und Bet-Schemesch – insgesamt neunzehn Städte mit den umliegenden Dörfern. 39 Dieses ganze Gebiet, Städte und Dörfer, fiel den Sippen des Stammes Naftali als Erbbesitz zu.

DAS GEBIET DES STAMMES DAN

40 Das siebte Los fiel auf den Stamm Dan mit seinen Sippen. 41 Sein Gebiet umfasst die Städte Zora, Eschtaol, Ir-Schemesch, 42 Schaalbim, Ajalon, Jitla, 43 Elon, Timna, Ekron, 44 Elteke, Gibbeton, Baalat, 45 Jehud, Bene-Berak und Gat-Rimmon 46 sowie das Gebiet um Jafo bis zum Jarkonfluss. 47-48 Alle diese Städte mit ihren Dörfern fielen dem Stamm Dan als Erbbesitz zu. Die Leute des Stammes Dan konnten sich jedoch in diesem Gebiet nicht halten und zogen deshalb nach Norden vor die Stadt Lajisch. Sie eroberten sie, erschlugen die Bewohner mit dem Schwert und siedelten sich dort an. Nach dem Namen ihres Stammvaters nannten sie die Stadt Dan.

ABSCHLUSS DER LANDVERTEILUNG UND ANTEIL JOSUAS

49 So wurde die Verteilung des Landes vollendet; jeder Stamm erhielt seinen Erbbesitz. Die Stämme Israels gaben auch Josua einen eigenen Besitz im Land. 50 Er hatte sich die Stadt Timnat-Serach im Bergland Efraïm erbeten und der HERR sprach ihm die Stadt und das umliegende Gebiet zu. Josua baute die Stadt wieder auf und ließ sich dort nieder. 51 Der Priester Eleasar, Josua, der Sohn Nuns, und die Sippenoberhäupter der einzelnen Stämme hatten all die genannten Gebiete unter die Israeliten verteilt. Die Zuteilung erfolgte durch das Los in Gegenwart des HERRN, am Eingang des Heiligen Zeltes in Schilo. Nun hatten sie die Verteilung des Landes abgeschlossen.

ASYLSTÄDTE FÜR TOTSCHLÄGER

20 1-2 Der HERR ließ den Leuten von Israel durch Josua sagen: »Führt jetzt aus, was ich früher durch Mose angeordnet habe: Wählt Städte aus, die als Asyl dienen sollen. 3 Wer unbeabsichtigt, ohne Vorsatz, einen Menschen getötet hat, kann dorthin fliehen; kein Verwandter des Getöteten darf dann noch an ihm Blutrache üben. 4 Der Totschläger soll in eine dieser Städte gehen und auf dem Gerichtsplatz am Tor seinen Fall den Ältesten vortragen. Daraufhin nehmen sie ihn in ihre Stadt auf und weisen ihm ein Haus an, in dem er wohnen kann. 5 Wenn ein Verwandter des Getöteten ihn dorthin verfolgt, dürfen die Männer der Stadt ihn nicht ausliefern. Dies gilt aber nur unter der Bedingung, dass er seinen Mitmenschen ohne Vorsatz und nicht aus Hass erschlagen hat. 6 Sein Fall muss in einer Gerichtsverhandlung der Gemeinde entschieden werden, dann darf der Totschläger in der Stadt wohnen, bis der zu jener Zeit amtierende Oberste Priester gestorben ist. Danach soll er in die Stadt, aus der er geflohen ist, und zu seiner Familie zurückkehren.« 7 Die Männer Israels bestimmten folgende Asylstädte: auf der Westseite des Jordans Kedesch in Galiläa im Bergland von Naftali, Sichem im Bergland von Efraïm und Kirjat-Arba – das ist Hebron – im Bergland von Juda, 8 auf der Ostseite des Jordans Bezer im Steppenhochland des Stammes Ruben, Ramot in der Landschaft Gilead im Gebiet des Stammes Gad und Golan in der Landschaft Baschan im Gebiet des Stammes Manasse. 9 Diese Städte sollten von nun an allen Israeliten und auch den Fremden, die bei ihnen lebten, als Zufluchtsorte offenstehen. Jeder, der ohne Vorsatz einen Menschen getötet hatte, sollte hier Schutz finden, wenn ein Verwandter des Getöteten an ihm Blutrache üben wollte. Er durfte nur getötet werden, nachdem er in einem öffentlichen Gerichtsverfahren des Mordes überführt und verurteilt worden war.

DIE STÄDTE DER LEVITEN

21 1-2 In Schilo im Land Kanaan kamen die Sippenoberhäupter des Stammes Levi zum Priester Eleasar, zu Josua und zu den Oberhäuptern der Stämme Israels und sagten zu ihnen: »Der HERR hat durch Mose befohlen, uns Städte zu geben, in denen wir wohnen können, und dazu das Weideland ringsum für unser Vieh.« 3 Da traten ihnen die Israeliten von ihrem Erbbesitz bestimmte Städte und Weideflächen ab, wie der HERR es angeordnet hatte. 4 Bei der Verlosung erhielt zuerst die Gruppe Kehat ihren Anteil, und zwar fielen der Sippe des Priesters Aaron dreizehn Städte im Gebiet der Stämme Juda, Simeon und Benjamin zu; 5 die übrigen Sippen bekamen zehn Städte im Gebiet der Stämme Efraïm, Dan und West-Manasse. 6 Der Gruppe Gerschon fielen dreizehn Städte im Gebiet der Stämme Issachar, Ascher, Naftali und Ost-Manasse zu,

7 der Gruppe Merari zwölf Städte im Gebiet der Stämme Ruben, Gad und Sebulon. 8 Diese Städte und das zugehörige Weideland teilten die Israeliten durchs Los den Nachkommen Levis zu, wie der HERR es durch Mose angeordnet hatte.

STÄDTE DER NACHKOMMEN KEHATS

9-10 Als erste erhielt die Sippe der Nachkommen Aarons aus der Gruppe Kehat ihre Städte durch das Los zugeteilt. Sie bekam vom Gebiet der Stämme Juda und Simeon die im Folgenden namentlich aufgezählten Städte: 11 zuerst Hebron im Bergland von Juda mit seinem Weideland, die ehemalige Stadt Arbas, des Stammvaters der Anakiter. 12 Das Ackerland der Stadt und die Dörfer der Umgebung hatten die Israeliten jedoch schon Kaleb, dem Sohn von Jefunne, als Erbbesitz gegeben. 13-16 Hebron war zugleich zur Asylstadt für Totschläger bestimmt worden. Weiter erhielten die Nachkommen Aarons folgende Städte, jeweils mit dem zugehörigen Weideland: Libna, Jattir, Eschtemoa, Holon, Debir, Aschan, Jutta und Bet-Schemesch. Das waren neun Städte aus diesen beiden Stämmen. 17 Dazu kamen aus dem Gebiet des Stammes Benjamin die vier Städte Gibeon, Geba, 18 Anatot und Alemet. 19 Die Nachkommen des Priesters Aaron hatten damit insgesamt dreizehn Städte mit zugehörigem Weideland erhalten. 20-22 Die übrigen Sippen der Levitengruppe Kehat bekamen vier Städte vom Gebiet des Stammes Efraïm: Sichem im Bergland von Efraïm, zugleich eine Asylstadt für Totschläger, Geser, Kibzajim und Bet-Horon, 23-24 außerdem vom Gebiet des Stammes Dan die vier Städte Elteke, Gibbeton, Ajalon und Gat-Rimmon 25 und vom Gebiet des Stammes West-Manasse die beiden Städte Taanach und Jibleam. 26 Das macht insgesamt zehn Städte mit zugehörigem Weideland.

STÄDTE DER NACHKOMMEN GERSCHONS

27 Die Leviten aus der Gruppe Gerschon bekamen zwei Städte vom Gebiet des Stammes Ost-Manasse: Golan in der Landschaft Baschan, zugleich eine Asylstadt für Totschläger, und Aschtarot, 28-29 dazu vom Gebiet des Stammes Issachar die vier Städte Kischjon, Daberat, Jarmut und En-Gannim 30-31 und vom Gebiet des Stammes Ascher die vier Städte Mischal, Abdon, Helkat und Rehob, 32 außerdem drei Städte im Gebiet des Stammes Naftali: Kedesch in Galiläa, eine Asylstadt für Totschläger, Hammot-Dor und Kartan. 33 Das macht insgesamt dreizehn Städte mit zugehörigem Weideland.

STÄDTE DER NACHKOMMEN MERARIS

34-35 Die übrigen Leviten, die Sippen der Gruppe Merari, bekamen vom Gebiet des Stammes Sebulon die vier Städte Jokneam, Karta, Rimmon und Nahalal, 36-37 dazu östlich des Jordans vom Gebiet des Stammes Ruben die vier Städte Bezer im Steppenhochland, zugleich eine Asylstadt für Totschläger, Jahaz, Kedemot und Mefaat 38-39 und vom Gebiet des Stammes Gad die vier Städte Ramot in Gilead, eine Asylstadt für Totschläger, Mahanajim, Heschbon und Jaser. 40 Das macht insgesamt zwölf Städte mit zugehörigem Weideland. 41-42 Alles in allem bekamen die Nachkommen Levis mitten im Gebiet der Israeliten achtundvierzig Städte mit ihren Weidegebieten.

GOTT HAT SEIN VERSPRECHEN GEHALTEN

43 Der HERR gab den Israeliten das ganze Land, das er ihren Vorfahren mit einem Eid zugesagt hatte. Sie nahmen es in Besitz und besiedelten es. 44 Der HERR verschaffte ihnen Ruhe und Frieden an allen Grenzen, wie er es ihren Vorfahren versprochen hatte. Niemand konnte sich gegen sie behaupten; alle Feinde gab er in ihre Hand. 45 So hatte der HERR nun alle seine Zusagen erfüllt; nichts war ausgeblieben von all dem Guten, das er seinem Volk Israel versprochen hatte. Es war alles eingetroffen.

JOSUA ENTLÄSST DIE MÄNNER DER ÖSTLICHEN STÄMME

22 Josua rief die Männer der Stämme Ruben, Gad und Ost-Manasse zusammen 2 und sagte zu ihnen: »Ihr habt alles getan, was Mose, der Diener des HERRN, euch befohlen hatte, und habt stets meinen Anweisungen gehorcht. 3 Die ganze Zeit über habt ihr eure Brüder, die übrigen Israeliten, nicht im Stich gelassen und habt sorgfältig darauf geachtet, die Gebote des HERRN, eures Gottes, zu befolgen. 4 Jetzt aber hat der HERR euren Brüdern Ruhe und Frieden verschafft, wie er es versprochen hatte, und ihr dürft heimziehen in das Land, das Mose, der Diener des HERRN, euch auf der anderen Seite des Jordans gegeben hat. 5 Aber vergesst nie, was Mose euch eingeschärft hat, als er sagte: ›Ihr sollt den HERRN, euren Gott, lieben, auf seinen Wegen gehen, seine Gebote befolgen, ihm Treue halten und ihm dienen mit ganzem Herzen und allen euren Kräften.‹« 6 Josua segnete sie zum Abschied und ließ sie nach Hause ziehen. 7 Der einen Hälfte des Stammes Manasse hatte Mose östlich des Jordans in der Landschaft Baschan Landbesitz gegeben, die andere Hälfte hatte ihren Anteil zusammen mit den übrigen Stämmen westlich des Jordans durch Josua bekommen. Josua entließ die Männer von Ost-Manasse mit einem Segenswunsch nach Hause 8 und sagte noch zu ihnen: »Ihr kehrt reich beladen nach Hause zurück, mit Silber, Gold, Bronze, Eisen, mit vielen Kleidern und einer Menge Vieh. Teilt die Beute mit euren Stammesbrüdern!«

DER ALTAR AM JORDAN FÜHRT ZUM KONFLIKT

9 Die Männer der Stämme Ruben, Gad und Ost-Manasse zogen nun von den übrigen Israeliten weg. Von Schilo im Land Kanaan brachen sie auf, um ins Land Gilead zu ziehen. Dort lag der Landanteil, den der HERR ihnen durch Mose zugesprochen hatte und in dem sie sich schon früher angesiedelt hatten. 10 Als sie zu den Gelilot in der Jordanebene kamen, bauten sie direkt am Fluss einen großen Altar, noch auf dieser

Seite des Jordans im Land Kanaan. 11 Bei den anderen Israeliten sprach es sich herum: »Die Männer von Ruben, Gad und Ost-Manasse haben bei den Gelilot am Jordan einen Altar gebaut, jenseits der Grenze des Landes Kanaan, nicht mehr im Gebiet Israels!« 12 Da kamen alle Männer Israels in Schilo zusammen, um gegen die Oststämme in den Kampf zu ziehen. 13 Sie schickten eine Gesandtschaft zu den Männern von Ruben, Gad und Ost-Manasse nach Gilead: Pinhas, den Sohn des Priesters Eleasar, 14 und dazu die zehn Oberhäupter der westlichen Stämme Israels, lauter Sippenälteste. 15-16 Sie kamen dorthin und fragten im Namen der ganzen Gemeinde des HERRN: »Warum habt ihr dem Gott Israels die Treue gebrochen und euch von ihm abgewandt? Ihr habt einen Altar gebaut; damit habt ihr ihm den Rücken gekehrt! 17 Reicht die Schuld noch nicht, die wir bei Pegor auf uns geladen haben und die bis heute auf uns liegt? Ihr wisst, dass der HERR deswegen die ganze Gemeinde gestraft hat. 18 Und trotzdem wendet ihr euch jetzt von ihm ab! Seht ihr nicht, wie das ausgehen wird? Heute lehnt ihr euch gegen den HERRN auf und morgen wird sein Zorn die ganze Gemeinde Israel treffen. 19 Wenn ihr aber meint, dass euer Land unrein ist, dann kommt herüber zu uns in das Land des HERRN, wo er seine Wohnung aufgeschlagen hat. Siedelt euch doch bei uns an! Aber baut auf keinen Fall einen zweiten Altar neben dem Altar des HERRN, unseres Gottes! Damit lehnt ihr euch gegen den HERRN auf und zieht uns in eure Auflehnung mit hinein. 20 Denkt an Achan, den Sohn Serachs, der sich an der Beute vergriff, die der HERR zur Vernichtung bestimmt hatte. Er war nur ein einzelner Mann und doch wurde die ganze Gemeinde Israel dafür bestraft. Hat sein Vergehen ihn nicht das Leben gekostet?«

VERSÖHNUNG ZWISCHEN OST- UND WESTSTÄMMEN

21 Die Männer von Ruben, Gad und Ost-Manasse antworteten den zehn Stammesoberhäuptern: 22-23 »Gott, der Mächtige, der HERR – Gott, der Mächtige, der HERR –, er weiß es und ganz Israel soll es ebenfalls wissen: Uns trifft keine Schuld. Wenn wir diesen Altar gebaut haben, um uns vom HERRN abzuwenden und ihm die Treue zu brechen, dann soll der HERR uns heute nicht beistehen. Er selbst soll den Fall untersuchen. Wir hatten nie die Absicht, auf dem Altar irgendwelche Opfer darzubringen. 24 Vielmehr hatten wir Sorge, dass in Zukunft eure Nachkommen zu unseren Nachkommen sagen könnten: ›Was verbindet denn euch mit dem HERRN, dem Gott Israels? 25 Er hat doch zwischen euch und uns den Jordan als Grenze gesetzt! Also gehört ihr nicht zum Volk des HERRN!‹ So könnten dann eure Nachkommen die unseren daran hindern, dem HERRN unsere Opfer zu bringen. 26 Deshalb haben wir diesen Altar gebaut – nicht für Brand- oder Mahlopfer, 27 sondern als ein Zeichen, das zwischen uns und euch und zwischen unseren und euren Nachkommen aufgerichtet ist. Es soll bezeugen, dass wir tatsächlich das Recht haben, zum Heiligtum des HERRN zu kommen und ihm Brandopfer, Mahlopfer und andere Opfer darzubringen. Eure Nachkommen sollen nicht zu den unseren sagen dürfen, sie gehörten nicht zur Gemeinde des HERRN. 28 Wenn es aber je so weit käme, sollten unsere Nachkommen sagen können: ›Seht diesen Altar! Unsere Vorfahren haben ihn genau nach dem Vorbild des Altars am Heiligtum des HERRN gebaut – nicht um Brand- oder Mahlopfer darzubringen, sondern als Zeichen, das unsere Zugehörigkeit zum HERRN bezeugt.‹ 29 Wir denken nicht entfernt daran, uns vom HERRN abzuwenden und neben dem Altar vor der Wohnung des HERRN, unseres Gottes, noch einen weiteren Altar zu bauen, auf dem Opfer dargebracht werden.« 30 Der Priester Pinhas und die Abgeordneten der Gemeinde, die Oberhäupter der Stämme, ließen gelten, was die Männer der Stämme Ruben, Gad und Ost-Manasse zu ihrer Verteidigung vorbrachten. 31 Pinhas sagte: »Jetzt erkennen wir, dass der HERR in unserer Mitte ist und sich nicht von uns abgewandt hat. Ihr habt euch mit dem Bau dieses Altars nicht gegen den HERRN aufgelehnt und so habt ihr die Israeliten vor der Strafe des HERRN bewahrt.« 32 Dann kehrten Pinhas und die übrigen Abgesandten ins Land Kanaan zurück und berichteten alles den Israeliten. 33 Diese billigten das Verhalten der Männer von Ruben und Gad und priesen Gott. Sie sahen jetzt keinen Anlass mehr, gegen sie in den Kampf zu ziehen und ihr Land zu verwüsten. 34 Die Leute von Ruben und Gad aber gaben dem Altar einen Namen und erklärten: »Er ist ein Zeichen zwischen uns, das bezeugt, dass der HERR unser Gott ist.«

JOSUAS ABSCHIEDSREDE

23 Seit der HERR dem Volk Israel Ruhe vor allen seinen Feinden verschafft hatte, waren viele Jahre vergangen. Josua war inzwischen sehr alt geworden. 2 Deshalb rief er die Vertreter des ganzen Volkes zusammen, die Ältesten, die Oberhäupter, die Richter und Aufseher, und sagte zu ihnen: »Ich bin nun sehr alt und habe nicht mehr lange zu leben. 3 Ihr habt mit eigenen Augen gesehen, wie der HERR, euer Gott, die Völker dieses Landes besiegt hat; denn er war es, der für euch kämpfte. 4 Ich habe das ganze Land vom Jordan bis zum Mittelmeer durchs Los unter eure Stämme verteilt, auch das Gebiet der Völker, die noch nicht unterworfen sind. 5 Der HERR, euer Gott, wird sie vor euch aus dem Land treiben, und ihr werdet ihr Land in Besitz nehmen, wie er es euch versprochen hat. 6 Lasst euch künftig durch nichts davon abbringen, alles zu befolgen, was im Gesetzbuch Moses aufgeschrieben ist. Richtet euch genau danach und weicht nicht vom geraden Weg ab. 7 Haltet euch getrennt von den fremden Völkern, die noch neben euch im Land leben. Sprecht die Namen ihrer Götter nicht aus, schwört nicht bei ihnen. Bringt ihnen keine Opfer und betet sie nicht an. 8 Haltet dem HERRN, eurem Gott, die Treue, so wie ihr es bisher getan habt. 9 Ihr habt erlebt, wie der HERR große und starke Völker vor euch vertrieben hat; bis heute hat niemand euch standhalten können. 10 Ein Einziger von euch hat tausend Feinde vor sich hergejagt; denn der HERR, euer Gott, kämpfte für euch, wie er es versprochen hatte. 11 Auch in Zukunft hängt euer Leben davon ab, dass ihr allein den HERRN, euren Gott, liebt. 12 Wenn ihr euch von ihm abwendet und euch den Völkern zuwendet, die in eurem Land leben, wenn ihr euch mit ihnen verschwägert und vermischt, 13 dann wird der HERR, euer Gott, diese Völker auch nicht mehr vor euch vertreiben. Das lasst euch gesagt sein! Sie werden dann für euch so gefährlich wie eine Schlinge oder Falle und so schmerzhaft wie Dornen im Auge oder Stachelpeitschen, mit denen man Ochsen antreibt. Zuletzt werdet ihr dann zugrunde gehen und müsst fort aus dem guten Land, das euch der HERR, euer Gott, gegeben hat. 14 Ihr seht, meine Zeit ist abgelaufen. Macht es euch klar und nehmt es zu Herzen: Der HERR, euer Gott, hat alle seine Zusagen erfüllt; nichts ist ausgeblieben von all dem Guten, das er euch versprochen hatte; alles ist eingetroffen. 15 Aber genauso, wie all das Gute eingetroffen ist, das der HERR euch zugesagt hatte, wird auch das Böse eintreffen, das er euch angedroht hat, bis er euch vernichtet und aus dem guten Land weggeschafft hat, das er euch gab. 16 Der HERR, euer Gott, hat einen Bund mit euch geschlossen und erwartet von euch, dass ihr diesem Bund treu bleibt. Wenn ihr euch anderen Göttern zuwendet und sie anbetet, wird euch sein brennender Zorn treffen, und ihr werdet sehr schnell aus dem guten Land verschwunden sein, das er euch gegeben hat.«

JOSUA ERINNERT DIE ISRAELITEN IN SICHEM AN GOTTES TATEN

24 Josua rief alle Stämme Israels zu einer Versammlung nach Sichem. Er ließ alle Ältesten, Oberhäupter, Richter und Aufseher kommen und sie stellten sich vor Gott auf. 2 Dann sagte Josua zum ganzen Volk: »So spricht der HERR, der Gott Israels: ›Vor langer Zeit wohnten eure Vorfahren auf der anderen Seite des Eufratstromes und verehrten fremde Götter. Das ging so bis zu Terach, dem Vater Abrahams und Nahors. 3 Aber dann holte ich euren Stammvater Abraham aus dem Land jenseits des Eufrats und ließ ihn im ganzen Land Kanaan umherziehen. Ich gab ihm Nachkommen durch seinen Sohn Isaak. 4 Diesem gab ich zwei Söhne, Jakob und Esau. Esau wies ich das Bergland Seïr als Besitz an; Jakob und seine Söhne wanderten nach Ägypten aus. 5-6 Zu den Nachkommen Jakobs, euren Vorfahren, schickte ich Mose und Aaron und ließ über Ägypten schweres Unheil kommen. Ich führte eure Vorfahren aus Ägypten heraus und brachte sie bis ans Schilfmeer. Als die Ägypter mit ihren Streitwagen hinter ihnen herjagten, 7 schrien sie in ihrer Not zu mir um Hilfe. Da ließ ich zwischen ihnen und den Ägyptern eine undurchdringliche Finsternis entstehen, und dann ließ ich die Wellen des Meeres über den Ägyptern zusammenschlagen, sodass sie ertranken. Ihr wisst alle genau, wie die Ägypter meine Macht zu spüren bekamen. Dann seid ihr lange Zeit in der Wüste geblieben, 8 bis ich euch in das Land der Amoriter östlich des Jordans brachte. Sie leisteten euch Widerstand, aber ich gab sie in eure Hand und ihr konntet ihr Land in Besitz nehmen. Ich selbst vernichtete sie vor euch. 9 Auch Balak, der Sohn Zippors, der König der Moabiter, stellte sich euch in den Weg. Er ließ Bileam holen, den Sohn Beors, damit er euch verfluchen sollte. 10 Aber ich erhörte Bileams Gebet nicht. Gegen seinen Willen musste er euch segnen und so rettete ich euch vor seinen Anschlägen. 11 Dann habt ihr den Jordan überschritten und seid bis vor Jericho gekommen. Auch die Einwohner Jerichos kämpften gegen euch, aber ich gab sie in eure Hand und ebenso alle anderen Einwohner des Landes, die Amoriter, Perisiter, Kanaaniter, Hetiter, Girgaschiter, Hiwiter und Jebusiter. 12 Ich sandte einen gewaltigen Schrecken vor euch her, der vertrieb sie vor euch, genau wie zuvor die beiden Amoriterkönige auf der anderen Seite des Jordans. Mir habt ihr das zu verdanken und nicht eurem Schwert und eurem Kriegsbogen! 13 Dann gab ich euch dieses Land, um das ihr euch nicht gemüht habt, und seine Städte, die ihr nicht gebaut habt. Ihr wohnt darin und esst Trauben von Weinstöcken und Oliven von Bäumen, die ihr nicht gepflanzt habt.‹«

JOSUA STELLT DAS VOLK VOR DIE ENTSCHEIDUNG

14 »Darum nehmt nun den HERRN ernst und ehrt ihn«, fuhr Josua fort, »dient ihm mit ganzer Treue! Trennt euch von den Göttern, die eure Vorfahren jenseits des Eufrats und in Ägypten verehrt haben, und dient dem HERRN! 15 Wenn ihr dazu nicht bereit seid, dann entscheidet euch heute, wem sonst ihr dienen wollt: den Göttern, die eure Vorfahren im Land jenseits des Eufrats verehrt haben, oder den Göttern der Amoriter, in deren Land ihr jetzt lebt. Ich und meine ganze Hausgemeinschaft sind entschlossen, dem HERRN zu dienen.« 16 Das Volk antwortete: »Wie kämen wir dazu, den HERRN zu verlassen und anderen Göttern zu dienen? 17 Der HERR, unser Gott, hat unsere Väter aus der Sklaverei in Ägypten herausgeführt, und wir kennen all die staunenerregenden Wundertaten, die er dabei vollbracht hat. Auf dem ganzen Weg hierher, quer durch das Gebiet fremder Völker, hat er uns beschützt. 18 Vor uns her hat er alle Völker vertrieben, auch die Amoriter, die früher hier wohnten. Darum wollen wir dem HERRN dienen; er allein ist unser Gott!« 19 Aber Josua sagte zu ihnen: »Stellt euch das nicht so leicht vor, dem HERRN zu dienen; denn er ist ein Gott, der durch und durch heilig ist, ein Gott, der leidenschaftlich liebt und von euch ungeteilte Liebe erwartet. Er wird es euch nicht verzeihen, wenn ihr ihm nicht treu bleibt. 20 Wenn ihr ihn verlasst und anderen Göttern folgt, werdet ihr ihn ganz anders kennenlernen: Er wird euch nicht mehr Gutes erweisen wie bisher, sondern Böses, und wird euch völlig vernichten.« 21 Aber das Volk antwortete: »Doch! Wir wollen dem HERRN dienen!« 22 Da sagte Josua: »Ihr seid Zeugen gegen euch selbst, dass ihr euch für den HERRN entschieden habt und ihm dienen wollt.«

»So ist es!«, sagten sie. 23 »Dann schafft die fremden Götter fort, die ihr noch bei euch habt!«, sagte Josua. »Wendet euch mit ganzem Herzen zum HERRN, dem Gott Israels!« 24 Das Volk antwortete: »Wir wollen dem HERRN, unserem Gott, dienen und auf seine Weisungen hören.« 25 So verpflichtete Josua an diesem Tag in Sichem die Israeliten zum Gehorsam gegen den HERRN und legte ihnen die Gebote und Rechtsordnungen vor, nach denen sie leben sollten. 26 Er schrieb alles in das Gesetzbuch Gottes. Dann nahm er einen großen Stein und stellte ihn dort unter der Eiche beim Heiligtum des HERRN auf. 27 »Seht diesen Stein!«, sagte er zum Volk. »Er steht da als Zeuge gegen uns; denn er hat alles gehört, was der HERR heute zu uns gesprochen hat. Er soll euch an alles erinnern, damit ihr eurem Gott nicht untreu werdet.« 28 Josua entließ das Volk und jeder kehrte auf seinen Erbbesitz zurück.

JOSUAS TOD

29 Einige Zeit danach starb Josua, der Sohn Nuns, der Diener und Bevollmächtigte des HERRN. Er war 110 Jahre alt geworden. 30 Sie bestatteten ihn auf seinem Erbbesitz in Timnat-Serach, das nördlich des Berges Gaasch im Bergland von Efraïm liegt. 31 Die Israeliten blieben auch nach Josuas Tod dem HERRN treu, solange noch die Ältesten lebten, die alles miterlebt hatten, was der HERR für Israel getan hatte. 32 Die Gebeine Josefs, die die Israeliten aus Ägypten mitgebracht hatten, bestatteten sie in Sichem auf dem Stück Land, das Jakob von den Söhnen Hamors, des Vaters von Sichem, für 100 große Silberstücke gekauft hatte und das zum Erbbesitz der Josefsstämme zählt. 33 Auch Aarons Sohn Eleasar starb, und er wurde bestattet in Gibea, einer Stadt im Bergland von Efraïm, die seinem Sohn Pinhas als Wohnsitz zugeteilt worden war.

DAS BUCH VON DEN **RICHTERN**

DIE STÄMME JUDA UND SIMEON EROBERN IHR GEBIET

1 Nachdem Josua gestorben war, fragten die Israeliten den HERRN: »Welcher Stamm soll als erster in das Land hinaufziehen und die Kanaaniter angreifen?« 2 Der HERR antwortete: »Der Stamm Juda! Ich gebe das Land in seine Gewalt.« 3 Da sagten die Männer des Stammes Juda zu den Männern ihres Bruderstammes Simeon: »Kommt mit! Helft uns kämpfen und unseren Anteil am Land erobern. Dann werden wir euch anschließend auch helfen, euren Anteil in Besitz zu nehmen.« So schloss sich der Stamm Simeon dem Stamm Juda an. 4-5 Die Männer von Juda zogen also ins Bergland hinauf und der HERR gab die Kanaaniter und die Perisiter in ihre Hand. Bei der Stadt Besek schlugen sie ein Heer von 10 000 Mann. Sie trafen auch auf ihren König Adoni-Besek und kämpften gegen ihn. 6 Er ergriff die Flucht, aber sie jagten ihm nach und nahmen ihn gefangen. Sie hackten ihm die Daumen und die großen Zehen ab. 7 Da sagte er: »Siebzig Königen ließ ich die Daumen und Zehen abhacken und sie mussten sich von den Resten nähren, die von meinem Tisch fielen. Jetzt hat Gott mir dasselbe Schicksal bereitet.« Sie brachten ihn nach Jerusalem, wo er starb. 8 Die Männer von Juda griffen auch Jerusalem an und eroberten es. Sie töteten die Bewohner und steckten die Stadt in Brand. 9 Dann wandten sie sich gegen die Kanaaniter, die das Bergland im Süden und die anschließende Steppe sowie das westlich vorgelagerte Hügelland bewohnten. 10 Sie kämpften gegen die kanaanitischen Bewohner der Stadt Hebron, die früher Kirjat-Arba hieß, und besiegten Scheschai, Ahiman und Talmai. 11 Von dort zogen sie vor die Stadt Debir, die früher Kirjat-Sefer hieß. 12 Kaleb sagte: »Wer Kirjat-Sefer erobert, dem gebe ich meine Tochter Achsa zur Frau.« 13 Da eroberte Kalebs jüngerer Bruder Otniël, ein Sohn von Kenas, die Stadt und erhielt die Tochter Kalebs zur Frau. 14 Am Hochzeitstag veranlasste Otniël seine Frau, ihren Vater um Ackerland zu bitten. Sie stieg von ihrem Esel und Kaleb fragte sie: »Was möchtest du?« 15 Sie antwortete: »Gib mir als Zeichen, dass dein Segen mich begleitet, ein Geschenk. Du hast mich in das regenarme Südland verheiratet; gib mir wenigstens ein paar Quellen!« Da gab ihr Kaleb die oberen und unteren Teichanlagen bei Hebron. 16 Die Keniter, die Stammesbrüder von Moses Schwiegervater, waren mit den Männern des Stammes Juda von der Palmenstadt aus aufgebrochen. Sie zogen in die Wüste südlich von Arad und ließen sich dort nieder. Auch die Amalekiter kamen dorthin und wohnten bei ihnen. 17 Die Männer der Stämme Juda und Simeon zogen weiter und besiegten die kanaanitischen Bewohner der Stadt Zefat. Sie vollstreckten an ihnen den Bann und gaben der Stadt den Namen Horma (Bann). 18 Die Männer von Juda konnten die Städte Gaza, Aschkelon und Ekron mit dem dazugehörigen Gebiet nicht erobern. 19 Weil der HERR ihnen beistand, konnten sie das Bergland in Besitz nehmen, aber die Bewohner der Küstenebene konnten sie nicht unterwerfen, weil sie eiserne Streitwagen hatten. 20 Die Stadt Hebron wurde Kaleb zugesprochen, wie es Mose angeordnet hatte, und Kaleb vertrieb daraus die drei Anakssöhne samt ihren Sippen. 21 In Jerusalem lebten die Jebusiter, und die Männer von Benjamin konnten sie nicht daraus vertreiben. Darum leben die Jebusiter dort bis heute neben den Leuten von Benjamin.

DIE NORDSTÄMME EROBERN IHR GEBIET

22 Nun zogen auch die Männer der Josefsstämme Efraïm und Manasse ins Bergland hinauf, um die Stadt Bet-El zu erobern, und der HERR stand ihnen bei. 23 Sie schickten Leute aus, um Bet-El auszukundschaften; es

hieß übrigens früher Lus. 24 Diese sahen einen Mann, der gerade aus der Stadt kam, zu dem sagten sie: »Zeig uns, wo wir in die Stadt eindringen können, dann werden wir dich verschonen.« 25 Er zeigte ihnen die schwächste Stelle der Stadtbefestigung und die Männer der Josefsstämme eroberten die Stadt. Sie erschlugen die Bewohner mit dem Schwert, aber diesen Mann und seine ganze Familie ließen sie am Leben. 26 Er zog ins Land der Hetiter und gründete eine Stadt, der er den Namen Lus gab. So heißt sie bis heute. 27 Der Stamm Manasse konnte jedoch die Bewohner der Städte Bet-Schean, Taanach, Dor, Jibleam und Megiddo sowie der dazugehörigen Ortschaften nicht vertreiben. So blieben die Kanaaniter in dieser Gegend wohnen. 28 Als die Israeliten stärker wurden, zwangen sie die Kanaaniter zur Fronarbeit, trieben sie aber nicht aus dem Land. 29 Der Stamm Efraïm konnte die Kanaaniter nicht aus der Stadt Geser vertreiben; darum wohnen sie dort noch heute mitten in seinem Gebiet. 30 Der Stamm Sebulon konnte die Kanaaniter nicht aus Kitron und Nahalal vertreiben; sie blieben dort wohnen und wurden später zur Fronarbeit gezwungen. 31 Der Stamm Ascher konnte die Bewohner von Akko und Sidon nicht vertreiben, auch nicht die Leute von Mahaleb, Achsib, Helba, Afek und Rehob. 32 Darum leben die Leute von Ascher noch jetzt mitten unter den Kanaanitern, den früheren Landesbewohnern; sie haben sie nicht aus dem Land vertrieben. 33 Der Stamm Naftali konnte die Bewohner von Bet-Schemesch und Bet-Anat nicht vertreiben und lebt deshalb in seinem Stammesgebiet mit den Kanaanitern, den früheren Landesbewohnern, zusammen; sie müssen ihm jedoch Frondienste leisten. 34 Als die Männer des Stammes Dan in die Ebene vordringen wollten, wurden sie von den Amoritern in das Bergland zurückgetrieben. 35 So konnten die Amoriter sich in Har-Heres, Ajalon und Schaalbim behaupten; aber später wurden sie von den Josefsstämmen besiegt und mussten ihnen Frondienste leisten. 36 Das Gebiet der Amoriter stößt an das der Edomiter. Die Grenze verläuft von der Skorpionensteige nach Sela und dann weiter in dieser Richtung.

ISRAEL MUSS DAS LAND MIT DEN KANAANITERN TEILEN

2 Der Engel des HERRN kam von Gilgal nach Bochim herauf und sagte zu dem versammelten Volk Israel: »Ich habe euch aus Ägypten herausgeführt und euch in das Land gebracht, das ich euren Vorfahren mit einem Eid zugesagt hatte. Und ich habe zu euch gesagt: ›Ich werde für alle Zeiten zu dem Bund stehen, den ich mit euch geschlossen habe; 2 ihr aber dürft auf keinen Fall einen Bund mit den Bewohnern dieses Landes schließen. Ihr müsst die Altäre ihrer Götter niederreißen.‹ Doch ihr habt mir nicht gehorcht. Wie konntet ihr das tun? 3 Darum erkläre ich jetzt: Ich werde die Bewohner des Landes nicht vor euch vertreiben, sondern sie sollen euch zur Falle werden. Ihr werdet ständig in Versuchung stehen, ihre Götter zu verehren, und das wird euch ins Verderben stürzen.« 4 Alle Leute von Israel hörten diese Worte und sie begannen zu weinen. 5 Darum erhielt der Ort den Namen Bochim (die Weinenden). Dort brachten die Leute von Israel dem HERRN Opfer dar.

DER UNGEHORSAM DES VOLKES NACH JOSUAS TOD

6 Als Josua die Versammlung bei Sichem aufgelöst hatte, gingen alle Israeliten in die ihnen zugeteilten Gebiete, um sie in Besitz zu nehmen. 7 Sie gehorchten dem HERRN, solange Josua lebte, und auch weiterhin, solange noch die Ältesten des Volkes lebten, die die großen Taten Gottes für Israel mit eigenen Augen gesehen hatten. 8 Aber dann starb Josua, der Sohn Nuns, der Diener und Bevollmächtigte Gottes, im Alter von 110 Jahren. 9 Sie bestatteten ihn auf seinem Erbbesitz in Timnat-Heres im Bergland von Efraïm, nördlich vom Berg Gaasch. 10 Nach und nach starb auch die ganze ältere Generation, und es wuchs eine neue Generation heran, die vom HERRN nichts wissen wollte und seine großen Taten für Israel nicht miterlebt hatte. 11-12 So kam es, dass die Leute von Israel taten, was dem HERRN missfällt: Sie verließen den Gott ihrer Vorfahren, der sie aus Ägypten herausgeführt hatte, und liefen fremden Göttern nach. Sie fingen an, die Götter ihrer Nachbarvölker anzubeten, und beleidigten damit den HERRN. 13 Weil sie an seiner Stelle den Gott Baal und die Göttin Astarte verehrten, 14 wurde der HERR zornig auf sie. Er ließ immer wieder räuberische Beduinen über sie herfallen, die sie ausplünderten. Er gab sie auch den feindlichen Nachbarvölkern preis, sodass sie ihnen nicht mehr standhalten konnten. 15 Jedes Mal, wenn sie in den Kampf zogen, war der HERR gegen sie und ließ ihnen nichts glücken, wie er ihnen das angedroht und mit einem Eid bekräftigt hatte. So gerieten sie in schwere Bedrängnis. 16 Immer wieder ließ der HERR bedeutende Männer erstehen, die Richter, die die Leute von Israel aus der Gewalt der plündernden Nachbarstämme befreiten. 17 Aber selbst auf ihre Richter hörten sie nicht. Sie liefen weiter den fremden Göttern nach und warfen sich vor ihnen nieder. So rasch waren sie vom rechten Weg abgekommen und gehorchten nicht mehr den Geboten des HERRN, wie das ihre Vorfahren getan hatten. 18 Trotzdem ließ der HERR ihnen immer wieder einen Richter als Retter erstehen, und er stand dem Richter zur Seite und befreite sie aus der Hand ihrer Feinde. Denn wenn sie über ihre Quäler und Unterdrücker klagten, tat die harte Strafe dem HERRN leid. Aber sie gehorchten dem HERRN nur, solange der Richter lebte; 19 nach seinem Tod wurden sie jedes Mal wieder rückfällig und trieben noch schlimmeren Götzendienst als ihre Vorfahren. Sie dachten nicht daran, von ihrem Trotz und Ungehorsam zu lassen und sich zu bessern. 20 Deshalb wurde der HERR zornig auf Israel und beschloss: »Weil dieses böse Volk mir nicht gehorcht und den Bund ständig bricht, den ich mit ihren Vorfahren geschlossen habe, 21 werde ich keine weiteren Völker mehr vor ihnen aus dem Land Kanaan vertreiben. Die Völker, die Josua nicht mehr besiegen

konnte, 22 lasse ich im Land bleiben, um die Israeliten auf die Probe zu stellen, ob sie mir gehorchen wie ihre Vorfahren oder nicht.« 23 Eben deshalb ließ der HERR diese Völker im Land und vertrieb sie nicht so schnell; deshalb hatte er sie auch nicht in Josuas Hand gegeben.

DIE IM LAND VERBLIEBENEN FREMDVÖLKER

3 1-2 Folgende Völker ließ der HERR im Land übrig, um den Gehorsam des Volkes durch sie auf die Probe zu stellen – aber auch, um ihnen Gelegenheit zu geben, sich im Kriegführen zu üben. Alle Männer Israels, die die Kämpfe um das Land nicht mehr selbst erlebt hatten, sollten diese Gelegenheit bekommen. 3 Dies waren die Völker: die fünf Fürstentümer der Philister, alle Kanaaniter, die Phönizier und schließlich die Hiwiter, die im Libanongebirge zwischen dem Hermon und Lebo-Hamat wohnen. 4 Durch sie sollten die Leute von Israel auf die Probe gestellt werden. Der HERR wollte sehen, ob sie seinen Geboten gehorchen würden, die er ihren Vorfahren durch Mose gegeben hatte. 5 Die Leute von Israel lebten also mitten unter den Kanaanitern, Hetitern, Amoritern, Perisitern, Hiwitern und Jebusitern. 6 Und was taten sie? Sie nahmen die Töchter dieser Völker als Frauen und gaben den Männern dieser Völker ihre eigenen Töchter, und sie opferten ihren Göttern.

DER RICHTER OTNIËL

7 Die Leute von Israel taten, was dem HERRN missfällt: Sie vergaßen den HERRN, ihren Gott, und beteten zu den Göttern der Kanaaniter, dem Baal und der Aschera. 8 Da wurde der HERR zornig auf sie und gab sie in die Hand Kuschan-Rischatajims, eines Königs im oberen Mesopotamien. Acht Jahre lang wurden sie von ihm unterdrückt. 9 Da schrien die Israeliten zum HERRN um Hilfe und er ließ ihnen einen Retter erstehen: Otniël, den jüngeren Bruder Kalebs, einen Sohn von Kenas. 10 Der Geist des HERRN nahm Besitz von ihm und machte ihn zum Richter und Anführer des Volkes. Er zog gegen Kuschan-Rischatajim in den Kampf, und der HERR half ihm, sodass er dem König von Mesopotamien eine schwere Niederlage beibrachte. 11 Otniël lebte danach noch 40 Jahre und in dieser ganzen Zeit hatte das Land Ruhe vor Feinden.

EHUD RETTET ISRAEL DURCH EINE LIST

12 Die Leute von Israel aber taten von Neuem, was dem HERRN missfällt. Deshalb ließ er Eglon, den König der Moabiter, über sie Macht gewinnen. 13 Eglon verbündete sich mit den Ammonitern und den Amalekitern, besiegte die Israeliten und besetzte die Stadt Jericho. 14 Achtzehn Jahre lang mussten die Leute von Israel dem Moabiterkönig Tribut zahlen. 15 Da schrien sie zum HERRN um Hilfe und er ließ ihnen einen Retter erstehen: Ehud, den Sohn von Gera aus dem Stamm Benjamin. Ehud war Linkshänder. Als die führenden Männer des Volkes ihn dazu bestimmten, den Tribut an König Eglon abzuliefern, 16 schmiedete er sich ein kurzes, beidseitig geschärftes Schwert und band es sich unter dem Gewand auf der rechten Seite fest. 17 So übergab er den Tribut. – König Eglon war übrigens ein Mann von mächtiger Körperfülle. 18 Nach der Übergabe ließ Ehud die Männer, die den Tribut hergetragen hatten, nach Hause gehen. 19 Er selbst kehrte bei den steinernen Götterbildern um und ging noch einmal zu Eglon zurück. Er sagte zum König: »Ich habe eine geheime Botschaft für dich!« »Pst!«, machte Eglon. »Dass keiner es hört!« So gingen alle Diener des Königs hinaus. 20 Eglon saß in dem kühlen Obergemach, das nur für ihn allein bestimmt war. Ehud sagte zu ihm: »Ich habe für dich eine Botschaft von Gott.« Darauf erhob sich Eglon von seinem Sitz. 21 Ehud griff mit der linken Hand nach dem Schwert an seiner rechten Seite und stieß es ihm in den Bauch. 22 Die ganze Klinge drang in Eglons Leib ein und sogar noch der Griff verschwand im Fett. Ehud ließ das Schwert stecken, 23 verriegelte die Tür und stieg durchs Fenster hinaus. 24 Nachdem Ehud gegangen war, wollten Eglons Diener nach dem König sehen, aber sie fanden die Tür des Obergemachs verriegelt. »Er wird wohl gerade seine Notdurft verrichten«, sagten sie. 25 Sie warteten vergeblich; die Tür wurde nicht geöffnet. Schließlich holten sie den Schlüssel und schlossen auf. Da lag ihr Herr tot auf dem Boden. 26 Während die Diener vor der Tür gewartet hatten, hatte sich Ehud in Sicherheit gebracht. Er war an den Steinbildern vorbeigegangen und gelangte unbehelligt nach Seïra. 27 Dort angekommen, ließ er im Bergland von Efraïm das Signalhorn blasen und die Männer Israels zogen hinter ihm her in die Jordanebene hinunter. 28 Er sagte zu ihnen: »Folgt mir schnell! Der HERR hat eure Feinde, die Moabiter, in eure Hand gegeben.« Da zogen sie hinter ihm her und besetzten die Furten über den Jordan, sodass die Moabiter nicht entkommen konnten. 29 Sie erschlugen an diesem Tag 10 000 von ihnen, lauter starke und kampferprobte Männer; kein Einziger konnte sich retten. 30 So zwang der HERR die Moabiter an diesem Tag vor Israel in die Knie. Das Land hatte nun 80 Jahre lang Ruhe vor Feinden.

DER RICHTER SCHAMGAR

31 Nach Ehud trat Schamgar, der Sohn Anats, auf. Er erschlug 600 Philister mit einem Ochsenstachel. So rettete auch er die Leute von Israel vor ihren Feinden.

GOTT RETTET DIE ISRAELITEN DURCH EINE FRAU

4 Nachdem Ehud gestorben war, taten die Leute von Israel von Neuem, was dem HERRN missfällt. 2 Da gab er sie in die Hand Jabins, des Königs der Kanaaniterstadt Hazor. Dessen Heerführer Sisera hatte sein Hauptquartier in Haroschet-Gojim. 3 Jabin besaß 900 eiserne Streitwagen. Zwanzig Jahre lang unterdrückte er die Israeliten hart. Deshalb riefen sie zum HERRN um Hilfe. 4 Damals hatte eine Prophetin namens Debora, die Frau Lappidots, das Richteramt in Israel. 5 Sie saß unter der ›Deborapalme‹ zwischen Rama und Bet-El im Bergland von Efraïm und entschied Rechtsfälle, die die Leute von Israel ihr vorlegten. 6 Eines Tages bestellte sie Barak zu sich, den Sohn Abinoams aus

Kedesch im Gebiet des Stammes Naftali. Sie sagte zu ihm: »Der HERR, der Gott Israels, gibt dir den Auftrag: ›Nimm 10 000 Mann aus den Stämmen Naftali und Sebulon und zieh mit ihnen auf den Berg Tabor. 7 Ich werde Jabins Heerführer Sisera mit seinen Streitwagen und seinem ganzen Heer an den Bach Kischon locken und dort in deine Hand geben.‹« 8 Barak sagte zu Debora: »Ich gehe nur, wenn du mitkommst! Ohne dich gehe ich nicht.« 9 »Gut«, erwiderte Debora, »ich komme mit. Aber der Ruhm für den Sieg wird dann nicht dir gehören. Der HERR wird Sisera in die Hand einer Frau geben!« Dann stand sie auf und ging mit ihm nach Kedesch. 10 Dorthin berief Barak die Männer der Stämme Naftali und Sebulon. Zehntausend folgten ihm auf den Berg Tabor und Debora begleitete sie. 11 Der Keniter Heber hatte sich von seinen Stammesbrüdern, den Nachkommen von Moses Schwiegervater Hobab, getrennt und war nach und nach bis zu der Eiche bei Zaanannim in der Nähe von Kedesch gekommen. Dort hatte er sein Zelt aufgeschlagen. 12 Da erhielt Sisera die Meldung: »Barak, der Sohn Abinoams, ist mit einem Heer auf den Berg Tabor gezogen!« 13 Sofort rief er seine 900 Streitwagen und alle seine Kriegsleute zusammen und zog von Haroschet-Gojim an den Bach Kischon. 14 Als er dort ankam, sagte Debora zu Barak: »Schlag los! Heute hat der HERR dir Sisera und sein ganzes Heer ausgeliefert. Ich sehe, wie der HERR selbst vor dir her in die Schlacht zieht!« Da stürmte Barak vom Berg Tabor ins Tal hinunter und die zehntausend folgten ihm. 15 Als sie mit gezücktem Schwert auf die Kanaaniter zukamen, versetzte der HERR den feindlichen Heerführer und sein ganzes Heer in Angst und Schrecken. Sisera sprang von seinem Wagen und floh zu Fuß. 16 Barak verfolgte die Streitwagen Siseras und seine Soldaten bis nach Haroschet-Gojim. Das ganze Heer wurde vernichtet; nicht *ein* Mann entkam.

DER FEINDLICHE HEERFÜHRER FINDET DEN TOD

17 Sisera flüchtete inzwischen zum Zelt Jaëls, der Frau des Keniters Heber; denn die Sippe Heber unterhielt freundschaftliche Beziehungen zu Jabin. 18 Jaël ging Sisera entgegen und sagte: »Komm herein, mein Herr, kehre bei mir ein! Hab keine Angst!« Er trat in ihr Zelt und sie führte ihn hinter den Vorhang. 19 »Gib mir ein wenig Wasser«, bat er, »ich bin so durstig.« Sie holte den Schlauch mit Milch, gab ihm zu trinken und zog den Vorhang vor. 20 »Stell dich an den Eingang des Zeltes«, sagte er. »Wenn jemand kommt und dich fragt, ob einer hier ist, dann antworte: ›Nein, niemand!‹« 21 Jaël aber nahm einen Zeltpflock und einen Hammer und trat leise an Sisera heran. Er lag auf der Seite und war vor Erschöpfung in tiefen Schlaf gefallen. Sie trieb den Pflock durch beide Schläfen hindurch bis in die Erde. 22 Da kam auch schon Barak, der hinter Sisera her war. Jaël ging ihm entgegen und sagte: »Komm mit, ich will dir den Mann zeigen, den du suchst!« Barak ging mit ihr ins Zelt und fand Sisera tot auf der Erde liegen, den Kopf mit dem Pflock durchbohrt. 23 So brachte Gott dem Kanaaniterkönig Jabin eine schwere Niederlage bei und zwang ihn vor den Israeliten in die Knie. 24 In der Folgezeit setzten sie ihm immer härter zu, bis sie ihn völlig vernichtet hatten.

DEBORAS SIEGESLIED

5 Damals sang Debora zusammen mit Barak, dem Sohn Abinoams, das folgende Lied: // 2 Zum Kampf entschlossen war ganz Israel, / freiwillig stellten sich die Männer ein – / gelobt, gepriesen sei der HERR dafür! / 3 Ihr Könige und Fürsten, hört mir zu! / Dem HERRN zu Ehren will ich singen, / erklingen soll mein Lied und Spiel / zum Ruhm des Gottes Israels! // 4 Als du vom Bergland Seïr auszogst, HERR, / und zu uns kamst von Edoms grünen Steppen, / da zitterte vor dir die ganze Erde, / vom Himmel stürzten Wasserfluten nieder, / die Wolken gossen ihren Regen aus. / 5 Die Berge schwankten, als der HERR sich nahte, / der Gott, den sein Volk Israel verehrt, / der seinem Volk am Sinai erschien. // 6 Zur Zeit, als Schamgar lebte, Anats Sohn, / auch in den Tagen Jaëls, der Keniterin, / da lagen alle Wege menschenleer; / wer damals über Land zu reisen hatte, / der musste auf versteckten Pfaden gehn. // 7 Die Felder wagte niemand zu bestellen, / wie ausgestorben waren alle Dörfer, / bis endlich du, Debora, dich erhobst / und handeltest, du Mutter Israels! / 8 Noch hielt das Volk nach neuen Göttern Ausschau, / da stand auch schon der Feind vor ihren Toren. / Doch von den vierzigtausend Männern Israels / besaß nicht einer Speer und Schild. // 9 Mein Herz schlägt für die Helden Israels, / die Männer aus dem Volk, die willig kamen – / gelobt, gepriesen sei der HERR dafür! / 10 Geht in euch, denkt darüber nach, ihr alle, / die vornehm ihr auf weißen Eseln reitet, / die ihr auf einem weichen Teppich sitzt, / auch ihr, die ihr zu Fuß die Straße zieht! / 11 An allen Brunnen, wo die Hirten lärmen / und Wasser schöpfen, um ihr Vieh zu tränken, / dort soll man laut die großen Taten rühmen, / durch die der HERR sein Volk gerettet hat; / dazu soll Israel aus allen Städten kommen! / 12 Auf, auf, Debora, auf und sing dein Lied! / Auf, Barak, Abinoams Sohn, auch du, / bring die herbei, die du gefangen hast! // 13 Es kamen alle, die noch übrig waren, / und stießen zu den Führern Israels; / gerüstet kam das Volk des HERRN zu ihm: / 14 die Efraïmiten, stark wie Amalekiter, / danach die mutigen Scharen Benjamins; / von Machir kamen mächtige Gebieter, / von Sebulon die Führer mit dem Stab; / 15 die Fürsten Issachars erschienen alle, / gemeinsam mit Debora kamen sie / und Barak folgte ihnen auf dem Fuß – / so stürmten sie hinunter in das Tal. // Die Sippen Rubens hielten lange Rat / und konnten sich trotz allem nicht entschließen. / 16 Was bleibt ihr zwischen euren Hürden liegen / und hört dem Flötenspiel der Hirten zu? / Bei Ruben überlegten sie zu lange! / 17 Von Gad in Gilead war keiner da, / sie blieben auf der andern Jordanseite. / Warum verweilte Dan bei seinen Schiffen? / Am Strand des Meeres wohnen die von Ascher, / sie blieben dort an seinen Buchten sitzen. / 18 Doch die von Sebulon

und Naftali / bewiesen auf dem Schlachtfeld ihren Mut / und setzten ohne Furcht ihr Leben ein. // 19 Da kamen sie, die Herrscher Kanaans, / sie rückten an zur Schlacht bei Taanach, / beim Bache von Megiddo kämpften sie; / doch Silberbeute gab es nicht zu holen. / 20 Sogar die Sterne droben griffen ein / von ihren hohen Himmelsbahnen aus, / sie kämpften gegen Sisera mit Macht. / 21 Der Kischon drang heran mit seiner Flut / und riss die Feinde alle mit sich fort. – / Auf, auf, mein Herz, nimm allen Mut zusammen! / 22 Da jagten sie heran, die schnellen Rosse, / der Boden dröhnte unter ihren Hufen. // 23 Sprecht einen Fluch aus über die Stadt Meros! / – Das sagt der HERR durch seinen Engel. – / Verflucht die Stadt und alle, die dort wohnen, / weil sie dem HERRN nicht Beistand leisten wollten, / weil ihre Krieger ihm nicht halfen! // 24 Doch Gottes Segen komme über Jaël, / die Frau von Heber, dem Keniter! / Gepriesen sei sie unter allen Frauen! / 25 Als Sisera bei ihr um Wasser bat, / da reichte sie ihm sogar Milch zu trinken, / in edler Schale gab sie ihm den Trunk. / 26 Doch dann ergriff sie einen spitzen Zeltpflock / und mit der Rechten packte sie den Hammer. / Dann schlug sie zu, zermalmte ihm den Schädel, / durchbohrte seine Schläfe mit dem Pflock. / 27 Er brach zusammen, stürzte nieder, / vor ihren Füßen blieb er liegen. / Tot lag er da, das war sein Ende. // 28 Zu Hause wartet ängstlich seine Mutter, / voll Sorge späht sie durch das Gitterfenster. / »Wo bleibt er?«, fragt sie. »Warum kommt er nicht? / Wann höre ich das Dröhnen seines Wagens?« / 29 Die klügste ihrer Edelfrauen sagt – / die Mutter spricht es immer wieder nach: / 30 »Gewiss, sie haben Beute, teilen sie: / ein Mädchen oder zwei für jeden Mann, / für Sisera gewebte, teure Stoffe / und zwei gestickte, bunte Tücher / für jede Frau, die sie erbeutet haben.« // 31 Wie Sisera so soll es allen gehen, / die dir, HERR, feindlich gegenübertreten! / Doch deine Freunde sollen siegreich sein, / der Sonne gleich, die strahlend sich erhebt! // Vierzig Jahre lang hatte das Land nun Ruhe vor Feinden.

GOTT STRAFT DIE ISRAELITEN DURCH DIE MIDIANITER

6 Von Neuem taten die Leute von Israel, was dem HERRN missfällt. Deshalb gab er sie sieben Jahre lang in die Gewalt der Midianiter, 2 die ihnen hart zusetzten. Die Leute von Israel versteckten sich vor ihnen in Höhlen und unzugänglichen Schluchten und verschanzten sich auf den Bergen. 3 Jedes Mal wenn sie Getreide gesät hatten, fielen die Midianiter zusammen mit den Amalekitern und mit Beduinen aus dem Osten in das Land ein 4 und verwüsteten die Felder bis hin nach Gaza. Sie ließen nichts Essbares zurück und raubten alles Vieh – Schafe, Ziegen, Rinder und Esel. 5 Mit ihren Herden und Zelten zogen sie heran, um das Land auszuplündern. Sie waren so zahlreich wie die Heuschrecken; niemand konnte sie und ihre Kamele zählen. 6-7 Durch die Raubzüge der Midianiter wurden die Israeliten bettelarm. In ihrer Not schrien sie zum HERRN um Hilfe. 8 Da sandte er ihnen einen Propheten; der sagte zu ihnen: »So spricht der HERR, der Gott Israels: ›Ich habe euch aus der Sklaverei in Ägypten befreit und euch hierher geführt. 9 Ich habe euch vor den Ägyptern gerettet und ebenso aus der Hand aller Völker, die euch unterdrückten. Ich habe diese Völker vor euch her aus ihrem Land vertrieben und es euch gegeben. 10 Und ich habe zu euch gesagt: Ich bin der HERR, euer Gott; verehrt nicht die Götter der Amoriter, in deren Land ihr lebt! Aber ihr habt nicht auf mich gehört.‹«

GOTT BERUFT GIDEON ZUM RETTER ISRAELS

11 Der Engel des HERRN kam und setzte sich unter die Eiche bei Ofra. Der Platz gehörte zum Grundbesitz Joaschs, eines Mannes aus der Sippe Abiëser. Sein Sohn Gideon war gerade dabei, in der nahe gelegenen Weinkelter Weizen zu dreschen, um ihn vor den Midianitern in Sicherheit zu bringen. 12 Da zeigte sich ihm der Engel des HERRN und sagte: »Gott mit dir, du tapferer Krieger!« 13 Gideon erwiderte: »Verzeihung, mein Herr! Aber wenn wirklich Gott mit uns ist, wie konnte uns dann so viel Unglück treffen? Unsere Väter haben uns doch immer wieder erzählt: ›Der HERR hat uns aus Ägypten hierher geführt.‹ Wo sind denn nun alle seine Wundertaten geblieben? Nein, der HERR hat uns im Stich gelassen und uns den Midianitern ausgeliefert!« 14 Der HERR aber trat auf Gideon zu und sagte: »Du bist stark und mutig. Geh und rette Israel aus der Hand der Midianiter. Ich sende dich!« 15 »Aber mein Herr«, wandte Gideon ein, »wie soll ich Israel befreien? Meine Sippe ist die kleinste im ganzen Stamm Manasse und ich bin der Jüngste in meiner Familie.« 16 »Ich werde dir beistehen«, sagte der HERR, »und du wirst die Midianiter auf einen Schlag vernichten.« 17 Gideon erwiderte: »Wenn ich vor dir Gnade gefunden habe, dann gib mir ein Zeichen dafür, dass wirklich der HERR selbst mit mir spricht! 18 Geh nicht von hier weg, bis ich dir eine Gabe gebracht habe.« »Ich warte, bis du zurückkommst«, sagte der HERR. 19 Gideon ging nach Hause, kochte ein Ziegenböckchen und backte ungesäuertes Brot aus einem ganzen Backtrog voll Mehl. Dann legte er das Fleisch in einen Korb, goss die Brühe in einen Topf, brachte alles zu dem Platz unter der Eiche und bot es dem Engel des HERRN an. 20 Doch der Engel sagte zu ihm: »Leg das Fleisch und die Brote hier auf den Felsblock, aber die Brühe schütte weg!« Gideon tat es 21 und der Engel des HERRN berührte mit dem Stab in seiner Hand das Fleisch und die Brote. Da schlug Feuer aus dem Felsen und verzehrte alles. Im selben Augenblick war der Engel verschwunden. 22 Da wusste Gideon, wer mit ihm gesprochen hatte. »HERR, du mächtiger Gott!«, rief er. »Ich habe deinen Engel gesehen, ich habe ihm gegenübergestanden. Ich muss sterben!« 23 Doch der HERR sagte zu ihm: »Zwischen uns ist Frieden! Hab keine Angst, du musst nicht sterben.« 24 Da baute Gideon an derselben Stelle einen Altar für den HERRN und nannte ihn: »Der HERR ist Frieden«. Noch heute steht dieser Altar in Ofra im Gebiet der Sippe Abiëser.

GIDEON ZERSTÖRT DEN GÖTZENALTAR

25-26 In derselben Nacht erhielt Gideon vom HERRN
den Auftrag: »Nimm den siebenjährigen Stier deines
Vaters. Geh auf den Gipfel des Berges, reiß den Al-
tar Baals ein, der auf dem Grundstück deines Vaters
steht, und haue den geweihten Pfahl daneben um.
Baue an derselben Stelle einen Altar für mich, den
HERRN, aus aufeinandergeschichteten Steinen ge-
nau nach der Vorschrift, und opfere mir auf dem Altar
den Stier als Brandopfer. Verwende als Brennholz den
geweihten Pfahl, den du umgehauen hast.« 27 Gideon
nahm zehn von seinen Knechten mit und machte al-
les, wie der HERR es ihm aufgetragen hatte. Er tat es
jedoch im Schutz der Nacht, weil er sich vor seinen
Angehörigen und den Männern der Stadt fürchtete.
28 Am nächsten Morgen entdeckten die Männer der
Stadt, dass der Baals-Altar eingerissen, der geweihte
Pfahl abgehauen und auf dem neu errichteten Altar
ein Stieropfer dargebracht worden war. 29 Sie sagten
zueinander: »Wer hat das getan?« Sie fragten überall
herum und jemand sagte: »Das war Gideon, der Sohn
von Joasch!« 30 Da gingen die Männer der Stadt zu
Joasch und verlangten von ihm: »Gib deinen Sohn her-
aus! Er muss sterben. Er hat den Altar Baals eingerissen
und den geweihten Pfahl umgehauen.« 31 Aber Jo-
asch sagte zu allen, die drohend um ihn herumstanden:
»Was mischt ihr euch in die Angelegenheiten Baals?
Ist es vielleicht eure Sache, für ihn einzutreten? Wenn
er ein Gott ist, soll er selbst kämpfen und sich dafür rä-
chen, dass man seinen Altar eingerissen hat. Wer ihm
zu Hilfe kommt, soll es mit dem Leben büßen und den
nächsten Morgen nicht mehr erleben!« 32 Weil sein
Vater gesagt hatte: »Baal soll selbst gegen ihn kämp-
fen«, nannten sie Gideon von da an auch Jerubbaal.

GIDEON BITTET GOTT UM EIN ZEICHEN

33 Die Midianiter und dazu die Amalekiter und die Be-
duinen aus dem Osten versammelten ihre ganze Streit-
macht und überschritten den Jordan. In der Ebene
von Jesreel schlugen sie ihr Lager auf. 34 Da nahm der
Geist des HERRN Besitz von Gideon. Gideon blies das
Kriegshorn, um die Männer der Sippe Abiëser zusam-
menzurufen, und alle folgten ihm. 35 Er schickte Boten
durch das Gebiet des Stammes Manasse, und auch
dort folgten die Männer seinem Ruf und schlossen
sich ihm an. Bis zu den Stämmen Ascher, Sebulon und
Naftali schickte er Boten und sie alle kamen ihm zu
Hilfe. 36 Inzwischen betete Gideon zu Gott: »Gib mir
doch ein Zeichen, an dem ich erkennen kann, dass du
Israel wirklich durch mich retten willst! 37 Ich bin ge-
rade dabei, frisch geschorene Wolle auf dem Dresch-
platz auszulegen. Lass morgen früh den Tau nur auf
die Wolle fallen und die Erde ringsum trocken bleiben!
Dann weiß ich, dass deine Zusage gilt und du Israel
durch meine Hand retten willst.« 38 Gott erfüllte ihm
die Bitte. Als Gideon am nächsten Morgen die Wolle
ausdrückte, füllte der Tau eine ganze Schale. 39 Und
wieder betete Gideon zu Gott: »Werde nicht zornig
über mich, wenn ich dich noch ein einziges Mal um ein
Zeichen bitte! Lass doch morgen früh die Wolle trocken
bleiben und ringsum auf die Erde Tau fallen.« 40 Auch
diese Bitte erfüllte ihm Gott: Am nächsten Morgen war
die Wolle trocken und auf der Erde ringsum lag Tau.

GIDEONS HEER IST ZU GROSS

7 Gideon, den man auch Jerubbaal nannte, brach
früh am Morgen mit seinem ganzen Heer auf.
Bei der Quelle Harod errichteten sie ihr Lager. Das
Lager der Midianiter befand sich nördlich davon in
der Ebene, nahe beim Hügel More. 2 Aber der HERR
sagte zu Gideon: »Dein Heer ist zu groß! So kann ich
die Midianiter nicht in eure Hand geben. Sonst wer-
den die Leute von Israel am Ende prahlen und sagen:
›Der eigenen Hand verdanken wir unsere Rettung!‹
3 Darum lass im ganzen Lager ausrufen, dass alle, die
Angst haben, nach Hause gehen.« Da gingen 22 000
wieder heim, nur 10 000 blieben bei Gideon. 4 Doch
der HERR sagte zu Gideon: »Dein Heer ist immer noch
zu groß. Führe die Männer hinunter zur Quelle, dort
will ich selbst die Auswahl treffen. Ich werde dir sa-
gen, wer mit dir gehen soll und wer nicht.« 5 Gideon
führte die Männer zum Teich an der Quelle. Dort sagte
der HERR zu ihm: »Wer sich hinwirft und das Wasser
mit der Zunge aufleckt wie ein Hund, den stell auf die
eine Seite; und wer sich zum Trinken hinkniet, den stell
auf die andere.« 6 Dreihundert Männer leckten das
Wasser mit der Zunge, alle Übrigen knieten sich hin
und führten es mit der hohlen Hand zum Mund. 7 Der
HERR sagte zu Gideon: »Durch die 300 Männer, die das
Wasser mit der Zunge geleckt haben, will ich Israel
retten und die Midianiter in deine Hand geben. Die
anderen sollen nach Hause gehen.« 8a Gideon schickte
alle zurück, nur die 300 Ausgewählten behielt er bei
sich. Diese übernahmen von den anderen den Proviant
und die Kriegshörner.

DER AUSGANG STEHT FEST

8b Das Lager der Midianiter war unten in der Ebene. 9 In
der Nacht sagte der HERR zu Gideon: »Auf, greif das
Lager an, ich gebe es in deine Hand! 10 Wenn du aber
Angst hast, dann geh vorher mit deinem Diener Pura
hinunter 11 und hör dir an, was sie dort miteinander
reden. Das wird dir Mut machen, sie anzugreifen.«
Gideon und sein Diener gingen hinunter und schlichen
sich bis an die äußeren Lagerwachen heran. 12 Die Mi-
dianiter, die Amalekiter und die Beduinen aus dem
Osten, die dort lagerten, bedeckten die ganze Ebene
wie Heuschrecken und ihre Kamele waren unzählbar
wie die Sandkörner am Meeresstrand. 13 Als nun Gi-
deon bei den Wachtposten ankam, erzählte gerade
einer seinem Kameraden einen Traum. »Stell dir vor«,
sagte er, »ich habe im Traum gesehen, wie ein Gers-
tenbrot vom Berg herab in unser Lager rollte. Es stieß
an unser Zelt, warf es um und kehrte das Unterste
zuoberst.« 14 Sein Kamerad antwortete: »Das kann
nur *eine* Bedeutung haben: Der Israelit Gideon wird
uns besiegen; Gott hat uns und unser Lager in seine
Hand gegeben!«

GOTT KÄMPFT AUF DER SEITE GIDEONS

15 Als Gideon den Traum und seine Deutung gehört
hatte, warf er sich nieder und dankte Gott. Dann kehrte
er ins Lager Israels zurück und rief: »Steht auf! Der
HERR hat das Lager der Midianiter in eure Hand gege-
ben.« 16 Er teilte die 300 Mann in drei Gruppen auf; je-
der bekam ein Widderhorn und eine Fackel, dazu einen
Krug, um die brennende Fackel zu verbergen. 17-18 Gi-
deon schärfte ihnen ein: »Stellt euch rings um das La-
ger auf und macht alles genauso wie ich! Ich gehe jetzt
bis zum Rand des Lagers und ihr achtet genau darauf,
was ihr mich tun seht, und macht es ebenso. Wenn ihr
hört, wie ich und die Männer bei mir ins Horn stoßen,
dann stoßt auch ihr ins Horn, rings um das Lager, und
ruft: ›Für den HERRN und für Gideon!‹« 19 Mitten in der
Nacht kam Gideon mit seinen 100 Mann an den Rand
des Lagers. Die Midianiter hatten gerade die Wachen
gewechselt. Da bliesen die Männer um Gideon ihre
Widderhörner und zerschlugen die Krüge. 20 Alle drei
Abteilungen folgten dem Beispiel, stießen in die Hörner
und zerschlugen die Krüge. Jeder hielt in der linken
Hand die Fackel und in der rechten das Horn. Sie riefen:
»Auf zum Kampf! Für den HERRN und für Gideon!«
21 Dabei standen sie rings um das Lager, jeder an sei-
nem Platz. Im Lager liefen alle durcheinander, schrien
und ergriffen die Flucht. 22 Denn als die dreihundert in
die Widderhörner stießen, ließ der HERR im Lager eine
Panik entstehen und alle gingen mit dem Schwert auf-
einander los. Darauf floh das ganze Heer in Richtung
auf Bet-Schitta, Zereda, Sefat-Abel-Mehola und Tabbat.

DIE ROLLE EFRAÏMS BEI DER VERFOLGUNG DER MIDIANITER

23 Nun wurden die Männer der Stämme Naftali, Ascher
und Manasse zusammengerufen, um die Midianiter zu
verfolgen. 24 Gideon schickte auch Boten ins Bergland
von Efraïm und ließ dort sagen: »Kommt herab und
verlegt den Midianitern den Fluchtweg! Besetzt alle
Wasserstellen bis nach Bet-Bara und sichert die Jor-
danfurten!« Da sammelten sich alle Männer des Stam-
mes Efraïm, besetzten die Wasserstellen und riegelten
die Jordanfurten ab. 25 Sie nahmen zwei Anführer der
Midianiter, Oreb und Seeb (d.h. »Rabe« und »Wolf«),
gefangen und töteten sie, Oreb am Rabenfelsen und
Seeb bei der Wolfskelter. Dann verfolgten sie die Mi-
dianiter. Die abgeschlagenen Köpfe der beiden An-
führer brachten sie zu Gideon auf die andere Seite
des Jordans.

8 Die Männer von Efraïm sagten zu Gideon: »Warum
hast du uns nicht gerufen, als du in den Kampf ge-
gen die Midianiter gezogen bist? Das hättest du uns
nicht antun dürfen!« Sie machten Gideon schwere
Vorwürfe. 2 Doch er antwortete ihnen: »Der Sieg, den
ich errungen habe, ist nichts, verglichen mit dem, was
euch geglückt ist. Ihr kennt doch das Sprichwort: ›Die
Nachlese Efraïms ist besser als die Lese Abiësers!‹
3 Gott hat die Anführer der Midianiter in eure Hand
gegeben; das stellt alles in den Schatten, was ich getan
habe.« So beruhigte er sie und sie gaben sich zufrieden.

GIDEON BESIEGT DEN REST DER MIDIANITER

4 Gideon hatte mit seinen 300 Mann den Jordan über-
schritten. Weil sie von der Verfolgung ganz erschöpft
waren, 5 sagte er zu den Männern der Stadt Sukkot:
»Gebt meinen Leuten ein paar Brotlaibe! Sie sind ganz
ausgehungert. Wir verfolgen die Midianiterkönige
Sebach und Zalmunna.« 6 Aber die führenden Män-
ner der Stadt erwiderten: »Warum sollten wir deiner
Truppe Brot geben? Hast du Sebach und Zalmunna
schon in der Hand?« 7 Da sagte Gideon: »Das werdet
ihr mir büßen! Wenn der HERR die Könige der Midiani-
ter in meine Hand gegeben hat, werde ich mit Dornen
und Stachelpeitschen auf euch eindreschen!« 8 Gideon
zog weiter nach Penuël und bat auch dort um Brot,
aber die Männer der Stadt antworteten ihm genau
wie die Männer von Sukkot. 9 Gideon sagte: »Wenn
ich wohlbehalten zurückkomme, werde ich eure Burg
niederreißen!« 10 Sebach und Zalmunna lagerten mit
ihrem Heer in Karkor. Noch 15 000 Mann waren ihnen
geblieben, 120 000 hatten in der vorangegangenen
Schlacht den Tod gefunden. 11 Gideon näherte sich
ihnen auf der Straße am Rand der Wüste, die östlich
von Nobach und Jogboha verläuft. Während die Mi-
dianiter sich in Sicherheit glaubten, überfiel er völlig
unerwartet ihr Lager. 12 Die beiden Könige Sebach und
Zalmunna flohen, aber er verfolgte sie und nahm sie
gefangen. Das Heer im Lager versetzte er in einen sol-
chen Schrecken, dass alle davonliefen.

GIDEON NIMMT RACHE

13 Als Gideon, der Sohn Joaschs, von der Midianiter-
schlacht zurückkehrte und die Steige von Heres hin-
abging, 14 traf er auf einen jungen Mann aus der Stadt
Sukkot. Er hielt ihn fest und ließ sich von ihm die füh-
renden Männer und die Ältesten der Stadt aufschrei-
ben, insgesamt 77 Namen. 15 Als er nach Sukkot kam,
sagte er zu den Männern der Stadt: »Hier bringe ich
Sebach und Zalmunna, derentwegen ihr mich verspot-
tet und gesagt habt: ›Hast du denn Sebach und Zal-
munna schon in der Hand, dass wir deinen erschöpften
Leuten Brot geben sollen?‹« 16 Er ließ die Ältesten der
Stadt ergreifen und sie mit stachligen Ruten zu Tode
peitschen. 17 Die Burg von Penuël ließ er niederreißen
und die Männer der Stadt umbringen. 18 Sebach und
Zalmunna aber fragte er: »Wie sahen die Männer aus,
die ihr auf dem Berg Tabor getötet habt?« Sie antwor-
teten: »Genau wie du, jeder so stattlich wie ein Kö-
nigssohn.« 19 »Es waren meine Brüder, Söhne meiner
eigenen Mutter!«, rief Gideon. »So gewiss der HERR
lebt: Wenn ihr sie verschont hättet, würde ich euch
nicht umbringen.« 20 Er befahl seinem erstgeborenen
Sohn Jeter: »Auf, schlag sie tot!« Aber der brachte
sein Schwert nicht aus der Scheide. Er schreckte vor
der Tat zurück, weil er noch so jung war. 21 Sebach und
Zalmunna sagten: »Steh auf und tu es selbst! Wie der
Mann, so seine Kraft!« Da stand Gideon auf und er-
schlug die beiden. Die goldenen Halbmonde, die als
Amulette an den Hälsen ihrer Kamele hingen, nahm
er an sich.

GIDEON LEHNT DIE KÖNIGSWÜRDE AB

22 Die Männer Israels sagten zu Gideon: »Sei du unser
Herrscher, und dein Sohn und dein Enkel nach dir! Denn
du hast uns aus der Hand der Midianiter gerettet.«
23 Aber Gideon erwiderte: »Ich will nicht euer Herrscher
sein und auch mein Sohn soll es nicht sein; der HERR soll
über euch herrschen!« 24 Doch dann fügte er hinzu:
»Nur *eine* Bitte habe ich: Gebt mir die Ohrringe, die ihr
erbeutet habt!« Die besiegten Feinde hatten goldene
Ohrringe getragen; denn es waren Ismaëliter. 25 »Wir
geben sie dir gern«, sagten die Männer Israels. Man
breitete ein Obergewand aus und jeder warf seine er-
beuteten Ringe darauf. 26 Das Gold, das auf diese Weise
zusammenkam, wog fast 20 Kilo, und dazu kamen noch
die Amulette, Ohrgehänge und Purpurkleider, die die
Midianiterkönige getragen hatten, sowie der Schmuck
an den Hälsen ihrer Kamele. 27 Gideon machte aus dem
Gold ein Gottesbild und stellte es in seiner Heimatstadt
Ofra auf. Alle Israeliten kamen dorthin, beteten das Bild
an und wurden so dem HERRN untreu. Für Gideon und
seine Familie wurde das zum Verderben.

GIDEONS TOD. NEUER UNGEHORSAM DER ISRAELITEN

28 So zwang Gott die Midianiter vor den Israeliten in
die Knie; sie konnten nicht mehr gegen Israel aufste-
hen. Solange Gideon lebte, hatte das Land Ruhe vor
Feinden, vierzig Jahre lang. 29 Gideon kehrte nach
Hause zurück und blieb dort. 30 Von seinen vielen
Frauen hatte er siebzig Söhne. 31 Eine Nebenfrau lebte
in der Stadt Sichem. Sie gebar ihm einen Sohn, den er
Abimelech nannte. 32 Gideon starb in hohem Alter und
wurde in der Grabstätte seines Vaters Joasch in Ofra,
im Gebiet der Sippe Abiëser, beigesetzt. 33 Nachdem
Gideon gestorben war, liefen die Israeliten von Neuem
den Baalen nach und machten den Bundes-Baal von Si-
chem zu ihrem Gott. 34 Sie vergaßen den HERRN, ihren
Gott, der sie aus der Gewalt aller Feinde rings um sie
her gerettet hatte. 35 Auch den Nachkommen Gideons
vergalten sie die großen Taten, die Gideon für Israel
getan hatte, mit Undank.

ABIMELECH WILL KÖNIG WERDEN

9 Abimelech, der Sohn Gideons, ging eines Tages
nach Sichem zu den kanaanitischen Verwandten
seiner Mutter. Er rief die ganze Sippe zusammen und
sagte zu den versammelten Männern: 2 »Fragt doch
einmal die Leute von Sichem, was ihnen lieber ist:
wenn alle siebzig Söhne Gideons zusammen über sie
herrschen oder wenn ein einziger Mann ihr König ist.
Macht ihnen deutlich, dass ich von ihrem Fleisch und
Blut bin!« 3 Die Brüder seiner Mutter machten sich zu
Abimelechs Fürsprechern und trugen die Sache allen
Bürgern Sichems vor. Diese ließen sich für Abimelech
gewinnen, denn sie sagten sich: »Er gehört zu uns, er
ist unser Bruder!« 4 Sie gaben ihm 70 Silberstücke aus
dem Tempelschatz ihres Gottes, der den Namen »Baal
des Bundes« trug. Mit diesem Geld warb Abimelech
einen Trupp von Männern an, die nichts zu verlieren
hatten und vor nichts zurückschreckten; die wurden
sein Gefolge. 5 Mit ihnen zog er nach Ofra zum Haus
seines Vaters, überfiel seine Brüder und tötete alle
siebzig auf einem einzigen Felsblock. Nur Gideons
jüngster Sohn Jotam kam mit dem Leben davon, weil
er sich versteckt hatte. 6 Daraufhin versammelten sich
die Bürger von Sichem und die Besatzung der Festung,
zogen vor die Stadt zu der Eiche mit dem Denkstein
und machten Abimelech zu ihrem König.

JOTAMS FABEL – KRITIK AM KÖNIGTUM

7 Als das Jotam erfuhr, stieg er auf den Gipfel des Ber-
ges Garizim und rief zu ihnen hinunter: »Hört mich an,
ihr Leute von Sichem – wenn ihr wollt, dass Gott euch
hört! 8 Einst kamen die Bäume zusammen, um sich
einen König zu wählen. Sie sagten zum Ölbaum: ›Sei
du unser König!‹ 9 Aber der Ölbaum erwiderte: ›Soll
ich vielleicht aufhören, kostbares Öl zu spenden, mit
dem Götter und Menschen geehrt werden? Soll ich
über den Bäumen thronen?‹ 10 Da sagten die Bäume
zum Feigenbaum: ›Sei du unser König!‹ 11 Doch der
Feigenbaum erwiderte: ›Soll ich vielleicht aufhören,
süße Feigen zu tragen? Soll ich über den Bäumen thro-
nen?‹ 12 Da sagten sie zum Weinstock: ›Sei du unser
König!‹ 13 Doch der erwiderte: ›Soll ich aufhören, Wein
zu spenden, der Götter und Menschen erfreut? Soll
ich über den Bäumen thronen?‹ 14 Schließlich sagten
sie zum Dornstrauch: ›Sei du unser König!‹ 15 Und der
Dornstrauch erwiderte: ›Wenn ihr mich wirklich zu
eurem König machen wollt, dann bückt euch und
sucht Schutz unter meinem Schatten! Sonst wird
Feuer von meinen Dornen ausgehen, das sogar die
Zedern des Libanons verbrennt!‹« 16 Nachdem Jotam
diese Geschichte erzählt hatte, fuhr er fort: »Meint
ihr wirklich, dass es recht von euch war, Abimelech
zu eurem König zu machen? Habt ihr vergessen, was
ihr Gideon und seiner Familie verdankt? 17 Mein Vater
hat sein Leben für euch aufs Spiel gesetzt, um euch aus
der Hand der Midianiter zu retten. 18 Ihr aber habt euch
gegen seine Söhne erhoben und habt sie alle ermor-
det, siebzig auf einem Stein, und habt den Sohn seiner
Sklavin zum König von Sichem gemacht, nur weil er
euer Stammesbruder ist. 19 Wenn das alles recht war
und ihr heute an Gideon und seiner Familie redlich
gehandelt habt, dann wünsche ich euch, dass ihr mit
Abimelech glücklich werdet und er mit euch. 20 Wenn
es aber unrecht war, dann soll von Abimelech Feuer
ausgehen und euch alle, die Bürger von Sichem und die
Besatzung der Festung, verzehren! Und von den Bür-
gern von Sichem und der Besatzung der Festung soll
ein Feuer ausgehen, das Abimelech verzehrt!« 21 Als
Jotam zu Ende gesprochen hatte, floh er vor seinem
Bruder Abimelech nach Beer und blieb dort.

SPANNUNGEN ZWISCHEN ABIMELECH UND DEN BÜRGERN VON SICHEM

22 Als Abimelech drei Jahre über Israel geherrscht
hatte, 23 ließ Gott Feindschaft ausbrechen zwischen
ihm und den Bürgern von Sichem; die Leute von

Sichem lehnten sich gegen ihn auf. 24 Abimelech
sollte nämlich von der Strafe getroffen werden, die er
durch den grausamen Mord an seinen 70 Brüdern auf
sich gezogen hatte, und auch die Bürger von Sichem
sollten dafür bestraft werden, dass sie ihm die Mittel
verschafft hatten, seine Brüder umzubringen. 25 Um
Abimelech zu schädigen, legten sich die Männer von
Sichem in den Bergen rings um ihre Stadt auf die Lauer
und raubten jeden aus, der auf den Straßen vorbei-
zog. Das wurde Abimelech gemeldet. 26 Um diese Zeit
kam Gaal, der Sohn Ebeds, mit seinem Anhang nach
Sichem und gewann das Vertrauen der Bürger. 27 Als
sie die Weinlese gehalten und neuen Wein gekeltert
hatten, feierten sie ein großes Freudenfest im Tempel
ihres Gottes. Sie aßen und tranken und schimpften
auf Abimelech. 28 Gaal rief ihnen zu: »Wer ist schon
Abimelech? So einem sollen wir dienen, eine Stadt
wie Sichem? Er ist ein Sohn des Israeliten Gideon, und
diesen Sebul hat er als seinen Aufpasser über uns ein-
gesetzt! Dient lieber den Nachkommen Hamors, des
Gründers dieser Stadt. Warum sollen wir uns Abime-
lech unterwerfen? 29 Wenn nur die Leute von Sichem
mir folgten, ich würde schnell mit Abimelech fertig! Ich
würde ihn auffordern: ›Ruf deine Truppe zusammen
und stell dich zum Kampf!‹« 30 Als der Stadtkomman-
dant Sebul hörte, wie Gaal das Volk aufhetzte, wurde
er zornig. 31 Er schickte heimlich Boten zu Abimelech
und ließ ihm sagen: »Gaal, der Sohn Ebeds, ist mit sei-
nen Brüdern nach Sichem gekommen. Sie wiegeln die
Leute gegen dich auf! 32 Komm deshalb im Schutz der
Nacht mit deinen Truppen und halte dich in der Nähe
der Stadt versteckt. 33 Bei Sonnenaufgang überfällst du
die Stadt, und wenn Gaal dir mit seinen Leuten entge-
genzieht, kannst du mit ihm abrechnen.« 34 Abimelech
zog in der Nacht mit seinen Truppen herbei und ver-
steckte sie in vier Abteilungen rings um die Stadt. 35 Als
Gaal am Morgen ins Stadttor trat, brachen Abimelech
und seine Männer aus ihren Verstecken hervor. 36 Gaal
sah sie und sagte zu Sebul: »Da kommen ja Krieger
von den Bergen herab!« »Du hältst die Schatten am
Berghang für Menschen«, erwiderte Sebul. 37 Aber
Gaal sagte: »Doch, da kommen Krieger den ›Nabel der
Erde‹ herab, und eine Abteilung kommt auf dem Weg,
der an der Orakeleiche vorbeiführt.« 38 Da sagte Sebul
zu ihm: »Wo bleibt nun dein großes Maul? Du hast
gesagt: ›Wer ist schon Abimelech? So einem sollten
die Leute von Sichem dienen?‹ Nun, da sind die Män-
ner, von denen du so verächtlich geredet hast. Jetzt
tritt an und kämpfe gegen Abimelech!« 39 Gaal führte
die Männer von Sichem in den Kampf. 40 Abimelech
aber trieb ihn zurück, sodass er sich in die Stadt flüch-
ten musste. Auf dem Weg bis zum Tor erschlugen die
Krieger Abimelechs viele von den Männern der Stadt.
41 Abimelech kehrte nach Aruma zurück und blieb dort.
Sebul aber vertrieb Gaal und seine Brüder aus Sichem.

ABIMELECH EROBERT UND ZERSTÖRT SICHEM

42 Schon am nächsten Tag nahmen die Männer von Si-
chem ihre Raubzüge wieder auf. Als Abimelech davon
erfuhr, 43 teilte er seine Leute in drei Abteilungen und
legte jede in einen Hinterhalt in der Nähe der Stadt.
Als er die Männer von Sichem aus der Stadt kommen
sah, brachen er und seine Leute hervor und vernichte-
ten sie. 44 Im Einzelnen war es so abgelaufen: Er selbst
stürmte mit einer Abteilung das Stadttor und sperrte
den Durchgang; die beiden anderen Abteilungen fielen
vor der Stadt über die Männer von Sichem her und er-
schlugen sie. 45 Dann griff Abimelech die Stadt an. Den
ganzen Tag kämpfte er um sie. Als er sie eingenommen
hatte, tötete er alle Bewohner. Er zerstörte die Stadt
und streute Salz auf die Trümmer. 46 Als die Insassen
der Burg von Sichem merkten, dass die Stadt einge-
nommen war, flüchteten sie sich in das unterirdische
Gewölbe im Tempel des Bundesgottes. 47 Abimelech
wurde gemeldet, dass sie sich alle dort zusammen-
drängten. 48 Darauf ging er mit seinen Männern auf
den Berg Zalmon, hieb mit der Axt einen Ast ab und
nahm ihn auf die Schulter. »Was ihr gesehen habt,
das macht mir nach, aber schnell«, sagte er zu seinen
Männern. 49 Da hieb jeder einen Ast ab und trug ihn
hinter Abimelech zur Burg. Sie schichteten die Äste
über dem Gewölbe auf und zündeten sie an. So kamen
auch die Insassen der Burg alle ums Leben, ungefähr
1000 Männer und Frauen.

ABIMELECHS ENDE

50 Darauf zog Abimelech vor die Stadt Tebez, belagerte
und eroberte sie. 51 In der Mitte der Stadt lag eine stark
befestigte Burg. Dorthin flohen alle Bewohner, Männer
und Frauen. Sie verriegelten das Tor und stiegen auf
das flache Dach. 52 Abimelech versuchte die Burg zu er-
obern. Er näherte sich dem Tor und wollte Feuer daran
legen, 53 da warf eine Frau ihm den Mahlstein einer
Handmühle auf den Kopf und verwundete ihn tödlich.
54 Abimelech rief seinem Waffenträger zu: »Zieh dein
Schwert und töte mich! Sonst wird es heißen: Eine
Frau hat ihn umgebracht!« Der Waffenträger durch-
bohrte ihn mit dem Schwert, sodass er starb. 55 Als
die Israeliten sahen, dass Abimelech tot war, liefen
sie auseinander und jeder kehrte nach Hause zurück.
56 So ließ Gott das Böse, das Abimelech mit dem Mord
an seinen Brüdern seinem Vater angetan hatte, auf ihn
selbst zurückfallen. 57 Auch die Männer von Sichem
hatte Gott die Folgen ihres bösen Tuns spüren lassen.
Der Fluch war in Erfüllung gegangen, den Jotam, der
Sohn Gideons, über sie ausgesprochen hatte.

DIE RICHTER TOLA UND JAÏR

10 Nach dem Tod Abimelechs trat wieder ein Mann
auf, um Israel zu retten: Tola, der Sohn Puas und
Enkel Dodos aus dem Stamm Issachar. Er wohnte in
Schamir im Bergland von Efraïm. 2 Dreiundzwanzig
Jahre lang war er der Richter Israels. Dann starb er
und wurde in seinem Heimatort begraben. 3 Nach ihm
trat Jaïr aus der Landschaft Gilead auf und wurde für
zweiundzwanzig Jahre der Richter Israels. 4 Er hatte
dreißig Söhne, die auf dreißig Eseln ritten und drei-
ßig Ortschaften besaßen. Diese Ortschaften liegen in

Gilead und heißen bis zum heutigen Tag die »Dörfer
Jaïrs«. 5 Als Jaïr starb, wurde er in Kamon begraben.

UNGEHORSAM BRINGT DIE ISRAELITEN IN SCHWERE NOT

6 Die Leute von Israel taten von Neuem, was dem
HERRN missfällt. Sie verehrten fremde Götter, die Baale
und Astarten sowie die Götter der Syrer und Phönizier,
der Moabiter, Ammoniter und Philister. Dem HERRN
aber kehrten sie den Rücken und ehrten ihn nicht. 7 Da
wurde der HERR zornig auf sie und gab sie den Phi-
listern und den Ammonitern preis. 8 Achtzehn Jahre
lang wurden alle Israeliten, die jenseits des Jordans in
Gilead, im ehemaligen Gebiet der Amoriter, wohnten,
von den Ammonitern grausam unterdrückt. 9 Zuletzt
überschritten die Ammoniter sogar den Jordan und
griffen die Stämme Juda, Benjamin und Efraïm an. So
geriet ganz Israel in große Bedrängnis. 10 Da schrien
die Leute von Israel zum HERRN um Hilfe. »Wir haben
uns gegen dich vergangen«, sagten sie. »Es war nicht
recht, dass wir dir, unserem Gott, den Rücken gekehrt
und die Baale verehrt haben.« 11 Der HERR antwortete:
»Habe ich euch nicht vor den Ägyptern, den Amori-
tern, Ammonitern und Philistern gerettet? 12 Und als
ihr zu mir um Hilfe rieft, weil euch die Phönizier, Ama-
lekiter und Maoniter bedrängten, habe ich euch da
nicht vor ihnen beschützt? 13 Ihr aber habt euch von
mir abgewandt und habt anderen Göttern geopfert.
Deshalb werde ich euch jetzt nicht mehr helfen. 14 Geht
doch zu den Göttern, die ihr euch ausgesucht habt!
Die sollen euch jetzt in der Not beistehen und euch
retten!« 15 Die Leute von Israel sagten: »Wir haben
schwere Schuld auf uns geladen. Tu mit uns, was du
für richtig hältst, aber lass uns nicht untergehen; rette
uns!« 16 Sie schafften die Bilder der fremden Götter
weg und dienten wieder dem HERRN. Da konnte er
das Leiden der Israeliten nicht länger mit ansehen.

JIFTACH WIRD ANFÜHRER DER ISRAELITEN

17 Die Ammoniter sammelten sich und schlugen ihr
Lager bei der Stadt Gilead auf; die Männer Israels aber
kamen bei Mizpa zusammen. 18 Die führenden Männer
der Landschaft Gilead fragten sich besorgt: »Wer wird
uns im Kampf gegen die Ammoniter anführen?« Und
sie beschlossen: »Wer das übernimmt, soll Herrscher
über alle Bewohner von Gilead werden.«

11 Nun gab es unter den Männern Gileads einen
besonders tapferen Krieger namens Jiftach. Er
war der Sohn einer Prostituierten; sein Vater hieß Gi-
lead. 2 Dieser Gilead hatte von seiner Ehefrau noch
weitere Söhne, und als die heranwuchsen, jagten sie
Jiftach fort und sagten: »Du bekommst nichts vom Er-
be unseres Vaters, denn du stammst von einer anderen
Frau.« 3 So musste Jiftach vor seinen Brüdern fliehen.
Er ging ins Land Tob, und dort sammelte sich um ihn
eine Schar von Männern, die nichts zu verlieren hat-
ten. Mit ihnen unternahm er seine Streifzüge. 4 Einige
Zeit danach fingen die Ammoniter mit Israel Krieg an.
5 Da gingen die Ältesten von Gilead ins Land Tob, um
Jiftach zu Hilfe zu rufen. 6 Sie sagten zu ihm: »Komm
und sei unser Anführer gegen die Ammoniter!« 7 Aber
Jiftach erwiderte: »Denkt ihr nicht mehr daran, wie ihr
mich verachtet und vom Erbe meines Vaters vertrieben
habt? Und jetzt kommt ihr, wo ihr in Not seid?« 8 Sie
antworteten: »Ja, wir wenden uns an dich, damit du
mit uns in den Kampf gegen die Ammoniter ziehst. Du
sollst auch Herrscher über alle Bewohner von Gilead
werden.« 9 »Ihr wollt also sagen«, erwiderte Jiftach,
»wenn der HERR mir den Sieg über die Ammoniter
gibt, soll ich euer Herrscher werden?« 10 Die Ältesten
erklärten: »Der HERR ist unser Zeuge: Genauso soll
es geschehen.« 11 Daraufhin kam Jiftach mit und das
Volk setzte ihn zu seinem Herrscher und Anführer ein.
Jiftach ließ sich das alles am Heiligtum des HERRN in
Mizpa bestätigen.

JIFTACH VERHANDELT VERGEBLICH MIT DEN AMMONITERN

12 Jiftach schickte Boten zum König der Ammoniter und
ließ ihm sagen: »Warum bist du in mein Land eingefal-
len? Haben wir Grund, miteinander Krieg zu führen?«
13 Der Ammoniterkönig gab den Boten die Antwort mit:
»Die Israeliten haben mir mein Land weggenommen,
als sie aus Ägypten hierher gekommen sind, das ganze
Gebiet zwischen Arnon und Jabbok und im Westen bis
an den Jordan. Gib mir das alles jetzt freiwillig zurück!«
14 Jiftach schickte die Boten noch einmal zum König
der Ammoniter 15 und ließ ihm sagen: »So spricht
Jiftach: Die Israeliten haben das Land der Moabiter
und Ammoniter nicht weggenommen. 16 Nachdem
sie aus Ägypten gezogen waren, wanderten sie durch
die Wüste bis zum Schilfmeer und kamen nach Ka-
desch. 17 Von dort schickten sie Boten zum König von
Edom und baten: ›Lass uns durch dein Land ziehen!‹
Aber er erlaubte es ihnen nicht. Genauso erging es
ihnen mit dem König von Moab. Deshalb blieben die
Israeliten in Kadesch. 18 Später umgingen sie das Ge-
biet der Edomiter und Moabiter auf dem Weg durch
die Wüste. Sie kamen in das Gebiet östlich von Moab
und lagerten jenseits des Arnonflusses, der die Grenze
Moabs bildet; sie überschritten ihn nicht und betraten
kein moabitisches Gebiet. 19 Von dort aus schickten
sie Boten zum Amoriterkönig Sihon nach Heschbon
und baten: ›Lass uns durch dein Land in unser Land
ziehen!‹ 20 Aber Sihon glaubte ihnen nicht, dass sie
nur durchziehen wollten, sondern bot seine ganzen
Kriegsleute gegen Israel auf. Er sammelte seine Trup-
pen bei Jahaz und griff von dort aus die Israeliten an.
21-22 Der HERR aber, der Gott Israels, gab Sihon und alle
seine Kriegsleute in die Hand der Israeliten. Sie be-
siegten die Amoriter und nahmen ihr Land in Besitz,
das ganze Gebiet vom Arnon bis zum Jabbok und von
der Wüste bis zum Jordan. Denn dort wohnten damals
die Amoriter. 23 So hat sie nun also der HERR, der Gott
Israels, vor seinem Volk aus ihrem Land vertrieben, und
nun willst du uns dieses Land streitig machen? 24 Wenn
dein Gott Kemosch jemand vor dir vertreibt, hältst du
es für dein gutes Recht, sein Land in Besitz zu nehmen;

und genauso beanspruchen wir das Land derer, die der
HERR, unser Gott, vor uns ausgetrieben hat. 25 Nimm
dir ein Beispiel am Moabiterkönig Balak, dem Sohn
Zippors. Oder meinst du, du seist so viel bedeutender
als er? Hat er jemals Krieg mit uns angefangen, um uns
unser Gebiet streitig zu machen? 26 Seit 300 Jahren
wohnen die Israeliten jetzt in Heschbon und Aroër und
den zugehörigen Ortschaften und in den Städten am
Arnonfluss. Warum habt ihr uns denn das Land wäh-
rend dieser langen Zeit nicht weggenommen? 27 Was
meine Person angeht: Ich habe dir kein Unrecht getan;
aber du begehst ein Unrecht an mir, wenn du ohne
Ursache Krieg anfängst. Der HERR selbst ist Richter,
er soll heute den Streit zwischen den Israeliten und
den Ammonitern entscheiden!«

JIFTACHS GELÜBDE UND SEIN SIEG

28 Der Ammoniterkönig ließ sich durch die Vorhaltun-
gen Jiftachs nicht von seinen Kriegsplänen abbringen.
29 Da nahm der Geist des HERRN Besitz von Jiftach, und
Jiftach durchzog das ganze Gebiet von Gilead und Ma-
nasse. Dann kehrte er nach Mizpa in Gilead zurück,
um von dort in den Kampf gegen die Ammoniter zu
ziehen. 30 Vorher legte er ein Gelübde ab und versprach
dem HERRN: »Wenn du die Ammoniter in meine Hand
gibst 31 und ich wohlbehalten nach Hause zurückkehre,
soll das, was mir als Erstes aus der Tür meines Hauses
entgegenkommt, dir gehören. Ich will es dir als Opfer
auf deinem Altar verbrennen.« 32 Dann zog Jiftach in
den Kampf gegen die Ammoniter und der HERR gab
sie in seine Hand. 33 Jiftach brachte ihnen eine schwere
Niederlage bei und nahm ihnen das Gebiet von Aroër
bis nach Minnit und Abel-Keramim ab, insgesamt 20
Städte. So zwang der HERR die Ammoniter vor den Isra-
eliten in die Knie. 34 Als nun Jiftach zu seinem Haus nach
Mizpa zurückkehrte, wer kam da aus der Tür? Seine
Tochter, seine Einzige! Er hatte außer ihr keine Kinder.
Sie trat aus dem Haus und kam ihm entgegen, dabei
tanzte sie und schlug das Tamburin. 35 Als er sie sah,
zerriss er sein Gewand und rief: »Ach, meine Tochter, du
stürzt mich in tiefstes Leid! Dass *du* es sein musst! Was
für einen Schmerz fügst du mir zu! Ich habe dem HERRN
mein Wort gegeben und kann es nicht zurücknehmen.«
36 Sie aber sagte: »Mein Vater, wenn es so ist, dann tu an
mir, was du nun einmal ausgesprochen hast. Der HERR
hat dir ja auch den Sieg über deine Feinde, die Ammoni-
ter, geschenkt.« 37 Dann fügte sie hinzu: »Gewähre mir
nur eine Bitte! Lass mich noch zwei Monate leben. Ich
möchte auf die Hügel dort unten gehen und mit meinen
Freundinnen darüber weinen, dass ich unverheiratet
sterben muss.« 38 »Geh nur«, sagte ihr Vater und gab
ihr zwei Monate Zeit. So ging sie mit ihren Freundinnen
auf die Hügel, um zu weinen. 39 Als die Frist verstrichen
war, kehrte sie zu ihrem Vater zurück, und er tat an ihr,
was er dem HERRN versprochen hatte. Sie war noch
eine unberührte Jungfrau, als sie starb. Daraus entstand
der Brauch in Israel, 40 dass die jungen Frauen einmal in
jedem Jahr hinausgehen und vier Tage lang die Tochter
Jiftachs aus Gilead beweinen.

JIFTACHS KONFLIKT MIT DEM STAMM EFRAÏM

12 Die Männer Efraïms sammelten sich, zogen nach
Zafon und machten Jiftach Vorwürfe. »Warum
hast du uns nicht gerufen, als du in den Kampf gegen
die Ammoniter gezogen bist?«, sagten sie. »Wir wer-
den dir das Haus über dem Kopf anzünden!« 2 Jiftach
erwiderte ihnen: »Ich musste mit meinen Leuten einen
schweren Kampf gegen die Ammoniter bestehen. Ich
habe euch ja gerufen, aber ihr habt mir nicht geholfen.
3 Als ich sah, dass ihr mich im Stich ließt, musste ich in
eigener Verantwortung handeln, und der HERR gab die
Ammoniter in meine Gewalt. Warum kommt ihr jetzt
und bedroht mich?« 4 Jiftach rief alle Männer von Gi-
lead zusammen. Sie kämpften gegen die Männer von
Efraïm und besiegten sie. Sie waren erbittert, weil die
Leute von Efraïm gesagt hatten: »Ihr seid ja nur ein
Anhängsel von Efraïm, euer Land Gilead liegt mitten
im Gebiet von Efraïm und Manasse!« 5 Die Männer von
Gilead besetzten die Jordanübergänge, die nach Efraïm
führten. Wenn ein flüchtiger Efraïmit kam und hinüber
wollte, fragten sie ihn: »Stammst du aus Efraïm?« Und
wenn er Nein sagte, 6 forderten sie ihn auf: »Sag doch
einmal Schibbolet!« Sagte er dann: »Sibbolet«, weil
er es anders nicht aussprechen konnte, packten sie
ihn und schlugen ihn nieder. Auf diese Weise fielen
damals an den Jordanfurten 42 000 Männer aus Efraïm.
7 Jiftach war sechs Jahre lang der Richter Israels. Als er
starb, wurde er in einer der Städte Gileads bestattet.

DIE RICHTER IBZAN, ELON UND ABDON

8 Jiftachs Nachfolger als Richter Israels war Ibzan aus
Betlehem. 9 Er hatte dreißig Söhne und dreißig Töch-
ter. Alle dreißig Töchter verheiratete er nach auswärts
und holte von auswärts dreißig Mädchen als Frauen
für seine Söhne. Sieben Jahre lang war er der Richter
Israels, 10 dann starb er und wurde in Betlehem bestat-
tet. 11 Sein Nachfolger war Elon aus dem Stamm Sebu-
lon. Zehn Jahre lang war er der Richter Israels, 12 dann
starb er und wurde in Ajalon im Gebiet von Sebulon
bestattet. 13 Sein Nachfolger war Abdon, der Sohn Hil-
lels aus Piraton. 14 Er hatte vierzig Söhne und dreißig
Enkel, die auf siebzig Eseln ritten. Acht Jahre lang war
er der Richter Israels, 15 dann starb er und wurde in Pi-
raton im Gebiet Efraïms, am Amalekiterberg, bestattet.

DIE GEBURT SIMSONS WIRD ANGEKÜNDIGT

13 Von Neuem taten die Leute von Israel, was dem
HERRN missfällt; da gab er sie vierzig Jahre lang in
die Hand der Philister. 2 Damals lebte in Zora ein Mann
aus dem Stamm Dan namens Manoach, dessen Frau
war kinderlos. 3 Eines Tages erschien ihr der Engel des
HERRN und sagte: »Du bist unfruchtbar und hast keine
Kinder bekommen, aber jetzt wirst du schwanger wer-
den und einen Sohn gebären. 4 Sieh zu, dass du während
der Schwangerschaft weder Wein noch Bier trinkst und
keine unreinen Speisen isst. 5 Denn der Sohn, den du zur
Welt bringen wirst, soll von seiner Geburt an ein Gott-
geweihter sein. Seine Haare dürfen ihm nie geschnitten
werden. Mit ihm beginnt die Rettung Israels aus der

Hand der Philister.« 6 Da ging die Frau zu Manoach und
erzählte ihm: »Ein heiliger Mann kam zu mir. Er sah aus
wie der Engel Gottes, sodass mir ganz unheimlich war.
Ich wagte nicht, ihn zu fragen, woher er kommt, und er
hat mir auch nicht seinen Namen gesagt. 7 Er sagte zu
mir: ›Du wirst schwanger werden und einen Sohn ge-
bären. Trink von jetzt an weder Wein noch Bier und iss
keine unreinen Speisen; denn dein Sohn wird ein Gott-
geweihter sein vom Tag seiner Geburt bis zum Tag seines
Todes.‹« 8 Da betete Manoach zum HERRN und sagte:
»Bitte, Herr, lass doch den Gottesmann noch einmal
zu uns kommen! Er soll uns genau sagen, was wir mit
dem Kind, das er uns angekündigt hat, machen sollen.«
9 Gott erhörte seine Bitte, und der Engel kam noch ein-
mal zu der Frau, als sie gerade allein auf dem Feld war.
10 Sie lief zu ihrem Mann und sagte: »Komm schnell! Der
Mann, der damals zu mir kam, ist wieder da!« 11 Mano-
ach ging mit ihr hinaus und fragte ihn: »Warst du es,
der neulich mit meiner Frau gesprochen hat?« »Ja, ich
war es«, sagte der Engel 12 und Manoach fragte weiter:
»Wenn deine Ankündigung eingetroffen ist, wie sollen
wir es dann mit dem Kind halten? Was darf es tun und
was nicht?« 13 Der Engel des HERRN erwiderte: »Seine
Mutter soll alles meiden, was ich ihr genannt habe. 14 Sie
darf keine Trauben essen und weder Wein noch Bier
trinken und sie soll auch keine unreinen Speisen essen.«

GOTT SELBST WAR DER BOTE

15-16 Manoach hatte den Engel des HERRN nicht er-
kannt. Er sagte: »Geh noch nicht weg! Wir möchten
dir gerne ein gekochtes Ziegenböckchen bringen.«
Der Engel erwiderte: »Auch wenn du mir noch so
sehr zuredest, ich werde nichts essen. Aber wenn du
willst, kannst du es dem HERRN als Brandopfer dar-
bringen.« 17 Manoach fragte ihn: »Wie heißt du denn?
Wir möchten dir doch unseren Dank abstatten, wenn
deine Voraussage eingetroffen ist.« 18 Aber der Engel
des HERRN erwiderte: »Frage mich nicht nach meinem
Namen! Er ist voller Wunder.« 19 Da nahm Manoach
das Ziegenböckchen und dazu Brot als Speiseopfer
und verbrannte beides auf einem Felsblock als Opfer
für den HERRN, der Wunder tut. Manoach und seine
Frau standen dabei. 20 Und als die Flamme vom Altar
zum Himmel stieg, da stieg der Engel des HERRN in der
Flamme nach oben. Sie sahen es und warfen sich zu
Boden, mit dem Gesicht zur Erde. 21 Manoach wusste
jetzt, dass er mit dem Engel des HERRN gesprochen
hatte. Er und seine Frau sahen ihn von da an nicht
wieder. 22 Erschrocken sagte Manoach zu seiner Frau:
»Wir haben Gott gesehen! Jetzt müssen wir sterben!«
23 Doch seine Frau erwiderte: »Wenn der HERR unseren
Tod wollte, hätte er unser Opfer nicht angenommen,
das Brand- und das Speiseopfer, und uns nicht das al-
les sehen lassen. Dann hätte er uns auch nicht solch
eine Ankündigung gemacht.« 24 Manoachs Frau gebar
einen Sohn und gab ihm den Namen Simson. Er wuchs
heran und der HERR segnete ihn. 25 Als Simson in Ma-
hane-Dan zwischen Zora und Eschtaol war, trieb der
Geist des HERRN ihn zu den ersten Taten an.

SIMSON WILL EINE PHILISTERIN HEIRATEN

14 Als Simson einmal in das Philisterdorf Timna
hinabkam, fiel ihm dort ein Mädchen auf. 2 Er
ging nach Hause und sagte zu seinem Vater und seiner
Mutter: »Ich habe in Timna ein Mädchen gesehen, eine
Philisterin. Gebt sie mir zur Frau!« 3 Die beiden erwi-
derten: »Musst du unbedingt eine Philisterin heiraten,
eine aus diesem Volk von Unbeschnittenen? Gibt es
in unserem Stamm und in unserem ganzen Volk denn
kein Mädchen für dich?« Aber Simson sagte zu sei-
nem Vater: »Gib mir die! Die gefällt mir!« 4 Seine Eltern
konnten nicht wissen, dass der HERR seine Hand im
Spiel hatte. Er wollte einen Anlass haben, um gegen die
Philister vorzugehen, die damals über Israel herrsch-
ten. 5 Simson machte sich also mit seinem Vater und
seiner Mutter auf den Weg nach Timna. Als sie an die
Weinberge von Timna kamen, bog Simson vom Weg
ab. Da stand plötzlich ein brüllender Löwe vor ihm.
6 Der Geist des HERRN nahm Besitz von Simson und er
zerriss den Löwen mit bloßen Händen, wie man ein ge-
bratenes Böckchen beim Mahl in Stücke reißt. Seinen
Eltern erzählte er nichts davon. 7 Als er nach Timna
kam, sprach er mit der Philisterin und sie gefiel ihm
gut. 8 Nach einiger Zeit ging er wieder nach Timna, um
sie zur Frau zu nehmen. Unterwegs bog er vom Weg ab,
um nach dem toten Löwen zu sehen. In dem Kadaver
hatte sich ein Bienenvolk eingenistet und es war auch
schon Honig da. 9 Er nahm den Honig heraus und aß
im Weitergehen davon. Er ging zu seinem Vater und
seiner Mutter hin und gab ihnen ebenfalls davon; er
sagte ihnen aber nicht, dass er den Honig im Kadaver
des Löwen gefunden hatte.

SIMSONS ERSTER KONFLIKT MIT DEN PHILISTERN

10 Simsons Vater ging nach Timna, um den Ehevertrag
abzuschließen. Simson veranstaltete ein Festgelage,
wie es damals bei den jungen Leuten üblich war. 11 Als
die Bewohner von Timna ihn kommen sahen, wähl-
ten sie dreißig junge Männer aus, die mit ihm feiern
sollten. 12 Am ersten Tag des Festes sagte Simson zu
ihnen: »Ich will euch ein Rätsel aufgeben. Wenn ihr
es innerhalb der sieben Festtage lösen könnt, gebe ich
jedem von euch ein leinenes Hemd und ein Festkleid.
13 Könnt ihr es nicht, so muss jeder von euch mir ein
Hemd und ein Festkleid geben.« Sie erwiderten: »Gut,
lass uns dein Rätsel hören!« Und 14 Simson sagte es
ihnen: // »Vom Fresser kam Fraß, / vom Starken kam
Süßes.« // Drei Tage lang versuchten sie, das Rätsel
zu lösen, und konnten es nicht. 15 Am vierten Tag sag-
ten sie zu Simsons Frau: »Bring doch deinen Mann
dazu, dass er dir die Lösung verrät, und sag sie uns!
Sonst werden wir dich mit dem ganzen Haus deines
Vaters verbrennen. Ihr habt uns wohl eingeladen,
um uns arm zu machen?« 16 Da hängte die Frau sich
weinend an Simsons Hals und sagte: »Du liebst mich
nicht! Ich bin dir zuwider! Du hast meinen Landsleuten
dieses Rätsel aufgegeben und hast mir nicht gesagt,
was es bedeutet.« »Ich habe es nicht einmal meinem

Vater und meiner Mutter gesagt«, erwiderte Simson.
»Warum sollte ich es dann dir sagen?« 17 Während der
ganzen Festtage hing sie weinend an ihm. Schließlich
am siebten Tag sagte er es ihr, weil sie ihm so zusetzte.
Sie verriet die Lösung an die jungen Männer aus ih-
rem Volk, 18 und die sagten zu Simson, kurz bevor die
Sonne am siebten Tag unterging: // »Was ist süßer als
Honig, / was stärker als ein Löwe?« // Simson ant-
wortete ihnen: »Hättet ihr nicht mit meiner eigenen
Kuh gepflügt, so hättet ihr mein Rätsel nie erraten.«
19 Der Geist des HERRN nahm Besitz von ihm, und er
ging hinunter nach Aschkelon und erschlug dreißig
Männer. Er zog ihnen aus, was sie anhatten, und gab
es den jungen Männern, die sein Rätsel gelöst hatten.
Voll Zorn kehrte er darauf ins Haus seines Vaters zu-
rück. 20 Seine Frau aber wurde von ihrem Vater dem
Brautführer, einem von den dreißig, gegeben.

WEITERE STREITIGKEITEN MIT DEN PHILISTERN

15 Einige Zeit danach, es war gerade um die Wei-
zenernte, wollte Simson seine Frau besuchen
und ihr ein Ziegenböckchen bringen. Er sagte zu ihrem
Vater: »Ich möchte zu meiner Frau in die Kammer!«,
aber ihr Vater ließ ihn nicht hinein. 2 »Ich dachte, du
hättest genug von ihr«, sagte er, »deshalb habe ich
sie deinem Brautführer gegeben. Aber ihre jüngere
Schwester ist doch noch schöner, die kannst du an
ihrer Stelle haben!« 3 Simson sagte: »Diesmal sind
die Philister selber schuld, wenn ich ihnen schlimm
mitspiele!« 4 Er fing 300 Füchse, band jeweils zwei an
den Schwänzen zusammen und steckte eine Fackel
in den Knoten. 5 Dann zündete er die Fackeln an und
ließ die Füchse auf die Getreidefelder der Philister los.
So gingen die Garbenhaufen und das reife Getreide
auf den Feldern in Flammen auf und auch in die Oli-
venhaine wurde das Feuer hineingetragen. 6 »Wer
hat das getan?«, fragten die Philister und es sprach
sich herum: »Simson war es, der Schwiegersohn des
Mannes aus Timna. Das ist die Rache dafür, dass der
ihm die Frau weggenommen und dem Brautführer ge-
geben hat!« Da zogen die Philister nach Timna hinauf
und verbrannten die Frau samt ihrem Vater. 7 Simson
aber sagte zu ihnen: »Wenn ihr es so treibt, werde ich
nicht ruhen, bis ich mich an euch gerächt habe!« 8 Er
versetzte ihnen einen schweren Schlag. Dann zog er
sich in die Felsenhöhle bei Etam zurück.

SIMSON ERSCHLÄGT TAUSEND PHILISTER

9 Die Philister fielen in Juda ein und schlugen in der
Gegend von Lehi ihr Lager auf. 10 »Warum zieht ihr
gegen uns heran?«, fragten die Männer von Juda. Die
Philister antworteten: »Wir wollen Simson gefangen
nehmen und ihm heimzahlen, was er uns angetan
hat.« 11 Da zogen 3000 Männer aus Juda zu der Höhle
bei Etam und sagten zu Simson: »Warum hast du uns
in solche Gefahr gebracht? Du musstest doch wis-
sen, dass die Philister die Herren im Land sind!« »Ich
habe ihnen nur heimgezahlt, was sie mir angetan ha-
ben«, erwiderte Simson. 12 Da sagten die Männer von
Juda: »Wir sind gekommen, um dich zu fesseln und
an die Philister auszuliefern.« Simson verlangte von
ihnen: »Ihr müsst mir aber schwören, dass ihr selbst
mir nichts weiter antun werdet!« 13 Sie versicherten:
»Wir wollen dich nur fesseln und ausliefern. Wir wer-
den dich gewiss nicht töten.« Sie fesselten ihn mit
zwei neuen Stricken und führten ihn aus der Höhle.
14 Als Simson nach Lehi gebracht wurde, stimmten die
Philister ein Triumphgeschrei an. Da nahm der Geist
des HERRN von ihm Besitz, und er zerriss die Stricke
an seinen Armen, als wären es Fäden, die vom Feuer
versengt sind; die Fesseln lösten sich einfach auf.
15 Dann fand er einen frischen Eselsknochen, einen
Unterkiefer, nahm ihn und erschlug damit tausend
Philister. 16 Simson sagte: »Mit einem Eselsknochen
hab ich's ihnen gegeben! Tausend Mann hab ich mit
der Kinnbacke eines Esels erschlagen.« 17 Dann warf
er den Knochen fort. Davon hat der Ort den Namen
Ramat-Lehi (Kinnbackenhöhe). 18 Simson aber war am
Verdursten, deshalb rief er zum HERRN: »Du hast mir,
deinem Diener, diesen großen Sieg gegeben. Lass mich
jetzt nicht vor Durst sterben und in die Hand dieser
Unbeschnittenen fallen!« 19 Da ließ Gott in der Mulde
bei Lehi einen Spalt entstehen und es floss Wasser her-
aus. Als Simson davon trank, lebte er wieder auf und
seine Kraft kehrte zurück. Die Quelle ist noch heute in
Lehi zu finden. Weil Simson hier zum HERRN gerufen
hat, wird sie »Ruferquelle« genannt. 20 Während der
Zeit, als die Israeliten von den Philistern unterdrückt
wurden, war Simson zwanzig Jahre der Richter Israels.

SIMSON IST NICHT SO LEICHT ZU FANGEN

16 Eines Tages kam Simson nach Gaza. Dort sah
er eine Prostituierte und ging zu ihr ins Haus.
2 In der Stadt sprach es sich herum: »Simson ist hier!«
Die Philister suchten überall nach ihm und legten sich
gleichzeitig beim Stadttor auf die Lauer. Die ganze
Nacht über unternahmen sie nichts; denn sie dach-
ten: »Morgen früh muss er herauskommen, dann
bringen wir ihn um!« 3 Simson aber stand schon um
Mitternacht auf, ging zum Stadttor, packte die beiden
Torflügel und riss sie samt Pfosten und Riegel heraus.
Dann nahm er sie auf die Schultern und trug sie bis auf
den Berg gegenüber von Hebron.

SIMSONS SCHWACHE STELLE

4 Nach einiger Zeit verliebte sich Simson in eine Phi-
listerin namens Delila aus dem Tal Sorek. 5 Da kamen
die Fürsten der Philister zu ihr und sagten: »Überliste
ihn durch deine Verführungskunst! Sieh zu, dass du
herausbringst, woher er seine Kraft hat und was wir
tun müssen, um ihn in unsere Gewalt zu bringen und
zu fesseln. Du bekommst dafür von jedem von uns 1100
Silberstücke!« 6 Bei nächster Gelegenheit sagte De-
lila zu Simson: »Sag mir doch, warum du so stark bist!
Gibt es etwas, womit man dich fesseln und bezwingen
kann?« 7 Simson antwortete: »Wenn man mich mit
sieben frischen Bogensehnen fesselt, die noch nicht
trocken sind, verliere ich meine Kraft und bin nicht

stärker als irgendein anderer Mensch.« 8 Die Philister-
könige gaben Delila sieben frische Bogensehnen und
sie fesselte ihn damit. 9 Einige Männer lagen bei ihr auf
der Lauer. Aber als Delila rief: »Simson, die Philister!«,
zerriss er die Sehnen wie Zwirnfäden, die dem Feuer
zu nahe gekommen sind. Simson hatte nicht preis-
gegeben, woher seine Kraft kam. 10 Da sagte Delila:
»Du hast mich zum Narren gehalten und mir Lügen er-
zählt. Sag mir ehrlich, womit man dich fesseln kann!«
11 Simson antwortete: »Wenn man mich mit Stricken
fesselt, die noch nie benutzt worden sind, verliere ich
meine Kraft und bin nicht stärker als irgendein ande-
rer Mensch.« 12 Delila nahm neue Stricke und fesselte
ihn damit. Wieder lagen einige Männer bei ihr auf der
Lauer. Doch als sie rief: »Simson, die Philister!«, riss er
die Stricke von den Armen, als wären es Fäden. 13 Da
sagte Delila: »Bis jetzt hast du mich zum Narren gehal-
ten und mir Lügen erzählt. Sag mir doch endlich, womit
man dich fesseln kann!« Er antwortete: »Wenn du
meine sieben Zöpfe in das Gewebe auf deinem Web-
stuhl verwebst!« 14 Delila machte das und schlug seine
Zöpfe mit dem Weberkamm fest. Dann rief sie: »Sim-
son, die Philister!« Da fuhr er aus dem Schlaf hoch und
riss das ganze Gewebe samt dem Weberbaum heraus.

SIMSON VERRÄT SEIN GEHEIMNIS

15 Darauf sagte Delila: »Wie kannst du behaupten,
mich zu lieben, wenn du mir kein Vertrauen schenkst?
Dreimal hast du mich zum Narren gehalten und mir
nicht verraten, woher deine große Kraft kommt!«
16 Täglich setzte sie ihm mit ihren Vorwürfen zu und
quälte ihn so, dass ihm das ganze Leben verleidet
war. 17 Da verriet er ihr sein Geheimnis und erzählte
ihr: »Noch nie in meinem Leben sind mir die Haare
geschnitten worden. Seit meiner Geburt bin ich dem
HERRN geweiht. Wenn man mir die Haare abschnei-
det, verliere ich meine Kraft und bin nicht stärker als
irgendein anderer Mensch.« 18 Delila merkte, dass er
ihr diesmal die Wahrheit gesagt hatte. Sie ließ den
Philisterfürsten ausrichten: »Diesmal müsst ihr selbst
kommen! Er hat mir alles verraten.« Die Fürsten kamen
und brachten das versprochene Geld mit. 19 Delila ließ
Simson in ihrem Schoß einschlafen und rief einen von
den Philistern, damit er ihm die sieben Haarzöpfe ab-
schnitt. So hatte sie endlich erreicht, dass seine Kraft
ihn verließ. 20 Dann rief sie: »Simson, die Philister!«
Simson fuhr aus dem Schlaf hoch und dachte: »Ich
schaffe das genauso wie bisher! Ich werde alle Fesseln
abschütteln.« Er wusste nicht, dass der HERR ihn ver-
lassen hatte. 21 Die Philister überwältigten ihn, stachen
ihm die Augen aus und brachten ihn ins Gefängnis nach
Gaza. Sie legten ihm bronzene Ketten an und er musste
im Gefängnis die Mühle drehen. 22 Aber sein Haar, das
sie ihm geschnitten hatten, begann wieder zu wachsen.

SIMSON RÄCHT SICH AN DEN PHILISTERN

23 Nach einiger Zeit kamen die Fürsten der Philister
zusammen, um ein großes Opfer- und Freudenfest
zu Ehren ihres Gottes Dagon zu feiern. Sie sagten
zueinander: »Unser Gott gab unseren Feind in un-
sere Hand!« 24 Als das Volk Simson sah, priesen sie
ihren Gott und sangen: »Unser Gott gab unsern Feind
in unsre Hand, der zur Wüste machte unser schönes
Land, unsre besten Männer streckte in den Sand!«
25 Als sie so richtig in Stimmung waren, riefen die Fürs-
ten: »Bringt Simson her! Wir wollen unseren Spaß mit
ihm haben.« Man brachte Simson aus dem Gefängnis
und sie trieben ihren Spott mit ihm. Sie hatten ihn zwi-
schen die Säulen gestellt. 26 Da bat Simson den Jungen,
der ihn führte: »Lass meine Hand einen Augenblick los!
Ich möchte die Säulen befühlen, die das Haus tragen,
und mich ein wenig daran anlehnen.« 27 Das Haus war
gedrängt voll von Männern und Frauen, die zusahen,
wie Simson verspottet wurde. Auf dem flachen Dach
allein saßen etwa 3000 Menschen. Auch alle Fürsten
der Philister waren da. 28 Da rief Simson zum HERRN
und sagte: »HERR, du mächtiger Gott! Höre mich und
gib mir nur noch einmal meine alte Kraft! Ich will mich
an den Philistern rächen – wenigstens für eines von
den beiden Augen, die sie mir ausgestochen haben.«
29 Dann tastete er nach den beiden Mittelsäulen, die
das Gebäude trugen, und stemmte sich gegen sie, ge-
gen die eine mit der rechten, gegen die andere mit der
linken Hand. 30 Er rief: »Euch Philister nehme ich mit
in den Tod!«, nahm alle Kraft zusammen und stieß die
Säulen um. Da stürzte das ganze Haus über den Philis-
tern und ihren Fürsten zusammen. So riss Simson mehr
Philister mit sich in den Tod, als er während seines gan-
zen Lebens umgebracht hatte. 31 Seine Brüder und
alle Männer im Haus seines Vaters kamen und holten
seinen Leichnam. Sie bestatteten ihn zwischen Zora
und Eschtaol im Grab seines Vaters Manoach. Zwanzig
Jahre lang war Simson der Richter Israels gewesen.

MICHAS PRIVATHEILIGTUM UND DER URSPRUNG DES HEILIGTUMS IN DAN

17 Im Bergland von Efraïm lebte ein Mann namens
Micha. 2 Seiner Mutter waren 1100 Silberstücke
entwendet worden. Als sie es entdeckte, sprach sie
über den Dieb einen Fluch aus. Da sagte Micha zu ihr:
»Die Silberstücke, die du vermisst, sind bei mir; ich
habe sie mir genommen.« »Der HERR möge den Fluch
in Segen verwandeln!«, rief die Mutter. 3 Als Micha ihr
das Silber zurückgab, fügte sie hinzu: »Hiermit weihe
ich das Silber dem HERRN, damit er dich segnet. Es soll
davon ein Gottesbild gemacht werden, aus Holz ge-
schnitzt und mit Metall überzogen. So kommt das Geld
dir wieder zugute.« 4 Sie nahm von dem Geld 200 Sil-
berstücke und gab sie dem Goldschmied. Der machte
ein Gottesbild aus Holz und überzog es mit Metall;
das wurde in Michas Gehöft aufgestellt. 5 Micha be-
saß nämlich ein eigenes Heiligtum. Er ließ auch einen
Priesterschurz und eine Orakeltasche machen und
setzte einen von seinen Söhnen als Priester ein. 6 Es
gab zu jener Zeit noch keinen König in Israel und jeder
tat, was er wollte. 7 Ein junger Levit vom Stamm Juda
hatte in Betlehem Aufnahme gefunden. 8 Dann verließ
er die Stadt, um irgendwo ein neues Unterkommen

zu suchen. Sein Weg führte ihn durch das Bergland von Efraïm und auch zu Michas Gehöft. 9 »Woher kommst du?«, fragte ihn Micha und er antwortete: »Ich bin ein Levit aus Betlehem in Juda und suche irgendwo ein Unterkommen.« 10 Micha sagte zu ihm: »Bleib doch bei mir, sei mein Priester und geistlicher Vater! Ich werde dir jährlich 10 Silberstücke geben und dazu deine Amtskleidung und was du an Nahrung brauchst.« 11-12 Der Levit war damit einverstanden und blieb. Micha setzte ihn zum Priester ein und behandelte ihn wie einen Sohn. 13 Er sagte sich: »Jetzt bin ich sicher, dass der HERR es mir gut gehen lässt. Ich habe einen Nachkommen von Levi als Priester.«

DER STAMM DAN SUCHT EINE NEUE HEIMAT

18 Damals gab es noch keinen König in Israel. Der Stamm Dan war gerade dabei, sich ein eigenes Wohngebiet zu suchen. Bis dahin war ihm noch kein Erbbesitz in Israel zugewiesen worden; 2 deshalb schickten die Leute von Dan fünf Männer aus ihrer Mitte aus, um das Land zu erkunden, angesehene Leute aus Zora und Eschtaol. Die Kundschafter kamen auch ins Bergland von Efraïm und zum Haus Michas, wo sie übernachteten. 3 Dabei fiel ihnen der Levit durch seine Mundart auf, und sie gingen zu ihm und fragten ihn: »Wie bist du hierher gekommen? Was tust du denn hier?« 4 Er sagte: »Micha hat mich gegen Lohn eingestellt und so bin ich sein Priester geworden.« 5 Sie baten ihn: »Frag doch Gott für uns, ob unser Vorhaben gelingen wird!« 6 Der Priester tat es und gab ihnen den Bescheid: »Zieht in Frieden weiter! Der HERR billigt euer Vorhaben.« 7 Die Kundschafter zogen weiter und kamen nach Lajisch. Die Leute dort lebten ruhig und sorglos und fühlten sich so sicher wie die Bewohner von Sidon. Es gab keinen Machthaber im Land, der sie bedroht hätte. Sidon war weit entfernt und sie lebten ganz für sich. 8 Als die Kundschafter nach Zora und Eschtaol zurückkehrten, fragten ihre Stammesbrüder sie: »Wie ist es euch ergangen?« 9 Sie antworteten: »Auf, wir wollen nach Lajisch ziehen! Es ist ein sehr gutes Land. Zögert nicht, es in Besitz zu nehmen! Was legt ihr die Hände in den Schoß? 10 Ihr werdet dort ein Volk finden, das sich in Sicherheit wiegt. Gott hat ihr Land in eure Gewalt gegeben. Es ist ein weites Land, es fehlt dort nichts, was man sich wünschen kann.«

MICHAS PRIESTER FOLGT DEN MÄNNERN VON DAN

11 Daraufhin machten sich aus Zora und Eschtaol 600 bewaffnete Männer vom Stamm Dan mit ihren Familien auf den Weg. 12 Ihr erstes Lager hatten sie westlich von Kirjat-Jearim im Gebiet von Juda; der Ort heißt daher bis heute Mahane-Dan (Lager Dans). 13 Von dort zogen sie weiter ins Bergland von Efraïm und kamen auch zum Haus Michas. 14 Da sagten die fünf Männer, die als Kundschafter auf dem Weg nach Lajisch hier vorbeigekommen waren, zu den Übrigen: »Ihr müsst wissen: In diesen Häusern hier gibt es ein Gottesbild, aus Holz geschnitzt und mit Metall überzogen, und außerdem einen Priesterschurz mit Orakeltasche. Bedenkt, was für eine Gelegenheit sich euch da bietet!« 15 So gingen alle zum Haus des jungen Leviten, das Micha gehörte, und begrüßten ihn. 16-17 Während er bei den 600 Bewaffneten draußen am Tor stand, gingen die fünf Kundschafter in das Haus und nahmen das Gottesbild und das Orakelgerät an sich. 18 Als der Priester es sah, sagte er: »Was tut ihr da?« 19 Sie erwiderten: »Still, kein Wort! Komm mit uns, sei unser Priester und geistlicher Vater! Was ist besser für dich: für eine einzelne Familie oder für einen ganzen Stamm in Israel Priester zu sein?« 20 Dem Mann gefiel diese Aussicht. Er nahm das Gottesbild und das Orakelgerät und kam mit ihnen. 21 Beim Weitermarsch ließen die Männer von Dan Frauen, Kinder und Vieh sowie die Lasttiere mit ihrem Hab und Gut an der Spitze des Zuges gehen. 22 Sie waren schon ein gutes Stück weit gekommen, als sie von Micha und seinen Nachbarn eingeholt wurden. 23 Die Verfolger riefen: »Halt!«, und die Männer von Dan drehten sich um. Sie fragten Micha: »Was ist denn los, dass du uns mit einem bewaffneten Aufgebot nachjagst?« 24 Micha erwiderte: »Ihr habt mir den Gott weggenommen, den ich mir gemacht hatte, und den Priester dazu; ihr habt mich völlig ausgeraubt. Und da fragt ihr noch: ›Was ist los?‹« 25 Aber die Leute von Dan sagten zu ihm: »Kein Wort mehr, sonst werden Männer über euch herfallen, die keinen Spaß verstehen. Dann kostet es dich und deine Familie auch noch das Leben!« 26 Die Männer von Dan setzten ihren Weg fort. Micha sah, dass er gegen die Übermacht nichts ausrichten konnte, und kehrte nach Hause zurück.

EIN HEILIGTUM FRAGWÜRDIGEN URSPRUNGS

27 Die Männer von Dan nahmen also das Gottesbild Michas und seinen Priester mit sich. Als sie nach Lajisch kamen, überfielen sie die nichts ahnenden Bewohner, erschlugen sie mit dem Schwert und brannten die Stadt nieder. 28 Niemand kam den Leuten von Lajisch zu Hilfe; denn die Stadt lag weit von Sidon entfernt und ihre Bewohner hatten ganz für sich selbst gelebt. Lajisch lag in der Ebene von Bet-Rehob. Die Eroberer bauten die Stadt wieder auf und wohnten darin. 29 Nach ihrem Stammvater, einem der Söhne Jakobs, nannten sie die Stadt Dan. 30 Dort stellten sie das mitgebrachte Gottesbild auf, und der Levit Jonatan, der von Moses Sohn Gerschon abstammte, wurde ihr Priester. Auch seine Nachkommen versahen den Priesterdienst für die Männer des Stammes Dan, bis die Bewohner der ganzen Gegend von den Assyrern aus dem Land weggeführt wurden. 31 So lange, wie das Heiligtum von Schilo bestand, verehrten die Leute von Dan das Gottesbild, das Micha für sich hatte anfertigen lassen.

EIN LEVIT HOLT SEINE FRAU ZURÜCK

19 In jener Zeit, als es in Israel noch keinen König gab, lebte im äußersten Norden des Berglandes von Efraïm ein Levit, der dort Aufnahme gefunden hatte. Er hatte eine Nebenfrau, die aus Betlehem in

Juda stammte. 2 Weil sie sich über ihren Mann ärgerte,
lief sie ihm weg und kehrte zu ihrem Vater nach Betle-
hem zurück. Als sie schon vier Monate lang dort war,
3 machte sich ihr Mann mit seinem Knecht und zwei
Eseln auf den Weg. Er wollte ihr gut zureden und sie zur
Rückkehr bewegen. Die Frau führte ihn ins Haus ihres
Vaters. Als der ihn sah, ging er ihm voll Freude entge-
gen. 4 Auf das Drängen des Vaters blieb der Levit mit
seinem Knecht drei Tage da. Sie aßen und tranken und
übernachteten dort. 5 Am Morgen des vierten Tages
wollten sie aufbrechen, aber der Vater sagte zu seinem
Schwiegersohn: »Iss noch eine Kleinigkeit, stärke dich
für den Weg! Dann könnt ihr gehen.« 6 So blieben sie
noch und die beiden Männer aßen und tranken mit-
einander. Dann sagte der Vater: »Tu mir den Gefallen
und bleib noch einmal über Nacht; lass es dir wohl
sein!« 7 Der Levit wollte gehen, aber der Mann drängte
ihn zu bleiben und so gab er noch die Nacht zu. 8 Als
er am Morgen des fünften Tages aufbrechen wollte,
sagte der Vater: »Nimm noch eine kleine Stärkung!
Wartet mit dem Aufbruch bis gegen Abend, wenn es
kühler wird.« So aßen sie noch einmal miteinander.
9 Als dann der Levit aufstand, um sich mit seiner Frau
und dem Knecht auf den Weg zu machen, sagte der
Vater: »Es geht schon auf den Abend zu, gleich wird
es dunkel; übernachtet doch noch einmal! Bleib noch
eine Nacht und lass es dir hier wohl sein; morgen früh
könnt ihr aufbrechen und nach Hause ziehen.« 10 Aber
der Levit wollte nicht länger bleiben und machte sich
auf den Weg. Er kam mit seiner Frau und den beiden
gesattelten Eseln bis vor die Jebusiterstadt Jerusalem.
11 Weil der Tag zu Ende ging, sagte der Knecht zu sei-
nem Herrn: »Lass uns in die Stadt gehen und dort
übernachten!« 12-13 Aber sein Herr erwiderte: »Wir
kehren nicht bei Fremden ein, die nicht zum Volk Israel
gehören. Wir gehen noch bis nach Gibea oder nach
Rama, dort übernachten wir.«

NACHTQUARTIER GESUCHT

14 So gingen sie weiter. Als die Sonne unterging, wa-
ren sie in der Nähe von Gibea im Gebiet des Stammes
Benjamin. 15 Sie bogen von der Straße ab und gingen
in die Stadt. Aber niemand wollte sie aufnehmen und
so blieben sie auf dem öffentlichen Platz unter freiem
Himmel. 16 Ein alter Mann kam gerade von der Arbeit
auf dem Feld nach Hause. Es war ein Ortsfremder, der
vom Bergland Efraïm stammte; die übrigen Bewohner
der Stadt gehörten zum Stamm Benjamin. 17 Als er den
Leviten im Freien rasten sah, fragte er ihn: »Wohin
gehst du? Woher kommst du?« 18 Der Levit antwortete:
»Wir kommen von Betlehem in Juda und wollen ans
äußerste Ende des Berglandes Efraïm. Dort wohne
ich und von dort bin ich nach Betlehem gereist. Jetzt
bin ich auf dem Heimweg. Niemand hat mich hier für
die Nacht in sein Haus aufnehmen wollen. 19 Dabei
haben wir Stroh und Futter für unsere Esel bei uns,
auch Brot und Wein für mich, meine Frau und meinen
Knecht. Du siehst, wir sind mit allem versorgt.« 20 Der
Mann antwortete: »Seid mir willkommen, lasst mich
für euch sorgen! Auf diesem Platz hier könnt ihr nicht
übernachten.« 21 Er führte sie in sein Haus und warf
den Eseln Futter vor. Dann wuschen sie die Füße und
aßen und tranken miteinander.

EINE UNERHÖRTE SCHANDTAT

22 Während sie noch in aller Ruhe beim Mahl saßen,
umstellten plötzlich die Männer der Stadt das Haus.
Es waren verruchte Leute, sie trommelten gegen die
Tür und forderten den Besitzer des Hauses auf: »Bring
uns den Mann heraus, der bei dir eingekehrt ist! Wir
wollen mit ihm Verkehr haben.« 23 Der alte Mann ging
zu ihnen hinaus und sagte: »Nicht doch, Brüder, tut
nicht so etwas Gemeines! Dieser Mann ist mein Gast,
ihr dürft ihm nicht diese Schande antun. 24 Ich bringe
euch meine Tochter, die noch Jungfrau ist, und dazu
die Frau des Fremden; mit denen könnt ihr treiben, was
ihr wollt. Aber an diesem Mann dürft ihr euch nicht so
schändlich vergreifen.« 25 Als die Männer keine Ruhe
gaben, nahm der Levit seine Nebenfrau und führte
sie zu ihnen hinaus. Sie vergewaltigten sie die ganze
Nacht über und ließen sie erst in Ruhe, als der Morgen
dämmerte. 26 Die Frau schleppte sich zur Tür des Hau-
ses, in dem ihr Mann übernachtete, und brach davor
zusammen. So lag sie, bis es ganz hell wurde. 27 Als
ihr Mann aus der Tür trat, um weiterzureisen, fand er
sie dort; die ausgestreckten Hände lagen auf der Tür-
schwelle. 28 »Steh auf, wir wollen weiter!«, rief er ihr
zu, aber sie konnte nicht mehr antworten. Da lud er
ihren Leichnam auf den Esel und reiste nach Hause.
29 Dort angekommen, nahm er ein Messer, zerteilte
den Leichnam seiner Frau in zwölf Stücke und schickte
jedem Stamm Israels eines davon. 30 Alle, die es sahen,
sagten: »Solch ein gemeines Verbrechen ist in Israel
noch nie begangen worden, seit unsere Vorfahren aus
Ägypten hierher gekommen sind! Bedenkt das und
haltet Rat, was zu tun ist!«

DIE STÄMME ISRAELS BESCHLIESSEN DIE BESTRAFUNG GIBEAS

20 Alle Männer Israels von Dan im Norden bis
Beerscheba im Süden und auch die aus Gi-
lead im Ostjordanland versammelten sich wie ein
Mann beim Heiligtum des HERRN in Mizpa. 2 Nicht
nur die Oberhäupter der Stämme kamen zusammen,
sondern die ganze Gemeinde der Israeliten, 400 000
mit Schwertern bewaffnete Männer. 3 Die Leute des
Stammes Benjamin erfuhren davon. Die versammel-
ten Israeliten fragten: »Wie ist dieses Verbrechen ge-
schehen?«, 4 und der Levit, der Mann der ermordeten
Frau, berichtete: »Ich kam mit meiner Nebenfrau nach
Gibea im Gebiet von Benjamin und wollte dort über-
nachten. 5 Da umzingelten die Männer von Gibea in
der Nacht das Haus, in dem ich war. Auf mich hatten
sie es abgesehen und wollten mich umbringen. Sie
vergewaltigten meine Frau so lange, bis sie starb.
6 Deshalb zerteilte ich ihren Leichnam und schickte die
Stücke in alle Gegenden des Landes. Die Männer von
Gibea haben ein Verbrechen begangen, das in Israel

unerhört ist. 7 Ihr alle seid doch Israeliten, haltet also
Rat und beschließt, was geschehen soll!« 8 Da stan-
den sie alle auf wie ein Mann und erklärten: »Keiner
von uns darf nach Hause zurückkehren, 9 bevor wir
an den Leuten von Gibea die Strafe vollstreckt ha-
ben! Wir wollen das Los werfen 10 und jeden zehnten
Mann dazu bestimmen, für die Verpflegung zu sorgen;
die Übrigen sollen die Leute von Gibea bestrafen für
dieses schändliche Verbrechen, das sie mitten in Israel
begangen haben.«

DER STAMM BENJAMIN HÄLT ZU DEN LEUTEN VON GIBEA

11 Die Männer Israels zogen einmütig, wie *ein* Mann,
gegen die Stadt Gibea. 12 Sie schickten Boten voraus
durch den ganzen Stamm Benjamin und ließen sa-
gen: »Was ist da für eine schwere Untat unter euch
geschehen! 13 Liefert uns die Männer von Gibea aus,
dieses verruchte Gesindel! Wir wollen sie töten und
so das Böse aus Israel entfernen.« Aber die Männer
von Benjamin wollten nicht auf ihre Brüder, die übri-
gen Israeliten, hören. 14 Aus dem ganzen Stammesge-
biet zogen sie nach Gibea, um gegen die Israeliten zu
kämpfen. 15 26 000 mit Schwertern bewaffnete Männer
aus dem Stamm Benjamin sammelten sich dort, dazu
kamen noch die 700 Männer von Gibea, geübte Krie-
ger. 16 Im Heer Benjamins gab es 700 Elitekämpfer, die
Linkshänder waren und mit der Schleuder unfehlbar
ins Ziel trafen. 17 Auf der Seite der Israeliten zählte man
400 000 mit Schwertern bewaffnete Krieger.

DIE STRAFEXPEDITION DROHT EIN MISSERFOLG ZU WERDEN

18 Die Männer Israels gingen zum Heiligtum von Bet-El,
um bei Gott Rat zu holen. Sie fragten ihn: »Welcher
Stamm soll den Kampf gegen die Männer von Ben-
jamin eröffnen?« Der HERR antwortete: »Der Stamm
Juda.« 19 Früh am Morgen brachen die Männer Israels
auf, zogen vor Gibea 20 und stellten sich zum Kampf
gegen die Männer von Benjamin auf. 21 Die Männer
von Benjamin aber brachen aus der Stadt hervor und
erschlugen 22 000 von den Israeliten. 22-23 Die Männer
Israels kehrten nach Bet-El zurück. Sie weinten und
klagten vor dem HERRN über ihre Niederlage, den gan-
zen Tag bis zum Abend. Sie fragten den HERRN: »Sollen
wir noch einmal gegen unsere Brüder, die Männer von
Benjamin, in den Kampf ziehen?« Der HERR antwor-
tete: »Ja, zieht gegen sie!« Da ermannten sie sich und
stellten sich am anderen Tag noch einmal an derselben
Stelle zum Kampf auf. 24 Sie rückten gegen die Männer
von Benjamin vor, 25 aber die brachen auch an diesem
Tag aus der Stadt hervor und erschlugen 18 000 von den
Israeliten, lauter mit Schwertern bewaffnete Krieger.
26 Wieder zogen die Männer Israels nach Bet-El und
klagten dem HERRN ihre Niederlage. Sie weinten und
fasteten bis zum Abend, dann brachten sie dem HERRN
Brandopfer und Mahlopfer dar. 27-28 Damals stand im
Heiligtum von Bet-El die Bundeslade und als Priester
diente dort Pinhas, der Sohn Eleasars und Enkel Aarons.
Die Israeliten fragten den HERRN: »Sollen wir noch ein-
mal gegen unsere Brüder, die Männer von Benjamin, in
den Kampf ziehen oder sollen wir es aufgeben?« Der
HERR antwortete: »Ja, zieht noch einmal gegen sie;
morgen werde ich sie in eure Hand geben.«

DER STAMM BENJAMIN WIRD VERNICHTEND GESCHLAGEN

29 Diesmal wandten die Israeliten eine List an und ver-
steckten einen Teil ihrer Männer an verschiedenen
Stellen rings um Gibea. 30 Dann stellten sie sich genau
wie an den beiden vorangegangenen Tagen vor der
Stadt zum Kampf auf. 31 Als die Männer von Benjamin
aus der Stadt hervorbrachen, ließen sich die Israeliten
zum Schein von ihnen zurückschlagen und lockten sie
so von der Stadt weg. Auf freiem Feld, auf den Straßen,
die von Gibea nach Bet-El und nach Gibeon führen, er-
schlugen die Männer von Benjamin etwa 30 Israeliten.
32 Sie waren siegesgewiss und sagten: »Wir schlagen
sie wieder wie schon zweimal!« Die Männer von Israel
folgten der Parole: »Wir weichen zurück und locken sie
von der Stadt weg auf die Landstraßen!« 33 Bei Baal-Ta-
mar jedoch hielten sie an und stellten sich zum Kampf.
Gleichzeitig brachen die Männer aus dem Hinterhalt
bei Geba hervor, 34 10 000 ausgesuchte Krieger, und
drangen gegen Gibea vor. Die Männer von Benjamin
waren nichts ahnend in die Falle gegangen. Es kam
zu einem schweren Kampf. 35 Der HERR half den Män-
nern von Israel und so konnten sie an diesem Tag 25 100
Benjaminiter töten, lauter mit Schwertern bewaffnete
Krieger. 36 Die Männer von Benjamin sahen, dass sie
geschlagen waren. Im Einzelnen war es so zugegan-
gen: Das Heer Israels war vor den Männern Benjamins
zurückgewichen; denn die Israeliten setzten auf den
Hinterhalt, den sie in der Nähe der Stadt gelegt hat-
ten. 37 Die Männer aus dem Hinterhalt brachen hervor,
überfielen die Stadt und erschlugen alle Bewohner mit
dem Schwert. 38 Wie verabredet steckten sie die Stadt
in Brand, sodass der Rauch von ihr aufstieg. 39 Während
der Verfolgung der Zurückweichenden hatten die Män-
ner von Benjamin schon eine Reihe von Israeliten, etwa
dreißig, erschlagen. Sie sagten zueinander: »Die Is-
raeliten fliehen! Wir haben sie auch diesmal wieder
geschlagen!« 40 Doch da begann der Rauch von der
Stadt aufzusteigen, und als die Männer von Benjamin
zurückschauten, erkannten sie, dass die ganze Stadt in
Flammen stand. 41 Jetzt machten die fliehenden Isra-
eliten kehrt und stellten sich zum Kampf. Die Männer
von Benjamin wurden von Entsetzen gepackt, denn sie
sahen, dass für sie alles verloren war. 42 Sie flohen vor
den Israeliten der Wüste zu, aber ihre Verfolger blie-
ben ihnen auf den Fersen, und auf der anderen Seite
nahmen die Israeliten, die von der Stadt her kamen,
sie in die Zange. 43 Die Männer von Benjamin wurden
umzingelt, gejagt, niedergemacht von Noha bis östlich
von Gibea. 44 18 000 von ihnen fanden den Tod. 45 Nur
ein Rest entkam und floh in Richtung Wüste, zum Rim-
monfelsen. Auf den Straßen erschlugen die Israeliten
noch einmal 5000 Benjaminiter und bei der weiteren

Verfolgung schließlich noch 2000. 46 So waren insgesamt 25 000 mit Schwertern bewaffnete Männer aus dem Stamm Benjamin getötet worden, lauter tapfere Krieger. 47 Nur 600 hatten sich zum Rimmonfelsen flüchten können. Dort blieben sie vier Monate. 48 Die Männer Israels aber durchzogen das ganze Stammesgebiet Benjamin, töteten alles, Menschen und Vieh, und brannten die Städte und Dörfer nieder.

DER STAMM BENJAMIN DARF NICHT AUSSTERBEN

21 In Mizpa hatten die Männer Israels geschworen: »Keiner von uns wird seine Tochter einem Mann aus Benjamin zur Frau geben!« 2 Nun kamen die Israeliten zum Heiligtum nach Bet-El und hielten den ganzen Tag über eine große Klage vor Gott. Weinend sagten sie: 3 »HERR, du Gott Israels, warum musste das geschehen? Ein ganzer Stamm fehlt heute in Israel!« 4 Am anderen Morgen bauten sie dort einen Altar und opferten Gott Brandopfer und Mahlopfer. 5 Dann wurde gefragt: »Ist von den Stämmen Israels irgendeiner nicht erschienen, als zur Versammlung vor dem HERRN aufgerufen wurde?« Man hatte nämlich einen feierlichen Eid geschworen: »Wer nicht zum HERRN nach Mizpa kommt, muss sterben!« 6 Nun aber trauerten die Israeliten über ihren Bruderstamm Benjamin und sagten: »Heute ist ein ganzer Stamm aus Israel ausgetilgt worden. 7 Wie können wir den Überlebenden zu Frauen verhelfen? Wir haben doch geschworen, dass keiner von uns seine Tochter an einen Mann aus Benjamin verheiraten darf!« 8 Da verfielen sie auf den Ausweg und stellten die Frage: »Ist vielleicht einer von den Stämmen Israels nicht zur Versammlung vor dem HERRN gekommen?« Tatsächlich war aus der Stadt Jabesch in Gilead niemand zum Heer Israels gestoßen. 9 Als die anwesenden Männer gemustert wurden, stellte es sich heraus, dass von dort niemand da war. 10 So schickten die versammelten Israeliten 12 000 Mann nach Jabesch mit dem Auftrag: »Tötet die Bewohner der Stadt mit dem Schwert, auch die Frauen und Kinder! 11 Vollstreckt an ihnen den Bann. Nur die Mädchen, die noch unberührt sind, lasst am Leben.« 12 Die Männer von Israel fanden in Jabesch 400 Mädchen, die noch kein Mann berührt hatte, und brachten sie ins Lager nach Schilo. 13 Dann schickten die versammelten Israeliten Boten zu den Überlebenden des Stammes Benjamin, die sich am Rimmonfelsen versteckt hielten, und schlossen Frieden mit ihnen. 14 Die 600 Männer kehrten zurück und die Israeliten gaben ihnen die Mädchen, die sie bei der Bestrafung von Jabesch verschont hatten. Aber es waren noch nicht genug.

FRAUEN AUS SCHILO FÜR DIE MÄNNER BENJAMINS

15 Die Israeliten waren traurig, weil der HERR einen Stamm aus ihrer Mitte gerissen hatte. 16 Die Ältesten des Volkes sagten: »Wie sollen wir den überlebenden Männern Benjamins Frauen verschaffen? In ganz Benjamin ist keine Frau am Leben geblieben. 17 Der Landbesitz der Überlebenden ist ja noch da und es darf kein Stamm in Israel aussterben. 18 Aber unsere Töchter können wir nicht an sie verheiraten, denn alle Israeliten haben feierlich erklärt: ›Fluch über jeden, der einem Mann aus Benjamin eine Frau gibt!‹« 19 Nun wurde aber jedes Jahr in Schilo ein Fest zu Ehren des HERRN gefeiert. – Schilo lag nördlich von Bet-El, östlich der Straße von Bet-El nach Sichem und südlich von Lebona. – 20 Die Ältesten Israels sagten deshalb zu den überlebenden Männern Benjamins: »Legt euch in den Weinbergen auf die Lauer, 21 und wenn ihr die jungen Mädchen von Schilo zum Festtanz kommen seht, dann stürmt hervor, und jeder raubt sich eines von ihnen als Frau. Nehmt sie mit in euer Stammesgebiet. 22 Wenn aber ihre Väter oder Brüder kommen und sich bei uns darüber beschweren, dann werden wir zu ihnen sagen: ›Lasst ihnen die Mädchen; tut es uns zuliebe! Wir konnten durch die Bestrafung von Jabesch nicht jedem eine Frau verschaffen. Ihr macht euch auch nicht schuldig, wenn ihr sie ihnen überlasst; denn ihr habt sie ihnen ja nicht freiwillig gegeben.‹« 23 Die Männer Benjamins befolgten den Rat, und jeder raubte sich aus den tanzenden Mädchen eines und machte es zu seiner Frau. Dann kehrten sie zu ihrem Erbbesitz zurück, bauten die Städte wieder auf und wohnten darin. 24 Die Männer von Israel aber gingen auseinander, jeder zu seinem Stamm und zu seiner Sippe, zu dem Erbbesitz, der ihm zugewiesen worden war. 25 Es gab zu jener Zeit noch keinen König in Israel und jeder tat, was er wollte.

DAS BUCH **RUT**

RUT LÄSST IHRE SCHWIEGERMUTTER NICHT IM STICH

1 Es war die Zeit, als das Volk Israel noch von Richtern geführt wurde. Weil im Land eine Hungersnot herrschte, verließ ein Mann aus Betlehem im Gebiet von Juda seine Heimatstadt und suchte mit seiner Frau und seinen zwei Söhnen Zuflucht im Land Moab. 2 Der Mann hieß Elimelech, die Frau Noomi; die Söhne waren Machlon und Kiljon. Die Familie gehörte zur Sippe Efrat, die in Betlehem in Juda lebte. Während sie im Land Moab waren, 3 starb Elimelech und Noomi blieb mit ihren beiden Söhnen allein zurück. 4 Die Söhne heirateten zwei moabitische Frauen, Orpa und Rut. Aber zehn Jahre später starben auch Machlon und Kiljon, 5 und ihre Mutter Noomi war nun ganz allein, ohne Mann und ohne Kinder. 6-7 Als sie erfuhr, dass

der HERR seinem Volk geholfen hatte und es in Juda
wieder zu essen gab, entschloss sie sich, das Land
Moab zu verlassen und nach Juda zurückzukehren.
Ihre Schwiegertöchter gingen mit. 8 Unterwegs sagte
sie zu den beiden: »Kehrt wieder um! Geht zurück,
jede ins Haus ihrer Mutter! Der HERR vergelte euch
alles Gute, das ihr an den Verstorbenen und an mir
getan habt. 9 Er gebe euch wieder einen Mann und
lasse euch ein neues Zuhause finden.« Noomi küsste
die beiden zum Abschied. Doch sie weinten 10 und
sagten zu ihr: »Wir verlassen dich nicht! Wir gehen
mit dir zu deinem Volk.« 11 Noomi wehrte ab: »Kehrt
doch um, meine Töchter! Warum wollt ihr mit mir ge-
hen? Habe ich etwa noch Söhne zu erwarten, die eure
Männer werden könnten? 12 Geht, meine Töchter, kehrt
um! Ich bin zu alt, um noch einmal zu heiraten. Und
selbst wenn es möglich wäre und ich es noch heute
tun würde und dann Söhne zur Welt brächte – 13 wolltet
ihr etwa warten, bis sie groß geworden sind? Wolltet
ihr so lange allein bleiben und auf einen Mann war-
ten? Nein, meine Töchter! Ich kann euch nicht zumu-
ten, dass ihr das bittere Schicksal teilt, das der HERR
mir bereitet hat.« 14 Da weinten Rut und Orpa noch
mehr. Orpa küsste ihre Schwiegermutter und nahm
Abschied; aber Rut blieb bei ihr. 15 Noomi redete ihr zu:
»Du siehst, deine Schwägerin ist zu ihrem Volk und zu
ihrem Gott zurückgegangen. Mach es wie sie, geh ihr
nach!« 16 Aber Rut antwortete: »Dränge mich nicht,
dich zu verlassen. Ich kehre nicht um, ich lasse dich
nicht allein. Wohin du gehst, dorthin gehe ich auch;
wo du bleibst, da bleibe ich auch. Dein Volk ist mein
Volk und dein Gott ist mein Gott. 17 Wo du stirbst, da
will auch ich sterben; dort will ich begraben werden.
Der Zorn des HERRN soll mich treffen, wenn ich nicht
Wort halte: Nur der Tod kann mich von dir trennen!«

ANKUNFT IN BETLEHEM

18 Als Noomi sah, dass Rut so fest entschlossen war, gab
sie es auf, sie zur Heimkehr zu überreden. 19 So gingen
die beiden miteinander bis nach Betlehem. Als sie dort
ankamen, sprach es sich sofort in der ganzen Stadt
herum und die Frauen riefen: »Ist das nicht Noomi?«
20 »Nennt mich nicht mehr Noomi«, sagte sie, »nennt
mich Mara; denn Gott, der Gewaltige, hat mir ein sehr
bitteres Schicksal bereitet. 21 Mit meinem Mann und
mit zwei Söhnen bin ich von hier weggezogen; arm
und ohne Beschützer lässt der HERR mich heimkehren.
Warum nennt ihr mich noch Noomi? Der HERR, der
Gewaltige, hat sich gegen mich gewandt und mich
ins Elend gestürzt.« 22 So war Noomi mit ihrer moabi-
tischen Schwiegertochter Rut wieder nach Betlehem
zurückgekehrt. Dort hatte gerade die Gerstenernte
begonnen.

RUT FINDET EINEN BESCHÜTZER

2 Noomi hatte von ihrem Mann her einen Verwand-
ten namens Boas. Er gehörte zur Sippe Elimelechs
und war ein tüchtiger Mann und wohlhabender Grund-
besitzer. 2 Eines Tages sagte die Moabiterin Rut zu ihrer
Schwiegermutter: »Ich will hinausgehen und Ähren
sammeln, die auf dem Feld liegen geblieben sind. Ich
finde schon jemand, der freundlich zu mir ist und es
mir erlaubt.« »Geh nur, meine Tochter!«, sagte Noomi.
3 Rut kam zu einem Feld und sammelte Ähren hinter
den Männern und Frauen her, die dort das Getreide
schnitten und die Garben banden und wegtrugen. Es
traf sich, dass das Feld zum Besitz von Boas gehörte.
4 Im Lauf des Tages kam Boas selbst aus der Stadt zu
seinen Leuten heraus. »Gott sei mit euch!«, begrüßte er
sie und sie erwiderten: »Der HERR segne dich!« 5 Boas
fragte den Mann, der die Aufsicht über die anderen
führte: »Wohin gehört diese junge Frau?« 6 Er antwor-
tete: »Es ist eine Moabiterin, die mit Noomi gekommen
ist. 7 Sie hat gefragt, ob sie die Ähren auflesen darf, die
unsere Leute liegen lassen. Seit dem frühen Morgen
ist sie auf den Beinen, jetzt hat sie zum ersten Mal eine
Pause gemacht und sich in den Schatten gesetzt.« 8 Da
wandte sich Boas an Rut und sagte: »Hör auf meinen
Rat! Geh nicht auf ein anderes Feld, um dort Ähren zu
sammeln. Bleib hier und halte dich zu meinen Knechten
und Mägden. 9 Geh hier auf dem Feld hinter ihnen her.
Ich habe meinen Leuten befohlen, dich nicht zu hin-
dern. Und wenn du Durst hast, geh zu den Krügen und
trink von dem Wasser, das meine Leute sich dort schöp-
fen.« 10 Rut warf sich vor ihm zu Boden und fragte:
»Wie kommt es, dass du so freundlich zu mir bist? Ich
bin doch eine Fremde.« 11 Boas antwortete: »Ich weiß,
was du seit dem Tod deines Mannes für deine Schwie-
germutter getan hast; es wurde mir alles erzählt. Du
hast deinen Vater und deine Mutter und deine Heimat
verlassen und bist mit ihr zu einem Volk gegangen,
das du vorher nicht kanntest. 12 Der HERR vergelte dir,
was du getan hast, und belohne dich reich dafür – der
Gott Israels, zu dem du gekommen bist, um Schutz zu
finden unter seinen Flügeln!« 13 »Du bist so freundlich
zu mir!«, erwiderte Rut. »Du hast mich getröstet und
mir Mut gemacht, obwohl ich noch viel geringer bin
als eine deiner Mägde.« 14 Zur Essenszeit sagte Boas
zu Rut: »Komm zu uns, iss von dem Brot und tunke es
in den Most!« So setzte sie sich zu den Knechten und
Mägden, und Boas gab ihr so reichlich geröstete Ge-
treidekörner, dass sie sogar noch davon übrig behielt.
15 Als sie aufstand, um wieder Ähren zu sammeln, wies
er seine Leute an: »Lasst sie auch zwischen den Garben
sammeln und treibt sie nicht weg! 16 Lasst absichtlich
Ähren aus den Garben fallen, damit sie sie auflesen
kann, und sagt ihr kein unfreundliches Wort!«

RUTS SCHWIEGERMUTTER ERKENNT GOTTES FÜGUNG

17 So sammelte Rut bis zum Abend und klopfte dann
ihre Ähren aus. Sie hatte etwa 17 Kilo Gerste zusam-
mengebracht. 18 Sie trug alles in die Stadt und brachte
es ihrer Schwiegermutter, und sie gab ihr auch, was
von den gerösteten Körnern übrig geblieben war.
19 Noomi fragte sie: »Wo hast du heute Ähren gesam-
melt? Auf wessen Feld bist du gewesen? Gott segne
den, der dir das erlaubt hat!« »Der Mann, auf dessen

Feld ich heute war«, antwortete Rut, »hieß Boas.«
20 Da sagte Noomi zu ihr: »Der HERR segne ihn! Jetzt
sehe ich, dass der HERR uns nicht im Stich gelassen hat,
uns Lebende nicht und nicht unsere Toten. Du musst
wissen«, fuhr sie fort, »Boas ist mit uns verwandt. Er
ist einer von den Lösern, die uns nach dem Gesetz
beistehen müssen.« 21 Rut, die Moabiterin, erzählte:
»Er hat zu mir gesagt, ich soll mich zu seinen Leuten
halten, bis sie die ganze Ernte eingebracht haben.«
22 Noomi sagte: »Es ist gut, meine Tochter, wenn du mit
den Leuten von Boas gehst. Auf einem anderen Feld
werden sie vielleicht nicht so freundlich zu dir sein.«
23 Während der ganzen Gerstenernte und auch noch
der Weizenernte hielt sich Rut zu den Leuten von Boas
und las Ähren auf. Als die Ernte vorbei war, blieb sie
auch tagsüber bei ihrer Schwiegermutter.

RUT WAGT EINE BITTE

3 Eines Tages sagte Noomi zu Rut: »Meine Tochter,
ich möchte, dass du wieder einen Mann und eine
Heimat bekommst. 2 Du weißt, dass Boas, mit dessen
Leuten du auf dem Feld warst, mit uns verwandt ist.
Er arbeitet heute Abend mit der Worfschaufel auf der
Tenne, um die Spreu von der Gerste zu trennen. 3 Bade
und salbe dich, zieh deine besten Kleider an und geh
zur Tenne. Sieh zu, dass er dich nicht bemerkt, bevor
er mit Essen und Trinken fertig ist. 4 Pass gut auf, wo
er sich hinlegt, und wenn er schläft, schlüpfe unter
seine Decke und lege dich neben ihn. Er wird dir dann
schon sagen, was du tun sollst.« 5 »Ich werde alles
so machen, wie du gesagt hast«, antwortete Rut.
6 Dann ging sie zur Tenne und verfuhr genau nach den
Anweisungen ihrer Schwiegermutter. 7 Als Boas ge-
gessen und getrunken hatte, legte er sich gut gelaunt
und zufrieden am Rand des Getreidehaufens schlafen.
Leise ging Rut zu ihm hin, schlüpfte unter die Decke
und legte sich neben ihn. 8 Um Mitternacht schrak
Boas auf und tastete um sich. An ihn geschmiegt lag –
eine Frau. 9 »Wer bist du?«, fragte er und bekam die
Antwort: »Ich bin Rut, deine Sklavin! Breite deinen Ge-
wandsaum über mich und nimm mich zur Frau; du bist
doch der Löser!« 10 Boas erwiderte: »Der HERR segne
dich! Was du jetzt getan hast, zeigt noch mehr als al-
les bisher, wie treu du zur Familie deiner Schwieger-
mutter hältst. Du hättest ja auch den jungen Männern
nachlaufen können und jeden bekommen, ob arm oder
reich. 11 Nun, meine Tochter, sei unbesorgt! Ich werde
tun, worum du mich gebeten hast. Jeder in der Stadt
weiß, dass du eine tüchtige Frau bist. 12 Doch da ist
noch ein Punkt: Es stimmt zwar, dass ich ein Löser bin
und dir helfen muss; aber es gibt noch einen zweiten,
der den Vortritt hat, weil er näher verwandt ist als ich.
13 Bleib die Nacht über hier! Morgen früh werde ich ihn
vor die Wahl stellen, ob er der Verpflichtung nachkom-
men will oder nicht. Wenn nicht, werde ich es tun. Das
verspreche ich dir, so gewiss der HERR lebt. Bleib jetzt
liegen bis zum Morgen!« 14 Rut blieb neben ihm liegen;
aber in aller Frühe, noch bevor ein Mensch den an-
dern erkennen konnte, stand sie auf. Denn Boas sagte:
»Es darf nicht bekannt werden, dass eine Frau auf der
Tenne war.« 15 Dann sagte er noch zu ihr: »Nimm dein
Umschlagtuch ab und halte es auf!« Er füllte einen
halben Zentner Gerste hinein und hob ihr die Last auf
die Schulter. Dann ging er in die Stadt. 16 Als Rut nach
Hause kam, fragte ihre Schwiegermutter: »Wie ist es
dir ergangen, meine Tochter?« Rut erzählte alles, was
Boas für sie getan und zu ihr gesagt hatte. 17 »Und diese
ganze Menge Gerste hat er mir mitgegeben«, fügte sie
hinzu. »Er sagte: ›Du darfst nicht mit leeren Händen
zu deiner Schwiegermutter kommen.‹« 18 Noomi ant-
wortete: »Bleib nun hier, meine Tochter, und warte ab,
wie die Sache ausgeht. Der Mann wird nicht ruhen, bis
er sie noch heute geordnet hat.«

DURCH RUT ERLEBT IHRE SCHWIEGERMUTTER NEUES GLÜCK

4 Boas war inzwischen zum Versammlungsplatz
am Stadttor gegangen und hatte sich dort hin-
gesetzt. Da ging gerade der andere Löser, von dem
Boas gesprochen hatte, vorbei. Boas rief ihm zu:
»Komm hierher und setz dich«, und der Mann tat es.
2 Dann holte Boas zehn Männer, die zu den Ältesten
der Stadt gehörten, und sagte zu ihnen: »Setzt euch
hierher zu uns!« Als sie sich gesetzt hatten, 3 sagte er
zu dem anderen Löser: »Du weißt, dass Noomi aus
dem Land Moab zurückgekehrt ist. Sie bietet den
Landanteil zum Verkauf an, der unserem Verwandten
Elimelech gehört hat. 4 Ich wollte dir das sagen und
dir den Vorschlag machen: Erwirb den Landanteil Eli-
melechs in Gegenwart der hier sitzenden Männer und
in Gegenwart der Ältesten meines Volkes! Sag, ob du
deiner Verpflichtung nachkommen und von deinem
Recht als Löser Gebrauch machen willst oder nicht.
Ich will es wissen, denn du bist als Erster an der Reihe
und nach dir komme ich.« Der andere antwortete: »Ich
mache das!« 5 Boas fuhr fort: »Wenn du von Noomi
das Feld Elimelechs übernimmst, musst du zugleich
die Verpflichtung übernehmen, für die Moabiterin Rut
zu sorgen und anstelle ihres verstorbenen Mannes
einen Sohn zu zeugen. Dem wird später das Feld zu-
fallen, damit der Name des Verstorbenen auf dessen
Erbbesitz weiterlebt.« 6 »Wenn es so ist, verzichte
ich«, sagte der andere. »Ich schädige sonst meinen
eigenen Erbbesitz. Ich trete dir mein Recht als Löser
ab. Ich kann es nicht wahrnehmen.« 7-8 Dann zog er
seinen Schuh aus und gab ihn Boas mit den Worten:
»Erwirb du das Feld!« Mit diesem Zeichen bestätigte
man früher in Israel bei Geschäftsabschlüssen den
Wechsel des Besitzrechtes an Grund und Boden. 9 Boas
wandte sich an die Ältesten und die anderen anwesen-
den Männer und sagte: »Ihr seid heute Zeugen, dass
ich von Noomi alles erworben habe, was Elimelech und
seinen Söhnen Kiljon und Machlon gehörte. 10 Ich habe
damit auch die Moabiterin Rut, die Witwe Machlons,
als Frau erworben und die Verpflichtung übernommen,
an Machlons Stelle einen Sohn zu zeugen, dem sein
Erbbesitz gehören wird. Machlons Name soll in seiner
Sippe nicht vergessen werden, und seine Familie soll

in dieser Stadt und in Israel bestehen bleiben. Ihr habt meine Erklärung gehört und seid dafür Zeugen.« 11 Die Ältesten und alle Männer auf dem Platz am Tor sagten: »Wir sind dafür Zeugen! Der HERR mache die Frau, die in dein Haus kommt, kinderreich wie Rahel und Lea, die zusammen das Haus Israel groß gemacht haben. Mögest du in der Sippe Efrat zu Reichtum und Einfluss gelangen und möge dein Name berühmt werden in Betlehem. 12 Durch die Nachkommen, die der HERR dir durch diese Frau geben wird, soll deine Familie so bedeutend werden wie die Familie von Perez, dem Sohn von Tamar und Juda.«

RUT WIRD ZUR URGROSSMUTTER KÖNIG DAVIDS

13 So nahm Boas Rut zur Frau. Der HERR ließ sie schwanger werden und sie gebar einen Sohn. 14 Da sagten die Frauen zu Noomi: »Der HERR sei gepriesen! Er hat dir heute in diesem Kind einen Löser geschenkt. Möge der Name des Kindes berühmt werden in Israel! 15 Es wird dir neuen Lebensmut geben und wird im Alter für dich sorgen. Denn es ist ja der Sohn deiner Schwiegertochter, die in Liebe zu dir hält. Wahrhaftig, an ihr hast du mehr als an sieben Söhnen!« 16 Noomi nahm das Kind auf ihren Schoß und wurde seine Pflegemutter. 17 Ihre Nachbarinnen kamen, um ihm einen Namen zu geben, denn sie sagten: »Noomi ist ein Sohn geboren worden!« Und sie gaben ihm den Namen Obed. Obed wurde der Vater Isais, Isai der Vater des Königs David. 18 Dies ist die Liste der Nachkommen von Perez: Perez zeugte Hezron, 19 Hezron zeugte Ram, Ram zeugte Amminadab, 20 Amminadab zeugte Nachschon, Nachschon zeugte Salmon, 21 Salmon zeugte Boas, Boas zeugte Obed, 22 Obed zeugte Isai und Isai zeugte David.

DAS ERSTE BUCH **SAMUEL**

EINE FRAU BITTET GOTT UM EINEN SOHN

1 In Ramatajim im Gebiet der Sippe Zuf im Bergland von Efraïm lebte ein Mann namens Elkana. Sein Vater hieß Jeroham, sein Großvater Elihu und sein Urgroßvater Tohu; der war ein Sohn des Efraïmiters Zuf. 2 Elkana hatte zwei Frauen, Hanna und Peninna. Peninna hatte Kinder, aber Hanna war kinderlos. 3 Elkana ging einmal in jedem Jahr mit seiner Familie nach Schilo, um zum HERRN, dem Herrscher der Welt, zu beten und ihm ein Opfer darzubringen. In Schilo versahen Hofni und Pinhas, die beiden Söhne von Eli, den Priesterdienst. 4 Beim Opfermahl gab Elkana seiner Frau Peninna und allen ihren Söhnen und Töchtern je einen Anteil vom Opferfleisch; 5 Hanna aber bekam ein Extrastück, denn er liebte sie, obwohl der HERR ihr Kinder versagt hatte. 6 Darauf begann Peninna regelmäßig zu sticheln und suchte Hanna wegen ihrer Kinderlosigkeit zu kränken. 7 Das wiederholte sich jedes Jahr, wenn sie zum Heiligtum des HERRN gingen: Peninna kränkte Hanna so sehr, dass sie weinte und nichts essen konnte. 8 Elkana fragte sie dann: »Hanna, warum weinst du? Warum isst du nichts? Was bedrückt dich? Hast du an mir nicht mehr als an zehn Söhnen?« 9 Wieder einmal war es so geschehen. Als sie gegessen und getrunken hatten, stand Hanna auf und ging zum Eingang des Heiligtums. Neben der Tür saß der Priester Eli auf seinem Stuhl. 10 Hanna war ganz verzweifelt. Unter Tränen betete sie zum HERRN und machte ein Gelübde. Sie sagte: 11 »HERR, du Herrscher der Welt, sieh doch meine Schande und hilf mir! Vergiss mich nicht und schenk mir einen Sohn! Ich verspreche dir dafür, dass er dir sein ganzes Leben lang gehören soll; und sein Haar soll niemals geschnitten werden.«

GOTT HÖRT HANNAS GEBET

12 Hanna betete lange und Eli beobachtete sie. Er sah, wie sie die Lippen bewegte; 13 aber weil sie still für sich betete, konnte er nichts hören. Darum hielt er sie für betrunken. 14 »Wie lange willst du dich hier so aufführen?«, fuhr er sie an. »Schlaf erst einmal deinen Rausch aus!« 15 »Nein, Herr«, erwiderte Hanna, »ich habe nichts getrunken; ich bin nur unglücklich und habe dem HERRN mein Herz ausgeschüttet. 16 Denk nicht so schlecht von mir! Ich habe großen Kummer, ich bin ganz verzweifelt. Deshalb habe ich hier so lange gebetet.« 17 »Geh in Frieden«, sagte Eli zu ihr, »der Gott Israels wird deine Bitte erfüllen.« 18 Hanna verabschiedete sich und ging weg. Sie aß wieder und war nicht mehr traurig. 19 Am nächsten Morgen standen Elkana und seine Familie früh auf, beteten noch einmal im Heiligtum des HERRN und kehrten dann heim nach Rama. Als Elkana das nächste Mal mit Hanna schlief, erhörte der HERR ihr Gebet. 20 Sie wurde schwanger und gebar einen Sohn. Sie sagte: »Ich habe ihn vom HERRN erbeten«, und nannte ihn deshalb Samuel.

DAS KIND GEHÖRT GOTT

21 Im nächsten Jahr ging Elkana wieder mit seiner Familie nach Schilo. Er wollte dem HERRN das jährliche Opfer darbringen und dazu die besondere Opfergabe, die er ihm versprochen hatte. 22 Hanna ging diesmal nicht mit. Sie sagte zu ihrem Mann: »Sobald der Junge alt genug ist und ich ihn nicht mehr stillen muss, bringe ich ihn in das Heiligtum des HERRN. Dann soll er für immer dort bleiben.« 23 Elkana sagte zu ihr: »Tu, was du für richtig hältst! Bleib zu Hause, bis du ihn entwöhnt hast. Möge der HERR dann auch wahr machen, was er diesem Kind zugesagt hat!« So blieb Hanna daheim und versorgte ihren Sohn. 24 Als sie Samuel entwöhnt hatte, brachte sie ihn zum Heiligtum des HERRN nach Schilo. Das Kind war noch sehr klein. Seine Mutter nahm auch einen dreijährigen Stier, einen kleinen Sack Weizenmehl und einen Krug Wein mit. 25 Nachdem

die Eltern den Stier geschlachtet hatten, brachten sie den Jungen zu Eli. 26 »Verzeihung, mein Herr«, sagte Hanna, »so gewiss du lebst: Ich bin die Frau, die einmal an dieser Stelle stand und betete. 27 Hier ist das Kind, um das ich damals Gott angefleht habe; er hat mein Gebet erhört. 28 Auch ich will nun mein Versprechen erfüllen: Das Kind soll für sein ganzes Leben dem HERRN gehören.« Und alle warfen sich zum Gebet vor dem HERRN nieder.

HANNA PREIST GOTT

2 Hanna betete: // »Mein Herz jubelt über den HERRN, / er hat mich wieder aufgerichtet und mich gestärkt! / Jetzt kann ich über meine Feinde lachen. / Ich bin voller Freude, weil er mir geholfen hat. // 2 Der HERR allein ist heilig; / es gibt keinen Gott außer ihm. / Auf nichts ist so felsenfest Verlass / wie auf ihn, unseren Gott. / 3 Tut nicht so groß! / Spielt euch nicht so auf! / Prahlt nicht so frech mit euren Plänen! / Der HERR ist ein Gott, der euer Treiben kennt; / er prüft alle eure Taten. / 4 Starken Männern zerbricht er die Waffen; / Schwachen und Entmutigten gibt er neue Kraft. / 5 Reiche müssen auf einmal ihr Brot mit eigener Hand verdienen; / Arme müssen nicht mehr hungern und können feiern. / Die Frau, die kinderlos war, bringt sieben Kinder zur Welt, / doch die Kinderreiche behält nicht eines. // 6 Der HERR tötet und macht lebendig, / er verbannt in die Totenwelt / und er ruft aus dem Tod ins Leben zurück. / 7 Er macht arm und er macht reich, / er bringt die einen zu Fall / und andere erhöht er. / 8 Die Armen holt er aus der Not, / die Hilflosen heraus aus ihrem Elend; / er lässt sie aufsteigen in den Kreis der Angesehenen / und gibt ihnen einen Ehrenplatz. / Denn die Grundpfeiler der Erde gehören dem HERRN; / auf ihnen hat er die Erde errichtet. // 9 Der HERR leitet und schützt alle, die ihm vertrauen; / aber seine Feinde enden in Finsternis, / denn kein Mensch erreicht etwas aus eigener Kraft. / 10 Alle, die mit dem HERRN streiten, gehen zugrunde; / er lässt im Himmel seinen Donner gegen sie grollen. / Der HERR hält Gericht über die ganze Erde. / Er hat seinen König erwählt und gesalbt, / darum gibt er ihm große Kraft.« //

MISSSTÄNDE AM HEILIGTUM

11 Elkana kehrte nach Rama in sein Haus zurück. Der junge Samuel blieb in Schilo unter der Aufsicht des Priesters Eli, um dem HERRN zu dienen. 12 Die eigenen Söhne von Eli missbrauchten ihr Priesteramt. Sie kümmerten sich nicht um den Willen des HERRN 13 und begnügten sich nicht mit dem, was den Priestern als Anteil am Opfer zusteht. Wenn jemand aus dem Volk ein Tier für das Opfermahl zubereitete und das Fleisch noch nicht einmal gar gekocht war, schickten sie ihren Gehilfen mit einer großen dreizinkigen Gabel. 14 Er stach damit in den Kessel, den Kochtopf, die Pfanne oder die Schüssel, und alles, was an ihr hängen blieb, bekam der Priester. So machten es die Söhne von Eli bei allen Israeliten, die nach Schilo kamen. 15 Sogar noch ehe die Fettstücke auf dem Altar verbrannt wurden, kam der Gehilfe des Priesters und sagte zu dem, der das Opfer darbringen wollte: »Gib mir ein Stück von dem Fleisch zum Braten; der Priester nimmt es von dir nur roh, nicht gekocht!« 16 Wenn der Mann einwandte: »Erst muss für den HERRN das Fett verbrannt werden; danach kannst du nehmen, was du willst«, sagte der Gehilfe: »Sofort gibst du es her, sonst nehme ich es mit Gewalt!« 17 Auf diese Weise luden die Söhne von Eli schwere Schuld auf sich. Sie beleidigten den HERRN, weil sie die Opfer nicht achteten, die ihm dargebracht wurden.

SAMUEL UND SEINE ELTERN

18 Unterdessen tat Samuel seinen Dienst vor dem HERRN. Obwohl er noch so jung war, trug er schon den leinenen Priesterschurz. 19 Seine Mutter machte ihm dazu jedes Jahr ein neues Obergewand und brachte es mit, wenn sie mit Elkana zum Opferfest kam. 20 Eli segnete jedes Mal Elkana und seine Frau Hanna. Zu Elkana sagte er: »Der HERR schenke dir durch diese Frau noch andere Kinder anstelle des einen, das sie vom HERRN erbeten hat und das er jetzt für sich beansprucht.« Danach kehrten sie nach Hause zurück. 21 Und der HERR war gut zu Hanna: Sie wurde noch mehrmals schwanger und bekam weitere drei Söhne und zwei Töchter. Samuel aber blieb im Heiligtum des HERRN und wuchs dort auf.

ELIS SÖHNE HÖREN NICHT AUF IHREN VATER

22 Eli war inzwischen sehr alt geworden. Als er erfuhr, was seine Söhne den Israeliten antaten und dass sie mit den Frauen schliefen, die am Eingang des Heiligen Zeltes Dienste verrichteten, 23 sagte er zu ihnen: »Warum tut ihr so etwas? Von allen Leuten höre ich nur Schlechtes über euch. 24 Ganz Israel spricht davon, wie schlimm ihr es treibt. Das muss aufhören! 25 Wenn jemand sich gegen Menschen vergeht, wird Gott ihn vielleicht noch in Schutz nehmen; aber wenn er sich gegen den HERRN versündigt, wer soll dann noch für ihn eintreten?« Doch die Söhne von Eli hörten nicht auf ihren Vater. Der HERR machte sie taub für alle Mahnungen; er war entschlossen, sie zu vernichten. 26 Samuel aber wuchs heran zu einem jungen Mann, an dem Gott und die Menschen Freude hatten.

ELI WIRD DIE STRAFE ANGEKÜNDIGT

27 Eines Tages kam ein Prophet zu Eli und sagte zu ihm: »So spricht der HERR: ›Denkst du nicht mehr daran, wie ich in Ägypten deinen Vorfahren erschienen bin, als sie noch Sklaven des Pharaos waren? 28 Aus allen Stämmen Israels habe ich sie mir zu Priestern ausgewählt. Ich habe sie dazu bestimmt, auf meinem Altar Opfer darzubringen, Weihrauch für mich zu verbrennen und im Priestergewand vor mich zu treten. Ich habe deiner Sippe das Recht auf einen Anteil an allen Opfern gegeben, die mir von den Israeliten dargebracht werden. 29 Warum behandelt ihr dann die Opfer, die mir auf meinen Befehl dargebracht werden,

mit solcher Missachtung? Du, Eli, achtest deine Söhne
mehr als mich und lässt zu, dass sie die besten Stücke
von dem, was mein Volk mir opfert, wegnehmen, da-
mit ihr euch daran mästen könnt. 30 Ich habe dir einst
zugesagt, dass deine Nachkommen für alle Zukunft
meine Priester sein sollen. Aber jetzt widerrufe ich
meine Zusage und erkläre: Wer mich ehrt, den ehre
ich auch; aber wer mich verachtet, den gebe ich der
Verachtung preis. Das sage ich, der HERR, der Gott
Israels. 31 Es dauert nicht mehr lange, dann werde ich
deine Macht und den Einfluss deiner Sippe zerschla-
gen, sodass es unter euch keinen alten, angesehenen
Menschen mehr gibt. 32 Während *du* in Not und Be-
drängnis bist, wirst du sehen, wie ich allen Israeliten
Glück und Wohlstand schenke; aber in deiner Familie
wird nie mehr jemand zu Alter und Ansehen kommen.
33 Ich werde zwar nicht jeden deiner Nachkommen
ausrotten, der mir als Priester dient, damit du nicht vor
Kummer und Schmerz vergehst; aber die allermeisten
von ihnen müssen im besten Mannesalter sterben.
34 Deine Söhne Hofni und Pinhas werden beide am
selben Tag sterben, und das wird für dich das Zeichen
sein, dass auch alles andere eintrifft. 35 Dann werde ich
einen Priester einsetzen, der mir treu bleibt und tut,
was mir gefällt. Er wird im Dienst des gesalbten Kö-
nigs stehen, den ich erwählen werde, und auch seine
Nachkommen sollen für alle Zukunft meine Priester
sein. 36 Wer dann von deiner Familie noch lebt, wird
zu ihm kommen und sich vor ihm niederwerfen, bloß
um ein einziges Silberstück oder einen Laib Brot zu be-
kommen. Er wird sich ihm als Priestergehilfe anbieten,
damit er wenigstens etwas zu essen hat.‹«

GOTT SPRICHT ZUM ERSTEN MAL MIT SAMUEL

3 Der junge Samuel half Eli beim Priesterdienst. In
jener Zeit kam es nur noch selten vor, dass der
HERR zu einem Menschen sprach und ihm etwas of-
fenbarte. 2 Eli war fast erblindet. Eines Nachts schlief er
an seinem gewohnten Platz 3 und auch Samuel schlief
im Heiligtum, ganz in der Nähe der Bundeslade. Die
Lampe im Heiligtum brannte noch. 4 Da rief der HERR:
»Samuel!« »Ja«, antwortete der Junge, 5 lief schnell
zu Eli und sagte: »Hier bin ich, du hast mich gerufen!«
»Nein«, sagte Eli, »ich habe nicht gerufen. Geh wie-
der schlafen!« Samuel ging und legte sich wieder hin.
6 Noch einmal rief der HERR: »Samuel!«, und wieder
stand der Junge auf, ging zu Eli und sagte: »Hier bin
ich, du hast mich gerufen!« Aber Eli wiederholte: »Ich
habe dich nicht gerufen, mein Junge, geh nur wieder
schlafen!« 7 Samuel wusste noch nicht, dass es der
HERR war; denn er hatte seine Stimme noch nie gehört.
8 Der HERR rief ihn zum dritten Mal und wieder stand
Samuel auf, ging zu Eli und sagte: »Hier bin ich, du hast
mich gerufen!« Da merkte Eli, dass es der HERR war,
der den Jungen rief, 9 und er sagte zu ihm: »Geh wie-
der schlafen, und wenn du noch einmal gerufen wirst,
dann antworte: ›Sprich, HERR, dein Diener hört!‹«
Samuel ging und legte sich wieder hin. 10 Da trat der
HERR zu ihm und rief wie zuvor: »Samuel! Samuel!«
Der Junge antwortete: »Sprich, dein Diener hört!« 11 Da
sagte der HERR zu Samuel: »Ich werde in Israel etwas
tun – die Ohren werden jedem wehtun, der davon hört.
12 Es wird alles eintreffen, was ich Eli und seiner Familie
angedroht habe. 13 Er wusste, dass seine Söhne mich
beleidigten, und doch hat er sie nicht daran gehin-
dert. Deshalb habe ich über seine Familie ein unwi-
derrufliches Urteil verhängt. Ich habe ihm das schon
lange angekündigt. 14 Es gibt kein Opfer, durch das
diese Schuld jemals gesühnt werden kann; das habe
ich geschworen.« 15 Samuel legte sich wieder hin. Am
Morgen öffnete er die Türen des Heiligtums. Er scheute
sich, Eli zu sagen, was der HERR ihm offenbart hatte.
16 Aber Eli rief ihn: »Samuel, komm her, mein Junge!«
»Hier bin ich«, antwortete Samuel. 17 Eli fragte: »Was
hat der HERR dir gesagt? Verschweige mir nichts! Seine
Strafe soll dich treffen, wenn du mir nicht alles berich-
test, was er dir gesagt hat!« 18 Da erzählte Samuel ihm
alles und verschwieg nichts. Eli aber sagte: »Er ist der
HERR! Er soll tun, was er für richtig hält.« 19 Samuel
wuchs heran. Der HERR stand ihm bei und ließ alle
Worte in Erfüllung gehen, die er durch Samuel sprach.
20 Ganz Israel von Dan bis Beerscheba erkannte,
dass der HERR ihn zu seinem Propheten bestimmt
hatte. 21 Auch weiterhin erschien ihm der HERR in
4 Schilo und gab ihm Weisungen. 1a In ganz Israel
hörte man auf Samuel.

GOTTES STRAFE IST UNABWENDBAR

1b Die Israeliten zogen in den Kampf gegen die Philis-
ter. Ihr eigenes Lager war bei Eben-Eser, das Lager der
Philister bei Afek. 2 Die Philister griffen an, und nach
einem langen und zähen Kampf gelang es ihnen, die
Israeliten zu schlagen. Von diesen wurden etwa 4000
Mann im Kampf getötet. 3 Als das Heer geschlagen ins
Lager zurückkam, fragten sich die Ältesten des Volkes:
»Warum hat der HERR das zugelassen? Warum konn-
ten uns die Philister heute besiegen?« Sie berieten sich
und beschlossen: »Wir wollen nach Schilo senden und
die Bundeslade ins Lager holen! Dann wird der HERR
mitten unter uns sein und uns gegen unsere Feinde
helfen.« 4 Sie schickten einige Männer nach Schilo, um
die Lade zu holen, auf der der HERR, der Herrscher der
Welt, unsichtbar über den Kerubim thront. Die Priester
Hofni und Pinhas, die Söhne von Eli, begleiteten die
Lade. 5 Als die Lade des HERRN ins Lager kam, brach
unter den Israeliten ein solcher Jubelsturm los, dass
davon die Erde dröhnte. 6 Der Lärm drang bis zu den
Philistern. »Was ist das für ein lauter Jubel im Lager der
Hebräer?«, fragten sie einander. Als sie erfuhren, dass
die Lade des HERRN im Lager Israels angekommen war,
7 bekamen sie Angst. »Jetzt sind wir verloren!«, sagten
sie. »Ihr Gott ist zu ihnen ins Lager gekommen. Das hat
es noch nie gegeben. 8 Wer kann uns vor solch einem
mächtigen Gott schützen? Das ist doch derselbe Gott,
der die Ägypter in der Wüste vernichtet hat!« 9 Aber
ihre Anführer riefen ihnen zu: »Jetzt gilt es! Seid mutig,
Philister, und kämpft wie Männer! Sonst werden die
Hebräer euch zur Fronarbeit zwingen, so wie ihr es

bisher mit ihnen gemacht habt. Zeigt, dass ihr Männer
seid, und kämpft!« 10 Es kam zur Schlacht und die Isra-
eliten erlitten eine schwere Niederlage. Das Heer löste
sich auf und jeder floh nach Hause. 30 000 israelitische
Männer blieben tot auf dem Schlachtfeld. 11 Auch Hofni
und Pinhas, die Söhne von Eli, fanden den Tod. Die Lade
Gottes aber nahmen die Philister als Beute mit.

DER SCHOCK ÜBER DEN VERLUST DER BUNDESLADE

12 Ein Mann aus dem Stamm Benjamin lief noch am
selben Tag vom Ort der Schlacht bis nach Schilo. Zum
Zeichen der Trauer hatte er seine Kleider zerrissen und
sich Erde auf den Kopf gestreut. 13-15 Eli, jetzt 98 Jahre
alt und so gut wie blind, saß eben auf seinem Stuhl und
horchte angespannt die Straße hinunter; er machte
sich Sorgen um die Lade Gottes. Als der Bote in die
Stadt kam und berichtete, was geschehen war, schrien
alle vor Entsetzen laut auf. »Was hat das zu bedeu-
ten?«, fragte Eli. Da war auch schon der Bote bei ihm
und sagte: 16 »Ich komme direkt aus der Schlacht, ich
bin den Feinden entronnen.« »Was ist geschehen?«,
fragte Eli, 17 und der Bote meldete: »Wir sind besiegt!
Unser Heer ist geflohen. Deine beiden Söhne, Hofni
und Pinhas, sind tot. Die Lade Gottes ist verloren!«
18 Als Eli vom Verlust der Lade hörte, fiel er rückwärts
von seinem Stuhl am Eingang des Heiligtums. Er
war so alt und schwer, dass er sich dabei das Genick
brach und starb. Vierzig Jahre lang war er der Richter
Israels gewesen. 19 Seine Schwiegertochter, die Frau
des Priesters Pinhas, erwartete ein Kind und stand
kurz vor der Entbindung. Als sie hörte, dass die Lade
Gottes eine Beute der Philister geworden war und dass
ihr Schwiegervater und ihr Mann den Tod gefunden
hatten, überfielen sie die Wehen. Sie brach zusam-
men und gebar ein Kind, 20 aber die Geburt kostete
sie das Leben. Während sie im Sterben lag, riefen ihr
die Frauen, die ihr beistanden, zu: »Freu dich, du hast
einen Sohn geboren!« Aber sie blieb teilnahmslos und
gab keine Antwort. 21 Den Jungen nannte sie Ikabod
(Fort ist die Herrlichkeit). Sie dachte dabei an den Ver-
lust der Bundeslade und an den Tod ihres Schwiegerva-
ters und ihres Mannes 22 und sagte: »Die Herrlichkeit
Gottes ist fort aus Israel! Die Lade Gottes ist verloren!«

DIE BUNDESLADE BRINGT DEN PHILISTERN KEIN GLÜCK

5 Die Philister brachten die Bundeslade, die sie er-
beutet hatten, von Eben-Eser nach Aschdod 2 in den
Tempel ihres Gottes Dagon und stellten sie neben des-
sen Standbild auf. 3 Als die Leute von Aschdod am nächs-
ten Morgen in den Tempel kamen, war das Standbild
Dagons umgestürzt und lag mit dem Gesicht zur Erde
vor der Lade des HERRN. Sie stellten es wieder an seinen
Platz; 4 doch auch am folgenden Morgen lag das Bild
Dagons vor der Lade des HERRN am Boden. Aber nur der
Rumpf war von Dagon übrig geblieben; sein Kopf und
die beiden Hände waren abgebrochen und lagen auf
der Türschwelle. 5 Deshalb treten die Priester Dagons
und alle Besucher des Tempels bis heute nicht auf diese
Schwelle. 6 Auch die Leute von Aschdod und den um-
liegenden Dörfern bekamen die Macht des HERRN zu
spüren. Er strafte sie mit schmerzhaften Beulen. 7 Da
sagten sie: »Die Lade des Gottes Israels muss fort! Seine
Hand lastet zu schwer auf uns und auch unseren Gott
Dagon trifft sie hart.« 8 Sie riefen alle Philisterfürsten
zusammen und fragten sie: »Was sollen wir mit der Lade
des Gottes Israels machen?« »Bringt sie nach Gat«,
rieten ihnen die versammelten Fürsten; und so wurde
die Lade dorthin gebracht. 9 Aber als sie dort war, ließ
der HERR auch die Leute von Gat seine Macht spüren. Er
plagte sie alle, Vornehme wie Geringe, mit schmerzhaf-
ten Beulen, sodass eine gewaltige Panik entstand. 10 Da
schickten sie die Lade Gottes weiter nach Ekron. Als sie
dort ankam, schrien die Leute auf: »Jetzt haben sie die
Lade des Gottes Israels zu uns gebracht! Sie wollen uns
noch alle umbringen!« 11 Sie riefen die Philisterfürsten
zusammen und forderten: »Schafft die Lade des Gottes
Israels fort! Schickt sie wieder hin, wo sie hergekom-
men ist, sonst wird sie uns und unsere Familien noch
umbringen.« In der Stadt herrschte Todesangst, denn
alle ihre Bewohner hatten unter der strafenden Macht
Gottes schwer zu leiden. 12 Auch wer mit dem Leben
davonkam, war mit Beulen bedeckt und die Menschen
schrien zum Himmel um Hilfe.

DIE HEIMKEHR DER BUNDESLADE

6 Die Bundeslade war nun schon sieben Monate
lang bei den Philistern. 2 Schließlich riefen sie
ihre Priester und Wahrsager zusammen und fragten
sie: »Was sollen wir mit der Lade des HERRN machen?
Können wir sie einfach zurückschicken oder was müs-
sen wir sonst noch tun?« 3 Sie erhielten den Bescheid:
»Auf keinen Fall dürft ihr die Lade ohne Geschenk zu-
rückschicken. Ihr müsst den Gott Israels durch eine
Opfergabe versöhnen. Dann werdet ihr wieder gesund
werden, und ihr wisst dann auch, warum er euch bis-
her so hart bestraft hat.« 4 »Was für eine Opfergabe
sollen wir ihm schicken?«, fragten sie und die Antwort
war: »Fünf goldene Beulen und fünf goldene Mäuse, je
eine für jede Philisterstadt. Denn alle fünf samt ihren
Königen hat dieselbe Plage getroffen. 5 Lasst eure Beu-
len und die Mäuse, die euer Land verwüsten, in Gold
nachbilden und schenkt sie dem Gott Israels zum Zei-
chen dafür, dass ihr seine Macht anerkennt. Vielleicht
wird er dann den schrecklichen Druck von euch und
eurem Land und von euren Göttern nehmen. 6 Seid
nicht so starrsinnig wie einst die Ägypter und ihr Pha-
rao! Als der HERR ihnen seine Macht zeigte, mussten sie
das Volk Israel ja doch freigeben und es ziehen lassen.
7 Schafft also einen neuen Wagen herbei und spannt
zwei säugende Kühe davor, die noch nie in ein Joch
gespannt worden sind. Die Kälber nehmt ihnen weg
und treibt sie zur übrigen Herde zurück. 8 Stellt die Lade
des HERRN auf den Wagen und daneben ein Kästchen
mit den goldenen Opfergaben, die ihr für ihn bestimmt
habt, und lasst die Lade ziehen, wohin sie will. 9 Dann
wird sich zeigen, woher dieses große Unglück über uns

gekommen ist. Nimmt die Lade den Weg in Richtung
Bet-Schemesch, auf ihr eigenes Land zu, so war es der
HERR, der uns diese Plage geschickt hat. Fährt sie in
eine andere Richtung, dann wissen wir wenigstens,
dass wir nicht vom HERRN bestraft worden sind, son-
dern die Plage uns nur zufällig getroffen hat.« 10 Und so
machten es die Leute: Sie nahmen zwei säugende Kühe,
spannten sie vor den Wagen und sperrten deren Kälber
daheim ein. 11 Dann stellten sie die Lade des HERRN auf
den Wagen und dazu das Kästchen mit den goldenen
Mäusen und den Nachbildungen ihrer Beulen. 12 Die
Kühe aber schlugen die Richtung nach Bet-Schemesch
ein; sie nahmen den kürzesten Weg und wichen weder
rechts noch links davon ab. Dabei brüllten sie immer-
fort. Die Fürsten der Philister folgten ihnen bis dort-
hin, wo das Gebiet von Bet-Schemesch beginnt. 13 Die
Leute von Bet-Schemesch waren gerade unten im Tal
bei der Weizenernte. Als sie von der Arbeit aufblickten,
sahen sie die Bundeslade herankommen. Ihre Freude
darüber war groß. 14 Der Wagen fuhr bis zum Feld von
Joschua und blieb neben einem Felsblock stehen. An
Ort und Stelle zerhackten die Leute von Bet-Schemesch
den Wagen zu Brennholz und opferten die Kühe dem
HERRN als Brandopfer. 15 Die Leviten hatten die Lade
des HERRN und das Kästchen mit den goldenen Opfer-
gaben vom Wagen genommen und stellten beides auf
den Felsblock; davor verbrannten die Leute von Bet-
Schemesch dem HERRN Brandopfer und schlachteten
Tiere für ein Opfermahl. 16 Die fünf Philisterfürsten be-
obachteten alles genau und kehrten noch am gleichen
Tag nach Ekron zurück. 17 Fünf goldene Beulen hatten
die Philister dem HERRN geschickt, um ihn zu versöh-
nen, je eine für die Städte Aschdod, Gaza, Aschkelon,
Gat und Ekron, 18 dazu noch eine größere Anzahl von
goldenen Mäusen, je eine für jede Ortschaft, die zum
Herrschaftsgebiet der fünf Fürsten gehörte, nicht nur
für die befestigten Städte, sondern auch für die Dörfer
auf dem offenen Land. Noch heute liegt der große Fels-
block, auf dem sie die Bundeslade abgestellt hatten, auf
dem Feld von Joschua aus Bet-Schemesch.

DIE BUNDESLADE KOMMT NACH KIRJAT-JEARIM

19 Der HERR aber bestrafte die Leute von Bet-Sche-
mesch, weil sie die Bundeslade nicht mit der gebüh-
renden Ehrfurcht angeschaut hatten; siebzig Männer
starben. Das ganze Volk trauerte, weil der HERR sie
so hart bestraft hatte, 20 und die Leute von Bet-Sche-
mesch sagten: »Wer kann es in der Nähe dieses hei-
ligen Gottes aushalten? Seine Lade muss hier weg,
aber wohin?« 21 Sie schickten Boten nach Kirjat-Jearim
und ließen den Leuten dort sagen: »Die Philister haben
die Lade des HERRN zurückgeschickt; kommt und holt
sie zu euch!«

7 Da kamen die Männer von Kirjat-Jearim und hol-
ten die Bundeslade. Sie brachten sie in das Haus
Abinadabs, das oberhalb der Stadt auf einer Anhöhe
steht. Seinen Sohn Eleasar weihten sie zum Wächter
der Lade.

DAS VOLK WENDET SICH GOTT WIEDER ZU UND WIRD GERETTET

2 Zwanzig Jahre waren vergangen, seit die Bundeslade
nach Kirjat-Jearim gekommen war. Allen Israeliten
tat es leid, dass sie vom HERRN abgefallen waren,
und sie trauerten darüber, dass er sie verlassen hatte.
3 Da sagte Samuel zu ihnen: »Wenn ihr wirklich zum
HERRN zurückkehren wollt, dann schafft die Bilder der
fremden Götter und Göttinnen fort! Setzt euer gan-
zes Vertrauen auf den HERRN und verehrt keinen Gott
außer ihm; dann wird er euch aus der Gewalt der Phi-
lister befreien.« 4 Die Israeliten hörten auf Samuel. Sie
beseitigten die Bilder der Götzen Baal und Astarte und
verehrten den HERRN allein. 5 Daraufhin rief Samuel
alle Männer Israels nach Mizpa. »Dort will ich zum
HERRN beten, dass er euch wieder hilft«, sagte er. 6 Sie
kamen alle, schöpften Wasser und gossen es vor dem
HERRN aus, fasteten den ganzen Tag und bekannten
dem HERRN ihre Schuld. Dort in Mizpa schlichtete
Samuel die Streitigkeiten unter den Israeliten und gab
ihnen seine Weisungen. 7 Als bei den Philistern bekannt
wurde, dass die Männer Israels sich in Mizpa versam-
melt hatten, rückten die fünf Philisterfürsten zu einem
Feldzug gegen Israel aus. Den Israeliten entfiel aller
Mut, als die Nachricht eintraf. 8 Sie bestürmten Samuel:
»Lass uns nicht im Stich! Hör nicht auf, zum HERRN,
unserem Gott, um Hilfe zu rufen, dass er uns gegen die
Philister beisteht und uns vor dem Untergang rettet.«
9 Samuel schlachtete ein Lamm und verbrannte es auf
dem Altar als Opfer für den HERRN. Dabei rief er zum
HERRN um Hilfe für Israel und der HERR erhörte sein
Gebet. 10 Während Samuel noch das Opfer verbrannte,
rückten schon die Philister zum Kampf gegen Israel
heran. Der HERR aber ließ es über den Philistern so
schrecklich donnern, dass sie in Panik gerieten und
flüchteten. 11 Da brachen die Männer Israels aus Mizpa
hervor, verfolgten sie bis hinter Bet-Kar und brachten
ihnen eine schwere Niederlage bei. 12 Samuel stellte
zwischen Mizpa und Jeschana ein Steinmal auf. »Bis
hierher hat uns der HERR geholfen«, sagte er. Deshalb
nannte er den Stein Eben-Eser (Stein der Hilfe). 13 Die
Philister waren so schwer gedemütigt worden, dass sie
es nicht mehr wagten, in das Gebiet Israels einzufallen.
Der HERR ließ sie nicht wieder hochkommen, solange
Samuel lebte. 14 Alle Städte zwischen Ekron und Gat,
die die Philister den Israeliten weggenommen hatten,
fielen mit dem ganzen zugehörigen Gebiet an Israel zu-
rück. Auch mit den Amoritern im Land lebten die Isra-
eliten in Frieden. 15 Sein ganzes Leben lang war Samuel
der Richter Israels. 16 Einmal im Jahr besuchte er reihum
die Heiligtümer in Bet-El, Gilgal und Mizpa, um dort
Recht zu sprechen und Streitfälle zu schlichten. 17 Die
übrige Zeit wirkte er als Richter in seiner Heimatstadt
Rama. Dort baute er auch einen Altar für den HERRN.

SAMUEL WARNT VOR EINEM KÖNIG

8 Als Samuel alt wurde, setzte er seine Söhne als
Richter über die Israeliten ein. 2 Der ältere hieß
Joël, der jüngere Abija. Sie übten ihr Richteramt in

Beerscheba aus. 3 Doch sie folgten nicht dem Vorbild ihres Vaters, sondern suchten sich zu bereichern. Sie ließen sich durch Bestechung in ihrem Urteil beeinflussen. 4 Da kamen alle Ältesten Israels zusammen und gingen zu Samuel nach Rama. 5 Sie sagten zu ihm: »Du bist alt geworden und deine Söhne folgen nicht deinem Beispiel. Setze deshalb einen König über uns ein, der bei uns für Recht sorgt, wie es bei allen Völkern üblich ist!« 6 Samuel war nicht damit einverstanden, dass sie einen König haben wollten. Er wandte sich an den HERRN, 7 aber der antwortete ihm: »Erfülle ihnen nur ihren Wunsch! Nicht dich lehnen sie ab, sondern mich. Ich soll nicht länger ihr König sein! 8 Seit ich sie aus Ägypten herausgeführt habe, sind sie mir immer wieder untreu geworden und haben sich anderen Göttern zugewandt. Das ist bis heute so geblieben. Jetzt ergeht es dir ebenso. 9 Tu ihnen den Willen! Aber sage ihnen zuvor in aller Deutlichkeit, was der König, der über sie herrschen wird, für Rechte hat und was er mit ihnen tun kann.«
10 Samuel sagte dem Volk, das einen König von ihm verlangte, alles, was der HERR ihm aufgetragen hatte. 11 Er sagte: »Ihr müsst euch im Klaren darüber sein, welche Rechte ein König für sich in Anspruch nehmen wird. Er wird eure Söhne in seinen Dienst holen, damit sie für seine Pferde und Wagen sorgen und vor ihm herlaufen, wenn er ausfährt. 12 Einen Teil wird er zu Hauptleuten und Obersten machen, andere müssen seine Felder bestellen und abernten, wieder andere Waffen und Streitwagen herstellen. 13 Auch eure Töchter wird er an seinen Hof holen, damit sie für ihn kochen und backen und ihm Salben bereiten. 14 Die besten Felder, Weinberge und Ölbaumpflanzungen wird er euch wegnehmen und seinen Beamten geben. 15 Von dem Ertrag eurer Felder und Weinberge wird er den zehnten Teil eintreiben und damit seine Hofleute und Diener bezahlen. 16-17 Auch von euren Schafen und Ziegen wird er den zehnten Teil für sich nehmen. Eure Knechte und Mägde, eure besten jungen Leute und auch eure Esel wird er für sich arbeiten lassen. Ihr alle werdet seine Sklaven sein! 18 Wenn es so weit ist, würdet ihr den König, den ihr jetzt verlangt, gerne wieder loswerden. Dann werdet ihr zum HERRN schreien, aber er wird euch nicht helfen.« 19 Doch das Volk wollte nicht auf Samuel hören. Alle riefen: »Nein, wir wollen einen König! 20 Es soll bei uns genauso sein wie bei den anderen Völkern! Ein König soll uns Recht sprechen und uns im Krieg anführen!« 21 Samuel hörte sich alles an und berichtete es dem HERRN. 22 Der HERR antwortete ihm: »Gib ihrer Forderung nach und setze einen König über sie ein!« Dann schickte Samuel die Männer Israels wieder nach Hause.

DER JUNGE SAUL SUCHT ENTLAUFENE ESELINNEN

9 Im Gebiet des Stammes Benjamin lebte ein wohlhabender und angesehener Mann namens Kisch. Sein Vater hieß Abiël, seine weiteren Vorfahren waren Zeror, Bechorat und Afiach. 2 Kisch hatte einen Sohn namens Saul. Der war jung und stattlich, schöner und einen Kopf größer als alle anderen jungen Männer in Israel. 3 Einmal waren Sauls Vater die Eselinnen weggelaufen. Da sagte er zu seinem Sohn: »Nimm einen Knecht mit und suche sie!« 4 Die beiden durchstreiften das Bergland von Efraïm und fanden sie nicht. Sie suchten in der Gegend von Schalischa – ohne Erfolg, dann in der Gegend von Schaalim – vergeblich; sie durchzogen das Gebiet von Jemini – nirgends eine Spur. 5 Als sie in die Gegend von Zuf kamen, sagte Saul zu seinem Knecht: »Wir kehren lieber um! Sonst macht sich mein Vater um uns noch mehr Sorgen als um die Eselinnen.«
6 Doch der Knecht erwiderte: »In der Stadt da drüben lebt ein angesehener Gottesmann. Alles, was er voraussagt, trifft ein. Wir wollen zu ihm gehen, vielleicht kann er uns weiterhelfen.« 7 »Aber wenn wir hingehen, was sollen wir ihm dann mitbringen?«, fragte Saul. »Unsere Beutel sind leer, das Brot ist aufgegessen; und sonst haben wir nichts.« 8 Der Knecht sagte: »Ich habe noch ein kleines Silberstück bei mir, das will ich ihm geben, damit er uns sagt, was wir tun sollen.« 9-11 »Gut«, sagte Saul, »gehen wir!«, und sie machten sich auf den Weg zum Gottesmann in die Stadt. Als sie die Straße zur Stadt hinaufgingen, begegneten ihnen einige Mädchen, die Wasser holen wollten. Sie fragten die Mädchen: »Ist der Seher in der Stadt?« – Zu jener Zeit nannte man die Propheten noch ›Seher‹. Wenn die Leute eine Antwort von Gott haben wollten, sagten sie: »Kommt, wir gehen zum Seher!« – 12 Die Mädchen antworteten: »Ja, er ist in der Stadt. Gerade heute ist er gekommen, weil das Volk auf der Höhe über der Stadt ein Opferfest feiert. Beeilt euch, 13 dann trefft ihr ihn noch, bevor er zum Opfermahl hinaufgeht. Alle warten auf ihn; erst wenn er das Opfer gesegnet hat, dürfen die Festteilnehmer davon essen. Geht schnell, jetzt trefft ihr ihn gerade noch!«

SAUL WIRD WIE EIN KÖNIG EMPFANGEN

14 Die beiden gingen weiter zur Stadt hinauf. Als sie durchs Tor eintraten, kam ihnen Samuel entgegen. Er wollte gerade die Stadt verlassen und zur Opferstätte hinaufgehen. 15 Der HERR hatte ihn am Tag vorher auf die Begegnung mit Saul vorbereitet und zu ihm gesagt: 16 »Morgen um diese Zeit werde ich einen Mann aus dem Stamm Benjamin zu dir senden. Den sollst du zum Anführer meines Volkes Israel salben. Er soll es aus der Gewalt der Philister befreien. Ich habe den Hilferuf der Israeliten gehört und will ihnen helfen.« 17 Als nun Samuel Saul erblickte, sagte der HERR zu ihm: »Das ist der Mann, von dem ich gesprochen habe. Er soll mein Volk regieren.« 18 Gerade im Stadttor begegneten sie sich. Saul wandte sich an Samuel und fragte ihn: »Kannst du mir sagen, wo der Seher wohnt?« 19 Samuel antwortete: »Ich bin es selbst. Kommt mit mir auf die Höhe! Ihr seid heute meine Gäste. Morgen früh darfst du weiterziehen; dann beantworte ich dir alle deine Fragen. 20 Mach dir keine Gedanken wegen der Eselinnen, die dir vor drei Tagen weggelaufen sind; sie sind gefunden. Aber es gibt Wichtigeres: Ganz Israel setzt seine Hoffnung auf dich und deine Familie!« 21 »Wie kannst du so etwas sagen?«, erwiderte Saul. »Ich gehöre doch zum Stamm Benjamin, dem

kleinsten aller Stämme in Israel, und meine Sippe ist die
unbedeutendste im ganzen Stamm!« 22 Samuel brachte
Saul und seinen Begleiter in die Halle des Heiligtums
und setzte sie an die Ehrenplätze der Tafel. Etwa drei-
ßig Gäste waren geladen. 23 Dann befahl er dem Koch:
»Bring das Stück her, das ich zurücklegen ließ!« 24 Der
Koch brachte eine Keule. Er legte sie Saul vor und sagte:
»Lass es dir schmecken! Es ist für dich zurückgelegt
worden, damit du sagen kannst: ›Alle diese Geladenen
waren meine Gäste!‹« Nachdem sie miteinander ge-
gessen hatten, 25 ging Samuel mit Saul wieder zur Stadt
hinunter. Er sprach noch länger mit ihm auf dem fla-
chen Dach des Hauses. 26 Dort legte Saul sich schlafen.
Früh am nächsten Morgen rief Samuel zu ihm auf das
Dach hinauf: »Steh auf, ich will dich ein Stück beglei-
ten!« Saul stand auf und sie machten sich gemeinsam
auf den Weg. 27 Als sie an die Grenze der Stadt kamen,
sagte Samuel zu ihm: »Bleib noch einen Augenblick
hier und schick deinen Knecht voraus. Ich habe dir eine
Botschaft von Gott zu sagen.« Der Knecht ging voraus.

GOTTES GEIST ERGREIFT BESITZ VON SAUL

10 Samuel hatte ein Gefäß mit Öl bei sich. Er goss
das Öl Saul auf den Kopf, küsste ihn und sagte:
»Hiermit hat der HERR dich zum Anführer seines Volkes
Israel gesalbt.« 2 Weiter sagte Samuel: »Wenn du jetzt
weggehst, wirst du am Grab Rahels bei Zelzach im Ge-
biet des Stammes Benjamin zwei Männer treffen. Sie
werden zu dir sagen: ›Die Eselinnen, die du suchen
gegangen bist, sind gefunden worden. Dein Vater sorgt
sich jetzt nicht mehr um sie, sondern um dich, und fragt
sich, was er euretwegen unternehmen muss.‹ 3 Wenn
du dann weitereilst und zur Eiche von Tabor kommst,
werden dir drei Männer begegnen, die nach Bet-El zum
Heiligtum gehen. Der eine trägt drei Böckchen, der an-
dere drei Brotlaibe und der dritte einen Krug mit Wein.
4 Sie werden dich freundlich grüßen und dir zwei von
den Broten geben. Nimm sie an! 5 Dann wirst du nach
Gibeat-Elohim kommen, wo die Philister ihre Posten
aufgestellt haben. Vor der Stadt wirst du einer Gruppe
von Propheten begegnen, die von der Opferstätte auf
der Anhöhe herabkommen. Vor ihnen her werden Mu-
sikanten gehen, die auf Harfen, Handpauken, Flöten
und Zithern spielen, und die Propheten werden dazu
in ekstatischer Begeisterung tanzen und singen. 6 Dann
wird der Geist des HERRN auf dich kommen und ihre
Begeisterung wird auch dich erfassen. Von da an wirst
du wie umgewandelt sein. 7 Diese Zeichen sollen dir
eine Bestätigung sein. Wenn sie eintreffen, dann be-
sinn dich nicht lange. Pack die Aufgaben an, die sich dir
stellen! Gott wird dir beistehen.« 8 Samuel fügte hinzu:
»Geh mir voraus nach Gilgal und warte sieben Tage
auf mich. Ich werde dorthin kommen und dem HERRN
Opfer darbringen. Dann will ich dich wissen lassen, was
du tun sollst.« 9 Als Saul von Samuel wegging, machte
Gott ihn zu einem neuen Menschen. Alle Zeichen, die
Samuel vorhergesagt hatte, trafen der Reihe nach ein.
10 Schließlich kamen Saul und sein Knecht nach Gi-
bea, wo ihnen tatsächlich eine Gruppe von Propheten
begegnete. Der Geist Gottes nahm Besitz von Saul und
die ekstatische Begeisterung der Propheten erfasste
auch ihn. 11 Als seine Bekannten das sahen, fragten
sie einander: »Was ist denn mit dem Sohn von Kisch
geschehen? Wie kommt Saul unter die Propheten?«
12 Einer der Umstehenden meinte: »Von denen kennt
man ja nicht einmal den Vater!« So entstand die Re-
densart: »Ist auch Saul unter die Propheten geraten?«
13 Als die ekstatische Begeisterung vorüber war, ging
Saul zur Opferstätte hinauf. 14 Sein Onkel sah ihn und
den Knecht und fragte sie: »Wo seid ihr gewesen?«
»Wir haben die Eselinnen gesucht«, antwortete Saul,
»und als wir sie nicht finden konnten, gingen wir zu
Samuel.« 15 »Was hat er euch denn gesagt?«, wollte
der Onkel wissen. 16 »Dass die Eselinnen gefunden
sind«, erwiderte Saul. Aber dass Samuel ihm gesagt
hatte, er würde König werden, erzählte er ihm nicht.

SAUL WIRD KÖNIG ÜBER ISRAEL

17 Samuel berief eine Volksversammlung ein. Alle Män-
ner von Israel kamen nach Mizpa zum Heiligtum des
HERRN. 18 Dort sagte er zu ihnen: »Der HERR, der Gott
Israels, hat euch aus Ägypten herausgeführt, er hat
euch aus der Gewalt der Ägypter und aller anderen
Feinde befreit 19 und euch aus aller Not und Bedrängnis
gerettet. Ihr aber habt euch heute von ihm losgesagt
und habt verlangt, dass ich einen König über euch
einsetze. Ihr sollt euren Willen haben. Ordnet euch
nach Stämmen und Sippen und stellt euch hier vor
dem HERRN auf!« 20 Samuel ließ die Oberhäupter der
einzelnen Stämme vortreten und befragte den HERRN
durch das Los. Das Los fiel auf den Stamm Benjamin.
21 Dann ließ er die Sippenoberhäupter des Stammes
Benjamin vortreten. Das Los fiel auf die Sippe Matri
und unter den Männern dieser Sippe fiel es auf Saul,
den Sohn von Kisch. Doch als sie Saul nach vorn ho-
len wollten, war er nirgends zu finden. 22 Sie fragten
den HERRN: »Sind vielleicht nicht alle vorgetreten?«
Der HERR antwortete: »Sucht ihn, er hat sich im Lager
versteckt!« 23 Sie liefen hin und holten ihn. Als er in
ihrer Mitte stand, sah man: Er war einen Kopf größer
als alle. 24 Samuel sagte zum Volk: »Hier ist der Mann,
den der HERR ausgewählt hat! Seht ihn euch an! Keiner
im ganzen Volk ist wie er.« Da riefen alle: »Lang lebe
der König!« 25 Samuel machte dem Volk die Rechte des
Königs bekannt. Er schrieb sie auf und verwahrte die
Urkunde im Heiligtum des HERRN. Dann löste er die
Versammlung auf und jeder ging nach Hause. 26 Auch
Saul ging heim nach Gibea. Vom Heer Israels begleite-
ten ihn alle Männer, denen Gott das Herz dazu willig
gemacht hatte. 27 Ein paar Nichtsnutze aber spotteten:
»Der soll unsere Lage ändern können?« Sie hatten nur
Verachtung für ihn übrig und brachten ihm keine Ge-
schenke. Doch Saul schwieg dazu.

SAULS ERSTE BEWÄHRUNG

11 Nahasch, der König der Ammoniter, zog mit sei-
nem Heer vor die Stadt Jabesch in der Landschaft
Gilead und belagerte sie. Die Bewohner der Stadt

boten Nahasch an: »Sichere uns zu, dass du uns am
Leben lässt; dann wollen wir uns dir unterwerfen.«
2 Der Ammoniterkönig antwortete: »Nur unter einer
Bedingung lasse ich mich darauf ein: Ich steche jedem
von euch das rechte Auge aus! So bringe ich Schande
über ganz Israel.« 3 Da baten die Ältesten der Stadt:
»Gib uns sieben Tage Zeit! Wir wollen Boten in alle
Gegenden Israels schicken. Wenn uns niemand zu Hilfe
kommt, werden wir uns dir ergeben.« 4 Die Boten ka-
men auch in Sauls Heimatort Gibea. Als sie den Be-
wohnern ihre Lage schilderten, brachen alle in lautes
Weinen aus. 5 In diesem Augenblick kam Saul mit sei-
nen Rindern von der Feldarbeit heim. »Warum weinen
sie alle?«, erkundigte er sich, und sie erzählten ihm,
was die Boten aus Jabesch gemeldet hatten. 6 Als Saul
das hörte, nahm der Geist Gottes von ihm Besitz und
es packte ihn ein glühender Zorn. 7 Er nahm zwei von
den Rindern, zerhackte sie und sandte die Stücke in alle
Gegenden Israels. Die Überbringer sollten überall aus-
rufen: »Wer nicht mit Saul und Samuel in den Kampf
zieht, dessen Rindern wird es ebenso ergehen!« Das
ganze Volk erschrak, weil sie spürten, dass der HERR
selbst hinter dieser Drohung stand; und alle ohne Aus-
nahme zogen in den Kampf. 8 In Besek musterte Saul
das Heer; es waren 300 000 Mann aus Israel und 30 000
aus Juda. 9 Den Leuten von Jabesch ließ Saul durch
ihre Boten ausrichten: »Morgen um die Mittagszeit
seid ihr befreit!« Als die Nachricht in der belagerten
Stadt bekannt wurde, atmeten alle auf. 10 Sie ließen den
Ammonitern sagen: »Morgen kommen wir zu euch
hinaus. Dann könnt ihr mit uns machen, was ihr wollt.«
11 Saul verteilte seine Männer auf drei Abteilungen. In
aller Frühe, noch vor Anbruch der Morgendämme-
rung, fielen sie in das Lager der Ammoniter ein. Als es
Mittag wurde, hatten sie die Ammoniter vernichtend
geschlagen; die wenigen, die entkamen, wurden in alle
Winde zerstreut. 12 Nach dem Sieg sagten die Männer
Israels zu Samuel: »Wer hat damals gesagt: ›Was? Saul
soll unser König werden?‹ Her mit ihnen, damit wir sie
töten!« 13 Aber Saul entschied: »Am heutigen Tag soll
niemand getötet werden! Denn heute hat der HERR
sein Volk Israel gerettet.« 14 Dann forderte Samuel das
Volk auf: »Kommt mit nach Gilgal, wir wollen Saul noch
einmal zum König ausrufen!« 15 Alle folgten Samuel
nach Gilgal und am Heiligtum des HERRN machten sie
Saul zu ihrem König. Sie schlachteten Opfertiere und
Saul feierte mit allen Männern Israels ein großes Fest.

SAMUELS ABSCHIEDSREDE

12 Samuel sagte zu den versammelten Männern
Israels: »Ich habe eure Bitte erfüllt und euch
einen König gegeben. 2 Hier steht er vor euch; er ist
von jetzt an euer Anführer. Ich selbst bin schon alt
und meine Söhne sind als erwachsene Männer hier
unter euch. Von meiner Jugend an bis heute habe
ich euch geführt. 3 Ich stelle mich jetzt eurem Urteil.
Erhebt vor dem HERRN und seinem gesalbten König
Anklage gegen mich, wenn ich irgendein Unrecht be-
gangen habe. Wem habe ich ein Rind oder einen Esel
weggenommen? Wen habe ich erpresst, wen unter-
drückt? Von wem habe ich mich durch Bestechung
dazu bringen lassen, als Richter ein Auge zuzudrü-
cken? Ich bin bereit, für alles Wiedergutmachung
zu leisten.« 4 Die Männer Israels antworteten: »Du
hast keinen von uns unterdrückt oder erpresst und
von niemand etwas angenommen.« 5 Samuel sagte:
»Der HERR und sein gesalbter König sind Zeugen dafür,
dass ihr kein Unrecht an mir gefunden habt.« »Ja, so
ist's«, riefen die Männer. 6 Dann sagte Samuel zu dem
Volk: »Der HERR hat Mose und Aaron eingesetzt und
eure Vorfahren durch sie aus Ägypten herausgeführt.
7 Tretet nun her, damit ich euch vor ihm zur Rechen-
schaft ziehen kann. Ich werde euch alles vorhalten,
was der HERR in seiner Treue für euch und eure Vor-
fahren getan hat. 8 Als Jakob mit seiner Familie nach
Ägypten gekommen war und eure Vorfahren in ihrer
Not zum HERRN um Hilfe riefen, schickte der HERR ih-
nen Mose und Aaron, und durch diese beiden führte er
sie aus Ägypten und gab ihnen hier in diesem Land eine
Heimat. 9 Sie aber vergaßen bald, was der HERR für sie
getan hatte, und wandten sich von ihm ab. Deshalb gab
der HERR sie ihren Feinden preis: Sisera, dem Heerfüh-
rer der Stadt Hazor, den Philistern und dem König der
Moabiter. Die führten Krieg gegen sie und brachten sie
in schwere Bedrängnis. 10 Da riefen sie zum HERRN um
Hilfe und sagten: ›Es war unrecht, dass wir dich, unse-
ren Gott, verlassen und stattdessen den Gott Baal und
die Göttin Astarte verehrt haben. Befreie uns von unse-
ren Feinden, dann sollst du allein unser Gott sein!‹ 11 Da
schickte der HERR euch Jerubbaal, Bedan, Jiftach und
schließlich mich selbst und half euch gegen alle Feinde
rings um euch her, sodass ihr in Frieden und Sicherheit
in eurem Land leben konntet. 12 Als ihr aber saht, dass
der Ammoniterkönig Nahasch mit seinem Heer ge-
gen euch anrückte, sagtet ihr zu mir: ›Nein, ein König
soll uns regieren!‹, obwohl doch der HERR, euer Gott,
euer König ist. 13 Nun, ihr habt den König bekommen,
den ihr gewollt habt; der HERR hat ihn euch gegeben.
14 Jetzt kommt es darauf an, dass ihr den HERRN ehrt
und ihm gehorcht, auf seine Weisungen hört, euch
seinen Anordnungen nicht widersetzt und ihm stets
treu bleibt, ihr und der König, der über euch herrscht.
15 Wenn ihr aber nicht auf den HERRN hört und euch
seinen Anordnungen widersetzt, dann wird der HERR
sich gegen euch wenden, wie er es bei euren Vorfahren
getan hat. 16 Darum tretet her und gebt acht, was für
ein großes Wunder der HERR jetzt vor euren Augen
tun wird! 17 Es ist gerade Weizenernte, und ihr wisst,
dass zu dieser Zeit niemals Regen fällt. Ich aber werde
zum HERRN rufen und ihn bitten, dass er ein Gewitter
schickt. Dann werdet ihr einsehen, was für ein großes
Unrecht gegen den HERRN ihr begangen habt, als ihr
einen König verlangtet.« 18 Samuel rief zum HERRN und
der HERR ließ es donnern und regnen. Da bekamen die
Israeliten große Angst vor dem HERRN und vor Samuel
19 und sie sagten zu Samuel: »Bitte den HERRN, deinen
Gott, für uns, dass wir nicht sterben müssen! Wir sind
sündige Menschen, und nun haben wir auch noch die

Untat begangen, einen König zu verlangen.« 20 Samuel
antwortete ihnen: »Habt keine Angst! Ihr habt zwar all
dieses Unrecht getan, aber haltet von jetzt an treu zum
HERRN und gehorcht ihm von ganzem Herzen. 21 Lauft
nur nicht den ohnmächtigen Götzen nach! Sie können
euch nicht helfen und euch nicht retten, weil sie *nichts*
sind. 22 Der HERR bleibt sich selbst treu; er wird euch
nicht verstoßen, nachdem er einmal beschlossen hat,
euch zu seinem Volk zu machen. 23 Auch ich werde
weiter wie bisher mit meinen Gebeten beim HERRN
für euch eintreten und euch den guten und geraden
Weg weisen. Ich würde ja Schuld auf mich laden, wenn
ich damit aufhörte. 24 Aber ihr müsst den HERRN ehren
und ihm in Treue und von ganzem Herzen gehorchen.
Denkt doch daran, was für gewaltige Dinge er für euch
getan hat! 25 Wenn ihr trotz alledem weiter Unrecht
tut, werdet ihr samt eurem König weggefegt werden.«

DIE ERHEBUNG GEGEN DIE PHILISTER

13 Saul war ... Jahre alt, als er König wurde, und er re-
gierte zwei Jahre über Israel. 2 Saul wählte von den
versammelten Israeliten dreitausend aus. Davon stan-
den zweitausend unter dem Befehl Sauls in Michmas
und auf den Höhen bei Bet-El und tausend unter dem
Befehl seines Sohnes Jonatan in Gibea, im Gebiet des
Stammes Benjamin. Die übrigen Leute hatte Saul nach
Hause entlassen. 3 Jonatan erschlug die Männer, die als
Posten der Philister in Geba stationiert waren. Als es bei
den Philistern bekannt wurde, ließ Saul im ganzen Land
das Widderhorn blasen, denn er dachte: »Die Hebräer
sollen es erfahren.« 4 Überall in Israel wurde ausgeru-
fen: »Saul hat die Wachtposten der Philister erschlagen!
Dadurch hat Israel die Wut der Philister herausgefor-
dert.« Daraufhin wurden die waffenfähigen Männer
nach Gilgal einberufen, um mit Saul in den Kampf zu
ziehen. 5 Auch die Philister sammelten sich inzwischen
zum Kampf gegen Israel. Sie hatten 3000 Streitwagen
mit 6000 Mann Besatzung und ihr Heer war so unzähl-
bar wie die Sandkörner am Meeresstrand. Sie bezogen
ihr Lager bei Michmas, östlich von Bet-Awen. 6 Als die
Israeliten die Übermacht sahen, versteckten sie sich
in Höhlen, hinter Dorngestrüpp und in Felsspalten, in
Grabkammern und Zisternen. 7a Ein Teil flüchtete über
den Jordan ins Gebiet von Gad und Gilead.

SAUL HANDELT VOREILIG

7b Saul war immer noch in Gilgal und alle seine Kriegs-
leute hatten große Angst. 8 Samuel hatte verlangt, dass
er sieben Tage auf ihn warte; aber als Samuel auch
dann noch nicht kam, fingen die Leute an wegzulau-
fen. 9 Deshalb ordnete Saul an: »Bringt mir die Tiere für
das Brandopfer und das Mahlopfer!« Und er begann,
selbst die Opferhandlung zu verrichten. 10 Als er gerade
mit dem Brandopfer fertig war, da kam Samuel. Saul
ging ihm entgegen und begrüßte ihn. 11 »Was hast du
nur getan!«, sagte Samuel und Saul erwiderte: »Die
Leute begannen auseinanderzulaufen, als du zur ver-
einbarten Zeit nicht hier warst, und die Philister stan-
den schon in Michmas. 12 Da dachte ich: Nun werden
sie nach Gilgal herunterkommen und mich angreifen,
und ich habe den HERRN noch nicht um Hilfe angefleht.
Deshalb habe ich es gewagt, selbst das Brandopfer
darzubringen.« 13 Samuel aber sagte: »Das war un-
besonnen von dir! Warum hast du dich nicht an den
Befehl gehalten, den der HERR, dein Gott, dir gegeben
hat? Dann hätte er dir und deiner Familie das Königtum
über Israel für alle Zeiten zugesprochen. 14 Nun wird
dein Königtum keinen Bestand haben, weil du dem
HERRN nicht gehorcht hast. Er hat sich schon einen
anderen ausgesucht, einen Mann, an dem er Gefallen
hat. Den hat er zum Anführer seines Volkes bestimmt.«

DIE UNTERLEGENHEIT DER ISRAELITEN

15 Samuel verließ Gilgal und ging seiner Wege. Der
Rest der Männer Israels folgte Saul in den Kampf. Sie
zogen von Gilgal nach Gibea im Gebiet des Stammes
Benjamin. Als Saul seine Leute musterte, waren es nur
noch sechshundert. 16 Saul und Jonatan lagen mit ihren
Leuten bei Geba im Gebiet von Benjamin, während die
Philister ihr Lager bei Michmas aufgeschlagen hat-
ten. 17 Die Philister schickten drei Truppenabteilungen
aus, die das Land plündern sollten: eine nach Norden
in Richtung Ofra in das Gebiet von Schual, 18 eine an-
dere nach Westen in Richtung Bet-Horon und eine
dritte nach Osten zu dem Höhenzug, von dem aus
das Hyänental und die dahinter liegende Wüste zu
sehen sind. 19 Es gab zu jener Zeit in ganz Israel kei-
nen Schmied; denn die Philister wollten verhindern,
dass die Leute von Israel Schwerter und Speerspitzen
herstellen konnten. 20 Deshalb musste jeder in Israel
zu den Philistern gehen, wenn er eine Pflugschar,
einen Spaten, eine Axt oder eine Sichel schärfen las-
sen wollte. 21 Bei Spaten und Pflugschar kostete das
Schärfen zwei Drittel eines Silberstücks und bei einer
Axt ein Drittel. 22 Wenn sie in den Krieg zogen, hatte
keiner von den Männern Israels, die Saul und Jonatan
folgten, ein Schwert oder einen Speer; nur Saul und
sein Sohn waren damit ausgerüstet.

JONATANS ÜBERRASCHUNGSERFOLG

23 Die Philister hatten eine Abteilung ausgeschickt, die
den Talübergang bei Michmas sichern sollte.

14 Eines Tages sagte Jonatan, der Sohn Sauls, zu
seinem jungen Waffenträger: »Komm, wir gehen
zu dem Philisterposten dort drüben!« Seinem Vater
verriet er nichts davon. 2 Saul befand sich zu diesem
Zeitpunkt am äußersten Ende des Gebiets von Gi-
bea unter dem Granatapfelbaum beim Dreschplatz.
Er hatte etwa 600 Mann bei sich. 3 In seiner Beglei-
tung war auch der Priester Ahija, der Sohn von Ika-
bods Bruder Ahitub; er war ein Enkel von Pinhas und
Urenkel von Eli, der in Schilo dem HERRN als Priester
gedient hatte. Ahija trug die Orakeltasche. Auch von
den Männern Sauls wusste keiner, dass Jonatan weg-
gegangen war. 4 An der Stelle, an der Jonatan das Tal
überqueren wollte, ragte auf jeder Seite eine Felsspitze
auf; man nannte die beiden Felsen Bozez und Senne.
5 Der eine erhob sich wie ein Pfeiler im Norden, auf

der Seite von Michmas, der andere im Süden, auf der
Seite von Geba. 6 Jonatan sagte also zu seinem jungen
Waffenträger: »Komm, wir gehen zu dem Posten dort
drüben, zu diesen Unbeschnittenen! Vielleicht hilft uns
der HERR; denn für ihn ist es nicht schwer, den Sieg
zu schenken, ganz gleich, ob nun viele oder wenige
kämpfen.« 7 »Nur zu«, sagte der Waffenträger; »tu,
was du vorhast! Ich bin dabei, du kannst dich auf mich
verlassen.« 8 Jonatan sagte: »Wir gehen auf sie zu, und
zwar so, dass sie uns sehen müssen. 9 Wenn sie uns
dann zurufen: ›Halt! Stehen bleiben, bis wir bei euch
sind!‹, dann bleiben wir stehen, wo wir gerade sind,
und steigen nicht zu ihnen hinauf. 10 Sagen sie aber:
›Kommt herauf zu uns!‹, so klettern wir hinauf. Das soll
das Zeichen für uns sein, dass der HERR sie in unsere
Hand gegeben hat.« 11 Sie gingen also und zeigten sich
ganz offen dem feindlichen Posten. Als die Philister sie
sahen, sagten sie zueinander: »Seht nur, da kommen
ein paar Hebräer aus den Löchern, in die sie sich ver-
krochen haben!« 12 Sie riefen den beiden zu: »Kommt
herauf zu uns! Wir haben ein Wörtchen mit euch zu re-
den!« Da sagte Jonatan zu seinem Waffenträger: »Mir
nach! Der HERR hat sie in die Hand Israels gegeben!«
13 Jonatan kletterte auf allen vieren hinauf und sein
Waffenträger hinter ihm her. Da fielen die Philister vor
Jonatan einfach um, und der Waffenträger, der hinter
ihm herging, tötete sie. 14 Bei diesem ersten Schlag ge-
gen die Philister hatten Jonatan und sein Waffenträger
auf kleinstem Raum an die zwanzig Mann niederge-
macht. 15 Alle Philister packte das Entsetzen – die im
Lager und die im Gelände, das ganze Heer, auch die
Wachtposten und alle, die zur Plünderung ausgezogen
waren. Als dann auch noch die Erde bebte, brach unter
ihnen eine Panik aus, die Gott geschickt hatte. 16 Die
Späher Sauls in Gibea bemerkten die Unruhe im Lager
der Philister. 17 Saul befahl seinen Leuten: »Seht nach,
wer von uns fehlt!« Es stellte sich heraus, dass Jonatan
und sein Waffenträger nicht da waren. 18 Da befahl Saul
dem Priester Ahija: »Bring die Lade Gottes her!« Die
Bundeslade war nämlich im Lager der Israeliten. 19 Aber
während Saul noch mit Ahija sprach, steigerte sich der
Tumult im Lager der Philister so sehr, dass Saul zu ihm
sagte: »Nein, lass es!« 20 Saul und seine Leute sam-
melten sich und stürmten los zum Kampf. Als sie das
feindliche Lager erreichten, sahen sie, dass dort einer
gegen den andern kämpfte. Es herrschte eine unge-
heure Verwirrung. 21 Die von den Hebräern, die bisher
zu den Philistern gehalten hatten und auf deren Seite in
den Kampf gezogen waren, wechselten jetzt die Front
und schlossen sich den Israeliten unter der Führung
von Saul und Jonatan an. 22 Als die Israeliten, die sich im
Bergland von Efraïm versteckt hatten, von der Flucht
der Philister hörten, setzten auch sie alle ihnen nach.
23a So schenkte der HERR an diesem Tag Israel den Sieg.

SAULS GEWISSENHAFTIGKEIT MINDERT DEN SIEG

23b Der Kampf tobte damals bis über Bet-Awen hinaus.
24 Als die Israeliten zeitweise in Bedrängnis gerieten,
drohte ihnen Saul und sagte: »Fluch über jeden, der
vor Abend etwas isst – bevor ich mich an meinen
Feinden gerächt habe!« Deshalb nahm keiner von
den Leuten irgendetwas zu sich. 25 Zu dieser Jahres-
zeit gab es überall in der Gegend wilden Honig. 26 Die
Waben, auf die die Leute stießen, flossen über von
Honig; aber keiner wagte davon zu kosten, denn sie
fürchteten Sauls Fluch. 27 Jonatan wusste jedoch nichts
von dem Fluch, mit dem sein Vater die Leute bedroht
hatte. Er tauchte das Ende seines Stockes in eine Wabe
und leckte den Honig ab. Sofort kam neues Leben in
ihn. 28 Einer der Männer stellte ihn zur Rede und sagte:
»Dein Vater hat jeden mit einem Fluch bedroht, der
heute etwas isst!« Weil Jonatan sah, wie erschöpft die
Leute waren, 29 erwiderte er: »Mein Vater stürzt uns
alle ins Unglück. Seht doch selbst, wie erfrischt ich bin,
weil ich ein bisschen von dem Honig gegessen habe!
30 Wie viel größer wäre unser Sieg gewesen, wenn
die Leute sich von dem Proviant gestärkt hätten, den
sie von ihren Feinden erbeutet haben! Dann wäre die
Niederlage der Philister noch viel größer geworden.«
31 Die Israeliten verfolgten die Philister an diesem Tag
von Michmas bis nach Ajalon. Dann waren sie so er-
schöpft, 32 dass sie sich auf die Beutetiere stürzten; sie
schlachteten Schafe, Rinder und Kälber, ließen das Blut
auf die Erde fließen und hielten an derselben Stelle
ihr Mahl. 33 Man meldete Saul: »Die Leute machen
sich schuldig gegenüber dem HERRN; sie setzen sich
über dem Blut hin und essen!« »Das ist ein schweres
Unrecht«, rief Saul. »Wälzt sofort einen großen Stein
her!« 34 Dann ordnete er an: »Geht überall herum und
sagt den Leuten, jeder soll sein Rind und sein Schaf
zu mir bringen und hier an diesem Stein schlachten.
Dann können sie essen, ohne dem HERRN gegenüber
schuldig zu werden, weil sie über dem Blut essen.«
Da brachten alle in dieser Nacht ihre Tiere zu Saul und
schlachteten sie dort. 35 Es war das erste Mal, dass Saul
für den HERRN einen Altar gebaut hatte. 36 Dann sagte
Saul zu den Männern: »Wir wollen noch in der Nacht
den Philistern nachjagen! Wir wollen sie ausplündern
und keiner von ihnen soll den nächsten Morgen er-
leben!« »Gut«, riefen sie, »mach alles so, wie du es
für richtig hältst.« Der Priester aber wandte ein: »Wir
wollen doch zuerst Gott fragen!« 37 Also fragte Saul:
»Soll ich die Philister bis in die Ebene verfolgen? Wirst
du sie in unsere Hand geben?« Aber Gott gab Saul
keine Antwort. 38 Da rief Saul die Truppenführer zu sich
und sagte: »Es ist heute irgendeine Schuld begangen
worden. Ihr müsst herausfinden, was es ist. 39 Wer sich
schuldig gemacht hat, muss sterben – und wenn es
mein eigener Sohn Jonatan wäre. Das schwöre ich,
so gewiss der HERR lebt, der Israel beisteht.« Aber
niemand aus dem Volk meldete irgendeinen Verstoß.
40 Da sagte Saul: »Ihr alle stellt euch auf diese Seite,
ich stelle mich mit Jonatan auf die andere.« »Tu, was
du für richtig hältst«, erwiderte das Volk. 41 Dann rief
Saul: »HERR, du Gott Israels, warum hast du mir heute
nicht geantwortet? Sag es mir durch die heiligen Lose!
Wenn die Schuld bei mir oder bei Jonatan liegt, dann

lass das Los ›Urim‹ herauskommen, wenn sie aber
beim Volk liegt, das Los ›Tummim‹!« Das Los fiel auf
Saul und Jonatan, und so war das Volk von der Schuld
freigesprochen. 42 »Werft jetzt das Los zwischen mir
und meinem Sohn«, befahl Saul. Da fiel das Los auf
Jonatan. 43 »Was hast du getan?«, fragte ihn Saul. »Sag
es mir!« »Ich habe mit der Spitze meines Stockes ein
bisschen Honig gekostet«, antwortete Jonatan. »Ich
bin bereit zu sterben.« 44 »Gott soll mich strafen, wenn
ich dich leben lasse!«, sagte Saul. 45 Aber die Männer
Israels baten für Jonatan: »Soll er sterben, nachdem
er diesen großen Sieg für Israel errungen hat? Nie und
nimmer! So gewiss der HERR lebt: Wir werden nicht
zulassen, dass ihm auch nur ein Haar gekrümmt wird!
Nur mit Gottes Hilfe hat er heute solche Taten vollbrin-
gen können.« So rettete das Volk Jonatan vor dem
Tod. 46 Saul aber verfolgte die Philister nicht weiter,
sondern kehrte um. So konnten sich die Philister un-
behelligt in ihr Gebiet zurückziehen.

SAULS KRIEGE

47 Als König von Israel kämpfte Saul gegen alle seine
Feinde ringsum: gegen die Moabiter, die Ammoniter,
die Edomiter, die Könige von Zoba und die Philister.
Gegen sie alle bewährte er sich als Retter Israels.
48 Er war ein tapferer Mann, besiegte die Amaleki-
ter und befreite die Israeliten von allen, die ihr Land
ausplünderten.

SAULS FAMILIE

49 Saul hatte drei Söhne: Jonatan, Jischwi und Malki-
schua, und zwei Töchter; die ältere hieß Merab, die
jüngere Michal. 50 Seine Frau hieß Ahinoam; sie war
die Tochter von Ahimaaz. Zum Heerführer machte er
Abner, den Sohn seines Onkels Ner. 51 Sauls Vater Kisch
und Abners Vater Ner waren beide Söhne von Abiël.
52 Der Krieg mit den Philistern dauerte mit unvermin-
derter Härte fort, solange Saul lebte. Darum zog Saul
jeden tapferen und kriegstüchtigen Mann, den er ge-
winnen konnte, zu seiner Truppe ein.

SAULS HALBHERZIGER GEHORSAM

15 Samuel kam zu Saul und sagte: »Der HERR gab
mir damals den Auftrag, dich zum König über
sein Volk Israel zu salben. Darum höre jetzt seinen
Befehl! 2 So spricht der HERR, der Herrscher der Welt:
›Ich will jetzt den Amalekitern vergelten, was sie Israel
angetan haben. Sie versperrten ihm den Weg, als es
aus Ägypten kam. 3 Darum zieh gegen sie ins Feld und
vernichte sie! Alles, was zu ihnen gehört, steht unter
dem Bann. Darum töte ohne Erbarmen Männer und
Frauen, Kinder und Säuglinge, Rinder, Schafe, Kamele
und Esel.‹« 4 Saul rief die wehrfähigen Männer nach Te-
laïm zusammen. Dort musterte er sie; es waren 200 000
Mann Fußvolk, dazu kamen noch 10 000 Mann aus
Juda. 5 Mit ihnen drang Saul zur Hauptstadt der Ama-
lekiter vor und legte sich im Tal auf die Lauer. 6 Den
Kenitern ließ Saul sagen: »Zieht fort, trennt euch von
den Amalekitern, damit ihr nicht zusammen mit ihnen
ausgerottet werdet. Ihr seid uns Israeliten freundlich
begegnet, als wir aus Ägypten kamen.« Da verließen
die Keniter das Gebiet der Amalekiter. 7 Dann griff Saul
die Amalekiter an und schlug sie vernichtend von Ha-
wila bis Schur an der ägyptischen Grenze. 8 Ihren König
Agag nahm Saul gefangen. An den anderen Amale-
kitern vollstreckte er den Bann und ließ sie mit dem
Schwert niedermachen. 9 Saul und die Männer Israels
verschonten jedoch nicht nur Agag, sondern auch vom
Vieh – den Schafen, Ziegen und Rindern – die gesun-
den und kräftigen Tiere, das Mastvieh und die Lämmer
und überhaupt alles, was wertvoll war; daran wollten
sie nicht den Bann vollstrecken.

GOTT KEHRT SICH VON SAUL AB

10 Da erging das Wort des HERRN an Samuel, er sagte
zu ihm: 11 »Es reut mich, dass ich Saul zum König ge-
macht habe. Er hat sich von mir abgewandt und meine
Befehle nicht befolgt.« Samuel war tief getroffen. Die
ganze Nacht schrie er zum HERRN, um ihn umzustim-
men. 12 Früh am Morgen machte er sich auf den Weg
zu Saul. Er hörte, Saul sei in der Stadt Karmel gewesen
und habe dort ein Siegeszeichen aufgerichtet, dann
sei er nach Gilgal weitergezogen. 13 Als Samuel nach
Gilgal kam, empfing ihn Saul mit den Worten: »Sei
vom HERRN gesegnet! Ich habe den Befehl des HERRN
ausgeführt!« 14 »Aber ich höre doch Schafe blöken
und Rinder brüllen«, entgegnete Samuel. 15 »Meine
Leute haben sie mitgebracht«, erwiderte Saul. »Sie
haben die besten Schafe und Rinder am Leben ge-
lassen, um sie dem HERRN, deinem Gott, als Opfer
darzubringen. Alles Übrige haben wir vernichtet.«
16 »Kein Wort weiter!«, rief Samuel. »Ich will dir jetzt
verkünden, was der HERR mir in dieser Nacht gesagt
hat!« »Sprich!«, erwiderte Saul 17 und Samuel sagte:
»Du bist der Anführer der Stämme Israels. Obwohl
du selbst dich nicht für würdig hieltest, hat der HERR
dich zu ihrem König gemacht. 18 Er hat dich zu den
Amalekitern geschickt und dir befohlen: ›Kämpfe
gegen sie, bis du sie vernichtet hast. Vollstrecke den
Bann an ihnen, denn sie haben sich gegen mich ge-
stellt.‹ 19 Warum hast du dem HERRN nicht gehorcht?
Warum hast du getan, was ihm missfällt, und dich
auf die Beute gestürzt?« 20 »Ich habe ihm doch ge-
horcht«, erwiderte Saul. »Ich habe getan, was er mir
aufgetragen hatte: An den Amalekitern habe ich den
Bann vollstreckt und ihren König Agag hierher ge-
bracht. 21 Meine Leute aber ließen die besten von den
erbeuteten Schafen und Rindern am Leben, um sie
hier in Gilgal dem HERRN, deinem Gott, zu opfern.«
22 Doch Samuel erwiderte: »Was meinst du, was ge-
fällt dem HERRN besser: Brandopfer und Mahlopfer
oder Gehorsam gegenüber seinem Befehl? Lass dir
gesagt sein: Wenn du dem HERRN gehorchst, ist das
besser als ein Opfer; und wenn du ihm richtig zuhörst,
ist das besser als das Fett von Widdern. 23 Trotz gegen
Gott ist ebenso schlimm wie Zauberei, Auflehnung ge-
gen ihn so schlimm wie Götzendienst. Weil du gegen
den Befehl des HERRN verstoßen hast, hat der HERR

auch dich verstoßen: Du kannst nicht länger König
über sein Volk sein.« 24 Saul sah sein Unrecht ein. »Ich
habe mich schuldig gemacht«, bekannte er. »Ich habe
den Befehl des HERRN und deine Anweisungen nicht
befolgt. Ich hatte Angst vor meinen Männern und ließ
ihnen ihren Willen. 25 Vergib mir meine Schuld und
komm mit mir zurück, damit ich mich vor dem HERRN
niederwerfen und ihm Ehre erweisen kann!« 26 Aber
Samuel erwiderte: »Ich kann nicht mit dir zurückge-
hen. Du hast gegen den Befehl des HERRN verstoßen,
darum hat der HERR nun dich verstoßen. Du kannst
nicht mehr König über Israel sein.«

SAUL UND SAMUEL TRENNEN SICH

27 Samuel wollte weggehen. Da hielt Saul ihn am Man-
tel fest, sodass ein Stück davon abriss. 28 Samuel sagte:
»Wie du mir dieses Stück von meinem Mantel abge-
rissen hast, so entreißt der HERR dir heute die Königs-
herrschaft über Israel und gibt sie einem anderen, der
würdiger ist als du. 29 Der Gott, auf den Israel stolz sein
kann, steht zu seinem Urteil und nimmt es nicht zurück.
Er ist nicht wie ein Mensch, der seinen Sinn ändert und
seine Entscheidung bereut.« 30 »Du hast recht«, wie-
derholte Saul, »ich habe mich schuldig gemacht. Aber
stelle mich vor meinem Volk und seinen Ältesten nicht
bloß und erweise mir jetzt die gebührende Ehre. Komm
mit mir zurück, damit ich mich vor dem HERRN, deinem
Gott, niederwerfen und ihm Ehre erweisen kann!«
31 Samuel ließ sich umstimmen und ging mit. Als Saul
sich vor dem HERRN niedergeworfen hatte, 32 befahl
Samuel: »Bringt mir Agag, den König der Amalekiter!«
Gelassen ging Agag auf Samuel zu und sagte: »Die To-
desgefahr ist vorbei.« 33 Aber Samuel erwiderte: »Dein
Schwert hat viele Mütter kinderlos gemacht. So soll
jetzt auch deine Mutter kinderlos werden!« Und er
schlug Agag vor dem Altar in Gilgal in Stücke. 34 Dann
kehrte Samuel nach Rama zurück und auch Saul ging
nach Hause in seine Stadt Gibea. 35 Samuel mied Saul
für den Rest seines Lebens, denn er trauerte um ihn.
Dem HERRN aber tat es leid, dass er Saul zum König
über Israel gemacht hatte.

GOTT SUCHT SICH DEN JÜNGSTEN AUS

16 Der HERR sagte zu Samuel: »Wie lange trauerst
du noch um Saul? Ich habe ihn verstoßen; er
kann nicht länger König über Israel sein. Fülle jetzt ein
Horn mit Salböl und geh nach Betlehem zu Isai. Unter
seinen Söhnen habe ich mir einen als König ausge-
wählt.« 2 »Aber wie kann ich das?«, wandte Samuel
ein. »Wenn Saul es erfährt, bringt er mich um!« Der
HERR antwortete: »Nimm eine Kuh mit und sage, du
seist gekommen, um ein Opfer darzubringen. 3 Lade
auch Isai dazu ein. Ich sage dir dann, welchen von
seinen Söhnen du zum König salben sollst.« 4 Samuel
gehorchte dem HERRN und machte sich auf den Weg.
In Betlehem kamen ihm die Ältesten der Stadt besorgt
entgegen und fragten: »Dein Kommen bedeutet doch
nichts Schlimmes?« 5 »Nein«, antwortete Samuel. »Ich
komme, um dem HERRN ein Opfer darzubringen. Tut
das Nötige, damit ihr rein seid, und kommt dann mit
mir zum Opfermahl!« Er lud auch Isai und seine Söhne
dazu ein und forderte sie auf, sich zu reinigen. 6 Als Isai
mit seinen Söhnen zum Opfermahl kam, fiel Samuels
Blick auf Eliab und er dachte: »Das ist gewiss der, den
der HERR ausgewählt hat!« 7 Doch der HERR sagte zu
Samuel: »Lass dich nicht davon beeindrucken, dass
er groß und stattlich ist. Er ist nicht der Erwählte. Ich
urteile anders als die Menschen. Ein Mensch sieht, was
in die Augen fällt; ich aber sehe ins Herz.« 8 Isai rief Abi-
nadab und führte ihn Samuel vor. Aber Samuel sagte:
»Auch ihn hat der HERR nicht ausgewählt.« 9 Dann ließ
Isai Schima vortreten, aber Samuel wiederholte: »Auch
ihn hat der HERR nicht ausgewählt.« 10 So ließ Isai alle
sieben Söhne an Samuel vorbeigehen, aber Samuel
sagte: »Keinen von ihnen hat der HERR ausgewählt.«
11 Dann fragte er Isai: »Sind das alle deine Söhne?«
Isai antwortete: »Der jüngste fehlt noch, David, der
hütet die Schafe.« »Lass ihn holen«, sagte Samuel,
»wir setzen uns nicht zum Opfermahl hin, bevor er
hier ist!« 12 Isai schickte einen Boten und David kam.
Der Junge war schön und kräftig und hatte klare Au-
gen. »Er ist es, salbe ihn!«, sagte der HERR zu Samuel.
13 Da goss Samuel Öl aus seinem Horn über ihn und
salbte ihn zum König vor den Augen seiner Brüder. In
diesem Augenblick nahm der Geist des HERRN Besitz
von David und verließ ihn nicht mehr. Samuel aber
kehrte nach Rama zurück.

DAVID TRITT IN SAULS DIENSTE

14 Der HERR hatte seinen Geist von Saul genommen und
ihm einen bösen Geist geschickt, der ihn oft quälte.
15 Da sagten seine Leute zu Saul: »Du weißt selbst, dass
ein böser Geist, von Gott geschickt, dich immer wieder
befällt. 16 Sollen wir uns nicht nach einem Mann um-
sehen, der Harfe spielen kann? Du brauchst es nur zu
befehlen! Wenn dann der böse Geist über dich kommt,
kannst du dir etwas vorspielen lassen; das wird dich
aufmuntern.« 17 »Ja«, antwortete Saul, »sucht mir
einen guten Harfenspieler und bringt ihn zu mir!«
18 Einer von den jungen Leuten sagte: »Ich kenne einen:
Isai in Betlehem hat einen Sohn, der Harfe spielen
kann. Er stammt aus einer angesehenen Familie und
ist ein tüchtiger Kämpfer. Er versteht, zur rechten Zeit
das rechte Wort zu sagen, und sieht sehr gut aus. Der
HERR steht ihm bei.« 19 Da sandte Saul Boten zu Isai
und ließ ihm sagen: »Schick mir doch deinen Sohn
David, der die Schafe hütet!« 20 Isai gab David einen
mit Broten beladenen Esel, einen Schlauch Wein und
einen jungen Ziegenbock für Saul mit. 21 So kam David
ins Haus Sauls und trat in seinen Dienst. Der König
gewann ihn lieb und machte ihn zu seinem Waffen-
träger. 22 Seinem Vater Isai ließ er sagen: »Lass David
in meinem Dienst bleiben! Er hat mein Wohlgefallen
gefunden.« 23 Immer wenn der von Gott geschickte
böse Geist über Saul kam, griff David zur Harfe und
begann darauf zu spielen. Dann wurde es Saul leichter
ums Herz, er fühlte sich wieder wohler und der böse
Geist verließ ihn.

EIN EINZELNER MANN FORDERT DAS HEER ISRAELS HERAUS

17 Die Philister zogen ihre Streitmacht bei Socho
im Gebiet des Stammes Juda zusammen. In Efes-
Dammim zwischen Socho und Aseka hatten sie ihr
Lager. 2 Saul bot alle wehrfähigen Männer Israels auf
und ließ sie im Eichental das Lager beziehen. Als die Is-
raeliten zum Kampf antraten, 3 stellten sie sich am Ab-
hang des Tales auf. Am gegenüberliegenden Abhang
standen die Philister; dazwischen lag die Talsohle. 4 Da
trat aus den Reihen der Philister ein einzelner Krieger
hervor. Er hieß Goliat und stammte aus Gat. Er war
über drei Meter groß 5-6 und trug einen Helm, einen
Schuppenpanzer und Beinschienen, alles aus Bronze;
der Panzer allein wog mehr als einen Zentner. Er hatte
ein bronzenes Krummschwert geschultert. 7 Der Schaft
seines Spießes war so dick wie ein Weberbaum und die
eiserne Spitze wog fast vierzehn Pfund. Ein Soldat trug
den großen Schild vor ihm her. 8 Der Mann trat vor die
Reihen der Philister und rief den Israeliten zu: »Warum
stellt ihr euch zur Schlacht auf? Ich stehe für die Philis-
ter und ihr steht für Saul. Wählt einen von euch aus! Er
soll zu mir herabkommen und mit mir kämpfen. 9 Wenn
er mich besiegt und tötet, werden wir eure Sklaven.
Wenn aber ich siege und ihn töte, müsst ihr unsere
Sklaven werden und uns dienen.« 10 Dann schrie er:
»Habt ihr gehört: Ich fordere das ganze Heer Israels
heraus! Schickt mir einen Mann, damit wir miteinan-
der kämpfen!« 11 Als Saul und die Männer Israels den
Philister so reden hörten, erschraken sie und hatten
große Angst.

DAVID LÄSST SICH NICHT EINSCHÜCHTERN

12 David war – wie gesagt – ein Sohn von Isai, der zur
Sippe Efrat zählte und in Betlehem, im Gebiet von Juda,
wohnte. Isai hatte acht Söhne. Für den Kriegsdienst war
er selbst schon zu alt, als Saul regierte. 13 Aber seine
drei ältesten Söhne, Eliab, Abinadab und Schima, wa-
ren mit dem Heer Sauls in den Krieg gezogen. 14 David
war der jüngste von seinen Söhnen. 15 Er kam immer
wieder vom Königshof nach Hause und hütete die
Schafe seines Vaters. 16 Vierzig Tage lang trat Goliat
morgens und abends vor und forderte die Israeliten
zum Zweikampf heraus. 17 Da sagte Isai eines Tages zu
David: »Geh zu deinen Brüdern ins Lager! Bring ihnen
diesen Sack mit gerösteten Körnern und die zehn Brote.
18 Dem Hauptmann nimmst du die zehn Käse hier mit.
Erkundige dich, wie es deinen Brüdern geht, und bring
ein Lebenszeichen von ihnen mit. 19 Sie sind mit Saul
und allen Männern Israels im Eichental und kämpfen
gegen die Philister.« 20 David übergab die Schafe einem
Hütejungen. Früh am nächsten Morgen lud er alles auf
einen Esel und machte sich auf den Weg, wie Isai es ihm
aufgetragen hatte. Als er zum Lager kam, rückte das
Heer gerade aus und stellte sich zum Kampf auf. Die
Männer stimmten den Schlachtruf an. 21 Die Schlacht-
reihen der Israeliten und der Philister standen sich ge-
genüber. 22 David ließ sein Gepäck bei der Lagerwache,
lief an die Front zu seinen Brüdern und fragte sie, wie
es ihnen gehe. 23 Während er mit ihnen sprach, trat
wieder der Philister Goliat aus Gat vor und forderte
die Israeliten zum Zweikampf heraus. Auch David hörte
seine Worte. 24 Sobald die Männer Israels den Philis-
ter sahen, bekamen sie große Angst und wichen vor
ihm zurück. 25 »Hast du ihn gesehen? Da kommt er!«,
riefen sie einander zu. »Und wie er Israel verspottet!
Wer ihn tötet, den macht der König zum reichen Mann;
er soll sogar die Königstochter bekommen und seine
ganze Familie wird von allen Abgaben befreit!« 26 David
erkundigte sich bei den Männern, die in seiner Nähe
standen: »Was für eine Belohnung bekommt der, der
den Philister tötet und diese Schande von Israel nimmt?
Dieser Unbeschnittene darf doch nicht das Heer des le-
bendigen Gottes verhöhnen!« 27 Sie erklärten ihm noch
einmal, was der König als Belohnung ausgesetzt hatte.
28 Als sein ältester Bruder Eliab ihn so mit den Män-
nern reden hörte, wurde er zornig und sagte: »Was hast
denn du hier zu suchen! Unsere kümmerlichen paar
Schafe lässt du allein in der Wildnis; wer wird nun auf
sie aufpassen? Ich weiß, wie vorwitzig du bist; ich kann
mir schon denken, was dich hergetrieben hat. Du bist
gekommen, um einmal den Krieg zu sehen!« 29 David
erwiderte: »Was habe ich denn getan? Ich frage doch
nur!« 30 Er drehte sich um und fragte den Nächsten und
wieder bekam er dieselbe Antwort.

DIE FALSCHEN WAFFEN

31 Es sprach sich herum, dass sich David so eingehend
nach der Belohnung erkundigt hatte. Man berichtete
es auch Saul und der ließ ihn zu sich rufen. 32 »Mein
König!«, sagte David. »Lass dich von diesem Philister
nicht einschüchtern! Ich werde mit ihm kämpfen.«
33 »Unmöglich! Das kannst du nicht«, erwiderte Saul.
»Du bist ja fast noch ein Kind, und er ist ein Mann, der
von Jugend auf mit den Waffen umgeht!« 34 »Mein
König«, sagte David, »als ich die Schafe meines Va-
ters hütete, kam es vor, dass ein Löwe oder Bär sich
ein Tier von der Herde holen wollte. 35 Dann lief ich
ihm nach, schlug auf ihn ein und rettete das Opfer aus
seinem Rachen. Wenn er sich wehrte und mich angriff,
packte ich ihn an der Mähne und schlug ihn tot. 36 Mit
Löwen und Bären bin ich fertiggeworden. Diesem un-
beschnittenen Philister soll es nicht besser ergehen!
Er wird dafür büßen, dass er das Heer des lebendigen
Gottes verhöhnt hat! 37 Der HERR hat mich vor den
Krallen der Löwen und Bären geschützt, er wird mich
auch vor diesem Philister beschützen!« »Gut«, sagte
Saul, »kämpfe mit ihm; der HERR wird dir beistehen!«
38 Er gab ihm seine eigene Rüstung, zog ihm den Brust-
panzer an und setzte ihm den bronzenen Helm auf.
39 David hängte sich das Schwert um und machte ein
paar Schritte. Doch er war es nicht gewohnt. »Ich kann
darin nicht gehen«, sagte er zu Saul, »ich habe noch
nie eine Rüstung getragen.« Er legte alles wieder ab
40 und nahm seinen Hirtenstock. Im Bachbett suchte
er fünf glatte Kieselsteine und steckte sie in seine Hir-
tentasche. In der Hand hielt er seine Schleuder; so ging
er dem Philister entgegen.

DAVID BESIEGT GOLIAT

41 Auch Goliat rückte vor; sein Schildträger ging vor
ihm her. Als er nahe genug war, 42 sah er, wer ihm da
entgegenkam: ein Halbwüchsiger, kräftig und schön.
Er war voll Verachtung für ihn 43 und rief ihm zu: »Was
willst du denn mit deinem Stock? Bin ich vielleicht ein
Hund?« Dann rief er den Zorn seiner Götter auf David
herab. 44 »Komm nur her«, spottete er, »dein Fleisch
will ich den Geiern und Raubtieren zu fressen geben!«
45 Doch David antwortete: »Du trittst gegen mich an
mit Säbel, Spieß und Schwert. Ich aber komme mit
dem Beistand des HERRN, des Herrschers der Welt,
des Gottes, dem das Heer Israels folgt und den du ver-
höhnt hast. 46 Er wird dich heute in meine Hand geben.
Ich werde dich töten und dir den Kopf abschlagen,
und die Leichen der übrigen Philister werde ich den
Vögeln und Raubtieren zu fressen geben. Dann wird
die ganze Welt erkennen, dass das Volk Israel einen
Gott hat, der es beschützt. 47 Auch die hier versam-
melten Israeliten sollen sehen, dass der HERR weder
Schwert noch Speer braucht, um sein Volk zu retten.
Denn der HERR bestimmt den Ausgang des Krieges und
wird euch Philister in unsere Hand geben.« 48 Goliat
ging vorwärts und kam auf David zu. David lief ihm
entgegen, 49 griff in seine Hirtentasche, holte einen
Stein heraus, schleuderte ihn und traf den Philister am
Kopf. Der Stein durchschlug die Stirn und Goliat stürzte
vornüber zu Boden. 50 Ohne Schwert, nur mit Schleu-
der und Stein, hatte David ihn besiegt und getötet. 51 Er
lief zu dem Gestürzten hin, zog dessen Schwert aus der
Scheide und schlug ihm den Kopf ab. Als die Philister
sahen, dass ihr stärkster Mann tot war, liefen sie da-
von. 52 Die Männer von Israel und Juda aber stimmten
das Kriegsgeschrei an und verfolgten sie bis nach Gat
und bis vor die Stadttore von Ekron. Auf dem ganzen
Weg von Schaarajim bis nach Gat und Ekron lagen die
Leichen der erschlagenen Philister. 53 Als die Israeliten
von der Verfolgung zurückkamen, plünderten sie das
Lager der Feinde. 54 David nahm den Kopf Goliats mit
und brachte ihn später nach Jerusalem; die Waffen
Goliats bewahrte er in seinem Zelt auf.

DAVID GEWINNT EINEN FREUND

55 Saul hatte zugesehen, wie David dem Philister
entgegenging, und er hatte seinen Heerführer Ab-
ner gefragt: »Wer ist der Bursche eigentlich?« »Ich
habe keine Ahnung, mein König«, erwiderte Abner.
56 »Sieh zu, dass du herausfindest, zu welcher Familie
er gehört«, sagte Saul. 57 Als dann David nach seinem
Sieg ins Lager zurückkam, führte Abner ihn zum König.
David hielt noch den Kopf des Philisters in der Hand.
58 Saul fragte ihn, zu welcher Familie er gehöre, und
David antwortete: »Ich bin der Sohn deines Dieners
Isai aus Betlehem.«

18 Schon nach diesen wenigen Worten fühlte sich
Sauls Sohn Jonatan zu David hingezogen. Er ge-
wann ihn so lieb wie sein eigenes Leben. 2 Saul behielt
David von da an bei sich und ließ ihn nicht mehr zu
seiner Familie zurückkehren. 3 Jonatan schloss einen
Freundschaftsbund mit David. »Du bist mir so lieb wie
mein eigenes Leben«, sagte Jonatan zu David. 4 Dabei
zog er Mantel und Rüstung aus und bekleidete David
damit, auch sein Schwert, seinen Bogen und seinen
Gürtel schenkte er ihm. 5 David zog für Saul in den
Kampf und bewies eine glückliche Hand bei allem, was
dieser ihm auftrug; darum gab ihm der König den Ober-
befehl über seine Truppe. Diese Entscheidung fand den
Beifall des ganzen Volkes und auch die Leute am Hof
Sauls freuten sich darüber.

SAUL WIRD EIFERSÜCHTIG

6 Als das Heer heimkehrte und zusammen mit ihm
David, der den stärksten Mann der Philister erschla-
gen hatte, zogen Frauen aus allen Städten Israels König
Saul entgegen. Sie tanzten und sangen zum Klang der
Harfen und Handpauken 7 und wiederholten jubelnd
immer wieder: »Tausend Feinde hat Saul erschlagen,
doch zehntausend waren's, die David erschlug!«
8 Dieses Lied gefiel Saul ganz und gar nicht und er
wurde sehr zornig. »David schreiben sie zehntausend
zu«, dachte er, »und mir nur tausend! Jetzt fehlt nur
noch, dass er König wird!« 9 Von da an blickte Saul
mit Argwohn auf David. 10 Am nächsten Tag ließ Gott
einen bösen Geist über Saul kommen, sodass der König
in seinem Haus tobte wie ein Wahnsinniger. David
begann wie gewöhnlich auf der Harfe zu spielen.
Plötzlich hob Saul den Speer, den er in der Hand hielt,
11 und wollte David an die Wand spießen. Doch David
wich ihm zweimal aus. 12 Da begann Saul sich vor David
zu fürchten, denn es war offenkundig: Der HERR hatte
Saul verlassen und stand auf der Seite Davids. 13 Darum
wollte der König ihn nicht länger in seiner Nähe ha-
ben und machte ihn zum Befehlshaber einer Truppe.
An ihrer Spitze machte David seine Streifzüge. 14 Alle
Unternehmungen führte er erfolgreich aus; denn der
HERR stand ihm bei. 15 Als Saul sah, wie gut David alles
gelang, fürchtete er sich noch mehr vor ihm. 16 David
aber wurde der Liebling aller, nicht nur in Juda, son-
dern in ganz Israel Voller Bewunderung sahen sie, wie
er allen voran ins Feld zog und siegreich heimkehrte.

SAUL STELLT DAVID EINE FALLE

17 Nun sagte Saul zu David: »Ich will dir meine älteste
Tochter Merab zur Frau geben. Dafür sollst du mir als
tapferer Kämpfer dienen und die Kriege führen, die
der HERR befiehlt.« Saul dachte aber: »Ich will mich
nicht an ihm vergreifen; das lasse ich die Philister be-
sorgen.« 18 David antwortete Saul: »Wer bin ich denn?
Was hat meine Familie und die Sippe meines Vaters in
Israel schon zu bedeuten? Wie könnte ich da Schwie-
gersohn des Königs werden!« 19 Als dann der Tag kam,
den Saul für die Hochzeit festgesetzt hatte, wurde Me-
rab nicht David, sondern Adriël aus Mehola zur Frau
gegeben. 20 Doch Michal, Sauls jüngere Tochter, hatte
David lieb gewonnen. Als man Saul davon erzählte,
kam es ihm gerade recht. 21 Er sagte sich: »Ich locke
ihn durch sie in die Falle, sodass er den Philistern in
die Hände fällt.« Zu David sagte er: »Ich gebe dir heute

noch einmal Gelegenheit, mein Schwiegersohn zu werden!« 22 Er hatte seine Leute angewiesen, ganz beiläufig zu David zu sagen: »Du weißt, dass der König große Stücke auf dich hält, und auch alle seine Untergebenen haben dich gern. Willst du nicht sein Schwiegersohn werden?« 23 Die Leute Sauls redeten dementsprechend mit David, doch er antwortete ihnen: »Meint ihr, es sei so leicht, der Schwiegersohn des Königs zu werden? Ich bin ein armer, einfacher Mann!« 24 Die Männer meldeten es Saul 25 und er wies sie an, zu David zu sagen: »Der König verlangt kein Brautgeld von dir, du musst ihn nur an seinen Feinden rächen und ihm die Vorhäute von hundert Philistern bringen.« Saul rechnete nämlich damit, dass David im Kampf gegen die Philister umkommen würde. 26 Als sie das Angebot Sauls überbrachten, war er damit einverstanden, auf diesem Weg der Schwiegersohn des Königs zu werden. Bevor die gesetzte Frist verstrichen war, 27 hatte er die Bedingung erfüllt. Er brach mit seinen Leuten auf, erschlug zweihundert Philister, brachte ihre Vorhäute dem König und legte sie ihm in voller Zahl vor. Da gab Saul ihm seine Tochter Michal zur Frau. 28 Saul sah, dass der HERR auf der Seite Davids stand und dass seine Tochter Michal ihn liebte. 29 Deshalb fürchtete er sich noch mehr vor David und wurde zu seinem unversöhnlichen Feind. 30 Die Philisterkönige kämpften weiter gegen Israel, und jedes Mal, wenn es zum Kampf kam, war David erfolgreicher als alle anderen Truppenführer Sauls. So wuchs Davids Ruhm immer mehr.

JONATAN ALS FÜRSPRECHER DAVIDS

19 Saul sprach zu seinem Sohn Jonatan und zu seinen Offizieren ganz offen darüber, dass er David umbringen wolle. Jonatan aber hatte David lieb gewonnen, 2 deshalb warnte er ihn: »Mein Vater will dich töten. Nimm dich morgen in Acht und halte dich von früh an versteckt. 3 Ich werde mit meinem Vater aufs freie Feld hinausgehen und dort, in der Nähe deines Verstecks, mit ihm über dich sprechen. Ich werde seine Stimmung erkunden und dir dann Bescheid geben.« 4 Jonatan setzte sich bei seinem Vater für David ein und sagte: »Mein König, vergehe dich nicht an deinem Diener David! Er hat dir doch nichts getan, im Gegenteil: Er hat dir gute Dienste geleistet. 5 Er hat sein Leben aufs Spiel gesetzt, als er gegen Goliat antrat; durch ihn hat der HERR ganz Israel geholfen. Du hast es selber gesehen und dich darüber gefreut. Warum willst du dich jetzt an ihm vergehen und einen Unschuldigen ohne jeden Grund umbringen?« 6 Saul ließ sich von Jonatan umstimmen und schwor: »So gewiss der HERR lebt: David soll nicht sterben!« 7 Jonatan rief David zu sich und erzählte ihm alles. Dann brachte er ihn zu Saul, und David stand wieder in Sauls Diensten wie zuvor.

SAUL TRACHTET DAVID NACH DEM LEBEN

8 Von Neuem kam es zum Kampf mit den Philistern und David zog gegen sie ins Feld. Er brachte ihnen eine schwere Niederlage bei und schlug sie in die Flucht. 9 Als David heimgekehrt war, kam wieder der böse Geist über Saul, den der HERR ihm schickte. David spielte vor dem König auf der Harfe, während dieser mit dem Speer in der Hand dasaß. 10 Plötzlich schleuderte Saul den Speer auf David, um ihn zu durchbohren; doch David konnte ausweichen und der Speer fuhr in die Wand. David flüchtete sich in sein Haus. Da es schon Abend war, 11 schickte Saul bewaffnete Männer aus, die das Haus Davids bewachen und ihn am nächsten Morgen umbringen sollten. Michal warnte David und sagte zu ihm: »Wenn du dich nicht noch heute Nacht in Sicherheit bringst, bist du morgen ein toter Mann.« 12 Sie ließ David durchs Fenster hinab und er entkam. 13 Nun legte Michal die geschnitzte Figur des Hausgottes ins Bett, deckte sie mit einem Mantel zu und legte ans Kopfende ein Geflecht aus Ziegenhaar. 14 Als Saul seine Leute schickte, um David zu holen, sagte sie zu ihnen: »Er ist krank.« 15 Saul schickte die Männer noch einmal hin und befahl ihnen, bis zu David vorzudringen. »Bringt ihn samt dem Bett«, sagte er, »damit ich ihn töten kann.« 16 Als sie ins Haus eindrangen, fanden sie im Bett nur den Hausgott und das Geflecht aus Ziegenhaar. 17 Saul stellte seine Tochter zur Rede: »Warum hast du mich hintergangen und meinen Feind entkommen lassen?« Aber Michal erwiderte: »Er hat gedroht, mich zu töten, wenn ich ihn nicht gehen lasse.«

SAUL BEI DEN PROPHETEN IN RAMA

18 David war geflohen und hatte sich in Sicherheit gebracht. Er kam zu Samuel nach Rama und erzählte ihm, was Saul ihm alles angetan hatte. Dann ging er mit Samuel in die Wohnsiedlung der Propheten und blieb dort. 19 Als Saul erfuhr, dass David in der Prophetensiedlung in Rama war, 20 schickte er bewaffnete Männer, die ihn festnehmen sollten. Sie kamen gerade dazu, wie die ganze Gemeinschaft der Propheten in ekstatischer Begeisterung tanzte und sang. Samuel als ihr Vorsteher stand dabei. Da kam der Geist Gottes auch über die Männer Sauls und sie gerieten in denselben Zustand wie die Propheten. 21 Als es Saul berichtet wurde, schickte er andere Boten, aber auch die wurden von der Begeisterung der Propheten angesteckt. Da schickte Saul ein drittes Mal Boten, doch denen erging es ebenso. 22 Nun machte sich Saul selbst auf den Weg nach Rama. Bei der großen Zisterne in Sechu erkundigte er sich, wo Samuel und David zu finden seien, und bekam die Antwort: »Da drüben, in der Prophetensiedlung in Rama!« 23 Als er dorthin ging, versetzte der Geist Gottes auch ihn in ekstatische Begeisterung, und in diesem Zustand legte er den Weg bis zur Siedlung in Rama zurück. 24 Dort angekommen, warf er auch noch seine Kleider ab und schrie und tanzte vor Samuel herum, bis er erschöpft zu Boden fiel. Den Rest des Tages und die ganze Nacht lag er nackt auf der Erde. Daher kommt die Redensart: »Ist Saul auch unter die Propheten geraten?«

JONATANS FREUNDSCHAFTSDIENST

20 David floh aus der Prophetensiedlung in Rama und kam zu Jonatan. »Was habe ich deinem Vater getan?«, fragte er ihn. »Was wirft er mir denn

vor, dass er mich umbringen will?« 2 »Nie und nim-
mer musst du sterben!«, erwiderte Jonatan. »Mein
Vater sagt mir doch immer, was er vorhat, ob es nun
etwas Wichtiges oder etwas Unwichtiges ist. Warum
sollte er mir ausgerechnet dies verheimlichen? Glaub
mir, es ist nichts daran!« 3 »Aber dein Vater weiß doch
genau, dass ich deine Gunst gewonnen habe«, wandte
David ein. »Er will dich schonen, deshalb sagt er dir
nichts. So gewiss der HERR lebt und so gewiss du selbst
lebst: Ich stehe schon mit einem Fuß im Grab.« 4 »Was
ist dein Wunsch, was kann ich für dich tun?«, fragte
Jonatan. 5 Da sagte David: »Morgen ist Neumondstag,
da erwartet der König mich zum Essen an seiner Tafel.
Wenn es dir recht ist, will ich fernbleiben und mich
bis übermorgen in der Umgebung verstecken. 6 Wenn
dein Vater nach mir fragt, dann sag zu ihm: ›David hat
mich dringend gebeten, ihn schnell in seine Vaterstadt
Betlehem gehen zu lassen, wo seine gesamte Sippe
das jährliche Opferfest feiert.‹ 7 Sagt dein Vater: ›Es
ist gut‹, so droht mir keine Gefahr. Wenn er aber zornig
wird, weißt du, dass er das Schlimmste beschlossen
hat. 8 Bitte, tu mir diesen Gefallen! Denk an den Freund-
schaftsbund, den du mir gewährt und den du vor dem
HERRN besiegelt hast. Wenn ich aber wirklich schul-
dig bin, dann töte du mich! Liefere mich nicht deinem
Vater aus!« 9 Jonatan erwiderte: »Wie kannst du mir
so etwas zutrauen? Wenn ich merke, dass mein Vater
das Schlimmste über dich beschlossen hat, werde ich
es dir bestimmt sagen.« 10 David fragte weiter: »Wer
soll mir Bescheid geben, was dein Vater gesagt hat
und ob er zornig geworden ist?« 11 »Lass uns ins freie
Feld hinausgehen«, schlug Jonatan vor. Während sie
nebeneinander gingen, 12 sagte er zu David: »Ich ver-
spreche dir beim HERRN, dem Gott Israels: Übermorgen
um diese Zeit werde ich meinen Vater auf die Probe
stellen. Ich bin ganz sicher, dass du nichts zu fürchten
hast. Wenn es anders ist, gebe ich dir Nachricht. 13 Der
HERR soll mich strafen, wenn ich dich nicht warne! Hat
mein Vater wirklich deinen Tod beschlossen, so lasse
ich dich gehen, damit du dich in Sicherheit bringen
kannst. Der HERR stehe dir dann bei, wie er meinem Va-
ter beigestanden hat. 14 Wenn ich es noch erlebe, dass
du König wirst, dann denk an die Güte, die der HERR
dir erwiesen hat, und schenke mir das Leben. 15 Schone
auch meine Nachkommen! Entzieh ihnen nicht deine
Gunst, selbst dann nicht, wenn der HERR alle deine
Feinde beseitigt.« 16 Jonatan schloss einen Bund mit
David und dessen Familie und sagte: »Der HERR wird
deine Nachkommen zur Rechenschaft ziehen, wenn sie
sich nicht an unseren Bund halten!« 17 Dann fügte er
noch hinzu: »Schwöre mir, dass du dich daran hältst!
Du liebst mich doch. Denk daran, dass ich dich liebe
wie mich selbst!« 18 Jonatan sagte weiter: »Morgen am
Neumondstag wird man dich vermissen, weil dein Platz
leer bleibt. 19 Warte bis übermorgen und komm dann
schnell herunter an die Stelle, wo du dich schon einmal
verborgen hattest, und versteck dich hinter dem Stein
Ezel (Abschiedsstein). 20 Ich werde drei Pfeile in dieser
Richtung abschießen, als ob ich ein Ziel treffen wollte.
21 Und nun pass gut auf! Ich werde meinen Diener los-
schicken mit den Worten: ›Los, suche die Pfeile!‹ Wenn
ich ihm dann zurufe: ›Die Pfeile liegen näher bei mir‹,
dann kannst du hervorkommen; es steht gut für dich,
du bist nicht in Gefahr, so gewiss der HERR lebt. 22 Wenn
ich dem Jungen aber zurufe: ›Die Pfeile liegen weiter
weg‹, dann geh, denn der HERR selbst schickt dich fort.
23 Denk aber an das, was wir einander versprochen ha-
ben! Der HERR ist unser Zeuge für alle Zeiten!«

DAVID MUSS VOR SAUL FLIEHEN

24 David versteckte sich draußen im Gelände wie ver-
abredet. Am Neumondstag setzte sich der König zum
Festmahl an die Tafel. 25 Er saß auf seinem Platz an der
Wand, wo er jedes Mal zu sitzen pflegte. Sein Heer-
führer Abner saß neben ihm, Jonatan ihm gegenüber;
Davids Platz blieb leer. 26 Saul sagte nichts, denn er
dachte: »Es wird irgendetwas vorgefallen sein, so-
dass er den Reinheitsvorschriften nicht genügt. Ja,
bestimmt ist er nicht rein.« 27 Als aber der Platz auch
am zweiten Festtag leer war, fragte Saul seinen Sohn
Jonatan: »Warum ist dieser Kerl, der Sohn von Isai,
weder gestern noch heute zum Festmahl erschienen?«
28 Jonatan antwortete: »David hat mich dringend ge-
beten, ihn zu entschuldigen, weil er nach Betlehem
musste. 29 Er sagte: ›Lass mich doch gehen! Wir fei-
ern daheim ein Opferfest mit der ganzen Sippe und
mein Bruder hat darauf bestanden, dass ich komme.
Wenn ich deine Gunst gefunden habe, dann lass mich
doch gehen, damit ich meine Verwandten besuchen
kann.‹ Deshalb ist er nicht an die Tafel des Königs ge-
kommen.« 30 Da packte Saul der Zorn über Jonatan; er
schrie ihn an: »Du Bastard! Ich weiß genau, dass du zu
diesem hergelaufenen Kerl hältst – zur Schande für
dich und deine Mutter, die dich geboren hat! 31 Solange
der Sohn von Isai noch lebt, musst du um dein Leben
fürchten und hast keine Aussicht, jemals König zu
werden. Schick also hin und lass ihn festnehmen; er
muss sterben!« 32 »Warum soll er getötet werden?«,
fragte Jonatan. »Was hat er denn getan?« 33 Da schleu-
derte Saul seinen Speer nach ihm und wollte ihn da-
mit treffen. Nun wusste Jonatan, dass sein Vater fest
entschlossen war, David umzubringen. 34 Glühend
vor Zorn stand er von der Tafel auf. Er rührte an die-
sem zweiten Tag des Neumondfestes keinen Bissen
mehr an, denn er machte sich Sorgen um David, über
den sein Vater so voller Hass gesprochen hatte. 35 Am
nächsten Morgen ging Jonatan hinaus zu dem Platz, an
dem er sich mit David verabredet hatte. Er hatte einen
jungen Diener bei sich. 36 »Lauf«, befahl er ihm, »du
musst die Pfeile wiederfinden, die ich abschieße!« Der
Junge lief los und Jonatan schoss einen Pfeil über ihn
hinweg. 37 Als der Junge an die Stelle kam, wo der Pfeil
niedergegangen war, rief Jonatan ihm nach: »Liegt der
Pfeil nicht weiter von dir weg? 38 Schnell, beeile dich,
bleib nicht stehen!« Der Junge hob den Pfeil auf und
kam zu seinem Herrn zurück. 39 Er ahnte nichts; nur
Jonatan und David wussten, worum es ging. 40 Dann
gab Jonatan seine Waffen dem Diener und befahl ihm:

»Geh, bring das in die Stadt!« 41 Als er gegangen war, kam David aus seinem Versteck hinter dem Steinhaufen hervor. Er kniete vor Jonatan nieder und beugte sich dreimal zur Erde. Dann küssten sie sich und beide weinten. 42 »Geh in Frieden!«, sagte Jonatan. »Vergiss nicht, was wir einander vor dem HERRN geschworen haben. Der HERR wird zwischen uns beiden und zwischen unseren beiderseitigen Nachkommen für alle Zeiten Zeuge sein!«

21 David machte sich rasch auf den Weg und Jonatan kehrte in die Stadt zurück.

DAVID WIRD FÜR SEINEN WEG AUSGERÜSTET

2 Auf seiner Flucht kam David zum Priester Ahimelech nach Nob. Der Priester trat ihm besorgt entgegen: »Warum kommst du allein? Weshalb hast du keine Begleitung bei dir?« 3 David antwortete: »Der König hat mir einen Auftrag gegeben, von dem niemand etwas erfahren darf. Mit meinen Männern habe ich einen geheimen Treffpunkt verabredet. 4 Gib mir schnell etwas Proviant, vielleicht fünf Brote oder was sich sonst auftreiben lässt!« 5 »Ich habe kein gewöhnliches Brot da, nur solches, das Gott geweiht ist«, wandte der Priester ein, »das kann ich dir nur geben, wenn deine Männer sich von Frauen ferngehalten haben.« 6 »Wir sind wirklich seit vorgestern mit keiner Frau in Berührung gekommen«, erwiderte David. »Schon als wir aufbrachen, waren die Waffen der Männer rein, obwohl es sich nur um ein gewöhnliches Unternehmen handelt. Also werden sie heute erst recht rein sein.« 7 Da gab ihm der Priester die geweihten Brote, die man vom Tisch im Heiligtum abgeräumt hatte, um frisches Brot aufzulegen. 8 An diesem Tag hielt sich auch einer aus dem Gefolge Sauls im Heiligtum des HERRN auf; es war der Edomiter Doëg, der Aufseher über die Hirten Sauls. 9 David fragte Ahimelech: »Hast du nicht einen Speer oder ein Schwert für mich? Ich konnte meine Waffen nicht mehr holen, weil der Befehl des Königs mir dazu keine Zeit ließ.« 10 »Doch«, antwortete der Priester, »wir haben hier das Schwert des Philisters Goliat, den du im Eichental getötet hast. Dort hinten liegt es, in einen Mantel gewickelt. Wenn du willst, kannst du es haben; eine andere Waffe ist nicht hier.« »Ja, gib es mir!«, sagte David. »Ein besseres bekomme ich nirgends.«

DAVID ÜBERLISTET DEN PHILISTERKÖNIG

11 Am selben Tag noch setzte David seine Flucht vor Saul fort. Er kam zu Achisch, dem König von Gat. 12 Die Hofleute erkannten ihn und sagten zu Achisch: »Das ist doch David, der König von Israel! Das ist doch der, dem sie im Reigen zujubeln: ›Tausend Feinde hat Saul erschlagen, doch zehntausend waren's, die David erschlug!‹« 13 David war sich im Klaren, was diese Worte bedeuteten, und geriet in große Furcht vor Achisch, dem König von Gat. 14 Darum stellte er sich wahnsinnig und tobte, als sie ihn festhalten wollten. Er kritzelte auf die Torflügel und ließ Speichel in seinen Bart laufen. 15 Da sagte Achisch zu seinen Leuten: »Ihr seht doch, dass der Mann wahnsinnig ist! Warum bringt ihr ihn zu mir? 16 Habe ich nicht schon Verrückte genug hier? Der soll sich anderswo austoben. Was hat er in meinem Haus zu suchen?«

DAVID FINDET SCHICKSALSGENOSSEN

22 David floh aus Gat in eine Höhle in der Nähe der Stadt Adullam. Als seine Brüder und seine ganze Sippe davon erfuhren, kamen sie zu ihm dorthin. 2 Auch alle möglichen Leute, die verfolgt, verschuldet oder verbittert waren, schlossen sich ihm an, insgesamt etwa 400 Mann. David wurde ihr Anführer. 3 Von dort aus ging er nach Mizpe im Land Moab und bat den König der Moabiter: »Erlaube, dass mein Vater und meine Mutter hierher kommen und bei dir bleiben, bis ich weiß, was Gott mit mir vorhat.« 4 So brachte er die beiden an den moabitischen Königshof, und sie blieben dort, solange sich David in der Bergfestung versteckt hielt. 5 Der Prophet Gad aber forderte David auf: »Bleib nicht hier im Versteck! Kehr in deine Heimat Juda zurück!« Daraufhin zog David nach Jaar-Heret.

SAULS RACHE AN DEN PRIESTERN VON NOB

6 Saul erfuhr, dass das Versteck Davids und seiner Männer aufgespürt worden war. Der König saß gerade auf der Anhöhe bei Gibea unter der Tamariske und hielt seinen Speer in der Hand; sein ganzes Gefolge stand um ihn herum. 7 »Ich will euch etwas sagen«, fuhr Saul sie an. »Ihr bildet euch wohl ein, dieser Judäer wird ausgerechnet euch vom Stamm Benjamin Äcker und Weinberge schenken und euch zu Hauptleuten und Obersten machen! 8 Ihr habt euch doch alle gegen mich verschworen! Keiner hat mir gesagt, dass mein Sohn sich mit dem Sohn von Isai zusammengetan hat. Keiner hat mir die Augen dafür geöffnet, dass der eigene Sohn meinen Knecht gegen mich aufhetzt, damit er mir nachstellt, wie es jetzt der Fall ist. Keinem von euch macht es etwas aus, dass mir so schändlich mitgespielt wird!« 9 Beim Gefolge Sauls stand auch der Edomiter Doëg. Er sagte: »Ich habe ihn gesehen, als er zum Priester Ahimelech, dem Sohn Ahitubs, nach Nob kam. 10 Der Priester hat eine Weisung von Gott für ihn eingeholt und ihm zu essen gegeben, er hat ihm sogar das Schwert des Philisters Goliat überlassen.« 11 Darauf ließ König Saul den Priester Ahimelech und alle seine Verwandten, die ganze Priesterschaft von Nob, holen. 12 »Hör mir gut zu, Sohn Ahitubs«, fuhr Saul ihn an. »Ich höre, mein Herr«, erwiderte Ahimelech. 13 »Warum habt ihr euch gegen mich verschworen, du und dieser Sohn von Isai?«, fragte Saul. »Du hast ihm doch Proviant und ein Schwert gegeben und du hast Weisung von Gott für ihn eingeholt. Deshalb kann er sich jetzt gegen mich erheben und mir auflauern.« 14 Ahimelech erwiderte dem König: »Aber David ist doch der treueste Gefolgsmann, den du hast! Er ist dein Schwiegersohn und der Anführer deiner Elitetruppe. Alle an deinem Hof erweisen ihm Ehre. 15 Es war doch nicht das erste Mal, dass ich eine Weisung von Gott für ihn eingeholt habe! Du verdächtigst mich

und meine Verwandten zu Unrecht; ich habe von all-
dem nicht das Geringste gewusst.« 16 Aber Saul sagte:
»Du musst sterben, du und deine ganze Sippe.« 17 Er
befahl den Wachen, die bei ihm standen: »Umstellt die
Priester des HERRN und tötet sie! Sie haben mit David
gemeinsame Sache gemacht. Sie wussten genau, dass
er auf der Flucht war, und haben es mir nicht gesagt.«
Aber die Männer weigerten sich, gegen die Priester
des HERRN Gewalt anzuwenden. 18 Deshalb sagte
Saul zu dem Edomiter Doëg: »Komm her, schlag du
sie tot!« Doëg trat heran und machte die Priester mit
dem Schwert nieder; 85 Mann, die den leinenen Pries-
terschurz trugen, tötete er an diesem Tag. 19 Außerdem
ließ Saul alle Einwohner der Priesterstadt Nob, Män-
ner, Frauen, Kinder und Säuglinge, mit dem Schwert
umbringen, auch die Rinder, Esel, Schafe und Ziegen
ließ er töten. 20 Nur ein einziger Sohn Ahimelechs und
Enkel Ahitubs, nämlich Abjatar, konnte sich retten.
Er floh zu David 21 und berichtete ihm, dass Saul alle
Priester des HERRN umgebracht hatte. 22 David klagte
sich selbst an und sagte zu Abjatar: »Als ich damals
Doëg in Nob sah, wusste ich gleich, dass er es Saul
verraten würde. Ich bin schuld, ich habe deine ganze
Familie auf dem Gewissen! 23 Bleib jetzt bei mir und
hab keine Angst! Bei mir bist du am sichersten; denn
auf mich hat Saul es genauso abgesehen wie auf dich.«

DAVID BEFREIT KEÏLA UND MUSS WEITERFLIEHEN

23 David wurde berichtet: »Die Philister sind gegen
die Stadt Keïla gezogen und rauben das Getreide
von den Tennen weg.« 2 Da fragte er den HERRN: »Soll
ich angreifen? Werde ich die Philister vertreiben?« Er
erhielt die Antwort: »Geh, du wirst sie vertreiben und
die Stadt befreien.« 3 Aber seine Männer hielten ihm
entgegen: »Wir haben schon hier in Juda Angst ge-
nug. Wie wird es erst sein, wenn wir nach Keïla gehen
und gegen die Truppen der Philister kämpfen sollen?«
4 David fragte den HERRN ein zweites Mal und er er-
hielt die Antwort: »Auf, zieh nach Keïla! Ich werde
die Philister in deine Hand geben.« 5 David zog mit
seinen Männern nach Keïla und griff die Philister an.
Er trieb ihr Vieh weg und brachte ihnen eine schwere
Niederlage bei. So befreite er die Bewohner der Stadt.
6 Dort in Keïla war es übrigens, dass der Priester Ab-
jatar, der Sohn Ahimelechs, auf seiner Flucht vor Saul
zu David stieß. Er brachte die Orakeltasche mit. 7 Als
Saul die Nachricht bekam, dass David nach Keïla ge-
kommen war, freute er sich und sagte: »Jetzt hat Gott
ihn aufgegeben und mir ausgeliefert! Er sitzt in der
Falle, denn er hat sich in eine Stadt mit Mauern und
Toren eingeschlossen.« 8 Saul rief ganz Israel zu den
Waffen, um nach Keïla zu ziehen und David und seine
Leute zu belagern. 9 Als David merkte, dass die Kriegs-
vorbereitungen Sauls sich gegen ihn richteten, befahl
er dem Priester Abjatar, die Orakeltasche herzubrin-
gen. 10 Dann sagte er: »HERR, du Gott Israels! Ich, dein
ergebener Diener, habe zuverlässige Nachricht, dass
Saul hierher kommen und die Stadt vernichten will,
nur weil ich hier bin. 11 Ich fürchte, die Bürger von Keïla
werden mich an ihn ausliefern. Wird Saul tatsächlich
herkommen? Ich bitte dich, HERR, du Gott Israels, gib
mir Antwort!« Der HERR gab David den Bescheid: »Er
wird kommen.« 12 David fragte weiter: »Werden dann
die Bürger der Stadt mich und meine Leute an ihn aus-
liefern?« »Sie werden es tun«, lautete die Antwort.
13 Da verließen David und seine Leute, an die 600
Mann, die Stadt und durchzogen das Land von einem
Schlupfwinkel zum andern. Als Saul erfuhr, dass David
aus Keïla entkommen war, blies er seinen Feldzug ab.

DAVID WIRD VERRATEN UND IM LETZTEN AUGENBLICK GERETTET

14 David hielt sich in der Einöde in Bergverstecken auf,
besonders im Bergland bei der Stadt Sif. Saul suchte
unablässig nach ihm, konnte ihn aber nicht fassen,
weil Gott ihn schützte. 15 David wusste genau, dass
Saul ausgezogen war, um ihn umzubringen. Damals,
als David in Horescha in der Steppe bei Sif war, 16 ging
Sauls Sohn Jonatan hin und suchte ihn auf. Er ermu-
tigte David, auf die Hilfe Gottes zu vertrauen, 17 und
sagte zu ihm: »Hab keine Angst! Mein Vater wird dich
nicht in seine Gewalt bringen. Du wirst König über
Israel werden und ich werde der zweite Mann nach
dir sein. Das weiß auch mein Vater ganz genau.« 18 Die
beiden schlossen einen Freundschaftsbund und riefen
den HERRN als Zeugen dafür an. Dann kehrte Jonatan
nach Hause zurück, während David in Horescha blieb.
19 Ein paar Männer aus Sif gingen zu Saul nach Gibea
und verrieten ihn. »David hält sich bei uns im Bergver-
steck in der Nähe von Horescha verborgen, auf dem
Hügel Hachila südlich von Jeschimon. 20 Du musst nur
kommen, König, dann sorgen wir dafür, dass er dir in
die Hände fällt.« 21 Saul sagte: »Der HERR segne euch
dafür, dass ihr mir helfen wollt. 22 Geht und erkun-
det alles noch genauer, stellt fest, wo er sich aufhält
und wer ihn dort gesehen hat. Ich habe sagen hören,
dass er sehr listig ist. 23 Erkundet alle Schlupfwinkel,
in denen er sich versteckt halten könnte, und wenn
ihr ganz sicher seid, dann kommt wieder. Dann will
ich mit euch gehen. Wenn er noch im Land ist, werde
ich ihn aufspüren, und wenn ich ganz Juda absuchen
muss.« 24 Die Männer kehrten nach Sif zurück und Saul
folgte ihnen. David und seine Männer waren inzwi-
schen in der Wüste bei Maon, in der Senke südlich von
Jeschimon. 25 Als David erfuhr, dass ihm Saul mit seinen
Leuten dicht auf den Fersen war, wollte er sich ins Fel-
senversteck zurückziehen, immer noch in der Wüste
bei Maon. Saul hörte davon und folgte ihm in die Wüste
hinein. 26 Nur noch ein Bergzug trennte die beiden.
Saul ging an dem einen Abhang entlang und David mit
seinen Männern am andern. David machte die größten
Anstrengungen, um seinem Verfolger zu entkommen;
aber Saul und seine Leute hatten ihn schon so gut wie
eingeschlossen. 27 Da kam im letzten Augenblick ein
Bote zu Saul und meldete ihm: »Die Philister sind ins
Land eingefallen und plündern alles aus. Schnell, komm
uns zu Hilfe!« 28 Sofort brach Saul die Verfolgung ab

und zog gegen die Philister. Daher bekam der felsige Bergzug den Namen »Trennungsfels«.

DAVID BESCHÄMT SAUL

24 Von dort aus zog sich David in die schwer zugänglichen Berge bei En-Gedi zurück. 2 Saul schlug inzwischen die Philister in die Flucht und verfolgte sie. Als er heimkehrte, wurde ihm gemeldet: »David ist jetzt in der Bergwüste bei En-Gedi!« 3 Saul nahm 3000 der besten Kriegsleute aus ganz Israel mit. Östlich der Steinbockfelsen machte er sich auf die Suche nach David und seinen Männern. 4 Als er an den Schafhürden vorbeikam, ging er in die nahe gelegene Höhle, um seine Notdurft zu verrichten. Hinten in dieser Höhle saß David mit seinen Männern. 5 Die flüsterten ihm zu: »Heute ist der Tag, von dem der HERR zu dir gesagt hat: ›Ich gebe deinen Feind in deine Hand. Du kannst mit ihm machen, was du willst.‹« David stand auf und schnitt heimlich einen Zipfel von Sauls Gewand ab. 6 Hinterher schlug ihm aber doch das Gewissen, weil er das gewagt hatte. 7 Er sagte zu seinen Leuten: »Der HERR bewahre mich davor, dass ich Hand an meinen Gebieter lege, an den gesalbten König des HERRN! Denn das ist und bleibt er.« 8 Er wies seine Männer zurecht und verbot ihnen, sich an Saul zu vergreifen. Als Saul die Höhle verlassen hatte, um seinen Weg fortzusetzen, 9 kam David heraus und rief ihm nach: »Mein Herr und König!« Saul drehte sich um und David warf sich ehrerbietig vor ihm nieder. 10 Er sagte: »Warum lässt du dir einreden, dass ich dich ins Verderben stürzen will? 11 Heute kannst du dich mit eigenen Augen vom Gegenteil überzeugen. Hier in der Höhle hatte der HERR dich in meine Hand gegeben; meine Leute haben mir zugesetzt, dass ich dich umbringen soll. Aber ich habe dich geschont, weil ich dachte: ›Ich werde nicht Hand an meinen Gebieter legen; denn er ist der gesalbte König des HERRN.‹ 12 Mein Vater, sieh diesen Zipfel deines Gewandes hier in meiner Hand! Ich hätte dich töten können, aber ich habe nur dieses Stück von deinem Gewand abgeschnitten. Daran musst du doch erkennen, dass ich kein Verräter bin und dir nichts Böses antun will. Ich habe dir nichts getan, und doch stellst du mir nach und willst mich umbringen. 13 Der HERR soll Richter zwischen uns sein! Er soll dich strafen für das Unrecht, das du mir antust; aber ich selbst werde meine Hand nicht gegen dich erheben. 14 Du kennst das Sprichwort: ›Nur Verbrecher begehen Verbrechen.‹ Ich werde mich nicht an dir vergreifen. 15 Hinter wem jagst du denn her? Der König von Israel jagt einen toten Hund, ja einen einzigen Floh! 16 Der HERR soll Richter sein und zwischen dir und mir entscheiden. Er soll meinen Streit gegen dich führen und mir zu meinem Recht verhelfen.« 17 Als David ausgeredet hatte, fragte Saul: »Ist das wirklich deine Stimme, mein Sohn David?« Und er brach in lautes Weinen aus. 18 Dann sagte er zu David: »Du bist im Recht gegen mich. Du bist gut zu mir gewesen, obwohl ich dir Böses angetan habe. 19 Heute hast du es bewiesen; denn du hast mich verschont. Der HERR hatte mich in deine Hand gegeben, aber du hast mich nicht getötet. 20 Wo kommt so etwas vor, dass einer seinen Feind in der Hand hat und ihn unbehelligt laufen lässt? Der HERR wird dich dafür belohnen. 21 Ich weiß ja, du wirst König werden und in deiner Hand wird das Königtum in Israel festen Bestand haben. 22 Darum schwöre mir beim HERRN, dass du meine Nachkommen nicht ausrottest, damit mein Andenken in meiner Sippe erhalten bleibt!« 23 David schwor es. Dann kehrte Saul nach Hause zurück, aber David und seine Männer gingen wieder hinauf in ihr Bergversteck.

DAVID ALS BANDENFÜHRER

25 Um diese Zeit starb Samuel. Ganz Israel versammelte sich und hielt die Totenklage für ihn. Dann bestatteten sie ihn in seinem Heimatort Rama. David zog sich damals weit nach Süden in die Wüste Paran zurück. 2 In der Ortschaft Maon lebte ein sehr reicher Mann, der im Nachbardorf Karmel Viehzucht betrieb. Er hatte in Karmel 3000 Schafe und 1000 Ziegen und befand sich gerade dort, weil Schafschur war. 3 Dieser Mann hieß Nabal und war ein Nachkomme Kalebs. Seine Frau hieß Abigajil, sie war schön und klug, er selbst aber grob und gemein. 4 Als David in der Wüste hörte, dass Nabal zur Schafschur nach Karmel gekommen war, 5 schickte er zehn junge Männer los mit dem Auftrag: »Geht hinauf nach Karmel, bestellt Nabal einen Gruß von mir 6 und richtet ihm Folgendes aus: ›Ich wünsche dir alles Gute! Glück und Heil für dich und deine Familie und für alles, was dir gehört! 7 Ich habe gehört, dass du deine Schafe scheren lässt. Darf ich dich daran erinnern, dass deine Hirten die Schafe ganz in unserer Nähe weiden ließen? Wir haben ihnen nichts zuleide getan, und während der ganzen Zeit ist ihnen in Karmel kein einziges Schaf abhanden gekommen. 8 Frage sie nur, sie werden es dir bestätigen. Nimm also meine Boten freundlich auf! Heute ist doch ein Festtag für dich. Hab die Güte und gib ihnen mit, was du für deinen ergebenen Diener David erübrigen kannst.‹« 9 Nachdem sie Nabal das alles im Namen Davids ausgerichtet hatten, blieben die Boten abwartend stehen. 10 Nabal aber entgegnete ihnen: »David? Wer ist das? Sohn von Isai? Nie von ihm gehört! Heutzutage gibt es genug Knechte, die ihren Herren davongelaufen sind und ein Räuberleben führen. 11 Mein Brot und mein Trinkwasser und die geschlachteten Tiere hier sind für meine Schafscherer. Soll ich es etwa Leuten geben, von denen ich nicht einmal weiß, woher sie kommen?« 12 Die Männer kehrten zu David zurück und berichteten ihm alles. 13 »Schnallt die Schwerter um!«, befahl David. Auch er nahm sein Schwert. Mit 400 Mann zog er los; die restlichen 200 ließ er als Wache am Lagerplatz zurück.

DIE KLUGE FRAU EINES DUMMEN MANNES

14 Einer von Nabals Knechten war zu Abigajil gelaufen. »Soeben waren Boten von David da«, berichtete er. »Er ließ unseren Herrn freundlich grüßen, aber der hat sie nur beschimpft. 15 Dabei waren die Männer Davids immer sehr gut zu uns und haben uns nie etwas getan.

In der ganzen Zeit, die wir draußen in ihrer Nähe umherzogen, ist uns kein einziges Schaf gestohlen worden. 16 Sie waren wie eine schützende Mauer bei Tag und bei Nacht, solange die Herden in ihrer Nähe weideten. 17 Sieh zu, ob du noch etwas retten kannst; sonst ist unser Herr verloren und wir alle mit. Er selbst ist ja so boshaft und eigensinnig, dass er nicht mit sich reden lässt.« 18 Schnell ließ Abigajil einige Esel beladen. Sie nahm 200 Fladenbrote, zwei Krüge voll Wein, fünf geschlachtete Schafe, einen Sack geröstete Körner, 100 Portionen gepresste Rosinen und 200 Portionen Feigenmark. 19 Sie befahl ihren Knechten: »Geht ihr mit den Eseln voraus, ich komme gleich nach!« Ihrem Mann sagte sie nichts davon. 20 Als Abigajil auf ihrem Esel den Berg hinunterritt, kamen ihr plötzlich an einer Biegung des Weges David und seine Leute entgegen. 21 David schimpfte gerade: »Für nichts und wieder nichts habe ich in der Steppe alles beschützt, was diesem Schuft gehört! Nicht ein einziges Stück Vieh ist ihm weggekommen, nur Gutes habe ich ihm getan – und das ist jetzt der Dank dafür! 22 Gott soll mich strafen, wenn er von allen seinen Leuten morgen früh noch *einen* hat, der an die Wand pinkelt!« 23 Als Abigajil sah, dass es David war, stieg sie rasch von ihrem Esel, warf sich vor David nieder, das Gesicht zur Erde, 24 und blieb vor seinen Füßen liegen. »Es ist alles meine Schuld, Herr!«, sagte sie. »Bitte hör mich an, lass es dir erklären! 25 Nabal, diesen nichtsnutzigen Menschen, darfst du nicht ernst nehmen. Er ist genau das, was sein Name sagt: ein bösartiger Dummkopf. Unglücklicherweise war ich nicht da, als deine Boten kamen. 26 So gewiss der HERR lebt und du selbst lebst: Es ist gut, dass ich dir noch rechtzeitig begegnet bin! Der HERR hat dich so daran gehindert, dich zu rächen und dabei schwere Schuld auf dich zu laden. Nabal wird seiner Strafe nicht entgehen. Allen deinen Feinden, die dir schaden wollen, soll es so ergehen wie ihm! 27 Bitte, Herr, nimm dieses Geschenk an, das ich dir mitgebracht habe, und verteile es unter deine Gefolgsleute. 28 Ich bin dir treu ergeben; verzeih mir, dass ich so vermessen war, dir in den Weg zu treten. Ich weiß, der HERR wird dich zum König machen und dein Königshaus wird für immer bestehen. Du bist ja der Mann, durch den der HERR seine Kriege führt; und dein Leben lang wird dir niemand ein Unrecht vorwerfen können. 29 Wenn dich jemand verfolgt und dich umbringen möchte, wird er dir nichts anhaben können, weil der HERR dein Leben bewahren wird, wie man einen kostbaren Stein im Beutel verwahrt; aber das Leben deiner Feinde wird der HERR wegwerfen, wie man einen Stein mit der Schleuder fortschleudert. 30 Wenn dann der HERR alle seine Zusagen eingelöst und dir die Herrschaft über Israel gegeben hat, 31 wirst du froh sein, dass dein Gewissen rein ist und du dir nicht selbst zu deinem Recht verholfen und ohne Grund Blut vergossen hast. Und denk dann auch an mich, deine Dienerin, wenn der HERR dich so weit gebracht hat.« 32 »Gepriesen sei der HERR, der Gott Israels«, rief David, »dass er dich in diesem Augenblick mir entgegengeschickt hat. 33 Und gepriesen sei deine Klugheit! Gesegnet sollst du sein, weil du mich davor bewahrt hast, eigenmächtig Rache zu nehmen und Blutschuld auf mich zu laden. 34 Ich schwöre dir beim HERRN, dem Gott Israels, der mich davor bewahrt hat, dir etwas zuleide zu tun: Wenn du mir nicht so schnell entgegengekommen wärst, hätte Nabal morgen früh, wenn es hell wird, von seinen Männern keinen mehr am Leben gefunden – keinen von allen, die an die Wand pinkeln!« 35 David nahm die Gaben an, die Abigajil ihm gebracht hatte, und sagte zu ihr: »Geh unbesorgt nach Hause. Was du von mir erbeten hast, ist dir gewährt.«

DIE KLUGE ABIGAJIL WIRD DAVIDS FRAU

36 Als Abigajil nach Hause kam, saß Nabal mit seinen Leuten beim Festmahl; er feierte wie ein König. Er war in Hochstimmung und völlig betrunken, deshalb sagte sie ihm nichts. 37 Erst am anderen Morgen, als er wieder nüchtern war, erzählte sie ihm, was vorgefallen war. Als er das hörte, traf ihn der Schlag und er konnte sich nicht mehr rühren. 38 Zehn Tage später ließ der HERR ihn sterben. 39 Als David davon hörte, sagte er: »Gepriesen sei der HERR! Er hat mir Recht verschafft und Nabal für seine Unverschämtheit bestraft. Er hat mich, seinen Diener, davor bewahrt, unbedacht Schuld auf mich zu laden. Er hat Nabals böse Tat auf ihn selbst zurückfallen lassen.« Dann schickte David zu Abigajil und bat sie, seine Frau zu werden. 40 Seine Boten kamen zu ihr nach Karmel und sagten: »David schickt uns, er will dich zur Frau nehmen!« 41 Da stand sie auf, warf sich nieder mit dem Gesicht zur Erde und sagte: »Ich bin seine Sklavin und bereit, den Dienern meines Herrn die Füße zu waschen.« 42 Schnell machte sie sich reisefertig und setzte sich auf ihren Esel; ihre fünf Mägde begleiteten sie. Sie folgte den Boten Davids und wurde seine Frau. 43 David hatte nun zwei Frauen; schon zuvor hatte er Ahinoam aus Jesreel geheiratet. 44 Die Saulstochter Michal, die seine erste Frau gewesen war, hatte ihr Vater mit Palti, dem Sohn von Lajisch aus Gallim, verheiratet.

DAVID BESCHÄMT SAUL ZUM ZWEITEN MAL

26 Einige Männer aus Sif kamen zu Saul nach Gibea und verrieten ihm, wo David sich versteckt hielt. »Er ist auf dem Hügel Hachila, gegenüber von Jeschimon«, sagten sie. 2 Sogleich machte sich Saul auf den Weg in die Steppe bei Sif, um David aufzuspüren. Er nahm 3000 der besten Männer Israels mit. 3 Als sie zu dem Hügel kamen, schlugen sie am Weg ihr Lager auf. David, der sich noch in der Steppe befand, erfuhr, dass Saul auch hier hinter ihm her war. 4 Er schickte Kundschafter aus, die bestätigten ihm, dass Saul angerückt war. 5 Darauf ging David selbst hin und erkundete den Lagerplatz. In einem großen Kreis lagen die Männer Sauls, und in der Mitte sah er den König, der sich dort mit seinem Feldherrn Abner zur Ruhe gelegt hatte. 6 Der Hetiter Ahimelech und Abischai, der Sohn der Zeruja und Bruder Joabs, waren mit David mitgekommen. Nun sagte er zu ihnen: »Ich schleiche mich zu Saul ins Lager.

Wer von euch kommt mit?« »Ich gehe mit dir«, sagte
Abischai. 7 Als es dunkel geworden war, schlichen die
beiden ins Lager und drangen an den schlafenden Män-
nern und an Abner vorbei bis zu Saul vor. Der König lag
in tiefem Schlaf. In der Nähe seines Kopfes steckte sein
Speer in der Erde. 8 Abischai flüsterte David zu: »Heute
hat Gott dir deinen Feind ausgeliefert! Ich durchbohre
ihn mit seinem eigenen Speer und spieße ihn an den Bo-
den; ein einziger Stoß genügt!« 9 Aber David wehrte ab:
»Vergreif dich nicht an ihm! Wer die Hand ausstreckt
gegen den gesalbten König des HERRN, wird der Strafe
nicht entgehen. 10 So gewiss der HERR lebt, er selbst
wird ihm das Ende bereiten; er kann ihn eines natür-
lichen Todes sterben oder in der Schlacht umkommen
lassen. 11 Der HERR bewahre mich davor, dass ich Hand
an seinen gesalbten König lege! Nimm jetzt den Speer
dort neben seinem Kopf und seine Wasserflasche – und
dann weg von hier!« 12 David nahm beides an sich, dann
machten sie sich auf den Rückweg. Niemand sah etwas,
niemand merkte etwas und niemand wachte auf; denn
der HERR hatte alle in einen tiefen Schlaf fallen lassen.
13 David stieg ins Tal hinunter und auf der anderen Seite
den Berg hinauf. In sicherer Entfernung stellte er sich
hin 14 und rief zu Abner, dem Sohn Ners, und zum Kriegs-
lager hinüber: »Abner! Antworte mir!« »Wer wagt es,
so zum König herüberzuschreien?«, rief Abner zurück.
15 Da sagte David: »Du bist doch ein Mann, mit dem
es keiner in Israel aufnehmen kann! Warum hast du
deinen Herrn, den König, nicht besser bewacht? Eben
war jemand im Lager, der hätte ihn töten können. 16 Da
hast du wahrlich kein Glanzstück vollbracht! So ge-
wiss der HERR lebt: Ihr alle habt den Tod verdient, weil
ihr euren Herrn, den von Gott gesalbten König, nicht
beschützt habt. Sieh doch einmal nach: Der Speer hin-
ter seinem Kopf ist weg und die Wasserflasche auch!«
17 Da erkannte ihn Saul an der Stimme und rief: »Ist
das nicht deine Stimme, mein Sohn David?« »Ja, mein
Herr und König«, rief David zurück 18 und er fuhr fort:
»Warum verfolgst du mich, deinen Diener? Was habe
ich dir getan? Was ist meine Schuld? 19 Hör mich an,
mein Herr und König! Irgendwer hat dich gegen mich
aufgehetzt. Wenn es der HERR gewesen ist, müssen wir
ihn durch ein Opfer versöhnen; wenn es aber Menschen
waren, sollen sie dafür vor dem HERRN verflucht sein!
Sie wollen mich vertreiben, mir meinen Anteil am Land
des HERRN nehmen; sie sagen zu mir: ›Geh fort, diene
fremden Göttern!‹ 20 Nein, lass es nicht zu, dass ich fern
vom HERRN in der Fremde umkomme! Warum jagst du
mich wie ein Rebhuhn in den Bergen? Der König Israels
zieht aus, um einen Floh zu fangen!« 21 Saul antwortete:
»Ich bin im Unrecht. Komm wieder zurück, mein Sohn
David! Ich werde dir nie mehr etwas Böses antun, weil
du heute mein Leben so hoch geachtet hast. Ich sehe,
was für ein Narr ich war! Ich habe mich schwer an dir
vergangen.« 22 David sagte darauf: »Hier ist dein Speer,
mein König! Einer von deinen Leuten soll kommen und
ihn holen. 23 Der HERR belohnt alle, die ihm die Treue
halten und stets nach seinen Geboten leben. Er hatte
dich heute in meine Hand gegeben, aber ich wollte mich
nicht an dir vergreifen, an dem gesalbten König des
HERRN. 24 So viel wie dein Leben mir heute bedeutet
hat, so viel wird künftig mein Leben dem HERRN bedeu-
ten und er wird mich aus aller Not und Gefahr retten.«
25 Saul sagte: »Gott segne dich, mein Sohn David! Alles,
was du unternimmst, wirst du erfolgreich zu Ende brin-
gen.« Dann trennten sie sich: David setzte seinen Weg
fort und Saul kehrte nach Hause zurück.

DAVID SUCHT SCHUTZ BEI ISRAELS FEINDEN

27 David sagte sich: »Eines Tages werde ich doch
noch Saul in die Hände fallen. Es gibt für mich
keinen besseren Schutz, als dass ich schleunigst ins
Gebiet der Philister fliehe. Dann bin ich vor Saul sicher.
Solange ich in Israel bin, wird er nicht aufhören, überall
nach mir zu suchen.« 2 Darum ging David mit seinen
600 Mann über die Grenze zu Achisch, dem Sohn Ma-
ochs, dem König von Gat. 3 Ihre Familien nahmen sie
mit; David hatte seine beiden Frauen bei sich, Ahinoam
aus Jesreel und Abigajil, die Witwe Nabals aus Karmel.
Sie alle blieben bei Achisch in Gat. 4 Als Saul erfuhr,
dass David dorthin geflohen war, gab er es auf, weiter
nach ihm zu suchen. 5 Nach einiger Zeit sagte David
zu Achisch: »Wenn ich deine Gunst gefunden habe,
dann lass mich doch in eine deiner Landstädte ziehen
und dort wohnen. Warum sollte dein Diener unbedingt
bei dir in der Hauptstadt bleiben?« 6 Daraufhin über-
ließ Achisch ihm noch am selben Tag die Stadt Ziklag.
Deshalb gehört Ziklag bis heute den Königen von Juda.
7 Insgesamt lebte David ein Jahr und vier Monate im
Gebiet der Philister.

DAVIDS DOPPELTES SPIEL

8 Von Ziklag aus unternahm David mit seinen Männern
Raubzüge gegen den Stamm Geschur und die Leute
von Geser und gegen die Amalekiter, die das Gebiet
zwischen Telem und der Wüste Schur und von dort bis
zur Grenze Ägyptens bewohnen. 9 Überall, wo David
hinkam, machte er Männer und Frauen nieder, aber die
Schafe und Ziegen, Rinder, Esel und Kamele und auch
die Kleider nahm er als Beute mit. Wenn er zurückkam,
10 fragte Achisch ihn regelmäßig: »Habt ihr wieder mal
einen Raubzug gemacht?« »Ja«, sagte David, »ins
Südland, in das Gebiet der Judäer«, oder: »Ins Süd-
land, in das Gebiet der Jerachmeëliter«, oder: »Ins
Südland, in das Gebiet der Keniter.« 11 David ließ nie-
mand am Leben und brachte auch keine Gefangenen
nach Gat, denn sonst hätte Achisch von ihnen erfahren
können, was David und seine Männer in Wirklichkeit
taten. So machte es David die ganze Zeit, während
er bei den Philistern lebte. 12 Achisch meinte, sich auf
David verlassen zu können; denn er dachte: »Er hat
sich bei seinen Landsleuten so verhasst gemacht, dass
er gar keine andere Wahl hat, als für immer in meinem
Dienst zu bleiben.«

28 Als die Philister wieder einmal ihre Truppen
zu einem Kriegszug gegen die Israeliten zu-
sammenzogen, sagte Achisch zu David: »Du bist dir
doch darüber im Klaren, dass du mit mir kommst und

mit deinen Männern auf unserer Seite kämpfst?«
2 »Natürlich«, erwiderte David; »jetzt kannst du einmal
mit eigenen Augen sehen, wie ich dir diene.« »Gut«,
sagte Achisch, »du bist während des Feldzuges für
meine persönliche Sicherheit verantwortlich.«

SAUL SUCHT RAT BEI EINEM TOTEN

3 Samuel war gestorben und in seiner Heimatstadt
Rama begraben worden. Ganz Israel hatte für ihn die
Totenklage gehalten. Und Saul hatte alle Totenbe-
schwörer und Wahrsager im Land ausgerottet. 4 Die
Philister hatten ihre Truppen zusammengezogen; sie
rückten bis nach Schunem vor und schlugen dort ihr
Lager auf. Saul rief die Männer Israels zu den Waffen;
sie hatten ihr Lager auf dem Gilboa-Gebirge. 5 Als Saul
das Heer der Philister sah, erschrak er und wurde ganz
verzagt. 6 Er fragte den HERRN, was er tun sollte. Doch
der HERR gab ihm keine Antwort, weder durch einen
Traum noch durch das Los noch durch das Wort eines
Propheten. 7 Darum befahl Saul seinen Leuten: »Sucht
mir eine Frau, die Verstorbene herbeirufen kann! Ich
will zu ihr gehen und sie um Rat fragen.« »In En-Dor
gibt es eine«, sagten sie ihm. 8 Saul zog fremde Kleider
an, machte sein Gesicht unkenntlich und ging mit zwei
Begleitern dorthin. Es war Nacht, als sie ankamen.
Saul bat die Frau: »Du musst für mich einen Toten-
geist beschwören und mir die Zukunft voraussagen!
Ich sage dir, wen du aus der Totenwelt heraufholen
sollst.« 9 Die Frau erwiderte: »Du weißt doch selbst,
dass der König so etwas verboten hat. Er hat die To-
tenbeschwörer und Wahrsager im ganzen Land aus-
gerottet. Du willst mir nur eine Falle stellen, damit ich
getötet werde.« 10 Aber Saul schwor: »So gewiss der
HERR lebt, es wird dir nichts geschehen!« 11 »Wen
soll ich dir denn heraufrufen?«, fragte die Frau. Saul
antwortete: »Rufe Samuel!« 12 Als die Frau Samuel
erblickte, schrie sie auf und sagte zu Saul: »Warum
hast du mich hintergangen? Du bist ja Saul!« 13 »Du
brauchst nichts zu fürchten«, erwiderte der König.
»Sag, was du siehst!« »Ich sehe einen Geist aus der
Erde heraufsteigen«, berichtete sie. 14 »Wie sieht er
aus?«, fragte Saul. »Es ist ein alter Mann«, sagte sie,
»er trägt einen Prophetenmantel.« Daran erkannte
Saul, dass es Samuel war. Er warf sich vor ihm nieder,
das Gesicht zur Erde. 15 »Warum hast du meine Ruhe
gestört und mich heraufkommen lassen?«, fragte ihn
Samuel. Saul antwortete: »Ich bin in Todesängsten. Die
Philister sind gegen mich aufmarschiert und Gott hat
mich verlassen. Er gibt mir keine Antwort mehr, weder
durch Propheten noch durch Träume. Darum habe ich
dich rufen lassen. Sag mir, was ich tun soll!«

GOTTES URTEIL IST UNWIDERRUFLICH

16 Samuel erwiderte: »Wozu musst du mich noch fra-
gen? Du siehst doch: Der HERR hat sich von dir abge-
wandt und ist dein Feind geworden. 17 Er führt jetzt aus,
was er durch mich angekündigt hat: Er nimmt dir das
Königtum und gibt es David. 18 Der HERR befahl dir, sein
Vernichtungsurteil an den Amalekitern zu vollstrecken.
Weil du ihm nicht gehorcht hast, verfährt er jetzt so
mit dir. 19 Er wird dich und das Heer Israels in die Hand
der Philister geben. Morgen wirst du mit deinen Söh-
nen bei mir in der Totenwelt sein.« 20 Saul stürzte wie
vom Schlag getroffen der Länge nach zu Boden, so
entsetzt war er über die Worte Samuels. Er war ohne-
dies geschwächt, weil er den ganzen Tag über nichts
gegessen hatte. 21 Die Frau trat zu Saul, und als sie sah,
dass er ganz verstört war, sagte sie: »Mein König! Ich
habe deine Bitte erfüllt und habe sogar mein Leben
dabei aufs Spiel gesetzt. 22 Nun lass auch mich nicht
vergeblich bitten! Ich bringe dir eine Kleinigkeit zu es-
sen. Stärke dich für den Weg, der vor dir liegt!« 23 Saul
weigerte sich: »Nein, ich esse nichts!« Aber seine bei-
den Begleiter und die Frau setzten ihm so lange zu, bis
er ihnen nachgab. Er stand auf und setzte sich auf das
Bett. 24 Die Frau hatte ein gemästetes Kalb im Stall,
das schlachtete sie in aller Eile. Dann nahm sie Mehl,
machte einen Teig und backte Fladenbrot. 25 Das trug
sie Saul und seinen Begleitern auf. Sie aßen und mach-
ten sich noch in derselben Nacht auf den Rückweg.

DAVID MUSS NICHT IN DEN KAMPF GEGEN ISRAEL ZIEHEN

29 Die Philister sammelten ihr Heer bei Afek, die
Israeliten lagerten sich an der Quelle vor der
Stadt Jesreel. 2 Die Philisterfürsten ließen alle ihre
Truppen geordnet an sich vorübermarschieren. Die
Kriegsleute von Achisch, dem König von Gat, bildeten
den Schluss. Als die Fürsten der Philister dabei auch
David mit seinen Männern sahen, 3 fragten sie Ach-
isch: »Was haben denn die Hebräer hier zu suchen?«
Achisch erklärte ihnen: »Das ist doch David, der früher
dem Israelitenkönig Saul gedient hat und jetzt seit Jahr
und Tag in meinen Diensten steht. Die ganze Zeit, seit
er zu mir übergelaufen ist, habe ich noch nie etwas an
ihm auszusetzen gehabt.« 4 Doch die Philisterfürsten
waren empört und forderten von Achisch: »Schick den
Mann zurück! Er soll an dem Ort bleiben, den du ihm
als Wohnsitz angewiesen hast. Er darf auf keinen Fall
mit uns in den Kampf ziehen, sonst wird er sich noch
mitten in der Schlacht auf die Seite des Feindes schla-
gen. Eine bessere Gelegenheit findet er nicht mehr,
die Gunst seines Herrn wiederzugewinnen, als wenn
er ihm die Köpfe unserer Männer vor die Füße legt!
5 Das ist doch derselbe David, von dem sie bei ihren Rei-
gentänzen singen: ›Tausend Feinde hat Saul erschla-
gen, doch zehntausend waren's, die David erschlug.‹«
6 Achisch rief David zu sich und sagte: »So gewiss der
HERR lebt: Du bist ein zuverlässiger Gefolgsmann, und
ich finde es gut, dass du mit mir in den Kampf ziehst.
Denn in der ganzen Zeit, seit du bei mir bist, habe ich
nichts an dir auszusetzen gefunden. Aber die Philis-
terfürsten trauen dir nicht. 7 Kehr deshalb wieder um
und verhalte dich ruhig! Tu nichts, was ihren Unwillen
auf dich ziehen könnte.« 8 David fragte: »Womit habe
ich diese Behandlung verdient? Hast du jemals etwas
an mir auszusetzen gehabt, seit ich in deine Dienste
getreten bin? Warum darf ich dann nicht mitkommen

und gegen die Feinde meines Herrn und Königs kämpfen?« 9 »Ich weiß, ich weiß«, erwiderte Achisch. »In meinen Augen bist du über jeden Verdacht erhaben wie ein Engel Gottes; aber die Fürsten der Philister haben nun einmal gesagt: ›Er darf auf keinen Fall mit uns in den Kampf ziehen.‹ 10 Macht euch also morgen in aller Frühe fertig, du und alle, die einst Saul gedient haben, und zieht ab, sobald es hell wird!« 11 So machte sich David bei Tagesanbruch auf den Weg und kehrte mit seinen Männern in das Land der Philister zurück. Das Philisterheer aber rückte in Richtung Jesreel vor.

DAVIDS RACHEZUG GEGEN DIE AMALEKITER

30 Als David und seine Männer zwei Tage später in Ziklag ankamen, lag die Stadt in Schutt und Asche. Die Amalekiter waren auf einem Raubzug in das Südland eingefallen und hatten dabei auch Ziklag verwüstet. 2 Getötet hatten sie niemand, aber alle Frauen und Kinder waren als Gefangene weggeschleppt worden. 3 Als David und seine Männer die niedergebrannte Stadt sahen und entdeckten, dass ihre Frauen und Kinder verschleppt waren, 4 schrien sie entsetzt auf. Sie weinten so lange, bis sie vor Erschöpfung nicht mehr konnten. 5 Auch die beiden Frauen Davids, Ahinoam aus Jesreel und Abigajil, die Witwe Nabals aus Karmel, waren in Gefangenschaft geraten. 6 David war in schwerer Bedrängnis. Seine Männer drohten offen damit, ihn zu steinigen, so erbittert waren sie über den Verlust ihrer Söhne und Töchter. Aber das Vertrauen auf den HERRN, seinen Gott, gab ihm Mut. 7 Er befahl dem Priester Abjatar, dem Sohn Ahimelechs, die Orakeltasche zu bringen. 8 Dann fragte er den HERRN: »Soll ich diese Räuberbande verfolgen? Werde ich sie einholen?« Er erhielt die Antwort: »Verfolge sie! Du wirst sie einholen und die Gefangenen retten.« 9-10 David brach mit seinen 600 Mann sofort auf. Als sie zum Besortal kamen, blieben 200 Mann dort zurück, weil sie zu erschöpft waren, das Tal zu überqueren. Mit den anderen 400 setzte David die Verfolgung fort. 11-12 Unterwegs fanden die Leute Davids einen Ägypter, der drei Tage nichts gegessen und getrunken hatte. Sie brachten ihn zu David und gaben ihm Brot und Wasser, dazu eine Portion Feigenmark und zwei Portionen gepresste Rosinen. Nachdem er das gegessen hatte, kam er wieder zu Kräften 13 und David fragte ihn: »Zu wem gehörst du? Woher kommst du?« Er antwortete: »Ich bin ein Ägypter, der Sklave eines Amalekiters. Mein Herr hat mich vor drei Tagen hier liegen gelassen, weil ich krank geworden war. 14 Wir hatten im Südland die Philister überfallen und die Nachkommen Kalebs, die zu Juda gehören; dabei haben wir auch Ziklag niedergebrannt.« 15 David fragte ihn: »Kannst du mir den Weg zu dieser Räuberbande zeigen?« Der Sklave sagte: »Schwöre mir bei Gott, dass du mich nicht tötest oder meinem Herrn auslieferst! Dann werde ich dich zu diesen Räubern führen.« 16 Er zeigte ihnen den Weg, und sie fanden die Amalekiter in Gruppen über die ganze Gegend verstreut. Sie aßen und tranken und feierten ausgelassen, weil sie bei den Philistern und in Juda so reiche Beute gemacht hatten. 17 David überfiel sie am nächsten Morgen, als es eben hell wurde, und der Kampf dauerte bis zum Abend. Alle Feinde wurden niedergemacht, nur 400 junge Männer konnten auf Kamelen fliehen. 18-19 David befreite alle Gefangenen und auch seine beiden Frauen. Niemand wurde vermisst; seine Männer bekamen alle ihre Kinder gesund wieder. Auch alles, was die Amalekiter erbeutet hatten, wurde zurückerobert. 20 Die Schafe, Ziegen und Rinder der Amalekiter nahm David für sich; man trieb sie vor dem anderen Vieh her und sagte: »Das ist Davids Beute.«

DAVID SORGT FÜR EINE GERECHTE VERTEILUNG DER BEUTE

21 In der Nähe des Besortals kamen ihnen die 200 Mann entgegen, die so erschöpft gewesen waren, dass David sie dort zurücklassen musste. David grüßte sie freundlich. 22 Aber unter denen, die mit David gezogen waren, gab es ein paar gemeine und nichtsnutzige Männer, die sagten zu David: »Sie sind nicht mit uns in den Kampf gezogen, also geben wir ihnen auch nichts von der Beute ab, die wir den Feinden abgenommen haben. Sie sollen froh sein, dass wir ihnen ihre Frauen und Kinder wiederbringen, und schleunigst mit ihnen verschwinden!« 23 Doch David sagte: »Meine Brüder, wir verdanken doch alles, was wir erbeutet haben, dem HERRN! So könnt ihr nicht darüber verfügen. Der HERR war es, der uns beschützt hat; er hat uns diese Räuber ausgeliefert, die uns überfallen hatten. 24 Niemand wird gutheißen, was ihr da vorhabt. Vielmehr soll gelten: Zum Kampf geht der eine, den Tross schützt der andre. Die Beute des Krieges wird ehrlich geteilt.« 25 Seit jenem Tag gilt dies als festes Recht in Israel. David führte es ein und es wird bis heute befolgt.

DAVID MACHT SICH FREUNDE

26 Von Ziklag aus schickte David einen Teil der Beute an die Ältesten des Stammes Juda, mit denen er durch seine Herkunft verbunden war, und ließ ihnen sagen: »Hier ist ein Geschenk für euch aus der Beute, die David den Feinden des HERRN abgenommen hat.« 27 Er schickte solche Geschenke nach Betuël, nach Ramot im Südland, nach Jattir, 28 Aroër, Sifmot, Eschtemoa 29 und Rachal, in die Städte der Jerachmeëliter und der Keniter, 30 nach Horma, Bor-Aschan, Atach 31 und Hebron und außerdem in alle Orte, in denen er einst mit seinen Leuten Unterschlupf gefunden hatte.

SAULS ENDE

31 Im Gilboa-Gebirge kam es zwischen Israel und den Philistern zur Schlacht. Die Männer Israels mussten fliehen; viele wurden von den Feinden niedergemacht. 2 Die Philister verfolgten Saul und seine Söhne Jonatan, Abinadab und Malkischua. Die drei Söhne fanden dabei den Tod. 3 Um Saul entbrannte ein heftiger Kampf. Als die Bogenschützen ihn entdeckten und auf ihn anlegten, zitterte er vor Angst. 4 Er befahl seinem Waffenträger: »Zieh dein Schwert und töte mich! Sonst werden es diese Unbeschnittenen tun und ihren Spott mit mir treiben.« Aber der Waffenträger scheute sich und wollte es nicht tun. Da nahm Saul sein Schwert und stürzte sich hinein. 5 Als der Waffenträger sah, dass Saul tot war, stürzte auch er sich in sein Schwert und folgte ihm in den Tod. 6 So starben Saul, seine drei Söhne, sein Waffenträger und alle seine Männer gemeinsam an diesem einen Tag. 7 Als die israelitischen Bewohner der Jesreel-Ebene und der angrenzenden Jordangegend erfuhren, dass das Heer Israels geschlagen und Saul mit seinen Söhnen gefallen war, verließen sie ihre Wohnorte und flohen. Die Philister rückten nach und nahmen die Städte in Besitz. 8 Am Tag nach der Schlacht plünderten die Philister die Gefallenen aus. Dabei fanden sie Saul und seine drei Söhne auf dem Gilboa-Gebirge. 9 Sie schlugen Saul den Kopf ab und zogen ihm seine Rüstung aus. Kopf und Rüstung ließen sie durch Boten in ihrem ganzen Gebiet herumzeigen. So verkündeten sie ihren Götzen und ihrem Volk die Siegesnachricht. 10 Dann legten sie die Rüstung in den Tempel der Astarte; den Leichnam Sauls hängten sie an der Stadtmauer von Bet-Schean auf. 11 Als die Bewohner von Jabesch in Gilead erfuhren, was die Philister mit Saul gemacht hatten, 12 brachen alle kriegstüchtigen Männer auf und gingen im Schutz der Nacht nach Bet-Schean. Sie nahmen den Leichnam Sauls und auch die Leichen seiner Söhne von der Mauer, brachten sie nach Jabesch und verbrannten sie dort. 13 Die Gebeine begruben sie unter der Tamariske vor ihrer Stadt und fasteten zur Trauer eine ganze Woche lang.

DAS ZWEITE BUCH **SAMUEL**

DAVID ERFÄHRT VOM ENDE SAULS UND JONATANS

1 1-2 Die Nachricht von Sauls Tod erreichte David, nachdem er von seinem Sieg über die Amalekiter nach Ziklag zurückgekehrt war. Er war gerade den dritten Tag wieder in der Stadt, da kam ein Mann zu ihm, der aus der Schlacht entkommen war, einer aus der näheren Umgebung Sauls. Zum Zeichen der Trauer hatte er seine Kleider zerrissen und Erde auf seinen Kopf gestreut. Er warf sich vor David zu Boden und erwies ihm Ehre wie einem König. 3 »Wo kommst du her?«, fragte ihn David. Der Mann antwortete: »Vom Heer Israels. Ich konnte mich vor den Philistern retten.« 4 »Wie steht es?«, fragte David. »Berichte mir!« Da erzählte er: »Unser Heer wurde in die Flucht geschlagen. Viele sind gefallen, auch Saul und Jonatan sind tot.« 5 David fragte den jungen Mann, der ihm die Nachricht brachte: »Saul und Jonatan tot? Woher weißt du das?« 6 Der Mann erzählte: »Ganz zufällig kam ich auf das Gilboa-Gebirge. Da sah ich Saul stehen, wie er sich auf seinen Speer stützte. Die Streitwagen der Philister hatten ihn schon fast erreicht. 7 Als er sich umwandte, sah er mich und rief mich zu sich. ›Ja, Herr?‹, sagte ich. 8 Er fragte: ›Wer bist du?‹, und ich antwortete: ›Ein Amalekiter.‹ 9 Da rief er: ›Komm her und gib mir den Todesstoß! Ich lebe noch, aber ich habe keine Kraft mehr.‹ 10 Ich wusste, dass er seine Niederlage nicht überleben würde. Darum ging ich hin und gab ihm den Todesstoß. Dann nahm ich ihm den Stirnreif und die Armspange ab. Ich habe sie dir gebracht, Herr, hier sind sie!« 11 Als David das hörte, zerriss er sein Gewand, und dasselbe taten die Männer, die bei ihm waren. 12 Sie weinten und fasteten bis zum Abend und hielten die Totenklage um Saul und um seinen Sohn Jonatan und um das Heer des HERRN, um alle Männer Israels, die in der Schlacht gefallen waren. 13 David fragte den jungen Mann, der ihm die Nachricht überbracht hatte: »Woher stammst du?« Er antwortete: »Ich bin der Sohn eines Fremden, eines Amalekiters, der in Israel Aufnahme gefunden hat.« 14 Da fuhr David ihn an: »Wie konntest du es wagen, den gesalbten König des HERRN zu töten!« 15 Er rief einem seiner Männer zu: »Komm her, stoß ihn nieder!«, und der schlug ihn tot. 16 David aber sagte noch zu dem Amalekiter: »Dein Blut finde keinen Rächer! Du hast dir selbst das Urteil gesprochen, als du sagtest: ›Ich habe den gesalbten König des HERRN getötet.‹«

DAVIDS KLAGELIED

17 David stimmte über Saul und seinen Sohn Jonatan die Totenklage an. 18 Er sprach die Worte, die bekanntlich ins Buch der Heldenlieder aufgenommen sind. Dort tragen sie die Überschrift »Lehrt die Männer von Juda den Bogenkampf«; sie lauten: // 19 Erschlagen liegen sie auf deinen Bergen, / die Besten, die du hattest, Israel, / dein Ruhm und Stolz, gefallen sind sie – tot! // 20 Sprecht nicht davon in Gat und Aschkelon, / verschweigt es auf den Gassen dieser Städte! / Sonst freuen sich die Frauen der Philister, / die Töchter dieser Unbeschnittenen jubeln. // 21 Ihr Höhen von Gilboa, seid verflucht! / Nie sollen Tau und Regen auf euch fallen, / nie sollen Felder voller Frucht euch zieren, / weil dort die Schilde unserer Helden liegen, / Sauls Schild im Staub, entweiht für alle Zeit! // 22 Der Pfeil vom Bogen Jonatans traf stets sein Ziel / und nie zog Saul sein Schwert vergeblich, / in Scharen sanken ihre Feinde nieder. // 23 Geliebt und hoch geachtet waren sie, / im Leben unzertrennlich, Saul und Jonatan – / nun sind sie auch im Tode noch vereint! / Sie waren schneller als der schnelle Adler, / den Löwen übertrafen sie an Kraft. // 24 Ihr Frauen Israels, auf, klagt um Saul! / Er war es, der euch Purpurkleider gab / und euch mit goldenem Schmuck so reich beschenkte. // 25 Die Tapfersten sind tot, im Kampf erschlagen! / Auch Jonatan liegt tot dort oben auf den Bergen! // 26 Mein Bruder Jonatan, mein bester Freund, / voll Schmerz

und Trauer weine ich um dich; / denn deine Freundschaft hat mir mehr bedeutet, / als Frauenliebe je bedeuten kann! // 27 Die besten Krieger tot, im Kampf erschlagen, / für immer sind die Tapfersten dahin! //

DAVID WIRD KÖNIG ÜBER JUDA, ISCH-BOSCHET ÜBER ISRAEL

2 David fragte den HERRN: »Soll ich jetzt in eine der Städte des Stammes Juda übersiedeln?« Er erhielt die Antwort: »Ja!« »Wohin soll ich gehen?«, fragte er weiter. Die Antwort war: »Nach Hebron.« 2 So kam David nach Hebron. Seine beiden Frauen, Ahinoam aus Jesreel und Abigajil, die Witwe Nabals aus Karmel, nahm er mit. 3 Auch die Männer seiner Truppe folgten ihm; sie ließen sich mit ihren Familien in der Umgebung der Stadt nieder. 4 Daraufhin kamen die Männer des Stammes Juda nach Hebron und salbten David zu ihrem König. Als David die Nachricht erhielt, dass die Männer von Jabesch in Gilead Saul bestattet hatten, 5 schickte er Boten dorthin und ließ ihnen sagen: »Der HERR möge euch segnen zum Lohn dafür, dass ihr Saul, eurem König, diese Liebe erwiesen und ihn beigesetzt habt! 6 Er erweise auch euch seine beständige Liebe, und ich selbst werde es ebenso halten, weil ihr das getan habt. 7 Seid tapfer und lasst euch nicht entmutigen! Saul, euer Herr, ist tot; aber inzwischen hat der Stamm Juda mich zu seinem König gemacht.« 8 Sauls Heerführer Abner, der Sohn Ners, hatte sich mit Isch-Boschet, einem Sohn Sauls, nach Mahanajim zurückgezogen. 9 Dort machte er ihn zum König über ganz Israel. Seine Herrschaft erstreckte sich auf die Landschaften Gilead, Ascher, Jesreel, Efraïm und Benjamin. 10 Isch-Boschet war 40 Jahre alt, als er König über Israel wurde. Er regierte zwei Jahre lang. Zu David hielt nur der Stamm Juda. 11 Siebeneinhalb Jahre lang regierte David in Hebron als König über Juda.

DER BEGINN DES KRIEGES ZWISCHEN JUDA UND ISRAEL

12 Abner, der Sohn Ners, zog mit den Kriegsleuten des Saulssohnes Isch-Boschet von Mahanajim nach Gibeon. 13 Joab, der Sohn der Zeruja, kam mit den Kriegsleuten Davids ebenfalls dorthin; beim Teich von Gibeon trafen sie zusammen. Die Männer Davids lagerten sich auf der einen Seite des Teiches, die Männer Isch-Boschets auf der andern. 14 Abner sagte zu Joab: »Unsere jungen Leute könnten hier zu einem Kampfspiel antreten!« Joab stimmte zu: »Ja, das könnten sie!« 15 Zwölf junge Männer aus dem Stamm Benjamin traten für den Sohn Sauls, für Isch-Boschet, an und zwölf von den Männern Davids stellten sich ihnen gegenüber. 16 Die Kämpfenden packten sich gegenseitig an den Haaren und jeder stieß seinem Gegner das Schwert in die Seite, sodass alle gleichzeitig umkamen. Daher bekam dieser Platz in der Nähe von Gibeon den Namen Helkat-Hazzurim. 17 Nun brach zwischen den beiden Truppenabteilungen ein erbitterter Kampf aus – mit dem Ergebnis, dass die Männer Israels unter Abner von den Männern Davids besiegt wurden. 18 Alle drei Söhne der Zeruja, Joab, Abischai und Asaël, waren an dem Kampf beteiligt. Asaël, der so schnell war wie eine wilde Gazelle, 19 jagte hinter Abner her und ließ sich durch nichts von ihm ablenken. 20 Abner drehte sich um und rief: »Bist du das, Asaël?« Und als Asaël bejahte, 21 sagte er zu ihm: »Geh nach rechts oder nach links und pack einen von diesen jungen Leuten, dem kannst du Waffen und Rüstung abnehmen!« Aber Asaël ließ sich nicht davon abbringen, hinter Abner herzujagen. 22 Noch einmal warnte ihn Abner: »Setz mir nicht weiter nach! Sonst muss ich dich niederschlagen. Dann kann ich deinem Bruder Joab nicht mehr unter die Augen treten!« 23 Doch Asaël wollte einfach nicht von ihm ablassen. Da stieß ihm Abner das stumpfe Ende seines Speeres in den Bauch, sodass der Schaft auf der anderen Seite wieder herauskam. Asaël stürzte zu Boden und war sofort tot. Jeder, der an die Stelle kam und Asaël tot daliegen sah, blieb einen Augenblick stehen. 24 Joab und Abischai aber jagten hinter Abner her. Bei Sonnenuntergang waren sie bis zum Hügel Amma gekommen, der östlich von Giach am Weg in die Steppe von Gibeon liegt. 25 Die Männer von Benjamin sammelten sich um Abner und stellten sich dicht geschlossen oben auf dem Hügel auf. 26 Abner rief Joab zu: »Soll das Schwert denn immerzu weiterfressen? Du weißt doch, was für ein bitteres Ende das nimmt! Worauf wartest du noch? Gib den Befehl, dass deine Männer mit der Verfolgung ihrer Brüder aufhören!« 27 »Gut, dass du das endlich sagst«, erwiderte Joab. »So gewiss Gott lebt, meine Leute hätten die deinen sonst noch bis morgen früh vor sich hergejagt!« 28 Joab ließ das Widderhorn blasen. Da gaben seine Männer die Verfolgung auf und stellten den Kampf gegen die Männer von Israel ein. 29 Abner und seine Leute marschierten die ganze Nacht durch die Jordanebene, überquerten den Fluss und kehrten durch die Schlucht des Jabboks nach Mahanajim zurück. 30 Als Joab die Verfolgung Abners abgebrochen hatte und die ganze Truppe um sich sammelte, wurden von Davids Leuten außer Asaël noch weitere neunzehn Mann vermisst. 31 Die Kriegsleute Davids hatten aus dem Stamm Benjamin, von den Leuten, die Abner gefolgt waren, 360 Mann erschlagen. 32 Sie nahmen Asaël mit und bestatteten ihn in Betlehem in der Grabstätte seines Vaters. Danach marschierten Joab und seine Männer die ganze Nacht hindurch und kamen bei Tagesanbruch in Hebron an.

3 Der Krieg zwischen den Anhängern Sauls und den Anhängern Davids zog sich lange hin. David gewann immer mehr die Oberhand, während das Königshaus Sauls an Macht und Einfluss verlor.

EINE LISTE DER SÖHNE DAVIDS

2 In Hebron wurden David nacheinander die folgenden Söhne geboren: // als Erstgeborener Amnon, seine Mutter war Ahinoam aus Jesreel; / 3 als zweiter Kilab, seine Mutter war Abigajil, die Witwe Nabals aus Karmel; / als dritter Abschalom, seine Mutter war Macha, die Tochter des Königs Talmai von Geschur; / 4 als

vierter Adonija, seine Mutter war Haggit; / als fünfter Schefatja, seine Mutter war Abital; / 5 als sechster Jitream, seine Mutter war Davids Frau Egla. // Diese Söhne wurden David in Hebron geboren.

DER KONFLIKT ZWISCHEN ISCH-BOSCHET UND SEINEM HEERFÜHRER ABNER

6 Während des Krieges zwischen den Anhängern Sauls und den Anhängern Davids erwies sich Abner als unentbehrliche Stütze für das Königshaus Sauls. 7 Nun hatte Saul eine Nebenfrau gehabt, Rizpa, die Tochter von Aja. Eines Tages stellte Isch-Boschet Abner zur Rede und sagte: »Warum hast du mit der Nebenfrau meines Vaters geschlafen?« 8 Über diese Frage wurde Abner ganz wütend; er schrie: »Bin ich denn ein ehrloser Verräter? Meinst du, ich halte es mit Juda? Ich tue bis heute alles, was ich kann, für das Königshaus Sauls, für seine ganze Familie und alle seine Freunde; ich bewahre dich davor, dass du David in die Hände fällst – und du machst mir jetzt eine Szene wegen so einer lächerlichen Geschichte! 9 Gott soll mich strafen, wenn ich nicht dafür sorge, dass genau das eintrifft, was er David mit einem Eid versprochen hat! 10 Denn das hat der HERR gesagt: ›Ich werde der Familie Sauls das Königtum wegnehmen und David zum König über Israel und Juda machen, über das ganze Land von Dan bis Beerscheba!‹« 11 Isch-Boschet bekam solche Angst vor Abner, dass er ihm kein Wort erwidern konnte.

ABNER VERHANDELT MIT DAVID

12 Darauf schickte Abner in eigener Sache Boten zu David und ließ ihm sagen: »Wem steht denn dieses Land zu? Hier mein Vorschlag: Schließ einen Vertrag mit mir, und ich werde alles für dich tun, damit ganz Israel zu dir übergeht!« 13 David antwortete: »Gut, ich schließe einen Vertrag mit dir, aber nur unter einer Bedingung: Lass dich nicht vor mir sehen, ohne dass du mir Sauls Tochter Michal mitbringst, wenn du zu mir kommst!« 14 Gleichzeitig sandte er Boten zu Isch-Boschet und ließ ihm sagen: »Gib mir meine Frau Michal heraus, für die ich als Brautpreis hundert Philistervorhäute bezahlt habe!« 15 Isch-Boschet schickte nach ihr und ließ sie von ihrem Mann Paltiël, dem Sohn Lajischs, wegholen. 16 Ihr Mann ging mit ihr und lief weinend hinter ihr her bis nach Bahurim. Erst als Abner ihn anfuhr: »Geh endlich heim!«, kehrte er um. 17 Abner hatte zuvor mit den Ältesten der Stämme Israels gesprochen und zu ihnen gesagt: »Schon lange wolltet ihr doch David zum König über euch haben. 18 Jetzt ist es Zeit zu handeln. Der HERR selbst hat ja von ihm gesagt: ›Durch meinen Diener David will ich mein Volk Israel aus der Gewalt der Philister und aller seiner Feinde retten.‹« 19 Abner sprach auch mit den Männern des Stammes Benjamin. Dann ging er nach Hebron, um David mitzuteilen, dass die Leute von Israel und der ganze Stamm Benjamin ihn als König haben wollten. 20 Als Abner in Begleitung von zwanzig Männern nach Hebron kam, gab David ein Festessen für sie. 21 Danach sagte Abner zu David: »Ich gehe jetzt und werde dir als meinem Herrn und König alle Stämme Israels zuführen. Sie werden einen Vertrag mit dir schließen und du wirst ihr König sein, ganz wie es deinem Willen entspricht.« David verabschiedete Abner und er ging in Frieden weg.

JOAB RÄCHT SICH AN ABNER

22 Nicht lange danach kehrte Joab mit den Kriegsleuten Davids von einem Streifzug zurück. Sie brachten reiche Beute mit. Abner befand sich zu diesem Zeitpunkt nicht mehr bei David in Hebron; der König hatte ihn schon verabschiedet und er war in Frieden weggegangen. 23 Kaum war Joab mit der Truppe in Hebron angekommen, erzählte man ihm auch schon: »Abner, der Sohn Ners, war beim König und der hat ihn in Frieden ziehen lassen!« 24 Da ging Joab sofort zum König und stellte ihn zur Rede: »Was hast du da gemacht? Abner ist zu dir gekommen und du hast ihn einfach wieder ziehen lassen! 25 Du musst ihn doch kennen! Er ist nur gekommen, um dich zu täuschen; er will ausspionieren, was du vorhast.« 26 Als Joab vom König herauskam, schickte er Boten hinter Abner her, um ihn zurückzurufen. David wusste nichts davon. Die Boten holten Abner bei der Zisterne von Sira ein 27 und er kehrte um nach Hebron. Joab führte ihn beiseite in das Innere des Tores, als wolle er unter vier Augen mit ihm reden. Doch dort stieß er ihm einen Dolch in den Unterleib, sodass er starb. So rächte sich Joab dafür, dass Abner seinen Bruder Asaël getötet hatte.

DAVID DISTANZIERT SICH VON JOABS TAT

28 Als David wenig später davon erfuhr, rief er: »Mich und mein Königtum trifft auf ewig keine Schuld vor dem HERRN am Tod von Abner! 29 Joab allein ist dafür verantwortlich, er und seine ganze Familie sollen dafür büßen. Unter seinen Nachkommen soll es zu allen Zeiten Leute geben, die an Aussatz oder krankhaften Ausflüssen leiden, an Krücken gehen, gewaltsam umkommen oder Hunger leiden!« 30 – Joab und Abischai hatten Abner umgebracht, weil er ihren Bruder Asaël in der Schlacht bei Gibeon getötet hatte. – 31 Darauf befahl David Joab und allen seinen Männern: »Zerreißt eure Kleider, legt den Sack an und geht im Trauerzug vor Abner her!« Der König selbst ging hinter der Bahre. 32 So bestatteten sie Abner in Hebron. Der König weinte laut an seinem Grab und alle weinten mit ihm. 33 Dann sang er für Abner ein Klagelied: »Abner, musstest du denn wie ein Nichtsnutz sterben? 34 Deine Hände waren nicht gefesselt, deine Füße lagen nicht in Eisen! Warum fandest du ein solches Ende, Abner, wie von Mörderhand erschlagen?« Als die Leute das hörten, weinten sie noch mehr. 35 Später redeten sie David zu, er solle doch am Trauermahl teilnehmen; aber weil der Tag noch nicht zu Ende war, schwor er: »Gott soll mich strafen, wenn ich einen Bissen anrühre, bevor die Sonne untergegangen ist!« 36 Alle waren Zeugen davon und es gefiel ihnen gut, wie überhaupt alles, was er tat, den Beifall des ganzen Volkes hatte. 37 Alle, die dabei waren, erkannten an diesem Tag, dass der König nichts mit dem Mord an Abner zu tun hatte.

Auch in ganz Israel sprach sich das herum. 38 Zu seinen Hofleuten sagte David: »Ihr seid euch doch klar darüber, dass heute ein bedeutender und mächtiger Mann in Israel umgekommen ist? 39 Ich bin zwar zum König gesalbt, aber ich bin noch zu schwach, um so etwas zu verhindern. Diesen Söhnen der Zeruja bin ich nicht gewachsen. Der HERR möge den Schuldigen bestrafen, wie er es verdient hat!«

ISCH-BOSCHET WIRD ERMORDET

4 Als Isch-Boschet erfuhr, dass Abner in Hebron umgebracht worden war, verlor er allen Mut und alle in Israel waren bestürzt. 2 In Isch-Boschets Diensten standen zwei Brüder als Truppenführer, Baana und Rechab, Söhne von Rimmon aus Beerot. Sie gehörten zum Stamm Benjamin; denn auch Beerot zählt jetzt zum Gebiet dieses Stammes. 3 Die früheren Bewohner von Beerot sind nach Gittajim geflohen und leben dort noch heute als Fremde. 4 Übrigens lebte noch ein Enkel Sauls, ein Sohn Jonatans namens Merib-Baal, er war jedoch an beiden Beinen gelähmt. Er war fünf Jahre alt gewesen, als sein Vater und sein Großvater den Tod fanden. Als die Nachricht davon aus Jesreel eingetroffen war, hatte ihn seine Amme aufgenommen, um mit ihm zu fliehen. Aber in ihrer Hast ließ sie ihn fallen. Seither war er gelähmt. 5 Rechab und Baana, die Söhne von Rimmon aus Beerot, gingen zum Haus von Isch-Boschet. Als sie hinkamen, war gerade die heißeste Tageszeit und Isch-Boschet hielt seinen Mittagsschlaf. 6 Die Türhüterin war beim Verlesen von Weizenkörnern eingeschlafen. So konnten sie unbemerkt hineinschlüpfen. 7 Sie kamen bis ins Schlafzimmer, in dem Isch-Boschet auf seinem Bett lag, töteten ihn und schlugen ihm den Kopf ab. Den Kopf nahmen sie mit, marschierten die ganze Nacht durch die Jordanebene 8a und brachten ihn zu David nach Hebron.

DAVID DISTANZIERT SICH VON DEM MORD AN ISCH-BOSCHET

8b »Hier ist der Kopf von Isch-Boschet!«, sagten sie zum König. »Heute hat der HERR unserem König Rache verschafft an Saul und seiner Sippschaft!« 9 Aber David antwortete Rechab und seinem Bruder Baana, den Söhnen von Rimmon aus Beerot: »So gewiss der HERR lebt, der mich aus aller Gefahr gerettet hat: Ihr täuscht euch gewaltig! 10 Der Bote, der mir in Ziklag die Nachricht brachte: ›Saul ist tot!‹, hielt sich auch für einen Freudenboten. Aber ich ließ ihn festnehmen und hinrichten. Das war sein Botenlohn! 11 Was meint ihr, wie ich erst mit Verbrechern verfahre, die einen rechtschaffenen Mann in seinem Haus mitten im Schlaf umbringen! Ich ziehe euch für diesen Mord zur Rechenschaft. Ihr habt euer Leben verwirkt.« 12 David gab seinen Männern den Befehl und sie töteten Rechab und Baana. Dann schlugen sie ihnen Hände und Füße ab und hängten ihre Leichen am Teich von Hebron auf. Den abgeschlagenen Kopf Isch-Boschets aber setzten sie im Grab Abners in Hebron bei.

DAVID WIRD KÖNIG ÜBER ISRAEL

5 Nun kamen die Vertreter aller Stämme Israels zu David nach Hebron und sagten zu ihm: »Du bist doch unser eigen Fleisch und Blut! 2 Schon früher, als Saul noch unser König war, hast du das Heer Israels im Krieg angeführt. Und der HERR hat dir zugesagt: ›Du bist der Mann, der künftig mein Volk Israel führen und schützen soll. Du wirst der Anführer Israels sein!‹« 3 Das sagten alle Ältesten Israels, die zum König nach Hebron gekommen waren. König David schloss dort in Hebron einen Vertrag mit ihnen und sie riefen den HERRN als Zeugen dafür an. Daraufhin salbten sie David zum König über Israel. 4 David war 30 Jahre alt, als er König wurde. Er regierte 40 Jahre lang, 5 siebeneinhalb Jahre in Hebron als König über Juda und 33 Jahre in Jerusalem als König über Israel und Juda.

DAVID EROBERT JERUSALEM UND MACHT ES ZU SEINER HAUPTSTADT

6 Nachdem David König von Israel geworden war, zog er mit seinen Kriegsleuten vor die Stadt Jerusalem. Die Jebusiter, die dort wohnten, riefen ihm zu: »Diese Festung wirst du nicht einnehmen, selbst Blinde und Lahme könnten sie verteidigen!« So sicher waren sie, dass David nicht in ihre Stadt eindringen würde. 7 Trotzdem eroberte David die Festung Zion und sie wurde die Stadt Davids. 8 Er sagte damals: »Wer die Jebusiter besiegen will, muss durch den Wasserschacht in die Stadt eindringen. Sie sind mir verhasst, diese Blinden und Lahmen.« – Deshalb sagt man: »Ein Blinder oder Lahmer kommt mir nicht ins Haus!« 9 Darauf machte David die Festung zu seiner Residenz und gab ihr den Namen »Davidsstadt«. Er baute sie ringsherum aus, vom Millo stadteinwärts. 10 So wurde David immer mächtiger, und der HERR, der Herrscher der Welt, stand ihm bei. 11 Hiram, der König von Tyrus, schickte eine Gesandtschaft zu David. Er lieferte David Zedernholz für den Bau seines Palastes und schickte auch Zimmerleute und Steinmetzen, die den Bau ausführten. 12 Daran erkannte David: Es war der HERR, der ihn zum König über Israel gemacht und sein Königtum gefestigt hatte. Der HERR handelte so, weil er sein Volk Israel liebte.

LISTE DER SÖHNE DAVIDS (FORTSETZUNG)

13 Nachdem David von Hebron nach Jerusalem gezogen war, nahm er sich Nebenfrauen und noch weitere Frauen aus Jerusalem und bekam noch mehr Söhne und Töchter. 14 Die Söhne, die ihm in Jerusalem geboren wurden, waren: Schammua, Schobab, Natan, Salomo, 15 Jibhar, Elischua, Nefeg, Jafia, 16 Elischama, Eljada und Elifelet.

DAVID SCHLÄGT DIE ANGRIFFE DER PHILISTER ZURÜCK

17 Als die Philister erfuhren, dass David zum König von Israel gesalbt worden war, kamen sie mit ihrem ganzen Heer, um ihn in ihre Gewalt zu bringen. Doch David konnte sich rechtzeitig in seiner Bergfestung in Sicherheit bringen. 18 Die Philister besetzten die Ebene

Rafaïm. 19 Da fragte David den HERRN: »Soll ich sie an-
greifen? Wirst du sie in meine Hand geben?« Der HERR
antwortete: »Greif sie an! Ganz gewiss gebe ich sie in
deine Hand!« 20 David zog aus und besiegte die Phi-
lister bei Baal-Perazim. Er sagte: »Wie Wasser einen
Damm durchbricht, hat der HERR die Reihen meiner
Feinde durchbrochen.« Deshalb erhielt der Ort den Na-
men Baal-Perazim (Herr des Durchbruchs). 21 Die flie-
henden Philister ließen sogar ihre Götterbilder zurück,
und David und seine Männer nahmen sie als Beute mit.
22 Nach einiger Zeit zogen die Philister noch einmal ge-
gen David aus. Wieder besetzten sie die Ebene Rafaïm.
23 Auch diesmal fragte David den HERRN und er antwor-
tete: »Greif sie nicht an, sondern umgehe sie und fall
ihnen bei den Bakabäumen in den Rücken. 24 Sobald du
ein Geräusch hörst, wie wenn jemand durch die Baum-
wipfel schreitet, schlägst du los. Denn dann weißt du,
dass ich vor dir her in die Schlacht gezogen bin, um
das Heer der Philister zu besiegen.« 25 David befolgte
die Weisung des HERRN. Er besiegte die Philister und
trieb sie von Geba bis nach Geser zurück.

DAVID HOLT DIE BUNDESLADE NACH JERUSALEM

6 David rief die Elite der wehrfähigen jungen Män-
ner Israels zusammen, etwa 30 000 Mann, 2 und
zog mit ihnen nach Baala im Gebiet des Stammes Juda.
Von dort wollte er die Lade Gottes nach Jerusalem ho-
len – die Bundeslade, die dem HERRN, dem Herrscher
der Welt, geweiht ist, der über den Kerubim thront.
3-4 Sie luden die Lade Gottes auf einen Wagen, der
neu und noch völlig unbenutzt war. So brachten sie
die Lade aus dem Haus Abinadabs fort, das auf der
Anhöhe steht. Usa und Achjo, die Söhne Abinadabs,
lenkten den Wagen mit der Lade Gottes, wobei Achjo
vor der Lade herging. 5 David und die Männer Israels
spielten zur Ehre des HERRN auf Schlaghölzern, Zi-
thern und Harfen, auf Handpauken, Schellen und
Zimbeln. 6 Als sie zum Dreschplatz Nachons kamen,
drohten die vorgespannten Rinder den Wagen umzu-
werfen. Usa griff nach der Lade, um sie festzuhalten.
7 Da wurde der HERR zornig auf Usa und tötete ihn,
weil er so gedankenlos gehandelt hatte; er starb an
Ort und Stelle neben der Lade. 8 David war wütend,
weil der HERR ihn so aus dem Leben gerissen hatte.
Darum nannte er den Platz Perez-Usa (Usa-Riss) und
so heißt er bis heute. 9 David bekam aufgrund dieses
Vorfalls Angst vor dem HERRN. »Es ist ein vermesse-
ner Gedanke, die Lade des HERRN zu mir zu holen«,
sagte er sich 10 und gab den Plan auf, sie zu sich in die
Davidsstadt zu bringen. Er leitete sie stattdessen um
in das Haus Obed-Edoms, der aus Gat stammte. 11 Dort
blieb sie drei Monate stehen. Der HERR aber segnete
Obed-Edom und sein ganzes Haus. 12 Als der König da-
von erfuhr, dass der HERR wegen der Lade Obed-Edom
mit Glück und Wohlstand gesegnet hatte, ging er hin,
um sie in einer feierlichen Prozession aus dem Haus
Obed-Edoms in die Davidsstadt zu überführen. 13 Als
die Träger der Lade des HERRN die ersten sechs Schritte
zurückgelegt hatten, ließ David sie anhalten und op-
ferte ein Rind und ein Mastkalb. 14 Unterwegs tanzte
er mit ganzer Hingabe vor dem HERRN und seiner Lade
her. Er hatte nur einen leinenen Priesterschurz an. 15 So
überführten David und die Männer aus ganz Israel die
Lade des HERRN unter Jubelgeschrei und dem Schall
der Widderhörner nach Jerusalem.

WAS DAVID UNTER EHRE VERSTEHT

16 Als die Bundeslade in die Davidsstadt getragen
wurde, stand Davids Frau Michal, die Tochter Sauls,
am Fenster. Sie fand es unpassend, dass David als
König vor dem HERRN her tanzte und hüpfte, und sie
verachtete ihn in ihrem Herzen. 17 Die Lade des HERRN
wurde in das Zelt gebracht, das David für sie errichtet
hatte, und an den vorgesehenen Platz gestellt. Der
König opferte Brandopfer und schlachtete Tiere für
das Opfermahl. 18 Nach dem Mahl segnete er das Volk
im Namen des HERRN, des Herrschers der Welt. 19 Alle
aus Israel, die dabei gewesen waren, die ganze große
Menge, Männer wie Frauen, bekamen ein Ringbrot
und je eine Portion zusammengepresste Datteln und
Rosinen mit auf den Heimweg. 20 Auch David ging
nach Hause, um seine Familie zu begrüßen. Michal,
die Tochter Sauls, kam ihm entgegen und spottete:
»Heute hat der König von Israel aber Ehre eingelegt!
Vor den Frauen seiner Diener hat er sich schamlos ent-
blößt, wie es nur das niedrigste Gesindel tut!« 21 Doch
David erwiderte ihr: »Zur Ehre des HERRN habe ich
es getan! Er hat mich deinem Vater und allen seinen
Nachkommen vorgezogen und mich zum Anführer
seines Volkes Israel gemacht. Deshalb will ich auch
künftig zu seiner Ehre tanzen und springen 22 und mich
noch tiefer erniedrigen als diesmal. Ich will mich selbst
für gering halten; aber die Frauen, die mich nach deiner
Meinung verachten müssen, die werden es verstehen
und mir Ehre erweisen.« 23 Michal aber, die Tochter
Sauls, blieb ihr Leben lang kinderlos.

ZUSAGE EINES EWIGEN KÖNIGTUMS AN DAVID

7 König David wohnte in Frieden in seinem Palast.
Der HERR hielt alle Feinde von ihm fern. 2 Da sagte
der König eines Tages zu dem Propheten Natan: »Ich
wohne hier in einem Palast aus Zedernholz und die
Lade Gottes steht in einem Zelt. Ist das in Ordnung?«
3 Natan bestärkte den König und sagte zu ihm: »Mach
dich nur ans Werk und führe aus, was du im Herzen
bewegst! Der HERR wird dir beistehen.« 4 Aber in der
folgenden Nacht erging das Wort des HERRN an Na-
tan, er sagte zu ihm: 5 »Geh zu meinem Diener David
und richte ihm aus: ›So spricht der HERR: *Du* willst mir
ein Haus bauen, in dem ich wohnen soll? 6 Seit ich
die Israeliten aus Ägypten herausgeführt und in die-
ses Land gebracht habe, habe ich noch nie in einem
Haus gewohnt. Bis heute bin ich stets mit einem Zelt
als Wohnung umhergezogen. 7 Während der ganzen
Zeit, in der ich bei den Israeliten von Stamm zu Stamm
gezogen bin, habe ich doch niemals gesagt: Warum
baut ihr mir kein Haus aus Zedernholz? Von keinem

der Stämme, denen ich aufgetragen hatte, mein Volk
Israel zu schützen und zu führen, habe ich je so etwas
verlangt.‹ 8 Darum sollst du meinem Diener David aus-
richten: ›So spricht der HERR, der Herrscher der Welt:
Ich habe dich von der Schafherde weggeholt und zum
Herrscher über mein Volk Israel gemacht. 9 Bei allem,
was du unternommen hast, habe ich dir geholfen und
habe alle deine Feinde vernichtet. Ich habe dich be-
rühmt gemacht und du wirst zu den Großen der Erde
gezählt. 10 Meinem Volk Israel habe ich eine Heimat
gegeben, ein Land, in dem es sicher leben kann und
sich nicht mehr vor Unterdrückern fürchten muss wie
früher, 11 auch noch zu der Zeit, als ich Richter über
mein Volk berief. Dir aber habe ich Ruhe verschafft und
deine Feinde von dir ferngehalten. Und nun kündige
ich, der HERR, dir an, dass *ich dir* ein Haus bauen werde,
nicht du mir! 12 Wenn deine Zeit abgelaufen ist und
du stirbst, werde ich dafür sorgen, dass einer deiner
Söhne dir auf dem Königsthron folgt. 13 Der wird dann
ein Haus für mich bauen und ich werde seine Herr-
schaft und die seiner Nachkommen für alle Zeiten fest
begründen. 14 Ich will sein Vater sein und er soll mein
Sohn sein. Wenn er sich verfehlt, werde ich ihn nach
Menschenmaß bestrafen wie ein irdischer Vater seinen
Sohn; 15 aber meine Liebe will ich ihm nicht entziehen,
wie ich sie Saul entzogen habe. Ihn habe ich verstoßen
und dich an seiner Stelle zum König gemacht. 16 Dein
Königshaus und deine Königsherrschaft werden vor
mir für immer Bestand haben; dein Thron wird für alle
Zeiten feststehen.‹«

DAVIDS DANKGEBET

17 Natan sagte David alles, was der HERR ihm offenbart
und für David aufgetragen hatte. 18 Da ging der König
in das Zelt des HERRN, kniete vor dem HERRN nieder
und betete: »HERR, du mächtiger Gott, ich bin es nicht
wert, dass du mich und meine Familie so weit gebracht
hast! 19 Aber das war in deinen Augen noch zu wenig,
HERR, du mächtiger Gott: Du hast Zusagen gemacht,
die noch meinen fernsten Nachkommen gelten. 20 Ich
brauche dir nichts weiter zu sagen, du kennst meine
innersten Gedanken, HERR, du mächtiger Gott! 21 Weil
du es zugesagt hattest und weil es dein Wille war, hast
du all dies Große getan und es mich, deinen Diener,
wissen lassen. 22 HERR, du mächtiger Gott, wie groß
bist du! Niemand ist dir gleich. Alles, was wir je gehört
haben, bestätigt: Es gibt keinen Gott außer dir. 23 Und
welches andere Volk auf der Erde gleicht deinem Volk
Israel? Wo hat je ein Gott so viel für ein Volk getan: es
aus der Sklaverei befreit und zu seinem Eigentum er-
klärt, ihm einen großen Namen gemacht und solche
mächtigen, furchterregenden Taten für es vollbracht!
Aus Ägypten hast du es herausgeholt und hast andere
Völker und ihre Götter vor ihm vertrieben. 24 Du hast
Israel auf ewig zu deinem Volk gemacht, HERR, und bist
sein Gott geworden. 25 Lass die Zusage, die du mir, dei-
nem Diener, und allen meinen Nachkommen gegeben
hast, für alle Zeiten gültig bleiben! Erfülle, was du ver-
sprochen hast! 26 Dann wird dein Name zu allen Zeiten
gerühmt werden und die Menschen werden sagen:
›Der HERR, der Herrscher der Welt, ist der Gott Israels!‹
Und auch das Königshaus deines ergebenen Dieners
wird vor dir Bestand haben. 27 HERR, du Herrscher der
Welt und Gott Israels, ich habe mir ein Herz gefasst, so
zu dir zu beten, weil du mir, deinem Diener, das Ohr ge-
öffnet und mir zugesprochen hast: ›Ich will dir ein Haus
bauen.‹ 28 Nun, HERR, du mächtiger Gott, du allein bist
wirklich Gott und auf deine Worte ist Verlass. Du hast
mir all dies Gute versprochen. 29 Darum bitte ich dich:
Segne mein Königshaus, damit es für immer vor deinen
Augen Bestand hat und zu allen Zeiten einer meiner
Nachkommen auf meinem Thron sitzt. HERR, du mäch-
tiger Gott, du hast es zugesagt und durch deinen Segen
wird mein Haus für immer gesegnet sein.«

DAVID UNTERWIRFT DIE NACHBARVÖLKER

8 Einige Zeit später griff David erneut die Philister
an. Er zwang sie in die Knie und beseitigte endgül-
tig ihre Herrschaft über das Gebiet Israels. 2 Danach
besiegte David die Moabiter. Die Gefangenen mussten
sich nebeneinander auf die Erde legen und er ließ die
Messschnur über Tod und Leben entscheiden. Man
maß jeweils zwei Schnurlängen ab; wer darunter fiel,
wurde getötet – und dann eine Schnurlänge; wer dar-
unter fiel, blieb am Leben. David machte die Moabiter
zu seinen Untertanen und zwang sie, ihm regelmäßig
Tribut zu zahlen. 3 Dann besiegte David den König von
Zoba, Hadad-Eser, den Sohn Rehobs. Der war gerade
ausgezogen, um seine Macht im Gebiet am oberen
Eufrat wiederherzustellen. 4 David nahm von seinem
Heer 1700 Wagenkämpfer und 20 000 Fußsoldaten
gefangen. Den Zugpferden der Streitwagen ließ er
die Fußsehnen durchschneiden, um sie zu lähmen; nur
hundert verschonte er. 5 Als die Syrer von Damaskus
König Hadad-Eser von Zoba zu Hilfe eilten, besiegte
David auch sie und tötete von ihnen 22 000 Mann. 6 Er
legte Besatzungen in ihre Städte, machte sie zu seinen
Untertanen und zwang sie, ihm regelmäßig Tribut zu
zahlen. Der HERR stand David zur Seite und ließ ihm
alles gelingen, was er unternahm. 7 David erbeutete
auch die goldenen Köcher, die Hadad-Esers hohe Of-
fiziere getragen hatten, und ließ sie nach Jerusalem
schaffen. 8 In den Städten Tebach und Berotai, die zu
Hadad-Esers Gebiet gehörten, fielen ihm große Men-
gen von Bronze in die Hände. 9 Als Toï, der König von
Hamat, erfuhr, dass David die ganze Streitmacht Ha-
dad-Esers vernichtend geschlagen hatte, 10 schickte
er seinen Sohn Hadoram zu König David. Er ließ ihn
grüßen und beglückwünschte ihn zu seinem Sieg.
Hadad-Eser nämlich hatte ständig gegen Toï Krieg
geführt. Hadoram brachte David als Geschenk Ge-
räte aus Gold, Silber und Bronze. 11 König David weihte
alle diese Geräte dem HERRN, ebenso wie das Silber
und das Gold, das von den Völkern kam, die er unter-
worfen hatte, 12 von den Edomitern, Moabitern und
Ammonitern, den Philistern und Amalekitern und auch
von Hadad-Eser. 13 Davids Ruhm wurde noch größer,
als er von seinem Sieg über die Edomiter im Salztal

zurückkam; 18 000 Mann hatte der Feind verloren.
14 Im ganzen Land Edom setzte er Statthalter ein und
machte die Bewohner zu seinen Untertanen. Der HERR
stand David zur Seite und ließ ihm alles gelingen, was
er unternahm.

DAVIDS OBERSTE BEAMTE

15 Als König über ganz Israel regierte David gerecht
und sorgte in seinem ganzen Volk für Recht und Ge-
rechtigkeit. 16 Joab, der Sohn der Zeruja, war obers-
ter Befehlshaber über das Heer. Joschafat, der Sohn
Ahiluds, war Kanzler. 17 Zadok, der Sohn Ahitubs, und
Ahimelech, der Sohn Abjatars, waren Priester. Seraja
war Staatsschreiber. 18 Benaja, der Sohn von Jojada, be-
fehligte die Leibgarde Davids. Auch die Söhne Davids
waren Priester.

DAVID KÜMMERT SICH UM DIE NACHKOMMEN SAULS

9 Eines Tages fragte David: »Ist eigentlich von Sauls
Familie noch jemand am Leben? Ich möchte dem
Betreffenden eine Gunst erweisen – meinem verstor-
benen Freund Jonatan zuliebe.« 2 Nun gab es da einen
Diener, der im Hausstand Sauls eine bedeutende Stel-
lung gehabt hatte; er hieß Ziba. Sie holten ihn zu David
und der König fragte ihn: »Bist du Ziba?« »Ja«, sagte
er, »dein gehorsamer Diener!« 3 Der König fragte ihn:
»Ist denn von Sauls Familie noch jemand am Leben?
Ich würde ihm gerne eine Gunst erweisen, so wie Gott
das tut.« Ziba antwortete: »Es gibt noch einen Sohn
Jonatans. Er ist an beiden Füßen gelähmt.« 4 »Wo ist
er?«, fragte der König. »In Lo-Dabar, im Haus von Ma-
chir, dem Sohn Ammiëls«, antwortete Ziba. 5 König
David schickte nach Lo-Dabar und ließ ihn aus dem
Haus Machirs holen. 6 Als Merib-Baal, der Sohn Jo-
natans und Enkel Sauls, eintraf, warf er sich vor David
nieder, das Gesicht zur Erde, und erwies ihm die ge-
bührende Ehre. »Du bist also Merib-Baal!«, sprach
David ihn an und er antwortete: »Ja, dein gehorsamer
Diener!« 7 »Hab keine Angst«, sagte David, »ich will dir
eine Gunst erweisen deinem Vater Jonatan zuliebe. Ich
werde dir allen Landbesitz zurückgeben, der einst dei-
nem Großvater Saul gehört hat. Und du darfst immer
an meinem Tisch essen.« 8 Merib-Baal warf sich erneut
zu Boden und sagte: »Ich bin es nicht wert, dass du
mir deine Gnade zuwendest. Ich bin doch nicht mehr
als ein toter Hund!« 9 Der König aber rief Ziba, den
Diener Sauls, und sagte zu ihm: »Alles, was Saul und
seiner Familie gehört hat, gebe ich Merib-Baal, dem
Enkel deines Herrn. 10 Du wirst mit deinen Söhnen und
Knechten für ihn die Felder bestellen und die Ernte
einbringen, damit dein Herr einen angemessenen Le-
bensunterhalt hat. Merib-Baal selbst, der Sohn deines
Herrn, wird immer an meinem Tisch essen.« Ziba hatte
fünfzehn Söhne und zwanzig Knechte. 11 Er antwortete:
»Ich will alles so machen, wie mein Herr und König es
befiehlt.« Merib-Baal wurde also an Davids Tafel ver-
sorgt wie einer der Königssöhne. 12 Er hatte übrigens
einen kleinen Sohn namens Micha. Alle Angehörigen
der Familie Zibas wurden zu Dienern Merib-Baals. 13 Er
wohnte in Jerusalem, denn er war ständiger Gast an
der Tafel des Königs. Er war an beiden Füßen gelähmt.

DER AMMONITERKÖNIG BELEIDIGT DAVIDS BOTEN

10 Einige Zeit danach starb der Ammoniterkönig
Nahasch und sein Sohn Hanun wurde König.
2 David dachte: »Sein Vater stand mit mir in freund-
schaftlichen Beziehungen; ich will mit Hanun, seinem
Sohn, auch gute Beziehungen pflegen.« So schickte er
Gesandte hin, die sein Beileid aussprechen sollten. Als
die Gesandten im Ammoniterland ankamen, 3 redeten
die führenden Männer der Ammoniter ihrem Herrn,
dem neuen König, ein: »Glaubst du wirklich, dass
David seine Gesandten nur geschickt hat, um deinen
Vater zu ehren und dir sein Beileid auszusprechen?
Er will bestimmt unsere Hauptstadt auskundschaften
lassen, damit er sie zerstören kann.« 4 Da ließ Hanun
die Gesandten Davids ergreifen und ihnen den halben
Bart und die Kleider unten bis zum Gesäß abschnei-
den. So schickte er sie zurück. 5 Als es David gemel-
det wurde, schickte er ihnen Boten entgegen. Weil
sie so schwer geschändet waren, ließ er ihnen sagen:
»Bleibt in Jericho und kommt erst zurück, wenn euer
Bart nachgewachsen ist!«

DER SIEG ÜBER DIE VERBÜNDETEN AMMONITER UND SYRER

6 Als die Ammoniter merkten, dass sie David tödlich
beleidigt hatten, warben sie 20 000 Syrer von Bet-Re-
hob und Zoba an sowie 12 000 Mann von Tob und den
König von Maacha mit 1000 Mann. 7 David erfuhr von
diesen Kriegsvorbereitungen und ließ Joab mit seinen
erfahrenen Kriegsleuten ausrücken. 8 Die Ammoni-
ter bezogen Stellung vor dem Tor ihrer Hauptstadt
Rabba, während die Syrer aus Zoba und Rehob so-
wie die Söldner von Tob und Maacha sich in einiger
Entfernung im offenen Feld zum Kampf aufstellten.
9 Als Joab sah, dass die Feinde ihn von vorn und von
hinten bedrohten, wählte er seine besten Leute aus,
um sich mit ihnen den Syrern entgegenzustellen. 10 Die
übrigen sollten unter dem Befehl seines Bruders Abi-
schai gegen die Ammoniter kämpfen. 11 Joab sagte zu
Abischai: »Wenn die Syrer mir zu stark werden, dann
komm und hilf mir! Und wenn dir die Ammoniter zu
stark werden, komme *ich* dir zu Hilfe. 12 Nur Mut! Lass
uns tapfer und unerschrocken für unser Volk und für
die Städte unseres Gottes kämpfen. Der HERR wird der
Sache den Ausgang geben, der ihm gefällt.« 13 Joab
schlug mit seinen Leuten los und die Syrer ergriffen
vor ihm die Flucht. 14 Als die Ammoniter es sahen,
ergriffen auch sie die Flucht vor Abischai und zogen
sich in die Stadt zurück. Nach diesem Sieg kämpfte
Joab nicht weiter gegen die Ammoniter und kehrte
nach Jerusalem zurück. 15 Als die Syrer sahen, dass
die Israeliten sie geschlagen hatten, zogen sie alle ihre
Truppen zusammen. 16 König Hadad-Eser ließ auch die
syrischen Truppen von jenseits des Eufrats anrücken.

Unter dem Befehl seines Heerführers Schobach zogen
sie nach Helam. 17 Als David davon hörte, rief er alle
wehrfähigen Männer Israels zusammen, überquer-
te mit ihnen den Jordan und zog nach Helam. Dort
stellten sich ihm die Syrer entgegen und es kam zur
Schlacht. 18 Die Männer Israels schlugen das syrische
Heer in die Flucht. David und die Israeliten vernichte-
ten 700 Streitwagen samt den Pferdegespannen und
Besatzungen und töteten 40 000 Mann vom Fußvolk.
Der Heerführer Schobach wurde so schwer verwun-
det, dass er noch auf dem Schlachtfeld starb. 19 Die
Könige, die bisher unter der Oberherrschaft Hadad-
Esers gestanden hatten, sahen, dass sie besiegt waren;
sie unterwarfen sich den Israeliten und wurden ihnen
tributpflichtig. Die Syrer aber wagten es nicht, den
Ammonitern noch einmal zu helfen.

DAVIDS EHEBRUCH MIT BATSEBA

11 Im folgenden Frühjahr, um die Zeit, wenn die
Könige in den Krieg ziehen, schickte David
Joab mit seinen Kriegsleuten und dazu das ganze
Heer Israels von Neuem in den Kampf. Sie setzten
den Ammonitern schwer zu und belagerten ihre
Hauptstadt Rabba. David selbst blieb in Jerusalem.
2 An einem Spätnachmittag erhob sich David von der
Mittagsruhe und ging auf dem flachen Dach des Kö-
nigspalastes auf und ab. Da sah er im Hof des Nach-
barhauses eine Frau, die gerade badete. Sie war sehr
schön. 3 David ließ einen Diener kommen und erkun-
digte sich, wer sie sei. Man sagte ihm: »Das ist doch
Batseba, die Tochter Ammiëls und Frau des Hetiters
Urija.« 4 David schickte Boten hin und ließ sie holen.
Sie kam zu ihm und er schlief mit ihr. Sie hatte gerade
die Reinigung nach ihrer monatlichen Blutung vorge-
nommen. Danach kehrte sie wieder in ihr Haus zurück.
5 Die Frau wurde schwanger und ließ David ausrichten:
»Ich bin schwanger geworden!« 6 Da sandte er einen
Boten zu Joab mit dem Befehl: »Schick mir den Hetiter
Urija her!« Und Joab schickte ihn zu David. 7 Als Urija
kam, erkundigte sich David, ob es Joab gut gehe und
den Kriegsleuten gut gehe und ob die Kampfhand-
lungen erfolgreich verliefen. 8 Dann sagte er zu ihm:
»Geh jetzt nach Hause und ruh dich aus!« Als Urija
den Palast verließ, wurde ein königliches Ehrenge-
schenk hinter ihm hergetragen. 9 Doch Urija ging nicht
in sein Haus, sondern übernachtete mit den anderen
Dienern seines Herrn am Tor des Königspalastes. 10 Als
David gemeldet wurde: »Urija ist nicht nach Hause ge-
gangen«, fragte er ihn: »Warum gehst du nicht nach
Hause? Du hast doch einen langen Weg hinter dir?«
11 Urija antwortete: »Die Männer Israels und Judas
stehen im Feld und auch die Bundeslade hat nur ein
Zeltdach über sich; mein Befehlshaber Joab und seine
Offiziere lagern auf dem bloßen Boden. Und da soll ich
nach Hause gehen, essen und trinken und mit mei-
ner Frau schlafen? So gewiss du lebst: Das werde ich
nicht tun!« 12-13 David sagte: »Bleib noch einen Tag
hier; morgen lasse ich dich gehen!« Urija blieb den Tag
in Jerusalem. Am nächsten Tag lud David ihn an seine
Tafel. Er machte ihn betrunken, aber wieder ging Urija
am Abend nicht nach Hause, sondern legte sich bei den
anderen Dienern seines Herrn schlafen.

DAVIDS MORD AN URIJA

14 Am nächsten Morgen schrieb David einen Brief an
Joab und ließ ihn durch Urija überbringen. 15 Darin
stand: »Stellt Urija in die vorderste Linie, wo der Kampf
am härtesten ist! Dann zieht euch plötzlich von ihm
zurück, sodass er erschlagen wird und den Tod fin-
det.« 16 Joab wusste, wo die Gegner ihre tapfersten
Kämpfer hatten. Als nun die Israeliten die Stadt wei-
ter belagerten, stellte er Urija genau an diese Stelle.
17 Einmal machten dort die Belagerten einen Ausfall
und lieferten Joab ein Gefecht, bei dem einige von
Davids Leuten fielen. Auch Urija fand dabei den Tod.
18 Joab meldete David den Verlauf des Gefechts. 19 Er
schärfte dem Boten ein: »Wenn du den ganzen Her-
gang berichtet hast, 20 wird der König vielleicht zornig
und fragt dich: ›Warum seid ihr beim Kampf so nahe
an die Stadt herangegangen? Ihr wisst doch, dass von
der Mauer heruntergeschossen wird! 21 Habt ihr ver-
gessen, wie es Abimelech, dem Sohn Jerubbaals, vor
Tebez erging, als eine Frau den Mahlstein einer Hand-
mühle von der Mauer warf, der ihn erschlug? Warum
seid ihr so nahe an die Mauer herangerückt?‹ Dann
sollst du sagen: ›Auch dein Diener Urija, der Hetiter,
ist ums Leben gekommen.‹« 22 Der Bote ging zu David
und meldete ihm alles, was Joab ihm aufgetragen hatte.
23 Er berichtete: »Die Feinde waren stärker als wir, sie
machten einen Ausfall und griffen uns auf offenem Feld
an. Doch wir drängten sie bis dicht an das Stadttor zu-
rück. 24 Da schossen die Bogenschützen von der Mauer
auf uns herunter. Einige von deinen Leuten fielen, auch
dein Diener Urija, der Hetiter, fand dabei den Tod.«
25 David befahl dem Boten: »Sag Joab von mir: ›Nimm
die Sache nicht so schwer! Das Schwert holt sich bald
diesen, bald jenen. Nur Mut! Kämpfe noch entschie-
dener gegen die Stadt, bis sie zerstört ist!‹ So sollst du
ihm Mut machen.« 26 Als die Frau Urijas hörte, dass
ihr Mann gefallen war, hielt sie für ihn die Totenklage.
27 Nach Ablauf der Trauerzeit holte David sie zu sich
in seinen Palast und heiratete sie. Sie gebar ihm einen
Sohn. Doch dem HERRN missfiel, was David getan hatte.

DAVID MUSS SICH SELBST DAS URTEIL SPRECHEN

12 Deshalb sandte der HERR den Propheten Natan
zu David. Natan ging zum König und sagte: »Ich
muss dir einen Rechtsfall vortragen: Zwei Männer leb-
ten in derselben Stadt. Der eine war reich, der andere
arm. 2 Der Reiche besaß eine große Zahl von Schafen
und Rindern. 3 Der Arme hatte nichts außer einem ein-
zigen kleinen Lämmchen. Er hatte es gekauft und zog
es zusammen mit seinen Kindern bei sich auf. Es aß
von seinem Brot, trank aus seinem Becher und schlief
in seinem Schoß. Er hielt es wie eine Tochter. 4 Eines
Tages bekam der reiche Mann Besuch. Er wollte keines
von seinen eigenen Schafen oder Rindern für seinen

Gast hergeben. Darum nahm er dem Armen das Lamm
weg und setzte es seinem Gast vor.« 5 David brach in
heftigen Zorn aus und rief: »So gewiss der HERR lebt:
Der Mann, der das getan hat, muss sterben! 6 Und das
Lamm muss er vierfach ersetzen – als Strafe dafür, dass
er diese Untat begangen und kein Mitleid gehabt hat!«
7 »*Du* bist der Mann!«, sagte Natan zu David. »Und so
spricht der HERR, der Gott Israels: ›Ich habe dich zum
König über Israel gesalbt und dich vor den Nachstel-
lungen Sauls gerettet. 8 Ich habe dir den ganzen Besitz
deines Herrn gegeben, habe seine Frauen in deinen
Schoß gelegt und dich zum König über Juda und Israel
gemacht. Und wenn das noch zu wenig war, hätte ich
dir noch dies und das geben können. 9 Warum hast du
meine Gebote missachtet und getan, was mir missfällt?
Du hast den Hetiter Urija auf dem Gewissen, durch das
Schwert der Ammoniter hast du ihn umbringen lassen
und dann hast du dir seine Frau genommen. 10 Genauso
wird nun das Schwert sich in aller Zukunft in deiner
Familie Opfer suchen, weil du mich missachtet und die
Frau des Hetiters zu deiner Frau gemacht hast.‹« 11 Und
auch das sagte Natan noch: »So spricht der HERR: ›Aus
deiner eigenen Familie lasse ich Unglück über dich
kommen. Du wirst mit ansehen müssen, wie ich dir
deine Frauen wegnehme und sie einem anderen gebe,
der am helllichten Tag mit ihnen schlafen wird. 12 Was
du heimlich getan hast, will ich im Licht des Tages ge-
schehen lassen und ganz Israel wird es sehen.‹«

DAVID MUSS DIE FOLGEN TRAGEN

13 David sagte zu Natan: »Ich bekenne mich schuldig
vor dem HERRN!« Natan erwiderte: »Auch wenn der
HERR über deine Schuld hinwegsieht und du nicht ster-
ben musst – 14 der Sohn, den dir Batseba geboren hat,
muss sterben, weil du mit deiner Untat den HERRN
verhöhnt hast!« 15 Dann ging Natan nach Hause. Der
HERR aber ließ das Kind, das Urijas Frau geboren hatte,
schwer krank werden. 16 David flehte Gott an, es am
Leben zu lassen. Er rührte kein Essen an und legte sich
nachts zum Schlafen auf den nackten Boden. 17 Die
vertrautesten unter seinen Hofleuten gingen zu ihm
und wollten ihn aufheben und ins Bett bringen, aber
er ließ es nicht zu und aß auch nicht mit ihnen. 18 Nach
einer Woche starb das Kind. Keiner von Davids Die-
nern wagte ihm zu sagen, dass es tot war. »Schon als
das Kind noch lebte, wollte er sich nicht trösten las-
sen«, sagten sie zueinander. »Wenn er nun erfährt,
dass es gestorben ist, wird es für uns gefährlich!«
19 Als David merkte, dass seine Diener miteinander
flüsterten, wurde ihm klar, was geschehen war. »Ist
das Kind tot?«, fragte er. »Ja«, antworteten sie. 20 Da
stand David vom Boden auf, wusch und salbte sich
und zog frische Kleider an. Dann ging er ins Heiligtum
und warf sich vor dem HERRN nieder. Wieder in seinen
Palast zurückgekehrt, ließ er sich etwas zu essen brin-
gen. 21 Seine Leute fragten ihn: »Wie sollen wir das
verstehen? Als das Kind noch lebte, hast du geweint
und gefastet, und nun, wo es gestorben ist, stehst du
auf und isst!« 22 Doch David sagte: »Solange das Kind
noch lebte, habe ich gefastet und geweint, weil ich
dachte: Vielleicht hat der HERR doch noch Erbarmen
mit mir und lässt es am Leben. 23 Aber nun ist es tot;
was soll ich mich da noch kasteien? Ich kann es ja doch
nicht wieder zum Leben erwecken. Ich folge ihm ein-
mal nach – aber zu mir kommt es nicht mehr zurück.«
24 Dann ging David zu Batseba, seiner Frau, und trös-
tete sie. Er schlief mit ihr und sie bekam wieder einen
Sohn. David gab ihm den Namen Salomo. Der HERR
wandte dem Kind seine Liebe zu. 25 Das ließ er David
durch den Propheten Natan mitteilen. Der gab ihm
den Namen Jedidja, weil der HERR es so gesagt hatte.

DIE UNTERWERFUNG DER AMMONITER

26 Joab setzte den Kampf gegen Rabba, die Hauptstadt
der Ammoniter, fort und eroberte den unteren Stadt-
teil. 27 Dann schickte er Boten zu David und ließ ihm
melden: »Ich habe zum Sturm auf Rabba angesetzt, die
Unterstadt am Fluss ist bereits gefallen. 28 Komm nun
mit dem Rest der wehrfähigen Männer Israels hierher
und nimm selbst die Oberstadt ein, damit nicht ich als
Eroberer der Stadt gelte!« 29 David bot alle Männer
Israels auf, zog mit ihnen vor Rabba, griff die Stadt an
und eroberte sie. 30 Dem ammonitischen Gott Milkom
nahm er die Krone vom Haupt. Sie wog einen Zentner
und bestand ganz aus Gold und Edelsteinen. David
selbst wurde nun mit ihr gekrönt. Außerdem nahm
er aus der Stadt reiche Beute mit. 31 Die Männer der
Stadt führte er weg und ließ sie schwere Arbeiten
verrichten – mit Steinsägen, mit eisernen Picken, eiser-
nen Äxten und an den Ziegelformen. Ebenso verfuhr
David mit den anderen Städten der Ammoniter und
ihren Bewohnern. Dann kehrte er mit dem ganzen Heer
nach Jerusalem zurück.

DER KRONPRINZ AMNON VERGEWALTIGT TAMAR, DIE SCHWESTER SEINES RIVALEN ABSCHALOM

13 Danach geschah Folgendes: Davids Sohn Ab-
schalom hatte eine Schwester namens Tamar.
Sie war sehr schön und ihr Halbbruder Amnon, einer
der anderen Söhne Davids, verliebte sich in sie. 2 Er war
ganz niedergedrückt und wurde fast krank ihretwe-
gen; sie war nämlich noch Jungfrau und er sah keine
Möglichkeit, sich ihr zu nähern. 3 Nun hatte Amnon
einen Freund namens Jonadab. Er war ein Sohn von
Davids Bruder Schima und wusste in jeder Lage einen
Rat. 4 Er sagte zu Amnon: »Warum bist du Morgen für
Morgen so niedergeschlagen, Prinz? Willst du mir
nicht sagen, was dich bedrückt?« »Ich bin verliebt
in Tamar, die Schwester meines Bruders Abschalom«,
erwiderte er. 5 Jonadab riet ihm: »Du legst dich ins Bett
und stellst dich krank. Wenn dein Vater nach dir sieht,
dann sagst du zu ihm: ›Meine Schwester Tamar soll
kommen und mir etwas Stärkendes zu essen geben.
Hier vor meinen Augen soll sie es zubereiten, damit
ich zusehen kann. Dann soll sie selbst es mir reichen.‹«
6 Amnon legte sich also hin und stellte sich krank, und
als der König ihn besuchte, sagte er zu ihm: »Meine

Schwester Tamar soll kommen und hier vor meinen
Augen ein paar Küchlein backen; von ihrer Hand werde
ich sie essen.« 7 David schickte jemand zu Tamar ins
Haus und ließ ihr sagen: »Geh ins Haus deines Bruders
Amnon und mach ihm etwas Stärkendes zu essen!«
8 So ging Tamar ins Haus ihres Bruders Amnon; er lag im
Bett. Sie nahm Teig, knetete ihn, formte Küchlein dar-
aus und backte sie in der Pfanne. Amnon konnte ihr da-
bei vom Nebenraum aus zusehen. 9 Dann nahm sie die
Pfanne und schüttete die Speise auf einen Teller. Aber
er weigerte sich zu essen. »Die anderen sollen erst hin-
ausgehen«, verlangte er. Als alle fort waren, 10 sagte
er zu Tamar: »Bring mir die Speise ins Schlafzimmer!
Ich mag nur essen, wenn du sie mir mit eigener Hand
gibst.« Tamar nahm die Küchlein, die sie gebacken
hatte, und brachte sie ihrem Bruder ans Bett. 11 Als sie
ihm aber etwas davon reichte, packte er sie und sagte:
»Komm, Schwester, leg dich zu mir!« 12 »Nein, Bruder,
tu mir nicht Gewalt an!«, wehrte sie sich. »Das darf
in Israel nicht geschehen! Begeh nicht eine solche
Schandtat! 13 Was soll aus mir werden, wenn du mich
so entehrst? Und du selbst würdest in Israel wie einer
von den gottvergessenen Schurken dastehen. Sprich
doch mit dem König! Er wird mich dir sicher zur Frau
geben.« 14 Doch Amnon wollte nicht auf sie hören. Er
fiel über sie her und vergewaltigte sie. 15 Hinterher
aber empfand er eine solche Abneigung gegen das
Mädchen, dass er es nicht mehr ausstehen konnte.
Sein Abscheu war größer, als vorher sein Verlangen
gewesen war. »Steh auf! Mach, dass du fortkommst!«,
sagte er zu ihr. 16 »Nein, jag mich nicht weg!«, flehte
sie ihn an. »Das wäre ein noch größeres Unrecht als
das erste.« Aber Amnon wollte nicht auf sie hören.
17 Er rief seinen engsten Diener und befahl ihm: »Wirf
mir die da hinaus und verriegle die Tür hinter ihr!«
18 Tamar hatte ein Gewand mit langen Ärmeln an, wie
es die unverheirateten Königstöchter trugen. Als
der Diener sie hinauswarf und die Tür hinter ihr ver-
schloss, 19 streute sie sich Staub aufs Haar, zerriss das
Ärmelkleid, legte die Hand auf den Kopf und lief laut
weinend davon. 20 Als sie zu ihrem Bruder Abschalom
kam, fragte er sie: »Hat Amnon dir etwas angetan?
Sprich nicht darüber, er ist schließlich dein Bruder!
Nimm es nicht zu schwer.« So blieb Tamar im Haus
ihres Bruders Abschalom und lebte dort einsam, von
jedem weiteren Umgang ausgeschlossen. 21 Als König
David erfuhr, was geschehen war, wurde er sehr zornig.
Aber er bestrafte Amnon nicht, denn er liebte ihn, weil
er sein erstgeborener Sohn war. 22 Abschalom aber
sprach kein Wort mehr mit Amnon; so sehr hasste er
ihn, weil er seine Schwester Tamar vergewaltigt hatte.

ABSCHALOM RÄCHT SICH AN AMNON

23 Zwei Jahre später hielt Abschalom Schafschur in
Baal-Hazor in der Nähe der Stadt Efraïm und lud dazu
alle Königssöhne ein. 24 Er ging zu König David und
sagte: »Mein Herr und König, bei mir ist gerade Schaf-
schur. Darf ich den König und seine engsten Vertrauten
einladen, sie mit mir zu feiern?« 25 »Aber nein, mein
Sohn«, erwiderte der König. »Es wären zu viele, wenn
wir alle kämen. Wir wollen dir nicht zur Last fallen.«
Abschalom wiederholte seine Bitte und drängte den
König, aber der ließ sich nicht umstimmen und ent-
ließ ihn mit einem Segenswunsch. 26 Doch Abschalom
blieb hartnäckig. »Kann nicht wenigstens mein Bruder
Amnon mitkommen?«, sagte er. »Warum denn?«,
fragte der König. 27 Aber Abschalom gab keine Ruhe,
bis David schließlich Amnon und alle seine anderen
Söhne mit ihm ziehen ließ. Abschalom bewirtete seine
Gäste wie ein König. 28 Seinen Leuten befahl er: »Seid
bereit! Wenn der Wein bei Amnon zu wirken beginnt
und ich euch sage: ›Erschlagt Amnon!‹, dann tötet
ihn! Habt keine Angst; ich übernehme die Verantwor-
tung. Seid nur mutig; zeigt, dass ihr tapfere Männer
seid!« 29 Die Leute Abschaloms gehorchten seinem
Befehl und töteten Amnon. Die übrigen Söhne Davids
sprangen alle auf, bestiegen ihre Maultiere und flohen.
30 Sie waren noch unterwegs, als schon das Gerücht zu
David drang: »Abschalom hat alle Königssöhne um-
gebracht, keiner ist entkommen!« 31 Der König stand
auf, zerriss sein Gewand und warf sich zu Boden. Auch
die Diener, die dabeistanden, zerrissen ihre Kleider.
32 Aber Jonadab, der Sohn von Davids Bruder Schima,
sagte: »Mein Herr und König, sie haben bestimmt nicht
alle Königssöhne umgebracht! Wahrscheinlich ist nur
Amnon tot. Es war Abschalom doch anzusehen, dass
er auf Rache sann seit dem Tag, an dem Amnon seine
Schwester Tamar vergewaltigt hat. 33 Lass dich also
von dem Gerücht nicht beunruhigen! Deine Söhne
sind am Leben; nur Amnon ist tot.« 34 Abschalom war
übrigens sofort nach der Tat geflohen. Der Späher, der
ausschaute, sah jetzt auf dem Weg von Westen eine
größere Menschenmenge den Berghang herunter-
kommen. 35 Da sagte Jonadab zu David: »Siehst du,
da kommen sie, die Königssöhne! Es hat sich genauso
abgespielt, wie es dein ergebener Diener gesagt hat.«
36 Kaum hatte er das ausgesprochen, da waren die
Söhne des Königs auch schon da. Sie begannen laut zu
weinen, und auch David und seine Hofleute brachen in
Tränen aus. 37 Abschalom floh zum König von Geschur,
zu Talmai, dem Sohn von Ammihud. David aber trauerte
lange um seinen Sohn Amnon.

JOAB BEREITET ABSCHALOMS RÜCKKEHR VOR

38 Abschalom war also nach Geschur geflohen. Dort
blieb er drei Jahre. 39 Nach einiger Zeit begann David
sich mit Amnons Tod abzufinden und sein Zorn gegen
Abschalom legte sich.

14 Joab merkte, dass der König seinen Sohn Ab-
schalom zu vermissen begann. 2 Er ließ deshalb
aus dem Dorf Tekoa eine weise Frau holen und sagte zu
ihr: »Du sollst die Rolle einer abgehärmten Frau spie-
len! Zieh Trauerkleider an, lass dein Gesicht ungesalbt
und stelle dich so, als ob du schon lange um einen Toten
trauertest. 3 Dann geh zum König und sprich mit ihm
genau nach meiner Anweisung.« Joab instruierte sie,
was sie tun und sagen sollte. 4 Als die Frau zum König
kam, warf sie sich vor ihm nieder, das Gesicht zur Erde,

und sagte: »Hilf mir, mein König!« 5 »Wo fehlt es?«,
fragte er und sie erzählte: »Ich bin eine arme Witwe;
mein Mann ist tot. 6 Ich hatte zwei Söhne, die gerieten
eines Tages auf dem Feld miteinander in Streit. Weil nie-
mand in der Nähe war, der dazwischentreten konnte,
kam es so weit, dass der eine den andern erschlug.
7 Nun haben sich alle Verwandten zusammengetan
und verlangen, dass ich ihnen den noch lebenden
Sohn herausgebe. Sie wollen ihn töten, weil er seinen
Bruder umgebracht hat. Aber dann stehe ich ohne
Sohn und Erben da. Sie werden mir den letzten Fun-
ken Hoffnung auslöschen und es dahin bringen, dass
niemand übrig bleibt, der in Zukunft noch den Namen
meines Mannes trägt und dafür sorgt, dass die Familie
nicht ausstirbt.« 8 »Geh ruhig nach Hause«, antwor-
tete der König. »Ich werde die nötigen Anordnungen
treffen.« 9 »Mein Herr und König«, sagte die Frau,
»aber ich und meine Familie werden dann doch als
Rechtsbrecher dastehen; denn dem König selbst wird
niemand etwas vorzuwerfen wagen.« 10 Der König
erwiderte: »Wenn dich jemand deswegen belästigt,
dann bring ihn zu mir, und er wird dich künftig in Ruhe
lassen.« 11 Sie aber sagte: »Wiederhole deine Zusage
und rufe dabei den HERRN, deinen Gott, als Zeugen
an! Nur dann bin ich sicher, dass der Bluträcher mein
Unglück nicht noch größer macht und mein zweiter
Sohn auch umgebracht wird.« »So gewiss der HERR
lebt«, erklärte David, »deinem Sohn soll kein Haar ge-
krümmt werden.« 12 »Mein Herr und König«, fuhr nun
die Frau fort, »darf ich noch etwas sagen?« »Sprich!«,
sagte der König 13 und sie begann: »Warum willst du
am Volk Gottes genau dasselbe Unrecht begehen?
Nach der Entscheidung, die du, mein König, soeben
getroffen hast, stehst du selbst wie ein Schuldiger da,
wenn du deinen verbannten Sohn nicht zurückkehren
lässt. 14 Wir müssen doch alle einmal sterben; es geht
uns wie dem Wasser, das auf die Erde geschüttet wird
und darin versickert: Das Leben lässt sich nicht wie-
der zurückholen. Aber Gott will nicht, dass noch mehr
Leben zerstört wird. Deshalb ist er darauf aus, dass ein
Verbannter nicht für immer in der Verbannung bleibt –
womit er ja auch aus *seiner* Nähe verbannt ist. 15 Mein
Herr und König, ich bin mit meinem Anliegen zu dir
gekommen, weil meine Verwandten mir solche Angst
eingejagt haben. Da sagte ich mir: Ich will meine Sache
dem König vortragen, vielleicht wird er mir helfen. 16 Er
wird gewiss auf meine Bitte eingehen, dachte ich; er
wird mich vor dem Mann retten, der meinen Sohn töten
und damit auch mich aus unserem Erbbesitz drängen
will. 17 Ich dachte, die Entscheidung meines Herrn und
Königs wird mir Ruhe verschaffen; denn mein König ist
so unbestechlich wie der Engel Gottes und entscheidet
unparteiisch über Recht und Unrecht. Möge der HERR,
dein Gott, dir auch weiterhin beistehen!« 18 Der König
erwiderte der Frau: »Ich will dich etwas fragen, aber du
darfst mir nichts verschweigen!« »Frag nur, mein Herr
und König!« 19 »Nun, hat hier nicht Joab seine Hand
mit im Spiel?« »Wahrhaftig, mein Herr und König!«,
rief die Frau. »Es ist unmöglich, etwas vor dir, meinem
Herrn, zu verbergen. Ja, dein Heerführer Joab hat mich
hergeschickt und mir genau erklärt, was ich sagen und
tun soll. 20 Er wollte nicht gleich mit der Tür ins Haus
fallen. Aber mein Herr und König ist so weise wie der
Engel Gottes, er durchschaut alles, was auf Erden vor
sich geht.« 21 Darauf sagte der König zu Joab: »Gut, ich
erfülle deine Bitte. Geh und hol mir den Jungen, den
Abschalom, zurück!« 22 Joab warf sich vor David zu Bo-
den, das Gesicht zur Erde, und sagte: »Gott segne dich
dafür, mein König! Jetzt weiß ich, dass du mir freund-
lich gesinnt bist, weil du meinen Wunsch erfüllt hast.«

ABSCHALOM ÜBERWINDET DEN GROLL SEINES VATERS

23 Joab ging sofort nach Geschur und brachte Abscha-
lom nach Jerusalem zurück. 24 Der König aber befahl:
»Er soll in sein Haus gehen; ich empfange ihn nicht!«
So lebte Abschalom wieder in seinem Haus, aber zum
König wurde er nicht vorgelassen. 25 In ganz Israel gab
es keinen Mann, der so schön war und so sehr bewun-
dert wurde wie Abschalom. Vom Scheitel bis zur Sohle
war alles an ihm vollkommen. 26 Wenn er sein Haar
schneiden ließ – und das geschah einmal im Jahr, wenn
es ihm zu schwer wurde –, dann wog das abgeschnit-
tene Haar jedes Mal fünf Pfund. 27 Er hatte drei Söhne
und eine Tochter namens Tamar, eine sehr schöne Frau.
28 Abschalom lebte nun schon zwei Jahre in Jerusalem,
ohne seinen Vater gesehen zu haben. 29 Da ließ er Joab
zu sich rufen, damit er beim König ein Wort für ihn
einlege; aber Joab wollte nicht zu ihm kommen. Noch
ein zweites Mal schickte er nach Joab, aber auch dies-
mal wollte er nicht kommen. 30 Da sagte Abschalom zu
seinen Knechten: »Das Feld Joabs liegt neben meinem
eigenen. Es wächst Gerste darauf. Geht hin und zün-
det es an!« Die Knechte führten den Befehl aus und
steckten das Feld in Brand. 31 Darauf kam Joab sofort
zu Abschalom ins Haus und fragte ihn: »Warum haben
deine Knechte meine Gerste angezündet?« 32 »Weil du
nicht gekommen bist, als ich nach dir schickte«, ant-
wortete Abschalom. »Ich wollte dich bitten, zum König
zu gehen und ein Wort für mich einzulegen. Du sollst
ihn in meinem Namen fragen: ›Wozu bin ich eigentlich
von Geschur zurückgekommen! Ich wäre besser dort
geblieben.‹ Sag dem König, dass ich ihn nun endlich
sehen möchte. Wenn er mich für schuldig hält, soll er
mich töten.« 33 Joab ging zum König und richtete ihm
die Botschaft aus. Da ließ der König Abschalom holen.
Der kam und warf sich vor ihm zu Boden, das Gesicht
zur Erde, und der König küsste ihn.

ABSCHALOM REISST DAS KÖNIGTUM AN SICH

15 Einige Zeit später legte sich Abschalom einen
Wagen mit Pferden zu und eine Leibwache von
fünfzig Mann. 2 Jeden Morgen stellte er sich vor dem
Stadttor an der Straße auf. Hier kamen alle Leute vor-
bei, die in einen Rechtsstreit verwickelt waren, den
sie dem König zur Entscheidung vorlegen wollten.
Abschalom sprach jeden von ihnen an und fragte: »Aus
welcher Stadt bist du?« Wenn der dann antwortete:

»Aus dem und dem Stamm Israels, Herr«, 3 sagte er zu
ihm: »Die Argumente, die du vorbringst, sind sehr gut;
aber am Königshof gibt es niemand, der dich anhören
wird. 4 Wenn nur *ich* in diesem Land Richter wäre; ich
würde jedem, der mit einem Streitfall zu mir kommt,
zu seinem Recht verhelfen.« 5 Wenn sich dann einer
vor ihm niederwerfen wollte, zog er ihn an sich und
küsste ihn. 6 So machte es Abschalom mit jedem, der
beim König Recht suchte. Auf diese Weise stahl er dem
König die Herzen der Männer Israels. 7 Nach vier Jah-
ren sagte Abschalom zum König: »Ich möchte nach
Hebron gehen, um das Gelübde zu erfüllen, das ich
dem HERRN gegeben habe. 8 Als ich noch in Geschur
in Syrien war, habe ich, dein ergebener Diener, dem
HERRN versprochen: ›Wenn du mich nach Jerusalem
zurückbringst, will ich dir ein Dankopfer darbringen.‹«
9 »Geh in Frieden!«, sagte David. Daraufhin ging Ab-
schalom nach Hebron. 10 Er schickte jedoch heimlich
Boten zu allen Stämmen Israels und ließ bekannt ma-
chen: »Wenn ihr das Widderhorn blasen hört, dann
ruft: ›Abschalom ist in Hebron König geworden!‹«
11 Zweihundert Bürger aus Jerusalem begleiteten Ab-
schalom nach Hebron; sie waren als Festgäste einge-
laden und gingen ahnungslos mit. Von Abschaloms
Plan wussten sie nichts. 12 Als das Opferfest schon
begonnen hatte, ließ Abschalom noch Ahitofel, den
Berater Davids, aus seinem Wohnort Gilo holen. So
zog die Verschwörung immer weitere Kreise und die
Anhänger Abschaloms wurden immer zahlreicher.

DAVID MUSS AUS JERUSALEM FLIEHEN

13 Ein Bote aus Hebron kam zu David und meldete: »Das
Herz der Männer Israels gehört Abschalom!« 14 Da
sagte David zu seinen Gefolgsleuten, die bei ihm in
Jerusalem waren: »Wir müssen fliehen! Es gibt keine
andere Rettung vor Abschalom. Schnell fort, bevor er
hier ist, sonst fallen wir in seine Hand und er richtet
in der Stadt ein Blutbad an.« 15 »Du bist unser Herr
und König«, sagten die Männer, »du hast zu befeh-
len. Wir halten zu dir!« 16 Der König verließ die Stadt;
seine Frauen, Kinder und Hofleute begleiteten ihn. Nur
zehn Nebenfrauen ließ er zurück, damit sie sich um
den Palast kümmerten. 17 Auch alle Kriegsleute in der
Stadt folgten dem König. Beim letzten Haus machten
sie halt 18 und der König ließ die Kriegsleute an sich
vorüberziehen, auch die Leibgarde und die 600 Mann,
die ihm aus Gat gefolgt waren. 19 Zu deren Anführer
Ittai sagte David: »Halt, warum willst du mitkommen?
Kehr um und biete dem neuen König deine Dienste
an! Du bist doch ein Ausländer und lebst hier in der
Verbannung. 20 Eben erst bist du bei uns angekommen
und jetzt sollst du schon wieder fliehen müssen? Ich
weiß ja nicht, wohin es mich noch verschlägt. Geh
in die Stadt zurück und nimm auch deine Landsleute
mit! Der HERR wird dich für deine Güte und Treue be-
lohnen.« 21 Aber Ittai sagte: »So gewiss der HERR lebt
und so gewiss du, mein König, lebst: Du magst gehen,
wohin du willst – wo mein Herr, der König, sein wird,
da werde ich auch sein, tot oder lebendig!« 22 »Gut«,
sagte David, »dann komm mit!« So zogen Ittai, seine
Männer und ihr ganzer Tross am König vorüber. 23 Alle,
die zurückblieben, weinten laut, als der König mit dem
ganzen Kriegsvolk das Kidrontal überquerte und den
Weg in die Wüste einschlug.

DAVID LÄSST TREUE HELFER IN JERUSALEM ZURÜCK

24 Auch der Priester Zadok war zur Stelle und hatte
die Leviten bei sich, die die Bundeslade trugen. Sie
setzten sie ab und der Priester Abjatar vollzog Opfer-
handlungen, bis alle von der Stadt her den Bach Kidron
überquert hatten. 25 Dann sagte der König zu Zadok:
»Bring die Lade wieder in die Stadt! Wenn der HERR mit
mir Erbarmen hat, bringt er mich eines Tages zurück
und lässt mich die Lade und den Ort, an dem sie steht,
wiedersehen. 26 Wenn er aber sagt: ›Ich habe kein
Gefallen mehr an dir‹, dann soll er mit mir machen, was
er für richtig hält.« 27 Der König fügte noch hinzu: »Ich
lasse dich als Beobachter in der Stadt! Kehrt in Frieden
nach Jerusalem zurück, du und dein Sohn Ahimaaz und
auch Abjatar mit seinem Sohn Jonatan. 28 Ich werde an
der Jordanfurt warten, bis ich von euch Näheres über
die Lage in der Stadt erfahre.« 29 Abjatar und Zadok
brachten die Bundeslade wieder nach Jerusalem zu-
rück und blieben dort. 30 David stieg den Ölberg hinauf.
Er ging barfuß, hatte sein Gesicht verhüllt und weinte.
Auch alle, die ihn begleiteten, verhüllten ihr Gesicht
und weinten. 31 Unterwegs wurde David gemeldet:
»Auch Ahitofel steht auf der Seite der Verschwörer um
Abschalom!« »HERR«, betete David, als er das hörte,
»mach den klugen Rat Ahitofels zur Torheit!« 32 Als er
oben auf dem Ölberg angelangt war, dort, wo die Ge-
betsstätte ist, stieß sein alter Freund und Ratgeber, der
Arkiter Huschai, zu ihm. Zum Zeichen der Trauer hatte
er sein Gewand zerrissen und sich Erde auf den Kopf
gestreut. 33 David sagte zu ihm: »Geh nicht mit mir, du
würdest mir nur zur Last fallen! 34 Aber wenn du in die
Stadt zurückkehrst, kannst du mir nützlich sein und die
Ratschläge Ahitofels durchkreuzen. Geh zu Abschalom
und sage zu ihm: ›Ich will dir dienen, mein König! Ich
stand zwar früher im Dienst deines Vaters, aber von
jetzt an diene ich dir!‹ 35 Auch die Priester Zadok und
Abjatar bleiben in der Stadt. Berichte ihnen alles, was
du aus dem Königspalast in Erfahrung bringen kannst.
36 Sie werden es mir dann durch ihre Söhne Ahimaaz
und Jonatan weitermelden.« 37 So kam Davids Ratge-
ber Huschai zu eben der Zeit in die Stadt zurück, als
Abschalom in Jerusalem einzog.

GENUGTUUNG IN DER FAMILIE SAULS

16 Als David ein Stück weitergezogen war, kam ihm
Ziba entgegen, der Hausverwalter von Sauls En-
kel Merib-Baal. Er hatte zwei gesattelte Esel bei sich,
die mit 200 Fladenbroten, 100 Portionen zusammenge-
presster Rosinen, einem Korb mit Früchten und einem
Krug Wein beladen waren. 2 »Was hat das zu bedeu-
ten?«, fragte der König und Ziba antwortete: »Die
Esel sind zum Reiten für die königliche Familie, Brot

und Früchte für deine Männer zum Essen und der Wein
soll denen, die auf dem Weg durch die Wüste ermatten,
Kraft geben!« 3 »Und wo ist der Enkel Sauls, deines
Herrn?«, fragte David. »Ach, der ist in Jerusalem ge-
blieben«, sagte Ziba. »Er ist überzeugt, dass die Isra-
eliten ihn heute in seine Rechte als Thronfolger Sauls
einsetzen.« 4 »Dann soll dir der ganze Besitz deines
Herrn gehören«, entschied David. Ziba sagte: »Ich
werfe mich vor dir nieder und danke dir. Mögest du
mir immer so gütig begegnen, mein Herr und König!«
5 Als David nach Bahurim kam, lief ihm aus dem Ort ein
Mann entgegen. Es war Schimi, der Sohn von Gera, ein
Verwandter des Königs Saul. Er beschimpfte David
6 und bewarf ihn und seine Leute mit Steinen. Selbst
die »Dreißig Helden«, die David umgaben, schreck-
ten ihn nicht ab. 7 Er stieß wilde Flüche gegen David
aus und rief: »Zum Teufel mit dir, du Mörder, du Un-
mensch! 8 Jetzt erlebst du die Strafe für das, was du
der Familie Sauls angetan hast. Der HERR bringt das
Blut aller Ermordeten über dich! Das Königtum, das
du an dich gerissen hast, hat er deinem Sohn Abscha-
lom gegeben. Jetzt steckst du selber im Unglück, du
Mörder!« 9 Da sagte Abischai, der Sohn der Zeruja, zu
David: »Wie kommt dieser tote Hund dazu, den König
zu beschimpfen? Ich werde hingehen und ihm den
Kopf abschlagen!« 10 Aber David erwiderte: »Was geht
das euch an, dich und Joab, ihr Söhne der Zeruja? Der
HERR hat ihm befohlen, mich zu beschimpfen; wer
darf ihn da zur Rechenschaft ziehen?« 11 Und zu allen
gewandt sagte David: »Wenn sogar mein Sohn, der aus
dem Samen meines Leibes hervorgegangen ist, mich
umbringen will, was kann man da von einem aus dem
Stamm Benjamin, dem Stamm Sauls, erwarten? Lasst
ihn fluchen, denn der HERR hat es ihm befohlen. 12 Ich
muss jetzt diese Erniedrigung hinnehmen; vielleicht
erbarmt sich dann der HERR und erweist mir Gutes
für den Fluch, der mir heute nachgeschleudert wird.«
13 Während David mit seinen Leuten weiterging, lief
Schimi auf der anderen Seite des Tales nebenher. Er
beschimpfte David in einem fort und warf mit Steinen
und Dreck nach ihm. 14 Erschöpft kam der König mit
seinen Leuten schließlich am Jordan an. Dort mach-
ten sie Rast.

ABSCHALOM TRITT ÖFFENTLICH IN DIE RECHTE SEINES VATERS EIN

15 Abschalom war mit den Männern Israels, die sich
ihm angeschlossen hatten, in Jerusalem eingezogen;
auch Ahitofel begleitete ihn. 16 Huschai, der Freund
und Ratgeber Davids, ging zu Abschalom und sagte:
»Es lebe der König! Es lebe der König!« 17 Spöttisch
fragte ihn Abschalom: »Ist das deine Treue zu deinem
Freund David? Warum bist du nicht mit ihm gegan-
gen?« 18 »Unmöglich!«, erwiderte Huschai. »Ich ge-
höre zu dem, den der HERR erwählt hat und den alle
Männer Israels zu ihrem König gemacht haben. Bei
ihm bleibe ich! 19 Außerdem bist du doch Davids Sohn.
Wie ich deinem Vater gedient habe, so will ich nun dir
dienen.« 20 Abschalom wandte sich an Ahitofel und
sagte: »Rate mir! Was soll ich jetzt tun?« 21 Ahitofel
sagte: »Dein Vater hat doch seine Nebenfrauen dage-
lassen, damit sie sich um den Palast kümmern. Nimm
sie in Besitz! Wenn sich das in Israel herumspricht, wird
es allen klar werden: Du hast dich bei deinem Vater ver-
hasst gemacht; es gibt kein Zurück. Und alle, die zu dir
halten, werden sich dann noch entschiedener für dich
einsetzen.« 22 So wurde also auf dem flachen Dach des
Palastes für Abschalom ein Zelt aufgeschlagen und die
Frauen wurden dorthin gebracht. Vor den Augen von
ganz Israel ging Abschalom hinein und schlief mit den
Nebenfrauen seines Vaters. 23 Wenn Ahitofel einen Rat
gab, war das damals so, als hätte man einen Bescheid
von Gott eingeholt. So viel galt sein Wort schon bei
David und nun auch bei Abschalom.

ABSCHALOM FOLGT DEM FALSCHEN RAT

17 Ahitofel machte Abschalom noch einen weiteren
Vorschlag: »Gib mir Vollmacht«, sagte er. »Ich
will mir 12 000 Mann auswählen und mit ihnen noch in
dieser Nacht hinter David herjagen. 2 Dann bekomme
ich ihn zu fassen, solange er noch erschöpft und ent-
mutigt ist. Wenn ich ihn in diesem Zustand überfalle,
werden alle seine Leute davonlaufen und ich kann ihn
töten, ohne weiteres Blut zu vergießen. 3 Ich werde
dir dann alle seine Leute zuführen. Alle werden zu dir
kommen, wenn der eine erledigt ist, auf den du es ab-
gesehen hast. Sein ganzes Kriegsvolk kannst du ver-
schonen.« 4 Der Vorschlag leuchtete Abschalom ein.
Auch die Ältesten Israels stimmten ihm zu. 5 Trotzdem
zögerte Abschalom. »Wir wollen auch noch den Rat
von Huschai, dem Arkiter, hören«, sagte er. »Ruft ihn
her!« 6 Huschai kam, und Abschalom berichtete ihm,
was Ahitofel geraten hatte. »Was ist deine Meinung?«,
fragte Abschalom. »Sollen wir dem Vorschlag Ahito-
fels folgen? Oder rätst du uns etwas anderes?« 7 Hu-
schai sagte: »Diesmal hat Ahitofel keinen guten Rat
gegeben. 8 Du kennst doch deinen Vater und seine
Männer! Die Männer sind alle miteinander kampf-
erprobte Leute, und jetzt sind sie auch noch wütend
wie eine Bärin, der man ihre Jungen weggenommen
hat. Dein Vater aber ist kriegserfahren genug, dass er
seinen Leuten keine Nachtruhe gönnen wird. 9 Er hat
sich gewiss in irgendeiner Höhle oder sonst einem
Hinterhalt versteckt. Wenn deine Leute in die Falle
laufen und du gleich zu Anfang Verluste hast, wird es
heißen: ›Die Anhänger Abschaloms haben eine Nie-
derlage erlitten.‹ 10 Dann werden alle den Mut verlie-
ren; selbst der Tapferste, der so mutig ist wie ein Löwe,
wird verzagen. Jedermann in Israel weiß doch, was für
ein siegreicher Heerführer dein Vater ist und was für
erprobte Soldaten er um sich hat. 11 Deshalb rate ich
dir: Rufe die wehrfähigen Männer aus dem ganzen
Gebiet Israels zusammen, von Dan im Norden bis Be-
erscheba im Süden. Mit diesem Heer, das so unzählbar
ist wie der Sand am Meer, musst du persönlich in den
Kampf ziehen 12 und der Sieg ist dir sicher. Wir werden
deinen Vater aufspüren und über ihn herfallen, wie
der Morgentau auf die Erde fällt. Von ihm und seinen

Leuten wird keiner übrig bleiben. 13 Wenn er sich in
eine befestigte Stadt zurückzieht, werden die Män-
ner Israels Seile um ihre Mauern legen und die Stadt
ins Tal schleifen, sodass kein einziger Stein auf dem
Berg zurückbleibt!« 14 Da riefen Abschalom und alle
Männer Israels: »Huschai hat recht! Sein Rat ist besser
als der Rat Ahitofels!« So sorgte der HERR dafür, dass
der kluge Rat Ahitofels missachtet wurde. Denn der
HERR hatte den Untergang Abschaloms beschlossen.
15 Huschai berichtete den Priestern Zadok und Abjatar
von dem Rat, den Abschalom und die Ältesten Israels
von Ahitofel erhalten hatten. 16 »Schickt schnell zu
David«, sagte er. »Er soll nur ja nicht auf dieser Seite
des Jordans bleiben, sondern den Fluss noch in dieser
Nacht überqueren. Sonst sind er und alle seine Leute
verloren.«

DAVID GEWINNT EINEN VORSPRUNG

17 Jonatan und Ahimaaz warteten bei der Rogel-Quel-
le, weil sie sich in der Stadt nicht sehen lassen durf-
ten. Eine Magd ging zu ihnen und brachte ihnen die
Nachricht, die sie König David weitermelden sollten.
18 Aber ein junger Mann sah die beiden und sagte es
Abschalom. Jonatan und Ahimaaz liefen los, so schnell
sie konnten. In Bahurim kannten sie einen Mann, der in
seinem Hof eine Zisterne hatte; in der versteckten sie
sich. 19 Seine Frau legte eine Decke über die Öffnung
und breitete Gerstenkörner darauf aus. 20 Als die Män-
ner Abschaloms an das Haus kamen, fragten sie die
Frau: »Wo sind Ahimaaz und Jonatan?« Sie antwor-
tete: »Die sind dort über den Bach weitergegangen!«
Die Männer durchsuchten alles, und als sie niemand
fanden, kehrten sie wieder nach Jerusalem zurück.
21 Sobald sie fort waren, stiegen die beiden aus der
Zisterne und brachten David die Nachricht. »Schnell
über den Fluss!«, sagten sie, und sie berichteten, was
für einen gefährlichen Rat Ahitofel gegeben hatte.
22 Sofort brach David mit allen seinen Leuten auf und
sie überquerten den Jordan. Bei Tagesanbruch wa-
ren alle bis zum letzten Mann auf der anderen Seite.
23 Als Ahitofel sah, dass Abschalom seinen Rat nicht
befolgen wollte, sattelte er seinen Esel und kehrte
in seine Heimatstadt zurück. Er gab seiner Familie
letzte Anweisungen und hängte sich auf. So starb er
und wurde in der Grabstätte seines Vaters bestattet.
24 David hatte schon Mahanajim erreicht, als Abscha-
lom schließlich mit dem gesamten Heer Israels den
Jordan überschritt. 25 Für Joab hatte Abschalom Amasa
als Heerführer eingesetzt. Er war der Sohn des Ismaëli-
ten Jeter, seine Mutter war Abigal, eine Tochter von Isai
und Schwester von Joabs Mutter Zeruja. 26 Das Heer
Israels mit Abschalom schlug im Gebiet von Gilead
sein Lager auf. 27 Als David in Mahanajim ankam, er-
warteten ihn dort Schobi, der Sohn von Nahasch, aus
dem ammonitischen Rabba sowie Machir, der Sohn
von Ammiël, aus Lo-Dabar und Barsillai aus Roglim
in Gilead. 28-29 Sie hatten vorausgesehen, dass David
und seine Leute vom Weg durch die Wüste hungrig,
durstig und müde sein würden. Deshalb brachten sie
Schlafmatten, Metallgefäße und Tongeschirr, Weizen
und Gerste, Mehl, geröstete Körner, Bohnen und Lin-
sen, Honig, Butter, Käse und Schafe.

DIE ENTSCHEIDUNGSSCHLACHT

18 David musterte sein Heer, teilte es in Abteilun-
gen zu je tausend und Unterabteilungen zu je
hundert Mann ein und bestimmte die Anführer der
einzelnen Abteilungen. 2 Dann bildete er drei Gruppen,
die erste unter Joab, die zweite unter Joabs Bruder
Abischai und die dritte unter Ittai aus Gat. »Ich bin fest
entschlossen, selbst mit euch in den Kampf zu ziehen«,
erklärte David vor dem ganzen Heer. 3 Aber die Männer
sagten: »Du darfst auf keinen Fall mit uns in den Kampf
ziehen! Wenn *uns* etwas zustößt, hat das nichts zu be-
deuten, selbst wenn wir fliehen müssen oder die Hälfte
von uns den Tod findet. Aber du bedeutest so viel wie
zehntausend von uns. Außerdem wäre es gut, wenn
du uns notfalls von der Stadt aus Verstärkung bringen
könntest.« 4 Der König willigte ein und sagte: »Ich will
tun, was ihr für richtig haltet.« Er trat neben das Stadt-
tor und ließ seine Soldaten abteilungsweise an sich
vorbeiziehen. 5 Alle konnten es hören, wie er den drei
Heerführern Joab, Abischai und Ittai den Befehl gab:
»Schont mir mein Kind, den Abschalom!« 6 So zogen
Davids Truppen ins Feld, dem Heer Israels entgegen. Im
Waldland von Efraïm kam es zum Kampf. 7 Die Kriegs-
leute Davids brachten dem Heer Israels eine schwere
Niederlage bei; 20 000 Israeliten fanden den Tod. 8 Der
Kampf breitete sich über die ganze Gegend aus, und
durch das gefährliche Gelände kamen mehr Menschen
ums Leben als durch feindliche Waffen.

ABSCHALOMS ENDE

9 Abschalom geriet in die Nähe von Kriegsleuten
Davids. Er ritt auf einem Maultier und kam unter einer
großen Eiche durch; da verfing er sich mit seinen Haa-
ren in dem dichten Geäst. Das Maultier lief unter ihm
weg und er blieb zwischen Himmel und Erde in der
Luft hängen. 10 Einer von den Männern Davids hatte
es beobachtet und meldete Joab: »Abschalom hängt
dort drüben an einer Eiche!« 11 »Was?«, rief Joab. »Du
hast ihn gesehen? Warum hast du ihn nicht auf der
Stelle umgebracht? Ich hätte dir zur Belohnung zehn
Silberstücke und einen Gürtel geschenkt!« 12 Aber
der Mann erwiderte: »Auch für tausend Silberstücke
hätte ich es nicht getan! Wie könnte ich mich am Sohn
des Königs vergreifen? Wir haben doch alle gehört,
wie der König dir, Abischai und Ittai befohlen hat:
›Gebt mir acht auf mein Kind! Dass nur keiner ihm
etwas antut!‹ 13 Wenn ich ihn umgebracht hätte und
der König hätte es erfahren – er erfährt alles –, dann
hättest du ja doch nicht zu mir gestanden.« 14 »Was
hältst du mich auf!«, rief Joab, nahm drei Speere und
stieß sie Abschalom, der immer noch lebend an der
Eiche hing, in die Brust. 15 Die zehn Waffenträger Jo-
abs umringten Abschalom und schlugen ihn vollends
tot. 16 Joab ließ die Widderhörner blasen und hielt
damit seine Kriegsleute von der weiteren Verfolgung

der Israeliten ab. 17 Das Heer Israels löste sich auf und
jeder ging nach Hause. Die Männer Joabs warfen den
Leichnam Abschaloms im Wald in eine tiefe Grube
und schichteten darüber einen großen Steinhaufen
auf. 18 Schon zu seinen Lebzeiten hatte sich Abscha-
lom im Königstal bei Jerusalem einen Gedenkstein
errichten lassen. Er hatte gesagt: »Ich habe keinen
Sohn, in dem mein Name fortleben könnte.« Darum
gab er dem Stein seinen Namen und bis heute nennt
man ihn Abschalom-Stein.

ZWEI BOTEN MIT DERSELBEN NACHRICHT

19 Ahimaaz, der Sohn Zadoks, bot sich an: »Ich will zum
König laufen und ihm die Nachricht bringen, dass der
HERR ihm den Sieg über seine Feinde gegeben hat!«
20 Aber Joab erwiderte: »Ein andermal kannst du Bote
sein, heute nicht! Du wirst ihm keine gute Nachricht
bringen. Bedenk doch: Sein Sohn ist tot!« 21 Joab be-
fahl dem Schwarzen, der bei ihm in Sold stand: »Lauf
zum König und melde ihm, was du gesehen hast!« Der
Bote verneigte sich und lief los. 22 Aber Ahimaaz ließ
nicht locker: »Mag kommen, was will – ich möchte
doch noch selbst hinter dem Schwarzen herlaufen!«
»Warum bist du so darauf versessen?«, erwiderte
Joab. »Für diese Nachricht bekommst du bestimmt
keinen Botenlohn!« 23 »Ganz gleich, ich laufe!«, rief
Ahimaaz und Joab sagte: »Dann lauf eben!« Ahimaaz
nahm den Weg durch die Jordanebene und überhol-
te den andern. 24 David wartete im Torgang. Auf dem
Dach der Toranlage hielt ein Späher Ausschau. Er sah,
wie ein einzelner Mann sich in schnellem Lauf der Stadt
näherte, 25 und meldete es dem König. David sagte:
»Wenn es nur einer ist, bringt er gute Nachricht.«
Während der Mann näher kam, 26 bemerkte der Spä-
her noch einen zweiten, der hinter ihm herlief. »Da
kommt noch einer; auch der läuft allein!«, rief er zum
Torwächter hinab. »Auch der bringt gute Nachricht«,
sagte der König. 27 Jetzt erkannte der Späher den ers-
ten. »Es ist Ahimaaz, der Sohn Zadoks!«, rief er hin-
unter. »Ich sehe es an der Art, wie er läuft.« »Das ist
ein guter Mann«, sagte der König, »er kommt gewiss
mit einer guten Nachricht!« 28 Ahimaaz rief: »Sei ge-
grüßt«, warf sich vor David nieder und sagte: »Mein
König, gepriesen sei der HERR, dein Gott! Er hat alle
in deine Hand gegeben, die sich gegen dich erhoben
haben.« 29 »Und was ist mit meinem Kind, mit Abscha-
lom?«, fragte David. »Ist er unversehrt?« Ahimaaz
erwiderte: »Ich sah ein großes Gedränge um ihn, als
Joab uns beide, deine ergebenen Diener, auf den Weg
schickte. Ich weiß aber nicht, was vorging.« 30 »Stell
dich hier neben mich«, sagte David. 31 Da kam auch
schon der Schwarze angelaufen und rief: »Mein König,
ich bringe gute Nachricht. Der HERR hat dir heute den
Sieg gegeben über alle, die sich gegen dich erhoben
haben.« 32 »Und was ist mit meinem Kind, mit Abscha-
lom?«, fragte ihn David. »Ist er unversehrt?« »Mein
König«, sagte der Schwarze, »so wie ihm müsste es
allen deinen Feinden ergehen, jedem, der sich bös-
willig gegen dich erhebt!«

JOAB MAHNT KÖNIG DAVID ZUR VERNUNFT

19 Der König war tief getroffen. Er stieg zur Wach-
stube über dem Tor hinauf und klagte: »Mein
Sohn, mein Abschalom! Mein Sohn, mein Sohn, mein
Abschalom! Wäre ich doch an deiner Stelle gestorben!
Mein Abschalom, mein Sohn, mein Sohn!« 2 Man mel-
dete Joab: »Der König weint; er trauert um Abscha-
lom!« 3 Auch unter den Kriegsleuten sprach es sich
herum: »Der König trägt Leid um Abschalom!«, und
ihre Siegesfreude schlug in Niedergeschlagenheit um.
4 Sie schlichen durch das Tor in die Stadt wie Männer,
die sich schämen, weil sie vor dem Feind davongelau-
fen sind. 5 Mit verhülltem Gesicht saß der König da und
klagte laut: »Mein Sohn, mein Abschalom! Abschalom,
mein Sohn, mein Sohn!« 6 Da ging Joab zum König
hinein und sagte: »Du beleidigst deine Getreuen, die
zu dir gehalten haben. Sie haben heute dir, deinen Söh-
nen und Töchtern, deinen Frauen und Nebenfrauen
das Leben gerettet. 7 Du aber verachtest deine treu-
esten Freunde und liebst stattdessen deine Feinde.
Dein Verhalten zeigt, dass deine Truppenführer und
Kriegsleute dir nichts bedeuten. Ich sehe, es wäre dir
ganz recht, wenn Abschalom noch lebte und wir alle
tot wären. 8 Fasse dich! Steh auf, geh hinaus und sag
deinen Leuten ein anerkennendes Wort! Ich schwöre
dir beim HERRN: Wenn du nicht kommst, laufen sie
dir noch in dieser Nacht alle davon. Das wird schlim-
mer für dich sein als alles, was du seit deiner Jugend
durchgemacht hast.« 9a Da stand König David auf und
setzte sich neben das Tor. Die Kriegsleute erfuhren es:
»Der König sitzt am Tor!« Da kamen sie alle und zogen
an ihm vorbei.

DAVID BEREITET SEINE RÜCKKEHR VOR

9b Das Heer Israels hatte sich aufgelöst und alle wa-
ren nach Hause zurückgekehrt. 10 In allen Stämmen
machten sich die Leute gegenseitig Vorwürfe. Es
hieß: »König David hat uns vor den Philistern geret-
tet und von allen unseren Feinden befreit. Und dann
musste er vor Abschalom fliehen und das Land ver-
lassen. 11 Jetzt ist Abschalom, den wir an seiner Stelle
als König eingesetzt hatten, gefallen. Worauf wartet
ihr noch, warum holt ihr König David nicht zurück?«
12 David aber schickte Boten zu den Priestern Zadok
und Abjatar und ließ ihnen sagen: »Ruft die Ältesten
des Stammes Juda zusammen und richtet ihnen aus:
›Wollt ihr die Letzten sein, die daran denken, den König
in seinen Palast zurückzuholen? Von ganz Israel wird
der Wunsch an den König herangetragen! 13 Ihr seid
doch meine Stammesgenossen, mein eigen Fleisch und
Blut! Warum lasst ihr zu, dass die anderen euch zuvor-
kommen?‹ 14 Amasa aber sollt ihr von mir ausrichten:
›Bist du nicht mit mir verwandt, mein eigen Fleisch
und Blut? Du sollst von jetzt ab an Joabs Stelle mein
Heerführer sein. Gott soll mich strafen, wenn ich mein
Wort breche.‹« 15 Damit brachte David die Männer des
Stammes Juda wieder geschlossen auf seine Seite. Sie
ließen dem König sagen: »Komm zu uns zurück und
bring alle deine Leute mit!«

DAVID VERZEIHT SEINEN FEINDEN

16 Der König machte sich auf den Rückweg nach
Jerusalem und kam an den Jordan. Die Männer von
Juda waren ihm bis nach Gilgal entgegengekommen,
um ihn über den Fluss zu geleiten. 17 Zusammen mit
ihnen eilte auch der Benjaminit Schimi aus Bahurim,
der Sohn von Gera, zum Empfang des Königs herbei.
18 Er hatte tausend Mann aus dem Stamm Benjamin
bei sich, darunter auch Ziba, den Hausverwalter von
Sauls Enkel Merib-Baal, mit seinen fünfzehn Söhnen
und zwanzig Knechten. Sie alle hatten den Jordan noch
vor dem König erreicht 19 und waren über die Furt zum
anderen Ufer gegangen, um dem König und seinem
Hofstaat beim Übergang über den Fluss zu helfen und
ihm ihre Dienste anzubieten. Als David gerade den
Fluss überqueren wollte, warf sich Schimi vor ihm nie-
der 20 und bat: »Mein Herr und König, strafe mich nicht
für das, was ich dir angetan habe, als du aus Jerusalem
fliehen musstest! Trage es mir nicht nach! 21 Ich weiß,
dass ich ein schweres Unrecht begangen habe. Halte
es mir zugute, dass ich dir heute als Erster aus den Jo-
sefsstämmen entgegengekommen bin, um dich als
meinen königlichen Herrn zu empfangen!« 22 Bevor
der König antworten konnte, rief Abischai, der Sohn
der Zeruja: »Er hat den Tod verdient; denn er hat den
gesalbten König des HERRN beschimpft!« 23 Aber David
sagte zu Abischai und zu seinem Bruder Joab: »Was
mischt ihr euch in meine Angelegenheiten, ihr Söhne
der Zeruja? Was fällt euch ein, an einem solchen Tag als
Ankläger aufzutreten? Ich bin doch heute wieder König
über Israel geworden, da wird kein Israelit getötet!«
24 Und zu Schimi sagte er: »Du musst nicht sterben, ich
schwöre es dir.« 25 Auch Sauls Enkel Merib-Baal kam
dem König entgegen. Seit dem Tag, an dem David aus
Jerusalem fliehen musste, bis zum Tag seiner Rückkehr
hatte er seine Füße nicht gewaschen, den Bart nicht
gepflegt und die Kleider nicht gewechselt. 26 Als er zum
König kam, fragte ihn der: »Warum bist du nicht mit mir
gekommen, Merib-Baal?« 27 Sauls Enkel antwortete:
»Mein Herr und König! Mein Hausverwalter ist schuld,
er hat mich hintergangen. Ich hatte befohlen: ›Man
soll meinen Esel satteln, damit ich den König begleiten
kann!‹ Du weißt ja, dass ich gelähmt bin. 28 Doch er hat
mich bei dir, meinem Herrn und König, verleumdet. Aber
du bist ja so unbestechlich wie der Engel Gottes. Tu mit
mir, was du für richtig hältst. 29 Alle Angehörigen meines
Vaters mussten damit rechnen, dass du sie töten lässt;
aber stattdessen hast du mir erlaubt, an der königlichen
Tafel zu essen. Ich habe kein Recht, dich noch einmal um
eine Gunst zu bitten.« 30 »Genug der Worte!«, sagte
David. »Ich bestimme, dass ihr beide, du und dein Ver-
walter Ziba, den Landbesitz Sauls untereinander teilt.«
31 »Er kann ruhig alles haben!«, erwiderte Merib-Baal.
»Das Wichtigste ist, dass du, mein Herr und König,
wohlbehalten wieder nach Hause gekommen bist.«

ABSCHIED VON EINEM TREUEN GEFOLGSMANN

32 Barsillai war aus Roglim in Gilead gekommen, um
den König bis zum Jordan zu begleiten und ihn dort
zu verabschieden. 33 Er war sehr wohlhabend und
hatte David während seines Aufenthalts in Mahana-
jim mit Lebensmitteln versorgt. Mit seinen 80 Jahren
war Barsillai schon ein sehr alter Mann. 34 Nun sagte
der König zu ihm: »Komm zu mir an den Hof nach
Jerusalem; ich werde dort für dich und deine Familie
sorgen.« 35 Aber Barsillai erwiderte: »Ich habe nicht
mehr lange zu leben; warum sollte ich mit dir nach
Jerusalem übersiedeln? 36 Ich bin nun 80 Jahre alt und
es macht für mich keinen Unterschied mehr, ob etwas
gut ist oder schlecht. Ich kann nicht mehr schmecken,
was ich esse und trinke, und ich kann die Stimmen der
Sänger und Sängerinnen nicht mehr hören. Ich würde
dir nur zur Last fallen, mein Herr und König! 37 Eine so
große Belohnung habe ich auch gar nicht verdient. Ich
wollte dich, mein Herr und König, nur die kurze Strecke
bis zum Jordan begleiten. 38 Lass mich jetzt umkehren
und in meiner Heimatstadt sterben, wo mein Vater
und meine Mutter begraben sind. Mein Sohn Kimham
kann mit dir ziehen und dir dienen. Tu an ihm, was du
für richtig hältst!« 39 »Gut«, sagte der König, »dann
soll Kimham mitkommen. Ich werde alles für ihn tun,
was du wünschst. Und wenn du für dich selbst einmal
einen Wunsch hast, werde ich ihn dir gerne erfüllen.«
40 Dann gingen Davids Truppen durch die Furt über den
Jordan. Bevor der König selbst den Fluss durchschritt,
küsste er Barsillai zum Abschied und segnete ihn. Bar-
sillai kehrte nach Hause zurück, 41 während David nach
Gilgal weiterzog; Kimham ging mit ihm. Alle Männer
von Juda und die Hälfte der Männer von Israel gaben
dem König das Geleit.

RIVALITÄT ZWISCHEN ISRAEL UND JUDA

42 Alle Männer von Israel kamen zum König und be-
schwerten sich. »Wie kommt es«, sagten sie, »dass
unsere Brüder, die Männer von Juda, sich das Recht an-
gemaßt haben, dich, deine Familie und alle deine Leute
über den Jordan zu bringen?« 43 Alle Männer von Juda
rechtfertigten sich und sagten zu den Männern von
Israel: »Der König steht uns näher, er ist doch unser
Stammesgenosse! Warum regt ihr euch so auf? Haben
wir euch etwa den König weggenommen oder hat er
uns irgendein Vorrecht gewährt?« 44 Die Männer von
Israel antworteten denen von Juda: »Wir haben zehn
Anteile am König, nicht nur einen wie ihr! Darum steht
uns das erste Recht zu. Warum habt ihr uns nicht die
Ehre gelassen? Und hatten wir denn nicht als Erste da-
von gesprochen, den König zurückzuholen?« Aber die
Männer von Juda gaben ihnen eine Antwort, die noch
schärfer war als die Vorwürfe der Männer von Israel.

DER AUFSTAND SCHEBAS WIRD NIEDERGEWORFEN

20 Dort in Gilgal war auch ein niederträchtiger
Mann aus dem Stamm Benjamin, Scheba, der
Sohn von Bichri. Er blies das Widderhorn und rief:
»Was geht uns alle dieser David an? Seit wann ge-
hört der Isai-Sohn zu uns? Ihr Männer Israels, auf und
nach Hause!« 2 Da ließen die Männer von Israel David

im Stich und zogen mit Scheba, dem Sohn von Bichri,
davon. Nur die Männer von Juda blieben ihrem König
treu und geleiteten ihn vom Jordan bis nach Jerusalem.
3 Als David nach Jerusalem in seinen Königspalast kam,
befahl er als Erstes, die zehn Nebenfrauen, die er als
Hüterinnen des Palastes zurückgelassen hatte, in ein
verschlossenes Haus zu bringen. Er sorgte für ihren
Lebensunterhalt, hatte jedoch keinen Verkehr mehr
mit ihnen. Sie lebten bis zu ihrem Tod völlig abge-
schlossen, als Witwen auf Lebenszeit. 4 Dann sagte
der König zu Amasa: »Biete alle Männer von Juda auf!
Übermorgen bist du mit ihnen hier!« 5 Amasa ging, um
die Männer von Juda zusammenzurufen, war jedoch
zur gesetzten Frist nicht zurück. 6 Da sagte der König
zu Abischai: »Scheba wird uns noch gefährlicher als
Abschalom! Nimm meine Leute und jag ihm nach,
bevor er befestigte Städte in seine Hand bringt und
wir das Nachsehen haben.« 7 Die Kriegsleute Joabs
zogen also unter Abischais Führung von Jerusalem aus
los, um Scheba nachzujagen, dazu auch Davids Leib-
garde und die »Dreißig Helden«. 8 Als sie den großen
Felsen bei Gibeon erreichten, war Amasa kurz zuvor
dort eingetroffen. Joab trug sein übliches Gewand
und darüber einen breiten Gürtel, unter dem ein Dolch
verborgen war. Er war durch den Gürtel waagrecht
an der Seite gehalten, und wenn Joab sich leicht vor-
beugte, glitt er unbemerkt aus seiner Scheide. 9 Joab
begrüßte Amasa: »Wie geht es dir, mein Freund?«
Dabei fasste er mit der rechten Hand Amasa beim Bart,
als wollte er ihn küssen. 10 Amasa bemerkte nicht, dass
Joab den Dolch in der anderen Hand hielt. Joab stieß
ihn damit in den Bauch, dass die Eingeweide auf die
Erde quollen. Es brauchte keinen zweiten Stoß, Amasa
war auf der Stelle tot. Joab und sein Bruder Abischai
jagten weiter hinter Scheba her. 11 Einer von Joabs
Männern stellte sich neben Amasas Leichnam und
rief: »Joab nach, wer's mit Joab hält und für David ist.«
12 Er merkte aber, dass alle Kriegsleute stehen blieben,
weil Amasa blutüberströmt mitten auf der Straße lag.
So schaffte er Amasas Leiche von der Straße weg ins
Feld und warf einen Mantel darüber, damit nicht jeder,
der vorbeikam, bei ihr stehen blieb. 13 Als die Leiche
aus dem Weg geschafft war, folgten alle Joab und nah-
men die Verfolgung Schebas auf. 14 Joab zog durch
alle Stämme Israels bis nach Abel-Bet-Maacha. Alle
wurden seine Verbündeten, sammelten sich und folg-
ten ihm. 15 Als Joab mit seinem Heer die Stadt erreicht
hatte, schlossen sie Scheba darin ein und schütteten
eine Angriffsrampe auf. Als die Rampe die Höhe der
Vormauer erreicht hatte, drang das Heer Joabs bis
zur Hauptmauer vor und versuchte, sie zum Einsturz
zu bringen. 16 Nun lebte in der Stadt eine weise Frau.
Die rief den Belagerern von der Mauer aus zu: »Leute,
hört her, hört her! Sagt Joab, er soll kommen; ich muss
mit ihm reden.« 17 Als Joab kam, fragte sie: »Bist du
Joab?« »Ja«, sagte er und sie fuhr fort: »Ich bitte dich,
hör mich an!« »Ich höre«, erwiderte Joab. 18 Sie be-
gann: »Seit alter Zeit sagen die Leute: ›Holt euch doch
Rat in Abel, dann kommt alles in Ordnung!‹ 19 Unsere
Stadt gehört zu den friedlichsten und treuesten in
Israel. Sie trägt den Ehrentitel ›Mutter in Israel‹. Und
die willst du zerstören? Wie kannst du dich an einem
Stück Land vergreifen, das dem HERRN gehört?«
20-21 »Nein, nein!«, erwiderte Joab. »Ich will mich doch
nicht daran vergreifen! Ich denke nicht daran, sie zu
zerstören! Aber ihr habt einen Mann aus dem Bergland
Efraïm bei euch, Scheba, den Sohn von Bichri, der hat
sich gegen König David erhoben. Nur auf den habe
ich es abgesehen. Gebt ihn heraus und ich ziehe von
der Stadt ab!« »Wir werden dir seinen Kopf über die
Mauer werfen«, sagte die Frau. 22 Mit ihrer Weisheit
überzeugte sie die Leute in der Stadt. Sie schlugen
Scheba den Kopf ab und warfen ihn zu Joab über die
Mauer. Da ließ Joab das Widderhorn blasen und die
Belagerung abbrechen. Die Männer von Juda kehrten
nach Hause zurück und Joab begab sich zum König
nach Jerusalem.

DAVIDS OBERSTE BEAMTE

23 Joab war oberster Befehlshaber über das ganze
Heer Israels. Benaja, der Sohn von Jojada, befehligte
Davids Leibgarde. 24 Adoniram hatte die Aufsicht über
die Fronarbeiten. Joschafat, der Sohn von Ahilud, war
Kanzler. 25 Schewa war Staatsschreiber. Zadok und
Abjatar waren Priester 26 und auch Ira aus Jaïr war
Priester im Dienst Davids.

SIEBEN NACHKOMMEN SAULS MÜSSEN STERBEN

21 Während der Regierungszeit Davids gab es
einmal eine schwere Hungersnot. Sie dauerte
schon drei Jahre lang. Da ging David ins Zelt des HERRN
und fragte den HERRN nach dem Grund. Er bekam die
Antwort: »Auf Saul und seiner Familie lastet eine
Blutschuld, weil er viele unschuldige Bewohner von
Gibeon getötet hat.« 2-3 Die Einwohner von Gibeon
waren keine Israeliten, sondern ein Rest der amoriti-
schen Bevölkerung des Landes. Die Israeliten hatten
ihnen vertraglich zugesichert, sie zu verschonen; aber
Saul in seinem Eifer für Israel und Juda hatte sie zu
vernichten versucht. König David rief die Männer von
Gibeon zu sich und fragte sie: »Was kann ich tun, um
diese Schuld wieder gutzumachen? Ich möchte, dass
ihr das Volk des HERRN nicht verfluchen müsst.« 4 Sie
antworteten: »Wir nehmen von den Nachkommen
Sauls als Sühne für dieses Vergehen kein Silber oder
Gold an; aber Leute aus dem Volk Israel zu töten, ist
uns verwehrt.« »Was soll ich also für euch tun, was ist
eure Meinung?«, fragte David 5 und sie antworteten:
»Weil Saul es war, der uns vernichten, uns ausrotten
wollte – im ganzen Gebiet Israels sollte es für uns kei-
nen Platz zum Leben geben –, 6 darum soll man uns
sieben seiner männlichen Nachkommen ausliefern.
Wir wollen sie vor dem HERRN in Gibea, der Heimat-
stadt von Saul, dem Erwählten des HERRN, hinrichten.«
»Ich werde sie euch ausliefern«, sagte der König. 7 Er
verschonte jedoch Merib-Baal, den Sohn Jonatans und
Enkel Sauls, weil er seinem Freund Jonatan mit einem

heiligen Eid versprochen hatte, seine Nachkommen
nicht auszurotten. 8 Er nahm die beiden Söhne, die
Rizpa, die Tochter von Aja, Saul geboren hatte, Armoni
und Mefi-Boschet, und die fünf Söhne, die Sauls Toch-
ter Merab ihrem Mann Adriël, dem Sohn von Barsil-
lai aus Mehola, geboren hatte, 9 und lieferte sie den
Männern von Gibeon aus. Die richteten sie hin, oben
auf dem Berg vor dem HERRN. Alle sieben starben auf
einmal; es war in den ersten Tagen der Erntezeit, zu
Beginn der Gerstenernte.

DAVID SORGT FÜR EIN EHRENVOLLES BEGRÄBNIS

10 Rizpa aber ging hin und legte ein grobes schwarzes
Tuch über den Felsen und setzte sich darauf. Sie blieb
dort vom Beginn der Ernte, bis der erste Regen fiel.
Tagsüber hielt sie die Vögel von den Leichen fern und
nachts verscheuchte sie die wilden Tiere. 11 Als David
hörte, was Rizpa, die Nebenfrau Sauls, für die Hinge-
richteten tat, 12 ließ er sich von den führenden Män-
nern der Stadt Jabesch in Gilead die Gebeine Sauls und
seines Sohnes Jonatan geben. Die Männer von Jabesch
hatten einst die Leichen der beiden vom Gerichtsplatz
in Bet-Schean weggeholt, wo die Philister sie nach ih-
rem Sieg auf dem Gilboa-Gebirge aufgehängt hatten.
13 Als die Gebeine Sauls und seines Sohnes Jonatan
hergebracht worden waren, sammelte man die Ge-
beine der sieben Hingerichteten ein 14 und bestattete
alle zusammen in Zela im Gebiet von Benjamin in der
Grabstätte von Sauls Vater Kisch. Dies alles geschah
genau, wie der König es angeordnet hatte. Daraufhin
erhörte Gott die Gebete seines Volkes und machte der
Hungersnot ein Ende.

NACHTRÄGE ZU DAVIDS PHILISTERKÄMPFEN

15 Wieder einmal waren die Philister in Israel eingefal-
len. David zog ihnen mit seiner Truppe entgegen und
griff sie an. Als er vom Kampf erschöpft war, 16 ver-
suchte ein Riese namens Jischbi-Benob, ihn zu töten.
Der Riese trug eine neue Rüstung und die bronzene
Spitze seines Spießes wog mehr als drei Kilo. 17 Aber
Abischai, der Sohn der Zeruja, kam David zu Hilfe und
erschlug den Philister. Davids Männer beschworen
ihn, in Zukunft doch nicht mehr selbst in den Kampf zu
ziehen. »Wenn wir dich verlieren«, sagten sie, »dann
sieht es für Israel düster aus.« 18 Später kam es bei
Gob erneut zum Kampf mit den Philistern. Damals
tötete Sibbechai aus Huscha den Riesen Sippai. 19 Bei
einem weiteren Gefecht in Gob tötete Elhanan aus
Betlehem, der Sohn von Jaïr, den Philister Goliat aus
Gat, dessen Spieß so dick war wie ein Weberbaum.
20 Als es danach bei Gat zum Kampf kam, trat ein be-
sonders großer Riese vor; er hatte sechs Finger an der
Hand und sechs Zehen an jedem Fuß, also 12 Finger
und 12 Zehen. 21 Er verspottete die Israeliten; aber
Jonatan, der Sohn von Davids Bruder Schima, tötete
ihn. 22 Diese vier Riesen stammten aus Gat und waren
Nachkommen von Rafa. Sie wurden von David und
seinen Männern erschlagen.

DAVIDS DANKLIED

22 Nachdem der HERR ihn vor Saul und vor al-
len anderen Feinden gerettet hatte, dichtete
David das folgende Lied: // 2 »Du, HERR, bist mein
Fels, meine Burg, mein Retter, / 3 du, Gott, bist meine
sichere Zuflucht, / mein Beschützer, mein starker Hel-
fer, / meine Festung auf steiler Höhe! / Zu dir kann ich
fliehen, / du schützt mich vor aller Gewalt. / 4 Wenn
ich zu dir um Hilfe rufe, / dann rettest du mich vor mei-
nen Feinden. / Ich preise dich, HERR! // 5 Das Wasser
ging mir bis an die Kehle, / vernichtende Fluten stürz-
ten auf mich ein, / 6 die Totenwelt hielt mich mit Schlin-
gen fest, / die Falle des Todes schlug über mir zu. / 7 In
meiner Verzweiflung schrie ich zum HERRN, / zu ihm,
meinem Gott, rief ich um Hilfe. / Er hörte mich in sei-
nem Tempel, / mein Hilferuf drang an sein Ohr. // 8 Da
wankte und schwankte die Erde, / da bebten die
Fundamente des Himmels, / sie zitterten vor seinem
Zorn. / 9 Aus seiner Nase quoll dunkler Rauch, / aus
seinem Mund schossen helle Flammen, / und glü-
hende Kohlen sprühten hervor. // 10 Er neigte den Him-
mel tief auf die Erde / und fuhr hernieder auf dunklen
Wolken. / 11 Er ritt auf einem geflügelten Kerub / und
erschien auf den Flügeln des Sturmes. / 12 Er hüllte sich
ein in Finsternis, / in Wassermassen und schwarzes
Gewölk. / 13 Sein strahlender Glanz war wie glühende
Kohlen. // 14 Dann ließ er vom Himmel den Donner
grollen, / laut dröhnte die Stimme des höchsten
Gottes. / 15 Er schoss seine Pfeile / und verjagte meine
Feinde; / er schleuderte seinen Blitz / und stürzte sie
in Schrecken. / 16 Da zeigte sich der Grund des Mee-
res, / das Fundament der Erde wurde sichtbar, / als
du, HERR, deinen Feinden drohtest / und ihnen deinen
Zorn zu spüren gabst. // 17 Vom Himmel her griff seine
Hand nach mir, / sie fasste mich und zog mich aus der
Flut, / 18 entriss mich meinem mächtigen Feind, / den
überstarken Gegnern, die mich hassten. / 19 Sie über-
fielen mich am Tag meines Unglücks, / jedoch der
HERR beschützte mich vor ihnen. / 20 Rings um mich
machte er es weit und frei. / Er liebt mich, darum half
er mir. // 21 Der HERR hat mir meine Treue vergol-
ten; / er hat mir Gutes getan, / denn meine Hände sind
rein. / 22 Stets ging ich die Wege, die er mir zeigte; / nie
habe ich mich durch Schuld von ihm entfernt. / 23 Seine
Anordnungen standen mir immer vor Augen / und
seine Befehle wies ich nie zurück. / 24 Ich tat genau,
was er von mir verlangte, / und ging dem Unrecht im-
mer aus dem Weg. / 25 Ja, der HERR hat meine Treue
vergolten; / er weiß es, ich bin ohne Schuld. // 26 Den
Treuen, HERR, hältst du die Treue; / für vollen
Gehorsam gibst du volle Güte; / 27 den Reinen zeigst
du dich in reiner Klarheit; / doch den Falschen be-
gegnest du als Gegner. / 28 Die Erniedrigten rettest du
aus Unterdrückung, / aber den Hochmütigen bist du
feind / und holst sie vom hohen Ross. / 29 Du, HERR,
bist mein Licht, / du selbst, mein Gott, / machst alles
Dunkel um mich hell. / 30 Mit dir schlage ich feind-
liche Horden zurück, / mit dir, meinem Gott, über-
springe ich Mauern. // 31 Alles, was dieser Gott tut,

ist vollkommen, / was der HERR sagt, ist unzweifelhaft
wahr. / Wer in Gefahr ist und zu ihm flieht, / findet bei
ihm immer sicheren Schutz. / 32 Kein anderer als der
HERR ist Gott! / Nur er, unser Gott, ist ein schützen-
der Fels! / 33 Er gibt mir Kraft und Stärke / und öffnet
mir einen geraden, gut gebahnten Weg. / 34 Er macht
meine Füße gazellenflink / und standfest auf allen
steilen Gipfeln. / 35 Er bringt meinen Händen das
Fechten bei / und lehrt meine Arme, den Bogen zu
spannen. // 36 HERR, du bist mein Schutz und meine
Hilfe; / dass du mir nahe bist, macht mich stark. / 37 Du
hast den Weg vor mir frei gemacht, / nun kann ich
ohne Straucheln vorwärtsgehen. // 38 Ich verfolgte
meine Feinde und bezwang sie; / ich ließ nicht ab,
bis sie vernichtet waren. / 39 Ich schlug sie zu Boden
und brachte sie zur Strecke; / sie fielen vor meine Fü-
ße. / 40 Du gabst mir die Kraft für diesen Kampf, / du
brachtest die Feinde in meine Gewalt. / 41 Sie mussten
vor mir die Flucht ergreifen, / alle, die mich hassten,
konnte ich vernichten. / 42 Sie schauten nach Hilfe
aus, / doch da war kein Retter. / Sie schrien zu dir,
HERR, / doch du gabst keine Antwort. / 43 Ich zer-
malmte sie zu Staub, den der Wind aufwirbelt. / Ich
trat sie nieder wie den Schmutz auf der Straße. // 44 Du
hast mich gerettet vor den Aufrührern aus meinem
Volk, / du hieltst deine Hand über mich / und machtest
mich zum Herrscher ganzer Völker. / Mir unbekannte
Stämme unterwerfen sich, / 45 Ausländer kommen
und kriechen vor mir, / sie hören, was ich sage, und
gehorchen sofort. / 46 Sie haben keine Kraft mehr
zum Widerstand, / zitternd kommen sie hervor aus
ihren Burgen. // 47 Der HERR lebt! / Ihn will ich preisen,
meinen schützenden Fels! / Gott, meinen Fels und Ret-
ter, will ich rühmen! / 48 Du hast mich Rache nehmen
lassen / und hast mir die Völker unterworfen. / 49 Du
hast mich mitten aus meinen Feinden gerettet, / mich
ihren grausamen Händen entrissen / und mir den
Sieg gegeben über meine Gegner. // 50 Darum will
ich dich preisen, HERR, / und deinen Ruhm besingen
unter den Völkern. / 51 Du verleihst deinem König
große Siege, / du erweist deinem Erwählten deine
Güte. / Das tust du für David und seine Söhne / in allen
kommenden Generationen.« //

DAVIDS VERMÄCHTNIS

23 Dies ist Davids Vermächtnis, es sind seine letz-
ten Worte: // »Hört zu, denn David, Isais Sohn,
spricht jetzt – / zu höchster Ehre hat ihn Gott erho-
ben, / zum König hat ihn Jakobs Gott gesalbt; / der
Lieblingsdichter ist er seines Volkes Israel. // 2 Der
Geist des HERRN ist es, der aus mir spricht; / er hat sein
Wort in meinen Mund gelegt. / 3 Israels Gott, der starke
Fels, / auf den sein Volk vertraut, er hat zu mir ge-
sagt: / ›Ein König, der sein Volk gerecht regiert, / Gott
ernst nimmt, seine Weisung stets befolgt, / 4 ist wie
die helle Morgensonne, / wenn sie vom wolkenlosen
Himmel strahlt / und nach dem Regen frisches Grün
aufsprießen lässt.‹ // 5 Ich weiß, mein Königshaus
hält treu zu Gott. / Er hat mir seinen Bund gewährt für
alle Zeiten, / so hat er es geordnet und darüber wacht
er. / Auf seine Hilfe kann ich mich verlassen; / ge-
lingen lässt er alles, was ich unternehme. // 6 Doch
alle diese gottvergessenen Schurken, / sie sind wie
abgestorbenes Dorngesträuch, / vom Wind entwur-
zelt und davongeweht. / Mit bloßen Händen rührt
es niemand an; / 7 mit Eisenhaken, mit dem Schaft
des Speers, / liest man es auf und wirft es dann
ins Feuer. / An Ort und Stelle wird's ein Raub der
Flammen.« //

DAVIDS BERÜHMTE KRIEGER UND IHRE TATEN

8 Hier folgen die Namen der berühmten »Helden«
Davids: Jischbaal aus der Sippe Hachmoni war der
Anführer der »Dreißig Helden«. Er kämpfte mit dem
Speer gegen 800 Feinde und erstach sie alle in einer
einzigen Schlacht. 9 An zweiter Stelle steht Eleasar, der
Sohn von Dodo aus Ahoach. Er war einer der »Drei«,
die David damals bei sich hatte, als die Israeliten die
Philister zum Kampf herausforderten, die Philister
jedoch zum Angriff übergingen und die Männer von
Israel sich zurückzogen. 10 Eleasar aber hielt stand.
Er hieb auf die Philister ein, bis sein Arm erlahmte
und die Hand sich um den Schwertgriff zusammen-
krampfte. So schenkte der HERR damals den Israeli-
ten einen großen Sieg. Eleasars Beispiel ermutigte
die Männer von Israel, wieder vorzurücken, aber es
blieb ihnen nur noch, die Besiegten zu plündern. 11 Der
Dritte war Schamma aus Harar, der Sohn von Age. Als
die Philister auf einem Linsenfeld bei Lehi gegen die
Israeliten kämpften und die Männer Israels flohen,
12 stellte er sich mitten auf das Feld, hielt dem Angriff
stand und schlug die Philister zurück. So schenkte der
HERR den Israeliten einen großen Sieg. 13 Als einmal
während der Ernte ein Philisterheer sein Lager in der
Ebene Rafaïm aufgeschlagen hatte, gingen drei von
Davids »Dreißig Helden« zu David in die Höhle bei
Adullam. 14 Dort hatte er seine Bergfestung, in der
er sich gerade aufhielt. Eine Abteilung der Philister
lag zur gleichen Zeit in Betlehem. 15 Aus einer Laune
heraus sagte David: »Ich habe Durst! Wer bringt mir
Wasser aus der Zisterne beim Tor von Betlehem?«
16-17 Darauf brachen die drei in das Lager der Philister
ein, schöpften Wasser aus der Zisterne beim Tor von
Betlehem und brachten es David. Der aber weigerte
sich, es zu trinken. »Der HERR bewahre mich davor, ein
solches Unrecht zu tun!«, sagte er. »Das wäre gerade
so, wie wenn ich das Blut dieser Männer hier trinken
würde, die ihr Leben dafür aufs Spiel gesetzt haben.«
Er goss das Wasser als Trankopfer für den HERRN auf
die Erde. Diese Tat vollbrachten die drei tapferen Hel-
den. 18 Abischai, Joabs Bruder, der Sohn der Zeruja, war
der Anführer der »Dreißig Helden«. Er tötete mit dem
Speer 300 Feinde und wurde so berühmt wie einer der
»Drei«. 19 Er war angesehener als die »Dreißig Hel-
den« und wurde deren Anführer; doch an die »Drei«
reichte er nicht heran. 20 Benaja aus Kabzeel war der
Sohn des tapferen Jojada und vollbrachte große Taten.
Er tötete die beiden mächtigen Helden, die als »Löwen

von Moab« bekannt waren. Als an einem Schneetag ein Löwe in eine Grube fiel, stieg er allein hinunter und erschlug ihn. 21 Er tötete auch einen stattlichen Ägypter, der mit einem Speer bewaffnet war. Er selbst hatte nichts als einen Stock; aber er ging auf den Ägypter los, riss ihm den Speer aus der Hand und durchbohrte ihn damit. 22 Durch solche Taten wurde Benaja so berühmt wie einer der »Drei«. 23 Er war angesehener als die »Dreißig Helden«, doch an die »Drei« reichte er nicht heran. David machte ihn zum Anführer seiner Leibgarde. 24 Zu den »Dreißig Helden« gehörten: Asaël, der Bruder von Joab; Elhanan, der Sohn von Dodo, aus Betlehem; 25 Schamma aus Harod; Elika aus Harod; 26 Helez aus Bet-Pelet; Ira, der Sohn von Ikkesch, aus Tekoa; 27 Abiëser aus Anatot; Sabeni aus Huscha; 28 Zalmon aus Ahoach; Mahrai aus Netofa; 29 Heled, der Sohn von Baana, aus Netofa; Ittai, der Sohn von Ribai, aus Gibea im Gebiet Benjamins; 30 Benaja aus Piraton; Hiddai aus Nahale-Gaasch; 31 Abialbon aus Bet-Araba; Asmawet aus Bahurim; 32 Eljachba aus Schaalbon; Jaschen aus Gun; Jonatan, 33 der Sohn von Schamma, aus Harar; Ahiam, der Sohn von Scharar, aus Arar; 34 Elifelet, der Sohn von Ahasbai, aus Maacha; Eliam, der Sohn von Ahitofel, aus Gilo; 35 Hezro aus Karmel; Paarai aus Arab; 36 Jigal, der Sohn von Natan, aus Zoba; Bani aus Gad; 37 der Ammoniter Zelek; Nachrai aus Beerot, der Waffenträger Joabs; 38 Ira aus Jattir; Gareb aus Jattir; 39 der Hetiter Urija. Insgesamt waren es siebenunddreißig.

DAVID GREIFT IN GOTTES RECHTE EIN

24 Noch einmal ließ der HERR die Israeliten seinen Zorn spüren. Er reizte David auf, etwas zu tun, was dem Volk schaden musste. Er sagte zu ihm: »Zähle die Männer von Israel und Juda!« 2 Da befahl der König seinem Heerführer Joab, der gerade bei ihm war: »Geh durch alle Stämme Israels von Dan bis Beerscheba und lass die wehrfähigen Männer zählen. Ich will wissen, wie viele es sind.« 3 Joab erwiderte: »Mein Herr und König! Ich wünsche von Herzen, dass der HERR, dein Gott, das Heer Israels noch hundertmal so zahlreich macht, wie es schon ist. Möge er dich das noch erleben lassen! Aber warum willst du so etwas tun?« 4 Doch der König ließ sich durch Joab und die obersten Truppenführer nicht von seinem Plan abbringen. So machten sie sich an die befohlene Musterung. 5 Joab und die Truppenführer überquerten den Jordan und begannen mit ihrer Zählung bei Aroër und der Stadt im Arnontal im Gebiet des Stammes Gad. Von dort gingen sie in Richtung Jaser 6 und weiter durch die Landschaft Gilead zum Gebiet der Hetiter in der Gegend von Kadesch und über Dan-Jaan bis in die Gegend von Sidon. 7 Dann wandten sie sich südwärts und kamen zu der befestigten Stadt Tyrus, erfassten alle Städte der Hiwiter und der Kanaaniter in dieser Gegend und zogen dann weiter durch das ganze Land bis nach Beerscheba am südlichen Ende von Juda. 8 In neun Monaten und zwanzig Tagen hatten sie das ganze Land durchzogen und kehrten dann nach Jerusalem zurück. 9 Joab meldete dem König die Gesamtzahl der wehrfähigen Männer, die mit dem Schwert umgehen konnten: 800 000 im Gebiet von Israel und 500 000 im Gebiet von Juda.

DIE STRAFE TRIFFT DAS VOLK

10 Aber nun schlug David das Gewissen, weil er die Männer Israels gezählt hatte. Er betete: »HERR, ich habe ein großes Unrecht begangen. Vergib mir doch meine Schuld! Ich habe sehr unbesonnen gehandelt.« 11-12 Als David am nächsten Morgen aufstand, kam der Prophet Gad, der Seher Davids, zu ihm. Das Wort des HERRN war nämlich an ihn ergangen; der HERR hatte zu ihm gesagt: »Geh zu David und richte ihm aus: ›So spricht der HERR: Ich lasse dir die Wahl zwischen drei Übeln. Wähle, was ich dir antun soll!‹« 13 Der Prophet kam also zum König, überbrachte ihm die Botschaft und fragte: »Was willst du: dass eine siebenjährige Hungersnot über dein Land kommt oder dass du für drei Monate vor deinen Feinden fliehen musst oder dass drei Tage lang die Pest in deinem Land wütet? Überleg es dir gut und sag mir, was für eine Antwort ich dem HERRN bringen soll, der mich geschickt hat!« 14 David sagte zu Gad: »Ich stehe vor einer schrecklichen Wahl! Aber wenn es denn sein muss, dann lieber in die Hand des HERRN fallen, denn er ist voll Erbarmen. In die Hand von Menschen will ich nicht fallen!« 15 Da ließ der HERR in Israel die Pest ausbrechen. Sie wütete von jenem Morgen an bis zu dem Zeitpunkt, den der HERR bestimmt hatte, und im ganzen Land zwischen Dan und Beerscheba fielen ihr 70 000 Männer aus dem Volk zum Opfer. 16 Als aber der Todesengel auch in Jerusalem sein grausiges Werk verrichten wollte, tat es dem HERRN leid und er sagte zu dem Engel, der sich unter dem Volk seine Opfer suchte: »Halt, es ist genug!« Der Engel des HERRN stand gerade auf dem Dreschplatz des Jebusiters Arauna. 17 Als David sah, wie der Engel die Leute mit der Pest schlug, sagte er zum HERRN: »Aber ich bin doch der Schuldige! Ich, der König, habe mich verfehlt, mein Volk, diese unschuldige Herde, hat nichts Böses getan. Darum strafe doch mich und meine Familie!«

DAVID OPFERT AUF DEM SPÄTEREN TEMPELPLATZ

18 Am selben Tag kam der Prophet Gad zu David und sagte zu ihm: »Geh hinauf zum Dreschplatz des Jebusiters Arauna und baue dem HERRN dort einen Altar!« 19 David gehorchte dem Befehl des HERRN, den der Prophet ihm ausgerichtet hatte, und ging hinauf. 20 Als Arauna von der Arbeit aufschaute und den König und seine Begleiter kommen sah, ging er ihnen entgegen und warf sich vor dem König nieder, das Gesicht zur Erde. 21 »Mein Herr und König«, sagte er, »was führt dich zu mir, deinem Diener?« David antwortete: »Ich möchte deinen Dreschplatz kaufen und dort einen Altar für den HERRN bauen, damit die Seuche aufhört.« 22 »Nimm alles, mein Herr und König«, sagte Arauna, »und bring ein Opfer nach deinen Wünschen! Meine Rinder hier kannst du für das Brandopfer nehmen und ihr Joch und den Dreschschlitten als Brennholz.

23 Ich schenke dir alles, mein König!« Und er fügte hinzu: »Möge der HERR, dein Gott, dein Opfer mit Wohlgefallen annehmen!« 24 Aber der König erwiderte: »Nein, ich möchte den Platz zum vollen Preis von dir kaufen, und ich will dem HERRN, meinem Gott, auch nicht Opfer darbringen, die ich nicht bezahlt habe.« So kaufte David den Dreschplatz und die Rinder für 50 Silberstücke. 25 Er baute dort einen Altar für den HERRN und opferte darauf Brandopfer und Mahlopfer. Und der HERR hörte auf die Bitten, die der König für sein Land vorbrachte, und machte der Seuche, die in Israel wütete, ein Ende.

DAS ERSTE BUCH VON DEN **KÖNIGEN**

ADONIJA WILL KÖNIG WERDEN

1 König David war sehr alt geworden. Obwohl er in Wolldecken eingehüllt wurde, konnte er nicht mehr warm werden. 2 Da sagten seine Diener zu ihm: »Erlaube uns, Herr, dass wir uns nach einem jungen, unberührten Mädchen umsehen! Sie soll für dich da sein, dich bedienen und in deinen Armen schlafen, damit du warm wirst.« 3 Sie suchten im ganzen Land Israel nach einem schönen Mädchen. Die Wahl fiel auf Abischag aus Schunem und sie brachten sie zum König. 4 Sie war außerordentlich schön. Von da an war sie ganz für den König da und bediente ihn; aber er hatte keinen Verkehr mit ihr. 5 Adonija, der Sohn von Davids Frau Haggit, spielte sich groß auf und erklärte: »Ich bin der künftige König!« Er legte sich einen Wagen und Pferde zu und eine Leibwache von fünfzig Mann, die vor seinem Wagen herliefen. 6 Sein Vater hatte ihn immer sehr nachsichtig behandelt und ihn nie wegen irgendetwas zur Rede gestellt. Er war ein stattlicher Mann und nach Abschalom der nächstgeborene der Söhne Davids. 7 Adonija war es gelungen, den Heerführer Joab und den Priester Abjatar auf seine Seite zu ziehen. 8 Dagegen konnte er den Priester Zadok sowie Benaja, den Sohn von Jojada, den Obersten der Leibgarde, und den Propheten Natan nicht für sich gewinnen, auch nicht Schimi, Reï und die Elitetruppe Davids. 9 Eines Tages veranstaltete Adonija beim Sohelet-Felsen an der Rogel-Quelle ein großes Opferfest. Er ließ Schafe, Rinder und gemästete Kälber schlachten. Alle anderen Königssöhne und die im Hofdienst stehenden Männer von Juda hatte er eingeladen, 10 aber nicht den Propheten Natan und Benaja und die Elitetruppe Davids und auch nicht seinen Bruder Salomo.

SALOMO HAT FÜRSPRECHER BEI DAVID

11 Da ging Natan zu Batseba, der Mutter Salomos, und sagte: »Hast du schon gehört, dass Adonija, der Sohn der Haggit, König ist? Und David, unser Herr, hat keine Ahnung davon! 12 Dein Leben steht auf dem Spiel und das deines Sohnes Salomo! Deshalb rate ich dir, 13 geh zu David und sage zu ihm: ›Mein Herr und König, du hast mir doch mit einem Eid zugesichert, dass mein Sohn Salomo und kein anderer dir auf dem Königsthron folgen soll. Warum ist denn nun Adonija König geworden?‹ 14 Während du noch mit ihm sprichst, werde ich selber kommen und dir helfen.« 15 Batseba ging sofort zu König David, der sich im innersten Raum seines Palastes aufhielt. Er war sehr alt geworden und Abischag aus Schunem bediente ihn. 16 Batseba verneigte sich vor dem König und warf sich vor ihm nieder. »Was möchtest du?«, fragte der König. 17 »Mein Herr und König«, sagte sie, »du hast mir bei dem HERRN, deinem Gott, geschworen, dass mein Sohn Salomo und kein anderer dir auf dem Thron folgen soll. 18 Aber jetzt ist Adonija König geworden – und du, mein Herr und König, weißt nicht einmal davon! 19 Er hat ein großes Opferfest veranstaltet und eine Menge Rinder, Mastkälber und Schafe schlachten lassen. Alle deine Söhne hat er eingeladen, auch den Priester Abjatar und den Heerführer Joab, nur deinen treuen Sohn Salomo nicht. 20 Auf dich, mein König, blickt jetzt ganz Israel! Alle warten darauf, dass du ihnen sagst, wer nach dir auf deinem Thron sitzen soll. 21 Sonst werden sie meinen Sohn Salomo und mich als Hochverräter behandeln, wenn du eines Tages nicht mehr lebst.«
22-23 Während Batseba noch mit dem König sprach, wurde der Prophet Natan gemeldet. Er trat ein und warf sich vor dem König nieder. 24 »Mein Herr und König«, sagte er, »ich sehe, du hast entschieden, dass Adonija dein Nachfolger werden soll! 25 Jedenfalls hat er heute ein großes Opferfest veranstaltet und eine Menge Rinder, Mastkälber und Schafe schlachten lassen. Dazu hat er alle deine Söhne, die Truppenführer und den Priester Abjatar eingeladen. In diesem Augenblick essen und trinken sie als seine Gäste und rufen: ›Lang lebe König Adonija!‹ 26 Aber mich und den Priester Zadok, Benaja und deinen Sohn Salomo hat er nicht eingeladen. 27 Ist all das wirklich auf deine Anordnung geschehen, mein König? Hast du vor deinen treuesten Dienern verheimlicht, wer dein Nachfolger auf dem Königsthron werden soll?«

DAVID BESTIMMT SALOMO ZU SEINEM NACHFOLGER

28 »Ruft Batseba wieder herein!«, befahl König David. Sie kam und trat vor ihn. 29 Dann hob er die Hand zum Schwur und sagte: »So gewiss der HERR lebt, der mich aus aller Not gerettet hat: 30 Ich habe dir beim HERRN, dem Gott Israels, geschworen, dass dein Sohn Salomo und kein anderer mein Nachfolger werden soll. Und heute löse ich meine Zusage ein!« 31 Batseba verneigte sich tief, warf sich vor David nieder und sagte: »Möge mein Herr und König ewig leben!« 32 Dann sagte David: »Ruft mir den Priester Zadok, den Propheten Natan

und Benaja, den Obersten der Leibgarde!« Als alle beisammen waren, 33 befahl er ihnen: »Mein Sohn Salomo soll mein königliches Maultier besteigen. Nehmt meine Leibgarde mit und geleitet ihn hinab zur Gihon-Quelle. 34 Dort sollen ihn der Priester Zadok und der Prophet Natan zum König über Israel salben. Lasst die Hörner blasen und ruft laut: ›Lang lebe König Salomo!‹ 35 Dann sollt ihr ihn wieder hierher geleiten und er soll sich auf meinen Thron setzen. Kein anderer als er soll an meiner Stelle König sein. Ihn habe ich zum Herrscher über Israel und Juda bestimmt.« 36 »Amen«, sagte Benaja. »So will es der HERR, der Gott meines Königs! 37 Er stehe Salomo bei, wie er meinem Herrn und König beigestanden hat, ja, er lasse den Sohn noch bedeutender werden als seinen Vater!« 38 Zadok, Natan und Benaja ließen Salomo auf das Maultier von König David steigen und gaben ihm mit der königlichen Leibgarde das Geleit hinab zur Gihon-Quelle. 39 Der Priester Zadok hatte aus dem Zelt des HERRN das Horn mit dem Salböl mitgebracht und salbte Salomo zum König. Die Widderhörner wurden geblasen und das Volk rief: »Lang lebe König Salomo!« 40 Dann geleiteten sie ihn wieder hinauf nach Jerusalem. Alle waren außer sich vor Freude, spielten auf Flöten und jubelten so laut, dass die Erde dröhnte.

ADONIJA MUSS AUFGEBEN

41 Auch Adonija und seine Gäste hörten den Lärm. Sie hatten gerade das Festmahl beendet. Als Joab das Hörnerblasen hörte, fragte er: »Was ist das für ein Lärm in der Stadt?« 42 Da kam auch schon Jonatan, der Sohn des Priesters Abjatar. »Komm her«, rief Adonija, »du bist ein zuverlässiger Mann und bringst gewiss gute Nachricht!« 43 »Wenn es nur so wäre!«, erwiderte Jonatan. »König David, unser Herr, hat Salomo zum König gemacht! 44-45 Er hat ihn auf sein Maultier steigen lassen und mit Zadok, Natan und Benaja und der königlichen Leibgarde zur Gihon-Quelle geschickt. Dort haben ihn der Priester Zadok und der Prophet Natan zum König gesalbt. Dann sind sie alle jubelnd wieder nach Jerusalem hinaufgezogen und die ganze Stadt ist in heller Aufregung. Das ist der Lärm, den ihr gehört habt! 46 Salomo hat sich schon auf den Königsthron gesetzt 47 und die Hofleute haben König David ihre Glückwünsche gebracht und gesagt: ›Dein Gott mache Salomo noch berühmter als dich selbst und seine Herrschaft noch bedeutender als die deine!‹ Der König hat sich auf seinem Bett verneigt 48 und gesagt: ›Der HERR, der Gott Israels, sei gepriesen! Er hat es so gefügt, dass heute ein Nachfolger meinen Thron bestiegen hat und ich es noch erleben durfte.‹« 49 Die Gäste Adonijas sprangen erschrocken auf und liefen auseinander. 50 Adonija fürchtete die Rache Salomos, deshalb flüchtete er zum Zelt des HERRN und ergriff Schutz suchend die Hörner des Altars. 51 Man meldete Salomo: »Adonija fürchtet sich vor König Salomo; er klammert sich an die Hörner des Altars und sagt: ›Ich gehe erst von hier weg, wenn König Salomo mir schwört, dass er mich, seinen Diener, nicht töten wird.‹« 52 Salomo sagte: »Wenn er sich nichts zuschulden kommen lässt, wird ihm kein Haar gekrümmt werden; aber wenn er etwas gegen mich unternimmt, muss er sterben.« 53 Er schickte Männer mit dieser Zusicherung zu Adonija, die geleiteten ihn hinunter in den Königspalast. Adonija trat vor König Salomo und warf sich vor ihm nieder. Salomo aber sagte zu ihm: »Du kannst nach Hause gehen!«

DAVID WILL SALOMOS HERRSCHAFT SICHERN

2 Als David sein Ende nahen fühlte, sagte er zu seinem Sohn Salomo: 2 »Meine Zeit ist abgelaufen. Nun kommt es darauf an, dass du deinen Mann stehst! 3 Achte stets darauf, dass du so lebst, wie der HERR, dein Gott, es haben will. Befolge alle seine Gebote und Anweisungen, die im Gesetzbuch Moses aufgeschrieben sind. Dann wirst du Erfolg haben in allem, was du planst und unternimmst. 4 Dann wird auch der HERR sein Versprechen halten, das er mir gegeben hat. Er sagte ja zu mir: ›Wenn deine Nachkommen mir treu bleiben und meine Gebote mit ganzem Herzen befolgen, dann wird auf dem Thron Israels stets einer aus der Familie Davids sitzen.‹« 5 »Noch etwas«, fuhr David fort: »Du erinnerst dich, was mein Heerführer Joab mir angetan hat. Er hat die beiden Heerführer Israels, Abner und Amasa, heimtückisch ermordet. Mitten im Frieden hat er sich dabei mit Blut besudelt wie in einer Schlacht. 6 Du wirst in deiner Weisheit dafür sorgen, dass er seine gerechte Strafe bekommt. So alt er ist, er darf keines natürlichen Todes sterben! 7 Aber sei freundlich zu den Söhnen von Barsillai, dem Mann aus Gilead! Sorge für sie, denn sie haben auch mich versorgt, als ich vor deinem Bruder Abschalom fliehen musste. 8 Dann ist da auch noch Schimi aus Bahurim vom Stamm Benjamin. Als ich damals nach Mahanajim floh, hat er mich beschimpft und verflucht. Bei meiner Rückkehr kam er mir voll Reue an den Jordan entgegen; da habe ich ihm geschworen, ihn nicht zu töten. 9 Aber jetzt muss er seine Strafe finden. Du hast Weisheit genug, um zu wissen, was du mit ihm tun musst. So alt er ist, er muss eines gewaltsamen Todes sterben!« 10 Bald darauf starb David und wurde in der Davidsstadt beigesetzt. 11 Vierzig Jahre lang hatte er als König über Israel regiert, davon sieben in Hebron und dreiunddreißig in Jerusalem. 12 Salomo wurde sein Nachfolger und er hatte die Herrschaft fest in der Hand.

SALOMO BESEITIGT SEINEN RIVALEN

13 Eines Tages kam Adonija zu Salomos Mutter Batseba. »Was führt dich her?«, fragte sie ihn. »Ist etwas passiert?« 14 »Nein«, erwiderte Adonija, »aber ich habe eine Bitte.« »Sprich nur!«, sagte sie 15 und er begann: »Du weißt, mir stand eigentlich der Königsthron zu, und ganz Israel hatte erwartet, dass ich der neue König würde. Aber es ist anders gekommen und das Königtum ist meinem Bruder zugefallen. Der HERR hat es so gewollt. 16 Nun habe ich nur eine einzige Bitte; schlage sie mir nicht ab!« »Was ist es denn?«,

fragte Batseba 17 und er antwortete: »Lege bei König
Salomo ein Wort für mich ein, dass er mir Abischag von
Schunem zur Frau gibt. Dir wird er es bestimmt nicht
verweigern.« 18 »Gut«, sagte Batseba, »ich will mit
dem König reden.« 19 Sie ging zu König Salomo, um
ihm die Bitte Adonijas vorzutragen. Der König stand
auf, ging ihr entgegen und verneigte sich tief vor ihr.
Dann setzte er sich auf seinen Thron und ließ zu sei-
ner rechten Seite einen Thronsessel für seine Mutter
aufstellen. 20 »Ich habe eine kleine Bitte an dich«,
begann sie; »schlag sie mir nicht ab!« »Sprich sie ru-
hig aus, Mutter«, erwiderte der König, »ich werde dir
nichts verweigern.« 21 Batseba sagte: »Könnte nicht
Abischag von Schunem deinem Bruder Adonija zur
Frau gegeben werden?« 22 König Salomo fuhr auf
und sagte zu ihr: »Warum bittest du für Adonija nur
um Abischag von Schunem? Bitte doch gleich um den
Königsthron! Er ist schließlich mein älterer Bruder!
Der Priester Abjatar und der Heerführer Joab hätten
sicher nichts dagegen einzuwenden!« 23 Dann schwor
er: »Gott soll mich strafen, wenn Adonija diese Bitte
nicht mit seinem Leben büßt! 24 So gewiss der HERR
lebt, der mich auf den Thron meines Vaters David ge-
bracht und zum König eingesetzt hat, der HERR, der
sein Wort gehalten und mir und meinen Nachkommen
das Königtum gegeben hat: Noch heute wird Adonija
sterben!« 25 König Salomo schickte Benaja, den Sohn
von Jojada, hin und der stach Adonija nieder.

SALOMO FÜHLT SICH AUCH JETZT NOCH NICHT SICHER

26 Zum Priester Abjatar sagte der König: »Geh in deine
Heimatstadt Anatot und bewirtschafte deine Felder!
Eigentlich hast du den Tod verdient. Aber dir war unter
meinem Vater die Bundeslade des HERRN anvertraut
und du hast auch alle Leiden meines Vaters mit ihm
geteilt.« 27 Damit entzog er Abjatar das Recht, dem
HERRN als Priester zu dienen. So traf ein, was der HERR
einst in Schilo der Familie des Priesters Eli angekün-
digt hatte. 28 Joab hörte, was geschehen war. Er war
einst nicht zu Abschalom übergegangen, hatte sich
aber diesmal auf die Seite Adonijas gestellt. Deshalb
floh er zum Zelt des HERRN und ergriff schutzsuchend
die Hörner des Altars. 29 Als König Salomo es erfuhr,
schickte er einen Boten und ließ Joab fragen: »Warum
hast du dich zum Altar geflüchtet?« »Ich fürchtete
deine Rache«, antwortete Joab, »deshalb suchte ich
Schutz beim HERRN.« Als das König Salomo gemeldet
wurde, gab er Benaja den Befehl: »Geh hin und töte
ihn!« 30 Benaja ging zum Zelt des HERRN und sagte
zu Joab: »Der König befiehlt: ›Verlass diesen Ort!‹«
»Nein«, erwiderte Joab, »hier will ich sterben.« Be-
naja ging zum König und berichtete, was Joab ihm
geantwortet hatte. 31 »Tu, was er verlangt«, sagte der
König. »Stoße ihn nieder und bestatte ihn. So sorgst
du dafür, dass die Strafe für seine Untaten nicht mich
und die Familie meines Vaters trifft. 32 Er allein trägt
die Schuld daran; sein Blut finde keinen Rächer! Denn
er hat zwei unschuldige Männer umgebracht, die ihn
an Treue und Rechtschaffenheit weit übertrafen. Ab-
ner, den Heerführer Israels, und Amasa, den Heerfüh-
rer Judas, hat er ermordet, ohne dass mein Vater das
Geringste davon wusste. 33 Dafür soll Joab büßen und
auch noch seine Nachkommen zu allen Zeiten. Aber
die Nachkommen Davids, alle, die ihm jemals auf sei-
nen Thron folgen, möge der HERR vor allem Unglück
bewahren.« 34 So ging Benaja zum Altar und erstach
Joab. Auf seinem Besitz in der Steppe bei Betlehem
wurde er bestattet. 35 Der König machte Benaja an
Joabs Stelle zum Heerführer und den Priester Zadok
setzte er an die Stelle Abjatars.

AUCH SCHIMI MUSS STERBEN

36 König Salomo ließ Schimi aus Bahurim zu sich ru-
fen und befahl ihm: »Bau dir ein Haus in Jerusalem
und wohne dort! Du darfst die Stadt unter keinen Um-
ständen verlassen. 37 Sobald du deinen Fuß über den
Bach Kidron setzt, musst du sterben. Du allein trägst
dann die Schuld daran; dein Blut findet keinen Rächer.
Das lass dir gesagt sein!« 38 »Ich bin damit einverstan-
den«, sagte Schimi. »Ich werde tun, was mein Herr und
König befiehlt.« Schimi wohnte schon drei Jahre in
Jerusalem, 39 da entliefen ihm eines Tages zwei Skla-
ven und flohen zum König von Gat, zu Achisch, dem
Sohn von Maacha. Als Schimi hörte, dass die beiden
in Gat waren, 40 sattelte er seinen Esel, ritt zu König
Achisch und holte seine Sklaven zurück. 41 Man mel-
dete Salomo: »Schimi hat die Stadt verlassen! Er ist
nach Gat geritten und wieder zurückgekehrt.« 42 Der
König ließ ihn holen und sagte zu ihm: »Ich habe dich
gewarnt und dir gesagt: ›Sobald du die Stadt verlässt,
musst du sterben.‹ Und du hast geantwortet: ›Ich bin
einverstanden; ich gehorche.‹ Ich habe dich sogar
beim HERRN schwören lassen, dass du es nicht tun
wirst. 43 Warum hast du deinen Eid gebrochen und
meinen Befehl missachtet? 44 Im Übrigen weißt du
ganz genau, was du meinem Vater David angetan hast.
Dafür lässt der HERR dich jetzt büßen. 45 Mich aber
möge er segnen; er lasse das Königshaus Davids für
alle Zeiten bestehen.« 46 Der König gab Benaja den
Befehl, und der ging mit Schimi hinaus und erstach
ihn. Nun war das Königtum fest in der Hand Salomos.

SALOMO HEIRATET EINE ÄGYPTISCHE KÖNIGSTOCHTER

3 Salomo nahm verwandtschaftliche Beziehungen
zum Pharao, dem König von Ägypten, auf: Er heira-
tete die Tochter des Pharaos. Er ließ sie in einem Haus
in der Davidsstadt wohnen, bis sein Palast sowie der
Tempel und die Stadtmauer vollendet waren.

SALOMO DARF SICH ETWAS WÜNSCHEN

2 Weil damals noch kein Tempel für den HERRN gebaut
war, brachte das Volk dem HERRN seine Opfer an den
Opferstätten rings im Land. 3 Salomo liebte den HERRN
und befolgte seine Gebote, wie es sein Vater David ge-
tan hatte; aber auch er opferte an diesen Opferstätten.
4 Einmal ging der König nach Gibeon, um ein Opferfest

zu feiern. Dort war die bedeutendste Opferstätte im
ganzen Land. Salomo opferte auf dem Altar tausend
Tiere als Brandopfer. 5 Als er im Heiligtum übernachte-
te, erschien ihm der HERR im Traum und sagte zu ihm:
»Wünsche dir, was du willst; ich will es dir geben!«
6 Salomo antwortete: »Du hast in großer Treue an dei-
nem Diener, meinem Vater David, gehandelt, so wie
auch er stets treu zu dir gehalten und dir aufrichtig
gedient hat. Du hast ihm deine große Treue auch darin
erwiesen, dass du ihm einen Sohn gegeben hast, der
einst auf seinem Thron sitzen sollte, wie das jetzt wirk-
lich eingetreten ist. 7 HERR, mein Gott! Du hast mich,
deinen Diener, anstelle meines Vaters David zum König
gemacht. Ich bin noch viel zu jung und unerfahren und
fühle mich dieser Aufgabe nicht gewachsen. 8 Und doch
hast du mir das Volk anvertraut, das du dir erwählt hast,
und ich trage die Verantwortung für so viele Menschen,
die niemand zählen kann. 9 Darum schenke mir ein
Herz, das auf deine Weisung hört, damit ich dein Volk
leiten und gerechtes Urteil sprechen kann. Wie kann
ich sonst dieses große Volk regieren?« 10 Dem HERRN
gefiel diese Bitte. 11 Deshalb sagte er zu Salomo: »Du
hättest dir langes Leben oder Reichtum oder den Tod
deiner Feinde wünschen können. Stattdessen hast du
mich um Einsicht gebeten, damit du gerecht regieren
kannst. 12 Darum werde ich deine Bitte erfüllen und
dir so viel Weisheit und Verstand schenken, dass kein
Mensch vor oder nach dir mit dir verglichen werden
kann. 13 Aber auch das, worum du mich nicht gebeten
hast, will ich dir geben: Ich werde dir Reichtum und
hohes Ansehen schenken, sodass zu deinen Lebzeiten
kein König sich darin mit dir messen kann. 14 Und wenn
du meine Gebote so treu befolgst wie dein Vater David,
dann schenke ich dir auch ein langes Leben.« 15 Als
Salomo erwachte, merkte er, dass der HERR im Traum
mit ihm gesprochen hatte. Er ging nach Jerusalem und
trat vor die Bundeslade des HERRN, opferte Brandopfer
und ließ Tiere für das Opfermahl schlachten. Sein ge-
samter Hofstaat wurde zu dem Mahl geladen.

EIN BEISPIEL FÜR SALOMOS WEISHEIT

16 Eines Tages kamen zwei Prostituierte zum König
und trugen ihm einen Rechtsstreit vor. 17 »Mein Herr
und König«, sagte die eine, »diese Frau und ich woh-
nen zusammen im selben Haus. Sie war dabei, als ich
einen Sohn gebar. 18 Zwei Tage danach gebar sie selbst
einen Sohn. Nur wir beide waren zu dieser Zeit im Haus;
sonst war niemand da. 19 Eines Nachts wälzte sie sich
im Schlaf auf ihr Kind und erdrückte es, sodass es starb.
20 Da stand sie mitten in der Nacht auf und nahm mir
mein Kind weg, während ich schlief. Dafür legte sie
ihr totes Kind neben mich. 21 Als ich am Morgen er-
wachte und mein Kind stillen wollte, fand ich es tot.
Doch als ich es genau ansah, merkte ich, dass es gar
nicht das meine war.« 22 »Das ist nicht wahr!«, rief
die andere. »Mein Kind ist das lebende und deins das
tote!« »Nein«, rief die erste, »das tote ist deins, das
lebende meins!« So stritten sie sich vor dem König.
23 Da sagte König Salomo: »Die eine behauptet: ›Mein
Kind ist das lebende, deins das tote!‹, die andere: ›Nein,
das tote ist deins, das lebende meins!‹« 24 Und er befahl
seinen Leuten: »Bringt mir ein Schwert!« Sie brachten
es ihm. 25 Er befahl weiter: »Zerschneidet das lebende
Kind in zwei Teile und gebt die eine Hälfte der einen,
die andere Hälfte der andern!« 26 Da rief die Frau, der
das lebende Kind gehörte – denn die Mutterliebe regte
sich mächtig in ihr: »Ach, mein Herr und König! Gebt es
der andern, aber lasst es leben!« Die andere aber sagte:
»Weder dir noch mir soll es gehören! Zerschneidet es
nur!« 27 Darauf entschied der König: »Gebt das Kind
der ersten, tötet es nicht! Sie ist die Mutter.« 28 Überall
in Israel erfuhr man von diesem Urteil des Königs und
alle schauten in Ehrfurcht zu ihm auf. Sie sahen, dass
Gott ihm Weisheit geschenkt hatte, sodass er gerechte
Entscheidungen fällen konnte.

DIE MINISTER SALOMOS

4 Salomo war nun König über ganz Israel. 2-6 In
die Regierungsämter setzte er folgende Män-
ner ein: // als Oberpriester: Asarja, den Sohn von
Zadok / als Staatsschreiber: Elihoref und Ahija, die
Söhne von Schischa / als Kanzler: Joschafat, den Sohn
von Ahilud / als Heerführer: Benaja, den Sohn von
Jojada / als Vorsteher der Provinzverwalter: Asarja,
den Sohn von Natan / als Ratgeber des Königs: den
Priester Sabud, den Sohn von Natan / als Palastver-
walter: Ahischar / als Beauftragten für die Fronarbei-
ten: Adoniram, den Sohn von Abda //

DIE ZWÖLF PROVINZEN UND IHRE VERWALTER

7 Salomo hatte das Gebiet Israels in zwölf Provinzen
eingeteilt, an deren Spitze jeweils ein Provinzverwalter
stand. Sie hatten reihum je einen Monat lang die Versor-
gung des königlichen Hofes zu übernehmen. 8-19 Hier
ist die Liste der Provinzverwalter und ihrer Provinzen:
Verwalter – Provinz
(1) der Sohn Hurs – das Bergland von Efraïm
(2) der Sohn Dekers – das Gebiet der Städte Makaz, Schaalbim, Bet-Schemesch, Ajalon und Bet-Hanan
(3) der Sohn Heseds – das Gebiet der Stadt Arubbot, dazu das Gebiet von Socho und das ganze Land Hefer
(4) der Sohn Abinadabs; er war mit Salomos Tochter Tafat verheiratet – das bergige Hinterland der Küstenstadt Dor
(5) Baana, der Sohn Ahiluds – die ganze Jesreel-Ebene mit den Städten Taanach und Megiddo bis über Jokneam im Westen hinaus, dazu das ganze Gebiet der Stadt Bet-Schean in der Jordansenke bis in die Gegend der Stadt Jesreel im Westen, und im Süden in Richtung Zaretan bis zur Stadt Abel-Mehola
(6) der Sohn Gebers – der nördliche Teil von Gilead mit der Stadt Ramot und das Siedlungsgebiet des Manassesohnes Jaïr sowie das Gebiet von Argob in Baschan mit 60 befestigten Städten

(7) Ahinadab, der Sohn von Iddo – der südliche Teil von Gilead mit der Stadt Mahanajim
(8) Ahimaaz, der mit Salomos Tochter Basemat verheiratet war – das Stammesgebiet Naftali
(9) Baana, der Sohn von Huschai – das Stammesgebiet Ascher und das Gebiet von Alot
(10) Joschafat, der Sohn von Paruach – das Stammesgebiet Issachar
(11) Schimi, der Sohn von Ela – das Stammesgebiet Benjamin
(12) Geber, der Sohn von Uri – das Stammesgebiet Gad im ehemaligen Gebiet des Amoriterkönigs Sihon und des Königs Og von Baschan

Über das Gebiet von Juda war nur ein einziger Verwalter eingesetzt.

SALOMOS REICH UND SEINE HOFHALTUNG

20 Die Menschen in Juda und Israel waren so zahlreich
wie der Sand am Meer. Alle hatten genug zu essen und
zu trinken und waren glücklich.
5 Salomo herrschte über alle Königreiche vom Eufrat bis zum Gebiet der Philister und zur Grenze
Ägyptens. Sie erkannten seine Oberherrschaft an und
zahlten ihm Tribut. So blieb es während der ganzen Re-
gierungszeit Salomos. 2 Salomo brauchte für seine Hof-
haltung täglich drei Tonnen feines und sechs Tonnen
gewöhnliches Mehl, 3 zehn im Stall gemästete Rinder,
zwanzig Rinder von der Weide und hundert Schafe;
dazu kamen noch Hirsche, Rehe, Gazellen und gemäs-
tetes Geflügel. 4 Salomos Herrschaft erstreckte sich
über das ganze Gebiet westlich des Eufrats und über
alle Könige, die dort regierten, von der Stadt Tifsach bis
nach Gaza. Mit allen Nachbarländern hatte er Frieden.
5 Während seiner ganzen Regierungszeit lebten die
Leute in Juda und Israel, von Dan im Norden bis Beer-
scheba im Süden, in Sicherheit und Wohlstand. Jeder
konnte ungestört unter seinem Weinstock und seinem
Feigenbaum sitzen. 6 Salomo hatte 12 000 Pferde für
seine 4000 Streitwagengespanne. 7 Die Verwalter sei-
ner zwölf Provinzen versorgten ihn und alle, die an der
königlichen Tafel speisten, mit Lebensmitteln, sodass
es an nichts fehlte. Jeden Monat war eine andere Pro-
vinz dafür zuständig. 8 Sie beschafften auch Gerste und
Stroh für die Wagenpferde und anderen Zugtiere und
brachten es nach einer festgelegten Ordnung jeweils
dorthin, wo es gebraucht wurde.

SALOMOS WEISHEIT

9 Gott schenkte Salomo große Weisheit und Einsicht
und ein Wissen, so unermesslich wie der Sand am Mee-
resstrand. 10 Salomo übertraf darin sogar die Weisen
Arabiens und Ägyptens. 11 Er wusste mehr als alle Men-
schen, auch mehr als der Esrachiter Etan und als He-
man, Kalkol und Darda, die Söhne Mahols. Sein Ruhm
verbreitete sich unter allen benachbarten Völkern. 12 Er
verfasste 3000 Weisheitssprüche und 1005 Lieder. 13 Er
sprach darin über alle Arten von Bäumen von der Liba-
non-Zeder bis zum Ysop, der an Mauern wächst, und
ebenso über die großen Landtiere, die Vögel, die Kriech-
tiere und Fische. 14 Aus allen Völkern kamen Leute, um
Salomo zu hören, wenn er seine Weisheitsworte vor-
trug; alle Könige der Erde, zu denen der Ruf seiner
Weisheit gedrungen war, schickten Gesandte zu ihm.

SALOMO SCHLIESST EINEN VERTRAG MIT KÖNIG HIRAM

15 König Hiram von Tyrus war stets ein guter Freund
Davids gewesen. Als er erfuhr, dass Salomo anstelle
seines Vaters König geworden war, schickte er eine Ge-
sandtschaft nach Jerusalem. 16 Daraufhin ließ Salomo
Hiram ausrichten: 17 »Wie du weißt, konnte mein Vater
David dem HERRN, seinem Gott, keinen Tempel bauen.
Er musste sich ständig gegen die Angriffe der Nachbar-
völker wehren, bis der HERR ihm den Sieg über sie gab.
18 Mir aber hat der HERR, mein Gott, Frieden geschenkt.
Niemand greift mich an, kein Unheil bedroht mich.
19 Darum habe ich mich entschlossen, einen Tempel
zu bauen, einen Wohnsitz für den Namen des HERRN,
meines Gottes. So hatte der HERR es vorgesehen, als
er zu meinem Vater David sagte: ›Dein Sohn, dem ich
nach deinem Tod die Herrschaft übertragen werde, soll
meinem Namen ein Haus bauen.‹ 20 Deshalb bitte ich
dich: Lass auf dem Libanon-Gebirge für mich Zedern
fällen! Meine Arbeiter werden den deinen dabei zur
Hand gehen. Ich erstatte dir den Lohn für deine Leute;
fordere, was du für angemessen hältst. Du weißt ja,
dass wir in Israel niemand haben, der so gut Bäume
fällen kann wie deine Untertanen im Gebiet von Si-
don.« 21 Als Hiram die Botschaft Salomos erhielt, freute
er sich sehr und sagte: »Dem HERRN sei gedankt, dass
er David einen so tüchtigen Sohn geschenkt hat, der
dieses große Volk regieren kann!« 22 Er ließ Salomo
sagen: »Ich habe deine Botschaft erhalten. Ich bin be-
reit, deinen Wunsch zu erfüllen und dir das Bauholz zu
schicken. 23 Meine Arbeiter werden die Stämme vom
Libanon zum Meer hinunterschaffen. Dann lasse ich
sie zu Flößen zusammenbinden und die Küste ent-
lang zu dem Platz bringen, den du mir nennen wirst.
Dort werden meine Arbeiter die Flöße wieder auflösen
und deine Leute können die Stämme für den Weiter-
transport übernehmen. Du wirst mir dafür gewiss auch
einen Wunsch erfüllen und mir Lebensmittel für mei-
nen Hof schicken.« 24 Salomo erhielt von Hiram die Ze-
dern- und Zypressenstämme, die er brauchte. 25 Dafür
lieferte er für den Unterhalt von Hirams Königshof
jährlich 3000 Tonnen Weizen und 4000 Hektoliter
feinstes Olivenöl. 26 Der HERR hatte Salomo Weisheit
geschenkt, wie er es ihm versprochen hatte. Deshalb
herrschte Frieden zwischen Hiram und Salomo und
die beiden schlossen ein Bündnis.

VORBEREITUNGEN FÜR DEN TEMPELBAU

27 König Salomo ließ in ganz Israel 30 000 Leute zum
Frondienst ausheben 28 und stellte sie unter die Leitung
Adonirams. Jeweils 10 000 mussten einen Monat lang
auf dem Libanon arbeiten, danach durften sie für zwei
Monate nach Hause. 29 Darüber hinaus arbeiteten für

Salomo in den Bergen Judas 80 000 Steinbrecher und 70 000 Männer, die die Steinblöcke abtransportierten. 30 Dazu kamen 3300 Aufseher, die den Provinzverwaltern Salomos unterstellt waren und die gesamte Arbeit überwachen mussten. 31 Auf Befehl des Königs brachen sie mächtige Steinblöcke von bester Qualität für das Fundament des Tempels; sie wurden im Steinbruch zurechtgehauen. 32 Die Bauleute Salomos und Hirams sowie Männer aus der Stadt Byblos bearbeiteten die Steinblöcke und Stämme, wie sie für den Bau des Tempels gebraucht wurden.

SALOMO BAUT GOTT EINEN TEMPEL

6 Vierhundertachtzig Jahre waren seit der Befreiung der Israeliten aus Ägypten vergangen. Da begann König Salomo im zweiten Monat seines vierten Regierungsjahres, dem Monat Siw, ein Haus für den HERRN zu bauen. 2 Das Tempelhaus, das er bauen ließ, war dreißig Meter lang, zehn Meter breit und fünfzehn Meter hoch. 3 Die Vorhalle war ebenso breit wie der Hauptbau und fünf Meter tief. 4 In den Mauern ließ er Fensteröffnungen anbringen mit Rahmen und Gittern aus Stein 5 und ließ außen an den Seitenwänden und an der Hinterwand einen mehrstöckigen Anbau aus Holz errichten. 6 Die Mauer des Tempelhauses verjüngte sich außen stufenweise; so konnten die Balken der Holzkonstruktion auf dem Vorsprung aufliegen und brauchten nicht in die Tempelmauer eingelassen zu werden. Der Anbau war im untersten Stock zweieinhalb Meter tief, im mittleren drei und im obersten dreieinhalb. 7 Die Mauern des Tempels wurden aus unbearbeiteten Bruchsteinen erbaut. Auf der ganzen Baustelle wurden weder Hämmer noch Meißel noch andere eiserne Werkzeuge verwendet. 8 Der Eingang zum Anbau war auf der Südseite; vom Erdgeschoss führte eine Treppe zum mittleren Stockwerk und von dort zum Oberstock hinauf. 9 Als die Mauern aufgeführt waren, ließ Salomo eine Decke aus Zedernbalken und Zedernbrettern als Dach über das Tempelhaus legen. 10 Der Anbau lief um das ganze Haus herum und war durch Zedernbalken mit der Tempelmauer verbunden. Jedes Stockwerk war zweieinhalb Meter hoch. 11 Damals erging das Wort des HERRN an Salomo, er sagte zu ihm: 12-13 »Wenn du nach meinen Geboten lebst, meine Rechtsordnungen befolgst und auf alle meine Weisungen achtest, will ich dir gegenüber die Zusage einlösen, die ich deinem Vater David gegeben habe. Ich werde in diesem Haus, das du mir baust, mitten unter den Israeliten wohnen und mein Volk Israel niemals im Stich lassen.«

DIE INNERE AUSSTATTUNG DES TEMPELS

14 Nachdem Salomo den Rohbau des Tempelhauses vollendet hatte, 15 ließ er die Innenwände vom Boden bis zur Decke mit Zedernholz täfeln und den Fußboden mit Zypressenholz auslegen. 16 Zehn Meter von der Rückwand entfernt wurde eine Zwischenwand aus Zedernholz aufgeführt, um einen Raum für die Wohnung des HERRN, das Allerheiligste, zu schaffen. 17 Der verbleibende Innenraum war also noch zwanzig Meter lang. 18 Er war ringsum mit Zedernholz getäfelt; nirgends war das Mauerwerk zu sehen. Die Täfelung war mit Schnitzereien in Form von Blüten und Früchten verziert. 19 Im hinteren Teil des Baues ließ Salomo die Wohnung des HERRN herrichten. Hier sollte die Bundeslade ihren Platz finden. 20 Der Raum war zehn Meter lang, zehn Meter breit und zehn Meter hoch, die Wände waren mit reinem Gold bedeckt. Salomo ließ auch einen Altar aus Zedernholz machen. 21-22 Er sollte vor dem Allerheiligsten stehen und wurde ganz mit Gold überzogen. Auch die Wände des Tempelhauses wurden mit Gold überzogen. Vor dem Allerheiligsten wurden goldene Ketten quer durch den Raum gespannt. 23 Für das Allerheiligste ließ Salomo zwei Kerubfiguren aus Olivenholz schnitzen. Jede war fünf Meter hoch. 24 Ihre Flügel maßen je zweieinhalb Meter, sodass die beiden Flügel ausgespannt eine Länge von fünf Metern hatten. 25-26 Beide Figuren hatten genau die gleiche Größe und Gestalt. 27 Salomo ließ sie nebeneinander im Allerheiligsten aufstellen. Ihre ausgespannten Flügel berührten einander in der Mitte des Raumes und reichten außen bis an die Seitenwände. 28 Auch diese Kerubfiguren wurden mit Gold überzogen. 29 Die Wände des Tempels im inneren wie im äußeren Raum wurden mit geschnitzten Bildern von Kerubim und Palmbäumen und mit geschnitzten Blüten verziert 30 und der Fußboden wurde mit Gold überzogen. 31 Der Eingang zum Allerheiligsten bekam Türflügel aus Olivenholz; der Türrahmen war nach innen fünffach abgestuft. 32 Auf den beiden Türflügeln wurden Schnitzereien von Kerubim, Palmbäumen und Blüten angebracht und die Kerubim und Palmen mit Gold überzogen. 33 Der Eingang des Tempelhauses bekam einen vierfach abgestuften Türrahmen aus Olivenholz 34 und eine Doppeltür aus Zypressenholz. Auf jeder Seite waren hintereinander je zwei drehbare Türflügel angebracht. 35 Die Türflügel wurden mit vergoldeten Schnitzereien von Kerubim, Palmbäumen und Blüten verziert. 36 Den inneren Vorhof um das Tempelhaus ließ Salomo mit einer Mauer einfassen, die in Schichten aus jeweils drei Lagen behauener Steine und einer Lage Zedernbalken gebaut war. 37 Im vierten Regierungsjahr Salomos, im zweiten Monat, dem Monat Siw, wurde der Grundstein für den Tempel gelegt. 38 Im elften Regierungsjahr, im achten Monat, dem Monat Bul, war der Bau mit der gesamten Einrichtung vollendet. Gut sieben Jahre hatte Salomo am Haus des HERRN gebaut.

SALOMO BAUT SICH EINEN KÖNIGSPALAST

7 An seinem eigenen Haus, der Palastanlage, baute Salomo dreizehn Jahre, bis alles vollendet war. 2 Er baute eine große Halle, die der »Libanonwald« genannt wurde. Sie war 50 Meter lang, 25 Meter breit und 15 Meter hoch. Ihre Decke wurde von vier Reihen von Zedernsäulen getragen, auf denen Zedernbalken ruhten. 3 Im Obergeschoss befanden sich 45 abgeteilte Räume, die mit Zedernbrettern gedeckt waren, je 15 in einer Reihe. 4 Die Halle hatte an den beiden Seitenwänden drei übereinanderliegende Reihen von je drei Fenstern, die sich genau gegenüberstanden. 5 An den Schmalseiten waren je drei einander gegenüberliegende Türen, deren Rahmen vierfach abgestuft waren. 6 Weiter baute Salomo die »Säulenhalle«, 25 Meter lang und 15 Meter breit. Sie hatte eine Vorhalle, deren Dach ebenfalls von Säulen getragen wurde. 7 Außerdem baute er die »Thronhalle«, sie war vom Boden bis zur Decke mit Zedernholz getäfelt. Sie hieß auch Gerichtshalle, weil der König hier Gericht hielt. 8 Salomos Wohnhaus lag hinter der Thronhalle in einem anderen Hof. Es war in derselben Bauweise errichtet, und ebenso das Haus für die ägyptische Königstochter, die Salomo geheiratet hatte. 9 Alle diese Gebäude waren aus besten Quadersteinen aufgeführt, die auf der Außen- und Innenseite mit der Steinsäge geschnitten waren. 10 Die Fundamente bestanden aus mächtigen Steinblöcken, teils fünf, teils vier Meter lang. 11 Darauf erhoben sich Mauern aus Quadersteinen, zwischen denen Balken aus Zedernholz eingefügt waren. 12 Der große Hof um die Palastgebäude war von einer Mauer eingefasst, die abwechselnd aus drei Lagen behauener Steine und einer Lage Zedernbalken aufgeführt war. In derselben Bauweise waren auch die Mauer um den inneren Vorhof des Tempels sowie die Vorhalle des Tempels errichtet worden.

BERUFUNG DES BRONZEGIESSERS HIRAM

13-14 König Salomo ließ aus Tyrus einen Bronzegießer namens Hiram kommen. Er war der Sohn einer Witwe aus dem Stamm Naftali, sein Vater war ein Tyrer gewesen. Er war ein begabter und erfahrener Künstler und konnte jede Art von bronzenen Gegenständen herstellen. Er folgte dem Ruf Salomos und übernahm die Leitung der Bronzearbeiten.

BRONZEARBEITEN FÜR DEN TEMPEL: DIE BEIDEN SÄULEN

15 Hiram goss zwei Säulen aus Bronze, jede neun Meter hoch; der Umfang des Säulenschafts betrug sechs Meter. 16 Oben auf jede Säule setzte er ein bronzenes Kapitell von zweieinhalb Meter Höhe. 17 Die Kapitelle waren mit Reihen von kettenartigen Bändern überzogen, je sieben an jedem Kapitell. 18-22 Um jedes Kapitell zogen sich über den Bändern rundherum je zwei Girlanden von bronzenen Granatäpfeln, zweihundert an jeder Säule. Das Ganze sah aus wie ein Blütenkelch. Als Hiram die Arbeit vollendet hatte, wurden die Säulen vor der Eingangshalle des Tempels aufgestellt; die rechte bekam den Namen Jachin (Er richtet auf), die linke den Namen Boas (In ihm ist Stärke).

DAS GROSSE BRONZENE BECKEN

23 Dann machte Hiram ein großes rundes Bronzebecken, das »Meer«. Sein Durchmesser betrug fünf Meter, sein Umfang fünfzehn Meter und seine Höhe zweieinhalb Meter. 24 Auf der Außenseite war es unterhalb des Randes mit zwei Reihen von Flaschenkürbissen verziert, die mit dem Becken aus einem Guss waren; auf einen halben Meter kamen zehn kleine Kürbisse. 25 Das Becken wurde von zwölf Rindern getragen, die in Dreiergruppen angeordnet waren; jede Gruppe schaute in eine andere Himmelsrichtung. 26 Der Rand des Beckens war nach außen gewölbt wie bei einem Kelch oder einer Wasserlilie. Das Metall war etwa eine Handbreite dick. Das Becken fasste über 40 000 Liter.

DIE BRONZENEN KESSELWAGEN

27 Außerdem machte Hiram zehn fahrbare Gestelle aus Bronze. Jedes war zwei Meter lang, zwei Meter breit und eineinhalb Meter hoch. 28 Sie hatten auf allen vier Seiten eine Anzahl von waagrechten bronzenen Leisten, die durch senkrechte Querleisten verbunden waren. 29 Auf den mittleren Leisten waren Löwen, Rinder und Kerubim abgebildet, die oben und unten von gehämmerten Kränzen eingefasst waren. 30 Jedes Gestell hatte zwei Achsen und vier Räder aus Bronze. Von den vier Eckpfosten gingen unten Streben aus, die mit der untersten verzierten Leiste verbunden waren. 31 Der ringförmige Aufsatz, der den Kessel trug, war 75 Zentimeter hoch und ragte über das Gestell hinaus; er war ebenfalls verziert. Er ruhte auf einem viereckigen Rahmen. 32 Die vier Räder reichten nicht bis an die Leisten des Rahmens heran; sie waren 75 Zentimeter hoch. Die kurzen Achsen der Räder waren fest mit dem Gestell verbunden. 33 Die Räder waren wie die Räder von Streitwagen; alle Teile – Achsen, Felgen, Speichen und Naben – waren aus Bronze gegossen. 34 An den vier Eckpfosten des Gestells waren Streben angebracht, die mit dem übrigen Gestell aus einem Guss waren. 35 Der ringförmige Aufsatz auf dem Gestell ragte 25 Zentimeter darüber hinaus und wurde durch Halter am Gestell getragen. Der Rahmen, auf dem er ruhte, war fest mit ihm verbunden. 36 Auf dem Rahmen und den Haltern waren Kerubim, Löwen und Palmen eingraviert und ringsum waren Kränze angebracht. 37 Alle zehn Gestelle waren völlig gleich. Hiram machte sie nach demselben Plan und Maß und aus der gleichen Gussform. 38 Dann machte er für jedes Gestell einen bronzenen Kessel mit einem Durchmesser von zwei Metern, der 840 Liter fasste. 39 Fünf der Kesselwagen erhielten ihren Platz auf der Südseite des Tempelhauses, die übrigen fünf auf der Nordseite. Das große Becken wurde an der Südostecke aufgestellt.

ZUSAMMENFASSENDE LISTE DER GERÄTE FÜR DEN TEMPEL

40-45 Im Auftrag König Salomos fertigte Hiram alle diese Arbeiten für den Tempel des HERRN an. Jedes Stück war aus Bronze gegossen und die Oberfläche war anschließend poliert worden. Hier ist ein vollständiges Verzeichnis aller Stücke: // 2 Säulen / 2 becherförmige Kapitelle für die Säulen / 2 Geflechte von Bändern für die Kapitelle / 400 Granatäpfel, aufgehängt über den Bändern jedes Kapitells in zwei Reihen zu je hundert / 10 fahrbare Gestelle / 10 Kessel zum Einsetzen in die Gestelle / das große Becken / 12 Rinder als Untersatz des Beckens / außerdem Schalen zum Auffangen des Blutes sowie Schaufeln und Kübel zum Beseitigen der Asche // 46 Der König ließ alle diese Stücke im Jordantal in den mächtigen Tonablagerungen zwischen Sukkot und Zaretan gießen. 47 Weil es so viele Stücke waren, verzichtete er darauf, das Gewicht der verarbeiteten Bronze festzustellen. 48-50 Salomo ließ auch die heiligen Geräte für den Tempel des HERRN herstellen: // den Räucheraltar / den Tisch für die geweihten Brote / die zehn Leuchter, je fünf rechts und fünf links vor dem Allerheiligsten / die blütenförmigen Aufsätze der Leuchter, die Lichtschalen und Dochtscheren / die Schüsseln, Lichtmesser, Blutschalen, Löffel und Kohlenbecken / die Angeln für die Tür zum Allerheiligsten und für die Eingangstür des Tempels // Alle diese Gegenstände wurden aus Gold gefertigt. 51 Nachdem König Salomo den Tempel und seine Ausstattung vollendet hatte, brachte er die Gaben, die sein Vater David dem HERRN geweiht hatte, herbei. Das Silber und das Gold und alle Geräte kamen in die Schatzkammern des Tempels.

DER TEMPEL ALS WOHNUNG GOTTES

8 Nun ließ König Salomo die Ältesten Israels, die Vertreter aller Stämme und Sippen, zu sich nach Jerusalem kommen. Sie sollten die Bundeslade des HERRN von der Davidsstadt auf dem Zionsberg in den Tempel hinaufbringen. 2 Auch alle Männer Israels kamen deshalb am Laubhüttenfest im siebten Monat, dem Monat Etanim, zu König Salomo. 3 Als die Ältesten versammelt waren, hoben die Priester die Bundeslade auf ihre Schultern 4 und trugen sie zum Tempel hinauf. Mithilfe der Leviten brachten sie auch das Heilige Zelt und alle seine Geräte dorthin. 5 König Salomo und die ganze Festgemeinde opferten vor der Bundeslade eine große Menge Schafe und Rinder, mehr als man zählen konnte. 6 Dann brachten die Priester die Lade des HERRN an den vorgesehenen Platz im hintersten Raum des Tempels, dem Allerheiligsten. Sie stellten sie unter die Flügel der Kerubim. 7 Die Kerubim hielten nämlich ihre Flügel über der Lade ausgebreitet und überspannten damit die Lade samt ihren Tragstangen. 8-9 Die Tragstangen waren so lang, dass ihre Enden nur zu sehen waren, wenn jemand direkt vor der Tür zum Allerheiligsten stand; vom Hauptraum des Heiligtums aus waren sie nicht zu sehen. In der Lade waren nur die beiden Steintafeln, die Mose am Berg Horeb hineingelegt hatte. Auf ihnen steht das Gesetz des Bundes, den der HERR mit den Israeliten geschlossen hat, als sie aus Ägypten kamen. Sie befinden sich noch heute dort. 10 Als die Priester den Tempel wieder verließen, erfüllte eine Wolke das ganze Heiligtum. 11 Die Priester konnten ihren Dienst nicht fortsetzen, denn die Herrlichkeit des HERRN erfüllte den Tempel. 12 Da betete Salomo: »HERR, du hast gesagt: ›Ich wohne im Wolkendunkel.‹ 13 Darum habe ich dir dieses prächtige Haus gebaut, eine Stätte, an der du für immer wohnen kannst.«

WORTE ZUR EINWEIHUNG DES TEMPELS

14 Dann drehte sich der König um und wandte sich der ganzen Gemeinde Israel zu. Er grüßte alle Versammelten mit einem Segenswunsch. 15 Dann sagte er: »Gepriesen sei der HERR, der Gott Israels! Er hat wahr gemacht, was er meinem Vater David versprochen hat, als er sagte: 16 ›In der ganzen Zeit, seit ich mein Volk Israel aus Ägypten in dieses Land brachte, habe ich in keinem der Stämme Israels eine Stadt erwählt, damit dort ein Wohnsitz für meinen Namen errichtet wird. Aber dich habe ich als Herrscher über mein Volk Israel ausgewählt.‹ 17 Schon mein Vater David wollte dem HERRN, dem Gott Israels, einen Tempel bauen. 18 Aber der HERR sagte zu ihm: ›Ich freue mich über deine Absicht, für mich ein Haus zu bauen. 19 Aber nicht du, sondern erst dein Sohn, der dir noch geboren wird, soll mir dieses Haus bauen.‹ 20 Dieses Versprechen hat der HERR gehalten: Ich bin als Sohn meines Vaters David König geworden und habe den Wohnsitz für den Namen des HERRN, des Gottes Israels, gebaut. 21 In diesem Haus hat auch die Lade ihren Platz gefunden, in der die Tafeln des Bundes liegen, den der HERR mit unseren Vorfahren schloss, nachdem er sie aus Ägypten herausgeführt hatte.« 22 Dann trat Salomo vor den Augen der ganzen Gemeinde Israel vor den Altar des HERRN, breitete die Arme zum Himmel aus 23 und betete: »HERR, du Gott Israels! Weder im Himmel noch auf der Erde gibt es einen Gott wie dich. Du stehst zu deinem Bund und erweist deine Güte und Liebe allen, die dir mit ungeteiltem Herzen dienen. 24 So hast du an deinem Diener, meinem Vater David, gehandelt. Der heutige Tag ist Zeuge dafür, dass du dein Versprechen gehalten hast. 25 HERR, du Gott Israels, nun erfülle auch die andere Zusage, die du meinem Vater David, deinem Diener, gegeben hast: dass stets einer aus der Familie Davids auf dem Thron Israels sitzen wird – wenn seine Nachkommen dir nur genauso treu dienen wie er. 26 Gott Israels, lass doch in Erfüllung gehen, was du meinem Vater David, deinem Diener, versprochen hast! 27 Aber bist du nicht viel zu erhaben, um bei uns Menschen zu wohnen? Ist doch selbst der ganze weite Himmel zu klein für dich, wie viel mehr dann dieses Haus, das ich gebaut habe. 28 HERR, mein Gott! Achte dennoch auf mein demütiges Gebet und höre auf die Bitte, die ich heute vor dich bringe: 29 Richte deinen Blick Tag und Nacht auf dieses Haus, von dem du gesagt hast: ›Hier soll mein Name wohnen!‹ Höre mich, wenn ich von hier aus zu dir rufe, 30 und höre auch die Gebete deines Volkes Israel! Wenn wir an dieser Stätte zu dir rufen, dann höre uns in deiner himmlischen Wohnung! Erhöre uns und vergib uns alle Schuld!«

DER TEMPEL ALS ORT DES GEBETS

31 »Wenn jemand verdächtigt wird, sich gegen einen anderen vergangen zu haben, und er wird hierher zu deinem Altar gebracht und unter den Fluch gestellt, der ihn im Fall der Schuld treffen soll, 32 dann höre du es im Himmel und sorge für Recht: Bestrafe ihn, wenn er schuldig ist, und lass sein böses Tun auf ihn selbst zurückfallen; aber verschone ihn, wenn er schuldlos ist, und lass seine Redlichkeit vor aller Augen offenbar werden! 33 Wenn die Israeliten, dein Volk, von Feinden besiegt werden, weil sie dir nicht gehorcht haben, und sie wenden sich

dir wieder zu, preisen deinen Namen und bitten hier
in deinem Haus um Erbarmen, 34 dann höre du es im
Himmel: Vergib deinem Volk seine Schuld und bringe
es wieder in das Land zurück, das du ihren Vorfahren
gegeben hast! 35 Wenn kein Regen auf das Land fällt,
weil seine Bewohner dir nicht gehorcht haben, und sie
erkennen deine strafende Hand, kehren um und beten
zu dir, wenden sich diesem Haus zu und preisen deinen
Namen, 36 dann höre du es im Himmel: Vergib deinem
Volk und seinen Königen ihre Schuld, zeige ihnen, was
sie tun sollen, und lass es wieder regnen auf das Land,
das du deinem Volk als bleibenden Besitz gegeben hast!
37 Wenn im Land eine Hungersnot ausbricht, wenn das
Getreide durch Glutwinde, Krankheiten oder Schäd-
linge vernichtet wird, wenn der Feind ins Land einfällt
oder Seuchen wüten, 38 dann höre das Gebet, das ein
einzelner Mensch oder dein ganzes Volk an dich richtet.
Wenn irgendjemand in der Not seines Herzens seine
Arme betend zu diesem Haus hin ausbreitet, 39 dann
höre du ihn in deiner himmlischen Wohnung: Vergib ihm
seine Schuld und hilf ihm! Doch handle so, wie es jeder
verdient. Du kennst ja die verborgensten Gedanken der
Menschen und siehst ihnen ins Herz. 40 Dann werden
sie dich stets ernst nehmen, die ganze Zeit, die sie in
dem Land leben, das du unseren Vorfahren gegeben
hast. 41-42 Wenn ein Ausländer, der nicht zu deinem Volk
Israel zählt, der aber gehört hat, was für Taten du mit
starker Hand und ausgestrecktem Arm für dein Volk
vollbracht hast – wenn solch ein Mensch aus einem
fernen Land kommt und im Anblick dieses Hauses zu dir
betet, 43 dann höre ihn in deiner himmlischen Wohnung
und erfülle seine Bitten! Alle Völker auf der Erde wer-
den dann erkennen, dass du der wahre Gott bist, und
werden dich genauso ehren, wie dein Volk Israel es tut.
Und sie werden erkennen, dass du von diesem Haus, das
ich für dich gebaut habe, Besitz ergriffen hast. 44 Wenn
dein Volk in deinem Auftrag gegen Feinde in den Kampf
zieht und dabei in der Ferne zu dir betet, den Blick zu
der Stadt gerichtet, die du dir erwählt hast, und zu dem
Haus, das ich deinem Namen gebaut habe, 45 dann höre
sein Gebet im Himmel und verhilf ihm zu seinem Recht!
46 Vielleicht kommt es auch so weit, dass die Israeliten
sich gegen dich auflehnen – es gibt ja niemand, der
nicht schuldig wird – und du dann zornig wirst und sie
ihren Feinden preisgibst, die sie in ein fremdes Land
verschleppen, in der Nähe oder in der Ferne. 47 Dort
kommen sie vielleicht zur Einsicht und wenden sich dir
zu und bekennen vor dir: ›Wir haben Unrecht getan, wir
haben dir nicht gehorcht.‹ 48 Und wenn sie dann von
ganzem Herzen zu dir umkehren und dort zu dir beten,
den Blick gerichtet zu dem Land, das du ihren Vorfah-
ren gegeben hast, zu der Stadt, die du dir erwählt hast,
und zu dem Haus, das ich deinem Namen gebaut habe,
49 dann höre ihr Gebet in deiner himmlischen Wohnung
und verhilf ihnen zu ihrem Recht! 50 Vergib ihnen alles,
was sie gegen dich getan und womit sie sich gegen dich
aufgelehnt haben. Verhilf ihnen dazu, dass ihre Feinde
mit ihnen Erbarmen haben. 51 Sie sind doch dein Eigen-
tum; sie sind dein Volk, das du aus Ägypten, aus diesem
glühenden Schmelzofen, herausgeführt hast! 52 Sieh
freundlich auf mich und auf dein ganzes Volk, HERR!
Hilf uns, sooft wir in der Not zu dir rufen! 53 Du hast
doch die Israeliten aus allen Völkern der Welt als dein
Eigentum ausgewählt. Das hast du ihnen durch Mose,
deinen Diener und Bevollmächtigten, sagen lassen, als
du unsere Vorfahren aus Ägypten herausgeführt hast,
HERR, du mächtiger Gott!«

SCHLUSSGEBET UND ERMAHNUNG DES VOLKES

54 Als Salomo sein Gebet beendet und dem HERRN
alle diese Bitten vorgetragen hatte, stand er auf; er
hatte nämlich beim Beten vor dem Altar des HERRN
gekniet und die Arme zum Himmel ausgebreitet. 55 Er
trat vor die versammelte Gemeinde Israel hin, segnete
sie und rief allen zu: 56 »Wir wollen den HERRN, unse-
ren Gott, preisen! Er hat Wort gehalten und seinem
Volk Israel ein Land geschenkt, in dem es in Frieden
leben kann. Die großartige Zusage, die er uns durch
seinen Diener Mose gab, hat er Wort für Wort erfüllt;
nichts ist ausgeblieben. 57 Wie er unseren Vorfahren
beistand, so stehe er nun auch uns zur Seite! Er möge
uns nie verlassen oder verstoßen. 58 Er schenke uns ein
Herz, das ihm gehorsam ist, damit wir immer nach den
Geboten und Weisungen leben, die er unseren Vorfah-
ren gegeben hat. 59 Der HERR, unser Gott, möge sich
Tag und Nacht an mein Gebet erinnern, an alle Bitten,
die ich ihm heute vorgetragen habe. Er möge mir, sei-
nem Diener, und seinem Volk Israel beistehen und uns
Recht verschaffen Tag für Tag, wie es jeweils nötig ist.
60 Dann werden alle Völker der Welt erkennen, dass
der HERR allein Gott ist und sonst niemand. 61 Ihr aber
sollt mit ungeteiltem Herzen dem HERRN, unserem
Gott, angehören und stets nach seinen Geboten und
Weisungen leben, wie ihr es heute tut.«

DIE ERSTEN FESTE IM TEMPEL

62-63 Nun feierte der König zusammen mit der ganzen
Festgemeinde die Einweihung des Tempels durch ein
großes Opfer. Für das Opfermahl ließ er 22 000 Rinder
und 120 000 Schafe schlachten. 64 Weil der Bronze-
altar vor dem Haus des HERRN für die Menge der Opfer
zu klein war, machte Salomo den ganzen Mittelteil
des Vorhofs zum Opferaltar. Dort ließ er die Brand-
und Speiseopfer verbrennen und auch die Fettstücke
des Mahlopfers. 65 Sieben Tage lang feierten sie die
Einweihung des Tempels. Es war eine riesige Festge-
meinde aus ganz Israel versammelt, von Lebo-Hamat
im Norden bis zu dem Tal, das die ägyptische Grenze
bildet, im Süden. 66 Am achten Tag entließ der König
das Volk. Die Leute riefen dem König ihre Segenswün-
sche zu und kehrten nach Hause zurück. Sie waren voll
Freude und Dank für alles, was der HERR für seinen
Diener David und sein Volk Israel getan hatte.

GOTT ANTWORTET SALOMO

9 Als Salomo den Tempel des HERRN und den Kö-
nigspalast sowie alle anderen Bauvorhaben
vollendet hatte, 2 erschien der HERR ihm ein zweites

Mal, wie er ihm einst in Gibeon erschienen war. 3 Er
sagte zu Salomo: »Ich habe dein Gebet erhört. Ich
habe diesen Tempel, den du gebaut hast, erwählt und
zu einer Stätte gemacht, an der mein Name wohnt
für alle Zeiten. Meine Augen sind stets auf dieses
Haus gerichtet, dort ist mein ganzes Herz euch zu-
gewandt. 4 Und wenn du mir wie dein Vater David treu
und aufrichtig dienst und alle meine Gebote befolgst,
5 werde ich die Herrschaft deiner Nachkommen über
das Volk Israel für alle Zeiten sichern. So habe ich es
deinem Vater David versprochen, als ich zu ihm sagte:
›Stets soll einer aus der Familie Davids auf dem Thron
Israels sitzen.‹ 6 Wenn sich aber die Israeliten – in
dieser oder in einer späteren Generation – von mir
abwenden, meinen Geboten nicht mehr gehorchen
und anderen Göttern dienen, 7 dann werde ich sie
aus dem Land vertreiben, das ich ihnen gegeben
habe. Von dem Haus, das ich zur Wohnung meines
Namens bestimmt habe, will ich dann nichts mehr
wissen und alle Völker werden das Volk Israel verach-
ten und verspotten. 8 Dieser Tempel wird nur noch ein
Trümmerhaufen sein; wer daran vorbeigeht, wird sich
mit Entsetzen abwenden. Wenn jemand fragt, warum
der HERR dieses Land und dieses Haus so verwüstet
hat, 9 wird man ihm antworten: ›Weil sie sich vom
HERRN, ihrem Gott, abgewandt haben. Er hat ihre
Vorfahren aus Ägypten herausgeführt, aber sie ha-
ben sich anderen Göttern zugewandt, sie angebetet
und ihnen geopfert. Deshalb hat der HERR all dieses
Unglück über sie gebracht.‹«

SALOMO TRITT EINIGE STÄDTE AN HIRAM AB

10 Zwanzig Jahre lang hatte Salomo am Tempel des
HERRN und an seinem eigenen Palast gebaut. 11 König
Hiram von Tyrus hatte ihm Zedern- und Zypressenholz
geliefert und auch alles Gold, das er brauchte. Als nun
beide Bauten vollendet waren, trat Salomo an Hiram
zwanzig Städte in Galiläa ab. 12 Hiram selbst kam von
Tyrus, um sie anzusehen; aber sie gefielen ihm nicht.
13 »Was für einen Landstrich hast du mir da gegeben,
mein Freund«, sagte Hiram zu Salomo. Davon hat die
Gegend bis heute den Namen Kabul. 14 Hiram hatte
Salomo immerhin 120 Zentner Gold geschickt.

SALOMOS WEITERE BAUTÄTIGKEIT

15 Salomo ließ alle seine Bauvorhaben in Fronarbeit
ausführen. Auf diese Weise baute er in Jerusalem
außer dem Tempel des HERRN und seinem Königspa-
last auch den Millo und die Stadtmauer und außerhalb
Jerusalems die Städte Hazor, Megiddo, Geser. 16 Gegen
die Kanaaniterstadt Geser war der Pharao, der König
von Ägypten, herangezogen, hatte sie erobert und
niedergebrannt und dabei alle Bewohner getötet.
Dann hatte er die Stadt zur Mitgift für seine Tochter
bestimmt, als sie König Salomos Frau wurde. 17 Diese
Stadt baute Salomo wieder auf. Außerdem baute er
das untere Bet-Horon 18 und Baala sowie Tamar in der
Senke südlich des Toten Meeres. 19 In diesen Städten
brachte Salomo seine Streitwagentruppen unter und
stattete sie mit allen erforderlichen Vorräten aus.
Auch alles, was Salomo sonst noch bauen wollte in
Jerusalem, im Libanon und in seinem ganzen Herr-
schaftsgebiet, wurde in Fronarbeit errichtet. 20-21 Alle
Nachkommen der vorisraelitischen Bewohner des
Landes, an denen die Israeliten bei dessen Eroberung
nicht den Bann vollstrecken konnten, wurden von
Salomo zum Frondienst herangezogen. Bis heute
müssen die übrig gebliebenen Amoriter, Hetiter, Peri-
siter, Hiwiter und Jebusiter solche Arbeiten ausführen.
22 Von den Israeliten dagegen zwang Salomo keinen
zur Fronarbeit, sondern machte sie zu seinen Soldaten
und Beamten, zu Truppenführern und Streitwagen-
kämpfern. 23 Im Dienst seiner Provinzverwalter stan-
den 550 Beamte, die die Arbeiter an den Bauvorhaben
Salomos beaufsichtigten. 24 Mit den Arbeiten am Millo
begann Salomo, als die Tochter des Pharaos aus der
Davidsstadt in das Haus umgezogen war, das er ihr
im Palastbezirk gebaut hatte.

SALOMOS REGELMÄSSIGE OPFER

25 Nachdem der Tempel vollendet war, opferte Salomo
dort dreimal jährlich Brandopfer und Mahlopfer. Er
verbrannte die Opferstücke auf dem Altar, den er für
den HERRN gebaut hatte.

SALOMOS HANDELSFLOTTE

26 In Ezjon-Geber bei Elat am Roten Meer, im Gebiet
von Edom, ließ König Salomo eine Flotte bauen.
27 König Hiram stellte Salomo erfahrene Seeleute zur
Verfügung, die dessen Männer auf der Fahrt beglei-
teten. 28 Sie segelten in das Land Ofir und brachten
Salomo von dort 420 Zentner Gold.

EINE ARABISCHE KÖNIGIN BESUCHT SALOMO

10 Salomo wurde zur Ehre des HERRN so bekannt,
dass auch die Königin von Saba von ihm hörte.
Sie machte sich auf den Weg, um sein Wissen durch
Rätselfragen auf die Probe zu stellen. 2 Mit zahlrei-
chem Gefolge kam sie nach Jerusalem. Ihre Kamele
waren schwer beladen mit duftenden Ölen, Gold und
Edelsteinen. Als sie zu Salomo kam, legte sie ihm die
Rätsel vor, die sie sich ausgedacht hatte. 3 Salomo blieb
ihr keine Antwort schuldig; auch die schwierigsten
Fragen konnten ihn nicht in Verlegenheit bringen.
4 Die Königin war tief beeindruckt von der Klugheit
Salomos. Sie besichtigte auch seinen Palast. 5 Sie sah
die Speisen und Getränke, die auf seine Tafel kamen,
die Minister, die nach ihrem Rang an seiner Tafel sa-
ßen, und die Diener, die in kostbaren Gewändern auf-
warteten, und sie sah auch die reichen Brandopfer,
die er dem HERRN im Tempel opferte. Sie konnte sich
vor Staunen nicht fassen 6 und sagte zu Salomo: »Es
war nichts übertrieben, was ich bei mir zu Hause über
dich und dein Wissen gehört habe. 7 Ich wollte es nicht
glauben, aber jetzt habe ich mich mit eigenen Augen
davon überzeugt. Dein Wissen und dein Reichtum
übertreffen sogar noch alles, was ich darüber gehört
hatte. Nicht einmal die Hälfte der Wahrheit hat man

mir gesagt. 8 Wie glücklich sind deine Frauen und
deine Minister, die täglich um dich sind und deine
klugen Worte hören! 9 Der HERR, dein Gott, sei ge-
priesen, der dich erwählt und auf den Thron Israels
gebracht hat! Weil seine Liebe zu seinem Volk nicht
aufhört, hat er dich zum König eingesetzt, damit du
für Recht und Gerechtigkeit sorgst.« 10 Dann schenkte
sie Salomo 120 Zentner Gold, eine Menge duftende
Öle und viele Edelsteine. Nie wieder gelangte so viel
kostbares Öl nach Jerusalem wie damals. 11 Übrigens
brachten die Schiffe König Hirams, die Gold aus dem
Land Ofir einführten, auch große Ladungen Edelhölzer
und Edelsteine von dort mit. 12 Salomo ließ aus dem
Holz Schnitzwerk für den Tempel des HERRN und den
Königspalast sowie Saiteninstrumente für die Tempel-
sänger herstellen. Bis heute ist nie mehr so viel kost-
bares Edelholz nach Jerusalem gekommen. 13 Salomo
erfüllte der Königin von Saba jeden ihrer Wünsche und
beschenkte sie darüber hinaus so reich, wie nur er es
konnte. Danach kehrte die Königin mit ihrem Gefolge
wieder in ihr Land zurück.

SALOMOS HANDEL, REICHTUM UND PRACHT

14 In einem einzigen Jahr wurden König Salomo 666
Zentner Gold geliefert. 15 Dazu kam noch das Gold,
das er als Steuer von den Großkaufleuten und Händ-
lern und als Abgabe von seinen Provinzverwaltern
und den arabischen Königen erhielt. 16 Salomo ließ
200 Langschilde anfertigen und mit Gold überziehen.
Für jeden Schild wurden sieben Kilo Gold gebraucht.
17 Dann ließ er noch 300 Rundschilde machen, jeder
mit fast zwei Kilo Gold überzogen, und ließ sie alle in
den »Libanonwald«, die große Halle neben seinem Pa-
last, bringen. 18 Er ließ auch einen großen Thronsessel
herstellen, der mit Elfenbein und reinem Gold belegt
war. 19-20 Sechs Stufen führten zum Thron hinauf, und
auf jeder Stufe stand rechts und links eine Löwen-
figur und ebenso neben den Armlehnen. Das obere
Ende der Rückenlehne war nach hinten eingerollt.
Kein anderer König hat sich je einen so prächtigen
Thron anfertigen lassen. 21 Alle Trinkgefäße Salomos
und sämtliche Geräte in der großen Halle, dem »Li-
banonwald«, bestanden aus reinem Gold. Silber galt
zur Zeit Salomos als wertlos. 22 Der König besaß eine
seetüchtige Handelsflotte, die zusammen mit den
Schiffen von König Hiram ausfuhr. Alle drei Jahre
kamen die Schiffe zurück und brachten Gold, Silber,
Elfenbein und verschiedene Arten von Affen. 23 So
übertraf König Salomo alle anderen Könige der Erde
an Reichtum und Klugheit, 24 und Menschen aus al-
ler Herren Ländern kamen zu ihm, um seine Worte zu
hören und die Weisheit kennenzulernen, die Gott ihm
verliehen hatte. 25 Alle brachten sie ihm Geschenke
mit: silberne und goldene Gefäße, Festkleider und
Waffen, kostbare Öle, Pferde und Maultiere. So ging
es Jahr um Jahr. 26 Salomo legte sich eine große Zahl
von Wagen und Pferden zu. Er hatte 1400 Streitwa-
gen und 12 000 Wagenkämpfer. Ein Teil von ihnen
war in Jerusalem stationiert, die übrigen waren in
den Städten untergebracht, die er zu diesem Zweck
ausgebaut hatte. 27 Unter Salomos Regierung war in
Jerusalem Silber so gewöhnlich wie Steine und Ze-
dernholz wie das Holz der Maulbeerfeigenbäume im
Hügelland von Juda. 28 Seine Pferde ließ Salomo aus
Ägypten, und zwar aus Koa, einführen; seine Händ-
ler kauften sie dort auf. 29 Auch Streitwagen wurden
aus Ägypten eingeführt. Ein Streitwagen kostete 600
Silberstücke, ein Pferd 150 Silberstücke. Die Händler
Salomos belieferten auch die Könige der Hetiter und
Syrer mit Pferden und Streitwagen.

SALOMO LÄSST SICH ZUM GÖTZENDIENST VERFÜHREN

11 König Salomo hatte außer der ägyptischen
Königstochter noch viele andere ausländische
Frauen aus den Völkern der Moabiter, Ammoniter,
Edomiter, Phönizier und Hetiter. 2 Zwar hatte der HERR
den Israeliten verboten, Angehörige dieser Völker zu
heiraten. »Ihr sollt nichts mit ihnen zu tun haben«,
hatte er gesagt; »sonst werden sie euch dazu ver-
führen, auch ihre Götter zu verehren.« Aber Salomo
liebte diese Ausländerinnen. 3 Insgesamt hatte Salomo
700 Ehefrauen und 300 Nebenfrauen. Sie hatten gro-
ßen Einfluss auf ihn. 4 Als er älter wurde, brachten sie
ihn dazu, andere Götter zu verehren. Er hielt nicht
mehr mit ungeteiltem Herzen zum HERRN, seinem
Gott, wie es sein Vater David getan hatte. 5 Er verehrte
Astarte, die Göttin der Phönizier, und Milkom, den
Götzen der Ammoniter. 6 So tat er, was dem HERRN
missfällt, und hielt sich nicht mehr ausschließlich
an den HERRN wie sein Vater David. 7 Damals baute
Salomo auf dem Berg östlich von Jerusalem eine
Opferstätte für Kemosch, den Götzen der Moabiter,
und für Milkom, den Götzen der Ammoniter. 8 Alle
seine ausländischen Frauen bekamen Opferstätten,
an denen sie ihren Göttern Räucheropfer darbringen
und Opfermähler abhalten konnten. 9-10 Obwohl der
HERR ihm zweimal erschienen war und ihm verbo-
ten hatte, fremde Götter zu verehren, hatte Salomo
nicht darauf gehört und hatte sich vom HERRN abge-
wandt. Deshalb wurde der HERR zornig auf Salomo
11 und sagte zu ihm: »Du hast meinen Bund gebrochen
und meine Weisungen nicht befolgt. Darum werde ich
dir das Königtum wegnehmen und es einem deiner
Leute geben. 12 Aber deinem Vater David zuliebe will
ich das nicht schon zu deinen Lebzeiten tun, sondern
erst wenn dein Sohn die Regierung übernimmt. 13 Und
auch ihm werde ich die Herrschaft nicht ganz weg-
nehmen. Einen einzigen von den zwölf Stämmen will
ich ihm lassen, meinem Diener David zuliebe und weil
ich Jerusalem erwählt habe.«

GOTT LÄSST FEINDE GEGEN SALOMO AUFSTEHEN

14 Der HERR ließ Salomo einen Gegner erstehen, Ha-
dad, einen Edomiter von königlicher Abstammung.
15-17 Er war in jugendlichem Alter mit einigen Gefolgs-
leuten seines Vaters nach Ägypten entkommen, als

David alle männlichen Edomiter töten ließ. Davids Heerführer Joab war damals mit dem Heer Israels in Edom einmarschiert, um die Israeliten zu bestatten, die dort umgebracht worden waren. Sechs Monate war Joab mit dem ganzen Heer in Edom, bis er den Befehl ausgeführt hatte. **18** Hadad und seine Begleiter waren über das Land Midian in die Oase Paran gelangt; dort fanden sie ortskundige Männer, die sie zum Pharao nach Ägypten führten. Der Pharao gab Hadad ein Haus und ein Stück Land und sorgte für seinen Lebensunterhalt. **19** Er fand so viel Gefallen an ihm, dass er ihm die Schwester seiner Frau, der Königin Tachpenes, zur Frau gab. **20** Diese gebar Hadad einen Sohn namens Genubat. Als das Kind von der Mutterbrust entwöhnt war, feierte Tachpenes dies durch ein Fest im Palast des Pharaos, und von da ab wurde Genubat gemeinsam mit den Königssöhnen im Palast erzogen. **21** Als Hadad hörte, dass David und sein Heerführer Joab tot waren, sagte er zum Pharao: »Erlaube mir, dass ich in mein Land zurückkehre!« **22** »Du hast hier doch alles, was du dir wünschen kannst«, erwiderte der Pharao. »Warum willst du in dein Land ziehen?« Hadad aber bestand darauf und kehrte nach Edom zurück. **23** Der HERR ließ Salomo noch einen Gegner erstehen, Reson, den Sohn von Eljada. Er hatte im Dienst Hadad-Esers, des Königs von Zoba, gestanden und war geflohen, **24** als David die syrischen Hilfstruppen Hadad-Esers niedermachte. Er sammelte Männer um sich und wurde zum Anführer einer Horde von Kriegsleuten. Später zog er mit ihnen nach Damaskus, nahm die Stadt in Besitz und riss die Herrschaft an sich. **25** So wurde Reson König über ganz Syrien. Er war ein entschiedener Gegner Israels. Während der ganzen Regierungszeit Salomos fügte er ebenso wie der Edomiter Hadad den Israeliten Schaden zu.

ANKÜNDIGUNG DER STRAFE FÜR SALOMOS UNGEHORSAM

26 Auch einer von Salomos Beamten machte einen Aufstand gegen den König: Jerobeam aus Zereda im Gebiet des Stammes Efraïm. Sein Vater Nebat war gestorben und seine Mutter Zerua lebte als Witwe. **27** Zu seinem Aufstand kam es auf folgende Weise: Salomo hatte auf der Nordseite Jerusalems die befestigte Aufschüttung, den Millo, verstärken lassen, um der Davidsstadt einen besseren Schutz zu geben. **28** Jerobeam war als wehrpflichtiger Bürger zu den Arbeiten herangezogen worden. Als Salomo sah, wie er sich dabei auszeichnete, übertrug er ihm die Aufsicht über die Fronarbeiter aus den Stämmen Efraïm und Manasse. **29** Als Jerobeam während dieser Zeit einmal Jerusalem verließ, begegnete ihm unterwegs der Prophet Ahija aus Schilo. Der Prophet trug einen neuen Mantel. Weit und breit war niemand, der die beiden beobachten konnte. **30** Da nahm Ahija seinen neuen Mantel, riss ihn in zwölf Stücke **31** und sagte zu Jerobeam: »Nimm dir zehn! Der HERR, der Gott Israels, lässt dir sagen: ›Ich werde Salomo die Herrschaft entreißen und dir zehn von den zwölf Stämmen geben. **32** Nur einen Stamm lasse ich ihm, meinem Diener David zuliebe und weil ich Jerusalem aus allen Stämmen Israels als meine Stadt ausgewählt habe. **33** So bestrafe ich Salomo dafür, dass er mir den Rücken gekehrt und die phönizische Göttin Astarte, den moabitischen Gott Kemosch und den ammonitischen Gott Milkom verehrt hat. Er hat mir nicht gehorcht und ist vom rechten Weg abgewichen. Er hat nicht getan, was mir gefällt, und sich nicht wie sein Vater David an meine Weisungen und Gesetze gehalten. **34** Aber seinem Vater zuliebe, den ich erwählt habe und der meine Gebote befolgt hat, werde ich ihn selbst noch verschonen und ihm die Herrschaft nicht entreißen; er soll, solange er lebt, der Anführer meines Volkes bleiben. **35** Erst seinem Sohn werde ich das Königtum wegnehmen und es dann dir geben, die Herrschaft über die zehn Stämme. **36** *Einen* Stamm werde ich seinem Sohn belassen, damit im Haus meines Dieners David das Licht nicht erlischt und in alle Zukunft einer seiner Nachkommen in Jerusalem regiert, in der Stadt, die ich dazu bestimmt habe, dass mein Name dort wohnt. **37** Dich aber mache ich zum König über alles, was du nur wünschen kannst: Du sollst König sein über die zehn Stämme Israels. **38** Wenn du mir in allem gehorchst und nicht vom rechten Weg abgehst, wenn du tust, was mir gefällt, und dich nach meinen Weisungen und Geboten richtest wie mein Diener David, dann werde ich dir beistehen. Ich werde dir die Herrschaft über die zehn Stämme Israels geben und dafür sorgen, dass immer einer deiner Nachkommen auf deinem Thron sitzt, wie ich es auch David versprochen habe. **39** Den Nachkommen Davids werde ich einen Teil ihres Herrschaftsgebietes wegnehmen, aber nicht für alle Zeiten.‹« **40** Salomo wollte Jerobeam umbringen lassen; doch er entkam und floh zu Schischak, dem König von Ägypten. Dort blieb er bis zu Salomos Tod.

DAS ENDE DER REGIERUNG SALOMOS

41 Alles, was es sonst noch über Salomo zu berichten gibt, über seine Regierungstätigkeit und über seine Weisheit, ist in der amtlichen Chronik Salomos nachzulesen. **42** Vierzig Jahre lang regierte Salomo in Jerusalem über ganz Israel. **43** Als er starb, wurde er in der Davidsstadt bestattet. Sein Sohn Rehabeam wurde sein Nachfolger.

EIN KÖNIG VERACHTET GUTE RATSCHLÄGE

12 Rehabeam ging nach Sichem, denn dort wollten ihn die Nordstämme Israels zum König machen. **2-3** Auch Jerobeam, der Sohn Nebats, war dort. Er hatte vor König Salomo nach Ägypten fliehen müssen; als dann aber nach Salomos Tod die Stämme Israels Boten zu ihm geschickt hatten, war er zurückgekehrt. Jerobeam und die versammelten Männer der Nordstämme traten vor Rehabeam und sagten zu ihm: **4** »Dein Vater hat uns hohe Abgaben und schwere Frondienste auferlegt. Erleichtere uns die Last, dann werden wir dich als König anerkennen.« **5** »Kommt übermorgen

wieder!«, antwortete ihnen Rehabeam. Als sie ge-
gangen waren, 6 beriet er sich mit den erfahrenen
Männern, die bereits im Dienst seines Vaters Salomo
gestanden hatten. Er fragte sie: »Was ratet ihr mir?
Welche Antwort soll ich dem Volk geben?« 7 Sie rieten
ihm: »Komm ihnen entgegen und sprich freundlich
mit ihnen! Wenn du ihnen heute ein einziges Mal den
Willen tust, werden sie dir für immer gehorchen.«
8 Rehabeam gefiel der Rat der erfahrenen Männer
nicht. Er fragte die jungen Leute, die mit ihm aufge-
wachsen waren und nun in seinem Dienst standen:
9 »Was ratet ihr mir? Wie soll ich diesen Leuten ant-
worten? Sie verlangen von mir, dass ich ihre Lasten
erleichtere!« 10 Da rieten ihm die jungen Leute, die
mit ihm aufgewachsen waren: »Wenn dieses Volk zu
dir sagt: ›Dein Vater hat uns schwere Lasten auferlegt,
mach du sie leichter!‹, dann gib ihnen die Antwort:
›Mein Finger ist dicker als die Hüften meines Vaters!
11 Wenn mein Vater euch schwere Lasten auferlegt hat,
dann werde ich sie noch schwerer machen. Wenn er
euch mit Peitschen angetrieben hat, dann werde ich
euch mit Stachelpeitschen antreiben.‹« 12 Am drit-
ten Tag, wie verabredet, erschienen Jerobeam und
das ganze Volk vor Rehabeam. 13 Der König gab ihnen
eine harte Antwort. Er folgte nicht dem Rat der er-
fahrenen Männer, 14 sondern richtete sich nach dem
Rat seiner Altersgenossen. Er sagte: »Mein Vater hat
euch schwere Lasten auferlegt; ich werde sie noch
schwerer machen. Mein Vater hat euch mit Peitschen
angetrieben; ich werde euch mit Stachelpeitschen
antreiben.« 15 Der König blieb taub für die Bitte des
Volkes. Der HERR hatte es so gefügt, denn das Wort,
das er durch Ahija von Schilo zu Jerobeam gesagt
hatte, sollte in Erfüllung gehen.

NORDISRAEL SAGT SICH VON DER DAVIDSDYNASTIE LOS

16 Als die Männer der Nordstämme merkten, dass der
König auf ihre Forderung nicht einging, riefen sie:
»Was geht uns alle das Haus Davids an? Seit wann
gehört der Isai-Sohn zu uns? Ihr Männer Israels, auf
und nach Hause! Mag Davids Sippe sehen, was ihr
bleibt!« Die Versammlung löste sich auf. 17 Nur die An-
gehörigen der Nordstämme, die in den Städten Judas
wohnten, erkannten Rehabeam als König an. 18 Als
Rehabeam noch einen Versuch machte und Adoni-
ram, den Beauftragten für die Fronarbeiten, zu den
Vertretern der Nordstämme schickte, empfingen sie
ihn mit einem solchen Steinhagel, dass er den Tod fand.
Der König konnte sich gerade noch auf seinen Wagen
retten und nach Jerusalem entkommen. 19 Die Nord-
stämme Israels sagten sich vom Königshaus Davids
los und sind bis zum heutigen Tag von ihm getrennt
geblieben. 20 Überall im Bereich der Nordstämme hatte
es sich herumgesprochen, dass Jerobeam zurückge-
kehrt war. Da schickten die Männer Israels Boten zu
ihm, riefen ihn in ihre Versammlung und machten ihn
zu ihrem König. Niemand hielt zum Königshaus Davids
außer dem einen Stamm Juda.

GOTT UNTERSAGT DIE RÜCKEROBERUNG NORDISRAELS

21 Rehabeam war nach Jerusalem zurückgekehrt und
hatte aus den Stämmen Juda und Benjamin ein Heer
von 180 000 bewährten Kriegern aufgestellt. Sie soll-
ten gegen das Nordreich Israel ziehen und die Königs-
herrschaft für den Sohn Salomos zurückgewinnen.
22 Aber das Wort Gottes erging an den Propheten Sche-
maja; Gott sagte zu ihm: 23 »Ich gebe dir eine Botschaft
für Rehabeam, den Sohn Salomos, den König von Juda,
und für alle Männer aus Juda und Benjamin. Sage zu
ihnen: 24 ›So spricht der HERR: Kämpft nicht gegen
eure Brüder, die Männer von Israel! Kehrt um und geht
nach Hause! Ich selbst habe alles so gefügt.‹« Sie ge-
horchten der Weisung des HERRN, kehrten um und
gingen nach Hause.

DIE RELIGIONSPOLITIK KÖNIG JEROBEAMS

25 Jerobeam ließ die Stadt Sichem im Bergland von
Efraïm befestigen und machte sie zu seiner Residenz.
Später befestigte er auch die Stadt Penuël. 26 Aber
Jerobeam machte sich Sorgen. »Wenn ich nichts un-
ternehme«, sagte er sich, »werde ich mein Königtum
wieder an die Nachkommen Davids verlieren. 27 Denn
wenn das Volk regelmäßig nach Jerusalem geht und im
Tempel des HERRN Opferfeste feiert, werden die Leute
sich wieder ihrem früheren Herrn, dem König von
Juda, zuwenden und Rehabeam als König anerkennen.
Sie werden mich umbringen und sich wieder der Herr-
schaft des Königs von Juda unterstellen.« 28 Jerobeam
überlegte sich, was er dagegen tun könnte. Er ließ zwei
goldene Stierbilder anfertigen und sagte zum Volk:
»Ihr braucht nicht länger zum Tempel in Jerusalem zu
gehen. Hier ist dein Gott, Israel, der dich aus Ägypten
hierher geführt hat!« 29 Das eine Standbild ließ er in
Bet-El aufstellen, das andere in der Stadt Dan. 30 Damit
verleitete er das Volk zur Sünde. In einer großen Pro-
zession zogen die Männer Israels vor dem zweiten
Standbild her bis nach Dan. 31 Jerobeam ließ auch an
anderen Stellen des Landes Heiligtümer errichten und
setzte Priester beliebiger Herkunft ein, die nicht zum
Stamm Levi gehörten. 32 Schließlich ordnete er an, am
15. Tag des 8. Monats ein Wallfahrtsfest zu feiern, das
dem Laubhüttenfest in Jerusalem entsprechen sollte.
Er selbst stieg an diesem Tag in Bet-El die Stufen zum
Altar hinauf und opferte vor seinen Stierbildern. Die
Priester, die er eingesetzt hatte, wirkten dabei mit.

EIN PROPHET KÜNDIGT DIE ENTWEIHUNG VON JEROBEAMS STAATSHEILIGTUM AN

33 Am 15. Tag des 8. Monats – in dem Monat, den er
eigenmächtig festgelegt hatte – veranstaltete Jero-
beam in Bet-El ein Fest für die Leute im Reich Israel
und opferte auf dem Altar, den er dort errichtet hatte.
Er selbst trat auf die Stufen des Altars, um dem HERRN
Opfer darzubringen.

13 Der HERR aber hatte einen Propheten aus
Juda nach Bet-El geschickt, der kam gerade
dort an, als Jerobeam am Altar stand und sein Opfer

darbringen wollte. 2 Im Auftrag des HERRN wandte
sich der Prophet gegen den Altar und rief ihm zu: »Al-
tar! Altar! So spricht der HERR: ›In der Königsfamilie
Davids wird ein Sohn mit Namen Joschija geboren
werden. Der wird die Priester töten, die auf dir Opfer
darbringen, und wird Totengebeine auf dir verbrennen
lassen.‹« 3 Weiter sagte er: »Der HERR wird ein Zeichen
geben, an dem alle sehen können, dass dies eintref-
fen wird. Der Altar wird bersten und die fettgetränkte
Opferasche wird über den Boden verstreut werden.«
4 König Jerobeam, der gerade auf den Stufen des Altars
stand, streckte die Hand gegen den Propheten aus
und befahl: »Nehmt den Mann fest!« Aber im selben
Augenblick wurde sein Arm steif, sodass er ihn nicht
mehr zurückziehen konnte. 5 Der Altar zerbarst und die
Opferasche wurde über den Boden verstreut, genau
wie es der Prophet im Auftrag des HERRN angekündigt
hatte. 6 Da sagte der König zu dem Propheten: »Be-
sänftige doch den Zorn des HERRN, deines Gottes, und
bete für mich, dass ich meinen Arm wieder bewegen
kann.« Der Prophet tat es und der Arm wurde gesund
und beweglich wie zuvor. 7 Nun sagte der König zu
dem Propheten: »Komm mit mir in mein Haus und iss
etwas bei mir! Ich möchte dir auch noch ein Geschenk
machen.« 8 Aber der Prophet erwiderte: »Ich komme
nicht mit, auch wenn du mir die Hälfte deines Besitzes
versprichst. Ich werde an diesem Ort weder essen noch
trinken. 9 Als der HERR mich herschickte, hat er mir be-
fohlen: ›Du darfst dort nichts essen und nichts trinken
und auch nicht auf demselben Weg zurückkehren, auf
dem du hingehst.‹« 10 Der Prophet verließ Bet-El und
kehrte auf einem anderen Weg nach Hause zurück.

DER PROPHET LÄSST SICH ZUM UNGEHORSAM VERFÜHREN

11 In Bet-El lebte ein alter Prophet. Dessen Söhne er-
zählten ihm, was der Prophet aus Juda getan und was
er zum König gesagt hatte. 12 »Auf welchem Weg ist er
nach Hause gegangen?«, fragte ihr Vater. Sie hatten
es beobachtet und berichteten es ihm. 13 »Sattelt mir
meinen Esel«, befahl er. Dann saß er auf 14 und ritt dem
Propheten aus Juda nach. Er fand ihn, wie er unter
einer Eiche saß, und fragte ihn: »Bist du der Gottes-
mann, der aus Juda gekommen ist?« »Ja«, sagte der
andere. 15 Da forderte der Alte ihn auf: »Komm mit
mir in mein Haus und iss etwas bei mir!« 16 Aber der
Prophet aus Juda erwiderte: »Ich kann nicht mit dir
gehen. Ich darf an diesem Ort mit niemand essen oder
trinken. 17 Der HERR hat es mir verboten und hat mir
auch befohlen, auf einem anderen Weg nach Hause
zurückzukehren.« 18 Da sagte der Alte: »Ich bin auch
ein Prophet, genau wie du. Der HERR hat mir durch
einen Engel befohlen: ›Nimm ihn mit dir nach Hause
und gib ihm zu essen und zu trinken.‹« Das war gelo-
gen; 19 aber der andere glaubte es, kehrte mit ihm um
und aß und trank bei ihm. 20 Während sie bei Tisch
saßen, erging das Wort des HERRN an den Propheten,
der den Mann aus Juda wieder zurückgeholt hatte.
21 Er rief seinem Gast zu: »So spricht der HERR: ›Du
hast mir, dem HERRN, deinem Gott, nicht gehorcht,
22 sondern bist umgekehrt und hast gegessen und ge-
trunken, obwohl ich dir gesagt hatte: Du sollst an die-
sem Ort weder essen noch trinken. Deshalb wirst du
nicht im Grab deiner Vorfahren bestattet werden.‹«
23 Als die Mahlzeit beendet war, ließ der Prophet aus
Juda sich von seinem Gastgeber den Esel satteln
24 und machte sich auf den Heimweg. Unterwegs fiel
ein Löwe über ihn her und tötete ihn. Der Löwe und
der Esel blieben neben dem Toten stehen. 25 Ein paar
Leute, die gerade vorbeikamen, sahen den Toten auf
dem Weg liegen und den Löwen neben ihm. Sie erzähl-
ten es in der Stadt, in der der alte Prophet lebte. 26 Als
der es hörte, sagte er: »Das ist der Gottesmann, der
dem Befehl des HERRN nicht gehorcht hat. Deshalb
hat der HERR einen Löwen geschickt, damit er über
ihn herfällt und ihn tötet. So hat der HERR es angekün-
digt.« 27 Er befahl seinen Söhnen, ihm einen Esel zu
satteln, 28 ritt zu der Stelle und fand alles, wie es ihm
berichtet worden war. Der Esel und der Löwe stan-
den neben dem Toten, und der Löwe hatte weder
den Toten aufgefressen noch dem Esel etwas zuleide
getan. 29 Der alte Prophet hob den Toten auf seinen
Esel und brachte ihn nach Bet-El zurück, um ihn zu
betrauern und zu bestatten. 30 Er legte ihn in seine
eigene Grabkammer und die Leute dort stimmten die
Totenklage an: »Ach, mein Bruder! Mein Bruder!«
31 Nachdem er ihn bestattet hatte, sagte der Alte zu
seinen Söhnen: »Wenn ich sterbe, dann legt mich in
dasselbe Grab wie diesen Gottesmann! Lasst meine
Gebeine neben den seinen ruhen. 32 Denn was er dem
Altar in Bet-El und den Opferstätten in den Ortschaf-
ten Samariens im Auftrag des HERRN angekündigt hat,
das wird ganz bestimmt eintreffen.«

JEROBEAM HAT NICHTS GELERNT

33 Jerobeam ließ sich durch diese Vorfälle nicht von sei-
nem falschen Weg abbringen. Auch weiterhin machte
er jeden, der sich darum bewarb, zum Priester an den
Opferstätten des Landes. 34 Die Schuld, die er damit auf
sich lud, führte zur Vernichtung seiner Familie und zum
Untergang seines Königshauses.

JEROBEAM UND GANZ ISRAEL WIRD DIE STRAFE ANGEKÜNDIGT

14 Damals wurde Jerobeams Sohn Abija krank. 2 Da
sagte Jerobeam zu seiner Frau: »Geh nach Schilo
zum Propheten Ahija. Er hat einst vorausgesagt, dass
ich König über dieses Volk werden soll. Mach dich un-
kenntlich, damit niemand merkt, dass du meine Frau
bist. 3 Nimm zehn Brote, ein paar Kuchen und einen
Krug voll Honig mit. Der Prophet wird dir sagen, wie
die Krankheit ausgehen wird.« 4 Die Frau ging nach
Schilo und kam in das Haus von Ahija. Der Prophet
konnte sie nicht sehen, denn er war altersblind. 5 Doch
der HERR hatte zu ihm gesagt: »Die Frau Jerobeams
wird zu dir kommen und dich fragen, wie die Krank-
heit ihres Sohnes ausgehen wird. Sie wird sich dir aber
nicht zu erkennen geben.« Der HERR sagte ihm auch,

was er ihr antworten sollte. 6 Als die Frau in die Tür trat, hörte Ahija ihre Schritte und sagte: »Komm nur herein! Du bist doch die Frau Jerobeams. Warum verstellst du dich? Ich habe eine schlimme Botschaft für dich. 7 Geh heim und richte Jerobeam aus: ›So spricht der HERR, der Gott Israels: Ich habe dich aus dem ganzen Volk ausgewählt und dir die Herrschaft über mein Volk übertragen. 8 Ich habe das Königtum über Israel den Nachkommen Davids weggenommen und habe es dir gegeben. Aber du bist nicht dem Beispiel meines Dieners David gefolgt, der mir unverbrüchlich die Treue hielt, der alle meine Gebote beachtet und nur getan hat, was mir gefällt. 9 Nein, du hast es schlimmer getrieben als irgendeiner vor dir: Mich hast du verworfen und hast dir eigene Götter gemacht, Bilder aus Bronzeguss! Beleidigt hast du mich damit! 10 Deshalb werde ich Unglück über deine Familie bringen. Alle deine männlichen Nachkommen werde ich ausrotten, die mündigen wie die unmündigen. Ich werde keinen von ihnen übrig lassen, so wie man Kot bis zum letzten Rest wegfegt. 11 Wer von ihnen in der Stadt umkommt, den fressen die Hunde, und wer auf dem freien Feld stirbt, den fressen die Geier.‹ Der HERR hat es gesagt.« 12 Weiter sagte Ahija zu der Frau Jerobeams: »Geh jetzt nach Hause! Sobald du die Stadt betrittst, wird dein Sohn sterben. 13 Ganz Israel wird um ihn trauern. Aber er wird der Einzige aus der Familie Jerobeams sein, der in ein Grab kommt, weil er auch der Einzige ist, an dem der HERR, der Gott Israels, etwas Gutes gefunden hat. 14 Der HERR wird einen König über Israel einsetzen, der alle Nachkommen Jerobeams ausrotten wird. 15 Ja, der HERR wird Israel einen Schlag versetzen, dass es schwankt wie ein Schilfrohr im Wasser. Er wird die Leute von Israel aus diesem guten Land, in das er ihre Vorfahren eingepflanzt hat, ausreißen und wird sie wegschleudern in das Land jenseits des Eufratstromes. So werden sie dafür bestraft, dass sie sich geweihte Pfähle aufgestellt und den HERRN damit beleidigt haben. 16 Er wird die Leute von Israel ihren Feinden preisgeben, weil Jerobeam sich gegen ihn vergangen hat und sie sich von ihm zum Götzendienst verführen ließen.« 17 Die Frau Jerobeams kehrte heim nach Tirza, und in dem Augenblick, als sie über die Schwelle des Hauses trat, starb ihr Sohn. 18 Sie bestatteten ihn und ganz Israel trauerte um ihn. So geschah, was der HERR durch seinen Diener, den Propheten Ahija, angekündigt hatte.

JEROBEAMS TOD UND SEIN NACHFOLGER

19 Was es sonst noch über Jerobeam zu berichten gibt, über seine Regierungsmaßnahmen und die Kriege, ist in der amtlichen Chronik der Könige von Israel nachzulesen. 20 Er regierte 22 Jahre lang, und als er starb, wurde sein Sohn Nadab sein Nachfolger.

REHABEAM ALS KÖNIG VON JUDA

21 Rehabeam, der Sohn Salomos, war 41 Jahre alt, als er König von Juda wurde. Siebzehn Jahre lang regierte er in Jerusalem, in der Stadt, die der HERR aus dem ganzen Gebiet der Stämme Israels ausgewählt und zum Wohnsitz seines Namens bestimmt hatte. Rehabeams Mutter war die Ammoniterin Naama. 22 Die Leute von Juda taten, was dem HERRN missfällt. Durch ihren Ungehorsam erregten sie den Zorn des HERRN, mehr als ihre Vorfahren es je getan hatten. 23 Genau wie die Leute im Reich Israel errichteten sie auf allen Bergen und unter allen großen Bäumen Opferstätten und stellten geweihte Steinmale und Pfähle auf. 24 Auch gab es geweihte Männer und Frauen im Land. Mit alldem folgten die Leute von Juda den abscheulichen Bräuchen der Völker, die der HERR vor seinem Volk vertrieben hatte. 25 Im fünften Regierungsjahr König Rehabeams zog der ägyptische König Schischak gegen Jerusalem heran. 26 Er raubte die Schatzkammern im Tempel und im Königspalast aus und nahm auch alle goldenen Schilde mit, die Salomo hatte anfertigen lassen. 27 Rehabeam ließ dafür Schilde aus Bronze machen und gab sie den Kommandanten der Wache, die am Eingang des Palastes stationiert war. 28 Jedes Mal, wenn der König in den Tempel des HERRN ging, trugen die Wachen, die ihn begleiteten, diese Schilde und brachten sie dann wieder in ihre Unterkunft zurück. 29 Was es sonst noch über Rehabeam und seine Taten zu berichten gibt, ist in der amtlichen Chronik der Könige von Juda nachzulesen. 30 Während seiner ganzen Regierungszeit herrschte Krieg zwischen ihm und Jerobeam. 31 Als er starb, wurde er in der Grabstätte seiner Vorfahren in der Davidsstadt bestattet. Seine Mutter war die Ammoniterin Naama. Sein Sohn Abija wurde sein Nachfolger.

ÜBER KÖNIG ABIJA VON JUDA

15 Im 18. Regierungsjahr Jerobeams, des Königs von Israel, wurde Abija König von Juda. 2 Er regierte drei Jahre lang in Jerusalem. Seine Mutter hieß Maacha und war eine Tochter Abischaloms. 3 Er folgte dem schlechten Beispiel seines Vaters und diente dem HERRN, seinem Gott, nicht mit ungeteiltem Herzen, wie es sein Ahnherr David getan hatte. 4 Trotzdem gab der HERR ihm einen Sohn als Nachfolger auf dem Thron und ließ das Licht in seinem Königshaus nicht erlöschen, und er bewahrte auch Jerusalem vor dem Untergang. Das tat er David zuliebe, 5 der zeit seines Lebens getan hatte, was dem HERRN gefällt, und ihm in allen Dingen gehorcht hatte – das Unrecht gegen den Hetiter Urija ausgenommen. 7 Was es sonst noch über Abija und seine Taten zu berichten gibt, ist in der amtlichen Chronik der Könige von Juda nachzulesen. 8 Als er starb, wurde er in der Davidsstadt bestattet. Sein Sohn Asa wurde sein Nachfolger.

ÜBER KÖNIG ASA VON JUDA

9 Im 20. Regierungsjahr Jerobeams, des Königs von Israel, wurde Asa König von Juda. 10 Er regierte 41 Jahre lang in Jerusalem. Die Stellung der Königsmutter behielt seine Großmutter Maacha, die Tochter Abischaloms. 11 Er tat, was dem HERRN gefällt, genau wie sein Ahnherr David. 12 Er trieb die geweihten Männer und

Frauen aus dem Land und beseitigte die Götzenbilder, die seine Vorgänger aufgestellt hatten. 13 Er wagte es sogar, Maacha als Königsmutter abzusetzen, weil sie ein verabscheuungswürdiges Götzenbild der Göttin Aschera aufgestellt hatte. Das Götzenbild ließ er wegschaffen und im Kidrontal verbrennen. 14 Die Opferstätten im Land ließ er allerdings weiter bestehen; aber in allem anderen gehorchte er dem HERRN mit ungeteiltem Herzen sein ganzes Leben lang. 15 Er brachte die goldenen und silbernen Geräte, die sein Vater dem HERRN geweiht hatte, in den Tempel und weihte dem HERRN noch weitere Gold- und Silbergeräte. 16 Zwischen Asa und König Bascha von Israel herrschte Krieg, solange sie lebten. 17 Bascha rückte nach Süden gegen Juda vor und baute die Stadt Rama zur Festung aus, um die Wege von und nach Juda kontrollieren zu können. 18 Darauf schickte König Asa eine Gesandtschaft nach Damaskus zum Syrerkönig Ben-Hadad, dem Sohn Tabrimmons und Enkel Hesjons. Er gab den Abgesandten alles Silber und Gold mit, das in den königlichen Schatzkammern und in den Schatzkammern des Tempels noch übrig war, und ließ dem König von Syrien sagen: 19 »Ich möchte ein Bündnis mit dir schließen, wie es schon zwischen unseren Vätern bestanden hat. Dieses Silber und Gold schicke ich dir als Geschenk. Kündige dafür dein Bündnis mit König Bascha von Israel und falle in sein Land ein, damit er von meiner Grenze abziehen muss!« 20 Ben-Hadad ging darauf ein und schickte seine Truppen gegen das Reich Israel. Sie verwüsteten die Städte Ijon, Dan und Abel-Bet-Maacha sowie das ganze Gebiet am See Gennesaret. 21 Da brach Bascha den Ausbau von Rama ab und kehrte in seine Hauptstadt Tirza zurück. 22 König Asa bot nun alle Männer Judas auf; keiner wurde freigestellt. Sie mussten die Baumaterialien, die Bascha für den Festungsbau bereitgelegt hatte, abtransportieren, die Steine und das Holz. Asa ließ damit die Städte Geba und Mizpa im Gebiet des Stammes Benjamin befestigen. 23 Was es sonst noch über Asa und seine Taten zu berichten gibt, über die Städte, die er gebaut hat, und über alle seine Erfolge, ist in der amtlichen Chronik der Könige von Juda nachzulesen. Im Alter erkrankte er an einem Fußleiden. 24 Als er starb, wurde er in der Grabstätte seiner Vorfahren in der Davidsstadt bestattet. Sein Sohn Joschafat wurde sein Nachfolger.

KÖNIG NADAB VON ISRAEL UND DAS ENDE DER DYNASTIE JEROBEAMS

25 Im zweiten Regierungsjahr von Asa, dem König von Juda, wurde Nadab, der Sohn Jerobeams, König von Israel. Er regierte zwei Jahre lang. 26 Er tat, was dem HERRN missfällt und folgte dem schlechten Beispiel seines Vaters, der die Leute im Reich Israel zum Götzendienst verführt hatte. 27 Bascha, der Sohn von Ahija aus dem Stamm Issachar, machte eine Verschwörung gegen ihn und erschlug ihn, als Nadab mit dem Heer Israels die Philisterfestung Gibbeton belagerte. 28 Bascha tötete Nadab im dritten Regierungsjahr von Asa, dem König von Juda, und wurde an seiner Stelle König von Israel. 29 Als Bascha den Thron bestiegen hatte, rottete er die ganze Familie Jerobeams aus; niemand von dessen Nachkommen ließ er am Leben. So traf ein, was der HERR durch seinen Diener Ahija von Schilo angekündigt hatte. 30 Es war die Strafe dafür, dass Jerobeam sich gegen den HERRN, den Gott Israels, vergangen und die Leute von Israel zum Götzendienst verführt hatte. Dadurch hatte er den Zorn des HERRN herausgefordert. 31 Was es sonst noch über Nadab und seine Taten zu berichten gibt, ist in der amtlichen Chronik der Könige von Israel nachzulesen. 32 Zwischen Asa und König Bascha von Israel herrschte Krieg, solange sie lebten.

ÜBER KÖNIG BASCHA VON ISRAEL

33 Im dritten Regierungsjahr von Asa, dem König von Juda, wurde Bascha, der Sohn von Ahija, König von Israel. Er regierte in Tirza 24 Jahre lang. 34 Er tat, was dem HERRN missfällt, und folgte dem schlechten Beispiel Jerobeams, der die Leute im Reich Israel zum Götzendienst verführt hatte.

16 Da erging das Wort des HERRN an den Propheten Jehu, den Sohn von Hanani. Er musste König Bascha im Namen des HERRN sagen: 2 »Obwohl du ein Mann ohne Macht und Einfluss warst, habe ich dich zum König über mein Volk Israel gemacht. Du aber bist dem schlechten Beispiel Jerobeams gefolgt. Du hast mein Volk zum Götzendienst verführt, sodass sie meinen Zorn erregt haben. 3 Deshalb wird es deiner Familie ebenso ergehen wie der Familie Jerobeams. Ich werde niemand von deinen Nachkommen übrig lassen. 4 Wer von ihnen in der Stadt umkommt, den fressen die Hunde, und wer auf dem freien Feld stirbt, den fressen die Geier.« 5 Was es sonst noch über Bascha zu berichten gibt, über seine Taten und seine Erfolge, ist in der amtlichen Chronik der Könige von Israel nachzulesen. 6 Als er starb, wurde er in Tirza bestattet. Sein Sohn Ela wurde sein Nachfolger. 7 Der Prophet Jehu, der Sohn von Hanani, hatte Bascha und seiner Familie den Untergang angekündigt, weil er so viel Böses gegen den HERRN getan und ihn mit seinen Götzen beleidigt hatte. Es sollte ihnen ergehen wie der Familie Jerobeams – und das auch deshalb, weil Bascha die Nachkommen Jerobeams ausgerottet hatte.

KÖNIG ELA VON ISRAEL UND DAS ENDE DER DYNASTIE BASCHAS

8 Im 26. Regierungsjahr von Asa, dem König von Juda, wurde Ela, der Sohn von Bascha, König von Israel. Er regierte zwei Jahre lang in Tirza. 9 Dann machte Simri, der Befehlshaber über die Hälfte seiner Streitwagen, eine Verschwörung gegen ihn. Als der König in Tirza im Haus des Palastvorstehers Arza zechte und schon betrunken war, 10 drang Simri in das Haus ein und erschlug ihn. Nun wurde Simri König von Israel, im 27. Regierungsjahr des Königs Asa von Juda. 11-12 Nachdem Simri den Königsthron bestiegen hatte, rottete er alle männlichen Nachkommen von Bascha aus. Er tötete

auch alle, die der Königsfamilie nahestanden. So traf
ein, was der HERR einst Bascha durch den Propheten
Jehu angekündigt hatte. 13 Es war die Strafe dafür, dass
Bascha und sein Sohn Ela die Leute im Reich Israel
zur Sünde verführt und den HERRN, den Gott Israels,
mit ihren nichtigen Götzen beleidigt hatten. 14 Was
es sonst noch über Ela und seine Taten zu berichten
gibt, ist in der amtlichen Chronik der Könige von Israel
nachzulesen.

DER KAMPF UM DEN THRON NACH DER ERMORDUNG VON KÖNIG BASCHA

15 Im 27. Regierungsjahr von Asa, dem König von Juda,
wurde Simri für sieben Tage König von Israel in der
Hauptstadt Tirza. Das Heer Israels belagerte damals
wieder die Philisterfestung Gibbeton. 16 Als im Heer-
lager bekannt wurde, dass Simri eine Verschwörung
gemacht und König Ela erschlagen hatte, erhoben
die Männer von Israel sofort ihren Heerführer Omri
zum König von Israel. 17-18 Omri zog mit dem ganzen
Heer von Gibbeton vor die Hauptstadt Tirza. Als die
Stadt nach kurzer Belagerung eingenommen wurde,
schloss sich Simri in den inneren Turm des Königspa-
lastes ein, ließ den Palast anzünden und fand in den
Flammen den Tod. 19 Dies war die Strafe dafür, dass er
getan hatte, was dem HERRN missfällt. Denn er war
dem schlechten Beispiel Jerobeams gefolgt, der die
Leute im Reich Israel zum Götzendienst verführt hatte.
20 Was es sonst noch über Simris Verschwörung und
sein Königtum zu berichten gibt, ist in der amtlichen
Chronik der Könige von Israel nachzulesen. 21 Das Volk
war jedoch gespalten: Nur der eine Teil hielt zu Omri,
der andere Teil machte Tibni, den Sohn Ginats, zum
König. 22 Doch die Anhänger von Omri waren stärker
als die Anhänger von Tibni. Als Tibni starb, wurde Omri
König über das ganze Volk.

ÜBER KÖNIG OMRI VON ISRAEL

23 Im 31. Regierungsjahr von Asa, dem König von Juda,
wurde Omri König von Israel. Er regierte zwölf Jahre
lang, davon die ersten sechs in der Stadt Tirza. 24 Dann
kaufte er den Berg von Samaria um zwei Zentner Sil-
ber und baute darauf seine neue Hauptstadt. Nach
dem früheren Besitzer des Berges, einem Mann na-
mens Schemer, nannte er die Stadt Samaria. 25 Omri
tat, was dem HERRN missfällt. Er trieb es schlimmer als
alle seine Vorgänger. 26 Er folgte in allem dem schlech-
ten Beispiel Jerobeams, der die Leute im Reich Israel
dazu verführt hatte, den HERRN, ihren Gott, mit ih-
ren nichtigen Götzen zu beleidigen. 27 Was es sonst
noch über Omri zu berichten gibt, über seine Taten
und seine Erfolge, ist in der amtlichen Chronik der
Könige von Israel nachzulesen. 28 Als er starb, wurde
er in Samaria bestattet. Sein Sohn Ahab wurde sein
Nachfolger.

ÜBER KÖNIG AHAB VON ISRAEL

29 Im 38. Regierungsjahr von Asa, dem König von Juda,
wurde Ahab, der Sohn von Omri, König von Israel.
Er regierte 22 Jahre lang in Samaria. 30 Noch mehr
als seine Vorgänger tat er, was dem HERRN missfällt.
31 Es war noch das wenigste, dass er an dem Götzen-
dienst Jerobeams festhielt. Was viel schlimmer war: Er
heiratete Isebel, eine Tochter Etbaals, des Königs der
Phönizier, und er ging so weit, dass er dem Gott Baal
Opfer darbrachte und sich vor ihm niederwarf. 32 Er
baute ihm in Samaria einen Tempel und errichtete dort
einen Altar für ihn. 33 Außerdem ließ er ein Bild der
Göttin Aschera aufstellen. Mit diesen und ähnlichen
Taten beleidigte er den HERRN, den Gott Israels, mehr
als alle Könige, die vor ihm im Reich Israel regiert hat-
ten. 34 Während seiner Regierungszeit baute Hiël aus
Bet-El die Stadt Jericho wieder auf. Als er die Funda-
mente legte, kostete ihn das seinen erstgeborenen
Sohn Abiram, und als er die Tore einsetzte, kostete
es ihn seinen jüngsten Sohn Segub. So erfüllte sich
die Drohung, die einst Josua im Auftrag des HERRN
ausgesprochen hatte.

DER PROPHET ELIJA KÜNDIGT DIE GROSSE DÜRRE AN

17 Elija, der Prophet aus dem Dorf Tischbe in der
Landschaft Gilead, sagte zu Ahab: »So gewiss
der HERR, der Gott Israels, lebt, in dessen Dienst ich
stehe: In den nächsten Jahren wird weder Tau noch
Regen fallen, bis ich es befehle!«

GOTT SORGT FÜR SEINEN BOTEN: ELIJA AM BACH KERIT

2 Darauf erging das Wort des HERRN an Elija, er sagte
zu ihm: 3 »Bring dich in Sicherheit! Geh nach Osten
über den Jordan und versteck dich am Bach Kerit.
4 Aus dem Bach kannst du trinken, und ich habe den
Raben befohlen, dass sie dir zu essen bringen.« 5 Elija
gehorchte dem Befehl des HERRN, ging auf die an-
dere Jordanseite an den Bach Kerit und blieb dort.
6 Morgens und abends brachten ihm die Raben Brot
und Fleisch, und Wasser bekam er aus dem Bach.
7 Aber weil es nicht regnete, trocknete der Bach nach
einiger Zeit aus.

GOTT SORGT FÜR SEINEN BOTEN: ELIJA BEI DER WITWE VON SAREPTA

8 Da erging das Wort des HERRN an Elija, er sagte zu
ihm: 9 »Geh in die Stadt Sarepta in Phönizien und bleib
dort! Ich habe einer Witwe befohlen, dich mit Essen
und Trinken zu versorgen.« 10 Elija machte sich auf
den Weg und ging nach Sarepta. Als er ans Stadttor
kam, traf er dort eine Witwe, die Holz auflas. »Bring
mir doch etwas Wasser!«, bat er sie. 11 Als sie wegging,
um es zu holen, rief er ihr nach: »Bring auch etwas Brot
mit!« 12 Doch sie sagte: »So gewiss der HERR, dein Gott,
lebt: Ich habe keinen Bissen mehr, nur noch eine Hand
voll Mehl im Topf und ein paar Tropfen Öl im Krug. Ich
lese gerade ein paar Holzstücke auf und will mir und
meinem Sohn die letzte Mahlzeit bereiten. Dann müs-
sen wir sterben.« 13 Elija erwiderte: »Geh heim und tu,
was du vorhast. Aber backe zuerst für mich ein kleines

Fladenbrot und bring es zu mir heraus. Den Rest kannst
du dann für dich und deinen Sohn zubereiten. Hab
keine Angst, 14 denn der HERR, der Gott Israels, hat
versprochen: ›Der Mehltopf wird nicht leer und das
Öl im Krug versiegt nicht, bis ich es wieder regnen
lasse.‹« 15 Die Frau ging und tat, was Elija ihr aufge-
tragen hatte. Und wirklich hatten die drei jeden Tag
zu essen. 16 Der Mehltopf wurde nicht leer und das Öl
im Krug versiegte nicht, wie der HERR es durch Elija
versprochen hatte.

ELIJA ERWECKT DEN SOHN DER WITWE WIEDER ZUM LEBEN

17 Nach einiger Zeit wurde der Sohn der Witwe, die den
Propheten in ihr Haus aufgenommen hatte, krank.
Sein Zustand verschlimmerte sich immer mehr und
zuletzt starb er. 18 Da sagte die Mutter zu Elija: »Was
habe ich mit dir zu tun, du Mann Gottes? Du bist nur
in mein Haus gekommen, um Gott an meine Sünden
zu erinnern. Darum musste mein Sohn jetzt sterben!«
19 »Gib ihn mir!«, erwiderte Elija. Er nahm ihr das tote
Kind vom Schoß, trug es in die Dachkammer, in der
er wohnte, und legte es auf sein Bett. 20 Dann rief er:
»HERR, mein Gott! Willst du wirklich diese Frau ins
Unglück stürzen und ihr den einzigen Sohn nehmen?
Sie hat mich doch so freundlich in ihr Haus aufgenom-
men!« 21 Er legte sich dreimal auf den Leichnam des
Kindes und rief dabei: »HERR, mein Gott, lass doch
sein Leben wiederkommen!« 22 Der HERR erhörte sein
Gebet und gab dem Kind das Leben zurück. 23 Elija
nahm den Jungen bei der Hand, brachte ihn hinunter
zu seiner Mutter und sagte zu ihr: »Sieh her, er lebt!«
24 Die Frau sagte: »Jetzt weiß ich, dass du ein Mann
Gottes bist. Auf das Wort, das du im Namen des HERRN
sprichst, ist Verlass!«

ELIJA STELLT SICH DEM KÖNIG

18 Schon länger als zwei Jahre hatte es nicht mehr
geregnet, da erging das Wort des HERRN an Elija.
Der HERR sagte zu ihm: »Geh und tritt vor König Ahab!
Ich werde dem Land wieder Regen schicken!« 2 Elija
machte sich auf den Weg. In der Stadt Samaria waren
alle Vorräte aufgebraucht. 3 Darum ließ Ahab seinen
Palastverwalter Obadja rufen. Obadja hatte immer treu
zum HERRN gehalten. 4 Als Isebel die Propheten des
HERRN ermorden ließ, hatte er hundert von ihnen in Si-
cherheit gebracht, sie zu je fünfzig in zwei Höhlen ver-
steckt und mit Brot und Wasser versorgt. 5 Nun sagte
Ahab zu Obadja: »Los, wir suchen jetzt jede Oase und
jedes Bachtal im Land nach Gras ab. Vielleicht finden
wir irgendwo noch etwas für unsere Pferde und Maul-
esel. Sonst bleibt uns nichts anderes übrig, als einen
Teil der Tiere zu töten.« 6 Ahab und Obadja teilten das
Land unter sich auf und gingen dann jeder für sich auf
die Suche. 7 Als nun Obadja das Land durchstreifte, trat
ihm plötzlich Elija in den Weg. Obadja erkannte den
Propheten, warf sich vor ihm nieder und fragte: »Elija,
mein Herr, bist du es?« 8 »Ich bin es«, sagte Elija. »Kehr
sofort um und melde deinem Herrn, dass ich hier bin!«
9 »Was habe ich getan, dass du mich dem Zorn des
Königs ausliefern willst?«, erwiderte Obadja. »Er wird
mich umbringen lassen. 10 So gewiss der HERR, dein
Gott, lebt: Es gibt kein Land, in dem Ahab dich nicht
suchen ließ. Wenn es hieß: ›Er ist nicht hier‹, musste
es ihm der König des Landes mit einem Eid bestätigen.
11 Und jetzt soll ich hingehen und ihm melden: ›Elija ist
da‹? 12 Kaum bin ich weg, kann der Geist des HERRN
dich an einen Ort bringen, den ich nicht kenne. Wenn
Ahab dich dann nicht findet, wird er mich umbringen.
Dabei habe ich doch von Jugend auf treu zum HERRN
gehalten. 13 Hat man dir nicht berichtet, was ich getan
habe? Als Isebel die Propheten des HERRN umbrachte,
habe ich hundert von ihnen in zwei Höhlen versteckt
und mit Brot und Wasser versorgt. 14 Und nun schickst
du mich zu Ahab, damit ich dich bei ihm melde? Er
wird mich bestimmt umbringen.« 15 Aber Elija sagte:
»So gewiss der HERR, der Herrscher der Welt, lebt, in
dessen Dienst ich stehe, ich sage dir: Noch heute wird
mich Ahab zu sehen bekommen!«

ELIJA RUFT DAS VOLK AUF DEN BERG KARMEL UND FORDERT EINE ENTSCHEIDUNG

16 Da ging Obadja zu König Ahab und brachte ihm die
Botschaft. Der König brach sofort auf und zog Elija
entgegen. 17 Als er den Propheten erblickte, rief er:
»Da bist du also – der Mann, der Israel ins Unglück
stürzt!« 18 Doch Elija erwiderte: »Nicht ich stürze Israel
ins Unglück, sondern du und deine Familie! Ihr habt die
Gebote des HERRN missachtet; sogar du selbst verehrst
die Baale! 19 Aber jetzt ist es so weit: Schicke Boten
aus! Ganz Israel soll zu mir auf den Gipfel des Berges
Karmel kommen. Rufe auch die 450 Propheten Baals
und die 400 Propheten der Aschera, die von Isebel mit
Essen und Trinken versorgt werden!« 20 Ahab ließ die
Männer Israels und die Propheten Isebels auf den Berg
Karmel rufen. Als alle versammelt waren, 21 trat Elija
vor die Volksmenge und rief: »Wie lange schwankt ihr
noch hin und her? Entweder der HERR ist Gott, dann
folgt *ihm* – oder Baal ist Gott, dann folgt *ihm!*« Als al-
les stumm blieb, 22 fuhr Elija fort: »Ich bin der einzige
Prophet des HERRN, der noch übrig geblieben ist, und
hier sind 450 Propheten, die im Dienst Baals stehen.
23 Bringt zwei junge Stiere her! Sie sollen sich einen
auswählen, ihn zerteilen und die Stücke auf die Holz-
scheite legen; aber sie dürfen kein Feuer anzünden.
Ich werde es mit dem anderen Stier ebenso machen.
24 Dann sollen sie zu ihrem Baal rufen und ich rufe zum
HERRN. Wer von beiden als Antwort Feuer schickt, der
ist Gott.« Das ganze Volk rief: »Ja, so soll es sein!«

WELCHER GOTT SCHICKT FEUER VOM HIMMEL?

25 Dann sagte Elija zu den Propheten Baals: »Macht ihr
den Anfang; ihr seid in der Überzahl. Sucht euch einen
Stier aus, bereitet ihn als Opfer zu und betet zu eurem
Gott, aber zündet kein Feuer an!« 26 Die Baalsprophe-
ten richteten das Opfer zu und riefen vom Morgen
bis zum Mittag: »Baal, höre uns!« Dabei tanzten sie
um den Altar und hüpften die Stufen hinauf. Aber

alles blieb still, niemand antwortete. 27 Als es Mittag
wurde, machte sich Elija über sie lustig. »Ihr müsst lau-
ter rufen!«, spottete er. »Er ist doch ein Gott! Vielleicht
denkt er gerade nach oder er musste dringend mal
weg oder ist auf Reisen gegangen. Vielleicht hält er ge-
rade seinen Mittagsschlaf. Ihr müsst ihn aufwecken!«
28 Sie schrien immer lauter und ritzten sich nach ihrem
Brauch die Haut mit Schwertern und Speeren, dass
das Blut an ihnen herabfloss; 29 sie führten sich wie
Irrsinnige auf. So trieben sie es die ganze Zeit bis zu
der Stunde, in der das Abendopfer vorbereitet wird.
Aber alles blieb still, kein Echo kam, keine Antwort.
30 Da rief Elija der Volksmenge zu: »Her zu mir!«, und
alle drängten sich um ihn. Dann begann er, den zerstör-
ten Altar des HERRN wieder aufzubauen. 31 Er wählte
zwölf Steine aus, nach der Zahl der Stämme Israels, der
Nachkommen Jakobs, zu dem der HERR gesagt hatte:
»Du sollst Israel heißen.« 32 Aus diesen Steinen baute
er dem HERRN einen Altar. Dann zog er rings um den
Altar einen Graben, so breit, dass man darin zwölf Kilo
Saatgut hätte aussäen können. 33 Er schichtete Holz-
scheite auf, zerteilte den Stier und legte die Stücke auf
das Holz. 34 Schließlich ließ er vier Eimer Wasser über
das Opfer und die Holzscheite gießen und ließ das
noch zweimal wiederholen. 35 Das Wasser floss am
Altar hinunter und füllte den Graben. 36 Zur Stunde des
Abendopfers trat Elija vor den Altar und rief: »HERR, du
Gott Abrahams, Isaaks und Jakobs! Alle sollen heute
erfahren, dass du Gott bist in Israel und ich dein Die-
ner, der dies alles in deinem Auftrag getan hat. 37 Höre
mich, HERR, erhöre mich! Dieses Volk soll erkennen,
dass du, HERR, allein Gott bist und dass du sie wieder
auf den rechten Weg zurückbringen willst.« 38 Da ließ
der HERR Feuer herabfallen. Es verzehrte nicht nur das
Opfertier und die Holzscheite, sondern auch die Steine,
die Erde ringsum und das Wasser im Graben. 39 Als das
Volk das sah, warfen sich alle zu Boden und riefen:
»Der HERR allein ist Gott, der HERR allein ist Gott!«
40 Elija aber befahl: »Haltet die Baalspropheten fest!
Keiner darf entkommen!« Sie wurden festgenommen
und Elija ließ sie zum Bach Kischon hinabführen und
dort hinrichten.

DAS ENDE DER TROCKENHEIT

41 Dann sagte Elija zu Ahab: »Geh in dein Zelt, iss und
trink; denn ich höre schon den Regen rauschen.«
42 Während Ahab wegging, stieg Elija auf den Gip-
fel des Karmelgebirges, kauerte sich auf den Boden
und verbarg sein Gesicht zwischen den Knien. 43 Er
befahl seinem Diener: »Geh dort hinüber und halte
Ausschau zum Meer hin!« Der Diener ging, dann kam
er zurück und meldete: »Es ist nichts zu sehen.« Elija
sagte: »Geh noch einmal!« Der Diener ging und kam
wieder; siebenmal schickte ihn Elija. 44 Beim siebten
Mal meldete er: »Ich sehe eine kleine Wolke am Ho-
rizont, sie ist etwa so groß wie die Faust eines Man-
nes.« Da befahl ihm Elija: »Geh zu Ahab und sag ihm,
er soll sofort anspannen lassen und losfahren, damit
er nicht vom Regen überrascht wird!« 45 Ahab stieg
auf seinen Wagen und fuhr los nach Jesreel. Da ver-
finsterte sich auch schon der Himmel, der Wind trieb
schwarze Wolken heran und ein heftiger Regen ging
nieder. 46 Elija wurde vom Geist des HERRN ergriffen,
band sein Obergewand hoch und lief vor dem Wagen
Ahabs her bis nach Jesreel.

ELIJA WILL AUFGEBEN

19 Ahab berichtete Isebel alles, was Elija getan
und dass er alle Propheten Baals umgebracht
hatte. 2 Da schickte Isebel einen Boten zu Elija und ließ
ihm sagen: »Die Götter sollen mich strafen, wenn ich
dich morgen um diese Zeit nicht ebenso umbringen
werde, wie du meine Propheten umgebracht hast!«
3 Da packte Elija die Angst und er floh, um sein Leben
zu retten. In Beerscheba an der Südgrenze von Juda
ließ er seinen Diener zurück 4 und wanderte allein
weiter, einen Tag lang nach Süden in die Steppe hin-
ein. Dann setzte er sich unter einen Ginsterstrauch
und wünschte den Tod herbei. »HERR, ich kann nicht
mehr«, sagte er. »Lass mich sterben! Ich bin nicht bes-
ser als meine Vorfahren.« 5 Dann legte er sich unter den
Ginsterstrauch und schlief ein. Aber ein Engel kam,
weckte ihn und sagte: »Steh auf und iss!« 6 Als Elija
sich umschaute, entdeckte er hinter seinem Kopf ein
frisches Fladenbrot und einen Krug mit Wasser. Er aß
und trank und legte sich wieder schlafen. 7 Aber der
Engel des HERRN weckte ihn noch einmal und sagte:
»Steh auf und iss! Du hast einen weiten Weg vor dir!«
8 Elija stand auf, aß und trank und machte sich auf
den Weg. Er war so gestärkt, dass er vierzig Tage und
Nächte ununterbrochen wanderte, bis er zum Berg
Gottes, dem Horeb, kam. 9 Dort ging er in die Höhle
hinein und wollte sich darin schlafen legen. Da hörte
er plötzlich die Stimme des HERRN: »Elija, was willst
du hier?« 10 Elija antwortete: »HERR, ich habe mich
leidenschaftlich für dich, den Gott Israels und der gan-
zen Welt, eingesetzt; denn die Leute von Israel haben
den Bund gebrochen, den du mit ihnen geschlossen
hast; sie haben deine Altäre niedergerissen und deine
Propheten umgebracht. Ich allein bin übrig geblieben
und nun wollen sie auch mich noch töten.«

GOTT OFFENBART SICH ELIJA UND GIBT IHM EINEN AUFTRAG

11 Der HERR sagte: »Komm aus der Höhle und tritt auf
den Berg vor mich hin! Ich werde an dir vorüberge-
hen!« Da kam ein Sturm, der an der Bergwand rüttelte,
dass die Felsbrocken flogen. Aber der HERR war nicht
im Sturm. Als der Sturm vorüber war, kam ein starkes
Erdbeben. Aber der HERR war nicht im Erdbeben. 12 Als
das Beben vorüber war, kam ein loderndes Feuer. Aber
der HERR war nicht im Feuer. Als das Feuer vorüber
war, kam ein ganz leiser Hauch. 13 Da verhüllte Elija
sein Gesicht mit dem Mantel, trat vor und stellte sich in
den Eingang der Höhle. Eine Stimme fragte ihn: »Elija,
was willst du hier?« 14 Er antwortete: »HERR, ich habe
mich leidenschaftlich für dich, den Gott Israels und
der ganzen Welt, eingesetzt, denn die Leute von

Israel haben den Bund gebrochen, den du mit ihnen geschlossen hast; sie haben deine Altäre niedergerissen und deine Propheten umgebracht. Ich allein bin übrig geblieben, und nun wollen sie auch mich noch töten.« 15 Da befahl ihm der HERR: »Geh den Weg zurück, den du gekommen bist! Geh bis nach Damaskus und salbe dort Hasaël zum König von Syrien. 16 Darauf salbe Jehu, den Sohn von Nimschi, zum König von Israel und Elischa, den Sohn Schafats aus dem Dorf Abel-Mehola, zum Propheten, zu deinem Nachfolger. 17 Wer dem Schwert Hasaëls entrinnt, den wird Jehu töten, und wer sich vor Jehu retten kann, der kommt durch Elischa um. 18 Aber ich werde dafür sorgen, dass in Israel siebentausend Männer am Leben bleiben, alle, die nicht vor Baal niedergekniet sind und sein Bild nicht geküsst haben.«

ELIJA NIMMT ELISCHA IN SEINEN DIENST

19 Als Elija vom Berg Horeb zurückkam, traf er Elischa, den Sohn Schafats, beim Pflügen. Elf Knechte mit je einem Rindergespann gingen vor ihm her, er selbst führte das zwölfte Gespann. Im Vorbeigehen warf Elija ihm seinen Prophetenmantel über. 20 Sofort verließ Elischa sein Gespann, lief Elija nach und sagte zu ihm: »Lass mich noch meinen Vater und meine Mutter zum Abschied küssen, dann folge ich dir!« »Geh nur«, sagte Elija, »aber vergiss nicht, was ich mit dir gemacht habe!« 21 Danach nahm Elischa die beiden Rinder seines Gespanns und schlachtete sie. Mit dem Holz des Jochs machte er ein Feuer, kochte das Fleisch und gab es seinen Leuten als Abschiedsmahl. Dann ging er mit Elija und wurde sein Diener.

DIE ÜBERHEBLICHKEIT DES SYRERKÖNIGS

20 Der syrische König Ben-Hadad bot seine ganze Heeresmacht auf. Zweiunddreißig Vasallenkönige folgten ihm mit ihren Truppen; auch eine große Zahl von Pferden mit Streitwagen waren dabei. Er zog vor Samaria, schloss die Stadt ein und begann mit den Vorbereitungen zum Angriff. 2 Dann schickte er Boten in die Stadt zu Ahab, dem König von Israel, 3 und ließ ihm sagen: »So spricht Ben-Hadad: ›Dein Silber und dein Gold gehören mir, und genauso deine Frauen und deine edelstgeborenen Söhne. Gib sie heraus!‹« 4 Der König von Israel antwortete ihm: »Ich unterwerfe mich dir, mein Herr und König! Alles, was ich habe, gehört dir.« 5 Aber die Boten Ben-Hadads kamen zum zweiten Mal und sagten: »So spricht Ben-Hadad: ›Ich habe dir gesagt: Gib mir dein Silber und Gold, deine Frauen und deine Söhne. 6 Aber jetzt sage ich außerdem: Morgen um diese Zeit schicke ich meine Leute zu dir, damit sie dein Haus und die Häuser deiner Minister durchsuchen. Sie werden alles mitnehmen, was ihnen gefällt.‹« 7 Der König rief die Ältesten des Landes zu sich und sagte zu ihnen: »Ihr seht, wie übel dieser Syrer uns mitspielen will. Ich habe ihm meine Frauen und Söhne, mein Gold und Silber zugestanden; aber jetzt will er noch mehr.« 8 »Weigere dich!«, riefen die Ältesten und alle Männer der Stadt. »Geh nicht darauf ein!« 9 Da gab der König den Boten Ben-Hadads den Bescheid: »Sagt zu meinem Herrn, dem König: ›Was du zuerst verlangt hast, werde ich dir geben; aber auf diese Forderung kann ich nicht eingehen.‹« Die Boten überbrachten dem Syrerkönig die Antwort. 10 Da schickte er sie ein drittes Mal zu Ahab und ließ ihm sagen: »Der Fluch der Götter soll mich treffen, wenn Samaria so viel Schutt hergibt, dass jeder von meinen Kriegsleuten auch nur eine Handvoll davon mitnehmen kann!« 11 Aber der König von Israel ließ Ben-Hadad ausrichten: »Wer dem Löwen das Fell abziehen will, muss ihn zuerst erschlagen!« 12 Ben-Hadad zechte gerade mit den Vasallenkönigen in seinem Zelt, als ihm die Antwort gebracht wurde. »Rammböcke ansetzen!«, befahl er seinen Truppenführern. Und sogleich brachten sie die Mauerbrecher in Stellung.

GOTT STEHT ZU SEINEM VOLK

13 Da kam ein Prophet zu König Ahab und sagte: »So spricht der HERR: ›Du siehst doch dieses riesige Heer? Ich gebe es heute in deine Hand. Du sollst erkennen, dass ich der HERR bin!‹« 14 »Durch wen soll das geschehen?«, fragte der König und der Prophet antwortete: »So spricht der HERR: ›Durch die Kriegsleute der Provinzverwalter.‹« »Und wer soll die Schlacht eröffnen?« »Du!«, war die Antwort. 15 Der König ließ die Kriegsleute der Provinzverwalter antreten; es waren 232 Mann. Dann ließ er die Männer von Israel antreten; es waren 7000. 16-17 Um die Mittagszeit rückten die Israeliten aus der Stadt aus, an der Spitze die Kriegsleute der Provinzverwalter. Ben-Hadad und die zweiunddreißig Vasallenkönige zechten in ihren Zelten. Der Syrerkönig hatte Späher aufgestellt, die ihm meldeten: »Aus Samaria kommt ein Zug von Männern.« 18 Er befahl: »Wenn sie um Frieden bitten wollen: Nehmt sie gefangen! Wenn sie angreifen: Nehmt sie gefangen!« 19-20 Aber die Israeliten, die aus der Stadt ausgebrochen waren – die Kriegsleute der Provinzverwalter und hinter ihnen das ganze Heer Israels –, machten im Kampf Mann gegen Mann jeden nieder, der sich ihnen in den Weg stellte. Die Syrer ergriffen die Flucht und die Israeliten verfolgten sie. Ben-Hadad entkam zu Pferd zusammen mit den Reitern. 21 Darauf rückte der König von Israel aus und vernichtete die Streitwagenmacht der Feinde. So brachte er den Syrern eine schwere Niederlage bei.

WIE WEIT REICHT DIE MACHT VON ISRAELS GOTT?

22 Wieder kam der Prophet zum König von Israel und sagte zu ihm: »Sei auf der Hut! Rüste dich für einen neuen Ansturm. Im nächsten Frühjahr wird der König von Syrien wieder gegen dich heranziehen.« 23 Zu König Ben-Hadad aber sagten seine Ratgeber: »Der Gott der Israeliten ist ein Berggott, deshalb waren sie uns überlegen. Wenn wir in der Ebene gegen sie kämpfen, werden wir sie mit Sicherheit besiegen. 24 Wir raten dir also: Setze deine zweiunddreißig Könige ab und ersetze sie durch Provinzstatthalter.

25 Stelle ein Heer auf, das genauso groß ist wie das,
das du verloren hast, und auch wieder genauso viele
Pferde und Streitwagen. Dann wollen wir in der Ebene
gegen sie kämpfen. Du wirst sehen, dass wir sie be-
siegen.« König Ben-Hadad hörte auf ihren Rat. 26 Im
folgenden Frühjahr musterte er seine Truppen und
zog mit ihnen nach Afek, um gegen Israel zu kämpfen.
27 Auch die Israeliten sammelten ihr Heer, zogen den
Syrern entgegen und schlugen ihr Lager dem Lager
der Syrer gegenüber auf. Im Vergleich mit der Masse
der Feinde, die das ganze Land bedeckten, wirkten sie
wie zwei kleine Ziegenherden. 28 Da kam der Prophet
zum König von Israel und sagte zu ihm: »So spricht der
HERR: ›Weil diese Syrer behaupten, ich sei ein Gott der
Berge und hätte keine Macht in der Ebene, werde ich
diese ganze riesige Heeresmacht in deine Hand geben.
Daran werdet ihr erkennen, dass ich der HERR bin.‹«
29 Sechs Tage lang lagen die beiden Heere einander
gegenüber; am siebten Tag kam es zum Kampf. Die
Israeliten besiegten die Syrer und töteten von ihnen
an diesem einen Tag 100 000 Mann. 30a Die Übrigen
flohen in die Stadt Afek; aber alle 27 000 wurden unter
der einstürzenden Stadtmauer begraben.

DER KÖNIG VON ISRAEL VERSCHONT SEINEN FEIND

30b Auch Ben-Hadad war in die Stadt geflohen und
suchte nach einem sicheren Schlupfwinkel. 31 Da sag-
ten seine Ratgeber zu ihm: »Wir haben gehört, dass
die Könige von Israel sich an die Regeln halten, die
zwischen den Völkern gelten. Deshalb wollen wir uns
den Sack um die Hüften binden, einen Strick um den
Hals legen und vor die Stadt hinaus zum König von
Israel gehen. Vielleicht können wir erreichen, dass er
dir das Leben schenkt.« 32 Die Ratgeber Ben-Hadads
zogen also den Sack an, legten sich Stricke um den
Hals, gingen zum König von Israel und sagten: »Dein
ergebener Diener Ben-Hadad bittet dich: ›Schenke
mir das Leben!‹« »Lebt er denn noch?«, erwiderte
Ahab. »Er ist doch mein Bruder!« 33 Die Abgesandten
Ben-Hadads nahmen dies als ein gutes Zeichen, grif-
fen das Wort auf und versicherten: »Gewiss, Ben-Ha-
dad ist dein Bruder!« »Geht und holt ihn!«, sagte der
König. Als Ben-Hadad herauskam, ließ der König von
Israel ihn zu sich auf den Wagen steigen. 34 Ben-Hadad
sagte zu ihm: »Ich werde dir die Städte zurückgeben,
die mein Vater deinem Vater weggenommen hat. Du
kannst auch in meiner Hauptstadt Damaskus Handels-
häuser gründen, wie es mein Vater in Samaria getan
hat.« Der König von Israel erwiderte: »Gut, wenn du
mir das schwörst, lasse ich dich frei.« Er schloss mit
Ben-Hadad einen Vertrag darüber und ließ ihn unbe-
helligt ziehen.

DER KÖNIG VON ISRAEL WIRD ZUR RECHENSCHAFT GEZOGEN

35 Ein Prophet aus einer Prophetengemeinschaft sagte
zu einem andern im Namen des HERRN: »Schlage
mich!« Aber der andere weigerte sich, ihn zu schlagen.
36 Da sagte der Prophet: »Du hast dich dem Befehl des
HERRN widersetzt. Deshalb wird dich ein Löwe töten,
sobald du von mir weggehst.« Als der andere weiter-
ging, fiel ihn ein Löwe an und tötete ihn. 37 Der Prophet
traf einen anderen Mann und sagte zu ihm: »Schlage
mich!« Der Mann schlug ihn, sodass er blutete. 38 Dann
stellte sich der Prophet an dem Weg auf, den der König
kommen sollte. Den Kopf hatte er verbunden, sodass
ihn niemand als Prophet erkennen konnte. 39 Als der
König vorbeikam, sprach der Mann ihn an und sagte:
»Mein König, ich bin mit in die Schlacht gezogen. Da
brachte mir einer einen Gefangenen und sagte zu mir:
›Bewache ihn! Wenn er entkommt, kostet es dich dein
Leben oder einen Zentner Silber.‹ 40 Aber ich war zu
beschäftigt und auf einmal war der Gefangene nicht
mehr da.« Der König sagte: »Du hast selbst das Ur-
teil über dich gesprochen!« 41 Da nahm der Mann die
Binde ab, und der König erkannte, dass er es mit einem
Propheten zu tun hatte. 42 »So spricht der HERR«, rief
der Prophet: »Du hast den Mann freigelassen, den
ich unter den Bann gestellt und zum Untergang be-
stimmt hatte. Deshalb nehme ich dein Leben für seines
und deinem Volk wird es ergehen wie dem seinen!«
43 Verstimmt und zornig ging der König weiter und
kam in seinen Palast in Samaria.

NABOTS WEINBERG: EIN KÖNIG MISSBRAUCHT SEINE MACHT

21 Nach einiger Zeit geschah Folgendes: König
Ahab von Samaria hatte in der Stadt Jesreel
einen Palast. Unmittelbar daneben lag ein Wein-
berg, der einem Einwohner der Stadt namens Na-
bot gehörte. 2 Eines Tages sagte der König zu Nabot:
»Überlass mir deinen Weinberg! Er grenzt direkt an
meinen Palast und wäre gerade der rechte Platz für
einen Gemüsegarten. Ich gebe dir dafür einen bes-
seren, oder wenn es dir lieber ist, bezahle ich ihn dir
in gutem Geld.« 3 Aber Nabot erwiderte: »Der HERR
bewahre mich davor, dass ich dir den Erbbesitz mei-
ner Vorfahren gebe!« 4 Der König war verstimmt und
zornig, weil Nabot ihm eine solche Antwort gegeben
hatte. Er ging in den Palast, legte sich auf sein Bett
und drehte sich zur Wand; er rührte keinen Bissen
an. 5 Seine Frau Isebel ging zu ihm hinein und fragte:
»Warum bist du so verstimmt? Warum isst du nichts?«
6 Ahab antwortete: »Mehr als einmal habe ich Nabot
aus Jesreel zugeredet und gesagt: ›Gib mir deinen
Weinberg! Ich bezahle ihn dir, oder wenn es dir lieber
ist, gebe ich dir einen andern dafür.‹ Aber er bleibt
dabei: ›Meinen Weinberg bekommst du nicht!‹« 7 Da
sagte seine Frau Isebel zu ihm: »Bist nicht *du* der
König im Land? Steh auf, sei wieder vergnügt und
lass es dir schmecken! Ich werde dir Nabots Weinberg
schon verschaffen.« 8 Sie schrieb im Namen Ahabs an
die Ältesten und die einflussreichen Männer in Jes-
reel, Nabots Mitbürger, und versah die Briefe mit dem
königlichen Siegel. 9 Die Briefe lauteten: »Ruft einen
Bußtag aus! Lasst die Bewohner der Stadt zusammen-
kommen und gebt Nabot einen der vordersten Plätze.

10 Setzt ihm zwei gewissenlose Männer gegenüber,
die als Zeugen gegen ihn auftreten und sagen: ›Du
hast Gott und dem König geflucht!‹ Dann führt ihn
vor die Stadt hinaus und steinigt ihn.« 11 Die Ältesten
der Stadt und die einflussreichen Männer, Nabots
Mitbürger, machten alles genau so, wie Isebel es in ih-
ren Briefen verlangt hatte. 12 Sie riefen die Bürger der
Stadt zu einer Bußfeier zusammen und ließen Nabot
ganz vorne sitzen. 13 Ihm gegenüber saßen die beiden
Schurken. Sie standen als Zeugen gegen Nabot auf
und erklärten: »Nabot hat Gott und dem König ge-
flucht!« Nabot wurde vor die Stadt hinausgeführt und
gesteinigt. 14 Dann ließen die Ältesten der Stadt Isebel
melden: »Nabot ist tot, man hat ihn gesteinigt.« 15 Als
Isebel die Nachricht erhielt, sagte sie zu Ahab: »Auf,
nimm den Weinberg in Besitz! Dieser Nabot aus Jes-
reel, der sich geweigert hat, ihn dir zu verkaufen – er
lebt nicht mehr, er ist tot!« 16 Als Ahab hörte, dass
Nabot tot war, ging er sofort hinunter, um Nabots
Weinberg in Besitz zu nehmen.

ELIJA KÜNDIGT AHAB UND ISEBEL DIE BESTRAFUNG AN

17 Da erging das Wort des HERRN an den Propheten
Elija aus Tischbe. Der HERR sagte zu ihm: 18 »Auf, geh
zu Ahab, dem König von Israel, der in Samaria regiert!
Er ist gerade in den Weinberg Nabots hinuntergegan-
gen, um ihn in Besitz zu nehmen. 19 Sage zu ihm: ›Erst
mordest du und dann raubst du! So spricht der HERR:
Wo die Hunde das Blut Nabots aufgeleckt haben, dort
werden sie auch dein Blut auflecken.‹« 20 Als Ahab
den Propheten kommen sah, rief er ihm entgegen:
»Hast du mich gefunden, mein Feind?« Elija erwiderte:
»Ja, ich habe dich ertappt! Du hast dich dazu anstif-
ten lassen, zu tun, was dem HERRN missfällt. 21 Darum
lässt er dir sagen: ›Ich werde dich und deine Familie
ins Unglück stürzen. Du selbst musst sterben, und alle
deine männlichen Nachkommen werde ich ausrotten,
die mündigen wie die unmündigen. 22 Weil du meinen
Zorn herausgefordert und die Leute im Reich Israel
zum Götzendienst verleitet hast, werde ich deiner Fa-
milie das gleiche Schicksal bereiten wie den Familien
von Jerobeam und von Bascha.‹ 23 Der Königin Isebel
aber lässt der HERR sagen: An der Stadtmauer von Jes-
reel werden die Hunde ihren Leichnam fressen. 24 Wer
von deiner Familie in der Stadt stirbt, den fressen die
Hunde, und wer auf dem freien Feld stirbt, den fressen
die Geier.« 25 In der Tat gab es keinen, der so bereitwil-
lig wie Ahab tat, was dem HERRN missfällt. Seine Frau
Isebel hatte ihn dazu verleitet. 26 Seine schlimmste
Sünde war, dass er die Götzen verehrte, genau wie
die Amoriter, die der HERR vor den Israeliten aus dem
Land vertrieben hatte. 27 Als Elija zu Ende gesprochen
hatte, zerriss Ahab vor Entsetzen sein Gewand. Er zog
den Sack an, trug ihn auf der bloßen Haut und legte ihn
selbst zum Schlafen nicht ab. Bedrückt ging er umher
und wollte kein Essen anrühren. 28 Da erging das Wort
des HERRN an den Propheten Elija, er sagte: 29 »Hast
du bemerkt, dass Ahab sich vor mir gebeugt hat? Weil
er das getan hat, lasse ich das Unheil noch nicht zu
seinen Lebzeiten über seine Familie hereinbrechen,
sondern erst wenn sein Sohn König ist.«

IST GOTT FÜR DIESEN KRIEG?

22 Gut zwei Jahre lang hatte es keinen Krieg mehr
zwischen Syrien und Israel gegeben. 2 Im dritten
Jahr kam König Joschafat zum König von Israel. 3 Da
sagte der König von Israel zu seinen Leuten: »Habt ihr
vergessen, dass die Stadt Ramot in Gilead eigentlich
uns gehört? Warum zögern wir, sie den Syrern wie-
der wegzunehmen?« 4 Er wandte sich an Joschafat
und fragte ihn: »Machst du mit, wenn ich Ramot an-
greife?« »Ich mache mit«, antwortete Joschafat; »du
kannst auf meine Truppen, auf Mann und Ross, zählen
wie auf deine eigenen.« 5 Aber dann sagte er: »Du
solltest doch zuerst den HERRN fragen, was er dazu
meint.« 6 Da rief der König von Israel alle Propheten
zusammen, etwa vierhundert, und fragte sie: »Soll
ich die Stadt Ramot angreifen oder nicht?« »Greife
sie an!«, antworteten sie. »Der HERR wird sie in deine
Hand geben.« 7 Aber Joschafat zögerte und fragte:
»Gibt es hier keinen weiteren Propheten, durch den
wir den HERRN fragen könnten?« 8 »Es gibt schon
noch einen«, erwiderte der König von Israel, »Micha,
den Sohn von Jimla. Aber ich kann ihn nicht ausste-
hen, weil er mir immer nur Unglück ankündigt.« Doch
Joschafat sagte: »So sollte der König nicht reden!«
9 Da rief der König von Israel einen Hofbeamten und
befahl ihm, so rasch wie möglich Micha herbeizuho-
len. 10 Die beiden Könige saßen in ihrem königlichen
Ornat auf zwei Thronsesseln, die auf dem freien Platz
vor dem Stadttor Samarias aufgestellt waren. Die vier-
hundert Propheten standen vor ihnen; sie waren im
Zustand ekstatischer Begeisterung. 11 Einer von ih-
nen, Zidkija, der Sohn von Kenaana, hatte sich einen
Helm mit eisernen Hörnern aufgesetzt und rief: »So
spricht der HERR: ›So unbesiegbar wie ein Stier mit
eisernen Hörnern wirst du gegen die Syrer anrennen
und sie völlig vernichten.‹« 12 Die anderen Propheten
stimmten ein und riefen: »Zieh nur gegen Ramot! Du
wirst siegen! Der HERR wird die Stadt in die Hand des
Königs geben!«

EIN UNBEQUEMER PROPHET

13 Unterwegs sagte der Bote zu Micha: »Die Propheten
haben dem König einstimmig Sieg prophezeit. Sieh zu,
dass du es ebenso machst und ihm einen glücklichen
Ausgang ankündigst!« 14 Aber Micha antwortete: »So
gewiss der HERR lebt, ich kann nur ankündigen, was er
mir aufträgt.« 15 Als Micha vor den König trat, fragte
ihn der: »Micha, sollen wir Ramot angreifen oder
nicht?« Micha antwortete: »Greif die Stadt nur an;
du wirst siegen. Der HERR wird sie in deine Hand ge-
ben.« 16 Aber der König sagte zu ihm: »Ich beschwöre
dich, mir nichts als die reine Wahrheit zu sagen! Was
hat der HERR dir gesagt?« 17 Da antwortete Micha: »Ich
sah das Heer Israels über die Berge zerstreut wie eine
Schafherde, die keinen Hirten hat. Und der HERR sagte

zu mir: ›Sie haben keinen Anführer mehr. Der Krieg ist
zu Ende; jeder soll nach Hause zurückkehren!‹« 18 Der
König von Israel wandte sich zu Joschafat und sagte:
»Habe ich nicht recht? Er kündigt mir immer nur Un-
glück an!« 19 Aber Micha sprach weiter: »Höre, was
der HERR dir sagt! Ich sah den HERRN auf seinem Thron
sitzen. Rechts und links vor ihm stand das ganze Heer
der Engel. 20 Da fragte der HERR: ›Wer ködert Ahab
und bringt ihn dazu, dass er Ramot angreift und dort
den Tod findet?‹ Der eine hatte diesen Vorschlag, der
andere jenen, 21 bis zuletzt einer der Himmelsgeister
vor den HERRN hintrat und sagte: ›Ich werde ihn kö-
dern!‹ ›Womit?‹, fragte der HERR, 22 und er antwortete:
›Ich werde als Lügengeist aus dem Mund aller seiner
Propheten sprechen.‹ Da sagte der HERR: ›Du darfst
ihn ködern, dir wird es gelingen. Geh hin und tu es!‹
23 Du siehst also«, wandte sich Micha an den König,
»dass der HERR deinen Propheten Lügen eingegeben
hat. In Wirklichkeit hat er deinen Untergang beschlos-
sen.« 24 Da trat Zidkija, der Sohn von Kenaana, auf
Micha zu, gab ihm eine Ohrfeige und rief: »Was sagst
du da? Der Geist des HERRN soll mich verlassen haben
und nur noch mit dir reden?« 25 »Du wirst es ja sehen«,
erwiderte Micha, »wenn der Tag kommt, an dem du
dich im hintersten Winkel deines Hauses verstecken
musst.« 26 »Nehmt ihn fest«, befahl der König, »und
führt ihn zum Stadtkommandanten Amon und zum
Prinzen Joasch. 27 Sagt zu ihnen: ›Befehl des Königs:
Haltet diesen Mann im Gefängnis, bis ich wohlbehal-
ten zurückgekehrt bin. Gebt ihm die kleinste Ration
Wasser und Brot!‹« 28 Micha erwiderte: »Wenn du
wohlbehalten zurückkehrst, dann hat der HERR nicht
durch mich gesprochen.« Und er fügte hinzu: »Hört,
ihr Völker der ganzen Erde!«

DER PROPHET BEHÄLT RECHT

29 Der König von Israel und Joschafat, der König von
Juda, zogen also gemeinsam gegen die Stadt Ramot.
30-31 Unterwegs sagte der König von Israel zu Joscha-
fat: »Ich werde verkleidet in die Schlacht ziehen, aber
du kannst unbesorgt deine königlichen Kleider tra-
gen.« Der König von Syrien hatte nämlich den zwei-
unddreißig Anführern seiner Streitwagentruppe
befohlen: »Ihr sollt nur den König von Israel angrei-
fen. Lasst euch mit keinem anderen ein, und wenn
er einen noch so hohen Rang hat!« Deshalb zog der
König von Israel verkleidet in die Schlacht. 32 Als die
Wagenkämpfer Joschafat sahen, riefen sie: »Da ist der
König von Israel!«, und setzten zum Angriff gegen ihn
an. Joschafat aber schrie, 33 und als die Wagenkämpfer
merkten, dass er nicht der Gesuchte war, ließen sie
ihn in Ruhe. 34 Doch ein einfacher Soldat schoss aufs
Geratewohl einen Pfeil ab, der den König von Israel
an einer ungeschützten Körperstelle traf. Der König
befahl seinem Wagenlenker: »Dreh um und bring
mich aus der Schlacht! Ich bin verwundet.« 35 Weil
aber der Kampf an Heftigkeit zunahm, musste der
König den Syrern gegenüber durchhalten. Der Ad-
jutant hielt ihn in seinem Wagen aufrecht, während
das Blut aus seiner Wunde in den Wagen floss. Gegen
Abend starb er. 36 Als die Sonne unterging und die
Männer Israels ins Lager zurückgekehrt waren, ließen
die Truppenführer ausrufen: »Jeder soll nach Hause
gehen! 37 Der König ist tot!« Sie brachten ihn nach
Samaria und bestatteten ihn dort. 38 Als man seinen
Streitwagen am Teich von Samaria reinigte, leckten
die Hunde sein Blut auf und die Huren wuschen sich
in dem blutgefärbten Wasser, genau wie der HERR es
angekündigt hatte.

RÜCKBLICK AUF KÖNIG AHAB VON ISRAEL

39 Was es sonst noch über Ahab und seine Taten zu
berichten gibt, über seinen elfenbeingeschmückten
Palast und die Städte, die er befestigt hat, das ist in
der amtlichen Chronik der Könige von Israel nach-
zulesen. 40 Als er starb, wurde sein Sohn Ahasja sein
Nachfolger.

ÜBER KÖNIG JOSCHAFAT VON JUDA

41 Im vierten Regierungsjahr Ahabs, des Königs von
Israel, wurde Joschafat, der Sohn von Asa, König von
Juda. 42 Er war 35 Jahre alt, als er König wurde, und
regierte 25 Jahre lang in Jerusalem. Seine Mutter hieß
Asuba und war eine Tochter von Schilhi. 43 Er folgte in
allem dem Vorbild seines Vaters Asa und tat, was dem
HERRN gefällt. 44 Die Opferstätten rings im Land ließ
er jedoch bestehen, sodass das Volk auch weiterhin an
diesen Stätten Opfer darbrachte. 45 Joschafat machte
Frieden mit dem König von Israel und schloss mit ihm
einen Vertrag. 46 Was es sonst noch über Joschafat
zu berichten gibt, über seine Kämpfe und Erfolge, ist
in der amtlichen Chronik der Könige von Juda nach-
zulesen. 47 Er vertrieb auch den Rest der geweihten
Männer und Frauen, die sein Vater Asa im Land übrig
gelassen hatte. 48 Das Land Edom hatte zu seiner Zeit
keinen eigenen König, sondern wurde durch einen
Statthalter des Königs von Juda regiert. 49 Joschafat
hatte große Handelsschiffe bauen lassen, um im Land
Ofir Gold zu holen. Es kam aber nicht dazu, weil die
Flotte in der Nähe von Ezjon-Geber Schiffbruch er-
litt. 50 König Ahasja von Israel, der Sohn Ahabs, wollte
seine Kaufleute gerne mit denen Joschafats mitfahren
lassen; aber Joschafat hatte es abgelehnt. 51 Als Joscha-
fat starb, wurde er in der Grabstätte seiner Vorfahren
in der Davidsstadt bestattet. Sein Sohn Joram wurde
sein Nachfolger.

ÜBER KÖNIG AHASJA VON ISRAEL

52 Im 17. Regierungsjahr Joschafats, des Königs von
Juda, wurde Ahasja, der Sohn Ahabs, König von
Israel. Zwei Jahre lang regierte er in Samaria. 53 Er tat,
was dem HERRN missfällt, und folgte in allem dem
schlechten Beispiel seines Vaters, seiner Mutter und
des Königs Jerobeam, der die Leute im Reich Israel zum
Götzendienst verführt hatte. 54 Er opferte dem Götzen
Baal und warf sich vor ihm nieder. Damit beleidigte er
den HERRN, den Gott Israels, genau wie sein Vater es
getan hatte.

DAS ZWEITE BUCH VON DEN **KÖNIGEN**

ELIJA HAT EINE BOTSCHAFT FÜR KÖNIG AHASJA

1 Nach dem Tod von König Ahab sagten sich die Moabiter von der Oberherrschaft Israels los. 2 Eines Tages fiel sein Nachfolger Ahasja durch das Gitter im Obergeschoss seines Palastes in Samaria und verletzte sich schwer. Da schickte er Boten in die Philisterstadt Ekron. Sie sollten Baal-Sebub, den Gott der Stadt, fragen, ob die Verletzung wieder heilen würde. 3 Aber der Engel des HERRN befahl Elija, dem Propheten aus Tischbe: »Geh und tritt den Boten des Königs in den Weg! Sag zu ihnen: ›Gibt es in Israel keinen Gott? Müsst ihr außer Landes gehen und Baal-Sebub, den Gott von Ekron, befragen? 4 Darum lässt der HERR eurem König sagen: Du wirst von deinem Krankenlager nicht wieder aufstehen! Deine Tage sind gezählt.‹« Elija tat, was der HERR ihm aufgetragen hatte. 5 Da kehrten die Boten um, und als sie zum König kamen, fragte er sie: »Wie kommt es, dass ihr so schnell zurück seid?« 6 Sie antworteten: »Ein Mann trat uns in den Weg und sagte: ›Kehrt auf der Stelle zum König zurück, der euch abgesandt hat, und richtet ihm aus: Der HERR lässt dir sagen: Gibt es in Israel keinen Gott? Musst du Boten außer Landes schicken, um Baal-Sebub, den Gott von Ekron, zu befragen? Darum wirst du von deinem Krankenlager nicht wieder aufstehen. Deine Tage sind gezählt.‹« 7 Der König fragte: »Wie sah der Mann aus, der euch das gesagt hat?« 8 Sie antworteten: »Er trug einen Mantel aus Ziegenhaaren und einen ledernen Gürtel.« »Dann war es Elija!«, sagte der König.

KRAFTPROBE ZWISCHEN KÖNIG UND PROPHET

9 Sofort schickte er einen Truppenführer mit fünfzig Mann hinter Elija her. Sie fanden den Propheten, wie er gerade auf dem Gipfel eines Berges saß. Der Anführer ging zu ihm hinauf und sagte: »Mann Gottes, komm herunter! Der König befiehlt es!« 10 Doch Elija antwortete: »Wenn ich wirklich ein Mann Gottes bin, dann soll Feuer vom Himmel herabfallen und dich und deine fünfzig Mann vernichten!« Sofort fiel Feuer vom Himmel und verbrannte sie alle. 11 Da schickte der König einen anderen Truppenführer mit fünfzig Mann. Auch er rief Elija zu: »Mann Gottes, komm sofort herunter! Der König befiehlt es!« 12 Elija antwortete ihm: »Wenn ich wirklich ein Mann Gottes bin, dann soll Feuer vom Himmel herabfallen und dich und deine fünfzig Mann vernichten!« Da ließ Gott Feuer vom Himmel fallen, das verbrannte sie vollständig. 13 Zum dritten Mal schickte der König einen Truppenführer mit fünfzig Mann. Als der zu Elija hinaufgestiegen war, kniete er vor ihm nieder und flehte ihn an: »Mann Gottes, schone mein Leben und das Leben dieser fünfzig Männer! 14 Feuer ist vom Himmel gefallen und hat die beiden Truppenführer vor mir samt ihren Leuten vernichtet. Schone mein Leben und lass mich nicht dasselbe Schicksal erleiden!« 15 Da sagte der Engel des HERRN zu Elija: »Geh mit ihm hinab! Hab keine Angst vor dem König!« Elija stand auf und ging mit ihm zum König. 16 Er sagte zu ihm: »Höre, was der HERR dir sagen lässt: ›Du hast dich an Baal-Sebub, den Gott von Ekron, gewandt. Du denkst wohl, es gibt in Israel keinen Gott, den man befragen kann! Deshalb wirst du von deinem Krankenlager nicht wieder aufstehen. Deine Tage sind gezählt!‹« 17 Was Elija im Auftrag des HERRN angekündigt hatte, traf ein: Ahasja starb. Weil er keinen Sohn hatte, wurde sein Bruder Joram sein Nachfolger auf dem Thron. Damals war Joram, der Sohn Joschafats, im zweiten Jahr König von Juda. 18 Was es sonst noch über Ahasja und seine Taten zu berichten gibt, ist in der amtlichen Chronik der Könige von Israel nachzulesen.

GOTT HOLT ELIJA ZU SICH

2 Der Tag war nicht mehr fern, an dem der HERR den Propheten Elija durch einen mächtigen Sturm zu sich in den Himmel holen wollte. Elija verließ Gilgal und Elischa schloss sich ihm an. 2 Elija sagte zu ihm: »Bleib doch hier! Der HERR schickt mich nach Bet-El.« Aber Elischa erwiderte: »So gewiss der HERR lebt und du selbst lebst: Ich weiche nicht von deiner Seite!« So gingen sie miteinander nach Bet-El. 3 Die Propheten der dortigen Prophetengemeinschaft kamen zu Elischa heraus und fragten ihn: »Weißt du, dass der HERR dir heute deinen Lehrer wegnehmen und ihn zu sich holen wird?« »Ich weiß es«, sagte Elischa, »erinnert mich nicht daran!« 4 Wieder sagte Elija zu Elischa: »Bleib hier! Der HERR schickt mich nach Jericho.« Aber Elischa antwortete auch diesmal: »So gewiss der HERR lebt und du selbst lebst: Ich weiche nicht von deiner Seite!« So kamen die beiden nach Jericho. 5 Die Propheten der dortigen Prophetengemeinschaft machten sich an Elischa heran und fragten: »Weißt du, dass der HERR dir heute deinen Lehrer wegnehmen und ihn zu sich holen wird?« Und wieder antwortete er: »Ich weiß es; erinnert mich nicht daran!« 6 Zum dritten Mal bat ihn Elija: »Bleib doch hier! Der HERR schickt mich an den Jordan.« Aber Elischa erwiderte: »So gewiss der HERR lebt und du selbst lebst: Ich weiche nicht von deiner Seite!« So gingen die beiden miteinander. 7 Fünfzig Propheten folgten ihnen bis an den Jordan und blieben in einiger Entfernung stehen. 8 Elija rollte seinen Mantel zusammen und schlug damit auf das Wasser. Da teilte es sich und beide gingen trockenen Fußes durch den Fluss. 9 Am anderen Ufer sagte Elija zu Elischa: »Was kann ich noch für dich tun, bevor der HERR mich von dir wegholt?« Elischa bat: »Ich möchte den Anteil des Erstgeborenen von deinem Geist erben und deinen Auftrag weiterführen.« 10 Elija antwortete: »Du verlangst mehr, als in meiner Macht steht. Wenn der HERR es dich sehen lässt, wie er mich von dir wegholt, wird deine Bitte erfüllt werden, sonst nicht.« 11 Während sie so im Gehen miteinander redeten, kam plötzlich ein Streitwagen aus Feuer mit Pferden aus Feuer und trennte sie voneinander, und Elija fuhr in

einem gewaltigen Sturm in den Himmel. 12a Elischa sah
es und rief: »Mein Vater, mein Vater! Du warst Israels
Streitwagen und sein Lenker!«

GOTT BESTÄTIGT ELISCHA ALS ELIJAS NACHFOLGER

12b Als Elischa ihn nicht mehr sehen konnte, zerriss er
sein Obergewand mittendurch. 13 Er hob den Mantel
Elijas auf, der zu Boden gefallen war, und kehrte an
den Jordan zurück. 14 Genau wie Elija schlug er damit
auf das Wasser und rief: »Wo ist der HERR, der Gott
Elijas?« Da teilte sich das Wasser und Elischa ging tro-
ckenen Fußes durch den Fluss. 15 Die Propheten aus
Jericho hatten ihm vom anderen Ufer aus zugesehen
und riefen: »Der Geist Elijas hat sich auf Elischa nie-
dergelassen!« Sie liefen ihm entgegen, warfen sich
vor ihm nieder 16 und sagten: »Wir sind fünfzig kräf-
tige Männer und stehen zu deiner Verfügung. Sollen
wir nicht ausschwärmen und deinen Lehrer suchen?
Vielleicht hat der Geist des HERRN ihn gepackt und auf
irgendeinen Berg oder in eine Schlucht geworfen.«
»Nein, lasst das!«, sagte Elischa. 17 Aber sie setzten
ihm so lange zu, bis er einwilligte. Die fünfzig such-
ten drei Tage lang und fanden Elija nicht. 18 Als sie zu
Elischa nach Jericho zurückkehrten, sagte er zu ihnen:
»Habe ich euch nicht gleich gesagt, dass ihr nicht zu
suchen braucht?«

ELISCHAS WORT BRINGT LEBEN UND TOD

19 Die Bürger von Jericho kamen zu Elischa und sagten:
»Herr, wie du siehst, hat unsere Stadt eine ausgezeich-
nete Lage. Nur das Wasser ist schlecht; es verursacht
Fehlgeburten bei Menschen und Tieren.« 20 »Bringt
mir eine Schale, eine ganz neue«, befahl Elischa, »und
füllt sie mit Salz!« Als sie ihm die Schale gebracht hat-
ten, 21 ging er damit vor die Stadt zu der Wasserquelle
und schüttete das Salz hinein mit den Worten: »So
spricht der HERR: ›Ich mache dieses Wasser wieder
gesund; es wird niemand mehr den Tod bringen und
keine Fehlgeburten mehr verursachen.‹« 22 Seitdem ist
das Wasser in Ordnung, bis heute, genau wie Elischa
es gesagt hat. 23 Von Jericho ging Elischa hinauf ins
Bergland nach Bet-El. Da kam aus der Stadt eine Horde
Jungen, die machten sich über ihn lustig und riefen von
oben herab: »Komm zu uns herauf, Glatzkopf! Komm
zu uns herauf, Glatzkopf!« 24 Elischa schaute sich um,
und als er sie erblickte, verfluchte er sie im Namen des
HERRN. Im selben Augenblick kamen zwei Bären aus
dem Dickicht und zerrissen zweiundvierzig von ihnen.
25 Von Bet-El wanderte Elischa weiter zum Berg Kar-
mel, dann kehrte er nach Samaria zurück.

ÜBER KÖNIG JORAM VON ISRAEL

3 Im 18. Regierungsjahr Joschafats, des Königs von
Juda, wurde Joram, der Sohn Ahabs, König von
Israel. Zwölf Jahre lang regierte er in Samaria. 2 Er tat,
was dem HERRN missfällt – wenn auch nicht in dem
Ausmaß, wie sein Vater und seine Mutter es getan hat-
ten. Das Steinmal, das sein Vater zu Ehren Baals hatte
errichten lassen, ließ er wieder entfernen. 3 Doch von
dem Götzendienst, zu dem König Jerobeam die Leute
von Israel verführt hatte, wollte er nicht lassen.

DER FELDZUG GEGEN DIE MOABITER

4 Mescha, der König von Moab, besaß große Schafher-
den und hatte dem König von Israel als Tribut 100 000
Schlachtschafe und ebenso viele einjährige Schaf-
böcke zu liefern. 5 Nach dem Tod Ahabs wollte er die
Oberherrschaft Israels nicht länger anerkennen und
stellte die Tributlieferungen ein. 6 Darauf zog König
Joram von Samaria aus durch das Land, um die Männer
Israels gegen ihn zu den Waffen zu rufen. 7 Er schickte
auch Gesandte zu Joschafat, dem König von Juda, und
ließ ihm sagen: »Der König von Moab ist von mir abge-
fallen. Ich will einen Feldzug gegen ihn unternehmen.
Machst du mit?« »Ich mache mit«, antwortete Jo-
schafat, »du kannst auf meine Truppen, auf Mann und
Ross, zählen wie auf deine eigenen.« 8 »Welchen An-
marschweg sollen wir wählen?«, fragte Joram. »Den
Weg durch die Wüste von Edom«, sagte Joschafat.

ELISCHA RETTET DAS HEER VOR DEM VERDURSTEN

9 So rückten der König von Israel und der König von
Juda mit ihren Heeren aus. Auch der König von Edom
mit seinen Truppen zog mit. Nachdem sie sieben Tage
lang marschiert waren, fand sich kein Wasser mehr
für ihre Soldaten und für die Lasttiere. 10 »Wir hätten
den Feldzug nicht unternehmen sollen!«, sagte der
König von Israel. »Der HERR hat uns drei Könige nur
hierher gerufen, um uns den Moabitern in die Hände
zu liefern.« 11 Joschafat erwiderte: »Ist denn hier kein
Prophet, durch den wir den HERRN fragen könnten?«
Darauf sagte einer von den Offizieren des Königs von
Israel: »Elischa ist hier, der Sohn Schafats. Er stand im
Dienst Elijas, er hat ihm das Wasser über die Hände ge-
gossen.« 12 »Dann ist er auch der Mann, der uns sagen
kann, was der HERR von uns will«, sagte Joschafat. Die
drei Könige gingen also zu Elischa. 13 Aber der sagte
zum König von Israel: »Was habe ich mit dir zu schaf-
fen? Geh zu den Propheten, bei denen dein Vater und
deine Mutter sich Rat geholt haben!« »Die können uns
nicht helfen«, erwiderte der König, »denn der HERR ist
es, der uns hierher gerufen hat und der uns drei Könige
den Moabitern in die Hände liefern will.« 14 Darauf
sagte Elischa: »So gewiss der HERR lebt, der Herrscher
der Welt, in dessen Dienst ich stehe: Nur König Joscha-
fat von Juda zuliebe lasse ich mich bitten, dich allein
würde ich keines Blickes würdigen. 15 Aber nun lasst
einen Harfenspieler kommen!« Während das Harfen-
spiel erklang, kam der Geist des HERRN über Elischa
16 und er sagte: »So spricht der HERR: ›Hebt hier, in die-
sem ausgetrockneten Flussbett, überall Gruben aus!
17 Ihr werdet zwar keinen Windhauch spüren und kei-
nen Regen fallen sehen, und doch wird sich dieses Tal
mit Wasser füllen, sodass ihr genug zu trinken habt, ihr,
euer Schlachtvieh und die Lasttiere.‹ 18 Aber der HERR
wird noch viel mehr für euch tun: Er wird die Moabiter

in eure Hand geben. 19 Alle ihre prächtigen, gut befes-
tigten Städte werdet ihr erobern, ihre Fruchtbäume
umhauen und alle Quellen zuschütten. Ihr fruchtbares
Ackerland werdet ihr unter Steinen begraben.« 20 Und
wirklich, am nächsten Morgen, zu der Zeit, wenn im
Tempel das Speiseopfer dargebracht wird, kam von
den Bergen Edoms her so viel Wasser geströmt, dass
die ganze Gegend davon überschwemmt war.

DER SIEG ÜBER DIE MOABITER

21 Inzwischen hatten die Moabiter gehört, dass die
Könige von Israel, von Juda und von Edom zum Krieg
gegen sie anrückten. Alle kampffähigen Männer wa-
ren aufgeboten und zur Grenze geschickt worden.
22 Als sie an jenem Morgen aufwachten und die Sonne
über dem Wasser aufging, da erschien ihnen das Was-
ser aus der Entfernung rot wie Blut. 23 »Das ist Blut!«,
sagten sie. »Bestimmt sind die drei Könige in Streit
geraten und haben sich samt ihren Heeren gegenseitig
umgebracht. Auf, ihr Moabiter, holt euch die Beute!«
24 Als sie sich aber dem Lager näherten, brachen die
Männer Israels hervor und schlugen sie in die Flucht.
Danach drangen die Israeliten in das Land der Moabi-
ter ein und brachten ihnen eine schwere Niederlage
bei. 25 Sie zerstörten die Städte, und auf die Äcker warf
jeder von ihnen einen Stein, bis alles Fruchtland unter
Steinen begraben war. Alle Quellen wurden zugeschüt-
tet und alle Fruchtbäume umgehauen. Nur die Mauer
von Kir-Heres hielt dem Angriff stand; doch war die
Stadt umzingelt und wurde von den Steinschleuderern
beschossen. 26 Als der König von Moab merkte, dass
er die Stadt nicht mehr lange halten konnte, wollte er
mit 700 Kriegern, lauter mit Schwertern bewaffne-
ten Männern, den Belagerungsring durchbrechen,
und zwar an der Stelle, wo der König von Edom stand.
Der Versuch scheiterte. 27 Darauf nahm der König sei-
nen erstgeborenen Sohn, der einmal an seiner Stelle
hätte König werden sollen, und opferte ihn auf der
Stadtmauer dem Gott der Moabiter als Brandopfer.
Da kam der Zorn des Moabitergottes über die Männer
Israels, sodass sie die Belagerung abbrachen und in ihr
Land zurückkehrten.

ELISCHA HILFT EINER ARMEN WITWE

4 Eine Witwe, deren Mann zur Prophetengemein-
schaft um Elischa gehört hatte, bat den Propheten
dringend um Hilfe. »Mein Mann ist gestorben«, sagte
sie. »Du weißt, dass er dem HERRN treu gedient hat.
Nun ist der Gläubiger da gewesen, dem mein Mann
noch Geld schuldet. Er will mir meine beiden Jungen
wegnehmen und zu seinen Sklaven machen.« 2 »Was
kann ich für dich tun?«, fragte Elischa. »Sag mir doch:
Was hast du noch im Haus?« »Nichts mehr«, antwor-
tete sie, »nur noch einen kleinen Krug mit Olivenöl.«
3 Da sagte Elischa: »Geh in der ganzen Nachbarschaft
herum und leih dir Gefäße aus, leere Gefäße, alles, was
du bekommen kannst! 4 Dann geh ins Haus, schließ
hinter dir und deinen Kindern die Tür ab und gieß das
Öl in die Gefäße! Immer, wenn ein Gefäß voll ist, stellst
du es beiseite!« 5 Die Frau ging in ihr Haus und schloss
hinter sich und ihren Jungen die Tür ab. Die beiden
reichten ihr die Gefäße hin und sie füllte das Öl ein.
6 Schließlich waren alle Gefäße voll. »Reich mir noch
eins!«, sagte sie zu dem einen Jungen. Aber der ant-
wortete: »Es ist keins mehr da!« Da hörte das Öl auf
zu fließen. 7 Die Frau kam zum Propheten Elischa und
berichtete, was geschehen war. Elischa sagte: »Nun
geh, verkauf das Öl und bezahle mit dem Geld deine
Schulden! Von dem, was noch übrig bleibt, kannst du
mit deinen Söhnen leben.«

ELISCHA VERSPRICHT EINER KINDERLOSEN FRAU EINEN SOHN

8 Eines Tages kam Elischa durch das Dorf Schunem.
Dort wohnte eine wohlhabende Frau, die ihn zum
Essen einlud. Jedes Mal wenn er später dort vorbei-
kam, kehrte er bei ihr zum Essen ein. 9 Einmal sagte
die Frau zu ihrem Mann: »Du erinnerst dich doch an
den Gast, der immer bei uns einkehrt, wenn er vor-
beikommt. Ich weiß, er ist ein heiliger Mann, der Gott
dient und ihm ganz nahe steht. 10 Wir sollten auf dem
flachen Dach ein kleines Zimmer für ihn bauen und es
gut ausstatten, mit Bett und Tisch, Stuhl und Leuchter.
Wenn er uns besucht, kann er sich dorthin zurückzie-
hen.« So machten sie es. 11 Als Elischa wieder einmal
nach Schunem kam, ging er in sein Zimmer hinauf,
um sich auszuruhen. 12 Danach befahl er seinem Die-
ner Gehasi, die Frau heraufzubitten. Sie kam und blieb
draußen vor der Tür des Zimmers stehen. 13 Elischa
ließ ihr durch seinen Diener sagen: »Du hast dir so
viel Mühe um uns gemacht. Kann ich etwas für dich
tun? Soll ich mich beim König oder bei seinem Heer-
führer für dich verwenden?« Aber sie ließ ihm sagen:
»Ich wohne doch hier mitten unter meiner Sippe; ich
brauche keine Hilfe.« 14 Elischa fragte Gehasi: »Was
könnten wir denn sonst für sie tun?«, und der antwor-
tete: »Es gäbe schon etwas: Sie hat keinen Sohn und ihr
Mann ist schon alt.« 15 »Ruf sie herein«, sagte Elischa.
Sie kam und blieb in der Tür stehen 16 und Elischa sagte
zu ihr: »Im nächsten Jahr um diese Zeit wirst du einen
Sohn auf deinen Armen wiegen!« »Ach Herr, du Mann
Gottes«, erwiderte sie, »mach mir doch keine falschen
Hoffnungen!« 17 Die Frau wurde tatsächlich schwanger
und ein Jahr später gebar sie einen Sohn, genau um die
Zeit, die Elischa genannt hatte.

ELISCHA ERWECKT DEN SOHN DER FRAU WIEDER ZUM LEBEN

18 Als der Junge größer geworden war, besuchte er
eines Tages seinen Vater draußen auf dem Feld bei
den Schnittern. 19 Plötzlich schrie er auf: »Mein Kopf!
Mein Kopf tut mir so weh!« Der Vater befahl einem
Knecht: »Trag ihn heim zu seiner Mutter!« 20 Sie hielt
das Kind noch bis zum Mittag auf ihren Knien, dann
starb es. 21 Die Mutter brachte den Leichnam in das
obere Zimmer, legte ihn auf das Bett des Propheten
und schloss die Tür zu. Dann ging sie hinaus aufs Feld
22 und sagte zu ihrem Mann: »Gib mir einen Knecht

mit einer Eselin! Ich will schnell zu dem Mann Gottes
reiten; ich bin bald wieder zurück.« 23 »Warum gehst
du ausgerechnet heute?«, fragte er. »Es ist doch weder
Sabbat noch Neumondstag!« »Lass es gut sein«, sagte
sie, 24 sattelte die Eselin und befahl dem Knecht: »Treib
mir das Tier tüchtig an und hör nicht damit auf, bis ich
es dir sage!« 25 So kam sie zu Elischa an den Berg Kar-
mel. Der Prophet sah sie schon von Weitem und sagte
zu Gehasi: »Da kommt ja die Frau aus Schunem! 26 Lauf
ihr entgegen und frag sie: ›Geht es dir gut? Geht es
deinem Mann gut? Geht es dem Kind gut?‹« Die Frau
antwortete Gehasi: »Ja, es geht gut!« 27 Aber als sie
auf dem Berg bei dem Mann Gottes angelangt war,
fiel sie vor ihm nieder und umklammerte seine Füße.
Gehasi wollte sie zurückstoßen, aber Elischa sagte:
»Lass sie! Sie ist ja ganz verzweifelt. Und der HERR
hat mir nicht gesagt, was geschehen ist!« 28 »Ach,
mein Herr«, sagte sie, »habe ich dich vielleicht um
einen Sohn gebeten! Habe ich nicht gesagt, du sollst
mir keine falschen Hoffnungen machen?« 29 Da sagte
Elischa zu Gehasi: »Geh so schnell du kannst nach
Schunem! Bleib nicht stehen, um irgendjemand zu
begrüßen! Und wenn dich jemand begrüßen will, ant-
worte ihm nicht! Nimm meinen Prophetenstab mit
und leg ihn auf das Gesicht des Jungen.« 30 Aber seine
Mutter sagte: »So gewiss der HERR lebt und du selbst
lebst, ich gehe nicht ohne dich von hier weg!« Da ging
Elischa mit ihr. 31 Gehasi war vorausgeeilt und hatte
den Stock auf das Gesicht des Jungen gelegt; aber der
gab kein Lebenszeichen und rührte sich nicht. Gehasi
ging zurück, Elischa entgegen, und sagte zu ihm: »Er
ist nicht aufgewacht.« 32-33 Als Elischa selbst in das
Haus kam, ging er in sein Zimmer und fand den Jungen
tot auf seinem Bett liegen. Er schloss die Tür hinter sich
ab und betete zum HERRN. 34 Dann legte er sich auf
den Jungen, sodass sein Mund dessen Mund berührte
und seine Augen und Hände die Augen und Hände des
Jungen. Nachdem er eine Zeit lang so gelegen hatte,
wurde der Körper des Jungen wieder warm. 35 Elischa
stand auf und ging einmal im Zimmer auf und ab. Dann
legte er sich wieder wie vorher auf den Körper des
Jungen. Da nieste das Kind siebenmal und schlug die
Augen auf. 36 Elischa rief Gehasi und befahl ihm, die
Mutter zu holen. Als sie kam, sagte er zu ihr: »Hier
hast du deinen Sohn!« 37 Sie trat auf Elischa zu und
warf sich vor ihm nieder. Dann nahm sie ihren Sohn
und verließ das Zimmer.

DAS UNGENIESSBARE GEMÜSE

38 Elischa kehrte nach Gilgal zurück. Im Land herrschte
damals Hungersnot. Als die Propheten der dortigen
Prophetengemeinschaft einmal um Elischa ver-
sammelt waren, befahl er seinem Diener: »Setz den
großen Topf auf und koche den Leuten etwas zu
essen!« 39 Einer der Männer ging hinaus aufs Feld,
um Malvenfrüchte zu suchen. Aber das Einzige, was
er fand, war ein Rankengewächs mit Früchten wie
kleine Gurken. Davon sammelte er, so viel er in seinem
Obergewand mitnehmen konnte. Dann schnitt er die
Früchte in Stücke und warf sie in den Topf. Niemand
ahnte, dass sie ungenießbar waren. 40 Das Gericht
wurde an alle ausgeteilt. Doch kaum hatten sie an-
gefangen zu essen, da schrien sie los: »Elischa, Gift
im Topf!« Sie brachten es nicht hinunter. 41 Da sagte
Elischa: »Gebt mir Mehl!« Er warf es in den Topf und
sagte zu seinem Diener: »Teil es ihnen aus!« Da war
das Gericht genießbar.

BROT FÜR HUNDERT PROPHETEN

42 Einmal kam ein Mann aus Baal-Schalischa zu Elischa.
Er brachte ihm als Abgabe vom Erstgeernteten zwan-
zig Fladenbrote aus Gerste und einen Beutel voll Ge-
treidekörner. Elischa befahl seinem Diener: »Gib das
unseren Leuten, damit sie sich satt essen können!«
43 Aber der Diener erwiderte: »Wie soll das für hundert
Männer reichen?« Elischa wiederholte: »Gib das unse-
ren Leuten zu essen! Denn so spricht der HERR: ›Es wird
noch davon übrig bleiben.‹« 44 Da teilte der Diener es
an sie aus. Sie aßen sich satt und ließen noch davon
übrig, genau wie der HERR es angekündigt hatte.

EIN AUSSÄTZIGER FEIND SUCHT HILFE

5 Naaman, der Heerführer des Königs von Syrien,
war an Aussatz erkrankt. Er war ein tapferer Soldat
und der König hielt große Stücke auf ihn, weil der HERR
durch ihn den Syrern zum Sieg verholfen hatte. 2 In
seinem Haus befand sich ein junges Mädchen, das von
syrischen Kriegsleuten bei einem Streifzug aus Israel
geraubt worden war. Sie war Dienerin bei seiner Frau
geworden. 3 Einmal sagte sie zu ihrer Herrin: »Wenn
mein Herr doch zu dem Propheten gehen könnte, der
in Samaria lebt! Der würde ihn von seiner Krankheit
heilen.« 4 Naaman ging zum König und berichtete ihm,
was das Mädchen gesagt hatte. 5 »Geh doch hin«, ant-
wortete der König, »ich werde dir einen Brief an den
König von Israel mitgeben.« Naaman machte sich
auf den Weg. Er nahm sieben Zentner Silber, einein-
halb Zentner Gold und zehn Festgewänder mit. 6 Er
überreichte dem König von Israel den Brief, in dem es
hieß: »Ich bitte dich, meinen Diener Naaman freund-
lich aufzunehmen und von seinem Aussatz zu heilen.«
7 Als der König den Brief gelesen hatte, zerriss er sein
Gewand und rief: »Ich bin doch nicht Gott! Er allein
hat Macht über Tod und Leben! Der König von Syrien
verlangt von mir, dass ich einen Menschen von seinem
Aussatz heile. Da sieht doch jeder: Er sucht nur einen
Vorwand, um Krieg anzufangen!«

DER GEHEILTE ERKENNT DEN WAHREN GOTT

8 Als Elischa, der Mann Gottes, davon hörte, ließ er
dem König sagen: »Warum hast du dein Gewand zer-
rissen? Schick den Mann zu mir! Dann wird er erfah-
ren, dass es in Israel einen Propheten gibt!« 9 Naaman
fuhr mit all seinen pferdebespannten Wagen hin und
hielt vor Elischas Haus. 10 Der Prophet schickte einen
Boten hinaus und ließ ihm sagen: »Fahre an den Jor-
dan und tauche siebenmal darin unter! Dann bist du
von deinem Aussatz geheilt.« 11 Naaman war empört

und sagte: »Ich hatte gedacht, er würde zu mir herauskommen und sich vor mich hinstellen, und dann würde er den HERRN, seinen Gott, beim Namen rufen und dabei seine Hand über der kranken Stelle hin- und herbewegen und mich so von meinem Aussatz heilen. 12 Ist das Wasser des Abana und des Parpar, der Flüsse von Damaskus, nicht besser als alle Gewässer Israels? Dann hätte ich ja auch in ihnen baden können, um geheilt zu werden!« Voll Zorn wollte er nach Hause zurückfahren. 13 Aber seine Diener redeten ihm zu und sagten: »Herr, bedenke doch: Wenn der Prophet etwas Schwieriges von dir verlangt hätte, hättest du es bestimmt getan. Aber nun hat er nur gesagt: ›Bade dich und du wirst gesund!‹ Solltest du es da nicht erst recht tun?« 14 Naaman ließ sich umstimmen, fuhr zum Jordan hinab und tauchte siebenmal in seinem Wasser unter, wie der Mann Gottes es befohlen hatte. Da wurde er völlig gesund und seine Haut wurde wieder so rein wie die eines Kindes. 15 Mit seinem ganzen Gefolge kehrte er zu Elischa zurück, trat vor ihn und sagte: »Jetzt weiß ich, dass der Gott Israels der einzige Gott ist auf der ganzen Erde. Nimm darum von mir ein kleines Dankgeschenk an!« 16 Aber Elischa erwiderte: »So gewiss der HERR lebt, dem ich diene: Ich nehme nichts an.« Sosehr Naaman ihm auch zuredete, Elischa blieb bei seiner Ablehnung. 17 Schließlich sagte Naaman: »Wenn du schon mein Geschenk nicht annimmst, dann lass mich wenigstens so viel Erde von hier mitnehmen, wie zwei Maultiere tragen können. Denn ich will in Zukunft keinem anderen Gott mehr Brand- oder Mahlopfer darbringen, nur noch dem HERRN. 18 In einem Punkt jedoch möge der HERR Nachsicht mit mir haben: Wenn mein König zum Tempel seines Gottes Rimmon geht, um zu beten, muss ich ihn mit dem Arm stützen und mich zugleich mit ihm niederwerfen – der HERR möge es mir verzeihen!« 19a Elischa sagte: »Kehre heim in Frieden!«

DER AUSSATZ TRIFFT ELISCHAS HABGIERIGEN DIENER

19b Als Naaman schon ein Stück weit entfernt war, 20 sagte sich Gehasi, der Diener Elischas: »Mein Herr lässt diesen reichen Syrer mit der ganzen Last seiner Geschenke wieder abziehen. Er hätte ihm ruhig etwas davon abnehmen können. So gewiss der HERR lebt: Ich laufe hinterher und hole das nach!« 21 Gehasi lief, so schnell er konnte. Als Naaman ihn herankommen sah, stieg er von seinem Wagen, ging ihm entgegen und fragte: »Es ist doch nichts passiert?« 22 »Nein«, sagte Gehasi, »aber mein Herr lässt dir sagen: ›Eben sind aus dem Bergland Efraïm zwei junge Leute von der dortigen Prophetengemeinschaft zu mir gekommen. Gib mir doch einen Zentner Silber und zwei Festgewänder für sie!‹« 23 »Ich bitte dich, nimm zwei Zentner«, sagte Naaman und drängte es ihm sogar auf. Er ließ das Silber in zwei Säcke verpacken, legte die beiden Festgewänder darauf und schickte zwei seiner Leute mit, die das Geschenk vor Gehasi hertragen sollten. 24 Beim Hügel vor der Stadt schickte Gehasi die beiden Männer zurück und brachte die Geschenke heimlich in Elischas Haus. 25 Als er zu seinem Herrn kam, fragte ihn der: »Woher kommst du, Gehasi?« »Ich war doch nicht weg«, sagte der Diener. 26 Aber Elischa entgegnete ihm: »Ich war im Geist dabei, als der Mann von seinem Wagen stieg und dir entgegenging! Dies ist nicht der Augenblick, Geld und Festkleider anzunehmen und sich dafür Olivenhaine und Weingärten, Schafe und Rinder, Sklaven und Sklavinnen zuzulegen. 27 Der Aussatz Naamans wird dich und alle deine Nachkommen befallen und ihr werdet ihn nie wieder loswerden!« Als Gehasi von Elischa wegging, war seine Haut vom Aussatz so weiß wie Schnee.

ELISCHA BRINGT DIE INS WASSER GEFALLENE AXT ZUM SCHWIMMEN

6 Die Männer der Prophetengemeinschaft beklagten sich bei Elischa: »Der Raum, in dem wir zusammenkommen, um dir zuzuhören, ist zu eng. 2 Wir möchten deshalb zum Jordan gehen und dort Bäume fällen. Wenn jeder von uns einen Balken heranschafft, können wir einen neuen Versammlungsraum bauen.« »Geht nur!«, sagte Elischa. 3 Aber einer der Männer bat ihn: »Komm doch mit uns!« Elischa sagte Ja 4 und ging mit. So kamen sie an den Jordan und fällten Bäume. 5 Bei der Arbeit flog plötzlich einem die eiserne Axtklinge vom Stiel und fiel ins Wasser. Laut aufschreiend sagte der Mann zu Elischa: »Herr, was mache ich jetzt? Die Axt war nur geliehen!« 6 Elischa fragte: »Wo ist die Klinge hineingefallen?« Der Mann zeigte ihm die Stelle. Darauf schnitt Elischa sich einen Stock ab, warf ihn an der Stelle ins Wasser und die Klinge kam an die Oberfläche. 7 »Greif sie!«, sagte Elischa. Und der Mann holte sie sich heraus.

ELISCHA STIFTET FRIEDEN ZWISCHEN SYRIEN UND ISRAEL

8 Der König von Syrien führte Krieg gegen Israel. Er beriet sich mit seinen Truppenführern und entschied, an welcher Stelle sie sich für einen Überraschungsangriff bereithalten wollten. 9 Da schickte Elischa, der Mann Gottes, einen Boten zum König von Israel, nannte ihm den Ort und warnte ihn: »Mach einen Bogen um die Stelle, denn dort wollen sie dich angreifen!« 10 Darauf ließ der König von Israel die Gegend, vor der ihn der Prophet gewarnt hatte, gut auskundschaften und war dort besonders vorsichtig. So ging es nicht nur ein- oder zweimal, sondern noch öfter. 11 Den König von Syrien beunruhigte die Sache. Er ließ seine Truppenführer zusammenrufen und sagte: »Einer von den Unseren verrät uns an den König von Israel. Könnt ihr mir sagen, wer es ist?« 12 »Nein, nein, mein Herr und König«, antwortete einer von den Truppenführern. »Der Prophet Elischa ist schuld. Er meldet dem König von Israel sogar, was du in deinem Schlafzimmer sagst.« 13 »Findet mir heraus, wo er ist!«, befahl der König. »Dann werde ich ihn schon in meine Gewalt bringen.« Man meldete dem König, Elischa sei in Dotan. 14 Da schickte er ein großes Heer dorthin,

verstärkt durch eine Streitwagenabteilung. Die Trup-
pen rückten bei Nacht an und umzingelten die Stadt.
15 Als der Diener Elischas morgens aufstand und vor
die Tür trat, sah er die Stadt von Truppen und Streit-
wagen umstellt. »Was sollen wir jetzt tun?«, fragte
er Elischa. 16 Der gab ihm zur Antwort: »Lass dir keine
Angst einjagen, weil es so viele sind! Auf unserer Seite
stehen noch mehr.« 17 Darauf betete Elischa: »HERR,
öffne doch meinem Diener die Augen!« Da öffnete
der HERR ihm die Augen, und er sah: Der ganze Berg,
auf dem die Stadt lag, war rings um Elischa bedeckt
mit Pferden und Streitwagen aus Feuer. 18 Als die Syrer
nun vorrückten, bat Elischa den HERRN: »Schlag sie
mit Blindheit!« Und der HERR schlug sie mit Blindheit,
wie Elischa es erbeten hatte. 19 Elischa ging ihnen
entgegen und sagte zu ihnen: »Ihr müsst den falschen
Weg eingeschlagen haben; dies ist nicht die Stadt, die
ihr sucht. Folgt mir, ich führe euch zu dem Mann, hin-
ter dem ihr her seid!« Und er führte sie nach Samaria.
20 Dort betete er: »HERR, jetzt öffne ihnen wieder die
Augen!« Da öffnete der HERR ihnen die Augen, und
sie sahen, dass sie sich mitten in der Stadt Samaria
befanden. 21 Als der König von Israel die Syrer sah,
fragte er Elischa: »Mein Vater, soll ich sie niederma-
chen lassen?« 22 »Nein, tu es nicht«, sagte Elischa.
»Sogar Soldaten, die du im Kampf gefangen genom-
men hast, wirst du nicht einfach erschlagen. Gib ihnen
lieber etwas zu essen und zu trinken, und dann sollen
sie zu ihrem König zurückkehren!« 23 Darauf ließ der
König von Israel ein reiches Mahl für sie bereiten.
Sie aßen und tranken und durften dann heimkehren.
Seitdem unternahmen die Syrer keine Raubzüge mehr
in das Gebiet Israels.

HUNGERSNOT IM BELAGERTEN SAMARIA

24 Einige Zeit danach zog Ben-Hadad, der König von
Syrien, sein Heer zusammen, fiel in Israel ein und bela-
gerte Samaria. 25 Die Nahrungsmittel in der Stadt wur-
den so knapp, dass man schließlich für einen Eselskopf
80 Silberstücke und für eine Handvoll Taubendreck
5 Silberstücke zahlen musste. 26 Eines Tages, als der
König von Israel gerade die Stadtmauer inspizierte,
rief eine Frau ihm zu: »Hilf mir doch, mein Herr und
König!« 27 Der entgegnete: »Hilft dir der HERR nicht,
wie soll *ich* dir dann helfen? Es ist kein Getreide mehr
da und auch kein Wein. 28 Oder bedrückt dich etwas
anderes?« Da zeigte sie auf eine andere Frau und rief:
»Diese Frau da hatte zu mir gesagt: ›Gib deinen Sohn
her, den essen wir heute; morgen essen wir dann den
meinen.‹ 29 So haben wir also meinen Sohn gekocht
und aufgegessen. Als ich aber am folgenden Tag zu
ihr sagte: ›Gib deinen Sohn her, wir wollen ihn es-
sen‹, da hatte sie ihn versteckt!« 30 Als der König das
hörte, zerriss er sein Gewand. Und weil er oben auf
der Mauer stand, konnten alle sehen, dass er darun-
ter auf dem bloßen Leib den Sack trug. 31 Dann rief
der König: »Gottes Zorn soll mich treffen, wenn ich
nicht heute Elischa, dem Sohn Schafats, den Kopf ab-
schlagen lasse!«

ELISCHA SAGT DAS ENDE DER HUNGERSNOT VORAUS

32 Sofort machte sich der König auf den Weg zu Elischa
und ein Bote musste ihm vorauslaufen. Elischa saß
in seinem Haus; die Ältesten der Stadt waren um ihn
versammelt. Noch ehe der Bote des Königs eintraf,
sagte Elischa zu den Ältesten: »Wisst ihr schon, dass
der König, dieser Mörder, jemand hergeschickt hat,
der mir den Kopf abschlagen soll? Wenn der Mann
kommt, schließt die Tür ab und lasst ihn nicht herein!
Der König selbst folgt ihm auf dem Fuß!« 33 Elischa
hatte noch nicht ausgeredet, da erschien auch schon
der König bei ihm und rief: »Wie kann ich noch weiter
darauf warten, dass der HERR uns hilft? Er selbst hat
uns doch in dieses Unglück gestürzt!«

7 Darauf sagte Elischa zu allen Anwesenden: »Hört
das Wort des HERRN! So spricht der HERR: ›Morgen
um diese Zeit sind im Tor von Samaria fünf Kilo Weizen-
mehl und zehn Kilo Gerstenkörner für ein Silberstück
zu kaufen!‹« 2 Der Offizier, der den König begleitete,
gab zurück: »Das ist unmöglich, selbst wenn der HERR
Fenster in den Himmel machen würde!« Elischa sagte
zu ihm: »Du wirst es mit eigenen Augen sehen, aber
nicht mehr davon essen!«

DIE BELAGERER SIND ABGEZOGEN

3 Draußen vor dem Stadttor saßen vier Männer, die
den Aussatz hatten. Sie sagten zueinander: »Sollen
wir hier sitzen bleiben, bis wir sterben? 4 In die Stadt
zu gehen hat keinen Sinn, dort können wir auch nur
verhungern. Gehen wir ins Lager der Syrer! Wenn sie
uns am Leben lassen, haben wir Glück gehabt, und
wenn nicht – sterben müssen wir sowieso.« 5 Bei An-
bruch der Dunkelheit gingen sie zum syrischen Lager.
Aber schon als sie die ersten Zelte erreichten, merkten
sie, dass das Lager verlassen war. 6 Der HERR hatte die
Syrer einen Lärm hören lassen, wie wenn ein großes
Heer mit Pferden und Streitwagen anrückt. Da hatten
sie sich gesagt: »Gewiss hat der König von Israel die
Könige der Hetiter und die Könige von Ägypten mit
ihren Truppen zu Hilfe gerufen; die wollen uns jetzt in
den Rücken fallen!« 7 Darum hatten sie bei Anbruch
der Dunkelheit die Flucht ergriffen und rannten um
ihr Leben. Ihre Zelte, ihre Pferde und Esel, das ganze
Lager, so wie es war, hatten sie zurückgelassen. 8 Die
vier Aussätzigen gingen in eines der nächstgelegenen
Zelte und aßen und tranken sich erst einmal satt. Dann
nahmen sie alles Silber und Gold und die Gewänder, die
sie in dem Zelt fanden, und versteckten alles außerhalb
des Lagers. Danach gingen sie in ein anderes Zelt, hol-
ten auch dort alle Kostbarkeiten heraus, brachten sie
weg und versteckten sie. 9 Dann aber sagten sie sich:
»Das ist nicht recht, was wir da tun. Heute ist ein gro-
ßer Tag, wir haben eine gute Nachricht zu überbringen.
Wenn wir die auch nur bis morgen für uns behielten,
würden wir uns schuldig machen. Kommt, wir gehen in
die Stadt, zum Palast des Königs, und melden dort, was
geschehen ist!« 10 Sie liefen also zur Stadt, riefen die
Torwächter und meldeten ihnen: »Wir sind im Lager

der Syrer gewesen. Kein Mensch ist mehr dort; keine
Menschenstimme war zu hören. Nur die Pferde und
Esel stehen angebunden im Lager und die Zelte sind
noch völlig in Ordnung.« 11 Die Torwächter gaben die
Nachricht weiter und man meldete es im Palast des
Königs. 12 Der König stand auf – es war mitten in der
Nacht – und beriet sich mit seinen hohen Offizieren.
Er sagte: »Ich will euch sagen, was die Syrer mit uns
vorhaben: Sie wissen, wie sehr uns der Hunger zusetzt.
Nun haben sie ihr Lager verlassen und halten sich im
Gelände versteckt. Sie warten nur darauf, dass wir
uns aus der Stadt herauswagen. Dann werden sie uns
alle gefangen nehmen und in die Stadt eindringen!«
13 Darauf meinte einer der Offiziere: »Wir sollten ein
paar von den Pferden, die uns noch geblieben sind,
zur Erkundung ausschicken. Denn auch wenn wir
sie hierbehielten, würden sie zugrunde gehen – ge-
nauso wie die vielen Israeliten, die schon umgekom-
men sind.« 14 Der König ließ also zwei Streitwagen
anspannen und gab den Besatzungen den Auftrag,
zu erkunden, wo sich das syrische Heer befinde. 15a Die
Kundschafter verfolgten dessen Spur bis zum Jordan:
Der ganze Weg war übersät mit Kleidungsstücken und
Waffen, die die Syrer weggeworfen hatten, um auf der
Flucht schneller voranzukommen.

DIE VORAUSSAGEN ELISCHAS TREFFEN EIN

15b Nachdem die Kundschafter zurückgekehrt waren
und dem König Bericht erstattet hatten, 16 stürmte
das ganze Volk aus der Stadt hinaus und plünderte
das Lager der Syrer. Da trat ein, was der HERR durch
Elischa angekündigt hatte: Fünf Kilo Weizenmehl und
zehn Kilo Gerstenkörner waren für ein Silberstück zu
kaufen. 17 Den hohen Offizier, in dessen Begleitung der
König zu Elischa gekommen war, hatte der König zum
Stadttor geschickt, um dort die Ordnung aufrechtzu-
erhalten. Doch er wurde vom Volk zu Tode getram-
pelt. Auch dies geschah genau, wie der Mann Gottes
es vorausgesagt hatte. 18 Denn als Elischa dem König
verkündet hatte: »Zehn Kilo Gerstenkörner und fünf
Kilo Weizenmehl sind morgen um diese Zeit im Tor
von Samaria für ein Silberstück zu kaufen!«, 19 hatte
der Offizier ihm geantwortet: »Das ist unmöglich,
selbst wenn der HERR Fenster in den Himmel machen
würde!« Darauf hatte Elischa ihm angekündigt: »Du
wirst es mit eigenen Augen sehen, aber nichts mehr
davon essen!« 20 Genauso kam es: Das Volk trampelte
ihn im Tordurchgang zu Tode.

ELISCHA HILFT NOCHMALS DER FRAU AUS SCHUNEM

8 Elischa hatte der Frau, deren Sohn er wieder leben-
dig gemacht hatte, die Weisung gegeben: »Zieh
weg von hier und suche für dich und deine Familie
anderswo ein Unterkommen! Denn der HERR schickt
eine Hungersnot ins Land, die sieben Jahre lang an-
halten wird.« 2 Die Frau tat, was der Mann Gottes ihr
befohlen hatte, und blieb mit den Ihren sieben Jahre im
Land der Philister. 3 Dann kehrte sie nach Israel zurück
und wandte sich an den König, um ihr Haus und ihre
Äcker zurückzubekommen. 4 Der König sprach gerade
mit Gehasi, dem Diener Elischas. Er hatte ihn gebeten:
»Erzähl mir doch von den Wundertaten, die Elischa
vollbracht hat!« 5 Und gerade als Gehasi ihm erzählte,
wie Elischa einmal einen toten Jungen wieder lebendig
gemacht hatte, erschien die Frau vor dem König und
bat ihn um Hilfe wegen des Hauses und wegen der
Äcker. »Mein Herr und König«, sagte Gehasi, »das
ist die Frau, deren Sohn wieder lebendig wurde, und
hier ist auch ihr Sohn!« 6 Da ließ sich der König noch
einmal alles von der Frau selbst erzählen. Dann gab
er ihr einen Hofbeamten mit und befahl ihm: »Sorge
dafür, dass sie alles zurückbekommt, was ihr gehört.
Und sieh zu, dass sie auch vollen Ersatz bekommt für
alles, was man in den Jahren ihrer Abwesenheit auf
ihren Feldern geerntet hat!«

ELISCHA SAGT HASAËL, DASS ER KÖNIG VON SYRIEN WIRD

7 Elischa kam nach Damaskus, als Ben-Hadad, der
König von Syrien, gerade krank zu Bett lag. Als der
König erfuhr, dass er in der Stadt sei, 8 sagte er zu Ha-
saël: »Geh zu dem Mann Gottes, nimm ein Geschenk
mit und frage durch ihn den HERRN, ob ich noch ein-
mal gesund werde oder nicht!« 9 Hasaël ließ vierzig
Kamele mit allen möglichen Kostbarkeiten beladen,
wie man sie in Damaskus herstellt, und erschien damit
bei Elischa. Er sagte: »Dein ergebener Diener Ben-Ha-
dad, der König von Syrien, schickt mich zu dir und lässt
fragen, ob er noch einmal gesund wird oder nicht.«
10 Elischa antwortete: »Geh und sag ihm, dass er wie-
der gesund wird. Aber der HERR hat mich wissen las-
sen, dass er sterben muss.« 11 Elischas Gesicht wurde
starr vor Entsetzen. Dann brach der Mann Gottes in
Tränen aus. 12 Hasaël fragte: »Warum weinst du, Herr?«
Elischa erwiderte: »Ich weiß, wie viel Unglück du über
die Leute von Israel bringen wirst: Du wirst ihre Städte
in Brand stecken, die jungen Männer umbringen, die
Kinder am Boden zerschmettern und den schwangeren
Frauen den Leib aufschlitzen.« 13 »Aber mein Herr«,
antwortete Hasaël, »ich bin doch nur ein armer Hund!
Wie sollte ich so etwas Gewaltiges vollbringen kön-
nen?« Da sagte Elischa zu ihm: »Der HERR hat mich
wissen lassen, dass du König von Syrien wirst.« 14 Ha-
saël kehrte zu seinem Herrn zurück. Der fragte ihn:
»Was hat Elischa gesagt?« »Er hat gesagt, du wirst
wieder gesund«, antwortete Hasaël. 15 Am folgenden
Tag nahm Hasaël ein Tuch, tauchte es in Wasser, presste
es auf das Gesicht des Königs und erstickte ihn. Dann
übernahm er selbst die Herrschaft als König von Syrien.

ÜBER KÖNIG JORAM VON JUDA

16 Im fünften Regierungsjahr Jorams, des Sohnes
Ahabs, des Königs von Israel, wurde Joram, der Sohn
Joschafats, König von Juda. Er führte die Regierungs-
geschäfte zunächst gemeinsam mit seinem Vater Jo-
schafat. 17 Er war 32 Jahre alt, als er König wurde, und
regierte acht Jahre lang in Jerusalem. 18 Er hatte eine

Tochter Ahabs zur Frau. Wie die Familie Ahabs folgte er dem schlechten Beispiel der Könige von Israel und tat, was dem HERRN missfällt. 19 Doch der HERR wollte Juda nicht vernichten. Er hatte ja seinem Diener David versprochen, dass sein Licht nicht verlöschen sollte und in alle Zukunft einer seiner Nachkommen König sein würde. 20 Während der Regierungszeit Jorams sagten sich die Edomiter von der Oberherrschaft Judas los und setzten einen eigenen König ein. 21 Joram zog darauf mit allen seinen Streitwagen nach Edom und kam bis in die Gegend der Stadt Zaïr. Dort wurde er samt seinen Streitwagen von den Edomitern eingeschlossen. Aber in der Nacht schlug er gegen sie los und brachte ihnen eine solche Niederlage bei, dass sie alle die Flucht ergriffen und in ihre Ortschaften heimkehrten. 22 Trotzdem ist Edom seit damals von Juda unabhängig geblieben. Zur gleichen Zeit befreite sich auch die Stadt Libna von der Oberherrschaft Judas. 23 Was es sonst noch über Joram und seine Taten zu berichten gibt, ist in der amtlichen Chronik der Könige von Juda nachzulesen. 24 Als er starb, wurde er in der Grabstätte seiner Vorfahren in der Davidsstadt bestattet. Sein Sohn Ahasja wurde sein Nachfolger.

ÜBER KÖNIG AHASJA VON JUDA

25 Im zwölften Regierungsjahr Jorams, des Königs von Israel, wurde Ahasja König von Juda. Er war der Sohn des Königs Joram von Juda. 26-27 Er war 22 Jahre alt, als er König wurde, und regierte nur ein Jahr lang in Jerusalem. Durch seine Mutter Atalja, eine Tochter des Königs Omri von Israel, war er mit der Familie von König Ahab verwandt, und er folgte auch ganz dem schlechten Beispiel der Ahabssippe und tat, was dem HERRN missfällt. 28 Gemeinsam mit Joram, dem Sohn Ahabs, zog er nach Ramot in Gilead in den Kampf gegen König Hasaël von Syrien. Joram wurde von den Syrern verwundet 29 und zog sich nach Jesreel zurück, um seine Wunden ausheilen zu lassen. Ahasja kam nach Jesreel und besuchte ihn.

JEHU WIRD ZUM KÖNIG VON ISRAEL GESALBT

9 Elischa rief einen Prophetenjünger zu sich und sagte zu ihm: »Nimm dieses Gefäß mit Salböl und geh, so schnell du kannst, in die Stadt Ramot in Gilead! 2 Sieh dich dort um nach Jehu, dem Sohn von Joschafat und Enkel von Nimschi! Hol ihn aus dem Kreis der anderen Offiziere heraus und nimm ihn mit in einen Raum, wo du mit ihm unter vier Augen bist! 3 Dort gieße das Öl auf seinen Kopf mit den Worten: ›Der HERR sagt: Ich salbe dich zum König über Israel!‹ Und dann verschwinde, so schnell du kannst!« 4 Der Prophetenjünger, der Abgesandte Elischas, ging nach Ramot in Gilead. 5 Als er ankam, saßen gerade alle Truppenführer beisammen. Er sagte: »Oberst, ich habe eine Botschaft für dich.« Jehu fragte: »An wen von uns?« »An dich, Oberst!«, erwiderte der Prophetenjünger. 6 Jehu stand auf und ging mit ihm ins Haus. Dort goss der Prophetenjünger das Salböl auf Jehus Kopf mit den Worten: »So spricht der HERR, der Gott Israels: ›Ich salbe dich zum König über mein Volk Israel! 7 Du sollst alle Nachkommen Ahabs umbringen, als ersten deinen Herrn, den König! Auf diese Weise will ich Isebel dafür bestrafen, dass sie meine Diener ermorden ließ, die Propheten und all die anderen, die mir treu geblieben waren. 8 Ja, die ganze Familie Ahabs soll umkommen! Alle seine männlichen Nachkommen, die Unmündigen genauso wie die Mündigen, werde ich aus Israel ausrotten. 9 Der Familie Ahabs wird es ebenso ergehen wie der Familie von Jerobeam, dem Sohn von Nebat, und der Familie von Bascha, dem Sohn von Ahija. 10 Isebels Leiche aber sollen die Hunde fressen auf den Äckern von Jesreel; niemand wird sie begraben!‹« Nachdem der Prophetenjünger das gesagt hatte, verließ er das Haus und floh. 11 Als Jehu zu den anderen Offizieren herauskam, fragten sie ihn: »Gibt's was Besonderes? Was wollte der Verrückte von dir?« Jehu antwortete: »Ihr wisst doch selbst, was das für einer war und dass solche Leute nur Unsinn reden.« 12 Doch die Offiziere meinten: »Keine Ausflüchte! Heraus mit der Sprache!« Da antwortete Jehu: »Er hat mir verkündet: ›So spricht der HERR: Ich salbe dich zum König über Israel!‹« 13 Sofort nahmen die Offiziere ihre Mäntel und breiteten sie auf den Stufen vor dem Haus als Teppich vor Jehu aus. Dann ließen sie die Widderhörner blasen und riefen: »Jehu ist König!«

DAS ENDE DER KÖNIGE JORAM UND AHASJA

14 Jehu, der Sohn von Joschafat und Enkel von Nimschi, machte sich sofort daran, König Joram zu stürzen. Joram hatte unter Einsatz des ganzen israelitischen Heeres die Stadt Ramot in Gilead gegen den syrischen König Hasaël verteidigt. 15 Er war aber im Kampf mit den Syrern verwundet worden und musste sich nach Jesreel zurückziehen, um dort seine Wunden ausheilen zu lassen. Jehu sagte zu den Offizieren, die in Ramot um ihn versammelt waren: »Wenn ihr einverstanden seid, lassen wir keinen aus der Stadt entkommen, der nach Jesreel gehen und erzählen kann, was hier geschehen ist.« 16 Dann brach er mit einer kleinen Streitwagenabteilung auf und fuhr selbst nach Jesreel. Dort befand sich nicht nur der kranke König Joram, sondern auch Ahasja, der König von Juda. Er war gekommen, um Joram einen Besuch abzustatten. 17 Als der Wachtposten auf dem Turm von Jesreel die Streitwagenkolonne kommen sah, meldete er es dem König. Der König befahl: »Schickt den Leuten einen Reiter entgegen; er soll fragen, ob es gut steht mit dem Kampf.« 18 Der Reiter kam bei der Kolonne an und sagte zu Jehu: »Der König lässt fragen, ob alles gut steht.« Jehu antwortete: »Was geht das dich an? Reih dich hinter mir ein!« Der Wachtposten meldete: »Der Reiter hat die Kolonne erreicht, aber er kommt nicht zurück!« 19 Da schickte der König einen zweiten Reiter. Auch er sagte: »Der König lässt fragen, ob alles gut steht.« Und auch ihm antwortete Jehu: »Was geht das dich an? Reih dich hinter mir ein!« 20 Wieder meldete der Wachtposten: »Der Reiter hat die Kolonne erreicht, aber er kommt nicht zurück!« Und er fügte hinzu: »Der Anführer der Kolonne fährt wie ein Verrückter; das

kann nur Jehu sein!« 21 Joram befahl: »Spannt meinen
Wagen an!« Auch der Wagen von Ahasja wurde ange-
spannt, und beide Könige, Joram von Israel und Ahasja
von Juda, fuhren Jehu entgegen. Auf dem Grundstück
Nabots trafen sie mit ihm zusammen. 22 Als Joram Jehu
erblickte, fragte er ihn: »Steht alles gut, Jehu?« Der
gab zur Antwort: »Was soll das heißen? Kann es gut
stehen, solange deine Mutter Isebel fremden Göt-
tern nachläuft und Zauberei treibt?« 23 König Joram
wendete seinen Wagen, rief: »Verrat, Ahasja!«, und
fuhr davon. 24 Aber Jehu spannte seinen Bogen und
traf Joram zwischen die Schulterblätter, sodass der
Pfeil das Herz durchbohrte und mit der Spitze vorn
wieder herauskam. Joram brach in seinem Wagen tot
zusammen. 25 Jehu befahl seinem Adjutanten Bidkar:
»Nimm ihn und wirf ihn auf das Grundstück Nabots!
Erinnerst du dich noch an das, was der HERR einst zu
Ahab, dem Vater Jorams, sagen ließ? Wir beide fuhren
damals in unseren Wagen dicht hinter dem König. Der
HERR ließ ihm sagen: 26 ›Ich habe gesehen, wie man
gestern Nabot und seine Söhne ermordet hat. Hier,
auf dem Grundstück Nabots, werde ich dich dafür zur
Rechenschaft ziehen!‹ Also nimm ihn und wirf ihn hin;
so geschieht, was der HERR gesagt hat.« 27 Als König
Ahasja von Juda sah, was geschah, floh er in Richtung
Bet-Gan. Jehu jagte ihm nach und befahl seinen Leu-
ten: »Schießt auch ihn nieder!« Und sie schossen auf
ihn. Wo der Weg bei Gur in der Nähe von Jibleam berg-
auf führt, wurde Ahasja auf seinem Wagen von Pfeilen
verwundet. Er kam noch bis Megiddo; dort starb er.
28 Seine Diener brachten den toten König auf einem
Wagen nach Jerusalem und bestatteten ihn in seiner
Grabstätte in der Davidsstadt neben seinen Vorfahren.
29 Im elften Regierungsjahr Jorams, des Sohnes Ahabs,
war Ahasja König von Juda geworden.

DAS ENDE DER KÖNIGIN ISEBEL

30 Jehu kehrte zur Stadt Jesreel zurück und Isebel
wurde davon unterrichtet. Sie schminkte sich die Au-
genränder, frisierte sich und zeigte sich am Fenster
des Palastes. 31 Als Jehu durchs Tor fuhr, rief sie ihm
zu: »Na, Simri, Mörder deines Herrn, steht alles gut?«
32 Jehu schaute zum Fenster hinauf und rief: »Wer hält
zu mir?« Ein paar Hofbeamte schauten zu ihm hinun-
ter. 33 »Werft sie zum Fenster hinaus!«, befahl er ihnen
und sie taten es. Isebels Blut spritzte an der Mauer und
an den Pferden hoch und Jehu fuhr über sie hinweg.
34 Dann ging er in den Palast und ließ Essen und Trinken
auftragen. Nach dem Mahl sagte er: »Seht doch nach
Isebel, diesem Weib, das der HERR verflucht hat, und
begrabt sie! Sie ist immerhin eine Königstochter!«
35 Aber die Männer, die sie begraben wollten, fanden
von ihr nur noch den Schädel und die Füße und Hände.
36 Sie berichteten es Jehu und der sagte: »So ist einge-
troffen, was der HERR durch seinen Diener Elija aus
Tischbe angekündigt hat: ›Vor Jesreel sollen die Hunde
das Fleisch Isebels fressen, 37 ihre Leiche soll wie Mist
auf dem Acker werden; niemand wird mehr sagen kön-
nen: Das ist Isebel.‹«

JEHU ROTTET DIE FAMILIE AHABS AUS

10 In Samaria gab es siebzig Söhne und Enkel von
Ahab. Jehu schickte Briefe an die maßgeblichen
Männer der Stadt: an die königlichen Bevollmächtigten
in Jesreel, an die Ältesten der Stadt und an die Erzieher
der Prinzen. In den Briefen hieß es: 2 »Bei euch sind die
Söhne eures Herrn, ihr verfügt über Pferde und Streit-
wagen, eure Stadt ist gut befestigt und ihr habt Waffen
genug. 3 Also sucht den fähigsten unter den Prinzen
aus, setzt ihn auf den Thron seines Vaters und kämpft
für das Königtum eures Herrn!« 4 Aber die Männer
hatten große Angst vor Jehu. Sie sagten: »Mit den
zwei Königen ist er schon fertiggeworden, wie soll-
ten wir uns da gegen ihn behaupten können?« 5 Die
maßgeblichen Männer – der Palastkommandant, der
Stadtkommandant, die Ältesten und die Erzieher – lie-
ßen also Jehu mitteilen: »Wir stehen zu deinen Diens-
ten! Wir werden alles ausführen, was du befiehlst. Wir
wollen niemand hier zum König machen. Tu, was du
für richtig hältst.« 6 Darauf schrieb Jehu ihnen einen
zweiten Brief. Darin hieß es: »Wenn ihr auf meiner
Seite steht und bereit seid, meinen Befehlen zu folgen,
dann kommt morgen um diese Zeit zu mir nach Jesreel
und bringt die Köpfe der Söhne eures Herrn mit!« – Die
siebzig Königssöhne wurden nämlich in Samaria von
den vornehmsten Bürgern der Stadt erzogen. – 7 Die
maßgeblichen Männer von Samaria ließen darauf die
Prinzen umbringen, siebzig Mann, und ihre Köpfe in
Körbe legen und nach Jesreel schaffen. 8 Als Jehu ge-
meldet wurde, man habe die Köpfe der Königssöhne
gebracht, gab er den Befehl, sie in zwei Haufen vor
dem Stadttor aufzustapeln und dort bis zum nächs-
ten Morgen liegen zu lassen. 9 Am nächsten Morgen
erschien er selbst vor dem Stadttor und sagte zu den
Männern, die sich dort einfanden: »Euch trifft keine
Schuld! *Ich* habe die Verschwörung gegen meinen
Herrn, den König, angezettelt und ihn getötet. Aber
wer hat die hier alle umgebracht? 10 Erkennt daran,
dass alles in Erfüllung geht, was der HERR der Fami-
lie Ahabs angedroht hat. Der HERR hat getan, was er
durch seinen Diener Elija angekündigt hatte.« 11 Darauf
ließ Jehu auch noch alle Mitglieder der Familie Ahabs
umbringen, die sich in Jesreel befanden, ebenso alle
hohen Beamten, Ratgeber und Priester des Königs;
keiner kam mit dem Leben davon. 12 Dann machte sich
Jehu auf den Weg nach Samaria. Bei Bet-Eked-Roïm
13 traf er auf Verwandte des Königs Ahasja von Juda. Er
fragte: »Wer seid ihr?« Sie antworteten: »Wir sind Ver-
wandte von König Ahasja und wollen nach Jesreel, um
der königlichen Familie, besonders den Söhnen des Kö-
nigs und den Söhnen der Königsmutter, einen Besuch
abzustatten.« 14 Jehu befahl seinen Leuten: »Nehmt
sie gefangen!« Sie wurden gefangen abgeführt und
bei der Zisterne von Bet-Eked getötet. Es waren 42
Mann; keiner von ihnen kam mit dem Leben davon.
15 Als Jehu in Richtung Samaria weiterzog, begegnete
ihm Jonadab, der Sohn Rechabs. Jehu begrüßte ihn und
fragte: »Kann ich mich auf dich verlassen, so wie du
dich auf mich verlassen kannst?« Jonadab antwortete:

»Du kannst es!« »Dann gib mir deine Hand«, sagte
Jehu. Jonadab gab Jehu die Hand. Darauf ließ Jehu ihn
zu sich in den Wagen steigen **16** und sagte: »Komm mit
und sieh dir an, wie leidenschaftlich ich mich für den
HERRN einsetze!« Und Jonadab fuhr mit. **17** In Sama-
ria angekommen tötete Jehu alle, die von Ahabs Ver-
wandtschaft noch übrig geblieben waren. Er rottete
die Familie Ahabs vollständig aus. So trat ein, was der
HERR durch Elija angekündigt hatte.

JEHU ROTTET DIE VEREHRER BAALS AUS

18 Nun versammelte Jehu das Volk von Samaria und
verkündete: »Ahab hat Baal zu wenig verehrt; das
soll jetzt anders werden! **19** Ruft alle Propheten Baals
zusammen, alle seine Priester und alle, die ihn ver-
ehren! Keiner darf fehlen, denn ich will zu Ehren Baals
ein großes Opferfest veranstalten. Wer nicht kommt,
wird mit dem Tod bestraft!« In Wahrheit aber wollte
Jehu alle Verehrer Baals umbringen. **20** Er befahl also,
eine Festversammlung zu Ehren Baals auszurufen. **21** Er
schickte Boten durch das ganze Gebiet Israels und alle
Verehrer Baals kamen in Samaria zusammen. Es gab
keinen, der dem Aufruf nicht folgte. Sie gingen alle in
den Vorhof des Tempels Baals und der ganze Hof war
voll von Menschen. **22** Jehu befahl dem Mann, der für
die heiligen Gewänder zuständig war: »Gib an alle
Verehrer Baals Festgewänder aus!« Als das gesche-
hen war, **23** ging er zusammen mit Jonadab, dem Sohn
Rechabs, in den Tempel und rief den Baalsverehrern
zu: »Seht euch um und sorgt dafür, dass hier wirklich
nur Verehrer Baals anwesend sind! Für Verehrer des
HERRN ist hier kein Platz!« **24** Dann traten Jehu und Jo-
nadab an den Altar, um zu Ehren Baals Brandopfer und
Mahlopfer darzubringen. Jehu hatte aber außerhalb
des Tempelbezirks 80 Mann bereitgestellt und ihnen
gesagt: »Wer von euch auch nur einen der Baalsvereh-
rer entwischen lässt, der bezahlt es mit seinem Leben!«
25 Nachdem die Opfer dargebracht waren, gab Jehu der
Leibwache und den Offizieren den Befehl: »Kommt
herein! Erschlagt sie alle! Keiner darf entkommen!« Da
brachten sie alle Verehrer Baals um und warfen die Lei-
chen hinaus. Dann gingen sie in den innersten Bereich
des Baals-Tempels, **26** holten die geweihten Pfähle her-
aus und verbrannten sie. **27** Das Steinmal, das zu Ehren
Baals errichtet worden war, schlugen sie in Stücke.
Schließlich rissen sie die ganze Tempelanlage nieder;
bis heute wird der Platz als öffentlicher Abort benutzt.

ABSCHLIESSENDE BEMERKUNGEN ÜBER JEHU UND SEINE REGIERUNGSZEIT

28 So machte Jehu der Verehrung Baals in Israel ein
Ende. **29** Nur von dem Götzendienst Jerobeams, zu
dem dieser ganz Israel verführt hatte, konnte er nicht
lassen: Die goldenen Stierbilder in Bet-El und Dan
blieben unangetastet. **30** Der HERR sagte zu Jehu: »Du
hast getan, was mir gefällt; alles, was ich der Familie
Ahabs zugedacht hatte, hast du ausgeführt. Deshalb
werden deine Nachkommen bis in die vierte Genera-
tion Könige von Israel sein!« **31** Doch befolgte Jehu das
Gesetz des HERRN, des Gottes Israels, nicht mit unge-
teiltem Herzen: Er blieb bei dem Götzendienst, zu dem
Jerobeam ganz Israel verführt hatte. **32-33** Während der
Regierungszeit von Jehu fing der HERR an, das Gebiet
Israels zu beschneiden: König Hasaël von Syrien er-
oberte das ganze Gebiet östlich des Jordans, von der
Stadt Aroër, die am Arnon liegt, bis hinauf zum Berg-
land Gilead und der Landschaft Baschan, das sind die
Stammesgebiete von Gad, Ruben und Ost-Manasse.
34 Was es sonst noch über Jehu zu berichten gibt, über
seine Taten und Erfolge, ist in der amtlichen Chronik
der Könige von Israel nachzulesen. **35** Als er starb,
wurde er in Samaria bestattet. Sein Sohn Joahas wurde
sein Nachfolger. **36** 28 Jahre lang war Jehu in Samaria
König über das Reich Israel gewesen.

ATALJA VERSUCHT, DAS KÖNIGSHAUS DAVIDS AUSZUROTTEN

11 Als Atalja, die Mutter von Ahasja, erfuhr, dass
ihr Sohn tot war, ließ sie alle Angehörigen der
königlichen Familie umbringen. **2** Aber Joscheba, die
Tochter von König Joram und Schwester von Ahasja,
holte heimlich Ahasjas kleinen Sohn Joasch samt
seiner Amme aus der Mitte der Prinzen, die in ihren
Betten getötet werden sollten. Sie versteckte ihn vor
Atalja, sodass er am Leben blieb. **3** Sechs Jahre lang
hielt sie ihn im Bereich des Tempels verborgen, solange
Atalja das Land regierte.

AUFSTAND GEGEN ATALJA UND WIEDERHERSTELLUNG DES KÖNIGTUMS DER DAVIDSNACHKOMMEN

4 Im siebten Jahr ließ der Priester Jojada die Offiziere
der königlichen Leibgarde und der Palastwache zu
sich in den Tempel kommen. Dort schloss er mit ih-
nen einen Pakt. Er ließ sie Treue schwören und zeigte
ihnen den Sohn des Königs. **5** Dann gab er ihnen fol-
gende Anweisungen: »Ein Drittel eurer Leute, die
am nächsten Sabbat den Dienst antreten, bewacht
den Königspalast, **6** das zweite Drittel das Tor Sur und
das letzte Drittel das Tor hinter dem Haus der Palast-
wache. Mit diesen drei Gruppen sollt ihr verhindern,
dass jemand in den Tempelbereich eindringt. **7** Die
zwei Abteilungen eurer Leute aber, die am Sabbat ih-
ren Dienst gerade beenden, sollen im Tempelbereich
bleiben und den König beschützen. **8** Sie sollen mit
der Waffe in der Hand einen Kreis um ihn bilden und
ihn auf Schritt und Tritt begleiten. Wer in den Kreis
einzudringen versucht, wird getötet!« **9** Die Offiziere
befolgten genau die Anweisungen Jojadas. Jeder rief
seine Leute zusammen: die Männer, die am Sabbat
den Dienst begannen, und die, die ihn beendeten. Mit
ihnen kamen sie zu Jojada. **10** Der Priester übergab den
Offizieren die Speere und Schilde, die noch von König
David stammten und sich jetzt im Tempelbereich be-
fanden. **11** Jeder der Männer bekam seine Waffe in die
Hand, dann stellten sie sich vor dem Tempelhaus auf,
im Halbkreis von der südlichen Ecke über den Brand-
opferaltar bis zur nördlichen Ecke, um den König nach

allen Seiten abzusichern. 12 Darauf führte Jojada den Sohn des Königs heraus, um ihn zum König zu machen. Er setzte ihm die Krone auf und überreichte ihm die Krönungsurkunde. Dann wurde er gesalbt und alle klatschten in die Hände und riefen: »Hoch lebe der König!« 13 Als Atalja die Jubelrufe der Palastwache und des Volkes hörte, begab sie sich zu der Menge am Tempel des HERRN. 14 Da sah sie den neu gekrönten König auf dem Platz stehen, wo nach altem Brauch der König zu stehen pflegt. Er war umgeben von den Offizieren und den Trompetern. Die Männer von Juda jubelten vor Freude und die Trompeten schmetterten. Atalja zerriss ihr Gewand und schrie: »Verrat! Verschwörung!« 15 Der Priester Jojada aber wollte nicht, dass man sie im Bereich des Tempels tötete. Darum befahl er den Offizieren der Leibgarde: »Führt sie zwischen den Reihen eurer Leute hinaus! Wer ihr folgt, wird mit dem Schwert getötet!« 16 Sie ergriffen Atalja und brachten sie über den Pferdeeingang in den Palastbezirk. Dort wurde sie hingerichtet. 17 Jojada ließ den König und das Volk von Juda einen Bund mit dem HERRN schließen. Sie verpflichteten sich, wieder zum Volk des HERRN zu werden. Ebenso ließ er den König und das Volk untereinander einen Bund schließen. 18 Darauf zogen alle Männer von Juda zum Tempel des Gottes Baal und rissen ihn nieder. Sie zertrümmerten die Altäre und die Götterbilder und erschlugen Mattan, den Priester Baals, dort vor den Altären. Nachdem Jojada zum Schutz des Tempels Wachen aufgestellt hatte, 19 rief er alle zusammen, die Offiziere, die Leute der Leibgarde und der Palastwache und die Männer von Juda. Zusammen mit ihnen geleitete er den König vom Tempel durch das Tor der Palastwache zum Palast hinab. Dort nahm der König auf seinem Thron Platz. 20 Alle Männer Judas freuten sich, die Bewohner der Stadt aber blieben ruhig. Atalja war im Palast mit dem Schwert getötet worden.

ÜBER KÖNIG JOASCH VON JUDA

12 Joasch war sieben Jahre alt, als er König wurde. 2 Im siebten Regierungsjahr von Jehu, dem König von Israel, kam er auf den Thron und er regierte 40 Jahre lang in Jerusalem. Seine Mutter hieß Zibja und stammte aus Beerscheba. 3 Er tat zeitlebens, was dem HERRN gefällt, so wie es ihn der Priester Jojada gelehrt hatte. 4 Die Opferstätten rings im Land ließ er jedoch bestehen, sodass das Volk auch weiterhin an diesen Stätten Opfer darbrachte.

JOASCH SORGT FÜR DIE INSTANDSETZUNG DES TEMPELS

5 Joasch gab den Priestern die Anweisung: »Alles Geld, das als eine dem HERRN geweihte Gabe zum Tempel gebracht wird – sowohl die pflichtmäßigen Zahlungen als auch die freiwilligen Gaben –, 6 sollen die Priester in Empfang nehmen, jeder von dem Tempelbesucher, der sich an ihn wendet. *Sie* sind dann dafür verantwortlich, dass von dem Geld Reparaturen am Tempel ausgeführt und die baufälligen Teile ausgebessert werden.« 7 Aber im 23. Regierungsjahr des Königs Joasch hatten die Priester die baufälligen Teile immer noch nicht ausbessern lassen. 8 Da ließ der König den Priester Jojada und die anderen Priester zu sich kommen und fragte: »Warum habt ihr den Tempel immer noch nicht ausbessern lassen? Von jetzt an sollt ihr das Geld nicht mehr selbst in Empfang nehmen, denn ihr verwendet es offensichtlich nicht für die Instandsetzung des Tempels!« 9 Die Priester waren einverstanden: Das Geld, das das Volk zum Tempel brachte, sollte nicht mehr an sie ausgehändigt werden, sie waren dann aber auch nicht mehr verantwortlich für die Instandsetzung des Tempels. 10 Der Priester Jojada ließ nun einen Kasten anfertigen und in den Deckel ein Loch machen. Er stellte ihn neben dem Altar, rechts vom Tempeleingang, auf. In diesen Kasten legten die Priester, die an den Tempeltoren die Aufsicht führten, alles Geld, das zum Tempel gebracht wurde. 11 Wenn der Kasten voll war, ließen sie den Staatsschreiber und den Obersten Priester kommen. In deren Gegenwart wurde das Geld in Beutel abgepackt, gewogen und registriert 12 und danach den Meistern ausgehändigt, die mit der Instandsetzung des Tempels betraut waren. Diese bezahlten damit die Zimmerleute, Bauarbeiter, 13 Maurer und Steinmetze und kauften davon das Bauholz und die Steine und was sonst noch für die Instandsetzung des Tempels gebraucht wurde. 14 Das Geld wurde nicht für die Herstellung von Tempelgeräten verwendet, für silberne Schüsseln, Messer, Schalen, Trompeten oder andere Tempelgeräte aus Gold oder Silber, 15 sondern den Meistern übergeben, die den Tempel instand zu setzen hatten. 16 Von diesen Männern wurde keine Rechenschaft verlangt über die Verwendung der Gelder; sie handelten auf Treu und Glauben. 17 Das Geld aber, das bei Wiedergutmachungsopfern und Sühneopfern zu entrichten war, wurde nicht für die Instandsetzung des Tempels verwendet. Es gehörte den Priestern.

JOASCH BEWAHRT JERUSALEM VOR DEM ANGRIFF DER SYRER

18 Damals griff Hasaël, der König von Syrien, die Stadt Gat an und eroberte sie. Danach traf er Vorbereitungen, auch Jerusalem anzugreifen. 19 Doch König Joasch von Juda nahm alle Gaben, die seine Vorfahren, die Könige Joschafat, Joram und Ahasja, dem HERRN geweiht hatten, dazu auch die Gaben, die von ihm selbst stammten, sowie alles Gold, das sich in den Schatzkammern des Tempels und des königlichen Palastes befand, und ließ das alles als Geschenk zu König Hasaël bringen. Da verzichtete Hasaël darauf, Jerusalem anzugreifen.

JOASCHS ENDE UND SEIN NACHFOLGER

20 Was es sonst noch über Joasch und seine Taten zu berichten gibt, ist in der amtlichen Chronik der Könige von Juda nachzulesen. 21-22 Schließlich fiel er einer Verschwörung seiner Hofleute zum Opfer. Zwei von ihnen, Josachar, der Sohn Schimats, und Josabad, der Sohn Schomers, ermordeten ihn in dem Haus am Millo, dort, wo der Weg nach Silla hinabführt. Joasch wurde

in der Grabstätte seiner Vorfahren in der Davidsstadt
bestattet. Sein Sohn Amazja wurde sein Nachfolger.

ÜBER KÖNIG JOAHAS VON ISRAEL

13 Im 23. Regierungsjahr von Joasch, dem König von
Juda, wurde Joahas, der Sohn von Jehu, König
von Israel und er regierte 17 Jahre lang in Samaria. 2 Er
tat, was dem HERRN missfällt. Er folgte dem schlech-
ten Beispiel Jerobeams und hörte nicht auf mit dem
Götzendienst, zu dem Jerobeam die Leute im Reich
Israel verführt hatte. 3 Da traf der Zorn des HERRN die
Israeliten: Während der Zeit, in der Joahas regierte,
gab er sie immer wieder in die Gewalt des Syrerkönigs
Hasaël und seines Sohnes Ben-Hadad. 4 Als Joahas
jedoch den HERRN um Hilfe anflehte, hörte ihn der
HERR; er sah ja, wie hart der Syrerkönig Israel zusetzte.
5 Der HERR schickte den Leuten von Israel einen Ret-
ter, sodass sie sich aus der Gewalt der Syrer befreien
und wie zuvor in Frieden leben konnten. 6 Dennoch
blieben sie bei dem Götzendienst, zu dem die Familie
Jerobeams die Leute im Reich Israel verführt hatte. Sie
wollten davon nicht lassen. Auch das Bild der Göttin
Aschera in Samaria blieb unangetastet. 7 Das Heer von
König Joahas bestand am Ende nur noch aus 10 Streit-
wagen, 50 Wagenkämpfern und 10 000 Fußsoldaten.
Alles andere hatte der König von Syrien vernichtet;
er hatte die Streitmacht Israels zertreten wie Staub
auf der Straße. 8 Was es sonst noch über Joahas zu
berichten gibt, über seine Taten und Erfolge, ist in der
amtlichen Chronik der Könige von Israel nachzulesen.
9 Als er starb, wurde er in Samaria bestattet. Sein Sohn
Joasch wurde sein Nachfolger.

ÜBER KÖNIG JOASCH VON ISRAEL

10 Im 37. Regierungsjahr von Joasch, dem König von
Juda, wurde Joasch, der Sohn von Joahas, König über
Israel. Er regierte 16 Jahre lang in Samaria. 11 Er tat,
was dem HERRN missfällt, und hielt fest an dem Göt-
zendienst, zu dem Jerobeam die Leute im Reich Israel
verführt hatte. 12 Was es sonst noch über Joasch zu
berichten gibt, über seine Taten und Erfolge – auch
über den Krieg gegen Amazja, den König von Juda –,
das ist alles in der amtlichen Chronik der Könige von
Israel nachzulesen. 13 Als Joasch starb, wurde Jerobeam
sein Nachfolger. Joasch wurde in Samaria in der Grab-
stätte der Könige von Israel bestattet.

DER STERBENDE ELISCHA VERKÜNDET EINEN SIEG ÜBER DIE SYRER

14 Elischa war schwer erkrankt und es ging mit ihm
zu Ende. Da kam Joasch, der König von Israel, zu ihm.
Er weinte und rief: »Mein Vater, mein Vater! Du bist
Israels Streitwagen und sein Lenker!« 15 Elischa befahl
ihm: »Hol einen Bogen und Pfeile!« Der König tat es.
16-17 Darauf sagte Elischa: »Öffne das Fenster, durch das
man nach Osten sehen kann, und spanne den Bogen!«
Joasch tat es. Nun legte Elischa seine Hände auf die
Hände des Königs und sagte: »Schieß!« Der König
schoss den Pfeil ab und Elischa sagte: »Dieser Pfeil ist
ein Zeichen für die Hilfe, die vom HERRN kommt! Der
HERR steht euch bei im Kampf gegen die Syrer und
deshalb wirst du sie bei Afek vernichtend schlagen!«
18 Dann befahl Elischa dem König: »Nimm die übrigen
Pfeile zur Hand! Stoße mit ihnen auf den Boden!« Der
König tat es dreimal und hielt inne. 19 Da wurde der
Mann Gottes zornig und rief: »Fünfmal, sechsmal hät-
test du sie aufstoßen müssen, dann hättest du die Syrer
völlig vernichtet! Jetzt wirst du ihnen nur dreimal eine
Niederlage beibringen.«

DURCH DEN TOTEN ELISCHA WIRD EIN TOTER LEBENDIG

20 Elischa starb und wurde in einer Grabhöhle be-
stattet. Im folgenden Frühjahr machten räuberische
Banden aus Moab das Land unsicher. 21 Einmal wollte
man gerade einen Mann bestatten, als eine solche
Bande daherkam. Die Leute warfen ihren Toten ein-
fach in die Grabnische Elischas und rannten davon.
Kaum aber war der Tote mit den Gebeinen Elischas in
Berührung gekommen, da wurde er wieder lebendig
und stand auf.

DIE LETZTEN WORTE ELISCHAS GEHEN IN ERFÜLLUNG

22 Während der ganzen Zeit, in der Joahas regierte,
wurde das Reich Israel von dem Syrerkönig Hasaël
schwer bedrängt. 23 Aber der HERR meinte es gut mit
Israel und hatte mit ihm Erbarmen. Er half den Leu-
ten von Israel, weil er an den Bund dachte, den er mit
Abraham, Isaak und Jakob geschlossen hatte. Er wollte
sie nicht vernichten, denn bis dahin hatte er noch nicht
endgültig mit ihnen gebrochen. 24 Als Hasaël starb,
wurde sein Sohn Ben-Hadad König von Syrien. 25 Jo-
asch, der Sohn von König Joahas, konnte Ben-Hadad
die Städte wieder entreißen, die sein Vater Joahas an
Hasaël verloren hatte. Joasch besiegte Ben-Hadad
dreimal und eroberte die Städte zurück.

ÜBER KÖNIG AMAZJA VON JUDA

14 Im zweiten Regierungsjahr von Joasch, dem
König von Israel, wurde Amazja König von
Juda. Er war der Sohn des Königs Joasch von Juda.
2 Er war 25 Jahre alt, als er König wurde, und regierte
29 Jahre lang in Jerusalem. Seine Mutter hieß Joad-
dan und stammte aus Jerusalem. 3 Amazja folgte dem
Vorbild seines Vaters Joasch und tat, was dem HERRN
gefällt. Doch an seinen Ahnherrn David reichte er nicht
heran. 4 Die Opferstätten rings im Land ließ er beste-
hen, sodass das Volk auch weiterhin an diesen Stätten
Opfer darbrachte. 5 Als Amazja die Herrschaft fest in
der Hand hatte, ließ er die Hofleute töten, die seinen
Vater Joasch ermordet hatten. 6 Ihre Söhne aber ver-
schonte er, weil im Gesetzbuch Moses das Gebot des
HERRN steht: »Die Eltern sollen nicht für die Schuld
ihrer Kinder sterben und die Kinder nicht für die Schuld
ihrer Eltern; jeder soll nur für seine eigene Schuld be-
straft werden.« 7 Amazja schlug die Edomiter, die mit
einem 10 000 Mann starken Heer im Salztal gegen ihn

angetreten waren. Er eroberte auch die Stadt Sela und
gab ihr den Namen Jokteel. So heißt sie noch heute.

AMAZJAS NIEDERLAGE GEGEN KÖNIG JOASCH VON ISRAEL

8 Darauf schickte Amazja Boten zu König Joasch von
Israel, dem Sohn von Joahas und Enkel von Jehu, und
ließ ihm sagen: »Komm, tritt mir im Kampf gegenüber,
damit wir sehen, wer stärker ist!« 9 König Joasch ant-
wortete ihm: »Der Dornstrauch auf dem Libanon sagte
zur Zeder: ›Gib meinem Sohn deine Tochter zur Frau!‹
Aber die wilden Tiere liefen über den Dornstrauch und
zertrampelten ihn. 10 Dein Sieg über die Edomiter ist
dir zu Kopf gestiegen. Gib dich mit deinem Ruhm zu-
frieden und bleib zu Hause! Oder willst du dich ins Un-
glück stürzen und ganz Juda mit hineinreißen?« 11 Aber
Amazja hörte nicht auf, Joasch herauszufordern. So
rückte König Joasch zum Kampf heran. Bei Bet-Sche-
mesch, im Gebiet von Juda, traf sein Heer auf das von
König Amazja. 12 Die Männer von Juda wurden geschla-
gen und liefen auseinander, jeder kehrte nach Hause
zurück. 13 Amazja wurde bei Bet-Schemesch von Joasch
gefangen genommen. Dann zog Joasch nach Jerusalem
und ließ die Stadtmauer auf einer Länge von 200 Me-
tern niederreißen, vom Efraïmtor bis zum Ecktor. 14 Er
nahm alles Gold und Silber und alle kostbaren Geräte
mit, die sich im Tempel und in den Schatzkammern des
königlichen Palastes befanden. Außerdem führte er
eine Anzahl von Geiseln mit sich nach Samaria.

TOD DES KÖNIGS JOASCH VON ISRAEL

15 Was es sonst noch über Joasch zu berichten gibt,
über seine Taten und Erfolge – auch über den Krieg
gegen Amazja, den König von Juda –, das ist alles in
der amtlichen Chronik der Könige von Israel nachzu-
lesen. 16 Als Joasch starb, wurde er in Samaria in der
Grabstätte der Könige von Israel bestattet. Sein Sohn
Jerobeam wurde sein Nachfolger.

AMAZJAS ENDE. ASARJA WIRD KÖNIG VON JUDA

17 König Amazja von Juda überlebte König Joasch von
Israel um 15 Jahre. 18 Was es sonst noch über Amazja
zu berichten gibt, ist in der amtlichen Chronik der
Könige von Juda nachzulesen. 19 In Jerusalem kam es
zu einer Verschwörung gegen ihn. Er floh nach La-
chisch, aber die Verschwörer schickten ihm dorthin
Männer nach, die ihn umbrachten. 20 Auf einem mit
Pferden bespannten Wagen wurde er nach Jerusalem
zurückgebracht und in der Davidsstadt in der Grab-
stätte seiner Vorfahren bestattet. 21 Als Nachfolger
Amazjas machten alle Männer von Juda seinen Sohn
Asarja zum König. Er war damals 16 Jahre alt. 22 Nach
dem Tod seines Vaters eroberte er die Stadt Elat zurück
und baute sie zur Festung aus.

ÜBER KÖNIG JEROBEAM II. VON ISRAEL

23 Im 15. Regierungsjahr von Amazja, dem König von
Juda, wurde Jerobeam, der Sohn von Joasch, König von
Israel. Er regierte 41 Jahre lang in Samaria 24 und tat,
was dem HERRN missfällt, genauso wie Jerobeam, der
Sohn Nebats, der die Leute des Reiches Israel zum Göt-
zendienst verführt hatte. 25 Doch gelang es ihm, alle Ge-
biete, die zum Reich Israel gehörten, zurückzuerobern,
von Lebo-Hamat bis hinunter zum Toten Meer. Damit
ging in Erfüllung, was der HERR, der Gott Israels, durch
seinen Diener versprochen hatte, durch den Propheten
Jona, den Sohn von Amittai aus Gat-Hefer. 26 Denn der
HERR hatte gesehen, wie erbärmlich schlecht es um die
Israeliten stand, dass sie allesamt am Ende waren und
dass niemand da war, der ihnen hätte helfen können.
27 Noch hatte der HERR ja auch nicht beschlossen, das
Reich Israel vom Erdboden verschwinden zu lassen,
und so half er ihnen durch Jerobeam, den Sohn von
Joasch. 28 Was es sonst noch über Jerobeam zu berich-
ten gibt, über seine Taten und Erfolge, ist in der amtli-
chen Chronik der Könige von Israel nachzulesen. Dort
wird auch berichtet, wie er Gebiete von Damaskus und
Hamat für Israel zurückgewann, die einst zum Reich
Davids gehört hatten. 29 Als Jerobeam starb, wurde er
in der Grabstätte der Könige von Israel bestattet. Sein
Sohn Secharja wurde sein Nachfolger.

ÜBER KÖNIG ASARJA (USIJA) VON JUDA

15 Im 27. Regierungsjahr Jerobeams, des Königs von
Israel, wurde Asarja, der Sohn von Amazja, König
von Juda. 2 Er war 16 Jahre alt, als er König wurde, und
regierte 52 Jahre lang in Jerusalem. Seine Mutter hieß
Jecholja und stammte aus Jerusalem. 3 Er folgte dem
Vorbild seines Vaters Amazja und tat, was dem HERRN
gefällt. 4 Die Opferstätten rings im Land ließ er jedoch
bestehen, sodass das Volk auch weiterhin an diesen
Stätten Opfer darbrachte. 5 Der HERR schlug Asarja,
sodass er aussätzig wurde. Er blieb es bis zu seinem
Tod und musste in einem abgesonderten Haus woh-
nen. Sein Sohn Jotam war Palastvorsteher und führte
anstelle des Königs die Regierungsgeschäfte. 6 Was es
sonst noch über Asarja und seine Taten zu berichten
gibt, ist in der amtlichen Chronik der Könige von Juda
nachzulesen. 7 Als Asarja starb, wurde er in der Davids-
stadt in der Grabstätte seiner Vorfahren bestattet. Sein
Sohn Jotam wurde sein Nachfolger.

ÜBER KÖNIG SECHARJA VON ISRAEL

8 Im 38. Regierungsjahr von Asarja, dem König von
Juda, wurde Secharja, der Sohn Jerobeams, König von
Israel. Er regierte sechs Monate lang in Samaria. 9 Er
tat, was dem HERRN missfällt, genau wie seine Vorfah-
ren, und hörte nicht auf mit dem Götzendienst, zu dem
Jerobeam, der Sohn Nebats, die Leute im Reich Israel
verführt hatte. 10 Schallum, der Sohn von Jabesch,
machte eine Verschwörung gegen ihn. Er erschlug
ihn in Jibleam und wurde sein Nachfolger. 11 Was es
sonst noch über Secharja und seine Taten zu berich-
ten gibt, ist in der amtlichen Chronik der Könige von
Israel nachzulesen. 12 Damit war das Wort in Erfüllung
gegangen, das der HERR zu König Jehu gesagt hatte. Er
hatte ihm nämlich versprochen: »Deine Nachkommen

werden bis in die vierte Generation auf dem Thron
Israels sitzen.« Und so war es geschehen.

ÜBER KÖNIG SCHALLUM VON ISRAEL

13 Schallum, der Sohn von Jabesch, wurde König von
Israel im 39. Regierungsjahr des Königs Asarja von
Juda und regierte einen Monat lang in Samaria. 14 Dann
rückte Menahem, der Sohn von Gadi, aus der Stadt
Tirza an, drang in Samaria ein, tötete Schallum und
wurde selbst König an seiner Stelle. 15 Was es sonst
noch über Schallum zu berichten gibt und über die
Verschwörung, die er angezettelt hatte, ist in der
amtlichen Chronik der Könige von Israel nachzule-
sen. 16 Menahem übte grausame Rache an der Stadt
Tifsach, weil sie ihm die Tore nicht öffnen wollte. Er
rückte von Tirza heran und richtete unter den Bewoh-
nern der Stadt und ihrer Umgebung ein Blutbad an; al-
len schwangeren Frauen ließ er den Leib aufschlitzen.

ÜBER KÖNIG MENAHEM VON ISRAEL

17 Im 39. Regierungsjahr von Asarja, dem König von
Juda, wurde Menahem, der Sohn von Gadi, König von
Israel. Er regierte zehn Jahre lang in Samaria. 18 Er tat,
was dem HERRN missfällt, und hörte nicht auf mit dem
Götzendienst, zu dem Jerobeam, der Sohn Nebats, die
Leute im Reich Israel verführt hatte. 19 Als Tiglat-Pileser,
der König von Assyrien, gegen Israel anrückte, zahlte
ihm Menahem 1000 Zentner Silber als Gegenleistung
dafür, dass der Assyrerkönig zu ihm stand und ihn als
König von Israel bestätigte. 20 Das Silber brachte er
dadurch zusammen, dass er allen Grundbesitzern in
Israel eine Abgabe von einem halben Kilo auferlegte.
Daraufhin zog der Assyrerkönig aus Israel ab und kehrte
in sein Land zurück. 21 Was es sonst noch über Mena-
hem und seine Taten zu berichten gibt, ist in der amtli-
chen Chronik der Könige von Israel nachzulesen. 22 Als
er starb, wurde sein Sohn Pekachja sein Nachfolger.

ÜBER KÖNIG PEKACHJA VON ISRAEL

23 Im 50. Regierungsjahr von Asarja, dem König von
Juda, wurde Pekachja, der Sohn Menahems, König
von Israel. Er regierte zwei Jahre lang in Samaria. 24 Er
tat, was dem HERRN missfällt, und hörte nicht auf mit
dem Götzendienst, zu dem Jerobeam, der Sohn Ne-
bats, die Leute im Reich Israel verführt hatte. 25 Sein
Adjutant Pekach, der Sohn von Remalja, zettelte eine
Verschwörung gegen ihn an. Unterstützt von fünfzig
Männern aus Gilead überwältigte er den König im in-
neren Turm des Königspalastes von Samaria. Er tötete
ihn und wurde selbst König an seiner Stelle. 26 Was es
sonst noch über Pekachja und seine Taten zu berich-
ten gibt, ist in der amtlichen Chronik der Könige von
Israel nachzulesen.

ÜBER KÖNIG PEKACH VON ISRAEL

27 Im 52. Regierungsjahr von Asarja, dem König von
Juda, wurde Pekach, der Sohn von Remalja, König
von Israel. Er regierte 20 Jahre lang in Samaria. 28 Er
tat, was dem HERRN missfällt, und hörte nicht auf mit
dem Götzendienst, zu dem Jerobeam, der Sohn Nebats,
die Leute im Reich Israel verführt hatte. 29 Während
der Regierungszeit Pekachs fiel der Assyrerkönig
Tiglat-Pileser in Israel ein. Er eroberte die Städte Ijon,
Abel-Bet-Maacha, Janoach, Kedesch und Hazor sowie
die Landschaften Gilead und Galiläa, das ganze Stam-
mesgebiet von Naftali eingeschlossen. Er besetzte das
Land und führte die Einwohner weg nach Assyrien.
30 Im 20. Regierungsjahr Jotams, des Königs von Juda,
zettelte Hoschea, der Sohn von Ela, eine Verschwörung
gegen Pekach an, tötete ihn und wurde selbst König
an seiner Stelle. 31 Was es sonst noch über Pekach
und seine Taten zu berichten gibt, ist in der amtlichen
Chronik der Könige von Israel nachzulesen.

ÜBER KÖNIG JOTAM VON JUDA

32 Im zweiten Regierungsjahr Pekachs, des Königs von
Israel, wurde Jotam, der Sohn von Asarja, König von
Juda. 33 Er war 25 Jahre alt, als er König wurde, und
regierte 16 Jahre lang in Jerusalem. Seine Mutter hieß
Jeruscha und war eine Tochter Zadoks. 34 Er tat, was
dem HERRN gefällt, und folgte in allem dem Vorbild sei-
nes Vaters Asarja. 35 Die Opferstätten rings im Land ließ
er jedoch bestehen, sodass das Volk auch weiterhin
an diesen Stätten Opfer darbrachte. Jotam baute das
obere Tor am Tempel des HERRN. 36 Was es sonst noch
über ihn und seine Taten zu berichten gibt, ist in der
amtlichen Chronik der Könige von Juda nachzulesen.
37 Während seiner Regierungszeit begann der HERR
Rezin, den König von Syrien, und Pekach, den Sohn
von Remalja, den König von Israel, gegen Juda loszu-
lassen. 38 Als Jotam starb, wurde er in der Grabstätte
seiner Vorfahren in der Stadt seines Ahnherrn David
bestattet. Sein Sohn Ahas wurde sein Nachfolger.

ÜBER KÖNIG AHAS VON JUDA

16 Im 17. Regierungsjahr Pekachs, des Königs von
Israel, wurde Ahas, der Sohn Jotams, König von
Juda. 2 Er war 20 Jahre alt, als er König wurde, und
regierte 16 Jahre lang in Jerusalem. Er tat nicht wie
sein Ahnherr David, was dem HERRN gefällt, 3 sondern
folgte dem schlechten Beispiel der Könige von Israel.
Er ließ sogar seinen Sohn als Opfer verbrennen und
folgte damit der abscheulichen Sitte der Völker, die
der HERR vor den Israeliten aus dem Land vertrieben
hatte. 4 An den Opferstätten auf den Hügeln und unter
allen heiligen Bäumen opferte er den fremden Göttern.

AHAS RUFT DEN ASSYRERKÖNIG ZU HILFE

5 Als Ahas regierte, rückten König Rezin von Syrien und
König Pekach von Israel, der Sohn von Remalja, gegen
Jerusalem heran und belagerten es; sie kamen aber
nicht dazu, es anzugreifen. 6 Rezin konnte jedoch Elat
unter syrische Kontrolle bringen. Er vertrieb die Judäer
aus der Stadt und die Edomiter kamen dorthin zurück.
Sie wohnen noch heute dort. 7 Ahas ließ damals Tiglat-
Pileser, dem König von Assyrien, folgende Botschaft
überbringen: »Ich bin dein Diener und dein Sohn! Der
König von Syrien und der König von Israel greifen mich

an; komm und rette mich aus ihrer Hand!« 8 Zugleich
ließ Ahas dem Assyrerkönig alles Silber und Gold, das
sich in den Schatzkammern des Tempels und des Kö-
nigspalastes befand, als Geschenk überbringen. 9 Der
Assyrerkönig hörte auf die Bitte von Ahas. Er zog gegen
Damaskus, eroberte die Stadt und führte ihre Bewoh-
ner nach Kir in die Verbannung. König Rezin tötete er.

AHAS VERFÜGT ÄNDERUNGEN IM TEMPEL

10 König Ahas ging nach Damaskus, um mit Tiglat-
Pileser, dem König von Assyrien, zusammenzutreffen.
Als er dort den Altar sah, den die Assyrer errichtet
hatten, schickte er dem Priester Urija ein Modell davon
und eine genaue Beschreibung, wie er ausgeführt war.
11 Nach diesen Angaben baute Urija auch in Jerusalem
einen solchen Altar und hatte ihn schon vollendet,
noch ehe Ahas aus Damaskus zurückkehrte. 12 Als
der König nach Jerusalem zurückkam und den Altar
vorfand, weihte er ihn persönlich ein. Er stieg die
Stufen zum Altar hinauf 13 und verbrannte für sich ein
Brandopfer und ein Speiseopfer, goss ein Trankopfer
aus und sprengte das Blut der Tiere, die als Mahlopfer
geschlachtet worden waren, an die Wand des Altars.
14 Zwischen dem neuen Altar und der Vorderfront des
Tempelhauses stand bis jetzt noch der frühere Altar,
der aus Bronze war. Ahas ließ ihn dort entfernen und
rechts von seinem neuen Altar aufstellen. 15 Dem
Priester Urija befahl er: »Von jetzt an werden die re-
gelmäßigen Brand- und Speiseopfer am Morgen und
am Abend auf dem großen neuen Altar dargebracht,
ebenso die Brand-, Speise- und Trankopfer für den
König und für das ganze Volk. Auch alles Blut der Tiere,
die für Brand- oder Mahlopfer geschlachtet werden,
wird an diesem Altar ausgegossen. Den Bronzealtar
will ich dazu benutzen, die Eingeweide der Opfertiere
zu untersuchen.« 16 Der Priester Urija machte alles
so, wie der König es angeordnet hatte. 17 König Ahas
ließ auch die Leisten und die Kessel von den bronze-
nen Kesselwagen aus dem Tempel wegholen; ebenso
die zwölf bronzenen Rinder, die das große runde Be-
cken, das »Meer«, trugen. Das große Becken bekam
einen Unterbau aus Stein. 18 Im Tempel gab es einen
überdachten Platz, von dem aus der König am Sabbat-
gottesdienst teilnahm, und ebenso einen besonderen
Eingang für den König. Beides ließ Ahas mit Rücksicht
auf den assyrischen König beseitigen.

TOD VON KÖNIG AHAS

19 Was es sonst noch über Ahas und seine Taten zu be-
richten gibt, ist in der amtlichen Chronik der Könige
von Juda nachzulesen. 20 Als er starb, wurde er in der
Grabstätte seiner Vorfahren in der Davidsstadt bestat-
tet. Sein Sohn Hiskija wurde sein Nachfolger.

EROBERUNG SAMARIAS UND WEGFÜHRUNG DER BEVÖLKERUNG

17 Im 12. Regierungsjahr des Königs Ahas von Juda
wurde Hoschea, der Sohn von Ela, König von
Israel. Er regierte neun Jahre lang in Samaria. 2 Er tat,
was dem HERRN missfällt; doch trieb er es nicht so
schlimm wie seine Vorgänger. 3 Als Salmanassar, der
König von Assyrien, mit seinem Heer gegen ihn an-
rückte, unterwarf sich Hoschea und musste ihm von
da an jährlich eine größere Summe als Tribut zahlen.
4 Dann aber erfuhr der Assyrerkönig, dass der König
von Israel von ihm abfallen wollte. Hoschea hatte
nämlich Gesandte zum ägyptischen König nach Saïs
geschickt und die jährlichen Tributzahlungen einge-
stellt. Deshalb ließ Salmanassar ihn verhaften und ins
Gefängnis werfen. 5 Der Assyrerkönig war mit seinem
Heer in das Land eingefallen und hatte Samaria bela-
gert. Im dritten Jahr der Belagerung, 6 dem neunten
Regierungsjahr von Hoschea, konnte Salmanassar die
Stadt einnehmen. Die Bevölkerung des Reiches Israel
ließ er nach Assyrien wegführen. Dort siedelte er sie in
der Provinz Halach und am Habor-Fluss in der Provinz
Gosan sowie in den Städten Mediens an.

ISRAELS ENDE ALS STRAFE FÜR SEINEN UNGEHORSAM

7-8 So weit kam es, weil sich die Leute von Israel an
dem HERRN, ihrem Gott, versündigt hatten. Er hatte
sie aus Ägypten herausgeführt und aus der Hand
des Pharaos befreit. Aber sie folgten dem schlechten
Beispiel ihrer Könige, verehrten fremde Götter und
übernahmen die Gebräuche der Völker, die der HERR
vor ihnen vertrieben hatte. 9 Sie verehrten den HERRN,
ihren Gott, auf eine Weise, die nicht recht war. Überall,
wo sie wohnten, richteten sie Opferstätten ein, beim
einsamen Wachtturm genauso wie in der befestigten
Stadt. 10 Auf jeder höheren Erhebung und unter jedem
größeren Baum stellten sie geweihte Steinmale und
Pfähle auf. 11 Dort verbrannten sie Opfergaben, ge-
nau wie die Völker, die der HERR vor ihnen vertrieben
hatte. Mit all ihren bösen Taten zogen sie sich den Zorn
des HERRN zu. 12 Sie verehrten auch Götzenbilder, ob-
wohl der HERR ihnen das ausdrücklich verboten hatte.
13 Der HERR aber ließ die Leute von Israel und ebenso
die Leute von Juda durch seine Propheten und Seher
warnen. Er ließ ihnen sagen: »Kehrt um; ihr seid auf
dem falschen Weg! Lebt nach meinen Geboten! Richtet
euer Leben nach den Vorschriften meines Gesetzes,
das ich euren Vorfahren gab und das ich euch durch
meine Diener, die Propheten, bekannt gemacht habe!«
14 Aber sie wollten nicht hören. Sie waren genauso
halsstarrig wie ihre Vorfahren, die auch schon dem
HERRN, ihrem Gott, kein Vertrauen geschenkt hatten.
15 Sie verachteten seine Gebote und machten sich
nichts aus dem Bund, den er mit ihren Vorfahren ge-
schlossen hatte. Sie ließen sich nicht von ihm warnen.
Sie liefen nichtigen Götzen nach und wurden dabei
selbst zunichte. Sie machten es genau wie die Völker
ihrer Umgebung, obwohl der HERR ihnen das verboten
hatte. 16 Sie missachteten die Gebote des HERRN, ihres
Gottes, machten sich zwei gegossene Stierbilder und
stellten ein Bild der Göttin Aschera auf; sie verehrten
das ganze Heer der Sterne am Himmel und beteten zu
dem Gott Baal. 17 Sie verbrannten ihre eigenen Kinder

als Opfer für die Götzen und trieben Wahrsagerei und Zauberei, kurzum: Sie taten alles, was dem HERRN missfällt und was ihn beleidigen musste. 18 Da wurde der HERR so zornig über die Leute von Israel, dass er sie aus seiner Nähe vertrieb und nur noch den Stamm Juda im Land wohnen ließ. 19 Aber auch die Leute von Juda hielten sich nicht an die Gebote des HERRN, ihres Gottes, sondern folgten dem schlechten Beispiel der Leute von Israel. 20 Deshalb verstieß der HERR die Israeliten allesamt. Er ließ zur Strafe fremde Völker über sie kommen, die sie ausplünderten, und ließ sie schließlich alle aus seiner Nähe wegschaffen. 21 Der HERR hatte die Leute des Reiches Israel vom Königshaus Davids abgetrennt und sie hatten Jerobeam, den Sohn Nebats, zu ihrem König gemacht. Jerobeam aber hatte sie dahin gebracht, sich vom HERRN abzuwenden und schwere Schuld auf sich zu laden. 22 Sie verfielen ganz dem Götzendienst, den Jerobeam eingeführt hatte, und wollten nicht davon lassen. 23 So vertrieb sie der HERR aus seiner Nähe, wie er es durch seine Diener, die Propheten, angekündigt hatte. Die Leute von Israel wurden aus ihrem Land weggeführt nach Assyrien. Dort sind sie heute noch.

IN SAMARIEN WERDEN FREMDE VÖLKER ANGESIEDELT

24 Anstelle der weggeführten Israeliten siedelte der König von Assyrien Fremde in Samarien an. Er ließ Leute aus den Städten Babylon, Kuta, Awa, Hamat und Sefarwajim kommen; die nahmen das Land in Besitz und wohnten in seinen Städten. 25 Anfangs ehrten sie den HERRN nicht und brachten ihm keine Opfer. Darum ließ er Löwen in ihr Gebiet einfallen, die viele Menschen töteten. 26 Da meldete man dem König von Assyrien: »Die Leute, die du aus ihrem Land weggeführt und in Samarien angesiedelt hast, wissen nicht, auf welche Weise der Gott dieses Landes verehrt werden will. Deshalb hat er Löwen unter sie geschickt, die schon viele Menschen getötet haben.« 27 Der Assyrerkönig befahl: »Schickt einen der Priester, die ihr von dort weggeführt habt, zurück! Er soll hingehen und bei ihnen wohnen und ihnen erklären, nach welchen gottesdienstlichen Bräuchen der Gott dieses Landes zu verehren ist.« 28 So kehrte einer der Priester aus der Verbannung zurück. Er wohnte in Bet-El und zeigte den Leuten, auf welche Weise der HERR verehrt werden will.
29 Aber die Fremden machten sich außerdem in allen Städten, in denen sie wohnten, Götzenbilder und stellten sie an den vielen Opferstätten auf, die die Israeliten errichtet hatten. Jede Volksgruppe hatte ihren eigenen Gott: 30 die Leute aus Babylon Sukkot-Benot, die Leute aus Kuta Nergal, die Leute aus Hamat Aschima, 31 die Leute aus Awa Nibhas und Tartak. Sie stellten die Bilder dieser Götter auf und opferten ihnen; die Leute aus Sefarwajim verbrannten sogar die eigenen Kinder für ihre Götter Adrammelech und Anammelech. 32 Sie verehrten daneben auch den HERRN, und sie setzten aus ihren eigenen Reihen Priester ein, die an den Opferstätten überall im Land den Opferdienst für ihn versahen. 33 So dienten sie gleichzeitig dem HERRN und ihren eigenen Göttern; denn sie hielten an den Bräuchen fest, die sie aus ihren Heimatländern mitgebracht hatten.
34 Noch bis heute halten die Leute in Samarien an ihren alten Bräuchen fest. Sie nehmen den HERRN nicht ernst und befolgen nicht seine Gesetze und Gebote, die doch jetzt auch für sie verbindlich sein sollten. Sie kümmern sich nicht um das Gesetz, das der HERR den Nachkommen von Jakob – er verlieh ihm den Namen Israel – gegeben hat. 35 Der HERR hatte nämlich mit den Nachkommen Jakobs einen Bund geschlossen und ihnen gesagt: »Verehrt keine fremden Götter! Werft euch nicht vor ihnen nieder, dient ihnen nicht, bringt ihnen keine Opfer! 36 Dient mir allein, dem HERRN, der euch mit großer Kraft und ausgestrecktem Arm aus Ägypten herausgeführt hat! Vor mir werft euch nieder, mir bringt eure Opfer! 37-38 Achtet sorgfältig darauf, stets die Gesetze und Rechtsbestimmungen, die Weisungen und die Gebote zu befolgen, die ich euch aufgeschrieben habe. Denkt an den Bund, den ich mit euch geschlossen habe, und verehrt keine fremden Götter. 39 Ich, der HERR allein, bin euer Gott, mich sollt ihr verehren! Ich allein rette euch aus der Gewalt aller eurer Feinde.« 40 Aber sie hatten nicht gehört, und auch die Leute aus jenen Völkern hörten nicht darauf; sie hielten an den Bräuchen fest, die sie aus ihren Heimatländern mitgebracht hatten. 41 Sie dienten dem HERRN und zugleich ihren Götzen. Und ihre Kinder und Enkel machten es genauso, alle ihre Nachkommen bis zum heutigen Tag.

KÖNIG HISKIJA BESEITIGT DEN GÖTZENDIENST

18 Im dritten Regierungsjahr des Königs Hoschea von Israel wurde Hiskija, der Sohn von Ahas, König von Juda. 2 Er war 25 Jahre alt, als er König wurde, und regierte 29 Jahre lang in Jerusalem. Seine Mutter hieß Abi und war eine Tochter von Secharja. 3 Er tat, was dem HERRN gefällt, genau wie sein Ahnherr David. 4 Er ließ die Opferstätten rings im Land zerstören, die geweihten Steinmale in Stücke schlagen und das Götzenbild der Aschera umstürzen. Er zerschlug auch die bronzene Schlange, die Mose gemacht hatte. Bis in die Tage Hiskijas hatten die Israeliten Weihrauch vor ihr verbrannt; sie nannten sie Nehuschtan. 5 Keiner von allen Königen Judas vor oder nach Hiskija vertraute so wie er dem HERRN, dem Gott Israels. 6 Hiskija hielt sein Leben lang treu zum HERRN und befolgte die Gebote, die der HERR durch Mose gegeben hatte.
7 Darum stand der HERR ihm auch bei und gab ihm Erfolg in allem, was er unternahm. So gelang es Hiskija, sich von der Oberherrschaft des Königs von Assyrien zu befreien. 8 Hiskija besiegte auch die Philister und verfolgte sie bis nach Gaza. Er verwüstete alles in ihrem Gebiet, vom Wachtturm bis zur befestigten Stadt.

DIE ASSYRER EROBERN SAMARIA

9 Im vierten Regierungsjahr von Hiskija – es war das siebte Regierungsjahr von Hoschea, dem König von Israel – rückte Salmanassar, der König von Assyrien,

mit seinen Truppen vor die Stadt Samaria und belagerten sie. 10 Nach fast dreijähriger Belagerung nahm er sie ein, im sechsten Regierungsjahr von Hiskija und im neunten von Hoschea. 11 Salmanassar ließ die Bevölkerung des Reiches Israel nach Assyrien in die Verbannung wegführen. Dort siedelte er sie in der Provinz Halach und am Habor-Fluss in der Provinz Gosan sowie in den Städten Mediens an. 12 Das alles geschah, weil sie nicht auf den HERRN, ihren Gott, gehört hatten. Sie brachen den Bund, den er mit ihnen geschlossen hatte, und befolgten nicht die Gebote, die Mose, der Bevollmächtigte des HERRN, verkündet hatte.

DIE ASSYRER ZIEHEN VOR JERUSALEM

13 Im 14. Regierungsjahr von Hiskija fiel Sanherib, der König von Assyrien, mit seinen Truppen in das Land Juda ein und eroberte alle befestigten Städte. 14 Als der Assyrerkönig noch vor der Stadt Lachisch lag, schickte Hiskija Boten zu ihm und ließ ihm sagen: »Ich habe Unrecht getan. Kämpfe nicht weiter gegen mich. Ich werde alles zahlen, was du forderst.« Sanherib verlangte als Tribut 300 Zentner Silber und 30 Zentner Gold. 15 Hiskija musste alles Silber abliefern, das sich in den Schatzkammern des Tempels und des Königspalastes befand. 16 Damals wurde auch die Goldverkleidung von den Türen und Türpfosten des Tempels entfernt und als Tribut dem König von Assyrien übergeben. Hiskija selbst hatte diese Goldverkleidung anbringen lassen. 17 Dennoch schickte der Assyrerkönig von Lachisch aus seine drei obersten Hofleute – den obersten Heerführer, den Palastvorsteher und den Obermundschenk – zu König Hiskija nach Jerusalem und gab ihnen ein starkes Heer mit. Vor der Stadt machten sie halt an der Wasserleitung beim oberen Teich, auf der Straße, die vom Tuchmacherfeld kommt. 18 Sie verlangten den König zu sprechen. Hiskija schickte den Palastvorsteher Eljakim, den Sohn von Hilkija, zu ihnen hinaus, und mit ihm den Staatsschreiber Schebna und den Kanzler Joach, den Sohn von Asaf. 19 Der Obermundschenk sagte zu ihnen: »Meldet Hiskija, was der große König, der König von Assyrien, ihm sagen lässt: ›Worauf vertraust du eigentlich, dass du dich so sicher fühlst? 20 Meinst du etwa, dass du mit leeren Worten gegen meine Kriegsmacht und Kriegserfahrung antreten kannst? Auf wen hoffst du, dass du es wagst, dich gegen mich aufzulehnen? 21 Erwartest du etwa Hilfe von Ägypten? Du kannst dich genauso gut auf ein Schilfrohr stützen – es zersplittert und durchbohrt dir die Hand. Der König von Ägypten hat noch jeden im Stich gelassen, der sich auf ihn verlassen hat. 22 Oder wollt ihr behaupten, dass ihr euch auf den HERRN, euren Gott, verlassen könnt? Dann sag mir doch: Ist er nicht eben der Gott, dessen Opferstätten und Altäre du, Hiskija, beseitigt hast? Hast du nicht den Leuten von Juda und Jerusalem befohlen, dass sie nur noch auf dem Altar in Jerusalem Opfer darbringen sollen?‹ 23 Mein Herr, der König von Assyrien, bietet dir folgende Wette an: Er gibt dir zweitausend Pferde, wenn du die Reiter dafür zusammenbringst. 24 Du kannst es ja nicht einmal mit dem unbedeutendsten Truppenführer meines Herrn aufnehmen. Du hoffst nur auf Ägypten und seine Streitwagenmacht. 25 Im Übrigen lässt der König von Assyrien dir sagen: ›Glaub nur nicht, ich sei gegen den Willen des HERRN gegen diese Stadt gezogen, um sie in Schutt und Asche zu legen! Der HERR selbst hat mir befohlen: Greif dieses Land an und verwüste es!‹«

JERUSALEM WIRD ZUR ÜBERGABE AUFGEFORDERT

26 Da unterbrachen Eljakim, Schebna und Joach den Obermundschenk und baten ihn: »Sprich doch bitte aramäisch mit uns, wir verstehen es. Sprich nicht hebräisch, die Leute auf der Stadtmauer hören uns zu!« 27 Aber der Obermundschenk erwiderte: »Hat mich etwa mein Herr nur zu deinem Herrn und zu dir gesandt? Nein, meine Botschaft gilt allen, die dort oben auf der Stadtmauer sitzen und die bald zusammen mit euch den eigenen Kot fressen und den eigenen Harn saufen werden!« 28 Darauf trat der Obermundschenk noch ein Stück weiter vor und rief laut auf Hebräisch: »Hört, was der große König, der König von Assyrien, euch sagen lässt! 29 So spricht der König: ›Lasst euch von Hiskija nicht täuschen! Er kann euch nicht aus meiner Hand retten. 30 Lasst euch auch nicht dazu überreden, auf den HERRN zu vertrauen! Glaubt Hiskija nicht, wenn er sagt: Der HERR wird uns bestimmt retten und diese Stadt nicht in die Hand des Assyrerkönigs fallen lassen! 31 Hört nicht auf Hiskija, hört auf mich! So spricht der König von Assyrien: Kommt heraus und ergebt euch! Jeder darf von seinem Weinstock und seinem Feigenbaum essen und Wasser aus seiner Zisterne trinken, 32 bis ich euch in ein Land bringe, das ebenso gut ist wie das eure. Dort gibt es Korn und Brot, Most und Wein, Öl und Honig in Fülle. Hört auf mich, dann werdet ihr am Leben bleiben und nicht umkommen! Hört nicht auf Hiskija! Er macht euch etwas vor, wenn er euch einredet: Der HERR wird uns retten! 33 Haben etwa die Götter der anderen Völker ihre Länder vor mir schützen können? 34 Wo sind jetzt die Götter von Hamat und Arpad? Wo sind die Götter von Sefarwajim, Hena und Awa? Hat irgendein Gott Samaria vor mir beschützt? 35 Wer von allen Göttern hat sein Land vor mir retten können? Und da soll ausgerechnet der HERR, euer Gott, Jerusalem vor mir beschützen?‹« 36 Die Männer auf der Mauer blieben still und antworteten nichts; so hatte König Hiskija es angeordnet. 37 Eljakim, Schebna und Joach zerrissen ihr Gewand, gingen zu Hiskija und berichteten ihm, was der Obermundschenk gesagt hatte.

19 Als König Hiskija das hörte, zerriss auch er sein Gewand, legte den Sack an und ging in den Tempel des HERRN. 2 Zugleich schickte er den Palastvorsteher Eljakim, den Staatsschreiber Schebna und die angesehensten Priester mit dem Sack bekleidet zum Propheten Jesaja, dem Sohn von Amoz. 3 Sie sollten ihm im Namen des Königs sagen: »Heute straft uns Gott für unsere Sünden; wir sind in Not und Schande geraten. Es geht uns wie Kindern, die im Mutterschoß

stecken geblieben sind, weil die Mutter keine Kraft
mehr zum Gebären hat. 4 Der Assyrerkönig hat sei-
nen Obermundschenk hierher geschickt, um den le-
bendigen Gott zu verhöhnen. Wenn doch der HERR,
dein Gott, hören wollte, wie dieser Fremde ihn lästert!
Wenn er ihn doch strafen wollte für die Schmach, die
er ihm angetan hat! Bete zum HERRN für die, die von
seinem Volk übrig geblieben sind!« 5 Die Männer ka-
men zu Jesaja und überbrachten ihm diese Botschaft.
6 Jesaja antwortete ihnen: »Sagt dem König: ›So
spricht der HERR: Hab keine Angst! Lass dich nicht ein-
schüchtern, wenn die Boten des Assyrerkönigs mich
lästern und behaupten, ich könnte euch nicht retten.
7 Ich werde dafür sorgen, dass er seinen Plan aufgibt.
Er wird eine Nachricht erhalten und schleunigst nach
Hause zurückkehren. Dort werde ich ihn umbringen
lassen.‹« 8 Sanherib, der König von Assyrien, stand
inzwischen nicht mehr vor Lachisch, sondern kämpfte
schon gegen die Festung Libna. Dorthin kehrte der
Obermundschenk zurück.

SANHERIB PRAHLT – HISKIJA BETET

9 Der Assyrerkönig erfuhr, dass ein Heer unter der
Führung des äthiopischen Königs Tirhaka gegen ihn
heranrückte. Da schickte er noch einmal Gesandte zu
König Hiskija 10 und ließ ihm sagen: »Verlass dich nicht
zu sehr auf deinen Gott! Lass dir nicht von ihm einre-
den, dass Jerusalem niemals in meine Hand fallen wird.
11 Du weißt doch, was die Könige von Assyrien mit den
anderen Ländern gemacht haben. Sie haben alle ver-
wüstet, und da willst ausgerechnet du dem Untergang
entrinnen? 12 Denk doch an Gosan, an Haran und Rezef
und an die Leute von Eden, die in Telassar wohnten.
Haben ihre Götter meine Vorgänger daran hindern
können, alle diese Städte dem Erdboden gleichzuma-
chen? 13 Und wo sind die Könige, die in Hamat und
Arpad, Sefarwajim, Hena und Awa regierten?« 14 Die
Abgesandten Sanheribs übergaben ihre Botschaft in
einem Brief. Als Hiskija ihn gelesen hatte, ging er in
den Tempel, breitete ihn vor dem HERRN aus 15 und
betete: »HERR, du Gott Israels, der über den Kerubim
thront! Du allein bist der Herrscher über alle Reiche
der Welt. Du hast Himmel und Erde geschaffen. 16 Sieh
doch, wie es uns ergeht! Höre doch, wie dieser Sanhe-
rib dich, den lebendigen Gott, verhöhnt! 17 Es ist wahr:
Die Könige von Assyrien haben alle diese Völker ver-
nichtet 18 und ihre Götter ins Feuer geworfen. Aber es
waren ja keine Götter, sondern nur Bilder aus Holz oder
Stein, von Menschen angefertigt. Deshalb wurden
sie auch vernichtet. 19 HERR, unser Gott, rette uns vor
diesem Assyrerkönig! Alle Königreiche der Welt sollen
erkennen, dass du, HERR, allein Gott bist!«

GOTT SPOTTET ÜBER DEN ASSYRERKÖNIG

20 Da ließ Jesaja, der Sohn von Amoz, dem König Hiskija
ausrichten: »So spricht der HERR, der Gott Israels:
›Du hast zu mir um Hilfe gerufen gegen den Assyrer-
könig Sanherib. Ich habe dein Gebet gehört, 21-22 und
ich will dir sagen, was ich tun werde. So spreche ich
zu ihm: Die unbesiegte Zionsstadt nur Spott und Ver-
achtung für dich hat! Die Jungfrau Zion lacht dich
aus, die Zunge streckt sie dir heraus. Mit wem hast
du dich eingelassen, gegen wen, du Narr, dich auf-
geblasen? Mich, den heiligen Gott Israels, kennst du
nicht, und doch schmähst du und höhnst du mir ins
Gesicht! 23 Wahrhaftig, du warst schlecht beraten, als
du so prahltest mit deinen Taten. Durch Boten ließest
du überall sagen: Ich bin der Herr! Ich bestieg meinen
Wagen, hoch auf den Libanon fuhr ich im Trab, die Tan-
nen und Zedern dort holzte ich ab, all seine Schlupf-
winkel spürte ich auf und nie kam ins Stocken mein
Siegeslauf! 24 Ich grub mir Brunnen mit eigener Hand,
so schafft' ich mir Wasser im Feindesland. Ich trockne
sie aus, die ägyptischen Flüsse, sie müssen versiegen
vom Tritt meiner Füße! 25 So prahlst du. Hör zu jetzt und
lass es dir sagen: Ich hab's so beschlossen seit uralten
Tagen; ich hab es geplant, was jetzt ist geschehen,
drum mussten die Städte zugrunde gehen. Nichts ist
davon übrig als Trümmer nur, von ihren Bewohnern
blieb keine Spur. 26 Der Mut, sich zu wehren, war ihnen
entfallen, verschwunden die Kraft, drum erging's ihnen
allen wie Gras an einem trocknen Ort; es sprießt – und
schon ist es verdorrt. 27 Ich hab auch dich ganz fest in
der Hand, was immer du tust, ist mir vorher bekannt,
ob du stehst, liegst, kommst, gehst – alles sehe ich,
ich weiß genau, wie du tobst gegen mich. 28 Weil mir
dein Geschwätz in die Ohren dringt, schmück ich dir
die Nase mit einem eisernen Ring, ich lege dir meinen
Zaum in das Maul und zwing dich wie einen störri-
schen Gaul. Den Weg, den du Prahlhans gekommen
bist, den bring ich zurück dich in kürzester Frist! 29 Dir,
Hiskija, aber gebe ich ein Vorzeichen für das, was in
der Zukunft geschehen wird: In diesem Jahr und im
folgenden werdet ihr essen, was sich von selbst ausge-
sät hat; aber im dritten Jahr könnt ihr wieder säen und
ernten, Weinberge anlegen und ihre Trauben essen.
30 So werden einst die Bewohner von Juda, die mit dem
Leben davongekommen sind, gedeihen wie Pflanzen,
die tiefe Wurzeln schlagen und reiche Frucht bringen.
31 Denn ein Rest wird übrig bleiben auf dem Zionsberg
in Jerusalem und das Land von Neuem besiedeln. Ich,
der Herrscher der Welt, sorge dafür in meiner leiden-
schaftlichen Liebe zu meinem Volk. 32 Ich sage dir noch
einmal, wie es dem Assyrerkönig ergehen wird: Er wird
nicht in diese Stadt eindringen, ja, nicht einen einzigen
Pfeil hineinschießen. Er wird nicht dazu kommen, eine
Rampe gegen ihre Mauer vorzutreiben und seine Män-
ner im Schutz der Schilde zum Angriff aufzustellen.
33 Auf demselben Weg, auf dem er gekommen ist, wird
er wieder heimkehren. Er wird ganz bestimmt nicht
in die Stadt eindringen. Ich bin der HERR, ich sage es!
34 Um meiner Ehre willen und meinem Diener David
zuliebe werde ich dieser Stadt beistehen und sie ret-
ten!‹« 35 In derselben Nacht kam der Engel des HERRN
in das Lager der Assyrer und tötete dort 185 000 Mann.
Als der Morgen anbrach, lag alles voller Leichen. 36 Da
ließ König Sanherib zum Aufbruch blasen und zog ab.
Er kehrte in seine Heimat zurück und blieb in Ninive.

37 Dort betete er eines Tages im Tempel seines Gottes
Nisroch. Da erschlugen ihn seine Söhne Adrammelech
und Sarezer mit dem Schwert. Sie mussten in das Land
Ararat fliehen. Sanheribs Sohn Asarhaddon wurde sein
Nachfolger auf dem Thron.

GOTT ERHÖRT HISKIJAS GEBET

20 Damals wurde Hiskija todkrank. Der Prophet
Jesaja, der Sohn von Amoz, kam zu ihm und
sagte: »So spricht der HERR: ›Bereite dich auf dein
Ende vor! Du wirst von diesem Krankenlager nicht
wieder aufstehen.‹« 2 Hiskija drehte sich zur Wand
hin und betete: 3 »Ach, HERR, denk doch daran, dass
ich dir immer treu war! Ich habe dir mit ganzem Her-
zen gehorcht und stets getan, was dir gefällt.« Hiskija
brach in Tränen aus und weinte laut. 4 Jesaja war erst
bis zum mittleren Hof des Palastes gekommen, da er-
ging an ihn das Wort des HERRN; er erhielt den Befehl:
5 »Kehr um und sag zu Hiskija, dem Anführer meines
Volkes: ›So spricht der HERR, der Gott deines Ahnherrn
David: Ich habe dein Gebet gehört und deine Tränen
gesehen. Ich werde dich gesund machen. Am dritten
Tag von heute an wirst du wieder in meinen Tempel
gehen können. 6 Ich gebe dir noch fünfzehn Jahre dazu
und werde dich und diese Stadt vor dem König von
Assyrien retten. Um meiner Ehre willen und meinem
Diener David zuliebe werde ich Jerusalem beschüt-
zen.‹« 7 Jesaja richtete die Botschaft aus. Dann sagte
er zu den Dienern: »Legt einen Verband aus gepressten
Feigen auf die entzündete Stelle, dann wird der König
gesund werden.« 8 Hiskija fragte Jesaja: »Woran kann
ich erkennen, dass der HERR mich wirklich gesund ma-
chen wird und ich schon übermorgen in seinen Tempel
gehen werde?« 9 Jesaja antwortete: »Der HERR wird
dir ein Zeichen geben, an dem du erkennen kannst,
dass er seine Zusage wahr macht. Du hast die Wahl:
Soll der Schatten auf der Treppe zehn Stufen vorrücken
oder zehn Stufen zurückgehen?« 10 Hiskija sagte: »Es
ist nichts Besonderes, wenn er ein wenig schneller
vorrückt; ich möchte, dass er um zehn Stufen zurück-
geht!« 11 Da rief Jesaja zum HERRN, und der HERR ließ
den Schatten auf der Treppe, die König Ahas gebaut
hatte, um zehn Stufen zurückgehen.

GOTT IST MIT HISKIJAS POLITIK NICHT EINVERSTANDEN

12 Als der babylonische König Merodach-Baladan, der
Sohn Baladans, davon hörte, dass Hiskija von einer
Krankheit genesen war, schickte er ihm ein Glück-
wunschschreiben und ließ ihm Geschenke überbrin-
gen. 13 Hiskija nahm die Botschaft der Gesandten
entgegen und zeigte ihnen alles, was er besaß: Silber,
Gold, Gewürze und kostbare Öle, seine Waffen, Rüstun-
gen und Lebensmittelvorräte. Alle Schatzkammern, Ge-
räte- und Vorratshäuser in seinem Palast und in seinem
ganzen Reich ließ er sie sehen. 14 Da kam der Prophet
Jesaja zu König Hiskija und fragte ihn: »Was wollten
diese Männer von dir? Woher kamen sie?« »Sie sind
von weit her gekommen, aus Babylon«, antwortete
Hiskija. 15 »Was haben sie in deinem Palast gesehen?«,
fragte Jesaja. »Ich habe ihnen alle meine Vorräte und
Schätze gezeigt«, sagte Hiskija. »Ich habe nichts vor
ihnen geheim gehalten.« 16 Da sagte Jesaja: »Höre,
was der HERR dir sagen lässt: 17 ›Alle Schätze in deinem
Palast, die deine Vorfahren zusammengetragen haben,
werden eines Tages nach Babylon weggeschafft, nichts
bleibt davon zurück. 18 Auch von den Söhnen, die dir
noch geboren werden, wird man einige nach Babylon
verschleppen. Sie werden dort den König in seinem
Palast bedienen müssen.‹« 19 Hiskija sagte: »Ich beuge
mich unter die Entscheidung des HERRN.« Und er fügte
hinzu: »Wenn nur wenigstens zu meinen Lebzeiten
noch Frieden und Sicherheit herrschen!« 20 Was es
sonst noch über Hiskija und all seine Erfolge zu berich-
ten gibt, ist in der amtlichen Chronik der Könige von
Juda nachzulesen. Dort ist auch aufgezeichnet, wie er
den Wasserspeicher anlegen und das Wasser durch
einen Tunnel in die Stadt leiten ließ. 21 Als Hiskija starb,
wurde er in der Grabstätte seiner Vorfahren bestattet.
Sein Sohn Manasse wurde sein Nachfolger.

DER MANN, DER DAS MASS DER SCHULD VOLLMACHT

21 Manasse war zwölf Jahre alt, als er König
wurde, und regierte 55 Jahre lang in Jerusalem.
Seine Mutter hieß Hefzi-Bah. 2 Manasse tat, was dem
HERRN missfällt, und folgte den abscheulichen Bräu-
chen der Völker, die der HERR vor den Israeliten ver-
trieben hatte. 3 Er baute die Opferstätten wieder auf,
die sein Vater Hiskija zerstört hatte, errichtete Altäre
für den Gott Baal und ließ ein Bild der Göttin Aschera
anfertigen, genau wie König Ahab von Israel es getan
hatte. Er warf sich auch vor dem Heer der Sterne am
Himmel nieder und brachte ihm Opfer. 4 Im Tempel
von Jerusalem, den der HERR zur Wohnstätte seines
Namens bestimmt hatte, stellte er Altäre fremder Göt-
ter auf 5 und in den Vorhöfen des Tempels Altäre für das
ganze Sternenheer. 6 Er verbrannte einen seiner Söhne
als Opfer, gab sich mit Zauberern und Wahrsagern ab
und hielt sich Totenbeschwörer und Zeichendeuter.
Mit all diesem bösen Tun zog er den Zorn des HERRN
auf sich. 7 Er stellte das Bild der Göttin Aschera in dem
Tempel auf, von dem der HERR zu David und seinem
Sohn Salomo gesagt hatte: »In diesem Haus und in
Jerusalem, das ich mir aus allen Stämmen Israels aus-
gesucht habe, soll mein Name für alle Zeiten Wohnung
nehmen. 8 Wenn sie mir gehorchen und alle Gebote
befolgen, die Mose, mein Diener und Bevollmächtig-
ter, ihnen verkündet hat, werde ich nicht zulassen,
dass sie jemals aus dem Land vertrieben werden, das
ich ihren Vätern gegeben habe.« 9 Aber die Leute von
Juda hörten nicht auf den HERRN und ließen sich von
Manasse zum Götzendienst verführen. Sie trieben es
noch schlimmer als die Völker, die der HERR vor den
Israeliten ausgerottet hatte. 10 Da ließ der HERR durch
seine Diener, die Propheten, verkünden: 11 »König Ma-
nasse hat noch schlimmeren Götzendienst getrieben
als die Amoriter, die früher in diesem Land gewohnt

haben, und er hat auch die Leute von Juda zum Göt-
zendienst verführt. 12 Darum sagt der HERR, der Gott
Israels: ›Ich werde schweres Unglück über Jerusalem
und über ganz Juda bringen. Jedem, der davon hört,
werden die Ohren wehtun. 13 Jerusalem wird mit dem-
selben Maß gemessen wie Samaria und sein Königs-
haus mit demselben Maß wie die Familie von König
Ahab. Ich wische die Einwohner Jerusalems hinweg;
die Stadt wird so leer sein wie eine Schüssel, die man
auswischt und umstülpt. 14 Auch Juda und Jerusalem,
die von meinem erwählten Volk noch übrig geblieben
sind, will ich verstoßen. Ich gebe sie in die Hand ihrer
Feinde, die das Land ausplündern und seine Bewoh-
ner wegführen werden. 15 Denn sie haben getan, was
mir missfällt, und meinen Zorn herausgefordert, von
dem Tag, an dem ihre Vorfahren aus Ägypten gezogen
sind, bis heute.‹« 16 Auch viele unschuldige Menschen
hatte Manasse umbringen lassen; in Jerusalem waren
Ströme von Blut geflossen. Das kam noch hinzu zu
dem Götzendienst, zu dem er auch die Leute von Juda
verführt hatte, sodass sie nach seinem Beispiel taten,
was dem HERRN missfällt. 17 Was es sonst noch über
Manasse und seine Taten zu berichten gibt, auch über
den Götzendienst, den er trieb, das ist in der amtlichen
Chronik der Könige von Juda nachzulesen. 18 Als Ma-
nasse starb, wurde er im Garten seines Palastes – der
Garten hatte früher einmal Usa gehört – bestattet.
Sein Sohn Amon wurde sein Nachfolger.

ÜBER KÖNIG AMON VON JUDA

19 Amon war 22 Jahre alt, als er König wurde, und er
regierte zwei Jahre lang in Jerusalem. Seine Mutter
hieß Meschullemet und war eine Tochter von Haruz
aus Jotba. 20 Er tat, was dem HERRN missfällt, genau wie
sein Vater Manasse. 21 In allem folgte er dessen Beispiel.
Wie schon sein Vater opferte er den Götzenbildern und
warf sich vor ihnen nieder. 22 Vom HERRN aber, dem Gott
seiner Vorfahren, wandte er sich ab und kümmerte sich
nicht um seine Gebote. 23 Einige Hofbeamte Amons ver-
schworen sich gegen ihn und töteten ihn in seinem Pa-
last. 24 Die Männer von Juda aber brachten alle um, die
sich an der Verschwörung beteiligt hatten, und riefen
seinen Sohn Joschija zu seinem Nachfolger aus. 25 Was
es sonst noch über Amon und seine Taten zu berichten
gibt, ist in der amtlichen Chronik der Könige von Juda
nachzulesen. 26 Bestattet wurde er in der Grabanlage
in dem Garten, der früher einmal Usa gehört hatte. Sein
Sohn Joschija wurde sein Nachfolger.

EIN GESETZBUCH WIRD GEFUNDEN

22 Joschija war erst acht Jahre alt, als er König
wurde, und er regierte 31 Jahre lang in Jerusalem.
Seine Mutter hieß Jedida, sie war eine Tochter
von Adaja aus Bozkat. 2 Joschija folgte dem Vorbild
seines Ahnherrn David. Er tat, was dem HERRN gefällt,
und richtete sich streng nach dessen Geboten und
Weisungen. 3 In seinem 18. Regierungsjahr schickte
König Joschija den Staatsschreiber Schafan, den Sohn
von Azalja und Enkel von Meschullam, mit folgendem
Auftrag in den Tempel: 4 »Geh zum Obersten Priester
Hilkija und lass ihn feststellen, wie viel Geld bisher zum
Tempel gebracht und von den Torhütern eingesammelt
worden ist. 5-6 Dann soll der Priester es den Meistern
aushändigen, die für die Ausbesserungsarbeiten am
Tempel verantwortlich sind. Sie sollen davon den Lohn
der Zimmerleute, Bauarbeiter und Maurer bezahlen
und das nötige Baumaterial, Holz und Bruchsteine,
beschaffen. 7 Er soll von den Verantwortlichen keinen
Nachweis über die Verwendung des Geldes verlan-
gen, sondern ihnen vertrauen, dass sie ehrlich damit
umgehen.« 8 Als der Staatsschreiber seinen Auftrag
ausgerichtet hatte, sagte der Oberste Priester zu ihm:
»Ich habe im Tempel das Gesetzbuch des HERRN ge-
funden!« Der Staatsschreiber nahm die Buchrolle und
las sie. 9 Dann ging er zum König und meldete: »Deine
Diener, die Priester, haben den Opferkasten im Tempel
geleert und das Geld den Meistern ausgehändigt, die
für die Ausbesserungsarbeiten verantwortlich sind.«
10 Er berichtete dem König auch, dass der Priester Hil-
kija ihm eine Buchrolle übergeben hatte, und las sie
dem König vor.

KÖNIG JOSCHIJA IST ENTSETZT

11 Als der König hörte, was in diesem Gesetzbuch stand,
zerriss er sein Gewand. 12 Er stellte eine Abordnung
zusammen: Hilkija, den Obersten Priester, Ahikam, den
Sohn von Schafan, Achbor, den Sohn von Micha, so-
wie den Staatsschreiber Schafan und den königlichen
Vertrauten Asaja. Er befahl ihnen: 13 »Geht und fragt
den HERRN um Rat wegen der Worte, die in diesem
Buch stehen! Fragt ihn für mich, für das Volk und für
ganz Juda. Denn wir haben den schweren Zorn des
HERRN auf uns gezogen, weil unsere Vorfahren die
Anordnungen nicht befolgt haben, die in diesem Buch
stehen.« 14 Die fünf Männer gingen miteinander zu
der Prophetin Hulda und trugen ihr die Frage vor. Die
Prophetin wohnte in der Jerusalemer Neustadt; ihr
Mann Schallum, der Sohn von Tikwa und Enkel von
Hasra, hatte die Aufsicht über die Kleiderkammer.
15-16 Die Prophetin sagte zu den Abgesandten des Kö-
nigs: »Antwortet dem Mann, der euch zu mir gesandt
hat: ›So spricht der HERR, der Gott Israels: Alle Drohun-
gen, die du in diesem Buch gelesen hast, lasse ich in
Erfüllung gehen. Ich bringe Unglück über diese Stadt
und ihre Bewohner. 17 Sie haben mir die Treue gebro-
chen und anderen Göttern geopfert. Mit ihren selbst
gemachten Götzenbildern haben sie mich herausge-
fordert. Mein Zorn gegen diese Stadt ist aufgelodert
wie ein Feuer, das nicht erlöscht!‹ 18 Für den König
selbst aber, der euch hergeschickt hat, um den HERRN
zu fragen, habe ich folgende Botschaft: ›So spricht der
HERR, der Gott Israels: Du hast die Worte gehört, 19 die
ich gegen diese Stadt und ihre Bewohner gesprochen
habe: Es soll ihnen so ergehen, dass alle Völker das
Entsetzen packt; wer einem andern Böses wünschen
will, wird sagen: Es ergehe dir wie Jerusalem! Aber du
hast es dir zu Herzen genommen und dich meinem
Urteil gebeugt, du hast dein Gewand zerrissen und

vor mir geweint; deshalb habe ich auch dein Gebet
erhört. 20a Du wirst das Unglück, das ich über diese
Stadt bringen werde, nicht mehr mit eigenen Augen
sehen. Ich lasse dich in Frieden sterben und du wirst in
der Grabstätte deiner Vorfahren bestattet werden.‹«

JOSCHIJA VERPFLICHTET DAS VOLK AUF DAS AUFGEFUNDENE GESETZ

20b Die Abgesandten gingen zum König zurück und
richteten ihm alles aus.

23 Darauf ließ der König alle Ältesten von Juda
und Jerusalem zu sich rufen. 2 Mit allen
Männern von Juda und der ganzen Bevölkerung
Jerusalems, den Priestern und Propheten und dem
ganzen Volk, den vornehmen wie den einfachen Leu-
ten, ging er hinauf zum Tempel des HERRN. Dort ließ er
vor ihnen das ganze Bundesgesetz verlesen, das sich
im Tempel gefunden hatte. 3 Dann trat der König an
seinen Platz vor dem Tempel und schloss einen Bund
mit dem HERRN. Das ganze Volk musste versprechen,
dem HERRN zu gehorchen und alle seine Gebote und
Anweisungen mit ganzem Willen und aller Kraft zu
befolgen. Alles, was in dem aufgefundenen Buch ge-
fordert war, sollte genau befolgt werden. Das ganze
Volk stimmte zu und verpflichtete sich zum Gehorsam
gegen das Gesetz des HERRN.

JOSCHIJA REINIGT DEN GOTTESDIENST IN JERUSALEM

4 Nun befahl der König dem Obersten Priester Hilkija
sowie seinen Stellvertretern und den Torhütern, den
Tempel des HERRN von den Spuren des Götzendienstes
zu säubern. Er ließ alle Geräte und Einrichtungen, die
für den Gott Baal, die Göttin Aschera und das ganze
Heer der Sterne bestimmt waren, aus der Stadt brin-
gen und im Kidrontal verbrennen. Die Asche ließ er
nach Bet-El schaffen. 5 Er setzte die Götzenpriester
ab, die von den Königen Judas eingesetzt worden wa-
ren, um an den Opferstätten in den Städten von Juda
und in der Umgebung Jerusalems Opfer darzubrin-
gen. Er entließ auch alle Priester, die dem Baal, der
Sonne, dem Mond, den Sternen des Tierkreises und
dem ganzen übrigen Sternenheer geopfert hatten.
6 Er entfernte das Götzenbild der Aschera aus dem
Tempel des HERRN und ließ es ebenfalls im Kidrontal
verbrennen. Die Überreste ließ er zu Staub zerstoßen
und zusammen mit der Asche auf den Gräbern des
Armenfriedhofs ausstreuen. 7 Außerdem ließ er die
Häuser der geweihten Frauen abreißen, die im Tem-
pelbezirk gestanden hatten. Dort hatten die Frauen
Gewänder für die Göttin Aschera gewebt. 8 Auch die
Altäre vor dem Tor des Stadtkommandanten Joschua
ließ er niederreißen. Sie hatten, vom Torinneren aus
gesehen, auf der linken Seite gestanden. Im ganzen
Land Juda, von Geba bis Beerscheba, entweihte er die
Opferstätten und holte aus allen Städten die Priester
nach Jerusalem. 9 Sie erhielten ihren Anteil an den
ungesäuerten Broten, die den Jerusalemer Priestern
zustehen; aber sie durften am Altar des HERRN keinen
Opferdienst tun. 10 Joschija entweihte auch die Opfer-
stätte Tofet im Hinnom-Tal, damit dort niemand mehr
seinen Sohn oder seine Tochter als Opfer für den
Götzen Moloch verbrennen konnte. 11 Weiter ließ er
die Pferdestandbilder beseitigen, die die Könige von
Juda zu Ehren des Sonnengottes aufgestellt hatten.
Sie standen auf dem Parwar-Platz am Eingang zum
Tempel, nahe bei den Diensträumen des Hofbeamten
Netan-Melech. Die dazugehörigen Wagen wurden ver-
brannt. 12 Der König ließ auch die Altäre abbrechen, die
die Könige von Juda in ihrem Palast auf dem Dach des
von Ahas erbauten Obergeschosses errichtet hatten,
und ebenso die Altäre, die Manasse in den beiden Vor-
höfen des Tempels aufgestellt hatte. Er zertrümmerte
sie völlig und ließ den Schutt ins Kidrontal werfen. 13 Er
entweihte die Götzenaltäre im Osten von Jerusalem,
südlich vom Berg der Vernichtung. König Salomo hatte
sie einst für die phönizische Göttin Astarte, den moabi-
tischen Gott Kemosch und den ammonitischen Götzen
Milkom bauen lassen. 14 Joschija ließ auch die Stein-
male zerschlagen und die geweihten Pfähle umhauen.
Überall, wo sie gestanden hatten, bedeckte er die Erde
mit Totengebeinen.

JOSCHIJA ZERSTÖRT DIE HEILIGTÜMER IM LAND

15 Dann ließ Joschija die Opferstätte in Bet-El zer-
stören. Der Tempel wurde in Brand gesteckt, der Al-
tar zu Staub zermalmt und auch der geweihte Pfahl
verbrannt. Jerobeam, der Sohn Nebats, hatte diese
Opferstätte erbauen lassen und die Leute im Reich
Israel dadurch zum Götzendienst verführt. 16 Vor der
Zerstörung hatte Joschija den Altar entweiht. Er hatte
gesehen, dass am Berg Gräber lagen. Er ließ die Toten-
gebeine einsammeln und auf dem Altar verbrennen.
Genau das hatte der HERR durch einen Propheten an-
kündigen lassen, als Jerobeam bei der Einweihung des
Heiligtums am Altar stand. Auf die Grabstätte eben
dieses Propheten fiel der Blick des Königs. 17 »Was
ist das für ein Grabmal, das ich dort sehe?«, fragte er
die Bewohner der Stadt. Sie antworteten ihm: »Das
ist das Grab des Propheten, der aus Juda hierher kam
und alles voraussagte, was du jetzt mit diesem Altar
getan hast.« 18 Da befahl Joschija: »Lasst ihm seine
Ruhe! Keiner soll sich an seinen Gebeinen vergrei-
fen!« So blieben seine Gebeine an ihrem Platz, und
ebenso die Gebeine des anderen Propheten, der aus
Samaria stammte. 19 Wie mit Bet-El, so verfuhr Joschija
auch mit den Tempeln in den Städten Samariens. Die
Könige von Israel hatten sie bauen lassen und damit
den Zorn des HERRN herausgefordert. Joschija zer-
störte sie 20 und ließ ihre Priester auf den Altären ab-
schlachten; außerdem verbrannte er Totengebeine auf
den Altären. Darauf kehrte er nach Jerusalem zurück.

DAS ERSTE GEMEINSAME PASSAFEST IN JERUSALEM

21 Dann befahl König Joschija dem ganzen Volk: »Feiert
jetzt das Passafest für den HERRN, euren Gott! Haltet es
genau nach den Vorschriften, die in dem Buch stehen,

auf das ihr euch vor dem HERRN verpflichtet habt!«
22 Weder in der Zeit, als Richter die Israeliten angeführt
hatten, noch unter der Herrschaft der Könige Israels
und Judas war das Passafest in dieser Form gefeiert
worden. 23 Aber jetzt, im 18. Regierungsjahr des Königs
Joschija, feierte das ganze Volk dieses Fest, so wie das
Gesetz es verlangt, in der Stadt Jerusalem.

JOSCHIJA KANN DIE KATASTROPHE NICHT ABWENDEN

24 Nach den Vorschriften des Gesetzbuches, das der
Priester Hilkija im Tempel des HERRN gefunden hatte,
vertrieb Joschija die Totenbeschwörer und Wahrsa-
ger und ließ die Hausgötter und alle Arten von Göt-
zenbildern in Juda und Jerusalem wegschaffen. 25 Mit
ganzem Herzen, mit ganzem Willen und mit aller Kraft
wandte er sich dem HERRN zu und richtete sich streng
nach dem Gesetz Moses. Er übertraf darin alle ande-
ren Könige vor und nach ihm. 26 Aber Joschija konnte
den Zorn des HERRN über Juda nicht besänftigen, so
sehr hatte Manasse den HERRN beleidigt durch all das,
was er getan hatte. 27 Der HERR blieb bei seinem Ent-
schluss: »Genau wie die Leute von Israel lasse ich auch
die Leute von Juda aus ihrem Land verschleppen, damit
ich sie nicht mehr vor Augen haben muss. Mit der Stadt,
die ich erwählt habe, mit Jerusalem, will ich nichts mehr
zu tun haben und genauso wenig mit dem Tempel, von
dem ich einst sagte: ›Hier soll mein Name wohnen.‹«

DAS ENDE VON KÖNIG JOSCHIJA

28 Was es sonst noch über Joschija und seine Taten zu
berichten gibt, ist in der amtlichen Chronik der Könige
von Juda nachzulesen. 29 In der Regierungszeit von Jo-
schija zog Pharao Necho, der König von Ägypten, mit
seinem Heer zum Eufrat, um dem König von Assyrien
Hilfe zu leisten. Bei Megiddo suchte Joschija ihn aufzu-
halten. Doch gleich zu Beginn des Kampfes fand er den
Tod. 30 Seine Leute brachten den toten König auf einem
Wagen von Megiddo nach Jerusalem und bestatteten
ihn dort in der vorbereiteten Grabstätte. Die Männer
von Juda riefen Joahas, einen der Söhne von Joschija,
zu seinem Nachfolger aus und salbten ihn.

DIE KÖNIGE JOAHAS UND JOJAKIM. JUDA ZWISCHEN ÄGYPTEN UND BABYLONIEN

31 Joahas war 23 Jahre alt, als er König wurde, und er
regierte nur drei Monate lang in Jerusalem. Seine Mut-
ter hieß Hamutal; sie war eine Tochter von Jirmeja und
stammte aus Libna. 32 Er tat, was dem HERRN miss-
fällt, genau wie seine Vorfahren. 33 Der Pharao Ne-
cho setzte ihn ab und hielt ihn in Ribla in der Provinz
Hamat gefangen. Das Land musste an den Pharao
100 Zentner Silber und einen Zentner Gold als Tribut
bezahlen. 34 Für Joahas setzte der Pharao Eljakim,
einen anderen Sohn von Joschija, als Nachfolger sei-
nes Vaters zum König ein und änderte seinen Namen
in Jojakim. Joahas nahm er mit nach Ägypten, wo er
später starb. 35 Um dem Pharao die verlangte Summe
abliefern zu können, sah Jojakim sich gezwungen,
von der Bevölkerung eine Abgabe zu erheben. Von
jedem Einwohner forderte er einen Betrag, der sich
nach der Größe seines Besitzes richtete. 36 Jojakim
war 25 Jahre alt, als er König wurde, und er regierte elf
Jahre lang in Jerusalem. Seine Mutter hieß Sebuda; sie
war eine Tochter von Pedaja und stammte aus Ruma.
37 Genau wie seine Vorfahren tat Jojakim, was dem
HERRN missfällt.

24 Während seiner Regierungszeit zog Nebukad-
nezzar, der König von Babylonien, mit einem
Heer heran und Jojakim unterwarf sich ihm. Doch nach
drei Jahren lehnte er sich gegen ihn auf. 2 Der HERR
aber schickte umherstreifende Truppen der Chaldäer,
der Syrer, der Moabiter und der Ammoniter gegen Jo-
jakim. Sie fielen in Juda ein und verwüsteten es, genau
wie der HERR es durch seine Diener, die Propheten,
angekündigt hatte. 3 Dies alles kam über Juda auf aus-
drücklichen Befehl des HERRN, denn er wollte sich die
Leute von Juda aus den Augen schaffen. Der Grund
dafür war, dass Manasse ihn durch seinen Götzen-
dienst beleidigt 4 und darüber hinaus in Jerusalem viele
unschuldige Menschen getötet hatte. Der HERR war
entschlossen, diese Schuld nicht zu vergeben. 5 Was es
sonst noch über Jojakim und seine Taten zu berichten
gibt, ist in der amtlichen Chronik der Könige von Juda
nachzulesen. 6 Als er starb, wurde sein Sohn Jojachin
sein Nachfolger. 7 Zu dieser Zeit wagte sich der König
von Ägypten schon nicht mehr aus seinem Land her-
aus, denn alle Gebiete vom Eufrat bis zur ägyptischen
Grenze, die früher zu seinem Machtbereich gehört
hatten, waren inzwischen fest in der Hand des Königs
von Babylonien.

NEBUKADNEZZAR NIMMT JERUSALEM EIN

8 Jojachin war 18 Jahre alt, als er König wurde, und
regierte nur drei Monate lang in Jerusalem. Seine
Mutter hieß Nehuschta; sie war eine Tochter Elna-
tans und stammte aus Jerusalem. 9 Jojachin tat, was
dem HERRN missfällt, genau wie sein Vater Jojakim.
10 Kurz nach seinem Regierungsantritt zog das Heer
Nebukadnezzars, des Königs von Babylonien, vor die
Stadt Jerusalem und belagerte sie. 11 Als die Belagerung
in vollem Gange war, erschien Nebukadnezzar selbst
vor der Stadt. 12 Da ergab sich Jojachin und ging zu-
sammen mit seiner Mutter und mit all seinen Beam-
ten, Offizieren und Hofleuten hinaus vor die Stadt zu
König Nebukadnezzar. Es war das achte Regierungs-
jahr Nebukadnezzars, als Jojachin sein Gefangener
wurde. 13 Alle Schätze, die sich im Tempel des HERRN
und im Königspalast befanden, ließ der Babylonier-
könig wegschleppen. Wie der HERR es angedroht hatte,
ließ Nebukadnezzar auch alle goldenen Geräte zer-
schlagen, die Salomo für den Tempel hatte anfertigen
lassen. 14 Aus Jerusalem führte er alle maßgeblichen
und wohlhabenden Leute in die Verbannung, insge-
samt 10 000 Mann, dazu alle erfahrenen Handwerker,
insbesondere die Bau- und Metallhandwerker. Nur
die ärmere Bevölkerungsschicht blieb zurück. 15 Auch
König Jojachin, seine Mutter und seine Frauen, seine

Hofleute und alle führenden Männer von Juda ließ
Nebukadnezzar von Jerusalem nach Babylonien in die
Verbannung wegführen, 16 dazu 7000 wohlhabende
Männer und 1000 erfahrene Handwerker, insbeson-
dere Bau- und Metallhandwerker; er nahm alle mit,
die mit Waffen umgehen konnten. 17 Anstelle Joja-
chins setzte er dessen Onkel Mattanja als König ein
und gab ihm den Namen Zidkija. 18 Zidkija war 21 Jahre
alt, als er König wurde, und er regierte elf Jahre lang
in Jerusalem. Seine Mutter hieß Hamutal; sie war eine
Tochter von Jirmeja und stammte aus Libna. 19 Zidkija
tat, was dem HERRN missfällt, genau wie sein Bruder
Jojakim. 20a Nun aber war das Maß voll. Der HERR war
so zornig über die Bewohner Jerusalems und Judas,
dass er sie aus seinen Augen wegschaffen ließ.

JERUSALEM WIRD ZUM ZWEITEN MAL EINGENOMMEN

20b Zidkija lehnte sich gegen Nebukadnezzar, den
König von Babylonien, auf.

25 Da erschien Nebukadnezzar im neunten Re-
gierungsjahr Zidkijas mit allen seinen Truppen
vor Jerusalem. Rings um die Stadt ließ er einen Bela-
gerungswall aufschütten. Am 10. Tag des 10. Monats
begann die Belagerung 2 und sie dauerte bis ins elfte
Regierungsjahr Zidkijas. 3 Zuletzt waren die Nahrungs-
mittel in der Stadt völlig aufgebraucht. Am 9. Tag des
4. Monats im elften Regierungsjahr Zidkijas 4 schlu-
gen die Babylonier eine Bresche in die Stadtmauer.
Im Schutz der Dunkelheit gelang es König Zidkija und
seinen Kriegsleuten, durch den Torweg zwischen den
beiden Mauern am königlichen Garten die Stadt zu ver-
lassen und den Belagerungsring zu durchbrechen. Sie
flohen in östlicher Richtung zur Jordanebene. 5 Sofort
nahmen babylonische Truppen die Verfolgung auf
und holten Zidkija in der Ebene bei Jericho ein. Von
seinen Kriegsleuten im Stich gelassen, 6 wurde er ge-
fangen genommen und nach Ribla vor den König von
Babylonien gebracht. Nebukadnezzar selbst sprach
ihm das Urteil. 7 Zidkija musste mit ansehen, wie seine
Söhne abgeschlachtet wurden; dann stach man ihm die
Augen aus und brachte ihn, mit Ketten gefesselt, nach
Babylon. 8 Im 19. Regierungsjahr Nebukadnezzars, am
7. Tag des 5. Monats, traf Nebusaradan, der Befehls-
haber der königlichen Leibwache, einer der engsten
Vertrauten des Babylonierkönigs, in Jerusalem ein. 9 Er
ließ den Tempel des HERRN, den Königspalast und alle
vornehmen Häuser Jerusalems niederbrennen. Auch
alle anderen Häuser gingen in Flammen auf. 10 Seine
Truppen rissen die Mauern der Stadt ringsum nieder.
11 Nebusaradan ließ die restliche Stadtbevölkerung
und alle, die zu den Babyloniern übergelaufen waren,
gefangen wegführen. 12 Nur aus der ärmsten Schicht
der Landbevölkerung ließ er eine Anzahl zurück, damit
sie die Weinberge und Äcker bestellten. 13 Die Baby-
lonier zertrümmerten die bronzenen Säulen, die vor
dem Tempel des HERRN aufgestellt waren, ebenso
die Kesselwagen und das große Bronzebecken, und
schafften all dies Metall nach Babylon. 14 Sie nahmen
die Töpfe und Schaufeln und Messer und Pfannen mit,
alle Bronzegeräte, die für den Tempeldienst gebraucht
worden waren. 15 Auch die Feuerbecken und Schalen,
überhaupt alle goldenen und silbernen Geräte nahm
Nebusaradan mit. 16 Für die beiden Säulen, das große
Becken und die Kesselwagen hatte König Salomo eine
ungeheure Menge Bronze verarbeitet. 17 Die beiden
Säulen waren neun Meter hoch; jede trug ein bronze-
nes Kapitell von eineinhalb Meter Höhe. Die Kapitelle
waren ringsum mit Bandgeflecht und Granatäpfeln aus
Bronze verziert. 18 Nebusaradan, der Befehlshaber der
Leibwache, ließ den Oberpriester Seraja, seinen Stell-
vertreter Zefanja und die drei Torhüter festnehmen.
19 In der Stadt fanden sich außerdem noch ein hoher
Offizier, fünf Männer aus der nächsten Umgebung des
Königs, der Beamte, der für die Musterung des Heeres
verantwortlich war, und sechzig wichtige Männer aus
dem Gebiet von Juda. Auch sie ließ Nebusaradan ver-
haften 20 und brachte sie zum König von Babylonien
nach Ribla in der Provinz Hamat. 21 Dort ließ Nebukad-
nezzar sie hinrichten. So wurde das Volk von Juda aus
seinem Land in die Verbannung geführt.

WIRREN UNTER DEN ZURÜCKGEBLIEBENEN

22 Über den Rest der Bevölkerung, der im Land Juda
zurückgeblieben war, setzte Nebukadnezzar Gedalja,
den Sohn Ahikams und Enkel Schafans, als Statthal-
ter ein. 23 Als die Truppenführer aus Juda, die den Ba-
byloniern nicht in die Hände gefallen waren, davon
hörten, kamen sie alle mit ihren Männern zu Gedalja
nach Mizpa. Es waren Jischmaël, der Sohn von Netanja,
Johanan, der Sohn von Kareach, Seraja, der Sohn von
Tanhumet aus Netofa, und Jaasanja aus Maacha. 24 Ge-
dalja sagte zu ihnen und ihren Männern: »Ich gebe
euch mein Wort: Ihr braucht keine Angst vor den Baby-
loniern zu haben. Bleibt im Land und unterwerft euch
dem König von Babylonien, dann wird euch nichts
geschehen!« 25 Aber im siebten Monat jenes Jahres
kam Jischmaël, der Sohn von Netanja und Enkel von
Elischama aus der königlichen Familie, mit zehn Män-
nern nach Mizpa. Sie töteten Gedalja und alle Judäer
und Babylonier, die bei ihm waren. 26 Aus Angst vor
der Rache der Babylonier flüchtete die ganze Bevöl-
kerung, vornehme wie einfache Leute, zusammen mit
den Truppenführern nach Ägypten.

GRUND FÜR NEUE HOFFNUNG?

27 Als Ewil-Merodach König von Babylonien wurde,
begnadigte er noch im selben Jahr König Jojachin von
Juda und holte ihn aus dem Gefängnis. Das geschah
im 37. Jahr der Gefangenschaft Jojachins, am 27. Tag
des 12. Monats. 28 Der neue König behandelte Joja-
chin freundlich und gab ihm eine Ehrenstellung unter
den fremden Königen, die genau wie Jojachin nach
Babylon gebracht worden waren. 29 Jojachin durfte
seine Gefängniskleidung ablegen und zeitlebens an der
königlichen Tafel speisen. 30 Auf Anordnung des baby-
lonischen Königs wurde ihm bis zu seinem Tod täglich
alles geliefert, was er zu seinem Unterhalt brauchte.

DAS ERSTE BUCH DER **CHRONIK**

VON ADAM BIS ABRAHAM

1 Die Abstammungslinie von Adam bis Noach: Adam,
Set, Enosch, 2 Kenan, Mahalalel, Jered, 3 Henoch,
Metuschelach, Lamech, 4 Noach. Noach hatte drei
Söhne: Sem, Ham und Jafet. 5 Die Söhne *Jafets* wa-
ren: Gomer, Magog, Madai, Jawan, Tubal, Meschech
und Tiras. 6 Von Gomer stammen ab: Aschkenas, Ri-
fat und Togarma. 7 Von Jawan: Elischa, Tarschisch, die
Kittäer und die Rodaniter. 8 Die Söhne *Hams* waren:
Kusch, Mizrajim, Put und Kanaan. 9 Von Kusch stam-
men ab: Seba, Hawila, Sabta, Ragma und Sabtecha.
Von Ragma: Saba und Dedan. 10 Kusch zeugte auch
Nimrod. Dieser wurde der erste große Herrscher auf
der Erde. 11 Mizrajim war der Stammvater der Luditer,
Anamiter, Lehabiter, Naftuhiter, 12 Patrositer, Kasluhi-
ter sowie der Kaftoriter, von denen die Philister her-
kommen. 13 Die Nachkommen Kanaans waren: Sidon,
sein Erstgeborener, und Het, 14 außerdem die Jebusiter,
Amoriter, Girgaschiter, 15 Hiwiter, Arkiter, Siniter, 16 Ar-
waditer, Zemariter und Hamatiter. 17 Die Söhne *Sems*
waren: Elam, Assur, Arpachschad, Lud, Aram, Uz, Hul,
Geter und Meschech. 18 Arpachschad zeugte Schelach,
Schelach zeugte Eber. 19 Eber wurden zwei Söhne ge-
boren, der eine hieß Peleg (Teilung), denn zu seiner
Zeit verteilte sich die Menschheit über die Erde; der
andere hieß Joktan. 20 Joktans Nachkommen waren:
Almodad, Schelef, Hazarmawet, Jerach, 21 Hadoram,
Usal, Dikla, 22 Obal, Abimaël, Saba, 23 Ofir, Hawila und
Jobab. Sie alle sind Nachkommen Joktans. 24 Die Ab-
stammungslinie von Sem bis Abraham: Sem, Arpach-
schad, Schelach, 25 Eber, Peleg, Regu, 26 Serug, Nahor,
Terach, 27 Abram, der auch Abraham heißt.

DIE NACHKOMMEN ABRAHAMS

28 Die Söhne Abrahams waren: Isaak und Isma-
ël. 29 Hier ist die Liste ihrer Nachkommen: Ismaëls
Erstgeborener war Nebajot, dann folgten Kedar,
Adbeel, Mibsam, 30 Mischma, Duma, Massa, Ha-
dad, Tema, 31 Jetur, Nafisch und Kedma. Sie alle sind
Nachkommen von Ismaël. 32 Auch von seiner Neben-
frau Ketura hatte Abraham Söhne; sie gebar Simran,
Jokschan, Medan, Midian, Jischbak und Schuach. Die
Söhne von Jokschan waren: Saba und Dedan. 33 Die
Söhne von Midian waren: Efa, Efer, Henoch, Abida
und Eldaga. Sie alle sind Nachkommen von Ketura.
34 Abrahams Sohn Isaak hatte zwei Söhne: Esau und
Israel. 35 Die Söhne von Esau waren: Elifas, Reguël, Jë-
usch, Jalam und Korach. 36 Die Söhne von Elifas waren:
Teman, Omar, Zefo, Gatam, Kenas, Timna und Amalek.
37 Die Söhne Reguëls: Nahat, Serach, Schamma und
Misa. 38 Die Söhne von Seïr waren: Lotan, Schobal,
Zibon, Ana, Dischon, Ezer und Dischan. 39 Die Söhne
Lotans: Hori und Hemam. Lotans Schwester war
Timna. 40 Die Söhne Schobals: Alwan, Manahat, Ebal,
Schefi und Onam. Die Söhne Zibons: Aja und Ana.
41 Der Sohn von Seïrs Sohn Ana: Dischon. Die Söhne
von Seïrs Sohn Dischan: Hemdan, Eschban, Jitran und
Keran. 42 Die Söhne Ezers: Bilhan, Saawan und Akan.
Die Söhne Dischans: Uz und Aran.

DIE KÖNIGE VON EDOM

43-50 Bevor es in Israel einen König gab, herrschten über
das Land Edom nacheinander folgende Könige: // Be-
la, der Sohn Beors, in der Stadt Dinhaba; / Jobab, der
Sohn Serachs, aus der Stadt Bozra; / Huscham aus
dem Gebiet des Stammes Teman; / Hadad, der Sohn
Bedads, in der Stadt Awit; er besiegte die Midianiter
in einer Schlacht auf dem Gebiet von Moab; / Samla
aus der Stadt Masreka; / Schaul aus der Stadt Rehobot
am Fluss; / Baal-Hanan, der Sohn Achbors; / Hadad in
der Stadt Pagu; seine Frau Mehetabel war eine Tochter
Matreds und Enkelin Me-Sahabs. // 51 Nach dem Tod
Hadads wurde die Herrschaft in Edom von Sippen-
oberhäuptern ausgeübt. Es waren die Oberhäupter
der Sippen Timna, Alwa, Jetet, 52 Oholibama, Ela, Pinon,
53 Kenas, Teman, Mibzar, 54 Magdiël und Iram.

DIE SÖHNE ISRAELS (JAKOBS)

2 Die Söhne Israels waren: Ruben, Simeon, Levi, Juda,
Issachar, Sebulon, 2 Dan, Josef, Benjamin, Naftali,
Gad und Ascher.

DIE NACHKOMMEN VON JUDA

3 Die Söhne Judas waren: Er, Onan und Schela. Diese
drei hatte ihm die Tochter von Schua, eine Kanaa-
niterin, geboren. Aber Er, sein Erstgeborener, tat,
was dem HERRN missfällt, und der HERR ließ ihn
sterben. 4 Judas Schwiegertochter Tamar gebar
ihm dann noch Perez und Serach. Insgesamt hatte
Juda fünf Söhne. 5 Die Söhne von Perez waren: Hez-
ron und Hamul. 6 Die Söhne von Serach: Simri, Etan,
Heman, Kalkol und Darda. 7 Simri hatte einen Sohn
namens Karmi; dessen Sohn war Achan. Der stürzte
Israel ins Unglück, denn er vergriff sich an Beute-
gut, das Gott geweiht war. 8 Etan hatte einen Sohn
namens Asarja. 9 Die Söhne, die Hezron geboren
wurden, waren: Jerachmeël, Ram und Kaleb.

DIE NACHKOMMEN VON RAM

10 Ram zeugte Amminadab, Amminadab zeugte Nach-
schon, das Oberhaupt des Stammes Juda. 11 Nachschon
zeugte Salmon, Salmon Boas, 12 Boas Obed, Obed Isai.
13 Isai zeugte als Erstgeborenen Eliab, danach als zwei-
ten Abinadab, als dritten Schima, 14 als vierten Netanel,
als fünften Raddai, 15 als sechsten Ozem, als siebten
David. 16 Die sieben hatten zwei Schwestern: Zeruja
und Abigal. Zeruja hatte drei Söhne: Abischai, Joab
und Asaël. 17 Abigal gebar Amasa; dessen Vater war
der Ismaëliter Jeter.

DIE NACHKOMMEN KALEBS

18 Kaleb, der Sohn Hezrons, hatte aus seiner ersten Ehe
mit Asuba eine Tochter namens Jeriot. Deren Söhne
waren Jescher, Schobab und Ardon. 19 Nach Asubas

Tod verheiratete Kaleb sich mit Efrata, die gebar ihm Hur. 20 Hur zeugte Uri und Uri zeugte Bezalel. 21 Später heiratete Kalebs Vater Hezron noch einmal im Alter von 60 Jahren. Seine Frau, eine Tochter Machirs, des Stammvaters von Gilead, gebar ihm Segub. 22 Segub zeugte Jaïr. Ihm gehörten 23 Ortschaften im Land Gilead, die »die Dörfer Jaïrs« genannt wurden. 23 Aber die Geschuriter und Syrer nahmen sie ihm ab, ebenso die Stadt Kenat mit den dazugehörenden Dörfern, insgesamt 60 Orte, die alle den Nachkommen Machirs gehört hatten. 24 Nach dem Tod Hezrons, dessen Frau Abija hieß, schlief Kaleb mit Efrata und sie gebar ihm Aschhur, den Stammvater von Tekoa.

DIE NACHKOMMEN JERACHMEËLS

25 Jerachmeël, der erstgeborene Sohn Hezrons, hatte folgende Söhne: Ram, seinen Erstgeborenen, dann Buna, Oren, Ozem und Ahija. 26 Er hatte noch eine zweite Frau namens Atara, die war die Mutter seines Sohnes Onam. 27 Die Söhne seines Erstgeborenen Ram waren: Maaz, Jamin und Eker. 28 Die Söhne Onams waren: Schammai und Jada. Die Söhne von Schammai: Nadab und Abischur. 29 Die Frau Abischurs hieß Abihajil, sie gebar ihm die Söhne Achban und Molid. 30 Die Söhne Nadabs waren: Seled und Appajim. Seled starb, ohne Kinder zu hinterlassen. 31 Der Sohn Appajims war Jischi, der Sohn Jischis Scheschan und der Sohn Scheschans war Achlai. 32 Jada, der Bruder von Schammai, hatte zwei Söhne: Jeter und Jonatan. Jeter starb kinderlos. 33 Die Söhne Jonatans waren: Pelet und Sasa. Diese alle waren Nachkommen Jerachmeëls. 34 Scheschan hatte übrigens keine Söhne, sondern nur Töchter. 35 Eine von ihnen gab er seinem ägyptischen Sklaven Jarha zur Frau und sie gebar ihm Attai. 36-41 Attai zeugte Natan, Natan zeugte Sabad, Sabad Eflal, weiter folgten in direkter Linie Obed, Jehu, Asarja, Helez, Elasa, Sismai, Schallum, Jekamja und Elischama.

WEITERE LISTEN VON NACHKOMMEN KALEBS

42 Die Söhne Kalebs, des Bruders von Jerachmeël, waren: Mescha, sein Erstgeborener, der Stammvater von Sif, und als zweiter Marescha, der Stammvater von Hebron. 43 Die Söhne Hebrons waren: Korach, Tappuach, Rekem und Schema. 44 Schema zeugte Raham, den Stammvater von Jorkoam. Rekem zeugte Schammai, 45 dessen Sohn war Maon, der Stammvater von Bet-Zur. 46 Efa, eine Nebenfrau Kalebs, gebar ihm die Söhne Haran, Moza und Gases. Haran zeugte Jahdai; 47 dessen Söhne waren: Regem, Jotam, Geschan, Pelet, Efa und Schaaf. 48 Maacha, eine andere Nebenfrau Kalebs, gebar ihm Scheber und Tirhana, 49 später auch Schaaf, den Stammvater von Madmanna, und Schewa, den Stammvater von Machbena und von Gibea. Kaleb hatte auch eine Tochter Achsa. 50 Eine Liste der Nachkommen Kalebs: Die Söhne von Hur, dem Erstgeborenen von Kalebs Frau Efrata: Schobal, der Gründer von Kirjat-Jearim, 51 Salmon, der Stammvater von Betlehem, und Haref, der Stammvater von Bet-Gader. 52 Schobal, der Stammvater von Kirjat-Jearim, hatte als Nachkommen die Sippe Reaja und die Hälfte der Bewohner von Manahat. 53 In Kirjat-Jearim wohnten die Sippen der Jeteriter, Putiter, Schumatiter und Mischraïter. Von ihnen stammten auch die Bewohner von Zora und Eschtaol ab. 54 Die Nachkommen Salmons waren: die Bewohner von Betlehem, von Netofa und Atrot-Bet-Joab sowie die andere Hälfte der Bewohner von Manahat, die aus Zora kamen. 55 In Jabez wohnten die Tiratiter, Schimatiter und Suchatiter. Diese Sippen waren aus Sofer gekommen. Sie gehörten alle zu den Kenitern und stammten von Hammat ab, dem Stammvater von Bet-Rechab.

DIE NACHKOMMEN DAVIDS

3 Folgende Söhne wurden David in Hebron geboren: // als Erstgeborener Amnon, seine Mutter war Ahinoam aus Jesreel; / als zweiter Daniel, seine Mutter war Abigajil aus Karmel; / 2 als dritter Abschalom, seine Mutter war Maacha, die Tochter des Königs Talmai von Geschur; / als vierter Adonija, seine Mutter war Haggit; / 3 als fünfter Schefatja, seine Mutter war Abital; / als sechster Jitream, seine Mutter war Davids Frau Egla. // 4 Diese sechs wurden David in Hebron geboren. Dort regierte er siebeneinhalb Jahre. Danach regierte David 33 Jahre in Jerusalem. 5 Dort wurden ihm weitere Söhne geboren: // vier Söhne von Batseba, der Tochter Ammiëls: / Schammua, Schobab, Natan und Salomo; / 6 neun Söhne von anderen Frauen: / Jibhar, Elischua, Elifelet, 7 Nogah, Nefeg, Jafia, 8 Elischama, Eljada und Elifelet. // 9 Sie alle waren vollberechtigte Söhne Davids; dazu kamen noch die Söhne der Nebenfrauen. Ihre Schwester war Tamar. 10 Die Nachkommen und Thronerben von König Salomo in direkter Linie waren: Rehabeam, Abija, Asa, Joschafat, 11 Joram, Ahasja, Joasch, 12 Amazja, Asarja, Jotam, 13 Ahas, Hiskija, Manasse, 14 Amon und Joschija. 15 Die Söhne von Joschija waren: der erstgeborene Johanan, der zweite Jojakim, der dritte Zidkija, der vierte Schallum. 16 Die Söhne von Jojakim: Jojachin und Zidkija. 17 Die Söhne von Jojachin, der in die Gefangenschaft fortgeführt wurde: Schealtiël, 18 Malkiram, Pedaja, Schenazzar, Jekamja, Hoschama und Nedabja. 19 Die Söhne von Pedaja: Serubbabel und Schimi. Die Söhne von Serubbabel: Meschullam und Hananja; ihre Schwester war Schelomit. 20 Fünf weitere Söhne von ihm waren: Haschuba, Ohel, Berechja, Hasadja und Juschab-Hesed. 21 Die Söhne von Hananja: Pelatja, Jeschaja, Refaja, Arnan, Obadja und Schechanja. 22 Die sechs Söhne von Schechanja: Schemaja, Hattusch, Jigal, Bariach, Nearja und Schafat. 23 Die drei Söhne von Nearja: Eljoënai, Hiskija und Asrikam. 24 Und schließlich die sieben Söhne von Eljoënai: Hodawja, Eljaschib, Pelaja, Akkub, Johanan, Delaja und Anani.

EINZELNE SIPPEN DES STAMMES JUDA

4 Die Nachkommen von Juda über seinen Sohn Perez waren in direkter Linie: Hezron, Karmi, Hur, Schobal, 2 Reaja und Jahat. Die Söhne Jahats waren: Ahumai und Lahad. Von ihnen stammten die Sippen ab, die in Zora wohnten. 3 Die Stammväter von Etam waren: Jesreel, Jischma und Jidbasch; ihre Schwester hieß

Hazlelponi. 4 Penuël war der Stammvater von Gedor,
Eser war der von Huscha. Beide waren Nachkommen
von Hur, dem Erstgeborenen von Kalebs Frau Efrata,
dem Stammvater von Betlehem. 5 Aschhur, der Stamm-
vater von Tekoa, hatte zwei Frauen: Hela und Naara.
6 Naara gebar ihm die Söhne Ahusam, Hefer, Temni und
Ahaschtari. 7 Die Söhne von Hela waren: Zeret, Zohar
und Etnan. 8 Von Koz stammten Anub und Zobeba ab
sowie die Sippen Aharhels, des Sohnes Harums. 9 Ein
Mann namens Jabez war der angesehenste unter sei-
nen Brüdern. Bei seiner Geburt hatte seine Mutter
gesagt: »Ich habe ihn mit Schmerzen geboren«, und
deshalb hatte sie ihn Jabez genannt. 10 Er selbst aber
hatte zum Gott Israels gebetet: »Segne mich und erwei-
tere mein Gebiet! Steh mir bei und halte Unglück und
Schmerz von mir fern!« Diese Bitte hatte Gott erhört.
11 Kelub, ein Bruder von Schuha, zeugte Mehir, den Vater
von Eschton. 12 Dessen Söhne waren: Bet-Rafa, Paseach
und Tehinna, der Stammvater von Ir-Nahasch. Ihre Sip-
pen wohnten in Recha. 13 Die Söhne von Kenas waren:
Otniël und Seraja. Die Söhne Otniëls: Hatat und Meono-
tai; 14 der Sohn von Meonotai war Ofra. Der Sohn von
Seraja: Joab, der Stammvater des »Tales der Zimmer-
leute«. Es wurde so genannt, weil alle seine Bewohner
Zimmerleute waren. 15 Die Söhne von Kaleb, dem Sohn
von Jefunne, waren: Iru, Ela und Naam; der Sohn von
Ela war Kenas. 16 Die Söhne von Jehallelel waren: Sif,
Sifa, Tirja und Asarel. 17-18 Die Söhne von Esra waren: Je-
ter, Mered, Efer und Jalon. Mered hatte eine Ägypterin
zur Frau. Sie hieß Bitja und war eine Tochter des Pha-
raos. Sie gebar ihm Mirjam, Schammai und Jischbach,
den Stammvater von Eschtemoa. Seine andere Frau aus
dem Stamm Juda gebar ihm Jered, den Stammvater von
Gedor, Heber, den Stammvater von Socho, und Jekutiël,
den Stammvater von Sanoach. 19 Hodija heiratete eine
Schwester von Naham. Deren Nachkommen waren Ha-
garmi, der Stammvater von Keïla, und Eschtemoa. 20 Die
Söhne Schimons waren: Amnon, Rinna, Ben-Hanan und
Tilon. Der Sohn von Jischi war Sohet. Auch dieser hatte
einen Sohn. 21 Von Schela, dem Sohn von Juda, stamm-
ten ab: Er, der Stammvater von Lecha, und Lada, der
Stammvater von Marescha, außerdem die Sippen, die
in Aschbea wohnten. Sie waren Weber und stellten fei-
nes weißes Leinen her. 22 Zu den Nachkommen Schelas
gehörten auch Jokim und die Bewohner von Koseba,
außerdem Joasch und Saraf, die eine Zeit lang in Moab
gelebt hatten und dann wieder nach Betlehem zurück-
gekehrt waren – wie man erzählt. 23 Ihre Nachkommen
wohnten in Netaïm und Gedera und arbeiteten dort als
Töpfer in den königlichen Werkstätten.

DIE NACHKOMMEN VON SIMEON

24 Die Söhne Simeons waren: Jemuël, Jamin, Jarib, Se-
rach und Schaul. 25 Schauls Sohn war Schallum; auf ihn
folgten als weitere Nachkommen in dieser Linie: Mib-
sam, Mischma, 26 Hammuël, Sakkur und Schimi. 27 Schimi
hatte sechzehn Söhne und sechs Töchter; seine Brüder
dagegen hatten nur wenige Kinder. Überhaupt war der
Stamm Simeon nicht so zahlreich wie der Stamm Juda.
28 Die Nachkommen Simeons wohnten in Beerscheba,
Molada, Hazar-Schual, 29 Baala, Ezem, Eltolad, 30 Betuël,
Horma, Ziklag, 31 Bet-Markabot, Hazar-Susim, Bet-Biri
und Schaarajim. Sie bewohnten diese Städte und die
dazugehörenden Dörfer bis zu der Zeit, als David König
wurde. 32 Außerdem gehörten ihnen die fünf Städte
Etam, Ajin, Rimmon, Tochen und Aschan 33 mit allen
dazugehörenden Dörfern bis nach Baal. So steht es in
den Listen ihrer Familien und Wohnorte. 34 Ihre Sippen-
oberhäupter waren: Meschobab, Jamlech, Joscha, der
Sohn von Amazja, 35 Joël, Jehu, der Sohn von Joschibja
und Enkel von Seraja und Urenkel von Asiël, 36 weiter
Eljoënai, Jaakoba, Jeschohaja, Asaja, Adiël, Jesimiël,
Benaja 37 und Sisa, der in aufsteigender Linie von Schi-
fi, Allon, Jedaja, Schimri und Schemaja abstammte.
38 Diese Sippen hatten sich stark vermehrt. 39 Um neue
Weideplätze für ihre Schafherden zu suchen, zogen
sie deshalb in den östlichen Teil des Tales, nach Gedor
zu. 40 Dort fanden sie gute, saftige Weiden. Das Land
dehnte sich nach allen Seiten weit aus, es war sicher
und ruhig. Die früheren Bewohner waren Nachkommen
von Noachs Sohn Ham. 41 In der Zeit, als Hiskija König
von Juda war, kamen jene Sippen und überfielen die
Nachkommen Hams in ihren Zeltlagern und ebenso die
Mëuniter, die dort wohnten. Sie vernichteten sie völlig
und ließen sich an ihrer Stelle nieder. Sie wohnen dort
bis zum heutigen Tag. 42 Eine andere Gruppe aus dem
Stamm Simeon, etwa 500 Mann, zog in das Bergland
Seïr. Ihre Anführer waren Pelatja, Nearja, Refaja und
Usiël, die Söhne von Jischi. 43 Sie töteten den Rest der
Amalekiter, der sich einst dorthin gerettet hatte, ließen
sich dort nieder und wohnen dort bis zum heutigen Tag.

DIE NACHKOMMEN VON RUBEN

5 Ruben war der erste Sohn Israels. Weil er aber mit
einer Nebenfrau seines Vaters geschlafen hatte,
wurden seine Erstgeburtsrechte auf die beiden Söhne
seines Bruders Josef übertragen. In das Verzeichnis der
Stämme wurde aber auch Josef nicht an erster Stelle
aufgenommen, 2 obwohl ihm das Erstgeburtsrecht zu-
erkannt wurde; denn am mächtigsten unter allen Bru-
derstämmen war Juda. Darum wurde auch einer aus
dem Stamm Juda König von Israel. 3 Die Söhne von Ru-
ben, dem Erstgeborenen Israels, waren: Henoch, Pallu,
Hezron und Karmi 4 Von einem seiner Nachkommen
namens Joël stammte Schemaja ab. Auf ihn folgten in
direkter Linie: Gog, Schimi, 5 Micha, Reaja, Baal 6 und
Beera, der von dem Assyrerkönig Tiglat-Pileser in die
Verbannung weggeführt wurde. Er war damals das
Oberhaupt des Stammes Ruben. 7 Weiter waren in den
Verzeichnissen der Nachkommen Rubens folgende
Männer mit ihren Sippen aufgeführt: als Oberhaupt
Jëiël, dann Secharja 8 und Bela, der Sohn von Asa und
Enkel von Schema aus der Sippe Joël. Der Stamm Ru-
ben wohnte in dem Gebiet von Aroër bis Nebo und
Baal-Meon 9 und in östlicher Richtung bis an den
Rand der Wüste, die sich vom Eufrat her erstreckt. Die
Nachkommen Rubens hatten große Herden im ganzen
Land Gilead. 10 In der Zeit Sauls führten sie Krieg gegen

die Hagariter, besiegten sie und besetzten ihr Wohn-
gebiet am östlichen Rand von Gilead.

DIE NACHKOMMEN VON GAD

11 Die Nachkommen Gads wohnten angrenzend an den
Stamm Ruben in der Landschaft Baschan bis nach Sal-
cha. 12 Ihr Oberhaupt war Joël, an zweiter Stelle kam
Schafam, dann folgten Janai und Schafat. Diese Sip-
pen wohnten in Baschan. 13 Dazu kamen sieben weitere
Männer mit ihren Sippen: Michael, Meschullam, Scheba,
Jorai, Jakan, Sia und Eber. 14 Sie waren die Nachkommen
Abihajils, des Sohnes von Huri. Abihajils weitere Vor-
fahren in aufsteigender Linie waren: Jaroach, Gilead,
Michael, Jeschischai, Jachdo und Bus. 15 Das Oberhaupt
dieser Gruppe war Ahi, der Sohn von Abdiël und Enkel
von Guni. 16 Diese Sippen wohnten in Gilead, Baschan
und in den Städten, die zu dieser Gegend gehörten;
ebenso an allen Weideplätzen der Landschaft Scharon
bis hin an ihre Grenzen. 17 Sie alle wurden in der Zeit
der Könige Jotam von Juda und Jerobeam von Israel in
die Verzeichnisse des Stammes Gad eingetragen. 18 Das
Heer der Stämme Ruben und Gad und des halben Stam-
mes Manasse, die alle im Ostjordanland wohnten, be-
stand aus 44760 kriegstüchtigen Männern. Sie waren
mit Schild, Schwert und Bogen bewaffnet. 19 Sie kämpf-
ten gegen die hagaritischen Stämme Jetur, Nafisch und
Nodab. 20 Sie setzten ihr Vertrauen auf Gott und riefen zu
ihm um Hilfe. Er erhörte sie und stand ihnen im Kampf
zur Seite, sodass sie die Hagariter und ihre Verbündeten
besiegen konnten. 21 Sie erbeuteten von ihnen 50000
Kamele, 250000 Schafe und 2000 Esel und nahmen
100000 Mann gefangen. 22 Viele von den Gegnern wa-
ren gefallen, weil Gott den Israeliten im Kampf geholfen
hatte. Sie blieben in diesem Gebiet wohnen, bis sie selbst
in die Verbannung weggeführt wurden.

DIE NACHKOMMEN VON MANASSE ÖSTLICH DES JORDANS

23 Die eine Hälfte des Stammes Manasse wohnte in dem
Gebiet von Baschan bis Baal-Hermon und bis zum Se-
nir- und zum Hermongebirge. Dieser Teil des Stammes
Manasse war sehr zahlreich. 24 Die Oberhäupter der
einzelnen Sippen waren: Efer, Jischi, Eliël, Asriël, Jirmeja,
Hodawja und Jachdiël. Alle diese Männer waren tapfere
Krieger und geachtete Leute. 25-26 Aber dieser halbe
Stamm Manasse wie auch die Stämme Ruben und Gad
wurden dem HERRN, dem Gott ihrer Vorfahren, untreu
und verehrten die Götter der früheren Bewohner, die
Gott vor den Israeliten vertrieben hatte. Darum strafte
sie der HERR, der Gott Israels, durch den König Pul von
Assyrien, durch Tiglat-Pileser. Der HERR selbst gab ihm
den Gedanken ein, sie in die Verbannung zu führen. Er
ließ sie nach Halach, an den Habor-Fluss, nach Hara und
ins Tal von Gosan bringen. Dort leben sie heute noch.

DIE NACHKOMMEN VON LEVI: PRIESTERLICHE LINIE

27 Levi hatte drei Söhne: Gerschon, Kehat und Merari.
28 Die Söhne Kehats waren: Amram, Jizhar, Hebron und
Usiël. 29 Die Kinder Amrams waren: die Söhne Aaron
und Mose und die Tochter Mirjam. Die Söhne Aarons
waren: Nadab und Abihu, Eleasar und Itamar. 30-40 Die
Nachkommen Aarons in der führenden Linie und
seine Nachfolger im Priesterdienst: // Eleasar zeugte
Pinhas / Pinhas zeugte Abischua / Abischua zeugte
Bukki / Bukki zeugte Usi / Usi zeugte Serachja / Se-
rachja zeugte Merajot / Merajot zeugte Amarja / Amarja
zeugte Ahitub / Ahitub zeugte Zadok / Zadok zeugte
Ahimaaz / Ahimaaz zeugte Asarja / Asarja zeugte Jo-
hanan / Johanan zeugte Asarja // Dieser Asarja übte
als Erster den Priesterdienst in dem Tempel aus, den
Salomo in Jerusalem gebaut hatte. // Asarja zeugte
Amarja / Amarja zeugte Ahitub / Ahitub zeugte Za-
dok / Zadok zeugte Schallum / Schallum zeugte
Hilkija / Hilkija zeugte Asarja / Asarja zeugte Se-
raja / Seraja zeugte Jozadak // 41 Jozadak musste mit
in die Verbannung, als der HERR die Bewohner von Juda
und Jerusalem durch Nebukadnezzar wegführen ließ.

DIE NACHKOMMEN VON LEVI: LEVITISCHE LINIEN

6 Die Söhne von Levi waren: Gerschon, Kehat und
Merari. 2 Die Söhne Gerschons waren: Libni und
Schimi. 3 Die Söhne Kehats: Amram, Jizhar, Hebron
und Usiël. 4 Die Söhne von Merari: Machli und Mu-
schi. Es folgen die Sippenoberhäupter der Leviten in
den Hauptlinien der Nachkommen Levis: 5 Die Gruppe
Gerschon: Auf Gerschon folgten in absteigender Linie
Libni, Jahat, Simma, 6 Joach, Iddo, Serach und Jeotrai.
7 Die Gruppe Kehat: Auf Kehat folgten in absteigender
Linie Amminadab, Korach, Assir, 8 Elkana, Abiasaf, As-
sir, 9 Tahat, Uriël, Usija und Schaul. 10 Die Söhne Elka-
nas waren: Amasai, Ahimot 11 und Elkana. Auf diesen
folgten in direkter Linie: Zuf, Nahat, 12 Eliab, Jeroham,
Elkana und Samuel. 13 Die Söhne Samuels waren: der
erstgeborene Joël und der zweite Abija. 14 Die Gruppe
Merari: Auf Merari folgten in absteigender Linie
Machli, Libni, Schimi, Usa, 15 Schima, Haggija und Asaja.

DIE AUFGABEN DER LEVITEN

16 Ein Teil der Nachkommen von Levi erhielt von David
den Auftrag, den Chorgesang im Heiligtum des HERRN
zu übernehmen, nachdem die Bundeslade dort ihren
festen Platz gefunden hatte. 17 Sie versahen diesen Dienst
vor der heiligen Zeltwohnung, bis Salomo das Haus des
HERRN in Jerusalem gebaut hatte. Sie richteten sich da-
bei genau nach den Anweisungen. 18 Folgende Leviten
wurden zusammen mit den übrigen Männern ihrer Sip-
pen dazu berufen: Leiter der ersten Sängergruppe war
Heman von den Nachkommen Kehats. Er war der Sohn
Joëls und Enkel Samuels. 19 Seine weiteren Vorfahren wa-
ren: Elkana, Jeroham, Eliël, Tohu, 20 Zuf, Elkana, Mahat,
Amasai, 21 Elkana, Joël, Asarja, Zefanja, 22 Tahat, Assir,
Abiasaf, Korach, 23 Jizhar und Kehat, der Sohn von Levi
und Enkel von Israel. 24 Rechts neben Heman stand Asaf
von den Nachkommen Gerschons, der Leiter der zweiten
Sängergruppe. Er war der Sohn von Berechja und Enkel
von Schima. 25 Seine weiteren Vorfahren waren: Michael,

Maaseja, Malkija, 26 Etni, Serach, Adaja, 27 Etan, Simma,
Schimi, 28 Jahat und Gerschon, der Sohn von Levi. 29 Links
neben Heman stand Etan von den Nachkommen Mera-
ris, der Leiter der dritten Sängergruppe. Er war der Sohn
von Kischi und Enkel von Abdi. Seine weiteren Vorfahren
waren: Malluch, 30 Haschabja, Amazja, Hilkija, 31 Amzi,
Bani, Schemer, 32 Machli, Muschi und Merari, der Sohn
von Levi. 33 Die anderen Leviten, ihre Brüder, hatten den
Dienst an der Wohnung, dem Haus Gottes, zu verrichten.
34 Der Priesterdienst aber war den Nachkommen Aarons
vorbehalten. Diese verbrannten die Opfer auf dem Brand-
opferaltar und den Weihrauch auf dem Räucheraltar. Sie
allein durften mit den heiligsten Dingen umgehen und
Sühnehandlungen für die Israeliten vollziehen, genau wie
es Mose, der Bevollmächtigte Gottes, festgelegt hatte.
35 Die Nachkommen Aarons in direkter Abstammungs-
linie und zugleich seine Nachfolger im Priesterdienst
waren: Eleasar, Pinhas, Abischua, 36 Bukki, Usi, Serachja,
37 Merajot, Amarja, Ahitub, 38 Zadok und Ahimaaz.

DIE WOHNORTE DER LEVITEN

39 Die Wohnorte und die Weideplätze für die Viehher-
den wurden den Nachkommen Levis von den übri-
gen Stämmen durch das Los zugeteilt. Das erste Los
fiel auf die Priester, die Nachkommen Aarons, die zu
den Nachkommen Kehats gehören. 40 Sie erhielten
im Gebiet des Stammes Juda die Stadt Hebron mit dem
Weideland ringsum. 41 Das Ackerland der Stadt dage-
gen und die dazugehörenden Dörfer bekam Kaleb,
der Sohn von Jefunne. 42-45 Hebron war eine von den
Asylstädten, in denen ein Totschläger Zuflucht finden
konnte. Außerdem erhielten die Priester im Stammes-
gebiet von Juda: Libna, Jattir, Eschtemoa, Hilen, Debir,
Aschan und Bet-Schemesch; dazu im Stammesgebiet
von Benjamin: Geba, Alemet und Anatot, insgesamt
dreizehn Städte, jeweils mit dem dazugehörenden
Weideland. 46 Die übrigen Sippen der Nachkommen
Kehats bekamen durch das Los zehn Städte in der west-
lichen Hälfte des Stammesgebiets von Manasse. 47 Die
verschiedenen Sippen der Nachkommen Gerschons
erhielten dreizehn Städte im Gebiet der Stämme Issa-
char, Ascher und Naftali sowie in der östlichen Hälfte
des Stammesgebiets von Manasse, in Baschan. 48 Die
Sippen der Nachkommen von Merari bekamen durch
das Los zwölf Städte im Gebiet der Stämme Ruben,
Gad und Sebulon. 49 Die Israeliten übergaben also den
Nachkommen von Levi diese Städte, immer mit dem
dazugehörenden Weideland. 50 Die Priester erhielten
durch das Los die bereits genannten Städte im Gebiet
der Stämme Juda, Simeon und Benjamin. 51-55 Die an-
deren Sippen der Nachkommen Kehats erhielten fol-
gende Städte mit dem dazugehörenden Weideland: im
Stammesgebiet von Efraïm: die Asylstadt Sichem im
Bergland Efraïm, weiter Geser, Kibzajim, Bet-Horon,
Ajalon und Gat-Rimmon; im Stammesgebiet von West-
Manasse: Aner und Jibleam. 56-61 Die Nachkommen
Gerschons bekamen folgende Städte mit dem dazuge-
hörenden Weideland: im Gebiet von Ost-Manasse: Go-
lan in Baschan und Aschtarot; im Gebiet von Issachar:
Kedesch, Daberat, Ramot und Anem; im Gebiet von
Ascher: Mischal, Abdon, Hukok und Rehob; und im Ge-
biet von Naftali: Kedesch in Galiläa, Hammon und Kir-
jatajim. 62-66 Die Nachkommen von Merari schließlich
bekamen folgende Städte mit dem dazugehörenden
Weideland: im Stammesgebiet von Sebulon: Rimmon
und Tabor; auf der Ostseite des Jordans im Stammes-
gebiet von Ruben: die Stadt Bezer, die gegenüber von
Jericho in der Steppe liegt, dazu Jahaz, Kedemot und
Mefaat; im Stammesgebiet von Gad: Ramot in Gilead,
Mahanajim, Heschbon und Jaser.

DIE NACHKOMMEN VON ISSACHAR

7 Die Söhne von Issachar waren: Tola, Puwa, Jaschub
und Schimron. 2 Die Söhne von Tola waren: Usi, Re-
faja, Jeriël, Jachmai, Jibsam und Schemuël. Sie waren
die Oberhäupter ihrer Sippen und tüchtige Krieger.
In der Zeit Davids betrug die Zahl der Nachkommen
Tolas nach ihren Verzeichnissen 22 600 Mann. 3 Usi
hatte einen Sohn namens Jisrachja. Jisrachja und seine
vier Söhne Michael, Obadja, Joël und Jischija waren
alle Sippenoberhäupter. 4 Sie hatten so viele Frauen
und Kinder, dass ihre Sippen in der Lage waren, 36 000
Mann für das Heer zu stellen. 5 Auch ihre Brüder aus
den übrigen Sippen Issachars waren alle tüchtige Krie-
ger. Insgesamt umfasste ihr Verzeichnis 87 000 Mann.

DIE NACHKOMMEN VON BENJAMIN UND NAFTALI

6 Benjamin hatte drei Söhne: Bela, Becher und Je-
diaël. 7 Die Söhne von Bela waren: Ezbon, Usi, Usiël,
Jerimot und Ir. Diese fünf waren die Oberhäupter ih-
rer Sippen und tüchtige Krieger. Im Verzeichnis ihrer
Nachkommen waren 22 034 Mann eingetragen. 8 Die
Söhne von Becher waren: Semira, Joasch, Eliëser, El-
joënai, Omri, Jeremot, Abija, Anatot und Alemet. 9 Im
Verzeichnis ihrer Nachkommen waren, nach Sippen
geordnet, 20 200 kriegstüchtige Männer eingetra-
gen. 10 Jediaël hatte einen Sohn namens Bilhan, des-
sen Söhne waren: Jëusch, Benjamin, Ehud, Kenaana,
Setan, Tarschisch und Ahischahar. 11 Auch sie waren
Oberhäupter ihrer Sippen und tüchtige Krieger. Sie
stellten im Kriegsfall 17 200 Mann für das Heer. 12 Die
Söhne von Ir waren Huppim und Schuppim. Der Sohn
von Aher war Huschim. 13 Die Söhne von Naftali waren:
Jachzeel, Guni, Jezer und Schallum. Sie alle stammten
von Naftalis Mutter Bilha ab.

DIE NACHKOMMEN VON MANASSE

14 Manasse hatte einen Sohn namens Asriël. Seine ara-
mäische Nebenfrau gebar ihm Machir, den Vater Gile-
ads. 15 Machir nahm eine Schwester von Huppim und
Schuppim zur Frau, sie hieß Maacha. Sein zweiter Sohn
war Zelofhad; dieser hatte nur Töchter. 16 Maacha, die
Frau Machirs, gebar zwei Söhne. Den einen nannte sie
Peresch, der andere hieß Scheresch. Die Söhne von
Scheresch waren Ulam und Rekem. 17 Ulam hatte einen
Sohn namens Bedan. Das sind die Nachkommen von
Gilead, dem Sohn von Machir und Enkel von Manasse.

18 Seine Schwester Molechet gebar Ischhod, Abiëser
und Machla. 19 Die Söhne von Schemida waren: Achjan,
Schechem, Likhi und Aniam.

DIE NACHKOMMEN VON EFRAÏM

20 Efraïm hatte einen Sohn namens Schutelach, dessen
Sohn war Bered und als weitere Nachkommen in direk-
ter Linie folgten: Tahat, Elada, Tahat 21 und Sabad. Außer
Schutelach hatte Efraïm noch zwei Söhne namens Eser
und Elad. Sie zogen aber nach Gat hinunter, um den
dortigen Bewohnern ihre Viehherden zu rauben, und
wurden dabei erschlagen. 22 Ihr Vater Efraïm trauerte
lange Zeit um sie, und seine Verwandten kamen zu ihm,
um ihn zu trösten. 23 Dann schlief er wieder mit sei-
ner Frau und sie wurde schwanger und gebar einen
Sohn. Er nannte ihn Beria, weil er in dieser Unglückszeit
seiner Familie geboren wurde. 24 Efraïms Tochter war
Scheera. Sie ließ das untere und das obere Bet-Horon
sowie Usen-Scheera erbauen. 25 Seine Söhne waren:
Refach und Reschef. Reschef hatte einen Sohn namens
Telach; dessen weitere Nachkommen waren: Tahan,
26 Ladan, Ammihud, Elischama 27 und Nun; dessen Sohn
war Josua. 28 Der Grundbesitz, den die Nachkommen
Efraïms bewohnten, umfasste Bet-El mit den dazuge-
hörenden Dörfern, östlich davon Naara, in westlicher
Richtung Geser, und im Norden reichte er bis Sichem
und Aja, jeweils mit den zugehörigen Dörfern. 29 Im
Besitz der Nachkommen von Manasse befanden sich
Bet-Schean, Taanach, Megiddo und Dor, ebenfalls mit
den Dörfern ringsum. Alle diese Orte wurden von den
Nachkommen Josefs, den Söhnen Israels, bewohnt.

DIE NACHKOMMEN VON ASCHER

30 Die Söhne von Ascher waren: Jimna, Jischwa, Jischwi
und Beria; ihre Schwester war Serach. 31 Die Söhne von
Beria waren: Heber und Malkiël. Dieser war der Stamm-
vater von Birsajit. 32 Heber zeugte Jaflet, Schemer und
Hotam sowie eine Tochter namens Schua. 33 Die Söhne
Jaflets waren: Pasach, Bimhal und Aschwat. 34 Die Söhne
Schemers: Ahi, Rohga, Hubba und Aram. 35 Und die
Söhne seines Bruders Hotam: Zofach, Jimna, Schelesch
und Amal. 36 Die Söhne Zofachs waren: Suach, Harnefer,
Schual, Beri, Jimra, 37 Bezer, Hod, Schamma, Schilscha,
Jitran und Beera. 38 Die Söhne Jitrans waren: Jefunne,
Pispa und Ara. 39 Die Söhne von Ulla waren: Arach, Han-
niël und Rizja. 40 Sie alle waren Nachkommen Aschers,
hervorragende Führer ihrer Sippen und tapfere Krieger.
In den Listen der wehrfähigen Männer waren von den
Nachkommen Aschers 26 000 Mann eingetragen.

EINE WEITERE LISTE DER NACHKOMMEN BENJAMINS

8 1-2 Benjamin hatte fünf Söhne, der erstgeborene
war Bela, der zweite Aschbel, der dritte Achrach,
der vierte Noha, der fünfte Rafa. 3 Die Söhne von Bela
waren: Ard, Gera, Abihud, 4 Abischua, Naaman, Aho-
ach, 5 Gera, Schefufan und Huram. 6 Die Söhne Ehuds
waren die Oberhäupter der Sippen, die in Geba wohn-
ten und von dort nach Manahat verschleppt wurden,
7 nämlich Naaman, Ahija und Gera. Gera war es, der
sie dorthin verschleppte. Die Söhne von Belas Sohn
Gera waren: Usa und Ahihud. 8-9 Schaharajim wohnte
im Hochland von Moab. Er hatte seine Frauen Huschim
und Baara verstoßen und danach Hodesch geheiratet.
Sie gebar ihm die Söhne Jobab, Zibja, Mescha, Malkam,
10 Jëuz, Sacheja und Mirma. Jeder von ihnen war das
Oberhaupt einer eigenen Sippe. 11 Von seiner frühe-
ren Frau Huschim stammten die Söhne Abitub und
Elpaal. 12 Die Söhne Elpaals waren: Eber, Mischam und
Schemed. Dieser erbaute Ono, Lod und die dazugehö-
renden Orte. 13 Die Brüder Beria und Schema waren
die Oberhäupter der Sippen, die in Ajalon wohnten.
Sie vertrieben die Einwohner von Gat. 14 Ihre übri-
gen Brüder hießen Elpaal, Schaschak und Jeroham.
15-16 Die Söhne von Beria waren: Sebadja, Arad, Eder,
Michael, Jischpa und Joha. 17-18 Die Söhne von Elpaal:
Sebadja, Meschullam, Hiski, Heber, Jischmerai, Jislia
und Jobab. 19-21 Die Söhne von Schimi: Jakim, Sichri,
Sabdi, Eliënai, Zilletai, Eliël, Adaja, Beraja und Schim-
rat. 22-25 Die Söhne von Schaschak: Jischpan, Eber,
Eliël, Abdon, Sichri, Hanan, Hananja, Elam, Antotija,
Jifdeja und Penuël. 26-27 Und die Söhne von Jeroham:
Schamscherai, Scheharja, Atalja, Jaareschja, Elija und
Sichri. 28 Sie waren die Oberhäupter der Sippen ihrer
Nachkommen und wohnten in Jerusalem. 29 In Gibeon
wohnte Jëiël, der Stammvater dieser Stadt; seine Frau
hieß Maacha. 30 Sein erstgeborener Sohn war Abdon,
als weitere Söhne folgten: Zur, Kisch, Baal, Ner, Nadab,
31 Gedor, Achjo, Secher und Miklot; dieser hatte einen
Sohn namens Schima. 32 Auch sie ließen sich wie ihre
Stammesbrüder in Jerusalem nieder. 33 Der Sohn Ners
war Abner, der Sohn Kischs war Saul. Die Söhne Sauls
waren: Jonatan, Malkischua, Abinadab und Eschbaal.
34 Der Sohn Jonatans war Merib-Baal; der hatte einen
Sohn namens Micha. 35 Die Söhne von Micha waren: Pi-
ton, Melech, Tachrea und Ahas. 36 Ahas zeugte Joadda,
und Joadda zeugte Alemet, Asmawet und Simri. Simri
zeugte Moza, 37 seine weiteren Nachkommen waren:
Bina, Rafa, Elasa und Azel. 38 Azel hatte sechs Söhne:
Asrikam, Bochru, Jischmaël, Schearja, Obadja und
Hanan. 39 Die Söhne von Azels Bruder Eschek waren:
der erstgeborene Ulam, der zweite Jëusch, der dritte
Elifelet. 40 Die Söhne Ulams waren tapfere Krieger, mit
Pfeil und Bogen bewaffnet. Sie hatten viele Söhne und
Enkel, insgesamt 150 Mann. Alle die genannten Sippen
gehörten zu den Nachkommen Benjamins.

DIE BEWOHNER JERUSALEMS NACH DER VERBANNUNG

9 So wurde ganz Israel nach seinen Sippen erfasst
und im amtlichen Verzeichnis der Könige von
Israel aufgeschrieben. Weil die Bewohner des König-
reichs Juda sich von Gott abgewandt hatten, wurden
sie nach Babylonien in die Verbannung geführt. 2 Die
Ersten, die von dort zurückkehrten und sich wieder auf
ihrem Erbbesitz in Juda ansiedelten, waren Leute aus
dem Volk sowie Priester, Leviten und Tempeldiener.
3 Damals ließen sich in Jerusalem folgende Leute aus

den Stämmen Juda, Benjamin, Efraïm und Manasse
nieder: // 4 Aus dem Stamm *Juda:* / Utai, der Sohn
Ammihuds; er stammt über Omri, Imri und Bani von
Judas Sohn Perez ab; / 5 von den Nachkommen von
Judas Sohn Schela: Asaja, der Erstgeborene, und seine
Söhne; / 6 von den Nachkommen von Judas Sohn Se-
rach: Jëuël. / Zusammen mit ihren Brüdern waren es
690. // 7 Aus dem Stamm *Benjamin:* / Sallu, der Sohn
Meschullams; seine weiteren Vorfahren waren Ho-
dawja und Senua; / 8 Jibneja, der Sohn Jerohams; / Ela,
der Sohn von Usi und Enkel von Michri; / Meschul-
lam, der Sohn von Schefatja; seine weiteren Vorfah-
ren waren Reguël und Jibnija. / 9 Zusammen mit ihren
Brüdern und nach ihren Sippen waren es 956 Sippen-
oberhäupter. // 10 Von den *Priestern:* / Jedaja, Jojarib,
Jachin; / 11 Asarja, der Sohn von Hilkija, das Oberhaupt
des Tempels; seine weiteren Vorfahren waren Meschul-
lam, Zadok, Merajot und Ahitub; / 12 Adaja, der Sohn
Jerohams; seine weiteren Vorfahren waren Paschhur
und Malkija; / Masai, der Sohn Adiëls; seine weiteren
Vorfahren waren Jachsera, Meschullam, Meschillemot
und Immer. / 13 Zusammen mit ihren Brüdern waren es
1760 Sippenoberhäupter, alle befähigt zum Dienst im
Haus Gottes. // 14 Von den *Leviten:* / Schemaja von
der Gruppe Merari, seine Vorfahren waren Haschub,
Asrikam und Haschabja; / 15 Bakbakar, Heresch, Ga-
lal und Mattanja, der Sohn von Micha und Enkel von
Sichri, einem Nachkommen Asafs; / 16 Abda, der Sohn
von Schammua und Enkel von Galal, ein Nachkomme
Jedutuns; / Berechja, der Sohn von Asa und Enkel
von Elkana, der früher in den Siedlungen von Netofa
gewohnt hatte. // 17 Dazu die *Torwächter:* / Schal-
lum, Akkub, Talmon und Ahiman. Ihr Oberhaupt war
Schallum. 18 Seine Sippe bewacht bis zum heutigen Tag
das Königstor auf der Ostseite. Ihre Vorfahren waren
beim Zug durch die Wüste die Torwächter im Lager
der Leviten gewesen. 19 Auch den Dienst als Wächter
am Eingang des Heiligen Zeltes versahen Schallum
und die Männer seiner Sippe, sämtlich Nachkommen
Korachs; Schallum stammte über Kore und Abiasaf
von Korach ab. Ihre Vorfahren hatten in der Wüste
den Eingang zum Lager des HERRN bewacht; 20 Pin-
has, der Sohn Eleasars, war ihr Oberhaupt gewesen –
der HERR gedenke seiner! / 21 Secharja, der Sohn von
Meschelemja, war Torhüter am Eingang des Heiligen
Zeltes. / 22 Insgesamt waren es 212, die zu Torwächtern
ausgewählt worden waren. // Die Torwächter waren
in ihren Dörfern in das Sippenverzeichnis eingetra-
gen worden; David und der Prophet Samuel hatten
sie in ihr Amt eingesetzt. 23 Sie und ihre Söhne standen
Wache an den Eingangstoren zum Heiligen Zelt und
später zum Tempel des HERRN. 24 Die Wachen waren
nach den vier Himmelsrichtungen aufgestellt, nach
Osten, Westen, Norden und Süden. 25 Die Männer
wohnten in ihren Dörfern und mussten jeweils für
sieben Tage zum Dienst erscheinen, wenn sie an der
Reihe waren. 26 Nur die vier obersten Wächter, auch
sie Leviten, waren ständig im Dienst. Zu ihren Auf-
gaben gehörte die Aufsicht über die Vorratsräume
und die Schatzkammern des Tempels. 27 Sie blieben
auch über Nacht im Tempelbereich, denn sie mussten
Wache halten und jeden Morgen die Tore aufschließen.
28 Andere Leviten waren verantwortlich für die Geräte,
die beim Gottesdienst gebraucht wurden. Sie trugen
sie abgezählt hinein und nach Gebrauch wieder hin-
aus. 29 Wieder andere waren zuständig für die sonsti-
gen Geräte und heiligen Gefäße und verantwortlich
für das Mehl, den Wein, das Olivenöl, den Weihrauch
und die Duftstoffe für das Salböl. 30 Die Herstellung
des Salböls aus diesen Stoffen war jedoch Aufgabe
der Priester. 31 Der Levit Mattitja, der erstgeborene
Sohn des Korachnachkommen Schallum, hatte ständig
dafür zu sorgen, dass das Backwerk für die Speise-
opfer hergestellt wurde. 32 Für die geweihten Brote,
die jeden Sabbat aufgelegt werden müssen, waren
einige ihrer Stammesbrüder von den Nachkommen
Kehats zuständig. 33 Die levitischen Sippen, die für den
Gesang am Tempel verantwortlich waren, wohnten in
den Kammern am Tempel. Sie waren von aller anderen
Arbeit befreit, weil sie Tag und Nacht zu ihrem Dienst
bereit sein mussten. 34 Alle die genannten Sippenober-
häupter, die nach ihrer Abstammung zu den Leviten
gehörten, wohnten damals in Jerusalem.

VORFAHREN UND NACHKOMMEN KÖNIG SAULS

35 In Gibeon wohnte Jëiël, der Stammvater dieser Stadt.
Seine Frau hieß Maacha, 36 sein erstgeborener Sohn
war Abdon, die weiteren Söhne waren: Zur, Kisch,
Baal, Ner, Nadab, 37 Gedor, Achjo, Secher und Miklot;
38 Miklot hatte einen Sohn namens Schima. Auch sie
ließen sich wie ihre Stammesbrüder in Jerusalem nie-
der. 39 Der Sohn Ners war Abner, der Sohn von Kisch
aber war Saul. Die Söhne Sauls waren: Jonatan, Malki-
schua, Abinadab und Eschbaal. 40 Jonatans Sohn war
Merib-Baal und dessen Sohn Micha. 41 Die Söhne von
Micha waren: Piton, Melech, Tachrea und Ahas. 42 Der
Sohn von Ahas hieß Joadda, und dessen Söhne waren:
Alemet, Asmawet und Simri. Der Sohn von Simri war
Moza 43 und als weitere Nachkommen in dieser Linie
folgten: Bina, Refaja, Elasa und Azel. 44 Azel hatte sechs
Söhne: Asrikam, Bochru, Jischmaël, Schearja, Obadja
und Hanan.

SAULS ENDE

10 Im Gilboa-Gebirge kam es zwischen Israel und
den Philistern zur Schlacht. Die Männer Israels
mussten fliehen; viele wurden von den Feinden nie-
dergemacht. 2 Die Philister verfolgten Saul und seine
Söhne Jonatan, Abinadab und Malkischua. Die drei
Söhne fanden dabei den Tod. 3 Um Saul selbst ent-
brannte ein heftiger Kampf. Als die Bogenschützen ihn
entdeckten und auf ihn anlegten, zitterte er vor Angst.
4 Er befahl seinem Waffenträger: »Zieh dein Schwert
und töte mich! Sonst werden diese Unbeschnittenen
ihren Spott mit mir treiben.« Aber der Waffenträger
scheute sich und wollte es nicht tun. Da nahm Saul sein
Schwert und stürzte sich hinein. 5 Als der Waffenträger

sah, dass Saul tot war, stürzte auch er sich ins Schwert
und starb. 6 So starben Saul und seine drei Söhne; das
war das Ende seines Königshauses. 7 Als die israeliti-
schen Bewohner der Jesreel-Ebene erfuhren, dass das
Heer geschlagen und Saul mit seinen Söhnen gefallen
war, verließen sie ihre Wohnorte und flohen. Die Phi-
lister rückten nach und nahmen die Städte in Besitz.
8 Am Tag nach der Schlacht plünderten die Philister
die Gefallenen aus. Dabei fanden sie Saul und seine
Söhne auf dem Gilboa-Gebirge. 9 Sie zogen Saul aus
und nahmen seinen Kopf und seine Rüstung. Beides
ließen sie durch Boten in ihrem ganzen Gebiet herum-
zeigen. So verkündeten sie ihren Götzen und ihrem
Volk die Siegesnachricht. 10 Dann legten sie die Rüs-
tung in den Tempel eines ihrer Götter; den Kopf Sauls
brachten sie am Tempel ihres Gottes Dagon an. 11 Als
die Bewohner von Jabesch in Gilead alles erfuhren,
was die Philister mit Saul gemacht hatten, 12 brachen
alle kriegstüchtigen Männer auf. Sie holten die Leich-
name Sauls und seiner Söhne nach Jabesch, begruben
die Gebeine unter der Eiche ihrer Stadt und fasteten
zur Trauer eine ganze Woche lang. 13 Saul fand den Tod,
weil er dem HERRN untreu geworden war. Er hatte
seine Weisungen nicht befolgt und sogar eine Toten-
beschwörerin befragt, 14 anstatt sich an den HERRN zu
wenden. Darum ließ der HERR ihn sterben und machte
an seiner Stelle David, den Sohn von Isai, zum König.

DAVID WIRD KÖNIG ÜBER ISRAEL

11 Ganz Israel kam zu David nach Hebron. Die Leute
sagten zu ihm: »Du bist doch unser eigen Fleisch
und Blut! 2 Schon früher, als Saul noch König war, hast
du das Heer Israels im Krieg angeführt. Und der HERR,
dein Gott, hat dir zugesagt: ›Du bist der Mann, der
künftig mein Volk Israel führen und schützen soll.
Du wirst der Anführer Israels sein!‹« 3 So sagten alle
Ältesten Israels, die zu König David nach Hebron ge-
kommen waren. David schloss dort in Hebron einen
Vertrag mit ihnen und sie riefen den HERRN als Zeugen
dafür an. Daraufhin salbten sie David zum König über
Israel, so wie der HERR es durch Samuel angeordnet
hatte.

DAVID EROBERT JERUSALEM UND MACHT ES ZU SEINER HAUPTSTADT

4 Dann zog David mit allen Männern Israels vor die
Stadt Jerusalem, die damals Jebus hieß. Dort wohn-
ten die Jebusiter. 5 Sie riefen David zu: »Diese Festung
wirst du nicht einnehmen!« Trotzdem eroberte er die
Festung Zion und sie wurde die Stadt Davids. 6 David
hatte nämlich zu seinen Leuten gesagt: »Wer den ers-
ten Jebusiter erschlägt, soll Heerführer werden!« Da
stieg Joab, der Sohn der Zeruja, als Erster in die Stadt
hinauf und er wurde Davids Heerführer. 7 David machte
die Festung zu seiner Residenz; darum nannte man sie
»Davidsstadt«. 8 Er baute sie ringsum aus, vom Millo
aus in der ganzen Runde. Joab stellte den Rest der Stadt
wieder her. 9 David wurde immer mächtiger, und der
HERR, der Herrscher der Welt, stand ihm bei.

DAVIDS BERÜHMTE KRIEGER UND IHRE TATEN

10 Hier werden die berühmten »Helden« Davids ver-
zeichnet, die ihm treu ergeben waren. Gemeinsam
mit dem ganzen Volk hatten sie ihn zum König über
Israel gemacht, wie es vom HERRN angeordnet worden
war. 11 Dies sind ihre Namen: Jischbaal aus der Sippe
Hachmoni war der Anführer der Elitetruppe Davids.
Er kämpfte mit dem Speer gegen dreihundert Feinde
und erstach sie alle in einer einzigen Schlacht. 12 An
zweiter Stelle steht Eleasar, der Sohn von Dodo, aus
Ahoach. Er war einer der »Drei«. 13 Er war dabei, als
die Philister sich bei Pas-Dammim gegen David zum
Kampf sammelten. Dort war ein Feld mit Gerste. Als
die Israeliten flohen, 14 stellten sie sich mitten auf
das Feld, hielten dem Angriff stand und schlugen die
Philister zurück. So schenkte der HERR den Israeliten
einen großen Sieg. 15 Als einmal das Heer der Philis-
ter sein Lager in der Ebene Rafaïm aufgeschlagen
hatte, gingen drei von den »Dreißig Helden« zu dem
Felsen hinunter, wo David war, in die Höhle bei Adul-
lam. 16 Dort hatte er seine Bergfestung, in der er sich
gerade aufhielt; eine Abteilung der Philister lag zur
gleichen Zeit in Betlehem. 17 Aus einer Laune heraus
sagte David: »Ich habe Durst! Wer bringt mir Wasser
aus der Zisterne beim Tor von Betlehem?« 18-19 Darauf
brachen die drei in das Lager der Philister ein, schöpf-
ten Wasser aus der Zisterne beim Tor von Betlehem
und brachten es David. Der aber weigerte sich, es zu
trinken. »Mein Gott bewahre mich davor, ein solches
Unrecht zu tun«, sagte er. »Das wäre geradeso, wie
wenn ich das Blut dieser Männer hier trinken würde,
die ihr Leben dafür aufs Spiel gesetzt haben.« Er
goss das Wasser als Trankopfer für den HERRN auf die
Erde. Diese Tat vollbrachten die drei tapferen Helden.
20-21 Der Erste dieser drei war Abischai, der Bruder Jo-
abs. Er tötete einmal mit dem Speer dreihundert Feinde.
Er war der berühmteste dieser drei Männer; aber an
die »Drei« reichte er doch nicht heran. 22 Benaja aus
Kabzeel war der Sohn des tapferen Jojada und voll-
brachte große Taten. Er tötete die beiden mächtigen
Helden, die als »Löwen von Moab« bekannt waren. Als
an einem Schneetag ein Löwe in eine Grube fiel, stieg er
allein hinunter und erschlug ihn. 23 Er tötete auch einen
Ägypter, der zweieinhalb Meter groß war und einen
Speer hatte, dessen Schaft so dick war wie ein Weber-
baum. Benaja selbst hatte nichts als einen Stock; aber
er ging auf den Ägypter los, riss ihm den Speer aus der
Hand und durchbohrte ihn damit. 24 Durch solche Taten
wurde auch Benaja als einer jener drei berühmt. 25 Er
war angesehener als die »Dreißig Helden«, aber an die
»Drei« reichte er doch nicht heran. David machte ihn
zum Anführer seiner Leibgarde. 26 Die tapferen Hel-
den waren: // Asaël, der Bruder von Joab / Elhanan,
der Sohn von Dodo, aus Betlehem / 27 Schammot aus
Harod / Helez aus Pelon / 28 Ira, der Sohn von Ikkesch,
aus Tekoa / Abiëser aus Anatot / 29 Sibbechai aus
Huscha / Ilai aus Ahoach / 30 Mahrai aus Netofa / He-
led, der Sohn von Baana, aus Netofa / 31 Ittai, der Sohn
von Ribai, aus Gibea im Gebiet Benjamins / Benaja

aus Piraton / 32 Hiddai aus Nahale-Gaasch / Abiël aus
Bet-Araba / 33 Asmawet aus Bahurim / Eljachba aus
Schaalbim / 34 Haschem aus Gison / Jonatan, der Sohn
von Schage, aus Harar / 35 Ahiam, der Sohn von Sachar,
aus Harar / Elifal, der Sohn Urs / 36 Hefer aus Meche-
ra / Ahija aus Pelon / 37 Hezro aus Karmel / Naarai, der
Sohn von Esbai / 38 Joël, der Bruder Natans / Mibhar,
der Sohn von Hagri / 39 Zelek, der Ammoniter / Nach-
rai aus Beerot, der Waffenträger Joabs / 40 Ira aus
Jattir / Gareb aus Jattir / 41 Urija, der Hetiter / Sabad,
der Sohn von Achlai / 42 Adina, der Sohn von Schisa,
einer der maßgeblichen Männer des Stammes Ru-
ben und Anführer von dreißig Mann / 43 Hanan, der
Sohn von Maacha / Joschafat aus Meten / 44 Usija
aus Aschtarot / Schama und Jëiël, die Söhne Hotams,
aus Aroër / 45 Jediaël, der Sohn von Schimri, und sein
Bruder Joha aus Tiz / 46 Eliël aus Mahanajim / Jeribai
und Joschawja, die Söhne Elnaams / Jitma, der Moa-
biter / 47 Eliël, Obed und Jaasiël aus Zoba //

DIE ERSTEN ANHÄNGER DAVIDS IN ZIKLAG

12 Viele hatten sich schon früher David angeschlos-
sen, als er sich in Ziklag aufhielt und sich von
König Saul, dem Sohn von Kisch, fernhalten musste. Sie
kämpften schon damals an seiner Seite. 2 Sie waren mit
Bogen und Pfeilen bewaffnet und konnten sowohl
mit der rechten wie auch mit der linken Hand Steine
schleudern und Pfeile schießen. Aus dem Stamm Ben-
jamin, von Sauls eigenen Stammesbrüdern, kamen
zu David: // 3 Ahiëser, ihr Anführer, und Joasch, die
Söhne von Schemaa aus Gibea; / Jesiël und Pelet, die
Söhne von Asmawet; / Beracha und Jehu aus Ana-
tot; / 4 Jischmaja aus Gibeon, einer von den »Dreißig
Helden« und ihr Anführer; / 5 Jirmeja, Jahasiël, Joha-
nan und Josabad aus Gedera; / 6 Elusai, Jerimot, Bealja,
Schemarja und Schefatja aus Haruf; / 7 Elkana, Jischija,
Asarel, Joëser und Jaschobam von den Nachkommen
Korachs; / 8 Joëla und Sebadja, die Söhne von Jero-
ham, aus Gedor. // 9 Auch aus dem Stamm Gad ging
eine Anzahl tapferer, kampferprobter Männer zu David
über, als er in seiner Bergfestung in der Wüste Juda war.
Sie waren mit Schild und Speer bewaffnet, kämpften
wie die Löwen und waren in den Bergen flink wie die
Gazellen. 10-14 Es waren:

der Anführer – Eser
der zweite – Obadja
der dritte – Eliab
der vierte – Mischmanna
der fünfte – Jirmeja
der sechste – Attai
der siebte – Eliël
der achte – Johanan
der neunte – Elsabad
der zehnte – Jirmeja
der elfte – Machbannai

15 Sie alle waren Anführer im Heer. Schon der
Schwächste von ihnen nahm es mit hundert Gegnern
auf, der Stärkste aber mit tausend. 16 Um sich zu David
durchzuschlagen, überschritten sie im März den Jor-
dan, als er Hochwasser führte und alle Nebentäler
auf beiden Seiten abgeschnitten waren. 17 Aus den
Stämmen Benjamin und Juda kamen ebenfalls einige
zu Davids Bergfestung. 18 Er trat ihnen entgegen und
sagte: »Wenn ihr als Freunde gekommen seid, um mir
zu helfen, dann seid ihr mir herzlich willkommen. Habt
ihr aber vor, mich an meine Feinde zu verraten, so weiß
es der HERR, der Gott unserer Vorfahren, und wird euch
strafen; denn ich habe kein Unrecht getan.« 19 Da er-
griff der Geist Gottes Besitz von Amasai, dem späteren
Anführer der Elitetruppe Davids, und er rief: »David, dir
gehören wir! Zu dir stehen wir, Sohn von Isai! Sieg und
Erfolg sei dir gegeben, dir und allen, die bei dir sind;
denn deine Hilfe kommt von Gott!« Da nahm David
sie bei sich auf und machte sie zu Anführern seiner
Truppe. 20 Schließlich schlossen sich auch einige Män-
ner aus dem Stamm Manasse David an. Dies geschah in
der Zeit, als er auf der Seite der Philister gegen Saul in
den Kampf ziehen sollte. Es kam allerdings nicht dazu,
denn die Heerführer der Philister schickten ihn vor
der Schlacht weg. Sie sagten sich: »Er könnte wieder
zu Saul, seinem früheren Herrn, überlaufen und uns
ihm ans Messer liefern!« 21 Als David danach wieder
nach Ziklag zurückkehrte, kamen folgende Männer
aus Manasse zu ihm: Adnach, Josabad, Jediaël, Mi-
chael, Josabad, Elihu und Zilletai. Sie waren Führer von
Truppenverbänden des Stammes Manasse gewesen.
22 Sie alle waren hervorragende Kriegsleute. Sie un-
terstützten nun David im Kampf gegen die Banden
der Amalekiter und wurden Anführer in seinem Heer.
23 Tag für Tag kamen immer neue Leute zu David, um
ihm zu helfen, sodass er schließlich über ein riesiges
Heer verfügte.

DAVIDS HEER IN HEBRON

24 Nach Sauls Tod kamen wehrfähige Männer aus allen
Stämmen des Volkes zu David nach Hebron, um ihn
nach der Weisung des HERRN anstelle Sauls zum König
auszurufen. 25 Hier sind ihre Zahlen:
Juda – 6800 Mann, mit Schild und Lanze bewaffnet
26 Simeon – 7100 tapfere Krieger
27 Levi – 4600 Mann; 28 unter ihnen der Priester Jo-
jada, das Oberhaupt der Nachkommen Aarons,
mit 3700 Mann 29 sowie Zadok, damals noch ein
junger Mann, aber ein tapferer Krieger, mit seiner
Sippe, nämlich 22 Anführern
30 Benjamin – 3000 Mann von den Stammesbrüdern
Sauls; der größere Teil des Stammes hielt damals
noch zur Familie Sauls
31 Efraïm – 20 800 Krieger, lauter angesehene Leute
in ihren Sippen
32 West-Manasse – 18 000 Mann; sie waren na-
mentlich dazu bestimmt und beauftragt worden,
nach Hebron zu gehen und David zum König zu
machen
33 Issachar – 200 Anführer mit allen ihren Männern;
sie erkannten das Gebot der Stunde und wussten,
was Israel zu tun hatte

34 Sebulon – 50 000 Mann, kriegsmäßig ausgerüs-
tet und kampfbereit; sie waren fest entschlossen,
David zu helfen
35 Naftali – 1000 Anführer und 37 000 Mann, mit
Schild und Speer bewaffnet
36 Dan – 28 600 Mann, alle kampfbereit
37 Ascher – 40 000 Mann, wehrfähig und kampfbereit
38 Ruben, Gad und Ost-Manasse – 120 000 Mann in
voller Kriegsbewaffnung von den Stämmen öst-
lich des Jordans

39 Alle diese Kriegsleute kamen geordnet und bewaff-
net nach Hebron mit der einmütigen Absicht, David
zum König von ganz Israel auszurufen. In diesem
Wunsch waren sie sich mit allen übrigen Israeliten
einig. 40 Sie blieben drei Tage bei David in Hebron; für
Essen und Trinken sorgten die Bewohner der Stadt.
41 Auch Leute aus der weiteren Umgebung, sogar aus
den Stammesgebieten von Issachar, Sebulon und Naf-
tali, trugen dazu bei. Auf Eseln, Kamelen, Maultieren
und Rindern brachten sie Mehl, zusammengepress-
te Feigen und Trauben, Wein und Olivenöl, auch eine
große Menge Rinder und Schafe; denn in ganz Israel
herrschte große Freude.

DAVID HOLT DIE BUNDESLADE AUS KIRJAT-JEARIM

13 David beriet sich mit den verantwortlichen Män-
nern, den Anführern der Truppenverbände und
den Hauptleuten. 2 Dann wandte er sich an das ganze
versammelte Volk und sagte: »Wenn ihr einverstanden
seid und der HERR, unser Gott, es so will, dann lasst
uns Boten in alle Gegenden des Landes schicken. Sie
sollen unsere Brüder rufen, die zu Hause geblieben
sind, ebenso die Priester und Leviten in ihren Wohn-
orten. Sie alle sollen hierher kommen 3 und dann wollen
wir gemeinsam die Bundeslade unseres Gottes nach
Jerusalem holen; denn in der Zeit Sauls haben wir
uns nicht um sie gekümmert.« 4 Die ganze Versamm-
lung fand den Plan gut und beschloss, ihn auszufüh-
ren. 5 David ließ ganz Israel zusammenrufen, von der
ägyptischen Grenze im Süden bis nach Lebo-Hamat im
Norden, um die Bundeslade aus Kirjat-Jearim zu holen.
6 Dort nämlich befand sich die Lade, die dem HERRN
geweiht ist, der über den Kerubim thront. David zog
also mit allen Israeliten nach Baala, wie Kirjat-Jearim im
Gebiet von Juda auch genannt wird, zum Haus Abina-
dabs. 7 Auf einem neuen, noch ungebrauchten Wagen,
der von Usa und Achjo geführt wurde, holten sie die
Lade Gottes von dort weg. 8 Unterwegs tanzten David
und das Volk mit ganzer Hingabe zu Ehren des HERRN.
Sie sangen dazu unter Begleitung von Lauten und Har-
fen, Handpauken, Becken und Trompeten. 9 Als sie zum
Dreschplatz Kidons kamen, drohten die vor den Wagen
gespannten Rinder auszubrechen. Usa griff nach der
Lade, um sie festzuhalten. 10 Da wurde der HERR zor-
nig auf Usa, weil er die Lade angefasst hatte, und ließ
ihn auf der Stelle sterben. 11 David war wütend, weil
der HERR ihn so aus dem Leben gerissen hatte. Darum
heißt der Platz bis zum heutigen Tag Perez-Usa (Usa-
Riss). 12 David bekam aufgrund dieses Vorfalls Angst vor
Gott. »Kann ich es denn noch wagen, die Lade zu mir
zu holen?«, fragte er sich. 13 Deshalb ließ er sie nicht in
die Davidsstadt bringen. Er leitete sie stattdessen um
in das Haus Obed-Edoms, der aus Gat stammte. 14 Dort
blieb die Lade drei Monate stehen. Der HERR aber seg-
nete das Haus Obed-Edoms und alles, was ihm gehörte.

DAVID IN JERUSALEM

14 Hiram, der König von Tyrus, schickte eine Ge-
sandtschaft zu David. Er lieferte David Zedern-
holz und schickte auch Steinmetzen und Zimmerleute,
die ihm einen Palast bauen sollten. 2 Daran erkannte
David: Es war der HERR, der ihn zum König über Israel
gemacht und sein Königtum gefestigt hatte. Der HERR
handelte so, weil er sein Volk Israel liebte. 3 David heira-
tete in Jerusalem weitere Frauen und hatte mit ihnen
noch mehr Söhne und Töchter. 4 Die in Jerusalem ge-
borenen Söhne hießen: Schammua, Schobab, Natan,
Salomo, 5 Jibhar, Elischua, Elpelet, 6 Nogah, Nefeg,
Jafia, 7 Elischama, Beeljada und Elifelet.

DAVID SCHLÄGT DIE ANGRIFFE DER PHILISTER ZURÜCK

8 Als die Philister erfuhren, dass David zum König von
ganz Israel gesalbt worden war, kamen sie mit ihrem
ganzen Heer, um ihn in ihre Gewalt zu bringen. David
hörte davon und zog ihnen entgegen. 9 Die Philister
besetzten die Ebene Rafaïm. 10 Da fragte David Gott:
»Soll ich sie angreifen? Wirst du sie in meine Hand ge-
ben?« Der HERR antwortete: »Greif sie an! Ich will sie
in deine Hand geben.« 11 David zog aus und besiegte
die Philister bei Baal-Perazim. Er sagte: »Wie Was-
ser einen Damm durchbricht, so hat der HERR durch
meine Hand die Reihen meiner Feinde durchbrochen.«
Deshalb erhielt der Ort den Namen Baal-Perazim (Herr
des Durchbruchs). 12 Die fliehenden Philister ließen
sogar ihre Götterbilder zurück; David aber befahl, sie
zu verbrennen. 13 Nach einiger Zeit zogen die Philister
noch einmal gegen David aus. Wieder besetzten sie die
Ebene Rafaïm. 14 David fragte auch diesmal Gott und
der antwortete: »Greif sie nicht an, sondern umgehe
sie, bis du zu den Bakabäumen kommst, und überfalle
sie von dort aus! 15 Sobald du ein Geräusch hörst, wie
wenn jemand durch die Baumwipfel schreitet, schlägst
du los. Denn dann weißt du, dass ich vor dir her in die
Schlacht gezogen bin, um das Heer der Philister zu
besiegen.« 16 David befolgte die Weisung Gottes. Er
besiegte das Heer der Philister und trieb es von Gibeon
bis nach Geser zurück. 17 Davids Ruhm breitete sich
aus in alle Länder und der HERR sorgte dafür, dass alle
Völker vor David Angst bekamen.

VORBEREITUNGEN FÜR DEN TRANSPORT DER BUNDESLADE

15 David ließ in der Davidsstadt für sich Häuser
bauen. Er bestimmte auch einen Platz für die
Bundeslade und ließ ein Zelt für sie aufschlagen.

2 Damals ordnete er auch an: »Nur die Leviten dürfen
die Lade Gottes tragen, weil der HERR selbst sie dazu
erwählt hat, seine Lade zu tragen und ihm allezeit zu
dienen.« 3 Dann ließ David ganz Israel nach Jerusalem
zusammenrufen, um die Lade des HERRN an den Platz
zu bringen, den er für sie vorbereitet hatte. 4 Besonders
die Priester als die Nachkommen Aarons und die Le-
viten ließ er laden. 5-10 Darauf fanden sich die Ober-
häupter der levitischen Sippen mit ihren Verwandten
ein: // von den Nachkommen Kehats: / Uriël mit 120
Mann; / von den Nachkommen Meraris: / Asaja mit 220
Mann; / von den Nachkommen Gerschons: / Joël mit
130 Mann; / von den Nachkommen Elizafans: / Sche-
maja mit 200 Mann; / von den Nachkommen Heb-
rons: / Eliël mit 80 Mann; / von den Nachkommen
Usiëls: / Amminadab mit 112 Mann. // 11 David ließ die
Priester Zadok und Abjatar und die sechs führenden
Leviten zu sich kommen 12 und sagte zu ihnen: »Ihr
seid die Oberhäupter des Stammes Levi. Zusammen
mit euren Stammesbrüdern müsst ihr euch jetzt vorbe-
reiten, damit ihr rein seid; denn ihr sollt die Bundeslade
des HERRN, unseres Gottes, zu dem Platz bringen, den
ich für sie vorgesehen habe. 13 Das vorige Mal seid ihr
nicht dabei gewesen, und der HERR, unser Gott, hat
uns einen schweren Schlag versetzt, weil wir ihn nicht
vorher befragt haben, wie es sich gehört hätte.« 14 Da
reinigten sich die Priester und Leviten für diesen Dienst.
15 Dann hoben die Leviten die Bundeslade mit den Trag-
stangen auf ihre Schultern, wie es Mose nach der Wei-
sung des HERRN angeordnet hatte. 16 David befahl den
Oberhäuptern der Leviten, einige ihrer Stammesbrüder
als Sänger und Spielleute zu bestimmen. Sie sollten den
HERRN mit frohen Liedern preisen und den Gesang mit
Harfen, Lauten und Becken begleiten. 17 Sie beauftrag-
ten damit Heman, den Sohn von Joël, sowie Asaf, den
Sohn von Berechja, und Etan, den Sohn von Kuschaja,
der zu den Nachkommen von Merari gehörte. 18 Hinzu
kamen folgende Leviten im zweiten Dienstrang: Se-
charja, Jaasiël, Schemiramot, Jehiël, Unni, Eliab, Benaja,
Maaseja, Mattitja, Elifelehu, Mikneja, Obed-Edom und
Jëiël. 19 Die Sänger Heman, Asaf und Etan schlugen die
bronzenen Becken. 20 Secharja, Jaasiël, Schemiramot,
Jehiël, Unni, Eliab, Maaseja und Benaja spielten Harfe
in der hohen Tonlage; 21 Mattitja, Elifelehu, Mikneja,
Obed-Edom, Jëiël und Asasja spielten Laute in der tiefen
Tonlage. Damit begleiteten sie den Gesang. 22 Kenanja
war unter den Leviten der Verantwortliche für Trans-
portarbeiten. Weil er sich darauf verstand, gab er auch
die Anweisungen für den Transport der Bundeslade.
23 Berechja und Elkana gingen als Wächter voraus. 24 Vor
der Lade gingen die Priester Schebanja, Joschafat, Ne-
tanel, Amasai, Secharja, Benanja und Eliëser und bliesen
auf ihren Trompeten, und hinter ihr folgten Obed-Edom
und Jehija als Wächter.

DAVID HOLT DIE BUNDESLADE NACH JERUSALEM

25 David, die Ältesten von Israel und die Anführer der
Truppenverbände gingen mit, als die Bundeslade aus
dem Haus Obed-Edoms geholt wurde; und alle waren
voller Freude. 26 Weil Gott es den Leviten gelingen ließ,
die diesmal die Lade trugen, opferte man ihm zum Dank
sieben Stiere und sieben Schafböcke. 27 David trug ein
Obergewand aus feinem weißen Leinen. Ebenso wa-
ren auch die Leviten gekleidet, die die Lade trugen,
wie auch die Sänger und Kenanja, der den Transport
beaufsichtigte. David selbst trug darunter auch den lei-
nenen Priesterschurz. 28 Ganz Israel stimmte jubelnd in
den Klang der Hörner, Trompeten, Becken, Harfen und
Lauten mit ein. So geleiteten sie die Lade des HERRN zu
ihrem neuen Platz. 29 Als die Bundeslade in die Davids-
stadt getragen wurde, stand Davids Frau Michal, die
Tochter Sauls, am Fenster. Sie fand es unpassend, dass
David als König vor Freude umhersprang und tanzte,
und verachtete ihn in ihrem Herzen.

16 Die Lade Gottes wurde in das Zelt gebracht, das
David für sie errichtet hatte. David opferte Gott
Brandopfer und schlachtete Tiere für das Opfermahl.
2 Nach dem Mahl segnete er das Volk im Namen des
HERRN. 3 Alle Israeliten, die dabei gewesen waren,
Männer wie Frauen, bekamen einen Laib Brot und je
eine Portion zusammengepresste Datteln und Rosinen
mit auf den Heimweg. 4 Einigen Leviten, die bei der Ein-
holung der Bundeslade als Sänger mitgewirkt hatten,
gab David den Auftrag, diesen Dienst auch weiterhin
vor der Lade zu versehen und den HERRN, den Gott
Israels, mit ihren Liedern zu rühmen, zu loben und zu
preisen. 5 Er setzte Asaf als ihren Leiter ein und Se-
charja als dessen Stellvertreter. Weiter bestimmte er zu
diesem Dienst: Jaasiël, Schemiramot, Jehiël, Mattitja,
Eliab, Benaja, Obed-Edom und Jëiël. Sie alle sollten
zu ihrem Gesang auf Harfen und Lauten spielen und
Asaf sollte die Becken schlagen. 6 Die Priester Benaja
und Jahasiël erhielten den ständigen Auftrag, vor der
Bundeslade die Trompeten zu blasen.

EIN DANKLIED

7 An jenem Tag ließ David zum ersten Mal von Asaf
und seinen Stammesbrüdern dieses Lied zu Ehren des
HERRN vortragen: // 8 »Dankt dem HERRN! / Macht
seinen Namen überall bekannt; / verkündet allen Völ-
kern, was er getan hat! / 9 Singt und spielt zu seiner
Ehre, / ruft euch seine Wunder ins Gedächtnis! / 10 Seid
stolz auf ihn, den heiligen Gott! / Seid voller Freude
über ihn, / ihr, die ihr nach ihm fragt! / 11 Geht zum
HERRN, denn er ist mächtig; / sucht seine Nähe zu
aller Zeit! / 12 Erinnert euch an seine machtvollen
Taten, / an seine Wunder und Gerichtsurteile, / 13 ihr
Nachfahren seines Dieners Israel, / ihr Nachkommen
Jakobs, seine Erwählten! // 14 Er ist unser Gott, er,
der HERR, / seine Herrschaft umschließt die ganze
Welt. / 15 Denkt an seinen Bund mit uns! / Sein
Versprechen gilt tausend Generationen. / 16 So hat er
es Abraham zugesagt / und Isaak mit einem Schwur
bestätigt. / 17 So hat er es Jakob fest versprochen, / als
ewigen Bund mit Israel. / 18 Er hat gesagt: ›Ich gebe
euch ganz Kanaan, / ich teile es euch zu als Erbbe-
sitz.‹ / 19 Sie waren damals leicht zu zählen, / nur eine

Handvoll Leute waren sie, / eingewanderte Fremde im
Land. / 20 Sie zogen von einem Volk zum andern, / auf
Wanderschaft in vieler Herren Länder. / 21 Doch
Gott ließ sie von niemand unterdrücken, / ihret-
wegen warnte er die Herrscher: // 22 ›Hände weg
von meinen berufenen Dienern! / Krümmt keinem
meiner Boten ein Haar!‹ / 23 Singt dem HERRN, ihr
Bewohner der ganzen Erde, / verkündet Tag für
Tag, wie gern er hilft! / 24 Erzählt allen Menschen
von seiner Herrlichkeit, / berichtet allen Völkern
von seinen großen Taten! / 25 Der HERR ist mäch-
tig, groß ist sein Ruhm; / mehr als alle Götter ist er
zu fürchten. / 26 Die Götter der Völker sind nur tote
Götzen, / der HERR aber hat den Himmel geschaf-
fen. // 27 Pracht und Hoheit umgeben ihn, / Macht
und Freude erfüllen seine Wohnung. // 28 Auf zu ihm,
ihr Völker! / Erweist dem HERRN Ehre, / unterwerft
euch seiner Macht! / 29 Erweist ihm die Ehre, die
ihm zusteht: / Bringt ihm eure Opfergaben! / Werft
euch vor ihm nieder, / wenn er in seiner Heiligkeit
erscheint! / 30 Die ganze Welt soll vor ihm erzit-
tern! / Die Erde ist fest gegründet, / sie stürzt nicht
zusammen. / 31 Der Himmel soll sich freuen, die Erde
jauchzen! / Sagt es allen Menschen: ›Der HERR ist
König!‹ / 32 Das Meer soll tosen mit allem, was darin
lebt! / Der Ackerboden soll fröhlich sein / samt allem,
was darauf wächst! // 33 Die Bäume im Wald sollen ju-
beln; / denn der HERR kommt, / er kommt und sorgt
für Recht auf der Erde. // 34 Dankt dem HERRN, denn er
ist gut zu uns, / seine Liebe hört niemals auf! / 35 Sagt
zu ihm: ›Rette uns doch! / Du, Gott, bist unser Be-
freier! / Hol uns heraus aus den fremden Völkern / und
führe uns wieder zusammen! / Dann werden wir dich
preisen, / dich, unseren heiligen Gott; / und dir zu dan-
ken wird unsere größte Freude sein!‹ / 36 Gepriesen sei
der HERR, der Gott Israels, / vom Anfang der Zeiten
bis in alle Zukunft!« // Auf dieses Lied antwortete das
ganze Volk: »Amen! Preist den HERRN!«

ORDNUNG DES GOTTESDIENSTES IN JERUSALEM UND GIBEON

37 Auf Befehl Davids blieben Asaf und die anderen
Männer seiner Sippe bei der Bundeslade des HERRN,
um den täglich nötigen Dienst vor ihr zu tun. 38 Auch
Obed-Edom, der Sohn Jedutuns, und die Angehöri-
gen seiner Sippe nahmen ihren Dienst als Torwächter
auf. Zu ihnen gehörte auch Hosa. Insgesamt waren es
68 Männer. 39 Die Priester aber, Zadok und seine Ver-
wandten, versahen auf Anweisung Davids ihren Dienst
weiterhin am Heiligen Zelt, das an der Opferstätte in
Gibeon stand. 40 Sie sollten dort nach wie vor jeden
Morgen und Abend auf dem Altar die Brandopfer dar-
bringen und alles tun, was in dem Gesetz vorgeschrie-
ben ist, das der HERR den Israeliten gegeben hat. 41 Von
den Sängern blieben Heman, Jedutun und andere, die
dazu ausgewählt und namentlich bestimmt worden
waren, ebenfalls in Gibeon, um auch dort regelmäßig
mit Gesang den HERRN zu preisen: »Seine Liebe hört
niemals auf!« 42 Sie begleiteten die Lieder, die sie zur
Ehre Gottes vortrugen, mit Trompeten, Becken und
anderen Musikinstrumenten. Als Torwächter waren
die Söhne Jedutuns dort tätig. 43 Schließlich kehrte
das ganze Volk wieder in seine Wohnorte zurück; auch
David ging nach Hause, um seine Familie zu begrüßen.

DIE ZUSAGE EINES EWIGEN KÖNIGTUMS

17 Nachdem David in seinen Palast eingezogen war,
sagte er eines Tages zu dem Propheten Natan:
»Ich wohne hier in einem Palast aus Zedernholz und
die Bundeslade des HERRN steht in einem Zelt. Ist das
in Ordnung?« 2 Natan sagte: »Tu, was du vorhast; Gott
wird dir beistehen.« 3 Aber in der folgenden Nacht
sagte Gott zu Natan: 4 »Geh zu meinem Diener David
und richte ihm aus: ›So spricht der HERR: Nicht du sollst
mir das Haus bauen, in dem ich wohnen kann! 5 Seit
ich die Israeliten aus Ägypten herausgeführt habe,
habe ich noch nie in einem Haus gewohnt, ich hatte
immer nur ein Zelt und wanderte von Ort zu Ort. 6 Zu
keinem der Männer, die ich als Richter und Anführer
meines Volkes berief, habe ich je gesagt: Warum baust
du mir kein Haus aus Zedernholz?‹ 7 Darum sollst du
meinem Diener David ausrichten: ›So spricht der HERR,
der Herrscher der Welt: Ich habe dich von der Schafher-
de weggeholt und zum Herrscher über mein Volk Israel
gemacht. 8 Bei allem, was du unternommen hast, habe
ich dir geholfen und habe alle deine Feinde vernichtet.
Ich habe dich berühmt gemacht und du wirst zu den
Großen der Erde gezählt. 9 Meinem Volk Israel habe
ich eine Heimat gegeben, ein Land, in dem es sicher
leben kann. Es soll sich nicht mehr vor Unterdrückern
fürchten müssen wie früher, 10 auch noch zu der Zeit,
als ich Richter über mein Volk berief. Vielmehr will ich
alle deine Feinde in die Knie zwingen. Und nun kün-
dige ich, der HERR, dir an, dass *ich dir* ein Haus bauen
werde, nicht du mir! 11 Wenn deine Zeit abgelaufen
ist und du stirbst, werde ich dafür sorgen, dass einer
deiner Söhne dir auf dem Königsthron folgt, und ich
will seiner Herrschaft festen Bestand geben. 12 Er soll
dann ein Haus für mich bauen, und ich werde seine
Herrschaft und die seiner Nachkommen für alle Zei-
ten fest begründen. 13 Ich will sein Vater sein und er
soll mein Sohn sein. Ich will ihm niemals meine Liebe
entziehen, wie ich sie deinem Vorgänger entzogen
habe, 14 sondern ich werde ihn für immer in meinem
Haus und in meiner Königsherrschaft bestätigen. Sein
Thron wird für alle Zeiten bestehen.‹«

DAVIDS DANKGEBET

15 Natan sagte David alles, was der HERR ihm offen-
bart und für David aufgetragen hatte. 16 Da ging der
König in das Zelt des HERRN, kniete vor dem HERRN
nieder und betete: »HERR, mein Gott, ich bin es nicht
wert, dass du mich und meine Familie so weit gebracht
hast! 17 Aber das war in deinen Augen noch zu wenig,
mein Gott: Du hast Zusagen gemacht, die noch mei-
nen fernsten Nachkommen gelten. Du hast mich an-
geschaut wie einen besonders würdigen Menschen,
HERR, mein Gott! 18 Was soll ich dir noch mehr sagen,

nachdem du mich, deinen Diener, so hoch geehrt hast!
Du kennst meine innersten Gedanken. 19 HERR, weil du
mich liebst und weil es dein Wille war, hast du all dies
Große getan, damit deine großen Taten bekannt wer-
den. 20 HERR, niemand ist dir gleich! Alles, was wir je
gehört haben, bestätigt: Es gibt keinen Gott außer dir!
21 Und welches andere Volk auf der Erde gleicht deinem
Volk Israel? Wo hat je ein Gott so viel für ein Volk getan
und es aus der Sklaverei befreit und zu seinem Eigen-
tum gemacht? Du hast mächtige, furchterregende
Taten getan, sodass dein Name in aller Welt bekannt
geworden ist. Aus Ägypten hast du es herausgeholt
und hast andere Völker vor ihm vertrieben. 22 Du hast
Israel auf ewig zu deinem Volk gemacht, HERR, und
bist sein Gott geworden. 23 Lass nun wahr werden,
HERR, was du mir und meinen Nachkommen für alle
Zeiten zugesagt hast! Erfülle, was du versprochen
hast! 24 Dann wird dein Name als zuverlässig gelten
und zu allen Zeiten gerühmt werden und die Men-
schen werden sagen: ›Der HERR, der Herrscher der
Welt, ist der Gott Israels!‹ Und auch das Königshaus
deines ergebenen Dieners wird vor dir Bestand haben.
25 Du, mein Gott, hast mir ja das Ohr geöffnet und mir
zugesagt: ›Ich will dir ein Haus bauen.‹ Darum wage
ich, so zu dir zu beten. 26 HERR, du bist der wahre Gott
und du hast mir, deinem Diener, diese herrliche Zusage
gemacht. 27 Du hast beschlossen, mein Königshaus
zu segnen, damit immer einer meiner Nachkommen
auf meinem Thron sitzt. Und weil du es gesegnet hast,
HERR, bleibt es für immer gesegnet.«

DAVID UNTERWIRFT DIE NACHBARVÖLKER

18 Einige Zeit später besiegte David die Philister.
Er zwang sie in die Knie und nahm ihnen die
Stadt Gat mit den dazugehörigen Ortschaften ab. 2 Er
besiegte auch die Moabiter. Er machte sie zu seinen
Untertanen und zwang sie, ihm regelmäßig Tribut
zu zahlen. 3 Dann besiegte er König Hadad-Eser von
Zoba, dessen Gebiet sich auf Hamat zu erstreckte.
Hadad-Eser war gerade ausgezogen, um das Gebiet
am oberen Eufrat unter seine Herrschaft zu bringen.
4 David erbeutete von ihm 1000 Streitwagen und
nahm 7000 Wagenkämpfer und 20 000 Fußsoldaten
gefangen. Den Zugpferden der Streitwagen ließ er
die Fußsehnen durchschneiden, um sie zu lähmen;
nur 100 verschonte er. 5 Als die Syrer von Damaskus
König Hadad-Eser von Zoba zu Hilfe eilten, besiegte
David auch sie und tötete von ihnen 22 000 Mann. 6 Er
legte Besatzungen in ihre Städte, machte sie zu seinen
Untertanen und zwang sie, ihm regelmäßig Tribut zu
zahlen. Der HERR stand David zur Seite und ließ ihm
alles gelingen, was er unternahm. 7 David erbeutete
auch die goldenen Schilde, die Hadad-Esers hohe Of-
fiziere getragen hatten, und ließ sie nach Jerusalem
schaffen. 8 In den Städten Tibhat und Kun, die zu Ha-
dad-Esers Gebiet gehörten, fielen ihm große Mengen
von Bronze in die Hände. Daraus ließ Salomo später
das sogenannte »Bronzene Meer«, die beiden Säu-
len und die übrigen Bronzegegenstände des Tempels
herstellen. 9 Als Toï, der König von Hamat, erfuhr, dass
David die ganze Streitmacht Hadad-Esers vernichtend
geschlagen hatte, schickte er seinen Sohn Hadoram zu
König David. Er ließ ihn grüßen und beglückwünschte
ihn zu seinem Sieg. Hadad-Eser hatte nämlich ständig
gegen Toï Krieg geführt. 10 Hadoram brachte David als
Geschenk Geräte aus Gold, Silber und Bronze. 11 König
David weihte alle diese Geräte dem HERRN, ebenso
wie das Silber und Gold, das er von den übrigen Völ-
kern erbeutet hatte, von den Edomitern, Moabitern,
Ammonitern, Philistern und Amalekitern. 12 Abischai,
der Sohn der Zeruja, besiegte im Salztal die Edomiter,
wobei 18 000 von ihnen fielen. 13 Im ganzen Land Edom
setzte David Statthalter ein und machte die Bewohner
zu seinen Untertanen. Der HERR stand David zur Seite
und ließ ihm alles gelingen, was er unternahm.

DAVIDS OBERSTE BEAMTE

14 Als König über ganz Israel regierte David gerecht
und sorgte in seinem ganzen Volk für Recht und Ge-
rechtigkeit. 15 Joab, der Sohn der Zeruja, war oberster
Befehlshaber über das Heer. Joschafat, der Sohn Ahi-
luds, war Kanzler. 16 Zadok, der Sohn Ahitubs, und Ahi-
melech, der Sohn Abjatars, waren Priester. Schawscha
war Staatsschreiber, 17 und Benaja, der Sohn von Jojada,
befehligte die Leibgarde Davids. Auch die Söhne Davids
nahmen führende Stellungen im königlichen Dienst ein.

DER AMMONITERKÖNIG BELEIDIGT DAVIDS BOTEN

19 Einige Zeit danach starb der Ammoniterkönig
Nahasch und sein Sohn Hanun wurde König.
2 David dachte: »Sein Vater stand mit mir in freund-
schaftlichen Beziehungen; ich will mit Hanun, seinem
Sohn, auch gute Beziehungen pflegen.« So schickte
er Gesandte hin, die sein Beileid aussprechen sollten.
Als die Gesandten im Ammoniterland ankamen, 3 rede-
ten die führenden Männer der Ammoniter Hanun ein:
»Glaubst du wirklich, dass David seine Gesandten nur
geschickt hat, um deinen Vater zu ehren und dir sein
Beileid auszusprechen? Sie sind bestimmt gekommen,
um unser Land genauestens auszukundschaften!«
4 Da ließ Hanun die Gesandten Davids ergreifen, ihnen
den Bart und alle Haare abscheren und die Kleider
unten bis zum Gesäß abschneiden. So schickte er sie
zurück. 5 Als sie noch auf dem Heimweg waren, wurde
David gemeldet, wie man seine Gesandten behandelt
hatte. Da schickte er ihnen Boten entgegen, und weil
sie so schwer geschändet waren, ließ er ihnen sagen:
»Bleibt in Jericho und kommt erst zurück, wenn euer
Bart nachgewachsen ist.«

DER SIEG ÜBER DIE VERBÜNDETEN AMMONITER UND SYRER

6 Als König Hanun und die Ammoniter merkten, dass
sie David tödlich beleidigt hatten, schickten sie Un-
terhändler mit 1000 Zentnern Silber nach Mesopo-
tamien, nach Maacha in Syrien und nach Zoba, um
überall Streitwagen und Wagenkämpfer anzuwerben.

7 Sie brachten 32 000 Streitwagen zusammen und ge-
wannen den König von Maacha zum Bundesgenossen.
Er rückte mit seinen Kriegern heran und sie lagerten
vor der Stadt Medeba. Auch die Ammoniter kamen
aus ihren Städten und sammelten sich zum Kampf.
8 David erfuhr von diesen Kriegsvorbereitungen und
ließ Joab mit dem ganzen Heer der kriegstüchtigen
Männer ausrücken. 9 Die Ammoniter bezogen Stel-
lung vor dem Tor ihrer Hauptstadt Rabba, während
sich die anderen Könige, die ihnen mit ihren Truppen
zu Hilfe gekommen waren, in einiger Entfernung im
offenen Feld zum Kampf aufstellten. 10 Als Joab sah,
dass die Feinde ihn von vorn und hinten bedrohten,
wählte er seine besten Leute aus, um sich mit ihnen
den Syrern entgegenzustellen. 11 Die übrigen sollten
unter dem Befehl seines Bruders Abischai gegen die
Ammoniter kämpfen. 12 Joab sagte zu Abischai: »Wenn
die Syrer mir zu stark werden, dann komm und hilf mir!
Und wenn dir die Ammoniter zu stark werden, komme
ich dir zu Hilfe. 13 Nur Mut! Lass uns tapfer und un-
erschrocken für unser Volk und für die Städte unseres
Gottes kämpfen! Der HERR wird der Sache den Aus-
gang geben, der ihm gefällt.« 14 Joab schlug mit seinen
Leuten los und die Syrer ergriffen die Flucht. 15 Als die
Ammoniter es sahen, ergriffen auch sie die Flucht vor
Abischai und zogen sich in die Stadt zurück. Darauf
ging auch Joab mit seinem Heer wieder heim nach
Jerusalem. 16 Als die Syrer aus Maacha erkannten, dass
die Israeliten sie besiegt hatten, schickten sie Boten zu
den anderen syrischen Volksstämmen nördlich des Eu-
frats und riefen sie zu Hilfe. Sie kamen, angeführt von
Schobach, dem Heerführer Hadad-Esers. 17 Als David
davon hörte, rief er alle wehrfähigen Männer Israels
zusammen, überquerte mit ihnen den Jordan und kam
in die Nähe der Syrer. Nachdem er sein Heer ihnen
gegenüber aufgestellt hatte, begannen die Syrer den
Kampf. 18 Sie mussten aber vor den Israeliten fliehen.
David und seine Männer vernichteten 7000 syrische
Streitwagen samt den Pferdegespannen und Besat-
zungen und töteten 40 000 Mann Fußvolk. Unter den
Getöteten war auch der Heerführer Schobach. 19 Die
syrischen Könige, die für Hadad-Eser in diesen Krieg
ziehen mussten, sahen ein, dass sie Israel unterlegen
waren. Sie schlossen mit David Frieden und unterwar-
fen sich ihm. Von da an waren die Syrer nicht mehr
geneigt, die Ammoniter zu unterstützen.

DIE UNTERWERFUNG DER AMMONITER

20 Im folgenden Frühjahr, um die Zeit, wenn die
Könige in den Krieg ziehen, zog Joab mit dem
Heer wieder in den Kampf gegen die Ammoniter. Sie
verwüsteten deren Land, drangen bis Rabba vor und
belagerten die Stadt. David selbst blieb in Jerusalem.
Joab eroberte die Stadt und zerstörte sie. 2 Dann kam
auch David und nahm dem ammonitischen Gott Mil-
kom die goldene Krone vom Haupt. Sie wog einen
Zentner und trug einen kostbaren Edelstein. David
selbst wurde nun mit ihr gekrönt. Außerdem nahm er
aus der Stadt reiche Beute mit. 3 Die Einwohner setzte
er für Bauarbeiten ein; sie mussten mit Steinsägen,
eisernen Hacken und Äxten arbeiten. Ebenso verfuhr
David mit allen Städten der Ammoniter und ihren Be-
wohnern. Dann kehrte er mit dem ganzen Heer nach
Jerusalem zurück.

KÄMPFE GEGEN DIE PHILISTER

4 Danach kam es bei Geser zum Kampf mit den Philis-
tern. Damals tötete Sibbechai aus Huscha den Riesen
Sippai und die Philister wurden in die Knie gezwun-
gen. 5 Bei einem weiteren Gefecht tötete Elhanan, der
Sohn Jaïrs, den Philister Lachmi aus Gat. Dieser war ein
Bruder Goliats und der Schaft seines Speeres war so
dick wie ein Weberbaum. 6 Als es danach bei Gat zum
Kampf kam, trat ein besonders großer Riese vor. Er
hatte sechs Finger an jeder Hand und sechs Zehen an
jedem Fuß, also 12 Finger und 12 Zehen. 7 Er verspot-
tete die Israeliten; aber Jonatan, der Sohn von Davids
Bruder Schima, tötete ihn. 8 Diese Riesen stammten aus
Gat und waren Nachkommen von Rafa. Sie wurden von
David und seinen Männern erschlagen.

DAVID GREIFT IN GOTTES RECHTE EIN

21 Der Satan wollte Israel ins Unglück stürzen.
Deshalb verführte er David dazu, das Volk zäh-
len zu lassen. 2 David befahl Joab und den Führern des
Volkes: »Geht durch das ganze Land von Beerscheba
bis Dan und zählt die Israeliten! Sagt mir das Ergebnis,
damit ich weiß, wie viele es sind!« 3 Joab erwiderte:
»Mein Herr und König, ich wünsche von Herzen,
dass der HERR sein Volk noch hundertmal so zahlreich
macht, wie es schon ist! Alle sind deine treuen Unterta-
nen! Warum fragst du nach ihrer Zahl? Warum soll eine
solche Schuld auf Israel kommen?« 4 Aber der König
ließ sich durch Joab nicht von seinem Plan abbringen.
So machte sich Joab auf den Weg und durchzog das
ganze Land. Als er wieder nach Jerusalem kam, 5 mel-
dete er David das Ergebnis: Es gab in Israel 1 100 000
Männer, die mit dem Schwert umgehen konnten, und
in Juda 470 000. 6 Die Stämme Levi und Benjamin hatte
Joab nicht mitgezählt, weil er mit dem Befehl des Kö-
nigs ganz und gar nicht einverstanden war.

DIE STRAFE TRIFFT DAS VOLK

7 Gott missfiel, was David getan hatte, darum bestrafte
er die Leute von Israel. 8 Da betete David zu Gott:
»Ich habe ein großes Unrecht begangen. Vergib mir
doch meine Schuld! Ich habe sehr unbesonnen ge-
handelt.« 9 Der HERR aber sagte zu Gad, dem Seher
Davids: 10 »Geh zu David und richte ihm aus: ›So spricht
der HERR: Ich lasse dir die Wahl zwischen drei Übeln.
Wähle, was ich dir antun soll!‹« 11 Gad kam zum König,
überbrachte ihm die Botschaft und fragte: »Was willst
du: 12 dass eine dreijährige Hungersnot kommt oder
dass du drei Monate vor deinen Feinden fliehen musst,
die dich mit dem Schwert verfolgen, oder dass drei
Tage die Pest, das Schwert des HERRN, im Land wütet
und der Engel des HERRN in ganz Israel viele Menschen
tötet? Überleg es dir und sag mir, was für eine Antwort

ich dem HERRN bringen soll, der mich geschickt hat!«
13 David sagte zu Gad: »Ich stehe vor einer schreck-
lichen Wahl! Aber wenn es denn sein muss, dann lieber
in die Hand des HERRN fallen, denn er ist voll Erbarmen.
In die Hand von Menschen will ich nicht fallen!« 14 Da
ließ der HERR in Israel die Pest ausbrechen und es star-
ben an ihr 70 000 Menschen. 15 Er schickte den Todes-
engel auch nach Jerusalem, um die Stadt zu verderben.
Doch als der HERR sah, wie der Engel sein grausiges
Werk anfing, tat es ihm leid und er befahl ihm: »Halt,
es ist genug!« Der Engel des HERRN stand gerade auf
dem Dreschplatz des Jebusiters Arauna. 16 Als David
aufblickte, sah er ihn dort zwischen Himmel und Erde
stehen. Er hatte das gezogene Schwert in der Hand und
hielt es über Jerusalem hin ausgestreckt. David und die
Ältesten der Stadt, alle mit dem Sack bekleidet, warfen
sich mit dem Gesicht zur Erde nieder. 17 David betete:
»HERR, mein Gott, ich bin doch der Schuldige! Ich habe
den Befehl zur Zählung gegeben. Ich, der König, habe
mich schwer verfehlt, mein Volk, diese unschuldige
Herde, hat nichts Böses getan. HERR, mein Gott, strafe
mich und meine Familie, aber verschone dein Volk mit
solchen Plagen!«

DAVID ERWIRBT DEN PLATZ FÜR DEN TEMPEL

18 Der Engel des HERRN befahl Gad, dem König zu sa-
gen, er solle zum Dreschplatz des Jebusiters Arauna
hinaufgehen und dem HERRN dort einen Altar errich-
ten. 19 David ging hin, wie der Seher es ihm im Namen
des HERRN befohlen hatte. 20 Arauna hatte vorher
gerade mit seinen vier Söhnen Weizen gedroschen.
Als er sich dabei umwandte, hatte er den Engel ge-
sehen. Seine Söhne waren weggelaufen und hatten
sich versteckt. 21 David ging also zu Arauna. Als die-
ser aufschaute und David kommen sah, ging er ihm
vom Dreschplatz aus entgegen und warf sich vor ihm
nieder. 22 David sagte zu Arauna: »Überlass mir den
Dreschplatz! Ich will ihn dir zum vollen Preis abkaufen
und darauf dem HERRN einen Altar errichten, damit die
Seuche aufhört.« 23 Arauna antwortete: »Nimm ihn,
mein Herr und König, und verfahre damit nach deinen
Wünschen! Ich gebe ihn dir umsonst und dazu auch
die Rinder für das Brandopfer, den Dreschschlitten
als Brennholz und den Weizen für das Speiseopfer.«
24 »Nein«, sagte der König, »ich möchte ihn dir zum
vollen Preis abkaufen. Ich will nicht dein Eigentum
wegnehmen, um es dem HERRN zu geben, und ich will
ihm auch keine Brandopfer darbringen, die ich nicht
bezahlt habe.« 25 David zahlte Arauna 600 Goldstücke
für den Platz. 26 Dann baute er dort einen Altar für den
HERRN, opferte darauf Brandopfer und Mahlopfer und
rief zum HERRN. Und der HERR antwortete ihm durch
Feuer, das vom Himmel fiel und das Brandopfer auf
dem Altar verzehrte. 27 Dem Engel aber befahl er, das
Schwert wieder einzustecken. 28 David erkannte, dass
der HERR ihn erhört hatte und dass er ihm dort auf dem
Dreschplatz des Jebusiters Arauna Opfer darbringen
durfte. 29 Die Wohnung des HERRN, die Mose in der
Wüste angefertigt hatte, und der dazugehörende
Brandopferaltar befanden sich zu dieser Zeit noch an
der Opferstätte in Gibeon. 30 David wagte aber nicht
mehr, dorthin zu gehen, um den HERRN zu befragen; so
sehr hatte ihn der Engel des HERRN mit dem Schwert
erschreckt.

22 Deshalb sagte er: »Hier soll der Tempel für den
HERRN, unseren Gott, gebaut werden und der
Altar, auf dem die Brandopfer der Israeliten darge-
bracht werden.«

VORBEREITUNGEN FÜR DEN TEMPELBAU

2 David ließ aus dem ganzen Land die Fremden zusam-
menholen, die in Israel Aufnahme gefunden hatten,
und ließ sie als Steinhauer arbeiten. Sie mussten die
großen Quadersteine behauen, aus denen das Haus
Gottes gebaut werden sollte. 3 Er ließ auch eine Menge
Eisen heranschaffen, aus dem Nägel für die Torflügel
und Klammern für das Mauerwerk hergestellt wer-
den sollten, und solche Mengen von Bronze, dass
man sie gar nicht wiegen konnte. 4 Auch ungezähl-
te Zedernstämme wurden gelagert, denn die Leute
von Sidon und Tyrus brachten David große Mengen
von Zedernholz. 5 Er sagte sich nämlich: »Mein Sohn
Salomo ist noch jung und unerfahren; aber der Tempel
des HERRN muss ein so großartiger Bau werden, dass
er in der ganzen Welt bewundert und gerühmt wird.
Ich werde deshalb alles für ihn vorbereiten.« So traf
David selbst noch vor seinem Tod alle nötigen Vorkeh-
rungen für den Bau. 6 Dann rief er seinen Sohn Salomo
zu sich und gab ihm den Auftrag, einen Tempel für den
HERRN, den Gott Israels, zu bauen. 7 Er sagte zu ihm:
»Mein Sohn, ich selbst hatte mir vorgenommen, ein
Haus für den Namen des HERRN, meines Gottes, zu
bauen. 8 Doch da erging an mich das Wort des HERRN,
er sagte zu mir: ›Du hast ständig Kriege geführt und
viel Blut vergossen. Darum sollst *du* kein Haus für mich
bauen. 9 Doch dir wurde ein Sohn geboren, Salomo; er
wird, wie sein Name sagt, ein Mann des Friedens sein.
Ich selbst werde dafür sorgen, dass Israel unter seiner
Regierung in Ruhe und Frieden leben kann, von keinem
Feind bedroht. 10 Er soll das Haus für mich bauen. Er
wird mein Sohn sein und ich will sein Vater sein; ich
will seiner Königsherrschaft über Israel für immer
Bestand geben.‹ 11 Nun ist es so weit, mein Sohn! Der
HERR, dein Gott, stehe dir bei, damit dir der Bau seines
Tempels gelingt, wie er es zugesagt hat. 12 Der HERR,
dein Gott, gebe dir Klugheit und Einsicht! Er wird dich
zum Herrscher über Israel einsetzen mit dem Auftrag,
dass du sein Gesetz genau befolgst. 13 Wenn du alle
Gebote und Vorschriften beachtest, die er Mose für
das Volk Israel gegeben hat, wirst du Erfolg haben. Lass
dich nicht beirren und hab keine Angst, sondern sei
mutig und entschlossen! 14 Denk daran, dass ich trotz
aller Schwierigkeiten hundertmal 1000 Zentner Gold
und tausendmal 1000 Zentner Silber für den Tempel
zusammengebracht habe, dazu solche Mengen von
Eisen und Bronze, dass man sie gar nicht wiegen kann.
Auch Holz und Steine für den Bau habe ich beschafft
und du wirst noch mehr herbeischaffen. 15 Eine große

Zahl von Bauarbeitern steht dir zur Verfügung: Steinmetzen, Maurer und Zimmerleute, ebenso zahllose Kunsthandwerker, 16 die Arbeiten in Gold, Silber, Eisen und Bronze ausführen können. Geh also ans Werk, der HERR wird dir helfen!« 17 Allen führenden Männern in Israel befahl David, seinen Sohn Salomo beim Bau des Tempels zu unterstützen. 18 Er sagte zu ihnen: »Vergesst nicht, dass der HERR, euer Gott, euch geholfen hat! Er hat euch Ruhe verschafft an allen Grenzen ringsum. Die früheren Besitzer dieses Landes hat er in meine Gewalt gegeben, sodass es nun dem HERRN und seinem Volk gehört. 19 Richtet darum euer Sinnen und Trachten darauf, den HERRN, euren Gott, zu suchen und nach seinem Willen zu fragen! Geht ans Werk und baut ihm zu Ehren das Heiligtum, damit die Bundeslade und die heiligen Geräte in das Haus kommen, das für den Namen des HERRN errichtet wird!«

DAVID SETZT DIE DIENSTGRUPPEN DER LEVITEN EIN

23 David war inzwischen sehr alt geworden, gesättigt von einem langen und erfüllten Leben. Darum setzte er seinen Sohn Salomo als König über Israel ein. 2 Er ließ dazu alle führenden Leute in Israel und die Priester und Leviten zusammenrufen. 3 David ließ alle männlichen Leviten zählen, die dreißig Jahre und älter waren. Diese Zählung ergab 38 000 Mann. 4 Von ihnen bestimmte er 24 000 zur Bauaufsicht am Tempel des HERRN, 6000 als Beamte und Richter, 5 4000 als Torwächter und 4000 als Sänger, die den HERRN preisen und dazu auf den Instrumenten spielen sollten, die er selbst hatte anfertigen lassen. 6 David teilte die Leviten in drei Abteilungen ein, und zwar nach ihrer Abstammung von Gerschon, Kehat oder Merari, den Söhnen von Levi. 7 Die Gruppe *Gerschon:* Sie gliedert sich nach Gerschons Söhnen Ladan und Schimi. 8 Ladan hatte drei Söhne. Der rangoberste war Jehiël; ihm folgten Setam und Joël. 9 Schimi hatte drei Söhne: Schelomit, Hasiël und Haran. Sie alle waren die Oberhäupter der Sippen, die von Ladan abstammten. 10 Schimi hatte vier Söhne: Jahat, Sisa, Jëusch und Beria. 11 Der rangoberste war Jahat, an zweiter Stelle stand Sisa; Jëusch und Beria aber hatten nur wenige Kinder und bildeten deshalb zusammen eine einzige Sippe und auch nur eine Dienstgruppe. 12 Die Gruppe *Kehat:* Sie gliedert sich nach dessen Söhnen Amram, Jizhar, Hebron und Usiël. 13 Amram hatte zwei Söhne: Aaron und Mose. Aaron und seine Nachkommen wurden für alle Zeiten für den Priesterdienst ausgesondert. Ihnen waren die heiligsten Aufgaben anvertraut. Sie allein durften für den HERRN Opfer auf dem Altar verbrennen und im Namen des HERRN der Gemeinde seinen Segen zusprechen. 14 Die Nachkommen von Mose dagegen wurden zu den Leviten gezählt. 15 Mose hatte zwei Söhne: Gerschom und Eliëser. 16 Unter den Söhnen Gerschoms war der rangoberste Schubaël. 17 Eliëser hatte nur einen Sohn namens Rehabja; dieser aber hatte viele Söhne. 18 Unter den Söhnen Jizhars war der rangoberste Schelomit. 19 Die Söhne Hebrons waren: der rangoberste Jerija, der zweite Amarja, der dritte Jahasiël und der vierte Jekamam. 20 Unter den Söhnen Usiëls war der rangoberste Micha und der zweite Jischija. 21 Die Gruppe *Merari:* Sie gliedert sich nach Meraris Söhnen Machli und Muschi. Machli hatte zwei Söhne: Eleasar und Kisch. 22 Eleasar hinterließ, als er starb, keine Söhne, sondern nur Töchter. Diese verheirateten sich mit ihren Vettern, den Söhnen von Kisch. 23 Muschi hatte drei Söhne: Machli, Eder und Jeremot. 24 Diese Oberhäupter der Nachkommen von Levi wurden also beauftragt, zusammen mit ihren Sippen den Dienst am Tempel zu übernehmen. Alle Männer ab zwanzig Jahren wurden gezählt und jeder einzelne in die Namenslisten eingetragen. 25 Denn David hatte gesagt: »Der HERR, der Gott Israels, hat seinem Volk Ruhe verschafft, sodass es hier ständig wohnen kann, und auch er selbst hat für alle Zeiten in Jerusalem Wohnung genommen. 26 Deshalb brauchen die Leviten nicht mehr wie früher die Wohnung des HERRN und die Geräte für ihren Dienst zu tragen.« 27 Nach den letzten Anweisungen Davids wurden alle Leviten gezählt, die zwanzig Jahre und älter waren. 28 David hatte angeordnet: »Die Aufgabe der Leviten ist es, den Priestern im Tempel zur Hand zu gehen. Sie sollen dort die Vorhöfe und Kammern beaufsichtigen, die heiligen Geräte reinigen und auch sonst alle Arbeiten erledigen, die im Tempel anfallen. 29 Sie haben für die geweihten Brote zu sorgen und für das Mehl zum Speiseopfer, außerdem für die ungesäuerten Fladenbrote, das Pfannengebäck und das übrige Backwerk. Zu ihren Aufgaben gehört es auch, alle Hohlmaße und Längenmaße zu überwachen. 30 Sie müssen jeden Morgen und Abend bereitstehen, um den HERRN mit Lobgesängen und Dankliedern zu preisen. 31 Immer wenn dem HERRN Brandopfer dargebracht werden, also am Sabbat, am Neumondstag und an den großen Festen, haben sie in der vorgeschriebenen Anzahl vor dem HERRN zu erscheinen. 32 So sollen die Leviten am Heiligen Zelt und im Heiligtum ihren Dienst versehen und die Priester, ihre Stammesbrüder, bei allen ihren Pflichten unterstützen.«

DIE DIENSTGRUPPEN DER PRIESTER

24 Auch die Priester, die Nachkommen Aarons, wurden in Dienstgruppen eingeteilt. Aaron hatte vier Söhne: Nadab und Abihu, Eleasar und Itamar. 2 Nadab und Abihu starben schon, als Aaron noch lebte, und hinterließen keine Söhne. Deshalb übten von da an nur Eleasar und Itamar den Priesterdienst aus. 3 Mithilfe von Zadok, einem Nachkommen Eleasars, und Ahimelech, einem Nachkommen Itamars, teilte David die Priester in Dienstgruppen ein. 4 Dabei stellte sich heraus, dass die Zahl der Männer bei den Nachkommen Eleasars größer war als bei den Nachkommen Itamars. Deshalb teilte man sie so ein, dass die Sippenoberhäupter aus der Linie Eleasars mit ihren Sippen sechzehn Dienstgruppen bildeten und die aus der Linie Itamars nur acht. 5 Ihre Reihenfolge aber wurde durch das Los bestimmt; denn die führenden Priester beider Gruppen, der Nachkommen Eleasars und der Nachkommen Itamars, waren als Verantwortliche für den Dienst am Heiligtum Gottes gleichberechtigt. 6 Der Schreiber Schemaja, der Sohn Netanels, ein Levit, schrieb alle auf. Dabei waren zugegen: der König, die führenden Männer des Volkes, der Priester Zadok sowie Abjatar, der Sohn Ahimelechs, dazu die Sippenoberhäupter der Priester und Leviten. Abwechselnd wurden zwei Sippen von den Nachkommen Eleasars und eine Sippe von den Nachkommen Itamars ausgelost. 7-18 Folgende Dienstgruppen wurden durch das Los bestimmt:

1. Jojarib	13. Huppa
2. Jedaja	14. Jeschebab
3. Harim	15. Bilga
4. Seorim	16. Immer
5. Malkija	17. Hesir
6. Mijamin	18. Pizzez
7. Koz	19. Petachja
8. Abija	20. Jeheskel
9. Jeschua	21. Jachin
10. Schechanja	22. Gamul
11. Eljaschib	23. Delaja
12. Jakim	24. Maasja

19 Entsprechend diesen Dienstgruppen mussten die Priester in den Tempel kommen und ihren Dienst nach den Vorschriften verrichten, die ihnen ihr Stammvater Aaron auf Befehl des HERRN, des Gottes Israels, gegeben hatte.

EINE ZUSÄTZLICHE LISTE VON LEVITEN

20 Weitere Sippenoberhäupter der Leviten waren: // von den Nachkommen Amrams: Schubaël; von den Söhnen Schubaëls: Jechdeja / 21 von den Söhnen Rehabjas: Jischija, der rangoberste / 22 von den Nachkommen Jizhars: Schelomit; von den Söhnen Schelomits: Jahat / 23 von den Söhnen Hebrons: Jerija, der rangoberste, Amarja, der zweite, Jahasiël, der dritte, und Jekamam, der vierte / 24 von den Söhnen Usiëls: Micha; von den Söhnen Michas: Schamir / 25 von den Söhnen Jischijas, einem Bruder von Micha: Secharja // 26 Die Nachkommen Meraris waren Machli und Muschi – sie waren Söhne von Meraris Sohn Jaasija. 27 Weitere Nachkommen Meraris über Jaasija waren: Schoham, Sakkur und Ibri. 28 Die Söhne Machlis waren: Eleasar, der keine Kinder hatte, 29 und Kisch. Der Sohn von Kisch war Jerachmeël. 30 Die Söhne Muschis waren: Machli, Eder und Jerimot. Dies waren die Sippen der Leviten. 31 Sie losten ihre Reihenfolge genauso aus wie ihre Stammesbrüder, die Priester, in Gegenwart von König David, Zadok, Ahimelech und den Sippenoberhäuptern der Priester und Leviten. Dabei wurden die Familien der Sippenoberhäupter nicht anders behandelt als die ihrer jüngsten Brüder.

DIE DIENSTGRUPPEN DER SÄNGER

25 David bestimmte zusammen mit den Verantwortlichen für die Tempeldienste die Männer der Sippen Asaf, Heman und Jedutun als Sänger und Musikanten. In prophetischer Begeisterung sollten sie Gott mit Liedern preisen und den Gesang auf Lauten, Harfen und Becken begleiten. Folgende Männer wurden dazu berufen: 2 Die Söhne Asafs: Sakkur, Josef, Netanja und Asarela. Sie standen unter der Leitung ihres Vaters, der auf Anweisung des Königs Gott preisen sollte, erfüllt von prophetischer Begeisterung. 3 Die Söhne Jedutuns: Gedalja, Zeri, Jeschaja, Schimi, Haschabja und Mattitja, zusammen sechs. Sie sollten Laute spielen unter der Leitung ihres Vaters, der selbst den HERRN in prophetischer Begeisterung pries und rühmte. 4 Die Söhne Hemans: Bukkija, Mattanja, Usiël, Schubaël, Jerimot, Hananja, Hanani, Eliata, Giddalti, Romamti-Eser, Joschbekascha, Malloti, Hotir und Mahasiot. 5 So viele Söhne hatte Heman, der Seher des Königs. Gott hatte ihm versprochen, ihn zu einem angesehenen Mann zu machen; deshalb hatte er ihm vierzehn Söhne und drei Töchter geschenkt. 6 Alle diese Männer sollten nach Fertigstellung des Tempels unter der Leitung ihrer Väter Asaf, Jedutun und Heman zum Gesang die Becken, Harfen und Lauten spielen, wie es der König im Voraus festgelegt hatte. 7 Zusammen mit ihren Stammesbrüdern, die für den Gesang im Gottesdienst ausgebildet waren, zählten sie 288 Mann, lauter fähige Leute. 8 Auch sie losten die Reihenfolge aus, nach der sie ihren Dienst zu tun hatten. Dabei wurden die Älteren nicht anders behandelt als die Jüngeren und der Meister nicht anders als die Schüler. 9-31 Das Los bestimmte folgende Männer, die zusammen mit ihren Söhnen und näheren Verwandten Gruppen von je zwölf bildeten; das erste Los traf den Asaf-Sohn Josef:

1. Josef	13. Schubaël
2. Gedalja	14. Mattitja
3. Sakkur	15. Jerimot
4. Zeri	16. Hananja
5. Netanja	17. Joschbekascha
6. Bukkija	18. Hanani
7. Asarela	19. Malloti
8. Jeschaja	20. Eliata
9. Mattanja	21. Hotir
10. Schimi	22. Giddalti
11. Usiël	23. Mahasiot
12. Haschabja	24. Romamti-Eser

DIE TORWÄCHTER

26 Auch die Torwächter am Tempel waren in Abteilungen gegliedert. Aus der Sippe Korach kam Meschelemja, der Sohn von Kore und Enkel von Abiasaf. 2 Seine Söhne waren: der Erstgeborene Secharja, der zweite Jediaël, der dritte Sebadja, der vierte Jatniël, 3 der fünfte Elam, der sechste Johanan und der siebte Eljoënai. 4 Auch Obed-Edom gehörte dazu; seine Söhne waren: der Erstgeborene Schemaja, der zweite Josabad, der dritte Joach, der vierte Sachar, der fünfte Netanel, 5 der sechste Ammiël, der siebte Issachar und der achte Pëulletai. Mit so vielen Söhnen hatte Gott ihn gesegnet. 6 Die Söhne von Obed-Edoms Sohn Schemaja bekamen führende Stellungen in ihrer Sippe, denn sie

waren tüchtige Männer. 7 Es waren Otni, Refaël, Obed und Elsabad sowie ihre Brüder Elihu und Semachja, zwei sehr tüchtige Männer. 8 Alle diese Torwächter waren Nachkommen Obed-Edoms. Sie und ihre Söhne und näheren Verwandten waren für ihren Dienst bestens geeignet, insgesamt 62 Mann. 9 Die Söhne und näheren Verwandten von Meschelemja waren 18 Mann, ebenfalls fähige Leute. 10-11 Aus der Sippe Merari kam Hosa. Er hatte vier Söhne: Schimri, Hilkija, Tebalja und Secharja. Obwohl Schimri nicht der Erstgeborene war, hatte sein Vater ihn zum Anführer der Dienstgruppe gemacht. Insgesamt gehörten zur Familie Hosas dreizehn Söhne und nähere Verwandte. 12 Die Abteilungen der Torwächter wurden von den Oberhäuptern und den erwachsenen Männern der Familien gebildet. Ebenso wie die anderen Leviten verrichteten sie ihren Dienst am Tempel. 13 Sie losten aus, welche Familien die einzelnen Tore bewachen sollten, und auch dabei wurden die Älteren und die Jüngeren völlig gleich behandelt. 14 Für das Osttor fiel das Los auf Meschelemja und für das Nordtor auf seinen Sohn Secharja, der als ein kluger Ratgeber bekannt war. 15 Das Los für das Südtor fiel auf Obed-Edom, für das Vorratshaus auf seine Söhne. 16 Das Westtor und das Schallechet-Tor an der ansteigenden Straße wurden Schuppim und Hosa zugewiesen. Die Posten wurden wie folgt verteilt: 17 An der Ostseite sollten täglich sechs Mann stehen, an der Nordseite vier, nach Süden ebenfalls vier, dazu zweimal zwei am Vorratshaus, 18 und nach Westen zwei an der Straße und vier am Parbarplatz. 19 Das waren die einzelnen Abteilungen der Torwächter, die alle zu den Nachkommen von Korach und Merari gehörten.

DIE AUFSEHER DER SCHATZKAMMERN

20 Einige andere Leviten führten Aufsicht über die Tempelschätze und über die geweihten Gaben, die für den Tempel gestiftet wurden. 21 Die Nachkommen Ladans aus der Sippe Gerschon, Oberhäupter ihrer Familien, waren Jehiël 22 und seine Söhne Setam und Joël. Diese bewachten die Tempelschätze. 23 Außer ihnen wurden auch Nachkommen von Amram, Jizhar, Hebron und Usiël mit dieser Aufgabe betraut. 24 Einst war Schubaël Oberaufseher über die Schätze des Heiligen Zeltes gewesen. Er war der Sohn von Gerschom, dem einen der beiden Söhne Moses. 25 Von Eliëser, dem anderen Sohn Moses, stammte Rehabja ab. Dessen Sohn war Jeschaja, die weiteren Nachkommen in direkter Linie waren Joram, Sichri und Schelomit. 26 Schelomit sollte nun zusammen mit seinen Brüdern die geweihten Gaben bewachen, alles, was König David, die Sippenoberhäupter, die Hauptleute und Obersten und die Befehlshaber des Heeres 27 aus ihrer Kriegsbeute abgeliefert hatten, um damit den Tempel gut auszustatten. 28 Vorher hatten auch schon der Seher Samuel und Saul, der Sohn von Kisch, Abner, der Sohn von Ner, und Joab, der Sohn der Zeruja, solche Spenden gemacht. Alle Gaben wurden von Schelomit und seinen Brüdern beaufsichtigt. Jeder, der eine solche Gabe brachte, musste sie ihnen übergeben.

VERWALTUNGSAUFGABEN ANDERER LEVITEN

29 Von den Nachkommen Jizhars waren Kenanja und seine Söhne draußen im Land Israel als Amtleute und Richter tätig. 30 Von den Nachkommen Hebrons waren Haschabja und die Angehörigen seiner Sippe im Landesteil westlich des Jordans als Aufseher eingesetzt, sowohl für die Belange des Tempels als auch für die königliche Verwaltung. Sie waren insgesamt 1700 Mann, lauter tüchtige Leute. 31 Das Oberhaupt der Nachkommen Hebrons mit allen ihren Sippen und Familien war Jerija. Im 40. Regierungsjahr Davids suchte man den ganzen Sippenverband ab und fand dabei in Jaser im Land Gilead viele tüchtige Männer. 32 David setzte sie mit Jerija an der Spitze im Ostjordanland ein, wo die Stämme Ruben, Gad und der halbe Stamm Manasse wohnten. Sie waren dort Aufseher für die Angelegenheiten Gottes und des Königs, insgesamt 2700 Mann, jeder von ihnen das Oberhaupt einer eigenen Familie.

DIE ORGANISATION DES HEERES

27 Es folgen hier die Heeresabteilungen Israels, die jeweils für einen Monat des Jahres antraten und dann wieder abzogen, jede 24 000 Mann stark. Für den ordnungsgemäßen Ablauf waren verantwortlich die Sippenoberhäupter, die Obersten und Hauptleute sowie die dafür zuständigen Verwaltungsbeamten im königlichen Dienst. 2-15 Befehlshaber der Heeresabteilungen waren folgende Männer:

1. Monat – Jaschobam, der Sohn von Sabdiël und Nachkomme von Perez. Er war der Befehlshaber über alle Offiziere seiner Abteilung
2. Monat – Dodai aus Ahoach. Der höchste Offizier seiner Abteilung war Miklot
3. Monat – Benaja, der Sohn des Oberpriesters Jojada. Er war einer der »Dreißig Helden«. Als er ihr Anführer wurde, übernahm sein Sohn Ammisabad den Befehl über seine Abteilung
4. Monat – Asaël, der Bruder Joabs; später sein Sohn Sebadja
5. Monat – Schamhut, ein Nachkomme Serachs
6. Monat – Ira, der Sohn von Ikkesch, aus Tekoa
7. Monat – Helez aus Pelon, vom Stamm Efraïm
8. Monat – Sibbechai, ein Nachkomme Serachs, aus Huscha
9. Monat – Abiëser aus Anatot, vom Stamm Benjamin
10. Monat – Mahrai, ein Nachkomme Serachs, aus Netofa
11. Monat – Benaja aus Piraton, vom Stamm Efraïm
12. Monat – Heldai, ein Nachkomme Otniëls, aus Netofa

DIE FÜHRER DER STÄMME

16-22 An der Spitze der Stämme standen folgende Männer:

Ruben – Eliëser, der Sohn von Sichri
Simeon – Schefatja, der Sohn von Maacha
Levi – Haschabja, der Sohn von Kemuël
Aarons-Nachkommen – Zadok

Juda – Elihu, ein Bruder Davids
Issachar – Omri, der Sohn von Michael
Sebulon – Jischmaja, der Sohn von Obadja
Naftali – Jerimot, der Sohn von Asriël
Efraïm – Hoschea, der Sohn von Asasja
West-Manasse – Joël, der Sohn von Pedaja
Ost-Manasse – Jiddo, der Sohn von Secharja
Benjamin – Jaasiël, der Sohn von Abner
Dan – Asarel, der Sohn von Jeroham

Dies waren die Stämme Israels. 23 David hatte die
männlichen Israeliten nicht zählen lassen, jedenfalls
nicht die bis zu zwanzig Jahren; denn der HERR hatte
zugesagt, er würde Israel so zahlreich machen wie
die Sterne am Himmel. 24 Joab, der Sohn der Zeruja,
hatte mit der Zählung der Männer Israels angefangen,
musste sie aber abbrechen, weil der HERR darüber zor-
nig wurde und Israel strafte. Deshalb stehen die Zahlen
nicht in der Chronik des Königs David.

DIE VERWALTER DES KÖNIGLICHEN BESITZES

25 Asmawet, der Sohn Adiëls, hatte die Aufsicht über
die Schätze des Königs in Jerusalem; / Jonatan, der
Sohn von Usija, verwaltete die Vorräte auf dem Land,
in den Städten, Dörfern und Schutztürmen; / 26 Es-
ri, der Sohn Kelubs, beaufsichtigte die Landarbei-
ter; / 27 Schimi aus Rama hatte die Weinberge zu
überwachen; / Sabdi aus Schefam war zuständig für
die Weinvorräte in den Weinbergen; / 28 Baal-Hanan
aus Bet-Gader überwachte die Oliven- und Maulbeer-
feigenbäume im Hügelland; / Joasch war zuständig für
die Ölvorräte; / 29 Schitrai aus der Scharonebene war
dort für die Rinderherden verantwortlich; / Schafat,
der Sohn von Adlai, war verantwortlich für die Rinder
in den Tälern; / 30 der Ismaëliter Obil war verantwort-
lich für die Kamele; / Jechdeja aus Meronot war ver-
antwortlich für die Eselinnen; / 31 der Hagariter Jasis
war verantwortlich für die Schafherden. // Dies waren
die Verwalter des königlichen Besitzes.

DAVIDS ENGSTE UMGEBUNG

32 Davids Onkel Jonatan, ein kluger und gelehrter
Mann, war sein Berater, und Jehiël, der Sohn von
Hachmoni, war der Erzieher der Königssöhne. 33 Ahi-
tofel war ebenfalls Berater. Huschai, ein Arkiter, war
der Freund und Vertraute des Königs. 34 Nach dem Tod
Ahitofels traten Jojada, der Sohn von Benaja, und Ab-
jatar an seine Stelle. Joab war Heerführer des Königs.

DAVID GIBT SALOMO ANWEISUNGEN FÜR DEN TEMPELBAU

28 David ließ alle maßgeblichen Männer von Israel
nach Jerusalem zusammenrufen: die Oberhäup-
ter der Stämme, die Befehlshaber der Heeresabteilun-
gen, die Obersten und Hauptleute, die Verwalter des
Landbesitzes und der Viehherden des Königs und sei-
ner Söhne, die Hofbeamten, die hervorragenden Krie-
ger und alle anderen wichtigen Männer. 2 König David
stand auf und sagte zu ihnen: »Männer meines Volkes,
meine Brüder, hört mir zu! Ich selbst hatte mir vorge-
nommen, ein Haus zu bauen, in dem die Bundeslade
des HERRN, der Fußschemel unseres Gottes, einen fes-
ten Platz finden soll. Ich habe auch alle Vorbereitungen
für diesen Bau getroffen. 3 Doch Gott hat zu mir ge-
sagt: ›Nicht du sollst das Haus für mich bauen, denn du
hast ständig Kriege geführt und viel Blut vergossen.‹
4 Aber der HERR, der Gott Israels, hat aus der ganzen
Familie meines Vaters gerade mich erwählt, dass ich
und meine Nachkommen für alle Zeiten Könige von
Israel sein sollen. Unter den Stämmen Israels hat er
Juda erwählt, unter den Familien Judas die meines
Vaters und unter allen Söhnen meines Vaters hat er an
mir Gefallen gefunden und mich zum König von ganz
Israel gemacht. 5 Unter den vielen Söhnen, die mir vom
HERRN geschenkt worden sind, hat er Salomo zu mei-
nem Nachfolger bestimmt. Er soll auf dem Königsthron
des HERRN über Israel regieren. 6 Der HERR hat auch
zu mir gesagt: ›Dein Sohn Salomo soll den Tempel mit
seinen Vorhöfen für mich bauen. Ihn habe ich erwählt;
er wird mein Sohn sein und ich will sein Vater sein.
7 Ich will seiner Herrschaft für immer Bestand geben,
wenn er sich auch künftig so entschieden an meine
Gebote und Rechtsordnungen hält, wie er es jetzt tut.‹
8 Ich ermahne euch nun vor den Augen von ganz Israel,
der Gemeinde des HERRN, und vor den Ohren unse-
res Gottes: Achtet auf alle Gebote des HERRN, eures
Gottes, und befolgt sie gewissenhaft! Dann werdet ihr
im Besitz dieses schönen Landes bleiben und ihr könnt
es euren Nachkommen für alle Zeiten weitervererben.
9 Du aber, mein Sohn Salomo, lerne den HERRN, den
Gott deines Vaters, immer besser kennen! Gehorche
ihm bereitwillig und mit ungeteiltem Herzen! Denn
er sieht uns ins Herz und kennt unsere geheimsten
Gedanken. Wenn du ihn suchst, lässt er sich von dir
finden. Wenn du dich aber von ihm abwendest, wird
er dich für immer verstoßen. 10 Denke daran: Der HERR
hat dich erwählt, damit du ihm ein Heiligtum baust.
Darum geh entschlossen ans Werk!« 11 Darauf über-
gab David seinem Sohn Salomo die Baupläne für den
ganzen Tempel mit der Vorhalle, dem Hauptraum, den
angebauten Schatzkammern, den Obergemächern
und Innenräumen und dem Raum für die Bundeslade,
12 ebenso mit den Vorhöfen und den Hallen ringsum.
David hatte schon alles genau festgelegt, wie es ihm
der Geist Gottes eingegeben hatte. David gab Salomo
auch Anweisungen für die Verwendung der Tempel-
schätze und der Gaben, die Gott geweiht waren,
13 für die Einteilung der Dienstgruppen der Priester
und Leviten und für den gesamten Dienst im Haus des
HERRN und die dazu nötigen Geräte. 14 Für jedes ein-
zelne goldene und silberne Gerät gab er genau an, wie
viel Gold oder Silber dazu verwendet werden sollte,
15 ebenso für die goldenen und silbernen Leuchter mit
den dazugehörenden Lampen, je nachdem, für wel-
chen Zweck sie bestimmt waren. 16 Er setzte auch das
Goldgewicht der Tische für die geweihten Brote und
das Gewicht des Silbers für die anderen Tische fest.
17 Er machte Angaben für die Gabeln, Opferschalen

und Kannen, die aus reinem Gold gefertigt werden sollten, und über das Gewicht des Goldes oder Silbers für jeden einzelnen Becher. 18 Er bestimmte, aus welcher Menge von reinstem Gold der Räucheraltar hergestellt werden sollte, und übergab Salomo einen Plan für den Wagen der Bundeslade, insbesondere für die Kerubfiguren aus Gold, die mit ihren ausgebreiteten Flügeln die Bundeslade des HERRN bedecken sollten. 19 Und David sagte: »Für alle Arbeiten, die zur Ausführung des Bauplans nötig sind, hat der HERR mir schriftliche Anweisungen gegeben, die von seiner Hand stammen.« 20 Noch einmal sagte David zu seinem Sohn Salomo: »Geh mutig und entschlossen an diese Aufgabe heran! Lass dich nicht beirren und hab keine Angst, denn der HERR, mein Gott, wird dir beistehen. Er wird sich nicht von dir abwenden und dich nicht im Stich lassen, sondern wird dir helfen, alle diese Arbeiten an seinem Tempel zu vollenden. 21 Die Gruppen der Priester und der Leviten, die für den gesamten Dienst im Tempel bestimmt sind, stehen schon bereit. Für alle Aufgaben hast du willige und sachkundige Leute zur Seite, auch die führenden Männer und das ganze Volk werden dir in jeder Hinsicht behilflich sein.«

SPENDEN FÜR DEN BAU DES TEMPELS

29 Dann wandte sich König David an die ganze Versammlung und sagte: »Mein Sohn Salomo, der Einzige, den der HERR für dieses Werk erwählt hat, ist noch jung und unerfahren, und die Aufgabe, die er lösen muss, ist groß. Das Bauwerk, das er errichten soll, ist ja nicht für einen Menschen bestimmt, sondern für Gott, den HERRN! 2 Darum habe ich meine ganze Kraft eingesetzt, um für das Haus meines Gottes große Mengen Gold, Silber, Bronze, Eisen und Holz zu beschaffen. Sie sind für die Geräte, die hergestellt werden müssen, ebenso Edelsteine, Halbedelsteine und andere wertvolle Steine in verschiedenen Farben sowie große Mengen von weißem Marmor. 3 Weil mir der Tempel meines Gottes am Herzen liegt, spende ich darüber hinaus aus meinem eigenen Besitz 4 noch 3000 Zentner reines Gold aus Ofir und 7000 Zentner reines Silber. Mit einem Teil davon sollen die Innenwände verkleidet werden; 5 das Übrige ist für die goldenen und silbernen Gegenstände und alle sonstigen Arbeiten der Künstler bestimmt. Und nun frage ich euch: Wer ist bereit, dem HERRN heute eine Gabe zu bringen?« 6 Da bewiesen die Sippenoberhäupter, die Oberhäupter der Stämme, die Obersten und Hauptleute und die Beamten des Königs ihre Opferbereitschaft 7 und spendeten für den Tempelbau 5000 Zentner Gold, dazu 10 000 Goldmünzen, 10 000 Zentner Silber, 18 000 Zentner Bronze und 100 000 Zentner Eisen. 8 Wer Edelsteine besaß, stiftete sie für den Tempelschatz, der von Jehiël, einem Nachkommen Gerschons, verwaltet wurde. 9 Das ganze Volk freute sich über die Opferbereitschaft, weil diese reichen Gaben freiwillig und mit ungeteiltem Herzen für den HERRN gespendet worden waren. Auch König David freute sich sehr darüber.

DAVIDS DANKGEBET

10 Darauf pries David vor der ganzen Versammlung den HERRN und betete: »Gepriesen seist du, HERR, du Gott unseres Stammvaters Israel, vom Anfang der Zeiten bis in alle Zukunft! 11 Dir, HERR, gehören Größe und Kraft, Ehre und Hoheit und Pracht! Alles im Himmel und auf der Erde ist dein Eigentum; dir gehört alle Herrschaft, du bist hoch erhoben als das Haupt über alles! 12 Du teilst Reichtum und Ansehen aus und gibst Kraft und Stärke dem, den du groß und mächtig machen willst. Du bist der HERR über alles! 13 Darum wollen wir dir, unserem Gott, danken und deinen herrlichen Namen rühmen. 14 Ich bin nichts, HERR, und auch mein Volk ist nichts; aus eigenem Vermögen wären wir gar nicht in der Lage, dir solche Gaben zu bringen. Alles kommt von dir, auch diese Gaben haben wir erst von dir empfangen. 15 Es geht uns nicht anders als allen unseren Vorfahren: Wir wohnen nur wie Gäste oder Fremde in diesem Land, das du uns gegeben hast, denn unser Leben auf der Erde ist vergänglich wie ein Schatten, ohne Hoffnung auf Dauer. 16 HERR, unser Gott! Der ganze Reichtum, den wir jetzt zusammengebracht haben, um für dich, für deinen heiligen Namen, ein Haus zu bauen, kommt aus deiner Hand und darum gehört auch alles dir! 17 Mein Gott, ich weiß, dass du den Menschen ins Herz siehst, und du freust dich, wenn sie aufrichtig sind. Ich habe dies alles mit aufrichtigem Herzen gegeben und ich habe voller Freude gesehen, welche Opferbereitschaft auch dein Volk hier bewiesen hat. 18 HERR, du Gott unserer Vorfahren Abraham, Isaak und Israel! Erhalte deinem Volk für immer diese Gesinnung, dass es von Herzen dir zugewandt bleibt! 19 Hilf auch meinem Sohn Salomo, dass er mit ungeteiltem Herzen deine Gebote, Weisungen und Vorschriften befolgt und alles tut, um den Tempelbau auszuführen, den ich vorbereitet habe.« 20 Dann forderte David die ganze Versammlung auf: »Preist den HERRN, euren Gott!« Da priesen alle den HERRN, den Gott ihrer Vorfahren. Vor dem HERRN und dem König warfen sie sich auf die Knie und beugten sich mit der Stirn zur Erde nieder. 21 Am nächsten Tag brachten sie dem HERRN Opfer. Sie schlachteten tausend Stiere, tausend Schafböcke und tausend Lämmer als Brandopfer. Dazu kamen die vorgeschriebenen Trankopfer und eine große Menge von Mahlopfern für das ganze versammelte Volk. 22 Sie aßen und tranken in Gegenwart des HERRN und freuten sich sehr an diesem Tag. Zum zweiten Mal riefen sie Salomo zum König aus und salbten ihn, damit er nun im Auftrag des HERRN das Volk regierte. Zadok aber salbten sie zum Priester. 23 Dann bestieg Salomo anstelle seines Vaters David den Thron des HERRN und er wurde von ganz Israel als König anerkannt. 24 Alle führenden Männer des Volkes, die hervorragenden Krieger und auch die anderen Söhne Davids unterwarfen sich ihm. 25 Der HERR ließ Salomo vor den Augen von ganz Israel sehr mächtig werden und machte ihn zu einem so bedeutenden König, dass er seine Vorgänger an Glanz weit übertraf.

ZUSAMMENFASSUNG DER REGIERUNG DAVIDS

26 David, der Sohn von Isai, war König von ganz Israel.
27 Er regierte vierzig Jahre lang, davon sieben in Hebron
und dreiunddreißig in Jerusalem. 28 Er starb in hohem
Alter, gesättigt von einem langen Leben, von Reichtum
und Ehre. Sein Sohn Salomo wurde sein Nachfolger.
29 Alles, was es sonst noch über Davids Regierungszeit
zu sagen gibt, das ist nachzulesen in den Berichten des
Sehers Samuel, des Propheten Natan und des Sehers
Gad. 30 Sie schildern seine ganze Regierungstätigkeit
und seine Siege, überhaupt alles, was er selbst und Israel
und die anderen Königreiche damals erlebt haben.

DAS ZWEITE BUCH DER **CHRONIK**

SALOMOS BITTE UM WEISHEIT

1 Salomo, der Sohn Davids, festigte seine Königs-
herrschaft; der HERR, sein Gott, stand ihm bei und
ließ ihn sehr mächtig werden. 2 Eines Tages rief Salomo
die Vertreter von ganz Israel nach Jerusalem zusam-
men: die Truppenführer, die Richter, die Führer der
Stämme und die Sippenoberhäupter. 3 Mit der ganzen
Versammlung ging er zur Opferstätte in Gibeon. Dort
stand noch das Heilige Zelt, das Mose, der Diener und
Bevollmächtigte Gottes, in der Wüste herstellen ließ.
4 Für die Bundeslade hatte David in Jerusalem ein Zelt
aufschlagen lassen und sie von Kirjat-Jearim herbei-
geholt. 5 Bei der Wohnung des HERRN in Gibeon stand
auch der bronzene Altar, den Bezalel, der Sohn von
Uri und Enkel von Hur, gemacht hatte. Dorthin begab
sich nun Salomo mit allen Versammelten 6 und opferte
dem HERRN auf dem Altar vor dem Heiligen Zelt tau-
send Tiere als Brandopfer. 7 In der folgenden Nacht
erschien ihm Gott und sagte zu ihm: »Wünsche dir,
was du willst! Ich will es dir geben.« 8 Salomo sagte
zu Gott: »Du hast meinem Vater David sehr viel Gü-
te erwiesen und mich hast du nun an seiner Stelle als
König eingesetzt. 9 HERR, mein Gott, lass doch jetzt die
Zusage, die du meinem Vater gegeben hast, in Erfüllung
gehen! Denn du hast mich zum König gemacht über ein
Volk, das so zahlreich ist wie die Staubkörner auf der
Erde. 10 Darum schenke mir Weisheit und Verständnis,
dass ich mit deinem Volk richtig umgehe! Wie könnte
ich denn sonst dieses große Volk regieren?« 11 Da
sagte Gott zu Salomo: »Du hättest dir auch Reichtum,
Schätze oder Ansehen wünschen können, den Tod dei-
ner Feinde oder langes Leben für dich. Stattdessen hast
du mich um Weisheit gebeten, damit du mein Volk, über
das ich dich als König eingesetzt habe, regieren kannst.
Weil dir das am Herzen liegt, 12 will ich dir Weisheit und
Verständnis schenken. Aber ich gebe dir dazu auch so
viel an Reichtum, Schätzen und Ansehen, wie noch kein
König vor dir besessen hat und auch nach dir keiner ha-
ben wird.« 13 Danach kehrte Salomo vom Heiligen Zelt
an der Opferstätte in Gibeon wieder nach Jerusalem
zurück, um von dort aus über Israel zu regieren.

SALOMOS MACHT UND REICHTUM

14 Salomo legte sich eine große Zahl von Streitwagen
mit den dazugehörigen Besatzungen zu. Er hatte 1400
Wagen und 12 000 Wagenkämpfer. Ein Teil von ihnen war
in Jerusalem stationiert, die übrigen waren in den Städten
untergebracht, die er dafür ausgebaut hatte. 15 Unter
Salomos Regierung war in Jerusalem Silber und Gold so
gewöhnlich wie Steine, und Zedernholz wie das Holz der
Maulbeerfeigenbäume im Hügelland von Juda. 16 Seine
Pferde ließ Salomo aus Ägypten, und zwar aus Koa, ein-
führen; seine Händler kauften sie dort auf. 17 Auch Streit-
wagen wurden aus Ägypten eingeführt. Ein Streitwagen
kostete 600 Silberstücke, ein Pferd 150 Silberstücke. Die
Händler Salomos belieferten auch die Könige der Hetiter
und Syrer mit Pferden und Streitwagen.

VORBEREITUNGEN FÜR DEN TEMPELBAU

18 Salomo befahl, zu Ehren des HERRN einen Tempel
zu bauen und für ihn selbst einen Regierungspalast.
2 Er ließ 80 000 Mann zum Frondienst ausheben, die
als Steinbrecher in den Bergen von Juda arbeiten
mussten, und 70 000 Mann, die die Steinblöcke abtrans-
portierten. Weitere 3600 Mann setzte er als Aufseher
ein. 2 Dann schickte er eine Gesandtschaft zum König
Hiram von Tyrus und ließ ihm sagen: »Du hast schon
meinen Vater David unterstützt, als er sich einen Palast
bauen wollte, und hast ihm dazu Zedernholz geliefert.
3 Jetzt bin ich selbst im Begriff, einen Tempel zu bauen,
ein Haus für den Namen des HERRN, meines Gottes, das
ihm geweiht sein soll. Wir wollen darin für ihn Weih-
rauch verbrennen und ständig geweihte Brote auflegen.
Jeden Morgen und Abend, am Sabbat, am Neumond
und an den Festen des HERRN, unseres Gottes, sollen
dort Brandopfer dargebracht werden. Dazu sind wir
Israeliten für alle Zeiten verpflichtet. 4 Das Haus, das
ich bauen will, muss sehr groß werden, weil unser
Gott größer ist als alle anderen Götter. 5 Für ihn lässt
sich eigentlich gar kein Haus bauen. Der ganze Him-
mel, so unendlich weit er auch ist – für ihn ist er noch
zu klein! Wie könnte ich ihm da ein Haus bauen? Nur
ein Heiligtum, in dem ihm Opfer dargebracht werden,
kann ich ihm bauen. 6 Und nun meine Bitte: Schicke mir
einen tüchtigen Künstler, der alle Arbeiten in Gold, Sil-
ber, Bronze und Eisen ausführen kann. Ebenso muss er
rote, karmesinrote und blaue Wolle verarbeiten können
und auch auf Schnitzarbeiten muss er sich verstehen.
Er soll alle diese Arbeiten zusammen mit den Künstlern
aus Juda und Jerusalem ausführen, die hier bei mir sind
und die schon mein Vater David angestellt hat. 7 Schicke
mir auch Zedern- und Zypressenstämme und anderes
Edelholz aus dem Libanon-Gebirge! Ich weiß ja, wie gut
deine Leute dort Holz zu schlagen verstehen. Auch dabei

sollen meine Arbeiter den deinen zur Hand gehen. 8 Auf
diese Weise soll eine große Menge Bauholz zurecht-
gemacht werden, weil der Tempel, den ich bauen will,
so groß und prächtig werden muss. 9 Für die Verpfle-
gung deiner Leute, die das Holz fällen, will ich dir 4000
Tonnen Weizen, 4000 Tonnen Gerste, 4000 Hektoliter
Olivenöl und 4000 Hektoliter Wein liefern.« 10 Darauf
ließ König Hiram von Tyrus Salomo eine schriftliche Bot-
schaft überbringen, in der es hieß: »Der HERR muss sein
Volk sehr lieben, weil er dich als König eingesetzt hat!«
11 Weiter schrieb Hiram: »Der HERR, der Gott Israels,
der Himmel und Erde geschaffen, sei gepriesen! Er hat
König David einen tüchtigen, klugen Sohn geschenkt.
Es ist ein weiser Entschluss, dass du ihm einen Tempel
bauen willst und dir selbst einen Regierungspalast. 12 Ich
werde dir dazu einen tüchtigen und begabten Künstler
schicken, meinen Meister Hiram. 13 Seine Mutter kommt
aus dem Stamm Dan, sein Vater aber von hier aus Tyrus.
Er versteht sich auf alle Arbeiten in Gold, Silber, Bronze,
Eisen, Stein und Holz, ebenso auf die Verarbeitung von
roter, blauer und karmesinroter Wolle und von Leinen
sowie auf Schnitzarbeiten aller Art. Er kann alles ent-
werfen, was du bei ihm in Auftrag gibst, und ist bereit,
mit deinen Künstlern und denen deines verehrten Va-
ters David zusammenzuarbeiten. 14 Habe die Güte, die
angekündigte Sendung von Weizen, Gerste, Wein und
Öl abzuschicken. 15 Wir unsererseits werden im Liba-
non-Gebirge so viel Holz fällen, wie du benötigst. Ich
lasse die Stämme in Flößen an der Küste entlang bis
nach Jafo bringen. Von dort können deine Leute sie nach
Jerusalem weitertransportieren.« 16 Salomo ließ im gan-
zen Land die Fremden zählen, die in Israel Aufnahme
gefunden hatten. Auch sein Vater David hatte das schon
einmal getan. Die jetzige Zählung ergab 153 600 Männer.
17 Davon ließ Salomo 80 000 in den Bergen von Juda als
Steinbrecher arbeiten, weitere 70 000 als Lastträger für
den Transport der Steine, und 3600 setzte er als Aufseher
ein, um die Leute zur Arbeit anzuhalten.

SALOMO BAUT GOTT EINEN TEMPEL

3 Dann begann Salomo, auf dem Berg Morija in
Jerusalem das Haus für den HERRN zu bauen. Den
Platz hatte schon sein Vater David bestimmt, weil ihm
dort auf dem Dreschplatz des Jebusiters Arauna der
HERR erschienen war. 2 Im zweiten Monat seines vier-
ten Regierungsjahres fing Salomo mit dem Bau an.
3 Die Länge des Tempelhauses betrug dreißig Meter
und die Breite zehn Meter. 4 An der Stirnseite befand
sich eine Vorhalle, zehn Meter breit wie der Hauptbau
und sechzig Meter hoch. Die Innenwände der Vorhalle
ließ Salomo mit reinem Gold überziehen. 5 Das Haus
selber ließ er innen mit Zypressenholz verkleiden und
dies ebenfalls mit reinem Gold überziehen. Darauf wur-
den noch Verzierungen in Form von Palmbäumen und
kettenartigen Bändern angebracht. 6 Das ganze Haus
ließ er mit kostbaren Steinen schmücken. Das für den
Bau verwendete Gold stammte aus Parwajim. 7 Damit
wurde innen das ganze Haus einschließlich der Bal-
ken, Schwellen, Wände und Türen verkleidet. An den
Wänden wurden auch noch Bilder von Kerubim einge-
schnitzt. 8 Den hinteren Raum, das Allerheiligste, machte
Salomo zehn Meter lang und zehn Meter breit, so breit
wie das ganze Gebäude. Er wurde innen mit reinem Gold
verkleidet; dafür wurden 600 Zentner gebraucht. 9 Für
den Goldüberzug der Nägel wurde ein halbes Kilo ge-
braucht. Auch die Wände der oberen Räume wurden
mit Gold überzogen. 10 Für das Allerheiligste ließ Salomo
zwei Kerubfiguren gießen. Auch sie wurden mit Gold
überzogen. 11-12 Jede hatte zwei Flügel, je zweieinhalb
Meter lang. Die beiden Figuren waren so nebeneinander
aufgestellt, dass ihre ausgespannten Flügel einander in
der Mitte des Raumes berührten und außen bis an die
Seitenwände reichten. 13 Die Flügel überspannten also
die ganze Breite des Raumes von zehn Metern, von einer
Wand bis zur andern. Die Figuren selbst standen auf-
recht auf ihren Füßen und waren mit dem Gesicht dem
Eingang zugewandt. 14 Weiter ließ Salomo den Vorhang
vor dem Allerheiligsten machen. Er war aus gezwirntem
Leinen gewebt und mit blauer, roter und karmesinroter
Wolle waren Kerubbilder darauf gestickt.

DIE BEIDEN SÄULEN AUS BRONZE

15 Schließlich ließ Salomo für den Platz vor dem Tempel
zwei Säulen herstellen. Sie waren siebzehneinhalb Me-
ter hoch, ihre Kapitelle hatten eine Höhe von zwei-
einhalb Metern. 16 Für diese Säulen wurden auch
kettenartige Bänder angefertigt und oben ringsum an-
gebracht, ebenso hundert Nachbildungen von Granat-
äpfeln, die an den Bändern befestigt wurden. 17 Salomo
ließ die Säulen vor dem Tempelhaus aufstellen, eine
rechts, die andere links. Die rechte nannte er Jachin
(Er richtet auf) und die linke Boas (In ihm ist Stärke).

DIE AUSSTATTUNG DES TEMPELS

4 Salomo ließ einen Altar aus Bronze machen, der
war zehn Meter lang, zehn Meter breit und fünf
Meter hoch. 2 Ebenso ließ er ein großes, rundes Bron-
zebecken gießen, das »Meer«. Sein Durchmesser
betrug fünf Meter, sein Umfang fünfzehn Meter und
seine Höhe zweieinhalb Meter. 3 Unter seinem Rand
war es ringsum mit zwei Reihen von Rindern verziert,
die mit dem Becken aus einem Guss waren; auf einen
halben Meter kamen zehn Rinder. 4 Das Becken wurde
von zwölf Rindern getragen, die in Dreiergruppen an-
geordnet waren; jede Gruppe schaute in eine andere
Himmelsrichtung. 5 Der Rand des Beckens war nach
außen gewölbt wie bei einem Kelch oder einer Was-
serlilie. Das Metall war etwa eine Handbreite dick.
Das Becken fasste über 60 000 Liter. 6 Außerdem ließ
Salomo zehn kleinere Bronzebecken machen. Fünf da-
von ließ er rechts vom »Meer« aufstellen und fünf links.
Darin wurde alles abgespült, was von den Opfertieren
auf dem Altar verbrannt werden sollte. Das Wasser im
großen Becken dagegen war nur für die Waschungen
der Priester bestimmt. 7 Salomo ließ auch zehn goldene
Leuchter machen, genau nach der Vorschrift. Fünf wur-
den im Hauptraum des Tempels auf der rechten Seite
aufgestellt und fünf auf der linken. 8 Ebenso wurden

zehn Tische angefertigt und dort aufgestellt, fünf rechts und fünf links. Außerdem ließ Salomo hundert goldene Opferschalen herstellen. 9 Dann richtete er den inneren Vorhof ein, der nur von den Priestern betreten werden durfte, und den großen, äußeren Vorhof. Für diesen ließ er Tore anfertigen, deren Flügel mit Bronze überzogen wurden. 10 Rechts vom Eingang des Tempels, an der Südostecke des Gebäudes, wurde das große Becken aufgestellt. 11a Hiram fertigte auch alle sonstigen Tempelgeräte an wie Kübel, Schaufeln und Opferschalen.

ZUSAMMENFASSENDE LISTE DER GERÄTE FÜR DEN TEMPEL

11b-16 Im Auftrag von König Salomo fertigte Meister Hiram alle diese Arbeiten für den Tempel des HERRN an. Jedes Stück war aus Bronze gegossen und die Oberfläche anschließend poliert worden. Hier ist ein vollständiges Verzeichnis aller Stücke: // 2 Säulen / 2 becherförmige Kapitelle für die Säulen / 2 Geflechte von Bändern für die Kapitelle / 400 Granatäpfel, aufgehängt über den Bändern jedes Kapitells in zwei Reihen zu je hundert / die fahrbaren Gestelle / die Kessel zum Einsetzen in die Gestelle / das große Becken / 12 Rinder als Untersatz des Beckens / Schaufeln und Kübel zum Beseitigen der Asche sowie Gabeln // 17 Der König ließ all dies im Jordantal in den mächtigen Tonablagerungen zwischen Sukkot und Zaretan gießen. 18 Er ließ sehr viele Stücke machen, weil es auf das Gewicht der verarbeiteten Bronze nicht ankam. 19-22 Salomo ließ auch die heiligen Geräte für den Tempel des HERRN herstellen: // den Räucheraltar / die Tische für die geweihten Brote / die blütenförmigen Aufsätze der Leuchter, Lichtschalen und Dochtscheren / die Lichtmesser, Blutschalen, Löffel und Kohlenbecken / die Türen zum Allerheiligsten und die Eingangstüren des Tempels // Alle diese Gegenstände wurden aus Gold gefertigt.

5 Nachdem König Salomo den Tempel und seine Ausstattung vollendet hatte, brachte er die Gaben, die sein Vater David dem HERRN geweiht hatte, herbei. Das Silber und das Gold und alle Geräte kamen in die Schatzkammern des Tempels.

DIE BUNDESLADE WIRD IN DEN TEMPEL GEBRACHT

2 Nun ließ König Salomo die Ältesten Israels nach Jerusalem kommen, die Vertreter aller Stämme und Sippen. Sie sollten die Bundeslade des HERRN von der Davidsstadt auf dem Zionsberg in den Tempel hinaufbringen. 3 Alle Männer Israels kamen deshalb am Laubhüttenfest im siebten Monat zu König Salomo. 4 Als die Ältesten versammelt waren, hoben die Leviten die Bundeslade auf ihre Schultern 5 und trugen sie zum Tempel hinauf. Mithilfe der Priester aus der Nachkommenschaft Levis brachten sie auch das Heilige Zelt und alle seine Geräte dorthin. 6 König Salomo und die ganze Festgemeinde opferten vor der Lade eine große Menge Schafe und Rinder, mehr als man zählen konnte. 7 Dann brachten die Priester die Lade des HERRN an den vorgesehenen Platz im hintersten Raum des Tempels, dem Allerheiligsten. Sie stellten sie unter die Flügel der Kerubim. 8 Die Kerubim hielten nämlich ihre Flügel ausgebreitet und überspannten damit die Lade und ihre Tragstangen. 9 Die Tragstangen waren aber so lang, dass ihre Enden nur zu sehen waren, wenn jemand direkt vor der Tür zum Allerheiligsten stand; vom Hauptraum des Heiligtums aus waren sie nicht zu sehen. Die Lade befindet sich noch heute dort. 10 In der Lade waren nur die beiden Tafeln, die Mose am Gottesberg Horeb hineingelegt hatte. Auf ihnen steht das Gesetz des Bundes, den der HERR mit den Israeliten geschlossen hat, als sie aus Ägypten kamen. 11 Die Priester traten wieder aus dem Tempel hinaus. Für diesen Tag hatten sich alle anwesenden Priester so vorbereitet, dass sie rein waren, auch die, deren Dienstgruppe während dieser Zeit dienstfrei hatte. 12 Auch die Tempelsänger waren vollzählig zugegen: die Leviten Asaf, Heman und Jedutun mit allen ihren Söhnen und Verwandten. Sie trugen Gewänder aus feinem weißen Leinen und standen mit ihren Becken, Harfen und Lauten an der Ostseite des Altars. Ihnen zur Seite standen hundertzwanzig Priester mit Trompeten. 13 Diese setzten gleichzeitig mit den Sängern, den Becken und anderen Instrumenten ein. Es klang wie aus *einem* Mund, als sie alle miteinander den HERRN priesen mit den Worten: »Der HERR ist gut zu uns, seine Liebe hört niemals auf!« In diesem Augenblick erfüllte eine Wolke den Tempel, das Haus des HERRN. 14 Die Priester konnten ihren Dienst wegen der Wolke nicht fortsetzen, denn die Herrlichkeit des HERRN erfüllte das ganze Heiligtum.

6 Da betete Salomo: »HERR, du hast gesagt: ›Ich wohne im Wolkendunkel.‹ 2 Darum habe ich dir dieses prächtige Haus gebaut, eine Stätte, an der du für immer wohnen kannst.«

WORTE ZUR EINWEIHUNG DES TEMPELS

3 Dann drehte sich der König um und wandte sich der ganzen Gemeinde Israel zu. Er grüßte alle Versammelten, die ringsum standen, mit einem Segenswunsch. 4 Dann sagte er: »Gepriesen sei der HERR, der Gott Israels! Er hat wahr gemacht, was er meinem Vater David versprochen hat, als er sagte: 5 ›In der ganzen Zeit, seit ich mein Volk Israel aus Ägypten in dieses Land brachte, habe ich in keinem der Stämme Israels eine Stadt erwählt, damit dort ein Wohnsitz für meinen Namen errichtet wird. Ich habe auch niemand als Herrscher über mein Volk Israel ausgewählt. 6 Aber jetzt habe ich Jerusalem als Wohnsitz für meinen Namen erwählt. Und ich habe David ausgewählt; er soll der Herrscher über mein Volk Israel sein.‹ 7 Schon mein Vater David wollte dem HERRN, dem Gott Israels, einen Tempel bauen. 8 Aber der HERR sagte zu ihm: ›Ich freue mich über deine Absicht, für mich ein Haus zu bauen. 9 Aber nicht du, sondern erst dein Sohn, dein leiblicher Nachkomme, soll mir dieses Haus bauen.‹ 10 Dieses Versprechen hat der HERR gehalten: Ich bin als Sohn meines Vaters David König geworden und habe den Wohnsitz für den HERRN, den Gott Israels, gebaut. 11 In dieses Haus habe ich nun auch die Lade gestellt, in der

die Tafeln des Bundes liegen, den der HERR mit dem Volk
Israel schloss.« 12 Dann trat Salomo vor den Augen der
ganzen Gemeinde Israel vor den Altar des HERRN und
breitete die Arme zum Himmel aus. 13 Er hatte dazu ein
Podest aus Bronze anfertigen und mitten im Vorhof auf-
stellen lassen. Es war zweieinhalb Meter lang, ebenso
breit und eineinhalb Meter hoch. Auf dieses stieg er hin-
auf, kniete vor den Augen der ganzen Gemeinde Israel
nieder, breitete die Arme aus 14 und betete: »HERR, du
Gott Israels! Weder im Himmel noch auf der Erde gibt
es einen Gott wie dich. Du stehst zu deinem Bund und
erweist deine Güte und Liebe allen, die dir mit ungeteil-
tem Herzen dienen. 15 So hast du an meinem Vater David,
deinem Diener und Bevollmächtigten, gehandelt; der
heutige Tag ist Zeuge dafür, dass du dein Versprechen
gehalten hast. 16 HERR, du Gott Israels, nun erfülle auch
die andere Zusage, die du meinem Vater David gegeben
hast, dass stets einer aus der Familie Davids auf dem
Thron Israels sitzen wird, wenn seine Nachkommen dir
nur genauso treu dienen und dein Gesetz befolgen wie
er. 17 Gott Israels, lass doch in Erfüllung gehen, was du
deinem Diener David versprochen hast! 18 Aber bist du
nicht viel zu erhaben, um bei uns Menschen auf der Erde
zu wohnen? Ist doch selbst der ganze weite Himmel zu
klein für dich, geschweige denn dieses Haus, das ich
gebaut habe! 19 HERR, mein Gott, achte dennoch auf
mein demütiges Gebet und höre auf die Bitte, die ich
vor dich bringe: 20 Richte deinen Blick Tag und Nacht auf
dieses Haus, von dem du gesagt hast, dass dein Name
dort wohnen soll! Du hast versprochen, das Gebet zu
hören, das ich, dein Diener, von hier aus an dich richte.
21 Höre mich, wenn ich von hier aus zu dir rufe, und höre
auch die Gebete deines Volkes Israel! Wenn wir an dieser
Stätte zu dir rufen, dann höre uns in deiner himmlischen
Wohnung. Erhöre uns und vergib uns alle Schuld!«

DER TEMPEL ALS ORT DES GEBETS

22 »Wenn jemand verdächtigt wird, sich gegen einen
anderen vergangen zu haben, und er wird hierher zu
deinem Altar gebracht und unter den Fluch gestellt,
der ihn im Fall der Schuld treffen soll, 23 dann höre du
es im Himmel und sorge für Recht: Bestrafe ihn, wenn
er schuldig ist, und lass sein böses Tun auf ihn selbst
zurückfallen; aber verschone ihn, wenn er schuldlos ist,
und lass seine Redlichkeit vor aller Augen offenbar wer-
den! 24 Wenn die Israeliten, dein Volk, von Feinden be-
siegt werden, weil sie dir nicht gehorcht haben, und sie
wenden sich dir wieder zu, preisen deinen Namen und
bitten hier in deinem Haus um Erbarmen, 25 dann höre
du es im Himmel: Vergib deinem Volk seine Schuld und
bring es wieder in das Land zurück, das du ihnen und
ihren Vorfahren gegeben hast! 26 Wenn kein Regen auf
das Land fällt, weil seine Bewohner dir nicht gehorcht
haben, und sie erkennen deine strafende Hand, kehren
um und beten zu dir, wenden sich diesem Haus zu und
preisen deinen Namen, 27 dann höre du es im Himmel:
Vergib deinem Volk und seinen Königen ihre Schuld,
zeige ihnen, was sie tun sollen, und lass es wieder reg-
nen auf das Land, das du deinem Volk als bleibenden
Besitz gegeben hast! 28 Wenn im Land eine Hungers-
not ausbricht, wenn das Getreide durch Glutwinde,
Krankheiten oder Schädlinge vernichtet wird, wenn
der Feind ins Land einfällt oder Seuchen wüten, 29 dann
höre das Gebet, das ein einzelner Mensch oder dein
ganzes Volk Israel an dich richtet. Wenn irgendjemand
in seiner Not und seinem Schmerz seine Arme betend
zu diesem Haus hin ausbreitet, 30 dann höre du ihn in
deiner himmlischen Wohnung: Vergib ihm seine Schuld
und hilf ihm! Doch handle so, wie es jeder verdient. Du
kennst ja die verborgensten Gedanken der Menschen
und siehst ihnen ins Herz. 31 Dann werden sie dich stets
ernst nehmen und dir gehorchen, die ganze Zeit, die
sie in dem Land leben, das du unseren Vorfahren gege-
ben hast. 32 Wenn ein Ausländer, der nicht zu deinem
Volk Israel zählt, aus einem fernen Land kommt, weil er
gehört hat, was für Taten du mit starker Hand und aus-
gestrecktem Arm für dein Volk vollbracht hast – wenn
solch ein Mensch im Anblick dieses Hauses zu dir betet,
33 dann höre ihn in deiner himmlischen Wohnung und
erfülle seine Bitte. Alle Völker auf der Erde werden dann
erkennen, dass du der wahre Gott bist, und werden
dich genauso ehren, wie dein Volk Israel es tut. Und
sie werden erkennen, dass du von diesem Haus, das
ich für dich gebaut habe, Besitz ergriffen hast. 34 Wenn
dein Volk in deinem Auftrag gegen Feinde in den Kampf
zieht und dabei in der Ferne zu dir betet, den Blick zu
der Stadt gerichtet, die du dir erwählt hast, und zu dem
Haus, das ich deinem Namen gebaut habe, 35 dann höre
sein Gebet im Himmel und verhilf ihm zu seinem Recht!
36 Vielleicht kommt es auch so weit, dass die Leute von
Israel sich gegen dich auflehnen – es gibt ja niemand,
der nicht schuldig wird – und du dann zornig wirst und
sie ihren Feinden preisgibst, die sie in ein fremdes Land
verschleppen, in der Nähe oder in der Ferne. 37 Dort
kommen sie vielleicht zur Einsicht und wenden sich dir
wieder zu und bekennen vor dir: ›Wir haben Unrecht
getan, wir haben dir nicht gehorcht.‹ 38 Und wenn sie
dann von ganzem Herzen zu dir umkehren und dort zu
dir beten, den Blick gerichtet zu dem Land, das du ihren
Vorfahren gegeben, und der Stadt, die du dir erwählt
hast, und zu dem Haus, das ich deinem Namen gebaut
habe, 39 dann höre ihr Gebet in deiner himmlischen
Wohnung und verhilf ihnen zu ihrem Recht! Vergib
ihnen alles, was sie gegen dich getan haben! 40 Mein
Gott, sieh freundlich auf jeden, der hier zu dir betet, und
höre auf seine Bitte! 41 Und nun, HERR, unser Gott, steh
auf und begleite deine Lade, das Wahrzeichen deiner
gewaltigen Macht! Komm zu deinem Ruheplatz! Gib
deinen Priestern Vollmacht, uns deine Hilfe zu vermit-
teln! Alle deine Treuen erfreue mit Glück und Segen!
42 Weise den König nicht zurück, den du gesalbt und
eingesetzt hast! Denk daran, was du David verspro-
chen hast, deinem Vertrauten in deiner großen Güte!«

DIE ERSTEN FESTE IM TEMPEL

7 Als Salomo sein Gebet beendet hatte, fiel Feuer
vom Himmel und verzehrte das Brandopfer und
die dem HERRN geweihten Stücke der Mahlopfer. Die

Herrlichkeit des HERRN erfüllte den Tempel, 2 sodass
die Priester ihn nicht betreten konnten. 3 Als die Leute
von Israel sahen, wie das Feuer herabfiel und wie die
Herrlichkeit des HERRN sich über dem Tempel zeigte,
warfen sich alle auf die Knie und beugten sich mit dem
Gesicht auf das Pflaster nieder; sie beteten den HERRN
an und priesen ihn mit den Worten: »Der HERR ist gut
zu uns, seine Liebe hört niemals auf!« 4-5 Dann feierte
König Salomo zusammen mit dem ganzen Volk die
Einweihung des Tempels durch ein großes Opfer. Für
das Opfermahl ließ er 22 000 Rinder und 120 000 Schafe
schlachten. 6 Die Priester versahen ihren Dienst und
auch die Leviten hatten sich mit den Musikinstrumen-
ten aufgestellt, die König David für den Gottesdienst
hatte anfertigen lassen. Die Leviten begleiteten da-
mit die Danklieder Davids. Auch jetzt priesen sie den
HERRN wieder mit dem Lied: »Seine Liebe hört niemals
auf!« Die Priester bliesen dazu ihre Trompeten, wäh-
rend das ganze Volk stand. 7 Weil der Bronzealtar vor
dem Haus des HERRN für die Menge der Opfer zu klein
war, machte Salomo den ganzen Mittelteil des Vorhofs
zum Opferaltar. Dort ließ er Brand- und Speiseopfer
darbringen und die Fettstücke der Mahlopfer verbren-
nen. 8 Im Anschluss an die Einweihung des Tempels
feierten Salomo und das ganze Volk Israel eine Woche
lang das Laubhüttenfest. Es war eine große Gemeinde,
die aus dem ganzen Land zusammengekommen war,
von Lebo-Hamat im Norden bis zu dem Tal, das die
ägyptische Grenze bildet, im Süden. 9 Am achten Tag
fand die Abschlussfeier statt. Sie hatten also zuerst sie-
ben Tage lang die Einweihung des Altars gefeiert, dann
noch einmal sieben Tage das Laubhüttenfest. 10 Am 23.
Tag des siebten Monats verabschiedete Salomo das
Volk. Glücklich und zufrieden über alles Gute, das Gott
David, Salomo und seinem Volk Israel erwiesen hatte,
gingen alle nach Hause.

GOTT ANTWORTET SALOMO

11 Salomo hatte das Haus des HERRN und sein eigenes
Haus vollendet, und alles, was er sich dabei vorgenom-
men hatte, war gut gelungen. 12 Da erschien ihm der
HERR in der Nacht und sagte zu ihm: »Ich habe dein
Gebet erhört und diesen Tempel dazu bestimmt, dass
ihr mir hier eure Opfer darbringt. 13 Es könnte gesche-
hen, dass ich einmal den Himmel verschließe und es
keinen Regen gibt, dass ich den Heuschrecken befehle,
das Land kahl zu fressen, oder dass ich die Pest über
mein Volk kommen lasse. 14 Wenn dann dieses Volk,
über dem mein Name ausgerufen ist, sich besinnt, wenn
es zu mir betet und von seinen falschen Wegen wieder
zu mir umkehrt, dann werde ich im Himmel sein Gebet
hören. Ich will ihm alle Schuld vergeben und auch die
Schäden des Landes wieder heilen. 15 Ich werde freund-
lich auf jeden Menschen blicken, der hier zu mir betet,
und werde auf seine Bitte hören. 16 Ich selbst habe die-
sen Tempel erwählt und zu einer heiligen Stätte ge-
macht, an der mein Name wohnen soll für alle Zeiten.
Meine Augen sind stets auf dieses Haus gerichtet, dort
ist mein ganzes Herz euch zugewandt. 17 Und wenn
du mir so dienst wie dein Vater David und alle meine
Gebote befolgst, 18 werde ich deiner Herrschaft und der
Herrschaft deiner Nachkommen Bestand geben. Denn
ich habe mit deinem Vater einen Bund geschlossen und
ihm versprochen: ›Stets soll einer aus deiner Familie
Herrscher über Israel sein.‹ 19 Wenn ihr euch aber von
mir abwendet, meine Gebote nicht mehr beachtet und
stattdessen anderen Göttern dient, 20 dann werde ich
euch Israeliten aus dem Land vertreiben, das ich euch
gegeben habe. Von dem Haus, das ich zur Wohnung
meines Namens bestimmt habe, will ich dann nichts
mehr wissen und alle Völker werden es verachten und
verspotten. 21 Dann werden alle, die an dem jetzt noch
so erhabenen Bauwerk vorbeikommen, entsetzt sein
und fragen: ›Warum hat der HERR dieses Land und
dieses Haus so verwüstet?‹ 22 Und man wird ihnen
antworten: ›Weil sie sich vom HERRN, dem Gott ihrer
Vorfahren, abgewandt haben. Er hat sie aus Ägypten
herausgeführt, aber sie haben sich anderen Göttern
zugewandt, sie angebetet und ihnen geopfert. Deshalb
hat der HERR all dieses Unglück über sie gebracht.‹«

WEITERE UNTERNEHMUNGEN SALOMOS

8 Zwanzig Jahre lang baute Salomo am Tempel des
HERRN und an seinem eigenen Palast. 2 Nach dieser
Zeit baute er die Städte aus, die ihm Hiram überlassen
hatte, und siedelte Israeliten darin an. 3 Danach rückte
er gegen die Stadt Hamat-Zoba vor und eroberte sie. 4 Er
befestigte auch Tadmor in der Steppe und alle Städte,
die er im Gebiet von Hamat gebaut und mit Vorrats-
häusern ausgestattet hatte. 5 Das obere und das untere
Bet-Horon baute er zu Festungen aus, die durch Mauern
und Tore mit starken Riegeln gesichert waren. 6 Ebenso
befestigte er Baalat sowie alle Städte, in denen er seine
Streitwagentruppen unterbrachte und Vorräte spei-
cherte. Auch in Jerusalem, im Libanon-Gebirge und in
seinem ganzen Reich baute er alles, was er sich vorge-
nommen hatte. 7-8 Alles, was Salomo bauen ließ, wurde
in Fronarbeit errichtet. Dazu zog er die Nachkommen
der vorisraelitischen Bewohner des Landes heran, die
von den Israeliten nicht ausgerottet worden waren, alle
übrig gebliebenen Hetiter, Amoriter, Perisiter, Hiwiter
und Jebusiter. Sie müssen bis heute solche Arbeiten
ausführen. 9 Von den Israeliten dagegen zwang Salomo
keinen zur Fronarbeit, sondern machte sie zu seinen
Soldaten, zu Anführern seiner Truppen und zu Streitwa-
genkämpfern. 10 König Salomo hatte 250 Oberaufseher,
die mussten die Leute bei der Arbeit beaufsichtigen.
11 Salomo hatte eine Tochter des Pharaos geheiratet.
Er ließ auch für sie einen Palast bauen, damit sie aus
der Davidsstadt dorthin umziehen konnte. Er sagte
sich: »Meine Frau soll nicht im Haus von König David
wohnen. In seiner Nähe hat einmal die Bundeslade des
HERRN gestanden, dadurch ist die ganze Umgebung
heilig geworden.« 12 Nachdem der Tempel vollendet
war, brachte Salomo auf dem Altar vor der Vorhalle dem
HERRN regelmäßig Brandopfer dar, 13 am Sabbat, am
Neumondstag und an den drei großen Festen im Jahr:
dem Fest der Ungesäuerten Brote, dem Pfingstfest und

dem Laubhüttenfest. So hatte es schon Mose bestimmt.
14 Nach den Anweisungen, die Salomo von seinem Vater
David erhalten hatte, teilte er die Priester in verschie-
dene Gruppen ein, in denen sie ihren Dienst verrichten
sollten, ebenso die Leviten, die den Priestern halfen und
für den Gesang im Tempel sorgten, so wie es jeden Tag
nötig war. Auch die Torwächter wurden für die einzel-
nen Tore in Dienstgruppen eingeteilt, wie David, der
Mann Gottes, es festgelegt hatte. 15 In keinem Punkt
wich man von dem ab, was David hinsichtlich der
Priester und Leviten und der Tempelschätze angeordnet
hatte. 16 Damit war alles ausgeführt, was Salomo sich
vorgenommen hatte, vom Tag der Grundsteinlegung
des Tempels bis zum Tag seiner Vollendung. Das Haus
des HERRN war fertig. 17 Damals kam Salomo auch nach
Ezjon-Geber und Elat an der Küste des Roten Meeres
im Land Edom. 18 Hiram schickte ihm dorthin Schiffe
mit erfahrenen Schiffsleuten. Zusammen mit den Män-
nern Salomos segelten sie in das Land Ofir und brachten
Salomo von dort 450 Zentner Gold.

EINE ARABISCHE KÖNIGIN BESUCHT SALOMO

9 Salomo wurde so bekannt, dass auch die Königin
von Saba von ihm hörte. Sie machte sich auf den
Weg nach Jerusalem, um sein Wissen durch Rätselfra-
gen auf die Probe zu stellen. Sie kam mit zahlreichem
Gefolge, ihre Kamele waren schwer beladen mit duf-
tenden Ölen, Gold und Edelsteinen. Als sie zu Salomo
kam, legte sie ihm die Rätsel vor, die sie sich ausgedacht
hatte. 2 Salomo blieb ihr keine Antwort schuldig; auch
die schwierigsten Fragen konnten ihn nicht in Verlegen-
heit bringen. 3 Die Königin war tief beeindruckt von der
Klugheit Salomos. Sie besichtigte auch seinen Palast.
4 Sie sah die Speisen und Getränke, die auf seine Tafel
kamen, die Minister, die nach ihrem Rang an seiner Tafel
saßen, und die Diener, die in kostbaren Gewändern auf-
warteten, und sie sah auch den prächtigen Zug, wenn
Salomo zum Tempel des HERRN hinaufging. Sie konnte
sich vor Staunen nicht fassen 5 und sagte zu Salomo: »Es
war nichts übertrieben, was ich bei mir zu Hause über
dich und dein Wissen gehört habe. 6 Ich konnte es nicht
glauben, aber jetzt habe ich mich mit eigenen Augen
davon überzeugt. Dein Wissen übertrifft sogar noch
alles, was ich darüber gehört hatte. Nicht einmal die
Hälfte der Wahrheit hat man mir gesagt. 7 Wie glücklich
sind deine Leute und deine Minister, die täglich um dich
sind und deine klugen Worte hören! 8 Der HERR, dein
Gott, sei gepriesen, der Gefallen an dir hat und dich auf
seinen Thron gebracht hat, damit du als König für den
HERRN, deinen Gott, regierst! Dein Gott liebt sein Volk
Israel und will es für immer erhalten. Darum hat er dich
zum König eingesetzt und du sollst darüber wachen,
damit du für Recht und Gerechtigkeit sorgst.« 9 Dann
schenkte sie Salomo 120 Zentner Gold, eine Menge
duftende Öle und viele Edelsteine. Nie wieder hat es so
kostbares Öl gegeben wie dieses, das die Königin von
Saba dem König Salomo schenkte. 10 Übrigens brachten
die Leute Hirams und Salomos, die Gold aus dem Land
Ofir einführten, auch Edelhölzer und Edelsteine von
dort mit. 11 Salomo ließ aus dem Holz Treppen für den
Tempel des HERRN und den Königspalast sowie Saiten-
instrumente für die Tempelsänger herstellen. Vorher ist
so etwas im Land Juda nie gesehen worden. 12 Salomo
erfüllte der Königin von Saba jeden Wunsch, den sie
aussprach, ausgenommen die Art von Gastgeschenken,
die sie selbst ihm mitgebracht hatte. Danach kehrte die
Königin mit ihrem Gefolge wieder in ihr Land zurück.

SALOMOS HANDEL, REICHTUM UND PRACHT

13 In einem einzigen Jahr wurden König Salomo 666
Zentner Gold geliefert. 14 Dazu kam noch das Gold, das
er als Steuern von den Großkaufleuten und Händlern
einnahm, und die Abgaben in Silber und Gold, die er von
seinen Provinzverwaltern und den arabischen Königen
erhielt. 15 Salomo ließ 200 Langschilde anfertigen und
mit Gold überziehen. Für jeden Schild wurden sieben
Kilo Gold gebraucht. 16 Dann ließ er noch 300 Rund-
schilde machen, jeder mit dreieinhalb Kilo Gold überzo-
gen, und ließ sie alle in den »Libanonwald«, die große
Halle neben seinem Palast, bringen. 17 Auch ließ er einen
großen Thronsessel herstellen, der mit Elfenbein und
reinem Gold belegt war. 18-19 Sechs Stufen führten zum
Thron hinauf und auf jeder Stufe stand rechts und links
je eine Löwenfigur, ebenso auf beiden Seiten neben
den Armlehnen. Der Thron hatte auch einen goldenen
Fußschemel. Kein anderer König hat sich je einen so
prächtigen Thron anfertigen lassen. 20 Alle Trinkgefäße
Salomos und sämtliche Geräte in der großen Halle, dem
»Libanonwald«, waren aus reinem Gold. Silber galt zur
Zeit Salomos als wertlos. 21 Der König besaß eine sehr
tüchtige Handelsflotte, die mit Leuten Hirams bis nach
Tarschisch fuhr. Alle drei Jahre kamen die Schiffe zurück
und brachten Gold, Elfenbein und verschiedene Arten
von Affen. 22 So übertraf König Salomo alle anderen
Könige der Erde an Reichtum und Klugheit, 23 und alle
Könige kamen zu ihm, um seine Worte zu hören und die
Weisheit kennenzulernen, die Gott ihm verliehen hatte.
24 Alle brachten sie ihm Geschenke mit: silberne und
goldene Gefäße, Festkleider und Waffen, kostbare Öle,
Pferde und Maultiere. So ging es Jahr um Jahr. 25 Salomo
hatte 4000 Stallplätze für seine Pferde und Streitwa-
gen. Er hatte 12 000 Wagenkämpfer. Ein Teil von ihnen
war in Jerusalem stationiert, die übrigen waren in den
Städten untergebracht, die er dafür ausgebaut hatte.
26 Salomo herrschte über alle Könige im ganzen Ge-
biet zwischen dem Eufrat, dem Land der Philister und
Ägypten. 27 Unter seiner Regierung war in Jerusalem
Silber so gewöhnlich wie Steine, und Zedernholz wie
das Holz der Maulbeerfeigenbäume im Hügelland von
Juda. 28 Die Pferde bekam Salomo aus Ägypten und
allen möglichen anderen Ländern.

DAS ENDE DER REGIERUNG SALOMOS

29 Alles, was es sonst noch über Salomo zu sagen gibt,
vom Anfang bis zum Ende, das ist nachzulesen in den
Berichten des Propheten Natan sowie in den Nieder-
schriften der Worte des Propheten Ahija aus Schilo
und der Offenbarungen, die der Prophet Jedo über

Jerobeam, den Sohn Nebats, erhalten hat. 30 Vierzig Jahre lang regierte Salomo in Jerusalem über ganz Israel. 31 Als er starb, wurde er in der Davidsstadt bestattet. Sein Sohn Rehabeam wurde sein Nachfolger.

EIN KÖNIG VERACHTET GUTE RATSCHLÄGE

10 Rehabeam ging nach Sichem, denn dorthin waren die Nordstämme Israels gekommen, um ihn zum König zu machen. 2 Als Jerobeam, der Sohn Nebats, davon hörte, kehrte er aus Ägypten zurück, wohin er vor Salomo hatte fliehen müssen. 3 Die Stämme Israels ließen ihn rufen und er trat mit ihnen allen vor Rehabeam. Sie sagten zu ihm: 4 »Dein Vater hat uns hohe Abgaben und schwere Frondienste auferlegt. Erleichtere uns die Last, dann werden wir dich als König anerkennen.« 5 »Kommt übermorgen wieder!«, antwortete ihnen Rehabeam. Als sie gegangen waren, 6 beriet er sich mit den erfahrenen Männern, die bereits im Dienst seines Vaters Salomo gestanden hatten. Er fragte sie: »Was ratet ihr mir? Welche Antwort soll ich dem Volk geben?« 7 Sie rieten ihm: »Sei freundlich zu ihnen und behandle sie mit Güte! Wenn du ihnen entgegenkommst, werden sie dir für immer gehorchen.« 8 Rehabeam hörte nicht auf den Rat der erfahrenen Männer. Er fragte die jungen Leute, die mit ihm aufgewachsen waren und nun in seinem Dienst standen: 9 »Was ratet ihr mir? Wie soll ich diesen Leuten antworten? Sie verlangen von mir, dass ich ihre Lasten erleichtere!« 10 Da rieten ihm die jungen Leute, die mit ihm aufgewachsen waren: »Wenn dieses Volk zu dir sagt: ›Dein Vater hat uns schwere Lasten auferlegt, mach du sie leichter!‹, dann gib ihnen die Antwort: ›Mein Finger ist dicker als die Hüften meines Vaters! 11 Mein Vater hat euch schwere Lasten auferlegt; ich werde sie noch schwerer machen. Er hat euch mit Peitschen angetrieben; ich werde euch mit Stachelpeitschen antreiben.‹« 12 Am dritten Tag, wie verabredet, erschienen Jerobeam und das ganze Volk vor Rehabeam. 13 König Rehabeam gab ihnen eine harte Antwort. Er achtete nicht auf den Rat der erfahrenen Männer, 14 sondern richtete sich nach dem Rat seiner Altersgenossen. Er sagte: »Mein Vater hat euch schwere Lasten auferlegt; ich werde sie noch schwerer machen. Mein Vater hat euch mit Peitschen angetrieben; ich werde euch mit Stachelpeitschen antreiben.« 15 Der König blieb taub für die Bitte des Volkes. Gott hatte es so gefügt; denn das Wort, das der HERR durch Ahija von Schilo zu Jerobeam gesagt hatte, sollte in Erfüllung gehen.

ISRAEL SAGT SICH VON DER DAVIDSDYNASTIE LOS

16 Als die Männer der Nordstämme merkten, dass der König auf ihre Forderung nicht einging, riefen sie: »Was geht uns alle das Haus Davids an? Seit wann gehört der Isai-Sohn zu uns? Ihr Männer Israels, auf und nach Hause! Mag Davids Sippe sehen, was ihr bleibt!« Die Versammlung löste sich auf. 17 Nur die Israeliten, die in den Städten von Juda wohnten, erkannten Rehabeam als König an. 18 Als Rehabeam noch einen Versuch machte und Adoniram, den Beauftragten für die Fronarbeiten, zu den Vertretern der Nordstämme schickte, empfingen sie ihn mit einem solchen Steinhagel, dass er den Tod fand. Der König selbst konnte sich gerade noch auf seinen Wagen retten und nach Jerusalem entkommen. 19 Die Nordstämme Israels sagten sich vom Königshaus Davids los und sie sind bis zum heutigen Tag von ihm getrennt geblieben.

GOTT UNTERSAGT DIE RÜCKEROBERUNG

11 Rehabeam kehrte nach Jerusalem zurück und stellte aus den Stämmen Juda und Benjamin ein Heer von 180 000 bewährten Kriegsleuten auf. Sie sollten gegen Israel ziehen und die Königsherrschaft für Rehabeam zurückgewinnen. 2 Aber das Wort des HERRN erging an den Propheten Schemaja, er sagte zu ihm: 3 »Ich gebe dir eine Botschaft für Rehabeam, den Sohn Salomos, den König von Juda, und für alle Männer aus Juda und Benjamin. Sag zu ihnen: 4 ›So spricht der HERR: Kämpft nicht gegen eure Brüder! Kehrt nach Hause zurück! Ich selbst habe es so gefügt.‹« Sie gehorchten der Weisung des HERRN, kehrten um und zogen nicht gegen Jerobeam.

FESTUNGSBAUTEN REHABEAMS

5-10 Rehabeams Residenzstadt war Jerusalem. Im Gebiet von Juda und Benjamin baute er eine Reihe von Städten zu Festungen aus, nämlich Betlehem, Etam, Tekoa, Bet-Zur, Socho, Adullam, Gat, Marescha, Sif, Adorajim, Lachisch, Aseka, Zora, Ajalon und Hebron. 11 Rehabeam ließ diese Städte stark befestigen und setzte Kommandanten darin ein. Er legte in ihnen auch Vorräte an Lebensmitteln, Olivenöl und Wein an 12 sowie Waffenlager mit Schilden und Lanzen, um diese Städte in jeder Hinsicht sehr stark zu machen. So sicherte er seine Herrschaft über Juda und Benjamin.

DIE PRIESTER UND LEVITEN SCHLIESSEN SICH REHABEAM AN

13 Die Priester und die Leviten, die überall in Israel wohnten, gingen zu Rehabeam über. 14 Die Leviten verließen ihre Weideplätze und ihren Besitz und kamen nach Juda und Jerusalem, weil Jerobeam und seine Nachfolger sie daran hinderten, ihren Priesterdienst für den HERRN auszuüben. 15 Jerobeam hatte nämlich eigene Priester angestellt für die Opferstätten im Land mit ihren Dämonen- und Götterbildern in Form von Böcken und Stieren, die er hatte machen lassen. 16 Den Leviten aus den Nordstämmen folgten von dort auch alle Israeliten, die dem HERRN, dem Gott Israels, treu bleiben wollten. Sie kamen nach Jerusalem und brachten ihm, dem Gott ihrer Vorfahren, ihre Opfer. 17 So trugen sie dazu bei, das Königreich Juda zu stärken und Rehabeams Herrschaft zu festigen. Das dauerte aber nur drei Jahre, so lange, wie sich alle nach dem Vorbild Davids und Salomos richteten.

REHABEAMS FAMILIE

18 Rehabeam heiratete Mahalat; ihr Vater war Jerimot, ein Sohn Davids, und ihre Mutter war Abihajil, eine

Tochter von Davids Bruder Eliab und Enkelin von Isai.
19 Mahalat gebar Rehabeam die Söhne Jëusch, Sche-
marja und Saham. 20 Danach heiratete Rehabeam auch
Maacha, die Tochter Abischaloms. Von ihr wurden ihm
Abija, Attai, Sisa und Schelomit geboren. 21 Im Ganzen
hatte Rehabeam achtzehn Frauen und sechzig Ne-
benfrauen und durch sie achtundzwanzig Söhne und
sechzig Töchter. Aber er liebte Maacha mehr als alle
seine anderen Frauen. 22 Darum bestimmte er Abija,
deren ersten Sohn, zum Thronfolger und gab ihm die
führende Stellung unter seinen Brüdern. 23 Rehabeam
ging aber auch mit seinen übrigen Söhnen klug vor: Er
verteilte sie auf alle Gegenden von Juda und Benja-
min und setzte sie als Kommandanten der befestigten
Städte ein. Er gab ihnen ein äußerst großzügiges Ein-
kommen und verschaffte ihnen viele Frauen.

DER PHARAO SCHISCHAK ÜBERFÄLLT JUDA

12 Als Rehabeam mächtig geworden und seine
Herrschaft in Juda gesichert war, fragte er nicht
mehr nach dem Gesetz des HERRN und sein ganzes
Volk auch nicht. 2 Da zog im fünften Regierungsjahr
Rehabeams der ägyptische König Schischak gegen
Jerusalem heran; so bestrafte der HERR ihre Untreue.
3 Schischak kam mit einem Heer von 1200 Streitwagen
und 60 000 Wagenkämpfern, denen noch ungezähl-
te Libyer, Sukkijiter und Äthiopier als Hilfstruppen
folgten. 4 Er eroberte zuerst die befestigten Städte in
Juda und rückte dann gegen Jerusalem vor. 5 Damals
kam der Prophet Schemaja zu Rehabeam und den
anderen führenden Männern von Juda, die sich vor
Schischak nach Jerusalem zurückgezogen hatten,
und sagte zu ihnen: »So spricht der HERR: ›Weil ihr
euch von mir abgewandt habt, wende ich mich auch
von euch ab und gebe euch in die Hand Schischaks!‹«
6 Da beugten sich die führenden Leute von Juda und
der König unter dieses Urteil Gottes und sagten: »Der
HERR ist im Recht!« 7 Als der HERR merkte, dass sie ihr
Unrecht einsahen, erging sein Wort an Schemaja, er
sagte: »Sie haben ihre Schuld eingestanden; darum
will ich sie nicht umbringen. Mein Zorn soll nicht so
weit gehen, dass Schischak Jerusalem vernichtet; ich
werde sie bald aus dieser Gefahr erretten. 8 Aber sie
werden sich ihm unterwerfen müssen, damit sie er-
kennen, was für ein Unterschied es ist, mir zu gehor-
chen oder den Königen anderer Länder.« 9 Schischak
rückte in Jerusalem ein. Er leerte die Schatzkammern
im Tempel und im Königspalast. Er nahm auch alle
goldenen Schilde mit, die Salomo hatte anfertigen
lassen. 10 Rehabeam ließ dafür Schilde aus Bronze ma-
chen und gab sie den Kommandanten der Wache, die
am Eingang des Palastes stationiert war. 11 Jedes Mal,
wenn der König in das Haus des HERRN ging, trugen
die Wachen, die ihn begleiteten, diese Schilde und
brachten sie dann wieder in ihre Unterkunft zurück.
12 Weil Rehabeam sein Unrecht eingesehen hatte, ließ
der Zorn des HERRN von ihm ab und er vernichtete ihn
nicht völlig. Es gab damals auch in Juda noch man-
ches Gute.

DAS ENDE DER REGIERUNG REHABEAMS

13 Rehabeam konnte seine Herrschaft wieder festigen
und weiter als König regieren. Rehabeam war 41 Jahre
alt, als er König wurde. Siebzehn Jahre lang regierte er
in Jerusalem, der Stadt, die der HERR aus ganz Israel
als Wohnsitz für seinen Namen bestimmt hatte. Reha-
beams Mutter war die Ammoniterin Naama. 14 Er tat,
was verwerflich war, weil er nicht nach dem Willen des
HERRN fragte. 15 Die Geschichte der Regierung Rehabe-
ams, vom Anfang bis zum Ende, ist nachzulesen in den
Berichten der Propheten Schemaja und Iddo. Dort steht
auch das Verzeichnis seiner Familie. Während seiner
ganzen Regierungszeit gab es Krieg zwischen ihm und
Jerobeam. 16 Als er starb, wurde er in der Davidsstadt
bestattet. Sein Sohn Abija wurde sein Nachfolger.

KÖNIG ABIJA

13 Im 18. Regierungsjahr Jerobeams, des Königs von
Israel, wurde Abija König von Juda. 2 Er regierte
drei Jahre lang in Jerusalem. Seine Mutter hieß Michaja
und war eine Tochter von Uriël aus Gibea. Auch zwi-
schen Abija und Jerobeam kam es wieder zum Krieg.
3 Abija zog mit einem Heer von 400 000 tüchtigen
Kriegsleuten aus, um den Kampf zu eröffnen. Jero-
beam stellte ihm 800 000 kriegstüchtige Leute entge-
gen. 4 Während die Heere einander gegenüberstanden,
stieg Abija auf den Berg Zemarajim im Bergland Efraïm
und rief: »Jerobeam und alle Israeliten, hört mir zu! 5 Ihr
müsstet doch wissen, dass der HERR, der Gott Israels,
mit David einen unwiderruflichen Bund geschlossen
hat. Darin hat er David und seinen Nachkommen für
alle Zeiten die Herrschaft über ganz Israel gegeben.
6 Aber Jerobeam, der Sohn Nebats, der Diener Salomos,
hat sich gegen seinen Herrn, den Sohn Davids, aufge-
lehnt. 7 Eine Gruppe von nichtswürdigen Abenteurern
hat sich ihm angeschlossen und über Rehabeam, den
Sohn Salomos, die Oberhand bekommen. Rehabeam
war damals noch zu jung und unentschlossen, um sich
gegen sie durchsetzen zu können. 8 Und jetzt meint ihr,
ihr könntet euch durchsetzen gegen das Königtum, das
der HERR selbst den Nachkommen Davids übertragen
hat. Ihr seid ja so viele und ihr habt die goldenen Stier-
bilder, die Jerobeam als Götter für euch gemacht hat!
9 Die Priester des HERRN, die Nachkommen Aarons,
habt ihr vertrieben, auch die Leviten. Dafür habt ihr
neue Priester eingesetzt, wie es die anderen Völker
auch tun: Jeder, der kommt und als Opfergabe einen
Stier und sieben Schafböcke mitbringt, wird zum
Priester geweiht – zum Priester für Götter, die gar keine
sind! 10 Wir dagegen bleiben beim HERRN, unserem
Gott! Wir haben ihn nicht verlassen. Bei uns dienen die
Nachkommen Aarons dem HERRN als Priester, und die
Leviten tun, was ihnen aufgetragen ist. 11 Jeden Morgen
und Abend opfern sie dem HERRN Brandopfer und Räu-
cheropfer. Auf den Opfertisch legen sie regelmäßig die
geweihten Brote und jeden Abend werden auf dem
goldenen Leuchter die Lampen angezündet. Wir halten
uns genau an die Anordnungen des HERRN, ihr aber
habt ihn verlassen! 12 Denkt daran: Gott selbst steht

auf unserer Seite und führt uns! Auch seine Priester
sind hier und stehen bereit, um mit den Trompeten
das Signal zum Angriff zu geben. Ihr Männer von
Israel, kämpft nicht gegen den HERRN, den Gott eurer
Vorfahren! Es kann nicht gut für euch ausgehen!«
13-14 Jerobeam hatte inzwischen einen Teil seines Hee-
res als Hinterhalt in den Rücken der Leute von Juda
geschickt. Als diese sahen, dass sie auf zwei Fronten
kämpfen mussten, riefen sie zum HERRN um Hilfe. Die
Priester bliesen die Trompeten 15 und alle stimmten das
Kriegsgeschrei an. Da griff Gott selbst ein und schlug
Jerobeam und sein Heer zurück. 16 Die Männer Israels
flohen und Gott gab sie in die Hand der Leute von Juda.
17 Abija und seine Kriegsleute bereiteten dem Gegner
eine schwere Niederlage; dabei verlor Israel 500 000
kriegstüchtige Männer. 18 Damals wurde Israel in die
Knie gezwungen und die Leute von Juda bekamen
die Oberhand; denn sie vertrauten dem HERRN, dem
Gott ihrer Vorfahren. 19 Abija verfolgte Jerobeam noch
weiter und eroberte die Städte Bet-El, Jeschana und
Efron und die dazugehörenden Ortschaften. 20 Solange
Abija lebte, konnte Jerobeam seine frühere Macht nicht
mehr wiedergewinnen; schließlich machte der HERR
seinem Leben ein Ende. 21 Abija dagegen wurde im-
mer mächtiger. Er heiratete vierzehn Frauen und sie
gebaren ihm zweiundzwanzig Söhne und sechzehn
Töchter. 22 Was es sonst noch von Abija zu sagen gibt,
von seinen Taten und seinen Reden, das ist nachzulesen
im Bericht des Propheten Iddo. 23 Als Abija starb, wurde
er in der Davidsstadt bestattet. Sein Sohn Asa wurde
sein Nachfolger. Unter Asas Regierung hatte das Land
zehn Jahre lang Frieden.

KÖNIG ASA UND SEINE ERFOLGE

14 Asa tat, was vor dem HERRN, seinem Gott, gut
und recht ist. 2 Er ließ die Altäre und Opferstätten
der fremden Götter zerstören, die geweihten Steinmale
in Stücke schlagen und die geweihten Pfähle umhauen.
3 Er forderte das Volk von Juda auf, dem HERRN, dem
Gott ihrer Vorfahren, zu gehorchen und sein Gesetz
mit allen seinen Geboten zu befolgen. 4 Auch in den an-
deren Städten Judas beseitigte er die Opferstätten der
fremden Götter und die Räucheraltäre. In diesen Jahren
hatte das Land Frieden, 5 weil der HERR dafür sorgte,
dass Asa von keiner Seite angegriffen wurde. Er nutzte
diese Zeit, um eine Reihe von Städten in Juda zu befesti-
gen. 6 Er sagte zu den Leuten von Juda: »Lasst uns diese
Städte ausbauen und sie durch Mauern mit Türmen
und durch Tore mit starken Riegeln sichern. Noch ha-
ben wir freie Hand in unserem Land. Wir haben uns
bemüht, nach dem Willen des HERRN, unseres Gottes,
zu leben; darum hat er uns Frieden an allen unseren
Grenzen gegeben.« Sie fingen an zu bauen und konn-
ten die Arbeit auch glücklich vollenden. 7 Das Heer von
Asa bestand aus 300 000 Mann vom Stamm Juda, die
mit Speeren und großen Schilden ausgerüstet waren,
und 280 000 Mann vom Stamm Benjamin, bewaffnet
mit Rundschilden und Bogen. Sie alle waren tüchtige
Krieger. 8 Der Äthiopier Serach rückte mit einem Heer
von tausendmal tausend Mann und dreihundert Streit-
wagen gegen Juda vor und kam bis Marescha. 9 Asa
zog ihm entgegen und die beiden Heere stellten sich
im Zefata-Tal bei Marescha zum Kampf auf. 10 Asa rief
zum HERRN, seinem Gott: »HERR, wenn ein Schwacher
mit einem Starken kämpfen muss, kann niemand ihm
so beistehen wie du. Hilf uns, HERR, unser Gott, denn
wir verlassen uns ganz auf dich! Im Vertrauen auf dich
sind wir doch gegen diese Übermacht angetreten. Du,
HERR, bist unser Gott! Gegen dich kann kein Mensch
etwas ausrichten!« 11 Da griff der HERR selbst für Asa
und die Leute von Juda ein und schlug die Äthiopier zu-
rück, sodass sie fliehen mussten. 12 Asa verfolgte sie mit
seinen Männern bis nach Gerar. Dabei fielen von den
Äthiopiern so viele, dass sie sich nicht mehr zu einem
Gegenangriff sammeln konnten. Sie erlitten eine ver-
nichtende Niederlage durch den HERRN und sein Heer.
Die Leute von Juda machten überaus reiche Beute. 13 Sie
konnten auch alle Ortschaften rings um Gerar erobern,
denn der HERR hatte einen gewaltigen Schrecken über
die Bewohner kommen lassen. Sie plünderten diese
Orte aus, denn es gab dort reiche Beute. 14 Sie über-
wältigten auch die Zeltlager der Hirten, die sich dort in
der Gegend mit ihren Herden aufhielten, und nahmen
eine große Menge Schafe, Ziegen und Kamele als Beute
mit. Danach kehrten sie wieder nach Jerusalem zurück.

ASA ERNEUERT DEN BUND MIT GOTT

15 Der Geist Gottes nahm Besitz von Asarja, dem
Sohn Odeds, 2 sodass er Asa entgegenging und
zu ihm sagte: »Hört mir zu, König Asa und alle Leute
von Juda und Benjamin! Der HERR hält zu euch, solange
ihr euch zu ihm haltet. Wenn ihr seine Nähe sucht, wird
er sich von euch finden lassen. Wenn ihr euch aber von
ihm abwendet, wird auch er sich von euch abwenden.
3 Es gab eine lange Zeit, in der die Israeliten ohne den
wahren Gott lebten. Da hatten sie auch keine Priester,
die sie unterwiesen, und sie kannten Gottes Gesetz
nicht mehr. 4 Jedes Mal, wenn es dann den Israeliten
schlecht ging, wandten sie sich wieder zum HERRN,
ihrem Gott; sie suchten seine Nähe und er ließ sich
finden. 5 Damals konnte niemand ungefährdet reisen,
es war eine Zeit der Unsicherheit und Unordnung in al-
len Ländern. 6 Die Völker bedrängten sich gegenseitig
und Städte lagen miteinander im Streit, weil Gott sie
durch alle Arten von Unglück verwirrte. 7 Darum seid
jetzt stark und legt die Hände nicht in den Schoß! Der
HERR wird euer Tun belohnen!« 8 Als Asa diese prophe-
tischen Worte Asarjas hörte, ging er entschlossen ans
Werk und ließ im ganzen Gebiet von Juda und Benja-
min die verabscheuenswürdigen Götterbilder entfer-
nen, ebenso in den Städten, die er im Bergland Efraïm
erobert hatte. Den Altar des HERRN vor der Vorhalle
des Tempels ließ er erneuern. 9 Dann rief er die Männer
aus Juda und Benjamin zusammen, dazu auch alle aus
den Stämmen Efraïm, Manasse und Simeon, die sich in
seinem Land aufhielten. Es waren nämlich viele zu ihm
übergelaufen, als sie sahen, dass der HERR, sein Gott,
auf seiner Seite stand. 10 Im 15. Regierungsjahr von Asa,

im dritten Monat, versammelten sich alle in Jerusalem.
11 Sie opferten dem HERRN 700 Rinder und 7000 Schafe
aus der Beute, die sie heimgebracht hatten. 12 Sie er-
neuerten den Bund, den Gott mit ihren Vorfahren ge-
schlossen hatte, und verpflichteten sich, dem HERRN
mit ganzem Herzen und allen Kräften zu gehorchen.
13 Wer sich nicht nach dem Willen des HERRN richten
würde, sollte mit dem Tod bestraft werden, gleichgül-
tig ob solch ein Mensch vornehm oder gering, Mann
oder Frau war. 14 Dies alles gelobten sie dem HERRN
unter Jubelrufen und dem Schall der Trompeten und
Widderhörner. 15 Alle in Juda freuten sich darüber, denn
sie hatten aus voller Überzeugung in den Schwur ein-
gestimmt. Weil sie sich mit ganzer Hingabe dem HERRN
zugewandt hatten, wandte auch er sich ihnen zu und
gab ihnen Frieden an allen ihren Grenzen. 16 König Asa
setzte auch seine Mutter Maacha als Königsmutter
ab, weil sie ein verabscheuenswürdiges Götzenbild
der Göttin Aschera aufgestellt hatte. Das Götzenbild
ließ er umhauen, in Stücke schlagen und im Kidrontal
verbrennen. 17 Die vielen Opferstätten in Israel blieben
allerdings weiterhin bestehen, aber in allem anderen
gehorchte Asa dem HERRN mit ungeteiltem Herzen
sein Leben lang. 18 Er brachte die goldenen und silber-
nen Geräte, die sein Vater dem HERRN geweiht hatte,
in den Tempel und weihte dem HERRN noch weitere
Gold- und Silbergeräte. 19 Bis zum 35. Regierungsjahr
von Asa gab es keinen Krieg mehr.

ASA FÜHRT KRIEG MIT BASCHA VON ISRAEL

16 Im 36. Regierungsjahr von Asa rückte Bascha,
der König von Israel, nach Süden gegen Juda
vor und baute die Stadt Rama zur Festung aus, um
die Wege von und nach Juda kontrollieren zu kön-
nen. 2 Da schickte König Asa Boten nach Damaskus
zu Ben-Hadad, dem König von Syrien. Er gab den
Boten alles Silber und Gold mit, das in den König-
lichen Schatzkammern und in den Schatzkammern
des Tempels noch übrig war, und ließ dem Syrerkönig
sagen: 3 »Ich möchte ein Bündnis mit dir schließen,
wie es schon zwischen unseren Vätern bestanden
hat. Ich schicke dir Silber und Gold; kündige dafür
dein Bündnis mit König Bascha von Israel und falle in
sein Land ein, damit er von meiner Grenze abziehen
muss.« 4 Ben-Hadad ging darauf ein und schickte seine
Truppen gegen das Reich Israel. Sie verwüsteten die
Städte Ijon, Dan und Abel-Majim sowie alle Vorrats-
lager der Städte im Stammesgebiet Naftali. 5 Daraufhin
brach Bascha den Ausbau von Rama ab und stellte die
Arbeiten ein. 6 König Asa bot nun alle Männer von Juda
auf. Sie mussten die Steine und das Holz, die Bascha für
den Festungsbau bereitgelegt hatte, abtransportieren.
Asa ließ damit die Städte Geba und Mizpa befestigen.

DER PROPHET HANANI

7 Um diese Zeit kam der Prophet Hanani zu König Asa
von Juda und hielt ihm vor: »Du hast beim König von
Syrien Hilfe gesucht statt beim HERRN, deinem Gott.
Damit hast du dich um die Möglichkeit gebracht, auch
noch die Syrer zu besiegen! 8 Hatten die Äthiopier und
die Libyer nicht auch ein gewaltiges Heer mit einer
großen Zahl von Streitwagen und Wagenkämpfern?
Damals hast du dich auf den HERRN verlassen und
darum gab er sie in deine Hand. 9 Der HERR behält die
ganze Erde im Auge, damit er denen beistehen kann,
die ihm mit ungeteiltem Herzen vertrauen. Du hast
dich diesmal verhalten wie jemand, der keine Einsicht
hat. Von jetzt ab wirst du ständig Krieg haben.« 10 Da
wurde Asa so wütend auf den Propheten, dass er ihn
ins Gefängnis werfen ließ. Er fing damals auch an,
einige aus dem Volk zu misshandeln.

DAS ENDE DER REGIERUNG ASAS

11 Die Geschichte der Regierung von Asa, vom Anfang
bis zum Ende, ist nachzulesen im Buch der Könige von
Juda und Israel. 12 In seinem 39. Regierungsjahr er-
krankte Asa an einem Fußleiden. Obwohl die Krank-
heit sehr ernst wurde, suchte er auch damals seine
Hilfe nicht beim HERRN, sondern bei den Ärzten. 13 In
seinem 41. Regierungsjahr starb Asa. 14 Er wurde in der
Gruft beigesetzt, die er sich in der Davidsstadt hatte
aushauen lassen. Man bettete ihn darin auf ein Lager,
das bedeckt war mit Balsam und anderen wohlrie-
chenden Stoffen, die von Salbenmischern sachkundig
zusammengestellt waren. Auch ein gewaltiges Feuer
wurde zu seinen Ehren angezündet.

KÖNIG JOSCHAFATS GUTE REGIERUNG

17 Nach Asa wurde sein Sohn Joschafat König. Er
wurde sehr mächtig in seinem Land. 2 Er statio-
nierte Truppen in allen befestigten Städten Judas und
richtete überall im Land Posten ein, auch in den Städ-
ten im Gebiet von Efraïm, die sein Vater erobert hatte.
3 Der HERR stand Joschafat bei, denn er lebte so, wie
sein Ahnherr David zu Beginn seiner Regierung ge-
lebt hatte. Er verehrte nicht die Baale, 4 sondern hielt
sich treu an den Gott seines Ahnherrn und befolgte
seine Gebote im Gegensatz zu den Königen von Israel.
5 Darum festigte der HERR das Königtum Joschafats.
Ganz Juda brachte ihm Geschenke, er wurde sehr reich
und gewann hohes Ansehen. 6 Weil er dem HERRN ge-
horchte, wurde er immer mutiger und er ließ die Opfer-
stätten der fremden Götter und die geweihten Pfähle
in Juda zerstören. 7 In seinem dritten Regierungsjahr
ordnete Joschafat an, dem Volk von Juda Unterricht
im Gesetz des HERRN zu erteilen. Er beauftragte damit
einige seiner Beamten, nämlich Ben-Hajil, Obadja, Se-
charja, Netanel und Michaja, 8 dazu die Leviten Sche-
maja, Netanja, Sebadja, Asaël, Schemiramot, Jonatan,
Adonija, Tobija und Tob-Adonija sowie die Priester Eli-
schama und Joram. 9 Sie alle wurden vom König aus-
gesandt und zogen nun von Stadt zu Stadt. Sie hatten
das Gesetzbuch des HERRN bei sich und unterwiesen
das Volk, wie der König es befohlen hatte.

JOSCHAFATS MACHT

10 Über alle Königreiche rings um Juda hatte der HERR
einen gewaltigen Schrecken kommen lassen, sodass

niemand Joschafat anzugreifen wagte. 11 Die Philis-
ter brachten ihm Geschenke und Silber als Tribut, und
sogar die Araber brachten ihm 7700 Schafböcke und
ebenso viele Ziegenböcke. 12 So wurde Joschafat im Lauf
der Zeit immer mächtiger. Er baute in Juda Burgen und
Städte mit Vorratsspeichern 13 und auch in den übrigen
Städten des Landes legte er Vorräte an. In Jerusalem
waren die besten Kriegsleute seines Heeres statio-
niert. 14 Die Diensteinteilung des Heeres richtete sich
nach den Sippenverbänden. // Die Truppenführer des
Stammes Juda waren: / Adna, Oberst und Befehlshaber
über 300 000 tüchtige Krieger; / 15 Johanan, Oberst
und Befehlshaber über 280 000 Mann; / 16 Amasja,
der Sohn von Sichri, Befehlshaber über 200 000 Mann;
er hatte sich freiwillig dem HERRN zur Verfügung ge-
stellt. // 17 Die Truppenführer des Stammes Benjamin
waren: / Eljada, ein tapferer Krieger, Befehlshaber
über 200 000 Mann, die mit Schild und Bogen bewaff-
net waren; / 18 Josabad, Befehlshaber über 180 000 gut
ausgerüstete Männer. // 19 Sie alle standen dem König
im Kriegsfall zur Verfügung, abgesehen von den stän-
digen Besatzungen, die er in den Festungen von ganz
Juda stationiert hatte.

JOSCHAFAT VERBÜNDET SICH MIT KÖNIG AHAB VON ISRAEL

18 Joschafat war sehr reich und stand in hohem
Ansehen. Er verheiratete seinen Sohn mit einer
Tochter des Königshauses Ahab. 2 Nach einigen Jahren
besuchte er Ahab in Samaria. Dieser ließ für ihn und
sein Gefolge eine Menge Schafe und Rinder schlach-
ten. Dann überredete er ihn, mit ihm zusammen die
Stadt Ramot in Gilead anzugreifen. 3 König Ahab
von Israel fragte König Joschafat von Juda: »Machst
du mit, wenn ich gegen Ramot ziehe?« »Ich mache
mit«, antwortete Joschafat, »du kannst auf meine
Truppen zählen wie auf deine eigenen.« 4 Aber dann
sagte er: »Du solltest doch zuerst den HERRN fragen,
was er dazu meint.« 5 Da rief der König von Israel alle
Propheten zusammen, etwa vierhundert, und fragte
sie: »Sollen wir die Stadt Ramot angreifen oder nicht?«
»Greif sie an!«, antworteten sie. »Der HERR wird sie
in deine Hand geben.« 6 Aber Joschafat zögerte und
fragte: »Gibt es hier keinen weiteren Propheten, durch
den wir den HERRN fragen könnten?« 7 »Es gibt schon
noch einen«, erwiderte der König von Israel, »Micha,
den Sohn von Jimla. Aber ich kann ihn nicht ausstehen,
weil er mir immer nur Unglück ankündigt.« Doch Jo-
schafat sagte: »So sollte der König nicht reden!« 8 Da
rief der König von Israel einen Hofbeamten und befahl
ihm, so rasch wie möglich Micha herbeizuholen. 9 Die
beiden Könige saßen in ihrem königlichen Ornat auf
zwei Thronsesseln, die auf dem freien Platz vor dem
Stadttor Samarias aufgestellt waren. Die vierhundert
Propheten standen vor ihnen: sie waren im Zustand
ekstatischer Begeisterung. 10 Einer von ihnen, Zidkija,
der Sohn von Kenaana, hatte sich einen Helm mit eiser-
nen Hörnern aufgesetzt und rief: »So spricht der HERR:
›Unbesiegbar wie ein Stier mit eisernen Hörnern wirst
du gegen die Syrer anrennen und sie völlig vernich-
ten.‹« 11 Die anderen Propheten stimmten ein und
riefen: »Zieh nur gegen Ramot! Du wirst siegen! Der
HERR wird die Stadt in die Hand des Königs geben!«

EIN UNBEQUEMER PROPHET

12 Unterwegs sagte der Bote zu Micha: »Die Propheten
haben dem König einstimmig Sieg prophezeit. Sieh zu,
dass du es ebenso machst und ihm einen glücklichen
Ausgang ankündigst!« 13 Aber Micha antwortete: »So
gewiss der HERR lebt, ich kann nur ankündigen, was
mein Gott mir aufträgt.« 14 Als Micha vor den König
trat, fragte ihn der: »Micha, sollen wir Ramot angrei-
fen oder nicht?« Micha antwortete: »Greift die Stadt
nur an; ihr werdet siegen. Der HERR wird sie in eure
Hand geben.« 15 Aber der König sagte zu ihm: »Ich
beschwöre dich, mir nichts als die reine Wahrheit zu
sagen! Was hat der HERR dir gesagt?« 16 Da antwor-
tete Micha: »Ich sah das Heer Israels über die Berge
zerstreut wie eine Schafherde, die keinen Hirten hat.
Und der HERR sagte zu mir: ›Sie haben keinen Anfüh-
rer mehr. Der Krieg ist zu Ende; jeder soll nach Hause
zurückkehren.‹« 17 Der König von Israel wandte sich zu
Joschafat und sagte: »Habe ich nicht recht? Er kündigt
mir immer nur Unglück an!« 18 Aber Micha sprach wei-
ter: »Weil das so ist, hört nun, was der HERR euch sagt!
Ich sah den HERRN auf seinem Thron sitzen. Rechts und
links stand das ganze Heer der Engel. 19 Da fragte der
HERR: ›Wer ködert Ahab, den König von Israel, und
bringt ihn dazu, dass er Ramot angreift und dort den
Tod findet?‹ Der eine hatte diesen Vorschlag, der an-
dere jenen, 20 bis zuletzt ein Geist vor den HERRN trat
und sagte: ›Ich werde ihn ködern.‹ ›Womit?‹, fragte der
HERR 21 und er antwortete: ›Ich werde als Lügengeist
aus dem Mund aller seiner Propheten sprechen.‹ Da
sagte der HERR: ›Du darfst ihn ködern, dir wird es gelin-
gen. Geh hin und tu es!‹ 22 Du siehst also«, wandte sich
Micha an den König, »dass der HERR deinen Propheten
Lügen eingegeben hat. In Wirklichkeit hat er deinen
Untergang beschlossen.« 23 Da trat Zidkija auf Micha
zu, gab ihm eine Ohrfeige und sagte: »Wie soll das
zugegangen sein, dass der Geist des HERRN mich ver-
lassen hat und nur noch mit dir redet?« 24 »Du wirst es
ja sehen«, erwiderte Micha, »wenn der Tag kommt, an
dem du dich im hintersten Winkel deines Hauses ver-
stecken wirst.« 25 »Nehmt ihn fest«, befahl der König,
»und führt ihn zum Stadtkommandanten Amon und
zum Prinzen Joasch. 26 Sagt zu ihnen: ›Befehl des Kö-
nigs: Haltet diesen Mann im Gefängnis, bis ich wohlbe-
halten zurückgekehrt bin! Gebt ihm die kleinste Ration
Wasser und Brot!‹« 27 Micha erwiderte: »Wenn du
wohlbehalten zurückkehrst, dann hat der HERR nicht
durch mich gesprochen.« Und er fügte hinzu: »Hört,
ihr Völker der ganzen Erde!«

DER PROPHET BEHÄLT RECHT

28 Der König von Israel und Joschafat, der König
von Juda, zogen also gemeinsam gegen die Stadt
Ramot. 29-30 Unterwegs sagte der König von Israel zu

Joschafat: »Ich werde verkleidet in die Schlacht ziehen, aber du kannst unbesorgt deine königlichen Kleider tragen.« Der König von Syrien hatte nämlich den Anführern seiner Streitwagentruppe befohlen: »Ihr sollt nur den König von Israel angreifen. Lasst euch mit keinem anderen ein, und wenn er einen noch so hohen Rang hat!« Deshalb zog der König von Israel verkleidet in die Schlacht. **31** Als die Wagenkämpfer Joschafat sahen, riefen sie: »Da ist der König von Israel!«, und setzten von allen Seiten zum Angriff gegen ihn an. Joschafat aber schrie; und Gott, der HERR, half ihm und lenkte sie von ihm ab. **32** Als die Wagenkämpfer merkten, dass er nicht der Gesuchte war, ließen sie ihn in Ruhe. **33** Ein Soldat aber schoss aufs Geratewohl einen Pfeil ab, der den König von Israel an einer ungeschützten Körperstelle traf. Da befahl der König seinem Wagenlenker: »Dreh um und bring mich aus der Schlacht! Ich bin verwundet.« **34** Weil aber der Kampf an Heftigkeit zunahm, musste der König den Syrern gegenüber durchhalten und bis zum Abend in seinem Wagen aufrecht stehen bleiben. Als die Sonne unterging, starb er.

19 König Joschafat von Juda aber kehrte wohlbehalten in seinen Palast nach Jerusalem zurück. **2** Da trat ihm der Prophet Jehu, der Sohn von Hanani, entgegen und sagte zu ihm: »Musstest du dem Feind des HERRN helfen und dich mit Leuten anfreunden, die den HERRN hassen? Der HERR ist deswegen zornig auf dich! **3** Zu deinem Glück hat er aber auch Gutes bei dir gefunden: Du hast die geweihten Pfähle aus dem Land beseitigt und bemühst dich, den Willen Gottes zu befolgen.«

JOSCHAFAT ORDNET DAS RECHTSWESEN

4 Von da an blieb Joschafat in Jerusalem und ging nicht noch einmal nach Samaria. Er bereiste sein ganzes Land, von Beerscheba bis zum Bergland Efraïm, um die Leute von Juda wieder zum HERRN, dem Gott ihrer Vorfahren, zurückzubringen. **5** In allen befestigten Städten von Juda setzte er Richter ein. **6** Er sagte zu ihnen: »Bedenkt, was für eine Aufgabe ihr übernehmt: Ihr sollt für das Recht sorgen, nicht im Auftrag von Menschen, sondern im Auftrag des HERRN! **7** Nehmt den HERRN ernst und tut euren Dienst gewissenhaft! Der HERR, unser Gott, lässt es euch nicht durchgehen, wenn ihr irgendjemand bevorzugt oder Bestechungsgeschenke annehmt.« **8** Auch in Jerusalem setzte Joschafat Richter ein, Männer aus den Leviten, den Priestern und den Sippenoberhäuptern. Sie bildeten den obersten Gerichtshof des Landes, der im Namen des HERRN Recht zu sprechen hatte. Daneben behandelten sie die Streitsachen der Einwohner von Jerusalem. **9** Diesen Richtern gab Joschafat folgende Anweisung: »Tut euren Dienst im Gehorsam gegenüber dem HERRN, mit aller Treue und mit ungeteiltem Herzen! **10** Wenn eure Brüder, die Richter in den anderen Städten, euch ihre Fragen vorlegen, etwa Fälle von Mord und Totschlag oder andere Verstöße gegen Gesetze, Vorschriften, Anordnungen und Bräuche, dann sollt ihr sie belehren und warnen, damit sie nicht vor dem HERRN schuldig werden. Sonst macht auch ihr euch schuldig und sein Zorn trifft sie und euch. **11** In allen Angelegenheiten, die das Gesetz des HERRN betreffen, hat der Oberpriester Amarja die letzte Verantwortung, und wenn es um die Anordnungen des Königs geht, Sebadja, der Sohn Jischmaëls, das Oberhaupt des Stammes Juda. Als Gerichtsschreiber stehen euch die Leviten zur Verfügung. Nun geht entschlossen an eure Aufgabe! Der HERR steht denen zur Seite, die das Rechte tun.«

JOSCHAFATS SIEG ÜBER SEINE FEINDE

20 Einige Zeit danach zog ein großes Heer von Moabitern und Ammonitern, unterstützt durch eine Anzahl von Mëunitern, gegen Joschafat heran. **2** Boten kamen und meldeten: »Eine große Übermacht rückt von der anderen Seite des Toten Meeres aus Edom gegen dich vor. Sie stehen schon in Hazezon-Tamar.« – Das ist ein anderer Name für En-Gedi. **3** Joschafat erschrak sehr. Er entschloss sich, den HERRN zu befragen, und ließ in ganz Juda eine Fastenzeit ausrufen. **4** Die Leute kamen aus allen Städten des Landes nach Jerusalem, um vom HERRN Hilfe zu erbitten. **5** Sie versammelten sich mit den Einwohnern der Stadt im neuen Vorhof des Tempels und Joschafat trat vor sie hin **6** und betete: »HERR, du Gott unserer Vorfahren! Du bist der Gott im Himmel, du bist der Herrscher über alle Reiche der Welt. Bei dir ist alle Kraft und Macht, sodass niemand es mit dir aufnehmen kann. **7** Du, unser Gott, hast doch die früheren Bewohner dieses Landes vor deinem Volk Israel vertrieben und hast das Land uns, den Nachkommen deines Freundes Abraham, für alle Zeiten gegeben. **8** Unsere Vorfahren ließen sich hier nieder und bauten für dich ein Heiligtum, denn sie sagten: **9** ›Wenn ein Unglück über uns kommt, Kriegsschrecken, Pest oder Hungersnot, dann wollen wir hier vor diesem Haus vor dich hintreten, denn in diesem Haus wohnt dein Name. Hier wollen wir in unserer Not zu dir rufen und du wirst uns hören und uns helfen.‹ **10** Sieh doch jetzt die Ammoniter, die Moabiter und das Volk aus dem Bergland Seïr, die uns angreifen wollen. Als die Israeliten aus Ägypten kamen, hast du ihnen nicht erlaubt, das Gebiet dieser Völker zu betreten. Sie haben einen Umweg gemacht und diese Völker nicht ausgerottet. **11** Zum Dank dafür kommen sie jetzt und wollen uns aus deinem Land vertreiben, das du uns gegeben hast! **12** Du unser Gott! Willst du sie nicht dafür bestrafen? Wir können gegen diese Übermacht nichts ausrichten. Wir wissen nicht, was wir tun sollen. Darum blicken wir auf dich!« **13** Das ganze Volk von Juda, auch die Frauen und Kinder, standen dort vor dem Tempel. **14** Da nahm mitten in dieser Versammlung der Geist des HERRN Besitz von Jahasiël, einem Leviten aus der Sippe Asaf. Er war der Sohn von Secharja, seine weiteren Vorfahren waren Benaja, Jëiël und Mattanja. **15** Er rief: »Hört her, Leute von Juda, ihr Einwohner von Jerusalem und vor allem du, König Joschafat! So spricht der HERR zu euch: ›Habt keine Angst! Erschreckt nicht vor der Übermacht! Dieser Kampf ist nicht eure, sondern meine Sache! **16** Zieht morgen ins Tal hinunter, ihnen entgegen! Sie werden den Weg von Ziz heraufkommen. Am Ausgang des Tales, wo die Wüste von Jeruël beginnt, werdet ihr auf sie treffen. 17 Ihr selbst braucht nicht zu kämpfen; bleibt ruhig stehen und schaut zu, wie ich, der HERR, für euch den Sieg erringe.‹ Habt keine Angst, ihr Bewohner von Juda und Jerusalem, erschreckt nicht! Zieht ihnen morgen entgegen und der HERR wird bei euch sein.« 18 Da kniete Joschafat nieder und beugte sich bis zur Erde, und auch das ganze Volk von Juda und die Bewohner Jerusalems warfen sich anbetend vor dem HERRN nieder. 19 Danach erhoben sich die Leviten der Sippe Korach, die zu den Nachkommen Kehats gehören, und priesen den HERRN, den Gott Israels, mit machtvollem Gesang. 20 Früh am nächsten Morgen, vor ihrem Aufbruch zur Wüste von Tekoa, trat Joschafat vor sie und sagte: »Hört her, Männer von Juda und Jerusalem! Vertraut dem HERRN, eurem Gott, dann werdet ihr stark sein! Glaubt seinen Propheten und ihr werdet siegen!« 21 Nachdem er sich mit dem Volk abgesprochen hatte, stellte er die Tempelsänger in ihren geweihten Dienstgewändern an die Spitze des Heeres. Sie sollten den HERRN preisen mit dem Lied: »Dankt dem HERRN, denn seine Liebe hört niemals auf!« 22-23 Als sie anfingen zu singen, stürzte der HERR die Feinde, die ihnen entgegenrückten, in Verwirrung, sodass sie sich gegenseitig vernichteten. Erst wandten sich die Ammoniter zusammen mit den Moabitern gegen die Männer aus dem Bergland Seïr, fielen über sie her und vernichteten sie. Dann gerieten sie selbst aneinander und machten sich gegenseitig nieder. 24 Als die Leute von Juda zu der Anhöhe kamen, von der aus die Wüste zu überblicken war, und nach dem feindlichen Heer ausschauten, sahen sie nur noch Tote am Boden liegen. Nicht einer war mit dem Leben davongekommen. 25 Joschafat und seine Leute kamen, um die Beute einzusammeln. Sie fanden bei den Gefallenen so viele Lasttiere und wertvolle Dinge, darunter Kleider und kostbare Geräte, dass sie drei Tage brauchten, um alles fortzuschaffen. 26 Am vierten Tag versammelten sie sich im Beracha-Tal, um dem HERRN zu danken. Von daher hat das Tal seinen Namen »Danktal«; so heißt es heute noch. 27 Dann kehrten sie alle, mit Joschafat an der Spitze, wieder nach Jerusalem zurück. Sie waren voller Freude, weil der HERR ihnen gegen ihre Feinde geholfen hatte. 28 Unter dem Klang der Harfen, Lauten und Trompeten zogen sie in Jerusalem ein und gingen zum Tempel des HERRN. 29 Über die umliegenden Länder kam ein gewaltiger Schrecken, als sie hörten, dass der HERR selbst den Kampf gegen die Feinde Judas geführt hatte. 30 In der folgenden Zeit konnte Joschafat ungestört regieren, denn der HERR, sein Gott, schenkte ihm Frieden an allen Grenzen.

DAS ENDE DER REGIERUNG VON KÖNIG JOSCHAFAT

31 Joschafat war also König von Juda. Er war 35 Jahre alt, als er an die Herrschaft kam, und er regierte 25 Jahre lang in Jerusalem. Seine Mutter hieß Asuba und war eine Tochter von Schilhi. 32 Er folgte in allem dem Vorbild seines Vaters Asa und tat, was dem HERRN gefällt. 33 Nur die Opferstätten rings im Land bestanden weiter, denn das Volk war mit dem Herzen noch nicht auf den Gott seiner Vorfahren ausgerichtet. 34 Was es sonst noch über Joschafat zu sagen gibt, vom Anfang bis zum Ende, das ist nachzulesen in dem Bericht, den Jehu, der Sohn von Hanani, geschrieben hat. Er steht im Buch der Könige Israels. 35 Einmal traf König Joschafat von Juda eine Übereinkunft mit König Ahasja von Israel, obwohl dieser ein verwerfliches Leben führte. 36 Sie beschlossen, gemeinsam Schiffe zu bauen, die nach Tarschisch fahren sollten. Die Schiffe wurden in Ezjon-Geber gebaut. 37 Damals sagte der Prophet Eliëser aus Marescha, der Sohn von Dodawa, zu Joschafat: »Weil du dich mit Ahasja verbündet hast, wird der HERR dein Werk zerstören.« Die Flotte erlitt Schiffbruch und kam nicht nach Tarschisch.

21 Als Joschafat starb, wurde er neben seinen Vorfahren in der Davidsstadt bestattet. Sein Sohn Joram wurde sein Nachfolger.

KÖNIG JORAM

2 Joram hatte mehrere Brüder: Asarja, Jehiël, Secharja, Asarja, Michael und Schefatja. Sie alle waren Söhne von König Joschafat. 3 Ihr Vater schenkte ihnen viel Gold, Silber und andere Kostbarkeiten; außerdem gab er ihnen befestigte Städte in Juda. Die Königswürde aber übertrug er Joram, weil dieser der erste Sohn war. 4 Als Joram anstelle seines Vaters König geworden war und die Herrschaft fest in der Hand hatte, ließ er alle seine Brüder töten und auch einige von den führenden Männern. 5 Joram war 32 Jahre alt, als er König wurde, und regierte acht Jahre lang in Jerusalem. 6 Er tat, was dem HERRN missfällt, und folgte damit dem schlechten Beispiel der Könige von Israel, vor allem der Familie von König Ahab, mit dessen Tochter er verheiratet war. 7 Der HERR wollte aber trotz allem das Königshaus Davids nicht ausrotten, weil er mit David einen Bund geschlossen und ihm versprochen hatte, dass das Licht in seinem Königshaus nicht verlöschen und immer einer seiner Nachkommen in Jerusalem König sein sollte. 8 Während der Regierungszeit Jorams sagten sich die Edomiter von der Oberherrschaft Judas los und setzten einen eigenen König ein. 9 Joram zog darauf mit seinen Truppenführern und mit allen seinen Streitwagen nach Edom. Zwar konnten die Edomiter ihn und seine Wagen umzingeln, aber in der Nacht schlug er gegen sie los und besiegte sie. 10 Trotzdem ist Edom seit damals von Juda unabhängig geblieben. Zur gleichen Zeit befreite sich auch die Stadt Libna von der Oberherrschaft Judas. Das alles geschah, weil Joram sich vom HERRN, dem Gott seiner Vorfahren, abgewandt hatte. 11 Joram richtete sogar auf den Bergen von Juda Opferstätten ein und verleitete so die Bewohner von Jerusalem und Juda dazu, dem HERRN untreu zu werden. 12 Damals erhielt Joram einen Brief von dem Propheten Elija. Darin stand: »So spricht der HERR, der Gott deines Ahnherrn David: ›Du bist nicht auf dem Weg geblieben, den dein Vater Joschafat und

dein Großvater Asa gegangen sind. 13 Stattdessen bist du dem schlechten Beispiel der Könige von Israel gefolgt. Du bist dem HERRN genauso untreu geworden wie das Königshaus Ahabs und hast auch die Leute von Juda und Jerusalem zur Untreue gegen Gott verführt. Deine eigenen Brüder, die besser waren als du, hast du getötet. 14 Darum wird der HERR hart zuschlagen; seine Strafe wird dein Volk, deine Söhne und Frauen und deinen ganzen Besitz treffen. 15 Du selbst wirst schwer krank werden und lange leiden müssen, bis dir zuletzt die Eingeweide aus dem Leib fallen.‹« 16 Der HERR gab den Philistern und den Araberstämmen, die neben den Kuschitern wohnten, in den Sinn, Joram anzugreifen. 17 Sie rückten gegen Juda heran, drangen in das Land ein und nahmen allen Besitz mit, der sich im Königspalast befand. Sie verschleppten auch Jorams Frauen und Söhne. Nur der jüngste, Joahas, blieb übrig. 18 Dann ließ der HERR den König selbst krank werden. Es war eine unheilbare Krankheit in seinen Eingeweiden, 19 die sich lange hinzog. Nach zwei Jahren traten die Eingeweide heraus und er starb unter furchtbaren Schmerzen. Das Volk hatte beim Tod seiner Vorgänger immer ein großes Feuer zu ihren Ehren angezündet; bei ihm unterließ man es. 20 Joram war mit 32 Jahren König geworden und hatte acht Jahre lang in Jerusalem regiert. Er starb, ohne dass jemand um ihn trauerte. Er wurde zwar in der Davidsstadt bestattet, aber nicht an der Seite der früheren Könige.

KÖNIG AHASJA

22 Die Einwohner von Jerusalem machten Jorams jüngsten Sohn Ahasja zu seinem Nachfolger. Alle seine älteren Söhne hatte eine Horde von Räubern umgebracht, die mit den Arabern das Heerlager Judas überfallen hatte. Deshalb wurde Ahasja König von Juda. 2 Ahasja war zwanzig Jahre alt, als er an die Herrschaft kam, und er regierte ein Jahr lang in Jerusalem. Seine Mutter war Atalja, eine Tochter des Königs Omri von Israel. 3 Auch er folgte dem schlechten Beispiel des Königshauses Ahabs; denn seine Mutter, seine Ratgeberin, stiftete ihn dazu an. 4 Er tat, was dem HERRN missfällt, ganz wie die Nachkommen Ahabs, von denen er sich nach dem Tod seines Vaters beraten ließ. Das führte zu seinem Untergang. 5 Diese seine Ratgeber verleiteten ihn dazu, gemeinsam mit Joram, dem Sohn Ahabs, dem König von Israel, in den Krieg gegen König Hasaël von Syrien zu ziehen. Bei Ramot in Gilead kam es zum Kampf. Dabei wurde Joram verwundet. 6 Er zog sich nach Jesreel zurück, um seine Wunden ausheilen zu lassen. Ahasja, der Sohn Jorams, der König von Juda, besuchte ihn dort, 7 und dieser Besuch wurde für Ahasja zum Verderben. So hatte Gott es gefügt. Denn nachdem Ahasja bei Joram angekommen war, fuhr er mit ihm Jehu, dem Enkel von Nimschi, entgegen. Diesen hatte der HERR zum König bestimmt und ihm den Auftrag gegeben, die Nachkommen Ahabs auszurotten. 8 Als nun Jehu das Strafgericht am Königshaus Ahabs vollzog, stieß er auch auf die Truppenführer aus Juda und die Neffen von Ahasja, die in dessen Dienst standen, und tötete sie. 9 Ahasja selbst versteckte sich in Samaria; aber Jehu ließ ihn suchen. Er wurde festgenommen, vor Jehu gebracht und hingerichtet. Trotzdem gewährten Jehu und seine Leute ihm ein Begräbnis, denn sie sagten sich: »Er ist immerhin ein Enkel Joschafats, der sich mit ganzem Herzen zum HERRN gehalten hat.« Von der Familie Ahasjas war nun keiner übrig geblieben, der alt genug war, um die Herrschaft zu übernehmen.

KÖNIGIN ATALJA

10 Als Atalja, die Mutter von Ahasja, erfuhr, dass ihr Sohn tot war, ließ sie alle Angehörigen des Königshauses von Juda umbringen. 11 Aber die Prinzessin Joscheba holte heimlich Ahasjas kleinen Sohn Joasch aus der Mitte der Prinzen, die getötet werden sollten, und versteckte ihn mit seiner Amme in der Bettenkammer. Auf diese Weise rettete sie ihn vor Atalja, sodass er nicht zusammen mit den anderen Söhnen des Königs getötet wurde. Joscheba war eine Tochter von Joram und Schwester von Ahasja und sie war die Frau des Priesters Jojada. 12 Sechs Jahre lang blieb Joasch bei ihnen im Bereich des Tempels verborgen, solange Atalja das Land regierte.

ATALJAS STURZ UND DIE WIEDERHERSTELLUNG DES KÖNIGTUMS DER DAVIDSNACHKOMMEN

23 Im siebten Jahr entschloss sich der Priester Jojada zu handeln. Er verbündete sich mit einigen Truppenführern: Asarja, dem Sohn von Jeroham, Jischmaël, dem Sohn von Johanan, Asarja, dem Sohn von Obed, Maaseja, dem Sohn von Adaja, und Elischafat, dem Sohn von Sichri. 2 Die zogen durch alle Städte in Juda und brachten die Leviten und die Sippenoberhäupter Israels nach Jerusalem. 3 Alle versammelten Männer schlossen im Tempel einen Pakt mit dem König. Dann sagte Jojada zu ihnen: »Der Sohn des Königs soll also König werden, so wie der HERR zugesagt hat, dass immer ein Nachkomme Davids in Jerusalem König sein soll. 4 Wir werden jetzt wie folgt vorgehen: Ein Drittel der Priester und Leviten, alle, die am nächsten Sabbat den Dienst antreten, bewachen die Eingänge des Tempels, 5 das zweite Drittel den Königspalast und das letzte Drittel das Grundtor; die Männer aus dem Volk besetzen die Vorhöfe des Tempels. 6 Niemand kommt in das Haus des HERRN hinein außer den Priestern und den diensttuenden Leviten, weil sie für den Dienst geweiht sind. Die übrigen Männer müssen sich an das Verbot des HERRN halten. 7 Die Leviten schließen mit der Waffe in der Hand einen Kreis um den König und begleiten ihn auf Schritt und Tritt. Wer in das Tempelhaus einzudringen versucht, wird getötet!« 8 Die Leviten und alle versammelten Männer von Juda befolgten genau die Anweisungen von Jojada. Jeder rief seine Leute zusammen, nicht nur die, die am Sabbat den Dienst begannen, sondern auch die, die ihn beendeten; denn Jojada hatte auch diese nicht entlassen. 9 Er übergab den Truppenführern die Speere, die großen Schilde und die Rundschilde, die noch von König David stammten und sich jetzt im Tempel befanden. 10 Jeder der Männer bekam seine Waffe in die Hand, dann stellte Jojada sie alle vor dem Tempel auf, im Halbkreis von der südlichen Ecke über den Brandopferaltar bis zur nördlichen Ecke, um den König nach allen Seiten abzusichern. 11 Darauf führten Jojada und seine Söhne den Prinzen heraus, um ihn zum König zu machen. Sie setzten ihm die Krone auf und überreichten ihm die Krönungsurkunde. Dann salbten sie ihn und alle riefen: »Hoch lebe der König!« 12 Als das Volk herbeiströmte und dem neuen König zujubelte, hörte Atalja den Lärm. Sie begab sich zu der Menge am Tempel des HERRN. 13 Dort sah sie Joasch, der am Eingang auf dem Platz des Königs stand, umgeben von den Truppenführern und den Trompetern. Auch die Tempelsänger standen dort und leiteten mit ihren Instrumenten den Festgesang und das ganze Volk jubelte vor Freude. Da zerriss Atalja ihr Gewand und schrie: »Verrat! Verrat!« 14 Der Priester Jojada aber wollte nicht, dass man sie im Bereich des Tempels tötete. Darum befahl er den Truppenführern: »Führt sie zwischen den Reihen eurer Leute hinaus! Wer ihr folgt, wird mit dem Schwert getötet!« 15 Sie ergriffen Atalja, führten sie ab und töteten sie beim Rosstor am königlichen Palast. 16 Jojada schloss einen Bund zwischen sich und dem ganzen Volk und dem König. Sie verpflichteten sich dazu, Ernst damit zu machen, dass sie das Volk des HERRN waren. 17 Anschließend zog die ganze Versammlung zum Tempel des Gottes Baal und riss ihn nieder. Sie zertrümmerten die Altäre und die Götterbilder und erschlugen Mattan, den Priester Baals, dort vor den Altären. 18 Jojada übertrug den Priestern, den Nachkommen Levis, die Aufsicht über den Tempel des HERRN. David hatte sie in Dienstgruppen eingeteilt, damit sie die Brandopfer darbrachten, wie es im Gesetz Moses vorgeschrieben ist. Sie sollten ihren Dienst im Tempel verrichten, begleitet von festlichem Gesang, genauso wie David es angeordnet hatte. 19 Jojada stellte auch Torwächter an die Eingänge des Tempelbereichs. Sie hatten darauf zu achten, dass niemand den heiligen Bezirk betrat, der auf irgendeine Weise unrein war. 20 Danach nahm Jojada die Offiziere, die angesehenen und führenden Männer und das ganze versammelte Volk mit sich, um den König vom Tempel durch das obere Tor hinunter zum Palast zu geleiten. Dort ließen sie ihn auf dem königlichen Thron Platz nehmen. 21 Die ganze Bevölkerung des Landes freute sich, und die Stadt blieb ruhig, nachdem man Atalja hingerichtet hatte.

KÖNIG JOASCH UND DIE RENOVIERUNG DES TEMPELS

24 Joasch war sieben Jahre alt, als er König wurde, und er regierte vierzig Jahre lang in Jerusalem. Seine Mutter hieß Zibja und stammte aus Beerscheba. 2 Joasch tat, was dem HERRN gefällt, solange der Priester Jojada lebte. 3 Er heiratete zwei Frauen, die Jojada für ihn auswählte, und hatte mit ihnen mehrere Söhne und Töchter. 4 Nach einiger Zeit beschloss Joasch, das Haus des HERRN zu renovieren. 5 Er rief die Priester und Leviten zu sich und sagte zu ihnen: »Geht in alle Städte in Juda und sammelt Geld von den Israeliten, damit wir jedes Jahr die nötigen Reparaturen am Tempel eures Gottes durchführen können. Beeilt euch damit!« Aber die Leviten ließen sich Zeit. 6 Deshalb ließ der König den Oberpriester Jojada zu sich kommen und hielt ihm vor: »Mose, der Bevollmächtigte Gottes, und die ganze Gemeinde haben seinerzeit den Israeliten eine Abgabe für das Heilige Zelt auferlegt. Warum hast du nicht dafür gesorgt, dass die Leviten diese Abgabe in Juda und Jerusalem einsammeln? 7 Atalja – dieses schändliche Weib! Ihre Anhänger haben den Tempel verfallen lassen. Sie haben sogar die Gaben, die für das Haus des HERRN geweiht waren, für die Baale verwendet.« 8 Auf Befehl des Königs wurde ein Kasten angefertigt und am Tor des Tempelbereichs aufgestellt. 9 Dann wurde in Juda und Jerusalem bekannt gegeben, dass jeder die Abgabe herbeibringen sollte, die Mose, der Bevollmächtigte Gottes, damals in der Wüste den Israeliten auferlegt hatte. 10 Der Aufruf wurde von den führenden Männern Israels und dem ganzen Volk mit Freude aufgenommen. Sie brachten ihre Beiträge und steckten sie in den Kasten, bis er voll war. 11 Täglich mussten die Leviten im Auftrag des Königs nachprüfen. Wenn sie sahen, dass viel Geld im Kasten war, kamen der Schreiber des Königs und ein Beauftragter des Oberpriesters. Sie leerten gemeinsam den Kasten aus und brachten ihn dann an seinen Platz zurück. Auf diese Weise kam sehr viel Geld zusammen. 12 Der König und Jojada übergaben das Geld den Meistern, die für die Bauarbeiten am Tempel verantwortlich waren. Diese stellten Steinmetzen und Zimmerleute sowie Eisen- und Kupferschmiede an, die den Tempel renovieren und alle Schäden beseitigen sollten. 13 Sie alle gingen ans Werk und die Arbeit machte gute Fortschritte. Sie machten den Tempel wieder so schön und fest, wie er ursprünglich gewesen war. 14 Als alle Arbeiten abgeschlossen waren, brachten die Meister das übrig gebliebene Geld dem König und Jojada zurück. Jojada ließ davon Tempelgeräte herstellen, Schalen und andere goldene und silberne Gefäße, wie sie für den Gottesdienst und bei den Opfern gebraucht wurden. Solange Jojada lebte, wurden im Tempel regelmäßig Brandopfer dargebracht. 15 Jojada wurde sehr alt. Er starb mit 130 Jahren, gesättigt von einem langen und erfüllten Leben. 16 Er wurde in der Davidsstadt an der Seite der Könige bestattet, in Anerkennung seines Dienstes in Israel für Gott und seinen Tempel.

KÖNIG JOASCH VERLÄSST DEN RECHTEN WEG

17 Nach dem Tod von Jojada kamen die führenden Männer von Juda zum König und machten ihm ihre Aufwartung. Von da an ließ er sich von ihnen beraten. 18 Das führte dazu, dass die Leute von Juda aufhörten, in den Tempel des HERRN zu gehen und den Gott ihrer Vorfahren zu verehren. Stattdessen beteten sie wieder vor den geweihten Pfählen und Götzenbildern. Weil sie sich damit vor dem HERRN schuldig machten, wurde er zornig auf Juda und Jerusalem. 19 Er schickte ihnen

Propheten, um sie zu warnen und zu ihm zurückzuru-
fen, aber niemand hörte auf sie. 20 Da nahm der Geist
Gottes Besitz von Secharja, dem Sohn des Priesters
Jojada, sodass er vor das Volk hintrat und rief: »So
spricht der HERR: ›Warum übertretet ihr meine Gebote
und bringt euch selbst um euer Glück? Ihr habt mich
verlassen; jetzt verlasse ich euch!‹« 21 Darauf taten
sich die Gegner Secharjas zusammen und er wurde
auf Befehl des Königs im Vorhof des Tempels gestei-
nigt. 22 König Joasch dachte nicht mehr daran, wie
viel er Secharjas Vater Jojada verdankte, und ließ den
Sohn umbringen. Ehe Secharja starb, rief er noch: »Der
HERR sieht es und wird es vergelten!« 23 Am Anfang des
nächsten Jahres rückte eine Heeresgruppe der Syrer
gegen Joasch heran und drang in Juda und Jerusalem
ein. Alle führenden Männer von Juda wurden getötet
und ihr ganzer Besitz als Beute zum König von Syrien
nach Damaskus gebracht. 24 Obwohl die Syrer nur mit
einem kleinen Heer gekommen waren, konnten sie die
große Streitmacht von Juda besiegen, denn der HERR
gab die Leute von Juda in ihre Hand, weil sie sich von
ihm, dem Gott ihrer Väter, abgewandt hatten. So voll-
zogen die Syrer sein Strafgericht an Joasch. 25 Als sie
wieder abzogen, ließen sie Joasch schwer verwundet
zurück. Seine Hofleute verschworen sich gegen ihn
wegen des Mordes am Sohn des Priesters Jojada und
erschlugen ihn auf seinem Krankenlager. Er wurde in
der Davidsstadt bestattet, aber nicht in der Grabstätte
der anderen Könige. 26 Die Anstifter der Verschwörung
waren Josachar, der Sohn der Ammoniterin Schimat,
und Josabad, der Sohn der Moabiterin Schomer. 27 Die
Liste seiner Söhne, die vielen Prophetenworte gegen
ihn und der Bericht über die Renovierung des Tempels
stehen in den ausführlichen Erläuterungen zum »Buch
von den Königen«. Sein Sohn Amazja wurde sein
Nachfolger.

KÖNIG AMAZJA

25 Amazja war 25 Jahre alt, als er König wurde,
und er regierte 29 Jahre lang in Jerusalem. Seine
Mutter hieß Joaddan und stammte aus Jerusalem. 2 Er
tat, was dem HERRN gefällt, aber er hielt nicht mit un-
geteiltem Herzen zu ihm. 3 Nachdem er die Herrschaft
fest in die Hand bekommen hatte, ließ er die Hofleute
töten, die seinen Vater Joasch ermordet hatten. 4 Ihre
Söhne aber verschonte er, weil im Gesetzbuch Moses
das Gebot des HERRN steht: »Die Eltern sollen nicht für
die Schuld ihrer Kinder sterben und die Kinder nicht für
die Schuld ihrer Eltern. Jeder soll nur für seine eigene
Schuld bestraft werden.«

AMAZJAS KRIEG GEGEN EDOM

5 Amazja rief die Männer der Stämme Juda und Ben-
jamin aus dem ganzen Land zusammen. Er ordnete
sie nach Sippen und unterstellte sie dem Befehl von
Hauptleuten und Obersten. Als alle Männer ab zwanzig
Jahre gezählt waren, zeigte sich, dass er über ein Heer
von 300 000 kriegstüchtigen Leuten verfügte, die alle
mit Schild und Speer bewaffnet waren. 6 Außerdem
ließ der König für 100 Zentner Silber noch 100 000
Söldner aus dem Nordreich Israel anwerben. 7 Aber
ein Prophet kam zu Amazja und sagte zu ihm: »Mein
König, du solltest die Kriegsleute aus Israel zu Hause
lassen! Der HERR steht nicht auf der Seite dieser Efraï-
miter aus dem Nordreich! 8 Wenn du sie mitnimmst,
kannst du dich noch so mutig in den Kampf stürzen –
Gott wird dafür sorgen, dass du deinen Feinden un-
terliegst. Denn er kann beides: dir helfen und dich zu
Fall bringen!« 9 »Und was wird aus den 100 Zentnern
Silber, die ich den Söldnern aus Israel gegeben habe?«,
fragte Amazja den Propheten. Er antwortete: »Der
HERR kann dir viel mehr als das wiedergeben.« 10 Da
entließ Amazja die Söldner aus Efraïm und schickte sie
in ihr Land zurück. Sie waren deshalb über Juda sehr
verärgert und zogen voller Wut wieder heim. 11 Amazja
nahm all seinen Mut zusammen und führte seine Leute
in den Kampf. Sie zogen ins Salztal und besiegten dort
die Edomiter, von denen 10 000 fielen. 12 Weitere 10 000
Edomiter wurden gefangen genommen. Die Männer
von Juda führten die Gefangenen auf einen hohen
Felsen und stürzten sie von dort hinunter, sodass sie
alle zerschmettert wurden. 13 Inzwischen aber über-
fielen die Söldner, die Amazja zurückgeschickt hatte,
die Städte von Juda zwischen Samaria und Bet-Horon.
Sie töteten dabei 3000 Männer und schleppten viel
Beute fort. 14 Als Amazja von seinem Sieg über die Edo-
miter heimkehrte, brachte er deren Götterbilder mit.
Er stellte sie als seine eigenen Götter auf, warf sich
vor ihnen nieder und verbrannte ihnen Räucheropfer.
15 Deshalb wurde der HERR zornig auf ihn. Er schickte
einen Propheten zu ihm und ließ ihm sagen: »Warum
suchst du Hilfe bei diesen Göttern, die ihr Volk nicht
vor dir beschützen konnten?« 16 Aber Amazja fiel dem
Propheten ins Wort und rief: »Habe ich dich etwa als
meinen Ratgeber eingesetzt? Hör auf, wenn du keine
Schläge bekommen willst!« Da richtete der Prophet
seine Botschaft nicht weiter aus. Er sagte nur noch:
»Ich weiß, der HERR hat deinen Untergang beschlos-
sen, weil du dich diesen fremden Göttern zugewandt
und nicht auf mich gehört hast.«

AMAZJAS KRIEG MIT ISRAEL

17 König Amazja von Juda beriet sich mit seinen Hof-
leuten. Dann schickte er Boten zu König Joasch von
Israel, dem Sohn von Joahas und Enkel von Jehu,
und ließ ihm sagen: »Komm, tritt mir im Kampf ge-
genüber, damit wir sehen, wer stärker ist!« 18 König
Joasch antwortete ihm: »Der Dornstrauch auf dem
Libanon sagte zur Zeder: ›Gib meinem Sohn deine
Tochter zur Frau!‹ Aber die wilden Tiere liefen über
den Dornstrauch und zertrampelten ihn. 19 Dein Sieg
über die Edomiter ist dir zu Kopf gestiegen. Gib dich
mit deinem Ruhm zufrieden und bleib zu Hause! Oder
willst du dich ins Unglück stürzen und ganz Juda mit
hineinreißen?« 20 Aber Amazja hörte nicht auf ihn.
Gott hatte es so gefügt, denn er wollte die Leute von
Juda in die Gewalt des Königs von Israel geben, weil
sie bei den Göttern der Edomiter Rat und Hilfe suchten.

21 König Joasch rückte zum Kampf heran. Bei Bet-Sche-
mesch, im Gebiet von Juda, traf sein Heer auf das von
König Amazja. 22 Die Männer von Juda wurden ge-
schlagen und liefen auseinander, jeder kehrte nach
Hause zurück. 23 Amazja wurde bei Bet-Schemesch
von Joasch gefangen genommen und nach Jerusalem
mitgeführt. Dort ließ Joasch die Stadtmauer auf einer
Länge von 200 Metern niederreißen, vom Efraïmtor
bis zum Ecktor. 24 Er nahm alles Gold und Silber und
alle kostbaren Geräte mit, die sich im Tempel unter der
Aufsicht Obed-Edoms befanden, ebenso alle Schätze
aus dem königlichen Palast; außerdem führte er eine
Anzahl von Geiseln mit sich nach Samaria. 25 König
Amazja von Juda überlebte König Joasch von Israel
um fünfzehn Jahre. 26 Was es sonst noch über Amazja
zu berichten gibt, vom Anfang bis zum Ende, das ist
nachzulesen im Buch der Könige von Juda und Israel.
27 Seit der Zeit, als er sich vom HERRN abwandte, gab es
in Jerusalem eine Verschwörung gegen ihn. Schließlich
floh er nach Lachisch, aber die Verschwörer schickten
ihm auch dorthin Männer nach, die ihn umbrachten.
28 Auf einem mit Pferden bespannten Wagen holte man
ihn in die Hauptstadt zurück und bestattete ihn in der
Grabstätte seiner Vorfahren.

KÖNIG USIJA, SEINE MACHT UND SEIN REICHTUM

26 Alle Männer von Juda machten Usija als Nach-
folger seines Vaters Amazja zum König. Er war
damals sechzehn Jahre alt. 2 Er eroberte nach dem
Tod seines Vaters die Stadt Elat zurück und baute
sie zur Festung aus. 3 Usija war sechzehn Jahre alt,
als er König wurde, und er regierte 52 Jahre lang in
Jerusalem. Seine Mutter hieß Jecholja und stammte
aus Jerusalem. 4 Er folgte dem Vorbild seines Vaters
Amazja und tat, was dem HERRN gefällt. 5 Solange Se-
charja lebte, der ihn dazu anhielt, bemühte er sich, dem
Willen Gottes zu folgen. Und solange er dem HERRN
gehorsam war, gab der HERR ihm Erfolg. 6 Er unter-
nahm einen Feldzug gegen die Philister. Dabei ließ er
die Mauern von Gat, Jabne und Aschdod niederreißen,
seinerseits aber befestigte er eine Reihe anderer Orte
im Gebiet von Aschdod und im übrigen Land der Phi-
lister. 7 Gott stand ihm bei in diesem Kampf gegen die
Philister, ebenso auch gegen die Araberstämme, die in
der Gegend von Gur-Baal wohnten, und gegen die Më-
uniter. 8 Die Mëuniter zahlten ihm Tribut. Er wurde so
mächtig, dass sein Ruhm bis nach Ägypten drang. 9 In
Jerusalem baute er Türme am Ecktor, am Taltor und am
sogenannten Winkel und befestigte sie stark. 10 Auch
im Wüstengebiet ließ er Wehrtürme errichten und
viele Zisternen anlegen, weil er im Hügelland und auf
der Hochebene große Viehherden besaß. Außerdem
beschäftigte er in den Bergen und in der fruchtbaren
Niederung viele Landarbeiter und Weinbauern, weil
er viel von der Landwirtschaft hielt. 11 Usija hatte auch
ein kriegstüchtiges Heer, das aus den wehrfähigen
Männern des ganzen Volkes bestand. Der Listenfüh-
rer Jëiël und der Amtmann Maaseja waren beauftragt
worden, sie alle zu erfassen; die Aufsicht dabei hatte
Hananja, einer der obersten königlichen Beamten.
Das Heer war in Abteilungen gegliedert; 12 2600 Sip-
penoberhäupter waren die Anführer. 13 Unter ihrem
Befehl stand eine Heeresmacht von 307 500 Mann,
so stark und schlagkräftig, dass der König es mit al-
len seinen Feinden aufnehmen konnte. 14 Er rüstete
seine Männer mit Schilden, Speeren, Helmen, Brust-
panzern, Bogen und Schleudersteinen aus. 15a Er ließ
auch kunstvolle Wurfmaschinen bauen, mit denen
man Pfeile abschießen und große Steine schleudern
konnte. Sie wurden in Jerusalem auf den Türmen und
Mauerecken aufgestellt.

USIJAS VERFEHLUNG UND KRANKHEIT

15b Weil Gott ihm auf wunderbare Weise half, wurde
Usija immer mächtiger und sein Ruhm drang bis in
ferne Länder. 16 Als er aber mächtig geworden war,
wurde er überheblich und verging sich gegen den
HERRN, seinen Gott, sich selbst zum Schaden. Er ging in
den Tempel, um selbst auf dem Räucheraltar Weihrauch
zu verbrennen. 17 Aber der Oberpriester Asarja und wei-
tere achtzig Priester des HERRN, lauter beherzte Män-
ner, folgten ihm. 18 Sie traten dem König entgegen und
sagten: »Es steht dir nicht zu, Usija, dem HERRN Weih-
rauchopfer darzubringen! Das ist nur den Priestern
erlaubt, den Nachkommen Aarons, die dazu geweiht
sind. Verlass das Heiligtum, denn du hast dich gegen
Gott, gegen den HERRN, vergangen. Damit kannst du
bei ihm keinen Ruhm gewinnen!« 19 Usija, der bereits
die Räucherpfanne in der Hand hielt, wurde zornig;
aber gerade als er den Priester anfahren wollte, brach
auf seiner Stirn Aussatz hervor. Das geschah vor den
Augen der Priester, im Tempel des HERRN, unmittelbar
neben dem Räucheraltar. 20 Der Oberpriester Asarja
und die anderen Priester sahen voll Entsetzen den
Aussatz auf seiner Stirn. Sofort trieben sie Usija aus
dem Tempel. So schnell er konnte, lief er hinaus; denn
er merkte, dass der HERR ihn gestraft hatte. 21 König
Usija blieb aussätzig bis zu seinem Tod. Er musste in
einem abgesonderten Haus wohnen und durfte das
Haus des HERRN nicht mehr betreten. Sein Sohn Jotam
war Palastvorsteher und führte anstelle des Königs die
Regierungsgeschäfte. 22 Was es sonst noch über Usija
zu berichten gibt, vom Anfang bis zum Ende, das hat
der Prophet Jesaja, der Sohn von Amoz, aufgezeich-
net. 23 Als Usija starb, bestattete man ihn wegen seines
Aussatzes auf dem Gelände neben der Grabstätte der
Könige. Sein Sohn Jotam wurde sein Nachfolger.

KÖNIG JOTAM

27 Jotam war 25 Jahre alt, als er König wurde, und
er regierte 16 Jahre lang in Jerusalem. Seine
Mutter hieß Jeruscha und war eine Tochter Zadoks.
2 Er tat, was dem HERRN gefällt, und folgte in allem
dem Vorbild seines Vaters Usija; aber er drang nicht
wie dieser in den Tempel ein. Das Volk jedoch blieb bei
seinem verkehrten Treiben. 3 Jotam baute das obere
Tor am Tempel des HERRN und verstärkte die Mauern

am Ofel an vielen Stellen. 4 Er befestigte eine Reihe von Städten in den Bergen von Juda und errichtete Burgen und Türme in den Waldgebieten. 5 Er führte Krieg gegen den König der Ammoniter und besiegte ihn. Die Ammoniter mussten ihm in jenem Jahr 100 Zentner Silber, 1500 Tonnen Weizen und 1500 Tonnen Gerste abliefern, ebenso auch noch im nächsten und übernächsten Jahr. 6 Jotam wurde sehr mächtig, weil er sich in allem, was er tat, nach dem Willen des HERRN, seines Gottes, richtete. 7 Was es sonst noch über Jotam zu berichten gibt, über alle seine Kriegszüge und sonstigen Unternehmungen, das ist nachzulesen im Buch der Könige von Israel und Juda. 8 Er war 25 Jahre alt, als er König wurde, und er regierte 16 Jahre in Jerusalem. 9 Als er starb, wurde er in der Davidsstadt bestattet. Sein Sohn Ahas wurde sein Nachfolger.

KÖNIG AHAS

28 Ahas war zwanzig Jahre alt, als er König wurde, und er regierte sechzehn Jahre lang in Jerusalem. Er tat nicht wie sein Ahnherr David, was dem HERRN gefällt, 2 sondern folgte dem schlechten Beispiel der Könige von Israel. Er ließ Standbilder des Gottes Baal gießen 3 und brachte im Hinnom-Tal Räucheropfer dar. Er ließ sogar seine eigenen Söhne als Opfer verbrennen und folgte damit der abscheulichen Sitte der Völker, die der HERR vor den Israeliten aus dem Land vertrieben hatte. 4 An den Opferstätten der fremden Götter, auf den Hügeln und unter allen heiligen Bäumen, verbrannte er Opfergaben und feierte Opfermähler. 5 Wegen all dieser Untaten gab ihn der HERR, sein Gott, in die Hand des Königs von Syrien. Die Syrer besiegten ihn und brachten viele Judäer gefangen nach Damaskus. Zugleich gab der HERR ihn auch in die Hand des Königs von Israel: Pekach, der Sohn von Remalja, bereitete ihm eine schwere Niederlage. 6 An einem einzigen Tag fielen 120 000 Männer aus Juda, lauter tüchtige Krieger – zur Strafe dafür, dass die Judäer sich vom HERRN, dem Gott ihrer Vorfahren, abgewandt hatten. 7 Sichri, ein tapferer Mann aus dem Stamm Efraïm, tötete den Prinzen Maaseja, den Palastvorsteher Asrikam und Elkana, den Stellvertreter des Königs. 8 Die Männer von Israel nahmen 200 000 Frauen und Kinder aus ihrem Brudervolk als Gefangene mit, außerdem machten sie reiche Beute und brachten sie nach Samaria.

DIE RÜCKGABE DER GEFANGENEN

9 In Samaria lebte ein Prophet des HERRN namens Oded. Als das Heer dorthin zurückkam, ging er ihm entgegen und sagte: »Der HERR, der Gott eurer Vorfahren, war zornig auf die Judäer. Deshalb hat er sie in eure Hand gegeben. Ihr aber habt mit einer solchen Wut drauflosgemordet, dass es zum Himmel schreit. 10 Nun wollt ihr auch noch diese Gefangenen aus Juda und Jerusalem zu euren Sklaven und Sklavinnen machen. Habt ihr denn noch nicht genug Schuld gegen den HERRN auf euch geladen? 11 Hört jetzt auf mich! Diese Gefangenen sind eure Brüder und Schwestern. Lasst sie wieder heimkehren! Sonst wird sich der Zorn des HERRN gegen euch kehren.« 12 Auch einige der führenden Männer aus dem Stamm Efraïm traten dem heimkehrenden Heer entgegen, nämlich Asarja, der Sohn von Johanan, Berechja, der Sohn von Meschillemot, Jehiskija, der Sohn von Schallum, und Amasa, der Sohn von Hadlai. 13 Sie sagten: »Ihr dürft die Gefangenen nicht hierher bringen! Unser Unrecht und unsere Schuld gegenüber dem HERRN sind schon so groß, dass er zornig auf uns ist. Wollt ihr die Schuld noch größer machen?« 14 Da ließen die Kriegsleute in Gegenwart der führenden Männer und der ganzen versammelten Gemeinde die Gefangenen frei und verzichteten sogar auf die Beute. 15 Einige Leute wurden namentlich bestimmt und beauftragt, sich um die Gefangenen zu kümmern. Sie gaben allen, die nicht genug anzuziehen hatten, Kleidungsstücke und Schuhe aus dem Beutegut. Sie gaben ihnen zu essen und zu trinken und versorgten die Verwundeten. Alle, die zum Gehen zu schwach waren, setzten sie auf Esel und brachten sie bis nach Jericho, der Palmenstadt. Dort waren sie nicht mehr weit von ihren Landsleuten. Dann kehrten die Männer von Israel wieder nach Samaria zurück.

AHAS SUCHT VERGEBLICH HILFE IN ASSYRIEN

16 Damals schickte König Ahas eine Botschaft an das Königshaus von Assyrien und bat um Hilfe, 17 weil die Edomiter wieder ins Land eingedrungen waren. Sie hatten Juda besiegt und viele Gefangene weggeführt. 18 Auch die Philister waren in das Hügelland und in das Südland von Juda eingefallen. Sie hatten die Städte Bet-Schemesch, Ajalon und Gederot eingenommen wie auch Socho, Timna und Gimso mit den dazugehörigen Dörfern und hatten sich dort festgesetzt. 19 Der HERR bereitete Juda diese Niederlagen als Strafe für die Sünden von König Ahas, der ihm die Treue gebrochen und die Zügellosigkeit des Volkes geduldet hatte. 20 Der Assyrerkönig Tiglat-Pileser rückte tatsächlich mit seinem Heer heran. Aber anstatt Ahas zu unterstützen, setzte er ihn unter Druck. 21 Ahas lieferte die Schätze aus dem Tempel des HERRN, aus dem Königspalast und aus dem Besitz der führenden Kreise an ihn aus und bekam doch nicht die erwartete Hilfe. 22 Selbst in dieser Zeit schwerster Bedrängnis blieb Ahas dem HERRN ungehorsam, er trieb es sogar noch schlimmer: 23 Er opferte den Göttern von Damaskus, obwohl die Leute von Damaskus ihn geschlagen hatten. Er sagte sich: »Diese Götter haben den Königen von Syrien geholfen und mich besiegt. Wenn ich ihnen nun Opfer darbringe, werden sie mir ebenso helfen.« Aber ihm und ganz Israel brachten sie nur Unglück. 24 Ahas ließ auch die Geräte aus dem Haus Gottes zusammentragen und zerschlagen und die Tore des Tempels ließ er schließen. Stattdessen errichtete er Altäre an allen Ecken in Jerusalem. 25 Auch in allen anderen Städten von Juda ließ er Opferstätten errichten, um den fremden Göttern Opfer darzubringen. Mit alldem forderte er den Zorn des HERRN, des Gottes seiner Vorfahren, heraus. 26 Was es sonst noch über Ahas zu berichten

gibt, über alle seine Taten vom Anfang bis zum Ende,
das ist nachzulesen im Buch der Könige von Juda und
Israel. 27 Ahas starb und wurde in Jerusalem bestattet,
aber nicht in der Grabstätte der Könige von Israel. Sein
Sohn Hiskija wurde sein Nachfolger.

KÖNIG HISKIJA REINIGT DEN TEMPEL

29 Hiskija war 25 Jahre alt, als er König wurde, und
er regierte 29 Jahre lang in Jerusalem. Seine
Mutter hieß Abi und war eine Tochter von Secharja.
2 Hiskija tat, was dem HERRN gefällt, genau wie sein
Ahnherr David. 3 Noch im ersten Jahr seiner Regie-
rung, gleich zu Beginn des neuen Jahres, ließ er die
Tore des Tempels wieder öffnen und instand setzen.
4 Dann rief er die Priester und die Leviten zu sich. Sie
versammelten sich auf dem Platz im Osten 5 und er
sagte zu ihnen: »Männer vom Stamm Levi, hört mir zu!
Reinigt euch für euren Dienst! Reinigt und weiht auch
den Tempel wieder! Er gehört dem HERRN, dem Gott
eurer Vorfahren. Räumt deshalb alles hinaus, was ihn
unrein gemacht hat! 6 Unsere Väter sind dem HERRN
untreu geworden und haben getan, was ihm missfällt.
Sie haben ihm und seiner Wohnung den Rücken ge-
kehrt. 7 Schlimmer noch: Sie haben die Tore der Vor-
halle geschlossen, die Lampen gelöscht und dem Gott
Israels in seinem Tempel keine Räucheropfer und keine
Brandopfer mehr dargebracht. 8 Darum ist der HERR
auf Juda und Jerusalem zornig geworden. Er hat sie zu
einem abschreckenden Beispiel gemacht, zu Stätten
des Grauens, von denen man sich mit Entsetzen ab-
wendet, wie ihr mit eigenen Augen seht. 9 Deswegen
sind auch unsere Väter im Krieg umgekommen und
unsere Frauen und Kinder sind in Gefangenschaft.
10 Ich habe jetzt die feste Absicht, mit dem HERRN, dem
Gott Israels, einen Bund zu schließen, in der Hoffnung,
dass er seinen Zorn von uns abwendet. 11 Verliert nun
keine Zeit mehr, geht an eure Aufgabe! Euch hat der
HERR doch erwählt, als seine Diener vor ihm zu ste-
hen und ihm Opfer darzubringen.« 12-14 Da traten
folgende Leviten vor: // von den Nachkommen Ke-
hats: / Mahat, der Sohn von Amasai, und Joël, der Sohn
von Asarja; / von den Nachkommen Meraris: / Kisch,
der Sohn von Abdi, und Asarja, der Sohn von Jehal-
lelel; / von den Nachkommen Gerschons: / Joach,
der Sohn von Simma, und Eden, der Sohn von Jo-
ach; / von den Nachkommen Elizafans: / Schimri und
Jëiël; / von den Nachkommen Asafs: / Secharja und
Mattanja; / von den Nachkommen Hemans: / Jehiël
und Schimi; / von den Nachkommen Jedutuns: / Sche-
maja und Usiël. // 15 Sie riefen ihre Stammesbrüder zu-
sammen und alle reinigten sich für ihren Dienst. Dann
begannen sie den Tempel zu reinigen, wie es der König
nach den Weisungen des HERRN befohlen hatte. 16 Die
Priester gingen in das Tempelhaus hinein und brachten
alles, was unrein war, hinaus in den Vorhof. Von dort aus
schafften es die Leviten ins Kidrontal außerhalb der
Stadt. 17 Am ersten Tag des ersten Monats fingen sie
mit der Reinigung an; nach einer Woche kamen sie an
die Vorhalle. Während der folgenden acht Tage wurde
die Vorhalle gereinigt, sodass sie am 16. Tag mit allem
fertig waren. 18 Dann gingen sie zu König Hiskija und
meldeten ihm: »Wir haben den ganzen Tempel wieder
gereinigt, auch den Brandopferaltar und den Tisch für
die geweihten Brote und die zu beiden gehörenden Ge-
räte. 19 Wir haben auch alle anderen Geräte wieder her-
gerichtet und neu geweiht, die König Ahas während
seiner Regierung entweiht hatte, als er dem HERRN
untreu geworden war. Sie können jetzt wieder für den
Dienst am Altar des HERRN verwendet werden.«

DIE WIEDEREINWEIHUNG DES TEMPELS

20 Am nächsten Morgen rief König Hiskija die füh-
renden Männer der Stadt zu sich und ging mit ihnen
zum Haus des HERRN hinauf. 21 Man brachte sieben
Stiere, sieben Schafböcke und sieben Lämmer für
das Brandopfer herbei, dazu sieben Ziegenböcke, die
als Sühneopfer für das Königshaus, den Tempel und
die ganze Bevölkerung von Juda vorgesehen waren.
Der König befahl den Priestern, den Nachkommen
Aarons, die Tiere auf dem Altar des HERRN zu opfern.
22 Nacheinander wurden die Stiere, die Schafböcke und
die Lämmer geschlachtet. Die Priester nahmen das
Blut und sprengten es an den Altar. 23 Zuletzt brachte
man die Böcke für das Sühneopfer und stellte sie vor
den König und die versammelten Israeliten. Diese leg-
ten ihre Hände auf die Köpfe der Opfertiere. 24 Dann
schlachteten die Priester die Böcke und sprengten
das Blut an den Altar, um Israel von seiner Schuld zu
befreien; denn der König hatte das Brandopfer und
Sühneopfer für das ganze Volk angeordnet. 25 Er stellte
auch die Leviten mit Becken, Harfen und Lauten wieder
beim Tempel auf. So hatte es König David angeord-
net, nachdem sein prophetischer Ratgeber Gad und
der Prophet Natan ihm einen entsprechenden Befehl
des HERRN überbracht hatten. 26 Die Leviten nahmen
Aufstellung mit den Instrumenten, die König David
hatte anfertigen lassen, ebenso die Priester mit ihren
Trompeten. 27 Als Hiskija den Befehl gab, das Brand-
opfer auf dem Altar herzurichten, ertönten die Instru-
mente Davids, des Königs von Israel. Dazu priesen die
Leviten den HERRN mit ihrem Gesang und die Priester
bliesen auf den Trompeten. 28 Alle versammelten Is-
raeliten warfen sich nieder und beteten den HERRN
an. Die Leviten sangen und die Trompeten schmet-
terten, solange die Opferhandlung andauerte. 29 Zum
Schluss warfen sich der König und alle Anwesenden
noch einmal zur Anbetung nieder. 30 Dann forderten
König Hiskija und die führenden Männer die Leviten
auf, den HERRN mit den Liedern Davids und des pro-
phetischen Sängers Asaf zu preisen. Sie taten dies mit
großer Freude, dann warfen auch sie sich nieder, um
den HERRN anzubeten. 31 Anschließend wandte sich
Hiskija zu dem versammelten Volk und sagte: »Ihr
seid nicht mit leeren Händen hier vor dem HERRN
erschienen. Kommt her und bringt eure Mahlopfer
und Dankopfer zu seinem Tempel!« Da brachten sie
ihre Opfer herbei, und wer besonders reichlich geben
wollte, gab noch Brandopfer hinzu. 32 Auf diese Weise

kamen 70 Rinder, 100 Schafböcke und 200 Lämmer für
das Brandopfer zusammen. 33 Die Zahl der übrigen Op-
fergaben betrug 600 Rinder und 3000 Schafe. 34 Zuerst
waren gar nicht genug Priester da, um alle Tiere für das
Brandopfer abzuhäuten. Deshalb gingen ihre Stam-
mesbrüder, die Leviten, ihnen dabei zur Hand, bis die
Arbeit geschafft war und noch mehr Priester sich für
den Dienst gereinigt hatten. Die Leviten hatten sich
nämlich mit größerem Eifer gereinigt als die Priester.
35 Außerdem war die Zahl der Brandopfer an diesem
Tag besonders groß, und die Priester bekamen zusätz-
lich zu tun mit den Fettstücken der Mahlopfer, die ver-
brannt werden mussten, und mit den Trankopfern, die
zum Brandopfer hinzugehören. Damit war der regel-
mäßige Gottesdienst im Tempel des HERRN wieder auf-
genommen. 36 Hiskija und das ganze Volk freuten sich
sehr, dass Gott ihnen diese Wende geschenkt hatte. Sie
war viel schneller eingetreten, als sie erwartet hatten.

VORBEREITUNGEN FÜR DAS PASSAFEST

30 Hiskija schickte Boten mit Briefen durch das
ganze Gebiet von Israel und Juda; auch an die
Stämme Efraïm und Manasse. Er lud alle ein, zum Haus
des HERRN nach Jerusalem zu kommen und zu Ehren
des HERRN, des Gottes Israels, gemeinsam das Passa-
fest zu feiern. 2 Vorher hatte er sich mit den verant-
wortlichen Männern und der ganzen Gemeinde von
Jerusalem beraten, ob sie nicht das Fest diesmal erst im
zweiten Monat begehen sollten. 3 Zum vorgeschriebe-
nen Zeitpunkt im ersten Monat war es nicht möglich,
weil sich noch nicht genügend Priester für den Dienst
gereinigt hatten und auch das Volk nicht so schnell in
Jerusalem zusammenkommen konnte. 4 Der König und
die ganze Gemeinde hatten diesem Plan zugestimmt
5 und beschlossen, sich mit einem Aufruf an ganz Israel
zu wenden, von Beerscheba im Süden bis nach Dan im
Norden. Alle Israeliten sollten zu diesem Passafest nach
Jerusalem eingeladen werden. Es war ja schon lange
nicht mehr von allen Stämmen gemeinsam begangen
worden, wie es vorgeschrieben ist. 6 Die Boten eilten
mit den Briefen des Königs und seiner Minister durch
ganz Juda und Israel. Im Auftrag des Königs riefen sie
aus: »Ihr Israeliten, kehrt wieder um zum HERRN, dem
Gott eurer Ahnen Abraham, Isaak und Israel! Dann wird
er sich euch, dem Rest eures Volkes, wieder zuwenden,
allen, die nicht von den Assyrern verschleppt worden
sind. 7 Folgt nicht länger dem schlechten Beispiel eurer
Väter und Brüder! Sie sind dem HERRN, dem Gott eurer
Vorfahren, untreu geworden und deshalb hat er sie zu
einem abschreckenden Beispiel für alle werden lassen,
wie ihr selbst es miterlebt habt. 8 Seid nicht so starrsin-
nig wie eure Vorfahren, unterstellt euch dem HERRN!
Kommt zu seinem Tempel, den er für alle Zeiten zu sei-
nem Heiligtum bestimmt hat! Dient dem HERRN, eurem
Gott; dann wird er seinen Zorn von euch abwenden.
9 Wenn ihr zu ihm zurückkehrt, wird er dafür sorgen,
dass die Assyrer mit euren verschleppten Brüdern und
Söhnen Erbarmen haben und sie in euer Land zurück-
kehren lassen. Der HERR, euer Gott, ist voll Güte und
Erbarmen! Er wird sich gewiss nicht länger von euch
abwenden, wenn ihr zu ihm zurückkommt.« 10 Die
Boten gingen von einer Stadt zur andern, durch das Ge-
biet von Efraïm und Manasse und bis hin nach Sebulon.
Aber die Leute dort lachten sie aus und verspotteten
sie. 11 Nur einige aus den Stämmen Ascher, Manasse und
Sebulon gingen in sich und kamen nach Jerusalem. 12 In
Juda aber bewirkte Gott, dass alle einmütig dem Aufruf
folgten, den der König und die führenden Männer nach
dem Gebot des HERRN erlassen hatten.

HISKIJA FEIERT DAS PASSAFEST

13 Im zweiten Monat kam eine große Volksmenge in
Jerusalem zusammen, um das Passafest und das Fest
der Ungesäuerten Brote zu feiern. Es war eine unge-
wöhnlich große Versammlung. 14 Zuerst beseitigten sie
in Jerusalem die Altäre und Räucheraltäre der fremden
Götter und warfen sie ins Kidrontal. 15 Am 14. Tag des
Monats schlachteten sie die Passalämmer. Weil die
Priester und die Leviten sich geschämt hatten, waren
sie diesmal für ihren Dienst gereinigt. Sie brachten Tiere
für das Brandopfer herbei. 16 Dann nahmen sie ihre
Plätze ein, wie es Mose, der Mann Gottes, im Gesetz
festgelegt hatte. Die Priester nahmen von den Leviten
das Blut der Opfertiere entgegen und sprengten es
an den Altar. 17 Viele der Festteilnehmer hatten nicht
die nötige Reinigung an sich vorgenommen; deshalb
schlachteten die Leviten für sie die Passalämmer, damit
diese dem HERRN geweiht werden konnten. 18-19 Viele,
besonders aus Efraïm, Manasse, Issachar und Sebulon,
hatten auch schon angefangen, das Passamahl zu es-
sen, ohne die Reinheitsvorschriften beachtet zu haben.
Darum betete Hiskija für sie: »HERR, du Gott unserer
Vorfahren, vergib in deiner Güte allen, die sich nicht
so vorbereitet haben, wie es für dieses heilige Fest nö-
tig ist, die aber doch mit ganzem Herzen nach deinem
Willen fragen.« 20 Der HERR erhörte das Gebet Hiskijas
und ließ keine Strafe über sie kommen. 21 Sieben Tage
lang feierten die in Jerusalem versammelten Israeli-
ten voller Freude das Fest der Ungesäuerten Brote. Die
Priester und Leviten priesen Tag für Tag den HERRN;
sie taten das mit dem lauten Schall ihrer Instrumente.
22 Hiskija lobte die Leviten, weil sie mit so viel Umsicht
ihren Dienst für den HERRN ausgeübt hatten. Eine
ganze Woche lang feierten die Israeliten und aßen
miteinander die Mahlopfer und dankten dem HERRN,
dem Gott ihrer Vorfahren. Als die Tage zu Ende waren,
23 beschloss die ganze Gemeinde, noch weitere sieben
Tage zusammenzubleiben, und auch diese zweite Wo-
che machten sie zu einem Freudenfest. 24 König Hiskija
von Juda hatte der Gemeinde dazu 1000 Rinder und
7000 Schafe geschenkt und die führenden Männer des
Volkes hatten 1000 Rinder und 10 000 Schafe gegeben.
Sehr viele Priester hatten sich zum Dienst gereinigt.
25 Sie freuten sich alle miteinander: das Volk von Juda,
die Priester und die Leviten, dazu alle, die aus den an-
deren Stämmen Israels gekommen waren, dazu auch
die Fremden, die aus Israel mitgekommen waren oder
in Juda lebten. 26 In ganz Jerusalem herrschte große

Festfreude; denn seit Salomo, der Sohn Davids, König
in Israel gewesen war, hatte es so etwas in Jerusalem
nicht mehr gegeben. 27 Zuletzt erhoben sich die
Priester, die Nachkommen Levis, und erteilten dem
Volk den Segen des HERRN. Ihr Gebet drang hinauf
zu seiner himmlischen Wohnung und Gott erhörte es.

HISKIJA ORDNET DEN TEMPELDIENST

31 Als das Fest zu Ende war, zogen die versammelten
Israeliten erst noch in die anderen Städte Judas.
Überall zerschlugen sie die Steinmale, hieben die ge-
weihten Pfähle um und zerstörten die Opferstätten
und Altäre der fremden Götter, bis nichts mehr von
ihnen übrig blieb. Außer in Juda taten sie dies auch
im ganzen Gebiet der Stämme Benjamin, Efraïm und
Manasse. Dann erst kehrten sie in die Wohnorte zurück,
wo sie ihren Grundbesitz hatten. 2 Hiskija ordnete auch
aufs Neue die Dienstgruppen der Priester und der Levi-
ten, wie sie früher bestanden hatten, und wies jedem
die Aufgabe zu, die er im Tempel, der Wohnstätte des
HERRN, zu erfüllen hatte: Die Priester sollten die Brand-
opfer und Mahlopfer darbringen und die Leviten soll-
ten ihnen dabei helfen und den HERRN mit Musik und
Gesang preisen. 3 Der König gab aus seinem eigenen
Besitz einen Anteil zu den Brandopfern, die im Gesetz
des HERRN vorgeschrieben sind: den Opfern an jedem
Morgen und Abend, am Sabbat, am Neumondstag und
an den anderen Festen. 4 Er befahl auch den Einwoh-
nern von Jerusalem, die Abgaben für die Priester und
Leviten zu leisten, damit diese sich ganz ihren Aufga-
ben widmen konnten, wie sie im Gesetz des HERRN
vorgeschrieben sind. 5 Sobald dieser Befehl bekannt
geworden war, brachten die Israeliten in großen Men-
gen das Erstgeerntete von Wein, Olivenöl, Honig und
allen Feldfrüchten, dazu von allen ihren Erträgen den
vorgeschriebenen zehnten Teil. 6 Auch die Bewohner
der anderen Städte Judas einschließlich der Nord-
israeliten, die sich bei ihnen niedergelassen hatten,
brachten den zehnten Teil ihrer Rinder und Schafe und
andere Gaben, die sie dem HERRN, ihrem Gott, geweiht
hatten. Sie schichteten alle diese Abgaben zu großen
Stapeln auf, einen neben dem andern. 7 Im dritten Mo-
nat begannen sie damit und erst im siebten Monat
waren sie mit dem Stapeln fertig. 8 Als Hiskija und die
führenden Männer kamen und die aufgeschichteten
Mengen sahen, dankten sie dem HERRN und seinem
Volk Israel. 9 Hiskija fragte die Priester und Leviten, wo-
her diese Stapel kämen, 10 und der Oberpriester Asarja,
ein Nachkomme Zadoks, antwortete: »Seitdem das
Volk angefangen hat, seine Abgaben zum Tempel des
HERRN zu bringen, haben wir gut und reichlich zu es-
sen und haben große Vorräte übrig behalten. Der HERR
hat sein Volk so reich gesegnet, dass diese Mengen
hier übrig geblieben sind.« 11 Hiskija befahl deshalb, im
Tempelbereich Vorratskammern einzurichten. Als dies
geschehen war, 12 wurde alles sorgfältig dort eingela-
gert: die Ernteabgaben, der abgelieferte zehnte Teil
aller Erträge und die übrigen Opfergaben. Als Ober-
aufseher über diese Vorräte wurde der Levit Konanja
eingesetzt und sein Bruder Schimi als sein Stellvertre-
ter. 13 Als weitere Aufseher unterstanden ihnen Jehiël,
Asasja, Nahat, Asaël, Jerimot, Josabad, Eliël, Jismachja,
Mahat und Benaja. So hatten es König Hiskija und der
Oberpriester Asarja, der Vorsteher des Tempels, ver-
fügt. 14 Die Aufsicht über die Gaben, die freiwillig für
Gott gespendet wurden, führte der Levit Kore, der Sohn
von Jimna, der Torwächter des Osttors. Er hatte auch
die Opfergaben, die dem HERRN gebracht wurden, an
die Priester zu verteilen, ebenso die besonders heiligen
Teile der Opfer, die nur von den Priestern gegessen
werden dürfen. 15 Unter seiner Leitung standen Eden,
Minjamin, Jeschua, Schemaja, Amarja und Schechanja,
die ihn in den Wohnorten der Priester bei seiner Ar-
beit gewissenhaft unterstützten. Sie sorgten dafür,
dass alle Priester in den verschiedenen Dienstgruppen
regelmäßig ihren Anteil bekamen, die alten wie die
jungen. 16 Man hatte Verzeichnisse angelegt für die
Priester, die nach ihren Dienstgruppen turnusgemäß
nach Jerusalem gehen mussten, um dort im Tempel die
täglichen Aufgaben zu erfüllen. Die Listen erfassten
alle männlichen Personen ab drei Jahren. 17 Die Ein-
tragung der Priester erfolgte nach ihren Sippen. Die
Leviten wurden ebenfalls in Verzeichnisse eingetragen,
nach ihren Dienstgruppen und Aufgaben, und zwar
alle ab zwanzig Jahren. 18 Bei den einen wie bei den
andern wurden aber auch ihre Familien eingetragen,
die Frauen, Söhne und Töchter. Sie wurden, weil die
Männer ständig im Dienst des HERRN standen, zu ih-
rem geweihten Stand mit hinzugezählt. 19 Gesorgt war
auch für alle unter den Priestern, den Nachkommen
Aarons, die nicht in den Städten, sondern draußen bei
ihren Weidegründen wohnten. Für sie wurden in jeder
Stadt Männer namentlich bestimmt, die allen männ-
lichen Angehörigen der Priesterfamilien ihre Anteile
an den Gaben austeilen mussten, ebenso allen, die als
Leviten eingeschrieben waren. 20 So handelte Hiskija
in ganz Juda. Er tat, was vor dem HERRN, seinem Gott,
recht und gut ist, und bewies ihm damit seine Treue.
21 Als er den Tempeldienst wieder ordnete und dem
Gesetz des HERRN und seinen Geboten wieder Gel-
tung verschaffte, tat er dies alles, weil er seinem Gott
mit ganzem Herzen gehorchen wollte. Darum ließ es
ihm der HERR auch gelingen.

DIE ASSYRER DRINGEN IN JUDA EIN

32 Nachdem Hiskija dies alles getan und damit
seine Treue zum HERRN bewiesen hatte, rückte
Sanherib, der König von Assyrien, mit seinen Truppen
heran, fiel in Juda ein und belagerte die befestigten
Städte, um sie in seine Gewalt zu bringen. 2 Hiskija
erkannte, dass Sanherib es vor allem auf Jerusalem
abgesehen hatte. 3 Er beriet sich deshalb mit seinen Mi-
nistern und Offizieren, ob man nicht die Wasserquellen
außerhalb der Stadt unzugänglich machen sollte, und
sie stimmten diesem Vorschlag zu. 4 Sie sagten sich:
»Wenn die assyrischen Könige kommen, um uns zu be-
lagern, sollen sie kein Wasser finden!« Sie holten viele
Leute zusammen und diese schütteten alle Quellen

zu, ebenso auch den Zugang zu dem unterirdischen Kanal, durch den das Wasser in die Stadt geleitet wird. 5 Hiskija ging auch entschlossen daran, die Stadtmauer überall, wo sie schadhaft geworden war, wieder instand setzen zu lassen. Die bestehenden Türme wurden höher gebaut, außerhalb der Mauer wurde noch eine zweite Mauer errichtet und in der Davidsstadt verstärkte man die Befestigung am Millo. Außerdem ließ der König eine große Menge Wurfspeere und Schilde anfertigen. 6 Er setzte auch Truppenführer ein, die die wehrfähigen Männer im Fall einer Belagerung befehligen sollten. Dann bestellte er alle Männer zu sich auf den Platz am Stadttor und sprach ihnen Mut zu. Er sagte: 7 »Seid tapfer und entschlossen! Erschreckt nicht und habt keine Angst vor dem König von Assyrien und seinem ganzen Heer! Auf unserer Seite steht eine Macht, die stärker ist als er. 8 Er stützt sich auf menschliche Macht, wir aber auf den HERRN, unseren Gott! Der wird uns helfen und selbst den Kampf für uns führen.« Durch diese Worte Hiskijas, des Königs von Juda, wurde der Mut der Leute sehr gestärkt.

JERUSALEM SOLL EINGESCHÜCHTERT WERDEN

9 Einige Zeit später schickte König Sanherib – er lag noch mit seiner ganzen Streitmacht vor der Stadt Lachisch – Beauftragte zu König Hiskija von Juda und allen Judäern, die in Jerusalem Zuflucht gesucht hatten. Er gab ihnen folgende Botschaft mit: 10 »König Sanherib von Assyrien lässt euch sagen: Worauf vertraut ihr eigentlich, dass ihr in der belagerten Stadt Jerusalem bleiben wollt? 11 Hiskija führt euch in die Irre, wenn er euch einredet: ›Der HERR, unser Gott, wird uns vor dem König von Assyrien retten.‹ In Wirklichkeit schickt er euch in den Tod! Verhungern und verdursten werdet ihr! 12 Er selbst hat doch die Opferstätten und Altäre eures Gottes im ganzen Land beseitigt und den Leuten von Juda und Jerusalem befohlen, den HERRN nur noch an einem einzigen Altar anzubeten und ihm nur dort Opfer darzubringen. 13 Wisst ihr nicht, was ich und meine Vorgänger mit den Völkern in anderen Ländern gemacht haben? Haben ihre Götter sie etwa vor mir schützen können? 14 Nicht einer von den vielen Göttern hat das gekonnt! Kein einziges der vielen Völker, die meine Vorgänger vernichtet haben, ist von seinem Gott gerettet worden! Da soll ausgerechnet der HERR, euer Gott, euch vor mir bewahren? 15 Ich sage euch: Lasst euch nicht von Hiskija in die Irre führen und betrügen! Glaubt ihm nicht! Kein Gott irgendeines Landes oder Reiches konnte sein Volk aus meiner Hand oder aus der meiner Vorgänger erretten. Und euer Gott kann das genauso wenig!« 16 In diesem Ton redeten die Abgesandten Sanheribs immer weiter gegen den HERRN, den wahren Gott, und seinen Diener Hiskija.

SANHERIB LÄSTERT GOTT UND WIRD BESTRAFT

17 Sanherib hatte auch einen Brief mitgeschickt, in dem er den HERRN, den Gott Israels, verspottete. Darin hieß es: »Die Götter der anderen Länder haben ihre Völker nicht aus meiner Hand retten können. Genauso wenig kann der Gott Hiskijas sein Volk vor mir retten.« 18 Die Abgesandten des Assyrerkönigs riefen diese Worte mit lauter Stimme auf Hebräisch den Einwohnern von Jerusalem zu, die auf der Stadtmauer standen. Sie wollten sie damit einschüchtern und ihnen Angst einjagen, um die Stadt noch leichter erobern zu können. 19 Dabei redeten sie vom Gott Jerusalems, als wäre er den Göttern der anderen Völker gleichzustellen, die doch nur von Menschenhand hergestellte Bilder sind. 20 Aber König Hiskija und der Prophet Jesaja, der Sohn von Amoz, beteten deswegen zu Gott und schrien zu ihm um Hilfe. 21 Da schickte der HERR einen Engel, der im Lager des Assyrerkönigs alle Kriegsleute, Offiziere und Befehlshaber tötete, sodass der König mit Schimpf und Schande in sein Land zurückkehren musste. Als er eines Tages in den Tempel seines Gottes ging, erschlugen ihn dort seine eigenen Söhne mit dem Schwert. 22 So rettete der HERR König Hiskija und die Bewohner von Jerusalem aus der Hand Sanheribs, des Königs von Assyrien, und schützte sie vor allen ihren Feinden. Er gab ihnen Frieden an allen Grenzen. 23 Aus vielen Ländern wurden Opfergaben für den HERRN nach Jerusalem gebracht und kostbare Geschenke für Hiskija, den König von Juda; denn er stand seitdem bei allen Völkern in hohem Ansehen.

DAS ENDE DER REGIERUNG HISKIJAS

24 Einmal wurde Hiskija todkrank. Er betete zum HERRN und der HERR sagte ihm zu, dass er wieder gesund würde; er bestätigte ihm das sogar durch ein offenkundiges Wunder. 25 Aber anstatt dem HERRN für die erwiesene Wohltat zu danken, wurde Hiskija überheblich. Deshalb wurde der HERR zornig auf ihn und auch auf Juda und Jerusalem. 26 Doch Hiskija und die Bewohner von Jerusalem sahen ihre Schuld ein und beugten sich vor dem HERRN. Darum kam seine Strafe noch nicht über sie, solange Hiskija lebte. 27 Hiskija war sehr reich und stand in höchstem Ansehen. Er legte Schatzkammern an für seinen Besitz an Gold, Silber, Edelsteinen, Balsamöl, Schilden und allen möglichen kostbaren Geräten. 28 Er baute auch Vorratshäuser für Getreide, Wein und Olivenöl und Ställe für das Vieh, das er in großer Zahl hielt. 29 Zum Schutz seiner riesigen Rinder- und Schafherden ließ er eine Reihe von Grenzstädten bauen. Gott selbst hatte ihm zu diesem großen Reichtum verholfen. 30 Die Gihon-Quelle, die sich außerhalb der Stadt befindet, ließ Hiskija abdecken und das Wasser unterirdisch in westlicher Richtung in die Davidsstadt leiten. Alles, was er unternahm, gelang ihm. 31 So nahm es auch noch ein gutes Ende, als die Fürsten von Babylon eine Gesandtschaft zu ihm schickten, die sich nach dem Wunder erkundigen sollte, das im Land geschehen war. Damals ließ Gott Hiskija seinen selbst gewählten Weg gehen; aber er tat dies nur, weil er Hiskijas Charakter auf die Probe stellen wollte. 32 Was sonst noch über Hiskija zu berichten ist, über seine Taten, mit denen er seine Treue zum HERRN bewies, das ist nachzulesen in der Niederschrift der Offenbarungen des Propheten Jesaja,

des Sohnes von Amoz, und im Buch der Könige von
Israel und Juda. 33 Als Hiskija starb, wurde er in der
Grabstätte der Nachkommen Davids bestattet, und
zwar an bevorzugter Stelle, und die ganze Bevölkerung
von Juda und Jerusalem erwies ihm große Ehre. Sein
Sohn Manasse wurde sein Nachfolger.

KÖNIG MANASSE, SEIN GÖTZENDIENST UND SEINE BESTRAFUNG

33 Manasse war zwölf Jahre alt, als er König wurde,
und er regierte 55 Jahre lang in Jerusalem. 2 Er
tat, was dem HERRN missfällt, und folgte den abscheu-
lichen Bräuchen der Völker, die der HERR vor den Is-
raeliten aus dem Land vertrieben hatte. 3 Er baute die
Opferstätten wieder auf, die sein Vater Hiskija zerstört
hatte, errichtete Altäre für den Gott Baal, stellte auch
wieder geweihte Pfähle auf und warf sich vor dem
Heer der Sterne nieder und brachte ihm Opfer. 4 Im
Tempel von Jerusalem, den der HERR für alle Zeiten
zur Wohnstätte seines Namens bestimmt hatte, stellte
er Altäre fremder Götter auf 5 und in den Vorhöfen des
Tempels Altäre für das ganze Sternenheer. 6 Er ließ
seine eigenen Söhne im Hinnom-Tal als Opfer verbren-
nen, gab sich mit Zauberern und Wahrsagern ab und
hielt sich Totenbeschwörer und Zeichendeuter. Mit
all diesem bösen Tun zog er den Zorn des HERRN auf
sich. 7 Er ließ auch ein Götzenbild anfertigen und im
Haus Gottes aufstellen, dem Haus, von dem der HERR
zu David und zu seinem Sohn Salomo gesagt hatte: »In
diesem Haus und in Jerusalem, der Stadt, die ich mir
aus allen Stämmen Israels ausgewählt habe, soll mein
Name für alle Zeiten Wohnung nehmen. 8 Wenn sie mir
gehorchen und alle Gebote und Vorschriften meines
Gesetzes befolgen, das ich ihnen durch Mose gegeben
habe, dann werde ich nicht zulassen, dass sie jemals
aus dem Land vertrieben werden, das ich ihren Vor-
fahren zugesagt habe.« 9 Aber Manasse verführte die
Leute von Juda und Jerusalem, dass sie es schlimmer
trieben als die Völker, die der HERR vor den Israeliten
ausgerottet hatte. 10 Der HERR warnte Manasse und
sein Volk, aber sie achteten nicht darauf. 11 Darum ließ
er die Heerführer des Königs von Assyrien mit ihren
Truppen gegen Juda heranrücken. Sie nahmen Ma-
nasse gefangen, schlugen einen Haken durch seinen
Kiefer und führten ihn in Ketten nach Babylon.

KÖNIG MANASSE BEUGT SICH VOR GOTT

12 In dieser verzweifelten Lage suchte Manasse Hilfe
beim HERRN, seinem Gott und dem Gott seiner Vor-
fahren. Er beugte sich tief vor ihm 13 und flehte ihn um
Erbarmen an. Und Gott erhörte sein Gebet: Er ließ ihn
wieder nach Jerusalem zurückkehren und als König
weiterregieren. Daran erkannte Manasse, dass der
HERR der wahre Gott ist. 14 Nach seiner Rückkehr ließ
er an der Davidsstadt eine sehr hohe Mauer bauen.
Sie führte an der Gihon-Quelle vorbei den Abhang
des Kidrontals entlang in Richtung zum Fischtor um
den Ofel herum. In allen befestigten Städten Judas
setzte er Kommandanten ein. 15 Er beseitigte auch die
Standbilder der fremden Götter aus dem Tempel des
HERRN, besonders das steinerne Götzenbild, das er
dort aufgestellt hatte. Ebenso entfernte er die Altäre,
die er vorher im Tempelbereich und in Jerusalem er-
richtet hatte, und ließ alles hinauswerfen vor die Stadt.
16 Den Altar des HERRN dagegen stellte er wieder her
und opferte darauf Mahlopfer und Dankopfer. Allen
Leuten von Juda befahl er, nur noch dem HERRN, den
Gott Israels, anzubeten. 17 Die Bevölkerung opferte
zwar auch weiterhin an den Opferstätten im Land, doch
die Opfer galten allein dem HERRN, ihrem Gott. 18 Was
es sonst noch über Manasse zu berichten gibt, über
sein Gebet zu Gott und alles, was die Propheten ihm im
Auftrag des HERRN verkündeten, das ist nachzulesen
im Buch der Könige von Israel. 19 Das Gebet, das er an
Gott richtete, und wie Gott ihn erhörte, aber auch alle
seine Sünden und Vergehen sowie die Orte, an denen
er Opferstätten errichtete und geweihte Pfähle und
Götzenbilder aufstellte, bevor er sich vor dem HERRN
beugte – das alles findet sich in der Niederschrift von
Hosai. 20 Als Manasse starb, wurde er bei seinem Pa-
last bestattet. Sein Sohn Amon wurde sein Nachfolger.

KÖNIG AMON

21 Amon war 22 Jahre alt, als er König wurde, und er
regierte zwei Jahre lang in Jerusalem. 22 Er tat, was
dem HERRN missfällt, genau wie sein Vater Manasse.
Er warf sich vor all den Götzenbildern nieder, die sein
Vater gemacht hatte, und opferte ihnen. 23 Aber im Ge-
gensatz zu seinem Vater Manasse beugte er sich nicht
vor dem HERRN, sondern lud immer größere Schuld
auf sich. 24 Schließlich verschworen sich einige von
seinen Hofbeamten gegen ihn und töteten ihn in sei-
nem Palast. 25 Die Männer Judas aber brachten alle um,
die sich an dieser Verschwörung gegen König Amon
beteiligt hatten, und riefen seinen Sohn Joschija zu
seinem Nachfolger aus.

KÖNIG JOSCHIJA RÄUMT MIT DEM GÖTZENDIENST AUF

34 Joschija war erst acht Jahre alt, als er König
wurde, und er regierte 31 Jahre lang in Je-
rusalem. 2 Er folgte dem Vorbild seines Ahnherrn
David und tat, was dem HERRN gefällt; er richtete sich
streng nach dessen Geboten und Weisungen. 3 In sei-
nem achten Regierungsjahr, als er noch sehr jung war,
fing er an, nach dem HERRN, dem Gott seines Ahnherrn
David, zu fragen. Im zwölften Regierungsjahr begann
er, in Juda und Jerusalem die Opferstätten, die geweih-
ten Pfähle und die geschnitzten und gegossenen Göt-
zenbilder zu beseitigen. 4 Unter seiner Aufsicht wurden
die Altäre des Gottes Baal niedergerissen. Die Räucher-
säulen, die darauf standen, ließ er in Stücke schlagen.
Die geweihten Pfähle und die geschnitzten und ge-
gossenen Standbilder ließ er zu Staub zermahlen und
den Staub auf die Gräber der Leute streuen, die diesen
Machwerken Opfer dargebracht hatten. 5 Die Gebeine
der Götzenpriester ließ er auf den Altären verbrennen,
auf denen sie geopfert hatten. So reinigte er Juda und

Jerusalem von allen diesen Dingen. 6 Aber auch in den
Städten der Stämme Manasse, Efraïm, Simeon und bis
hin nach Naftali griff er durch und durchsuchte sogar
die Häuser. 7 Überall bei den Nordstämmen ließ er die
Altäre niederreißen, die geweihten Pfähle umhauen,
die Götzenbilder zertrümmern und die Räucheraltäre in
Stücke schlagen. Dann kehrte er nach Jerusalem zurück.

DER TEMPEL WIRD AUSGEBESSERT

8 In seinem 18. Regierungsjahr, noch während der Rei-
nigung des Landes und des Tempels vom Götzendienst,
ging Joschija auch daran, das Haus des HERRN, seines
Gottes, auszubessern. Er schickte dazu drei Männer in
den Tempel: Schafan, den Sohn von Azalja, Maaseja,
den Stadtgouverneur, und Joach, den Sohn von Joahas,
den Sprecher des Königs. 9 Sie gingen zum Obersten
Priester Hilkija; dort wurde ihnen das Geld ausgehän-
digt, das für den Tempel gespendet worden war. Die
Leviten, die an den Eingängen als Torwächter Dienst
taten, hatten es von Manasse, Efraïm und den anderen
nordisraelitischen Stämmen wie auch von Juda, Ben-
jamin und den Einwohnern Jerusalems eingesammelt.
10 Sie übergaben das Geld den Meistern, die mit den
Ausbesserungsarbeiten am Tempel beauftragt wor-
den waren. 11 Diese zahlten davon den Lohn für die
Handwerker und Bauarbeiter. Sie kauften davon auch
behauene Steine und Bauholz, womit das Balkenwerk
aller Gebäudeteile erneuert wurde. So ließ Joschija den
Tempel des HERRN, seines Gottes, wiederherstellen,
nachdem die früheren Könige von Juda ihn vernachläs-
sigt hatten. 12 Die Bauleute arbeiteten sehr gewissen-
haft. Die Aufsicht über sie führten die Leviten Jahat und
Obadja von den Nachkommen Meraris sowie Secharja
und Meschullam von den Nachkommen Kehats. Andere
Leviten, die mit Musikinstrumenten umgehen konnten,
13 gaben damit den Takt für die Arbeit der Lastenträger
und aller übrigen Arbeiter. Einzelne Leviten waren auch
als Schreiber, Aufseher oder Torwächter eingesetzt.

EIN GESETZBUCH WIRD GEFUNDEN

14 Als man das Geld holte, das die Leute zum Tempel
gebracht hatten, fand der Priester Hilkija das Buch
mit dem Gesetz, das der HERR durch Mose hatte ver-
künden lassen. 15 Hilkija sagte zu dem Kanzler Scha-
fan: »Ich habe im Haus des HERRN das Gesetzbuch
gefunden«, und gab Schafan die Buchrolle. 16 Dieser
brachte sie dem König und meldete ihm: »Wir haben
alles ausgeführt, was du befohlen hast. 17 Wir haben
das Opfergeld, das sich im Tempelbereich fand, heraus-
geholt und den dafür verantwortlichen Männern und
den Bauleuten übergeben.« 18 Dann berichtete er dem
König auch, dass der Priester Hilkija ihm eine Buch-
rolle übergeben hatte, und las dem König daraus vor.

KÖNIG JOSCHIJA IST ENTSETZT

19 Als der König hörte, was in diesem Gesetzbuch stand,
zerriss er sein Gewand. 20 Er stellte eine Abordnung
zusammen: den Priester Hilkija, Ahikam, den Sohn von
Schafan, Achbor, den Sohn von Micha, den Kanzler
Schafan und den königlichen Vertrauten Asaja. Er be-
fahl ihnen: 21 »Geht und fragt den HERRN um Rat wegen
der Worte, die in diesem Buch stehen! Fragt ihn für mich
und alle, die von Israel und Juda übrig geblieben sind.
Denn wir haben den schweren Zorn des HERRN auf
uns gezogen, weil unsere Vorfahren sein Wort nicht
beachtet und nicht alles getan haben, was in diesem
Buch steht.« 22 Hilkija und die anderen Männer, die
der König bestimmt hatte, gingen zu der Prophetin
Hulda und sagten ihr, weshalb sie gekommen waren.
Die Prophetin wohnte in der Jerusalemer Neustadt; ihr
Mann Schallum, der Sohn von Tokhat und Enkel von
Hasra, hatte die Aufsicht über die Kleiderkammer.
23-24 Die Prophetin sagte zu den Abgesandten des
Königs: »Antwortet dem Mann, der euch zu mir ge-
sandt hat: ›So spricht der HERR, der Gott Israels: Alle
Verfluchungen, die du aus diesem Buch gehört hast,
lasse ich in Erfüllung gehen. Ich bringe Unglück über
diese Stadt und ihre Bewohner. 25 Sie haben mir die
Treue gebrochen und anderen Göttern geopfert. Mit
ihren selbst gemachten Götzenbildern haben sie mich
herausgefordert. Mein Zorn gegen diese Stadt ist auf-
gelodert wie ein Feuer, das nicht erlöscht.‹ 26 Für den
König von Juda aber, der euch hergeschickt hat, um
den HERRN zu fragen, habe ich folgende Botschaft: ›So
spricht der HERR, der Gott Israels: Du hast die Worte
gehört, 27 die ich gegen diese Stadt und ihre Bewohner
gesprochen habe. Du hast sie zu Herzen genommen
und dich darunter gebeugt, du hast dein Gewand zer-
rissen und geweint. Darum habe ich auch dein Gebet
gehört. 28a Du wirst das Unglück, das ich über diese
Stadt und ihre Bewohner bringen werde, nicht mehr mit
eigenen Augen sehen. Du wirst in Frieden sterben und
in der Grabstätte deiner Vorfahren bestattet werden!‹«

JOSCHIJA VERPFLICHTET DAS VOLK AUF DAS NEUE GESETZ

28b Die Abgesandten gingen zum König zurück und rich-
teten ihm alles aus. 29 Darauf ließ der König alle Ältesten
von Juda und Jerusalem zu sich rufen. 30 Mit allen Män-
nern von Juda und der ganzen Bevölkerung Jerusalems,
den Priestern und Leviten und dem ganzen Volk, den
vornehmen wie den einfachen Leuten, ging er hinauf
zum Tempel des HERRN. Dort ließ er vor ihnen das ganze
Bundesgesetz verlesen, das sich im Tempel gefunden
hatte. 31 Dann trat der König an seinen Platz vor dem
Tempelhaus und schloss einen Bund mit dem HERRN.
Das ganze Volk musste versprechen, dem HERRN zu
gehorchen und alle seine Gebote und Anweisungen mit
ganzem Willen und aller Kraft zu befolgen. Alles, was in
dem aufgefundenen Buch gefordert war, sollte genau
befolgt werden. 32 Der König forderte alle Anwesenden
aus Jerusalem und dem Stammesgebiet Benjamin auf,
diesem Bund beizutreten. Die ganze Bevölkerung von
Jerusalem verpflichtete sich zum Gehorsam gegenüber
dem HERRN, dem Gott ihrer Vorfahren. 33 Joschija ließ
auch in allen übrigen Gebieten Israels die Standbilder
der fremden Götter entfernen und hielt alle, die dort
wohnten, dazu an, allein dem HERRN, ihrem Gott, zu

dienen. Solange Joschija lebte, hielten sie dem HERRN,
dem Gott ihrer Vorfahren, die Treue.

JOSCHIJA FEIERT DAS PASSAFEST

35 Joschija feierte in Jerusalem zu Ehren des HERRN
das Passafest. Am 14. Tag des ersten Monats wur-
den die Passalämmer geschlachtet. 2 Joschija hatte die
Priester an ihre Aufgaben erinnert und sie angespornt,
ihren Dienst im Tempel zu versehen. 3 Zu den Leviten,
die ganz Israel im Gesetz zu unterweisen hatten und
zum Dienst für den HERRN geweiht waren, sagte Jo-
schija: »Ihr braucht die Bundeslade nicht mehr auf
euren Schultern zu tragen; sie hat ihren festen Platz in
dem Tempel gefunden, den Salomo, der Sohn Davids
und König von Israel, gebaut hat. Darum sollt ihr dem
HERRN, eurem Gott, und seinem Volk nun hier im Tempel
dienen. 4 Ordnet euch nach euren Sippen und Dienst-
gruppen, so wie König David und sein Sohn Salomo es
schriftlich festgelegt haben. 5 Jede eurer Dienstgrup-
pen soll für eine Anzahl von Familien aus dem Volk im
Heiligtum bereitstehen. 6 Reinigt euch für den Dienst
und schlachtet für eure Brüder aus dem Volk die Passa-
lämmer und bratet sie, damit alles so geschieht, wie es
der HERR durch Mose befohlen hat!« 7 Joschija schenkte
dem versammelten Volk aus dem königlichen Besitz
30 000 Schaf- und Ziegenböckchen für das Passaopfer
und 3000 Rinder. 8 Auch seine Minister spendeten für
das Volk und für die Priester und Leviten solche freiwil-
ligen Gaben. Die drei führenden Priester am Tempel, Hil-
kija, Secharja und Jehiël, übergaben der Priesterschaft
2600 Tiere für das Passaopfer und 300 Rinder. 9 Ebenso
machten es die führenden Leviten, Konanja und seine
Brüder Schemaja und Netanel, sowie Haschabja, Jëiël
und Josabad: Sie gaben den anderen Leviten 5000 Tiere
für das Passaopfer und 500 Rinder. 10 Nachdem alles für
das Fest vorbereitet war, traten die Priester an ihren
Platz und die Leviten stellten sich in ihren Dienstgrup-
pen auf, wie es der König befohlen hatte. 11 Die Leviten
schlachteten die Passalämmer und die Priester nahmen
von den Leviten das Blut entgegen und sprengten es an
den Altar. Dann häuteten die Leviten die Tiere ab. 12 Die
als Brandopfer bestimmten Teile legten sie für die ein-
zelnen Familiengruppen beiseite, damit die Priester sie
auf dem Altar des HERRN verbrennen konnten, wie es
von Mose im Gesetzbuch vorgeschrieben ist. Ebenso
verfuhren sie mit den Rindern. 13 Dann brieten die Le-
viten die Passalämmer am offenen Feuer, wie es vorge-
schrieben ist. Die Teile der Rinder dagegen, die bei der
Opfermahlzeit verzehrt werden sollten, kochten sie
in Kesseln und Töpfen. So schnell sie konnten, teilten
sie alles an die Leute aus. 14 Danach bereiteten sie für
sich selbst das Passamahl zu und auch für die Priester,
die Nachkommen Aarons; denn diese hatten bis in die
Nacht hinein zu tun, um die vielen Brandopfer und die
Fettstücke der Mahlopfer auf dem Altar zu verbrennen.
15 Die Sänger, die Nachkommen Asafs, blieben während
der ganzen Zeit an ihrem Platz, so wie es David und
seine prophetischen Ratgeber Asaf, Heman und Jedu-
tun bestimmt hatten. Auch die Torwächter blieben an
ihren Toren. Sie alle brauchten ihren Dienst nicht zu
unterbrechen, weil die Leviten, ihre Stammesbrüder,
das Passamahl für sie zubereiteten. 16 So wurde an die-
sem Tag der ganze Gottesdienst zu Ehren des HERRN
geregelt. Sie hielten das Passamahl und opferten auf
dem Altar des HERRN Brandopfer, wie König Joschija
es angeordnet hatte. 17 Anschließend an das Passa-
fest feierten die versammelten Israeliten sieben Tage
lang das Fest der Ungesäuerten Brote. 18 Ein solches
Passafest wie dieses hatte es in Israel seit der Zeit des
Propheten Samuel nicht mehr gegeben. Keiner der
früheren Könige hatte es in der Weise begangen, wie
König Joschija es feierte, zusammen mit den Priestern
und den Leviten, mit allen Besuchern aus Juda und Israel
und den Einwohnern von Jerusalem. 19 Dies geschah im
18. Regierungsjahr Joschijas.

DAS ENDE DER REGIERUNG JOSCHIJAS

20 Einige Zeit nachdem Joschija den Tempel renoviert
hatte, zog König Necho von Ägypten mit seinen Trup-
pen heran. Er war damals auf dem Weg zur Schlacht
von Karkemisch am Eufrat. Joschija aber wollte ihn
aufhalten. 21 Da schickte Necho Boten zu ihm und ließ
ihm sagen: »Was kümmerst du dich um meine Ange-
legenheiten, König von Juda? Mein Feldzug richtet
sich nicht gegen dich, sondern gegen das Königshaus
von Babylon, mit dem ich mich im Krieg befinde. Gott
hat mir Eile befohlen. Er ist auf meiner Seite; darum
stell dich nicht gegen ihn, sonst vernichtet er dich!«
22 Aber Joschija hörte nicht auf diese Worte, durch
die Gott selbst ihn warnen wollte, und zog sich nicht
vor Necho zurück. Er machte sich durch Verkleidung
unkenntlich und griff an. In der Ebene von Megiddo
kam es zum Kampf. 23 Dabei wurde er von den ägyp-
tischen Bogenschützen getroffen. »Bringt mich von
hier weg«, befahl er seinen Begleitern, »ich bin schwer
verwundet!« 24 Sie hoben ihn von seinem Streitwagen
herunter, setzten ihn auf seinen zweiten Wagen und
brachten ihn nach Jerusalem zurück. Dort starb er
und wurde in der Grabstätte seiner Vorfahren bestat-
tet. Ganz Juda und Jerusalem trauerte um ihn. 25 Der
Prophet Jeremia dichtete ein Klagelied auf Joschija.
Seitdem wird der König von allen Sängern und Sänge-
rinnen in ihren Klageliedern besungen; das ist in Israel
zu einem festen Brauch geworden. Diese Lieder stehen
im Buch der Trauerlieder. 26 Was es sonst noch über Jo-
schija zu berichten gibt, über seine Taten, mit denen er
seine Treue zum Gesetz des HERRN bewies, 27 und seine
ganze Geschichte vom Anfang bis zum Ende, das ist
nachzulesen im Buch der Könige von Israel und Juda.

DIE KÖNIGE JOAHAS, JOJAKIM UND JOJACHIN

36 Die Männer von Juda machten Joahas, den
Sohn von Joschija, als Nachfolger seines Va-
ters in Jerusalem zum König. 2 Er war 23 Jahre alt, als
er König wurde, und regierte nur drei Monate lang in
Jerusalem. 3 Dann setzte König Necho von Ägypten ihn
ab. Dem Land wurde eine Tributzahlung von 100 Zent-
nern Silber und einem Zentner Gold auferlegt. 4 Necho

setzte Eljakim, den Bruder von Joahas, als König von Juda und Jerusalem ein und änderte seinen Namen in Jojakim. Seinen Bruder Joahas aber nahm Necho als Gefangenen mit nach Ägypten. 5 Jojakim war 25 Jahre alt, als er König wurde, und er regierte elf Jahre lang in Jerusalem. Er tat, was dem HERRN, seinem Gott, missfällt. 6 König Nebukadnezzar von Babylonien rückte gegen ihn heran und nahm ihn gefangen. Er ließ ihn in Ketten legen und brachte ihn nach Babylon. 7 Auch einen Teil der kostbaren Geräte des Tempels ließ er nach Babylon schaffen und stellte sie dort in seinem Palast auf. 8 Was es sonst noch über Jojakim zu berichten gibt, über seine abscheulichen Taten und das, was mit ihm geschah, das ist nachzulesen im Buch der Könige von Israel und Juda. Sein Sohn Jojachin wurde sein Nachfolger. 9 Jojachin war 18 Jahre alt, als er König wurde, und er regierte drei Monate und zehn Tage in Jerusalem. Auch er tat, was dem HERRN missfällt. 10 Um die Jahreswende ließ König Nebukadnezzar ihn nach Babylon holen, dazu wieder eine Menge wertvoller Tempelgeräte. Als König von Juda und Jerusalem setzte er Zidkija, einen Verwandten Jojakims, ein.

KÖNIG ZIDKIJA UND DER UNTERGANG JUDAS

11 Zidkija war 21 Jahre alt, als er König wurde, und er regierte elf Jahre lang in Jerusalem. 12 Er tat, was dem HERRN missfällt, und beugte sich auch nicht, als der HERR ihn durch den Propheten Jeremia warnte. 13 Er rebellierte gegen König Nebukadnezzar, obwohl er ihm den Treueeid geschworen und dabei Gott zum Zeugen genommen hatte. Hartnäckig und eigensinnig weigerte er sich, zum HERRN, dem Gott Israels, umzukehren. 14 Auch die führenden Männer der Priesterschaft und des Volkes trieben es mit ihrer Untreue gegenüber dem HERRN immer schlimmer. Sie folgten den abscheulichen Bräuchen der anderen Völker und entweihten den Tempel in Jerusalem, den der HERR doch zu seinem Eigentum erklärt hatte. 15 Immer wieder warnte sie der HERR, der Gott ihrer Vorfahren, durch seine Boten, weil er sein Volk und seine Wohnung schonen wollte. 16 Aber sie machten sich über die Boten Gottes lustig, schlugen sein Wort in den Wind und verspotteten seine Propheten. Darum wurde der HERR auf sein Volk so zornig, dass es keine Rettung mehr gab. 17 Der HERR ließ König Nebukadnezzar von Babylonien gegen sie heranrücken. Alle Kriegsleute von Juda kamen um, die letzten beim Kampf im Heiligtum. Nebukadnezzar verschonte keinen, nicht einmal die jungen Mädchen, die Alten und Schwachen. Der HERR gab sie alle in seine Gewalt. 18 Nebukadnezzar ließ nun auch noch die letzten Tempelgeräte, die großen wie die kleinen, nach Babylon bringen, dazu die Tempelschätze und die Schätze des Königs und der anderen führenden Männer. 19 Die Babylonier steckten das Haus Gottes in Brand, rissen die Stadtmauer von Jerusalem nieder, warfen Feuer in alle vornehmen Häuser und vernichteten auf diese Weise alles, was an Wertvollem noch übrig geblieben war. 20 Den Rest der Bewohner, die den Kampf überlebt hatten, ließ Nebukadnezzar nach Babylonien wegführen. Dort mussten sie ihm und auch noch seinen Nachkommen als Sklaven dienen, bis die Perser an die Herrschaft kamen. 21 Damit ging in Erfüllung, was der HERR durch den Propheten Jeremia vorausgesagt hatte: »Das Land soll siebzig Jahre lang brachliegen, bis alle Sabbatjahre nachgeholt sind, die Israel nicht eingehalten hat.«

KYRUS GIBT DIE ERLAUBNIS ZUR HEIMKEHR

22 Im ersten Regierungsjahr des Perserkönigs Kyrus ging in Erfüllung, was der HERR durch den Propheten Jeremia angekündigt hatte. Der HERR gab dem Perserkönig den Gedanken ein, in seinem ganzen Reich ausrufen und auch schriftlich bekannt machen zu lassen: 23 »Kyrus, der König von Persien, gibt bekannt: Der HERR, der Gott des Himmels, hat alle Königreiche der Erde in meine Gewalt gegeben. Er hat mich beauftragt, ihm in Jerusalem in Judäa einen Tempel zu bauen. Hiermit ordne ich an: Wer von meinen Untertanen zum Volk dieses Gottes gehört, möge im Schutz seines Gottes zurückkehren.«

DAS BUCH **ESRA**

KÖNIG KYRUS ORDNET DEN TEMPELBAU AN UND ERLAUBT DIE HEIMKEHR NACH JERUSALEM

1 Im ersten Regierungsjahr von Kyrus, dem König von Persien, ging in Erfüllung, was der HERR durch den Propheten Jeremia angekündigt hatte. Der HERR gab dem Perserkönig den Gedanken ein, in seinem ganzen Reich ausrufen und auch schriftlich bekannt machen zu lassen: 2 »Kyrus, der König von Persien, gibt bekannt: Der HERR, der Gott des Himmels, hat alle Königreiche der Erde in meine Gewalt gegeben. Er hat mich beauftragt, ihm in Jerusalem in Judäa einen Tempel zu bauen. Hiermit ordne ich an: 3 Wer von meinen Untertanen zum Volk dieses Gottes gehört, möge im Schutz seines Gottes nach Jerusalem in Judäa zurückkehren und dort das Haus des HERRN, des Gottes Israels, bauen; denn er ist der Gott, der in Jerusalem wohnt. 4 Wer an irgendeinem Ort in meinem Reich vom Volk dieses Gottes übrig geblieben ist, soll dabei von seinen Nachbarn am Ort unterstützt werden. Sie sollen ihm Silber und Gold, Vieh und was er sonst noch braucht, sowie freiwillige Gaben für das Haus dieses Gottes in Jerusalem mitgeben.« 5 Alle, die Gott dazu bereit gemacht hatte, sein Haus in Jerusalem zu bauen, brachen unverzüglich auf: die Sippenoberhäupter der Stämme Juda und Benjamin mit ihren Angehörigen, die Priester, die Leviten und viele andere. 6 Von ihren Nachbarn wurden sie unterstützt mit silbernen Geräten, Gold, Vieh und vielen anderen wertvollen und nützlichen Dingen; dazu kamen noch die freiwilligen Gaben für den Tempel. 7 König Kyrus gab auch die heiligen Geräte aus dem Tempel des HERRN zurück, die Nebukadnezzar in Jerusalem erbeutet und in die Schatzkammer im Tempel seines Gottes gebracht hatte. 8 Der Perserkönig übergab sie seinem Schatzmeister Mitredat, der für Scheschbazzar, den Statthalter Judas, eine genaue Aufstellung machte.

9-10 Das Verzeichnis erwähnt unter anderem:

goldene Schalen	30
silberne Schalen	1000
silberne Schalen, ausgebessert	29
goldene Becher	30
silberne Becher, beschädigt	410
andere Geräte	1000

11 Insgesamt waren es 5400 Geräte aus Gold und Silber. Scheschbazzar brachte das alles mit, als er mit seinen verschleppten Landsleuten aus Babylon wieder nach Jerusalem kam.

DIE LISTE DER HEIMKEHRER

2 Viele, deren Vorfahren aus der persischen Provinz Judäa stammten, verließen Babylonien und kehrten nach Jerusalem und Judäa zurück, jeder in seinen Heimatort. Ihre Familien hatten in Babylonien gelebt, seit König Nebukadnezzar sie dorthin verschleppt hatte. 2a Ihre Anführer waren: Serubbabel, Jeschua, Nehemja, Seraja, Reelaja, Mordochai, Bilschan, Mispert, Bigwai, Rehum und Baana. 2b-35 Hier folgt die Liste der israelitischen Sippen mit der Zahl der zu ihnen gehörigen Männer.

Parosch	2172
Schefatja	372
Arach	775
Pahat-Moab, die Nachkommen von Jeschua und Joab	2812
Elam	1254
Sattu	945
Sakkai	760
Bani	642
Bebai	623
Asgad	1222
Adonikam	666
Bigwai	2056
Adin	454
Ater, die Nachkommen Hiskijas	98
Bezai	323
Jora	112
Haschum	223
Gibbar	95
aus Betlehem	123
aus Netofa	56
aus Anatot	128
aus Asmawet	42
aus Kirjat-Jearim, Kefira und Beerot	743
aus Rama und Geba	621
aus Michmas	122
aus Bet-El und Ai	223
aus Nebo	52
Magbisch	156
Elam – ein anderer	1254
Harim	320
aus Lod, Hadid und Ono	725
aus Jericho	345
Senaa	3630

36-39 Von den Sippen der Priester kehrten heim:

Jedaja, die Nachkommen von Jeschua	973
Immer	1052
Paschhur	1247
Harim	1017

40 Von den Leviten:

die Sippe Jeschua, die Nachkommen von Kadmiël, Binnui und Hodawja	74

41 Von den Tempelsängern:

die Nachkommen Asafs	128

42 Von den Torwächtern des Tempels:

die Sippen Schallum, Ater, Talmon, Akkub, Hatita und Schobai, zusammen	139

43-54 Von den Tempeldienern kehrten folgende Sippen heim: Ziha, Hasufa, Tabbaot, Keros, Sia, Padon, Lebana, Hagaba, Akkub, Hagab, Salmai, Hanan, Giddel, Gahar, Reaja, Rezin, Nekoda, Gasam, Usa, Paseach, Besai, Asna, die Mëuniter und die Nefusiter, Bakbuk, Hakufa, Harhur, Bazlut, Mehida, Harscha, Barkos, Sisera, Temach, Neziach, Hatifa.

55-57 Folgende Sippen der Sklaven Salomos kehrten heim: Sotai, Soferet, Peruda, Jaala, Darkon, Giddel, Schefatja, Hattil, Pocheret-Zebajim, Ami.

58 Gesamtzahl der heimkehrenden Tempeldiener und Nachkommen der Sklaven Salomos 392

59-60 Aus Tel-Melach, Tel-Harscha, Kerub-Addon und Immer kamen folgende Sippen; sie konnten jedoch nicht nachweisen, dass sie israelitischer Abstammung waren: Delaja, Tobija und Nekoda 652

61-62 Unter den Priestern gab es einige, die ihre Abstammungslisten nicht finden konnten. Es waren die Sippen Habaja, Koz und Barsillai. Der Ahnherr der Sippe Barsillai hatte eine Tochter von Barsillai aus Gilead geheiratet und dessen Namen angenommen. Weil diese drei Sippen ihre priesterliche Abstammung nicht nachweisen konnten, wurden sie für unrein erklärt und vom Priesterdienst ausgeschlossen. 63 Der Statthalter untersagte ihnen, von den heiligen Opfergaben zu essen, bis wieder ein Oberster Priester eingesetzt wäre, der ihren Fall klären könnte.

64-67 Gesamtzahl der Gemeinde der Heimkehrer 42 360

Hinzu kamen:

Sklaven und Sklavinnen	7337
Sänger und Sängerinnen	200
Pferde	736
Maultiere	245
Kamele	435
Esel	6720

68 Als die Heimkehrer beim Tempel des HERRN in
Jerusalem ankamen, gaben einige der Sippenober-
häupter eine Spende für den Wiederaufbau des
Tempels an der alten Stelle. 69 Sie gaben in die Baukas-
se, so viel sie geben konnten, insgesamt 61 000 Gold-
münzen, 5000 Pfund Silber und 100 Priestergewänder.
70 Die Priester und die Leviten sowie alle anderen, die
am Tempel Dienst taten, die Sänger, die Torwächter
und die Tempeldiener, ließen sich in ihren Heimatorten
nieder, ebenso auch die übrigen Israeliten.

DIE ERSTEN OPFER AUF DEM NEUEN ALTAR

3 Als die Israeliten wieder in ihren Heimatorten
wohnten, versammelte sich das ganze Volk zu
Beginn des siebten Monats in Jerusalem. 2 Jeschua,
der Sohn Jozadaks, mit seinen Brüdern, den Priestern,
und Serubbabel, der Sohn Schealtiëls, mit seinen Brü-
dern, den nicht priesterlichen Israeliten, hatten den
Altar des Gottes Israels wieder aufgebaut, um auf ihm
die Brandopfer darzubringen, die im Gesetz Moses, des
Dieners Gottes, vorgeschrieben werden. 3 Obwohl die
Nachbarvölker sie davon abschrecken wollten, errich-
teten sie den Altar an seiner alten Stelle und brachten
jeden Morgen und Abend dem Herrn ihre Brandopfer.
4 Auch das Laubhüttenfest feierten sie genau nach der
Ordnung des Gesetzes. An jedem der sieben Festtage
opferten sie so viele Tiere als Brandopfer, wie für den
jeweiligen Tag vorgeschrieben waren. 5 Von dieser Zeit
an wurden die Brandopfer wieder regelmäßig jeden
Morgen und Abend dargebracht, auch die Opfer an
den Neumondstagen und an allen sonstigen Fest-
tagen, sowie freiwillige Gaben für den HERRN. 6 Am
1. Tag des 7. Monats hatten sie wieder angefangen,
dem HERRN Brandopfer darzubringen, aber die Fun-
damente für den Wiederaufbau des Tempels waren
noch nicht gelegt. 7 Gegen Bezahlung stellten sie Stein-
brucharbeiter und Steinmetzen an. Arbeiter aus Sidon
und Tyrus brachten Zedernstämme vom Libanon übers
Meer nach Jafo. Dafür bekamen sie Nahrungsmittel,
Getränke und Olivenöl.

DAS FUNDAMENT EINES NEUEN TEMPELS

8 Im 2. Monat des 2. Jahres nach der Rückkehr wurde
mit den Bauarbeiten für das Haus Gottes in Jerusalem
begonnen. Serubbabel und Jeschua sowie ihre israeli-
tischen Brüder, nämlich die Priester, die Leviten und
alle, die aus der Verbannung heimgekehrt waren, stan-
den geschlossen hinter dem Werk. Den Leviten, die
zwanzig Jahre und älter waren, wurde die Aufsicht
über die Bauarbeiten übertragen. 9 Jeschua mit sei-
nen Söhnen und Brüdern sowie Kadmiël und seine
Söhne, die Nachkommen von Hodawja, leiteten ge-
meinsam die Leute an, die die Arbeiten ausführten.
Zu den Aufsehern gehörten auch die Leviten der Sippe
Henadad. 10 Als die Bauleute das Fundament für den
Tempel des HERRN gelegt hatten, kamen die Priester
in ihrer Amtskleidung und mit ihren Trompeten, dazu
von den Leviten die Nachkommen Asafs mit Becken,
um den HERRN nach der Weisung Davids, des Königs
von Israel, zu preisen. 11 Sie lobten und priesen Gott im
Wechselgesang: »Der HERR ist gut zu uns; seine Liebe
zu Israel hört niemals auf!« Die Priester und Leviten
begannen und das ganze Volk fiel ein mit lautem Ju-
bel zur Ehre Gottes, weil das Fundament für das Haus
des HERRN fertig war. 12 Viele von den Alten – Priester,
Leviten und Sippenoberhäupter – hatten den ersten
Tempel noch gekannt. Als sie nun sahen, dass das
Fundament des neuen Tempels gelegt war, weinten
sie laut. Andere aber schrien und jubelten vor Freude
13 und ihr Jubelgeschrei übertönte das Weinen. Das
Volk machte einen solchen Lärm, dass es weithin zu
hören war.

DIE JUDEN LASSEN DIE SAMARITER NICHT MITBAUEN

4 Die Leute von Samaria, die Feinde der Judäer
und der Leute von Benjamin, erfuhren, dass die
Heimgekehrten den Tempel des HERRN, des Gottes
Israels, wieder aufbauten. 2 Sie kamen zu Serubbabel
und den Sippenoberhäuptern und schlugen ihnen vor:
»Lasst uns gemeinsam bauen! Wir verehren doch den-
selben Gott wie ihr und bringen ihm unsere Opfer seit
der Zeit des Assyrerkönigs Asarhaddon, der uns hier
angesiedelt hat.« 3 Aber Serubbabel, Jeschua und die
anderen Sippenoberhäupter Israels erwiderten: »Ihr
habt kein Recht, zusammen mit uns unserem Gott ein
Haus zu bauen! Wir allein dürfen dem HERRN, dem Gott
Israels, den Tempel bauen. So hat es uns Kyrus, der
König der Perser, befohlen.« 4 Von da an unternahmen
die Leute im Land alles, um die Heimgekehrten mut-
los zu machen und vom Weiterbauen abzuschrecken.
5 Sie bestachen sogar königliche Beamte, deren Pläne
zu vereiteln. Diese Politik verfolgten sie von der Zeit
des Königs Kyrus bis in die Regierungszeit des Königs
Darius hinein.

DER WIEDERAUFBAU JERUSALEMS UND DER TEMPELBAU WERDEN UNTERBROCHEN

6 Bald nachdem dann Xerxes die Regierung angetre-
ten hatte, erhoben diese Leute bei ihm schriftlich An-
klage gegen die Bewohner von Judäa und Jerusalem.
7 Danach, während der Regierungszeit von Artaxer-
xes, schrieben Bischlam, Mitredat, Tabeel und ihre
Amtskollegen einen Brief an den König. Er war in
aramäischer Schrift geschrieben und der Text war
ins Aramäische übersetzt worden. 8 Auch Rehum,
der Befehlshaber von Samarien, und sein Sekretär
Schimschai schrieben einen Brief an König Artaxerxes,
in dem sie über die Vorgänge in Jerusalem berichteten.
Als Absender sind aufgeführt: 9 der Befehlshaber

Rehum, der Sekretär Schimschai und ihre Amtskol-
legen, die Richter, Gesandten, Staatsschreiber und
Verwaltungsbeamten, sodann die Leute aus Erech,
Babylon und Susa in Elam 10 sowie die Vertreter der
übrigen Volksgruppen, die der große und berühmte
König Assurbanipal nach der Stadt Samaria und an-
deren Ortschaften in der Provinz westlich des Eufrats
umgesiedelt hatte. 11 Der Brief lautete: »An König Ar-
taxerxes von seinen Untertanen in der Westprovinz.
12 Wir haben dem König Folgendes zu melden: Die
Juden, die aus dem Gebiet in deiner Nähe weggezo-
gen und zu uns nach Jerusalem gekommen sind, wol-
len diese aufrührerische, böse Stadt wieder aufbauen.
Sie haben angefangen, die Stadtmauern wieder zu
errichten; die Fundamente sind bereits ausgebessert.
13 Der König möge bedenken: Wenn diese Stadt wie-
der aufgebaut ist und die Mauern wiederhergestellt
sind, werden die Bewohner keine Abgaben, Steuern
und Zölle mehr zahlen, zum Nachteil der königlichen
Einnahmen. 14 Wir haben dem König Treue geschwo-
ren und können nicht tatenlos zusehen, wenn seine
Rechte angetastet werden. Darum schicken wir diese
Meldung. 15 Man sollte in den Chroniken deiner Vor-
gänger nachforschen. Darin wird man den sicheren
Beweis finden, dass diese Stadt immer rebellisch
war und den Königen sowie der Provinzverwaltung
Schwierigkeiten gemacht hat. Die Leute dort sind
von jeher Aufrührer und Unruhestifter gewesen, aus
diesem Grund hat man die Stadt auch zerstört. 16 Wir
müssen auf eine weitere Gefahr hinweisen: Wenn
diese Stadt wieder aufgebaut ist und die Mauern wie-
derhergestellt sind, wird die ganze Provinz westlich
des Eufrats dem König verloren gehen.« 17 Der König
schickte folgende Antwort: »An den Befehlshaber
Rehum, seinen Sekretär Schimschai und ihre Amtskol-
legen in Samaria und in der Westprovinz: Ich wünsche
euch Heil und Segen! 18 Der Brief, den ihr mir gesandt
habt, ist mir Wort für Wort vorgelesen worden. 19 Ich
habe daraufhin in den Chroniken nachforschen las-
sen, und es hat sich bestätigt, dass diese Stadt sich
von alters her immer wieder gegen die Könige auf-
gelehnt hat und voll war von Rebellen und Unruhe-
stiftern. 20 In Jerusalem hat es Könige gegeben, die
das ganze Gebiet westlich des Eufrats beherrschten
und von den Bewohnern Abgaben, Steuern und Zölle
erhoben. 21 Aus diesem Grund sollt ihr den Leuten dort
befehlen, ihre Bauarbeiten sofort einzustellen. Diese
Stadt darf nur dann wieder aufgebaut werden, wenn
ich selbst den ausdrücklichen Befehl dazu erteile.
22 Lasst in dieser Angelegenheit keine Verzögerung
eintreten, sodass dem Reich kein weiterer Schaden
entsteht.« 23 Die Abschrift des Briefes von König Ar-
taxerxes wurde Rehum, Schimschai und ihren Kolle-
gen vorgelesen. Sofort machten sie sich auf den Weg
nach Jerusalem und zwangen die Juden mit Gewalt,
den Wiederaufbau der Stadt abzubrechen. 24 Auch
die Bauarbeiten am Haus Gottes in Jerusalem wurden
unterbunden und ruhten daraufhin bis ins zweite Re-
gierungsjahr des Perserkönigs Darius.

STÖRUNGEN BEI DER WIEDERAUFNAHME DES TEMPELBAUS

5 Damals traten Haggai, der Prophet, und Sacharja,
der Sohn von Iddo, als Propheten auf. Sie ermu-
tigten die Juden in Judäa und Jerusalem im Auftrag
des Gottes Israels, der sie zu seinem Eigentum erklärt
hatte. 2 Da nahmen Serubbabel, der Sohn Schealtiëls,
und Jeschua, der Sohn Jozadaks, den Tempelbau wie-
der auf und die Propheten Gottes standen ihnen zur
Seite und unterstützten sie. 3 Bald darauf kamen Tat-
tenai, der Statthalter der Provinz westlich des Eufrats,
und Schetar-Bosnai mit ihren Räten zu den Juden und
fragten: »Wer hat euch die Genehmigung erteilt, die-
sen Tempel wieder aufzubauen?« 4 Außerdem fragten
sie: »Wie heißen die Männer, die für diesen Bau ver-
antwortlich sind?« 5 Aber Gott ließ die Ältesten der
Juden nicht im Stich, sondern sorgte dafür, dass man
sie ungehindert weiterbauen ließ, bis eine Entschei-
dung von König Darius eingetroffen war. 6 Hier folgt
eine Abschrift des Briefes, der damals an König Darius
abging; er wurde geschrieben von Tattenai, dem Statt-
halter der Westprovinz, und Schetar-Bosnai und seinen
Räten, den königlichen Beamten der Westprovinz. 7 Sie
schickten an den König folgenden Bericht: »An König
Darius: Wir entbieten dir unsere untertänigsten Grüße
und Segenswünsche! 8 Wir haben dir zu melden, dass
wir im Bezirk von Judäa waren. Wir sahen, dass dort
der Tempel des großen Gottes wieder aufgebaut wird.
Die Leute verwenden Quadersteine und fügen Lagen
von Balken in die Mauern ein. Sie arbeiten sorgfältig
und die Arbeit geht unter ihren Händen schnell voran.
9 Wir fragten ihre Ältesten: ›Wer hat euch die Geneh-
migung erteilt, diesen Tempel wieder aufzubauen?‹
10 Wir fragten sie auch nach ihren Namen, um dir eine
Liste der Verantwortlichen zusenden zu können. 11 Sie
antworteten uns: ›Wir sind Diener des Gottes, der Him-
mel und Erde gemacht hat. Wir bauen das Gotteshaus
wieder auf, das eine lange Zeit hier gestanden hat; ein
großer König des Volkes Israel hat es erbaut und voll-
endet. 12 Weil unsere Vorfahren den Gott des Himmels
erzürnten, gab er sie in die Gewalt Nebukadnezzars,
des Königs von Babylon. Der zerstörte dieses Haus und
verschleppte das Volk nach Babylonien. 13 Als aber Ky-
rus in Babylon König wurde, gab er schon im ersten
Regierungsjahr den Befehl, dieses Gotteshaus wieder
aufzubauen. 14 König Kyrus ließ auch die goldenen und
silbernen Geräte, die Nebukadnezzar aus dem Tempel
in Jerusalem mitgenommen und in den Tempel seines
Gottes in Babylon gebracht hatte, wieder dort heraus-
holen. Er übergab sie einem Mann namens Scheschbaz-
zar, den er zum Statthalter über Judäa ernannt hatte,
15 und befahl ihm: Nimm diese Geräte, bring sie wieder
in den Tempel in Jerusalem und sorge dafür, dass dieses
Gotteshaus an seinem alten Platz wieder aufgebaut
wird! 16 Scheschbazzar kam daraufhin nach Jerusalem
und legte das Fundament des Tempels. Seither wird
daran gebaut, aber das Haus ist noch nicht vollendet.‹
17 So bitten wir nun, dass der König, wenn er es für rich-
tig hält, im königlichen Archiv in Babylon nachforschen

lässt, ob tatsächlich ein Befehl von König Kyrus erlassen worden ist, dieses Gotteshaus in Jerusalem wieder aufzubauen. Ferner bitten wir den König, uns seine Entscheidung in dieser Sache wissen zu lassen.«

DER KÖNIG STELLT SICH AUF DIE SEITE DER JUDEN

6 König Darius ließ in den Archiven seines Reiches nachforschen. 2 In der königlichen Sommerresidenz Ekbatana in der Provinz Medien fand sich eine Schriftrolle, auf der folgender Erlass verzeichnet war: 3 »Geschrieben im ersten Jahr des Königs Kyrus: König Kyrus befiehlt in Sachen des Tempels zu Jerusalem wie folgt: Das Gotteshaus soll wieder aufgebaut werden, damit dort Opfer dargebracht werden können. Die alten Fundamente sollen wieder verwendet werden. Seine Höhe soll dreißig Meter betragen, seine Breite gleichfalls dreißig Meter. 4 Auf drei Schichten Quadersteine soll eine Schicht Balken kommen. Die Kosten gehen zulasten der Staatskasse. 5 Die goldenen und silbernen Geräte, die Nebukadnezzar aus dem Tempel in Jerusalem mitgenommen und nach Babylon gebracht hat, sollen zurückgegeben werden, damit sie wieder an ihren alten Platz im Haus Gottes kommen.« 6 Aufgrund dieses Dokuments ließ der König einen Brief schreiben: »An Tattenai, Statthalter der Provinz westlich des Eufrats, Schetar-Bosnai und ihre Räte, die Beamten der Provinz: Haltet euch aus der Sache heraus! 7 Hindert die Juden nicht! Ihr Statthalter und ihre Ältesten sollen das Gotteshaus an der Stelle wieder aufbauen, wo es gestanden hat. 8 Außerdem befehle ich euch, die Ältesten der Juden beim Bau dieses Gotteshauses zu unterstützen. Ich schreibe euch verbindlich vor: Die Kosten sind in voller Höhe aus den königlichen Steuereinnahmen der Westprovinz zu bestreiten. Sie sind pünktlich und ohne Verzug auszubezahlen, damit der Bau nicht wieder ins Stocken gerät. 9 Auch alles, was zum Brandopfer für den Gott des Himmels gebraucht wird an Stieren, an Schafböcken und Lämmern, dazu Weizen, Salz, Wein und Öl, soll den Priestern von Jerusalem Tag für Tag pünktlich geliefert werden, ohne jede Nachlässigkeit und genau nach ihrer Anforderung. 10 Die Juden sollen dem Gott des Himmels Opfer darbringen, die sein Wohlgefallen finden, und sie sollen dabei für das Leben des Königs und seiner Söhne beten. 11 Abschließend ordne ich an: Wenn jemand obigen Befehl übertritt, soll der tragende Balken aus seinem Haus gerissen und er selbst an den aufgerichteten Balken genagelt werden. Sein Haus wird in Schutt und Asche gelegt. 12 Der Gott, der jenen Ort zum Wohnsitz seines Namens bestimmt hat, vernichte jeden König und jedes Volk, die versuchen sollten, diesen Befehl zu missachten und das Gotteshaus in Jerusalem zu zerstören. Ich, Darius, habe diesen Befehl gegeben. Er ist wortwörtlich auszuführen.«

DIE VOLLENDUNG DES TEMPELBAUS

13 Von da ab hielten sich Tattenai, der Statthalter der Westprovinz, Schetar-Bosnai und ihre Räte streng an die Befehle des Königs. 14 Die Ältesten der Juden konnten den Bau weiterführen. Sie kamen mit der Arbeit gut voran, weil die Propheten Haggai und Sacharja ihnen im Auftrag Gottes Mut zusprachen. So vollendeten sie den Bau, wie es der Gott Israels und die persischen Könige Kyrus, Darius und Artaxerxes angeordnet hatten. 15 Der Tempel wurde vollendet am 3. Tag des Monats Adar im 6. Regierungsjahr des Königs Darius. 16 Alle Israeliten, die Priester, die Leviten und alle anderen, die aus der Verbannung heimgekehrt waren, feierten die Wiedereinweihung des Tempels mit großer Freude. 17 Zur Tempelweihe opferten sie 100 Stiere, 200 Schafböcke und 400 Lämmer, außerdem als Sühneopfer für ganz Israel 12 Ziegenböcke, für jeden Stamm einen. 18 Sie ordneten auch wieder den Dienst am Tempel und teilten die Priester in ihre Dienstgruppen und die Leviten in ihre Abteilungen ein, wie es das Gesetz Moses vorschreibt.

DAS PASSAFEST

19 Am 14. Tag des 1. Monats feierten die Heimgekehrten das Passafest. 20 Alle Priester und Leviten hatten sich darauf vorbereitet; sie waren ohne Ausnahme rein. Die Leviten schlachteten die Passalämmer für alle, die aus der Verbannung heimgekehrt waren, auch für ihre Brüder, die Priester, und für sich selbst. 21 Nicht nur die heimgekehrten Israeliten aßen das Passamahl, sondern auch alle, die sich von der unreinen Bevölkerung des Landes abgesondert und den Israeliten angeschlossen hatten, um mit ihnen zusammen den HERRN, den Gott Israels, zu verehren. 22 Sieben Tage lang feierten sie mit großer Freude das Fest der Ungesäuerten Brote. Der HERR selber hatte ihnen diese Freude geschenkt; denn er hatte den König von Assyrien ihnen gegenüber freundlich gestimmt. So hatte der HERR ihnen geholfen, seinen Tempel, das Haus des Gottes Israels, wieder aufzubauen.

ESRA ERHÄLT EINEN SONDERAUFTRAG

7 1-5 Zur Regierungszeit des Perserkönigs Artaxerxes lebte in Babylon ein Mann namens Esra. Er konnte die Reihe seiner Vorfahren zurückführen bis auf Aaron, das erste Oberhaupt der Priesterschaft. Sein Vater hieß Seraja; seine weiteren Vorfahren waren: Asarja, Hilkija, Schallum, Zadok, Ahitub, Amarja, Asarja, Merajot, Serachja, Usi, Bukki, Abischua, Pinhas und Eleasar, der Sohn Aarons. 6 Dieser Esra kam aus Babylon nach Jerusalem. Er war ein kundiger Lehrer des Gesetzes, das der HERR seinem Volk Israel durch Mose gegeben hatte. Weil der HERR seine Hand schützend über ihn hielt, erfüllte ihm der König alle seine Bitten. 7 So zogen mit ihm im 7. Regierungsjahr des Königs Artaxerxes eine größere Anzahl Israeliten, dazu Priester, Leviten, Sänger, Torwächter und Tempeldiener nach Jerusalem. 8 Im fünften Monat desselben Jahres kamen sie dort an. 9 Als Tag des Aufbruchs aus Babylon hatte Esra den 1. Tag des 1. Monats bestimmt und am 1. Tag des 5. Monats erreichte er mit ihnen Jerusalem, denn die gütige Hand seines Gottes beschützte ihn. 10 Esra hatte sich mit ganzem Herzen der Aufgabe gewidmet, das Gesetz des

HERRN zu erforschen und zu befolgen und die Israeli-
ten seine Vorschriften zu lehren, damit sie sich in ihrer
Lebensführung und Rechtsprechung daran hielten.

EIN KÖNIG SORGT FÜR DEN TEMPEL IN JERUSALEM

11 König Artaxerxes fertigte einen Erlass aus. Eine Ab-
schrift davon übergab er Esra, dem Priester und Geset-
zeskundigen, dem Lehrer der Gebote und Ordnungen,
die der HERR dem Volk Israel gegeben hatte. Dieser Er-
lass lautete: 12 »Artaxerxes, König über alle Könige, an
Esra, den Priester, den Lehrer für das Gesetz des Him-
melsgottes: Ich wünsche dir Heil und Segen! 13 Hiermit
befehle ich: Jeder in meinem Reich, der zum Volk Israel
und zu seinen Priestern und Leviten gehört und frei-
willig mit dir nach Jerusalem ziehen will, darf mit dir
ziehen. 14 Der König und seine sieben Räte senden dich,
um zu erkunden, ob in Jerusalem und Judäa alles so ge-
ordnet ist, wie es dem Gesetz deines Gottes entspricht,
das in deiner Hand ist. 15 Außerdem sollst du das Silber
und Gold hinbringen, das der König und seine Räte
als Opfergabe für den Gott Israels entrichten, der in
Jerusalem seine Wohnstätte hat. 16 Nimm auch alles
Silber und Gold mit, das du in der Provinz Babylon sam-
meln kannst, auch freiwillige Gaben des Volkes und der
Priester, die sie als Spenden für das Haus ihres Gottes
in Jerusalem geben. 17 Du bekommst dieses Geld zu
treuen Händen mit, um davon Stiere, Schafböcke und
Lämmer sowie die dazugehörenden Speiseopfer und
Trankopfer zu kaufen und diese Opfer eurem Gott auf
dem Altar vor seinem Tempel in Jerusalem darzubrin-
gen. 18 Sollte noch etwas von dem Silber und Gold übrig
bleiben, so könnt ihr darüber nach dem Willen eures
Gottes verfügen, wie es dir und deinen Mitpriestern
am besten erscheint. 19 Auch die Geräte, die dir für den
Dienst im Haus deines Gottes übergeben werden, sollst
du deinem Gott in Jerusalem überbringen. 20 Was du
sonst noch für den Tempel deines Gottes aufwenden
musst, wird dir die Staatskasse erstatten. 21 Ich, König
Artaxerxes, gebe allen Schatzmeistern der Westpro-
vinz den Befehl: Alles, worum Esra, der Priester und
Lehrer im Gesetz des Himmelsgottes, bittet, ist ihm
pünktlich und sorgfältig zu liefern, 22 und zwar bis zu
100 Zentner Silber, bis zu 100 große Sack Weizen, bis
zu 100 Eimer Wein und ebenso viel Olivenöl, dazu Salz,
so viel er benötigt. 23 Stellt mit Eifer und Hingabe alles
bereit, was der Gott des Himmels für den Dienst an sei-
nem Tempel braucht, damit nicht etwa sein Zorn über
das Königreich, den König und seine Söhne kommt!
24 Außerdem wird euch bekannt gegeben: Niemand
hat das Recht, von den Priestern, Leviten, Sängern,
Torwächtern, Tempeldienern und allen anderen, die am
Tempel dieses Gottes Dienst tun, irgendwelche Steuern
oder Abgaben zu fordern. 25 Du aber, Esra, setze Richter
und Rechtslehrer ein mit der Weisheit, die das Gesetz
in deiner Hand dir vermittelt. Sie sollen eurem ganzen
Volk in der Westprovinz Recht sprechen, allen, die die
Gesetze deines Gottes kennen. Wenn jemand sie nicht
kennt, sollt ihr ihn darin unterweisen. 26 Wer aber dem
Gesetz deines Gottes nicht gehorcht, den sollt ihr vor
Gericht stellen und je nach Vergehen zum Tod, zur Aus-
stoßung aus der Gemeinschaft, zu einer Geldstrafe
oder zu Gefängnis verurteilen.«

ESRA PREIST GOTT

27 Gepriesen sei der HERR, der Gott unserer Väter! Er
war es, der dem König dies alles ins Herz gegeben hat,
um seinem Tempel in Jerusalem Ehre und Ansehen zu
verleihen. 28 Er hat mich die Gunst des Königs finden
lassen und auch die Gunst seiner Räte und aller ein-
flussreichen Beamten. Er hat mir Mut gemacht, weil
seine gütige Hand mir half, und so habe ich eine ganze
Reihe von israelitischen Sippenoberhäuptern dafür
gewinnen können, mit mir zurückzukehren.

DIE BEGLEITER ESRAS

8 Hier folgt die Liste der Sippenoberhäupter und der
mit ihnen eingetragenen Männer, die zur Regie-
rungszeit des Königs Artaxerxes mit mir von Babylon
nach Jerusalem reisten: // 2-3 Von der Sippe Pinhas:
Gerschom / von der Sippe Itamar: Daniel / von der
Sippe David: Hattusch, der Sohn von Schechanja / von
der Sippe Parosch: Secharja und mit ihm 150 eingetra-
gene Männer / 4 von der Sippe Pahat-Moab: Eljoënai,
der Sohn von Serachja, und mit ihm 200 Männer / 5 von
der Sippe Sattu: Schechanja, der Sohn von Jahasiël,
und mit ihm 300 Männer / 6 von der Sippe Adin: Ebed,
der Sohn Jonatans, und mit ihm 50 Männer / 7 von der
Sippe Elam: Jeschaja, der Sohn von Atalja, und mit ihm
70 Männer / 8 von der Sippe Schefatja: Sebadja, der
Sohn Michaels, und mit ihm 80 Männer / 9 von der
Sippe Joab: Obadja, der Sohn Jehiëls, und mit ihm 218
Männer / 10 von der Sippe Bani: Schelomit, der Sohn
von Josifja, und mit ihm 160 Männer / 11 von der Sippe
Bebai: Secharja, der Sohn von Bebai, und mit ihm 28
Männer / 12 von der Sippe Asgad: Johanan, der Sohn
Katans, und mit ihm 110 Männer / 13 von der Sippe
Adonikam auch noch die Letzten: Elifelet, Jëiël und
Schemaja und mit ihnen 60 Männer / 14 von der Sippe
Bigwai: Utai und Sabbud und mit ihnen 70 Männer //

ESRA GEWINNT LEVITEN UND TEMPELDIENER FÜR DIE HEIMKEHR

15 Ich bestellte die ganze Gruppe an den Kanal, der
nach der Stadt Ahawa fließt. Dort lagerten wir drei
Tage. Als ich mir die Leute ansah, fand ich eine Reihe
von Priestern unter ihnen, aber keinen einzigen Levi-
ten. 16 Deshalb ließ ich einige Familienoberhäupter zu
mir kommen, nämlich Eliëser, Ariël, Schemaja, Jonatan,
Jarib, Elnatan, Natan, Secharja und Meschullam so-
wie Jojarib und Elnatan, zwei kluge Männer. 17 Ich
schickte sie zu Iddo, dem Vorsteher des Levitendor-
fes Kasifja, und sagte ihnen, was sie Iddo und seinen
Brüdern, die dort ansässig waren, auszurichten hatten.
Diese sollten ihnen einige Männer mitgeben, die den
Dienst am Tempel unseres Gottes verrichten konn-
ten. 18 Weil die gütige Hand unseres Gottes uns half,
brachten sie Scherebja mit, einen verständigen Mann,

der von Machli abstammte, einem Enkel von Levi, dem
Sohn Jakobs, dazu seine Söhne und Brüder, 18 Mann.
19 Außerdem kamen Haschabja und Jeschaja von den
Nachkommen des Levisohnes Merari und brachten
ihre Söhne und die Brüder von Haschabja mit, 20
Mann. 20 Schließlich kamen noch 220 Tempeldiener
mit, alle namentlich eingetragen. Ihre Vorfahren wa-
ren von David und den Führern des Volkes dem Tempel
übereignet worden, um den Leviten zu helfen.

REISEVORBEREITUNGEN

21 Dort am Ahawa-Kanal ordnete ich auch einen Fast-
tag an. Wir alle wollten uns vor unserem Gott beugen
und ihn um eine glückliche Reise bitten für uns und
unsere Familien und allen Besitz, den wir mitnah-
men. 22 Ich wollte den König nicht bitten, uns eine
Reitertruppe mitzugeben, die uns unterwegs vor
feindlichen Überfällen schützen sollte. Das wäre zu
beschämend für mich gewesen; denn wir hatten ihm
gesagt: »Unser Gott beschützt alle, die ihm gehor-
chen; aber sein heftiger Zorn kehrt sich gegen die, die
sich von ihm abwenden.« 23 So fasteten wir und baten
unseren Gott um seinen Schutz und er erhörte unser
Gebet. 24 Danach nahm ich zwölf von den führenden
Priestern beiseite sowie Scherebja und Haschabja und
zehn weitere Leviten. 25 In ihrer Gegenwart wog ich
das Silber, das Gold und die kostbaren Geräte ab, die
der König, seine Räte und Minister und alle Israeliten
im Perserreich als Opfergabe für den Tempel unseres
Gottes gestiftet hatten. 26-27 Dann übergab ich ihnen
alle diese Schätze. Insgesamt waren es:

650	Zentner Silber
100	silberne Geräte, zusammen einige Zentner schwer
100	Zentner Gold
20	goldene Becher im Wert von 1000 persischen Goldmünzen
2	prachtvolle Gefäße aus polierter Bronze, ebenso wertvoll wie goldene Gefäße

28 Ich sagte zu ihnen: »Ihr seid dem HERRN geweiht,
so auch diese Gegenstände. Dieses Silber und dieses
Gold sind Gaben, die dem HERRN, dem Gott eurer Vor-
fahren, aus freiem Entschluss gestiftet worden sind.
29 Bewacht sie mit aller Sorgfalt, bis ihr beim Tempel in
Jerusalem ankommt. Dort werdet ihr sie in den Neben-
räumen des Tempels nachwiegen und an die führenden
Priester und Leviten sowie an die Sippenoberhäupter
des Volkes aushändigen.« 30 Die Priester und die Levi-
ten übernahmen das Silber, das Gold und die kostbaren
Geräte, um sie nach Jerusalem in den Tempel unseres
Gottes zu bringen.

DIE ANKUNFT IN JERUSALEM

31 Am 12. Tag des 1. Monats brachen wir vom Ahawa-
Kanal auf zur Reise nach Jerusalem. Die gütige Hand
unseres Gottes beschützte uns vor Feinden und Wege-
lagerern. 32 Als wir in Jerusalem ankamen, ruhten wir
uns zunächst drei Tage aus. 33 Am vierten Tag gingen
wir zum Haus unseres Gottes. Dort wurden das Silber,
das Gold und die kostbaren Geräte nachgewogen und
dem Priester Meremot, dem Sohn von Urija, überge-
ben. Bei Meremot waren Eleasar, der Sohn von Pin-
has, und zwei Leviten: Josabad, der Sohn von Jeschua,
und Noadja, der Sohn von Binnui. 34 Alle Gegenstände
wurden nachgezählt und gewogen und das Gesamt-
gewicht wurde schriftlich festgehalten. 35 Danach
richteten alle, die aus der Verbannung heimgekehrt
waren, dem Gott Israels ein großes Brandopfer aus.
Sie opferten für die zwölf Stämme Israels 12 Stiere, 96
Schafböcke, 72 Lämmer sowie 12 Ziegenböcke als Süh-
neopfer. Alle diese Tiere wurden dem HERRN zu Ehren
verbrannt. 36 Dann händigten sie den Reichsfürsten
und Statthaltern in der Provinz westlich des Eufrats
die Geleitbriefe des Königs aus. Aufgrund der Briefe
gewährten diese Männer dem Volk und dem Tempel
Gottes ihre Unterstützung.

ESRA ERFÄHRT VON EHEN MIT FREMDEN FRAUEN

9 Eine Anzahl von führenden Leuten kam zu mir und
sagte: »Das Volk hat sich vergangen, die Männer
Israels, die Priester und die Leviten. Sie haben sich nicht
ferngehalten von den übrigen Bewohnern des Landes,
die Götzen verehren, von den Kanaanitern, Hetitern, Pe-
risitern, Jebusitern, Ammonitern, Moabitern, Ägyptern
und Amoritern. 2 Jüdische Männer haben Frauen aus
diesen Völkern geheiratet, sodass sich das Volk Gottes
mit fremden Völkern vermischt hat. Führende Männer
und Ratsherren sind bei diesem Treubruch mit schlech-
tem Beispiel vorangegangen.« 3 Als ich das hörte, zer-
riss ich meine Kleider, das Ober- und das Untergewand,
raufte mir die Haare und den Bart und setzte mich starr
vor Entsetzen vor dem Tempelhaus nieder. 4 So saß ich
bis zur Zeit des Abendopfers. Um mich sammelten sich
alle, die Angst hatten vor dem Urteil des Gottes Israels
über den Treubruch der Heimgekehrten. 5 Zur Zeit des
Abendopfers erhob ich mich aus meiner Erstarrung,
kniete in meinen zerrissenen Kleidern nieder und be-
tete mit ausgebreiteten Armen zum HERRN, meinem
Gott. 6 »Mein Gott«, sagte ich, »ich schäme mich und
wage nicht, meine Augen zu dir zu erheben; denn die
Flut unserer Sünden reicht uns bis an die Kehle und der
Berg unserer Verfehlungen ist bis zum Himmel gewach-
sen. 7 Von der Zeit unserer Väter bis heute haben wir
schweres Unrecht begangen. Wegen unserer Vergehen
wurden wir, unsere Könige und unsere Priester in die
Gewalt fremder Herrscher gegeben. Man hat uns hinge-
schlachtet, als Gefangene verschleppt, ausgeplündert
und mit Schimpf und Schande überschüttet. So ist es bis
heute geblieben. 8 Nun hast du jetzt für eine kurze Zeit
Gnade walten lassen, HERR, unser Gott. Du hast einen
Rest von uns übrig gelassen und uns an deiner heiligen
Stätte in Sicherheit gebracht. Unsere Augen konnten
wieder aufleuchten, du hast uns ein wenig aufatmen
lassen in unserer Sklaverei. 9 Wir sind noch Sklaven;
aber doch hast du uns nicht verlassen. Du hast uns die
Gunst der Könige von Persien finden lassen, sodass

wir deinen Tempel aus den Trümmern wieder aufrich-
ten konnten, und du hast uns in Judäa und Jerusalem
eine sichere Wohnstätte gegeben. 10 Aber wie können
wir vor dir, unserem Gott, bestehen nach dem, was
jetzt vorgefallen ist? Wir haben gegen deine Gebote
verstoßen, 11 die du uns einst durch deine Diener, die
Propheten, einschärfen ließest. Du hast uns durch sie
sagen lassen: ›Das Land, das ihr in Besitz nehmen wer-
det, ist unrein durch den Götzendienst seiner Bewohner
und die Götzenbilder, mit denen sie es von einem Ende
bis zum andern angefüllt haben. 12 Deshalb sollt ihr mit
diesen Leuten keine Ehen schließen: Eure Töchter dürft
ihr keinem Mann aus diesen Völkern geben und für eure
Söhne keine Frau aus diesen Völkern nehmen. Sucht
nicht ihre Freundschaft und schließt keine Verträge
mit ihnen – für alle Zeiten nicht! Denn ihr sollt selbst
stark werden, den Ertrag des Landes genießen und es
euren Söhnen vererben als Besitz für alle kommenden
Generationen.‹ 13 Weil unser Volk dir nicht gehorcht und
schwere Schuld auf sich geladen hatte, kam großes Un-
glück über uns. Und doch hast du, unser Gott, uns nicht
so hart gestraft, wie wir es verdient hatten, sondern
hast uns, die wir hier sind, übrig gelassen. 14 Wie können
wir nun wieder anfangen, gegen deine Gebote zu ver-
stoßen und uns mit diesen Götzendienern zu verschwä-
gern? Musst du da nicht so zornig werden, dass du uns
ganz vernichtest und es keinen Rest und keine Rettung
mehr gibt? 15 HERR, du Gott Israels, du hast Gnade vor
Recht ergehen lassen und uns als Rest deines Volkes
gerettet, wie unser Hiersein das heute bezeugt. Und nun
stehen wir vor dir mit unserer Schuld! Wir wissen: So
können wir vor dir nicht bestehen!«

DIE MISCHEHEN WERDEN GESCHIEDEN

10 Während Esra vor dem Tempelhaus auf den
Knien lag und unter Tränen zu Gott betete und
die Schuld des Volkes bekannte, versammelte sich bei
ihm eine große Gemeinde von Männern, Frauen und
Kindern aus Israel. Sie alle weinten sehr. 2 Schechanja,
der Sohn von Jehiël aus der Sippe Elam, sagte zu Esra:
»Wir haben unserem Gott die Treue gebrochen; denn
wir haben Frauen aus der Bevölkerung des Landes ge-
heiratet. Aber trotzdem gibt es noch eine Hoffnung für
Israel: 3 Wir müssen jetzt mit unserem Gott einen Bund
schließen und uns verpflichten, alle fremden Frauen
mit ihren Kindern wegzuschicken. So hast du es uns
geraten, und alle, die das Gebot unseres Gottes ernst
nehmen, haben es befürwortet. Dem Gesetz Gottes
muss Geltung verschafft werden. 4 Darum steh auf!
Du musst das in Ordnung bringen. Sei mutig und
handle! Wir stehen hinter dir!« 5 Da stand Esra auf.
Er ließ die Vorsteher der Priester aus der Nachkom-
menschaft von Levi und die Vorsteher von ganz Israel
schwören, so zu handeln, wie Schechanja beantragt
hatte, und sie schworen es. 6 Dann verließ Esra den
Platz vor dem Haus Gottes und ging in die Tempelzel-
le Johanans, des Sohnes von Eljaschib. Dort blieb er
die Nacht über, aß nicht und trank nicht, so erschüt-
tert war er über den Treubruch der Heimgekehrten.
7 Darauf ließ Esra in Judäa und Jerusalem ausrufen,
dass alle Heimgekehrten sich in Jerusalem versam-
meln sollten. 8 So hätten es die Vorsteher und Ältesten
beschlossen. Jeder, der nicht vor Ablauf von drei Tagen
komme, werde aus der Gemeinde der Heimgekehrten
ausgeschlossen und sein gesamter Besitz werde ein-
gezogen. 9 Pünktlich versammelten sich alle Männer
der Stämme Juda und Benjamin in Jerusalem. Es war
der 20. Tag des 9. Monats. Sie setzten sich auf den
freien Platz vor dem Haus Gottes, zitternd wegen
der anstehenden Sache und auch, weil es in Strömen
regnete. 10 Der Priester Esra stand auf und sagte zu
ihnen: »Durch eure Heirat mit fremden Frauen habt
ihr dem HERRN die Treue gebrochen und so die Schuld
Israels vergrößert. 11 Gesteht jetzt vor dem HERRN,
dem Gott eurer Väter, eure Schuld ein und tut, was er
von euch erwartet. Trennt euch von den Bewohnern
des Landes und von euren fremden Frauen!« 12 Die
ganze Gemeinde rief laut: »Ja, das müssen wir tun!
Genau wie du sagst!« 13 Sie gaben aber zu bedenken:
»Wir sind zu viele hier und außerdem regnet es. Hier
im Freien können wir nicht bleiben. Die Sache lässt
sich auch nicht in ein oder zwei Tagen erledigen, weil
so viele von uns darin verwickelt sind. 14 Unsere Vor-
steher sollen hierbleiben und im Auftrag der ganzen
Gemeinde handeln. Jeder, der eine fremde Frau ge-
heiratet hat, soll zur festgesetzten Zeit vor ihnen er-
scheinen, zusammen mit den Ältesten und Richtern
seines Ortes. Alles soll in Ordnung gebracht werden,
damit wir den glühenden Zorn unseres Gottes von
uns abwenden, den wir mit diesem Treubruch auf uns
gezogen haben.« 15 Alle stimmten zu, ausgenommen
Jonatan, der Sohn von Asaël, und Jachseja, der Sohn
von Tikwa, die von Meschullam und dem Leviten
Schabbetai unterstützt wurden. 16 Die Heimgekehrten
verfuhren nach diesem Beschluss. Der Priester Esra
rief die Oberhäupter aller Sippen namentlich auf und
betraute sie mit dieser Aufgabe. Am 1. Tag des 10. Mo-
nats traten sie zusammen, um mit der Untersuchung zu
beginnen. 17 Alle Männer, die fremde Frauen geheiratet
hatten, mussten vor ihnen erscheinen. Bis zum 1. Tag
des 1. Monats war die ganze Angelegenheit geregelt.

DIE LISTE DER MÄNNER MIT NICHT JÜDISCHEN FRAUEN

18-19 Hier folgt die Liste der Männer, die nicht jüdische
Frauen geheiratet hatten. Sie verpflichteten sich mit
Handschlag, ihre fremden Frauen wegzuschicken,
und brachten als Wiedergutmachungsopfer einen
Schafbock dar: // *Priester:* / aus der Sippe von Je-
schua, dem Sohn Jozadaks, und von seinen Brüdern:
Maaseja, Eliëser, Jarib und Gedalja / 20 aus der Sippe
Immer: Hanani und Sebadja / 21 aus der Sippe Harim:
Maaseja, Elija, Schemaja, Jehiël und Usija / 22 aus der
Sippe Paschhur: Eljoënai, Maaseja, Jischmaël, Netanel,
Josabad und Elasa // 23 *Leviten:* / Josabad, Schimi, Ke-
laja, der auch Kelita genannt wird, Petachja, Juda und
Eliëser // 24 *Sänger:* / Eljaschib // *Torwächter:* / Schal-
lum, Telem und Uri // 25 *andere Israeliten:* / aus der

Sippe Parosch: Ramja, Jisija, Malkija, Mijamin, Eleasar, Malkija und Benaja / 26 aus der Sippe Elam: Mattanja, Secharja, Jehiël, Abdi, Jeremot und Elija / 27 aus der Sippe Sattu: Eljoënai, Eljaschib, Mattanja, Jeremot, Sabad und Asisa / 28 aus der Sippe Bebai: Johanan, Hananja, Sabbai und Atlai / 29 aus der Sippe Bani: Meschullam, Malluch, Adaja, Jaschub, Scheal und Jeremot / 30 aus der Sippe Pahat-Moab: Adna, Kelal, Benaja, Maaseja, Mattanja, Bezalel, Binnui und Manasse / 31 aus der Sippe Harim: Eliëser, Jischija, Malkija, Schemaja, Simeon, 32 Benjamin, Malluch und Schemarja / 33 aus der Sippe Haschum: Mattenai, Mattatta, Sabad, Elifelet, Jeremai, Manasse und Schimi / 34 aus der Sippe Bani: Maadai, Amram, Uël, 35 Benaja, Bedja, Keluhi, 36 Wanja, Meremot, Eljaschib, 37 Mattanja, Mattenai, Jaasai, 38 Bani, Binnui, Schimi, 39 Schelemja, Natan, Adaja, 40 Machnadbai, Schaschai, Scharai, 41 Asarel, Schelemja, Schemarja, 42 Schallum, Amarja und Josef / 43 aus der Sippe Nebo: Jëiël, Mattitja, Sabad, Sebina, Jaddai, Joël und Benaja // 44 Alle diese Männer hatten nicht jüdische Frauen geheiratet. Unter den Frauen waren einige, die Kinder geboren hatten.

DAS BUCH **NEHEMIA**

NEHEMIA BEGINNT SEINEN RECHENSCHAFTSBERICHT

1 Dies ist der Bericht von Nehemia, dem Sohn von Hachalja: Im 20. Regierungsjahr des Perserkönigs Artaxerxes, im Monat Kislew, war ich in der königlichen Residenz Susa. 2 Da kam Hanani, einer meiner Brüder, mit einigen Männern aus Judäa zu mir. Ich fragte sie, wie es den Juden dort gehe, den Überlebenden, die nicht verschleppt worden waren, und erkundigte mich nach dem Zustand Jerusalems. 3 Sie berichteten mir: »Die Menschen in der Provinz Juda, die der Verschleppung entgangen sind, leben in großer Not und Schande. Die Stadtmauer Jerusalems liegt in Trümmern, die Tore sind durch Feuer zerstört.« 4 Als ich das hörte, setzte ich mich nieder und weinte. Tagelang trauerte ich, fastete und flehte den Gott des Himmels an. 5 Ich betete: »Ach HERR, du Gott des Himmels, du großer und Ehrfurcht gebietender Gott! Du stehst in unerschütterlicher Treue zu deinem Bund und zu denen, die dich lieben und nach deinen Geboten leben. 6 Sieh mich, deinen Diener, freundlich an und habe ein offenes Ohr für mein Gebet! Tag und Nacht flehe ich zu dir für die Menschen, die dir dienen, dein Volk Israel! Ich bekenne dir die Sünden, die wir Israeliten gegen dich begangen haben. Wir haben Unrecht getan; auch ich und meine Verwandten haben sich verfehlt. 7 Wir haben große Schuld auf uns geladen: Wir haben die Gebote und Gesetze missachtet, die du uns durch Mose, deinen Diener und Bevollmächtigten, gegeben hast. 8 Aber denk doch daran, dass du ausdrücklich zu deinem Diener Mose gesagt hast: ›Wenn ihr mir untreu werdet, will ich euch unter die fremden Völker zerstreuen; 9 wenn ihr aber zu mir zurückkehrt, auf meine Gebote achtet und sie befolgt, werde ich sogar die, die ich bis ans äußerste Ende der Erde verstoßen habe, von dort zurückholen. Ich will sie heimbringen an den Ort, den ich erwählt und zum Wohnsitz meines Namens bestimmt habe.‹ So hast du gesagt – 10 und sie sind ja trotz allem deine Diener, dein Volk, das du einst durch deine große Macht und mit deiner starken Hand aus Ägypten befreit hast! 11 Ach Herr, erhöre mein Flehen und das Flehen aller, die dir bereitwillig und voll Ehrfurcht dienen! Lass mich doch heute Erfolg haben und hilf, dass der König mir gnädig ist!« Ich war nämlich der Mundschenk des Königs.

DER MUNDSCHENK DES KÖNIGS WAGT EINE BITTE …

2 Es war an einem Tag im Monat Nisan, im 20. Regierungsjahr des Königs Artaxerxes. Der Wein war bereitgestellt und ich nahm den Becher, füllte ihn und reichte ihn dem König. Ich war bei ihm sehr gut angeschrieben. 2 Der König sagte zu mir: »Warum siehst du so schlecht aus? Du bist doch nicht etwa krank? Nein, das ist es nicht – irgendetwas macht dir das Herz schwer!« Der Schreck fuhr mir in die Glieder. 3 Dann antwortete ich: »Der König möge ewig leben! Kann ich denn fröhlich aussehen? Die Stadt, in der meine Vorfahren begraben sind, ist verwüstet und ihre Tore sind vom Feuer zerstört.« 4 Darauf fragte mich der König: »Und was ist deine Bitte?« Ich schickte ein Stoßgebet zum Gott des Himmels 5 und sagte zum König: »Mein König, wenn es dir gut erscheint und wenn du deinem Diener Vertrauen schenkst, dann lass mich doch nach Judäa gehen in die Stadt, in der meine Vorfahren begraben sind, damit ich sie wieder aufbauen kann!«

… UND ERHÄLT VOLLMACHTEN FÜR JERUSALEM

6 Der König, neben dem die Königin saß, fragte mich: »Wie lange würde deine Reise dauern? Wann könntest du wieder hier sein?« Ich nannte ihm eine Zeit und er war einverstanden. 7 Dann sagte ich noch zu ihm: »Mein König, wenn es dir recht ist, dann möge man mir amtliche Schreiben mitgeben an die Statthalter der Westprovinz, damit sie mich nach Judäa durchreisen lassen. 8 Außerdem brauche ich ein amtliches Schreiben an Asaf, den königlichen Oberforstverwalter. Er soll mir Bauholz geben für die Tore der Verteidigungsanlage beim Tempel, für die Stadtmauer und für das Haus, in dem ich wohnen werde.« Der König gewährte es mir, denn die gütige Hand meines Gottes stand mir bei. 9 Für die Reise gab mir der König eine Leibwache von Offizieren und Reitern mit. Als ich zu den Statthaltern der Westprovinz kam, übergab ich ihnen die Briefe

des Königs. 10 Sanballat, der Horoniter, und der Ammoniter Tobija, sein Bevollmächtigter, gerieten in heftigen Zorn, weil einer kam, der den Israeliten helfen wollte.

VORBEREITUNGEN ZUM WIEDERAUFBAU DER STADTMAUER

11 Als ich in Jerusalem ankam, wartete ich zunächst drei Tage. 12 Dann begab ich mich in der Nacht auf Erkundung, nahm aber nur wenige Männer mit. Ich hatte noch keinem Menschen gesagt, was mein Gott mir ins Herz gegeben hatte und was ich für die Stadt tun wollte. Ich nahm auch keine Reittiere mit außer dem einen, auf dem ich ritt. 13 So ritt ich bei Nacht durch das Taltor und von dort aus südwärts in Richtung Drachenquelle bis zum Misttor. Ich untersuchte genau, wie weit die Mauern Jerusalems eingerissen und die Tore verbrannt waren. 14 Dann wandte ich mich nach Norden zum Quelltor und zum Königsteich. Weil ich an der Mauer entlang mit meinem Reittier nicht mehr weiterkam, 15 ritt ich noch ein Stück unten im Tal weiter, um mir ein Bild vom Zustand der Mauer zu machen. Dann kehrte ich um und kam durch das Taltor wieder zurück. 16 Die Ratsherren der Stadt wussten nicht, wohin ich gegangen war und was ich vorhatte. Denn bis dahin hatte ich keinem der Juden etwas von meinen Plänen mitgeteilt, weder den Priestern noch den Männern der ersten Familien und den Ratsherren noch allen übrigen, die mit der Sache zu tun hatten. 17 Nun aber sagte ich zu ihnen: »Ihr seht selbst die trostlose Lage, in der wir stecken. Jerusalem ist ein Trümmerhaufen und die Stadttore sind verbrannt. Kommt, lasst uns die Mauer wieder aufbauen, damit diese Schande aus der Welt geschafft wird!« 18 Ich erzählte ihnen auch, wie die gütige Hand meines Gottes mir geholfen und was der König mir gewährt hatte. Da sagten sie: »Ja, ans Werk, bauen wir sie auf!« Und sie machten sich mit Eifer an die Vorbereitungen zu dem wichtigen Unternehmen. 19 Als Sanballat, Tobija und der Araber Geschem von unserer Absicht hörten, machten sie sich über uns lustig und sagten: »Da habt ihr euch etwas Großes vorgenommen! Ein bisschen zu groß für euch! Wollt ihr euch am Ende noch gegen den König auflehnen?« 20 Ich ließ ihnen ausrichten: »Der Gott des Himmels wird es uns gelingen lassen. Wir, seine Diener, machen uns ans Werk und bauen die Mauer auf. Euch aber geht Jerusalem nichts an; denn ihr habt hier weder Grundbesitz noch irgendeinen Rechtsanspruch, ihr habt euch auch nie um die Stadt verdient gemacht!«

DIE LISTE DER BAULEUTE

3 Der Oberste Priester Eljaschib und seine Brüder, die Priester, bauten das Schafstor wieder auf, weihten es und setzten die Torflügel ein. Sie weihten auch das angrenzende Mauerstück bis zum »Turm der Hundert« und zum Hananel-Turm. 2 Die Einwohner von Jericho bauten den daran anschließenden Mauerabschnitt wieder auf. Den nächsten Abschnitt baute Sakkur, der Sohn von Imri, wieder auf. 3 Die Sippe Senaa baute das Fischtor wieder auf. Sie deckten es mit Balken, setzten die Torflügel ein und brachten die Riegel und ihre Sicherungen an. 4 Meremot, der Sohn von Urija und Enkel von Koz, besserte den nächsten Mauerabschnitt aus. Den anschließenden Teil setzte Meschullam, der Sohn von Berechja und Enkel von Meschesabel, instand. Am nächsten Abschnitt arbeitete Zadok, der Sohn von Baana. 5 Die Einwohner von Tekoa besserten den anschließenden Mauerabschnitt aus. Aber die vornehmen Männer dieser Stadt weigerten sich, die Arbeit aufzunehmen, die ihnen von mir zugewiesen wurde. 6 Jojada, der Sohn von Paseach, und Meschullam, der Sohn von Besodja, setzten das Jeschana-Tor instand. Sie deckten es mit Balken, setzten die Torflügel ein und brachten die Riegel und ihre Sicherungen an. 7 Am anschließenden Teil der Mauer arbeiteten Melatja aus Gibeon, Jadon aus Meronot sowie die Männer aus Gibeon und Mizpa. Nahe bei diesem Abschnitt lag der Amtssitz des Statthalters für die Provinz westlich des Eufrats. 8 Usiël, der Sohn von Harhaja, aus der Familie der Goldschmiede, besserte den nächsten Abschnitt aus. Den anschließenden Teil setzte Hananja, der Salbenmischer, instand. Diese beiden stellten den Abschnitt bis zur »Breiten Mauer« fertig. 9 Refaja, der Sohn Hurs, Vorsteher des halben Verwaltungsbezirks Jerusalem, besserte den nächsten Mauerabschnitt aus. 10 Jedaja, der Sohn von Harumaf, setzte den anschließenden Teil instand, seinem eigenen Haus gegenüber. Am nächsten Abschnitt arbeitete Hattusch, der Sohn von Haschabneja. 11 Malkija, der Sohn Harims, und Haschub, der Sohn Pahat-Moabs, besserten den nächsten Teil der Mauer aus, bis zum Ofenturm. 12 Schallum, der Sohn von Lohesch, Vorsteher der anderen Hälfte des Verwaltungsbezirks Jerusalem, setzte den anschließenden Abschnitt instand, zusammen mit seinen Töchtern. 13 Hanun und die Einwohner von Sanoach bauten das Taltor wieder auf. Sie setzten die Torflügel ein und brachten die Riegel und ihre Sicherungen an. Außerdem besserten sie die Mauer von dort bis zum Misttor aus, ein Stück von etwa 500 Metern 14 Das Misttor wurde von Malkija, dem Sohn Rechabs, wieder aufgebaut. Er war Vorsteher des Bezirks Bet-Kerem. Er setzte die Torflügel ein und brachte die Riegel und ihre Sicherungen an. 15 Schallun, der Sohn von Kolhose, Vorsteher des Bezirks Mizpa, baute das Quelltor wieder auf. Er machte eine neue Überdachung, setzte die Torflügel ein und brachte die Riegel und ihre Sicherungen an. Außerdem setzte er die Mauer am Teich der Wasserleitung beim königlichen Garten instand, bis zu den Stufen, die von der Davidsstadt herabführen. 16 Am nächsten Mauerabschnitt arbeitete Nehemja, der Sohn Asbuks, Vorsteher der einen Hälfte des Bezirks Bet-Zur. Er arbeitete an dem Abschnitt gegenüber den Gräbern Davids und seiner Nachfolger, bis zu dem künstlich angelegten Teich und der Kaserne der »Dreißig Helden«. 17 Den anschließenden Teil der Mauer setzten die Leviten unter Rehum, dem Sohn von Bani, instand. Haschabja, Vorsteher der einen Hälfte des Bezirks Keïla, besserte den nächsten Abschnitt aus; er vertrat seinen Bezirk. 18 Am anschließenden Teil arbeiteten die Leviten unter

Binnui, dem Sohn Henadads, Vorsteher der anderen
Hälfte des Bezirks Keïla. 19 Den nächsten Teil setzte
Eser, der Sohn von Jeschua, Vorsteher von Mizpa, in-
stand. Sein Abschnitt lag gegenüber dem Aufstieg zur
Waffenkammer beim »Winkel«. 20 Baruch, der Sohn
von Sabbai, arbeitete mit ganzem Einsatz am Mauer-
abschnitt zwischen dem »Winkel« und dem Eingang
zum Haus des Obersten Priesters Eljaschib. 21 Mere-
mot, der Sohn von Urija und Enkel von Koz, besserte
den nächsten Abschnitt aus, vom Eingang zum Haus
Eljaschibs bis zum Ende des Hauses. 22 Den anschlie-
ßenden Teil setzten die Priester aus der Umgebung
von Jerusalem instand. 23 Benjamin und Haschub ar-
beiteten am nächsten Teil, ihren Häusern gegenüber.
Asarja, der Sohn von Maaseja und Enkel von Ananeja,
setzte den anschließenden Abschnitt instand, nahe bei
seinem Haus. 24 Am nächsten Teil arbeitete Binnui, der
Sohn Henadads, vom Haus Asarjas bis zum »Winkel«
und weiter bis zur »Ecke«. 25 Palal, der Sohn von Usai,
arbeitete an der Mauer gegenüber dem »Winkel« und
dem hohen Turm, der am königlichen Palast vorspringt,
nahe beim Wachthof. Pedaja, der Sohn von Parosch,
26 und die Tempeldiener, die auf dem Ofel wohnten, bes-
serten den anschließenden Teil aus, bis zum Wassertor
auf der Ostseite und zum vorspringenden Turm. 27 Am
nächsten Teil, vom vorspringenden Turm bis zur Mauer
am Ofel, arbeiteten die Einwohner von Tekoa. 28 Den
Abschnitt oberhalb des Rosstores setzten die Priester
instand, jeder seinem Haus gegenüber. 29 Zadok, der
Sohn von Immer, arbeitete an dem Teil der Mauer, der
seinem Haus gegenüber lag. Den anschließenden
Teil setzte Schemaja, der Sohn von Schechanja, der
Wächter des Osttores, instand. 30 Hananja, der Sohn
von Schelemja, und Hanun, der sechste Sohn Zalafs,
besserten den nächsten Teil aus. Meschullam, der Sohn
von Berechja, arbeitete an dem Abschnitt gegenüber
seiner Wohnung. 31 Malkija, der Goldschmied, setzte
den anschließenden Teil instand, bis zum Haus der
Tempeldiener und der Händler gegenüber dem Wacht-
tor und bis zum Aufgang an der Nordostecke. 32 Den
Mauerabschnitt von dort bis zum Schafstor setzten
die Goldschmiede und die Händler instand.

DIE PLÄNE DER GEGNER WERDEN DURCHKREUZT

33 Als Sanballat hörte, dass wir die Stadtmauer wieder
aufbauten, wurde er zornig und war sehr verärgert.
Er machte sich über uns Juden lustig 34 und sagte in
Gegenwart seiner Freunde und der Truppen von Sama-
ria: »Was bilden sich diese elenden Juden eigentlich
ein? Meinen sie wirklich, sie könnten es schaffen?
Oder glauben sie, dass ihre Opfer etwas bewirken? Das
ist doch keine Arbeit von einem Tag! Sie wollen wohl
die verbrannten Steine ihrer Ruinen zu neuem Leben
erwecken?« 35 Tobija, der Ammoniter, stand neben
ihm und fügte hinzu: »Sie sollen nur bauen! Wenn ein
Fuchs an ihre Mauer springt, dann stürzt die ganze
Herrlichkeit zusammen!« 36 »Du unser Gott«, sagte
ich, »hör doch, wie sie über uns lachen! Lass ihren
Spott auf sie selbst zurückfallen! Lass sie gefangen
weggeführt werden und selber die Verachtung zu spü-
ren bekommen! 37 Vergib ihnen dieses Unrecht nicht,
vergiss es ihnen nicht! Denn sie haben dich beleidigt
vor allen, die an der Mauer bauen.« 38 Trotz dieser An-
feindungen konnten wir die Mauer wieder aufbauen.
Bald schon war sie über die ganze Länge geschlossen
und bis zur halben Höhe aufgeführt, weil alle mit Eifer
bei der Sache waren.

4 Als Sanballat und Tobija, die Araber, die Ammo-
niter und die Leute von Aschdod erfuhren, dass
der Wiederaufbau der Mauer Jerusalems voranging
und sich ihre Lücken zu schließen begannen, gerieten
sie in Wut. 2 Sie verschworen sich und beschlossen,
bewaffnet gegen Jerusalem zu ziehen und dort Ver-
wirrung anzurichten. 3 Wir aber beteten zu unserem
Gott und stellten Tag und Nacht zum Schutz gegen
sie Wachen auf. 4 Unter den Judäern ging zu dieser
Zeit das Lied um: »Der Schutt nimmt ja doch nie ein
Ende, wir haben schon ganz lahme Hände! Wir sind
viel zu müde und matt, zu bauen die Mauer der Stadt.«
5 Unsere Feinde dachten: »Ehe die Judäer etwas ahnen,
sind wir schon mitten unter ihnen, schlagen sie zusam-
men und bereiten ihrem Machwerk ein Ende.« 6 Doch
es kam ganz anders. Denn die Juden, die in ihrer Nähe
wohnten, hielten uns auf dem Laufenden über das, was
unsere Feinde gegen uns vorhatten. 7 Darum rief ich
alle wehrfähigen Männer zu den Waffen. Ich stellte sie
unterhalb des Tempelplatzes hinter den eingestürzten
Partien der Mauer auf, geordnet nach Familienverbän-
den, bewaffnet mit Schwertern, Speeren und Bogen.
8 In dieser gefährlichen Lage trat ich vor sie hin und
sagte zu den Männern aus den ersten Familien und den
Ratsherren und zum ganzen Volk: »Habt keine Angst!
Erinnert euch daran, wie groß und mächtig der Herr
ist! Kämpft für eure Brüder, für eure Söhne und Töchter,
für eure Frauen und für euren Besitz!«

MAUERBAU IM SCHUTZ DER WAFFEN

9 Unsere Feinde erfuhren, dass wir gewarnt waren.
Ihr Plan war gescheitert, Gott hatte ihn vereitelt. Wir
aber gingen alle zur Mauer zurück, jeder an seine Ar-
beit. 10 Von dem Tag an arbeitete nur noch die Hälfte
meiner Leute beim Mauerbau mit, während die andere
Hälfte Wache stand, ausgerüstet mit Speeren, Schil-
den, Bogen und Rüstungen. Die führenden Männer
standen hinter den Leuten von Juda, 11 die am Mauer-
bau arbeiteten. Die Träger trugen mit der einen Hand
die Last, in der andern hielten sie eine Waffe. 12 Alle
Bauleute hatten während der Arbeit das Schwert um-
geschnallt. Ich selbst hatte den Mann mit dem Signal-
horn immer bei mir. 13 Zu den Männern aus den ersten
Familien und den Ratsherren und den Bauleuten aus
dem Volk sagte ich: »Die Baustelle ist weitläufig. Wir
müssen uns über die ganze Mauer verteilen und sind
dadurch weit voneinander entfernt. 14 Wenn ihr von
irgendeiner Stelle her das Widderhorn blasen hört,
kommt ihr sofort zu mir dorthin. Unser Gott wird für
uns kämpfen!« 15 So arbeiteten wir alle vom ersten

Morgenrot an, bis die Sterne sichtbar wurden; aber
die Hälfte meiner Leute hatte ständig den Speer in
der Hand und hielt Wache. 16 Für die ganze Zeit hatte
ich angeordnet, dass die verantwortlichen Bauführer
mit ihren Leuten in Jerusalem übernachten sollten. So
konnten sie uns nachts beim Wachtdienst helfen und
tagsüber an die Arbeit gehen. 17 Weder ich noch einer
von meinen Brüdern und Verwandten, meinen eigenen
Leuten oder der Wachmannschaft, die mich begleitete,
zog seine Kleider aus und jeder hatte seinen Wurfspeer
stets griffbereit.

DIE KLEINEN LEUTE BEZAHLEN DIE ZECHE

5 Im Volk aber breitete sich Unzufriedenheit aus.
Die Männer und ihre Frauen kamen zu mir und
beschwerten sich über ihre jüdischen Stammesbrü-
der. 2 Die einen klagten: »Wir haben viele Söhne und
Töchter und wissen nicht, wie wir genug Getreide zum
Leben beschaffen sollen.« 3 Andere beklagten sich:
»Wir müssen unsere Felder, unsere Weinberge und
unsere Häuser verpfänden, um in der Hungersnot Brot
kaufen zu können.« 4 Wieder andere beschwerten
sich: »Wir mussten unsere Felder und Weinberge ver-
pfänden, um die Abgaben für den König bezahlen zu
können.« 5 Sie alle sagten: »Sind wir etwa nicht vom
selben Fleisch und Blut wie unsere Stammesbrüder?
Sind unsere Kinder nicht genauso gut Israeliten wie
ihre Kinder? Und doch müssen wir ihnen unsere Söhne
und Töchter als Sklaven geben. Einige unserer Töchter
sind schon missbraucht worden und wir können nichts
dagegen tun. Unsere Felder und Weinberge gehören
anderen.« 6 Ich wurde sehr zornig, als ich von diesem
himmelschreienden Unrecht erfuhr. 7 Ich überlegte mir
die Sache hin und her. Dann sagte ich den Männern
aus den ersten Familien und den Ratsherren hart und
deutlich meine Meinung: »Wie könnt ihr die Notlage
eurer eigenen Stammesbrüder so schamlos ausnut-
zen?« Ich brachte die Sache vor die Versammlung der
ganzen Gemeinde 8 und hielt den Schuldigen vor: »Wir
haben von unseren jüdischen Stammesbrüdern, die
unter die Nachbarvölker verkauft worden waren, so
viele losgekauft, wie wir konnten. Und ihr wollt sie
jetzt selber verkaufen, damit sie wieder zurückge-
kauft werden müssen?« Sie schwiegen und konnten
nichts zu ihrer Rechtfertigung vorbringen. 9 Ich fuhr
fort: »Was ihr da tut, ist ein Verbrechen. Ihr solltet in
wahrer Gottesfurcht leben! So aber macht ihr uns zum
Gespött der Völker, die unsere Feinde sind. 10 Auch ich,
meine Brüder und Verwandten und meine Leute ha-
ben Geld und Getreide ausgeliehen. Lasst uns doch
auf jede Rückzahlung verzichten! 11 Und gebt euren
Schuldnern noch heute ihre Felder, ihre Weinberge,
Ölbäume und Häuser zurück! Erlasst ihnen die ganze
Schuld, alles, was ihr ihnen an Geld und Getreide, an
Wein und Öl geliehen habt!«

NEHEMIA ALS LEUCHTENDES VORBILD

12 Da riefen sie: »Wir wollen alles zurückgeben und
nichts mehr von ihnen fordern! Wir wollen alles so
machen, wie du gesagt hast!« Ich rief die Priester zu
mir und ließ die Gläubiger vor ihnen ihr Versprechen
beschwören. 13 Ich schüttelte alles, was ich über
dem Gürtel in meinem Gewand trug, vor der ganzen
Gemeinde heraus und erklärte: »Genauso soll Gott
jeden, der diesen Schwur nicht hält, aus seinem Haus
und seinem Besitz hinausschütteln, ja, er selbst soll ge-
nauso ausgeschüttelt und ausgeleert sein.« Die ganze
Gemeinde rief: »Amen!«, und pries den HERRN. Alle
hielten sich an diese Abmachung. 14 Ich selbst verzich-
tete für mich und meine Verwandtschaft von Anfang
an auf die Unterhaltskosten, die mir als Statthalter der
Provinz Juda zustanden, die ganzen zwölf Jahre lang,
vom 20. bis zum 32. Regierungsjahr des Königs Arta-
xerxes. 15 Frühere Statthalter hatten dem Volk schwere
Lasten auferlegt. Sie verlangten von ihm nicht nur Brot
und Wein, sondern täglich auch noch 40 Silberstücke
für ihren Unterhalt. Auch ihre Leute unterdrückten
das Volk. Weil ich Gott ernst nahm, tat ich dies alles
nicht. 16 Meine ganze Kraft habe ich für den Bau der
Mauer eingesetzt und auch meine Leute haben bei der
Arbeit mitgeholfen. Keiner von uns hat Grundbesitz
erworben. 17 Hundertfünfzig Beamte der judäischen
Bezirksverwaltung hatte ich ständig zu verpflegen,
dazu die Gäste, die von den umliegenden Völkern zu
uns kamen. 18 Täglich wurden ein Rind, sechs ausge-
suchte Schafe und dazu Geflügel zubereitet. Alle zehn
Tage wurden die verschiedensten Weine in großen
Mengen angeliefert. Trotzdem habe ich die Unter-
haltskosten, die mir als Statthalter zustanden, nicht
in Anspruch genommen; denn das Volk war durch die
Bauarbeiten schon mehr als genug belastet. 19 Denk
doch an mich, mein Gott, und lass mir zugutekommen,
was ich für dieses Volk getan habe!

DIE GEGNER WOLLEN NEHEMIA EINSCHÜCHTERN

6 Sanballat, Tobija und der Araber Geschem sowie
unsere übrigen Feinde erfuhren, dass ich den
Mauerbau vollendet hatte und keine Lücken mehr in
der Mauer waren. Allerdings hatten wir die Torflügel
noch nicht eingesetzt. 2 Genau zu dieser Zeit schick-
ten Sanballat und Geschem mir einen Boten mit der
Einladung, sie in Kefirim im Ono-Tal zu treffen. Weil
sie aber Böses gegen mich im Schilde führten, 3 ließ
ich ihnen durch Boten sagen: »Ich habe eine große
Aufgabe zu bewältigen und kann unmöglich kommen.
Meine Arbeit würde liegen bleiben, wenn ich sie ver-
ließe, um euch zu treffen.« 4 Viermal schickten sie mir
dieselbe Einladung und jedes Mal schickte ich ihnen
dieselbe Antwort. 5 Sanballat gab nicht auf. Das fünfte
Mal schickte er einen seiner Diener mit einem unversie-
gelten Brief. 6 Darin stand: »Wie Geschem mir bestätigt
hat, geht unter den Leuten das Gerücht um, dass du mit
den Juden einen Aufstand vorbereitest und dass ihr zu
diesem Zweck auch die Mauer wieder aufbaut. Man
erzählt sich auch, du wolltest ihr König werden. 7 Du
sollst Propheten bestellt haben, die den Auftrag haben,
überall in Jerusalem auszurufen: ›Juda hat wieder einen

König!‹ Es wird nicht ausbleiben, dass solche Gerüchte dem König zu Ohren kommen. Komm also zu mir, damit wir miteinander über alles reden können.« 8 Ich ließ ihm antworten: »Was du schreibst, ist völlig aus der Luft gegriffen. Du hast dir das alles selbst ausgedacht.« 9 So versuchten sie alle, uns Angst einzujagen, in der Hoffnung, dass wir die Arbeit abbrechen würden. Ich aber sagte mir: »Jetzt erst recht!« 10 Eines Tages besuchte ich Schemaja, den Sohn von Delaja und Enkel von Mehetabel, weil dieser verhindert war, zu mir zu kommen. Er sagte zu mir: »Gehen wir miteinander zum Tempel und schließen uns im Innern des Gotteshauses ein; sie wollen dich nämlich ermorden. Heute Nacht werden sie kommen!« 11 Ich antwortete ihm: »Ein Mann in meiner Stellung flieht nicht. Und wie dürfte ich es wagen, in den Tempel einzudringen? Ein solches Vergehen müsste ich mit dem Leben bezahlen. Nein, ich gehe nicht!« 12 Ich hatte nämlich erkannt, dass Schemaja nicht von Gott beauftragt worden war. Er hatte zwar wie ein Prophet zu mir gesprochen, aber Tobija und Sanballat hatten ihn dafür bezahlt. 13 Sie wollten ihn dazu benutzen, mir Angst einzujagen. Ich sollte dem Rat Schemajas folgen und ein Unrecht begehen. Dann hätten sie eine Gelegenheit gehabt, meinen Ruf zu ruinieren und mich vor meinem eigenen Volk verächtlich zu machen. 14 Du, mein Gott, vergiss nicht, was Tobija und Sanballat mir angetan haben! Denk auch an alles, womit die Prophetin Noadja und die anderen Propheten mir Angst machen wollten!

DIE VOLLENDUNG DER MAUER

15 Dennoch wurde die Mauer vollendet. Am 25. Tag des Monats Elul, nach 52 Tagen, hatten wir es geschafft. 16 Als die feindlichen Völker rings um uns her das hörten, bekamen sie es mit der Angst zu tun. Aller Hochmut war ihnen vergangen, weil sie einsehen mussten, dass unser Gott es war, der dieses Werk vollbracht hatte. 17 Während dieser ganzen Zeit standen Leute aus den ersten Familien in Judäa in regem Briefwechsel mit Tobija. 18 Viele Judäer waren mit ihm durch einen Eid verbunden, denn er war der Schwiegersohn von Schechanja, dem Sohn Arachs. Außerdem hatte Tobijas Sohn Johanan eine Tochter von Meschullam, dem Sohn von Berechja, geheiratet. 19 Diese Leute gingen so weit, in meiner Gegenwart die Verdienste Tobijas zu rühmen, und hinterbrachten ihm jede meiner Bemerkungen. Darauf schickte er mir Briefe, um mir Angst zu machen.

DER WACHTDIENST IN JERUSALEM WIRD ORGANISIERT

7 Als der Wiederaufbau der Mauer abgeschlossen war, ließ ich die Torflügel einsetzen. Danach nahmen die Torwächter, die Sänger und die Leviten ihren Dienst am Tempel auf. 2 Den Schutz Jerusalems übertrug ich meinem Bruder Hanani sowie Hananja, dem Kommandanten der Burg. Hananja war ein Mann, der vollstes Vertrauen verdiente, und sein Gehorsam gegenüber Gott war beispielhaft. 3 Ich sagte zu ihnen: »Die Tore Jerusalems werden erst geöffnet, wenn die Wärme der Sonne zu spüren ist. Und abends, wenn noch alle Bewohner auf den Beinen sind, werden die Tore geschlossen und verriegelt. Richtet einen Wachtdienst ein, zu dem alle Männer der Stadt eingeteilt werden. Ein Teil soll die Wachtposten an den gefährdeten Stellen beziehen, die anderen sollen bei ihrem Haus Wache halten.«

DIE LISTE DER HEIMKEHRER

4 Jerusalem war eine große, weiträumige Stadt; aber die Zahl der Einwohner war klein und es war noch nicht alles mit Häusern bebaut. 5 Mein Gott gab mir den Gedanken ein, die Männer der ersten Familien, die Ratsherren und das ganze Volk zusammenzurufen, um sie nach ihren Sippen in Listen einzutragen. Ich fand bei dieser Gelegenheit das Verzeichnis, in dem die ersten Heimkehrer aufgeschrieben waren. Darin hieß es: 6 Viele, deren Vorfahren aus der persischen Provinz Judäa stammten, verließen Babylonien und kehrten nach Jerusalem und Judäa zurück, jeder in seinen Heimatort. Ihre Familien hatten in Babylonien gelebt, seit König Nebukadnezzar sie dorthin verschleppt hatte. 7a Ihre Anführer waren: Serubbabel, Jeschua, Nehemja, Asarja, Raamja, Nahamani, Mordochai, Bilschan, Misperet, Bigwai, Rehum und Baana. 7b-38 Hier folgt die Liste der israelitischen Sippen mit der Zahl der zu ihnen gehörigen Männer:

Parosch	2172
Schefatja	372
Arach	652
Pahat-Moab, die Nachkommen von Jeschua und Joab	2818
Elam	1254
Sattu	845
Sakkai	760
Bani	648
Bebai	628
Asgad	2322
Adonikam	667
Bigwai	2067
Adin	655
Ater, die Nachkommen von Hiskija	98
Haschum	328
Bezai	324
Harif	112
Gibeon	95
Netofa aus Betlehem	188
aus Anatot	128
aus Bet-Asmawet	42
aus Kirjat-Jearim, Kefira und Beerot	743
aus Rama und Geba	621
aus Michmas	122
aus Bet-El und Ai	123
aus Nebo – dem anderen	52
Elam – ein anderer	1254
Harim	320
aus Jericho	345
aus Lod, Hadid und Ono	721
Senaa	3930

39-42 Von den Sippen der Priester kehrten heim:

Jedaja, die Nachkommen von Jeschua	973
Immer	1052
Paschhur	1247
Harim	1017

43 Von den Leviten:

die Sippe Jeschua, die Nachkommen von Kadmiël, Binnui und Hodawja	74

44 Von den Tempelsängern:

die Nachkommen Asafs	148

45 Von den Torwächtern des Tempels:

die Sippen Schallum, Ater, Talmon, Akkub, Hatita und Schobai	139

46-56 Von den Tempeldienern kehrten folgende Sippen
heim: Ziha, Hasufa, Tabbaot, Keros, Sia, Padon, Lebana,
Hagaba, Salmai, Hanan, Giddel, Gahar, Reaja, Rezin,
Nekoda, Gasam, Usa, Paseach, Besai, die Mëuniter,
die Nefusiter, Bakbuk, Hakufa, Harhur, Bazlut, Mehida,
Harscha, Barkos, Sisera, Temach, Neziach, Hatifa.

57-59 Folgende Sippen der Sklaven Salomos kehrten
heim: Sotai, Soferet, Peruda, Jaala, Darkon, Giddel,
Schefatja, Hattil, Pocheret-Zebajim, Amon.

60 Gesamtzahl der heimkehrenden Tempeldiener
und Nachkommen der Sklaven Salomos 392

61-62 Aus Tel-Melach, Tel-Harscha, Kerub-Addon und
Immer kamen folgende Sippen; sie konnten aber
nicht nachweisen, dass sie israelitischer Abstam-
mung waren: Delaja, Tobija und Nekoda 642

63-64 Unter den Priestern gab es einige, die ihre
Abstammungslisten nicht finden konnten. Es waren
die Sippen Habaja, Koz und Barsillai. Der Ahnherr der
Sippe Barsillai hatte eine Tochter von Barsillai aus Gi-
lead geheiratet und dessen Namen angenommen. Weil
diese drei Sippen ihre priesterliche Abstammung nicht
nachweisen konnten, wurden sie für unrein erklärt und
vom Priesterdienst ausgeschlossen. 65 Der Statthalter
untersagte ihnen, von den heiligen Opfergaben zu es-
sen, bis wieder ein Oberster Priester eingesetzt wäre,
der ihren Fall klären könnte.

66-68 Gesamtzahl der Gemeinde der
Heimkehrer 42 360

Hinzu kamen:

Sklaven und Sklavinnen	7337
Sänger und Sängerinnen	200
Kamele	435
Esel	6720

69-71 Viele aus dem Volk gaben eine Spende für den Bau
und den Tempelschatz:

der Statthalter	1000	Goldmünzen
	50	Opferschalen
	30	Priestergewänder
	285	Kilo Silber
ein Teil der Sippen-oberhäupter	20 000	Goldmünzen
	1250	Kilo Silber
das übrige Volk	20 000	Goldmünzen
	1140	Kilo Silber
	67	Priestergewänder

72a Alle Israeliten ließen sich in ihren Heimatorten
nieder: die Priester, die Leviten, die Torwächter und
Sänger, die Leute aus dem Volk und die Tempeldiener.

ESRA FÜHRT DAS VOLK IN DAS GESETZ GOTTES EIN

72b Als der 7. Monat herankam und die Israeliten in
8 ihren Städten lebten, 1 versammelte sich das ganze
Volk vollzählig auf dem Platz vor dem Wassertor.
Sie sagten zu Esra, dem Lehrer des Gesetzes: »Bring
doch das Buch her, in dem das Gesetz steht, das der
HERR den Israeliten durch Mose gegeben hat!« 2 Da
brachte der Priester Esra das Gesetzbuch vor die
Gemeinde, die Männer und Frauen und alle Kinder,
die es schon verstehen konnten. Am 1. Tag des 7. Mo-
nats, 3 vom frühen Morgen bis zum Mittag, verlas er das
Gesetzbuch auf dem Platz vor dem Wassertor und das
ganze Volk hörte gespannt auf die Worte des Buches.
4 Esra, der Lehrer des Gesetzes, stand dabei auf einem
hölzernen Podest, das man zu diesem Zweck errichtet
hatte. Neben ihm standen auf der rechten Seite Mat-
titja, Schema, Anaja, Urija, Hilkija und Maaseja, auf
der linken Pedaja, Mischaël, Malkija, Haschum, Hasch-
baddana, Secharja und Meschullam. 5 Esra öffnete die
Buchrolle, und weil er höher stand als das Volk, konn-
ten es alle sehen. Da stand das ganze Volk auf. 6 Zuerst
pries Esra den HERRN, den großen Gott, und alle ant-
worteten mit zum Gebet erhobenen Händen: »Amen,
so soll es sein!« Sie warfen sich auf die Knie und be-
rührten mit der Stirn die Erde, um dem HERRN Ehre
zu erweisen. 7 Die Leviten Jeschua, Bani, Scherebja,
Jamin, Akkub, Schabbetai, Hodija, Maaseja, Kelita,
Asarja, Josabad, Hanan und Pelaja gingen zu den Leu-
ten hin und halfen ihnen, das Gelesene zu verstehen.
8 Sie gaben eine mündliche Übersetzung des Gesetzes
und erklärten es den Leuten so, dass sie es verstehen
konnten. 9 Als das Volk die strengen Forderungen des
Gesetzes hörte, fingen alle an laut zu weinen. Da sag-
ten der Statthalter Nehemia, der Priester und Lehrer
Esra und die Leviten zu ihnen: »Seid nicht traurig und
weint nicht! Heute ist ein heiliger Tag, ein Festtag zur
Ehre des HERRN, eures Gottes!« 10 Esra sagte zu ihnen:
»Geht nun, esst und trinkt! Nehmt das Beste, was ihr
habt, und gebt auch denen etwas, die nichts haben. Der
heutige Tag ist ein Festtag zur Ehre des HERRN! Macht
euch keine Sorgen, denn die Freude am HERRN umgibt
euch wie eine schützende Mauer.« 11 Auch die Leviten
redeten den Leuten zu: »Beruhigt euch, denn dieser
Tag ist ein Festtag des HERRN! Macht euch nur keine

Sorgen!« 12 Da gingen alle nach Hause und feierten ein
großes Freudenfest. Sie aßen und tranken und teilten
ihr Festmahl mit denen, die nichts hatten. Denn sie
hatten begriffen, was ihnen vorgelesen worden war.

DAS VOLK FEIERT DAS LAUBHÜTTENFEST

13 Am zweiten Tag kamen die Sippenoberhäupter des
ganzen Volkes mit den Priestern und den Leviten zu Esra,
dem Lehrer, um die Worte des Gesetzes noch genauer
zu studieren. 14 Da fanden sie im Gesetz, was Mose auf
Befehl des HERRN geschrieben hatte: »Die Israeliten sol-
len während des Festes im siebten Monat in Laubhütten
wohnen 15 und sie sollen in Jerusalem und in allen ihren
Städten ausrufen und bekannt machen: ›Geht auf die
umliegenden Berge und holt frische Zweige von edlen
und wilden Ölbäumen, Myrten, Dattelpalmen und an-
deren dicht belaubten Bäumen, damit wir Laubhütten
bauen können, wie das Gesetz es vorschreibt!‹« 16 Da
ging das Volk hinaus, holte Zweige und baute sich Laub-
hütten, die einen auf den flachen Dächern ihrer Häuser,
andere in ihren Höfen, in den Vorhöfen des Tempels und
auf den freien Plätzen am Wassertor und am Efraïmtor.
17 Die ganze Gemeinde der Heimkehrer baute Laubhüt-
ten und wohnte in ihnen. Das hatten die Israeliten seit
der Zeit Josuas, des Sohnes Nuns, bis zu diesem Tag nicht
mehr getan. Alle waren glücklich und voller Freude.
18 Täglich, vom ersten bis zum letzten Festtag, las Esra
laut aus dem Gesetzbuch Gottes vor. Sieben Tage wurde
das Fest gefeiert. Am achten Tag fand die im Gesetz vor-
geschriebene Festversammlung statt.

DAS VOLK BEKENNT SEINE SCHULD

9 Am 24. Tag desselben Monats versammelten sich
die Israeliten zu einem Fasttag. Sie hatten den Sack
angelegt und sich Erde auf den Kopf gestreut. 2 Alle,
die als Nachkommen Jakobs zu Israel gehörten, trenn-
ten sich ausdrücklich von allen Fremden und traten
vor den HERRN, um ihre Schuld und die Schuld ihrer
Vorfahren zu bekennen. 3 Sie erhoben sich von ihren
Plätzen und drei Stunden lang wurde ihnen aus dem
Gesetzbuch des HERRN, ihres Gottes, vorgelesen. Dann
warfen sie sich vor dem HERRN nieder und bekannten
ihm ihre Verfehlungen, ebenfalls drei Stunden lang.
4 Auf dem Podium der Leviten erhoben sich Jeschua,
Bani, Kadmiël, Schebanja, Bunni, Scherebja, Bani und
Kenani. Sie riefen mit lauter Stimme zum HERRN, ihrem
Gott. 5 Die Leviten Jeschua, Kadmiël, Bani, Haschab-
neja, Scherebja, Hodija, Schebanja und Petachja aber
sagten zum Volk: »Auf, preist den HERRN, euren Gott,
von Ewigkeit zu Ewigkeit!« 6 Und die Leviten beteten
dem Volk vor: »Dein großer Name, HERR, sei gepriesen!
Alles Preisen und Rühmen der Menschen reicht nicht
an ihn heran. Du, HERR, allein bist Gott! Du hast den
Himmel geschaffen, die Himmelswelt mit dem Heer
der Engel. Du hast die Erde und das Meer geschaffen
und alle Geschöpfe, die dort leben. Ihnen allen hast du
das Leben geschenkt und die Himmelsmächte beten
dich an! 7 Du, HERR, unser Gott, erwähltest Abram und
holtest ihn heraus aus Ur in Chaldäa; du gabst ihm den
Namen Abraham. 8 Du sahst, dass er in Treue zu dir
hielt, und schlossest einen Bund mit ihm und gabst ihm
dabei das Versprechen: ›Deinen Nachkommen gebe
ich das Land, in dem die Kanaaniter wohnen, die Heti-
ter und die Amoriter, die Perisiter, Jebusiter und Girga-
schiter.‹ Und du hast dein Versprechen gehalten, auf
dich ist in allem Verlass! 9 Unsere Vorfahren wurden
unterdrückt in Ägypten – du sahst es und griffest ein.
Am Schilfmeer schrien sie zu dir um Hilfe – du hörtest
es und schicktest Rettung. 10 Der Pharao, seine Minister
und sein Volk behandelten unsere Väter mit Hochmut.
Da zeigtest du ihnen deine Macht und ließest sie deine
gewaltigen Taten spüren. So machtest du dir einen gro-
ßen Namen, er wird gerühmt bis zum heutigen Tag.
11 Vor den Augen unserer Vorfahren zerteiltest du das
Meer, trockenen Fußes zogen sie mitten hindurch.
Doch ihre Verfolger stürztest du in die Fluten, wie
Steine sanken sie in die Tiefe. 12 Du leitetest sie bei Tag
durch eine Wolkensäule und nachts erhelltest du ihren
Weg mit dem leuchtenden Schein der Feuersäule. 13 Du
kamst hernieder auf den Berg Sinai, du sprachst zu
ihnen vom Himmel her. Klare Ordnungen gabst du
ihnen, Gesetze, die das Leben verlässlich regeln, mit
guten Vorschriften und Geboten. 14 Du lehrtest sie, den
Sabbat zu achten als heiligen Tag, der dir gehört; du
gabst ihnen Vorschriften und Gebote und ein Gesetz
durch deinen Diener Mose. 15 Als der Hunger sie plag-
te, gabst du ihnen Brot vom Himmel; aus dem Felsen
ließest du Wasser strömen, um ihren Durst damit zu
löschen. Dann befahlst du ihnen, das Land einzu-
nehmen, das Land, das du ihnen zugesagt hattest mit
zum Schwur erhobener Hand. 16 Doch unsere Vorfahren
wurden übermütig, trotzig schlugen sie deine
Weisungen in den Wind. 17 Sie weigerten sich, auf dich
zu hören; nur allzu schnell vergaßen sie die Wunder,
mit denen du ihnen geholfen hattest. Sie setzten es
sich in den Kopf, zurückzukehren nach Ägypten, in die
Sklaverei. Du aber bist ein Gott, der vergibt, voll Liebe
und Erbarmen bist du, voll Geduld und von grenzen-
loser Güte. Du hast sie nicht im Stich gelassen, 18 nicht
einmal, als sie sich das Stierbild gossen und sagten:
›Das ist dein Gott, der dich aus Ägypten herausgeführt
hat.‹ Wie tief sie dich damit beleidigt haben! 19 Du aber,
in deinem großen Erbarmen, hast sie dort in der Wüste
nicht verlassen. Du nahmst die Wolkensäule nicht weg,
sie blieb ihr Begleiter an jedem Tag; und die Feuersäule
leuchtete ihnen, damit sie auch nachts ihren Weg er-
kannten. 20 Du gabst ihnen deinen guten Geist, um sie
zu rechter Einsicht zu führen. Auch weiterhin sättigtest
du sie mit Manna und gabst ihnen Wasser für ihren
Durst. 21 Vierzig Jahre, bei ihrem Zug durch die Wüste,
versorgtest du sie mit dem, was sie brauchten. Ihre
Kleider zerfielen nicht zu Lumpen, ihre Füße schwollen
vom Gehen nicht an. 22 Du gabst Könige und Völker in
ihre Macht, ein Land nach dem andern eroberten sie.
Sie besetzten das Land des Königs Sihon von Heschbon
und das Land Baschan, wo König Og regierte. 23 Du
schenktest ihnen so viele Kinder, wie Sterne am Him-
mel stehen. Und du brachtest ihre Kinder in das Land,

das schon die Väter in Besitz nehmen sollten nach
deinem Befehl. 24 Nun kamen die Söhne hinein und
nahmen es in Besitz. Die Kanaaniter, die früher
dort wohnten, zwangst du vor ihnen in die Knie. Die
Herrscher des Landes und ihre Völker, du gabst sie alle
in ihre Hand, dass sie mit ihnen taten, was sie wollten.
25 Befestigte Städte nahmen sie ein, ein fruchtbares
Land eroberten sie und Häuser, angefüllt mit reichem
Gut, aus dem Felsen ausgehauene Zisternen, Wein-
berge und Olivengärten und Obstbäume in großer Zahl.
Es ging ihnen gut, sie aßen und wurden satt und ge-
nossen die Fülle deiner Gaben. 26 Dann aber wurden
sie widerspenstig und rebellierten gegen dich; sie kehr-
ten deinem Gesetz den Rücken. Sie brachten deine
Propheten um, die ihnen ihre Schuld vorhielten und
sie mahnten, zu dir zurückzukehren. So kränkten sie
dich immer von Neuem. 27 Darum gabst du sie in die
Hand ihrer Feinde und sie wurden von ihnen hart be-
drängt. Aber wenn sie vor Not nicht mehr weiterwuss-
ten, wenn sie laut zu dir um Hilfe schrien, dann
erhörtest du sie vom Himmel her; denn dein Erbarmen
ist ja so groß. Du sandtest ihnen starke Retter, die sie
von ihren Unterdrückern befreiten. 28 Doch kaum hat-
test du ihnen Ruhe verschafft, da lehnten sie sich von
Neuem gegen dich auf, und du gabst sie in die Hand
ihrer Feinde die ihnen hart zusetzten. Wieder schrien
sie zu dir um Hilfe und du erhörtest sie vom Himmel
her: Du erwiest ihnen dein Erbarmen und halfst ihnen
wieder und wieder. 29 Du ermahntest sie, zurückzukeh-
ren und wieder auf dein Gesetz zu hören. Sie aber blie-
ben übermütig und hielten sich nicht an deine Gebote.
Sie missachteten deine Ordnungen, von denen du
gesagt hattest: ›Wer sie einhält, bewahrt sein Leben.‹
Sie zeigten dir die kalte Schulter, trotzig boten sie dir
die Stirn und weigerten sich, dir zu gehorchen.
30 Geduldig ertrugst du sie viele Jahre, du warntest sie
durch deinen Geist, der deinen Propheten die Worte
eingab; doch sie blieben für dich taub. Darum liefertest
du sie schließlich aus an die Völker fremder Länder.
31 Aber weil dein Erbarmen so groß ist, hast du dennoch
kein Ende mit ihnen gemacht und sie nicht verlassen,
du Gott voller Liebe und Erbarmen! 32 Nun, Gott, unser
Gott, du bist so groß, so mächtig und Ehrfurcht gebie-
tend! Du hast mit uns einen Bund geschlossen und
stehst dazu mit unerschütterlicher Treue. Lass dir nun
nicht gleichgültig sein, was an Leiden über uns gekom-
men ist! Unsere Könige und Führer haben gelitten,
unsere Priester und Propheten, das ganze Volk, schon
unsere Vorfahren haben gelitten, seit der Zeit der as-
syrischen Herrschaft bis heute! 33 Du warst im Recht,
dir ist nichts vorzuwerfen, wenn uns dies alles getrof-
fen hat; denn du bist treu geblieben, wir aber sind dir
untreu geworden. 34 Unsere Könige und führenden
Männer, unsere Priester und das ganze Volk, unsere
Vorfahren, haben dein Gesetz nicht befolgt, auf deine
Gebote nicht geachtet und deine Warnungen in den
Wind geschlagen. 35 Du hattest ihnen ein eigenes Kö-
nigreich gegeben und sie mit Wohltaten überschüttet,
du hattest ihnen ein Land gegeben, das weit und reich
vor ihnen lag. Sie aber weigerten sich, dir zu dienen
und von ihrem Unrecht zu lassen. 36 Deshalb sind wir
nun Sklaven, hier in diesem Land, das du unseren Vor-
fahren gegeben hast, damit sie all das Gute genießen,
das es hervorbringt – Sklaven sind wir in diesem Land!
37 Sein Ertrag kommt den Königen zugute, die du über
uns gesetzt hast zur Strafe für unsere Sünden. Sie sind
die Herren über uns und unser Vieh und tun mit uns,
was ihnen gefällt. Darum sind wir in so tiefer Not!«

DAS VOLK VERPFLICHTET SICH AUF DAS GESETZ

10 »Wegen all dessen«, erklärten die Leviten für
alle Anwesenden, »gehen wir jetzt eine binden-
de Verpflichtung ein und halten sie schriftlich fest.
Unsere führenden Männer, unsere Leviten und un-
sere Priester setzen ihre Namen unter die Urkunde,
die dann eingerollt und versiegelt wird. 2 Folgende
Personen setzen ihre Namen darunter: Nehemia, der
Statthalter, der Sohn von Hachalja, danach die Priester:
Zidkija, 3-9 Seraja, Asarja, Jirmeja, Paschhur, Amarja,
Malkija, Hattusch, Schebanja, Malluch, Harim, Mere-
mot, Obadja, Daniel, Ginneton, Baruch, Meschullam,
Abija, Mijamin, Maasja, Bilga und Schemaja; 10-14 da-
nach die Leviten: Jeschua, der Sohn von Asanja, Bin-
nui aus der Sippe Henadad sowie Kadmiël, ferner ihre
Brüder Schebanja, Hodija, Kelita, Pelaja, Hanan, Micha,
Rehob, Haschabja, Sakkur, Scherebja, Schebanja, Ho-
dija, Bani und Beninu; 15-28 danach die führenden Män-
ner des Volkes: Parosch, Pahat-Moab, Elam, Sattu, Bani,
Bunni, Asgad, Bebai, Adonija, Bigwai, Adin, Ater, His-
kija, Asur, Hodija, Haschum, Bezai, Harif, Anatot, Nebai,
Magpiasch, Meschullam, Hesir, Meschesabel, Zadok,
Jaddua, Pelatja, Hanan, Anaja, Hoschea, Hananja, Ha-
schub, Lohesch, Pilha, Schobek, Rehum, Haschabna,
Maaseja, Ahija, Hanan, Anan, Malluch, Harim und Ba-
ana. 29-30 Das ganze übrige Volk schließt sich seinen
Brüdern, den ranghöchsten Männern, an, ebenso die
restlichen Priester und Leviten, die Torwächter, Sänger,
Tempeldiener und alle, die sich von den nichtisraeliti-
schen Volksgruppen im Land getrennt haben, um das
Gesetz Gottes zu befolgen, dazu ihre Frauen und alle
von ihren Söhnen und Töchtern, die alt genug sind, um
zu verstehen, worum es geht. Sie alle verpflichten sich
durch einen Eid, sich an das Gesetz zu halten, das Gott
uns durch Mose, seinen Bevollmächtigten, gegeben
hat, und alle Gebote, Vorschriften und Anweisungen
des HERRN, unseres Gottes, zu befolgen.«

DER INHALT DER VERPFLICHTUNG

31 »Insbesondere verpflichten wir uns: Wir verheiraten
unsere Töchter nicht an Angehörige nicht israelitischer
Volksgruppen im Land und nehmen von ihnen keine
Frauen für unsere Söhne. 32 Wenn im Land lebende
Nichtisraeliten ihr Getreide oder andere Waren am
Sabbat oder an einem anderen Feiertag zum Verkauf
anbieten, kaufen wir nichts. Jedes siebte Jahr bege-
hen wir das Erlassjahr: Wir lassen das Land brachliegen
und erlassen alle Schulden. 33 Jedes Jahr zahlen wir ein
Drittel-Silberstück für den Dienst im Tempel unseres

Gottes: 34 für die geweihten Brote, die regelmäßigen täglichen Speise- und Brandopfer, für die Opfer am Sabbat, am Neumondstag und an den anderen Festtagen, für die geweihten Gaben und für die Opfer, die die Schuld Israels wegnehmen sollen, und für alle Dienste am Tempel unseres Gottes. 35 Zusammen mit den Priestern und Leviten losen wir jährlich aus, welche Sippen zu den festgesetzten Zeiten dem Tempel Brennholz liefern müssen für die Opfer, die auf dem Altar des HERRN, unseres Gottes, verbrannt werden, wie es im Gesetz vorgeschrieben ist. 36 Jedes Jahr bringen wir die ersten Früchte unserer Felder und Fruchtbäume zum Tempel des HERRN. 37 Wie es im Gesetz vorgeschrieben ist, bringen wir unsere erstgeborenen Söhne und die Erstgeburten unserer Kühe, Schafe und Ziegen zu den diensttuenden Priestern im Tempel unseres Gottes. 38 Wir bringen den Priestern den Brotteig, den wir vom ersten Getreide des Jahres machen, sowie die besten Früchte unserer Bäume, den ersten Wein und das erste Olivenöl. Alle diese Gaben liefern wir ihnen in den Vorratsräumen am Tempel unseres Gottes ab. Den zehnten Teil vom Ertrag unserer Felder geben wir den Leviten – denen nämlich, die in allen Ortschaften, wo wir die Felder bestellen, den Zehnten einsammeln. 39 Ein Priester, ein Nachkomme Aarons, soll bei den Leviten sein, wenn sie den Zehnten in Empfang nehmen. Den zehnten Teil von diesem Zehnten sollen die Leviten an den Tempel abliefern und dort in die Räume des Vorratshauses bringen. 40 In diese Räume müssen die Leute von Israel und die Leviten alle Abgaben an Getreide, Wein und Olivenöl bringen. Dort befinden sich alle Geräte für den Tempeldienst, dort halten sich auch die diensttuenden Priester, Torwächter und Sänger auf. Wir werden das Haus unseres Gottes nicht vernachlässigen.«

ZUZUG NACH JERUSALEM UND LISTE DER EINWOHNER

11 Die führenden Familien des Volkes wohnten schon in Jerusalem. Aus der übrigen Bevölkerung wurde durch das Los jede zehnte Familie dazu bestimmt, in Jerusalem, der Heiligen Stadt, zu wohnen. Die anderen Familien konnten in ihren Städten und Dörfern bleiben. 2 Jede Familie, die darüber hinaus freiwillig nach Jerusalem zog, wurde öffentlich gelobt. 3 Die folgende Liste verzeichnet die Sippenhäupter der Provinz Judäa, die in Jerusalem und den Städten von Judäa wohnten, jeweils auf ihrem Erbbesitz. Sie umfasst die Angehörigen des Volkes, die Priester, die Leviten, die Tempeldiener und die Nachkommen der Sklaven Salomos. // 4 Aus dem Stamm *Juda:* / Ataja, der Sohn von Usija; er stammte über Secharja, Amarja, Schefatja und Mahalalel von Judas Sohn Perez ab. / 5 Maaseja, der Sohn Baruchs; er stammte über Kolhose, Hasaja, Adaja, Jojarib und Secharja von Judas Sohn Schela ab. / 6 Insgesamt wohnten 468 Nachkommen von Perez in Jerusalem, sie waren alle kriegstüchtige Männer. // 7 Aus dem Stamm *Benjamin:* / Sallu, der Sohn von Meschullam; seine weiteren Vorfahren waren Joëd, Pedaja, Kolaja, Maaseja, Itiël und Jeschaja. / 8 Außerdem Gabbai und Sallai. / Insgesamt waren es 928. 9 Ihr Anführer war Joël, der Sohn von Sichri; zu ihnen gehörte auch Juda, der Sohn von Senua, der zweite Stadtvorsteher. // 10 Von den *Priestern:* / Jedaja, der Sohn von Jojarib, sowie Jachin. / 11 Seraja, der Sohn von Hilkija, der Vorsteher des Tempels; seine weiteren Vorfahren waren Meschullam, Zadok, Merajot und Ahitub. / 12 Zusammen mit ihren Verwandten gehörten zu diesen Sippen insgesamt 822, die den Priesterdienst am Tempel verrichteten. / Adaja, der Sohn von Jeroham; seine weiteren Vorfahren waren Pelalja, Amzi, Secharja, Paschhur und Malkija. 13 Zusammen mit seinen Verwandten waren es 242 Familienoberhäupter. / Amaschsai, der Sohn von Asarel; seine weiteren Vorfahren waren Achsai, Meschillemot und Immer. 14 Zusammen mit ihren Verwandten waren es 128 kriegstüchtige Männer. Ihr Anführer war Sabdiël, der Sohn von Haggedolim. // 15 Von den *Leviten:* / Schemaja, der Sohn von Haschub; seine weiteren Vorfahren waren Asrikam, Haschabja und Bunni. / 16 Schabbetai und Josabad, Sippenoberhäupter, die für die Verwaltungsaufgaben am Tempel verantwortlich waren. / 17 Mattanja, der Sohn von Micha und Enkel von Sabdi, ein Nachkomme Asafs; er leitete den Lobgesang und stimmte beim Gebet den Dankruf an; Bakbukja, einer seiner Verwandten, war sein Stellvertreter. / Abda, der Sohn von Schammua und Enkel von Galal, ein Nachkomme Jedutuns. / 18 Insgesamt wohnten 284 Leviten in der Heiligen Stadt. // 19 *Torwächter:* / Akkub und Talmon und ihre Verwandten, die die Tempeltore bewachten, insgesamt 172. // 20 Die übrigen Israeliten, einschließlich der Priester aus der Nachkommenschaft von Levi, wohnten alle auf ihrem Grundbesitz in den Städten und Dörfern Judäas. 21 Die Tempeldiener wohnten in Jerusalem auf dem Ofel. Sie arbeiteten unter der Aufsicht von Ziha und Gischpa. 22 Vorsteher der Leviten in Jerusalem war Usi, der Sohn von Bani; seine weiteren Vorfahren waren Haschabja, Mattanja und Micha. Er gehörte zu den Nachkommen Asafs, die beim Gottesdienst im Tempel für Musik und Gesang zuständig waren. 23 Eine königliche Anordnung regelte ihren Dienst für jeden Tag. 24 Petachja, der Sohn Meschesabels, ein Nachkomme von Serach, dem Sohn von Juda, beriet den König in allen Fragen, die das Volk betrafen.

LISTE DER WOHNORTE AUSSERHALB JERUSALEMS

25 Weil sie Weideplätze in der Umgebung hatten, wohnten Leute vom Stamm Juda in folgenden Landstädten: Kirjat-Arba mit den dazugehörigen Dörfern, Dibon mit den dazugehörigen Dörfern, Kabzeel mit den dazugehörigen Gehöften, 26 Jeschua, Molada, Bet-Pelet, 27 Hazar-Schual, Beerscheba mit seinen Dörfern, 28 Ziklag, Mechona mit seinen Dörfern, 29 En-Rimmon, Zora, Jarmut; 30 weiter Sanoach und Adullam mit den dazugehörigen Gehöften, Lachisch und das dazugehörige Gebiet sowie Aseka und seine Dörfer. Das Siedlungsgebiet der Leute vom Stamm Juda reichte von Beerscheba im Süden bis zum Hinnom-Tal im Norden.

31 Wohnorte der Leute vom Stamm Benjamin waren:
Geba, Michmas, Aja, Bet-El mit seinen Dörfern, 32 Ana-
tot, Nob, Ananeja, 33 Hazor, Rama, Gittajim, 34 Hadid,
Zeboim, Neballat, 35 Lod, Ono und das Tal der Hand-
werker. 36 Einige Gruppen von Leviten aus dem Gebiet
von Juda ließen sich im Gebiet von Benjamin nieder.

DIE LISTE DER HEIMGEKEHRTEN PRIESTER UND LEVITEN

12 Folgende Priester und Leviten kehrten mit Se-
rubbabel, dem Sohn Schealtiëls, und mit Jeschua
aus der Verbannung heim: / *Priester:* Seraja, Jirmeja,
Esra, 2 Amarja, Malluch, Hattusch, 3 Schechanja, Harim,
Meremot, 4 Iddo, Ginneton, Abija, 5 Mijamin, Maadja,
Bilga, 6 Schemaja, Jojarib, Jedaja, 7 Sallu, Amok, Hilkija
und Jedaja. Dies waren die führenden Priester und ihre
Brüder während der Amtszeit Jeschuas. / 8 *Leviten:*
Jeschua, Binnui, Kadmiël, Scherebja, Juda und Mat-
tanja. Diese waren zuständig für den Gesang. 9 Weiter
Bakbukja und Unni. Sie und ihre Verwandten bildeten
den Chor, der die Antworten sang.

DIE NACHKOMMEN DES PRIESTERS JESCHUA

10 Jeschua zeugte Jojakim, Jojakim zeugte Eljaschib,
Eljaschib zeugte Jojada, 11 Jojada zeugte Jonatan,
Jonatan zeugte Jaddua.

DIE OBERHÄUPTER DER PRIESTER- UND LEVITENSIPPEN

12-21 Zur Zeit Jojakims waren folgende Priester die
Oberhäupter ihrer Sippen:

in der Sippe Seraja	Meraja
in der Sippe Jirmeja	Hananja
in der Sippe Esra	Meschullam
in der Sippe Amarja	Johanan
in der Sippe Malluch	Jonatan
in der Sippe Schebanja	Josef
in der Sippe Harim	Adna
in der Sippe Meremot	Helkai
in der Sippe Iddo	Secharja
in der Sippe Ginneton	Meschullam
in der Sippe Abija	Sichri
in der Sippe Mijamin	N.
in der Sippe Maadja	Piltai
in der Sippe Bilga	Schammua
in der Sippe Schemaja	Jonatan
in der Sippe Jojarib	Mattenai
in der Sippe Jedaja	Usi
in der Sippe Sallu	Kallai
in der Sippe Amok	Eber
in der Sippe Hilkija	Haschabja
in der Sippe Jedaja	Netanel

22 Von den Leviten, die während der Amtszeit der
Priester Eljaschib, Jojada, Johanan und Jaddua Dienst
taten, wurden die Sippenoberhäupter in Listen erfasst,
ebenfalls die Sippenoberhäupter der Priester während
der Regierungszeit des Perserkönigs Darius. 23 Die Sip-
penoberhäupter der Leviten bis zur Amtszeit Johanans,
des Sohnes von Eljaschib, sind in der amtlichen Chronik
verzeichnet. 24-25 Sippenoberhäupter der Leviten wa-
ren: Haschabja, Scherebja und Jeschua, der Sohn Kad-
miëls. Sie und ihre Verwandten Mattanja, Bakbukja und
Obadja standen einander in zwei Chören gegenüber
und priesen und dankten Gott im Wechselgesang, wie
es David, der Mann Gottes, angeordnet hatte. Meschul-
lam, Talmon und Akkub waren Torwächter; sie bewach-
ten die Vorratsräume bei den Toren des Tempels. 26 Alle
diese Männer lebten und wirkten gleichzeitig mit dem
Priester Jojakim, dem Sohn von Jeschua und Enkel von
Jozadak, mit Nehemia, dem Statthalter, und mit Esra,
dem Priester und Lehrer des Gesetzes.

DIE EINWEIHUNG DER STADTMAUER

27 Zur Einweihung der Stadtmauer wurden die Leviten
aus dem ganzen Land nach Jerusalem geholt. Sie soll-
ten die Feier mit Lobliedern und der festlichen Musik
von Becken, Harfen und Lauten begleiten. 28-29 Die
Sänger kamen aus den Dörfern rings um Jerusalem,
wo sie sich angesiedelt hatten, und des Weiteren aus
den Siedlungen von Netofa, aus Bet-Gilgal und aus der
Gegend von Geba und Asmawet. 30 Die Priester und
Leviten besprengten sich selbst mit Reinigungswasser,
dann besprengten sie auch das Volk, die Mauer und
die Tore. 31 Darauf ließ ich – berichtet Nehemia – die
führenden Männer von Judäa auf die Mauer steigen
und stellte zwei große Festchöre zusammen. Der erste
zog oben auf der Mauer nach rechts dem Misttor zu.
32 Hinter den Sängern ging Hoschaja mit der einen
Hälfte der führenden Männer. 33-35 Danach kamen
die Priester Asarja, Esra, Meschullam, Juda, Benja-
min, Schemaja und Jirmeja. Sie bliesen Trompeten.
Ihnen folgten die Leviten: Secharja, der über Jonatan,
Schemaja, Mattanja, Michaja und Sakkur von Asaf ab-
stammte, 36 sowie seine Mitbrüder Schemaja, Asarel,
Milalai, Gilalai, Maai, Netanel, Juda und Hanani. Sie
trugen Saiteninstrumente, wie sie einst König David,
der Mann Gottes, gespielt hatte. An ihrer Spitze ging
Esra, der Lehrer des Gesetzes. 37 Sie gingen weiter zum
Quelltor und stiegen dann auf dem ansteigenden Mau-
erstück zur Davidsstadt hinauf; am ehemaligen Palast
Davids vorbei kamen sie zum Wassertor im Osten der
Stadt. 38 Den zweiten Festchor mit der anderen Hälfte
der führenden Männer begleitete ich selbst. Wir zogen
auf der Mauer in entgegengesetzter Richtung zum
Ofentor und zur »Breiten Mauer«, 39 dann über das
Efraïmtor, das Jeschana-Tor, das Fischtor und weiter am
Hananel-Turm und am »Turm der Hundert« vorbei zum
Schafstor; am Wachttor machten wir halt. 40-41 Nun
stellten sich die beiden Chöre im Vorhof des Tempels
auf. Auf meiner Seite standen außer der zweiten Hälfte
der führenden Männer die Priester Eljakim, Maaseja,
Mijamin, Michaja, Eljoënai, Secharja und Hananja mit
Trompeten. 42 Daneben standen die Leviten Maaseja,
Schemaja, Eleasar, Usi, Johanan, Malkija, Elam und
Eser. Unter der Leitung von Jisrachja stimmten die
Sänger ihren Lobgesang an. 43 Anschließend wurden
eine Menge Tiere für das Opfermahl geschlachtet. Alle

waren fröhlich, denn Gott hatte ihr Werk gelingen lassen. Auch die Frauen und Kinder freuten sich und der Jubel Jerusalems war weithin zu hören.

DIE VERSORGUNG DER PRIESTER UND LEVITEN

44 Damals wurden auch Aufseher für die Vorratsräume angestellt, in denen alle Vorräte und Abgaben gelagert wurden, die ersten Früchte der Ernte und der zehnte Teil aller Erträge. Von allem, was auf den Feldern rings um die Städte geerntet wurde, sollte der gesetzlich festgelegte Anteil in die Vorratsräume gebracht werden als Abgabe für die Priester und die Leviten. Die Leute von Judäa befolgten die Anordnung willig; denn sie hatten ihre Freude an den Priestern und Leviten, die den Dienst am Tempel versahen, 45 ihrem Gott die Opfer darbrachten und die Reinigungshandlungen vollzogen. Auch die Sänger und die Torwächter verrichteten ihren Dienst nach den Anordnungen Davids und seines Sohnes Salomo. 46 Damals, zur Zeit Davids, war Asaf der Vorsteher der Sänger, die Gott mit ihren Liedern priesen und ihm dankten. 47 Zur Zeit Serubbabels wie zur Zeit Nehemias lieferten alle Israeliten ohne Ausnahme die Abgaben, die den Sängern und Torwächtern für ihren täglichen Unterhalt zustanden. Die Leute brachten die Gaben, die dem HERRN geweiht waren, zu den Leviten, die den vorgeschriebenen Anteil an die Priester abgaben.

AUSSCHLUSS VON FREMDSTÄMMIGEN

13 Zu dieser Zeit las man dem Volk öffentlich aus dem Gesetzbuch Moses vor. Dabei stieß man auch auf die Vorschrift: »Kein Ammoniter oder Moabiter darf zur Gemeinde Gottes gehören. 2 Denn diese Völker haben sich geweigert, den Israeliten, als sie aus Ägypten kamen, Brot und Wasser zu geben; der Moabiterkönig hat sogar dem Magier Bileam Geld geboten, damit er sie verfluchen sollte. Aber unser Gott verwandelte den Fluch in Segen.« 3 Als die Leute diese Stelle aus dem Gesetz hörten, schlossen sie alle Fremden, die sich unter sie gemischt hatten, aus der Gemeinde Israel aus.

SORGE FÜR DIE REINHEIT DES TEMPELS

4-5 Einige Zeit davor war Folgendes geschehen: Der Priester Eljaschib, der Verantwortliche für die Nebenräume beim Haus unseres Gottes, hatte seinem Verwandten Tobija einen großen Raum im Tempelbereich zur Verfügung gestellt. Dort war ursprünglich das Mehl für die Speiseopfer gelagert worden, auch Weihrauch und die entsprechenden Tempelgeräte sowie die Abgaben von Getreide, Wein und Olivenöl, die den Leviten, den Sängern und Torwächtern zustanden, einschließlich des Anteils für die Priester. 6 Dies hatte sich zugetragen, als ich nicht in Jerusalem war. Denn im 32. Regierungsjahr des Königs Artaxerxes von Babylon war ich dorthin an den Königshof zurückgekehrt. Nach einiger Zeit bat ich den König um die Erlaubnis, wieder nach Jerusalem zu gehen. 7-8 Dort angekommen sah ich, was Eljaschib angerichtet hatte. Ich war entrüstet, dass er Tobija einen Raum im Vorhof des Hauses Gottes gegeben hatte, und ließ alles hinauswerfen, was Tobija gehörte. 9 Dann befahl ich, den Raum samt den angrenzenden Räumen zu reinigen und die Tempelgeräte, das Mehl für die Speiseopfer und den Weihrauch wieder hineinzubringen.

FÜRSORGE FÜR DIE LEVITEN

10 Ich erfuhr auch, dass die Abgaben für den Unterhalt der Leviten nicht abgeliefert worden waren. Deshalb hatten die Leviten und die Sänger ihren Dienst am Tempel verlassen und jeder war auf seine Felder gegangen, um sie zu bestellen. 11 Da zog ich die Ratsherren zur Rechenschaft und hielt ihnen vor: »Wie konnte es dahin kommen, dass das Haus Gottes vernachlässigt wird?« Dann holte ich die Leviten zurück und stellte sie wieder an ihre Arbeit. 12 Nun brachten alle Leute aus Judäa auch wieder den zehnten Teil von ihrem Getreide, dem Wein und dem Olivenöl in die Vorratsräume. 13 Die Aufsicht über die Vorräte übertrug ich dem Priester Schelemja, dem Schreiber Zadok und dem Leviten Pedaja. Als Helfer stellte ich ihnen Hanan, den Sohn von Sakkur und Enkel von Mattanja, zur Seite. Sie waren als zuverlässige Männer bekannt und bekamen deshalb den Auftrag, die Lebensmittel an ihre Amtsbrüder zu verteilen. 14 Denk an mich, mein Gott, und rechne es mir an! Streiche die guten Taten nicht aus deinem Buch, die ich für dein Haus und die Ordnung seines Dienstes getan habe!

SORGE FÜR DIE HEILIGUNG DES SABBATS

15 In jener Zeit sah ich Leute, die am Sabbat arbeiteten. Die einen zerstampften mit den Füßen Weintrauben in der Kelter, andere füllten Getreide ab und luden es auf Esel, dazu Wein, Weintrauben, Feigen und andere Lasten, und brachten es alles am Sabbat nach Jerusalem hinein. Ich verwarnte sie, als sie es an diesem Tag verkaufen wollten. 16 Es gab auch Leute aus Tyrus, die sich bei uns niedergelassen hatten; die führten von dort Fische und andere Waren ein und verkauften sie auch am Sabbat an die Leute von Judäa und Jerusalem. 17 Da zog ich die Männer der ersten Familien in Judäa zur Rechenschaft und hielt ihnen vor: »Was fällt euch ein, so etwas Verwerfliches zu tun! Ihr schändet den Sabbat! 18 Genau dasselbe haben eure Vorfahren gemacht, darum hat unser Gott all das Unglück über uns und über diese Stadt gebracht. Wollt ihr, dass durch eure Sabbatschändung sein Zorn auf Israel noch größer wird?« 19 Deshalb gab ich Befehl, am Vorabend des Sabbats die Tore Jerusalems zu schließen, sobald es in den Torgängen anfing zu dunkeln, und sie erst wieder zu öffnen, wenn der Sabbat vorüber war. Ich stellte einige meiner Leute an die Tore, um zu verhindern, dass irgendeine Warenladung am Sabbat in die Stadt kam. 20 Kaufleute und Händler, die mit allen möglichen Waren handelten, übernachteten daraufhin ein- oder zweimal direkt vor Jerusalem. 21 Ich verwarnte sie und sagte: »Warum übernachtet ihr vor der Stadtmauer? Wenn es noch einmal vorkommt, lasse ich euch festnehmen.« Von da an kamen sie am Sabbat nicht wieder. 22 Den Leviten befahl ich, sie sollten sich vorbereiten, damit sie rein seien; dann sollten sie sich an den Toren aufstellen und darüber wachen, dass der

Sabbat als heiliger Tag geachtet werde. Denk an mich, mein Gott, und rechne mir auch dies an! Sei mir gnädig in deiner grenzenlosen Güte!

VORGEHEN GEGEN MISCHEHEN

23 Damals wurde ich auf einige Judäer aufmerksam, die Frauen aus der Philisterstadt Aschdod und von den Ammonitern und Moabitern geheiratet hatten. 24 Die Hälfte ihrer Kinder kannte nur die Sprache von Aschdod oder einem anderen der fremden Völker, aber die Sprache der Juden konnten sie nicht sprechen. 25 Ich zog die Männer zur Rechenschaft und verfluchte sie; einige von ihnen schlug ich, zerrte sie an den Haaren und beschwor sie bei Gott: »Ihr dürft eure Töchter nicht mit ihren Söhnen verheiraten und von ihren Töchtern keine als Frau für euch oder eure Söhne nehmen! 26 Ihr wisst doch, dass König Salomo sich gerade dadurch versündigt hat. Unter den Königen der anderen Völker gab es keinen, der sich mit ihm vergleichen konnte. Er war der Liebling Gottes; Gott machte ihn zum König über ganz Israel. Und sogar ihn haben die fremden Frauen dazu verführt, Gott untreu zu werden. 27 Ist es nicht unerhört, dass ihr nun genau dasselbe Unrecht begeht und unserem Gott untreu werdet und fremde Frauen heiratet!« 28 Einer von den Söhnen des Obersten Priesters Jojada, des Sohnes von Eljaschib, war mit einer Tochter des Horoniters Sanballat verheiratet. Den jagte ich aus meinem Gebiet. 29 Mein Gott, vergiss diesen Leuten nicht, wie sie den Priesterstand entehrt und den Bund gebrochen haben, den du mit den Priestern und Leviten geschlossen hast!

NEHEMIAS SCHLUSSWORT

30 So reinigte ich unser Volk von allen fremden Einflüssen. Ich stellte Dienstordnungen für die Priester und die Leviten auf und legte für jeden Einzelnen seine Aufgaben fest. 31 Ich regelte auch die vereinbarten Brennholzlieferungen und die Abgaben der ersten Früchte. Denk doch an mich, mein Gott, und lass mir all das zugutekommen!

DAS BUCH **ESTER**

MACHT UND REICHTUM DES PERSERKÖNIGS

1 Es war in der Zeit, als König Xerxes über das Perserreich herrschte, ein Reich aus 127 Provinzen, das von Indien bis Äthiopien reichte; 2 sein Königsthron stand in der Stadt Susa. 3 In seinem dritten Regierungsjahr gab er ein Fest für alle führenden Männer des gesamten Reiches. Die hochrangigen Offiziere aus Persien und Medien, der hohe Adel und die Statthalter aller Provinzen nahmen daran teil. 4 Volle sechs Monate stellte der König seine Macht und seinen unermesslichen Reichtum vor ihnen zur Schau. 5 Anschließend veranstaltete der König ein Fest für alle Bewohner des Palastbezirks, vom vornehmsten bis zum geringsten. Sieben Tage lang wurde im Schlosspark gefeiert. 6 Zwischen Alabastersäulen waren weiße und blaue Vorhänge aus kostbaren Stoffen aufgehängt, befestigt mit weißen und purpurroten Schnüren und silbernen Ringen. Polsterbetten mit goldenen und silbernen Füßen standen auf dem kostbaren Fußboden aus verschiedenfarbigen Steinplatten. 7 Getrunken wurde aus goldenen Bechern, von denen keiner dem andern glich; Wein gab es in Fülle aus den königlichen Kellern. 8 Alle konnten trinken, so viel sie wollten; aber niemand wurde dazu gezwungen. Der König hatte die Diener angewiesen, sich ganz nach den Wünschen der Gäste zu richten.

DIE KÖNIGIN FÄLLT IN UNGNADE

9 Königin Waschti veranstaltete gleichzeitig im Palast des Königs ein Fest für die Frauen. 10 Am siebten Tag des Festes rief König Xerxes die sieben Eunuchen zu sich, die ihn persönlich bedienten: Mehuman, Biseta, Harbona, Bigta, Abagta, Setar und Karkas. In seiner Weinlaune befahl er ihnen, 11 die Königin im Schmuck ihrer Krone herzubringen. Alle seine Gäste, die führenden Männer seines Reiches ebenso wie die Bewohner des Palastbezirks, sollten ihre außerordentliche Schönheit bewundern. 12 Aber Königin Waschti weigerte sich, dem Befehl des Königs zu gehorchen. Da packte den König der Zorn. 13 Sofort besprach er sich mit seinen Ratgebern, weisen Männern, die sich auf den Lauf der Gestirne verstanden und über das Recht Bescheid wussten. 14 Es waren Karschena, Schetar, Admata, Tarschisch, Meres, Marsena und Memuchan. Diese sieben Fürsten der Perser und Meder hatten den höchsten Rang nach dem König. Sie waren seine engsten Vertrauten und durften jederzeit bei ihm vorsprechen. 15 Er sagte zu ihnen: »Ich habe meine Diener mit einem Befehl zur Königin Waschti gesandt, aber sie hat ihn nicht befolgt. Was soll nach dem Gesetz mit ihr geschehen?« 16 Memuchan antwortete: »Königin Waschti hat sich nicht nur am König vergangen, sondern auch an seinen Fürsten, ja am ganzen Volk in allen Provinzen des Reiches. 17 Was sie getan hat, wird sich unter allen Frauen herumsprechen. Sie werden auf ihre Männer herabsehen und sagen: ›König Xerxes befahl der Königin Waschti, vor ihm zu erscheinen; aber sie weigerte sich.‹ 18 Die Frauen der Fürsten im Reich haben es gehört und sie werden sich schon heute ihren Männern gegenüber darauf berufen. Das wird eine Menge böses Blut geben. 19 Wenn der König es für richtig hält, sollte er einen königlichen Befehl erlassen, dass Waschti nie wieder vor ihm erscheinen darf. Dies müsste unter die Gesetze der Meder und Perser aufgenommen werden, die unwiderruflich sind. Und dann sollte der König an ihrer Stelle eine andere zur Königin machen, die diese

Würde auch verdient. 20 Wenn dieser Beschluss des Kö-
nigs in seinem ganzen Reich bekannt wird, werden alle
Frauen, von den vornehmsten bis zu den einfachsten
Familien, ihren Männern den schuldigen Respekt erwei-
sen.« 21 Dem König und seinen Fürsten gefiel dieser Rat
gut. Wie Memuchan vorgeschlagen hatte, 22 schickte
der König einen Erlass in alle Provinzen seines Reiches,
jeweils in der Schrift und Sprache des betreffenden
Landes. Auf diese Weise wollte er sicherstellen, dass
jeder Mann in seinem Haus der Herr bleibt.

EINE NEUE KÖNIGIN WIRD GESUCHT

2 Als der Zorn des Königs sich gelegt hatte, begann
er, über das Geschehene nachzudenken. 2 Seine
Diener bemerkten es und sagten zu ihm: »Man sollte
für den König schöne junge Mädchen suchen, die
noch kein Mann berührt hat! 3 Der König könnte in
den Provinzen seines Reiches Beamte damit beauf-
tragen, alle besonders schönen Mädchen, die noch
unberührt sind, in seinen Harem nach Susa zu brin-
gen. Der königliche Eunuch Hegai, der die Aufsicht im
Frauenhaus führt, soll sich um sie kümmern und dafür
sorgen, dass ihre Schönheit mit allen Mitteln gepflegt
wird. 4 Das Mädchen, das dem König am besten gefällt,
soll dann an Waschtis Stelle Königin werden.« Dem
König gefiel dieser Vorschlag und er gab die entspre-
chenden Anordnungen.

EIN JÜDISCHES MÄDCHEN UNTER DEN BEWERBERINNEN

5 Im Palastbezirk von Susa lebte ein Jude namens Mor-
dechai, der Sohn Jaïrs. Er war vom Stamm Benjamin
und ein Nachkomme von Schimi und Kisch. 6 Als der
Babylonierkönig Nebukadnezzar eine Anzahl von
Judäern mit König Jojachin aus Jerusalem in die Ver-
bannung geführt hatte, war auch die Familie von Mor-
dechai unter den Verschleppten gewesen. 7 Mordechai
hatte eine Kusine Hadassa, auch Ester genannt. Sie
war außerordentlich schön. Weil sie Vater und Mutter
verloren hatte, hatte Mordechai sie als Tochter an-
genommen. 8 Als der königliche Erlass bekannt ge-
macht war und die Mädchen nach Susa in die Obhut
von Hegai gebracht wurden, da war unter ihnen auch
Ester. Sie wurde in den königlichen Harem gebracht
und dem Eunuchen Hegai übergeben. 9 Sie fiel ihm auf
und gewann seine Gunst. Er sorgte dafür, dass sofort
mit der Pflege ihrer Schönheit begonnen und sie aufs
Beste ernährt wurde. Er gab ihr die schönsten Räume
im Harem und sieben ausgewählte Dienerinnen aus
dem Königspalast. 10 Nach der Weisung von Mordechai
hatte Ester nichts über ihre jüdische Herkunft gesagt.
11 Mordechai ging täglich vor dem Hof des Harems auf
und ab, um zu hören, wie es Ester erging und was mit
ihr geschah. 12 Jedes Mädchen wurde ein Jahr lang
auf die Begegnung mit dem König vorbereitet. Sechs
Monate dauerte die vorgeschriebene Behandlung mit
Myrrhenöl und weitere sechs die mit Balsamöl und an-
deren Pflegemitteln. Dann konnte das Mädchen zum
König gebracht werden. 13 Wenn eine an der Reihe war,
vom Frauenhaus in den Königspalast zu gehen, durfte
sie sich Kleider und Schmuck für diese Gelegenheit
selbst aussuchen. 14 Sie ging am Abend in den Palast
und kehrte am nächsten Morgen in den zweiten Harem
zurück. Dieser war für die Nebenfrauen des Königs be-
stimmt und stand unter der Aufsicht des königlichen
Eunuchen Schaaschgas. Keine durfte ein zweites Mal
zum König kommen, außer wenn sie ihm besonders
gefallen hatte und er sie namentlich rufen ließ.

ESTER WIRD KÖNIGIN

15 Eines Tages kam die Reihe auch an Ester, die Tochter
von Abihajil, dem Onkel jenes Mordechai, der sie nach
dem Tod ihres Vaters als Tochter angenommen hatte.
Sie verzichtete darauf, Kleidung und Schmuck selbst
auszusuchen, und nahm nur, was Hegai ihr empfohlen
hatte. Alle, die sie sahen, waren voller Bewunderung.
16 So wurde Ester zum König in den Palast gebracht,
im zehnten Monat seines siebten Regierungsjahres,
dem Monat Tebet. 17 Der König fand an Ester mehr
Gefallen als an allen andern Frauen und sie übertraf
in seinen Augen bei Weitem die anderen Mädchen.
Deshalb setzte er ihr die Krone auf und machte sie
an Waschtis Stelle zur Königin. 18 Er gab ihr zu Ehren
ein großes Festmahl und lud alle führenden Männer
seines Reiches dazu ein. Er gewährte den Provinzen
seines Reiches einen Steuernachlass und verteilte kö-
nigliche Geschenke.

ESTERS PFLEGEVATER RETTET DEM KÖNIG DAS LEBEN

19-20 Inzwischen wurden zum zweiten Mal Mädchen für
den König gesammelt. Ester hatte dem König immer
noch nichts von ihrer jüdischen Herkunft und Volkszu-
gehörigkeit gesagt. So hatte Mordechai es ihr befohlen
und sie folgte ihm noch genauso wie damals, als sie
seine Pflegetochter war. Mordechai stand inzwischen
in königlichen Diensten und saß in der Torhalle des Pa-
lastbezirks. 21 Gerade damals nun machten Bigtan und
Teresch, zwei königliche Eunuchen, die die Torwache
befehligten, eine Verschwörung. Sie waren unzufrie-
den mit dem König und beschlossen, ihn umzubringen.
Mordechai, der ja ebenfalls dort im Tor war, 22 erfuhr da-
von und sagte es Königin Ester, die es in seinem Auftrag
sofort dem König meldete. 23 Die Sache wurde unter-
sucht, die Verschwörung aufgedeckt und die beiden
Schuldigen wurden an den Galgen gehängt. Der König
ließ den Vorfall in die amtliche Chronik eintragen.

DER JUDE MORDECHAI REIZT DEN MÄCHTIGEN HAMAN ZUM ZORN

3 Einige Zeit später erhob König Xerxes Haman, den
Sohn von Hammedata, einen Nachkommen von
Agag, zu seinem ersten Minister. 2 Alle königlichen
Beamten in der Torhalle des Palastbezirks knieten vor
Haman nieder und beugten sich tief vor ihm, wie der
König es befohlen hatte. Mordechai aber blieb stehen
und verbeugte sich nicht. 3 Die Leute des Königs frag-
ten ihn: »Warum gehorchst du nicht dem Befehl des

Königs?« 4 »Weil ich Jude bin«, sagte er. Tag für Tag
setzten sie ihm zu, Haman diese Ehre zu erweisen; aber
Mordechai hörte nicht darauf. Da gingen sie hin und
zeigten ihn bei Haman an, denn sie wollten sehen, was
er zu Mordechais Begründung sagen würde. 5 Haman
war wütend, als man ihn darauf hinwies, dass Morde-
chai sich nicht vor ihm niederwarf. 6 Aber es war ihm
zu wenig, nur ihn selbst zu bestrafen, und da sie ihm
gesagt hatten, dass Mordechai zum jüdischen Volk
gehörte, beschloss er, alle Juden im Persischen Reich,
das ganze Volk von Mordechai, auszurotten.

HAMAN PLANT DIE AUSROTTUNG DER JUDEN

7 Im ersten Monat des zwölften Regierungsjahres des
Königs Xerxes, dem Monat Nisan, wurde auf Anord-
nung Hamans für alle Tage des Jahres bis hinein in den
zwölften Monat, den Monat Adar, das Pur – das ist das
Los – geworfen. Auf diese Weise wollte Haman den
günstigsten Zeitpunkt für sein Unternehmen heraus-
finden. 8 Danach sagte er zum König: »Es gibt ein Volk
in deinem Reich, das über alle Provinzen zerstreut lebt
und sich von den anderen Völkern absondert. Seine
Bräuche sind anders als die aller anderen Völker und
die königlichen Gesetze befolgt es nicht. Das kann
sich der König nicht bieten lassen. 9 Wenn der König
einverstanden ist, soll der Befehl erlassen werden,
sie zu töten. Ich werde dann in der Lage sein, den Ver-
waltern der Staatskasse 10 000 Zentner Silber auszu-
händigen.« 10 Der König zog seinen Siegelring vom
Finger, gab ihn dem Judenfeind Haman 11 und sagte
zu ihm: »Ihr Silber überlasse ich dir! Und mit ihnen
selbst kannst du machen, was du willst!« 12 Am 13. Tag
des 1. Monats ließ Haman die Schreiber des Königs zu-
sammenrufen und diktierte ihnen einen Erlass an die
Reichsfürsten, an die Statthalter der Provinzen und an
die Fürsten der einzelnen Völker, jeweils in der Schrift
und Sprache des betreffenden Landes. Der Erlass war
als Schreiben des Königs abgefasst und mit dessen
Siegelring gesiegelt. 13 Er wurde durch Kuriere in alle
Provinzen des Reiches gebracht und enthielt den Be-
fehl: »Alle Juden – Männer, Frauen und Kinder – sollen
an einem einzigen Tag, dem 13. Tag des 12. Monats,
des Monats Adar, erschlagen, ermordet, ausgerottet
werden. Ihr Besitz ist zur Plünderung freigegeben.«
14 In jeder Provinz sollte der Erlass öffentlich bekannt
gemacht werden, sodass sich alle für diesen Tag rüsten
konnten. 15 Auf Anordnung des Königs machten sich
die Kuriere eiligst auf den Weg. Auch im Palastbezirk
von Susa wurde der Erlass bekannt gemacht. Darauf
ließen sich der König und Haman zu einem Trinkgelage
nieder. Die ganze Stadt aber geriet in große Aufregung.

ESTER SOLL DIE JUDEN RETTEN

4 Als Mordechai erfuhr, was vorgefallen war, zer-
riss er sein Gewand, band sich den Sack um und
streute sich Asche auf den Kopf. So ging er durch
die Stadt und stieß laute, durchdringende Klagerufe
aus. 2 Er kam bis vor den Palastbezirk, den er jedoch
im Trauerschurz nicht betreten durfte. 3 Auch in allen
Provinzen herrschte unter den Juden große Trauer,
nachdem der königliche Erlass dort eingetroffen war.
Sie fasteten, weinten und klagten und viele saßen im
Sack in der Asche. 4 Die Dienerinnen und Diener Es-
ters berichteten ihrer Herrin von Mordechais Trauer.
Ester war ganz erschrocken und ließ Mordechai Kleider
bringen, damit er den Sack ablegen und zu ihr in den
Palast kommen konnte. Aber er wollte ihn nicht aus-
ziehen. 5 Da schickte Ester den Eunuchen Hatach, den
der König ihr als Diener gegeben hatte, zu Mordechai
hinaus. Er sollte ihr berichten, warum Mordechai sich
so auffallend verhielt. 6 Hatach ging zu Mordechai auf
den großen Platz vor dem Palastbezirk. 7 Mordechai
erzählte ihm alles, was geschehen war, und nannte
ihm auch die Geldsumme, die Haman dem König für
seine Staatskasse versprochen hatte, wenn er die
Juden umbringen dürfte. 8 Er gab ihm eine Abschrift
des königlichen Erlasses, in dem die Ausrottung der
Juden befohlen wurde. Er sollte sie Ester zeigen und
sie dringend auffordern, zum König zu gehen und für
ihr Volk um Gnade zu bitten. 9 Hatach berichtete Ester
alles, was Mordechai ihm aufgetragen hatte. 10 Ester
aber schickte den Eunuchen noch einmal zu Mordechai
und ließ ihm sagen: 11 »Alle, die im Dienst des Königs
stehen, und alle seine Untertanen in den Provinzen
des Reiches kennen das unverbrüchliche Gesetz: Wer
ungerufen, ob Mann oder Frau, zum König in den in-
neren Hof des Palastes geht, muss sterben. Nur wenn
der König ihm das goldene Zepter entgegenstreckt,
wird er am Leben gelassen. Mich hat der König jetzt
schon dreißig Tage nicht mehr zu sich rufen lassen.«
12-13 Mordechai schickte Ester die Antwort: »Denk
nur nicht, dass du im Königspalast dein Leben retten
kannst, wenn alle anderen Juden umgebracht werden!
14 Wenn du in dieser Stunde schweigst, wird den Juden
von anderswo her Hilfe und Rettung kommen. Aber du
und deine Familie, ihr habt dann euer Leben verwirkt
und werdet zugrunde gehen. Wer weiß, ob du nicht ge-
nau um dieser Gelegenheit willen zur Königin erhoben
worden bist?« 15 Da ließ Ester Mordechai die Antwort
bringen: 16 »Geh und rufe alle Juden in Susa zusammen!
Haltet ein Fasten für mich. Drei Tage lang sollt ihr nichts
essen und nichts trinken, auch nicht bei Nacht; und ich
werde zusammen mit meinen Dienerinnen dasselbe
tun. Dann gehe ich zum König, auch wenn es gegen das
Gesetz ist. Komme ich um, so komme ich um!« 17 Mor-
dechai ging und tat, was Ester ihm aufgetragen hatte.

ESTER SUCHT EINE GÜNSTIGE GELEGENHEIT

5 Dann am dritten Tag legte Ester die königlichen
Gewänder an und ging in den inneren Hof des Pa-
lastes, der direkt vor dem Thronsaal liegt. Der König
saß gerade auf seinem Thron, der offenen Saaltür ge-
genüber. 2 Da sah er auf einmal Königin Ester im Hof
stehen. Aber sie fand seine Gunst und er streckte ihr
das goldene Zepter entgegen, das er in der Hand hielt.
Ester trat heran und berührte die Spitze des Zepters.
3 Der König fragte sie: »Was führt dich her, Königin
Ester? Was ist dein Wunsch? Ich gewähre dir alles, bis

zur Hälfte meines Königreiches!« 4 Ester antwortete:
»Mein König, wenn es dir recht ist, dann komm doch
heute mit Haman zu dem Mahl, das ich für dich vor-
bereitet habe.« 5 »Schnell, holt Haman herbei«, rief
der König, »damit wir Esters Einladung folgen!« So
kam der König mit Haman zu Esters Mahl. 6 Beim Wein
fragte er sie: »Was ist nun dein Wunsch? Ich erfülle ihn
dir! Fordere, was du willst, bis zur Hälfte meines Kö-
nigreiches!« 7 Ester antwortete: »Ich habe eine große
Bitte: 8 Wenn ich deine Gunst, mein König, gefunden
habe und wenn du so gnädig bist, mir meinen Wunsch
zu erfüllen, dann komm doch auch morgen mit Haman
zu dem Mahl, das ich für dich vorbereiten werde. Dann
will ich dir meinen Wunsch sagen.«

HAMAN WILL MORDECHAI AUS DEM WEG SCHAFFEN

9 Haman war in bester Laune, als er von dem Mahl bei
der Königin nach Hause ging. Doch im Tor kam er an
Mordechai vorbei, der nicht vor ihm aufstand und ihm
nicht die geringste Ehrerbietung erwies. Haman wurde
von Wut gepackt, 10 aber er ging weiter. Zu Hause rief
er seine Freunde und seine Frau Seresch. 11 Er prahlte
vor ihnen mit seinem Reichtum und der großen Zahl
seiner Söhne und strich voll Stolz heraus, wie der König
ihn ausgezeichnet und über alle anderen Fürsten und
Minister gestellt habe. 12 »Und die Königin Ester«,
fuhr er fort, »hat zu dem Mahl, das sie veranstaltet
hat, außer dem König nur noch mich eingeladen und
auch morgen soll ich zusammen mit dem König bei
ihr essen. 13 Aber das alles ist mir vergällt, solange ich
den Juden Mordechai im Tor des Palastbezirks sitzen
sehe!« 14 Da rieten ihm seine Frau und seine Freunde:
»Lass einen Galgen errichten, zwanzig Meter hoch,
und lass dir vom König die Erlaubnis geben, Mordechai
daran aufzuhängen. Danach kannst du unbeschwert
mit dem König zum festlichen Mahl gehen.« Haman
fand den Vorschlag ausgezeichnet und gab sofort Be-
fehl, den Galgen aufzurichten.

HAMAN MUSS MORDECHAI DIE HÖCHSTE EHRE ERWEISEN

6 Der König konnte in dieser Nacht nicht schlafen,
deshalb ließ er die Chronik bringen, in der die
wichtigen Ereignisse seiner Regierungszeit aufge-
schrieben waren. Man las dem König daraus vor 2 und
kam dabei zu der Stelle, wo berichtet wurde, wie Mor-
dechai die Verschwörung der königlichen Torwächter
Bigtan und Teresch aufgedeckt und König Xerxes das
Leben gerettet hatte. 3 Der König fragte: »Was für eine
Belohnung, was für eine Auszeichnung hat Mordechai
dafür erhalten?« »Keine«, antworteten die Diener des
Königs. 4 »Wer ist da draußen im Hof?«, fragte der
König. Eben in diesem Augenblick war nämlich Haman
in den äußeren Hof des Palastes getreten. Er wollte
sich vom König die Erlaubnis erbitten, Mordechai an
den Galgen zu hängen, den er errichtet hatte. 5 Die
Diener antworteten dem König: »Es ist Haman, der da
draußen steht.« »Ruft ihn herein«, befahl der König.
6 Als Haman eintrat, fragte der König ihn: »Was kann
ein König für jemand tun, dem er eine besondere Ehre
erweisen will?« Haman dachte: »Da kann nur ich ge-
meint sein; wen sonst sollte der König besonders ehren
wollen?« 7 Deshalb antwortete er: »Für den Mann,
dem der König eine besondere Ehre erweisen will,
8 soll man ein kostbares Gewand bringen, das sonst
der König selbst trägt, und ein Pferd mit dem könig-
lichen Schmuck am Zaumzeug, das sonst der König
selbst reitet. 9 Man soll Pferd und Gewand einem der
höchsten Würdenträger des Königs übergeben, damit
dieser den Mann, den der König ehren will, königlich
kleidet und ihn auf dem Pferd des Königs über den
großen Platz der Stadt führt. Dabei soll er vor dem zu
Ehrenden hergehen und ausrufen: ›So handelt der
König an dem Mann, dem er eine besondere Ehre er-
weisen will!‹« 10 Da sagte der König zu Haman: »Nimm
schnell ein Gewand und ein Pferd, wie du sie beschrie-
ben hast! Ehre den Juden Mordechai, der in der Torhalle
des Palastbezirks sitzt, so wie du es vorgeschlagen
hast! Du musst alles genauso ausführen und darfst
nichts auslassen.« 11 Haman folgte dem Befehl des Kö-
nigs, kleidete Mordechai königlich, führte ihn auf dem
Pferd des Königs über den großen Platz und rief vor
ihm aus: »So handelt der König an dem Mann, dem er
eine besondere Ehre erweisen will!« 12 Danach kehrte
Mordechai an seinen Platz im Tor des Palastbezirks zu-
rück. Haman aber eilte völlig verstört, mit verhülltem
Gesicht, nach Hause. 13 Dort erzählte er seiner Frau und
allen seinen Freunden, was geschehen war. Diese seine
klugen Ratgeber sagten zu ihm: »Wenn Mordechai, mit
dem dir das passiert ist, zum Volk der Juden zählt, dann
kannst du aufgeben. Dein Untergang ist besiegelt.«

ESTER ENTHÜLLT DEM KÖNIG IHRE HERKUNFT

14 Noch während sie das sagten, kamen die Diener
des Königs, um Haman zum Mahl bei der Königin
abzuholen.

7 Der König und Haman fanden sich dort ein. 2 Beim
Wein richtete der König an Ester dieselbe Frage
wie am Tag zuvor: »Was ist nun dein Wunsch, Köni-
gin Ester? Ich erfülle ihn dir! Fordere, was du willst,
bis zur Hälfte meines Königreiches!« 3 Die Königin
antwortete ihm: »Wenn ich deine Gunst, mein König,
gefunden habe und du mir eine Bitte erlauben willst,
dann flehe ich um mein Leben und um das Leben mei-
nes Volkes. 4 Man hat uns verkauft, mich und mein Volk;
man will uns töten, morden, ausrotten! Würden wir
nur der Freiheit beraubt und als Sklaven verkauft, so
hätte ich geschwiegen und den König nicht damit be-
lästigt.« 5 Da sagte König Xerxes, und er wandte sich
dabei an die Königin Ester: »Wer wagt so etwas? Wo ist
der Mann, der so schändliche Pläne ausheckt?« 6 Ester
antwortete: »Unser Todfeind ist dieser böse Haman
hier!« Haman blickte entsetzt auf den König und die
Königin. 7 Voll Zorn stand der König von der Tafel auf
und ging in den Schlosspark hinaus. Haman trat auf
Königin Ester zu und flehte um sein Leben. Er spürte,
dass der König schon seinen Tod beschlossen hatte.

HAMAN KOMMT STATT MORDECHAI AN DEN GALGEN

8 Als der König wieder in den Saal trat, fand er Haman kniend vor dem Polster, auf dem Ester lag. Empört rief er: »Jetzt tut er sogar der Königin Gewalt an, und das in meinem Palast!« Kaum war das Wort aus dem Mund des Königs, da verhüllten schon die Diener das Gesicht Hamans. 9 Einer der königlichen Eunuchen, Harbona, sagte: »Da ist doch noch der Galgen, den Haman für Mordechai, den Retter des Königs, errichten ließ! Er steht auf Hamans eigenem Grundstück, er ist zwanzig Meter hoch.« »Hängt Haman daran auf!«, befahl der König. 10 So wurde Haman an den Galgen gehängt, den er selbst für Mordechai bestimmt hatte. Darauf legte sich der Zorn des Königs.

DIE JUDEN DÜRFEN IHREN MÖRDERN ZUVORKOMMEN

8 Noch am selben Tag schenkte König Xerxes der Königin Ester das Haus und den Besitz des Judenfeindes Haman. Er ließ Mordechai zu sich rufen; denn Ester hatte ihm berichtet, dass er ihr Pflegevater sei. 2 Der König zog seinen Siegelring, den er Haman wieder abgenommen hatte, von der Hand und überreichte ihn Mordechai. Ester machte Mordechai zum Verwalter von Hamans Besitz. 3 Noch einmal wandte sich Ester an den König. Sie warf sich vor seinem Thron nieder, weinte und flehte ihn an, die Ausführung des Verbrechens zu verhüten, das Haman, ein Nachfahre Agags, gegen die Juden geplant hatte. 4 Der König streckte ihr sein goldenes Zepter entgegen, da stand sie auf, trat vor ihn 5 und sagte: »Wenn es dem König recht ist, wenn ich seine Gunst gefunden habe, wenn er mir wohlwill und mein Vorschlag ihm gefällt, dann veranlasse der König, dass der Erlass widerrufen wird, den der Agagsnachkomme Haman, der Sohn von Hammedata, aufgesetzt hat, um die Juden in allen Provinzen des Reiches auszurotten. 6 Ich kann es nicht mit ansehen, wie das Unheil seinen Lauf nimmt und mein eigenes Volk vernichtet wird.« 7 König Xerxes antwortete Königin Ester und dem Juden Mordechai: »Ich habe Ester den ganzen Besitz Hamans geschenkt und ihn selbst an den Galgen hängen lassen, weil er die Juden vernichten wollte. 8 Aber ein Erlass, der im Namen des Königs abgefasst und mit seinem Siegelring gesiegelt ist, lässt sich nicht zurücknehmen. Ihr könnt jedoch in meinem Namen und unter meinem Siegel eine weitere Verfügung erlassen, um die Juden zu retten. Tut, was ihr für richtig haltet!« 9 Mordechai ließ die Schreiber des Königs zusammenrufen – es war am 23. Tag des 3. Monats, des Monats Siwan – und diktierte ihnen einen Erlass an die Juden im ganzen Reich sowie an die Reichsfürsten und die Statthalter und obersten Beamten aller 127 Provinzen von Indien bis Äthiopien, jeweils in der Schrift und Sprache des betreffenden Landes und auch für die Juden in ihrer eigenen Schrift und Sprache. 10 Der Erlass war im Namen des Königs abgefasst; er wurde mit dem königlichen Siegel versehen und durch berittene Boten auf den schnellsten Kurierpferden in alle Provinzen geschickt. Er enthielt die Verfügung: 11 »Der König erlaubt den Juden in allen Städten seines Reiches, sich zum Schutz ihres Lebens zusammenzutun und alle zu töten, zu vernichten und auszurotten, die ihnen und ihren Frauen und Kindern Gewalt antun wollen – und zwar überall im Reich, wo das vorkommt, unter allen Völkern und in allen Provinzen. Der Besitz ihrer Feinde wird den Juden zur Plünderung freigegeben. 12 Diese Erlaubnis gilt für ein und denselben Tag in allen Provinzen des Reiches, nämlich den 13. Tag des 12. Monats, des Monats Adar.« 13 In jeder Provinz sollte dieser Erlass öffentlich bekannt gemacht werden und die Juden sollten sich für diesen Tag rüsten, um sich an ihren Feinden zu rächen. 14 In höchster Eile und auf den besten königlichen Kurierpferden machten sich die Boten mit der Anordnung des Königs auf den Weg. Auch im Palastbezirk von Susa wurde der königliche Erlass bekannt gemacht. 15 Darauf trat Mordechai aus dem Palastbezirk, gekleidet, wie es seiner hohen Stellung entsprach. Er trug ein Gewand in violetter und weißer Farbe, einen Mantel aus feinem weißem Leinen und purpurrotem Wollstoff und dazu eine große goldene Krone. Die Bewohner von Susa jubelten ihm zu. 16 Die Juden der Stadt waren von Glück und Freude erfüllt und genossen die Ehre, die ihnen von allen Seiten erwiesen wurde. 17 Auch überall in den Provinzen, in jeder Stadt, in der der Erlass des Königs eintraf, herrschte unter den Juden Freude und Jubel und sie feierten das Ereignis mit Festtagen und fröhlichen Gelagen. Von den Nichtjuden gerieten viele in große Furcht und traten zum Judentum über.

DIE JUDEN VERNICHTEN IHRE FEINDE

9 Es kam der 13. Tag des 12. Monats, des Monats Adar – der Tag, an dem die Anordnungen des königlichen Erlasses ausgeführt werden sollten. Die Feinde der Juden hatten gehofft, an diesem Tag über die Juden triumphieren zu können; aber nun geschah es umgekehrt, dass die Juden über ihre Feinde triumphierten. 2 In allen Städten im Reich des Königs Xerxes, in denen Juden lebten, taten sich diese zusammen und gingen gegen alle vor, die ihnen schaden wollten. Niemand konnte sich gegen sie behaupten, denn alle waren aus Furcht vor den Juden wie gelähmt. 3 Aus Angst vor Mordechai stellten sich die Beamten in den Provinzen, die Reichsfürsten, die Statthalter und die Verwalter der Staatskasse auf die Seite der Juden und unterstützten sie. 4 Denn es war überall bekannt geworden, welche Stellung Mordechai am Königshof einnahm, und seine Macht nahm immer noch zu. 5 Die Juden machten alle ihre Feinde mit dem Schwert nieder und töteten sie; sie verfuhren mit denen, die ihnen schaden wollten, ganz nach ihrem Wunsch. 6 Im Palastbezirk von Susa erschlugen sie 500 Männer, 7-10 außerdem die zehn Söhne des Judenfeindes Haman, des Sohnes von Hammedata: Parschandata, Dalfon, Aspata, Porata, Adalja, Aridata, Parmaschta, Arisai, Aridai und Wajesata. Doch vergriffen sie sich nicht am Besitz ihrer Feinde. 11 Noch am selben Tag wurde dem König die Zahl der Männer

gemeldet, die die Juden im Palastbezirk getötet hatten.
12 Darauf sagte er zu Königin Ester: »Allein im Palast-
bezirk haben die Juden 500 Mann erschlagen, dazu
auch die Söhne Hamans. Wie viele werden es da in den
Provinzen des Reiches sein! Hast du jetzt noch eine
Bitte? Ich will sie dir erfüllen.« 13 Ester antwortete:
»Wenn es dem König recht ist, soll den Juden in Susa
auch morgen gestattet sein, was für heute erlaubt war.
Und die Leichen der zehn Söhne Hamans sollen öffent-
lich aufgehängt werden.« 14 Der König befahl, so zu
verfahren, und ließ in Susa einen entsprechenden Erlass
bekannt machen. Die Söhne Hamans wurden öffentlich
aufgehängt. 15 Die Juden von Susa aber taten sich auch
am 14. Tag des Monats zusammen und erschlugen in der
Stadt 300 Mann. Sie vergriffen sich jedoch nicht an de-
ren Besitz. 16-17 Die Juden in den Provinzen des Reiches
hatten sich am 13. Tag des Monats zusammengetan, um
ihr Leben zu schützen, und 75 000 ihrer Feinde getötet.
So verschafften sie sich Ruhe und Sicherheit, aber am
Besitz ihrer Feinde vergriffen sie sich nicht. Am 14. Tag
des Monats unternahmen sie nichts mehr, sondern fei-
erten ihre Rettung mit festlichen Gelagen. 18-19 Daher
kommt es, dass die Juden in den Städten des Landes
den 14. Tag des Monats Adar als Feiertag begehen, fest-
liche Gelage halten und sich gegenseitig auserlesene
Speisen zusenden. Die Juden von Susa jedoch waren
zwei Tage lang gegen ihre Feinde vorgegangen und
feierten erst den 15. Tag des Monats mit Festgelagen.

EINSETZUNG DES PURIM-FESTES

20 Mordechai schrieb die Ereignisse dieser Tage auf und
schickte an alle Juden in allen Provinzen des Königs
Xerxes, nah und fern, einen Brief. 21 Darin ordnete er
an, jährlich den 14. und 15. Tag des Monats Adar festlich
zu begehen, 22 zur Erinnerung an die Tage, die ihnen
Ruhe und Rettung vor ihren Feinden gebracht hatten,
und an den Monat, in dem sich ihr Kummer in Freude
und ihre Trauer in Jubel verwandelt hatte. An diesen
beiden Tagen sollten die Juden festliche Gelage halten
und sich gegenseitig auserlesene Speisen zusenden;
außerdem sollten sie den Armen Geschenke machen.
23 Die Juden folgten der Anordnung Mordechais und
begingen von da an Jahr für Jahr das Fest, das sie da-
mals nach ihrer Rettung gefeiert hatten. 24-26 Weil der
Judenfeind Haman die Juden völlig vernichten wollte
und zur Bestimmung des entscheidenden Tages das
Pur – das ist das Los – geworfen hatte, bekam dieses
Fest den Namen Purim. Als der Plan dem König bekannt
geworden war, hatte er angeordnet und schriftlich
bestätigt, dass die Vernichtung, die Haman den Juden
zugedacht hatte, ihn selber treffen sollte und er und
seine Söhne an den Galgen gehängt würden. Aufgrund
dessen, was sie erlebt hatten, und aufgrund von Mor-
dechais Brief 27 machten die Juden es sich zur Pflicht,
jährlich zur selben Zeit und nach festen Regeln diese
beiden Tage zu begehen. Auch für ihre Nachkommen
und alle Nichtjuden, die sich ihrer Gemeinschaft an-
schließen würden, sollte dieses Fest zur verbindlichen
Einrichtung werden. 28 Für alle Zukunft sollten diese
Tage die Erinnerung an das Geschehene wach halten;
jede jüdische Familie sollte sie begehen, in welcher
Provinz und Stadt sie auch lebte. Niemals sollte dieses
Fest unter den Juden in Vergessenheit geraten. 29 Kö-
nigin Ester, die Tochter von Abihajil, und der Jude Mor-
dechai schrieben noch einen zweiten Brief über das
Purim-Fest und gaben darin verbindliche Anweisungen
für die Feier. 30 Der Brief richtete sich an alle Juden in
den 127 Provinzen des Königs Xerxes und begann mit
einem Friedenswunsch. 31 Seine Absicht war, die Anord-
nung, die Mordechai und die Königin gegeben hatten,
noch einmal zu unterstreichen und die Juden an die von
ihnen übernommene Verpflichtung zur Feier des Pu-
rim-Festes zu erinnern. Diese Verpflichtung umfasste
auch das fasten und Klagen, die dem Festmahl vor-
angehen sollten. 32 Der Brief Esters erklärte alle diese
Festvorschriften für verbindlich; sein Wortlaut wurde
in einem besonderen Buch aufgezeichnet.

MORDECHAI ALS BESCHÜTZER DER JUDEN

10 König Xerxes verpflichtete seine Untertanen im
gesamten Reich, bis hin zu den fernsten Provin-
zen, zu Frondiensten. 2 Seine übrigen Taten, in denen
sich seine Macht und Stärke erwies, sind aufgezeichnet
in der amtlichen Chronik der Könige von Medien und
Persien. Dort ist auch genau beschrieben, zu welcher
Stellung er Mordechai erhob. 3 Der Jude Mordechai
war der erste Mann direkt nach dem König. Er stand
in hohem Ansehen bei den Juden und war bei ihnen
allen beliebt, weil er für sein Volk sorgte und sich stets
für dessen Wohl einsetzte.

DAS BUCH **IJOB** (HIOB, JOB)

IJOBS FRÖMMIGKEIT UND WOHLSTAND

1 Im Land Uz lebte einst ein Mann namens Ijob. Er
war ein Vorbild an Rechtschaffenheit, nahm Gott
ernst und hielt sich von allem Bösen fern. 2 Seine Frau
hatte ihm sieben Söhne und drei Töchter geboren 3 und
er besaß sehr viel Vieh: 7000 Schafe und Ziegen, 3000
Kamele, 1000 Rinder und 500 Esel. Dazu hatte er auch
viele Knechte und Mägde. An Wohlstand und Ansehen
übertraf Ijob alle Männer des Steppenlandes im Os-
ten. 4 Seine Söhne hatten die Gewohnheit, reihum in
ihren Häusern Festessen zu veranstalten, an denen
alle Brüder teilnahmen. Auch ihre drei Schwestern
luden sie dazu ein und alle aßen und tranken mitein-
ander. 5 Immer wenn eine solche Reihe von Festmäh-
lern vorüber war, stand Ijob frühmorgens auf und
ließ seine Kinder holen. Für jedes von ihnen brachte

er ein Brandopfer dar, um sie von Sünde zu reinigen. Denn er sagte sich: »Vielleicht hat eines von ihnen in Gedanken Gott beleidigt und ist dadurch schuldig geworden.«

IJOBS FRÖMMIGKEIT IN ZWEIFEL GEZOGEN

6 Eines Tages kamen die Gottessöhne zur himmlischen Ratsversammlung und jeder stellte sich an seinen Platz vor dem HERRN. Unter ihnen war auch der Satan. 7 Der HERR fragte ihn: »Was hast denn *du* gemacht?« »Ich habe die Erde kreuz und quer durchstreift«, antwortete der Satan. 8 Der HERR fragte ihn: »Hast du auch meinen Diener Ijob gesehen? So wie ihn gibt es sonst keinen auf der Erde. Er ist ein Vorbild an Rechtschaffenheit, nimmt Gott ernst und hält sich von allem Bösen fern.« 9 Der Satan entgegnete: »Würde er dir gehorchen, wenn es sich für ihn nicht lohnte? 10 Du hast ihn und seine Familie und seinen ganzen Besitz vor jedem Schaden bewahrt. Du lässt alles gelingen, was er unternimmt, und sein Vieh füllt das ganze Land. 11 Taste doch einmal seinen Besitz an! Wetten, dass er dich dann öffentlich verflucht?« 12 Da sagte der HERR zum Satan: »Gut! Alles, was er besitzt, gebe ich in deine Gewalt. Aber ihn selbst darfst du nicht antasten!« Danach verließ der Satan die Ratsversammlung.

IJOB AUF DIE PROBE GESTELLT

13 Eines Tages waren die Kinder Ijobs wieder einmal im Haus ihres ältesten Bruders zusammen, um zu essen und Wein zu trinken. 14 Da kam ein Knecht zu Ijob gelaufen und meldete: »Wir waren gerade mit den Rindern beim Pflügen und die Esel weideten ganz in der Nähe. 15 Da sind plötzlich Beduinen aus Saba über uns hergefallen. Sie haben alle Tiere mitgenommen und deine Knechte mit dem Schwert erschlagen. Ich allein konnte mich retten, um es dir zu sagen.« 16 Er hatte noch nicht ausgeredet, da kam schon ein anderer und sagte: »Feuer ist vom Himmel gefallen und hat die Schafe und Ziegen und ihre Hirten getötet. Ich allein konnte mich retten, um es dir zu sagen.« 17 Er hatte noch nicht ausgeredet, da kam schon der nächste und sagte: »Drei Horden von Nomaden haben uns überfallen. Sie haben die Kamele gestohlen und deine Knechte erschlagen. Ich allein konnte mich retten, um es dir zu sagen.« 18 Er hatte noch nicht ausgeredet, da kam ein vierter und sagte: »Deine Kinder waren im Haus deines Ältesten zusammen, um zu essen und Wein zu trinken. 19 Da kam ein Sturm von der Wüste her und packte das Haus an allen vier Ecken. Es ist über den jungen Leuten zusammengestürzt und hat sie alle erschlagen. Ich allein konnte mich retten, um es dir zu sagen.« 20 Da stand Ijob auf, zerriss sein Gewand und schor sich den Kopf kahl. Dann warf er sich nieder, das Gesicht zur Erde, 21 und sagte: »Nackt kam ich aus dem Schoß der Mutter, nackt geh ich wieder von hier fort. Der HERR hat gegeben und der HERR hat genommen. Ich will ihn preisen, was immer er tut!« 22 Trotz allem, was geschehen war, versündigte sich Ijob nicht. Er machte Gott keinen Vorwurf.

IJOB NOCH HÄRTER AUF DIE PROBE GESTELLT

2 Eines Tages kamen die Gottessöhne wieder zur himmlischen Ratsversammlung und stellten sich vor dem HERRN auf. Auch der Satan war wieder dabei. 2 Der HERR fragte ihn: »Was hast denn *du* gemacht?« »Ich habe die Erde kreuz und quer durchstreift«, antwortete der Satan. 3 Der HERR fragte: »Hast du auch meinen Diener Ijob gesehen? So wie ihn gibt es sonst keinen auf der Erde. Er ist ein Vorbild an Rechtschaffenheit, nimmt Gott ernst und hält sich von allem Bösen fern. Du hast mich ohne jeden Grund dazu überredet, ihn ins Unglück zu stürzen. Aber er ist mir treu geblieben.« 4 »Er hat ja keinen schlechten Tausch gemacht!«, widersprach der Satan. »Ein Mensch ist bereit, seinen ganzen Besitz aufzugeben, wenn er dafür seine Haut retten kann. 5 Aber taste doch einmal ihn selber an! Wetten, dass er dich dann öffentlich verflucht?« 6 Da sagte der HERR zum Satan: »Gut! Ich gebe ihn in deine Gewalt. Aber sein Leben darfst du nicht antasten!« 7 Der Satan ging aus der Ratsversammlung hinaus und ließ an Ijobs Körper eiternde Geschwüre ausbrechen; von Kopf bis Fuß war er damit bedeckt. 8 Ijob setzte sich mitten in einen Aschenhaufen und kratzte mit einer Scherbe an seinen Geschwüren herum. 9 Seine Frau sagte zu ihm: »Willst du Gott jetzt immer noch die Treue halten? Verfluche ihn doch und stirb!« 10 Aber Ijob antwortete: »Du redest ohne Verstand wie eine, die Gott nicht ernst nimmt! Wenn Gott uns Gutes schickt, nehmen wir es gerne an. Warum sollen wir dann nicht auch das Böse aus seiner Hand annehmen?« Trotz aller Schmerzen versündigte Ijob sich nicht. Er sagte kein Wort gegen Gott.

IJOBS FREUNDE BESUCHEN IHN

11 Ijob hatte drei Freunde: Elifas aus Teman, Bildad aus Schuach und Zofar aus Naama. Als sie von all dem Unglück hörten, das Ijob getroffen hatte, beschlossen sie, ihn zu besuchen. Sie wollten ihm ihr Mitgefühl zeigen und ihn trösten. 12 Sie sahen ihn schon von ferne, doch sie erkannten ihn nicht. Als sie näher kamen und sahen, dass er es war, fingen sie an, laut zu weinen. Sie zerrissen ihre Kleider und warfen Staub in die Luft und auf ihre Köpfe. 13 Dann setzten sie sich neben Ijob auf die Erde. Sieben Tage und sieben Nächte blieben sie so sitzen, ohne ein Wort zu sagen; denn sie sahen, wie furchtbar Ijob litt.

IJOBS KLAGE: WOZU NOCH LEBEN?

3 1-2 Ijob selbst brach schließlich das Schweigen. Er verfluchte den Tag seiner Geburt und sagte: 3 »Versunken und vergessen soll er sein, der Tag, an dem ich einst geboren wurde, und auch die Nacht, die sah, wie man mich zeugte! 4 Gott, mach doch diesen Tag zu Finsternis! Streich ihn aus dem Gedächtnis, du dort oben, und lass ihn niemals mehr das Licht erblicken! 5 Er war das Eigentum der Dunkelheit; sie fordere ihn zurück, erschrecke ihn mit Sonnenfinsternis und dichten Wolken! 6 Auch jene Nacht – das Dunkel soll sie holen, damit sie nicht im Jahreslauf

erscheint, wenn man die Monate und Tage zählt.
7 Mach sie zu einer unfruchtbaren Nacht, in der kein
Jubelruf erklingen kann. 8 Die Zaubermeister sollen sie
verwünschen, die fähig sind, die Tage zu verfluchen,
und ohne Furcht den großen Drachen wecken. 9 Kein
Morgenstern soll ihr den Tag ankünden; das Licht, auf
das sie wartet, bleibe aus; kein Strahl der Morgenröte
soll sie treffen! 10 Sie hat den Schoß der Mutter nicht
versperrt und sie ist schuld an meinem ganzen Leid.
11 Wär ich doch gleich bei der Geburt gestorben oder,
noch besser, schon im Leib der Mutter! 12 Warum hat
sie mich auf den Schoß genommen und mich an ihren
Brüsten trinken lassen? 13 Ich läge jetzt ganz still in
meinem Grab, ich hätte meine Ruhe, könnte schla-
fen, 14 zusammen mit den Königen und Ratsherrn,
die Pyramiden für sich bauen ließen, 15 und mit den
Fürsten, die im Reichtum schwammen, in ihren Häu-
sern Gold und Silber häuften. 16 Wie eine Fehlgeburt
wär ich verscharrt, wie Kinder, die die Sonne niemals
sahen. 17 Im Grab kann auch der Böse nicht mehr to-
ben, der müde Fronarbeiter ruht dort aus. 18 Auch die
Gefangenen sind dort in Frieden, sie hören nicht mehr,
wenn die Wächter schreien. 19 Ob Groß, ob Klein, dort
sind sie alle gleich, der Sklave ist dort frei von seinem
Herrn. 20 Warum gibt Gott den Menschen Licht und
Leben, ein Leben voller Bitterkeit und Mühe? 21 Sie
warten auf den Tod, doch der bleibt aus. Sie suchen
ihn viel mehr als alle Schätze. 22 Sie freuen sich auf
ihren letzten Hügel und jubeln beim Gedanken an ihr
Grab. 23 Wohin mein Leben führt, ist mir verborgen,
mit einem Zaun hält Gott mich eingeschlossen. 24 Nur
unter Stöhnen esse ich mein Brot, mein Klagen hört
nicht auf, es fließt wie Wasser. 25 Hab ich vor etwas
Angst, so trifft es mich. Wovor ich zittere, das kommt
bestimmt. 26 Ich habe keinen Frieden, keine Ruhe, nur
Plage über Plage fällt mich an.«

DER ERSTE FREUND: BEFOLGE DEINEN EIGENEN RAT!

4 Jetzt nahm Elifas von Teman das Wort: 2 »Erträgst
du es, wenn ich dir etwas sage? Ich kann beim
besten Willen nicht mehr schweigen! 3 Du hast doch
viele Menschen unterwiesen und schlaff gewordene
Hände stark gemacht. 4 Wenn jemand strauchelte, du
halfst ihm auf, den weichen Knien gabst du Halt und
Kraft. 5 Jetzt, wo du selber dran bist, wirst du schwach
und kannst dem Unglück nicht ins Auge sehen. 6 Hast
du nicht Gott zu jeder Zeit geehrt? War nicht dein
Leben frei von jedem Tadel? Dann könntest du doch
Mut und Hoffnung haben! 7 Denk einmal nach: Ging
je ein Mensch zugrunde, der treu und ehrlich war und
ohne Schuld? 8 Ich kann nur sagen, was ich selber
sah: Da pflügen Leute auf dem Feld der Bosheit, sie
säen Unheil – und das ernten sie! 9 Die solches tun,
erregen Gottes Zorn, der sie hinwegfegt wie ein hei-
ßer Sturm. 10 Die Unheilstifter brüllen wie die Löwen,
doch Gott bricht ihnen alle Zähne aus. 11 Sie gehen
ein wie Löwen ohne Beute und ihre Kinder werden
weit zerstreut.

BEUGE DICH UNTER DAS ALLGEMEINE MENSCHENLOS!

12 Ganz heimlich ist ein Wort zu mir gekommen,
wie leises Flüstern drang es an mein Ohr, 13 so wie ein
Traum den Menschen überfällt und ihm die Ruhe seines
Schlafes raubt. 14 Das Grauen packte mich, ließ mich
erschaudern, ich zitterte vor Angst an allen Gliedern.
15 Ein kalter Hauch berührte mein Gesicht, die Haare
sträubten sich mir vor Entsetzen. 16 Vor meinen Augen
sah ich etwas stehen, doch konnt' ich nicht erkennen,
was es war, und eine leise Stimme hörte ich: 17 ›Wie
kann ein Mensch vor seinem Gott bestehen? Wie kann
er schuldlos sein vor seinem Schöpfer? 18 Gott traut
nicht einmal seinen eigenen Dienern, selbst seinen
Engeln wirft er Fehler vor. 19 Meinst du, er traute dem
Geschöpf aus Lehm, das aus dem Staub hervorgegan-
gen ist, das man zerdrücken kann wie eine Motte?‹
20 Am Morgen munter, sind sie abends tot, sie gehen
dahin für immer, unbeachtet. 21 Wenn Gott die Seile
ihres Zeltes löst, ist ihre Zeit vorbei, sie müssen fort.

5 Erheb doch Klage! Nimmt sie einer an? An welchen
Engel könntest du dich wenden? 2 Du bringst dich
um mit deinem Aufbegehren! So sinnlos kann doch nur
ein Dummkopf handeln! 3 Zwar sah ich solche Leute
sicher wohnen, doch plötzlich stürzten ihre Häuser
ein. 4 Das Leben ihrer Kinder kennt kein Glück und vor
Gericht tritt niemand für sie ein. 5 Was sie geerntet ha-
ben, essen andere; sie finden es im sichersten Versteck
und stürzen sich voll Habgier auf ihr Gut.

WENDE DICH AN GOTT!

6 Des Menschen Unglück wächst nicht aus der Erde,
und was ihm Not macht, trifft ihn nicht von außen.
7 Aus seinem eigenen Wesen kommt das Leid, so wie
der Funkenwirbel aus dem Feuer. 8 Ging's mir wie dir,
ich wüsste, was ich täte: Ich brächte meine ganze Not
vor Gott. 9 Er ist's, der Wunder tut, unzählbar viel, so
groß, dass wir sie nicht verstehen können. 10 Er lässt
den Regen auf die Erde fallen, damit das Wasser alle
Felder tränkt. 11 Wer niedrig ist, den hebt er hoch hin-
auf; wer weint und klagt, den lässt er Freude finden.
12-13 Er fängt die Listigen mit ihrer List; was ihre klugen
Köpfe stolz ersinnen, das stellt er auf den Kopf und
macht's zunichte. 14 Am hellen Mittag schlägt er sie
mit Blindheit und lässt sie tappen wie in dunkler Nacht.
15 Er hilft den Schwachen, schützt sie vor Verleumdung
und reißt sie aus der Hand der Unterdrücker. 16 Den
Armen gibt er Zuversicht und Hoffnung, jedoch den
Bösen wird das Maul gestopft. 17 Wie glücklich ist der
Mensch, den Gott zurechtweist! Wenn er dich jetzt er-
zieht, lehn dich nicht auf! 18 Die Wunden, die er schlägt,
verbindet er; denn seine Hand schlägt zu, doch heilt
sie auch. 19 Sooft dich auch das Unglück treffen mag,
er wird dir helfen und dem Schaden wehren. 20 In Hun-
gerzeiten hält er dich am Leben, im Krieg lässt er das
Schwert nicht an dich kommen. 21 Er schützt dich vor
dem Zischeln böser Zungen; du musst nichts fürchten,
wenn das Unheil naht. 22 Gewalt und Hunger kannst
du stolz verlachen; vor wilden Tieren hast du keine

Angst. 23 Auch auf dem freien Felde bist du sicher und jedes Raubtier lässt dich dort in Frieden. 24 In Haus und Hof bleibt alles unversehrt, auf deinen Weideplätzen fehlt kein Tier. 25 Du siehst, wie deine Kinderschar sich mehrt, so zahlreich wie die Halme auf der Wiese. 26 In hohem Alter kommst du dann ins Grab, so wie man Korn erst einfährt, wenn es reif ist. 27 Das alles, Ijob, haben wir erforscht. Du solltest es dir merken, denn es stimmt!«

IJOB: AUS MIR SPRICHT DIE VERZWEIFLUNG!

6 Ijob antwortete: 2 »Wenn jemand meinen Kummer wiegen wollte und meine Leiden auf die Waage legte – 3 sie wären schwerer als der Sand am Meer. Was Wunder, wenn ich wirre Reden führe! 4 Die Pfeile Gottes haben mich getroffen und meinen Geist mit ihrem Gift verstört. Die Schrecken Gottes haben mich umzingelt, ein Heer von Feinden, aufmarschiert zur Schlacht. 5 Kein Esel schreit auf saftig grüner Weide und jeder Stier ist still, hat er sein Futter. 6 Doch wer mag ungesalzne Speisen essen? Wem schmeckt der weiße Schleim von einem Ei? 7 Wie solche Nahrung mir ein Ekel ist, genauso ungenießbar ist mein Leid! 8 Warum gibt Gott mir nicht, was ich erbitte? Und warum tut er nicht, worauf ich warte? 9 Wenn er sich doch entschlösse, mich zu töten und mir den Lebensfaden abzuschneiden! 10 Darüber würde ich vor Freude springen, das wäre mir ein Trost in aller Qual. Was er, der Heilige, befohlen hat, dagegen hab ich niemals rebelliert. 11 Woher nehm ich die Kraft, noch auszuhalten? Wie kann ich leben ohne jede Hoffnung? 12 Ist etwa meine Kraft so fest wie Stein? Sind meine Muskeln denn aus Erz gemacht? 13 Ich selber weiß mir keine Hilfe mehr, ich sehe niemand, der mich retten könnte. 14 Wer so am Boden liegt, braucht treue Freunde, dass er nicht aufhört, sich an Gott zu halten. 15 Doch ihr enttäuscht mich wie die Steppenflüsse, die trocken werden, wenn es nicht mehr regnet. 16 Wenn Eis und Schnee in Frühjahrswärme schmelzen, dann sind die Flüsse voll von trübem Wasser; 17 doch in der Sommerhitze schwinden sie, ihr Bett liegt leer und trocken in der Glut. 18 Die Karawanen biegen ab vom Weg und folgen ihnen, sterben in der Wüste. 19 Aus Tema und aus Saba kamen sie, sie spähten aus, sie wollten Wasser finden. 20 Doch ihr Vertrauen wurde nicht belohnt: An leeren Flüssen endete die Hoffnung. 21 Für mich seid ihr genau wie diese Flüsse: Weil ihr mein Unglück seht, weicht ihr zurück. 22 Hab ich vielleicht um ein Geschenk gebeten, müsst ihr für mich denn irgendwen bestechen? 23 Sollt ihr Erpressern Lösegelder zahlen, um mich aus ihren Händen freizukaufen? 24 Belehrt mich doch, dann will ich gerne schweigen. Wo hab ich mich vergangen? Sagt es mir! 25 Durch Wahrheit bin ich leicht zu überzeugen, doch euer Redeschwall beweist mir nichts! 26 Wollt ihr mich wegen meiner Worte tadeln und merkt nicht, dass Verzweiflung aus mir spricht? 27 Ihr würdet noch um Waisenkinder würfeln und euren besten Freund für Geld verschachern! 28 Seht mir doch einmal richtig in die Augen! Wie käme ich dazu, euch anzulügen? 29 Hört auf zu richten, seid nicht ungerecht! Noch habe ich das Recht auf meiner Seite! 30 Ich gehe nicht zu weit mit meinen Worten, ich kann doch Recht und Unrecht unterscheiden!

WARUM LÄSST GOTT DEN MENSCHEN NICHT IN RUHE?

7 Sein ganzes Leben muss der Mensch sich quälen, für große Mühe gibt's geringen Lohn. 2 Er gleicht dem Sklaven, der nach Schatten lechzt, dem Knecht, der sehnlich auf den Abend wartet. 3 Auch mir ist solch ein Los zuteilgeworden: Sinnlos vergeht ein Monat nach dem andern, und Nacht für Nacht verbringe ich mit Schmerzen. 4 Leg ich mich nieder, schleppen sich die Stunden; ich wälze mich im Bett und kann nicht schlafen und warte ungeduldig auf den Morgen. 5 Mein Körper fault und ist bedeckt mit Krusten, die Haut bricht auf und eitert überall. 6 Ganz ohne Hoffnung schwinden meine Tage, sie eilen schneller als ein Weberschiffchen. 7 Gott, denk an mich: Mein Leben ist ein Hauch; mein Glück vergeht, ich seh es nie mehr wieder. 8 Noch siehst du mich, doch bald ist es zu spät; blickst du dann wieder her, so bin ich fort. 9 Die Wolke löst sich auf und ist verschwunden; genauso geht's dem Menschen, wenn er stirbt: Vom Ort der Toten kommt er nicht zurück. 10 Nie mehr betritt auf Erden er sein Haus, und wer ihn kannte, wird ihn bald vergessen. 11 Deswegen werde ich den Mund nicht halten, ich lasse meiner Zunge freien Lauf. Was mich so bitter macht, das muss heraus! 12 Weshalb, Gott, lässt du mich so streng bewachen? Bin ich das Meer? Bin ich ein Ungeheuer? 13 Wenn ich auf meinem Lager Ruhe suche, der Schlaf mir meine Schmerzen lindern soll, 14 dann quälst du mich mit schauerlichen Träumen und ängstigst mich mit schlimmen Schreckensbildern. 15 Mir wär es lieber, wenn du mich erwürgtest; der Tod ist besser als ein solches Leben! 16 Ich bin es satt, ich mag nicht weiter kämpfen. Mein ganzes Leben ist doch ohne Sinn. 17 Warum nimmst du den Menschen denn so wichtig, dass du den Blick auf ihn gerichtet hältst? 18 Zur Rechenschaft ziehst du ihn jeden Morgen und stellst ihn immer wieder auf die Probe. 19 Wann blickst du endlich weg, lässt mich in Ruhe, so lang nur, dass ich einmal schlucken kann? 20 Wenn ich gesündigt habe ohne Wissen, was tat ich dir damit, du Menschenwächter? Warum bin ich das Ziel für deine Pfeile? Bin ich dir wirklich so zur Last gefallen? 21 Kannst du denn meine Fehler nicht verzeihen und meine Sünde einfach übersehen? Nicht lange mehr, dann liege ich im Staub, und suchst du mich, so bin ich nicht mehr da.«

DER ZWEITE FREUND: LASS DICH WARNEN!

8 Da sagte Bildad von Schuach: 2 »Wie lange willst du solche Reden führen? Wann hörst du auf, hier so viel Wind zu machen? 3 Denkst du im Ernst, dass Gott das Recht verdreht? Meinst du, er hält sich nicht an sein Gesetz? 4 Nein, deine Kinder haben sich versündigt, drum hat er sie bestraft, wie sie's verdienten.

5 Du solltest dich bemühen, Gott zu suchen, ihn, den
Gewaltigen, um Gnade bitten. 6 Denn wenn du wirk-
lich rein und schuldlos bist, wird er dir ganz gewiss zu
Hilfe kommen und dir Besitz und Kinder wiedergeben.
7 Was früher war, wird dir gering erscheinen, wenn du
am Ende Gottes Segen siehst. 8 Frag nach der Weisheit
früherer Geschlechter! Was sie entdeckten, solltest
du dir merken. 9 Wir leben erst seit gestern, wissen
nichts, wie Schatten schwinden unsre Erdentage. 10 Die
Väter aber können dich belehren aus ihrem Schatz ge-
sammelter Erfahrung: 11 Nur wo es sumpfig ist, kann
Schilfrohr wachsen; nur wo es Wasser gibt, wächst
Riedgras auf; 12 doch ist das Wasser fort, verdorren sie,
eh du sie schneiden und verwerten kannst. 13 So geht es
allen, die nach Gott nicht fragen. Wer ohne Gott lebt,
dem bleibt keine Hoffnung! 14 Denn seine Sicherheit
gleicht einem Faden und sein Vertrauen einem Spin-
nennetz: 15 Wenn du dich darauf stützt, dann gibt es
nach; hältst du dich daran fest, so hält es nicht. 16 Im
Sonnenlicht wächst er wie eine Pflanze, die Ranken
wuchern überall im Garten, 17 die Wurzeln sind ver-
flochten zwischen Steinen und bohren sich hinab bis
zu den Felsen. 18 Doch wenn du sie dann aus dem Bo-
den reißt, weiß niemand mehr, wo sie gestanden hat.
19 Genauso sieht das Glück der Bösen aus! An ihrer
Stelle kommen andere hoch. 20 Die Unbescholtenen
verlässt Gott nicht; doch Übeltätern steht er niemals
bei. 21 Bestimmt wird er dich wieder lachen lassen und
deinen Mund mit frohem Jubel füllen. 22 Doch deine
Feinde ernten Schmach und Schande, die Heimstatt
solcher Menschen muss vergehn.«

IJOB: GOTT IST EBEN DER STÄRKERE

9 Ijob antwortete: 2 »So ist es! Daran gibt es keinen
Zweifel: Kein Mensch kann recht behalten ge-
gen Gott! 3 Bekäm er Lust, mit Gott zu prozessieren,
so würde der ihm tausend Fragen stellen, auf die er
auch nicht eine Antwort weiß. 4 Gott ist so reich an
Weisheit, Macht und Stärke! Wer kann es wagen, *ihm*
die Stirn zu bieten? Er käme nicht mit heiler Haut da-
von! 5 Ganz unversehens rückt Gott Berge fort, und
wenn er zornig wird, zerstört er sie. 6 Gott stößt die
Erde an und sie erbebt; die Pfeiler, die sie tragen, lässt
er schwanken. 7 Wenn er's befiehlt, scheint keine Sonne
mehr, die Sterne kann er hindern aufzugehen. 8 Allein
hat Gott den Himmel ausgespannt, nur er kann über
Meereswellen schreiten. 9 Gott schuf den Großen Bä-
ren, den Orion, das Siebengestirn, den Sternenkranz
des Südens. 10 Gott ist's, der Wunder tut, unzählbar
viele, so groß, dass wir sie nicht verstehen können.
11 Gott geht an mir vorbei – ich seh ihn nicht, ich merke
nicht, wie er vorübergeht. 12 Er rafft hinweg und nie-
mand hindert ihn. Wer wagt zu fragen: ›He, was machst
du da?‹ 13 Gott muss nicht seinen Zorn in Schranken
halten, selbst Rahabs Helfer hatten sich zu beugen.
14 Wie könnte *ich* ihm dann entgegentreten, wie rechte
Worte finden gegen ihn? 15 Ich bin im Recht und darf
mein Recht nicht fordern! Soll ich ihn etwa noch um
Gnade bitten, ihn, der das Urteil schon beschlossen
hat? 16 Selbst wenn er sich dem Rechtsverfahren
stellte – dass er mich hören würde, glaub ich nicht.
17 Gott sendet seinen Sturm und wirft mich nieder,
ganz ohne Grund schlägt er mir viele Wunden. 18 Er
lässt mich nicht einmal zu Atem kommen, stattdessen
füllt er mich mit Bitterkeit. 19 Soll ich Gewalt anwen-
den? Er ist stärker! Zieh ich ihn vor Gericht? Wer lädt
ihn vor? 20 Ich bin im Recht, ich habe keine Schuld, doch
was ich sage, muss mich schuldig sprechen. 21-22 Mir ist
jetzt alles gleich, drum sprech ich's aus, selbst wenn ich
meinen Kopf dafür riskiere: Dass ich im Recht bin, hilft
mir nichts bei ihm; ob schuldig oder nicht – Gott bringt
mich um! 23 Wenn plötzlich eine Katastrophe kommt
und Menschen ohne Schuld getötet werden, hat er für
ihre Ängste nur ein Lachen. 24 Gott hat die Erde Schur-
ken übergeben und alle Richter hat er blind gemacht.
Wenn er es nicht gewesen ist, wer dann? 25 Mein Leben
eilt noch schneller als ein Läufer, nicht einer meiner
Tage bringt mir Glück. 26 Wie leichte Boote gleiten sie
vorbei, schnell wie der Sturz des Adlers auf die Beute.
27 Wenn ich mir sage: ›Gib das Klagen auf, vergiss den
ganzen Jammer, lach doch wieder!‹, 28 dann packt mich
gleich die Angst vor neuen Qualen; ich weiß es ja, Gott
spricht mich doch nicht frei. 29 Er will mich unbedingt
für schuldig halten. Was hilft es, meine Unschuld zu
beweisen? 30 Ich könnte mich mit reinstem Wasser wa-
schen, die Hände könnte ich mit Lauge säubern. 31 Dann
würde er mich in ein Schlammloch tauchen, sodass sich
meine Kleider vor mir ekeln. 32 Ach, wäre Gott doch nur
ein Mensch wie ich, ich wüsste, welche Antwort ich ihm
gäbe: er müsste mit mir vor Gericht erscheinen! 33 Gäb
es doch einen Schiedsmann zwischen uns, dem wir uns
alle beide beugen müssten! 34 Dann dürfte Gott mich
nicht mehr weiterprügeln und würde mir nicht län-
ger Angst einjagen. 35 Ich könnte reden, ohne mich zu
fürchten. Jedoch in meinem Fall geht Macht vor Recht!

GOTT WILL MICH SCHULDIG SEHEN

10 Es ekelt mich vor diesem ganzen Leben, drum
halt ich meine Klage nicht zurück; es muss her-
aus, was mich verzweifeln lässt! 2 Du kannst mich doch
nicht einfach schuldig sprechen! Gott, sag mir jetzt,
was wirfst du mir denn vor? 3 Was bringt es dir, dass
du so grausam bist? Verachtest du, was du geschaf-
fen hast, und lässt gelingen, was Verbrecher planen?
4 Siehst du denn auch nicht mehr, als Menschen se-
hen, und urteilst so beschränkt, wie wir es tun? 5 Dein
Leben ist doch nicht wie unser Leben, du zählst es nicht
wie wir nach kurzen Jahren. 6 Was suchst du dann so
eilig meine Schuld und spürst voll Eifer meinen Sün-
den nach, 7 obwohl du weißt, dass ich nicht schuldig
bin und niemand mich aus deiner Hand errettet? 8 Mit
deinen Händen hast du mich gestaltet und nun ver-
schlingst du mich mit Haut und Haar. 9 Vergiss es nicht:
Du formtest mich wie Ton. Willst du mich jetzt in Staub
zurückverwandeln? 10 Wie Milch hast du mich damals
hingegossen, im Mutterleib mich Form annehmen las-
sen. 11 Mit Haut und Muskeln hast du mich umgeben,
aus Knochen und aus Sehnen mich geflochten. 12 Das

Leben gabst du mir und deine Liebe; dein Schutz be-
wahrte meinen Lebensgeist. 13 Und doch, ich weiß,
dass du bei alledem ganz im Geheimen etwas anderes
plantest: 14 Du wolltest sehen, ob ich schuldig würde,
um mir dann jeden Fehler vorzuhalten. 15 Tu ich nun
Unrecht, so ergeht's mir schlecht. Tu ich das Rechte,
lässt du's auch nicht gelten. Von Schmach und Schande
bin ich wie benommen. 16 Gelingt mir etwas und ich
fühle Stolz, so machst du wie ein Löwe Jagd auf mich
und ängstigst mich mit deiner Übermacht. 17 Dir fehlt
es nie an Zeugen gegen mich, damit du Grund hast,
mir noch mehr zu grollen und immer neue Strafen zu
verhängen. 18 Warum, Gott, hast du mich ans Licht ge-
holt, hervorgezogen aus dem Leib der Mutter? Wär ich
gestorben, eh' ein Mensch mich sah! 19 Vom Schoß der
Mutter gleich hinein ins Grab, das wäre so, als wär ich
nie gewesen! 20 Ich habe nur noch kurze Zeit zu leben;
lass mich in Frieden diesen Rest genießen! 21 Bald geh
ich fort ins dunkle Land der Toten, aus dem es niemals
eine Rückkehr gibt, 22 ins Land, wo Finsternis und
Chaos herrschen und selbst das Licht so schwarz ist
wie die Nacht.«

DER DRITTE FREUND: DU BIST SCHULDIG, GOTT IST IM RECHT!

11 Da sagte Zofar von Naama: 2 »Soll dieser Unsinn
ohne Antwort bleiben? Hat einer recht, nur weil
er dauernd redet? 3 Meinst du, dass dein Geschwätz
uns mundtot macht, wir auf dein Spotten nichts er-
widern können? 4 Du hast behauptet, was du sagst,
sei wahr, vor Gottes Augen seist du ohne Schuld. 5 Ich
wünschte nur, dass Gott jetzt selber spräche und dir
darauf die rechte Antwort gäbe! 6 Er würde dir sein
Handeln offenbaren, das unserm Wissen unbegreiflich
ist. Dann würdest du sehr schnell zur Einsicht kom-
men, wie viel von deiner Schuld dir Gott erlässt. 7 Die
Tiefen Gottes, kannst du sie ergründen? Kennst du
die Größe des Gewaltigen? 8 Gott reicht noch höher
als der Himmelsdom, zu dessen Grenze du nie hin-
gelangst. Gott reicht noch tiefer als die Totenwelt, von
der du doch so gut wie gar nichts weißt. 9 Gott ist viel
größer als die ganze Erde, viel breiter als das ganze
weite Meer. 10 Holt er den Schuldigen vor sein Gericht,
so gibt es niemand, der ihn daran hindert. 11 Er kennt
die Taugenichtse und ihr Treiben, das Unrecht kann
sich nicht vor ihm verstecken. 12 Jedoch ein Dumm-
kopf kommt erst dann zur Einsicht, wenn wilde Esel
zahm geboren werden! 13 Du, Ijob, musst dein Herz zu
Gott hinwenden und deine Hände ihm entgegenstre-
cken. 14 Doch reinige sie erst von allem Unrecht und
lass in deinem Haus nichts Böses zu. 15 Dann kannst
du frei von Schuld den Blick erheben; dann stehst du
fest und brauchst dich nicht zu fürchten. 16 Das Unheil,
das dich traf, kannst du vergessen wie Wasserfluten,
die verlaufen sind. 17 Dein Leben zeigt sich dann in
neuem Licht und strahlt noch heller als die Mittags-
sonne; nach aller Dunkelheit kommt Morgenglanz.
18 Du lebst in Sicherheit, mit neuer Hoffnung; du bist
beschämt, doch kannst du ruhig schlafen. 19 In deinem
Frieden wird dich niemand stören, doch viele werden
kommen, dir zu schmeicheln. 20 Den Bösen aber bleibt
nur die Verzweiflung, sie suchen Zuflucht, ohne sie zu
finden, und ihre einzige Hoffnung ist der Tod.«

IJOB: WAS GOTT TUT, IST UNBEGREIFLICH

12 Ijob antwortete: 2 »So ist's! Was seid ihr doch für
kluge Leute! Mit euch stirbt ganz bestimmt die
Weisheit aus! 3 Doch ich bin auch nicht auf den Kopf ge-
fallen, ich hab genauso viel Verstand wie ihr! Was ihr ge-
sagt habt, könnte jeder sagen! 4 Obwohl ich mir nichts
vorzuwerfen habe, muss ich mir diesen Hohn gefallen
lassen, den meine eigenen Freunde auf mich schütten.
Ich schrei zu Gott, der mich sonst stets erhörte! 5 Wer
Schaden hat, muss für den Spott nicht sorgen; das tun
die anderen, denen alles glückt. Und wer schon wankt,
bekommt noch einen Tritt. 6 Die Unheilstifter leben stets
in Frieden; wer Gott zum Zorn reizt, ist in Sicherheit.
Sie haben es geschafft, Gott einzufangen. 7 Du kannst
das Vieh und auch die Vögel fragen, sie würden dir die
rechte Auskunft geben. 8 Die Erde sagt es dir, wenn du
sie fragst, die Fische wüssten es dir zu erzählen. 9 Die
ganze Schöpfung weiß es, spricht es aus: ›Dies alles
hat die Hand des HERRN gemacht!‹ 10 Von seiner Macht
hängt jedes Leben ab, der Atem aller Menschen kommt
von ihm. 11 Der Gaumen prüft, ob eine Speise schmeckt;
genauso muss das Ohr die Worte prüfen. 12 Es heißt,
die alten Leute hätten Weisheit, ihr hohes Alter gäbe
ihnen Einsicht. 13 Bei Gott ist wirklich Weisheit, Rat und
Einsicht und auch die Macht, Geplantes auszuführen.
14 Was Gott in Trümmer legt, baut niemand auf; wen
er gefangen setzt der kommt nicht frei. 15 Hält er den
Regen auf, wird alles trocken; lässt er ihn los, zerwühlt
die Flut das Land. 16 Gott hat die Macht und überlegenes
Wissen, Verführte und Verführer sind sein Werk. 17 Die
klugen Ratsherrn lässt er ratlos werden, die Rechtsge-
lehrten leere Sprüche reden. 18 Die Fesseln harter Herr-
scher löst er auf und führt sie selber in Gefangenschaft.
19 Sogar den Priestern nimmt er Amt und Würden; die
ältesten Geschlechter löscht er aus. 20 Berühmte Red-
ner bringt er jäh zum Schweigen, den Alten nimmt er
ihre Urteilskraft. 21 Gott lässt Geachtete verächtlich
werden und starke Helden macht er plötzlich wehrlos.
22 Er zieht die dunkle Decke von den Tiefen und bringt
die Finsternis ins helle Licht. 23 Gott lässt Nationen
wachsen und vergehen, er macht sie stark – und tilgt
sie wieder aus. 24 Aus ihren Führern lässt er Narren wer-
den, die keinen Weg mehr aus der Wüste finden, 25 die
ohne Licht im Dunkeln um sich tasten und sich verirren
wie Betrunkene.

WENN IHR DOCH SCHWEIGEN WÜRDET!

13 Was ihr so redet, hab ich längst gehört, ich hab
es selbst gesehn und mir gemerkt. 2 Was ihr da
wisst, das weiß ich allemal, darin bin ich euch jederzeit
gewachsen! 3 Doch nicht mit euch, mit Gott hab ich
zu reden; mit dem Gewaltigen lieg ich im Streit! 4 Ihr
selbst seid ratlos, deckt es zu mit Lügen; Kurpfuscher
seid ihr, die nicht heilen können! 5 Es wäre besser, wenn

ihr schweigen würdet, dann könnte man euch noch
für weise halten! 6 Hört zu, damit ich euch mein Recht
beweise! Macht eure Ohren auf für meine Worte! 7 Tut
ihr's für Gott, wenn ihr so schamlos lügt? Wollt ihr zu
seinen Gunsten mich betrügen? 8 Warum ergreift ihr
denn Partei für ihn? Müsst ihr ihn etwa vor Gericht ver-
treten? 9 Wie wäre es, wenn er euch jetzt verhörte?
Lässt Gott sich von euch täuschen wie ein Mensch? 10 Er
wird euch ganz gewiss zur Rede stellen, wenn ihr gehei-
men Vorurteilen folgt. 11 Erschreckt ihr nicht vor seiner
Majestät? Schon der Gedanke müsste euch erschüt-
tern! 12 Wie Staub im Wind sind eure weisen Sprüche
und eure Gründe halten stand wie Ton. 13 Seid still, lasst
mich in Ruh! Jetzt rede ich! Was daraus wird, das ist
mir völlig gleich! 14 Und wenn ich mich um Kopf und
Kragen rede: Ich bin bereit, mein Leben zu riskieren.
15 Gott wird mich töten, darauf warte ich; doch erst will
ich vor ihm mein Recht behaupten. 16 Vor ihm zu stehen
wär für mich schon Rettung; denn Heuchler kommen
nicht in seine Nähe. 17 Nun hört euch an, was ich zu sa-
gen habe, dass ihr begreift, was ich erklären will! 18 Ich
bin bereit, den Rechtsfall vorzutragen. Ich bin im Recht,
das weiß ich ganz genau! 19 Wer hätte Aussicht, mich zu
Fall zu bringen? Dann wollt' ich gerne schweigen und
auch sterben! 20 Nur dies, mein Gott, erbitte ich von
dir, damit ich offen vor dich treten kann: 21 Zieh deine
schwere Hand von mir zurück und fülle mich nicht mehr
mit Angst und Schrecken. 22 Dann klage an und ich will
Rede stehen; oder ich frage dich und du gibst Antwort.
23 Wie viele Sünden habe ich begangen? Wie groß ist
meine Schuldenlast bei dir? 24 Weshalb siehst du mich
nicht mehr freundlich an und tust, als wäre ich dein
Feind geworden? 25 Was bin ich denn? Ein abgefalle-
nes Blatt, ein dürrer Strohhalm, fortgeweht vom Wind.
Doch ständig scheuchst du mich und jagst mir nach!
26 Zu harten Strafen hast du mich verurteilt, kein Fehler
meiner Jugend ist vergessen! 27 Du lässt nicht zu, dass
ich mich frei bewege, argwöhnisch überwachst du je-
den Schritt, selbst meine Fußspur zeichnest du dir auf.
28 Deshalb zerfalle ich wie morsches Holz, wie ein von
Motten angefressenes Kleid.

GOTT LÄSST DEM MENSCHEN KEINE HOFFNUNG

14 Was ist der Mensch, von einer Frau geboren?
Sein Leben ist nur kurz, doch voller Unrast. 2 Wie
eine Blume blüht er und verwelkt, so wie ein Schatten
ist er plötzlich fort. 3 Und trotzdem lässt du ihn nicht aus
den Augen, du ziehst ihn vor Gericht, verurteilst ihn!
4 Du musst doch wissen, dass er unrein ist, dass niemals
etwas Reines von ihm ausgeht! 5 Im Voraus setzt du fest,
wie alt er wird, auf Tag und Monat hast du es beschlos-
sen. Du selbst bestimmst die Grenzen seines Lebens, er
kann und darf sie niemals überschreiten. 6 Darum blick
weg von ihm, lass ihn in Ruhe und gönne ihm sein biss-
chen Lebensfreude! 7 Für einen Baum gibt es noch eine
Hoffnung: Wenn man ihn fällt, dann schlägt er wieder
aus. 8 Selbst wenn die Wurzeln in der Erde altern, der
Stumpf im Boden abstirbt und verdorrt – 9 er muss nur
ein klein wenig Wasser spüren, dann treibt er wieder
wie ein junges Bäumchen. 10 Doch stirbt ein Mensch,
so ist es mit ihm aus. Wenn er gestorben ist, wo bleibt
er dann? 11 Vielleicht geschieht's, dass Ströme nicht
mehr fließen, dass auch das Wasser aus dem Meer ver-
schwindet; 12 doch tote Menschen stehen nicht mehr
auf, sie werden nie aus ihrem Schlaf erwachen. Noch
eher stürzt der ganze Himmel ein! 13 Verbirg mich doch
dort unten bei den Toten, versteck mich, bis dein Zorn
vorüber ist! Bestimme doch, wie lang ich warten muss,
bis du mir deine Güte wieder zeigst. 14 Doch kommt ein
Toter je zurück ins Leben? Ich hielte gerne diese Qua-
len aus, wenn ich auf bessere Zeiten hoffen könnte.
15 Du würdest rufen, ich dir Antwort geben. Du wür-
dest wieder Freude an mir haben und daran denken,
dass ich dein Geschöpf bin. 16 Du würdest alle meine
Schritte zählen, doch keine Liste meiner Sünden füh-
ren. 17 Für immer würdest du die Schuld verschließen,
du decktest alle meine Fehler zu. 18 Jedoch auch Berge
stürzen ein, zerfallen, und Felsen rücken fort von ihrer
Stätte; 19 das Wasser kann den harten Stein zerreiben,
Sturzregen schwemmt den Ackerboden fort. So lässt
du unsere Hoffnung untergehen! 20 Du zwingst den
Menschen nieder mit Gewalt, machst seine Züge starr
und fremd im Tod und schickst ihn fort – er kommt nie
mehr zurück. 21 Wenn seine Kinder hier zu Ehren kom-
men oder in Schande stürzen, weiß er's nicht. 22 Was er
noch fühlt, ist nur die eigene Ohnmacht und trauern
kann er nur noch um sich selbst.«

DER ERSTE FREUND: KEIN MENSCH IST SCHULDLOS

15 Da sagte Elifas von Teman: 2-3 »Das alles, Ijob,
ist doch nichts als Wind! Was du da von dir
gibst, sind leere Worte! Hat einer wirklich Weisheit
und Verstand, wird er nicht sinnlos oder unnütz re-
den. 4 Du untergräbst das Fundament des Glaubens,
machst frommes Leben ganz und gar unmöglich! 5 Es
ist die Schuld, die dich so reden lässt, auch wenn du sie
mit schlauen Worten leugnest. 6 Dein eigener Mund
verurteilt dich, nicht ich; du selbst belastest dich mit
jedem Wort. 7 Bist du als erster Mensch geboren wor-
den? Warst du schon da, als Gott die Berge schuf? 8 Ge-
hörtest du zu seiner Ratsversammlung und bist in seine
Pläne eingeweiht? 9 Von welchen Dingen weißt du
mehr als wir? Was kennst du, das uns fremd geblieben
ist? 10 Im Kreis der Weisen gibt's ergraute Männer, die
älter wurden als dein eigener Vater. 11 Du lehnst es ab,
wenn Gott dich trösten will, wenn wir statt seiner ruhig
mit dir reden. 12 Warum nur regst du dich so schrecklich
auf und lässt so wütend deine Augen rollen? 13 Du rich-
test deinen Ärger gegen Gott und klagst ihn an mit läs-
terlichen Worten. 14 Meinst du im Ernst, es gäbe einen
Menschen, der rein und schuldlos ist vor seinem Gott?
15 Nicht einmal seinen Engeln kann er trauen, und auch
der Himmel ist für ihn nicht rein. 16 Der Mensch gar
ist abscheulich und verdorben; das Unrecht ist ihm
ebenso alltäglich, wie wenn er einen Becher Wasser
trinkt. 17 Ich will dich unterweisen, hör mir zu! Was ich

gesehen habe, sag ich dir. 18 Von weisen Leuten hab ich
es gelernt und diese hatten es von ihren Vätern. 19 Das
Land gehörte ihnen noch allein, kein Fremder konnte
sie von Gott abbringen. 20 Der skrupellose Unterdrü-
cker zittert sein Leben lang aus Angst vorm letzten Tag.
21 In seinen Ohren gellen Schreckensstimmen; im tiefs-
ten Frieden wartet er auf Räuber; 22 er hofft nicht mehr,
dem Dunkel zu entrinnen; das Schwert scheint über
seinem Kopf zu schweben; 23 schon sieht er Geier sei-
nen Leichnam fressen. Er weiß, der Untergang ist ihm
gewiss; der Tag der Finsternis 24 stürzt ihn in Schrecken;
verzweiflungsvolle Angst rückt auf ihn zu, bereit zum
Angriff wie ein starker König. 25 So geht's dem Mann,
der seine Fäuste ballt, Gott, dem Gewaltigen, den
Krieg erklärt. 26-27 Weil er von Kraft und von Gesund-
heit strotzt, nimmt er den großen, schweren Schild zur
Hand und macht den Nacken steif zum Sturm auf Gott.
28 Er zieht in Häuser, die verlassen wurden, baut Städte
auf, die Trümmer bleiben sollten, und fürchtet nicht den
Fluch, der darauf lastet. So trotzt er Gott und fordert
ihn heraus. 29 Was solch ein Mensch besitzt, ist nicht
von Dauer; er wird hier auf der Erde niemals reich;
30 der dunklen Totenwelt entgeht er nicht. Er gleicht
dem Baum: Das Feuer frisst die Zweige, am Ende fegt
ihn Gottes Atem fort. 31 Wer sich mit falschen Werten
selber täuscht, darf nicht enttäuscht sein über falschen
Lohn. 32 Noch vor der Zeit verwelkt er wie ein Zweig
und trägt nie wieder frisches, grünes Laub. 33 Er bringt
sich um den Lohn, so wie ein Weinstock, der seine Trau-
ben unreif fallen lässt, und wie ein Ölbaum, der die
Blüten abstößt. 34 So fruchtlos bleibt die ganze böse
Sippschaft und ihre Häuser wird das Feuer fressen,
denn mit Bestechung wurden sie gebaut. 35 Mit un-
heilvollen Plänen gehn sie schwanger, und Unglück
ist es, was sie dann gebären; Enttäuschung bringen
sie hervor, sonst nichts!«

IJOB: GOTT BEHANDELT MICH UNGERECHT

16 Ijob antwortete: 2 »Von dieser Art hab ich ge-
nug gehört! Nur Last ist euer Trost für mich, nicht
Hilfe! 3 Machst du nun endlich Schluss mit dem Gerede?
Was reizt dich denn, mir ständig zu erwidern? 4 Wenn
ihr jetzt hier an meiner Stelle wärt, dann könnte ich ge-
nau dasselbe sagen. Ich könnte meinen Kopf sehr weise
schütteln und euch mit schönen Sprüchen reich beden-
ken. 5 Ich gäb euch neue Kraft – mit meinem Mund;
ich zeigte euch mein Mitleid – mit den Lippen. 6 Mein
Reden lässt die Schmerzen nicht verschwinden; doch
schweige ich, so wird mir auch nicht leichter. 7 Gott hat
sein Ziel erreicht: Ich bin am Ende, rings um mich ist es
menschenleer geworden. 8 Er gräbt mir tiefe Falten ins
Gesicht, bis zum Gerippe bin ich abgemagert; und all
das muss nun meine Schuld beweisen. 9 Voll Zorn starrt
er mich an, knirscht mit den Zähnen und reißt mir alle
Glieder einzeln aus. 10 Die Leute rotten sich um mich
zusammen, sie reißen ihre Mäuler auf und spotten,
sie schlagen mir voll Feindschaft ins Gesicht. 11 Gott
hat mich an Verbrecher ausgeliefert, mich schlimmen
Schurken in die Hand gegeben. 12 Aus meinem Frieden
riss er mich heraus, er packte mich im Nacken, warf
mich nieder. Dann nahm er mich als Ziel für seine
Pfeile, 13 die mich von allen Seiten dicht umschwirren.
Erbarmungslos durchbohrt er meine Nieren, lässt
meine Galle auf die Erde fließen. 14 Er schlägt mir eine
Wunde nach der andern, so wie ein Kriegsheer Bre-
schen in die Mauer. 15 Das Trauerkleid ist meine zweite
Haut, besiegt und kraftlos liege ich im Staub. 16 Ganz
heiß ist mein Gesicht vom vielen Weinen, die Augen
sind umringt von dunklen Schatten. 17 Und doch, an
meinen Händen klebt kein Unrecht und mein Gebet ist
frei von Heuchelei! 18 Hör mich, du Erde, deck mein Blut
nicht zu, damit sein Schreien nicht zur Ruhe kommt!
19 Im Himmel muss doch einer für mich aufstehn, der
dort mein Recht vertritt und für mich bürgt. 20 Von
meinen Freunden hab ich nichts als Hohn, doch unter
Tränen blick ich hin zu Gott. 21 Gott, der mein Freund
ist, muss mir Recht verschaffen und Gott, den Feind,
in seine Schranken weisen. 22 Es eilt, denn meine Jahre
sind gezählt, bald gehe ich die Straße ohne Rückkehr.

VON ALLEN VERLASSEN UND VERHÖHNT

17 Das Atmen fällt mir schwer, mein Leben en-
det, der Docht verglimmt, mein Grab ist schon
geschaufelt. 2 Rings um mich höre ich den Hohn der
Spötter, auch nachts lässt ihr Gezänk mich nicht mehr
schlafen. 3 Du forderst Bürgschaft, Gott? Sei du mein
Bürge! Wer sonst legt seine Hand für mich ins Feuer?
4 Du hast ihr Herz versperrt für jede Einsicht; drum wirst
du sie nicht triumphieren lassen. 5 Machst du es so wie
jener Mann im Sprichwort, der seine Freunde einlädt
und beschenkt und seine eigenen Kinder hungern
lässt? 6 Doch jetzt bin ich die Spottfigur der Leute, ich
werde angespuckt; Gott stellt mich bloß. 7 Vor Kum-
mer ist mein Auge fast erblindet, ich bin nur noch ein
Schatten meiner selbst. 8 Ihr haltet euch für redlich, seid
entsetzt; ihr meint, ihr hättet keine Schuld, erregt euch,
in euren Augen bin ich ein Verbrecher. 9 Ihr seid gerecht
und lasst euch nicht beirren, seid rein und schuldlos,
fühlt euch nur bestärkt. 10 Kommt doch, kommt ru-
hig alle wieder her; bei euch ist doch nicht einer mit
Verstand! 11 Vorbei sind meine Tage; meine Pläne, die
Wünsche meines Herzens, sind zunichte. 12 Die Freunde
sagen mir, die Nacht sei Tag; das Licht sei mir ganz nah,
behaupten sie, obwohl die Finsternis mich überfällt.
13 Mir bleibt als Wohnstatt nur die Totenwelt, im Dunkel
dort kann ich mich niederlegen. 14 Das kalte Grab – ich
nenn es meinen Vater, die Maden meine Mutter, meine
Schwestern. 15 Da sollte es für mich noch Hoffnung
geben? Kann jemand nur ein Fünkchen davon sehen?
16 Sie steigt mit mir hinunter zu den Toten und wird dort
mit mir in den Staub gelegt.«

DER ZWEITE FREUND: BÖSE MENSCHEN NEHMEN EIN BÖSES ENDE

18 Da sagte Bildad von Schuach: 2 »Wie lange redet
ihr noch drumherum? Denkt nach! Dann lasst uns
klar und deutlich reden! 3 Sind wir so dumm wie Vieh,
wie er behauptet? Seid ihr der Meinung, dass wir unrein

sind? 4 Du, Ijob, reißt dich selbst vor Wut in Stücke. Die
ganze Erde soll entvölkert werden, die Felsen sollen
fort von ihrer Stelle – und alles nur, damit du recht be-
hältst! 5 Es bleibt dabei: Ein böser Mensch geht unter,
das Licht in seinem Leben wird erlöschen, das Feuer
seines Herdes nicht mehr leuchten; 6 in seinem Zelte
brennt die Lampe nieder – genauso geht sein Lebens-
glück zu Ende. 7 Sein Schritt, sonst weit und fest, wird
kurz und zögernd; er stolpert über seinen eigenen Plan.
8 Er läuft ins Netz, fällt durch das Zweiggeflecht, das er
einst selber auf die Grube legte. 9 Die Falle springt und
packt ihn an der Ferse, die Schlinge zieht sich zu und
hält ihn fest. 10 Ein Fallstrick liegt versteckt vor ihm am
Boden, die Falle wartet schon auf seinem Weg. 11 Von
überall bedrängen ihn die Schrecken, sie jagen ihn auf
Schritt und Tritt in Angst. 12 Der Hunger raubt ihm seine
letzte Kraft, das Unglück ist sein ständiger Begleiter.
13 Und auch die Krankheit kommt, des Todes Tochter,
lässt seine Haut und seine Glieder faulen. 14 Aus seinem
sicheren Zelt wird er vertrieben, um vor den Herrn der
Totenwelt zu treten. 15 Das herrenlose Zelt ist frei für
jeden; wo der Verfemte wohnte, streut man Schwefel.
16 Er gleicht dem Baum: Die Wurzel ist verdorrt, und
seine Zweige oben sind verwelkt. 17 Sein Name wird
im ganzen Land vergessen, bald kann sich niemand
mehr an ihn erinnern. 18 Aus der bewohnten Welt ist er
verbannt und aus dem Licht ins Dunkel fortgetrieben.
19 Kein Kind, kein Enkel setzt die Sippe fort, an seinem
Wohnort überlebt nicht einer. 20 Entsetzen herrscht im
Osten wie im Westen bei allen, die von diesem Schicksal
hören. 21 Ja, so geht's denen, die das Unrecht lieben;
wer nicht nach Gott fragt, nimmt ein solches Ende.«

IJOB: GOTT TUT MIR UNRECHT …

19 Ijob antwortete: 2 »Wie lange redet ihr noch auf
mich ein? Wie lange wollt ihr mich mit Worten
quälen? 3 Ihr habt mich nun schon viel zu oft beschimpft
und schämt euch nicht, mich zu beleidigen. 4 Wenn
ich unwissend einen Fehler machte, dann bin doch
ich allein davon betroffen. 5 Ihr aber spielt euch auf
als meine Richter, nehmt meine Leiden als Beweis der
Schuld. 6 Seht ihr nicht ein, dass Gott mir unrecht tut?
Mit einem Netz hat er mich eingefangen. 7 Ich schrei um
Hilfe, aber niemand hört. Ich will mein Recht, doch kei-
ner steht mir bei. 8 Den Weg sperrt Gott mir ab, ich kann
nicht weiter; er lässt mich mitleidslos im Dunkeln tap-
pen. 9 Gott hat mir meinen Wohlstand fortgenommen
und meine Ehre in den Schmutz getreten. 10 Ringsum
reißt er mich ein wie eine Mauer, wie einen Baum ent-
wurzelt er mein Hoffen, schickt mich hinunter in die To-
tenwelt. 11 Sein ganzer Zorn ist gegen mich entbrannt,
er setzt mir zu, als wäre ich sein Feind. 12 Geschlossen
rückt sein Heer zum Angriff vor, rings um mein Zelt
errichtet es sein Lager. 13 Gott hält selbst meine Brüder
von mir fern, Bekannte tun, als wär ich ihnen fremd.
14 Die Freunde und Verwandten bleiben aus, sie alle ha-
ben mich ganz schlicht vergessen. 15 Die Gäste meines
Hauses und die Mägde behandeln mich wie einen völlig
Fremden, als käme ich aus einem fernen Volk. 16 Mein
Knecht gibt keine Antwort, wenn ich rufe; um jeden
Dienst muss ich ihn lange bitten. 17 Mein Atem ist für
meine Frau Gestank und meine Brüder ekeln sich vor
mir. 18 Selbst Kinder haben keine Achtung mehr; quäl
ich mich hoch, so machen sie sich lustig. 19 Die engsten
Freunde zeigen nichts als Abscheu. Ich liebte sie, doch
sie befehden mich. 20 Nur Haut und Knochen sind an
mir zu sehen und mein Gesicht gleicht einem Totenkopf.
21 Ihr seid doch meine Freunde! Habt Erbarmen! Was
mich zu Boden schlug, war Gottes Hand! 22 Warum ver-
folgt ihr mich so hart wie er? Habt ihr mich denn noch
nicht genug gequält? 23 Ich wünschte, jemand schriebe
alles auf, dass meine Worte festgehalten würden, 24 mit
einem Meißel in den Fels gehauen, mit Blei geschwärzt,
damit sie ewig bleiben!

… ABER ER WIRD MIR RECHT GEBEN

25 Doch nein, ich weiß, dass Gott, mein Anwalt, lebt!
Er spricht das letzte Wort hier auf der Erde. 26-27 Jetzt,
wo die Haut in Fetzen an mir hängt und ich kein Fleisch
mehr auf den Knochen habe, jetzt möchte ich ihn sehn
mit meinen Augen, ihn selber will ich sehen, keinen
Fremden! Mein Herz vergeht in mir vor lauter Sehn-
sucht! 28 Ihr überlegt, wie ihr mich quälen könnt und
in mir selbst den Grund des Übels findet. 29 Doch seht
euch vor, dass euch das Schwert nicht trifft; denn sol-
che Schuld verdient die Todesstrafe. Vergesst es nicht,
dass Gott der Richter ist.«

DER DRITTE FREUND: DEN VERBRECHER TRIFFT DIE VERDIENTE STRAFE

20 Da sagte Zofar von Naama: 2 »In meinem Her-
zen ist ein Sturm entfesselt, es kocht in mir, ich
kann nicht an mich halten! 3 Ich fühle mich beschimpft
durch deine Mahnung, doch mein Verstand gibt mir die
rechte Antwort: 4 Es ist dir doch bekannt, dass immer
schon, seit Gott die Menschen auf die Erde setzte, 5 der
Jubelruf der Bösen schnell verstummte, die Freude des
Verbrechers bald vorbei war. 6 Selbst wenn er in den
Himmel wachsen sollte und mit dem Kopf bis an die
Wolken reichte, 7 er muss hinunter wie sein eigener Kot,
für immer fort! Und alle, die ihn kannten, sie werden fra-
gen: ›Wo ist er geblieben?‹ 8 Wie eine Nachtvision ent-
schwindet er und wie ein Traum löst er sich auf in nichts.
9 Kein Auge, das ihn sah, sieht ihn dann wieder, auch
seine Wohnung sieht nichts mehr von ihm. 10 Sein Hab
und Gut, mit viel Betrug erworben, muss er mit eigener
Hand zurückerstatten und seine Kinder müssen betteln
gehn. 11 Er schien voll jugendlicher Kraft zu sein, doch
jetzt liegt sie vereint mit ihm im Staub. 12 Für seinen
Gaumen ist das Böse süß; er hält es unter seiner Zunge
fest; 13 ganz langsam lässt er es im Mund zergehen, um
möglichst lang etwas davon zu haben. 14 Jedoch im Ma-
gen wird die Speise bitter, verwandelt sich in schlimmes
Schlangengift. 15 Erbrechen muss er das geraubte Gut,
Gott zwingt ihn, jeden Rest herauszuwürgen. 16 Was
er verschlungen hat, das wirkt wie Gift, es ist so töd-
lich wie der Biss der Viper. 17 Er hat nichts mehr vom
Reichtum dieses Landes, von Milch und Honig, die in

Strömen fließen. 18 Was er erworben hat durch Tausch
und Handel, er darf es nicht behalten und genießen,
19 weil er die Armen schamlos unterdrückte und Häu-
ser raubte, statt sie selbst zu bauen. 20 Er kann den
Hals nie voll genug bekommen und trotzdem macht
ihn sein Besitz nicht sicher. 21 Vor seiner Fresslust kann
sich niemand retten, drum ist sein Glück auch nur von
kurzer Dauer. 22 Bei allem Überfluss ist ihm nicht wohl;
dann schlägt die schwere Hand des Unglücks zu: 23 Er
kriegt genug, um seinen Bauch zu füllen, wenn Gottes
Zorn wie Hagel auf ihn fällt; von dieser Mahlzeit wird er
endlich satt! 24 Entrinnt er auch dem Eisenschwert des
Feindes, so schießt ihn doch der Bronzebogen nieder.
25 Der Pfeil durchbohrt ihn, fährt aus seinem Rücken,
die blitzend blanke Spitze tropft von Blut. Dann stür-
zen alle Schrecken über ihn. 26 Die Finsternis ist für
ihn aufgespart; ein Feuer, das kein Mensch entzündet
hat, frisst ihn und seine ganze Sippschaft auf. 27 Der
Himmel zeigt sein volles Unrecht an, die Erde spricht
als Zeuge gegen ihn. 28 Der Wohlstand seines Hauses
wird vernichtet, wenn Gottes Zorn wie eine Sturzflut
kommt. 29 So sieht das Schicksal böser Menschen aus;
Gott selbst hat ihnen dieses Los bestimmt!«

IJOB: GOTT LÄSST DIE BÖSEN JA DOCH UNGESTRAFT!

21 Ijob antwortete: 2 »Wenn ihr doch einmal rich-
tig hören wolltet! Denn damit könntet ihr mich
wirklich trösten! 3 Ertragt mich doch, gestattet mir zu
reden; dann mögt ihr weiterspotten, wenn ihr wollt!
4 Beklag ich mich denn über einen Menschen? Warum
verliere ich wohl die Geduld? 5 Seht mich doch an,
dann werdet ihr erschaudern, ihr legt die Hand vor
Schrecken auf den Mund. 6 Wenn ich dran denke, was
geschehen ist, dann fang ich an, am ganzen Leib zu
zittern. 7 Warum lässt Gott die Bösen weiterleben?
Sie werden alt, die Kraft nimmt sogar zu. 8 Gesichert
wachsen ihre Kinder auf, mit Freuden sehen sie noch
ihre Enkel. 9 Kein Unglück stört den Frieden ihrer Häu-
ser, sie kriegen Gottes Geißel nie zu spüren. 10 Ihr Stier
bespringt die Kühe nicht vergebens, die Kühe kalben
leicht und ohne Fehlwurf. 11 Frei wie die Lämmer lau-
fen ihre Kinder und ihre Jugend tanzt und springt vor
Freude. 12 Sie singen laut zu Tamburin und Leier, sind
voller Fröhlichkeit beim Klang der Flöte. 13 Im Glück
verbringen sie ihr ganzes Leben und sterben einen
sanften, schönen Tod. 14 ›Lass uns in Ruhe‹, sagen sie
zu Gott, ›von deinem Willen wollen wir nichts wissen!
15 Bist du so mächtig? Müssen wir dir dienen? Was
nützt es eigentlich, zu dir zu beten?‹ 16 Sie glauben,
ihres Glückes Schmied zu sein. Doch ihre Art zu denken
liegt mir fern! 17 Wie oft hast du es eigentlich erlebt,
dass es erloschen ist, das Licht der Bösen? Wie oft ge-
schieht es, dass sie Unglück trifft? Hat Gott sie je in
seinem Zorn gestraft? 18 Wann sind sie denn wie Stroh
im Wind gewesen? Wann hat der Sturm sie fortgeweht
wie Spreu? 19 Ihr habt gesagt, dass Gottes Strafgericht
die Kinder für die Schuld des Vaters trifft. Das ist nicht
recht! Den Vater soll es treffen; der Schuldige soll auch
die Strafe tragen! 20 Er selbst soll seinen Untergang
erleben und Gottes Zorn am eigenen Leibe spüren!
21 Ob es den Kindern gut geht oder schlecht, das küm-
mert ihn nicht mehr nach seinem Tod. 22 Muss Gott
vielleicht noch unterwiesen werden, er, der Gericht
hält über Hoch und Niedrig? 23 Der eine bleibt gesund
bis an sein Ende; dann stirbt er, frei von Sorgen und im
Frieden, 24 der Körper wohlgenährt, die Glieder stark.
25 Der andere stirbt verbittert und enttäuscht, weil er
vom Glück nichts abbekommen hat. 26 Nun liegen sie
zusammen in der Erde, ein Heer von Würmern deckt sie
beide zu. 27 Ich weiß genau, wie ihr jetzt weiterdenkt;
euch geht's ja nur darum, euch durchzusetzen. 28 ›Was
ist denn aus dem reichen Mann geworden?‹, fragt ihr.
›Was blieb denn noch von seinem Haus?‹ 29 Habt ihr
denn nie mit Reisenden gesprochen und nie gehört,
was sie berichtet haben? 30 Am Tag, wenn Gott Gericht
hält voller Zorn, ist der Verbrecher stets in Sicherheit.
31 Wer wagt es, ihm sein Unrecht vorzuhalten? Wer
zahlt ihm heim, was er verbrochen hat? 32 Mit allen
Ehren trägt man ihn zum Friedhof, an seinem Grab hält
man die Totenwacht. 33 Unübersehbar ist sein Leichen-
zug, sogar die Erde deckt ihn freundlich zu. 34 Doch
ihr versucht, mir Trug als Trost zu bieten; denn jede
Antwort, die ihr bringt, ist Schwindel!«

DER ERSTE FREUND: GOTT STRAFT DICH WEGEN DEINER BOSHEIT

22 Da sagte Elifas von Teman: 2 »Wie kann ein
Mensch für Gott von Nutzen sein! Sich selber
nützt der Mensch, der Einsicht hat! 3 Was bringt es
Gott, wenn du das Rechte tust? Hat er Gewinn, wenn
du vollkommen bist? 4 Du denkst doch nicht, er zieht
dich vor Gericht, weil du ihn ehrst und ihm gehorsam
bist? 5 Es kann nur wegen deiner Bosheit sein und weil
du immer wieder Unrecht tust. 6 Wenn dir ein Lands-
mann irgendetwas schuldet, verlangst du sein Gewand
dafür als Pfand, obwohl er keine andere Kleidung
hat. 7 Der Durstige bekommt von dir kein Wasser, den
Hungernden verweigerst du dein Brot. 8 Weil du die
Macht hast, nimmst du alles Land; du meinst, dein Rang
gibt dir das Recht dazu. 9 Die Witwen schickst du fort
mit leeren Händen und Waisenkinder übervorteilst du.
10 Darum bist du von Schlingen eingeschlossen, ganz
plötzlich macht die Angst dich starr und stumm. 11 Du
siehst nichts mehr vor lauter Dunkelheit, die Wasser-
flut geht über dich hinweg. 12 Bedenk, dass Gott so fern
ist wie der Himmel. Betrachte doch den höchsten Stern
dort oben! 13 Du schließt daraus: ›Was kann da Gott
schon wissen? Kann er denn richten trotz der Wol-
kendecke? 14 Sie hindert ihn daran, hindurchzusehen,
wenn er am Himmelsrand spazieren geht.‹ 15 Willst du
den ausgetretenen Pfaden folgen, auf denen immer
schon die Bösen gingen? 16 Sie wurden vor der Zeit zu
Fall gebracht, wie Mauern, die das Wasser unterspült.
17 Sie hatten Gott verworfen und gemeint, er könnte
ihnen nicht gefährlich werden. 18 Doch von demsel-
ben Gott kam all ihr Reichtum. Auch mir liegt ihre Art
zu denken fern! 19 Die Guten freuen sich, sehn sie dies

Ende; wer ohne Schuld ist, lacht die Bösen aus: 20 ›Seht,
unsere Feinde sind vernichtet worden, das Feuer fraß
sie bis zum letzten Mann!‹

KEHR UM ZU GOTT!

21 Hör endlich auf, in Gott den Feind zu sehen, und
söhne dich doch wieder mit ihm aus! Nur so wirst du
dein Glück zurückgewinnen. 22 Wenn er dich unter-
weist, dann nimm es an, behalte jedes Wort in deinem
Herzen! 23 Kehr um zu ihm, dann richtet er dich auf.
Schaff alles Unrecht fort aus deinem Haus! 24 Nimm
auch dein ganzes Gold und wirf es weg; lass es im Fluss-
bett bei den Steinen liegen. 25 Gott, der Gewaltige, ist
selbst dein Gold, anstatt der Silberhaufen hast du ihn!
26 Dein Gott ist dann die Quelle deiner Freude und voll
Vertrauen blickst du zu ihm auf. 27 Er gibt dir Antwort,
wenn du zu ihm betest; dann wirst du dein Gelübde
froh erfüllen. 28 Was immer du beschließt, es wird ge-
lingen; auf allen deinen Wegen wird es hell. 29 Wenn
andere leiden und am Boden liegen, dann gibst du ih-
nen wieder neuen Mut und Gott hebt die Beschämten
freundlich auf. 30 Auch den, der schuldig wurde, rettet
er; wenn deine Hände rein sind, wird er frei.«

IJOB: WENN ICH GOTT NUR FINDEN KÖNNTE!

23 Ijob antwortete: 2 »Zwar möchte ich mein
Stöhnen unterdrücken und doch kommt Wi-
derspruch von meinen Lippen. 3 Wenn ich nur wüsste,
wo sich Gott befindet und wie ich zu ihm hingelangen
könnte! 4 Ich würde ihm schon meine Lage schildern,
ihm meine Gründe und Beweise nennen. 5 Ich bin ge-
spannt, was er dann sagen würde, wie er mir darauf
seine Antwort gäbe. 6 Ob er mich seine Allmacht füh-
len ließe? Nein, hören würde er auf meine Worte. 7 Ich
würde meinen Rechtsstreit mit ihm führen als einer,
dem nichts vorzuwerfen ist. Das müsste auch mein
Richter anerkennen! 8 Ich kann nach Osten gehn, dort
ist Gott nicht; und auch im Westen ist er nicht zu fin-
den. 9 Ist er im Norden tätig, seh ich's nicht; versteckt
er sich im Süden, weiß ich's nicht. 10 Doch *mein* Weg ist
ihm lange schon bekannt; wenn er mich prüft, dann bin
ich rein wie Gold. 11 Mein Fuß hielt sich genau an seine
Spur, ich blieb auf seinem Weg und wich nicht ab. 12 Ich
tue immer, was er mir befiehlt, sein Wort bewahre ich
in meinem Herzen. 13 Doch Gott allein bestimmt – wer
will ihn hindern? Was ihm gefällt, das setzt er einfach
durch. 14 Er wird auch tun, was er für mich geplant hat,
und Pläne über mich hat er genug! 15 Das ist es, was
mich so erschrecken lässt. Sooft ich an ihn denke, zit-
tere ich. 16 Gott hat mir alle Zuversicht genommen; weil
er so mächtig ist, macht er mir Angst. 17 Gott ist's, der
mich erdrückt, und nicht das Dunkel, auch wenn ich
jetzt vor Dunkelheit nichts sehe.

DIE MÄCHTIGEN FRAGEN NICHT NACH GOTTES WILLEN …

24 Warum setzt Gott nicht einfach Tage fest, dass
seine Treuen sehn, wie er Gericht hält? 2 Die
Mächtigen verrücken Feldergrenzen; den kleinen
Leuten stehlen sie die Herden und treiben sie auf ihre
eigene Weide. 3 Das Rind der Witwe nehmen sie als
Pfand, den Waisen rauben sie den letzten Esel. 4 Die
Armen werden aus dem Weg gestoßen, sie fliehn vor
Furcht und müssen sich verstecken. 5 Wie wilde Esel in
der dürren Steppe gehn sie bei Morgengrauen an die
Arbeit. Für ihre Kinder suchen sie nach Nahrung, die
in der Steppe doch nur kärglich wächst. 6 Sie sammeln
Reste auf dem Feld des Reichen, in seinem Weinberg
suchen sie nach Beeren. 7 Nackt müssen sie im Freien
übernachten und keine Decke schützt sie vor der Kälte.
8 Im Bergland triefen sie von Regennässe und drücken
sich zum Schutz dicht an die Felsen. 9 Der Witwe nimmt
man ihren Säugling fort, den Schuldnern pfändet man
sogar den Mantel. 10 Die Armen müssen ohne Kleidung
gehn; sie hungern, weil sie nichts zu essen haben,
selbst wenn sie für die Reichen Garben tragen. 11 Im
Garten pressen sie Oliven aus, sie keltern Wein und
müssen durstig bleiben. 12 Die armen Stadtbewohner
klagen laut, das Röcheln der Verletzten schreit zum
Himmel, doch Gott beachtet all den Wahnsinn nicht!
13 Die Bösen hassen jede Art von Licht; drum wissen
sie auch nichts von Gottes Wegen und fragen nicht
danach, was ihm gefällt. 14 Im Morgengrauen steht der
Mörder auf und bringt den Armen um, der schutzlos
ist. Bei Nacht bricht er in Häuser ein und stiehlt. 15 Der
Ehebrecher wartet bis zum Abend und bindet sich die
Maske vors Gesicht, damit kein Auge ihn erkennen
kann. 16 Im Dunkeln raubt der Dieb die Häuser aus. Bei
Tage schließen sie sich alle ein, weil sie vom hellen Licht
nichts wissen wollen. 17 Ihr Tag beginnt erst, wenn es
dunkel wird, und keine Finsternis kann sie erschrecken.

… ABER GOTT WIRD SIE VERNICHTEN

18 Der Böse wird von Fluten fortgeschwemmt, sein
Grund und Boden ist von Gott verflucht und auch zum
Weinberg geht er niemals wieder. 19 Die Sonnenhit-
ze lässt den Schnee verschwinden, der ausgedörrte
Boden schluckt das Wasser. Genauso schluckt die To-
tenwelt den Sünder. 20 Selbst seine Mutter denkt nicht
mehr an ihn; er ist ein fettes Fressen für die Würmer.
Aus der Erinnerung ist er verschwunden; der Böse
wurde wie ein Baum gefällt. Das ist die Strafe für
sein schlimmes Unrecht: 21 Die kinderlose Frau hat er
misshandelt, der Witwe keine Freundlichkeit erwie-
sen. 22 Die Mächtigen rafft Gottes Macht hinweg; er-
hebt er sich, verzweifeln sie am Leben. 23 Gott wiegt
sie anfangs nur in Sicherheit, doch achtet er genau
auf ihre Taten. 24 Sie werden groß, doch nur für kurze
Zeit; dann schrumpfen sie wie eine Blütendolde und
werden abgeschnitten wie die Ähre. 25 So ist es! Was
ich sage, ist die Wahrheit. Kann einer mir das Gegen-
teil beweisen?«

DER ZWEITE FREUND: KEIN MENSCH KANN VOR GOTT BESTEHEN

25 Da sagte Bildad von Schuach: 2 »Gott herrscht
mit furchterregender Gewalt, mit starker Hand
schafft er im Himmel Frieden. 3 Wer kann die Scharen

seiner Diener zählen? Geht Gottes Licht nicht über allen auf? 4 Wie will ein Mensch vor Gott bestehen können, ein von der Frau Geborener je schuldlos sein? 5 Sogar das Licht des Mondes ist nicht hell und auch die Sterne sind nicht rein für Gott, 6 geschweige denn der Mensch, die Eintagsfliege! Was gilt bei Gott schon dieser kleine Wurm?«

IJOB: WIE GROSS UND MÄCHTIG IST GOTT!

26 Ijob antwortete: 2 »Du bist doch wirklich eine große Hilfe für einen kranken, schwachen Mann wie mich! 3 Du kannst so gut beraten, weißt so viel und gibst es gern an arme Narren weiter! 4 Wo hast du diese weisen Worte her? Sag, welcher Geist hat sie dir eingeblasen? 5 Sogar die Geister der Verstorbenen zittern dort in der Tiefe unterm Meeresboden. 6 Die Totenwelt liegt nackt vor Gottes Augen, kein Schleier deckt den Abgrund vor ihm zu. 7 Gott spannt das Zelt des Himmels aus im Leeren und überm Nichts hängt er die Erde auf. 8 Das Wasser speichert er in seinen Wolken, die nicht zerreißen trotz der großen Last. 9 In dichte Wolken hüllt er seinen Thron, damit kein Auge ihn erblicken kann. 10 Rund um die Meere zog er einen Kreis; dort liegt die Grenze zwischen Licht und Dunkel. 11 Die Pfeiler, die den Himmel tragen, schwanken, Entsetzen packt sie, wenn Gott sie bedroht. 12 Mit seiner Kraft hat er das Meer besiegt und Rahab umgebracht durch seine Klugheit. 13 Sein Atem hat den Himmel blank gefegt, den schnellen Drachen hat sein Arm durchbohrt. 14 Das alles ist der Saum von seinen Taten, ein schwaches Echo, das wir davon hören. Wie groß und mächtig muss Gott wirklich sein!«

MEIN GEWISSEN IST REIN!

27 Ijob setzte seine Rede fort, er sagte: 2 »Beim Leben Gottes, des Gewaltigen, der mir mein Recht noch immer vorenthält und mir das Leben bitter macht! Ich schwöre: 3 Solange ich noch Atem in mir habe und Gottes Hauch in meiner Nase ist, 4 kommt niemals Unrecht über meine Lippen und keine Lüge über meine Zunge! 5 Ich denke nicht daran, euch recht zu geben; bei meiner Unschuld bleib ich, bis ich sterbe! 6 Dass ich im Recht bin, geb ich niemals auf; denn mein Gewissen weiß von keiner Schuld!

SO STRAFT GOTT ALLE, DIE IHN VERLASSEN

7 Wer mich bekämpft und mir mit Hass begegnet, den soll die Strafe des Verbrechers treffen! 8 Sein Leben ist dahin, wenn Gott es fordert und sich entschließt, den Faden abzuschneiden. 9 Wenn er in Not gerät und beten will, wird Gott auf seinen Hilfeschrei nicht achten. 10 Er hätte immer bei Gott Freude suchen und zu ihm beten sollen, nicht erst jetzt! 11 Ich will euch nun von Gottes Macht berichten und nicht verschweigen, was er wirklich plant. 12 Ihr habt doch selber alles miterlebt! Was tragt ihr dann noch solchen Unsinn vor? 13 Seht, welche Strafe Gott dem Menschen sendet, der ihn verlässt und andere unterdrückt: 14 Ein solcher Mensch mag viele Söhne haben, doch alle werden sie im Krieg getötet; die Enkel kriegen nie genug zu essen. 15 Was überlebt, das rafft die Pest hinweg; die Witwen halten keine Totenklage. 16 Er mag auch haufenweise Silber haben, mehr Kleider, als er jemals brauchen kann. 17 Was soll's? Ein Frommer wird die Kleider tragen, ein guter Mensch das ganze Silber erben. 18 Sein Haus hat er gebaut wie eine Motte, so wie das Laubgeflecht des Weinbergwächters: 19 Reich legt er sich in seinem Haus zu Bett; doch wenn er aufwacht, ist es nicht mehr da. 20 Wie eine Flut holt ihn der Schrecken ein. Ein Wirbelsturm kommt nachts und trägt ihn fort. 21 Der Ostwind hebt ihn hoch und reißt ihn mit, er fegt ihn mit Gewalt von seinem Wohnplatz. 22 Der Sturm stürzt mitleidslos auf ihn herab, er müht sich, was er kann, um zu entfliehen. 23 In seinem Rücken heult und pfeift der Sturm und macht ihm Angst mit seinen harten Schlägen.

WOHER KOMMT DIE WEISHEIT?

28 Da gibt es Orte, wo sich Silber findet, und Plätze, wo das Gold gewaschen wird. 2 Tief in der Erde gräbt der Mensch nach Eisen und Kupfer schmilzt er aus den Steinen. 3 Er lässt sich von der Finsternis nicht hindern, bis in die letzten Winkel stößt er vor, aus tiefstem Dunkel holt er das Gestein. 4 Weit, weit entfernt von den bewohnten Orten, dort, wo kein Reisender vorüberzieht, gräbt man die Schächte tief hinab ins Erdreich, schwebt überm Abgrund, klammert sich ans Seil. 5 Hier oben, auf der Erde, wächst das Korn; dort unten, in der Erde, wird gewühlt, dass alles aussieht wie nach einem Feuer. 6 Im Felsgestein dort gibt es die Saphire und auch der Goldstaub ist darin zu finden. 7 Kein Falke hat den Weg dorthin erspäht und auch kein Geierauge sieht den Ort. 8 Kein Löwe und kein anderes wildes Tier ist jemals diesen Pfad entlanggegangen. 9 Allein der Mensch legt Hand an das Gestein; von Grund auf wühlt er ganze Berge um. 10 Quer durch die Felsen treibt er Stollen vor und findet dabei viele Kostbarkeiten. 11 Wo Wasser sickert, dichtet er die Risse; er bringt Verborgenes ans Tageslicht. 12 Die Weisheit aber – wo ist sie zu finden? Und wer kann sagen, wo die Einsicht wohnt? 13 Hier bei den Menschen findet sie sich nicht und ihren Kaufpreis kann kein Händler nennen. 14 Die tiefste Tiefe sagt: ›Hier ist sie nicht!‹ ›Hier hat sie keine Wohnung‹, sagt das Meer. 15 Man kauft sie nicht, man tauscht sie auch nicht ein, für Gold und Silber ist sie nicht zu haben, 16 mit allerfeinstem Gold nicht zu bezahlen, auch nicht mit Karneolen und Saphiren. 17 Mit reinstem Glas lässt sie sich nicht vergleichen, Gerät aus bestem Gold reicht nicht zum Tausch. 18 Korallen und Kristalle zählen nicht, sie übertrifft an Wert sogar die Perlen. 19 Der feinste Topas und das reinste Gold sind unvergleichbar mit dem Wert der Weisheit. 20 Wo ist ihr Ort? Wo kommt die Weisheit her? Und wer kann sagen, wo die Einsicht wohnt? 21 Kein Lebewesen hat sie je gesehen, kein Vogel hat sie je im Flug erspäht. 22 Sogar der Abgrund und der Tod bekennen: ›Wir haben bloß mal von ihr reden hören.‹ 23 Nur Gott, sonst niemand, kennt den Weg zu ihr. Er ganz allein weiß, wo die Weisheit wohnt. 24 Gott sieht die Erde bis an ihre Enden, vom Himmel aus erblickt er alle Dinge. 25 Als er dem Winde seine Wucht verlieh, dem Meer sein Maß und seine Grenze gab, 26 als er dem Regen Zeit und Ort bestimmte und der Gewitterwolke ihren Weg, 27 da sah er auch die Weisheit, prüfte sie, erkannte ihren Wert und nahm sie auf. 28 Danach gab Gott den Menschen diese Regel: ›Den Herrn stets ernst zu nehmen, das ist Weisheit. Und alles Unrecht meiden, das ist Einsicht.‹«

IJOB: WÄRE ES DOCH SO WIE FRÜHER!

29 Ijob setzte seine Rede fort, er sagte: 2 »Ach, wenn es wieder so wie früher wäre, als Gott mich führte und mein Leben schützte! 3 Er schenkte mir Erfolg an jedem Tag, in dunklen Stunden leuchtete sein Licht. 4 Wär's einmal noch wie in der besten Zeit, als Gott mein Freund war und mein Heim bewahrte! 5 Mit seiner ganzen Macht stand er mir bei, rings um mich waren alle meine Kinder. 6 Die Kühe und die Ziegen gaben Milch, so viel, dass ich drin hätte waten können. Kein Boden war zu steinig für Oliven, ich hatte Öl in ungeheuren Mengen. 7 Ging ich zum Rat der Ältesten am Stadttor und setzte mich in ihrer Runde nieder, 8 so traten alle Jungen scheu beiseite, die Alten standen auf und blieben stehen; 9 die Edlen hörten plötzlich auf zu reden und legten einen Finger auf die Lippen; 10 sogar die Angesehensten verstummten, als wäre ihre Zunge festgeklebt. 11 Wer mich erblickte oder reden hörte, war voller Lob für mich und meine Taten: 12 Ich half den Armen, die um Hilfe riefen, den Waisenkindern, denen niemand beistand. 13 Von neuem Mut Erfüllte priesen mich, den Witwen gab ich Sicherheit und Freude. 14 Gerechtigkeit war immer mein Gewand, mein Mantel und mein Turban war das Recht. 15 Für die Erblindeten war ich das Auge und für die Lahmen wurde ich der Fuß. 16 Für die Bedürftigen war ich der Vater, das Recht der Fremden prüfte ich genau. 17 War einer grausam, brach ich ihm den Kiefer und riss ihm seine Beute aus den Zähnen. 18 Ich hoffte, alt zu werden wie der Phönix und so wie er in meinem Nest zu sterben. 19 Ich glaubte, wie ein starker Baum zu sein, der seine Wurzeln tief ins Wasser senkt und dessen Zweige nachts der Tau befeuchtet. 20 Ich dachte, immer neuen Ruhm zu finden und immer stark zu bleiben wie ein Bogen, der Pfeil auf Pfeil verschießt und nicht ermattet. 21 Denn alle warteten auf meinen Rat und hörten schweigend meiner Rede zu; 22 dann wollte niemand mehr noch etwas sagen. Sie sogen meine Worte auf wie Tropfen; 23 sie warteten darauf wie auf den Regen, so wie Verdurstende nach Wasser lechzen. 24 Mein Lächeln brachte ihr Vertrauen wieder; sah ich sie freundlich an, so strahlten sie. 25 Ich führte sie, bestimmte ihren Weg, so wie ein König seine Truppen führt; wenn jemand traurig war, gab ich ihm Trost.

DIE GEGENWART IST ZUM VERZWEIFELN!

30 Jetzt aber muss ich mich verspotten lassen von solchen, die viel jünger sind als ich. Schon ihre Väter haben nichts getaugt! Ich konnte sie nicht zu den Herden schicken, damit sie meinen Hunden helfen sollten. 2 Für welche Arbeit sind schon Leute gut, die keine Kraft mehr in den Armen haben, 3 weil Hunger und Entbehrung sie erschöpften? Sie nagen trockene Wurzeln in der Wüste, dem Land der Dunkelheit und Einsamkeit. 4 Sie pflücken sich das Salzkraut unter Sträuchern und essen Wurzeln von den Ginsterbüschen. 5 Von allen andern werden sie vertrieben, so wie man Diebe mit Geschrei verjagt. 6 Sie hausen in den Wänden tiefer Schluchten, in Höhlen und in Spalten des Gesteins. 7 Sie schreien wie Tiere im Gebüsch der Wüste, sie drängen sich im stachligen Gestrüpp. 8 Ein Pöbelvolk, Gesindel ohne Namen, das man mit Peitschen aus dem Lande trieb. 9 Jetzt singen sie ihr Spottlied über mich, ich bin der Redestoff für ihren Klatsch. 10 Sie ekeln sich und rücken von mir ab, sie haben keine Scheu, mich anzuspucken. 11 Ganz schwach und wehrlos hat mich Gott gemacht, drum lassen sie auch jede Hemmung fahren. 12 Nun kommt die Schlangenbrut und greift mich an; sie zwingen mich, die Stellung aufzugeben; sie schütten Dämme auf zum letzten Sturm. 13 Sie haben mir den Fluchtweg abgeschnitten; zu meinem Sturz trägt jeder fleißig bei, sie brauchen dazu keine fremde Hilfe. 14 Sie dringen durch die Breschen meiner Mauer und drängen durch die Trümmer auf mich zu. 15 Der Schrecken greift nach mir mit kalter Hand; ein Windstoß wirbelt meine Würde fort, mein Wohlstand löst sich auf wie eine Wolke. 16 Ich spüre, wie mein Leben aus mir fließt. Seit Tagen schon umklammert mich die Qual. 17 Nachts bohrt der Schmerz in allen meinen Knochen, als sollten sie aus meinem Körper fallen; die Nerven können keine Ruhe finden. 18 Mit aller Kraft hat Gott mein Kleid gepackt, er schnürt mich ein wie ein zu enger Kragen. 19 Er hat mich in den Lehm zurückgestoßen, im Staub und in der Asche muss ich trauern. 20 Ich schrei um Hilfe, Gott! Wann gibst du Antwort? Ich steh vor dir – dein Blick bleibt starr und kalt. 21 Du bist so grausam gegen mich geworden und lässt mich spüren, wie viel Macht du hast. 22 Du setzt mich auf den Wind wie auf ein Pferd; er reißt mich mit Getöse ins Verderben. 23 Ich weiß, du bringst mich fort zur Totenwelt, wo alle Lebenden sich wiederfinden. 24 Dem Trümmerhaufen kann man nicht mehr helfen. Ob Gottes Hand mir hilft, bevor ich falle? 25 Hab ich nicht oft geweint mit Schwergeplagten? Zog ihre Not mir nicht das Herz zusammen? 26 Ich hoffte, wartete auf Licht und Glück, doch nichts als Dunkelheit und Unglück kam! 27 Ich bin erregt und finde keine Ruhe, denn Tag für Tag umgibt mich nichts als Qual. 28 Ich bin voll Trauer, mir scheint keine Sonne; ich klage öffentlich und fordere Hilfe. 29 Mein Schreien klingt, wie wenn Schakale heulen, ich weine einsam wie der Vogel Strauß. 30 Geschwärzt ist meine Haut, sie löst sich ab, die Glut des Fiebers brennt in meinen Knochen. 31 Mein Lautenspiel ist Jammerlaut geworden, mein Flötenspiel in Klagelied verwandelt.

ICH SCHWÖRE ...

31 Mit meinen Augen schloss ich den Vertrag, niemals ein Mädchen lüstern anzusehen. 2 Was hätte ich von Gott sonst zu erwarten? Was wäre seine Antwort auf mein Tun? 3 Er schickt Verderben, straft mit

Missgeschick, wenn jemand böse ist und Unrecht tut.
4 Gott sieht doch, was ich tue und was nicht; er zählt
doch alle meine Schritte nach! 5 Ich schwöre, dass ich
nie zur Lüge griff und nie versuchte, andere zu betrü-
gen. 6 Wenn Gott mich auf gerechter Waage wiegt,
dann muss er meine Unschuld anerkennen. 7 Wenn ich
vom rechten Weg gewichen bin, wenn ich mein Herz
den Augen folgen ließ, wenn meine Hände schmutzig
sind von Schuld, 8 dann soll ein anderer essen, was ich
säte, oder die Ernte soll vernichtet werden. 9 Wenn ich
für meines Nachbarn Frau entbrannte und auf sie lau-
erte an seiner Tür, 10 soll meine Frau für einen andern
kochen und andere Männer sollen mit ihr schlafen!
11 Denn mein Vergehen wäre eine Schandtat, die jeder
Richter hart bestrafen müsste; 12 ein Feuer wäre es, das
mich vernichtet und restlos niederbrennt, was mir ge-
hört. 13 Wenn einer meiner Knechte sich beklagte, wenn
eine Magd sich über mich beschwerte, hab ich zu kei-
ner Zeit ihr Recht missachtet. 14 Wie könnte ich sonst
Gott vor Augen treten und mich verteidigen, wenn er
mich prüfte? 15 Derselbe, der mich schuf im Mutterleib,
hat doch auch die geschaffen, die mir dienen! 16 Den
Armen schlug ich keine Bitte ab und keine Witwe ging
verzweifelt fort. 17 Mein Mittagsmahl war nie für mich
allein, kein Waisenkind blieb ohne seinen Anteil. 18 Von
Jugend auf, solang ich denken kann, nahm ich es wie
ein Vater bei der Hand. 19 Wenn einer nichts mehr an-
zuziehen hatte, zu arm war, eine Decke zu bezahlen,
20 dann half ich ihm und gab ihm warme Kleidung, ge-
webt aus Wolle meiner eigenen Schafe; er aber dankte
mir mit Segenswünschen. 21 Wenn ich die Elternlosen
unterdrückte, weil alle Richter meine Freunde waren,
22 dann soll mein Arm am Ellenbogen brechen und
meine Schulter sich vom Rücken lösen! 23 Die Furcht
vor Gottes Strafe schreckt mich ab und seine Hoheit
kann ich nicht ertragen. 24 Ich hab mich niemals auf
mein Gold verlassen, es nie als meine Sicherheit be-
trachtet. 25 Mein Wohlstand hat mich niemals stolz
gemacht, auch meine Arbeit nicht, die stets gelang.
26 Wenn ich die Sonne sah in ihrem Glanz, den Mond
auf seiner Bahn in voller Pracht, 27 dann war ich nie
versucht, sie zu verehren und ihnen eine Kusshand zu-
zuwerfen. 28 Der Richter müsste solche Sünde strafen,
weil ich den höchsten Gott verleugnet hätte! 29 Ich hab
nie schadenfroh dabeigestanden, wenn meine Feinde
Not und Unglück traf. 30 Ich hab auch niemals meinem
Mund erlaubt, den Tod auf einen Feind herabzuwün-
schen. 31 Wer je mein Gast war, wird es mir bezeu-
gen, dass jeder gut und reich bewirtet wurde. 32 Kein
Fremder musste draußen übernachten, denn meine
Tür stand immer allen offen. 33 Ich habe nie versucht,
wie viele andere, mein Unrecht vor den Leuten zu ver-
bergen. 34 Ich hatte niemals Angst vor ihrem Reden; ich
bin auch niemals stumm zu Haus geblieben, weil ich
ihr Spottgeschrei gefürchtet hätte. 38 Wenn sich mein
Acker über mich beklagt und alle seine Furchen weinen
müssen, 39 weil ich nur erntete und ihn nicht pflegte
und seinem Herrn im Himmel nicht gehorchte, 40a dann
soll er Dornen tragen statt des Weizens und statt der
Gerste Unkraut wachsen lassen! 35 Gäb es doch einen,
der mich hören wollte! Was ich gesagt hab, kann ich un-
terschreiben. Gott, der Gewaltige, soll Antwort geben!
Er zeige mir die Klageschrift des Gegners! 36 Ich will sie
stolz auf meiner Schulter tragen, sie mir als Kranz um
meine Schläfen winden. 37 Ich würde Gott mein Leben
offen legen und ohne Furcht ihm nahen wie ein Fürst!«
40b Hier enden die Worte Ijobs.

32 Die drei Männer gaben es auf, mit Ijob zu reden,
weil er sich selbst für unschuldig hielt. 2 Aber
ein anderer, der dabeistand, Elihu, der Sohn Barach-
els, ein Busiter aus der Sippe Ram, konnte nun nicht
länger an sich halten. Er war zornig auf Ijob, weil der
sich im Recht sah und Gott die Schuld zuschob. 3 Er
war aber auch zornig auf die Freunde Ijobs, weil sie es
nicht fertigbrachten, Ijob seine Schuld nachzuweisen.
4 Weil Elihu jünger war als die anderen, hatte er sich
zurückgehalten, solange sie mit Ijob redeten. 5 Doch
als er sah, dass sie nichts mehr zu sagen wussten, ließ
er seinem Zorn freien Lauf. 6a Er sagte:

ELIHUS UNWILLE ÜBER IJOB UND SEINE FREUNDE

6b »Ich bin noch jung, bin nicht so alt wie ihr; drum hielt
ich mich zurück und scheute mich, mein Wissen vor
euch Männern auszubreiten. 7 Ich sagte mir: ›Erst soll
das Alter reden, Erfahrung langer Jahre hat den Vor-
tritt.‹ 8 Doch was den Menschen klug macht, ist der
Geist, der Hauch, den Gott ihm eingeblasen hat. 9 Ob
einer weise ist, liegt nicht am Alter; was recht ist, weiß
man nicht aufgrund der Jahre. 10 Deswegen sage ich
nun: Hört mir zu, damit auch ich mein Wissen weiter-
gebe. 11 Ich wartete gespannt auf eure Worte; auf ein-
sichtsvolle Reden hoffte ich, als ihr euch um die rechte
Antwort mühtet. 12 Mit aller Sorgfalt hörte ich euch zu,
doch keiner konnte Ijob widerlegen. 13 Denkt nicht, es
sei der Weisheit letzter Schluss, dass Gott allein ihn
widerlegen könne. 14 Ich bin es nicht, den Ijobs Worte
treffen, und eure Antwort würd ich ihm nicht geben!
15 Die Luft ist ihnen allen ausgegangen, vor Schreck fällt
keinem etwas Rechtes ein. 16 Soll ich nun weiterwarten,
weil sie schweigen? Sie stehen da und wissen nichts
zu sagen. 17 Jetzt ist's an mir, die Antwort zu erteilen
und offen darzulegen, was ich weiß. 18 Mein Herz ist
randvoll angefüllt mit Worten, der Gottesgeist in mir
drängt mich zu reden. 19 Es gärt in mir wie eingeschlos-
sener Wein; wenn ich nicht reden darf, dann platze ich!
20 Ich halt es nicht mehr aus, es muss heraus, damit ich
endlich wieder Luft bekomme! 21 Für niemand werde ich
Partei ergreifen und keinem will ich Schmeichelworte
sagen. 22 Das liegt mir nicht, ich lass mich nicht drauf
ein, sonst würde mich mein Schöpfer schnell bestrafen.

GOTT SCHWEIGT NICHT!

33 Du aber, Ijob, hör mir bitte zu und achte auf die
Worte, die ich sage. 2 Ich möchte meine Rede
jetzt beginnen. 3 Mit ruhigem Gewissen spreche ich,
die reine Wahrheit kommt von meinen Lippen. 4 Von

Gottes Geist bin ich geschaffen worden; sein Atem war's, der mich ins Leben rief. 5 Du darfst mir widersprechen, wenn du kannst. Bring alle deine Gegengründe vor! 6 In Gottes Augen sind wir beide gleich, auch mich hat er aus Lehm geformt wie dich. 7 Du brauchst dich also nicht vor mir zu fürchten, ich setze dich bestimmt nicht unter Druck. 8 Nun denn, ich selber hab dich sagen hören – den Klang der Worte hab ich noch im Ohr: 9 ›Ich weiß von keiner Schuld und keinem Unrecht, unschuldig bin ich, frei von jedem Tadel. 10 Doch Gott erfindet immer neue Gründe, damit er mich als Feind behandeln kann. 11 Er lässt nicht zu, dass ich mich frei bewege, argwöhnisch überwacht er jeden Schritt.‹ 12 Ich muss dir sagen, Ijob, du hast unrecht. Mit Menschenmaß lässt Gott sich niemals messen! 13 Was hast du ihm denn letztlich vorzuwerfen? Dass er zu allen deinen Fragen schweigt? 14 Gott redet doch! Er tut es immer wieder, mal sanft, mal hart – man achtet nur nicht drauf! 15 Zur Nachtzeit, wenn die Menschen ruhig schlafen, in tiefem Schlummer auf den Betten liegen, dann redet Gott durch Träume und Visionen. 16 Er öffnet ihre Ohren, dass sie hören; mit Nachdruck warnt er sie vor ihrem Tun, 17 damit er sie von ihrer Bosheit abbringt und ihnen jeden Grund nimmt, stolz zu sein. 18 So rettet er ihr Leben vor dem Grab und hindert sie, in seinen Speer zu laufen. 19 Gott mahnt die Menschen auch durchs Krankenlager, wenn jemand Schmerz in allen Gliedern fühlt. 20 Du magst kein Essen sehn vor lauter Ekel, sogar beim Leibgericht packt dich der Brechreiz. 21 Zusehends nimmst du ab, dein Fleisch verschwindet, sodass man alle Knochen zählen kann. 22 Dem Rand des Grabes kommst du immer näher, schon will der Tod nach deinem Leben greifen. 23 Vielleicht kommt dann ein Engel dir zu Hilfe, nur *einer* von den tausend Gottesboten, die kundtun, was für Menschen richtig ist. 24 Vielleicht erbarmt der Engel sich und sagt: ›Lass ihn noch nicht ins Grab hinunterfahren! Ich hab das Lösegeld für ihn bekommen!‹ 25 Dann wird dein Körper wieder frisch und stark, genauso wie in deiner Jugendzeit. 26 Dann betest du zu Gott und wirst gehört; voll Freude trittst du hin vor deinen Herrn, der dich nun wieder angenommen hat. 27 Vor aller Welt bekennst du dann voll Dank: ›Gesündigt hatte ich, das Recht verdreht, doch Gott hat mir die Schuld nicht heimgezahlt. 28 Vom Rand des Grabes hat er mich gerettet und mir erlaubt, dass ich am Leben bleibe.‹ 29 Gott tut dies alles immer, immer wieder; so handelt er im Leben jedes Menschen, 30 um ihn vom sicheren Grab zurückzubringen und ihm die Lebensfreude zu erhalten. 31 Du, Ijob, achte gut auf meine Worte! Bleib still und lass mich weiter zu dir reden! 32 Doch wenn du etwas einzuwenden hast, dann sprich; ich gäbe dir so gerne recht. 33 Wenn nicht, dann schweig und hör mir weiter zu, dass ich dir zeigen kann, was Weisheit ist.«

DU KANNST GOTT KEIN UNRECHT VORWERFEN!

34 Weiter sagte Elihu: 2 »Ihr klugen Männer, hört auf meine Rede! Ihr habt Erfahrung; darum hört mir zu! 3 ›Der Gaumen prüft, ob eine Speise schmeckt; genauso muss das Ohr die Worte prüfen.‹ 4 Lasst uns den Fall gemeinsam untersuchen! Was recht und gut ist, müssen wir erkennen. 5 Denn Ijob hat gesagt: ›Ich bin im Recht; doch Gott verweigert mir die Anerkennung. 6 Das Urteil über mich hat er gefälscht, sein Pfeil bringt mir den Tod ganz ohne Schuld!‹ 7 Ihr sagt: ›Wo ist ein Mann wie dieser Ijob? Er lästert Gott, wie wenn er Wasser trinkt. 8 Er fühlt sich wohl im Kreise der Verbrecher und hat Gemeinschaft mit den Feinden Gottes. 9 Er sagt doch selbst: Der Mensch hat nichts davon, wenn er sich stets um Gottes Freundschaft müht.‹ 10 Drum hört mir zu, ihr Männer mit Verstand! Es ist nicht möglich, dass Gott Unrecht tut, dass der Gewaltige das Recht verdreht! 11 Der Mensch bekommt von Gott, was er verdient; entsprechend seinem Tun vergilt er ihm. 12 Gott tut gewiss kein Unrecht, nie und nimmer! Er, der Gewaltige, verdreht kein Recht! 13 Hat denn ein anderer ihm die Macht gegeben? Wer hat ihm diese Erde anvertraut? 14 Wenn Gott tatsächlich an sich selber dächte und hielte seinen Lebenshauch zurück, 15 dann würden alle Lebewesen sterben, im Augenblick zu Staub und Asche werden. 16 Wenn du Verstand hast, Ijob, dann pass auf und höre auch auf das, was ich jetzt sage! 17 Verklagst du Gott, den Großen und Gerechten? Meinst du, dass er ein Feind des Rechtes ist? Wie könnte er dann diese Welt regieren? 18 Nur Gott kann einen König Nichtsnutz nennen und zu den Großen sagen: ›Ihr Verbrecher!‹ 19 Nur er nimmt keine Rücksicht auf die Fürsten, zieht keinen Reichen einem Armen vor; denn alle sind Geschöpfe seiner Hände. 20 Sie sterben plötzlich, mitten in der Nacht. Das Volk gerät in Aufruhr, Starke weichen; kein Mensch erhebt die Hand, doch sie sind fort. 21 Gott überwacht die Wege jedes Menschen und sieht genau, was einer unternimmt. 22 Für ihn ist keine Dunkelheit so dunkel, dass Unheilstifter sich verstecken könnten. 23 Gott braucht auch keine lange Untersuchung, um einen Menschen vor Gericht zu ziehen. 24 Er muss die Mächtigen nicht erst verhören, um sie durch andere Leute zu ersetzen. 25 Weil Gott genau auf ihre Taten achtet, kann er sie über Nacht zugrunde richten. 26 Auf öffentlichem Platz bestraft er sie vor aller Welt, genauso wie Verbrecher. 27 Das tut er, weil sie ihm nicht folgen wollten und seinen Willen nie beachtet haben. 28 So zwangen sie die Armen und Geringen, zu Gott zu schreien, ihm ihr Leid zu klagen. Und Gott hat ihren Hilferuf gehört! 29 Doch wenn er sich entschlösse, nichts zu tun, dann könnte niemand ihn dafür verdammen. Und wenn er sich verbirgt, dann sieht ihn keiner. Was könnten Menschen oder Völker tun, 30 wenn Gott es wollte, dass ein Volksverführer, der kein Gewissen hat, ihr König würde? 31 Wenn jemand Gott die Schuld bekennt und sagt: ›Ich habe mich verfehlt, ich tu's nie wieder! 32 Zeig mir die Fehler, die ich selbst nicht sehe. Das Unrecht, das ich tat, ich tu's nicht mehr‹ – 33 willst du dann immer noch, dass Gott ihn straft, weil du ihn ja bereits verurteilt hast? Nicht ich muss das entscheiden, sondern du! Nun lass uns hören, was du selber denkst! 34 Wer Einsicht hat, der stimmt mir sicher zu; und jeder Weise, der mir zuhört, sagt: 35 ›Viel Wissen zeigt sich

nicht in Ijobs Worten, sein Reden hat doch weder Hand
noch Fuß. 36 Ihr müsst ihn noch viel besser hinterfragen!
Er redet wie ein Mensch, der Gott nicht kennt. 37 Zu sei-
nen Sünden fügt er Rebellion; in unserer Mitte sät er
Zweifel aus und häuft die bösen Worte gegen Gott.‹«

MIT GOTT KANNST DU DICH NICHT VERGLEICHEN!

35 Weiter sagte Elihu: 2 »Glaubst du denn allen
Ernstes, es sei richtig, dass du dich für gerechter
hältst als Gott? 3 Du sagst zu ihm: ›Was nützt mir meine
Unschuld? Sie fällt bei dir ja doch nicht ins Gewicht!‹
4 Auf diese Frage will ich Antwort geben; sie gilt zu glei-
cher Zeit für deine Freunde: 5 Sieh einmal aufmerksam
den Himmel an! Sieh auch die Wolken dort hoch über
dir! 6 Mit deiner Sünde kannst du Gott nicht schaden
und alle deine Fehler tun ihm nichts. 7 Ihm bringt's
auch nichts, wenn du das Rechte tust; er ist auf dein
Geschenk nicht angewiesen. 8 Dein *Mitmensch* leidet
unter deiner Bosheit und ihm nur nützt das Gute, das du
tust. 9 Die Menschen stöhnen, rufen laut um Hilfe, wenn
Mächtige sie grausam unterdrücken. 10 Doch keiner
fragt nach Gott, nach seinem Schöpfer, der Lobgesänge
gibt in dunkler Nacht. 11 Gott hat uns mehr gelehrt als
alle Tiere, er gab uns mehr Verstand als allen Vögeln.
12 Um Hilfe schreien wir, doch Gott bleibt stumm, weil
wir voll Bosheit und voll Hochmut sind. 13 Das Schreien
ist umsonst, Gott hört es nicht; er, der Gewaltige, sieht
uns nicht an. 14 Du, Ijob, sagst, du könntest Gott nicht
sehen. Hab nur Geduld, dein Fall ist ihm bekannt!
15 Weil Gott dich seinen Zorn nicht spüren ließ und sich
nicht groß um so viel Dummheit kümmert, 16 reißt du
den Mund auf, redest solchen Unsinn.«

GOTT IST EIN GERECHTER RICHTER

36 Elihu setzte seine Rede fort, er sagte: 2 »Ertrage
mich, hör noch ein wenig zu; ich hab noch eini-
ges für Gott zu sagen. 3 Mein Wissen hole ich aus weiter
Ferne, um zu beweisen, dass mein Schöpfer recht hat.
4 Verlass dich drauf: Ich sage dir die Wahrheit! Der vor
dir steht, ist seiner Sache sicher. 5 Gott hat die Macht,
doch treibt er keinen Spott; als Richter urteilt er mit fes-
ter Klarheit. 6 Er lässt die Unheilstifter nicht am Leben,
den Unterdrückten aber schafft er Recht. 7 Gott wen-
det seinen Blick nicht von den Treuen. Wenn sie mit
Königen zusammen herrschen, dann lässt er sie für
immer Ehre finden. 8 Doch sind sie in Gefangenschaft
geraten und leiden unterm harten Druck der Fesseln,
9 dann zeigt er ihnen damit ihre Schuld, dass sie so stolz
und überheblich waren. 10 Für seine Warnung schärft
er ihr Gehör, damit sie sich von allem Bösen trennen.
11 Wenn sie gehorchen und sich unterwerfen, dann
werden Glück und Freude sie begleiten an jedem Tag, in
jedem Lebensjahr. 12 Wenn nicht, dann laufen sie in ih-
ren Tod und gehn in ihrem Unverstand zugrunde. 13 Wer
Gott verlassen hat, der klagt ihn an. Wenn Gott ihn ein-
schließt, schreit er nicht zu ihm. 14 Sein Leben endet in
den besten Jahren, im Jugendalter muss er schändlich
sterben. 15 Wer aber leidet, wird durchs Leid gebessert;
Gott öffnet ihm die Augen durch die Not. 16 Auch dir
hat Gott die Freiheit einst geschenkt, aus Not und Enge
hat er dich gerettet; die besten Speisen füllten deinen
Tisch. 17 Doch nun trifft dich der volle Lohn der Bosheit,
das Urteil über dich ist schon gefällt. 18 Lass dich vom
Zorn nicht zum Rebellen machen! Verlass dich nicht
auf hohes Lösegeld! 19 Meinst du, dein Reichtum reiche
dafür aus? Dein Gold hilft gar nichts, auch nicht deine
Kraft. 20 Und warte nicht voll Sehnsucht auf die Nacht,
in der die Völker ausgerottet werden! 21 Gib acht, dass
du dich nicht zum Bösen wendest, auch wenn du das
für besser hältst als leiden.

HAB EHRFURCHT VOR DEM MÄCHTIGEN GOTT!

22 Besinne dich auf Gottes große Macht! Er ist der beste
Lehrer, den wir kennen. 23 Wer könnte ihm befehlen,
was er tun soll? Wer könnte zu ihm sagen: ›Das war
Unrecht‹? 24 Vergiss nicht, ihm zu danken für sein Tun,
für das die Menschen ihn mit Liedern preisen. 25 Die
ganze Welt betrachtet es mit Staunen, auch wenn wir's
nur von Weitem sehen können. 26 Gott ist so groß, dass
wir ihn nicht begreifen, und seiner Jahre Zahl ist un-
ergründbar. 27 Er zieht die Wassertropfen hoch zum
Himmel und sammelt sie als Regen für die Erde. 28 Die
Wolken lassen sie hinunterrieseln und gießen sie auf
all die vielen Menschen. 29 Wer kann verstehen, wie die
Wolken schweben, warum am Himmelszelt der Donner
rollt? 30 Die Wolken leuchten auf von seinen Blitzen,
jedoch die Meerestiefen bleiben dunkel. 31 Auf diese
Weise sorgt Gott für die Völker und gibt den Menschen
überreichlich Speise. 32 Er packt den Blitzstrahl fest
mit beiden Händen und dann befiehlt er ihm, sein Ziel
zu treffen. 33 Der Donner kündet das Gewitter an und
auch die Herden fühlen, dass es kommt.
37 Von seinem Krachen bebt auch mir das Herz,
vor Schrecken fängt es an, ganz wild zu schla-
gen. 2 Hört doch, wie zornig Gottes Stimme klingt, das
Grollen, das aus seinem Munde kommt. 3 Man hört es
unterm Himmel überall. Sein Blitz erreicht die fernsten
Erdengrenzen. 4 Der Donner folgt ihm auf dem Fuße
nach, er rollt und dröhnt mit hoheitsvollem Klang.
Und wieder zucken Blitze hinterdrein; Gott schickt sie
aus, wenn seine Stimme schallt. 5 Wenn diese Stimme
spricht, geschehen Wunder, so groß und herrlich, dass
wir's nicht verstehen. 6 Dem Schnee befiehlt er: ›Fall
zur Erde nieder!‹ Den Regenwolken sagt er: ›Lasst es
schütten!‹ 7 So zwingt er uns, die Hände still zu halten
und uns auf *seine* Arbeit zu besinnen. 8 Sogar das Wild
verkriecht sich im Versteck und muss in seinen Höhlen
liegen bleiben. 9 Aus seiner Kammer kommt der Win-
tersturm und mit dem Nordwind kommt der scharfe
Frost. 10 Der Atem Gottes lässt das Eis entstehen und
macht die Wasserflächen starr wie Stein. 11 Mit Regen-
wasser füllt er seine Wolken und schickt sie mit den
Blitzen übers Land. 12 Sie ziehen hin und her, wie er sie
lenkt, um seinen Willen überall zu tun. 13 Gott schickt
den Regen, um das Land zu feuchten. Mal schickt er
ihn, um Menschen zu bestrafen, ein andermal als
Zeichen seiner Güte. 14 Dies alles, Ijob, höre es dir an!

Betrachte aufmerksam die Wunder Gottes! 15 Kannst
du mir sagen, wie er sie vollbringt, wie er den Blitz in
Wolken strahlen lässt? 16 Die Wolken – weißt du, wie
sie schweben können, die Wunderwerke seines großen
Wissens? 17 Dir wird ja schon zu heiß in deinen Klei-
dern beim Südwind, der das Land mit Schwüle füllt.
18 Kannst du mit ihm die Himmelskuppel wölben, die
hart ist wie ein Spiegel aus Metall? 19 Belehre uns! Was
sollen wir ihm sagen? Wir wissen nichts, wir tappen
nur im Dunkeln. 20 Wird ihm gemeldet, dass ich reden
will? Ist jemand da, der es ihm sagen muss? 21 Das Licht
ist oft für uns nicht mehr zu sehen, weil dunkle Wolken
es verborgen halten; doch plötzlich fegt der Wind den
Himmel klar. 22 Ein heller Lichtschein kommt von Nor-
den her: Der Glanz, der Gott umgibt, lässt uns erschre-
cken. 23 Wir können niemals zu ihm hingelangen; er ist
so mächtig, so gerecht und stark, zu keiner Zeit tritt er
das Recht mit Füßen. 24 Darum muss jeder Ehrfurcht
vor ihm haben! Doch alle, die sich selbst für weise
halten, die sieht er nicht, sie gelten nichts bei ihm.«

GOTT ANTWORTET IJOB MIT FRAGEN: BEISPIELE SEINER MACHT UND WEISHEIT

38 Dann ergriff der HERR selbst das Wort und ant-
wortete Ijob aus dem Sturm heraus. Er sagte
zu ihm: 2 »Wer bist du, dass du meinen Plan anzwei-
felst, von Dingen redest, die du nicht verstehst? 3 Nun
gut! Steh auf und zeige dich als Mann! Ich will dich
fragen, gib du mir Bescheid! 4 Wo warst du denn, als
ich die Erde machte? Wenn du es weißt, dann sage es
mir doch! 5 Wer hat bestimmt, wie groß sie werden
sollte? Wer hat das mit der Messschnur festgelegt? Du
weißt doch alles! Oder etwa nicht? 6 Auf welchem So-
ckel stehen ihre Pfeiler? Wer hat den Grundstein ihres
Baus gelegt? 7 Ja, damals sangen alle Morgensterne,
die Gottessöhne jubelten vor Freude! 8 Wer hat das
Meer mit Toren abgesperrt, als es hervorbrach aus dem
Schoß der Erde? 9 Ich war's, ich hüllte es in dichte Wol-
ken, als Windel gab ich ihm den dunklen Nebel. 10 Ich
gab ihm seine vorbestimmte Grenze, schloss es mit
Tor und Riegel sicher ein. 11 Ich sagte ihm: ›Bis hierher
und nicht weiter! Hier hört der Hochmut deiner Wellen
auf!‹ 12 Hast du je einen Tag heraufbefohlen, der Mor-
genröte ihren Platz bestimmt 13 und ihr gesagt, der Erde
Saum zu fassen und alle Bösen von ihr abzuschütteln?
14 In ihrem Licht erheben sich die Berge, wie Kleiderfal-
ten treten sie hervor. 15 Den Bösen aber bringt das Licht
kein Glück, es setzt dem Missbrauch ihrer Macht ein
Ende. 16 Warst du schon unten bei den Meeresquellen?
Den Grund des Meeres, hast du ihn durchstreift? 17 Hast
du am Tor der Totenwelt gestanden, dort, wo die ewige
Finsternis beginnt? 18 Weißt du, wie weit die Erde sich
erstreckt? Wenn du das alles kennst, dann sag es mir!
19 Kennst du den Weg zum Ursprungsort des Lichtes?
Von welcher Stelle kommt die Dunkelheit? 20 Führst du
sie bis ans Ende ihres Weges und bringst sie dann zu
ihrem Ort zurück? 21 Du musst es können, denn du bist
so alt, du warst ja damals lange schon geboren! 22 Hast
du die Vorratskammern schon gesehen, wo ich den
Schnee und Hagel aufbewahre? 23 Ich halte sie bereit
für Unheilstage; mit ihnen greif ich ein in Kampf und
Krieg. 24 Wo ist der Weg zum Aufgangsort der Sonne
und wo der Platz, von dem der Ostwind kommt? 25 Wer
grub am Himmel Rinnen für den Regen? Wer bahnte
dem Gewitter seinen Weg? 26 Wer lässt es regnen auf
die öde Steppe, aufs Land, in dem es keine Menschen
gibt? 27 Wer stillt den Durst der ausgedörrten Erde,
damit sie grünes Gras aufsprießen lässt? 28 Denk an
den Regen: Hat er einen Vater? Und sieh den Tau: Hat
jemand ihn gezeugt? 29 Wo kommt das Eis her? Wer
ist seine Mutter? Und welcher Schoß gebar den Reif
und Frost, 30 der Bach und Fluss in harten Stein verwan-
delt, das Meer bewegungslos erstarren lässt? 31 Kannst
du das Siebengestirn zusammenbinden? Löst du den
Gürtel des Orions auf? 32 Lässt du die Tierkreisbilder
aufmarschieren, dass jedes sichtbar wird zu seiner
Zeit? Lenkst du den Großen und den Kleinen Wagen?
33 Kennst du die Ordnung, der der Himmel folgt, und
machst sie gültig für die ganze Erde? 34 Rufst du den
Wolken dort Befehle zu, damit sie Regen auf dich
strömen lassen? 35 Schickst du die Blitze auf die Erde
nieder? Stehn sie dir zu Befehl, wenn du sie rufst?
36 Wer sagt dem Ibis, dass der Nilstrom steigt? Wer
sagt dem Hahn, dass Regenwetter kommt? 37 Wer
zählt die rechte Zahl von Wolken ab? Wer leert des
Himmels Wasserkrüge aus, 38 wenn alle Ackerschollen
fest zusammenbacken, die Erde hart geworden ist wie
Stein? 39 Treibst du der Löwin ihre Beute zu? Stillst du
die heiße Gier der jungen Löwen, 40 wenn sie sich in
den Höhlen niederkauern, in dichten Büschen auf der
Lauer liegen? 41 Wer ist es, der den Raben Futter gibt,
wenn ihre Jungen nichts zu fressen finden und mir laut
schreiend ihren Hunger klagen?

39 Kannst du mir sagen, wann die Gämse wirft?
Sahst du der Hirschkuh beim Gebären zu?
2 Weißt du, wie viele Monate sie tragen? Wann kommt
für sie die Stunde der Geburt? 3 Sie kauern nieder, wer-
fen ihre Jungen und schnell sind sie den Schmerz der
Wehen los. 4 Die Jungen wachsen, werden groß und
stark, sie laufen fort und kehren nicht zurück. 5 Wer gab
dem wilden Esel seine Freiheit, wer löste seine Fesseln,
ließ ihn laufen? 6 Die Steppe machte ich zu seiner Hei-
mat, im Salzland ist der Ort, an dem er wohnt. 7 Er hält
sich fern vom Lärm der großen Stadt, kein Treiber kann
ihn je zur Arbeit zwingen. 8 Auf allen Bergen sucht er
seine Weide, wo etwas Grünes wächst, er spürt es auf.
9 Meinst du vielleicht, der Wildstier wird dir dienen?
Verbringt er wohl die Nacht in deinem Stall? 10 Und
lässt er sich von dir am Leitseil führen, damit er Fur-
chen pflügt auf deinem Feld? 11 Darfst du ihm trauen,
seine Kräfte nutzen, dass er den Wagen mit den Garben
zieht? 12 Kannst du erwarten, dass er deine Ernte dir
schön gehorsam auf die Tenne bringt? 13 Die Strau-
ßenhenne schlägt zwar mit den Flügeln, doch kann
sie damit fliegen wie der Storch? 14 Die Eier legt sie
einfach auf die Erde und überlässt dem heißen Sand
das Brüten. 15 Sie denkt nicht dran, dass sie ein Fuß
zertreten und wilde Tiere sie zerbrechen können. 16 Die

Jungen lässt sie stehn, als wären's fremde; sinnlose
Mühe macht ihr gar nichts aus. 17 Als ich sie schuf, gab
ich ihr keine Klugheit und an Verstand hat sie nichts
mitbekommen. 18 Doch wird sie aufgeschreckt und
läuft davon, so lacht sie Pferd und Reiter spöttisch aus.
19 Gabst du dem Pferd die viel gerühmte Stärke und
schmücktest seinen Hals mit einer Mähne? 20 Lässt du
es Sprünge machen wie ein Heuschreck? Wenn es so
mächtig schnaubt, erschrickt der Mensch. 21 Es scharrt
den Boden voller Kampfesfreude und eilt mit aller Kraft
der Schlacht entgegen. 22 Was Angst und Furcht heißt,
ist ihm unbekannt, selbst vor dem Schwerte weicht
es nicht zurück. 23 Im Köcher seines Reiters klirren
Pfeile, im Licht der Sonne funkeln Speer und Lanze.
24 Mit dröhnendem Galopp fliegt es dahin. Beim Schall
der Hörner steht es nicht mehr still, 25 mit Wiehern gibt
es Antwort aufs Signal. Schon aus der Ferne wittert es
die Schlacht, hört die Befehle und das Kriegsgeschrei.
26 Bist du vielleicht der einsichtsvolle Lehrer, bei dem
der Falke seine Flugkunst lernte, wenn er nach Süden
zu die Flügel breitet? 27 Schickt dein Befehl den Adler
hoch hinauf, dort in der Höhe seinen Horst zu bauen?
28 Hoch in den Bergen baut er seine Wohnung, auf Fel-
senzacken und an steiler Wand. 29 Von dort aus blickt
er weit hinaus ins Tal, sein Auge sucht und späht nach
einer Beute; 30 denn seine Jungen sind voll Gier nach
Blut. Wo Tote liegen, stellt auch er sich ein.«

40 Und der HERR fragte Ijob: 2 »Mit mir, dem
Mächtigen, willst du dich streiten? Willst du
mich tadeln oder gibst du auf?«

IJOB ERKENNT GOTTES WEISHEIT AN

3 Da antwortete Ijob dem HERRN: 4 »Ich bin zu wenig,
HERR! Was soll ich sagen? Ich lege meine Hand auf
meinen Mund! 5 Ich habe mehr geredet, als ich sollte,
noch einmal tu ich es bestimmt nicht mehr!«

GOTT FRAGT IJOB NOCH EINMAL: BEISPIELE SEINER MACHT UND WEISHEIT

6 Da sagte der HERR aus dem Sturm heraus zu Ijob:
7 »Steh auf jetzt, Ijob, zeige dich als Mann! Ich will
dich fragen, gib du mir Bescheid! 8 Willst du im Ernst
mein Recht infrage stellen, mich schuldig sehn, da-
mit du recht behältst? 9 Sag, nimmst du es an Stärke
mit mir auf? Kann deine Stimme donnern wie die
meine? 10 Dann zeige dich in deiner ganzen Pracht,
lass dich in Majestät und Hoheit sehen! 11 Halt deinen
Zorn nicht länger mehr in Schranken, blick alles Hohe
an und wirf es nieder, 12 sieh alle Stolzen an und mach
sie klein, zertrete die Verbrecher auf der Stelle! 13 Wirf
alle miteinander in das Grab, schick sie hinunter in
die Totenwelt! 14 Dann werde ich nicht zögern, dich
zu rühmen, weil deine Hand den Sieg errungen hat.
15 Sieh dir als Beispiel doch das Nilpferd an, das mein
Geschöpf ist gradeso wie du! Es frisst zwar Gras, nicht
anders als ein Rind, 16 doch achte auf die Kraft in seinen
Lenden und sieh die starken Muskeln seines Bauches!
17 Sein Schwanz ist kräftig wie der Stamm der Zeder, die
Sehnen seiner Schenkel stark wie Seile. 18 Die Knochen
gleichen festen Bronzeröhren, die Rippen sind so hart
wie Eisenstangen. 19 Es ist ein Meisterwerk in meiner
Schöpfung, und niemand als sein Schöpfer kann's
bezwingen. 20 Das Gras zum Fressen liefern ihm die
Berge, wo neben ihm die wilden Tiere spielen. 21 Es hat
sein Lager unter Dornenbüschen und sein Versteck im
Sumpf und Ried des Ufers. 22 Die dichten Büsche spen-
den ihm den Schatten und auch die Weiden, die das
Ufer säumen. 23 Auch wenn das Wasser steigt, bleibt's
ruhig liegen; wenn ihm der Fluss ins Maul dringt, flieht
es nicht. 24 Wer könnte ihm von vorn entgegentreten
und ihm ein Fangseil durch die Nase ziehen? 25 Fängst
du das Krokodil mit einer Angel, dass ihm die Schnur
die Zunge niederdrückt? 26 Ziehst du ein Binsenseil
durch seine Nase und schlägst ihm einen Haken durch
den Kiefer? 27 Wird es dich vielmals um Erbarmen bit-
ten und dir mit vielen Zärtlichkeiten schmeicheln?
28 Schließt du mit ihm gar einen Dienstvertrag, dass
es als Knecht für immer bei dir bleibt? 29 Spielst du mit
ihm, als wär's ein kleiner Vogel, und legst es für die
Mädchen an die Leine? 30 Versteigert es die Fischer-
zunft an Händler, die es in Stücken auf dem Markt
verkaufen? 31 Kannst du mit Speeren seinen Körper
spicken, mit der Harpune seinen Kopf durchbohren?
32 Fass es doch an – du tust es nicht noch einmal; an
diesen Kampf denkst du ein Leben lang!

41 Wer hofft, es zu besiegen, täuscht sich selbst;
sein bloßer Anblick wirft dich schon zu Boden.
2 Wer wird so tollkühn sein, es aufzustören? Noch
schlimmer wär es, *mir* die Stirn zu bieten! 3 Hab ich
von jemand ein Geschenk bekommen, das ich ihm
jetzt zurückzuzahlen hätte? Gehört nicht alles un-
term Himmel mir? 4 Ich will noch mehr vom Krokodil
berichten, von seinen Gliedern, seinen Fähigkeiten,
auch von der Schönheit seines Körperbaus. 5 Wer wagt
es, ihm das Oberkleid zu öffnen? Wer dringt in seinen
Doppelpanzer ein? 6 Wer öffnet gar das große Tor des
Rachens, bewacht von diesen fürchterlichen Zähnen?
7 Sein ganzer Rücken ist aus festen Schilden, verschlos-
sen und versiegelt, undurchdringbar. 8 Sie schließen
ohne Lücke aneinander, kein Lufthauch kommt mehr
zwischen ihnen durch. 9 Sie alle sind so eng und fest
verklammert, dass nichts sie auseinanderreißen kann.
10 Das Licht sprüht strahlend hell bei seinem Niesen
und wie das Morgenrot glühn seine Augen. 11 Aus sei-
nem Rachen schießen lange Flammen und Feuerfun-
ken fliegen ringsumher. 12 Aus seinen Nüstern strömt
ein dichter Dampf, so wie aus einem Topf, in dem es
kocht. 13 Sein Atem kann ein Kohlenfeuer zünden und
eine Flamme schlägt aus seinem Rachen. 14 In seinem
Nacken wohnt so große Kraft, dass jeder, der es sieht,
vor Angst erzittert. 15 Sein Bauch ist straff und fest,
wie angegossen, das Fleisch liegt unbeweglich, gibt
nicht nach. 16 Sein Herz ist hart wie Stein, kennt kein
Erbarmen, es ist so unnachgiebig wie ein Mühlstein.
17 Erhebt es sich, erschrecken selbst die Stärksten
und weichen voller Angst vor ihm zurück. 18 In seinen
harten Panzer dringt kein Schwert, kein Speer, kein
Spieß, kein Pfeil kann es verwunden. 19 Das Eisen ist

bei ihm nicht mehr als Stroh und Bronze ist so viel wie morsches Holz. 20 Mit einem Pfeil kann niemand es verjagen und Schleudersteine achtet es wie Stoppeln. 21 Für einen Strohhalm hält es selbst die Keule, und wenn der Wurfspeer zischt, dann lacht es spöttisch. 22 Sein Bauch ist wie ein Brett mit spitzen Scherben, wie eine Egge zieht es durch den Schlamm. 23 Es wühlt das Wasser auf, wie wenn es siedet, und lässt es brodeln wie im Salbentopf. 24 Im Meer bleibt eine helle Spur zurück, sie leuchtet silberweiß wie Greisenhaar. 25 Auf Erden kannst du nichts mit ihm vergleichen; so furchtlos ist kein anderes Geschöpf. 26 Selbst auf die Größten blickt es stolz herab, es ist der König aller wilden Tiere.«

IJOB UNTERWIRFT SICH GOTT

42 Da antwortete Ijob dem HERRN: 2 »Ich weiß jetzt, dass dir nichts unmöglich ist; denn alles, was du planst, führst du auch aus. 3 Du fragst, warum ich deinen Plan anzweifle und rede ohne Wissen und Verstand. In meinem Unverstand hab ich geredet von Dingen, die mein Denken übersteigen. 4 Du hast mich aufgefordert, zuzuhören und dann auf deine Fragen zu erwidern. 5 Ich kannte dich ja nur vom Hörensagen; jetzt aber hat mein Auge dich geschaut. 6 Ich schäme mich für alles, was ich sagte; in Staub und Asche nehm ich es zurück.«

GOTT GIBT IJOB RECHT

7 Nachdem der HERR das alles zu Ijob gesagt hatte, wandte er sich an Elifas von Teman und sagte: »Ich bin zornig auf dich und deine beiden Freunde; denn ihr habt nicht die Wahrheit über mich gesagt wie mein Diener Ijob. 8 Darum holt euch jetzt sieben junge Stiere und sieben Widder, geht damit zu Ijob und opfert sie mir als Brandopfer für eure Schuld. Mein Diener Ijob soll für euch beten; denn auf ihn werde ich hören und euch nicht für euren Unverstand bestrafen. Denn ihr habt nicht die Wahrheit über mich gesagt wie mein Diener Ijob.« 9 Elifas aus Teman, Bildad aus Schuach und Zofar aus Naama taten, was der HERR ihnen gesagt hatte, und der HERR nahm Ijobs Gebet für sie an.

GOTT SCHENKT IJOB NEUES GLÜCK

10 Nachdem Ijob für seine drei Freunde gebetet hatte, ließ der HERR ihn wieder gesund werden und gab ihm zweimal so viel, wie er vorher besessen hatte. 11 Alle seine Brüder und Schwestern und die früheren Freunde besuchten ihn und feierten mit ihm in seinem Haus. Sie bekundeten ihm ihr Mitgefühl und trösteten ihn wegen all des Unglücks, das der HERR über ihn gebracht hatte. Jeder schenkte ihm eine große Silbermünze und einen goldenen Ring. 12 Der HERR segnete Ijob während der nun folgenden Zeit seines Lebens noch mehr als vorher. Ijob besaß schließlich 14 000 Schafe und Ziegen, 6000 Kamele, 2000 Rinder und 1000 Esel. 13 Er bekam noch sieben Söhne und drei Töchter. 14 Die älteste Tochter nannte er Täubchen, die zweite Zimtblüte und die jüngste Schminktöpfchen. 15 Im ganzen Land gab es keine schöneren Frauen als die Töchter Ijobs. Ihr Vater bedachte sie in seinem Testament genau wie ihre Brüder und vermachte jeder einen Anteil seines Landbesitzes. 16 Ijob lebte nach seiner Erprobung noch 140 Jahre, sodass er noch seine Enkel und Urenkel sah. 17 Er starb in hohem Alter, gesättigt von einem langen und erfüllten Leben.

DIE **PSALMEN**

WAHRES GLÜCK

1 Wie glücklich ist ein Mensch, / der sich nicht verführen lässt von denen, / die Gottes Gebote missachten, / der nicht dem Beispiel gewissenloser Sünder folgt / und nicht zusammensitzt mit Leuten, / denen nichts heilig ist. / 2 Wie glücklich ist ein Mensch, / der Freude findet an den Weisungen des HERRN, / der Tag und Nacht in seinem Gesetz liest / und darüber nachdenkt. / 3 Er gleicht einem Baum, der am Wasser steht; / Jahr für Jahr trägt er Frucht, / sein Laub bleibt grün und frisch. / Was immer ein solcher Mensch unternimmt, / es gelingt ihm gut. // 4 Ganz anders geht es denen, / die nicht nach Gott fragen: / Sie sind wie Spreu, die der Wind davonbläst. / 5 Vor Gottes Gericht können sie nicht bestehen / und in der Gemeinde der Treuen ist für sie kein Platz. / 6 Der HERR kennt die Taten der Menschen, die auf ihn hören, und behält sie im Gedächtnis; / aber von denen, die nicht nach ihm fragen, bleibt keine Spur.

DER KÖNIG DES HERRN

2 Was soll der Aufruhr unter den Völkern? / Wozu schmieden sie vergebliche Pläne? / 2 Die Herrscher der Erde lehnen sich auf, / die Machthaber verbünden sich gegen den HERRN / und den König, den er erwählt hat: / 3 »Wir wollen nicht mehr ihre Knechte sein! / Auf, lasst uns die Fesseln zerreißen!« // 4 Doch der Herr im Himmel lacht, / er spottet nur über sie. / 5 Dann aber wird er zornig; er herrscht sie an, / stürzt sie in Angst und Schrecken: / 6 »Ich habe meinen König eingesetzt! / Er regiert auf dem Zion, / meinem heiligen Berg.« / 7 Ich gebe bekannt, was der HERR verfügt hat. / Er hat zu mir gesagt: / »Du bist mein Sohn, / heute habe ich dich dazu gemacht. / 8 Fordere von mir alle Völker, / ich schenke sie dir; / die ganze Erde gebe ich dir zum Besitz. / 9 Regiere sie mit eiserner Faust! / Wenn du willst, zerschlag sie wie Töpfe aus Ton!« // 10 Darum nehmt Vernunft an, ihr Könige; / lasst euch warnen,

ihr Mächtigen der Erde! / 11 Unterwerft euch dem
HERRN, / zittert vor ihm und jubelt ihm zu! / 12 Hul-
digt seinem Sohn! / Sonst wird er unwillig / und es
ist um euch geschehen; / denn sein Zorn ist schnell
entflammt. / Wohl allen, die bei ihm Schutz suchen!

VERTRAUEN AUF GOTTES SCHUTZ

3 Ein Lied Davids. Er dichtete es, als er vor sei-
nem Sohn Abschalom fliehen musste. // 2 HERR,
ich kann sie nicht mehr zählen, / so viele sind's, die
sich gegen mich stellen, / 3 so viele, die schadenfroh
von mir sagen: / »Von dem will Gott nichts mehr
wissen!« // 4 Doch du, HERR, umgibst mich mit dei-
nem Schutz; / du rettest meine Ehre, du schaffst mir
Recht. / 5 Sooft ich auch zu dir um Hilfe rufe, / du
hörst mich in deinem Heiligtum, / von deinem Berg
her schickst du mir Antwort. / 6 Ganz ruhig kann ich
mich schlafen legen, / weil du mich beschützt, / bis
ich morgens erwache. / 7 Auch wenn's Tausende sind,
die mich umzingeln, / sie können mir keine Angst
einjagen! // 8 Sieh nicht länger zu, HERR! / Du mein
Gott, greif doch ein! / Ich weiß, du schlägst ihnen aufs
freche Maul, / du brichst meinen Feinden die Zähne
aus. / 9 Wer in Not ist, findet bei dir Hilfe. / HERR, gib
deinem Volk Gelingen und Glück!

FREUDE UND FRIEDEN TROTZ VERLEUMDUNG

4 Ein Lied Davids, zu begleiten auf Saiteninstru-
menten. // 2 Antworte mir, wenn ich rufe! / Mein
Gott, du hältst doch zu mir! / Als ich vor Enge kaum
noch atmen konnte, / hast du mich in die Freiheit
geführt. / Darum hab auch jetzt Erbarmen mit
mir, / hör mich, wenn ich zu dir schreie, / höre auf
mein Gebet! // 3 Ihr Reichen habt die Macht / und
missbraucht sie zu Lüge und Verleumdung; / ihr zieht
meine Ehre in den Schmutz. / Wann hört ihr endlich
damit auf? / 4 Seht doch ein: Der HERR tut Wunder / für
alle, die ihm die Treue halten; / er hört mich, wenn
ich zu ihm rufe. // 5 Zittert vor ihm / und macht
Schluss mit dem Unrecht! / Denkt einmal gründlich
nach, / nachts, wenn ihr allein seid, / und werdet
still! / 6 Bringt dem Herrn eure Opfer, / gebt ihm
recht; / schenkt ihm wieder euer Vertrauen! // 7 Viele
klagen: / »Was haben wir noch Gutes zu erwar-
ten? / HERR, sieh uns wieder freundlich an!« / 8 Doch
mir hast du so viel Freude gegeben, / mehr als sie hat-
ten und haben können / mit all ihrem Korn und dem
vielen Wein. / 9 Mich quält keine Sorge, / wenn ich
mich niederlege, / ganz ruhig schlafe ich ein; / denn
du, HERR, hältst die Gegner von mir fern / und lässt
mich in Sicherheit leben.

GEBET EINES BEDRÄNGTEN

5 Ein Lied Davids, zu singen mit Flötenbeglei-
tung. // 2 HERR, höre doch, was ich sage; / achte
auf mein Seufzen und Stöhnen! / 3 Verschließ die
Ohren nicht, / wenn ich um Hilfe schreie, / du mein
König und mein Gott! / An dich wende ich mich
mit meiner Bitte. / 4 Früh am Morgen hörst du mein
Rufen, / in der Frühe trage ich dir meine Sache
vor / und warte auf deine Entscheidung. // 5 Dir,
HERR, gefällt kein Unrecht, / kein Unheilstifter darf
zu dir kommen. / 6 Überhebliche Prahler willst du
nicht sehen / und Verbrecher trifft dein Hass. / 7 Die
Lügner vernichtest du, / du verabscheust die Mör-
der und Betrüger. // 8 Doch mir erweist du große Gü-
te: / Ich darf zu deinem Tempel kommen, / vor deinem
Heiligtum mich niederwerfen / und voller Ehrfurcht
zu dir beten. / 9 HERR, lass meine Feinde sehen, wie
du mir hilfst! / Ebne vor mir den Weg, den ich gehen
soll! // 10 Auf das, was sie sagen, kann sich niemand
verlassen, / ihr Kopf steckt voll von schändlichen Plä-
nen. / Glattzüngige Schmeichler sind sie; / doch ihre
schönen Worte bringen Tod und Verderben. / 11 Zahl
es ihnen heim, Gott, / verstricke sie in ihre eigenen
Ränke! / Vertreibe sie aus deiner Nähe; / denn ihre
Schandtaten sind zahllos / und ihr Trotz gegen dich
ist maßlos. // 12 Doch freuen sollen sich alle, / die
sich auf dich verlassen. / Ihr Jubel soll kein Ende ha-
ben, / denn du bist ihr Beschützer. / Sie sollen vor
Freude singen, / sie alle, die dich lieben / 13 und dir
die Treue halten. / Denn reich beschenkst du sie mit
deinem Segen, / schützend umgibt sie deine Güte.

EIN HILFERUF

6 Ein Lied Davids, zu begleiten auf achtsaiti-
gem Instrument. // 2 HERR, du bist zornig auf
mich. / Aber nimm die Strafe von mir, / schlag mich
nicht so hart! / 3 Hab Erbarmen, HERR, mir ist so
elend! / Heile mich, HERR, / ich habe keine Kraft
mehr in den Gliedern! / 4 Ich weiß keinen Ausweg
mehr. / Wie lange noch, HERR? / 5 Lass ab von dei-
nem Zorn! Rette mich! / Hilf mir, du liebst mich
doch! / 6 Wenn ich tot bin, kann ich dich nicht mehr
preisen. / Dort unten bei den Toten dankt dir nie-
mand. // 7 Ich bin müde vom Stöhnen. / Ich weine
die ganze Nacht / mein Bett ist durchnässt von Trä-
nen, / 8 meine Augen sind getrübt vor Kummer – / und
das alles wegen meiner Feinde. / 9 Macht, dass ihr fort-
kommt, ihr Verbrecher! / Der HERR hat mein Weinen
gehört. / 10 Er achtet auf mein Schreien, / mein Gebet
nimmt er an. / 11 Schimpf und Schande komme über
meine Feinde! / Ganz plötzlich sollen sie erschre-
cken / und beschämt die Flucht ergreifen!

GOTT VERSCHAFFT MIR RECHT

7 Ein Klagelied, mit dem David sich an den HERRN
wandte, als der Benjaminiter Kusch ihn be-
schuldigte. // 2 HERR, mein Gott, bei dir suche ich
Schutz! / Rette mich vor meinen Verfolgern, hilf
mir – / 3 sonst beißen sie mir die Kehle durch wie
Löwen / und niemand kann mich ihnen entrei-
ßen! // 4 HERR, mein Gott, / wenn das stimmt, was man
mir vorwirft, / wenn irgendein Verbrechen / an mei-
nen Händen klebt, / 5 wenn ich treulos gehandelt habe
an Freunden / und die beraubt habe, / die mich jetzt
grundlos verklagen, / 6 dann sollen sie mich verfol-
gen, / mich einfangen und am Boden zertreten / und

auch noch mein Andenken auslöschen! // 7 Steh auf, HERR, lass sie deinen Zorn fühlen! / Geh vor gegen das Wüten meiner Feinde! / Greif ein, hilf mir, stell das Recht wieder her! / 8 Versammle die Völker rings um dich zum Gericht, / hoch über ihnen nimm deinen Platz ein! / 9 HERR, du Richter der Völker, / verschaffe mir Recht! / Sprich mich frei, HERR; / du weißt, dass ich unschuldig bin! / 10 Mach dem Treiben der Verbrecher ein Ende; / doch dem, der deinen Willen getan hat, / gib wieder festen Boden unter die Füße! / Du kennst die geheimsten Gedanken, / du unbestechlicher Gott! // 11 Bei Gott finde ich Schutz; / er rettet alle, die redlich und schuldlos sind. / 12 Gott ist ein gerechter Richter, / ein Gott, der täglich die Schuldigen bestraft. / 13 Wenn sie nicht umkehren, / schärft er sein Schwert, / spannt seinen Bogen und legt auf sie an. / 14 Seine tödlichen Waffen liegen bereit, / mit brennenden Pfeilen beschießt er sie. // 15 Wer mit bösen Plänen schwanger geht, / der gebiert Unglück / und erlebt nur Enttäuschung. / 16 Wer anderen eine Grube gräbt, / sie aushöhlt, so tief er kann, / der schaufelt sein eigenes Grab. / 17 Seine Bosheit fällt auf ihn selbst zurück, / seine Untaten werden ihm zum Verhängnis. / 18 Den HERRN will ich preisen für seine Treue; / ihm, dem höchsten Gott, / singe ich dankbar mein Lied.

GOTTES HOHEIT UND DIE WÜRDE DES MENSCHEN

8 Ein Lied Davids, zu begleiten auf gatitischem Instrument. // 2 HERR, unser Herrscher! / Groß ist dein Ruhm auf der ganzen Erde! / Deine Hoheit reicht höher als der Himmel. / 3 Aus dem Lobpreis der Schwachen und Hilflosen baust du eine Mauer, / an der deine Widersacher und Feinde zu Fall kommen. // 4 Ich bestaune den Himmel, / das Werk deiner Hände, / den Mond und alle die Sterne, / die du geschaffen hast: / 5 Wie klein ist da der Mensch, / wie gering und unbedeutend! / Und doch gibst du dich mit ihm ab / und kümmerst dich um ihn! // 6 Ja, du hast ihm Macht und Würde verliehen; / es fehlt nicht viel und er wäre wie du. / 7 Du hast ihn zum Herrscher gemacht über deine Geschöpfe, / alles hast du ihm unterstellt: / 8 die Schafe, Ziegen und Rinder, / die Wildtiere in Feld und Wald, / 9 die Vögel in der Luft / und die Fische im Wasser, / die kleinen und die großen, / alles, was die Meere durchzieht. // 10 HERR, unser Herrscher, / groß ist dein Ruhm auf der ganzen Erde!

GOTT SORGT FÜR RECHT

9 Ein Lied Davids, für hohe Knabenstimmen. // 2 HERR, von ganzem Herzen will ich dir danken, / deine machtvollen Taten allen verkünden. / 3 Über dich will ich jubeln und mich freuen, / von dir will ich singen, du höchster Gott! // 4 Vor dir mussten meine Feinde weichen, / sie stürzten und kamen um. / 5 Du hast dich auf den Richterstuhl gesetzt / und mir zu meinem Recht verholfen, / denn deine Urteile sind gerecht. // 6 Den Völkern hast du gedroht, / die Unheilstifter zerschlagen, / ihre Namen für immer ausgetilgt. / 7 Völlig vernichtet hast du sie, / ihre Städte entvölkert und in Trümmer gelegt, / für immer sind sie vergessen. / 8 Doch der HERR regiert für alle Zeiten, / sein Richterstuhl ist aufgestellt. / 9 Der ganzen Welt spricht er gerechtes Urteil, / unparteiisch entscheidet er über die Völker. / 10 Den Unterdrückten bietet er sicheren Schutz; / in schlimmer Zeit sind sie bei ihm geborgen. / 11 Alle, die dich kennen, HERR, / setzen auf dich ihr Vertrauen. / Du lässt niemand im Stich, / der deine Nähe sucht. // 12 Preist den HERRN mit eurem Lied, / ihn, dessen Thron auf dem Zionsberg steht; / macht bei den Völkern seine Taten bekannt! / 13 Den Hilfeschrei der Armen überhört er nicht, / er vergisst nicht die Qual der Verfolgten / und zieht die Verfolger zur Rechenschaft. // 14 HERR, hab Erbarmen mit mir! / Sieh doch, wie sie mir zusetzen mit ihrem Hass! / Hol mich weg von den Toren des Totenreichs! / 15 Dann stelle ich mich an die Tore deiner Stadt / und rühme dich vor allen / für das, was du an mir getan hast. // 16 Die anderen Völker sind in die Grube gefallen, / die sie für uns gegraben hatten. / Sie legten ihre Netze aus / und haben sich selbst darin gefangen. / 17 Der HERR hat seine Macht erwiesen, / er hat für Recht gesorgt. / Die Unheilstifter sind in die eigene Falle gelaufen. // 18 Hinab zu den Toten gehören sie alle, / die Völker, die Gott den Rücken kehren! / 19 Doch die Armen sind nur scheinbar vergessen, / ihre Hoffnung ist nicht für immer dahin. / 20 Greif ein, HERR! / Lass nicht zu, / dass ein Mensch dir die Stirn bietet! / Zieh die Völker vor Gericht, / sprich ihnen allen das Urteil! / 21 Stürze sie in Angst und Schrecken, HERR, / zeig ihnen, dass sie nur Menschen sind!

WARUM GREIFT GOTT NICHT EIN?

10 Warum bist du so weit weg, HERR? / Warum verbirgst du dich vor uns? / Wir sind vor Elend am Ende! / 2 Schamlose Schurken stellen den Armen nach / und fangen sie in heimtückischen Fallen. / 3 Sie geben auch noch damit an, / dass sie so unersättlich sind. / Nichts zählt bei ihnen, nur ihr Gewinn. / Sie danken dir nicht, Gott, sie lästern dich nur! // 4 In ihrem Größenwahn reden sie sich ein: / »Wie sollte Gott uns zur Rechenschaft ziehen? / Wo er doch gar nicht existiert!« / Weiter reicht ihr vermessenes Denken nicht. / 5 Sie tun, was sie wollen, und alles gelingt. / Ob du sie verurteilst, berührt sie nicht; / du bist ja so fern dort oben! // Sie lachen spöttisch über jeden Gegner. / 6 »Was soll uns erschüttern?«, sagen sie. / »An uns geht jedes Unglück vorüber; / so war es immer, so bleibt es auch!« / 7 Sie fluchen, sie lügen und drohen, / was sie reden, bringt Verderben und Unheil. / 8 Im Hinterhalt liegen sie nah bei den Dörfern, / warten auf Leute, die nichts Böses ahnen, / heimlich ermorden sie schuldlose Menschen. / 9 Sie liegen und lauern wie Löwen im Dickicht, / sie spähen nach hilflosen Opfern aus / und fangen sie ein mit ihren Netzen. / 10 Sie ducken sich,

werfen sich auf die Armen / und stoßen sie nieder
mit roher Gewalt. / 11 Bei alledem sagen diese Ver-
brecher: / »Gott fragt nicht danach, er sieht niemals
her, / er will von uns gar nichts wissen.« // 12 Steh
auf, HERR! Greif doch ein, Gott! / Vergiss nicht die
Schwachen, / nimm sie in Schutz! / 13 Lass nicht
zu, / dass die Schurken dich missachten! / Warum
dürfen sie sagen: / »Er straft uns ja nicht«? / 14 Aber
du bist nicht blind! / Du siehst all das Leiden und Un-
heil / und du kannst helfen. / Darum kommen die
Schwachen und Waisen zu dir / und vertrauen dir
ihre Sache an. / 15 Zerschlage die Macht der Unheil-
stifter, / rechne mit ihnen ab, / mach dem Verbrechen
ein Ende! // 16 Du, HERR, bist König für immer und
ewig. / Die Fremden, die nichts von dir wissen wol-
len, / müssen aus deinem Land verschwinden. / 17 Du
nimmst die Bitten der Armen an, / du hörst ihr Rufen,
HERR, / du machst ihnen Mut. / 18 Den Waisen und
Unterdrückten verschaffst du Recht / und lässt keinen
Menschen mehr Schrecken verbreiten auf der Erde.

GEBORGENHEIT BEI GOTT

11 Von David. // In der Nähe des HERRN bin ich
geborgen. / Warum sagt ihr zu mir: »Vogel,
flieh ins Gebirge! / 2 Die Mörderbande hat schon
den Bogen gespannt, / der Pfeil liegt schussbereit
auf der Sehne, / um im Dunkeln schuldlose Men-
schen zu töten. / 3 Wenn jede Ordnung zerbrochen
wird, / was richtet dann noch einer aus, / der sich
an Gottes Ordnungen hält?« // 4 Der HERR ist hier
in seinem heiligen Tempel, / er, dessen Thronsitz
im Himmel steht. / Seine Augen sind auf die Men-
schen gerichtet, / nichts entgeht seinem prüfenden
Blick. / 5 Der HERR sieht die Treuen, die ihm gehor-
chen, / und die Untreuen, die ihn missachten; / wer
Gewalt liebt, den hasst er von Herzen. / 6 Er straft die
Schuldigen mit harten Plagen: / Feuer und Schwefel
lässt er auf sie regnen, / sengenden Glutwind schickt
er ihnen. / 7 Der HERR ist treu / und er liebt es, wenn
Menschen treu sind. / Wer redlich ist, darf in seiner
Nähe leben.

GOTT HÄLT SEIN VERSPRECHEN

12 Ein Lied Davids, zu begleiten auf achtsaitigem
Instrument. // 2 HERR, hilf uns, / sonst ist es
mit deinen Leuten aus! / Menschen, auf die Verlass
ist, / gibt es immer weniger. / 3 Einer belügt den an-
dern, / mit glatter Zunge loben sie einander, / aber im
Herzen spielt jeder ein doppeltes Spiel. / 4 HERR, bring
sie zum Schweigen, / diese Schmeichler! / Stopf ihnen
das Maul, / diesen anmaßenden Schwätzern! / 5 »Wir
verstehen zu reden«, prahlen sie, / »und wir errei-
chen alles. / Wir sind schlagfertig, / mit uns nimmt's
keiner auf!« // 6 »Ja«, sagt der HERR, »jetzt greife ich
ein! / Denn die Armen werden unterdrückt / und die
Hilflosen stöhnen. / Ich bringe den Misshandelten
Befreiung.« / 7 Auf die Worte des HERRN ist
Verlass, / sie sind rein und echt wie Silber, / das im
Schmelzofen siebenmal gereinigt wurde. // 8 HERR,
du hältst dich an deine Zusagen, jetzt und immer: / Du
wirst uns vor diesen Lügnern bewahren, / 9 auch wenn
sie überall frei umherlaufen / und ihre Gemeinheit
immer schlimmer wird.

FURCHT UND VERTRAUEN

13 Ein Lied Davids. // 2 HERR! Hast du mich für im-
mer vergessen? / Wie lange willst du dich noch
verbergen? / 3 Wie lange sollen mich die Sorgen quä-
len, / soll der Kummer Tag für Tag / an meinem Her-
zen nagen? / Wie lange dürfen meine Feinde / mich
noch bedrängen? // 4 Sieh mich doch wieder an,
HERR! / Gib mir Antwort, du mein Gott! / Mach es
wieder hell vor meinen Augen, / damit ich nicht
in Todesnacht versinke! / 5 Sonst sagen meine
Feinde: / »Den haben wir erledigt!«, / und jubeln
über meinen Sturz. // 6 Doch ich verlasse mich auf
deine Liebe, / ich juble über deine Hilfe. / Mit mei-
nem Lied will ich dir danken, HERR, / weil du so gut
zu mir gewesen bist.

KEIN GOTT?

14 Von David. // Die Unverständigen reden sich
ein: / »Es gibt keinen Gott!« / Sie sind völ-
lig verdorben, / ihr Tun ist abscheulich, / unter ih-
nen ist niemand, der Gutes tut. // 2 Der HERR blickt
vom Himmel herab auf die Menschen. / Er will
sehen, ob es da welche gibt, / die Verstand haben
und nach ihm fragen. / 3 Doch alle sind sie von ihm
abgefallen, / verkommen sind sie, alle miteinan-
der, / niemand ist da, der Gutes tut, / nicht einmal
einer! // 4 »Sie sind blind«, sagt der HERR. / »Wo
bleibt der Verstand dieser Unheilstifter? / Sie fres-
sen mein Volk, als wäre es Brot; / doch mich neh-
men sie alle nicht ernst.« // 5 Bald schon werdet ihr
furchtbar erschrecken; / denn Gott hält zu denen,
die ihm gehorchen. / 6 Ihr wolltet die Hoffnung der
Armen zerstören, / der HERR aber gibt ihnen siche-
ren Schutz. // 7 Wie sehnlich warte ich darauf, / dass
Israels Retter vom Zionsberg kommt! / Wenn der
HERR die Not seines Volkes wendet, / dann werden
sie jubeln, die Nachkommen Jakobs, / ganz Israel wird
sich freuen.

GOTTES BEDINGUNGEN

15 Ein Lied Davids. // »HERR, wer darf in deinen
Tempel kommen? / Wen lässt du weilen auf
dem heiligen Berg?« // 2 »Nur Menschen, die in al-
lem dem HERRN gehorchen / und jederzeit das Rechte
tun. / Sie denken und reden nur die Wahrheit. / 3 Sie
machen niemand bei anderen schlecht, / tun
nichts, was ihren Freunden schadet, / und bringen
ihre Nachbarn nicht in Verruf. / 4 Sie verachten die,
die Gott verworfen hat, / und ehren alle, die den
HERRN ernst nehmen. / Sie tun, was sie geschwo-
ren haben, / selbst dann, wenn es ihnen Nachteil
bringt. / 5 Für ausgeliehenes Geld verlangen sie
keine Zinsen. / Sie lassen sich nicht durch Bestechung
dazu bewegen, / Unschuldige anzuklagen oder zu

verurteilen. // Ein Mensch, der sich daran hält, / steht
für immer auf sicherem Grund.«

DU ZEIGST MIR DEN WEG ZUM LEBEN

16 Ein Lied Davids. // Schütze mich, Gott! Ich
vertraue dir. / 2 Ich sage zu dir: »Du bist mein
Herr. / Mein Glück finde ich allein bei dir!« / 3 Im
Land werden viele Götter verehrt, / an denen auch
ich meine Freude hatte. / Jetzt aber sage ich: / 4 Wer
anderen Göttern nachläuft, / muss seine volle Strafe
tragen. / Ich gieße diesen Göttern kein Opfer-
blut mehr hin; / nicht einmal ihre Namen spreche
ich aus. // 5 HERR, was ich brauche, du teilst es mir
zu; / du hältst mein Los in der Hand. / 6 Mir ist ein
schöner Anteil zugefallen; / was du mir zugemessen
hast, gefällt mir gut. // 7 Ich preise den HERRN, / der
mir sagt, was ich tun soll; / auch nachts erinnert
mich mein Gewissen an seinen Rat. / 8 Er ist mir
nahe, / das ist mir immer bewusst. / Er steht mir zur
Seite, / nichts kann mich erschüttern. / 9 Darum bin
ich voll Freude und Dank, / ich weiß mich beschützt
und geborgen. // 10 Du, HERR, wirst mich nicht der To-
tenwelt preisgeben! / Du wirst nicht zulassen, dass
ich für immer im Grab ende; / denn ich halte in Treue
zu dir! / 11 Du führst mich den Weg zum Leben. / In
deiner Nähe finde ich ungetrübte Freude; / aus deiner
Hand kommt mir ewiges Glück.

GEBET EINES UNSCHULDIG VERFOLGTEN

17 Ein Gebet Davids. // HERR, ich suche Gerech-
tigkeit! / Höre meine Klage, nimm meine Bitte
an; / von meinen Lippen kommt keine Lüge. / 2 Dein
Urteil wird mich freisprechen, / weil du siehst, dass
ich ehrlich und redlich bin. // 3 Du kennst meine Ge-
danken. / Heute Nacht wirst du kommen, / du wirst
mein Innerstes durchforschen / und nichts finden, was
du tadeln müsstest. / Mein Denken ist nicht anders als
mein Reden. / 4 Auch wenn sie es noch so schlimm
trieben, / die Menschen rings um mich her, / ich habe
mich stets nach deinem Wort gerichtet / und niemals
nach dem Vorbild der Verbrecher. / 5 Ich habe mich
an deinen Weg gehalten / und bin nicht einen Schritt
davon gewichen. // 6 Ich wende mich an dich, mein
Gott, / ich weiß, dass du mir Antwort gibst. / Hab ein
offenes Ohr für mich, / hör meine Worte! / 7 Erweise
mir deine wunderbare Güte! / Du bist der Retter al-
ler, die bei dir Zuflucht suchen / vor denen, die sich
gegen dich stellen. / 8 Bewahre mich, / wie man sein
eigenes Auge schützt, / und gib mir Zuflucht unter
deinen Flügeln! / 9 Du siehst meine Feinde, diese Ver-
brecher; / sie kreisen mich ein, / sie wollen mich ver-
nichten! // 10 Ihr Herz ist ohne jedes Mitgefühl, / ihr
Mund führt vermessene Reden. / 11 Jetzt umzingeln
sie mich; / sie lauern darauf, mich niederzustre-
cken, / 12 wie gierige Löwen, zum Sprung bereit, / lüs-
tern auf Beute, um sie zu zerreißen. // 13 Steh auf, HERR!
Stell dich gegen sie! / Zwing sie zu Boden, diese Schur-
ken, / und rette mich mit deinem Schwert! / 14 Befrei
mich von ihnen / mit deiner starken Hand! / Verkürze
ihren Anteil am Leben! / Gib ihnen, was sie verdient
haben; / es ist bestimmt genug, / um ihren Bauch zu
füllen. / Auch ihre Kinder werden davon satt, / es
reicht sogar noch für die Enkel. / 15 Ich bin ohne Schuld,
HERR! / Darum darf ich dich sehen. / Wenn ich wach
werde, / will ich mich satt sehen an dir!

DANK FÜR GOTTES HILFE

18 Von David, dem Vertrauten des HERRN. Er sang
dieses Lied zum Dank dafür, dass der HERR ihn
vor Saul und allen anderen Feinden gerettet hatte.
2 Damals sang er: // Ich liebe dich, HERR, / denn
durch dich bin ich stark! / 3 Du mein Fels, meine
Burg, mein Retter, / du mein Gott, meine sichere Zu-
flucht, / mein Beschützer, mein starker Helfer, / meine
Festung auf steiler Höhe! / 4 Wenn ich zu dir um Hilfe
rufe, / dann rettest du mich vor den Feinden. / Ich
preise dich, HERR! // 5 Ich war gefangen in den
Fesseln des Todes, / vernichtende Fluten stürzten
auf mich ein, / 6 die Totenwelt hielt mich mit Schlin-
gen fest, / die Falle des Todes schlug über mir zu. / 7 In
meiner Verzweiflung schrie ich zum HERRN, / zu ihm,
meinem Gott, rief ich um Hilfe. / Er hörte mich in sei-
nem Tempel, / mein Hilferuf drang durch bis an sein
Ohr. // 8 Da wankte und schwankte die Erde, / da
bebten die Fundamente der Berge, / sie zitterten
vor seinem Zorn. / 9 Aus seiner Nase quoll dunkler
Rauch, / aus seinem Mund schossen helle Flam-
men / und glühende Asche sprühte hervor. // 10 Er
neigte den Himmel tief auf die Erde / und fuhr hernie-
der auf dunklen Wolken. / 11 Er ritt auf einem geflügel-
ten Kerub / und schwebte herab auf den Flügeln des
Sturms. / 12 Er hüllte sich ein in Finsternis, / in Regen-
dunkel und schwarzes Gewölk. / 13-14 Sein strahlender
Glanz verscheuchte die Wolken / mit Hagelschlägen
und glühenden Steinen. // Dann ließ er im Himmel
den Donner grollen, / laut dröhnte die Stimme des
höchsten Gottes. / 15 Er schoss seine Pfeile / und
verjagte meine Feinde; / er schleuderte Blitze / und
stürzte sie in Schrecken. / 16 Da zeigte sich der Grund
des Meeres, / das Fundament der Erde wurde sicht-
bar, / als du, HERR, deinen Feinden drohtest / und
ihnen deinen Zorn zu spüren gabst. // 17 Vom Him-
mel her griff seine Hand nach mir, / sie fasste mich
und zog mich aus der Flut, / 18 entriss mich meinem
mächtigen Feind, / den überstarken Gegnern, die
mich hassten. / 19 Sie überfielen mich am Tag mei-
nes Unglücks, / jedoch der HERR beschützte mich
vor ihnen. / 20 Rings um mich machte er es weit und
frei. / Er liebt mich, darum half er mir. // 21 Der HERR
hat mir meine Treue vergolten; / er hat mir Gutes
getan, / denn meine Hände sind rein. / 22 Stets ging
ich die Wege, die er mir zeigte; / nie habe ich mich
durch Schuld von ihm entfernt. / 23 Seine Anordnun-
gen standen mir immer vor Augen / und seine Befehle
wies ich nie zurück. / 24 Ich tat genau, was er von mir
verlangte, / und ging dem Unrecht immer aus dem
Weg. / 25 Ja, der HERR hat meine Treue vergolten; / er
sieht es, meine Hände sind rein. // 26 Den Treuen,

HERR, hältst du die Treue; / für vollen Gehorsam gibst du volle Güte; / 27 den Reinen zeigst du dich in reiner Klarheit; / doch den Falschen begegnest du als Gegner. / 28 Die Erniedrigten rettest du aus Unterdrückung, / aber die Hochmütigen holst du vom hohen Ross. / 29 Du lässt mein Lebenslicht strahlen, HERR. / Du selbst, mein Gott, / machst mir das Dunkel hell. / 30 Mit dir, mein Gott, erstürme ich Schutzwälle, / mit dir springe ich über Mauern. // 31 Alles, was dieser Gott tut, ist vollkommen, / was der HERR sagt, ist unzweifelhaft wahr. / Wer in Gefahr ist und zu ihm flieht, / findet bei ihm immer sicheren Schutz. / 32 Kein anderer als der HERR ist Gott! / Nur er, unser Gott, ist ein schützender Fels! / 33 Er ist es, der mir Kraft zum Kämpfen gibt / und einen geraden, gut gebahnten Weg. / 34 Er macht meine Füße gazellenflink / und standfest auf allen steilen Gipfeln. / 35 Er bringt meinen Händen das Fechten bei / und lehrt meine Arme, den Bogen zu spannen. // 36 HERR, du bist mein Schutz und meine Hilfe, / du hältst mich mit deiner mächtigen Hand; / dass du mir nahe bist, macht mich stark. / 37 Du hast den Weg vor mir frei gemacht, / nun kann ich ohne Straucheln vorwärtsgehen. // 38 Ich verfolgte meine Feinde, holte sie ein / und ließ nicht ab, bis sie vernichtet waren. / 39 Ich schlug sie zu Boden, / sie kamen nicht mehr hoch, / erschlagen fielen sie vor meine Füße. / 40 Du gabst mir die Kraft für diesen Kampf, / du brachtest die Feinde in meine Gewalt. / 41 Sie mussten vor mir die Flucht ergreifen, / alle, die mich hassten, konnte ich vernichten. / 42 Sie schrien um Hilfe, / doch da war kein Retter. / Sie schrien zu dir, HERR, / doch du gabst keine Antwort. / 43 Ich zermalmte sie zu Staub, / den der Wind aufwirbelt. / Ich fegte sie weg wie den Straßenschmutz. // 44 Du rettest mich vor rebellischen Leuten / und machst mich zum Herrscher ganzer Völker. / Mir unbekannte Stämme unterwerfen sich, / 45 Ausländer kommen und kriechen vor mir, / sie hören, was ich sage, und gehorchen sofort. / 46 Sie haben keine Kraft mehr zum Widerstand, / zitternd kommen sie hervor aus ihren Burgen. // 47 Der HERR lebt! Ihn will ich preisen, / meinen schützenden Fels! / Gott, meinen Retter, will ich rühmen! / 48 Er hat mich Rache nehmen lassen, / er hat mir die Völker unterworfen / 49 und mich vor zornigen Feinden gerettet. / Er hat mir den Sieg gegeben über meine Gegner / und mich ihren grausamen Händen entrissen. // 50 Darum will ich dich preisen / und deinen Ruhm besingen unter den Völkern. / 51 Du schenkst deinem König große Siege, / du erweist deinem Erwählten deine Güte. / Das tust du für David und seine Söhne / in allen kommenden Generationen.

GOTTES GRÖSSE IN DER SCHÖPFUNG UND IN SEINEM GESETZ

19 Ein Lied Davids. // 2 Der Himmel verkündet es: Gott ist groß! / Das Heer der Sterne bezeugt seine Schöpfermacht. / 3 Ein Tag sagt es dem andern, / jede Nacht ruft es der nächsten zu. / 4 Kein Wort wird gesprochen, / kein Laut ist zu hören / 5 und doch geht ihr Ruf weit über die Erde / bis hin zu ihren äußersten Grenzen. // Gott hat der Sonne ein Zelt am Himmel gebaut. / 6 Sie kommt daraus hervor / wie der Bräutigam aus dem Brautgemach, / wie ein Sieger betritt sie ihre Bahn. / 7 Sie geht auf am einen Ende des Himmels / und läuft hinüber bis zum anderen Ende. / Nichts bleibt ihrem feurigen Auge verborgen. // 8 Das Gesetz des HERRN ist vollkommen, / es gibt Kraft und Leben. / Die Mahnungen des HERRN sind gut, / sie verhelfen Unwissenden zur Einsicht. / 9 Die Weisungen des HERRN sind zuverlässig, / sie erfreuen das Herz. / Die Anordnungen des HERRN sind deutlich, / sie geben einen klaren Blick. / 10 Die Ehrfurcht vor dem HERRN ist untadelig / und hat für immer Bestand. / Die Gebote des HERRN sind richtig / und ohne Ausnahme gerecht. / 11 Sie sind kostbarer als das feinste Gold, / süßer als der beste Honig. // 12 Auch ich höre auf deine Gebote, HERR, / denn wer sie befolgt, wird reich belohnt. / 13 Doch wer weiß, / wie oft er Schuld auf sich lädt? / Strafe mich nicht, wenn ich es unwissend tat! / 14 Bewahre mich vor vermessenen Menschen, / damit sie mich nicht auf ihre Seite ziehen. / Dann werde ich rein bleiben / und frei von schwerer Schuld. / 15 Nimm meine Worte freundlich auf! / Lass mein Gebet zu dir dringen, / HERR, mein Halt und mein Retter!

SEGENSWUNSCH FÜR DEN KÖNIG

20 Ein Lied Davids. // 2 Der HERR gebe dir Antwort, / wenn du in Not gerätst und zu ihm schreist; / er selbst, der Gott Jakobs, sei dein Beschützer! / 3 Er sende dir Hilfe aus seinem Heiligtum, / mächtigen Beistand vom Zionsberg! / 4 Er nehme deine Opfergaben gnädig an / und freue sich über deine Brandopfer! / 5 Er erfülle die Wünsche deines Herzens / und lasse alle deine Pläne gelingen! / 6 Dann wollen wir voll Freude jubeln, / weil er dir zum Sieg verholfen hat. / Den Namen unseres Gottes wollen wir rühmen / und unsere Feldzeichen hochheben. / Der HERR gebe dir alles, worum du ihn bittest! // 7 Nun weiß ich es: / Der HERR steht seinem König zur Seite; / aus seinem Heiligtum im Himmel / gibt er ihm Antwort, / seine mächtige Hand greift ein und befreit. / 8 Manche schwören auf gepanzerte Wagen, / andere verlassen sich auf Pferde; / doch wir vertrauen auf den HERRN, unseren Gott! / 9 Sie alle brechen zusammen und fallen hin, / wir aber stehen und halten stand. // 10 HERR, hilf dem König! / Erhöre uns, wenn wir zu dir beten!

DIE FREUDE DES KÖNIGS

21 Ein Lied Davids. // 2 HERR, der König freut sich und jubelt laut, / denn du bist mächtig und gabst ihm den Sieg. / 3 Den Wunsch seines Herzens hast du erfüllt / und seine Bitte nicht abgewiesen. / 4 Mit Glück und Gelingen beschenktest du ihn / und setztest ihm die goldene Krone auf. / 5 Um langes Leben bat er – du gewährtest es; / du gibst ihm viele reiche Jahre. / 6 Sein Ruhm ist groß durch deine

Hilfe, / mit Pracht und Hoheit umgibst du ihn. / 7 Du segnest ihn sein ganzes Leben lang, / ihn selbst und alles, was er tut. / Durch deine Nähe erfüllst du ihn mit Freude. / 8 HERR, der König verlässt sich auf dich. / Gott, du Höchster, durch deine Güte steht er sicher und fest. // 9 HERR, du wirst alle deine Feinde aufspüren, / deine mächtige Hand wird alle treffen, die dich hassen. / 10 Du wirst sie vernichten mit lodernden Flammen / am Tag, an dem du dich ihnen zeigst. / Dein Zorn wird brennen wie ein Feuer, / das sie mit Haut und Haaren verschlingt. / 11 Feg ihre Brut von der Erde weg, / rotte sie aus der Menschheit aus! / 12 Sie haben sich gegen dich verschworen / und schmieden viele verwegene Pläne; / doch erreichen werden sie damit nichts. / 13 Denn du richtest deinen Bogen auf sie / und jagst sie alle in die Flucht. / 14 HERR, zeige dich ihnen in deiner Macht, / dann werden wir deine großen Taten besingen!

RETTUNG AUS ÄUSSERSTER VERLASSENHEIT

22 Ein Lied Davids, nach der Melodie »Eine Hirschkuh am Morgen«. // 2 Mein Gott, mein Gott, / warum hast du mich verlassen? / Warum hilfst du nicht, wenn ich schreie, / warum bist du so fern? / 3 Mein Gott, Tag und Nacht rufe ich um Hilfe, / doch du antwortest nicht / und schenkst mir keine Ruhe. / 4 Du bist doch der heilige Gott, / dem Israel Danklieder singt! / 5 Auf dich verließen sich unsere Väter, / sie vertrauten dir und du hast sie gerettet. / 6 Sie schrien zu dir und wurden befreit; / sie hofften auf dich / und wurden nicht enttäuscht. // 7 Doch ich bin kaum noch ein Mensch, / ich bin ein Wurm, / von allen verhöhnt und verachtet. / 8 Wer mich sieht, macht sich über mich lustig, / verzieht den Mund und schüttelt den Kopf: / 9 »Übergib deine Sache dem HERRN, / der kann dir ja helfen! / Er lässt dich bestimmt nicht im Stich! / Du bist doch sein Liebling!« // 10 Ja, du hast mich aus dem Mutterschoß gezogen, / an der Mutterbrust hast du mich Vertrauen gelehrt. / 11 Seit dem ersten Atemzug / stehe ich unter deinem Schutz; / von Geburt an bist du mein Gott. / 12 Bleib jetzt nicht fern, denn ich bin in Not! / Niemand sonst kann mir helfen! // 13 Viele Feinde umzingeln mich, / kreisen mich ein wie wilde Stiere. / 14 Sie reißen ihre Mäuler auf, / brüllen mich an wie hungrige Löwen. / 15 Ich zerfließe wie ausgeschüttetes Wasser, / meine Knochen fallen auseinander. / Mein Herz zerschmilzt in mir wie Wachs. / 16 Meine Kehle ist ausgedörrt, / die Zunge klebt mir am Gaumen, / ich sehe mich schon im Grab liegen – / und du lässt das alles zu! / 17 Eine Verbrecherbande hat mich umstellt; / Hunde sind sie, die mir keinen Ausweg lassen. / Sie zerfetzen mir Hände und Füße. / 18 Alle meine Rippen kann ich zählen; / und sie stehen dabei und gaffen mich an. / 19 Schon losen sie um meine Kleider / und verteilen sie unter sich. // 20 Bleib nicht fern von mir, HERR! / Du bist mein Retter, komm und hilf mir! / 21 Rette mich vor dem Schwert meiner Feinde, / rette mein Leben vor der Hundemeute! / 22 Reiß mich aus dem Rachen des Löwen, / rette mich vor den Hörnern der wilden Stiere! // HERR, du hast mich erhört! // 23 Ich will meinen Brüdern von dir erzählen, / in der Gemeinde will ich dich preisen: / 24 »Die ihr zum HERRN gehört: Preist ihn! / Alle Nachkommen Jakobs: Ehrt ihn! / Ganz Israel soll ihn anbeten! / 25 Kein Elender ist dem HERRN zu gering; / mein Geschrei war ihm nicht lästig. / Er wandte sich nicht von mir ab, / sondern hörte auf meinen Hilferuf.« // 26 Darum danke ich dir, HERR, / vor der ganzen Gemeinde. / Vor den Augen aller, die dich ehren, / bringe ich dir die Opfer, / die ich dir versprochen habe. / 27 Die Armen sollen sich satt essen; / die nach dir, HERR, fragen, / sollen Loblieder singen; / immer möge es ihnen gut gehen! // 28 Alle Völker sollen zur Einsicht kommen; / von allen Enden der Erde / sollen sie zum HERRN umkehren / und sich vor ihm niederwerfen. / 29 Denn der HERR ist König, / er herrscht über alle Völker. / 30 Vor ihm müssen die Mächtigen sich beugen, / alle Sterblichen sollen ihn ehren, / alle, die hinuntermüssen ins Grab. / 31 Auch die kommende Generation soll ihm dienen, / sie soll hören, was er getan hat. / 32 Und sie soll ihren Nachkommen weitererzählen, / wie der HERR eingegriffen hat, wie treu er ist.

DER HERR IST MEIN HIRT

23 Ein Lied Davids. // Der HERR ist mein Hirt; / darum leide ich keine Not. / 2 Er bringt mich auf saftige Weiden, / lässt mich ruhen am frischen Wasser / 3 und gibt mir neue Kraft. / Auf sicheren Wegen leitet er mich, / dafür bürgt er mit seinem Namen. // 4 Und muss ich auch durchs finstere Tal – / ich fürchte kein Unheil! / Du, HERR, bist ja bei mir; / du schützt mich und du führst mich, / das macht mir Mut. // 5 Vor den Augen meiner Feinde / deckst du mir deinen Tisch; / festlich nimmst du mich bei dir auf / und füllst mir den Becher randvoll. // 6 Deine Güte und Liebe umgeben mich / an jedem neuen Tag; / in deinem Haus darf ich nun bleiben / mein Leben lang.

EINZUG INS HEILIGTUM

24 Ein Lied Davids. // Dem HERRN gehört die ganze Erde / mit allem, was darauf lebt. / 2 Er hat sie fest gegründet über dem Wasser / und ihre Fundamente auf den Grund des Meeres gelegt. // 3 »Wer hat Zutritt zum Berg des HERRN? / Was für Menschen dürfen den heiligen Boden betreten?« // 4 »Nur Menschen, / die unschuldige Hände haben / und ein reines Gewissen. / In ihren Herzen gibt es keine Falschheit, / von ihren Lippen kommt nie ein Meineid. / 5 Der HERR wird sie segnen / und ihnen Hilfe senden, / wie er es den Seinen zugesagt hat. / 6 So sind die Menschen, die nach Gott fragen / und in seine Nähe kommen dürfen. / So sind die wahren Nachkommen Jakobs.« // 7 »Öffnet euch weit, ihr ehrwürdigen Tore! / Der König will einziehen, / dem alle Macht gehört!« // 8 »Wer ist dieser mächtige König?« // »Es ist

der HERR, der Starke und Gewaltige! / Der HERR, der
Sieger in jedem Kampf! – / 9Öffnet euch weit, ihr
ehrwürdigen Tore! / Der König will einziehen, / dem
alle Macht gehört!« // 10»Wer ist dieser mächtige
König?« // »Es ist der Herr über Himmel und Erde! / Er
ist der höchste König, / ihm gehört alle Macht!«

VERGIB MIR MEINE SCHULD

25 Von David. // Auf dich, HERR, richte ich Herz und
Sinn. / 2Dir, meinem Gott, vertraue ich; / ent-
täusche mich nicht! / Diesen Triumph dürfen meine
Feinde nicht haben! / 3Enttäuscht wird niemand,
der auf dich hofft; / aber wer dich treulos verlässt,
wird zuschanden. // 4HERR, zeig mir den Weg, den
ich gehen soll; / lass mich erkennen, was du von mir
verlangst. / 5Lehre mich, in Treue zu dir mein Leben
zu führen. / Du bist doch der Gott, bei dem ich Hilfe
finde; / auf dich hoffe ich zu jeder Zeit. // 6HERR,
denke an deine Güte und dein Erbarmen, / die du
von Anfang an deinem Volk erwiesen hast. / 7Denke
nicht an die Fehler meiner Jugend, / auch nicht an die
späteren Vergehen; / aber denke an mich in dei-
ner Liebe – / auf deine Güte, HERR, verlasse ich
mich! // 8Gut und zuverlässig ist der HERR: / Den Sün-
dern zeigt er den richtigen Weg; / 9den Entrechteten
verhilft er zu ihrem Recht / und lehrt sie, seinen Willen
zu erkennen. / 10Alles, was der HERR tut, ist Güte und
Treue / für die, die seinen Bund achten / und seinen
Weisungen gehorchen. // 11Dein Name, HERR, bürgt
für deine Liebe; / darum vergib mir meine Schuld – sie
ist so groß! // 12Wie steht es mit den Menschen, / die
den HERRN ernst nehmen? / Der HERR zeigt ihnen den
Weg, / den sie gehen sollen. / 13Sie leben in Glück
und Frieden / und ihren Kindern wird das Land ge-
hören. / 14Alle, die den HERRN ernst nehmen, zieht
er ins Vertrauen / und enthüllt ihnen das Geheim-
nis seines Bundes. // 15Meine Augen blicken immer
zum HERRN; / er wird meine Füße aus dem Fang-
netz ziehen. / 16HERR, wende dich mir zu und hab
Erbarmen; / ich bin so verlassen und hilflos. / 17Die
Angst presst mir das Herz zusammen. / Mach
mich frei, nimm den Druck von mir! / 18Sieh doch
mein Elend an und meine Not! / Vergib mir meine
ganze Schuld! / 19Sieh meine Feinde, HERR: Es sind
so viele, / sie setzen mir zu mit Grausamkeit und
Hass. / 20Beschütze mein Leben und rette mich! / Bei
dir suche ich Zuflucht, / enttäusche mich nicht! / 21Hilf
mir, rein und redlich zu leben; / HERR, ich rechne mit
dir. // 22Gott, befreie Israel aus aller Not!

GEBET EINES UNSCHULDIG ANGEKLAGTEN

26 Von David. // HERR, verschaffe mir Recht! / Ich
habe mir nichts zuschulden kommen las-
sen. / Ich habe dir immer vertraut, / nichts hat mich
davon abbringen können. / 2Stell mich auf die Probe,
HERR, / prüfe mich auf Herz und Nieren! // 3Ich hatte
deine Güte immer vor Augen, / im Wissen um deine
Treue habe ich mein Leben geführt. / 4Ich hatte nichts
zu tun mit falschen Leuten / und gab mich nicht ab
mit Hinterhält gen. / 5Ich mied die Gemeinschaft
der Verbrecher / und blieb den Gewissenlosen
fern. // 6Zum Zeichen meiner Unschuld / wasche
ich meine Hände, HERR. / Dann schreite ich um dei-
nen Altar; / 7ich danke dir mit meinem Lied / und
verkünde deine Wundertaten. / 8Ich liebe das Haus,
in dem du wohnst, / wo du in deiner Herrlichkeit
uns nahe bist. / 9Töte mich nicht / zusammen mit
den Sündern; / nimm mir nicht das Leben / zusam-
men mit den Mördern! / 10An ihren Händen klebt
schlimmes Unrecht, / sie füllen ihre Taschen mit Be-
stechungsgeld. / 11Ich aber führe ein Leben ohne Ta-
del. / Erbarme dich und rette mich! // 12Jetzt stehe
ich auf sicherem Grund. / Dafür will ich den HERRN
preisen, / wenn sein Volk zusammenkommt.

GEBORGEN BEI GOTT

27 Von David. // Der HERR ist mein Licht, / er
befreit mich und hilft mir; / darum habe ich
keine Angst. / Bei ihm bin ich sicher wie in einer
Burg; / darum zittere ich vor niemand. / 2Wenn
meine Feinde mich bedrängen, / wenn sie mir voller
Hass ans Leben wollen, / dann stürzen sie und rich-
ten sich zugrunde. / 3Mag ein ganzes Heer mich um-
zingeln, / ich habe keine Angst. / Auch wenn es zum
Kampf kommt: / Ich vertraue auf ihn. // 4Nur eine
Bitte habe ich an den HERRN, / das ist mein Herzens-
wunsch: / Mein ganzes Leben lang / möchte ich in
seinem Haus bleiben, / um dort seine Freundlichkeit zu
schauen / und seinen Tempel zu bewundern. / 5Wenn
schlimme Tage kommen, / nimmt der HERR mich bei
sich auf, / er gibt mir Schutz unter seinem Dach / und
stellt mich auf sicheren Felsengrund. / 6Dann tri-
umphiere ich über die Feinde, / die mich von allen
Seiten umringen. / Im Tempel bringe ich ihm meine
Opfer, / mit lautem Jubel danke ich dem HERRN, / mit
Singen und Spielen preise ich ihn. // 7HERR, höre mich,
wenn ich dich rufe; / hab doch Erbarmen und antworte
mir! / 8Ich erinnere mich an deine Weisung; / du hast
gesagt: »Kommt zu mir!« / Darum suche ich deine
Nähe, HERR. / 9Verbirg dich nicht vor mir! / Jag mich
nicht im Zorn von dir weg! / Du hast mir doch immer
geholfen; / lass mich jetzt nicht im Stich! / Verstoß
mich nicht, Gott, du mein Retter! / 10Wenn auch Vater
und Mutter mich verstoßen, / du, HERR, nimmst mich
auf. // 11HERR, zeige mir den richtigen Weg, / leite mich
auf gerader Bahn, / damit meine Feinde schweigen
müssen. / 12Gib mich nicht ihrer Mordgier preis! / Die
Zeugen, die mich belasten sollen, / Lügner sind sie, die
das Recht zerstören! / 13Doch ich weiß, / ich muss
nicht hinab zu den Toten; / ich darf weiterleben, um
deine Güte zu sehen. // 14Vertrau auf den HERRN, / sei
stark und fasse Mut, / vertrau auf den HERRN!

HILFE IN ÄUSSERSTER BEDROHUNG

28 Von David. // HERR, ich rufe zu dir um Hilfe! / Du
mein Beschützer, stell dich nicht taub! / Wenn
du mich schweigend von dir weist, / dann ist für mein
Leben keine Hoffnung mehr. / 2Höre mich, wenn ich

dich rufe, / wenn ich zu dir um Hilfe schreie, / dir betend meine Hände entgegenstrecke / zum innersten Raum deines Heiligtums hin. // 3 Verurteile mich nicht zusammen mit denen, / die deine Gebote frech missachten, / auch nicht mit denen, die Unheil stiften – / die zwar mit allen freundlich reden, / doch im Herzen nur böse Pläne aushecken. / 4 Gib ihnen den verdienten Lohn, / bestrafe sie für ihre Taten, / zahl ihnen ihre Schändlichkeiten heim! / 5 Sie haben keine Augen für dein Tun, / sie merken nicht, wie du eingreifst, HERR! / Du wirst sie zu Boden werfen, / dass sie nicht wieder aufstehen können. // 6 Der HERR sei gepriesen, / denn er hat meinen Hilferuf gehört. / 7 Er hat mich verteidigt und beschützt, / auf ihn kann ich mich verlassen. / Er hat mir geholfen, darum freue ich mich / und danke ihm mit meinem Lied. // 8 Der HERR ist ein machtvoller Schutz für sein Volk. / Der König, den er erwählt und gesalbt hat, / ist bei ihm geborgen wie in einer Festung. / 9 Rette dein Volk, HERR! / Segne uns, dein Volk, das dir allein gehört, / führe uns und steh uns immer bei!

GOTTES GRÖSSE IM GEWITTER

29 Ein Lied Davids. // Ehrt den HERRN, ihr Mächtigen im Himmel, / ehrt ihn und unterwerft euch seiner Macht! / 2 Gebt ihm die Ehre, die ihm allein zusteht! / Werft euch nieder vor ihm, / wenn er in seiner Heiligkeit erscheint. // 3 Die Stimme des HERRN schallt über das Wasser, / der mächtige Gott lässt den Donner grollen; / der HERR thront über den Ozeanen. / 4 Voller Gewalt ist seine Stimme, / voll Hoheit dröhnt sie, diese Stimme, / 5 die starken Zedern zerschmettert sie; / der HERR zerschlägt die Libanonzedern. / 6 Der Libanon hüpft vor ihm wie ein Kalb, / der Hermon springt auf wie ein junger Büffel. / 7 Zuckende Flammen sprüht seine Stimme, / 8 die Wüste erzittert vor dieser Stimme; / der HERR lässt die Wüste von Kadesch erbeben. / 9 Die Hirschkühe kalben aus Angst vor seiner Stimme, / die Wälder verlieren ihr Laub vor dieser Stimme. / Und in seinem Tempel rufen alle die Seinen: / »Ehre dem HERRN!« // 10 Der HERR thront über dem Himmelsozean, / er herrscht als König für ewige Zeiten. / 11 Der HERR wird seinem Volk Kraft geben, / er wird es mit Glück und Frieden beschenken.

DU HAST MIR DAS LEBEN NEU GESCHENKT

30 Ein Lied Davids; Gesang zur Wiedereinweihung des Tempels. // 2 Ich preise dich, HERR, / denn aus dem Abgrund hast du mich heraufgeholt / und meinen Feinden keinen Grund gegeben, / sich über meinen Sturz zu freuen. // 3 HERR, mein Gott, ich schrie zu dir um Hilfe, / und du hast mich wieder gesund gemacht. / 4 Du hast mich von den Toten zurückgeholt. / Ich stand schon mit einem Fuß im Grab, / doch du hast mir das Leben neu geschenkt. // 5 Ihr alle, die ihr zum HERRN gehört, / preist ihn mit euren Liedern, / dankt ihm und denkt daran, dass er heilig ist! / 6 Nur einen Augenblick trifft uns sein Zorn, / doch lebenslang umgibt uns seine Güte. / Am Abend mögen Tränen fließen – / am Morgen jubeln wir vor Freude. // 7 Als ich mich sicher fühlte, dachte ich: / »Was kann mir schon geschehen?« / 8 Durch deine Güte, HERR, / stand ich fester als die Berge. / Doch dann verbargst du dich vor mir / und stürztest mich in Angst und Schrecken. // 9 Ich schrie zu dir um Hilfe, HERR, / und flehte dich an: / 10 »Was nützt es dir, wenn ich jetzt sterbe, / wenn ich ins Grab hinuntermuss? / Kann einer dir auch dann noch danken, / wenn er zu Staub zerfallen ist? / Kann denn ein Toter deine Treue preisen? / 11 HERR, hab Erbarmen, höre mich, / sei du mein Helfer, HERR!« // 12 Du hast mein Klagelied in einen Freudentanz verwandelt, / mir statt des Trauerkleids ein Festgewand gegeben. / 13 Ich musste nicht für immer verstummen; / ich kann dich mit meinen Liedern preisen. / Dir, HERR, mein Gott, gilt allezeit mein Dank!

ICH VERLASSE MICH AUF DICH, HERR!

31 Ein Lied Davids. // 2 HERR, bei dir suche ich Zuflucht; / lass mich niemals zuschanden werden! / Rette mich, wie du es versprochen hast! / 3 Hör mich doch, hilf mir schnell! / Sei mir ein rettender Fels, eine schützende Burg, / dann bin ich in Sicherheit. / 4 Du gibst mir Halt, du bietest mir Schutz. / Geh mit mir und führe mich, / denn du bist mein Gott! / 5 Bewahre mich vor der Falle, / die man mir heimlich gestellt hat; / du bist doch mein Beschützer! / 6 Ich gebe mich ganz in deine Hand, / du wirst mich retten, HERR, du treuer Gott! // 7 Ich verabscheue alle, / die sich an die Götzen klammern; / ich selber, HERR, verlasse mich nur auf dich! / 8 Ich bin glücklich, dass du so gut zu mir bist. / Du hast meine Not gesehen / und erkannt, wie verzweifelt ich war. / 9 Den Feinden hast du mich nicht ausgeliefert, / sondern mir Raum zum Leben verschafft. // 10 Hab Erbarmen, HERR, / ich weiß nicht mehr weiter! / Meine Augen sind müde vom Weinen, / ich bin völlig am Ende. / 11 Die Sorgen verkürzen mein Leben, / der Kummer frisst meine Jahre. / Die Verzweiflung raubt mir die Kraft, / meine Glieder versagen den Dienst. // 12 Zur Spottfigur bin ich geworden für meine Feinde, / zum Hohngelächter für meine Nachbarn, / zum Schreckgespenst für meine Freunde. / Alle, die mich auf der Straße sehen, / laufen vor mir davon. / 13 Vergessen hat man mich / wie einen, der schon lange tot ist, / wie weggeworfenes, zerbrochenes Geschirr. / 14 Ich höre, wie sie über mich tuscheln; / von allen Seiten bin ich bedroht. / Sie stecken ihre Köpfe zusammen / und überlegen, wie sie mich zur Strecke bringen. // 15 Doch ich verlasse mich auf dich! / Du, HERR, du bist und bleibst mein Gott! / 16 Was aus mir wird, liegt in deiner Hand. / Rette mich vor meinen Feinden, / die mich verfolgen! / 17 HERR, sieh mich freundlich an, / denn ich gehöre dir. / Hilf mir in deiner Güte! / 18 Zu dir, HERR, rufe ich, / enttäusche mich nicht! / Doch diese Verbrecher sollen sich täuschen: / 19 Schick sie hinunter in die Totenwelt, / damit sie für immer verstummen! / Bring sie zum Schweigen, / diese eingebildeten Lügner, / die den Schuldlosen frech verleumden! // 20 Wie groß ist deine Güte, HERR! / Du wendest sie denen zu, die dir gehorchen. / Vor aller Augen zeigt sich diese Güte / an denen, die bei dir Zuflucht suchen. / 21 In deiner Nähe sind sie geborgen, / vor allen Ränken sicher unter deinem Dach. / Du nimmst sie in Schutz vor ihren Verklägern. // 22 Dank sei dir, HERR! / Du hast mir deine Güte erwiesen; / ein Wunder hast du an mir getan, / als meine Feinde mich ringsum bedrängten. / 23 Ich dachte schon in meiner Angst, / ich wäre aus deiner Nähe verbannt. / Doch du hast mich gehört, / als ich um Hilfe schrie. // 24 Liebt den Herrn, ihr, die ihr ihm gehört; / denn er schützt alle, die ihm die Treue halten. / Doch wer sich über ihn erhebt, / bekommt seinen Zorn zu spüren. / 25 Ihr, die ihr auf den HERRN vertraut, / seid stark, fasst Mut!

FREUDE ÜBER DIE VERGEBUNG DER SCHULD

32 Ein Gedicht Davids. // Freuen dürfen sich alle, / denen Gott ihr Unrecht vergeben / und ihre Verfehlungen zugedeckt hat! / 2 Freuen dürfen sich alle, / denen der HERR die Schuld nicht anrechnet / und deren Gewissen nicht mehr belastet ist! // 3 HERR, / erst wollte ich meine Schuld verschweigen; / doch davon wurde ich so krank, / dass ich von früh bis spät nur stöhnen konnte. / 4 Ich spürte deine Hand bei Tag und Nacht; / sie drückte mich zu Boden, / ließ meine Lebenskraft entschwinden / wie in der schlimmsten Sommerdürre. / 5 Darum entschloss ich mich, / dir meine Verfehlungen zu bekennen. / Was ich getan hatte, gestand ich dir; / ich verschwieg dir meine Schuld nicht länger. / Und du – du hast mir alles vergeben! // 6 Deshalb soll jeder, der dir die Treue hält, / zu dir beten, wenn er in Not gerät. / Wenn sie ihn dann bedrängt wie eine Flut, / wird sie ihn nicht verschlingen können. / 7 Bei dir finde ich Schutz; / du hältst die Not von mir fern / und lässt mich jubeln über meine Rettung. // 8 Der HERR hat mir geantwortet: / »Ich sage dir, was du tun sollst, / und zeige dir den richtigen Weg. / Ich lasse dich nicht aus den Augen. / 9 Sei doch nicht unverständig / wie ein Maultier oder Pferd! / Die musst du mit Zaum und Zügel bändigen, / sonst folgen sie dir nicht.« // 10 Wer nicht nach Gott fragt, / schafft sich viel Kummer; / aber wer dem HERRN vertraut, / wird seine Güte erfahren. / 11 Freut euch und jubelt über den HERRN, / ihr, die ihr ihm treu seid! / Alle, die redlich und rechtschaffen sind, / sollen vor Freude singen!

DER SCHÖPFER DER WELT SCHÜTZT SEIN VOLK

33 Jubelt dem HERRN zu, ihr alle, die ihr ihm gehorcht! / Es ist gut, wenn die Redlichen ihn preisen! / 2 Dankt dem HERRN auf der Laute, / spielt für ihn auf der zehnsaitigen Harfe! / 3 Singt ihm ein neues Lied, / singt und spielt, gebt euer Bestes! // 4 Das Wort des HERRN ist verlässlich; / er beweist es durch seine Taten. / 5 Er liebt Gerechtigkeit und Recht; / von seiner Güte lebt die ganze Welt. // 6 Durch das Wort des HERRN / ist der Himmel entstanden, / die Gestirne schuf er durch seinen Befehl. / 7 Das Wasser am Himmel / hat er in Wolken gefasst, / die Fluten in Kammern eingesperrt. / 8 Vor ihm muss sich die ganze Erde fürchten / und jeder Mensch in Ehrfurcht erschaudern. / 9 Denn er spricht und es geschieht; / er gibt einen Befehl, schon ist er ausgeführt. // 10 Der HERR durchkreuzt die Beschlüsse der Völker, / er macht ihre stolzen Pläne zunichte. / 11 Doch was er selbst sich vornimmt, / das führt er auch aus; / sein Plan steht für alle Zeiten fest. / 12 Glücklich das Volk, / das den HERRN zum Gott hat, / das er erwählt hat als sein Eigentum! // 13 Der HERR blickt vom Himmel herab auf die Menschen; / 14 von dort oben, wo sein Thronsitz ist, / beobachtet er alle, die auf der Erde leben. / 15 Er hat ihnen Verstand und Willen gegeben / und weiß alles, was sie tun und treiben. // 16 Wenn ein König in der Schlacht den Sieg erringt, / verdankt er das nicht seiner großen Armee; / und wenn ein Krieger heil davonkommt, / liegt das nicht an seinen starken Muskeln. / 17 Wer sich auf Reiterheere verlässt, ist verlassen; / auch mit der Kraft vieler Pferde / lässt sich der Sieg nicht erzwingen. / 18 Doch der HERR beschützt alle, / die ihm gehorchen, / alle, die mit seiner Güte rechnen. / 19 Er wird sie vor dem Tod bewahren / und in Hungerzeiten am Leben erhalten. // 20 Wir hoffen auf den HERRN, / er hilft uns und beschützt uns. / 21 Wir freuen uns über ihn, / denn auf ihn, den heiligen Gott, ist Verlass. / 22 HERR, lass uns deine Güte sehen, / wie wir es von dir erhoffen!

VON ÄNGSTEN BEFREIT

34 Von David. Er dichtete dieses Lied, als Abimelech ihn fortgejagt hatte, weil David sich vor ihm wahnsinnig gestellt hatte. // 2 Den HERRN will ich preisen zu jeder Zeit, / nie will ich aufhören, ihm zu danken. / 3 Was er getan hat, will ich rühmen. / Hört es, ihr Unterdrückten, und freut euch! / 4 Preist mit mir die Taten des HERRN; / lasst uns gemeinsam seinen Namen ehren! // 5 Ich wandte mich an den HERRN / und er antwortete mir; / er befreite mich von allen meinen Ängsten. / 6 Wenn ihr zum HERRN blickt, / dann leuchtet euer Gesicht, / euer Vertrauen wird nicht enttäuscht. / 7 Hier steht einer, der um Hilfe rief. / Der HERR hat ihn gehört / und ihn aus jeder Bedrängnis gerettet. / 8 Alle, die dem HERRN gehorchen, / umgibt sein Engel mit mächtigem Schutz / und bringt sie in Sicherheit. // 9 Erprobt es doch selbst und erlebt es: / Der HERR ist gütig! / Wie glücklich sind alle, / die bei ihm Zuflucht suchen! / 10 Ihr, die ihr dem HERRN gehört, / unterstellt euch ihm! / Wer ihm gehorcht, kennt keine Not. / 11 Selbst starke Löwen leiden oftmals Hunger; / doch wer zum HERRN kommt, / findet alles, was er zum Leben nötig hat. // 12 Kommt, junge Leute, hört mir zu! / Ich will euch sagen, was es heißt, / Gott ernst zu nehmen und mit ihm zu leben: / 13 Wollt ihr von eurem Leben etwas haben / und möglichst lange glücklich sein? / 14 Dann nehmt eure Zunge gut in Acht, / damit ihr nicht lügt und niemand verleumdet! / 15 Kehrt euch vom Bösen ab und tut das Gute! / Müht euch mit ganzer Kraft darum, / dass ihr mit allen Menschen in Frieden lebt! // 16 Der HERR hat ein offenes Auge für alle, / die ihm die Treue halten, / und ein offenes Ohr für ihre Bitten. / 17 Denen, die Böses tun, widersteht er / und lässt die Erinnerung an sie mit ihnen sterben. / 18 Doch wenn seine Treuen rufen, hört er sie / und rettet sie aus jeder Bedrängnis. / 19 Wenn sie verzweifelt sind / und keinen Mut mehr haben, / dann ist er ihnen nahe und hilft. // 20 Wer dem HERRN treu bleibt, / geht durch viele Nöte, / aber aus allen befreit ihn der HERR. / 21 Er bewahrt ihn so unversehrt, / dass ihm kein Knochen gebrochen wird. / 22 Doch wer Unrecht tut, / den bringt sein Unrecht um. / Wer die Vertrauten des HERRN hasst, / wird seiner Strafe nicht entgehen. // 23 Der HERR rettet das Leben aller, / die bei ihm Schutz suchen; / sie haben kein Unheil zu fürchten.

GOTT NIMMT DIE SCHWACHEN IN SCHUTZ

35 Von David. // HERR, sprich sie schuldig, / die mich beschuldigen; / tritt meinen Gegnern entgegen! / 2 Nimm Schild und Waffen, / komm und hilf mir! / 3 Zücke die Lanze, versperre den Weg, / dass meine Verfolger mich nicht erreichen! / Gib mir die Zusage, dass du mir hilfst! // 4 Schimpf und Schande über alle, / die mir ans Leben wollen! / Zurückweichen müssen sie und sich schämen, / alle, die Böses gegen mich planen! / 5 Sie sollen zerstieben wie Spreu im Wind, / wenn der Engel des HERRN sie davontreibt. / 6 Ihr Weg soll dunkel und schlüpfrig sein, / wenn der Engel des HERRN ihnen nachjagt. / 7 Ohne Ursache haben sie mir Fallen gestellt, / ein Loch gegraben und mit einem Netz verdeckt. / 8 Ganz unerwartet treffe sie das Unheil! / Sie sollen sich in ihrem Netz verfangen / und in die eigene Grube stürzen! / 9 Ich aber werde jubeln und mich freuen, / weil mir der HERR geholfen hat. / 10 Aus tiefstem Herzen will ich zu ihm sagen: / »HERR, keiner ist wie du! / Du hilfst dem Schwachen gegen den Starken, / du schützt den Wehrlosen und Armen / vor dem, der ihn berauben will.« // 11 Falsche Zeugen sagen gegen mich aus. / Man verhört mich über Verbrechen, / von denen ich nichts weiß. / 12 Gutes vergelten sie mir mit Bösem; / alle haben mich im Stich gelassen. / 13 Früher, wenn einer von ihnen krank war, / zog ich mir Trauerkleidung an. / Um seine Krankheit von ihm abzuwenden, / verzichtete ich auf mein Essen; / ich neigte meinen Kopf tief auf die Brust / und betete für ihn, / 14 als wäre er mein Bruder oder Freund. / Wie einer, der um seine Mutter trauert, / ging ich umher, gebeugt und voller Kummer. / 15 Nun aber freuen sie sich über meinen Sturz / und rotten sich zusammen gegen mich. / Sogar verachtetes Volk kommt daher, / Leute, die niemand kennt; / sie hören nicht auf, mich zu beschimpfen. / 16 Sie spotten über mein entstelltes Aussehen; / drohend zeigen sie mir die Zähne. // 17 Herr, wie lange noch willst du ruhig zusehen? / Rette mich vor ihren Anschlägen, / bewahre mein Leben vor diesen Löwen! / 18 Dann danke ich dir vor der ganzen Gemeinde, / vor versammeltem Volk will ich dich preisen. // 19 Lass nicht zu, / dass sie über mein Unglück jubeln, / meine Feinde, diese Bande von Lügnern! / Ohne jeden Anlass hassen sie mich / und zwinkern einander verständnisvoll zu. / 20 Nie hört man von ihnen ein gutes Wort. / Gegen die Stillen im Land, / die friedliebenden Leute, / denken sie sich immer neue Verleumdungen aus. / 21 Sie reißen die Mäuler gegen mich auf / und höhnen: »Da! Habt ihr's gesehen? / Jetzt haben wir endlich den Beweis!« // 22 Du, HERR, hast das alles gesehen! / Schweig doch nicht länger, / bleib nicht fern von mir! / 23 Steh auf, greif ein, / verschaffe mir Recht! / Mein Herr und Gott, / nimm du meine Sache in die Hand! // 24 Du bist treu und gerecht, HERR, / darum sprich mich frei; / lass sie nicht hämisch über mich jubeln! / 25 Sie sollen niemals sagen dürfen: / »Endlich haben wir's geschafft, / den haben wir erledigt!« / 26 Sie alle sollen sich gründlich verrechnet haben, / die sich über mein Unglück freuen! / Mit Schimpf und Schande sollen sie abziehen, / die stolz auf mich herabsehen wollen! // 27 Doch alle, die meinen Freispruch wünschen, / sollen vor Freude jubeln / und immer wieder sagen: / »Der HERR ist groß! / Er sorgt dafür, dass sein Vertrauter / in Glück und Frieden leben kann.« / 28 Ich selbst will deine Treue verkünden, / alle Tage will ich dich preisen.

DIE BOSHEIT DER MENSCHEN UND DIE GÜTE GOTTES

36 Von David, dem Vertrauten des HERRN. // 2 Die Aufsässigkeit gegen Gott / liegt den Bösen im Blut, / nichts ist ihnen heilig. / 3 Sie sind viel zu sehr von sich eingenommen, / als dass sie ihr Unrecht einsehen könnten / oder gar es hassen. / 4 Lug und Trug ist alles, was sie reden; / was sie tun, ist weder vernünftig noch gut. / 5 Sogar im Bett schmieden sie üble Pläne. / Sie bleiben bei ihrem schlimmen Treiben; / nichts hält sie von ihrer Bosheit zurück. // 6 HERR, deine Güte reicht bis an den Himmel / und deine Treue, so weit die Wolken ziehen! / 7 Deine Gerechtigkeit ragt hoch wie die ewigen Berge, / deine Urteile gründen tief wie das Meer. / Du, HERR, hilfst Menschen und Tieren. / 8 Deine Liebe ist unvergleichlich. / Du bist unser Gott, / du breitest deine Flügel über uns / und gibst uns Schutz. / 9 Du sättigst uns aus dem Reichtum deines Hauses, / deine Güte erquickt uns wie frisches Wasser. / 10 Du selbst bist die Quelle, die uns Leben schenkt. / Deine Liebe ist die Sonne, von der wir leben. // 11 Bleib immer denen gut, die dich kennen; / bleib allen in Treue zugewandt, / die dir mit redlichem Herzen folgen! / 12 Lass nicht zu, / dass die Übermütigen mich niedertreten / und die Gewalttätigen mich aus Haus und Heimat vertreiben. / 13 Ich sehe sie schon stürzen, / diese Unheilstifter; / sie liegen am Boden / und kommen nicht mehr hoch.

ERFAHRUNGEN AUS EINEM LEBEN MIT GOTT

37 Von David. // Reg dich nicht auf über Men-
schen, / die Gottes Gebote missachten! / Und
wenn es den Unheilstiftern gut geht, / beneide sie
nicht! / 2 Denn wie das Gras verdorren sie bald, / sie
welken und gehen ein wie grünes Kraut. / 3 Verlass
dich auf den HERRN / und tu, was recht ist; / dann
bleibst du im Land / und wohnst in Sicher-
heit. / 4 Suche dein Glück beim HERRN: / Er wird dir
jeden Wunsch erfüllen. / 5 Überlass dem HERRN die
Führung in deinem Leben; / vertrau doch auf ihn,
er macht es richtig! / 6 Deine guten Taten macht er
sichtbar / wie das Licht des Tages, / und deine Treue
lässt er strahlen / wie die Mittagssonne. // 7 Werde
ruhig vor dem HERRN / und warte gelassen auf sein
Tun! / Wenn Menschen, die Böses im Schilde füh-
ren, / auch noch ständig Erfolg haben, / reg dich
nicht auf! // 8 Lass dich nicht hinreißen zu Wut und
Zorn, / ereifere dich nicht, wenn andere Böses
tun; / sonst tust du am Ende selber Unrecht! / 9 Men-
schen, die sich Gott widersetzen, rottet er aus; / doch
alle, die auf ihn hoffen, werden das Land besit-
zen. / 10 Nicht lange mehr, dann sind die Bösen
fort, / du wirst von ihnen keine Spur mehr fin-
den. / 11 Den Armen aber wird das Land gehören / und
nichts wird fehlen an ihrem Glück. // 12 Wer Gott
missachtet, schmiedet Pläne, / zähneknirschend und
voller Hass, / um denen zu schaden, die Gott gehor-
chen. / 13 Der Herr aber lacht über seine Feinde, / er
weiß: Der Tag der Abrechnung kommt. / 14 Die Bösen
haben das Schwert gezogen, / den Bogen haben
sie schon gespannt. / Sie wollen die Armen und
Wehrlosen töten, / alle, die ein ehrliches Leben füh-
ren. / 15 Doch das Schwert dringt ihnen ins eigene
Herz / und ihre Bogen werden zerbrochen. // 16 Arm
sein, aber mit Gott leben / ist besser als aller Reich-
tum der vielen, / die gegen Gott leben; / 17 denn der
Herr zerbricht die Macht seiner Gegner, / doch seine
Getreuen macht er stark. / 18 Der HERR sorgt täglich
für die, / die sich in allem nach ihm richten. / Was er
ihnen geben will, / bleibt für immer ihr Besitz. / 19 In
Unglückstagen enttäuscht er sie nicht, / in Zeiten
der Hungersnot macht er sie satt. / 20 Doch seine
Feinde kommen um, / die Bösen verschwinden wie
die Pracht der Wiesen, / sie gehen in Rauch auf und
verwehen. // 21 Wer Gott missachtet, muss ständig
borgen, / und zurückzahlen kann er nicht. / Doch
wer Gott gehorcht, kann freigebig helfen. / 22 Men-
schen, die Gott segnet, besitzen das Land; / doch
wer unter seinem Fluch steht, kommt um. / 23 Der
HERR hat Freude an einem redlichen Menschen / und
lenkt alle seine Schritte. / 24 Er mag fallen, aber er
stürzt nicht zu Boden; / denn der HERR hält ihn
fest an der Hand. // 25 Ich habe ein langes Leben
hinter mir; / nie sah ich Menschen von Gott verlas-
sen, / die ihm die Treue halten, / und nie ihre Kinder
auf der Suche nach Brot. / 26 Alle Tage können sie
freigebig leihen / und an ihren Kindern zeigt sich
Gottes Segen. / 27 Kehr dich vom Bösen ab und tu
das Gute; / dann ist dir dein Wohnplatz für immer
sicher. / 28 Denn der HERR liebt das Recht / und ver-
lässt die Seinen nicht, die ihm treu bleiben; / für alle
Zeiten beschützt er sie. / Aber die Nachkommen der
Feinde Gottes kommen um. / 29 Den Gehorsamen
wird das Land gehören, / sie dürfen für immer
darin wohnen. // 30 Ein Mensch, der sich nach Gott
richtet, / spricht Worte der Weisheit / und sagt,
was recht ist vor dem HERRN. / 31 Das Gesetz sei-
nes Gottes trägt er im Herzen; / darum weicht er
nicht vom richtigen Weg. / 32 Wer Gott missachtet,
lauert darauf, / die umzubringen, die Gott gehor-
chen. / 33 Doch der HERR lässt nicht zu, / dass sie in
Mörderhände fallen / oder dass man sie gegen das
Recht verurteilt. / 34 Hoffe auf den HERRN / und be-
folge seine Gebote; / dann ehrt er dich und schenkt
dir das Land, / und du wirst sehen, / wie er seine
Feinde vernichtet. // 35 Ich sah einen Bösen, / der
seine Macht missbrauchte; / er wurde immer grö-
ßer, / wie ein Baum auf fettem Boden. / 36 Aber als
ich noch einmal vorüberging, / da war nichts mehr
von ihm zu sehen. / Ich suchte ihn, doch ich fand
keine Spur. // 37 Achte auf unsträfliche, ehrliche
Menschen / und du wirst sehen: / Wer den Frie-
den liebt, / dessen Nachkommen bleiben. / 38 Doch
die Unheilstifter werden alle vernichtet / und ihre
Nachkommen werden ausgerottet. / 39 Der HERR hilft
denen, die zu ihm halten. / Wenn Gefahr droht, fin-
den sie bei ihm Zuflucht. / 40 Er rettet sie und steht
ihnen bei. / Vor den Bösen wird er sie retten / und
ihnen helfen, / denn bei ihm suchen sie Schutz.

UNTER DER LAST VON KRANKHEIT UND SCHULD

38 Ein Lied Davids, um sich bei Gott in Erinne-
rung zu bringen. // 2 HERR, du bist zornig auf
mich. / Aber nimm die Strafe von mir, / peinige mich
nicht länger! / 3 Deine Pfeile bohren sich in mich hin-
ein / und deine Hand drückt mich zu Boden. // 4 An
meinem ganzen Körper / ist nichts Gesundes
mehr zu sehen / und keins von meinen Gliedern ist
heil. / Das ist deine Antwort auf meine Schuld; / du
zeigst mir damit, wie sehr du mir zürnst! / 5 Meine
Schuld ist mir über den Kopf gewachsen; / sie
wiegt zu schwer, / ich kann sie nicht mehr tra-
gen. / 6 Ich war so töricht, / dich nicht ernst zu neh-
men. / Darum eitern meine Wunden / und riechen
widerlich. / 7 Gebeugt von Schmerzen, / zerschlagen
und voll Kummer / schleppe ich mich von einem Tag
zum andern. / 8 Tief in mir fühle ich das Fieber bren-
nen, / am ganzen Körper ist kein heiler Fleck. // 9 Mit
meiner Kraft bin ich völlig am Ende, / die Qual ist zu
groß, / ich kann nur noch schreien. / 10 Du weißt, wo-
nach ich mich sehne, Herr! / Du hast doch all mein
Stöhnen gehört! / 11 Mein Herzschlag flattert, / meine
Kraft ist fort, / selbst meine Augen versagen mir
den Dienst. / 12 Die Freunde und Nachbarn meiden
mich, / sie fürchten sich vor meinem Unglück. / Auch
meine Nächsten sind nun fern von mir. / 13 Man will
mir ans Leben, stellt mir Fallen; / man wünscht mir

Unheil, / redet, was mir schadet, / verleumdet mich den ganzen Tag. // 14 Ich aber stelle mich taub, als hörte ich nichts, / mein Mund bleibt stumm, als könnte ich nicht reden. / 15 Ich bin wie einer, der nicht hören kann / und deshalb keine Antwort gibt. / 16 Denn ich verlasse mich auf dich, / mein Gott und Herr; / du wirst an meiner Stelle Antwort geben. / 17 Ich möchte nicht, / dass sie mein Unglück feiern, / dass sie sich überheben, wenn ich strauchle. / 18 Denn es fehlt nicht mehr viel zu meinem Sturz; / meine Schmerzen erinnern mich ständig daran. // 19 Ich gestehe es: Ich habe gesündigt. / Ich finde keine Ruhe wegen meiner Schuld. / 20 Doch meine Todfeinde sind stark und mächtig; / viele sind es, die mich grundlos hassen. / 21 Gutes vergelten sie mir mit Bösem, / sie feinden mich an, weil ich das Gute suche. // 22 HERR, lass mich nicht im Stich, / bleib nicht fern von mir, mein Gott! / 23 Komm, hilf mir bald, Herr, du mein Retter!

»HERR, ACHTE AUF MEIN SCHREIEN.« BITTE UM VERGEBUNG FÜR UNBEDACHTES REDEN IN GROSSER NOT

39 Ein Lied Davids, für Jedutun. // 2 Ich hatte mir vorgenommen, / auf mich aufzupassen / und nichts zu sagen, / wodurch ich schuldig würde, / in Gegenwart von Schurken stillzuschweigen, / als hätte ich einen Knebel im Mund. / 3 Ich habe mich in Schweigen gehüllt, / doch nichts hat sich dadurch gebessert, / denn meine Qualen wurden immer schlimmer: / 4 Im Herzen wurde mir immer heißer, / mein Stöhnen brachte die Glut zum Brennen, / es musste heraus! // 5 Sag es mir, HERR, wie viel Zeit mir noch bleibt. / Wie lang ist mein Leben bemessen? / Ich will wissen, wann es zu Ende ist! / 6 Es ist so kurz, das bisschen Leben, / das du mir zugemessen hast; / eine Handbreit nur, / ein Nichts verglichen mit dir. / Wie fest meint jeder Mensch zu stehen / und ist in Wahrheit nur ein Hauch! / 7 Er kommt und geht / wie die Bilder eines Traums; / er ist geschäftig und lärmt – für nichts; / er sammelt und speichert / und weiß nicht, wer's bekommt. // 8 Herr, was hab ich da noch zu erhoffen? / Ich setze meine ganze Hoffnung auf dich! / 9 Befreie mich von aller meiner Schuld / und mach mich nicht zum Spott für Menschen, / die dich und deine Gebote missachten! / 10 Ich bin jetzt still, / ich werde nichts mehr sagen; / von dir kommt alles, was geschehen ist. / 11 Doch lass es genug sein; / hör auf, mich zu plagen; / ich halte deine Schläge nicht mehr aus! / 12 Du strafst einen Menschen für seine Schuld; / das Wertvollste, was er hat, sein Leben, / zerstörst du wie die Motte, die ein Kleid zerfrisst. / Ein Hauch ist jeder Mensch – mehr nicht! // 13 Höre mein Gebet, HERR, / achte auf mein Schreien; / sei nicht taub für mein Klagen und Weinen! / Ich bin nur ein Gast bei dir / wie alle meine Ahnen, / ein rechtloser Fremder, / der auf deine Güte zählt. / 14 Wende deinen strafenden Blick von mir ab, / damit ich noch einmal aufatmen kann, / bevor ich gehen muss und nicht mehr bin!

DANK UND GELÖBNIS

40 Ein Lied Davids. // 2 Unbeirrt habe ich auf den HERRN gehofft, / auf seine Hilfe habe ich gewartet. / Er hat mein Schreien gehört / und hat mir geholfen. / 3 Ich sah mich schon im Grabe liegen, / ich sah mich im Sumpf versinken; / doch er hat mich herausgezogen / und mich auf Felsengrund gestellt. / Jetzt kann ich wieder sichere Schritte tun. // 4 Ein neues Lied hat er mir in den Mund gelegt, / mit dem ich ihn preisen kann, / ihn, unseren Gott. / Viele sollen es hören und sehen; / dann nehmen sie den HERRN wieder ernst / und schenken ihm ihr Vertrauen. / 5 Wie glücklich ist, / wer ganz auf den HERRN vertraut / und sich an keine anderen Mächte bindet, / die nur in die Irre führen. // 6 HERR, mein Gott! / Du hast so viel für uns getan; / niemand ist wie du! / Deine Pläne, deine wunderbaren Taten – / wenn ich sie alle aufzählen wollte, / ich käme nie an ein Ende! / 7 Aus Opfern und Gaben machst du dir nichts, / Brandopfer und Sühneopfer verlangst du nicht von mir. / Aber du hast mir Ohren gegeben, / um auf dich zu hören! / 8-9 Darum sage ich: Mein Gott, ich bin bereit, / zu tun, was du von mir erwartest, / so wie es für mich aufgeschrieben ist / im Buch des Gesetzes. / Ich freue mich über dein Gesetz / und trage es in meinem Herzen. // 10 Vor der ganzen Gemeinde will ich erzählen, / wie treu du deine Zusagen einlöst. / Ich höre niemals auf, davon zu reden; / du weißt es, HERR! / 11 Was du getan hast, / behalte ich nicht für mich, / ich bezeuge es allen, / dass du treu bist und hilfst. / Ich will der Gemeinde nicht verschweigen, / wie gütig und zuverlässig du bist. / 12 HERR, du wirst mir dein Erbarmen nicht entziehen. / Deine Güte und Treue werden mich stets bewahren. // 13 Von allen Seiten / überfällt mich das Unglück; / ich kann nicht zählen, wie oft es zuschlägt. / Meine Verfehlungen haben mich eingeholt; / ich kann nichts anderes mehr sehen, / ich habe mehr davon als Haare auf dem Kopf. / Darum habe ich allen Mut verloren. / 14 Sei gnädig, HERR, rette mich, / komm, hilf mir bald! // 15 Schimpf und Schande komme über alle, / die mir nach dem Leben trachten! / Zurückweichen sollen sie / und zuschanden werden, / alle, die an meinem Unglück Freude haben! / 16 Sie sollen sich entsetzen über ihre Schande, / die hämisch rufen: »Da! Habt ihr's gesehen?« / 17 Doch alle, die deine Nähe suchen, / sollen über dich jubeln und glücklich sein! / Alle, die deine Hilfe begehren, / sollen immer wieder rufen: »Der HERR ist groß!« // 18 Ich bin arm und wehrlos; / Herr, vergiss mich nicht! / Du bist doch mein Helfer und Befreier, / mein Gott, lass mich nicht länger warten!

GEBET EINES KRANKEN

41 Ein Lied Davids. // 2 Wie glücklich sind alle, / die für die Hilflosen sorgen! / Wenn sie in Not geraten, / holt der HERR sie heraus / 3 und erhält sie am Leben; / alle im Land werden sie glücklich preisen. / Der HERR überlässt sie nicht der Willkür ihrer Feinde. / 4 Wenn Krankheit sie niederwirft, / steht der HERR ihnen bei / und hilft ihnen wieder auf. // 5 Weil ich das weiß, sage ich: / HERR, hab Erbarmen mit mir /

und mach mich wieder gesund! / Denn gegen dich
habe ich mich vergangen! // 6 Meine Feinde sind grau-
sam, / sie fragen: »Wann ist er endlich tot, / damit
man ihn schnellstens vergisst?« / 7 Wenn mich über-
haupt noch einer von ihnen besucht, / dann tut er es
in böser Absicht: / Er sucht nach Beweisen für meine
Schuld; / kaum ist er wieder draußen, / verleumdet
er mich. / 8 Alle, die mich hassen, / stecken ihre Köpfe
zusammen; / einmütig ziehen sie über mich her / und
reden schon von meinem Ende: / 9 »Den lässt die
Hölle nicht mehr los, / sein Bett verlässt er nur noch
als Toter!« / 10 Sogar mein Freund, / dem ich Vertrauen
schenkte, / der bei mir von meinem Brot gegessen
hat – / auch er hat sich nun gegen mich gewandt! / 11 Du
aber hab Erbarmen mit mir, / HERR, richte mich
doch wieder auf, / damit ich sie zur Rechenschaft
ziehe! // 12 Wenn das Siegesgeschrei meiner Feinde
verstummt, / dann weiß ich, dass du es gut mit mir
meinst. / 13 Weil ich schuldlos bin, hältst du zu mir / und
lässt mich für immer in deiner Nähe leben. // 14 Gepriesen
sei der HERR, der Gott Israels, / vom Anfang der Zeiten
bis in alle Zukunft! / Amen, so soll es sein!

HOFFNUNG IN GRÖSSTER NOT

42/43 Ein Gedicht der Korachiter. // 2 Wie ein
Hirsch nach frischem Wasser lechzt, / so
sehne ich mich nach dir, mein Gott! / 3 Ich dürste nach
Gott, / nach dem wahren, lebendigen Gott. / Wann
darf ich zu ihm kommen, / wann darf ich ihn se-
hen? // 4 Tränen sind meine Nahrung / bei Tag und
Nacht, / weil man mich ständig fragt: / »Wo bleibt er
denn, dein Gott?« / 5 Wenn ich an früher denke, / geht
das Herz mir über: / Da zog ich mit der großen Schar
zum Hause Gottes, / da konnte ich jubeln und danken
in der feiernden Menge. // 6 *Warum bin ich so mut-
los? / Muss ich denn verzweifeln? / Auf Gott will ich
hoffen! / Ich weiß, ich werde ihn noch einmal prei-
sen, / ihn, meinen Gott, der mir hilft.* // 7 Ich weiß nicht
mehr aus noch ein! / Darum gehen meine Gedanken zu
ihm – / aus der Ferne, / vom Land an den Jordanquel-
len, / vom Hermongebirge mit seinen Gipfeln. / 8 Rings
um mich tost es und braust es: / Flut auf Flut, von ihm
geschickt, / Welle auf Welle rollt über mich hin. // 9 Am
Tag wird er mir seine Güte erweisen / und in der Nacht
will ich ihm singen voller Dank; / zu Gott will ich be-
ten, / der mir das Leben gibt. / 10 Ich sage zu ihm,
meinem Beschützer: / Warum hast du mich verges-
sen? / Warum geht es mir so elend? / Und dazu quä-
len mich noch meine Feinde! / 11 Wie eine tödliche
Wunde ist ihr Hohn für mich, / weil sie mich täglich
fragen: / »Wo bleibt er denn, dein Gott?« // 12 *Warum
bin ich so mutlos? / Muss ich denn verzweifeln? / Auf
Gott will ich hoffen! / Ich weiß, ich werde ihn noch ein-
mal preisen, / ihn, meinen Gott, der mir hilft.* // 43,1 Steh
mir bei, Gott, / verschaffe mir Recht; / verteidige
mich gegen treulose Menschen, / die mich mit Lüge
und Arglist verfolgen! / 2 Du bist doch immer mein
Schutz gewesen! / Warum hast du mich jetzt versto-
ßen? / Warum geht es mir so elend? / Und dazu quälen
mich noch meine Feinde! // 3 Stell mir dein Licht und
deine Treue zur Seite! / Sie sollen mich führen, / mich
hinbringen zu deinem heiligen Berg, / zu dem Ort, wo
du wohnst. / 4 Dort will ich an deinen Altar treten, / vor
dich, den Grund meiner Freude. / Zum Klang der Harfe
will ich dich preisen, / dich, meinen Gott! // 5 *Warum
bin ich so mutlos? / Muss ich denn verzweifeln? / Auf
Gott will ich hoffen! / Ich weiß, ich werde ihn noch ein-
mal preisen, / ihn, meinen Gott, der mir hilft.*

VON GOTT VERSTOSSEN?

44 Ein Gedicht der Korachiter. // 2 Gott, mit eige-
nen Ohren / haben wir es gehört, / unsere
Väter und Vorväter / haben es uns erzählt, / was du
vollbracht hast in ihren Tagen – / damals, vor langer
Zeit: / 3 Fremde Völker hast du aus dem Land vertrie-
ben / und unsere Väter darin wohnen lassen. / Die
Fremden hast du hart geschlagen, / damit unsere
Väter in Freiheit leben konnten. / 4 Sie haben zwar das
Land erobert, / doch nicht durch *ihre* Schwerter kam
der Sieg / und nicht durch ihre eigene Kraft: / Durch
deine Hand und *deine* Macht / und *deine* Gegenwart
ist es geschehen, / denn du liebtest sie! / 5 Du, Gott,
bist unser König, / du gibst den Nachkommen Ja-
kobs den Sieg. / 6 Mit deiner Hilfe stoßen wir die
Gegner nieder, / durch deine Macht zertreten wir
unsere Feinde. / 7 Wir verlassen uns nicht auf unseren
Bogen, / wir erwarten nicht, / dass unser Schwert uns
rettet: / 8 Nur du befreist uns von unseren Feinden / und
stürzt die in Schande, die uns hassen. / 9 Alle Tage wollen
wir dich rühmen / und dir, unserem Gott, ohne Ende
danken! // 10 Nun aber hast du uns verstoßen / und uns
in Schmach und Schande gestürzt; / du ziehst nicht mehr
mit unseren Heeren in den Kampf. / 11 Du lässt zu, dass
wir fliehen müssen / vor unseren Feinden, die uns has-
sen; / hemmungslos dürfen sie Beute machen. / 12 Wie
Schlachtvieh lieferst du uns an sie aus, / du zerstreust
uns unter fremde Völker. // 13 Du verkaufst dein Volk / zu
einem lächerlichen Preis, / nicht den kleinsten Gewinn
machst du dabei. / 14 Du lässt uns von unseren Nach-
barn verhöhnen, / sie dürfen uns verlachen und be-
schimpfen. / 15 Du machst uns zur Spottfigur für die
Völker, / sie alle schütteln über uns den Kopf. / 16 Den
ganzen Tag empfinden wir die Schande, / und das Ge-
sicht brennt uns vor Scham, / 17 wenn wir den Hohn
der Feinde hören, / wie sie in ihrer Rachsucht uns be-
leidigen. // 18 Dies alles ist über uns hereingebrochen –
/ doch wir hatten dich nicht vergessen / und den Bund
mit dir nicht aufgekündigt! / 19 Wir haben uns nicht von
dir abgewandt / und sind keinen Schritt von deinem
Weg gewichen. / 20 Du aber hast uns zu Boden ge-
schlagen, / wir müssen in den Trümmern hausen wie
Schakale, / auch nicht die kleinste Hoffnung lässt du
uns. / 21 Hätten wir dich, unseren Gott, vergessen / und
zu anderen Göttern gebetet, / 22 du hättest es sofort
gewusst, / du kennst doch die Tiefen unseres Her-
zens! / 23 Weil wir zu dir gehören, / sind wir täglich in
Todesgefahr. / Wir werden angesehen wie Schafe, / die
zum Schlachten bestimmt sind. // 24 Wach auf, Herr!

Warum schläfst du? / Wach endlich auf, / verstoß uns nicht für immer! / 25 Warum blickst du nicht mehr auf uns? / Warum fragst du nicht danach, / wie man uns quält und unterdrückt? / 26 Erniedrigt liegen wir am Boden, / kraftlos hingestreckt in den Staub. / 27 Greif ein und hilf uns, mach uns frei! / Wir berufen uns auf deine Güte!

ZUR HOCHZEIT DES KÖNIGS

45 Ein Gedicht der Korachiter, zu singen nach der Melodie »Lilien«, ein Lied auf die Liebe. // 2 Eine Botschaft bewegt mein Herz, / Gott hat sie mir eingegeben; / darum singe ich dem König ein Lied. / Meine Zunge soll es so kunstvoll tun / wie der Griffel in der Hand des geübten Schreibers. // 3 Du bist der stattlichste von allen Männern, / von deinen Lippen fließen Worte voller Huld; / sichtbar ruht Gottes Segen auf dir. / 4 Schnalle dein Schwert um, / du tapferer Kämpfer, / umgib dich mit Pracht und königlichem Glanz! / 5 In deiner Pracht besteige den Wagen, / führe erfolgreich den Kampf für die Wahrheit, / verhilf den Schwachen zu ihrem Recht! / Vollbringe Taten, für die man dich fürchtet! / 6 Schieße deine scharfen Pfeile, / unterwirf dir die Völker, / triff deine Feinde mitten ins Herz! // 7 Dein Thron ist Gottes Thron, / darum steht er für alle Zeiten fest. / Du regierst dein Reich als gerechter König. / 8 Du liebst das Recht / und verabscheust das Unrecht; / darum hat Gott dich zum Herrscher gesalbt, / dein Gott hat dir mehr Ehre und Freude gegeben / als allen, die mit dir feiern. / 9 Nach Myrrhe, Zimt und Aloë / duften alle deine Gewänder. / Um dich zu erfreuen, erklingt Musik / aus deinen mit Elfenbein verzierten Palästen. / 10 Töchter von Königen sind an deinem Hof; / zu deiner Rechten steht die Königin / in Schmuck aus allerbestem Gold. // 11 Du Königstochter, sieh mich an / und höre aufmerksam, was ich dir sage: / Vergiss dein Volk und die Familie deines Vaters! / 12 Der König begehrt dich wegen deiner Schönheit. / Er ist dein Gebieter, verneige dich vor ihm! / 13 Die Leute von Tyrus bringen dir Geschenke, / die reichsten Völker suchen deine Gunst. // 14 Wie prächtig sieht die Königstochter aus! / In golddurchwirktem Kleid betritt sie den Palast. / 15 Über bunte Teppiche wird sie hereingeführt / mit ihrem Brautgefolge von jungen Mädchen; / so bringt man sie zum König. / 16 Unter Freudenrufen und lautem Jubel / ziehen sie ein in die große Halle. // 17 Mein König, an der Stelle deiner Väter / werden in Zukunft deine Söhne herrschen; / du wirst sie in der ganzen Welt zu Fürsten machen. / 18 Mein Lied soll die Erinnerung an dich / für alle Zeiten lebendig halten; / immer werden die Völker dich preisen!

GOTT IST BEI UNS

46 Ein Lied der Korachiter, für hohe Stimmen. // 2 Gott ist unsere sichere Zuflucht, / ein bewährter Helfer in aller Not. / 3 Darum haben wir keine Angst, / auch wenn die Erde bebt / und die Berge ins Meer versinken, / 4 wenn die Fluten toben und tosen / und die Berge davon erzittern: // *Der Herr der Welt ist bei uns, / der Gott Jakobs ist unser Schutz!* // 5 Frisches Wasser strömt durch die Gottesstadt, / in der die heilige Wohnung des Höchsten ist. / 6 Gott selbst ist in ihren Mauern, / nichts kann sie erschüttern. / Er bringt ihr Hilfe, bevor der Morgen graut. / 7 Er lässt seine Stimme hören – / und die Völker zittern, / Königsthrone wanken, / die ganze Erde vergeht vor Angst. // 8 *Der Herr der Welt ist bei uns, / der Gott Jakobs ist unser Schutz!* // 9 Kommt und seht, wie mächtig der HERR ist, / wie er Furcht und Schrecken auf der Erde verbreitet: / 10 Er macht dem Krieg ein Ende in aller Welt; / die Bogen zerbricht er, / die Spieße zerschlägt er, / die Schilde verbrennt er. / 11 »Macht Frieden!«, ruft er. / »Erkennt, dass ich Gott bin! / Ich habe Macht über die Völker der Erde.« // 12 *Der Herr der Welt ist bei uns, / der Gott Jakobs ist unser Schutz!*

DER HÖCHSTE HERRSCHER

47 Ein Lied der Korachiter. // 2 Ihr Völker alle, klatscht in die Hände, / begrüßt unseren Gott mit Freudengeschrei! / 3 Der HERR ist der Höchste, / vor ihm erschrickt alles, / er, der große König, regiert die ganze Erde. / 4 Er hat uns die anderen Völker unterworfen / und Nationen in unsere Gewalt gebracht. / 5 Das Land, das wir besitzen, unser ganzer Stolz – / er selbst hat es für uns ausgewählt, / denn er liebt die Nachkommen Jakobs. / 6 Gott ist zu seinem Thron hinaufgestiegen, / unter Jubelrufen und Hörnerschall nimmt er ihn ein. / 7 Singt und spielt zu Gottes Ehre! / Singt und spielt zur Ehre unseres Königs! / 8 Denn Gott ist der König der ganzen Erde; / preist ihn mit eurem schönsten Lied! // 9 Gott herrscht über alle Völker; / er sitzt auf seinem heiligen Thron. / 10 Die Großen der Völker kommen herbei, / sie versammeln sich mit dem Volk, / das dem Gott Abrahams gehört. / Ihm unterwerfen sich die Mächtigen der Erde, / denn er steht hoch über ihnen allen.

DIE STADT DES GROSSEN KÖNIGS

48 Ein Lied der Korachiter. // 2 Der HERR ist mächtig! / Groß ist der Ruhm unseres Gottes / in seiner Stadt und auf seinem heiligen Berg! / 3 Prächtig erhebt sich der Zion, / eine Freude für die ganze Welt! / Er ist der wahre Gottesberg; / dort steht die Stadt des großen Königs. / 4 Gott ist in ihren Mauern, / er selbst ist ihr Schutz. / 5 Die Könige rotteten sich zusammen / und stürmten gemeinsam gegen die Stadt. / 6 Doch was sie sahen, ließ sie erstarren, / kopflos vor Angst ergriffen sie die Flucht. / 7 Das Zittern kam plötzlich über sie, / so wie die Wehen über eine Frau, / 8 unabwendbar wie der Ostwind, / mit dem Gott die größten Schiffe zerbricht. // 9 Das alles hatte man uns seit Langem erzählt; / nun haben wir es selbst gesehen / in der Stadt, die unserem Gott gehört, / dem Herrscher der ganzen Welt. / Er hat sie für immer fest gegründet. // 10 Im Innern deines Tempels, Gott, / erinnern wir uns an deine Güte. / 11 In der ganzen Welt wirst

du gepriesen, / bis in die fernsten Winkel reicht dein
Ruhm. / Sieg und Rettung sind in deiner Hand; / 12 des-
wegen herrscht Freude auf dem Zion! / Du hast für
unser Recht gesorgt; / darum jubeln alle Städte in
Juda! // 13 Umschreitet den Zion, / geht rund um die
Stadt, / zählt ihre starken Türme, / 14 bewundert ihren
breiten Wall, / betrachtet ihre mächtige Burg! / Dann
könnt ihr's euren Kindern weitersagen: / 15 »Seht
doch, so mächtig ist Gott! / Er ist unser Gott für alle
Zeiten / und wird uns immer führen.«

LEBEN IST NICHT ZU KAUFEN

49 Ein Lied der Korachiter. // 2 Hört mir zu,
ihr Völker, / merkt auf, ihr Bewohner der
ganzen Erde! / 3 Hohe und Geringe, Reiche und
Arme, / die einen wie die anderen rufe ich! / 4 Aus
meinen Worten spricht Erfahrung / und tiefe Ein-
sicht aus meinen Gedanken. / 5 Ich lausche auf Ein-
gebungen von Gott / und werde sie beim Harfenspiel
erklären: // 6 Warum soll ich mich ängstigen an Un-
glückstagen, / wenn ich umringt bin von den Unheil-
stiftern, / die sich an meine Fersen heften? / 7 Sie
verlassen sich auf ihr vieles Geld / und brüsten sich
mit ihrem großen Reichtum. / 8 Doch Gott ein Men-
schenleben abzukaufen ist unmöglich! / Auch sein
eigenes Leben kann niemand auslösen: / 9 Der Kauf-
preis für ein Menschenleben ist zu hoch; / was man
auch bietet, es ist niemals genug. / 10 Kein Mensch
kann für immer leben, / am Sterben führt kein Weg
vorbei! // 11 Es ist offenkundig: / Auch die Klügsten
sterben, / genauso wie unvernünftige Narren; / was
sie besitzen, bleibt zurück für andere. / 12 Für immer
wird das enge Grab ihre Wohnung, / auch wenn sie
ganze Länder ihr Eigen nannten. // 13 *Durch Größe
und Reichtum / bleibt keiner am Leben; / der Mensch
geht ebenso zugrunde / wie das Vieh.* // 14 Voll Si-
cherheit sind diese Leute, / so vermessen, nur auf
sich selber zu vertrauen, / so überzeugt von ihren
eigenen Reden. / Wie aber ist ihr Schicksal? / Was
ist ihre Zukunft? / 15 Wie Schafe trotten sie zur Toten-
welt; / der Hirt, der sie dort weidet, ist der Tod. / Weit
weg von ihren prachtvollen Häusern / zerfrisst die
Verwesung ihre Gestalt. / 16 Mein Leben aber – Gott
selbst kauft es frei; / aus den Krallen des Todes reißt
er mich heraus! // 17 Lass dich nicht ängstigen, / wenn
einer reich wird / und der Wohlstand seines Hauses
immer größer! / 18 Denn wenn er stirbt, / nimmt er
nichts davon mit, / sein Reichtum folgt ihm nicht ins
Grab. / 19 Sein Leben lang lobt er sich selber / und an-
dere schmeicheln ihm, / weil es ihm gut geht. / 20 Und
doch muss er dorthin, / wo seine Väter sind, / die
nie mehr das Licht erblicken. // 21 *Größe und Reich-
tum / mag ein Mensch gewinnen; / aber wenn er keine
Einsicht hat, / geht er zugrunde wie das Vieh.*

WAS GOTT VON SEINEM VOLK ERWARTET

50 Ein Lied Asafs. // Gott, der HERR, spricht, / der
Große und Mächtige! / Sein Ruf schallt über die
ganze Erde, / von dort, wo die Sonne aufgeht, / bis
dorthin, wo sie versinkt. / 2 Auf dem Zion, dem schöns-
ten aller Berge, / zeigt sich Gott in strahlendem
Glanz. / 3 Unser Gott kommt, er schweigt nicht län-
ger. / Vor ihm her läuft vernichtendes Feuer, / um ihn
stürmt und wütet das Wetter. / 4 Himmel und Erde ruft
er als Zeugen auf, / denn er will sein Volk zur Rechen-
schaft ziehen. / 5 »Holt mir die Meinen zusammen«,
sagt er, / »sie haben einen Bund mit mir geschlos-
sen / und sich verpflichtet, mir zu gehorchen; / mit
einem Opfer haben sie den Bund besiegelt.« / 6 Der
Himmel kann es bezeugen: / Gott ist im Recht, / wenn
er nun Rechenschaft von ihnen fordert. // 7 »Höre,
mein Volk, / ich habe mit dir zu reden! / Israel, ich
klage dich an, / ich selbst, dein Gott! / 8 Du bringst
mir viele Opfergaben, / daran habe ich nichts aus-
zusetzen; / Brandopfer bringst du mir zu jeder
Zeit. / 9 Aber ich nehme deine Opfer nicht an. / Ich
brauche ihn nicht, / den Stier aus deinem Stall, / auch
nicht den Bock aus deinem Pferch! / 10 Alle Tiere des
Waldes gehören mir, / das Wild auf Tausenden von
Bergen ist mein Eigentum. / 11 Auch die Vögel dort
gehören mir / und alle kleinen Tiere auf dem freien
Feld. / 12 Selbst wenn ich Hunger hätte, / würde ich
von dir nichts fordern; / denn mir gehört die ganze
Erde / und alles, was darauf lebt. / 13 Meinst du, ich
esse das Fleisch von Rindern / oder trinke das Blut
von Böcken? / 14 Nicht Opfer will ich von dir, sondern
Dank: / Löse deine Versprechen ein, / die du mir in
Bedrängnis gegeben hast, / mir, dem Höchsten, dei-
nem Gott! / 15 Bist du in Not, so rufe mich zu Hilfe! / Ich
werde dir helfen / und du wirst mich preisen.« // 16 Zu
dem Ungehorsamen aber sagt Gott: / »Was sprichst
du ständig von meinen Geboten / und berufst dich
auf meinen Bund? / 17 Du lässt dir ja nichts von mir sa-
gen, / jede Mahnung schlägst du in den Wind! / 18 Mit
Dieben freundest du dich an, / bei Ehebrechern fühlst
du dich zu Hause, / 19 dein Mund fließt über von Läs-
terreden, / deine Zunge knüpft lauter Lügengewe-
be. / 20 Du ziehst über deine Mitmenschen her, / sogar
den eigenen Bruder verleumdest du. / 21 Und ich sollte
schweigen zu all diesem Unrecht? / Hältst du mich
etwa für deinesgleichen? / Ich verlange Rechenschaft
von dir, / ich halte dir jede Schändlichkeit vor Au-
gen! // 22 Ihr alle, die ihr mich vergessen habt, / hört,
was ich sage, nehmt es zu Herzen! / Sonst schlage ich
zu und es gibt keine Rettung. / 23 *Dank* ist die Opfer-
gabe, / an der ich Freude habe; / und wer auf meinen
Wegen geht, / erfährt meine Hilfe.«

BITTE UM VERGEBUNG DER SCHULD

51 Ein Lied Davids. 2 Er dichtete es, nachdem der
Prophet Natan ihn wegen seines Ehebruchs
mit Batseba zur Rede gestellt hatte. // 3 Gott, du
bist reich an Liebe und Güte; / darum erbarme
dich über mich, / vergib mir meine Verfehlun-
gen! / 4 Nimm meine ganze Schuld von mir, / wa-
sche mich rein von meiner Sünde! // 5 Ich weiß,
ich habe Unrecht getan, / meine Fehler stehen mir
immer vor Augen. / 6 Nicht nur an Menschen bin

ich schuldig geworden, / gegen dich selbst habe ich gesündigt; / ich habe getan, was du verabscheust. / Darum bist du im Recht, / wenn du mich schuldig sprichst; / deinen Richterspruch kann niemand tadeln. // 7 Ich bin verstrickt in Verfehlung und Schuld / seit meine Mutter mich empfangen und geboren hat. / 8 Das war mir verborgen; / du hast es mir gezeigt. / Dir gefällt es, / wenn jemand die Wahrheit erkennt. // 9 Nimm meine Schuld von mir, / dann werde ich rein! / Wasche mich, / dann werde ich weiß wie Schnee! / 10 Lass mich wieder Freude erleben / und mit deiner Gemeinde jubeln. / Du hast mich völlig zerschlagen; / richte mich doch wieder auf! / 11 Sieh nicht auf meine Verfehlungen, / tilge meine ganze Schuld! // 12 Gott, schaffe mich neu: / Gib mir ein Herz, das dir völlig gehört, / und einen Geist, der beständig zu dir hält. / 13 Vertreibe mich nicht aus deiner Nähe, / entzieh mir nicht deinen Heiligen Geist! / 14 Mach mich doch wieder froh / durch deine Hilfe / und gib mir ein gehorsames Herz! / 15 Alle, die dir nicht gehorchen, / will ich an deine Gebote erinnern, / damit sie umkehren und tun, was dir gefällt. // 16 Gott, du bist mein Retter! / Ich habe den Tod verdient, / aber verschone mich! / Dann werde ich laut deine Treue preisen. / 17 Herr, nimm die Schuld von mir / und löse mir die Zunge, / dann kann ich deine Güte vor allen rühmen. / 18 Tieropfer willst du nicht, / ich würde sie dir gerne geben; / aus Brandopfern machst du dir nichts. / 19 Aber wenn ein Mensch dir Herz und Geist hingibt, / wenn er mit sich am Ende ist / und dir nicht mehr trotzt – / ein solches Opfer weist du nicht ab. // 20 Erweise doch Zion deine Liebe: / Bau die Mauern Jerusalems wieder auf! / 21 Dann wirst du auch wieder Freude haben / am Opfer, das du uns vorgeschrieben hast, / am Brandopfer, das wir dir ganz darbringen! / Dann werden auf deinem Altar wieder Stiere verbrannt!

DER REICHE TYRANN UND SEIN ENDE

52 Ein Gedicht Davids. 2 Er dichtete es, als der Edomiter Doëg zu Saul gekommen war und ihm berichtet hatte, David sei bei Ahimelech gewesen. // 3 Warum prahlst du mit deiner Bosheit, du Tyrann, / wo doch Gottes Güte mich den ganzen Tag beschützt? / 4 Ständig schmiedest du unheilvolle Pläne, / messerscharf ist deine Zunge, du Betrüger! / 5 Das Böse ist dir lieber als das Gute, / die Lüge lieber als die Wahrheit. / 6 Mit Worten zu zerstören macht dir Freude; / hinterhältig ist alles, was du sagst. / 7 Deshalb wird Gott dich für immer vernichten; / er wird dich packen / und aus deinem Haus vertreiben; / aus der Welt der Lebenden wird er dich entfernen, / so wie man Unkraut aus dem Boden reißt. // 8 Menschen, die Gott die Treue halten, / werden zuschauen und erschaudern. / Dann werden sie erleichtert über dich lachen: / 9 »Da, seht ihn, diesen Mann! / Er suchte seine Zuflucht nicht bei Gott, / sondern wähnte sich sicher mit seinem Geld, / das er durch Verbrechen erworben hatte.« / 10 Ich aber bin wie ein grünender Ölbaum, / der nahe beim Tempel Gottes wächst; / ich verlasse mich für alle Zeit auf seine Güte. // 11 Gott, ich will dir immer danken für das, was du getan hast. / Vor allen, die zu dir halten, will ich dich rühmen, weil du so gütig bist.

KEIN GOTT?

53 Ein Gedicht Davids, zu singen nach schwermütiger Weise. // 2 Die Unverständigen reden sich ein: / »Es gibt keinen Gott!« / Sie sind völlig verdorben, / ihr Tun ist schlimmstes Unrecht, / es gibt keinen, der etwas Gutes tut. / 3 Gott blickt vom Himmel herab auf die Menschen. / Er will sehen, ob es da welche gibt, / die Verstand haben und nach ihm fragen. / 4 Doch alle sind sie von ihm abgefallen, / verkommen sind sie, alle miteinander, / niemand ist da, der Gutes tut, / nicht einmal einer! // 5 »Sie sind blind«, sagt Gott. / »Wo bleibt der Verstand dieser Unheilstifter? / Sie fressen mein Volk, als wäre es Brot; / doch mich nehmen sie alle nicht ernst.« // 6 Ganz plötzlich werden sie erschrecken, / obwohl es keinen sichtbaren Grund dafür gibt. / Denn Gott zerstreut die Gebeine derer, / die sein Volk bedrängen. / Gott hat sie verworfen, / darum werden sie vor den Seinen zuschanden. // 7 Wie sehnlich warte ich darauf, / dass Israels Retter vom Zionsberg kommt! / Wenn Gott das Schicksal seines Volkes wendet, / dann werden sie jubeln, / die Nachkommen Jakobs, / dann wird ganz Israel sich freuen.

HILFERUF EINES VERFOLGTEN

54 Ein Gedicht Davids, zu begleiten mit Saiteninstrumenten. 2 Er dichtete es, als die Männer von Sif zu Saul gekommen waren und ihm gemeldet hatten, David halte sich in ihrem Gebiet versteckt. // 3 Gott, mach deinem Namen Ehre, rette mich! / Verschaffe mir Recht; du hast doch die Macht! / 4 Ich bete zu dir, Gott, höre mich! / Verschließ die Ohren nicht vor meiner Bitte! / 5 Menschen, die ich gar nicht kenne, / Grausame, die nicht nach dir fragen, / sie greifen mich an, / sie wollen mir ans Leben. // 6 Du aber, Gott, du wirst mir helfen; / du bist mein Herr, du stehst für mich ein. / 7 Das Unrecht, das meine Feinde mir antun, / wende es auf sie selbst zurück! / Bring sie für immer zum Schweigen – / ich verlasse mich auf deine Treue! // 8 Aus freien Stücken bringe ich dir Opfer; / ich will dir danken, HERR, / weil du so gütig bist. / 9 Du hast mich aus aller Bedrängnis befreit, / ich sehe lauter besiegte Feinde!

VOM FREUND VERRATEN

55 Ein Gedicht Davids, zu begleiten mit Saiteninstrumenten. // 2 Gott, höre mein Gebet, / wende dich nicht ab von meiner Klage, / 3 höre mich an und gib mir Antwort! / Die Sorgen drücken mich nieder, / ich finde keine Ruhe mehr; / 4 denn Feinde bedrohen mich / und Schurken bedrängen mich. / Sie überhäufen mich mit Unheil / und verfolgen mich mit wütendem Hass. / 5 Die

Angst schnürt mir das Herz zusammen, / tödlicher
Schrecken hat mich überfallen, / 6 Furcht und Zittern
haben mich gepackt / und kaltes Grauen steigt in
mir hoch. // 7 Ich wollte, ich hätte Flügel wie eine
Taube! / Dann könnte ich davonfliegen / und mich
irgendwo niederlassen, / 8 weit weg in die Wüste
könnte ich fliehen / und dort endlich wieder Ruhe
finden. / 9 Ich würde mir rasch einen Unterschlupf
suchen, / wo ich sicher bin vor dem rasenden
Sturm. // 10 Verwirre ihre Sprache, Herr, / damit
sie einander nicht mehr verstehen! / Denn al-
les, was ich in der Stadt gesehen habe, / ist Zwie-
tracht und brutale Gewalt, / 11 die Tag und Nacht
die Runde machen, / oben auf dem Wehrgang der
Mauer. / Und im Innern der Stadt / sind Unheil
und Elend, / 12 das Verbrechen breitet sich in ihr
aus, / ihr Markt ist ein Schauplatz / von Betrug und
Unterdrückung. // 13 Wäre er immer mein Feind gewe-
sen, / er, der mich jetzt beschimpft – / ich könnte es
ertragen! / Hätte er mich immer schon gehasst, / er,
der sich über mich erhebt – / ich wäre ihm aus dem
Weg gegangen. / 14 Doch nein, *du* bist es, / ein Mann
von gleichem Rang, / mein engster und vertrauter
Freund! / 15 Wie haben wir unsere Gespräche genos-
sen; / einmütig gingen wir in Gottes Haus! // 16 Der
Tod soll meine Feinde holen, / ganz überraschend soll
er für sie kommen! / Lebend sollen sie hinunter in die
Totenwelt; / denn die Bosheit wohnt in ihren Häusern
und Herzen! // 17 Ich aber schreie zu Gott, / und er, der
HERR, wird mir helfen. / 18 Am Abend, am Morgen und
am Mittag / bringe ich mein Klagen und Stöhnen vor
ihn, / und er hört mich! / 19 Er rettet mich und bewahrt
mein Leben / bei allen Angriffen meiner Feinde; / denn
viele werden mir zur Seite stehen. // 20 Gott, der seit
Menschengedenken regiert, / hört mein Gebet und
zahlt es ihnen heim; / denn sie wollen sich nicht än-
dern / und weigern sich, ihn ernst zu nehmen. / 21 Der
Verräter vergreift sich an seinen Freunden / und bricht
das feierliche Bündnis. / 22 Süß wie Sahne sind seine
Worte, / aber sein Herz denkt nur an Krieg. / Glatt
wie Öl fließt seine Rede, / doch jedes Wort ist ein
spitzer Dolch. // 23 »Wirf deine Last ab, übergib
sie dem HERRN; / er selber wird sich um dich küm-
mern! / Niemals lässt er die im Stich, / die ihm die
Treue halten.« // 24 Du, Gott, wirst sie hinunterstür-
zen / in den großen, gähnenden Abgrund. / Wer sich
mit Mord und Betrug befleckt, / soll in der Mitte seines
Lebens sterben! / Ich aber vertraue auf dich!

VERTRAUEN UND FURCHTLOSIGKEIT

56 Ein Lied Davids, nach der Melodie »Verstummte
Taube in der Ferne«. Er dichtete es, als ihn die
Philister in Gat festgenommen hatten. // 2 Gott, hab
Erbarmen mit mir, / denn man stellt mir nach, / unauf-
hörlich werde ich bedrängt und angefeindet! / 3 Meine
Feinde dringen ständig auf mich ein; / viele kämp-
fen gegen mich, du Höchster. / 4 Doch wenn ich
Angst bekomme, / setze ich mein Vertrauen auf
dich. // 5 *Ich preise Gott für sein helfendes Wort. / Ich
vertraue ihm und habe keine Angst: / Was könnte ein
Mensch mir schon tun?* // 6 Ständig verdrehen sie
meine Worte; / alles, was sie planen, soll mir scha-
den. / 7 Sie liegen überall auf der Lauer, / sie bespit-
zeln mich auf Schritt und Tritt, / sie haben es auf
mein Leben abgesehen. / 8 Sollen sie frei ausgehen
bei so viel Unrecht? / Gott, schlage sie in deinem
Zorn zu Boden! / 9 Du weißt, wie oft ich umherirren
musste. / Sammle meine Tränen in deinen Krug; / ich
bin sicher, du zählst sie alle! / 10 An dem Tag, an dem
ich dich zu Hilfe rufe, / müssen meine Feinde den
Rückzug antreten. / Ich weiß es: Du, Gott, stehst mir
bei! // 11 *Ich preise Gott für sein helfendes Wort, / ja,
ich preise den HERRN für dieses Wort.* / 12 *Ich ver-
traue ihm und habe keine Angst: / Was könnten mir
Menschen schon tun?* // 13 Gott, / ich will dir meine
Dankesschuld bezahlen, / so wie ich es versprochen
habe. / 14 Denn du hast mich gerettet vom drohenden
Tod, / meine Füße vom Abgrund zurückgehalten. / Ich
darf in deiner Nähe weiterleben, / weil du mich das
Licht noch sehen lässt.

NEUE GEWISSHEIT

57 Ein Lied Davids, nach der Melodie »Richte nicht
zugrunde«. Er dichtete es, als er auf der Flucht
vor Saul in der Höhle war. // 2 Erbarm dich, Gott, hab
Erbarmen mit mir! / Bei dir suche ich Zuflucht, / im
Schutz deiner Flügel will ich mich bergen, / bis das Un-
glück vorüber ist. // 3 Zu Gott, dem Höchsten, schreie
ich, / zu ihm, der sich auf meine Seite stellt. / 4 Vom
Himmel her wird er mir Hilfe schicken, / auch wenn
mein Verfolger noch so höhnt! / Gott steht mir
bei, / denn er ist treu und gütig! // 5 Mir ist, als wäre
ich umringt von Löwen, / die gierig sind auf Men-
schenfleisch. / Ihre Zähne sind spitz wie Speere und
Pfeile, / ihre Zungen scharf wie geschliffene Schwer-
ter. // 6 *Gott, überstrahle den Himmel / mit deiner Herr-
lichkeit / und erfülle die Erde mit deiner Macht!* // 7 Sie
haben mir ein Netz in den Weg gelegt, / um mein Leben
in ihre Gewalt zu bekommen. / Eine Grube haben sie
für mich gegraben; / aber sie sind selber hineingefal-
len. // 8 Mein Herz ist ruhig geworden, Gott, / ich fühle
mich wieder sicher; / mit einem Lied will ich dich prei-
sen. / 9 Wach auf, mein Herz! / Harfe und Laute, wacht
auf, / denn heute will ich die Sonne wecken! / 10 Dir,
Herr, bringe ich meinen Dank, / von dir will ich sin-
gen vor allen Völkern; / 11 denn deine Güte reicht bis
an den Himmel / und deine Treue, so weit die Wolken
ziehen! // 12 *Gott, überstrahle den Himmel / mit deiner
Herrlichkeit / und erfülle die Erde mit deiner Macht!*

GOTT SORGT FÜR RECHT AUF DER ERDE

58 Ein Lied Davids, nach der Melodie »Richte
nicht zugrunde«. // 2 Ihr Mächtigen, / ist euer
Urteil wirklich gerecht, / wenn ihr Gericht über die
Menschen haltet? / Oder wollt ihr das Recht zum
Verstummen bringen? / 3 Mit Wissen und Willen
begeht ihr Verbrechen; / auf der Waage des Un-
rechts wägt ihr ab, / was Recht sein soll im ganzen

Land. // 4 Die Unheilstifter – kaum geboren / sind sie
schon auf der schiefen Bahn; / von klein auf gewöh-
nen sie sich ans Lügen. / 5 Sie verspritzen das reinste
Schlangengift. / Sie gleichen der tauben Otter, / die
sich die Ohren verstopft / 6 und die Stimme des Be-
schwörers nicht hört, / der sich auf seine Künste ver-
steht. // 7 Gott, zerschlage ihnen die Zähne, / zerbrich
das Gebiss dieser Löwen, HERR! / 8 Lass sie verschwin-
den / wie versickerndes Wasser, / lass ihre Pfeile das
Ziel nicht erreichen, / 9 lass sie wie Schnecken in
Schleim zerfließen, / wie Totgeburten die Sonne nie-
mals sehen! / 10 Es soll ihnen gehen wie dornigen
Ranken: / Der Wirbelsturm soll sie aus dem Boden rei-
ßen, / ehe sie zu Gestrüpp zusammenwachsen, / noch
grün, bevor sie vertrocknet sind! // 11 Alle, die Gott ge-
horchen, / werden sich freuen, / wenn sie sehen, wie
Gott Vergeltung übt; / sie werden im Blut der Unheil-
stifter waten. / 12 Und alle Menschen werden beken-
nen: / »Wer Gott die Treue hält, wird belohnt. / Es gibt
einen Gott, / der für Recht sorgt auf der Erde.«

BITTE UM SCHUTZ

59 Ein Lied Davids, nach der Melodie »Richte nicht
zugrunde«. Er dichtete es, als Saul sein Haus
umstellen ließ, um ihn zu töten. // 2 Mein Gott, / rette
mich vor meinen Feinden! / Bring mich in Sicherheit
vor denen, / die mein Unglück suchen! / 3 Hilf mir
gegen diese Unheilstifter! / Rette mich, sie dürsten
nach meinem Blut! // 4 Sieh, wie sie mir ans Leben
wollen, / wie sie mir auflauern, die mächtigen
Feinde! / Ich habe doch kein Unrecht getan, / man
kann mir keine Verfehlung vorwerfen! / 5 Obwohl
keine Schuld auf mir liegt, / laufen sie herbei, um
mich anzugreifen. / Wach auf, komm und sieh es dir
an! / 6 HERR, du Herrscher der Welt, Gott Israels, / steh
auf, halte Gericht über alle Fremden! / Hab kein
Erbarmen mit diesen Verbrechern! // 7 Jeden Abend
kommen sie wieder / und schleichen rings um die
Stadt / wie eine Meute heulender Hunde. / 8 Der
Geifer fließt ihnen aus dem Maul, / jedes Wort von
ihren Lippen ist ein Dolch, / doch sie meinen, dass nie-
mand es hört! / 9 Du aber, HERR, du lachst sie aus, / du
spottest über alle diese Fremden. / 10 Ich rechne mit
dir, / denn du machst mich stark; / du, Gott, gibst mir
sicheren Schutz. / 11 Du bist so gut zu mir, du stehst
mir bei / und lässt mich triumphieren über meine
Feinde. // 12 Vertilge sie nicht auf einen Schlag, / sonst
könnte mein Volk es vergessen! / Zerstreue sie mit
deiner Macht, / zwinge sie nieder; / du bist doch
unser Beschützer, Herr! / 13 Mit jedem Wort belei-
digen sie dich. / Ihr Hochmut soll zum Fallstrick für
sie werden, / denn sie verfolgen mich mit Flüchen
und Lügen. / 14 Vernichte sie in deinem Zorn, / ver-
nichte sie, damit nichts von ihnen bleibt! / Bis an die
Enden der Erde soll man erkennen, / dass du, Gott,
in Israel regierst! // 15 Jeden Abend kommen sie wie-
der / und schleichen rings um die Stadt / wie eine
Meute heulender Hunde. / 16 Überall suchen sie et-
was zu fressen / und knurren, wenn sie nicht genug
bekommen. // 17 Ich aber besinge deine Macht, / früh-
morgens rühme ich deine Güte; / denn du bewahrst
mich wie in einer Burg, / bei dir finde ich Zuflucht
in Zeiten der Not. / 18 Für dich spiele ich mein
Lied, / denn du machst mich stark; / du, Gott, gibst
mir sicheren Schutz, / du bist so gut zu mir!

GEBET IN GROSSER BEDRÄNGNIS

60 Ein Lied Davids, nach der Melodie »Lilie der
Mahnung«. 2 Er dichtete es während des Krie-
ges mit den Syrern in Mesopotamien und in Zoba, als
Joab auf dem Rückweg das Heer der Edomiter – 12 000
Mann – im Salztal schlug. // 3 Gott, du hast uns versto-
ßen / und unsere Reihen auseinandergerissen. / Du
bist zornig auf uns gewesen; / aber richte uns doch
wieder auf! / 4 Du hast den Boden unter uns erschüttert
und gespalten; / heile seine Risse, damit die Erde nicht
auseinanderbricht! / 5 Du hast dein Volk durch harte
Proben gehen lassen, / uns betäubenden Wein zu trin-
ken gegeben. / 6 Zwar hast du uns durch ein Zeichen
gewarnt, / uns, die wir dich lieben und ehren; / aber
es war nur ein Zeichen zur Flucht, / damit wir den
Pfeilen der Feinde entgingen. / 7 Greif ein mit deiner
Macht, / gib Antwort auf unser Rufen, / rette uns –
du liebst uns doch! // 8 Aus seinem Heiligtum / gibt
Gott die Antwort: / »Ich juble über meinen Sieg!«,
sagt er. / »Ich werde Sichem meinem Volk zutei-
len, / das Tal von Sukkot für sie vermessen. / 9 Mir
gehört Gilead, mir gehört Manasse, / Efraïm ist mein
Helm und Juda mein Zepter. / 10 Moab muss mir als
Waschschüssel dienen, / auf Edom werfe ich meinen
Schuh, / um mein Besitzrecht anzuzeigen. / Ihr Phi-
lister, jubelt mir zu!« // 11 Wer bringt mich in die be-
festigte Stadt, / wer führt mich nach Edom? / 12 Wer
außer dir, Gott, könnte das tun? / Aber du hast uns ja
verstoßen / und ziehst nicht mehr mit unseren Hee-
ren in den Kampf! / 13 Komm *du* uns in unserer Not zu
Hilfe; / auf Hilfe von Menschen ist kein Verlass! / 14 Mit
Gott auf unserer Seite / vollbringen wir Großes; / denn
er wird unsere Feinde zertreten.

UNTER GOTTES SCHUTZ

61 Von David, zu begleiten auf Saiteninstrumen-
ten. // 2 Gott, höre mein Klagen, / achte auf
mein Gebet! / 3 Vom Ende der Erde schreie ich zu
dir, / weil mir die Kräfte schwinden. / Bring mich
hinauf auf den sicheren Felsen; / ich schaffe es nicht,
er ist mir zu hoch! / 4 Du bist meine Zuflucht, / ein
starker Turm, / wenn der Feind mich bedroht. / 5 Ich
möchte immer in deinem Tempel bleiben / und mich
bergen im Schutz deiner Flügel. // 6 Was ich dir ver-
sprochen habe, / du, Gott, hast es gehört. / Großzügig
beschenkst du alle, / die sich dir in Ehrfurcht na-
hen. / 7 Gib dem König ein langes Leben, / er soll über
viele Generationen regieren! / 8 Lass ihn für immer
unter deinen Augen leben, / damit Güte und Treue
sein Tun bestimmen! / 9 Ohne Ende will ich dir dafür
danken mit meinem Lied / und dir meine Versprechen
Tag für Tag erfüllen.

BEI GOTT FINDE ICH RUHE

62 Ein Lied Davids, nach der Weise Jedutuns. // 2 Nur auf Gott vertraue ich und bin ruhig; / von ihm allein erwarte ich Hilfe. / 3 Er ist der Fels und die Burg, / wo ich in Sicherheit bin. / Wie sollte ich da wanken? // 4 Wie lange stürzt ihr euch auf einen Einzigen, / um ihn totzuschlagen, ihr alle miteinander? / Eine Mauer, die sich schon neigt, / eine brüchige, schwankende Wand – / mehr bin ich doch nicht! / 5 Ständig schmiedet ihr Pläne, / um mich von meinem Ehrenplatz zu stürzen; / es macht euch Vergnügen, / mich zu verleumden. / Euer Mund sagt mir Segenswünsche, / aber im Herzen verflucht ihr mich. // 6 Immer wieder muss ich es mir sagen: / Vertrau auf Gott, dann findest du Ruhe! / Er allein gibt mir Hoffnung, / 7 er ist der Fels und die Burg, / wo ich in Sicherheit bin; / darum werde ich nicht wanken. / 8 Gott ist mein Retter, er schützt meine Ehre; / mein starker Fels ist er und meine Zuflucht! // 9 Ihr, die ihr zu seinem Volk gehört, / setzt allezeit euer Vertrauen auf ihn, / schüttet euer Herz bei ihm aus; / denn Gott ist unsere Zuflucht! / 10 Menschen, ob hoch oder niedrig, / ein Hauch sind sie, ein täuschendes Nichts. / Auf der Waagschale schnellen sie in die Höhe, / sie alle zusammen sind leichter als ein Hauch. / 11 Verlasst euch nicht auf Gewalt, / erwartet keinen Gewinn von Raub! / Und wenn euer Wohlstand wächst, / hängt euer Herz nicht daran! / 12 Gott hat gesprochen, / mehr als einmal habe ich es gehört, / dass bei ihm die Macht ist – / 13 ja, Herr, und auch die Treue; / du belohnst oder bestrafst jeden nach seinem Tun.

SEHNSUCHT NACH GEMEINSCHAFT MIT GOTT

63 Ein Lied Davids. Er dichtete es, als er in der Wüste Juda war. // 2 Gott! / Du bist mein Gott, dich suche ich! / Ich sehne mich nach dir mit Leib und Seele; / ich dürste nach dir / wie ausgedörrtes, wasserloses Land. / 3 Im Heiligtum schaue ich nach dir aus, / um deine Macht und Herrlichkeit zu sehen. / 4 Deine Liebe bedeutet mir mehr als das Leben, / darum will ich dich preisen. / 5 Mein Leben lang will ich dir danken / und dir meine Hände im Gebet entgegenstrecken. / 6 Du machst mich satt und glücklich / wie bei einem Festmahl; / mit jubelnden Lippen preise ich dich. // 7 In nächtlichen Stunden, auf meinem Bett, / gehen meine Gedanken zu dir / und betend sinne ich über dich nach. / 8 Ja, du hast mir geholfen, / im Schutz deiner Flügel kann ich vor Freude singen. / 9 Ich halte mich ganz nah bei dir, / und du stützt mich / mit deiner mächtigen Hand. // 10 Alle, die auf meinen Untergang warten, / sollen selbst hinunter ins Totenreich! / 11 Dem Schwert sollen sie ausgeliefert werden, / als Fraß für die Schakale! / 12 Doch der König finde seine Freude bei Gott! / Glücklich preisen darf sich jeder, / der Gott als Zeugen anrufen kann, / wenn er seine Unschuld beschwören muss! / Aber den Lügnern wird das Maul gestopft.

GOTTES GERICHT ÜBER HINTERHÄLTIGE FEINDE

64 Ein Lied Davids. // 2 Gott, höre mein lautes Klagen! / Schütze mein Leben vor den Feinden, / die mich in Angst und Schrecken stürzen! / 3 Sie schmieden Pläne zu meinem Unheil, / sie rotten sich gegen mich zusammen; / bring mich vor ihnen in Sicherheit! // 4 Ihre Zungen sind wie geschliffene Schwerter; / wie Pfeile verschießen sie giftige Worte, / 5 aus dem Hinterhalt, / ohne Warnung und Hemmung, / um schuldlose Menschen damit zu treffen. / 6 Sie hetzen einander auf und beraten, / wie sie ihre Fallen stellen können; / sie meinen, dass niemand sie entdeckt. / 7 Sie planen ihr Verbrechen und sagen: / »Wir haben es, jetzt muss es uns gelingen! – / Aus einem klugen Kopf kommen kluge Gedanken.« // 8 Gott aber legt den Bogen auf sie an, / ganz plötzlich trifft sie sein Pfeil; / 9 ihre eigenen Worte bringen sie zu Fall. / Wer sie liegen sieht, schüttelt den Kopf. / 10 Alle werden von Furcht erfüllt, / sie sagen weiter, was Gott getan hat, / und nehmen sich die Lehre zu Herzen. / 11 Wer dem HERRN die Treue hält, / wird bei ihm Freude und Zuflucht finden. / Alle, die ihm mit redlichem Herzen folgen, / dürfen stolz und glücklich sein!

DANK FÜR GOTTES WOHLTATEN

65 Ein Lied Davids. // 2 Gott, der du auf dem Zionsberg wohnst, / dir steht es zu, dass wir dich preisen, / dass jeder dir seine Gelübde einlöst. / 3 Du erhörst Gebete, / darum kommen alle Menschen zu dir. / 4 Die Verfehlungen lasten zu schwer auf uns, / aber *du* kannst uns die Schuld vergeben. / 5 Wie glücklich sind alle, die du erwählst! / Sie dürfen in deine Nähe kommen / und in den Vorhöfen deines Tempels wohnen. / Wir möchten all das Gute genießen, / das wir in deinem Heiligtum bekommen. // 6 Gott, unser Retter, du hältst uns die Treue, / du antwortest uns durch gewaltige Taten. / Du bist die Hoffnung der ganzen Erde / bis hin zu den fernsten Meeren. / 7 Du hast die Berge hingestellt mit deiner Kraft. / Du bist zum Kampf gerüstet mit Macht / 8 und stillst den Aufruhr des Meeres, / das Brüllen seiner Wellen; / du stillst auch den Aufruhr der Völker. / 9 Sie erschrecken vor deinen Wundern / selbst an den äußersten Enden der Erde. / Deine Taten wecken Freude und Jubel / überall, wo Menschen wohnen. // 10 Du sorgst für das Land, / du machst es reich und fruchtbar: / So lässt du das Korn für die Menschen wachsen / Gott, deine Bäche sind immer voll Wasser; / 11 du feuchtest die Furchen / und ebnest die Schollen, / du tränkst die Felder mit Regengüssen / und segnest, was auf ihnen sprießt. / 12 Mit guten Gaben krönst du das Jahr, / in deinen Spuren lässt du Überfluss zurück. / 13 Die Steppe füllt sich mit üppigem Grün, / die Hügel hallen wider von Freudenrufen. / 14 Die Weiden schmücken sich mit Herden, / die Täler hüllen sich in wogendes Korn – / alles ist voll Jubel und Gesang.

EIN DANKLIED FÜR GOTTES HILFE

66 Ein Lied. // Jubelt Gott zu, alle Völker der Erde! / 2 Singt zur Ehre seines Namens, / rühmt ihn mit eurem Lobgesang! / 3 Sagt zu Gott: / »Wie überwältigend sind deine Taten! / Deine Feinde müssen sich vor dir beugen, / weil du so mächtig bist. / 4 Alle Welt soll dich anbeten, / alle sollen dir singen, / dich mit ihren Liedern preisen!« // 5 Kommt her und seht, was Gott getan hat! / Sein Tun erfüllt die Menschen mit Furcht und Staunen: / 6 Er machte das Meer zu trockenem Land, / sodass wir zu Fuß hindurchgehen konnten. / Darüber waren wir voll Freude! / 7 Für immer regiert er mit gewaltiger Macht, / er behält die Völker genau im Auge. / Wer wagt es, ihm die Stirn zu bieten? / 8 Ihr Völker, werft euch nieder vor unserem Gott, / preist ihn mit lauter Stimme! / 9 Er erhält uns am Leben / und bewahrt uns vor dem Untergang. // 10 Gott, du hast uns auf die Probe gestellt. / So wie man Silber ausschmelzt, / hast du uns gereinigt. / 11 Du hast uns in die Falle laufen lassen, / uns schwere Lasten aufgebürdet. / 12 Unseren Feinden hast du erlaubt, / uns in den Staub zu treten. / Durch Feuer und Wasser mussten wir gehen; / doch du hast uns herausgeholt, / sodass wir wieder frei atmen konnten. // 13 Mit Brandopfern komme ich in dein Haus, / um mein Gelübde einzulösen. / 14 Ich bringe, was ich dir versprach, / als ich in arger Bedrängnis war. / 15 Die besten Opfertiere bringe ich dir dar, / Widder und Ziegenböcke, / auch Stiere bereite ich zu. / Vom Altar soll ihr Rauch hinaufsteigen zu dir. // 16 Ihr, die ihr Gott verehrt, kommt alle her! / Ich muss euch erzählen, / was er für mich getan hat! / 17 Ich schrie zu ihm um Hilfe, / schon gewiss, dass ich ihn preisen würde. / 18 Hätte ich Böses im Sinn gehabt, / so hätte der Herr mich nicht gehört. / 19 Gehört aber hat er mich, das steht fest; / Gott hat auf meinen Hilfeschrei geachtet. / 20 Ich danke Gott! / Er hat mein Gebet nicht abgewiesen / und mir seine Güte nicht verweigert.

ALLE VÖLKER SOLLEN GOTT PREISEN!

67 Ein Lied, zu begleiten auf Saiteninstrumenten. // 2 Gott, wende uns deine Liebe zu und segne uns / blicke uns freundlich an! / 3 Dann sehen die Menschen der ganzen Erde, / wie du uns führst, / und alle Nationen erkennen, / wie du hilfst und befreist. // 4 Gott, die Völker sollen dir danken, / alle Völker sollen dich preisen! / 5 Sie sollen vor Glück und Freude singen; / denn du regierst sie alle gerecht, / du lenkst alle Nationen auf der Erde. / 6 Gott, die Völker sollen dir danken, / alle Völker sollen dich preisen! / 7 Die Erde hat gute Ernte gebracht; / so segnet uns Gott, unser Gott! / 8 Er segne uns / und alle Welt soll ihn ehren!

GOTTES SIEG

68 Ein Lied Davids. // 2 Gott steht auf, / seine Feinde zerstieben; / alle, die ihn hassen, fliehen vor ihm. / 3 Er treibt sie fort wie Rauch, der verweht. / Wenn Gott sich zeigt, / vergehen alle, die sich ihm entgegenstellen, / wie Wachs, das am Feuer zerfließt. / 4 Doch die Treuen, die zu ihm halten, / freuen sich und jubeln vor ihm / in überschäumender Freude. // 5 Singt zur Ehre Gottes, / preist ihn mit Liedern! / Baut eine Straße für den Wolkenreiter / – HERR ist sein Name – / freut euch und jubelt vor ihm! / 6 Vater der Waisen, Beistand der Witwen – / das ist Gott in seiner heiligen Wohnung! / 7 Den Einsamen schafft er eine Familie, / die Gefangenen führt er in Freiheit und Glück; / doch die Rebellen müssen zwischen kahlen Felsen wohnen. // 8 Gott, als du auszogst an der Spitze deines Volkes, / als du es durch die Wüste führtest, / 9 da bebte die Erde, da troff der Himmel / vor dir, dem Gott vom Sinai, Israels Gott. / 10 Du ließest reichlichen Regen fallen, / um dein erschöpftes Land neu zu beleben. / 11 Dein Volk hat dort eine Heimat gefunden, / so gütig sorgtest du für die Armen. // 12 Der Herr spricht das entscheidende Wort / und schon sind überall die Frauen unterwegs, / um die Nachricht vom Sieg zu verkünden: / 13 »Die feindlichen Könige fliehen, / ihre Heere sind auf der Flucht! / Für die Frauen zu Hause / gibt's reiche Beute zu teilen. / 14 Wer bleibt da noch bei den Herden liegen?« / Die Flügel der Taube schimmern von Silber / und ihr Gefieder ist bedeckt mit hellem Gold. / 15 Als der Gewaltige die Könige vertrieb, / da fiel Schnee auf dem Schwarzen Berg. // 16 Der Berg Baschan ist ein mächtiges Gebirge, / ein Gebirge mit vielen Kuppen. / 17 Warum bist du neidisch, / du mit deinen vielen Kuppen, / warum schielst du auf den Berg, / den Gott sich als Wohnsitz erwählt hat? / Für immer wird der HERR dort bleiben! // 18 Zehntausende von blitzenden Wagen hat Gott, / in ihrer Mitte der Herr selber, / der Heilige in seiner Herrlichkeit. / 19 Er fährt zur Höhe hinauf / und führt Gefangene mit. / Menschen huldigen ihm mit Gaben, / sogar die Rebellen unterwerfen sich / und dürfen wohnen bei dem HERRN, unserem Gott. // 20 Tag für Tag sei der Herr gepriesen; / denn er trägt uns, er ist unser Helfer! / 21 Er ist ein Gott, der mit Taten eingreift; / er ist unser Herr, der uns rettet vor dem Tod. / 22 Doch seinen Feinden wird er den Schädel zertrümmern, / allen, die bei ihren Verbrechen bleiben. / 23 Der Herr hat angekündigt: / »Ich bringe sie zurück vom Baschanberg / und sogar vom Grund des Meeres. / 24 Du wirst waten im Blut der Feinde / und deine Hunde sollen davon lecken, / bis sie satt sind.« // 25 Gott, / deinen Triumphzug haben alle gesehen, / deinen Einzug ins Heiligtum, / du mein Gott und König! / 26 An der Spitze die Sänger, / danach die Harfenspieler, / ringsum mit Handpauken die Mädchen. / 27 »Dankt Gott, / wenn ihr euch zum Fest versammelt! / Dankt dem HERRN, / ihr Nachkommen Jakobs!« / 28 Benjamin führt sie an, / der kleinste der Stämme. / Ihm folgen die Fürsten von Juda / mit ihren fröhlich lärmenden Scharen, / dann die Fürsten von Sebulon und von Naftali. // 29 Du sollst stark sein, Israel; / so hat es dein Gott beschlossen. / »Gott, festige, was du für uns vollbracht hast! / 30 In deinem Tempel in Jerusalem / bringen die Könige dir ihren

Tribut. / 31 Herrsche sie an, bedrohe sie: / Ägypten,
diese Bestie im Schilf, / die Völker, diese Herde von
Stieren und Kälbern, / sie alle, die sich vor dir nieder-
werfen / mit Silberstücken in den Händen!« / Er hat
die Völker zerstreut, / die an Kriegen ihre Freude ha-
ben. / 32 Aus Ägypten bringt man ihm rote Stoffe, / aus
Äthiopien eilen sie herbei / und huldigen Gott mit Ge-
schenken. // 33 Ihr Mächtigen der Erde, / singt zur Ehre
Gottes, / preist den Herrn mit Liedern! / 34 Er reitet
am Himmel dahin, / der seit Urzeiten besteht. / Hört,
wie mächtig seine Stimme erschallt! / 35 Erkennt seine
Herrschaft an! / In seiner Hoheit regiert er Israel / und
seine Macht zeigt sich in den Wolken. / 36 Ehrfurcht
gebietend ist Gott, / wenn er aus seinem Heiligtum
hervortritt! / Er ist der Gott Israels, / er verleiht sei-
nem Volk Stärke und Macht. / Gott sei gepriesen!

WEGEN GOTT IN SCHMACH UND SCHANDE

69 Von David, zu singen nach der Melodie »Li-
lien«. // 2 Hilf mir, Gott! / Die Flut geht mir
bis an die Kehle! / 3 Ich versinke im brodelnden
Schlamm, / meine Füße finden keinen Halt. / Ich
treibe ab in tiefes Wasser, / die Strömung reißt
mich mit sich fort! / 4 Bis zur Erschöpfung habe ich
geschrien, / meine Kehle ist davon ganz entzün-
det. / Meine Augen sind müde geworden / vom
Ausschauen nach dir, meinem Gott! / 5 Viele hassen
mich ohne jeden Grund, / zahlreicher sind sie als die
Haare auf meinem Kopf. / Meine Feinde verbreiten
Lügen über mich, / sie sind mächtig und wollen mich
vernichten. / Ich soll wieder herausgeben, / was ich
gar nicht gestohlen habe! // 6 Gott, du weißt, wie
unverständig ich war; / meine Schuld ist dir nicht
verborgen. / 7 HERR, du Herrscher der Welt, / Gott
Israels, du mächtiger Gott, / enttäusche nicht die, die
mit dir rechnen! / Wenn sie sehen, dass du mir nicht
hilfst, / könnten sie die Hoffnung verlieren. / 8 Weil
ich zu dir gehöre, / werde ich geschmäht, / für dich er-
leide ich Schimpf und Schande. / 9 Meinen Verwandten
bin ich ein Fremder geworden, / selbst meine Brüder
kennen mich nicht mehr. / 10 Die Liebe zu deinem
Haus – / sie verzehrt mich wie ein Feuer. / Die Schmä-
hungen, mit denen man dich lästert, / sie treffen
mich. / 11 Ich weine und versage mir das Essen, / doch
dafür ernte ich nichts als Hohn. / 12 Ich gehe im Sack
umher / und werde dafür nur ausgelacht. / 13 Dort, wo
die Leute zusammenkommen, / bin ich der Anlass für
ihren Klatsch / und für die Spottlieder betrunkener
Zecher. // 14 Doch ich bete zu dir, HERR! / Hilf mir in
der Stunde, die du bestimmst! / Du bist so reich an
Güte, / darum erhöre mich! / Du bist doch der Retter,
auf den Verlass ist. / 15 Lass mich nicht im Schlamm
versinken, / zieh mich heraus! / Rette mich vor denen,
die mich hassen! / Zieh mich heraus aus dem tiefen
Wasser! / 16 Sonst treibt die Strömung mich fort, / der
Abgrund verschlingt mich, / die Grube schließt sich
über mir! // 17 Erhöre meine Bitte, HERR, / denn deine
Güte tut mir wohl; / wende dich mir zu in deinem
Erbarmen! / 18 Ich bin doch dein Diener, / verbirg dich
nicht länger vor mir! / Ich bin voller Angst, erhöre mich
bald! / 19 Komm zu mir, befreie und rette mich, / damit
meine Feinde schweigen müssen! // 20 Du weißt, wie
man mich verhöhnt, / mich entehrt und mit Schande
überschüttet; / alle meine Gegner stehen dir vor Au-
gen. / 21 Die Schmach bricht mir das Herz, / ich bin
zutiefst verwundet. / Ich habe auf Mitgefühl gewar-
tet, / doch niemand hat es mir erwiesen. / Ich habe
einen gesucht, der mich tröstet, / und keinen Einzigen
gefunden. / 22 Statt Nahrung haben sie mir Gift ge-
reicht, / mir Essig angeboten, / um meinen Durst zu
löschen. // 23 Ihre Opfergelage / sollen ihnen zum
Fallstrick werden, / der sie ins Verderben bringt, / sie
und alle ihre Tischgenossen! / 24 Lass sie blind wer-
den / und nichts mehr sehen, / mach sie für immer
kraftlos und krank! / 25 Schütte deinen Zorn über sie
aus, / hole sie ein mit der Glut deines Grimms! / 26 Ihr
Lagerplatz soll verwüstet werden, / mach ihre Zelte
menschenleer! / 27 Denn erbarmungslos jagen
sie mich, / den deine Strafe doch schon getroffen
hat, / und sie reden gern von den Schmerzen de-
rer, / denen du Wunden geschlagen hast. / 28 Rechne
ihnen jede Verfehlung an / und erkläre sie nicht für
gerecht! / 29 Streiche ihre Namen aus dem Buch des
Lebens, / damit sie nicht eingeschrieben sind / mit
denen, die in Treue zu dir halten. // 30 Ich selbst bin
arm / und von Schmerzen geplagt; / durch deine Hilfe,
Gott, / bring mich in Sicherheit! / 31 Dann kann ich dich
preisen / mit meinem Lied / und deine Größe verkün-
den / durch meinen Dank. / 32 Das ist dir lieber, / als
wenn ich ein Rind für dich schlachte, / dir einen star-
ken Stier als Opfer bringe. / 33 Die Unterdrückten
werden es sehen / und sie werden sich freuen. // Ihr
alle, die ihr nach Gott fragt: / Neuer Mut soll eure Her-
zen erfüllen! / 34 Denn der HERR hört das Rufen der
Hilflosen, / er lässt die Seinen nicht im Stich, / wenn
sie gefangen sind. / 35 Himmel und Erde sollen ihn prei-
sen, / die Meere und alles, was darin lebt! / 36 Denn der
HERR wird den Zionsberg befreien / und die Städte in
Juda wieder aufbauen. / Sein Volk wird wieder dort
wohnen / und das Land besitzen. / 37 Die Kinder sei-
ner Diener werden es erben, / und alle, die den HERRN
lieben, / werden dort wohnen.

WARTEN AUF GOTT

70 Ein Lied Davids, um sich bei Gott in Er-
innerung zu bringen. // 2 Gott, rette
mich, / komm, hilf mir bald! / 3 Schimpf und
Schande komme über sie, / die mir nach dem
Leben trachten! / Zurückweichen sollen sie / und
zuschanden werden, / die an meinem Unglück
Freude haben! / 4 Mit Schande beladen sollen sie
abziehen, / die hämisch rufen: »Da! Habt ihr's gese-
hen?« / 5 Doch alle, die deine Nähe suchen, / sollen
über dich jubeln und glücklich sein! / Alle, die deine
Hilfe begehren, / sollen immer wieder rufen: / »Gott
ist groß!« // 6 Ich bin arm und wehrlos; / Gott, komm
bald zu mir! / Du bist mein Helfer und Befreier, / HERR,
lass mich nicht länger warten!

BITTE UM SCHUTZ IM ALTER

71 HERR, bei dir suche ich Zuflucht; / enttäusche
nicht mein Vertrauen! / 2 Rette mich, befreie
mich, / wie du es versprochen hast! / Hör mich doch,
hilf mir! / 3 Sei mir ein sicheres Zuhause, / wohin ich je-
derzeit kommen kann! / Du hast doch zugesagt, mir zu
helfen; / du bist mein Fels und meine Burg! // 4 Meine
Feinde missachten dich, mein Gott, / sie brechen das
Recht und misshandeln mich. / Rette mich aus ih-
ren Fäusten! / 5 Du bist meine Hoffnung, Herr, / dir
habe ich von Jugend auf vertraut. / 6 Seit meiner
Geburt bist du mein Halt, / du hast mir aus dem
Mutterschoß herausgeholfen, / darum gehört dir al-
lezeit mein Dank! / 7 Viele meinten, du hättest mich
verflucht; / aber du bist mein mächtiger Beschüt-
zer. / 8 Mein Mund singt immerzu dein Lob, / den
ganzen Tag verkünde ich deinen Ruhm. // 9 Jetzt, wo
ich alt geworden bin, / vertreibe mich nicht aus dei-
ner Nähe! / Die Kräfte schwinden mir, verlass mich
nicht! / 10 Meine Feinde stecken die Köpfe zusam-
men; / sie beraten schon, wie sie mich umbringen kön-
nen. / 11 »Gott hat ihn verstoßen«, sagen sie. / »Los,
ihm nach! Packt ihn! / Jetzt gibt es keinen mehr, der
ihm hilft.« // 12 Gott, du bist so weit weg! / Komm doch,
mein Gott, hilf mir schnell! / 13 Lass sie unterliegen und
zugrunde gehen, / sie, die mich beschuldigen! / Mit
Schimpf und Schande sollen sie abziehen, / alle, die
mein Verderben suchen! // 14 Ich gebe die Hoffnung
niemals auf; / auch in Zukunft werde ich dich prei-
sen. / 15 Ich werde allen sagen, wie treu du bist; / den
ganzen Tag will ich erzählen, wie du hilfst – / deine
Wohltaten sind nicht zu zählen. / 16 Ich werde deine
großen Taten preisen, / HERR, mein Gott! / Nur noch
von dir und deiner Treue will ich reden. // 17 Gott, von Ju-
gend auf bist du mein Lehrer / und bis heute erzähle ich
von deinen Wundern. / 18 Auch jetzt, wo ich alt und grau
geworden bin, / verlass mich nicht, mein Gott! / Kin-
dern und Enkeln will ich erzählen, / wie mächtig du
bist / und wie gewaltig deine Taten sind. // 19 Gott,
deine Treue reicht bis an den Himmel! / Du hast große
Dinge vollbracht. / Wer ist wie du? / 20 Schlimme Zei-
ten hast du mich sehen lassen, / doch immer wieder
schenkst du mir das Leben / und rettest mich vor dem
sicheren Grab. / 21 Immer wieder tröstest du mich / und
bringst mich zu größeren Ehren als zuvor. / 22 Darum
will ich dich preisen mit meinem Saitenspiel, / ich
will deine Treue rühmen, mein Gott! / Zur Laute will
ich dir Loblieder singen, / dir, dem heiligen Gott
Israels. / 23 Voll Freude will ich über dich jubeln, / denn
du hast mich befreit. / 24 Von früh bis spät will ich er-
zählen, / wie treu du bist. / Alle, die mein Verderben
suchen, / werden schmachvoll untergehen.

SEGENSWUNSCH FÜR DEN KÖNIG

72 Für Salomo. // Gott, gib dem König
Weisheit, / damit er in deinem Sinn Recht
sprechen kann; / ihn, den rechtmäßigen Erben
des Thrones, / mach zum treuen Bewahrer deiner
Rechtsordnung! / 2 Unparteiisch soll er dein Volk
regieren / und den Entrechteten zu ihrem Recht verhel-
fen! / 3 Unter seiner gerechten Herrschaft / wird das
Volk dann in Frieden leben / und Wohlstand haben im
ganzen Land / mit seinen Bergen und Hügeln! / 4 Den
Benachteiligten soll er Recht verschaffen / und den
Bedürftigen Hilfe bringen; / aber die Unterdrücker soll
er zertreten! // 5 Der König soll leben, / solange Sonne
und Mond uns leuchten, / unzählige Generationen
lang! / 6 Er gleiche dem Regen, / der auf die Wiesen
fällt / und das trockene Land durchfeuchtet! / 7 Unter
seiner Regierung blühe das Recht / und der Wohlstand
wachse, / bis es keinen Mond mehr gibt! // 8 Seine
Herrschaft reiche von Meer zu Meer, / vom Eufrat-
strom bis zu den Enden der Erde! / 9 Verneigen sol-
len sich vor ihm die Wüstenstämme, / seine Feinde
müssen sich niederwerfen! / 10 Die Könige von Tar-
schisch / und vom Ende der Erde / sollen ihm Ge-
schenke senden! / Die von Saba und Seba / sollen
ihm Tribut entrichten! / 11 Huldigen sollen ihm alle
Herrscher / und alle Völker sollen ihm dienen! // 12 Er
rettet die Bedürftigen, / die zu ihm schreien, / die
Entrechteten, die keinen Helfer haben. / 13 Er küm-
mert sich um die Schwachen und Armen / und sorgt
dafür, dass sie am Leben bleiben. / 14 Er befreit sie von
Gewalt und Unterdrückung, / denn vor ihm hat ihr
Leben einen Wert. // 15 Der König soll leben! / Man
bringe ihm das Gold von Saba; / man bete jederzeit für
ihn / und wünsche ihm alle Tage Segen! / 16 Der Weizen
wachse im ganzen Land, / bis hinauf auf die Gipfel der
Berge, / dicht und wogend wie die Wälder / hoch oben
auf dem Libanon! / Die Städte sollen blühen und ge-
deihen / wie die satten grünen Wiesen! / 17 Der Name
des Königs werde nie vergessen, / sein Ruhm nehme
zu, / solange die Sonne besteht! / Wenn Menschen
einander Segen wünschen, / sollen sie sagen: »Gott
segne dich, / wie er den König gesegnet hat!« / Und
alle Völker sollen ihn glücklich preisen! // 18 Gepriesen
sei der HERR, der Gott Israels, / der Einzige, der Wunder
vollbringt! / 19 Sein ruhmreicher Name sei für immer
gepriesen, / seine Macht setze sich durch in aller
Welt! / Amen, so soll es sein! // 20 Hier enden die Ge-
bete Davids, des Sohnes von Isai.

GOTT, ICH GEHÖRE ZU DIR!

73 Ein Lied Asafs. // Ich weiß es: Gott ist gut zu
Israel, / zu allen, die ihm mit ganzem Herzen
gehorchen. / 2 Doch beinahe wäre ich irregewor-
den, / ich wäre um ein Haar zu Fall gekommen: / 3 Ich
war eifersüchtig auf die Menschen, / die nicht nach
dem Willen Gottes fragen; / denn ich sah, dass es ihnen
so gut geht. / 4 Ihr Leben lang kennen sie keine Krank-
heit, / gesund sind sie und wohlgenährt. / 5 Sie ver-
bringen ihre Tage ohne Sorgen / und müssen sich nicht
quälen wie andere Leute. / 6 Ihren Hochmut tragen sie
zur Schau wie einen Schmuck, / ihre Gewalttätigkeit wie
ein kostbares Kleid. / 7 Ihr Luxusleben verführt sie zur
Sünde, / ihr Herz quillt über von bösen Plänen. / 8 Ihre
Reden sind voll von Spott und Verleumdung, / mit gro-
ßen Worten schüchtern sie die Leute ein. / 9 Sie reißen

das Maul auf und lästern den Himmel, / ihre böse
Zunge verschont nichts auf der Erde. // 10 Darum läuft
das Volk Gottes ihnen nach / und lauscht begierig auf
ihr Geschwätz. / 11 »Gott merkt ja doch nichts!«, sa-
gen sie. / »Was weiß der da oben von dem, was hier
vorgeht?« / 12 So sind sie alle, die Gott verachten; / sie
häufen Macht und Reichtum / und haben immer
Glück. // 13 Es war ganz umsonst, HERR, / dass ich mir
ein reines Gewissen bewahrte / und wieder und wie-
der meine Unschuld bewies. / 14 Ich werde ja trotzdem
täglich gepeinigt, / ständig bin ich vom Unglück ver-
folgt. / 15 Aber wenn ich so reden wollte wie sie, / würde
ich alle verraten, die zu dir gehören. / 16 Ich mühte mich
ab, das alles zu verstehen, / aber es schien mir ganz un-
möglich. / 17 Doch dann kam ich in dein Heiligtum. / Da
erkannte ich, wie es mit ihnen ausgeht: / 18 Du stellst sie
auf schlüpfrigen Boden; / du verblendest sie, damit sie
stürzen. / 19 Ganz plötzlich ist es aus mit ihnen, / sie alle
nehmen ein Ende mit Schrecken. / 20 Herr, wenn du auf-
stehst, verschwinden sie / wie die Bilder eines Traumes
beim Erwachen. // 21 Als ich verbittert war und innerlich
zerrissen, / 22 da hatte ich den Verstand verloren, / wie
ein Stück Vieh stand ich vor dir. / 23 Und dennoch gehöre
ich zu dir! / Du hast meine Hand ergriffen und hältst
mich; / 24 du leitest mich nach deinem Plan / und holst
mich am Ende in deine Herrlichkeit. / 25 Wer im Him-
mel könnte mir helfen, / wenn nicht du? / Was soll
ich mir noch wünschen auf der Erde? / Ich habe doch
dich! / 26 Auch wenn ich Leib und Leben verliere, / du,
Gott, hältst mich; / du bleibst mir für immer! // 27 Wer
sich von dir entfernt, geht zugrunde; / wer dir un-
treu wird, den vernichtest du. / 28 Ich aber setze mein
Vertrauen auf dich, meinen Herrn; / dir nahe zu sein
ist mein ganzes Glück. / Ich will weitersagen, was du
getan hast.

KLAGE ÜBER DAS ZERSTÖRTE HEILIGTUM

74 Ein Gedicht Asafs. // Gott, hast du uns für im-
mer verstoßen? / Warum wütet dein Zorn
so furchtbar gegen uns? / Wir sind doch deine
Herde / und du bist unser Hirt! / 2 Denke daran, wie
du uns einst befreit hast! / Damals hast du uns zu
deinem Eigentum gemacht, / schon seit uralter Zeit
sind wir dein Volk. / Denk an den Zionsberg, / den
du zu deinem Wohnsitz bestimmt hast! / 3 Komm
doch, / sieh dir die trostlosen Trümmer an! / Die
Feinde haben den Tempel völlig zerstört. / 4 Brüllend
sind sie in die heilige Stätte eingebrochen / und ha-
ben dort ihre Feldzeichen aufgepflanzt. / 5 Sie haben
wild drauflosgeschlagen, / als hätten sie ein Dickicht
vor sich, / 6 die kostbaren Schnitzereien haben sie zer-
trümmert / mit ihren Äxten und Eisenstangen. / 7 Sie
haben Feuer in dein Heiligtum geworfen, / deine
Wohnung niedergerissen und geschändet. / 8 Sie
schrien: »Wir machen Schluss mit ihnen! / Wir ver-
brennen alle Göttertempel auf der Erde!« // 9 Es
gibt kein Zeichen mehr dafür, / dass du noch bei uns
bist. / Kein Prophet spricht mehr; / niemand von
uns weiß, / wie lange das noch dauert. / 10 Gott, wie
lange darf der Feind noch höhnen? / Hört das nie
auf, / dass er deinen Namen beschimpft? / 11 Warum
siehst du so untätig zu? / Wann greifst du endlich
ein? // 12 Gott, seit uralter Zeit bist du unser König, / du
hast gewaltige Taten auf der Erde vollbracht! / 13 Mit
deiner Macht hast du das Meer gespalten / und den
Seeschlangen die Schädel zertrümmert. / 14 Dem
Drachen hast du die Köpfe abgeschlagen / und ihn
den wilden Tieren zum Fraß gegeben. / 15 Du hast
Quellen und Bäche sprudeln lassen / und mächtige
Ströme zum Versiegen gebracht. / 16 Der Tag gehört
dir und auch die Nacht, / Sonne und Mond hast du
an ihren Platz gestellt. / 17 Du hast alle Gebiete der
Erde abgegrenzt, / Sommer und Winter hast du ge-
macht. // 18 HERR, höre doch, / wie unsere Feinde dich
verhöhnen! / Sie missachten dich und lästern deinen
Namen. / 19 Gib dein hilfloses Volk nicht diesen Räu-
bern preis! / Wir werden unterdrückt; / lass uns nicht
endlos leiden! / 20 Denk an deinen Bund mit uns! / Alle
versteckten Winkel im Land / sind voll von Verbre-
chen und Gewalttat. / 21 Enttäusche die Verfolgten
nicht; / rette die Armen und Unterdrückten, / damit
sie dich preisen! / 22 Steh auf, Gott! / Es geht um deine
Sache, verschaff dir Recht! / Denk an die Schmähun-
gen der Spötter, / mit denen sie dich täglich überschüt-
ten! / 23 Hör doch, wie sie toben; / immer lauter wird
ihr Geschrei!

GOTT KOMMT UND HÄLT GERICHT

75 Ein Lied Asafs, nach der Melodie »Richte nicht
zugrunde«. // 2 Wir danken dir, Gott, wir dan-
ken dir! / Wir bekennen dich als unseren Gott / und
erzählen von den Wundern, die du tust. // 3 »Wenn
der Augenblick kommt«, sagt Gott, / »die Zeit,
die ich bestimme, / dann halte ich unbestechlich
Gericht. / 4 Auch wenn die Erde zittert / und ihre
Bewohner vor Angst vergehen – / ich habe ihre
Pfeiler auf festen Grund gestellt.« // 5 Darum sage
ich zu den Überheblichen: / »Schluss jetzt mit eurer
Prahlerei!« / Zu denen, die Gottes Gebote missach-
ten: / »Spielt euch nicht so auf! / 6 Euer Spiel ist zu
Ende; / hört auf, so vermessen zu reden! / 7 Weder
vom Osten noch vom Westen / habt ihr etwas zu er-
warten, / auch nicht aus der Wüste / oder von den
Bergen – / 8 Gott selbst kommt und hält Gericht: / Die
einen stürzt er, / die anderen macht er groß.« // 9 Der
HERR hält einen Becher in der Hand, / gefüllt mit schar-
fem, gärendem Wein. / Allen auf der Erde, die sich
ihm widersetzten, / gibt er von diesem Wein zu trin-
ken; / sie alle müssen den Becher leeren / bis zum letz-
ten, bitteren Tropfen. // 10 Ich aber höre nicht auf, / von
seinen Taten zu reden / und den Gott Jakobs mit Liedern
zu ehren. / 11 Er wird die Macht der Unheilstifter bre-
chen; / doch alle, die zu ihm halten, macht er stark.

GOTT IST SIEGER

76 Ein Lied Asafs, zu begleiten auf Saiteninstru-
menten. // 2 Gott ist in Juda wohlbekannt, / in
ganz Israel ist er berühmt. / 3 In Jerusalem hat er sein

Haus, / dort wohnt er auf dem Zionsberg. / 4 Alles
Kriegsgerät hat er zerbrochen, / die Pfeile, die
Schwerter und die Schilde. // 5 Von Glanz bist du um-
geben, Gott, / machtvoller als die uralten Berge bist
du! / 6 Furchtlose Krieger wurden ausgeplündert; / sie
schlafen ihren letzten Schlaf / und können nie mehr
zu den Waffen greifen. / 7 Als du sie bedrohtest, Gott
Jakobs, / da konnten Ross und Reiter sich nicht mehr
rühren. // 8 Ehrfurcht gebietend bist du! / Wer hält
dir stand, wenn du zornig wirst? / 9 Vom Himmel her
verkündest du das Urteil. / Alle Welt erschrickt und
wird still, / 10 wenn du aufstehst, Gott, und Gericht
hältst, / um die Unterdrückten auf der Erde zu be-
freien. / 11 Sogar das Wüten deiner Feinde / muss
noch deinen Ruhm vergrößern; / denn alle, die die-
sem Wüten entgehen, / sind wie eine Krone, / mit der
du dich schmückst. // 12 Legt Gelübde ab und löst sie
ein / vor dem HERRN, eurem Gott! / Ihr Völker, die ihr
rings um ihn wohnt, / bringt dem gewaltigen Gott
Geschenke! / 13 Er erniedrigt hochmütige Führer / und
lehrt die Herrscher der Erde das Fürchten!

TROST IN VERZWEIFELTER LAGE

77 Ein Lied Asafs, nach der Weise Jedutuns. // 2 Ich
schreie zu Gott, so laut ich kann; / ich schreie
zu Gott, er wird mich hören. / 3 In meiner Angst su-
che ich den Herrn; / nachts strecke ich die Hand nach
ihm aus, / ohne davon zu ermüden. / Trost von Men-
schen kann mir nicht helfen! // 4 Denke ich an Gott,
so muss ich stöhnen. / Komme ich ins Grübeln, / so
packt mich Verzweiflung. / 5 Er hindert mich, die Au-
gen zuzumachen; / ich bin verstört, kaum finde ich
Worte. / 6 Ich denke nach über frühere Zeiten, / ich
erinnere mich an längst vergangene Jahre, / 7 als mich
beim Saitenspiel noch Freude erfüllte. / Die ganze
Nacht verbringe ich mit Grübeln, / immer wieder be-
wegen dieselben Fragen mein Herz: // 8 Hat der Herr
uns für immer verstoßen? / Will er sich nicht mehr
erbarmen? / 9 Ist er nie wieder gut zu uns? / Gilt sein
Versprechen in Zukunft nicht mehr? / 10 Hat Gott ver-
gessen, sich zu erbarmen? / Verschließt er im Zorn sein
Herz? / 11 Von Gottes Macht ist nichts zu sehen, / der
Höchste tut nichts mehr für uns – / das ist es, was mich
quält! // 12 Ich denke an deine Taten, HERR, / deine
Wunder von damals mache ich mir bewusst. / 13 Ich
zähle mir auf, was du vollbracht hast, / immer wie-
der denke ich darüber nach. / 14 Gott, heilig ist alles,
was du tust! / Kein anderer Gott ist so gewaltig wie
du! / 15 Du bist der Einzige, der Wunder tut; / an den
Völkern hast du deine Macht bewiesen. / 16 Dein Volk,
die Nachkommen Jakobs und Josefs, / hast du mit star-
ker Hand befreit. // 17 Als die Wasserfluten dich sahen,
Gott, / da fingen sie an zu beben, / die Tiefen des
Meeres begannen zu zittern. / 18 Die Wolken vergos-
sen Ströme von Regen, / in ihrer Mitte grollte der Don-
ner / und deine Pfeile schossen hin und her. / 19 Dein
Wagen donnerte durch die Wolken, / deine Blitze er-
hellten die Welt, / die Erde zitterte und bebte. // 20 Dein
Weg führte mitten durch das Meer, / deine Schritte
gingen durch Wassertiefen, / doch deine Spuren
konnte niemand sehen. / 21 Durch deine Diener Mose
und Aaron / hast du dein Volk geführt wie eine Herde.

GOTTES GESCHICHTE MIT SEINEM VOLK

78 Ein Gedicht Asafs. // Mein Volk, höre auf meine
Weisung! / Ihr alle, gebt acht auf meine
Worte! / 2 Ich will euch an frühere Zeiten erin-
nern, / euch Gottes geheimnisvolle Führungen zei-
gen. / 3 Wir kennen das alles seit langen Jahren, / weil
wir immer wieder davon hörten, / wenn unsere Väter
es uns erzählten. / 4 Wir wollen es unseren Kindern
nicht verschweigen. / Auch die kommende Generation
soll hören / von der Macht des HERRN, / von seinen
Wundern, / von allen Taten, für die wir ihn prei-
sen. // 5 Er hat mit Israel einen Bund geschlossen, / den
Nachkommen Jakobs seine Weisungen gegeben. / Er
hat unseren Vorfahren befohlen, / ihren Kindern da-
von zu erzählen, / 6 damit auch die folgende Genera-
tion es erfährt, / die Kinder, die noch geboren
werden. / Und wenn sie selbst Eltern geworden
sind, / sollen sie es weitergeben an ihre Kinder. / 7 Sie
sollen auf Gott vertrauen, / seine Taten nie verges-
sen / und seine Gebote treu befolgen. / 8 Sie sollen
nicht ihren Vorfahren gleichen, / der Generation von
widerspenstigen Rebellen, / unzuverlässig und unbe-
ständig, / untreu gegenüber Gott. / 9 – Die Männer
von Efraïm, / mit Pfeilen und Bogen gerüstet, / ergrif-
fen am Tag des Kampfes die Flucht. – / 10 Sie hielten
sich nicht an den Bund mit Gott / und weigerten
sich, / seiner Weisung zu gehorchen. / 11 Sie verga-
ßen die machtvollen Wunder, / die er vor ihren Augen
getan hatte. // 12 In Ägypten, in der Gegend von
Zoan, / vor den Augen ihrer Väter, / vollbrachte Gott
gewaltige Taten: / 13 Er zerteilte das Meer / und ließ
sie hindurchziehen; / er türmte das Wasser auf wie
einen Damm. / 14 Tagsüber leitete er sie mit einer
Wolke / und in der Nacht mit hellem Feuer-
schein. / 15 In der Wüste spaltete er Felsen / und ließ
sie Wasser aus der Tiefe trinken. / 16 Aus hartem Ge-
stein brachen Bäche hervor / und stürzten mit mäch-
tigem Schwall herab. // 17 Sie aber sündigten weiter
gegen den Höchsten, / sie widersetzten sich ihm dort
im dürren Land. / 18 Sie wagten es, Gott auf die Probe
zu stellen, / als sie Nahrung verlangten nach ihrem
Geschmack. / 19 Sie zweifelten an ihm und sag-
ten: / »Bringt Gott es etwa fertig, / uns hier in der
Wüste den Tisch zu decken? / 20 Es ist wahr, er hat den
Felsen geschlagen / und das Wasser strömte in Bächen
heraus. / Aber kann er uns auch Brot besorgen? / Kann
er Fleisch herbeibringen für sein Volk?« / 21 Als der
HERR sie so reden hörte, / wurde er zornig auf die
Nachkommen Jakobs, / sein Zorn traf Israel wie ein
Feuer. / 22 Sie hatten ihrem Gott nicht vertraut / und
nicht mit seiner Hilfe gerechnet. // 23 Trotzdem gab er
den Wolken Befehl / und öffnete die Himmelsto-
re: / 24 Er ließ das Manna auf sie regnen, / er gab ihnen
das Korn des Himmels zu essen. / 25 Sie alle aßen das
Brot der Engel; / Gott schickte ihnen Nahrung / und

machte sie satt. / 26 Am Himmel setzte er den Ostwind
frei, / er zwang den Südwind heranzustür-
men. / 27 Dann ließ er Fleisch auf sie regnen wie
Staub, / Vögel, so zahlreich wie Sand am
Meer. / 28 Mitten ins Lager ließ er sie fallen, / rings um
die Zelte der Israeliten. / 29 Sie aßen und wurden mehr
als satt; / Gott gab ihnen, was sie gefordert hat-
ten, / 30 doch ihre Gier war noch nicht gestillt. / Sie
hatten das Fleisch noch zwischen den Zähnen, / 31 da
wurde Gott zornig auf sie und schlug zu, / ihre jungen,
starken Männer tötete er. // 32 Aber trotz allem sün-
digten sie weiter, / sie schenkten seinen Wundern kein
Vertrauen. / 33 Da nahm er ihrem Leben Sinn und
Ziel / und ließ sie vergehen in Angst und
Schrecken. / 34 Immer wenn Gott einige tötete, / be-
gannen die anderen, nach ihm zu fragen, / sie wandten
sich ihm zu und suchten ihn. / 35 Sie erinnerten
sich: / Gott war doch ihr Beschützer, / er, der Höchste,
war ihr Befreier. / 36 Aber alles war Heuchelei; / was
ihr Mund ihm sagte, war gelogen. / 37 Ihr Herz hielt
nicht entschieden zu ihm, / sie standen nicht treu zu
seinem Bund. / 38 Trotzdem blieb er voll Erbarmen: / Er
tilgte sie nicht aus, / sondern tilgte ihre Schuld. / Oft
genug verschonte er sie / und hielt seinen Zorn im
Zaum. / 39 Er wusste ja, sie waren Geschöpfe, / ver-
gänglich wie ein Windhauch, / der verweht und nie-
mals wiederkehrt. // 40 Wie oft widersetzten sie sich
ihm in der Wüste / und forderten seinen Zorn her-
aus! / 41 Immer wieder stellten sie ihn auf die
Probe / und kränkten ihn, den heiligen Gott
Israels. / 42 Sie vergaßen seine großen Taten / und den
Tag der Befreiung von ihren Feinden. / 43 Damals gab
er den Ägyptern Beweise seiner Macht, / in der Ge-
gend von Zoan vollbrachte er Wunder. / 44 Er verwan-
delte die Ströme und Bäche in Blut, / sodass niemand
mehr daraus trinken konnte. / 45 Er schickte den
Feinden Ungeziefer, das sie quälte, / und Frösche, die
ihr Land verseuchten. / 46 Ihre Ernte lieferte er den
Heuschrecken aus, / die fraßen den Ertrag ihrer Ar-
beit. / 47 Er zerschlug ihre Reben durch Hagel, / ihre
Feigen durch riesige Hagelkörner. / 48 Auch ihr Vieh
gab er dem Hagel preis / und ihre Herden den
Blitzen. / 49 Er ließ seinen glühenden Zorn auf sie
los, / rasende Wut und furchtbare Plagen, / ein ganzes
Heer von Unglücksengeln. / 50 Er ließ seinem Zorn
freien Lauf; / er bewahrte sie nicht länger vor dem
Tod, / sondern lieferte sie aus an die Pest. / 51 Er tötete
jeden erstgeborenen Sohn / in den Häusern der Ägyp-
ter, / der Nachkommen Hams. // 52 Dann führte er sein
Volk hinaus / wie eine Herde von Schafen / und leitete
sie auf dem Weg durch die Wüste. / 53 Er führte sie si-
cher, / sie hatten nichts zu fürchten, / aber ihre Feinde
bedeckte das Meer. / 54 Er brachte sie in sein heiliges
Land, / zu dem Berg, den er selbst erobert
hatte. / 55 Vor ihnen her vertrieb er die Völker; / das
Land verloste er unter die Seinen / und gab es ihnen
als Erbbesitz. / In den Häusern der Kanaaniter / ließ
er die Stämme Israels wohnen. // 56 Sie aber forderten
den Höchsten heraus, / sie richteten sich nicht nach
Gottes Geboten. / 57 Sie kehrten sich ab und verrieten
ihn / genauso wie früher ihre Väter, / unzuverlässig
wie ein Bogen, / dessen Sehne reißt. / 58 Sie ärgerten
ihn mit ihren Opferstätten / und reizten ihn mit Göt-
zenbildern. / 59 Gott sah das alles und wurde zor-
nig, / er ließ die Israeliten im Stich. / 60 Das Zelt, das
er bei ihnen aufgeschlagen hatte, / seine Wohnung in
Schilo, gab er auf. / 61 Den Feinden erlaubte er, / die
Bundeslade zu entführen, / das Zeichen seiner Macht
und Hoheit. / 62 Er war so zornig auf sein eigenes
Volk, / dass er es dem Schwert der Feinde preis-
gab. / 63 Das Feuer fraß die jungen Männer, / den
Mädchen sang niemand mehr das Hochzeits-
lied. / 64 Die Priester wurden mit dem Schwert getö-
tet / und die Witwen konnten keine Totenklage
halten. // 65 Da wachte der Herr auf, / geradeso als
hätte er geschlafen, / wie ein Krieger, der seinen
Rausch abschüttelt. / 66 Er schlug seine Feinde in die
Flucht, / bedeckte sie mit unauslöschlicher
Schande. / 67 Die Nachkommen Josefs verwarf er, / den
Stamm Efraïm lehnte er als Führer ab. / 68 Doch den
Stamm Juda erwählte er / und den Berg Zion, den er
liebte. / 69 Dort hat er seinen Tempel gebaut, / hoch
wie der Himmel und fest wie die Erde, / die er gegrün-
det hat für alle Zeiten. // 70 Er erwählte David als seinen
Vertrauten. / Er holte ihn von den Weideplät-
zen, / 71 vom Hüten der Herde rief er ihn weg / und
machte ihn zum König Israels, / zum Hirten über
Gottes eigenes Volk. / 72 Und David sorgte für sie mit
redlichem Herzen, / er leitete sie mit kluger Hand.

HÖRT GOTTES ZORN NIE AUF?

79 Ein Lied Asafs. // Gott, Fremde sind in dein
Land eingefallen; / sie haben deinen heiligen
Tempel geschändet / und Jerusalem in Trümmer ge-
legt. / 2 Sie haben deine Diener getötet, / alle, die zu
dir hielten, / und haben sie überall liegen lassen / als
Fraß für die Geier und wilden Tiere. / 3 Im ganzen
Umkreis von Jerusalem / ist das Blut deines Volkes
in Strömen geflossen / und niemand war da, der die
Toten begrub. / 4 Die Nachbarvölker überschütten uns
mit Hohn, / sie lachen und spotten über uns. // 5 Wie
lange noch, HERR? / Willst du für immer zornig auf uns
sein? / Willst du weiterwüten wie ein Feuer? / 6 Lass
deinen Zorn an den Fremden aus, / an den Völkern, die
dich nicht kennen, / den Königreichen, wo man dich
nicht ehrt! / 7 Denn sie haben Israel vernichtet / und
sein Land verwüstet. // 8 Rechne uns nicht das Unrecht
an, / das unsere Väter begangen haben! / Begegne
uns bald mit deinem Erbarmen, / denn wir sind völlig
am Ende! / 9 Gott, unser Retter, hilf uns; / deine eigene
Ehre steht auf dem Spiel! / Befrei uns, vergib uns un-
sere Schuld; / mach deinem Namen Ehre! // 10 Warum
sollen die Völker sagen: / »Wo ist er denn, ihr
Gott?« / Lass sie erkennen und lass uns sehen, / wie
du an ihnen Vergeltung übst / für das vergossene Blut
deiner Diener! / 11 Lass das Stöhnen der Gefangenen
zu dir dringen! / Deine Macht ist so groß; / darum
bewahre das Leben der Todgeweihten! / 12 Unsere

Nachbarn haben dich verhöhnt; / zahl es ihnen siebenfach zurück! // 13 Wir aber, dein Volk, für das du sorgst / wie ein Hirt für seine Herde, / wir wollen dir allezeit danken / und deinen Ruhm verkünden / in allen Generationen!

HÖR UNS, HIRT ISRAELS!

80 Ein Lied Asafs, ein Bekenntnis, zu singen nach der Melodie »Lilien«. // 2 Hör uns, Hirt Israels, / der du Josefs Nachkommen führst wie eine Herde! / Der du über den Kerubim thronst, / zeige dich in strahlendem Glanz! / 3 Entfalte deine gewaltige Macht / vor den Augen deiner Stämme, / vor Efraïm, Benjamin und Manasse! / Komm und hilf uns! // 4 *Gott, richte uns wieder auf! / Blick uns freundlich an, / dann ist uns geholfen!* // 5 HERR, du Gott der ganzen Welt, / wie lange willst du noch zornig schweigen, / wenn dein Volk zu dir betet? / 6 Du hast uns Kummer zu essen gegeben / und becherweise Tränen zu trinken. / 7 Du hast uns zum Zankapfel der Nachbarn gemacht, / unsere Feinde treiben ihren Spott mit uns. // 8 *Gott, du Herr der Welt, / richte uns doch wieder auf! / Blick uns freundlich an, / dann ist uns geholfen!* // 9 In Ägypten hast du einen Weinstock ausgegraben; / ganze Völker hast du vertrieben, / um ihn an ihrer Stelle einzupflanzen. / 10 Du hast den Boden für ihn gerodet; / darum konnte er Wurzeln schlagen / und das ganze Land ausfüllen. / 11 Mit seinem Schatten bedeckte er die Berge, / mit seinen Zweigen die mächtigen Zedern. / 12 Seine Ranken streckte er aus bis zum Meer, / seine Triebe bis hin zum Eufrat. / 13 Warum hast du seine Schutzmauer niedergerissen, / sodass jeder, der vorbeikommt, ihn plündern kann? / 14 Das Wildschwein aus dem Wald verwüstet ihn, / die Tiere der Steppe fressen ihn kahl. // 15 Komm wieder zu uns, Gott, du Herr der Welt! / Blicke vom Himmel herab und sieh uns, / kümmere dich um deinen Weinstock! / 16 Schütze ihn, den du selber gepflanzt hast, / den Spross, der dir seine Kraft verdankt! / 17 Aber nun ist er umgehauen und verbrannt! / Blick unsere Feinde drohend an, / damit sie vergehen müssen! / 18 Lege deine Hand schützend auf den König, / der an deiner rechten Seite sitzt, / auf den Mann, den du stark gemacht hast. / 19 Wir wollen nie wieder von dir weichen! / Erhalte uns am Leben, / wir wollen uns zu dir bekennen! // 20 *HERR, du Gott der ganzen Welt, / richte uns doch wieder auf! / Blick uns freundlich an, / dann ist uns geholfen!*

FESTJUBEL UND GEHORSAM

81 Von Asaf, zu begleiten auf gatitischem Instrument. // 2 Jubelt Gott zu, unserem starken Beschützer! / Jauchzt vor Freude über den Gott Jakobs! / 3 Stimmt den Lobgesang an, / schlagt die Tamburine, / greift in die Saiten von Leier und Laute! / 4 Blast das Horn zum Neumond, / blast es wieder zum Vollmond, / dem Tag unseres Festes! / 5 Denn das ist eine Vorschrift für Israel, / so hat es der Gott Jakobs befohlen. / 6 Diese Regel gab er dem Volk Josefs, / als er gegen die Ägypter kämpfte. // Ich höre Worte, / die ich so noch niemals hörte: // 7 »Ich habe dir die Last von den Schultern genommen / und den schweren Tragkorb aus den Händen. / 8 Du hast zu mir geschrien in deiner Not / und ich habe dich daraus befreit. / Ich habe dir Antwort gegeben / mitten aus der Gewitterwolke, / in der ich mich verborgen hielt. / An der Quelle von Meriba / habe ich dein Vertrauen geprüft. // 9 Mein Volk, hör mir zu, ich muss dich warnen! / Wenn du doch auf mich hören wolltest, Israel! / 10 Bei dir darf kein Platz sein / für einen anderen Gott, / vor keinem fremden Gott darfst du dich niederwerfen! / 11 Ich bin der HERR, dein Gott, / ich habe dich aus Ägypten herausgeführt. / Mach deinen Mund weit auf, / ich werde ihn füllen! // 12 Aber mein Volk hat nicht auf mich gehört, / Israel wollte nichts von mir wissen. / 13 Darum überließ ich es seinem Starrsinn; / es sollte seinen eigenen Wünschen folgen. / 14 Wenn mein Volk doch auf mich hörte! / Wenn Israel doch auf meinem Weg bliebe! / 15 Wie schnell würde ich seine Feinde bezwingen / und seine Unterdrücker niederwerfen!« // 16 Alle, die den HERRN hassen, / würden vor ihm kriechen müssen / und ihre Zeit wäre für immer vorbei. / 17 Doch Israel würde er mit bestem Weizen ernähren / und mit Honig aus den Bergen sättigen.

GERICHT ÜBER DIE GÖTTER

82 Ein Lied Asafs. // Gott steht auf in der Versammlung der Götter / und zieht sie zur Rechenschaft: // 2 »Wie lange wollt ihr noch das Recht verdrehen / und für die Schuldigen Partei ergreifen? / 3 Verteidigt die Armen und die Waisenkinder, / verschafft Wehrlosen und Unterdrückten ihr Recht! / 4 Befreit die Entrechteten und Schwachen, / reißt sie aus den Klauen ihrer Unterdrücker! / 5 Aber ihr seht nichts und ihr versteht nichts! / Hilflos tappt ihr in der Dunkelheit umher / und die Fundamente der Erde geraten ins Wanken. / 6 Ich hatte zwar gesagt: ›Ihr seid Götter, / meine Söhne seid ihr, Söhne des Höchsten!‹ / 7 Doch ihr werdet wie die Menschen sterben, / wie unfähige Minister aus dem Amt gejagt!« // 8 Greif ein, Gott, regiere die Welt; / denn dir gehören alle Völker!

GEBET IN KRIEGSGEFAHR

83 Ein Lied Asafs. // 2 Gott, schweig nicht länger! / Schau nicht so stumm und tatenlos zu! / 3 Sieh doch, wie deine Feinde toben, / wie hoch sie den Kopf tragen, / alle, die dich hassen! / 4 Sie haben sich gegen dein Volk verschworen. / Heimtückisch schmieden sie Pläne gegen uns, / die wir unter deinem Schutz stehen. / 5 »Auf«, sagen sie, »wir löschen Israel aus! / Dieses Volk muss verschwinden / und sein Name muss vergessen werden!« / 6 Sie halten miteinander Rat, / um ein Bündnis gegen dich zu schließen, / und schnell sind sie ein Herz und eine Seele: / 7 die Leute von Edom, die Ismaeliter, / die von Moab und die Hagariter; / 8 die von Gebal, Ammon und Amalek; / die Philister und die Bewohner von Tyrus; / 9 sogar die Assyrer kommen noch dazu / und bringen den Nachkommen Lots Verstärkung. // 10 Gott, schlage sie wie die Midianiter, / wie Sisera, wie Jabin am Kischonbach. / 11 Sie wurden bei En-Dor vernichtet / und blieben als Dünger auf den Feldern liegen. / 12 Behandle ihre Fürsten wie Oreb und Seeb, / ihre Führer wie Sebach und Zalmunna, / 13 sie alle, die beschlossen haben: / »Wir wollen Gottes Land erobern!« // 14 Du mein Gott, lass sie davonwirbeln / wie trockene Disteln, wie Spreu im Wind! / 15 Sei ihnen wie ein Feuer, das den Wald verzehrt, / wie eine Flamme, die Berge anzündet! / 16 Jage sie mit deinem Sturm, / stürze sie in Panik durch deinen Orkan! / 17 Treib ihnen die Schamröte ins Gesicht, / damit sie anfangen, nach dir, HERR, zu fragen! / 18 Bringe für immer Schmach und Schrecken über sie / und lass sie in ihrer Schande zugrunde gehen! / 19 Sie sollen erkennen: / Du, HERR, unser Gott, / du allein bist der Höchste in aller Welt!

SEHNSUCHT NACH DEM TEMPEL GOTTES

84 Ein Lied der Korachiter, zu begleiten auf gatitischem Instrument. // 2 Meine ganze Liebe gehört deinem Haus, / HERR, du großer und mächtiger Gott! / 3 Ich möchte jetzt dort sein, / in den Vorhöfen des Tempels – / die Sehnsucht danach verzehrt mich! / Mit Leib und Seele schreie ich nach dir, / dem lebendigen Gott! / 4 Sogar die Vögel dürfen bei dir wohnen; / die Schwalben bauen ihr Nest bei deinen Altären / und ziehen dort ihre Jungen auf, / HERR, du Herrscher der Welt, / mein König und mein Gott! / 5 Wie glücklich sind alle, / die in deinem Haus Wohnrecht haben / und dich dort immerzu preisen können! / 6 Wie glücklich sind sie, / die bei dir ihre Stärke finden / und denen es am Herzen liegt, / zu deinem Heiligtum zu ziehen! / 7 Wenn sie durchs Wüstental wandern, / brechen dort Quellen auf, / milder Regen macht alles grün und frisch. / 8 Mit jedem Schritt wächst ihre Kraft, / bis sie auf dem Zionsberg vor dir stehen. // 9 Höre mein Gebet, Gott, du Herrscher der Welt! / Achte auf meine Bitte, du Gott Jakobs! / 10 Blicke freundlich auf unseren Beschützer, / auf den König, den du eingesetzt hast! // 11 Ein Tag im Vorhof deines Tempels / zählt mehr als sonst tausend. / Lieber an der Tür deines Hauses stehen / als bei Menschen wohnen, / die dich missachten. // 12 Ja, Gott, der HERR, ist die Sonne, / die uns Licht und Leben gibt. / Er ist der Schild, der uns beschützt. / Er schenkt uns seine Liebe / und nimmt uns in Ehren auf. / Allen, die untadelig leben, / gewährt er das höchste Glück. // 13 HERR, du großer und mächtiger Gott, / wie gut hat es jeder, der sich auf dich verlässt!

FRIEDEN FÜR GOTTES VOLK

85 Ein Lied der Korachiter. // 2 HERR, früher hast du gezeigt, / dass du dein Land liebst, / und hast für dein Volk alles wieder zum Guten gewendet. / 3 Sein Unrecht hast du weggenommen / und seine ganze Verfehlung zugedeckt. / 4 Du hast deinen Zorn zurückgezogen / und seine schreckliche Glut wieder abgewendet. // 5 Gott, unser Retter, / stell uns auch jetzt wieder her! / Hör auf, uns zu zürnen! / 6 Oder willst du für immer zornig auf uns sein? / Soll dein Unwille nie zu Ende gehen? / 7 Willst du uns nicht neu beleben, / damit dein Volk sich über dich freut? / 8 HERR, lass uns wieder deine Güte sehen! / Komm uns zu Hilfe! // 9 Ich horche auf das, was Gott, der HERR, sagt: / Er spricht von Frieden für sein Volk, / für alle, die zu ihm gehören; / aber sie sollen ihre Torheit nicht wiederholen! / 10 Seine Hilfe ist all denen nahe, / die ihn ehren und ihm gehorchen; / bald wohnt seine Herrlichkeit wieder in unserem Land. / 11 Dann kommen Güte und Treue zusammen, / Recht und Frieden küssen einander. / 12 Die Treue sprießt aus der Erde hervor / und das Recht blickt vom Himmel herab. / 13 Der HERR selber gibt Gelingen / und unser Land gibt reichen Ertrag. // 14 Das Recht geht dem HERRN voraus / und bereitet ihm den Weg.

HILFERUF IN GROSSER NOT

86 Ein Gebet Davids. // HERR, ich bin arm und hilflos; / höre mich und gib mir Antwort! / 2 Bewahre mein Leben, ich gehöre doch zu dir! / Hilf mir, ich bin doch dein Diener; / du mein Gott, ich verlasse mich auf dich! / 3 Den ganzen Tag schreie ich zu dir; / hab Erbarmen mit mir, Herr! / 4 Auf dich richte ich mein Herz und meinen Sinn; / erfülle mich doch wieder mit Freude! / 5 Herr, du bist freundlich / und bereit, Schuld zu vergeben; / voll Güte begegnest du allen, / die zu dir beten. / 6 Darum höre jetzt meine Bitte; / HERR, achte auf meinen Hilferuf! / 7 In meiner Not schreie ich zu dir; / du wirst mir Antwort geben. // 8 Herr, wer unter den Göttern ist wie du? / Kein anderer kann deine Taten vollbringen! / 9 Du hast alle Völker geschaffen. / Sie werden kommen, / sich vor dir niederwerfen / und dir, Herr, ihre Huldigung darbringen. / 10 Denn du bist groß und tust Wunder; / nur du bist Gott, du ganz allein! // 11 HERR, zeige mir den richtigen Weg, / damit ich in Treue zu dir mein Leben führe! / Lass es meine einzige Sorge sein, / dich zu ehren und dir zu gehorchen! / 12 Herr, mein Gott, / von ganzem Herzen will ich dir danken / und allezeit deinen Ruhm verkünden; / 13 denn du bist überaus gut zu mir gewesen: / Du hast mein Leben gerettet / aus der untersten Totenwelt. // 14 Gott, vermessene Leute greifen mich an, / eine gewalttätige Bande will mir ans Leben, / sie alle fragen nicht nach dir. / 15 Aber du, Herr, / du bist ein Gott voll Liebe und Erbarmen, / du hast viel Geduld, / deine Güte und Treue sind grenzenlos. / 16 Darum wende dich mir zu, / hab Erbarmen mit mir! / Gib mir deine Kraft und deine Hilfe! / Ich gehöre dir doch mit Leib und Leben! / 17 Zeige mir, dass du es gut mit mir meinst! / Alle, die mich hassen, werden sich schämen, / wenn sie sehen, wie du mir hilfst / und mich tröstest.

HEIMATRECHT IN ZION

87 Ein Lied der Korachiter. // Der HERR hat seine Stadt gebaut, / ihr Fundament ist sein heiliger Berg. / 2 Er liebt die Zionsstadt mit ihren schönen Toren / mehr als alle anderen Orte, / in denen die Nachkommen Jakobs wohnen. / 3 Was er von dir sagt, du Gottesstadt, / macht deinen Ruhm noch größer: // 4 »Ich rechne Ägypten und Babylon zu denen, / die mich kennen und ehren; / auch das Philisterland gehört dazu, / ebenso Tyrus und Äthiopien, / von denen man sagen kann: / ›Dieser und jener ist dort zu Hause.‹ / 5 Aber zu Zion wird man sagen: / ›Jeder ist in dir zu Hause, / denn Gott, der Höchste, hat dich errichtet.‹« // 6 Der HERR stellt eine Liste auf / von Menschen aus allen Völkern / und hinter jeden Namen schreibt er: / »Dieser Mensch hat Heimatrecht in Zion.« / 7 Alle tanzen vor Freude und singen: / »Zion, in dir sind wir daheim!«

GEBET IN VERLASSENHEIT UND TODESNOT

88 Ein Gedicht des Esrachiters Heman, aus der Sammlung der Korachiter, zu singen nach schwermütiger Weise. // 2 HERR, mein Gott und Retter, / Tag und Nacht schreie ich zu dir! / 3 Lass mein Gebet zu dir dringen, / höre meinen Hilferuf! // 4 Ich habe mehr als genug gelitten, / mit einem Fuß stehe ich schon im Grab. / 5 Alle meinen, mit mir sei es aus; / die Kräfte schwinden mir, ich kann nicht mehr. / 6 Man hat mich aufgegeben wie einen Toten; / mir geht es wie den Erschlagenen, / die man ins Massengrab geworfen hat – / du sorgst nicht mehr für sie, / deine Hilfe erreicht sie nicht mehr. / 7 In den tiefsten Abgrund hast du mich gestürzt, / wo ewige Dunkelheit mich einschließt. / 8 Dein Zorn drückt mich zu Boden, / in schweren Wogen rollt er über mich hin. / 9 Meine Freunde hast du mir entfremdet, / sie wenden sich voll Abscheu von mir ab. / Ich bin im Elend gefangen / und finde keinen Ausweg; / 10 vor Schmerzen wird mir schwarz vor Augen. / Tag für Tag schreie ich zu dir, HERR, / und strecke meine Hände zu dir aus! // 11 Tust du auch für Tote noch Wunder? / Stehen die Schatten auf, um dich zu preisen? / 12 Erzählt man im Grab von deiner Güte, / in der Totenwelt von deiner Treue? / 13 Weiß man dort in der Finsternis noch, / welche Wunder du tust für dein Volk? / Denkt bei den Vergessenen noch jemand daran, / wie treu du deine Zusagen einlöst? / 14 Ich aber schreie zu dir, HERR; / jeden Morgen bestürme ich dich mit Bitten. / 15 Warum hast du mich verstoßen, HERR? / Warum verbirgst du dich vor mir? // 16 Solange ich denken kann, / bin ich gequält und dem Tode nah. / Du erschreckst mich mit immer neuen Plagen, / sodass ich an dir fast irrewerde. / 17 Dein Zorn ist über mich gekommen wie ein Feuersturm, / deine furchtbaren Angriffe zerschlagen mich. / 18 Sie bedrohen mich von allen Seiten, / täglich dringen sie auf mich ein wie tödliche Fluten. / 19 Freunde und Nachbarn hast du mir entfremdet; / mein einziger Begleiter ist die Finsternis.

IST GOTT WORTBRÜCHIG GEWORDEN?

89 Ein Gedicht des Esrachiters Etan. // 2 HERR, für immer will ich singen / von den Beweisen deiner Güte. / Allen kommenden Generationen / soll mein Lied deine Treue verkünden. / 3 »Deine Güte hört niemals auf«, sage ich, / »deine Treue steht fest wie der Himmel.« // 4 Du hast gesagt: / »Ich habe mir einen Mann erwählt / und einen Bund mit ihm geschlossen. / David, meinem Vertrauten, habe ich geschworen: / 5 ›Ich bestätige dein Königshaus für immer / und festige deinen Thron für alle Generationen.‹« // 6 HERR, der Himmel rühmt deine Wunder, / die Schar der Engel preist deine Treue; / 7 denn niemand dort oben ist dir gleich, / von den Göttern kann sich keiner mit dir messen. / 8 Gott, du bist sehr gefürchtet im himmlischen Rat, / Ehrfurcht erfüllt alle, die dich umgeben. / 9 Gott, du Herrscher der ganzen Welt, / wer ist so mächtig wie du, / wer ist so durch und durch treu? / 10 Du bändigst das rebellische Meer; / wenn seine Wellen toben, / glättest du sie wieder. / 11 Du hast den Meeresdrachen getötet und zertreten / und deine Feinde mit starker Hand zerstreut. / 12 Dir gehört der Himmel, / dir gehört die Erde, / das Festland mit allem, was darauf lebt; / denn du hast sie ins Dasein gerufen. / 13 Norden und Süden hast du geschaffen, / Tabor und Hermon jubeln dir zu. / 14 Du allein hast den starken Arm, / die siegreich erhobene rechte Hand! / 15 Dein Thron ist gegründet auf Recht und Gerechtigkeit, / Güte und Treue gehen vor dir her. // 16 Wie glücklich ist das Volk, / das dich mit Jubelrufen begrüßt! / Es lebt in deiner segensreichen Nähe. / 17 Es freut sich täglich, weil du sein Gott bist. / Durch deine Treue machst du es groß. / 18 Du gibst ihm deine wunderbare Kraft. / Weil du uns liebst, sind wir stark. / 19 Dir, HERR, gehört auch unser Beschützer; / du hast unseren König berufen, / du heiliger Gott Israels. // 20 Einst hast du zu deinem Volk gesprochen, / in einer Vision hast du gesagt: / »Einen Helden habe ich zum Helfer gemacht, / ihn aus dem Volk erwählt und erhöht. / 21 Ich habe David gefunden, meinen Vertrauten, / und ihn mit heiligem Öl zum König gesalbt. / 22 Mit meiner Hand werde ich ihn halten, / durch meine Macht will ich ihn stärken. / 23 Kein Feind wird ihn jemals überlisten, / kein Aufrührer ihn bezwingen können. / 24 Seine Gegner werde ich vernichten / und alle niederschlagen, die ihn hassen. / 25 Meine Treue und Güte sind ihm sicher. / Weil ich bei ihm bin, wächst seine Macht. / 26 Ich gebe ihm die Herrschaft über das Meer / und unterwerfe ihm die großen Ströme. / 27 Er wird zu mir sagen: ›Du bist mein Vater, / mein Gott, mein starker Beschützer!‹ / 28 Ich mache ihn zu meinem Erstgeborenen, / zum höchsten unter den Königen der Erde. / 29 Jederzeit umgibt ihn meine Güte, / mein Bund mit ihm ist unverbrüchlich. / 30 Ich bestätige sein Königshaus für immer, / sein Thron bleibt fest, / solange der Himmel besteht. // 31 Wenn seine Nachkommen mein Gesetz verlassen / und

meinen Weisungen nicht gehorchen, / 32 wenn sie
meine Vorschriften übertreten / und meine Anord-
nungen nicht befolgen, / 33 dann werde ich ihren
Ungehorsam bestrafen, / für ihre Verfehlung werde
ich sie schlagen. / 34 Aber David werde ich die Treue
halten, / ihm niemals meine Güte entziehen. / 35 Mein
Bund mit ihm wird nicht gebrochen, / meine Zusa-
gen ändere ich nicht ab. / 36 Ein für alle Mal habe ich
es geschworen / und bürge dafür mit meiner Heilig-
keit: / Ich werde David niemals täuschen! / 37 Sein
Königshaus soll für immer bestehen. / Seinen Thron
werde ich stets vor Augen haben, / ebenso lange wie
die Sonne; / 38 für alle Zeiten bleibt er stehen wie der
Mond, / dieser treue Zeuge in den Wolken.« // 39 Und
doch hast du ihn fallen lassen und verstoßen! / Du
bist zornig geworden auf den König, / den du doch
selber eingesetzt hast. / 40 Den Bund mit deinem Die-
ner hast du widerrufen, / seine Krone in den Schmutz
geworfen und geschändet. / 41 Die Mauern seiner
Stadt hast du zerbrochen, / seine festen Burgen in
Trümmer gelegt. / 42 Alle, die vorübergingen, haben
ihn beraubt. / Seine Nachbarn treiben ihren Spott
mit ihm. / 43 Du hast seinen Gegnern den Sieg gege-
ben / und alle seine Feinde mit Freude erfüllt. / 44 Sein
Schwert hast du stumpf werden lassen / und im
Kampf hast du ihm nicht geholfen. / 45 Seinem
Glanz hast du ein Ende gemacht / und seinen Thron
zu Boden gestürzt. / 46 Du hast ihn vor der Zeit al-
tern lassen / und ihn mit Schimpf und Schande be-
deckt. // 47 Wie lange noch, HERR? / Willst du dich
für immer verbergen? / Wie lange soll dein Zorn noch
brennen? / 48 Denk doch wieder an mich, / mein
Leben ist so kurz! / Nur für einen winzigen Augen-
blick / hast du uns Menschen geschaffen. / 49 Gibt
es denn einen, der leben darf, / ohne jemals den Tod
zu sehen, / einen, der sich retten kann / vor den
Klauen der Totenwelt? // 50 Herr, wo sind sie, / die
früheren Beweise deiner Güte? / Du hattest sie
David versprochen / und dich mit deiner Treue da-
für verbürgt! / 51 Denk daran, / wie man deine Die-
ner beschimpft! / Ich muss den Hohn vieler Völker
ertragen. / 52 HERR, deine Feinde verhöhnen den
König, / den du gesalbt und eingesetzt hast; / sie
verhöhnen ihn auf Schritt und Tritt. // 53 Der HERR sei
für alle Zeiten gepriesen! / Amen, so soll es sein!

DER EWIGE GOTT – DER VERGÄNGLICHE MENSCH

90 Ein Gebet von Mose, dem Mann Gottes. // Herr,
seit Menschengedenken / warst du unser
Schutz. / 2 Du, Gott, warst schon, / bevor die Berge
geboren wurden / und die Erde unter Wehen ent-
stand, / und du bleibst in alle Ewigkeit. / 3 Du sagst
zum Menschen: / »Werde wieder Staub!« / So
bringst du ihn dorthin zurück, / woher er gekommen
ist. / 4 Für dich sind tausend Jahre wie ein Tag, / so
wie gestern – im Nu vergangen, / so kurz wie ein
paar Nachtstunden. / 5 Du scheuchst die Menschen
fort, / sie verschwinden wie ein Traum. / Sie sind
vergänglich wie das Gras: / 6 Morgens noch grünt und
blüht es, / am Abend schon ist es verwelkt. / 7 Weil
du zornig bist / und dich gegen uns stellst, / sind
wir verloren und müssen vergehen. / 8 Denn du
siehst die geheimsten Fehler; / alle unsere Vergehen
deckst du auf. / 9 Dein Zorn liegt schwer auf unse-
rem Leben, / darum ist es so flüchtig wie ein Seuf-
zer. / 10 Siebzig Jahre sind uns zugemessen, / wenn
es hoch kommt, achtzig – / doch selbst die besten da-
von / sind Mühe und Last! / Wie schnell ist alles vor-
bei / und wir sind nicht mehr! // 11 Doch wer begreift
schon, / wie furchtbar dein Zorn ist, / und wer nimmt
ihn sich zu Herzen? / 12 Lass uns erkennen, / wie
kurz unser Leben ist, / damit wir zur Einsicht kom-
men! // 13 HERR, wie lange zürnst du uns noch? / Hab
doch Erbarmen mit uns / und wende dich uns wieder
zu! / 14 Lass uns jeden Morgen spüren, / dass du zu
uns hältst, / dann sind unsere Tage erfüllt / von Ju-
bel und Dank. / 15 Viele Jahre hast du Unglück über
uns gebracht; / gib uns nun ebenso viele Freudenjah-
re! / 16 Lass uns noch erleben, dass du eingreifst, / zeig
unseren Kindern deine große Macht! / 17 Herr, unser
Gott, sei freundlich zu uns! / Lass unsere Arbeit nicht
vergeblich sein! / Ja, Herr, lass gelingen, was wir tun!

UNTER GOTTES SCHUTZ

91 Wer unter dem Schutz des höchsten Gottes
lebt, / darf ruhen bei ihm, / der alle Macht
hat. / 2 Er sagt zum HERRN: / »Du bist meine Zu-
flucht, / bei dir bin ich sicher wie in einer Burg. / Mein
Gott, ich vertraue dir!« // 3 Du kannst dich darauf ver-
lassen: / Der HERR wird dich retten / vor den Fallen,
die man dir stellt, / vor Verrat und Verleumdung. / 4 Er
breitet seine Flügel über dich, / ganz nahe bei ihm
bist du geborgen. / Wie Schild und Schutzwall / deckt
dich seine Treue. // 5 Du musst keine Angst mehr ha-
ben / vor Gefahren und Schrecken bei Nacht, / auch
nicht vor Überfällen bei Tag, / 6 vor der Seuche, die im
Dunkeln zuschlägt, / oder dem Fieber, das am Mittag
wütet. / 7 Auch wenn tausend neben dir sterben / und
zehntausend rings um dich fallen – / dich selber wird
es nicht treffen. / 8 Mit eigenen Augen wirst du se-
hen, / wie Gott alle straft, die ihn missachten. // 9 Du
sagst: »Der HERR ist meine Zuflucht.« / Beim höch-
sten Gott hast du Schutz gefunden. / 10 Darum wird dir
nichts Böses geschehen, / kein Unheil darf dein Haus
bedrohen. / 11 Gott hat seinen Engeln befohlen, / dich
zu beschützen, wohin du auch gehst. / 12 Sie werden
dich auf Händen tragen, / damit du nicht über Steine
stolperst. / 13 Löwen und Schlangen können dir nicht
schaden, / du wirst sie alle niedertreten. // 14 Gott sel-
ber sagt: / »Er hängt an mir mit ganzer Liebe, / darum
werde ich ihn bewahren. / Weil er mich kennt und
ehrt, / werde ich ihn in Sicherheit bringen. / 15 Wenn
er mich ruft, dann antworte ich. / Wenn er in Not
ist, bin ich bei ihm; / ich hole ihn heraus und
bringe ihn zu Ehren. / 16 Ich gebe ihm ein langes,
erfülltes Leben; / er wird die Hilfe erfahren, auf die
er wartet.«

GOTT DANKEN MACHT FREUDE

92 Ein Lied zum Sabbat. // 2 HERR, es macht Freude,
dir zu danken, / dich, den Höchsten, mit Lie-
dern zu preisen, / 3 frühmorgens schon deine Güte
zu rühmen / und nachts noch deine Treue zu verkün-
den / 4 beim Klang der zehnsaitigen Harfe, / zur Mu-
sik von Laute und Leier. // 5 Was du getan hast, HERR,
macht mich froh; / dein Eingreifen löst meinen Jubel
aus. / 6 HERR, wie gewaltig sind deine Taten, / wie
unergründlich deine Gedanken! / 7 Wer keine Ein-
sicht hat, erkennt sie nicht. / Wer sich nichts sagen
lässt, / wird nichts davon verstehen. / 8 Menschen,
die deine Gebote missachten, / können sprießen wie
das Gras, / die Verbrecher mögen blühen und gedei-
hen – / am Ende werden sie ausgetilgt! / 9 Du, HERR,
hoch über allen, / du bleibst für alle Zeiten. / 10 Aber
deine Feinde, HERR, / deine Feinde kommen um; / sie
werden vertrieben, diese Unheilstifter! // 11 Du hast mir
die Kraft des Wildstiers gegeben / und mich mit Ehre
und Freude überschüttet. / 12 Ich sehe den Sturz meiner
Feinde, / ich höre das Klagegeschrei der Gegner, / die
mich überfallen wollten. // 13 Alle, die Gott die Treue
halten, / wachsen auf wie immergrüne Palmen / und
werden groß und stark wie Libanonzedern. / 14 Weil
sie in der Nähe des HERRN gepflanzt sind, / in den Vor-
höfen am Tempel unseres Gottes, / wachsen und grü-
nen sie immerzu. / 15 Noch im hohen Alter tragen sie
Frucht, / immer bleiben sie voll Saft und Kraft. / 16 Ihr
Ergehen bezeugt: / Der HERR tut das Rechte, / auf ihn
ist Verlass, / bei ihm gibt's kein Unrecht!

DER KÖNIG DER WELT

93 Der HERR ist König! / Hoheit umhüllt ihn wie
ein Mantel, / Macht umgibt ihn wie ein Gür-
tel. / Die Erde ist fest gegründet, / sie stürzt nicht
zusammen. // 2 HERR, / seit undenklichen Zei-
ten steht dein Thron, / von allem Anfang an warst
du da. / 3 Das Meer tobte, / es tobte und toste mit
Gebrüll – / und immer noch möchte es toben, das
Meer! / 4 Mächtig ist das Brüllen des Meeres, / mäch-
tiger noch sind seine Wellen, / doch am mächtigs-
ten, HERR im Himmel, bist du! // 5 Deine Weisungen
verdienen Vertrauen / und deinen Tempel soll jeder
achten, / ihn anerkennen als heiligen Ort / für alle
kommenden Zeiten.

DER RICHTER DER GANZEN WELT

94 Gott, bei dir liegt die Vergeltung! / Komm end-
lich, HERR, zeige dich! / 2 Greif ein, du Richter
der ganzen Welt, / gib den Vermessenen, was sie
verdienen! // 3 Wie lange dürfen sie noch trium-
phieren, / sie alle, die dich missachten? / Wie lange
noch, HERR? / 4 Sie reden und reden, diese Unheilstif-
ter; / freche, überhebliche Prahler sind sie. / 5 HERR,
sie unterdrücken dein Volk, / sie zertreten Menschen,
die dir gehören! / 6 Sie bringen die Witwen und Wai-
sen um / und töten auch die Fremden, / die Gast-
recht haben in deinem Land. / 7 »Der HERR sieht ja
doch nichts«, sagen sie, / »der Gott Israels achtet
nicht darauf!« // 8 Gibt es noch etwas Dümmeres als
euch? / Ihr Narren, wann denkt ihr endlich nach! / 9 Er,
der den Menschen Ohren gab, / sollte selbst nicht
hören? / Er, der ihnen Augen schuf, / sollte selbst
nicht sehen? / 10 Er, der alle Völker erzieht, / sollte
ausgerechnet euch nicht strafen? / Der HERR gibt
den Menschen Erkenntnis, / 11 er kennt auch alle
ihre Pläne / und weiß, wie vergeblich und sinn-
los sie sind. // 12 Wie glücklich sind alle, / die du,
HERR, erziehst, / denen du Wissen gibst durch dein
Gesetz! / 13 So bewahrst du sie davor, / ins Un-
glück zu laufen. / Doch für die Menschen, die dein
Gesetz missachten, / hebt man schon die Grube
aus. / 14 Du lässt die Deinen nicht im Stich, HERR, / du
sagst dich von deinem Volk nicht los. / 15 Bald rich-
ten die Richter wieder nach dem Recht / und alle
Aufrichtigen werden sich freuen. // 16 Wer hilft
mir gegen die Unheilstifter? / Wer verteidigt mich
gegen diese Verbrecher? / 17 HERR, wenn du mir
nicht geholfen hättest, / dann wäre ich längst für
immer verstummt. / 18 Wenn ich dachte: »Nun
stürze ich!«, / hast du mich mit deiner Güte ge-
stützt. / 19 Wenn mir das Herz schwer war von tau-
send Sorgen, / hat mich dein Trost wieder froh
gemacht. // 20 Dürfen ungerechte Richter sich auf
dich berufen, / im Namen deines Rechtes Unrecht
sprechen? / 21 Sie verbünden sich gegen jeden Men-
schen, / der deinen Geboten gehorchen will. / Er wird
zum Tod verurteilt, / obwohl er schuldlos ist. // 22 Doch
du, HERR, bist meine Burg, / du, mein Gott, bist der si-
chere Ort, / wo ich mich bergen kann. / 23 Du zahlst
ihnen ihre Verbrechen heim / und vernichtest sie
durch ihre eigene Bosheit. / Ja, HERR, unser Gott,
vernichte sie!

KEINE ANBETUNG OHNE GEHORSAM

95 Kommt und jauchzt vor dem HERRN, / wir be-
grüßen ihn mit Freudengeschrei; / denn er ist
unser starker Helfer! / 2 Wir treten vor ihn mit unserem
Dank, / wir ehren ihn mit unseren Liedern! / 3 Denn
der HERR ist der höchste Gott, / der große König über
alle Götter: / 4 In seiner Gewalt sind die Tiefen der
Erde / und ihm gehören die Gipfel der Berge. / 5 Das
Meer gehört ihm – er hat es gemacht, / und auch das
Land – er hat es geformt. / 6 Kommt, verneigt euch,
werft euch nieder, / geht auf die Knie und betet ihn
an, / ihn, den HERRN, unseren Schöpfer! / 7 Denn er ist
unser Gott / und wir sind sein Volk, / er sorgt für uns
wie ein Hirt, / er leitet uns wie eine Herde. // Heute
gilt es! Hört, was er euch sagt: / 8 »Seid doch nicht
so starrsinnig / wie eure Vorfahren damals in Me-
riba / oder an dem Tag von Massa in der Wüste! / 9 Sie
haben mich dort herausgefordert, / *mich* haben sie
auf die Probe gestellt / und hatten doch meine Taten
selber gesehen! / 10 Angewidert haben sie mich, / die
ganze Generation, vierzig lange Jahre! / Schließlich
musste ich mir sagen: / ›Alles, was sie wollen, ist
verkehrt; / nach meinem Willen haben sie nie ge-
fragt.‹ / 11 Darum habe ich geschworen in meinem

Zorn: / ›Niemals werden sie das Land betreten, / wo ich ihnen Ruhe geben wollte!‹«

GOTT, DER KÖNIG DER GANZEN ERDE

96 Singt dem HERRN ein neues Lied! / Singt dem HERRN, / ihr Bewohner der ganzen Erde! / 2 Singt dem HERRN, dankt eurem Gott, / verkündet Tag für Tag, wie gern er hilft! / 3 Erzählt allen Menschen von seiner Herrlichkeit, / berichtet allen Völkern von seinen großen Taten! / 4 Der HERR ist mächtig, groß ist sein Ruhm; / mehr als alle Götter ist er zu fürchten. / 5 Die Götter der Völker sind nur tote Götzen, / der HERR aber hat den Himmel geschaffen. / 6 Macht und Hoheit umgeben ihn, / Pracht und Herrlichkeit erfüllen seinen Tempel. // 7 Auf zu ihm, ihr Völker! / Erweist dem HERRN Ehre, / unterwerft euch seiner Macht! / 8 Erweist ihm die Ehre, die ihm zusteht: / Bringt Opfergaben in seinen Tempel! / 9 Werft euch vor ihm nieder, / wenn er in seiner Heiligkeit erscheint! / Die ganze Welt soll vor ihm erzittern. / 10 Sagt es allen Menschen: / »Der HERR ist König!« / Die Erde ist fest gegründet, / sie stürzt nicht zusammen. / Der HERR wird alle Völker regieren / und ihnen gerechtes Urteil sprechen. // 11 Der Himmel soll sich freuen, / die Erde soll jauchzen, / das Meer soll tosen mit allem, was darin lebt! / 12 Der Ackerboden soll fröhlich sein / samt allem, was darauf wächst; / alle Bäume im Wald sollen jubeln! / 13 Denn der HERR kommt; / er kommt und sorgt für Recht auf der Erde. / Er regiert die Völker in allen Ländern / als gerechter, unbestechlicher Richter.

DER KÖNIG DER ERDE UND SEIN VOLK

97 Der HERR ist König! Jubeln soll die ganze Erde, / freuen sollen sich die fernsten Länder! // 2 Dichtes Wolkendunkel umgibt den HERRN; / sein Thron ist gegründet auf Recht und Gerechtigkeit. / 3 Feuer läuft vor ihm her / und verzehrt alle seine Feinde. / 4 Seine Blitze erhellen die ganze Welt, / die Erde sieht es und zittert. / 5 Die Berge zerfließen wie Wachs / vor dem HERRN, dem Herrscher der ganzen Erde. / 6 Der Himmel bezeugt seine Treue / und alle Völker sehen seine Herrlichkeit. // 7 Alle, die Götterbilder anbeten / und mit ihren toten Götzen prahlen, / werden zuschanden und müssen sich schämen; / denn alle Götter werfen sich nieder vor dem HERRN. / 8 Die Zionsstadt hört es voll Freude, / alle Städte in Juda jubeln, / weil du, HERR, den Sieg errungen hast. / 9 HERR, du bist der Höchste in der Welt, / himmelhoch stehst du über allen Göttern! // 10 Ihr, die ihr den HERRN liebt, hasst alles Böse! / Ihr gehört zu ihm, / darum bewahrt er euer Leben; / er befreit euch aus der Gewalt der Verbrecher. / 11 Bald geht die Sonne auf für alle, / die ihm die Treue halten / und ihm mit redlichem Herzen folgen; / dann werden sie voller Freude sein! / 12 Freut euch über den HERRN, / ihr, die ihr treu auf seiner Seite steht! / Dankt ihm und denkt daran, dass er heilig ist!

DER RETTER ISRAELS, DER HERRSCHER DER WELT

98 Ein Lied. // Singt dem HERRN ein neues Lied! / Er hat Wunder für uns vollbracht: / Durch seine große göttliche Macht / hat er den Sieg errungen. / 2 So hat er den Beweis erbracht, dass er rettet. / Allen Völkern hat er gezeigt: / Auf ihn ist Verlass! / 3 Er hat sein Versprechen eingelöst / und hat Israel Güte und Treue erwiesen. / Bis ans Ende der Erde ist es nun bekannt, / dass unser Gott uns befreit hat. // 4 Jubelt dem HERRN zu, / ihr Bewohner der Erde! / Jauchzt vor Freude, preist ihn mit Gesang! / 5 Singt ihm Lieder zur Harfe, / lasst den Lobpreis ertönen zum Saitenspiel! / 6 Lasst Trompeten und Hörner erschallen, / jauchzt vor dem HERRN, / dem Herrscher der Welt! / 7 Das Meer soll brausen / mit allem, was darin lebt; / die Erde soll jubeln / mit allen, die darauf wohnen; / 8 die Ströme sollen in die Hände klatschen / und alle Berge vor Freude singen! / 9 Denn der HERR kommt; / er kommt und sorgt für Recht auf der Erde. / Er regiert die Völker in allen Ländern / als gerechter, unparteiischer Richter.

GOTT, DER KÖNIG AUF DEM ZIONSBERG

99 Der HERR ist König! / Über den Kerubim ist sein Thron; / die Völker zittern und die Erde bebt. / 2 Der HERR ist mächtig in der Zionsstadt, / ein gewaltiger Herrscher über alle Völker. // 3 Sie alle sollen dich preisen, / dich, den großen, Ehrfurcht gebietenden Gott! / *Heilig bist du!* / 4 Dir, dem König, gehört die Macht / und du kümmerst dich um das Recht. / Du hast die Regeln für unser Leben aufgestellt, / in Israel Recht und Ordnung festgelegt. / 5 Rühmt den HERRN, unseren Gott! / Werft euch nieder vor seinem Thron! / *Heilig ist er!* / 6 Mose und Aaron waren seine Priester, / auch Samuel war unter denen, die zu ihm rufen; / sie beteten zu ihm / und er gab ihnen Antwort. / 7 Er sprach zu ihnen aus der Wolkensäule / und sie hüteten die Mahnungen und Gebote, / die er ihnen anvertraute. // 8 HERR, unser Gott, du hast ihre Bitten erhört: / Du hast deinem Volk die Schuld vergeben, / doch die Folgen seiner Taten musste es tragen. // 9 Rühmt den HERRN, unseren Gott! / Werft euch nieder vor seinem heiligen Berg! / *Der HERR, unser Gott, ist heilig!*

WIR SIND SEIN VOLK

100 Ein Danklied. // Jubelt dem HERRN zu, ihr Bewohner der Erde! / 2 Stellt euch freudig in seinen Dienst! / Kommt zu ihm mit lautem Jauchzen! / 3 Denkt daran: Der HERR allein ist Gott! / Er hat uns geschaffen und ihm gehören wir. / Sein Volk sind wir, er sorgt für uns / wie ein Hirt für seine Herde. / 4 Geht durch die Tempeltore mit einem Danklied, / betretet den Festplatz mit Lobgesang! / Preist ihn, dankt ihm für seine Taten! / 5 Denn der HERR ist gut zu uns, / seine Liebe hört niemals auf, / von einer Generation zur anderen bleibt er treu.

GELÖBNIS DES KÖNIGS

101 Ein Lied Davids. // Ich will singen von Güte und Recht; / HERR, darum singe und spiele ich für dich. / 2 Ich achte darauf, untadelig zu leben. / Wann wirst du zu mir kommen? // Mit redlichem Herzen lebe ich / unter denen, die mich umgeben. / 3 Ich befasse mich nicht mit Unheilsplänen. / Gottes Gebote zu übertreten ist mir verhasst, / niemand soll mir das nachsagen können. / 4 Von Schlechtigkeit will ich nichts wissen; / darum sollen hinterhältige Menschen mir fernbleiben. / 5 Wer seinen Nachbarn verleumdet / – auch wenn es nicht öffentlich geschieht –, / den bringe ich für immer zum Schweigen. / Ich dulde niemand, der überheblich ist / und auf andere herabsieht. / 6 Aber ich halte Ausschau nach allen im Land, / die treu und zuverlässig sind; / mit solchen Leuten umgebe ich mich. / Wenn jemand ein vorbildliches Leben führt, / dann nehme ich ihn in meinen Dienst. / 7 Für Menschen, die betrügen, / ist kein Platz in meiner Nähe / und solche, die lügen, / müssen mir aus den Augen. / 8 Jeden Morgen halte ich strenges Gericht / über alle Verbrecher im Land. / Jeden, der andere ins Unglück stürzt, / will ich aus der Stadt des HERRN entfernen.

HOFFNUNG IN DER NOT

102 Gebet eines Unglücklichen, dem die Kräfte schwinden und der dem HERRN seine Not klagt. // 2 HERR, höre mein Gebet, / lass meinen Hilferuf zu dir dringen! / 3 Jetzt, am Tag der Not, / verbirg dich doch nicht vor mir! / Höre mich jetzt, ich schreie zu dir; / erhöre mich bald! // 4 Mein Leben schwindet dahin wie ein Rauch, / mein ganzer Körper glüht wie ein Ofen. / 5 Meine Lebenskraft verdorrt / wie Gras in der Sonnenglut, / denn ich kann keinen Bissen mehr anrühren. / 6 Ich kann nur noch stöhnen / und bin nichts als Haut und Knochen. / 7 Ich gleiche dem Vogel in der Wüste, / der Eule, die in Ruinen haust. / 8 Ich liege wach, / ich bin wie ein Vogel, / einsam und allein auf dem Dach. / 9 Ständig beschimpfen mich meine Feinde. / Wenn sie jemand verwünschen wollen, / nennen sie meinen Namen und sagen: / »So wie den soll dich das Unglück treffen!« / 10 Staub und Asche habe ich als Brot, / und Tränen mischen sich in mein Getränk. / 11 In deinem Unmut und Zorn über mich / hast du mich gepackt und zu Boden geschleudert. / 12 Mein Leben gleicht dem sinkenden Tag: / Bald wird die Nacht die Schatten verschlingen. / Wie Gras auf der Wiese verwelke ich. // 13 Doch du, HERR, regierst für alle Zeiten, / deinen Namen wird man nennen / in allen kommenden Generationen. / 14 Du wirst eingreifen / und Erbarmen haben mit der Zionsstadt. / Es ist Zeit, dass du dich um sie kümmerst; / die festgesetzte Stunde ist gekommen! / 15 Wir, deine Diener, lieben auch noch ihre Steine; / es tut uns weh, dass sie in Trümmern liegt. // 16 Den HERRN sollen alle Völker anerkennen, / alle Herrscher der Erde sollen sich beugen / vor seiner Hoheit und Macht! / 17 Denn der HERR baut die Zionsstadt wieder auf, / er zeigt sich in seiner Macht und Hoheit. / 18 Das Gebet der Unterdrückten weist er nicht ab, / sondern nimmt es freundlich an. / 19 Diese Worte soll man aufschreiben / für eine kommende Generation. / Dann wird ein neu erschaffenes Volk den Herrn preisen. / 20 Von seiner heiligen Wohnung im Himmel / blickt der HERR herab auf die Erde, / 21 um das Stöhnen der Gefangenen zu hören / und die zum Tod Verurteilten freizulassen. / 22 Sie werden den HERRN auf dem Zionsberg rühmen, / in ganz Jerusalem werden sie ihn preisen, / 23 wenn die Völker dort zusammenkommen / und alle Königreiche ihm Ehre erweisen. // 24 Der HERR hat meine Kraft zerbrochen / mitten in meinem Lauf, / er hat mein Leben abgekürzt. / 25 Darum sage ich zu ihm: »Mein Gott! / Lass mich doch nicht im besten Alter sterben!« // Du selber überdauerst die Generationen. / 26 Du hast die Erde gegründet vor langer Zeit, / den Himmel hast du gemacht mit eigener Hand. / 27 Sie werden vergehen, du aber bleibst. / Sie werden alt und zerfallen wie Kleider, / du wechselst sie aus wie ein Gewand, / und sie müssen verschwinden. / 28 Du aber bleibst derselbe / und deine Jahre werden nicht enden. / 29 Unsere Kinder werden in Sicherheit wohnen / und auch ihre Kinder werden sicher sein / unter deinem Schutz.

DAS GROSSE DANKGEBET

103 Von David. // Auf, mein Herz, preise den HERRN! / Alles in mir soll den heiligen Gott rühmen! / 2 Auf, mein Herz, preise den HERRN / und vergiss nie, was er für mich getan hat! // 3 Meine ganze Schuld hat er mir vergeben, / von aller Krankheit hat er mich geheilt, / 4 dem Grab hat er mich entrissen, / hat mich mit Güte und Erbarmen überschüttet. / 5 Mit guten Gaben erhält er mein Leben, / täglich erneuert er meine Kraft / und ich bleibe jung und stark wie ein Adler. // 6 Der HERR greift ein mit heilvollen Taten, / den Unterdrückten verschafft er Recht. / 7 Mose hat er eingeweiht in seine Pläne, / Israel hat er seine Wunder sehen lassen. / 8 Der HERR ist voll Liebe und Erbarmen, / voll Geduld und unendlicher Güte. / 9 Er klagt nicht immerfort an / und bleibt nicht für alle Zeit zornig. / 10 Er straft uns nicht, wie wir es verdienten, / unsere Untaten zahlt er uns nicht heim. / 11 So unermesslich groß wie der Himmel / ist seine Güte zu denen, die ihn ehren. / 12 So fern der Osten vom Westen liegt, / so weit entfernt er die Schuld von uns. / 13 Wie ein Vater mit seinen Kindern Erbarmen hat, / so hat der HERR Erbarmen mit denen, die ihn ehren. // 14 Er weiß, was für Geschöpfe wir sind; / er kennt uns doch: Wir sind nur Staub! / 15 Der Mensch ist vergänglich wie das Gras, / es ergeht ihm wie der Blume im Steppenland: / 16 Ein heißer Wind kommt – schon ist sie fort, / und wo sie stand, bleibt keine Spur von ihr. / 17 Doch die Güte Gottes bleibt für immer bestehen; / bis in die fernste Zukunft gilt sie denen, die ihn ehren. / Er hält auch noch zu ihren Kindern und Enkeln, / 18 wenn sie nur seinem Bund treu bleiben / und nach seinen Geboten leben. // 19 Der

HERR hat seinen Thron im Himmel errichtet, / er
herrscht als König über alle Welt. / 20 Preist den
HERRN, ihr starken Engel, / die ihr ihm aufs Wort ge-
horcht / und seine Befehle ausführt! / 21 Preist den
HERRN, ihr mächtigen Diener, / die ihr seinen Willen
vollstreckt! / 22 Preist den HERRN, ihr Geschöpfe
alle, / wo immer ihr lebt in seinem Reich! / Auch du,
mein Herz, preise den HERRN!

MACHT UND GÜTE DES SCHÖPFERS

104 Auf, mein Herz, preise den HERRN! / HERR,
mein Gott, wie groß du bist! / In Hoheit und
Pracht bist du gekleidet, / 2 in Licht gehüllt wie in
einen Mantel. / Den Himmel spannst du aus wie ein
Zeltdach. / 3 Droben über dem Himmelsozean / hast
du deine Wohnung gebaut. / Du nimmst die Wolken
als Wagen / oder fliegst auf den Flügeln des Win-
des. / 4 Stürme sind deine Boten / und das Feuer ist dein
Gehilfe. // 5 Du hast die Erde auf Pfeilern erbaut, / nun
steht sie fest und stürzt nicht zusammen. / 6 Die Fluten
hatten das Land bedeckt, / das Wasser stand über den
Bergen. / 7 Vor deiner Stimme bekam es Angst; / es floh
vor dem Grollen deines Donners. / 8 Von den Bergen
floss es ab in die Täler, / an den Ort, den du ihm zuge-
wiesen hast. / 9 Dann hast du dem Wasser Grenzen ge-
setzt, / nie wieder darf es die Erde überfluten. // 10 Du
lässt Quellen entspringen und zu Bächen werden; / zwi-
schen den Bergen suchen sie ihren Weg. / 11 Sie dienen
den wilden Tieren als Tränke, / Wildesel löschen dort
ihren Durst. / 12 An den Ufern bauen die Vögel ihre Nes-
ter, / aus dichtem Laub ertönt ihr Gesang. / 13 Vom Him-
mel schickst du den Regen auf die Berge / und gibst der
Erde reichlich zu trinken. / 14 Du lässt das Gras sprießen
für das Vieh / und lässt die Pflanzen wachsen, / die der
Mensch für sich anbaut, / damit die Erde ihm Nahrung
gibt: / 15 Der Wein macht ihn froh, / das Öl macht ihn
schön, / das Brot macht ihn stark. // 16 Auch die gro-
ßen Bäume trinken sich satt, / die Libanonzedern, die
du gepflanzt hast. / 17 In ihren Zweigen nisten die Vö-
gel, / hoch in den Wipfeln hausen die Störche. / 18 Den
Steinböcken gehören die hohen Berge, / in den Felsen
finden die Klippdachse Zuflucht. // 19 Du hast den Mond
gemacht, / um die Zeit zu teilen; / die Sonne weiß,
wann sie untergehen muss. / 20 Schickst du die Dunkel-
heit, so wird es Nacht / und die Tiere im Dickicht regen
sich. / 21 Die jungen Löwen brüllen nach Beute; / sie er-
warten von dir, Gott, / dass du sie satt machst. / 22 Geht
dann die Sonne auf, / so ziehen sie sich zurück / und
ruhen in ihren Verstecken aus. / 23 Nun erwacht der
Mensch; / er geht an seine Arbeit und müht sich, / bis
es wieder Abend wird. // 24 HERR, was für Wunder hast
du vollbracht! / Alles hast du weise geordnet; / die Erde
ist voll von deinen Geschöpfen. / 25 Da ist das weite,
unermessliche Meer, / darin wimmelt es von Lebe-
wesen, / von großen und kleinen Tieren. / 26 Schiffe
ziehen dort ihre Bahn / und die gefährlichen Meerun-
geheuer – / du hast sie geschaffen, um damit zu spie-
len. // 27 Alle deine Geschöpfe warten darauf, / dass
du ihnen Nahrung gibst zur rechten Zeit. / 28 Sie
nehmen, was du ihnen ausstreust; / du öffnest deine
Hand / und sie alle werden satt. / 29 Doch wenn du dich
abwendest, sind sie verstört. / Wenn du den Lebens-
hauch zurücknimmst, / kommen sie um und werden
zu Staub. / 30 Schickst du aufs Neue deinen Atem, / so
entsteht wieder Leben. / Du erneuerst das Gesicht der
Erde. // 31 Die Herrlichkeit des HERRN / bleibe für im-
mer bestehen; / der HERR freue sich an allem, / was
er geschaffen hat! / 32 Er sieht die Erde an und sie
bebt, / er berührt die Berge und sie rauchen. / 33 Ich
will dem HERRN singen / mein Leben lang; / meinen
Gott will ich preisen, / solange ich atme. / 34 Ich möchte
ihn erfreuen mit meinem Lied, / denn ich selber freue
mich über ihn. / 35 Wer sich gegen den HERRN em-
pört, / soll von der Erde verschwinden, / es soll keine
Unheilstifter mehr geben! // Auf, mein Herz, preise den
HERRN! / Preist alle den HERRN – Halleluja!

GOTT HÄLT SEIN VERSPRECHEN

105 Dankt dem HERRN! / Macht seinen Namen
überall bekannt; / verkündet allen Völ-
kern, was er getan hat! / 2 Singt und spielt zu seiner
Ehre, / ruft euch seine Wunder ins Gedächtnis! / 3 Seid
stolz auf ihn, den heiligen Gott! / Seid voller Freude
über ihn, / ihr, die ihr nach ihm fragt! / 4 Geht zum
HERRN, denn er ist mächtig; / sucht seine Nähe
zu aller Zeit! / 5 Erinnert euch an seine machtvol-
len Taten, / an seine Wunder und Gerichtsurtei-
le, / 6 ihr Nachfahren seines Dieners Abraham, / ihr
Nachkommen Jakobs, ihr seine Erwählten! // 7 Er
ist unser Gott, er, der HERR, / seine Herrschaft um-
schließt die ganze Welt. / 8 Niemals vergisst er seinen
Bund mit uns, / sein Versprechen gilt tausend Gene-
rationen. / 9 So hat er es Abraham zugesagt / und
es Isaak mit einem Schwur bestätigt. / 10 So hat
er es Jakob fest versprochen, / als ewigen Bund
mit Israel. / 11 Er hat gesagt: »Ich gebe euch ganz
Kanaan, / ich teile es euch zu als Erbbesitz.« / 12 Sie
waren damals leicht zu zählen, / nur eine Hand
voll Leute waren sie, / eingewanderte Fremde im
Land. / 13 Sie zogen von einem Volk zum andern, / auf
Wanderschaft in vieler Herren Länder. / 14 Doch
Gott ließ sie von niemand unterdrücken, / ihret-
wegen warnte er die Herrscher: / 15 »Hände weg
von meinen berufenen Dienern! / Krümmt meinen
Propheten kein Haar!« // 16 Als er den Hunger ins
Land kommen ließ / und kein Brot mehr zu finden
war, / 17 da schickte er ihnen jemand voraus: / Josef
wurde als Sklave verkauft. / 18 Man zwängte seine
Füße in eiserne Fesseln, / ein eiserner Ring um-
schloss seinen Hals, / 19 bis dann seine Voraussage
sich erfüllte / und das Wort des HERRN seine Un-
schuld erwies. / 20 Der König befahl, seine Fesseln
zu lösen; / der Herrscher vieler Völker gab ihm die
Freiheit. / 21 Er vertraute ihm die Regierung an, / die
Verwaltung seines ganzen Eigentums, / 22 damit
er den Ministern Weisung erteilte / und die könig-
lichen Ratgeber Weisheit lehrte. // 23 Dann kam
Jakob nach Ägypten, / Israel wurde Gast im Land

der Nachkommen Hams. / 24 Der HERR ließ das Volk
sehr zahlreich werden / und mächtiger als seine
Unterdrücker. / 25 So änderte er den Sinn der Ägyp-
ter: / Sie begannen, die Israeliten zu hassen / und
Gottes Diener arglistig zu täuschen. / 26 Er sandte
Mose, seinen Vertrauten, / und Aaron, den er ausge-
wählt hatte. / 27 Sie vollbrachten die Wunder, / die
er angekündigt hatte, / seine Machterweise im Land
der Hamiten. // 28 Er schickte die schwärzeste Fins-
ternis – / diesmal widersprachen Mose und Aaron
ihm nicht. / 29 Die Gewässer der Ägypter verwandelte
er in Blut / und ließ ihre Fische darin sterben. / 30 Es
wimmelte überall von Fröschen, / sogar in den kö-
niglichen Gemächern. / 31 Auf seinen Befehl kam
das Ungeziefer, / Schwärme von Mücken bedeckten
Ägypten. / 32 Statt Regen schickte er ihnen Hagel, / im
ganzen Land flammten Blitze. / 33 Ihre Weinstöcke und
Feigenbäume zerschlug er, / er zerbrach alle Bäume
in ihrem Gebiet. / 34 Ein Befehl von ihm, / und die
Heuschrecken kamen / in Riesenscharen ohne
Zahl. / 35 Die ließen keinen Grashalm stehen / und
fraßen alle Felder kahl. / 36 Zuletzt erschlug er die
Erstgeborenen, / den Stolz der ägyptischen Fami-
lien. // 37 Dann führte er die Seinen aus dem Land, / be-
laden mit Schätzen von Silber und Gold; / niemand aus
ihren Stämmen blieb zurück. / 38 Ganz Ägypten war
froh über ihren Auszug, / so groß war die Angst vor
diesem Volk. / 39 Durch eine Wolke schützte sie der
HERR / und Feuer erhellte für sie die Nacht. / 40 Als sie
ihn baten, ließ er Wachteln kommen, / mit Brot vom
Himmel machte er sie satt. / 41 Er öffnete den Felsen
und Wasser kam hervor, / wie ein Strom ergoss es sich
durch die Wüste. // 42 Das tat er wegen seines heiligen
Versprechens, / das er seinem Diener Abraham gege-
ben hatte. / 43 Als er sein erwähltes Volk befreite, / da
sangen und jubelten sie vor Freude. / 44 Er gab ih-
nen die Länder anderer Völker, / der Ertrag fremder
Arbeit wurde ihr Besitz, / 45 damit sie nun seinen
Anordnungen folgen / und seinen Weisungen ge-
horchen. // Preist den HERRN – Halleluja!

ISRAELS UNTREUE UND GOTTES TREUE

106 Halleluja – Preist den HERRN! // Dankt
dem HERRN, denn er ist gut zu uns, / seine
Liebe hört niemals auf! / 2 Wer könnte alle seine
großen Taten nennen / und ihn dafür gebührend
preisen? / 3 Wie glücklich sind alle, / die sich nach
Gottes Ordnungen richten / und jederzeit tun, was
er verlangt! // 4 Wenn du deinem Volk deine Liebe
zeigst, / HERR, dann denk auch an mich! / Wenn du
es befreist, dann hilf auch mir! / 5 Lass mich das Glück
deiner Erwählten erleben, / gemeinsam mit deinem
Volk mich freuen / und jubeln mit allen, die dir ge-
hören. // 6 Wir haben uns versündigt, / wir genauso
wie unsere Väter, / wir haben Unrecht getan / und
Schuld auf uns geladen. // 7 Unsere Vorfahren haben
nichts gelernt / aus Gottes Wundertaten damals in
Ägypten. / Sie vergaßen die vielen Zeichen seiner
Güte, / schon am Ufer des Schilfmeers widersetzten
sie sich ihm. / 8 Trotzdem rettete er sie / und zeigte
seine gewaltige Macht, / denn seine Ehre stand
auf dem Spiel. / 9 Er bedrohte das Schilfmeer / und
es trocknete aus. / Wo sonst abgrundtiefes Wasser
ist, / ließ er sie wie auf Wüstenboden gehen. / 10 Er
rettete sie vor den hasserfüllten Feinden / und befreite
sie aus ihrer Gewalt. / 11 Das Wasser deckte die Verfol-
ger zu, / nicht einer von ihnen blieb übrig. – / 12 Da
schenkten sie seinen Worten Vertrauen / und priesen
ihn mit einem Lied. // 13 Doch bald schon vergaßen sie
seine Taten; / sie warteten nicht, bis sein Plan sich er-
füllte. / 14 In der Wüste forderten sie Gott heraus, / weil
sie ihrer Gier nicht widerstanden. / 15 Er schickte ih-
nen, was sie verlangten; / dann aber machte er sie so
krank, / dass sie immer schwächer wurden. // 16 Im
Lager wurden sie neidisch auf Mose / und auf Aaron,
den geweihten Diener des HERRN. / 17 Da öffnete sich
plötzlich die Erde, / verschlang Datan und Abiram samt
Anhang / und schloss sich wieder über ihnen. / 18 Ein
Feuer flammte auf in ihrer Mitte / und verzehrte die
ganze rebellische Horde. / 19 Am Horeb machten sie
sich ein Stierbild, / sie warfen sich nieder vor ge-
gossenem Metall. / 20 Die Herrlichkeit ihres Gottes
vertauschten sie / mit dem Bild eines Rindviehs, das
Gras frisst. / 21 Gott, ihren Retter, vergaßen sie, / seine
machtvollen Taten in Ägypten, / 22 seine Wunder bei
den Nachkommen Hams, / sein Ehrfurcht gebieten-
des Tun am Schilfmeer. / 23 Darum plante er, sie alle
umzubringen; / doch Mose, sein Erwählter, trat da-
zwischen, / er warf sich für sie in die Bresche / und
wandte den Zorn Gottes von ihnen ab, / sodass sie
nicht ausgerottet wurden. // 24 Dann verschmähten
sie das herrliche Land, / weil sie der Zusage Gottes
misstrauten; / 25 sie meuterten in ihren Zelten / und
wollten dem HERRN nicht mehr gehorchen. / 26 Da
schwor er ihnen mit erhobener Hand, / sie in der Wüste
sterben zu lassen / 27 und ihre Nachkommen in alle
Welt zu zerstreuen, / damit sie unter fremden Völkern
sterben. // 28 Sie ließen sich sogar darauf ein, / Baal,
den Götzen vom Berg Pegor, zu verehren. / Sie aßen
das Fleisch von Opfertieren, / die man toten Götzen
dargebracht hatte. / 29 Sie reizten den HERRN zum Zorn
mit ihrem Treiben / und plötzlich kam das Unheil über
sie. / 30 Doch Pinhas trat vor und hielt Gericht / und
die Seuche hörte wieder auf. / 31 Sein Tun fand Gottes
Anerkennung; / ihm und seinen Nachkommen / wollte
Gott diese Tat nie vergessen. // 32 Bei der Quelle von
Meriba geschah es wieder: / Sie forderten Gottes
Zorn heraus / und brachten Mose damit in Bedräng-
nis. / 33 Sie hatten ihn so sehr gereizt, / dass er re-
dete, ohne zu überlegen. // 34 Sie tilgten die anderen
Völker nicht aus, / obwohl es der HERR so befohlen
hatte. / 35 Sie verschwägerten sich mit den fremden
Völkern / und nahmen deren Gebräuche an. / 36 Sie
warfen sich nieder vor den Götzen, / die ihnen zum
Verhängnis wurden. / 37 Sie nahmen ihre Söhne und
Töchter / und brachten sie den Dämonen als Opfer
dar. / 38 Das Blut von Schuldlosen vergossen sie, / das
Blut ihrer eigenen Kinder, / die sie für die Götzen

Kanaans schlachteten; / dadurch entweihten sie das
Land. / 39 Sie wurden unrein durch ihr Treiben; / was
sie taten, war Untreue gegen Gott. // 40 Der HERR
wurde zornig auf sein Volk, / er sah sein Eigentum
nur noch mit Abscheu. / 41 Er lieferte sie an fremde
Völker aus / und hasserfüllte Leute herrschten über
sie. / 42 Die Feinde beuteten sie aus / und unterdrück-
ten sie mit harter Hand. / 43 Oft genug befreite sie der
HERR; / sie aber blieben widerspenstig / und gerie-
ten durch ihre Schuld immer tiefer in Not. / 44 Doch
wenn er ihre Hilfeschreie hörte / und ihre Angst und
Verzweiflung sah, / 45 dann dachte er wieder an seinen
Bund, / an das, was er ihnen versprochen hatte. / In
seiner Güte taten sie ihm leid. / 46 Darum ließ er sie
Erbarmen finden / bei allen, die sie gefangen hiel-
ten. // 47 HERR, unser Gott, rette uns doch! / Hol uns
heraus aus den fremden Völkern / und führe uns wie-
der zusammen! / Dann werden wir dich preisen, / dich,
unseren heiligen Gott; / und unsere größte Freude
wird es sein, / dir zu danken! // 48 Gepriesen sei der
HERR, der Gott Israels, / vom Anfang der Zeiten bis
in alle Zukunft! / Und alle sollen sagen: / »Amen!
Halleluja!«

DAS DANKLIED DER GERETTETEN

107 Dankt dem HERRN, denn er ist gut zu uns, /
seine Liebe hört niemals auf! / 2 So sollen alle
sprechen, / die der HERR befreit hat! / Er hat sie aus
der Hand ihrer Bedränger gerettet / 3 und aus fremden
Ländern wieder heimgebracht, / von Ost und West, von
Nord und Süd. // 4 Die einen irrten umher in wegloser
Wüste, / fernab von jeder bewohnten Gegend. / 5 Sie
wurden gequält von Hunger und Durst / und spürten,
wie ihr Leben dahinschwand. / 6 *Sie schrien zum HERRN*
in ihrer Not, / der rettete sie aus der Todesangst. / 7 Er
brachte sie auf den richtigen Weg / und ließ sie zu
menschlichen Siedlungen finden. / 8 *Nun sollen sie*
dem HERRN danken für seine Güte, / ihn preisen für ihre
wunderbare Rettung! / 9 Er hat den Verdurstenden zu
trinken gegeben / und den Hungernden reiche Nah-
rung verschafft. // 10 Andere hockten in finsteren Ker-
kern, / gefangen in Elend und eisernen Ketten, / ohne
Hoffnung, die Sonne je wiederzusehen. / 11 Sie hatten
sich gegen Gott empört, / die Weisungen des Höchsten
in den Wind geschlagen. / 12 Da zerbrach er ihren Trotz
durch harte Schläge; / sie lagen am Boden / und nie-
mand half ihnen auf. / 13 *Sie schrien zum HERRN in ihrer*
Not, / der rettete sie aus der Todesangst. / 14 Er holte
sie aus dem finsteren Kerker / und riss ihre Fesseln in
Stücke. / 15 *Nun sollen sie dem HERRN danken für seine*
Güte, / ihn preisen für ihre wunderbare Rettung! / 16 Er
hat die gepanzerten Türen zerschlagen, / die eisernen
Riegel hat er zerbrochen. // 17 Andere waren so unein-
sichtig, / dass sie sich dem HERRN widersetzten; / ihre
Vergehen stürzten sie in schlimmes Unglück. / 18 Sie
ekelten sich vor jeder Speise, / ihr Leben hing nur
noch an einem Faden. / 19 *Sie schrien zum HERRN in*
ihrer Not, / der rettete sie aus der Todesangst. / 20 Er
sprach ein Wort und sie waren geheilt; / so bewahrte
er sie vor dem Grab. / 21 *Nun sollen sie dem HERRN*
danken für seine Güte, / ihn preisen für ihre wun-
derbare Rettung! / 22 Sie sollen ihm danken mit Op-
fergaben / und voll Freude verkünden, was er getan
hat! // 23 Andere wieder fuhren übers Meer / und
trieben Handel an vielen Küsten. / 24 Sie erlebten
voll Staunen, was der HERR kann / und wie er die Ele-
mente beherrscht. / 25 Auf seinen Befehl erhob sich ein
Sturm / und haushoch türmten sich die Wellen. / 26 Ihr
Schiff wurde zum Himmel hinaufgeschleudert / und
stürzte hinab in den gähnenden Abgrund. / Sie ver-
gingen vor Angst und Elend. / 27 Wie Betrunkene
schwankten und taumelten sie, / sie waren mit ihrer
Weisheit am Ende. / 28 *Sie schrien zum HERRN in ihrer*
Not, / der rettete sie aus der Todesangst. / 29 Er ließ
den Sturm zur leichten Brise werden / und die toben-
den Wellen legten sich. / 30 Da wurde ihnen wieder
leicht ums Herz / und er brachte sie zum ersehnten
Hafen. / 31 *Nun sollen sie dem HERRN danken für seine*
Güte, / ihn preisen für ihre wunderbare Rettung! / 32 In
der Gemeinde sollen sie davon erzählen, / im Rat der
Ältesten ihn dafür rühmen! // 33 Gott kann Ströme
versiegen lassen, / wasserreiche Täler zu Step-
pen machen / 34 und fruchtbares Land zur salzigen
Wüste, / wenn die Bewohner das Recht nicht ach-
ten. / 35 Er kann auch Wüsten zu Weiden machen / und
in Steppen Quellen aufbrechen lassen. / 36 Dort kön-
nen die Ausgehungerten leben; / sie bauen eine Stadt,
in der sie wohnen. / 37 Sie bestellen die Felder, / legen
Weinberge an / und bringen reiche Ernte ein. / 38 Gott
schenkt ihnen Glück und Gelingen / und sie be-
kommen viele Kinder, / auch ihre Herden nehmen
zu. – / 39 Doch wenn sie immer geringer werden, / ge-
beugt von Unglück und Unterdrückung, / 40 dann
bringt er die Vornehmen in Schande / und lässt sie
umherirren in wegloser Wüste. / 41 Die Armen aber
befreit er aus der Not / und lässt ihre Familien wach-
sen wie Herden. // 42 Alle Rechtschaffenen werden es
sehen und sich freuen; / aber die Lästermäuler müssen
verstummen. / 43 Wer klug ist, achtet darauf / und wird
erkennen, wie gütig der HERR ist.

DANKBARE GEWISSHEIT IN GROSSER BEDRÄNGNIS

108 Ein Lied Davids. // 2 Mein Herz ist ruhig
geworden, Gott, / ich fühle mich wieder
sicher; / mit einem Lied will ich dich preisen. / Ja,
das will ich! / 3 Harfe und Laute, wacht auf, / denn
heute will ich die Sonne wecken! / 4 Dir, HERR, bringe
ich meinen Dank, / von dir will ich singen vor al-
len Völkern; / 5 denn deine Güte ist größer als der
Himmel / und deine Treue reicht so weit wie die
Wolken! / 6 Gott, überstrahle den Himmel mit dei-
ner Herrlichkeit / und erfülle die Erde mit deiner
Macht! / 7 Greif ein mit deiner starken Hand, / gib
Antwort auf mein Rufen, / rette uns – du liebst
uns doch! // 8 Aus seinem Heiligtum gibt Gott die
Antwort: / »Ich juble über meinen Sieg!«, sagt
er. / »Ich werde Sichem meinem Volk zuteilen, / das

Tal von Sukkot für sie vermessen. / 9 Mir gehört Gilead, mir gehört Manasse, / Efraïm ist mein Helm / und Juda mein Zepter. / 10 Moab muss mir als Waschschüssel dienen, / auf Edom werfe ich meinen Schuh, / um mein Besitzrecht anzuzeigen. / Über die Philister breche ich in Siegesjubel aus!« // 11 Wer bringt mich in die befestigte Stadt, / wer führt mich nach Edom? / 12 Wer außer dir, Gott, könnte das tun? / Aber du hast uns ja verstoßen / und ziehst nicht mehr mit unseren Heeren in den Kampf! / 13 Komm *du* uns in unserer Not zu Hilfe; / auf Hilfe von Menschen ist kein Verlass! // 14 Mit Gott auf unserer Seite / vollbringen wir Großes; / denn er wird unsere Feinde zertreten.

GEBET EINES UNSCHULDIG ANGEKLAGTEN

109 Ein Lied Davids. // Du, Gott, dem ich meine Danklieder singe, / schweige nicht länger! / 2 Gewissenlose Verleumder klagen mich an, / nichts als Lügen höre ich von ihnen. / 3 Mit gehässigen Reden umringen sie mich, / grundlos dringen sie auf mich ein. / 4 Für meine Freundschaft feinden sie mich an; / ich aber habe für sie gebetet. / 5 Gutes vergelten sie mir mit Bösem, / meine Liebe erwidern sie mit Hass. // 6 Berufe einen Richter gegen meinen Feind, / einen, der so gewissenlos ist wie er selbst, / und einen harten Ankläger neben ihn! / 7 Am Ende muss er als schuldig dastehen, / selbst sein Gebet soll als Verbrechen gelten! / 8 Nur wenige Jahre soll sein Leben dauern / und seine Stellung soll ein anderer bekommen! / 9 Seine Kinder sollen Waisen werden / und seine Frau eine schutzlose Witwe! / 10 In Trümmern sollen seine Kinder hausen / und von dort aus als Bettler umherirren! / 11 Seinen ganzen Besitz sollen Gläubiger nehmen / und Fremde den Ertrag seiner Arbeit rauben! / 12 Es darf niemand mehr geben, der sein Andenken ehrt / und Mitleid hat mit seinen verwaisten Kindern! / 13 Seine Nachkommen sollen ausgerottet werden, / in der nächsten Generation sei ihr Name vergessen! / 14 Der HERR rechne ihm das Unrecht seiner Vorväter an, / auch die Schuld seiner Mutter bleibe ungetilgt! / 15 Nichts davon soll der HERR vergessen! / Die Namen dieser Leute lösche er aus, / damit niemand im Land mehr an sie denkt! / 16 Denn dieser Mensch hat nie daran gedacht, / einem anderen Güte zu erweisen. / Die Armen und Bedürftigen hat er verfolgt, / die Hoffnungslosen in den Tod getrieben. / 17 Er hat den Fluch geliebt, / darum soll der Fluch ihn treffen; / er hat sich geweigert, andere zu segnen, / darum soll der Segen von ihm weichen. / 18 Er hat mit einem Fluch seine Unschuld beteuert / und sich in diesen Fluch gehüllt, / als wäre er ein schützender Mantel. / Und der Fluch ist in ihn eingedrungen / wie Wasser, das man trinkt, / wie Öl, mit dem man sich einreibt. / 19 Darum soll der Fluch nun bei ihm bleiben, / ihn umhüllen wie sein Hemd, / ihn für immer umschließen wie sein Gürtel! // 20 So soll der HERR verfahren / mit allen meinen Feinden, / die mich beschuldigen und verleumden! // 21 HERR, mein Gott, es geht um deine Ehre! / Erweise mir deine große Güte / und rette mich! / 22 Ich bin arm und hilflos / und im Innersten verwundet. / 23 Ich schwinde dahin / wie ein Schatten vor der Nacht; / man schüttelt mich ab wie ein lästiges Insekt. / 24 Vom vielen Fasten wanken mir die Knie, / vor Entbehrung ist mein Körper abgemagert. / 25 Meine Feinde verhöhnen mich, / wenn sie mich sehen, / und schütteln verächtlich ihre Köpfe. // 26 HERR, mein Gott, steh mir bei! / Hilf mir, ich rechne mit deiner Güte! / 27 Lass sie erkennen, dass *du* es tust, / dass du, HERR, alles so gefügt hast! / 28 Sie verfluchen mich, / du aber wirst mich segnen. / Sie greifen mich an und werden unterliegen, / ich aber werde voll Freude sein. / 29 Sie alle, die mich beschuldigen – / Schimpf und Schande soll über sie kommen, / sie völlig umhüllen wie ein Mantel! // 30 Ich will dem HERRN danken mit lauter Stimme, / in der großen Menge will ich ihn preisen! / 31 Denn er wird dem Wehrlosen beistehen / und ihn retten vor seinen Richtern, / die ihn zum Tod verurteilen wollen.

GOTTES ZUSAGE AN DEN KÖNIG

110 Ein Lied Davids. // Gott, der HERR, lässt dir sagen, / dir, meinem Herrn und König: / »Setze dich an meine rechte Seite! / Ich will dir deine Feinde unterwerfen, / sie als Schemel unter deine Füße legen.« / 2 Der HERR hat dich zum König gemacht auf dem Berg Zion. / Von dort aus wird er dein Reich ausweiten; / über alle deine Feinde sollst du herrschen! / 3 Israels Männer folgen dir willig, / wenn du sie zum Kampf rufst. / Festlich geschmückt, frisch wie der Morgentau, / sammelt sich bei dir die Jugend deines Volkes. // 4 Mit einem Schwur sagt der HERR es dir zu: / »Du bist mein Priester für immer, / nach der Art Melchisedeks.« / Er nimmt diese Zusage nicht zurück. / 5 Der Herr wird dir zur Seite stehen / und Könige zu Boden schlagen / am Tag seines Zornes. / 6 Wenn er Gericht hält über die Völker, / werden überall Tote liegen; / er vernichtet die Herrscher vieler Länder. // 7 Der König trinkt aus dem Bach am Weg, / und so gestärkt, behält er den Sieg.

DANK FÜR GOTTES WUNDERTATEN

111 Halleluja – Preist den HERRN! // Von Herzen will ich den HERRN preisen / unter denen, die zu ihm halten, / inmitten der Gemeinde. / 2 Wie gewaltig sind die Taten des HERRN! / Alle, die Freude an ihnen haben, / denken ständig über sie nach. / 3 Sein Tun ist voller Hoheit und Pracht; / seine Gerechtigkeit hat für immer Bestand. / 4 Er selbst hat Gedenktage gestiftet, / damit seine großen Taten nicht vergessen werden. // Voll Güte und Erbarmen ist der HERR! / 5 Alle, die ihm gehorchten, machte er satt; / niemals vergisst er seinen Bund mit ihnen. / 6 Er zeigte seinem Volk, wie mächtig er ist: / er gab ihm die Länder anderer Völker. / 7 Was er tut, ist zuverlässig und richtig. / Seine Gebote verdienen Vertrauen; / 8 für alle Zeiten stehen sie fest, / sie sind genau und treu zu befolgen. // 9 Der HERR hat sein Volk befreit / und

einen Bund mit ihm geschlossen, / der für immer
gilt. / Heilig und Ehrfurcht gebietend ist er! / 10 Den
HERRN stets ernst zu nehmen, / damit fängt alle
Weisheit an. / Wer es tut, beweist Verstand. // Der
Ruhm des HERRN hört niemals auf!

DAS GLÜCK DER TREUEN

112 Halleluja – Preist den HERRN! // Wie glück-
lich ist ein Mensch, / der den HERRN ach-
tet und ehrt / und große Freude hat an Gottes
Geboten! / 2 Seine Nachkommen werden mäch-
tig im Land; / denn wer aufrichtig dem HERRN
folgt, / dessen Kinder segnet er. / 3 Wohlstand und
Reichtum sind in seinem Haus, / seine Gerechtigkeit
hat für immer Bestand. / 4 Sogar in dunklen Stunden
strahlt ein Licht / für alle, die redlich und rechtschaf-
fen sind; / denn er ist gütig, barmherzig und ge-
recht. // 5 Gut steht es um den Menschen, / der den
Armen schenkt und leiht / und der bei allem, was er
unternimmt, / das von Gott gesetzte Recht beach-
tet. / 6 Nie gerät er ins Wanken, / niemals wird seine
Treue vergessen. / 7 Schlimme Nachricht macht ihm
keine Angst, / mit ruhigem Herzen vertraut er dem
HERRN. / 8 Fest und mutig bleibt er, ohne Furcht, / bald
wird er herabschauen auf seine Feinde. / 9 Großzügig
gibt er den Bedürftigen; / seine Gerechtigkeit hat
für immer Bestand. / Darum wird er beschenkt mit
Macht und Ehre. / 10 Wer Gott missachtet, sieht es vol-
ler Ärger, / knirscht mit den Zähnen und vergeht vor
Wut. / Seine bösen Pläne werden zunichte.

GOTTES GRÖSSE UND ERBARMEN

113 Halleluja – Preist den HERRN! // Ihr seine
Diener, preist ihn! / Rühmt seinen großen
Namen! / 2 Dankt eurem mächtigen Herrn, / jetzt
und in aller Zukunft! / 3 Von dort, wo die Sonne
aufgeht, / bis dorthin, wo sie versinkt – / über-
all werde der HERR gepriesen! / 4 Herrscher über
alle Völker ist der HERR, / seine Herrlichkeit über-
strahlt den Himmel. // 5-6 Wer im Himmel oder auf
der Erde / gleicht dem HERRN, unserem Gott, / ihm,
der im höchsten Himmel thront / und hinabschaut
in die tiefste Tiefe? / 7 Den Armen holt er aus der
Not, / den Hilflosen heraus aus seinem Elend / 8 und
gibt ihm einen Ehrenplatz / bei den Angesehenen
seines Volkes. / 9 Der Frau, die keine Kinder haben
konnte, / verschafft er ein sicheres Zuhause / und
macht sie zu einer glücklichen Mutter. // Preist den
HERRN – Halleluja!

DER EHRFURCHT GEBIETENDE GOTT

114 Als Israel aus Ägypten wegzog, / als die
Nachkommen Jakobs das Volk verlie-
ßen, / dessen Sprache sie nicht verstehen konn-
ten, / 2 da wurde Juda Gottes Heiligtum, / Israel
wurde sein Herrschaftsgebiet. / 3 Das Meer sah es
und floh, / der Jordan wich zurück, / 4 die Berge
sprangen wie Widder / und die Hügel hüpften wie
Lämmer. // 5 Du Meer, warum fliehst du denn? / Du
Jordan, weshalb weichst du zurück? / 6 Ihr Berge,
warum springt ihr wie Widder? / Ihr Hügel, weshalb
hüpft ihr wie Lämmer? // 7 Ja, Erde, erbebe vor dem
Herrn, / zittere, wenn der Gott Jakobs sich zeigt! / 8 Er
hat den Felsen in einen Teich verwandelt, / den harten
Stein in eine Quelle!

GOTT ALLEIN DIE EHRE!

115 Nicht uns, HERR, nicht uns – / nein, deinen Na-
men bringe zu Ehren! / Wir wissen doch, dass
du gütig und treu bist! / 2 Warum sollen die anderen
Völker sagen: / »Wo ist er denn, ihr Gott?« // 3 Unser
Gott? Im Himmel ist er! / Und alles, was er will, das
tut er auch! / 4 Doch ihre Götzen aus Silber und
Gold / sind Machwerke von Menschenhänden. / 5 Sie
haben Münder, die nicht sprechen, / Augen, die nichts
sehen, / 6 Ohren, die nichts hören, / Nasen, die nichts
riechen, / 7 Hände, die nichts fühlen, / Füße, die sich
nicht bewegen, / und aus ihren Kehlen kommt kein
Laut. / 8 Genauso sollen alle werden, / die diese Göt-
zen geschaffen haben, / und alle, die sich auf Götzen
verlassen! // 9 Volk Israel, vertrau dem HERRN! / Er ist
deine Hilfe und dein Schutz. / 10 Ihr Priester, vertraut
dem HERRN! / Er ist eure Hilfe und euer Schutz. / 11 Ihr
alle, die ihr ihn verehrt, / vertraut dem HERRN! / Er ist
eure Hilfe und euer Schutz. // 12 Der HERR denkt an
uns und will uns segnen. / Er segne ganz Israel! / Er
segne die Priester! / 13 Er segne alle, die ihn vereh-
ren, / Niedrige und Hohe miteinander! / 14 Der HERR
schenke euch große Familien, / euch und all euren
Kindern! / 15 Glück und Gelingen gebe euch der
HERR, / der Himmel und Erde geschaffen hat! // 16 Der
Himmel gehört dem HERRN allein, / doch die Erde hat
er den Menschen gegeben. / 17 Die Toten können ihn
nicht mehr preisen; / sie sind dort, wo man für immer
schweigt. / 18 Wir aber wollen ihm danken, / jetzt und
in aller Zukunft! // Preist den HERRN – Halleluja!

DANK FÜR DIE RETTUNG VOM TOD

116 Ich liebe den HERRN, denn er hört mich, / wenn
ich zu ihm um Hilfe schreie. / 2 Er hat ein offe-
nes Ohr für mich; / darum bete ich zu ihm, solange
ich lebe. // 3 Ich war gefangen in den Fesseln des
Todes, / die Schrecken der Totenwelt griffen nach
mir, / Angst und Verzweiflung quälten mich. / 4 Da
schrie ich zu ihm: / »HERR, rette mein Leben!« // 5 Der
HERR ist gütig und gerecht, / voll Erbarmen ist unser
Gott. / 6 Der HERR schützt alle, / die sich nicht hel-
fen können. / Ich war schwach und er hat mir gehol-
fen. / 7 Nun kann ich wieder zur Ruhe kommen, / denn
der HERR ist gut zu mir gewesen. / 8 HERR, du hast mich
gerettet vom drohenden Tod, / du hast meine Tränen
versiegen lassen / und meine Füße zurückgehalten
vor dem Abgrund. / 9 Ich darf in der Welt der Lebenden
bleiben / und in deiner Nähe weiterleben. // 10 Ich
habe dem HERRN vertraut, / auch als ich klagte: / »Ich
liege ganz am Boden!« / 11 In meiner Ratlosigkeit sagte
ich: / »Auf keinen Menschen ist Verlass!« / 12 Wie
kann ich dem HERRN vergelten, / was er für mich

getan hat? / 13 Ich will ihn vor der Gemeinde rüh-
men / und den Becher der Rettung erheben, um ihm
zu danken. / 14 Was ich ihm versprochen habe, löse
ich ein / in Gegenwart seines ganzen Volkes. / 15 Der
HERR lässt die Seinen nicht untergehen, / dafür ist
ihm ihr Leben zu wertvoll. // 16 HERR, ich gehöre dir
mit Leib und Leben; / darum hast du mich vom Tod
befreit. / 17 Ich bringe dir ein Dankopfer / und be-
kenne vor allen, / dass du zu deinem Namen stehst
und hilfst. // 18 Was ich dem HERRN versprochen
habe, / das löse ich ein / in Gegenwart seines ganzen
Volkes, / 19 in den Vorhöfen seines Tempels, / mitten in
dir, Jerusalem! // Preist den HERRN – Halleluja!

ALLE WELT SOLL GOTT PREISEN!

117 Preist den HERRN, alle Völker! / Rühmt ihn, ihr
Nationen alle! / 2 Denn seine Güte zu uns ist
übergroß / und seine Treue hört niemals auf. // Preist
den HERRN – Halleluja!

DANK DES KÖNIGS FÜR GOTTES HILFE

118 *Dankt dem HERRN, denn er ist gut zu uns, / seine
Liebe hört niemals auf!* / 2 Das Volk Israel soll
rufen: / »Seine Liebe hört niemals auf!« / 3 Die Priester
sollen rufen: / »Seine Liebe hört niemals auf!« / 4 Alle,
die den HERRN verehren, sollen rufen: / »Seine Liebe
hört niemals auf!« // 5 Als ich von allen Seiten bedrängt
war, / schrie ich zum HERRN um Hilfe. / Er erhörte mich
und machte mich frei. / 6 Der HERR steht mir bei; / nun
fürchte ich nichts mehr. / Was könnte ein Mensch mir
schon tun? / 7 Der HERR steht mir bei, / er selbst greift
ein; / darum werde ich mit eigenen Augen sehen, / wie
meine Feinde unterliegen. / 8 Mit dem HERRN rechnen
ist besser / als sich auf Menschen verlassen. / 9 Mit
dem HERRN rechnen ist besser / als auf die Hilfe der
Mächtigen warten. // 10 Feindliche Völker umring-
ten mich – / ich trieb sie zurück mit der Hilfe des
HERRN! / 11 Sie bedrängten mich von allen Seiten – / ich
trieb sie zurück mit der Hilfe des HERRN! / 12 Sie über-
fielen mich wie Bienenschwärme – / ich trieb sie
zurück mit der Hilfe des HERRN! / Einem Strohfeuer
glich ihr Angriff, / so schnell war er vorüber. / 13 Sie
setzten mir hart zu, um mich zu stürzen; / doch der
HERR hat mir geholfen. / 14 Vom HERRN kommt meine
Kraft, / ihm singe ich mein Lied, / denn er hat mich
gerettet. // 15 Das Volk Gottes stimmt das Siegeslied
an; / aus allen Zelten schallt es laut: / »Der HERR
hat seine Macht gezeigt; / 16 seine Hand ist siegreich
erhoben. / Er hat die Feinde geschlagen!« // 17 Ich
muss nicht sterben, ich darf weiterleben / und erzäh-
len, was der HERR getan hat. / 18 Der HERR hat mich
hart angefasst, / doch vor dem Tod hat er mich be-
wahrt. / 19 Öffnet mir das Tor zum Tempel, / durch
das die Treuen einziehen dürfen! / Ich will eintre-
ten, um dem HERRN zu danken. / 20 »Hier ist der Zu-
gang zum HERRN. / Wenn du seine Weisungen treu
befolgt hast, / dann komm, tritt ein!« / 21 Ich danke
dir, HERR, du hast mich erhört! / Du hast mir die
Rettung gebracht! // 22 Der Stein, den die Bauleute
als wertlos weggeworfen haben, / ist zum Eckstein
geworden. / 23 Der HERR hat dieses Wunder voll-
bracht / und wir haben es gesehen. // 24 Diesen Tag hat
der HERR zum Festtag gemacht. / Heute wollen wir uns
freuen und jubeln! / 25 Hilf uns doch, HERR! / Gib uns
Glück und Gelingen! / 26 »Heil dem, der im Auftrag des
HERRN kommt! / Den Segen des HERRN sprechen wir
euch zu, / hier, von seinem Tempel aus.« / 27 Der HERR
allein ist Gott, / er blickt uns freundlich an. / »Nehmt
Zweige! / Schließt euch zusammen zum festlichen
Reigen / bis dicht an die Hörner des Altars!« / 28 Du
bist mein Gott, und ich danke dir; / mein Gott, ich will
dich preisen! // 29 *Dankt dem HERRN, denn er ist gut zu
uns, / seine Liebe hört niemals auf!*

EIN LOBLIED AUF GOTTES GESETZ

I

119 Wie glücklich ist, wer stets unsträflich lebt / und
jederzeit des HERRN Gesetz befolgt! / 2 Wie
glücklich ist, wer Gottes Weisung ausführt / und wer
mit ganzem Herzen nach ihm fragt! / 3 Bei solchen
Menschen findet sich kein Unrecht, / weil sie in allem
Gottes Willen tun. / 4 Du, HERR, hast deine Vorschriften
gegeben, / damit man sich mit Sorgfalt danach rich-
tet. / 5 Ich möchte unbeirrbar dabei bleiben, / mich dei-
nen Ordnungen zu unterstellen! / 6 Dann brauchte ich
nicht mehr beschämt zu sein / im Blick auf die Gebote,
die du gabst. / 7 Was du entschieden hast, präg' ich mir
ein / und preise dich dafür mit reinem Herzen. / 8 An
deine Ordnungen will ich mich halten; / steh du mir
bei und lass mich nicht im Stich!

II

9 Wie kann ein junger Mensch sein Leben meis-
tern? / Indem er tut, was du gesagt hast, HERR. / 10 Von
Herzen frage ich nach deinem Willen; / bewahre
mich davor, ihn zu verfehlen! / 11 Was du gesagt hast,
präge ich mir ein, / weil ich vor dir nicht schuldig
werden will. / 12 Ich muss dir immer wieder dan-
ken, HERR, / weil du mich deinen Willen kennen
lehrst. / 13 Was du nach deinem Recht entschieden
hast, / das sage ich mir immer wieder auf. / 14 Genau
nach deinen Weisungen zu leben / erfreut mich
mehr als alles Gut und Geld. / 15 Ich denke über
deine Regeln nach, / damit ich deinen Weg für mich
erkenne. / 16 HERR, deine Ordnungen sind meine
Freude; / ich werde deine Worte nicht vergessen.

III

17 Ich bin dein Diener, HERR, sei gut zu mir, / damit ich
lebe und dein Wort befolge! / 18 HERR, öffne mir die
Augen für die Wunder, / die dein Gesetz in sich ver-
borgen hält! / 19 Ich bin nur Gast hier, darum brauch
ich Schutz. / Verschweig mir nicht, was du befohlen
hast! / 20 Mit Sehnsucht warte ich zu jeder Zeit / auf
das, was du nach deinem Recht verfügst. / 21 Du
drohst den Stolzen, den von dir Verfluchten, / die
deine Regeln ständig übertreten. / 22 Befreie mich
von Schande und Verachtung, / weil ich mich stets
an deine Weisung halte. / 23 Die Großen halten Rat,
um mir zu schaden; / doch ich will deine Vorschriften

ergründen. / 24 An deiner Weisung hab ich meine
Freude, / weil ich mit ihr stets gut beraten bin.

IV

25 Ich liege kraftlos hingestreckt im Staub; / belebe
mich, wie du versprochen hast! / 26 Ich klagte dir mein
Leid; du hast geholfen. / Nun lass mich wissen, was
du mir befiehlst! / 27 Ich möchte deine Vorschriften
verstehen / und deine Wunder täglich neu beden-
ken. / 28 Vor Traurigkeit zerfließe ich in Tränen. / Wie
du es zugesagt hast, hilf mir auf! / 29 Bewahre mich
vor jeder Art von Falschheit, / in deiner Güte lehr
mich dein Gesetz! / 30 Ich habe mich entschieden,
treu zu bleiben, / und will mich deiner Ordnung
unterstellen. / 31 Ich binde mich ganz fest an deine
Weisung; / HERR, lass mich deshalb nicht als Narr da-
stehen! / 32 Den Weg, den du mir vorschreibst, gehe
ich, / du hast mein Herz dazu bereitgemacht.

V

33 HERR, lass mich deine Regeln klar erkennen, / da-
mit ich sie befolge, mir zum Lohn. / 34 Gib mir ge-
nug Verstand für dein Gesetz; / von ganzem Herzen
will ich darauf hören. / 35 Was du befohlen hast, hilf
mir befolgen; / ich werde große Freude daran ha-
ben! / 36 Auf deine Weisung richte meinen Sinn, / nicht
darauf, großen Reichtum zu erlangen! / 37 Zieh mei-
nen Blick von Nichtigkeiten ab / und führe mich,
damit ich leben kann! / 38 Bestätige auch mir, HERR,
dein Versprechen, / das allen gilt, die dir gehor-
chen wollen. / 39 Die Schande, die mir Angst macht,
nimm sie weg! / Was du entscheidest, das ist gut und
recht. / 40 Ich will mich ganz nach deinen Regeln rich-
ten. / In deiner Treue gib mir Kraft dazu!

VI

41 Lass deine Güte auch zu mir gelangen; / HERR, rette
mich, wie du versprochen hast! / 42 Dann kann ich je-
dem eine Antwort geben, / der mich verhöhnt. – Ich
nehme dich beim Wort! / 43 Ich möchte deine Treue
rühmen können; / auf deinen Urteilsspruch vertraue
ich. / 44 An dein Gesetz will ich mich halten, HERR, / in
jeder Lage und für alle Zukunft. / 45 Ich werde wei-
ten Raum zum Leben haben, / weil ich mich stets
nach deiner Weisung richte. / 46 Ich halte sie selbst
Königen entgegen / und bin gewiss, ich werde nicht
beschämt. / 47 Ich liebe die Gebote, die du gabst; / es
macht mir Freude, wenn ich sie befolge. / 48 Ich liebe
und verehre die Gebote / und denke über deine
Regeln nach.

VII

49 Vergiss nicht, was du mir versprochen hast; / du
hast mich Großes hoffen lassen, HERR! / 50 Sogar in
meiner Not bin ich getröstet, / denn durch dein Wort
erhältst du mich am Leben. / 51 Die Stolzen treiben
ihren Spott mit mir, / doch ich wich nie von deiner
Weisung ab. / 52 Es macht mir Mut, HERR, wenn ich
daran denke, / wie du in alter Zeit für Recht gesorgt
hast. / 53 Ich werde wütend, wenn ich Menschen
sehe, / die dein Gesetz missachten und verlas-
sen. / 54 Solang ich Gast auf dieser Erde bin, / sind
deine Regeln Inhalt meiner Lieder. / 55 Mein Denken
kreist in jeder Nacht um dich, / damit ich immer dein
Gesetz befolge. / 56 Nach deinen Regeln jederzeit zu
leben, / das ist mein Auftrag und mein größtes Glück.

VIII

57 Ich sag's noch einmal, HERR: / Das ist mein Vor-
recht, / dass ich mich stets nach deinen Worten
richte. / 58 Mit ganzem Herzen such ich deine Gü-
te; / erbarme dich, wie du versprochen hast! / 59 Ich
überdenke meine Lebensführung / und kehre wie-
der um zu deiner Weisung. / 60 Ich eile, HERR, ich
schiebe es nicht auf, / das auszuführen, was du mir
befiehlst. / 61 Rings um mich hat man Fallen ausge-
legt, / doch ich vergesse niemals dein Gesetz. / 62 Noch
mitten in der Nacht erwache ich / und preise dich, weil
du gerecht entscheidest. / 63 Ich bin ein Freund für alle,
die dich ehren / und sich genau an deine Regeln hal-
ten. / 64 Die Erde ist erfüllt von deiner Güte; / HERR,
hilf mir, deinen Willen zu erkennen!

IX

65 Du bist so gut zu mir gewesen, HERR, / genauso,
wie du es versprochen hattest. / 66 Gib du mir rechte
Einsicht und Erkenntnis; / denn deinen Weisungen
vertraue ich. / 67 Bevor ich leiden musste, ging ich
irre; / jetzt aber tue ich, was du befiehlst. / 68 Stets
bist du gut und tust mir so viel Gutes! / HERR, hilf
mir, deinen Willen zu erkennen! / 69 Von frechen
Lügnern werde ich beschuldigt, / doch folge ich von
Herzen deiner Weisung. / 70 Sie sind zu stumpf und
träge zum Verstehen; / doch mir ist dein Gesetz die
größte Freude. / 71 Für mich war's gut, dass ich durchs
Leiden musste, / um mich auf deine Weisung zu be-
sinnen. / 72 HERR, dein Gesetz hat größeren Wert für
mich / als Tausende von Gold- und Silberstücken!

X

73 Mit deinen Händen hast du mich gestaltet; / HERR,
hilf mir, deinen Willen zu verstehen! / 74 Die Deinen
sehen mich und freuen sich, / weil ich mich auf dein
Wort verlassen habe. / 75 Ich weiß, HERR, dass du
stets gerecht entscheidest; / du hattest recht, als
du mich leiden ließest. / 76 Lass deine Güte mich
nun wieder trösten, / wie du es mir doch zugesagt
hast, HERR! / 77 Erbarm dich über mich, dann kann
ich leben; / denn dein Gesetz ist meine größte
Freude! / 78 Bring Schande über alle frechen Lüg-
ner, / weil sie mich ohne jeden Grund verklagen! / Ich
denke immer nur an deine Regeln. / 79 Lass alle zu mir
kommen, die dich ehren, / damit sie deine Weisungen
erkennen! / 80 Mein Herz soll nie von deiner Ordnung
weichen, / dann werde ich auch nicht in Schande
kommen.

XI

81 Ich warte sehnsuchtsvoll auf deine Hilfe, / ich
setze meine Hoffnung auf dein Wort. / 82 Ich schaue
mir die Augen aus nach dir: / Wann kommst du end-
lich, HERR, und tröstest mich? / 83 Ich schrumpfe wie
ein Weinschlauch der im Rauch hängt; / doch deine
Regeln will ich nie vergessen. / 84 Wie lange, HERR,
willst du mich warten lassen? / Wann trifft dein Ur-
teil die, die mich verfolgen? / 85 In Gruben wollen

mich die Feinde fangen, / sie, die vermessen dein
Gesetz missachten. / 86 Was du befiehlst, HERR, dar-
auf ist Verlass. / Doch sie verfolgen mich zu Unrecht;
hilf mir! / 87 Fast hätten sie mich hier im Land getö-
tet, / obwohl ich dein Gesetz nicht übertrat. / 88 Durch
deine Güte lass mich weiterleben, / damit ich deine
Weisungen befolge!

XII

89 Dein Wort, HERR, bleibt für alle Zeit bestehen, / bei
dir im Himmel ist sein fester Platz. / 90 Auch deine
Treue bleibt für alle Zukunft: / Du hast die Erde
dauerhaft gegründet. / 91 Dein Wille hält bis heute
alles aufrecht / und alle Dinge stehen dir zu Diens-
ten. / 92 Wenn dein Gesetz nicht meine Freude
wäre, / dann wäre ich vor Elend umgekommen. / 93 Ich
werde deine Regeln nie vergessen; / ich weiß, durch
sie erhältst du mich am Leben. / 94 HERR, ich gehöre dir,
komm mir zu Hilfe! / Ich frage jederzeit nach deinen
Regeln. / 95 Verbrecher warten drauf, mich zu vernich-
ten; / ich aber will auf deine Weisung achten. / 96 Ich
sah, auch die Vollkommenheit hat Grenzen, / doch
dein Gebot hat unbegrenzte Geltung.

XIII

97 Ich habe dein Gesetz unendlich lieb! / Den gan-
zen Tag beschäftigt es mein Denken. / 98 HERR, dein
Gebot wird immer bei mir sein; / es macht mich wis-
sender als meine Feinde. / 99 Ich habe mehr gelernt
als meine Lehrer, / denn all mein Forschen fragt nach
deiner Weisung. / 100 Ich habe mehr Erkenntnis als
die Alten, / weil ich mich stets nach deinen Regeln
richte. / 101 Ich halte mich von jedem Unrecht fern, / um
das zu tun, was du befohlen hast. / 102 Ich weiche nicht
von deiner Weisung ab; / du selber warst mein Leh-
rer, niemand anders. / 103 Welch eine Köstlichkeit
sind deine Worte! / Sie sind noch süßer als der beste
Honig! / 104 Durch deine Regeln bringst du mich zur
Einsicht; / deshalb sind krumme Wege mir verhasst.

XIV

105 Dein Wort ist eine Leuchte für mein Leben, / es
gibt mir Licht für jeden nächsten Schritt. / 106 Ich
bin entschlossen, meinen Schwur zu halten: / Ich
folge dir, weil du gerecht entscheidest. / 107 In tiefes
Leiden hast du mich geführt; / gib neues Leben, wie
du es versprachst! / 108 Nimm meinen Dank als Op-
fergabe an; / HERR, hilf mir, deinen Willen zu erken-
nen! / 109 Mein Leben ist in ständiger Gefahr, / doch
niemals hab ich dein Gesetz vergessen. / 110 Verbre-
cherisch will man mir Fallen stellen, / ich aber weiche
nicht von deinen Regeln. / 111 HERR, deine Weisungen
sind mein Besitz / und meine Herzensfreude, jetzt und
immer! / 112 Ich will entschlossen deinen Regeln fol-
gen; / das soll mein Lohn für alle Zeiten sein!

XV

113 Ich hasse Menschen mit geteilten Herzen; / doch
dein Gesetz hat meine ganze Liebe. / 114 Mein
Schutz und meine Zuflucht, HERR, bist du! / Auf
dein Versprechen kann ich mich verlassen. / 115 Ihr
Unheilstifter, geht mir aus den Augen! / Ich folge
den Befehlen meines Gottes. / 116 HERR, sei mein
Halt, damit ich leben kann; / ich nehme dich beim
Wort, enttäusch mich nicht! / 117 Sei meine Stütze,
HERR, komm mir zu Hilfe! / Ich werde stets auf deine
Regeln achten. / 118 Wer dein Gebot verlässt, den
weist du ab; / denn was er tut, ist Täuschung und
Betrug. / 119 Wer dich verwirft, den wirfst du fort
wie Abfall; / das ist's, weshalb ich deine Weisung
liebe. / 120 Die Furcht vor dir lässt meine Haut erschau-
dern, / ich habe Angst vor deinen Urteilssprüchen.

XVI

121 Ich habe richtig und gerecht gehandelt; / drum gib
mich nicht den Unterdrückern preis! / 122 Gib mir die
Sicherheit, dass alles gut wird, / dass freche Menschen
mich nicht länger quälen! / 123 Ich schaue mir die Au-
gen aus nach Rettung, / die du versprochen hast in
deiner Treue. / 124 Lass deine Güte an mir sichtbar wer-
den / und hilf mir, deinen Willen zu erkennen! / 125 Ich
bin dein Diener, HERR, gib mir Verstand, / damit ich
deine Weisungen erkenne! / 126 Jetzt ist es Zeit für
dich zu handeln, HERR; / denn viele übertreten dein
Gesetz. / 127 Ich liebe die Gebote, die du gabst, / viel
mehr als selbst das allerfeinste Gold. / 128 Für mich
sind deine Regeln alle richtig; / deshalb sind krumme
Wege mir verhasst.

XVII

129 HERR, deine Weisungen sind Wunderwerke / und
darum halte ich an ihnen fest. / 130 Erklärung dei-
nes Wortes bringt Erleuchtung, / auch Unerfahrene
bekommen Einsicht. / 131 Mein Mund ist weit ge-
öffnet vor Verlangen, / so lechze ich nach deinen
Weisungsworten. / 132 HERR, wende dich mir zu
und hab Erbarmen, / so wie es denen zusteht, die
dich lieben. / 133 Durch dein Gesetz mach meine
Schritte sicher, / damit kein Unrecht mich be-
herrschen kann! / 134 Befreie mich von meinen
Unterdrückern, / dann kann ich deine Vorschriften be-
folgen. / 135 Ich bitte dich, HERR, blick mich freundlich
an / und hilf mir, deinen Willen zu erkennen. / 136 Von
Tränen überströmt ist mein Gesicht, / weil hier so viele
dein Gesetz missachten.

XVIII

137 HERR, du erfüllst, was du versprochen hast, / und
deine Urteilssprüche sind gerecht. / 138 Durch deine
Weisungen hast du bewiesen, / dass Recht und
Treue all dein Tun bestimmen. / 139 Weil ich dich
liebe, HERR, packt mich der Zorn, / wenn meine
Feinde dein Gesetz vergessen. / 140 Auf alle deine
Worte ist Verlass; / HERR, darum hänge ich so sehr
an ihnen! / 141 Ich mag verachtet sein und unbe-
deutend, / doch deine Regeln hab ich nicht ver-
gessen. / 142 Dein Recht wird immer meine Rettung
bleiben / und dein Gesetz ist wahr und zuverläs-
sig. / 143 Auch dann, wenn Angst und Sorgen nach
mir greifen, / als meine Freude bleibt mir dein Ge-
bot. / 144 Für immer steht das Recht durch deine Wei-
sung; / hilf mir, sie zu verstehn, dann kann ich leben!

XIX

145 Von Herzensgrund schrei ich zu dir; gib Antwort! /
An deine Regeln, HERR, will ich mich halten. / 146 Ich

rufe dich zu Hilfe, rette mich! / Ich werde deinen Weisungen gehorchen. / 147 Vor Tagesanbruch schreie ich zu dir / und warte hoffnungsvoll auf deine Worte. / 148 Sogar zur Nachtzeit liege ich noch wach / und denke über dein Versprechen nach. / 149 In deiner Güte höre mein Gebet; / erhalte mich durch dein gerechtes Urteil. / 150 Mit böser Absicht nahen die Verfolger; / doch sie entfernen sich von deiner Weisung. / 151 Du aber, HERR, du bist ganz nah bei mir; / was du befiehlst, ist wahr und zuverlässig. / 152 Für immer hast du dein Gesetz gegeben; / seit Langem hab ich das an ihm erkannt.

XX

153 Sieh doch mein Elend an, befreie mich! / Ich habe niemals dein Gesetz vergessen. / 154 HERR, steh mir bei und sorge für mein Recht! / Errette mich, wie du versprochen hast! / 155 Wer dich missachtet, findet keine Hilfe, / weil er sich nicht um deine Weisung kümmert. / 156 HERR, dein Erbarmen ist unendlich groß; / erhalte mich durch dein gerechtes Urteil! / 157 Ich habe viele Feinde und Verfolger, / doch deiner Weisung bin ich stets gefolgt. / 158 Mit Abscheu blicke ich auf die Verräter, / weil sie sich nicht nach deinen Worten richten. / 159 HERR, sieh doch, wie ich deine Regeln liebe! / Durch deine Güte lass mich weiterleben! / 160 Dein Wort ist wahr und zuverlässig, HERR; / für immer gilt, was du entschieden hast.

XXI

161 Die Großen dringen grundlos auf mich ein; / doch nur vor dem, was *du* sagst, bebt mein Herz. / 162 An deinen Worten hab ich große Freude, / so wie sich jemand über Beute freut. / 163 Für Lügen fühle ich nur Hass und Abscheu, / doch dein Gesetz hat meine ganze Liebe! / 164 Ich preise dich wohl siebenmal am Tag / dafür, dass du, HERR, stets gerecht entscheidest. / 165 Wer dein Gesetz liebt, der hat Glück und Frieden, / kein Hindernis kann ihn zum Straucheln bringen. / 166 HERR, meine Hoffnung ist, dass du mir hilfst; / ich führe aus, was du befohlen hast. / 167 Nach deinen Weisungen will ich mich richten, / mit ganzem Herzen hänge ich an ihnen. / 168 Du hast mir Weisung und Gebot gegeben / und siehst genau, wie ich mich daran halte.

XXII

169 Lass meine Bitte zu dir dringen, HERR; / mach dein Versprechen wahr und gib mir Einsicht! / 170 Lass meinen Hilferuf zu dir gelangen! / Du hast mir zugesagt, dass du mich rettest! / 171 Von meinen Lippen soll dein Lob erklingen, / weil du mich deinen Willen kennen lehrst. / 172 Mein Mund soll dich besingen für dein Wort; / was du befohlen hast, ist recht und richtig. / 173 Streck deine Hand aus, HERR, um mir zu helfen; / ich habe mich für dein Gesetz entschieden! / 174 Dass du mich rettest, ist mein größter Wunsch, / und dein Gesetz ist meine größte Freude. / 175 Ich möchte leben, HERR, um dich zu preisen; / dein Urteilsspruch wird mir dazu verhelfen. / 176 Ich bin verirrt wie ein verlorenes Schaf; / HERR, suche mich, hol mich zurück zu dir! / Ich habe deine Regeln nicht vergessen.

HILFERUF GEGEN VERLEUMDER

120 Ein Lied, zu singen auf dem Weg nach Jerusalem. // Ich schrie zum HERRN in meiner Not / und er hat mich erhört. / 2 Ich schrie: / »HERR, rette mich vor diesen Lügnern, / vor allen doppelzüngigen Betrügern!« // 3 Womit soll Gott euch strafen, / ihr Lügenmäuler? / 4 Mit spitzen Pfeilen aus Kriegerhand, / dazu noch glühende Kohlen! // 5 Wie schlimm für mich, / dass ich unter Fremden leben muss, / bei einem Volk, das meinen Gott nicht kennt! / 6 Schon viel zu lange wohne ich hier, / unter Menschen, die den Frieden hassen! / 7 Ich will den Frieden; / doch sobald ich davon rede, / suchen sie Streit.

GOTT IST BEI DIR!

121 Ein Lied, zu singen auf dem Weg nach Jerusalem. // »Ich blicke hinauf zu den Bergen: / Woher wird mir Hilfe kommen?« // 2 »*Meine* Hilfe kommt vom HERRN, / der Himmel und Erde gemacht hat! / 3 Und du sollst wissen: / Der HERR lässt nicht zu, dass du zu Fall kommst. / Er gibt immer auf dich acht. / 4 Er, der Beschützer Israels, / wird nicht müde und schläft nicht ein; / 5 er sorgt auch für dich. / Der HERR ist bei dir, / hält die Hand über dich, / 6 damit dich die Hitze der Sonne nicht quält / und der Mond dich nicht krank macht. / 7 Der HERR wendet Gefahr von dir ab / und bewahrt dein Leben. / 8 Auf all deinen Wegen wird er dich beschützen, / vom Anfang bis zum Ende, / jetzt und in aller Zukunft!«

FRIEDENSWUNSCH FÜR JERUSALEM

122 Ein Lied Davids, zu singen auf dem Weg nach Jerusalem. // Wie habe ich mich gefreut, / als man zu mir sagte: / »Komm mit, / wir gehen zum Haus des HERRN!« / 2 Nun sind wir angelangt, / wir haben deine Tore durchschritten / und stehen in dir, Jerusalem. // 3 Jerusalem, du herrliche Stadt, / von festen Mauern geschützt! / 4 Zu dir ziehen sie in Scharen, / die Stämme, die dem HERRN gehören. / Dort soll ganz Israel ihn preisen, / so wie er es angeordnet hat. / 5 In Jerusalem ist das höchste Gericht, / dort regiert das Königshaus Davids. / 6 Wünscht Jerusalem Glück und Frieden: / »Allen, die dich lieben, soll es gut gehen! / 7 In deinen Mauern herrsche Sicherheit und Wohlstand, / deinen Häusern bleibe die Sorge fern!« / 8 Weil ich meine Brüder und Freunde liebe, sage ich: / »Ich wünsche dir Glück und Frieden!« / 9 Weil in dir das Haus des HERRN, unseres Gottes, steht, / freue ich mich, wenn es dir gut geht.

BITTE UM ERBARMEN

123 Ein Lied, zu singen auf dem Weg nach Jerusalem. // Ich richte meinen Blick hinauf zu dir, / zum Himmel hinauf, wo du thronst. / 2 Aufmerksam blicken die Knechte / auf die Hand ihres Hausherrn; / aufmerksam schauen die Augen der Magd / auf die Hand ihrer Herrin. / So voll Erwartung blicken auch wir / zu dir, HERR, unser Gott, / bis du uns dein Erbarmen zeigst! // 3 Erbarm dich, HERR, hab Erbarmen mit uns! / Wir haben genug Verachtung erlebt, / 4 viel zu viel hinunterschlucken müssen / vom Spott unserer satten, sorglosen Feinde, / vom Hohn vermessener Unterdrücker!

UNSERE HILFE KOMMT VON GOTT!

124 Ein Lied Davids, zu singen auf dem Weg nach Jerusalem. // Hätte der HERR uns nicht beigestanden / – so soll das Volk Israel bekennen –, / 2 hätte der HERR uns nicht beigestanden, / immer wenn Menschen uns überfielen / 3 und ihre Wut an uns auslassen wollten – / wir wären schon längst von der Erde verschwunden. / 4-5 Die Fluten hätten uns überrollt, / das schäumende Wasser hätte uns gepackt, / der Sturzbach uns mit sich fortgerissen. // 6 Der HERR sei gepriesen! / Er hat uns nicht den Feinden überlassen / als Beute für ihre Zähne. / 7 Wir sind entkommen / wie ein Vogel aus dem Netz des Fängers; / das Netz ist zerrissen und wir sind frei! // 8 Unsere Hilfe kommt vom HERRN, / der Himmel und Erde geschaffen hat; / er ist für uns da!

UNTER DEM SCHUTZ GOTTES

125 Ein Lied, zu singen auf dem Weg nach Jerusalem. // Alle, die dem HERRN vertrauen, / sind wie der Zionsberg: / für immer unerschütterlich und fest. / 2 Ein Schutzwall von Bergen umgibt Jerusalem. / So umgibt der HERR sein Volk / jetzt und in aller Zukunft. / 3 Menschen, die Gottes Gebote missachten, / werden nicht lange im Lande herrschen, / das denen gehört, die Gott gehorchen. / Sonst würden auch die Treuen bald Unrecht tun. // 4 HERR, guten Menschen erweise Gutes, / denen, die dir mit redlichem Herzen folgen! / 5 Doch alle, die den rechten Weg verlassen / und ihre eigenen, krummen Wege gehen – / bestrafe sie genauso wie alle anderen Unheilstifter! // Glück und Frieden komme über Israel!

BITTE UM ERNEUTE HILFE

126 Ein Lied, zu singen auf dem Weg nach Jerusalem. // Als der HERR uns heimbrachte, / zurück zum Berg Zion, / da kamen wir uns vor wie im Traum. / 2 Wie konnten wir lachen und vor Freude jubeln! / Bei den anderen Völkern sagte man damals: / »Der HERR hat Großes für sie getan!« / 3 Ja, der HERR hatte Großes für uns getan / und wir waren glücklich. // 4 HERR, wende auch jetzt unsere Not, / bring Glück und Frieden zurück, / so wie du das Wasser wieder zurückbringst / und die ausgetrockneten Bäche plötzlich füllst! // 5 Wer mit Tränen sät, / wird mit Freuden ernten. / 6 Weinend gehen sie hin / und streuen die Saat aus, / jubelnd kommen sie heim / und tragen ihre Garben.

AN GOTTES SEGEN IST ALLES GELEGEN

127 Ein Lied Salomos, zu singen auf dem Weg nach Jerusalem. // Der HERR selbst muss das Haus bauen, / sonst arbeiten die Bauleute vergeblich. / Der HERR selbst muss die Stadt beschützen, / sonst ist jede Wache umsonst. / 2 Was könnt ihr denn ohne Gott erreichen? / In aller Frühe steht ihr auf / und arbeitet bis tief in die Nacht; / mit viel Mühe bringt ihr zusammen, / was ihr zum Leben braucht. / Das gibt Gott den Seinen im Schlaf! // 3 Kinder sind ein Geschenk des HERRN, / mit ihnen belohnt er die Seinen. / 4 Kräftige Söhne sind für den Vater / wie Pfeile in der Hand eines Kriegers. / 5 Wer viele solche Pfeile in seinem Köcher hat, / der hat das Glück auf seiner Seite. / Wenn seine Feinde ihn verklagen, / verhelfen sie ihm zu seinem Recht.

SO SEGNET GOTT!

128 Ein Lied, zu singen auf dem Weg nach Jerusalem. // Wie glücklich ist ein Mensch, / der den HERRN achtet und ehrt / und sich nach seinen Geboten richtet! // 2 Was deine Arbeit dir eingebracht hat, / das wirst du auch genießen. / Wie glücklich du sein kannst! / Es ist gut um dich bestellt! / 3 Da ist deine Frau in deinem Haus; / sie gleicht einem fruchtbaren Weinstock. / Da sind die Kinder um deinen Tisch, / zahlreich wie frische Ölbaumtriebe. / 4 So segnet der HERR den Mann, / der ihn achtet und ehrt. // 5 Der HERR segne dich, / der auf dem Zionsberg wohnt! / Solange du lebst, sollst du sehen, / dass es Jerusalem gut geht, / 6 und auch die Kinder deiner Kinder sollst du sehen! // Glück und Frieden komme über Israel!

HART BEDRÄNGT, ABER NICHT VERNICHTET

129 Ein Lied, zu singen auf dem Weg nach Jerusalem. // Hart haben sie mir zugesetzt von Anfang an / – so soll das Volk Israel sagen –, / 2 hart haben sie mir zugesetzt von Anfang an, / doch niemals konnten sie mich vernichten. / 3 Den Rücken haben sie mir aufgerissen / wie ein Feld, in das man Furchen pflügt. / 4 Der HERR ist treu! / Er hat mich aus der Gewalt der Bösen befreit, / die Stricke hat er zerschnitten! / 5 Zurückweichen müssen sie und sich schämen, / alle, die den Zionsberg hassen! / 6 Es ergehe ihnen wie dem Gras auf den Dächern: / Die Hälmchen verdorren, / bevor sie aufgeschossen sind; / 7 kein Schnitter rafft sie zusammen, / niemand sammelt sie zu Bündeln, / 8 niemand geht vorüber und sagt zu den Schnittern: / »Der HERR segne euch!« // Im Auftrag des HERRN / sprechen wir euch seinen Segen zu!

GEBET IN TIEFSTER NOT

130 Ein Lied, zu singen auf dem Weg nach Jerusalem. // Aus der Tiefe meiner Not / schreie ich zu dir. / 2 HERR, höre mich doch! / Sei nicht taub für meinen Hilferuf! / 3 Wenn du Vergehen anrechnen wolltest, / Herr, wer könnte vor dir bestehen? / 4 Aber bei dir finden wir Vergebung, / damit wir dich ehren und dir gehorchen. // 5 Ich setze meine ganze Hoffnung auf den HERRN, / ich warte auf sein helfendes Wort. / 6 Ich sehne mich nach dem Herrn / mehr als ein Wächter nach dem Morgengrauen, / mehr als ein Wächter sich nach dem Morgen sehnt. // 7 Volk Israel, hoffe auf den HERRN! / Denn er ist gut zu uns / und immer bereit, uns zu retten. / 8 Ja, er wird Israel retten von aller Schuld!

STILL WIE EIN ZUFRIEDENES KIND

131 Ein Lied Davids, zu singen auf dem Weg nach Jerusalem. // HERR! Ich denke nicht zu hoch von mir, / ich schaue auf niemand herab. / Ich frage nicht nach weit gesteckten Zielen, / die unerreichbar für mich sind. / 2 Nein, still und ruhig ist mein Herz, / so wie ein sattes Kind im Arm der Mutter – / still wie ein solches Kind bin ich geworden. // 3 Volk Israel, vertrau dem HERRN / von jetzt an und für alle Zukunft!

DIE STADT DES HERRN UND SEINES KÖNIGS

132 Ein Lied, zu singen auf dem Weg nach Jerusalem. // HERR, denk doch an David, / an alle Mühe, die er auf sich nahm! / 2 Denk an das feierliche Versprechen, / das er dir, dem starken Gott Jakobs, gab: / 3 »Ich werde mein Haus nicht mehr betreten, / ich lege mich nicht mehr auf mein Bett, / 4 ich gestatte meinen Augen keinen Schlaf / und gönne mir keine Ruhe mehr, / 5 bis ich einen Platz gefunden habe, / wo der HERR wohnen kann, / der starke Gott Jakobs!« / 6 In Efrata bekamen wir Nachricht / von der Bundeslade des HERRN / und wir fanden sie in der Nähe von Jáar. // 7 Kommt, wir gehen zur Wohnung des HERRN / und werfen uns zu seinen Füßen nieder! / 8 Steh auf, HERR, begleite deine Lade, / das Wahrzeichen deiner gewaltigen Macht! / Komm zu deinem Ruheplatz! / 9 Gib deinen Priestern Vollmacht, / uns deinen Beistand zu vermitteln! / Alle deine Treuen sollen jubeln! / 10 David, deinem Vertrauten, zuliebe / weise unseren König nicht zurück, / ihn, den du gesalbt und eingesetzt hast! // 11 Der HERR hat es David geschworen / und diesen Schwur nimmt er nicht zurück: / »Ich erwähle einen deiner Söhne / zu deinem Nachfolger auf dem Thron! / 12 Wenn er sich an den Bund mit mir hält / und meinen Weisungen gehorcht, / dann soll auch ihm ein Sohn als König folgen. / Und das soll gelten für alle Generationen!« // 13 Ja, der HERR hat den Zionsberg ausgewählt, / er hat ihn zu seiner Wohnstätte bestimmt: / 14 »Hier soll für immer mein Ruheplatz sein, / hier will ich wohnen, das ist mein Wille! / 15 Ich will die Zionsstadt reich versorgen, / ihre Armen mache ich satt. / 16 Ihren Priestern gebe ich Vollmacht, / ihr meinen Beistand zu vermitteln; / alle meine Treuen sollen jubeln! / 17 Und hier lasse ich die Nachkommen Davids mächtig werden; / im Haus des Königs, den ich gesalbt habe, / entzünde ich ein Licht, das nicht erlöschen soll. / 18 Seine Feinde bedecke ich mit Schande, / doch seine Krone soll immer heller strahlen!«

WIE SCHÖN, WENN BRÜDER BEIEINANDER BLEIBEN!

133 Ein Lied Davids, zu singen auf dem Weg nach Jerusalem. // Wie wohltuend ist es, wie schön, / wenn Brüder, die beieinander wohnen, / sich auch gut verstehen! / 2 Das ist wie das gute, duftende Öl, / aufs Haar des Priesters Aaron gegossen, / das hinunterrinnt in seinen Bart / bis zum Halssaum seines Gewandes. / 3 Das ist wie erfrischender Tau vom Hermon, / der sich niedersenkt auf den Zionsberg. / Dort will der HERR seinen Segen schenken, / Leben, das für immer besteht.

AUFRUF ZUM DANK

134 Ein Lied, zu singen auf dem Weg nach Jerusalem. // Auf, dankt dem HERRN, / ihr seine Diener alle, / die ihr in seinem Hause steht / und nachts den Dienst verrichtet! / 2 Streckt eure Hände aus zum Heiligtum / und dankt dem HERRN! // 3 »Vom Zion, von seinem Tempel aus / segne dich der HERR, / der Himmel und Erde geschaffen hat!«

GOTTES RUHM WIRD NIEMALS ENDEN!

135 Halleluja – Preist den HERRN! // Rühmt ihn, der euch so nahe ist! / Preist ihn, ihr seine Diener alle, / 2 die ihr in seinem Tempel steht, / in den Vorhöfen am Haus unseres Gottes! // 3 Preist den HERRN, denn er ist gut zu uns! / Singt und spielt zu seiner Ehre, / denn er ist freundlich zu uns! / 4 Der HERR hat die Nachkommen Jakobs erwählt, / er hat Israel zu seinem Eigentum gemacht. // 5 Ich weiß es: Der HERR ist groß, / unser Herr ist mächtiger als alle Götter. / 6 Denn alles, was er will, das tut er auch, / im Himmel und auf der Erde, / auf den Meeren und in allen Tiefen. / 7 Er führt Wolken heran vom Ende der Erde, / er lässt es blitzen und lässt den Regen fallen, / er holt den Wind aus seinen Vorratskammern. // 8 Er war es, der damals bei den Ägyptern / alle erstgeborenen Söhne sterben ließ / und alle Erstgeburt beim Vieh. / 9 Erschreckende Wunder ließ er geschehen / am Pharao und an allen seinen Dienern. // 10 Er war es, der viele Völker besiegte / und mächtige Könige umkommen ließ: / 11 Sihon, den König der Amoriter, / und Og, den König des Landes Baschan, / und alle Herrscher im Lande Kanaan. / 12 Ihre Länder teilte er Israel zu, / er gab sie seinem Volk als Erbbesitz. // 13 HERR, dein Ruhm wird niemals enden, / alle Generationen werden von dir sprechen! / 14 Der HERR wird seinem Volk zum Recht verhelfen, / er hat Erbarmen mit den Seinen. // 15 Die Götzen der anderen Völker, / ob aus Silber oder aus Gold, / sie sind Machwerke von menschlichen Händen. / 16 Sie haben Münder, die nicht sprechen, / sie haben Augen, die nichts sehen, / 17 sie haben Ohren, die nichts hören – / kein Atem ist in ihrem Mund! / 18 Genauso sollen alle werden, / die diese Götzen geschaffen haben, / und alle, die sich auf Götzen verlassen! // 19 Ihr vom Volk Israel: Dankt dem HERRN! / Ihr seine Priester: Dankt dem HERRN! / 20 Auch ihr Leviten: Dankt dem HERRN! / Ihr alle, die ihr ihn verehrt: Dankt dem HERRN! / 21 Er, der in Jerusalem wohnt, / soll auf dem Zionsberg gepriesen werden! // Preist den HERRN – Halleluja!

SEINE LIEBE HÖRT NIEMALS AUF!

136 Dankt dem HERRN, denn er ist gut zu uns! / – Seine Liebe hört niemals auf! / 2 Dankt ihm, dem allerhöchsten Gott! / – Seine Liebe hört niemals auf! / 3 Dankt ihm, dem mächtigsten aller Herren! / – Seine Liebe hört niemals auf! // 4 Er allein tut große

Wunder. / – Seine Liebe hört niemals auf! / 5 Kunstvoll
hat er den Himmel gewölbt. / – Seine Liebe hört nie-
mals auf! / 6 Über den Meeren hat er die Erde ausge-
breitet. / – Seine Liebe hört niemals auf! / 7 Er hat die
großen Lichter gemacht: / – Seine Liebe hört niemals
auf! / 8 Die Sonne, um den Tag zu regieren – / – Seine
Liebe hört niemals auf! / 9 Mond und Sterne für die
Nacht. / – Seine Liebe hört niemals auf! // 10 Er tötete
die Erstgeborenen der Ägypter. / – Seine Liebe hört
niemals auf! / 11 Er führte Israel von dort heraus. / –
Seine Liebe hört niemals auf! / 12 Er tat es mit seiner
starken Hand. / – Seine Liebe hört niemals auf! / 13 Er
schnitt das Schilfmeer in zwei Teile. / – Seine Liebe hört
niemals auf! / 14 Er führte Israel mitten hindurch. / –
Seine Liebe hört niemals auf! / 15 Er stürzte den Pharao
und sein Heer in die Fluten. / – Seine Liebe hört nie-
mals auf! // 16 Er leitete sein Volk durch die Wüste. / –
Seine Liebe hört niemals auf! / 17 Er besiegte große
Könige. / – Seine Liebe hört niemals auf! / 18 Mächtige
Könige brachte er um: / – Seine Liebe hört niemals
auf! / 19 Sihon, den König der Amoriter – / – Seine Liebe
hört niemals auf! / 20 und Og, den König des Landes Ba-
schan. / – Seine Liebe hört niemals auf! / 21 Ihre Länder
teilte er Israel zu. / – Seine Liebe hört niemals auf! / 22 Er
gab sie seinen Dienern als Erbbesitz. / – Seine Liebe
hört niemals auf! // 23 Er dachte an uns, sooft man uns
unterdrückte. / – Seine Liebe hört niemals auf! / 24 Er
befreite uns von unseren Feinden. / – Seine Liebe hört
niemals auf! / 25 Allen Geschöpfen gibt er zu essen. / –
Seine Liebe hört niemals auf! / 26 Dankt ihm, dem Gott
des Himmels! / – Seine Liebe hört niemals auf!

KLAGE DER GEFANGENEN IN BABYLON

137 An den Flüssen Babylons / saßen wir und
weinten, / jedes Mal, wenn wir an Zion dach-
ten. / 2 Unsere Harfen hingen dort an den Weiden; / wir
mochten nicht mehr auf ihnen spielen. / 3 Doch
die Feinde, die uns unterdrückten, / die uns ver-
schleppt hatten aus der Heimat, / verlangten von
uns auch noch Jubellieder. / »Singt uns ein Lied vom
Zion!«, sagten sie. / 4 Fern vom Tempel, im fremden
Land – / wie konnten wir da Lieder singen / zum
Preis des HERRN? // 5 Jerusalem, wenn ich dich je ver-
gesse, / dann soll mir die rechte Hand verdorren! / 6 Die
Zunge soll mir am Gaumen festwachsen, / wenn ich
aufhöre, an dich zu denken, / wenn ich irgendetwas
lieber habe, / lieber als dich, Jerusalem! // 7 HERR, ver-
giss nicht, / was die Edomiter taten, / als Jerusalem
in die Hand der Feinde fiel, / wie sie schrien: / »Reißt
sie nieder, die Stadt! / Reißt sie nieder bis auf den
Grund!« // 8 Babylon, auch du wirst bald verwüs-
tet! / Gott segne den, der dir heimzahlt, / was du uns
angetan hast! / 9 Gott segne den, der deine Kinder
packt / und sie am Felsen zerschmettert!

DANKBARE GEWISSHEIT

138 Von David. // Ich danke dir von ganzem Her-
zen; / ich preise dich mit meinem Lied, / dich
und nicht die anderen Götter! / 2 Ich werfe mich
nieder vor deinem Heiligtum, / um dir zu danken,
HERR, / für deine Güte und deine Treue. / Du hast
dein Versprechen erfüllt, / ja, du hast noch viel mehr
getan, / als wir von dir erwartet hatten! / 3 Du hast
mich erhört, als ich zu dir schrie; / du ermutigst mich
zu den kühnsten Wünschen. // 4 HERR, / alle Herrscher
der Erde sollen dich preisen, / denn sie haben deine
Zusagen gehört. / 5 Sie sollen dein Tun besingen und
sagen: / »Gewaltig ist die Macht des HERRN! / 6 Er
thront dort in höchster Höhe, / und trotzdem sieht er
die Niedrigen / und kümmert sich um sie.« / 7 Wenn
ich mitten durch Gefahren gehen muss, / erhältst du
mich am Leben. / Du nimmst mich in Schutz / vor der
Wut meiner Feinde, / deine mächtige Hand wird mir
helfen. / 8 HERR, du wirst alles für mich tun, / deine Liebe
hört niemals auf! / Vollende, was du angefangen hast!

MEIN SCHÖPFER KENNT MICH DURCH UND DURCH

139 Ein Lied Davids. // HERR, du durch-
schaust mich, / du kennst mich bis auf den
Grund. / 2 Ob ich sitze oder stehe, du weißt es, / du
kennst meine Pläne von ferne. / 3 Ob ich tätig bin
oder ausruhe, / du siehst mich; / jeder Schritt, den
ich mache, ist dir bekannt. / 4 Noch ehe ein Wort auf
meine Zunge kommt, / hast du, HERR, es schon ge-
hört. / 5 Von allen Seiten umgibst du mich, / ich bin
ganz in deiner Hand. / 6 Dass du mich so durch und
durch kennst, / das übersteigt meinen Verstand; / es
ist mir zu hoch, ich kann es nicht fassen. // 7 Wohin
kann ich gehen, um dir zu entrinnen, / wohin fliehen,
damit du mich nicht siehst? / 8 Steige ich hinauf in den
Himmel – / du bist da. / Verstecke ich mich in der To-
tenwelt – / dort bist du auch. / 9 Fliege ich dorthin, wo
die Sonne aufgeht, / oder zum Ende des Meeres, wo sie
versinkt: / 10 auch dort wird deine Hand nach mir grei-
fen, / auch dort lässt du mich nicht los. / 11 Sage ich:
»Finsternis soll mich bedecken, / rings um mich werde
es Nacht«, / 12 so hilft mir das nichts; / denn auch die
Finsternis / ist für dich nicht dunkel / und die Nacht
ist so hell wie der Tag. // 13 Du hast mich geschaffen
mit Leib und Geist, / mich zusammengefügt im Schoß
meiner Mutter. / 14 Dafür danke ich dir, / es erfüllt mich
mit Ehrfurcht. / An mir selber erkenne ich: / Alle deine
Taten sind Wunder! / 15 Ich war dir nicht verbor-
gen, / als ich im Dunkeln Gestalt annahm, / tief unten
im Mutterschoß der Erde. / 16 Du sahst mich schon fer-
tig, / als ich noch ungeformt war. / Im Voraus hast du
alles aufgeschrieben; / jeder meiner Tage war schon
vorgezeichnet, / noch ehe der erste begann. / 17 Wie
rätselhaft sind mir deine Gedanken, Gott, / und wie
unermesslich ist ihre Fülle! / 18 Sie sind zahlreicher
als der Sand am Meer. / Nächtelang denke ich über
dich nach / und komme an kein Ende. // 19 Gott, bring
sie doch alle um, / die dich und deine Gebote miss-
achten! / Halte mir diese Mörder vom Leib! / 20 Sie
reden Lästerworte gegen dich; / HERR, deine Feinde
missbrauchen deinen Namen! / 21 Wie ich sie hasse,
die dich hassen, HERR! / Wie ich sie verabscheue, / die

gegen dich aufstehen! / 22 Deine Feinde sind auch meine Feinde, / ich hasse sie glühend. // 23 Durchforsche mich, Gott, sieh mir ins Herz, / prüfe meine Wünsche und Gedanken! / 24 Und wenn ich in Gefahr bin, mich von dir zu entfernen, / dann bring mich zurück auf den Weg zu dir!

BITTE UM HILFE GEGEN VERLEUMDER

140 Ein Lied Davids. // 2 HERR, rette mich vor boshaften Menschen, / vor gewalttätigen Leuten beschütze mich! / 3 Ihr Kopf steckt voll von bösen Plänen, / ständig brechen sie Streit vom Zaun. / 4 Sie sind gefährlich wie züngelnde Schlangen, / ihre Worte sind tödlich wie Natterngift. / 5 HERR, bewahre mich vor Menschen, / die dich und deine Gebote missachten; / vor gewalttätigen Leuten beschütze mich, / vor denen, die mich zu Fall bringen wollen. / 6 Diese Vermessenen haben mir Fallen gestellt, / mir Schlingen und Netze in den Weg gelegt. // 7 Ich aber sage: HERR, du bist mein Gott! / Höre mich, wenn ich um Hilfe rufe! / 8 Gott, du mein Herr, mein starker Helfer, / du hast mich im Kampf geschützt wie ein Schild. / 9 Gib diesen Unheilstiftern nicht, was sie sich wünschen! / Lass ihre Machenschaften nicht gelingen; / sie würden sonst noch überheblicher! / 10 Die Lügen, die sie über mich verbreiten, / lass sie zurückfallen auf diese Verleumder! / 11 Lass glühende Kohlen auf sie regnen! / Stürze sie ins Feuer, in tiefe Schluchten, / aus denen sie nicht mehr herauskommen können! / 12 Für böse Zungen soll im Land kein Platz sein, / und wer Gewalttat liebt, / den soll das Unglück zu Tode hetzen! // 13 Ich weiß es, HERR: / Du trittst für die Unterdrückten ein, / du wirst den Wehrlosen Recht verschaffen. / 14 Alle, die dir die Treue halten / und nach deinem Willen fragen, / werden in deiner Nähe leben / und dich preisen.

BITTE UM BEWAHRUNG

141 Ein Lied Davids. // HERR, ich schreie zu dir, / komm doch und hilf mir schnell! / Höre mich, wenn ich dich rufe! / 2 Nimm mein Gebet als Weihrauch an, / der hinaufsteigt und zu dir gelangt! / Und meine ausgebreiteten Hände, / nimm sie an wie ein Abendopfer! // 3 HERR, wache über meine Zunge, / stell einen Posten ans Tor meiner Lippen! / 4 Hindere mich, meinen Neigungen nachzugeben, / damit ich nichts Übles rede / und keine Schandtat begehe, / zusammen mit anderen, die Unheil stiften. / Nimm mir die Lust an ihren Leckerbissen! / 5 Nur wer das Rechte tut, darf mich strafen. / Wenn er mich in Güte zurechtweist, / dann ist das eine Wohltat, / gegen die ich mich nicht sträube. / Und wenn er selbst ins Unglück gerät, / höre ich nicht auf, für ihn zu beten. // 6 Wenn die bösen Richter vom Felsen hinabgestürzt werden, / dann wird sich erweisen, / wie milde mein Urteil über sie war. / 7 Wie ein zerschmetterter Mühlstein am Boden, / so liegen ihre Gebeine hingestreut / am Eingang zur Totenwelt. // 8 Meine Augen blicken zu dir, / mein Gott und Herr! / Bei dir suche ich Zuflucht, / lass mich nicht zugrunde gehen! / 9 Bewahre mich vor der Schlinge, / die sie mir ausgelegt haben, / vor den Fallen derer, / die mein Unglück wollen. / 10 Lass die Treulosen in ihr eigenes Netz geraten, / während ich sicher daran vorübergehe.

KEINER KÜMMERT SICH UM MICH!

142 Ein Gedicht Davids, ein Gebet. Er verfasste es, als er in der Höhle war. // 2 Ich schreie zum HERRN, so laut ich kann, / ich bitte den HERRN um Hilfe. / 3 Ihm klage ich meine Not, / ihm sage ich, was mich quält. / 4 Auch wenn ich selbst allen Mut verliere, / du, HERR, weißt, wie es mit mir weitergeht! / Auf dem Weg, den ich gehen muss, / hat man mir Schlingen gelegt. / 5 Ich schaue mich um: / da ist niemand, der mich beachtet. / Ich habe keine Zuflucht mehr, / keinen Menschen, / der sich um mich kümmert. // 6 Zu dir, HERR, schreie ich! / Ich sage: Du bist meine Zuflucht, / mit dir habe ich alles, / was ich im Leben brauche! / 7 Höre mein Schreien, / ich bin mit meiner Kraft am Ende! / Rette mich vor meinen Verfolgern, / sie sind zu stark für mich! / 8 Befreie mich aus dem Gefängnis! / Im Kreise aller, die dir die Treue halten, / werde ich dir dafür danken, HERR, / dass du so gut zu mir gewesen bist.

ZIEH MICH NICHT VOR GERICHT!

143 Ein Lied Davids. // HERR, höre mein Gebet, / achte auf meine Bitte! / Du bist treu und gerecht; / darum höre mich und hilf mir! / 2 HERR, zieh mich nicht vor dein Gericht; / denn vor dir kann kein Mensch bestehen! // 3 Mein Feind verfolgt mich, / er wirft mich zu Boden, um mich zu zertreten; / er stößt mich in die Dunkelheit, / zu denen, die schon lange tot sind. / 4 Ich habe allen Mut verloren, / mit meiner Kraft bin ich am Ende. / 5 Ich erinnere mich an früher, / an alles, was du damals vollbracht hast; / ich denke über deine Taten nach. / 6 Betend strecke ich die Hände zu dir aus / und warte sehnsüchtig auf deine Hilfe, / wie ein ausgedörrtes Land auf Regen wartet. // 7 HERR, erhöre mich bald, / ich kann nicht mehr! / Verbirg dich doch nicht vor mir, / sonst ist es um mein Leben geschehen! / 8 Frühmorgens sage mir deine Güte zu, / denn ich setze mein Vertrauen auf dich. / Zeig mir den rechten Weg; / auf dich richte ich Herz und Sinn. // 9 HERR, rette mich vor meinen Feinden; / bei dir bin ich in Sicherheit. / 10 Hilf mir, nach deinem Willen zu leben; / denn du bist mein Gott! / Gib mir deinen guten Geist, / dass er mich führe auf sicherem Grund! / 11 HERR, mach deinem Namen Ehre / und erhalte mich am Leben! / In deiner Treue befrei mich aus der Not! / 12 Ich rechne mit deiner Güte; / vernichte doch meine Feinde, / vertilge alle, die mir ans Leben wollen; / denn ich gehöre dir!

GEBET DES KÖNIGS

144 Von David. // HERR, mein Beschützer, ich preise dich! / Du bringst meinen Händen das Fechten bei / und machst meine Finger geschickt zum

Kampf. / 2 Du mein treuer Helfer, meine Burg, / meine sichere Festung und mein Retter, / mein Schild, hinter dem ich mich berge, / du unterwirfst mir fremde Völker. // 3 Was ist denn der Mensch, HERR, / dass du ihn beachtest? / Was bedeutet er dir, / der vergängliche Mensch, / dass du dich mit ihm abgibst? / 4 Wie ein Hauch ist der Mensch / und sein Leben gleicht dem schwindenden Schatten. // 5 HERR, neige den Himmel und komm herab! / Berühre die Berge, dass sie rauchen! / 6 Schleudere deine Blitze / und verjage die Feinde, / schieße deine Pfeile, / stürze sie in Schrecken! / 7 Streck deine Hände vom Himmel herab, / reiß mich heraus aus der tödlichen Flut! / Rette mich vor der Macht der Fremden, / 8 die selbst dann noch lügen, / wenn sie die Hand zum Schwur erheben. / 9 Gott, ich will ein neues Lied für dich singen, / auf der zehnsaitigen Harfe will ich für dich spielen. / 10 Du hast unseren Königen den Sieg gegeben; / du hast David, deinen Diener, gerettet / vor dem Schwert seiner Feinde. / 11 Befreie mich, / rette mich vor der Macht der Fremden, / die selbst dann noch lügen, / wenn sie die Hand zum Schwur erheben. // 12 Unsere Söhne werden dann wie Bäume sein, / die ungehindert hochgewachsen sind, / und unsere Töchter stark und schön / wie die geschnitzten Säulen in den Palästen. / 13 Dann werden unsere Speicher überquellen / und uns mit Gütern aller Art versorgen. / Unsere Schafe und Ziegen auf den Weiden / werden sich vieltausendfach vermehren. / 14 Auch unsere Kühe werden Kälber tragen / und sie gesund und ohne Schaden gebären. / Wir werden nichts mehr zu klagen haben. / 15 Glücklich das Volk, dem es so ergeht! / Glücklich das Volk, das den HERRN zum Gott hat!

DEINE HERRSCHAFT HÖRT NIEMALS AUF!

145 Ein Lobgesang Davids. // Du mein Gott und König, / dich will ich rühmen; / immer, ohne Ende, will ich dir danken! / 2 Jeden Tag, Gott, will ich dir danken; / immer, ohne Ende, will ich dich preisen! / 3 Ich will bekennen: / »Der HERR ist mächtig, groß ist sein Ruhm, / unermesslich ist seine Macht!« // 4 Jede Generation soll es der nächsten sagen, / sie soll rühmen, was du vollbracht hast, / und deine machtvollen Taten weitererzählen! / 5 Deine Pracht und Hoheit sollen alle rühmen, / und ich will stets an deine Wunder denken! / 6 Deine gewaltige Macht sollen sie verkünden, / und ich will erzählen von deinen Taten! / 7 Deine reiche Güte sollen sie rühmen / und deine Treue laut besingen: / 8 »Der HERR ist voll Liebe und Erbarmen, / er hat Geduld, seine Güte kennt keine Grenzen. / 9 Der HERR ist gut zu allen, / er erbarmt sich über alle seine Geschöpfe.« // 10 Alle deine Geschöpfe sollen dich preisen, HERR, / alle, die zu dir gehören, sollen dir danken! / 11 Vom Glanz deines Königtums sollen sie reden / und von deiner gewaltigen Macht, / 12 damit alle Menschen von deinen Taten hören, / von der Herrlichkeit und Pracht deines Königtums! / 13 Du bist König für alle Zeiten / und deine Herrschaft hört niemals auf! // Der HERR ist verlässlich in allem, was er sagt, / und gütig in allem, was er tut. / 14 Er stützt alle, die zusammenbrechen, / er richtet die Niedergebeugten auf. // 15 Alle blicken voll Hoffnung auf dich / und jedem gibst du Nahrung zur rechten Zeit. / 16 Du öffnest deine wohltätige Hand, / und alles, was lebt, wird satt. // 17 Der HERR ist gerecht in seinem Handeln / und gütig in allen seinen Taten. / 18 Er ist denen nahe, die zu ihm beten – / allen, die aufrichtig zu ihm beten. / 19 Er erfüllt die Bitten der Menschen, die ihm gehorchen; / er hört ihr Schreien und rettet sie. / 20 Der HERR beschützt alle, die ihn lieben; / doch alle, die ihn missachten, macht er zunichte. / 21 Ich will den Ruhm des HERRN verkünden, / und alles, was lebt, soll ihm danken, / ihm, dem heiligen Gott, / immer und ohne Ende!

GOTT, DER SCHUTZ DER SCHWACHEN

146 Halleluja – Preist den HERRN! // Auf, mein Herz, preise den HERRN! / 2 Ich will ihn loben mein Leben lang, / meinem Gott will ich singen, / solange ich atme! // 3 Verlasst euch nicht auf Leute, / die Macht und Einfluss haben! / Sie sind auch nur Menschen / und können euch nicht helfen. / 4 Sie müssen sterben und zu Staub zerfallen / und mit ihnen vergehen auch ihre Pläne. / 5 Wie glücklich aber ist jeder, / der den Gott Jakobs zum Helfer hat / und auf ihn seine Hoffnung setzt, / auf den HERRN, seinen Gott! // 6 Der HERR hat die ganze Welt geschaffen: / den Himmel, die Erde und das Meer, / samt allen Geschöpfen, die dort leben. / Seine Treue hat kein Ende, / er steht zu seinem Wort: / 7 Den Unterdrückten verschafft er Recht, / den Hungernden gibt er zu essen, / die Gefangenen macht er frei. / 8-9 Die Blinden macht er sehend, / die Verzweifelten richtet er auf. / Er beschützt die Gäste und Fremden im Land / und sorgt für die Witwen und Waisen. / Der HERR liebt alle, die ihm die Treue halten, / aber die Pläne der Treulosen vereitelt er. // 10 Der HERR bleibt König für alle Zeiten! / Zion, dein Gott wird herrschen / von Generation zu Generation! // Preist den HERRN – Halleluja!

GOTTES MACHT IN NATUR UND GESCHICHTE

147 Halleluja – Preist den HERRN! // Ja, es ist gut, unserem Gott zu singen; / es macht Freude, ihn mit Liedern zu preisen! / 2 Der HERR baut Jerusalem wieder auf, / die aus Israel Verschleppten bringt er wieder heim. / 3 Er heilt alle, deren Herz zerrissen ist, / und verbindet ihre Wunden. // 4 Er allein kennt die Zahl der Sterne, / er ruft sie alle mit Namen. / 5 Unser Herr ist gewaltig, / groß ist seine Macht, / seine Einsicht hat keine Grenzen. / 6 Die Erniedrigten richtet er auf, / doch alle, die sich gegen ihn erheben, / wirft er zu Boden. / 7 Stimmt ein Loblied an für den HERRN, / singt unserem Gott zum Klang der Harfe! / 8 Er bedeckt den Himmel mit Wolken, / schafft den Regen herbei für die Erde / lässt das Gras auf den Bergen wachsen. / 9 Allen Tieren gibt er ihr Futter, / auch den jungen Raben, die danach

schreien. // 10 Viele verlassen sich auf ihre schnellen
Pferde / und die starken Muskeln ihrer Krieger; / sie
alle sind dem HERRN zuwider. / 11 Doch seine Freude
hat er an Menschen, / die ihn ehren und ihm gehor-
chen / und die mit seiner Güte rechnen. // 12 Preise
den HERRN, Jerusalem; / rühme deinen Gott, du
Zionsstadt! / 13 Er schafft Sicherheit in deinen Mau-
ern, / er segnet das Volk, das in dir wohnt. / 14 Glück
und Frieden gibt er deinem Land, / mit bestem Wei-
zen macht er dich satt. // 15 Er schickt seine Befehle
auf die Erde / und schnell erreicht sein Wort das
Ziel. / 16 Er lässt den Schnee wie Wollflocken fal-
len; / er streut den Reif wie Asche aus; / 17 in Bro-
cken schleudert er den Hagel / und schickt den Frost,
dem keiner widersteht. / 18 Doch wenn er ein Wort
spricht, beginnt es zu tauen; / sein Atem lässt die Bä-
che wieder fließen. // 19 Seine Weisungen gibt er den
Nachkommen Jakobs, / Regeln für das Leben seines
Volkes Israel. / 20 Für kein anderes Volk hat er das ge-
tan, / kein anderes kennt seine Weisungen. // Preist
den HERRN – Halleluja!

PREIST GOTT IM HIMMEL UND AUF DER ERDE!

148 Halleluja – Preist den HERRN! // Preist den
HERRN, alle seine Geschöpfe, / preist ihn dro-
ben im Himmel! / 2 Lobt ihn, alle seine Engel! / Lobt
ihn, ihr himmlischen Mächte! / 3 Lobt ihn, Sonne und
Mond! / Lobt ihn, ihr leuchtenden Sterne! / 4 Lobt
ihn, ihr Weiten des Himmels / und ihr Gewässer
über dem Himmelsgewölbe! // 5 Sie alle sollen den
HERRN rühmen, / denn sein Befehl rief sie ins Da-
sein. / 6 Er stellte sie für immer an ihren Platz / und
setzte ihnen eine Ordnung, / die sie niemals über-
treten dürfen. // 7 Preist den HERRN, alle seine Ge-
schöpfe, / preist ihn unten auf der Erde! / Lobt ihn, ihr
Ozeane, / ihr Ungeheuer im Meer! / 8 Lobt ihn, Blitze,
Hagel, Schnee und Wolken, / ihr Stürme, die ihr seinen
Befehl ausführt! / 9 Lobt ihn, ihr Berge und Hügel, / ihr
Obstbäume und Wälder! / 10 Lobt ihn, wilde und zahme
Tiere, / ihr Vögel und alles Gewürm! / 11 Lobt ihn, ihr
Könige und alle Völker, / ihr Fürsten und Mächtigen
der Erde! / 12 Lobt ihn, ihr Männer und Frauen, / Alte
und Junge miteinander! // 13 Sie alle sollen den HERRN
rühmen! / Denn sein Name allein ist groß; / der Glanz
seiner Hoheit / strahlt über Erde und Himmel. // 14 Sein
Volk Israel steht ihm nahe; / durch ihn ist es groß und
mächtig geworden. / Darum bleibt es ihm treu und
preist ihn! // Preist den HERRN – Halleluja!

GOTT BRINGT SEIN VOLK ZU EHREN

149 Halleluja – Preist den HERRN! // Singt dem
HERRN ein neues Lied, / preist ihn, wenn
ihr zusammenkommt, / alle, die ihr zu ihm hal-
tet! / 2 Freu dich, Volk Israel: Er ist dein Schöpfer! / Du
Gemeinde auf dem Zionsberg, / juble ihm zu: Er ist
dein König! / 3 Rühmt ihn mit festlichem Reigen-
tanz, / singt ihm zum Takt der Tamburine, / ehrt ihn
mit eurem Saitenspiel! / 4 Denn der HERR ist freund-
lich zu seinem Volk, / er erhöht die Erniedrigten durch
seine Hilfe. // 5 Alle, die zum HERRN gehören, sollen
jubeln, / weil er sie zu Ehren bringt! / Sie sollen vor
Freude singen, / auch in der Nacht! / 6 Mit lauter
Stimme sollen sie ihn preisen, / scharfe Schwerter
in ihren Händen / 7 Sie sollen Gottes Gericht vollzie-
hen, / an allen Völkern Vergeltung üben, / 8 deren
Könige und alle Mächtigen / fesseln und in eiserne
Ketten legen! / 9 So werden sie Gottes Urteil vollstre-
cken, / wie in prophetischen Büchern geschrieben
steht. / Allen, die zum HERRN gehören, / verleiht er
königliche Pracht. // Preist den HERRN – Halleluja!

PREIST ALLE DEN HERRN!

150 Halleluja – Preist den HERRN! // Rühmt
Gott in seinem Heiligtum! / Lobt Gott, den
Mächtigen im Himmel! / 2 Lobt Gott, denn er tut
Wunder, / seine Macht hat keine Grenzen! / 3 Lobt
Gott mit Hörnerschall, / lobt ihn mit Harfen und
Lauten! / 4 Lobt Gott mit Trommeln und Freuden-
tanz, / mit Flöten und mit Saitenspiel! / 5 Lobt Gott
mit klingenden Zimbeln, / lobt ihn mit schallenden
Becken! / 6 Alles, was atmet, / soll den HERRN rüh-
men! // Preist den HERRN – Halleluja!

DAS BUCH DER **SPRICHWÖRTER**

WAS AUS DIESEM BUCH ZU LERNEN IST

1 Dieses Buch enthält in Sprüche gefasste Ratschläge
fürs Leben von Salomo, dem Sohn Davids und
König von Israel. 2 Sie zeigen uns, was Weisheit und
echte Bildung ist, damit wir merken können, wo mit
Einsicht über etwas geredet wird. 3 Mit ihrer Hilfe
kommen wir zu einer guten Bildung und lernen, wie
wir unser Leben richtig führen und immer auf dem
geraden Weg bleiben. 4 So können wir auch junge und
unerfahrene Menschen zu Klugheit und Besonnenheit
führen. 5-6 Sie werden dann verstehen, was weise Leh-
rer sagen: ihre Sprüche, Bilder, Gleichnisse und Rätsel.
Auch Erfahrene lernen aus diesem Buch noch dazu und
machen Fortschritte in der Kunst, die Aufgaben des Le-
bens zu bewältigen. 7 Den HERRN ernst nehmen ist der
Anfang aller Erkenntnis. Wer ihn missachtet, verachtet
auch Weisheit und Lebensklugheit.

WARNUNG VOR SCHLECHTEM UMGANG

8 Mein Sohn, höre auf deinen Vater und deine Mut-
ter und folge ihrem Rat! 9 Das schmückt dich wie ein
prächtiger Kranz auf dem Kopf oder wie eine Hals-
kette. 10 Lass dich nicht von gewissenlosen Menschen
verführen, 11 die zu dir sagen: »Komm, geh mit uns!

Wir legen uns auf die Lauer! Wenn Leute vorbeikom-
men, schlagen wir sie tot, einfach so! 12 Wir machen
es wie der Tod: Wir reißen sie mitten aus dem Leben
heraus und befördern sie, so wie sie sind, ins Grab. 13 Ihr
Hab und Gut nehmen wir und füllen unsere Häuser da-
mit. 14 Die Beute teilen wir miteinander. Komm, mach
mit!« 15 Mein Sohn, mach nicht gemeinsame Sache mit
diesen Verbrechern, 16 denn auf Schritt und Tritt haben
sie nichts als Bosheit und Mord im Sinn! 17 Die Vögel
beachten das ausgespannte Netz nicht und fliegen
hinein. 18 Genauso machen es diese Verbrecher: Sie
lauern sich selbst auf und stellen dem eigenen Leben
nach. 19 Alle, die auf krummen Wegen reich werden
wollen, nehmen ein solches Ende: Dem Räuber raubt
sein Raub das Leben!

DIE WEISHEIT MAHNT

20 Die Weisheit ruft auf den Straßen, auf den Plätzen
erschallt ihre Stimme; 21 wo die Leute sich treffen, hört
man sie, am Stadttor trägt sie ihre Rede vor: 22 »Wann
werdet ihr endlich reif und erwachsen, unreife Grün-
schnäbel, die ihr seid? Ihr unverbesserlichen Schwät-
zer, wie lange wollt ihr euch nicht bessern? Wann
kommt ihr endlich zur Einsicht, ihr alle, die ihr mich
missachtet? 23 Nehmt euch doch meine Mahnung
zu Herzen! Dann öffne ich euch den Schatz meines
Wissens und gebe euch davon, soviel ihr wollt. 24 Ich
habe immer wieder geredet, doch ihr habt gar nicht
zugehört. Mit erhobener Hand habe ich gerufen und
niemand hat darauf geachtet. 25 Ihr habt euch nicht
zurechtweisen lassen und jeden Rat in den Wind ge-
schlagen. 26 Wartet ab, das Unglück kommt bestimmt!
Dann werde ich es sein, die lacht! Dann ist die Reihe an
mir, zu spotten, 27 wenn Angst und Schrecken über euch
kommen wie ein fürchterlicher Gewittersturm, 28 Dann
schreit ihr nach mir, doch ich antworte nicht, ihr werdet
mich suchen und nirgends finden. 29 Wenn ihr euch je-
der Einsicht verschließt und euch weigert, den HERRN
ernst zu nehmen, 30 wenn ihr meine Ratschläge von
euch weist und auf keine von meinen Warnungen hört,
31 dann müsst ihr die Folgen tragen und auslöffeln, was
ihr euch eingebrockt habt. 32 Alle, die sich nichts sagen
lassen, gehen an ihrer Halsstarrigkeit zugrunde, und die
Sorglosen und Selbstsicheren bringt ihr Eigensinn ums
Leben. 33 Doch alle, die auf mich hören, haben nichts zu
befürchten, Not und Unglück bleiben ihnen erspart.«

DIE WEISHEIT: EIN SCHATZ UND EIN SCHUTZ

2 Mein Sohn, nimm meine Worte in dich auf! Ver-
wahre sie wie einen Schatz. 2 Verschließ die Ohren
nicht für die Lehren der Weisheit und bemühe dich,
alles zu verstehen! 3 Rufe Verstand und Einsicht zu
Hilfe! 4 Suche nach der Weisheit wie nach Silber, wie
nach vergrabenen Schätzen. 5 Wenn du das alles tust,
wirst du auch lernen, den HERRN zu erkennen und ihn
ernst zu nehmen. 6 Der HERR ist es, der Weisheit gibt,
von ihm kommen Wissen und Verständnis. 7 Menschen,
die ihm mit redlichem Herzen folgen, finden bei ihm
Schutz und Hilfe. 8 Er bewahrt alle, die auf dem rechten
Weg bleiben und ihm die Treue halten. 9 Wenn du auf
mich hörst, wirst du erkennen, was vor Gott recht und
gut und geradlinig ist. Dann wirst du ein Leben führen
können, das er gutheißt. 10 Du erlangst Weisheit und
Erfahrung und hast deine Freude daran. 11 Einsicht und
Besonnenheit beschützen dich, 12 sie bewahren dich
davor, etwas Falsches zu tun. Sie halten dich fern von
denen, die die Wahrheit verdrehen, 13 die den gera-
den Weg verlassen haben und auf finsteren Abwe-
gen sind. 14 Es macht ihnen Spaß, Unrecht zu tun, über
die schlimmsten Verirrungen anderer freuen sie sich.
15 Unzuverlässige Menschen sind sie, denen niemand
trauen kann. 16 Einsicht und Besonnenheit helfen dir
auch, der fremden Frau zu widerstehen, die dich mit
ihren schmeichelnden Worten verführen will. 17 Ihren
eigenen Mann hat sie verlassen und damit auch Gott
die Treue gebrochen. 18 Wer zu ihr geht, der geht in den
Tod; denn von ihrem Haus führt der Weg steil hinun-
ter in die Totenwelt. 19 Wer sie aufsucht, kommt nicht
mehr zurück; denn von ihrem Haus führt kein Weg zum
Leben. 20 In jeder Hinsicht helfen dir Einsicht und Be-
sonnenheit, dein Leben so zu führen, wie Menschen es
tun, die Gott die Treue halten. 21 Redliche, rechtschaf-
fene Menschen dürfen im Land bleiben und darin woh-
nen. 22 Die Treulosen aber, die nicht nach Gott fragen,
werden weggefegt und ausgerottet.

ANERKENNUNG BEI GOTT UND MENSCHEN

3 Mein Sohn, vergiss nicht, was ich dir beigebracht
habe; behalte meine Anweisungen im Gedächt-
nis! 2 Dadurch sicherst du dir ein langes, erfülltes
Leben. 3 An Liebe und Treue zu anderen soll es bei dir
niemals fehlen. Schmücke dich damit wie mit einer
Halskette! 4 So findest du Beifall und Anerkennung
bei Gott und den Menschen. 5 Verlass dich nicht auf
deinen Verstand, sondern setze dein Vertrauen un-
geteilt auf den HERRN! 6 Denk an ihn bei allem, was
du tust; er wird dir den richtigen Weg zeigen. 7 Halte
dich nicht selbst für klug und erfahren, sondern nimm
den HERRN ernst und bleib allem Unrecht fern! 8 Das
ist eine Medizin, die dich rundum gesund erhält und
deinen Körper erfrischt. 9 Ehre den HERRN mit deinen
Opfergaben; bringe ihm das Beste vom Ertrag deiner
Arbeit. 10 Dann werden deine Kornspeicher sich füllen
und deine Weinfässer überlaufen. 11 Mein Sohn, wehre
dich nicht, wenn der HERR dich hart anfasst; werde
nicht unwillig, wenn er dich ermahnt. 12 Denn wenn
der HERR jemand liebt, dann erzieht er ihn mit Strenge,
genauso wie ein Vater seinen Sohn.

VOM WERT DER WEISHEIT

13 Wie glücklich ist ein Mensch, der die Weisheit gefun-
den und Erkenntnis erlangt hat! 14 Weisheit besitzen
ist besser als Silber, wertvoller als das reinste Gold.
15 Sie ist kostbarer als Edelsteine; nichts, was man sich
wünschen könnte, ist mit ihr vergleichbar. 16 Mit der
rechten Hand bietet sie dir langes Leben und mit der
linken Wohlstand und Ansehen. 17 Sie erfüllt dein Leben
mit Glück und Sicherheit. 18 Sie ist der wahre »Baum

des Lebens«; wer sie erlangt und festhält, kann sich glücklich preisen! 19 Mit Weisheit hat der HERR die Erde gegründet, mit Verstand das Himmelsgewölbe gebaut. 20 Sein Können ließ Flüsse aus der Tiefe quellen und Regen aus den Wolken rieseln. 21 Mein Sohn, lass dich stets von der Weisheit leiten, trenne dich nie von Besonnenheit und Klugheit! 22 Sie geben dir ein glückliches Leben und schmücken dich wie eine Halskette. 23 Durch sie gehst du deinen Weg in Sicherheit und stolperst über kein Hindernis. 24 Abends legst du dich ohne Angst zu Bett und schläfst die ganze Nacht hindurch fest und ruhig. 25 Katastrophen brauchst du nicht zu fürchten, wie sie plötzlich über Menschen kommen, die Gott missachten. 26 Denn der HERR ist dein sicherer Schutz, er lässt dich nicht in eine Falle laufen.

RICHTIGES VERHALTEN UNTER MENSCHEN

27 Wenn ein Mitmensch Hilfe braucht und du ihm helfen kannst, dann weigere dich nicht, es zu tun. 28 Und wenn du ihm sofort helfen kannst, dann sage nicht, er soll morgen wiederkommen. 29 Schmiede keine bösen Pläne gegen deinen Nachbarn, der dir vertraut. 30 Streite dich nicht grundlos mit jemand, der dir gar nichts getan hat. 31 Beneide keinen gewalttätigen Menschen um seine Erfolge und nimm ihn nicht zum Vorbild! 32 Denn der HERR verabscheut alle, die krumme Wege gehen; aber die Rechtschaffenen macht er zu seinem Vertrauten. 33 Auf dem Haus der Unheilstifter liegt der Fluch des HERRN; aber sein Segen kommt über die Wohnstätte der Menschen, die ihm die Treue halten. 34 Die überheblichen Spötter trifft sein Spott; aber denen, die gering von sich denken, wendet er seine Liebe zu. 35 Weise kommen zu Ehren, aber Narren ernten nichts als Schande.

WEISHEIT – DER BESTE ERWERB

4 Ihr jungen Leute, hört auf das, was ich wie ein Vater zu euch sage. Achtet darauf, damit ihr verständig werdet! 2 Es ist etwas Gutes, was ich euch beibringen will; deshalb schiebt es nicht von euch weg! 3 Als ich noch ein kleiner Junge war, zärtlich geliebt von meiner Mutter wie ein einziges Kind, da hat mein Vater mich schon unterwiesen. 4 Er sagte zu mir: »Präge dir meine Worte ein, vergiss sie nicht! Wenn du tust, was ich dir sage, wirst du leben. 5 Erwirb Weisheit und Einsicht! Vergiss meine Worte nicht, sondern richte dich nach ihnen! 6 Trenne dich nie von der Weisheit, sie wird dich beschützen. Liebe sie, dann lebst du in Sicherheit. 7 Weisheit ist das Allerwichtigste; darum gib notfalls alles hin, um sie zu erwerben. 8 Halte sie in Ehren, dann wird sie dich zu Ehren bringen. Wende ihr deine Liebe zu, und sie wird dir Ansehen verschaffen. 9 Sie wird ein Schmuck für dich sein, genauso wie ein prächtiger Kranz auf deinem Kopf.«

WEISHEIT – DER SICHERSTE WEG

10 Mein Sohn, achte genau auf das, was ich dir sage. Dadurch verlängerst du dein Leben. 11 Ich will dich auf den Weg der Weisheit und Lebensklugheit bringen; es ist ein gerader Weg. 12 Wenn du diesen Weg gehst, wird kein Hindernis deinen Schritt hemmen; selbst wenn du läufst, wirst du nicht stolpern. 13 Bleibe bei dem, was du gelernt hast, verleugne es nicht! Halte an den Lehren der Weisheit fest, dein Leben hängt davon ab! 14 Richte dich nicht nach dem Vorbild gewissenloser Menschen, folge nicht dem Beispiel der Unheilstifter! 15 Hab nichts mit ihnen zu tun, geh nicht auf ihren Wegen! Wende dich vom Unrecht ab, lass dich nicht darauf ein! 16 Schlechte Menschen können nicht einschlafen, wenn sie nicht vorher etwas angestellt haben. Sie finden erst Ruhe, wenn sie jemand zu Schaden gebracht haben. 17 Unrecht ist ihr tägliches Brot und Gewalttätigkeit der Wein, an dem sie sich berauschen. 18 Das Leben der Menschen, die auf Gott hören, gleicht dem Sonnenaufgang: Es wird heller und heller, bis es völlig Tag geworden ist. 19 Aber das Leben derer, die Gott missachten, ist wie die finstere Nacht: Sie kommen zu Fall und wissen nicht, worüber sie gestolpert sind.

WEISHEIT – HILFE ZUM LEBEN

20 Mein Sohn, hör mir gut zu, achte auf meine Worte! 21 Präge sie dir ein, damit du sie in Herz und Sinn behältst und nie verlierst. 22 Sie erhalten den Menschen, der sie befolgt, bei Leben und Gesundheit. 23 Mehr als auf alles andere achte auf deine Gedanken, denn sie entscheiden über dein Leben. 24 Lass deinen Mund keine Unwahrheit aussprechen; über deine Lippen soll keine Verleumdung oder Täuschung kommen. 25 Lass deine Augen geradeaus schauen, richte deine Blicke genau auf deinen Weg! 26 Überlege, was du tun willst, und dann tu es entschlossen! 27 Lass dich von der richtigen Entscheidung nicht abbringen, damit deine Füße nicht auf Abwege geraten.

WARNUNG VOR EHEBRUCH

5 Mein Sohn, hör mir zu und beherzige, was ich dir als Weisheit und Einsicht weitergebe. 2 Dann wirst du gescheit und redest, was Hand und Fuß hat. 3 Die fremde Frau lockt dich mit honigsüßen Worten, glatt wie Öl fließen sie von ihren Lippen. 4 Doch am Ende ist sie bitter wie Galle und tödlich wie ein beidseitig geschliffenes Schwert. 5 Sie reißt dich mit in den Tod, ihre Schritte führen geradewegs ins Grab. 6 Damit du den Weg zum Leben nicht siehst, lenkt sie dich ab, ohne dass du es merkst. 7 Hört mir jetzt gut zu, ihr jungen Männer, und schlagt meine Warnungen nicht in den Wind! 8 Geh dieser Frau aus dem Weg! Komm der Tür ihres Hauses nicht zu nahe! 9 Sonst bist du deine Ehre los und ein erbarmungsloser Rächer bringt dich um alles, was du in langen Jahren erworben hast. 10 Dann leben Fremde von deinem Vermögen und der Ertrag deiner Mühe kommt einem Unbekannten zugute. 11 Wenn du schließlich bis auf die Knochen abgemagert bist, dann stöhnst du 12 und jammerst: »Hätte ich mir nur etwas sagen lassen! Warum habe ich mich gegen jede Ermahnung gesträubt? 13 Hätte ich doch besser aufgepasst und auf meine Lehrer gehört! 14 Um

ein Haar wäre ich in aller Öffentlichkeit bloßgestellt
worden!« 15 Du hast doch deinen eigenen Brunnen,
deine Quelle, die klares Wasser sprudelt. Trink aus die-
ser Quelle! 16 Willst du, dass ihr Wasser auf die Straße
fließt? 17 Willst du es etwa mit anderen teilen? Für dich
allein soll es sprudeln! 18 Freue dich an der Frau, die du
jung geheiratet hast. Sie soll dir viele Kinder schen-
ken! 19 Anmutig wie eine Gazelle ist sie. Ihre Brüste
sollen dich immer berauschen, in ihren Armen kannst
du dich selbst vergessen! 20 Mein Sohn, willst du wirk-
lich dein Glück bei einer anderen suchen und dich an
den Brüsten einer Fremden berauschen? 21 Bedenke:
Der HERR sieht alles, was du tust, und prüft alle deine
Wege. 22 Deine Untaten werden dich einholen; deine
Sünde wird dir zur Schlinge, in der du dich selber
fängst. 23 Wer keine Selbstbeherrschung hat, kommt
um. Seine bodenlose Dummheit bringt ihn ins Grab.

VIER WARNUNGEN

6 Mein Sohn, hast du für einen anderen Bürgschaft
übernommen? Hast du dich durch Handschlag
verpflichtet, für seine Schulden aufzukommen? 2 Sind
deine eigenen Worte dir zur Schlinge geworden? Bist
du durch deine Versprechungen in eine Falle geraten?
3 Dann hat der andere dich in seiner Gewalt, mein Sohn,
und dir bleibt nur noch ein Ausweg: Geh zu ihm, be-
stürme ihn mit Bitten, lass nicht nach, damit er dich
freigibt. 4 Gönne dir keine Ruhe, gönne deinen Augen
keinen Schlaf, 5 bis du ihm entronnen bist wie eine Ga-
zelle aus der Hand des Fallenstellers oder ein Vogel
aus dem Netz. 6 Sieh dir die Ameise an, du Faulpelz!
Nimm dir ein Beispiel an ihr, damit du weise wirst! 7 Sie
hat keinen Aufseher und keinen Antreiber. 8 Und doch
sorgt sie im Sommer für ihre Nahrung und sammelt zur
Erntezeit ihre Vorräte. 9 Wie lange willst du noch liegen
bleiben, du Faulpelz? Wann geruhst du endlich aufzu-
stehen? 10 »Nur ein kurzes Nickerchen«, sagst du, »nur
einen Moment die Augen zumachen und die Hände
in den Schoß legen.« 11 Und während du das tust,
kommt die Armut zu dir wie ein Landstreicher und die
Not überfällt dich wie ein Einbrecher. 12 Nichtsnutzige,
heimtückische Menschen laufen umher und verbreiten
Lügen. 13 Sie zwinkern mit den Augen, um andere zu
täuschen, und geben Zeichen mit den Händen oder
Füßen. 14 Ihr Herz ist falsch; immerzu schmieden sie
böse Pläne und zetteln Streitereien an. 15 Darum neh-
men sie ein schreckliches Ende. Unerwartet wird das
Verderben sie treffen und nichts wird es abwenden
können. 16 Sechs Dinge verabscheut der HERR und das
siebte kann er erst recht nicht ausstehen: 17 überhebli-
che Augen, eine lügnerische Zunge, Hände, die schuld-
lose Menschen töten, 18 einen Kopf, der böse Pläne
ausheckt, Füße, die auf verbrecherischen Wegen lau-
fen, 19 einen Zeugen, der nicht die Wahrheit sagt, und
einen Menschen, der Brüder gegeneinander aufhetzt.

EHEBRUCH BLEIBT NICHT OHNE FOLGEN

20 Mein Sohn, halte dich an die Weisungen deines Va-
ters! Vergiss nicht, was deine Mutter dich gelehrt hat!
21 Lass dir die Worte deiner Eltern am Herzen liegen, so
nahe wie das Schmuckstück, das du an einer Schnur
um den Hals trägst. 22 Diese Worte werden dich bei
deiner Arbeit leiten, dich beschützen, während du
schläfst, und dich beraten, sobald du wieder aufge-
wacht bist. 23 Was Vater und Mutter dir beibringen, ist
wie eine helle Lampe für deinen Weg. Wenn sie dich
ermahnen und zurechtweisen, leiten sie dich an zu
einem erfüllten Leben. 24 Sie schützen dich vor der
schlechten Frau, vor der Frau eines anderen, die dich
mit Schmeichelworten lockt. 25 Lass dich nicht von ih-
ren Reizen verführen, und wenn sie dir schöne Augen
macht, fall nicht darauf herein! 26 Für eine Prostituierte
zahlst du nicht mehr als für einen Laib Brot, aber für
die Frau eines anderen musst du mit deinem Leben
bezahlen. 27 Kann man Feuer in der Tasche seines Ge-
wandes tragen, ohne das Gewand in Brand zu setzen?
28 Kann man über glühende Kohlen laufen, ohne sich
die Füße zu verbrennen? 29 Ebenso wenig kann man
mit der Frau eines anderen schlafen, ohne die Strafe
dafür zu bekommen. 30 Einen Dieb verachtet man,
auch wenn er nur stiehlt, weil der Hunger ihn treibt.
31 Wird er ertappt, so muss er es siebenfach bezahlen
und schlimmstenfalls alles hergeben, was er besitzt.
32 Aber wer mit der Frau eines anderen Ehebruch be-
geht, muss den Verstand verloren haben. So etwas tut
nur einer, der sein Leben leid ist! 33 Schläge bekommt
er und dazu Schmach und Schande, die er nie wieder
loswird. 34 Eifersucht steigert die Wut eines Eheman-
nes bis zum Äußersten; und wenn die Gelegenheit sich
bietet, wird er sich rächen ohne jedes Mitleid. 35 Mit
Sühnegeld lässt er sich nicht besänftigen. Du magst
ihm noch so viele Geschenke anbieten, er bleibt hart.

LASS DICH NICHT VERFÜHREN!

7 Mein Sohn, denk an meine Worte! Hüte meine
Anweisungen wie einen Schatz! 2 Wenn du le-
ben willst, dann gib auf sie acht wie auf dein eigenes
Auge. 3 Behalte meine Weisungen immer bei dir, wie
einen Ring an deinem Finger, schreibe sie dir tief ins
Herz! 4 Betrachte die Weisheit als deine Schwester
und die Einsicht als deine beste Freundin. 5 Sie wer-
den dich fernhalten von der Frau eines anderen, von
der Fremden, die so schmeichelhaft reden kann. 6 Eines
Tages stand ich am Fenster meines Hauses und schaute
hinaus. 7 Auf der Straße sah ich viele junge, noch uner-
fahrene Leute. Unter ihnen fiel mir ein Bursche auf, der
gänzlich ohne Verstand sein musste. 8 Er ging die Gasse
entlang, an deren Ecke eine gewisse Frau wohnte, und
näherte sich ihrem Haus. 9 Der Abend war schon der
Nacht gewichen, es war dunkel geworden. 10 Da sah
ich sie, sie ging auf ihn zu, gekleidet wie eine Prosti-
tuierte. Sie wusste genau, was sie wollte. 11 Sie war
so waghalsig und hemmungslos, dass es sie nicht im
Hause hielt. 12 Mal sah man sie auf dem Marktplatz,
mal auf den Straßen, dann wieder stand sie an irgend-
einer Ecke und wartete. 13 Sie ging also auf den jungen
Mann zu, legte ihm die Arme um den Hals, küsste ihn,
blickte ihm herausfordernd in die Augen und sagte:

14 »Ich musste Gott heute ein Dankopfer bringen, das
ich ihm versprochen hatte; das Fleisch für das Opfer-
mahl habe ich mit nach Hause gebracht. 15 Deshalb bin
ich herausgekommen. Ich wollte dich immer schon
kennenlernen. Da bist du nun! 16 Ich habe mein Bett
mit weichen, bunten Tüchern aus Ägypten bezogen,
17 mit Essenzen von Myrrhe, Aloë und Zimt habe ich
es besprengt. 18 Komm mit! Wir lieben uns die ganze
Nacht bis morgen früh, wir wollen einander genießen!
19 Der Mann ist nicht zu Hause, er macht gerade eine
lange Reise. 20 Er hat genug Geld mitgenommen und
kommt frühestens in vierzehn Tagen wieder.« 21 Mit
solchen Worten redet sie auf ihn ein und schließlich hat
sie ihn überredet. 22 Er folgt ihr – wie ein Ochse, der zum
Schlachtplatz geführt wird. Mit Ketten an den Füßen
geht er seiner Strafe entgegen, dieser unverbesserliche
Narr! 23 Er weiß nicht, dass es um sein Leben geht – bis
ein Pfeil ihm die Leber durchbohrt, bis er gefangen im
Netz hängt wie ein Vogel. 24 Deshalb hört mir jetzt zu,
ihr jungen Männer! Merkt euch, was ich euch sage:
25 Lasst euch nicht von einer solchen Frau den Kopf
verdrehen, folgt ihr nicht auf ihren schlimmen Wegen!
26 Sie hat schon viele Männer ruiniert und nicht wenige
sind ihretwegen ums Leben gekommen. 27 Ihr Haus ist
ein Zugang zur Totenwelt. Wer zu ihr geht, betritt den
kürzesten Weg ins Grab.

DIE WEISHEIT STELLT SICH VOR

8 Hört doch, die Weisheit ruft, die Einsicht lässt ihre
Stimme erschallen! 2 Erhöht und weithin sichtbar
steht sie an den Straßen und da, wo sich Wege kreu-
zen. 3 Sie stellt sich an die Tore der Stadt, an den Torein-
gängen ruft sie aus: 4 »Leute, ich habe euch etwas zu
sagen! An alle Menschen wende ich mich. 5 Ihr Grün-
schnäbel, lernt reif zu werden! Ihr Unverständigen,
werdet klug! 6 Hört zu, ich gebe euch wertvollen Rat!
Ihr könnt euch auf meine Worte verlassen. 7 Aus mei-
nem Mund hört ihr die Wahrheit; Böses auszusprechen
ist mir verhasst. 8 Meine Worte sind alle wahr und ehr-
lich, es ist keine Falschheit und Hinterlist darin. 9 Sie
sind klar und eindeutig für alle, die Einsicht haben und
ihren Verstand gebrauchen. 10 Sucht meine Unterwei-
sung, nicht Silberschmuck! Strebt nach Erkenntnis statt
nach Schmuck aus Gold! 11 Ihr wisst doch: ›Weisheit
ist besser als Juwelen, sie ist mit nichts vergleichbar,
was ein Mensch sich wünschen könnte!‹ 12 Ich bin die
Weisheit. Ich bin vertraut mit der Klugheit und weiß
umsichtig zu überlegen. 13 Dem HERRN gehorchen
heißt: das Böse hassen. Ich verabscheue Überheblich-
keit und Hochmut, unrechtes Tun und lügnerisches
Reden. 14 Ich mache Pläne und führe sie auch aus; ich
habe die Einsicht und auch die Macht. 15 Mit meiner
Hilfe regieren die Könige und treffen die Herrscher
gerechte Entscheidungen. 16 Mit meiner Hilfe regieren
die Mächtigen, die Großen, die für das Recht zu sorgen
haben. 17 Alle, die mich lieben, die liebe ich auch. Wer
mich sucht, wird mich finden. 18 Reichtum und Ehre
habe ich zu bieten, bleibenden Besitz und gerechten
Lohn. 19 Was ihr von mir bekommt, ist besser als das
feinste Gold, wertvoller als das reinste Silber. 20 Wo
Menschen nach Gottes Willen fragen und einander
gerecht behandeln, dort bin ich mit Sicherheit zu fin-
den, 21 um denen, die mich lieben, Besitz zu geben und
ihre Häuser mit Schätzen zu füllen. 22 Am Anfang hat
der HERR mich geschaffen, ich war sein erstes Werk vor
allen anderen. 23 In grauer Vorzeit hat er mich gemacht,
am Anfang, vor Beginn der Welt. 24 Als ich geboren
wurde, gab es noch kein Meer und keine Quelle brach
aus der Tiefe hervor. 25 Der Grund der Berge war noch
nicht gelegt, die Hügel waren noch nicht entstanden.
26 Gott hatte noch nicht die Erde gemacht, vom festen
Land und seinen Feldern war noch nicht das Geringste
zu sehen. 27 Ich war dabei, als er den Himmel wölbte
und den Kreis des Horizonts festlegte über den Tiefen
des Ozeans, 28 als er die Wolken hoch oben zusammen-
zog und die Quellen aus der Tiefe sprudeln ließ, 29 als er
dem Meer die Grenze bestimmte, die seine Fluten nicht
überschreiten dürfen, als er die Fundamente der Erde
abmaß – 30 da war ich als Kind an seiner Seite, ich freute
mich an jedem Tag und spielte unter seinen Augen.
31 Ich spielte auf dem weiten Rund der Erde und hatte
meine Freude an den Menschen. 32 Deshalb, ihr jungen
Leute, hört auf mich! Wie glücklich sind alle, die mir fol-
gen! 33 Schlagt meine Unterweisung nicht in den Wind,
hört darauf und werdet klug! 34 Wie glücklich sind alle,
die mir zuhören, die jeden Tag vor meinem Haus stehen
und an meinem Tor auf mich warten. 35 Alle, die mich
finden, finden das Leben und der HERR hat Freude an
ihnen. 36 Doch wer mich verfehlt, schadet sich selbst.
Alle, die mich hassen, lieben den Tod.«

WEISHEIT UND TORHEIT LADEN EIN

9 Frau Weisheit hat sich ein Haus gebaut mit sie-
ben prächtigen Säulen. 2 Zum Fest hat sie Rinder
schlachten lassen, den Wein mit feinen Gewürzen
vermischt und ihren Tisch für das Mahl gedeckt.
3 Nun schickt sie ihre Dienerinnen; sie gehen auf
den Marktplatz der Stadt und rufen in ihrem Auftrag
aus: 4 »Wer unerfahren ist, soll zu mir kommen! Wer
etwas lernen will, ist eingeladen! 5 Kommt in mein
Haus, esst und trinkt, was ich für euch zubereitet
habe! 6 Wer unwissend bleiben will, den lasst stehen!
Kommt, betretet den Weg zur Einsicht! Der Lohn da-
für ist ein erfülltes Leben.« 7 Wer einen Eingebildeten
belehren will, macht sich lächerlich. Und wer einen
Unheilstifter zurechtweist, tut es zu seinem eigenen
Schaden. 8 Tadle keinen Eingebildeten, er wird dich
hassen. Zeige dem Gebildeten seine Fehler und er wird
dich dafür lieben. 9 Belehre den Klugen, dann wird
er noch klüger. Unterweise den, der das Rechte tut,
und er lernt noch dazu. 10 Den HERRN ernst nehmen
ist der Anfang aller Weisheit. Gott, den Heiligen, ken-
nen ist Einsicht. 11 Durch die Weisheit wird dein Leben
verlängert. 12 Wenn du weise bist, hast du selber den
Nutzen davon. Wenn du aber ein eingebildeter Spötter
bist, musst du selber die Folgen tragen. 13 Frau Torheit
ist eine schamlose Dirne, eine vorlaute, aufdringliche
Schwätzerin. 14 Vor ihrem Haus am Marktplatz der

Stadt sitzt sie an der Tür auf hohem Stuhl. 15 Sie sagt
zu jedem, der vorübergeht und einen geraden Weg
verfolgt: 16 »Wer unerfahren ist, komme zu mir! Wer
etwas lernen will, ist eingeladen! 17 Verbotenes Was-
ser ist süß! Heimlich gegessenes Brot schmeckt am
allerbesten!« 18 Doch wer ihrer Einladung Folge leistet,
weiß nicht, dass drinnen an ihrem Tisch die Geister
der Toten sitzen. Wer die Schwelle ihres Hauses über-
schreitet, betritt damit schon die Totenwelt.

10 1a Die folgenden Sprüche sind von Salomo:

WOHLSTAND KOMMT DURCH GOTTES SEGEN

1b Ein kluger Sohn ist Vaters Glück, doch ein dummer
ist Mutters Kummer. 2 Durch Unrecht reich werden
bringt keinen Nutzen, aber Gott gehorchen rettet vom
Tod. 3 Der HERR lässt niemand verhungern, der nach
ihm fragt; aber wer ihn missachtet, dessen Gier bleibt
ungestillt. 4 Untätige Hände bringen Armut, fleißige
Hände Reichtum. 5 Wer gescheit ist, erntet, wenn das
Korn reif ist; wer die Erntezeit verschläft, verdient Ver-
achtung. 6 Wer das Rechte tut, empfängt Segen; wer
das Schlechte tut, hinter dessen Worten versteckt sich
seine Gewalttätigkeit. 7 An einen guten Menschen er-
innert man sich in Dankbarkeit, von einem schlechten
vergisst man sogar den Namen. 8 Ein weiser Mensch
nimmt Weisungen an, ein uneinsichtiger Schwätzer
rennt in sein Verderben. 9 Wer geradlinig lebt, lebt ohne
Angst; wer krumme Wege geht, wird irgendwann er-
tappt. 10 Wer jemand mit den Augen zuzwinkert, will
andere in Schwierigkeiten bringen; aber ein unein-
sichtiger Schwätzer bringt sich selbst ins Verderben.
11 Wer redlich ist, dessen Mund ist eine Quelle des
Lebens; wer es unredlich meint, hinter dessen Wor-
ten versteckt sich seine Gewalttätigkeit. 12 Hass sucht
Streit, Liebe sucht Verständigung. 13 Von den Lippen
des Verständigen hört man kluge Worte, aber auf den
Rücken des Unverständigen gehört der Stock. 14 Weise
reden nicht von ihrem Wissen, aber Unverständige re-
den plötzliches Unheil herbei. 15 Für den Reichen ist
sein Vermögen eine sichere Burg, für die Armen ist ihre
Armut der sichere Untergang. 16 Wer das Rechte tut,
gewinnt Lebensglück; wer das Schlechte tut, verspielt
es durch eigene Schuld. 17 Wenn du dich willig ermah-
nen lässt, gehst du den Weg zum Leben; wenn du keine
Warnung hören willst, gehst du in die Irre. 18 Wer Hass
geheim halten will, muss lügen; wer alles ausposaunt,
muss verrückt sein! 19 Ein Mensch, der viel redet, ver-
sündigt sich leicht; wer seine Zunge im Zaum hält, zeigt
Verstand. 20 Was ein redlicher Mensch sagt, ist wertvoll
wie reinstes Silber; was sich ein unredlicher ausdenkt,
ist völlig wertlos. 21 Menschen, die nach Gott fragen,
erhalten mit ihren Worten viele am Leben; aber unver-
besserliche Narren sterben aus Mangel an Verstand.
22 Wohlstand kommt durch Gottes Segen, eigene Mühe
macht ihn nicht größer. 23 Für Unverständige ist es ein
Vergnügen, Schandtaten zu verüben; Verständige
haben ihre Freude daran, sich mit der Weisheit zu
befassen. 24 Einem bösen Menschen stößt zu, was er be-
fürchtet; ein guter bekommt, was er wünscht. 25 Wenn
der Sturm vorüber ist, sind die Unheilstifter nicht mehr
da; aber wer das Rechte tut, steht immer auf festem
Grund. 26 Wie Essig für die Zähne und Rauch für die
Augen, so ist ein Faulpelz für seinen Arbeitgeber. 27 Wer
den HERRN ernst nimmt, vermehrt die eigenen Lebens-
jahre; wer ihn missachtet, verkürzt sie. 28 Den Redlichen
erwartet Freude; der Unredliche hat nichts Gutes zu
erwarten. 29 Wer sich an den HERRN hält, hat in ihm eine
feste Burg; aber allen, die Unrecht tun, bringt er den
Untergang. 30 Der Rechtschaffene bleibt für immer fest
gegründet; für die Unheilstifter ist kein Platz im Land.
31 Aus dem Mund eines redlichen Menschen kommen
Worte der Weisheit; aber eine lügnerische Zunge wird
abgeschnitten. 32 Die Worte eines guten Menschen tun
wohl; was die Unheilstifter sagen, tut weh.

FREIGEBIGE WERDEN IMMER REICHER

11 Falsche Waage kann der HERR nicht ausstehen;
nur richtiges Gewicht ist ihm recht. 2 Überheb-
lichkeit bringt Schande; ein weiser Mensch ist beschei-
den. 3 Aufrichtige werden von ihrer Redlichkeit geleitet;
Hinterhältige von ihrer Falschheit umgebracht. 4 Reich
sein bewahrt nicht vor Gottes Strafgericht; aber das
Rechte tun rettet vor dem Tod. 5 Den Rechtschaffenen
ebnet ihr Gehorsam den Weg; aber die Bösen bringt
ihre Bosheit zu Fall. 6 Die Aufrichtigen rettet ihre Treue;
aber den Treulosen wird ihre Habsucht zur Schlinge.
7 Wenn ein schlechter Mensch stirbt, dann stirbt auch
seine Hoffnung; was er vom Reichtum erhoffte, er-
weist sich als Täuschung. 8 Wer das Rechte tut, wird
aus Not errettet; an seiner Stelle gerät der hinein,
der Schlechtes tut. 9 Skrupellose Menschen schaden
anderen mit ihren Worten; rechtschaffene retten an-
dere durch ihr Wissen. 10 Wenn es den Guten gut geht,
freut sich die ganze Stadt; und wenn die Verbrecher
umkommen, jubeln alle ihre Bewohner. 11 Durch die
Rechtschaffenen kommt Segen über die Stadt und baut
sie auf; doch die Worte der Unheilstifter reißen sie nie-
der. 12 Wer verächtlich über andere redet, hat keinen
Verstand; Verständige halten den Mund. 13 Ein Mensch,
der jedes Gerücht weiterträgt, plaudert auch Geheim-
nisse aus; ein vertrauenswürdiger Mensch behandelt
sie vertraulich. 14 Ohne Führung ist ein Volk verloren;
aber wo viele Ratgeber sich einig werden, da ist Sicher-
heit. 15 Wer für die Schulden eines Fremden Bürgschaft
leistet, ist übel dran. Wer den bürgenden Handschlag
ausschlägt, hat einen ruhigen Schlaf. 16 Eine Frau
kommt durch Liebenswürdigkeit zu Ansehen; Män-
ner kommen durch Tatkraft zu Vermögen. 17 Wenn du
zu anderen gütig bist, tust du dir selber wohl; wenn du
grausam bist, tust du dir selber weh. 18 Wer Unrecht
tut, sammelt unsicheren Gewinn; wer das Rechte tut,
bekommt sicheren Lohn. 19 Entschieden das Rechte tun
führt zum Leben, beharrlich Unrecht tun führt zum Tod.
20 Der HERR verabscheut die Unzuverlässigen; aber alle,
die geradlinig leben, liebt er. 21 Verlass dich darauf: Wer
Unrecht tut, entgeht der Strafe nicht; aber die Kinder

der Rechtschaffenen werden gerettet. 22 Ein goldener Ring im Rüssel einer Wildsau? So ist eine schöne Frau ohne Benehmen! 23 Wenn du das Rechte tust, hast du nur Gutes zu erwarten; wenn du Schlechtes tust, wird deine Hoffnung grausam enttäuscht. 24 Freigebige werden immer reicher, der Geizhals spart sich arm. 25 Wenn du mit anderen teilst, wirst du selbst beschenkt; wenn du den Durst anderer stillst, lässt man dich auch nicht verdursten. 26 Wer in Notzeiten sein Korn im Speicher behält, den verfluchen die Leute; aber sie preisen den, der es verkauft. 27 Wer danach trachtet, Gutes zu tun, findet Zustimmung bei Gott. Wer danach trachtet, Unheil zu stiften, den überfällt es. 28 Ein Mensch, der sich auf seinen Reichtum verlässt, kommt zu Fall. Aber alle, die das Rechte tun, sprossen wie frisches Laub. 29 Wer Haus und Familie nicht in Ordnung hält, dessen Besitz löst sich in Luft auf. Wenn du so dumm bist, wirst du schließlich zum Sklaven eines Klügeren. 30 Ein rechtschaffener Mensch ist wie ein Baum, dessen Früchte Leben schenken; und wer klug und weise ist, gewinnt Menschen für sich. 31 Menschen, die das Rechte tun, bekommen hier auf der Erde ihren Lohn – und erst recht die anderen, die Unrecht tun!

GOTT GEHORCHEN IST EIN WEG ZUM LEBEN

12 Wer lernen will, lässt sich gern zurechtweisen; wer keinen Tadel erträgt, bleibt dumm. 2 Ein guter Mensch findet Zustimmung beim HERRN; aber den Ränkeschmied verurteilt er. 3 Wer sich auf Unrecht einlässt, hat keinen sicheren Halt; aber alle, die auf Gerechtigkeit setzen, stehen fest wie Bäume mit starken Wurzeln. 4 Eine tüchtige Frau bringt ihren Mann zu höchsten Ehren; aber eine Schlampe bringt ihn um wie eine langsam fressende Krankheit. 5 Ein redlicher Mensch denkt stets an das Recht; ein unredlicher plant nichts als Betrug. 6 Was Unheilstifter sagen, ist ein tödlicher Hinterhalt; aber die Worte redlicher Menschen retten aus Todesgefahr. 7 Wer Unrecht tut, wird gestürzt und verschwindet für immer; wer das Rechte tut, dessen Familie bleibt bestehen. 8 Wenn einer Verstand hat, lobt man ihn; aber einen Wirrkopf lacht man aus. 9 Nicht angesehen sein und einen Diener haben ist besser als berühmt sein und nichts zu essen haben. 10 Ein guter Mensch kümmert sich um das Wohl seiner Tiere; ein böser hat kein Herz für sie. 11 Wenn du deine Felder bestellst, hast du Brot genug; wenn du dich mit windigen Geschäften abgibst, hast du den Verstand verloren. 12 Wer nicht nach dem Recht fragt, beneidet die Verbrecher um ihren Gewinn; wer das Rechte tut, hat alle Voraussetzungen zum Erfolg. 13 Die Worte eines Schurken sind eine tödliche Falle; aber ein rechtschaffener Mensch entgeht dieser Gefahr. 14 Wer Gutes sagt, lebt auch gut davon; wer Gutes tut, dem bringt es etwas ein. 15 Ein Narr hält alles, was er tut, für richtig; Weise hören auf klugen Rat. 16 Wenn ein Dummkopf gekränkt wird, zeigt er seinen Ärger sofort; Kluge beherrschen ihre Gefühle. 17 Wer die Wahrheit aussagt, hilft dem Recht zum Sieg; ein falscher Zeuge bringt es zu Fall. 18 Die Worte mancher Leute sind wie Messerstiche; die Worte weiser Menschen bringen Heilung. 19 Wahrheit besteht für immer, Lüge nur einen Augenblick. 20 Wer böse Pläne schmiedet, betrügt sich selbst; wer anderen hilfreichen Rat erteilt, macht sich selber Freude. 21 Wenn du das Rechte tust, dann stößt dir nichts Böses zu; wenn du Unrecht tust, kannst du dich vor Plagen nicht retten. 22 Lügner sind dem HERRN zuwider; aber an zuverlässigen Menschen hat er Gefallen. 23 Der Kluge hält mit seinem Wissen zurück; der Narr geht mit seiner Unwissenheit hausieren. 24 Fleiß führt zu Macht, Faulheit macht zum Sklaven. 25 Sorgen drücken einen Menschen nieder; ein gutes Wort richtet ihn auf. 26 Rechtschaffene Menschen lassen sich von ihren Freunden den Weg zeigen, aber alle, die das Unrecht lieben, gehen in die Irre. 27 Ein fauler Jäger fängt nie ein Wild; aber ein fleißiger Mensch sammelt seltene Schätze. 28 Stets das Rechte tun ist der Weg, auf dem ein Leben gelingt, eine gut gebaute Straße ohne tödliche Gefahren.

SCHNELL ERSCHWINDELTER REICHTUM VERLIERT SICH

13 Ein verständiger Sohn hört darauf, wenn sein Vater ihn zurechtweist; aber ein Taugenichts überhört jeden Tadel. 2 Ein Mensch, der Gutes sagt, lebt auch gut davon; aber Verbrecher kommen nicht aus ohne Gewalttätigkeit. 3 Wer den Mund halten kann, bewahrt sein Leben; wer ihn zu weit aufreißt, bringt sich ins Verderben. 4 Der Faulpelz kommt um vor Begier und bleibt hungrig; aber der Fleißige isst sich satt. 5 Ein guter Mensch hasst die Lüge; ein schlechter setzt Gerüchte in die Welt. 6 Das Rechte befolgen bewahrt die Vollkommenen; aber Unrecht stürzt die Sünder ins Verderben. 7 Der eine spielt den Reichen und ist bettelarm; der andere spielt den Armen und ist steinreich. 8 Der Reiche kann sein Leben freikaufen; beim Armen hat der Erpresser nichts zu holen. 9 Ein redlicher Mensch gleicht einem hell brennenden Licht; der unredliche ist wie eine erlöschende Lampe. 10 Überheblichkeit bringt nichts als Zank und Streit; wenn du klug bist, nimmst du guten Rat an. 11 Schnell erschwindelter Reichtum verliert sich, langsam erarbeiteter vermehrt sich. 12 Langes Warten macht das Herz krank; aber ein erfüllter Wunsch gibt ihm neues Leben. 13 Wer guten Rat verachtet, muss teuer dafür bezahlen; wer ihn befolgt, wird belohnt. 14 Die Worte eines weisen Lehrers sind eine Quelle des Lebens; sie helfen, den Fallen des Todes zu entgehen. 15 Leute mit klarem Verstand finden Zustimmung; Treulose gehen einen Weg voller Stolpersteine. 16 Alles, was ein kluger Mensch tut, zeigt sein Wissen. Was ein Dummkopf tut, zeigt seine Unwissenheit. 17 Ein untreuer Bote bringt sich ins Unglück; aber ein zuverlässiger bringt verfahrene Dinge wieder in Ordnung. 18 In Armut und Schande gerätst du, wenn du Zurechtweisung ablehnst; wenn du Tadel annimmst, kommst du zu Ehren. 19 Wenn dein Wunsch in Erfüllung geht, freust du dich. Wenn ein Narr von seiner Verbohrtheit lassen soll, ärgert er sich. 20 Wer sich zu Klugen gesellt, wird klug; wer sich mit Dummköpfen befreundet, ist am Ende selbst der Dumme. 21 Unglück verfolgt die Unheilstifter; Glück belohnt alle, die das Rechte tun. 22 Ein guter Mensch kann seinen Besitz auf Kinder und Enkel vererben; die Sünder werden beerbt von den Rechtschaffenen. 23 Auch auf den kümmerlichen Feldern der Armen wächst reichlich zu essen; trotzdem kommen viele um, weil ihr Recht missachtet wird. 24 Wer den Stock schont, hasst seinen Sohn; wer seinen Sohn liebt, erzieht ihn beizeiten. 25 Wer das Rechte tut, hat genug zu essen; wer das Unrecht liebt, muss hungern.

GERECHTIGKEIT MACHT EIN VOLK GROSS

14 Kluge Frauen bauen Haus und Familie auf, aber unverständige reißen alles nieder. 2 Geradlinig leben und den HERRN ernst nehmen gehören zusammen, ebenso krumme Wege gehen und nicht nach ihm fragen. 3 Unverbesserliche Narren schaden sich selbst durch ihr hochmütiges Reden; was der Erfahrene sagt, schützt ihn vor Schaden. 4 Wo keine Rinder sind, spart man ihr Futter; aber für reiche Erträge braucht man ihre Kraft. 5 Ein ehrlicher Zeuge sagt immer die Wahrheit, aber ein falscher Zeuge bringt nichts als Lügen vor. 6 Die Eingebildeten wollen weise werden und schaffen es nicht; den Einsichtigen fällt es leicht. 7 Meide unverbesserliche Narren; du hörst bei ihnen kein vernünftiges Wort! 8 Wer klug ist, hat Einsicht und weiß, was er tut. Wer dumm ist, hat nur Dummheit; damit täuscht er sich selbst und andere. 9 Unverbesserliche Narren stimmen sich gegenseitig zu, weil sie alle im Unrecht sind; aber redliche Menschen finden Zustimmung bei Gott. 10 Das Menschenherz ist mit seinen tiefsten Schmerzen und Freuden allein; niemand kann sie mit ihm teilen. 11 Das Haus des Verbrechers wird niedergerissen; aber die Familie des Redlichen blüht und gedeiht. 12 Mancher Mensch hält seinen Weg für den richtigen, aber am Ende führt er ihn in den Tod. 13 Hinter dem Lachen kann sich Traurigkeit verbergen; wenn dann die Freude vorüber ist, ist der Schmerz noch da. 14 Wer sich auf Abwege begibt, bekommt den Lohn dafür; aber der Lohn guter Menschen ist vorzuziehen. 15 Ein Grünschnabel glaubt alles, was man ihm sagt; der Erfahrene prüft es, bevor er handelt. 16 Der Kluge ist vorsichtig und meidet das Böse; der Dumme handelt unbeherrscht und überschätzt sich. 17 Wer sich schnell erhitzt, macht Dummheiten; wer kalt berechnet, macht sich verhasst. 18 Der Besitz des Grünschnabels ist seine Unwissenheit; Wissen ist der Schmuck der Erfahrenen. 19 Die Bösen werden sich vor den Guten niederbeugen; die Unredlichen müssen den Rechtschaffenen dienen. 20 Den Armen mag niemand, nicht einmal sein Nachbar; aber die Reichen haben viele Freunde. 21 Wer seinen Mitmenschen mit Verachtung begegnet, macht sich schuldig; aber freuen darf sich, wer sich um die Hilflosen kümmert. 22 Wer Unheilspläne schmiedet, läuft ins Unheil; wer Gutes plant, erfährt Güte und Treue. 23 Jede Arbeit bringt Lohn; aber Geschwätz bringt nur Nachteil. 24 Reichtum ist die Krone der Verständigen; unverbesserliche Narren bekränzen sich mit Unverstand. 25 Wer als Zeuge die Wahrheit sagt, rettet Menschenleben; wer Lügen vorbringt, ist ein gewissenloser Schurke. 26 Alle, die den HERRN ernst nehmen, sind in Sicherheit, und auch ihre Kinder haben eine Zuflucht. 27 Den HERRN ernst nehmen ist eine Quelle des Lebens, denn dadurch vermeidest du tödliche Fehler. 28 Je größer ein Volk, desto größer die Ehre seines Herrschers; ein Rückgang der Bevölkerung ist sein Untergang. 29 Ein Mensch, der ruhig bleibt, zeigt, dass er Einsicht hat; wer aufbraust, zeigt nur seinen Unverstand. 30 Ein ausgeglichener Sinn erhält den Körper gesund; aber Eifersucht ist wie eine Krebsgeschwulst. 31 Wer die Schwachen unterdrückt, beleidigt ihren Schöpfer. Wer Hilflosen beisteht, ehrt Gott. 32 Ein böser Mensch wird wegen seiner Bosheit verworfen; der rechtschaffene wird durch seine Redlichkeit beschützt. 33 Im Herzen der Verständigen ist die Weisheit zu Hause, das erkennen sogar die Unverständigen. 34 Gerechtigkeit macht ein Volk groß; aber Unrecht macht ihm Schande. 35 Einen fähigen Beamten weiß der Herrscher zu schätzen; aber einen Pfuscher trifft sein Zorn.

EIN FREUNDLICHER BLICK ERFREUT DAS HERZ

15 Eine versöhnliche Antwort kühlt den Zorn ab, ein verletzendes Wort heizt ihn an. 2 Kluge Menschen zieren das Wissen durch treffende Worte; aber der Mund der Unverständigen quillt über von Torheit. 3 Die Augen des HERRN sind überall; er sieht, ob jemand Unrecht oder das Rechte tut. 4 Heilende Worte helfen zum Leben; böswilliges Reden zerstört jeden Lebensmut. 5 Ein Dummkopf macht sich über die Warnungen seines Vaters lustig; wer sich zurechtweisen lässt, wird klug. 6 Wer das Rechte tut, in dessen Haus ist Überfluss; wer unredlich handelt, dem bringt sein Gewinn kein Glück. 7 Kluge Leute fließen von Weisheit über, aber aus Hohlköpfen kann nichts kommen. 8 Der HERR verabscheut die Opfergaben der Unheilstifter; aber das Gebet redlicher Menschen macht ihm Freude. 9 Der HERR verabscheut das Treiben der Bösen; aber er liebt Menschen, die tun, was er verlangt. 10 Wer sich auf Abwege begibt, wird hart gestraft; wer sich nicht zurechtweisen lässt, verwirkt sein Leben. 11 Auch der tiefste Abgrund der Totenwelt ist vor dem HERRN nicht verborgen, wie viel weniger ein Menschenherz mit seinen Gedanken! 12 Eingebildete lieben keinen Tadel, deshalb gehen sie nie zu erfahrenen Lehrern. 13 Freude zeigt sich am strahlenden Gesicht, Kummer legt sich aufs Gemüt. 14 Ein verständiger Mensch hungert nach Wissen; ein uneinsichtiger hat nur auf Dummheit Appetit. 15 Für die Bekümmerten ist jeder Tag böse, die Glücklichen kennen nur Festtage. 16 Lieber arm sein und den HERRN ernst nehmen als reich sein und in ständiger Sorge. 17 Lieber eine Schüssel Kraut unter Freunden als der schönste Braten, übergossen mit Hass. 18 Ein Hitzkopf erregt Streit, ruhiges Blut schlichtet ihn. 19 Für die Faulen ist jeder Weg mit Dornen versperrt; Tüchtige finden immer eine gebahnte Straße. 20 Ein verständiger Sohn macht Vater und

Mutter Freude; ein Dummkopf macht sich über sie lustig. 21 Wer keinen Verstand hat, hat Vergnügen an Torheit; wer Einsicht hat, geht unbeirrbar seinen Weg. 22 Pläne ohne Beratung schlagen fehl; durch gute Ratgeber führen sie zum Ziel. 23 Du freust dich, wenn du die Antwort nicht schuldig bleiben musst; und wie gut ist das richtige Wort zur rechten Zeit! 24 Wer Einsicht hat, folgt dem Weg aufwärts zum Leben und vermeidet den Weg, der hinabführt zu den Toten. 25 Der HERR zerstört die Häuser der Hochmütigen; aber den Grundbesitz der Witwen verteidigt er. 26 Der HERR verabscheut böse Pläne, aber freundliche Worte sind vor ihm recht. 27 Wer um jeden Preis reich werden will, bringt seine Familie ins Verderben; aber wer sich von niemand kaufen lässt, sichert sein Leben. 28 Ein guter Mensch hilft mit überlegten Antworten; der Unheilstifter sprudelt über von unheilvollen Reden. 29 Der HERR hält sich fern von denen, die ihn missachten; aber er achtet auf die Bitten derer, die ihm gehorchen. 30 Ein freundlicher Blick erfreut das Herz und eine gute Nachricht stärkt die Glieder. 31 Ein Mensch, der auf hilfreichen Tadel hört, gehört zu den Weisen. 32 Wer Zurechtweisung verwirft, wirft sein Leben fort. Wer sich korrigieren lässt, kommt zu tieferer Einsicht. 33 Den HERRN ernst nehmen, das ist Erziehung zur Weisheit: erst die Bescheidenheit, dann die Ehre.

DAS MENSCHENHERZ MACHT PLÄNE

16 Ein Mensch denkt sich manches aus, aber das letzte Wort dazu spricht der HERR. 2 Der Mensch hält alles, was er tut, für richtig; der HERR aber prüft die Beweggründe. 3 Lass den HERRN über dein Tun entscheiden, dann werden sich deine Pläne erfüllen! 4 Der HERR hat alles auf ein Ziel hin geschaffen, so auch die Bösen für den Tag ihrer Bestrafung. 5 Hochmütige kann der HERR nicht ausstehen; verlass dich darauf: Sie werden ihrer Strafe nicht entgehen. 6 Wenn ein Mensch treu zu Gott hält und das Gute tut, wird ihm die Schuld vergeben. Alle, die den HERRN ernst nehmen, entgehen dem Unheil. 7 Wenn der HERR mit deinem Tun einverstanden ist, dann macht er sogar deine Feinde bereit, mit dir Frieden zu schließen. 8 Lieber wenig, aber ehrlich verdient als ein großer Gewinn aus unlauteren Geschäften. 9 Das Menschenherz macht Pläne – ob sie ausgeführt werden, liegt beim HERRN. 10 Der König spricht an der Stelle Gottes; darum irrt er sich nicht, wenn er Recht spricht. 11 Der HERR will, dass die Waage stimmt; er selbst hat die Gewichte festgelegt. 12 Könige hassen es, wenn Unrecht geschieht; denn durch Recht wird ihre Herrschaft gefestigt. 13 Könige haben Gefallen an ehrlicher Rede; sie lieben es, wenn jemand die Wahrheit sagt. 14 Der Zorn des Königs ist ein Vorbote des Todes; ein kluger Mensch tut alles, um ihn zu besänftigen. 15 Ein huldvolles Lächeln auf dem Gesicht des Königs bedeutet Leben; seine Gunst gleicht einer Wolke, die erquickenden Regen bringt. 16 Weisheit und Einsicht zu erlangen ist unendlich viel wertvoller als Silber und Gold. 17 Der Weg redlicher Menschen führt am Unglück vorbei. Darum: Wer sein Leben bewahren will, achtet auf seinen Weg. 18 Auf Stolz folgt Sturz, nach Übermut kommt Untergang. 19 Bescheiden sein und zu den Armen gehören ist besser, als mit Vermessenen Beute zu teilen. 20 Wer befolgt, was er gelernt hat, hat Erfolg, und wer dem HERRN vertraut, findet bleibendes Glück. 21 Ein weiser Mensch steht in hohem Ansehen; und je besser er redet, desto leichter überzeugt er. 22 Einsicht schenkt denen, die sie haben, das Leben. Dummköpfe werden durch ihre eigene Dummheit bestraft. 23 Ein Weiser redet mit Verstand; deshalb überzeugen seine Worte. 24 Freundliche Worte sind wie Honig: süß für den Gaumen und gesund für den ganzen Körper. 25 Der Weg, den du für den richtigen hältst, führt dich am Ende vielleicht in den Tod. 26 Der Hunger eines Arbeiters arbeitet für ihn; sein leerer Magen spornt ihn an. 27 Ein nichtsnutziger Mensch gräbt Unheil aus; seine Worte sind zerstörerisch wie ein Feuer. 28 Ein heimtückischer Mensch sät überall Streit und ein Verleumder bringt Freunde auseinander. 29 Ein verbrecherischer Mensch stiftet seinen Freund zu Verbrechen an und führt ihn auf einen todbringenden Weg. 30 Wer mit den Augen zwinkert, führt Böses im Schilde; und wer hämisch grinst, hat es schon vollbracht. 31 Weißes Haar ist ein ehrenvoller Schmuck; denn langes Leben ist der Lohn für Menschen, die Gott die Treue halten. 32 Geduld bringt weiter als Heldentum; sich beherrschen ist besser als Städte erobern. 33 Menschen werfen das Los; aber wie es fällt, entscheidet immer der HERR.

FRÖHLICHKEIT IST GUT FÜR DIE GESUNDHEIT

17 Ein Stück trockenes Brot in Eintracht ist besser als ein großes Festmahl mit Zank. 2 Ein tüchtiger Diener tritt an die Stelle eines nichtsnutzigen Sohnes und wird zusammen mit den anderen Söhnen erben. 3 Für Gold und Silber gibt es Tiegel und Ofen; aber das Herz eines Menschen prüft der HERR. 4 Ein Verbrecher hört auf böswillige Reden; und das Ohr des Lügners hängt am Mund des Verleumders. 5 Wenn du die Armen verspottest, beleidigst du ihren Schöpfer; über das Unglück anderer freut sich niemand ungestraft. 6 Die Alten sind stolz auf ihre Enkel und die Kinder auf ihre Väter. 7 Gewählte Sprache passt nicht zu einem Dummkopf; noch weniger passt Lüge zu einem geachteten Mann. 8 Manche meinen, Bestechungsgeschenke wirkten wie ein Zauber und brächten ihnen überall Glück. 9 Wer Freundschaft halten will, verzeiht Unrecht; wer es immer wieder auftischt, zerstört sie. 10 Bei einem verständigen Menschen richtet ein Verweis mehr aus als hundert Hiebe bei einem uneinsichtigen. 11 Der Rebell will nichts als Aufruhr; darum schickt man ihm einen Boten mit dem Todesurteil. 12 Lieber mit einer Bärin zusammentreffen, der man die Jungen geraubt hat, als mit einem unverbesserlichen Narren in seiner Verbohrtheit. 13 Wer Gutes mit Bösem vergilt, in dessen Haus wird das Unglück Dauergast. 14 Der Anfang eines Streites ist wie eine Sickerstelle in einem Damm: du musst beizeiten eingreifen, ehe es zur Katastrophe kommt. 15 Schuldige freisprechen und Schuldlose

verurteilen – beides kann der HERR nicht ausstehen.
16 Was nützt es einem Schwachkopf, wenn er Geld aus-
gibt und sich unterrichten lässt? Kann er Verstand kau-
fen? 17 Ein Freund steht allezeit zu dir, auch in Notzeiten
hilft er dir wie ein Bruder. 18 Wenn du dich durch Hand-
schlag verpflichtest, für die Schulden eines anderen
aufzukommen, hast du den Verstand verloren. 19 Wer
Streit liebt, liebt es, schuldig zu werden. Wer anmaßend
auftritt, bereitet seinen Sturz vor. 20 Ein Mensch, der
Verkehrtes denkt und Übles redet, hat nichts Gutes
zu erwarten. 21 Wer einen unverbesserlichen Sohn hat,
kennt keine Freude; ein Taugenichts macht seinem
Vater das Leben schwer. 22 Fröhlichkeit ist gut für die
Gesundheit, Mutlosigkeit raubt einem die letzte Kraft.
23 Ein bestechlicher Richter nimmt heimlich Geschenke
an, und das Recht nimmt einen verkehrten Lauf. 24 Ein
kluger Mensch denkt stets daran, noch mehr Einsicht
zu gewinnen; der Dummkopf ist mit seinen Gedanken
überall und nirgends. 25 Ein uneinsichtiger Sohn ist für
seinen Vater ein ständiger Ärger und für seine Mut-
ter eine bittere Enttäuschung. 26 Schuldlose mit einer
Geldstrafe belegen ist schlimm, und einen geachteten
Mann zu einer Prügelstrafe verurteilen ist gegen jedes
Recht. 27 Wenn du wirklich etwas gelernt hast, gehst du
sparsam mit deinen Worten um. Ein Mensch, der sich
beherrschen kann, zeigt, dass er Verstand hat. 28 Sogar
ein Dummkopf kann für klug und verständig gehalten
werden – wenn er nur den Mund halten könnte!

DIE ZUNGE HAT MACHT ÜBER LEBEN UND TOD

18 Der Eigenbrötler tut nur, was ihm in seinen Kram
passt; heftig wehrt er sich gegen jede bessere
Einsicht. 2 Für einen Dummkopf ist es unwichtig, ob
er von einer Sache etwas versteht; er will nur über-
all seine Meinung sagen. 3 Mit der Schuld kommt die
Schande; du verlierst deine Ehre und bekommst dafür
Hohn. 4 Tief wie das Meer sind die Worte eines wei-
sen Menschen, unerschöpflich wie ein sprudelnder
Bach, eine Quelle der Weisheit. 5 Es ist nicht recht,
den Schuldigen zu begünstigen und dem Schuld-
losen sein Recht zu verweigern. 6 Was ein Dummkopf
sagt, führt zu Streit, und jedes seiner Worte schreit
nach Schlägen. 7 Die Worte eines unverbesserlichen
Narren sind sein Untergang; was er sagt, wird ihm sel-
ber zur tödlichen Falle. 8 Verleumdungen verschlingt
man wie Leckerbissen und behält sie für immer tief im
Gedächtnis. 9 Der nachlässige Arbeiter und der mut-
willige Zerstörer sind Brüder. 10 Der Name des HERRN
ist ein starker Turm; wer das Rechte tut, findet bei ihm
sichere Zuflucht. 11 Der Reiche hält sein Vermögen für
eine Festung; in seiner Einbildung erscheint es ihm
wie eine hohe Mauer. 12 Wer hoch hinaus will, stürzt
ab; Bescheidenheit bringt Ansehen. 13 Ein Mensch,
der antwortet, bevor er zugehört hat, zeigt seinen
Unverstand und wird nicht ernst genommen. 14 Der
Wille zum Leben unterwirft sich die Krankheit. Doch
wie willst du mit einem zerbrochenen Willen leben?
15 Ein kluger Mensch spitzt ständig die Ohren, um noch
mehr zu lernen. 16 Geschenke öffnen manche Türen,
sie verschaffen dir Zutritt zu einflussreichen Leuten.
17 Wer bei einer Streitsache zuerst spricht, scheint recht
zu haben. Doch dann kommt sein Gegner und stellt
alles infrage. 18 Das Los kann zwischen Prozessgeg-
nern entscheiden und ihrem Streit ein Ende machen.
19 Ein gekränkter Bruder ist unzugänglicher als eine
Festung; Zerwürfnisse sind wie starke Riegel am Ein-
gang der Burg. 20 Was einer mit seinen Worten erreicht,
entscheidet über seine Zufriedenheit. 21 Die Zunge hat
Macht über Leben und Tod. Wenn du an der Sprache
Freude hast, kannst du viel durch sie erreichen. 22 Wer
eine Frau gefunden hat, hat das Glück gefunden; der
HERR meint es gut mit ihm. 23 Der Arme bittet höflich
und bescheiden, der Reiche antwortet abweisend und
barsch. 24 Sogenannte Freunde können dich ruinieren;
aber ein echter Freund hält fester zu dir als ein Bruder.

BEDÜRFTIGEN HELFEN HEISST GOTT ETWAS LEIHEN

19 Lieber arm und untadelig als dumm und hinter-
hältig! 2 Eifer ohne Sachverstand taugt nichts;
wer es zu eilig hat, macht Fehler. 3 Manche bringen
sich durch eigene Torheit in Schwierigkeiten, aber
die Schuld schieben sie dem HERRN zu. 4 Reichtum
vermehrt die Zahl der Freunde; aber der Arme wird
von seinem Freund im Stich gelassen. 5 Ein falscher
Zeuge geht nicht frei aus; wer Meineide schwört, wird
seiner Strafe nicht entgehen. 6 Der Einflussreiche ist
von vielen Schmeichlern umgeben; wer Geschenke
verteilt, hat alle Welt zum Freund. 7 Den Armen mögen
nicht einmal seine Brüder, erst recht meiden ihn seine
Bekannten; er hält sich an Versprechungen, die nichts
mehr gelten. 8 Wenn du deinen Verstand schärfst, tust
du dir selbst etwas Gutes; wenn du deiner Einsicht
folgst, findest du das Glück. 9 Ein falscher Zeuge ent-
geht nicht seiner Strafe; wer Meineide schwört, hat
sein Leben verwirkt. 10 Ein Leben im Wohlstand passt
nicht zu einem Dummkopf; noch weniger steht es
einem Sklaven zu, über Angesehene zu herrschen.
11 Ein Mensch, der Einsicht hat, regt sich nicht auf; es
gereicht ihm zur Ehre, bei Kränkungen Nachsicht zu
üben. 12 Der Zorn des Königs ist wie das Brüllen eines
Löwen; aber seine Gunst ist wie Tau, der das Gras
erfrischt. 13 Ein Taugenichts von Sohn ist eine Kata-
strophe für seinen Vater und eine nörgelnde Frau ist
so unerträglich wie das ständige Tropfen durch ein
undichtes Dach. 14 Geld und Gut erbt man von den El-
tern; aber eine tüchtige Frau ist ein Gottesgeschenk.
15 Faulheit macht schläfrig, und wer träge ist, muss
hungern. 16 Wer sich nach den Geboten richtet, be-
wahrt sein Leben; wer sich gehen lässt, kommt um.
17 Bedürftigen helfen heißt dem HERRN etwas leihen,
der wird es voll zurückerstatten. 18 Erzieh deine Kin-
der mit Strenge, dann kannst du Hoffnung für sie
haben; lass sie nicht in ihr Verderben laufen! 19 Wer
im Jähzorn handelt, soll dafür Strafe zahlen; wenn du
sie ihm erlässt, wird es nur noch schlimmer mit ihm.
20 Befolge gute Ratschläge und lass dich korrigieren,
dann bist du am Ende ein weiser Mensch. 21 Menschen

haben den Kopf voller Pläne, doch nur der Beschluss
des HERRN wird ausgeführt. 22 Was einen Menschen
wertvoll macht, ist seine Güte; darum ist ein Armer
besser als ein Falscher. 23 Den HERRN ernst nehmen
ist gut für das Leben; satt und zufrieden verbringst du
die Nacht, ohne vom Unglück erschreckt zu werden.
24 Der Faulpelz greift in die Schüssel, aber er bekommt
die Hand nicht zum Mund. 25 Gib dem überheblichen
Spötter den Stock zu spüren, und die Unerfahrenen
werden es sich merken; tadle den Verständigen, und er
selber wird daraus lernen. 26 Wer seinen Vater schlecht
behandelt und seine Mutter aus dem Haus vertreibt,
ist ein unwürdiger Mensch, für den man sich schämt.
27 Lehne nur alle Zurechtweisung ab, dann bleibt dir
auch das Wissen fern! 28 Ein hinterhältiger Zeuge ver-
lacht das Recht; Unheilstifter finden Geschmack an
Verbrechen. 29 Für hochmütige Spötter gibt es Strafen
und für den Rücken uneinsichtiger Narren den Stock.

GOTT HASST ZWEIERLEI GEWICHT

20 Der Wein macht zum Großmaul und das Bier
zum Krakeeler; wer sich ständig betrinkt, wird
niemals weise. 2 Ein König ist so bedrohlich wie ein
knurrender Löwe; seinen Zorn zu wecken wäre Selbst-
mord. 3 Es ehrt einen Mann, sich aus einem Streit her-
auszuhalten; nur ein Dummkopf stürzt sich hinein. 4 Im
Herbst mag der Faulpelz nicht pflügen; später will er
ernten und kann nichts finden. 5 Guter Rat liegt tief im
Menschenherzen wie Wasser in einem Brunnen; wer
Verstand hat, holt ihn herauf. 6 Viele reden von ihrer
Treue; aber finde mal einen Menschen, auf den Verlass
ist! 7 Wer rechtschaffen ist und untadelig lebt, dessen
Kinder können von Glück reden! 8 Wenn der König
Gericht hält, findet sein Blick jeden Verbrecher heraus.
9 Welcher Mensch kann von sich behaupten: »Ich habe
ein reines Gewissen, ich bin meine Fehler losgewor-
den«? 10 Zweierlei Maß, zweierlei Gewicht: Der HERR
hasst beides. 11 Schon einen jungen Menschen erkennst
du an seinen Taten; du siehst daran, ob er Charakter
hat. 12 Das Ohr ist zum Hören und das Auge zum Sehen,
dazu hat der HERR beide geschaffen. 13 Liebst du den
Schlaf, so bist du bald arm. Mach die Augen früh auf,
dann hast du immer satt zu essen! 14 »Viel zu teuer!«,
sagt der Käufer; doch wenn er weggeht, reibt er sich
die Hände. 15 Gold und edle Steine gibt es haufenweise,
aber einsichtsvolle Worte sind eine Seltenheit. 16 Wenn
einer so dumm war, für einen Fremden zu bürgen, dann
nimm ruhig sein Obergewand als Pfand, wenn er von
dir etwas borgen will. 17 Wer von Betrug lebt, findet
anfangs Geschmack daran; aber hinterher hat er den
Mund voll Sand. 18 Durch Beratung kommen Pläne zum
Ziel; wenn du in den Kampf ziehen willst, brauchst du
einen guten Plan. 19 Wer jedes Gerücht weiterträgt,
plaudert auch Geheimnisse aus. Darum meide Leute,
die zu viel reden! 20 Wenn du deinen Vater oder deine
Mutter verfluchst, wird es dir ergehen wie einem,
dessen Lampe in dunkelster Nacht erlischt. 21 Wenn
du zu schnell nach deinem Erbe greifst, bringt es dir
am Ende kein Glück. 22 Nimm dir nicht vor, erlittenes
Unrecht selber zu vergelten! Vertrau auf den HERRN, er
wird dir Recht verschaffen! 23 Der HERR hasst zweierlei
Gewicht, und falsche Waage heißt er nicht gut. 24 Der
HERR bestimmt jeden unserer Schritte. Wie kann ein
Mensch wissen, welche Richtung sein Leben nimmt?
25 Wenn du Gott etwas versprichst und erst dann über-
legst, wie du es erfüllen kannst, begibst du dich in eine
ausweglose Falle. 26 Ein weiser König findet die Ver-
brecher heraus und bestraft sie ohne Erbarmen. 27 Der
Lebensgeist ist die Lampe des HERRN; mit ihr durch-
leuchtet er das Menschenherz und seine Gedanken.
28 Gottes Güte und Treue beschützen den König, und
durch Güte festigt der König seine Herrschaft. 29 Junge
Männer können stolz sein auf ihre Kraft und die Alten
auf ihr graues Haar. 30 Striemen sind ein Heilmittel ge-
gen die Bosheit, Schläge bessern den Charakter.

DEN FAULPELZ BRINGEN SEINE WÜNSCHE UM

21 Wasserbäche können wir umleiten. So lenkt
der HERR das Herz eines Herrschers, wie er
will. 2 Jeder Mensch findet sein Tun in Ordnung; der
HERR aber prüft die Beweggründe. 3 Tu, was in den
Augen des HERRN recht und gut ist! Das ist ihm lieber
als Opfergaben. 4 Hochmütiger Blick, überheblicher
Verstand – einen bösen Menschen erziehen zu wollen
führt zu nichts. 5 Fleiß mit Überlegung bringt siche-
ren Gewinn, jede Übereilung bringt nichts als Verlust.
6 Mit Lug und Trug gesammelter Reichtum ist wie der
flüchtige Atem derer, die den Tod suchen. 7 Mit ihrer
Gewalttätigkeit bereiten sich die Verbrecher selbst den
Untergang; denn sie weigern sich, dem Recht zu fol-
gen. 8 Schurken gehen auf krummen Wegen; aber red-
liche Menschen führen ein geradliniges Leben. 9 Lieber
ein ruhiger Winkel unterm Dach als ein ganzes Haus
zusammen mit einer ständig nörgelnden Frau. 10 Bos-
hafte Menschen haben nur Böses im Sinn, mit ihren
Mitmenschen haben sie kein Erbarmen. 11 Wenn du die
überheblichen Spötter bestrafst, werden wenigstens
die Grünschnäbel daraus lernen. Wenn du die Weisen
belehrst, vermehrst du ihr eigenes Wissen. 12 Ein ge-
rechter Herrscher behält die Verbrechersippe im Au-
ge und bringt die Unheilstifter ins Unglück. 13 Wenn
du für das Schreien der Armen nur taube Ohren hast,
wirst du keine Antwort bekommen, wenn du selber
um Hilfe rufst. 14 Hast du jemand verärgert, so steck
ihm heimlich ein Geschenk zu; das wird ihn besänfti-
gen. 15 Ein gerechter Urteilsspruch bedeutet Freude für
die Unschuldigen, aber Schrecken für die Verbrecher.
16 Ein Mensch, der es ablehnt, vernünftig zu leben, wird
bald den Toten Gesellschaft leisten. 17 Wer Vergnü-
gungen liebt, dem geht schnell das Geld aus; immer
gut essen und trinken macht niemand reich. 18 Einmal
werden die Plätze vertauscht; dann trifft die Bösen
das Unglück, das jetzt die Rechtschaffenen erleiden
müssen. 19 Lieber in der Wüste leben als zusammen
mit einer zänkischen Frau, die dir auf die Nerven geht.
20 Wertvolle Schätze und duftendes Öl sammeln sich im
Haus des Weisen; aber ein Dummkopf vergeudet alles.
21 Wenn du anderen Güte und Liebe erweist, findest du

Gegenliebe, Ansehen und ein erfülltes Leben. 22 Ein
weiser Mann kann eine Stadt voll Soldaten angrei-
fen und die Befestigungen zerschlagen, auf die sie
sich verlassen hat. 23 Wer seinen Mund hält, hält sich
Schwierigkeiten vom Hals. 24 Ein überheblicher Spötter
tut alles in vermessener Selbstüberschätzung. 25 Den
Faulpelz bringen seine Wünsche um, weil seine Hände
sie nicht erfüllen wollen. 26 Manche wollen immer nur
nehmen und haben; wer das Rechte tut, kann geben
und großzügig sein. 27 Gott verabscheut die Opfer-
gaben der Unheilstifter, besonders wenn sie damit
böse Absichten fördern wollen. 28 Einem lügnerischen
Zeugen wird das Wort entzogen; aber wer aussagt, was
er genau gehört hat, darf zu Ende sprechen. 29 Redliche
sind sicher in dem, was sie tun; Unheilstifter müssen
so tun, als wären sie sicher. 30 Klugheit, Scharfsinn und
Einsicht richten nichts aus, wenn du es mit dem HERRN
zu tun bekommst. 31 Du kannst das Pferd anspannen für
den Tag der Schlacht; aber der Sieg kommt vom HERRN.

WER UNRECHT SÄT, WIRD UNHEIL ERNTEN

22 Ein guter Ruf ist besser als großer Reichtum; Lie-
benswürdigkeit hilft weiter als Silber und Gold.
2 Reiche und Arme leben nebeneinander, sie alle hat
der HERR geschaffen. 3 Ein Mensch mit Erfahrung sieht
das Unglück kommen und bringt sich in Sicherheit; die
Unerfahrenen laufen mitten hinein und müssen es bü-
ßen. 4 Wer bescheiden ist und den HERRN ernst nimmt,
findet Reichtum, Ansehen und ein erfülltes Leben. 5 Der
Weg falscher Menschen ist voller Dornen und Schlin-
gen; wer sein Leben liebt, meidet ihn. 6 Bring einem
Kind am Anfang seines Lebens gute Gewohnheiten bei,
es wird sie auch im Alter nicht vergessen. 7 Der Reiche
hat die Armen in seiner Gewalt; wer Geld leihen muss,
wird zum Sklaven seines Gläubigers. 8 Wer Unrecht sät,
wird Unheil ernten; dann kann er seinen Mutwillen an
niemand mehr auslassen. 9 Einem gütigen Menschen
wünscht man Gutes, weil er sein Brot mit den Armen
teilt. 10 Vertreibe den hochmütigen Spötter und der
Zank hört auf, Streit und Beschimpfung sind zu Ende.
11 Wer ein reines Gewissen hat und gewinnend reden
kann, den nimmt der König zum Freund. 12 Der HERR
sorgt dafür, dass die Wahrheit erkannt wird; er ent-
larvt die Worte der Lügner. 13 Der Faulpelz sagt: »Ich
kann nicht hinausgehen; draußen ist ein Löwe, der
bringt mich um!« 14 Die verführerischen Worte frem-
der Frauen sind eine Falle; wenn der HERR zornig auf
dich ist, läufst du hinein. 15 Kinder neigen zu Dummhei-
ten; strenge Erziehung wird sie davon heilen. 16 Einen
Armen ausbeuten, um sich zu bereichern, oder einem
Reichen etwas schenken – beides bringt nur Schaden!

DREISSIG RATSCHLÄGE

17 Hör mir zu! Ich will dir weitergeben, was weise Lehrer
gesagt haben. Nimm dir ihre Worte zu Herzen! 18 Du tust
gut daran, sie auswendig zu lernen, damit du sie jeder-
zeit hersagen kannst. 19 Ich lehre sie dich heute, um dir
zu zeigen, dass du dich stets auf den HERRN verlassen
kannst. 20 Dreißig von diesen Lehren habe ich für dich
aufgeschrieben, lauter wohlbegründete Ratschläge.
21 Sie sagen dir alles, was du wissen musst, um die Auf-
träge deiner Vorgesetzten zuverlässig zu erfüllen.

1

22 Nutze die Wehrlosigkeit anderer nicht aus und be-
nachteilige die Armen nicht vor Gericht. 23 Der HERR
schützt die Schutzlosen; wer ihnen ihr Recht nimmt,
dem nimmt er das Leben.

2

24 Nimm keinen Jähzornigen zum Freund und verkehre
nicht mit jemand, der sich nicht beherrschen kann.
25 Sonst gewöhnst du dich an seine Unart und gefähr-
dest dein Leben.

3

26 Übernimm keine Bürgschaft für fremde Schulden.
27 Wenn du sie nicht bezahlen kannst, pfändet man
sogar dein Bett.

4

28 Verrücke nicht die Grenzen deines Grundstücks, die
schon deine Vorfahren festgelegt haben.

5

29 Wenn du einen siehst, der in seinem Beruf tüchtig
ist, kannst du sicher sein: Er wird Königen dienen, nicht
gewöhnlichen Leuten.

6

23 Wenn du bei einem hohen Herrn zu Tisch sitzt,
dann vergiss nicht, mit wem du es zu tun hast.
2 Stürz dich nicht auf die Speisen, auch wenn du noch
so hungrig bist. 3 Sei vorsichtig, wenn er dich mit Le-
ckerbissen füttert; du könntest dich in ihm täuschen.

7

4 Plage dich nicht damit ab, reich zu werden; du weißt
es doch besser! 5 Denn ehe du dich's versiehst, hat
dein Reichtum Flügel bekommen und entschwindet
deinen Augen wie ein Adler, der zum Himmel aufsteigt.

8

6 Lass dich nicht von einem Geizhals einladen, und
wenn er dir noch so köstliche Speisen vorsetzen will.
7 Denn er hat alle Bissen abgezählt. »Greif doch zu!«,
sagt er; aber im Grunde gönnt er dir nichts. 8 Dann ver-
geht dir der Appetit und das ganze Essen kommt dir
wieder hoch. Du hast seine Küche mit überschwäng-
lichen Worten gelobt und nichts dafür bekommen.

9

9 Verschwende deinen guten Rat nicht an oberflächli-
che Menschen, die ihn doch nicht zu schätzen wissen.

10

10 Verrücke nicht die von alters her festgelegten
Grenzen, um deinen Landbesitz auf Kosten wehrloser
Waisen zu vergrößern. 11 Denn sie haben einen mäch-
tigen Beistand: Gott selbst wird ihr Recht gegen dich
verteidigen.

11

12 Sei bereit, dich korrigieren zu lassen, und spitze die
Ohren, wenn du etwas lernen kannst.

12

13 Erzieh deinen Sohn mit Strenge. Eine Tracht Prügel
bringt ihn nicht um. 14 Aber wenn du ihm seine Unarten
austreibst, wirst du ihm das Leben retten.

13

15 Mein Sohn, wenn du klug und besonnen wirst, machst du mir Freude, 16 und wenn ich aus deinen Worten erkenne, dass du gereift bist, kann ich stolz auf dich sein.

14

17 Ereifere dich nicht über gewissenlose Menschen, sondern sei eifrig darin, den HERRN täglich ernst zu nehmen. 18 Dann kannst du hoffnungsvoll in die Zukunft blicken und deinem Glück steht nichts mehr im Weg.

15

19 Hör auf mich, mein Sohn! Sei vernünftig und bleib auf dem geraden Weg! 20 Halte dich fern von denen, die sich mit Wein voll laufen lassen und ihren Bauch mit Fleisch voll stopfen. 21 Wer säuft und schlemmt, wird faul und hat schließlich nur noch Lumpen am Leib.

16

22 Achte deinen Vater und deine Mutter, du verdankst ihnen das Leben! Hör auch dann noch auf sie, wenn sie alt geworden sind. 23 Wahrheit und Weisheit, Einsicht und Herzensbildung sind es wert, dass du sie dich etwas kosten lässt. Gib sie nie wieder her! 24 Die größte Freude für einen Vater ist ein tüchtiger und charakterfester Sohn. 25 Mach deinem Vater und deiner Mutter Freude. Sie, die dich geboren hat, soll doch stolz auf dich sein!

17

26 Hör mir gut zu, mein Sohn! Folge meinem Beispiel. 27 Hüte dich vor der Dirne und vor der Frau eines anderen. Sie sind wie eine tiefe Grube, wie ein enger Brunnen, in dem du stecken bleibst. 28 Wie Wegelagerer lauern sie den Männern auf und verführen viele zur Untreue.

18

29 Willst du wissen, wer ständig stöhnt und sich selbst bemitleidet? Wer immer Streit hat und sich über andere beklagt? Wer glasige Augen hat und Verletzungen, die er sich hätte ersparen können? 30 Das sind die, die bis spät in die Nacht beim Wein sitzen und keine Gelegenheit auslassen, eine neue Mischung zu probieren. 31 Lass dich nicht vom Wein verführen! Er funkelt so rot im Becher und gleitet so angenehm durch die Kehle; 32 aber dann wird es dir schwindlig, als hätte dich eine giftige Schlange gebissen. 33 Du siehst Dinge, die es gar nicht gibt, und redest dummes Zeug. 34 Du fühlst dich wie auf stürmischer See, wie einer, der im Mastkorb eines Schiffes liegt. 35 Wenn du wieder zu dir kommst, sagst du: »Man muss mich geschlagen haben, aber es hat nicht wehgetan. Man muss mich verprügelt haben, aber ich habe nichts gespürt! Wie werde ich nur wach? Ich brauche einen Schluck Wein, ich will wieder von vorn anfangen!«

19

24 Sei nicht neidisch auf das Glück schlechter Menschen; suche nicht ihre Freundschaft! 2 Sie haben nichts als Verbrechen im Sinn, und sooft sie den Mund aufmachen, kommt jemand zu Schaden.

20

3 Weisheit und Verstand sind ein sicheres Fundament, auf dem du dein Haus errichten kannst, 4 und Wissen füllt seine Räume mit wertvollen und schönen Dingen.

21

5 Nur ein kluger Mann ist wirklich stark; durch Wissen vervielfacht er seine Kraft. 6 Wenn du einen Krieg gewinnen willst, musst du sorgfältig planen; je mehr gute Ratgeber du hast, desto sicherer ist dir der Sieg.

22

7 Wer nichts gelernt hat, für den ist die Weisheit erfahrener Männer zu hoch; in der Ratsversammlung muss er den Mund halten.

23

8 Wer ständig Teufeleien ausheckt, wird bald ein Teufel genannt. 9 Wenn jemand unbelehrbar ist, führt alles, was er sich vornimmt, zur Sünde; und ein Mensch, dem nichts heilig ist, ist bei allen verhasst.

24

10 Du magst dich für stark halten – ob du es bist, zeigt sich erst in der Not.

25

11 Lass nicht zu, dass unschuldige Menschen verurteilt werden. Tu alles, was du kannst, um sie vor dem Tod zu retten. 12 Rede dich nicht damit heraus, dass du nichts gewusst hast. Gott sieht dir ins Herz und weiß, ob du die Wahrheit sagst. Er belohnt oder bestraft jeden Menschen, wie er es aufgrund seiner Taten verdient hat.

26

13 Mein Sohn, Honig ist etwas Gutes und ein Genuss für den Gaumen. 14 Weisheit aber ist gut für dein ganzes Leben. Wenn du sie erwirbst, dann kannst du hoffnungsvoll in die Zukunft blicken und deinem Glück steht nichts mehr im Weg.

27

15 Suche nicht mit List und Tücke einen redlichen Mann um Haus und Hof zu bringen. 16 Denn der Rechtschaffene kommt immer wieder auf die Füße, sooft ihn auch das Unglück zu Boden schlägt. Aber der Unheilstifter kommt zu Fall und steht nie mehr auf.

28

17 Wenn dein Feind ins Unglück gerät, dann sei nicht schadenfroh! 18 Das gefällt dem HERRN nicht und könnte ihn veranlassen, ihm den Rest der Strafe zu schenken.

29

19 Reg dich nicht auf, wenn es bösen Menschen gut geht; beneide sie nicht; 20 denn ihr Glück ist nicht von Dauer, es erlischt wie eine Öllampe.

30

21 Mein Sohn, fürchte den HERRN und fürchte den König! Lass dich nicht mit Aufrührern ein; 22 denn ganz plötzlich trifft sie das Verderben. Wer weiß, welches Unglück der HERR oder der König unversehens über sie bringt?

NOCH EINIGE WEITERE RATSCHLÄGE

23 Auch die folgenden Worte stammen von weisen Lehrern: Ein Richter, der nicht unparteiisch Recht spricht, begeht Unrecht. 24 Wer Schuldige freispricht, wird von allen Leuten gehasst und verflucht. 25 Aber denen, die gerecht entscheiden, wird es gut gehen, denn sie werden von allen anerkannt und gepriesen. 26 Eine offene,

ehrliche Antwort ist ein Zeichen von wahrer Freund-
schaft. 27 Erledige zuerst, was du draußen zu tun hast,
bestelle deine Felder für die Ernte; dann kannst du ein
Haus bauen und eine Familie gründen. 28 Belaste nie-
mand mit einer Falschaussage! Oder willst du wissent-
lich lügen? 29 Denke nicht: »Wie du mir, so ich dir; jetzt
wird die Rechnung beglichen!« 30 Am Feld eines Faul-
pelzes ging ich vorüber, am Weinberg des Mannes ohne
Verstand. 31 Dort wuchsen statt Reben nur Dornen und
Disteln, wild wucherndes Unkraut bedeckte das Land,
die Mauer ringsum war schon völlig zerfallen. 32 Ich sah
es und zog meine Lehre daraus: 33 »Etwas schlummern
und schlafen, die Arme verschränken, 34 und schnell
kommen Armut und Not dir ins Haus.«

25 Die nun folgenden Sprüche sind wieder von
Salomo. Lehrer am Hof des Königs Hiskija von
Juda haben sie gesammelt.

WENN DEIN FEIND HUNGRIG IST …

2 Gott wird geehrt für das, was er verborgen hält;
Könige werden geehrt für das, was sie aufdecken. 3 Wie
die Höhe des Himmels und die Tiefe der Erde, so uner-
forschlich sind die Gedanken der Könige. 4 Entferne
die Schlacke aus dem Silber, dann kann der Künstler
ein erlesenes Gefäß daraus machen. 5 Entferne üble
Berater aus der Nähe des Königs, dann wird er gerecht
regieren und seine Herrschaft wird Bestand haben.
6 Tritt am Hof des Königs bescheiden auf und halte dich
nicht für die Hauptperson. 7 Es ist ehrenvoller, wenn
man dich auf einen besseren Platz bittet, als wenn man
dich von einem Platz verweist, der für einen Vorneh-
meren bestimmt war. 8 Wenn dir bei deinem Nachbarn
oder deiner Nachbarin etwas verdächtig erscheint,
dann bring es nicht gleich vor Gericht. Wie stehst
du da, wenn sie dir beweisen können, dass du dich
getäuscht hast? 9 Wenn du einen Streit mit deinem
Nachbarn hast, dann berufe dich nicht auf das, was
jemand dir im Vertrauen gesagt hat. 10 Sonst wissen
bald alle, dass du nichts für dich behalten kannst, und
um deinen guten Ruf ist es geschehen. 11 Wie goldene
Äpfel auf silbernen Schalen, so sind treffende Worte im
richtigen Augenblick. 12 Wie ein schmückender Ohrring
aus feinstem Gold, so wertvoll ist weiser Rat für ein
hörendes Ohr. 13 Erledigst du einen Auftrag zuverlässig,
so freuen sich deine Vorgesetzten, wie man sich bei
der Ernte über ein kühles Getränk freut. 14 Wie Wolken
und Wind ohne Regen, so ist ein Mensch, der Verspre-
chungen macht und sie nicht hält. 15 Eine sanfte Zunge
zerbricht Knochen: Mit geduldigen Worten kannst du
mächtige Leute umstimmen. 16 Wenn du zu viel Honig
isst, schlägt er dir auf den Magen und du bekommst
ihn über. 17 Wenn du deine Bekannten zu oft besuchst,
fällst du ihnen auf die Nerven und sie werden dich leid.
18 Wie eine Keule, ein Schwert oder ein spitzer Pfeil, so
tödlich ist eine falsche Aussage vor Gericht. 19 In der
Not auf treulose Freunde vertrauen, das ist so wie mit
einem brüchigen Zahn kauen oder mit einem lahmen
Fuß laufen. 20 An einem kalten Tag die Kleider ablegen
oder Essig in eine Wunde gießen – so wirkt es, wenn
du einem traurigen Menschen lustige Lieder vorsingst.
21 Wenn dein Feind hungrig ist, dann gib ihm zu essen,
und wenn er Durst hat, gib ihm zu trinken. 22 Dann wird
es ihm bald leidtun, dein Feind zu sein, und der HERR
wird dich belohnen. 23 Bei Westwind gibt's Regen und
bei Klatsch gibt's Ärger. 24 Ein ruhiger Winkel unterm
Dach ist besser als ein ganzes Haus gemeinsam mit
einer ständig nörgelnden Frau. 25 Wie kühles Wasser
für einen Durstigen, so ist eine gute Nachricht aus fer-
nem Land. 26 Wie eine verschmutzte Quelle oder ein
vergifteter Brunnen, so ist ein guter Mensch, der sich
von einem bösen irremachen lässt. 27 Zu viel Honig und
zu viel Ehre sind unbekömmlich. 28 Wie eine Stadt ohne
Schutzwall, so ist ein Mann ohne Selbstbeherrschung.

WER ANDEREN EINE GRUBE GRÄBT …

26 Wie Schnee im Sommer und Regen in der Ern-
tezeit, genauso unpassend sind Ansehen und
Wohlstand bei einem Dummkopf. 2 Wie ein flatternder
Spatz oder eine fliegende Schwalbe, so ist ein unver-
dienter Fluch: Er lässt sich auf keinen Menschen nieder.
3 Die Peitsche fürs Pferd, der Zaum für den Esel und der
Stock für den Rücken unverbesserlicher Narren! 4 Gib
dem Dummen keine Antwort, die sich auf die Ebene sei-
ner Dummheit begibt, damit die Leute dich nicht selbst
für dumm halten! 5 Gib dem Dummen eine Antwort,
wie seine Dummheit sie verdient, damit er sich nicht
selbst für klug hält! 6 Wer einen Dummkopf als Boten
schickt, ist wie jemand, der sich selbst die Füße ab-
hackt und schlimmen Ärger schlucken muss. 7 Kraftlos
wie die Beine eines Gelähmten, so ist ein Weisheits-
spruch im Mund von Unverständigen. 8 Einen Stein in
der Schleuder festbinden und einem Dummkopf Ehre
erweisen: Eins ist so sinnlos wie das andere. 9 Ein sta-
cheliger Zweig in der Hand eines Betrunkenen – ge-
nauso gefährlich ist ein Weisheitsspruch im Mund von
Unverständigen. 10 Wie ein Bogenschütze, der auf jeden
schießt, so unverantwortlich handelt jemand, der einen
Dummkopf in Dienst nimmt oder den ersten Besten,
der vorüberkommt. 11 Ein Hund frisst noch einmal, was
er erbricht; so wiederholt ein Dummkopf seinen Un-
sinn. 12 Kennst du einen, der sich selbst für weise hält?
Für einen Schwachsinnigen ist mehr Hoffnung als für
ihn! 13 Der Faulpelz sagt: »Draußen läuft ein wildes
Tier umher, ein Löwe, mitten auf der Straße!« 14 Die
Tür dreht sich in ihren Angeln – und der Faulpelz in
seinem Bett. 15 Der Faulpelz greift in die Schüssel, aber
die Hand zum Mund zu führen ist ihm zu mühsam. 16 Der
Faulpelz hält sich selbst für klüger als sieben Sachver-
ständige. 17 Mische dich nicht in einen Streit, der dich
nichts angeht! Sonst schaffst du dir ähnlichen Ärger
wie jemand, der einen vorüberlaufenden Hund bei den
Ohren packt. 18 Wie ein Irrer, der mit Brandpfeilen und
anderen tödlichen Waffen spielt, 19 so handelt jemand,
der seinen Freund betrügt und dann sagt: »Es war nur
ein Scherz!« 20 Wo kein Holz mehr ist, geht das Feuer
aus; und wo kein Klatsch mehr ist, hört der Streit auf.
21 Kohle hält die Glut in Gang und Holz das Feuer; so

sorgt der Streithahn dafür, dass der Zank weitergeht.
22 Verleumdungen verschlingt man wie Leckerbissen
und behält sie für immer tief im Gedächtnis. 23 Wie
Silberglasur auf Tongeschirr, so ist zündende Rede
mit böser Absicht. 24 Ein gehässiger Mensch ist voller
Falschheit, aber er versteckt sie hinter Schmeichelwor-
ten. 25 Und wenn er noch so freundlich redet, glaub
ihm nicht! Er hat alle erdenklichen Teufeleien im Sinn.
26 Seinen Hass mag er eine Weile verbergen können,
aber schließlich wird er von allen durchschaut. 27 Wer
anderen eine Grube gräbt, fällt selbst hinein. Wer einen
Stein hochwirft, auf den fällt er zurück. 28 Wer andere
mit seinen Lügen zugrunde gerichtet hat, hasst sie auch
dann noch; Verleumdung führt zu Vernichtung.

ÜBERLASS ES ANDEREN, DICH ZU LOBEN

27 Gib nicht an mit dem, was du morgen vorhast!
Du weißt ja nicht einmal, was dir heute zustößt.
2 Überlass es anderen, dich zu loben; besser ein fremder
Mund lobt dich als dein eigener! 3 Sand und Steine sind
schwer, aber noch schwerer wiegt der Ärger, den man
mit Dummköpfen hat. 4 Zorn ist grausam und Wut wie
überschäumendes Wasser; doch noch unerträglicher
ist Eifersucht. 5 Liebe, die offen tadelt, ist besser als
eine, die ängstlich schweigt. 6 Ein Freund bleibt dein
Freund, auch wenn er dir wehtut; ein Feind überfällt
dich mit übertrieben vielen Küssen. 7 Wer satt ist, lässt
den besten Honig stehen; aber Hungrigen schmeckt
sogar Bitteres süß. 8 Wie ein Vogel, der fortfliegt von
seinem Nest, so ist ein Mensch, der seine Heimat ver-
lässt. 9 Duftendes Öl und Weihrauch geben eine festli-
che Stimmung; aber noch beglückender als süße Düfte
ist die Zuneigung eines Menschen. 10 Verlass deine
Freunde nicht, auch nicht die Freunde deines Vaters.
Wenn du in Schwierigkeiten bist, lauf nicht gleich zum
Haus deines Bruders. Der Nachbar nebenan kann dir
besser helfen als der Bruder in der Ferne. 11 Werde klug
und weise, mein Sohn, und mach mir Freude! Wenn
mir dann jemand Unfähigkeit vorwirft, kann ich ihn
widerlegen. 12 Ein Mensch mit Erfahrung sieht das Un-
glück kommen und bringt sich in Sicherheit; die Uner-
fahrenen laufen mitten hinein und müssen es büßen.
13 Wenn jemand so dumm war, für einen Fremden zu
bürgen, dann nimm ruhig sein Obergewand als Pfand,
wenn er von dir etwas borgen will. 14 Wenn du deinen
Nachbarn jeden Morgen mit lauten Glückwünschen
grüßt, dann legt er es dir als Verwünschung aus. 15 Wie
ein Loch im Dach, durch das es bei Regen ständig
tropft, so ist eine keifende Frau. 16 Sie zum Schweigen
bringen? Genauso gut kannst du versuchen, den
Wind anzuhalten oder Öl mit den Fingern festzuhal-
ten! 17 Eisen wird mit Eisen geschärft, und ein Mensch
bekommt seinen Schliff durch Umgang mit anderen.
18 Wer seinen Feigenbaum pflegt, bekommt dafür die
Feigen zu essen; ein Diener, der für seinen Herrn sorgt,
wird dafür geehrt. 19 Im Spiegel des Wassers erkennst
du dein Gesicht und im Spiegel deiner Gedanken er-
kennst du dich selbst. 20 Der Schlund der Totenwelt ist
unersättlich und auch die Augen des Menschen wollen
immer noch mehr. 21 Den Wert von Gold und Silber prüft
man mit Tiegel und Ofen; was ein Mann wert ist, sagt
sein Ruf. 22 Einen unverbesserlichen Narren kannst
du in einem Mörser mit dem Stößel stampfen, mitten
zwischen den Körnern. Die Körner verlieren dabei ihre
Hülsen, aber der Narr nicht seine Dummheit. 23 Achte
auf den Zustand deiner Herden, kümmere dich um
deine Schafe und Ziegen. 24 Geldbesitz ist nicht von
Dauer; nicht einmal eine Krone geht endlos von einer
Generation auf die andere über. 25 Mähe deine Wiesen,
und während das Gras nachwächst, hole das Heu von
den Bergen! 26 Die Schafe geben dir Wolle zur Kleidung.
Mit dem Erlös für die Ziegenböckchen kannst du ein
neues Feld kaufen, 27 und von den Ziegen bekommst du
Milch im Überfluss. So kannst du dich und deine Familie
ernähren und auch deine Mägde am Leben erhalten.

LIEBER ARM SEIN UND UNTADELIG LEBEN

28 Ein unredlicher Mensch ergreift die Flucht, ob-
wohl niemand ihn verfolgt; der redliche fühlt
sich sicher wie ein Löwe. 2 Bei Aufruhr im Land mehren
sich die Herrscher; aber mit einem klugen und gebilde-
ten Mann an der Spitze herrscht dauerhafte Ordnung.
3 Ein Armer, der die Armen ausbeutet, ist wie ein Un-
wetter, das den Ackerboden wegschwemmt und jede
Hoffnung auf Ernte zunichtemacht. 4 Menschen, die
nicht nach Gottes Gesetz fragen, beglückwünschen
die Unheilstifter; wer sich an das Gesetz hält, bekämpft
sie. 5 Schlechte Menschen verstehen nichts vom Recht;
aber die, die nach dem HERRN fragen, verstehen alles.
6 Lieber arm sein und untadelig leben als reich sein und
krumme Wege gehen. 7 Ein verständiger Sohn befolgt
Gottes Gesetz; aber wer mit liederlichen Leuten ver-
kehrt, macht seinem Vater Schande. 8 Wenn du von den
Armen Zins nimmst, um dein Vermögen zu vergrößern,
sammelst du es für jemand, der mit den Armen Mitleid
hat. 9 Wer Gottes Gesetz nicht mehr hören will, des-
sen Gebet will Gott nicht mehr hören. 10 Wer redliche
Menschen auf einen gefährlichen Abweg bringt, läuft
in seine eigene Falle. Aber alle, die untadelig leben,
werden reich belohnt. 11 Der Reiche hält sich selbst für
klug, aber ein Armer mit Scharfsinn durchschaut ihn.
12 Wenn gute Menschen regieren, ist überall festlicher
Glanz. Wenn Verbrecher an die Macht kommen, dann
verstecken sich die Leute. 13 Menschen, die ihre Verfeh-
lungen verheimlichen, haben keinen Erfolg im Leben;
aber alle, die ihr Unrecht bekennen und aufgeben, fin-
den Gottes Erbarmen. 14 Wie glücklich sind alle, die Gott
ernst nehmen! Doch wer starrsinnig bleibt, stürzt ins
Unglück. 15 Ein brüllender Löwe, ein raubgieriger Bär –
so ist ein Tyrann, der über ein armes Volk herrscht. 16 Ein
unvernünftiger Vorgesetzter beutet seine Untergebe-
nen aus; aber einer, der es ablehnt, durch Unrecht reich
zu werden, bleibt lange im Amt. 17 Ein Mensch, der einen
Mord auf dem Gewissen hat, flieht geradewegs in den
Abgrund; niemand soll ihn daran hindern! 18 Wenn du
untadelig lebst, bist du in Sicherheit; aber wenn du
krumme Wege gehst, kommst du plötzlich zu Fall.
19 Wer seine Felder bestellt, hat viel zu essen; wer sich

mit windigen Geschäften abgibt, hat viel zu hungern. 20 Zuverlässige Menschen haben Glück und Erfolg; aber wer um jeden Preis reich werden will, wird der Strafe nicht entgehen. 21 Parteilichkeit ist ein schlimmes Übel, und mancher wird zum Verbrecher schon für ein Stück Brot. 22 Ein habgieriger Mensch greift nach dem Reichtum und weiß nicht, dass die Armut nach ihm greift. 23 Wenn du andere zurechtweist, erntest du am Ende mehr Dankbarkeit, als wenn du ihnen immer nach dem Mund redest. 24 Wer meint, es sei kein Unrecht, seinen Vater und seine Mutter zu bestehlen, ist nicht besser als ein gemeiner Dieb. 25 Ein Mensch, der nie genug bekommen kann, erregt überall Streit; ein Mensch, der auf den HERRN vertraut, hat immer genug. 26 Folge nur deinem eigenen Kopf und du wirst sehen, wie weit du es bringst! Lass dich von der Weisheit leiten und du wirst dem Unglück entrinnen. 27 Wer den Armen hilft, leidet niemals Mangel; aber wer seine Augen vor der Not verschließt, dem mangelt es nicht an Verwünschungen. 28 Alle verstecken sich, wenn schlechte Menschen an die Macht kommen; aber wenn sie umkommen, mehren sich die Rechtschaffenen.

STOCK UND TADEL HELFEN, KLUG ZU WERDEN

29 Wer trotz aller Zurechtweisung widerspenstig bleibt, wird plötzlich so zerschmettert, dass ihm nichts wieder aufhelfen kann. 2 Wenn gute Menschen an die Macht kommen, dann freuen sich die Leute. Wenn Tyrannen regieren, dann seufzen sie. 3 Ein Sohn, der die Weisheit liebt, macht seinem Vater Freude; einer, der seine Zeit bei Dirnen zubringt, verschleudert ihm sein Vermögen. 4 Ein König, der für Recht sorgt, sichert das Gedeihen seines Landes; aber einer, der immer neue Steuern erfindet, richtet es zugrunde. 5 Wer seinem Mitmenschen Schmeicheleien sagt, legt ihm ein Netz vor die Füße. 6 Der Böse verfängt sich in seinem Unrecht; aber der Rechtschaffene singt vor Freude. 7 Wer das Recht liebt, ist darauf bedacht, dass die Schwachen ihr Recht bekommen; wer im Unrecht lebt, hat kein Verständnis dafür. 8 Unzufriedene Besserwisser können eine ganze Stadt in Aufruhr versetzen; aber vernünftige Leute beruhigen die Gemüter. 9 Wenn ein Kluger mit einem Unverständigen prozessiert, dann lacht der oder fängt an zu toben; aber zur Einsicht kommt er nicht. 10 Ein untadeliger Mensch ist den Mördern ein Dorn im Auge, aber die Redlichen retten ihm das Leben. 11 Der Dummkopf gibt jedem Ärger freien Lauf; der Weise kann sich beherrschen. 12 Wenn ein Herrscher auf Lügen hört, dann werden alle seine Untergebenen unehrlich. 13 Der Arme und sein Unterdrücker leben nebeneinander, beiden hat der HERR Augen zum Sehen gegeben. 14 Ein König, der den Schwachen Recht verschafft, festigt seine Herrschaft für immer. 15 Stock und Tadel helfen, klug zu werden; ein Kind, das man sich selbst überlässt, macht seiner Mutter Schande. 16 Wenn die Bösen sich mehren, vermehrt sich das Unrecht. Aber wer das Rechte tut, wird sehen, wie solche Leute untergehen. 17 Erziehe deinen Sohn mit Strenge, dann wird er für dich zur Quelle der Zufriedenheit und Freude. 18 Ohne prophetische Weisung wird ein Volk zügellos. Wie glücklich ist ein Volk, das auf Gottes Gesetz hört! 19 Mit Worten kannst du einen Sklaven nicht belehren; er hört sie zwar, aber er gehorcht nicht. 20 Kennst du einen, der redet, ohne zu überlegen? Für einen Schwachsinnigen ist mehr Hoffnung als für ihn! 21 Wer seinen Diener von Anfang an verwöhnt, wird am Ende von ihm ausgenutzt. 22 Ein Hitzkopf erregt Streit; wer schnell aufbraust, macht viele Fehler. 23 Hochmütige werden gedemütigt; aber wer nicht hoch von sich denkt, kommt zu Ehren. 24 Wer mit einem Dieb die Beute teilt, handelt gegen sein eigenes Leben; denn wenn er die Fluchandrohung des Richters hört, darf er nichts sagen. 25 Sich vor Menschen fürchten bringt Gefahr; auf den HERRN vertrauen bringt Sicherheit. 26 Viele buhlen um die Gunst eines Herrschers; dabei ist es der HERR, der ihnen Recht verschaffen kann. 27 Wer das Recht liebt, verabscheut die Rechtsbrecher. Wer das Unrecht liebt, verabscheut die Rechtschaffenen.

DIE WORTE AGURS

30 Die folgenden Worte stammen von Agur, dem Sohn Jakes. Dieser Mann sagte: Ich habe mich abgemüht, Gott, ich habe mich abgemüht und bin am Ende mit meiner Kunst! 2 Ich bin zu dumm, um als Mensch gelten zu können; mir fehlt der Verstand gewisser Leute. 3 Ich habe keine Weisheit erworben und weiß also nichts von dem heiligen Gott! 4 Wer ist je in den Himmel hinaufgestiegen und als Wissender von dort herabgekommen? Wer hat je den Wind mit den Händen gepackt und das Wasser im Mantel eingebunden? Wer hat die fernsten Grenzen der Erde bestimmt? Wie heißt dieser Mann? Und wer ist sein Sohn? Sag es mir, du musst es doch wissen! 5 Alles, was Gott sagt, ist unzweifelhaft wahr. Wer in Gefahr ist und zu ihm flieht, findet bei ihm immer sicheren Schutz. 6 Füge zu seinen Worten nichts Eigenes hinzu, sonst weist er dich zurecht und überführt dich als Lügner! 7 Mein Gott, ich bitte dich nur um zwei Dinge; gib sie mir, solange ich lebe: 8 Bewahre mich davor, zu lügen, und lass mich weder arm noch reich sein! Gib mir nur, was ich zum Leben brauche! 9 Habe ich zu viel, so sage ich vielleicht: »Wozu brauche ich den HERRN?« Habe ich zu wenig, so fange ich vielleicht an zu stehlen und bringe deinen Namen in Verruf. 10 Schwärze keinen Diener bei seinem Herrn an, sonst verleumdet er dich und du ziehst den Kürzeren! 11 Es gibt Leute, die verfluchen ihren Vater und sagen kein gutes Wort über ihre Mutter. 12 Es gibt Leute, die behaupten, ein reines Gewissen zu haben, obwohl nichts von ihrem Schmutz abgewaschen ist. 13 Es gibt Leute, die denken Wunder wie hoch von sich und sehen auf alle anderen herab. 14 Es gibt Leute mit Zähnen, die scharf sind wie Schwerter und spitz wie Dolche. Damit fressen sie die Armen und Hilflosen im Land.

ZAHLENSPRÜCHE UND ANDERE RATSCHLÄGE

15 Manche Leute sind wie Blutegel: »Gib, gib!«, sagen sie und saugen andere aus. Drei werden nie satt und das Vierte ist ganz unersättlich: 16 die Totenwelt;

der Schoß einer Frau, die keine Kinder bekommt; die Erde, die immer nach Regen verlangt; und das Feuer, das niemals sagt: »Jetzt reicht's.« 17 Wer verächtlich auf seinen Vater herabsieht und seiner Mutter den schuldigen Gehorsam verweigert, dem werden die Raben die Augen aushacken und die Geier werden ihn fressen. 18 Drei Dinge kann ich nicht erklären und das vierte ist mir erst recht ein Geheimnis: 19 der Flug des Adlers am Himmel, das Gleiten der Schlange über eine Felsplatte, die Fahrt des Schiffes auf weglosem Meer und der unwiderstehliche Drang des Mannes zu einer Frau. 20 Die Ehebrecherin schläft mit einem Mann, wäscht sich und sagt: »Ich habe nichts Unrechtes getan« – gerade so, als hätte sie gegessen und sich den Mund abgewischt. 21 Drei Dinge stellen die Welt auf den Kopf, aber das vierte ist ganz unerträglich: 22 wenn ein Sklave König wird, wenn ein gewissenloser Mensch zu Reichtum kommt, 23 wenn eine unausstehliche Frau einen Mann findet und wenn eine Sklavin die Herrin von ihrem Platz verdrängt. 24 Vier Tiere sind zwar klein, aber an Weisheit fehlt es ihnen nicht: 25 die Ameisen – sie haben keine Macht, doch sie legen Vorräte für den ganzen Winter an; 26 die Klippdachse – sie sind nicht stark, doch sie schaffen sich sichere Wohnungen in den Ritzen der Felsen; 27 die Heuschrecken – sie haben keinen König und doch fliegen sie in geordneten Scharen; 28 die Eidechsen – man kann sie mit der Hand fangen und doch dringen sie sogar in den Palast des Königs ein. 29 Drei haben einen stolzen Gang und der Vierte ist darin nicht zu übertreffen: 30 der Löwe, der König der Tiere, der vor niemand zurückweicht; 31 der stolzierende Hahn; der Ziegenbock; und der König, wenn er seine Krieger mustert. 32 Wenn dich die Lust ankommt, dich selbst zu loben, ob zu Recht oder zu Unrecht, dann halte dir lieber den Mund zu! 33 Schüttle die Milch und sie wird Butter. Schlage jemand auf die Nase und es fließt Blut. Ärgere andere Leute und du bekommst Streit.

MAHNUNGEN FÜR EINEN KÖNIG

31 Ratschläge für König Lemuël, die seine Mutter ihm gab: 2 »Du bist der Sohn, den ich so lange von Gott erbeten habe. Hör auf meinen Rat: 3 Vergeude deine Kraft und dein Geld nicht mit Frauen; das hat schon manchen König zugrunde gerichtet. 4 Ergib dich nicht dem Trunk! Wein und Bier sind nichts für Könige! 5 Wenn sie sich betrinken, vergessen sie, was ihnen aufgetragen ist, und sorgen nicht mehr dafür, dass die Armen zu ihrem Recht kommen. 6 Bier und Wein sind gut für den, der am Ende ist; 7 der mag sich betrinken und seinen Kummer vergessen. 8 Deine Sache aber ist es, für Recht zu sorgen. Sprich für alle, die sich selbst nicht helfen können. 9 Sprich für die Armen und Schwachen, nimm sie in Schutz und verhilf ihnen zu ihrem Recht!«

LOB DER TÜCHTIGEN FRAU

10 Eine tüchtige Frau ist das kostbarste Juwel, das einer finden kann. 11 Ihr Mann kann sich auf sie verlassen, sie bewahrt und mehrt seinen Besitz. 12 Ihr ganzes Leben lang macht sie ihm Freude und enttäuscht ihn nie. 13 Sie sorgt dafür, dass sie immer Flachs und Wolle hat; sie spinnt und webt mit fleißigen Händen. 14 Sie schafft von überall her Nahrung herbei wie ein Handelsschiff aus fernen Ländern. 15 Sie steht schon auf, wenn es noch dunkel ist, bereitet die Mahlzeiten vor und weist den Mägden die Arbeit zu. 16 Sie schaut sich nach einem Stück Land um, kauft es mit dem Geld, das sie selber verdient hat, und bepflanzt es mit Reben. 17 Sie packt ihre Aufgaben energisch an und scheut keine Mühe. 18 Sie merkt, dass ihre Mühe etwas einbringt; darum arbeitet sie beim Schein der Lampe bis spät in die Nacht. 19 In jeder freien Minute nimmt sie die Spindel zur Hand. 20 Den Armen und Notleidenden gibt sie reichlich und gern. 21 Schnee und Frost bereiten ihr keine Sorgen, weil sie für alle im Haus warme Kleidung bereithält. 22 Sie macht sich schöne Decken; ihre Kleider sind aus feinem Leinen und purpurroter Wolle. 23 Sie hat einen Mann, der von allen geachtet wird; sein Wort gilt etwas im Rat der Gemeinde. 24 Sie fertigt Tücher und Gürtel an und verkauft sie an Händler. 25 Als wohlhabende und angesehene Frau blickt sie ohne Sorgen in die Zukunft. 26 Was sie redet, zeugt von Weisheit; mit freundlichen Worten gibt sie Anweisungen und Ratschläge. 27 Alles, was im Haus geschieht, behält sie im Auge; Müßiggang ist ihr unbekannt. 28 Ihre Kinder sind stolz auf sie und ihr Mann lobt sie. 29 »Es gibt viele tüchtige Frauen«, sagt er; »aber du bist die allerbeste!« 30 Anmut und Schönheit sind vergänglich und kein Grund, eine Frau zu rühmen; aber wenn sie den HERRN ernst nimmt, dann verdient sie Lob. 31 Ihre Mühe darf nicht unbelohnt bleiben: Für das, was sie leistet, soll die ganze Stadt sie ehren.

DAS BUCH **KOHELET** (PREDIGER)

1 In diesem Buch sind die Einsichten des Lehrers aufgeschrieben. Er war ein Sohn Davids und König in Jerusalem.

ALLES IST SCHON EINMAL DA GEWESEN

2 »Vergeblich und vergänglich!«, pflegte der Lehrer zu sagen. »Vergeblich und vergänglich! Alles ist vergebliche Mühe.« 3 Der Mensch müht und plagt sich sein Leben lang, und was hat er davon? 4 Die Generationen kommen und gehen; und die Erde bleibt, wie sie ist. 5 Die Sonne geht auf, sie geht unter und dann wieder von vorn, immer dasselbe. 6 Jetzt weht der Wind von Norden, dann dreht er und weht von Süden, er dreht weiter und immer weiter, bis er wieder aus der alten

Richtung kommt. 7 Alle Flüsse fließen ins Meer, aber das
Meer wird nicht voll. Das Wasser kehrt zu den Quellen
zurück – und wieder fließt es ins Meer. 8 Du bemühst
dich, alles, was geschieht, in Worte zu fassen, aber es ge-
lingt dir nicht. Denn mit dem Hören und Sehen kommst
du nie an ein Ende. 9 Doch im Grunde gibt es überhaupt
nichts Neues unter der Sonne. Was gewesen ist, das
wird wieder sein; was getan wurde, das wird wieder
getan. 10 »Sieh her«, sagen sie, »da ist etwas Neues!«
Unsinn! Es ist schon einmal da gewesen, lange bevor
wir geboren wurden. 11 Wir wissen nur nichts mehr von
dem, was die Alten taten. Und was wir heute tun oder
unsere Kinder morgen, wird auch bald vergessen sein.

HANDELN, WISSEN, GENIESSEN – ES FÜHRT ZU NICHTS

12 Ich, der Lehrer, war König über Israel und regierte in
Jerusalem. 13 Ich nahm mir vor, alle Dinge zu ergründen
und zu begreifen. Ich wollte herausfinden, was für einen
Sinn alles hat, was in der Welt geschieht. Doch was ist
das für eine fruchtlose Beschäftigung! Gott hat sie den
Menschen gegeben, damit sie sich mit ihr plagen. 14 Ich
beobachtete alles, was Menschen auf der Erde tun, und
ich fand: Alles ist vergeblich. Es ist, als jagtest du dem
Wind nach. 15 Krummes kann nicht gerade werden;
was nicht da ist, kannst du nicht zählen. 16 Ich sagte
zu mir selbst: »Ich weiß mehr als alle, die vor mir über
Jerusalem geherrscht haben. Ich habe eine Fülle von
Weisheit und Erkenntnis gesammelt.« 17 Doch als ich
darüber nachdachte, was das alles wert ist und was der
Weise den uneinsichtigen Schwachköpfen voraushat,
erkannte ich: Auch die Bemühung um Weisheit und
Erkenntnis ist Jagd nach Wind. 18 Wer viel weiß, hat viel
Ärger. Je mehr Erfahrung, desto mehr Enttäuschung.

2 Ich entschloss mich, das Leben zu genießen und
glücklich zu sein. Aber ich merkte: Auch das ist
vergeblich! 2 Das Lachen ist etwas für Narren, und die
Freude – was bringt sie schon ein?

LOHNT ES SICH, ETWAS ZU VOLLBRINGEN?

3 Ich wollte am vollen Leben teilhaben wie die Men-
schen, die sich nicht um Weisheit und Einsicht kümmern;
aber der Verstand sollte die Führung behalten. Ich trank
Wein, um mich in Stimmung zu bringen, denn ich wollte
erkunden, ob der Mensch während seiner kurzen Le-
benstage irgendwo Glück finden kann. 4 Ich vollbrachte
große Dinge: Ich baute mir Häuser und pflanzte Wein-
berge. 5 Ich legte Obstgärten an und pflanzte darin alle
Arten von Fruchtbäumen. 6 Ich legte Teiche an, um die
vielen aufwachsenden Bäume zu bewässern. 7 Ich kaufte
mir zahlreiche Sklaven und Sklavinnen zu denen hinzu,
die ich von meinem Vater geerbt hatte. Ich besaß mehr
Rinder, Schafe und Ziegen als irgendjemand vor mir in
Jerusalem. 8 Ich füllte meine Vorratskammern mit Silber
und Gold aus den Schätzen der unterworfenen Könige
und Länder. Ich hielt mir Sänger und Sängerinnen und
nahm mir so viele Frauen, wie ein Mann sich nur wün-
schen kann. 9 So wurde ich mächtiger und reicher als
alle, die vor mir in Jerusalem regiert hatten. Weil ich ein
so großes Wissen besaß, 10 konnte ich mir alles verschaf-
fen, was meinen Augen gefiel, und ich versagte mir keine
Freude. Mit all meiner Mühe hatte ich es so weit ge-
bracht, dass ich tatsächlich glücklich war. 11 Doch dann
dachte ich über alles nach, was ich getan und erreicht
hatte, und kam zu dem Ergebnis: Alles ist vergeblich und
Jagd nach Wind. Es kommt nichts heraus bei aller Mühe,
die sich der Mensch macht unter der Sonne.

LOHNT ES SICH, WISSEN ZU ERWERBEN?

12 Ich wollte wissen, ob bei Weisheit etwas anderes
herauskommt als bei Unverstand und Torheit. Denn
was wird der Mann tun, der mir auf dem Königsthron
folgt? Bestimmt das, was man schon immer getan hat!
13 Es stimmt: Weisheit ist besser als Unwissenheit, so
wie Licht besser ist als Finsternis. 14 Der Wissende sieht,
wo er geht; der Unwissende tappt im Dunkeln. Aber ich
erkannte auch: Beide trifft am Ende das gleiche Schick-
sal. 15 Wenn es mir also trotz meiner Weisheit genauso
ergeht wie den Unverständigen, weshalb bemühe ich
mich dann so sehr darum? Und ich sagte mir: Auch das
ist vergeblich. 16 Kluge müssen doch genauso sterben
wie die Dummen. Und man erinnert sich an die einen
nicht länger als an die andern. Wie bald sind sie alle
vergessen! 17 Da war mir das ganze Leben verleidet. Du
kannst tun, was du willst, unter der Sonne – es ist doch
alles vergeblich und Jagd nach Wind. 18 Auch der ganze
Ertrag meiner Mühe war mir verleidet. Ich muss ja doch
alles einem anderen überlassen, der nach mir kommt.
19 Wer weiß, ob der auch den Verstand hat, es sinnvoll
zu gebrauchen. Trotzdem wird er über alles verfügen,
was ich mir mit solcher Anstrengung durch mein großes
Wissen erworben habe. Auch das ist vergebliche Mühe!
20 Da begann ich zu verzweifeln, weil ich mich für nichts
und wieder nichts geplagt hatte. 21 Da müht sich jemand
ab mit Klugheit und Geschick und erreicht etwas; aber
dann muss er es einem vererben, der keinen Finger dafür
krumm gemacht hat. Auch das ist vergeblich und ein gro-
ßes Übel! 22 Was hat der Mensch am Ende von all seiner
Anstrengung? 23 Nichts als Sorgen und Plagen hat er sein
Leben lang, selbst in der Nacht kommen seine Gedanken
nicht zur Ruhe. Auch das ist vergebliche Mühe!

WER KANN SEIN LEBEN GENIESSEN?

24 Es gibt für den Menschen nichts Besseres als essen
und trinken und genießen, was er sich erarbeitet hat.
Doch dieses Glück hängt nicht von ihm selbst ab: Es
ist ein Geschenk Gottes. 25 Denn wer hat zu essen oder
hat Grund zur Freude ohne ihn? 26 Den Menschen, an
denen Gott Gefallen hat, gibt er Weisheit, Wissen und
Freude. Den anderen aber gibt er die Beschäftigung,
zu sammeln und anzuhäufen, um dann alles denen
zu schenken, die ihm gefallen. Auch hier wieder:
Vergebliche Mühe und Jagd nach Wind.

GOTT HAT ALLES IM VORAUS BESTIMMT

3 Alles, was auf der Erde geschieht, hat seine von
Gott bestimmte Zeit: // 2 geboren werden und ster-
ben, / einpflanzen und ausreißen, / 3 töten und Leben

retten, / niederreißen und aufbauen, / 4 weinen und lachen, / wehklagen und tanzen, / 5 Steine werfen und Steine aufsammeln, / sich umarmen und sich aus der Umarmung lösen, / 6 finden und verlieren, / aufbewahren und wegwerfen, / 7 zerreißen und zusammennähen, / schweigen und reden. / 8 Das Lieben hat seine Zeit und auch das Hassen, / der Krieg und der Frieden. // 9 Was hat ein Mensch von seiner Mühe und Arbeit? 10 Ich habe die fruchtlose Beschäftigung gesehen, die Gott den Menschen auferlegt hat. 11 Gott hat für alles eine Zeit vorherbestimmt, zu der er es tut; und alles, was er tut, ist vollkommen. Dem Menschen hat er eine Ahnung von dem riesigen Ausmaß der Zeiträume gegeben, aber von dem, was Gott in dieser unvorstellbar langen Zeit tut, kann der einzelne Mensch nur einen winzigen Ausschnitt wahrnehmen. 12 Ich bin zu der Erkenntnis gekommen: Das Beste, was der Mensch tun kann, ist, sich zu freuen und sein Leben zu genießen, solange er es hat. 13 Wenn er aber zu essen und zu trinken hat und genießen kann, was er sich erarbeitet hat, dann verdankt er das der Güte Gottes. 14 Ich habe erkannt: Alles, was Gott tut, ist unabänderlich für alle Zeiten. Der Mensch kann nichts hinzufügen und nichts davon wegnehmen. So hat es Gott eingerichtet, damit wir in Ehrfurcht zu ihm aufschauen. 15 Was in der Vergangenheit geschah und was in Zukunft geschehen wird, hat Gott lange zuvor festgelegt. Und die Zeit, die uns entschwunden ist, ist bei ihm nicht vergangen.

UNRECHT IN DER WELT

16 Noch etwas habe ich in dieser Welt beobachtet: Wo Recht gesprochen und für Gerechtigkeit gesorgt werden sollte, da herrscht schreiendes Unrecht. 17 Da dachte ich: Letzten Endes ist es Gott selbst, der die Guten genauso wie die Bösen verurteilt. Denn er hat eine Zeit bestimmt für alles, was auf der Erde geschieht. 18 Ich sagte mir: Gott will die Menschen prüfen. Sie sollen einsehen, dass sie von sich aus nicht anders sind als das Vieh. 19 Menschen und Tiere haben das gleiche Schicksal: Die einen wie die anderen müssen sterben. Sie haben beide den gleichen vergänglichen Lebensgeist. Nichts hat der Mensch dem Tier voraus; denn alles ist vergeblich und vergänglich. 20 Alles muss an den gleichen Ort. Aus dem Staub der Erde ist alles entstanden und zum Staub der Erde kehrt alles zurück. 21 Wer weiß schon, ob der Lebensgeist des Menschen in die Höhe steigt und der Lebensgeist des Tieres in die Erde versinkt? 22 So habe ich eingesehen, dass der Mensch nichts Besseres tun kann, als den Ertrag seiner Arbeit zu genießen. Das hat Gott ihm zugeteilt. Wie sollte er sich auch freuen an dem, was erst nach ihm sein wird?

4 Ich habe auch gesehen, wie viel Ausbeutung es in dieser Welt gibt. Die Unterdrückten weinen, aber niemand trocknet ihre Tränen. Niemand hilft ihnen, denn ihre Unterdrücker haben die Macht. 2 Wie gut haben es die Toten! Ihnen geht es besser als den Lebenden. 3 Noch besser sind die dran, die gar nicht geboren wurden und die Ungerechtigkeit auf der Erde nicht sehen mussten.

SINN UND UNSINN DER ARBEIT

4 Auch das habe ich gesehen: Da plagen sich die Menschen und setzen alle ihre Fähigkeiten ein, um sich gegenseitig auszustechen. Auch das ist vergebliche Mühe und Jagd nach Wind. Letzten Endes kommt nichts dabei heraus. 5 Es heißt zwar: »Der Unbelehrbare legt seine Hände in den Schoß – und verhungert.« 6 Aber ich sage: Eine Handvoll Gelassenheit ist besser als beide Hände voll Mühe und Jagd nach Wind. 7 Ich habe noch etwas unter der Sonne gesehen, das ganz vergeblich ist: 8 Da lebt jemand ganz allein; er hat keinen Sohn und auch keinen Bruder. Trotzdem arbeitet er rastlos weiter und sein Besitz ist ihm nie groß genug. Für wen plage ich mich dann eigentlich und gönne mir selbst keine Freude? Auch das ist vergebliche Mühe, eine fruchtlose Beschäftigung!

BESSER NICHT ALLEIN!

9 Zwei sind allemal besser dran als einer allein. Wenn zwei zusammenarbeiten, bringen sie es eher zu etwas. 10 Wenn zwei unterwegs sind und hinfallen, dann helfen sie einander wieder auf die Beine. Aber wer allein geht und hinfällt, ist übel dran, weil niemand ihm helfen kann. 11 Wenn zwei beieinander schlafen, können sie sich gegenseitig wärmen. Aber wie soll einer allein sich warm halten? 12 Ein einzelner Mensch kann leicht überwältigt werden, aber zwei wehren den Überfall ab. Noch besser sind drei; es heißt ja: »Ein Seil aus drei Schnüren reißt nicht so schnell.«

WANKELMÜTIGE VOLKSGUNST

13 Es heißt: »Ein junger Mann, der arm ist, aber gelernt hat, sein Leben richtig zu führen, ist besser als ein alter, eigensinniger König, der keinen Rat mehr annimmt.« 14 Gut, den jungen Mann holten sie aus dem Gefängnis und setzten ihn auf den Thron, obwohl er in einer armen Familie geboren wurde, als der andere schon König war. 15 Aber ich habe beobachtet, dass das Volk sich immer auf die Seite des nächsten jungen Mannes stellt, der schon bereitsteht, um den Platz des anderen einzunehmen. 16 Alle Leute laufen ihm nach. Aber schon bald werden sie auch mit ihm unzufrieden sein und dem nächsten zujubeln. Auch hier gilt: Vergeblich und Jagd nach Wind!

VOM VERHALTEN GOTT GEGENÜBER

17 Überlege, was du tust, wenn du zum Gotteshaus gehst. Du sollst dort zuhören und lernen, Gott zu gehorchen. Das ist besser, als wenn Dummköpfe nur Tiere zum Opfer dorthin bringen. Sie bleiben unwissend und tun deshalb weiter Böses.

5 Überlege, bevor du Gott etwas sagst. Sprich nicht alle Gedanken aus, die dir kommen. Denn Gott ist im Himmel und du bist auf der Erde; darum rede nicht mehr als nötig. 2 Es heißt doch: »Je mehr Pläne du im Kopf hast, desto schlimmer träumst du. Und je mehr Worte du machst, desto mehr Unsinn redest du.« 3 Wenn du Gott etwas versprochen hast, dann erfülle dein Gelübde so schnell wie möglich. Leichtfertige

Leute, die ihr Versprechen nicht halten, kann Gott nicht
ausstehen. 4 Keine Versprechungen machen ist besser
als etwas versprechen und es dann nicht halten. 5 Sieh
dich vor, dass du nichts Unrechtes sagst. Hast du es
doch getan, so behaupte nicht vor dem Priester, es sei
dir nur so herausgerutscht. Oder willst du, dass Gott
zornig auf dich wird und deine Arbeit misslingen lässt?
6 Viel Träumen führt zu viel Sinnlosigkeit, viele Worte
auch. Darum nimm Gott ernst!

DIE AUSBEUTER SIND SICH EINIG

7 Wundere dich nicht, wenn du siehst, wie man die
Armen auf dem Land unterdrückt und ihnen gerech-
tes Urteil verweigert. Denn ein Mächtiger deckt den
anderen und beide deckt einer, der noch mächtiger
ist. 8 Es wäre besser, wenn der König selbst sich um die
Verhältnisse auf dem Land kümmern würde.

REICHTUM, DER KEIN GLÜCK BRINGT

9 Wer am Geld hängt, bekommt nie genug davon. Wer
Reichtum liebt, will immer noch mehr. Auch hier gilt:
Alles vergeblich! 10 Je reicher jemand wird, desto mehr
Leute wollen von seinem Reichtum leben. Welchen
Nutzen hat er am Ende davon? Nur das Nachsehen.
11 Wer hart arbeitet, schläft gut, ob er viel oder wenig
gegessen hat. Der reiche Faulenzer dagegen wälzt sich
schlaflos im Bett, weil ihn der Magen drückt. 12 Noch
eine böse Sache habe ich beobachtet: dass einer, der
seinen Reichtum ängstlich hütet, dennoch ins Elend
gerät. 13 Ein einziges schlechtes Geschäft und schon ist
alles verloren! Wenn der Mann einen Sohn hat, kann
er ihm nichts mehr vererben. 14 Und überhaupt: Nackt,
wie der Mensch auf die Welt gekommen ist, muss er
wieder von ihr gehen. Von allem, was er hier angehäuft
hat, kann er nicht einmal eine Handvoll mitnehmen.
15 Das ist doch eine ganz üble Sache: Der Mensch muss
gehen, wie er gekommen ist; für nichts und wieder
nichts hat er sich abgeplagt. 16 Sein Leben lang hat er
sich nichts gegönnt und sich mit Ärger, Sorgen und
Krankheit herumgeschlagen.

DANKBAR GENIESSEN

17 Ich bin zu der Erkenntnis gekommen, dass wir Men-
schen in dem kurzen Leben, das Gott uns zugemessen
hat, nichts Besseres tun können als essen und trinken
und es uns wohl sein lassen bei aller Mühe, die wir
haben. So hat Gott es für uns bestimmt. 18 Wenn Gott
einen Menschen reich und wohlhabend werden lässt
und ihm erlaubt, seinen Teil davon zu genießen und
sich am Ertrag seiner Mühe zu freuen, dann ist das
ein Gottesgeschenk! 19 Die Freude lässt ihn nicht mehr
daran denken, wie kurz sein Leben ist.

AUCH REICHTUM BRINGT KEINE SICHERHEIT

6 Etwas Schlimmes habe ich in dieser Welt gesehen,
das schwer zu ertragen ist: 2 Da ist jemand, den hat
Gott zu Reichtum, Besitz und Ansehen kommen las-
sen; er hat alles, was ein Mensch sich wünschen kann.
Aber Gott erlaubt ihm nicht, es zu genießen; irgendein
Unbekannter wird sich ein gutes Leben damit machen.
Auch hier gilt: Vergeblich! Das ist ganz unerträglich!
3 Mag einer auch hundert Kinder haben und ein hohes
Alter erreichen – was hat er davon, wenn er nicht sein
Leben genießen kann und am Ende nicht einmal ein an-
ständiges Begräbnis bekommt? Ich sage: Eine Fehlge-
burt hat es besser als er! 4 Denn: »Als ein Nichts kommt
sie, in die Nacht geht sie, namenlos und vergessen. 5 Das
Sonnenlicht sieht sie nicht, was Leben ist, weiß sie nicht;
doch Ruhe hat sie gefunden.« Jedenfalls mehr Ruhe als
der andere, 6 der nichts von seinem Leben hat, und wenn
er zweitausend Jahre alt würde! Am Ende kommen alle
an den gleichen Ort. 7 Der Mensch müht sich ständig
ab, um sich satt essen zu können. Was hilft's, er wird
doch immer wieder hungrig! 8 Darin geht es den Weisen
nicht besser als den Unwissenden. Und was nützt es den
Armen, wenn sie etwas wissen? Wissen macht nicht
satt! 9 Gib dich zufrieden mit dem, was du hast, und
verlange nicht nach allen möglichen anderen Dingen;
denn das ist vergebliche Mühe und Jagd nach Wind.

SICH GEGEN GOTT WEHREN IST NUTZLOS

10 Alles, was geschieht, ist vor langer Zeit bestimmt
worden. Ehe ein Mensch auf die Welt kommt, steht
schon fest, was aus ihm wird. Und mit seinem Schöpfer,
der mächtiger ist als er, kann er nicht darüber streiten.
11 Je mehr Worte er dabei macht, desto vergeblicher
sind sie und desto weniger kommt für ihn dabei heraus.
12 Überhaupt, wer kann einem Menschen sagen, was
für ihn gut ist während der kurzen Tage seines ver-
gänglichen Lebens, das flüchtig ist wie ein Schatten?
Und wer kann ihm sagen, was nach ihm geschehen
wird unter der Sonne?

ÜBER DEN TOD

7 »Ein guter Ruf ist besser als ein schönes Begräb-
nis«, heißt es. Ich aber sage: Der Todestag ist bes-
ser als der Tag der Geburt. 2 In ein Trauerhaus gehen
bringt mehr Gewinn als in ein Hochzeitshaus gehen;
denn auf jeden Menschen wartet der Tod, und wer
noch lebt, nehme sich das zu Herzen! 3 Weinen ist bes-
ser als Lachen. Ein trauriges Gesicht ist ein Zeichen für
reiche Lebenserfahrung. 4 Der Narr geht am liebsten
dorthin, wo es lustig zugeht; der Weise geht lieber in
ein Trauerhaus.

ÜBER WISSEN UND UNVERSTAND

5 Der Tadel eines weisen Menschen hilft dir mehr als
alle Loblieder der Unwissenden – heißt es –, 6 denn das
Lachen unverbesserlicher Narren ist wie das Prasseln
brennender Dornen unter einem Kochtopf. Aber auch
das ist vergebliche Mühe; 7 denn auch der Weise wird
zum Narren, wenn man ihn erpresst, und Geschenke
vernebeln seinen Verstand.

ÜBER GEDULD UND VORSICHT

8 Mit Reden aufhören ist besser als mit Reden anfan-
gen. Ruhig Blut bringt weiter als ein heißer Kopf. 9 Lass
dich nicht aus der Ruhe bringen; nur Unverständige

ärgern sich über alles. 10 Frage nicht: »Warum war frü-
her alles besser als heute?« Damit verrätst du nur, dass
du das Leben noch nicht kennst.

ÜBER ERFAHRUNG UND BESITZ

11 Wissen und Erfahrung sind ebenso viel wert wie Be-
sitz, ja, sie werfen sogar noch Gewinn ab. 12 Sie geben
genauso viel Sicherheit wie das Geld und sie bringen
noch mehr: Sie erhalten ihren Besitzer am Leben.
13 Aber vergiss nicht, dass es bei allem auf Gottes Tun
ankommt. Wer kann gerade biegen, was er krumm ge-
macht hat? 14 Freu dich, wenn du einen Glückstag hast.
Und wenn du einen Unglückstag hast, dann denke
daran: Gott schickt dir beide, und du weißt nicht, was
als Nächstes kommt.

DIE GESUNDE MITTE

15 Während meines vergänglichen Lebens voll vergeb-
licher Mühe habe ich beobachtet: Es gibt Menschen, die
nach Gottes Geboten leben und trotzdem elend um-
kommen; aber andere, die Unrecht tun und sich um Gott
nicht kümmern, genießen ihr Leben bis ins hohe Alter.
16 Deshalb ist mein Rat: Übertreib es nicht mit der Recht-
schaffenheit und bemühe dich nicht zu sehr um Wissen!
Warum willst du dich selbst zugrunde richten? 17 Schlag
aber auch nicht über die Stränge und bleib nicht in der
Unwissenheit! Warum willst du vor der Zeit sterben?
18 Halte dich an die gesunde Mitte. Wenn du Gott ernst
nimmst, findest du immer den rechten Weg. 19 Wissen
und Erfahrung helfen einem Menschen mehr, als zehn
Herrscher einer Stadt ihm helfen können. 20 Aber kein
Mensch auf der Erde ist so rechtschaffen, dass er immer
richtig handelt und nie einen Fehler macht. 21 Versuche
nicht, alles mitzubekommen, was die Leute reden. Was
hast du davon, wenn du hörst, wie deine Untergebenen
über dich schimpfen? 22 Du weißt doch, dass du selbst
oft genug über andere geschimpft hast.

VERGEBLICHES FORSCHEN

23 Ich wollte weise werden; ich habe alles versucht, um
zur Einsicht zu kommen; aber sie blieb mir unerreichbar
fern. 24 Der Sinn aller Dinge ist so fern und so tief verbor-
gen. Wer kann ihn ergründen? 25 Dann wandte ich mich
etwas anderem zu: Ich forschte und beobachtete, um
daraus meine Schlüsse zu ziehen und zu einem Urteil
zu kommen. Ich wollte wissen, ob die Bosheit etwas
mit fehlender Einsicht zu tun hat und Unverstand mit
Unverbesserlichkeit. 26 Da ist zum Beispiel die Art von
Frau, die noch bitterer ist als der Tod. Von ihr sagt man:
»Sie ist eine Falle, ihre Liebe ist ein Fangnetz; ihre Arme,
mit denen sie dich umfängt, sind Fesseln. Ein Mann, an
dem Gott Gefallen hat, kann ihr entrinnen. Aber wer
Gott missfällt, den fängt sie ein.« 27 Sieh dir an, was
ich herausgefunden habe; es ist das Ergebnis vieler
Einzelbeobachtungen – 28 das heißt: Was ich eigentlich
suchte, habe ich nicht gefunden. Ich habe den Men-
schen gesucht, wie er sein sollte, und unter Tausend
habe ich *einen* gefunden, und das war keine Frau! –
29 Das Ergebnis meines ganzen Forschens war: Gott hat
die Menschen einfach und aufrichtig geschaffen, aber
manche wollen alles kompliziert haben.

8 »Wissen macht das Gesicht freundlich und lässt
die strengen Falten verschwinden«, heißt es. Aber
wer hat dieses Wissen und kann alles richtig erklären?

AUFLEHNUNG IST ZWECKLOS

2 Ich rate dir: Tu, was der König befiehlt, denn du hast
ihm vor Gott Treue geschworen. 3 Gib nicht dem Wunsch
nach, gegen ihn zu rebellieren. Lass dich nicht auf eine
so gefährliche Sache ein; denn der König tut letzten
Endes doch, was ihm gefällt. 4 Er hat die Macht, seinen
Willen durchzusetzen, und kein Mensch kann ihn dafür
zur Rechenschaft ziehen. 5 Wer Gottes Gebote befolgt,
bleibt von Unglück verschont, und wer Lebensweisheit
hat, weiß, wann und wie er handeln muss. 6 Denn alles,
was geschieht, hat seine von Gott bestimmte Zeit. Aber
es gibt ein schlimmes Geschick, das auf dem Menschen
lastet: 7 Er weiß nicht, was ihn treffen wird, und nie-
mand sagt ihm, wie es geschehen wird. 8 Den Wind kann
er nicht aufhalten oder einsperren. Ebenso wenig kann
er seinen Todestag aufhalten. Im Krieg wird kein Soldat
entlassen, und wer schuldig geworden ist, kann den
Folgen seiner Schuld nicht entgehen.

WARUM GEHT ES VERBRECHERN SO GUT?

9 Noch etwas habe ich beobachtet. Ich habe unter-
sucht, was alles unter der Sonne geschieht, wenn
einige wenige die Macht besitzen und die anderen
darunter zu leiden haben. 10 Ich habe gesehen, wie
Verbrecher zum Gottesdienst in den Tempel kamen,
während rechtschaffene Leute aus dem Heiligtum ver-
trieben wurden und niemand in der Stadt mehr an ihre
guten Taten dachte. Auch hier gilt: Alles vergeblich!
11 Dass die Strafe den Verbrecher nicht auf der Stelle
ereilt, ermutigt viele dazu, Verbrechen zu begehen.
12a Manche haben schon hundert Schandtaten ver-
übt – und leben immer noch!

LOHN UND STRAFE

12b Auch ich kenne das Sprichwort: »Wer Gott ernst
nimmt, dem geht es gut. 13 Aber wer Unrecht begeht,
hat kein Glück. Sein Leben ist kurz und flüchtig wie ein
Schatten, weil er Gott nicht ernst nimmt.« 14 Doch das
ist Unsinn! In der Welt sieht es oft genug ganz anders
aus: Da sind Menschen, die immer das Rechte tun, und
es ergeht ihnen, wie es Verbrechern gehen sollte. Und
es gibt Verbrecher, denen es so gut geht, als hätten sie
immer das Rechte getan. Ich bleibe dabei: Alles ver-
geblich! 15 Darum soll sich der Mensch an die Freude
halten. Er soll essen und trinken und sich freuen; das
ist das Beste, was er bekommen kann unter der Sonne,
während des kurzen Lebens, das Gott ihm schenkt.

WAS VON DER WEISHEIT ZU HALTEN IST

16 Ich wollte herausfinden, was an der sogenannten
Weisheit eigentlich dran ist. Darum habe ich dieses
mühselige Geschäft beobachtet, mit dem der Mensch
sich auf der Erde herumschlägt – Tag und Nacht tut er

kein Auge zu. 17 Und ich musste einsehen: Ein Mensch kann das, was Gott tut und geschehen lässt unter der Sonne, niemals in seinem Zusammenhang erfassen. Er mag noch so angestrengt danach suchen, den Zusammenhang der Dinge findet er nicht. Auch wenn ein Weiser behauptet, ihn zu kennen – gefunden hat er nichts.

ALLE TRIFFT DASSELBE SCHICKSAL

9 Ich habe über alles nachgedacht und bin zu der Einsicht gekommen, dass auch die Klugen und Rechtschaffenen in allem, was sie tun, von Gott abhängig sind. Nicht einmal, warum sie lieben oder hassen, wissen sie. 2 Alle trifft das gleiche Schicksal, ob sie nun Gottes Gebote befolgen oder sie übertreten, Gutes oder Böses tun, sich rein halten oder sich beflecken, Gott Opfer bringen oder nicht. Dem Schuldlosen ergeht es nicht besser als dem Verbrecher, der den Reinigungseid scheuen muss. 3 Es ist zum Verzweifeln, dass auf alle ohne Unterschied dasselbe Ende wartet. Weil die Bösen nicht auf der Stelle bestraft werden, ergreift sie Verblendung und sie treiben es noch schlimmer. Aber zuletzt müssen alle sterben. 4 Solange ein Mensch lebt, hat er noch Hoffnung, und ein lebender Hund ist immer noch besser als ein toter Löwe. 5 Die Lebenden wissen wenigstens, dass sie einmal sterben müssen. Die Toten wissen überhaupt nichts mehr. Ihre Verdienste werden nicht belohnt; denn niemand denkt mehr an sie. 6 Ganz gleich, ob sie einst Liebe, Hass oder Eifersucht erregt haben, alles ist aus und vorbei. Sie haben auf ewig keinen Anteil mehr an dem, was unter der Sonne geschieht.

DAS EINZIGE, WAS DEM MENSCHEN ÜBRIG BLEIBT

7 Darum iss dein Brot und trink deinen Wein und sei fröhlich dabei! So hat es Gott für die Menschen vorgesehen und so gefällt es ihm. 8 Nimm das Leben als ein Fest: Trag immer frisch gewaschene Kleider und sprenge duftendes Öl auf dein Haar! 9 Genieße jeden Tag mit der Frau, die du liebst, solange das Leben dauert, das Gott dir unter der Sonne geschenkt hat, dieses vergängliche und vergebliche Leben. Denn das ist der Lohn für die Mühsal und Plage, die du hast unter der Sonne. 10 Wenn sich dir die Gelegenheit bietet, etwas zu tun, dann tu es mit vollem Einsatz. Denn du bist unterwegs zu dem Ort, von dem kein Mensch wiederkehrt. Wenn du tot bist, ist es zu Ende mit allem Tun und Planen, mit aller Einsicht und Weisheit.

JEDER SEINES GLÜCKES SCHMIED?

11 Noch etwas habe ich erkannt unter der Sonne: Es sind nicht immer die Schnellsten, die das Rennen machen. Auch die tapfersten Krieger siegen nicht in jedem Kampf. Bildung ist keine Garantie für sicheren Broterwerb, Klugheit führt nicht unbedingt zu Reichtum und Können findet nicht immer Beifall. Denn schlechte Tage und schlimmes Geschick überfallen jeden. 12 Niemand weiß, wann seine Zeit kommt. Wie Fische, die plötzlich ins Netz geraten, wie Vögel, über denen die Falle zuschlägt, so gehen die Menschen in die Schlinge. Der Tod ereilt sie, wenn sie am wenigsten daran denken.

MACHT UND OHNMACHT DES WISSENS

13 Noch etwas anderes habe ich gesehen unter der Sonne, ein treffendes Beispiel dafür, wie Wissen eingeschätzt wird: 14 Da war eine kleine Stadt mit nur wenigen Einwohnern. Ein mächtiger König rückte gegen sie an, schloss sie ein und ging mit Belagerungstürmen gegen ihre Mauern vor. 15 In dieser Stadt lebte ein armer, aber sehr kluger Mann. Mit seiner Klugheit hätte er die Stadt retten können; doch niemand dachte an ihn. 16 Und dann behauptet man: »Wissen ist besser als Macht.« Zugegeben, aber wenn einer arm ist, hält man ihn nicht für klug; darum hört keiner auf seine Worte. 17 Es ist besser, auf den ruhigen Rat eines weisen Menschen zu hören als auf das unverständige Geschrei eines Obernarren. 18 Wissen richtet etwas Besseres aus als Waffen – aber eine einzige falsche Entscheidung richtet alles Bessere zugrunde.

VERMISCHTE LEBENSWEISHEITEN

10 Eine tote Fliege bringt duftendes Öl zum Stinken und ein bisschen Dummheit macht alles Wissen und Ansehen eines Menschen zunichte. 2 Ein weiser Mensch trifft die richtige Entscheidung, aber der Unbelehrbare trifft stets daneben. 3 Seine Dummheit zeigt sich bei jedem Anlass und alle sagen von ihm: »Der hat keinen Verstand.« 4 Wenn dein Vorgesetzter zornig auf dich ist, dann gib nicht gleich deine Stelle auf. Wenn du ruhig bleibst, wird er dir sogar große Fehler verzeihen. 5 Ich habe etwas Schlimmes gesehen unter der Sonne, das sich die Mächtigen immer wieder zuschulden kommen lassen: 6 Leute ohne Verstand bekommen einflussreiche Stellungen, während angesehene Bürger unbeachtet bleiben. 7 Ich habe Sklaven hoch zu Ross gesehen, während Fürsten zu Fuß gehen mussten. 8 Wer ein Loch gräbt, kann hineinfallen. Wer eine Mauer einreißt, kann von einer Schlange gebissen werden. 9 Wer im Steinbruch arbeitet, kann sich dabei wehtun. Und wer Holz spaltet, ist in Gefahr, sich zu verletzen. 10 Wenn die Axt stumpf geworden ist und du sie nicht schärfst, dann musst du dich doppelt anstrengen. Richtig angewendete Weisheit hat eben ihre Vorteile. 11 Der Schlangenbeschwörer hat nichts von seiner Kunst, wenn die Schlange beißt, ehe er sie beschworen hat. 12 Was der Weise sagt, findet Zustimmung. Aber Unverständige reden sich um Kopf und Kragen. 13 Am Anfang ist ihr Reden nur dummes Geschwätz, aber am Ende tödliche Torheit. 14 Sie reden und reden ohne Ende. Dabei weiß kein Mensch, was geschehen wird. Und niemand sagt ihm, was sein wird, wenn er einmal gestorben ist. 15 Das viele Reden müsste den Unverständigen doch so müde machen, dass er nicht mehr nach Hause gehen kann! 16 Es steht schlimm um ein Land, wenn sein König noch jung und unerfahren ist und die Minister schon frühmorgens Festgelage halten. 17 Aber ein Land kann sich glücklich preisen,

wenn sein König fähig ist, selbst zu entscheiden, und
die Minister zur üblichen Zeit essen und trinken und
sich dabei wie Männer benehmen, die sich beherr-
schen können. 18 Wenn jemand zu faul ist, das Dach
seines Hauses auszubessern, dringt der Regen durch
und bald stürzt es ein. 19 Gut essen macht Freude, Wein
trinken macht lustig und Geld macht beides möglich.
20 Schimpf nicht auf den König, nicht einmal in Ge-
danken! Schimpf nicht auf die Reichen, nicht einmal
in deinem Schlafzimmer! Wände haben Ohren und
deine Worte könnten Flügel bekommen.

DIE ZUKUNFT IST UNBERECHENBAR

11 Wirf dein Hab und Gut ins Meer; trotzdem kann
es sein, dass du es nach langer Zeit wiederfindest.
2 Bring dein Geld an allen möglichen Plätzen in Sicher-
heit; trotzdem kann es sein, dass ein Unglück über das
Land kommt und alles verloren geht. 3 Wenn die Wolken
voll sind, dann regnet es. Gleichgültig, ob ein Baum
nach Süden oder nach Norden fällt: Wo er hinfällt, dort
bleibt er liegen. 4 Wer immer nach dem Wind sieht und
auf das passende Wetter wartet, der kommt weder zum
Säen noch zum Ernten. 5 Du weißt nicht, wann der Wind
seine Richtung ändert. Du siehst nicht, wie sich ein Kind
im Mutterleib entwickelt. Genauso wenig verstehst du,
was Gott tut. 6 Arbeite am Morgen oder am Abend, ganz
wie du willst; denn du kannst nicht voraussehen, wel-
ches von beiden Erfolg bringt – vielleicht sogar beides!

GENIESSE DAS LEBEN, SOLANGE DU JUNG BIST

7 Das Licht der Sonne sehen zu können bedeutet
Glück und Freude. 8 Genieße froh jeden Tag, der dir
gegeben ist! Auch wenn du noch viele vor dir hast –
denk daran, dass die Nacht, die ihnen folgt, noch
länger ist. Alles, was noch kommt, ist vergeblich.
9 Freu dich, junger Mensch! Sei glücklich, solange du
noch jung bist! Tu, was dir Spaß macht, wozu deine
Augen dich locken! Aber vergiss nicht, dass Gott
für alles von dir Rechenschaft fordern wird. 10 Halte
dir den Ärger von der Seele und die Krankheit vom
Leib. Jugend und dunkles Haar sind so vergänglich.
12 Denk an deinen Schöpfer, solange du noch
jung bist, ehe die schlechten Tage kommen
und die Jahre, die dir nicht gefallen werden. 2 Dann
verdunkeln sich dir Sonne, Mond und Sterne und nach
jedem Regen kommen wieder neue Wolken. 3 Dann
werden deine Arme, die dich beschützt haben, zittern
und deine Beine, die dich getragen haben, werden
schwach. Die Zähne fallen dir aus, einer nach dem an-
deren; deine Augen werden trüb 4 und deine Ohren
taub. Deine Stimme wird dünn und zittrig. 5 Das Steigen
fällt dir schwer und bei jedem Schritt bist du in Gefahr
zu stürzen. Draußen blüht der Mandelbaum, die Heu-
schrecke frisst sich voll und die Kaperfrucht bricht
auf; aber dich trägt man zu deiner letzten Wohnung.
Auf der Straße stimmen sie die Totenklage für dich
an. 6 Genieße dein Leben, bevor es zu Ende geht, wie
eine silberne Schnur zerreißt oder eine goldene Schale
zerbricht, wie ein Krug an der Quelle in Scherben geht
oder das Schöpfrad zerbrochen in den Brunnen stürzt.
7 Dann kehrt der Leib zur Erde zurück, aus der er ent-
standen ist, und der Lebensgeist geht zu Gott, der ihn
gegeben hat. 8 »Vergeblich und vergänglich!«, war
die Erkenntnis des Lehrers. »Alles vergebliche Mühe.«

ERSTES NACHWORT

9 Eins muss noch hinzugefügt werden: Der Lehrer war
ein Weiser, der ständig sein Wissen an das Volk weiter-
gab. Er untersuchte viele Sprichwörter und prüfte sie
auf ihren Wahrheitsgehalt. Er verfasste auch selbst
viele Sprichwörter. 10 Er mühte sich, seinen Worten
eine schöne Form zu geben, dabei aber ehrlich zu blei-
ben und die Wahrheit zu schreiben. 11 Die Worte weiser
Lehrer wirken wie der spitze Stock, mit dem der Bauer
seine Ochsen antreibt. Sprichwörter gleichen einge-
schlagenen Nägeln: Sie bleiben fest sitzen. Sie sind
eine Gabe Gottes, des einen großen Hirten.

ZWEITES NACHWORT

12 Im Übrigen lass dich warnen, mein Sohn: Es werden
viel zu viele Bücher geschrieben und das viele Grü-
beln kann dich bis zur Erschöpfung ermüden. 13 Fassen
wir alles zusammen, so kommen wir zu dem Ergebnis:
Nimm Gott ernst und befolge seine Gebote! Das ist
alles, worauf es für den Menschen ankommt. 14 Über
alles, was wir tun, wird Gott Gericht halten, über die
guten und die schlechten Taten, auch wenn sie jetzt
noch verborgen sind.

DAS **HOHELIED**

1 Das schönste aller Lieder, von Salomo.

SEI MEIN KÖNIG!

2 Komm doch und küss mich! / Deine Liebe be-
rauscht mich / mehr noch als Wein. / 3 Weithin
verströmen / deine kostbaren Salben / herrlichen
Duft. / Jedermann kennt dich, / alle Mädchen
im Lande / schwärmen für dich! / 4 Komm, lass
uns eilen, / nimm mich mit dir nach Hause, / fass
meine Hand! / Du bist mein König! / Deine Zärt-
lichkeit gibt mir / Freude und Glück. / Rühmen und
preisen / will ich stets deine Liebe, / mehr als den
Wein! / Mädchen, die schwärmen, / wenn dein Name
genannt wird, / schwärmen zu Recht!

DAS MÄDCHEN VOM LAND

5-6 Schwarz gebrannt hat mich die Sonne, / schwarz
wie Beduinenzelte, / wie die Decken Salomos. /

Trotzdem bin ich schön, ihr Mädchen / aus der Stadt
Jerusalem! / Seht nicht so auf mich herunter, / weil
ich dunkler bin als ihr. / Draußen muss ich alle Ta-
ge / meiner Brüder Weinberg hüten. / Doch für mei-
nen eigenen Weinberg / – für mich selbst – kann ich
nicht sorgen; / dafür bleibt mir keine Zeit!

DIE HIRTIN

7 Sag mir, Geliebter, / wo kann ich dich fin-
den? / Wo ruhn deine Schafe / mittags, wenn's
heiß wird? / Andere Hirten, / was sollen sie
denken, / wenn ich nach dir frage, / überall su-
che? // 8 Musst du mich fragen, / du schönste der
Frauen? / Du musst es doch wissen, / wo du mich
findest! / Nimm deine Zicklein / und folge dem
Schafsweg! / Dort wirst du mich treffen, / nah bei
den Zelten.

ZWIESPRACHE DER LIEBENDEN

9 Prächtig und schön siehst du aus, meine Freun-
din, / stolz wie die Stute an Pharaos Wagen! / 10 Schmü-
ckende Kettchen umrahmen die Wangen / und deinen
Hals zieren Schnüre mit Perlen. / 11 Aber noch schö-
neren Schmuck sollst du haben: / silberne Perlen an
Kettchen aus Gold! // 12 Solange mein König mir nahe
ist, / verbreitet mein Nardenöl seinen Duft. / 13 Mein
Liebster liegt bei mir, an meiner Brust, / er duftet
wie würziges Myrrhenharz, / 14 so kräftig wie Blü-
ten vom Hennastrauch; / im Weinberg von En-Gedi
wachsen sie. // 15 Schön bist du, zauberhaft schön,
meine Freundin, / und deine Augen sind lieblich
wie Tauben! // 16 Stattlich und schön bist auch du,
mein Geliebter! / Sieh, unser Lager ist blühendes
Gras, / 17 Balken in unserem Haus sind die Zedern /
und die getäfelten Wände Zypressen.

LIEBE SIEHT ALLES SCHÖNER

2 Eine Frühlingsblume bin ich, / wie sie in
den Wiesen wachsen, / eine Lilie aus den
Tälern. // 2 Eine Lilie unter Disteln – / so er-
scheint mir meine Freundin / unter allen anderen
Mädchen. // 3 Wie ein Apfelbaum im Walde / ist
mein Liebster unter Männern. / Seinen Schatten
hab ich gerne, / um mich darin auszuruhen; / seine
Frucht ist süß für mich.

KRANK VOR LIEBE

4 Ins Festhaus hat mein Liebster mich geführt; / Girlan-
den zeigen an, dass wir uns lieben. / 5 Stärkt mich mit
Äpfeln, mit Rosinenkuchen, / denn Liebessehnsucht
hat mich krank gemacht. / 6 Sein linker Arm liegt un-
ter meinem Kopf / und mit dem rechten hält er mich
umschlungen. / 7 Ihr Mädchen von Jerusalem, lasst
uns allein! / Denkt an die scheuen Rehe und Gazel-
len: / Wir lieben uns, schreckt uns nicht auf!

DER WINTER IST VORBEI

8 Mein Freund kommt zu mir! / Ich spür's, ich
hör ihn schon! / Über Berge und Hügel / eilt er
herbei. / 9 Dort ist er – / schnell wie ein Hirsch, / wie
die flinke Gazelle. / Jetzt steht er vorm Haus! / Er
späht durch das Gitter, / schaut zum Fenster her-
ein. / 10a Nun spricht er zu mir! // 10b Mach schnell,
mein Liebes! / Komm heraus, geh mit! / 11 Der Winter
ist vorbei mit seinem Regen. / 12 Es grünt und blüht,
so weit das Auge reicht. / Im ganzen Land hört man
die Vögel singen; / nun ist die Zeit der Lieder wieder
da! / 13 Sieh doch: Die ersten Feigen werden reif; / die
Reben blühn, verströmen ihren Duft. / Mach schnell,
mein Liebes! / Komm heraus, geh mit! / 14 Verbirg dich
nicht vor mir wie eine Taube, / die sich in einem Fel-
senspalt versteckt. / Mein Täubchen, zeig dein lieb-
liches Gesicht / und lass mich deine süße Stimme
hören! // 15 Ach, fangt uns doch die Füchse, / die
frechen, kleinen Füchse! / Sie wühlen nur im Wein-
berg, / wenn unsre Reben blühn. // 16 Nur mir ge-
hört mein Liebster / und ich gehöre ihm! / Er findet
seine Weide, / wo viele Blumen stehn. / 17 Am Abend,
wenn es kühl wird / und alle Schatten fliehn, / dann
komm zu mir, mein Liebster! / Komm, eile wie ein
Hirsch; / sei flink wie die Gazelle, / die in den Bergen
wohnt.

NACHTGEDANKEN

3 Nachts lieg ich auf dem Bett und kann nicht
schlafen. / Ich sehne mich nach ihm und suche
ihn, / doch nirgends kann mein Herz den Liebsten fin-
den. / 2 Ich seh mich aufstehn und die Stadt durch-
eilen, / durch Gassen streifen, über leere Plätze – / ich
sehne mich nach ihm und suche ihn, / doch nirgends
kann ich meinen Liebsten finden. / 3 Die Wache greift
mich auf bei ihrem Rundgang. / »Wo ist mein Liebs-
ter, habt ihr ihn gesehn?« / 4 Nur ein paar Schritte
weiter find ich ihn. / Ich halt ihn fest und lass ihn
nicht mehr los; / ich nehm ihn mit nach Hause in die
Kammer, / wo meine Mutter mich geboren hat. / 5 Ihr
Mädchen von Jerusalem, lasst uns allein! / Denkt an
die scheuen Rehe und Gazellen: / Wir lieben uns,
schreckt uns nicht auf!

DER BRÄUTIGAM KOMMT

6 Was kommt dort herauf aus der Wüste? / Wie
Rauchsäulen zieht es heran; / es duftet nach Weih-
rauch und Myrrhe, / nach allen Gewürzen der Händ-
ler. / 7 Schaut hin! Das ist Salomos Sänfte, / geleitet
von sechzig Beschützern, / von Israels tapfersten
Helden, / 8 im Kampfe erprobt und bewährt. / Das
Schwert hat ein jeder am Gürtel / zum Schutz ge-
gen nächtliche Schrecken. / 9 Aus edelstem Holz
ließ der König / den tragbaren Thronsessel ma-
chen, / 10 die Säulen mit Silber beschlagen, / die
Lehne mit Gold überziehen. / Aus purpurnem Stoff
sind die Kissen, / mit Liebe gewebt und bestickt / von
Jerusalems Frauen und Mädchen. / 11 Ihr Frauen
von Zion, kommt her, / den König zu sehn und die
Krone, / mit der seine Mutter ihn schmückte / zum
heutigen Tag seiner Hochzeit, / dem Tag voller Freude
und Glück.

DU BIST SCHÖN, MEINE FREUNDIN!

4 Preisen will ich deine Schönheit, / du bist lieb-
lich, meine Freundin! / Deine Augen sind wie
Tauben, / flattern hinter deinem Schleier. / Wie die
Herde schwarzer Ziegen / vom Berg Gilead talwärts
zieht, / fließt das Haar auf deine Schultern. / 2 Weiß wie
frisch geschorne Schafe, / wenn sie aus der Schwemme
steigen, / glänzen prächtig deine Zähne, / keiner fehlt
in seiner Reihe. / 3 Wie ein scharlachrotes Band / ziehn
sich deine feinen Lippen. / Wangen hinterm
Schleier / schimmern rötlich wie die Scheibe / eines
Apfels vom Granatbaum. / 4 Wie der Turm des Kö-
nigs David, / glatt und rund, geschmückt mit tau-
send / blanken Schilden, ragt dein Hals. / 5 Deine Brüste
sind zwei Zicklein, / Zwillingsjunge der Gazelle, / die
in Blumenwiesen weiden. / 6 Wenn die Schatten länger
werden / und der Abend Kühle bringt, / komm ich zu
dir, ruh auf deinem / Myrrhenberg und Weihrauch-
hügel. / 7 Deine Schönheit will ich preisen! / Du bist
lieblich, meine Freundin, / und kein Fehler ist an dir!

GEH MIT MIR!

8 Komm, meine Braut, geh doch mit, lass die
Berge! / Lass den gefahrvollen Libanon, komm! / Fort
von dem Gipfel des Berges Amana, / fort vom Senir
und vom ragenden Hermon, / fort von den Lager-
plätzen der Löwen, / fort von den Bergen der Pan-
ther, komm mit!

LIEBESZAUBER

9 Verzaubert hast du mich, / Geliebte, meine
Braut! / Ein Blick aus deinen Augen / und ich war
gebannt. / Sag, birgt er einen Zauber, / an dei-
nem Hals der Schmuck? / 10 Wie glücklich du mich
machst / mit deiner Zärtlichkeit! / Mein Mädchen,
meine Braut, / ich bin von deiner Liebe / berauschter
als von Wein. / Du duftest süßer noch / als jeder Sal-
benduft. / 11 Wie Honig ist dein Mund, / mein Schatz,
wenn du mich küsst, / und unter deiner Zunge / ist
süße Honigmilch. / Die Kleider, die du trägst, / sie
duften wie der Wald / hoch auf dem Libanon.

DER LIEBESGARTEN

12-15 Meine Braut ist ein Garten / voll erlesener
Pflanzen! / An Granatapfelbäumen / reifen köstliche
Früchte. / Herrlich duften die Rosen / und die Blüten
der Henna. / Narde, Safran und Kalmus, / alle Weih-
rauchgewächse, / Zimt und Aloë, Myrrhe, / alle Arten
von Balsam / sind im Garten zu finden. / Eine Quelle
entspringt dort / mit kristallklarem Wasser, / das
vom Libanon herkommt. / Aber noch sind mir Gar-
ten / und Quelle verschlossen! // 16 Kommt doch,
ihr Winde, / durchweht meinen Garten! / Nordwind
und Südwind, / erweckt seine Düfte! / Komm, mein
Geliebter, / betritt deinen Garten! / Komm doch und
iss / seine köstlichen Früchte! //

5 Ich komm in den Garten, / zu dir, meine Braut! / Ich
pflücke die Myrrhe, / die würzigen Kräuter. / Ich
öffne die Wabe / und esse den Honig. / Ich trinke
den Wein, / ich trinke die Milch. / Esst, Freunde,
auch ihr, / und trinkt euren Wein; / berauscht euch
an Liebe!

NACHTGEDANKEN

2a Ich lag im Schlaf, jedoch mein Herz blieb wach. / Da
klopft's! Ich weiß: Mein Freund steht vor der
Tür. // 2b »Mach auf, mein Schatz, mach auf, ich
will zu dir! / Mein Täubchen, öffne doch, lass mich
hinein! / Mein Haar ist nass vom Tau der kühlen
Nacht.« // 3 »Ich habe doch mein Kleid schon aus-
gezogen / und müsst es deinetwegen wieder an-
ziehn. / Auch meine Füße habe ich gewaschen; / ich
würde sie ja wieder schmutzig machen!« / 4 Durchs
Fenster an der Tür greift seine Hand; / ich höre,
wie sie nach dem Riegel sucht. / Mein Herz klopft
laut und wild. Er ist so nah! / 5 Ich springe auf und
will dem Liebsten öffnen. / Als meine Hände nach
dem Riegel greifen, / da sind sie feucht von bestem
Myrrhenöl. / 6 Schnell öffne ich die Tür für meinen
Freund; / doch er ist fort, ich kann ihn nicht mehr
sehn. / Mein Herz steht still, fast tötet mich der
Schreck! / Ich suche meinen Freund, kann ihn nicht fin-
den. / Ich rufe ihn, doch er gibt keine Antwort. / 7 Die
Wächter finden mich bei ihrem Rundgang. / Sie schla-
gen ohne Mitleid auf mich ein / und reißen mir den
Umhang von den Schultern.

HELFT MIR SUCHEN!

8 Ihr Mädchen alle, ich beschwöre euch: / Wenn euch
mein Freund begegnet, sagt ihm doch, / die Liebes-
sehnsucht macht mich matt und krank! // 9 Beschreib
ihn uns, / du schönste aller Frauen! / Wer ist es, den
du suchst? / Was unterscheidet ihn / von anderen
Männern, / dass du uns so beschwörst? // 10 Mein
Liebster ist blühend und voller Kraft, / nur einer
von Tausenden ist wie er! / 11 Sein schönes Gesicht
ist so braun gebrannt, / sein Haar dicht und lockig
und rabenschwarz. / 12 Die Augen sind lebhaften
Tauben gleich. / Ganz weiß sind die Zähne, als hät-
ten sie / gebadet in Bächen von reiner Milch. / 13 Die
Wangen sind Beete voll Balsamkraut, / die herrlichs-
ten Würzkräuter sprießen dort. / Wie Lilien leuchtet
sein Lippenpaar, / das feucht ist von fließendem Myr-
rhenöl. / 14 Die Arme sind Barren aus rotem Gold, / mit
Steinen aus Tarschisch rundum besetzt. / Sein Leib
ist ein Kunstwerk aus Elfenbein, / geschmückt mit
Saphiren von reinster Art. / 15 Die Beine sind marmor-
nen Säulen gleich, / die sicher auf goldenen Sockeln
stehn. / Dem Libanon gleicht er an Stattlichkeit, / den
ragenden Zedern an Pracht und Kraft. / 16 Sein Mund
ist voll Süße, wenn er mich küsst – / ja, alles an ihm
ist begehrenswert! / Seht, so ist mein Liebster und
so mein Freund. / Nun wisst ihr's, ihr Mädchen
Jerusalems! //

6 Schnell, sag uns noch, / du schönste aller
Frauen: / Wo ging dein Liebster hin? / Wir
wollen mit dir gehn / und nach ihm suchen! / Wo
könnte er denn sein? // 2 Er ist in seinem Garten, / wo

Balsamsträucher stehn, / wo er die Herde wei-
det / und schöne Lilien pflückt. / 3 Nur mir gehört
mein Liebster / und ich gehöre ihm! / Er findet seine
Weide, / wo viele Blumen stehn.

WIE SCHÖN DU BIST!

4 Schön wie Tirza bist du, Freundin, / strahlend wie
Jerusalem; / wie ein Trugbild in der Wüste / raubt
dein Anblick mir den Atem. / 5 Wende deine Augen
von mir, / denn sie halten mich gefangen. / Wie die
Herde schwarzer Ziegen / talwärts vom Berg Gilead
zieht, / fließt das Haar auf deine Schultern. / 6 Deine
Zähne glänzen prächtig. / Weiß sind sie wie Mutter-
schafe, / wenn sie aus der Schwemme steigen; / je-
des kommt mit seinem Jungen, / keins ist unfruchtbar
geblieben: / Keiner fehlt in seiner Reihe. / 7 Deine
Wangen hinterm Schleier / schimmern rötlich wie
die Scheibe / eines Apfels vom Granatbaum. / 8 Lass
den König sechzig Frauen, / achtzig Konkubinen ha-
ben, / dazu Mädchen ohne Zahl! / 9 Meine Liebe gilt
nur einer: / meinem makellosen Täubchen! / Sie ist
ihrer Mutter Liebling, / denn sie ist die einzige Toch-
ter. / Sähen sie die andern Frauen, / Königinnen,
Konkubinen, / alle würden sie besingen: // 10 »Wer
leuchtet so schön wie das Morgenrot, / so hell wie der
Mond, wie der Sonne Strahl, / verwirrend wie Bilder
im Wüstensand?«

ERWARTUNG

11 Ich ging hinunter in den Walnussgarten, / um mich
am frischen Grün des Tals zu freuen, / des Weinstocks
neue Triebe anzuschauen / und auch die ersten Blü-
ten am Granatbaum. // 12 Was ist mit mir? Ich kann
mich kaum beherrschen, / obwohl ich doch aus edlem
Hause stamme!

DER HOCHZEITSTANZ

7 1a Komm, dreh dich im Hochzeitstanz, Schul-
ammít! / Komm, dreh dich im Tanze und lass
dich sehn! // 1b Was habt ihr davon, mich beim Tanz
zu sehn? / Was ist denn Besonderes an Schulam-
mít? // 2 Deine Füße sind reizend / in den Schuhen,
du Fürstin! / Und das Rund deiner Hüften / ist das Werk
eines Künstlers! / 3 Einer Schale, der niemals / edler
Wein fehlen möge, / gleicht dein Schoß, süßes
Mädchen! / Wie ein Hügel von Weizen / ist dein Leib,
rund und golden / und von Lilien umstanden. / 4 Deine
Brüste sind lieblich / wie zwei junge Gazellen. / 5 Einem
Elfenbeinturm gleich / ist dein Hals, schlank und schim-
mernd. / Deine Augen – zwei Teiche / nah beim Tore
von Heschbon. / Deine Nase ist zierlich / wie der Vor-
sprung des Wachtturms / an dem Weg nach Damas-
kus. / 6 Wie das Karmelgebirge / ist dein Kopf, hoch
und prächtig. / Voller Glanz ist dein Haupthaar; / in
dem Netz deiner Locken / liegt ein König gefangen.

DIE ERFÜLLUNG

7 Du bist schön wie keine andere, / dich zu lieben macht
mich glücklich! / 8 Schlank wie eine Dattelpalme / ist
dein Wuchs, und deine Brüste / gleichen ihren vol-
len Rispen. / 9 Auf die Palme will ich steigen, / ihre
süßen Früchte pflücken, / will mich freun an deinen
Brüsten, / welche reifen Trauben gleichen. / Deinen
Atem will ich trinken, / der wie frische Äpfel duf-
tet, / 10a mich an deinem Mund berauschen, / denn
er schmeckt wie edler Wein … // 10b … der durch deine
Kehle gleitet, / dich im Schlaf noch murmeln lässt.

NUR IHM GEHÖRE ICH!

11 Nur ihm, meinem Liebsten, gehör ich / und mir gilt
sein ganzes Verlangen! / 12 Komm, lass uns hinaus-
gehn, mein Liebster, / die Nacht zwischen Blumen
verbringen! / 13 Ganz früh stehn wir auf, gehn zum
Weinberg / und sehn, ob die Weinstöcke treiben, / die
Knospen der Reben sich öffnen / und auch die Gra-
natbäume blühen. / Dort schenke ich dir meine Liebe!

EINLADUNG

14 Kannst du den Duft der Liebesäpfel riechen? / Vor
unsrer Tür ist köstlich süßes Obst, / die allerbesten
Früchte, alt und neu, / für dich, mein Liebster, sind sie
aufbewahrt!

WÄRST DU DOCH MEIN BRUDER!

8 Ich wünschte mir, dass du mein Bruder wärst, / den
meine Mutter an der Brust genährt hat. / Dann
dürfte ich dich unbekümmert küssen, / wenn ich
dich draußen auf der Straße treffe, / und niemand
würde dann die Nase rümpfen. / 2 Ich nähm dich
mit zum Hause meiner Mutter; / du könntest mich
im Zärtlichsein belehren, / ich gäbe dir gewürzten
Wein zu trinken / und meinen Most von Früchten des
Granatbaums. / 3 Sein linker Arm liegt unter meinem
Kopf / und mit dem rechten hält er mich umschlun-
gen. / 4 Ihr Mädchen alle, ich beschwöre euch, / dass
ihr uns nicht in unsrer Liebe stört! // 5a Wer kommt
dort herauf aus der Wüste, / gestützt auf den Arm ih-
res Liebsten?

UNÜBERWINDLICH WIE DER TOD

5b Hier unterm Apfelbaum / hab ich dich aufge-
weckt, / wo deine Mutter dich / empfing und auch ge-
bar. / 6 Du trägst den Siegelring / an einer Schnur / auf
deiner Brust. / So nimm mich an dein Herz! / Du
trägst den Reif / um deinen Arm. / So eng umfange
mich! / Unüberwindlich / ist der Tod: / Niemand ent-
rinnt ihm, / keinen gibt er frei. / Unüberwindlich – / so
ist auch die Liebe, / und ihre Leidenschaft / brennt
wie ein Feuer. / 7 Kein Wasser kann die Glut der Liebe
löschen / und keine Sturzflut schwemmt sie je hin-
weg. / Wer meint, er könne solche Liebe kaufen, / der
ist ein Narr, er hat sie nie gekannt!

BESORGTE BRÜDER

8 Noch ist unsre kleine Schwester / für die Liebe viel zu
jung, / denn sie hat noch keine Brüste. / Kommt sie erst
ins rechte Alter, / dass sie jemand freien will, / müs-
sen ihre Brüder wachen. / 9 Sperrt sie sich wie eine

Mauer, / schmückt man sie mit Silberzinnen. / Gleicht
sie einer offenen Pforte, / schließt man sie mit Ze-
dernbalken. // 10 Eine starke Mauer bin ich, / Türmen
gleichen meine Brüste. / Trotzdem will ich mich erge-
ben, / bitte meinen Freund um Frieden.

GLÜCKLICHER ALS SALOMO

11 Salomo hat einen Weinberg / auf dem Hang von
Ba'al-Hamon. / Für die Ernte würde jeder / tau-
send Silberstücke zahlen; / darum wird er streng
bewacht. / 12 Salomo gönn ich die tausend, / auch
den Wächtern noch zweihundert – / ich hab meinen
eigenen Weinberg!

LIEBESRUF

13 Du Mädchen in den Gärten, / die Freunde warten
schon: / Lass deine Stimme hören / und rufe mich zu
dir! // 14 Komm schnell zu mir, mein Liebster! / Komm,
eile wie ein Hirsch; / sei flink wie die Gazelle, / die in
den Bergen wohnt.

DER PROPHET **JESAJA**

BUCHÜBERSCHRIFT

1 In diesem Buch steht, was der HERR dem Propheten
Jesaja, dem Sohn von Amoz, über das Land Juda
und die Stadt Jerusalem offenbart hat. Jesaja empfing
diese Botschaften während der Zeit, als dort nach-
einander die Könige Usija, Jotam, Ahas und Hiskija
regierten.

ISRAEL KENNT SEINEN GOTT NICHT MEHR

2 Hört zu, Himmel und Erde! Hört, was der HERR sagt:
»Ich habe Kinder aufgezogen; und jetzt, wo sie groß
geworden sind, sagen sie sich von mir los! 3 Jedes Rind
kennt seinen Besitzer und jeder Esel die Futterkrippe
seines Herrn. Israel aber will nicht begreifen, wem es
gehört; mein Volk nimmt keine Vernunft an.« 4 Weh
euch, ihr verbrecherisches und schuldbeladenes Volk!
Ihr seid eine üble Sippschaft, ganz aus der Art geschla-
gen. Ihr habt den HERRN verlassen, den heiligen Gott
Israels verworfen, ihm den Rücken gekehrt! 5 Seid ihr
noch nicht genug geschlagen worden, dass ihr immer
noch widerspenstig seid? Ihr seid ja schon krank an
Leib und Seele. 6 Vom Scheitel bis zur Sohle ist kein
heiler Fleck mehr an euch, nur Beulen, blutige Strie-
men und frische Wunden. Niemand hat sie gereinigt
und verbunden, auch keine Salbe ist darauf gekom-
men. 7 Euer Land ist verwüstet, eure Städte sind ver-
brannt; Fremde verzehren vor euren Augen die Ernte
von euren Feldern. Alles ist zerstört, als hätten wilde
Horden bei euch gehaust. 8 Nur Jerusalem ist übrig
geblieben wie ein Schutzdach im Weinberg, wie eine
Wächterhütte im Gurkenfeld, eine ringsum belagerte
Stadt. 9 Hätte der HERR, der Herrscher der Welt, nicht
einen kleinen Rest von uns übrig gelassen, so wäre es
uns wie Sodom und Gomorra ergangen!

OPFER OHNE GEHORSAM SIND NUTZLOS

10 Ihr Machthaber von Sodom, hört, was der HERR sagt!
Du Volk von Gomorra, vernimm die Weisung unseres
Gottes! 11 »Was soll ich mit euren vielen Opfern?«,
fragt der HERR. »Die Schafböcke, die ihr für mich ver-
brennt, und das Fett eurer Masttiere habe ich satt; das
Blut von Stieren, Lämmern und Böcken mag ich nicht.
12 Wenn ihr zu meinem Tempel kommt, zertrampelt
ihr nur seine Vorhöfe. Habe ich das verlangt? 13 Lasst
eure nutzlosen Opfer! Ich kann euren Weihrauch nicht
mehr riechen! Ihr feiert den Neumond, den Sabbat
und andere Feste; ich kann sie nicht ausstehen, so-
lange ihr nicht von euren Verbrechen lasst. 14 Eure
Neumondfeiern und eure Feste hasse ich; sie sind mir
lästig, ich kann sie nicht mehr ertragen. 15 Wenn ihr im
Gebet eure Hände zu mir ausstreckt, blicke ich weg.
Und wenn ihr mich auch noch so sehr mit Bitten be-
stürmt, ich höre nicht darauf; denn an euren Händen
klebt Blut! 16 Wascht euch, reinigt euch! Macht Schluss
mit eurem üblen Treiben; hört auf, vor meinen Augen
Unrecht zu tun! 17 Lernt Gutes zu tun, sorgt für Gerech-
tigkeit, haltet die Gewalttätigen in Schranken, helft
den Waisen und Witwen zu ihrem Recht!« 18 Der HERR
sagt: »Kommt her, lasst uns prüfen, wer von uns recht
hat, ihr oder ich! Eure Verbrechen sind rot wie Blut, und
doch könnten sie weiß werden wie Schnee. Sie sind rot
wie Purpur, und doch könnten sie weiß werden wie
reine Wolle – 19 wenn ihr mir nur gehorchen wolltet!
Dann könntet ihr all die guten Dinge genießen, die das
Land hervorbringt. 20 Aber wenn ihr euch weigert und
widerspenstig bleibt, wird euch das Schwert vernich-
ten. Das sage ich, der HERR!«

JERUSALEM IST GOTTES FEIND GEWORDEN

21 Wie konnte sie zur Hure werden, die Stadt, die frü-
her so treu war? Einst herrschte in ihr das Recht, ihre
Bewohner folgten Gottes Geboten; jetzt aber woh-
nen dort lauter Mörder! 22 Jerusalem, früher warst du
wie reines Silber, jetzt aber bist du nichts als silbrig
glänzende Schlacke! Früher warst du wie guter Wein,
jetzt aber ist der Wein verwässert! 23 Deine Führer –
Aufrührer sind sie, die mit Dieben unter einer Decke
stecken, scharf auf Geschenke und Bestechungsgeld!
Aber den Waisen verhelfen sie nicht zu ihrem Recht
und die Klagen der Witwen hören sie gar nicht erst an.
24 Darum sagt der HERR, der Herrscher über die ganze
Welt, der mächtige Gott Israels: »Ich bin voller Zorn
auf euch, ich muss mir Luft verschaffen! Ich werde
euch eure Feindschaft vergelten! 25 Jetzt wende ich
mich gegen euch und greife ein! Alle Schlacke unter
euch werde ich ausschmelzen, damit ihr reines Silber

werdet. 26 Ich werde euch wieder zuverlässige Richter und Ratsherren geben, so wie ihr sie am Anfang hattet. Dann nennt man Jerusalem wieder wie früher ›Stadt des Rechts‹ und ›treue Stadt‹.« 27 Ja, Rettung kommt für die Zionsstadt, wenn ihre Bewohner das Recht wieder achten, wenn sie zum HERRN zurückgekehrt sind und ihm die Treue halten. 28 Die Rebellen und Rechtsbrecher werden vernichtet; alle, die den HERRN verlassen, werden untergehen. 29 Ihr liebt eure heiligen Eichen und umgebt sie liebevoll mit Hecken. Von den Götzen, die ihr dort verehrt, erwartet ihr neue Lebenskraft. Es wird eine bittere Enttäuschung für euch werden! 30 Ihr werdet dastehen wie eine Eiche, die ihre Blätter verliert, wie eine Pflanzung, die kein Wasser mehr bekommt. 31 Wer glaubte, neue Stärke zu gewinnen, ist dann wie trockener Zunder, und was er tut, wird zum zündenden Funken. So geht alles in Flammen auf und niemand kann löschen.

GOTTES KÜNFTIGE FRIEDENSHERRSCHAFT VOM ZIONSBERG AUS

2 In einer Offenbarung empfing Jesaja, der Sohn von Amoz, folgende Botschaft über Juda und Jerusalem: 2 Es kommt eine Zeit, da wird der Berg, auf dem der Tempel des HERRN steht, unerschütterlich fest stehen und alle anderen Berge überragen. Alle Völker strömen zu ihm hin. 3 Überall werden die Leute sagen: »Kommt, wir gehen auf den Berg des HERRN, zu dem Haus, in dem der Gott Jakobs wohnt! Er soll uns lehren, was recht ist; was er sagt, wollen wir tun!« Denn vom Zionsberg in Jerusalem wird der HERR sein Wort ausgehen lassen. 4 Er weist die Völker zurecht und schlichtet ihren Streit. Dann schmieden sie aus ihren Schwertern Pflugscharen und aus ihren Speerspitzen Winzermesser. Kein Volk wird mehr das andere angreifen und niemand lernt mehr das Kriegshandwerk. 5 Auf, ihr Nachkommen Jakobs, lasst uns in dem Licht leben, das vom HERRN ausgeht!

DER TAG, AN DEM GOTT SEINE MACHT ERWEIST

6 HERR, du hast dich von deinem Volk, den Nachkommen Jakobs, zurückgezogen. Denn ihr Land ist voll von fremden Bräuchen, überall gibt es Zauberer wie bei den Philistern; es wimmelt bei ihnen von Ausländern. 7 Ihr Land ist voll von Silber und Gold und unzähligen Schätzen. Es ist voll von Pferden, und die Streitwagen kann niemand zählen. 8 Und ihr Land ist voll von Götzen. Seine Bewohner beten Bildwerke an, die sie mit eigenen Händen gemacht haben. 9 Darum müssen sich alle bücken und werden erniedrigt. Vergib ihnen nicht, HERR! 10 Verkriecht euch zwischen Felsen, versteckt euch in Erdlöchern, wenn der HERR Schrecken verbreitet und seine Macht und Hoheit zeigt! 11 Der Tag kommt, an dem es mit der Überheblichkeit der Menschen zu Ende ist und ihr Stolz gebrochen wird. Dann wird der HERR allein groß sein. 12 Der Tag kommt, an dem der HERR, der Herrscher der Welt, Gericht halten wird über alles, was groß und stolz und überheblich ist; er wird es erniedrigen. 13 Er wird die mächtigen Zedern auf dem Libanon und die Eichen im Baschan vernichten. 14 Er wird alle hohen Berge und Hügel einebnen, 15 jeden großen Turm und jede feste Mauer einreißen; 16 alle großen Schiffe, die weit über die Meere fahren, und alle Prunkboote wird er zerstören. 17 Mit dem Hochmut der Menschen wird es aus sein und ihr Stolz wird erniedrigt. An diesem Tag wird der HERR allein groß sein 18 und alle falschen Götter werden verschwinden. 19 Die Menschen müssen sich in Felshöhlen und Erdlöchern verkriechen aus Angst vor dem HERRN und seiner Macht und Hoheit, wenn er aufsteht und die Erde in Schrecken versetzt! 20 An dem Tag wird jeder seine silbernen und goldenen Götterbilder, die er sich gemacht hat, den Fledermäusen und Ratten hinwerfen. 21 Die Menschen werden sich in Höhlen und Felsspalten verkriechen aus Angst vor dem HERRN und seiner Macht und Hoheit, wenn er aufsteht und die Erde in Schrecken versetzt. 22 Zählt doch nicht auf Menschen! Sie sind nichts als ein Hauch, und mehr sind sie auch nicht wert.

IN JUDA BRICHT JEDE ORDNUNG ZUSAMMEN

3 Der HERR, der Herrscher über die ganze Welt, nimmt den Bewohnern von Jerusalem und Juda alles weg, worauf sie sich stützen und ihr Vertrauen setzen. Er nimmt ihnen jeden Vorrat an Brot und Wasser weg, 2 er nimmt ihnen Vorkämpfer und Krieger, Richter, Propheten und Wahrsager, Sippenoberhäupter, 3 Offiziere, Hofleute und Berater, Zauberer und Beschwörer. 4 Er gibt ihnen unreife Burschen als Herrscher, die mit Willkür regieren. 5 Dann fällt einer über den anderen her, jeder übervorteilt jeden. Junge rebellieren gegen die Alten, Nichtsnutze gegen geachtete Männer. 6 Die Männer in einer Sippe werden sich allesamt an einen unter ihnen klammern und sagen: »Du hast noch etwas anzuziehen. Sei du unser Anführer, bring Ordnung in dieses Chaos!« 7 Doch der wird sich wehren und sagen: »Ich bin doch kein Wunderdoktor! In meinem Haus ist nichts, weder Nahrung noch Kleidung. Ich lasse mich nicht zum Anführer machen!« 8 Ja, Jerusalem stürzt ins Chaos und Juda bricht zusammen; denn mit Wort und Tat beleidigen sie den HERRN, sie widersetzen sich öffentlich dem mächtigen Gott. 9 Ihr eigenes Verhalten klagt sie an: Sie sind parteiisch und bringen die Schutzlosen um ihr Recht. Wie die Leute von Sodom erzählen sie ohne jede Hemmung von ihren Verbrechen. Das Unglück, das sie nun trifft, haben sie sich selber zuzuschreiben! 10 Denkt daran: Denen, die Gott gehorchen, geht es gut; sie dürfen den Ertrag ihrer Arbeit genießen. 11 Doch wehe denen, die Gott missachten: Ihre Taten fallen auf sie selbst zurück! 12 »Du mein armes Volk«, sagt der HERR, »Ausbeuter herrschen über dich, Wucherer saugen dich aus. Deine Führer verführen dich, sie zeigen dir den falschen Weg.« 13 Der HERR steht auf, um Gericht zu halten und seinem Volk Recht zu verschaffen. 14 Er macht den Ratgebern und Führern seines Volkes den Prozess. »Ihr habt meinen Weinberg geplündert«, klagt er sie an. »Eure Häuser habt ihr vollgestopft mit dem, was ihr den Armen weggenommen habt. 15 Mit welchem Recht unterdrückt ihr

mein Volk und nutzt die Wehrlosen aus?« Das sagt der
HERR, der Herrscher über die ganze Welt.

SCHANDE STATT SCHÖNHEIT

16 Der HERR sagt: »Seht doch, wie hochnäsig sie sind,
die Frauen Jerusalems! Sie recken ihre geschmück-
ten Hälse, werfen aufreizende Blicke nach allen Sei-
ten und trippeln mit zierlichen Schritten, damit ihre
Fußspangen klirren. 17 Deshalb werde ich ihnen den
Kopf entblößen und sie öffentlich der Schande preis-
geben.« 18 Der Tag kommt, an dem der HERR ihnen al-
len Schmuck wegnehmen wird: die Fußspangen, die
Sonnen und Halbmonde, die sie um den Hals tragen,
19 Ohrgehänge, Armbänder und Schleier, 20 Kopfputz,
Fußkettchen und Brustbänder, Parfümfläschchen und
Amulette, 21 Fingerringe und Nasenringe, 22 Festkleider,
Mäntel, Umschlagtücher, Täschchen 23 und Spiegel,
feinste Leinenhemden, Kopftücher und Halstücher.
24 Dann bekommen sie statt des Wohlgeruchs den
Gestank von Fäulnis, statt des Gürtels einen Strick,
statt kunstvoll geflochtener Haarpracht eine Glatze,
statt des Festkleids einen zerlumpten Sack, statt der
Schönheit die Schande eines Brandmals. 25 Jerusalem,
deine Männer, sogar die stärksten und besten, werden
im Krieg erschlagen. 26 Deine Tore werden widerhal-
len von Totenklagen; du wirst einer Frau gleichen, die
ihre Kinder verloren hat und einsam am Boden sitzt.

4 Dann werden sieben Frauen sich an einen Mann
klammern und zu ihm sagen: »Wir können selbst
für unser Essen sorgen, auch für unsere Kleidung; wir
wollen nur als deine Frauen gelten. Heirate uns und
nimm die Schande von uns, Witwen und auch noch
kinderlos zu sein!«

HOFFNUNG FÜR DIE ÜBRIGGEBLIEBENEN

2 Es kommt eine Zeit, da wird der HERR das Land wie-
der fruchtbar machen. Alles wird wieder sprießen und
wachsen, und die Übriggebliebenen Israels können
stolz darauf sein. So wird ihre Ehre und ihr Ruhm wie-
derhergestellt. 3 Die Überlebenden von Jerusalem, alle,
die dann noch auf dem Zionsberg übrig sind, werden
Gottes heiliges Volk genannt werden; Gott selbst hat
ihre Namen aufgeschrieben und sie zum Leben be-
stimmt. 4 Denn durch sein Strafgericht hat er die Be-
wohner Jerusalems von allem Schmutz gereinigt und
die schwere Schuld aus der Stadt weggeschafft. 5 Über
dem Zionsberg und allen, die sich dort versammeln,
lässt dann der HERR das Zeichen seiner Gegenwart er-
scheinen: tagsüber eine Wolke, nachts dichten Rauch
und flammendes Feuer. Seine Herrlichkeit breitet er aus
über der ganzen Stadt, 6 wie ein Schutzdach gegen die
Hitze der Sonne, wie eine Zuflucht bei Regen und Sturm.

GOTTES VOLK – EIN UNFRUCHTBARER WEINBERG

5 Hört mir zu! Ich singe euch das Lied meines
Freundes von seinem Weinberg: Auf frucht-
barem Hügel, da liegt mein Stück Land, 2 dort hackt
ich den Boden mit eigener Hand, ich mühte mich ab
und las Felsbrocken auf, baute Wachtturm und Kel-
ter, setzte Reben darauf. Und süße Trauben erhofft ich
zu Recht, doch was dann im Herbst wuchs, war sauer
und schlecht. 3 Jerusalems Bürger, ihr Leute von Juda,
was sagt ihr zum Weinberg, was tätet denn ihr da?
4 Die Trauben sind sauer – entscheidet doch ihr: War
die Pflege zu schlecht? Liegt die Schuld denn bei mir?
5 Ich sage euch, Leute, das tue ich jetzt: Weg reiß ich
die Hecke, als Schutz einst gesetzt; zum Weiden solln
Schafe und Rinder hinein! Und die Mauer ringsum –
die reiße ich ein Zertrampelnden Füßen geb ich ihn
preis, schlecht lohnte mein Weinberg mir Arbeit und
Schweiß! 6 Ich will nicht mehr hacken, das Unkraut
soll sprießen! Der Himmel soll ihm den Regen ver-
schließen! 7 Der Weinberg des HERRN seid ihr Israeli-
ten! Sein Lieblingsgarten, Juda, seid ihr! Er hoffte auf
Rechtsspruch – und erntete Rechtsbruch, statt Liebe
und Treue nur Hilfeschreie!

GOTT STRAFT SEINE VERÄCHTER

8 Weh denen, die sich ein Haus nach dem andern hin-
stellen und ein Feld nach dem andern kaufen, bis kein
Grundstück mehr übrig ist und sie das ganze Land be-
sitzen! 9 Ich habe gehört, wie der HERR, der Herrscher
der Welt, geschworen hat: »Die vielen Gebäude sollen
verwüstet werden, die großen und schönen Häuser
leer stehen! 10 Ein Weinberg von zehn Morgen bringt
nur noch einen Eimer Wein, und zehn Zentner Aussaat
bringen nur einen Zentner Ertrag.« 11 Weh denen, die
schon am Morgen hinter Bier her sind und noch spät
am Abend beim Wein in Hitze geraten! 12 Laute und
Harfe, Pauke und Flöte erklingen bei ihren Gelagen,
aber auf das Tun des HERRN achten sie nicht, sie sehen
nicht, dass er hinter allem Geschehen steht. 13 Deshalb
sagt der HERR: »Mein Volk muss in die Verbannung,
weil es nicht begreifen will. Die Angesehenen müs-
sen Hunger leiden und das ganze Volk wird vor Durst
verschmachten.« 14 Die Totenwelt sperrt ihren Rachen
weit auf, hinabfahren müssen Reichtum und Pracht
Jerusalems, der ganze lärmende, johlende Haufen. 15 So
werden sie alle erniedrigt und müssen sich bücken. Die
Hochmütigen müssen die Augen zu Boden schlagen.
16 Der HERR, der Herrscher der Welt, erweist seine Ho-
heit, denn er verschafft dem Recht wieder Geltung. Der
heilige Gott erweist sich als heilig, denn er hält gerech-
tes Gericht. 17 Zwischen den Trümmern der Stadt wei-
den die Schafe, und was die Reichen in ihren Ruinen
zurücklassen mussten, das essen die umherziehenden
Hirten auf. 18 Weh denen, die sich vor den Karren des
Unrechts spannen und ihre Schuld wie mit Wagen-
seilen hinter sich herziehen! 19 Sie sagen: »Er soll sich
beeilen und tun, was er vorhat, der heilige Gott Israels!
Er will uns bestrafen? Wir wollen endlich etwas davon
sehen!« 20 Weh denen, die Böses gut und Gutes böse
nennen, die aus Schwarz Weiß und aus Weiß Schwarz
machen, aus sauer süß und aus süß sauer! 21 Weh de-
nen, die sich für weise und verständig halten! 22 Helden
sind sie – im Weintrinken, und tüchtige Männer – im
Mischen von scharfen Getränken. 23 Als Richter lassen

sie sich bestechen: Schuldige sprechen sie frei und
Unschuldige verurteilen sie. 24 Deshalb werden sie
vergehen wie eine Pflanze, deren Wurzeln verfaulen
und deren Blüten verwelken, wie dürres Gras oder
Stoppeln auf dem Feld, über das ein Feuer hinwegfegt.
Sie haben das Gesetz verachtet, das der Herrscher der
Welt, der heilige Gott Israels, seinem Volk gegeben hat.
Seine Warnungen haben sie in den Wind geschlagen.

DAS ASSYRISCHE HEER BEDROHT JUDA

25 Darum ist der HERR zornig auf sein Volk. Er reckt
seine Hand hoch und schlägt zu. Davon erzittern die
Berge, und auf den Straßen und Plätzen liegen die Lei-
chen wie Abfall. Trotzdem legt sein Zorn sich nicht,
noch ist seine Hand drohend erhoben. 26 Er stellt ein
Feldzeichen auf für ein Volk aus der Ferne. Er pfeift,
und schon kommen sie vom Ende der Erde, sie ha-
ben es eilig. 27 Keiner der Krieger ist erschöpft, keiner
schleppt die Füße nach, keiner nickt ein, hellwach sind
sie alle. Die Gürtel sind festgeschnallt, kein Schuhrie-
men löst sich. 28 Die Pfeilspitzen sind geschliffen, die
Bogen straff gespannt. Die Hufe ihrer Pferde sind hart
wie Kiesel, die Räder ihrer Streitwagen drehen sich
wie der Wirbelwind. 29 Ihr Kriegsgeschrei ist wie das
Brüllen eines Löwen, wie das raue Gebrüll eines jun-
gen Löwen; er knurrt, packt seine Beute und schleppt
sie weg. Und niemand wagt es, sie ihm zu entreißen.
30 Der Tag kommt, an dem sie über das Land herfallen
mit Getöse wie das Donnern des Meeres. Wohin man
auch blickt: überall erdrückende Finsternis; schwarze
Wolken verdunkeln das Tageslicht.

JESAJA BERICHTET ÜBER SEINE BERUFUNG ZUM PROPHETEN

6 Es war in dem Jahr, als König Usija starb. Da sah
ich den Herrn; er saß auf einem sehr hohen Thron.
Der Saum seines Mantels füllte den ganzen Tempel. 2 Er
war umgeben von mächtigen Engeln. Jeder von ihnen
hatte sechs Flügel; mit zweien bedeckte er sein Ge-
sicht, mit zweien den Leib, zwei hatte er zum Fliegen.
3 Die Engel riefen einander zu: »Heilig, heilig, heilig
ist der HERR, der Herrscher der Welt, die ganze Erde
bezeugt seine Macht!« 4 Von ihrem Rufen bebten die
Fundamente des Tempels und das Haus füllte sich mit
Rauch. 5 Vor Angst schrie ich auf: »Ich bin verloren! Ich
bin unwürdig, den HERRN zu preisen, und lebe unter
einem Volk, das genauso unwürdig ist. Und ich habe
den König gesehen, den Herrscher der Welt!« 6 Da
kam einer der mächtigen Engel zu mir geflogen. Er
hatte eine glühende Kohle, die er mit der Zange vom
Altar genommen hatte. 7 Damit berührte er meinen
Mund und sagte: »Die Glut hat deine Lippen berührt.
Jetzt bist du von deiner Schuld befreit, deine Sünde ist
dir vergeben.« 8 Dann hörte ich, wie der Herr sagte:
»Wen soll ich senden? Wer ist bereit, unser Bote zu
sein?« Ich antwortete: »Ich bin bereit, sende mich!«
9 Da sagte er: »Geh und sag zu diesem Volk: ›Hört nur
zu, ihr versteht doch nichts; seht hin, soviel ihr wollt,
ihr erkennt doch nichts!‹ 10 Rede zu ihnen, damit ihre
Herzen verstockt werden, ihre Ohren verschlossen
und ihre Augen verklebt, sodass sie mit ihren Augen
nicht sehen, mit ihren Ohren nicht hören und mit ih-
rem Verstand nicht erkennen. Ich will nicht, dass sie
zu mir umkehren und geheilt werden.« 11 »Wie lange
soll das dauern, Herr?«, fragte ich. Der HERR antwor-
tete: »Bis die Städte zerstört sind und die Häuser leer
stehen und das ganze Land zur Wüste geworden ist.
12 Ich werde die Menschen fortschaffen und das Land
wird leer und verlassen sein. 13 Und ist noch ein Zehn-
tel übrig, so wird es ihnen gehen wie den Trieben, die
aus dem Stumpf einer gefällten Eiche oder Terebinthe
wachsen: Sie werden abgefressen!« Der Stumpf aber
bleibt und aus dem Stumpf wird neues Leben sprossen
zu Gottes Ehre.

EINE GLAUBENSPROBE FÜR JUDA UND JERUSALEM

7 In Juda war Ahas, der Sohn von Jotam und Enkel
von Usija, König. Damals zogen Rezin, der König
von Syrien, und Pekach, der Sohn von Remalja, der
König von Israel, gegen Jerusalem heran. Sie griffen
die Stadt an, konnten sie aber nicht einnehmen. 2 Im
Königspalast wurde gemeldet, die syrischen Truppen
stünden schon im Gebiet von Efraïm. Der König zitterte
und mit ihm das ganze Volk, wie Bäume, die vom Sturm
geschüttelt werden. 3 Da gab der HERR dem Propheten
Jesaja den Auftrag: »Nimm deinen Sohn Schear-
Jaschub mit und geh zu König Ahas hinaus, ans Ende
der Wasserleitung beim oberen Teich, auf die Straße,
die zum Tuchmacherfeld führt! 4 Sag zu Ahas: ›Bleib ru-
hig, hab keine Angst! Werde nicht weich vor dem Zorn
Rezins und Pekachs; sie sind nur qualmende Brenn-
holzstummel. 5 Die Syrer unter Rezin und die Efraïmiten
unter dem Sohn Remaljas planen zwar Böses gegen
dich. Sie sagen: 6 Wir wollen nach Juda hinaufziehen,
den Leuten dort Angst einjagen, das Land an uns
bringen und als neuen König den Sohn Tabeals ein-
setzen! 7 Aber der HERR, der mächtige Gott, sagt: Das
wird ihnen nicht gelingen! 8 Syrien ist nicht stärker als
Damaskus und Damaskus nicht stärker als Rezin. Und
das Reich der Leute von Efraïm? In 65 Jahren wird es
am Ende sein und das Volk wird nicht mehr bestehen.
9 Denn Efraïm ist nicht stärker als Samaria und Samaria
nicht stärker als der Sohn Remaljas. Vertraut auf den
HERRN! Wenn ihr nicht bei ihm bleibt, dann bleibt ihr
überhaupt nicht!‹«

TROTZ DES UNGLAUBENS STEHT GOTT ZU SEINER ZUSAGE

10 Weiter ließ der HERR dem König sagen: 11 »Fordere
doch als Bestätigung ein Zeichen vom HERRN, deinem
Gott, ganz gleich, ob aus der Totenwelt oder aus dem
Himmel!« 12 Ahas antwortete: »Ich verlange kein Zei-
chen, ich will den HERRN nicht auf die Probe stellen.«
13 Da sagte Jesaja: »Hört, ihr vom Königshaus! Es reicht
euch wohl nicht, dass ihr den Menschen zur Last wer-
det! Müsst ihr auch noch die Geduld meines Gottes
auf die Probe stellen? 14 Deshalb wird der Herr euch

von sich aus ein Zeichen geben: Die junge Frau wird schwanger werden und einen Sohn zur Welt bringen, den wird sie Immanuël (Gott steht uns bei) nennen. 15 Er wird Butter und Honig essen, bis er Gutes und Böses unterscheiden kann. 16 Noch bevor er alt genug ist, zwischen Gut und Böse zu unterscheiden, wird das Land der beiden Könige verwüstet sein, vor denen du jetzt Angst hast. 17 Aber der HERR wird für dich, dein Volk und deine Familie eine Unglückszeit kommen lassen, wie man sie seit der Trennung Israels von Juda nicht erlebt hat. Das wird durch den König von Assyrien geschehen.«

EINE DUNKLE ZUKUNFT

18 Der Tag kommt, an dem der HERR die Feinde herbeiholen wird. Er pfeift dem Fliegenschwarm an den Mündungen des Nils und dem Bienenschwarm in Assyrien 19 und sie werden kommen und sich niederlassen in den Talschluchten und Felsspalten, in allen Dornenhecken, an allen Tränkstellen. 20 Wenn es so weit ist, wird der Herr den König von Assyrien in Dienst nehmen, von jenseits des Eufrats holt er ihn herbei. Er wird ihn als Schermesser benutzen, um euch das Kopfhaar abzuscheren, auch die Schamhaare und den Bart. 21 Wenn diese Zeit kommt, wird jeder nur noch eine Kuh und zwei Ziegen haben. 22 Aber die werden so viel Milch geben, dass die ganze Familie Butter essen kann. Wer dann noch im Land übrig geblieben ist, wird sich mit Butter und Honig ernähren. 23 Wenn diese Zeit kommt, wird man die Weinberge ungepflegt lassen müssen, sogar solche, die tausend Weinstöcke tragen, jeder ein Silberstück wert. Sie werden von Dornen und Disteln überwuchert. 24 Das ganze Land wird voller Dornen und Disteln sein, man wird höchstens noch mit Pfeil und Bogen dorthin gehen, um zu jagen. 25 Auch die Hügel, die jetzt noch mit der Hacke bestellt werden, wird niemand mehr betreten aus Angst vor den Dornen und Disteln. Rinder wird man dort weiden lassen und Schafe werden den Boden zertreten.

EILEBEUTE-RAUBEBALD

8 Der HERR sagte zu mir: »Nimm dir eine große Tafel und schreib darauf in deutlich lesbarer Schrift: *Eilebeute-Raubebald.*« 2 Ich zeigte die Tafel zwei zuverlässigen Zeugen, dem Priester Urija und Secharja, dem Sohn von Jeberechja. 3 Als ich dann mit meiner Frau, der Prophetin, schlief, wurde sie schwanger und brachte einen Sohn zur Welt. Da befahl mir der HERR: »Nenne ihn Eilebeute-Raubebald! 4 Denn bevor er Vater und Mutter sagen kann, werden die Reichtümer von Damaskus und die Schätze von Samaria dem König von Assyrien zur Beute fallen.« 5 Weiter sagte der HERR zu mir: 6 »Dieses Volk verachtet das ruhig fließende Wasser des Schiloachkanals und zieht Rezin und den Sohn von Remalja seinem eigenen König vor. 7 Darum lasse ich den König von Assyrien auf sie los. Mit seiner ganzen Heeresmacht wird er kommen, wie der breite, reißende Eufratstrom, der immer höher steigt und über alle Ufer tritt. 8 Dieser Strom wird in Juda eindringen und es überfluten, bis das Wasser den Bewohnern an den Hals reicht.« Er wird seine Arme ausbreiten und dein Land in seiner ganzen Weite bedecken, Immanuël.

VERGEBLICHE PLÄNE FREMDER VÖLKER

9 Sammelt euch nur zum Angriff, ihr Völker! Ruft zum Kampf auf, dass man es hört bis in die entlegensten Winkel der Erde! Rüstet euch zum Krieg, nehmt die Waffen zur Hand! Trotzdem wird der Schrecken über euch kommen, panische Angst wird euch überfallen! 10 Schmiedet nur eure Pläne – sie werden vereitelt! Beratet euch, so viel ihr wollt – es kommt nichts dabei heraus; denn Gott steht uns bei!

DER PROPHET WIRD GEWARNT

11 Der HERR legte seine starke Hand auf mich und warnte mich, dem Beispiel dieses Volkes zu folgen. Er sagte: 12 »Du und alle, die auf dich hören, ihr müsst nicht alles für eine Verschwörung halten, was dieses Volk eine Verschwörung nennt! Wovor sie Angst haben, davor müsst ihr euch nicht fürchten! 13 Ich, der Herrscher der Welt, ich allein bin heilig! Vor mir und keinem anderen sollt ihr erschrecken und euch fürchten! 14 Ich bin der heilige Zufluchtsort, aber ich bin auch der Stein, an dem man sich stößt; ich bin der Fels, der die beiden Reiche Israels zu Fall bringt; ich bin auch das Netz und die Schlinge, in denen die Leute von Jerusalem sich verstricken. 15 Viele werden stolpern und stürzen und sich die Knochen brechen; viele werden in die Falle rennen und gefangen darin hängen bleiben.«

SCHWEIGEN UND WARTEN

16 Ich will Gottes Warnungen und Weisungen denen anvertrauen, die auf mich hören, damit sie aufbewahrt bleiben wie Geld in einem verschnürten Beutel. 17 Der HERR hat sich vor den Nachkommen Jakobs verborgen; aber ich will auf ihn warten und die Hoffnung nicht aufgeben. 18 Ich selbst und die Kinder, die der HERR mir geschenkt hat, laufen als lebende Zeichen in Israel umher, als Ankündigungen des Herrschers der Welt, der auf dem Zionsberg wohnt. 19 Die Leute werden euch auffordern: »Befragt doch die Geister der Verstorbenen, die Wahrsagegeister, die euch flüsternd und murmelnd Auskunft geben! Ein Volk kann sich doch Rat holen bei seinen Göttern, die Lebenden können sich doch von den Toten helfen lassen!« 20 Haltet euch an die Weisungen des HERRN und an meine Warnungen! Das ist die einzig gültige Antwort. Gegen Gottes Ankündigungen richten Beschwörungen nichts aus!

HOFFNUNG FÜR DIE VERZWEIFELTEN

21 Mutlos und hungrig streifen sie durchs Land. Der Hunger bringt sie in rasende Wut, sie verfluchen ihren König und ihren Gott. Sie blicken nach oben, 22 sie starren auf die Erde; aber da ist nichts als erdrückendes Dunkel, Verzweiflung und Finsternis, in lichtlose Nacht sind sie hineingestoßen. 23 Wer in solcher Nacht gefangen ist, der kann ihr nicht entrinnen. Früher hat Gott Schande über das Land der Stämme Sebulon und

Naftali kommen lassen, in Zukunft aber wird er diesen
Landstrich am See zu Ehren bringen, auch das Ostjor-
danland und das Gebiet, wo die Fremden wohnen.

9 Das Volk, das im Dunkeln lebt, sieht ein großes
Licht; für alle, die im Land der Finsternis woh-
nen, leuchtet ein Licht auf. 2 HERR, du vermehrst sie
und schenkst ihnen große Freude. Sie freuen sich
vor dir wie bei der Ernte und wie beim Verteilen der
Kriegsbeute. 3 Wie damals, als du das Volk von den
Midianitern befreit hast, zerbrichst du das Joch der
Fremdherrschaft, das auf ihnen lastet, und den Stock,
mit dem sie zur Zwangsarbeit angetrieben werden.
4 Die Soldatenstiefel, deren dröhnenden Marschtritt
sie noch im Ohr haben, und die blutbefleckten Solda-
tenmäntel werden ins Feuer geworfen und verbrannt.
5 Denn ein Kind ist geboren, der künftige König ist uns
geschenkt! Und das sind die Ehrennamen, die ihm ge-
geben werden: umsichtiger Herrscher, mächtiger Held,
ewiger Vater, Friedensfürst. 6 Seine Macht wird weit
reichen und dauerhafter Frieden wird einkehren. Er
wird auf dem Thron Davids regieren und seine Herr-
schaft wird für immer Bestand haben, weil er sich an
die Rechtsordnungen Gottes hält. Der HERR, der Herr-
scher der Welt, hat es so beschlossen und wird es tun.

GOTTES DROHEND ERHOBENE HAND

7 Der Herr hat sein Urteil über das Reich Israel gefällt,
mit ganzer Härte hat es die Nachkommen Jakobs ge-
troffen. 8 Die ganze Bevölkerung von Efraïm und alle
Bewohner von Samaria haben es zu spüren bekom-
men. Und trotzdem blieben sie selbstherrlich und
sagten in ihrem Übermut: 9 »Die Häuser aus Ziegel-
steinen sind eingestürzt – was macht's, wir bauen sie
mit Quadersteinen wieder auf! Die Balken aus dem
Holz der Maulbeerfeigenbäume sind zerbrochen
worden – was macht's, an ihrer Stelle setzen wir Ze-
dernbalken ein!« 10 Aber der HERR ließ ihre Gegner
hochkommen, er stachelte ihre Feinde gegen sie auf:
11 im Osten die Syrer und im Westen die Philister. Sie
fielen gierig über Israel her und rissen große Stücke
aus ihm heraus. Trotzdem legte Gottes Zorn sich nicht,
seine Hand blieb drohend erhoben. 12 Die Leute von
Israel änderten sich nicht. Obwohl der HERR, der Herr-
scher der Welt, sie so geschlagen hatte, fragten sie
nicht nach seinem Willen. 13-14 Darum nahm der HERR
ihnen an einem einzigen Tag ihre Sippenoberhäup-
ter, ihre führenden Männer und die Lügenpropheten
weg, so wie jemand einem Fisch Kopf und Schwanz
abschneidet oder beim Riedgras Blätter und Kolben
entfernt. 15 Die Führer dieses Volkes sind Verführer und
die Geführten haben jede Richtung verloren. 16 Darum
hat der Herr kein Erbarmen mit ihren jungen Männern,
er hat kein Mitleid mit den Witwen und Waisen, die sie
hinterlassen. Denn sie alle miteinander sind abtrünnig
und böse, sie reden wie Menschen, die Gott nicht ernst
nehmen. Trotz alledem legt sein Zorn sich nicht, noch
ist seine Hand drohend erhoben. 17 Ihre Verkehrtheit
greift um sich wie ein loderndes Feuer, das Dornen und
Disteln verzehrt, das Dickicht des Waldes in Brand setzt
und dicke Rauchwolken zum Himmel aufsteigen lässt.
18 Der Zorn des HERRN, des Herrschers der Welt, ist wie
ein Feuer: Das Land verbrennt und das Volk wird ein
Raub der Flammen. Keiner verschont den anderen.
19 Sie schnappen zu, ohne hinzusehen, und fressen,
was sie können. Aber der Hunger bleibt, niemand wird
satt. Jeder vernichtet den, der ihm beistehen könnte.
20 Manasse stürzt sich auf Efraïm, Efraïm auf Manasse
und zusammen fallen sie über Juda her. Trotzdem legt
Gottes Zorn sich nicht, noch ist seine Hand drohend
erhoben.

ANKLAGE GEGEN DIE UNTERDRÜCKER

10 Weh denen, die ihre Macht missbrauchen,
um Verordnungen zu erlassen, die Menschen
ins Unglück stürzen! 2 Sie bringen die Armen und
Schwachen in meinem Volk um ihr Recht und plün-
dern die Witwen und Waisen aus. 3 Der Tag des Gerichts
kommt gewiss und das Unwetter aus der Ferne wird
euch mit Sicherheit erreichen. Was wollt ihr dann
tun? Zu wem wollt ihr fliehen? Wo wollt ihr dann eure
Reichtümer lassen? 4 Ihr habt nur die Wahl, ob ihr tot
oder gefangen sein wollt! Trotzdem legt Gottes Zorn
sich nicht, noch ist seine Hand drohend erhoben.

ASSYRIEN GEHT ZU WEIT!

5 Der HERR sagt: »Jetzt bekommt es Assyrien mit mir
zu tun! Ich habe es benutzt, um mein Strafgericht zu
vollziehen. Assyrien war der Stock, mit dem ich meinen
Zorn zu fühlen gab. 6 Ich habe es gesandt, um ein Volk
zu bestrafen, das sich von mir losgesagt und meinen
Zorn herausgefordert hat. Ich habe Assyrien erlaubt,
dieses Volk zu berauben und auszuplündern und es zu
zertreten wie Straßendreck. 7 Aber der König von Assy-
rien wollte mehr, er schmiedete seine eigenen Pläne.
Vernichten wollte er, ganze Völker ausrotten, so viele
wie möglich. 8 Er sagte sich: ›Alle Befehlshaber meiner
Truppen sind so mächtig wie Könige. 9 Eine Stadt nach
der anderen habe ich erobert: Kalne und Karkemisch,
Hamat und Arpad, Samaria und Damaskus. 10 Mit mei-
ner Macht habe ich Königreiche unterworfen, die
mehr Götter und Götterbilder haben als Jerusalem
und Samaria. 11 Ich habe Samaria und seine Götter
vernichtet. Und ausgerechnet Jerusalem und seine
Götterbilder sollten diesem Schicksal entgehen?‹«
12 Aber der Herr sagt: »Erst will ich zu Ende führen,
was ich gegen Jerusalem und den Zionsberg im Sinn
habe. Dann werde ich mit dem König von Assyrien ab-
rechnen, mit seiner überheblichen Selbstherrlichkeit
und dem Hochmut, mit dem er auf andere herabsieht.
13 Dieser König hat es gewagt, zu sagen: ›Aus eigener
Kraft habe ich das alles getan, durch meine Klugheit
habe ich es fertiggebracht. Die Grenzen zwischen den
Völkern habe ich beseitigt, ihre Vorräte geplündert
und ihre Könige vom Thron gestoßen wie ein Stier.
14 Wie jemand ein Vogelnest ausnimmt, so habe ich
die Schätze der Völker genommen. Wie jemand die
Eier einsammelt, die der Vogel verlassen hat, so habe
ich alle Länder eingesammelt. Da war keiner, der mit

den Flügeln nach mir schlug, keiner, der den Schnabel
öffnete und einen Piep von sich gab.‹« 15 Aber der HERR
sagt: »Kann die Axt etwa angeben gegenüber dem, der
sie gebraucht? Oder kann die Säge sich für wichtiger
halten als den Zimmermann? Das wäre ja, als ob der
Stock den schwänge, der ihn erhebt, als ob das tote
Stück Holz den Mann bewegte!« 16 Darum wird der
HERR, der Herrscher über die ganze Welt, das reiche,
satte Assyrien zum Hungerland machen. Unter seiner
Pracht schwelt ein Brand, der alles in Flammen auf-
gehen lässt. 17 Der heilige Gott, das Licht Israels, wird
zum Feuer, das die Dornen und Disteln ergreift und an
einem einzigen Tag verzehrt. 18 Die prächtigen Wälder
und Obstgärten vernichtet es mit Stumpf und Stiel.
Assyrien wird dahinsiechen wie ein Sterbenskranker.
19 Von seinen Wäldern werden nur ein paar Bäume
übrig bleiben, so wenige, dass ein Kind sie zählen kann.

NUR WENIGE BLEIBEN ÜBRIG

20 Es kommt eine Zeit, da wird der Rest Israels, die
Überlebenden der Nachkommen Jakobs, sich nicht
mehr auf Assyrien stützen, den Stock, der sie geschla-
gen hat. Auf den HERRN werden sie sich stützen, an
den heiligen Gott Israels werden sie sich halten und
ihm treu bleiben. 21 Ein Rest wird zurückkehren; was
übrig geblieben ist von den Nachkommen Jakobs,
kehrt um zum starken Gott. 22 Israel, selbst wenn dein
Volk so zahlreich wäre wie der Sand am Meer, nur ein
kleiner Rest wird zurückkehren. Dein Untergang ist
beschlossene Sache; er kommt wie eine Flut und ver-
schafft dem Recht Geltung. 23 Der HERR, der Herrscher
über die ganze Welt, ist fest entschlossen, dich zu ver-
nichten vor den Augen aller Völker.

KEINE ANGST VOR ASSYRIEN!

24 Der HERR, der Herrscher über die ganze Welt, sagt
zu seinem Volk, das auf dem Zionsberg wohnt: »Habt
keine Angst vor Assyrien, auch wenn es den Stock
über euch schwingt und euch schlägt, wie es früher
die Ägypter taten. 25 Nur noch einen ganz kleinen Au-
genblick, dann kehrt sich mein Zorn von euch ab und
wendet sich gegen Assyrien. 26 Dann werde ich, der
Herrscher der Welt, strafend die Geißel über die Assy-
rer schwingen, so wie ich damals am Rabenfelsen auf
die Midianiter eingeschlagen habe. Ich werde meinen
Stock über das Meer ausstrecken, wie ich es gegen
die Ägypter getan habe. 27 Wenn die Zeit gekommen
ist, dann wird die Last Assyriens von euren Schultern
gleiten und sein Joch von eurem Nacken gerissen.«

DER FEIND RÜCKT AUF JERUSALEM ZU

28 Die Assyrer überfallen Aja, sie ziehen durch Migron,
lassen ihren Tross in Michmas, 29 marschieren durch die
Talschlucht, um in Geba zu übernachten. Rama zittert
vor Angst, Gibea, die Stadt Sauls, ergreift die Flucht.
30 Schrei gellend, Gallim! Lausche, Lajescha! Antworte,
Anatot! 31 Madmena flieht, die Bewohner von Gebim
laufen um ihr Leben. 32 Schon steht der Feind in Nob
und streckt seine Hand aus nach Jerusalem und dem
Zionsberg! 33 Seht doch, wie der HERR, der Herrscher
über die ganze Welt, mit erschreckender Gewalt die
Äste von den Bäumen schlägt! Die größten Bäume
werden gefällt, die hochragenden niedrig gemacht.
34 Das Dickicht des Waldes wird mit der Axt gelichtet,
die Pracht des Libanons sinkt zu Boden.

DER FRIEDENSKÖNIG UND SEIN REICH

11 Ein Spross wächst aus dem Baumstumpf Isai, ein
neuer Trieb schießt hervor aus seinen Wurzeln.
2 Ihn wird der HERR mit seinem Geist erfüllen, dem
Geist, der Weisheit und Einsicht gibt, der sich zeigt in
kluger Planung und in Stärke, in Erkenntnis und Ehr-
furcht vor dem HERRN. 3 Gott zu gehorchen ist ihm eine
Freude. Er urteilt nicht nach dem Augenschein und ver-
lässt sich nicht aufs Hörensagen. 4 Den Entrechteten
verhilft er zum Recht, für die Armen im Land setzt er
sich ein. Seine Befehle halten das Land in Zucht, sein
Urteilsspruch tötet die Schuldigen. 5 Gerechtigkeit und
Treue umgeben ihn wie der Gürtel, der seine Hüften
umschließt. 6 Dann wird der Wolf beim Lamm zu Gast
sein, der Panther neben dem Ziegenböckchen liegen;
gemeinsam wachsen Kalb und Löwenjunges auf, ein
kleiner Junge kann sie hüten. 7 Die Kuh wird neben
dem Bären weiden und ihre Jungen werden beieinan-
derliegen; der Löwe frisst dann Häcksel wie das Rind.
8 Der Säugling spielt beim Schlupfloch der Schlange,
das Kleinkind steckt die Hand in die Höhle der Otter.
9 Niemand wird Böses tun und Unheil stiften auf dem
Zion, Gottes heiligem Berg. So wie das Meer voll Was-
ser ist, wird das Land erfüllt sein von Erkenntnis des
HERRN. 10 Wenn jene Zeit gekommen ist, dann wird
der Spross aus der Wurzel Isais als Zeichen dastehen,
sichtbar für die Völker; dann kommen sie und suchen
bei ihm Rat. Von dem Ort, den er zum Wohnsitz nimmt,
strahlt Gottes Herrlichkeit hinaus in alle Welt.

DIE HEIMKEHR DER WEGGEFÜHRTEN

11 Wenn jene Zeit gekommen ist, wird der Herr noch
einmal die Hand erheben: Dann wird er den Rest sei-
nes Volkes befreien. Er wird alle zurückholen, die übrig
geblieben sind in Assyrien und in Ägypten, in Äthiopi-
en, Elam, Babylonien und im syrischen Hamat und bis
hin zu den fernsten Küsten. 12 Er stellt ein Feldzeichen
auf, um diesen Völkern anzuzeigen, was er tun will.
Er sammelt die Versprengten Israels, die Verstreuten
Judas holt er zusammen. Aus allen Himmelsrichtungen
bringt er sie zurück, Männer und Frauen. 13 Dann ist
Schluss mit Efraïms Neid und die Feindseligkeit Judas
hat ein Ende. Efraïm wird nicht mehr neidisch sein
auf Juda und Juda wird Efraïm nicht mehr anfeinden.
14 Gemeinsam stürmen sie nach Westen, die Hänge
hinab auf die Philister, und im Osten plündern sie die
Wüstenstämme aus. Edom und Moab nehmen sie in
Besitz, und die Ammoniter unterwerfen sich ihnen.
15 Der HERR wird die Meereszunge östlich von Ägypten
für immer zum Verschwinden bringen. Dem Eufrat
droht er mit erhobener Hand; durch seinen glühenden
Atem zerreißt er ihn in sieben kleine Rinnsale, sodass

man zu Fuß hindurchgehen kann. 16 Dann wird es eine
Straße geben für den Rest seines Volkes, der in Assyrien
überlebt hat, genauso wie es damals eine Straße gab,
als Israel Ägypten verließ.

EIN DANKLIED

12 Am Tag deiner Rettung wirst du sagen: // »HERR,
ich preise dich! / Du bist zornig auf mich ge-
wesen; / doch nun hat sich dein Zorn gelegt, / und
ich darf wieder aufatmen!« / 2 Dann wirst du be-
kennen: / »Gott ist mein Helfer, / ich bin voll
Vertrauen und habe keine Angst! / Den HERRN will
ich rühmen mit meinem Lied, / denn er hat mich ge-
rettet.« // 3 Voller Freude werdet ihr Wasser schöp-
fen / an Gottes reichen Quellen, / aus denen euch
seine Hilfe strömt. / 4 Und ihr werdet sagen an jenem
Tag: / »Preist den HERRN! / Macht seinen Namen
überall bekannt! / Verkündet allen Völkern, was er
getan hat; / sagt ihnen, wie unvergleichlich groß er
ist. / 5 Singt und spielt zur Ehre des HERRN! / Denn er
hat gewaltige Taten vollbracht; / das soll die ganze
Welt erfahren. / 6 Freu dich und juble, du Zions-
stadt! / Denn er wohnt in deiner Mitte, / er, der große,
heilige Gott Israels!« //

BABYLONS TAGE SIND GEZÄHLT

13 In einer Offenbarung empfing Jesaja, der Sohn
von Amoz, folgende Botschaft über Babylon:
2 Der HERR sagt: »Stellt ein Feldzeichen auf, oben auf
einer kahlen Höhe! Ruft die Freiwilligen auf, winkt
sie herbei, sie sollen sich bei den Stadttoren melden!
3 Ich rufe alle zum Kampf, die sich mir zur Verfügung
gestellt haben. Meine tapferen Krieger sollen kom-
men und mein Urteil vollstrecken, sie alle, die mich
mit ihren Jubelrufen ehren!« 4 Hört das dröhnende
Getöse auf den Bergen! Unzählbar die Menge der
Menschen; aus vielen Königreichen sind sie zusam-
mengeströmt, ganze Völker haben sich versammelt.
Der HERR, der Herrscher der Welt, mustert sein Heer!
5 Aus einem fernen Land rücken sie heran, von dort,
wo der Himmel die Erde berührt: der HERR und seine
Heeresmacht, die sein Urteil vollstreckt und das große
Weltreich verwüstet. 6 Schreit vor Entsetzen, denn
der Gerichtstag des HERRN naht heran! Er kommt mit
vernichtender Gewalt von Gott, dem Gewaltigen. 7 Da
werden alle Hände kraftlos, alle Herzen werden mut-
los; 8 vor Schrecken sind die Menschen wie gelähmt.
Von Krämpfen und Schmerzen überwältigt, winden sie
sich wie eine gebärende Frau. Hilflos starren sie einan-
der an, ihre Gesichter glühen. 9 Jetzt bricht er an, der
Gerichtstag des HERRN, der unerbittlich grausame Tag,
mit wilder Wut und glühendem Zorn. Er wird die Erde
in eine Wüste verwandeln und alle Schuldigen ausrot-
ten. 10 Die Sterne am Himmel funkeln nicht mehr, die
Sternbilder sind nicht mehr zu sehen; die Sonne wird
dunkel, kaum dass sie aufgegangen ist, und der Mond
hört auf zu scheinen. 11 »Ich strafe die ganze Erde, weil
sie voll von Bosheit ist«, sagt der HERR. »Ich bestrafe
die Verbrecher für ihre Vergehen. Den Hochmut der
Frechen zerbreche ich, dem Übermut der Gewalt-
herrscher setze ich ein Ende. 12 Von den Menschen
lasse ich so wenige übrig, dass sie seltener werden als
Gold, seltener noch als Gold aus Ofir.« 13 Wenn der Tag
kommt, an dem der HERR, der Herrscher der Welt, sei-
nem Zorn freien Lauf lässt, dann zittert der Himmel, die
Erde bebt und löst sich von ihren Fundamenten. 14 Wie
aufgescheuchte Gazellen, wie eine Herde, die kein Hirt
zusammenhält, so fliehen alle Fremden davon, jeder
zu seinem Volk und in sein Heimatland. 15 Wer auf der
Flucht entdeckt wird, wird niedergestochen; wen man
aufgreift, erschlägt man mit dem Schwert. 16 Sie müs-
sen mit ansehen, wie man ihre Kinder zerschmettert,
ihre Häuser plündert und ihren Frauen Gewalt antut.
17 Der HERR sagt: »Ich lasse die Meder auf sie los, die
sich nicht mit Silber bestechen und nicht mit Gold
umstimmen lassen. 18 Ihre Pfeile strecken die jungen
Männer nieder, mit Kindern und Säuglingen haben sie
kein Mitleid, niemand wird verschont.« 19 Babylon, das
Juwel der Königreiche, das Schmuckstück der stol-
zen Chaldäer, wird dasselbe Schicksal erleiden wie die
Städte Sodom und Gomorra, die Gott vernichtet hat.
20 Nie wieder wird sich dort jemand ansiedeln, es bleibt
unbewohnt für alle Zeiten. Kein Nomade schlägt dort
seine Zelte auf, kein Hirt lässt seine Herde rasten. 21 Nur
Wüstentiere halten sich dort auf, die Häuser werden
voll sein von Eulen. Der Ort wird ein Wohnplatz der
Strauße und ein Tanzplatz der Böcke. 22 Hyänen wer-
den in den verlassenen Palästen heulen und Schakale
in den Ruinen der Lustschlösser. Babylons Tage sind
gezählt, bald schlägt seine letzte Stunde!

DER STURZ DES TYRANNEN

14 Der HERR wird sich über die Nachkommen Ja-
kobs erbarmen; er wird Israel noch einmal er-
wählen und es in sein Land zurückbringen. Fremde
werden Anschluss beim Volk Israel suchen und finden.
2 Andere Völker werden die verschleppten Israeliten
abholen und in ihr Land zurückbringen. Dort im Land
des HERRN werden sie den Leuten von Israel als Skla-
ven und Sklavinnen dienen. Die Israeliten werden die
gefangen nehmen, die sie in Gefangenschaft weg-
geführt haben; sie werden über ihre früheren Un-
terdrücker herrschen. 3 Israel, der HERR wird deiner
Sklaverei ein Ende machen! Nach allen Leiden und
Unruhen sollst du wieder aufatmen können. Wenn das
geschieht, 4 wirst du über den König von Babylonien
ein Spottlied singen: »Der Unterdrücker nahm ein bö-
ses Ende, mit seiner Schreckensherrschaft ist es aus!
5 Der HERR zerbrach die Macht der Unheilstifter, den
Stock, den der Tyrann geschwungen hatte. 6 In blinder
Wut schlug er damit die Völker, versetzte ihnen grau-
sam Schlag auf Schlag. Er unterdrückte sie in wildem
Zorn und ließ sie alle rücksichtslos verfolgen. 7 Doch
nun herrscht wieder Ruhe auf der Erde und alle bre-
chen laut in Jubel aus. 8 Selbst die Zypressen freuen
sich darüber, die Zedern jauchzen auf dem Libanon:
›Seit du gefallen bist und unten liegst, kommt niemand
mehr herauf, um uns zu fällen!‹ 9 Die ganze Totenwelt

ist in Bewegung, bereit, um dich gebührend zu emp-
fangen. Die Schatten stört man deinetwegen auf, sie,
die einst Herrscher auf der Erde waren. Man schreckt
die Könige der Völker hoch, sie alle springen auf von ih-
ren Thronen. 10 Da stehen sie und heißen dich willkom-
men, der Chor der Schatten ruft dir spöttisch zu: ›Sieh
da, nun bist auch du für immer hier, ganz ohne Macht,
genauso schwach wie wir!‹ 11 Dahin ist nun die Pracht,
die dich umgab, dahin die rauschende Musik der Har-
fen, hinunter in die dunkle Totenwelt. Das Bett, auf dem
du liegen darfst, sind Maden, und Würmer sind die De-
cke über dir. 12 Du Morgenstern, wie konnte es gesche-
hen, dass du vom hohen Himmel niederstürztest? Du
hast so viele Völker unterworfen, jetzt liegst du selbst
zerschmettert auf der Erde! 13 In deinem Herzen hat-
test du beschlossen: ›Ich steige immer höher, bis zum
Himmel. Dort oben will ich meinen Thron errichten,
ich will noch höher sein als Gottes Sterne. Ich setze
mich im Rat der Götter nieder, im fernsten Norden,
auf dem Götterberg. 14 Ich steige höher, als die Wolken
reichen, dann endlich gleiche ich dem Allerhöchsten!‹
15 Doch in den Abgrund wurdest du geworfen, bis auf
den tiefsten Grund der Totenwelt! 16 Wer dich so liegen
sieht, der starrt dich an, noch glaubt er seinen Augen
nicht zu trauen: ›Ist das der Mann, vor dem die Erde
bebte, der Königreiche aus den Angeln hob? 17 War er
es, der die Welt zur Wüste machte, der ganze Städte
einfach ausradierte und nie Gefangenen die Freiheit
gab?‹ 18 Die andern Herrscher setzt man prachtvoll
bei, in Ehren ruhen sie in ihrer Gruft. 19 Doch du liegst
ohne Grab auf freiem Feld, dort hingeworfen wie ein
dürrer Zweig, wie ein Kadaver, der zertreten wird,
bedeckt mit Kriegern, die das Schwert durchbohrte.
Mit denen, die in ihrer Steingruft liegen, 20 mit deinen
Vätern, wirst du nie vereint! Dein eigenes Land hast du
zugrunde gehen, dein eigenes Volk im Krieg verbluten
lassen. Darum soll deine Sippe von Verbrechern in alle
Ewigkeit vergessen sein! 21 Die Söhne dieses Königs
müssen sterben; sie sollen sühnen für die Schuld der
Väter! Lasst sie nicht noch einmal die Welt erobern
und auf der ganzen Erde Städte bauen! Macht euch
bereit und bringt sie alle um!« 22 Der HERR, der Herr-
scher der Welt, sagt: »Ich werde ihnen entgegentreten
und Babylon mit Stumpf und Stiel ausrotten, ich will
ihnen weder Söhne noch Erben lassen. 23 Ich mache
Babylon zu einem großen Sumpf, den die Reiher in
Besitz nehmen. Ich kehre es aus mit eisernem Besen,
sodass nichts mehr von ihnen übrig bleibt. Das sage
ich, der Herrscher der Welt!«

ASSYRIENS MACHT WIRD ZERBROCHEN

24 Der HERR, der Herrscher der Welt, hat geschworen:
»Es bleibt dabei: Was ich geplant habe, trifft ein; was
ich beschlossen habe, wird ausgeführt! 25 Ich zerbre-
che die Macht Assyriens in meinem Land, auf meinen
Bergen trete ich sie in den Staub. Dann wird das Joch
der Assyrer vom Nacken meines Volkes verschwin-
den und ihre Last wird von seinen Schultern gleiten.«
26 Gottes Beschluss gilt der ganzen Erde, seine Hand ist
ausgestreckt gegen alle Völker. 27 Wenn der HERR, der
Herrscher der Welt, sich etwas vorgenommen hat, wer
kann es dann verhindern? Wenn er seine Hand aus-
gestreckt hat, wer kann sie dann wieder abwenden?

DROHUNG GEGEN DIE PHILISTER

28 In dem Jahr, als König Ahas starb, verkündete der
Prophet folgende Botschaft: 29 »Freut euch nicht zu
früh, ihr Philister! Zwar ist der Stock, der euch geschla-
gen hat, zerbrochen; aber aus der toten Schlange geht
eine Viper hervor und aus der Viper ein Drache. 30 Die
Ärmsten in Israel werden genug zu essen haben; die
vom Unglück Verfolgten werden endlich in Ruhe und
Sicherheit leben. Euch aber wird Gott vor Hunger um-
kommen lassen, und was von euch noch übrig bleibt,
das wird der Drache umbringen. 31 Schreit Zeter und
Mord, ihr Wächter an den Toren! Ruft Ach und Weh,
ihr Bewohner der Städte! Lasst alle Hoffnung fahren,
ihr Philister alle miteinander! Aus dem Norden naht
sich eine Rauchwolke, ein geschlossenes Heer, von
dem keiner zurückbleibt. 32 Was soll man den Boten
der Philister sagen? Dies ist unsere Antwort: ›Der HERR
selbst hat den Zionsberg gegründet. Dort finden die
Armen seines Volkes sicheren Schutz!‹«

MOABS UNTERGANG

15 Botschaft über Moab: Ar-Moab ist zerstört,
vernichtet in einer Nacht! Auch Kir-Moab ist
zerstört, vernichtet in einer Nacht! 2 Die Bewohner
von Dibon gehen zu ihrem Tempel hinauf und weinen
an den Opferstätten. Auf dem Nebo und in Medeba
stimmt Moab das Klagegeschrei an. Alle Köpfe sind
kahl geschoren, alle Bärte abgeschnitten. 3 Auf den
Straßen laufen alle im Sack umher, auf den Dächern
und Plätzen klagen sie und lassen ihren Tränen freien
Lauf. 4 In Heschbon und Elale schreien die Leute um
Hilfe, bis nach Jahaz ist es zu hören. Darum schreien
auch die Krieger Moabs, aller Mut hat sie verlassen.
5 Ich bin zutiefst erschüttert und schreie um Hilfe für
Moab. Bis nach Zoar fliehen die Menschen, bis nach
Eglat-Schelischija. Andere schleppen sich unter lautem
Weinen den Aufstieg von Luhit hoch. Auf dem Weg nach
Horonajim schallt das Geschrei über den Untergang.
6 Die Oase von Nimrim ist zur Wüste geworden, das
Gras ist verdorrt, die Pflanzen verwelkt, alles Grün ist
verschwunden. 7 Darum tragen alle ihre Habseligkeiten,
die wenigen, die sie noch retten konnten, über den Pap-
pelbach hinüber. 8 Das Klagegeschrei macht die Runde
überall in Moab, bis nach Eglajim und Beer-Elim ist es
zu hören. 9 Der Fluss von Dimon ist rot von Blut; aber
der HERR will noch mehr Unglück über Dimon bringen:
Auf die Überlebenden von Moab, die Letzten, die noch
im Land sind, lässt er die Löwen los.

16 Schickt vom Felsennest Moab aus Boten mit
Schafböcken durch die Wüste zum Herrscher
des Landes, auf den Zionsberg! 2 Sie sollen zu ihm
sagen: »Die Frauen von Moab gleichen Vögeln, die
man aus dem Nest gescheucht hat. An den Übergän-
gen des Arnonflusses rennen sie ziellos hin und her.

3 Zeig uns einen Ausweg, triff eine Entscheidung!
Schütze die Gejagten, verbirg die Flüchtlinge! Breite
deinen Schatten über sie, mach für sie den hellen Tag
zur schützenden Nacht. 4 Gib den Flüchtlingen aus
Moab Gastrecht bei dir, versteck sie vor ihren Ver-
folgern!« Die Unterdrückung wird einmal aufhören,
die Zerstörung ein Ende nehmen und die Verwüster
werden aus dem Land verschwinden. 5 Dann wird ein
Thron errichtet werden, dessen Fundament die Treue
ist. Und auf diesem Thron am Wohnsitz Davids wird
beständig einer regieren, der das Recht kennt und ihm
Geltung verschafft.

TRAUER UM MOAB

6 Wir haben gehört, wie hochmütig Moab ist, wie über-
heblich, eingebildet und vermessen. Doch seine ganze
Prahlerei ist leeres Geschwätz. 7 Darum muss Moab
sein Schicksal beklagen; alle trauern den Presskuchen
aus Rosinen nach, die sie in Kir-Heres bekamen; völlig
niedergeschlagen sind sie und jammern. 8 Die Gärten
von Heschbon sind verwelkt, verdorrt sind die Wein-
stöcke von Sibma, deren Wein die Starken der Völker
schwach machte. Bis nach Jaser reichten ihre Ran-
ken, bis in die Wüste verliefen sie sich, sie wucherten
bis zum Toten Meer. 9 Zusammen mit den Bewohnern
von Jaser beweine ich die Weinstöcke von Sibma. Mit
meinen Tränen tränke ich euch, Heschbon und Elale,
denn über eure Obsternte und Weinlese sind die Feinde
mit Kriegsgeschrei hereingebrochen. 10 Gesang und
Freude sind aus den Obstgärten verschwunden, in
den Weinbergen ist kein Jubeln und Jauchzen mehr
zu hören, in den Keltern presst niemand mehr Trau-
ben aus, die fröhlichen Rufe sind verstummt. 11 Darum
zittert mein Innerstes um Moab, mein Herz klagt um
Kir-Heres. 12 Selbst wenn sich Moab noch so abmüht,
Opfer bringt und in seinem Heiligtum betet, es wird
ihm nichts helfen. 13 Das sind die Worte, die der HERR
vor langer Zeit über Moab gesprochen hat. 14 Jetzt
aber sagt er: »Noch drei Jahre, keinen Tag mehr und
keinen weniger, dann wird man über Moabs Ruhm
nur noch verächtlich lachen. Von seinen zahlreichen
Bewohnern wird nur ein winziger Rest überleben, und
der zählt nicht mehr.«

MIT SYRIEN UND DEM NORDREICH ISRAEL GEHT ES BERGAB

17 Botschaft über Damaskus: Bald ist Damaskus
keine Stadt mehr, nur noch ein Haufen von
Schutt und Trümmern! 2 Verlassen sind dann die Städte
um Aroër; in aller Ruhe können die Herden dort lagern,
denn niemand wird sie stören. 3 Damaskus verliert sein
Königtum und Israel seinen Schutz. Von Syrien wird
nicht mehr übrig bleiben als von Israel. Das sagt der
HERR, der Herrscher der Welt. 4 Zu der Zeit wird Jakob
so viel an Gewicht verlieren, dass von ihm nur noch
Haut und Knochen bleiben. 5 Zu der Zeit wird es zu-
gehen wie bei der Kornernte: Der Schnitter rafft mit
dem Arm die Ähren zusammen und schneidet sie mit
der Sichel ab. Dann kommen die Armen aus der Stadt
und lesen die letzten Ähren auf wie in der Ebene Ra-
faïm vor Jerusalem. 6 So wenig wird von Israel übrig
bleiben. Es wird einem Ölbaum gleichen, von dem man
die Früchte mit dem Stock abgeschlagen hat: noch
zwei, drei Oliven oben in der Spitze des Baumes, vier
oder fünf an den unteren Zweigen. Das sagt der HERR,
der Gott Israels. 7 Zu der Zeit werden die Menschen
wieder den Blick auf ihren Schöpfer richten und nach
dem heiligen Gott Israels ausschauen. 8 Dann wer-
den sie nicht mehr auf die Götzenbilder, ihre eigenen
Machwerke, achten; ihre Altäre, geweihten Pfähle
und Räucheraltäre werden sie nicht mehr ansehen.
9 Zu der Zeit werden die befestigten Städte Israels so
verlassen sein wie die Wälder und Berggipfel damals
bei der Ankunft der Israeliten, leer gefegt wie eine
Wüste. 10 Israel, du hast deinen Gott vergessen, der
dich retten und schützen kann wie eine Felsenburg;
du denkst nicht mehr an ihn. Darum legst du Gärtchen
an für die fremden Götter und füllst sie mit fremden
Rankengewächsen zu ihrer Ehre. 11 Schon am Tag, an
dem du die Pflanzen setzt, schießen sie hoch; was du
morgens gesät hast, sprießt noch am selben Tag. Aber
es wird dir nur Schmerz und Krankheit bringen, gegen
die nichts helfen kann.

VERGEBLICHER ANSTURM DER VÖLKER

12 Hört! Völkermassen brausen heran, sie tosen wie das
rauschende Meer! Nationen sind in Aufruhr, sie toben
wie das aufgewühlte Meer! 13 Sie brausen heran wie
wütende Wogen. Doch Gott bedroht sie, und sie wei-
chen zurück wie Spreu, die der Wind auf den Bergen
davonbläst, wie trockene, ausgerissene Disteln, die der
Sturm übers Land wirbelt. 14 Am Abend noch herrscht
helles Entsetzen – bevor der Morgen graut, ist alles
vorbei! So geht es denen, die uns berauben wollen;
das ist das Schicksal aller, die zum Plündern kommen!

BÖSE NACHRICHT FÜR ÄTHIOPIEN

18 Weh dem Land der schnellen Boote, Äthiopien an
den Quellflüssen des Nils! 2 Dieses Land schickt
seine Abgesandten den Strom hinab, in Papyrusbooten
gleiten sie über das Wasser. Geht heim, ihr schnellen
Botschafter! Geht zurück zu eurem Volk, zu den hoch-
gewachsenen Menschen mit glänzender Haut, die weit
und breit gefürchtet sind, zurück zu dem starken und
gewalttätigen Volk, dessen Land von Strömen durch-
schnitten wird! 3 Passt auf, ihr Bewohner der ganzen
Erde, die ihr die Länder bevölkert! Wenn ein Feld-
zeichen auf den Bergen errichtet wird, blickt hin! Und
wenn das Signalhorn ertönt, horcht auf! 4 Denn der
HERR hat zu mir gesagt: »Von meiner Wohnstätte aus
schaue ich zu und warte ab, ruhig und unbewegt wie
die glühende Mittagshitze, wie eine Dunstwolke an
einem heißen Sommertag. 5 Aber wenn der Weinstock
aufgehört hat zu blühen, wenn die Blüten zu Trauben
werden, dann wird das fruchtlose Holz mit dem Messer
abgeschnitten, die wilden Triebe werden abgerissen
und weggeworfen. 6 So werden die Äthiopier wegge-
worfen; sie bleiben liegen als Fraß für die Geier und

Hyänen. Im Sommer und auch noch im Winter haben
die daran zu fressen.« 7 Es kommt eine Zeit, da wer-
den die hochgewachsenen Menschen mit glänzender
Haut, die weit und breit gefürchtet sind, da wird das
starke und gewalttätige Volk, dessen Land von Strömen
durchschnitten wird, dem HERRN, dem Herrscher der
Welt, mit Geschenken huldigen. Sie werden zu der
Stätte kommen, wo sein Name wohnt, zum Zionsberg.

VERWIRRUNG IN ÄGYPTEN

19 Botschaft über Ägypten: Auf einer schnellen
Wolke kommt der HERR nach Ägypten gefah-
ren! Die Götzen Ägyptens zittern vor ihm, die Ägypter
vergehen vor Angst. 2 Der HERR sagt: »Ich will sie ge-
geneinander aufstacheln, bis einer den anderen an-
greift. Eine Stadt soll gegen die andere kämpfen, ein
Teil des Reiches gegen den anderen Krieg führen. 3 Die
Ägypter werden den Kopf verlieren, ich bringe ihre
Pläne durcheinander. Sie werden bei ihren Götzen Rat
suchen und zu den Wahrsagern und Zauberern laufen,
zu denen, die die Geister der Toten befragen. 4 Ich will
Ägypten in die Gewalt eines Tyrannen geben, ein grau-
samer König soll dort regieren!« Das sagt der HERR,
der Herrscher über die ganze Welt. 5 Das Wasser im Nil
nimmt ab, der Strom versiegt und trocknet aus. 6 Seine
Arme fangen an zu stinken, die Kanäle Ägyptens wer-
den leer. Schilf und Riedgras werden schwarz, 7 auch
die Binsen an der Mündung des Nils. Das Saatland an
seinen Ufern trocknet aus, der Wind weht es fort, nichts
bleibt übrig. 8 Die Fischer jammern und klagen. Alle, die
sonst ihre Angeln oder Netze im Nil auswerfen, stehen
ratlos da. 9 Verzweifelt sind alle, die Flachs verarbeiten,
die Weber sind bleich vor Sorge. 10 Sie sind völlig nie-
dergeschlagen und die Lohnarbeiter sind verzweifelt.
11 Die Fürsten von Zoan – Dummköpfe sind sie! Und die
klugen Ratgeber des Pharaos – ihre Ratschläge zeugen
nicht gerade von Einsicht! Sie sagen zum Pharao: »Seit
Generationen kennen wir uns aus; wir stammen von
den alten Königen ab.« Mit welchem Recht behaupten
sie das? 12 Pharao, wo sind sie denn, deine Ratgeber?
Sie sollen dir doch sagen, was der HERR, der Herrscher
der Welt, über Ägypten beschlossen hat – wenn sie
es wissen! 13 Aber die Fürsten von Zoan haben keine
Ahnung und die von Memfis geben sich Täuschungen
hin. Sie, die Führer der Provinzen, führen Ägypten in
die Irre. 14 Der HERR hat ihr Denken so verwirrt, als wä-
ren sie im Taumel eines Rausches. Dadurch bringen sie
Ägypten in Verwirrung bei allem, was es unternimmt.
Es taumelt wie ein Betrunkener, der in seinem Erbro-
chenen herumtappt. 15 In Ägypten wird niemand mehr
etwas Rechtes zustande bringen, weder Reiche noch
Arme, weder Hohe noch Niedrige.

HOFFNUNG FÜR ÄGYPTEN

16 Es kommt eine Zeit, da werden die Ägypter erschre-
cken wie Frauen; sie werden zittern vor dem HERRN,
dem Herrscher der Welt, der seine Hand nach ihnen
ausstreckt. 17 Das Land Juda wird für sie zu einer
schrecklichen Erinnerung. Jedes Mal, wenn jemand
den Namen Judas erwähnt, fahren sie zusammen, sie
zittern beim Gedanken an das, was der HERR, der Herr-
scher der Welt, gegen sie beschlossen hat. 18 Zu der
Zeit wird es in Ägypten fünf Städte geben, in denen
die Leute Hebräisch sprechen und dem HERRN, dem
Herrscher der Welt, Treue schwören. Eine von ihnen
wird »Sonnenstadt« heißen. 19 Zu der Zeit wird mitten
in Ägypten ein Altar stehen, der dem HERRN geweiht
ist, und an der Grenze ein Steinmal ihm zu Ehren. 20 Das
Steinmal soll das Land an den HERRN, den Herrscher
der Welt, erinnert. Wenn die Ägypter unterdrückt wer-
den und zu ihm um Hilfe schreien, wird er ihnen einen
Retter senden, der für sie kämpft und sie befreit. 21 So
wird der HERR sich den Ägyptern zu erkennen geben,
und sie werden erkennen, wer er ist. Sie werden dann
ihn mit Mahlopfern und Speiseopfern ehren und die
Gelübde halten, die sie ihm geben. 22 Der HERR wird die
Ägypter empfindlich strafen, um sie dadurch zurecht-
zubringen. Sie werden sich zu ihm hinwenden und er
wird ihre Gebete erhören und ihnen wieder aufhelfen.
23 Zu der Zeit wird eine Straße Ägypten mit Assyrien
verbinden. Die Assyrer und die Ägypter werden sich
gegenseitig besuchen und gemeinsam werden sie
den HERRN verehren. 24 Dann wird Israel der Dritte im
Bunde sein, zusammen mit Ägypten und Assyrien – ein
Segen für die ganze Erde. 25 Der HERR, der Herrscher
der Welt, wird sie segnen mit den Worten: »Gesegnet
ist Ägypten, mein Volk! Gesegnet ist Assyrien, das ich
geschaffen habe! Gesegnet ist Israel, mein Eigentum!«

KEINE HILFE VON ÄGYPTEN UND ÄTHIOPIEN

20 1-2 Auf Befehl des Königs Sargon von Assyrien
rückte sein oberster Feldherr gegen die Stadt
Aschdod vor, belagerte sie und nahm sie ein. Drei Jahre
zuvor hatte der HERR zu Jesaja, dem Sohn von Amoz,
gesagt: »Leg dein Gewand ab und zieh deine Sanda-
len aus!« Das hatte Jesaja getan und war im Hemd
und barfuß umhergelaufen. In dem Jahr, als Aschdod
erobert wurde, 3 ließ der HERR durch Jesaja verkünden:
»Seit drei Jahren läuft mein Diener Jesaja im Hemd
und barfuß umher als ein lebendes Zeichen und eine
Ankündigung für das, was mit Ägypten und Äthiopien
geschehen wird. 4 Denn der König von Assyrien wird
die Ägypter und die Äthiopier, Junge und Alte, gefan-
gen wegführen, im Hemd und barfuß, ja sogar mit blo-
ßem Gesäß – welche Schande für die Ägypter! 5 Dann
werden alle enttäuscht und entmutigt sein, die von
Äthiopien Hilfe erwarteten und so große Stücke auf
Ägypten hielten.« 6 Wenn das geschieht, werden die
Philister und die Leute von Juda sagen: »Sie sind un-
sere Hoffnung gewesen, zu ihnen sind wir um Schutz
und Hilfe gelaufen, sie sollten uns vor dem König von
Assyrien retten. Und was ist nun aus ihnen geworden!
Wie sollte es da für uns noch Rettung geben?«

EINE VISION VOM UNTERGANG BABYLONS

21 Botschaft über Babylonien, die »Wüste am
Strom«: Wie ein Wirbelwind, der über das Süd-
land fegt, so kommt es heran aus der Wüste, aus dem

furchterregenden Land! 2 Es ist grausig, was Gott mich sehen und hören ließ: »Elamiter, zum Angriff! Meder, schließt die Stadt ein! Die Räuber müssen rauben, die Verwüster müssen verwüsten! Dem Seufzen der Völker über Babylon will ich ein Ende machen!« 3 Ich bin ganz verstört von dem, was ich höre; was ich sehen muss, erschüttert mich. Mein Leib ist von Krämpfen geschüttelt, Schmerzen überfallen mich wie die Wehen eine gebärende Frau. 4 Mir dreht sich's im Kopf, die Angst lässt mich schaudern. Die Abenddämmerung, auf deren erfrischende Kühle ich mich sonst immer freue, hat mir nichts als Schrecken gebracht. 5 Ich sehe: In Babylon deckt man den Tisch zum Festmahl, man breitet die Polster aus, man isst und trinkt – plötzlich ein Schrei: »Aufstehen! Alle Offiziere zu den Waffen!« 6 Der Herr hat zu mir gesagt: »Stell einen Wachtposten auf! Er soll melden, was er sieht! 7 Wenn er Streitwagen sieht, mit Pferden bespannt, eine Karawane von Eseln und Kamelen, dann soll er aufpassen, ganz scharf aufpassen!« 8 Da rief der Wächter: »Den ganzen Tag bin ich auf meinem Posten, Herr, jede Nacht halte ich Wache. 9 Achtung! Da kommen Truppen, Streitwagen mit Pferdegespannen!« Und jemand verkündete: »Gefallen! Babylon ist gefallen! Alle seine Götzenbilder liegen zertrümmert am Boden!« 10 Du mein Volk, das geschlagen wurde wie Korn auf dem Dreschplatz, ich habe dir verkündet, was ich vom Herrscher der Welt, dem Gott Israels, gehört habe.

WANN IST DIE NACHT VORÜBER?

11 Botschaft über Duma: Aus Seïr höre ich rufen: »Wächter, wie lange noch dauert die Nacht? Wann ist die Nacht vorüber?« 12 Und der Wächter antwortet: »Der Morgen kommt bestimmt, aber noch ist es Nacht! Wenn ihr noch einmal fragen wollt, dann kommt wieder!«

UNHEIL ÜBER DEDAN UND KEDAR

13 Botschaft über Arabien: Ihr Männer von Dedan, ihr müsst mit euren Karawanen in der Steppe übernachten, zieht euch ins Gestrüpp zurück! 14 Ihr Bewohner von Tema, sucht die Flüchtlinge aus Dedan auf, gebt ihnen zu essen! Bringt ihnen Wasser, sie kommen um vor Durst! 15 Sie sind auf der Flucht vor dem Ansturm des Krieges, vor dem gezückten Schwert und dem gespannten Bogen. 16 Der Herr hat zu mir gesagt: »In einem Jahr, keinen Tag mehr und keinen weniger, ist es mit dem Ruhm Kedars vorbei. 17 Von seinen berühmten Bogenschützen werden nur ganz wenige übrig bleiben. Das sage ich, der HERR, der Gott Israels.«

KEIN GRUND ZUM JUBELN FÜR JERUSALEM

22 Botschaft über das Hinnom-Tal: Was ist euch in den Kopf gestiegen, ihr Bewohner von Jerusalem? Warum seid ihr alle auf die Dächer geklettert? 2 Was soll dieser Lärm in der Stadt, dieses ausgelassene Feiern, der Jubel über die Befreiung? Ist etwa ein einziger eurer Krieger im offenen Kampf erschlagen worden? 3 Nein, eure Truppenführer haben sich aus dem Staub gemacht; aber sie wurden eingefangen, einer wie der andere, ohne dass auch nur ein Pfeil abgeschossen worden wäre. So weit sie auch geflohen waren, alle wurden gefangen genommen. 4 Darum sage ich: »Lasst mich allein mit meinem Schmerz und meinen Tränen! Lasst mich weinen und klagen über die verzweifelte Lage meines Volkes! Gebt es auf, mich trösten zu wollen! 5 Denn der HERR, der Herrscher über die ganze Welt, hat Schrecken und Entsetzen und Zerbrechen über uns gebracht. Das Hinnom-Tal hallte wider vom Kriegslärm und Hilfeschreie schallten zum Zionsberg hinauf. 6 Die Elamiter, auf Streitwagen mit Pferdegespannen, hielten ihre Köcher in der Hand, die Männer aus Kir nahmen ihre Schilde aus der Hülle. 7 Jerusalems prächtige Täler waren voll von Pferden und Wagen, die Feinde bezogen ihre Posten vor den Toren, 8 Judas letzte Burg war ihnen schutzlos preisgegeben.« An jenem Tag habt ihr im Waldhaus nach euren Waffenvorräten geschaut. 9 In der Mauer der Davidsstadt entdecktet ihr viele Risse! Im Unteren Teich stautet ihr das Wasser. 10 Ihr erfasstet alle Gebäude von Jerusalem in Listen. Einige Häuser musstet ihr abreißen, um die Stadtmauer zu befestigen. 11 Ihr legtet auch ein Sammelbecken an zwischen den beiden Mauern und leitetet das Wasser aus dem Alten Teich hinein. Aber dass Gott seine Hand im Spiel haben könnte, habt ihr nicht bedacht; ihr hattet keinen Blick für ihn, der das Unglück seit Langem vorbereitet hatte und geschehen ließ. 12 An jenem Tag rief der HERR, der Herrscher über die ganze Welt, euch zum Weinen und Klagen auf, ihr solltet euch den Kopf kahl scheren und den Sack anziehen. 13 Stattdessen jubelt ihr und feiert, ihr schlachtet Rinder und Schafe, ihr schmaust und bechert. »Lasst uns essen und trinken«, sagt ihr, »morgen sind wir tot!« 14 Der HERR, der Herrscher über die ganze Welt, hat zu mir gesprochen; er hat geschworen: »Diese Schuld vergebe ich ihnen nicht, sie werden sie ihr ganzes Leben lang nicht los!«

WORTE ÜBER SCHEBNA UND ELJAKIM

15 Der HERR, der Herrscher über die ganze Welt, sagte zu mir: »Geh zu diesem Verwalter da, zu diesem Schebna, dem Palastvorsteher des Königs, und sage zu ihm: 16 ›Für wen hältst du dich eigentlich? Wer oder was gibt dir die Berechtigung, dir hier oben eine Grabkammer aushauen zu lassen und deine letzte Wohnung aus dem Felsen herauszumeißeln? 17 Du hältst dich für einen starken Mann, aber der HERR wird dich mit einem Schlag niederstrecken. Er wird dich packen 18 und zusammenrollen wie Garn zu einem Knäuel und dich wie einen Ball wegschleudern in ein Land mit großen, weiten Ebenen. Dort wirst du sterben, dort ist auch die Endstation für deine Prunkwagen. Du bist eine Schande für das Königshaus! 19 Darum wird der König dich aus dem Amt jagen, er wird dich von deinem hohen Posten herunterholen.‹« 20 »Dann berufe ich meinen Diener Eljakim, den Sohn Hilkijas«, sagt der HERR. 21 »Ich ziehe ihm dein Amtsgewand an und lege ihm deinen Gürtel um; ich statte ihn mit

allen Vollmachten aus, die du jetzt hast. Für die Be-
wohner von Jerusalem und das Volk von Juda wird er
wie ein Vater sein. 22 Ich werde ihm den Schlüssel zum
Palast der Nachkommen Davids übergeben. Wenn er
die Türen öffnet, kann keiner sie zuschließen; wenn
er zuschließt, kann keiner mehr öffnen. 23 Ich werde
ihn in seiner Stellung festigen wie einen Pflock, der
in die Wand eingeschlagen wird. Seine ganze Sippe
wird an seiner Ehre teilhaben. 24 Aber diese Sippe mit
allen Sprösslingen und Nebenzweigen wird sich mit
ihrem vollen Gewicht an ihn hängen. Dann wird es ihm
ergehen wie einem Pflock, an dem man das ganze Ton-
geschirr samt Schüsseln und Krügen aufhängt. 25 Der
Pflock, der so fest in der Wand sitzt, wird unter dieser
Last abbrechen, und alles, was an ihm hängt, wird zu
Bruch gehen. Das sagt der HERR.«

DIE ZERSTÖRUNG VON TYRUS UND SIDON

23 Botschaft über Tyrus: Heult und klagt, ihr gro-
ßen Seeschiffe! Tyrus ist zerstört, ihr habt keinen
Hafen mehr! Bei der Heimfahrt von Zypern erreicht
euch diese Nachricht. 2 Werdet stumm vor Entsetzen,
ihr Bewohner der Küste, ihr Händler aus Sidon! Eure
Aufkäufer überquerten das Meer; 3 sie führten Korn
aus Ägypten ein. Was am Nil gesät und geerntet wurde,
brachte Sidon Gewinn; es wurde zum Marktplatz der
Völker. 4 Vergeh vor Schmach und Schande, Sidon, und
auch du, Tyrus, du Felsenfestung am Meer! Das Meer
sagt zu euch: »Ich habe keine Kinder mehr, es ist, als
hätte ich euch nie geboren. Ihr wart doch meine Söhne
und Töchter, ich zog euch groß.« 5 Auch die Ägypter
fangen an zu zittern, wenn sie erfahren, dass Tyrus
zerstört ist. 6 Heult und klagt, ihr Bewohner der Küste,
flieht doch hinüber nach Tarschisch in Spanien! 7 Was
ist aus eurer Stadt geworden, die früher erfüllt war
von brausendem Leben, Tyrus, in uralter Zeit gegrün-
det, Ausgangsort so vieler Händler, die sich in fernen
Ländern niederließen! 8 Früher hat Tyrus Königskro-
nen ausgeteilt, seine Händler waren Fürsten, seine
Kaufherren zählten zu den Großen der Erde. Wer hat
seinen Untergang beschlossen? 9 Der HERR war es, der
Herrscher der Welt! Er wollte die ganze stolze Pracht
zerschlagen und alle Großen der Erde klein machen.
10 Ihr Bewohner von Tarschisch, bewässert euer Land
wie die Bauern am Nil und baut Korn an; denn in Tyrus
werden keine Schiffe mehr gebaut! 11 Der HERR hat
seine Hand über das Meer ausgestreckt und König-
reiche erschüttert. Er hat befohlen, die Burgen der
Phönizier zu zertrümmern. 12 Zur Stadt Sidon hat er
gesagt: »Es gibt nichts mehr zu feiern, du geschän-
dete Jungfrau! Flieht doch hinüber nach Zypern, ihr
Bewohner von Sidon; aber auch dort seid ihr eures
Lebens nicht sicher.« 13 Denkt an Babylonien! Das Volk,
das dort lebte, existiert nicht mehr. Die Assyrer haben
Belagerungstürme errichtet, die Burgen in Trümmer
gelegt und das Land den Wüstentieren überlassen.
14 Heult und klagt, ihr großen Seeschiffe! Tyrus ist zer-
stört, ihr habt keinen Hafen mehr! 15 Die Zeit kommt,
da wird man Tyrus vergessen, siebzig Jahre lang, die
ganze Lebenszeit eines Königs. Wenn diese siebzig
Jahre vorüber sind, wird es Tyrus ergehen wie der Hure
in dem bekannten Lied: // 16 Auf, nimm deine Laute und
zieh durch die Stadt, spiel doch und sing deine Lieder!
Vielleicht, du vergessenes Hurenweib, kommt deine
Kundschaft dann wieder. // 17 Nach siebzig Jahren wird
der HERR sich um die Stadt Tyrus kümmern. Dann kann
sie ihr altes Geschäft wieder aufnehmen und sich an
alle Königreiche der Welt verkaufen. 18 Aber was sie da-
mit verdient und gewinnt, wird dem HERRN gehören.
Es wird nicht angehäuft und im Kasten eingeschlos-
sen, sondern wird denen zugutekommen, die beim
Heiligtum des HERRN wohnen. Sie sollen sich davon
reichlich zu essen kaufen und prächtige Kleider.

DIE ANKÜNDIGUNG DES GERICHTS ÜBER ERDE UND MENSCHEN

24 Der HERR verwüstet die Erde und fegt sie leer, er
entstellt ihr Gesicht und zerstreut ihre Bewoh-
ner. 2 Alle trifft das gleiche Los: Priester und Volk, Herrn
und Diener, Herrin und Magd, Käufer und Verkäufer,
Gläubiger und Schuldner, den, der ausleiht, und den,
der borgt. 3 Völlig verwüstet wird die Erde, vollstän-
dig leer geplündert. Der HERR selbst hat dieses Urteil
gefällt. 4 Alles auf der Erde verwelkt und verdorrt, die
Erde selbst vergeht und zerfällt, und mit der Erde ver-
geht auch der Himmel. 5 Die Menschen haben die Erde
entweiht, sie haben Gottes Gebote übertreten, sein
Gesetz missachtet und den Bund gebrochen, den er für
immer mit ihnen geschlossen hatte. 6 Darum vernichtet
sein Fluch die Erde und die Menschen müssen büßen
für ihre Schuld. Sie schwinden dahin, nur ganz wenige
bleiben übrig. 7 Der Weinstock verdorrt, mit dem Wein
ist es aus, die lustigen Zecher seufzen. 8 Verstummt ist
der fröhliche Klang der Trommeln, zu Ende das Lärmen
der feiernden Menge, verklungen das jubelnde Spiel
der Harfen. 9 Man trinkt keinen Wein mehr unter fröh-
lichem Gesang, das Bier wird bitter im Mund der Ze-
cher. 10 Die Stadt liegt in Trümmern, überall herrscht
Chaos. Die Häuser sind verschlossen, die Zugänge
verschüttet. 11 In den Gassen schreit man nach Wein,
von dem kein Tropfen mehr zu finden ist. Die Freude ist
untergegangen, der Jubel von der Erde weggezogen.
12 Von der Stadt sind nur Ruinen geblieben, das Tor ist
zerschlagen, ein Haufen Schutt. 13 Auf der Erde, unter
den Völkern, wird es dann so aussehen wie nach der
Olivenernte, wie bei der Nachlese im Weinberg, wenn
die Erntefreude vorüber ist.

VORSCHNELLER JUBEL

14 Alle, die es überlebt haben, jubeln vor Freude und be-
singen die Hoheit des HERRN. Über das Meer im Wes-
ten jauchzen sie ihm zu; 15 sie ehren seinen Namen im
Osten, wo die Sonne aufgeht. An den fernsten Küsten
preisen sie ihn, den Gott Israels. 16 Vom Ende der Erde
her hören wir sie singen: »Gebt ihm die Ehre, er hat für
Recht gesorgt!« Ich aber rufe: »Was soll ich nur tun?
Mir ist so elend, ich kann nicht mehr!« Treulose ken-
nen keine Treue, Treubruch ist an der Tagesordnung!

17 Schrecken, Fallgrube und Fangnetz erwarten die Be-
wohner der Erde. 18 Wer vor den Schreckensschreien
flieht, fällt in die Grube. Und wer sich aus der Grube
retten kann, verstrickt sich im Netz. Die Schleusen des
Himmels öffnen sich, die Fundamente der Erde beben.
19 Die Erde wankt und schwankt, sie birst und reißt, sie
bricht auseinander. 20 Sie taumelt wie ein Betrunkener,
sie schaukelt wie eine Nachthütte im Feld. Unter der
Last ihrer Schuld bricht sie zusammen und steht nie
wieder auf. 21 Zu der Zeit wird der HERR abrechnen mit
den Mächten des Himmels und den Königen der Erde.
22 Sie werden zusammengetrieben wie Gefangene und
in einer Grube eingesperrt, im Kerker hinter Schloss
und Riegel gehalten. Nach langer Zeit bekommen
sie dann ihre Strafe. 23 Der bleiche Mond wird rot vor
Scham und die glühende Sonne bleich vor Schande,
denn der HERR, der Herrscher der Welt, wird auf dem
Zionsberg und in Jerusalem als König herrschen. Und
die Ältesten des Volkes werden seine Macht und Ho-
heit sehen.

EIN DANKLIED FÜR GOTTES EINGREIFEN

25 HERR, du bist mein Gott! Dich will ich preisen
und deinen Namen rühmen; denn du hast
Wunder vollbracht, die du seit Langem beschlossen
hattest. Was du planst, das führst du auch aus; auf
dich ist immer Verlass! 2 Die Stadt der Fremden, die
dich nicht kannten, hast du zu einem Haufen Schutt
gemacht, die starke Festung liegt in Trümmern, ihre
Paläste sind Ruinen geworden; die Stadt wird niemals
wieder aufgebaut. 3 Das Volk dieser Stadt, das so mäch-
tig war und andere Nationen unterdrückte, muss deine
Macht nun anerkennen und dich mit Furcht und Zittern
ehren. 4 Für alle, die arm und hilflos sind, bist du eine
Zuflucht in Zeiten der Not, ein Schutzdach bei kalten
Regengüssen, ein Schatten bei heißer Sonnenglut.
Die Wut der Tyrannen zerstörte das Land wie harte
Regengüsse eine Mauer, 5 wie Sonnenglut den aus-
gedörrten Boden. Du aber brachtest ihr Toben zum
Schweigen. Wie die Hitze gedämpft wird durch eine
Wolke, so dämpftest du ihr Siegesgeschrei.

WENN GOTT SEIN WERK VOLLENDET

6 Hier auf dem Zionsberg wird es geschehen: Der HERR,
der Herrscher der Welt, wird für alle Völker ein Fest-
mahl geben mit feinsten Speisen und besten Weinen,
mit kräftigen, köstlichen Speisen und alten, geläuter-
ten Weinen. 7 Hier wird er den Trauerflor zerreißen, der
allen Völkern das Gesicht verhüllt; er wird das Leichen-
tuch entfernen, das über den Nationen liegt. 8 Den Tod
wird er für immer vernichten und von jedem Gesicht
die Tränen abwischen. Dann nimmt er die Schande
von seinem Volk, unter der es überall gelitten hat. Der
HERR, der mächtige Gott, hat es versprochen! 9 An je-
nem Tag wird man sagen: »Er, der HERR, ist unser Gott!
Auf ihn hatten wir unsere Hoffnung gesetzt und er hat
uns die Rettung gebracht; wir haben nicht vergeblich
gehofft. Nun können wir voll Freude singen, weil er
unser Retter ist!«

DAS ENDE MOABS

10 Die Hand des HERRN liegt schützend auf dem Zions-
berg. Moab aber wird im eigenen Land zertreten wie
Stroh in der Jauche. 11 Es rudert darin mit den Armen
wie ein Ertrinkender, der zu schwimmen versucht.
Doch der HERR erniedrigt das hochmütige Moab, auch
wenn es sich noch so geschickt wehrt. 12 Moabs hohe
Mauern reißt er nieder; die Burg, die niemand bezwin-
gen kann, macht er dem Erdboden gleich.

DIE STARKE STADT

26 Zu der Zeit wird man im Land Juda dieses Lied
singen: »Fest und stark ist unsre Stadt! Ihren
Wall und ihre Mauer hat der HERR zum Schutz errich-
tet. 2 Macht die Tore auf für alle, die dem HERRN ge-
horsam folgen, die in Treue zu ihm halten, 3 sich durch
nichts beirren lassen. Heil und Frieden gibt er ihnen,
weil sie sich auf ihn verlassen. 4 Setzt für immer das
Vertrauen auf den HERRN, der unser Gott ist, unser
Fels für alle Zeiten! 5 Tief erniedrigt hat er alle, die in
stolzer Höhe wohnten. Ihre Stadt, sonst unbezwing-
bar, hat er bis zum Grund zerschlagen und sie in den
Staub geworfen. 6 Arme und geringe Leute dürfen nun
die Stadt zertreten, Menschen ohne eigene Macht.«

GEBET IN DER LETZTEN ZEIT

7 Allen, die auf dich hören, HERR, bahnst du einen
geraden Weg; der Pfad, auf dem sie gehen, führt ge-
radeaus zum Ziel. 8 Auch dann, wenn du uns strafen
musst, warten wir voller Hoffnung auf dich. Zu dir zu
rufen, HERR, an dich zu denken, das ist unser größtes
Verlangen. 9 Bei Nacht sehnt sich mein Herz nach dir,
mit tiefer Sehnsucht schau ich nach dir aus. Wenn du
deine Urteile auf der Erde vollstreckst, dann lernen
die Menschen, das Recht zu achten. 10 Doch alle, die
nicht auf dich hören wollen, werden niemals lernen,
was Recht ist, wenn du sie straffrei ausgehen lässt.
Sogar in diesem Land, wo dein Recht gilt, verdrehen
sie es und tun weiter Unrecht; sie sehen dich nicht
in deiner Hoheit. 11 HERR, deine Hand ist drohend er-
hoben, doch deine Feinde sehen es nicht. Lass sie zu
ihrer Beschämung erkennen, wie leidenschaftlich
du dein Volk verteidigst! Das Feuer soll sie alle ver-
nichten! 12 HERR, du wirst uns Frieden schenken; denn
auch alles, was wir bisher erreichten, hast du selbst
für uns getan. 13 HERR, unser Gott, andere Herren ha-
ben über uns geherrscht, doch du bist der Einzige, den
wir rühmen! 14 Ihre Toten werden nicht wieder leben,
die Schatten stehen nie wieder auf. Sie, die früher
über uns herrschten, hast du bestraft und ausgerottet
samt allem, was an sie erinnert. 15 Dein Volk aber hast
du groß gemacht und alle seine Grenzen ausgeweitet;
so erweist du deine Macht und Hoheit. 16 HERR, in der
Bedrängnis suchen die Deinen bei dir Hilfe; wenn du
strafst, kommen sie klagend zu dir. 17 Wir liegen vor
dir und schreien wie eine Frau, die gebären soll, wir
krümmen und winden uns vor Schmerzen. 18 Wir lie-
gen in Wehen wie eine Frau, doch was wir gebären, ist
nichts als Wind. Befreiung können wir dem Land nicht

bringen und der Erde keine neue Hoffnung geben.
19 HERR, deine Toten werden wieder leben, die Leichen
meines Volkes werden auferstehen! Ihr alle, die ihr in
der Erde liegt, wacht auf und jubelt vor Freude! Du,
HERR, bist wie der belebende Tau; darum gibt die Erde
die Toten heraus.

DAS STRAFGERICHT ÜBER ERDE UND MEER

20 Ihr Leute meines Volkes, geht in eure Häuser und
schließt die Türen hinter euch zu! Haltet euch für kurze
Zeit verborgen, bis das Strafgericht vorüber ist! 21 Der
HERR tritt schon aus seiner Wohnung hervor, um die
Bewohner der Erde für ihre Vergehen zu bestrafen. Die
Erde deckt das Blut wieder auf, das sie getrunken hat,
sie verbirgt die Ermordeten nicht länger.

27 Zu der Zeit wird der HERR abrechnen mit dem
Ungeheuer Leviatan, der schnellen, gewun-
denen Schlange, dem Drachen im Meer. Mit seinem
scharfen, schweren, gewaltigen Schwert bringt er das
Ungeheuer um.

DAS NEUE LIED VOM WEINBERG GOTTES

2 An jenem Tage sagt der HERR zu euch: »Ich habe einen
wundervollen Weinberg; singt alle, singt ein Lied zu
seinem Ruhm! 3 Ich selber bin sein Wächter, ich, der
HERR, und alle Augenblicke tränk' ich ihn. Bei Tag und
Nacht bewache ich den Weinberg, damit ihm nichts
und niemand schaden kann. 4 Mein heißer Zorn auf
ihn ist abgekühlt. Doch wenn ich Dornen oder Disteln
finde, dann gibt es einen schonungslosen Krieg, sie
werden ausgerissen und verbrannt. 5 So geht es allen
Feinden meines Weinbergs, wenn sie nicht bei mir
Zuflucht suchen und Frieden mit mir schließen wollen.
Ja, Frieden schließen sollten sie mit mir!«

VERBANNUNG UND VERGEBUNG FÜR DIE NACHKOMMEN JAKOBS

6 Es kommt eine Zeit, da werden die Nachkommen Ja-
kobs aufs Neue Wurzeln schlagen. Israel wird wieder
blühen und gedeihen und die ganze Erde mit seinen
Früchten bedecken. 7 Ist Gott mit den Leuten von Israel
so hart verfahren wie mit denen, die hart zu ihnen wa-
ren? Hat er von ihnen so viele getötet wie von ihren
Mördern? 8 Nein, nur die verdiente Strafe hat er ih-
nen zugemessen, als er sie in die Verbannung schickte.
Sein heftiger Atem trieb sie fort, blies sie davon wie
der heiße, stürmische Ostwind. 9 Die Leute von Israel
sollen ihre Götzenaltäre zu Pulver zermahlen wie
Kalksteine, die geweihten Pfähle und die Räucher-
altäre sollen sie nie wieder errichten. Daran wird sich
zeigen, dass ihre Verfehlungen gesühnt sind, und so
werden sie Vergebung finden für ihre Schuld. 10 Die
starke, befestigte Stadt ist ein verlassener Ort gewor-
den, einsam und menschenleer wie die Steppe, ein
Weideplatz für das Rindvieh. Dort lagern die Herden
und fressen das Gestrüpp kahl. 11 Die kahl gefresse-
nen Zweige verdorren, und Frauen, die Brennholz
suchen, brechen sie ab. Wahrhaftig, dieses Volk hat
nichts verstanden! Darum hat sein Schöpfer, der es
ins Leben rief, kein Erbarmen mit ihm und gewährt ihm
keine Gnade. 12 Aber es kommt eine Zeit, da wird der
HERR das Volk Israel zusammenbringen. Vom Eufrat
bis zur Grenze Ägyptens sammelt er einen nach dem
andern ein wie ein Bauer, der seine Ähren ausklopft
und die Körner aufliest, damit keines verloren geht.
13 Die große Posaune wird ertönen und alle werden
kommen: die nach Assyrien Verbannten und die nach
Ägypten Versprengten. Nach Jerusalem werden sie
kommen, auf den heiligen Berg, und werden sich nie-
derwerfen vor dem HERRN.

UNWETTER ÜBER SAMARIA

28 Weh euch betrunkene, vom Wein überwältigte
Leute von Efraïm! Eure Stadt ist euer ganzer
Stolz; wie eine glänzende Krone liegt sie auf der An-
höhe über dem fruchtbaren Tal, prächtig wie die Blu-
menkränze auf euren Köpfen. Aber wie die welkenden
Blumen wird sie fallen! 2 Denn der Herr schickt einen
Starken und Mächtigen; der wird kommen wie ein Ha-
gelgewitter, wie ein zerstörender Sturm, wie ein Wol-
kenbruch, dessen Wassermassen alles überfluten. Mit
einer Handbewegung reißt er alles zu Boden. 3 Dann
wird sie von Füßen zertreten, die glänzende Krone
der betrunkenen Leute von Efraïm, 4 der prächtige
Kranz auf der Anhöhe über dem fruchtbaren Tal. Sie
wird fallen wie die welkenden Blumen. Es wird ihr er-
gehen wie einer frühen Feige, die schon vor Beginn der
Erntezeit reif geworden ist: Der Erste, der sie entdeckt,
pflückt sie und isst sie auf. 5 Der Tag kommt, an dem der
HERR, der Herrscher der Welt, für die Überlebenden
seines Volkes eine prachtvolle Krone sein wird und ein
schmückender Kranz. 6 Denen, die Recht zu sprechen
haben, wird er den richtigen Sinn für das Recht einge-
ben. Und denen, die den Feind aus der Stadt vertreiben
sollen, wird er Mut und Kraft verleihen.

WER NICHT HÖREN WILL ...

7 Sogar die Priester und die Propheten sind betrunken
und taumeln! Sie haben so viel Bier und Wein getrun-
ken, dass sie nicht mehr gerade stehen können. Die
Propheten taumeln, wenn sie eine Vision haben; und
die Priester schwanken, wenn sie ein Gerichtsurteil
aussprechen sollen. 8 Die Tische, an denen sie ihre
Gelage halten, sind voll von dem, was sie erbrochen
haben; kein Platz ist sauber geblieben. 9 Sie ärgern sich
über mich und sagen: »Der will uns belehren? Er will
uns beibringen, was Gottes Wille ist? Für wen hält er
uns? Sind wir vielleicht kleine Kinder, die eben von
der Mutterbrust entwöhnt worden sind? 10 Was soll
dieses ewige ›La, la – la, la. Ma, ma – ma, ma. Du da,
pass auf‹?« 11 Weil ihr nicht auf mich hören wollt, wird
der HERR Ausländer zu euch schicken, deren Sprache in
euren Ohren wie dieses »La-la« klingen wird. Durch sie
wird er euch eine Lektion erteilen. 12 Er hat zu euch ge-
sagt: »Folgt meinem Rat, dann bekommt ihr Ruhe vor
euren Feinden! Schont doch das erschöpfte Volk, dass
es sich erholen kann. Ich biete euch Sicherheit!« Aber
ihr wolltet nicht auf ihn hören. 13 Darum ist nun dies die

Antwort, die ihr vom HERRN zu hören bekommt: »La,
la – la, la. Ma, ma – ma, ma. Du da, pass auf!« Bei jedem
Schritt werdet ihr stolpern, bis ihr hinfallt und euch die
Knochen brecht. Ihr werdet in die Falle laufen und in
die Gefangenschaft abgeführt werden.

GEGEN DIE FALSCHE SICHERHEIT

14 Ihr Selbstsicheren, die ihr hier in Jerusalem über das
Volk herrscht, hört, was der HERR euch sagen lässt!
15 Ihr bildet euch ein, dass euch nichts geschehen kann,
weil ihr mit dem Tod und der Totenwelt einen Pakt ge-
schlossen habt. Ihr meint, die Katastrophe werde an
euch vorübergehen, weil ihr euch mit Lügen und Be-
trügereien abgesichert habt. 16 Darum sagt der HERR,
der mächtige Gott: »Auf dem Zionsberg habe ich ein
festes Fundament gelegt, einen harten und kostbaren
Eckstein, der allen Anstürmen standhält. Auf ihm steht:
›Wer dem HERRN vertraut, weicht nicht von der Stelle.‹
17 Meine Messschnur ist das Recht und mein Senkblei
die Gerechtigkeit.« Aber eure Lügenburg wird der
Hagel zertrümmern und das Wasser euer Versteck
fortschwemmen. 18 Euer Pakt mit dem Tod und der
Totenwelt ist dann null und nichtig. Wenn die Kata-
strophe wie eine reißende Flut über euch kommt, gibt
es für euch keine Rettung mehr. 19 Morgen für Morgen
braust sie von Neuem heran und auch in der Nacht
habt ihr keine Ruhe. Jedes Prophetenwort wird eine
neue Schreckensnachricht sein. 20 Es wird euch erge-
hen wie in dem Sprichwort: »Das Bett ist zu kurz, um
sich darin zu strecken; die Decke zu schmal, um sich
darin einzuwickeln.« 21 Wie damals am Berg Perazim
und im Tal von Gibeon wird der HERR eingreifen. Was
er dann tut, wird euch fremd und unverständlich er-
scheinen. 22 Hört auf, so hochmütig meine Warnung
zu verlachen! Sonst werden eure Fesseln nur noch
enger. Der HERR, der Herrscher über die ganze Welt,
hat mich wissen lassen, dass er entschlossen ist, das
Land völlig zu vernichten.

GOTTES ÜBERLEGENES WISSEN

23 Hört mir gut zu, achtet auf das, was ich euch sage!
24 Wenn ein Bauer die Aussaat vorbereitet, pflügt er
dann jeden Tag seinen Acker? Zieht er immer wieder
dieselben Furchen und hört nicht auf, die Schollen zu
ebnen? 25 Nicht wahr, wenn er sie geebnet hat, streut
er Schwarzkümmel und Kreuzkümmel aus, sät Weizen,
Hirse und Gerste auf sein Feld und Dinkel an die Rän-
der. 26 Sein Wissen hat er von Gott, der ihn unterwie-
sen hat, wie er vorgehen soll. 27 Den Schwarzkümmel
drischt er nicht mit dem Dreschschlitten aus, er fährt
auch nicht mit einem Wagenrad über den Kreuzküm-
mel. Nein, beide klopft er mit dem Stock aus. 28 Das
Brotgetreide drischt er nicht endlos, sonst wird es ja
zerquetscht. Wenn er den Erntewagen mit den Zug-
tieren in Bewegung setzt, gibt er acht, dass das Korn
nicht platt gequetscht wird. 29 Auch dieses Wissen hat
er vom HERRN, dem Herrscher der Welt. Gottes Pläne
sind zum Staunen, und er weiß genau, wie er sie zum
Ziel führt.

BEDROHUNG UND PLÖTZLICHE HILFE FÜR JERUSALEM

29 Der HERR sagt: »Weh dir, du Stadt, in der mein
Opferherd steht, du Stadt, vor der einst David
sein Kriegslager aufschlug! Macht nur Jahr für Jahr so
weiter, lasst den Kreis eurer Feste immer wieder ab-
laufen! 2 Ich werde euch so zusetzen, dass ihr nur noch
wimmert und jammert. Dann soll eure Stadt wirklich
zu meinem Opferherd werden! 3 Ich selbst werde rings
um die Stadt mein Lager aufschlagen, sie mit Gräben
und Wällen einschließen. 4 Dann liegt ihr erniedrigt
am Boden, eure Stimme klingt dumpf, als käme sie
tief unten aus der Erde; wie eine Geisterstimme aus
der Totenwelt werdet ihr aus dem Staub heraus wis-
pern. 5 Doch wie Staub im Wind wird die Menge der
fremden Belagerer sein, wie davonwirbelnde Spreu
das Heer der mächtigen Angreifer. Denn ganz plötz-
lich, ehe man sich's versieht, 6 greife ich für euch ein,
ich, der Herrscher der Welt, mit Donnerschlägen und
dröhnendem Getöse, mit Wirbelsturm und Gewitter
und wütendem Feuer. 7 Wie ein böser Traum, wie eine
nächtliche Erscheinung wird die Horde der Völker sein,
die gegen die Stadt meines Opferherdes ausgezogen
ist, sie belagert und bestürmt. 8 Ein Hungriger träumt
davon, dass er sich satt isst, und wenn er aufwacht,
knurrt ihm der Magen. Ein Durstiger träumt von Was-
ser, und wenn er aufwacht, hat er eine trockene Kehle
und ist völlig erschöpft. So wird es dieser Völkerhorde
ergehen, die über den Zionsberg herfallen will.«

HEUCHELEI UND VERBLENDUNG

9 Entsetzt euch und werdet vor Entsetzen starr! Seid
verblendet und werdet in Verblendung blind! Ihr
seid betrunken, aber nicht von Wein! Ihr schwankt
hin und her, und das ohne Bier! 10 Der HERR hat einen
Geist über euch kommen lassen, der euch in tiefsten
Schlaf versetzt hat. Eure Augen – die Propheten – hat
er zugedrückt, und eure Köpfe – die Seher – hat er
verhüllt. 11 Was der Prophet geschaut und verkündet
hat, ist für euch wie ein versiegeltes Buch. Gibt man
es einem Menschen, der lesen kann, und sagt zu ihm:
»Hier, lies das!«, so antwortet er: »Ich kann nicht, es
ist versiegelt.« 12 Und gibt man es einem Ungebildeten,
so antwortet er: »Ich kann nicht lesen.« 13 Der Herr hat
gesagt: »Dieses Volk da behauptet, mich zu ehren.
Aber sie ehren mich nur mit Worten, mit dem Herzen
sind sie weit weg von mir. Ihr ganzer Gottesdienst
ist sinnlos, denn er besteht nur in der Befolgung von
Vorschriften, die Menschen sich ausgedacht haben.
14 Deshalb will ich auch weiterhin fremdartig und un-
verständlich an diesem Volk handeln. Dann wird die
Weisheit seiner Weisen vergehen und von der Klugheit
seiner Klugen wird nichts mehr übrig bleiben.« 15 Weh
denen, die ihre Geheimpläne machen, ohne mit dem
HERRN zu rechnen, die ihr Spiel im Dunkeln treiben
und denken: »Wer sieht uns denn? Wer merkt schon
etwas davon?« 16 Sie bilden sich ein, sie könnten die
Rollen vertauschen! Der Ton kann doch nicht so tun,
als wäre er der Töpfer! Oder kann das Werk von seinem

Schöpfer sagen: »Er hat mich nicht gemacht«? Kann das Tongefäß vom Töpfer sagen: »Er versteht nichts davon«?

DIE UMKEHRUNG DER VERHÄLTNISSE

17 Nur noch ganz kurze Zeit, dann verwandelt sich der abgeholzte Libanon in einen Obstgarten und der Obstgarten wird zu einem wahren Wald. 18 Dann werden selbst Taube hören, was aus dem Buch vorgelesen wird, und die Blinden kommen aus ihrer Nacht hervor und können sehen. 19 Für die Geringen wird der HERR eine Quelle ständig wachsender Freude sein, und die stets Benachteiligten werden jubeln über den heiligen Gott Israels. 20 Dann ist es aus mit den Unterdrückern und den frechen Spöttern. Ausgerottet werden alle, die Böses im Schilde führen, 21 alle, die andere zu Unrecht beschuldigen, die einen Richter daran hindern, Recht zu sprechen, und den, der Recht sucht, mit haltlosen Begründungen abweisen. 22 Darum sagt der HERR, der Abraham gerettet hat, zu den Nachkommen Jakobs: »Israel soll nicht länger enttäuscht werden und sich schämen müssen. 23 Wenn ihr seht, was ich in eurer Mitte tun werde, dann werdet ihr mich ehren, mich, den heiligen Gott Jakobs; ihr werdet alles tun, um mir, dem Gott Israels, nicht zu missfallen. 24 Dann kommen die, die ihren klaren Kopf verloren haben, wieder zur Einsicht und die Aufsässigen nehmen Vernunft an.«

VON ÄGYPTEN IST KEINE HILFE ZU ERWARTEN

30 Der HERR sagt: »Weh euch, meine eigensinnigen Kinder! Ihr führt Pläne aus, mit denen ich nichts zu tun habe. Ihr schließt Bündnisse gegen meinen erklärten Willen. Damit häuft ihr Schuld auf Schuld. 2 Ohne mich um Rat zu fragen, lauft ihr nach Ägypten, um beim Pharao Schutz zu suchen und euch im Schatten Ägyptens unterzustellen. 3 Doch ihr werdet eine große Enttäuschung erleben und gedemütigt wieder heimziehen, denn der Pharao kann euch nicht beschützen und Ägypten euch keine Zuflucht bieten. 4 Eure führenden Männer sind nach Zoan gegangen und eure Abgesandten sind bis nach Hanes gekommen. 5 Aber sie werden enttäuscht, denn das Volk dort kann niemand nützen; es kann weder Hilfe noch Vorteil bieten, nur Schimpf und Schande kann es euch bringen!« 6 Der HERR sagt: »Schwer beladen ziehen Lasttiere durch das Südland, eine Gegend voll von Gefahren und Schrecken, von knurrenden Löwen, giftigen Schlangen und fliegenden Drachen. Auf den Rücken der Esel und den Höckern der Kamele bringen eure Führer und Abgesandten Schätze und Geschenke zu einem Volk, das niemand nützen kann. 7 Die Hilfe Ägyptens ist nichts wert. Darum nenne ich es ›das unbewegliche Ungeheuer‹.«

EIN VOLK, DAS NUR HÖREN WILL, WAS IHM GEFÄLLT

8 Der HERR befahl mir: »Nimm eine Schreibtafel und schreib darauf vor den Augen dieser Leute mein Urteil über sie. Ritze es als Inschrift für alle Zeiten ein, es soll für immer erhalten bleiben. 9 Sie sind ein eigensinniges Volk. Meine Kinder wollen sie sein, aber sie sind Lügner; denn sie wollen nicht hören, was ich, der HERR, von ihnen verlange. 10 Zu den Sehern sagen sie: ›Ihr sollt nichts sehen!‹, und zu den Propheten: ›Ihr sollt keine Offenbarungen haben! Sagt uns nicht, was recht ist, sondern was uns gefällt! Lasst uns doch unsere Illusionen! 11 Weicht von der Wahrheit ab und lasst uns in Ruhe mit eurem heiligen Gott Israels!‹ 12 Deshalb sage ich, der heilige Gott Israels: ›Ihr wollt nicht hören, was ich euch sage, und verlasst euch auf Gewalt und Betrug. 13 Diese Schuld bleibt nicht ohne Folgen: Ihr gleicht einer hohen Mauer, die einen Riss bekommen hat. Er läuft immer tiefer und wird immer breiter, und plötzlich stürzt die ganze Mauer ein. 14 Es wird euch ergehen wie einem Tontopf, der so gründlich zerschmettert wird, dass sich unter seinen Scherben kein Stück mehr findet, mit dem man Glut aus dem Ofen nehmen oder Wasser aus einer Pfütze schöpfen könnte.‹« 15 Der HERR, der heilige Gott Israels, hat zu euch gesagt: »Wenn ihr zu mir umkehrt und stillhaltet, dann werdet ihr gerettet. Wenn ihr gelassen abwartet und mir vertraut, dann seid ihr stark.« Aber ihr wollt ja nicht. 16 Ihr sagt: »Nein, auf Pferden wollen wir dahinfliegen!« Aber ihr werdet nicht fliegen, sondern fliehen. Ihr sagt: »Auf schnellen Rennern wollen wir reiten!« Aber eure Verfolger werden schneller rennen als ihr. 17 Tausend von euch werden fliehen, wenn sie einen einzigen Feind sehen; und wenn fünf euch bedrohen, werdet ihr alle davonlaufen. Von eurem stolzen Heer wird nichts übrig bleiben als eine leere Fahnenstange auf einem kahlen Hügel.

GOTT WILL SICH ÜBER SEIN VOLK ERBARMEN

18 Trotzdem wartet der HERR sehnlich auf den Augenblick, an dem er sich euch wieder zuwenden kann. Er will seine Macht zeigen und sich über euch erbarmen, denn er ist ein Gott, der dem Recht Geltung verschafft. Wie glücklich sind alle, die ihre Hoffnung auf ihn setzen! 19 Ihr Bewohner Jerusalems, die ihr auf dem Zionsberg wohnt, ihr müsst nicht länger weinen! Wenn ihr zum HERRN um Hilfe ruft, wird er euch sein Erbarmen zuwenden; sobald er euer Schreien vernimmt, gibt er euch Antwort. 20 Er wird euch reichlich Brot und Wasser geben, nicht so spärlich wie in der Zeit der Not und Bedrängnis. Er wird sich nicht länger vor euch verbergen; mit eigenen Augen werdet ihr ihn sehen, ihn, euren Lehrer. 21 Wenn ihr nach rechts oder links abbiegen wollt, werdet ihr hinter euch eine Stimme hören, die zu euch sagt: »Dies hier ist der Weg, dem ihr folgen sollt!« 22 Dann werdet ihr eure geschnitzten und gegossenen Götzenbilder samt ihrem silbernen oder goldenen Überzug als etwas Unreines betrachten. »Weg damit!«, werdet ihr rufen und sie wie Abfall hinauswerfen. 23 Für die Saat auf euren Feldern wird der HERR euch Regen geben und der Ackerboden wird Korn hervorbringen, das euch reiche und kräftige Nahrung gibt. Zu der Zeit wird euer Vieh auf weiten Wiesengründen weiden. 24 Die Rinder und Esel, mit denen

ihr die Felder pflügt, werden würziges Futter fressen,
das man mit Worfschaufel und Gabel gemischt und vor
ihnen ausgebreitet hat. 25 Am Tag der großen Abrech-
nung, wenn die feindlichen Türme stürzen, werden auf
allen Bergen und Hügeln Bäche voller Wasser fließen.
26 Dann wird der Mond so hell sein wie die Sonne und
die Sonne wird siebenmal so hell scheinen – wie das
Licht einer ganzen Woche an einem einzigen Tag. An
diesem Tag wird der HERR die Wunden, die er seinem
Volk geschlagen hat, verbinden und heilen.

GOTT RECHNET MIT ASSYRIEN AB

27 Der HERR kommt von ferne her, er selbst kommt!
Feuer und dichter Rauch zeigen, wie zornig er ist. Un-
heil strömt von seinen Lippen, seine Zunge ist eine
lodernde Flamme. 28 Sein Atem tobt wie ein reißender
Bach, dessen Wasser bis zum Hals reicht. Er schüttelt
die Völker in seinem Sieb und wirft sie fort wie wertlose
Spreu. Er legt ihnen einen Zaum ins Maul und leitet sie
damit in die Irre. 29 Ihr aber werdet Lieder singen wie
in der Nacht, in der ihr das Fest feiert. Ihr werdet voll
Freude sein wie die Festpilger, die unter Flötenspiel
hinaufziehen zum Berg des HERRN, zu ihm, dem Fel-
sen Israels. 30 Der HERR lässt seine gewaltige Stimme
hören, er zeigt seinen starken Arm, wie er zuschlägt.
Voller Zorn greift er ein, mit verzehrendem Feuer,
mit Wolkenbruch und Unwetter und Hagelschlag.
31 Schrecken kommt über Assyrien, wenn es seine
Stimme hört und seinen Stock zu fühlen bekommt.
32 Bei jedem Stockhieb, den der HERR als Strafe über
Assyrien verhängt hat, werden die Pauken und Zithern
erklingen. Der HERR selbst hebt seine Hand zum Kampf
gegen Assyrien. 33 Seit Langem schon ist der Verbren-
nungsplatz für den König bereit. Tief und breit ist die
Feuerstelle und Holz ist massenhaft aufgeschichtet.
Der Atem des HERRN setzt es in Flammen wie ein Strom
von brennendem Schwefel.

ÄGYPTER UND ASSYRER SIND NUR MENSCHEN

31 Weh denen, die nach Ägypten gehen, um Hilfe
zu holen! Sie verlassen sich auf die vielen Pferde
und die zahlreichen Streitwagen. Aber mit dem hei-
ligen Gott Israels rechnen sie nicht. Sie befragen den
HERRN nicht, ob er einverstanden ist. 2 Sie meinen, klug
zu handeln; aber auch er weiß, was er tut. Er lässt das
Unglück hereinbrechen und nimmt seine Drohung
nicht zurück. Er wendet sich gegen die ganze Bande
von Unheilstiftern und gegen alle, die ihr helfen soll-
ten. 3 Die Ägypter sind Menschen und nicht Gott. Und
ihre Pferde – Geschöpfe sind sie, nicht aber Leben
schaffender Geist. Wenn der HERR seine Hand aus-
streckt, dann stürzt der Beschützer und der Beschützte
mit ihm; alle beide gehen zugrunde. 4 Der HERR hat
zu mir gesagt: »Ein Löwe, ob alt oder jung, verteidigt
knurrend seine Beute gegen einen ganzen Trupp von
Hirten, die man zusammengeholt hat, um ihn zu verja-
gen. Er lässt sich von ihrem Geschrei nicht erschrecken
und von ihrem Lärm nicht einschüchtern. Genauso
komme ich auf den Zionsberg herab und verteidige
ihn gegen alle Angreifer, ich, der Herrscher der Welt.
5 Wie ein Vogel über seinem Nest schwebt, um über
seine Jungen zu wachen, so werde ich, der Herrscher
der Welt, Jerusalem beschützen. Ich werde es schützen
und befreien, verschonen und retten.« 6 Kommt zurück
zum HERRN, ihr Leute von Israel! Ihr habt euch so weit
von ihm entfernt. 7 Ihr habt euch silberne und goldene
Götzenbilder gemacht, das ist eine schwere Sünde.
Aber der Tag kommt, an dem ihr euch mit Abscheu von
euren Machwerken abwenden werdet. 8 »Assyrien
wird fallen«, sagt der HERR, »das Schwert wird es ver-
nichten; aber nicht das Schwert eines Menschen. Vor
diesem Schwert werden die Assyrer fliehen und ihre
jungen Krieger werden zur Fronarbeit gezwungen.
9 Ihre starken Helden lähmt der Schreck, ihre Heer-
führer lassen die Fahne im Stich.« Das sagt der HERR,
der Heim und Herd in Jerusalem hat, dessen Feuer auf
dem Zionsberg brennt.

EINE GUTE REGIERUNG UND WAS SIE BEWIRKT

32 Bald wird ein König kommen, der gerecht re-
giert, und seine Minister werden dem Recht
Geltung verschaffen. 2 Jeder von ihnen wird dem Volk
wohltun wie ein windgeschützter Ort bei Stürmen, wie
ein Schutzdach bei prasselndem Regen, wie ein Was-
serlauf in einer ausgedörrten Gegend, wie der Schat-
ten eines großen Felsen in der Wüste. 3 Dann werden
alle Augen wieder klar sehen und alle Ohren wieder
aufmerksam hören. 4 Die Herzen der Unbesonnenen
kommen zur Einsicht und die Zungen der Stottern-
den können flink und deutlich reden. 5 Dann nennt
man schändliche Dummköpfe nicht mehr vornehm
und Schurken nicht mehr ehrlich. 6 Aus dem Mund
eines unverbesserlichen Narren kommt nur Unsinn
und aus seinem Herzen nichts als Unheil. Sein Tun ist
schändlich und sein Reden beleidigt den HERRN. Den
Hungernden gibt er nichts zu essen und den Durstigen
nichts zu trinken. 7 Ein Schurke benutzt niederträchtige
Mittel, um seine hinterlistigen Pläne auszuführen. Mit
Lügen bringt er die Armen vor Gericht zu Fall, auch
dann, wenn sie im Recht sind. 8 Doch ein redlicher
Mensch macht redliche Pläne und nur für Redliches
setzt er sich ein.

WARNUNG AN DIE FRAUEN JERUSALEMS

9 Hört zu, ihr sorglosen Frauen und unbekümmerten
Mädchen, hört, was ich euch zu sagen habe! 10 Noch
gut ein Jahr, dann werdet ihr Unbekümmerten vor
Angst zittern; denn die Weinlese kommt nicht und eine
Ernte gibt es nicht. 11 Zittert, ihr Sorglosen! Bekümmert
euch, ihr Unbekümmerten! Zieht eure Kleider aus, legt
den Sack an! 12 Schlagt euch vor Verzweiflung auf die
Brüste! Trauert über die schönen Felder und fruchtba-
ren Weinstöcke! 13 Trauert um das Ackerland meines
Volkes, das von Dornen und Disteln überwuchert wird.
Trauert, weil die Freude aus den Häusern und die Fröh-
lichkeit aus der Stadt verschwindet! 14 Der Palast wird
leer und verlassen dastehen und die lärmende Stadt
wird totenstill. Burghügel und Wachtturm werden

für immer zum Ruinenfeld, wo die wilden Esel sich
wohlfühlen und die Herden grasen.

VERÄNDERUNG DURCH GOTTES GEIST

15 So wird es bleiben, bis Gott seinen Geist über uns
ausgießt. Dann wird die Wüste zu einem Obstgar-
ten und der Obstgarten wird zu einem wahren Wald.
16 Dann wird die Rechtsordnung Gottes überall gelten,
in der Wüste und im Obstgarten; im ganzen Land wer-
den Liebe und Treue zu Hause sein. 17 Wo aber Liebe
und Treue herrschen, da bewirken sie Frieden und
Wohlstand, Ruhe und Sicherheit. 18 Am Ort des Frie-
dens wird mein Volk leben, in sicheren Wohnungen, an
ruhigen, sorgenfreien Plätzen. 19 Den Wald der Feinde
wird der Hagel niederschlagen und ihre Stadt wird
untergehen. 20 Ihr aber, ihr könnt überall säen, es gibt
reichlich Wasser; eure Rinder und Esel könnt ihr frei
umherlaufen lassen. Wie glücklich ihr seid!

SICHERE ZEITEN FÜR DEN ZIONSBERG

33 Weh dir, Verwüster, der du noch nie verwüstet
worden bist, du Hinterlistiger, den noch nie-
mand hintergangen hat! Wenn du alles verwüstet
hast, wirst du selber verwüstet. Wenn du jeden hin-
tergangen hast, wirst du selbst ein Opfer der Hinter-
list. 2 HERR, wende uns dein Erbarmen zu! Wir setzen
unsere Hoffnung auf dich! Sei jeden Morgen unser
Schutz, komm uns zu Hilfe in Zeiten der Not! 3 Wenn
die Völker deine Stimme hören, HERR, dann ergreifen
sie die Flucht. Wenn du aufstehst, zerstieben sie in alle
Winde. 4 Dann stürzen wir uns auf die Beute, wir fallen
darüber her wie ein Schwarm von Heuschrecken über
alles Grün. 5 Der HERR ist mächtig und erhaben, denn
er wohnt hoch oben im Himmel. Er sorgt dafür, dass
auf dem Zionsberg Recht und Treue zu finden sind.
6 Dann werdet ihr in Sicherheit leben, ihr Leute von
Jerusalem. Die ganze Fülle von Rettung, Weisheit, Er-
kenntnis werdet ihr haben, und die Ehrfurcht vor dem
HERRN wird euer größter Reichtum sein.

GOTT GREIFT EIN

7 Die Bewohner Jerusalems laufen schreiend durch
die Straßen. Die Boten, die schon Frieden angekün-
digt haben, weinen verzweifelt. 8 Die Landstraßen
sind leer, kein Reisender wagt sich hinaus. Der feind-
liche Herrscher hat den Vertrag gebrochen und die
Urkunden missachtet. Menschenleben zählen nicht
für ihn. 9 Auch das Land trauert und verdorrt, der Li-
banon verwelkt vor Scham, die fruchtbare Scharon-
Ebene sieht aus wie eine Wüste, im Baschan und auf
dem Karmel verlieren die Bäume ihr Laub. 10 »Jetzt
stehe ich auf«, sagt der HERR, »jetzt greife ich ein und
zeige mich in meiner ganzen Macht! 11 Was ihr euch
ausdenkt, ist Heu, und was dabei herauskommt, ist
Stroh. Und euer zorniges Schnauben ist ein Feuer, das
euch verbrennen wird. 12 Die Völker werden zu Pulver
verbrannt, ins Feuer geworfen wie abgehauenes Dor-
nengestrüpp. 13 Ihr Völker alle, fern und nah, hört, was
ich tue, erkennt meine Macht!« 14 Auf dem Zionsberg
erschrecken die Sünder; Zittern befällt alle, die Gott
vergessen haben. »Wer kann denn neben einem lo-
dernden Feuer wohnen?«, fragen sie. »Wer hält es
aus bei dieser Glut, die nicht aufhört?« 15 Nur wer in
allem tut, was recht ist, wer stets die Wahrheit spricht,
wer sich nicht durch Unterdrückung anderer berei-
chert, wer sich nicht durch Geschenke kaufen lässt,
wer nicht zuhört und mitmacht, wo man Mordpläne
ausheckt, wer nicht beifällig zusieht, wo Unrecht ge-
schieht. 16 Alle, die sich an diese Regel halten, werden
auf sicheren Höhen wohnen und in Bergfestungen Zu-
flucht finden. Ausreichende Nahrung ist ihnen sicher
und auch an Wasser wird es ihnen nie fehlen.

»DER HERR IST UNSER KÖNIG«

17 Einst werdet ihr Gott als König sehen in seiner gan-
zen Pracht und Schönheit; eure Augen erblicken ein
weites Land. 18 Nur noch Erinnerung ist dann, was euch
früher in Schrecken versetzte: Wo sind sie denn, die
Unterdrücker, die Steuern und Tribut eintrieben und
eure Befestigungen kontrollierten? 19 Ihr müsst dieses
anmaßende Volk nicht mehr sehen, diese Leute von un-
verständlicher Sprache mit gestammelten Worten, die
keiner begreift. 20 Richtet den Blick auf die Zionsstadt,
in der wir unsere Feste feiern! Seht Jerusalem, diesen
sicheren Ort: ein Zelt, das an seiner Stelle bleibt, dessen
Pflöcke niemand mehr ausreißt, dessen Seile niemand
mehr löst. 21-22 Dort wird der HERR seine Größe zei-
gen. Der HERR selbst ist unser Herrscher, er ist es, der
uns führt. Der HERR selbst ist unser König, er ist es, der
uns hilft. Dann liegt die Zionsstadt an einem Strom
mit mächtigen, breiten Armen. Doch Rudergaleeren
gibt es dort nicht, kein feindliches Schiff darf darauf
segeln. 23 Wenn sich trotzdem eines dort sehen lässt,
dann hängen die Taue schlaff herab; sie können den
Mast nicht aufrecht halten, das Segel können sie nicht
mehr spannen. Seine Ladung fällt den Bewohnern zur
Beute; selbst Blinde und Lahme bekommen reichlich
davon ab. 24 Kein Mensch im Land wird noch klagen,
er sei von Krankheit und Schwäche geplagt; denn die
Schuld des Volkes ist vergeben.

DER UNTERGANG EDOMS

34 Kommt herbei, ihr Völker! Versammelt euch
und hört zu! Alle Welt soll zuhören, die ganze
Erde und alles, was auf ihr lebt! 2 Der HERR ist zornig
auf alle Völker, sein Zorn wendet sich gegen die ganze
Heeresmacht seiner Feinde. Er hat sie alle unter den
Bann gestellt; sie sollen abgeschlachtet und vernichtet
werden. 3 Die Getöteten bleiben unbegraben liegen,
sie verwesen und stinken; von ihrem Blut zergehen
die Berge. 4 Die Gestirne zerfallen und der Himmel rollt
sich ein wie eine Buchrolle. Die Sterne fallen herab wie
welkes Laub vom Weinstock, wie nicht ausgereifte,
verkümmerte Feigen. 5 Im Himmel ist das Schwert des
HERRN bereit zum Kampf. Da, es fährt nieder auf Edom,
auf das Volk, das der HERR vernichten will. 6 Es trieft
von Blut, es ist bedeckt mit Fett, wie beim Schlachten
von Lämmern und Böcken, wie vom Fett an den Nieren

der Widder. Denn der HERR hält ein Opferfest in Bozra,
eine Massenschlachtung im ganzen Land Edom. 7 Da
fallen auch die Büffel, die Rinder und die starken Stiere.
Der Boden ist von Blut durchtränkt, die Erde von Fett
durchweicht. 8 Das ist der Vergeltungstag des HERRN,
ein Jahr der Abrechnung mit den Feinden der Zions-
stadt. 9 Das Wasser der Bäche verwandelt sich in Pech
und der Erdboden wird zu Schwefel. So wird das Edo-
miterland zu brennendem Pech, 10 das Tag und Nacht in
Flammen steht und nicht gelöscht wird; unaufhörlich
steigt der schwarze Qualm zum Himmel. Für alle Zei-
ten bleibt das Land verwüstet, niemand zieht mehr
dort hindurch. 11 Uhus und Käuze nehmen es in Besitz,
Eulen und Raben nisten dort. Der HERR misst das Land
mit der Messschnur aus und grenzt es ab, damit es für
immer wüst und unbewohnbar bleibt. 12 Unter den
Vornehmen ist keiner mehr, den man zum König aus-
rufen könnte; von den führenden Männern ist keiner
mehr da. 13 Dornenranken überwuchern die Paläste,
Nesseln und Disteln wachsen in den Burgen. Scha-
kale und Strauße bevölkern das Land. 14 Wildkatzen
und Hyänen treffen sich dort, Bocksgeister begegnen
einander; selbst die Nachtgespenster finden sich dort
ein und ruhen sich aus. 15 Die Pfeilschlange hat dort
ihr Nest, sie legt ihre Eier und brütet sie aus. Auch die
Geier kommen und versammeln sich in Scharen. 16 Was
ihr hier im Buch des HERRN lest, lässt sich nachprü-
fen: Keins von ihnen fehlt, sie alle sind beisammen.
So hat es der HERR befohlen, sein Geist hat sie zusam-
mengeführt. 17 Er hat das Land unter sie durchs Los
verteilt und jedem sein Gebiet mit der Messschnur
abgegrenzt. Für immer ist es ihr Besitz, für alle Zeiten
sollen sie dort wohnen.

DIE HEIMKEHR DER BEFREITEN ZUM ZIONSBERG

35 Die Steppe soll sich freuen, das dürre Land
glücklich sein, die Wüste jubeln und blühen!
2 Mit Blumen soll sie sich bedecken, jauchzen und
vor Freude schreien! Herrlich wie der Libanon soll sie
werden, prächtig wie der Berg Karmel und wie die
Ebene Scharon. Dann sieht das Volk die Herrlichkeit
des HERRN, die Pracht und Hoheit unseres Gottes.
3 Macht die erschlafften Hände wieder stark, die zit-
ternden Knie wieder fest! 4 Ruft den verzagten Herzen
zu: »Fasst wieder Mut! Habt keine Angst! Dort kommt
euer Gott! Er selber kommt, er will euch befreien; er
übt Vergeltung an euren Feinden.« 5 Dann können
die Blinden wieder sehen und die Tauben wieder hö-
ren. 6 Dann springt der Gelähmte wie ein Hirsch und
der Stumme jubelt vor Freude. In der Wüste brechen
Quellen auf und Bäche ergießen sich durch die Steppe.
7 Der glühende Sand verwandelt sich zum Teich und im
dürren Land sprudeln Wasserquellen. Wo jetzt Scha-
kale ihr Lager haben, werden dann Schilf und Ried-
gras wachsen. 8 Eine feste Straße wird dort sein, den
›heiligen Weg‹ wird man sie nennen. Wer unrein ist,
darf sie nicht betreten, nur für das Volk des HERRN ist
sie bestimmt. Selbst Unkundige finden den Weg, sie
werden dort nicht irregehen. 9 Auf dieser Straße gibt
es keine Löwen, kein Raubtier ist auf ihr zu finden; nur
die geretteten Menschen gehen dort. 10 Sie, die der
HERR befreit hat, kehren heim; voll Jubel kommen sie
zum Zionsberg. Aus ihren Augen strahlt grenzenloses
Glück. Freude und Wonne bleiben bei ihnen, Sorgen
und Seufzen sind für immer vorbei.

DIE ASSYRER ZIEHEN VOR JERUSALEM

36 Im 14. Regierungsjahr Hiskijas fiel der assyri-
sche König Sanherib mit seinen Truppen in das
Land Juda ein und eroberte alle befestigten Städte.
2 Von Lachisch aus schickte er den Obermundschenk
zu König Hiskija nach Jerusalem und gab ihm ein star-
kes Heer mit. Vor der Stadt machte der Obermund-
schenk halt an der Wasserleitung beim oberen Teich,
auf der Straße, die vom Tuchmacherfeld kommt. 3 Der
Palastvorsteher Eljakim, der Sohn von Hilkija, ging zu
ihm hinaus und mit ihm der Staatsschreiber Schebna
und der Kanzler Joach, der Sohn von Asaf. 4 Der Ober-
mundschenk sagte zu ihnen: »Meldet Hiskija, was
der große König, der König von Assyrien, ihm sagen
lässt: ›Worauf vertraust du eigentlich, dass du dich
so sicher fühlst? 5 Meinst du etwa, dass du mit leeren
Worten gegen meine Kriegsmacht und Kriegserfah-
rung antreten kannst? Auf wen hoffst du, dass du es
wagst, dich gegen mich aufzulehnen? 6 Erwartest du
etwa Hilfe von Ägypten? Du kannst dich genauso gut
auf ein Schilfrohr stützen – es zersplittert und durch-
bohrt dir die Hand. Der König von Ägypten hat noch
jeden im Stich gelassen, der sich auf ihn verlassen
hat. 7 Oder willst du behaupten, dass ihr euch auf den
HERRN, euren Gott, verlassen könnt? Dann sag mir
doch: Ist er nicht eben der Gott, dessen Opferstätten
und Altäre du, Hiskija, beseitigt hast? Hast du nicht
den Leuten von Juda und Jerusalem befohlen, dass sie
nur noch auf dem Altar in Jerusalem Opfer darbringen
sollen?‹ 8 Mein Herr, der König von Assyrien, bietet dir
folgende Wette an: Er gibt dir zweitausend Pferde,
wenn du die Reiter dafür zusammenbringst. 9 Du
kannst es ja nicht einmal mit dem unbedeutendsten
Truppenführer meines Herrn aufnehmen. Du hoffst
nur auf Ägypten und seine Streitwagenmacht. 10 Im
Übrigen lässt der König von Assyrien dir sagen: ›Glaub
nur nicht, ich sei gegen den Willen des HERRN in dieses
Land gekommen, um es in Schutt und Asche zu legen!
Der HERR selbst hat mir befohlen: Greif dieses Land
an und verwüste es!‹«

JERUSALEM WIRD ZUR ÜBERGABE AUFGEFORDERT

11 Da unterbrachen Eljakim, Schebna und Joach den
Obermundschenk und baten ihn: »Sprich doch bitte
aramäisch mit uns, wir verstehen es. Sprich nicht he-
bräisch, die Leute auf der Stadtmauer hören uns zu!«
12 Aber der Obermundschenk erwiderte: »Hat mich
etwa mein Herr nur zu deinem Herrn und zu dir ge-
sandt? Nein, meine Botschaft gilt allen, die dort oben
auf der Stadtmauer sitzen und die bald zusammen mit

euch den eigenen Kot fressen und den eigenen Harn
saufen werden!« 13 Darauf trat der Obermundschenk
noch ein Stück weiter vor und rief laut auf Hebräisch:
»Hört, was der große König, der König von Assyrien,
euch ausrichten lässt! So spricht der König: 14 ›Lasst
euch von Hiskija nicht täuschen! Er kann euch nicht
retten. 15 Lasst euch auch nicht dazu überreden, auf
den HERRN zu vertrauen! Glaubt Hiskija nicht, wenn
er sagt: Der HERR wird uns bestimmt retten und diese
Stadt nicht in die Hand des Assyrerkönigs fallen las-
sen! 16 Hört nicht auf Hiskija, hört auf mich! So spricht
der König von Assyrien: Kommt heraus und ergebt
euch! Jeder darf von seinem Weinstock und seinem
Feigenbaum essen und Wasser aus seiner Zisterne
trinken, 17 bis ich euch in ein Land bringe, das ebenso
gut ist wie das eure. Dort gibt es Korn und Brot, Most
und Wein in Fülle. 18 Lasst euch von Hiskija nichts vor-
machen! Lasst euch nicht einreden: Der HERR wird
uns retten! Haben etwa die Götter der anderen Völker
ihre Länder vor mir retten können? 19 Wo sind jetzt
die Götter von Hamat und Arpad? Wo sind die Götter
von Sefarwajim? Haben die Götter von Samaria es vor
mir beschützt? 20 Wer von allen Göttern hat sein Land
vor mir retten können? Und da soll ausgerechnet der
HERR, euer Gott, Jerusalem vor mir beschützen?‹«
21 Die Männer auf der Mauer blieben still und antwor-
teten nichts; so hatte König Hiskija es angeordnet.
22 Eljakim, Schebna und Joach zerrissen ihr Gewand,
gingen zu Hiskija und berichteten ihm, was der Ober-
mundschenk gesagt hatte.

37 Als König Hiskija das hörte, zerriss auch er sein
Gewand, legte den Sack an und ging in den
Tempel des HERRN. 2 Zugleich schickte er den Palast-
vorsteher Eljakim, den Staatsschreiber Schebna und
die angesehensten Priester mit dem Sack bekleidet
zum Propheten Jesaja, dem Sohn von Amoz. 3 Sie soll-
ten ihm im Namen des Königs sagen: »Heute straft uns
Gott für unsere Sünden; wir sind in Not und Schande
geraten. Es geht uns wie Kindern, die im Mutterschoß
stecken geblieben sind, weil die Mutter keine Kraft
mehr zum Gebären hat. 4 Der Assyrerkönig hat seinen
Obermundschenk hierher geschickt, um den leben-
digen Gott zu verhöhnen. Wenn doch der HERR, dein
Gott, hören wollte, wie dieser Fremde ihn lästert! Wenn
er ihn doch strafen wollte für die Schmach, die er ihm
angetan hat! Bete zum HERRN für die, die von seinem
Volk übrig geblieben sind!« 5 Die Männer kamen zu
Jesaja und überbrachten ihm diese Botschaft. 6 Jesaja
antwortete ihnen: »Sagt dem König: ›So spricht der
HERR: Hab keine Angst! Lass dich nicht einschüch-
tern, wenn die Boten des Assyrerkönigs mich lästern
und behaupten, ich könnte euch nicht retten. 7 Ich
werde dafür sorgen, dass er seinen Plan aufgibt. Er
wird eine Nachricht erhalten und schleunigst nach
Hause zurückkehren. Dort werde ich ihn umbringen
lassen.‹« 8 Sanherib, der König von Assyrien, stand
inzwischen nicht mehr vor Lachisch, sondern kämpfte
schon gegen die Festung Libna. Dorthin kehrte der
Obermundschenk zurück.

SANHERIB PRAHLT – HISKIJA BETET

9 Der Assyrerkönig erfuhr, dass ein Heer unter der
Führung des äthiopischen Königs Tirhaka gegen
ihn heranrückte. Da schickte er Gesandte zu König
Hiskija 10 und ließ ihm sagen: »Verlass dich nicht zu
sehr auf deinen Gott! Lass dir nicht von ihm einreden,
dass Jerusalem niemals in meine Hand fallen wird. 11 Du
weißt doch, was die Könige von Assyrien mit den an-
deren Ländern gemacht haben. Sie haben sie alle ver-
wüstet, und da willst ausgerechnet du dem Untergang
entrinnen? 12 Denk doch an Gosan, an Haran und Rezef
und an die Leute von Eden, die in Telassar wohnten.
Haben ihre Götter meine Vorgänger daran hindern
können, alle diese Städte dem Erdboden gleichzuma-
chen? 13 Und wo sind die Könige, die in Hamat und
Arpad, Sefarwajim, Hena und Awa regierten?« 14 Die
Abgesandten übergaben ihre Botschaft in einem Brief.
Als Hiskija ihn gelesen hatte, ging er in den Tempel,
breitete ihn vor dem HERRN aus 15 und betete: 16 »Herr-
scher der Welt, du Gott Israels, der über den Kerubim
thront! Du allein bist der Herr über alle Reiche der Welt.
Du hast Himmel und Erde geschaffen. 17 Sieh doch, wie
es uns ergeht! Höre doch, wie dieser Sanherib dich,
den lebendigen Gott, verhöhnt! 18 Es ist wahr, HERR:
Die Könige von Assyrien haben alle diese Länder ver-
nichtet 19 und ihre Götter ins Feuer geworfen. Aber
es waren ja keine Götter, sondern nur Bilder aus Holz
und Stein, von Menschen angefertigt. Deshalb wurden
sie auch vernichtet. 20 HERR, unser Gott, rette uns vor
diesem Assyrerkönig! Alle Königreiche der Welt sollen
erkennen, dass du allein Gott bist!«

GOTT SPOTTET ÜBER DEN ASSYRERKÖNIG

21 Da ließ Jesaja, der Sohn von Amoz, dem König Hiskija
ausrichten: »So spricht der HERR, der Gott Israels: ›Du
hast zu mir um Hilfe gerufen gegen den Assyrerkö-
nig Sanherib. 22-23 Ich will dir sagen, was ich mit ihm
tun werde! So spreche ich zu ihm: Die unbesiegte
Zionsstadt nur Spott und Verachtung für dich hat!
Die Jungfrau Zion lacht dich aus, die Zunge streckt sie
dir heraus. Mit wem hast du dich eingelassen, gegen
wen, du Narr, dich aufgeblasen? Mich, den heiligen
Gott Israels, kennst du nicht und doch schmähst du
und höhnst du mir ins Gesicht! 24 Wahrhaftig, du warst
schlecht beraten, als du so prahltest mit deinen Taten.
Durch Boten ließest du überall sagen: Ich bin der Herr!
Ich bestieg meinen Wagen, hoch auf den Libanon fuhr
ich im Trab, die Tannen und Zedern dort holzte ich ab, all
seine Schlupfwinkel spürte ich auf und nie kam ins Sto-
cken mein Siegeslauf! 25 Ich grub mir Brunnen mit eige-
ner Hand, so schafft' ich mir Wasser im Feindesland. Ich
trockne sie aus, die ägyptischen Flüsse, sie müssen ver-
siegen vom Tritt meiner Füße! 26 So prahlst du. Hör zu
jetzt und lass es dir sagen: Ich hab's so beschlossen seit
uralten Tagen; ich hab es geplant, was jetzt ist gesche-
hen, drum mussten die Städte zugrunde gehen. Nichts
ist davon übrig als Trümmer nur, von ihren Bewohnern
blieb keine Spur. 27 Der Mut, sich zu wehren, war ihnen
entfallen, verschwunden die Kraft, drum erging's ihnen

allen wie Gras an einem trocknen Ort; es sprießt – und
schon ist es verdorrt. 28 Ich hab auch dich ganz fest in
der Hand, was immer du tust, ist mir vorher bekannt,
ob du stehst, liegst, kommst, gehst – alles sehe ich,
ich weiß genau, wie du tobst gegen mich. 29 Weil mir
dein Geschwätz in die Ohren dringt, schmück ich dir
die Nase mit einem eisernen Ring, ich lege dir meinen
Zaum in das Maul und zwing dich wie einen störrischen
Gaul. Den Weg, den du Prahlhans gekommen bist, den
bring ich zurück dich in kürzester Frist! 30 Dir, Hiskija,
aber sage ich, was weiter geschehen wird: In diesem
Jahr und im folgenden werdet ihr essen, was sich von
selbst ausgesät hat; aber im dritten Jahr könnt ihr wie-
der säen und ernten, Weinberge anlegen und ihre Trau-
ben essen. Daran wirst du erkennen, dass man sich auf
meine Zusage verlassen kann und dass die assyrische
Bedrohung vorbei ist. 31 Die Bewohner von Juda, die mit
dem Leben davongekommen sind, werden gedeihen
wie Pflanzen, die tiefe Wurzeln schlagen und reiche
Frucht bringen. 32 Denn ein Rest wird übrig bleiben auf
dem Zionsberg in Jerusalem und das Land von Neuem
besiedeln. Ich, der Herrscher der Welt, sorge dafür in
meiner leidenschaftlichen Liebe zu meinem Volk. 33 Ich
sage dir noch einmal, wie es dem Assyrerkönig erge-
hen wird: Er wird nicht in diese Stadt eindringen, ja,
nicht einen einzigen Pfeil hineinschießen. Er wird nicht
dazu kommen, eine Rampe gegen ihre Mauer vorzu-
treiben und seine Männer im Schutz der Schilde zum
Angriff aufzustellen. 34 Auf demselben Weg, auf dem
er gekommen ist, wird er wieder heimkehren. Er wird
ganz bestimmt nicht in die Stadt eindringen. Ich bin
der HERR, ich sage es! 35 Um meiner Ehre willen und
meinem Diener David zuliebe werde ich dieser Stadt
beistehen und sie retten!‹« 36 Darauf kam der Engel des
HERRN in das Lager der Assyrer und tötete dort 185 000
Mann. Als der Morgen anbrach, lag alles voller Leichen.
37 Da ließ König Sanherib zum Aufbruch blasen und zog
ab. Er kehrte in seine Heimat zurück und blieb in Ninive.
38 Dort betete er eines Tages im Tempel seines Gottes
Nisroch. Da erschlugen ihn seine Söhne Adrammelech
und Sarezer mit dem Schwert. Sie mussten in das Land
Ararat fliehen. Sanheribs Sohn Asarhaddon wurde sein
Nachfolger auf dem Thron.

GOTT ERHÖRT HISKIJAS GEBET

38 Damals wurde Hiskija todkrank. Der Prophet
Jesaja, der Sohn von Amoz, kam zu ihm und
sagte: »Der HERR schickt mich zu dir und lässt dir sa-
gen: ›Bereite dich auf dein Ende vor! Du wirst von die-
sem Krankenlager nicht wieder aufstehen.‹« 2 Hiskija
drehte sich zur Wand und betete: 3 »Ach, HERR, denk
doch daran, dass ich dir immer treu war! Ich habe dir
mit ganzem Herzen gehorcht und stets getan, was dir
gefällt.« Hiskija brach in Tränen aus und weinte laut.
4 Da erging das Wort des HERRN an Jesaja; er erhielt den
Befehl: 5 »Kehr um und sag zu Hiskija: ›Der HERR, der
Gott deines Ahnherrn David, lässt dir sagen: Ich habe
dein Gebet gehört und deine Tränen gesehen. Ich gebe
dir noch fünfzehn Jahre dazu 6 und werde dich und
diese Stadt vor dem Assyrerkönig retten; ich werde
Jerusalem beschützen. 7 Ich will dir ein Zeichen geben,
an dem du erkennen kannst, dass ich meine Zusage
wahr mache: 8 Ich lasse den Schatten auf der Treppe,
die König Ahas gebaut hat, um zehn Stufen zurückge-
hen.‹« Und der Schatten ging um zehn Stufen zurück.

DAS GEBET HISKIJAS

9 Als König Hiskija von seiner Krankheit genesen
war, schrieb er folgendes Gebet nieder: // 10 »Ich
sagte in meiner Not: / ›Jetzt, im allerbesten
Alter, / stehe ich am Tor der Totenwelt / und darf
mein Leben nicht zu Ende leben! / 11 Hier, in der
Welt der Lebenden, / darf ich den HERRN nicht län-
ger sehen; / dort, wo alles zu Ende ist, / erblicke
ich keinen Menschen mehr. / 12 Das Haus, in dem
ich lebe, wird abgebrochen / und weggetragen wie
ein Hirtenzelt. / Wie ein Weber, der sein Tuch ein-
rollt, / so habe ich mein Leben ausgewebt; / nun
wird es vom Webstuhl abgeschnitten. / Tag und
Nacht fühle ich mein Ende nahen. / 13 Morgens bin
ich wie zerschlagen und denke: / Er zermalmt meine
Knochen wie ein Löwe. / Ja, Tag und Nacht fühle
ich mein Ende nahen. / 14 Wie eine Schwalbe piepst
meine Stimme, / mein Klagen tönt wie das Gurren
der Taube. / Mit müden Augen starre ich zum Him-
mel. / Ich kann nicht mehr, Herr! Tritt du für mich
ein! / 15 Doch was richte ich mit Worten bei ihm
aus? / Er hat getan, was er mir angekündigt hat. / In
bitterem Leid verbring ich meine Jahre / und schleppe
mich Schritt für Schritt dahin. / 16 Ach, Herr, erhalte
mich am Leben!‹ // 17 Mein bitterer Schmerz hat
sich in Glück verwandelt! / In herzlicher Liebe hast
du mich umfangen / und mein Leben vor dem Grab
bewahrt; / denn alle meine Schuld hast du genom-
men / und sie weit hinter dich geworfen. / 18 Dort
unten bei den Toten preist dich niemand; / wer
tot ist, dankt dir nicht mit Liedern. / Wer schon ins
Grab gesunken ist, / hofft nicht mehr auf deine
Treue. / 19 Allein die Lebenden danken dir, / so wie
ich dir heute danke. / Die Väter sagen es ihren Kin-
dern: / Auf dich ist Verlass. / 20 Der HERR ließ sich er-
bitten und half mir! / Darum lasst uns singen / und ihn
preisen vor seinem Tempel, / solange wir leben.« //

GOTT IST MIT HISKIJAS POLITIK NICHT EINVERSTANDEN

39 Als der babylonische König Merodach-Baladan,
der Sohn Baladans, davon hörte, dass Hiskija
krank gewesen und wieder gesund geworden war,
schickte er ihm ein Glückwunschschreiben und ließ
ihm Geschenke überbringen. 2 Hiskija freute sich über
die Gesandten und zeigte ihnen alles, was er besaß:
Silber, Gold, Gewürze und kostbare Öle, seine Waffen,
Rüstungen und Lebensmittelvorräte. Alle Schatzkam-
mern, Geräte- und Vorratshäuser in seinem Palast und
in seinem ganzen Reich ließ er sie sehen. 3 Da kam der
Prophet Jesaja zu König Hiskija und fragte ihn: »Was
wollten diese Männer von dir? Woher kamen sie?«

»Sie sind von weit her zu mir gekommen, aus Babylon«, antwortete Hiskija. 4 »Was haben sie in deinem Palast gesehen?«, fragte Jesaja. »Ich habe ihnen alle meine Vorräte und Schätze gezeigt«, sagte Hiskija. »Ich habe nichts vor ihnen geheim gehalten.« 5 Da sagte Jesaja: »Höre, was der HERR, der Herrscher der Welt, dir sagen lässt: 6 ›Alle Schätze in deinem Palast, die deine Vorfahren zusammengetragen haben, werden eines Tages nach Babylon weggeschafft werden, nichts davon bleibt zurück. 7 Auch von den Söhnen, die dir noch geboren werden, wird man einige nach Babylon verschleppen. Sie werden dort den König in seinem Palast bedienen müssen.‹« 8 Hiskija sagte: »Ich beuge mich unter die Entscheidung des HERRN.« Und er fügte hinzu: »Wenn nur wenigstens zu meinen Lebzeiten noch Frieden und Sicherheit herrschen!«

GOTT BRINGT SEIN VOLK ZURÜCK

40 »Tröstet, tröstet mein Volk!«, sagt euer Gott. 2 »Sprecht den Leuten aus Jerusalem Mut zu, sagt zu ihnen: ›Eure Gefangenschaft ist zu Ende! Eure Schuld ist abgebüßt! Ihr habt vom HERRN die volle Strafe für eure Vergehen empfangen; jetzt ist alles beglichen!‹« 3 Hört, jemand ruft: »Bahnt für den HERRN einen Weg durch die Wüste, baut eine Straße für unseren Gott! 4 Füllt die Täler auf, ebnet Berge und Hügel ein, räumt alle Hindernisse aus dem Weg! 5 Der HERR wird kommen in seiner ganzen Herrlichkeit und alle Menschen werden es sehen. Der HERR selbst hat das gesagt.« 6 Ich hörte eine Stimme sagen: »Rede zu deinem Volk!« »Was soll ich denn sagen?«, fragte ich. »Alle Menschen sind vergänglich wie das Gras. Auch wenn sie noch so gerecht und treu sind, es ergeht ihnen nicht anders als den Blumen auf der Wiese. 7 Das Gras verdorrt, die Blumen verwelken, wenn der HERR seinen glühenden Atem darüber wehen lässt. Ja, wie Gras ist das Volk!« 8 Da sagte die Stimme: »Das Gras verdorrt, die Blumen verwelken; aber das Wort unseres Gottes bleibt für immer in Kraft.«

DIE FREUDENBOTSCHAFT

9 Steig auf einen hohen Berg, du Freudenbotin Jerusalem! Ruf mit lauter Stimme deine Botschaft aus, du Zionsstadt! Tu es unbesorgt, hab keine Angst! Sag den Städten Judas: »Euer Gott kommt! 10 Der HERR, der mächtige Gott, kommt als Sieger und herrscht mit starker Hand. Die Siegesbeute, sein Volk, das er befreit hat, zieht vor ihm her. 11 Er führt sein Volk wie ein guter Hirt, der die Lämmer auf seinen Arm nimmt und an seiner Brust trägt und der die Mutterschafe behutsam leitet.«

DER SCHÖPFER DER WELT ALS HERR DER GESCHICHTE

12 Wer kann mit der hohlen Hand das Wasser des Meeres abmessen, mit der Spanne seiner Hand den Umfang des Himmels bestimmen? Wer kann den Boden, der die Erde bedeckt, in Eimer abfüllen oder die Berge und Hügel auf der Waage abwiegen? 13 Und wer kann die Gedanken des HERRN abmessen? Wer wird von ihm in seine Pläne eingeweiht? 14 Braucht der Schöpfer der Welt jemand, der ihm Ratschläge gibt und ihm auf die Sprünge hilft, der ihn über Recht und Gerechtigkeit belehrt und ihm den richtigen Weg zeigt? 15 Begreift doch: Für den HERRN sind die Völker wie ein Tropfen am Eimer oder ein Stäubchen auf der Waagschale; der ganze Erdkreis wiegt für ihn nicht mehr als ein Sandkorn. 16 Alles Wild auf dem Libanon reicht nicht aus und alle seine Bäume geben nicht genug Brennholz für ein Opfer, das ihm angemessen wäre. 17 Alle Völker sind vor ihm wie nichts, mit all ihrer Macht zählen sie für ihn nicht. 18 Mit wem wollt ihr Gott vergleichen? Gibt es irgendetwas, das einen Vergleich mit ihm aushält? 19 Da machen sie Götterbilder: Der Gießer fertigt eine Bronzefigur an und der Goldschmied beschlägt sie mit Goldblech und Silberstreifen. 20 Der Auftraggeber wählt als Sockel ein Stück Holz, das nicht fault, und sucht sich einen geschickten Handwerker, der das Bild darauf befestigt, sodass es nicht wackelt. 21 Begreift ihr denn nicht? Könnt ihr nicht hören? Wird es euch nicht seit Urzeiten verkündet? Sagen es euch nicht die Fundamente der Erde? 22 Gott thront hoch über dem Erdkreis, sodass die Menschen für ihn so klein wie Heuschrecken sind. Wie ein Tuch hat er den Himmel ausgespannt, wie ein Zeltdach, unter dem die Menschen wohnen. 23 Die Großen und Mächtigen der Erde sind vor ihm nichts und werden vernichtet. 24 Eben erst sind sie hochgekommen und schon ist es mit ihnen zu Ende; es ergeht ihnen wie dem Keimling oder Setzling, der gerade Wurzel schlägt: Der Gluthauch des HERRN bläst sie an und sie verdorren; der Sturm trägt sie fort wie Spreu. 25 »Mit wem also wollt ihr mich vergleichen? Wer kann es mit mir aufnehmen?«, fragt der heilige Gott. 26 Seht doch nur in die Höhe! Wer hat die Sterne da oben geschaffen? Er lässt sie alle aufmarschieren, das ganze unermessliche Heer. Jeden Stern ruft er einzeln mit Namen, und keiner bleibt fern, wenn er, der Mächtige und Gewaltige, ruft.

GOTT GIBT KRAFT ZUM DURCHHALTEN

27 Ihr Leute von Israel, ihr Nachkommen Jakobs, warum klagt ihr: »Der HERR kümmert sich nicht um uns; unser Gott lässt es zu, dass uns Unrecht geschieht«? 28 Habt ihr denn nicht gehört? Habt ihr nicht begriffen? Der HERR ist Gott von Ewigkeit zu Ewigkeit, seine Macht reicht über die ganze Erde; er hat sie geschaffen! Er wird nicht müde, seine Kraft lässt nicht nach; seine Weisheit ist tief und unerschöpflich. 29 Er gibt den Müden Kraft und die Schwachen macht er stark. 30 Selbst junge Leute werden kraftlos, die Stärksten erlahmen. 31 Aber alle, die auf den HERRN vertrauen, bekommen immer wieder neue Kraft, es wachsen ihnen Flügel wie dem Adler. Sie gehen und werden nicht müde, sie laufen und brechen nicht zusammen.

DER GOTT ISRAELS FORDERT DIE GÖTTER HERAUS

41 Der HERR sagt: »Hört mir zu, lasst mich reden, ihr Völker, bis hin zu den Enden der Erde! Nehmt eure ganze Kraft zusammen! Die Götter sollen

vortreten und mir antworten. Ich habe einen Rechts-
streit mit ihnen; wir wollen ihn vor euch austragen.
2 Wer war es, der den Mann aus dem Osten auftreten
ließ, ihn, der überall siegt, wo er hinkommt? Er unter-
wirft sich die Völker und entthront ihre Könige, mit sei-
nen Heeren treibt er sie vor sich her wie der Wind den
Staub oder die Spreu. 3 Er jagt ihnen nach, seine Füße
scheinen den Boden kaum zu berühren. Niemand kann
ihm etwas anhaben. 4 Wer war es, der dies in Gang
gesetzt hat? Der, der von Anfang an die Menschen ins
Dasein ruft und die Geschicke der Völker lenkt! Ich war
es, der HERR; ich bin der Erste, und bis zuletzt bleibe
ich Herr über alles, was geschieht!«

DIE VÖLKER SUCHEN SCHUTZ

5 Die Bewohner der fernsten Länder sahen, was da
geschah, und zitterten vor Angst; sie machten sich
auf und kamen zusammen. 6 Sie helfen einander und
sprechen sich gegenseitig Mut zu. 7 Sie machen ihr
Götterbild fertig: Der Gießer glättet es mit dem Ham-
mer, dann sagt er zum Goldschmied: »Nur zu!« Der
Goldschmied hämmert den Belag auf und sagt: »Das
hält!« Und zuletzt befestigt einer das Standbild mit
Nägeln auf dem Podest, damit es nicht wackelt.

GOTT STEHT ZU SEINEM ERWÄHLTEN VOLK

8 Der HERR sagt: »Israel, du Volk Jakobs, das ich erwählt
habe, damit es mir dient, du Nachkommenschaft mei-
nes Freundes Abraham! 9 Du weißt: Aus dem fernsten
Winkel der Erde habe ich dich gerufen und herbei-
geholt, ich habe zu dir gesagt: ›Du stehst in meinem
Dienst!‹ Ich habe dich erwählt und ich habe dich auch
jetzt nicht verstoßen. 10 Fürchte dich nicht, ich stehe
dir bei! Hab keine Angst, ich bin dein Gott! Ich mache
dich stark, ich helfe dir, ich schütze dich mit meiner
siegreichen Hand! 11 Alle, die gegen dich wüten, wer-
den in Schimpf und Schande dastehen; alle, die dir dein
Lebensrecht streitig machen, werden zugrunde gehen.
12 Du wirst dich nach ihnen umsehen, aber sie nicht
mehr finden; alle deine Feinde verschwinden und wer-
den zu nichts. 13 Denn ich bin der HERR, dein Gott, ich
fasse dich bei der Hand und sage zu dir: Fürchte dich
nicht! Ich selbst, ich helfe dir! 14 Fürchte dich nicht,
Israel, du Nachkommenschaft Jakobs! Auch wenn du
so schwach und hilflos bist wie ein Wurm, den man
zertritt – ich, der HERR, helfe dir; darauf gebe ich dir
mein Wort. Ich, der heilige Gott Israels, bin dein Be-
freier. 15 Ich mache dich zu einem Dreschschlitten mit
neuen, scharfen Zähnen. Berge und Hügel wirst du
dreschen und zu Staub zermahlen; 16 mit der Worf-
schaufel wirfst du sie in die Luft, sodass der Sturm sie
wie Spreu davonträgt. Dann wirst du jubeln über das,
was ich getan habe; du wirst den heiligen Gott Israels
preisen, der dir geholfen hat.«

GOTT FÜHRT SEIN VOLK DURCH DIE WÜSTE

17 Der HERR sagt: »Mein Volk ist am Verdursten, sie su-
chen nach Wasser und finden keins; ihre Zunge klebt
schon am Gaumen. Aber ich, der HERR, höre ihren
Hilferuf; ich, der Gott Israels, lasse sie nicht im Stich!
18 Auf den steinigen Höhen lasse ich Wasser hervor-
brechen und im Wüstensand Quellen entspringen. In
der Steppe sollen sich Teiche bilden, aus dem ausge-
dörrten Boden soll Wasser hervorsprudeln. 19 Mitten
in der Wüste lasse ich Schatten spendende Bäume auf-
wachsen: Zedern, Akazien, Myrten und Ölbäume, Wa-
cholder, Pinien und Zypressen. 20 Wenn sie das sehen,
werden sie begreifen, dass ich, der HERR, eingegriffen
habe, und sie werden erkennen: Der heilige Gott Israels
hat dies alles geschaffen.«

DIE GÖTTER SOLLEN IHRE MACHT BEWEISEN

21 Der HERR, der König Israels, sagt zu den Göttern
der Völker: »Stellt euch auf zum Prozess! Bringt eure
Beweise vor! 22 Lasst uns hören, was ihr vollbracht
habt! Erzählt es uns, wir lassen uns gerne belehren.
Oder sagt uns voraus, was ihr in Zukunft vollbringen
wollt! Dann werden wir euch glauben, wenn es ein-
trifft. 23 Sagt doch irgendetwas voraus, etwas Gutes
oder etwas Schlimmes, dann werden wir alle erkennen,
dass ihr Götter seid, und werden Respekt vor euch ha-
ben! 24 Aber ihr seid ja nichts und könnt auch nichts.
Wer euch liebt, ist mir verhasst. 25 Ich erweckte den
Mann aus dem Osten und er machte sich auf; ich rief
ihn beim Namen und er kam. Er tritt die Mächtigen in
den Staub, er verfährt mit ihnen wie der Töpfer, der den
Ton mit den Füßen stampft. 26 Wer hat das im Voraus
angekündigt, sodass wir sagen müssten: ›Er hat recht
gehabt‹? Keiner von euch hat es angekündigt, kei-
ner hat es vorausgesagt, kein Wörtchen hat man von
euch gehört. 27 Ich allein, ich habe das den Leuten von
Jerusalem angekündigt und der Zionsstadt den Freu-
denboten mit dieser Nachricht geschickt. 28 Ich sehe
mich um, da sind die Götter alle verschwunden, und
aus dem Kreis der Völker nimmt sie keiner in Schutz.
Niemand antwortet auf meine Fragen. 29 Sie sind alle
nichts, die Götter, sie haben nichts vorzuweisen. Und
ihre Bilder haben schon gar nichts zu bedeuten.«

DER BEVOLLMÄCHTIGTE GOTTES BRINGT FREIHEIT UND FRIEDEN

42 Der HERR hat gesagt: »Hier ist mein Bevoll-
mächtigter, hinter dem ich stehe. Ihn habe ich
erwählt, ihm gilt meine Liebe, ihm gebe ich meinen
Geist. Er wird die Völker regieren und ihnen das Recht
bringen. 2 Er schreit keine Befehle und lässt keine Ver-
ordnungen auf der Straße ausrufen. 3 Das geknickte
Schilfrohr zerbricht er nicht, den glimmenden Docht
löscht er nicht aus. Er bringt dem geschlagenen Volk
das Recht, damit Gottes Treue ans Licht kommt. 4 Er
selbst zerbricht nicht und wird nicht ausgelöscht. Er
führt meinen Auftrag aus und richtet unter den Völkern
meine Rechtsordnung auf. Noch an den fernsten Küs-
ten warten sie auf seine Weisung.«

DER GOTT ISRAELS RIEF DEN PERSERKÖNIG

5 Der HERR, der wahre und einzige Gott, hat den Him-
mel geschaffen, wie ein Zelt hat er ihn ausgespannt;

er hat die Erde ausgebreitet und Pflanzen und Tiere
auf ihr entstehen lassen; er hat den Menschen auf der
Erde Leben und Geist gegeben. Er ist es auch, der ge-
sagt hat: 6 »Ich, der HERR, habe dich berufen, damit du
meinen Auftrag ausführst. Ich stehe dir zur Seite und
rüste dich aus. Ich mache dich zum Friedensbringer
für die Menschen und zu einem Licht für alle Völker.
7 Die Gefangenen sollst du aus dem Dunkel des Ker-
kers holen und den blind gewordenen Augen das
Licht wiedergeben.« 8 Euch Israeliten aber sagt er:
»Ich bin der HERR, der mächtige und helfende Gott!
Diese meine Ehre lasse ich mir von niemand nehmen,
meinen Ruhm überlasse ich nicht den Götzen! 9 Was
ich früher vorausgesagt habe, ist eingetroffen. Nun
kündige ich Neues an. Ich sage es euch im Voraus, noch
ehe es eintrifft.«

DIE GANZE ERDE WIRD GOTTES SIEG FEIERN

10 Singt alle dem HERRN ein neues Lied! Noch am äu-
ßersten Ende der Erde preist seinen Sieg! Rühmt ihn
alle, die auf dem Meer fahren, und alles, was darin lebt!
Rühmt ihn, ihr Menschen der ganzen Erde! 11 Die No-
maden in der Steppe, die Leute von Kedar, sollen ihn
mit Freudenrufen begrüßen, die Gebirgsbewohner
von den Gipfeln ihrer Berge ihm zujubeln. 12 Sie alle
sollen dem HERRN die Ehre geben; auf der ganzen wei-
ten Erde sollen sie ihn als Sieger preisen. 13 Denn der
HERR zieht aus wie ein Held, er führt seine Scharen zum
Kampf und feuert sie an. Er erhebt das Kriegsgeschrei
und wirft seine Feinde zu Boden.

GOTT KANN NICHT LÄNGER AN SICH HALTEN

14 Der HERR sagt: »Lange habe ich geschwiegen, ich
habe an mich gehalten und nicht eingegriffen. Aber
jetzt stöhne ich wie eine Frau bei der Geburt, ich
keuche und ringe nach Luft. 15 Mit meinem glühend
heißen Atem dörre ich das Dickicht auf Bergen und
Hügeln hinweg; Ströme lasse ich versiegen und Seen
lege ich trocken. 16 Und dann nehme ich mein blindes
Volk, das Volk, das keinen Weg mehr sieht, an die Hand
und führe es. Das Dunkel, das vor ihm liegt, mache ich
hell und räume alle Hindernisse beiseite. Das werde
ich ganz sicher tun und mich nicht davon abbringen
lassen. 17 Aber alle, die sich auf Götzenbilder verlassen
und zu ihnen sagen: ›Ihr seid unsere Götter‹, sehen
sich dann im Stich gelassen und müssen die Flucht
ergreifen.«

DAS VOLK HAT NICHTS GELERNT …

18 Macht eure Ohren auf, ihr Schwerhörigen! Macht
eure Augen auf, ihr Blinden, damit ihr etwas seht! 19 Ihr
meint, der HERR sieht und hört nichts; aber wenn hier
einer blind und taub ist, dann seid ihr es, das Volk, das
er zu seinem Diener erwählt und zu seinem Boten
bestimmt hat! 20 Ihr habt Augen zum Sehen und seht
nichts, ihr habt Ohren zum Hören und hört nichts. 21 Der
HERR hat euch in diese Lage gebracht, weil er über sei-
ner Rechtsordnung wacht; eure Bestrafung erweist
die Größe und Herrlichkeit seines Gesetzes. 22 Nur
deshalb seid ihr jetzt beraubt und ausgeplündert, sitzt
gefangen in Kerkern und Erdlöchern, die Feinde haben
euch als Beute weggeschleppt, und niemand befreit
euch, niemand holt euch zurück! 23 Hat das keinen von
euch zum Nachdenken gebracht? Nimmt sich das nie-
mand zu Herzen und zieht eine Lehre daraus? 24 Wer
hat denn das Volk Israel, die Nachkommen Jakobs, an
Räuber und Plünderer ausgeliefert? Der HERR hat es
getan, weil wir ihm ungehorsam gewesen sind! Die
Israeliten wollten nicht nach seinen Weisungen leben
und achteten nicht auf sein Gesetz. 25 Da strafte er sie
in seinem Zorn und ließ sie die Schrecken des Krieges
erfahren. Sein lodernder Zorn schloss sie ringsum ein
und versengte sie; aber sie kamen nicht zur Besinnung,
sie haben nichts begriffen.

… ABER TROTZDEM GIBT GOTT SEIN VOLK NICHT PREIS

43 Jetzt aber sagt der HERR, der dich ins Leben ge-
rufen hat. Volk Israel, du Nachkommenschaft
Jakobs: »Fürchte dich nicht, ich habe dich befreit! Ich
habe dich bei deinem Namen gerufen, du gehörst mir!
2 Musst du durchs Wasser gehen, so bin ich bei dir;
auch in reißenden Strömen wirst du nicht ertrinken.
Musst du durchs Feuer gehen, so bleibst du unver-
sehrt; keine Flamme wird dir etwas anhaben können.
3 Denn ich bin der HERR, dein Gott; ich, der heilige Gott
Israels, bin dein Retter. Ich gebe Ägypten für dich als
Lösegeld, den Sudan und Äthiopien noch dazu. 4 Völker
gebe ich für dich hin, ja die ganze Welt, weil du mir so
viel wert bist und ich dich liebe. 5 Fürchte dich nicht,
denn ich bin bei dir! Von dort, wo die Sonne aufgeht,
hole ich dich zurück; von dort, wo sie untergeht, bringe
ich die Zerstreuten meines Volkes zusammen. 6 Zum
Norden sage ich: ›Gib sie heraus!‹, und zum Süden:
›Halte sie nicht zurück!‹ Zu den Enden der Erde sage
ich: ›Lasst meine Söhne und Töchter aus der Fremde
heimkehren! 7 Alle sollen zurückkehren, die ich zu mei-
ner Ehre geschaffen und ins Leben gerufen, die ich zu
meinem Eigentum erklärt habe!‹«

ZEUGEN, DIE SELBST NICHTS BEGRIFFEN HABEN

8 Der HERR sagt: »Mein Volk soll vortreten – diese
Leute, die Augen haben, aber nicht sehen, die Ohren
haben, aber nicht hören! 9 Alle Völker sind zur Gerichts-
verhandlung versammelt. Welcher ihrer Götter hat
angekündigt, was jetzt geschieht? Oder hat vielleicht
einer von ihnen früher einmal etwas angekündigt, das
eingetroffen ist? Sie sollen ihre Zeugen beibringen, die
es bestätigen können!« 10 »Meine Zeugen seid ihr«,
sagt der HERR, »die Leute von Israel, das Volk, das ich
erwählt und in meinen Dienst gestellt habe. Ihr werdet
zu Zeugen meines Tuns, damit ihr mich kennenlernt
und mir vertraut, damit ihr einseht, dass ich der eine
und einzige Gott bin. Vor mir hat es keinen anderen
Gott gegeben und auch nach mir wird keiner kom-
men. 11 Ich allein bin Gott, ich, der HERR; außer mir gibt
es keinen Retter! 12 Ich habe angekündigt, dass ich
euch retten will, und ihr alle habt es gehört. Ihr sollt

bezeugen können, dass ich wahrhaftig Gott bin. Ich
habe euch schon früher gerettet 13 und das werde ich
auch in Zukunft tun. Ich bleibe derselbe. Keine Macht
der Welt kann mir etwas aus der Hand reißen. Was ich
tun will, kann niemand verhindern.«

GOTT BEREITET DIE HEIMKEHR SEINES VOLKES VOR

14 Der HERR, der heilige Gott Israels, euer Befreier, sagt:
»Euretwegen schicke ich den Eroberer gegen Babylon.
Die Bewohner der Stadt werden sich auf die Schiffe
flüchten, auf denen sie jetzt noch ihre rauschenden
Feste feiern; sie werden sich den Fluss hinabtreiben
lassen. 15 Ich bin der HERR, euer heiliger Gott, der
Schöpfer Israels, euer König.« 16 Der HERR sagt: »Einst
habe ich für mein Volk einen Weg durchs Meer gebahnt,
mitten durch gewaltige Wassermassen. 17 Das
mächtige Heer der Verfolger mit seinen Pferden und
Streitwagen habe ich in den Untergang geführt. Sie
sanken zu Boden und standen nicht mehr auf; wie ein
Docht verglimmt, so wurden sie ausgelöscht. 18 Daran
denkt ihr, daran klammert ihr euch. Aber blickt doch
nicht immer zurück! 19 Ich schaffe jetzt etwas Neues!
Es kündigt sich schon an, merkt ihr das nicht? Ich
werde eine Straße durch die Wüste legen und lasse
dort Ströme fließen, 20 damit mein erwähltes Volk unterwegs
zu trinken hat. Die Tiere der Steppe werden
mich ehren, Schakale und Strauße mich preisen, weil
ich Wasser durch das ausgedörrte Land fließen lasse.
21 Und auch das Volk, das ich mir erschaffen habe, wird
mich rühmen und wird weitersagen, was ich getan
habe.«

GOTT ANTWORTET AUF DIE VORWÜRFE SEINES VOLKES

22 Der HERR sagt zu Israel, der Nachkommenschaft
Jakobs: »Berufe dich nicht darauf, du hättest mich zu
Gast geladen und dir Mühe gegeben, mich zu ehren.
23-24 Du hättest mir die Lämmer deiner Brandopfer
dargebracht und mich mit deinen Opfermählern geehrt.
Du hättest für mich die kostbaren Zutaten zum
Salböl gekauft und mich mit dem Fett deiner Opfer
erfreut. Behaupte nur nicht, ich hätte dir eine schwere
Last aufgeladen mit den Speiseopfern und dich geplagt
mit den Räucheropfern, die ich von dir verlangt
habe. Im Gegenteil, du hast *mir* eine Last aufgeladen
mit deinen Sünden und hast *mich* geplagt mit deinen
verbrecherischen Taten! 25 Ich bin dir zu nichts verpflichtet.
Und trotzdem vergebe ich deine Schuld und
denke nicht mehr an deine Verfehlungen – weil ich es
so will! 26 Lass uns miteinander vor Gericht gehen!
Klage mich an! Trag deine Sache vor und beweise, dass
du im Recht bist! 27 Schon dein Stammvater Jakob hat
gesündigt, aber deine führenden Männer haben sich
regelrecht gegen mich aufgelehnt. 28 Darum habe ich
die Priester meines Heiligtums in den Schmutz getreten,
ich habe die Nachkommen Jakobs in Acht und
Bann getan und habe Schimpf und Schande über Israel
kommen lassen.«

GOTT GIBT SEINEM VOLK EINE ZUKUNFT

44 »Höre, mein Diener Jakob! Höre, Israel, den ich
erwählt habe! 2 Ich, der HERR, dein Schöpfer,
der dich im Mutterleib gebildet hat und dir seitdem
beisteht, ich sage dir: Hab keine Angst, Jakob, mein
Diener, Jeschurun, mein Erwählter! 3 Wie ich strömenden
Regen über das verdurstende Land ausgieße,
so gieße ich meinen Lebensgeist aus über deine
Nachkommen, sodass sie sich mehren durch meinen
Segen. 4 Dann werden sie aufschießen wie Gras nach
dem Regen, wie Pappeln an Wassergräben.« 5 Viele
Menschen werden dann kommen und sich dem Volk
des HERRN anschließen. »Ich gehöre dem HERRN«,
wird der eine sagen und der andere schreibt es sich
sogar auf die Hand. »Auch ich zähle jetzt zu den
Nachkommen Jakobs«, sagt ein dritter und der vierte
legt sich den Ehrennamen ›Israel‹ bei.

ISRAEL KANN AUF SEINEN GOTT VERTRAUEN

6 Der HERR, Israels König und sein Befreier, der Herrscher
der Welt, sagt: »Ich bin der Erste und ich bin der
Letzte; außer mir gibt es keinen Gott. 7 Wer ruft wie ich
immer Neues ins Dasein? Er soll den Beweis antreten
und mir alles der Reihe nach aufzählen, angefangen
bei der Urzeit, als ich die Menschen schuf! Und was
künftig geschehen wird, das soll er einmal vor allen
hier erzählen! 8 Habt keine Angst, ihr Leute von Israel,
lasst euch nicht verwirren! Habe ich nicht im Voraus
angekündigt, was jetzt geschieht? Ihr habt es gehört,
ihr seid meine Zeugen. Gibt es einen Gott außer mir?
Gibt es außer mir einen, auf den man sich felsenfest
verlassen kann? Ich kenne keinen.«

DIE BLINDHEIT DER GÖTZENVEREHRER

9 Ohnmächtige Menschen sind alle, die Götzenbilder
herstellen, und auch die schönen Bilder sind ohnmächtig.
Fragt man ihre Verehrer, was die Götzen denn vollbracht
haben, so müssen sie beschämt verstummen;
denn von Taten haben sie nie etwas zu sehen und
zu hören bekommen. 10 Wie kann jemand so töricht
sein und sich einen Gott machen, sich ein Götterbild
gießen lassen – ein Bild, das doch nicht helfen kann!
11 Die Handwerker, die es herstellen, sind ja auch nur
Menschen. Deshalb werden alle, die von den Götzenbildern
Hilfe erwarten, enttäuscht. Sie sollen doch einmal
kommen und das Gegenteil beweisen! Sie werden
mit Schrecken feststellen, dass sie verlassen sind, und
werden beschämt abziehen müssen. 12 Der Schmied
nimmt ein Stück Eisen und bearbeitet es in der Glut.
Mit großen und kleinen Hämmern gibt er ihm die gewünschte
Form. Er wendet seine ganze Kraft auf, und
weil er darüber Essen und Trinken vergisst, ist er am
Ende ganz erschöpft. 13 Der Holzschnitzer misst einen
Block ab, zeichnet die Umrisse der Gestalt darauf und
arbeitet sie mit dem Stecheisen heraus. Schließlich
glättet er noch die Oberfläche. So schafft er ein Bild,
das aussieht wie ein Mensch, wie ein Prachtstück von
einem Mann. Das Bild wird in ein Haus gestellt und da
bleibt es und rührt sich nicht. 14 Man wählt dafür eine

Zeder oder eine besonders kräftige Eiche im Wald oder
man zieht Lorbeerbäume, die der Regen groß und kräf-
tig werden lässt. 15 Mit dem Holz dieser Bäume macht
sich der Mensch ein Feuer, er wärmt sich daran oder
backt Brot damit – und aus demselben Holz macht er
sich ein Götterbild, vor dem er sich zu Boden wirft.
16 Den einen Teil des Holzes verbrennt er; auf dem
Feuer brät er sich Fleisch und isst sich an dem Braten
satt. Er sitzt am Feuer und sagt: »Ah, das wärmt!
Was für ein schönes Feuer!« 17 Aus dem anderen Teil
macht er sich einen Gott und wirft sich davor nieder.
Er betet zu dem Holz und sagt: »Rette mich! Du bist
doch mein Gott.« 18 Die Götzenverehrer haben keinen
Verstand. Ihre Augen sind verklebt, sodass sie nichts
sehen; ihr Herz ist verschlossen, sodass sie nichts be-
greifen. 19 Wer sich ein Götzenbild macht, denkt nicht
darüber nach, was er tut; sonst würde er zur Einsicht
kommen und sagen: »Die Hälfte des Holzes habe ich
verbrannt, über dem Feuer habe ich Fleisch gebraten
und in der Glut mein Brot gebacken. Und da sollte ich
aus der anderen Hälfte einen Götzen machen, mich
vor einem Holzklotz niederwerfen?« 20 Genauso gut
könnte er die Asche anbeten. Sein törichtes Herz hat
ihn in die Irre geführt. Auf diesem Weg kann er sein
Leben nicht retten. Er müsste zur Einsicht kommen
und sagen: »Das ist doch Lug und Trug, was ich da in
der Hand halte!«

GOTT HAT SCHON EINGEGRIFFEN

21 Der HERR sagt: »Ihr Leute von Israel, ihr Nach-
kommen Jakobs, denkt daran: Ihr steht unter mei-
nem Schutz. Ich habe euch geschaffen, ihr seid meine
Schützlinge. Und ich vergesse euch nicht! 22 Ich habe
eure ganze Schuld vergeben; sie ist verschwunden wie
der Nebel vor der Sonne. Wendet euch mir zu, denn
ich werde euch befreien.« 23 Der Himmel soll jauch-
zen und die ganze Erde jubeln. Die Berge sollen in ein
Freudengeschrei ausbrechen, der Wald und alle seine
Bäume sollen darin einstimmen. Denn der HERR hat die
Nachkommen Jakobs befreit, an Israel zeigt er seine
Macht und Herrlichkeit.

DER SCHÖPFER DER WELT ALS HERR DER GESCHICHTE

24 Höre, Israel, was dein Befreier verkündet, er, der dich
im Mutterleib geschaffen hat: »Ich bin der HERR, der
alles schafft und wirkt. Ich ganz allein habe den Him-
mel ausgespannt wie ein Zelt, ich habe die Erde ausge-
breitet mit eigener Kraft. 25 Ich strafe die Voraussagen
der Zeichendeuter Lügen und stelle die Wahrsager als
Narren bloß. Ich mache die Weisen ratlos und zeige,
dass ihr Wissen nichts wert ist. 26 Aber was meine
Beauftragten voraussagen, das lasse ich eintreffen,
und was meine Boten als meinen Plan verkünden,
das führe ich aus. Jetzt sage ich zu Jerusalem: ›Sei
wieder bewohnt!‹; ich lasse es wieder erstehen aus
seinen Trümmern. Und zu den Städten Judas sage ich:
›Ihr werdet wieder aufgebaut!‹ 27 Jetzt sage ich zum
gefahrdrohenden Meer: ›Trockne aus! Deine Fluten
sollen versiegen!‹ 28 Und jetzt sage ich zu Kyrus: ›Ich
mache dich zum Hirten meines Volkes.‹ Er wird alles
ausführen, was ich will. Er wird befehlen: ›Jerusalem
wird wieder aufgebaut und der Tempel wird von
Neuem errichtet.‹«

DER PERSERKÖNIG KYRUS ALS WERKZEUG GOTTES

45 Der HERR sagt zu Kyrus, den er gesalbt und
zum König eingesetzt hat: »Ich habe dich bei
der Hand genommen und stehe dir zur Seite. Ich un-
terwerfe dir die Völker und nehme ihren Königen die
Macht; ich öffne dir Türen und Tore. 2 Ich selbst gehe
vor dir her und beseitige alles, was dir im Weg steht. Die
bronzenen Türen schlage ich in Stücke und zerbreche
die eisernen Riegel. 3 Ich liefere dir die verborgenen
Schätze und die versteckten Vorräte aus. Daran sollst
du erkennen, dass ich der wahre Gott bin, dass der
HERR, der Gott Israels, dich beim Namen gerufen und
in seinen Dienst gestellt hat. 4 Obwohl du mich nicht
kennst, habe ich dich berufen und verleihe dir einen
Ehrennamen; denn durch dich will ich meinem Diener
und Schützling Israel helfen, der Nachkommenschaft
Jakobs, die ich erwählt habe. 5 Ich bin der HERR, ich bin
der Einzige, außer mir gibt es keinen Gott. Ich gebe dir
die Macht, obwohl du nichts von mir weißt. 6 Überall
auf der ganzen Erde sollen sie erkennen, dass ich allein
Gott bin, ich, der HERR, und sonst keiner. 7 Ich mache
das Licht und ich mache die Dunkelheit; Glück wie Un-
glück kommen von mir. Ich, der HERR, bin es, der dies
alles vollbringt. 8 Öffne dich, Himmel! Sende Rettung
auf die Erde herab wie Regen! Die Erde lasse Heil und
Frieden aufsprießen! Dies bewirke ich, der HERR, der
Schöpfer.«

GOTT IST DEN VÖLKERN KEINE RECHENSCHAFT SCHULDIG

9 Weh dem Menschen, der seinen Schöpfer zur Re-
chenschaft zieht! Aus Erde ist er gemacht; vor dem,
der ihn geformt hat, ist er nicht mehr als eine Ton-
scherbe! Sagt vielleicht der Ton zum Töpfer: »Was
machst du da?«? Hält er ihm vor: »Was du formst, ist
misslungen!«? 10 Wer hat das Recht, zu einem Vater
zu sagen: »Warum hast du gezeugt?«? Oder zu einer
Frau: »Warum hast du in Geburtswehen gelegen?«?
11 Der HERR, der heilige Gott Israels und sein Schöpfer,
sagt: »Ihr Völker wollt mich zur Rechenschaft ziehen?
Ihr wollt mir vorhalten, dass ich mein eigenes Volk be-
vorzuge? Ihr wollt mir vorschreiben, wie ich mit ihm,
dem Werk meiner Hände, zu verfahren habe? 12 Ich
habe die Erde gemacht und die Menschen, die darauf
leben. Ich habe den Himmel ausgespannt mit eigener
Hand, ich bestimme den Sternen ihre Bahn. 13 Ich bin
es auch, der Kyrus erweckt hat und ihm den Sieg gibt.
Ich ebne ihm die Wege und breche jeden Widerstand.
Er wird meine Stadt Jerusalem wieder aufbauen und
mein verbanntes Volk heimkehren lassen – und er be-
kommt dafür keine Bezahlung und keine Geschenke!«
Das sagt der HERR, der Herrscher der Welt.

GOTT HILFT SEINEM VOLK

14 Der HERR sagt zur Zionsstadt: »Die Leute aus
Ägypten und dem Sudan kommen zu dir und bringen
dir ihre Schätze; die hochgewachsenen Äthiopier wer-
den deine Sklaven, in Fesseln kommen sie herbei. Sie
werfen sich vor dir nieder, beten zu deinem Gott und
bekennen: ›Nur bei dir ist Gott! Es gibt sonst keinen,
absolut keinen!‹« 15 Wahrhaftig, du bist ein Gott, der
sich verbirgt, du Gott Israels, der Retter! 16 Alle, die sich
Götzenbilder machen, werden enttäuscht und gehen
in Schmach und Schande zugrunde. 17 Euch aber, den
Leuten von Israel, hilft der HERR, er bringt euch die
endgültige Rettung. Nie und nimmer werdet ihr ent-
täuscht werden und untergehen.

EINLADUNG AN ALLE VÖLKER

18 Der HERR, der einzige Gott, hat Himmel und Erde
gemacht. Er hat die Erde fest gegründet; und er hat
sie nicht geschaffen, damit sie leer und öde sein soll,
sondern damit seine Geschöpfe auf ihr wohnen kön-
nen. Und dieser Gott sagt: »Ich bin der HERR, es gibt
keinen anderen Gott! 19 Ich habe mich nicht vor euch
verborgen und mich nicht in Dunkel gehüllt, ich habe
geredet! Und ich habe zu den Nachkommen Jakobs
nicht gesagt: ›Sucht mich vergeblich!‹ Ich, der HERR,
rede zu euch von Hilfe und Rettung, und was ich an-
kündige, das geschieht. 20 Kommt alle her, die ihr übrig
geblieben seid, als eure Völker untergingen! Kommt
zur Gerichtsversammlung! Wer Götterbilder aus Holz
mit sich herumträgt, hat keinen Verstand; er betet zu
einem Gott, der nicht helfen kann. 21 Beratet miteinan-
der, was ihr zu eurer Verteidigung vorbringen könnt!
Wer hat seit Langem angekündigt, was nun geschehen
ist? War nicht ich es, der HERR? Es gibt keinen Gott
außer mir, keinen, der Hilfe und Rettung bringen kann.
22 Kommt zu mir und lasst euch helfen, ihr Menschen
der ganzen Erde! Denn nur ich bin Gott und sonst kei-
ner. 23 Ich schwöre bei mir selbst, und was ich sage,
das geschieht auch: Alle werden vor mir auf die Knie
fallen und feierlich bekennen: 24 ›Nur beim HERRN gibt
es Rettung und sicheren Schutz.‹« Beschämt werden
alle zum HERRN kommen, die sich ihm widersetzt ha-
ben. 25 Alle Nachkommen Jakobs aber finden bei ihm
Rettung und werden ihn voller Freude und Stolz dafür
preisen.

DIE HILFLOSEN GÖTTER UND DER HELFENDE GOTT

46 Gott Bel geht in die Knie, Gott Nebo sinkt um;
ihre Bilder werden weggeschleppt auf dem
Rücken des Lastviehs. Ihr Leute von Babylon, eure
Götter sind aufgeladen, das Vieh schleppt sich müde
daran! 2 Die Götter sind umgesunken, sind in die Knie
gegangen; sie können die eigene Last nicht retten,
müssen selber in die Gefangenschaft! 3 »Hört, Volk
Israel, der ganze Rest, der von den Nachkommen Ja-
kobs übrig geblieben ist«, sagt der HERR. »Ich habe
euch getragen, seit es euch gibt; ihr seid mir aufgela-
den, seit ihr aus dem Mutterleib kamt. 4 Und ich bleibe
derselbe in alle Zukunft! Bis ihr alt und grau werdet,
bin ich es, der euch schleppt. Ich habe es bisher ge-
tan und ich werde es auch künftig tun. Ich bin es, der
euch trägt und schleppt und rettet! 5 Mit wem wollt
ihr mich vergleichen? Gibt es irgendjemand, den ihr
mit mir auf eine Stufe stellen könnt? 6 Da schütten sie
Gold und Silber aus ihrem Beutel, sie wiegen es ab und
beauftragen den Goldschmied, dass er ihnen einen
Gott daraus macht. Vor dem werfen sie sich nieder, 7 sie
heben ihn auf ihre Schultern, sie tragen ihn feierlich
umher, sie setzen ihn wieder auf seinen Platz – und da
steht er dann und rührt sich nicht. Wenn jemand um
Hilfe zu ihm ruft, antwortet er nicht; er rettet keinen
aus der Not. 8 Macht euch das einmal klar und nehmt
es euch zu Herzen! Kommt endlich zur Besinnung!«

DIE HILFE IST NAHE

9 »Denkt an das, was ich früher getan habe!«, sagt der
HERR. »Ich allein bin Gott und sonst keiner, niemand
ist mir gleich. 10 Ich kündige an, was geschehen wird,
lange bevor es eintrifft. Und das sage ich euch: Wenn
ich etwas plane, dann wird es auch ausgeführt. Alles,
was ich mir vornehme, das tue ich auch. 11 Ich rufe jetzt
den Adler aus dem Osten, den Mann aus fernem Land,
der meinen Plan ausführen wird. Ich habe es angekün-
digt und es wird eintreffen; es ist schon im Gang, ich
führe es herbei. 12 Hört her, ihr Starrsinnigen! Ihr habt
alle Hoffnung aufgegeben, weil ihr weit und breit keine
Hilfe seht. 13 Aber von mir kommt eure Rettung, sie ist
ganz nahe; meine Hilfe lässt nicht auf sich warten. Auf
dem Zionsberg gebe ich euch einen neuen Anfang und
Israel mache ich zu meinem Schmuckstück!«

DER PROPHET KÜNDET DEN STURZ BABYLONS AN

47 Der HERR sagt: »Steig von deinem Thron herun-
ter, Babylon, du stolze Jungfrau! In den Staub
musst du dich setzen, niemand wird dich fortan nen-
nen ›die verwöhnte zarte Dame‹. 2 Sklavenarbeit wird
dein Los sein: Bück dich nieder, dreh den Mühlstein.
Weg den Schleier, weg die Schleppe! Raff das Kleid
hoch, geh durch Pfützen! 3 Jeder sehe deine Blöße,
offenbar sei deine Schande. Ich, der HERR, will jetzt
vergelten, niemand soll mich daran hindern.« 4 Ja, der
HERR ist unser Retter, ihm gehorchen alle Mächte, er
ist unser heiliger Gott. 5 »Hör, was ich, der HERR, dir
sage: Babylon, du musst ins Dunkel, einsam in der Stille
sitzen, niemand wird dich künftig nennen ›Herrin vieler
Königreiche‹. 6 Auf mein Volk war ich sehr zornig, gab
mein Land dem Feinde preis, lieferte mein Volk dir aus.
Doch du hattest kein Erbarmen; auch die hochbetagten
Alten hast du mitleidlos geschunden. 7 Und du sagtest:
›Ewig leb ich, ewig bleibe ich die Herrin!‹ Dachtest
nicht, was deine Taten dir am Ende bringen würden.
8 Üppig lebst du, Wohlstand liebst du, wiegst dich
stets in Sicherheit. Ja, du sagst: ›Ich bin die Größte!
Neben mir kommt keiner auf. Niemals werd ich Witwe
sein, ohne Zahl sind meine Kinder!‹ 9 Doch an einem
Tag verlierst du, was bis jetzt dein Ruhm und Stolz ist:

Du verlierst den Mann, die Kinder, einsam, schutz-
los stehst du da. Nichts kann dich davor bewahren,
Zaubersprüche helfen nicht. 10 Doch du denkst noch:
›Ungestraft bleiben meine bösen Taten; es gibt kei-
nen, der sie sieht.‹ Durch dein Wissen, deine Weisheit
ließt du dich zum Stolz verleiten, sagtest: ›Ja, ich bin
die Größte! Neben mir kommt keiner auf!‹ 11 Doch
schon naht sich dir das Unglück! Eh du dessen dich
versiehst, stürzt du plötzlich ins Verderben. Du hast
es nicht kommen sehen und du kannst ihm nicht ent-
rinnen, nicht durch Zauber, nicht durch Opfer. 12 Stell
dich hin, brauch deine Künste, mit Beschwörungen
versuch es! Darin bist du ja geübt, schon seit deiner
Jugendzeit! Sieh, ob sie dir helfen können, um das Un-
heil abzuwenden! 13 Hast du dich nicht stets bemüht,
von den Sternen Rat zu holen? Ruf doch deine Him-
melsdeuter, die dir Horoskope stellen! Ob sie dich wohl
retten können? 14 Wie den Stoppeln geht es ihnen, die
im Nu das Feuer frisst: Keiner kann sein Leben retten,
wenn der Feuersturm hereinbricht. Das ist dann kein
Lagerfeuer, dran man sich die Hände wärmt, nichts für
eine traute Runde! 15 Wahrlich, schöne Stützen sind sie,
dieses ganze Händlervolk! Seit der frühen Jugendzeit
hast du viel für sie getan. Aber jetzt stehst du allein da:
Einer wie der andere taumelt seines Weges – fort, nach
Hause! Da ist niemand, der dir hilft.«

GOTT KÜNDIGT ISRAEL NEUES AN

48 Hört, ihr Leute vom Volk Jakobs, ihr Nach-
kommen Judas! Ihr tragt den Ehrennamen
Israel, ihr schwört beim Namen des HERRN, ihr be-
kennt euch zum Gott Israels – aber rechnet ihr viel-
leicht ernsthaft mit ihm? 2 Gewiss, ihr habt euch die
Bewohner der Heiligen Stadt genannt und im Gott
Israels euren Helfer gesehen, und das ist er auch; sein
Name ist: »der HERR, der Herrscher der Welt«. Hört
also, was er euch sagt: 3 »Von jeher hatte ich euch
angekündigt, was geschehen würde; den Propheten
hatte ich mein Wort in den Mund gelegt und ihr konn-
tet es hören. Dann habe ich ganz plötzlich gehandelt
und alles traf ein. 4 Ich wusste, dass ihr starrsinnig
seid; euer Nacken ist unbeugsam wie Eisen und eure
Stirn so hart wie Stahl. 5 Deshalb habe ich euch das
alles im Voraus angekündigt, damit ihr nicht sagen
könnt: ›Das hat mein Götze getan; mein Götzenbild
aus Holz und Metall hat das angeordnet.‹ 6 Ihr habt
alles gehört und ihr seht: Es ist eingetroffen. Wollt ihr
das nicht zugeben und öffentlich verkünden? Aber
von jetzt an kündige ich etwas Neues an; bisher war
es verborgen und ihr habt nichts davon gewusst. 7 Es
war nicht schon immer da, eben erst habe ich es ge-
schaffen und in Gang gesetzt. Bis zum heutigen Tag
habt ihr nichts davon gehört – sonst würdet ihr sagen:
›Wir haben es ja schon lange gewusst!‹ 8 Nein, ihr habt
nichts davon gewusst, ihr habt nie etwas davon zu hö-
ren bekommen. Ich kannte euch doch und wusste: Ihr
seid durch und durch treulos. Man nennt euch nicht
umsonst ›Rebell vom Mutterleib an‹. 9 Aber weil ich
mich mit euch verbunden habe und die Ehre meines
Namens auf dem Spiel steht, bezwinge ich meinen
Zorn und vernichte euch nicht. 10 Im Schmelzofen des
Leidens habe ich euch geprüft, aber es kam kein Silber
dabei heraus! 11 Nicht euretwegen, sondern einzig und
allein meinetwegen schaffe ich euch Rettung. Soll ich
mich noch länger von den Völkern verhöhnen lassen?
Meine Ehre lasse ich mir von niemand nehmen!«

GOTT HAT DEN PERSERKÖNIG BEAUFTRAGT

12 Der HERR sagt: »Höre, Israel, du Volk der Nach-
kommen Jakobs, das ich in meinen Dienst gestellt
habe! Ich bin der eine und einzige Gott, der Erste und
auch der Letzte. 13 Ich habe die Erde auf festen Grund
gestellt, ich habe den Himmel ausgespannt; nur ein
Wort von mir und sie standen da. 14 Kommt alle her-
bei, ihr Leute von Israel, und hört! Wer außer mir hat
angekündigt, was jetzt geschieht? Der Mann, den ich
liebe, vollstreckt meinen Willen an Babylon und lässt
die Chaldäer meine Macht spüren. 15 Ich allein habe es
vorhergesagt, ich habe ihn auch gerufen. Ich habe ihn
hergeholt und lasse sein Vorhaben gelingen. 16 Kommt
her zu mir, hört, was ich euch sage! Von Anfang an habe
ich dies öffentlich angekündigt, und seit es in Gang
gekommen ist, habe ich meine Hand im Spiel.« Und
jetzt hat der HERR, der mächtige Gott, mich beauftragt
und mir seinen Geist gegeben.

STEHT EUREM GLÜCK NICHT IM WEG!

17 Der HERR, der heilige Gott Israels, euer Befreier,
sagt: »Ich, der HERR, euer Gott, sage euch, was ihr
tun und wie ihr leben sollt. Meine Weisungen dienen
zu eurem Besten. 18 Hättet ihr doch auf meine Gebote
geachtet! Dann würdet ihr jetzt Frieden haben und es
würde euch an nichts fehlen; euer Wohlstand würde
anschwellen wie ein Strom, er würde sich ausbreiten
wie die Wogen des Meeres. 19 Eure Nachkommen wür-
den so unzählbar sein wie der Sand und ich würde mich
niemals von ihnen abwenden und sie dem Untergang
preisgeben!«

VORBLICK AUF DEN AUSZUG DES VOLKES ISRAEL AUS BABYLONIEN

20 Brecht auf aus Babylon! Verlasst das Land der Chal-
däer, so schnell ihr könnt! Freut euch und jubelt, macht
überall bis ans Ende der Erde bekannt: »Der HERR hat
sein Volk, die Nachkommen Jakobs, befreit!« 21 Er führt
sie durch Wüsten, aber sie leiden keinen Durst; denn er
gibt ihnen zu trinken: Er spaltet Felsen und es strömt
Wasser heraus. 22 »Wer sich gegen mich auflehnt«,
sagt der HERR, »findet keinen Frieden, sondern stürzt
sich ins Unglück.«

EINE NEUE AUFGABE FÜR DEN BEVOLLMÄCHTIGTEN GOTTES

49 Hört her, ihr Menschen am Rand der Erde, ihr
Völker in der Ferne! Schon als ich noch im Leib
meiner Mutter war, hat der HERR mich in seinen Dienst
gerufen und meinen Namen bekannt gemacht. 2 Er hat
mir eine Zunge gegeben, die scharf ist wie ein Schwert,

und er hält seine schützende Hand über mich. Er hat mich zu einem sicher treffenden Pfeil gemacht und verwahrt mich in seinem Köcher. 3 Er hat zu mir gesagt: »Du bist mein Bevollmächtigter, Israel, an dir will ich meine Herrlichkeit sichtbar machen.« 4 Ich aber dachte: »Ich habe mich vergeblich abgemüht. Ich habe meine ganze Kraft erschöpft und nichts erreicht. Doch der HERR wird mir zu meinem Recht verhelfen und meine Mühe belohnen.« 5 Und nun hat der HERR zu mir gesprochen, er, der mich schon im Mutterleib dazu bestimmt hat, ihm zu dienen und die Nachkommen Jakobs, das Volk Israel, zu sammeln und zu ihm zurückzuführen. Bei ihm bin ich angesehen, er gibt mir Kraft. 6 Er hat zu mir gesagt: »Es ist zu wenig, dass du als mein Bevollmächtigter nur die Stämme Israels wieder zu Ansehen bringst und alle zurückführst, die von den Nachkommen Jakobs übrig geblieben sind. Ich mache dich auch zum Licht für die anderen Völker, damit alle Menschen auf der Erde durch dich meine rettende Hilfe erfahren.«

WIEDERHOLTE ZUSAGE DER BEFREIUNG

7 Der HERR, der Befreier Israels und sein heiliger Gott, sagt zu dem Volk, das verachtet und von allen verabscheut wird, das den Tyrannen dienen muss: »Könige werden mit ansehen, wie du befreit wirst, und sie werden vor dir aufstehen. Fürsten werden sich vor dir niederwerfen.« Das wird geschehen, weil der HERR sein Wort hält, weil der heilige Gott Israels dich erwählt hat.

GOTT RETTET SEINEN BEVOLLMÄCHTIGTEN UND SEIN VOLK

8 Der HERR sagt zu seinem Bevollmächtigten: »Wenn die Zeit kommt, dass ich mich über dich erbarme, erhöre ich dich; wenn der Tag deiner Rettung da ist, helfe ich dir. Ich bewahre dich vor dem Untergang und mache dich zum Friedensbringer für mein Volk. Du sollst das verödete Land wieder bewohnbar machen und als bleibenden Besitz neu verteilen. 9 Zu den Gefangenen wirst du sagen: ›Ihr seid frei!‹, und zu denen, die im Dunkeln leben: ›Kommt ans Licht!‹ Es wird ihnen unterwegs an nichts fehlen, wie den Schafen, die noch auf den kahlsten Höhen Weide finden. 10 Sie werden weder Hunger noch Durst leiden, die Glut der Sonne und der heiße Wüstenwind werden sie nicht quälen; denn ich führe sie und bringe sie zu erfrischenden Quellen, weil ich es gut mit ihnen meine. 11 Alle Berge, die ihnen im Wege sind, ebne ich ein; feste Straßen schütte ich für sie auf. 12 Seht doch, mein Volk kommt von weit her: aus dem Norden, aus dem Westen und aus dem südlichsten Ägypten!« 13 Freut euch, Himmel und Erde; jubelt, ihr Berge! Denn der HERR hilft seinem Volk, er hat Erbarmen mit den Unterdrückten.

GOTT LIEBT SEIN VOLK WIE EINE MUTTER

14 Die Zionsstadt klagt: »Der HERR hat mich verlassen, mein Gott hat mich vergessen!« 15 Doch der HERR sagt: »Bringt eine Mutter es fertig, ihren Säugling zu vergessen? Hat sie nicht Mitleid mit dem Kind, das sie in ihrem Leib getragen hat? Und selbst wenn sie es vergessen könnte, ich vergesse euch nicht! 16 Jerusalem, ich habe dich unauslöschlich in meine Hände eingezeichnet; deine Mauern sind mir stets vor Augen. 17 Die Leute, die dich wieder aufbauen werden, sind schon unterwegs; die Feinde, die dich zerstört und verwüstet haben, müssen abziehen. 18 Sieh doch, was rings um dich her geschieht! Schon versammeln sich die Menschen, die in dir wohnen werden, sie kommen zu dir. So gewiss ich, der HERR, lebe: Du wirst dich über sie freuen und stolz auf sie sein, du wirst dich mit ihnen schmücken wie eine Braut mit dem Hochzeitsschmuck. 19 In Trümmern lagst du und dein Land ringsum war verwüstet und menschenleer; aber bald werden so viele kommen, dass du sie nicht mehr fassen kannst. Von denen, die dich zerstört haben, wird man weit und breit nichts mehr sehen. 20 Du warst wie eine kinderlose Frau; aber bald werden deine Kinder zu dir sagen: ›Uns ist es zu eng hier; schaff uns mehr Platz, damit wir wohnen können!‹ 21 Dann wirst du fragen: ›Wer hat alle diese Kinder für mich geboren? Meine eigenen hat man mir geraubt, neue konnte ich nicht mehr gebären; ich war verbannt und verstoßen. Wer hat diese alle für mich großgezogen? Ich war doch ganz allein übrig geblieben. Wo kommen sie her?‹« 22 Der HERR, der mächtige Gott, sagt: »Sieh her, ich hebe die Hand und stelle mein Feldzeichen auf, sodass die Völker es sehen. Dann werden sie deine Söhne und Töchter auf ihre Arme und Schultern heben und herbeibringen. 23 Könige werden dich hüten, Fürstinnen werden dich wie Ammen versorgen. Mit dem Gesicht auf der Erde müssen sie dich ehren und dir den Staub von den Füßen küssen. Dann wirst du sehen, dass ich, der HERR, für dich da bin und dass niemand enttäuscht wird, der mir vertraut.« 24 »Kann man einem Starken seine Beute wegnehmen?«, fragst du. »Kann man die Opfer eines Tyrannen aus dem Kerker befreien?« 25 Der HERR sagt: »Genau das wird geschehen: Die Gefangenen des Tyrannen werden befreit und dem Starken wird seine Beute entrissen. Ich selbst kämpfe gegen deine Feinde, ich selbst werde deine Kinder befreien. 26 Deine Unterdrücker sollen sich gegenseitig umbringen und in einem Blutrausch sich selbst vernichten. Dann werden alle Menschen erkennen: Ich, der HERR, der starke Gott Jakobs, bin dein Retter und dein Befreier.«

GOTT ANTWORTET AUF KLAGEN SEINES VOLKES

50 Der HERR sagt: »Ihr behauptet, ich hätte Israel, eure Mutter, verstoßen. Zeigt mir doch die Scheidungsurkunde! Ihr behauptet, ich hätte euch, meine Kinder, als Sklaven verkauft, wie man es tut, um seine Schulden zu tilgen. Zeigt mir doch den, dem ich etwas schuldig war! Nein, wegen eurer Schuld habe ich euch weggegeben, wegen eurer Verbrechen habe ich eure Mutter Israel weggeschickt! 2 Warum stellt sich mir keiner? Warum antwortet ihr nicht? Ihr denkt, ich sei zu schwach, um euch zu helfen, mein Arm sei zu kurz, um euch zu befreien. Und doch brauche ich nur ein Wort zu sprechen, dann trocknet das Meer aus und die Ströme versiegen, sodass die Fische elend

umkommen. 3 Ich kann den Himmel schwarz werden
lassen, als trüge er ein Trauerkleid.«

DER BEVOLLMÄCHTIGTE GOTTES WIRD ANGEFEINDET

4 Gott, der HERR, hat meine Zunge in seinen Dienst ge-
nommen, er zeigt mir immer neu, was ich sagen soll, um
die Müden zu ermutigen. Jeden Morgen lässt er mich
aufwachen mit dem Verlangen, ihn zu hören. Begierig
horche ich auf das, was er mir zu sagen hat. 5 Er hat mir
das Ohr geöffnet und mich bereitgemacht, auf ihn zu
hören. Ich habe mich nicht gesträubt und bin vor kei-
nem Auftrag zurückgescheut. 6 Ich habe meinen Rücken
hingehalten, wenn sie mich schlugen, und mein Kinn,
wenn sie mir die Barthaare ausrissen. Ich habe mich von
ihnen beschimpfen lassen und mein Gesicht nicht be-
deckt, wenn sie mich anspuckten. Sie meinen, ich hätte
damit mein Unrecht eingestanden; 7 aber der HERR, der
mächtige Gott, steht auf meiner Seite. Deshalb mache
ich mein Gesicht hart wie einen Kieselstein und halte
alles aus. Ich weiß, dass ich nicht unterliegen werde.
8 Ich habe einen Helfer, der meine Unschuld beweisen
wird; er ist schon unterwegs. Wer wagt es, mich an-
zuklagen? Er soll mit mir vor den Richter treten! Wer
will etwas gegen mich vorbringen? Er soll kommen!
9 Der HERR, der mächtige Gott, tritt für mich ein. Wer
will mich da verurteilen? Alle, die mich beschuldigen,
müssen umkommen; sie zerfallen wie ein Kleid, das von
Motten zerfressen ist. 10 Wer von euch fragt nach dem
HERRN, wer hört auf seinen Bevollmächtigten? Er darf
wissen: Auch wenn sein Weg durchs Dunkel führt und
er nirgends ein Licht sieht – auf den HERRN kann er sich
verlassen, sein Gott hält und führt ihn. 11 Zu euch aber,
die ihr das Feuer schürt und Brandpfeile anzündet, sagt
der HERR: »Ihr lauft in euer eigenes Feuer und werdet
selbst von den Pfeilen getroffen, die ihr angezündet
habt. Ihr bekommt meine Macht zu spüren; ich sorge
dafür, dass ihr in Qualen endet.«

DAS GOTTESVOLK WIRD WIEDER WACHSEN

51 Der HERR sagt: »Hört auf mich, alle, die ihr euch
bemüht, das Rechte zu tun, und nach mir fragt!
Seht doch auf den Felsen, aus dem ihr gehauen seid,
und auf den Brunnenschacht, aus dem ihr gegraben
seid! 2 Seht auf euren Stammvater Abraham und auf
eure Stammmutter Sara! Sie waren nur ein einzelnes
Menschenpaar, als ich sie rief; aber ich habe sie ge-
segnet und ihre Nachkommen zu einem großen Volk
gemacht.« 3 Seid gewiss: Der HERR tröstet die Zions-
stadt, aus den Trümmern lässt er sie neu erstehen.
Das verwüstete Land macht er zu einem Paradies; es
wird blühen und fruchtbar sein wie der Garten Eden.
Freude und Jubel werden dort erschallen und ihr wer-
det eurem Gott Danklieder singen.

GOTT BRINGT SEINEM VOLK IMMERWÄHRENDEN FRIEDEN

4 Der HERR sagt: »Höre auf mich, mein Volk, achte auf
das, was ich sage! Ich lasse meine Weisung ergehen,
meine Rechtsordnung richte ich auf als Licht für die
Völker. 5 Ich bringe die Rettung, sie ist ganz nahe;
meine Hilfe ist schon unterwegs. Mein starker Arm
wird den Streit der Völker schlichten. Die fernsten Län-
der setzen ihre Hoffnung auf mich und warten, dass
ich eingreife. 6 Blickt zum Himmel empor: Er wird sich
auflösen wie Rauch. Blickt auf die Erde unter euren
Füßen: Sie wird zerfallen wie ein altes Kleid und ihre
Bewohner werden dahinsterben wie Fliegen. Aber
die Rettung, die ich bringe, schafft immerwährenden
Frieden; nichts wird ihn erschüttern. 7 Hört her, ihr
Menschen in meinem Volk! Ihr kennt meine Treue
und tragt meine Gebote in eurem Herzen. Habt keine
Angst, wenn man euch verhöhnt; lasst euch nicht ein-
schüchtern, wenn man euch mit Spott überschüttet!
8 Eure Feinde werden untergehen, wie ein Wollkleid
zerfällt, wenn es die Motten zerfressen. Aber der Frie-
den, den ich bringe, besteht für immer; mein retten-
des Eingreifen bleibt wirksam für alle kommenden
Generationen.«

GOTT ANTWORTET AUF DEN HILFERUF SEINES VOLKES

9 »Wach auf, HERR«, so ruft ihr, »wach auf! Zeig deine
Macht! Gebrauche sie wie in alten Zeiten! Du warst
es doch, der den Drachen Rahab durchbohrt und zer-
teilt hat. 10 Du warst es, der in der Urzeit die Fluten des
Meeres zurückgetrieben hat, sodass das trockene Land
herauskam. Und du warst es, der mitten im tiefsten
Meer einen Weg bahnte, damit dein befreites Volk
hindurchziehen konnte.« 11 Ja, die Seinen, die der
HERR befreit hat, kehren heim; voll Jubel kommen sie
zum Zionsberg. Aus ihren Augen strahlt grenzenloses
Glück. Freude und Wonne bleiben bei ihnen, Sorgen
und Seufzen sind für immer vorbei. 12 »Ich bin es«,
sagt der HERR, »ich bin es, der eurem Leiden ein Ende
macht! Wie kommt ihr dazu, euch vor Menschen zu
fürchten, die doch sterben müssen, die vergänglich
sind wie Gras? 13 Habt ihr euren Schöpfer vergessen,
der euch erschaffen hat? Es ist derselbe, der den Him-
mel ausgespannt und die Erde auf festen Grund ge-
stellt hat! Warum zittert ihr dann immerzu vor dem
Zorn eurer Unterdrücker? Lasst sie wüten, soviel sie
wollen – was können sie euch anhaben? 14 In Kürze
werden die Gefangenen befreit, sie sollen nicht im Ker-
ker umkommen, sie sollen nicht verhungern. 15 Denn
ich bin der HERR, euer Gott; mein Name ist: ›der HERR,
der Herrscher der Welt‹. Ich wühle das Meer auf, dass
seine Wogen brausen. 16 Ich spanne den Himmel aus
und stelle die Erde auf festen Grund. Und ich sage
den Bewohnern der Zionsstadt: ›Ihr seid mein Volk!
Ihr sollt meine Weisungen verkünden und ich halte
meine schützende Hand über euch.‹« 17 Raff dich auf,
Jerusalem; raff dich auf, steh auf! Der HERR hat dich aus
dem Becher seines Zorns trinken lassen; du hast ihn bis
zur Neige geleert und bist dem Untergang entgegen-
getaumelt. 18 Keins von den Kindern, die du geboren
und großgezogen hattest, stand dir bei, keins nahm
dich bei der Hand und stützte dich. 19 Ein doppeltes

Unglück hat dich getroffen, aber niemand hat Mitgefühl mit dir, niemand tröstet dich: Stadt und Land sind verwüstet, und das Volk ist dahingerafft durch Hunger und Schwert! 20 Erschöpft brachen deine Kinder auf den Straßen zusammen, an allen Straßenecken lagen sie und konnten nicht weiter wie das Wild, das sich im Netz verfangen hat. So schrecklich traf sie der grimmige Zorn deines Gottes! 21 Doch nun höre, du Zionsstadt, die du taumelst wie eine Betrunkene, aber nicht von Wein! 22 Höre, was der HERR, dein Gott, dir sagt, dein Beschützer, der für sein Volk eintritt: »Ich nehme dir den Becher aus der Hand, du musst nicht länger den Wein meines Zornes trinken. 23 Ich gebe ihn stattdessen deinen Unterdrückern, die zu dir sagten: ›Wirf dich nieder, damit wir über dich weggehen können!‹ Du musstest dich vor ihnen niederlegen und sie gingen über deinen Rücken wie über eine Straße.«

52 Wach auf, Jerusalem, wach auf! Raff dich auf! Zieh deine prächtigsten Kleider an, du Heilige Stadt! Künftig darf niemand mehr dich betreten, der unbeschnitten oder unrein ist. 2 Schüttle den Staub deiner Schande von dir ab und setze dich wieder auf deinen Thron! Der Strick um deinen Hals ist gelöst, du bist keine Gefangene mehr! 3 Denn der HERR sagt: »Als ich euch in die Sklaverei verkaufte, habe ich kein Geld dafür genommen. Darum sollt ihr nun auch ohne Lösegeld befreit werden.«

GOTT BEFREIT SEIN VOLK AUS BABYLON

4 Der HERR, der mächtige Gott, sagt: »Am Anfang zog mein Volk nach Ägypten und musste dort in der Fremde leben. Später kamen die Assyrer und haben es ohne Grund unterjocht. 5 Und wie steht es jetzt? Man hat sie wie Sklaven weggeführt und nichts dafür bezahlt. Ihre Unterdrücker brüsten sich damit, ununterbrochen schmähen sie mich und ziehen meinen Namen in den Schmutz. 6 Deshalb werde ich eingreifen, und mein Volk wird erkennen, wer ich bin. Sie werden erfahren, dass ich zur Stelle bin!«

GOTT KEHRT MIT SEINEM VOLK ZURÜCK

7 Was für eine Freude! Über die Berge kommt der Siegesbote herbeigeeilt! Er bringt gute Nachricht, er verkündet Frieden und Rettung, er sagt zur Zionsstadt: »Dein Gott ist König der ganzen Welt!« 8 Horch, die Wächter der Stadt rufen laut, sie jubeln vor Freude; denn sie sehen mit eigenen Augen, wie der HERR auf den Berg Zion zurückkehrt. 9 Jubelt vor Freude, ihr Trümmer Jerusalems; denn der HERR hat Erbarmen mit seinem Volk, er befreit Jerusalem. 10 Er greift ein, er hat seinen heiligen Arm vor den Augen aller Völker erhoben. Bis in den letzten Winkel der Erde sehen sie, wie unser Gott uns rettet. 11 Fort! Fort! Zieht weg von hier! Trennt euch von allem, was unrein ist! Zieht weg aus dem fremden Land, verlasst Babylon! Macht euch rein, denn ihr tragt die Geräte für den Tempel des HERRN. 12 Diesmal sollt ihr nicht in Hast und Eile ausziehen, als müsstet ihr fliehen. Der HERR, der Gott Israels, geht vor euch her und er selbst beschließt euren Zug.

ER TRUG UNSERE SCHULD

13 Der HERR sagt: »Gebt acht: Meinem Bevollmächtigten wird gelingen, wozu ich ihn bestellt habe; er wird zu großem Ansehen und höchsten Ehren gelangen. 14 Viele haben sich entsetzt von ihm abgewandt, so entstellt war er. Er hatte keine Ähnlichkeit mehr mit einem Menschen. 15 Doch nun werden viele Völker über ihn staunen, sogar ihren Königen wird es die Sprache verschlagen. Was niemals zuvor geschehen ist, das erleben sie jetzt; wovon sie noch nie etwas gehört haben, das sehen sie mit eigenen Augen.«

53 Wer hätte geglaubt, was uns da berichtet wurde? Wer hätte es für möglich gehalten, dass die Macht des HERRN sich auf solche Weise offenbaren würde? 2 Denn sein Bevollmächtigter wuchs auf wie ein kümmerlicher Spross aus dürrem Boden. So wollte es der HERR. Er war weder schön noch stattlich, wir fanden nichts Anziehendes an ihm. 3 Alle verachteten und mieden ihn; denn er war von Schmerzen und Krankheit gezeichnet. Voller Abscheu wandten wir uns von ihm ab. Wir rechneten nicht mehr mit ihm. 4 In Wahrheit aber hat er die Krankheiten auf sich genommen, die sonst uns getroffen hätten, und die Schmerzen erlitten, die sonst wir ertragen müssten. Wir meinten, Gott habe ihn gestraft und geschlagen; 5 doch wegen unserer Schuld wurde er gequält und wegen unseres Ungehorsams geschlagen. Die Strafe für unsere Schuld traf ihn und wir sind gerettet. Er wurde verwundet und wir sind heil geworden. 6 Wir alle waren wie Schafe, die sich verlaufen haben; jeder ging seinen eigenen Weg. Ihm aber hat der HERR unsere ganze Schuld aufgeladen. 7 Er wurde misshandelt, aber er trug es, ohne zu klagen. Wie ein Lamm, wenn es zum Schlachten geführt wird, wie ein Schaf, wenn es geschoren wird, duldete er alles schweigend, ohne zu klagen. 8 Mitten in der Zeit seiner Haft und seines Gerichtsverfahrens ereilte ihn der Tod. Weil sein Volk so große Schuld auf sich geladen hatte, wurde sein Leben ausgelöscht. Wer von den Menschen dieser Generation macht sich darüber Gedanken? 9 Sie begruben ihn zwischen Verbrechern, mitten unter den Ausgestoßenen, obwohl er kein Unrecht getan hatte und nie ein unwahres Wort aus seinem Mund gekommen war. 10 Aber der HERR wollte ihn leiden lassen und zerschlagen. Weil er sein Leben als Ausgleich für die Schuld der anderen dahingab, wird er wieder zum Leben erweckt und wird Nachkommen haben. Durch ihn wird der HERR das Werk vollbringen, an dem er Freude hat. 11 Nachdem er so viel gelitten hat, wird er wieder das Licht sehen und sich an dessen Anblick sättigen. Von ihm sagt der HERR: »Mein Bevollmächtigter hat eine Erkenntnis gewonnen, durch die er, der Gerechte, vielen Heil und Gerechtigkeit bringt. Alle ihre Vergehen nimmt er auf sich. 12 Ich will ihn zu den Großen rechnen, und mit den Mächtigen soll er sich die Beute teilen. Denn er ging in den Tod und ließ sich unter die Verbrecher zählen. So trug er die Strafe für viele und trat für die Schuldigen ein.«

GOTT VERWANDELT DIE SCHANDE JERUSALEMS IN EHRE

54 »Freu dich, du Unfruchtbare, die keine Kinder
zur Welt gebracht hat! Juble laut, obwohl du nie
in Wehen gelegen hast! Denn die verlassene Frau wird
mehr Kinder haben als die, die mit dem Mann zusam-
menlebt.« Das sagt der HERR zur Zionsstadt. 2 Mach
dein Zelt größer! Spanne deine Zeltdecken aus, ohne zu
sparen! Verlängere die Seile und schlag die Zeltpflöcke
fest ein! 3 Denn nach Süden und Norden wirst du dich
ausbreiten. Deine Kinder werden das Gebiet fremder
Völker in Besitz nehmen und die verwüsteten Städte
besiedeln. 4 Hab keine Angst! Du wirst nicht wieder
enttäuscht, du brauchst dich nicht mehr zu schämen.
An die Schande deiner Jugendzeit und die Schmach
deiner Witwenschaft wirst du bald nicht mehr denken.
5 Denn dein Schöpfer ist ja dein Ehemann – er heißt ›der
HERR, der Herrscher der Welt‹. Der heilige Gott Israels
ist dein Befreier – der Gott, dem die ganze Erde gehört!
6 Jerusalem, du bist wie eine Frau, die von ihrem Mann
verlassen wurde und tief bekümmert ist; aber jetzt ruft
er dich zurück. »Kann denn jemand seine Jugendliebe
verstoßen?«, sagt der HERR. 7 »Für eine kleine Weile
habe ich dich verlassen, aber weil ich dich von Herzen
liebe, hole ich dich wieder heim. 8 Als der Zorn in mir
aufstieg, habe ich mich für einen Augenblick von dir
abgewandt. Aber nun will ich dir für immer gut sein. Das
sage ich, der HERR, der dich befreit. 9 Zur Zeit Noachs
schwor ich: ›Nie mehr soll das Wasser die Erde überflu-
ten!‹ So schwöre ich jetzt: ›Nie mehr werde ich zornig
auf dich sein und nie mehr dir drohen! 10 Berge mögen
von ihrer Stelle weichen und Hügel wanken, aber meine
Liebe zu dir kann durch nichts erschüttert werden und
meine Friedenszusage wird niemals hinfällig.‹ Das sage
ich, der HERR, der dich liebt.«

GOTT MACHT JERUSALEM HERRLICH UND UNBESIEGBAR

11 »Du heimgesuchte, verwüstete, preisgegebene
Stadt! Ich gründe deine Mauern auf ein Fundament
aus Lapislazuli, ich bette ihre Steine in kostbaren, un-
zerstörbaren Mörtel. 12 Deine Mauerzinnen mache ich
aus Rubin, deine Tore aus Karfunkelstein und die Mau-
ern schmücke ich mit kostbaren Edelsteinen. 13 Alle
deine Bewohner werden meinen Willen kennen, ich
selbst habe sie gelehrt, und sie werden in Glück und
ungestörtem Frieden leben. 14 Mein Beistand wird dein
Schutz sein. Du brauchst keine Not zu fürchten, Angst
und Schrecken dürfen sich dir nicht nahen. 15 Wenn
dich jemand angreifen will, handelt er auf keinen Fall
in meinem Auftrag; du wirst ihm den Untergang be-
reiten. 16 Der Schmied, der das Feuer anfacht, um eine
Waffe zu schmieden, ist mein Geschöpf und genauso
der Krieger, der mit dieser Waffe Tod und Verderben
bringt. 17 Deshalb werden keine Waffen etwas gegen
dich ausrichten können, und jede Anklage, die gegen
dich erhoben wird, kannst du entkräften. Dies garan-
tiere ich dem Volk, das mir dient; dies ist das Vorrecht,
das ich euch gewähre für alle Zeit.« Das sagt der HERR.

DER BUND MIT DAVID IST NICHT HINFÄLLIG

55 »Her, wer Durst hat! Hier gibt es Wasser! Auch
wer kein Geld hat, kann kommen! Kauft euch zu
essen! Es kostet nichts! Kommt, Leute, kauft Wein und
Milch! Zahlen braucht ihr nicht! 2 Warum gebt ihr euer
Geld aus für Brot, das nichts taugt, und euren sauer ver-
dienten Lohn für Nahrung, die nicht satt macht? Hört
doch auf mich, dann habt ihr es gut und könnt euch an
den erlesensten Speisen satt essen! 3 Hört doch, kommt
zu mir! Hört auf mich, dann werdet ihr leben! Ich will
mit euch einen unauflöslichen Bund schließen. Die Zu-
sagen, die ich David gegeben habe, sind nicht ungültig
geworden: An euch werde ich sie erfüllen. 4 Ihn habe ich
einst zum Herrscher über viele Völker gemacht, damit
sie durch ihn meine Macht erkennen. 5 Auch durch euch
sollen jetzt fremde Völker mich kennenlernen: Ihr wer-
det Völker rufen, die ihr nicht kennt; und Völker, die euch
nicht kennen, werden begierig zu euch kommen, wenn
sie sehen, was ich an euch tue. Denn ich, der heilige
Gott Israels, euer Gott, bringe euch zu hohen Ehren.«

KANN GOTT SEINE ZUSAGE WAHR MACHEN?

6 Sucht den HERRN, jetzt ist er zu finden! Ruft ihn, jetzt
ist er nahe! 7 Wer seine eigenen Wege gegangen ist
und sich gegen den HERRN aufgelehnt hat, der lasse
von seinen bösen Gedanken und kehre um zum HERRN,
damit er ihm vergibt! Denn unser Gott ist reich an Güte
und Erbarmen. 8 »Meine Gedanken – sagt der HERR –
sind nicht zu messen an euren Gedanken und meine
Möglichkeiten nicht an euren Möglichkeiten. 9 So hoch
der Himmel über der Erde ist, so weit reichen meine
Gedanken hinaus über alles, was ihr euch ausdenkt,
und so weit übertreffen meine Möglichkeiten alles, was
ihr für möglich haltet. 10 Wenn Regen oder Schnee vom
Himmel fällt, kehrt er nicht wieder dorthin zurück, ohne
dass er etwas bewirkt: Er durchfeuchtet die Erde und
macht sie fruchtbar, sodass sie Korn für das tägliche
Brot hervorbringt und Saatgut für eine neue Ernte.
11 Genauso ist es mit dem Wort, das ich spreche: Es kehrt
nicht unverrichteter Dinge zu mir zurück, sondern be-
wirkt, was ich will, und führt aus, was ich ihm auftrage.«

DER JUBEL DES BEFREITEN VOLKES

12 Unter Jubel werdet ihr den Weg in die Freiheit an-
treten, mit sicherem Geleit werdet ihr heimkehren.
Berge und Hügel werden in ein Freudengeschrei
ausbrechen, wenn sie euch sehen, und die Bäume
der Steppe werden in die Hände klatschen. 13 Wo ihr
durchzieht, wachsen statt Dornbüschen Zypressen
und statt Brennnesseln Myrten. Dies alles geschieht,
damit der HERR gerühmt und gepriesen wird. Er setzt
sich damit ein Denkmal, das alle Zeiten überdauert.

GOTT NIMMT SICH DER AUSGESCHLOSSENEN AN

56 Der HERR sagt: »Tut, was recht ist, und haltet
euch an meine Ordnungen! Denn ich werde
euch bald die Hilfe bringen, die ich euch zugesagt
habe. 2 Glück und Frieden werden alle erleben, die

meine Gebote befolgen. Freuen darf sich, wer den Sabbat nicht durch Arbeit entweiht und seine Hand von allem Unrecht zurückhält!« 3 Der Ausländer, der sich dem Volk des HERRN angeschlossen hat, soll nicht sagen: »Der HERR wird mich wieder aus seinem Volk ausstoßen!« Der Eunuch, der zeugungsunfähig gemacht worden ist, soll nicht sagen: »Ich bin ein abgestorbener Baum!« 4 Der HERR sagt: »Wenn ein Kastrierter meinen heiligen Tag, den Sabbat, beachtet und mein Gesetz befolgt, 5 dann bekommt er in meinem Haus einen Gedenkstein, auf dem sein Name steht. Das wird die Erinnerung an ihn besser bewahren als Söhne und Töchter. So sorge ich dafür, dass sein Name niemals in Vergessenheit gerät. 6 Und wenn Ausländer sich meinem Volk anschließen, wenn sie mich lieben und mir gehorchen, den Sabbat nicht entweihen und das Gesetz des Bundes befolgen, den ich mit Israel geschlossen habe, 7 dann dürfen sie in mein Heiligtum auf dem Zionsberg kommen und die Festfreude meines Volkes teilen. Sie dürfen Brandopfer und Mahlopfer auf meinem Altar darbringen und ich werde an ihren Opfern Freude haben. Mein Tempel soll eine Stätte sein, an der alle Völker zu mir beten können.« 8 Der HERR, der mächtige Gott, der die zerstreuten Israeliten in ihr Land zurückgebracht hat, sagt: »Ich will noch mehr Menschen herbeibringen und mit euch vereinen!«

GEGEN DIE GEWISSENLOSEN FÜHRER DES VOLKES

9 Der HERR sagt: »Ihr Völker, kommt und stürzt euch auf mein Volk wie Raubtiere auf ihre Beute! 10 Seine Führer haben versagt; sie sehen nicht die Gefahr, die ihm droht. Sie sind wie blinde Wächter, die nichts merken, wie stumme Wachhunde, die nicht bellen können. Sie liegen da und dösen; ihre Ruhe geht ihnen über alles. 11 Aber gierig sind sie wie Hunde, die nie satt werden. Das sind die rechten Hirten für meine Herde! Vom Aufpassen halten sie nichts. Sie sorgen nur für sich selbst und suchen ihren eigenen Vorteil. 12 Sie grölen: ›Kommt und trinkt, vergesst die Sorgen! Auf, schafft Bier und Wein ins Haus! Schwingt die Becher heut und morgen, gießt sie voll und trinkt sie aus!‹«

GEGEN DEN GÖTZENDIENST DER ISRAELITEN

57 Der HERR sagt: »Die wenigen, die noch das Recht achten und mir die Treue halten, gehen zugrunde und niemand macht sich etwas daraus; sie kommen um und keiner kümmert sich darum. Aber ich nehme sie hinweg, damit sie nicht länger unter der Gewalt des Unrechts leiden müssen. Sie gehen ein in meinen Frieden, 2 die ewige Ruhe wird ihnen zuteil. Das ist der Lohn ihrer Treue. 3 Ihr aber, ihr Götzendiener, empfangt euer Urteil! Ihr beleidigt mich mit eurer Zauberei und Hurerei! 4 Und dann spottet ihr noch über mich, reißt euer großes Maul auf und streckt mir die Zunge heraus! Wisst ihr nicht, wen ihr da herausfordert, ihr Lügenbrut? 5 Unter jedem großen Baum hurt ihr zu Ehren eurer Götzen, und drunten in den Tälern, unter überhängenden Felsen, schlachtet ihr ihnen die eigenen Kinder! 6 Den Steinen im Bachbett opfert ihr Speise- und Trankopfer; dafür werdet ihr jetzt unter ihnen begraben. Oder meint ihr im Ernst, dass ich mir das alles gefallen lasse? 7 Israel, du Hure! Auf jedem Berggipfel schlägst du dein Hurenlager auf und feierst deine Opfermähler. 8 An der Innenseite deiner Türen und Türpfosten bringst du magische Zeichen an. Mich verlässt du und besteigst im Dienst fremder Götter deine Hurenlager; du liebst dieses schamlose Treiben und lässt dich dafür bezahlen. 9 Dem Götzen Melech opferst du kostbares duftendes Öl. Bis in die Totenwelt schickst du deine Boten. 10 Alles versuchst du, um Rat und Hilfe zu finden. Du willst nicht einsehen, dass es vergebliche Mühe ist. Immer wieder schöpfst du neue Hoffnung. 11 Vor wem hast du denn solche Angst, dass du meinst, mich betrügen zu müssen? Nach mir fragst du nicht, um mich kümmerst du dich nicht. Ich habe lange Zeit schweigend zugesehen. Deshalb hast du gedacht, mit mir brauchtest du nicht mehr zu rechnen. 12 Aber ich werde aufdecken, was deine Taten wert sind. Alle deine Vorkehrungen werden dich nicht retten. 13 Schrei doch zu deinen Götzen, damit sie dir helfen! Ein Windhauch genügt, um sie wegzublasen. Die aber, die von mir allein Hilfe erwarten, werden das Land Israel besitzen; sie werden auf meinem heiligen Berg wohnen.«

GOTTES HILFE FÜR DIE ZERSCHLAGENEN

14 Der HERR sagt: »Ebnet den Weg! Bahnt die Straße! Schafft vor meinem Volk alle Hindernisse beiseite!« 15 Er, der hohe und erhabene Gott, der Heilige, dessen Thron ewig steht, sagt: »Ich wohne in der Höhe, in unnahbarer Heiligkeit. Aber ich wohne auch bei den Gedemütigten und Verzagten, ich gebe ihnen Hoffnung und neuen Mut! 16 Ich klage nicht länger an, ich lasse meinem Zorn nicht unbegrenzt freien Lauf. Sonst würde mein Volk, das ich doch geschaffen habe, völlig zugrunde gehen. 17 Ich war zornig und bestrafte sie, weil sie in ihrer Habgier schwere Schuld auf sich geladen hatten. Ich wandte mich von ihnen ab und ließ Unheil über sie hereinbrechen, das sie selbst verschuldet hatten. 18 Denn ich habe genau gesehen, wie sie es trieben. Aber jetzt richte ich sie wieder auf und führe sie. Als Entschädigung für das, was sie erlitten haben, gebe ich ihnen Freude und Trost. 19 Ich sorge dafür, dass sie mich mit Lobliedern preisen können. Allen schenke ich Glück und Frieden: denen, die in der Nähe leben, und denen, die noch in der Ferne zerstreut sind. Ich mache alles wieder gut. Ich, der HERR, sage es. 20 Die Menschen aber, die sich gegen mich auflehnen, sind wie die unruhigen Meereswogen, die Schlamm und Schmutz aufwühlen. 21 Wer nichts von mir wissen will, findet keinen Frieden, sondern stürzt sich ins Unglück.« Das sagt mein Gott.

HAT UNSER GOTTESDIENST DENN EINEN SINN?

58 Der HERR sagt: »Rufe, so laut du kannst! Lass deine Stimme erschallen wie eine Posaune! Halte meinem Volk, den Nachkommen Jakobs, ihr Unrecht und ihre Vergehen vor! 2 Sie fragen mich Tag für Tag, warum ich sie solche Wege führe. Wie ein Volk, das sich an das

Recht hält und meine Gebote befolgt, fordern sie von mir, dass ich zu ihrer Rettung eingreife, und wünschen sich, dass ich ihnen nahe bin. 3 ›Was für einen Sinn hat es‹, jammern sie, ›dass wir Fasttage abhalten und deinetwegen Entbehrungen auf uns nehmen? Du beachtest es ja gar nicht!‹ Darauf sage ich, der HERR: Seht doch, was ihr an euren Fasttagen tut! Ihr geht euren Geschäften nach und beutet eure Arbeiter aus. 4 Ihr fastet zwar, aber ihr seid zugleich streitsüchtig und schlagt sofort mit der Faust drein. Darum kann euer Gebet nicht zu mir gelangen. 5 Ist das vielleicht ein Fasttag, wie ich ihn liebe, wenn ihr auf Essen und Trinken verzichtet, euren Kopf hängen lasst und euch im Sack in die Asche setzt? Nennt ihr das ein Fasten, das mir gefällt? 6 Nein, ein Fasten, wie ich es haben will, sieht anders aus! Löst die Fesseln der Gefangenen, nehmt das drückende Joch von ihrem Hals, gebt den Misshandelten die Freiheit und macht jeder Unterdrückung ein Ende! 7 Ladet die Hungernden an euren Tisch, nehmt die Obdachlosen in euer Haus auf, gebt denen, die in Lumpen herumlaufen, etwas zum Anziehen und helft allen in eurem Volk, die Hilfe brauchen! 8 Dann strahlt euer Glück auf wie die Sonne am Morgen und eure Wunden heilen schnell; eure guten Taten gehen euch voran und meine Herrlichkeit folgt euch als starker Schutz. 9 Dann werdet ihr zu mir rufen und ich werde euch antworten; wenn ihr um Hilfe schreit, werde ich sagen: ›Hier bin ich!‹ Wenn ihr aufhört, andere zu unterdrücken, mit dem Finger spöttisch auf sie zu zeigen und schlecht über sie zu reden, 10 wenn ihr den Hungernden zu essen gebt und euch den Notleidenden zuwendet, dann wird eure Dunkelheit hell werden, rings um euch her wird das Licht strahlen wie am Mittag. 11 Ich, der HERR, werde euch immer und überall führen, auch im dürren Land werde ich euch satt machen und euch meine Kraft geben. Ihr werdet wie ein Garten sein, der immer genug Wasser hat, und wie eine Quelle, die niemals versiegt. 12 Was seit langer Zeit in Trümmern liegt, werdet ihr wieder aufbauen; auf den alten Fundamenten werdet ihr alles von Neuem errichten. Man wird euch das Volk nennen, das die Lücken in den Stadtmauern schließt und die Stadt wieder bewohnbar macht.«

DER SEGEN DER SABBATHEILIGUNG

13 Der HERR sagt: »Achtet den Sabbat als einen heiligen Tag, der mir gehört! Entehrt ihn nicht dadurch, dass ihr euren Beschäftigungen nachgeht. Entweiht ihn nicht durch Reisen oder durch Arbeit oder irgendwelche Geschäfte. Betrachtet ihn nicht als eine Last, sondern als einen Anlass zur Freude! 14 Dann werde ich selbst die Quelle eurer Freude sein. Über alle Hindernisse lasse ich euch triumphieren und ihr könnt den Ertrag des Landes genießen, das ich eurem Stammvater Jakob gegeben habe.« Der HERR hat das gesagt.

DER PROPHET ERHEBT ANKLAGE GEGEN SEIN VOLK

59 Meint ihr, der Arm des HERRN sei zu kurz, um euch zu helfen, oder der HERR sei taub und könne euren Hilferuf nicht hören? 2 Nein, sondern wie eine Mauer steht eure Schuld zwischen euch und eurem Gott; wegen eurer Vergehen hat er sich von euch abgewandt und hört euch nicht! 3 An euren Händen klebt Blut, Unrecht befleckt eure Finger, und wenn ihr den Mund aufmacht, kommt Lüge und Betrug heraus. 4 Vor Gericht seid ihr nicht ehrlich; keiner fragt danach, ob wirklich Recht gesprochen wird. Ihr stützt eure Anklagen auf Lug und Trug. Ihr schmiedet Pläne, um andere ins Verderben zu stürzen. 5 Eure Anschläge sind so tödlich wie die Eier giftiger Schlangen: Wer davon isst, muss sterben, und wenn man eins zerdrückt, schlüpft eine Otter heraus. Was ihr tut, gleicht dem Gewebe der Spinnen: 6 Kleider und Decken kann man daraus nicht machen; aber lebende Beute wird darin gefangen und umgebracht. 7 Immerzu plant ihr Böses und brennt darauf, es auszuführen. Ihr habt keine Hemmungen, das Blut unschuldiger Menschen zu vergießen. Wo ihr geht, hinterlasst ihr Zerstörung und Verwüstung. 8 Um Glück und Frieden für andere kümmert ihr euch nicht; alle eure Taten sind Unrecht. Wer krumme Wege geht, findet keinen Frieden, sondern stürzt sich ins Unglück.

SCHULDBEKENNTNIS DES VOLKES

9 »Jetzt wissen wir, warum Gott uns nicht gegen unsere Feinde beisteht, weshalb wir von seiner Treue nichts merken. Wir hoffen auf Licht, aber rings um uns ist es dunkel. Wir warten darauf, dass es hell wird, aber da ist nichts als finstere Nacht. 10 Wie Blinde tasten wir uns an der Wand entlang. Am hellen Mittag stolpern wir, als hätte uns die Dunkelheit überfallen; in der Blüte unseres Lebens sind wir wie Tote. 11 Wir alle brummen wie aufgeschreckte Bären und gurren wie klagende Tauben. Wir warten sehnlichst darauf, dass Gott eingreift und uns von unseren Unterdrückern befreit; aber nichts geschieht. 12 HERR, wir haben uns vielfach gegen dich vergangen! Unsere Verfehlungen klagen uns an, wir kennen unsere Schuld. 13 Wir waren dir untreu und sind dir abtrünnig geworden, wir haben dir den Gehorsam verweigert. Wir haben unsere Mitmenschen erpresst und verleumdet. Wir haben gelogen und betrogen. 14 Von Recht und Gerechtigkeit ist nichts mehr bei uns zu finden. Ehrlichkeit und Redlichkeit sind auf dem Marktplatz nicht mehr gefragt. 15a Zuverlässigkeit gibt es nicht mehr. Wer sich vom Unrecht fernhält, dem spielen die anderen übel mit.«

GOTT GREIFT EIN

15b Der HERR hat dies alles gesehen, und es missfällt ihm, dass es kein Recht mehr gibt. 16 Er wundert sich, dass niemand da ist, der dagegen einschreitet. Darum greift er mit eigener Hand ein und verschafft seinem Willen Geltung. 17 Er zieht die Gerechtigkeit als Panzer an, und die rettende Macht ist sein Helm. Als Mantel trägt er den festen Entschluss und das brennende Verlangen, alles Unrecht zu bestrafen. 18 Seine Feinde bekommen seinen vollen Zorn zu spüren, selbst wenn sie am Ende der Erde wohnen. Er lässt ihre Taten auf sie selbst zurückfallen. 19 Überall in Ost und West wird

man seinen Namen ehren und seine Macht anerken-
nen. Denn er kommt wie eine reißende Flut, die der
Sturm herantreibt. 20 Doch für die Gemeinde auf dem
Zionsberg kommt er als Befreier, für alle Nachkommen
Jakobs, die umkehren und sich nicht länger gegen ihn
auflehnen. 21 »Ich schließe mit ihnen einen Bund«, sagt
der HERR, »und gebe ihnen die feste Zusage: Mein
Geist, den ich dir, meinem Propheten, gegeben habe,
und die Worte, die ich dir anvertraut habe, werden bei
deinen Nachkommen lebendig bleiben und bei den
Nachkommen deiner Nachkommen, von einer Gene-
ration zur andern. Ich, der HERR, sage es.«

DIE KÜNFTIGE HERRLICHKEIT JERUSALEMS

60 Der HERR sagt: »Steh auf, du trauernde Zions-
stadt! Lass dein Gesicht hell strahlen, denn dein
Licht kommt: Die Herrlichkeit des HERRN geht über dir
auf wie die Sonne! 2 Auf der ganzen Erde liegt Finster-
nis, die Völker tappen im Dunkel; doch über dir strahlt
dein Gott auf, der Glanz seiner Herrlichkeit geht über
dir auf. 3 Alle Völker machen sich auf zu dem Licht, das
sich über dich ergießt, und ihre Könige wollen den
Glanz sehen, in dem du strahlst. 4 Sieh, was rings um
dich her geschieht! Sieh, wie sie sich versammeln und
zu dir strömen! Deine Söhne kommen aus der Ferne
und deine Töchter werden auf den Armen herbeigetra-
gen. 5 Du wirst es sehen und dich freuen, vor Glück wird
dir das Herz klopfen. Die Schätze der Völker werden
zu dir gebracht, ihre Reichtümer weit über das Meer
herbeigeschafft. 6 Karawanen von hochbeladenen
Kamelen kommen aus Midian und Efa. Die Leute aus
Saba kommen mit Gold und Weihrauch und rühmen
meine mächtigen Taten. 7 Alle Schafe von Kedar und
die prächtigen Schafböcke von Nebajot werden zu dir
getrieben und stehen dir zur Verfügung. Als Opfer, an
denen ich Gefallen habe, kommen sie auf meinen Altar,
und ich werde meinen Tempel prächtig ausschmücken.
8 Was kommt da wie Wolken übers Meer geflogen, wie
Tauben, die zu ihren Schlägen zurückkehren? Schiffe
mit leuchtenden Segeln! 9 Die Völker an den fernsten
Küsten setzen ihre Hoffnung auf mich, ihre Schiffe
bringen deine Kinder herbei und dazu als Geschenke
Silber und Gold. Das alles geschieht, um den HERRN,
deinen Gott, zu ehren, und weil ich, der heilige Gott
Israels, dich zu Ehren bringen will. 10 Ausländer bauen
deine Mauern wieder auf, ihre Könige stehen dir zu
Diensten. In meinem Zorn habe ich dich gestraft, aber
nun habe ich wieder Erbarmen mit dir und lasse dich
meine Liebe spüren. 11 Deine Tore werden nicht mehr
geschlossen, bei Tag und Nacht werden sie offen ste-
hen, damit die Völker ihre Reichtümer zu dir bringen
können; ihre Könige ziehen ihnen voran. 12 Aber die
Völker und Reiche, die dir nicht dienen wollen, werden
vollständig vernichtet. 13 Die prächtigen Bäume des
Libanongebirges werden zu dir gebracht, Stämme von
Wacholderbäumen, Pinien und Zypressen, um mein
Heiligtum, den Schemel meiner Füße, herrlich auszu-
statten. 14 Die Söhne deiner Unterdrücker und alle, die
dich verspottet haben, beugen sich tief und werfen
sich vor dir nieder. Sie nennen dich: ›Zion, die Stadt, die
dem HERRN, dem heiligen Gott Israels, gehört‹. 15 Du
sollst nicht länger die verlassene und verhasste Stadt
sein, die von allen gemieden wird; denn ich mache dich
wieder groß und prächtig, zum Ort der Freude für alle
kommenden Generationen. 16 Du wirst umhegt werden
wie ein Säugling; du wirst die Milch der Völker saugen,
und Könige werden dich an ihrer Brust nähren. Dann
wirst du erkennen, dass ich, der HERR, der starke Gott
Jakobs, dein Retter und Befreier bin. 17 Statt Bronze
bringe ich dir Gold, statt Eisen Silber, statt Holz Bronze
und statt Steinen Eisen. Du wirst nicht mehr unter-
drückt und ausgebeutet, sondern Gerechtigkeit und
Frieden werden regieren. 18 In deinem Land wird es
keine Verbrechen mehr geben, keine Zerstörung und
Verwüstung. Deine Mauern geben dir Schutz und deine
Tore bringen dir Ruhm. 19 In Zukunft brauchst du nicht
mehr die Sonne als Licht für den Tag noch den Mond
als Licht für die Nacht; denn ich, der HERR, dein Gott,
werde für immer dein Licht sein und dir mit meinem
herrlichen Glanz leuchten. 20 Darum wird dein Licht
niemals untergehen wie die Sonne oder abnehmen
wie der Mond. Ich leuchte dir in alle Ewigkeit und deine
Trauer wird für immer ein Ende haben. 21 Dein Volk wird
sich nach meinen Geboten richten und nie wieder wird
es aus dem Land vertrieben. Es wird gedeihen wie ein
Garten, den ich selbst gepflanzt habe; ich zeige an ihm
meine Schöpfermacht, damit meine Herrlichkeit allen
Völkern sichtbar wird. 22 Es wird wachsen und stark
werden; noch die kleinste Sippe wird tausend Glieder
zählen. Wenn die Zeit gekommen ist, werde ich dies
unversehens herbeiführen, ich, der HERR.«

AUFTRAG UND BOTSCHAFT DES PROPHETEN

61 Der Geist des HERRN hat von mir Besitz ergriffen.
Denn der HERR hat mich gesalbt und dadurch
bevollmächtigt, den Armen gute Nachricht zu bringen.
Er hat mich gesandt, den Verzweifelten neuen Mut zu
machen, den Gefangenen zu verkünden: »Ihr seid frei!
Eure Fesseln werden gelöst!« 2 Er hat mich gesandt,
um das Jahr auszurufen, in dem der HERR sich seinem
Volk gnädig zuwendet, um den Tag anzusagen, an dem
unser Gott mit unseren Feinden abrechnen wird. Die
Weinenden soll ich trösten 3 und allen Freude bringen,
die in der Zionsstadt traurig sind. Sie sollen sich nicht
mehr Erde auf den Kopf streuen und im Sack umher-
gehen, sondern sich für das Freudenfest schmücken
und mit duftendem Öl salben; sie sollen nicht mehr
verzweifeln, sondern Jubellieder singen. Die Leute
werden sie mit prächtigen Bäumen vergleichen, mit
einem Garten, den der HERR gepflanzt hat, um seine
Herrlichkeit zu zeigen. 4 Ja, ihr werdet die zerstörten
Städte wieder aufbauen, die über Generationen in
Trümmern lagen. 5 Fremde werden euch die Arbeit
abnehmen, Ausländer werden eure Herden weiden,
euer Land bestellen und eure Weinberge pflegen. 6 Ihr
werdet Priester des HERRN sein und man wird euch
»Diener unseres Gottes« nennen. Der Reichtum der
Völker wird euch zur Verfügung stehen; alles wird euch

gehören. 7 Anstelle doppelter Schande und Schmach, die eure Feinde euch zugefügt haben, werdet ihr von deren Land einen doppelten Anteil bekommen und eure Freude wird kein Ende haben. 8 Denn der HERR sagt: »Ich liebe Gerechtigkeit und hasse gemeinen Raub. Ich halte meinem Volk die Treue und belohne es für seine Leiden; ich schließe mit ihm einen unauflöslichen Bund und sage ihm für alle Zeiten meinen Schutz zu. 9 Ihre Nachkommen werden bei allen Völkern bekannt und geachtet sein. Alle, die sie sehen, werden erkennen: Sie sind das Volk, das ich gesegnet habe.«

DANKLIED DER GEMEINDE

10 »Wir freuen uns und jubeln über den HERRN, unseren Gott! Er umgibt uns mit seiner Hilfe wie mit einem Kleid, hüllt uns in seinen Schutz wie in einen Mantel. Wir sind fröhlich wie ein Bräutigam, der seinen Turban umbindet, wie eine Braut, die ihren Hochzeitsschmuck anlegt. 11 Denn wie aus dem Boden die Saat keimt und wächst, so lässt der HERR, der mächtige Gott, unser Glück wachsen und mehrt unseren Ruhm bei allen Völkern.«

ERINNERT GOTT AN JERUSALEM!

62 Wenn ich dich, Jerusalem, sehe, raubt es mir die Ruhe, ich kann nicht schweigen. Ich muss so lange zu Gott rufen, bis er dir hilft, bis neues Glück für dich aufstrahlt wie die Morgensonne oder wie Fackelschein in der Nacht. 2 Alle Völker werden erfahren, wie der HERR für dich alles zum Guten wendet; alle Könige werden deine Pracht sehen. Der HERR wird dir einen neuen Namen geben, mit dem sie dich von da an nennen. 3 Du wirst zur prächtigen Krone in der Hand deines Gottes. 4 Du wirst nicht länger »die Verstoßene« genannt oder dein Land »die verlassene Frau«. Nein, du wirst »Gottes Liebling« heißen und dein Land »die glücklich Vermählte«! Denn der HERR wendet dir seine Liebe wieder zu und vermählt sich mit deinem Land. 5 Wie ein junger Mann sich mit seinem Mädchen verbindet, so wird sich dein Schöpfer für immer mit dir verbinden. Wie ein Bräutigam sich an seiner Braut freut, so wird dein Gott Freude an dir haben. 6 Ich habe Wächter auf deine Mauern gestellt, Jerusalem! Weder bei Tag noch bei Nacht soll ihr Ruf verstummen. Ihr Wächter seid dazu bestimmt, den HERRN an Jerusalem zu erinnern! Ihr dürft euch keine Ruhe gönnen 7 und ihr dürft Gott keine Ruhe lassen, bis er Jerusalem wiederhergestellt und so herrlich gemacht hat, dass alle Welt es rühmt. 8 Der HERR hat geschworen, und er hat die Macht es auszuführen: »Euer Korn sollen nicht mehr Feinde essen und euren Wein nicht mehr Fremde trinken, die nicht dafür gearbeitet haben. 9 Wer die Ernte einbringt, soll auch das Brot essen, und wer die Trauben liest, soll auch den Wein trinken. Ihr werdet davon im Vorhof meines Tempels essen und trinken und mich dabei preisen.« 10 Ihr Bewohner Jerusalems, zieht hinaus durch die Tore eurer Stadt! Bahnt einen Weg für das heimkehrende Volk! Baut eine Straße, räumt die Steine aus dem Weg! Richtet ein Zeichen auf, dass die Völker es sehen! 11 Auf der ganzen Erde lässt der HERR ausrufen: »Sagt der Zionsstadt: ›Deine Hilfe ist nahe! Der HERR kommt, und er bringt das Volk mit, das er befreit hat.‹« 12 Es wird »Gottes heiliges Volk« genannt werden, »das Volk, das der HERR gerettet hat«. Du selbst aber heißt dann »die Stadt, die Gott liebt«, »die Stadt, die er wieder angenommen hat«.

DAS GERICHT ÜBER EDOM UND ALLE VÖLKER

63 »Wer kommt da vom Edomiterland, in grell gefärbter Kleidung aus der Stadt Bozra? Wer bist du, der so stolz einherschreitet in seinem Gewand, erfüllt von unbändiger Kraft?« »Ich bin's, der Recht schafft und helfen kann!« 2 »Warum ist dein Gewand so rot gefleckt wie bei einem, der in der Kelter die Trauben zertritt?« 3 »Ganz allein trat ich die Kelter und niemand aus den Völkern hat mir dabei geholfen. Ich habe sie alle in meinem Zorn zerstampft wie Trauben, ihr Blut ist auf mein Gewand gespritzt. 4 Ich sah, dass die Zeit gekommen war, mein Volk zu befreien und alle seine Feinde zu bestrafen. 5 Ich dachte, es würde mir jemand helfen; aber als ich mich umsah, war keiner bereit. Da habe ich mir selber geholfen; mein Zorn gab mir die Kraft. 6 Ich trat die Völker nieder und zerstampfte sie in meinem Zorn, ihr Blut ließ ich in die Erde fließen.«

GEBET DES VOLKES UM GOTTES EINGREIFEN

7 Ich denke an die Taten des HERRN, die seinen Ruhm verkünden, an die Beweise seiner Güte, die er Israel gegeben hat, damals in alten Zeiten! Unermesslich reich ist der HERR an Liebe und Erbarmen. 8 Er sagte zu sich: »Mein Volk sind sie, meine Kinder, die mich nicht enttäuschen werden.« Darum ist er uns zu Hilfe gekommen. 9 Er hat uns seinen Engel gesandt und unserer Not ein Ende gemacht; denn unsere Bedrängnis machte ihm selber Not. Er war voll Liebe und Erbarmen zu uns und hat uns immer wieder gerettet – wie ein Vater hat er für uns gesorgt in so vielen Generationen. 10 Wir aber lehnten uns gegen ihn auf und kränkten seinen Heiligen Geist. So machten wir ihn zu unserem Feind, er selbst kämpfte gegen sein Volk. 11 Da dachten wir voll Sehnsucht an die alte Zeit, als noch Mose in unserer Mitte war. »Wo ist der Gott«, so klagten wir, »der einst den großen Hirten seiner Herde aus dem Wasser des Nilstroms gerettet hat? Wo ist der Gott, der Mose ausgerüstet hat, der seinen Heiligen Geist auf ihn gelegt hat 12 und ihm beistand mit seinem mächtigen Arm? Der Gott, der das Meer zerteilte vor seinem Volk, damit sein großer Name gepriesen wird in alle Ewigkeit? 13 Der sie über den Meeresgrund führte, ungefährdet, ohne zu stolpern, so sicher, wie Pferde die Steppe durchqueren? 14 Wie ein Hirt seine Rinderherde führt, sie zum Rastplatz bringt im geschützten Tal, so führte der HERR durch seinen mächtigen Geist sein Volk aus der Gefahr und gab ihm Ruhe und Sicherheit.« Ja, HERR, so hast du dein Volk geleitet, damit dein herrlicher Name gepriesen wird! 15 HERR, sieh herab von deinem Himmel, wo du in Heiligkeit und Hoheit

thronst! Wo ist deine brennende Liebe zu uns? Wo ist deine unvergleichliche Macht? Hast du kein Erbarmen mehr mit uns? Wir spüren nichts davon, dass du uns liebst! 16 HERR, du bist doch unser Vater! Abraham weiß nichts von uns, auch Jakob kennt uns nicht; unsere Stammväter können uns nicht helfen. Aber du, HERR, bist unser wahrer Vater! »Unser Befreier seit Urzeiten« – das ist dein Name. 17 Warum hast du zugelassen, dass wir von deinem Weg abwichen? Warum hast du uns so starrsinnig gemacht, dass wir dir nicht mehr gehorchten? Wende dich uns wieder zu! Wir sind doch deine Diener, wir sind doch das Volk, das dir gehört! 18 Es war nur für eine kurze Zeit, dass wir das Land besitzen durften; nun ist dein Heiligtum von den Feinden entweiht. 19 Es ist, als wärst du nie unser Herrscher gewesen und als wären wir nicht das Volk, das du zu deinem Eigentum erklärt hast. Reiß doch den Himmel auf und komm herab, dass die Berge vor dir erbeben!

64 Komm plötzlich, komm mit großer Macht, wie die Flammen trockenes Reisig ergreifen und das Wasser im Kessel zum Sieden bringen! Deine Feinde sollen erfahren, wer du bist; die Völker sollen vor Angst vergehen. 2 Vollbringe Taten, die uns staunen lassen und noch unsere kühnste Erwartung übertreffen! Komm herab, dass die Berge vor dir erbeben! 3 Noch nie hat man von einem Gott gehört, der mit dir zu vergleichen wäre; noch nie hat jemand einen Gott gesehen, der so gewaltige Dinge tut für alle, die auf ihn hoffen. 4 Du bist gut zu denen, die gern das Rechte tun, die an deine Gebote denken und danach handeln. Uns aber hat dein Zorn getroffen, weil wir dir nicht gehorsam waren. Hilf uns, rette uns! 5 Wir alle sind von Unrecht befleckt; selbst unsere allerbesten Taten sind unrein wie ein schmutziges Kleid. Wir sind wie verdorrtes Laub, das der Sturmwind packt und fortwirbelt – das ist die Strafe für unsere Schuld. 6 Niemand hat dich beim Namen gerufen und bei dir Hilfe gesucht, niemand kam zur Besinnung und hielt sich an dich. Denn du selbst hattest dich von uns abgewandt, du gabst uns die Folgen unserer Sünden am eigenen Leibe zu spüren. 7 Dennoch, HERR: Du bist unser Vater! Wir sind der Ton, du bist der Töpfer; wir alle sind von deiner Hand geschaffen. 8 Darum sei nicht so zornig auf uns; trag es uns nicht für immer nach, dass wir uns so schwer vergangen haben. Wir alle sind dein Volk! Sieh uns doch freundlich an! 9 Die Städte, die dir gehörten, sind verwüstet; ein verlassener Trümmerhaufen ist Jerusalem mit dem Zionsberg. 10 Unser Tempel wurde ein Raub der Flammen, die heilige und herrliche Stätte, an der unsere Vorfahren dich priesen. Zerstört ist alles, was uns lieb und wert war! 11 Kannst du das alles mit ansehen, HERR? Rührt es dich gar nicht? Schweigst du dazu? Lässt du uns vollends zugrunde gehen?

BELOHNUNG DER TREUEN, BESTRAFUNG DER TREULOSEN

65 Der Herr sagt: »Ich war bereit, diesen Leuten zu helfen, aber niemand hat mich um Hilfe gebeten. Ich war für dieses Volk immer zu finden, aber niemand hat mich gesucht. Obwohl keiner von ihnen meinen Namen rief, sagte ich immerzu: ›Ja, ich höre!‹ 2 Die ganze Zeit über streckte ich einladend die Hände aus; aber dieses widerspenstige Volk will nichts von mir wissen. Sie folgen ihren eigenen Gedanken und gehen beharrlich ihre eigenen verkehrten Wege. 3 Fortwährend beleidigen sie mich und reizen mich zum Zorn. In ihren heiligen Hainen opfern sie den Götzen und verbrennen Weihrauch auf Ziegelsteinen, 4 sie hocken in Gräbern und übernachten in Höhlen, um die Toten zu befragen und sich von den Geistern Auskunft zu holen. Sie essen das Fleisch von Schweinen und anderen unreinen Tieren. 5 Sie sagen zu jedem, der ihnen begegnet: ›Halt, komm mir nicht zu nah! Ich bin mit heiligen Dingen in Berührung gekommen und bringe dich in Gefahr!‹ Diese Leute haben meinen Zorn herausgefordert; er brennt wie ein Feuer, das nicht erlischt. 6 Ihre Vergehen werden nicht vergessen; sie sind sämtlich bei mir aufgeschrieben. Ich ruhe nicht, bis ich ihnen alles heimgezahlt habe, 7 ihre eigenen Verfehlungen und die ihrer Vorfahren dazu. Alle, die auf den Bergen und Hügeln Opfer dargebracht und mich damit beleidigt haben, werde ich bestrafen, wie es ihre Taten verdienen. Ich, der HERR, sage es.« 8 Weiter sagt der HERR: »Wenn jemand eine kümmerliche Weintraube findet, sagt man zu ihm: ›Wirf sie nicht weg, es ist noch etwas Gutes daran!‹ So will auch ich mein Volk nicht ganz vernichten; denn es gibt noch Menschen darin, die mir treu geblieben sind. 9 Es soll auch künftig Nachkommen Jakobs und Judas geben, denen das Land als Erbbesitz zusteht. Die Menschen, die ich erwählt habe und die mir dienen, sollen auf meinen Bergen wohnen. 10 In der Scharon-Ebene werden sie ihre Schafe weiden und im Achor-Tal ihre Rinder. Das ganze Land gebe ich meinem Volk, den Menschen, die nach mir fragen. 11 Ihr anderen aber habt mir den Rücken gekehrt und kommt nicht zu meinem heiligen Berg. Stattdessen deckt ihr den Schicksalsgöttern Gad und Meni einen reichen Opfertisch und füllt ihnen die Krüge mit Wein. 12 Dafür wird euch euer Schicksal ereilen: Ich gebe euch den Feinden preis, die euch wie Opfertiere abschlachten werden. Ich habe gerufen, aber ihr habt nicht geantwortet; ich habe euch gewarnt, aber ihr habt nicht darauf gehört. Ihr habt es vorgezogen, mich zu beleidigen und zu tun, was mir missfällt. 13 Darum hört, was ich, der HERR, euch ankündige: Meine Diener, die mir treu geblieben sind, bekommen zu essen und zu trinken, ihr aber müsst Hunger und Durst leiden. Sie werden stolz und glücklich sein, ihr aber werdet in Schande gestürzt. 14 Sie werden jubeln vor Freude, aber ihr müsst schreien vor Qual und heulen vor Verzweiflung. 15 Ich werde euch töten, und die Menschen, die ich erwählt habe und die mir dienen, werden eure Namen als Fluchwort verwenden. Ihnen aber gebe ich neue ehrenvolle Namen. 16a Wenn dann die Leute sich gegenseitig grüßen im Land, grüßen sie sich nur noch ›bei dem treuen Gott‹, und wenn sie schwören, schwören sie ›bei Gott, der Treue hält‹.«

DAS ERNEUERTE JERUSALEM – DIE ERNEUERTE SCHÖPFUNG

16b Der HERR sagt: »Alle Not wird vergessen sein,
ich bereite ihr ein Ende. 17 Alles mache ich jetzt neu:
Einen neuen Himmel schaffe ich und eine neue Erde.
Dann sehnt sich niemand nach dem zurück, was frü-
her einmal gewesen ist; kein Mensch wird mehr daran
denken. 18 Freut euch und jubelt ohne Ende über das,
was ich nun schaffe! Ich mache Jerusalem zur Stadt
der Freude und seine Bewohner erfülle ich mit Glück.
19 Ich selbst will an Jerusalem wieder Freude haben
und über mein Volk glücklich sein. Niemand wird mehr
weinen und klagen. 20 Es gibt keine Kinder mehr, die
nur ein paar Tage leben, und niemand, der erwach-
sen ist, wird mitten aus dem Leben gerissen. Wenn
jemand mit hundert Jahren stirbt, wird man sagen:
›Er war noch so jung!‹ Selbst der Schwächste und Ge-
brechlichste wird ein so hohes Alter erreichen. 21 Sie
werden sich Häuser bauen und auch darin wohnen
können. Sie werden Weinberge pflanzen und selbst
den Ertrag genießen. 22 Sie sollen nicht bauen und
pflanzen und sich lebenslang mühen, nur damit an-
dere den Gewinn davon haben. Alt wie Bäume sollen
sie werden, die Menschen in meinem Volk, und den
Lohn ihrer Arbeit selbst genießen! 23 Sie werden sich
nicht vergeblich abmühen. Die Frauen gebären ihre
Kinder nicht länger für eine Zukunft voller Schrecken.
Sie sind mein Volk, ich segne sie; darum werden sie mit
ihren Kindern leben. 24 Noch ehe sie zu mir um Hilfe
rufen, habe ich ihnen schon geholfen. Bevor sie ihre
Bitte ausgesprochen haben, habe ich sie schon erfüllt.
25 Wolf und Lamm werden dann gemeinsam weiden,
der Löwe frisst Häcksel wie das Rind, und die Schlange
nährt sich vom Staub der Erde. Auf dem Zion, meinem
heiligen Berg, wird keiner mehr Böses tun und Unheil
stiften. Ich, der HERR, sage es.«

GOTT IST NICHT IRGENDEIN GÖTZE

66 Der HERR sagt: »Der Himmel ist mein Thron,
die Erde mein Fußschemel. Was für ein Haus
wollt ihr da für mich bauen? Wo ist die Wohnung, in
der ich Raum finden könnte? 2 Ich, der HERR, habe mit
eigener Hand Himmel und Erde geschaffen, durch
mich ist alles entstanden, was es gibt. Aber ich blicke
freundlich auf die Verzagten, die sich vor mir beugen,
auf alle, die mit Furcht und Zittern auf mein Wort ach-
ten. 3 Doch da schlachten sie für mich Rinder – und
zugleich bringen sie Menschenopfer dar. Sie schlach-
ten für mich Schafe – und zugleich opfern sie Hunde.
Sie bringen mir Speiseopfer – und zugleich ver-
sprengen sie Schweineblut. Sie verbrennen für mich
Weihrauch – und zugleich opfern sie den Götzen. Sie
gehen ihre eigenen Wege und sind begierig auf alles,
was mir ein Gräuel ist. 4 Deshalb bin ich begierig, sie
ins Unglück zu stürzen und alles über sie zu bringen,
wovor sie zittern. Ich habe gerufen, aber keiner hat
mir geantwortet; ich habe gewarnt, aber niemand hat
darauf gehört. Stattdessen haben sie mich beleidigt
und getan, was mir missfällt.«

TROST FÜR JERUSALEM

5 Hört, was der HERR euch sagt, ihr alle, die ihr mit
Furcht und Zittern auf sein Wort achtet: »Weil ihr zu mir
haltet, werdet ihr von Leuten aus eurem eigenen Volk
gehasst und wie Ausgestoßene behandelt. Sie spot-
ten: ›Der HERR soll doch seine Zusagen wahr machen!
Wir möchten gerne erleben, wie ihr euch freut!‹ Aber
sie täuschen sich! 6 Horcht, von der Stadt her schallt
Kampfgetümmel, vom Tempel her Kriegslärm! Der HERR
vollstreckt das Strafgericht an seinen Feinden! 7-8 Hat
man es schon erlebt, dass ein Kind geboren wurde,
bevor die Mutter in Wehen kam? Hat man erlebt, dass
ein Volk auf *einen* Schlag geboren, dass ein menschen-
leeres Land an *einem* Tag bevölkert wurde? Genau das
wird geschehen: Die Mutter Zion wird Kinder bekom-
men, noch ehe sie etwas davon merkt. 9 Meint ihr, ich,
der HERR, werde etwas anfangen und nicht zu Ende
führen? Werde ich die Geburt einleiten und das Kind
dann stecken lassen, ich, euer Gott? 10 Freut euch mit
der Zionsstadt, jubelt über ihr Glück, ihr alle, die ihr
sie liebt und denen ihr Leid zu Herzen geht! 11 Sie wird
euch teilgeben an der Fülle ihrer Herrlichkeit; ihr wer-
det an ihrer Mutterbrust saugen und mit Glück gesät-
tigt werden. 12 Ich, der HERR, verspreche: Ich schenke
der Zionsstadt Frieden und Wohlstand; der Reichtum
der Völker wird ihr zufließen wie ein nie versiegender
Strom. Ihr werdet an ihren Brüsten saugen, ihr werdet
euch fühlen wie Kinder, die auf dem Arm getragen und
auf den Knien gewiegt werden. 13 Ich werde euch trös-
ten, wie eine Mutter tröstet. Das Glück Jerusalems wird
euch glücklich machen. 14 Wenn ihr das erlebt, werdet
ihr voll Freude sein; neuer Lebensmut wird in euch er-
wachen, so wie im Frühling das frische Grün sprosst.«
Ja, der HERR zeigt seine rettende Macht an denen, die
ihm treu sind; aber seine Feinde bekommen seinen Zorn
zu spüren. 15 Denn der HERR kommt und lässt Feuer auf
sie herabfallen; sturmgepeitschte Wolken sind seine
Streitwagen, feurige Blitze schleudert er in seinem glü-
henden Zorn. 16 Mit dem flammenden Schwert vollzieht
er sein Strafgericht auf der ganzen Erde; viele liegen
erschlagen. 17 »Alle, die sich um eine Götzenpriesterin
scharen und an den Opferfeiern in den heiligen Hainen
teilnehmen – sagt der HERR –, werden vernichtet, sie
alle, die Schweine, Mäuse und andere unreine Tiere
essen. 18a Ich weiß genau, was sie da treiben!«

ALLE VÖLKER EHREN DEN GOTT ISRAELS

18b Der HERR sagt: »Die Zeit kommt, dass ich die Men-
schen aller Völker und Sprachen versammle. Sie alle
werden zu mir kommen und meine Herrlichkeit sehen.
19 Ich werde ein Zeichen unter ihnen aufrichten und
Boten zu ihnen senden – Menschen aus allen Völkern,
die sich mir angeschlossen haben. Zu den fernsten
Küsten sende ich meine Boten, nach Tarschisch, Put
und Lud, nach Meschech, Tubal und Jawan. Unter den
Völkern, die noch nichts von mir gehört und meine
herrlichen Taten nicht gesehen haben, sollen sie
meinen Ruhm bekannt machen. 20 Wenn sie zurück-
kehren, werden sie alle eure Brüder und Schwestern

mitbringen, die noch unter den Völkern zerstreut sind. Auf Pferden, Maultieren und Dromedaren, in Wagen und Sänften werden dann aus aller Welt die Zerstreuten meines Volkes zu meinem heiligen Berg nach Jerusalem gebracht werden, als eine Opfergabe der Völker für mich, den HERRN – so wie ihr Israeliten eure Speiseopfer in reinen Gefäßen zu meinem Tempel bringt. 21 Selbst aus den anderen Völkern werde ich Menschen als Priester und Leviten zum Dienst an meinem Heiligtum bestimmen. 22 Wie der neue Himmel und die neue Erde, die ich schaffe, durch meine Schöpfermacht für immer bestehen bleiben, so werdet auch ihr als Volk niemals untergehen. Ich, der HERR, sage es euch zu. 23 Jeden Neumond und Sabbat werden die Bewohner der ganzen Erde zu meinem Heiligtum kommen und sich vor mir, dem HERRN, niederwerfen. 24 Danach werden sie vor die Stadt hinausgehen und voller Abscheu die Leichen der Menschen betrachten, die sich gegen mich aufgelehnt hatten. Deren Qual nimmt kein Ende, sie brennen in ewigem Feuer.«

DER PROPHET **JEREMIA**

DAS BUCH JEREMIA

1 In diesem Buch ist aufgeschrieben, was Jeremia verkündet und erlebt hat. Er war der Sohn von Hilkija und gehörte zur Priesterschaft von Anatot, einem Dorf im Gebiet des Stammes Benjamin. 2 Das Wort des HERRN erging zum ersten Mal an ihn im 13. Regierungsjahr des Königs Joschija von Juda, des Sohnes Amons, 3 und es erging an ihn weiterhin während der Regierungszeit von Joschijas Sohn Jojakim und dann bis zum Ende der Regierungszeit von Joschijas Sohn Zidkija, als im 5. Monat von dessen elftem Regierungsjahr die Bevölkerung Jerusalems in die Verbannung geführt wurde.

JEREMIA WIRD ZUM PROPHETEN BERUFEN

4 Das Wort des HERRN erging an mich, er sagte zu mir: 5 »Noch bevor ich dich im Leib deiner Mutter entstehen ließ, hatte ich schon meinen Plan mit dir. Noch ehe du aus dem Mutterschoß kamst, hatte ich bereits die Hand auf dich gelegt. Denn zum Propheten für die Völker habe ich dich bestimmt.« 6 Ich wehrte ab: »Ach, HERR, du mächtiger Gott! Ich kann doch nicht reden, ich bin noch zu jung!« 7 Aber der HERR antwortete mir: »Sag nicht: ›Ich bin zu jung!‹ Geh, wohin ich dich sende, und verkünde, was ich dir auftrage! 8 Hab keine Angst vor Menschen, denn ich bin bei dir und schütze dich. Das sage ich, der HERR.« 9 Dann streckte der HERR seine Hand aus, berührte meine Lippen und sagte: »Ich lege meine Worte in deinen Mund. 10 Von heute an hast du Macht über Völker und Königreiche. Reiße aus und zerstöre, vernichte und verheere, baue auf und pflanze an!« 11 Wieder erging das Wort des HERRN an mich, er sagte: »Was siehst du, Jeremia?« Ich antwortete: »Einen *Wacholderzweig*!« 12 »Du hast richtig gesehen«, sagte der HERR, »ich *wache* darüber, dass geschieht, was ich dir sage.« 13 Und noch einmal erging das Wort des HERRN an mich, er sagte: »Was siehst du?« Ich antwortete: »Einen dampfenden Kessel, dessen Rand sich von Norden her gegen mich neigt.« 14 »Du hast richtig gesehen«, sagte der HERR, »so ergießt sich von Norden her Unheil über alle Bewohner dieses Landes. 15 Hör, was ich dir sage: Ich rufe alle Völker des Nordens! Ihre Könige sollen kommen und ihre Throne rings um die Mauern Jerusalems und um die Mauern aller anderen Städte in Juda aufstellen. 16 Dann will ich mein Urteil über die Leute von Juda sprechen und sie strafen für alles Böse, das sie getan haben. Denn sie haben mich verlassen und haben anderen Göttern geopfert; sie haben sich Götzenbilder gemacht und sie angebetet. 17 Du aber mach dich bereit, tritt vor sie hin und verkünde ihnen alles, was ich dir auftrage! Erschrick nicht vor ihnen, sonst sorge ich dafür, dass du wirklich vor ihnen erschrecken musst! 18 Ich gebe dir Kraft, damit du dastehst wie eine Festung, wie eine eiserne Säule, wie eine stahlharte Mauer. Das ganze Land wirst du gegen dich haben, die Könige, die Beamten, die Priester und die Männer von Juda. 19 Sie werden gegen dich kämpfen, aber sie werden dich nicht bezwingen, denn ich bin bei dir und schütze dich. Das sage ich, der HERR.«

ISRAEL, DAS TREULOSE VOLK

2 Das Wort des HERRN erging an mich, er sagte zu mir: 2 »Geh und verkünde vor allen Leuten in Jerusalem: ›So spricht der HERR: Ich erinnere mich, Israel, wie vertrauensvoll du mir zugetan warst in deiner Jugend, wie du mich liebtest in deiner Brautzeit. Du bist mir gefolgt in der Wüste, im Land, wo nichts wächst. 3 Damals hast du mir allein gehört, wie die erste Frucht des Ackers. Wer sich an dir vergriff, machte sich schuldig und wurde bestraft!‹« 4 Hört das Wort des HERRN, ihr Nachkommen Jakobs, all ihr Sippen Israels! 5 So spricht der HERR: »Was hatten eure Vorfahren an mir auszusetzen, dass sie sich von mir abwandten, nichtigen Götzen nachliefen und so selbst zunichtewurden? 6 Sie fragten nicht: ›Wo ist der HERR zu finden? Er hat uns doch aus Ägypten herausgeführt und hat uns in der Wüste sicher den Weg gewiesen, in dürren Steppen und finsteren Schluchten, in einem Land, das niemand bewohnt und niemand durchwandert.‹ 7 Ja, ich war es, ich brachte euch in ein fruchtbares Land, um euch mit all den Köstlichkeiten zu speisen, die es hervorbringt. Aber kaum wart ihr dort, habt ihr mein Land verdorben und mir mein Eigentum zum Abscheu gemacht. 8 Eure Priester fragten nicht nach mir; die Leute, die Weisungen gaben, kannten mich nicht.

Die Führer des Volkes lehnten sich gegen mich auf und
die Propheten redeten im Namen Baals. Alle beteten
zu Göttern, die nicht helfen können. 9 Darum muss ich,
der HERR, euch anklagen und auch gegen eure Kinder
und Enkel werde ich Klage erheben. 10 Fahrt doch übers
Meer zu den Inseln im Westen und seht euch dort um!
Oder schickt eure Abgesandten zu den Völkern des Os-
tens und erkundigt euch, ob irgendwo etwas Ähnliches
geschehen ist! 11 Hat je ein Volk seine Götter ausge-
wechselt? Und die sind nicht einmal Götter! Mein Volk
aber hat mich ausgetauscht gegen Götter, die ihm nicht
helfen können; und dabei hatte es doch meine ganze
Herrlichkeit gesehen. 12 Himmel, erschrick darüber«,
sagt der HERR, »schaudere, bebe vor Entsetzen! 13 Mein
Volk hat doppeltes Unrecht verübt: Mich, die Quelle fri-
schen Wassers, hat es verlassen und stattdessen gräbt
es sich Löcher für Regenwasser, die auch noch rissig
sind und das Wasser nicht halten.«

SELBST VERSCHULDETER STURZ

14 Der HERR sagt: »Israel, du bist doch kein Sklave. Und
schon gar nicht ein geborener Sklave, für den es keine
Befreiung gibt! Wie konnte es dann so weit kommen?
Warum haben deine Feinde dich niedergeworfen?
15 Brüllend wie hungrige Löwen fielen sie über dich her.
Dein Land ist verwüstet, deine Städte sind verbrannt
und menschenleer. 16 Und nun werden auch noch die
Ägypter, die Männer von Memfis und Tachpanhes,
kommen und dir den Kopf kahl scheren! 17 Das hast
du dir selbst zuzuschreiben, Volk Israel! Ich, der HERR,
dein Gott, ging dir voraus und wollte dich führen, doch
du hast dich von mir abgewandt. 18 Was nützt es dir
jetzt, nach Ägypten zu laufen, um das Wasser des Nils
zu trinken? Was nützt es dir jetzt, nach Assyrien zu lau-
fen, um das Wasser des Eufrats zu trinken? 19 Dich trifft
die Strafe für deine eigene Bosheit; es rächt sich, dass
du mir den Rücken gekehrt hast. Sieh doch ein, wie viel
Leid und Unglück es bringt, dem HERRN, deinem Gott,
davonzulaufen und ihn nicht mehr ernst zu nehmen!«
Das sagt der HERR, der Herrscher über die ganze Welt.

JUDA IST DEM BAALS-DIENST VERFALLEN

20 Der HERR sagt: »Von jeher wolltest du mir nicht die-
nen; es war dir eine Plage und lästige Pflicht. ›Ich will
endlich frei sein‹, sagtest du – und legtest dich hin
wie eine Hure auf jeder Anhöhe, unter jedem grünen
Baum. 21 Ich hatte dich als edle Rebe gepflanzt; du
warst ein gutes, erlesenes Gewächs. Aber was ist nun
aus dir geworden? Ich sehe nur noch die wuchern-
den Ranken eines verwilderten Weinstocks, den ich
nicht mehr wiedererkenne. 22 Du kannst dich waschen,
soviel du willst, selbst mit der schärfsten Lauge – der
Schmutz deiner Schuld bleibt mir immer vor Augen«,
sagt der HERR, der mächtige Gott. 23 »Wie kannst du
behaupten: ›Ich bin doch nicht schmutzig; mit den
Baalen hatte ich nichts zu schaffen!‹ Sieh doch dein
Treiben im Tal; mach dir klar, was du getan hast! Wie
eine flinke junge Kamelstute in der Brunstzeit läufst
du hierhin und dorthin. 24 Du bist wie eine Wildeselin,
die alle Fährten in der Wüste kennt; vor lauter Gier
schnappt sie nach Luft und ist von niemand festzu-
halten. Die Hengste brauchen nicht lange nach ihr zu
suchen; zur Brunstzeit lässt sie sich gerne von ihnen
finden. 25 Israel, gib acht, du läufst dir noch die Schuh-
sohlen durch und vom vielen Umherrennen trocknet
dir die Kehle aus! Aber du sagst: ›Halt mich nicht auf,
es hat keinen Zweck! Ich liebe die Fremden und muss
ihnen nach!‹«

DER GOTT ISRAELS IST KEIN LÜCKENBÜSSER

26 Der HERR sagt: »Wie ein ertappter Dieb sich schä-
men muss und von allen verachtet wird, so ergeht es
jetzt euch Leuten von Israel samt euren Königen und
hohen Beamten, Priestern und Propheten! 27 Von mir
habt ihr euch völlig abgewandt; aber zu Holzfiguren
sagt ihr: ›Du bist mein Vater‹, zu Bildern aus Stein: ›Du
bist die Mutter, die mich geboren hat.‹ Wenn euch jetzt
das Unglück trifft, schreit ihr: ›HERR, komm und rette
uns!‹ 28 Wo sind denn eure Götter, die ihr euch zurecht-
gemacht habt? *Sie* sollen kommen und zusehen, ob sie
euch retten können! Sie sind ja so zahlreich; es gibt
davon ebenso viele wie Städte in Juda! 29 Warum –
sagt der HERR – klagt ihr *mich* an? Ihr wolltet doch von
mir nichts mehr wissen! 30 Vergeblich habe ich euch
geschlagen; ihr habt keine Lehre angenommen. Euer
Schwert wütete unter den Propheten, die ich zu euch
schickte, als wäre es ein hungriger Löwe!«

JUDA HAT SEINEN GOTT VERGESSEN

31 Der HERR sagt: »Volk Israel, achte auf das, was ich dir
sage! Bin ich für dich denn eine Wüste gewesen oder
ein Land, in dem es nie Tag wird? Warum sagst du: ›Wir
wollen mit dir nichts mehr zu tun haben, wir kommen
nicht wieder zu dir zurück‹? 32 Kann ein Mädchen sei-
nen Schmuck vergessen oder die Braut den prächtigen
Gürtel ihres Hochzeitskleides? Aber du hast mich ver-
gessen, schon seit vielen, vielen Jahren!«

BAALS-DIENST UND VERWILDERTE RECHTSPFLEGE

33 Der HERR sagt: »In der Jagd nach Liebhabern bist
du unübertrefflich. Deshalb merkst du es gar nicht
mehr, wenn du Verbrechen begehst. 34 Sogar das Blut
unschuldiger Menschen klebt am Saum deiner Kleider,
das Blut armer Leute – und du kannst dich nicht damit
herausreden, dass du sie beim Einbruch ertappt hast!
Der Fluch all dieser Taten wird dich treffen! 35 Und da
wagst du noch zu sagen: ›Ich bin frei von Schuld; der
HERR ist ja gar nicht mehr zornig auf mich!‹ Darum
mache ich dir den Prozess!«

KEIN BÜNDNIS KANN JUDA RETTEN

36 Warum hast du es so eilig, den Bündnispartner zu
wechseln? Ägypten hilft dir so wenig wie Assyrien!
37 Auch von dort kommst du enttäuscht und ratlos zu-
rück! Denn der HERR hat die Mächte verworfen, auf
die du deine Hoffnung setzt. Du wirst mit ihnen kein
Glück haben!

JUDA BEGREIFT NICHT DIE SCHWERE SEINES VERGEHENS

3 Der HERR sagt: »Wenn ein Mann seine Frau ver-
stoßen hat und sie ist die Frau eines anderen ge-
worden, dann darf er sie später nicht wieder als seine
Frau annehmen. Das Land, in dem so etwas geschieht,
würde dadurch entweiht. Du aber hast dich mit zahl-
losen Liebhabern abgegeben und willst zu mir zurück?
2 Auf welchem der Berge ringsum hast du nicht schon
mit Männern gelegen? An den Wegen hast du gesessen
und auf sie gewartet, wie die Araber an den Wüsten-
straßen auf Beute lauern. Du hast das Land entweiht
durch deine Hurerei. 3 Darum fiel auch kein Regen, im
Herbst nicht und auch nicht im Frühjahr. Aber wie eine
richtige Hure hast du dich geweigert, deine Schande
einzugestehen. 4 Ja, du wagtest es sogar, mir zu sagen:
›Du bist mein Vater; solange ich lebe, liebst du mich
schon; 5 du wirst mir doch nicht für immer böse sein?‹
Das sagtest du und bliebst bei deinem verkommenen
Treiben und brachtest es darin zur Meisterschaft.«

DIE BEIDEN EHEBRECHERISCHEN SCHWESTERN

6 Während der Zeit, als König Joschija regierte, sagte
der HERR zu mir: »Hast du gesehen, was Israel, diese
treulose Frau, getan hat? Sie hat sich von mir abge-
wandt, ist auf jede Anhöhe gestiegen und hat sich
unter jeden grünen Baum gelegt, um Unzucht zu trei-
ben. 7 Da dachte ich: ›Wenn sie genug davon hat, kehrt
sie bestimmt wieder zu mir zurück.‹ Aber sie kehrte
nicht zurück. Ihre treulose Schwester Juda sah das
mit an 8 und sie sah auch, wie ich ihrer Schwester
Israel als Strafe für ihr ehebrecherisches Treiben die
Scheidungsurkunde gab und sie wegschickte. Aber das
schreckte sie nicht ab. Im Gegenteil, sie fing selber an,
Unzucht zu treiben. 9 Durch ihre schamlose Hurerei hat
sie das Land entweiht. Steine und Holz hat sie ange-
betet und so Ehebruch getrieben. 10 Und nach all dem
ist Juda, die treulose Schwester Israels, nicht wieder
zu mir zurückgekehrt – mit dem Herzen nicht, nur mit
leeren Worten.« Das sagt der HERR.

FÜR DIE VERBANNTEN AUS DEM REICH ISRAEL STEHT DIE RÜCKKEHR OFFEN

11 Der HERR sagte zu mir: »Das abtrünnige Israel kann
noch eher vor mir bestehen als das treulose Juda.«
12 Deshalb befahl er mir, in Richtung Norden zu rufen:
»Der HERR sagt: ›Kehre wieder zurück, Israel, ich will
nicht mehr zornig auf dich sein! Denn ich bin gütig
und trage nicht ewig nach. 13 Doch sieh ein, dass du
dich schuldig gemacht hast. Du bist mir untreu ge-
worden, mir dem HERRN, deinem Gott, und bist den
fremden Göttern nachgelaufen; unter jedem grünen
Baum hast du dich ihnen hingegeben. Aber auf mich
hast du nicht mehr gehört.‹«

HOFFNUNG FÜR JUDA ÜBER DIE KATASTROPHE HINAUS

14 Der HERR sagt: »Kommt zurück, ihr davongelaufenen
Kinder, denn nach wie vor gehört ihr mir! Aus jeder
eurer Städte und Sippen werde ich einen oder zwei
nehmen und sie zum Zionsberg bringen. 15 Da werde
ich euch Hirten geben, wie ich sie haben will, die euch
mit Einsicht und Verstand regieren.« 16 Und weiter sagt
der HERR: »Wenn ihr euch dann wieder vermehrt und
das ganze Land besiedelt, wird kein Mensch mehr
fragen: ›Wo ist die Bundeslade des HERRN?‹ Keinem
kommt sie mehr in den Sinn. Niemand denkt mehr an
sie, niemand vermisst sie und niemand macht eine
neue. 17 Denn ganz Jerusalem ist dann mein Thron.
Alle Völker kommen und versammeln sich dort bei
mir. Sie werden nicht mehr tun, was ihr eigensinniges
und böses Herz ihnen eingibt. 18 Ihr Leute von Juda
werdet euch dann den Leuten von Israel anschließen
und zusammen mit ihnen aus dem Land im Norden
zurückkehren in das Land, das ich euren Vorfahren
als bleibenden Besitz gegeben habe.«

JUDAS UNDANK UND UNTREUE

19 Der HERR sagte: »Ich war entschlossen, dir eine Eh-
renstellung unter den Völkern zu geben. Ein herrliches
Land, das herrlichste, das die Völker kennen, sollte für
immer dir gehören. Und ich dachte, du würdest mich
Vater nennen und dich nie von mir abwenden. 20 Aber
wie eine Frau, die einen Liebhaber findet und ihrem
Mann untreu wird, so hast du, Israel, mir die Treue
gebrochen.«

KLAGE JUDAS UND GOTTES AUFRUF ZUR UMKEHR

21 Auf den kahlen Höhen der Berge hört man klagende
Stimmen. Die Leute von Israel weinen und flehen um
Erbarmen. Sie haben den HERRN, ihren Gott, verges-
sen und sind vom rechten Weg abgeirrt. 22 Der HERR
aber sagt: »Kommt zu mir zurück, ihr davongelaufenen
Kinder, ich bringe alles zwischen euch und mir wie-
der in Ordnung!« Ja, HERR, wir kommen zu dir zurück,
denn du bist unser Gott! 23 Das Rufen und Schreien
zu den Götzen auf den Bergen und Hügeln kann uns
nicht helfen; nur du, unser Gott, bringst Israel Hilfe.
24 Der schändliche Baal hat alles gefressen, was unsere
Vorfahren erworben hatten. So weit wir zurückden-
ken können, frisst er unsere Schafe und Rinder und
unsere Söhne und Töchter. 25 In Schande liegen wir
da und Schmach bedeckt uns. Wir haben uns gegen
dich, unseren Gott, vergangen. So war es von jeher
und so ist es bis heute geblieben. Wir haben nicht auf
dich gehört.

4 »Wenn du umkehrst, Israel, dann darfst du zu
mir zurückkommen; wenn du deine abscheuli-
chen Götzen wegschaffst, dann sollst du bei mir wie-
der Geborgenheit finden. 2 Wenn du beim Schwören
sagst: ›So gewiss der HERR lebt‹, und dabei ehrlich und
rechtschaffen bist und zu deinem Wort stehst, dann
werden auch die anderen Völker von mir Glück und
Segen erwarten und werden stolz sein, mich zu ken-
nen.« 3 Ja, dies sagt der HERR dem Volk von Juda und
den Bewohnern Jerusalems: »Pflügt den Acker völlig
um, statt unter die Dornen zu säen! 4 Beschneidet euch

so, wie es mir gefällt, nämlich an euren Herzen. Schafft weg, was euch von mir trennt. Sonst kommt mein Zorn über euch und brennt wie ein Feuer. Dann hilft kein Löschen mehr; ihr habt zu viel Böses getan!«

JEREMIA SIEHT SCHON DEN FEIND HERANZIEHEN

5 Blast überall im Land das Signalhorn, ruft aus vollem Hals, sagt zu den Leuten von Juda und Jerusalem: »Sammelt euch! Bringt euch in Sicherheit! Auf, los! Hinein in die befestigten Städte! **6** Stellt Wegweiser auf: ›Nach Zion!‹ Vorwärts! Bleibt nicht stehen!« Denn der HERR sagt: »Ich bringe Tod und Verderben über euch, ich führe den Feind aus dem Norden herbei!« **7** Der Völkerwürger hat sich aufgemacht. Wie ein Löwe hat er sich von seinem Lager erhoben, er ist unterwegs, eure Heimat zu einem Trümmerfeld zu machen, eure Städte zu zerstören und zu entvölkern. **8** Darum zieht den Sack an, klagt und heult: »Der HERR ist immer noch zornig auf uns!« **9** »Der Tag kommt«, sagt der HERR, »da vergeht dem König und seinen Beratern der Mut. Die Priester sind entsetzt und die Propheten verstört. **10** Sie werden klagen: ›Ach, HERR, mächtiger Gott, du hast dieses Volk und Jerusalem schwer betrogen! Du hast Frieden angekündigt, aber jetzt haben wir das Schwert im Nacken.‹ **11** Dann werde ich zu diesem Volk und zu Jerusalem sagen: ›Ein Glutwind stürzt sich von den Bergen der Wüste auf euch herab, kein Wind, mit dessen Hilfe ihr nach dem Dreschen die Spreu vom Getreide trennen könnt; **12** dazu ist er zu heftig! Ein Sturm ist es und er kommt auf meinen Befehl; denn ich will jetzt das Gerichtsurteil über euch sprechen.‹«

GIBT ES NOCH RETTUNG?

13 Seht doch: Wie Wetterwolken kommen die Feinde heran! Ihre Streitwagen gleichen einem heranbrausenden Sturm, ihre Pferde sind schneller als Adler. Es ist aus mit uns, wir sind verloren! **14** Jerusalem, wasche deine Bosheit von deinem Herzen ab, damit du gerettet wirst! Wie lange willst du dich noch mit bösen Gedanken abgeben? **15** Hört doch: Boten bringen schlechte Nachrichten aus Dan und dem Bergland von Efraïm! **16** Sie warnen die Völker ringsum. Sie sagen zu Jerusalem: »Feinde aus einem fernen Land sind im Anmarsch und erheben gegen die Städte von Juda ihr Kriegsgeschrei.« **17** Die Feinde umstellen Juda und Jerusalem wie Männer, die ein Feld bewachen. Der HERR schickt sie, weil dieses Volk sich gegen ihn aufgelehnt hat. **18** Euer Tun und Treiben hat euch dies eingebracht, ihr Leute von Juda! Eure Bosheit hat euch in dieses bittere Leid gestürzt. Sie ist das Schwert, das euch das Herz durchbohrt.

JEREMIA MUSS VERNICHTUNG ANKÜNDIGEN

19 Diese Qual in meinen Eingeweiden! Ich winde mich vor Schmerzen. Mein Herz klopft, dass es fast zerspringt. Ich kann nicht mehr schweigen! Ich höre Kriegshörner und Schlachtrufe. **20** Von überall her meldet man Niederlagen und Zerstörungen, das ganze Land wird verwüstet. Plötzlich sind unsere Zelte umgestürzt, die Zeltdecken zerfetzt. **21** Wie lange muss ich noch die Feldzeichen der Feinde sehen und das Dröhnen ihrer Kriegshörner hören? **22** Der HERR sagt: »Mein Volk ist dumm und verbohrt. Sie kennen mich nicht, unverständig wie Kinder sind sie, ohne Einsicht. Sie wissen genau, wie man Böses tut, aber wie man Gutes tut, geht über ihren Verstand.« **23** Ich sah die Erde an – ein wüstes Chaos! Ich blickte zum Himmel hinauf – da leuchtete kein Stern mehr! **24** Ich sah hinüber zu den Bergen – sie wankten, und alle Hügel bebten. **25** Ich sah nach den Menschen – da war keiner mehr; auch die Vögel waren fortgeflogen. **26** Ich sah nach dem fruchtbaren Land – es war zur Wüste geworden, alle Städte lagen in Trümmern, zerstört durch den glühenden Zorn des HERRN. **27** Denn der HERR sagt: »Das ganze Land soll zur Wüste werden – aber völlig vernichten will ich es nicht.« **28** Auch wenn die Erde darüber klagt und der Himmel sich vor Trauer verfinstert: Der HERR hat es gesagt und nimmt es nicht zurück; er hat seinen Beschluss gefasst und dabei bleibt es. **29** Vor dem Lärm der Reiter und Bogenschützen sind alle Bewohner des Landes geflohen, sie haben sich in Höhlen verkrochen, im Dickicht versteckt, sind auf Felsen geklettert. Alle Städte sind verlassen, kein Mensch wohnt mehr darin. **30** Und was machst du, Jerusalem? Du bist schon dem Untergang geweiht und putzt dich noch mit leuchtend roten Kleidern heraus, behängst dich mit Goldschmuck und bemalst dir die Augenränder? Das wird dir nichts mehr nützen. Deine Liebhaber haben dich satt; sie wollen dir jetzt ans Leben! **31** Ich höre einen Schrei wie von einer Frau, die zum ersten Mal in Wehen liegt. Es ist die Stimme der Zionsstadt. Sie ringt nach Atem und schreit, verzweifelt streckt sie die Hände aus: »Hilfe! Sie bringen mich um!«

ZWIEGESPRÄCH ZWISCHEN GOTT UND DEM PROPHETEN

5 Der HERR sagt: »Geht doch durch die Straßen Jerusalems und macht eure Augen auf; seht euch auf allen Plätzen um! Wenn ihr dort nur einen Einzigen findet, der das Rechte tut und auf den man sich verlassen kann, dann werde ich die Schuld der ganzen Stadt vergeben. **2** Aber wenn in Jerusalem jemand bei meinem Namen schwört, dann ist es bestimmt ein Meineid!« **3** Doch dir, HERR, kommt es auf Treue und Zuverlässigkeit an! Du hast dieses Volk geschlagen, aber es hat sich nichts daraus gemacht. Du hast es fast vernichtet, aber es wollte nicht daraus lernen. Sie blieben bei ihrem Starrsinn und weigerten sich, zu dir umzukehren. **4** Ich hatte gedacht: Gewiss sind nur die einfachen Leute so; die handeln verkehrt, weil sie nicht wissen, was der HERR von ihnen erwartet und was in seinen Augen recht ist. **5** Ich muss die Gebildeten ansprechen, sie werden es bestimmt wissen. Aber gerade sie haben Gott den Gehorsam aufgekündigt und sich von ihm losgerissen, als wären seine Gebote nur eine lästige Fessel. **6** Der HERR sagt: »Darum wird dieses Volk von seinen Feinden vernichtet! Sie fallen über es her

wie der Löwe aus dem Dickicht, sie packen es wie der
Wolf aus der Steppe. Wie der Leopard lauern sie vor
seinen Städten; jeder, der herauskommt, wird zerris-
sen. Denn zahllos sind die Vergehen dieses Volkes, es
zeigt mir nur noch den Rücken.«

VERGEBUNG IST NICHT MEHR MÖGLICH

7 Der HERR sagt: »Warum sollte ich euch vergeben?
Ihr habt mich verlassen und bei Göttern geschworen,
die gar keine Götter sind. Ich habe euch satt gemacht,
aber ihr habt mir die Treue gebrochen und eure Zeit
im Hurenhaus zugebracht. 8 Wie feiste, geile Hengste
seid ihr geworden: Jeder wiehert nach der Frau des
anderen. 9 Sollte ich das hingehen lassen«, sagt der
HERR, »sollte ich an einem solchen Volk nicht Vergel-
tung üben? 10 Also hinauf in den Weinberg! Verwüstet
ihn! – Aber vernichtet ihn nicht ganz! – Reißt die
Ranken ab; mir gehören sie nicht! 11 Denn die Leute
von Israel und von Juda haben sich völlig von mir ab-
gewandt.« Das sagt der HERR.

SELBSTSICHERHEIT FORDERT DAS GERICHT HERAUS

12 Die Leute von Juda nehmen den HERRN nicht ernst.
»Mit ihm braucht niemand zu rechnen«, sagen sie.
»Krieg und Hungersnot wird es nicht geben; die ganze
Katastrophe findet nicht statt. 13 Was die Propheten
verkündet haben, wird sich als Wind erweisen. Was
sie angedroht haben, soll sie selbst treffen; denn Gott
hat gar nicht zu ihnen gesprochen.« 14 Aber der HERR,
der Gott der ganzen Welt, hat zu mir gesagt: »Weil
die Leute von Juda so reden, sorge ich dafür, dass
die Worte, die ich dir auftrage, zu einem Feuersturm
werden, und dieses Volk mache ich zum Brennholz;
der Feuersturm soll es fressen! 15 Sag zu ihnen: ›Ich
führe von fern her ein Volk gegen euch heran. Ihr
kennt seine Sprache nicht und versteht nicht, was
diese Leute sagen. Niemand kann es besiegen. Es ist
ein uraltes Volk von unerschöpflicher Kraft. 16 Aus den
Köchern seiner Krieger kommen Tod und Verderben;
sie alle sind im Kampf erprobt. 17 Dieses Volk wird alles
fressen: eure Ernte und eure Vorräte, eure Söhne und
Töchter, eure Schafe und Rinder, eure Weinstöcke und
Feigenbäume. Es wird die befestigten Städte, auf die
ihr vertraut, zerstören und ihre Bewohner mit dem
Schwert erschlagen.‹«

DIE STRAFE ENTSPRICHT DEM VERGEHEN

18 »Aber auch dann will ich mein Volk nicht völlig ver-
nichten«, sagte der HERR zu mir. 19 »Und wenn sie dich
fragen: ›Weshalb hat der HERR uns all das angetan?‹,
so antworte ihnen: ›In eurem eigenen Land habt ihr
den HERRN, euren Gott, verlassen und fremden Göt-
tern gedient, deshalb dient nun auch fremden Men-
schen in einem Land, das nicht euch gehört.‹«

EIN UNBELEHRBARES VOLK

20 Der HERR sagte zu mir: »Verkünde den Nachkommen
Jakobs, dem Volk von Juda: 21 ›Hört, was der HERR sagt,
ihr Leute ohne Einsicht und Verstand, mit Augen, die
nicht sehen, mit Ohren, die nicht hören! 22 Wollt ihr
mich nicht endlich ernst nehmen? Wollt ihr nicht
zittern und beben vor mir? Ich habe dem Meer eine
Grenze gesetzt, die es nie überschreiten kann. Einen
Sandwall habe ich darumgelegt und alles Toben und
Schäumen hilft ihm nichts; es kommt nicht darüber
hinaus. 23 Doch ihr wollt nicht begreifen, ihr sperrt
euch gegen jede Einsicht. Ihr habt euch von mir ab-
gewandt und seid davongelaufen. 24 Ihr dachtet nicht
daran, zu sagen: Wir wollen den HERRN, unseren Gott,
ehren, er schickt uns ja den Regen, im Herbst wie im
Frühjahr, und sorgt dafür, dass das Korn auf den Fel-
dern zu seiner Zeit reif wird. 25 Um diesen Segen habt
ihr euch durch eure Vergehen gebracht; Dürre und
Missernte sind die Folgen eurer Schuld!‹«

SKRUPELLOSE JAGD NACH BEREICHERUNG

26 Der HERR sagt: »In meinem Volk gibt es skrupellose
Leute. Wie Vogelfänger sich ducken und darauf lau-
ern, dass ihnen Vögel in die Netze gehen, so haben
sie Fallen gestellt, um Menschen zu fangen. 27 Wie der
Käfig des Vogelfängers voll ist von gefangenen Vögeln,
so sind ihre Häuser voll von unrecht erworbenem Gut.
Auf diese Weise sind sie groß und reich geworden,
28 dick und fett sind sie. Ihre Rücksichtslosigkeit kennt
keine Grenzen. Das Recht ist bei ihnen in schlechten
Händen: Sie setzen sich nicht für die Waisen ein und
verhelfen den Armen nicht zu dem, was ihnen zusteht.
29 Und all das sollte ich hingehen lassen? Muss ich an
einem solchen Volk nicht Vergeltung üben?«

DIE SCHULD DER PROPHETEN UND PRIESTER

30 Der HERR sagt: »Was in diesem Land geschieht, ist
unglaublich und empörend: 31 Die Propheten reden
Lug und Trug, die Priester suchen nur den eigenen Vor-
teil, und mein Volk hat es gerne so. Was aber wollt ihr
machen, wenn das Ende da ist?«

JERUSALEM AM RAND DER KATASTROPHE

6 Flieht aus Jerusalem, ihr Leute von Benjamin! In
Tekoa blast das Signalhorn, gebt Rauchzeichen auf
dem Berg von Bet-Kerem! Denn von Norden her naht
Verderben und Untergang! 2 Jerusalem, du schöne,
wohlbehütete Stadt, jetzt ist dein Ende da! 3 Völkerhir-
ten kommen zu dir mit ihren Herden, sie schlagen rings
um dich ihre Zelte auf. Jeder weidet seinen Teil ab und
dann heißt es: 4 »Auf jetzt zum Kampf gegen die Stadt!
Noch am Mittag schlagen wir los!« – »Zu spät! Die Zeit
reicht nicht aus, es wird ja bald dunkel!« – 5 »Dann
greifen wir eben bei Nacht an. Wir zerstören die Pa-
läste Jerusalems!« 6 Der HERR, der Herrscher der Welt,
hat den Feinden befohlen: »Fällt die Bäume rings um
die Stadt und treibt eine Angriffsrampe gegen sie vor;
denn in ihr gibt es nichts als brutale Unterdrückung.
Sie hat ihre Strafe verdient. 7 Wie aus einem Brunnen
immer neues Wasser quillt, so bringt sie stets neue
Bosheit hervor. Überall hört man nur von Gewalt und
Misshandlung. Vor meinen Augen wird pausenlos

geschlagen und gequält. 8 Jerusalem, lass dich doch
warnen, sonst kehre ich dir den Rücken! Ich mache
dich zur Wüste, zu einem Land, in dem niemand mehr
wohnt!«

DAS MASS IST VOLL

9 Der HERR, der Herrscher der Welt, sagte zu mir: »Wie
man am Weinstock Nachlese hält, so soll auch an dem,
was von Israel übrig geblieben ist, noch eine Nach-
lese gehalten werden. Wie die Hand des Winzers noch
einmal alle Reben durchgeht, so wende auch du dich
noch einmal diesem Volk zu!« 10 Ich aber sagte: »Wen
soll ich denn noch ansprechen, wem ins Gewissen re-
den? Wer hört denn? Ihre Ohren sind zugewachsen,
sie können gar nicht hören! Was du mich ihnen sagen
lässt, empfinden sie als Beschimpfung und ärgern sich
darüber. 11 Dein Zorn ist auf mich übergesprungen;
ich schaffe es nicht länger, ihn zurückzuhalten!« Da
sagte der HERR zu mir: »Dann gieß meinen Zorn über
sie aus, sogar über die Kinder auf der Straße und die
Heranwachsenden! Sag ihnen: Alle wandern in die
Verbannung, Männer wie Frauen, auch die Alten und
Hochbetagten! 12 Ihre Häuser und Äcker nehmen
andere in Besitz; ihre Frauen werden eine Beute der
Fremden. Denn ich erhebe meine Hand zum Schlag
gegen die Bewohner dieses Landes«, sagt der HERR.
13 »Vornehme wie Geringe sind darauf aus, sich zu be-
reichern. Propheten wie Priester täuschen das Volk:
14 Sie tun so, als wären die Wunden meines Volkes nur
leichte Schrammen. ›Alles steht gut‹, sagen sie, ›al-
les ist in Ordnung.‹ Aber nichts steht gut, nichts ist in
Ordnung! 15 Sie müssten sich schämen wegen ihres
schändlichen Treibens. Aber sie denken nicht daran;
sie wissen gar nicht, was Schämen ist. Deshalb wer-
den sie untergehen, zusammen mit allen anderen in
Israel. Wenn ich komme und sie bestrafe, ist es aus mit
ihnen.« Das sagt der HERR.

DIE FOLGE DER HALSSTARRIGKEIT

16 Der HERR sagt: »Ich habe mein Volk gemahnt: ›Haltet
an auf dem Weg, den ihr geht; seht euch um und fragt,
wie es euren Vorfahren ergangen ist! Dann wählt den
richtigen Weg und folgt ihm, so wird euer Leben Er-
füllung finden!‹ Aber sie sagten: ›Wir wollen nicht.‹
17 Ich gab ihnen immer wieder Wächter, ich sagte zu
ihnen: ›Achtet darauf, wenn sie das Alarmhorn bla-
sen!‹ Aber sie sagten: ›Das tun wir nicht.‹ 18 Darum
hört, ihr Völker, und gebt gut acht, was jetzt mit ihnen
geschieht! 19 Die ganze Welt soll es hören: Ich bringe
Unglück über dieses Volk; es ist die Folge ihrer eige-
nen Pläne. Meine Weisungen und Warnungen haben
sie in den Wind geschlagen. 20 Was soll ich mit dem
Weihrauch aus Saba und den teuren Gewürzen aus
irgendeinem fernen Land? Ich halte nichts von ihren
Brandopfern; mit ihren Mahlopfern machen sie mir
keine Freude! 21 Darum sage ich, der HERR: Ich lege
diesem Volk jetzt Hindernisse in den Weg, es soll dar-
über stolpern und stürzen. Alle werden umkommen:
Väter und Söhne, Nachbarn und Freunde.«

DER FEIND AUS DEM NORDEN

22 Der HERR sagt: »Gebt acht, ein großes Volk kommt
aus seinem Land im fernen Norden, vom Ende der Erde
macht es sich auf. 23 Seine Krieger kämpfen mit Bogen
und Krummschwert, sie sind grausam und kennen kein
Erbarmen. Auf Pferden reiten sie heran; es dröhnt wie
das Tosen der Meeresbrandung. Sie sind bereit zum
Angriff – zum Angriff auf dich, du Zionsstadt!« 24 Die
Bewohner Jerusalems sagen: »Wir haben gehört, was
uns droht, und die Hände sind uns herabgesunken.
Angst hat uns gepackt; es geht uns wie einer Frau, die
von den Wehen überfallen wird.« 25 »Geht ja nicht aufs
Feld!«, rufen sie einander zu. »Nur weg von der Straße!
Die Feinde bringen euch um! Schrecken überall!« 26 Du,
mein Volk, zieh den Sack an und wälze dich in Asche!
Stimm die Totenklage an, so verzweifelt wie beim Tod
des einzigen Sohnes; denn plötzlich ist der Feind da,
der alles verwüstet!

HARTES EISEN UND WERTLOSES SILBER

27 Der HERR sagte zu mir: »Ich gab dir den Auftrag, mein
Volk unnachgiebig zu prüfen und über sein Tun und
Treiben ein Urteil zu fällen. Du solltest die Menschen
prüfen, so wie Metalle geprüft werden.« 28 Das tat ich
auch und ich bin zu dem Urteil gekommen: Dieses Volk
ist hart wie Bronze und Eisen. Alle sind sie Rebellen,
Verleumder und Verbrecher! 29 Der Blasebalg fauchte,
aber nichts kam aus dem Ofen heraus. Alle Mühe war
vergeblich: Das Blei ließ sich nicht ausscheiden; reines
Silber war nicht zu gewinnen. 30 »Wertloses Silber«
werden sie das Volk Israel nun nennen, denn der HERR
hat es als wertlos weggeworfen.

GEGEN DAS FALSCHE VERTRAUEN AUF DEN TEMPEL

7 Das Wort des HERRN erging an Jeremia; er sagte zu
ihm: 2 »Geh, stell dich an den Eingang des Tempels
und rufe: ›Hört zu, ihr Leute von Juda! Hört alle her, die
ihr durch diese Tore in den Tempel geht, um den HERRN
anzubeten! 3 So spricht der Gott Israels, der Herrscher
der Welt: Ändert euer Leben und Tun! Dann dürft ihr
hier wohnen bleiben. 4 Glaubt nicht, dass es euch et-
was hilft, wenn ihr ständig wiederholt: Dies ist der
Tempel des HERRN, dies ist der Tempel des HERRN, hier
wohnt der HERR! Damit betrügt ihr euch selbst! 5 Nein,
ihr müsst euer Leben und Tun gründlich ändern! Geht
gerecht miteinander um; 6 nutzt nicht Fremde, Waisen
und Witwen aus; vergießt nicht das Blut unschuldiger
Menschen! Lauft nicht den fremden Göttern nach,
die euch ins Unglück bringen! 7 Nur dann könnt ihr
hier wohnen bleiben, in dem Land, das ich euren Vor-
fahren als Erbbesitz gegeben habe. 8 Seht doch ein,
dass ihr euch selbst betrügt! 9 Ihr stehlt und mordet,
brecht die Ehe, schwört Meineide, bringt dem Baal
eure Opfergaben und verehrt fremde Götter, die euch
nichts angehen. 10 Und dann kommt ihr und stellt euch
hier in meinem Haus vor mich hin und sagt: Uns kann
nichts geschehen! Dabei tut ihr weiterhin alles, was
ich verabscheue. 11 Ist denn dieses Haus, das doch mein

Eigentum ist, in euren Augen ein Versteck für Räuber
geworden? Gut, dann werde auch ich es so ansehen.
Das sage ich, der HERR. 12 Geht doch nach Schilo, wo ich
früher meinen Tempel hatte, die Wohnstätte meines
Namens! Seht euch an, wie ich ihn verwüstet habe,
weil die Leute von Israel so viel Böses taten. 13 Ihr selbst
treibt es genauso schlimm. Dafür ziehe ich euch jetzt
zur Rechenschaft, ich, der HERR. Sooft ich auch zu
euch sprach – ihr habt nicht hingehört; wenn ich rief,
habt ihr nicht geantwortet. 14 Darum will ich jetzt mit
dem Haus, das mein Eigentum ist und auf das ihr euer
Vertrauen setzt, verfahren wie mit Schilo. Ich werde
diesen Tempel, in dem ich euch und euren Vorfahren
nahe sein wollte, genauso dem Erdboden gleichma-
chen. 15 Und euch will ich nicht mehr sehen; darum
verstoße ich euch, wie ich euer Brudervolk, die Leute
von Efraïm, verstoßen habe.‹«

JEREMIA DARF NICHT FÜR SEIN VOLK BETEN

16 »Du aber, Jeremia, hör auf, für dieses Volk zu beten!
Versuche nicht, bei mir für sie einzutreten, dringe
nicht in mich! Ich werde nicht auf dich hören. 17 Sieh
doch selbst, wie sie es in den Städten in Juda und auf
den Straßen Jerusalems treiben! 18 Die Kinder sam-
meln Brennholz, die Männer zünden Feuer an und die
Frauen kneten Teig und backen Kuchen als Opfer für
die Himmelskönigin. Außerdem bringen sie anderen
Göttern Wein als Trankopfer dar. Das alles tun sie mir
zum Trotz. 19 Aber bilden sie sich denn ein«, sagte der
HERR, »dass sie *mir* damit etwas antun? Sie schaden
ja nur sich selbst! Sie werden es noch erleben, wie Un-
glück und Schande über sie kommen.« 20 Der HERR,
der mächtige Gott, hat sein Urteil gefällt, er sagt: »Ich
gieße meinen Zorn über diesen Tempel aus. Er trifft
die Menschen und die Tiere, die Bäume und die Ernte
auf dem Feld. Er brennt wie ein Feuer, das niemand
löschen kann.«

EIN VOLK, DAS NICHT HÖRT

21 Der HERR, der Herrscher der Welt, der Gott Israels,
sagt: »Warum verbrennt ihr mir Tiere als Brandopfer?
Tut sie zu den anderen dazu, die ihr für das Opfermahl
schlachtet, esst das Fleisch doch auf! 22 Als ich eure
Vorfahren aus Ägypten herausführte, habe ich ihnen
nicht befohlen, mir Brand- oder Mahlopfer darzubrin-
gen. 23 Aber das habe ich zu ihnen gesagt: ›Gehorcht
mir und lebt nach den Geboten, die ich euch gebe.
Dann wird es euch gut gehen: Ich will euer Gott sein
und ihr sollt mein Volk sein.‹ 24 Aber sie hörten nicht
auf mich, sondern taten, was ihr böses und eigensin-
niges Herz ihnen eingab. Sie wandten sich von mir
ab und kehrten mir den Rücken. 25 So war es schon
damals, als ich eure Vorfahren aus Ägypten führte, und
so ist es geblieben bis auf den heutigen Tag. Immer von
Neuem schickte ich euch meine Diener, die Propheten;
26 aber niemand von euch kümmerte sich darum,
niemand hörte auf mich. Ihr seid starrsinnig geblie-
ben und habt es noch schlimmer getrieben als eure
Vorfahren. 27 Und du, Jeremia, wirst ihnen dies alles
vorhalten, aber sie werden nicht auf dich hören; du
wirst sie rufen und keine Antwort bekommen. 28 Dann
sollst du ihnen sagen: ›Ihr seid das Volk, das auf den
HERRN, seinen Gott, nicht gehört hat. Von Treue ist bei
euch keine Rede mehr, gestorben ist sie!‹«

TAL DES MORDENS, TAL DER TOTEN

29 Ihr Leute von Jerusalem, schneidet euer Haar ab und
werft es weg! Stimmt Trauerlieder an auf den kahlen
Höhen! Der HERR empfindet für euch nur noch Zorn.
Er hat euch fallen lassen und will von euch nichts mehr
wissen. 30 »So ist es«, sagt der HERR, »die Leute von
Juda haben getan, was mich beleidigt. Sie haben ihre
abscheulichen Götzenbilder im Tempel aufgestellt und
dadurch das Haus geschändet, das mein Eigentum ist.
31 Im Hinnom-Tal bauten sie die Opferstätte Tofet, um
dort ihre Söhne und Töchter als Opfer zu verbrennen.
Das habe ich nicht befohlen; es ist mir auch nie in den
Sinn gekommen, so etwas von ihnen zu verlangen.
32 Deshalb ist der Tag nicht fern, an dem dieser Ort nicht
mehr Tofet genannt wird oder Hinnom-Tal, sondern
Mordtal. Sie werden dort die Toten begraben, weil
es sonst nirgends mehr Platz dafür gibt. 33 Geier und
Schakale werden sich über die Leichen dieses Volkes
hermachen und niemand wird sie verscheuchen. 34 Ich
mache allem Jubel und aller Freude in den Städten
von Juda und auf den Straßen Jerusalems ein Ende;
den Jubelruf von Bräutigam und Braut wird man dort
nicht mehr hören, denn das Land wird ein einziges
Trümmerfeld sein.«

DIE GRÄBER JERUSALEMS WERDEN GESCHÄNDET

8 »Wenn das geschieht«, sagt der HERR, »wird der
Feind die Gebeine der Könige von Juda und ih-
rer hohen Beamten, die Gebeine der Priester und der
Propheten und aller Bewohner Jerusalems aus ihren
Gräbern holen. 2 Sie werden zerstreut umherliegen
vor der Sonne, dem Mond und dem Sternenheer, vor
den Göttern, die sie liebten und anbeteten, denen sie
Opfer darbrachten, bei denen sie Weisung suchten
und nach denen sie ihr Leben ausrichteten. Niemand
wird die Gebeine sammeln, um sie wieder ins Grab zu
legen. Sie werden zerfallen und zum Dünger für die
Äcker werden.«

STERBEN IST BESSER ALS ÜBERLEBEN

3 Der HERR, der Herrscher der Welt, sagt: »Die Men-
schen, die ich übrig lasse von dieser bösen Generation,
werde ich überallhin vertreiben und an jedem Ort wer-
den sie lieber sterben wollen als leben.«

BEISPIELLOSE HALSSTARRIGKEIT

4 »Sag zu ihnen: ›So spricht der HERR: Wenn jemand
hinfällt, steht er dann nicht schnell wieder auf? Wenn
jemand vom Weg abkommt, kehrt er nicht gleich wie-
der um? 5 Warum bleibt Jerusalem bei seinen falschen
Göttern und weigert sich, zu mir zurückzukehren? 6 Ich
habe genau gehört, was sie reden. Sie haben ihren

Irrtum nicht erkannt. Niemand bereut seine Schlech-
tigkeit, niemand fragt sich: Was habe ich getan? Alle
rennen auf ihrem Irrweg weiter wie Pferde, die sich
in die Schlacht stürzen. 7 Alle Zugvögel kennen ihre
Ordnung und gehen und kommen zu der Zeit, die
ich ihnen bestimmt habe: der Storch, die Taube, die
Schwalbe, die Drossel. Nur mein Volk hält sich nicht an
die Ordnungen, die ich ihm gegeben habe.‹«

WARNUNG AN DAS VERFÜHRTE VOLK UND AN SEINE VERFÜHRER

8 Der HERR sagt: »Wie könnt ihr behaupten: ›Wir wis-
sen Bescheid, wir haben doch das Gesetz des HERRN‹?
Gewiss, ihr habt es, aber es ist durch seine Ausleger
völlig verfälscht worden! 9 Diese Leute, die sich für
weise halten, werden bestürzt und sprachlos da-
stehen, wenn das Unheil sie trifft und sie gefangen
weggeführt werden. Sie haben mein Wort verachtet,
und da wollen sie auf Weisheit Anspruch erheben?
10 Ihre Frauen und ihre Äcker nehme ich ihnen weg
und gebe sie anderen. Denn Vornehme wie Geringe
sind darauf aus, sich zu bereichern. Propheten wie
Priester täuschen das Volk: 11 Sie tun so, als wären die
Wunden meines Volkes nur leichte Schrammen. ›Alles
steht gut‹, sagen sie, ›alles ist in Ordnung.‹ Aber nichts
steht gut, nichts ist in Ordnung! 12 Sie müssten sich
schämen wegen ihres schändlichen Treibens. Aber sie
denken nicht daran; sie wissen gar nicht, was Schämen
ist. Deshalb werden sie untergehen, zusammen mit al-
len anderen in Israel. Wenn ich komme und sie bestrafe,
ist es aus mit ihnen.« Das sagt der HERR.

KEINE FALSCHEN HOFFNUNGEN!

13 »Will ich bei meinem Volk ernten«, sagt der HERR,
»so ist keine Traube und keine Feige zu finden und das
Laub ist verwelkt. Darum habe ich dieses Volk aufge-
geben; sollen die Fremden es doch zertreten!« 14 Die
Leute in Juda sagen: »Was sitzen wir hier noch herum?
Auf, los! Hinein in die befestigten Städte – auch wenn
wir unser Leben dadurch nicht retten! Denn der HERR,
unser Gott, hat unseren Tod beschlossen; er gibt uns
vergiftetes Wasser zu trinken, weil wir vor ihm schuldig
geworden sind. 15 Wir warteten darauf, dass sich alles
noch zum Guten wenden würde, aber es kam nichts
Gutes. Wir hofften auf eine Zeit, in der alle Wunden
verheilen würden, aber nichts als Entsetzen ist ge-
kommen: 16 Die Feinde stehen schon bei der Stadt Dan.
Das Schnauben ihrer Pferde dringt bis zu uns herüber,
von ihrem Wiehern zittert das Land. Sie kommen und
werden alles vernichten: das offene Land und was dar-
auf wächst, die Städte und ihre Bewohner.« 17 »Ja«,
sagt der HERR, »ich lasse Giftschlangen auf euch los,
gegen die keine Beschwörung hilft, und sie werden
euch beißen!«

JEREMIA LEIDET MIT SEINEM VOLK

18 Mein heiteres Gesicht verbirgt meinen Kummer. Er
lastet auf mir und macht mich krank. 19 Aus dem gan-
zen Land höre ich mein Volk verzweifelt schreien: »Ist
denn der HERR nicht mehr auf dem Zionsberg? Wohnt
unser König nicht mehr dort?« Doch der HERR antwor-
tet: »Warum haben sie mich mit ihren Götterbildern er-
zürnt, den fremden Götzen, die ihnen nichts helfen?«
20 Das Volk klagt: »Die Ernte ist vorüber, der Herbst vor-
bei und es ist keine Hilfe gekommen.« 21 Weil mein Volk
zusammengebrochen ist, ist mein Herz zerbrochen.
Trauer und Verzweiflung drücken mich nieder. 22 Gibt
es denn in Gilead keine Salbe mehr und ist dort kein
Arzt zu finden? Gibt es für mein Volk keine Heilung?
Die Wunde will sich nicht schließen. 23 Wäre doch mein
Kopf ein Brunnen, wären meine Augen Tränenquellen!
Dann könnte ich Tag und Nacht weinen über die vielen
aus meinem Volk, die erschlagen wurden!

EIN VOLK, DAS GOTT BESTRAFEN MUSS

9 Wüsste ich nur einen Platz in der Wüste, eine
Herberge für durchreisende Karawanen! Dann
würde ich wegziehen von meinem Volk, ich würde es
verlassen. Denn es ist eine Bande von Abtrünnigen;
alle haben dem HERRN die Treue gebrochen. 2 »Ihre
Zunge ist wie ein schussbereiter Bogen«, sagt der
HERR. »Lüge ist Trumpf, die Wahrheit unterliegt. Sie
begehen Verbrechen über Verbrechen; von mir wollen
sie nichts wissen. 3 Darum seid auf der Hut vor euren
Freunden und traut selbst eurem Bruder nicht! Denn
der Bruder ist auch nicht besser als Jakob und betrügt
euch bestimmt und die Freunde reden nur schlecht
über euch. 4 Jeder betrügt jeden, niemand sagt die
Wahrheit. Sie sind Meister im Lügen und so ins Böse
verstrickt, dass sie sich nicht mehr daraus lösen kön-
nen. 5 Unterdrückung folgt auf Unterdrückung, Betrug
auf Betrug. Sie wollen mich nicht kennen.« 6 Deshalb
sagt der HERR, der Herrscher der Welt: »Wie Metall
im Feuer geschmolzen und gereinigt wird, so werde
ich mein Volk durch das Feuer des Gerichts schicken.
Es bleibt mir nichts anderes übrig. 7 Ihre Worte sind
wie tödliche Pfeile. Hinterhältig reden sie miteinan-
der, täuschen Freundschaft und Wohlwollen vor, aber
insgeheim stellen sie sich gegenseitig Fallen. 8 Sollte
ich ein solches Volk nicht bestrafen«, sagt der HERR,
»sollte ich an ihm nicht Vergeltung üben?«

TOTENKLAGE ÜBER JUDA UND JERUSALEM

9 Ich will weinen über das Bergland, die Totenklage sin-
gen über die Weideplätze in der Steppe; denn alles ist
verbrannt und verwüstet. Kein Mensch ist mehr unter-
wegs, das Blöken der Herden ist verstummt, selbst die
Vögel und wilden Tiere sind geflohen und lassen sich
nicht mehr sehen. 10 Der HERR sagt: »Jerusalem mache
ich zum Trümmerhaufen, in dem die Schakale hausen.
Die Städte in Juda mache ich zu Wüsten, in denen nie-
mand mehr wohnt.« 11 Warum ist es so weit gekom-
men? Warum wird das Land verbrannt und verwüstet,
sodass kein Mensch mehr hindurchzieht? Gibt es einen
Weisen, der das erklären kann, einen Propheten, dem
der HERR es offenbart hat und der es uns sagen kann?
12 Der HERR selbst gibt darauf die Antwort: »Sie halten
sich nicht an meine Weisung, sie hören nicht auf das,

was ich sage. 13 Vielmehr tun sie, was ihr böses und ei-
gensinniges Herz ihnen eingibt: Sie laufen den Baalen
nach, wie sie es von ihren Vorfahren gelernt haben.
14 Darum sage ich, der Herrscher der Welt, der Gott
Israels: ›Ich werde diesem Volk bittere Kost zu essen
geben und Gift zu trinken. 15 Ich treibe sie fort zu frem-
den Völkern, von denen weder sie noch ihre Vorfahren
etwas wussten; ich lasse Kriege gegen sie wüten, bis
nichts mehr von ihnen übrig ist.‹ 16 Darum sage ich,
der Herrscher der Welt: ›Begreift, was die Stunde ge-
schlagen hat: Ruft die Klagefrauen! Holt die Frauen
herbei, die sich aufs Weinen und Klagen verstehen!‹«
17 Ja, schnellstens sollen sie kommen und über uns das
Klagelied anstimmen, damit unsere Augen von Tränen
überfließen! 18 Horcht, vom Zionsberg hört man schon
die Klage: »Ach, wir können es nicht fassen! Schmach
und Schande stürzte auf uns ein. Alle unsere Häuser
riss man ein. Unser Land – wir mussten es verlassen!«
19 Auf denn, ihr Frauen, begreift, was der HERR gesagt
hat! Singt euren Töchtern das Klagelied vor, eine Frau
soll es der anderen beibringen: 20 »Durch die Fenster
kam der Tod herein, keins der Häuser hat er ausgelas-
sen. Unsere Kinder holt er auf den Straßen, Burschen
sammelt er vom Marktplatz ein.« 21 Auch das noch hat
der HERR gesagt und hat mir befohlen, es weiterzusa-
gen: »Menschenleichen werden wie Dünger auf den
Äckern liegen. Wie Getreidehalme unter der Sichel
des Schnitters, so werden die Menschen fallen, aber
niemand wird da sein, um sie aufzuheben.«

WORAUF EIN MENSCH STOLZ SEIN DARF

22 Der HERR sagt: »Der Weise soll sich nicht wegen sei-
ner Weisheit rühmen, der Starke nicht wegen seiner
Stärke und der Reiche nicht wegen seines Reichtums.
23 Grund sich zu rühmen hat nur, wer mich erkennt und
begreift, was ich will. Denn ich bin der HERR, der Liebe,
Recht und Treue auf der Erde schafft! An Menschen,
die sich danach richten, habe ich Freude.«

GEGEN DAS BÜNDNIS DER BESCHNITTENEN

24 »Der Tag kommt«, sagt der HERR, »an dem ich mit
allen Beschnittenen abrechne: 25 mit den Ägyptern
und den Leuten von Juda, mit den Edomitern, den
Ammonitern, den Moabitern und mit den Stämmen
in der Wüste, die sich ihre Schläfen kahl rasieren. Denn
alle diese Völker – auch die Leute von Israel – sind für
mich unbeschnitten, weil sie ihr Herz nicht beschnit-
ten haben!«

DER GOTT ISRAELS UND DIE GÖTTER DER VÖLKER

10 Volk Israel, höre, was der HERR zu dir sagt! 2 So
spricht der HERR: »Folge nicht dem Beispiel der
anderen Völker! Sie mögen vor ungewöhnlichen Him-
melserscheinungen erschrecken, du sollst das nicht!
3 Ihre Vorstellungen und Bräuche sind unsinnig: Da
holt einer Holz aus dem Wald, der Schnitzer macht
einen Gott daraus. 4 Der wird mit Silber und Gold ver-
ziert und auf einem Sockel befestigt, damit er nicht
umfällt. 5 Solche Götter stehen da wie Vogelscheu-
chen im Gurkenfeld. Sie bringen kein Wort heraus und
müssen herumgetragen werden, weil sie von allein
nicht laufen können. Habt keine Angst vor ihnen: Sie
können euch nichts Böses tun! Und etwas Gutes zu
bewirken, sind sie erst recht nicht imstande!« 6 HERR,
niemand ist dir gleich! Du bist mächtig und bekannt
für deine Stärke. 7 Wer wollte dich nicht fürchten und
ehren, du König aller Völker? Darauf hast du ein Recht,
denn unter allen Weisen und Königen der Welt kann
niemand es mit dir aufnehmen. 8 Allesamt sind sie
dumm und unverständig, denn bei ihren Göttern gibt
es nichts zu lernen; die sind ja selber nur Holz. 9 Der
Holzschnitzer hat sie gemacht. Mit Silberblech aus
Tarschisch und Gold aus Ufas hat der Goldschmied
sie überzogen. Dann bekamen sie auch noch Kleider
aus blauem und rotem Purpurstoff. Alle diese Götter
sind das Werk kunstfertiger Menschen. 10 Aber der
HERR ist wirklich Gott, ein Gott, der lebt, König von
jeher und für alle kommenden Zeiten! Wenn er zornig
wird, bebt die Erde; seinem Unmut hält kein Volk stand.
11 Angesichts der fremden Götter sollt ihr Leute von
Israel sagen: »Die Götter, die weder Himmel noch Erde
geschaffen haben, haben unter diesem Himmel auch
nichts zu suchen und sollen von der Erde verschwin-
den!« 12 Der HERR hat die Erde geschaffen und dadurch
seine Macht gezeigt: Das feste Land ist ein Werk sei-
ner Weisheit, der Himmel darüber ein Beweis für sein
überlegenes Können. 13 Wenn er es befiehlt, sammelt
sich mit Donnergetöse das Wasser am Himmel, Wolken
steigen am Horizont auf, Blitze öffnen dem Regen die
Bahn und der Wind bricht aus seinen Kammern her-
vor. 14 Kein Mensch kann das begreifen, sprachlos vor
Staunen steht jeder davor. Und alle, die Götterbilder
gemacht haben, müssen sich ihrer Machwerke schä-
men; denn diese Bilder sind Betrug, kein Hauch von
Leben ist in ihnen. 15 Wertlose Figuren sind sie, über
die man spottet. Wenn der HERR Gericht hält, ist es
aus mit ihnen. 16 Wie anders ist der Gott Israels! Er hat
das Weltall geschaffen und das Volk Israel für immer zu
seinem Eigentum gemacht. Sein Name ist »der HERR,
der Herrscher der Welt«.

AUF JERUSALEMS BEWOHNER WARTET DIE VERBANNUNG

17 Jerusalem, du belagerte Stadt, deine Bewohner sol-
len ihre Habseligkeiten zusammenpacken! 18 Denn
so spricht der HERR: »Es ist so weit! Diesmal treibe
ich die Menschen dieses Landes weg in die Verban-
nung. Sie sollen in eine Bedrängnis geraten, aus der
es keinen Ausweg mehr gibt.« 19 Jerusalem klagt: »Ich
unglückliche Stadt, ich bin tödlich getroffen, meine
Wunde wird nicht mehr heilen. Ich hatte mir einge-
bildet, mein Leiden sei nicht so schlimm, es ließe sich
ertragen. 20 Doch jetzt ist mein Zelt verwüstet, alle
Zeltstricke sind durchgeschnitten. Meine Kinder sehe
ich nicht mehr; sie sind weggegangen. Niemand ist
da, der mein Zelt wieder aufbaut und die Zeltdecken
darüber spannt.« 21 So rächt sich der Unverstand der

Hirten des Volkes. Sie haben sich nicht um den HERRN
gekümmert, deshalb handelten sie ohne Einsicht und
ihre Herde ging zugrunde. 22 Horcht! Lärm ist zu hören!
Er kommt näher! Ein Tosen und Dröhnen aus dem Land
im Norden! Die feindlichen Heere rücken an! Sie ma-
chen die Städte in Juda zu öden Steinwüsten, zu einem
Tummelplatz für Schakale!

JEREMIA BETET FÜR SEIN VOLK

23 HERR, ich sehe, dass der Mensch sein Geschick nicht
selbst in der Hand hat. Nicht er ist's, der seinen Le-
bensweg bestimmt. 24 Strafe uns, HERR, aber bleibe
gerecht; lass nicht deinem Zorn freien Lauf, denn das
wäre unser Ende. 25 Dein Zorn soll die Völker treffen,
die von dir nichts wissen wollen. Denn wie Raubtiere
ihre Beute fressen, so haben sie dein Volk gefressen,
bis nichts mehr übrig war, und sein Land haben sie zur
Wüste gemacht.

DAS VOLK HAT DEN BUND MIT GOTT GEBROCHEN

11 Das Wort des HERRN erging an Jeremia; er sagte
zu ihm: 2 »Sprich zu den Leuten von Juda und
den Bewohnern Jerusalems! Sag ihnen: ›Erfüllt die
Verpflichtungen, die ich euch gegeben habe!‹ 3 Sag
zu ihnen: ›So spricht der HERR, der Gott Israels: Fluch
über jeden Menschen, der sich nicht an die Bestim-
mungen meines Bundes hält! 4 Ich habe ihn mit euren
Vorfahren geschlossen, als ich sie aus Ägypten heraus-
holte wie aus dem Feuer eines Schmelzofens. Damals
sagte ich zu ihnen: Hört auf mich und haltet euch an
die Verpflichtungen, die ich euch auferlege; dann seid
ihr mein Volk und ich bin euer Gott. 5 Nur dann kann
ich den Eid halten, den ich euren Vorfahren geschwo-
ren habe! Ich hatte ja versprochen, ihnen ein Land
zu geben, das von Milch und Honig überfließt – das
Land, in dem ihr heute lebt. Doch wenn ihr nicht hört,
trifft euch der Fluch.‹« Ich antwortete: »Amen, HERR!«
6 Darauf sagte der HERR zu mir: »Verkünde in den Städ-
ten von Juda und auf den Straßen Jerusalems: ›Nehmt
die Verpflichtungen ernst, die ich euch auferlegt habe,
und erfüllt sie! 7 Denkt an eure Vorfahren: Als ich sie
aus Ägypten herausführte, habe ich sie eindringlich
ermahnt, auf mich zu hören, so wie ich mein Volk bis
heute immer wieder ermahnte. 8 Aber sie dachten gar
nicht daran; sondern sie alle taten, was ihr eigensinni-
ges und böses Herz ihnen eingab. So musste ich alles
wahr machen, was ich ihnen angedroht hatte für den
Fall, dass sie meinen Bund brechen und sich nicht an
seine Verpflichtungen halten!‹« 9 Und weiter sagte der
HERR zu mir: »Die Leute von Juda und die Bewohner
Jerusalems haben sich gegen mich verschworen: 10 Sie
sind zu den Verfehlungen ihrer Vorfahren zurückge-
kehrt, die mir nicht gehorchen wollten; sie verehren
fremde Götter. Die Leute von Israel und von Juda ha-
ben den Bund gebrochen, den ich mit ihren Vorfahren
geschlossen habe.« 11 Deshalb sagt der HERR: »Jetzt
bringe ich ein Unglück über sie, dem sie nicht ent-
rinnen können! Sie werden zu mir um Hilfe schreien,
aber ich werde sie nicht hören. 12-13 Dann werden sie
in den Städten von Juda und in Jerusalem zu den Göt-
tern schreien, denen sie Opfer dargebracht haben.
Jede Stadt in Juda hat ja ihren eigenen Gott und in
Jerusalem stehen an allen Ecken Altäre, auf denen sie
dem schändlichen Baal Weihrauch opfern. Doch alle
diese Götter werden sie nicht aus ihrer Not retten.
14 Du, Jeremia, sollst nicht mehr bei mir für dieses Volk
eintreten; unterlass alle Klage und Fürbitte! Denn ich
werde nicht mehr hören, wenn sie in ihrem Unglück
zu mir schreien!«

ISRAEL, GOTTES ÖLBAUM

15 »Das Volk, das ich liebe«, sagt der HERR, »treibt ein
böses Spiel. Was hat es in meinem Tempel zu suchen?
Meint es, mit Opfern das kommende Unheil abwenden
und bald schon wieder jubeln zu können?« 16 Einen
üppig grünenden Ölbaum mit den besten Früchten
hat der HERR dich früher genannt. Doch bald wird dich
Schlachtlärm umgeben; dann legt der HERR Feuer an
dich und alle deine Äste verbrennen. 17 Der HERR, der
Herrscher der Welt, der dich gepflanzt hat, hat dei-
nen Untergang beschlossen. Das ist die Folge deines
Tuns, Volk von Israel und von Juda! Du hast dem Baal
Opfer dargebracht und damit den Zorn des HERRN
herausgefordert!

JEREMIA VON SEINEN MITBÜRGERN BEDROHT

18 Der HERR hat es mir gesagt, deshalb weiß ich jetzt
über ihre Absichten Bescheid. 19 Ich war wie ein zah-
mes, junges Lamm, das sich ohne Widerstand zum
Schlachten wegführen lässt; ich ahnte nicht, dass
sie etwas gegen mich planten. Sie sagten zueinan-
der: »Wir hauen den Baum um mitten in der Blüte!
Wir machen seinem Leben ein Ende, dann wird bald
niemand mehr an ihn denken!« 20 Aber du, HERR, du
Herrscher der Welt, kennst die geheimsten Gedanken
und Wünsche der Menschen und du bist ein gerechter
Richter. Dir habe ich meinen Fall übergeben und bin
voll Zuversicht: Ich werde noch erleben, wie du an ih-
nen Vergeltung übst! 21-22 Die Leute von Anatot wollen
mich töten. »Hör auf, dich als Prophet aufzuspielen
und im Namen des HERRN zu reden«, sagen sie, »sonst
bringen wir dich um!« Doch der HERR, der Herrscher
der Welt, antwortet: »Ich werde die Leute von Anatot
zur Rechenschaft ziehen! Ihre jungen Männer wer-
den durch das Schwert umkommen und ihre Kinder
durch Hunger. 23 Das Volk dieser Stadt geht restlos
unter, wenn die Zeit der Abrechnung da ist und ich
das Unglück hereinbrechen lasse.«

JEREMIA FRAGT – GOTT ANTWORTET

12 HERR, du bist gerecht; wie könnte ich gegen dich
eine Anklage erheben! Aber ich muss dich fra-
gen, wie ich deine Gerechtigkeit erkennen soll. Warum
haben Menschen, die dein Gesetz missachten, immer
Erfolg? Warum dürfen diese Abtrünnigen in Ruhe und
Sicherheit leben? 2 Du hast sie gepflanzt und sie ha-
ben Wurzeln geschlagen; sie wachsen und gedeihen

und tragen Frucht. Ihr Mund redet dauernd von dir,
aber ihr Herz ist weit von dir entfernt. 3 HERR, du siehst
mich, du kennst mich, du weißt, dass ich immer mit
ungeteiltem Herzen auf deiner Seite gestanden habe.
Darum hole sie doch weg wie Schafe und stelle sie für
den Schlachttag bereit! 4 Wie lange soll das Land noch
trauern und alles Grün auf den Feldern verdorren?
Wegen der Schlechtigkeit seiner Bewohner gehen
Tiere und Vögel zugrunde. Diese Leute sagen von mir:
»Was der da behauptet, trifft niemals ein.« 5 Der HERR
antwortete mir: »Wenn es dir schon zu viel ist, mit Fuß-
gängern Schritt zu halten, wie willst du dann den Wett-
lauf mit Pferden bestehen? Und wenn du dich nur im
bewohnten Land sicher fühlst, was willst du dann im
Dickicht am Jordan machen? 6 Denn auch deine Brüder,
alle deine Verwandten, haben dich fallen lassen und
haben voll eingestimmt in das Geschrei gegen dich. Sei
vorsichtig, wenn sie dir freundlich kommen!«

ZORN UND BITTERE TRAUER

7 Der HERR sagt: »Ich habe Israel aufgegeben. Mein
eigenes Volk habe ich verstoßen. Das Volk, das ich von
ganzem Herzen liebte, habe ich an seine Feinde aus-
geliefert. 8 Es ist mir fremd geworden, unheimlich wie
ein Löwe im Dickicht; genauso wie ein Löwe brüllt es
mich feindselig an. Darum ist es mir zuwider. 9 Ist das
Land meines Volkes denn eine Hyänenhöhle gewor-
den, über der die Geier kreisen? Auf, bringt die wilden
Tiere herbei, hier gibt es zu fressen! 10 Fremde Hirten in
großer Zahl sind mit ihren Herden gekommen und ha-
ben meinen Weinberg zugrunde gerichtet und meine
Felder zertrampelt; die herrlichen Felder haben sie in
eine trostlose Wüste verwandelt. 11 Traurig und öde
liegt das Land vor mir, weil niemand meine Warnungen
ernst genommen hat.« 12 Über alle kahlen Höhen der
Steppe kamen Verwüster ins Land. Ein Krieg, den der
HERR selber entfacht hat, verwüstet es vom einen Ende
bis zum andern; niemand bleibt da verschont. 13 Das
Volk hat Weizen gesät, aber Dornen musste es ernten.
Es hat sich abgeplagt, aber nichts erreicht; nun steht
es enttäuscht vor seinen Erträgen: Der glühende Zorn
des HERRN hat alles vernichtet.

JUDA UND SEINE NACHBARVÖLKER

14 Der HERR sagt: »Die unverschämten Nachbarvölker,
die mein Eigentum angetastet haben, das Land, das ich
meinem Volk Israel als bleibenden Besitz gab – sie alle
werde ich aus ihren Ländern vertreiben. Aber ebenso
treibe ich auch das Volk von Juda fort! 15 Danach
werde ich mit allen diesen Völkern wieder Erbarmen
haben: Jedes wird in sein Land und zu seinem Besitz
zurückkehren. 16 Wenn die Nachbarn meines Volkes
sich dann von ganzem Herzen seinem Glauben an-
schließen, wenn sie von ihm lernen, beim Schwören
mich als Zeugen anzurufen, so wie sie früher mein
Volk dazu verführt haben, sich auf Baal zu berufen –
wenn sie also beim Schwören aus Überzeugung sagen:
›So gewiss der HERR lebt!‹, dann werde ich ihnen von
Neuem Glück und Gedeihen schenken und sie mitten
unter meinem Volk wohnen lassen. 17 Wenn eins die-
ser Nachbarvölker sich jedoch weigert, auf mich zu
hören, werde ich es endgültig vertreiben und es wird
unweigerlich zugrunde gehen.« Das sagt der HERR.

JEREMIAS LENDENSCHURZ: EIN PROPHETISCHES ZEICHEN

13 Der HERR sagte zu mir: »Geh, kaufe dir einen
neuen Lendenschurz, einen aus Leinen, und
trage ihn, aber sorge dafür, dass er niemals mit Was-
ser in Berührung kommt!« 2 Ich kaufte den Lenden-
schurz und trug ihn, wie der HERR es mir befohlen
hatte. 3 Nach einiger Zeit erging das Wort des HERRN
ein zweites Mal an mich, er sagte: 4 »Geh mit dem Len-
denschurz zum Bach Fara und verstecke ihn dort in
einem Felsspalt!« 5 Ich ging hin und tat es. 6 Lange Zeit
danach sagte der HERR zu mir: »Geh jetzt und hole den
Lendenschurz wieder, den du am Bach Fara versteckt
hast!« 7 Ich ging hin und holte den Lendenschurz aus
dem Versteck. Er war verrottet und zu nichts mehr zu
gebrauchen. 8 Da erging das Wort des HERRN an mich,
er sagte: 9 »Genauso will ich die ganze Pracht verrot-
ten lassen, auf die Juda und Jerusalem so stolz sind!
Das sage ich, der HERR. 10 Dieses böse Volk weigert
sich, auf mich zu hören. In seinem Starrsinn läuft es
fremden Göttern nach, bringt ihnen Opfer und betet
sie an. Darum soll es wie dieser Lendenschurz werden,
der zu nichts mehr taugt! 11 So eng, wie ein Lenden-
schurz den Körper eines Mannes umschließt, wollte
ich Israel und Juda um mich haben. Sie sollten das Volk
sein, das mir Ehre bringt und meinen Ruhm verkündet,
aber sie haben mir nicht gehorcht.«

EIN SCHERZWORT WIRD ZUM GERICHTSWORT

12 Der HERR befahl mir: »Verkünde diesem Volk: ›So
spricht der HERR, der Gott Israels: Weinkrüge sind
dafür da, dass man sie füllt!‹ Wenn sie dir darauf ent-
gegnen: ›Das ist nichts Neues, natürlich füllt man
Weinkrüge mit Wein!‹, 13 dann gib ihnen zur Antwort:
›So spricht der HERR: Ich werde die Menschen in die-
sem Land bis zur Betrunkenheit füllen, die Könige,
die auf dem Thron Davids sitzen, die Priester und die
Propheten und alle Bewohner Jerusalems! 14 Wie
Weinkrüge werde ich sie gegeneinanderschlagen,
sodass einer am andern zerbricht, einer am andern
und die Eltern an ihren Kindern. Schonungslos, ohne
Mitleid und Erbarmen, werde ich sie vernichten.‹«

LETZTE DRINGLICHE MAHNUNG

15 Der HERR hat zu euch gesprochen; darum macht die
Ohren auf und seid nicht so überheblich! 16 Gebt dem
HERRN, eurem Gott, die Ehre, bevor die Nacht über
euch hereinbricht und eure Füße in der Dunkelheit
auf den Bergen stolpern! Ihr erwartet das Licht eines
neuen Tages, aber der HERR verwandelt es in Finster-
nis, er bringt dunkle Nacht über euch! 17 Wenn ihr auf
diese Warnung nicht hört, kann ich mich nur noch
in einen Winkel verkriechen und eure Überheblich-
keit beweinen. Meine Tränen werden unaufhörlich

fließen, weil das Volk des HERRN in die Gefangen-
schaft abgeführt wird!

EIN WORT AN KÖNIG JOJACHIN

18 Der HERR sagte zu mir: »Befiehl dem König und sei-
ner Mutter: ›Kommt herunter von eurem Thron und
setzt euch auf die Erde, denn eure stolze Krone ist euch
vom Kopf gefallen! 19 Die Städte im Süden von Juda
sind für euch verloren und keiner bringt sie euch wie-
der. Ganz Juda wird weggeführt in die Verbannung!‹«

JERUSALEM, DIE GESCHÄNDETE FRAU

20 Jerusalem, sieh, was geschieht: Deine Feinde rücken
von Norden heran! Was soll nun aus den Städten in
Juda werden? Sie waren dir anvertraut wie eine Herde
prächtiger Schafe und du warst so stolz auf sie! 21 Was
wirst du sagen, wenn der HERR deine Feinde als Herren
über dich einsetzt, sie, die du immer als deine Freunde
betrachtet hast? Vor Schmerz wirst du schreien wie
eine Frau, die in Wehen liegt! 22 Und wenn du fragst:
»Warum trifft mich dieses Unglück?«, dann lass dir
sagen: Deine vielen Vergehen sind der Grund dafür,
dass man dir jetzt das Kleid hochhebt und dich verge-
waltigt! 23 Der HERR sagt: »Kann ein Schwarzer seine
Hautfarbe wechseln oder ein Leopard sein gefleck-
tes Fell? Genauso wenig seid ihr fähig, das Gute zu
tun; ihr habt euch viel zu sehr an das Böse gewöhnt!
24 Ich werde euch zerstreuen wie die Spreu, die der
Wüstenwind davonträgt! 25 So wird es dir ergehen,
Jerusalem«, sagt der HERR. »Ich selbst habe diese
Strafe über dich verhängt, weil du mich vergessen
und auf falsche Götter vertraut hast! 26 Ja, ich selber
hebe dir das Kleid hoch, hinauf bis über dein Gesicht!
Sollen doch alle deine Nacktheit sehen! 27 Ich habe
genug von deinem ehebrecherischen Treiben, von dei-
nem geilen Lachen, von der schamlosen Frechheit, mit
der du mich hintergehst. Ich kenne deine widerlichen
Götzenbilder auf den Hügeln draußen im Land! Wie
lange noch soll das so weitergehen, Jerusalem? Du
wirst es büßen müssen, dass du das alles nicht auf-
geben willst!«

EINE DÜRREKATASTROPHE

14 Das Wort des HERRN erging an Jeremia, als
Antwort auf die Klagen wegen der Dürrekata-
strophe. 2 Ganz Juda trauert, die Städte sterben, ihre
Bewohner hocken klagend auf dem Boden! Jerusalem
schreit um Hilfe. 3 Die Reichen schicken ihre Diener zum
Wasserholen, doch die finden keinen Tropfen mehr in
den Zisternen. Mit leeren Krügen kommen sie zurück;
enttäuscht und mutlos verhüllen sie ihr Gesicht. 4 Auch
die Bauern sind verzweifelt und verhüllen ihr Gesicht.
Der Ackerboden ist ausgedörrt, weil kein Regen fällt.
5 Selbst die Hirschkuh lässt ihr Neugeborenes im Stich,
weil sie kein Grün mehr findet. 6 Die Wildesel stehen
auf kahlen Bergen und schnappen nach Luft wie Scha-
kale. Ihr Blick ist erloschen, denn es gibt nichts mehr zu
fressen. 7 »HERR, unsere Vergehen klagen uns an, aber
hilf uns doch um deiner Ehre willen! Oft haben wir uns
von dir abgewandt und gegen dich gesündigt. 8 Aber
du bist Israels einzige Hoffnung, du allein kannst uns
retten, wenn wir in Not sind! Warum tust du, als sei dir
unser Land gleichgültig – als wärst du ein Reisender,
der nur für eine Nacht absteigt? 9 Warum tust du, als
könntest du nicht helfen – als wärst du ein Kriegsheld,
den die Überraschung entwaffnet hat? Du bist doch
mitten unter uns, HERR! Wir sind dein Volk, du hast
uns zu deinem Eigentum erklärt! Verlass uns nicht!«

JEREMIA DARF NICHT FÜR SEIN VOLK BETEN

10 Aber der HERR sagte zu mir über dieses Volk: »Sie
laufen von einem zum andern, wie es ihnen gerade
passt; das ist so ihre Art. Ich habe keine Freude mehr
an ihnen. Ich sehe über ihre Vergehen nicht mehr
hinweg, sondern ziehe sie jetzt zur Rechenschaft.«
11 Weiter sagte der HERR zu mir: »Bete nicht für die-
ses Volk! Bitte mich nicht darum, dass ich der Not ein
Ende mache! 12 Sie können fasten und beten, so viel sie
wollen, ich höre sie nicht; auch mit Brandopfern und
Speiseopfern können sie mich nicht umstimmen. Ich
bin entschlossen, sie durch Krieg, Hunger und Pest
zu vernichten.« 13 »Ach, HERR, du mächtiger Gott«,
erwiderte ich, »die Propheten sind schuld! Die reden
ihnen ein: ›Es gibt keinen Krieg und keine Hungers-
not! Der HERR hat versprochen, dass er diese Stadt
immer schützen will.‹« 14 Aber der HERR antwortete
mir: »Diese Propheten erzählen Lügen! Es ist nicht
wahr, dass sie in meinem Auftrag reden. Ich habe sie
nicht geschickt, ich habe kein Wort zu ihnen gesagt!
Was sie für Offenbarung ausgeben, ist leeres Gerede;
sie prophezeien, was sie sich selbst ausgedacht haben!
15 Ich werde dir sagen, was ich mit diesen Lügenpro-
pheten tue, die euch einreden, dass das Land von Krieg
und Hungersnot verschont bleibt: Sie selber werden
durch Krieg und Hunger umkommen! 16 Und genauso
wird es den Leuten gehen, die sich diese Prophezei-
ungen anhören. Ihre Leichen werden auf den Straßen
Jerusalems herumliegen und die Leichen ihrer Frauen
und Kinder dazu. Niemand wird sie begraben. So be-
strafe ich sie für ihren Ungehorsam.«

JEREMIA BEKENNT SICH ZUR SCHULD SEINES VOLKES

17 Weiter sagte der HERR zu mir: »Lass sie wissen,
wie betroffen du bist! Sag zu ihnen: ›Ich weine Tag
und Nacht und kann nicht aufhören, denn über mein
geliebtes Volk ist furchtbares Unglück hereingebro-
chen, es ist unheilbar verwundet. 18 Gehe ich aufs
Feld hinaus, sehe ich die Leichen der Männer, die im
Kampf umkamen; kehre ich in die Stadt zurück, finde
ich Menschen, die dem Hungertod nahe sind. Priester
und Propheten laufen im Land umher und wissen kei-
nen Rat.‹« 19 »HERR«, erwiderte ich, »hast du denn
Juda ganz fallen lassen, willst du vom Zionsberg nichts
mehr wissen? Warum hast du uns so geschlagen, dass
es für uns keine Heilung mehr gibt? Wir warteten dar-
auf, dass alles wieder gut würde, aber es kam nichts
Gutes. Wir hofften auf Genesung, aber es wurde immer

schlimmer. 20 Wir wissen es, HERR, und geben es zu: Wir
sind vor dir schuldig geworden, wir und unsere Väter.
21 Aber jetzt geht es um die Ehre deines Namens, es
geht um den Thron deiner göttlichen Herrlichkeit, der
in dieser Stadt steht! Denk an den Bund, den du mit
uns geschlossen hast, kündige ihn nicht auf! 22 Unter
den Göttern der anderen Völker gibt es keinen, der es
regnen lassen kann; und auch der Himmel macht nicht
den Regen! Du, HERR, unser Gott, hast alles geschaf-
fen, du allein bist unsere Hoffnung!«

DAS URTEIL IST GESPROCHEN

15 Aber der HERR gab mir zur Antwort: »Selbst
wenn Mose und Samuel vor mir stehen und
mich darum bitten würden, ich würde mich diesem
Volk nicht mehr zuwenden. Jag es fort; es soll mir aus
den Augen gehen! 2 Und wenn sie dich fragen: ›Wohin
sollen wir gehen?‹, dann antworte ihnen: ›So spricht
der HERR: Wer für die Pest bestimmt ist, bekomme die
Pest! Wer zum Tod durch das Schwert bestimmt ist,
laufe ins Schwert! Wer zum Hungertod bestimmt ist,
sterbe an Hunger! Wer zur Verbannung bestimmt ist,
ziehe in die Verbannung!‹ 3 Vier Schrecken lasse ich
gegen dieses Volk los«, sagt der HERR: »das Schwert,
das die Menschen umbringt, die Hunde, die die Leichen
wegschleifen, die Hyänen, die sie zerfleischen, und die
Geier, die den Rest auffressen, bis nichts mehr übrig ist!
4 Alle Völker der Erde werden entsetzt sein, wenn sie es
sehen. Es ist die Strafe für das, was König Manasse, der
Sohn von Hiskija, in Jerusalem getan hat!«

KEIN MITLEID MEHR MIT JERUSALEM

5 »Jerusalem, wer wird noch Mitleid haben mit dir und
dich bedauern«, sagt der HERR, »wer wird deinetwe-
gen einen Umweg machen, um zu fragen, wie es dir
geht? 6 Du hast nichts mehr von mir wissen wollen
und mir nur noch den Rücken gekehrt. Deshalb erhob
ich die Hand gegen dich und schlug dich nieder. Ich
war es müde, Erbarmen mit dir zu haben. 7 Mit den
Leuten von Juda verfuhr ich wie einer, der mit der Worf-
schaufel das gedroschene Getreide in die Luft wirft,
sodass der Wind die Spreu davonträgt. Weil mein Volk
sich nicht ändern wollte, ließ ich es zugrunde gehen.
8 Ich ließ mehr Frauen zu Witwen werden, als es Sand-
körner am Meeresstrand gibt. Mütter traf am hellen
Mittag die Schreckensnachricht vom Tod ihrer Söhne.
Von einem Augenblick zum andern kamen Angst und
Entsetzen über sie. 9 Der Frau, die sieben Söhnen das
Leben schenkte, ist nicht einer geblieben. Sie ist am
Ende, ihr stockt der Atem. Ihre Sonne ging unter mitten
am Tag. In Schande und völlig gebrochen steht sie nun
da. Aber auch alle, die bis jetzt noch übrig geblieben
sind vom Volk, werde ich dem Schwert ihrer Feinde
preisgeben.« Das sagt der HERR.

JEREMIAS KLAGE UND GOTTES ANTWORT

10 Ich klagte: »Ich Unglücklicher, warum hat meine
Mutter mich geboren? Wohin ich auch komme, über-
all feinden sie mich an und setzen mir zu. Ich habe
von niemand Geld geborgt und auch niemand etwas
geliehen und trotzdem verwünschen sie mich alle.«
11 Darauf sagte der HERR: »Ich habe doch deine Fesseln
gelöst und deine Last erleichtert. Ich habe dafür ge-
sorgt, dass dein Feind dich anfleht in Zeiten der Not
und Verzweiflung.« 12 Weiter sagte der HERR: »Kann
man denn Eisen zerbrechen, Eisen aus dem Norden,
oder Bronze? 13 Ihr Leute von Juda, euren ganzen Be-
sitz gebe ich zur Plünderung frei. Das ist der Lohn für
all das Böse, das ihr überall in eurem Land begangen
habt! 14 Ich mache euch zu Sklaven eurer Feinde, ihr
müsst ihnen dienen in einem fernen, unbekannten
Land. Denn mein Zorn ist aufgelodert wie ein Feuer
und dieses Feuer wird euch verbrennen!« 15 Ich gab
zur Antwort: »Du weißt alles, HERR; denk an mich
und hilf mir! Leg meinen Verfolgern das Handwerk!
Hab nicht so lange Geduld mit ihnen, sonst gehe ich
noch zugrunde! Du weißt doch, dass sie mich dei-
netwegen beschimpfen. 16 Wenn du zu mir sprachst,
habe ich jedes Wort verschlungen. Deine Worte ha-
ben mein Herz mit Glück und Freude erfüllt, denn ich
bin doch dein Eigentum, HERR, du Gott der ganzen
Welt! 17 Ich kann nicht mit anderen Leuten fröhlich
zusammensitzen und mit ihnen lachen. Denn du hast
deine Hand auf mich gelegt und mich einsam gemacht;
dein Zorn über dieses Volk hat von mir Besitz ergrif-
fen. 18 Warum nimmt mein Leiden kein Ende? Warum
will meine Wunde nicht heilen? Ich setze meine ganze
Hoffnung auf dich; aber du lässt mich im Stich wie ein
Bach, der im Sommer versiegt!« 19 Da sagte der HERR
zu mir: »Wenn du zu mir umkehrst, nehme ich dich
wieder an und du sollst wieder mein Diener sein. Wenn
du nicht mehr solchen Unsinn redest, sondern deine
Worte abwägst, dann darfst du mein Mund sein. Hör
nicht auf die anderen, sondern sieh zu, dass sie auf
dich hören! 20 Du wirst diesem Volk wie eine Mauer
gegenüberstehen. Sie werden gegen dich anrennen,
aber sie können dich nicht bezwingen. Denn ich stehe
dir zur Seite, ich schütze dich, ich, der HERR. 21 Ich be-
freie dich aus der Hand deiner Feinde, ich reiße dich
aus der Faust dieser Gewalttätigen!«

JEREMIA KÜNDET DURCH SEIN VERHALTEN DAS NAHE GERICHT AN

16 Das Wort des HERRN erging an mich, er sagte
zu mir: 2 »Du sollst nicht heiraten und keine
Söhne und Töchter haben in diesem Land! 3 Denn ich,
der HERR, sage dir, was mit den Söhnen und Töchtern
geschehen wird, die hier geboren werden, und ebenso
den Müttern, die sie gebären, und den Vätern, die sie
zeugen: 4 Sie werden an qualvollen Seuchen sterben
und niemand wird da sein, der für sie die Totenklage
hält, niemand, der sie begräbt; ihre Leichen werden
zum Dünger für die Äcker werden. Durch Krieg und
Hunger werden sie umkommen, Geier und Scha-
kale werden sie fressen!« 5 Weiter sagte der HERR
zu mir: »Du sollst kein Trauerhaus betreten und jeder
Trauerfeier fernbleiben! Sprich auch niemand dein
Beileid aus! Denn ich, der HERR, habe diesem Volk

meine Freundschaft entzogen, meine Liebe und mein
Erbarmen. 6 Reiche und Arme in diesem Land wer-
den sterben. Niemand wird sie begraben, niemand
wird sie betrauern, niemand wird sich zum Zeichen
der Trauer die Haut blutig ritzen oder den Kopf kahl
scheren. 7 Und es wird niemand mehr da sein, der den
Hinterbliebenen das Trauerbrot spenden könnte, der
denen den Trostbecher reichen könnte, die Vater oder
Mutter verloren haben! 8 Auch ein Haus, in dem ein
Fest gefeiert wird, sollst du nicht betreten! Setz dich
nicht mit den Gästen zu Tisch, um mitzuessen und mit-
zutrinken! 9 Denn das sage ich, der Herrscher der Welt,
der Gott Israels: Ich mache allem Jubel und aller Freude
in Juda ein Ende, den Jubelruf von Bräutigam und Braut
wird man nicht mehr hören. Ihr werdet es selbst erle-
ben und mit eigenen Augen sehen! 10 Wenn du all dies
dem Volk ankündigst, werden sie dich fragen: ›Warum
droht der HERR uns so großes Unheil an? Was haben
wir denn Böses getan? Worin haben wir uns gegen den
HERRN, unseren Gott, vergangen?‹ 11 Dann sollst du
ihnen antworten: ›Schon eure Vorfahren haben mich
verlassen, sagt der HERR; sie sind fremden Göttern
nachgelaufen, haben ihnen gedient und sie angebetet.
Sie haben sich nicht um mich gekümmert und haben
nicht auf meine Weisungen geachtet. 12 Ihr aber habt es
noch weit schlimmer getrieben als sie. Ihr alle tut nur
das, was euer eigensinniges und böses Herz euch ein-
gibt, niemand hört auf mich. 13 Deshalb werde ich euch
aus diesem Land forttreiben in ein Land, das ihr vorher
nicht kanntet, ihr nicht und auch eure Vorfahren nicht.
Dort werdet ihr fremden Göttern dienen müssen bei
Tag und Nacht und ich werde kein Erbarmen mit euch
haben!‹«

AUSBLICK AUF DIE RÜCKKEHR ALLER VERSCHLEPPTEN

14 Der HERR sagt: »Die Zeit wird kommen, wo sie in
meinem Volk beim Schwören nicht mehr sagen: ›So
gewiss der HERR lebt, der das Volk Israel herausgeführt
hat aus Ägypten‹, 15 sondern: ›So gewiss der HERR lebt,
der die Leute von Israel herausgeführt hat aus dem
Land im Norden und aus all den anderen Ländern, in
die er sie vertrieben hatte.‹ Ja, ich werde sie zurück-
kehren lassen in das Land, das ich ihren Vorfahren
gegeben habe.«

KEIN SCHULDIGER WIRD ENTKOMMEN

16 »Ich rufe viele Fischer herbei«, sagt der HERR, »die
sollen die Leute von Juda wie Fische fangen. Und da-
nach rufe ich viele Jäger, die Treibjagd auf sie machen
und sie herunterholen von jedem Berg und jedem Hü-
gel und sie hervorholen aus jedem Felsspalt. 17 Denn
ich sehe genau, was sie treiben. Sie können sich nicht
vor mir verstecken; ihre Schuld steht mir vor Augen.
18 Für diese Schuld werden sie mir voll und ganz büßen;
ich erlasse ihnen nichts. Sie haben mein Land entweiht
mit ihren abscheulichen Götzen, die unrein sind wie
Leichen; überall haben sie ihre widerwärtigen Götter-
bilder hingestellt.«

ALLE VÖLKER ERKENNEN DEN WAHREN GOTT

19 Ich sagte: »HERR, du gibst mir Kraft, du beschützt
mich, zu dir kann ich fliehen in Gefahr. Von den Enden
der Erde werden die Völker zu dir kommen und werden
sagen: ›Die Götter unserer Vorfahren sind nichts als
Betrug; Luft sind sie, nicht einer von ihnen kann helfen.
20 Kein Mensch kann sich seine Götter selbst machen;
was dabei herauskommt, sind keine Götter.‹« 21 »Ja«,
antwortete der HERR, »diesmal lasse ich die Völker
meine gewaltige Macht erfahren und sie werden er-
kennen, dass ich der HERR bin!«

TIEF SITZENDE SCHULD, UNABWENDBARE STRAFE

17 Der HERR sagt: »Volk von Juda, deine Schuld
ist in dein Herz geschrieben und auf die Hörner
deiner Altäre, so unauslöschlich wie eine Inschrift,
die mit einem Meißel mit Diamantspitze in eine Stein-
tafel gehauen wird. 2-3 Du kümmerst dich um deine
Götzenaltäre und um deine geweihten Pfähle unter
den grünen Bäumen auf den Bergen und Hügeln im
Land, als wären es deine eigenen Kinder. Du Volk von
Berg- und Hügelpilgern! Ich gebe deinen ganzen Besitz
und alle deine Opferstätten zur Plünderung frei. Das
ist die Strafe für das Unrecht, das du überall in deinem
Gebiet begangen hast. 4 Das Land, das ich dir als Erb-
besitz gegeben habe, wirst du verlassen müssen; das
hast du dir selbst zuzuschreiben. Ich mache dich zum
Sklaven deiner Feinde in einem fernen, unbekannten
Land. Denn du hast meinen Zorn wie ein Feuer ange-
facht und dieses Feuer hört nie mehr auf zu brennen!«

FALSCHE UND WAHRE SICHERHEIT

5 Der HERR sagt: »Fluch über alle, die sich von mir ab-
wenden und stattdessen auf die Hilfe vergänglicher
Menschen vertrauen! 6 Sie sind wie kümmerliche
Sträucher in der Steppe, in steiniger Wüste, in ödem,
unbewohnbarem Land. Sie werden niemals Glück erle-
ben. 7 Doch Segen soll über alle kommen, die allein auf
mich, den HERRN, ihr Vertrauen setzen! 8 Sie sind wie
Bäume, die am Wasser stehen und ihre Wurzeln zum
Bach hin ausstrecken. Sie fürchten nicht die glühende
Hitze; ihr Laub bleibt grün und frisch. Selbst wenn der
Regen ausbleibt, leiden sie keine Not. Nie hören sie
auf, Frucht zu tragen. 9 Nichts ist so abgründig wie das
menschliche Herz. Voll Unheil ist es; wer kann es durch-
schauen? 10 Ich, der HERR, sehe bis auf seinen Grund,
ich kenne die geheimsten Wünsche der Menschen. Ich
gebe jedem, was er aufgrund seiner Taten verdient hat.
11 Allen, die auf unrechtmäßige Weise zu Reichtum ge-
kommen sind, geht es wie einem Vogel, der fremde Eier
ausgebrütet hat und zusehen muss, wie die Jungen ihm
davonlaufen: In den besten Jahren müssen sie alles her-
geben und am Ende stehen sie mit leeren Händen da.«

ISRAELS EINZIGE HOFFNUNG

12 Ein herrlicher Thron, der von jeher alle Welt über-
ragt, das ist unser Tempel! 13 HERR, du bist die einzige
Hoffnung Israels! Alle, die dich verlassen, werden vor

Schande vergehen; sie werden verschwinden wie Na-
men, die man in den Staub schrieb. Denn sie haben
dich, die Quelle frischen Wassers, verlassen!

JEREMIAS HILFERUF

14 Heile du mich, HERR, dann werde ich wieder gesund!
Hilf mir, dann ist mir wirklich geholfen! Du hast mir
doch immer Grund gegeben, dich zu preisen. 15 Sie
sagen zu mir: »Wo bleibt denn das Unglück, das der
HERR angedroht hat? Es soll doch kommen!« 16 HERR,
du weißt, ich habe mich nie geweigert, deine Auf-
träge auszuführen. Und eine Katastrophe habe ich
schon gar nicht herbeigewünscht. Alles, was ich
gesagt habe, weißt du genau. 17 Willst du mir jetzt
Angst einjagen? Du bist doch meine Zuflucht, wenn
das Unglück kommt! 18 Bring Schande über alle, die
mir nachstellen – aber nicht über mich! Ihnen soll
der Schreck in die Glieder fahren – aber nicht mir!
Bring den Unglückstag über sie und gib ihnen die volle
Strafe, so wie sie es verdienen!

DER SABBAT GEHÖRT GOTT

19 Der HERR befahl mir: »Stell dich an das Haupttor
der Stadt, durch das die Könige von Juda ein- und
ausziehen, und auch an alle die anderen Tore 20 und
ruf dort aus: ›Hört, was der HERR euch zu sagen hat,
ihr Könige von Juda und ihr alle, die ihr durch diese
Tore ein- und ausgeht, Leute von Juda und Bewohner
Jerusalems! 21 So spricht der HERR: Wenn euch euer
Leben lieb ist, dann hütet euch, am Sabbat irgendeine
Ware aufzuladen und mit ihr durch irgendeines dieser
Tore zu kommen! 22 Nicht einmal aus eurem Haus sollt
ihr etwas hinaustragen an diesem Tag. Am Sabbat muss
jede Arbeit ruhen. Ihr sollt ihn als einen heiligen Tag
begehen, der ausschließlich mir gehört. So habe ich
es schon euren Vorfahren befohlen, 23 aber sie haben
nicht auf mich gehört und sich nicht darum geküm-
mert. Hartnäckig haben sie sich geweigert, mein Gebot
zu beachten. 24 Folgt nicht ihrem schlechten Beispiel!
Hört auf mich, unterlasst es, am Sabbat mit euren
Waren bepackt durch die Tore dieser Stadt zu kommen,
und begeht den Sabbat als einen heiligen Tag, der mir
gehört und an dem alle Arbeit ruht! 25 Dann werden
auch künftig Könige aus der Familie Davids auf Pfer-
den und Wagen ein- und ausziehen durch diese Tore,
ebenso ihre hohen Beamten, das Volk von Juda und
die Bewohner Jerusalems. Für immer wird dann diese
Stadt bewohnt bleiben. 26 Und auch künftig werden die
Leute aus den Städten in Juda, aus den Dörfern rings
um Jerusalem, aus dem Land Benjamin, aus dem Hü-
gelland, dem Gebirge und dem Steppengebiet im Sü-
den hierher zum Tempel kommen, um ihre Opfergaben
zu bringen: Brandopfer und Mahlopfer, Speiseopfer
und Weihrauch und Dankopfer. 27 Wenn ihr aber nicht
auf mich hört, wenn ihr den Sabbat behandelt wie je-
den anderen Tag, an dem ihr mit Lasten beladen durch
die Tore Jerusalems kommt, dann werde ich Feuer an
diese Tore legen, das wird die Paläste Jerusalems fres-
sen und niemand kann es löschen!‹«

DAS BILD VOM TÖPFER: GOTT GIBT NOCH EINE CHANCE

18 Das Wort des HERRN erging an mich, an Jeremia;
er sagte zu mir: 2 »Geh hinunter zum Haus des
Töpfers! Dort wirst du hören, was ich dir zu sagen
habe.« 3 Ich ging hin und fand den Töpfer bei seiner
Arbeit an der Töpferscheibe. 4 Wenn ihm ein Gefäß un-
ter den Händen misslang, dann machte er aus dem Ton
ein anderes, ganz wie er es für richtig hielt. 5 Da erging
das Wort des HERRN an mich, er sagte: 6 »Kann ich es
mit euch Leuten von Israel nicht genauso machen? Wie
der Ton in der Hand des Töpfers, so seid ihr in meiner
Hand. 7 Einmal sage ich zu einem Volk oder Königreich,
dass ich es ausreißen oder zerstören will. 8 Wenn dann
aber dieses Volk sich ändert und sein böses Treiben
lässt, tut es mir leid und ich führe nicht aus, was ich
ihm angedroht habe. 9 Ein anderes Mal sage ich zu
einem Volk oder Königreich, dass ich es aufbauen und
fest einpflanzen will. 10 Wenn dann aber dieses Volk
tut, was mir missfällt, und mir nicht gehorcht, dann
lasse ich nichts von all dem Guten kommen, das ich ihm
versprochen hatte. 11 Sag also zu den Leuten von Juda
und den Bewohnern Jerusalems: ›So spricht der HERR:
Ich mache einen Plan gegen euch und bereite das Un-
glück vor, das ich über euch bringen will. Kommt doch
zurück von eurem verkehrten Weg! Ändert euer Leben
und Tun!‹ 12 Aber sie werden antworten: ›Daraus wird
nichts! Wir werden unsere eigenen Pläne ausführen
und so böse und starrsinnig sein, wie es uns gefällt!‹«

UNBEGREIFLICHE ABKEHR VON GOTT

13 Deshalb sagt der HERR: »Erkundigt euch bei allen
Völkern! Wo hat man je dergleichen gehört? Was das
Volk Israel getan hat, ist unglaublich und empörend.
14 Kommt es jemals vor, dass der Schnee auf den Gip-
feln des Libanons schmilzt oder große Ströme versie-
gen? 15 Mein Volk aber hat mich vergessen; es opfert
Göttern, die keine sind. Von ihnen verführt, begann es,
auf seinem Weg zu stolpern, ja, seinen Weg zu verlas-
sen und in die Irre zu gehen. 16 Deshalb wird das Land
so verwüstet, dass alle, die vorbeikommen, sich ent-
setzen und sich vor Furcht und Grauen schütteln. 17 Ich
lasse Feinde über mein Volk kommen, die es wegtrei-
ben, wie ein heftiger Ostwind den Staub davonweht.
An dem Tag, an dem das Unglück hereinbricht, kehre
ich diesem Volk den Rücken; ich helfe ihm nicht!«

TODFEINDSCHAFT GEGEN JEREMIA

18 Da gibt es Leute, die sagen: »Los, wir müssen gegen
Jeremia etwas unternehmen! Er lügt! Nie wird unseren
Priestern die Weisung ausgehen, unseren erfahrenen
Leuten guter Rat, unseren Propheten das Wort, das
von Gott kommt! Wir drehen ihm einen Strick aus
seinen eigenen Worten, aber im Übrigen geben wir
nicht mehr acht auf das, was er sagt!« 19 Gib du auf
mich acht, HERR! Hör doch, was meine Gegner reden!
20 Soll denn Gutes mit Bösem vergolten werden? Sie
wollen mich in ihre Gewalt bekommen. Dabei bin ich
für sie eingetreten bei dir, um deinen Zorn von ihnen

abzuwenden; du weißt es, HERR! 21 Deshalb lass ihre
Kinder den Hungertod sterben! Lass sie selber durch
Feindeshand umkommen, sodass ihre Frauen als kin-
derlose Witwen übrig bleiben! Die alten Männer soll
die Pest holen und die jungen sollen im Kampf fallen!
22 Aus ihren Häusern soll man Hilfeschreie hören, wenn
plötzlich plündernde Soldaten eindringen! Denn diese
Leute haben es auf mich abgesehen; eine Grube haben
sie für mich gegraben und Fangnetze ausgelegt. 23 Du,
HERR, kennst ihre Pläne; sie haben es darauf abgese-
hen, mich zu töten. Dieses Verbrechen verzeih ihnen
nicht; diese Schuld vergiss ihnen nie! Lass sie vor dir
zusammenbrechen! Wenn du kommst, um Gericht zu
halten, dann rechne mit ihnen ab!

DER ZERSCHLAGENE KRUG

19 Der HERR befahl Jeremia: »Kauf dir einen Was-
serkrug, wähle einige von den Ältesten des
Volkes und von den angesehensten Priestern als
Zeugen aus 2 und geh mit ihnen durchs Scherbentor
hinaus ins Hinnom-Tal. Dort kündige ihnen an, was ich
dir sagen werde. 3 Das aber sollst du zu ihnen sagen:
›Ihr Könige von Juda und ihr Bewohner Jerusalems,
hört das Wort, das der HERR euch ausrichten lässt!
So spricht der HERR, der Herrscher der Welt, der Gott
Israels: Ich werde Unglück über diesen Ort bringen; es
wird so schrecklich sein, dass jedem, der die Nachricht
davon hört, die Ohren wehtun werden. 4 Denn mein
Volk hat mich verlassen. Sie haben diesen Ort verdor-
ben und entweiht durch die Opfer, die sie anderen
Göttern dargebracht haben. Von diesen Göttern ha-
ben sie früher nichts gewusst, auch ihre Vorfahren
und die Könige von Juda nicht. Sie haben an diesem
Ort das Blut unschuldiger Menschen vergossen. 5 Sie
haben auch einen Altar für den Baal gebaut, um darauf
ihre Kinder als Opfer zu verbrennen. Das habe ich nie
befohlen; es ist mir niemals in den Sinn gekommen, so
etwas von ihnen zu verlangen. 6 Deshalb wird eine Zeit
kommen, da wird man diesen Ort nicht mehr Tofet oder
Hinnom-Tal nennen, sondern Mordtal. 7 An diesem Ort
will ich alle Pläne der Leute von Juda und Jerusalem
vereiteln. Sie sollen durch das Schwert ihrer mordgie-
rigen Feinde umkommen und ihre Leichen werde ich
den Vögeln und wilden Tieren zum Fraß vorwerfen.
8 Ich werde diese Stadt so völlig zerstören, dass jeder
Mensch, der vorübergeht, erschrickt und sich entsetzt
abwendet. 9 Erbarmungslose Feinde werden die Stadt
einschließen und belagern und die Belagerung wird so
hart werden, dass die Leute in der Stadt sich gegen-
seitig aufessen. Sogar ihre eigenen Kinder werden
sie dann essen.‹ 10 Wenn du das gesagt hast, dann
zerschlage den Krug vor den Augen deiner Begleiter!
11 Sag zu ihnen: ›So spricht der HERR, der Herrscher
der Welt: Ich zerschlage dieses Volk und diese Stadt,
wie man Tongeschirr in Scherben schlägt, sodass es
sich nicht mehr zusammenkitten lässt. Sogar im Tofet
werden die Toten begraben, weil es sonst nirgendwo
mehr Platz dafür gibt. 12 Ich will diese Stadt und ihre
Bewohner dem Tofet gleichmachen. Das sage ich, der
HERR. 13 Die Häuser in Jerusalem, die Häuser der Könige
von Juda, alle Häuser, auf deren Dächern ihr zu Ehren
des Sternenheeres Weihrauch verbrannt und für an-
dere Götter Trankopfer ausgegossen habt, alle diese
Häuser sollen unrein werden wie der Platz Tofet.‹«

JEREMIA WIRD MISSHANDELT

14 Als Jeremia vom Tofet zurückkehrte, wo er im Auftrag
des HERRN geredet hatte, begab er sich in den Vor-
hof des Tempels und verkündete allen Leuten: 15 »So
spricht der HERR, der Herrscher der Welt, der Gott
Israels: ›Ich bringe über die Stadt Jerusalem und die
Städte in Juda all das Unglück, das ich ihnen angedroht
habe; denn sie haben sich hartnäckig geweigert, auf
meine Worte zu hören.‹«
20 Der Priester Paschhur, der Sohn Immers, war
damals Oberaufseher am Tempel. Als er den
Propheten Jeremia so reden hörte, 2 gab er Befehl,
ihn festzunehmen, zu schlagen und in den Block
einzuschließen, der sich am oberen Benjamintor im
Tempelbezirk befand. 3 Am folgenden Morgen kam
Paschhur zu Jeremia und löste ihn aus dem Block. Da
sagte Jeremia zu ihm: »Der HERR nennt dich nicht mehr
Paschhur, sondern ›Schrecken überall‹. 4 Höre, was er
dir sagen lässt: ›Ich mache dich zum Schrecken für dich
selbst und alle deine Freunde. Du musst mit eigenen
Augen ansehen, wie sie durch das Schwert ihrer Feinde
fallen. Ich liefere die Bewohner von ganz Juda an den
König von Babylonien aus. Er wird einen Teil von ihnen
nach Babylonien wegführen und die anderen mit dem
Schwert töten. 5 Den ganzen Reichtum dieser Stadt
gebe ich den Feinden, allen Besitz und alle Kostbarkei-
ten, auch die Schätze der Könige von Juda. Sie werden
geraubt und nach Babylonien weggeschafft. 6 Auch
du, Paschhur, wirst mit deiner ganzen Familie nach
Babylonien verschleppt. Dort wirst du sterben und
begraben werden, zusammen mit deinen Freunden,
die du mit deinen falschen Weisungen ins Verderben
geführt hast.‹«

JEREMIA KLAGT GOTT SEIN LEID

7 Du hast mich verführt, HERR, und ich habe mich ver-
führen lassen; du hast mich gepackt und mir Gewalt
angetan. Nun spotten sie immerzu über mich, alle
lachen mich aus. 8 Denn sooft ich in deinem Auftrag
rede, muss ich Unrecht anprangern. »Verbrechen!«,
muss ich rufen, »Unterdrückung!« Und das bringt mir
nichts als Spott und Hohn ein, Tag für Tag. 9 Aber wenn
ich mir sage: »Ich will nicht mehr an Gott denken und
nicht mehr in seinem Auftrag reden«, dann brennt dein
Wort in meinem Innern wie ein Feuer. Ich nehme meine
ganze Kraft zusammen, um es zurückzuhalten – ich
kann es nicht. 10 Viele höre ich tuscheln, sie nennen
mich schon »Schrecken überall«. Die einen fordern:
»Verklagt ihn!« Die anderen sagen: »Ja, wir wollen
ihn anzeigen!« Sogar meine besten Freunde warten
darauf, dass ich mir eine Blöße gebe. »Vielleicht brin-
gen wir ihn dazu, dass er etwas Unvorsichtiges sagt«,
flüstern sie, »dann können wir uns an ihm rächen!«

11 Doch du, HERR, stehst mir bei, du bist mein mächtiger Beschützer! Deshalb kommen meine Verfolger zu Fall, sie richten nichts aus. Ihre Pläne misslingen und sie müssen sich auslachen lassen. Diese Schande bleibt für immer an ihnen hängen. 12 HERR, du Herrscher der Welt, du kennst alle, die dir die Treue halten! Du prüfst sie auf Herz und Nieren. Lass mich sehen, wie du es meinen Feinden heimzahlst; denn dir habe ich meine Sache anvertraut. 13 Singt dem HERRN und lobt ihn! Denn er rettet den Armen aus der Gewalt seiner Feinde. 14 Verflucht sei der Tag, an dem ich geboren wurde, ausgelöscht der Tag, an dem meine Mutter mich zur Welt brachte! 15 Verflucht sei der Mann, der meinen Vater mit der Nachricht erfreute: »Ein Junge ist's, du hast einen Sohn bekommen!« 16 Ausgelöscht soll jener Tag sein wie die Städte, die der HERR ohne Erbarmen zerstörte. Am Morgen sei er voll Klagen, am Mittag voll Kriegslärm, 17 weil er mich nicht sterben ließ im Mutterleib. Meine Mutter wäre mir dann zum Grab geworden, sie wäre für immer schwanger geblieben. 18 Warum musste ich den Mutterschoß verlassen, um nichts als Elend und Kummer zu erleben und in Schande zu enden!

KEINE RETTUNG FÜR ZIDKIJA UND JERUSALEM

21 Das Wort des HERRN erging an Jeremia, damals, als König Zidkija zwei Männer zu ihm schickte – Paschur, den Sohn von Malkija, und den Priester Zefanja, den Sohn von Maaseja – und ihm sagen ließ: 2 »Du weißt, dass Nebukadnezzar, der König von Babylonien, den Kampf gegen uns eröffnet hat. Frage doch den HERRN, was geschehen wird, ob er vielleicht ein Wunder tut wie in alten Zeiten und Nebukadnezzar zum Abzug zwingt.« 3 Jeremia gab dem König durch die beiden Abgesandten den Bescheid: 4 »So spricht der HERR, der Gott Israels: ›Das Heer des Königs von Babylonien hat euch eingeschlossen. Noch versuchen eure Truppen, den Angreifern außerhalb der Mauern Widerstand zu leisten. Aber ich werde dafür sorgen, dass sie sich in das Innere der Stadt zurückziehen müssen. 5 Denn ich selbst kämpfe gegen euch mit starker Hand und drohend erhobenem Arm und ihr sollt die ganze Glut meines Zorns zu spüren bekommen! 6 Alles, was in dieser Stadt lebt – Menschen und Vieh –, wird von einer verheerenden Pest heimgesucht werden. 7 Danach gebe ich Zidkija, den König von Juda, und seine hohen Beamten in die Gewalt Nebukadnezzars, des Königs von Babylonien, und dazu alle Bewohner der Stadt, die bis dahin noch nicht durch Pest, Krieg und Hunger umgekommen sind. Das sage ich, der HERR. Ich gebe euch in die Gewalt eurer Feinde, die euch töten wollen. Nebukadnezzar wird euch alle mit dem Schwert umbringen, schonungslos, ohne Mitleid und Erbarmen.‹« 8 Den Leuten von Jerusalem aber musste Jeremia ausrichten: »So spricht der HERR: ›Ich stelle euch vor die Wahl zwischen Leben und Tod: 9 Wer in dieser Stadt bleibt, wird durch Hunger oder Pest umkommen oder von den Feinden erschlagen werden; wer aber die Stadt verlässt und sich den Babyloniern ergibt, wird mit dem Leben davonkommen. 10 Denn ich bin entschlossen, Unglück über diese Stadt zu bringen und ihr nicht zu helfen‹, sagt der HERR. ›Sie wird in die Hand des Königs von Babylonien fallen und er wird sie in Schutt und Asche legen!‹«

MAHN- UND GERICHTSWORTE AN DAS KÖNIGSHAUS VON JUDA

11 Jeremia bekam den Auftrag, dem Königshaus von Juda auszurichten: »Hört das Wort, das der HERR euch sagen lässt, 12 ihr Nachkommen Davids! So spricht der HERR: ›Beginnt euren Tag damit, dass ihr gerechtes Urteil sprecht und die Beraubten aus der Hand ihrer Unterdrücker befreit! Sonst kommt mein Zorn über euch und brennt wie ein Feuer, das niemand löschen kann. Ihr habt zu viel Böses getan! 13 Passt auf‹, sagt der HERR, ›jetzt komme ich über euch, die ihr dort unten auf eurem Felsen wohnt! Ihr behauptet, kein Feind könne bis zu euch hinabsteigen und bis in eure Gemächer vordringen. 14 Aber ich, ich selber, werde kommen und euch zur Rechenschaft ziehen für all das, was ihr getan habt‹, sagt der HERR. ›An den Wald von Zedernsäulen in euren Palästen werde ich Feuer legen, das wird alles ringsum vernichten!‹«

22 Der HERR gab Jeremia den Auftrag, in den Palast des Königs von Juda hinunterzugehen und zu rufen: 2 »Höre, was der HERR dir zu sagen hat, du König von Juda, der auf dem Thron seines Ahnherrn David sitzt; auch deine hohen Beamten und das Volk, das dich in deinem Palast aufsucht, sollen es hören! 3 So spricht der HERR: ›Sorgt für Gerechtigkeit und befreit die Beraubten aus der Hand ihrer Unterdrücker! Ihr sollt die Fremden, die bei euch wohnen, nicht ausbeuten und die Schutzlosigkeit der Waisen oder Witwen nicht ausnutzen! Hört auf, in diesem Land das Blut unschuldiger Menschen zu vergießen! 4 Nur unter dieser Bedingung werden auch künftig Könige, die auf Davids Thron sitzen, durch die Tore dieses Palastes ein- und ausziehen, auf Pferden und Wagen, sie und ihre hohen Beamten, und auch das Volk wird weiterhin diesen Palast aufsuchen. 5 Wenn ihr aber nicht auf meine Weisungen hört, dann wird dieser Palast zum Trümmerhaufen werden; das schwöre ich, der HERR, bei mir selbst!‹« 6 Ja, der HERR sagt über den Palast des Königs von Juda: »Wenn ich auch so viel Freude an dir habe wie an den Eichen in Gilead und an den Zedern auf dem Libanon, trotzdem mache ich aus dir eine Wüste, einen Trümmerhaufen, in dem niemand mehr wohnt. 7 Ich schicke Männer zu dir, die dich zerstören werden. Sie werden mit ihren Äxten kommen und deine herrlichen Zedernsäulen umhauen und ins Feuer werfen. 8 Menschen aus vielen Völkern werden an den Trümmern Jerusalems vorüberziehen und einander fragen: ›Warum hat der HERR dieser großen Stadt das alles angetan?‹ 9 Und dann wird man ihnen antworten: ›Ihre Bewohner haben sich nicht an die Verpflichtungen gehalten, die der Bund mit dem HERRN, ihrem Gott, ihnen auferlegt; sie haben fremde Götter verehrt und ihnen gedient.‹«

AUFRUF ZUR TRAUER ÜBER KÖNIG SCHALLUM

10 Volk von Juda, trauere nicht um den König, der ge-
fallen ist; weine nicht wegen Joschija! Weine vielmehr
um den anderen, den sie weggeführt haben, denn er
wird dieses Land nicht wiedersehen, in dem er geboren
wurde! 11 Der HERR sagt über Schallum, den König von
Juda, der seinem Vater Joschija auf dem Thron folgte
und der diese Stadt verlassen musste: »Schallum wird
nicht hierher zurückkehren. 12 Er wird sterben an dem
Ort, an den sie ihn verschleppt haben; dieses Land wird
er nicht wiedersehen!«

GERICHTSWORT GEGEN KÖNIG JOJAKIM

13 Weh dir! Du baust deinen Palast auf Unrecht und
stockst ihn auf, ohne dich um Gerechtigkeit zu küm-
mern. Du lässt die Leute für dich arbeiten und gibst
ihnen keinen Lohn. 14 Du sagst: »Ich baue mir einen
großen Palast mit geräumigen Zimmern im Oberge-
schoss!« Du setzt Fenster ein, täfelst das Haus mit
Zedernholz, malst es rot an. 15 Meinst du, du musst
dich dadurch als König erweisen, dass du Prachtbau-
ten aus Zedernholz errichtest wie andere Könige?
Hat dein Vater nicht auch gut gegessen und getrun-
ken und es sich wohl sein lassen? Aber er regierte
gerecht, weil er sich an die Weisungen Gottes hielt,
und deshalb ging es ihm gut. 16 Den Schwachen und
Armen verhalf er zum Recht, deshalb stand alles
gut. »Wer so handelt, zeigt, dass er mich kennt«,
sagt der HERR. 17 Aber du siehst nur deinen eigenen
Vorteil und denkst an nichts anderes. Du vergießt
das Blut unschuldiger Menschen und unterdrückst
dein Volk mit harter Gewalt. 18 Darum sagt der HERR
über König Jojakim, den Sohn von Joschija: »Es wird
für ihn keine Totenklage geben. Niemand wird ru-
fen: ›Ach, Brüder, ach, Schwestern, warum musste er
sterben!‹ Sie werden auch nicht klagen: ›Ach, unser
Herrscher! Ach, seine Majestät!‹ 19 Er bekommt kein
Begräbnis, er wird beseitigt wie ein toter Esel: Sie
schleifen ihn weg und werfen ihn draußen vor den
Toren Jerusalems hin.«

JERUSALEMS ENDE IST ABZUSEHEN

20 Der HERR sagt: »Steig auf den Gipfel des Liba-
nons, du Volk von Jerusalem, und stimme das Kla-
gegeschrei an! Klage laut auf der Hochebene von
Baschan und vom Abarim-Gebirge herab, denn alle
deine Verbündeten wurden vernichtend geschlagen!
21 Ich hatte dich gewarnt, als dir noch keine Gefahr
drohte. Aber du sagtest: ›Lass mich in Ruhe!‹ Das war
deine Art; schon von Jugend an wolltest du nicht auf
mich hören. 22 Wie deine Verbündeten, so werden auch
deine eigenen Führer in die Gefangenschaft geführt;
sie werden alle weggefegt wie von einem Sturm. So
erntest du Schmach und Schande für all das Unrecht,
das du getan hast. 23 Noch thronst du hoch wie auf
dem Libanon und wohnst in Palästen aus Zedernholz.
Wie wirst du stöhnen, wenn das Unglück über dich
kommt; stöhnen und schreien wirst du wie eine Frau,
die in Wehen liegt!«

GOTTES URTEIL ÜBER KÖNIG JOJACHIN

24 Jeremia bekam den Auftrag, dem neuen König zu
verkünden: »So gewiss ich lebe, sagt der HERR, selbst
wenn du, Konja, Sohn Jojakims, ein Siegelring an mei-
ner rechten Hand wärst, ich würde dich wegreißen.
25 Ich liefere dich an deine Feinde aus, die dir nach
dem Leben stehen und vor denen du Angst hast, an
Nebukadnezzar, den König von Babylonien, und an
seine Kriegsleute. 26 Ich werde dich und deine Mut-
ter gewaltsam in ein fremdes Land schaffen. Dort
müsst ihr beide sterben. 27 Eure Heimat werdet ihr
nie wiedersehen, sosehr ihr euch danach sehnen
werdet.« 28 Ist dieser Konja wirklich so wertlos wie
ein zerbrochener Krug, den niemand mehr haben
will? Warum werden er und seine Kinder wegge-
nommen und fortgeschleudert in ein Land, das sie
nicht kennen? 29-30 Land, Land, Land! Höre das Wort,
das der HERR sagt: »In der Liste der Könige schreibt
unter den Namen dieses Mannes: ›Kinderlos. Hatte
sein Leben lang nur Misserfolg.‹ Denn keinem sei-
ner Nachkommen wird es gelingen, sich auf den
Thron Davids zu setzen und wieder über Juda zu
herrschen.«

GOTT SAMMELT SEIN VOLK UND GIBT IHM DEN RECHTEN KÖNIG

23 »Weh den führenden Männern meines Volkes,
den Hirten, die meine Herde zugrunde ge-
richtet und auseinandergetrieben haben! 2 Ich, der
HERR, der Gott Israels, sage zu euch, den Hirten mei-
nes Volkes: ›Versprengt und auseinandergetrieben
habt ihr meine Schafe und habt euch nicht um sie
gekümmert. Jetzt werde *ich* mich um *euch* küm-
mern: Ich werde euch zur Rechenschaft ziehen für
eure bösen Taten!‹ 3 Ich selbst werde den Rest meiner
Schafe sammeln aus allen Ländern, in die ich sie ver-
sprengt habe. Ich werde sie zurückbringen an ihren
Weideplatz; dort werden sie gedeihen und sich wie-
der vermehren. 4 Und ich werde ihnen Hirten geben,
die wirklich für sie sorgen. Dann brauchen sie nichts
mehr zu fürchten und vor nichts mehr zu erschrecken.
Kein einziges Schaf geht dann noch verloren.« Das
sagt der HERR. 5 »Der Tag kommt«, sagt der HERR, »an
dem ich aus der Nachkommenschaft Davids einen
Mann berufe, der dem Namen Davids wieder Ehre
macht. Er wird als König verständig und gerecht re-
gieren, weil er sich an die Weisungen Gottes hält.
6 Dann wird das Volk von Juda vor Feinden sicher sein
und auch das Volk von Israel wird in Frieden leben.
Dieser König wird den Namen tragen: ›Der HERR ist
unsere Rettung‹! 7 Ja, der Tag kommt«, sagt der HERR,
»an dem sie beim Schwören nicht mehr sagen wer-
den: ›So gewiss der HERR lebt, der das Volk Israel her-
ausgeführt hat aus Ägypten‹, 8 sondern: ›So gewiss
der HERR lebt, der die Leute von Israel herausgeführt
hat aus dem Land im Norden und aus all den anderen
Ländern, in die er sie fortgetrieben hatte, und der
sie zurückgebracht hat in ihr Land, damit sie dort
wieder wohnen!‹«

DIE PROPHETEN SIND NICHT BESSER ALS ALLE ANDEREN

9 Es folgen Worte Jeremias an die Propheten: Ich
bin verstört und zittere am ganzen Leib, wie ein
Betrunkener bin ich, wie vom Wein betäubt von dem,
was der HERR, der heilige Gott, zu mir gesagt hat. 10 Das
Land ist voll von Ehebrechern, darum liegt ein Fluch
auf ihm und es ist in Trauer versunken; die Weideplätze
in der Steppe liegen vertrocknet da. Alle haben nur
Böses im Sinn, im Unrechttun sind sie groß. 11 »Auch
die Propheten und die Priester sind Schurken alle mit-
einander«, sagt der HERR; »sogar in meinem Tempel
stoße ich auf ihr schlimmes Treiben. 12 Deshalb wer-
den sie auf ihrem Weg ausgleiten. In der Dunkelheit
wird einer den andern mitreißen, bis sie alle am Boden
liegen. Ich bringe Unheil über sie; die Zeit der Abrech-
nung kommt!« Das sagt der HERR.

DIE PROPHETEN JERUSALEMS SIND SCHLIMMER ALS DIE VON SAMARIA

13 »Was ich mit den Propheten Samarias erleben
musste, war schon erschreckend genug!«, sagt der
HERR. »Sie redeten im Namen des Götzen Baal und
führten mein Volk Israel in die Irre. 14 Aber was ich jetzt
bei den Propheten Jerusalems sehe, ist unerhört: Sie
begehen Ehebruch, sie lügen und betrügen. Sie be-
stärken gewissenlose Leute noch in ihrem Treiben,
sodass niemand daran denkt, sein Leben zu ändern.
Diese Propheten sind in meinen Augen genauso ver-
kommen wie die Leute von Sodom, und die Bewoh-
ner Jerusalems wie die Leute von Gomorra! 15 Deshalb
sage ich, der Herrscher der Welt, über die Propheten
Jerusalems: Ich werde ihnen bittere Kost zu essen
geben und Gift zu trinken, denn sie sind zu einem
Seuchenherd geworden für das ganze Land!«

DIE PROPHETEN JERUSALEMS LÜGEN

16 Der HERR, der Herrscher der Welt, sagt: »Hört nicht
auf das, was die Propheten euch verkünden! Sie halten
euch zum Narren. Sie sagen euch, was ihr Herz ihnen
eingibt, nicht was sie aus meinem Mund gehört haben.
17 Denen, die meine Warnungen nicht ernst nehmen,
wagen sie zu verkünden: ›Der HERR sagt: Es wird euch
blendend gehen‹, und selbst denen, die ihrem eigen-
sinnigen und bösen Herzen folgen, sagen sie: ›Ihr
habt nichts Schlimmes zu befürchten.‹ 18 Keiner dieser
Propheten hat je in meiner Ratsversammlung gestan-
den und von meinen Plänen gehört; keiner hat erfasst,
was ich will!« 19 Wie ein verheerender Sturm wird der
Zorn des HERRN losbrechen und alle Schuldigen tref-
fen. 20 Er wird nicht aufhören zu wüten, bis alles aus-
geführt ist, was der HERR sich vorgenommen hat. Erst
wenn es zu spät ist, werdet ihr zur Einsicht kommen
und alles begreifen. 21 »Ich habe diese Propheten nicht
geschickt«, sagt der HERR, »und doch sind sie losge-
laufen; ich habe nicht zu ihnen gesprochen und doch
reden sie und berufen sich dabei auf mich. 22 Wenn
sie in meiner Ratsversammlung gestanden hätten,
dann müssten sie meinem Volk doch verkünden, was
ich gesagt habe; sie müssten es dazu anhalten, sein
Leben und Tun zu ändern!« 23 Der HERR sagt: »Ich bin
nicht der nahe Gott, über den ihr verfügen könnt, ich
bin der ferne Gott, der über euch verfügt. 24 Niemand
kann sich so gut verstecken, dass ich ihn nicht doch
entdecken würde. Es gibt keinen Ort im Himmel und
auf der Erde, an dem ich nicht wäre!«

WEIZEN UND SPREU UNTERSCHEIDEN!

25 Der HERR sagt: »Ich habe das Gefasel dieser
Propheten gehört. ›Ich hatte einen Traum, ich hatte
einen Traum!‹, sagen sie und wollen damit das Volk
glauben machen, dass sie in meinem Auftrag reden.
Aber alles, was sie vorbringen, ist Lug und Trug. 26 Wie
lange soll das noch so weitergehen? Was haben diese
Propheten damit im Sinn, dass sie Lügen verbreiten,
ihre eigenen Hirngespinste? 27 Mit ihren Träumen, mit
denen einer vor dem andern großtut, verfolgen sie nur
ein Ziel: Mein Volk soll mich vergessen, genauso wie
ihre Vorfahren mich vergaßen und sich dem Götzen
Baal zuwandten! 28 Der Prophet, der einen Traum hatte,
kann auch nur seinen Traum erzählen; aber der, zu dem
ich gesprochen habe, der wird zuverlässig mein Wort
ausrichten. Man wird doch noch Weizen und Spreu
unterscheiden können«, sagt der HERR. 29 »Mein Wort
brennt wie Feuer. Es ist wie ein Hammer, der Felsen
zerschlägt! 30 Darum passt auf«, sagt der HERR, »jetzt
gehe ich vor gegen diese Propheten, gegen diese
Leute, die einander die Worte aus dem Mund stehlen
und noch behaupten, sie stammten von mir! 31 Jetzt
gehe ich vor gegen die, die ihr eigenes Gerede für mein
Wort ausgeben, 32 die sich auf Träume berufen und ihre
Träume weitererzählen und mit solchem Unfug mein
Volk irreleiten! Von mir haben sie keinen Auftrag be-
kommen; ich habe sie nicht geschickt! Sie bringen die-
sem Volk nichts als Schaden! Das sage ich, der HERR.«

DIE »LAST« DES HERRN

33 Der HERR sagte zu mir: »Wenn ein Prophet oder ein
Priester oder Leute aus dem Volk dich fragen: ›Was hat
der HERR uns schon wieder als Last auferlegt?‹, dann
antworte ihnen: Der HERR sagt: ›Ihr seid eine Last, die
mir auferlegt ist. Aber ich bin schon dabei, euch abzu-
werfen!‹ 34 Jeden Propheten und Priester und jeden
Mann aus dem Volk, der künftig noch fragt: ›Was hat der
HERR uns auferlegt?‹, den werde ich zur Rechenschaft
ziehen, ihn selbst und seine ganze Familie!« 35 Der HERR
will, dass ihr stattdessen einander fragt: »Was hat der
HERR *geantwortet*?«, oder »Was hat er *gesagt*?« 36 Die
Frage »Was hat er uns auferlegt?« soll es bei euch nicht
mehr geben. Wer künftig noch so fragt, legt sich damit
selbst eine Last auf, denn er verkehrt den Sinn dessen,
was der lebendige Gott, der Herrscher der Welt, unser
Gott, sagen will. 37 Fragt also den Propheten: »Was hat
dir der HERR *geantwortet*?«, oder »Was hat er *gesagt*?«
38 Für den Fall aber, dass ihr weiter nach der Last fragt,
die der HERR euch auferlegt, sagt der HERR: 39 »Ich
werde euch wie etwas Lästiges wegwerfen, weit weg
von mir, euch und die Stadt, die ich euren Vorfahren und

euch gegeben habe. 40 Ich bringe Schande über euch,
die für immer an euch hängen bleibt; niemals mehr wird
man aufhören, euch zu verhöhnen!«

DIE VERBANNTEN SIND BESSER ALS DIE IM LAND VERBLIEBENEN

24 Der HERR zeigte mir in einer Vision zwei Körbe
voll Feigen, die vor dem Tempel standen. Es war
in der Zeit, nachdem der Babylonierkönig Nebukad-
nezzar König Jojachin von Juda, den Sohn Jojakims,
samt den hohen Beamten und den Bau- und Metall-
handwerkern aus Jerusalem weggeführt und nach
Babylonien gebracht hatte. 2 Die Feigen in dem einen
Korb waren sehr gut, wie die ersten reifen Feigen des
Jahres; die in dem andern aber waren so schlecht, dass
man sie nicht essen konnte. 3 Der HERR fragte mich:
»Was siehst du, Jeremia?« Ich antwortete: »Feigen!
Die einen sind sehr gut, die andern schlecht und unge-
nießbar.« 4 Da erging an mich das Wort des HERRN, er
sagte zu mir: 5 »Wie die Menschen Freude haben beim
Anblick der guten Feigen, so habe ich, der Gott Israels,
Freude beim Anblick der Leute aus Juda, die ich nach
Babylonien fortgetrieben habe. 6 Ich werde mich ihnen
wieder zuwenden und sie in dieses Land zurückholen;
ich werde sie aufbauen und nicht niederreißen, sie
sollen neu eingepflanzt und nicht mehr ausgerissen
werden. 7 Ich gebe ihnen ein verständiges Herz, damit
sie mich erkennen und begreifen, dass ich der HERR
bin. Mit ganzem Herzen werden sie zu mir umkehren.
Sie werden mein Volk sein und ich werde ihr Gott sein.
8 Aber mit König Zidkija von Juda und seinen hohen
Beamten und den restlichen Leuten Jerusalems – ob
sie nun im Land geblieben sind oder sich in Ägypten
niedergelassen haben – werde ich tun, was man mit
Feigen macht, die zum Essen zu schlecht sind, ich,
der HERR! 9 Alle Völker der Erde werden entsetzt sein,
wenn sie das sehen. Überall, wohin ich diese Leute
zerstreue, werden sie mit Hohn und Spott überschüt-
tet werden; ihr Unglück wird sprichwörtlich werden
und wer jemand verfluchen will, wird sagen: ›Es soll
dir gehen wie den Leuten von Jerusalem!‹ 10 Ich lasse
Krieg und Hunger und Pest gegen sie wüten, bis sie
ganz verschwunden sind aus dem Land, das ich ihren
Vorfahren und ihnen selbst gegeben hatte.«

NACH DREIUNDZWANZIG JAHREN ERFOLGLOSEN WIRKENS

25 Jojakim, der Sohn von Joschija, war das vierte
Jahr König von Juda und Nebukadnezzar das
erste Jahr König von Babylonien, da erging das Wort
des HERRN an Jeremia, ein Wort für das ganze Volk. 2 Der
Prophet verkündete es dem Volk von Juda und allen
Bewohnern Jerusalems und sagte zu ihnen: 3 »Seit dem
13. Regierungsjahr von Joschija, dem Sohn Amons, dem
König von Juda, bis heute, also seit nunmehr 23 Jahren,
ergeht das Wort des HERRN an mich. Und ebenso lange
höre ich nicht auf, euch immer und immer wieder zu
verkünden, was er sagt; aber ihr hört nicht hin. 4 Immer
wieder hat der HERR seine Diener, die Propheten, zu
euch gesandt, aber ihr habt sie nicht ernst genommen.
5 Der HERR befahl mir, zu euch zu sagen: ›Kehrt um von
euren verkehrten Wegen, macht Schluss mit eurem bö-
sen Tun, dann könnt ihr in dem Land wohnen bleiben,
das ich euren Vorfahren und euch für alle Zeiten gege-
ben habe. 6 Lauft nicht den fremden Göttern nach, dient
ihnen nicht und betet sie nicht an! Reizt mich nicht zum
Zorn mit euren Götzenbildern, sonst bringe ich Unglück
über euch!‹ 7 ›Aber ihr habt nicht auf mich gehört‹, sagt
jetzt der HERR. ›Im Gegenteil: Mit euren Götzen habt ihr
meinen Zorn herausgefordert und euch damit selbst ins
Unglück gestürzt.‹ 8 Deshalb sagt der HERR, der Herr-
scher der Welt: ›Weil ihr nicht auf mein Wort gehört
habt, 9 lasse ich nun alle Völker des Nordens kommen,
an ihrer Spitze meinen Bevollmächtigten Nebukadnez-
zar, den König von Babylonien. Sie sollen über euch und
euer Land herfallen, auch über eure Nachbarn und ihre
Länder. Ich gebe euch alle der Vernichtung preis und
eure Länder sollen für immer zum Trümmerfeld werden.
Wer es sieht, wird aufschreien und sich mit Entsetzen
abwenden. 10 Ich mache allem Jubel und aller Freude bei
euch ein Ende; der Jubelruf von Bräutigam und Braut
wird nie mehr zu hören sein. Das Geräusch der Hand-
mühle am Morgen wird verstummen und abends in
den Häusern keine Lampe mehr brennen. 11 Alles wird
in Trümmern liegen. Siebzig Jahre lang werdet ihr und
eure Nachbarvölker dem König von Babylonien unter-
worfen sein. 12 Wenn aber die siebzig Jahre um sind‹,
sagt der HERR, ›werde ich den König von Babylonien
und sein Volk zur Rechenschaft ziehen für das, was *sie*
an Schuld auf sich geladen haben. Dann soll *ihr* Land für
immer zu einem Trümmerfeld werden. 13 Ich lasse an ih-
nen in Erfüllung gehen, was ich ihnen angedroht habe.
Es ist aufgeschrieben in der Buchrolle, in der steht, was
Jeremia in meinem Auftrag jedem einzelnen Volk an-
gekündigt hat. 14 Ja, auch die Babylonier werden einst
großen Völkern und mächtigen Königen unterworfen
sein. Ich zahle ihnen die Verbrechen heim, die sie be-
gangen haben!‹«

VISION VOM GERICHT GOTTES ÜBER DIE VÖLKER

15 Der HERR, der Gott Israels, hat zu mir gesagt: »Nimm
diesen Weinbecher aus meiner Hand. Er ist gefüllt
mit meinem Zorn. Gib ihn allen Völkern zu trinken,
zu denen ich dich sende! 16 Sie sollen ihn austrinken!
Betrunken sollen sie in das Schwert hineintaumeln,
das ich unter ihnen wüten lasse.« 17 Da nahm ich den
Becher und gab ihn allen Völkern zu trinken, zu denen
mich der HERR schickte. 18 Zuerst mussten Jerusalem
und die Städte in Juda – samt ihren Königen und füh-
renden Männern – trinken, damit sie zu Trümmerfel-
dern würden, zu Stätten des Grauens, von denen man
sich mit Entsetzen abwendet und deren Namen als
Fluchwort dienen, wie es bis heute der Fall ist. 19 Dann
kamen die anderen Völker an die Reihe und mussten
aus dem Becher trinken: der Pharao, der König Ägyp-
tens, mit seinem ganzen Hof und seinen Fürsten, mit
all seinem Volk 20 und den Fremden, die in Ägypten

leben; alle Könige des Landes Uz; alle Könige der Phi-
listerstädte Aschkelon, Gaza, Ekron und des Restes von
Aschdod; 21 alle Edomiter, Moabiter und Ammoniter;
22 alle Könige von Tyrus und Sidon und von den Län-
dern jenseits des Meeres; 23 die Leute von Dedan, Te-
ma und Bus und alle mit geschorenen Schläfen; 24 alle
Könige Arabiens und alle Könige der Wüstenstäm-
me; 25 alle Könige von Simri, Elam und Medien; 26 alle
Könige des Nordens, die nahen und die fernen, einer
nach dem andern. Ja, alle Reiche der Erde mussten da-
von trinken. Als Letzter wird der König von Babylonien
davon trinken. 27 Dann gab der HERR mir den Auftrag,
den Völkern auszurichten: »So spricht der HERR, der
Herrscher der Welt, der Gott Israels: ›Trinkt, berauscht
und erbrecht euch, bis ihr hinstürzt und nicht mehr
aufstehen könnt! Taumelt in das Schwert, das ich unter
euch wüten lasse!‹« 28 »Wenn sie sich aber weigern«,
sagte er zu mir, »den Becher aus deiner Hand anzuneh-
men und zu trinken, dann sag ihnen: ›Der HERR, der
Herrscher der Welt, befiehlt euch: Ihr müsst trinken,
ob ihr wollt oder nicht! 29 Ich fange mit der Strafe an
bei der Stadt, die mein Eigentum ist. Meint ihr viel-
leicht, ihr bleibt ungestraft? Nein, auch euch trifft die
Strafe! Ich rufe das Schwert gegen alle Bewohner der
Erde herbei. Das sage ich, der Herrscher der Welt.‹«
30 »Weiter sollst du den Völkern ausrichten: ›Wie Ge-
brüll eines Löwen kommt die Stimme des HERRN aus
der Höhe, wie Donner dröhnt sie von seiner heiligen
Wohnung her. Sie schallt über das Land wie der Ruf der
Keltertreter und dringt zu allen Völkern, 31 bis an den
Rand der Erde! Denn allen Völkern macht der HERR den
Prozess; alles, was Mensch heißt, zieht er vor Gericht
und die Schuldigen übergibt er dem Schwert.‹«
32 Der HERR, der Herrscher der Welt, sagt: »Ein Sturm
erhebt sich von den Enden der Erde; ein Volk um das
andere wird vom Unglück ereilt.« 33 Überall auf der
Erde werden die Leichen der Menschen liegen, die
der HERR erschlagen hat. Und es wird niemand mehr
da sein, der um sie trauert, der sie zusammenträgt
und bestattet. Sie werden zum Dünger für die Äcker.
34 Heult, ihr Völkerhirten, schreit und wälzt euch im
Staub, ihr Mächtigen; denn jetzt seid ihr an der Reihe,
geschlachtet zu werden! Ihr werdet zerstreut! Ihr wer-
det hinfallen und zerbrechen wie ein kostbares Gefäß!
35 Für die Hirten der Völker gibt es kein Entkommen.
36 Ich höre schon ihren Hilfeschrei und ihr Jammern,
denn der HERR vernichtet ihre Herden. 37 Der Glut-
hauch seines Zornes senkt sich auf die saftigen Weiden
und deckt sie zu mit dem Schweigen des Todes. 38 Ja,
der HERR hat sich aufgemacht wie ein Löwe, der sein
Dickicht verlässt. Alles Land ist zur Wüste geworden
durch das furchtbare Schwert, durch den glühenden
Zorn des HERRN.

JEREMIA WIRD VOR GERICHT GESTELLT UND FREIGESPROCHEN

26 Jojakim, der Sohn von Joschija, war erst kurze
Zeit König über Juda, da erging das Wort des
HERRN an Jeremia. Der HERR sagte zu dem Propheten:
2 »Stell dich in den Vorhof des Tempels und verkünde
allen, die aus den Städten in Juda dorthin zum
Gottesdienst kommen, was ich dir jetzt auftrage. Lass
nichts aus! 3 Vielleicht werden sie darauf hören und
von ihren verkehrten Wegen umkehren. Dann wird
es mir leidtun und ich werde das Unglück nicht über
sie bringen, das ich ihnen wegen ihrer bösen Taten
angedroht habe. 4 Sag also zu ihnen: ›Der HERR warnt
euch! Hört auf mich, sagt er, und haltet euch an die
Weisungen, die ich euch gegeben habe! 5 Achtet auf
das, was euch meine Propheten verkünden! Ich habe
immer neue zu euch gesandt; aber bisher habt ihr
sie nie ernst genommen. 6 Wenn ihr nicht auf mich
hört, verfahre ich mit diesem Tempel wie mit dem von
Schilo. Und eure Stadt werde ich so verwüsten, dass
alle Völker der Erde ihren Namen als Fluchwort benut-
zen werden!‹« 7 Die Priester, die Propheten und das
ganze Volk hörten, was Jeremia im Vorhof des Tempels
sagte. 8 Als er zu Ende geredet hatte, packten sie ihn
und schrien: »Dafür musst du sterben! 9 Du wagst zu
behaupten: ›Diesem Tempel wird es ergehen wie Schilo
und diese Stadt wird völlig zerstört; niemand wird
mehr hier leben!‹ Das sagst du nicht im Auftrag des
HERRN!« Und das ganze Volk rottete sich im Vorhof des
Tempels gegen Jeremia zusammen. 10 Als die führen-
den Männer von Juda hörten, was dort vorging, kamen
sie vom Königspalast zum Tempel herauf und nahmen
am Eingang des Neuen Tores zur Gerichtsverhandlung
Platz. 11 Die Priester und Propheten erhoben vor ihnen
und vor dem ganzen Volk Anklage gegen Jeremia und
sagten: »Dieser Mann hat den Tod verdient, denn er
hat sich angemaßt, als Prophet gegen unsere Stadt
zu reden. Ihr habt es mit eigenen Ohren gehört.«
12 Jeremia verteidigte sich und sagte zu den Richtern
und dem versammelten Volk: »Der HERR hat mich ge-
sandt, um gegen diesen Tempel und diese Stadt all
das zu sagen, was ihr gehört habt. 13 Ändert jetzt euer
Leben und Tun und hört auf den HERRN, euren Gott!
Dann wird es ihm leidtun und er wird das Unglück nicht
über euch bringen, das er euch angedroht hat. 14 Ich
bin in eurer Hand; macht mit mir, was euch gut und
recht erscheint. 15 Doch das sollt ihr wissen: Wenn ihr
mich tötet, vergießt ihr das Blut eines Unschuldigen.
Ihr ladet Blutschuld auf euch und auf diese ganze Stadt
und ihre Bewohner. Denn es ist wirklich der HERR, der
mich zu euch gesandt hat, um euch diese Warnung zu
überbringen.« 16 Da sagten die Richter und das ganze
Volk zu den Priestern und Propheten: »Dieser Mann
hat nichts getan, was den Tod verdient, denn er hat
wirklich im Namen des HERRN, unseres Gottes, zu uns
gesprochen.« 17 Zuvor waren einige von den Ältesten
des Landes aufgestanden und hatten zur versammel-
ten Menge gesagt: 18 »Zur Zeit, als König Hiskija über
Juda regierte, wirkte hier der Prophet Micha aus
Moreschet. Er sagte zum ganzen Volk von Juda: ›So
spricht der HERR, der Herrscher der Welt: Der Berg
Zion wird umgepflügt wie ein Acker, Jerusalem wird
zu einem Trümmerhaufen, der Tempelberg zu einem
bewaldeten Hügel!‹ 19 Haben etwa damals der König

und das Volk von Juda den Propheten getötet? Haben
sie nicht vielmehr dem HERRN gehorcht und versucht,
seine Gunst wiederzugewinnen? Deshalb tat es dem
Herrn leid und er hat das Unglück nicht über sie ge-
bracht, das er ihnen angedroht hatte. Wir aber sind
drauf und dran, durch großes Unrecht unser Leben in
Gefahr zu bringen.«

WIE ES JEREMIA FAST ERGANGEN WÄRE

20 Es gab damals noch einen anderen Propheten, der
im Auftrag des HERRN gegen Jerusalem und das Land
Juda auftrat – ganz ähnlich wie Jeremia. Er hieß Urija,
war ein Sohn von Schemaja und stammte aus Kirjat-
Jearim. 21 Als König Jojakim und seine Heerführer und
Minister hörten, was Urija sagte, wollte der König ihn
umbringen lassen. Urija erfuhr davon, bekam Angst
und floh nach Ägypten. 22 König Jojakim aber schickte
Elnatan, den Sohn Achbors, mit einigen Männern dort-
hin. 23 Sie holten ihn aus Ägypten zurück und brach-
ten ihn vor den König. Der ließ ihn mit dem Schwert
hinrichten und seine Leiche auf dem Armenfriedhof
verscharren. 24 Jeremia jedoch entging der Hinrich-
tung – aber nur, weil Ahikam, der Sohn Schafans, ihn
beschützte und nicht zuließ, dass er der wütenden
Menge ausgeliefert wurde.

BEUGT EUCH UNTER DAS BABYLONISCHE JOCH!

27 Zidkija, der Sohn von Joschija, war noch nicht
lange König von Juda, da erging an mich,
Jeremia, das Wort des HERRN, er sagte zu mir: 2 »Mach
dir aus Hölzern und Stricken Joche und leg sie dir auf
den Nacken. 3 Dann schicke sie den Königen von Edom,
Moab, Ammon, Tyrus und Sidon. Sag ihren Gesandten,
die zu König Zidkija nach Jerusalem gekommen sind:
4 ›Der Gott Israels, der Herrscher der Welt, befiehlt
euch, euren Königen auszurichten: 5 Ich bin es, der
durch seine gewaltige Kraft und Macht die Erde ge-
schaffen hat mit allen Menschen und Tieren, die darauf
leben. Ich kann sie geben, wem ich will. 6 Jetzt gebe ich
alle eure Länder in die Hand meines Bevollmächtigten,
des Königs Nebukadnezzar von Babylonien; selbst
die wilden Tiere habe ich zu seinen Untertanen ge-
macht. 7 Alle Völker sollen ihm dienen, ihm, seinem
Sohn und seinem Enkel, bis auch für sein eigenes Land
die Zeit kommt, dass es großen Völkern und mächtigen
Königen unterworfen wird. 8 Will aber ein Volk oder
Reich König Nebukadnezzar nicht dienen und den
Nacken nicht unter sein Joch beugen, so werde ich
den König von Babylonien gegen dieses Volk schicken,
bis ich es durch Schwert, Hunger und Pest völlig ver-
nichtet habe. Das sage ich, der HERR. 9 Hört nicht auf
eure Propheten und auf alle, die mithilfe von Träumen,
Totenbeschwörungen oder Zauberei die Zukunft vor-
aussagen wollen. Sie reden euch ein, dass ihr euch
dem König von Babylonien nicht unterwerfen müsst.
10 Aber sie lügen! Wenn ihr auf sie hört, werdet ihr aus
eurer Heimat vertrieben; ich muss euch verstoßen und
ihr werdet zugrunde gehen. 11 Wenn aber ein Volk sei-
nen Nacken unter das Joch des Königs von Babylonien
beugt und sich ihm unterwirft, lasse ich es ungestört
auf seinem heimatlichen Boden; es kann ihn bebauen
und dort wohnen bleiben. Das sage ich, der HERR.‹«
12 Dasselbe sagte Jeremia auch zu Zidkija, dem König
von Juda: »Beugt euren Nacken unter das Joch des
Königs von Babylonien; unterwerft euch ihm und
seinem Volk. Dann bleibt ihr am Leben. 13 Oder willst
du mit deinem Volk umkommen durch Schwert, Hun-
ger oder Pest? Ein solches Ende hat der HERR jedem
Volk angedroht, das sich dem König von Babylonien
nicht unterwerfen will. 14 Hört nicht auf die Propheten,
die zu euch sagen: ›Unterwerft euch doch nicht dem
König von Babylonien!‹ Sie führen euch ins Unglück.
15 Der HERR sagt: ›Ich habe sie nicht gesandt. Sie lü-
gen, wenn sie behaupten, in meinem Auftrag zu reden.
Wenn ihr auf sie hört, muss ich euch verstoßen. Ihr
werdet zugrunde gehen, ihr und die Propheten, die
euch belügen!‹« 16 Zu den Priestern und dem ganzen
Volk sagte Jeremia: »So spricht der HERR: ›Hört nicht
auf eure Propheten, die euch einreden wollen, dass
die heiligen Geräte des Tempels bald aus Babylon zu-
rückgebracht werden. Sie lügen euch an! 17 Hört nicht
auf sie! Unterwerft euch dem König von Babylonien,
dann bleibt ihr am Leben. Warum soll diese Stadt ein
Trümmerfeld werden? 18 Wären diese Leute wirklich
Propheten, bei denen das Wort des HERRN zu finden
ist, dann würden sie etwas anderes tun: Sie würden
den HERRN, den Herrscher der Welt, bestürmen, dass
er die wenigen Schätze, die noch im Tempel, im Kö-
nigspalast und in der Stadt geblieben sind, nicht auch
noch nach Babylon wegbringen lässt!‹ 19-21 Noch sind
sie hier: die beiden bronzenen Säulen, das große Bron-
zebecken, die Kesselwagen und ein Rest der anderen
Geräte; Nebukadnezzar, der König von Babylonien,
hat sie nicht mitgenommen, als er Jojachin, den Sohn
Jojakims, den König von Juda, mit allen einflussreichen
Leuten aus Juda und Jerusalem nach Babylonien weg-
geführt hat. Aber der HERR, der Herrscher der Welt,
der Gott Israels, sagt: ›Die Schätze, die im Tempel, im
Königspalast und in der Stadt übrig geblieben sind,
22 werden auch noch nach Babylon gebracht; und dort
werden sie bleiben, bis ich selbst dafür sorge, dass sie
hierher zurückkommen.‹«

PROPHET STEHT GEGEN PROPHET

28 Im fünften Monat desselben Jahres – es war
das vierte Regierungsjahr von Zidkija – trat der
Prophet Hananja, der Sohn Asurs aus Gibeon, Jeremia
im Tempel entgegen. Er sagte zu ihm in Gegenwart der
Priester und des Volkes: 2 »So spricht der Gott Israels,
der Herrscher der Welt: ›Ich zerbreche das Joch des
Königs von Babylonien! 3 Noch genau zwei Jahre, dann
bringe ich alle heiligen Geräte des Tempels, die Nebu-
kadnezzar von hier nach Babylonien geschafft hat,
an diesen Ort zurück. 4 Auch König Jojachin von Juda
und alle anderen, die aus Juda nach Babylonien ver-
schleppt worden sind, bringe ich zurück. Denn ich will
das Joch des Königs von Babylonien zerbrechen.‹ Das
sagt der HERR.« 5 Da antwortete der Prophet Jeremia

dem Propheten Hananja vor den Priestern und dem ganzen Volk, das im Tempel versammelt war: 6 »Amen! Ich wünschte, der HERR würde es tun! Er lasse deine Worte in Erfüllung gehen und bringe die Geräte des Tempels und alle Verschleppten aus Babylonien hierher zurück! 7 Aber jetzt höre, was ich dir und dem ganzen Volk zu sagen habe: 8 Auch die Propheten, die lange vor mir und dir gelebt haben, sagten vielen Ländern und großen Reichen nichts als Krieg, Unglück und Pest voraus. 9 Sagt aber ein Prophet Glück und Sieg voraus, so bleibt abzuwarten, ob sein Wort in Erfüllung geht. Erst daran erweist sich, dass er wirklich im Auftrag des HERRN gesprochen hat.« 10 Da nahm Hananja das Joch vom Nacken Jeremias und zerbrach es. 11 Dann erklärte er vor allen Leuten: »So spricht der HERR: ›Ebenso nehme ich in zwei Jahren, genau auf den Tag, das Joch, das König Nebukadnezzar allen Völkern auferlegt hat, und zerbreche es.‹« Jeremia ging weg. 12 Aber einige Zeit danach erging das Wort des HERRN an Jeremia, er sagte zu ihm: 13 »Geh und richte Hananja aus: So spricht der HERR: ›Das Joch aus Holz hast du zerbrochen, aber dafür kommt jetzt ein Joch aus Eisen. 14 Denn der Gott Israels, der Herrscher der Welt, hat gesagt: Ein eisernes Joch lege ich auf den Nacken aller Völker; sie müssen sich Nebukadnezzar, dem König von Babylonien, unterwerfen. Selbst die wilden Tiere werden ihm untertan sein.‹« 15 Weiter sagte Jeremia zu ihm: »Hör gut zu, Hananja! Der HERR hat dich nicht gesandt. Du hast das Volk dazu verführt, auf Lügen zu vertrauen. 16 Deshalb sagt der HERR: ›Für dich ist kein Platz mehr auf der Erde. Noch in diesem Jahr wirst du sterben, denn du hast Auflehnung gegen den HERRN gepredigt.‹« 17 Und der Prophet Hananja starb im siebten Monat desselben Jahres.

JEREMIA SCHREIBT AN DIE VERSCHLEPPTEN UND WARNT VOR FALSCHEN HOFFNUNGEN

29 Der Prophet Jeremia schickte einen Brief von Jerusalem nach Babylonien an die Ältesten der Gemeinde, die noch übrig geblieben waren, und an die Priester, die Propheten und alle anderen, die Nebukadnezzar dorthin verschleppt hatte. 2 Denn der Babylonierkönig hatte den König Jojachin, seine Mutter, die Hofbeamten und die führenden Männer von Juda und Jerusalem sowie die Bau- und Metallhandwerker aus Jerusalem weggeführt. 3 Jeremia schickte den Brief durch Elasa, den Sohn von Schafan, und Gemarja, den Sohn von Hilkija, die von König Zidkija zu Nebukadnezzar nach Babylon gesandt worden waren. Der Brief hatte folgenden Wortlaut: 4 Der Gott Israels, der Herrscher der Welt, sagt zu allen, die er aus Jerusalem nach Babylonien wegführen ließ: 5 »Baut euch Häuser und richtet euch darin ein! Legt euch Gärten an, denn ihr werdet noch lange genug dort bleiben, um zu essen, was darin wächst! 6 Heiratet und zeugt Kinder! Verheiratet eure Söhne und Töchter, damit auch sie Kinder bekommen! Eure Zahl soll zunehmen und nicht abnehmen. 7 Seid um das Wohl der Städte besorgt, in die ich euch verbannt habe, und betet für sie! Denn wenn es ihnen gut geht, dann geht es auch euch gut.« 8 Der Gott Israels, der Herrscher der Welt, sagt: »Lasst euch nicht täuschen von den Propheten und Wahrsagern, die unter euch sind. Verlasst euch nicht auf diese Träumer, die das für euch träumen, was ihr euch wünscht! 9 Sie behaupten, in meinem Auftrag zu reden. Aber sie lügen euch an; ich habe sie nicht gesandt. 10 Ich sage euch: Die Zeit des Babylonischen Reiches ist noch nicht abgelaufen. Es besteht noch siebzig Jahre. Erst wenn die vorüber sind, werde ich euch helfen. Dann werde ich mein Versprechen erfüllen und euch heimführen; 11 denn mein Plan mit euch steht fest: Ich will euer Glück und nicht euer Unglück. Ich habe im Sinn, euch eine Zukunft zu schenken, wie ihr sie erhofft. Das sage ich, der HERR. 12 Ihr werdet kommen und zu mir beten, ihr werdet rufen und ich werde euch erhören. 13 Ihr werdet mich suchen und werdet mich finden. Denn wenn ihr mich von ganzem Herzen sucht, 14 werde ich mich von euch finden lassen. Das sage ich, der HERR. Ich werde alles wieder zum Guten wenden und euch sammeln aus allen Völkern und Ländern, wohin ich euch versprengt habe; ich bringe euch an den Ort zurück, von dem ich euch weggeführt habe. Das sage ich, der HERR.« 15 Ihr beruft euch darauf, dass der HERR euch auch in Babylonien Propheten gegeben hat. 16 Doch lasst euch von ihnen nicht irreführen! Denn von dem Nachkommen Davids, der jetzt in Jerusalem herrscht, und von dem ganzen Volk dort, euren Brüdern, die nicht in die Verbannung geführt wurden, 17 sagt Gott, der Herrscher der Welt: »Ich bringe Krieg und Hunger und Pest über sie und verfahre mit ihnen wie mit schlechten, ungenießbaren Feigen. 18 Ja, mit Schwert, Hunger und Pest werde ich ihnen nachstellen und sie unter alle Königreiche der Erde versprengen. Ich mache sie zum abschreckenden Beispiel, alle werden sich mit Entsetzen von ihnen abwenden, sie mit Hohn überschütten und ihren Namen als Fluchwort verwenden. 19 So bestrafe ich sie dafür, dass sie nicht auf mich, den HERRN, gehört haben. Immer und immer wieder habe ich meine Diener, die Propheten, zu ihnen gesandt, aber sie haben nicht gehört. 20 Ihr nun, die ich von Jerusalem weg in die Verbannung nach Babylonien geschickt habe, hört, was ich, der HERR, euch sage!« 21 Über die beiden Propheten, Ahab, den Sohn von Kolaja, und Zidkija, den Sohn von Maaseja, die sich auf den HERRN berufen, euch aber Lügen verkünden, sagt der Gott Israels, der Herrscher der Welt: »Ich liefere sie an den König Nebukadnezzar von Babylonien aus. Er wird sie vor euren Augen töten. 22 Wenn dann jemand von euch, den nach Babylonien Weggeführten, einen andern verfluchen will, wird er sagen: ›Der HERR soll es dir ergehen lassen wie Ahab und Zidkija, die der König von Babylonien lebendig geröstet hat.‹ 23 Denn sie haben getan, was in Israel als Schande gilt: Sie haben mit den Frauen ihrer Landsleute die Ehe gebrochen und unter Berufung auf mich Lügen geredet, die ich ihnen nicht in den Mund gelegt habe. Ich, der HERR, weiß, was sie getan haben, und trete als Zeuge gegen sie auf.«

EIN PROPHET AUS BABYLON REAGIERT AUF JEREMIAS BRIEF

24 Der HERR befahl Jeremia, dem Propheten Schemaja
aus Nehelam mitzuteilen: 25 »Der Gott Israels, der Herr-
scher der Welt, lässt dir sagen: Du hast im eigenen Na-
men, ohne einen Auftrag der Gemeinde, einen Brief
nach Jerusalem geschrieben, an den Priester Zefanja,
den Sohn von Maaseja, und an alle Priester und das
ganze Volk. So hast du geschrieben: 26 Der HERR hat
dich, Zefanja, zum Nachfolger des Priesters Jojada
gemacht. Du hast die Aufgabe, dafür zu sorgen, dass
jeder Verrückte, der zum Tempel kommt und sich als
Prophet ausgibt, in Block und Halseisen gelegt wird.
27 Warum bist du noch nicht gegen Jeremia aus Anatot
eingeschritten, der sich bei euch als Prophet aufspielt?
28 Er hat sich sogar angemaßt, uns nach Babylonien
zu schreiben: ›Ihr müsst noch lange dort bleiben.
Baut euch also Häuser und richtet euch darin ein!
Legt euch Gärten an und esst, was darin wächst!‹«
29 Der Priester Zefanja hatte diesen Brief Jeremia
vorgelesen. 30 Darauf erging das Wort des HERRN an
Jeremia mit der Weisung: 31 »Sende eine Botschaft an
alle Verschleppten und teile ihnen mit, was ich über
Schemaja aus Nehelam beschlossen habe: ›Schemaja
hat sich bei euch als Prophet ausgegeben, obwohl ich
ihn nicht gesandt habe. Er hat euch dazu verleitet, auf
Lügen zu vertrauen. 32 Darum will ich ihn und seine
Familie bestrafen. Weder er noch irgendjemand von
seinen Nachkommen wird erleben, wie ich mein Volk in
die Heimat zurückführe. Das sage ich, der HERR. Denn
er hat Auflehnung gegen mich gepredigt.‹«

JEREMIAS TROSTSCHRIFT

30 Das Wort des HERRN erging an Jeremia; 2 der
HERR, der Gott Israels, gab ihm den Auftrag:
»Schreib alles, was ich dir gesagt habe, in ein Buch;
3 denn die Zeit kommt, in der ich für mein Volk, die
Leute aus Israel und aus Juda, alles wieder zum Guten
wende. Ich werde sie zurückbringen in das Land, das
ich ihren Vorfahren gegeben habe; sie sollen es wie-
der in Besitz nehmen.« 4 Folgendes hat der HERR über
Israel und über Juda gesagt; 5a so hat er gesprochen:

DURCH KATASTROPHEN HINDURCH ZUR BEFREIUNG

5b Wir hören Angstschreie, Grauen befällt uns. 6 Fragt
doch nach, seht euch um: Können Männer Kinder ge-
bären? Warum pressen sie dann die Hände auf den
Leib wie Frauen, die in Wehen liegen? Warum sind ihre
Gesichter so leichenblass? 7 Ja, das wird ein furcht-
barer Tag sein, keinem anderen gleich, eine Zeit der
Not für die Nachkommen Jakobs – doch sie werden
aus dieser Not gerettet werden! 8 »Denn es wird zu-
gleich auch der Tag sein«, sagt der HERR, der Herrscher
der Welt, »an dem ich das Joch von den Schultern der
Nachkommen Jakobs nehmen und zerbrechen werde,
ihre Fesseln werde ich zerreißen. Sie sollen nicht mehr
Sklaven fremder Herren sein, 9 sondern *mir* dienen,
dem HERRN, ihrem Gott, und dem Mann aus der
Nachkommenschaft Davids, den ich als König über
sie einsetzen werde. 10 Ihr Nachkommen Jakobs, habt
keine Angst!«, sagt der HERR. »Ihr steht unter meinem
Schutz! Ihr Leute von Israel, verliert nicht den Mut!
Ich hole euch und eure Kinder heraus aus dem fer-
nen Land, in dem man euch gefangen hält. Ihr werdet
zurückkehren in euer Land und dort in Frieden leben,
sicher und ungestört. 11 Ich, der HERR, bin bei euch, ich
helfe euch! Alle Völker, unter die ich euch zerstreut
habe, werde ich vernichten, aber niemals euch! Euch
strafe ich nur, wie ihr es verdient habt, denn ungestraft
kann ich euch nicht lassen!«

GOTT SELBST WIRD DIE WUNDEN HEILEN

12 Der HERR sagt zur Zionsstadt: »Du bist furchtbar zu-
gerichtet, deine Wunden sind tödlich; 13 und niemand
tut etwas für dich. Gegen deine eiternden Wunden
richtet keine Arznei etwas aus; sie sind nicht mehr
zu heilen. 14 Alle deine Liebhaber haben dich ver-
gessen und kümmern sich nicht mehr um dich. Denn
ich schlug auf dich ein, als wäre ich dein Feind. So
hart habe ich dich bestraft wegen deiner zahllosen
Vergehen. 15 Warum beklagst du dich darüber, dass du
so zugerichtet wurdest? Wegen deiner großen Schuld,
wegen deiner zahllosen Vergehen musste ich dich so
bestrafen! 16 Doch alle, die dich gefressen haben wie
Raubtiere ihre Beute, werden selbst gefressen wer-
den. Alle deine Feinde werden in die Gefangenschaft
geführt, und alle, die dich ausgeraubt und ausgeplün-
dert haben, werden selbst ausgeraubt und ausgeplün-
dert. 17 Sie sagen, ich hätte dich verstoßen: ›Das ist
Jerusalem, die Stadt, nach der niemand mehr fragt.‹
Darum werde ich dich wiederherstellen!«, sagt der
HERR. »Ich werde deine Wunden heilen!«

WIEDERAUFBAU UND ERNEUERUNG DES KÖNIGTUMS

18 Der HERR sagt: »Ich werde mit den Nachkommen
Jakobs Erbarmen haben und alles wieder zum Guten
wenden. Über den Bergen von Schutt sollen ihre Städte
neu erstehen, die Paläste an der alten Stelle wieder
aufgebaut werden. 19 Mein Volk soll sich wieder freuen
können und Danklieder singen. Ich lasse es wieder
wachsen an Zahl und nicht mehr abnehmen. Ich bringe
sie so zu Ehren, dass niemand sie mehr verachtet. 20 Es
wird mit ihnen wieder wie früher sein: Unter meinem
Schutz leben sie in Sicherheit; wer sie angreift, den
ziehe ich zur Rechenschaft. 21 Ihr Herrscher wird wie-
der einer aus ihrer Mitte sein, einer aus ihrem eigenen
Volk. Ich werde ihm erlauben, in meine Nähe zu kom-
men. Denn wer wollte das tun ohne meine Erlaubnis?
Er würde damit sein Leben aufs Spiel setzen!« Das sagt
der HERR.

DIE ZUSAGE GOTTES GILT

22 Der HERR sagt: »Ihr sollt von Neuem mein Volk sein
und ich will euer Gott sein!« 23 Wie ein verheerender
Sturm bricht der Zorn des HERRN los und wird alle
Schuldigen treffen. 24 Er wird nicht aufhören zu wüten,

bis alles ausgeführt ist, was der HERR sich vorgenommen hat. Hinterher werdet ihr einsehen, warum alles so kommen musste.

31 »Dann«, sagt der HERR, »werde ich wieder der
Gott aller Stämme Israels sein und sie werden
mein Volk sein.«

DIE VERSCHLEPPTEN AUS DEM NORDREICH DÜRFEN HEIMKEHREN

2 Der HERR sagt: »Mein Erbarmen erweise ich allen, die
dem Schwert entronnen sind und in der Fremde leben.
Israel kehrt wieder in sein Land zurück, dort wird es
Ruhe finden!« 3 Von weit her ist der HERR seinem Volk
erschienen; er sagt: »Ich habe nie aufgehört, dich zu
lieben. Ich bin dir treu wie am ersten Tag, 4 Israel, meine
Geliebte! Ich gebe dir einen neuen Anfang, deine
Städte baue ich wieder auf. Leg die Trauer ab, nimm
wieder deine Tamburine und tanze im Festreigen mit!
5 Pflanzt Reben auf den Bergen von Samaria! Fürchtet
nicht, dass Fremde die Früchte genießen! 6 Der Tag ist
nicht fern, da wird man auf den Bergen Efraïms rufen:
›Zieht hinauf zum Berg Zion, zu dem HERRN, unserem
Gott!‹« 7 Der HERR sagt: »Singt und jubelt! Freut euch
mit Israel, dem ersten aller Völker! Preist und dankt,
sagt es überall weiter: ›Der HERR hat geholfen! Alle,
die von seinem Volk übrig geblieben sind, hat er befreit.‹
8 Ja, ich, der HERR, hole sie heim aus den Ländern
des Nordens, ich sammle sie von den Enden der Erde.
Blinde und Gelähmte bleiben nicht zurück, auch die
Schwangeren und Wöchnerinnen bringe ich mit. Alle
kehren zurück, eine mächtige Schar. 9 Weinend kommen
sie herbei, sie vertrauen sich meiner Leitung an.
Ich führe sie auf gebahnten Wegen, sodass niemand
fällt, ich bringe sie in wasserreiche Täler. Ich bin und
bleibe Israels Vater und Efraïm ist mein erstgeborener
Sohn!« 10 Ihr Völker, hört, was der HERR euch sagt;
macht es bis an die Enden der Erde bekannt: »Ich war
es, der Israel in alle Winde zerstreut hat; jetzt sammle
ich es wieder. Ich beschütze mein Volk wie ein Hirt
seine Herde. 11 Ich, der HERR, rette die Nachkommen
Jakobs, ich befreie sie aus der Gewalt des mächtigsten
aller Völker. 12 Sie kommen zum Berg Zion und stimmen
Jubellieder an. Sie freuen sich über meine Gaben, über
Korn, Wein und Öl, über Schafe und Rinder. Sie blühen
und gedeihen wie ein bewässerter Garten, nie mehr
werden sie zugrunde gehen. 13 Die Mädchen freuen
sich und tanzen, Jung und Alt sind fröhlich. Ich werde
sie trösten; ich verwandle ihre Trauer in Jubel, ihren
Kummer in Freude. 14 Meinen Priestern gebe ich wieder
die besten Stücke von den Opfern und mein Volk
mache ich satt mit meinen Gaben. Das sage ich, der
HERR.«

RAHELS KINDER KEHREN ZURÜCK

15 Der HERR sagt: In Rama hört man Klagerufe und
bitteres Weinen: Rahel weint um ihre Kinder und will
sich nicht trösten lassen; denn sie sind nicht mehr da.
16 Doch der HERR sagt zu ihr: »Hör auf zu klagen, lass
das Weinen! Du sollst deine Kinder nicht umsonst
großgezogen haben; sie kehren aus dem Land der
Feinde zurück. 17 Es gibt Hoffnung für sie!«, sagt der
HERR. »Deine Kinder kehren in die Heimat zurück!«

DIE HEIMKEHR DES VERLORENEN SOHNES

18 Der HERR sagt: »Ich habe wohl gehört, wie die Leute
von Efraïm klagen: ›Du hast uns geschlagen, HERR, und
wir mussten geschlagen werden wie ein störrischer
junger Stier. Doch jetzt lass uns zu dir zurückkehren,
denn du, HERR, bist unser Gott! 19 Wir haben uns dir
wieder zugewandt und bereuen, was wir getan haben.
Wir sind zur Einsicht gekommen und raufen uns die
Haare. Wir schämen uns bis ins Innerste wegen der
Schuld, die wir leichtfertig auf uns luden und für die
wir nun zu büßen haben.‹ 20 Ist Efraïm denn nicht mein
Lieblingssohn, das Kind, das ich über alles liebe?«, sagt
der HERR. »Sooft ich seinen Namen erwähne, kommen
meine Gedanken nicht mehr von ihm los. Und nun ist
mein Innerstes völlig aufgewühlt: Ich *muss* mich über
ihn erbarmen!«

AUFBRUCH IN EINE WUNDERBARE ZUKUNFT

21 Jungfrau Israel, überleg dir genau, wie der Weg verlief,
auf dem du weggeführt worden bist! Stell Wegweiser
auf und markiere die Straßen; denn auf ihnen
sollst du jetzt heimkehren! Ja, kehre wieder heim in
deine Städte! 22 Wie lange willst du noch zögern und
dich sträuben, du widerspenstige Tochter? Der HERR
schafft etwas völlig Neues auf der Erde: Sein Volk wird
ihm in Treue zugetan sein.

AUCH DAS GESCHICK JUDAS WIRD SICH WENDEN

23 Der HERR, der Herrscher der Welt, der Gott Israels,
sagte zu mir: »Auch für Juda wende ich alles wieder
zum Guten. In den Städten und überall im Land wird
es wieder heißen: ›Der HERR segne dich, du Land,
dem Gott Heil und Frieden schenkt! Seid gesegnet,
ihr Berge, die der HERR zu seinem Eigentum gemacht
hat!‹ 24 Dann werden die Städte in Juda wieder bevölkert
sein; es wird wieder Bauern geben und Hirten,
die mit ihren Herden durchs Land ziehen. 25 Allen, die
vor Durst erschöpft sind, gebe ich zu trinken, allen,
die von Hunger gequält sind, gebe ich reichlich zu essen!«
26 Darüber erwachte ich und fühlte mich frisch
und gestärkt.

ISRAEL UND JUDA WERDEN WIEDERHERGESTELLT

27 »Die Zeit kommt«, sagt der HERR, »da werde ich in
Israel und in Juda wieder Menschen und Tiere leben
lassen. 28 Wie ich darüber gewacht habe, dass man
diese Reiche ausriss und zerstörte, vernichtete und
verheerte, so werde ich jetzt darüber wachen, dass sie
wieder angepflanzt und aufgebaut werden.« 29 Dann
werden sie auch aufhören zu sagen: »Die Väter haben
unreife Trauben gegessen und die Söhne haben
davon stumpfe Zähne bekommen.« 30 Nur wer ein
Verbrechen begeht, wird dafür sterben müssen, er

ganz allein; nur wer die sauren Trauben isst, bekommt
stumpfe Zähne davon, sonst niemand!

GOTTES NEUER BUND MIT ISRAEL

31 »Gebt acht!«, sagt der HERR. »Die Zeit kommt, da
werde ich mit dem Volk von Israel und dem Volk von
Juda einen neuen Bund schließen. 32 Er wird nicht
dem Bund gleichen, den ich mit ihren Vorfahren ge-
schlossen habe, als ich sie bei der Hand nahm und aus
Ägypten herausführte. Diesen Bund haben sie gebro-
chen, obwohl ich ihnen doch ein guter Herr gewesen
war. 33 Der neue Bund, den ich dann mit dem Volk Israel
schließen will, wird völlig anders sein: Ich werde ihnen
mein Gesetz nicht auf Steintafeln, sondern in Herz und
Gewissen schreiben. Ich werde ihr Gott sein und sie
werden mein Volk sein«, sagt der HERR. 34 »Niemand
muss dann noch seinen Nachbarn belehren oder zu
seinem Bruder sagen: ›Lerne den HERRN kennen!‹
Denn alle werden dann wissen, wer ich bin, von den
Geringsten bis zu den Vornehmsten. Das sage ich, der
HERR. Ich will ihnen ihren Ungehorsam vergeben und
nie mehr an ihre Schuld denken.«

ISRAEL BLEIBT FÜR IMMER DAS VOLK GOTTES

35 Der HERR hat die Sonne als Licht für den Tag be-
stimmt und den Mond und die Sterne als Lichter für
die Nacht; er wühlt das Meer auf, dass seine Wellen
toben – »der HERR, der Herrscher der Welt« ist sein
Name. Er sagt: 36 »So gewiss ich dafür sorge, dass diese
Ordnungen niemals umgestoßen werden, so gewiss
sorge ich dafür, dass Israel für alle Zukunft mein Volk
bleibt und Bestand haben wird.« 37 Der HERR sagt:
»Sowenig ein Mensch die Weite des Himmels mes-
sen oder die Fundamente der Erde ergründen kann,
sowenig kann ich das Volk Israel verstoßen – trotz
allem, was es getan hat.«

JERUSALEM WIRD WIEDER AUFGEBAUT

38 »Die Zeit kommt«, sagt der HERR, »da wird
Jerusalem zu meiner Ehre wieder aufgebaut. Seine
Mauer verläuft zunächst wie früher vom Turm Hananel
im Nordosten zum Ecktor im Nordwesten. 39 Doch von
dort läuft sie geradeaus weiter bis hin zum Gareb-
Hügel; erst dann biegt sie nach Süden ab in Richtung
Goa. 40 Im Süden wird das ganze Tal einbezogen, in
dem man die Toten begraben und die Opferasche
ausgeschüttet hat. Selbst dieses unreine Gebiet und
weiter die ganzen Hänge diesseits des Kidronbachs bis
hinauf zum Pferdetor im Osten werden dann mir ge-
weiht und mein Eigentum sein. Und dieses Jerusalem
wird nie mehr niedergerissen und vernichtet werden!«

JEREMIAS ACKERKAUF ALS ERMUTIGENDES ZEICHEN

32 Im zehnten Regierungsjahr von Zidkija, dem
König von Juda – es war das achtzehnte Regie-
rungsjahr Nebukadnezzars –, erging das Wort des
HERRN an Jeremia. 2 Das Heer Nebukadnezzars bela-
gerte damals Jerusalem, der Prophet aber befand sich
als Gefangener im Wachthof am Königspalast. 3 Der
König hielt ihn dort gefangen, weil Jeremia verkündet
hatte: »So spricht der HERR: ›Ich gebe diese Stadt in
die Gewalt des Königs von Babylonien; er wird sie er-
obern. 4 König Zidkija wird nicht entkommen, sondern
unweigerlich in die Hände des Babylonierkönigs fallen.
Er wird ihm Auge in Auge gegenübertreten und ihm
Rede und Antwort stehen müssen. 5 Nebukadnezzar
wird ihn nach Babylon mitnehmen und dort wird er
bleiben bis zu seinem Tod. Das sage ich, der HERR. Euer
Kampf gegen die Babylonier ist sinnlos!‹« 6 Dort im
Wachthof also erging das Wort des HERRN an Jeremia.
Er selbst berichtet darüber: 7 Der HERR sagte zu mir:
»Hanamel, der Sohn deines Onkels Schallum, wird zu
dir kommen und dich bitten: ›Kauf mir doch meinen
Acker in Anatot ab! Ich bin in Schwierigkeiten und nach
der gesetzlichen Vorschrift zur Erhaltung des Sippen-
besitzes hast du die Pflicht, ihn zu erwerben.‹« 8 Und
wirklich, mein Vetter Hanamel kam zu mir in den
Wachthof, wie der HERR es angekündigt hatte, und
sagte: »Kauf mir doch meinen Acker in Anatot im Ge-
biet von Benjamin ab! Dir als meinem nächsten Ver-
wandten steht das Besitzrecht zu und nach dem Gesetz
musst du dafür sorgen, dass er im Besitz der Sippe
bleibt. Bitte, kauf ihn!« Ich begriff, dass dies ein Befehl
des HERRN war. 9 Ich kaufte den Acker und gab meinem
Vetter das Geld: siebzehn Silberstücke. 10 Der Kaufver-
trag wurde ausgefertigt. Vor Zeugen wurde das Origi-
nal versiegelt und das Silber abgewogen. 11 Den
Kaufvertrag – und zwar das vorschriftsmäßig versie-
gelte Original zusammen mit der Abschrift – 12 gab ich
Baruch, dem Sohn von Nerija und Enkel von Machseja.
Ich tat das in Gegenwart meines Vetters und der
Zeugen, die den Vertrag unterschrieben hatten, und
vor den Augen aller Männer aus Juda, die sich im
Wachthof aufhielten. 13 Dann sagte ich zu Baruch vor
ihnen allen: 14 »So spricht der HERR, der Herrscher der
Welt, der Gott Israels: ›Nimm diesen Kaufvertrag, das
versiegelte Original zusammen mit der Abschrift, und
leg ihn in ein Tongefäß, damit er lange unversehrt er-
halten bleibt. 15 Denn – so sagt der HERR, der Herrscher
der Welt, der Gott Israels: Eines Tages wird man wieder
Häuser und Äcker und Weinberge kaufen in diesem
Land.‹« 16 Nachdem ich Baruch den Kaufvertrag über-
geben hatte, betete ich zum HERRN: 17 »Ach, HERR, du
mächtiger Gott, durch deine gewaltige Kraft und
Macht hast du Himmel und Erde geschaffen. Nichts
ist dir unmöglich. 18 Du erweist den Menschen Liebe
und Treue über tausend Generationen hin, doch wenn
sie Schuld auf sich geladen haben, bestrafst du auch
ihre Kinder dafür. Du großer, starker Gott – ›der HERR,
der Herrscher der Welt‹ ist dein Name: 19 Groß sind
deine Pläne und machtvoll deine Taten. Du achtest
genau auf das, was die Menschen treiben, und gibst
jedem, was er aufgrund seiner Taten verdient hat.
20 Damals in Ägypten und noch bis heute hast du
staunenerregende Wunder getan, an uns wie an an-
deren Völkern, sodass dein großer Name in aller Welt
bekannt geworden ist. 21 Unter staunenerregenden

Wundern hast du mit starker Hand und ausgestreck-
tem Arm dein Volk Israel aus Ägypten herausgeführt;
deine Feinde vergingen vor Angst und Schrecken. 22 Du
hast den Leuten von Israel dieses Land gegeben, das
du ihren Vorfahren mit einem Eid zugesagt hattest,
dieses Land, das von Milch und Honig überfließt. 23 Als
sie aber das Land in Besitz genommen hatten, da hör-
ten sie nicht mehr auf dich und kümmerten sich nicht
um deine Weisungen. Alles, was du ihnen zu tun be-
fohlen hattest – sie taten es nicht. Da hast du schließ-
lich all dieses Unheil über sie hereinbrechen lassen.
24 Die Angriffsrampen, über die die Babylonier die
Stadt erstürmen wollen, sind schon bis an die Stadt-
mauern vorgetrieben. Bald wird Jerusalem fallen; die
Waffen der Feinde zusammen mit Hunger und Pest
sorgen dafür. Es ist eingetroffen, was du angedroht
hast; du siehst es selbst. 25 Und doch, HERR, mächtiger
Gott, hast du mir befohlen: ›Kauf dir den Acker! Tu es
im Beisein von Zeugen!‹ Dabei ist Jerusalem schon so
gut wie in der Hand der Babylonier!« 26 Da erging an
mich das Wort des HERRN, er sagte: 27 »Ich bin der
HERR, der Gott aller Menschen. Sollte mir etwas un-
möglich sein? 28 Ich gebe jetzt diese Stadt in die Hand
der Babylonier und ihres Königs Nebukadnezzar.
29 Seine Truppen werden in die Stadt eindringen und
sie in Brand stecken. Jerusalem wird in Schutt und
Asche sinken mit all den Häusern, auf deren Dächern
man zu Ehren Baals Weihrauch verbrannt und für
fremde Götter Trankopfer ausgegossen hat, um mich
zu beleidigen. 30 Die Leute von Israel und von Juda ha-
ben von jeher nur getan, was mir missfällt, durch ihr
ganzes Tun und Treiben haben sie meinen Zorn erregt.
31 Diese Stadt Jerusalem hat vom Tag ihrer Gründung
an bis heute meinen Zorn derart herausgefordert, dass
ich sie aus meinen Augen wegschaffen muss. 32 Ich
muss es tun wegen all des Bösen, das die Leute von
Israel und von Juda, besonders aber ihre Könige und
hohen Beamten, ihre Priester und Propheten und die
Bewohner Jerusalems verübt haben. 33 Sie wandten
sich völlig von mir ab. Wieder und wieder sagte ich
ihnen, was sie tun sollten; sie hörten nicht darauf, sie
nahmen keine Belehrung an. 34 Sie haben sogar im
Tempel ihre abscheulichen Götzenbilder aufgestellt
und dadurch das Haus geschändet, das mein Eigentum
ist. 35 Im Hinnom-Tal bauten sie die Opferstätte für
Baal, um dort ihre Söhne und Töchter als Opfer zu ver-
brennen. Das habe ich nicht befohlen; es ist mir nie in
den Sinn gekommen, so etwas von ihnen zu verlangen.
Mit diesem abscheulichen Treiben haben sie ganz Juda
zum Götzendienst verführt. 36 Deshalb ist es nun so
weit, dass ihr sagt: Diese Stadt fällt in die Hand Nebu-
kadnezzars, dafür wird seine Heeresmacht sorgen
zusammen mit Hunger und Pest. Und trotzdem – von
eben dieser Stadt sage *ich*, der Herr, der Gott Israels:
37 Ich werde ihre Bewohner wieder sammeln aus all
den Ländern, wohin ich sie in meinem glühenden Zorn
versprenge. Ich führe sie zurück und lasse sie in Frie-
den und Sicherheit hier leben. 38 Sie sollen wieder mein
Volk sein und ich will ihr Gott sein. 39 Ich werde ihr
Denken und Tun auf ein einziges Ziel ausrichten: mich
jederzeit ernst zu nehmen, damit es ihnen und ihren
Nachkommen gut geht. 40 Mehr noch, für alle kom-
menden Zeiten schließe ich einen Bund mit ihnen und
verpflichte mich: Ich werde nicht mehr aufhören, ih-
nen Gutes zu tun, und ich werde die Ehrfurcht vor mir
in ihr Herz legen, sodass sie sich nicht mehr von mir
abwenden. 41 Dann wird es mir eine Freude sein, ihnen
Gutes zu tun; ich werde sie endgültig in dieses Land
einpflanzen, mit ganzem Herzen und mit aller Kraft
werde ich das tun. 42 Denn wie ich all dieses Unglück
über das Volk von Juda gebracht habe, so will ich ihm
auch das Gute bringen, das ich ihm versprochen habe.
Das sage ich, der HERR. 43 In diesem Land, von dem du
und die anderen sagen: ›Es ist den Babyloniern aus-
geliefert und wird zu einer Wüste werden, in der kein
Mensch und kein Stück Vieh mehr lebt‹, in diesem Land
werden wieder Äcker gekauft werden. 44 Man wird
Kaufverträge ausstellen und versiegeln und Zeugen
hinzurufen. Überall hier im Land! Im Gebiet von Ben-
jamin, in Jerusalem und Umgebung und in allen Städ-
ten von Juda, ob sie oben im Gebirge liegen oder im
Hügelland oder in der Steppe im Süden! Denn ich
werde für mein Volk alles wieder zum Guten wenden.
Das sage ich, der HERR!«

DEM ENDE WIRD EIN NEUER ANFANG FOLGEN

33 Als Jeremia im Wachthof gefangen gehalten
wurde, erging das Wort des HERRN noch ein
zweites Mal an ihn. Er sagte: 2 »Ich, der HERR, bewirke
alles, was geschieht; was ich will, das wird Wirklichkeit.
Mein Name ist ›Der HERR‹. 3 Wende dich an mich und
ich werde dir antworten! Ich werde dir große Dinge
zeigen, von denen du nichts weißt und auch nichts
wissen kannst. 4-5 Häuser wurden abgebrochen, sogar
die Paläste der Könige von Juda, um die Mauern zu
verstärken gegen die Angriffsrampen der Babylonier
und um ihren Angriffen besser standhalten zu können.
Die anderen Häuser aber wurden mit den Leichen der
Menschen gefüllt, die ich in meinem glühenden Zorn
erschlagen hatte. Denn ich hatte mich von Jerusalem
abgewandt, weil seine Bewohner so viel Böses getan
haben. Doch jetzt sage ich, der HERR, der Gott Israels:
6 ›Ich werde die Wunden Jerusalems verbinden und
heilen. Ich stelle es wieder her und schenke ihm ech-
ten, dauerhaften Frieden. 7 Ja, ich werde für Juda und
Israel alles wieder zum Guten wenden und sie wieder
zu dem machen, was sie einmal waren. 8 Ich werde
den Leuten von Juda und den Leuten von Israel die
Schuld vergeben, die sie auf sich geladen haben, ih-
ren Ungehorsam, ihre Vergehen und ihre Auflehnung
gegen mich! 9 Und Jerusalem wird für mich wieder
ein Grund zur Freude sein, eine Stadt, die mir bei al-
len Völkern der Welt Ruhm und Ehre einbringt. Die
Völker werden sprachlos sein vor Staunen, wenn sie
hören, wie viel Glück und Wohlstand ich dieser Stadt
schenke.‹« 10-11 Weiter sagte der HERR: »Ihr meint:
›Bald wird hier niemand mehr wohnen, in Jerusalem
und in allen Städten von Juda; das ganze Land wird zur

Wüste werden, in der kein Mensch und kein Stück Vieh mehr lebt.‹ Aber seid gewiss: Jubel und Freude kehren zurück! Der Jubelruf von Bräutigam und Braut wird wieder zu hören sein. Das Volk wird wieder Dankopfer zu meinem Tempel bringen und dabei singen: ›Dankt dem HERRN, dem Herrscher der Welt, denn er ist gut zu uns! Seine Liebe hört niemals auf!‹ Denn ich werde für dieses Land alles wieder zum Guten wenden; ich mache es wieder zu dem, was es früher war.« 12 Weiter sagte der Herr, der Herrscher der Welt: »Dieses Land wird jetzt zu einer Wüste, in der kein Mensch und kein Stück Vieh mehr lebt. Doch danach werden alle Städte in Juda wieder ihr Weideland haben, auf dem Hirten mit ihren Herden lagern – 13 die Städte im Gebirge, im Hügelland und in der Steppe im Süden, im Gebiet von Benjamin und im Umkreis von Jerusalem. Überall wird es wieder Hirten geben, die ihre Schafe zählen. Das sage ich, der HERR.«

DER BUND MIT DAVID UND LEVI HAT BESTAND

14 »Die Zeit kommt«, sagt der HERR, »da lasse ich in Erfüllung gehen, was ich den Leuten von Israel und von Juda versprochen habe: 15 Ich werde aus der Nachkommenschaft Davids einen Mann berufen, der dem Namen Davids wieder Ehre macht. Er wird das Land gerecht regieren, weil er sich an meine Weisungen hält. 16 Dann wird das Volk von Juda vor Feinden sicher sein und auch die Bewohner Jerusalems werden in Frieden leben. Jerusalem wird dann den Namen tragen: ›Der HERR ist unsere Rettung!‹« 17 Ja, so spricht der HERR: »Stets wird einer von Davids Nachkommen König über Israel sein 18 und stets wird es Priester aus dem Stamm Levi geben, die mir im Tempel Brandopfer und Speiseopfer darbringen und die Tiere für die Mahlopfer schlachten!« 19 Und das Wort des HERRN erging an Jeremia: 20 »Ich habe mit dem Tag und der Nacht einen Bund geschlossen: Sie kommen und gehen zur festgesetzten Zeit. Sowenig ein Mensch diesen Bund außer Kraft setzen kann, 21 sowenig werde ich den Bund außer Kraft setzen, den ich mit David, meinem vertrauten Diener, geschlossen habe. Ihm habe ich zugesagt, dass stets einer seiner Nachkommen über sein Reich herrschen wird. Und auch mein Bund mit den Priestern aus dem Stamm Levi wird nicht außer Kraft gesetzt. 22 So unzählbar wie die Sterne am Himmel und so unmessbar wie den Sand am Meer werde ich die Nachkommen meines Dieners David machen und auch die Nachkommen Levis, die mir als Priester dienen.« 23 Weiter sagte der HERR zu Jeremia: 24 »Hast du gehört, was gewisse Leute reden? Sie behaupten: ›Der HERR hat Juda und Israel verstoßen, die er sich doch selbst erwählt hatte.‹ So verachten sie mein Volk; in ihren Augen hat es aufgehört, ein Volk zu sein. 25 Doch ich sage dir: Ich habe mit dem Tag und der Nacht einen Bund geschlossen; ich habe dem Himmel und der Erde feste Ordnungen gegeben. 26 So gewiss ich dies getan habe und dazu stehe, so gewiss werde ich die Nachkommen Jakobs und die Nachkommen meines Dieners David nie verstoßen und so gewiss werden immer Männer aus der Nachkommenschaft Davids über die Nachkommen Abrahams, Isaaks und Jakobs herrschen. Denn ich werde Erbarmen haben mit meinem Volk und alles wieder zum Guten wenden!«

EIN KLEINER LICHTBLICK MITTEN IM UNTERGANG

34 Nebukadnezzar, der König von Babylonien, hatte den Kampf gegen Jerusalem und die anderen Städte in Juda eröffnet. Er hatte nicht nur das ganze babylonische Heer aufgeboten, sondern auch noch die Truppen all der Völker und Reiche, die er sich unterworfen hatte. Da erging das Wort des HERRN an Jeremia, er sagte zu ihm: 2 »Ich, der HERR, der Gott Israels, befehle dir: Geh zu Zidkija, dem König von Juda, und sage ihm: ›So spricht der HERR: Ich gebe diese Stadt in die Gewalt des Königs von Babylonien; er wird sie in Brand stecken. 3 Auch du selbst wirst ihm nicht entkommen. Seine Leute werden dich gefangen nehmen und dann werden sie dich nach Babylon schaffen. 4 Doch höre das Wort des HERRN, Zidkija, König von Juda! So spricht der HERR zu dir: Sie werden dich nicht umbringen! 5 Nein, in Frieden sollst du sterben. Und wie man beim Tod deiner Vorfahren, der früheren Könige von Juda, Feuer entzündet und Weihrauch verbrannt hat, so soll man es auch zu deiner Ehre tun. Das Volk soll dir die Totenklage halten und rufen: Ach, unser Herrscher! Das sage ich, der HERR.‹« 6 Der Prophet Jeremia überbrachte diese Botschaft Zidkija, dem König von Juda, in Jerusalem, 7 als das Heer des Babylonierkönigs den Kampf gegen Jerusalem und gegen Lachisch und Aseka eröffnet hatte. Lachisch und Aseka waren damals die einzigen befestigten Städte in Juda, die noch nicht gefallen waren.

JERUSALEM NIMMT GOTT NICHT ERNST

8 Wieder erging das Wort des HERRN an Jeremia, und dies war der Anlass: König Zidkija hatte mit den Einwohnern Jerusalems ein feierliches Abkommen getroffen, dass alle hebräischen Sklaven und Sklavinnen freizulassen seien. 9 Niemand sollte mehr einen Mann oder eine Frau aus Juda, ein Mitglied des eigenen Volkes, als Sklaven oder als Sklavin für sich arbeiten lassen. 10 Alle, die dem Abkommen zugestimmt hatten, die führenden Männer Jerusalems und alle anderen, die es betraf, hatten sich zunächst auch daran gehalten und die hebräischen Sklaven und Sklavinnen freigelassen. 11 Schon bald aber holten sie diese wieder zum Sklavendienst zurück. 12 Da erging das Wort des HERRN an Jeremia. Er erhielt den Auftrag, den Bewohnern Jerusalems Folgendes auszurichten: 13 »So spricht der HERR, der Gott Israels: ›Als ich eure Vorfahren aus Ägypten herausführte, wo sie als Sklaven gelebt hatten, da habe ich mit ihnen einen Bund geschlossen und verfügt: 14 Alle sieben Jahre sollt ihr die Israeliten, die sich als Sklaven verkaufen mussten, wieder freigeben. Sechs Jahre sollen sie eure Sklaven sein, dann müsst ihr sie wieder freilassen. Doch eure Vorfahren haben nicht auf mich gehört und sich nicht

daran gehalten. 15 Ihr nun hattet euch anders besonnen und getan, was ich für recht und gut erklärt habe. Ihr hattet die Freilassung eurer Brüder und Schwestern verfügt und euch vor mir im Tempel, in meinem eigenen Haus, durch ein feierliches Abkommen dazu verpflichtet. 16 Jetzt aber habt ihr euch wieder anders besonnen: Die Menschen, die gerade in die Freiheit entlassen waren, habt ihr zurückgeholt und lasst sie erneut als eure Sklaven arbeiten. Damit habt ihr meine Ehre angetastet. 17 Darum sage ich euch: Weil ihr nicht auf mich gehört und die Freilassung eurer Brüder und Schwestern nicht durchgeführt habt, werde ich, der HERR, jetzt an *euch* eine Freilassung durchführen: Ich gebe euch frei für das Schwert, für die Pest und den Hunger! Alle Völker der Erde werden entsetzt sein, wenn sie sehen, was mit euch geschieht. 18-19 Die führenden Männer von Juda und Jerusalem, die Hofbeamten und Priester und alle anderen, die es betrifft, haben das Abkommen mit mir geschlossen, alle waren dabei, als der Stier in zwei Hälften zerteilt wurde, alle sind zwischen den Hälften hindurchgegangen. Aber sie haben sich nicht an das Abkommen gehalten und sind den Verpflichtungen nicht nachgekommen, die sie vor mir übernommen hatten. Darum soll es ihnen nun ergehen wie jenem Stier. 20 Ich gebe sie in die Gewalt ihrer mordgierigen Feinde, und Geier und Schakale werden ihre Leichen fressen. 21 Auch König Zidkija und seine Minister liefere ich den Kriegsleuten des Königs von Babylonien aus, die nur darauf warten, sie umzubringen. Das Heer des Babylonierkönigs ist zwar jetzt von euch abgezogen; 22 aber ich, der HERR, befehle ihm, zu dieser Stadt zurückzukehren. Es soll Jerusalem belagern und erobern und in Schutt und Asche legen! Und die Städte in Juda mache ich zu einer Wüste, in der niemand mehr wohnt.‹«

DAS VORBILD DER SIPPE RECHAB

35 Während der Zeit, als in Juda König Jojakim, der Sohn von Joschija, regierte, erging das Wort des HERRN an Jeremia. Der HERR gab ihm den Auftrag: 2 »Geh zu den Männern der Sippe Rechab und lade sie ein, mit dir in einen der Versammlungsräume am Tempel zu kommen. Dort setze ihnen Wein vor und fordere sie zum Trinken auf!« 3 Jeremia ging zu Jaasanja, dem Sohn von Jirmeja und Enkel von Habazzinja, und holte ihn mit seinen Brüdern und Söhnen und allen Mitgliedern der Sippe Rechab 4 zum Tempel. Er führte sie in den Raum, in dem sich die Schüler des Propheten Hanan, des Sohnes von Jigdalja, versammelten. Der Raum liegt neben dem Raum der hohen Beamten und oberhalb vom Raum des Torhüters Maaseja, des Sohnes Schallums. 5 Dort ließ Jeremia den Leuten der Sippe Rechab volle Weinkrüge vorsetzen und Becher geben und lud sie ein zu trinken. 6 Aber die Männer der Sippe Rechab sagten: »Wir trinken keinen Wein! Unser Ahnherr Jonadab, der Sohn Rechabs, hat uns und unseren Nachkommen für alle Zeit befohlen: ›Trinkt keinen Wein! 7 Ihr dürft auch keine Häuser bauen, keine Felder bestellen und keine Weinberge anlegen und besitzen! Ihr sollt für immer in Zelten wohnen bleiben; dann werdet ihr lange leben in diesem Land!‹ 8 Wir haben die Weisung unseres Ahnherrn zu jeder Zeit und in allen Einzelheiten befolgt. Wir trinken also keinen Wein, auch unsere Frauen, unsere Söhne und unsere Töchter nicht. 9-10 Wir bauen uns auch keine Häuser, sondern wohnen in Zelten. Wir haben keine Weinberge, keine Felder, kein Saatgut. In allem halten wir uns genau an das, was unser Ahnherr Jonadab uns befohlen hat. 11 Als Nebukadnezzar in das Land einfiel, beschlossen wir jedoch, nach Jerusalem zu ziehen, um uns vor dem Heer der Babylonier und Syrer in Sicherheit zu bringen. Nur deshalb sind wir jetzt hier in Jerusalem.« 12 Da erging das Wort des HERRN an Jeremia, er sagte zu ihm: 13 »Ich, der Herrscher der Welt, der Gott Israels, befehle dir: Geh und verkünde den Leuten von Juda und Jerusalem: ›Der HERR sagt: Wollt ihr euch nicht endlich dazu bewegen lassen, auf mich zu hören? 14 Was Jonadab, der Sohn Rechabs, seinen Söhnen befohlen hat, das haben sie eingehalten: Er hat ihnen befohlen, keinen Wein zu trinken, und sie trinken keinen Wein bis auf den heutigen Tag. Sie haben die Anordnung ihres Ahnherrn befolgt. Ich aber habe euch wieder und wieder gesagt, was ihr tun sollt; und ihr habt nicht auf mich gehört. 15 Immer von neuem habe ich meine Diener, die Propheten, zu euch gesandt und euch mahnen lassen: Kehrt doch um von euren verkehrten Wegen, hört auf, Böses zu tun, lauft nicht den fremden Göttern nach und bringt ihnen keine Opfergaben, dann könnt ihr in dem Land wohnen bleiben, das ich euch und euren Vorfahren gegeben habe! Aber ihr wolltet nicht auf mich hören. 16 Die Nachkommen Jonadabs haben die Anordnung ihres Ahnherrn befolgt, aber ihr, das Volk von Juda, habt auf mich nicht gehört. 17 Darum bringe ich jetzt über euch, die Leute von Juda und die Bewohner Jerusalems, all das Unglück, das ich euch angedroht habe. Das sage ich, der Herrscher der Welt, der Gott Israels. Ich hatte euch befohlen, was ihr tun sollt; aber ihr habt nicht darauf gehört. Ich hatte euch gerufen, aber ihr habt nicht geantwortet.‹« 18 Dann sagte Jeremia zu den Männern der Sippe Rechab: »So spricht der Herrscher der Welt, der Gott Israels: ›Ihr habt die Anordnung eures Ahnherrn Jonadab befolgt; alles, was er euch befohlen hat, habt ihr getan. 19 Deshalb wird es Jonadab, dem Sohn Rechabs, nie an Nachkommen fehlen, die der Weisung ihres Ahnherrn treu bleiben und mir auf ihre Weise dienen!‹ Das sagt der HERR, der Herrscher der Welt, der Gott Israels!«

DIE AUFZEICHNUNG DER WORTE JEREMIAS

36 Jojakim, der Sohn von Joschija, war das vierte Jahr König über Juda, da erging das Wort des HERRN an Jeremia. Der HERR sagte zu ihm: 2 »Nimm eine Buchrolle und schreib alles hinein, was ich dir über Israel und Juda und alle anderen Völker gesagt habe, von der Zeit des Königs Joschija bis zum heutigen Tag. 3 Vielleicht werden die Leute von Juda umkehren, wenn sie hören, welches Unheil ich über sie bringen will. Vielleicht geben sie ihr verkehrtes

Leben auf und ich kann ihnen ihre Schuld vergeben.«
4 Jeremia rief Baruch, den Sohn von Nerija. Er dik-
tierte ihm alles, was er während dieser ganzen Zeit
im Auftrag des HERRN verkündet hatte, und Baruch
schrieb es in die Buchrolle. 5 Dann sagte Jeremia
zu ihm: »Ich darf den Tempel nicht mehr betreten.
6 Deshalb geh du am nächsten Fasttag hin und lies die
Buchrolle allen Leuten vor, die im Tempel zusammen-
kommen. Nicht nur die Bürger von Jerusalem sollen
es hören, sondern auch die Leute aus den Städten in
Juda. 7 Vielleicht werden sie sich dann von ihrem ver-
kehrten Weg abwenden und den HERRN um Gnade
anflehen; denn er ist voller Zorn auf dieses Volk und
hat ihm furchtbare Strafen angedroht.«

BARUCH LIEST DIE WORTE JEREMIAS ÖFFENTLICH VOR

8 Baruch tat, was ihm Jeremia befohlen hatte, und las
die Worte des HERRN im Tempel vor. 9 Es war im fünf-
ten Regierungsjahr des Königs Jojakim, im neunten
Monat. Alle Leute aus Jerusalem und aus den nahe ge-
legenen Städten von Juda waren damals zu einem Fast-
tag im Tempel zusammengerufen worden. 10 Baruch
las der versammelten Menge die Worte Jeremias im
oberen Tempelhof vor. Er stand dabei in der Nähe des
Neuen Tores, vor dem Raum, der Gemarja, dem Sohn
des ehemaligen Staatsschreibers Schafan, gehörte.
11 Gemarjas Sohn Micha hörte alles, was Baruch aus
der Buchrolle vorlas, alle Worte, die der HERR durch
Jeremia gesagt hatte. 12 Schnell ging er zum Königs-
palast hinab. Im Zimmer des Staatsschreibers waren
gerade sämtliche Minister zu einer Sitzung versam-
melt. Außer dem Staatsschreiber Elischama waren
dort Delaja, der Sohn von Schemaja, Elnatan, der Sohn
Achbors, Gemarja, der Sohn Schafans, Zidkija, der Sohn
von Hananja, und weitere hohe Beamte. 13 Micha be-
richtete ihnen, was Baruch dem Volk aus der Buchrolle
vorgelesen hatte. 14 Die Minister schickten daraufhin
Jehudi, um Baruch zu holen. – Jehudi war ein Sohn
von Netanja, sein Großvater hieß Schelemja und sein
Urgroßvater Kuschi. – Jehudi befahl Baruch: »Bring
das Buch, aus dem du dem Volk vorgelesen hast, zu
den Ministern!« Baruch nahm die Buchrolle und ging
hin. 15 Die Minister sagten zu Baruch: »Setz dich und
lies uns das Buch vor!« Baruch setzte sich und las.
16 Als sie alles gehört hatten, schauten sie einander
erschrocken an und sagten zu ihm: »Das müssen wir
unbedingt dem König melden!« 17 Dann sagten sie
zu Baruch: »Woher hast du alle diese Worte, die du
da aufgeschrieben hast?« 18 Er antwortete ihnen:
»Jeremia hat es mir Satz für Satz diktiert und ich habe
nichts anderes getan, als seine Worte mit Tinte in diese
Buchrolle geschrieben.« 19 Da gaben ihm die Minister
den Rat: »Du und Jeremia, ihr müsst euch schnell ver-
stecken! Niemand darf wissen, wo ihr seid!«

KÖNIG JOJAKIM VERNICHTET DIE ROLLE

20 Die Minister ließen die Buchrolle im Zimmer des
Staatsschreibers Elischama zurück und begaben sich
zum König in den Palasthof. Sie berichteten ihm alles.
21 Der König schickte Jehudi, um die Rolle zu holen.
Er holte sie aus dem Zimmer des Staatsschreibers
Elischama und begann, sie vor dem König und den
führenden Männern, die bei ihm versammelt waren,
vorzulesen. 22 Der König wohnte damals im Winter-
haus, denn es war der neunte Monat. In einem Koh-
lenbecken vor ihm brannte ein Feuer. 23 Er hatte ein
Messer zur Hand genommen, wie es die Schreiber zum
Anspitzen der Federkiele benutzen, und immer, wenn
Jehudi drei oder vier Spalten gelesen hatte, schnitt der
König sie mit dem Messer von der Buchrolle ab und
warf sie in die Flammen, bis schließlich die ganze Rolle
vernichtet war. 24 Keiner von den Zuhörern erschrak
über die Worte, die aus der Buchrolle vorgelesen wur-
den, keiner zerriss seine Kleider, weder der König noch
irgendeiner seiner Leute. 25 Elnatan, Delaja und Ge-
marja hatten zwar den König dringend gebeten, die
Rolle nicht zu verbrennen, aber er hörte nicht auf sie.
26 Im Gegenteil, er gab seinem Sohn Jerachmeël sowie
Seraja, dem Sohn Asriëls, und Schelemja, dem Sohn Ab-
deels, den Befehl, den Propheten Jeremia und seinen
Sekretär Baruch zu verhaften. Der HERR aber hatte
dafür gesorgt, dass man sie nirgends fand.

JEREMIA DIKTIERT SEINE WORTE NOCH EINMAL

27 Nachdem König Jojakim die Buchrolle verbrannt
hatte, erging das Wort des HERRN an Jeremia:
28 »Nimm eine neue Rolle und lass alles darauf schrei-
ben, was in der ersten Rolle stand! 29 Über Jojakim aber
sollst du aufschreiben lassen: ›So spricht der HERR: Du
hast die erste Rolle verbrannt und hast Jeremia vorge-
halten: Wie kannst du schreiben lassen, der König von
Babylonien werde bestimmt kommen und dieses Land
verwüsten und Menschen und Vieh daraus vertreiben?
30 Darum sage ich über dich, Jojakim, König von Juda:
Keiner deiner Nachkommen wird dir auf dem Thron
Davids folgen! Deinen Leichnam wird man draußen
hinwerfen, wo er schutzlos der Hitze des Tages und
der Kälte der Nacht ausgesetzt ist. 31 Ich strafe dich,
deine Nachkommen und alle deine Komplizen für eure
Schuld. Über euch und über die Bewohner Jerusalems
und alle Leute von Juda bringe ich all das Unglück, das
ich ihnen angedroht habe; denn niemand von euch
wollte auf mich hören.‹« 32 Da nahm Jeremia eine neue
Buchrolle und gab sie seinem Schreiber Baruch. Dieser
schrieb nach Jeremias Diktat noch einmal alles auf,
was schon in der Rolle stand, die König Jojakim ins
Feuer geworfen hatte. Doch fügte Jeremia noch viele
ähnliche Worte hinzu.

JEREMIA WARNT KÖNIG ZIDKIJA VOR FALSCHEN HOFFNUNGEN

37 Der Babylonierkönig Nebukadnezzar hatte
König Jojachin, den Sohn Jojakims, abgesetzt
und an seiner Stelle Zidkija, einen Bruder von Jojakim
und Sohn von Joschija, als König über das Land Juda
eingesetzt. 2 Aber weder König Zidkija noch seine Hof-
leute noch die Bewohner des Landes nahmen ernst,

was der HERR ihnen durch Jeremia sagen ließ. 3 König Zidkija sandte Juchal, den Sohn von Schelemja, und den Priester Zefanja, den Sohn von Maaseja, zum Propheten Jeremia mit dem Auftrag: »Bete doch für uns zum HERRN, unserem Gott!« 4-5 Die babylonischen Belagerer waren nämlich von Jerusalem abgezogen, denn sie hatten erfahren, dass ein Heer des Pharaos aus Ägypten gegen sie anrückte. Jeremia konnte sich damals noch frei bewegen; sie hatten ihn noch nicht ins Gefängnis geworfen. 6 Da erging das Wort des HERRN an den Propheten Jeremia als Antwort für die Abgesandten Zedekijas: 7 »So spricht der HERR, der Gott Israels: Geht wieder zum König von Juda, der euch hergeschickt hat, um mich zu fragen. Sagt ihm: ›Das Heer des Pharaos, das ausgezogen ist, um euch zu helfen, ist schon wieder auf dem Heimweg nach Ägypten. 8 Die Babylonier kommen zurück. Sie werden diese Stadt angreifen, sie erobern und niederbrennen. 9 Ich, der HERR, warne euch: Redet euch nicht ein, die Babylonier würden endgültig abziehen. Sie werden *nicht* abziehen. 10 Selbst wenn ihr das ganze babylonische Heer in die Flucht schlagen könntet und nur ein paar Verwundete in ihren Zelten zurückblieben, sie würden aufstehen und diese Stadt niederbrennen!‹«

JEREMIA KOMMT INS GEFÄNGNIS

11 Als das Heer der Belagerer von Jerusalem abgezogen und den Ägyptern entgegengezogen war, 12 wollte Jeremia die Stadt verlassen und ins Gebiet des Stammes Benjamin gehen, um mit seinen Verwandten eine Erbschaft zu teilen. 13 Am Benjamintor hielt der wachhabende Offizier ihn an. Es war Jirija, der Sohn von Schelemja und Enkel von Hananja. Er rief Jeremia zu: »Halt, du willst zu den Babyloniern überlaufen!« 14 Jeremia entgegnete: »Das ist nicht wahr, ich bin kein Überläufer!« Doch Jirija glaubte ihm nicht. Er nahm ihn fest und führte ihn vor die Minister. 15 Diese waren wütend auf Jeremia. Sie ließen ihn schlagen und in das Haus des Staatsschreibers Jonatan bringen, das man zum Gefängnis gemacht hatte. 16 Jeremia kam in einen gewölbten Keller, der vorher als Zisterne gedient hatte. Dort blieb er lange Zeit.

JEREMIA BEKOMMT HAFTERLEICHTERUNG

17 Eines Tages ließ König Zidkija den Propheten heimlich in seinen Palast holen und fragte ihn: »Hast du für mich eine Botschaft vom HERRN?« Jeremia antwortete: »Ja, sie lautet: ›Du wirst an den König von Babylonien ausgeliefert.‹« 18 Dann fragte Jeremia den König: »Welches Verbrechen habe ich an dir oder an deinen Hofleuten oder an diesem Volk begangen, dass ihr mich ins Gefängnis geworfen habt? 19 Wo sind denn jetzt eure Propheten, die euch vorausgesagt haben, der König von Babylonien werde euch und dieses Land nicht überfallen?« 20 Und er fügte hinzu: »Mein Herr und König, gewähre mir doch, worum ich dich jetzt bitte: Lass mich nicht in das Haus Jonatans zurückbringen. Das wäre mein sicherer Tod!« 21 Da gab König Zidkija den Befehl, sie sollten Jeremia im Wachthof gefangen halten. Dort bekam er als Tagesration einen kleinen Brotlaib aus der Bäckergasse, bis das Brot in der Stadt ganz ausging.

JEREMIA SOLL ZUM SCHWEIGEN GEBRACHT WERDEN

38 Einige Beamte des Königs hörten, was Jeremia zu allen Kriegsleuten im Wachthof sagte. Es waren Schefatja, der Sohn Mattans, und Gedalja, der Sohn Paschhurs, sowie Juchal, der Sohn von Schelemja, und Paschhur, der Sohn von Malkija. 2 Jeremia hatte nämlich zu allen Männern gesagt: »So spricht der HERR: ›Wer in dieser Stadt bleibt, kommt um durch Schwert, Hunger oder Pest. Wer aber jetzt hinausgeht und sich den Babyloniern ergibt, kommt mit dem Leben davon. 3 Macht euch nichts vor: Diese Stadt wird dem Heer des Königs von Babylonien in die Hände fallen; Nebukadnezzar wird sie erobern.‹ Das sagt der HERR.« 4 Die Beamten meldeten dies dem König und sagten: »Diesen Mann muss man töten! Wenn er so weiterredet, verlieren die Kriegsleute, die uns noch geblieben sind, und all die anderen Menschen in der Stadt den letzten Mut. Er sucht nicht das Wohl des Volkes, sondern seinen Untergang!« 5 »Macht mit ihm, was ihr wollt«, sagte der König. »Ich kann euch nicht daran hindern.« 6 Da führten sie Jeremia zur Zisterne des Prinzen Malkija, die sich im Wachthof befand. Man ließ ihn an Stricken hinunter. In der Zisterne war kein Wasser, sondern nur Schlamm, in den Jeremia einsank.

EIN AUSLÄNDER RETTET JEREMIA

7-8 Im Königspalast gab es einen äthiopischen Eunuchen namens Ebed-Melech. Als er hörte, dass sie Jeremia in die Zisterne geworfen hatten, verließ er sofort den Palast und suchte den König auf, der sich gerade am Benjamintor aufhielt. Ebed-Melech sagte zu ihm: 9 »Mein König, was diese Männer mit dem Propheten Jeremia gemacht haben, ist ein schweres Unrecht. Sie haben ihn in die Zisterne geworfen und lassen ihn dort unten elend verhungern. Es gibt ja ohnehin kaum noch Brot in der Stadt.« 10 Da befahl der König: »Nimm dreißig Männer mit und zieh ihn aus der Zisterne, bevor er stirbt!« 11 Ebed-Melech ging mit den Männern in den Königspalast und holte aus der Kleiderkammer des Vorratshauses abgetragene und zerrissene Kleider. Er ließ sie an Stricken zu Jeremia in die Zisterne hinunter 12 und rief ihm zu: »Lege die Lumpen unter deine Achseln, damit dir die Stricke nicht ins Fleisch schneiden.« Jeremia tat es. 13 Nun zogen sie ihn mit den Seilen hoch und holten ihn aus der Zisterne heraus. Von da an blieb Jeremia wieder im Wachthof.

DER KÖNIG LÄSST DEN PROPHETEN HEIMLICH ZU SICH RUFEN

14 Eines Tages bestellte König Zidkija den Propheten Jeremia zum dritten Tempeltor. Dort sagte er zu ihm: »Ich möchte wissen, was der Herr dir gesagt hat. Verschweige mir nichts!« 15 Jeremia antwortete: »Wenn ich dir die Wahrheit sage, lässt du mich umbringen;

und wenn ich dir einen Rat gebe, hörst du doch nicht darauf.« 16 Da versicherte ihm der König unter vier Augen mit einem Eid: »So gewiss der HERR lebt, der uns das Leben gegeben hat, ich lasse dich nicht töten und liefere dich nicht den Männern aus, die dich umbringen wollen.« 17 Darauf sagte Jeremia zu Zidkija: »So spricht der Gott Israels, der Herrscher der Welt: ›Wenn du aus der Stadt hinausgehst und dich den Heerführern des Königs von Babylonien ergibst, dann wirst du gerettet und diese Stadt wird nicht in Brand gesteckt. Du bleibst am Leben mit deiner ganzen Familie. 18 Wenn du aber nicht hinausgehst, wird diese Stadt an die Babylonier ausgeliefert und niedergebrannt. Auch du wirst ihnen dann nicht entkommen.‹« 19 Der König antwortete: »Ich habe Angst vor unseren Leuten aus Juda, die zu den Babyloniern übergelaufen sind. Die Babylonier könnten mich an sie ausliefern und sie würden mir bestimmt übel mitspielen.« 20 Jeremia versicherte: »Nein, man wird dich nicht an sie ausliefern! Hör doch auf das, was der HERR dir sagen lässt; dann geschieht dir nichts und du rettest dein Leben. 21 Weigerst du dich aber hinauszugehen, so wird geschehen, was mir der HERR gezeigt hat: 22 Ich sah, wie man alle Frauen, die im Palast des Königs von Juda zurückgeblieben waren, zu den Heerführern der Babylonier hinausbrachte. Und ich hörte sie klagen und über dich sagen: ›Verführt und betrogen haben sie ihn, seine guten Freunde! Jetzt, wo ihm das Wasser bis zum Hals geht, lassen sie ihn im Stich!‹« 23 Und Jeremia schloss: »Ja, alle deine Frauen und Kinder wird man zu den Babyloniern hinausführen, auch du selbst wirst ihnen nicht entrinnen. Sie werden dich gefangen nehmen und ihrem König übergeben. Diese Stadt aber wird niedergebrannt.« 24 Da sagte Zidkija zu Jeremia: »Niemand darf erfahren, was wir hier miteinander gesprochen haben, sonst musst du sterben. 25 Wenn meine Minister von unserer Unterredung hören, werden sie zu dir kommen und dich ausfragen: ›Was hast du zum König gesagt und was hat er dir geantwortet? Verheimliche uns nichts, sonst bringen wir dich um!‹ 26 Dann sag ihnen nichts weiter als: ›Ich habe den König dringend gebeten, mich nicht in das Haus Jonatans zurückzuschicken, weil ich dort sterben müsste.‹« 27 Tatsächlich kamen alle Hofleute zu Jeremia und fragten ihn aus. Er antwortete ihnen genau, wie der König es von ihm verlangt hatte. Da ließen sie ihn in Ruhe; denn von der Unterredung war sonst nichts bekannt geworden. 28 So blieb Jeremia im Wachthof bis zu dem Tag, an dem Jerusalem fiel.

DER UNTERGANG JERUSALEMS

39 Im neunten Regierungsjahr von Zidkija, dem König von Juda, im zehnten Monat, erschien Nebukadnezzar, der König von Babylonien, mit seinem ganzen Heer vor Jerusalem und begann mit der Belagerung der Stadt. 2 Im elften Jahr Zidkijas, am 9. Tag des 4. Monats, schlugen die Babylonier eine Bresche in die Stadtmauer. 3 Die babylonischen Heerführer hielten Einzug in Jerusalem und richteten beim Mitteltor ihr Hauptquartier ein. Bei ihnen befanden sich auch Nergal-Sarezer, Samgar-Nebu, der Palastvorsteher Sar-Sechim und noch ein anderer Nergal-Sarezer, der oberste königliche Berater. 4 Als König Zidkija und seine Kriegsleute das sahen, verließen sie bei Nacht die Stadt durch den Torweg zwischen den beiden Mauern am königlichen Garten und flohen in östlicher Richtung zur Jordanebene. 5 Sofort nahmen babylonische Truppen die Verfolgung auf und holten Zidkija in der Ebene bei Jericho ein. Er wurde gefangen genommen und zu Nebukadnezzar nach Ribla in der Provinz Hamat gebracht. Dort sprach ihm Nebukadnezzar selbst das Urteil. 6 Zidkija musste mit ansehen, wie man seine Söhne abschlachtete. Auch alle führenden Männer von Juda wurden dort hingerichtet. 7 Danach wurden Zidkija die Augen ausgestochen. Mit Ketten gefesselt wurde er nach Babylon gebracht. 8 In Jerusalem steckten die Babylonier den königlichen Palast und alle anderen Häuser in Brand und rissen die Stadtmauern ein. 9 Den Rest der Stadtbevölkerung, auch alle, die zu den Babyloniern übergelaufen waren, führte Nebusaradan, der Befehlshaber der Leibwache Nebukadnezzars, in die Verbannung nach Babylonien. 10 Nur von der ärmsten Schicht der Bevölkerung ließ er einen Rest in Juda zurück, Leute, die gar keinen Besitz hatten. Ihnen gab Nebusaradan Äcker und Weinberge.

JEREMIAS BEFREIUNG

11 Für die Behandlung Jeremias hatte Nebukadnezzar dem Befehlshaber der Leibwache, Nebusaradan, folgende Anweisung mitgegeben: 12 »Sieh zu, dass du den Mann findest! Nimm ihn in deine persönliche Obhut und achte darauf, dass niemand ihm etwas antut! Wenn er Wünsche äußert, erfülle sie ihm!« 13-14 Darum gaben die führenden Männer des babylonischen Heeres den Befehl, Jeremia aus dem Wachthof zu holen – es waren der Oberbefehlshaber Nebusaradan, der Palastvorsteher Nebuschasban, der oberste königliche Berater Nergal-Sarezer und die übrigen babylonischen Befehlshaber. Sie übergaben Jeremia an Gedalja, den Sohn Ahikams und Enkel Schafans, damit er ihn sicher nach Hause geleite. So blieb Jeremia mitten unter dem Volk.

VERHEISSUNG AN DEN AUSLÄNDER EBED-MELECH

15 Als Jeremia noch im Wachthof gefangen gehalten wurde, war an ihn das Wort des HERRN ergangen, und er erhielt den Auftrag: 16 »Geh zu dem Äthiopier Ebed-Melech und sage ihm: ›So spricht der HERR, der Herrscher der Welt, der Gott Israels: Jetzt lasse ich in Erfüllung gehen, was ich dieser Stadt angekündigt habe: Sie wird untergehen. Du selbst wirst das miterleben, 17 aber dich werde ich retten, wenn es so weit ist. Du wirst nicht den Leuten in die Hände fallen, vor denen du dich fürchtest. 18 Ich sorge dafür, dass niemand dich umbringt. Du sollst mit dem Leben davonkommen, weil du auf mich, den HERRN, vertraut hast!‹«

JEREMIA BLEIBT IN JUDA

40 Der HERR sprach wieder zu Jeremia, nachdem
dieser von Nebusaradan, dem Befehlshaber
der Leibwache, in Rama erkannt und freigelassen
worden war. Jeremia befand sich dort mit gefesselten
Händen unter all den Leuten aus Jerusalem und Juda,
die als Gefangene nach Babylonien gebracht werden
sollten. 2 Doch der Befehlshaber der Leibwache ent-
deckte ihn, ließ ihn zu sich bringen und sagte zu ihm:
»Der HERR, dein Gott, hat diesem Land das Unheil im
Voraus angedroht, 3 das jetzt eingetroffen ist. Er hat
seine Drohung wahr gemacht. Weil ihr euch gegen
ihn verfehlt und nicht auf ihn gehört habt, musste es
so kommen. 4 Aber dir nehme ich jetzt die Fesseln ab;
du sollst frei sein. Wenn du mit mir nach Babylonien
gehen willst, dann komm mit; ich werde mich um dich
kümmern. Willst du nicht mitkommen, ist es auch gut.
Das ganze Land hier steht dir offen; du kannst gehen,
wohin du willst.« 5 Als Jeremia sich nicht sogleich ent-
scheiden konnte, sagte Nebusaradan zu ihm: »Kehr
doch zurück zu Gedalja, dem Sohn Ahikams und Enkel
Schafans, den der König von Babylonien als Statt-
halter über die Städte von Juda eingesetzt hat. Du
kannst bei ihm wohnen und so mitten unter deinem
Volk bleiben. Du musst es aber nicht; du kannst ge-
hen, wohin du willst!« Nebusaradan machte Jeremia
noch ein Geschenk und gab ihm Verpflegung mit auf
den Weg. 6 Jeremia ging daraufhin zu Gedalja nach
Mizpa und lebte mitten unter den Leuten, die im Land
zurückgeblieben waren.

DAS VOLK SAMMELT SICH UM GEDALJA

7 Einige Truppenführer aus Juda waren mit ihren Leu-
ten noch im offenen Land verstreut. Sie hörten, dass
der König von Babylonien Gedalja, den Sohn Ahi-
kams, zum Statthalter über Juda eingesetzt und ihm
den ärmeren Teil der Bevölkerung unterstellt hatte,
der nicht nach Babylonien weggeführt worden war,
Männer, Frauen und Kinder. 8 Es waren Jischmaël,
der Sohn von Netanja, Johanan und Jonatan, die
Söhne Kareachs, Seraja, der Sohn Tanhumets, fer-
ner die Söhne von Efai aus Netofa und Jaasanja aus
Maacha. Sie alle kamen daraufhin zu Gedalja nach
Mizpa. 9 Gedalja sagte zu ihnen: »Ich gebe euch mein
Wort: Ihr habt nichts zu befürchten, wenn ihr euch
den Babyloniern unterwerft! Bleibt im Land, dient
dem Babylonierkönig, und es wird euch gut gehen!
10 Ich selbst bleibe hier in Mizpa, um unsere Anliegen
den Babyloniern gegenüber zu vertreten. Geht in die
Städte ringsum und lasst euch dort nieder! Kümmert
euch um die Wein- und Obst- und Olivenernte und
legt davon Vorräte an!« 11 Viele Leute aus Juda waren
zu den Moabitern, Ammonitern, Edomitern oder in
andere Länder geflüchtet. Als sie erfuhren, dass der
Babylonierkönig einen Rest der Bevölkerung in Juda
zurückgelassen und Gedalja zum Statthalter ernannt
hatte, 12 kamen auch sie nach Juda zurück und melde-
ten sich bei Gedalja in Mizpa. Sie ernteten Wein und
Obst in großer Menge.

GEDALJA WIRD VON JISCHMAËL ERMORDET

13 Eines Tages kamen Johanan, der Sohn Kareachs,
und die anderen Truppenführer, die im Land geblie-
ben waren, zu Gedalja nach Mizpa 14 und sagten zu
ihm: »Weißt du schon: Der Ammoniterkönig Baalis
hat Jischmaël, den Sohn von Netanja, losgeschickt,
um dich zu ermorden!« Aber Gedalja glaubte ihnen
nicht. 15 Johanan machte Gedalja sogar heimlich ein
Angebot; er sagte: »Ich werde Jischmaël umbringen
und niemand wird erfahren, wer das getan hat! Wir
dürfen nicht dulden, dass er dich tötet. Das hätte nur
zur Folge, dass alle, die sich um dich gesammelt ha-
ben, wieder zerstreut werden und so auch noch der
letzte Rest von Juda zugrunde geht!« 16 Aber Gedalja
antwortete: »Was du über Jischmaël sagst, ist nicht
wahr. Du wirst ihm nichts zuleide tun!«

41 Im siebten Monat desselben Jahres kam Jisch-
maël, der Sohn von Netanja und Enkel von Eli-
schama, in Begleitung von zehn anderen Männern
zu Gedalja nach Mizpa. Jischmaël gehörte zur könig-
lichen Familie und war einer der höchsten Offiziere des
Königs gewesen. Während sie alle miteinander aßen,
2 standen Jischmaël und seine Begleiter auf, zogen ihre
Schwerter und töteten Gedalja, den der Babylonier-
könig zum Statthalter für das Land eingesetzt hatte.
3 Jischmaël brachte auch die anderen Männer aus Juda
um, die bei Gedalja in Mizpa waren, und ebenso die
babylonischen Kriegsleute, die er dort fand.

JISCHMAËL ERMORDET PILGER AUS SAMARIEN

4 Am folgenden Tag – noch hatte niemand erfahren,
dass Gedalja von Jischmaël ermordet worden war –
5 näherten sich Mizpa achtzig Männer. Zum Zeichen
der Trauer waren ihre Bärte abgeschnitten, ihre Kleider
zerrissen, ihre Haut blutig geritzt. Sie kamen aus Si-
chem, Schilo und Samaria und wollten nach Jerusalem,
um Weihrauch und andere Opfergaben zum Tempel
des HERRN zu bringen. 6 Jischmaël ging weinend aus
Mizpa hinaus ihnen entgegen und lud sie ein: »Kommt
zu Gedalja, dem Sohn Ahikams!« 7 Als die Männer aber
in der Stadt waren, wurden sie von Jischmaël und sei-
nen Leuten niedergemetzelt und ihre Leichen in eine
Zisterne geworfen. 8 Nur zehn von ihnen wurden
verschont. Sie hatten zu Jischmaël gesagt: »Töte uns
nicht! Wir zeigen dir, wo wir auf dem Feld Vorräte ver-
steckt haben: Weizen und Gerste, Öl und Honig.« 9 Die
Zisterne, in die Jischmaël die Leichen der Ermordeten
werfen ließ, war dieselbe große Zisterne, die König
Asa von Juda hatte aushauen lassen, als er gegen Ba-
scha, den König von Israel, Krieg führte. Jetzt füllte
Jischmaël, der Sohn von Netanja, sie ganz mit Leichen.

DIE MITGESCHLEPPTEN WERDEN BEFREIT

10 Den Rest der Bevölkerung von Mizpa und auch die
Töchter des Königs von Juda, alle, die Nebusaradan,
der Befehlshaber der Leibwache, in die Obhut Gedaljas
gegeben hatte, nahm Jischmaël gefangen und zog ab,
um mit ihnen auf ammonitisches Gebiet hinüberzu-
gelangen. 11 Als Johanan, der Sohn Kareachs, und die

anderen Truppenführer hörten, was Jischmaël getan
hatte, 12 verfolgten sie ihn mit allen ihren Männern und
holten ihn beim großen Teich von Gibeon ein. 13 Die
Leute, die Jischmaël aus Mizpa mitgeschleppt hatte,
freuten sich, als sie Johanan und die anderen Truppen-
führer kommen sahen. 14 Sie kehrten Jischmaël den
Rücken und liefen zu Johanan, dem Sohn Kareachs,
über. 15 Jischmaël entkam mit acht seiner Männer und
ging zu den Ammonitern.

AUFBRUCH NACH ÄGYPTEN

16 Johanan, der Sohn Kareachs, und die anderen Trup-
penführer übernahmen nun die Verantwortung für die
Leute, die Jischmaël nach dem Mord an Gedalja aus
Mizpa weggeführt hatte und die sie ihm bei Gibeon
abgejagt hatten. Es waren Männer, Frauen und Kinder,
und unter den Männern auch Hofbeamte und Kriegs-
leute. 17 Sie alle flohen nach Süden bis zur Herberge
Kimhams bei Betlehem. Dort machten sie vorläufig
halt, um dann weiter nach Ägypten zu ziehen. 18 Sie
hatten Angst vor den Babyloniern, denn Jischmaël
hatte Gedalja ermordet, den der Babylonierkönig zum
Statthalter für Juda eingesetzt hatte.

WARNUNG VOR DER AUSWANDERUNG NACH ÄGYPTEN

42 Vor dem Aufbruch kamen alle Truppenführer,
an ihrer Spitze Johanan, der Sohn von Kare-
ach, und Asarja, der Sohn von Hoschaja, und ebenso
alle Flüchtlinge von den Vornehmsten bis zu den
Geringsten zum Propheten Jeremia. 2 Sie sagten zu
ihm: »Erfülle doch unseren Wunsch und bete für uns
zum HERRN, deinem Gott! Wir waren einmal viele;
aber du siehst: Nur wenige sind von uns übrig geblie-
ben. 3 Bete für uns zum HERRN, deinem Gott, dass er
uns sagt, wohin wir gehen und was wir tun sollen!«
4 Jeremia antwortete ihnen: »Gut, ich will eure Bitte
erfüllen und zum HERRN, eurem Gott, beten. Ich werde
euch alles sagen, was er mir antwortet; ich werde euch
nichts verschweigen.« 5 Sie versicherten ihm: »Der
HERR soll als unbestechlicher Zeuge gegen uns auftre-
ten, wenn wir nicht genau das tun, was er uns durch
dich befiehlt! 6 Ob sein Befehl uns gefällt oder nicht,
wir werden unserem Gott, den wir durch dich befra-
gen, gehorchen. Denn dann wird es uns gut gehen.«
7 Es dauerte zehn Tage, bis das Wort des HERRN an
Jeremia erging. 8 Der Prophet rief Johanan, die Trup-
penführer und das ganze Volk zusammen, von den
Vornehmsten bis zu den Geringsten, 9 und sagte zu
ihnen: »Ihr habt mich gebeten, dem HERRN, dem Gott
Israels, euer Anliegen vorzutragen. Hört, was er euch
darauf antwortet: 10 ›Wenn ihr ruhig in diesem Land
wohnen bleibt, werde ich euch einpflanzen und nicht
ausreißen; ich werde euch aufbauen und nicht nieder-
reißen. Denn es tut mir leid, dass ich Unglück über euch
bringen musste. 11 Ihr habt jetzt Angst vor dem König
von Babylonien. Aber ich, der HERR, sage euch: Ihr
braucht keine Angst vor ihm zu haben; denn ich bin
bei euch, ich werde euch aus seiner Hand retten. 12 Ich
bringe ihn dazu, dass er Erbarmen mit euch hat und
euch in eure Häuser zurückkehren lässt.‹ 13 Aber ihr
müsst dem HERRN, eurem Gott, gehorchen und dürft
dieses Land nicht verlassen. 14 Ihr dürft nicht sagen:
›Wir wollen nach Ägypten ziehen, wo wir keine Kriegs-
hörner mehr hören, keine Kämpfe mehr miterleben
und auch nicht mehr hungern müssen; dort wollen
wir bleiben!‹ 15 Für diesen Fall lässt euch der HERR, der
Herrscher der Welt, der Gott Israels, sagen: ›Ihr Leute
von Juda, die ihr noch übrig geblieben seid! Wenn ihr
auf eurem Plan besteht und nach Ägypten auswandert,
16 dann wird der Krieg, dem ihr entgehen wollt, euch
dort erreichen und der Hunger, der euch Angst macht,
euch dorthin verfolgen; ihr werdet in Ägypten umkom-
men. 17 Alle, die sich entschließen, nach Ägypten aus-
zuwandern, werden dort durch Krieg, Hunger und Pest
sterben. Keiner wird entkommen, niemand wird dem
Unheil entrinnen, das ich über euch bringen werde.‹
18 Denn so spricht der HERR, der Herrscher der Welt,
der Gott Israels: ›Wenn ihr nach Ägypten flieht, wird
euch mein Zorn genauso treffen, wie er die Bewohner
Jerusalems getroffen hat. Wer euch dann sieht, wird
vor euch entsetzt sein. Alle werden über euch spotten
und euren Namen als Fluchwort verwenden. Dieses
Land aber werdet ihr nie wiedersehen.‹«

DIE WARNUNG WIRD IN DEN WIND GESCHLAGEN

43 Als Jeremia den Versammelten alles gesagt
hatte, was der HERR ihm aufgetragen hatte,
2 sagten Asarja, Johanan und alle anderen, die ebenso
anmaßend waren wie sie: »Du lügst! Durch dich
spricht nicht der HERR, unser Gott, wenn du sagst,
dass wir nicht nach Ägypten auswandern sollen. 3 Dein
Schreiber Baruch hetzt dich gegen uns auf! Er will, dass
wir den Babyloniern in die Hände fallen, damit sie uns
umbringen oder in ihr Land verschleppen.«
42 19 Da erwiderte Jeremia: »Nein, der HERR ist
es, der zu euch, dem Rest von Juda, gesagt hat:
›Geht nicht nach Ägypten!‹ Macht euch also nichts
vor! Ich habe euch gewarnt. 20 Ihr setzt euer Leben aufs
Spiel! Erst schickt ihr mich zum HERRN und sagt: ›Bete
für uns zum HERRN, unserem Gott! Dann teile uns alles
mit, was er dir sagt; wir werden uns danach richten.‹
21 Nun aber wollt ihr nicht auf den HERRN hören und
wollt nicht tun, was ich euch heute in seinem Auftrag
gesagt habe. 22 Lasst es euch gesagt sein: In dem Land,
wohin ihr auswandern wollt, werdet ihr durch Krieg,
Hunger und Pest umkommen!«
43 4 Aber Johanan, die Truppenführer und das
ganze Volk hörten nicht auf den Befehl des
HERRN, im Land Juda zu bleiben. 5 Unter der Führung
Johanans und der anderen Offiziere zogen sie nach
Ägypten: die Leute aus Juda, die zuerst in die Nach-
barländer geflohen und dann zurückgekehrt waren,
6 Männer, Frauen und Kinder, außerdem die Töchter
des Königs und alle übrigen Leute, die Nebusaradan,
der Befehlshaber der Leibwache Nebukadnezzars, bei
Gedalja in Mizpa zurückgelassen hatte. Auch Jeremia

und Baruch zwangen sie mitzugehen. 7 Gegen den Be-
fehl des HERRN brachen sie auf und kamen nach Tach-
panhes an der ägyptischen Grenze.

AUCH ÄGYPTEN BIETET KEINE ZUFLUCHT VOR NEBUKADNEZZAR

8 In Tachpanhes erging das Wort des HERRN an Jeremia,
er sagte zu ihm: 9 »Nimm große Steine und lasse sie am
Eingang des Regierungsgebäudes in den Lehmboden
ein! Einige Männer aus Juda sollen als Zeugen dabei
sein. 10 Zu ihnen sagst du: ›So spricht der HERR, der
Herrscher der Welt, der Gott Israels: Ich hole meinen
Diener Nebukadnezzar, den König von Babylonien,
herbei. Ich werde auf diesen Steinen hier seinen Thron
errichten und er wird darüber sein Prunkzelt aufspan-
nen. 11 Er wird in Ägypten einfallen und es besiegen.
Die Ägypter werden durch Schwert oder Pest umkom-
men oder in die Verbannung geführt werden, jeder,
wie es für ihn bestimmt ist. 12 Ich werde Feuer an die
Tempel der ägyptischen Götter legen; ihre Bilder wird
Nebukadnezzar verbrennen und wegführen. Wie ein
Hirt die Läuse aus seinen Kleidern entfernt, so wird
er die Götterbilder aus Ägypten beseitigen. Dann
wird er es wieder verlassen, ohne dass ihm jemand in
den Weg tritt. 13 Er wird die Obelisken von Heliopolis
zertrümmern und die Tempel der ägyptischen Götter
niederbrennen.‹«

DIE ENTRONNENEN HABEN NICHTS GELERNT

44 Das Wort des HERRN erging an Jeremia; der
HERR gab ihm eine Botschaft an alle Leute aus
Juda, die in Ägypten wohnten, in Migdol, Tachpan-
hes, Memfis und im südlichen Teil des Landes. Jeremia
musste ihnen ausrichten: 2 »So spricht der HERR, der
Herrscher der Welt, der Gott Israels: ›Ihr habt das Un-
glück miterlebt, das ich über Jerusalem und alle Städte
in Juda gebracht habe. Heute sind sie nur noch ver-
lassene Trümmerfelder. 3 Das haben ihre Bewohner
durch ihr schlimmes Treiben verschuldet; denn sie
haben fremde Götter verehrt, die niemand von euch
früher gekannt hat, auch eure Vorfahren nicht. Sie
haben ihnen Opfer dargebracht und mich damit zum
Zorn gereizt. 4 Immer wieder habe ich meine Diener,
die Propheten, zu euch geschickt mit der Mahnung:
Tut doch nicht so etwas Abscheuliches, ich hasse es!
5 Aber ihr habt nicht darauf gehört und euch nicht von
eurem bösen Tun abgewandt. Nein, ihr habt darauf
beharrt, diesen Göttern Opfer darzubringen. 6 Darum
habe ich meinem Zorn freien Lauf gelassen. Er wütete
in den Städten von Juda und in den Straßen Jerusalems,
sodass sie zu Trümmerfeldern und zu Schutthaufen
wurden, wie sie es heute noch sind.‹ 7-8 Deshalb fragt
euch heute der HERR, der Herrscher der Welt, der Gott
Israels: ›Habt ihr daraus nichts gelernt? Auch hier in
Ägypten opfert ihr fremden Göttern und reizt mich
damit zum Zorn! Wollt ihr euch selbst ins Unglück
stürzen und das Volk von Juda, Männer, Frauen, Kin-
der und Säuglinge, vollends bis auf den letzten Rest
ausrotten? Mit eurem Tun bereitet ihr euch selbst den
Untergang! Unter allen Völkern wird man über euch
spotten und euren Namen als Fluchwort verwenden.
9 Habt ihr denn alles vergessen, womit ihr mich in Juda
und in den Straßen Jerusalems beleidigt habt, ihr und
eure Vorfahren, eure Frauen, eure Könige und deren
Frauen? 10 Bis auf den heutigen Tag seid ihr unverbes-
serlich geblieben. Ihr fürchtet euch nicht vor mir und
haltet euch nicht an das Gesetz und die Gebote, die ich
euch und euren Vorfahren gegeben habe.‹ 11 Deshalb
sagt der HERR, der Herrscher der Welt, der Gott Israels:
›Ich bin entschlossen, Unglück über euch zu bringen
und das Volk von Juda vollends zu vernichten. 12 Auch
die Überlebenden, die darauf bestanden haben, nach
Ägypten auszuwandern, bringe ich jetzt um. Sie alle,
Vornehme wie Geringe, werden durch Krieg und Hun-
ger sterben. Die Menschen werden es mit Entsetzen
sehen, sie werden über euch spotten und euren Na-
men als Fluchwort verwenden. 13 Wie ich Jerusalem
bestraft habe, so strafe ich jetzt die Leute aus Juda,
die in Ägypten wohnen – mit Krieg, Hunger und Pest.
14 Niemand wird entrinnen oder überleben. Niemand
wird nach Juda zurückkehren, obwohl sie sich danach
sehnen, wieder dort zu wohnen. Nur einige wenige
werden entkommen und dorthin zurückkehren.‹«

GOTT BEHÄLT DAS LETZTE WORT

15 Alle Männer, die wussten, dass ihre Frauen frem-
den Göttern Opfer darbrachten, und alle Frauen, die
dabeistanden – es waren sehr viele –, und auch die
Leute von Israel, die im südlichen Landesteil wohnten,
sagten darauf zu Jeremia: 16 »Was du da als Botschaft
des HERRN zu uns gesagt hast, wollen wir nicht hören!
17 Wir werden weiterhin treu die Gelübde erfüllen, die
wir der Himmelskönigin gemacht haben. Wir werden
ihr Räucheropfer und Trankopfer darbringen, so wie
wir es früher in Jerusalem und in den Städten Judas ge-
tan haben, wir und unsere Vorfahren, auch die Könige
und führenden Männer. Damals ging es uns gut, wir
hatten Brot genug und litten keine Not. 18 Aber seit
wir aufgehört haben, der Himmelskönigin Opfer dar-
zubringen, fehlt es uns an allem und wir kommen durch
Krieg und Hunger um.« 19 Und die Frauen fügten hinzu:
»Unsere Männer sind ganz damit einverstanden, dass
wir der Himmelskönigin Räucheropfer und Trankopfer
darbringen und ihr die Opferkuchen backen, die nach
ihrem Bild geformt sind.« 20 Jeremia antwortete dem
ganzen Volk, den Männern und Frauen: 21 »Eben diese
Opfer haben euch ins Unglück gestürzt, die ihr in den
Städten von Juda und in den Gassen Jerusalems dar-
gebracht habt, ihr selbst, eure Vorfahren, eure Könige
und führenden Männer und das ganze Volk! Dafür hat
der HERR euch bestraft. 22 Er konnte euer abscheu-
liches Tun nicht mehr ertragen, deshalb wurde euer
Land ein Trümmerfeld, menschenleer, ein Bild des
Grauens, und sein Name muss als Fluchwort dienen.
23 Das kommt davon, dass ihr der Himmelskönigin
Opfer dargebracht habt. Ihr habt gegen den HERRN ge-
sündigt und ihm nicht gehorcht; ihr habt euch nicht an
sein Gesetz, seine Gebote und Mahnungen gehalten.

Deshalb hat er euch in das Unglück gestürzt, das euch
bis heute verfolgt.« 24 Dann sagte Jeremia zu dem gan-
zen Volk, besonders zu den Frauen: »Ihr Leute aus Juda,
hört nun, was der HERR euch ankündigt. 25 So spricht
der HERR, der Herrscher der Welt, der Gott Israels:
›Ihr seid Leute, die tun, was sie versprechen! Ihr sagt:
Wir haben das Gelübde getan, der Himmelskönigin
Räucheropfer und Trankopfer darzubringen, und wir
wollen uns genau daran halten. Nun gut, haltet eure
Versprechen und erfüllt eure Gelübde! 26 Aber hört
auch, was ich, der HERR, euch sage, allen Leuten aus
Juda, die jetzt in Ägypten leben! Ich schwöre bei mei-
nem großen Namen: Keiner von euch soll mehr meinen
Namen in den Mund nehmen und sagen: So gewiss
Gott, der HERR, lebt! 27 Denn ich werde jetzt nicht mehr
für euer Wohlergehen sorgen, sondern nur noch für
euren Untergang. Alle Leute aus Juda, die in Ägypten
leben, werden durch Krieg oder Hunger umkommen.
28 Nur wenige werden dem Schwert entrinnen und aus
Ägypten in das Land Juda zurückkehren. Die werden
dann einsehen, wessen Wort in Erfüllung geht, meins
oder das eure! 29 Ich will euch auch ein Zeichen ge-
ben, an dem ihr erkennen könnt, dass ich euch hier
in diesem Land strafe und meine Drohungen gegen
euch wahr mache: 30 Ich werde den ägyptischen König
Hofra an seine Todfeinde ausliefern, so wie ich damals
Zidkija, den König von Juda, an seinen Todfeind Nebu-
kadnezzar, den König von Babylonien, ausgeliefert
habe. Das sage ich, der HERR.‹«

EIN TROSTWORT FÜR BARUCH

45 Jojakim, der Sohn von Joschija, war das vierte
Jahr König über Juda. Damals sagte Jeremia
zu Baruch, dem Sohn von Nerija, der die Worte des
Propheten nach dessen Diktat in die Buchrolle ge-
schrieben hatte: 2 »Der HERR, der Gott Israels, redet
zu dir, Baruch, und sagt: 3 ›Du klagst: Ich Unglücklicher!
Angst und Sorge drücken mich nieder und der HERR
fügt immer neue Drohungen hinzu. Ich bin erschöpft
von Stöhnen und finde keine Ruhe mehr!‹ 4 Im Auftrag
des HERRN sage ich dir: ›So spricht der HERR: Sieh her,
auf der ganzen Erde lege ich in Trümmer, was ich auf-
gebaut habe, und reiße aus, was ich eingepflanzt habe.
5 Und da willst du für dich ein Leben in Wohlstand und
Sicherheit? Verlange es nicht! Ich bringe Unglück über
alle Menschen; dir aber gebe ich dein Leben als Beute-
stück, wohin du auch kommst. Das sage ich, der HERR.‹«

46 Hier ist aufgeschrieben, was der HERR den
Propheten Jeremia als Gerichtsbotschaft gegen
die Völker verkünden ließ.

ÄGYPTEN UNTERLIEGT IN DER SCHLACHT BEI KARKEMISCH

2 Worte über Ägypten: Als das Heer des Pharaos Ne-
cho, des Königs von Ägypten, bei Karkemisch am Eu-
frat stand und dort von Nebukadnezzar, dem König
von Babylonien, besiegt wurde – es war im vierten Jahr
Jojakims, des Königs von Juda –, verkündete Jeremia
in Jerusalem: 3-4 »Ich höre die Kommandorufe der
Ägypter: ›Schilde aufnehmen! – Pferde anschirren! –
Aufsitzen! – Helm auf! In Schlachtordnung antreten! –
Lanzen bereitmachen! – Panzer anlegen! – Zum Kampf
vorrücken!‹ 5 Aber was muss ich sehen? Wie konnte es
dazu kommen? Die Kriegsleute verlässt der Mut; sie
weichen zurück! Selbst die Tapfersten können nicht
standhalten; jeder flieht, so schnell er kann, ohne sich
umzusehen! ›Schrecken überall‹, sagt der HERR. 6 Auch
der Schnellste kann nicht mehr entkommen, auch der
Stärkste sich nicht mehr retten. Im Norden, am Ufer
des Eufrats, stürzen sie hin und bleiben tot liegen.
7 Wer braust da heran wie das Wasser eines reißen-
den Stromes, wie der Nil, der das Land überflutet? 8 Das
ist Ägypten. Es sagt: ›Ich will nach Norden ziehen und
das ganze Land überfluten. Ich will die Städte vernich-
ten samt allen ihren Bewohnern. 9 Auf, ihr Pferde! Ihr
Streitwagen, rast los! Die besten Truppen voran, die
Schildträger aus Kusch und Put und die Bogenschüt-
zen aus Lud!‹ 10 Aber dem HERRN gehört die Erde und
am Tag der Schlacht nimmt er Rache an den Ägyptern,
seinen Feinden! Da frisst sein Schwert, bis es satt ist,
und betrinkt sich an ihrem Blut! Der HERR, der Herr-
scher über die ganze Welt, will ein Schlachtfest halten
im Land des Nordens, am Ufer des Eufrats! 11 Armes
Ägypten, lauf ruhig hinauf bis ins Bergland von Gilead
und hol dir dort Salbe! Aber alle Arzneien können dir
nichts helfen; deine Wunde heilt nicht mehr zu. 12 Die
Völker haben erfahren, wie sehr du gedemütigt wur-
dest; alle Welt hat dich schreien hören. Deine Kriegs-
leute stürzten einer über den andern und keiner kam
mit dem Leben davon.«

DIE BABYLONIER DRINGEN IN ÄGYPTEN EIN

13 Als Nebukadnezzar, der König von Babylonien, an-
rückte, um Ägypten zu erobern, sprach der HERR zum
Propheten Jeremia und befahl ihm, diese Botschaft
zu verkünden: 14 »Sagt den Ägyptern, was auf sie zu-
kommt; die Leute in Migdol und Memfis und Tachpan-
hes sollen es wissen! Sagt ihnen: ›Macht euch zum
Kampf bereit; nehmt eure Waffen zur Hand! Denn all
eure Nachbarn fraß schon das Schwert!‹ 15 Aber was
sehe ich? Auch der mächtige Pharao liegt schon am
Boden? Ja, er hat nicht standhalten können, denn der
HERR war es, der ihm den Stoß versetzte! 16 Der HERR
ließ die Söldner des Pharaos stolpern und stürzen,
einer fiel über den andern! Da riefen sie sich zu: ›Los,
gehen wir nach Hause, zurück in die Länder, aus de-
nen wir stammen, nur weg aus diesem mörderischen
Kampf! 17 Gebt dem Pharao einen neuen Namen; nennt
ihn: Großmaul, dessen Stunde vorüber ist!‹ 18 ›So ge-
wiss ich lebe‹, sagt der HERR, der König der ganzen
Welt, ›wie der Berg Tabor die umliegenden Hügel
überragt, wie der Karmel herausragt aus dem Meer, so
überragend an Macht ist der, der gegen dich, Pharao,
anrückt! 19 Packt eure Habseligkeiten, ihr Ägypter, ihr
müsst in die Verbannung! Denn Memfis wird zur Wüste
werden, zu einem Trümmerfeld, in dem niemand mehr
wohnt!‹ 20 Wie eine prächtige junge Kuh ist Ägypten.

Die Stechfliege aus dem Norden fällt über es her. 21 Da
laufen auch die Söldner davon, die in Ägypten gemäs-
tet wurden wie die Kälber. Kein Einziger von ihnen hält
stand, wenn der HERR abrechnet und Verderben über
sie bringt. 22 Ägyptens Heer weicht zurück wie eine
zischende Schlange, sobald die Feinde mit Macht an-
rücken und ihre Äxte schwingen wie Holzfäller. 23 Sie
schlagen ganz Ägypten kahl, wie man ein Dickicht ab-
holzt. Zahlreicher sind sie als Heuschrecken; niemand
kann sie zählen. 24 Ägypten ist mit Schande bedeckt,
preisgegeben dem Volk aus dem Norden. 25 Der Herr-
scher der Welt, der Gott Israels, sagt: ›Jetzt rechne
ich ab mit Amon, dem Gott von Theben, mit Ägypten
und all seinen Göttern und Königen, mit dem Pha-
rao und allen, die sich auf ihn verlassen! 26 Ich liefere
sie ihren Todfeinden aus: dem König Nebukadnezzar
von Babylonien und seinem Heer! Doch später soll
Ägypten wieder bewohnt sein wie in alten Zeiten.‹
Das sagt der HERR.«

TROSTWORT AN ISRAEL

27 »Aber ihr Nachkommen Jakobs, meines vertrauten
Dieners, habt keine Angst!«, sagt der HERR. »Ihr steht
unter meinem Schutz. Ihr Leute von Israel, verliert nicht
den Mut! Ich hole euch und eure Kinder heraus aus
dem fernen Land, in dem man euch gefangen hält. Ihr
werdet zurückkehren in euer Land und dort in Frieden
leben, sicher und ungestört. 28 Fürchtet euch nicht, ihr
Nachkommen meines Dieners Jakob«, sagt der HERR,
»ihr steht unter meinem Schutz. Ich bin bei euch! Alle
Völker, unter die ich euch zerstreut habe, werde ich
vernichten, aber niemals euch! Euch strafe ich nur,
wie ihr es verdient habt, denn ganz ungestraft kann
ich euch nicht lassen.«

ÜBER DIE PHILISTER

47 Noch bevor der Pharao die Stadt Gaza eroberte,
sprach der HERR zum Propheten Jeremia und
befahl ihm, über die Philister folgende Botschaft zu
verkünden: 2 »So spricht der HERR: ›Wasser bricht von
Norden herein. Es wird zu einem reißenden Strom, der
alles überflutet: das offene Land und was dort wächst,
die Städte und ihre Bewohner. Die Menschen klagen
und schreien, 3 denn sie hören das Stampfen der Pferde,
das Rasseln der Streitwagen, das Rollen der Räder. Da
kümmern selbst Eltern sich nicht mehr darum, wo
ihre Kinder bleiben; so sehr hat die Angst sie gepackt.
4 Denn der Tag ist gekommen, der allen Philistern den
Untergang bringt. Niemand wird übrig bleiben, der
Tyrus und Sidon künftig noch zu Hilfe kommen könnte.
Ich selbst, der HERR, bin es, der die Philister vernichtet,
den Rest dieser Leute, die einst von der Insel Kreta ka-
men.‹« 5 Die Einwohner von Gaza trauern; sie haben
sich den Kopf kahl geschoren. In Aschkelon ist jeder
Freudenlaut verstummt. Ihr Nachkommen der Ana-
kiter, wie lange werdet ihr noch trauern müssen und
euch die Haut blutig ritzen? 6 Ach, Schwert des HERRN,
willst du denn keine Ruhe geben? Kehr zurück in deine
Scheide! Hör auf zu wüten, halt ein! 7 Aber wie könnte
es Ruhe geben? Der HERR selbst gab ihm den Befehl,
Aschkelon und das Gebiet an der Küste zu schlagen.

MOABS ENDE IST GEKOMMEN

48 Worte über Moab: So spricht der Herrscher
der Welt, der Gott Israels: »Wehe den Bewoh-
nern von Nebo; ihre Stadt wird verwüstet. Schande
kommt über Kirjatajim; es wird erobert. Moab, die
sichere Festung, wird eingenommen und geschleift;
2 mit seinem Ruhm ist es vorbei. In Heschbon haben
die Feinde den Plan gefasst, der Moab den Untergang
bringt. ›Kommt‹, sagten sie, ›dieses Volk lassen wir
von der Erde verschwinden!‹ Auch in deinen Mauern,
Madmen, wird bald Totenstille herrschen; die Heere,
die dich vernichten, sind schon unterwegs!« 3 Horcht!
Hilfegeschrei von Horonajim her! Alles wird verwüs-
tet, alles sinkt in Trümmer. 4 Mit Moab ist es zu Ende.
Seine kleinen Kinder schreien laut. 5 Weinend ziehen
die Überlebenden den Aufstieg nach Luhit hinauf. Am
Abstieg von Horonajim hört man Menschen schreien
in ihrer Not. 6 »Weg von hier!«, rufen sie. »Bringt euch
in Sicherheit! Lauft in die Steppe und fristet dort euer
Leben wie der Wacholderstrauch!« 7 Moab, du hast
dich auf deine Festungen und auf deine Vorräte ver-
lassen, gerade deshalb wirst du erobert! Dein Gott
Kemosch wird in die Verbannung geführt, er und alle
seine Priester und die führenden Männer! 8 Der Feind,
der alles vernichtet, kommt über jede Stadt; keine ent-
geht ihrem Schicksal. Unten am Jordan und oben auf
der Hochebene wird alles in Trümmer sinken. So hat der
HERR es befohlen. 9 Setzt Moab einen Grabstein, denn
mit ihm ist es aus! Seine Städte werden zu Wüsten, in
denen keiner mehr wohnt. 10 Fluch über alle, die nur
halbherzig ausführen, was der HERR will! Fluch über
jeden, der sein Schwert zurückhält vom Blutvergießen!

MIT MOABS RUHE IST ES VORBEI

11 Nie wurde Moab von Feinden angegriffen, nie
musste sein Volk in Verbannung gehen. Es ist wie ein
Wein, der ungestört lagern durfte, der nie umgefüllt
wurde von einem Gefäß ins andere und der so seinen
Geschmack und seinen Duft voll entfalten konnte.
12 »Deshalb ist jetzt der Tag nicht mehr fern«, sagt
der HERR, »an dem ich Küfer nach Moab schicke, da-
mit sie den Wein umfüllen. Sie leeren alle Krüge aus
und schlagen sie in Stücke! 13 Moab wird von seinem
Gott Kemosch genauso im Stich gelassen, wie Israel
im Stich gelassen wurde von dem Stierbild in Bet-El,
auf das es seine Hoffnung setzte!« 14 Ihr Leute von
Moab, wie könnt ihr sagen: »Wir sind tapfere Kriegs-
leute, Männer wie geboren zum Kampf«? 15 Die Feinde,
die euer Land verwüsten und seine Städte erstürmen
werden, sind schon im Anmarsch. Die besten eurer
jungen Männer ziehen ihnen nur entgegen, um ab-
geschlachtet zu werden! Das sagt der König – »der
HERR, der Herrscher der Welt« ist sein Name. 16 Der
Untergang Moabs steht nahe bevor; ganz schnell
geht es mit ihm zu Ende. 17 Auf, ihr Nachbarn und alle
seine Bekannten, stimmt die Totenklage an und sagt:

»Unfassbar! Dieses mächtige Reich ist zerbrochen,
dieses mächtige, ruhmvolle Reich!«

DIE BOTSCHAFT DER FLÜCHTLINGE

18 Stadt Dibon, steig herab von deiner stolzen Höhe und
setz dich in den Staub! Denn die Feinde, die ganz Moab
verwüsten, ziehen zu dir hinauf und zerstören deine
Befestigungen. 19 Ihr Leute von Aroër, stellt euch an
die Straße und schaut, was da kommt! Fragt die flüch-
tenden Männer und Frauen: »Was ist geschehen?«
20 Sie werden euch sagen: »Mit Moab ist es aus; es
ist schmählich zusammengebrochen! Heult! Schreit!
Lasst es auch die Leute am Arnon wissen: Moab ist
vernichtet!« 21 Das Strafgericht brach herein über das
Hochland nördlich des Arnontals: über Holon, Jahaz
und Mefaat, 22 über Dibon, Nebo und Bet-Diblatajim,
23 über Kirjatajim, Bet-Gamul und Bet-Meon, 24 über
Kerijot und Bozra und alle übrigen Städte der Moabiter.
25 »Der stolzen Macht Moabs mache ich ein Ende!«,
sagt der HERR.

MOAB – GEGENSTAND VERDIENTEN SPOTTES

26-27 Gebt Moab Wein zu trinken, bis es betrunken ist
und sich erbrechen muss! Gegen den HERRN hat es sich
groß aufgespielt; verspottet habt ihr Moabiter sein
Volk Israel. Sooft ihr von ihm spracht, habt ihr höhnisch
den Kopf geschüttelt, als handle es sich um Leute, die
beim Diebstahl ertappt worden sind. Darum sollt ihr
nun selbst zum Gespött werden! 28 Volk von Moab,
verlass deine Städte und richte dich zwischen Felsen
ein! Du musst wie die Wildtauben leben, die an den
Wänden gähnender Schluchten ihre Nester bauen!

TRAUER UM MOAB

29 Wir kennen Moabs maßlosen Hochmut; wie über-
heblich und vermessen ist dieses Volk, wie eingebildet
auf seine Macht! 30 »Auch mir ist bekannt«, sagt der
HERR, »wie sehr es von sich eingenommen ist. Ständig
führt es das große Wort, aber seine Taten zeigen, dass
nichts dahintersteckt.« 31 Über Moab stimme ich ein
Klagelied an; ich schreie um Hilfe für dieses Volk, mich
jammern die Leute von Kir-Heres. 32 Volk von Sibma, um
dich weine ich noch mehr als um das Volk von Jaser. Du
bist wie ein Weinstock, dessen Ranken hinüberreichen
bis ans Tote Meer und hinauf bis nach Jaser. Doch zur
Zeit der Obsternte und der Weinlese kommen die Feinde
über dich und verwüsten alles. 33 Dann ist es vorbei mit
der Freude und dem Jubel in den Obst- und Weingärten
Moabs. Kein Traubensaft fließt in die Bottiche, denn
niemand tritt mehr die Kelter, und statt der fröhlichen
Rufe ist nur lautes Wehgeschrei zu hören. 34 Die Leute
von Heschbon schreien um Hilfe; ihr Schreien dringt
bis nach Elale und Jahaz; von Zoar bis nach Horonajim
und Eglat-Schelischija ist es zu hören. Selbst die Oase
von Nimrim wird zur Wüste. 35 »Bald wird es in Moab
niemand mehr geben, der auf den Altar hinaufsteigt, um
seinen Göttern zu opfern«, sagt der HERR, »ich mache
dem ein Ende!« 36 Darum singe ich mein Klagelied über
Moab, über die Leute von Kir-Heres. Es klingt traurig
wie die Flöten, die man zum Begräbnis spielt. Denn alle
Schätze, die Moab sich gesammelt hatte, sind verloren.
37 Zum Zeichen der Trauer ist jeder Kopf kahl gescho-
ren, jeder Bart abrasiert, alle Hände sind voll blutiger
Einschnitte, alle haben den Sack angezogen. 38 Auf den
flachen Dächern der Häuser und auf den Plätzen der
Städte gibt es nur noch Klagen und Weinen. Der HERR
sagt: »Ich habe Moab zerbrochen wie einen Krug, den
niemand haben will.« 39 Heult und schreit es hinaus:
»Mit Moab ist es zu Ende! In seiner Schmach kehrt es
allen den Rücken.« Alle Nachbarvölker werden es ver-
spotten und sich entsetzt von ihm abwenden.

DAS ABSCHLIESSENDE URTEIL

40 So spricht der HERR: »Wie Adler kommen die Feinde
herangeschossen und stürzen sich auf Moab!« 41 Die
Städte und Burgen werden erobert. An jenem Tag wer-
den die tapfersten Männer Moabs Angst haben wie
eine Frau, die in Wehen liegt. 42 Das Volk von Moab
wird vernichtet, es wird von der Erde verschwinden,
weil es sich gegen den HERRN groß aufgespielt hat.
43 »Schrecken, Fallgrube und Fangnetz warten auf euch,
ihr Bewohner von Moab«, sagt der HERR. 44 »Wem es
gelingt, dem Schrecken zu entfliehen, der fällt in die
Grube; wer es schafft, aus der Grube herauszukommen,
verfängt sich im Netz. Das ist das Schicksal, das ich euch
bereite, wenn ich mit euch abrechne!« 45 Flüchtlinge
kommen nach Heschbon und suchen Schutz. Aber die
Stadt steht in Flammen, vom Palast König Sihons geht
ein Feuer aus, das ganz Moab verzehrt, dieses Land
voller Maulhelden, die Abhänge und die Höhen. 46 Weh
dir, Moab, du Volk des Gottes Kemosch, dein Ende ist
da! Deine Männer und Frauen werden in die Gefan-
genschaft weggeführt. 47 »Doch später werde ich für
die Moabiter alles wieder zum Guten wenden«, sagt
der HERR. Hier enden die Gerichtsworte über Moab.

ÜBER DIE AMMONITER

49 Worte über die Ammoniter: So spricht der HERR:
»Warum hat Milkom, der Gott der Ammoniter,
sich das Gebiet des Stammes Gad angeeignet? Warum
hat sein Volk die Städte dort in Besitz genommen? Als
ob Israel keine Söhne und rechtmäßigen Erben mehr
hätte! 2 Aber wartet«, sagt der HERR, »der Tag kommt,
an dem ich gegen Rabba, die Hauptstadt der Ammoni-
ter, Feinde heranführe! Rabba wird zum Schutthaufen
werden und die umliegenden Orte wird das Feuer ver-
nichten! Dann wird Israel die beerben, die ihm seinen
Erbbesitz raubten!« 3 Ihr Leute von Heschbon, weint
und klagt, denn die Stadt Ai ist zur Wüste geworden!
Schreit, ihr Bewohner der Städte, die zu Rabba gehö-
ren, legt den Sack an, rennt klagend umher auf euren
Feldern, denn euer Gott Milkom geht in die Verban-
nung samt seinen Priestern und allen führenden Män-
nern! 4 Rabba, du Stadt, die sich gegen den HERRN und
sein Volk vergangen hat, was prahlst du mit deinen
fruchtbaren Tälern? Du vertraust auf deine Vorräte
und sagst: »Wer kommt schon gegen mich an?« 5 Der
HERR, der Herrscher über die ganze Welt, sagt: »Warte,

von allen Seiten bringe ich Schrecken über dich. Deine
Bewohner sollen in alle Richtungen zerstieben und
niemand wird da sein, der sie noch einmal sammelt!
6 Doch später werde ich für die Ammoniter alles wieder
zum Guten wenden«, sagt der HERR.

EDOM IST MIT SEINER WEISHEIT AM ENDE

7 Worte über Edom: So spricht der HERR, der Herrscher
der Welt: »Wo ist die Weisheit von Teman geblieben?
Fällt den klugen Köpfen dort nichts mehr ein? Ist ihr
Verstand eingerostet? 8 Ihr Kaufleute aus Dedan,
macht kehrt und flieht! Versteckt euch in Höhlen, denn
ich bringe Verderben über die Nachkommen Esaus;
jetzt rechne ich mit ihnen ab! 9 Winzer werden über
sie kommen, die für eine Nachlese nichts mehr übrig
lassen; Diebe werden nachts bei ihnen eindringen und
nach Herzenslust rauben und plündern. 10 Ich selber
liefere die Nachkommen Esaus an ihre Feinde aus. Ich
gebe ihre Schlupfwinkel preis; es hilft ihnen nichts,
wenn sie sich verstecken. Alle Edomiter finden den
Tod. Es wird keine Brüder oder Nachbarn mehr geben,
die sagen könnten: 11 ›Lass deine Kinder bei mir, ich
werde für sie sorgen; deine Frau kann sich auf meine
Hilfe verlassen!‹« 12 »Hört gut zu, ihr Edomiter!«, sagt
der HERR. »Aus dem Becher, der gefüllt ist mit meinem
Zorn, müssen selbst Leute trinken, die gar nicht dazu
verurteilt waren. Und ausgerechnet ihr solltet davon
verschont bleiben? Ihr kommt nicht ungestraft davon;
ihr werdet ihn trinken! 13 Ich, der HERR, habe bei mir
selbst geschworen: Eure Hauptstadt Bozra wird zum
Bild des Grauens werden, zu einem Gegenstand des
Spottes, zum Inbegriff der Verwüstung; ihr Name wird
als Fluchwort dienen. Auch die übrigen Städte Edoms
sollen für immer zu Trümmerhaufen werden!«

GOTT RUFT DIE VÖLKER ZUM KAMPF GEGEN EDOM

14 Der HERR hat mir gesagt, dass er einen Boten zu
den Völkern gesandt hat mit dem Befehl: »Sammelt
eure Heere zum Kampf gegen Edom! Greift es an!«
15-16 Zu Edom aber sagt der HERR: »Du wohnst in Fels-
klüften und auf hohen Bergen; aller Welt jagst du Angst
und Schrecken ein und hältst dich für den Größten.
Dafür mache ich dich jetzt zum kleinsten der Völker;
alle Welt wird dich verachten! Du kannst dein Nest
so hoch bauen wie ein Adler, ich hole dich von dort
herunter!« Das sagt der HERR.

EDOM WIRD VERWÜSTET

17 Der HERR sagt: »Edom wird so verwüstet, dass je-
der, der vorübergeht, erschrickt und sich entsetzt
abwendet. 18 Wie Sodom und Gomorra mit ihren Nach-
barstädten wird es Edom ergehen: Es wird so völlig
zerstört, dass niemand dort wohnen bleibt und kein
Mensch sich dort aufhalten mag. 19 Wie ein Löwe aus
dem Dickicht am Jordan heraufsteigt ins Weideland,
so werde ich kommen, und augenblicklich werden
alle Edomiter die Flucht ergreifen. Dann werde ich
den Mann, den ich dazu bestimmt habe, als Herrscher
über Edom einsetzen. Wer ist mir gleich, wer will Re-
chenschaft von mir fordern? Wo ist der Herrscher, der
mir Widerstand leisten könnte?« 20 Hört also, was der
HERR über Edom beschlossen hat, was mit den Leuten
von Teman geschehen wird: Wie eine Viehherde wird
man sie forttreiben, selbst die Kinder und Schwachen!
Ihr eigenes Land wird sich entsetzen, wenn es das
sieht. 21 Edom wird fallen! Von der Wucht seines Falls
wird die Erde beben und das Klagegeschrei der Edomi-
ter wird bis zum Roten Meer zu hören sein. 22 Wie Adler
steigen die Feinde auf, kommen herangeschossen und
stürzen sich auf Bozra. Da bekommen die tapfersten
Männer Angst wie eine Frau, die in Wehen liegt.

ÜBER DAMASKUS

23 Worte über Damaskus: Die Leute von Hamat und
Arpad sind bestürzt; sie vergehen vor Angst wegen
der Unglücksnachricht, die sie erhielten. Auch an der
Küste herrscht tiefe Besorgnis; niemand kommt mehr
zur Ruhe. 24 Denn Damaskus hat den Mut verloren.
Schon wendet sich sein Heer zur Flucht. Schmerz und
Angst haben die Stadt ergriffen wie eine gebärende
Frau. 25 Damaskus, die berühmte Stadt, die meine
Freude war – man hätte sie einfach verlassen sollen!
26 »Nun aber werden ihre jungen Männer auf den
Plätzen der Stadt tot niedersinken«, sagt der HERR,
der Herrscher der Welt. »An jenem Tag wird keiner
der Verteidiger mit dem Leben davonkommen. 27 Ich
werde Feuer an die Mauern von Damaskus legen, das
wird die Paläste Ben-Hadads vernichten!«

ÜBER VERSCHIEDENE ARABISCHE STÄMME

28 Worte über den Nomadenstamm Kedar und die sess-
haften Stämme von Hazor, die König Nebukadnezzar
von Babylonien inzwischen besiegt hat: Der HERR gab
den Babyloniern den Befehl: »Auf zum Kampf gegen
Kedar! Überwältigt die Stämme des Steppenlandes im
Osten!« 29 Ihre Zelte und ihre Herden wird man ihnen
wegnehmen, ihre Zeltdecken, ihren ganzen Hausrat
und ihre Kamele, und dazu rufen: »Schrecken überall!«
30 Den Leuten von Hazor ließ der HERR sagen: »Flieht!
Bringt euch schnellstens in Sicherheit! Haltet euch in
Höhlen versteckt! Nebukadnezzar hat es auf euch abge-
sehen; sein Plan gegen euch steht fest! 31 Ich selbst, der
HERR, habe den Babyloniern befohlen: ›Auf zum Kampf
gegen dieses sorglose, unbekümmerte Volk! Einsam
lebt es für sich und hat darum keine Städte, deren To-
re man verriegeln kann. 32 Holt euch ihre Kamele, holt
euch ihre riesigen Herden!‹ Ja, ich, der HERR, werde die
Leute mit den kahl geschorenen Schläfen in alle Winde
zerstreuen; von allen Seiten lasse ich Unheil über sie
kommen! 33 Hazor wird für immer zur Wüste, zu einem
Tummelplatz für Schakale. Niemand wird dort woh-
nen bleiben, kein Mensch sich dort aufhalten wollen.«

ÜBER ELAM

34 Zu Beginn der Regierungszeit von Zidkija, dem König
von Juda, sprach der HERR zum Propheten Jeremia und
befahl ihm, über die Elamiter folgende Botschaft zu

verkünden: 35 »Der HERR, der Herrscher der Welt sagt:
›Die Stärke der Elamiter sind ihre Bogenschützen, aber
ich werde ihnen die Bogen zerbrechen! 36 Ich lasse
Stürme gegen sie los aus allen vier Windrichtungen
zugleich, und in alle Winde werden sie zerstreut! Dann
wird es kein einziges Volk mehr geben, bei dem man
nicht auf versprengte Elamiter stößt. 37 Ich werde dafür
sorgen, dass sie vor ihren mordgierigen Feinden den
Mut verlieren. Ich bringe Unheil über sie; sie sollen die
Glut meines Zorns zu spüren bekommen! Krieg lasse
ich gegen sie wüten, bis nichts mehr von ihnen übrig
ist. 38 Den König von Elam und seine Minister werde ich
vernichten und meinen eigenen Thron dort errichten!‹
39 Doch später werde ich für die Elamiter alles wieder
zum Guten wenden«, sagt der HERR.

ÜBER BABYLONIEN

50 Der HERR sprach zum Propheten Jeremia und
befahl ihm, über Babylonien und seine Haupt-
stadt Babylon Folgendes zu verkünden:

BABYLONIENS ENDE – ISRAELS HEIMKEHR

2 Ruft es unter den Völkern aus, alle sollen es hören!
Schlagt es in allen Ortschaften an, macht es überall
bekannt! Verschweigt es nicht, damit alle es erfah-
ren: Babylon ist gefallen! Sein Herr und Beschützer
hat versagt: Der Gott Marduk liegt am Boden; die
abscheulichen Götzenbilder sind zertrümmert! 3 Von
Norden her rückt ein Volk heran, das Babylonien zur
Wüste macht. Niemand mehr kann dort leben; Men-
schen und Tiere ergreifen die Flucht und verschwinden
aus dem Land! 4 »Wenn es so weit ist«, sagt der HERR,
»werden die Leute aus Israel und die Leute aus Juda
gemeinsam in ihr Land heimkehren. Weinend werden
sie kommen und meine Nähe suchen, die Nähe ihres
Gottes. 5 Nach dem Weg zum Berg Zion werden sie
fragen; dort liegt ihr Ziel. Sie werden zueinander sagen:
›Kommt, wir kehren wieder zum HERRN zurück und
wollen den Bund mit ihm nie mehr vergessen!‹ 6 Wie
eine verlorene Herde war mein Volk. Seine Hirten lei-
teten es in die Irre; sie führten es auf Berge, auf denen
es der Verführung erlag, mir den Rücken zu kehren. Von
einem Berg zum andern zog es und vergaß darüber
seinen Lagerplatz. 7 Jeder, der es fand, fiel über es her.
›Wir machen uns damit nicht schuldig‹, sagten seine
Feinde, ›denn diese Leute haben sich gegen den HERRN
vergangen, der sie doch treu mit allem versorgte, was
sie zum Leben brauchten, und auf den ihre Vorfahren
alle Hoffnung setzten!‹«

BESTRAFUNG BABYLONIENS – VERGEBUNG FÜR ISRAELS REST

8 Der HERR sagt: »Ihr Ausländer alle, flieht aus Babylon
und verlasst das Land, so schnell ihr könnt! Drängt
euch durch wie die Böcke in der Herde, dass ihr noch
rechtzeitig wegkommt! 9 Denn ich biete die Heeres-
macht großer Völker gegen Babylon auf; aus dem Land
im Norden werden sie heranrücken und die Stadt er-
obern. Sie verstehen ihr Handwerk: keiner ihrer Pfeile
verfehlt sein Ziel! 10 Ganz Babylonien fällt in ihre Hand
und sie werden es nach Herzenslust ausplündern!
11 Freut euch nur und jubelt, ihr Babylonier! Ihr habt
mein Volk und mein Land ausgeplündert. Springt nur
wie die Kälber und wiehert wie übermütige Hengste!
12 Bald wird Babylon, eure Mutter, die euch geboren
hat, ganz erbärmlich dastehen. Ihr werdet das letzte
der Völker sein und euer Land wird zur ausgedörr-
ten Wüste. 13 Mein Zorn wird es völlig unbewohnbar
machen, alles wird zur Wüste! Und eure Hauptstadt
Babylon wird so zerstört, dass jeder, der vorbeikommt,
vor Entsetzen aufschreit!« 14 Ihr Bogenschützen, geht
rings um Babylon in Stellung! Schießt und spart nicht
mit Pfeilen, denn diese Stadt hat sich gegen den HERRN
vergangen! 15 Erhebt lautes Kriegsgeschrei von allen
Seiten und greift an! Seht! Babylon ergibt sich! Seine
Türme stürzen ein! Seine Mauern fallen! Der HERR
selbst will an dieser Stadt Vergeltung üben, darum
gebt es ihr und verfahrt mit ihr, wie sie mit anderen
verfuhr! 16 Lasst niemand am Leben, der noch einmal
ein Feld bestellen oder die Ernte einbringen könnte!
Alle aber, die nicht in diesem Land zu Hause sind, sollen
vor dem Wüten des Schwertes fliehen und zu ihrem
Volk und in ihre Heimat zurückkehren! 17 Israel war ein
versprengtes Schaf, auf das die Löwen Jagd machten:
Zuerst packte es der König von Assyrien und machte
sich über es her. Dann kam Nebukadnezzar, der König
von Babylonien, nahm den Rest und zermalmte auch
noch die Knochen. 18 Darum sagt der HERR, der Herr-
scher der Welt, der Gott Israels: »Jetzt ziehe ich den
König von Babylonien und sein ganzes Land zur Re-
chenschaft, genauso wie ich den König von Assyrien
zur Rechenschaft gezogen habe. 19 Israel aber bringe
ich zurück an seinen Weideplatz. Es soll wieder weiden
auf dem Karmel und auf der Hochebene von Baschan,
im Bergland von Efraïm und von Gilead und es wird ihm
an nichts mehr fehlen. 20 Dann wird man vergeblich
nach der Schuld Israels und nach den Sünden Judas su-
chen – sie sind nicht mehr da; denn ich habe denen die
Schuld vergeben, die ich aus meinem Volk übrig lasse.«

VERGELTUNG FÜR DIE ZERSTÖRUNG DES TEMPELS

21 Der HERR hat den Befehl gegeben: »Auf zum Kampf
gegen das Land Meratajim, gegen die Bewohner von
Pekod! Vollstreckt den Bann an den Menschen und
ihrem ganzen Besitz! Haltet euch genau an diesen Be-
fehl!« 22 Schon ist das Land voll Kriegslärm, schon sinkt
alles in Trümmer. 23 Babylon, du Hammer, der die ganze
Welt in Stücke schlug, jetzt liegst du selber zerschmet-
tert am Boden, ein Bild des Grauens für alle Völker!
24 »Babylon, ich selbst habe dir eine Falle gestellt«,
sagt der HERR, »und prompt bist du hineingelaufen.
Ich habe dich gefangen und jetzt rechne ich mit dir
ab; denn mit mir, dem HERRN, hast du dich angelegt!«
25 Wie einer Waffen aus der Rüstkammer holt, so holt
der HERR in seinem Zorn die Völker herbei. Er, der Herr-
scher über die ganze Welt, hat Arbeit für sie im Land
der Babylonier. 26 Er befiehlt ihnen: »Fallt über sie her

von allen Seiten! Brecht ihre Vorratshäuser auf! Werft
alles, was ihr findet, auf einen Haufen und vollstreckt
daran den Bann; nichts darf übrig bleiben! 27 Bringt die
jungen Männer um, führt sie ab wie junge Stiere zur
Schlachtung! Weh über sie, der Tag der Abrechnung
ist da!« 28 Horcht! Flüchtlinge aus Babylonien sind
gekommen! Sie berichten auf dem Berg Zion, wie der
HERR, unser Gott, den Babyloniern vergilt, was sie mit
seinem Tempel gemacht haben!

DIE VERMESSENHEIT BABYLONS WIRD BESTRAFT

29 Bietet alle Bogenschützen auf gegen Babylon und
schließt den Belagerungsring! Niemand darf aus der
Stadt entkommen! Zahlt ihr die Verbrechen heim, die
sie begangen hat; verfahrt mit ihr genauso, wie sie
mit anderen verfahren ist! Sie hat sich groß aufge-
spielt gegen den heiligen Gott Israels! 30 »Ja«, sagt der
HERR, »die jungen Männer von Babylon werden auf
den Plätzen der Stadt tot niedersinken; keiner der Ver-
teidiger kommt mit dem Leben davon! 31 Babylon, du
hochmütige Stadt«, sagt der HERR, der Herrscher über
die ganze Welt, »der Tag ist gekommen, dass ich mit
dir abrechne! 32 Du wirst stürzen und niemand hilft dir
wieder auf. Ich lege Feuer an die Städte, die zu dir ge-
hören; das wird das ganze Land ringsum vernichten!«

GOTT ERZWINGT DIE FREILASSUNG SEINES VOLKES

33 So spricht der HERR, der Herrscher der Welt: »Die
Leute aus Israel und aus Juda werden unterdrückt. Das
Volk, das sie gefangen weggeführt hat, will sie nicht
wieder gehen lassen. 34 Doch an mir haben sie einen
starken Anwalt – ›der HERR, der Herrscher der Welt‹ ist
sein Name. Ich werde ihnen zum Recht verhelfen und
der Erde wieder Ruhe verschaffen. Doch die Bewoh-
ner Babylons will ich das Zittern lehren!« 35 »Tod den
Babyloniern!«, sagt der HERR. »Tod ihren mächtigen
Führern und weisen Ratgebern, allen Bewohnern der
Hauptstadt Babylon! 36 Tod ihren Wahrsagern; was für
Narren sind sie! Tod ihren Elitetruppen; sie sind vor
Schrecken starr! 37 Tod ihren Pferden und Streitwagen!
Tod ihren fremden Söldnertruppen; sie vergehen vor
Angst wie Frauen! Weg mit ihren Schätzen und Vor-
räten; sie werden alle geplündert! 38 Weg mit ihren
Bewässerungskanälen; das ganze Land soll verstep-
pen und verdorren! Es ist ein Land voller Götzenbilder;
ihre scheußlichen Fratzen haben den Babyloniern den
Verstand geraubt! 39 Darum sollen jetzt Wildkatzen,
Schakale und Strauße sich in ihrem Land tummeln, aber
Menschen werden dort niemals mehr wohnen! 40 Wie
es Sodom und Gomorra und ihren Nachbarstädten er-
ging, so wird es Babylonien ergehen«, sagt der HERR,
»es wird so völlig zerstört, dass niemand dort wohnen
bleibt und kein Mensch sich dort aufhalten mag!«

DER FEIND AUS DEM NORDEN

41 Ein großes Volk kommt von Norden her, mächtige
Könige machen sich auf vom Ende der Erde. 42 Ihre
Krieger kämpfen mit Bogen und Krummschwert, sie
sind grausam und kennen kein Erbarmen. Auf Pferden
reiten sie heran; es dröhnt wie das Tosen der Meeres-
brandung. Sie sind bereit zum Angriff; zum Angriff auf
dich, Babylon! 43 Als dein König die Nachricht davon
erhielt, sind ihm die Hände herabgesunken! Angst hat
ihn befallen, Schmerzen wie die Wehen einer gebä-
renden Frau! 44 »Wie ein Löwe aus dem Dickicht am
Jordan heraufsteigt ins Weideland, so werde ich selber
kommen«, sagt der HERR, »und augenblicklich werden
alle Babylonier die Flucht ergreifen. Dann werde ich
den Mann, den ich dazu bestimmt habe, als Herrscher
über Babylonien einsetzen. Wer ist mir gleich, wer will
Rechenschaft von mir fordern? Wo ist der Herrscher,
der mir Widerstand leisten könnte?« 45 Hört also, was
der HERR über Babylon beschlossen hat, was mit den
Bewohnern Babyloniens geschehen wird: Wie eine
Viehherde wird man sie forttreiben, selbst die Kinder
und Schwachen! Ihr eigenes Land wird sich entsetzen,
wenn es das sieht! 46 Von dem Ruf »Babylon ist gefal-
len!« wird die Erde erzittern, und das Klagegeschrei
der Besiegten wird zu allen Völkern durchdringen!

DAS GERICHT GOTTES ÜBER BABYLON

51 So spricht der HERR: »Ich lasse einen verheeren-
den Sturm losbrechen gegen die Stadt Babylon
und gegen alle, die in diesem Zentrum des Aufruhrs
gegen mich wohnen! 2 Ich schicke Fremde, die sollen
das Volk von Babylon davonjagen, so wie der Wind die
Spreu fortweht; sie sollen das ganze Land ausplün-
dern. Wenn für Babylonien die Stunde geschlagen
hat, wird es von allen Seiten zugleich angegriffen!
3 Ich gebe seinen Feinden den Befehl: ›Schießt die Bo-
genschützen nieder und all die stolzen gepanzerten
Krieger! Habt kein Mitleid mit den jungen Männern
von Babylon, vollstreckt den Bann an seinem ganzen
Heer!‹« 4 Dann wird Babylon übersät sein von Toten
und auf allen Straßen werden Verwundete liegen. 5 Ja,
Israel und Juda sind nicht im Stich gelassen von ihrem
Gott, dem Herrscher der Welt! Babylonien hat sich
schwer gegen ihn, den heiligen Gott Israels, vergan-
gen! 6 Flieht aus Babylonien, ihr Leute von Israel und
Juda, rettet euer Leben! Ihr sollt nicht mit umkom-
men, wenn dieses Land jetzt für seine Schuld bestraft
wird! Denn die Zeit der Vergeltung ist da; jetzt zahlt
der HERR den Babyloniern alles heim, was sie getan
haben! 7 Babylon war ein goldener Becher in der Hand
des HERRN. Mit seinem Wein machte es die ganze Welt
betrunken; alle Völker verloren davon den Verstand.
8 Plötzlich fällt der Becher zu Boden und zerbricht.
Ihr Völker, haltet die Totenklage für Babylon! Schafft
Salbe herbei für seine Wunden, vielleicht heilen sie!
9 Aber die Abgesandten der Völker entgegnen: »Wir
haben Babylon zu helfen versucht, doch ihm ist nicht
mehr zu helfen! Überlasst es seinem Schicksal, wir
kehren in unsere Heimat zurück. Dieses Strafgericht
überschreitet jedes irdische Maß!« 10 Die Leute aus
Israel und Juda aber werden sagen: »Der HERR hat
unser Recht wiederhergestellt! Kommt, wir wollen

zum Berg Zion gehen und dort erzählen, was der HERR,
unser Gott, getan hat!«

DIE MEDER VOLLSTRECKEN DAS GERICHT GOTTES

11 Der HERR hat den Königen von Medien in den Sinn
gegeben, gegen Babylonien Krieg zu führen. Sie sollen
das Land vernichten. So vergilt er den Babyloniern, was
sie mit seinem Tempel gemacht haben. Ich höre schon
die Kommandorufe der Meder: »Pfeile bereitmachen! –
Schilde aufnehmen! 12 Gebt das Zeichen zum Angriff
auf die Mauern von Babylon! – Verstärkt den Belage-
rungsring! – Stellt überall Posten auf! – Legt Truppen in
den Hinterhalt!« Ja, der HERR führt durch, was er sich
vorgenommen und den Babyloniern angedroht hat!
13 Volk von Babylon, du wohnst an den Ufern großer
Ströme und bist unermesslich reich. Doch deine Zeit ist
abgelaufen, du hast genug zusammengeraubt! 14 Der
HERR, der Herrscher der Welt, hat bei sich selbst ge-
schworen: »Die Feinde werden in dein Land einfallen
wie Heuschreckenschwärme und ihr Triumphgeschrei
über dich erheben!« 15 Der HERR hat die Erde geschaf-
fen und dadurch seine Macht gezeigt: Das feste Land
ist ein Werk seiner Weisheit, der Himmel darüber ein
Beweis seines überlegenen Könnens. 16 Wenn er es be-
fiehlt, sammelt sich mit Donnergetöse das Wasser am
Himmel, Wolken steigen am Horizont auf, Blitze öffnen
dem Regen die Bahn und der Wind bricht aus seinen
Kammern hervor. 17 Kein Mensch kann das begreifen,
sprachlos vor Staunen steht jeder davor. Und alle, die
Götterbilder gemacht haben, müssen sich ihrer Mach-
werke schämen; denn diese Bilder sind Betrug, kein
Hauch von Leben ist in ihnen. 18 Wertlose Figuren sind
sie, über die man spottet. Wenn der HERR Gericht hält,
ist es aus mit ihnen. 19 Wie anders ist der Gott Israels!
Er hat das Weltall geschaffen und das Volk Israel für
immer zu seinem Eigentum gemacht. »Der HERR, der
Herrscher der Welt« ist sein Name.

GRÖSSE UND GRENZE DER MACHT BABYLONIENS

20 Der HERR sagt: »Die Babylonier sind mein Hammer,
meine Kriegswaffe, mit ihnen zerschlage ich Völker
und Königreiche. 21 Mit ihnen zerschlage ich Pferde
und Reiter, Wagen und Lenker, 22 Männer und Frauen,
Greise, junge Leute und Kinder. 23 Mit ihnen zer-
schlage ich die Hirten samt ihren Herden, die Bauern
samt ihren Zugtieren. Statthalter und Befehlshaber
zerschlage ich mit ihnen. 24 Aber jetzt sollt ihr Leute
von Israel mit eigenen Augen sehen, wie ich ihnen
das Böse heimzahle, das sie an Jerusalem verübt ha-
ben! 25 Babylon, du Berg der Vernichtung, von dem
Vernichtung ausgeht in alle Welt, pass auf, jetzt komme
ich über dich!«, sagt der HERR. »Ich packe dich und
stürze dich in die Tiefe! Ich mache aus dir einen Berg
von Schutt und Asche! 26 Man soll keinen Stein mehr in
dir finden, der noch einmal für eine Grundmauer oder
als Eckstein zu verwenden wäre; für alle Zeiten wirst
du ein Schutthaufen sein!«

BABYLONS ENDE IST GEKOMMEN

27 Gebt das Zeichen zum Kampf gegen Babylon, bei
allen Völkern stoßt ins Kriegshorn! Ruft die Völker auf
zum heiligen Krieg! Bietet die Königreiche von Ararat,
Minni und Aschkenas zum Kampf auf! Bestellt die Of-
fiziere, die die Truppen ausheben! Lasst Reiterscharen
anrücken, zahlreich und grausam wie Heuschrecken-
schwärme! 28 Ruft die Völker auf zum heiligen Krieg!
Die Könige von Medien sollen sich rüsten, ihre Statt-
halter und Befehlshaber und die Völker, über die sie
gebieten! 29 Da zittert und bebt die Erde, denn der Plan
des HERRN geht jetzt in Erfüllung: Die Stadt Babylon
und das ganze Land werden zu einer Wüste, in der
kein Mensch mehr wohnt. 30 Die Verteidiger Babylons
haben den Kampf schon aufgegeben. Die stärksten
Krieger hocken in den Festungstürmen, haben keine
Kraft mehr und vergehen vor Angst wie Frauen. Schon
sind die Tore der Stadt erobert, viele Häuser stehen in
Flammen. 31 Ein Bote nach dem andern kommt, um
dem König von Babylon zu melden: »Die Feinde drin-
gen von allen Seiten in die Stadt ein! – 32 Sie haben die
Flussübergänge besetzt und die Verteidigungsanlagen
in Brand gesteckt! – Unter unseren Männern ist Panik
ausgebrochen!« 33 So spricht der HERR, der Herrscher
der Welt, der Gott Israels: »Wenn der Dreschplatz fest-
gestampft wird, ist die Zeit des Dreschens nicht mehr
fern. Das eine geschieht schon mit Babylon, das andere
wird dann nicht lange auf sich warten lassen!«

GOTT VERHILFT JERUSALEM ZU SEINEM RECHT

34 Ich höre die Zionsstadt klagen: »Nebukadnezzar,
der König von Babylonien, hat mich vernichtet! Er hat
mich leer gefressen und wie eine leere Schüssel stehen
lassen. Er hat sich den Bauch mit meinen Leckerbissen
voll geschlagen und mich dann von sich gestoßen.
Wie ein Drache hat er mich verschlungen!« 35 Darum
soll Jerusalem sagen: »Was sie mir angetan haben,
soll der Stadt Babylon heimgezahlt werden! Für mein
Blut, das geflossen ist, soll ganz Babylonien zur Re-
chenschaft gezogen werden!« 36 So spricht der HERR
zur Zionsstadt: »Ich werde dir zum Recht verhelfen
und den Babyloniern heimzahlen, was sie dir ange-
tan haben. Den Eufrat lasse ich austrocknen, ich lasse
seine Quellen versiegen. 37 Die Stadt Babylon soll zum
Trümmerhaufen werden, zu einem Tummelplatz der
Schakale, zum Bild des Grauens. Wer das sieht, wird
sich mit Entsetzen abwenden. Kein Mensch soll dort
mehr wohnen. 38 Lass die Babylonier nur brüllen wie
die Löwen und knurren wie Löwenjunge. 39 Für ihren
Heißhunger bereite ich ihnen ein Festmahl und mache
sie dabei betrunken! Sie sollen lustig werden und dann
einschlafen – für immer! Das sage ich, der HERR. 40 Wie
Lämmer, wie Schaf- und Ziegenböcke führe ich sie zur
Schlachtung!«

SPOTT ÜBER DEN STURZ BABYLONS

41 Wie war das möglich? Babylon ist gefallen, diese
weltberühmte Stadt. Wie konnte es dahin kommen?
Alle Völker sind entsetzt. 42 Das Meer ist nach Babylon

vorgedrungen und hat die Stadt unter seinen donnernden Fluten begraben. 43 Auch die anderen Städte sind alle vernichtet! Babylonien ist zur Wüste geworden, zu einer dürren Steppe, zu einem Land, das niemand mehr bewohnt und niemand durchwandert!

BEL UND DIE BERÜHMTE MAUER WERDEN FALLEN

44 Der HERR sagt: »Jetzt rechne ich ab mit Bel, dem Gott von Babylon! Alles, was er geraubt und verschlungen hat, reiße ich ihm wieder aus dem Maul. Die Völker werden nicht mehr zu ihm strömen, um ihm Opfer zu bringen! Auch die Mauer von Babylon wird fallen! 45 Ihr, die ihr zu meinem Volk gehört, verlasst diese Stadt! Bringt euer Leben in Sicherheit, denn mein glühender Zorn wird sich über ihr entladen!«

ZUSPRUCH FÜR DAS VERZAGTE VOLK

46 Ihr Leute von Israel, verliert nicht den Mut! Fürchtet euch nicht wegen der schlimmen Nachrichten, die im Land umlaufen! Wenn ihr heute die eine Schreckensmeldung hört und morgen die nächste, wenn überall brutale Gewalt herrscht und ein Machthaber den andern verjagt, 47 dann haltet euch an das, was ich, der HERR, sage: »Der Tag kommt, an dem ich mit den Götzen Babylons abrechne! Babylonien wird mit Schimpf und Schande untergehen; überall werden Tote liegen! 48 Himmel und Erde und alles, was auf Erden lebt, wird in Jubel ausbrechen, wenn von Norden her die Feinde anrücken und Babylonien vernichten!«

GOTTES BESCHLUSS STEHT FEST

49 Wegen Babylon sind Menschen in aller Welt gefallen, aber wegen der Gefallenen aus Israel wird nun Babylon fallen! 50 Ihr aber aus dem Volk Israel, die ihr mit dem Leben davongekommen seid, verlasst Babylonien; verliert keine Zeit! Denkt in der Ferne an den HERRN; vergesst Jerusalem nicht! 51 Ihr sagt zwar: »Der HERR hat uns enttäuscht! Alle Völker haben uns verspottet und verhöhnt; wir müssen uns schämen, dass Fremde in den heiligen Tempel des HERRN eindringen konnten.« 52 Doch der HERR antwortet: »Der Tag kommt, an dem ich mit den Götzen Babylons abrechne; dann wird ganz Babylonien voll sein vom Stöhnen tödlich Verwundeter! 53 Und wenn Babylon auch bis in den Himmel aufstiege, sich in unzugänglicher Höhe verschanzte, die Feinde, die ich herbeirufe, würden es dennoch zerstören!«

KRIEGSLÄRM UND TODESSCHWEIGEN BEENDEN DAS LÄRMEN DER WELTSTADT BABYLON

54 Horcht! Hilfegeschrei von Babylon her; das ganze Land sinkt in Trümmer! 55 Der HERR vernichtet Babylon, er macht seinem lärmenden Treiben ein Ende. Wie tobende, brüllende Meereswogen 56 sind die Feinde über die Stadt gekommen und verwüsten alles. Babylons Soldaten werden gefangen genommen, ihre Bogen zerbrochen. Ein Gott der Vergeltung ist der HERR; er rechnet gründlich ab! 57 »Ich mache die mächtigen und klugen Führer Babylons betrunken«, sagt der HERR, »alle seine Statthalter und Befehlshaber und seine Kriegsleute! Sie sollen in einen Schlaf versinken, aus dem sie nicht mehr erwachen!« Das sagt der König, der den Namen trägt »Der HERR, der Herrscher der Welt«.

NOCH EINMAL ÜBER BABYLONS MAUER

58 Der HERR, der Herrscher der Welt, sagt: »Die gewaltige Mauer von Babylon wird bis auf den Grund zerstört und seine stolzen Tore werden verbrannt!« Ganze Völker haben sich vergeblich für dich geplagt, es ist alles dem Untergang geweiht.

DER AUFTRAG JEREMIAS AN SERAJA

59-60 Alle diese Unheilsankündigungen gegen Babylon hatte Jeremia auf eine Buchrolle geschrieben. Als Zidkija, der König von Juda, in seinem vierten Regierungsjahr nach Babylon reiste, begleitet vom Oberquartiermeister Seraja, einem Sohn von Nerija und Enkel von Machseja, gab Jeremia die Rolle Seraja mit und erteilte ihm folgenden Auftrag: 61 »Wenn du in Babylon angekommen bist, dann verliest du alles, was in dieser Rolle steht, 62 und anschließend sagst du: ›HERR, damit hast du selbst dieser Stadt das Todesurteil gesprochen; kein Mensch und kein Stück Vieh sollen mehr in ihr wohnen, sie soll für immer zu einer Wüste werden.‹ 63 Danach bindest du einen Stein an die Rolle und wirfst sie in den Eufrat. 64 Dabei rufst du: ›So wie diese Rolle wird die Stadt Babylon versinken und nicht wieder hochkommen wegen des Unheils, das der HERR über sie bringt! Mit Babylon ist es aus!‹« Hier enden die Worte Jeremias.

DAS ENDE VON KÖNIG ZIDKIJA

52 Zidkija war 21 Jahre alt, als er König wurde, und er regierte elf Jahre in Jerusalem. Seine Mutter hieß Hamutal; sie war eine Tochter von Jirmeja und stammte aus Libna. 2 Zidkija tat, was dem HERRN missfällt, genauso wie sein Bruder Jojakim. 3 Nun aber war das Maß voll. Der HERR war so zornig über die Bewohner von Jerusalem und Juda, dass er sie aus seinen Augen wegschaffen ließ. Zidkija lehnte sich gegen Nebukadnezzar, den König von Babylonien, auf. 4 Da erschien dieser im neunten Regierungsjahr von Zidkija mit allen seinen Truppen vor Jerusalem. Rings um die Stadt ließ er einen Belagerungswall aufschütten. Am 10. Tag des 10. Monats begann die Belagerung 5 und sie dauerte bis ins elfte Regierungsjahr von Zidkija. 6 Zuletzt waren die Nahrungsmittel in der Stadt völlig aufgebraucht. Am 9. Tag des 4. Monats im elften Jahr Zidkijas 7 schlugen die Babylonier eine Bresche in die Stadtmauer. Im Schutz der Dunkelheit gelang es König Zidkija und seinen Kriegsleuten, durch den Torweg zwischen den beiden Mauern am königlichen Garten die Stadt zu verlassen und den Belagerungsring zu durchbrechen. Sie flohen in östlicher Richtung zur Jordanebene. 8 Sofort nahmen babylonische Truppen die Verfolgung auf und holten Zidkija in der Ebene bei

Jericho ein. Von seinen Kriegsleuten im Stich gelassen, 9 wurde er gefangen genommen und nach Ribla in der Provinz Hamat vor den König von Babylonien gebracht. Nebukadnezzar selbst sprach ihm das Urteil. 10 Zidkija musste mit ansehen, wie man seine Söhne abschlachtete. Auch alle führenden Männer von Juda wurden dort hingerichtet. 11 Danach wurden Zidkija die Augen ausgestochen. Mit Ketten gefesselt nahm Nebukadnezzar ihn mit nach Babylon und warf ihn ins Gefängnis. Dort blieb er bis zu seinem Tod.

DIE ZERSTÖRUNG JERUSALEMS UND DAS SCHICKSAL DER BEVÖLKERUNG

12 Im 19. Regierungsjahr Nebukadnezzars, am 10. Tag des 5. Monats, traf Nebusaradan, der Befehlshaber der königlichen Leibwache, einer der engsten Vertrauten des Babylonierkönigs, in Jerusalem ein. 13 Er ließ den Tempel des HERRN, den Königspalast und alle vornehmen Häuser Jerusalems niederbrennen. Auch alle anderen Häuser gingen in Flammen auf. 14 Seine Leute rissen die Mauern der Stadt ringsum nieder. 15 Nebusaradan ließ die restliche Stadtbevölkerung, auch alle, die zu den Babyloniern übergelaufen waren, sowie den Rest der Handwerker gefangen wegführen. 16 Nur aus der ärmsten Schicht der Landbevölkerung ließ er eine Anzahl zurück, damit sie die Weinberge und Äcker bestellten. 17 Die Babylonier zertrümmerten die bronzenen Säulen, die vor dem Tempel des HERRN aufgestellt waren, und ebenso die Kesselwagen und das große Bronzebecken und schafften all dies Metall nach Babylon. 18 Sie nahmen aus dem Tempel die Töpfe, Schaufeln und Messer mit, die Schalen zum Auffangen des Blutes und die Pfannen, alle Bronzegeräte, die für den Tempeldienst gebraucht worden waren. 19 Auch alle goldenen und silbernen Geräte des Tempels nahm Nebusaradan mit: die Schüsseln, Feuerbecken, Schalen und Töpfe, die Leuchter und die Schalen und die Kannen für das Trankopfer. 20 Für die beiden Säulen, das große Becken, die zwölf Rinder, auf denen es ruhte, und die Kesselwagen hatte König Salomo eine ungeheure Menge Bronze verarbeitet. 21 Die beiden Säulen waren neun Meter hoch. Ihr Umfang betrug sechs Meter. Sie waren innen hohl, der Metallmantel war acht Zentimeter dick. 22 Jede trug ein bronzenes Kapitell von zweieinhalb Meter Höhe. Die Kapitelle waren ringsum mit Bandgeflecht und Granatäpfeln aus Bronze verziert. 23 Hundert Granatäpfel waren an jedem Kapitell, sechsundneunzig davon waren von unten zu sehen. 24 Nebusaradan, der Befehlshaber der Leibwache, ließ den Obersten Priester Seraja, seinen Stellvertreter Zefanja und die drei Torhüter festnehmen. 25 In der Stadt fanden sich außerdem noch ein hoher Offizier, sieben Männer aus der nächsten Umgebung des Königs, der Beamte, der für die Musterung des Heeres verantwortlich war, und sechzig angesehene Männer aus dem Gebiet von Juda. Auch sie ließ Nebusaradan verhaften 26 und brachte sie zum babylonischen König nach Ribla in der Provinz Hamat. 27 Dort ließ Nebukadnezzar sie hinrichten. So wurde das Volk von Juda aus seinem Land in die Verbannung weggeführt. 28 Hier ist die Zahl der Weggeführten: In seinem siebten Regierungsjahr führte Nebukadnezzar 3023 Männer aus Juda in die Gefangenschaft, 29 in seinem achtzehnten Regierungsjahr 832 Einwohner von Jerusalem. 30 Im dreiundzwanzigsten Regierungsjahr Nebukadnezzars brachte Nebusaradan, der Befehlshaber der Leibwache, nochmals 745 Männer aus Juda nach Babylonien. Insgesamt waren es 4600 Männer, die in die Verbannung nach Babylonien weggeführt wurden.

GRUND FÜR NEUE HOFFNUNG?

31 Als Ewil-Merodach König von Babylonien wurde, begnadigte er noch im selben Jahr König Jojachin von Juda und holte ihn aus dem Gefängnis. Das geschah im 37. Jahr der Gefangenschaft Jojachins, am 25. Tag des 12. Monats. 32 Der neue König behandelte Jojachin freundlich und gab ihm eine Ehrenstellung unter den fremden Königen, die wie Jojachin nach Babylon gebracht worden waren. 33 Jojachin durfte seine Gefängniskleidung ablegen und zeitlebens an der königlichen Tafel speisen. 34 Auf Anordnung des Königs von Babylonien wurde ihm bis zu seinem Tod täglich alles geliefert, was er zu seinem Unterhalt brauchte.

DIE **KLAGELIEDER**

JERUSALEM, EINE EINSAME WITWE

1 Ach, wie einsam ist die Stadt geworden, / die früher voller Menschen war! / Einst war sie bei allen Völkern geachtet, / jetzt gleicht sie einer schutzlosen Witwe. / Sie, die Herrin über viele Länder, / muss nun als Sklavin Frondienst leisten. // 2 Sie weint und klagt die ganze Nacht, / Tränen laufen ihr über die Wangen. / Von den Liebhabern, die sie einst begehrten, / kommt nicht einer, um sie zu trösten. / Alle Freunde sind ihr untreu geworden / und haben sich gegen sie gewandt. // 3 Nach langer Zeit der Not und Bedrängnis / wurden die Leute von Juda weggeführt. / Die Verfolger trieben sie in die Enge / und setzten ihnen grausam zu. / Unter fremden Völkern müssen sie wohnen / und können nirgendwo Ruhe finden. // 4 Die Wege zum Zionsberg liegen verlassen; / sie trauern, weil niemand zum Fest kommt. / Die Tore der Stadt sind trostlose Trümmer, / die Priester des Tempels seufzen vor Gram, / bedrückt sind die Mädchen, die früher dort sangen, / Jerusalem selbst leidet tödliche Qualen. // 5 Die Feinde sind auf dem Gipfel des Glücks; / sie haben endlich erreicht, was

sie wollten. / Der HERR hat der Stadt dieses Leid ge-
schickt / als Strafe für ihre vielen Vergehen. / Ihre
Kinder hat der Feind geraubt / und als Gefangene
vor sich hergetrieben. // 6 Die Zionsstadt hat all
ihren Glanz verloren: / Ihre Führer sind wie hun-
gernde Hirsche, / die nirgendwo ihre Weide fin-
den / und kraftlos immer weiter fliehen, / weil der
Jäger ihnen auf den Fersen bleibt. // 7 Die Zionsstadt
denkt zurück an die Tage, / als sie in höchste Be-
drängnis geriet. / Sie denkt traurig an die verlorenen
Schätze, / die sie seit uralter Zeit besaß. // Als ihr Volk
in die Hand des Feindes fiel, / gab es weit und breit
niemand, der ihr half. / Ihre Gegner schauten scha-
denfroh zu / und lachten, als sie unterging. // 8 Sie
hat schwere Schuld auf sich geladen / und sich selbst
zum Gespött gemacht. / Wer sie früher verehrte, ver-
achtet sie nun, / weil er sie nackt und schutzlos liegen
sah. / Sie aber seufzt und stöhnt vor Scham / und wen-
det ihr Gesicht von ihnen ab. // 9 Bei ihrem schlimmen
Treiben bedachte sie nicht, / dass sie ihre Unreinheit
nicht verbergen kann. / Entsetzlich tief ist sie gefal-
len / und niemand ist da, der sie trösten will. / Nun
schreit sie: »Sieh doch mein Elend, HERR! / Höre
doch, wie die Feinde prahlen!« // 10 Die Hand des
Feindes hat zugegriffen / und alle ihre Schätze ge-
raubt. / Hilflos musste sie es mit ansehen, / wie
die Fremden ins Heiligtum eindrangen, / Fremde,
denen der HERR doch verboten hatte, / mit seinem
Volk dort vor ihn zu treten. // 11 Alle Bewohner der
Zionsstadt stöhnen, / verzweifelt suchen sie nach
Nahrung. / Sie geben ihren Schmuck für ein Stück
Brot, / damit sie sich am Leben erhalten. / Laut klagt
die Stadt: »HERR, sieh mich doch an! / Sieh doch, wie
sehr man mich verachtet!« // 12 Allen, die vorüber-
gehen, ruft sie zu: / »Nichts dergleichen möge euch
treffen! / Schaut her, wo gibt es solche Qualen, / wie
ich sie jetzt erleiden muss? / Der HERR hat sie mir auf-
erlegt / am Tag, an dem sein Zorn mich traf. / 13 Von
oben her schickte er Feuer auf mich, / das in mir wü-
tete und mich bezwang. / Er spannte sein Netz aus,
um mich zu fangen; / ich lief hinein und stürzte zu
Boden. / Er hat mich völlig zugrunde gerichtet / und
mich für alle Zukunft krank gemacht. / 14 Alle meine
Sünden hat er genommen; / ein Joch hat er daraus
gemacht, / das hat er mir auf den Nacken gelegt / und
ich bin darunter zusammengebrochen. / Er hat mich
den Feinden preisgegeben, / vor denen ich nicht
standhalten konnte. / 15 Meine Krieger, die ich bei mir
hatte, / schob er mit einer Handbewegung fort. / Er
rief die Feinde gegen mich zusammen, / um meine
jungen Männer zu vernichten. / Wie man Trauben in
der Kelter zertritt, / so ließ er das Volk von Juda von
ihnen zertreten. / 16 Darum fließen meine Tränen
unaufhörlich, / ich weine mir die Augen aus dem
Kopf. / Ich habe niemand, um mich zu trösten, / nie-
mand, der mir Erleichterung bringt. / Meine Kinder
haben keine Zukunft mehr, / die Übermacht der
Feinde war zu groß.« // 17 Die Zionsstadt streckt die
Hände aus, / doch niemand ist da, der sie tröstet. / Der
HERR hat die Nachbarvölker gerufen, / um sein Volk
in die Enge zu treiben. / Jerusalem ist für sie eine
Stadt, / auf die sie voller Abscheu blicken. // 18 »Der
HERR ist im Recht, wenn er mich straft; / denn ich
habe mich seinem Wort widersetzt. / Ihr Völker alle,
hört meine Klage! / Seht, welche Qualen ich erdul-
den muss: / Meine Mädchen und meine jungen Män-
ner, / sie mussten fort in die Gefangenschaft! / 19 Ich
rief die Liebhaber, die mich einst begehrten, / doch sie
ließen mich alle im Stich. / Meine Priester und die füh-
renden Männer, / elend sind sie umgekommen in der
Stadt, / weil sie nirgends etwas zu essen fanden, / um
sich am Leben zu erhalten. / 20 HERR, sieh doch, wie
verzweifelt ich bin, / wie es brennt in meinen Einge-
weiden! / Das Herz dreht sich mir im Leibe um! / Wie
konnte ich so widerspenstig sein? / Draußen raubte
mir das Schwert die Kinder, / drinnen raffte sie die
Seuche hin. / 21 Meine Feinde haben mich stöhnen
gehört: / ›Niemand ist da, um mich zu trösten!‹ / Sie
haben von meinem Unglück gehört / und sich ge-
freut, dass du mir das angetan hast. / Du hast dein
Strafgericht über mich gebracht, / das du mir seit
Langem angekündigt hattest; / aber auch ihnen soll
es ergehen wie mir! / 22 Ihre Verbrechen sollen vor
dein Gericht kommen; / zieh sie dafür zur Rechen-
schaft, / so wie du es mit mir getan hast / wegen
meiner vielen Vergehen! / Ach, mein Stöhnen nimmt
kein Ende, / mein Herz ist schon ganz krank davon.«

GOTT HAT WIE EIN FEIND GEHANDELT

2 Ach, der Zorn des Herrn liegt auf der Zionsstadt
/ wie eine schwere, dunkle Wolke. / Jerusalem,
die Zierde Israels, / hat er vom Himmel auf die Erde
gestürzt. / An seinem Gerichtstag nahm er keine
Rücksicht darauf, / dass Zion der Fußschemel seines
Thrones war. / 2 Die Dörfer und Felder Israels / hat er
schonungslos vernichtet. / Alle befestigten Städte in
Juda / hat er zornig niedergerissen. / Dem Königreich
und seinen Fürsten / hat er ein schändliches Ende be-
reitet. / 3 In seinem Zorn hat er alles zerschlagen, / wo-
durch Israel stark und mächtig war. / Im Augenblick,
als die Feinde kamen, / zog er die schützende Hand
von uns zurück. / Er setzte Israel in Flammen / wie
ein Feuer, das nach allen Seiten frisst. / 4 Wie ein Feind
hielt er den Bogen gespannt, / seine rechte Hand be-
reit zum Schuss; / so tötete er unsere blühende Ju-
gend, / die ganze Freude unserer Augen. / Er goss
seinen Zorn wie einen Feuerstrom / über das Heiligtum
der Zionsgemeinde. // 5 Der HERR hat uns behandelt
wie ein Feind, / er hat Israel ganz vernichtet; / die
schönen Paläste hat er zerstört, / die starken Burgen
in Trümmer gelegt. / Nur noch seufzen und stöhnen
kann das Volk von Juda. / 6 Er zertrat sein eigenes Land,
den blühenden Garten, / seine Stadt, in der er wohnen
wollte, / die Stätte, an der wir zu ihm kamen; / sein
Volk ließ er Festtag und Sabbat vergessen. / In seinem
schrecklichen, glühenden Zorn / verstieß er den König
und die Priester. / 7 Von seinem Altar wollte er nichts
wissen, / sein Heiligtum sah er mit Abscheu. / Die

Mauern und Türme der Zionsstadt / übergab er in
die Gewalt der Feinde. / In seinem Tempel jubelten
die Fremden, / so wie wir es früher taten bei unseren
Festen. // 8 Es war die erklärte Absicht des HERRN, / die
Mauern Jerusalems niederzureißen. / Er wollte sie
bis auf den Grund zertrümmern / und hörte nicht auf,
bis alles zerstört war. / Wall und Mauer lässt er trau-
ern, / denn beide sind zu Schutt geworden. / 9 Die
Tore sind in die Erde versunken, / ihre festen Rie-
gel schlug er in Stücke. / König und Fürsten sind in
der Fremde, / von den Priestern kommt keine Wei-
sung mehr; / auch die Propheten haben nichts zu
sagen, / weil der HERR ihnen keine Botschaft mehr
gibt. / 10 Die erfahrenen Männer der Zionsstadt / sit-
zen trauernd am Boden und schweigen; / sie ha-
ben sich Erde auf den Kopf gestreut / und den Sack
um die Hüften gelegt. / Die jungen Mädchen von
Jerusalem / lassen bekümmert die Köpfe hän-
gen. // 11 Von Tränen sind meine Augen ganz blind, / es
brennt und tobt in meinen Eingeweiden, / Schmerz
und Verzweiflung brechen aus mir heraus; / denn
ich sah, wie mein Volk zugrunde ging. / Kinder und
Säuglinge sah ich verschmachten, / draußen auf
den Straßen der Stadt. / 12 Gequält von Hunger und
Durst / schrien sie laut nach ihren Müttern. / Wie
Verwundete brachen sie zusammen, / draußen auf
den Straßen der Stadt, / und in den Armen ihrer
Mütter / taten sie den letzten Atemzug. // 13 Jerusalem,
du geliebte Stadt, / ich weiß nicht, was ich dir sagen
soll! / Mit welchem Schicksal soll ich deins verglei-
chen, / um dich zu trösten, du Jungfrau Zion! / Dein
Schaden ist unermesslich wie das Meer! / Kann dich
noch jemand heilen? // 14 Was deine Propheten
dir als Zukunft ankündigten, / waren nur schöne,
bunte Träume. / Deine Schuld haben sie nicht aufge-
deckt, / sonst hätten sie noch alles zum Guten wenden
können. / Mit ihren leeren Prophetensprüchen / ha-
ben sie dich betrogen und verführt. // 15 Alle, die an
dir vorüberkommen, / klatschen schadenfroh in die
Hände. / Sie spotten und schütteln ihre Köpfe / über
die Trümmer Jerusalems: / »Ist das die Stadt, die viel
gerühmte, / die Krone der Schönheit, die Freude der
Welt?« // 16 Deine Feinde überschütteten dich mit
Hohn, / weit rissen sie ihre Mäuler auf, / sie zischten
und zeigten dir drohend die Zähne. / »Die haben wir
erledigt!«, sagten sie. / »Endlich ist der Tag gekom-
men, / auf den wir so lange gewartet haben!« // 17 Der
HERR hat seine Pläne ausgeführt, / er hat seine Dro-
hungen wahr gemacht. / Seit Langem hatte er es
angekündigt, / nun hat er dich schonungslos zertrüm-
mert. / Er ließ die Macht der Feinde triumphieren, / sie
durften sich über dein Unglück freuen. // 18 Jerusalem,
lass deine Mauern schreien, / sie sollen zum Herrn
um Erbarmen rufen! / Lass deine Tränen fließen wie
Bäche, / unaufhörlich, bei Tag und bei Nacht! / Gönne
dir keine Ruhepause, / lass deine Augen nicht tro-
cken werden! / 19 Steh immer wieder auf in der
Nacht / und bring deine Klage vor den Herrn! / Geh
und suche seine Nähe, / schütte dein ganzes Herz bei
ihm aus! / Streck ihm deine Hände entgegen; / flehe
ihn an für deine Kinder, / die vor Hunger zusammen-
brechen, / draußen an allen Straßenecken! // 20 »Sieh
doch, HERR, schau her zu mir! / Bedenke, wem du das
alles antust! / Sollten Mütter ihre Kinder essen, / die
Kleinen, die sie auf Händen trugen? / Durfte man
Priester und Propheten töten, / sogar in deinem
Heiligtum? / 21 Hingestreckt in den Staub der Gas-
sen / liegen Kinder und alte Leute; / meine Mädchen
und jungen Männer / sind dem Schwert zum Opfer
gefallen. / Am Tag, an dem dein Zorn mich traf, / hast
du sie mitleidslos hingeschlachtet. / 22 Alle Schre-
cken, die mich überfielen, / riefst du wie zu einem
Fest zusammen. / An jenem Tag, HERR, als dein
Zorn losbrach, / blieb niemand verschont, ist kei-
ner entkommen. / Die Kinder, die ich aufzog und
umsorgte – / der Feind hat sie alle ausgelöscht.«

HOFFNUNG TROTZ TIEFSTER NOT

3 Ich bin der Mann, der viel gelitten hat / unter den
zornigen Schlägen des HERRN. / 2 Ich bin es, den
er vor sich hertrieb, / immer tiefer in die dunkelste
Nacht. / 3 Immer nur mich traf seine Faust, / Tag
für Tag, ohne einzuhalten. // 4 Er lässt meine Haut
und mein Fleisch zerfallen / und zerbricht mir alle
meine Knochen. / 5 Von allen Seiten schließt er mich
ein, / er umstellt mich mit Bitterkeit und Qual. / 6 In
Finsternis lässt er mich wohnen / wie die, die schon
seit Langem tot sind. / 7 Er hat mich ummauert und
in Ketten gelegt, / aus diesem Gefängnis gibt es kei-
nen Ausweg. // 8 Ich kann um Hilfe schreien, soviel ich
will – / mein Rufen dringt nicht durch bis an sein
Ohr. / 9 Er hat mir den Weg mit Steinen versperrt, / so-
dass ich ständig in die Irre gehe. / 10 Wie ein Bär hat
er mir aufgelauert, / wie ein Löwe in seinem Hinter-
halt. // 11 Er hat mich vom Weg heruntergezerrt, / dann
hat er mich zusammengeschlagen. / 12 Er hat den
Bogen auf mich angelegt / und mich als Ziel für seine
Pfeile benutzt. / 13 Pfeil auf Pfeil hat er abgeschos-
sen / und mir den Rücken damit durchbohrt. / 14 Die
Leute meines Volkes lachen mich aus, / täglich singen
sie ihr Spottlied über mich. // 15 Er gab mir die bitterste
Kost zu essen / und ließ mich bitteren Wermut trin-
ken. / 16 Er hat mich in den Staub gedrückt / und mich
gezwungen, Kies zu kauen. / 17 Das ruhige Leben hat
er mir genommen; / ich weiß nicht mehr, was Glück
bedeutet. / 18 Ich habe keine Zukunft mehr, / vom
HERRN ist nichts mehr zu erhoffen! // 19 An all dieses
rastlose Elend zu denken / ist Gift für mich und macht
mich bitter. / 20 Doch immer wieder muss ich daran
denken / und bin erfüllt von Verzweiflung und Schwer-
mut. / 21 Ich will mich an etwas anderes erinnern, / da-
mit meine Hoffnung wiederkommt: / 22 Von Gottes
Güte kommt es, dass wir noch leben. / Sein Erbarmen
ist noch nicht zu Ende, / 23 seine Liebe ist jeden Morgen
neu / und seine Treue unfassbar groß. / 24 Ich sage:
Der HERR ist mein Ein und Alles; / darum setze ich
meine Hoffnung auf ihn. / 25 Der HERR ist gut zu
denen, die nach ihm fragen, / zu allen, die seine

Nähe suchen. / 26 Darum ist es das Beste, zu schwei-
gen / und auf die Hilfe des HERRN zu warten. // 27 Für
jeden Menschen ist es gut, / wenn er schon früh
gelernt hat, Last zu tragen. / 28 Wenn der HERR ihm
etwas auferlegt, / soll er für sich allein bleiben und
schweigen. // 29 Er soll seinen Mund auf den Bo-
den pressen – / vielleicht ist doch noch Hoffnung
auf Hilfe! / 30 Dem, der ihn schlägt, soll er die Backe
hinhalten / und alle Schmach und Schande auf sich
nehmen. / 31 Der Herr verstößt uns nicht für im-
mer. / 32 Auch wenn er uns Leiden schickt, / erbarmt
er sich doch wieder über uns, / weil seine Liebe so
reich und groß ist. / 33 Es macht ihm selbst keine
Freude, / seinen Kindern Schmerz und Kummer zu
bereiten. // 34 Alle Gefangenen in unserem Land / wur-
den getreten und misshandelt; / 35 unter den Augen
des höchsten Gottes / wurden sie um ihr Recht ge-
bracht; / 36 Unschuldige wurden verurteilt – / und
das soll der Herr nicht gesehen haben? / 37 Wer sonst
spricht ein Wort und es geschieht? / Geschieht nicht
alles auf seinen Befehl? / 38 Wenn Glück oder Un-
glück über uns kommt, / hat nicht der Höchste es
angeordnet? // 39 Mit welchem Recht beklagt sich
der Mensch bei Gott? / Gegen seine Sünde soll er
Klage erheben! / 40 Lasst uns unser Leben überprü-
fen / und wieder umkehren zu dem HERRN! / 41 Lasst
uns die Hände zum Himmel strecken / und Herz und
Sinn zum HERRN hinwenden! / 42 Wir haben gesündigt
und dir, HERR, getrotzt / und du hast uns die Schuld
noch nicht vergeben. // 43 Du hast dich ganz in dei-
nen Zorn gehüllt, / uns schonungslos gejagt und getö-
tet. / 44 In einer Wolke hast du dich versteckt, / damit
kein Gebet dich erreichen konnte. / 45 Wie Dreck
hast du uns zusammengekehrt, / wie Abfall mit-
ten unter den Völkern. / 46 Alle unsere Feinde spot-
ten über uns, / höhnisch reißen sie ihre Mäuler
auf. / 47 Schrecken und Entsetzen wurden unser
Los, / Zusammenbruch und Untergang. // 48 Meine
Augen zerfließen in Tränen, / weil mein Volk zu-
grunde gegangen ist. / 49 Wie ein Bach, der nie zur
Ruhe kommt, / strömen meine Tränen, ohne zu ver-
siegen, / 50 bis der HERR sich vom Himmel herab-
neigt / und seinen Blick wieder auf uns richtet. / 51 Es
tut mir weh, wenn ich sehen muss, / wie es den Frauen
in der Stadt ergeht. // 52 Sie haben mir nachgestellt
wie einem Vogel, / obwohl ich niemandem Anlass gab,
mein Feind zu sein. / 53 Sie haben mich lebend in die
Grube gestürzt / und einen Stein auf die Öffnung ge-
wälzt. / 54 Das Wasser stieg mir bis an die Kehle, / ich
dachte schon, es sei aus mit mir. / 55 Da rief ich zu
dir, HERR, um Hilfe; / aus der Tiefe der Grube schrie
ich zu dir: / 56 »Verschließ dein Ohr nicht! Hör mein
Flehen!« / Und du hast meinen Hilferuf gehört! / 57 Als
ich zu dir schrie, bist du gekommen / und hast zu mir
gesagt: »Hab keine Angst!« / 58 Du hast mich vertei-
digt und mir Recht verschafft; / das Leben hast du
mir gerettet. // 59 Du weißt, was sie mir angetan ha-
ben. / Stell mein Recht doch völlig wieder her! / 60 Du
hast ihren ganzen Hass gesehen / und ihre finsteren
Pläne gegen mich. / 61 Du hast gehört, wie sie mich
schmähten / und ihre Pläne gegen mich berie-
ten. / 62 Alles, was sie reden und denken, / ist gegen
mich gerichtet, Tag für Tag. / 63 Behalte ihr Tun und
Lassen fest im Auge! / Noch immer singen sie ihr Spott-
lied auf mich. / 64 Alles, was sie mir angetan haben,
HERR, / zahl es ihnen heim, vergilt es ihnen! / 65 Ver-
blende sie, verwirre ihren Sinn, / schleudere deinen
Fluch gegen sie! / 66 Verfolge sie mit deinem ganzen
Zorn / und fege sie von der Erde weg!

JERUSALEMS BELAGERUNG UND FALL

4 Ach, wie dunkel ist das Gold geworden, / das reine
Gold hat seinen Glanz verloren, / die Edelsteine
liegen auf der Straße: / 2 Die wertvollen Söhne der
Zionsstadt, / die man in Gold hätte aufwiegen müs-
sen, / man behandelt sie wie wertlose Krüge, / wie
Tongeschirr aus der Töpferwerkstatt! / 3 Selbst
Schakalmütter folgen ihrem Instinkt / und säugen
ihre Jungen an der Brust; / doch die Frauen meines
Volkes sind grausam, / gleichgültig wie Strauße
in der Steppe. / 4 Die Säuglinge leiden so gro-
ßen Durst, / dass ihnen die Zunge am Gaumen
klebt. / Die Kinder betteln um ein Stück Brot, / doch
niemand ist da, ihren Hunger zu stillen. / 5 Sie, die
früher nur Leckerbissen aßen, / verschmachten
jetzt auf den Straßen der Stadt. / Früher legte man
sie auf Purpurkissen, / jetzt wälzen sie sich in den
Abfallhaufen. // 6 Die Schuld meines Volkes ist über-
groß, / größer als die der Bewohner von Sodom, / de-
ren Stadt ganz plötzlich unterging, / ohne dass eine
Hand sich bewegte. / 7 Unsere Fürsten glänzten heller
als der Schnee, / ihr Gesicht war reiner und weißer als
Milch, / ihr Körper gesund und rot wie Korallen, / ihre
Adern schimmerten blau wie Saphir. / 8 Jetzt sind sie
schwärzer als Ruß geworden, / auf der Straße erkennt
sie niemand mehr; / ihre Haut ist faltig und trocken wie
Holz / und alle ihre Knochen kann man zählen. // 9 Die
im Krieg Erschlagenen hatten es besser / als die ande-
ren, die vor Hunger starben. / Vor Entkräftung brachen
sie zusammen, / weil von den Feldern nichts mehr in
die Stadt hereinkam. / 10 Frauen, die sonst voll Zärtlich-
keit waren, / kochten ihre eigenen Kinder / und hiel-
ten ihre grauenvolle Mahlzeit / mitten im Untergang
meines Volkes. // 11 Der HERR entfesselte seinen gan-
zen Zorn / und er ließ ihm freien Lauf. / Er zündete in
der Zionsstadt ein Feuer an, / das alles niederbrann-
te bis auf den Grund. / 12 Keiner von den Königen
der Erde, / kein Mensch in der Welt hätte je ge-
glaubt, / dass eines Tages ein feindliches Heer / durch
die Tore Jerusalems einziehen würde. / 13 Das Unheil
kam durch die Schuld der Propheten, / durch das
Unrecht, das die Priester begingen: / Sie sprachen
das Todesurteil über Menschen, / die Gott gehorch-
ten und schuldlos waren. // 14 Elend mussten sie
durch die Straßen irren, / schwankend und mit Blut
besudelt; / niemand durfte sie berühren, / weil ihre
Gewänder so blutig waren. / 15 »Vorsicht! Er ist un-
rein!«, schrie man ihretwegen. / »Geht ihm aus dem

Weg! Berührt ihn nicht!« / So flohen sie und wussten
nicht wohin. / Darum sagte man bei den fremden Völ-
kern: / »Für sie ist kein Platz mehr unter uns!« / 16 Der
HERR selber hat sie weggetrieben, / weil er sie nicht
mehr sehen wollte. / Auf die Priester nahm man
keine Rücksicht, / nicht einmal Greise wurden ver-
schont. // 17 Unsere Augen spähten nach Rettung
aus – / vergeblich, denn keine Rettung kam. / Wir
warteten auf Hilfe von einem Volk, / das uns gar
nicht helfen konnte. / 18 Die Feinde bewachten uns
auf Schritt und Tritt, / wir konnten uns nicht mehr
nach draußen wagen. / Das Ende nahte, unsere Zeit
war um – / ja, unser Ende war gekommen! / 19 Die Ver-
folger jagten hinter uns her, / sie waren schneller als
die Adler. / Auf den Bergen jagten sie uns nach, / in
der Steppe lauerten sie uns auf. / 20 Wir hatten ge-
dacht, im Schutz unseres Königs / könnten wir unter
den Völkern leben. / Doch er, von dem unser Leben
abhing, / der Erwählte des HERRN, ist nun gefan-
gen. // 21 Freut euch darüber, solange ihr könnt, / ihr
Bewohner von Edom und von Uz! / Auch ihr müsst
den Becher des Zornes trinken, / ihr werdet taumeln
und euch entblößen! / 22 Dann ist deine Strafe vor-
bei, du Zionsstadt; / noch einmal wird der HERR dich
nicht wegführen. / Aber Edom zieht er dann zur Re-
chenschaft / und bestraft es für alle seine Verbrechen.

BRING UNS WIEDER ZU DIR ZURÜCK!

5 HERR, vergiss nicht, was uns zugestoßen
ist! / Sieh doch, wie sie uns schmähen und be-
schimpfen! / 2 Das Land, das du uns gabst, ist in
fremder Hand, / Ausländer wohnen in unseren Häu-
sern. / 3 Unsere Väter sind im Krieg gefallen / und
unsere Mütter sind Witwen geworden. / 4 Unser
Wasser bekommen wir nur für Geld, / auch Brenn-
holz müssen wir teuer bezahlen. / 5 Der Feind sitzt
uns ständig im Nacken; / wir sind erschöpft, doch
wir dürfen nicht rasten. // 6 Nach Ägypten streckten
wir die Hand zum Bündnis, / nach Assyrien, um uns
satt zu essen. / 7 Unsere Väter sündigten – sie leben
nicht mehr; / wir aber müssen nun die Folgen tra-
gen. / 8 Sklaven sind Herren über uns geworden / und
niemand befreit uns aus ihrer Gewalt. // 9 Die Ernte zu
holen ist lebensgefährlich, / weil Räuberbanden in der
Steppe lauern. / 10 Der Hunger quält uns und lässt uns
fiebern, / unsere Körper glühen wie ein Ofen. / 11 In
Jerusalem und den Städten Judas / haben sie Frauen
und Mädchen geschändet. / 12 Führende Männer hat
man aufgehängt / und den Alten keine Achtung er-
wiesen. / 13 Junge Männer müssen die Handmühle
drehen / und Knaben schwere Holzlasten schlep-
pen. / 14 Die Alten beraten nicht mehr im Stadttor, / die
Jungen spielen nicht mehr auf der Laute. / 15 Von
Lebensfreude ist nichts mehr zu spüren, / statt fro-
her Tänze gibt es nur noch Trauer. // 16 Mit unserem
Glanz ist es aus und vorbei: / Unsere Schuld hat uns
ins Unglück gestürzt! / 17 Unsere Herzen sind schwach
und krank geworden / und unsere Augen von Trä-
nen trüb; / 18 denn der Zionsberg ist ein Trümmer-
feld, / ein Ort, an dem die Schakale hausen. // 19 Du
aber, HERR, bleibst König für immer, / dein Thron steht
für alle Zeiten fest! / 20 Willst du uns wirklich für im-
mer vergessen / und fern von uns bleiben, solange wir
leben? / 21 HERR, bring uns wieder zurück zu dir, / da-
mit wir uns wieder zu dir hinkehren! / Lass es uns
ergehen wie in früheren Zeiten / und gib uns neues
Leben! / 22 Oder hast du uns ganz verstoßen? / Soll
dein Zorn nie ein Ende nehmen?

DER PROPHET **EZECHIËL** (HESEKIËL)

EZECHIËL SCHAUT GOTTES HERRLICHKEIT

1 1-3 Im dreißigsten Jahr, am 5. Tag des 4. Monats,
das ist im fünften Jahr, nachdem man König Joja-
chin in die Verbannung geführt hatte, erging das Wort
des HERRN zum ersten Mal an Ezechiël, den Sohn des
Priesters Busi. Dies geschah in Babylonien am Fluss
Kebar. Damals legte der HERR seine Hand auf Ezechiël
und nahm ihn in seinen Dienst. Ezechiël berichtet: Ich
lebte unter den Verbannten aus Juda am Fluss Kebar.
An jenem Tag öffnete sich der Himmel und ich hatte
eine Vision. 4 Ich sah, wie der Sturm eine mächtige
Wolke von Norden herantrieb; sie war von einem hel-
len Schein umgeben und Blitze zuckten aus ihr. Die
Wolke brach auf und aus ihrem Inneren leuchtete ein
helles Licht wie der Glanz von gleißendem Gold. 5 In
dem Licht sah ich vier Gestalten, die wie Menschen
aussahen, 6-12 doch hatte jede von ihnen vier Flügel.
Sie hatten Menschenbeine mit Hufen wie Stiere und ihr
ganzer Körper funkelte wie blankes Metall. Unter den
Flügeln sah ich vier Menschenarme, je einen Arm unter
einem Flügel. Mit zwei von ihren Flügeln bedeckten
sie ihren Leib, die beiden anderen hatten sie ausge-
spannt und mit den Enden der ausgespannten Flügel
berührten sie sich gegenseitig. Jede der geflügelten
Gestalten hatte vier Gesichter: vorne das Gesicht eines
Menschen, rechts das Gesicht eines Löwen, links das
Gesicht eines Stiers und hinten das Gesicht eines Ad-
lers. Sie konnten sich in alle vier Richtungen bewegen,
ohne sich umzuwenden. Sie gingen, wohin der Geist
Gottes sie trieb. 13 Zwischen den geflügelten Gestalten
war etwas, das wie ein Kohlenfeuer aussah, und etwas
wie Fackeln zuckte zwischen den Gestalten hin und
her. Das Feuer leuchtete hell und aus dem Feuer kamen
Blitze. 14 Die Gestalten liefen hin und her, dass es aus-
sah wie Blitze. 15 Als ich genauer hinsah, erblickte ich
neben jeder der vier Gestalten ein Rad, das den Boden
berührte. 16 Alle Räder waren gleich groß und funkel-
ten wie Edelsteine. In jedes Rad war ein zweites Rad

im rechten Winkel eingefügt, 17 sodass es nach allen
vier Richtungen laufen konnte, ohne vorher gedreht zu
werden. 18 Die Räder waren riesengroß und ihre Felgen
waren ringsum mit funkelnden Augen bedeckt – ein
furchterregender Anblick. 19 Wenn sich die geflügelten
Gestalten fortbewegten, dann bewegten sich auch die
Räder mit ihnen, und wenn sich die Gestalten von der
Erde erhoben, hoben sich auch die Räder von der Erde.
20-21 *Ein* Geist und *ein* Wille beherrschte alle vier. Wohin
sie auch gingen, die Räder gingen mit, denn sie wurden
von den Gestalten gelenkt. Ganz gleich, ob die geflü-
gelten Gestalten sich bewegten oder stillstanden oder
sich von der Erde erhoben – die Räder taten dasselbe.
22 Über den Köpfen der vier Gestalten sah ich etwas
wie eine feste Platte, von der ein schreckenerregender
Glanz ausging wie von einem Kristall. Sie ruhte auf den
Köpfen der Gestalten. 23 Unter der Platte hielten die
Gestalten je zwei ihrer Flügel ausgespannt, mit deren
Enden sie sich gegenseitig berührten; mit den beiden
anderen Flügeln bedeckten sie ihren Leib. 24-25 Ich hörte
das Rauschen der Flügel: Es dröhnte wie die Brandung
des Meeres, wie ein Heerlager, wie die Donnerstimme
des allmächtigen Gottes. Wenn sie stillstanden und
ihre Flügel sinken ließen, hörte es nicht auf zu dröh-
nen, denn auch über der Platte rauschte es laut. 26 Auf
der Platte aber stand etwas, das aussah wie ein Thron
aus blauem Edelstein, und darauf war eine Gestalt zu
erkennen, die einem Menschen glich. 27 Oberhalb der
Stelle, wo beim Menschen die Hüften sind, sah ich et-
was, das wie helles Gold aussah, umgeben von Feuer-
flammen, und unterhalb etwas wie loderndes Feuer.
Die ganze Gestalt war von einem Lichtkranz umge-
ben, 28a der wie ein Regenbogen aussah, der nach dem
Regen in den Wolken erscheint. So zeigte sich mir der
HERR in seiner strahlenden Herrlichkeit.

EZECHIËL WIRD ZUM PROPHETEN BERUFEN

28b Als ich diese Erscheinung sah, stürzte ich zu Boden.
2 Darauf hörte ich jemand reden, 1 der sagte zu mir:
»Du Mensch, steh auf! Ich habe dir etwas zu sa-
gen.« 2 Da kam Geist in mich und stellte mich auf die
Füße. Dann hörte ich ihn zu mir sagen: 3 »Du Mensch,
ich sende dich zu den Leuten von Israel. Sie sind ein
widerspenstiges Volk, das sich gegen mich auflehnt.
So haben es schon ihre Vorfahren getan und sie selbst
sind nicht besser. Auch zu den anderen Völkern sende
ich dich, 4 aber vor allem zu diesem frechen und trot-
zigen Volk. Du sollst zu ihnen sagen: ›So spricht der
HERR, der mächtige Gott …‹ 5 Auch wenn sie wider-
spenstig bleiben und nicht auf dich hören – sie sol-
len wenigstens wissen, dass es einen Propheten bei
ihnen gibt. 6 Du Mensch, hab keine Angst vor ihnen
und ihren Spottreden! Du wirst unter ihnen leben wie
unter Skorpionen, wie mitten im Dorngestrüpp. Aber
du brauchst dich nicht vor ihnen zu fürchten. 7 Sag
ihnen die Worte, die ich dir auftrage, ganz gleich, ob
sie auf dich hören oder nicht. Du weißt ja, sie sind ein
widerspenstiges Volk. 8 Du selbst aber, du Mensch,
höre, was ich dir zu sagen habe: Sei nicht trotzig wie
dieses widerspenstige Volk! Mach deinen Mund auf
und iss, was ich dir gebe!« 9 Ich schaute auf und sah
vor mir eine ausgestreckte Hand, die eine Buchrolle
hielt. 10 Als die Rolle geöffnet wurde, sah ich, dass sie
auf beiden Seiten mit Klagen, Seufzern und Verzweif-
lungsschreien vollgeschrieben war.
3 Er sagte zu mir: »Du Mensch, nimm diese Buchrolle
und iss sie auf! Dann geh und sprich zu den Leuten
von Israel!« 2 Ich öffnete den Mund und er gab mir die
Rolle zu essen. 3 Er sagte: »Du Mensch, verspeise diese
Buchrolle, die ich dir gebe! Fülle deinen Magen damit!«
Da aß ich die Rolle; in meinem Mund war sie süß wie
Honig. 4 Weiter sagte er zu mir: »Du Mensch, geh nun
zu den Leuten von Israel und verkünde ihnen die Worte,
die ich dir sage. 5 Ich sende dich nicht zu einem fremden
Volk mit einer unverständlichen Sprache, sondern zu
deinem eigenen, dem Volk Israel. 6 Wenn ich dich zu
fremden Völkern schicken würde, deren Sprache du
nicht verstehst – sie würden auf dich hören. 7 Aber die
Leute von Israel werden nicht auf dich hören, denn sie
wollen nicht auf *mich* hören! Sie alle haben eine eiserne
Stirn und ein steinernes Herz. 8 Aber ich mache dich
ebenso hart wie sie! Ich mache deine Stirn so eisern
wie die ihre, 9 noch härter als Feuerstein, so hart wie
Diamant. Sie sind ein widerspenstiges Volk, aber er-
schrick nicht vor ihnen, lass dir von ihnen keine Angst
einjagen!« 10 Weiter sagte er zu mir: »Du Mensch, hör
gut zu und merke dir alle Worte, die ich dir sage. 11 Dann
geh zu den Verbannten aus deinem Volk und sag zu
ihnen: ›So spricht der HERR, der mächtige Gott …‹
Kümmere dich nicht darum, ob sie darauf hören oder
sich abwenden.« 12 Dann nahm der Geist des HERRN
mich weg. Hinter mir hörte ich den donnernden Ruf:
»Gepriesen sei die Herrlichkeit des HERRN in ihrer
himmlischen Wohnung!« 13 Der Ruf war begleitet von
einem mächtigen Getöse: dem Rauschen der ausge-
spannten Flügel der vier Gestalten und dem Dröhnen
der rollenden Räder. 14 Der Geist führte mich weg und
ich ging meinen Weg verstört und sehr erregt; die Hand
des HERRN lag schwer auf mir. 15 So kam ich zurück zu
den Verbannten, die in Tel Abib am Fluss Kebar lebten.
Sieben Tage lang saß ich dort starr und regungslos.

DER PROPHET HAT ISRAEL ZU WARNEN

16 Als die sieben Tage vergangen waren, erging das
Wort des HERRN an mich, er sagte: 17 »Du Mensch, ich
bestelle dich zum Wächter, der die Leute von Israel vor
drohender Gefahr zu warnen hat. Wenn du eine Bot-
schaft von mir vernimmst, musst du sie ihnen weiter-
sagen, damit sie wissen, was auf sie zukommt. 18 Wenn
ich dir ankündige, dass ein bestimmter Mensch wegen
seiner schlimmen Taten sterben muss, dann bist du
dafür verantwortlich, dass er es erfährt und die Gele-
genheit bekommt, sich zu bessern und sein Leben zu
retten. Warnst du ihn nicht, so wird er zwar sterben,
wie er es verdient; aber dich ziehe ich dafür zur Re-
chenschaft wie für einen Mord. 19 Warnst du ihn und
er hört nicht darauf, so wird er ebenfalls sterben, du
aber hast dein eigenes Leben gerettet. 20 Auch wenn

ein Mensch, der bisher stets das Rechte getan hat,
von mir auf die Probe gestellt wird, den rechten Weg
verlässt und Unrecht zu tun beginnt, muss er sterben.
Alles Gute, was er vorher getan hat, zählt dann nicht
mehr. Hast du ihn nicht gewarnt, so werde ich dich
für seinen Tod zur Rechenschaft ziehen wie für einen
Mord. 21 Hast du ihn aber gewarnt und er hat es sich
zu Herzen genommen, so lasse ich ihn leben und auch
du hast dein Leben gerettet.«

EZECHIËL SOLL DIE BELAGERUNG JERUSALEMS ANKÜNDIGEN

22 Ich spürte, wie der HERR seine Hand auf mich legte.
Er befahl mir: »Steh auf und geh hinaus in die Ebene!
Dort will ich dir etwas sagen.« 23 Ich stand auf und
ging. Als ich in die Ebene kam, sah ich dort die Herr-
lichkeit des HERRN. Sie sah genauso aus, wie sie sich
mir das erste Mal am Fluss Kebar gezeigt hatte. Ich
stürzte zu Boden, 24 aber dann kam Geist in mich und
stellte mich auf die Füße. Dann sprach der HERR zu mir
und sagte: »Du Mensch, geh in dein Haus und schließ
dich ein! 25 Dort wirst du wie mit Stricken gefesselt, so-
dass du nicht mehr aus dem Haus gehen kannst. 26 Ich
lasse dir die Zunge am Gaumen kleben und mache
dich stumm. Du sollst die Leute von Israel nicht mehr
zurechtweisen können, dieses widerspenstige Volk.
27 Sobald ich aber mit dir rede, werde ich deine Zunge
lösen, damit du zu ihnen sagen kannst: ›So spricht der
HERR…‹ Wer es hören will, soll es hören; wer es nicht
hören will, muss die Folgen tragen. Sie sind ein wider-
spenstiges Volk!«

JERUSALEM WIRD BELAGERT WERDEN

4 Weiter sagte der HERR: »Du Mensch! Nimm eine
Tontafel, lege sie vor dich hin und ritze den Grund-
riss der Stadt Jerusalem darauf ein. 2 Dann fang an,
die Stadt zu belagern: Schütte einen Wall auf, treibe
Angriffsrampen gegen die Mauern vor, lege befes-
tigte Truppenlager an und setze von allen Seiten her
Rammböcke an die Mauern. 3 Nimm eine Herdplatte
und stelle sie als eiserne Mauer der Stadt gegenüber
auf. Blicke die Stadt feindlich an und belagere sie! So
sollst du den Leuten von Israel deutlich machen, was
bevorsteht.« 4-5 Dann sagte der HERR: »Leg dich auf die
linke Seite und nimm die Schuld des Reiches Israel auf
dich! 390 Tage musst du so am Boden liegen, denn so
viele Jahre hat Israel Schuld auf sich geladen. 6 Dann
lege dich 40 Tage lang auf die rechte Seite, damit ich
dir die Schuld des Reiches Juda auflade, für jedes Jahr
einen Tag. 7 Lass dabei das belagerte Jerusalem nicht
aus den Augen! Drohe der Stadt mit der Faust und kün-
dige ihr in meinem Namen den Untergang an. 8 Ich
fessele dich mit Stricken, sodass du dich nicht von
einer Seite auf die andere wälzen kannst, bis du diese
schweren Tage überstanden hast.«

DIE NOT IN DER BELAGERTEN STADT

9 Weiter sagte der HERR: »Nimm Weizen, Gerste, Boh-
nen, Linsen, Hirse und Dinkel, mische alles zusammen
und backe daraus Brot! Das ist deine Speise für die 390
Tage, in denen du auf der linken Seite liegst. 10-11 Deine
Tagesration beträgt 230 Gramm Brot und drei Becher
Wasser. Teile sie dir ein und iss und trink zu festgesetz-
ten Zeiten.« 12 Dann sagte der HERR zu mir: »Backe
das Brot wie Gerstenfladen und nimm als Brennma-
terial vor aller Augen Menschenkot. 13 Denn die Leute
von Israel werden Speisen essen müssen, die ich als
unrein verboten habe, wenn ich sie unter die Völker
verstreue.« 14 Ich aber sagte: »Ach HERR, du mächti-
ger Gott, ich habe von meiner Kindheit an bis heute
nichts gegessen, was unrein macht. Nie habe ich von
einem Tier gegessen, das verendet oder von Raubtie-
ren geschlagen worden ist, und nie habe ich verdor-
benes Fleisch angerührt.« 15 Da sagte er zu mir: »Gut,
dann kannst du Kuhmist statt Menschenkot nehmen.«
16 Und er fuhr fort: »Du Mensch, ich lasse das Brot in
Jerusalem knapp werden. Sie werden es abwiegen
und auch das Wasser genau abmessen und bestän-
dig in Sorge sein. 17 Die Bewohner Jerusalems werden
Mangel an Brot und Wasser haben und werden einer
nach dem anderen elend zugrunde gehen. Das ist die
Strafe für ihre Schuld.«

DAS STRAFGERICHT ÜBER JERUSALEM

5 Dann sagte der HERR: »Du Mensch, nimm ein
scharfes Schwert! Schere dir damit den Kopf kahl
und schneide dir den Bart ab. Teile die Haare auf der
Waage in drei Teile. 2 Und wenn die belagerte Stadt
sturmreif ist, dann verbrenne das erste Drittel mitten in
der Stadt, zerhaue das zweite Drittel mit dem Schwert
draußen vor ihren Toren und das letzte Drittel streue
in den Wind. Denn so werde ich ihre Bewohner mit
gezogenem Schwert wegtreiben. 3 Nur ganz wenige
Haare sollst du retten und in den Saum deines Gewan-
des einbinden. 4 Aber auch von ihnen sollst du noch
einmal einen Teil nehmen und ins Feuer werfen. Das
Feuer wird sich ausbreiten und das ganze Volk Israel
vernichten. 5 Sag zu den Leuten von Israel: ›So spricht
der HERR, der mächtige Gott: Diese belagerte Stadt ist
Jerusalem! Ich habe sie zum Mittelpunkt aller Länder
gemacht, 6 aber sie lehnte sich gegen mich auf und
gehorchte mir nicht. Ihre Bewohner trieben es schlim-
mer als alle Völker ringsum. Sie missachteten meine
Gebote und traten mein Gesetz mit Füßen. 7 Ihr Leute
von Jerusalem, hört, was ich, der mächtige Gott, euch
sage! Von meiner Rechtsordnung wolltet ihr nichts
wissen, aber hättet ihr euch doch wenigstens nach
den Gesetzen gerichtet, die bei euren Nachbarvöl-
kern gelten! Weil ihr noch widerspenstiger seid als sie,
8 sehe ich nun nicht länger zu. Ich, der mächtige Gott,
vollziehe an euch mein Strafgericht vor den Augen der
fremden Völker. 9 Weil ihr euch mit den abscheulichen
Götzen abgegeben habt, strafe ich euch so furchtbar,
wie ich es noch nie getan habe und in aller Zukunft
nicht schlimmer tun kann. 10 Die Not wird so groß
sein, dass der Vater seinen Sohn aufisst und der Sohn
seinen Vater. Ich vollziehe mein Gericht an euch, und
den Rest, der die Katastrophe überlebt, zerstreue ich

in alle Winde. 11 Ihr habt meinen heiligen Tempel mit
eurem abscheulichen Götzendienst entweiht, deshalb
habe ich keine Nachsicht, kein Erbarmen mit euch. Ich
werde Jerusalem kahl scheren! 12 Ein Drittel von euch
soll in der Stadt durch Pest und Hunger umkommen,
ein weiteres Drittel vor der Stadt mit dem Schwert er-
schlagen werden, den Rest aber zerstreue ich in alle
Winde; mit gezogenem Schwert treibe ich sie vor mir
her. 13 Ihr sollt meinen ganzen Zorn zu spüren bekom-
men; ich will meine Wut an euch stillen und euch alle
Untaten heimzahlen, damit ihr erkennt, dass es mir
ernst war mit meinen Warnungen. 14-15 Ich mache
dich, Jerusalem, zu einem Trümmerhaufen, sodass alle
Völker ringsum über dich spotten; jeder Fremde, der
vorbeigeht, wird dich verhöhnen. Die Nachbarvölker
werden sich entsetzen und es sich zur Warnung dienen
lassen, wenn sie sehen, wie hart ich dich in meinem
Zorn bestrafe. Ich habe es gesagt, der HERR, der mäch-
tige Gott. 16-17 Ich schieße meine tödlichen Pfeile gegen
euch ab, um euch zu vernichten, und ich sende euch
Hunger und wilde Tiere, denen eure Kinder zum Opfer
fallen; Seuche und Schwert lasse ich unter euch wüten.
Ich habe es gesagt, der HERR, der mächtige Gott.‹«

DIE STRAFE FÜR DEN GÖTZENDIENST ISRAELS

6 Das Wort des HERRN erging an mich, er sagte: 2 »Du
Mensch, schau in die Richtung, in der die Berge
Israels liegen, und kündige ihnen mein Strafgericht an!
3 Sag zu ihnen: ›Ihr Berge Israels, hört das Wort, das der
HERR, der mächtige Gott, zu euch sagt, zu euch Bergen
und Hügeln mit euren Tälern und Schluchten: Ich, der
mächtige Gott, lasse das Schwert gegen euch los und
zerstöre eure Götzenheiligtümer! 4-5 Eure Brandopfer-
altäre werden abgerissen, eure Räucheraltäre in Stücke
geschlagen. Die Leichen der Erschlagenen werfe ich
ihren Götzen vor die Füße und verstreue ihre Gebeine
rings um die Götzenaltäre. 6 In ganz Israel liegen dann
die Städte in Trümmern, die Heiligtümer sind zerstört,
die Altäre abgerissen und entweiht, die selbst gemach-
ten Götzenbilder zerschlagen. 7 Überall werden die
Erschlagenen unbestattet herumliegen und die Leute
von Israel werden erkennen, dass ich der HERR bin.
8 Einen Rest des Volkes aber werde ich am Leben lassen
und werde sie unter fremde Völker zerstreuen. 9 Dort
werden sie an mich denken und begreifen, dass ich sie
bestrafen musste, weil sie mir die Treue gebrochen und
sich mit den Götzen eingelassen hatten. Sie werden
sich vor sich selber ekeln, wenn sie daran denken, was
für abscheuliche Dinge sie getrieben haben. 10 Dann
werden sie erkennen, dass ich, der HERR, keine leeren
Worte gemacht habe, als ich ihnen eine solche Strafe
androhte.‹« 11 Weiter sagte der HERR, der mächtige
Gott, zu mir: »Schlage zornig die Hände zusammen
und stampfe mit dem Fuß auf den Boden! Rufe: ›Wehe
den Leuten von Israel, denn ihr Treiben ist abscheulich!‹
Ich lasse sie durch Schwert, Hunger und Pest umkom-
men. 12 Wer nicht durch das Schwert der Feinde fällt,
stirbt an der Pest; und wer der Pest entrinnt, geht am
Hunger zugrunde. Ich bestrafe Jerusalem in meinem
Zorn, 13 damit die Verbannten aus Juda erkennen, dass
ich der HERR bin. Die Erschlagenen werden rings um
die Altäre und zwischen den Götzenbildern liegen,
genau dort, wo sie den Opferrauch zu ihren Götzen
aufsteigen ließen, auf allen Bergen und Hügeln und
unter jedem dicht belaubten Baum. 14 Ich selbst wende
mich gegen sie und verwüste ihr ganzes Land von der
Steppe im Süden bis hinauf nach Ribla. Sie sollen er-
kennen, dass ich der HERR bin!«

DAS SELBST VERSCHULDETE ENDE IST DA

7 Das Wort des HERRN erging an mich, er sagte:
2 »Du Mensch, höre, was ich, der HERR, den Be-
wohnern des Landes Israel zu sagen habe: ›Das Ende
ist da! Über das ganze Land bricht das Ende herein!
3 Ich lasse jetzt meinen Zorn gegen euch wüten und
es ist mit euch zu Ende. Ich bestrafe euch für eure
Vergehen; die Folgen eures schändlichen Treibens
sollen euch ereilen. 4 Ich werde weder Nachsicht noch
Erbarmen mit euch haben. Euer Tun soll auf euch selbst
zurückfallen; das Verderben soll sich auswirken, das ihr
mit eurem Götzendienst heraufbeschworen habt. Ihr
sollt erkennen, dass ich der HERR bin! 5 Das sage ich
euch, der HERR, der mächtige Gott: Ich bringe Unheil
über euch, so furchtbar, wie man es noch nie erlebt
hat! Es kommt unaufhaltsam! 6-7 Das Ende kommt, das
Ende! Es bricht über euch herein, ihr Bewohner des
Landes! Es lässt nicht auf sich warten. Wehklagen und
nicht Jubel hört man dann auf den Bergen. 8 In Kürze
werde ich meinen ganzen Zorn über euch ausschütten;
ich bestrafe euch für eure Vergehen; die Folgen eures
schändlichen Treibens sollen euch ereilen. 9 Ich werde
weder Nachsicht noch Erbarmen mit euch haben; ihr
werdet ernten, was ihr gesät habt. Dann werdet ihr
erkennen, dass ich es bin, der HERR, der dies alles über
euch hereinbrechen lässt.‹«

DER GERICHTSTAG GOTTES

10 Der Tag des Gerichts ist da! Unaufhaltsam bricht das
Verderben herein. Denn Übermut und Gewalt haben
überhand genommen, 11 Unrecht bringt immer neues
Unrecht hervor. Aber von denen, die auf Gewalt und
Unrecht setzen, wird nichts übrig bleiben, mögen sie
noch so zahlreich sein und sich noch so aufspielen; mit
ihrer Macht und Pracht hat es ein Ende. 12 Die Frist ist
abgelaufen, der Tag des Gerichts ist da! Wer jetzt noch
etwas kauft, soll sich nicht darüber freuen; und wer et-
was verkaufen muss, soll ihm nicht nachtrauern. Denn
der Zorn des HERRN kommt über diese ganze lärmende
Menge. 13 Wer etwas verkaufen muss, braucht sich
nicht nach dem Erlassjahr zu sehnen, in dem es wieder
an ihn zurückfällt; denn das erlebt er nicht mehr. Die
Schuld ist zu groß, niemand wird sein Leben retten
können. 14 Man bläst Alarm, alles greift zu den Waffen,
aber in die Schlacht zieht keiner; so schnell kommt der
Zorn des HERRN über sie alle. 15 Schwert, Hunger und
Pest werden unter ihnen wüten: Wer auf dem freien
Feld ist, fällt durch das Schwert der Feinde, wer in
der Stadt ist, wird von Hunger und Pest dahingerafft.

16 Wenn ein paar Versprengte auf die Berge entkom-
men, werden sie dort wie verängstigte Tauben sein;
sie werden jammern über die schlimmen Folgen ihrer
Schuld. 17 Von Schrecken gelähmt lassen alle die Hände
sinken; vor Angst können sie das Wasser nicht mehr
halten. 18 Sie ziehen den Sack an und scheren sich den
Kopf kahl. Sie zittern an allen Gliedern; ihre Gesichter
sind verstört, weil solche Schande über sie herein-
bricht. 19 Ihr Silber und Gold werfen sie auf die Straße
wie Kehricht; es kann sie nicht retten am Gerichtstag
des HERRN. Es ist wertlos geworden, sie können ih-
ren quälenden Hunger nicht damit stillen. Das ist die
Strafe dafür, dass sie sich durch ihr Silber und Gold
zur Auflehnung gegen den HERRN verführen ließen.
20 In ihrem Übermut haben sie daraus ihre abscheu-
lichen Götzenbilder gemacht. Darum müssen sie es
jetzt voll Ekel wegwerfen. 21 »Ich gebe ihre Schätze den
Fremden zum Raub«, sagt der HERR, »den Feinden zur
Beute. Die werden ihre Götzenbilder entweihen. 22 Ich
wende mich von meinem Volk ab und lasse sogar mein
eigenes Heiligtum entweihen. Räuber werden in den
Tempel eindringen, ihn schänden 23 und ein Blutbad
anrichten. Denn das Land ist voll Mord und Totschlag
und in Jerusalem regiert Gewalt. 24 Deshalb rufe ich
die erbarmungslosesten Völker herbei, damit sie die
prächtigen Häuser in Besitz nehmen. Ich mache ein
Ende mit der Überheblichkeit ihrer Bewohner, und
alles, was ihnen heilig ist, wird entweiht. 25 Angst und
Panik erfasst sie; jeder sucht sich zu retten, aber es gibt
keine Rettung. 26 Unglück türmt sich auf Unglück, eine
Schreckensnachricht jagt die andere. Vergeblich su-
chen sie ein Gotteswort beim Propheten; der Priester
hat keine Antwort, die Ältesten wissen keinen Rat.
27 Der König wird von Entsetzen gepackt, er stimmt
die Totenklage an und die Männer des Landes sind
gelähmt vor Schrecken. Ich ziehe sie alle zur Rechen-
schaft für ihr schlimmes Treiben; ich verurteile sie so
unbarmherzig, wie sie andere verurteilt haben. Sie
sollen erkennen, dass ich der HERR bin!«

EZECHIËL SIEHT DEN GÖTZENDIENST IM JERUSALEMER TEMPEL

8 Es war im sechsten Jahr unserer Verbannung,
am 5. Tag des 6. Monats. Die führenden Männer
der aus Juda Weggeführten saßen bei mir in mei-
nem Haus. Da spürte ich, wie der HERR, der mächtige
Gott, seine Hand auf mich legte. 2 Als ich aufblickte,
sah ich eine Gestalt, die aussah wie ein Mann. Von
der Stelle, wo die Hüften sind, nach unten sah sie aus
wie Feuer, nach oben aber strahlend wie helles Gold.
3 Sie streckte etwas wie eine Hand nach mir aus und
packte mich an den Haaren. So hob mich der Geist
in meiner Vision weit über die Erde empor und trug
mich nach Jerusalem, zum Eingang des nördlichen
Stadttors. Bei diesem Tor stand das Götzenbild, das
den Zorn des HERRN erregt. 4 Da sah ich den Gott
Israels in seiner strahlenden Herrlichkeit, genau wie
ich ihn in der Ebene am Fluss Kebar gesehen hatte.
5 Er sagte zu mir: »Du Mensch, sieh nach Norden!«
Ich blickte nach Norden und sah außerhalb des To-
res einen Altar; am Toreingang stand ein Götzenbild.
6 »Du Mensch«, sagte der HERR, »siehst du, was sie da
treiben? Die Leute von Israel kümmern sich nicht um
meinen Tempel; stattdessen verüben sie diesen ab-
scheulichen Götzendienst. Aber du wirst noch Schlim-
meres sehen.« 7 Er führte mich zum Eingangstor des
äußeren Tempelvorhofs; dort sah ich ein Loch in der
Mauer. 8 »Du Mensch«, befahl er mir, »durchbrich die
Mauer!« Ich tat es und stand vor einer Tür. 9 »Geh hin-
ein«, sagte er, »und sieh, was sie dort Abscheuliches
treiben!« 10 Ich ging hinein und sah, dass man überall
an den Wänden die Bilder von unreinen Tieren einge-
meißelt hatte, die dem HERRN ein Gräuel sind. Das
waren die Götzen des Volkes Israel. 11 Vor diesen Bil-
dern standen siebzig Männer mit Räucherpfannen in
der Hand, von denen Weihrauchwolken aufstiegen.
Die siebzig gehörten zu den Ältesten Israels, auch Ja-
asanja, der Sohn Schafans, war unter ihnen. 12 Der HERR
fragte mich: »Du Mensch, siehst du, was die führenden
Männer Israels im Verborgenen treiben? So machen
sie es auch zu Hause, jeder vor seinem Götzenschrein.
Sie denken: ›Der HERR sieht es nicht; er kümmert sich
nicht mehr um unser Land.‹ 13 Aber du wirst sehen, dass
sie noch Schlimmeres tun.« 14 Darauf führte er mich
zum Nordtor des inneren Tempelvorhofs. Dort saßen
Frauen und weinten über den Tod des Gottes Tammus.
15 Der HERR sagte zu mir: »Du Mensch, siehst du das?
Du wirst noch Schlimmeres sehen.« 16 Er führte mich
in den inneren Vorhof des Tempels. Vor dem Eingang
zum Tempelhaus, zwischen dem Brandopferaltar und
der Vorhalle, standen etwa fünfundzwanzig Männer.
Sie blickten nach Osten, mit dem Rücken zum Tempel
des HERRN, und warfen sich nieder, um die Sonne an-
zubeten. 17 Der HERR sagte zu mir: »Du Mensch, siehst
du das? Reicht es nicht, dass die Leute von Juda überall
im Land Götzen verehren und Unrecht tun? Müssen
sie mich auch noch damit reizen, dass sie es hier in
meinem Tempel tun? 18 Jetzt kenne ich keine Rücksicht
mehr. Erbarmungslos und ohne Schonung werde ich
gegen sie vorgehen. Auch wenn sie noch so sehr um
Gnade flehen – ich höre sie nicht mehr.«

DAS GERICHT ÜBER JERUSALEM

9 Dann rief der HERR vor meinen Ohren mit lauter
Stimme: »Kommt herbei, die ihr das Strafgericht
an Jerusalem vollstrecken sollt! Bringt euer Mord-
instrument mit!« 2 Da kamen sechs Männer durch das
nördliche Tempeltor. Jeder hatte ein Schwert in der
Hand und mit ihnen kam ein siebter, der hatte ein lei-
nenes Priestergewand an. An seinem Gürtel hing eine
Schreibtafel. Sie kamen näher und blieben bei dem
bronzenen Altar stehen. 3 Die strahlende Herrlichkeit
Gottes, nämlich der Gott Israels in der Gestalt, wie er
sich mir gezeigt hatte, erhob sich von den geflügel-
ten Gestalten, den Kerubim, und trat an den Eingang
des Tempels. Er rief dem Mann im Leinengewand mit
dem Schreibzeug zu: 4 »In Jerusalem gibt es noch Men-
schen, die sich an dem abscheulichen Treiben nicht

beteiligt haben und die darüber Schmerz und Trauer
empfinden. Geh durch die Stadt und mach ihnen ein
Zeichen an die Stirn!« 5 Ich hörte auch, wie er zu den
sechs anderen sagte: »Geht hinter ihm her durch die
Stadt und bringt ohne Schonung alle um: 6 alte Män-
ner und junge, Mädchen, Kinder und Frauen. Rührt
aber niemand an, der das Zeichen an der Stirn trägt!
Beginnt hier beim Tempel!« Sie taten es und machten
den Anfang mit den Ältesten, die vor dem Tempel stan-
den. 7 Und der HERR sagte: »Füllt die Tempelhöfe mit
Leichen; scheut euch nicht, den Tempel zu schänden!
Dann geht in die Stadt und schlagt dort zu!« 8 Die Män-
ner erschlugen alle, die im Tempelbezirk waren – nur
mich verschonten sie. Ich warf mich nieder und schrie:
»Ach HERR, du mächtiger Gott, willst du in deinem
Zorn über Jerusalem den ganzen Rest deines Volkes
ausrotten?« 9 Er antwortete: »Die Leute von Israel und
von Juda haben schwere Schuld auf sich geladen; in
Stadt und Land haben sie gemordet und das Recht mit
Füßen getreten. Sie denken: ›Der HERR kümmert sich
nicht um unser Land, er sieht uns ja nicht!‹ 10 Darum
schone ich sie nicht und habe kein Erbarmen mit ih-
nen. Jetzt trifft sie die verdiente Strafe.« 11 Da kam der
Mann mit dem Leinengewand und dem Schreibzeug
aus der Stadt zurück und meldete: »Ich habe deinen
Befehl ausgeführt.«

FEUER VERZEHRT JERUSALEM

10 Ich blickte auf die Stelle über den Köpfen der ge-
flügelten Gestalten, der Kerubim. Da sah ich auf
der festen Platte etwas, das aussah wie ein Thron aus
blauem Edelstein. 2 Die Gestalt auf dem Thron befahl
dem Mann in dem leinenen Priestergewand: »Nimm
aus dem Feuerbecken zwischen den Kerubim zwei
Hände voll glühender Kohlen und streue sie über die
Stadt aus!« Der Mann ging vor meinen Augen in den
Raum zwischen den Rädern der vier Kerubim. 3 Diese
standen vom Tempelhaus gesehen auf der rechten
Seite, nach Süden zu. Der innere Vorhof des Tempels
war ganz angefüllt von der Wolke der göttlichen
Gegenwart. 4 Da erhob sich die Herrlichkeit des HERRN
von ihrem Thron und trat auf die Schwelle des Tem-
pelhauses. Die Wolke erfüllte das ganze Haus und der
Vorhof leuchtete im Glanz der Herrlichkeit des HERRN.
5 Das Rauschen der Kerubflügel klang wie die Donner-
stimme Gottes, des Gewaltigen; es erfüllte auch den
äußeren Vorhof des Tempels. 6 Als der Mann in dem
leinenen Gewand auf Befehl des HERRN in den Raum
zwischen den Kerubim trat, 7 streckte einer von ihnen
die Hand nach dem Feuerbecken aus, das in der Mitte
stand, und legte die Glut in die Hände des Mannes. Der
Mann verließ damit den Tempel, um die glühenden
Kohlen über die Stadt auszustreuen.

GOTT ZIEHT AUS SEINEM TEMPEL AUS

8 Unter den Flügeln der Kerubim sah ich etwas, das
aussah wie Menschenarme. 9-10 Ich sah auch vier Rä-
der, neben jedem Kerub eines. Sie waren alle gleich
groß und funkelten wie Edelsteine. In jedes Rad war
ein zweites im rechten Winkel eingefügt, 11 sodass es
nach allen vier Richtungen laufen konnte, ohne vor-
her gedreht zu werden. Die Räder rollten immer in
der Richtung, die das jeweils vorderste einschlug.
12-13 Es waren dieselben Räder, die ich in meiner ersten
Vision gesehen hatte. Sie wurden vor meinen Ohren
Galgal genannt. Sie waren ringsum mit Augen bedeckt,
ebenso der Leib, die Arme und die Flügel der Kerubim.
14 Jeder Kerub hatte vier verschiedene Gesichter. Beim
ersten sah das Stiergesicht nach vorn, beim zweiten
das Menschengesicht, beim dritten das Löwengesicht
und beim vierten das Adlergesicht. 15 Jetzt begannen
die Kerubim sich zu erheben. Es waren dieselben
Gestalten, die ich am Fluss Kebar geschaut hatte.
16-17 Wenn sie sich fortbewegten, bewegten sich die
Räder mit ihnen, und wenn sie sich mit ihren Flü-
geln von der Erde erhoben, hoben sich die Räder mit.
Wenn sie anhielten, blieben auch die Räder stehen.
In allem wurden die Räder von den Kerubim gelenkt.
18 Die Herrlichkeit des HERRN ging von der Schwelle
des Tempelhauses weg und nahm den Platz über den
Kerubim ein. 19 Die Kerubim breiteten ihre Flügel aus
und erhoben sich vor meinen Augen ein Stück über den
Boden und die Räder erhoben sich mit. Dann verließ
die Herrlichkeit des Gottes Israels den Tempelbezirk,
über den Kerubim thronend, durch das östliche Tor.
20 Ich erkannte deutlich die vier mächtigen Gestalten
wieder, die am Fluss Kebar vor meinen Augen den
Thron des Gottes Israels getragen hatten. 21 Jede von
ihnen hatte vier Gesichter und vier Flügel und unter
den Flügeln konnte ich ihre Menschenarme erkennen.
22 Auch ihre Gesichter waren dieselben, die ich am
Fluss Kebar gesehen hatte. Wohin sie auch gingen, im-
mer blickte eins von ihren vier Gesichtern geradeaus.

DIE ÜBERHEBLICHKEIT DER IN JERUSALEM ZURÜCKGEBLIEBENEN

11 Der Geist nahm mich und brachte mich zum öst-
lichen Tor des Tempelbezirks. Vor dem Tor waren
fünfundzwanzig Männer versammelt. Ich erkannte
darunter zwei der führenden Männer der Stadt, Ja-
asanja, den Sohn Assurs, und Pelatja, den Sohn von Be-
naja. 2 Der HERR sagte zu mir: »Du Mensch, das sind die
Männer, die in dieser Stadt schlimme Anschläge und
verderbliche Pläne aushecken! 3 Sie sagen: ›In nächster
Zeit brauchen wir keine Häuser zu bauen! Die Stadt ist
der Topf und wir sind das Fleisch!‹ 4 Darum musst du
ihnen das Strafgericht ankündigen.« 5 Der Geist des
HERRN nahm von mir Besitz und der HERR befahl mir,
den Leuten von Israel anzukündigen: »So spricht der
HERR: ›Ich weiß, wie ihr redet und was eure Pläne sind!
6 Ihr habt es auf dem Gewissen, dass die Straßen dieser
Stadt von Erschlagenen bedeckt sind. 7 Deshalb sage
ich, der HERR: Die Erschlagenen auf euren Straßen sind
das Fleisch im Topf der Stadt; die Toten haben es besser
als die Lebenden! Euch aber hole ich heraus 8 und lasse
euch hinrichten. Ihr fürchtet das Schwert und durch
das Schwert sollt ihr sterben. Das sage ich, der mäch-
tige Gott. 9 Ich hole euch aus eurer Stadt heraus und

gebe euch in die Gewalt von Fremden. Durch sie vollziehe ich an euch mein Strafgericht. 10 An der Grenze Israels lasse ich euch mit dem Schwert hinrichten. Ihr sollt erkennen, dass ich der HERR bin. 11 Ihr werdet nicht in dieser Stadt bleiben wie das Fleisch im Topf. An der Grenze Israels werde ich mein Gericht an euch vollziehen. 12 Ihr sollt erkennen, dass ich der HERR bin. Denn ihr habt meine Weisungen nicht befolgt und euch nicht nach meinen Geboten gerichtet, sondern habt nach den Gesetzen eurer Nachbarvölker gelebt.‹«

13 Während ich diese Ankündigung aussprach, starb Pelatja, der Sohn von Benaja. Ich warf mich zu Boden und rief laut: »Ach HERR, du mächtiger Gott! Willst du den Rest Israels vollends vernichten?«

TROST FÜR DIE VERSCHLEPPTEN

14 Da erging das Wort des HERRN an mich, er sagte: 15 »Du Mensch, die Bewohner Jerusalems sagen über deine Brüder und Verwandten und über alle Leute von Israel, die in die Verbannung geführt worden sind: ›Sie sollen bleiben, wo sie sind, weit weg vom HERRN! Das Land gehört jetzt uns!‹ 16 Deshalb sollst du verkünden: ›So spricht der HERR, der mächtige Gott: Es stimmt, ich habe sie in fremde Länder gebracht und unter die Völker zerstreut und sie können mich dort nur noch aus der Ferne in bescheidenen Gottesdiensten verehren. 17 Aber ich, der mächtige Gott, werde sie aus den Völkern, unter die sie zerstreut sind, sammeln und ihnen das Land Israel zum Besitz geben. 18 Wenn sie dorthin zurückkehren, werden sie das Land von allem Götzendienst reinigen. 19 Ich werde ihnen ein neues Herz und einen neuen Geist geben. Ich nehme das versteinerte Herz aus ihrer Brust und schenke ihnen ein Herz, das lebt. 20 Dann werden sie nach meinen Weisungen leben, auf meine Gebote achten und sie befolgen. Sie werden mein Volk sein und ich werde ihr Gott sein. 21 Aber die verdiente Strafe wird alle treffen, die ihr Herz an die Götzen gehängt haben und ihnen auf die abscheuliche Weise dienen, die diesen Götzen gefällt. Das sage ich, der HERR, der mächtige Gott.‹«

GOTT VERLÄSST JERUSALEM

22 Die Kerubim, über denen die strahlende Herrlichkeit des Gottes Israels zu sehen war, bewegten ihre Flügel und zusammen mit ihnen erhoben sich die Räder vom Boden. 23 So verließ die Herrlichkeit des HERRN die Stadt in Richtung auf den Berg im Osten Jerusalems. 24 Mich aber nahm der Geist und brachte mich in meiner Vision zurück nach Babylonien. Dann verschwand die Vision 25 und ich berichtete den Verbannten alles, was der HERR mir gezeigt hatte.

DEN VERBANNTEN WIRD DIE WEGFÜHRUNG DER ZURÜCKGEBLIEBENEN ANGEKÜNDIGT

12 Das Wort des HERRN erging an mich, er sagte: 2 »Du Mensch, du lebst mitten unter einem widerspenstigen Volk! Diese Leute haben Augen und sehen nicht, sie haben Ohren und hören nicht. 3 Deshalb schnüre dir ein Bündel, wie es Verschleppte mit sich tragen, und geh damit vor aller Augen von deinem Wohnort weg zu einem anderen Ort. Vielleicht gehen ihnen die Augen auf, so widerspenstig sie auch sind. 4 Bring dein Bündel am hellen Tag aus dem Haus, sodass alle es sehen, und gegen Abend, wenn die Hitze nachlässt, zieh vor ihren Augen weg, wie jemand, der in die Verbannung geführt wird. 5 Brich vor ihren Augen von innen ein Loch in die Wand deines Hauses und zwänge dich dadurch hinaus. 6 Nimm dein Bündel auf die Schulter und geh in der Dunkelheit fort. Verhülle dein Gesicht, damit du das Land nicht siehst, das du verlassen musst. So mache ich dich für die Leute von Israel zu einem Zeichen, an dem sie sehen, was ihnen bevorsteht.« 7 Ich machte genau, was der HERR mir befohlen hatte. Ich schnürte mir ein Bündel, wie es Verschleppte mit sich tragen, und brachte es am hellen Tag aus dem Haus. Am Abend brach ich von innen ein Loch in die Wand und zwängte mich durch das Loch hinaus. Vor aller Augen hob ich das Bündel auf die Schulter. 8 Am anderen Morgen erging an mich das Wort des HERRN, er sagte: 9 »Du Mensch, die Leute von Israel, dieses widerspenstige Volk, haben dich doch gefragt: ›Was machst du da?‹ 10 Gib ihnen die Erklärung! Sag zu ihnen: ›Der HERR, der mächtige Gott, hat zu mir gesprochen! Was er mir aufgetragen hat, betrifft den König in Jerusalem und alle Leute von Israel, die dort leben. 11 Ich bin für euch ein Zeichen. So wie ich es vorgemacht habe, wird es den Leuten von Jerusalem ergehen. Alle müssen in die Verbannung. 12 Ihr König aber wird in tiefster Dunkelheit sein Bündel auf die Schulter nehmen und die Stadt verlassen. Seine Männer werden die Mauer durchbrechen, um ihre Habseligkeiten hinauszubringen. Er wird sein Gesicht verhüllen, denn das Land Israels wird er nie wiedersehen. 13 Ich werde mein Fangnetz ausspannen, ihn einfangen und nach Babylonien bringen; aber er wird das Land nicht sehen können. Dort wird er sterben. 14 Sein Gefolge und seine Kriegsleute werde ich in alle Winde zerstreuen, mit gezogenem Schwert werde ich sie auseinandertreiben. 15 Ich zerstreue sie in fremde Länder und unter fremde Völker, damit sie erkennen, dass ich der HERR bin. 16 Nur wenige von ihnen sollen dem Schwert, dem Hunger und der Pest entrinnen, damit sie unter den Völkern erzählen können, mit was für abscheulichen Taten sie sich dieses Schicksal verdient haben. Sie sollen erkennen, dass ich der HERR bin!‹«

DIE LEUTE IN JERUSALEM WERDEN ZITTERN

17 Das Wort des HERRN erging an mich, er sagte: 18 »Du Mensch, iss dein Brot und trink dein Wasser mit Zittern und Beben! 19 Und dann sag zu deinen verschleppten Landsleuten: ›So spricht der HERR, der mächtige Gott: Mit Zittern und Entsetzen werden die Leute, die in Jerusalem im Land Israel geblieben sind, ihr Brot essen und ihr Wasser trinken. Zur Strafe dafür, dass überall Unrecht und Gewalt herrschen, kommt die Vernichtung über das Land. 20 Die Städte veröden, die fruchtbaren Felder werden zur Wüste. Ihr sollt erkennen, dass ich der HERR bin!‹«

GOTT MACHT KEINE LEEREN WORTE

21 Das Wort des HERRN erging an mich, er sagte: 22 »Du
Mensch, was reden die Leute bei euch im Land Israel?
Sie sagen: ›Die Zeit kommt und geht und die Prophe-
zeiungen treffen nie ein!‹ 23 Ich werde dafür sorgen,
dass dieses Gerede in Israel ein Ende hat. Sag zu ihnen:
›So spricht Gott, der HERR: Die Zeit ist gekommen, dass
alles eintrifft, was meine Propheten euch angedroht
haben. 24 Künftig wird es im Volk Israel keine falschen
Propheten mehr geben, die leere Träume erzählen und
den Menschen nach dem Mund reden. 25 Ich, der HERR,
rede; und was ich ankündige, das trifft ein. Es lässt
nicht lange auf sich warten. Ich sage ein Wort und ich
setze es in die Tat um, beides zu euren Lebzeiten, ihr
widerspenstigen Leute! Das sage ich, der mächtige
Gott.‹« 26 Noch einmal erging das Wort des HERRN
an mich: 27 »Du Mensch, die Leute von Israel sagen
über dich: ›Die Offenbarungen, die er empfangen hat,
betreffen nicht unsere Gegenwart, sondern eine ferne
Zukunft.‹ 28 Darum antworte ihnen: ›So spricht Gott,
der HERR: Alles, was ich angekündigt habe, wird in
Kürze geschehen. Wenn ich ein Wort sage, dann ge-
schieht es auch. Das sage ich, der HERR.‹«

DAS ENDE DER FALSCHEN PROPHETEN

13 Das Wort des HERRN erging an mich, er sagte:
2 »Du Mensch, kündige den Propheten Israels,
die nach ihrem eigenen Gutdünken prophezeien,
mein Strafgericht an! Sag zu ihnen: ›Hört das Wort des
HERRN! 3 Das sagt Gott, der HERR, zu euch: Weh euch
falschen Propheten, die nicht nach mir fragen, sondern
ihren eigenen Einfällen folgen, die prophezeien, was
ihnen nicht offenbart worden ist! 4 Ihr Propheten seid
zu Israels Totengräbern geworden! 5 Ihr seid nicht in
die Bresche gesprungen, ihr habt nicht die Lücken in
der Schutzmauer um mein Volk Israel aufgefüllt, da-
mit es an meinem Gerichtstag bestehen kann. 6-7 Eure
eigenen Hirngespinste schaut ihr, Lügen verkündet ihr!
Ihr sagt: ›So spricht der HERR‹, wo ich euch doch gar
nicht beauftragt und nicht zu euch gesprochen habe.
Und da erwartet ihr auch noch, dass ich eure leeren
Versprechen einlöse! 8 Darum sage ich, der mächtige
Gott: Weil ihr Hirngespinste schaut und Lügen ver-
kündet, sollt ihr mich kennenlernen, mich, den HERRN!
9 Ich werde gegen euch Lügenpropheten vorgehen. In
der Versammlung meines Volkes habt ihr nichts mehr
zu suchen, eure Namen werden aus den Listen der Sip-
pen Israels getilgt, ihr werdet nie mehr ins Land Israel
zurückkehren. Ihr sollt erkennen, dass ich der HERR
bin! 10 Ihr habt mein Volk in die Irre geführt, ihr habt
verkündet: Alles steht gut!, während es in Wirklichkeit
gar nicht gut stand. Da baut sich mein Volk eine Mauer
aus losen Steinen und ihr streicht Tünche darüber!
11-12 Wenn nun ein Platzregen kommt, wenn Hagelwet-
ter niedergeht und der Sturm wütet, sodass die Mauer
einfällt, wird man dann nicht über euch spotten: Wo
ist der schöne Anstrich geblieben? 13 Darum sage ich,
der mächtige Gott: Ich werde in meinem Zorn ein Un-
wetter schicken, Sturm, Hagel und Platzregen; 14 die
Mauer, die ihr mit Tünche überstrichen habt, lasse ich
einstürzen, sodass kein Stein auf dem andern bleibt
und ihr selbst unter den Trümmern begraben werdet.
Ihr sollt erkennen, dass ich der HERR bin! 15 Ich werde
an der Mauer und an denen, die sie angestrichen ha-
ben, meinen ganzen Zorn auslassen. Dann werden
sie über euch spotten: Die Mauer ist hin, und von de-
nen, die sie angestrichen haben, ist auch keiner mehr
da! 16 Ja, keiner bleibt übrig von den Propheten, die
Jerusalem eine herrliche Zukunft vor Augen gemalt
haben, als es dicht vor dem Untergang stand. Das sage
ich, der HERR, der mächtige Gott.‹«

DAS ENDE DER MAGISCHEN PRAKTIKEN

17 Weiter sagte der HERR: »Du Mensch, wende dich
gegen die Frauen deines Volkes, die nach ihrem eige-
nen Gutdünken prophezeien, und kündige ihnen mein
Strafgericht an! 18 Sag zu ihnen: ›Das sagt der HERR,
der mächtige Gott, zu euch: Weh euch Seelenfänge-
rinnen, die ihr für jedes Handgelenk die passenden
Zauberbänder näht und magische Schleier für jede
Kopf- und Körpergröße! Ihr spielt mit dem Leben der
Menschen in meinem Volk. Und da meint ihr, ihr könn-
tet euer eigenes Leben retten? 19 Bei euren Praktiken
missbraucht ihr meinen Namen; für den Lohn von ein
paar Handvoll Gerste oder ein wenig Brot liefert ihr
schuldlose Menschen dem Tod aus und erhaltet sol-
che am Leben, die ihn verdient hätten. Meinem Volk,
das so gern auf Lügen hört, gaukelt ihr eine goldene
Zukunft vor. 20-21 Darum werde ich, der mächtige Gott,
euch die Zauberbänder vom Arm reißen und eure Zau-
berschleier zerfetzen. Ich jage euch eure Beute ab und
rette die Menschenleben, die ihr verderben wollt. Ich
befreie mein Volk aus eurer Gewalt, niemand soll euch
mehr zum Opfer fallen. Ihr sollt erkennen, dass ich der
HERR bin! 22 Ihr macht unschuldigen Leuten Angst,
die von mir gar nichts zu befürchten haben; aber die
Verbrecher ermutigt ihr und verhindert damit, dass
sie ihr böses Treiben aufgeben und ihr Leben retten.
23 Deshalb soll es mit eurer verlogenen Wahrsagerei
ein Ende haben. Ich werde mein Volk aus eurer Gewalt
befreien. Ihr sollt erkennen, dass ich der HERR bin!‹«

ABRECHNUNG MIT DEN GÖTZENDIENERN

14 Einige von den Ältesten Israels kamen zu mir
und wollten einen Bescheid von Gott haben.
Sie setzten sich vor mich hin und warteten. 2 Da er-
ging das Wort des HERRN an mich, er sagte: 3 »Du
Mensch, diese Männer öffnen ihr Herz noch immer
den Götzen und haben Gefallen an dem, was sie in
Schuld verstrickt. Und da soll ich ihnen eine Auskunft
erteilen? 4 Antworte ihnen: ›So spricht der HERR, der
mächtige Gott: Wenn jemand aus dem Volk Israel das
Herz den Götzen öffnet und Gefallen hat an dem, was
ihn in Schuld verstrickt, und wenn er dann noch zu
meinem Propheten kommt und einen Bescheid von
mir erbittet, dann bekommt er die Antwort, die er ver-
dient hat – von mir, dem HERRN! 5 Dem ganzen Volk
Israel, das sich von mir abgewandt und den Götzen

zugewandt hat, werde ich damit eine Lehre erteilen.‹
6 Zu den Leuten von Israel aber sollst du sagen: ›So
spricht der HERR, der mächtige Gott: Kehrt um und
wendet euch ab von euren Götzen und von eurem
abscheulichen götzendienerischen Treiben! 7 Wenn
jemand aus dem Volk Israel oder von den Fremden,
die bei euch leben, mir den Rücken kehrt, sein Herz
den Götzen öffnet und Gefallen hat an dem, was ihn
in Schuld verstrickt, und wenn er dann noch zu mei-
nem Propheten kommt, um einen Bescheid von mir
zu erbitten, dann bekommt er von mir persönlich eine
Antwort, von mir, dem HERRN! 8 Ich wende mich gegen
einen solchen Menschen, ich handle so an ihm, dass
es eine Warnung für alle ist und man noch lange da-
von reden wird: Ich rotte ihn aus meinem Volk aus. Ihr
sollt erkennen, dass ich der HERR bin! 9 Wenn aber der
Prophet sich so weit verirrt, dass er in meinem Namen
einen Bescheid erteilt, dann werde *ich* ihn in die Irre
führen: Ich werde die Hand gegen ihn erheben und
ihn aus meinem Volk Israel ausstoßen und vernichten.
10 Alle beide müssen die Folgen ihrer Schuld tragen: der
Götzendiener, der fragt, und der Prophet, der antwor-
tet. 11 Das soll den Leuten von Israel eine Warnung sein,
dass sie nicht von mir weglaufen und sich nicht mehr
unrein machen durch ihre Verfehlungen. Sie sollen
mein Volk sein und ich will ihr Gott sein. Das sage ich,
der HERR, der mächtige Gott!‹«

DAS STRAFGERICHT ÜBER JERUSALEM IST UNABWENDBAR

12 Das Wort des HERRN erging an mich, er sagte: 13 »Du
Mensch, angenommen, ein Volk vergeht sich gegen
mich und bricht mir die Treue und ich schicke zur Strafe
eine Hungersnot ins Land und Menschen und Tiere
sterben daran. 14 Wenn dann die drei großen Männer
Noach, Daniel und Ijob unter diesem Volk lebten, so
würden nur sie aufgrund ihrer Rechtschaffenheit ihr
Leben retten. Das sage ich, der HERR, der mächtige
Gott. 15 Oder angenommen, ich lasse zur Strafe Raub-
tiere in ein Land einfallen, die seine Bewohner töten,
und das Land wird menschenleer wie eine Wüste, weil
wegen der Lebensgefahr niemand mehr durchzuzie-
hen wagt. 16 Wenn dann diese drei Männer dort leb-
ten, könnten sie nicht einmal ihre Söhne und Töchter
retten, sondern allein sich selbst – so gewiss ich, der
HERR, lebe! Das ganze Land würde restlos entvölkert
werden. 17 Oder angenommen, ich schicke zur Strafe
Feinde in ein Land, die Menschen und Tiere niederma-
chen, 18 und diese drei Männer wären in diesem Land:
Sie könnten nicht einmal ihre Söhne und Töchter ret-
ten, sondern allein sich selbst – so gewiss ich lebe, ich,
der HERR! 19 Oder aber ich schicke zur Strafe die Pest
in ein Land und vernichte in meinem glühenden Zorn
Menschen und Tiere. 20 Wären dann die drei großen
Männer Noach, Daniel und Ijob in diesem Land, sie
könnten weder Söhne noch Töchter retten, so gewiss
ich lebe, ich, der HERR! Nur ihr eigenes Leben könnten
sie aufgrund ihrer Rechtschaffenheit retten. 21 Und
nun sage ich, der HERR, der mächtige Gott: ›Wenn ich
meine vier Geißeln – Hunger, Raubtiere, Krieg und
Pest – auf Jerusalem loslasse, um Menschen und Tiere
darin zu vernichten, meint ihr, dass dann jemand mit
dem Leben davonkommt? 22 Doch, ich lasse einige
übrig, Männer und Frauen, die werden aus der Stadt
weggeführt und kommen zu euch. Ihr werdet sehen,
was das für Leute sind und wie schlimm sie es treiben.
Das wird euch trösten, wenn ihr über den Untergang
Jerusalems trauert, über alles, was ich der Stadt an-
getan habe. 23 Diese Leute werden euch ein Trost sein,
wenn ihr seht, wie gründlich verdorben sie sind! Denn
ihr werdet daran erkennen, dass ich an Jerusalem nur
die gerechte Strafe vollzogen habe. Das sage ich, der
HERR, der mächtige Gott.‹«

JERUSALEM ALS NUTZLOSES REBHOLZ

15 Das Wort des HERRN erging an mich, er sagte:
2 »Du Mensch, was hat der Weinstock vor den
wild wachsenden Rankengewächsen voraus? 3 Lässt
sich aus seinem Holz irgendetwas Brauchbares her-
stellen? Kann man auch nur einen Pflock für die Wand
daraus schnitzen, um etwas daran aufzuhängen? 4 Nun
ist die Weinranke auch noch ins Feuer geworfen wor-
den; die Enden sind schon verkohlt und die Mitte ist
angesengt: Wozu kann man sie jetzt noch verwenden?
5 Schon als sie noch unversehrt war, war ihr Holz zu
nichts zu gebrauchen; was lässt sich dann jetzt noch
damit anfangen? 6 Darum sage ich, der HERR, der
mächtige Gott: Der Weinstock Jerusalem ist für mich
nicht mehr wert als ein gewöhnliches Rankengewächs.
Das Holz des Weinstocks ist zum Verbrennen bestimmt
und genauso gebe ich die Bewohner Jerusalems der
Vernichtung preis. 7 Mit knapper Not sind sie dem
Feuer entronnen, aber das Feuer wird sie vollends
verzehren. Dann werdet ihr erkennen, dass ich der
HERR bin. Ich selbst wende mich gegen sie 8 und mache
ihr Land zu einer Wüste, weil sie mir untreu geworden
sind. Das sage ich, der HERR, der mächtige Gott.«

JERUSALEM, DIE TREULOSE FRAU

16 Das Wort des HERRN erging an mich, er sagte:
2 »Du Mensch, mache der Stadt Jerusalem klar,
was für abscheuliche Dinge sie tut! 3 Halte ihr vor: ›So
spricht der HERR, der mächtige Gott: Du bist eine Ka-
naaniterin; hier im Land wurdest du geboren. Dein
Vater war ein Amoriter, deine Mutter eine Hetiterin.
4 Und so erging es dir bei deiner Geburt: Deine Na-
belschnur wurde nicht ordentlich abgeschnitten, du
wurdest nicht gebadet und mit Salz abgerieben, du
wurdest nicht in Windeln gewickelt. 5 Niemand küm-
merte sich um dich, niemand hatte Mitleid mit dir und
versorgte dich. Du wurdest aufs freie Feld geworfen,
weil niemand dich haben wollte. So erging es dir, als
du geboren wurdest. 6 Da kam ich vorüber und sah
dich in deinem Blut liegen und zappeln. Ich sagte zu
dir: Du sollst leben! Du sollst leben 7 und gedeihen!
Ich ließ dich aufblühen wie eine Blume. So wuchst
du heran und wurdest groß und überaus schön. Die
Brüste wurden rund und das Schamhaar sprosste. Aber

noch immer warst du nackt und bloß. 8 Wieder kam ich an dir vorüber und ich sah, dass du zur Liebe reif warst. Da nahm ich dich zur Frau. Ich breitete meinen Gewandsaum über dich zum Zeichen, dass du mir gehören und nicht mehr nackt und bloß sein solltest. Ich schwor dir Treue und schloss den Bund fürs Leben mit dir, ich, der HERR. So wurdest du mein. 9 Ich badete dich und wusch dir das Blut ab, salbte dich mit Öl 10 und gab dir ein buntes Kleid und Sandalen aus weichem Leder, ein Kopftuch aus feinstem Leinen und einen schön gewebten Mantel. 11 Ich legte dir Schmuck an: Armspangen, Halskette, 12 Nasenring, Ohrringe und einen kostbaren Stirnreif. 13 So warst du nun mit Gold und Silber geschmückt und trugst Kleider aus den schönsten und erlesensten Stoffen. Du hattest Gebäck aus feinstem Mehl zu essen, das mit Honig und Öl bereitet war. Du warst unaussprechlich schön und wurdest zur Königin. 14 Alle Welt rühmte deine Schönheit, die durch meinen Schmuck erst vollkommen wurde‹, sagt der HERR, der mächtige Gott!

DIE UNTREUE JERUSALEMS: GÖTZENDIENST

15 ›Aber du vergaßt, dass du deine Schönheit und deinen Ruhm mir verdanktest. Du wurdest übermütig und locktest mit deinen Reizen jeden an, der vorbeikam. Jedem botest du dich an. 16 An den Plätzen, wo man die Götzen verehrt, breitetest du deine bunten Kleider aus und hurtest herum. Dazu hätte es niemals kommen dürfen. 17 Aus dem Silber und Gold, das ich dir geschenkt hatte, machtest du dir Götzen und betrogst mich mit ihnen. 18 Du zogst ihnen deine bunten Gewänder an und opfertest ihnen den Weihrauch und das Öl, das du von mir bekommen hattest. 19 Die Leckerbissen, die ich dir gegeben hatte, das feine Honiggebäck, brachtest du zu ihnen, um sie damit zu erfreuen. So weit kam es‹, sagt der HERR, der mächtige Gott. 20 ›Aber du hast noch Schlimmeres getan! Du hast nicht nur mit den Götzen gehurt, sondern ihnen auch noch die Söhne und Töchter zum Fraß vorgeworfen, die du mir geboren hattest. 21 Du hast meine Kinder geschlachtet und als Opfer für deine Götzen verbrannt. 22 So hast du es getrieben und hast ganz vergessen, was ich für dich getan hatte, als du noch nackt und zappelnd in deinem Blut auf der Erde lagst.‹

DIE UNTREUE JERUSALEMS: BÜNDNISPOLITIK

23 ›Deine Schandtaten musst du büßen. Dafür stehe ich ein, ich, der mächtige Gott. 24-25 Du hast auf jedem freien Platz und an jeder Straßenecke dein Hurenlager aufgeschlagen und hast deine Schönheit in den Schmutz gezogen. Du warst unersättlich und hast vor jedem, der vorüberging, die Beine gespreizt. 26 Deine Nachbarn, die Ägypter mit dem großen Glied, waren deine besten Freunde; mit ihnen hast du gehurt, um mich zu kränken. 27 Da strafte ich dich und nahm dir einen Teil von dem, was ich dir geschenkt hatte. Ich gab dich der Gier der Philisterinnen preis, die dich hassten, die aber von deinem schamlosen Treiben selber angewidert waren. 28 Doch du hattest noch nicht genug und gingst zu den Assyrern, um mit ihnen zu huren, und auch das reichte dir noch nicht. 29 Darum triebst du es mit den Babyloniern, diesem Händlervolk; doch auch da bekamst du nicht genug. 30 Du branntest darauf, dich hinzugeben; an Schamlosigkeit warst du nicht mehr zu übertreffen‹, sagt der HERR, der mächtige Gott. 31 ›An jeder Straßenecke und an jedem freien Platz hast du dein Hurenlager aufgeschlagen. Aber du hast dich nicht wie eine Hure für Geld hingegeben. 32 Du hast deinen Ehemann mit fremden Männern betrogen, 33 und während man eine Hure bezahlt, hast du deine Liebhaber noch mit Geschenken angelockt, damit sie von überallher zu dir kamen. 34 Anderen Frauen läuft man nach und gibt ihnen Geld, aber dir läuft niemand nach und du zahlst auch noch dafür. So sehr bist du aus der Art geschlagen.‹

DIE VERDIENTE STRAFE

35 ›Jerusalem, du Hure! Höre das Wort des HERRN! So spricht der HERR, der mächtige Gott: 36 Weil du dich vor deinen Liebhabern und deinen ekelhaften Götzenbildern nackt ausgezogen und den Götzen deine Kinder geopfert hast, 37 rechne ich jetzt mit dir ab. Ich rufe deine ganze Kundschaft zusammen, die Männer, mit denen du gehurt hast, und auch die anderen, die du nicht mochtest. Wenn sie von überallher zusammengelaufen sind, dann hebe ich vor ihren Augen deine Kleider hoch und gebe dich der Schande preis. 38 Ich verfahre mit dir, wie es das Gesetz für eine Ehebrecherin und Mörderin vorschreibt. Weil du meinen Zorn gereizt und meine Eifersucht geweckt hast, verurteile ich dich zum Tod. 39 Ich liefere dich ihnen aus, dass sie deine Hurenbude und deine Götzenaltäre einreißen, dir deinen Schmuck nehmen, dir die Kleider vom Leib reißen und dich nackt und bloß liegen lassen. 40 Dann werden sie eine Gerichtsversammlung einberufen. Sie werden dich steinigen und deine Leiche mit dem Schwert in Stücke hauen. 41 Alle Frauen werden sehen, wie man das Urteil an dir vollstreckt und deine Häuser niederbrennt. Aus ist es dann mit deiner Hurerei, du kannst dir keine Liebhaber mehr kaufen! 42 Dann sind endlich mein Zorn und meine Eifersucht gestillt; ich habe wieder Ruhe und muss mich nicht mehr von dir kränken lassen. 43 Du warst undankbar und vergaßest, was ich seit deiner Kindheit für dich getan hatte. Durch dein schamloses Treiben hast du mich herausgefordert. Jetzt musst du die Folgen tragen. Das sage ich, der HERR, der mächtige Gott.‹

›DU TREIBST ES SCHLIMMER ALS SODOM UND SAMARIA!‹

44 ›Jerusalem, man wird dich verspotten mit dem Sprichwort: Wie die Mutter, so die Tochter! 45 Du bist um kein Haar besser als deine Mutter und deine Schwestern – auch die scherten sich nicht um Mann und Kinder. Wie deine Schwestern, zwischen denen du wohnst, hast du eine Hetiterin zur Mutter und einen Amoriter zum Vater. 46 Deine größere Schwester ist die Stadt Samaria im Norden mit ihren Tochterstädten und

deine kleinere Schwester die Stadt Sodom im Süden
mit ihren Tochterstädten. 47 Alle Schändlichkeiten hast
du den beiden nachgemacht und sie darin in kurzer
Zeit übertroffen. 48 So gewiss ich, der HERR, lebe: Deine
Schwester Sodom mit ihren Töchtern hat sich nicht so
schändlich benommen wie du und deine Töchter! 49 Sie
war eingebildet und lebte mit ihren Töchtern sorglos
und im Überfluss; um Arme und Unterdrückte küm-
merte sie sich nicht. 50 Sie war überheblich und beging
abscheuliche Verbrechen. Als ich das sah, schaffte ich
sie weg. 51 Auch Samaria hat nicht die Hälfte deiner
abscheulichen Taten begangen. Du hast viel mehr
gesündigt als sie beide. Du hast es so schlimm getrie-
ben, dass deine beiden Schwestern neben dir geradezu
unschuldig dastehen. 52 Weil du viel schlimmer warst
als deine Schwestern und sie durch dein schmutziges
Treiben reingewaschen hast, musst du dich schämen
und deine ganze Schande tragen.‹

›ICH BESCHÄME DICH DURCH MEINE TREUE!‹

53 ›Doch dann wende ich für Sodom und Samaria alles
wieder zum Guten und auch für dich, Jerusalem, die
du so tief gefallen bist wie sie! 54 Das tue ich, damit
du einsiehst, wie schändlich du gehandelt hast. Du
sollst dich schämen, dass du sogar noch verdorbener
warst als deine Schwestern und sie damit entlastet
hast. 55 Ihr alle drei samt euren Tochterstädten werdet
wieder aufgebaut werden und blühen wie früher. 56 In
deinem Hochmut hast du über deine Schwester Sodom
die Nase gerümpft, 57 aber jetzt wissen alle, dass du
nicht besser bist als sie. Wie du deine Schwester Sodom
verachtet hast, so verachten dich jetzt alle deine Nach-
barinnen, die Edomiterinnen und die Philisterinnen.
58 Du musst nun die Folgen deines schamlosen Treibens
und deiner abscheulichen Verbrechen tragen. Das sage
ich, der HERR, der mächtige Gott.‹« 59-60 Weiter sagt
der HERR, der mächtige Gott: »Wie du mir, so ich dir!
Du hast mir Treue geschworen und sie nicht gehalten.
Aber obwohl du den Bund gebrochen hast, den ich
mit dir in deiner Jugend geschlossen hatte, will ich zu
meinem Wort stehen und mit dir einen Bund für alle
Zeiten schließen. 61 Du wirst darüber beschämt sein,
wie schändlich du gehandelt hast, wenn ich dich über
deine beiden Schwestern stellen und sie dir als Töchter
geben werde. Das ist noch mehr, als ich dir einst zuge-
sagt hatte, als ich den Bund mit dir schloss. 62 Wenn ich
so handle, wirst du erkennen, dass ich der HERR bin.
63 Ich nehme deine ganze Schuld von dir, damit du in
dich gehst und vor Scham verstummst. Das sage ich,
der HERR, der mächtige Gott.«

DAS GLEICHNIS VOM WEINSTOCK UND DEN ADLERN

17 Das Wort des HERRN erging an mich, er sagte:
2 »Du Mensch, mache den Leuten von Israel
durch ein Gleichnis deutlich, 3 was ich, der HERR, der
mächtige Gott, ihnen zu sagen habe: Ein großer Adler
mit mächtigen Flügeln und dichten bunten Federn kam
zum Libanon und brach den Wipfel einer Zeder ab.
4 Er brachte ihn ins Krämerland in eine Händlerstadt.
5 Dann nahm er aus dem Boden Israels einen Steckling
und pflanzte ihn in ein wohlbewässertes Feld neben
einem Wassergraben. 6 Der Adler wollte, dass daraus
ein üppig wuchernder, aber niedrig bleibender Wein-
stock werden sollte. Seine Wurzeln sollten unter den
Flügeln des Adlers verbleiben und seine Ranken sich
ihm zuwenden. Und aus dem Steckling wurde tatsäch-
lich ein Weinstock mit kräftigen Ranken. 7 Aber da war
noch ein anderer Adler mit großen Flügeln und dich-
ten Federn. Ihm streckte der Weinstock seine Ranken
entgegen und ließ seine Wurzeln zu dessen Land hin-
wachsen, damit er ihm Wasser gäbe – weg von dem
Land, in das er gepflanzt worden war. 8 Dabei war er
doch in gutes, wasserreiches Land gepflanzt und hatte
dort alles, was er brauchte, um Ranken zu treiben und
Frucht zu bringen und ein prächtiger Weinstock zu
werden. 9 Erzähl den Leuten von Israel dieses Gleich-
nis und dann sag zu ihnen: ›So spricht der HERR, der
mächtige Gott: Meint ihr, dass das gut geht? Wird nicht
der erste Adler die Trauben des Weinstocks zerfetzen
und seine Wurzeln ausreißen, sodass alle seine Blätter
verdorren? Es wird keine große Kraft brauchen, um ihn
aus dem Boden zu reißen. 10 Es wird bestimmt nicht gut
gehen! Wenn der glühend heiße Ostwind kommt, wird
der Weinstock auf dem Feld, in das er gepflanzt worden
ist, verdorren. Völlig verdorren wird er.‹«

DIE DEUTUNG DES GLEICHNISSES: KÖNIG ZIDKIJAS UNTREUE

11 Darauf erging an mich das Wort des HERRN, er sagte:
12 »Sag zu diesem widerspenstigen Volk: ›Habt ihr
begriffen, was dieses Gleichnis bedeutet? Ich will es
euch erklären: Der König von Babylonien kam nach
Jerusalem und nahm den König und seine Minister
mit sich nach Babylon. 13 Er setzte an dessen Stelle
einen anderen aus der königlichen Familie als König
ein, schloss einen Vertrag mit ihm und ließ ihn Treue
schwören. Die führenden Männer nahm er mit, 14 um
zu verhindern, dass der neue König seine Befugnisse
überschreite und sich über den Vertrag hinwegsetze
und ihn breche. 15 Trotzdem brach der König den Ver-
trag und schickte Gesandte zum König von Ägypten,
damit er ihn mit Pferden und Streitwagen und einem
starken Heer unterstütze. Wird das gut gehen? Kann
einer, der Verträge bricht, Erfolg haben? Wird er sei-
ner Strafe entgehen? 16 So gewiss ich, der HERR, lebe:
In Babylon wird er sterben, in der Stadt des Königs,
der ihn eingesetzt und dem er einen Eid geschworen
hat – und dann hat er trotzdem den Vertrag gebrochen!
17 Der Pharao kommt ihm nicht mit seiner Heeresmacht
zu Hilfe, wenn er belagert wird und die Angreifer einen
Wall um die Stadt aufschütten und Angriffsrampen
gegen die Mauern vortreiben und viele Menschen
den Tod finden. 18 Er hat den Eid missachtet und den
Vertrag gebrochen; er gab sein Wort und hat es nicht
gehalten. Für ihn gibt es keine Rettung.‹ 19 Der HERR,
der mächtige Gott, sagt: ›So gewiss ich lebe, das wird
er mir büßen! Bei meinem Namen hat er geschworen

und es nicht gehalten, *meinen* Vertrag hat er gebrochen! 20 Deshalb spanne ich mein Netz aus und fange ihn ein, ich bringe ihn nach Babylon und stelle ihn dort vor mein Gericht, denn *mir* ist er untreu geworden. 21 Seine Kriegsleute werden davonlaufen und mit dem Schwert niedergemacht werden; ihr Rest wird in alle Winde zerstreut. Dann werdet ihr erkennen, dass ich geredet habe, ich, der HERR!‹

DER KÜNFTIGE HERRSCHER AUF DEM ZIONSBERG

22 Der HERR, der mächtige Gott, sagt: ›Ich werde einen zarten Spross aus dem Wipfel der hohen Zeder brechen und ihn auf einem hoch ragenden Berg einpflanzen. 23 Auf dem Berg in der Mitte Israels werde ich ihn einpflanzen und er wird Zweige treiben und Frucht tragen und zur prächtigen Zeder werden. In ihren Zweigen werden alle Arten von Vögeln wohnen. 24 Dann werden alle Bäume auf dem Feld erkennen, dass ich, der HERR, den hohen Baum erniedrigt und den niedrigen Baum erhöht habe, den Baum mit saftigem Grün verdorren und den verdorrten Baum von Neuem grünen ließ. Ich, der HERR, sage das und tue es auch.‹«

NIEMAND SOLL FÜR DIE SCHULD SEINER VORFAHREN BÜSSEN

18 Das Wort des HERRN erging an mich, er sagte: 2 »Was habt ihr da für ein Sprichwort im Land Israel? Ihr sagt: ›Die Väter essen unreife Trauben und die Söhne bekommen davon stumpfe Zähne.‹ 3 So gewiss ich, der HERR, lebe: Niemand von euch, niemand in Israel wird dieses Wort noch einmal wiederholen! 4 Ich habe das Leben jedes Einzelnen in der Hand, das Leben des Sohnes so gut wie das Leben des Vaters. Alle beide sind mein Eigentum. Nur wer sich schuldig macht, muss sterben. 5 Nehmt den Fall eines Menschen, der stets das Rechte tut und sich nichts zuschulden kommen lässt: 6 Er betet nicht zu den Götzen der Leute von Israel und hält für sie auf den Bergen keine Opfermähler. Er rührt keine fremde Frau an und keine Frau, die gerade ihre Blutung hat. 7 Er beutet andere nicht aus und gibt dem armen Schuldner sein Pfand zurück. Er nimmt niemand etwas weg, sondern gibt den Hungernden zu essen und den Frierenden etwas anzuziehen. 8 Er nimmt keinen Zins, wenn er Geld ausleiht. Er unterstützt vor Gericht nicht die ungerechte Sache, sondern fällt stets ein unparteiisches Urteil. 9 Mit einem Wort: Er gehorcht meinen Geboten und tut, was recht ist. Ein solcher Mensch hat keine Schuld, er soll am Leben bleiben. Das sage ich, der HERR, der mächtige Gott. 10 Nun kann es sein, dass dieser rechtschaffene Mann einen missratenen Sohn hat, der Blut vergießt oder sonst etwas von alldem tut, 11 was sein Vater gemieden hat: auf den Bergen Opfermähler hält, mit fremden Frauen schläft, 12 die Schutzlosen unterdrückt und ausraubt, das Pfand nicht zurückgibt, sich mit den Götzen einlässt und zu ihnen betet 13 oder Geld gegen Zins leiht. Soll ein solcher Mensch am Leben bleiben? Nein! Wer solche Verbrechen begeht, muss getötet werden. Ihn trifft die gerechte Strafe. 14 Dieser verbrecherische Mensch hat vielleicht wieder einen Sohn, der die Untaten seines Vaters sieht und sich durch sein schlimmes Beispiel warnen lässt. 15 Er betet nicht zu den Götzen der Leute von Israel und hält für sie auf den Bergen keine Opfermähler; er rührt keine fremde Frau an; 16 er beutet niemand aus; er fordert kein Pfand, wenn er etwas ausleiht; er nimmt niemand etwas weg, sondern gibt den Hungernden zu essen und den Frierenden Kleidung; 17 er begeht kein Unrecht an den Schutzlosen und nimmt keinen Zins – mit einem Wort: Er gehorcht meinen Geboten und tut, was recht ist. Ein solcher Mensch muss nicht für die Schuld seines Vaters büßen; er soll am Leben bleiben. 18 Nur sein Vater, der andere erpresst und beraubt und seiner Familie ein schlechtes Beispiel gegeben hat, muss sterben.«

JEDER MENSCH BEREITET SICH SELBST SEIN SCHICKSAL

19 »Ihr fragt, warum der Sohn nicht mit dem Vater bestraft wird? Weil er das Rechte getan und meine Gebote befolgt hat! Deshalb bleibt er am Leben. 20 Nur wer sich schuldig macht, muss sterben. Der Sohn soll nicht für den Vater büßen und der Vater nicht für den Sohn. Am Rechtschaffenen wird sich seine Rechtschaffenheit auswirken und am Verbrecher sein Verbrechen. 21 Wenn aber der Verbrecher umkehrt und das Böse lässt, das er getan hat, wenn er alle meine Gebote befolgt und das Rechte tut, bleibt auch er am Leben und muss nicht sterben. 22 All das Böse, das er früher getan hat, wird ihm nicht angerechnet. Weil er danach das Rechte getan hat, bleibt er am Leben. 23 Meint ihr, ich hätte Freude daran, wenn ein Mensch wegen seiner Vergehen sterben muss?«, sagt Gott, der HERR. »Nein, ich freue mich, wenn er von seinem falschen Weg umkehrt und am Leben bleibt! 24 Wenn aber der Rechtschaffene sich vom rechten Weg abwendet und Böses zu tun beginnt, dieselben Abscheulichkeiten wie der Verbrecher, soll er dann am Leben bleiben? Nein! All das Gute, das er früher getan hat, wird ihm nicht angerechnet. Weil er mir untreu geworden ist und Böses getan hat, muss er sterben.«

GOTT GIBT JEDEM NOCH EINE CHANCE

25 »Nun behauptet ihr Israeliten: ›Der HERR tut uns Unrecht!‹ Hört her, ihr Leute von Israel: Bin *ich* es, der Unrecht tut? Seid es nicht vielmehr *ihr?* 26 Wenn ein Mensch, der immer das Rechte getan hat, sich davon abkehrt und Unrecht tut und daraufhin stirbt, dann stirbt er wegen des Unrechts, das er getan hat. 27 Und wenn ein Mensch, der immer Böses getan hat, sich davon abkehrt und das Rechte tut, dann rettet er dadurch sein Leben. 28 Wenn er zur Besinnung kommt und umkehrt, wenn er mit allem Unrecht Schluss macht, dann soll er am Leben bleiben und nicht sterben. 29 Und da sagen die Leute von Israel: ›Der HERR tut uns Unrecht!‹ Tue *ich* Unrecht, ihr Leute von Israel, oder tut es *ihr?* 30 Jeder Einzelne von euch bekommt das Urteil, das er mit seinen Taten verdient hat. Das sage ich, der HERR,

der mächtige Gott! Kehrt also um und macht Schluss
mit allem Unrecht! Sonst verstrickt ihr euch immer
tiefer in Schuld. 31 Trennt euch von allen Verfehlun-
gen! Schafft euch ein neues Herz und eine neue Ge-
sinnung! Warum wollt ihr unbedingt sterben, ihr Leute
von Israel? 32 Ich habe keine Freude daran, wenn ein
Mensch wegen seiner Vergehen sterben muss. Das
sage ich, der HERR, der mächtige Gott. Also kehrt um,
damit ihr am Leben bleibt!«

KLAGE ÜBER DEN UNTERGANG DER KÖNIGE VON JUDA

19 Der HERR befahl mir, ein Klagelied über den Tod
der Könige Israels anzustimmen: 2 »Ach, eure
Mutter war wie eine Löwin, im Kreis der andern Lö-
wen hoch geachtet, umgeben von den Jungen, die
sie großzog. 3 Ihr Liebling unter ihnen wurde mächtig,
ein junger Löwe, der auf Raub ausging, und viele Men-
schen wurden seine Beute. 4 Die Völker zogen aus, als
sie es hörten, sie fingen ihn in einer tiefen Grube und
schleppten ihn mit Haken nach Ägypten. 5 Die Löwen-
mutter setzte ihre Hoffnung auf einen andern ihrer
jungen Löwen. 6 Auch dieser wurde mächtig, ging auf
Raub aus und viele Menschen wurden seine Beute.
7 Er drang in Städte und Paläste ein, verlassen lagen
sie, verwüstet ganz. Voll Schrecken hörte jeder sein
Gebrüll. 8 Da rief man alle Völker rings zusammen; sie
spannten ihre Jägernetze aus und fingen ihn in einer
tiefen Grube. 9 Sie zogen ihm den Haken durch die Na-
se, sie spannten seinen Hals in einen Block und brach-
ten ihn nach Babylon zum König. Dort sperrten sie ihn
ein in einem Zwinger. Nun wird man auf den Höhen
Israels sein mächtiges Gebrüll nie wieder hören. 10 Ach,
eure Mutter war wie eine Rebe, ein Weinstock, dem
es nicht an Wasser fehlte, der Ranken trieb und rei-
che Früchte trug. 11 Die Ranken aber wurden stark und
kräftig, zu Holz, aus dem man Herrscherstäbe schnitzt.
Besonders eine wuchs zu stolzer Höhe, sie streckte sich
hinauf bis zu den Wolken. Durch ihre vielen dicht be-
laubten Zweige und ihre Größe fiel sie allen auf. 12 Doch
eine harte Hand griff nach dem Weinstock, sie riss ihn
aus dem Boden, warf ihn hin; der heiße Ostwind ließ
ihn bald verdorren. Auch seine Früchte wurden ab-
gerissen; der hochgewachsene Trieb vertrocknete,
am Ende wurde er ein Raub der Flammen. 13 Nun ist
der Weinstock wieder eingepflanzt und steht in einer
wasserlosen Wüste. 14 Das Feuer kam von jenem hohen
Trieb, verzehrte alle Zweige und die Frucht. Kein Zweig
an ihm wird jemals stark genug, um noch zu einem
Herrscherstab zu taugen.« Dies ist ein Klagelied – es
bleibt nur noch die Klage.

DIE GESCHICHTE DER UNTREUE ISRAELS

20 Im siebten Jahr unserer Verbannung, am 10. Tag
des 5. Monats, kamen einige von den Ältesten
Israels zu mir und wollten einen Bescheid von Gott
haben. Sie setzten sich vor mich hin und warteten. 2 Da
erging das Wort des HERRN an mich, er sagte: 3 »Du
Mensch, antworte den Ältesten Israels: ›So spricht der
HERR, der mächtige Gott: Ihr wollt einen Bescheid von
mir haben? So gewiss ich lebe, von euch lasse ich mich
nicht befragen, ich nicht!‹« 4 Und er befahl mir: »Du
Mensch, du sollst sie stattdessen zur Rechenschaft zie-
hen; hast du verstanden! Halte ihnen vor, wie schänd-
lich ihre Vorfahren mir die Treue gebrochen haben.
5 Sag zu ihnen: ›So spricht der HERR, der mächtige
Gott: Als die Israeliten in Ägypten waren, habe ich sie
erwählt und zu meinem Volk gemacht. Ich habe mich
ihnen zu erkennen gegeben und mich durch einen Eid
mit ihnen verbunden. Ich habe ihnen zugesagt: Ich bin
der HERR, euer Gott! 6 Und ich habe ihnen geschworen,
sie aus Ägypten in ein Land zu führen, das ich selbst
für sie ausgesucht hatte, ein Land, das von Milch und
Honig überfließt und das an Herrlichkeit alle anderen
Länder übertrifft. 7 Gleichzeitig befahl ich ihnen: Jeder
von euch muss seine Götzenbilder fortwerfen! Ihr habt
mit den abscheulichen Göttern Ägyptens nichts zu
schaffen! Ich bin der HERR, euer Gott! 8 Sie aber waren
widerspenstig und gehorchten mir nicht. Keiner warf
seine Götzenbilder fort; sie wollten sich nicht von den
Göttern Ägyptens trennen. Da hätte ich sie in meinem
Zorn beinahe noch in Ägypten vernichtet. 9 Aber ich
verschonte sie um meiner selbst willen. Ich wollte
nicht, dass mein Name bei den Völkern, unter denen
sie lebten, in Verruf geriet. Denn ich hatte ja vor aller
Welt meinen Entschluss kundgegeben, mein Volk aus
Ägypten wegzuführen. 10 So führte ich die Israeliten
aus Ägypten und brachte sie in die Wüste. 11 Dort gab
ich ihnen meine Gebote und Ordnungen, durch die der
Mensch, wenn er sie befolgt, sein Leben bewahrt. 12 Ich
gab ihnen auch meinen Ruhetag, den Sabbat. Die Ein-
haltung der Sabbatruhe sollte das sichtbare Zeichen
sein für den Bund zwischen mir und meinem Volk. Alle
sollten daran erkennen, dass ich, der HERR, die Israeli-
ten als mein heiliges Volk für mich ausgesondert habe.
13 Aber auch in der Wüste gehorchten sie mir nicht. Sie
hielten sich nicht an meine Gebote und Ordnungen,
durch deren Befolgung der Mensch sein Leben be-
wahrt; sie schändeten den Sabbat auf die schlimmste
Weise. Da hätte ich sie in meinem Zorn beinahe in der
Wüste vernichtet. 14 Aber ich verschonte sie um mei-
ner selbst willen. Ich wollte nicht, dass mein Name
bei den Völkern, vor deren Augen ich sie aus Ägypten
herausgeführt hatte, in Verruf geriet. 15 Allerdings
schwor ich ihnen, dass ich sie nicht in das Land brin-
gen würde, das ich ihnen zugedacht hatte, dieses Land,
das an Herrlichkeit alle anderen übertrifft und das von
Milch und Honig überfließt. 16 Das sollte die Strafe da-
für sein, dass sie immer noch an ihren Götzen hingen
und deshalb meine Gebote nicht befolgt und meinen
Ruhetag entweiht hatten. 17 Doch verschonte ich sie
und sah davon ab, sie in der Wüste bis auf den letzten
Mann zu vernichten. 18 Zu ihren Söhnen aber sagte ich
in der Wüste: Folgt nicht den Geboten, nach denen
eure Väter gelebt haben, und habt nichts zu schaffen
mit ihren Götzen! 19 Ich bin der HERR, euer Gott! Nach
meinen Geboten und Ordnungen sollt ihr leben! 20 Und
ihr sollt den Sabbat beachten als den Tag, der mir heilig

ist. Die Einhaltung der Sabbatruhe soll das Zeichen sein für den Bund zwischen mir und euch. Alle sollen daran erkennen, dass ich, der HERR, euer Gott bin. 21 Aber auch die Söhne gehorchten mir nicht. Sie kümmerten sich nicht um meine Gebote und Ordnungen, durch deren Befolgung der Mensch sein Leben bewahrt, und sie entweihten meinen Ruhetag. Da hätte ich sie in meinem Zorn beinahe in der Wüste vernichtet. 22 Aber ich hielt mich zurück und verschonte sie um meiner selbst willen. Ich wollte nicht, dass mein Name bei den Völkern, vor deren Augen ich sie aus Ägypten herausgeführt hatte, in Verruf geriet. 23 Aber ich schwor ihnen schon damals in der Wüste, dass ich sie unter fremde Völker und in ferne Länder zerstreuen würde, 24 zur Strafe dafür, dass sie meine Gebote nicht befolgt und meinen Ruhetag entweiht hatten und immer noch an den Götzen ihrer Väter hingen. 25 Außerdem gab ich ihnen schlimme Gebote, deren Befolgung nicht zum Leben, sondern zum Tod führen sollte. 26 Durch ihre Opfergaben wurden sie unrein, wenn sie mir alle Erstgeburten als Brandopfer darbrachten. Das befahl ich, damit sie sich entsetzen sollten. Sie sollten erkennen, dass ich der HERR bin.‹« 27 Dann sagte der HERR: »Du Mensch, rede noch weiter zu den Leuten von Israel; sag zu ihnen: ›So spricht der HERR, der mächtige Gott: Noch mit etwas anderem haben eure Vorfahren mich beleidigt und mir die Treue gebrochen. 28 Als ich sie in das Land brachte, das ich ihnen mit einem Eid zugesagt hatte, reizten sie mich zum Zorn mit den Opfern, die sie auf jedem Berg und unter jedem grünen Baum darbrachten, ihren Mahlopfern, Räucheropfern und Trankopfern. 29 Ich fragte sie: Was habt ihr da auf der Höhe zu suchen? – Deshalb nennt man bis heute diese Opferstätten Höhen.‹ 30 Darum sollst du zu den Leuten von Israel sagen: ›Hier ist die Antwort des HERRN: Ihr seid noch genauso treulos wie eure Vorfahren und lauft den abscheulichen Götzen nach. 31 Bis heute bringt ihr ihnen eure Opfergaben und macht euch damit unrein, sogar eure Kinder opfert ihr ihnen als Brandopfer. Und da soll ich euch Auskunft geben, ihr Leute von Israel? So gewiss ich lebe, ich, der HERR: Von euch lasse ich mich nicht befragen!‹«

GOTT MACHT EINEN NEUEN ANFANG

32 »Aber das darf niemals wahr werden, was da als Gedanke in euch aufgestiegen ist!«, sagt der HERR. »Ihr sagt: ›Es bleibt uns nichts übrig, als zu werden wie die anderen Völker und Göttern aus Holz und Stein zu dienen!‹ 33 So gewiss ich lebe, ich, der HERR: Mit starker Hand und hocherhobenem Arm und mit mächtigem Zorn werde ich mich als euer König erweisen! 34 Ich werde euch aus den Ländern der Völker, unter die ihr zerstreut worden seid, herausholen – mit starker Hand und hocherhobenem Arm und mächtigem Zorn. Ich werde euch sammeln 35 und euch in die Wüste zwischen den Völkern führen. Dort werde ich euch vor mein Gericht stellen, Auge in Auge. 36 Ich werde euch zur Rechenschaft ziehen, so wie ich eure Vorfahren in der Wüste Ägyptens zur Rechenschaft zog. Das sage ich, der HERR, der mächtige Gott. 37 Wie der Hirt seine Herde unter dem Hirtenstab durchziehen lässt, so nehme ich mir euch vor, damit ihr wieder zu dem Volk werdet, das nach den Ordnungen meines Bundes lebt. 38 Alle, die mir ungehorsam waren und sich gegen mich aufgelehnt haben, scheide ich aus meinem Volk aus. Ich hole sie zwar aus den Ländern, in die sie verschleppt worden sind, heraus; aber ins Land Israel werden sie nicht kommen. Ihr sollt erkennen, dass ich der HERR bin!« 39 Hört, ihr Leute von Israel, was der HERR, der mächtige Gott, zu euch sagt: »Tut, was ihr wollt; dient euren Götzen! Ihr werdet schon sehen, wie es euch dann ergeht. Zuletzt aber werdet ihr wieder auf mich hören und meinen heiligen Namen nicht mehr durch Opfergaben entweihen, die von eurem Götzendienst verunreinigt sind. 40 Auf meinem heiligen Berg, auf dem hohen Berg mitten im Land Israel, wird das ganze Volk Israel mir dienen. Dort werde ich die vorgeschriebenen Opfergaben und Ernteabgaben gerne von euch annehmen. 41 Dann werden die Opfer, die ihr auf meinem Altar verbrennt, mir Freude machen und ich werde euch meine Liebe zuwenden. So wird es sein, wenn ich euch aus den Ländern, in die ihr zerstreut worden seid, herausgeholt habe. Denn vor den Augen aller Völker werde ich euch wegführen und mich so als der heilige Gott erweisen. 42 Ich bringe euch wieder in das Land, das ich euren Vorfahren mit einem Eid zugesagt habe. Dann werdet ihr erkennen, dass ich der HERR bin. 43 Ihr werdet Ekel vor euch selbst empfinden, wenn ihr daran denkt, wie schändlich ihr euch aufgeführt und wie abscheulich ihr euch durch euer böses Tun verunreinigt habt. 44 Ihr werdet erkennen, dass ich der HERR bin, wenn ich so an euch handle, wie ich es euch mit meinem Namen verbürgt habe – und nicht, wie ihr es mit eurer Auflehnung und euren bösen Taten verdient hättet, ihr Leute von Israel! Das sage ich, der HERR, der mächtige Gott.«

FEUER UND SCHWERT ÜBER JERUSALEM

21 Das Wort des HERRN erging an mich, er sagte: 2 »Du Mensch, blicke drohend auf den Wald im Süden und kündige ihm mein Strafgericht an! 3 Sag zu ihm: ›So spricht der HERR, der mächtige Gott: Ich werde ein Feuer in dir anzünden, das alle deine Bäume verzehrt, die grünen so gut wie die dürren. Niemand kann es löschen und alle, die in dem Wald leben, vom Süden bis zum Norden, werden von den Flammen versengt. 4 Alle Welt soll erkennen, dass ich, der mächtige Gott, diesen Brand gelegt habe. Er wird nicht erlöschen, bis alles niedergebrannt ist.‹« 5 Ich erwiderte: »Ach HERR, mein Gott, sie werden mir vorhalten, dass ich wieder einmal in Rätseln rede!« 6 Da erging an mich das Wort des HERRN: 7 »Du Mensch, blicke drohend in Richtung Jerusalem und kündige dem Tempel und dem ganzen Land mein Strafgericht an! 8-9 Sag zum Land Israel: ›So spricht der HERR: Ich sehe nicht länger zu! Ich ziehe mein Schwert und vernichte alle deine Bewohner, die Guten genauso wie die Bösen, vom Süden bis zum Norden. 10 Alle Welt soll erkennen, dass ich,

der HERR, mein Schwert gezogen habe. Es wird nicht
in seine Scheide zurückkehren, bis alle Bewohner des
Landes vernichtet sind.‹ 11 Du, Mensch, aber stöhne!
Du sollst vor aller Augen zusammenbrechen und vor
Schmerz unaufhörlich stöhnen. 12 Und wenn sie dich
fragen: ›Was stöhnst du so?‹, dann antworte: ›Weil ich
das Unheil kommen sehe! Alle werden entsetzt und
verzagt sein; wie gelähmt lassen sie die Hände sinken
und können das Wasser nicht mehr halten. Der HERR,
der mächtige Gott, hat gesagt: Es wird mit Sicherheit
eintreffen!‹«

EIN LIED VOM STRAFENDEN SCHWERT

13 Das Wort des HERRN erging an mich, er sagte: 14 »Du
Mensch, kündige den Leuten von Israel mein Straf-
gericht an! Sag zu ihnen: ›So spricht der HERR: Das
Schwert kommt über euch, das Schwert, es ist bereit,
die Klinge blitzt! 15-16 Zum Schlachten hat man es ge-
wetzt, es funkelt hell, es glänzt und blitzt. Der Waffen-
schmied hat es geschärft, dem Schlächter gebt es in
die Hand! Sagt nicht: Wir haben Grund, uns zu freuen;
denn unser König verlacht alle anderen Herrscher!
17-18 Ich habe ihn geprüft: Dieser König wird keinen
anderen mehr verlachen!‹ Du Mensch, schreie und
heule laut! Schlag dir auf die Hüften! Denn das Schwert
richtet sich gegen mein Volk und alle seine Führer. Alle
ohne Ausnahme fallen ihm zum Opfer. 19-20 Schlag zor-
nig die Hände zusammen, du Mensch, und kündige
mein Strafgericht an: ›Das Schwert verdoppelt seine
Wucht, es wirbelt, kreist, die Schläge prasseln; in al-
len Städten wütet es. Die Leichen türmen sich empor,
den Tapfersten entfällt der Mut. Der HERR hat dieses
Schwert geschickt; er hielt es lange wohlverwahrt, für
diesen Tag ist es bereit, nun soll es treffen wie der Blitz.
21 Auf, Schwert, schlag drein, nach links, nach rechts!
Gehorche, wie die Hand dich führt! 22 Auch ich werde
die Hände zusammenschlagen und meinem Zorn
freien Lauf lassen. Das sage ich, der HERR.‹«

DAS LOS FIEL AUF JERUSALEM

23 Das Wort des HERRN erging an mich, er sagte: 24 »Du
Mensch, zeichne die beiden Wege auf, die das Heer des
Königs von Babylonien einschlagen kann. Sie gehen
beide vom selben Punkt aus. An der Gabelung sollst du
zwei Wegweiser aufstellen, 25 einen nach Rabba, der
Hauptstadt der Ammoniter, den anderen nach Juda
mit der als uneinnehmbar geltenden Stadt Jerusalem.
26 Schon steht der babylonische König an der Weg-
scheide und befragt das Orakel. Er schüttelt die Pfeile,
die ihm als Lose dienen, und beschaut die Leber der
Opfertiere. 27 Jetzt hat er das Los ›Jerusalem‹ gezogen,
mit der rechten Hand hält er es hoch. Er ist entschlos-
sen, mit seinem Heer gegen die Stadt zu ziehen. Er
wird das Kriegsgeschrei gegen sie anstimmen, einen
Wall um sie aufschütten, Angriffsrampen gegen ihre
Mauern vortreiben und die Tore mit Rammböcken be-
rennen. 28 Die Leute von Juda bilden sich ein, es sei ein
Lügenorakel, das ihm fälschlich Erfolg verheißt. Denn
man hat ihnen heilige Eide geschworen, dass dies nicht
geschehen werde. Aber das Orakel spricht die Wahr-
heit; es hat ihre Vergehen an den Tag gebracht, damit
sie endlich bestraft werden. 29 Darum sage ich, der
HERR, der mächtige Gott, zu den Leuten von Juda:
›Ihr seid überführt: Eure Schuld ist aufgedeckt, euer
Ungehorsam und eure Auflehnung liegen offen zuta-
ge. Jetzt werdet ihr mit harter Hand gepackt!‹ 30-31 Zu
dir aber, dem Herrscher Israels, dem eidbrüchigen
Schurken, sagt der HERR, der mächtige Gott: ›Der
Tag der Abrechnung ist da! Herunter mit Turban und
Kronreif! Deine Herrschaft hat ein Ende! Der Mächtige
wird gestürzt, der Machtlose erhöht! 32 In Trümmer
lege ich Jerusalem, in Trümmer, in Trümmer! Nie zuvor
hat man so etwas erlebt. Der Mann ist schon unter-
wegs, der in meinem Auftrag das Strafgericht voll-
zieht.‹« 33 Weiter befahl mir der HERR: »Du Mensch,
kündige den Ammonitern mein Strafgericht an; denn
mich, den mächtigen Gott, haben sie verhöhnt! Sag
ihnen in meinem Auftrag: ›Das Schwert kommt über
euch, das Schwert, es funkelt hell, es glänzt und blitzt,
zum Schlachten ist es ausgesandt!‹ 34 Während eure
Lügenorakel euch noch Rettung verheißen, ist das
Schwert schon an eure Hälse gesetzt, ihr schändlichen
Verbrecher! Der Tag der Abrechnung ist gekommen!
35 Doch dann zurück in deine Scheide, Schwert! Auch
mit dir, meinem Strafwerkzeug, will ich abrechnen,
im Land deiner Herkunft, an dem Ort, an dem ich dich
geschaffen habe. 36 Ihr sollt meinen ganzen Zorn zu
spüren bekommen, wie ein verzehrendes Feuer wird er
euch treffen. Ich gebe euch in die Hand roher Männer,
die sich aufs Morden verstehen. 37 Das Feuer soll euch
verzehren; euer eigenes Land soll euer Blut trinken.
Euer Andenken soll völlig ausgelöscht werden. Ich
habe es gesagt, ich, der HERR.«

JERUSALEM, DIE STADT DER VERBRECHER

22 Das Wort des HERRN erging an mich, er sagte:
2 »Du Mensch, mach dich bereit, die Stadt der
Mörder anzuklagen! Halte ihr vor, was für abscheu-
liche Verbrechen sie begangen hat. 3 Sag zu ihr: ›So
spricht der HERR, der mächtige Gott: Du Stadt, die in
ihren Mauern das Blut Unschuldiger vergießt und da-
mit ihr Ende heraufbeschwört, die sich unrein macht
durch ihre Götzenbilder! 4 Dein Untergang ist nahe,
du hast ihn selbst herbeigeführt! Durch dein Blut-
vergießen hast du schwere Schuld auf dich geladen,
durch deine Götzenbilder bist du mir zum Abscheu
geworden! Darum gebe ich dich der Schande preis, alle
Völker werden über dich spotten, 5 alle nah und fern
werden sich über dich lustig machen. Berühmt bist du
durch deine Unreinheit, groß durch deine Verbrechen!
6 Deine führenden Männer missbrauchen ihre Macht
dazu, unschuldige Menschen umzubringen. 7 Deine
Bewohner verachten Vater und Mutter, sie unterdrü-
cken die Fremden, die bei ihnen Schutz gesucht haben,
sie verweigern den Waisen und Witwen ihr Recht. 8 Sie
missachten mein Heiligtum und schänden den Sab-
bat. 9 Verleumder liefern unschuldige Menschen dem
Tod aus. Auf den Bergen werden Opfermähler für die

Götzen gefeiert. Die schlimmsten Untaten werden in
deiner Mitte verübt. 10 Da schläft man mit einer Frau
des eigenen Vaters und verkehrt mit Frauen während
der Zeit ihrer monatlichen Blutung. 11 Man treibt
Ehebruch mit der Frau des anderen, man macht sich
nichts daraus, mit der Schwiegertochter oder der Halb-
schwester, der Tochter des eigenen Vaters, zu schlafen.
12 Bestechliche Richter verurteilen Unschuldige zum
Tod. Geld wird gegen Zinsen verliehen und die Notlage
der Armen wird schamlos zum eigenen Vorteil ausge-
nutzt. Mich aber habt ihr vergessen, den HERRN, den
mächtigen Gott! 13 Aber warte nur, du Verbrecherstadt,
wenn ich mit dir abrechne, voll Zorn über das Morden
und Betrügen in deiner Mitte! 14 Bildest du dir ein, du
könntest vor mir bestehen? Meinst du, du könntest
auch nur die Hand heben, wenn ich gegen dich vor-
gehe? Ich, der HERR, habe gesprochen, und was ich
angekündigt habe, das werde ich tun. 15 Ich zerstreue
deine Bewohner weit und breit in fremde Länder und
setze deinen Verbrechen ein Ende. 16 Mag auch mein
Ansehen unter den Völkern deswegen leiden: Du sollst
erkennen, dass ich der HERR bin!‹«

ISRAEL ALS WERTLOSE SCHLACKE

17 Das Wort des HERRN erging an mich, er sagte:
18 »Du Mensch, die Leute von Israel sind für mich wie
die Schlacken geworden, die beim Ausschmelzen des
Silbers anfallen, das wertlose Gemisch aus Kupfer,
Zinn, Eisen und Blei. Schlacken sind sie, aber kein Sil-
ber! 19-20 Darum sage ich, der HERR, der mächtige Gott:
›Weil ihr wertlose Schlacken geworden seid, werde ich
entsprechend mit euch verfahren. Wie man in einem
Schmelzofen silberhaltiges Blei, Kupfer, Eisen und Zinn
zusammenwirft und das Feuer darunter anfacht, so
bringe ich euch in Jerusalem zusammen und lasse euch
die Glut meines Zornes spüren. Jerusalem soll für euch
zum Schmelzofen werden! 21 Ich entfache gegen euch
das Feuer meines Zorns, darin sollt ihr geschmolzen
werden! 22 Wie das Metallgemisch im Ofen sollt ihr
geschmolzen werden! Ihr sollt erkennen, dass ich, der
HERR, meinen glühenden Zorn über euch ausgegos-
sen habe.‹«

DIE FÜHRENDEN SCHICHTEN SIND SCHULD AM UNTERGANG JUDAS

23 Das Wort des HERRN erging an mich, er sagte: 24 »Du
Mensch, sag zum Land Israel: ›Du bist so unrein ge-
worden, dass ich in meinem Zorn keinen Regen mehr
schicke. 25 Deine Herrscher haben sich aufgeführt wie
beutegierige Löwen: Sie raubten Schätze zusammen
und mordeten. Wie viele Frauen haben sie zu Wit-
wen gemacht! 26 Deine Priester haben meine Gebote
willkürlich ausgelegt und die Opfer, die sie mir dar-
brachten, entweiht. Sie machten keinen Unterschied
zwischen heiligen und unheiligen Dingen, belehrten
das Volk nicht über das, was unrein macht, und küm-
merten sich nicht darum, wenn der Sabbat geschändet
wurde. So kam es dazu, dass die Leute von Israel mir
ohne jede Ehrerbietung begegneten. 27 Deine Richter
benahmen sich wie beutehungrige Wölfe; sie machten
sich nichts daraus, Menschen umzubringen, um sich
zu bereichern. 28 Deine Propheten aber deckten all
dieses Unrecht mit beschwichtigenden Worten zu.
Sie verkündeten trügerische Hirngespinste und sag-
ten: So spricht der HERR, der mächtige Gott – wo ich
doch gar nicht zu ihnen gesprochen hatte. 29 Deine
angesehenen Leute verlegten sich auf Raub und Er-
pressung. Sie nutzten die Armen und Schutzlosen aus
und verweigerten den Fremden ihr Recht. 30 Ich suchte
überall nach einem, der in die Bresche springen und
die Mauer um mein Volk vor dem Einsturz bewahren
würde, damit ich es nicht vernichten müsste; aber ich
fand keinen. 31 Da schüttete ich die Glut meines Zorns
über sie aus und gab sie dem Untergang preis. Ihr eige-
nes Tun ließ ich auf sie zurückfallen.‹« Das sagt der
HERR, der mächtige Gott.

DIE BEIDEN SCHWESTERN SAMARIA UND JERUSALEM

23 Das Wort des HERRN erging an mich, er sagte:
2 »Du Mensch, da waren zwei Frauen, Töchter
derselben Mutter. 3 Schon in ihrer Jugend, als sie noch
in Ägypten waren, gaben sie sich Männern hin und
ließen ihre jugendlichen Brüste drücken. 4 Die ältere
Schwester hieß Ohola und die jüngere Oholiba. Ohola
ist Samaria und Oholiba Jerusalem. Sie wurden meine
Frauen und gebaren mir Söhne und Töchter. 5 Ohola
aber wurde mir untreu und ließ sich mit Liebhabern
ein, den assyrischen Kriegern. 6 Sie warf ihr Auge auf
die in Purpur gekleideten Statthalter und Offiziere,
allesamt schöne junge Männer hoch zu Ross. 7 Ihnen
gab sie sich hin, der Elite Assyriens, und verunreinigte
sich mit ihren Götzen. 8 Auch von den Ägyptern ließ
sie nicht; die hatten es ja schon in ihrer Jugend mit
ihr getrieben, sie hatten bei ihr gelegen und ihre ju-
gendlichen Brüste gedrückt. 9 Deshalb gab ich sie in
die Gewalt ihrer Liebhaber, der Assyrer, auf die sie so
versessen war. 10 Die zogen sie nackt aus, nahmen ihr
die Söhne und Töchter weg und erschlugen sie dann
mit dem Schwert. So vollzogen sie das Strafgericht an
ihr, als warnendes Beispiel für alle Frauen. 11 Obwohl
Oholiba das Ende ihrer Schwester mit angesehen
hatte, trieb sie es selber noch schlimmer. 12 Auch sie
warf ihr Auge auf die assyrischen Krieger, diese präch-
tig gekleideten Statthalter und Offiziere, die schönen
jungen Männer hoch zu Ross. 13 Ich sah, wie sie sich
mit ihnen verunreinigte; darin waren sich die beiden
Schwestern völlig gleich. 14 Aber das war ihr nicht ge-
nug. Sie sah nämlich Wandbilder von Babyloniern,
eingeritzt und mit roter Farbe nachgezogen: 15 Bilder
von Männern aus Chaldäa, die prächtige Gürtel tru-
gen und eine Binde um den Kopf, unter der ihr lan-
ges Haar hervorquoll, lauter Offizierstypen. 16 Als sie
ihre Bilder sah, war sie sofort für sie entbrannt und
schickte Boten zu ihnen nach Chaldäa. 17 Da kamen
die Babylonier, schliefen mit ihr und machten sie da-
durch unrein. Aber als sie sich mit ihnen verunreinigt
hatte, wandte sie sich sogleich wieder von ihnen ab.

18 Da wandte *ich* mich von *ihr* ab, wie ich mich schon
von ihrer Schwester abgewandt hatte; denn sie hatte
sich in aller Öffentlichkeit diesen Männern hingege-
ben. 19 Sie aber trieb es immer so weiter. Sie dachte an
ihre Jugendzeit, wo sie sich den Ägyptern hingegeben
hatte, 20 und bekam Sehnsucht nach ihren Freunden
von damals, den Männern, deren Glied so groß wird
wie das eines Esels und deren Samenerguss so mächtig
ist wie der eines Hengstes. 21 Sie wollte es wieder mit
ihnen treiben wie in ihrer Jugend, als man in Ägypten
ihre Brüste gedrückt hatte.«

DAS STRAFGERICHT ÜBER DIE JÜNGERE SCHWESTER

22 »Weil du es so getrieben hast, Oholiba, sage ich,
der HERR, der mächtige Gott: Ich hetze deine früheren
Liebhaber, von denen du dich abgewandt hast, gegen
dich auf. Von allen Seiten sollen sie über dich herfallen,
23 die Männer aus Babylon und alle Chaldäer, die Män-
ner aus Pekod, Schoa und Koa und dazu die Assyrer,
lauter schöne junge Leute hoch zu Ross, Statthalter
und Befehlshaber, Offiziere und Edelleute. 24 Mit ihrer
Streitwagenmacht und einem riesigen, wohlbewaff-
neten Heer werden sie gegen dich anrücken; auf allen
Seiten wirst du von einem Meer von Helmen, Rund-
und Langschilden umgeben sein. Ich liefere dich an sie
aus, damit sie dich nach ihrem Recht bestrafen. 25 Du
hast mich zur Eifersucht gereizt, deshalb lasse ich ein
schweres Strafgericht an dir vollziehen. Nase und Oh-
ren werden sie dir abschneiden und deine Kinder mit
dem Schwert umbringen. Alle deine Söhne und Töchter
werden sie aus der Stadt herausführen und die Stadt in
Flammen aufgehen lassen. 26 Sie werden dir die Klei-
der ausziehen und dir deinen Schmuck wegnehmen.
27 Ich setze dem schändlichen Treiben ein Ende, das
du schon in Ägypten angefangen hast. Du sollst nicht
mehr nach Männern Ausschau halten und dich nicht
mehr nach den Ägyptern sehnen. 28 Denn das sage
ich, der HERR, der mächtige Gott: Ich gebe dich in die
Gewalt deiner früheren Liebhaber, von denen du dich
abgewandt hast und die du jetzt verabscheust. 29 Du
wirst ihre Rache zu spüren bekommen: Sie rauben
dich völlig aus und lassen dich nackt und bloß liegen.
Deine Scham wird entblößt, dein ganzes schändliches
Treiben kommt an den Tag. 30 So wirst du dafür bestraft,
dass du mit den Völkern herumgehurt und dich mit
ihren Götzen verunreinigt hast. 31 Du bist dem schlim-
men Beispiel deiner Schwester gefolgt, darum musst
du denselben Becher austrinken wie sie. 32 Das sage
ich, der HERR, der mächtige Gott: Den Becher deiner
Schwester musst du leeren, den Riesenbecher; ver-
spotten und verhöhnen wird man dich. 33 Vor Gram und
Verzweiflung wirst du wie betrunken taumeln. Einen
Becher voll Grauen und Entsetzen musst du leeren wie
deine Schwester Samaria. 34 Bis auf den letzten Tropfen
musst du ihn ausschlürfen und dir mit seinen Scherben
die Brüste zerkratzen. Ich habe es gesagt, der HERR, der
mächtige Gott. 35 Weil du mich vergessen und mir den
Rücken gekehrt hast, musst du nun die Folgen deiner
Untreue und deines schamlosen Treibens tragen. Das
sage ich, der HERR, der mächtige Gott.«

DIE BEIDEN SCHWESTERN ALS WARNENDES BEISPIEL

36 Der HERR sagte zu mir: »Du Mensch, mach dich be-
reit, Ohola und Oholiba zur Rechenschaft zu ziehen!
Halte ihnen ihr schändliches Treiben vor! 37 Ehebruch
haben sie begangen, Blut klebt an ihren Händen: Sie
haben mich mit ihren Götzen betrogen und haben ih-
nen auch noch die Kinder, die sie mir geboren hatten,
zum Fraß hingeworfen. 38-39 Und was der Gipfel ist:
Noch am selben Tag, an dem sie den Götzen ihre Kin-
der geschlachtet hatten, kamen sie in mein Heiligtum.
Mein Haus haben sie entweiht, und auch meinen Ruhe-
tag, den Sabbat, haben sie geschändet. 40 Außerdem
haben sie Boten zu fremden Männern geschickt, damit
sie von weit her zu ihnen kämen; sie haben sich für sie
fein gemacht, sich gebadet, ihre Augen geschminkt
und ihren Schmuck angelegt. 41 Dann haben sie sich
auf einem weichen Ruhebett niedergelassen, vor dem
ein gedeckter Tisch stand, und auf den Tisch haben sie
Weihrauch und duftendes Öl gestellt – die Gaben, die
ich ihnen geschenkt hatte. 42 Ringsum war alles erfüllt
vom festlichen Stimmengewirr der Menge, die man aus
der Wüste herbeigeholt hatte. Die Männer legten den
beiden Schwestern Armspangen an und setzten ihnen
kostbare Kronen auf. 43 Ich aber dachte: Ihre Schönheit
ist verwelkt, und sie haben immer noch nicht genug
von ihrer Hurerei! 44 Die Männer verkehrten mit ihnen,
wie man mit Huren verkehrt; so schamlos trieben es
Ohola und Oholiba. 45 Aber unbescholtene Männer
werden über die beiden zu Gericht sitzen und sie ver-
urteilen, wie man Ehebrecherinnen und Mörderinnen
verurteilt; denn das sind sie. 46 Ich, der HERR, der mäch-
tige Gott, befehle: ›Das Volk soll sich versammeln und
dann werden die beiden der Menge zur Misshandlung
und Ausplünderung preisgegeben. 47 Die ganze Ver-
sammlung soll sie durch Steinigung hinrichten und
ihre Leichen soll man noch mit dem Schwert zerstü-
ckeln. Ihre Söhne und Töchter soll man töten und ihre
Häuser niederbrennen.‹ 48 So mache ich, der HERR,
eurem schändlichen Treiben ein Ende und zugleich
gebe ich allen Frauen im Land eine Warnung, eurem
schlimmen Beispiel nicht zu folgen. 49 Euch trifft die
verdiente Strafe für eure Treulosigkeit; ihr müsst die
Folgen eures Götzendienstes tragen. Ihr sollt erken-
nen, dass ich der HERR bin, der mächtige Gott.«

JERUSALEM, DER TOPF AUF DEM FEUER

24 Im neunten Jahr unserer Verbannung, am 10.
Tag des 10. Monats, erging das Wort des HERRN
an mich, er sagte: 2 »Du Mensch, schreib dir das Da-
tum des heutigen Tages auf! Heute hat der König von
Babylon die Stadt Jerusalem eingeschlossen. 3 Deinen
verbannten Landsleuten aber, diesem widerspens-
tigen Volk, sollst du ein Gleichnis vortragen, sag zu
ihnen: ›So spricht der HERR, der mächtige Gott: Den
Topf aufs Feuer! Wasser hinein! 4 Das Fleisch zerlegen!

Die Stücke in den Topf, lauter gute Stücke von Lende und Schulter! Dazu Knochenstücke voller Mark! 5 Alles nur von ausgesuchten Schafen! Unter dem Topf das Holz aufschichten! Tüchtig sieden lassen! Die Knochen gut auskochen!‹ 6 So spricht der HERR, der mächtige Gott: ›Weh der blutbefleckten Stadt! Weh dem rostigen Topf, dessen Rost nicht mehr zu entfernen ist! Ein Stück ums andere fischt man aus ihm heraus, ohne das Los zu werfen – wie es gerade kommt! 7 Du Stadt, in der unschuldige Menschen ermordet wurden! Auf dem nackten Felsen hat man Blut vergossen und es nicht einmal mit Erde bedeckt. 8 Es soll auch nicht zugedeckt werden, damit es nach Rache schreit. Es soll das Strafgericht über dich herbeirufen!‹ 9-10 So spricht der HERR, der mächtige Gott: ›Weh der blutbefleckten Stadt! Ich schichte jetzt den Holzstoß auf, zünde das Feuer an und koche das Fleisch so lange, bis die Brühe ganz verkocht ist und die Knochen verkohlen. 11 Ich lasse den leeren Topf in der Glut, bis er selber glüht, damit der ganze Rost, alles, was ihn verunreinigt, ausgebrannt wird. 12 Aber das ist vergebliche Mühe: Er ist so über und über mit Rost bedeckt, dass auch die Feuersglut ihn nicht reinigen kann. 13 Ich wollte dich reinigen, Jerusalem, aber du warst nicht rein zu bekommen. Nun sollst du unrein bleiben, damit ich meinen ganzen Zorn an dir stillen kann. 14 Ich sehe nicht mehr über deine Verbrechen hinweg; ich habe kein Mitleid mit dir, ich lasse mich nicht umstimmen. Dich trifft die verdiente Strafe für dein böses Tun. Das sagt der HERR, der mächtige Gott.‹«

EIN TRAUERFALL ALS ZEICHEN FÜR DEN FALL JERUSALEMS

15 Das Wort des HERRN erging an mich, er sagte: 16 »Du Mensch, ich nehme dir dein Liebstes, die Freude deiner Augen, durch einen jähen Tod. Aber du darfst keine Totenklage halten und keine Tränen vergießen. 17 Sitze starr und reglos und stöhne; aber unterlass alle Trauerbräuche: Behalte den Turban auf und lege die Schuhe nicht ab, verhülle nicht das Gesicht und iss nichts von dem Brot, das die Nachbarn dir bringen.« 18-19 Am selben Abend starb meine Frau und am anderen Morgen verhielt ich mich so, wie der HERR es mir befohlen hatte. Die Leute fragten mich: »Warum machst du das? Was hat das zu bedeuten?« Und ich erklärte es ihnen. 20 Ich sagte zu ihnen: »Das Wort des HERRN ist an mich ergangen, er hat zu mir gesagt: 21 ›Sag zu den Leuten von Israel: So spricht der HERR, der mächtige Gott: Gebt acht! Ich entweihe mein Heiligtum, auf das ihr so stolz seid, auf das ihr euer ganzes Vertrauen setzt, die Freude eurer Augen und das Ziel eurer Sehnsucht. Ich gebe es der Schändung und Vernichtung preis. Eure Söhne und Töchter aber, die ihr in Jerusalem zurückgelassen habt, werden durchs Schwert umkommen. 22 Dann werdet ihr genauso handeln wie Ezechiël jetzt: Ihr werdet euer Gesicht nicht verhüllen und kein Trauerbrot von den Nachbarn annehmen. 23 Ihr werdet den Turban auf dem Kopf behalten und die Schuhe an den Füßen. Ihr werdet keine Totenklage halten und keine Tränen vergießen. Nur wortlos stöhnen werdet ihr, einer wie der andere; unter den Folgen eurer Verfehlungen werdet ihr dahinsiechen. 24 Mein Prophet Ezechiël ist ein Zeichen für euch: Genauso wie er werdet ihr euch verhalten. Wenn es eintrifft, werdet ihr erkennen, dass ich der HERR bin, der mächtige Gott.‹«

25 Weiter sagte der HERR zu mir: »Du Mensch, an dem Tag, an dem ich den Leuten von Israel ihre Zuflucht, ihre Freude, das Ziel ihrer Sehnsucht nehme und ihre Söhne und Töchter dazu, 26 an jenem Tag wird ein Flüchtling zu dir kommen und dir darüber berichten. 27 Dann wird deine Zunge gelöst werden, du wirst mit ihm reden können und nicht länger stumm sein. So mache ich dich für die Leute von Israel zu einem Zeichen, an dem sie erkennen, dass ich der HERR bin.«

DAS STRAFGERICHT ÜBER DIE AMMONITER

25 Das Wort des HERRN erging an mich, er sagte: 2 »Du Mensch, wende dich gegen die Ammoniter und kündige ihnen mein Strafgericht an! 3 Sag zu ihnen: ›Hört das Wort, das der HERR sagt! So spricht der HERR, der mächtige Gott: Ihr höhnt und spottet über mein Heiligtum, weil es entweiht ist, über das Land Israel, weil es verwüstet ist, und über das Volk von Juda, weil es in die Verbannung verschleppt ist. 4 Deshalb gebe ich euer Land den Beduinen, die aus der Wüste im Osten kommen. Sie werden ihre Zelte und Pferche bei euch aufschlagen; sie werden die Früchte des Landes ernten und die Milch seiner Herden trinken. 5 Eure Hauptstadt Rabba mache ich zu einer Weide für Kamele und eure Städte und Dörfer zum Lagerplatz für Schafe und Ziegen. Ihr sollt erkennen, dass ich der HERR bin. 6 So spricht der HERR, der mächtige Gott: Mit hämischer Schadenfreude habt ihr Ammoniter zugesehen, wie das Land Israel verwüstet wurde; triumphierend habt ihr in die Hände geklatscht und mit den Füßen aufgestampft. 7 Deshalb gehe ich jetzt gegen euch vor und liefere euch an fremde Völker aus; ich vernichte euch vollständig. Ihr sollt erkennen, dass ich der HERR bin!‹«

DAS STRAFGERICHT ÜBER DIE MOABITER

8 So spricht der HERR, der mächtige Gott: »Die Moabiter spotten und sagen: ›Dem Volk von Juda ist es nicht besser ergangen als den anderen Völkern!‹ 9 Deshalb gebe ich seinen Stolz, die befestigten Städte auf den Bergen Moabs, in die Hand der Feinde – Bet-Jeschimot, Baal-Meon und Kirjatajim. 10 Ich gebe das ganze Land den Beduinen, die aus der Wüste im Osten kommen, genauso wie das Land der Ammoniter. An die Ammoniter wird sich niemand mehr erinnern, 11 und auch an den Moabitern vollstrecke ich mein Strafgericht. Sie sollen erkennen, dass ich der HERR bin.«

DAS STRAFGERICHT ÜBER DIE EDOMITER

12 So spricht der HERR, der mächtige Gott: »Die Edomiter haben an den Leuten von Juda grausam Rache genommen und dabei schwere Schuld auf sich geladen. 13 Deshalb gehe ich jetzt gegen sie vor, ich, der HERR;

ich töte Menschen und Tiere und verwüste das ganze
Land. Alle seine Bewohner werden durch das Schwert
umkommen, in seinem ganzen Gebiet von Teman bis
Dedan. 14 Dieses Strafgericht vollstrecke ich an ihnen
durch mein Volk Israel. Sie sollen durch die Leute von
Israel meinen ganzen Zorn zu spüren bekommen. Sie
sollen erkennen, dass ich an ihnen Rache nehme!« Das
sagt der HERR, der mächtige Gott.

DAS STRAFGERICHT ÜBER DIE PHILISTER

15 So spricht der HERR, der mächtige Gott: »Die Phi-
lister haben an Juda grausam Rache genommen. Voll
Hass und aus uralter Feindschaft wollten sie es völlig
vernichten. 16 Deshalb gehe ich jetzt gegen sie vor,
ich, der HERR. Ich vernichte die Bewohner der Küs-
tenebene, diese Leute aus Kreta, bis auf den letzten
Rest. 17 Ich nehme Rache an ihnen und vollziehe an
ihnen ein schweres Strafgericht. Sie sollen erkennen,
dass ich der HERR bin, wenn ich ihnen vergelte, was
sie meinem Volk angetan haben.«

DAS STRAFGERICHT ÜBER DIE MÄCHTIGE HANDELSSTADT TYRUS

26 Im elften Jahr unserer Verbannung, am ersten
Tag des Monats, erging das Wort des HERRN
an mich, er sagte: 2 »Du Mensch, die Leute von Tyrus
jubeln vor Freude über den Fall Jerusalems und rufen:
›Erobert ist die Stadt, die man das Tor der Völker nennt!
Uns wird jetzt ihr Reichtum zufallen! Sie ist nur noch
ein Trümmerhaufen.‹ 3 Deshalb sage ich, der HERR, der
mächtige Gott, zu Tyrus: ›Du bekommst es jetzt mit mir
zu tun! Wie das Meer gegen deine Klippen brandet,
so lasse ich viele Völker gegen dich anstürmen. 4 Sie
werden deine Mauern schleifen und deine Türme nie-
derreißen. Ich schwemme alle deine Erde weg, sodass
nur noch der nackte Fels aus dem Meer ragt. 5 Darauf
werden die Fischer ihre Netze zum Trocknen auslegen.
Ich habe es gesagt, ich, der HERR. Die Völker werden
dich ausplündern 6 und auch deine Tochterstädte auf
dem Festland zerstören. Ihr sollt erkennen, dass ich der
HERR bin.‹ 7 Weiter sagt der HERR, der mächtige Gott,
zu Tyrus: ›Ich führe Nebukadnezzar, den König von
Babylonien, den mächtigsten aller Könige, von Norden
gegen dich heran. Er kommt mit Pferden und Streit-
wagen und mit einem riesigen Heer. 8 Er wird deine
Tochterstädte erobern und zerstören. Dann wird er
einen Wall gegen dich aufschütten, Angriffsrampen
zu deinen Mauern vortreiben und Schutzdächer für
die angreifenden Truppen aufstellen. 9 Er wird deine
Mauern mit Rammböcken erschüttern und deine
Türme mit eisernen Haken einreißen. 10 Eine Staub-
wolke wird dich bedecken, wenn er mit seiner riesi-
gen Streitwagenmacht gegen dich heranrollt; wenn
er durch die aufgebrochenen Tore einfährt, werden
vom Lärm der Hufe und Räder die Mauern zittern. 11 Die
Hufe seiner Pferde werden das Pflaster deiner Straßen
aufreißen; seine Männer werden deine Bewohner mit
dem Schwert erschlagen. Die prächtigen Säulen, auf
die du so stolz bist, werden bersten und in Trümmer
sinken. 12 Die Feinde werden dich ausplündern und
dir alle deine Schätze rauben; sie werden deine Mau-
ern niederreißen, deine prächtigen Paläste zerstören
und Steine, Balken und Schutt ins Meer werfen. 13 Ich
lasse deine festlichen Lieder verstummen, kein Har-
fenklang wird mehr in dir zu hören sein. 14 Ich mache
dich zu einem nackten Felsen, auf dem die Fischer ihre
Netze zum Trocknen auslegen; du wirst nicht wieder
aufgebaut werden. Ich habe es gesagt, der HERR, der
mächtige Gott.‹«

TYRUS MUSS HINAB INS TOTENREICH

15 So sagt der HERR, der mächtige Gott, zu Tyrus: »Die
Inseln im Meer werden beben, wenn du mit Donnerge-
töse fällst. Ihre Bewohner werden zittern, wenn sie das
Wutgeschrei der Mörder hören und die Todesschreie
ihrer Opfer. 16 Alle Könige der Völker am Meer werden
von ihren Thronen steigen und ihre prächtigen Gewän-
der ablegen. Gelähmt vor Entsetzen werden sie sich
auf die nackte Erde setzen 17 und die Totenklage über
dich anstimmen. Sie werden sagen: ›Ach, du ruhmvolle
Stadt, Festung mitten im Meer, brausend von Leben
erfüllt, nun ist dein Untergang da! Schrecken flößtest
du ein allen Bewohnern am Meer. 18 Jetzt sind die In-
seln entsetzt, Zittern befällt sie und Angst bei deinem
schrecklichen Sturz.‹ 19 Höre, Tyrus, was ich, der mäch-
tige Gott, dir sage: Ich mache dich zur verwüsteten,
menschenleeren Stadt, ich führe die große Flut gegen
dich heran, dass du darin untergehst. 20 In die Toten-
welt musst du hinunter, zu den längst Verstorbenen,
in die tiefste Tiefe zu den früher verwüsteten Städten;
bei den Schatten musst du hausen. Du wirst nie mehr
bewohnt werden, nie mehr wieder erstehen im Land
der Lebenden. 21 Zum abschreckenden Beispiel mache
ich dich. Man wird dich suchen, aber nicht mehr fin-
den; dein Ende ist unwiderruflich für alle Zeiten. Das
sage ich, der HERR, der mächtige Gott.«

KLAGE ÜBER DEN UNTERGANG DES PRACHTSCHIFFS TYRUS

27 Das Wort des HERRN erging an mich, er sagte:
2 »Du Mensch, stimme ein Klagelied an über Ty-
rus, 3 die Stadt, die den Zugang zum Meer beherrscht
und mit vielen Völkern über das Meer hin Handel treibt.
Sag zu ihr: ›So spricht der HERR, der mächtige Gott: Ty-
rus, du warst so stolz auf deine Schönheit. 4 Ein Schiff
warst du, ringsum vom Meer umgeben; die Meister,
die dich bauten, waren Künstler, die dich zu einem
wahren Schmuckstück machten. 5 Vom Hermon hol-
ten sie Zypressenholz, um deinen Rumpf aus Planken
wohl zu fügen. Ein Zedernstamm vom hohen Libanon
war dir als Mastbaum aufrecht eingepflanzt. 6 Aus Ba-
schan-Eichen machten sie die Ruder, aus Zypern kam
das Buchsbaumholz fürs Deck. 7 Als Segel diente Lei-
nen aus Ägypten; von weit her sah man darauf deine
Farben. Ein Sonnendach aus violettem Purpur, das
brachten deine Händler aus Elischa. 8-9 Sidon und Ar-
wad stellten Ruderknechte. Die Ältesten von Byblos
sahen nach, dass nirgends Wasser eindrang durch ein

Leck. Aus Tyrus kamen Männer voll Erfahrung als deine Steuermänner und Matrosen. Aus aller Herren Länder kamen Schiffe, um ihre Waren bei dir einzutauschen. **10** Aus Put und Lud und Paras kamen Krieger, um dir zu helfen gegen deine Feinde. Von deiner Reling blitzten Helm und Schild, die hängten sie als Zierde daran auf. **11** Männer aus Arwad verstärkten die Kriegsleute auf deinen Mauern, Männer aus Gammad verteidigten deine Türme. Ihre runden Schilde hängten sie ringsum an deine Mauerzinnen und machten deine Schönheit damit vollkommen. **12** Reiche Handelsgüter hattest du anzubieten. Die Stadt Tarschisch kaufte deine Waren und lieferte dir dafür Silber, Eisen, Zinn und Blei. **13** Die Griechen und die Leute von Tubal und Meschech brachten dir als Tauschgüter Sklaven und Kupferwaren. **14** Die Bewohner von Bet-Togarma schickten dir Zug- und Reitpferde und Maultiere. **15** Die Leute von Rhodos und die Bewohner vieler Küsten trieben Handel mit dir, sie brachten dir Elfenbein und Ebenholz. **16** Die Edomiter kauften aus deinem reichen Angebot und lieferten dir dafür Edelsteine, Korallen, bunte Stoffe und feines Leinen. **17** Juda und Israel brachten dir als Tauschgüter Weizen, Hirse, Honig, Öl und duftendes Harz. **18** Die Händler von Damaskus kauften aus deinem überreichen Warenangebot und lieferten dir dafür Wein aus Helbon und Wolle aus Zahar. **19** Die Leute von Wedan und Jawan im Gebiet von Usal brachten dir als Tauschgüter Eisenwaren, Zimt und andere Gewürze. **20** Die Leute von Dedan verkauften dir Stoffe für Satteldecken. **21** Die Scheiche von Arabien und von Kedar trieben Handel mit dir, sie lieferten Schafe und Ziegen. **22** Die Händler von Saba und Ragma waren für dich tätig und gaben dir für deine Waren die kostbarsten duftenden Öle, alle Arten von Edelsteinen und Gold. **23-24** Die Leute von Haran, Kanne und Eden, von Assur und Kilmad trieben Handel für dich und lieferten dir prächtige Gewänder, Purpurmäntel, bunte Stoffe und Seile. **25** Seetüchtige Handelsschiffe bildeten deine Karawanen; sie brachten dir diese ganze Fülle von Gütern und Waren. Du wurdest reich und mächtig auf deiner Insel. **27** Aber du wirst untergehen und dann stürzt alles ins Meer, die Güter und Waren, dein ganzer Reichtum und dazu deine Seeleute und Schiffsbauleute, deine Händler und das ganze Aufgebot an Kriegsleuten, die dich verteidigen sollten. **26** Als Prachtschiff fuhrst du, Tyrus, übers Meer, von Rudern angetrieben auf den Wogen. Da fasste dich der Sturm, brach dich in Stücke; **28** bis an die Küsten hört man mit Entsetzen, wie die Ertrinkenden um Hilfe schreien. **29** Nun steigen die Matrosen von den Schiffen und alle Ruderbänke leeren sich; an Land geht jeder, der das Meer befuhr. **30-31** Sie alle hüllen sich in einen Sack, sie scheren sich das Haar und streuen Erde auf ihren Kopf, sie wälzen sich im Staub. Voll Trauer und Entsetzen klagen sie, sie schreien laut, sie weinen, jammern, heulen; **32** sie singen dir das Totenklagelied: Wer konnte je mit Tyrus sich vergleichen, der starken Stadt, von Wogen rings umspült? **33** Der Wohlstand vieler Völker kam zu dir und mancher König wurde durch dich reich, als noch dein Handel auf den Meeren blühte. **34** Nun aber ruhst du dort im tiefsten Meer, zerschmettert bist du, tot sind deine Krieger, dein Reichtum ist die Beute deiner Feinde. **35** Entsetzen packt die Völker an den Küsten und ihren Herrschern sträuben sich die Haare, in den Gesichtern malt sich Furcht und Grauen; **36** die Händler wenden sich mit Schaudern ab: Du bist ein Bild des Jammers und des Schreckens, für alle Zeiten ist's um dich geschehen!‹«

GEGEN DIE ÜBERHEBLICHKEIT DES KÖNIGS VON TYRUS

28 Das Wort des HERRN erging an mich, er sagte: **2** »Du Mensch, sag zum Herrscher von Tyrus: ›So spricht der HERR, der mächtige Gott: Du bildest dir etwas ein auf deine große Macht. Du behauptest: Ein Gott bin ich; wie ein Gott throne ich auf meiner Insel mitten im Meer! Du hast dich zum Gott erklärt, obwohl du doch nur ein Mensch bist. **3** Du bist zwar weiser als der berühmte Daniel, kein Geheimnis ist dir zu tief. **4-5** Durch deine Klugheit blühte dein Handel, du bist reich geworden und hast deine Schatzkammern mit Gold und Silber gefüllt. Aber dein Reichtum ist dir zu Kopf gestiegen; du überhebst dich **6** und stellst dich Gott gleich. Deshalb sage ich, der HERR: **7** Ich führe Feinde gegen dich heran, die erbarmungslosesten der Völker; dann hilft dir deine ganze Weisheit nichts mehr und deine Pracht wird in den Schmutz getreten. **8** Du selbst musst hinunter zu den Toten; in deiner Festung mitten im Meer wirst du erschlagen. **9** Wenn deine Mörder auf dich eindringen, wirst du dann auch noch sagen: Ein Gott bin ich? Du wirst ihnen so hilflos ausgeliefert sein wie irgendein Mensch. **10** Fremde erschlagen dich, du erleidest einen schändlichen Tod. Ich habe es gesagt, der HERR, der mächtige Gott.‹«

NACHRUF ZU LEBZEITEN AUF DEN KÖNIG VON TYRUS

11 Das Wort des HERRN erging an mich, er sagte: **12** »Du Mensch, stimme die Totenklage an über den König von Tyrus! Sag zu ihm: ›So spricht der HERR, der mächtige Gott: Du warst die Vollkommenheit selbst, voll Weisheit und erlesener Schönheit. **13** In Eden, dem Gottesgarten, lebtest du. Dein Gewand war mit Edelsteinen aller Art besetzt, mit Rubin, Topas, Jaspis, Chrysolith, Karneol, Onyx, Smaragd, Karfunkel und Lapislazuli. Mit Gold warst du geschmückt an dem Tag, an dem ich dich erschuf. **14** Ich gab dich dem Wächter des Gartens, dem Kerub mit den ausgebreiteten Flügeln, zum Gefährten; du wohntest auf dem heiligen Götterberg mitten unter feurigen Steinen. **15** Vollkommen hatte ich dich geschaffen und du bliebst es, bis du in Sünde fielst. **16** Deine ausgedehnten Handelsgeschäfte verführten dich zu Erpressung und Unterdrückung; so wurdest du schuldig. Da verstieß ich dich vom Götterberg und der Wächter, der Kerub, schaffte dich aus der Mitte der feurigen Steine weg. **17** Deine Schönheit hatte dich überheblich gemacht; aus lauter Eitelkeit hattest du deine Weisheit preisgegeben und warst zum Narren geworden. Deshalb stürzte ich dich auf die Erde hinunter und gab dich dem Spott der Könige preis. 18 Durch das Unrecht, das du bei deinen Handelsgeschäften begingst, bist du schuldig geworden und hast deine Tempel entweiht. Darum habe ich Feuer in deiner Stadt ausbrechen lassen und sie niedergebrannt; wer jetzt vorbeikommt, findet nur noch Schutt und Asche. 19 Alle Völker ringsum sind starr vor Entsetzen. Ein Bild des Schreckens bist du geworden, für alle Zeiten ist es um dich geschehen.‹«

GEGEN DIE STADT SIDON

20 Das Wort des HERRN erging an mich, er sagte: 21 »Du Mensch, wende dich gegen die Stadt Sidon und kündige ihr mein Strafgericht an! 22 Sag zu ihr: ›So spricht der HERR, der mächtige Gott: Ich gehe gegen dich vor, Sidon, ich werde an dir meine Macht zeigen! Deine Bewohner sollen erkennen, dass ich der HERR bin, wenn ich mein Strafgericht vollstrecke und mich an dir als der heilige Gott erweise. 23 Ich schicke die Pest in deine Mauern; deine Straßen werden mit Erschlagenen bedeckt sein, wenn die Feinde von allen Seiten in dich eindringen. Sie sollen erkennen, dass ich der HERR bin.‹«

ISRAEL WIRD VOR FEINDEN SICHER SEIN

24 »Die Leute von Israel«, sagt der HERR, »werden künftig nicht mehr unter den Nachbarvölkern zu leiden haben, die jetzt wie Dornen und Disteln für sie sind und ihnen voll Verachtung begegnen. Mein Volk soll erkennen, dass ich der HERR bin. 25 Ich, der HERR, der mächtige Gott, sage: ›Ich werde mich vor aller Welt als der heilige Gott erweisen und mein Volk aus den Völkern, unter denen es zerstreut worden ist, sammeln. Die Leute von Israel werden wieder in dem Land wohnen, das ich meinem Diener Jakob gegeben habe. 26 Dort sollen sie in Frieden und Sicherheit leben; sie können ungestört Häuser bauen und Weinberge anlegen. An den Völkern aber, die ihnen mit Verachtung begegnet sind, werde ich mein Strafgericht vollstrecken. Dann werden die Leute von Israel erkennen: Ich bin der HERR, ihr Gott!‹«

DAS BEFRISTETE STRAFGERICHT ÜBER ÄGYPTEN

29 Im zehnten Jahr unserer Verbannung, am 12. Tag des 10. Monats, erging das Wort des HERRN an mich, er sagte: 2 »Du Mensch, wende dich gegen den Pharao, den König von Ägypten, und kündige ihm und seinem ganzen Land mein Strafgericht an. 3 Sag zu ihm: ›So spricht der HERR, der mächtige Gott: Du bekommst es mit mir zu tun, Pharao, du großes Krokodil, das in seinen Nilarmen liegt und sagt: Mir gehört der Nil, ich habe ihn geschaffen! 4 Ich fange dich ein mit Haken, die sich in deine Kinnlade bohren. Ich ziehe dich heraus aus deinen Nilarmen samt den Fischen, die sich in deinem Schuppenpanzer verfangen. 5 Ich schleudere dich in die Wüste samt allen deinen Fischen. Dort bleibst du liegen und niemand begräbt dich; ich werfe dich den Schakalen und Aasgeiern zum Fraß hin. 6 Alle Bewohner Ägyptens sollen erkennen, dass ich der HERR bin. Ägypten, du hast den Leuten von Israel falsche Hoffnungen gemacht! Wie ein Stab aus Schilfrohr bist du für sie gewesen: 7 Wenn man sich darauf stützen will, splittert er, sodass man hinfällt und sich auch noch den Arm daran aufreißt. 8 Deshalb sage ich, der mächtige Gott: Ich gebe dich Feinden preis, die deine Menschen und dein Vieh umbringen, 9 deine Städte in Trümmer legen und das ganze Land verwüsten. Die Ägypter sollen erkennen, dass ich der HERR bin. Du, Pharao, hast gesagt: Mir gehört der Nil, ich habe ihn geschaffen! 10 Deshalb gehe ich jetzt gegen dich vor und gegen deinen Nil und das ganze Land. Ich werde Ägypten zu einem Trümmerfeld machen, von Migdol an nilaufwärts bis nach Syene und weiter bis an die Grenze von Äthiopien. 11 In ganz Ägypten wird kein Mensch und kein Tier mehr leben; vierzig Jahre lang wird niemand dort wohnen. 12 Inmitten von Ländern, die selbst verwüstet sind, wird Ägypten diese ganze Zeit über eine Wüste sein und seine Städte werden als Trümmerhaufen daliegen. Seine Bewohner werde ich in fremde Länder und unter fremde Völker zerstreuen. 13 Doch das sage ich, der mächtige Gott: Wenn die vierzig Jahre um sind, werde ich die Ägypter aus den Völkern herausholen, unter denen sie als Verbannte leben. 14 Ich werde für sie alles zum Guten wenden; ich werde sie ins Land Patros bringen, nach dem oberen Ägypten, wo sie ursprünglich zu Hause waren. Dort sollen sie ein kleines Königreich bilden, 15 kleiner und schwächer als alle anderen Königreiche. Sie sollen sich nicht mehr über andere erheben. Ich vermindere ihre Zahl, damit sie nicht mehr über andere Völker herrschen. 16 Dann können sie den Leuten von Israel keine falschen Hoffnungen mehr machen. Mein Volk wird sich nicht mehr dazu verführen lassen, sein Vertrauen auf sie zu setzen und dadurch schuldig zu werden. Die Ägypter sollen erkennen, dass ich der HERR bin!‹«

ÄGYPTEN ALS LOHN FÜR NEBUKADNEZZAR

17 Im 27. Jahr unserer Verbannung, am 1. Tag des 1. Monats, erging das Wort des HERRN an mich, er sagte: 18 »Du Mensch, König Nebukadnezzar von Babylon hat sein Heer vor der Stadt Tyrus hart arbeiten lassen. Wie Fronarbeiter haben seine Kriegsleute sich bei der Errichtung der Belagerungswerke blutig geschunden. Aber einen Lohn für ihre Mühe haben er und sein Heer von Tyrus nicht bekommen. 19 Deshalb sage ich, der mächtige Gott: ›Nebukadnezzar, der König von Babylon, bekommt dafür das Land Ägypten! Der ganze Reichtum der Ägypter soll ihm zufallen; seine Kriegsleute werden alles, was wertvoll ist, als Beute wegschleppen. 20 Nebukadnezzar hat in meinem Auftrag gehandelt, deshalb gebe ich ihm Ägypten als Lohn für seine Mühe.‹ Das sage ich, der HERR, der mächtige Gott. 21 Zur gleichen Zeit lasse ich auch Israel wieder stark und mächtig werden. Und dir, Ezechiël, gebe ich neuen Mut, als mein Prophet zu den Leuten von Israel zu sprechen. Sie sollen erkennen, dass ich der HERR bin.«

GOTTES STRAFGERICHT ÜBER ÄGYPTEN

30 Das Wort des HERRN erging an mich, er sagte:
2 »Du Mensch, kündige mein Strafgericht an
und sage: ›So spricht der HERR, der mächtige Gott:
Schreit vor Entsetzen, ihr Ägypter; denn der Tag
ist da, 3 der Tag der Abrechnung, an dem der HERR
Gericht hält! Dunkel wie die Nacht ist dieser Tag, für
viele Völker hat die Stunde geschlagen! 4 Das Schwert
hält blutige Ernte in Ägypten, die Schätze des Landes
werden weggeschleppt, seine Städte dem Erdboden
gleichgemacht. Die Nachbarvölker im Süden sehen
es und zittern vor Angst. 5 Zusammen mit den Ägyp-
tern werden auch ihre Hilfstruppen niedergemacht,
die Söldner aus Kusch, Put, Lud und Kub und wo sie
sonst noch herkommen, auch die Söldner aus den Rei-
hen des Volkes, mit dem ich meinen Bund geschlossen
habe.‹ 6 Denn der HERR, der mächtige Gott, sagt: ›Alle
Helfer Ägyptens werden fallen, seine ganze stolze
Armee; von einem Ende des Landes bis zum andern
liegen die Erschlagenen. 7 Wie die umliegenden Län-
der, die dieses Schicksal trifft, wird auch Ägypten zur
Wüste werden und seine Städte liegen in Trümmern.
8 Die Ägypter werden erkennen, dass ich der HERR
bin, wenn ich ihr Land niederbrenne und alle ihre
Helfer vernichte. 9 An jenem Tag werde ich Boten auf
Schiffen den Nil hinaufschicken, damit sie die Schre-
ckensnachricht nach Äthiopien bringen. Die Äthiopier
werden zittern vor Angst. Der Untergang Ägyptens
ist unabwendbar!‹ 10 Der HERR, der mächtige Gott,
sagt: ›So vernichte ich das stolze Heer der Ägypter
durch mein Werkzeug, den Babylonierkönig Nebu-
kadnezzar. 11 Die erbarmungslosesten Völker führt
er gegen Ägypten heran. Sie werden das Land ver-
wüsten und es mit den Leichen der Ägypter und ihrer
Söldner bedecken. 12 Ich werde den Nil trockenlegen
und Ägypten in die Gewalt grausamer Menschen ge-
ben. Durch sie verwandle ich das blühende Land in
eine Wüste. Ich habe es gesagt, der HERR, der mäch-
tige Gott.‹ 13 Der HERR, der mächtige Gott, sagt: ›Ich
vernichte die Götzen Ägyptens; die falschen Götter
schaffe ich aus Memfis fort. Es wird keinen Herrscher
mehr in Ägypten geben und die Bewohner des Landes
werden vor Angst vergehen. 14 Ich verwüste das Land
Patros im oberen Ägypten, ich brenne Zoan nieder,
ich vollstrecke das Strafgericht an No. 15 Mein Zorn
trifft die Festung Sin, ich verwüste die prächtigen
Paläste von No. 16 Ich setze ganz Ägypten in Brand.
Sin windet sich in Krämpfen, in die Mauern von No
werden Breschen geschlagen, Memfis wird in stän-
diger Angst leben. 17 Die jungen Männer von On und
Pi-Beset werden erschlagen und die übrigen Bewoh-
ner in die Fremde verschleppt. 18 In Tachpanhes wird
der Tag zur Nacht, wenn ich dort die Joche zerbreche,
mit denen die Ägypter die Völker geknechtet haben;
mit der stolzen Macht Ägyptens mache ich ein Ende.
Eine dunkle Wolke wird das ganze Land bedecken
und seine Frauen werden in die Fremde verschleppt.
19 Ich vollziehe mein Strafgericht an Ägypten und die
Ägypter werden erkennen, dass ich der HERR bin.‹«

DIE MACHT DES PHARAOS WIRD GEBROCHEN

20 Im elften Jahr unserer Verbannung, am 7. Tag des 1.
Monats, erging das Wort des HERRN an mich, er sagte:
21 »Du Mensch, ich habe dem Pharao, dem König von
Ägypten, den Arm gebrochen und ich sorge dafür, dass
er nicht wieder zusammenwächst. Der gebrochene
Arm wird nicht geschient und verbunden; nie mehr
wird der Pharao mit ihm das Schwert führen.« 22 Und
weiter sagte der HERR, der mächtige Gott: »Der Pha-
rao, der König von Ägypten, bekommt es mit mir zu
tun! Ich breche ihm die Arme, auch den, der noch heil
ist. Ich schlage ihm das Schwert aus der Hand 23 und
zerstreue die Ägypter in die Länder fremder Völker.
24 Aber die Arme des Königs von Babylon mache ich
stark; ihm gebe ich mein Schwert in die Hand. Mit ge-
brochenen Armen wird sich der Pharao vor ihm im
Staub winden und stöhnen wie ein tödlich Getroffener.
25 Ich mache die Arme des Königs von Babylon stark,
aber der Pharao muss seine Arme kraftlos sinken las-
sen. Die Ägypter sollen erkennen, dass ich der HERR
bin, wenn ich dem König von Babylon mein Schwert
in die Hand gebe, damit er es gegen sie gebraucht.
26 Und ich werde die Ägypter in fremde Länder und
unter fremde Völker zerstreuen. Sie sollen erkennen,
dass ich der HERR bin.«

ÄGYPTEN, DER GESTÜRZTE WELTENBAUM

31 Im elften Jahr unserer Verbannung, am 1. Tag des
3. Monats, erging das Wort des HERRN an mich,
er sagte: 2 »Du Mensch, sag zum Pharao, dem König
von Ägypten, mit seinem ganzen stolzen Heer: ›Wie
mächtig du bist! Womit kann ich dich vergleichen?
3 Du bist wie eine prächtige Zeder auf dem Libanon!
Ihre mächtigen Zweige geben reichlich Schatten. Sie
ist hoch gewachsen, ihr Wipfel reicht bis in die Wol-
ken. 4 Das Wasser, das aus der Tiefe kommt, hat sie so
groß gemacht; das Meer in der Tiefe der Erde speist
die Quellen, die rings um sie aufbrechen und das Feld
bewässern. 5 Darum wurde sie größer als alle ande-
ren Bäume und breitete ihre mächtigen Äste weit aus.
6 Die Vögel bauten in den Zweigen ihre Nester und das
Wild warf in ihrem Schutz seine Jungen. Ganze Völker
wohnten in ihrem Schatten. 7 Schön war sie und statt-
lich mit ihrer breiten Krone; denn ihre Wurzeln hatten
reichlich Wasser. 8 Keine andere Zeder war so präch-
tig wie sie, keine Zypresse und keine Platane hatte
so mächtige Äste; nicht einmal die Bäume im Garten
Gottes konnten es mit ihr aufnehmen. 9 Ich hatte sie
so schön gemacht, dass alle Bäume im Paradies sie
beneideten. 10 Doch nun sagt der HERR, der mächtige
Gott: Weil ihre Größe ihr zu Kopf gestiegen und sie
überheblich geworden ist, 11 rufe ich einen mächtigen
König herbei. Er wird seine Grausamkeit an ihr aus-
lassen; denn ich habe sie verstoßen. 12 Aus der Ferne
kommt ein erbarmungsloses Volk und fällt sie. Da liegt
sie dann auf den Bergen und die abgeschlagenen Äste
füllen die Täler und Schluchten. Die Völker, die in ihrem
Schatten gewohnt haben, ergreifen die Flucht. 13 Die
Vögel setzen sich achtlos auf den gefällten Stamm

und über die Äste läuft das Wild. 14 Kein Baum, und stehe er noch so nah am Wasser, soll mehr so groß und mächtig werden, seinen Wipfel in die Wolken strecken und sich stolz über andere erheben. Jeder hohe Baum wird gefällt und kommt in die Totenwelt, genauso wie alle Menschen. 15 Der HERR, der mächtige Gott, sagt: An dem Tag, an dem ich die Riesenzeder in die Totenwelt stürze, trauert das Wasser in der Tiefe der Erde, die Flüsse fließen nicht mehr und die Quellen versiegen. Auch der Libanon trauert, alle Bäume in Feld und Wald verdorren. 16 Wenn ich die Zeder mit gewaltigem Krachen in die Totenwelt hinabstürze, zittern alle Völker vor Angst. Drunten aber freuen sich die Prachtbäume, die Bäume des Libanons und alle mächtigen Bäume, die am Wasser standen, und trösten sich damit, dass auch die große Zeder ihr Schicksal teilt. 17 Auch alle ihre Helfer, die unter ihrem Schatten gewohnt haben, müssen mit ihr hinunter an den Ort, wo die Erschlagenen sind. 18 Du prächtige Zeder, wer kann sich an Größe und Herrlichkeit mit dir vergleichen? Und doch musst du mit all den prächtigen Bäumen in die Totenwelt hinunter. Dort liegst du dann in der Tiefe, bei den Erschlagenen und Unbestatteten. So ergeht es dem Pharao und seinem ganzen großen Volk.‹ Das sagt der HERR, der mächtige Gott.«

DER PHARAO, DER ERLEGTE DRACHE

32 Im zwölften Jahr unserer Verbannung, am 1. Tag des 12. Monats, erging das Wort des HERRN an mich, er sagte: 2 »Du Mensch, stimme die Totenklage an über den Pharao, den König von Ägypten! Sag zu ihm: ›Von allen Königen warst du der größte, du Drachenungetüm im weiten Meer! Aus deiner Nase schossen Wasserstrahlen, mit deinen Füßen wühltest du im Schlamm, dein Toben machte jedes Wasser trüb.‹ 3 Und dann fahre fort: ›So spricht der HERR, der mächtige Gott: Ich werde mein Fangnetz ausspannen! Die Heere vieler Völker werde ich gegen dich aufbieten, die werden dich in meinem Netz einfangen und aus dem Meer ziehen. 4 Dann schleudere ich dich auf das Land und werfe dich allen Raubvögeln und wilden Tieren der Erde zum Fraß hin. 5 Dein Leichnam wird die Berge bedecken und die Täler ausfüllen; 6 dein Blut wird das Land tränken, es wird von den Bergen herabströmen und die Bäche anschwellen lassen. 7 Während ich das Strafgericht an dir vollziehe, bedecke ich den Himmel mit düsteren Wolken, sodass Sonne, Mond und Sterne verschwinden. 8 Deinetwegen mache ich alle hellen Lichter am Himmel dunkel und breite Finsternis über dein Land. Das sage ich, der HERR, der mächtige Gott. 9 Viele Völker werden in Unruhe gestürzt werden, wenn die Nachricht von deinem Fall zu ihnen kommt – sogar Völker, von denen du noch nie gehört hast. 10 Das Strafgericht, das ich an dir vollziehe, wird sie mit Schauder erfüllen; ihre Könige werden von Entsetzen geschüttelt, wenn sie mich das Schwert schwingen sehen und deinen Untergang erleben. 11 Denn das sage ich, der mächtige Gott: Der König von Babylon wird mit seinem Heer gegen dich heranziehen. 12 Seinem Befehl gehorchen die erbarmungslosesten der Völker; durch sie vernichte ich deine ganze stolze Heeresmacht. 13 Auch alles Vieh im Land vernichte ich; kein Huf und kein Menschenfuß wird mehr an den Tränkstellen das Wasser trüben. 14 Ruhig und ungestört wird der Nil in seinem Bett dahinfließen, so glatt wie Öl. Das sage ich, der mächtige Gott. 15 Ich fege Ägypten leer und mache es zur Wüste, alle seine Bewohner erschlage ich. Dann werden sie erkennen, dass ich der HERR bin.‹ 16 Diese Totenklage werden die Frauen aller Völker anstimmen. Sie sollen Ägypten und sein stolzes Heer wie einen Toten betrauern. Das sage ich, der HERR, der mächtige Gott.«

ÄGYPTEN WIRD IM TOTENREICH EMPFANGEN

17 Im zwölften Jahr unserer Verbannung, am 15. Tag des Monats, erging das Wort des HERRN an mich, er sagte: 18 »Du Mensch, singe im Voraus das Lied vom Untergang der stolzen ägyptischen Heeresmacht! Schicke sie mit diesem Lied hinunter an den Ort tief unter der Erde, wo schon die Kriegsleute vieler anderer Völker ein unrühmliches Ende genommen haben! Sag zu Ägypten: 19 ›Meinst du, du wärst schöner als andere und würdest bevorzugt behandelt? Hinunter mit dir zu den Toten! In die tiefste Tiefe zu denen, die kein ordentliches Begräbnis bekommen haben! 20 Bei den Erschlagenen und Hingerichteten sollst du liegen mit deiner ganzen stolzen Heeresmacht! 21 Die Helden, die schon drunten bei den Toten sind, sagen über euch und eure Helfer: Sie sind also auch hier unten angekommen! Da liegen sie nun, erschlagen und unbestattet! 22-23 Da drunten erwartet dich Assur mit seinem ganzen Heer, lauter durchs Schwert erschlagene Männer. Als sie noch lebten, haben sie die Völker der Erde in Furcht und Schrecken versetzt; aber jetzt liegen sie in der tiefsten Grube, der König in der Mitte und rings um ihn seine Kriegsleute. 24-25 Da drunten erwartet dich Elam mit seinem ganzen stolzen Heer, lauter durchs Schwert erschlagene Männer. Als sie noch lebten, haben sie die Völker der Erde in Furcht und Schrecken versetzt; nun liegen sie an dem Ort tief unter der Erde bei den Erschlagenen, der König in der Mitte und rings um ihn seine Kriegsleute. Niemand hat sie ordentlich begraben und so liegen sie mitten unter den Erschlagenen und müssen ihre Schande tragen zusammen mit allen, die ein unrühmliches Ende genommen haben. 26 Da drunten erwartet dich Meschech-Tubal mit seinem ganzen stolzen Heer. Als sie noch lebten, haben sie die Völker der Erde in Furcht und Schrecken versetzt; nun liegen sie erschlagen ohne ein ordentliches Begräbnis bei den Toten, der König in der Mitte und rings um ihn seine Kriegsleute. 27 Sie haben keinen Ehrenplatz unter den Toten wie die Helden der Vorzeit, die nach dem Tod in der Schlacht mit voller Rüstung in die Totenwelt gelangt sind; man begrub sie, das Schwert unter den Kopf gelegt und vom Schild bedeckt. Auch sie verbreiteten Schrecken unter den Völkern. 28 Nun musst auch du, Ägypten, hinunter zu denen, die vom Schwert erschlagen wurden und kein

ordentliches Begräbnis bekommen haben! 29 Auch Edom erwartet dich drunten mit seinen Königen und Fürsten, lauter tapfere Kämpfer, aber in der Totenwelt liegen sie bei den Erschlagenen und Hingerichteten, die kein ordentliches Begräbnis bekommen haben. 30 Auch die Könige des Nordens und alle Phönizier erwarten dich. Sie haben als tapfere Kämpfer Furcht und Schrecken verbreitet, aber sie mussten hinunter zu den Erschlagenen und Hingerichteten und müssen ihre Schande tragen zusammen mit denen, die ein unrühmliches Ende genommen haben.‹ 31 Sie alle wird der Pharao dort unten antreffen und das wird ihn darüber trösten, dass sein ganzes stolzes Heer verloren ist. Denn todgeweiht ist er mit seiner ganzen Heeresmacht; das sage ich, der HERR, der mächtige Gott. 32 Ich habe es zugelassen, dass er unter den Völkern Furcht und Schrecken verbreitet hat; jetzt aber ist sein Platz bei den Erschlagenen und Hingerichteten, die kein ordentliches Begräbnis bekommen haben. So ergeht es dem Pharao und seinem ganzen stolzen Heer. Das sage ich, der HERR, der mächtige Gott.«

DER PROPHET ALS WARNER

33 Das Wort des HERRN erging an mich, er sagte: 2 »Du Mensch, sag zu den Leuten aus deinem Volk: ›Der HERR sagt: Angenommen, ich schicke Feinde gegen ein Land und die Männer des Landes haben einen aus ihrer Mitte zum Wächter bestellt, der drohende Gefahren melden soll. 3 Wenn dieser Wächter die Feinde kommen sieht, hat er die Pflicht, das Alarmhorn zu blasen und die anderen zu warnen. 4 Wenn jemand das Alarmsignal hört, sich aber nicht warnen lässt und deshalb umkommt, dann trägt die betreffende Person allein die Schuld. 5 Sie ist gewarnt worden, aber hat die Warnung in den Wind geschlagen. Hätte sie die Warnung ernst genommen, so wäre sie mit dem Leben davongekommen. 6 Anders ist es, wenn der Wächter es versäumt hat, Alarm zu blasen und die Leute zu warnen. Wenn dann jemand durch Feinde umgebracht wird, ereilt die betreffende Person damit zwar die Strafe für das Unrecht, das sie begangen hat; aber den unzuverlässigen Wächter ziehe ich zur Rechenschaft wie für einen Mord.‹ 7 Du Mensch, dich habe ich als Wächter bestellt, der die Leute von Israel vor drohender Gefahr warnen soll. Wenn du eine Botschaft von mir vernimmst, musst du sie ihnen weitersagen, damit sie wissen, was auf sie zukommt. 8 Wenn ich dir ankündige, dass ein bestimmter Mensch wegen seiner schlimmen Taten sterben muss, dann bist du dafür verantwortlich, dass er gewarnt wird. Versäumst du es, so wird er zwar sterben, wie er es verdient; aber dich ziehe ich dafür zur Rechenschaft wie für einen Mord. 9 Warnst du ihn, aber er hört nicht darauf, so wird er ebenfalls sterben, wie er es verdient hat; aber du hast dein Leben gerettet. 10 Du Mensch, sag zu den Leuten von Israel: ›Ihr habt allen Mut verloren und klagt: Unsere Schuld ist zu groß, an den Folgen unserer Verfehlungen gehen wir zugrunde, wir haben keine Zukunft mehr! 11 Aber der HERR, der mächtige Gott, sagt: So gewiss ich lebe, mir macht es keine Freude, wenn ein Mensch wegen seiner Vergehen sterben muss. Nein, ich freue mich, wenn er seinen falschen Weg aufgibt und am Leben bleibt. Darum kehrt um, kehrt schleunigst um! Warum wollt ihr in euer Verderben laufen, ihr Leute von Israel?‹ 12 Du Mensch, sag auch das zu den Leuten aus deinem Volk: ›Wenn ein rechtschaffener Mensch anfängt, Unrecht zu tun, dann nützt ihm seine ganze frühere Rechtschaffenheit nichts – sie kann ihm nicht das Leben retten. Und wenn ein verbrecherischer Mensch anfängt, das Rechte zu tun, dann schaden ihm alle seine früheren Vergehen nichts – sie können ihn nicht das Leben kosten. 13 Wenn ich einem rechtschaffenen Menschen zusichere: Du wirst am Leben bleiben!, und er denkt: Nun bin ich sicher!, und beginnt Unrecht zu tun, dann zählt sein ganzer vorbildlicher Lebenswandel nicht mehr; weil er Unrecht getan hat, muss er sterben. 14 Und wenn ich zu einem verbrecherischen Menschen sage: Du musst sterben!, und er wendet sich vom Unrecht ab, 15 gibt dem armen Schuldner sein Pfand zurück, erstattet, was er widerrechtlich an sich gebracht hat, und hält sich an die Weisungen, die zum Leben führen, dann muss er nicht sterben. 16 Alles Unrecht, das er früher getan hat, zählt dann nicht mehr. Weil er jetzt das Rechte tut, soll er am Leben bleiben. 17 Ihr Leute von Israel behauptet: Der HERR tut uns Unrecht! Aber ihr selbst tut Unrecht! 18 Wenn ein Mensch, der früher vorbildlich gelebt hat, Unrecht zu tun beginnt, muss er dafür sterben. 19 Und wenn ein verbrecherischer Mensch sich von seinen Verbrechen abwendet und das Rechte tut, rettet er damit sein Leben. 20 Und da sagt ihr: Der HERR tut Unrecht! Nein, jeder bekommt von mir, was er mit seinen Taten verdient hat. Kommt zur Besinnung, ihr Leute von Israel!‹«

EIN AUGENZEUGE AUS JERUSALEM

21 Im zwölften Jahr unserer Verbannung, am 5. Tag des 10. Monats, kam ein Mann aus Jerusalem zu mir, der den Untergang der Stadt überlebt hatte. Er brachte die Nachricht: »Die Stadt ist gefallen!« 22 Am Abend vorher hatte ich gespürt, wie sich die Hand des HERRN schwer auf mich legte. Als aber der Mann am Morgen bei mir eintrat, gab mir der HERR die Sprache wieder. Von da an war meine Zunge gelöst und ich konnte wieder frei reden.

DIE FALSCHE SICHERHEIT DER IN JUDA ZURÜCKGEBLIEBENEN

23 Das Wort des HERRN erging an mich, er sagte: 24 »Du Mensch, die Leute, die in den zerstörten Städten im Land Israel geblieben sind, sagen: ›Abraham war nur einer und Gott gab ihm dieses Land zum Besitz. Wir sind viele, also gehört es uns erst recht!‹ 25 Darum sag zu ihnen: ›So spricht der HERR, der mächtige Gott: Ihr esst das Fleisch mit dem Blut, betet Götzen an und mordet, und ausgerechnet euch soll ich das Land überlassen? 26 Ihr übt Faustrecht, begeht Ehebruch und tut, was mir verhasst ist, und euch soll das Land gehören?‹ 27 Sag zu ihnen: ›So spricht der HERR, der mächtige Gott: Wer in

den Ruinen haust, kommt durchs Schwert um; wer im
offenen Land lebt, wird von wilden Tieren zerrissen;
wer auf Berge und in Höhlen geflohen ist, stirbt an der
Pest. 28 Ich mache das Land zur menschenleeren Ein-
öde, ich verwüste seine ganze stolze Pracht. Ich mache
die Berge Israels zu einer Wildnis, durch die niemand
mehr durchzieht. 29 Ihr werdet erkennen, dass ich der
HERR bin, wenn ich das Land zur Wüste mache wegen
all der abscheulichen Taten, die ihr begangen habt!‹«

DER PROPHET UND SEINE ZUHÖRER

30 Der HERR sagte zu mir: »Du Mensch, die Leute aus
deinem Volk reden über dich, wenn sie vor ihren Häu-
sern beisammenstehen. Sie sagen zueinander: ›Wir
wollen zum Propheten gehen und hören, was der HERR
zu ihm gesagt hat!‹ 31 Und dann kommen sie scharen-
weise zu dir, sitzen im Kreis um dich und hören, was
du sagst; aber sie nehmen es nicht ernst. Ihr Mund
lobt dich überschwänglich, aber ihr Herz ist nur damit
beschäftigt, wie sie sich skrupellos bereichern können.
32 Wie eingängige Musik klingen ihnen deine Worte,
aber sie denken nicht daran, sie ernst zu nehmen.
33 Doch wenn dann deine Ankündigungen eintref-
fen – und das werden sie mit Sicherheit –, werden sie
erkennen, dass ein Prophet unter ihnen gelebt hat.«

GEGEN DIE SCHLECHTEN HIRTEN ISRAELS

34 Das Wort des HERRN erging an mich, er sagte:
2 »Du Mensch, kündige den führenden Männern
in Israel das Strafgericht an. Sag zu ihnen: ›So spricht
der HERR, der mächtige Gott: Weh euch! Ihr seid die
Hirten meines Volkes; aber anstatt für die Herde zu
sorgen, habt ihr nur an euch selbst gedacht. 3 Die Milch
der Schafe habt ihr getrunken, aus ihrer Wolle habt ihr
euch Kleider gemacht und die besten Tiere habt ihr
geschlachtet. Aber für einen guten Weideplatz habt
ihr nicht gesorgt. 4 War ein Tier schwach, so habt ihr
ihm nicht geholfen; war eins krank, so habt ihr es nicht
gepflegt. Wenn eins ein Bein gebrochen hatte, habt ihr
ihm keinen Verband angelegt. Die Verstreuten habt ihr
nicht zurückgeholt, die Verlorengegangenen nicht ge-
sucht. Alle Tiere habt ihr misshandelt und unterdrückt.
5 Weil meine Schafe keinen Hirten hatten, verliefen sie
sich und fielen den Raubtieren zur Beute. 6 Sie irrten
überall umher, auf Bergen und Hügeln, denn niemand
war da, der sie suchte, niemand, der sich um sie küm-
merte. 7 Darum, ihr Hirten, hört, was der HERR, sagt:
8 So gewiss ich lebe, der HERR, der mächtige Gott: Ich
schaue nicht mehr länger zu! Meine Schafe wurden
geraubt und von wilden Tieren gefressen, weil sie kei-
nen Hirten hatten; denn meine Hirten haben nur für
sich selbst gesorgt und nicht für meine Herde. 9 Darum
hört, ihr Hirten, was der HERR sagt! 10 So spricht der
HERR, der mächtige Gott: Die Hirten meiner Schafe
bekommen es mit mir zu tun, ich fordere meine Herde
von ihnen zurück! Ich setze sie ab; sie können nicht
länger meine Hirten sein; sie sollen nicht länger mein
Volk ausbeuten! Ich reiße meine Schafe aus ihrem Ra-
chen, sie sollen ihnen nicht länger zum Fraß dienen!‹

DER GUTE HIRT SORGT FÜR SEINE HERDE

11 ›Der HERR, der mächtige Gott, hat gesagt: Ich selbst
will jetzt nach meinen Schafen sehen und mich um sie
kümmern. 12 Wie ein Hirt seine Herde wieder zusam-
mensucht, wenn sie auseinandergetrieben worden ist,
so suche ich jetzt meine Schafe zusammen. Ich hole sie
zurück von allen Orten, wohin sie an jenem unheilvol-
len Tag vertrieben wurden. 13 Aus fremden Ländern und
Völkern hole ich sie heraus; ich sammle sie und bringe
sie in ihre Heimat zurück. Die Berge und Täler Israels
sollen wieder ihr Weideland sein. 14 Ich lasse sie dort auf
saftigen Wiesen grasen; auf den hohen Bergen Israels
sollen sie ihre Weide finden und sich lagern. 15 Ich will
selber für meine Herde sorgen und sie zu ihren Ruhe-
plätzen führen. Das sage ich, der HERR, der mächtige
Gott. 16 Ich will die Verlorengegangenen suchen und
die Versprengten zurückbringen. Ich will mich um die
Verletzten und Kranken kümmern und die Fetten und
Starken in Schranken halten. Ich bin ihr Hirt und sorge
für sie, wie es recht ist. 17 Ihr aber, meine Herde, sollt
wissen: Ich selbst, der HERR, der mächtige Gott, sorge
jetzt für Recht; ich nehme die schwachen Tiere vor
den starken in Schutz. Ihr Widder und Böcke, 18 ist es
euch nicht genug, das beste Gras zu fressen? Warum
zertrampelt ihr den Rest? Ist es euch nicht genug, das
klare Wasser zu trinken? Warum wühlt ihr auch noch
den Schlamm vom Grund auf? 19 Meine Schafe müssen
fressen, was ihr zertrampelt habt, und trinken, was ihr
verschmutzt habt. 20 Darum sage ich, der HERR, der
mächtige Gott: Jetzt werde ich selbst die schwächeren
Tiere vor euch starken in Schutz nehmen! 21 Ihr habt
sie mit Schulter und Hinterteil beiseitegedrängt, mit
euren Hörnern gestoßen und weit von der Herde weg-
getrieben. 22 Aber jetzt komme ich meinen Schafen zu
Hilfe. Sie sollen nicht länger eurer Willkür ausgeliefert
sein. Ich helfe den Schwachen gegen die Starken und
verschaffe ihnen ihr Recht.‹

DAS REICH DES FRIEDENS

23 ›Ich setze über meine Herde einen einzigen Hirten
ein, der sie auf die Weide führen und für sie sorgen
wird: einen Nachkommen Davids, der meinem Diener
David gleicht. Er wird ihr Hirt sein 24 und ich, der HERR,
werde ihr Gott sein. Der Mann, der meinem Diener
David gleicht, soll ihr Fürst sein. Ich habe es gesagt,
der HERR, der mächtige Gott. 25 Ich schließe mit ih-
nen einen Bund und verbürge mich für Frieden und
Sicherheit. Ich befreie das Land von wilden Tieren,
sodass sie sogar in der Wüste sicher sind und in den
Wäldern unbesorgt schlafen können. 26 Ich mache
das ganze Land rings um meinen Berg fruchtbar. Ich
schicke Regen zur rechten Zeit, 27 sodass ihre Bäume
und ihre Felder reichen Ertrag bringen. Sie werden
in ihrem Land vor Feinden sicher sein. Ich zerbreche
ihr Sklavenjoch und entreiße sie der Gewalt ihrer Un-
terdrücker. Dann werden sie erkennen, dass ich der
HERR bin. 28 Weder fremden Völkern noch wilden Tie-
ren werden sie mehr zur Beute; ohne Angst und Sorgen
werden sie in ihrem Land wohnen. 29 Ich mache ihr

Land zu einem prächtigen Garten. Niemand von ihnen wird mehr verhungern und die anderen Völker werden sie nicht mehr verspotten. 30 Dann werden sie erkennen: Ich, der HERR, ihr Gott, bin bei ihnen und sie, die Leute von Israel, sind mein Volk. Das sage ich, der HERR, der mächtige Gott. 31 Ihr seid meine Herde, für die ich sorge, und ich bin euer Gott. Das sage ich, der HERR, der mächtige Gott.‹«

GOTTES STRAFGERICHT ÜBER DIE EDOMITER

35 Das Wort des HERRN erging an mich, er sagte: 2 »Du Mensch, wende dich gegen das Bergland Seïr und kündige ihm mein Strafgericht an! 3 Sag zu ihm: ›So spricht der HERR, der mächtige Gott: Du bekommst es mit mir zu tun! Ich gehe jetzt gegen dich vor, du Bergland von Edom! Ich mache aus dir eine menschenleere Wildnis. 4 Deine Städte lege ich in Trümmer und verwüste das ganze Land. Du sollst erkennen, dass ich der HERR bin! 5 Schon immer haben deine Bewohner das Volk Israel mit ihrem Hass verfolgt, und als mein verheerendes Strafgericht über die Leute von Juda hereinbrach, haben sie sie ohne Erbarmen ans Messer geliefert. 6 Jetzt geht es ihnen selber ans Leben, so gewiss ich lebe, ich, der HERR! Sie haben hemmungslos Blut vergossen, jetzt wird ihr eigenes Blut von ihnen gefordert. 7 Und dich, Bergland von Edom, mache ich zu einer Wildnis, die keines Menschen Fuß mehr betritt. 8 Das ganze Land, Berge wie Täler, bedecke ich mit Erschlagenen. 9 Für alle Zeiten sollst du eine Wüste sein; niemand soll mehr in deinen Städten wohnen. Ihr Edomiter sollt erkennen, dass ich der HERR bin. 10 Ihr habt gesagt: Die beiden Länder Israel und Juda gehören jetzt uns, wir wollen sie in Besitz nehmen! Aber ihr vergesst, dass es *mein* Land ist! 11 So gewiss ich lebe, ich, der HERR: Ich lasse alles, was ihr in eurem Zorn und eurem Hass den Leuten von Juda angetan habt, auf euch zurückfallen. Ihr sollt mich kennenlernen, wenn ich mein Strafgericht an euch vollstrecke. 12 Ihr sollt zu spüren bekommen, dass ich genau gehört habe, wie ihr euren Spott über das Bergland Israels ausgegossen habt. Ihr habt gesagt: Die Berge Israels sind verwüstet und entvölkert; das ist ein gefundenes Fressen für uns! 13 So habt ihr geprahlt und das Maul gegen mich aufgerissen. Ich habe alles gehört. 14-15 Deshalb sage ich, der HERR, der mächtige Gott: Du Bergland von Edom, du warst voll Schadenfreude, weil der Erbbesitz der Israeliten vom Feind verwüstet wurde. Dafür werde ich nun genauso mit dir verfahren: Verwüstet und entvölkert sollst du daliegen, du Bergland Seïr und das ganze Land Edom! Deine Bewohner sollen erkennen, dass ich der HERR bin.‹«

DIE RÜCKKEHR DER VERBANNTEN NACH ISRAEL

36 »Du Mensch«, sagte der HERR, »kündige den Bergen Israels an, was ich tun werde! Sag zu ihnen: ›Ihr Berge Israels, hört das Wort des HERRN! 2 So spricht der HERR, der mächtige Gott: Der Feind verhöhnt und verspottet euch und sagt: Die Berge, die den Israeliten als Besitz für alle Zeiten zugesprochen waren, gehören jetzt uns!‹ 3 Darum sprich als Prophet und sag zu den Bergen: ›Ihr seid verwüstet, von allen Seiten fallen sie über euch her; die Nachbarvölker haben euch unter sich aufgeteilt und alle Welt spottet über euch.‹ 4 Sag zu ihnen: ›Ihr Berge Israels, hört das Wort, das der HERR sagt!‹ Der HERR, der mächtige Gott, spricht zu den Bergen und Hügeln, zu den Schluchten und Tälern, zu den Städten, die von Menschen verlassen in Trümmern liegen – zu dem ganzen Land, das von den Nachbarvölkern verhöhnt und ausgeplündert wird; 5 er sagt: ›In meinem brennenden Eifer werde ich mit Edom und den übrigen Völkern abrechnen, weil sie mein Land in Besitz genommen und ausgeplündert haben, weil sie voll Schadenfreude und Verachtung sind!‹ 6 Darum sprich als Prophet zum Land Israels, zu den Bergen und Hügeln, den Schluchten und Tälern! Sag ihnen, was ich in meinem Eifer für mein Land und in meinem Zorn über die Völker, die es verspotten, tun werde! 7 Denn das sage ich, der HERR, der mächtige Gott; ich erhebe meine Hand und schwöre: ›Was die Völker ringsum euch angetan haben, soll auf sie selbst zurückfallen. *Sie* müssen nun Spott und Schande tragen! 8 Ihr aber, ihr Berge Israels, werdet wieder grünen und Frucht tragen für mein Volk Israel, das nun bald zurückkommt. 9 Ich greife ein und wende mich euch zu; ihr sollt von Neuem bepflanzt und besät werden. 10 Ich lasse die Menschen auf euch zahlreich werden. Das ganze Volk Israel kommt zurück, die Städte sollen aus den Trümmern wieder aufgebaut und bewohnt werden. 11 Ich lasse die Menschen und Tiere zahlreich werden, sie sollen fruchtbar sein und sich vermehren. Ich mache euch bewohnt wie in früheren Zeiten und ich werde euch mehr Gutes erweisen als jemals zuvor. Daran werdet ihr erkennen, dass ich der HERR bin. 12 Ich lasse wieder Menschen auf euch wohnen, mein Volk Israel. Sie werden euch in Besitz nehmen als Erbland für immer und ihr werdet sie nie mehr ihrer Kinder berauben.‹ 13 Der HERR, der mächtige Gott, sagt zum Land Israels: ›Sie verspotten dich als ein Land, das seine Bewohner verschlingt und ihm die Kinder raubt. 14 Darum sage ich, der mächtige Gott: In Zukunft wird das nicht mehr geschehen! 15 Die Völker sollen dich nicht mehr verhöhnen dürfen, du wirst ihren Spott nicht mehr ertragen müssen. Denn du wirst dein Volk nie mehr kinderlos machen. Das sage ich, der HERR, der mächtige Gott.‹«

»NICHT EURETWEGEN HELFE ICH EUCH!«

16 Das Wort des HERRN erging an mich, er sagte: 17 »Du Mensch, als die Leute von Israel noch in ihrem Land wohnten, haben sie es durch ihr Tun und Treiben unrein gemacht. Durch ihr Verhalten haben sie sich vor mir genauso verunreinigt, wie eine Frau durch die monatliche Blutung unrein wird. 18 Sie haben Unschuldige getötet und das Land mit ihren Götzen geschändet. Deshalb schüttete ich meinen ganzen Zorn über sie aus 19 und zerstreute sie unter fremde Völker und in fremde Länder. Ich bestrafte sie, wie sie es mit ihrem Tun und Treiben verdient hatten. 20 Aber wohin sie auch kamen, überall brachten sie meinen heiligen Namen in Verruf;

denn die Leute dort sagten: ›Sie sind das Volk des
HERRN; aber er hat nicht verhindern können, dass sie
sein Land verlassen mussten.‹ 21 Überall, wohin mein
Volk kam, reden die Leute so über mich. Das schmerzte
mich, dass die Leute von Israel meinen heiligen Namen
so in Verruf brachten. 22 Darum sollst du zu den Leuten
von Israel sagen: ›So spricht der HERR, der mächtige
Gott: Nicht euretwegen greife ich ein, ihr Leute von
Israel, sondern wegen meines heiligen Namens, den
ihr überall in Verruf gebracht habt, bei allen Völkern,
zu denen ihr gekommen seid. 23 Ich werde meinem
großen Namen, den ihr entehrt habt, wieder Ehre
verschaffen. Alle Völker sollen erkennen, dass ich der
HERR bin, wenn ich mich vor ihren Augen an euch als
der heilige Gott erweise. Das sage ich, der HERR, der
mächtige Gott. 24 Ich hole euch heraus aus den Völ-
kern, ich sammle euch aus allen Ländern und bringe
euch wieder in euer Land zurück. 25 Dort besprenge
ich euch mit reinem Wasser und wasche den ganzen
Schmutz ab, der durch den Umgang mit euren Götzen
an euch haftet. 26 Ich gebe euch ein neues Herz und
einen neuen Geist. Ich nehme das versteinerte Herz
aus eurer Brust und schenke euch ein Herz, das lebt.
27 Ich erfülle euch mit meinem Geist und mache aus
euch Menschen, die nach meinen Ordnungen leben,
die auf meine Gebote achten und sie befolgen. 28 Dann
dürft ihr für immer in dem Land wohnen, das ich euren
Vorfahren gegeben habe. Ihr werdet mein Volk sein
und ich werde euer Gott sein. 29 Ich sorge dafür, dass
ihr nicht mehr unter den Folgen eurer unreinen Taten
leiden müsst. Ich werde keine Hungersnot mehr über
euch bringen. Ich rufe das Korn herbei und lasse es
wachsen und sich mehren, 30 ich lasse die Früchte auf
den Bäumen reichlich gedeihen und alles, was auf den
Feldern wächst. Die anderen Völker sollen euch nicht
mehr als Hungerleider verspotten. 31 Wenn ihr dann an
euer schändliches Treiben von früher denkt, wird es
euch vor euch selber ekeln wegen der abscheulichen
Untaten, die ihr begangen habt. 32 Denn das müsst
ihr wissen, ihr Leute von Israel: Ich tue das nicht, weil
ihr es verdient hättet. Ganz im Gegenteil, ihr habt al-
len Grund, euch zu schämen! Das sage ich, der HERR,
der mächtige Gott.‹ 33 Und auch das sagt der HERR,
der mächtige Gott: ›Wenn ich euch von eurer Schuld
reingewaschen habe, werden auch eure Städte aus
den Trümmern wieder aufgebaut und von Menschen
bewohnt werden. 34-35 Die Felder sollen nicht länger
verwüstet daliegen, sondern von Neuem bestellt wer-
den. Wer bei euch durchreist, wird sagen: Dieses Land
war eine Wüste, jetzt ist es wie der Garten Eden ge-
worden! Die Städte lagen verlassen und in Trümmern,
jetzt sind sie bewohnt und gut befestigt! 36 Die Völker
ringsum, die mein Strafgericht überlebt haben, sollen
erkennen, dass ich, der HERR, das Eingerissene wieder
aufbaue und das Verwüstete neu anpflanze. Ich, der
HERR, habe das angekündigt und ich führe es auch
aus.‹ 37 Auch das sagt der HERR, der mächtige Gott:
›Noch eine Bitte werde ich dann den Leuten von Israel
erfüllen: Ich will sie vermehren wie eine Schafherde.
38 In den Städten, die jetzt noch in Trümmern liegen, soll
es von Menschen wimmeln wie einst in Jerusalem von
Opferschafen während der großen Feste. Sie sollen
erkennen, dass ich der HERR bin!‹«

GOTT ERWECKT DAS TOTE ISRAEL ZU NEUEM LEBEN

37 Ich spürte, wie der HERR seine Hand auf mich
legte. Er führte mich im Geist durch die Luft und
setzte mich mitten in der Ebene nieder. Der ganze Bo-
den war mit Totengebeinen bedeckt. 2 Der HERR führte
mich überall herum und zeigte mir die Gebeine. Es
waren unzählige und sie waren völlig ausgetrocknet.
3 Dann fragte er mich: »Du Mensch, können diese Kno-
chen wieder zu lebenden Menschen werden?« Ich ant-
wortete: »HERR, das weißt nur du!« 4 Und er fuhr fort:
»Rede als Prophet zu diesen Gebeinen! Ruf ihnen zu:
›Ihr vertrockneten Knochen, hört das Wort des HERRN!
5 So spricht der HERR, der mächtige Gott, zu euch: Gebt
acht, ich bringe Lebensgeist in euch und ihr werdet
wieder lebendig! 6 Ich lasse Sehnen und Fleisch auf
euch wachsen und überziehe euch mit Haut. Und dann
hauche ich euch meinen Lebensgeist ein, damit wieder
Leben in euch kommt. Ihr sollt erkennen, dass ich der
HERR bin!‹« 7 Ich tat, was der HERR mir befohlen hatte.
Während ich noch redete, hörte ich es rauschen. Die
Knochen rückten zueinander, so wie sie zusammen-
gehörten. 8 Ich sah, wie Sehnen und Fleisch darauf
wuchsen und sich eine Haut bildete. Aber es war noch
kein Lebensgeist in ihnen. 9 Da sagte der HERR zu mir:
»Du Mensch, sprich als Prophet zum Lebensgeist, sag
zu ihm: ›So spricht der HERR, der mächtige Gott: Komm
aus allen vier Himmelsrichtungen und hauche diese
Toten an, damit wieder Leben in sie kommt!‹« 10 Ich tat,
was der HERR mir befohlen hatte. Da kam der Lebens-
geist in sie und sie wurden lebendig und standen auf.
Es war eine riesige Menschenmenge. 11 Dann sagte der
HERR zu mir: »Du Mensch, diese Totengebeine sind das
Volk Israel. Du hörst doch, wie sie sagen: ›Unsere Ge-
beine sind vertrocknet, unsere Hoffnung ist dahin; wir
haben keine Zukunft mehr!‹ 12 Darum rede als Prophet
zu ihnen und sage: ›So spricht der HERR, der mächtige
Gott: Gebt acht, ich öffne eure Gräber und hole euch,
mein Volk, heraus; ich führe euch heim ins Land Israel.
13 Ihr werdet erkennen, dass ich der HERR bin, wenn ich
das tue – wenn ich eure Gräber öffne und euch, mein
Volk, aus ihnen heraushole. 14 Ich gebe meinen Geist in
euch, damit wieder Leben in euch kommt, und bringe
euch in euer Land zurück. Ihr sollt erkennen, dass ich
das angekündigt habe und dass ich tue, was ich sage,
ich, der HERR.‹«

ISRAEL UND JUDA WERDEN WIEDER EIN REICH

15 Das Wort des HERRN erging an mich, er sagte: 16 »Du
Mensch, nimm einen Stab und schreibe darauf: ›Juda
und die zu ihm gehörenden Leute von Israel‹. Nimm
einen zweiten Stab und schreibe darauf: ›Josef und
das ganze übrige Volk Israel‹. 17 Dann halte die beiden
Stäbe so in der Hand, dass sie wie ein einziger Stab

aussehen. 18 Wenn deine Landsleute dich fragen, was
das bedeuten soll, 19 dann antworte ihnen: ›So spricht
der HERR, der mächtige Gott: Gebt acht, ich nehme
den Herrscherstab Josefs, der im Besitz des Stammes
Efraïm ist, und füge ihn in meiner Hand mit dem Herr-
scherstab Judas zu einem einzigen Stab zusammen. Ich
verbinde die Stämme Israels wieder mit dem Stamm
Juda.‹ 20 Du sollst die beschriebenen Stäbe vor aller
Augen in der Hand halten 21 und zu deinen Landsleuten
sagen: ›So spricht der HERR, der mächtige Gott: Gebt
acht, ich hole die Leute von Israel aus den Völkern,
zu denen sie gehen mussten, heraus und bringe sie
von überall her in ihre Heimat zurück. 22 Dort auf den
Bergen Israels mache ich aus ihnen ein einziges Volk
unter einem einzigen König. Sie sollen nicht mehr zwei
getrennte Völker sein und auch nicht zwei getrennte
Königreiche. 23 Sie werden sich nicht mehr durch ihren
Götzendienst und ihre abscheulichen Untaten verun-
reinigen. Ich befreie sie von ihrer Schuld und mache sie
wieder rein; ich bringe sie von ihren Irrwegen zurück.
Sie werden mein Volk sein und ich werde ihr Gott sein,
24 und der Nachkomme Davids, der meinem Diener
David gleicht, wird ihr König sein. Sie alle werden *einen*
Hirten haben. Sie werden nach meinen Weisungen le-
ben und meine Gebote befolgen. 25 Sie werden wieder
in dem Land leben, das ich meinem Diener Jakob gege-
ben habe und in dem ihre Vorfahren gelebt haben; für
alle Zeiten werden sie dort leben, ihre Kinder und Enkel
und alle kommenden Generationen. In alle Zukunft
wird ein Fürst, der meinem Diener David gleicht, über
sie herrschen. 26 Ich schließe mit ihnen einen Bund für
alle Zeiten und verbürge ihnen Glück und Frieden. Sie
sollen sich vermehren und zu einem großen Volk wer-
den. Für immer wird mein Heiligtum in ihrer Mitte sein;
27 ich will bei ihnen wohnen und ihr Gott sein und sie
sollen mein Volk sein. 28 Wenn die Völker sehen, dass
mein Heiligtum für alle Zeiten in ihrer Mitte ist, werden
sie erkennen, dass ich der HERR bin, der Israel als sein
heiliges Volk erwählt hat.‹«

DER ZUKÜNFTIGE FEIND DES GOTTESVOLKES UND SEINE VERNICHTUNG

38 Das Wort des HERRN erging an mich, er sagte:
2 »Du Mensch, wende dich an Gog aus dem Land
Magog, den Großfürsten der Völker Meschech und Tu-
bal, und kündige ihm mein Strafgericht an. 3 Sag zu ihm:
›So spricht der HERR, der mächtige Gott: Du bekommst
es mit mir zu tun, Gog, du Großfürst von Meschech
und Tubal! 4 Ich lenke dich, ich ziehe dir Haken durch
deine Kinnlade und hole dich herbei, und mit dir dein
ganzes großes Heer, lauter gut gerüstete Reiter mit
Langschilden, Rundschilden und Schwertern. 5-6 Die
Kriegsleute vieler Völker folgen dir, Männer aus Gomer
und Bet-Togarma im äußersten Norden, Männer aus
Persien, Äthiopien und Libyen, gerüstet mit Helm und
Schild. 7 Halte dich bereit mit der ganzen Heeresmacht,
die sich bei dir versammelt hat, und halte sie fest im
Griff! 8 Es werden zwar noch viele Jahre vergehen,
aber dann werde ich dich holen und in das Land Israel
rufen. Der Krieg hatte es entvölkert und lange Zeit
lag es verwüstet und menschenleer doch inzwischen
habe ich seine Bewohner aus fremden Völkern wieder
dorthin zurückgebracht. Während sie sorglos und in
Frieden in ihrem Land leben, 9 wirst du wie ein Gewit-
tersturm über sie hereinbrechen; dein Reiterheer mit
den Hilfstruppen aus vielen Völkern wird das ganze
Land überschwemmen.‹ 10 Der HERR, der mächtige
Gott, sagt: ›Zu jener Zeit werden böse Gedanken aus
deinem Herzen aufsteigen, du wirst einen heimtücki-
schen Plan fassen 11 und sagen: Ich will in ein unge-
schütztes Land einfallen, wo die Menschen sorglos
und in Frieden leben; ihre Städte haben weder Mauern
noch Tore! 12 Weil dich die reiche Beute lockt, wirst
du über das Volk herfallen, das aus fremden Völkern
heimgekehrt ist und die zerstörten Städte von Neuem
besiedelt hat. Es wohnt in dem Land, das den Nabel der
Erde bildet, und hat wieder reichen Besitz an Herden
und wertvollen Dingen. 13 Die Händler aus Saba und
Dedan und aus der fernen Stadt Tarschisch werden
zu dir sagen: Aha, du hast es auf Beute abgesehen! Du
hast dein Riesenheer aufgeboten, um Gold und Silber
und Vieh und alles, was Wert hat, wegzuschleppen! Du
wirst einen großen Fang machen!‹

VON GOTT GERUFEN – VON GOTT VERNICHTET

14 Darum rede als Prophet, du Mensch, und sag zu Gog:
›So spricht der HERR, der mächtige Gott: Einst, wenn
mein Volk Israel sorglos und in Frieden lebt, wirst du
dich aufmachen 15 und aus dem Land im äußersten Nor-
den herbeikommen, gefolgt von deinen Reiterheeren
aus vielen Völkern, einer riesigen Heeresmacht. 16 Du
wirst mit ihr gegen mein Volk Israel heranziehen und
das ganze Land überschwemmen. In der letzten Zeit
wird das geschehen; dann lasse ich dich gegen mein
Land heranziehen. Und alle Völker werden mich erken-
nen, wenn ich mich vor ihren Augen an dir, Gog, als der
heilige Gott erweise.‹ 17 Der HERR, der mächtige Gott,
sagt zu dir: ›Du bist der Mann, auf den ich durch meine
Knechte, die Propheten Israels, hingewiesen habe.
Durch sie habe ich schon lange angekündigt, dass ich
dich gegen Israel heranführen werde.‹ 18 Der HERR, der
mächtige Gott, sagt: ›An dem Tag, an dem Gog in das
Land Israel einfällt, wird mein Zorn mächtig auflodern.
19 Schon jetzt bin ich von Zorn erfüllt und schwöre: An
diesem Tag soll das Land von einem schweren Erdbe-
ben heimgesucht werden. 20 Menschen und Tiere wer-
den vor mir zittern, selbst die Vögel in der Luft und die
Fische im Meer. Die Berge brechen auseinander, die
Felsen stürzen ins Tal und alle Mauern fallen ein. 21 Ich
rufe gegen Gog alle Schrecken herbei, in seinem Heer
wird jeder gegen jeden das Schwert ziehen. Das sage
ich, der HERR, der mächtige Gott. 22 Ich richte unter sei-
nen Truppen ein Blutbad an, ich schicke die Pest unter
sie, ich kämpfe gegen sie mit Hagel und sintflutartigem
Regen, ich lasse Feuer und Schwefel auf sie fallen. 23 Vor
den Augen vieler Völker will ich mich an ihm als mächtig
und heilig erweisen. Die Völker sollen mich kennenler-
nen, alle Welt soll erkennen, dass ich der HERR bin.‹

39 Du Mensch aber sollst Gog mein Strafgericht
ankündigen und zu ihm sagen: ›So spricht der
HERR, der mächtige Gott: Du bekommst es mit mir
zu tun, Gog, du Großfürst der Völker Meschech und
Tubal! 2 Ich lenke dich, ich schreibe dir deinen Weg
vor, ich führe dich aus dem äußersten Norden auf die
Berge Israels. 3 Dort schlage ich dir den Bogen aus der
linken Hand und lasse dir die Pfeile aus der rechten
Hand fallen. 4 Auf den Bergen Israels wirst du den Tod
finden, du und dein ganzes Heer aus vielen Völkern.
Den Raubvögeln und wilden Tieren werfe ich dich zum
Fraß hin! 5 Auf freiem Feld wirst du fallen. Ich habe es
gesagt, der HERR, der mächtige Gott! 6 Ich lege Feuer
an die Städte des Landes Magog und an die Städte am
Meer, in denen die Menschen sorglos dahinleben. Sie
sollen erkennen, dass ich der HERR bin. 7 Ich erweise
mich als der heilige Gott inmitten meines Volkes Israel;
nie mehr sollen die Völker verächtlich über meinen
heiligen Namen reden. Sie sollen erkennen, dass ich
der HERR bin, der sich in Israel als heilig erweist. 8 Gebt
acht, es kommt, es geschieht! Das ist der Tag, den ich
schon lange angekündigt habe.‹ Das sagt der HERR,
der mächtige Gott.«

DAS SCHLACHTFELD WIRD AUFGERÄUMT

9 »Wenn das geschieht«, sagt der HERR, »werden die
Leute in den Städten Israels hinausgehen und die Waf-
fen der Feinde auflesen, um damit Feuer zu machen.
Rund- und Langschilde, Bogen und Pfeile, Speere und
Lanzen werden sie sammeln und einen Vorrat an Holz
zusammenbringen, der für sieben Jahre ausreicht. 10 Sie
werden nicht mehr in den Wald gehen und Holz sam-
meln oder Bäume fällen, sie werden die Ausrüstung
des Feindes zum Feuermachen verwenden. So wird der
Feind, der Israel ausplündern wollte, nun selber ausge-
plündert; der Räuber wird zum Beraubten. Das sage ich,
der mächtige Gott.« 11 »An jenem Tag«, sagt der HERR,
»bestimme ich für Gog im Land Israel einen Begräbnis-
platz: das Karawanental östlich vom Toten Meer. Dort
wird man ihn und sein ganzes Heer begraben. Der Grab-
hügel wird so groß sein, dass er das ganze Tal versperrt
und niemand mehr durchziehen kann. Das Tal wird man
›Tal der Heeresmacht Gogs‹ nennen. 12-13 Die Leute von
Israel werden alle Gefallenen dort begraben, damit das
Land wieder rein wird. Alle Männer in Israel werden
sieben Monate lang damit zu tun haben. Dadurch gebe
ich ihnen teil an meinem Sieg und sie dürfen sich dessen
rühmen. Das sage ich, der mächtige Gott. 14 Nach Ablauf
der sieben Monate wird man Leute ausschicken, die das
ganze Land nach unbegrabenen Gebeinen absuchen,
damit es vollends rein wird. 15 Wenn einer von ihnen
irgendwo einen Menschenknochen entdeckt, richtet
er daneben ein Zeichen auf, damit die Totengräber
kommen und ihn im ›Tal der Heeresmacht Gogs‹ be-
graben. – 16 Auch eine Stadt wird nach dem Untergang
der Heeresmacht Gogs benannt werden. – So werden
sie das ganze Land von den Überresten der toten Feinde
reinigen.« 17 Auch das sagte der HERR, der mächtige
Gott, zu mir: »Du Mensch, sag zu den Raubvögeln und
wilden Tieren: ›Kommt von überall her und versammelt
euch auf den Bergen Israels! Ich lade euch zum großen
Opfermahl! Ihr bekommt Fleisch zu essen und Blut zu
trinken, soviel ihr wollt, 18 das Fleisch der tapfersten
Krieger und das Blut der edelsten Fürsten. Sie sind die
wohlgemästeten Schafe, Böcke und Stiere, die ich für
mein Opfermahl schlachte. 19 Kommt zum Mahl, das
ich für euch bereitet habe! Fresst euch voll mit Fett und
berauscht euch am Blut! 20 Sättigt euch an meinem Tisch
mit Pferden, Reitern und Kriegsleuten!‹ Das sage ich,
der HERR, der mächtige Gott.«

DIE ZUKUNFT ISRAELS

21 Der HERR sagt: »Wenn ich an Gog und seinem Heer
mein Strafgericht vollstrecke, werden alle Völker meine
Macht und Herrlichkeit sehen. 22 Und alle im Volk Israel
werden erkennen, dass ich der HERR, ihr Gott, bin, und
sie werden es nie mehr vergessen in alle Zukunft. 23 Die
anderen Völker aber werden begreifen, dass mein Volk
Israel aus eigener Schuld in die Verbannung musste.
Es war mir untreu geworden; deshalb hatte ich mich
von ihm abgewandt und es in die Gewalt seiner Feinde
gegeben, sodass alle seine Kriegsleute erschlagen
wurden. 24 Weil die Leute von Israel sich durch ihre
bösen Taten verunreinigt hatten, habe ich mich von
ihnen abgewandt und sie dafür büßen lassen. 25 Jetzt
aber – sagt der HERR, der mächtige Gott – will ich für
die Nachkommen Jakobs alles wieder zum Guten wen-
den und mit dem ganzen Volk Israel Erbarmen haben.
Ich will nicht, dass mein heiliger Name noch länger
entehrt wird. 26-27 Ich werde sie aus den Ländern ihrer
Feinde holen und wieder in ihr eigenes Land bringen.
So erweise ich mich vor allen Völkern als der heilige
Gott. Wenn sie dann vor Feinden sicher in ihrem Land
leben, werden sie beschämt sein, wenn sie daran den-
ken, wie treulos sie gegen mich gewesen sind. 28 Ich
habe sie aus ihrem Land weggeführt und unter die
Völker zerstreut; aber ich hole sie wieder zusammen
und lasse niemand zurück. Daran werden sie erkennen,
dass ich der HERR, ihr Gott, bin. 29 Ich werde meinen
Geist über das Volk Israel ausgießen und dann werde
ich mich nie mehr von ihnen abwenden. Das sage ich,
der HERR, der mächtige Gott.«

DER PROPHET SIEHT DIE TEMPELSTADT

40 Im 25. Jahr unserer Verbannung, am Jahres-
anfang, am 10. Tag des Monats – das war im 14.
Jahr nach der Einnahme der Stadt Jerusalem –, spürte
ich, wie der HERR seine Hand auf mich legte und mich
genau dorthin brachte. 2 In einer Vision führte er mich
ins Land Israel und setzte mich auf einem sehr hohen
Berg nieder. Auf der Südseite des Berges sah ich etwas,
das aussah wie eine Art Stadt. 3 Am Tor stand ein Mann,
der wie Bronze glänzte. In den Händen hielt er eine
leinene Messschnur und eine Messlatte. 4 Er sagte zu
mir: »Du Mensch, mach deine Augen und Ohren auf
und merke dir genau, was ich dir zeige! Denn dazu bist
du hierhergebracht worden. Berichte den Leuten von
Israel alles, was du hier siehst.«

DAS OSTTOR DES TEMPELBEZIRKS
5 Ringsum war die ganze Anlage von einer Mauer um-
schlossen. Der Mann maß die Mauer aus; sie war eine
Messlatte hoch und ebenso dick. Die Messlatte hatte
eine Länge von 6 Ellen. 6 Dann ging der Mann die Stu-
fen hinauf, die zum östlichen Toreingang führten, und
maß die Tiefe der vorderen Toröffnung aus: sie betrug
eine Messlatte. 7-10 Im Inneren hatte das Tor auf beiden
Seiten je drei Nischen, die durch Pfeiler voneinander
getrennt waren. Der Mann maß die Nischen aus; sie
waren alle eine Messlatte breit und eine Messlatte tief.
Die Pfeiler zwischen den Nischen waren 5 Ellen dick.
Die hintere Toröffnung war wie die vordere eine Mess-
latte tief. An sie schloss sich nach innen, zum Vorhof
des Tempels hin, noch eine Vorhalle an; sie maß in der
Länge 8 Ellen und die Mauer der Toröffnung an ihrem
Ende war 2 Ellen dick. 11-12 Die Nischen waren gegen
den Tordurchgang mit einer Mauer von einer Elle Höhe
abgeschlossen. Dann maß der Mann die Breite der Tor-
öffnung: Sie betrug 13 Ellen, nach Abzug des Raumes,
den die Türangeln einnahmen, waren es 10 Ellen. 13 Die
Entfernung von der Rückwand der Nischen auf der
linken Seite zur Rückwand der Nischen auf der rech-
ten Seite betrug 25 Ellen. 14 Die Vorhalle ragte mit zwei
Torpfeilern in den äußeren Vorhof hinein. Der Mann be-
stimmte die Höhe der Pfeiler; sie betrug 60 Ellen. 15 Die
Gesamtlänge des Tordurchgangs von der vorderen
Toröffnung bis zur Ausgangstür am Ende der Vorhalle
betrug 50 Ellen. 16 In den Außenwänden der Nischen
waren Fensteröffnungen, durch die Licht in den Tor-
durchgang fiel. Auch die Vorhalle hatte Fenster. Die
Pfeiler waren mit eingeritzten Palmbäumen verziert.

DER ÄUSSERE VORHOF UND DIE BEIDEN ÜBRIGEN TORE
17 Dann führte mich der Mann durch das Tor in den äu-
ßeren Vorhof hinein. Dieser war ringsum von dreißig
nebeneinanderliegenden Räumen umgeben und vor
diesen Räumen war der Boden mit Steinplatten belegt.
18 Der Plattenbelag reichte so weit in den Vorhof hinein
wie die Torbauten. Dieses Steinpflaster und überhaupt
der ganze Vorhof lag niedriger als der innere Vorhof.
19 Der Mann, der mich führte, maß den Abstand von
dem Tor, durch das wir eingetreten waren, bis zu dem
höher gelegenen Tor des inneren Vorhofs; er betrug
100 Ellen. Nachdem die Ostseite ausgemessen war,
gingen wir auf die Nordseite. 20 Der Mann maß das
Nordtor des äußeren Vorhofs. 21 Es war genau gleich
gebaut wie das Osttor; seine Länge betrug 50 Ellen und
seine Breite 25 Ellen. 22 Auch die Vorhalle, die Fenster
und die Palmverzierungen waren gleich und auch hier
führten sieben Stufen zum Toreingang hinauf. 23 Wie
das Osttor führte auch das Nordtor zu einem höher
gelegenen Tor des inneren Vorhofs. Der Mann maß
den Abstand zwischen dem äußeren und dem inne-
ren Tor; er betrug 100 Ellen. 24-26 Dann führte er mich
auf die Südseite und maß das dort gelegene Tor aus.
Alles entsprach genau den beiden anderen Toren. Auch
hier führten sieben Stufen zum Toreingang und die
Pfeiler waren mit eingeritzten Palmbäumen verziert,
je ein Palmbaum auf jedem Pfeiler. 27 Auch hier führte
das Tor zu einem höher gelegenen Tor des inneren
Vorhofs; die Entfernung zwischen den beiden Toren
betrug 100 Ellen.

DIE TORE DES INNEREN VORHOFS
28-30 Dann führte der Mann mich durch das südliche
Tor in den inneren Vorhof. Das Tor war gleich gebaut
wie die anderen Tore, mit Nischen, Pfeilern, Vorhalle
und Fenstern. Der Mann maß es aus und auch in den
Maßen stimmte das Tor genau mit den anderen Toren
überein. Es war 50 Ellen lang und 25 Ellen breit. 31 Die
Vorhalle lag hier jedoch nicht am Ausgang, sondern am
Eingang des Tores und war dem äußeren Vorhof zuge-
kehrt. Die Pfeiler waren mit eingeritzten Palmbäumen
verziert und acht Stufen führten zum Toreingang hin-
auf. 32-37 Dann führte der Mann mich auf die Ostseite
und vermaß das dort gelegene Tor, und anschließend
vermaß er auch das Tor auf der Nordseite. Die beiden
Tore stimmten in allem genau mit dem Südtor überein;
die Vorhalle war dem äußeren Vorhof zugekehrt und
acht Stufen führten zum Toreingang hinauf.

EINZELHEITEN DES INNEREN VORHOFS
38 Neben dem nördlichen Tor lag ein Raum, der durch
eine Tür mit der Vorhalle verbunden war. Dort wer-
den die Eingeweide und Schenkel der Tiere, die für das
Brandopfer geschlachtet worden sind, abgespült. 39 In
der Vorhalle selbst standen auf jeder Seite zwei Tische.
Auf ihnen werden die Tiere für das Brand-, Schuld- und
Wiedergutmachungsopfer geschlachtet. 40 Außerhalb
der Vorhalle, vor der Mauer rechts und links der Tor-
öffnung, standen ebenfalls je zwei Tische. 41 Auf ih-
nen werden die Tiere für das Mahlopfer geschlachtet.
Insgesamt waren es acht Tische, vier auf der rechten
und vier auf der linken Seite. 42-43 Die Tische für die
Brand-, Schuld- und Wiedergutmachungsopfer wa-
ren aus behauenen Steinen gebaut, eineinhalb Ellen
lang und breit und eine Elle hoch. Auf die Tische wird
das Fleisch der Opfertiere gelegt, ebenso die Mes-
ser, mit denen die Opfertiere geschlachtet werden.
Ringsum waren in der Mauer Haken befestigt; ihre
Länge betrug eine Handbreite. 44 Neben dem Nordtor
und neben dem Südtor war je ein Raum, der sich nach
dem inneren Vorhof öffnete, der Raum am Nordtor
nach Süden und der am Südtor nach Norden. 45 Der
Mann, der mich führte, erklärte mir: »Der Raum, der
nach Süden schaut, ist für die Priester, die im Tempel
allgemeine Dienste verrichten, 46 und der gegenüber-
liegende Raum für die Priester, die den Opferdienst
am Altar versehen. Diese zweite Gruppe wird von den
Nachkommen Zadoks gestellt; sie besteht aus dem
Teil der Nachkommen Levis, die als Priester vor den
HERRN treten dürfen.«

DAS TEMPELHAUS
47 Der Mann, der mir dies alles zeigte, vermaß den in-
neren Vorhof: Er war 100 Ellen lang und 100 Ellen breit.

Vor dem Tempelhaus stand der große Altar. 48 Dann führte der Mann mich in die Vorhalle des Tempelhauses und maß sie aus. Das Eingangstor war 14 Ellen breit, die Mauerstücke rechts und links des Tores maßen je 3 Ellen; ihre Dicke betrug 5 Ellen. 49 Die Halle war 20 Ellen breit und 12 Ellen tief; zehn Stufen führten zu ihr hinauf. Vor den beiden Mauerstücken rechts und links des Toreingangs stand je eine Säule.

41 1-2 Dann führte der Mann mich ins Innere des Tempelhauses und maß es aus. Das Eingangstor war 10 Ellen breit. Die Mauerstücke rechts und links davon sprangen je 5 Ellen vor; ihre Dicke betrug 6 Ellen. Das Innere des Tempelhauses war 40 Ellen lang und 20 Ellen breit. 3 Dann ging der Mann allein weiter und vermaß den hintersten Raum des Tempels. Die Türöffnung war 6 Ellen breit; die Mauern sprangen auf beiden Seiten der Tür je 7 Ellen vor und waren 2 Ellen dick. 4 Der Raum selbst war 20 Ellen breit und 20 Ellen tief. Der Mann, der mich hierhergeführt hatte, sagte zu mir: »Dies ist das Allerheiligste.«

DIE ANBAUTEN AM TEMPELHAUS

5 Dann maß der Mann, der mich führte, die Dicke der Tempelmauern; sie betrug 6 Ellen. Auf drei Seiten war das Tempelhaus mit einem Anbau von 4 Ellen Breite umgeben. 6 Er bestand aus drei Stockwerken mit je dreißig Kammern. Die Stockwerke waren auf der Innenseite nicht in der Tempelmauer verankert, sondern ruhten auf nach oben zurückspringenden Mauerabsätzen. 7 So kam es, dass der Innenraum des Anbaus sich von Stockwerk zu Stockwerk verbreiterte; im untersten Stockwerk war er am schmalsten, im obersten Stockwerk am breitesten. 8-11 Die Außenmauer des Anbaus war 5 Ellen dick. Rings um den Anbau lief eine Terrasse von 6 Ellen Höhe; sie war 5 Ellen breit. Auf die Terrasse öffneten sich die beiden Türen des Anbaus, eine im Norden und eine im Süden. An die Terrasse grenzte ringsum ein freier Raum von 20 Ellen Breite. 12 Westlich vom Tempelhaus lag angrenzend an diesen unbebauten Streifen ein Gebäude; es war innen 90 Ellen breit und 70 Ellen tief. Seine Mauern waren 5 Ellen dick. 13-15a Nun maß der Mann, der mich hergeführt hatte, den Gesamtumfang der Tempelanlage aus. Die Länge von Tempelhaus und Anbau betrug 100 Ellen, ihre Breite einschließlich des unbebauten Streifens zu beiden Seiten ebenfalls 100 Ellen. Der Bau im Westen des Tempelhauses war 100 Ellen breit und einschließlich des freien Platzes davor 100 Ellen lang. Ebenso lang waren auch die terrassenförmig gestuften Gebäude, die sich auf beiden Seiten neben jenem Bau erhoben.

SCHMUCK UND AUSSTATTUNG DES TEMPELS

15b Alles wurde gemessen: das Innere des Tempelhauses, die Vorhalle, 16 die vom Boden bis zu den Fenstern hinaufreichende Holzverkleidung, die Fenster mit ihrem dreifach gestaffelten Rahmen, 17 die Wand über dem Eingangstor und überhaupt das ganze Tempelhaus von außen und innen. Alles hatte sein genaues Maß. 18 Geschnitzte Bilder von Kerubim und Palmbäumen schmückten die Wände; immer abwechselnd eine Palme und ein Kerub. Die Kerubim hatten zwei Gesichter; 19-20 der Palme auf der einen Seite wandten sie ein Menschengesicht zu und der Palme auf der anderen ein Löwengesicht. Die ganze Wand des Tempelinneren vom Fußboden bis über die Höhe der Türöffnung hinaus war ringsum mit diesen Schnitzereien bedeckt. 21 Die Eingangstür des Tempelhauses hatte einen vierfach abgestuften Türrahmen. Vor dem Allerheiligsten stand etwas, das aussah 22 wie ein Altar aus Holz, 3 Ellen hoch und je 2 Ellen lang und breit. An den vier Ecken hatte er Hörner; auch seine Seitenwände und der Sockel waren aus Holz. Der Mann, der mich führte, sagte zu mir: »Dies ist der Tisch, der vor dem HERRN steht.« 23-24 Der Eingang des Tempelhauses und ebenso der Eingang zum Allerheiligsten war mit einer Doppeltür verschließbar; rechts und links waren hintereinander je zwei drehbare Türflügel angebracht. 25 Die Türen waren genau wie die Wände mit geschnitzten Kerubfiguren und Palmen verziert. Außen über dem Eingang der Vorhalle war ein hölzernes Dach. 26 Die Seitenwände der Vorhalle waren von Fenstern durchbrochen und mit geschnitzten Palmbäumen verziert.

DIE RÄUME FÜR DIE PRIESTER

42 Der Mann führte mich in den äußeren Vorhof hinaus, und zwar auf die Nordseite. Dort lag ein Gebäude mit einzelnen Räumen, rechts neben dem Bau hinter dem Tempel und dem freien Platz vor diesem Bau. 2 Es war 100 Ellen lang und 50 Ellen breit; der Zugang befand sich auf der Langseite im Norden. 3 Der Bau stieß auf der einen Seite an den freien Platz auf der Rückseite des Tempels und auf der anderen Seite an das Pflaster, das um den äußeren Vorhof führt. Er erhob sich in drei terrassenförmig gestuften Stockwerken. 4 Auf der Nordseite des Baus lief ein 10 Ellen breiter Gang; auf dieser Seite waren auch die Eingänge. Zum inneren Vorhof führte ein Durchgang, eine Elle breit. 5-6 Weil der Bau terrassenförmig angelegt war, wurden die Räume von Stockwerk zu Stockwerk kleiner. Der Bau hatte keine Arkaden wie die Hallen, die rings um den äußeren Vorhof lagen. 7-8 Den Gang auf der Eingangsseite begrenzte gegen den äußeren Vorhof eine Mauer. Sie reichte 50 Ellen weit in den äußeren Vorhof hinein und setzte sich nach hinten in der Wand der Hallen am Rand dieses Vorhofs fort. Das Gebäude selbst war 100 Ellen lang. 9 Der mauergesäumte Gang war vom äußeren Vorhof aus zugänglich, und zwar von Osten. 10 Auch auf der Südseite grenzte an die Mauer des äußeren Vorhofs ein Gebäude mit einzelnen Räumen, links neben dem Bau hinter dem Tempel und dem freien Platz vor diesem Bau, 11 und auch hier führte ein Gang an der Eingangsfront entlang. Das Gebäude glich in allem dem auf der gegenüberliegenden Seite, 12 auch der Zugang war entsprechend angelegt; ein von einer Mauer flankierter Gang führte aus dem äußeren Vorhof zu den Eingangstüren, ebenfalls im

Osten. 13 Der Mann sagte zu mir: »Die Räume dieser
beiden Gebäude, die durch den freien Platz hinter
dem Tempel getrennt werden, sind für die Priester
bestimmt, die im Tempel in nächster Nähe des HERRN
ihren Dienst tun. Hier an diesem heiligen Ort essen sie
von ihrem Anteil an den Opfergaben die Teile, die be-
sonders heilig sind. Dorthin sollen sie von ihrem Anteil
an den Opfergaben alles bringen, was besonders heilig
ist: ihren Anteil an den Speiseopfern, Schuldopfern
und Wiedergutmachungsopfern; denn es ist ein hei-
liger Ort. 14 Wenn die Priester ihren Dienst im Heiligtum
verrichtet haben, dürfen sie anschließend nicht sofort
zum übrigen Volk in den äußeren Vorhof gehen. Sie
müssen zuvor in diesen Räumen die Kleidung ablegen,
in der sie dem HERRN genaht sind. Kein Unbefugter
darf damit in Berührung kommen. Sie dürfen erst un-
ters Volk gehen, nachdem sie sich umgezogen haben.«

DER GESAMTUMFANG DES TEMPELBEZIRKS

15 Als der Mann, der mich führte, den Tempel und seine
Vorhöfe vermessen hatte, ging er mit mir durch das
Osttor nach draußen und maß den äußeren Umfang
des Tempelbezirks. 16-20 Der ganze Bezirk war ringsum
von einer Mauer umgeben. Der Mann maß mit seiner
Messlatte zuerst die Ostseite aus; sie war 500 Ellen
lang. Dann maß er die drei übrigen Seiten; auch sie
waren je 500 Ellen. Die Mauer von 500 Ellen im Geviert
bildet eine Scheidewand zwischen der heiligen Stätte
und dem übrigen Land.

GOTT KEHRT IN SEIN HEILIGTUM ZURÜCK

43 Dann führte der Mann mich zum östlichen Tem-
peltor. 2 Dort sah ich die Herrlichkeit des Gottes
Israels von Osten herankommen. Ein Rauschen ging
von ihr aus wie von der Brandung des Meeres und ihr
Glanz tauchte die ganze Umgebung in strahlendes
Licht. 3 Es war dieselbe Erscheinung, die ich am Fluss
Kebar gesehen hatte und dann noch einmal, als der
HERR sich aufmachte, um Jerusalem zu vernichten.
Ich warf mich zu Boden, 4 während die Herrlichkeit
des HERRN durch das Osttor in den Tempel einzog. 5 Da
hob mich der Geist von der Erde auf und brachte mich
in den inneren Vorhof des Tempels. Ich sah, dass die
Herrlichkeit des HERRN das ganze Tempelhaus füllte.
6 Der Mann, der mich geführt hatte, stand neben mir.
Aus dem Tempel aber hörte ich eine Stimme, 7 die sagte:
»Du Mensch, hier ist der Ort, an dem mein Thron steht
und der Schemel, auf den ich meine Füße stelle! Hier
will ich für alle Zeiten in der Mitte des Volkes Israel
wohnen! Die Leute von Israel sollen meinen heiligen
Namen nie mehr durch schändlichen Götzendienst
entehren und durch die Leichen ihrer Könige, die sie
in meiner Nähe bestatten. 8 Ihre Könige sollen ihre
Paläste nicht mehr neben meinem Tempel bauen,
nie mehr Tür an Tür mit mir wohnen, sodass nur eine
Wand sie von mir trennt. Die Abscheulichkeiten, die
ihre Könige begingen, haben meinen heiligen Namen
geschändet. Deshalb musste ich sie in meinem Zorn
vernichten. 9 Aber wenn die Leute von Israel keine
Götzen mehr verehren und die Leichen ihrer Könige
von mir fernhalten, werde ich von nun an für immer
in ihrer Mitte wohnen. 10 Du aber, du Mensch, sollst
den Leuten von Israel den Tempel beschreiben, den
du geschaut hast. Wenn sie sich seine Ausmaße verge-
genwärtigen, werden sie sich schämen, dass sie mich
früher so sehr missachtet haben. 11 Und wenn ihnen
ihre Vergehen leidtun, sollst du ihnen alles genau im
Einzelnen schildern: das Aussehen des Tempelhauses,
seine Einrichtung und die Zugänge zu ihm. Zeichne vor
ihren Augen einen Plan und sag ihnen alle Vorschriften
und Anordnungen für den Tempeldienst, damit sie sie
künftig genau befolgen. 12 Die wichtigste Bestimmung
aber ist: Der gesamte Tempelbezirk auf dem Gipfel des
Berges ist mir geweiht. Selbst die Vorhöfe des Tempels
sind im höchsten Grade heilig, genauso heilig wie das
Innere des Tempelhauses. Dies ist das grundlegende
Gesetz des Tempels.«

DER BRANDOPFERALTAR UND SEINE EINWEIHUNG

13 Hier sind die Maße des großen Altars: Unten läuft
ringsherum ein Graben, eine Elle breit und eine Elle
tief, eingefasst von einem Mauerrand, der eine halbe
Elle breit ist. 14 Darüber erhebt sich der Altar in Stufen.
Die unterste Stufe ist 2 Ellen hoch, dann springt die
Altarwand um eine Elle zurück; die nächste Stufe ist
4 Ellen hoch und wieder springt die Wand eine Elle
zurück. 15 Dann erhebt sich der Altar noch einmal 4
Ellen hoch; dieser Teil ist der Opferherd, an dessen
Ecken die vier Hörner aufgesetzt sind. 16 Der Opfer-
herd ist viereckig, 12 Ellen lang und 12 Ellen breit, 17 die
nächstuntere Stufe ist 14 Ellen lang und breit, ebenfalls
viereckig. Der Graben ist eine Elle breit und der Mau-
errand rings um den Graben eine halbe Elle. An der
Ostseite führen Treppenstufen den Altar hinauf. 18 Der
HERR, der mächtige Gott, sagte zu mir: »Du Mensch,
hier sind die Bestimmungen für die Weihe des Altars:
Wenn der Altar errichtet ist, auf dem die Brandopfer
dargebracht werden und an den das Blut der Opfer-
tiere gesprengt wird, 19 sollst du den Priestern aus der
Nachkommenschaft Zadoks, die den Opferdienst ver-
richten, einen Stier für das Sühneopfer geben. 20 Mit
dem Blut des Stieres sollst du die vier Hörner des Al-
tars, die vier Ecken seiner Stufen und den Mauerrand
an seinem Fuß bestreichen, damit der Altar von jeder
Befleckung durch Schuld gereinigt wird. 21 Danach soll
der Stier an einem dafür bestimmten Platz außerhalb
des Tempelbezirks verbrannt werden. 22 Am folgen-
den Tag sollst du einen fehlerfreien Ziegenbock als
Schuldopfer darbringen und sie sollen mit ihm ge-
nauso verfahren wie mit dem Stier am Tag zuvor, damit
der Altar von jeder Befleckung durch Schuld gereinigt
wird. 23-24 Anschließend sollst du einen Stier und einen
Schafbock vor mich bringen, beides fehlerfreie Tiere.
Die Priester sollen sie zerlegen und Salz auf die Stü-
cke streuen und sie mir als Brandopfer darbringen.
25 Dieselben Opfer sollst du auch an den folgenden
Tagen darbringen lassen. 26 Insgesamt sieben Tage lang

sollen die Priester den Altar von aller Befleckung durch Schuld reinigen und ihn weihen. 27 Vom achten Tag ab können sie dann eure regelmäßigen Brandopfer und Mahlopfer auf dem Altar darbringen. Wenn ihr so verfahrt, werde ich eure Opfergaben freundlich annehmen.« Das sagt der HERR, der mächtige Gott.

DAS VERSCHLOSSENE OSTTOR

44 Der Mann brachte mich wieder zum östlichen Tor des äußeren Vorhofs. Es war jetzt geschlossen. 2 Der HERR sagte zu mir: »Dieses Tor soll geschlossen bleiben. Niemand darf hindurchgehen, nachdem der HERR, der Gott Israels, auf diesem Weg in den Tempel eingezogen ist. Es muss für immer verschlossen bleiben. 3 Der regierende Fürst darf im Torbau Platz nehmen, wenn er seinen Anteil am Opfermahl verzehrt. Er betritt ihn vom inneren Vorhof her durch die Vorhalle und verlässt ihn wieder auf demselben Weg.«

DER PROPHET ERHÄLT ANWEISUNGEN VON GOTT

4 Nun führte mich der Mann durch das nördliche Tor in den inneren Vorhof vor den Eingang des Tempels. Ich sah das ganze Tempelhaus von der Herrlichkeit des HERRN erfüllt und warf mich zu Boden. 5 Der HERR sagte zu mir: »Du Mensch, mach deine Augen und Ohren auf und merke dir alles, was ich dir zu sagen habe. Du erfährst jetzt, was in meinem Tempel zu beachten ist, wer ihn betreten darf und wer nicht.«

AUSSCHLUSS VON FREMDEN UND DEGRADIERUNG DER LEVITEN

6 »Sag zu den Leuten von Israel, diesem widerspenstigen Volk: ›So spricht der HERR, der mächtige Gott: Es muss ein Ende damit haben, dass ihr mein Heiligtum entweiht, ihr Leute von Israel! 7 Ihr habt Fremde in meinen Tempel gebracht, die nicht nur am Körper, sondern auch im Herzen unbeschnitten waren. Sie standen dabei, während ihr mir das Fett und Blut der Opfertiere, meine Speise, dargebracht habt. Dadurch habt ihr gegen das Gesetz meines Bundes verstoßen und mein Heiligtum geschändet. 8 Anstatt selbst die Dienste in meinem Heiligtum zu verrichten, habt ihr Fremde dazu angestellt und ihnen Dienste übertragen, die für mich getan werden! 9 Darum sage ich, der HERR, der mächtige Gott: Von jetzt an darf nie mehr ein Fremder, der am Körper und im Herzen unbeschnitten ist, mein Heiligtum betreten, niemand von den Fremden, die mitten unter euch leben. 10-11 Die Dienste, die sie bisher verrichtet haben, sollen die Leviten übernehmen. Sie müssen künftig an den Toren des Tempelbezirks Wache halten und alle niederen Dienste an meinem Heiligtum verrichten. Außerdem sollen sie für die übrigen Israeliten die Opfertiere für die Brand- und Mahlopfer schlachten und den Leuten, die ein Opfer darbringen, in allem zur Verfügung stehen. So bestrafe ich die Leviten dafür, dass sie mir untreu wurden, als die Leute von Israel sich von mir abwandten und den Götzen nachliefen. 12 Sie haben für das Volk Götzenopfer dargebracht und es so in schwere Schuld gestürzt. Deshalb habe ich meine Hand gegen sie erhoben und lasse sie ihre Vergehen büßen. Das sage ich, der HERR, der mächtige Gott. 13 Sie dürfen nicht mehr als Priester vor mich treten; sie dürfen nicht mehr mit den besonders heiligen Dingen in Berührung kommen. Sie müssen die Folgen ihrer abscheulichen Vergehen tragen 14 und alle niederen Dienste am Tempel verrichten. 15 Die Priester aus der Nachkommenschaft Zadoks aber haben den Dienst an meinem Heiligtum treu versehen, als die Israeliten sich von mir abwandten. Deshalb sollen sie auch künftig meine Priester sein und mir das Fett und Blut der Opfertiere darbringen. Das sage ich, der HERR, der mächtige Gott. 16 Sie allein dürfen den Dienst am Altar verrichten, nur sie dürfen in das Innere meines Tempels gehen und als Priester vor mich treten.‹«

ANWEISUNGEN FÜR DIE PRIESTER

17-18 Weiter sagte der HERR: »Wenn die Priester den inneren Vorhof betreten, sollen sie leinene Kleider anziehen. Solange sie im inneren Bereich des Heiligtums Dienst tun, dürfen sie keine Kleidung aus Wolle auf dem Leib tragen, die Schweiß treibt. Sie sollen einen Turban aus Leinen und leinene Hosen anziehen und auch die Oberkleider sollen aus Leinen sein. 19 Bevor sie dann zum Volk in den äußeren Vorhof zurückkehren, müssen sie die Kleider, in denen sie den Priesterdienst verrichtet haben, wieder ausziehen und in den heiligen Räumen der Priester ablegen. Wenn das übrige Volk mit diesen heiligen Kleidern in Berührung kommt, bringt es sich in Gefahr. 20 Die Priester sollen ihr Haar regelmäßig schneiden lassen; sie dürfen sich weder den Kopf kahl scheren noch die Haare frei wachsen lassen. 21 Wenn sie zum Dienst in den inneren Vorhof gehen, dürfen sie vorher keinen Wein trinken. 22 Sie dürfen weder eine Witwe noch eine geschiedene Frau heiraten, sondern nur ein unberührtes Mädchen aus dem Volk Israel. Auch die Witwe eines anderen Priesters dürfen sie heiraten. 23 Die Priester sollen das Volk unterweisen, damit es unterscheiden lernt zwischen gewöhnlichen Orten und meinem Heiligtum, zwischen reinen Dingen und unreinen. 24 Sie sollen als Richter Streitfälle entscheiden und sich dabei an meine Gesetze halten. Sie haben dafür zu sorgen, dass meine Feste zur rechten Zeit und in der richtigen Ordnung gefeiert werden und dass der Sabbat nicht entweiht wird. 25 Sie dürfen nicht mit Toten in Berührung kommen und sich dadurch verunreinigen. Nur wenn der Vater oder die Mutter, ein Sohn oder eine Tochter, ein Bruder oder eine unverheiratete Schwester sterben, ist dieses Verbot aufgehoben. 26 Sie müssen dann aber nicht nur die übliche Zeit warten, bis sie wieder rein sind, sondern noch sieben Tage dazuzählen. 27 Dann dürfen sie wieder den inneren Vorhof betreten; aber bevor sie dort Priesterdienst verrichten, müssen sie erst noch ein Sühneopfer für sich darbringen. Das sage ich, der mächtige Gott. 28 Die Priester dürfen keinen Grundbesitz haben. Ich selbst, der HERR, bin ihr Besitz. Ihr dürft ihnen keinen Anteil am Land Israels zuweisen; denn ich selbst bin ihr Anteil. 29 Für ihren Unterhalt bekommen sie ihren Teil von den Opfergaben, den Speiseopfern, Sühneopfern und Wiedergutmachungsopfern; dazu alles, was mir geweiht worden ist. 30 Weiter gehört ihnen der beste Teil der ersten Früchte und aller anderen Abgaben, die die Israeliten ans Heiligtum abliefern, auch das erste Brot von der neuen Ernte. Wenn die Israeliten diese Gaben ordnungsgemäß abliefern, wird Segen auf dem Land liegen. 31 Die Priester dürfen kein Fleisch von einem verendeten oder gerissenen Tier essen, weder von einem Vogel noch einem Wild noch einem Stück Vieh.«

DER ANTEIL GOTTES UND DES FÜRSTEN AN ISRAELS LAND

45 »Wenn ihr das Land von Neuem unter euch verlost, sollt ihr ein Stück von 25 000 Ellen Länge und 20 000 Ellen Breite für mich aussondern. Dieses ganze Gebiet ist mir geweiht. 2-3 Davon sollt ihr nochmals die Hälfte, also ein Stück von 25 000 auf 10 000 Ellen, abtrennen. Dieses Stück Land ist heilig; denn auf ihm befindet sich mein Heiligtum, diese hochheilige Stätte, ein umgrenzter Bezirk von je 500 Ellen Länge und Breite, der ringsum von einem 500 Ellen breiten Streifen Land umgeben ist. 4 Dieses heilige Gebiet von 25 000 auf 10 000 Ellen wird den Priestern zur Nutzung überlassen, die in meinem Heiligtum, in meiner unmittelbaren Nähe, ihren Dienst verrichten. Sie dürfen darauf rings um mein Heiligtum ihre Häuser bauen. 5 Das verbleibende Stück Land von 25 000 auf 10 000 Ellen soll den Leviten, die im Tempel die untergeordneten Dienste verrichten, als erblicher Grundbesitz zugesprochen werden. Darauf können sie ihre Siedlungen bauen. 6 Die Stadt Jerusalem aber erhält neben dem Landanteil, der für mich ausgesondert ist, ein Gebiet von 25 000 auf 5000 Ellen. Menschen aus ganz Israel sollen hier ihren erblichen Grundbesitz haben. 7 Auf beiden Seiten schließt sich an das Gebiet der Stadt und das mir geweihte Gebiet der Grundbesitz des regierenden Fürsten, und zwar so weit nach Osten und Westen, wie auch der Landbesitz der einzelnen Stämme reicht. 8 Dieses Stück Land und nicht mehr ist der Anteil des Fürsten am Landbesitz Israels. Die Herrscher meines Volkes sollen nicht länger mein Volk unterdrücken und ausbeuten. Sie müssen das Land dem Volk Israel mit seinen Stämmen überlassen.«

MAHNUNG AN DIE HERRSCHER ISRAELS UND DAS VOLK

9 Der HERR, der mächtige Gott, sagt: »Schluss jetzt mit Gewalt und Unterdrückung, ihr Herrscher Israels! Achtet das Recht und regiert mit Gerechtigkeit! Hört auf, Menschen meines Volkes von Grund und Boden zu vertreiben! Das sage ich, der HERR. 10 Gebraucht ungefälschte Maße und Gewichte! 11 Bei den Hohlmaßen müssen das Efa als Getreidemaß und das Bat als Flüssigkeitsmaß genau gleich groß sein. Die Norm für alle Hohlmaße ist das Homer. Es gilt: 1 Homer = 10 Efa = 10 Bat. 12 Bei den Gewichten gilt: 20 Gera = 1 Schekel; 60 Schekel = 1 Mine. 13 Als Abgaben sollt ihr an mein Heiligtum abführen: von Weizen und Gerste den sechzigsten Teil, 14 von Olivenöl den hundertsten Teil, 15 von euren Schaf- und Ziegenherden ein Tier von zweihundert. Aus dem ganzen Land müssen die Leute von Israel diese Abgaben liefern, damit sie mir als Speiseopfer, Brandopfer und Mahlopfer dargebracht werden. Auf diese Weise wird alles wieder ins Reine gebracht, was zwischen mir und dem Volk steht. Ich, der HERR, der mächtige Gott, ordne das an. 16 Jede Familie im Land ist zu dieser Abgabe verpflichtet. Der regierende Fürst soll die Gaben entgegennehmen; 17 er ist verantwortlich dafür, dass für das ganze Volk zu den vorgeschriebenen Zeiten – an den Festtagen, am Sabbat und am Neumondstag – die Opfer dargebracht werden, die Brand-, Speise-, Trank- und Sühneopfer. Unter seiner Oberaufsicht bringen die Priester zwischen mir und dem Volk Israel alles wieder ins Reine.«

DIE GROSSEN FESTE UND IHRE OPFER

18 Weiter sagte der HERR, der mächtige Gott: »Am 1. Tag des 1. Monats sollt ihr mir einen fehlerfreien Stier als Sühneopfer darbringen, um das Heiligtum von der Befleckung durch Verfehlungen zu reinigen. 19 Mit dem Blut des Opfertieres bestreicht ein Priester die Türpfosten des Tempelhauses, die vier Ecken des Altars und die Türpfosten am Osttor des inneren Vorhofs. 20 Diese Handlung wird am 7. Tag desselben Monats wiederholt, um das Heiligtum von der Befleckung durch Verfehlungen zu reinigen, die unwissentlich und unbeabsichtigt begangen worden sind. 21 Am 14. Tag des 1. Monats sollt ihr sieben Tage lang das Passafest feiern. Während dieser Zeit darf nur solches Brot gegessen werden, das ohne Sauerteig zubereitet ist. 22 Zu Beginn des Festes soll der regierende Fürst einen Stier als Sühneopfer darbringen, um seine eigene Schuld und die Schuld des ganzen Volkes mir gegenüber ins Reine zu bringen. 23 Außerdem soll er mir an jedem der Festtage ein Brandopfer darbringen, täglich sieben Stiere und sieben Schafböcke, lauter fehlerfreie Tiere, und dazu als Sühneopfer jeden Tag einen Ziegenbock. 24 Als Speiseopfer kommen auf jeden Stier und jeden Schafbock 1 Efa (= 12 Kilo) Weizenmehl und 1 Hin (= 3 ½ Liter) Olivenöl. 25 Am 15. Tag des 7. Monats und während der daran anschließenden Festwoche bringt der Fürst sieben Tage lang genau dieselben Opfer dar.«

DIE REGELMÄSSIGEN OPFER

46 Der HERR, der mächtige Gott, sagte: »Das östliche Tor des inneren Tempelvorhofs soll die Woche über geschlossen bleiben und nur am Sabbat und am Neumondstag geöffnet werden. 2 An diesen Tagen betritt der regierende Fürst vom äußeren Vorhof her das Tor, durchschreitet dessen Vorhalle und stellt sich an den Türpfosten des Torausgangs. Von dort aus verfolgt er die Opferhandlungen der Priester, die in seinem Auftrag das Brandopfer und das Mahlopfer darbringen. Danach wirft er sich auf der Schwelle des

Tores zur Anbetung nieder und geht auf demselben Weg wieder hinaus. 3 Die Leute aus dem Volk werfen sich an diesen beiden Tagen draußen im äußeren Vorhof, am Eingang desselben Tores, zur Anbetung vor dem HERRN nieder. 4 Das Brandopfer, das der Fürst darbringen lässt, umfasst am Sabbat sechs Schafe und einen Schafbock, alles fehlerfreie Tiere. 5 Als Speiseopfer kommt zu dem Schafbock 1 Efa (= 12 Kilo) Weizenmehl und zu den Schafen, so viel der Fürst geben will, außerdem 1 Hin (= 3 ½ Liter) Olivenöl auf jedes Efa. 6 Am Neumondstag besteht das Opfer aus einem Stier, sechs Schafen und einem Schafbock, alles fehlerfreie Tiere. 7 Als Speiseopfer kommen zu dem Stier und dem Schafbock je 1 Efa Mehl und zu den Schafen, so viel der Fürst geben will, außerdem 1 Hin Öl auf jedes Efa. 8 Wenn der Fürst zum Tempel kommt, nimmt er den Weg zu seinem Platz im Osttor des inneren Vorhofs durch die Vorhalle des Tores und geht auf demselben Weg wieder hinaus. 9 Wenn dagegen die Leute aus dem ganzen Land an den großen Festen zum Tempel kommen, um sich im äußeren Vorhof zur Anbetung niederzuwerfen, dürfen sie den Tempelbezirk nicht durch dasselbe Tor betreten und wieder verlassen. Wer durch das Nordtor eingetreten ist, soll durch das Südtor hinausgehen, und wer durch das Südtor eingetreten ist, durch das Nordtor. 10 Der Fürst soll an diesen Festen mitten unter der Volksmenge den Tempelbezirk betreten und ihn ebenso wieder verlassen. 11 Auch an den Festtagen kommt als Speiseopfer auf einen Stier oder einen Schafbock je 1 Efa Mehl und auf die Schafe, so viel der Fürst geben will, außerdem 1 Hin Öl auf jedes Efa. 12 Will der Fürst irgendwann dem HERRN ein freiwilliges Opfer darbringen, ein Brand- oder Mahlopfer, dann soll man das Osttor des inneren Vorhofs für ihn öffnen. Nachdem die Priester wie am Sabbat das Opfer für ihn dargebracht haben, verlässt er das Tor und es wird wieder geschlossen. 13 Jeden Tag muss dem HERRN am Morgen ein fehlerfreies einjähriges Schaf als Brandopfer dargebracht werden 14 und ebenso jeden Morgen als Speiseopfer ⅙ Efa (= 2 Kilo) Mehl und ⅓ Hin (= gut 1 Liter) Öl, das auf das Mehl gegossen wird. Diese Vorschrift über das Speiseopfer für den HERRN gilt für alle Zukunft. 15 Das Schaf, das Mehl und das Öl sind dem HERRN jeden Morgen, Tag für Tag, als regelmäßiges Brandopfer darzubringen.«

ÜBER DEN GRUNDBESITZ DES FÜRSTEN

16 Der HERR, der mächtige Gott, sagte: »Wenn der Fürst seinen Söhnen etwas von seinem Grundbesitz schenkt, geht es für immer in deren Besitz über. 17 Schenkt er aber einem seiner Beamten etwas, so gehört es diesem nur bis zum nächsten Erlassjahr; dann fällt es an den Fürsten zurück. Nur bei seinen eigenen Söhnen begründet die Schenkung ein dauerndes Besitzrecht. 18 Der Fürst darf nicht Leuten aus dem Volk mit Gewalt ihren erblichen Grundbesitz wegnehmen, um ihn seinen Söhnen zu geben. Die Söhne müssen aus seinem eigenen Grundbesitz ihren Teil bekommen. Mein Volk soll nicht in alle Winde zerstreut werden. Niemand darf von seinem Grund und Boden vertrieben und um sein Eigentum gebracht werden.«

DIE TEMPELKÜCHEN

19 Der Mann, der mich führte, brachte mich durch den Gang neben dem Nordtor des inneren Vorhofs zu den auf der Nordseite gelegenen Priesterräumen. Ganz hinten, im Westen, war ein besonderer Raum. 20 Der Mann sagte zu mir: »Hier kochen die Priester das Fleisch, das ihnen von den Sühne- und Wiedergutmachungsopfern zufällt, und hier backen sie auch das Brot aus dem Mehl der Speiseopfer. Sie dürfen nichts, was von einem Opfer stammt, in den äußeren Vorhof hinausbringen, da sie sonst das Volk mit dem Heiligen in Berührung und dadurch in Gefahr bringen.« 21 Dann führte mich der Mann in den äußeren Vorhof und zeigte mir die vier Ecken des Hofes. In jeder Ecke war ein kleinerer Hof, 22 40 Ellen lang und 30 Ellen breit. Alle vier waren genau gleich groß. 23 Rings um jeden dieser Höfe lief eine Steinmauer, an der auf der Innenseite Feuerstellen angelegt waren. 24 Der Mann sagte zu mir: »Hier sollen die Diener des Tempels das Fleisch für das Opfermahl des Volkes kochen.«

DER STROM, DER VOM TEMPEL AUSGEHT

47 Der Mann, der mich führte, brachte mich zur Eingangstür des Tempelhauses, die an der Ostseite angebracht ist. Dort sah ich unter der Türschwelle einen Wasserlauf entspringen; ein Stück weit floss er an der Eingangsseite des Tempels entlang nach Süden, dann bog er um und floss am Altar vor dem Tempel vorbei nach Osten. 2 Der Mann brachte mich durch die beiden nördlichen Tore aus dem Tempelbezirk und dann im Bogen zum äußeren Osttor. Da sah ich, wie das Wasser auf der südlichen Seite des Tores hervorquoll. 3 Mit seiner Messschnur ging der Mann ostwärts und maß eine Strecke von 1000 Ellen ab. Dann ließ er mich durch das Wasser waten; es reichte mir bis an die Knöchel. 4 Er maß weitere 1000 Ellen ab, da reichte das Wasser mir schon bis an die Knie. Nach weiteren 1000 Ellen ging es mir bis zu den Hüften. 5 Als er noch einmal 1000 Ellen abgemessen hatte, verlor ich den Grund unter den Füßen. Das Wasser war zu einem Fluss geworden, den man nur noch schwimmend durchqueren konnte. 6 Der Mann sagte zu mir: »Du Mensch, hast du das gesehen?« Dann half er mir aus dem Wasser und führte mich ans Ufer. 7 Da sah ich auf beiden Seiten des Flusses eine große Zahl von Bäumen stehen. 8 Der Mann erklärte mir: »Der Fluss fließt immer weiter nach Osten, bis er in die Jordanebene kommt; dann ergießt er sich in das Tote Meer und macht das Salzwasser süß. 9 Der Fluss schenkt Leben: Wo er hinkommt, gedeihen die Tiere, und das Tote Meer wimmelt von Fischen, weil sein Wasser gesund geworden ist. 10 Rings am Ufer des Meeres stehen Fischer; von En-Gedi bis En-Eglajim breiten sie ihre Netze zum Trocknen aus. Es gibt dort so viele Fische und Fischarten wie im Mittelmeer. 11 Nur in den Sümpfen und Teichen am Meer bleibt das Wasser salzig, damit daraus Salz gewonnen werden kann.

12 Die Bäume, die an beiden Ufern des Flusses stehen,
sind das ganze Jahr über grün und bringen immerfort
Früchte, jeder nach seiner Art. Zwölfmal im Jahr lassen
sich frische Früchte von ihnen ernten; denn die Bäume
wachsen an dem Wasser, das aus dem Heiligtum des
HERRN kommt. Die Früchte dienen als Nahrung und
die Blätter als Heilmittel.«

DIE GRENZEN DES NEU ZU VERTEILENDEN LANDES

13-14 Der HERR, der mächtige Gott, sagte: »Die zwölf
Stämme Israels sollen das Land von Neuem als ständi-
gen Besitz unter sich verteilen. Jeder Stamm bekommt
einen gleich großen Anteil; die Josefsstämme erhal-
ten zwei Teile. Ich habe das Land euren Vorfahren mit
einem Eid zugesagt; darum gebe ich es euch für im-
mer zum Besitz. 15 Die Nordgrenze des Landes verläuft
vom Mittelmeer über die Orte Hetlon, Lebo-Hamat,
Zedad, 16 Berota und Sibrajim, das an der Grenze zwi-
schen Damaskus und Hamat liegt, nach Hazar-Enan
an der Grenze des Haurangebiets. 17 Nördlich dieser
Linie zwischen dem Mittelmeer und Hazar-Enan liegt
das Gebiet von Hamat und von Damaskus. 18 Die Ost-
grenze beginnt dort, wo das Gebiet von Damaskus an
den Hauran grenzt. Sie folgt dem Jordan, der das Land
Israel von der Landschaft Gilead trennt, bis zum Toten
Meer und endet bei Tamar an dessen Südende. 19 Die
Südgrenze verläuft von Tamar nach Meribat-Kadesch
und folgt dann dem Bachtal, das die Grenze Ägyptens
bildet, bis zum Mittelmeer. 20 Die Westgrenze ist die
Mittelmeerküste, von der ägyptischen Grenze bis hin-
auf nach Lebo-Hamat. 21 Dieses ganze Land sollt ihr
unter die zwölf Stämme Israels aufteilen. 22 Jede isra-
elitische Familie bekommt durchs Los ihren Landanteil
zugewiesen, aber ebenso die Familien der Fremden,
die bei euch leben. Die Fremden sollen zusammen mit
den Stämmen Israels an der Landverteilung teilneh-
men. Sie müssen den Israeliten in allem gleichgestellt
werden. 23 Im Gebiet des Stammes, in dem sie leben,
sollen sie ihren Anteil an Grund und Boden zugeteilt
bekommen. Das sage ich, der HERR.«

DIE AUFTEILUNG DES LANDES

48 Weiter bezeichnete der HERR den Landanteil
jedes einzelnen Stammes. Er sagte: »Ganz im
Norden des Landes liegt der Landanteil des Stammes
Dan. Er erstreckt sich entlang der Nordgrenze auf
der ganzen Breite von Westen nach Osten. 2-7 Darauf
folgen in südlicher Richtung, jeweils als gleich große
Streifen Land von der Westgrenze bis zur Ostgrenze,
die Landanteile der Stämme Ascher, Naftali, Manasse,
Efraïm, Ruben und Juda. 8 An das Gebiet Judas schließt
nach Süden auf der vollen Breite von West nach Ost
der Landstreifen, den ihr für mich aussondern sollt. In
Nord-Süd-Richtung misst er 25 000 Ellen. Mitten darin
liegt der Tempel. 9 Das mir im Besonderen geweihte
Stück misst in Ost-West-Richtung 25 000 Ellen und in
Nord-Süd-Richtung 10 000 Ellen. 10-12 Es soll den Pries-
tern zugewiesen werden, den Nachkommen Zadoks,
die sich nicht wie die Leviten von mir abwandten, als
das Volk Israel mir untreu wurde. Ihnen gehört deshalb
von dem Land, das für mich ausgesondert wird, ein
eigenes Stück neben dem der Leviten; es ist in beson-
derem Maße heilig, denn in seiner Mitte steht mein
Heiligtum. 13 Die Leviten erhalten nördlich des Priester-
landes einen Streifen von derselben Größe, 25 000 Ellen
auf 10 000 Ellen. 14 Sie dürfen nichts davon verkaufen
oder durch Tausch weggeben. Es ist der Anteil des
Landes, den die Leute von Israel mir übergeben, so wie
sie mir von jeder Ernte die ersten Früchte übergeben.
Deshalb darf nichts davon in andere Hände übergehen.
15 Der Streifen von 5000 Ellen, der nach dem Land der
Priester und der Leviten noch übrig bleibt – auch er in
Ost-West-Richtung 25 000 Ellen lang –, ist gewöhn-
liches, nicht heiliges Land. Er gehört als Wohngebiet
und Weideland der Stadt Jerusalem, die in seiner Mitte
liegt. 16 Die Stadt bildet ein Quadrat von 4500 Ellen Sei-
tenlänge, 17 das ringsum von einem 250 Ellen breiten
Streifen Weideland umgeben ist. 18 Daran schließt sich
nach Westen und nach Osten je ein 10 000 Ellen langes
Stück Land an, das auf der Nordseite an den mir ge-
weihten Bezirk grenzt. Von seinem Ertrag sollen die
Menschen leben, die in der Stadt wohnen und arbei-
ten, 19 Menschen aus allen Stämmen Israels. Sie sollen
dieses Land bestellen. 20 Das Land der Priester und der
Leviten bildet zusammen mit dem Stadtgebiet und dem
zur Stadt gehörenden Land ein Quadrat von 25 000 El-
len Seitenlänge. 21-22 Das Gebiet, das sich nach beiden
Seiten an dieses Mittelstück anschließt, nach Osten
bis zum Jordan und nach Westen bis zum Meer, gehört
dem regierenden Fürsten, also der ganze Landstreifen
zwischen dem Stammesgebiet von Juda im Norden und
dem von Benjamin im Süden, ausgenommen das Gebiet
des Tempels, der Grundbesitz der Leviten und der Besitz
der Stadt. 23-28 Nach Süden schließen sich an diesen
Landstreifen auf der vollen Länge von Westen nach
Osten die Landanteile der Stämme Benjamin, Simeon,
Issachar, Sebulon und Gad an. Die südliche Grenze des
Stammesgebiets von Gad fällt mit der Südgrenze des
Landes zusammen. 29 Dieses Land gehört dem Volk
Israel als bleibender Besitz und nach diesen Angaben
sollt ihr es unter die Stämme Israels aufteilen. Das sage
ich, der HERR, der mächtige Gott.«

DIE TORE JERUSALEMS UND SEIN NEUER NAME

30-31 Weiter sagte der HERR: »Dies sind die Tore der
Stadt; sie sind nach den Stämmen Israels benannt:
auf der Nordseite – sie misst 4500 Ellen – sind es drei
Tore: das Ruben-Tor, das Juda-Tor, das Levi-Tor; 32 auf
der Ostseite – sie misst ebenfalls 4500 Ellen – sind es
drei Tore: das Josef-Tor, das Benjamin-Tor, das Dan-Tor;
33 auf der Südseite – auch sie misst 4500 Ellen – sind es
drei Tore: das Simeon-Tor, das Issachar-Tor, das Sebu-
lon-Tor; 34 und auf der Westseite – auch sie misst 4500
Ellen – sind es drei Tore: das Gat-Tor, das Ascher-Tor
und das Naftali-Tor. 35 Der Gesamtumfang der Stadt
beträgt 18 000 Ellen. Ihr Name soll künftig nicht mehr
Jerusalem lauten, sondern ›Der HERR ist da‹.«

DAS BUCH **DANIEL**

DANIEL UND SEINE FREUNDE AM BABYLONISCHEN HOF

1 Im dritten Regierungsjahr Jojakims, des Königs
von Juda, zog der babylonische König Nebukad-
nezzar mit einem Heer vor Jerusalem und belagerte
die Stadt. 2 Der HERR gab Jojakim in die Gewalt Nebu-
kadnezzars und auch ein Teil der heiligen Geräte fiel
dem Babylonierkönig in die Hände. Er ließ die Geräte
nach Babylonien bringen und bewahrte sie in der
Schatzkammer beim Tempel seines Gottes auf. 3 Nebu-
kadnezzar befahl seinem Palastvorsteher Aschpenas,
junge Israeliten aus der Verwandtschaft des Königs
und aus den vornehmen Familien für ihn auszusu-
chen. 4 »Sie müssen gesund sein und gut aussehen«,
sagte er. »Außerdem müssen sie klug und verständig
sein und eine umfassende Bildung haben, damit sie
zum Dienst in meinem Palast geeignet sind. Und dann
sollen sie auch unsere Sprache und Schrift lernen.«
5 Drei Jahre lang sollten die jungen Leute ausgebildet
werden, um dann in den Dienst des Königs zu treten.
Der König ordnete an, dass sie jeden Tag Speisen und
Wein von seiner eigenen Tafel bekämen. 6 Unter den
ausgesuchten jungen Männern aus Juda waren auch
Daniel, Hananja, Mischaël und Asarja. 7 Der Palast-
vorsteher gab ihnen babylonische Namen: Daniel
nannte er Beltschazzar, Hananja Schadrach, Mischaël
Meschach und Asarja Abed-Nego.

DANIELS TREUE WIRD BELOHNT

8 Daniel war fest entschlossen, kein Essen und Trinken
von der Tafel des Königs anzurühren, um nicht unrein
zu werden. Deshalb bat er den Palastvorsteher, nicht
von den Speisen des Königs essen zu müssen. 9 Gott
half ihm, sodass der Palastvorsteher ihn wohlwollend
anhörte. 10 Allerdings sagte er zu Daniel: »Ich habe
Angst vor meinem Herrn, dem König. Er hat selbst
bestimmt, was ihr essen und trinken sollt. Wenn er
feststellt, dass du und deine drei Freunde schlech-
ter aussehen als die anderen jungen Leute, lässt er
mir den Kopf abschlagen.« 11 Daniel wandte sich an
den Aufseher, den der Palastvorsteher für ihn und
seine drei Freunde bestimmt hatte. 12 »Mach doch
einmal zehn Tage lang einen Versuch mit uns«, bat
er ihn. »Lass uns Gemüse essen und Wasser trinken!
13 Danach vergleichst du unser Aussehen mit dem der
andern jungen Leute, die ihr Essen von der Tafel des
Königs bekommen. Und dann entscheidest du, was
weiter geschehen soll!« 14 Der Aufseher war einver-
standen und ging auf den Versuch ein. 15 Nach Ablauf
der zehn Tage zeigte es sich, dass Daniel und seine
Freunde sogar besser und kräftiger aussahen als die
andern jungen Leute, die ihr Essen von der königlichen
Tafel erhielten. 16 Da ließ er ihnen weiterhin Gemüse
geben; den Wein und die für sie bestimmten Speisen
stellte er weg. 17 Gott aber gab den vier jungen Män-
nern Klugheit und Verstand, sodass sie alles begriffen
und sich bald in jedem Wissensgebiet auskannten.
Daniel besaß darüber hinaus die Fähigkeit, Träume
und Visionen zu verstehen und zu deuten. 18 Am
Ende der Zeit, die König Nebukadnezzar festgesetzt
hatte, sollten ihm alle jungen Leute zur Prüfung vor-
geführt werden. Als der Palastvorsteher sie zu ihm
brachte 19 und er sich mit ihnen unterhielt, zeigte es
sich, dass Daniel, Hananja, Mischaël und Asarja allen
anderen überlegen waren. Sie wurden in den könig-
lichen Dienst aufgenommen, 20 und sooft der König
in schwierigen Fragen ihren Rat suchte, merkte er,
dass sie zehnmal klüger waren als alle Gelehrten und
Magier in seinem ganzen Königreich. 21 Daniel blieb
im königlichen Dienst bis ins erste Regierungsjahr
des Königs Kyrus.

KÖNIG NEBUKADNEZZAR STELLT SEINE TRAUMDEUTER AUF DIE PROBE

2 In seinem zweiten Regierungsjahr hatte König
Nebukadnezzar einen Traum, der ihn so beunru-
higte, dass er nicht wieder einschlafen konnte. 2 Er ließ
alle seine Gelehrten, Magier, Wahrsager und Stern-
deuter rufen, damit sie ihm seinen Traum erklären
sollten. Sie kamen und traten vor den König 3 und er
sagte zu ihnen: »Ich habe einen Traum gehabt, der
mich sehr beunruhigt. Ich möchte wissen, was es mit
dem Traum auf sich hat.« 4 Sie erwiderten: »Der König
möge ewig leben! Er erzähle uns seinen Traum, dann
werden wir ihm die Deutung sagen.« 5 Der König er-
widerte: »Nein, ihr müsst mir auch den Traum sagen,
nicht nur die Deutung! Ich bestehe darauf, sonst lasse
ich euch in Stücke hauen und eure Häuser in Trümmer
legen. 6 Wenn ihr mir aber beides, den Traum und die
Deutung, sagen könnt, beschenke ich euch reich und
erweise euch hohe Ehren. Also los, sagt es mir!« 7 Die
Ratgeber des Königs wiederholten: »Wenn der König
seinen ergebenen Dienern den Traum erzählt, werden
wir ihm sagen können, was er bedeutet.« 8 »Ihr macht
nur Ausflüchte, um Zeit zu gewinnen!«, fuhr der König
sie an. »Ihr habt genau verstanden, dass es mir mit
meiner Drohung ernst ist. 9 Ihr habt euch verabredet,
mir eine lügenhafte Deutung aufzutischen. Deshalb
bleibt es dabei: Sagt mir den Traum und beweist mir
damit, dass ihr fähig seid, ihn auch zu deuten!« 10 Die
Weisen Babyloniens antworteten: »Kein Mensch auf
der ganzen Erde kann diese Forderung erfüllen. Und
noch nie hat ein König, so groß und mächtig er auch
war, etwas Derartiges von seinen Gelehrten, Wahrsa-
gern und Sterndeutern verlangt. 11 Was der König for-
dert, ist unmöglich. Nur die Götter könnten dem König
seinen Traum sagen; aber sie wohnen nicht unter uns
Menschen.« 12 Da packte den König die Wut und er
befahl, alle Weisen Babyloniens umzubringen. 13 Auch
Daniel und seine Freunde sollten getötet werden. 14 Als
aber Arioch, der Befehlshaber der königlichen Leib-
wache, diesen Befehl ausführen wollte, sprach Daniel
ruhig und überlegen mit ihm. 15 Er ließ sich von ihm
den Grund für den strengen Befehl des Königs sagen,

16 ging zum König und bat sich eine Frist aus; dann wolle er ihm den Traum und seine Deutung sagen. 17 Darauf ging er in sein Haus und erzählte alles seinen drei Freunden. 18 Er forderte sie auf: »Fleht den Gott des Himmels um Erbarmen an! Bittet ihn, dass er mir das Geheimnis enthüllt, damit wir nicht mit den übrigen Weisen Babyloniens umgebracht werden!« 19 In einer nächtlichen Vision wurde Daniel der Traum enthüllt. Da rühmte er den Gott des Himmels 20 und sagte: »Gepriesen sei der Name Gottes in alle Ewigkeit; denn Gott verfügt über Macht und Weisheit. 21 Er verändert das Bestehende und gibt allem seine Frist; er setzt Könige ab und setzt Könige ein. Er gibt den Weisen ihre Weisheit und den Klugen ihren Verstand. 22 Er enthüllt, was tief verborgen ist, er sieht, was im Dunkeln ist; doch ihn selbst umstrahlt reinstes Licht. 23 Gott meiner Väter, dich rühme und preise ich! Du hast mir Weisheit und Kraft verliehen. Unser Gebet hast du erhört und hast mir den Traum des Königs enthüllt.«
24 Darauf ging Daniel zu Arioch, der vom König den Befehl hatte, die Weisen Babyloniens zu töten. Er sagte zu ihm: »Bring die Weisen nicht um! Führe mich zum König, ich werde ihm seinen Traum deuten.« 25 Arioch brachte ihn sofort zum König und sagte: »Ich habe unter den Leuten aus Juda einen Mann gefunden, der dem König seinen Traum deuten will.« 26 Der König fragte Daniel, der mit seinem babylonischen Namen Beltschazzar hieß: »Kannst du mir wirklich meinen Traum sagen und ihn deuten?« 27 Daniel erwiderte: »Kein Gelehrter, Magier, Wahrsager oder Sterndeuter kann das vollbringen, was der König verlangt. 28 Aber es gibt einen Gott des Himmels, der das Verborgene enthüllt, und dieser Gott hat dir, König Nebukadnezzar, gezeigt, was am Ende der Zeit geschehen wird. Ich sage dir jetzt, was es mit deinem Traum auf sich hat:
29 Du machtest dir auf deinem Lager Gedanken über das, was künftig geschehen wird, und der Gott, der alles weiß, hat dich im Traum einen Blick in die Zukunft tun lassen. 30 Ich habe dieses Geheimnis nicht durch besondere Weisheit entdeckt, die ich anderen Menschen voraushätte, sondern Gott hat es mir enthüllt, damit du, König, es erfährst und die Gedanken deines Herzens verstehst. 31 Du sahst im Traum ein riesiges Standbild vor dir stehen. Sein Anblick war zum Erschrecken und blendender Glanz ging von ihm aus.
32 Der Kopf war aus reinem Gold, Brust und Arme waren aus Silber, der Leib bis zu den Hüften war aus Bronze, 33 die Beine waren aus Eisen und die Füße zum Teil aus Eisen und zum Teil aus Ton. 34 Du blicktest noch auf das Standbild, da löste sich von einem Felsen ein Stein ohne Zutun eines Menschen, der traf die Füße aus Eisen und Ton und zerschmetterte sie. 35 Auf einen Schlag zerfielen Ton, Eisen, Bronze, Silber und Gold zu Staub und wurden wie Spreu vom Wind davongeweht. Keine Spur blieb davon übrig. Der Stein aber, der das Bild zermalmt hatte, wurde zu einem großen Felsmassiv, das die ganze Erde ausfüllte. 36 Das war der Traum und nun will ich dem König die Deutung geben: 37 Du, mein König, bist der größte aller Könige. Der Gott des Himmels hat dir Herrschaft, Macht und Ehre verliehen 38 und alles in deine Hand gegeben, was auf der Erde lebt, die Menschen, die Tiere des Feldes und die Vögel am Himmel. Über sie alle hat er dich als Herrscher eingesetzt – du bist das Haupt aus Gold. 39 Auf dein Reich wird ein anderes folgen, das nicht ganz so mächtig sein wird, und danach ein drittes, das bronzene, das über die ganze Erde reicht. 40 Dann kommt ein viertes, das hart wie Eisen ist und alles zerschmettert, was sich ihm in den Weg stellt. 41-42 Aber es wird ein geteiltes Reich sein; deshalb sind die Füße und Zehen teils aus Eisen, teils aus Ton. Die eine Hälfte wird fest sein wie Eisen, die andere zerbrechlich wie Ton. 43 Das Nebeneinander von Eisen und Ton bedeutet: Die beiden Teilreiche werden sich durch gegenseitige Heirat zu verbinden suchen; aber ihre Verbindung hat keinen Bestand, so wie Eisen und Ton sich nicht miteinander verbinden lassen. 44 Zur Zeit dieser beiden Königreiche aber wird der Gott des Himmels sein Reich errichten, das niemals untergehen wird; kein anderes Volk wird danach noch zur Herrschaft kommen und dieses Reich ablösen. Das Königreich Gottes beseitigt alle anderen Reiche, aber es selbst bleibt für alle Zeiten bestehen.
45 Dies hast du geschaut im Bild des Steines, der sich ohne menschliches Zutun aus dem Felsen löste und das Standbild aus Ton, Eisen, Bronze, Silber und Gold zermalmte. Ein mächtiger Gott hat den König wissen lassen, was künftig geschehen wird. Der Traum sagt die Wahrheit und seine Deutung ist zuverlässig.«
46 König Nebukadnezzar warf sich vor Daniel zu Boden und befahl seinen Dienern, ihm Speiseopfer und Räucheropfer darzubringen. 47 Er sagte zu Daniel: »Euer Gott ist wahrhaftig der Herr über alle Götter und Könige! Er kennt das Verborgene, sonst hättest du nicht dieses Geheimnis enthüllen können.« 48 Der König beschenkte Daniel reich und machte ihn zum Statthalter der Provinz Babylon und zum ersten der königlichen Ratgeber. 49 Auf Daniels Bitte betraute der König Schadrach, Meschach und Abed-Nego, die drei Freunde Daniels, mit der Aufsicht über die Verwaltung der Provinz Babylon. Daniel selbst blieb am Königshof.

DANIELS FREUNDE VERRATEN IHREN GLAUBEN NICHT

3 König Nebukadnezzar ließ ein goldenes Standbild anfertigen, dreißig Meter hoch und drei Meter breit, und ließ es in der Ebene Dura in der Provinz Babylon aufstellen. 2-3 Dann berief er sämtliche hohen Beamten seines Reiches zu einer Versammlung ein, die Provinzstatthalter, Militärbefehlshaber und Unterstatthalter, die Ratgeber, Schatzmeister, Richter, Polizeigewaltigen und alle hohen Beamten der Provinzen. Sie sollten an der Einweihung des Standbildes teilnehmen, das er errichtet hatte. Sie alle kamen zu der Einweihung und stellten sich vor dem Standbild auf. 4 Ein Herold rief mit lauter Stimme: »Ihr Leute aus allen Nationen, Völkern und Sprachen, hört diesen Befehl: 5 Wenn ihr den Klang der Hörner, Flöten und Pfeifen, der Harfen, Lauten, Dudelsäcke und aller anderen

Instrumente hört, müsst ihr euch niederwerfen und das goldene Standbild anbeten, das König Nebukadnezzar aufrichten ließ. 6 Wer es nicht tut, wird auf der Stelle in den glühenden Ofen geworfen.« 7 Als die Instrumente ertönten, die Hörner, Flöten und Pfeifen, die Harfen, Lauten, Dudelsäcke und alle anderen, warfen sich die Leute aus allen Völkern, Nationen und Sprachen nieder und beteten das goldene Standbild an. 8 Einige Babylonier aber ergriffen die Gelegenheit, die Juden anzuzeigen. 9 Sie sagten zu Nebukadnezzar: »Der König möge ewig leben! 10 Du, König, hast doch den Befehl erlassen: ›Jeder, der den Klang der Hörner, Flöten und Pfeifen, der Harfen, Lauten, Dudelsäcke und aller anderen Instrumente hört, soll sich niederwerfen und das goldene Standbild anbeten. 11 Wer es nicht tut, soll auf der Stelle in den glühenden Ofen geworfen werden.‹ 12 Da sind aber einige Juden, denen du die Verwaltung der Provinz Babylon anvertraut hast: Schadrach, Meschach und Abed-Nego. Diese Männer haben deinen Befehl missachtet. Sie erweisen deinem Gott keine Ehre und beten das goldene Standbild, das du errichten ließest, nicht an.« 13 Nebukadnezzar tobte vor Wut und befahl, Schadrach, Meschach und Abed-Nego zu holen. Sie wurden ihm vorgeführt 14 und er fuhr sie an: »Stimmt das, was ich da gehört habe? Ihr wollt meinem Gott nicht die Ehre geben und sein goldenes Standbild nicht anbeten? 15 Wir werden es ja sehen! Wenn jetzt die Hörner, Flöten und Pfeifen, die Harfen, Lauten, Dudelsäcke und alle anderen Instrumente ertönen und ihr euch augenblicklich niederwerft und das Standbild anbetet, das ich habe machen lassen, dann soll die Sache erledigt sein. Wenn ihr es aber nicht tut, werdet ihr sofort in den glühenden Ofen geworfen. Welcher Gott sollte euch dann vor mir schützen?« 16 Schadrach, Meschach und Abed-Nego erwiderten dem König: »Wir haben es nicht nötig, dir etwas darauf zu antworten. 17 Unser Gott, dem wir gehorchen, kann uns zwar aus dem glühenden Ofen und aus deiner Gewalt retten; 18 aber auch wenn er das nicht tut: Deinen Gott werden wir niemals verehren und das goldene Standbild, das du errichtet hast, werden wir nicht anbeten.« 19 Da geriet Nebukadnezzar noch mehr in Wut und sein Gesicht verzerrte sich vor Zorn über Schadrach, Meschach und Abed-Nego. Er ließ den Ofen siebenmal so stark heizen wie sonst. 20 Dann befahl er seinen kräftigsten Kriegsleuten, die drei zu fesseln und in den glühenden Ofen zu werfen. 21 Der Befehl wurde auf der Stelle ausgeführt und man warf sie mit allen ihren Kleidern, mit Hosen, Mänteln und Mützen, in den glühenden Ofen. 22 Weil der Ofen auf Befehl des Königs so stark geheizt worden war, wurden die Männer, die die drei hinaufbrachten, von den herausschlagenden Flammen getötet. 23 Schadrach, Meschach und Abed-Nego fielen gefesselt mitten in die Glut.

GOTT RETTET DIE DREI FREUNDE AUS DEM GLÜHENDEN OFEN

24 König Nebukadnezzar aber erschrak, sprang auf und fragte seine Minister: »Haben wir nicht drei Männer gefesselt ins Feuer geworfen?« »So ist es, König!«, erwiderten sie. 25 »Aber ich sehe doch vier im Feuer umhergehen!«, rief der König. »Sie sind frei von Fesseln und die Flammen können ihnen nichts anhaben. Der vierte sieht aus wie ein Engel!« 26 Nebukadnezzar trat an die Tür des glühenden Ofens und rief: »Schadrach, Meschach und Abed-Nego, ihr Diener des höchsten Gottes, kommt heraus!« Da kamen die drei aus dem Ofen. 27 Die Provinzstatthalter, die Militärbefehlshaber, die Unterstatthalter und die Ratgeber des Königs liefen herbei und überzeugten sich davon, dass die Flammen ihnen nicht den geringsten Schaden zugefügt hatten. Das Haar auf ihrem Kopf war nicht versengt, ihre Kleidung war unversehrt, nicht einmal Brandgeruch war an ihnen wahrzunehmen. 28 Da rief Nebukadnezzar: »Gepriesen sei der Gott Schadrachs, Meschachs und Abed-Negos! Er hat seinen Engel gesandt, um diese Männer zu retten, die ihm gehorcht und auf ihn vertraut haben. Sie haben sich meinem Befehl widersetzt und ihr Leben gewagt, weil sie keinen anderen Gott verehren und anbeten wollten außer dem ihren. 29 Darum erlasse ich den Befehl an alle Völker, an die Menschen aus allen Nationen und Sprachen in meinem Reich: ›Wer den Gott Schadrachs, Meschachs und Abed-Negos schmäht, wird in Stücke gehauen und sein Haus wird in einen Schutthaufen verwandelt. Denn es gibt keinen anderen Gott, der aus solch einer Lage retten kann.‹« 30 Der König sorgte dafür, dass Schadrach, Meschach und Abed-Nego eine noch höhere Stellung in der Provinz Babylon erhielten.

EIN WEITERER TRAUM NEBUKADNEZZARS

31 König Nebukadnezzar schrieb einen Brief an die Menschen aller Nationen, Völker und Sprachen auf der ganzen Erde. Er lautete: Glück und Frieden euch allen! 32 Mit diesem Schreiben möchte ich überall bekannt machen, was für große Wunder der höchste Gott an mir getan hat. 33 Seine Taten sind staunenerregend, seine Wunder unvergleichlich. Sein Reich bleibt für immer bestehen, seine Herrschaft nimmt kein Ende.

4 Ich, Nebukadnezzar, lebte glücklich und zufrieden in meinem Palast. 2 Eines Nachts lag ich auf meinem Bett und hatte einen Traum, der mir meine Ruhe raubte. Was meine Augen zu sehen bekamen, stürzte mich in Angst und Schrecken. 3 Ich ließ alle Weisen Babyloniens rufen, damit sie mir den Traum deuten sollten. 4 Sie alle kamen, die Gelehrten, Magier, Wahrsager und Sterndeuter, und ich erzählte ihnen meinen Traum; aber keiner konnte mir die Deutung sagen. 5 Ganz zuletzt trat Daniel vor mich, der nach meinem Gott Bel den Namen Beltschazzar erhalten hatte und vom Geist der heiligen Götter erfüllt ist. Ich sagte zu ihm: 6 »Beltschazzar, du bist der oberste der königlichen Ratgeber. Ich weiß, dass du vom Geist der heiligen Götter erfüllt bist und es kein Geheimnis gibt, das du nicht enträtseln könntest. Sag mir, was mein Traum bedeutet!« 7 Dann erzählte ich Beltschazzar den Traum: »Während ich schlief, sah ich in der Mitte der Erde einen hohen Baum stehen. 8 Er wurde immer

größer und mächtiger, sodass er zuletzt bis zum Him-
mel reichte und noch von den äußersten Enden der
Erde zu sehen war. 9 Er trug dichtes Laub und reiche
Früchte. In seinem Schatten ruhten die Tiere; Vögel
nisteten in seinen Zweigen; und alles, was lebte, bekam
seine Nahrung von ihm. 10 Immer noch auf meinem
Bett liegend, sah ich einen Engel vom Himmel herab-
steigen. 11 Der rief laut: ›Fällt den Baum und hackt seine
Äste ab! Streift das Laub von den Zweigen und streut
die Früchte überall umher! Die Tiere, die unter seinem
Schatten Schutz fanden, und die Vögel in seinen Zwei-
gen sollen fliehen. 12 Nur den Stumpf lasst in der Erde,
aber fesselt ihn mit eisernen und bronzenen Ketten,
damit er unten am Boden bleibt zwischen Gras und
Kräutern. Der Tau soll auf ihn fallen; wie das Wild soll
er im Gras liegen. 13 Statt eines Menschenverstandes
soll ihm der Verstand eines Tieres gegeben werden.
So sollen sieben Jahre über ihn hingehen. 14 Dies ist
im himmlischen Rat beschlossen worden, damit alle
Menschen erkennen: Der höchste Gott ist Herr über
die Reiche der Welt; er gibt die Herrschaft, wem er
will; den Geringsten unter den Menschen kann er zum
Herrscher über alle erheben.‹ 15 Dies habe ich, König
Nebukadnezzar, geträumt. Und nun, Beltschazzar,
sag mir, was es bedeutet! Alle Weisen meines Reiches
konnten es mir nicht sagen; aber du kannst es, weil du
vom Geist der heiligen Götter erfüllt bist.« 16 Daniel,
der auch Beltschazzar heißt, schwieg eine Zeit lang
ganz betroffen; seine Gedanken erschreckten ihn. Ich
sagte zu ihm: »Beltschazzar, lass dir nicht Angst ma-
chen von meinem Traum!« Er aber erwiderte: »Mein
Herr und König, was der Traum ankündigt, das möge
deine Feinde treffen! 17 Der Baum, den du gesehen
hast, dieser große und mächtige Baum, der bis zum
Himmel reichte, 18 der dichtes Laub hatte und reiche
Früchte trug, in dessen Schatten die Tiere ruhten und
in dessen Zweigen die Vögel nisteten und der allem,
was lebt, Nahrung bot – 19 dieser Baum bist du selbst,
mein König! Du wurdest groß und mächtig, deine Ge-
walt reichte bis an den Himmel und deine Herrschaft
erstreckte sich bis an die äußersten Enden der Erde.
20 Dann aber sahst du den Engel vom Himmel herab-
kommen, der befahl: ›Fällt den Baum, vernichtet ihn!
Nur den Stumpf lasst übrig und legt ihn in Ketten; er
bleibe unten am Boden zwischen Gras und Tieren und
sei schutzlos dem Tau preisgegeben, sieben Jahre
lang!‹ 21 Mein Herr und König, das bedeutet, dass der
höchste Gott sein Urteil über dich gesprochen hat.
22 Du wirst aus der Gemeinschaft der Menschen aus-
gestoßen werden und unter den wilden Tieren leben
müssen, du wirst Gras fressen wie ein Rind und nass
werden vom Tau, der vom Himmel fällt. Sieben Jahre
werden so über dich hingehen, bis du erkennst: Der
höchste Gott allein ist Herr über alle Menschen und er
gibt die Herrschaft, wem er will. 23 Dass aber der Befehl
erging, den Stumpf in der Erde zu lassen, das bedeutet:
Die Herrschaft wird dir zurückgegeben werden, wenn
du Gott als den höchsten Herrn anerkennst. 24 Lass dir
deshalb raten, mein König: Kehre dich ab vom Unrecht
und halte dich an das Recht; mach deine Verfehlungen
wieder gut, indem du den Armen Gutes tust. Sonst wird
dein Glück nicht von Dauer sein.« 25 Was Daniel mir
angekündigt hatte, traf ein. 26 Ein Jahr später erging
ich mich auf dem Dach meines Palastes in Babylon
27 und sagte zu mir selbst: »Diese großartige Stadt
habe ich als meine Residenz erbaut! Mit meiner ge-
waltigen Macht habe ich das fertiggebracht und habe
damit meiner Größe ein Denkmal gesetzt!« 28 Ich hatte
noch nicht ausgeredet, da ertönte eine Stimme vom
Himmel herab: »König Nebukadnezzar, hiermit wird
dir die Herrschaft weggenommen! 29 Du wirst aus
der Gemeinschaft der Menschen ausgestoßen und
musst unter den wilden Tieren leben, du wirst Gras
fressen wie ein Rind, und das sieben Jahre lang, bis
du erkennst: Der höchste Gott allein ist Herr über alle
Menschen und er gibt die Herrschaft, wem er will.«
30 Sofort wurde dieses Urteil vollstreckt: Ich wurde
aus der Gemeinschaft der Menschen ausgestoßen, aß
Gras wie ein Rind und schlief unbedeckt im Freien, so-
dass ich nass wurde vom Tau. Im Lauf der Zeit wurden
meine Haare so lang wie Adlerfedern und meine Nä-
gel wie Vogelkrallen. 31 Nach Ablauf der sieben Jahre
aber erhob ich den Blick zum Himmel. Da kehrte mein
menschlicher Verstand wieder zurück und ich sagte:
»Du höchster Gott, du Gott, der ewig lebt: Ich preise
dich, lobe und rühme dich! Dein Reich bleibt für im-
mer bestehen, deine Herrschaft nimmt kein Ende.
32 Alle Bewohner der Erde sind vor dir wie nichts und
mit den Göttern des Himmels verfährst du nach Belie-
ben. Es gibt keinen, der dich zur Rechenschaft ziehen,
niemand, der dir vorhalten kann: ›Was tust du da?‹«
33 Im selben Augenblick bekam ich auch wieder meine
herrscherlichen Fähigkeiten, die den Ruhm meines
Königtums begründet hatten. Daraufhin kamen meine
Minister und die führenden Männer zu mir und setzten
mich wieder als König ein. Meine Macht wurde noch
größer als zuvor. 34 Ich, Nebukadnezzar, aber preise,
rühme und verherrliche nun den König, der im Himmel
regiert. Was er tut, ist gut und recht; er demütigt alle,
die sich überheben.

DIE RÄTSELHAFTE SCHRIFT AN DER WAND

5 König Belschazzar hatte die tausend mächtigsten
Männer seines Reiches zu einem Gastmahl gela-
den. Er trank mit ihnen Wein, 2 und als er in Stimmung
kam, befahl er, die goldenen und silbernen Gefäße her-
beizubringen, die sein Vater Nebukadnezzar aus dem
Tempel in Jerusalem geraubt hatte. Er wollte mit den
geladenen Männern und seinen Frauen und Neben-
frauen daraus trinken. 3 Die geraubten Gefäße wurden
gebracht und alle tranken daraus Wein. 4 Dabei priesen
sie die Götter aus Gold, Silber, Bronze, Eisen, Holz und
Stein. 5 Plötzlich wurde eine Hand sichtbar, die etwas
auf die gekalkte Wand des Königspalastes schrieb.
Es war genau an der Stelle, auf die das volle Licht des
Leuchters fiel. Als der König die schreibende Hand sah,
6 wurde er bleich und seine Gedanken erschreckten
ihn so sehr, dass ihn alle Kraft verließ und seine Knie

zitterten. 7 Er rief laut, man solle die Weisen Babylons, die Wahrsager, Magier und Sterndeuter holen. Als sie kamen, sagte er: »Wer die Schrift an der Wand lesen und erklären kann, was sie bedeutet, wird in Purpur gekleidet und bekommt eine goldene Ehrenkette um den Hals. Er wird der drittmächtigste Mann in meinem Reich!« 8 Alle Weisen des Königs traten vor, aber sie konnten das Geschriebene nicht lesen und erst recht nicht seinen Sinn deuten. 9 Da erschrak König Belschazzar noch mehr und er wurde noch bleicher. Auch die geladenen Männer waren ratlos.

DANIEL KÜNDIGT KÖNIG BELSCHAZZAR DEN UNTERGANG AN

10 Die Mutter des Königs hatte von draußen alles mitgehört, was der König und seine Gäste gesagt hatten. Sie kam herein und sagte zu ihrem Sohn: »Der König möge ewig leben! Du brauchst nicht zu erschrecken, du musst nicht so bleich werden! 11 Es gibt in deinem Reich einen Mann, der vom Geist der heiligen Götter erfüllt ist. Zur Zeit deines Vaters Nebukadnezzar zeigte sich, dass in ihm so viel Erleuchtung und Einsicht und Weisheit sind, wie sie sonst nur die Götter haben. Dein Vater machte ihn zum ersten seiner Ratgeber, der Weisen, Wahrsager, Magier und Sterndeuter. 12 Er heißt Daniel, dein Vater gab ihm den Namen Beltschazzar. Er ist ungewöhnlich klug und kann Träume deuten, Rätsel lösen und die geheimnisvollsten Dinge erklären. Lass ihn rufen! Er wird dir sagen, was die Schrift bedeutet.« 13 Sofort wurde Daniel herbeigeholt und der König sagte: »Du bist also Daniel, einer von den Leuten, die mein Vater aus Juda hierhergebracht hat? 14 Ich habe gehört, dass du vom Geist der Götter erfüllt und mit ungewöhnlicher Weisheit und Einsicht begabt bist. 15 Ich habe meine Weisen und Wahrsager holen lassen, damit sie diese Schrift lesen und mir ihren Sinn deuten; aber sie können es nicht. 16 Über dich aber habe ich gehört, dass du die schwierigsten Fragen lösen und die verborgensten Geheimnisse enthüllen kannst. Wenn das wahr ist und du mir diese Schrift vorlesen und deuten kannst, wirst du in Purpur gekleidet und bekommst eine goldene Ehrenkette. Ich mache dich zum drittmächtigsten Mann in meinem Reich.« 17 Daniel antwortete dem König: »Deine Geschenke kannst du behalten oder einem anderen geben. Aber ich werde dir die Schrift vorlesen und dir sagen, was sie bedeutet. 18 Mein König, der höchste Gott hatte deinen Vater Nebukadnezzar zu einem mächtigen Herrscher gemacht und ihm Ehre und Ruhm gegeben. 19 Deshalb zitterten die Menschen aller Nationen, Völker und Sprachen vor ihm. Er konnte töten und am Leben lassen, wen er wollte. Er gewährte und entzog seine Gunst, ganz wie es ihm gefiel. 20 Als er aber stolz und hochmütig wurde, kam er um Thron und Herrscherwürde. 21 Statt seines menschlichen Verstandes wurde ihm der Verstand eines Tieres gegeben und er wurde aus der Gemeinschaft der Menschen ausgestoßen. Er musste bei den Wildeseln leben und Gras fressen wie ein Rind. Er schlief unbedeckt im Freien, sodass er nass wurde vom Tau. Das dauerte so lange, bis er einsah: Der höchste Gott allein ist Herr über alle Menschen und er gibt die Herrschaft, wem er will. 22 Du aber, sein Sohn Belschazzar, hast dies alles gewusst und hast dich trotzdem nicht vor Überheblichkeit gehütet. 23 Du hast den höchsten Herrn herausgefordert und dir die heiligen Gefäße seines Tempels bringen lassen, du hast mit deinen führenden Männern, deinen Frauen und Nebenfrauen daraus Wein getrunken und die Götzen aus Gold, Silber, Bronze, Eisen, Holz und Stein gepriesen, die weder sehen noch hören können und auch keinen Verstand haben. Dem Gott aber, der dein Leben in der Hand hat und dein ganzes Schicksal bestimmt, hast du die Ehre verweigert. 24 Deshalb hat er diese Hand geschickt und die Schrift an die Wand schreiben lassen. 25 Was da geschrieben steht, lautet: ›Mene mene tekel u-parsin.‹ 26 Das bedeutet: *Gezählt* hat Gott die Tage deiner Herrschaft – und ihr ein Ende gemacht. 27 *Gewogen* hat er dich – und dich zu leicht gefunden. 28 *Zerteilt* hat er dein Reich und es den Medern und Persern gegeben.« 29 Belschazzar befahl, Daniel in Purpur zu kleiden und ihm eine goldene Halskette umzulegen, und erklärte ihn zum drittmächtigsten Mann in seinem Reich. 30 Noch in
derselben Nacht aber wurde Belschazzar, der König
6 der Babylonier, umgebracht 1 und der Meder Da-
rius übernahm die Herrschaft. Darius war damals
62 Jahre alt.

DANIELS RIVALEN STELLEN IHM EINE FALLE

2 Darius fand es zweckmäßig, das Reich in hundertzwanzig Provinzen einzuteilen und an die Spitze jeder Provinz einen Statthalter zu berufen. 3 Außerdem ernannte er drei Bevollmächtigte, denen die Statthalter Rechenschaft geben mussten, damit dem König kein Schaden entstand. Einer von den dreien war Daniel. 4 Es zeigte sich bald, dass Daniel den beiden anderen Bevollmächtigten und allen Statthaltern geistig weit überlegen war. Deshalb wollte der König ihn zum obersten Bevollmächtigten für das ganze Reich machen. 5 Da suchten die beiden anderen Bevollmächtigten und die Statthalter einen Vorwand, um Daniel anklagen zu können. Sie fanden aber nichts, was sie ihm vorwerfen konnten; denn er führte sein Amt treu und gewissenhaft. Sie konnten nicht die geringste Nachlässigkeit entdecken. 6 Da sagten sie: »Der einzige Punkt, wo wir ihn fassen können, ist seine Treue zum Gesetz seines Gottes.« 7 So begaben sie sich alle miteinander eilig zum König und sagten: »König Darius, mögest du ewig leben! 8 Die Bevollmächtigten deines Reiches, die Militärbefehlshaber, die Statthalter, die Ratgeber und die Unterstatthalter sind übereingekommen, dass du folgenden Befehl erlassen und für seine strikte Befolgung sorgen sollst: ›Wer in den nächsten dreißig Tagen ein Gebet oder eine Bitte an irgendeinen Gott oder Menschen richtet außer an dich, unseren König, der soll zu den Löwen in die Grube geworfen werden.‹ 9 Gib diesem Verbot die Form eines offiziellen königlichen Erlasses, der

nach dem Gesetz der Meder und Perser von niemand
widerrufen werden kann.« 10 König Darius ließ den
Befehl ausfertigen und unterschrieb ihn. 11 Daniel hatte
im Obergeschoss seines Hauses Fenster in Richtung
Jerusalem. Dreimal täglich kniete er dort nieder, um
Gott zu preisen und seine Bitten vor ihn zu bringen.
Als er von dem königlichen Befehl erfuhr, ging er wie
immer in sein Haus und kniete zur gewohnten Zeit am
offenen Fenster nieder. 12 Da stürmten seine Feinde
herein und fanden ihn, wie er zu seinem Gott betete
und ihn anflehte. 13 Darauf gingen sie zum König und
sagten: »Du hast doch einen schriftlichen Befehl erlassen, dass jeder, der in den nächsten dreißig Tagen
von einem Gott oder Menschen etwas erbittet außer
von dir, zu den Löwen in die Grube geworfen werden
soll.« »So ist es«, erwiderte der König, »und nach dem
Gesetz der Meder und Perser gilt es unwiderruflich!«
14 Da berichteten sie dem König: »Daniel, der zu den
Verschleppten aus Juda gehört, kümmert sich nicht
um dich und dein Verbot, sondern betet wie bisher
dreimal täglich zu seinem Gott.«

GOTT SCHÜTZT DANIEL IN DER LÖWENGRUBE

15 Was der König da hörte, bedrückte ihn sehr und er
überlegte, wie er Daniel retten könnte. Den ganzen
Tag über suchte er nach einem Ausweg. 16 Aber bei
Sonnenuntergang kamen die Ankläger wieder zu
ihm und hielten ihm vor: »Du weißt, König: Es ist ein
Gesetz der Meder und Perser, dass kein Erlass des Königs widerrufen werden kann.« 17 Nun musste König
Darius den Befehl geben, Daniel herzubringen und in
die Löwengrube zu werfen. Er sagte zu ihm: »Möge
dein Gott, den du so treu verehrst, dich retten!« 18 Ein
Stein wurde auf die Öffnung der Grube gewälzt und
mit dem Siegel des Königs und seiner höchsten Beamten versiegelt, damit niemand den Stein wegrücken
und Daniel helfen konnte. 19 Danach ging der König in
seinen Palast. Er rührte an diesem Abend kein Essen
an und versagte sich jede Unterhaltung. Er konnte die
ganze Nacht keinen Schlaf finden. 20 Beim ersten Morgengrauen stand er auf, lief zur Löwengrube 21 und rief
schon von ferne voller Angst: »Daniel, du Diener des
lebendigen Gottes, hat dich dein Gott, den du so treu
verehrst, vor den Löwen retten können?« 22 Daniel
antwortete: »O König, mögest du ewig leben! 23 Mein
Gott sandte seinen Engel und verschloss den Löwen
den Rachen, sodass sie mir nichts antun konnten. Denn
er hat keine Schuld an mir gefunden und auch gegen
dich, mein König, habe ich kein Unrecht begangen.«
24 Der König war überglücklich und befahl, Daniel aus
der Löwengrube zu holen. Daniel wurde heraufgezogen. Er war völlig unverletzt geblieben, weil er seinem
Gott vertraut hatte. 25 Der König aber befahl, die Männer, die Daniel angezeigt hatten, samt ihren Frauen und
Kindern zu den Löwen hinunterzuwerfen. Sie hatten
noch nicht den Boden berührt, da fielen schon die Löwen über sie her und zermalmten ihnen alle Knochen.
26 Darauf schrieb König Darius an die Menschen aller
Nationen, Völker und Sprachen auf der ganzen Erde:
»Glück und Frieden euch allen! 27 Hiermit ordne ich an:
In meinem gesamten Reich soll man den Gott Daniels
fürchten und vor ihm zittern; denn er ist der lebendige,
ewige Gott. Sein Reich ist unzerstörbar und seine Herrschaft nimmt kein Ende. 28 Er kann befreien und retten;
am Himmel und auf der Erde sind die Zeichen seiner
Macht zu sehen. Er hat Daniel aus dem Rachen der
Löwen gerettet.« 29 Daniel aber wurde hoch geehrt
während der Herrschaft des Königs Darius und auch
unter der Herrschaft des Perserkönigs Kyrus.

DANIELS ERSTE VISION: DIE WELTREICHE UND DAS GOTTESREICH

7 Im ersten Regierungsjahr des babylonischen
Königs Belschazzar hatte Daniel in der Nacht
im Traum eine Vision. Er schrieb auf, was er geschaut
hatte; 2 hier ist sein Bericht: Ich sah in meiner nächtlichen Vision, wie aus den vier Himmelsrichtungen
die Winde bliesen und das große Meer aufwühlten.
3 Vier große Tiere stiegen aus dem Meer; jedes hatte
eine andere Gestalt. 4 Das erste Tier sah aus wie ein
Löwe, hatte aber Adlerflügel. Während ich es betrachtete, wurden ihm die Flügel ausgerissen, es wurde
aufgerichtet, dass es auf zwei Füßen stand wie ein
Mensch, und es erhielt einen menschlichen Verstand.
5 Das zweite Tier sah aus wie ein Bär. Es war halb aufgerichtet und hatte zwischen seinen Zähnen drei Rippenknochen. Es erhielt den Befehl: »Steh auf! Friss
dich voll mit Fleisch!« 6 Danach sah ich ein Tier, das
aussah wie ein Panther. Es hatte vier Vogelflügel auf
dem Rücken und vier Köpfe. Ihm wurde große Macht
gegeben. 7 Schließlich sah ich in meiner Vision ein
viertes Tier, das sah schreckenerregend aus und war
sehr stark. Es hatte große Zähne aus Eisen, mit denen
es alles zermalmte, und was es nicht hinunterschlingen konnte, zertrat es mit den Füßen. Es war völlig
verschieden von den anderen Tieren und hatte zehn
Hörner. 8 Während ich die Hörner beobachtete, brach
ein weiteres Horn zwischen ihnen hervor. Drei von den
vorigen Hörnern wurden seinetwegen ausgerissen.
Das Horn hatte Menschenaugen und ein Maul, das
großmächtig prahlte. 9 Dann sah ich, wie Thronsessel aufgestellt wurden. Jemand, der uralt war, setzte
sich auf einen von ihnen. Sein Gewand war weiß wie
Schnee und sein Haupthaar so weiß wie reine Wolle.
Sein Thron bestand aus lodernden Flammen und stand
auf feurigen Rädern. 10 Ein Feuerstrom ging von ihm
aus. Abertausende standen zu seinem Dienst bereit
und eine unzählbare Menge stand vor ihm. Richter
setzten sich und Bücher wurden aufgeschlagen. 11 Ich
sah, wie das Tier, dessen Horn so prahlerisch dahergeredet hatte, getötet wurde. Sein Körper wurde ins
Feuer geworfen und völlig vernichtet. 12 Schon zuvor
war den anderen Tieren ihre Macht genommen worden; auf Tag und Stunde war die ihnen zugemessene Frist bestimmt. 13 Danach sah ich in meiner Vision
einen, der aussah wie der Sohn eines Menschen. Er
kam mit den Wolken heran und wurde vor den Thron
des Uralten geführt. 14 Der verlieh ihm Macht, Ehre und

Herrschaft, und die Menschen aller Nationen, Völker
und Sprachen unterwarfen sich ihm. Seine Macht ist
ewig und unvergänglich, seine Herrschaft wird nie-
mals aufhören.

DIE DEUTUNG DER VISION

15 Ich war verwirrt und erschreckt von dem, was ich
sah. 16 Ich wandte mich an einen, der in der Nähe stand,
und bat ihn, mir zu erklären, was das alles bedeutete.
Er sagte zu mir: 17 »Die vier großen Tiere sind vier Welt-
reiche, die nacheinander auftreten werden; 18 aber
zuletzt wird das heilige Volk des höchsten Gottes
die Herrschaft ergreifen und sie behalten bis in alle
Ewigkeit.« 19 Ich wollte Genaueres erfahren über das
vierte Tier, das ganz anders war als die anderen, diese
schreckliche Bestie mit Zähnen aus Eisen und Krallen
aus Bronze, die alles zermalmte und verschlang und
den Rest mit den Füßen zertrat. 20 Vor allem wollte ich
wissen, was die zehn Hörner auf seinem Kopf bedeu-
ten sollten und das elfte Horn, das zuletzt hervorbrach
und vor dem drei andere weichen mussten – Men-
schenaugen hatte es und ein Maul, das großmächtig
prahlte, und es sah größer aus als die übrigen Hör-
ner. 21 Ich hatte beobachtet, wie dieses Horn mit dem
heiligen Volk Gottes Krieg führte und es unterwarf;
22 aber dann kam der Uralte, um Gericht zu halten,
und die Herrschaft wurde seinem Volk, den Heiligen
des höchsten Gottes, übergeben. 23 Auf meine Frage
bekam ich zur Antwort: »Das vierte Tier bedeutet ein
viertes Reich, das anders ist als alle vorhergehenden.
Es wird alle Völker der Erde zermalmen, verschlingen
und zertreten. 24 Die Hörner bedeuten, dass zehn
Könige in diesem Reich regieren werden, dann aber
kommt ein elfter König an die Macht, der sich von
allen seinen Vorgängern unterscheidet. Drei Könige
wird er vom Thron stoßen. 25 Er wird verächtlich über
Gott, den Höchsten, reden und das heilige Volk des
höchsten Gottes unterdrücken. Er wird versuchen, das
Gesetz Gottes und die heiligen Feste abzuschaffen. Ein
Jahr und zwei Jahre und ein halbes Jahr wird das Volk
Gottes in seine Gewalt gegeben. 26 Dann aber tritt das
himmlische Gericht zusammen und nimmt ihm seine
Macht; er wird endgültig vernichtet. 27 Darauf wird der
höchste Gott die Herrschaft über die Völker der ganzen
Erde seinem heiligen Volk übertragen. Dessen Reich
soll alle anderen Reiche ablösen und ihre Macht und
Größe in sich vereinen. Gott aber behält die Herrschaft
in alle Ewigkeit, alle Mächtigen der Erde werden ihm
dienen und gehorchen müssen.« 28 Hier endete meine
Vision. Ich, Daniel, war so erschrocken, dass alle Farbe
aus meinem Gesicht wich; aber ich behielt im Gedächt-
nis, was ich geschaut hatte.

EINE ZWEITE VISION: DER ZWEIKAMPF ZWISCHEN WIDDER UND ZIEGENBOCK

8 Im dritten Regierungsjahr des Königs Belschazzar
hatte ich, Daniel, wieder eine Vision. 2 In der Vision
sah ich mich in der Residenzstadt Susa in der Provinz
Elam, und zwar in der Nähe des Ulai-Kanals. 3 Als ich
genauer hinsah, stand da am Wasser ein Widder mit
zwei mächtigen Hörnern. Das eine Horn war größer als
das andere, obwohl es erst nach dem anderen gewach-
sen war. 4 Ich sah, wie der Widder mit den Hörnern
nach Westen, Norden und Süden stieß. Kein anderes
Tier konnte sich gegen ihn behaupten, niemand konnte
es mit ihm aufnehmen. Darum durfte er sich alles er-
lauben und wurde immer mächtiger. 5 Während ich
den Widder beobachtete, kam plötzlich ein Ziegen-
bock von Westen. Er flog nur so über die Erde, ohne
den Boden zu berühren; zwischen den Augen trug er
ein einziges, starkes Horn. 6-7 Als er bei dem Widder
am Wasser angekommen war, stürzte er sich wutent-
brannt auf ihn. Der Zorn gab ihm solche Kraft, dass er
dem Widder beide Hörner abbrach. Der Widder konnte
ihm nicht standhalten; da ihm niemand zu Hilfe kam,
warf der Bock ihn zu Boden und zertrampelte ihn. 8 Der
Ziegenbock wurde immer mächtiger, aber auf dem
Höhepunkt seiner Macht brach sein großes Horn ab.
An seiner Stelle wuchsen vier kräftige Hörner, jedes
nach einer anderen Himmelsrichtung. 9 Aus einem von
ihnen kam ein weiteres Horn hervor, zunächst ganz
klein, aber dann wuchs es gewaltig nach Osten und
auch nach Süden zum Heiligen Land hin. 10 Dann wuchs
es bis zum Heer des Himmels hinauf, es warf einige von
dem Heer und von den Sternen auf die Erde und zertrat
sie. 11 Sogar bis zum Herrn des Himmelsheeres drang
es vor; es nahm ihm das tägliche Abend- und Morgen-
opfer weg und entweihte sein Heiligtum. 12 In frevel-
hafter Weise setzte es einen anderen Opferdienst an
die Stelle des täglichen Opfers und warf so die Wahr-
heit zu Boden. Alles, was es unternahm, gelang ihm.
13 Da hörte ich zwei Engel miteinander reden. Der eine
fragte: »Wie lange soll das dauern, was in der Vision zu
sehen war, dass die täglichen Opfer unterbunden wer-
den und das Heiligtum durch frevelhafte Entweihung
verödet? Wie lange darf er ungestraft die Macht des
Himmels herausfordern?« 14 Ich hörte den anderen
Engel antworten: »Zweitausenddreihundert Mal wird
kein Abend- und Morgenopfer dargebracht. Erst dann
wird die Ordnung des Heiligtums wiederhergestellt.«

DIE DEUTUNG DER VISION VOM WIDDER UND VOM ZIEGENBOCK

15 Während ich über den Sinn dieser Vision nachgrü-
belte, sah ich plötzlich jemand dastehen, der wie ein
Mann aussah. 16 Und ich hörte über dem Ulai-Kanal
eine Stimme, die ihm zurief: »Gabriel! Erkläre ihm, was
er geschaut hat!« 17 Der Engel Gabriel trat auf mich zu
und ich erschrak darüber so sehr, dass ich zu Boden
stürzte. Er sagte zu mir: »Du Mensch, du hast geschaut,
was in der letzten Zeit geschehen wird.« 18 Während
er das sagte, lag ich wie betäubt am Boden, mit dem
Gesicht zur Erde. Der Engel fasste mich bei der Hand
und richtete mich auf. 19 Dann sagte er: »Ich enthülle
dir jetzt, was geschehen wird, wenn das Strafgericht
Gottes seinen abschließenden Höhepunkt erreicht.
Denn es geht bei dem, was du geschaut hast, um die
Zeit, in der das Ende kommt. 20 Der Widder mit den

beiden Hörnern ist das Reich der Meder und Perser,
21 der zottige Ziegenbock das Reich der Griechen. Das
große Horn zwischen den Augen des Ziegenbocks
ist der erste König des Griechenreiches. 22 Dass das
Horn abbricht und an seiner Stelle vier andere Hörner
nachwachsen, bedeutet: Aus dem einen Reich werden
vier Reiche entstehen, die jedoch nicht so mächtig
sind wie das eine. 23 Wenn die Zeit dieser Reiche zu
Ende geht und das Maß ihrer Untaten voll ist, wird
ein anmaßender und hinterlistiger König auftreten.
24 Seine Macht wird groß sein, aber nicht durch eigene
Kraft. Alles, was er unternimmt, wird ihm gelingen.
Mächtige Gegner wird er vernichten, er wird aber auch
gegen das heilige Volk Gottes vorgehen und unerhörte
Zerstörungen anrichten. 25 Er wird dabei so geschickt
vorgehen, dass er mit seinen Täuschungen Erfolg hat.
Er wird überheblich werden und viele ahnungslose
Menschen umbringen. Aber weil er sich gegen den
höchsten Herrn erhebt, wird er ohne menschliches
Zutun vernichtet werden. 26 Auch was du über die
Abend- und Morgenopfer gehört hast, wird eintreffen.
Halte geheim, was du geschaut hast; denn es betrifft
eine ferne Zukunft.« 27 Ich, Daniel, war ganz zerschla-
gen und lag tagelang krank. Als ich wieder aufstehen
konnte, nahm ich meinen Dienst beim König wieder
auf; aber meine Vision ließ mir keine Ruhe, denn ich
konnte sie immer noch nicht begreifen.

DANIEL BITTET GOTT UM ERBARMEN UND ERLEUCHTUNG

9 1-2 Inzwischen war der Meder Darius, der Sohn
von Xerxes, König über das Babylonische Reich
geworden. In seinem ersten Regierungsjahr dachte
ich darüber nach, was wohl die siebzig Jahre bedeu-
ten, von denen ich in den Heiligen Schriften gelesen
hatte. So lange nämlich sollte – nach einem Wort des
HERRN an den Propheten Jeremia – Jerusalem in Trüm-
mern liegen. 3 Ich fastete und setzte mich im Sack in
die Asche. Dann wandte ich mich im Gebet an den
HERRN, meinen Gott. 4 Vor ihm legte ich ein Bekennt-
nis unserer gemeinsamen Schuld ab und sagte: »Ach
HERR, du großer und ehrfurchtgebietender Gott! Du
stehst in unerschütterlicher Treue zu deinem Bund und
zu denen, die dich lieben und nach deinen Geboten
leben. 5 Wir sind schuldig geworden, wir haben dir die
Treue gebrochen, wir haben uns gegen dich aufge-
lehnt und deine Gebote und Weisungen nicht befolgt.
6 Wir haben nicht auf die Warnungen deiner Diener,
der Propheten, gehört, die in deinem Auftrag unseren
Königen und führenden Männern, den Sippenober-
häuptern und dem ganzen Volk ins Gewissen geredet
haben. 7 Du, HERR, hast zu deinem Bund gestanden,
du bist im Recht, wenn du uns so hart gestraft hast.
Wir aber müssen beschämt vor dir stehen, die Leute
von Juda und Jerusalem und alle Israeliten nah und
fern, die du wegen ihres Treubruchs verstoßen und
unter die Völker zerstreut hast. 8 Ja, HERR, wir sind
voller Scham, wir, unsere Könige und führenden Män-
ner und unsere Sippenoberhäupter; 9 du aber, HERR,
unser Gott, bist voll Erbarmen! Wir brauchen deine
Vergebung, denn wir sind dir ungehorsam gewesen!
10 Wir haben nicht auf dich, den HERRN, unseren Gott,
gehört, als du uns durch deine Diener, die Propheten,
gewarnt und auf den rechten Weg zurückgerufen
hast. 11 Ganz Israel hat sich gegen dich aufgelehnt und
deine Gebote missachtet. Deshalb traf uns der Fluch,
mit dem im Gesetzbuch deines Dieners Mose jeder
bedroht wird, der dir nicht gehorcht. 12 Du hast Un-
heil über Jerusalem gebracht, das unter dem Himmel
seinesgleichen sucht; aber du hast damit nur wahr ge-
macht, was du unseren Königen und führenden Män-
nern für den Fall unseres Ungehorsams angedroht
hattest. 13 Was im Gesetzbuch Moses angedroht war,
ist alles eingetroffen; denn wir sind nicht umgekehrt
von unseren falschen Wegen, um dich, den HERRN,
unseren Gott, wieder gnädig zu stimmen, wir haben
uns nicht nach deiner zuverlässigen Weisung gerich-
tet. 14 Deshalb hast du, HERR, das angedrohte Unheil
über uns hereinbrechen lassen. Wir haben nicht auf
dich gehört, darum bist du, unser Gott, im Recht mit
allem, was du gegen uns getan hast. 15 HERR, wir sind
schuldig, wir waren dir ungehorsam! Aber du, unser
Gott, bist es doch, der sein Volk durch seine starke
Hand aus Ägypten herausgeführt hat! In aller Welt
hast du dir dadurch einen Namen gemacht. 16 Immer
von Neuem hast du in der Vergangenheit deine Treue
an uns erwiesen. Sei auch nun nicht länger zornig über
deine Stadt Jerusalem und über den Zion, deinen hei-
ligen Berg! Durch unsere Schuld und die Schuld un-
serer Vorfahren ist es so weit gekommen, dass alle
Völker ringsum über deine Stadt Jerusalem und über
dein Volk spotten. 17 Darum, unser Gott, höre mein
Gebet, höre mein demütiges Bitten! Blicke wieder
freundlich auf dein verwüstetes Heiligtum, tu es um
deiner eigenen Ehre willen! 18 Mein Gott, wende dich
mir zu und höre mich! Sieh doch, wie elend wir dran
sind und wie es um die Stadt steht, die dein Eigen-
tum ist. Wir wissen, dass wir es nicht verdient haben.
Wir vertrauen nicht auf unsere Leistungen, sondern
allein auf dein großes Erbarmen. 19 Höre mich, HERR!
Vergib uns! Sieh unser Elend und greif ein! Lass uns
nicht länger warten! Tu es um deiner Ehre willen; denn
du hast doch deine Stadt und dein Volk zu deinem
Eigentum erklärt!«

DER ENGEL DEUTET DANIEL DAS GEHEIMNIS DER SIEBZIG JAHRE

20 Während ich so vor dem HERRN meine Schuld und
die Schuld meines Volkes bekannte und meinen Gott
für seinen heiligen Berg, den Ort seines Heiligtums,
anflehte, 21 kam schon der Engel Gabriel, den ich vor-
her in meiner Vision gesehen hatte, in schnellem Flug
auf mich zu. Es war um die Zeit des Abendopfers. 22 Er
öffnete mir das Verständnis für das Prophetenwort,
über das ich nachgedacht hatte, und sagte zu mir:
»Daniel, ich will dir helfen, den Sinn jenes Wortes zu
verstehen. 23 Als du zu beten begannst, gab Gott mir
eine Antwort für dich; denn er liebt dich. Ich bin hier,

um sie dir mitzuteilen. Gib gut acht auf das, was ich dir zu sagen habe, damit du die Vision verstehst! 24 Nicht siebzig *Jahre,* sondern siebzig *Jahrwochen* müssen nach Gottes Plan vergehen, bis er das Schicksal deines Volkes und der Heiligen Stadt wendet. Dann erst ist die Auflehnung gebüßt und die Schuld vergeben. Dann bringt Gott alles für immer in Ordnung. Dann lässt er das Prophetenwort in Erfüllung gehen und der Tempel wird von Neuem geweiht. 25 Gib acht, damit du es verstehst: Von dem Zeitpunkt an, als das Wort erging, dass Jerusalem wieder aufgebaut werden soll, vergehen sieben Jahrwochen bis zu dem Zeitpunkt, an dem in Jerusalem von Neuem ein Oberhaupt durch Salbung eingesetzt wird. Dann wird Jerusalem 62 Jahrwochen hindurch wieder aufgebaut und befestigt sein und dabei schwere Zeiten erleben. 26 Nach Ablauf dieser Zeit wird ein Gesalbter getötet werden; die Stadt und der Tempel werden durch das Heer eines fremden Herrschers verwüstet, über das jedoch die Vernichtung wie eine Flut hereinbricht; und bis zum Ende wird es Krieg und Verwüstung geben, wie es in Gottes Plan vorgesehen ist. 27 Der fremde Herrscher wird mit der Mehrheit des Volkes ein festes Abkommen treffen, das eine Jahrwoche lang Bestand hat. In der Mitte dieser Woche wird er den Opferdienst im Tempel unterbinden und den Altar eines fremden Götzen dort aufstellen, bis ihn selbst die Vernichtung trifft, die in Gottes Plan für ihn vorgesehen ist.«

DANIEL WIRD AUF EINE ABSCHLIESSENDE OFFENBARUNG VORBEREITET

10 Im dritten Regierungsjahr des Perserkönigs Kyrus erhielt Daniel, der auch Beltschazzar heißt, eine Botschaft von Gott. Was ihm darin offenbart wurde, ist wahr und betrifft eine Zeit großer Not. Daniel suchte den Sinn der Botschaft zu verstehen und in einer Vision wurde ihm das Verständnis eröffnet. Er berichtet: 2 Damals trauerte ich, Daniel, drei Wochen lang über das Schicksal meines Volkes. 3 Ich aß die ganze Zeit über kein Fleisch und keine wohlschmeckenden Speisen, trank keinen Wein und pflegte mein Gesicht und mein Haar nicht mit Öl. 4 Am 24. Tag des 1. Monats stand ich am Ufer des Tigris 5 und als ich aufblickte, sah ich einen Mann in einem leinenen Gewand mit goldenem Gürtel. 6 Sein Leib funkelte wie ein Edelstein, sein Gesicht leuchtete wie der Blitz und seine Augen brannten wie Flammen. Seine Arme und Beine glänzten wie polierte Bronze und seine Stimme klang wie das Rufen einer vielstimmigen Menschenmenge. 7 Nur ich allein sah diese Erscheinung; meine Begleiter sahen nichts. Doch packte sie ein großer Schrecken, sie liefen davon und versteckten sich. 8 Ich blieb allein zurück. Beim Anblick der gewaltigen Erscheinung verließ mich alle Kraft und das Blut wich aus meinem Gesicht. 9 Der Mann begann zu sprechen und kaum waren die ersten Worte an mein Ohr gedrungen, da stürzte ich ohnmächtig zu Boden und blieb mit dem Gesicht zur Erde liegen. 10 Sogleich griff eine Hand nach mir und zog mich hoch, sodass ich mich auf die Knie aufrichten und mit den Händen aufstützen konnte. 11 Der Mann sagte zu mir: »Gott liebt dich, Daniel! Steh auf und gib acht auf das, was ich dir zu sagen habe. Gott hat mich zu dir gesandt.« Zitternd stand ich auf 12 und er sagte zu mir: »Hab keine Angst, Daniel! Du hast dich vor deinem Gott gebeugt, um Einsicht in seinen verborgenen Plan zu erlangen; und schon am ersten Tag, als du damit begannst, hat er dein Gebet erhört. So lange bin ich schon unterwegs; 13 aber der Engelfürst des Perserreiches trat mir in den Weg und hat mich 21 Tage lang aufgehalten. Dann kam Michael, einer der höchsten Engelfürsten, mir zu Hilfe, sodass ich mich dort losmachen konnte. 14 Nun bin ich hier, um dir zu sagen, wie es deinem Volk am Ende der Zeit ergehen wird. Denn auch diese Vision handelt von einer fernen Zukunft.« 15 Als er das sagte, schlug ich die Augen zu Boden und konnte kein Wort herausbringen. 16 Da berührte er, der aussah wie ein Mensch, meine Lippen und ich konnte wieder reden. Ich sagte zu ihm: »Mein Herr! Als ich dich in meiner Vision erblickte, überfielen mich heftige Schmerzen und nahmen mir alle Kraft. 17 Wie kann ich kleiner Mensch mit einem so mächtigen Engel sprechen? Der Atem stockt mir und alle Kraft hat mich verlassen.« 18 Da berührte er, der aussah wie ein Mensch, mich noch einmal und stärkte mich. 19 Dann sagte er zu mir: »Hab keine Angst! Gott liebt dich. Frieden sei mit dir! Sei stark und mutig!« Ich fühlte mich so gestärkt, dass ich sagte: »Rede jetzt! Du hast mir die Kraft gegeben, dich anzuhören.« 20-21 Er erwiderte: »Weißt du nun, warum ich zu dir gekommen bin? Ich will dir offenbaren, was im Buch der Wahrheit geschrieben steht. Wenn ich dich verlasse, muss ich wieder mit dem Engelfürsten des Perserreiches kämpfen; und wenn ich den besiegt habe, muss ich gegen den Engelfürsten der Griechen antreten. Niemand steht mir gegen sie bei außer Michael, dem

11 Engelfürsten eures Volkes, 1 so wie auch ich ihm beistand im ersten Regierungsjahr des Mederkönigs Darius.«

PROPHETISCHER GANG DURCH DIE GESCHICHTE: ALEXANDER DER GROSSE UND SEIN ENDE

2 Der Engel sagte: »Jetzt will ich dir mitteilen, was mit Sicherheit künftig geschehen wird. Noch drei Könige werden über Persien regieren; danach kommt ein vierter, der reicher sein wird als alle seine Vorgänger. Wenn er durch seinen Reichtum zu großer Macht gelangt ist, wird er sie gegen das Königreich der Griechen aufbieten. 3 Dann wird ein großer Held König von Griechenland werden. Er wird mit großer Macht regieren und alle seine Pläne ausführen. 4 Aber kaum hat er sein Ziel erreicht, so bricht sein Reich wieder auseinander und zerfällt in vier Teile, nach den vier Himmelsrichtungen. Keines der Teilreiche erreicht die Macht, die er in seiner Hand vereinigt hatte, und nicht seine Nachkommen herrschen dort, sondern das Erbe fällt anderen zu; sein Königshaus wird vollständig ausgelöscht.

DIE RIVALITÄT ZWISCHEN PTOLEMÄER- UND SELEUKIDENREICH

5 Der König des südlichen Reiches wird mächtig sein;
aber einer seiner Fürsten wird ihn an Macht übertref-
fen und im nördlichen Teil ein eigenes großes Reich be-
gründen. 6 Nach einiger Zeit werden die beiden Reiche
sich verbünden und zur Besiegelung des Bündnisses
wird der König des Südens dem König des Nordens
seine Tochter zur Frau geben. Aber sie wird ihren Ein-
fluss verlieren und das Bündnis wird keinen Bestand
haben. Sie selbst wird sterben müssen und ebenso die
beiden, die diese Verbindung gestiftet haben, ihr Vater
und ihr Mann. 7 Anstelle ihres Vaters wird einer ihrer
Brüder König werden. Er wird den König des Nordens
angreifen, sein Heer besiegen und seine Hauptstadt er-
obern und ausplündern. 8 Die Götterbilder samt ihren
kostbaren Geräten aus Silber und Gold wird er nach
Ägypten mitnehmen, doch sonst nichts gegen den
König des Nordens unternehmen. Nach einigen Jah-
ren 9 wird der König des Nordens in das südliche Reich
einfallen, aber dann wieder heimkehren. 10 Doch seine
Söhne werden sich zum Krieg rüsten und große Trup-
penmassen zusammenbringen. Einer von ihnen wird
mit seinem Heer wie eine Sturmflut über den Gegner
hereinbrechen und nachdem er seine Truppenmacht
noch einmal verstärkt hat, wird er bis vor die befes-
tigte Stadt kommen, die dem Südkönig gehört. 11 Da
wird der König des Südens voller Wut gegen den König
des Nordens in den Kampf ziehen und ihn trotz seiner
Übermacht besiegen. 12 Von den feindlichen Kriegs-
leuten werden Zehntausende den Tod finden. Dieser
Sieg wird den König des Südens stolz und selbstsicher
machen; aber er wird seine Überlegenheit nicht halten
können. 13 Denn nach einigen Jahren wird der König
des Nordens ein noch größeres Heer aufstellen und
ihn angreifen. 14 Zu dieser Zeit werden sich viele gegen
den König des Südens auflehnen. Sogar aus deinem
eigenen Volk werden gewalttätige Leute sich gegen
ihn erheben und damit eine Vision erfüllen; aber sie
werden scheitern. 15 Der König des Nordens wird ge-
gen eine stark befestigte Stadt anrücken, einen Wall
aufschütten und sie belagern. Er wird sie einnehmen;
das Heer des Südens wird nicht standhalten können,
selbst die Elitetruppen sind nicht stark genug, um
ihm zu widerstehen. 16 Der König des Nordens kann
tun, was ihm gefällt, weil er nirgends mehr auf Wi-
derstand trifft; er wird auch in das Heilige Land ein-
dringen und dort Verwüstungen anrichten. 17 Er wird
den Plan fassen, sich mit dem Reich des Südens zu
verbünden, um es in seine Gewalt zu bekommen. Zu
diesem Zweck wird er dem König des Südens eine sei-
ner Töchter zur Frau geben; aber er wird sein Ziel nicht
erreichen. 18 Dann wird er sich den Inseln zuwenden
und viele erobern; aber ein fremder Heerführer wird
ihm entgegentreten und ihm seinen Übermut aus-
treiben. 19 Darauf wird er die Städte seines eigenen
Landes ausplündern müssen und dabei den Untergang
finden. 20 Sein Nachfolger wird einen Steuereintreiber
in das Heilige Land schicken; aber nach kurzer Zeit
wird er getötet werden, nicht im Krieg, sondern auf
hinterhältige Weise.

ANTIOCHUS EPIPHANES, DER FEIND DES GOTTESVOLKES

21 Seinen Platz wird ein niederträchtiger Mensch ein-
nehmen. Er hat keinen Anspruch auf das Königtum,
aber er reißt es durch Intrigen an sich. 22 Alle Heere,
die in sein Land einfallen wollen, vernichtet er. Auch
ein Oberhaupt des Gottesvolkes findet durch ihn den
Untergang. 23 Es hat seine Freundschaft gesucht, aber
er hintergeht es, zieht gegen die Heilige Stadt und
bringt sie in seine Gewalt, obwohl er nur eine kleine
Truppe bei sich hat. 24 Unversehens fällt er in wohlha-
bende Landstriche ein, raubt sie aus und verteilt die
Beute verschwenderisch unter seine Gefolgsleute.
Keiner seiner Vorgänger hat je so etwas getan. Seine
Pläne richten sich auch gegen die befestigten Städte.
Aber das dauert nur eine Zeit lang. 25 Dann nimmt er
alle seine Kraft zusammen und zieht mit einem gro-
ßen Heer gegen den König des Südens, der ein noch
größeres Heer gegen ihn aufgestellt hat. Der König
des Südens hat kein Glück, denn es werden Intrigen
gegen ihn gesponnen. 26 Seine eigenen Vertrauten
stürzen ihn; sein Heer zerstreut sich und viele finden
den Tod. 27 Darauf verhandeln die beiden Könige mit-
einander, sie sitzen am selben Tisch, aber sie meinen es
nicht ehrlich. Ihre Pläne gelingen nicht, weil die Zeit für
das Ende noch nicht reif ist. 28 Der König des Nordens
kehrt mit reicher Beute in sein Land zurück. Auf dem
Weg dorthin aber führt er aus, was er sich gegen das
Gottesvolk und seinen Glauben vorgenommen hat.
29 Nach einer von Gott bestimmten Zeit zieht er von
Neuem mit einem Heer gegen das Reich des Südens;
aber diesmal wird es nicht so enden wie beim ersten
Mal. 30 Von Westen her treffen Schiffe ein und zwin-
gen ihn durch Drohungen zur Umkehr. Darauf lässt er
seinen Zorn am Gottesvolk und seinem Glauben aus.
Er verbündet sich mit denen im Volk, die ihrem Gott un-
treu geworden sind, 31 und schickt seine Truppen. Diese
werden das Heiligtum entweihen, die täglichen Opfer
abschaffen und das entsetzliche Scheusal dort aufstel-
len. 32 Er bringt die Menschen, die es mit dem Bund
Gottes und seinem Gesetz nicht ernst nehmen, mit List
und Tücke so weit, dass sie ihren Glauben preisgeben;
aber die anderen, die ihrem Gott treu sind, bleiben fest
und halten sich weiter an Gottes Gesetz. 33 Einsichtige
Männer aus dem Volk werden viele auf den rechten
Weg weisen. Dafür werden sie eine Zeit lang mit Feuer
und Schwert verfolgt; man verhaftet sie und plündert
ihren Besitz. 34 Während der Verfolgungszeit erfah-
ren sie von gewisser Seite ein wenig Hilfe, aber viele
andere schließen sich ihnen nur dem Schein nach an.
35 Auch von ihnen selbst kommen einige zu Fall; denn
das Volk Gottes muss geprüft werden, damit es am
Ende rein und geläutert dasteht. Und noch ist das Ende
nicht da. 36 Der König aber wird schalten und walten,
wie er will. Er wird sich einbilden, er sei mächtiger
als alle Götter; sogar über den höchsten Gott wird er

verächtlich reden. Aber das kann er nur, solange Gott es im Zorn über sein Volk zulässt; denn es geschieht alles genau nach Gottes festem Plan. **37** Dieser König missachtet selbst die Götter, die seine Vorfahren verehrten, auch den Lieblingsgott der Frauen – jeden Gott ohne Ausnahme verachtet er, über jeden erhebt er sich. **38** Stattdessen verehrt er den Gott der Festungen, den seine Vorfahren noch nicht gekannt haben; er wird ihm Gold, Silber, Edelsteine und andere Kostbarkeiten zum Geschenk machen. **39** Mithilfe dieses fremden Gottes wird er starke Festungen zu Fall bringen. Wer seinen Gott verehrt, den überhäuft er mit Ehren und gibt ihm Land und Herrschaft über viele Menschen. **40** Dann aber, wenn das Ende kommt, wird der König des Südens ihn angreifen und der König des Nordens wird zurückschlagen mit Streitwagen und Reitern und zahlreichen Schiffen. Er wird nach Süden vordringen, unaufhaltsam wie die Flut. **41** Das Heilige Land bringt er in seine Gewalt und von dessen Bewohnern werden Zehntausende umkommen; aber die Edomiter und Moabiter und der Großteil der Ammoniter werden verschont. **42-43** Auch Ägypten kann sich nicht vor seinem Zugriff retten; sein Gold und Silber und alle seine Schätze fallen ihm in die Hand. Selbst Libyen und Äthiopien werden sich ihm unterwerfen. **44** Dann aber hört er, dass Feinde von Osten und Norden in sein Land eingefallen sind, und er wird wutentbrannt umkehren, um sie zu vernichten. **45** Aber wenn er gerade seine prächtigen Zelte zwischen dem Meer und dem Berg Zion aufgeschlagen hat, wird ihn das Ende ereilen und niemand kann ihn retten.«

MICHAELS EINGREIFEN UND DIE AUFERSTEHUNG DER TOTEN

12 »Zu jener Zeit«, sagte der Engel, »wird der große Engelfürst Michael eingreifen und für dein Volk kämpfen. Es wird eine Zeit der Not und Bedrängnis sein, wie es sie seit Menschengedenken nicht gegeben hat. Aber dein Volk wird gerettet werden, alle, deren Namen im Buch Gottes geschrieben stehen. **2** Viele, die in der Erde schlafen, werden erwachen, die einen zu ewigem Leben, die andern zu ewiger Schmach und Schande. **3** Die Einsichtigen werden leuchten wie der taghelle Himmel, und alle, die anderen den rechten Weg gezeigt haben, werden glänzen wie die Sterne für ewige Zeiten.« **4** Dann sagte er noch zu mir: »Halte geheim, was ich dir jetzt gesagt habe; schreibe es auf und versiegle das Buch, damit es in der letzten Zeit geöffnet wird! Viele werden ratlos umherirren; aber in diesem Buch wird Rat zu finden sein.«

ÜBER DEN ZEITPUNKT DES ENDES

5 In diesem Augenblick sah ich zwei weitere Männer, einen auf dieser, einen auf jener Seite des Tigrisstromes. **6** Der eine fragte den Mann in dem leinenen Gewand, der über dem Wasser des Stromes war: »Wie lange wird es dauern, bis diese erstaunlichen Ereignisse an ihr Ende gekommen sind?« **7** Der Mann über dem Wasser erhob beide Hände zum Himmel und schwor bei Gott, der ewig lebt: »Es dauert ein Jahr, zwei Jahre und ein halbes Jahr. Wenn die Leiden von Gottes heiligem Volk ein Ende haben, dann wird dies alles vollendet werden.« **8** Ich hörte seine Worte, konnte sie aber nicht begreifen. Deshalb fragte ich: »Mein Herr, wie wird das Ende aussehen?« **9** Er sagte: »Geh jetzt, Daniel! Was ich dir gesagt habe, soll bis zur letzten Zeit geheim und versiegelt bleiben. **10** Viele werden von Gott geprüft werden, damit Gottes Volk am Ende rein und geläutert dasteht; und die Treulosen, die sich von Gott abgewandt haben, werden bis zuletzt auf ihrer Untreue beharren. Sie werden nicht verstehen können, was ich dir offenbart habe, aber die Einsichtigen werden es verstehen. **11** Von dem Zeitpunkt an, wenn die täglichen Opfer unterbunden werden und das entsetzliche Scheusal aufgestellt wird, dauert es 1290 Tage. **12** Freuen dürfen sich alle, die geduldig ausharren, bis 1335 Tage vergangen sind! **13** Du aber geh jetzt und leg dich zur Ruhe! Am Ende der Zeit wirst du auferstehen. Dann wird dir das Leben zuteil, das Gott für alle bestimmt hat, die ihm treu geblieben sind.«

DER PROPHET **HOSEA**

BUCHÜBERSCHRIFT

1 In diesem Buch steht, was der HERR durch Hosea, den Sohn von Beeri, verkünden ließ. Das Wort des HERRN erging an Hosea während der Zeit, als in Juda nacheinander die Könige Usija, Jotam, Ahas und Hiskija regierten, während in Israel Jerobeam, der Sohn von Joasch, König war.

HOSEAS KINDER ALS LEIBHAFTIGE GERICHTSPREDIGT

2 Als der HERR zum ersten Mal zu Hosea sprach, sagte er: »Heirate eine Hure und zeuge mit ihr Hurenkinder! Denn das ganze Land ist mir untreu geworden und läuft wie eine Hure fremden Göttern nach.« **3** Hosea ging und heiratete Gomer, die Tochter Diblajims. Sie wurde schwanger und gebar ihm einen Sohn. **4** Da sagte der HERR zu Hosea: »Gib ihm den Namen Jesreel! Denn es dauert nicht mehr lange, bis ich das Blutbad, das König Jehu in Jesreel angerichtet hat, an seinen Nachkommen räche und dem Königtum in Israel ein Ende mache. **5** Eben dort, in der Ebene Jesreel, werde ich an jenem Tag das Heer Israels völlig vernichten.« **6** Gomer wurde zum zweiten Mal schwanger und gebar eine Tochter. Da sagte der HERR zu Hosea: »Gib ihr den Namen ›Kein Erbarmen‹; denn ich habe jetzt kein Erbarmen mehr mit den Leuten von Israel; ich

vergebe ihnen ihre Schuld nicht mehr. 7 Doch mit den
Leuten von Juda werde ich Erbarmen haben und ihnen
helfen, denn ich bin der HERR, ihr Gott; aber ich helfe
ihnen nicht mit Kriegswaffen, Rossen und Reitern.«
8 Als Gomer ihre Tochter »Kein Erbarmen« nicht mehr
stillte, wurde sie zum dritten Mal schwanger und gebar
einen Sohn. 9 Der HERR sagte: »Gib ihm den Namen
›Nicht mein Volk‹! Denn ihr seid nicht mehr mein Volk
und ich bin nicht mehr für euch da.«

ISRAELS WIEDERANNAHME NACH DEM GERICHT

2 Die Israeliten werden einmal so zahlreich werden
wie der Sand am Meer, der sich weder zählen noch
mit dem Hohlmaß messen lässt. Sie, zu denen der HERR
gesagt hatte: »Ihr seid nicht mein Volk«, werden dann
»Söhne des lebendigen Gottes« genannt werden. 2 Die
Leute von Juda und die Leute von Israel werden aus
dem ganzen Land zusammenkommen und sich ein
gemeinsames Oberhaupt wählen. Sie werden das
Land bedecken wie Gras, das aus dem Boden sprießt.
Das wird ein großer Tag sein, wenn geschieht, was der
Name Jesreel bedeutet: »Gott sät«. 3 Sagt zu euren
Brüdern »Mein Volk!« und zu euren Schwestern »Es
gibt Erbarmen!«

GOTT ZIEHT DAS TREULOSE ISRAEL ZUR RECHENSCHAFT

4 »Erhebt Anklage gegen eure Mutter Israel!«, sagt der
HERR. »Klagt sie an! Denn sie hat so gehandelt, dass sie
nicht mehr meine Frau sein kann und ich nicht mehr
ihr Mann. Sie soll die Zeichen ihrer Hurerei aus ihrem
Gesicht und von ihrer Brust entfernen, alles, was daran
erinnert, dass sie mir die Treue gebrochen hat. 5 Sonst
werde ich ihr alle Kleider nehmen, sodass sie nackt und
bloß ist wie am Tag ihrer Geburt. Ich mache sie zu einer
Wüste, zum wasserlosen Land; ich lasse sie verdursten.
6 Mit ihren Kindern habe ich kein Erbarmen, weil sie
Kinder einer Hure sind. 7 Ihre Mutter hat es mit ande-
ren Männern getrieben und gesagt: ›Ich laufe meinen
Liebhabern nach. Sie geben mir, was ich brauche: Brot
und Wasser, Wolle und Flachs, Öl und Wein.‹ 8 Darum
versperre ich ihr den Weg mit Dornengestrüpp und ver-
baue ihn mit einer Mauer. 9 Wenn sie dann ihren Lieb-
habern nachläuft, kann sie sie nicht erreichen; sie sucht
sie, aber kann sie nicht finden. Dann wird sie sagen: ›Ich
will zu meinem ersten Mann zurückkehren. Bei ihm
ging es mir besser!‹ 10 Sie wollte nicht wahrhaben, dass
ich es gewesen bin, der ihr Korn, Wein und Öl gab. Mit
Silber und Gold habe ich sie überhäuft – und sie hat es
zu ihrem Baal getragen! 11 Darum nehme ich mein Korn
und meinen Wein wieder an mich, gerade dann, wenn
sie die Ernte einbringen will. Ich nehme ihr meine Wolle
und meinen Flachs, sodass sie nichts mehr anzuzie-
hen hat. 12 Ich stelle sie nackt vor ihren Liebhabern an
den Pranger und keiner von ihnen kann sie aus meiner
Hand befreien. 13 Ich mache all ihren Freudenfesten
ein Ende, den Feiern am Neumond und am Sabbat und
den großen Festen im Jahreslauf. 14 Ich vernichte ihre
Weinstöcke und Feigenbäume, von denen sie sagte:
›Das ist der Lohn, den mir meine Liebhaber gegeben ha-
ben!‹ Die Pflanzungen lasse ich verwildern; was noch
wächst, wird vom Wild abgefressen. 15 So bestrafe ich
sie dafür, dass sie ihren Liebhabern, den Baalen, nach-
gelaufen ist, dass sie ihnen Opfer dargebracht und sich
für sie mit Ohrringen und Halsketten geschmückt hat –
und mich hat sie vergessen! Das sage ich, der HERR.«

GOTTES TREUE ÜBERWINDET ISRAELS UNTREUE

16 »Dann aber will ich selbst sie umwerben. Ich werde
sie in die Wüste bringen und ihr zu Herzen reden.
17 Dort wird sie meine Liebe erwidern wie damals, als
sie jung war, als sie aus Ägypten kam. Danach werde
ich sie zurückbringen und ihr die Weinberge wiederge-
ben, und das Achor-Tal, das ›Unglückstal‹, soll zu einem
Tor der Hoffnung werden. 18 Wenn das geschieht, wirst
du mich deinen Mann nennen – sagt der HERR zu
Israel – und nicht mehr deinen Baal. 19 Ich werde dich
dazu bringen, dass du das Wort Baal nie mehr in den
Mund nimmst. 20 Und ich werde mit dem Wild, den
Vögeln und allen anderen Tieren eine Übereinkunft
treffen, dass sie dir keinen Schaden mehr tun. Ich zer-
breche alle Kriegswaffen und entferne sie aus dei-
nem Land, sodass du in Frieden und Sicherheit leben
kannst. 21 Ich schließe die Ehe mit dir für alle Zeiten;
mein Brautgeschenk für dich sind meine Hilfe und
mein Schutz, meine Liebe, mein Erbarmen 22 und meine
unwandelbare Treue. Du wirst erkennen, wer ich bin –
ich, der HERR. 23 Zu jener Zeit – sagt der HERR – werde
ich die Bitten des Himmels erhören und der Himmel die
Bitten der Erde. 24 Die Erde wird die Bitten von Korn,
Wein und Öl erhören und Korn, Wein und Öl die Bitten
von Jesreel. 25 Ich will dich, Israel, wieder in dein Land
einsäen. War dein Name zuvor ›Kein Erbarmen‹, so
werde ich mich jetzt über dich erbarmen. Warst du
zuvor ›Nicht mein Volk‹, so sage ich jetzt zu dir: ›Du bist
mein Volk‹, und du antwortest: ›Du bist mein Gott!‹«

HOSEA VERANSCHAULICHT GOTTES GERICHT ÜBER ISRAEL

3 Der HERR befahl mir: »Nimm dir nochmals eine
Frau und liebe sie – eine Frau, die einen anderen
Mann liebt und wegen Ehebruch verstoßen ist! Denn
genauso liebe ich die Leute von Israel, obwohl sie sich
anderen Göttern zuwenden und Presskuchen aus Ro-
sinen lieben.« 2 Ich kaufte die Frau um fünfzehn Silber-
stücke und sechs Zentner Gerste 3 und sagte zu ihr:
»Für eine lange Zeit wirst du jetzt im Haus bleiben und
dich mit keinem Mann einlassen und auch ich werde
nicht mit dir verkehren.« 4 Genauso wird es den Leu-
ten von Israel ergehen: Sie werden lange Zeit keinen
König und keine führenden Männer haben, keine
Opferstätten, keine geweihten Steinmale und keine
Orakel. 5 Zuletzt aber werden sie umkehren, sie werden
sich dem HERRN, ihrem Gott, zuwenden und ihrem
König aus der Nachkommenschaft Davids. Sie werden
dem HERRN voll Ehrfurcht dienen und alles Gute allein
von ihm erwarten. So geschieht es am Ende der Zeit.

DIE PRIESTER ALS DIE HAUPTSCHULDIGEN

4 Hört das Wort des HERRN, ihr Leute von Israel! Der HERR erhebt Anklage gegen die Bewohner des Landes, denn nirgends mehr gibt es Treue und Liebe, niemand kennt Gott und seinen Willen. 2 Sie missbrauchen den Gottesnamen, um andere zu verfluchen; sie verdrehen die Wahrheit, sie morden, stehlen, brechen die Ehe; ein Verbrechen reiht sich ans andere. 3 Deshalb vertrocknet das Land und seine Bewohner verdursten, auch die Tiere des Feldes und die Vögel; sogar die Fische verenden. 4 »Aber nicht das Volk soll man dafür zur Rechenschaft ziehen«, sagt der HERR. »Dein Volk hat allen Grund, die Priester anzuklagen! 5 Ihr Priester werdet am helllichten Tag zu Fall kommen und die Propheten werden mit euch fallen bei Nacht; ich lasse euch mit eurer ganzen Sippschaft zugrunde gehen. 6 Denn mein Volk rennt in den Untergang, weil es den rechten Weg nicht kennt. Ihr habt euch geweigert, meine Weisungen weiterzugeben; darum weigere auch ich mich, euch noch länger als meine Priester gelten zu lassen. Ihr habt mein Gesetz vergessen, darum werde ich eure Nachkommen vergessen. 7 Je zahlreicher sie wurden, die Priester, desto mehr haben sie gegen mich gesündigt. Deshalb entziehe ich ihnen ihre Ehrenstellung und stürze sie in Schimpf und Schande. 8 Sie mästen sich von den Sühneopfern meines Volkes, deshalb sind sie so gierig nach seinen Verfehlungen. 9 Darum wird es den Priestern ergehen wie dem Volk: Ich bestrafe sie für ihren Ungehorsam und lasse ihre Taten auf sie selbst zurückfallen. 10 Sie essen und werden nicht satt. Sie treiben Hurerei, aber haben keine Nachkommen. So ergeht es ihnen, weil sie mir, dem HERRN, die Treue gebrochen haben.«

DER GÖTZENDIENST DER ISRAELITEN

11 Der HERR sagt: »Hurerei und neuer Wein rauben den Verstand! 12 Mein Volk holt sich Rat bei seinen Götzenbildern aus Holz, seine Orakelstäbe sollen ihm Weisung geben. Es lässt sich vom Geist der Hurerei verführen und in die Irre locken. Treulos wenden sich alle von mir ab, von ihrem Gott, dem sie doch gehören. 13 Sie verbrennen Opfergaben und halten Opfermähler auf den Bergen und Hügeln, unter den Eichen, Pappeln und Terebinthen. In deren Schatten ist es so angenehm! Daher kommt es, dass eure Töchter zu Huren werden und eure Schwiegertöchter die Ehe brechen. 14 Aber nicht sie ziehe ich zur Rechenschaft! Die Priester selbst gehen mit den Huren beiseite und schlachten Opfertiere zusammen mit den geweihten Frauen. Kein Wunder, dass das unwissende Volk es ihnen nachmacht! 15 Aber wenn es auch die Leute von Israel so treiben und mir untreu werden: Ihr Leute von Juda sollt nicht dieselbe Schuld auf euch laden! Geht nicht zu den Heiligtümern von Gilgal oder Bet-El und schwört dort nicht: ›So gewiss der HERR lebt!‹« 16 Israel ist wie eine störrische Kuh. Wie könnte der HERR es auf freiem Feld weiden lassen wie die fügsamen Lämmer? 17 Die Leute von Efraïm haben sich mit den Götzen verbündet; ihnen ist nicht zu helfen. 18 Im Saufen und Huren sind sie groß; am schlimmsten treiben es ihre Führer. Aber es nimmt mit ihnen ein böses Ende. 19 Ein Sturmwind fegt sie hinweg. Dann helfen ihnen ihre Opfer nichts mehr.

DIE SCHULD DER VERANTWORTLICHEN

5 Der HERR sagt: »Hört her, ihr Priester; hört her, ihr Sippenoberhäupter in Israel und das ganze Königshaus: Euch ziehe ich zur Rechenschaft! Ihr habt die Israeliten ins Verderben gelockt. Ihr wart für sie wie eine Falle in Mizpa, wie ein Fangnetz auf dem Tabor, 2 wie eine tiefe Fanggrube in Schittim. Ihr alle werdet dafür meine Strafe zu spüren bekommen.«

ISRAELS BESTRAFUNG IST UNAUSWEICHLICH

3 Der HERR sagt: »Ich kenne die Israeliten, die Leute von Efraïm; was sie treiben, ist mir nicht verborgen. Sie haben sich beschmutzt durch Götzendienst und Hurerei. 4 Sie haben sich so sehr darin verstrickt, dass sie nicht mehr fähig sind, zu mir, ihrem Gott, zurückzukehren. Sie sind vom Geist der Hurerei besessen. Mich, den HERRN, kennen sie nicht mehr.« 5 Der Hochmut der Leute von Israel zeugt gegen sie. Ihre eigene Schuld bringt ihnen den Untergang und genauso ergeht es den Leuten von Juda. 6 Sie können noch so viele Schafe und Rinder zum HERRN bringen, sie können ihn suchen, soviel sie wollen; sie werden ihn nicht finden; denn er hat sich von ihnen zurückgezogen. 7 Sie haben ihm die Treue gebrochen und Hurenkinder herangezogen. Ihre Opferfeiern am Neumondstag bringen ihnen nicht Erntesegen, sondern Vernichtung, ihnen und ihren Feldern!

DIE FEINDLICHEN BRÜDER TRIFFT DASSELBE GESCHICK

8 Der HERR sagt: »Stoßt ins Horn in Gibea! Blast Alarm in Rama! Gebt Warnsignale in Bet-Awen! Bietet die Männer von Benjamin auf! 9 Für Efraïm kommt jetzt die Strafe; es wird zur Wüste werden. Ich, der HERR, kündige den Stämmen Israels an, was mit Sicherheit eintreffen wird. 10 Die Führer von Juda handeln wie Leute, die Grenzsteine verrücken. Mein Zorn wird über sie niedergehen wie ein Platzregen. 11 Efraïm ist von Feinden bedrängt und das Recht wird mit Füßen getreten, weil sie dem Drecksgötzen Baal nachgelaufen sind. 12 Ich, der HERR, bin für Efraïm wie ein Eitergeschwür und für Juda wie eine schwärende Wunde. 13 Als die beiden sahen, wie übel sie dran waren, wandten sich die Leute von Israel an den König von Assyrien. Aber er kann euch nicht helfen, er kann eure Wunden nicht heilen! 14 Denn ich, der HERR, falle Efraïm und Juda an wie ein Löwe. Ich zerfleische sie und lasse sie liegen; wenn ich sie wegschleppe, kann niemand sie vor mir retten. 15 Ich ziehe mich von ihnen zurück, bis sie ihre Schuld eingestehen und sich mir wieder zuwenden. Die Not wird sie lehren, nach mir zu fragen.«

EIN BUSSLIED UND GOTTES ANTWORT DARAUF

6 »Kommt, wir kehren um zum HERRN! Hat er uns zerrissen, wird er uns auch wieder heilen. Hat er uns Wunden geschlagen, wird er sie auch verbinden.

2 Zwei, drei Tage lässt er uns leiden, dann gibt er uns
neues Leben. 3 Kommt, lasst uns alles daransetzen, ihn
und seine Wege zu erkennen! So gewiss der Nacht ein
Morgen folgt, so gewiss zu seiner Zeit der Regen fällt,
der das ausgedörrte Land durchfeuchtet, so gewiss
kommt Er, um uns zu helfen!« 4 Der HERR antwortet:
»Was soll ich nur mit dir tun, Efraïm, und was mit dir,
Juda? Eure Treue zu mir ist so flüchtig wie ein Mor-
gennebel, sie vergeht so rasch wie der Tau vor der
Sonne. 5 Darum habe ich wieder und wieder durch
meine Propheten zugeschlagen und euch durch meine
Gerichtsworte den Tod gebracht. Was ich von euch
verlange, ist klar wie der helle Tag: 6 Treue will ich von
euch und nicht, dass ihr mir Tiere schlachtet! Ihr sollt
mir nicht Brandopfer bringen, sondern erkennen, wer
ich bin und was mir gefällt.«

DAS VERBRECHEN REGIERT IM LAND

7 Der HERR sagt: »Bei der Stadt Adam haben sie meinen
Bund gebrochen; dort sind sie mir untreu geworden.
8 Gilead ist eine Stadt voller Verbrecher, Blutspuren
überall! 9 An der Straße nach Sichem liegen Priester
auf der Lauer wie eine Räuberbande; sie morden, sie
begehen Verbrechen. 10 Entsetzliche Dinge sah ich in
Israel: Die Leute von Efraïm laufen fremden Göttern
nach und beschmutzen sich damit. 11 Aber auch auf
dich, Juda, wartet eine schreckliche Ernte, bevor ich
für mein Volk alles wieder zum Guten wende.

7 Wenn ich Israel heilen und zurechtbringen will,
kommt nur die Schuld der Leute von Efraïm an
den Tag. In Samaria gehen Diebe um, es herrscht Lug
und Trug; draußen im Land plündern Räuberhorden.
2 Sie denken nicht daran, dass ich ihre Schandtaten
im Gedächtnis behalte. Jetzt werden sie von ihren
eigenen Taten eingekreist, die sie mir zum Trotz be-
gangen haben.«

KÖNIGSMACHER UND KÖNIGSMÖRDER

3 Der HERR sagt: »Hinterlistig laden sie den König
und seine Minister zum Gelage und bringen sie in
Feststimmung. 4 Treulos sind sie alle miteinander,
ihre Leidenschaft glüht wie ein Ofen, den der Bäcker
so kräftig geheizt hat, dass er nichts nachzulegen
braucht, während er den Teig knetet und gehen lässt.
5 Am Krönungstag des Königs machen sie seine Mi-
nister betrunken und er selbst stößt unwissend mit
seinen Verrätern an. 6 Die brennen darauf zu handeln;
aber die Nacht über halten sie sich zurück. Erst am
Morgen schlagen sie los. 7 Ihre Zerstörungswut brennt
wie ein loderndes Feuer; König um König fällt ihnen
zum Opfer. Aber niemand wendet sich an mich.«

ISRAEL SUCHT HILFE BEI DEN FALSCHEN

8 Der HERR sagt: »Efraïm wandte sich um Hilfe an
fremde Völker. Dabei ist es ihm ergangen wie einem
Fladen, den man nicht umdreht und der deshalb ver-
brennt. 9 Fremde saugen ihn aus, aber er merkt es
nicht; sein Haar wird grau, aber er achtet nicht darauf.
10 Der Hochmut der Leute von Israel zeugt gegen sie.
Sie kehren nicht um zu mir, dem HERRN, ihrem Gott;
sie suchen nicht meine Nähe. 11 Efraïm ist dumm wie
eine Taube. Erst ruft es die Ägypter zu Hilfe; dann wen-
det es sich an die Assyrer. 12 Wenn es so weitermacht,
spanne ich mein Netz aus und fange den Vogel. Ich
bestrafe die Leute von Efraïm, wie ich es ihnen in der
Volksversammlung angedroht habe. 13 Weh, sie müs-
sen es büßen, dass sie von mir weggeflohen sind! Es
ist ihr Verderben, dass sie sich gegen mich aufgelehnt
haben! Ich würde sie gerne retten, aber sie reden ja
nur Lügen über mich. 14 Sie schreien zu mir um Hilfe,
aber es kommt nicht von Herzen. Sie liegen da und
heulen und machen sich Einschnitte, damit ich ihre
Bitten um Korn und Wein höre; aber sie sind und blei-
ben aufsässig gegen mich. 15 Ich hatte sie eingeübt
und stark gemacht, aber sie haben nur Böses gegen
mich im Sinn. 16 Sie wenden sich um, doch nicht zu mir.
Wie ein verzogener Bogen sind sie, mit dem man das
Ziel nicht trifft. Ihre führenden Männer werden durch
das Schwert des Feindes fallen, weil sie mich in ihrer
Überheblichkeit verspottet haben. Dafür wird man in
Ägypten über sie spotten.«

ABRECHNUNG MIT ISRAEL

8 Der HERR sagte zu mir: »Blase Alarm! Wie ein Adler
stürzt sich der Feind auf mein Land. Denn seine
Bewohner haben meinen Bund gebrochen und sich ge-
gen mein Gesetz aufgelehnt. 2 Sie schreien zwar: ›Mein
Gott!‹ Und: ›Wir kennen dich doch! Wir sind doch dein
Volk Israel!‹ 3 Aber Israel hat sein Glück verworfen und
so wird jetzt der Feind über sie herfallen! 4 Sie setzen
Könige ein, ohne von mir ermächtigt zu sein, und Mi-
nister, ohne mich zu fragen. Ihr Silber und Gold legen
sie in Götzenbildern an – so ist es am sichersten verlo-
ren! 5 Ich verwerfe euren Stiergötzen, ihr Leute von Sa-
maria! Der Zorn über euch hat mich gepackt. Wie lange
noch seid ihr unfähig, euch von diesem Schmutz zu rei-
nigen? 6 Was hat so etwas in Israel zu suchen? Dieses
Bild ist kein Gott, ein Handwerker hat es gemacht,
zu Kleinholz wird es zerhackt, euer Kalb! 7 Wer Wind
sät, wird Sturm ernten: wer sich mit nichtigen Götzen
abgibt, wird selbst vernichtet. Saat, die nicht Halme
treibt, bringt keine Ähren; was doch noch wächst,
werden Fremde verzehren. 8 Mit Israel ist es zu Ende.
Seine Rolle unter den Völkern ist ausgespielt; 9 denn
seine Führer haben bei den Assyrern Hilfe gesucht. Ein
Wildesel wahrt seine Unabhängigkeit, aber die Leute
von Efraïm suchen überall Freunde zu kaufen. 10 Doch
so viele Geschenke sie den Völkern auch anbieten,
es hilft ihnen nichts. Ich werde sie zusammentreiben
und dafür sorgen, dass sie dahinschwinden unter der
Last, die der König von Assyrien ihnen auflegen wird.
11 O ja, Efraïm hat seine Altäre vervielfacht; aber sie
dienen ihm nur dazu, neue Verfehlungen auf sich zu
laden; es sind Altäre zum Sündigen! 12 Ich könnte ih-
nen die Weisungen meines Gesetzes tausendmal auf-
schreiben, sie würden denken, es gehe sie nichts an.
13 Sie schlachten Opfertiere – für ihren Bauch; sie
stürzen sich voll Gier auf das Fleisch des Opfermahls.

Solche Opfer mag ich nicht! Ich vergesse nicht, was sie
Böses getan haben; ich werde sie jetzt bestrafen, wie
sie es verdienen: Sie müssen wieder in die Sklaverei
nach Ägypten zurückkehren! 14 Israel hat den Gott
vergessen, dem es sein Dasein verdankt; es hat präch-
tige Paläste gebaut und Juda immer neue Festungen.
Aber ich, der HERR, werfe Feuer in die Städte, dass es
ihre Paläste verzehrt.«

HOSEAS AUFTRITT AM ERNTEFEST

9 Ihr habt keinen Grund, euch so übermütig zu
freuen, ihr Leute von Israel – keinen Grund, in Ju-
bel auszubrechen wie die Fremden! Eurem Gott seid
ihr untreu geworden, ihr habt euch auf allen Dresch-
plätzen mit den fremden Göttern eingelassen. 2 Aber
ihr werdet euren Ernteertrag nicht genießen können,
das Korn, das Öl und den Wein! 3 Ihr müsst fort aus
dem Land des HERRN! Die Leute von Efraïm müssen
nach Ägypten zurück oder in die Fremde nach As-
syrien und müssen dort unreine Speisen essen. 4 Sie
können dem HERRN dort nicht mehr Trankopfer und
Mahlopfer darbringen, und die Nahrung, die sie dann
zu sich nehmen, ist unrein und macht jeden unrein, der
davon isst – wie das Brot, das sich in einem Trauerhaus
befindet. – Das ist so, weil sie die ganze Ernte selbst
verzehren und nichts davon in den Tempel des HERRN
bringen. – 5 Wie wollt ihr dann Feste feiern wie das
heutige, den großen Festtag des HERRN? 6 Die aber,
die aus dem verwüsteten Land nach Ägypten flüchten,
wird man dort mit offenen Armen aufnehmen – um sie
zu begraben in Memfis. Wo jetzt die silbernen Geräte
glänzen, wird Unkraut wuchern, und Dorngestrüpp
auf den Ruinen ihrer Häuser. 7 Die Zeit der Abrechnung
ist gekommen; jetzt wird euch heimgezahlt! Ihr Leute
von Israel werdet es am eigenen Leib zu spüren be-
kommen. »Der Prophet ist verrückt! Der Mann des
Geistes ist von Geistern besessen!« So feindet ihr mich
an in eurem Hass; aber euer Hass ist genauso groß wie
eure Schuld. 8 Ihr Leute von Efraïm, ihr wendet euch
gegen meinen Gott! Mir, seinem Propheten, stellt ihr
Fallen, wo ich gehe und stehe; sogar im Haus meines
Gottes bin ich nicht sicher. 9 Ihr seid so tief gesunken
wie einst die Leute von Gibea. Der HERR wird nicht
darüber hinweggehen, er wird euch für eure Schuld
zur Rechenschaft ziehen!

ISRAEL EINST UND JETZT

10 Der HERR sagt: »Wie Trauben in der Wüste waren
für mich die Israeliten, als ich ihnen zuerst begegnet
bin. Wie die köstliche Frühfeige waren eure Vorfah-
ren für mich. Aber kaum waren sie nach Baal-Pegor
gekommen, verbanden sie sich mit dem Schandgöt-
zen und wurden so widerwärtig wie der, dem sie sich
hingaben. 11 Efraïm entflog mir wie ein Vogel, darum
wird auch seine Macht und Herrlichkeit verfliegen:
keine Geburt mehr, keine Schwangerschaft, nicht
einmal eine Empfängnis! 12 Selbst wenn sie noch Kin-
der bekommen und großziehen, werde ich sie ihnen
nehmen, bis keins mehr da ist. Und auch sie selbst
sind dem Untergang geweiht, wenn ich mich von ih-
nen abwende. 13 Wie eine junge Palme, gepflanzt auf
fruchtbarem Grund, so war einst Efraïm für mich, und
dieses Efraïm muss nun seine Söhne dem Schlächter
ausliefern!« 14 HERR, wenn es sein muss, dann strafe
sie wenigstens nur mit unfruchtbarem Mutterschoß
und versiegten Brüsten! 15 »Schon in Gilgal zeigte sich
ihre ganze Verruchtheit; dort begann ich, ihr Feind
zu werden. Und wegen ihrer schlimmen Taten ver-
jage ich sie jetzt aus meinem Land. Ich kann sie nicht
mehr lieben; denn ihre Führer sind allesamt Aufrührer.
16 Efraïm ist wie ein Baum, dessen Wurzel verdorrt ist:
Er bringt keine Frucht mehr. Und wenn ihre Frauen
noch Kinder bekämen, würde ich sie, ihre Lieblinge,
unbarmherzig töten.« 17 Mein Gott soll sie verstoßen,
denn sie hören nicht auf ihn! Als Flüchtlinge müssen
sie umherirren unter den Völkern.

REICHE OPFER, ABER FALSCHES HERZ

10 Israel war wie ein üppiger Weinstock, der reiche
Frucht trägt. Je reicher die Leute von Israel wur-
den, desto reichere Opfer brachten sie auf die Altäre. Je
mehr der Wohlstand im Land wuchs, umso prächtiger
schmückten sie die geweihten Steinmale. 2 Aber sie
waren nur mit halbem Herzen beim HERRN. Dafür trifft
sie jetzt die Strafe: Der HERR selbst reißt ihre Altäre
nieder und zertrümmert ihre Steinmale.

NACH DER KATASTROPHE DIE EINSICHT

3 Wenn es so weit ist, werden sie sagen: »Wir haben
keinen König mehr, weil wir den HERRN nicht ernst
genommen haben. Aber was kann ein König schon
für uns tun?« 4 Das kann ich euch sagen: Reden hal-
ten, Meineide schwören und Bündnisse schließen …
Und was sich Rechtsprechung nennt, ist so tödlich wie
Giftkraut im Getreidefeld!

DAS ENDE DES GÖTZENDIENSTES

5 Um den Stiergötzen von Bet-Awen werden die Be-
wohner Samarias zittern. Seine Verehrer werden um
ihn trauern, die Götzenpriester werden in Klage-
geheul ausbrechen. Denn seine Pracht wird ihm weg-
genommen, fortgeschafft wird sie. 6 Auch den Stier
selbst wird man nach Assyrien bringen, als Geschenk
für den Assyrerkönig. Die Leute von Efraïm werden
den Spott davon haben, sie müssen scheitern mit ihren
Plänen. 7 Die Stadt Samaria verschwindet, ihr König
treibt wie ein abgebrochener Zweig auf dem Wasser
fort. 8 Verwüstet werden die Opferstätten, die Israel
zum Götzendienst verführt haben. Dornen und Disteln
werden die Altäre überwuchern. Dann werden sie zu
den Bergen sagen: »Stürzt auf uns!«, und zu den Hü-
geln: »Begrabt uns!« 9 Der HERR sagt: »Seit den Tagen
von Gibea hast du Schuld auf dich geladen, Israel! Seit
damals haben sich die Leute von Israel nicht geändert.
Deshalb werden diese Empörer genau dort in Gibea
vom Krieg heimgesucht. 10 Ich bin entschlossen, sie zu
bestrafen. Völkerscharen werde ich gegen sie aufbie-
ten, weil sie doppelt schuldig geworden sind.«

ISRAEL HAT SEINEN GOTT ENTTÄUSCHT

11 Der HERR sagt: »Efraïm war eine junge Kuh, die im
Dreschen geübt war, sie tat es gerne. Als ich an ihr vor-
beikam und ihren kräftigen Nacken sah, wollte ich sie
zu einer schwereren Arbeit einspannen. Juda sollte
pflügen, Jakob eggen. Ich sagte zu ihnen: 12 ›Sät nach
dem Maß der Gerechtigkeit, erntet nach dem Maß der
Liebe! Macht einen neuen Anfang wie der Bauer, der
ein neues, ausgeruhtes Stück Land unter den Pflug
nimmt! Es ist Zeit, dass ihr zu mir, dem HERRN, kommt
und fragt, was ich will. Dann komme ich zu euch und
werde Glück und Segen auf euch regnen lassen!‹
13 Aber ihr habt Unrecht eingepflügt und Verbrechen
geerntet; ihr habt die Frucht eurer Falschheit geges-
sen! Weil ihr eurem eigenen Kopf folgen wolltet und
euch auf die Zahl eurer Krieger verlassen habt, 14 wird
euer Volk Kriegslärm hören müssen und alle eure Fes-
tungen werden zerstört. Es ergeht euch wie der Stadt
Bet-Arbel, die von Schalman zerstört wurde; man zer-
schmetterte die Kinder und die Mütter dazu. 15 Das al-
les hat euch Bet-El eingebracht, wegen des schlimmen
Götzendienstes, den ihr dort getrieben habt! Kaum
dass die Sonne aufgegangen ist am Tag der Schlacht,
wird der König von Israel schon vernichtet sein.«

GOTTES LIEBE SIEGT ÜBER SEINEN ZORN

11 Der HERR sagt: »Als Israel noch jung war, ge-
wann ich es lieb. Aus Ägypten rief ich es als mei-
nen Sohn. 2 Immer wieder rief ich die Leute von Israel
durch meine Propheten, aber sie liefen von mir weg.
Sie schlachteten Tiere für den Baal und verbrannten
Opfer vor seinen Bildern. 3 Dabei war doch ich es, der
Efraïm die ersten Schritte gelehrt und es auf den Armen
getragen hatte. Aber sie erkannten nicht, dass ich mich
so um sie kümmerte. 4 Ich war zu ihnen wie jemand, der
sein Rind schonend am Strick zieht und es leitet; mit
Seilen der Liebe leitete ich sie. Ja, ich war zu ihnen wie
die Landleute, die ihrem Rind das Joch anheben, damit
es leichter fressen kann, die sich sogar bücken, um ihm
sein Futter hinzuhalten. 5 Deshalb hatten sie es nicht
nötig, wieder nach Ägypten zurückzukehren; aber zur
Strafe für ihren Undank werden nun die Assyrer über
sie herrschen. 6 In ihren Städten wird das Schwert wü-
ten und alle Schwätzer vernichten, die eigensinnige
Pläne schmieden. 7 Mein Volk kehrt nicht um und hält
an seiner Auflehnung gegen mich fest. Sie rufen zum
Baal, aber der kann ihnen nie und nimmer helfen! 8 Doch
wie könnte ich dich aufgeben, Efraïm, wie dich im Stich
lassen? Ich kann dich doch nicht vernichten, Israel, wie
die Städte Adma und Zebojim! Mein Entschluss hat sich
mir umgedreht, mit aller Macht ist die Reue in mir ent-
brannt. 9 Ich kann meinem glühenden Zorn nicht freien
Lauf lassen, ich kann Efraïm nicht noch einmal preisge-
ben! Denn ich bin Gott und nicht ein Mensch; ich, der
heilige Gott, komme, um dir zu helfen, und nicht, um
dich zu vernichten. 10 Die Verbannten werden hinter
mir herziehen. Wenn ich brülle wie ein Löwe, kommen
sie zitternd über das Meer im Westen. 11 Willig, mir zu
gehorchen, kommen sie aus Ägypten und aus Assyrien,
so wie eine Taube herbeigeflogen kommt. Ich bringe sie
wieder in ihre Heimat. Das sage ich, der HERR.«

ISRAEL SCHLÄGT SEINEM STAMMVATER NACH

12 Der HERR sagt: »Die Leute von Israel setzen mir zu
mit ihrem Lügen und Betrügen und auch die Leute
von Juda suchen immer noch etwas anderes neben mir,
ihrem heiligen Gott.« 2 Die Leute von Efraïm handeln so
töricht wie jemand, der den Wind einfangen möchte, ja
wie einer, der auch noch dem glühend heißen Ostwind
nachjagt. Sie treiben es täglich schlimmer mit ihrem
Lügen und Betrügen. Sie schließen mit den Assyrern
ein Bündnis gegen die Ägypter und gleichzeitig bringen
sie den Ägyptern das kostbarste Olivenöl als Geschenk.
3 Aber auch die Leute von Juda zieht der HERR zur Re-
chenschaft. Alle Nachkommen Jakobs muss er bestra-
fen, wie sie es mit ihren bösen Taten verdient haben.
4 Ihrem Stammvater schlagen sie nach, der schon im
Mutterleib seinen Bruder übervorteilte und als Mann
mit Gott gekämpft hat. 5 Er kämpfte mit dem Engel
Gottes und besiegte ihn, weil er ihm mit Bitten und
Tränen zusetzte. In Bet-El erschien ihm Gott und sagte
zu ihm: 6 »So gewiss ich der Gott bin, der alle Macht hat,
so wahr ich der HERR heiße: 7 Du wirst mit meiner Hilfe
wieder hierher zurückkehren. Aber halte dich an die
Liebe und an das Recht, hüte sie gut; und setze deine
Hoffnung immer auf mich, deinen Gott!« 8 Der HERR
sagt: »Ein Händlervolk bist du geworden, Efraïm, nach
dem Vorbild der Kanaaniter! Mit gefälschten Gewichts-
steinen betrügst du die Leute. 9 Du sagst: ›Ich bin reich
geworden und habe ein Vermögen verdient; daran ist
doch nichts Schlechtes. Niemand kann mir Betrug vor-
werfen!‹ 10 Aber ich bin der HERR, dein Gott, der dich
aus Ägypten geführt hat! Du wirst wieder in einfachen
Zelten wohnen müssen, wie du das jetzt nur noch wäh-
rend ein paar Festtagen tust. 11 Immer wieder redete
ich zu den Propheten und gab ihnen Offenbarungen;
durch meine Propheten kündigte ich warnend die kom-
menden Ereignisse an. 12 Aber sie wollten nicht hören:
Obwohl sie für den Götzendienst in Gilead so schwer
bestraft worden waren, opferten sie in Gilgal Stiere!
Darum werden ihre Altäre zerstört; wie die Steinhaufen
am Feldrand sollen sie werden.« 13 Jakob aber floh ins
Aramäerland; Israel, der Gotteskämpfer, wurde zum
Sklaven wegen einer Frau; einer Frau zuliebe hütete er
Schafe. 14 Der HERR dagegen führte Israel durch einen
Propheten aus Ägypten; durch einen Propheten hütete
er sein Volk. 15 Schwer beleidigt hat das Volk von Efraïm
seinen Herrn. Deshalb wird er es ihm heimzahlen; es
muss die Folgen seiner unerhörten Untaten tragen.

LETZTE ABRECHNUNG MIT ISRAEL

13 Der HERR sagt: »Wenn Efraïm redete, zitterten
alle; mächtig war dieser Stamm in Israel. Aber
dann ließ er sich mit dem Baal ein und verfiel dem
Tod. 2 Trotzdem luden die Leute von Efraïm auch wei-
terhin Schuld auf sich: Sie machten aus ihrem Silber
Götzenbilder, ein Werk von Menschenhänden. Sie
sagten: ›Wer Gott Opfer darbringen will, muss die

Stiere küssen!‹ 3 Darum werden sie so rasch und spurlos untergehen, wie eine Morgenwolke sich auflöst, wie der Tau verdunstet, die Spreu auf der Tenne vom Wind davongeblasen wird oder der Rauch aus der Luke zieht. 4 Aber ich bin der HERR, euer Gott, der euch aus Ägypten geführt hat! Für euch gibt es keinen anderen Gott, und keiner kann euch helfen außer mir. 5 Ich war es, der euch in der ausgedörrten Wüste am Leben erhalten hat. 6 Doch als es euch immer besser ging, wurdet ihr satt und überheblich und ihr vergaßt mich. 7-8 Darum bin ich euer Feind geworden: Wie ein Löwe oder Panther laure ich euch auf; ich falle euch an wie eine Bärin, der man die Jungen geraubt hat; ich zerfleische euch, ich reiße euch in Stücke, ich verschlinge euch. 9 Es ist dein Untergang, Israel, dass du dich gegen mich, deinen einzigen Helfer, gewandt hast. 10 Wo ist denn nun dein König, der dir helfen und deine Städte schützen sollte? Wo sind deine führenden Männer? Ihr habt gefordert: ›Gib uns einen König und Männer, die uns regieren!‹ 11 Da gab ich euch einen König im Zorn, und im Zorn nahm ich ihn wieder weg. 12 Ich vergesse die Schuld Efraïms nicht, sie ist wohlverschnürt und gut aufbewahrt! 13 Wenn dann der Tag der Entscheidung kommt, wird es ihm ergehen wie dem Kind im Mutterleib, das sich quer gelegt hat und den Ausgang nicht findet. 14 Ich denke nicht daran, euch vor dem Tod zu bewahren oder aus der Totenwelt loszukaufen. Tod, schicke deine Seuchen aus! Totenwelt, zeige deine Macht! Ich kenne kein Mitleid mehr. 15 Efraïm ist wie ein blühender Garten unter seinen Bruderstämmen; aber die Feinde werden darüber herfallen wie der sengende Ostwind aus der Wüste, der alle Quellen versiegen lässt. Ich selbst schicke sie. Sie werden euch ausplündern und alle eure Schätze wegschaffen.

14 Samaria wird dafür bestraft, dass es sich gegen seinen Gott aufgelehnt hat. Die Männer fallen im Kampf, die Kinder werden am Boden zerschmettert und den schwangeren Frauen schlitzt man den Leib auf.«

GOTT ÜBERWINDET ISRAELS AUFLEHNUNG

2 Ihr Leute von Israel, kehrt um zum HERRN, eurem Gott! Denn durch eure eigene Schuld seid ihr ins Unglück gestürzt. 3 Wendet euch an den HERRN, kommt zu ihm und sprecht: »Vergib uns unsere Schuld! Nimm unsere Gabe an! Wir bringen dir nicht Opfertiere, sondern unser Wort: 4 ›Wir suchen nicht mehr Hilfe bei den Assyrern, wir vertrauen nicht mehr auf unsere Pferde und Streitwagen, wir wollen nicht mehr das Machwerk unserer Hände als unseren Gott anrufen! Denn du hast Erbarmen mit dem, der keinen Beschützer hat.‹« 5 »Ich überwinde ihre Auflehnung gegen mich«, sagt der HERR. »Ich wende ihnen meine Liebe zu, obwohl sie es nicht verdient haben; ich will nicht länger zornig auf sie sein. 6 Ich will für Israel wie der Tau sein. Es wird blühen wie eine Lilie und seine Wurzeln tief einsenken wie eine Zeder; 7 es wird sich reich verzweigen wie ein prächtiger Ölbaum und duften wie die Zedern auf dem Libanon. 8 Die Israeliten werden wieder in meinem Schatten wohnen, sie werden Getreide aussäen, sie werden blühen und gedeihen wie die berühmten Weinstöcke am Abhang des Libanons. 9 Efraïm, wozu brauchst du noch deine Götzen? Ich bin es, der eure Bitten hört und freundlich auf euch blickt! Ich bin wie ein üppig grünender Baum; von meinen Früchten könnt ihr leben.«

EIN NACHWORT

10 Wer klug und einsichtig ist, der achte auf das, was in diesem Buch geschrieben steht! Die Gebote des HERRN weisen den Weg zu einem erfüllten Leben. Wer sie befolgt, kommt ans Ziel; aber wer sich gegen den HERRN auflehnt, kommt zu Fall.

DER PROPHET **JOËL**

BUCHÜBERSCHRIFT

1 In diesem Buch steht, was der HERR durch Joël, den Sohn Petuëls, verkünden ließ.

HEUSCHRECKEN UND DÜRRE SUCHEN JUDA HEIM

2 Hört her, ihr Alten und Erfahrenen, hört her, alle Leute im Land! Ist so etwas Unerhörtes schon einmal vorgekommen, zu euren Lebzeiten oder zur Zeit eurer Vorfahren? 3 Erzählt es euren Kindern, damit sie es ihren eigenen Kindern weitersagen und diese wieder der folgenden Generation! 4 Heuschrecken sind über die Felder hergefallen, Schwarm auf Schwarm; alles haben sie kahl gefressen. Was die einen übrig ließen, haben die nächsten verzehrt. 5 Wacht auf, ihr Betrunkenen, und weint! Heult, ihr Zecher alle, denn es wird keinen neuen Wein geben! 6 Ein Heer, das unbesiegbar und nicht zu zählen ist, hat unser Land überfallen. Sie haben Zähne wie Löwen. 7 Unsere Weinstöcke haben sie kahl gefressen und die Feigenbäume entlaubt, sogar die Rinde haben sie abgenagt und nur das nackte Holz übrig gelassen. 8 Weint und klagt wie eine Braut, die im Sack umhergeht, weil sie ihren Bräutigam verloren hat! 9-10 Die Felder sind verwüstet und ausgedörrt. Die Ernte ist vernichtet; niemand bringt mehr Korn, Öl und Wein als Speise- und Trankopfer in den Tempel des HERRN. Darum trauern die Priester, die den Opferdienst für den HERRN versehen. 11 Klagt über euer Unglück, ihr Bauern und Weingärtner! Es gibt weder Weizen noch Gerste, die ganze Ernte ist verloren. 12 Die Weinstöcke sind verdorrt, die Feigen- und Dattelbäume, die Granat- und Apfelbäume und alle

wild wachsenden Bäume im Land sind entlaubt. Die ganze Freude der Menschen welkt dahin. 13 Ihr Priester am Altar des HERRN, legt den Sack um die Hüften und klagt! Behaltet ihn auch bei Nacht an! Es gibt keine Speise- und Trankopfer mehr im Tempel eures Gottes. 14 Ruft einen Fasttag aus! Ordnet einen Bußgottesdienst an! Die Ältesten und das ganze Volk sollen sich im Tempel des HERRN, eures Gottes, versammeln und zu ihm um Hilfe rufen!

KLAGE DES PROPHETEN

15 Wehe, was steht uns bevor! Der Gerichtstag des HERRN naht heran. Er kommt mit vernichtender Gewalt von Gott, dem Gewaltigen. 16 Mit eigenen Augen mussten wir zusehen, wie unsere Nahrung vernichtet wurde. Darum sind Freude und Jubel im Haus unseres Gottes verstummt. 17 Die Saatkörner liegen vertrocknet unter den Erdschollen. Die Vorräte sind aufgebraucht, die Speicher verfallen; denn es gibt kein Korn mehr. 18 Brüllend irren die Rinder umher, weil sie kein Futter finden, und sogar die Schafherden leiden Not. 19 Zu dir, HERR, rufe ich um Hilfe! Die Gluthitze hat das Gras in der Steppe verzehrt und die Bäume auf dem Feld versengt. 20 Auch die wilden Tiere schreien zu dir; denn die Wasserläufe sind versiegt und das Gras ist verdorrt.

STEHT GOTTES GERICHTSTAG BEVOR?

2 Blast das Alarmhorn auf dem Zion, gebt Alarm auf dem heiligen Berg des HERRN! Zittert, ihr Bewohner des Landes! Der Tag, an dem der HERR Gericht hält, ist nahe! 2 Dunkel wie die Nacht ist dieser Tag, verhangen mit düsteren Wolken. So plötzlich, wie das frühe Morgenlicht sich über die Berge ausbreitet, fällt ein gewaltiges Heer von Feinden ins Land ein, das nicht zu zählen ist. Noch nie habt ihr so etwas erlebt und nie wieder wird es das geben in allen künftigen Generationen. 3 Vor ihnen her wütet Feuer und hinter ihnen lodern die Flammen. Bevor sie kommen, ist das Land blühend wie der Garten Eden, und wenn sie vorübergezogen sind, liegt es so trostlos da wie die Wüste. Nichts wird von ihnen verschont. 4 Sie sehen aus wie Pferde, sie rennen daher wie Rosse in der Schlacht. 5 Wenn sie über die Berggipfel springen, klingt es wie das Rasseln von Streitwagen, wie das Prasseln der Flammen, die ein Stoppelfeld verzehren. Sie sind wie ein kampfbereites Heer. 6 Bei ihrem Anblick winden sich die Völker vor Angst, alle Gesichter werden bleich. 7 Wie Sturmtruppen greifen sie an und erklettern die Mauern. Unbeirrbar gehen sie ihren Weg; keiner weicht einen Schritt davon ab 8 oder kommt dem Nebenmann in die Quere. Keine Waffe kann ihren Vormarsch aufhalten. 9 Sie überfallen die Stadt, erstürmen die Mauern, klettern wie Diebe durch die Fenster in alle Häuser. 10 Die Erde bebt und der Himmel zittert vor ihnen, Sonne und Mond verfinstern sich und die Sterne hören auf zu strahlen. 11 Der HERR selbst führt sie an, er gibt ihnen mit Donnerstimme Befehle. Das ganze riesengroße Heer vollstreckt seinen Willen. Schrecklich ist der Tag, an dem der HERR eingreift. Wer wird ihn überstehen?

HOFFNUNG AUF GOTTES GEDULD

12 »Aber selbst jetzt noch könnt ihr zu mir umkehren«, sagt der HERR. »Wendet euch mir zu von ganzem Herzen, fastet, weint und klagt! 13 Zerreißt eure Herzen und nicht eure Kleider!« Ja, kehrt um zum HERRN, eurem Gott! Ihr wisst doch: »Er ist voll Liebe und Erbarmen. Er hat Geduld, seine Güte kennt keine Grenzen. Das Unheil, das er androht – wie oft tut es ihm leid!« 14 Vielleicht tut es ihm auch diesmal leid und er lässt auf euren Feldern und Weinbergen wieder eine Ernte heranwachsen. Dann könnt ihr ihm, eurem Gott, wieder Korn und Wein als Opfer darbringen.

APPELL AN GOTTES ERBARMEN

15 Blast das Horn auf dem Zionsberg! Ruft einen Fasttag aus, ordnet einen Bußgottesdienst an! 16 Versammelt das Volk und sorgt dafür, dass es rein vor den HERRN tritt! Vom Säugling bis zum Greis sollen alle zusammenkommen. Selbst die Brautleute sollen aus der Hochzeitskammer kommen! 17 Die Priester, die Diener des HERRN, sollen auf dem Platz zwischen Tempel und Altar weinen und beten: »HERR, hab Erbarmen mit deinem Volk! Wir sind doch dein Eigentum! Tu uns nicht die Schande an, dass fremde Völker über uns herrschen. Lass nicht zu, dass Fremde über uns spotten und sagen: ›Wo ist nun ihr Gott?‹«

GOTT ANTWORTET

18 Da erwacht im HERRN die brennende Liebe für sein Land und das Erbarmen mit seinem Volk. 19 Er antwortet ihnen: »Verlasst euch darauf: Ich gebe euch so viel Korn, Wein und Öl, dass ihr euch daran satt essen könnt. Ihr werdet den Völkern nicht mehr zum Spott dienen. 20 Denn ich rette euch vor dem Feind aus dem Norden. Seine Vorhut treibe ich ins Tote Meer und seine Nachhut ins Mittelmeer; sein ganzes übriges Heer jage ich in die Wüste, wo es vernichtet wird. Die Leichen werden die Luft mit ihrem Gestank erfüllen. So bestrafe ich ihn für seine Prahlerei.« 21 Ihr Felder, habt keine Angst mehr, freut euch und jubelt! Der HERR hat Großes getan. 22 Ihr Tiere auf freiem Feld, habt keine Angst mehr! Die Weiden in der Steppe sind wieder grün. Auch die Bäume tragen wieder Frucht; Feigenbaum und Weinstock bringen reichen Ertrag. 23 Ihr Bewohner des Zionsberges, freut euch und jubelt über den HERRN, euren Gott! Er erweist euch seine Güte und schickt euch Regen wie zuvor, Frühregen im Herbst und Spätregen im Frühjahr. 24 Auf den Dreschplätzen häuft sich das Getreide und in der Kelter laufen die Wannen über von Most und Öl. 25 Der HERR sagt: »Ich habe mein großes Heer gegen euch geschickt. Aber jetzt ersetze ich euch die Ernten, die die Heuschreckenschwärme vernichtet haben. 26 Ihr werdet euch richtig satt essen können. Dann werdet ihr mich, euren Gott, preisen, weil ich solche Wunder für euch getan habe. Nie mehr werden die anderen Völker über mein Volk spotten. 27 Daran werdet ihr Leute von Israel erkennen, dass ich, der HERR, in eurer Mitte bin, dass ich euer Gott bin und sonst keiner. Nie mehr überlasse ich mein Volk der Schande.«

VORZEICHEN DES WELTGERICHTS

3 Weiter sagt der HERR: »Es kommt die Zeit, da werde ich meinen Geist ausgießen über alle Menschen. Eure Männer und Frauen werden dann zu Propheten; Alte und Junge haben Träume und Visionen. 2 Sogar über die Knechte und Mägde werde ich zu jener Zeit meinen Geist ausgießen. 3-4 Dann ist der große und schreckliche Tag nahe, an dem ich Gericht halte. Am Himmel und auf der Erde werden seine Vorzeichen zu sehen sein: Menschen liegen erschlagen in ihrem Blut, Flammen und Rauchwolken steigen auf; die Sonne verfinstert sich und der Mond wird blutrot. 5 Aber alle, die sich zu mir bekennen und meinen Namen anrufen, werden gerettet.« Dann wird geschehen, was der HERR angekündigt hat: »Auf dem Zionsberg in Jerusalem gibt es Rettung – und auch für alle, die unter die Völker zerstreut sind; denn ich rufe sie zurück.«

BESTRAFUNG DER FEINDE DES GOTTESVOLKES

4 Der HERR sagt: »Wenn die Zeit kommt, dass ich für Juda und Jerusalem alles wieder zum Guten wende, 2 werde ich alle Völker zusammenrufen und sie in das Tal führen, das den Namen trägt ›Der HERR richtet‹. Dort ziehe ich sie zur Rechenschaft für das, was sie meinem Volk Israel angetan haben, diesem Volk, das mein Eigentum ist. Sie haben es unter die Völker zerstreut, haben mein Land aufgeteilt 3 und seine Bewohner durchs Los unter sich verteilt. Mit einem Jungen hat man da für die Nacht bei einer Prostituierten bezahlt, ein Mädchen hat man für den Wein eines Zechgelages verkauft. 4 Ihr Leute von Tyrus und Sidon und ihr Philister alle, ihr wollt gegen mich vorgehen? Ihr wollt euch an mir rächen? Ich habe vielmehr Grund, mich an euch zu rächen! Im Handumdrehen lasse ich eure Untaten auf euch zurückfallen. 5 Ihr habt mein Silber und Gold weggenommen und meine kostbaren Schätze in eure Paläste gebracht. 6 Die jungen Männer aus Juda und Jerusalem habt ihr an die Griechen verkauft und weit weg von ihrer Heimat in die Fremde geschafft. 7 Aber ich rufe sie von dort zurück und lasse eure Untaten auf euch selbst zurückfallen. 8 Eure eigenen jungen Leute, die Männer und auch die Mädchen, werde ich dann den Leuten von Juda ausliefern und die werden sie weit weg in die Fremde, an die Leute von Saba, verkaufen. Ich habe es gesagt, ich, der HERR. 9 Ruft unter den Völkern aus: ›Rüstet euch zum Kampf! Stellt eure Truppen auf! Lasst alle eure wehrfähigen Männer antreten und marschieren! 10 Schmiedet aus euren Pflugscharen Schwerter, macht aus euren Winzermessern Speerspitzen! Noch der Schwächste soll erklären: Ich kämpfe wie ein Löwe! 11 Kommt her, ihr Völker, kommt von allen Seiten!‹« Und wenn sie dort versammelt sind, dann lass, HERR, deine starken Engel gegen sie antreten! 12 »So sollen die Völker aufgeboten werden und in das Tal mit dem Namen ›Der HERR richtet‹ ziehen. Dort werde ich auf dem Richterstuhl sitzen und sie zur Rechenschaft ziehen, alle die Völker ringsum. 13 Nehmt die Sichel, die Ernte ist reif! Tretet die Kelter, sie ist bis zum Rand gefüllt! Das Maß ist voll; die Schuld der Völker ist riesengroß.«

DIE KÜNFTIGE HERRLICHKEIT JUDAS UND JERUSALEMS

14 Ich höre den Lärm riesiger Heere im Tal des Gerichts. Der Tag ist nahe, an dem der HERR dort mit den Völkern abrechnet. 15 Sonne und Mond verfinstern sich und die Sterne hören auf zu strahlen. 16 Wie Löwengebrüll, wie Donnergrollen schallt vom Zionsberg in Jerusalem die Stimme des HERRN und lässt Himmel und Erde erzittern. Doch für sein Volk Israel ist der HERR eine sichere Zuflucht und eine schützende Burg. 17 »Dann – sagt der HERR – werdet ihr erkennen, dass ich euer Gott bin. Auf dem Zion wohne ich, meinem heiligen Berg, und Jerusalem wird unantastbar sein; nie mehr werden Fremde dort eindringen.« 18 Der HERR sagt: »Zu jener Zeit werden die Berge von Wein triefen und die Hügel von Milch und die Bäche Judas werden das ganze Jahr über Wasser führen. An meinem Tempel wird eine Quelle entspringen, die auch noch das trockenste Tal bewässert. 19 Ägypten und Edom aber werden zur Wüste werden als Strafe für die Verbrechen, die ihre Männer in Juda begangen haben. Sie haben dort unschuldige Menschen getötet. 20 Aber Juda soll für alle Zeiten bewohnt bleiben und Jerusalem für immer bestehen. 21 Ich erkläre ihre Bewohner für unschuldig, was ich früher nicht getan habe; niemand wird ungestraft bleiben, der ihr Leben antastet. Denn auf dem Zionsberg wohne ich, der HERR!«

DER PROPHET **AMOS**

BUCHÜBERSCHRIFT

1 In diesem Buch steht, was Amos, einem Viehzüchter aus dem Dorf Tekoa, vom HERRN offenbart worden ist. Er empfing die hier aufgeschriebenen Worte als Botschaft für das Reich Israel zwei Jahre vor dem großen Erdbeben, als in Juda König Usija regierte und in Israel Jerobeam, der Sohn Joaschs. 2 Amos sagte: Wie Löwengebrüll und Donnergrollen schallt es vom Zionsberg in Jerusalem her. Dort wohnt der HERR, im Zorn erhebt er die Stimme; da vertrocknen die saftigen Weiden, selbst der Wald auf dem Gipfel des Karmels verdorrt.

ISRAELS NACHBARVÖLKER HABEN GOTTES STRAFGERICHT ZU ERWARTEN …

3 Hört, was der HERR sagt: »Die Leute von *Damaskus* haben Verbrechen auf Verbrechen gehäuft. Sie haben Gilead so grauenvoll verwüstet, als hätte man es mit eisernen Dreschschlitten gedroschen. Darum

verschone ich sie nicht. 4 Ich lege Feuer an die befestigten Paläste, die ihre Könige Hasaël und Ben-Hadad gebaut haben. 5 Ich zerbreche die Riegel an den Toren von Damaskus und gebe die Stadt ihren Feinden preis, auch die Herrscher von Bikat-Awen (Unrechtstal) und Bet-Eden (Lusthausen) bringe ich um. Die Bevölkerung von ganz Syrien wird nach Kir verschleppt. Das sage ich, der HERR.« 6 Hört, was der HERR sagt: »Die Leute von *Gaza* haben Verbrechen auf Verbrechen gehäuft. Sie haben ganze Dörfer entvölkert und ihre Bewohner an die Edomiter verkauft. Darum verschone ich sie nicht. 7 Ich lege Feuer an die Mauern von Gaza, damit es seine Prachtbauten verzehrt. 8 Auch die Herrscher von Aschdod und Aschkelon bringe ich um, die Stadt Ekron bekommt meine Hand zu spüren. Und der ganze Rest der Philister wird auch umkommen. Das sage ich, der HERR.« 9 Hört, was der HERR sagt: »Die Leute von *Tyrus* haben Verbrechen auf Verbrechen gehäuft. Sie haben den Freundschaftsbund mit Israel gebrochen und die Bewohner ganzer Dörfer an die Edomiter verkauft. Darum verschone ich sie nicht. 10 Ich lege Feuer an die Mauern von Tyrus, damit es seine Prachtbauten verzehrt.« 11 Hört, was der HERR sagt: »Die Leute von *Edom* haben Verbrechen auf Verbrechen gehäuft. Den Israeliten, die doch ihr Brudervolk sind, haben sie erbarmungslos mit dem Schwert nachgestellt und den Hass immer aufs Neue geschürt. Darum verschone ich sie nicht. 12 Ich schicke Feuer in ihr Land, damit es die Prachtbauten von Bozra verzehrt.« 13 Hört, was der HERR sagt: »Die Leute von *Ammon* haben Verbrechen auf Verbrechen gehäuft. Als sie ihr Gebiet zu erweitern suchten, haben sie in der Landschaft Gilead sogar schwangeren Frauen den Leib aufgeschlitzt. Darum verschone ich sie nicht. 14 Ich lege Feuer an die Mauern ihrer Hauptstadt Rabba, damit es die Prachtbauten verzehrt. Das Kriegsgeschrei dröhnt, wie ein brausender Sturm tobt die Schlacht, wenn das geschieht. 15 Der Ammoniterkönig muss mit allen führenden Männern in die Verbannung. Das sage ich, der HERR.«

2 Hört, was der HERR sagt: »Die Leute von *Moab* haben Verbrechen auf Verbrechen gehäuft. Sie haben die Gebeine des Edomiterkönigs zu Asche verbrannt. Darum verschone ich sie nicht. 2 Ich schicke Feuer in ihr Land, damit es die Prachtbauten von Kerijot verzehrt. Ihre Männer fallen in der tosenden Schlacht, unter dem Kriegsgeschrei und dem Lärm der Kriegshörner ihrer Feinde. 3 Ihren Herrscher und alle führenden Männer bringe ich um. Das sage ich, der HERR.« 4 Hört, was der HERR sagt: »Die Leute von *Juda* haben Verbrechen auf Verbrechen gehäuft. Sie haben mein Gesetz missachtet, meine Gebote übertreten und sich von falschen Göttern verführen lassen, genau wie ihre Vorfahren. Darum verschone ich sie nicht. 5 Ich schicke Feuer in das Land, damit es die Prachtbauten Jerusalems verzehrt.«

… ABER ISRAEL ERST RECHT!

6 Hört, was der HERR sagt: »Auch ihr Leute von *Israel* habt Verbrechen auf Verbrechen gehäuft! Darum verschone ich euch nicht. Ihr verkauft ehrliche Leute als Sklaven, nur weil sie ihre Schulden nicht bezahlen können, ja ihr verkauft einen Armen schon, wenn er euch eine Kleinigkeit wie ein Paar Sandalen schuldet. 7 Ihr giert sogar nach der Asche auf dem Kopf der Verzweifelten und wendet jeden Trick an, um die Schwachen um ihr Recht zu bringen. Vater und Sohn missbrauchen dasselbe Mädchen. Mit all dem befleckt ihr meinen heiligen Namen. 8 Neben jedem Altar streckt ihr euch auf Kleidern aus, die ihr den Armen als Pfand abgenommen habt; in euren Heiligtümern trinkt ihr Wein, den ihr als Ersatz für nicht bezahlte Schulden eingefordert habt. 9 Dabei habe ich doch euretwegen die Amoriter vernichtet. Sie waren so groß wie Zedern und so stark wie Eichen, aber ich habe sie mit Stumpf und Stiel ausgerottet. 10 Ich habe euch aus Ägypten befreit und euch vierzig Jahre lang durch die Wüste geführt, bis ihr das Land der Amoriter in Besitz nehmen konntet. 11 Als meine Zeugen habe ich aus eurer Mitte Propheten berufen und Männer, die sich mir geweiht haben. So ist es doch, ihr Leute von Israel!«, sagt der HERR. 12 »Aber meinen Geweihten habt ihr Wein zu trinken gegeben und den Propheten habt ihr verboten, in meinem Namen zu sprechen. 13 Ich werde euch bestrafen, dass ihr ächzt und stöhnt wie ein überladener Erntewagen. 14-15 Auch der Schnellste kann dann nicht mehr entkommen, dem Stärksten nützt seine Kraft und dem Mutigsten sein Mut nichts. Die Bogenschützen werden überrannt, bevor sie einen Pfeil abschießen können, auch die Besatzung der Streitwagen kann sich nicht mehr retten. 16 Selbst der Tapferste der Tapferen wird an jenem Tag alles wegwerfen und um sein Leben laufen. Das sage ich, der HERR.«

DAS BEVORZUGTE VOLK

3 Hört her, ihr Leute von Israel! Ihr seid das Volk, das der HERR aus Ägypten herausgeführt hat. Er lässt euch sagen: 2 »Von allen Völkern der Erde habe ich euch allein ausgewählt. Deshalb wiegt eure Schuld so schwer und ich muss euch dafür zur Rechenschaft ziehen.«

DER PROPHET HAT KEINE WAHL

3 Gehen zwei Männer miteinander denselben Weg, wenn sie sich nicht vorher getroffen haben? 4 Brüllt der Löwe im Wald, wenn er kein Beutetier vor sich sieht? Lässt der Junglöwe sein Knurren hören, wenn er kein Opfer in den Krallen hat? 5 Geht der Vogel ins Netz, wenn kein Köder ausgelegt ist? Schnappt die Falle zu, wenn sich nichts darin gefangen hat? 6 Bläst man Alarm in der Stadt und es fährt niemand zusammen? Trifft ein Unglück die Stadt und der HERR hat es nicht geschickt? 7-8 Der Löwe brüllt – wer fürchtet sich nicht? Der HERR, der mächtige Gott, redet – wer wird da nicht zum Propheten? Der HERR, der mächtige Gott, tut nichts, ohne dass er es zuvor seine Diener, die Propheten, wissen lässt.

DER UNTERGANG SAMARIAS

9 Der HERR sagt: »Lasst vor den Palästen in der Philisterstadt Aschdod und in Ägypten ausrufen: ›Kommt,

versammelt euch auf den Bergen rings um die Stadt Samaria und seid Zeugen dafür, wie dort Unterdrückung und Gewalt an der Tagesordnung sind! 10 Ihre Bewohner treten das Recht mit Füßen und häufen in ihren Häusern Schätze auf, die sie mit Raub und Mord an sich gebracht haben.‹ 11 Deshalb kündige ich, der mächtige Gott, den Leuten von Samaria an: ›Feinde werden euer Land umzingeln, eure Befestigungen niederreißen und alle eure Häuser ausplündern. 12 Von den Israeliten, die in Samaria wohnen, wird genauso viel übrig bleiben wie von einem Lamm, das ein Löwe verschlingt. So wie ein Hirt gerade noch zwei Schenkelknochen oder einen Zipfel vom Ohr als Beweisstück rettet, so werden die feinen Leute ›gerettet‹, die sich in Samaria auf ihren Luxusbetten räkeln.‹« 13 Der HERR, der Gott und Herrscher der ganzen Welt, sagt: »Hört her und verkündet es den Nachkommen Jakobs: 14 ›Der Tag kommt, an dem ich die Leute von Israel für ihre Verbrechen bestrafen werde. Dann zerstöre ich die Altäre des Heiligtums in Bet-El, ihre Hörner werden abgebrochen am Boden liegen. 15 Ich lasse die prächtigen Häuser in Trümmer sinken, die Sommervillen und die Winterpaläste; die elfenbeingeschmückten und hoch aufgestockten Bauten werden dem Erdboden gleichgemacht.‹ Das sage ich, der HERR.«

GEGEN DIE REICHEN FRAUEN VON SAMARIA

4 Hört, ihr Frauen von Samaria, gut genährt und schön wie Baschans Kühe! Ihr unterdrückt die Schwachen und schindet die Armen. Ihr sagt zu euren Männern: »Los, schafft uns zu trinken herbei!« 2 Der HERR, der mächtige Gott, hat bei seinem heiligen Namen geschworen: »Die Zeit kommt, dass man euch mit Fanghaken herausholen wird, die Letzten von euch mit Fischangeln. 3 Eine nach der andern müsst ihr durch die nächste Bresche in der Mauer hinaus und sie werden euch in Richtung Hermon fortjagen. Das sage ich, der HERR!«

RELIGION UND VERBRECHEN BLÜHEN

4 »Kommt zum Heiligtum von Bet-El – und sündigt! Kommt zum Heiligtum von Gilgal – und begeht Verbrechen! Feiert am ersten Festtag eure Mahlopfer und am Tag darauf die Ablieferung eurer Zehnten! 5 Lasst gesäuertes Brot als Dankopfer in Rauch aufgehen und kündigt freiwillige Opfer an – so laut, dass alle es hören! So liebt ihr es doch, ihr Leute von Israel!« Das sagt der HERR, der mächtige Gott.

ISRAEL IST UNBELEHRBAR

6 Der HERR sagt: »Ich schickte euch eine Hungersnot, sodass es in euren Städten und Dörfern nichts mehr zu beißen gab. Das kam von mir! Trotzdem seid ihr nicht zu mir umgekehrt. 7 Ich hielt den Regen zurück, als die Felder ihn am nötigsten gebraucht hätten. Über der einen Stadt ließ ich es regnen, auf die andere fiel nicht ein Tropfen. Das eine Feld stand prächtig, während auf dem andern alles verdorrte. 8 Von überall her schleppten die Leute sich halb verdurstet zu einer Stadt, die noch Wasser hatte; aber es reichte nicht für so viele. Trotzdem seid ihr nicht zu mir umgekehrt«, sagt der HERR. 9 »Ich schickte euch Mehltau und Kornbrand; die meisten eurer Gärten und Weinberge, eurer Feigenbäume und Ölbäume fraßen die Heuschrecken kahl. Trotzdem seid ihr nicht zu mir umgekehrt«, sagt der HERR. 10 »Ich schickte euch die Pest wie einst den Ägyptern. Ich ließ eure jungen Männer im Kampf umkommen und gab eure Pferde den Feinden zur Beute. In euren Lagern ließ ich euch den Leichengestank in die Nase steigen. Trotzdem seid ihr nicht zu mir umgekehrt«, sagt der HERR. 11 »Ich ließ ganze Städte untergehen wie einst Sodom und Gomorra, nur ein paar Menschen überlebten die Katastrophe – so wie ein angekohltes Holzscheit gerade noch aus dem Feuer gerissen wird. Trotzdem seid ihr nicht zu mir umgekehrt«, sagt der HERR. 12 »Jetzt aber komme ich selbst und ziehe euch zur Rechenschaft. Macht euch bereit, mir gegenüberzutreten, ihr Leute von Israel!«

GOTT, DER MÄCHTIGE SCHÖPFER

13 Er hat die Berge geformt und die Winde geschaffen. Er verkündet den Menschen, was er vorhat. Er lässt den Tag zur Nacht werden; er schreitet über die höchsten Gipfel der Erde. »Der HERR, der Gott der ganzen Welt« ist sein Name!

GIBT ES NOCH RETTUNG FÜR ISRAEL?

5 (A) Hört die Totenklage, die ich über euch anstimme, ihr Leute von Israel: 2 Erschlagen liegt sie da, die Jungfrau Israel, und steht nie wieder auf! Verlassen liegt sie da in ihrem eignen Land und niemand hilft ihr mehr! 3 Denn der HERR, der mächtige Gott, sagt: »Wenn aus einer Stadt tausend Männer in den Kampf ziehen, kehren nur hundert zurück, und wenn hundert ausziehen, nur zehn. So wird es überall im ganzen Reich Israel sein.« (B) 4 Der HERR lässt den Leuten von Israel sagen: »Kommt zu mir, dann bleibt ihr am Leben! 5 Geht nicht nach Bet-El; denn Bet-El muss an den Bettelstab! Geht auch nicht nach Gilgal; denn Gilgal muss an den Galgen! Und geht erst recht nicht über die Grenze nach Beerscheba!« 6 Kommt zum HERRN, dann werdet ihr leben! Sonst wird er wie Feuer über die Nachkommen Josefs herfallen. Dieser Brand wird auch das Heiligtum von Bet-El fressen; niemand kann ihn löschen. (C) 7 Weh euch! Ihr tretet das Recht mit Füßen; ihr verdreht es, dass es bitter wird wie Galle! (D) 8 Er hat das Siebengestirn und den Orion geschaffen. Er lässt aus Dunkelheit Licht werden und aus Licht wieder Dunkelheit. Er ruft das Wasser aus dem Meer und lässt es auf die Erde herabregnen. »HERR« ist sein Name! 9 Er vernichtet die Mächtigen und zerstört ihre Festungen. (C) 10 Weh euch! Ihr hasst jeden, der in der Gerichtsversammlung die Wahrheit sagt und das Unrecht anprangert! 13 Deshalb handelt jeder klug, der in solch einer bösen Zeit schweigt und sich euch nicht ans Messer liefert. 11-12 Ich kenne eure Vergehen, eure zahllosen Verbrechen! Ihr beutet die Armen aus und verlangt von ihnen hohe Abgaben an

Korn. Ihr verfolgt ehrbare Bürger, nehmt Bestechungsgelder an und verweigert den Schutzlosen ihr Recht. Aber die Strafe lässt nicht auf sich warten: Ihr werdet eure neuen Häuser aus behauenen Steinen nicht bewohnen und den Wein aus euren neu angelegten Weinbergen nicht trinken. (B) 14 Kommt zurück zum Guten, wendet euch ab vom Bösen! Dann werdet ihr am Leben bleiben. Dann wird der HERR, der Gott der ganzen Welt, wirklich bei euch sein, wie ihr behauptet. 15 Hasst das Böse, liebt das Gute! Sorgt vor Gericht dafür, dass Recht Recht bleibt! Vielleicht wird dann der HERR, der Gott der ganzen Welt, denen gnädig sein, die von den Nachkommen Josefs übrig bleiben. (A) 16 Weil ihr das Recht mit Füßen tretet, kündigt der HERR, der Gott und Herrscher der ganzen Welt, euch an: »Auf allen Plätzen wird man Trauerlieder hören, in allen Gassen Weherufe. Die Landleute werden von den Feldern geholt, um die Toten zu beweinen; alle, die sich darauf verstehen, werden zur Totenklage herbeigerufen. 17 Selbst die Weinberge, in denen sonst Freude und Jubel herrschten, werden erfüllt sein von Klagegeschrei. Denn ich werde unter euch blutige Ernte halten. Das sage ich, der HERR!«

ISRAEL WIEGT SICH IN FALSCHER SICHERHEIT

18 Weh euch, die ihr den Tag herbeisehnt, an dem der HERR eingreift! Was erwartet ihr denn von diesem Tag? Finsternis wird er euch bringen und nicht Licht! 19 Es wird euch ergehen wie dem Mann, der vor einem Löwen davonläuft und auf einen Bären trifft, und wenn er glücklich das Haus erreicht hat und sich an die Wand lehnt, beißt ihn eine Schlange. 20 Der Tag des HERRN bringt Finsternis und nicht Licht, ein schwarzer Tag ist er; auch nicht einen Schimmer von Hoffnung lässt er euch.

GOTTESDIENST ERSETZT NICHT GERECHTES HANDELN

21 Der HERR sagt: »Ich hasse eure Feste und kann eure Feiern nicht ausstehen. 22 Eure Brandopfer und Speiseopfer sind mir zuwider; das gemästete Vieh, das ihr für das Opfermahl schlachtet, kann ich nicht mehr sehen. 23 Hört auf mit dem Geplärr eurer Lieder! Euer Harfengeklimper ist mir lästig! 24 Sorgt lieber dafür, dass jeder zu seinem Recht kommt! Recht und Gerechtigkeit sollen das Land erfüllen wie ein Strom, der nie austrocknet. 25 Habe ich von euch Israeliten während der vierzig Wüstenjahre vielleicht Mahlopfer und Speiseopfer verlangt? 26 Habt ihr damals schon die Götzenbilder eures Himmelskönigs Sakkut und eures Sterngottes Kewan herumgetragen, wie ihr es jetzt tut? 27 Ihr könnt euch darauf verlassen: Ich werde euch in die Verbannung führen, noch über Damaskus hinaus.« Das sagt der HERR, der Gott der ganzen Welt.

DIE SCHULD DER FÜHRENDEN KREISE

6 Weh euch, ihr Sorglosen auf dem Berg Zion! Ihr Selbstsicheren auf dem Berg von Samaria! Ihr Vornehmen Israels, des ersten aller Völker, bei denen die Leute Rat und Hilfe suchen! 2 Geht doch in die Stadt Kalne, geht in die große Stadt Hamat und in die Philisterstadt Gat! Seid ihr vielleicht besser gerüstet als diese Königreiche? Oder ist euer Gebiet so viel kleiner als das ihre, dass ihr denkt, die Assyrer werden sich nichts daraus machen? 3 Ihr meint, das Unheil sei noch fern – dabei habt ihr ein System der Unterdrückung und Ausbeutung eingeführt! 4 Ihr räkelt euch auf euren elfenbeinverzierten Polsterbetten und esst das zarte Fleisch von Lämmern und Mastkälbern. 5 Ihr grölt zur Harfe und bildet euch ein, ihr könntet Lieder machen wie David. 6 Ihr trinkt den Wein kübelweise und verwendet die kostbarsten Parfüme; aber dass euer Land in den Untergang treibt, lässt euch kalt. 7 Deshalb sagt der HERR, der Gott der ganzen Welt: »Ihr müsst als Erste in die Verbannung gehen und eure Gelage nehmen ein jähes Ende.«

DIE ZERSTÖRUNG SAMARIAS

8 Der HERR, der Gott der ganzen Welt, sagt: »Der Hochmut der Nachkommen Jakobs ist mir zuwider, ich hasse ihre prächtigen Paläste. Deshalb gebe ich Samaria dem Untergang preis mit allen seinen Bewohnern. Das habe ich, der mächtige Gott, bei mir selbst geschworen. 9 Wenn irgendwo in einem Haus noch zehn Menschen übrig geblieben sind – auch sie müssen sterben. 10 Und wenn im hintersten Winkel eines Hauses ein Überlebender sitzt und es kommt ein Verwandter, um die Toten zur Bestattung aus dem Haus zu holen, und fragt ihn: ›Lebt hier noch jemand außer dir?‹, und er antwortet: ›Niemand‹; dann wird der andere sagen: ›Pst! Erwähne nur nicht den Namen des HERRN, sonst merkt er, dass hier noch jemand lebt!‹« 11 Der HERR wird einen Befehl geben und dann werden die Häuser und Paläste in Trümmer geschlagen, die großen wie die kleinen.

DIE STRAFE FÜR UNRECHT UND SELBSTÜBERHEBUNG

12 Fährt man mit Ross und Wagen über Felsblöcke oder pflügt mit Rindern das Meer? Ihr aber habt das Recht in tödliches Gift verwandelt; und was ihr Gerechtigkeit nennt, ist bitter wie Galle. 13 Ihr bildet euch etwas darauf ein, dass ihr die Stadt Lo-Dabar erobert habt. Ihr prahlt: »Wir haben Karnajim eingenommen, das haben wir aus eigener Kraft geschafft!« 14 Aber der HERR, der Gott der ganzen Welt, sagt: »Ich werde gegen euch Israeliten ein Volk aufbieten, das wird euer Land in Besitz nehmen und euch unterdrücken von Lebo-Hamat im Norden bis zum Toten Meer.«

DREI VISIONEN: DIE STRAFE IST UNABWENDBAR

7 Hört, was der HERR, der mächtige Gott, mich schauen ließ: Ich sah, wie er einen Heuschreckenschwarm schuf. Es war nicht lange, nachdem das Gras für den König gemäht worden war; die Sommersaat ging gerade auf. 2 Die Heuschrecken machten sich daran, alles Grün aufzufressen. Da sagte ich: »HERR, du mächtiger Gott, vergib doch deinem Volk! Wie kann es sonst überleben? Es ist ja so klein!« 3 Dem HERRN tat

es leid und er sagte: »Gut, es soll nicht geschehen.«
4 Dann ließ der HERR, der mächtige Gott, mich etwas
anderes sehen: Er rief eine Gluthitze herbei, die zehrte
alles Wasser auf. Als sie anfing, auch das Ackerland
zu verzehren, 5 sagte ich: »HERR, du mächtiger Gott,
halt doch ein! Wie kann dein Volk sonst überleben? Es
ist ja so klein!« 6 Dem HERRN tat es leid und er sagte:
»Gut, es soll nicht geschehen.« 7 Dann ließ der HERR
mich wieder etwas anderes sehen: Er selbst stand
auf einer Mauer aus Zinn und hielt einen Klumpen
Zinn in der Hand. 8 Er fragte mich: »Amos, was siehst
du?« »Einen Zinnklumpen«, antwortete ich. Da sagte
er: »Ja, ich werfe einen Zinnklumpen mitten in mein
Volk Israel! Ich werde es jetzt nicht mehr verschonen.
9 Die Opferstätten der Nachkommen Isaaks und die
Staatsheiligtümer Israels sollen verwüstet werden und
gegen das Königshaus Jerobeams werde ich mit dem
Schwert vorgehen.«

AMOS WIRD AUS DEM REICH ISRAEL AUSGEWIESEN

10 Amazja, der oberste Priester in Bet-El, ließ Jerobeam,
dem König des Reiches Israel, melden: »Amos zettelt
mitten in Israel eine Verschwörung gegen dich an! Was
er redet, ist unerträglich. 11 Er hat gesagt: ›Jerobeam
wird durchs Schwert umkommen und das Volk Israel
wird aus seinem Land in ein anderes verschleppt.‹«
12 Zu Amos aber sagte Amazja: »Du Prophet, flieh von
hier und geh nach Juda! Rede dort als Prophet; sie
werden dir dort sicher zu essen geben. 13 Hier in Bet-El
darfst du nicht mehr auftreten; denn dies ist ein Reichs-
heiligtum, das dem König von Israel gehört.« 14 Amos
erwiderte: »Ich bin kein berufsmäßiger Prophet und
gehöre auch zu keiner Prophetengemeinschaft. Ich
bin unabhängig; ich besitze Rinder und Maulbeer-
feigenbäume. 15 Aber der HERR hat mich von meiner
Herde weggeholt und gesagt: ›Geh und rede als
Prophet zu meinem Volk Israel!‹ 16 So höre nun das
Wort des HERRN! Du sagst: ›Rede nicht als Prophet
gegen Israel; verkünde den Nachkommen Isaaks keine
Drohbotschaften!‹ 17 Deshalb sagt der HERR: ›Deine
Frau wird hier in der Stadt zur Hure gemacht, deine
Söhne und Töchter werden im Krieg umkommen, dein
Grundbesitz wird verteilt und du selbst wirst in der
Fremde sterben, in einem unreinen Land.‹ Denn das
Volk Israel muss sein Land verlassen und in die Ver-
bannung gehen.«

ERNEUTE VISION VOM KOMMENDEN STRAFGERICHT

8 Noch etwas ließ der HERR, der mächtige Gott,
mich sehen: einen Erntekorb voll Obst. 2 Er fragte
mich: »Amos, was siehst du?« Ich antwortete: »Einen
Korb mit reifem Obst.« Da sagte der HERR: »Ja, reif ist
mein Volk – zum Gericht! Ohne Erbarmen will ich alles
abernten. 3 Dann werden die Sängerinnen im Königs-
palast Klagelieder anstimmen. An allen Orten liegen
Leichen herum, niemand begräbt sie, überall Totenstil-
le.« Das sagt der HERR, der mächtige Gott.

GEGEN UNRECHT UND AUSBEUTUNG

4 Hört her, ihr Unterdrücker und Ausbeuter! Euer gan-
zes Tun zielt darauf ab, die Armen im Land zu ruinieren!
5 Ihr sagt: »Wann ist endlich das Neumondfest vorbei,
wann ist endlich der Sabbat vorüber? Dann können
wir unsere Speicher öffnen und Korn verkaufen, das
Getreidemaß kleiner machen und das Gewicht, mit
dem wir das Silber zur Bezahlung abwiegen, größer,
die Waagbalken verstellen 6 und sogar noch den Abfall
mit Gewinn loswerden.« Die Armen macht ihr zu euren
Sklaven, auch wenn sie euch nur ein Paar Sandalen
schulden. 7 Aber der HERR, auf den ihr Nachkommen
Jakobs so stolz seid, hat geschworen: »Nie werde ich
ihnen diese Untaten verzeihen!« 8 Wen wundert es
da, dass die Erde bebt und alle ihre Bewohner erschre-
cken? Sie hebt und senkt sich wie der Nil in Ägypten.

DER TAG DES GERICHTS: GOTT SCHWEIGT

9 »An jenem Tag geht die Sonne am Mittag unter und
am helllichten Tag wird es finster«, sagt der HERR, der
mächtige Gott. 10 »Ich verwandle eure Freudenfeste in
Leichenfeiern; statt fröhliche Lieder zu singen, werdet
ihr weinen und klagen. Ihr werdet euch die Köpfe kahl
scheren und den Sack um die Hüften binden und so
verzweifelt klagen wie beim Tod des einzigen Sohnes.
Das Ende dieses Tages wird bitter und trostlos sein!«
11 Weiter sagt der HERR, der mächtige Gott: »Es kommt
die Zeit, da werde ich eine Not über das Land kommen
lassen, die schlimmer ist als Hunger und Durst: Die Leute
werden nicht nach Brot hungern oder nach Wasser lech-
zen, sondern verzweifelt darauf warten, von mir das ret-
tende Wort zu hören. 12 Sie werden im Land umherirren,
vom Toten Meer bis zum Mittelmeer und vom Norden
bis zum Osten. Überall werden sie nach einem Wort des
HERRN fragen, aber keines zu hören bekommen. 13 An je-
nem Tag werden selbst die blühenden jungen Mädchen
und die kräftigen jungen Männer verdurstet umsinken.
14 Sie werden fallen und nicht mehr aufstehen – alle, die
bei dem abscheulichen Götzen von Samaria schwören
oder beim Pilgerweg nach Beerscheba oder die sagen:
›So gewiss dein Gott lebt, Dan!‹«

EINE LETZTE VISION: NIEMAND ENTRINNT DEM GERICHT

9 Ich sah den Herrn in Bet-El riesengroß am Altar
vor dem Tempel stehen. Er gab einem Engel den
Befehl: »Schlag auf die Kapitelle der Tempelsäulen,
dass der ganze Bau bis in die Fundamente erzittert!
Zerschmettere die Säulen, dass sie diesen Leuten auf
den Kopf fallen! Und wer das überlebt, soll durch das
Schwert des Feindes umkommen. Niemand wird sich
retten können, niemand mit dem Leben davonkom-
men. 2 Selbst wenn sie sich in der Totenwelt vergraben,
ich werde sie von dort zurückholen; selbst wenn sie in
den Himmel hinaufsteigen, ich werde sie von dort her-
unterholen. 3 Verstecken sie sich auf dem Berg Karmel,
so werde ich sie auch dort ausfindig machen; verber-
gen sie sich auf dem Meeresboden, so befehle ich der
Seeschlange, sie zu beißen. 4 Und wenn sie von ihren

Feinden in die Verbannung geführt werden, lasse ich sie dort mit dem Schwert umbringen. Ich behalte sie im Auge, aber nicht, um ihnen zu helfen, sondern um sie zu vernichten.«

GOTT DER SCHÖPFER UND RICHTER

5 Der HERR, der Herrscher über die ganze Welt: berührt er die Erde, so bebt sie, sie hebt und senkt sich wie der Nil in Ägypten, und überall trauern ihre Bewohner um die Opfer, die unter den Trümmern begraben sind. 6 Er hat über der Erde das Himmelsgewölbe errichtet und sich droben im Himmel seine Wohnung gebaut. Er ruft das Wasser aus dem Meer und lässt es auf die Erde herabregnen. »HERR« ist sein Name!

ES GIBT KEIN SONDERRECHT FÜR ISRAEL

7 Der HERR sagt: »Meint ihr Israeliten, ihr wärt in meinen Augen etwas Besseres als die Leute von Kusch, die am Ende der Welt wohnen? Gewiss, ich habe euch aus Ägypten herausgeführt, aber ebenso die Philister aus Kreta und die Syrer aus Kir. 8 Ich, der HERR, der mächtige Gott, sehe genau, was man in Israel, diesem verdorbenen Königreich, treibt. Deshalb lasse ich es spurlos von der Erde verschwinden. Aber ich werde die Nachkommen Jakobs nicht völlig ausrotten, das verspreche ich, der HERR. 9 Ich werde den Befehl geben, sie zu sichten. – Das wird geschehen, wenn sie unter alle Völker zerstreut werden. – Die Schuldigen werden ausgesiebt, so wie man verunreinigtes Korn im Sieb schüttelt, bis nur noch die Steine zurückbleiben. 10 Alle, die jetzt so selbstsicher sagen: ›Du, HERR, wirst kein Unglück an uns herankommen lassen‹, werden dann durch das Schwert des Feindes umkommen.«

DIE WIEDERHERSTELLUNG ISRAELS NACH DER KATASTROPHE

11 Der HERR sagt: »Es kommt der Tag, an dem ich die verfallene Hütte Davids wieder aufrichten werde. Ich maure die Risse zu und ziehe die eingestürzten Mauern hoch, sodass das Haus Davids in alter Pracht wieder ersteht. 12 Die Leute von Israel werden dann den Überrest von Edom in Besitz nehmen und ebenso alle Nachbarländer, über denen einst mein Name ausgerufen wurde. Ich, der HERR, sage das und werde es auch tun. 13 Es kommt eine Zeit – sagt der HERR –, da werden die Schnitter schon zur Ernte antreten, kaum dass der Pflüger seine Arbeit beendet hat, und an die Weinlese schließt sich sogleich die nächste Aussaat. Es wird so viele Trauben geben, dass ihr Saft die Berge und Hügel herabfließt. 14 Dann werde ich für mein Volk alles wieder zum Guten wenden. Die Leute von Israel werden die zerstörten Städte wieder aufbauen und auch darin wohnen, sie werden Weinberge anpflanzen und den Wein davon trinken, werden Gärten anlegen und essen, was darin wächst. 15 Ich werde mein Volk wieder in das Land einpflanzen, das ich ihm gegeben habe, sodass es niemand mehr herausreißen kann.« Das sagt der HERR, euer Gott.

DER PROPHET **OBADJA**

BUCHÜBERSCHRIFT

1a Hier ist aufgeschrieben, was der HERR dem Propheten Obadja offenbart hat.

GOTTES STRAFGERICHT ÜBER DIE EDOMITER

1b Der HERR, der mächtige Gott, hat sein Wort gegen Edom gesprochen, wir haben es gehört; durch einen Boten ließ er unter den Völkern verkünden: »Auf, wir ziehen gemeinsam gegen die Edomiter! Auf zum Kampf!« 2 Zu Edom aber sagte der HERR: »Ich mache dich zum letzten der Völker, alle werden dich verachten. 3 Du bildest dir ein, du seist unbesiegbar, weil du in Felsklüften wohnst, auf unzugänglicher Höhe. Du denkst: ›Mich kann keiner hier herunterholen!‹ 4 Aber wenn du dein Nest auch so hoch anlegst wie der Adler, wenn du es selbst zwischen die Sterne am Himmel setzt – ich, der HERR, stürze dich in die Tiefe. 5 Diebe und Räuber werden im Schutz der Nacht bei dir eindringen und nach Herzenslust plündern, Winzer werden über dich kommen, die für eine Nachlese nichts übrig lassen. Was wird dir dann bleiben? 6 Dein ganzes Land wird durchsucht, alle deine versteckten Schätze werden aufgespürt. 7-8 Alle deine Verbündeten lassen dich im Stich, deine eigenen Freunde, die dein Brot essen, fallen dir in den Rücken, sie stellen dir Fallen. An jenem Tag – sagt der HERR – werde ich den weisen Leuten in Edom den Garaus machen, sodass es im Bergland Esaus niemand mehr gibt, der Rat weiß; es gibt dann in Edom keinen Verstand mehr. 9-10 Die tapferen Krieger aus Teman werden von Angst gepackt, deshalb wird keiner im Bergland Esaus mit dem Leben davonkommen. Weil ihr euch mit Mord und Gewalttat an euren Brüdern, den Nachkommen Jakobs, vergangen habt, werdet ihr Edomiter mit Schande bedeckt und für immer ausgelöscht werden.« 11 Ihr habt dabeigestanden, als Fremde in Jerusalem eindrangen und seine Bewohner unter sich verlosten, als sie Menschen und Besitz mit sich wegschleppten. Ihr habt mit ihnen gemeinsame Sache gemacht! 12-13 Weidet euch nicht am Unglück eurer Brüder! Seht nicht schadenfroh ihrem Untergang zu! Spottet nicht über ihre Qualen! Nutzt ihre Niederlage nicht aus, dringt nicht auch noch in die eroberte Stadt ein! Wenigstens ihr solltet euch nicht an den Leiden der Leute von Juda ergötzen, euch nicht an ihrem Eigentum vergreifen, nachdem dieser entsetzliche Unglückstag über sie hereingebrochen ist, ein Tag des Untergangs und der Verzweiflung. 14 Aber ihr stellt euch sogar an den Fluchtwegen auf,

ihr erschlagt die Entkommenen oder liefert sie an ihre
Verfolger aus. 15b Das alles wird auf euch selbst zu-
rückfallen. Was ihr euren Brüdern angetan habt, wird
euch selber angetan!

DIE RETTUNG ISRAELS

15a »Der Tag ist nahe, an dem ich über alle Völker
Gericht halte«, sagt der HERR. 16 »Wie ihr Leute von
Juda auf meinem heiligen Berg aus dem Becher meines
Zorns trinken musstet, so werden dann die übrigen
Völker ohne Ende daraus trinken müssen. Sie sollen
so spurlos verschwinden, als wären sie nie gewesen.
17 Aber für euch gibt es Rettung auf dem Berg Zion;
dieser Berg wird ein heiliger Ort sein. Ihr Nachkommen
Jakobs werdet das Land der Völker in Besitz nehmen,
die euch das eure geraubt hatten. 18 Die Leute von Juda
und Israel werden dann wie Feuer sein und die Leute
von Edom wie Stroh, das vom Feuer verzehrt wird. Von
den Nachkommen Esaus wird niemand sein Leben ret-
ten. Ich habe es gesagt, ich, der HERR.« 19 Die Judäer
aus der Steppe im Süden werden dann das edomitische
Bergland in Besitz nehmen und die Judäer aus dem
westlichen Hügelland das Gebiet der Philister, die üb-
rigen Judäer aber das Gebiet von Efraïm mit der Stadt
Samaria und die Leute von Benjamin das Bergland Gi-
lead. 20 Die Verschleppten aus dem Reich Israel werden
das Land der Kanaaniter bis hinauf nach Sarepta be-
setzen und die Leute aus Jerusalem, die nach Sefarad
weggeführt worden sind, die Städte im Süden Judas.
21 Alle, die auf dem Berg Zion Zuflucht gefunden haben,
werden über das edomitische Bergland herrschen. So
wird der HERR seine Herrschaft antreten.

DER PROPHET **JONA**

DER PROPHET FLIEHT VOR SEINEM AUFTRAG

1 Das Wort des HERRN erging an Jona, den Sohn von
Amittai, er sagte zu ihm: 2 »Geh nach Ninive, der
großen Stadt, und kündige ihr mein Strafgericht an!
Ich kann nicht länger mit ansehen, wie böse die Leute
dort sind.« 3 Jona machte sich auf den Weg, aber in die
entgegengesetzte Richtung. Er wollte nach Tarschisch
in Spanien fliehen, um dem HERRN zu entkommen.
In der Hafenstadt Jafo fand er ein Schiff, das dorthin
segeln sollte. Er bezahlte das Fahrgeld und stieg ein.

DER HEBRÄER WIRD VON FREMDEN SEELEUTEN BESCHÄMT

4 Da schickte der HERR einen Sturm aufs Meer, der
war so heftig, dass das Schiff auseinanderzubrechen
drohte. 5 Die Seeleute hatten große Angst und jeder
schrie zu seinem Gott um Hilfe. Um die Gefahr für das
Schiff zu verringern, warfen sie die Ladung ins Meer.
Jona war nach unten gegangen, hatte sich hingelegt
und schlief fest. 6 Der Kapitän kam zu ihm herunter und
sagte: »Wie kannst du schlafen? Steh auf, rufe zu dei-
nem Gott! Vielleicht hilft er uns und wir müssen nicht
untergehen!« 7 Die Seeleute wollten durch das Los her-
ausfinden, wer an ihrem Unglück schuld sei. Da fiel das
Los auf Jona. 8 Sie bestürmten ihn mit Fragen: »Sag uns:
Warum sind wir in diese Gefahr geraten? Wer bist du
eigentlich? Was für Geschäfte treibst du? Zu welchem
Volk gehörst du, wo ist deine Heimat?« 9 Jona antwor-
tete: »Ich bin ein Hebräer und verehre den HERRN, den
Gott des Himmels, der Land und Meer geschaffen hat.«
10 Er sagte ihnen auch, dass er auf der Flucht vor dem
HERRN war. Da bekamen die Männer noch mehr Angst
und sie fragten ihn: »Wie konntest du das tun? 11 Was
sollen wir jetzt mit dir machen, damit das Meer sich
beruhigt und uns verschont?« Denn es war inzwischen
noch stürmischer geworden. 12 Jona sagte: »Werft mich
ins Meer, dann wird es sich beruhigen. Ich weiß, dass
dieser Sturm nur meinetwegen über euch gekommen
ist.« 13 Die Seeleute machten einen letzten Versuch,
durch Rudern das Land zu erreichen; doch sie schaff-
ten es nicht, denn der Sturm tobte immer heftiger. 14 Da
beteten sie zum HERRN: »HERR, strafe uns nicht, wenn
wir diesen Mann jetzt opfern müssen! Rechne uns sei-
nen Tod nicht als Mord an. Es war dein Wille, und alles,
was du willst, geschieht.« 15 Dann nahmen sie Jona und
warfen ihn ins Meer. Sofort wurde es ruhig. 16 Da packte
sie alle große Furcht vor dem HERRN. Sie schlachteten
ein Opfertier für ihn und machten ihm Versprechen für
den Fall ihrer Rettung.

EIN GEBET IN HÖCHSTER NOT

2 Der HERR aber ließ einen großen Fisch kommen,
der verschlang Jona. Drei Tage und drei Nächte
lang war Jona im Bauch des Fisches. 2 Dort betete er
zum HERRN, seinem Gott: // 3 »In meiner Not rief ich
zu dir, HERR, / und du hast mir geantwortet. / Aus
der Tiefe der Totenwelt schrie ich zu dir / und du
hast meinen Hilfeschrei vernommen. // 4 Du hattest
mich mitten ins Meer geworfen, / die Fluten umga-
ben mich; / alle deine Wellen und Wogen / schlugen
über mir zusammen. / 5 Ich dachte schon, / du hättest
mich aus deiner Nähe verstoßen, / deinen heiligen
Tempel würde ich nie mehr sehen. / 6 Das Wasser ging
mir bis an die Kehle. / Ich versank im abgrundtiefen
Meer, / Schlingpflanzen wanden sich mir um den
Kopf. / 7 Ich sank hinunter bis zu den Fundamenten
der Berge / und hinter mir schlossen sich die Riegel
der Totenwelt. / Aber du, HERR, mein Gott, / hast mich
lebendig aus der Grube gezogen. / 8 Als mir die Sinne
schwanden, dachte ich an dich / und mein Gebet drang
zu dir in deinen heiligen Tempel. / 9 Wer sich auf nich-
tige Götzen verlässt, / bricht dir die Treue. / 10 Ich aber
will dir danken / und dir die Opfer darbringen, / die
ich dir versprochen habe; / denn du, HERR, bist mein

Retter.« // 11 Da befahl der HERR dem Fisch, ans Ufer zu
schwimmen und Jona wieder auszuspucken.

DIE ERFOLGREICHE BUSSPREDIGT

3 Zum zweiten Mal erging das Wort des HERRN an
Jona, er sagte zu ihm: 2 »Geh nach Ninive, der gro-
ßen Stadt, und rufe dort aus, was ich dir auftrage!«
3 Diesmal gehorchte Jona dem HERRN und ging nach
Ninive. Die Stadt war ungeheuer groß; man brauchte
drei Tage, um vom einen Ende zum andern zu kommen.
4 Jona ging eine Tagesreise weit in die Stadt hinein, dann
stellte er sich hin und rief: »Noch vierzig Tage und Ninive
ist ein Trümmerhaufen!« 5 Die Leute von Ninive setzten
ihre Hoffnung auf Gott. Sie beschlossen zu fasten; und
alle, Reiche wie Arme, legten zum Zeichen der Reue den
Sack an. 6 Jonas Botschaft war nämlich dem König von
Ninive gemeldet worden. Der stieg von seinem Thron,
legte den Königsmantel ab, zog den Sack an und setzte
sich in die Asche. 7 Er ließ in der ganzen Stadt ausru-
fen: »Hört den Befehl des Königs und seiner Minister:
›Niemand darf etwas essen oder trinken, weder Mensch
noch Rind noch Schaf! 8 Menschen und Vieh sollen den
Sack anlegen und laut zu Gott rufen. Alle sollen von
ihrem bösen Weg umkehren und aufhören, Unrecht
zu tun. 9 Vielleicht lässt Gott sich umstimmen. Vielleicht
können wir seinen schweren Zorn besänftigen und er
lässt uns am Leben.‹« 10 Gott sah, dass sie sich von ih-
rem bösen Treiben abwandten. Da tat es ihm leid, sie
zu vernichten, und er führte seine Drohung nicht aus.

GOTTES MENSCHENLIEBE GEHT SEINEM ERWÄHLTEN ZU WEIT

4 Das gefiel Jona gar nicht und er wurde zornig.
2 Er sagte: »Ach HERR, genau das habe ich ver-
mutet, als ich noch zu Hause war! Darum wollte ich ja
auch nach Spanien fliehen. Ich wusste es doch: Du bist
voll Liebe und Erbarmen, du hast Geduld, deine Güte
kennt keine Grenzen. Das Unheil, das du androhst, tut
dir hinterher leid. 3 Deshalb nimm mein Leben zurück,
HERR! Sterben will ich, das ist besser als weiterleben!«
4 Aber der HERR fragte ihn: »Hast du ein Recht dazu,
so zornig zu sein?«

GOTT ENTLARVT DIE SELBSTSUCHT SEINES ERWÄHLTEN

5 Jona verließ die Stadt in Richtung Osten. In einiger
Entfernung hielt er an und machte sich ein Laubdach.
Er setzte sich darunter in den Schatten, um zu sehen,
was mit der Stadt geschehen würde. 6 Da ließ Gott, der
HERR, eine Rizinusstaude über Jona emporwachsen,
die sollte ihm Schatten geben und seinen Ärger ver-
treiben. Jona freute sich sehr über diese wunderbare
Staude. 7 Aber früh am nächsten Morgen schickte Gott
einen Wurm. Der nagte den Rizinus an, sodass er ver-
dorrte. 8 Als dann die Sonne aufging, ließ Gott einen
heißen Ostwind kommen. Die Sonne brannte Jona auf
den Kopf und ihm wurde ganz elend. Er wünschte sich
den Tod und sagte: »Sterben will ich, das ist besser
als weiterleben!« 9 Aber Gott fragte ihn: »Hast du ein
Recht dazu, wegen dieser Pflanze so zornig zu sein?«
»Doch«, sagte Jona, »mit vollem Recht bin ich zor-
nig und wünsche mir den Tod!« 10 Da sagte der HERR:
»Schau her, du hast diese Staude nicht großgezogen,
du hast sie nicht gehegt und gepflegt; sie ist in der
einen Nacht gewachsen und in der andern abgestor-
ben. Trotzdem tut sie dir leid. 11 Und mir sollte nicht
diese große Stadt Ninive leidtun, in der mehr als hun-
dertzwanzigtausend Menschen leben, die rechts und
links nicht unterscheiden können, und dazu noch das
viele Vieh?«

DER PROPHET **MICHA**

BUCHÜBERSCHRIFT

1 In diesem Buch steht, was der HERR dem Propheten
Micha aus dem Dorf Moreschet über Samaria und
Jerusalem offenbart hat. Das Wort des HERRN erging
an Micha zu der Zeit, als in Juda nacheinander die
Könige Jotam, Ahas und Hiskija regierten.

STRAFE FÜR SAMARIAS GÖTZENDIENST

2-3 Hört, alle Völker! Gebt acht, ihr Bewohner der
ganzen Erde! Der HERR, der mächtige Gott, tritt als
Richter in eure Mitte. Er kommt aus seiner himmlischen
Wohnung und schreitet über die höchsten Gipfel der
Erde. 4 Unter seinen Füßen werden die Berge zu Tä-
lern, sie schmelzen wie Wachs im Feuer, fließen weg
wie Wasser, das den Abhang hinabschießt. 5 Das al-
les geschieht, weil die Leute von Israel gesündigt
und dem HERRN nicht gehorcht haben. Aber wer hat
Israel zur Sünde verleitet? Samaria! Und wer Juda
zum Götzendienst an den Opferstätten? Jerusalem!
6 »Ich werde Samaria zerstören und seine Trümmer
ins Tal hinabstürzen«, sagt der HERR. »Ich mache es
dem Erdboden gleich; dort, wo es stand, wird man
Reben anpflanzen. 7 Alle seine Götzenbilder schlage
ich in Stücke, alle Weihegaben der Götzen werden ver-
brannt. Alles, was es von den Fremden erworben hat,
ist Lohn für seine Hurerei, und als Hurenlohn wird es
den plündernden Feinden dienen.«

AUCH JERUSALEM BLEIBT NICHT VERSCHONT

8 Deswegen packt mich das Entsetzen! Zum Zeichen
der Trauer gehe ich barfuß und halb nackt, ich heule
wie ein Schakal und wimmere wie der Vogel Strauß.
9 Samaria wird sich nicht mehr von diesem Schlag er-
holen; er trifft auch Juda: Der Feind kommt bis nach
Jerusalem, in die Stadt meines Volkes. 10 Sprecht nicht
davon in Gat, weint dort nicht so laut! Wälzt euch voll

Entsetzen im Staub von Afra! 11 Flieht, ihr Bewohner von
Schafir, nackt und in Schande! Die Männer von Zaanan
wagen es nicht, ihre Stadt zu verlassen. Bet-Ezel ist
von Wehklagen erfüllt, seine Mauern bieten niemand
mehr Schutz. 12 Die Bewohner von Marot zittern um
ihr Hab und Gut. Denn der HERR bringt Unheil über
Jerusalem und öffnet dem Feind den Zugang zu ganz
Juda. 13 Spannt die Pferde vor die Streitwagen, ihr Män-
ner von Lachisch, und flieht! Bei euch nahm die Sünde
der Zionsstadt ihren Anfang; bei euch finden sich die
sichtbaren Zeichen für den Ungehorsam Israels. 14 Ihr
Leute von Juda, Moreschet im Gebiet von Gat müsst ihr
aufgeben; es ist ein Abschied für immer. Auf Geschirr
aus den Töpfereien von Achsib werden eure Könige
nicht mehr zählen können. 15 Ihr Bewohner von Mare-
scha, der HERR wird euch einen schicken, der euch be-
erben wird – das geschieht ja nicht zum ersten Mal! In
der Höhle von Adullam muss sich der König von Israel
verstecken. 16 Schere dir den Kopf kahl, Jerusalem, dass
er dem kahlen Scheitel des Geiers gleicht! Traure über
den Verlust deiner geliebten Kinder! Denn deine Be-
wohner müssen fort in die Gefangenschaft.

DER UNBEQUEME MAHNER

2 Weh denen, die nachts wach liegen und Böses
ausbrüten, um es früh am Morgen auszuführen,
weil sie die Macht haben! 2 Wollen sie ein Stück Land,
so rauben sie es; gefällt ihnen ein Haus, so nehmen sie
es. Rücksichtslos unterdrücken sie die Leute und neh-
men ihnen ihr Eigentum weg. 3 Darum sagt der HERR:
»Auch ich denke mir Böses aus gegen eure ganze
Sippschaft! Ich lege euch ein Joch auf den Nacken,
damit ihr den Kopf nicht mehr so hoch tragen könnt.
Es warten schlimme Zeiten auf euch!« 4 Dann werden
sie euch verspotten und euer Klagegeschrei nachäffen:
»Unser Ende ist gekommen, Gott gab Fremden unser
Land. Alles haben sie genommen, nichts mehr blieb
in unserer Hand!« 5 Wenn das Land neu verteilt wird,
werdet ihr leer ausgehen. In der Gemeinde des HERRN
wird es niemand geben, der für euch noch einen Acker
ausmisst. 6 »Hör auf mit dem Gesabber«, so sabbern
diese Leute. »So darf ein Prophet nicht reden! Deine
Beschimpfung trifft uns nicht! 7 So spricht man nicht zu
den Nachkommen Jakobs. Der HERR verliert nicht die
Geduld mit uns, das ist nicht seine Art!« Was wollt ihr
denn? Ich verkünde doch Gutes – für den, der krumme
Wege meidet! 8 Der HERR sagt: »Erst gestern wieder
sind die führenden Kreise in meinem Volk als Feinde
gegen mich aufgetreten! So macht ihr es: Wenn ein
Schuldner nichts ahnend an euch vorübergeht und kei-
nen Streit sucht, entreißt ihr ihm vor aller Augen sein
Letztes, das Obergewand, und stellt ihn damit bloß.
9 Die Frauen treibt ihr vom heimatlichen Herd und
bringt ihre Kinder um das väterliche Erbe. 10 Fort mit
euch, in diesem Land findet ihr keine Ruhe mehr! Denn
ihr habt es mit euren Verbrechen unrein gemacht und
werdet einen schrecklichen Untergang erleben.« 11 Soll
ich etwa den Mantel nach dem Wind hängen, soll ich lü-
gen, dass sich die Balken biegen, soll ich prophezeien,
dass es Wein und Bier in Strömen regnet? Das wäre ein
Prophet nach dem Geschmack dieses Volkes!

ZUKÜNFTIGE RETTUNG

12 Der HERR sagt: »Ich hole euch zusammen, ihr
Nachkommen Jakobs! Ich versammle alles, was von
Israel übrig geblieben ist; ich bringe euch zusammen
wie Schafe im schützenden Pferch, wie eine Herde auf
der Weide, und es wird im Land nur so wimmeln von
Menschen.« 13 Ein starker Held wird sie anführen, mit
ihm an der Spitze brechen sie hervor. Der HERR ist die-
ser Held, als ihr König zieht er ihnen voran.

GEGEN DIE FÜHRENDEN KREISE UND DIE FALSCHEN PROPHETEN

3 Micha sagte: »Hört her, ihr Anführer der
Nachkommen Jakobs, ihr Mächtigen Israels! Ihr
müsstet wahrhaftig das Recht kennen! 2-3 Aber ihr hasst
das Gute und liebt das Böse. Ihr behandelt die Men-
schen meines Volkes wie das Schlachtvieh, dem man
die Haut abzieht, das Fleisch von den Knochen reißt,
die Knochen zerschlägt und sie samt dem Fleisch in
den Kessel wirft. So beutet ihr das Volk aus! 4 Ihr wer-
det noch zum HERRN um Hilfe schreien, doch er wird
euch nicht hören. Er wird sich von euch abwenden,
weil ihr eure Macht so missbraucht habt. 5 Auch für
eure Propheten habe ich eine Botschaft des HERRN!
Sie verkünden Glück und Erfolg, wenn man ihnen zu
essen gibt, und drohen jedem den Untergang an, der
ihnen keine Geschenke macht. Weil sie mein Volk ir-
reführen, lässt der HERR ihnen sagen: 6 ›Ich lasse die
Sonne für euch untergehen und Nacht über euch her-
einbrechen, dass ihr im Dunkeln tappt. Ihr könnt nicht
mehr in die Zukunft sehen und wartet vergeblich auf
eine Offenbarung. 7 Wenn ihr mich fragt, bekommt ihr
keine Antwort mehr. Dann müsst ihr Propheten und
Wahrsager euch schämen und euch wie Trauernde
den Bart verhüllen.‹ 8 Mich aber hat der HERR stark
gemacht und mit seinem Geist erfüllt! Deshalb trete
ich mutig für das Recht ein, ich halte den Leuten von
Israel, den Nachkommen Jakobs, alle ihre Verbrechen
vor. 9 Hört her, ihr Anführer der Nachkommen Jakobs,
ihr Mächtigen Israels! Ihr tretet das Recht mit Füßen
und verkehrt es in Unrecht. 10 Ihr baut Jerusalem präch-
tig aus, aber eure Häuser sind auf Mord und Totschlag
gegründet. 11 Die Anführer lassen sich bestechen; die
Priester geben zu allem den Segen, wenn sie dafür
bezahlt werden; die Propheten wahrsagen für Geld.
Und dann sagt ihr noch: ›Der HERR ist mitten unter uns,
uns kann nichts passieren!‹ Glaubt ihr wirklich, dass er
euch helfen wird? 12 Nein, der Berg Zion wird umge-
pflügt wie ein Acker, Jerusalem wird zu einem Trümmer-
haufen, und wo jetzt der Tempel steht, wird Gestrüpp
wuchern. Das ist die Strafe für eure Verbrechen!«

GOTTES FRIEDEN GEHT VOM ZION AUS

4 Es kommt eine Zeit, da wird der Berg, auf dem der
Tempel des HERRN steht, unerschütterlich fest
stehen und alle anderen Berge überragen. Die Völker

strömen zu ihm hin. 2 Überall werden die Leute sagen: »Kommt, wir gehen auf den Berg des HERRN, zu dem Haus, in dem der Gott Jakobs wohnt! Er soll uns lehren, was recht ist; was er sagt, wollen wir tun!« Denn vom Zionsberg in Jerusalem wird der HERR sein Wort ausgehen lassen. 3 Er weist mächtige Völker zurecht und schlichtet ihren Streit, bis hin in die fernsten Länder. Dann schmieden sie aus ihren Schwertern Pflugscharen und aus ihren Speerspitzen Winzermesser. Kein Volk wird mehr das andere angreifen und niemand lernt mehr das Kriegshandwerk. 4 Jeder wird in Frieden bei seinen Feigenbäumen und Weinstöcken wohnen, niemand braucht sich mehr zu fürchten. Der HERR, der Herrscher der Welt, hat es gesagt. 5 Jetzt allerdings lebt noch jedes Volk im Vertrauen auf seinen eigenen Gott und nach dessen Weisungen. Wir aber vom Volk Israel gehen unseren Weg im Vertrauen auf den HERRN, unseren Gott; ihm und seinen Weisungen folgen wir. Und so bleibt es in alle Zukunft. 6 Der HERR sagt: »Der Tag wird kommen, an dem ich die verirrten und hinkenden Schafe meiner Herde von überall her zusammenhole. Ich habe Unglück über sie gebracht, 7 aber ich mache sie von Neuem zu einem großen Volk. Ich, der HERR, werde dann für alle Zukunft auf dem Zionsberg ihr König sein. 8 Du Wachtturm für meine Herde, Berg Zion, du wirst das Königtum in seinem alten Glanz zurückkehren sehen! Jerusalem wird wieder Königsstadt sein!«

GEGENWÄRTIGE BEDRÄNGNIS UND KÜNFTIGE RETTUNG

9 Nun, Jerusalem: Warum schreist du so? Hast du keinen König oder ist dein Ratgeber umgekommen, dass du dich krümmst wie eine gebärende Frau in den Wehen? 10 Krümme dich nur, du Zionsstadt, und stöhne wie eine Frau in Wehen! Du musst jetzt aus deinen Mauern ausziehen und auf dem freien Feld wohnen; bis nach Babylon wirst du zuletzt kommen. Aber dort wirst du gerettet, dort befreit dich der HERR aus der Gewalt deiner Feinde! 11 Nun, Jerusalem: Viele Völker sind gegen dich herangezogen, die dein Heiligtum schänden und sich an deinem Untergang weiden wollen. 12 Aber sie wissen nicht, was der HERR mit ihnen vorhat; sie merken nicht, dass er sie hier versammelt hat wie Garben, die man zum Dreschen auf der Tenne ausbreitet. 13 »Steh auf und drisch, du Zionsstadt!«, sagt der HERR. »Ich mache dich stark; mit eisernen Hufen wirst du die vielen Völker zermalmen! Ihre Schätze wirst du erbeuten, um sie mir zu weihen, dem Herrn der ganzen Erde.« 14 Nun, du belagerte Stadt: Traure, ritze dir die Haut blutig! Feindliche Truppen haben uns eingeschlossen. Sie werden dem Herrscher Israels mit dem Stock ins Gesicht schlagen!

DER RETTER KOMMT AUS BETLEHEM

5 Doch dir, Betlehem im Gebiet der Sippe Efrat, lässt der HERR sagen: »So klein du bist unter den Städten in Juda, aus dir wird der künftige Herrscher über mein Volk Israel kommen. Sein Ursprung liegt in ferner Vergangenheit, in den Tagen der Urzeit.« 2 Der HERR gibt sein Volk den Feinden preis, bis eine Frau den erwarteten Sohn zur Welt bringt. Dann werden die Verschleppten, die noch am Leben sind, zu den anderen Israeliten zurückkehren. 3 Im höchsten Auftrag des HERRN, seines Gottes, und mit der Kraft, die der HERR ihm gibt, wird er die Leute von Israel schützen und leiten. Sie werden in Sicherheit leben können, weil alle Völker der Erde seine Macht anerkennen. 4-5 Er wird Frieden bringen und uns vor den Assyrern retten, wenn sie herkommen und in unser Land einfallen. Wenn die Assyrer in unser Land einfallen und unsere befestigten Städte in Besitz nehmen wollen, haben wir viele mächtige Bundesgenossen, die wir gegen sie aufbieten. Sie werden Assyrien, das Land der Nachfahren Nimrods, erobern und alle seine Städte verwüsten.

ISRAELS REST UNTER DEN VÖLKERN. SEINE REINIGUNG

6 Die Überlebenden aus den Nachkommen Jakobs sind inmitten der Völker wie der Tau, den der HERR schickt, wie der Regen, der auf die Pflanzen fällt. Sie warten nicht auf Menschenhilfe und setzen ihre Hoffnung nicht auf Menschen. 7 Die Überlebenden aus den Nachkommen Jakobs sind inmitten der Völker wie der Löwe unter den Tieren des Waldes, wie ein junger Löwe mitten in einer Schafherde. Er wirft zu Boden und zerfleischt, was in seine Fänge kommt, und niemand kann ihm etwas entreißen. 8 Ja, HERR, erhebe deine Hand gegen deine Feinde und vernichte sie! 9 Der HERR sagt: »Der Tag wird kommen, da nehme ich eure Rosse weg und vernichte eure Streitwagen, 10 ich zerstöre eure Städte und schleife eure Festungen, 11 ich nehme euch die Zaubermittel und Wahrsager. 12 Ich zerschlage eure Götzenbilder und eure heiligen Steine, damit ihr nicht mehr Dinge anbeten könnt, die ihr selbst geschaffen habt. 13 Ich reiße eure geweihten Pfähle aus und zerstöre eure Städte. 14 Aber auch die anderen Völker, die nicht auf mich hören wollen, werden meinen schrecklichen Zorn zu spüren bekommen.«

WAS GOTT VON SEINEM VOLK ERWARTET

6 Hört, was der HERR mir befohlen hat: »Vertritt meine Sache gegen mein Volk! Berge und Hügel sollen die Zeugen sein.« 2 Ihr uralten Berge, ihr Fundamente, auf denen die Erde ruht: Hört, was der HERR seinem Volk zu sagen hat! Denn er zieht Israel zur Rechenschaft. 3 »Habe ich dir irgendetwas angetan, mein Volk?«, fragt der HERR. »Habe ich etwa zu viel von dir verlangt? Bring deine Klage vor! 4 Ich habe dich aus der Sklaverei in Ägypten befreit. Ich habe dir Mose, Aaron und Mirjam als Führer gegeben. 5 Denk daran, mein Volk, was der Moabiterkönig Balak gegen dich im Schilde führte und was ihm der Seher Bileam antworten musste! Denk an den Jordanübergang zwischen Schittim und Gilgal! Dann wirst du erkennen, wie viel Gutes ich für dich getan habe!« 6 Ihr fragt:

»Womit soll ich vor den HERRN treten, diesen gro-
ßen und erhabenen Gott? Was soll ich ihm bringen,
wenn ich mich vor ihm niederwerfe? Soll ich einjäh-
rige Rinder als Opfer auf seinem Altar verbrennen?
7 Kann ich ihn damit erfreuen, dass ich ihm Tausende
von Schafböcken und Ströme von Olivenöl bringe?
Soll ich meinen erstgeborenen Sohn opfern, damit
er mir meine Schuld vergibt?« 8 Der HERR hat dich
wissen lassen, Mensch, was gut ist und was er von dir
erwartet: Halte dich an das Recht, sei menschlich zu
deinen Mitmenschen und lebe in steter Verbindung
mit deinem Gott!

STRAFE FÜR DAS UNRECHT IN JERUSALEM

9 Hört, was der HERR der Stadt zuruft! Lasst euch war-
nen durch den Stock, der euch schlägt, und durch den,
der euch die Schläge geschickt hat! 10 »Wie lange noch
häufen Verbrecher in dieser Stadt Schätze in ihren
Häusern auf, die sie durch Betrug an sich gebracht
haben?«, sagt der HERR. »Wie lange beleidigen sie
mich noch mit ihren gefälschten Messgefäßen, die
unter meinem Fluch stehen? 11 Ich muss diese Stadt
schuldig sprechen, weil ihre Händler falsche Gewichts-
steine im Beutel haben, 12 weil ihre Reichen brutale
Ausbeuter sind, weil alle ihre Bewohner lügen und
betrügen! 13 Aber jetzt gehe ich daran, euch zu schla-
gen, ich richte euch zugrunde wegen eurer schlimmen
Taten. 14 Ihr werdet nicht genug zu essen haben und
ständig von Hunger gequält sein. Was ihr in Sicher-
heit zu bringen sucht, werdet ihr nicht retten können;
und was ihr rettet, gebe ich dem Schwert eurer Feinde
preis. 15 Ihr werdet säen, aber keine Ernte einbringen;
ihr werdet Oliven auspressen, aber euch mit dem Öl
nicht salben; ihr werdet Wein keltern, aber ihn nicht
trinken. 16 Voll Eifer seid ihr dem schlimmen Beispiel
der Könige Omri und Ahab und der ganzen Ahabs-
familie gefolgt; alles habt ihr ihnen getreulich nach-
gemacht. Darum bringe ich Unglück über euch, über
die Stadt und alle ihre Bewohner. Die anderen Völker
werden mit Fingern auf euch zeigen und sich entsetzt
von euch abwenden. Ihr als mein Volk werdet für sie
zum Gespött.«

KLAGE DES PROPHETEN

7 Weh mir! Es ist mir ergangen wie einem
Hungernden, der im Spätherbst Weinstöcke und
Feigenbäume absucht: Keine Traube mehr zu finden,
keine Spur mehr von den köstlichen Feigen! 2 Im gan-
zen Land gibt es keinen redlichen Menschen mehr,
niemand, der Gott die Treue hält. Sie schrecken nicht
vor Mord und Totschlag zurück und stellen sich gegen-
seitig Fallen. 3 Sie sind voll Eifer, wenn es gilt, Böses zu
tun; darauf verstehen sie sich. Die Beamten schrauben
die Abgaben in die Höhe; die Richter geben *dem* recht,
der ihnen am meisten zahlt; die Mächtigen schalten
nach ihrer Willkür. So drehen sie gemeinsam dem Volk
einen Strick. 4 Noch der Beste und Anständigste von
ihnen ist schlimmer als eine Dornenhecke. Aber der
Tag der Abrechnung ist da, eure Warner haben ihn
vorausgesagt. Dann werdet ihr nicht mehr aus noch
ein wissen. 5 Traut niemand, nicht dem Nachbarn, nicht
dem besten Freund! Hütet eure Zunge, selbst vor der
Frau, die ihr liebt! 6 Es ist so weit gekommen, dass der
Sohn verächtlich auf den Vater herabsieht, die Tochter
sich der Mutter widersetzt und die Schwiegertoch-
ter der Schwiegermutter. Ein Mann hat seine Feinde
jetzt im eigenen Haus. 7 Ich aber schaue aus nach dem
HERRN, ich warte auf den Gott, der mir hilft. Mein Gott
wird mein Rufen erhören.

TROST FÜR DAS GESCHLAGENE VOLK

8 Jerusalem sagt: »Sei nicht so schadenfroh, du Fein-
din meines Volkes! Ich liege am Boden, aber ich stehe
wieder auf; ich sitze im Dunkeln, aber der HERR ist mein
Licht. 9 Ich hatte gegen ihn gesündigt, deshalb bekam
ich seinen Zorn zu spüren. Aber er wird mir auch wie-
der beistehen und mir zu meinem Recht verhelfen. Er
wird mich aus dem Dunkel ins Licht führen; ich werde
es erleben, dass er mich rettet. 10 Meine Feindin wird es
mit ansehen müssen und ihr Triumph wird zuschanden.
Sie hat gehöhnt: ›Wo ist denn der HERR, dein Gott?‹
Aber nun werde ich mich an ihrem Unglück weiden. Sie
wird zertreten wie Kot auf der Straße.« 11 Ja, Jerusalem,
der Tag kommt, an dem deine Mauern wieder aufge-
baut und deine Grenzen ausgeweitet werden. 12 Dann
werden sie von überall her zu dir kommen: von Assy-
rien bis zu den Städten Ägyptens und von Ägypten bis
zum Eufrat, von einem Meer bis zum andern und von
einem Gebirge bis zum andern. 13 Die Erde aber wird
eine Wüste; das ist die Folge der schlimmen Taten, die
ihre Bewohner begangen haben.

GEBET UM DIE WIEDERHERSTELLUNG ISRAELS

14 Sorge für dein Volk, HERR, wie der Hirt für seine
Herde! Wir sind doch dein Eigentum! Wir leben auf
engem Raum und auf kargem Boden, und ringsum
ist gutes Land. Führe uns, deine Herde, auf die fet-
ten Weiden von Baschan und Gilead wie in alten Zei-
ten! 15 Vollbringe Wundertaten wie damals, als du
mit deinem Volk aus Ägypten zogst! 16 Ohnmächtig
sollen die Völker zuschauen müssen trotz all ihrer
Macht, es soll ihnen die Sprache verschlagen, Hören
und Sehen sollen ihnen vergehen, 17 sie sollen sich
auf dem Boden winden und Staub fressen wie die
Schlange. Zitternd sollen sie aus ihren Schlupfwin-
keln hervorkriechen und sich dir, HERR, unser Gott,
voll Furcht und Schrecken unterwerfen. 18 HERR, wo
sonst gibt es einen Gott wie dich? Allen, die von dei-
nem Volk übrig geblieben sind, vergibst du ihre Schuld
und gehst über ihre Verfehlungen hinweg. Du hältst
nicht für immer an deinem Zorn fest; denn Güte und
Liebe zu erweisen macht dir Freude. 19 Du wirst mit
uns Erbarmen haben und alle unsere Schuld weg-
schaffen; du wirst sie in das Meer werfen, dort, wo
es am tiefsten ist. 20 Den Nachkommen Abrahams
und Jakobs wirst du mit Liebe und Treue begegnen,
wie du es einst unseren Vorfahren mit einem Eid zu-
gesagt hast.

DER PROPHET **NAHUM**

BUCHÜBERSCHRIFT

1 Dieses Buch enthält Prophetenworte gegen Ninive,
die Hauptstadt des Assyrerreiches. Es ist darin auf-
geschrieben, was der HERR dem Propheten Nahum aus
dem Dorf Elkosch offenbart hat.

VERTRAUEN AUF GOTTES RETTENDE MACHT

2 Der HERR ist ein Gott, der leidenschaftlich über seine
Ehre wacht. / Wer sich gegen ihn empört, / bekommt
seinen ganzen Zorn zu spüren. / Wer sich ihm als Feind
entgegenstellt, / den trifft sein harter, vergeltender
Schlag. / 3 Der HERR hat Geduld und wartet zu, / doch
er übersieht kein Unrecht; / an Macht zum Strafen fehlt
es ihm nicht! // Im Toben des Sturmes schreitet er da-
hin; / die Wolken sind der Staub, / den seine Füße aufge-
wirbelt haben. / 4 Er herrscht das Meer an und es trocknet
aus, / die Ströme bringt er zum Versiegen, / die üppigen
Weiden in Baschan verdorren, / die Bäume auf dem Kar-
mel sterben ab / und auf dem Libanon verwelkt die Blü-
tenpracht. // 5 Die Berge zittern vor ihm und die Hügel
beben, / die Erde hebt sich bei seinem Anblick / und mit
ihr alle, die darauf wohnen. / 6 Wer kann bestehen, wenn
er Gericht hält? / Wer kann seinen glühenden Zorn ertra-
gen? / Der ergießt sich wie ein Feuerstrom / und sprengt
die mächtigsten Felsen. // 7 Doch für die Seinen ist der
HERR voll Güte, / eine sichere Zuflucht in Zeiten der
Not. / Er kennt alle, die bei ihm Schutz suchen. / 8 Durch
eine gewaltige, reißende Flut / fegt er die überheb-
liche Stadt von ihrem Platz / und seine Feinde treibt
er fort, / hinunter ins Dunkel der Totenwelt. // 9 Was
macht ihr Pläne und rechnet nicht mit dem HERRN? Er
wird die Feinde so vernichtend schlagen, dass sie nicht
noch einmal aufstehen und euch bedrängen. 10 Sie kön-
nen sich zusammenballen wie Dornen, die sich ineinan-
der verflechten, sie können sich Mut antrinken, soviel
sie wollen: Das Feuer wird sie fressen wie dürres Stroh.

DIE MACHT DER ASSYRER WIRD ENDGÜLTIG GEBROCHEN

11 Aus Ninive stammt der Mann, der sich gegen den
HERRN auflehnte und Böses plante! 12 Aber der HERR
sagt zu seinem Volk: »Wenn eure Feinde auch noch
so zahlreich und gut gerüstet sind, es wird nichts
von ihnen übrig bleiben. Ich habe euch in Not und
Verzweiflung gestürzt, aber ich werde es nicht wieder
tun. 13 Ich werde euch vom Joch der Fremdherrschaft
befreien und die Last, unter der ihr stöhnt, von euch
nehmen.« 14 Über den feindlichen König aber hat der
HERR das Urteil gesprochen und gesagt: »Dein Grab
ist schon geschaufelt; für mich existierst du nicht mehr.
Deine Familie lasse ich aussterben; die Götterbilder in
deinem Tempel zerschlage ich.«

VISION VOM UNTERGANG NINIVES

2 Seht, da kommt schon über die Berge der Sieges-
bote geeilt, der den Frieden ausruft! Feiert wieder
eure Feste, ihr Leute von Juda, löst die Versprechen ein,
die ihr dem HERRN in der Not gegeben habt! Nie mehr
wird der grausame Feind in euer Land einfallen, er ist
völlig vernichtet. 2-3 Die Feinde haben das Land ver-
wüstet und die Weinstöcke abgehauen; aber der HERR
wird Juda und Israel in ihrer alten Herrlichkeit wieder-
herstellen. Schon zieht er heran, der dich zerschlagen
wird, Ninive! Rüste dich nur! »Alle Mann auf Posten!
Die Schwerter umschnallen! Die Straße beobachten!«
4 Da kommt der Feind: Rot bemalt sind Schilde und Klei-
dung der Kämpfer, blitzend wie Feuer die Streitwagen
und die Lanzen, die sie schwingen. 5 Auf den Straßen
und Plätzen rasen die Streitwagen daher und überho-
len einander – ein Anblick wie Fackeln, wie zuckende
Blitze. 6 In der Stadt bietet der König seine Getreuen
auf, sie rennen los, stürzen zur Mauer; schon errichtet
der Feind die Schutzdächer für seine Sturmtruppen.
7 Die Tore zum Fluss springen auf; Panik ergreift die
Bewohner des Königspalastes. 8 Der König wird an
den Pranger gestellt, der Königin reißt man die Klei-
der vom Leib, sie wird abgeführt; ihre Dienerinnen
schluchzen wie gurrende Tauben und schlagen ver-
zweifelt an ihre Brust. 9 Alle fliehen aus Ninive, wie
das Wasser aus einem Teich entweicht, wenn er ab-
gelassen wird. »Bleibt doch, bleibt!«, ruft man ihnen
nach, aber keiner dreht sich um. 10 Plündert, greift zu,
ihr Eroberer! Nehmt Silber und Gold! Die Stadt ist voll
von herrlichen Dingen, von kostbaren Schätzen. 11 Wo
man hinsieht, Verheerung und Verwüstung, verzagte
Herzen und schlotternde Knie, schmerzgekrümmte
Leiber und aschfahle Gesichter. 12-13 Ninive, du warst
wie eine Löwenhöhle, wie das Versteck, in das sich der
Löwe zurückzieht und in dem er seine Jungen füttert,
die dort ungestört aufwachsen. Der Löwe ging auf
Raub, schleppte Beute heran für seine Jungen, Beute
für seine Löwinnen. Er füllte alle Winkel seiner Höhle
mit Beutegut. Wo ist der Lagerplatz des Löwenrudels
jetzt geblieben? 14 »Jetzt bekommst du es mit mir
zu tun, du Löwe!«, sagt der HERR, der Herrscher der
Welt. »Ich werde dich mit all deiner Pracht in Flammen
aufgehen lassen und deine Jungen wird das Schwert
niedermähen. Dein Beutegut wird aus deinem Land
weggeschafft und nie mehr wirst du Boten aussenden,
die von deiner Macht und Größe künden.«

DIE STRAFE FÜR DAS SCHULDBELADENE NINIVE

3 Weh der Stadt, die so viel Blut vergossen hat, die
Lüge und Verstellung meisterhaft beherrscht!
Vollgestopft ist sie mit Raub und kann doch das Rauben
nicht lassen. 2 Ihr Untergang naht mit Peitschenknall
und Rädergerassel, galoppierenden Pferden, rasenden
Wagen 3 und daherjagenden Reitern. Schwerter wie
Flammen und blitzende Speere! Haufen von Gefallenen,
man stolpert über die Leichen, sie sind nicht zu zählen!
4 Es geht an Ninive, die Hure, die mit ihren Reizen und
Zauberkünsten die Völker versklavt hat. 5 »Jetzt rechne
ich mit dir ab«, sagt der HERR, der Herrscher der Welt.
»Ich hebe dir das Kleid hoch bis übers Gesicht, dass

du nackt dastehst vor den Völkern und alle Königrei-
che deine Schande sehen. 6 Ich bewerfe dich mit Kot
und stelle dich an den Pranger. 7 Alle, die dich sehen,
werden sich von dir abwenden und sagen: ›Ninive ist
verwüstet! Wer wird darüber trauern?‹ Niemand wird
sich finden, der bereit ist, dich zu trösten.«

NINIVES SCHICKSAL IST BESIEGELT

8 Meinst du, es wird dir besser ergehen als der Stadt
Theben, die am Nilstrom lag und rings von Wasser ge-
schützt war? 9 Unzählige Ägypter und Äthiopier hatten
sie verteidigt, dazu als Hilfstruppen die Leute von Put
und Lud. 10 Trotzdem wurden ihre Bewohner in die
Verbannung geführt. Ihre führenden Männer wurden
gefesselt und durchs Los unter die Sieger verteilt, ihre
Kinder an allen Straßenecken zerschmettert. 11 Auch du
wirst den Zornbecher des HERRN leeren müssen und
nicht mehr aus noch ein wissen; du wirst vergeblich
Schutz suchen vor dem Feind. 12 Deine Grenzfestun-
gen sind wie Feigenbäume und ihre Besatzungen wie
die Früchte darauf: Schüttelt man den Baum, so fallen
einem die Feigen in den Mund. 13 Die starken Männer
sind zu Memmen geworden, dein Land ist dem Feind
schutzlos preisgegeben, deine Festungen werden ein
Raub der Flammen. 14 Auf, schöpfe Wasser als Vorrat
für die Zeit der Belagerung! Verstärke deine Mauern!
Stampfe den Lehm und forme Ziegelsteine! 15 Es wird
dir nichts nützen, denn das Feuer verzehrt dich; deine
Bewohner fallen durchs Schwert. Es bleibt genauso
wenig von dir übrig wie von einem Saatfeld, in das ein
Heuschreckenschwarm einfällt. Ihr könnt selber so
zahlreich werden wie die Heuschrecken, es hilft euch
nichts! 16 Deine Händler sind zahlreicher als die Sterne
am Himmel, aber sie werden plötzlich verschwunden
sein wie eine Heuschrecke, die soeben aus der Puppe
geschlüpft ist – weg ist sie! 17 Deine Aufsichtsbeam-
ten und Schreiber werden sich davonmachen wie ein
Heuschreckenschwarm, der sich an einem kalten Tag
auf einer Mauer niedergelassen hat: Sobald ihn der
erste Sonnenstrahl wärmt, fliegt er fort; niemand weiß,
wohin. Ja, wo sind sie geblieben? 18 Du König von As-
syrien, deine Minister schlafen den Todesschlaf, deine
Generäle liegen erschlagen, deine Krieger haben sich
zerstreut wie eine hirtenlose Herde auf den Bergen.
19 Dir kann niemand mehr helfen, von diesem Schlag
erholst du dich nie! Wer von deinem Unglück hört,
klatscht vor Freude in die Hände; denn es gibt nie-
mand, der nicht deine Grausamkeit zu spüren bekam.

DER PROPHET **HABAKUK**

BUCHÜBERSCHRIFT

1 Dieses Buch enthält die Worte, die der HERR dem
Propheten Habakuk offenbart hat.

KLAGE DES PROPHETEN ÜBER DAS UNRECHT IM LAND

2 Schon so lange, HERR, rufe ich zu dir um Hilfe und
du hörst mich nicht! Ich schreie: »Gewalt regiert!«,
und du greifst nicht ein! 3 Warum lässt du mich sol-
ches Unrecht erleben? Warum siehst du untätig zu,
wie die Menschen geschunden werden? Wo ich
hinsehe, herrschen Gewalt und Unterdrückung, Ent-
zweiung und Streit. 4 Weil du nicht eingreifst, ist dein
Gesetz machtlos geworden und das Recht kann sich
nicht mehr durchsetzen. Verbrecher umzingeln den
Unschuldigen und das Recht wird verdreht.

GOTTES ANTWORT: DIE BABYLONIER KOMMEN

5 Der HERR antwortet: »Seht euch einmal um unter den
Völkern! Ihr werdet staunen! Es tut sich etwas, ihr wer-
det es erleben. Wenn es euch jemand erzählen würde,
ihr würdet ihm nicht glauben. 6 Ich rufe die Babylonier,
dieses wilde, erbarmungslose Volk. Sie ziehen über die
Erde hin, um Länder in Besitz zu nehmen, die ihnen
nicht gehören. 7 Furcht und Schrecken verbreiten sie;
sie nehmen sich heraus zu bestimmen, was recht ist.
8 Ihre Pferde sind schneller als Panther und wilder als
hungrige Wölfe. Ihre Reiterei sprengt daher, kommt
herangejagt aus weiter Ferne. Wie der Geier sich auf
den Fraß stürzt, 9 so stürzen sie sich in die Schlacht.
Keiner blickt zurück, sie sammeln Gefangene ein wie
Sand. 10 Mit Königen treiben sie ihr Spiel, sie spotten
über die hohen Würdenträger. Festungen sind für sie
kein Hindernis: Sie schütten einen Belagerungswall auf
und nehmen sie in Besitz. 11 Dann ziehen sie weiter; sie
fegen dahin wie der Sturm und machen sich schuldig.
Die eigene Kraft ist ihr Gott.«

KLAGE ÜBER DIE SCHRECKENSHERRSCHAFT DER BABYLONIER

12 HERR, bist du nicht unser Gott von jeher, ein heiliger
Gott? Lass uns nicht sterben! Du, unser starker Schutz,
hast die Babylonier gerufen, um dein Strafgericht zu
vollstrecken. 13 Aber deine Augen sind zu rein, als dass
du Böses mit ansehen könntest. Du kannst doch nicht
zusehen, wie Menschen gequält und misshandelt wer-
den! Warum lässt du diese Räuber gewähren? Warum
greifst du nicht ein, wenn diese Verbrecher andere ver-
schlingen, die rechtschaffener sind als sie? 14 Warum
lässt du zu, dass Menschen behandelt werden, als
wären sie Fische und andere Meerestiere, die keinen
König haben, der sie beschützt? 15 Mit Angeln holen sie
alle heraus und schleppen sie mit Netzen davon. Wie
Fischer über ihren Fang, so jubeln sie über ihre Men-
schenbeute. 16 Und dann bringen sie ihrem Fangnetz
Opfergaben und verbrennen vor ihm Weihrauch wie
für einen Gott, zum Dank dafür, dass es ihnen so reiche
Beute und einen gedeckten Tisch beschert. 17 Dürfen

sie denn immerfort mit dem Schwert wüten und ganze
Völker erbarmungslos hinmorden?

GOTTES ANTWORT: DAS RECHT BLEIBT DER UNVERRÜCKBARE MASSSTAB

2 Ich sagte: »Ich stelle mich auf meinen Posten und
halte dort aus. Ich warte angespannt darauf, was
der HERR mir sagen wird; ich warte begierig, was er auf
meine Fragen und Anklagen antworten wird.« 2 Und
der HERR antwortete mir und sagte: »Was ich dir jetzt
enthülle, sollst du öffentlich auf Tafeln schreiben, in
deutlicher Schrift, damit alle es lesen können! 3 Was
ich da ankündige, wird erst zur vorbestimmten Zeit
eintreffen. Die Botschaft spricht vom Ende und täuscht
nicht. Wenn das Angekündigte sich verzögert, dann
warte darauf; es wird bestimmt eintreffen und nicht
ausbleiben. Schreibe also: 4 ›Wer falsch und unredlich
ist, geht zugrunde; aber wer mir die Treue hält und
das Rechte tut, rettet sein Leben. 5 Deshalb wird der
prahlerische Räuber, der anmaßende Kraftprotz, sein
Ziel nicht erreichen – mag er seinen Rachen aufreißen
wie die Totenwelt und so unersättlich sein wie der Tod,
mag er auch ein Volk nach dem andern verschlingen.‹«

DROHWORTE GEGEN DEN UNTERDRÜCKER DER VÖLKER

6 Alle diese Völker werden ein Spottlied über den Un-
terdrücker anstimmen und ihn mit spitzen Worten
verhöhnen; sie werden sagen: »Tod und Verderben
über dich, weil du fremdes Eigentum bei dir aufhäufst!
Wie lange willst du es noch so treiben? Völker behan-
delst du, als wären sie deine Schuldner! 7 Aber ganz
plötzlich werden die Ausgebeuteten aufstehen und
dir mit gleicher Münze heimzahlen; der Räuber wird
ausgeraubt! 8 Wie du die Völker ausgeplündert hast, so
werden die Völker dann dich ausplündern und du wirst
bestraft für die Blut- und Schreckensherrschaft, die du
in allen Städten und Ländern ausgeübt hast. 9 Tod und
Verderben über dich, weil du mit unredlichen Mitteln
deinen Besitz vermehrst! Das bringt dir und deinen
Nachkommen kein Glück. Du legst dir ein unzugäng-
liches Nest an wie der Adler und meinst, du seist sicher
vor jedem Zugriff. 10 Aber deine Pläne bringen nichts als
Schande über dein Königshaus. Du hast beschlossen,
viele Völker zu vernichten; damit hast du dein Leben
verwirkt! 11 Sogar die Steine in der Mauer schreien
dein Unrecht heraus und die Sparren im Gebälk stim-
men mit ein. 12 Tod und Verderben über dich, weil du
Städte mit Blut baust und auf Unrecht gründest! 13 Hat
nicht der HERR, der Herrscher der Welt, von dir gesagt:
›Ganze Völker haben sich vergeblich für dich geplagt,
es ist alles dem Untergang geweiht‹? 14 Wie das Meer
voll Wasser ist, so wird die ganze Erde erfüllt werden
von Erkenntnis der Herrlichkeit des HERRN. 15 Tod und
Verderben über dich, weil du deinen Nachbarvölkern
den Wein deines Zorns eingeschenkt und dich an ihrer
Ohnmacht und Schande geweidet hast! 16 Meinst du
vielleicht, das bringt dir Ehre? Dir selbst wird nun ein-
geschenkt: Der HERR gibt dir den Becher seines Zorns
zu trinken und stürzt dich vor aller Augen in die tiefste
Schande. 17 Du hast den Libanon abgeholzt und sein
Wild ausgerottet; das musst du jetzt büßen. Du wirst
bestraft für die Blut- und Schreckensherrschaft, die du
in allen Städten und Ländern ausgeübt hast.«

DIE OHNMACHT DER GÖTTER BABYLONS

18 Was nützen Götterbilder aus Holz oder Metall, ange-
fertigt von Menschenhand? Sie sind nichts als Lug und
Trug. Wie kann jemand auf stumme Götzen vertrauen,
die er selbst hergestellt hat? 19 Tod und Verderben über
den, der zu einem Stück Holz sagt: »Wach auf!«, und zu
einem toten Stein: »Werde lebendig!« Prächtig sind sie
mit Silber und Gold überzogen, aber es ist kein Leben
in ihnen und Rat wissen sie nicht. 20 Der HERR aber ist
in seinem heiligen Tempel. Werdet still, erweist ihm
Ehre, ihr Menschen der ganzen Erde!

HABAKUK SCHAUT GOTTES EINGREIFEN

3 Ein Gebet des Propheten Habakuk. // 2 HERR, von
deinen Ruhmestaten habe ich gehört, / sie erfül-
len mich mit Schrecken und Staunen. / Erneuere sie
doch, jetzt, in unserer Zeit! / Lass uns noch sehen, wie
du eingreifst! / Auch wenn du zornig bist – hab mit
uns Erbarmen! // 3 Gott kommt von Teman her, / der
heilige Gott kommt vom Gebirge Paran. / Seine Ma-
jestät überstrahlt den Himmel, / sein Glanz erfüllt die
ganze Erde. / 4 Rings um ihn leuchtet es wie Sonnen-
licht, / nach allen Seiten strahlt es von ihm aus – / darin
verbirgt sich seine große Macht. / 5 Die Pest geht vor
ihm her / und hinter ihm folgt die Seuche. / 6 Setzt er
den Fuß auf die Erde, so bebt sie; / blickt er die Heere
der Völker an, / so erschrecken sie und stieben aus-
einander. / Die ewigen Berge zerbersten, / die uralten
Hügel sinken zusammen; / so schreitet er seit grauer
Vorzeit über die Erde. // 7 Niedergeduckt vor drohen-
dem Unheil / sehe ich die Zelte der Kuschiter, / die
Zeltdecken der Midianiter zittern. / 8 HERR, gegen
wen ist dein Zorn gerichtet? / Gilt er den Fluten des
Meeres, der Macht der Tiefe? / Wenn du ausziehst
mit deinen Rossen, / dann bringen deine Wagen den
Sieg. / 9 Du ziehst deinen Bogen aus seiner Hülle, / mit
Drohworten begleitest du die Pfeile. / Du spaltest die
Erde und Ströme brechen hervor. / 10 Die Berge se-
hen dich und erbeben / wie eine Frau, die in Wehen
liegt. / Regengüsse prasseln hernieder, / die Wellen
des Meeres tosen und türmen sich auf. / 11 Sonne und
Mond verstecken sich, / sie ziehen sich in ihr Haus zu-
rück, / weil deine leuchtenden Pfeile schwirren / und
dein blitzender Speer die Nacht erhellt. // 12 Du schrei-
test über die Erde, / in deinem Zorn trittst du die
Völker nieder. / 13 Du bist ausgezogen, um deinem
Volk zu helfen, / ihm und dem König, den du gesalbt
hast. / Das Dach hast du abgerissen vom Palast deines
Feindes, / dass nur noch kahle Mauern zum Himmel
ragen. / 14 Seine Heerführer wollten uns jagen, / sie
stürmten heran wie ein Wirbelwind; / sie freuten sich
schon bei dem Gedanken, / uns Arme in ihr Versteck
zu schleppen, / uns zu verschlingen wie der Löwe

seine Beute. / Du aber durchbohrtest sie mit ihren
eigenen Pfeilen. / 15 Mit deinen Rossen bahntest du
dir den Weg / durch die schäumenden Wogen des
Meeres. // 16 Als ich die Kunde davon vernahm, / fuhr
mir der Schreck in die Glieder, / meine Lippen fin-
gen an zu zittern; / meine Knie wurden weich und
gaben nach, / ich war am ganzen Leib wie zerschla-
gen. / Noch muss ich warten auf den Tag, / der dem
Volk, das uns angreift, den Untergang bringt. / 17 Noch
gibt es keine Feigen oder Trauben, / noch sind keine
Oliven zu ernten; / noch wächst kein Korn auf un-
seren Feldern / und die Schafhürden und Viehställe
stehen leer – / 18 und doch kann ich jubeln, weil der
HERR mir hilft; / was er zugesagt hat, erfüllt mich mit
Freude. / 19 Der HERR, der mächtige Gott, gibt mir
Kraft! / Er macht mich leichtfüßig wie die Gazelle / und
lässt mich sicher über die Berge schreiten. // Dieses
Lied ist auf Saiteninstrumenten zu begleiten.

DER PROPHET **ZEFANJA**

BUCHÜBERSCHRIFT

1 In diesem Buch steht, was der HERR durch Zefanja
verkünden ließ. Zefanja war ein Sohn von Kuschi
und Enkel von Gedalja, seine weiteren Vorfahren wa-
ren Amarja und Hiskija. Das Wort des HERRN erging
an ihn zu der Zeit, als in Juda König Joschija, der Sohn
Amons, regierte.

DER TAG DES GERICHTS

2 »Ausrotten, völlig ausrotten werde ich alles, was auf
der Erde lebt«, sagt der HERR. 3 »Ich rotte die Men-
schen aus und die Tiere, auch die Vögel unter dem Him-
mel und die Fische im Meer, alles, was die Menschen
zum Götzendienst verführt hat. Ja, ich werde alle Men-
schen vom Erdboden vertilgen. 4 Auch gegen Juda und
Jerusalem strecke ich meine Hand aus! Den Götzen-
dienst, der dort getrieben wird, rotte ich aus, sodass
keine Spur mehr davon bleibt; an die Baalspriester
und die Priester überhaupt wird nichts mehr erin-
nern. 5 Ich vernichte alle, die nachts auf den Dächern
ihrer Häuser das Sternenheer am Himmel anbeten,
ich vernichte auch die, die sich vor mir niederwerfen,
aber zugleich bei dem Götzen Milkom schwören. 6 Ich
vernichte alle, die mir den Rücken kehren, die nicht
nach meinen Weisungen fragen und nichts von mir
wissen wollen.« 7 Werdet still vor dem HERRN, dem
mächtigen Gott! Sein Gerichtstag naht. Der HERR be-
reitet ein Opfermahl vor, die Feinde Judas sind schon
als Gäste geladen. 8 »An jenem Tag«, sagt der HERR,
»rechne ich ab mit den führenden Männern des Landes
und den Mitgliedern des Königshauses, ich rechne ab
mit allen, die ausländische Kleidung tragen. 9 Nach
dem Brauch der Fremden vermeiden sie es peinlichst,
beim Betreten des Königspalastes auf die Schwelle zu
treten, aber sie machen sich kein Gewissen daraus,
Schätze dorthin zu schleppen, die sie durch Gewalt
und Betrug an sich gebracht haben. 10 An jenem
Tag – sagt der HERR – wird man Kampfgeschrei hören
vom Fischtor her, Angstschreie aus der Neustadt und
Schlachtlärm von den Hügeln. 11 Klagt und jammert,
ihr Händler im Krämerviertel, denn für euch alle hat
die letzte Stunde geschlagen! 12 Dann werde ich, der
HERR, in alle Winkel Jerusalems mit der Lampe hinein-
leuchten und die selbstzufriedenen Leute aufspüren,
die sorglos ihren Wohlstand genießen und denken:
›Der HERR tut ja doch nichts, weder Gutes noch Böses!‹
13 Ihr Besitz wird geplündert, ihre Häuser werden dem
Erdboden gleichgemacht. Die neuen Häuser, die sie
sich gebaut haben, werden sie nicht bewohnen, und
aus den neuen Weinbergen, die sie angelegt haben,
werden sie nicht einen Tropfen trinken.« 14 Der große
Tag des HERRN ist nahe, schnell rückt er heran. Hört
ihr nicht die Schreckensrufe? Selbst die Tapfersten
schreien um Hilfe! 15 Ein Tag des Gerichts ist dieser Tag,
ein Tag voll Angst und Not, voll Sturm und Verwüstung,
voll drohender schwarzer Wolken, ein finsterer Tag,
16 ein Tag, an dem sich Kampfgeschrei erhebt, an dem
zum Sturm geblasen wird auf die befestigten Städte
und hohen Türme. 17 Die Menschen werden vor Angst
vergehen und wie Blinde umhertappen. Ihr Blut tränkt
den Staub, ihre Eingeweide liegen im Straßenkot. Das
alles bricht über sie herein, weil sie sich gegen den
HERRN aufgelehnt haben. 18 Ihr Silber und Gold kann
sie nicht retten, wenn der HERR Gericht hält. Wie ein
Feuersturm wird sein Zorn das Land verwüsten und
alle seine Bewohner unversehens vertilgen.

VIELLEICHT GIBT ES NOCH RETTUNG

2 Geht in euch, beugt euch vor dem HERRN, ihr alle,
die ihr so selbstsicher seid! 2 Beugt euch recht-
zeitig, bevor beim HERRN der Entschluss gereift ist.
Bedenkt, die Tage fliegen dahin wie Spreu vor dem
Wind. Kehrt um, bevor der Tag da ist, an dem der HERR
Gericht hält, der Tag, an dem er seinen glühenden Zorn
über euch ausschüttet! 3 Euch aber, die ihr euch vor
dem HERRN gebeugt und nach seinen Geboten gelebt
habt, sage ich: Wendet euch ganz dem HERRN zu, tut
weiterhin, was vor ihm recht ist, und bleibt demütig!
Vielleicht werdet ihr dann verschont an dem Tag, an
dem der HERR sein Zorngericht vollstreckt.

DAS GERICHT ÜBER DIE FEINDE ISRAELS

4 Gaza wird entvölkert, Aschkelon verwüstet, schon
um die Mittagszeit werden die Bewohner von Aschdod
weggeführt; Ekron wird dem Erdboden gleichgemacht.
5 Euer Untergang naht, ihr Bewohner des Küsten-
landes, ihr Eindringlinge aus Kreta! Denn der HERR
sagt über das ganze Philisterland: »Ich werde dich

verwüsten, sodass niemand mehr in dir wohnt! 6-7 Das
Küstenland wird zum Weidegebiet; Hirten werden dort
mit ihren Herden umherziehen und sich nachts in den
Häusern von Aschkelon lagern. Das ganze Land der
Philister wird den Überlebenden von Juda gehören.«
Denn der HERR, ihr Gott, wird Erbarmen mit ihnen ha-
ben und alles für sie wieder zum Guten wenden. 8 Der
HERR sagt: »Ich habe gehört, wie die Moabiter und
Ammoniter mein Volk verhöhnt und wie sie prahlerisch
verkündet haben, sie würden ihm sein Land wegneh-
men. 9 Darum sage ich, der HERR, der Herrscher der
Welt, der Gott Israels: ›So gewiss ich lebe, Moab und
Ammon soll es ergehen wie Sodom und Gomorra: Ihr
Gebiet soll für immer zu einer Wüste voller Salzgru-
ben werden, zwischen denen nur Disteln wuchern.
Die Überlebenden meines Volkes werden die Moabiter
und Ammoniter ausplündern und ihr Land in Besitz
nehmen. 10 Das ist die Strafe dafür, dass sie in ihrem
Hochmut mein Volk verhöhnt, dass sie sich prahle-
risch über das Volk des HERRN, des Herrschers der Welt,
erhoben haben.‹« 11 In seiner schreckenerregenden
Majestät wird der HERR gegen sie aufstehen. Er wird
die Götter aller Völker der Erde vernichten. Dann wird
jedes Volk, auch noch das fernste, in seinem Land dem
HERRN die Ehre geben und ihn anbeten. 12 »Auch ihr
Äthiopier werdet von meinem Schwert dahingerafft«,
sagt der HERR. 13 Der HERR wird seine Hand auch nach
Norden ausstrecken, er wird Assyrien verwüsten und
seine Hauptstadt Ninive in Trümmer legen. Die Stadt
wird zur menschenleeren Steppe werden, 14 Herden
werden dort lagern, Igel und Pelikan zwischen den um-
gestürzten Säulen Unterschlupf suchen. In den leeren
Fensterhöhlen kreischen Vögel, die Türschwellen sind
mit Trümmern bedeckt, das Getäfel aus Zedernholz ist
heruntergerissen. 15 So ergeht es der stolzen Stadt, die
sich für uneinnehmbar hält und sich einbildet: »Mit mir
nimmt es niemand auf!« Zur Wüste wird sie, zum La-
gerplatz wilder Tiere. Jeder, der vorbeigeht, verspottet
sie und wendet sich entsetzt von ihr ab.

DAS GERICHT ÜBER JERUSALEM

3 In den Untergang stürzt die Stadt, die sich gegen
den HERRN aufgelehnt hat, in der Unrecht und Ge-
walt herrschen! 2 Auf keine Warnung hat sie gehört,
keine Mahnung ernst genommen. Sie suchte keine
Hilfe bei ihrem Gott; sie hatte kein Vertrauen zum
HERRN. 3 Ihre führenden Männer sind beutegierige
Löwen, ihre Richter hungrige Wölfe, die von ihrem
Raub nicht einen Knochen bis zum anderen Morgen
übrig lassen. 4 Ihre Propheten sind Schwätzer und
Schwindler, ihre Priester entweihen das Heiligtum
und unterwerfen Gottes Gesetz der eigenen Willkür.
5 Und all das treiben sie, obwohl der HERR mitten unter
ihnen wohnt! Er tut kein Unrecht, seine Rechtsord-
nung bleibt in Geltung. Tag für Tag bestätigt er sie, so
sicher jeden Morgen die Sonne aufgeht. Aber diese
Leute schämen sich nicht, immer neues Unrecht zu
begehen. 6 »Ich habe ganze Völker vernichtet«, sagt
der HERR, »habe ihre Festungen zerstört, die Straßen
veröden lassen und die Städte verwüstet, sodass nie-
mand mehr darin wohnt. 7 Ich dachte, ihr würdet eine
Lehre daraus ziehen! Dann würde eure Stadt nicht
verwüstet werden wegen all der Untaten, für die ich
euch zur Verantwortung ziehen muss. Aber ihr hattet
nichts Eiligeres zu tun, als nun erst recht lauter Untaten
zu begehen. 8 Deshalb macht euch darauf gefasst, dass
ich eingreife«, sagt der HERR. »Wartet auf den Tag, an
dem ich aufstehe und ein Ende mache! So sieht mein
Strafgericht aus: Ich biete Völker und Reiche gegen
euch auf – aber ich tue es, um dann über *sie* meinen
ganzen glühenden Zorn auszugießen. Von der Lei-
denschaft, mit der ich um meine Ehre kämpfe, wird
die ganze Erde verbrannt.«

DER GEREINIGTE REST ISRAELS

9 »Dann aber – sagt der HERR – werde ich den Völkern
neue, reine Lippen geben, sodass sie nicht mehr die
Namen ihrer Götzen in den Mund nehmen, sondern
meinen Namen im Gebet anrufen und ohne Ausnahme
mir dienen. 10 Selbst noch aus dem fernen Äthiopien
werden sie – nämlich meine Anbeter, mein zerstreutes
Volk – mir Opfergaben bringen. 11 An jenem Tag braucht
ihr euch nicht mehr zu schämen, weil ihr euch gegen
mich aufgelehnt und so viel Böses getan habt. Denn
ich werde die Prahler und Angeber aus eurer Mitte ent-
fernen, sodass es keine Überheblichkeit mehr gibt auf
meinem heiligen Berg. 12-13 Nur ein Volk aus armen und
demütigen Leuten lasse ich dort als Überrest Israels
wohnen, Menschen, die auf mich ihre ganze Hoffnung
setzen. Sie werden kein Unrecht tun und weder lügen
noch betrügen. Sie werden in Glück und Frieden le-
ben, kein Feind wird sie aufschrecken.« 14 Freu dich,
Israel! Jubelt, ihr Leute auf dem Zionsberg! Singt und
jauchzt aus vollem Herzen, ihr Bewohner Jerusalems!
15 Der HERR straft euch nicht länger, eure Feinde hat er
weggejagt. Er selbst ist als Israels König mitten unter
euch, deshalb braucht ihr nichts mehr zu fürchten.
16 An jenem Tag wird man Jerusalem Mut zusprechen
und sagen: »Hab keine Angst, Stadt auf dem Zionsberg,
lass die Hände nicht mutlos sinken! 17 Der HERR, dein
Gott, ist in deinen Mauern, er ist mächtig und hilft dir.
Er hat Freude an dir, er droht dir nicht mehr, denn er
liebt dich; er jubelt laut, wenn er dich sieht.«

DIE HEIMKEHR DES ZERSTREUTEN VOLKES

18 Der HERR sagt: »Ich nehme die Last der Schande von
Jerusalem. Ich bringe alle zurück, die darüber trauern,
dass sie in der Fremde leben müssen und nicht mehr
an meinen Festen teilnehmen können. 19 Dann rechne
ich ab mit den Peinigern, die euch gequält haben. Ich
sammle die Zerstreuten und sorge dafür, dass auch
noch die Schwächsten wohlbehalten ans Ziel kommen.
Ich verwandle ihre Schande in Ehre, auf der ganzen
Erde wird man sie rühmen. 20 Zu jener Zeit werde ich
euch sammeln und hierherbringen; ich mache euch
hoch angesehen bei allen Völkern der Erde. Ich werde
für euch alles wieder zum Guten wenden – ihr werdet
es erleben! Das sage ich, der HERR.«

DER PROPHET **HAGGAI**

AUFFORDERUNG ZUM WIEDERAUFBAU DES TEMPELS

1 Im zweiten Regierungsjahr des Königs Darius, am 1. Tag des 6. Monats, gab der HERR dem Propheten Haggai eine Botschaft für Serubbabel, den Sohn Schealtiëls, den königlichen Bevollmächtigten in Juda, und für den Obersten Priester Jeschua, den Sohn Jozadaks. 2-3 Der HERR ließ den Propheten Folgendes verkünden: »So spricht der HERR, der Herrscher der Welt: ›Dieses Volk behauptet, es sei noch zu früh, meinen Tempel wieder aufzubauen. 4 Aber es ist offenbar nicht zu früh, dass sie selbst in prächtigen Häusern wohnen, während mein Haus noch in Trümmern liegt! 5 Achtet doch einmal darauf, wie es euch ergeht! 6 Ihr habt reichlich Samen ausgesät und doch nur eine kümmerliche Ernte eingebracht. Das Korn reicht nicht zum Sattwerden und der Wein nicht für einen ordentlichen Schluck. Ihr müsst frieren, weil ihr nicht genug anzuziehen habt. Und das Geld, das einer für seine Arbeit bekommt, zerrinnt ihm zwischen den Fingern.‹ 7 Deshalb sagt der HERR, der Herrscher der Welt: ›Merkt ihr denn nicht, weshalb es euch so schlecht geht? 8 Geht ins Gebirge, schlagt Holz und baut meinen Tempel! Daran habe ich Freude; damit ehrt ihr mich! 9 Ihr habt viel erhofft und wenig erreicht. Wenn ihr den Ertrag eurer Arbeit in eure Häuser brachtet, blies ich ihn fort. Warum das alles? Ihr lasst mein Haus in Trümmern liegen und jeder denkt nur daran, wie er sein eigenes Haus baut! 10 Deshalb kommt vom Himmel weder Tau noch Regen für euch und die Erde lässt nichts mehr wachsen. 11 Deshalb habe ich diese Dürre über euer Land kommen lassen, über die Berge, die Kornfelder, die Weingärten und Olivenhaine, sodass nichts mehr gedeiht. Menschen und Tiere müssen darunter leiden, und was ihr unternehmt, will euch nicht mehr gelingen.‹«

GOTT SAGT DEN BAUWILLIGEN SEINEN BEISTAND ZU

12 Serubbabel, Jeschua und alle, die vom Volk von Juda übrig waren, nahmen sich zu Herzen, was der HERR, ihr Gott, ihnen durch Haggai sagen ließ. Sie erkannten, dass Gott den Propheten zu ihnen geschickt hatte, und erschraken darüber, dass sie den HERRN nicht gebührend geehrt hatten. 13 Da ließ der HERR ihnen durch seinen Boten Haggai sagen: »Ich stehe euch bei! Ich, der HERR, sage es.« 14-15a So machte der HERR den königlichen Bevollmächtigten Serubbabel, den Obersten Priester Jeschua und den Überrest des Volkes bereit, den Tempel des HERRN, des Herrschers der Welt, ihres Gottes, wieder aufzubauen. Sie begannen mit der Arbeit am 24. Tag des 6. Monats.

DIE KÜNFTIGE HERRLICHKEIT DES TEMPELS

15b Im zweiten Regierungsjahr des Königs Darius,
2 am 21. Tag des 7. Monats, gab der HERR dem Propheten Haggai wieder eine Botschaft 2 für den königlichen Bevollmächtigten Serubbabel, den Obersten Priester Jeschua und den Überrest des Volkes. Der Prophet sollte zu ihnen sagen: 3 »Wer von euch hat den Tempel noch gesehen, bevor er zerstört wurde? Wie prächtig war er damals! Und wie kümmerlich ist das, was ihr jetzt entstehen seht! Es ist nichts, verglichen mit dem, was früher hier stand. 4 Aber jetzt sagt euch der HERR: ›Lasst euch nicht entmutigen! Ans Werk, Serubbabel, ans Werk, Jeschua, Sohn Jozadaks, du Oberster Priester! Ans Werk, ihr Leute von Juda! Ich stehe euch bei. Das sage ich, der HERR, der Herrscher der Welt. 5 Ich habe euch meine Hilfe zugesagt, als ihr aus Ägypten gezogen seid, und diese Zusage gilt auch jetzt noch. Mein Geist ist mitten unter euch, habt keine Angst! 6 Ich, der Herrscher der Welt, sage euch: Es dauert nicht mehr lange, dann werde ich die Welt in ihren Fundamenten erschüttern, Himmel und Erde, Land und Meer. 7 Ich werde alle Völker in Bewegung setzen, sodass sie ihre ganzen Schätze hierherbringen. So sorge ich dafür, dass mein Haus prächtig geschmückt wird. 8 Denn mir, dem HERRN, gehört alles Silber und alles Gold. 9 Der neue Tempel wird den alten an Pracht weit übertreffen. Von dieser Stätte aus werde ich meinem Volk Frieden und Wohlstand schenken. Das sage ich, der HERR, der Herrscher der Welt.‹«

DÜRFEN DIE LEUTE VON SAMARIEN AM TEMPEL MITBAUEN?

10 Im zweiten Regierungsjahr des Königs Darius, am 24. Tag des 9. Monats, erging das Wort des HERRN an den Propheten Haggai, er sagte zu ihm: 11 »Ich, der HERR, der Herrscher der Welt, befehle dir: Geh zu den Priestern und lass dir eine Auskunft geben! Frage sie: 12 ›Wenn jemand Fleisch in seinem Gewandzipfel trägt, das mir geweiht ist und nur von den Priestern gegessen werden darf, und er berührt mit dem Zipfel ein Stück Brot oder etwas Gekochtes oder Wein oder Öl oder irgendein anderes Nahrungsmittel: Wird das Berührte dadurch ebenfalls zu etwas Geweihtem?‹« Haggai legte die Frage den Priestern vor und bekam die Antwort: »Nein.« 13 Dann fragte er die Priester im Auftrag des HERRN: »Wenn jemand, der einen Toten berührt hat und deshalb unrein ist, etwas von diesen Dingen berührt: Wird das Berührte dadurch ebenfalls unrein?« Die Priester antworteten: »Ja.« 14 Darauf erklärte Haggai: »Der HERR sagt: ›Dieses fremde Volk ist in meinen Augen unrein. Deshalb ist auch alles, was sie tun, unrein und jeder Ort, an dem sie Opfer darbringen, wird unrein.‹«

DER GEHORSAM DER GEMEINDE WIRD FRÜCHTE TRAGEN

15 Weiter sagte der HERR: »Jetzt passt auf! Achtet darauf, was von heute an geschieht! Wie war es denn, bevor ihr angefangen habt, die Mauern meines Tempels wieder aufzubauen? 16 Damals gab es von einem Feld statt der erwarteten zwanzig Sack Korn nur zehn und von einem Weinberg statt der erwarteten fünfzig Krug Wein nur zwanzig. 17 Ich schickte euch Hagel, Mehltau und

Getreidebrand und machte alle eure Arbeit zunichte. Trotzdem wolltet ihr euch mir nicht zuwenden. 18 Aber jetzt achtet darauf, was von heute an geschieht – vom 24. Tag des 9. Monats an, dem Tag, an dem das Fundament für meinen Tempel gelegt wurde: 19 Zwar ist das Saatgut noch nicht ausgebracht und es gibt noch kein Anzeichen, dass die Weinstöcke, Feigen-, Granatapfel- und Ölbäume künftig Frucht tragen, aber von heute ab werde ich euer Land segnen und alles gedeihen lassen!«

SERUBBABEL ALS DER KÜNFTIGE HEILSKÖNIG

20 Noch ein zweites Mal erging das Wort des HERRN am 24. Tag des Monats an Haggai. 21 Er gab ihm eine Botschaft für Serubbabel, den königlichen Bevollmächtigten für Juda, die lautete: »Ich, der HERR, der Herrscher der Welt, werde Himmel und Erde in ihren Fundamenten erschüttern. 22 Ich stoße die Königsthrone um und mache der Herrschaft der Völker ein Ende; ich stürze die Streitwagen samt ihren Fahrern um und werfe die Pferde zu Boden, sodass die Reiter mit dem Schwert übereinander herfallen. 23 An jenem Tag setze ich dich, Serubbabel, den Sohn Schealtiëls, zu meinem Bevollmächtigten ein und mache dich zu meinem Siegelring; denn ich habe dich erwählt. Das sagt der HERR, der Herrscher der Welt.«

DER PROPHET **SACHARJA**

AUFRUF ZUR UMKEHR

1 Im zweiten Regierungsjahr des Königs Darius, im 8. Monat, erging das Wort des HERRN an Sacharja, den Sohn von Berechja und Enkel von Iddo, den Propheten: 2 »Ich, der HERR, bin sehr zornig gewesen über eure Vorfahren. 3 Jetzt aber sollst du zu der gegenwärtigen Generation sagen: So spricht der HERR, der Herrscher der Welt: Kehrt um und wendet euch mir wieder zu, denn ich will umkehren und mich euch wieder zuwenden – sagt der HERR, der Herrscher der Welt. 4 Folgt nicht dem schlechten Beispiel eurer Vorfahren! Ihnen ließ ich durch die früheren Propheten verkünden: ›So spricht der HERR, der Herrscher der Welt: Kehrt um von euren verkehrten Wegen, macht Schluss mit eurem bösen Tun!‹ Aber sie beachteten es nicht und hörten nicht auf mich. 5 Und wo sind eure Vorfahren geblieben? Auch die Propheten leben nicht ewig; 6 aber meine Ankündigungen und meine Weisungen, die ich meine Diener, die Propheten, verkünden ließ – haben die sich nicht an euren Vorfahren ausgewirkt? Kehrten sie nicht um und mussten bestätigen: ›Der HERR, der Herrscher der Welt, hat ausgeführt, was er ins Auge gefasst hatte; er ist mit uns so verfahren, wie es unseren verkehrten Wegen und unserem bösen Tun entsprach‹?«

7 Im zweiten Regierungsjahr des Königs Darius, am 24. Tag des 11. Monats – das ist der Monat Schebat –, erging das Wort des HERRN an Sacharja, den Sohn von Berechja und Enkel von Iddo, den Propheten. Er berichtet selbst:

ERSTE VISION: NEUE ZUKUNFT FÜR JERUSALEM

8 In der Nacht hatte ich eine Vision. Ich sah einen Mann auf einem rotbraunen Pferd. Er hielt bei den Myrtenbäumen im Tal, hinter ihm sah ich andere Reiter auf rotbraunen, fuchsroten und weißen Pferden. 9 Ich fragte den Engel, der mit mir sprach und mir meine Visionen erklärte: »Herr, was sind das für Reiter?« Er antwortete: »Du wirst es sogleich erfahren.« 10 Da sagte der Mann bei den Myrtenbäumen: »Wir sind die Reiter, die der HERR ausgesandt hat, um die Erde zu erkunden.« 11 Plötzlich sah ich den Engel des HERRN zwischen den Myrtenbäumen stehen. Die Reiter meldeten ihm: »Wir haben die ganze Erde durchzogen. Überall herrscht Ruhe.« 12 Da wandte er sich an den HERRN und sagte: »HERR, du Herrscher der ganzen Welt, schon siebzig Jahre lässt du nun Jerusalem und die Städte von Juda deinen Zorn spüren. Wann hast du endlich Erbarmen mit ihnen?« 13 Der HERR gab dem Engel, der mit mir redete, eine freundliche, tröstliche Antwort. 14 Daraufhin sagte der Engel zu mir: »Du sollst verkünden: ›So spricht der HERR, der Herrscher der Welt: Ich bin voll brennender Liebe zu Jerusalem und zum Berg Zion; 15 aber den selbstherrlichen Völkern gilt mein glühender Zorn. Ich wollte meinem Volk durch sie nur eine Lehre erteilen, aber sie haben es ins Unglück gestürzt. 16 Darum soll Jerusalem jetzt von Neuem meine Liebe zu spüren bekommen. Mein Tempel dort soll wieder errichtet werden, die ganze Stadt wird neu aufgebaut.‹ Das sagt der HERR, der Herrscher der Welt. 17 Und weiter sollst du verkünden: ›So spricht der HERR, der Herrscher der Welt: Es soll wieder Wohlstand und Überfluss herrschen in den Städten meines Volkes. Ich helfe der Gemeinde auf dem Zionsberg wieder auf und Jerusalem soll wieder meine Stadt sein.‹«

ZWEITE VISION: BESTRAFUNG DER FEINDLICHEN VÖLKER

2 Ich blickte auf und sah: Da waren vier Hörner. 2 Ich fragte den Engel, der mir alles erklärte: »Was bedeuten diese Hörner?« Er antwortete: »Es sind die Mächte, die Juda, Israel und Jerusalem niedergeworfen und ihre Bewohner in alle Welt zerstreut haben.« 3 Darauf ließ mich der HERR vier Männer mit Schmiedehämmern schauen 4 und ich fragte: »Wozu sind die gekommen?« Der Engel antwortete mir: »Sie sollen die Hörner abschlagen, die Juda zu Boden geworfen und sein Volk zerstreut haben. Sie sollen den Völkern, die sich gegen Juda erhoben haben, Furcht und Schrecken einjagen und ihre Macht zerschlagen.«

DRITTE VISION: JERUSALEM BRAUCHT KEINE MAUERN MEHR

5 Ich blickte auf und sah: Da war ein Mann mit einer
Messschnur in der Hand. 6 Ich fragte ihn: »Wohin gehst
du?«, und er antwortete: »Nach Jerusalem! Ich will
ausmessen, wie groß es werden muss und wo seine
Mauern verlaufen sollen.« 7 Jetzt kam der Engel dazu,
der mir alles erklärte. Er gab einem anderen Engel, der
ihm entgegenkam, 8 den Befehl: »Jerusalem soll nicht
durch Mauern eingeengt werden, sonst ist kein Platz
darin für die vielen Menschen und Tiere! 9 Der HERR
sagt: ›Ich selbst werde für die Stadt eine Mauer aus
Feuer sein und ich will in meiner strahlenden Herr-
lichkeit darin wohnen.‹«

AUFRUF ZUR HEIMKEHR UND TROST FÜR JERUSALEM

10 »Auf, auf! Flieht aus dem Land im Norden!«, sagt
der HERR. »Denn wie die vier Winde habe ich euch
überallhin zerstreut. 11 Auf, rettet euch zum Zionsberg,
alle, die ihr noch in Babylonien seid!« 12 Der HERR, der
Herscher der Welt, will einen reichen Schatz einsam-
meln. Deshalb hat er mich zu den fremden Völkern
gesandt, die euch ausgeplündert haben. Er sagt zu
euch: »Wer euch antastet, tastet meinen Augapfel
an!« 13 Und er sagt: »Ich erhebe die Hand gegen diese
Völker und dann werden sie von denen ausgeplündert,
die bisher ihre Sklaven waren!« Wenn das geschieht,
werdet ihr erkennen, dass der HERR, der Herrscher der
Welt, mich zu euch gesandt hat. 14 »Freut euch und
jubelt, ihr Bewohner der Zionsstadt!«, sagt der HERR.
»Ich komme und wohne mitten unter euch. 15 Viele
Völker werden sich dann zu mir bekennen und mein
Volk werden; ihr aber werdet die sein, in deren Mitte
ich selber wohne.« Wenn das geschieht, werdet ihr
erkennen, dass der HERR, der Herrscher der Welt, mich
zu euch gesandt hat. 16 In seinem heiligen Land wird
Juda zu seinem besonderen Eigentum werden und
Jerusalem wird er wieder zu seiner Stadt erwählen.
17 Alle Welt werde still vor dem HERRN, denn er kommt
aus seiner heiligen Wohnung.

VIERTE VISION: DER OBERSTE PRIESTER JESCHUA VON GOTT BESTÄTIGT

3 Darauf ließ der HERR mich den Obersten Priester
Jeschua sehen. Er stand vor dem Engel des HERRN
und rechts von ihm stand der Satan und wollte ihn an-
klagen. 2 Doch der HERR sagte zu ihm: »Schweig, Satan!
Ich verbiete dir, deine Anklage vorzubringen; denn
ich liebe Jerusalem. Ich habe doch diesen Jeschua wie
ein brennendes Holzscheit aus dem Feuer gerettet!«
3 Jeschua stand da vor dem Engel in beschmutzten Klei-
dern. 4 »Zieht ihm die schmutzigen Kleider aus!«, sagte
der HERR zu den dienenden Engeln, die vor ihm stan-
den, und zu Jeschua sagte er: »Ich nehme die Schuld
von dir und lasse dich in Festgewänder kleiden.« 5 Ich
bat: »Setzt ihm auch einen reinen Turban auf!« Sie ta-
ten es und kleideten Jeschua neu ein, während der
Engel des HERRN dabeistand. 6 Dann gab der Engel des
HERRN Jeschua die feierliche Zusage: 7 »So spricht der
HERR, der Herrscher der Welt: ›Wenn du meine Gebote
befolgst und meinen Dienst recht versiehst, wenn du
in meinem Haus und in meinen Vorhöfen über der
Ordnung wachst, dann gebe ich dir das Recht, zusam-
men mit denen, die hier vor meinem Thron stehen, an
der himmlischen Ratsversammlung teilzunehmen.‹«

ZUSAGE FÜR DIE ZUKUNFT

8 Weiter sagte der HERR: »Höre, Jeschua, du Oberster
Priester, und auch deine Mitpriester, die vor dir sit-
zen: Ihr seid die lebendige Bürgschaft dafür, dass
ich meinen Bevollmächtigten, den ›Spross Davids‹
senden werde. 9 Seht den Stein, den ich vor Jeschua
niedergelegt habe: ein einziger Stein und darauf sie-
ben Augen! Jetzt werde ich selbst die Inschrift darauf
anbringen, ich, der Herrscher der Welt. Ich werde die
Schuld des Landes an einem einzigen Tag wegnehmen.
10 An jenem Tag – sagt der HERR, der Herrscher der
Welt – werdet ihr euch gegenseitig einladen und in
Frieden und Sicherheit die Früchte eurer Weinstöcke
und Feigenbäume miteinander genießen.«

FÜNFTE VISION: PRIESTER UND KÖNIG IN DER HEILSZEIT

4 Wieder kam der Engel, der jeweils mit mir sprach.
Er rüttelte mich auf, wie man jemand aus dem
Schlaf weckt, 2 und fragte mich: »Was siehst du?«
Ich antwortete: »Einen Leuchter aus Gold. Er trägt
oben ein Ölbecken, an dessen Rand ringsum sieben
Lichtschalen angebracht sind. Und jede Schale hat
sieben Schnäbel für die Dochte. 3 Links und rechts
ragt über dem Leuchter je ein Ölbaum auf. 4 Was hat
das zu bedeuten, Herr?« 5 »Verstehst du es nicht?«,
fragte der Engel. »Nein, Herr«, erwiderte ich, 6a und er
sagte: 10b »Die sieben Lichtschalen sind die Augen des
HERRN, die alles sehen, was auf der Erde geschieht.«
11-12 Ich fragte weiter: »Und was bedeuten die beiden
Ölbäume rechts und links von dem Leuchter, die ihr Öl
durch die beiden Goldröhren herabfließen lassen?«
13 »Verstehst du es nicht?«, fragte er, und als ich ver-
neinte, 14 antwortete er mir: »Das sind die beiden Män-
ner, die der Herr der ganzen Erde mit Öl gesalbt und in
seinen Dienst gestellt hat.«

ERMUTIGUNG FÜR SERUBBABEL

6b Dies ist das Wort des HERRN für Serubbabel: »Nicht
durch menschliche Macht und Gewalt wird es dir ge-
lingen, sondern durch meinen Geist! Das sage ich, der
HERR, der Herrscher der Welt. 7 Wie ein Berg türmen
sich die Widerstände vor dir auf; aber ich werde sie
wegschaffen. Du wirst den Schlussstein in den wie-
der aufgebauten Tempel einsetzen und alle werden in
Jubel ausbrechen.« 8 Weiter erging an mich das Wort
des HERRN: 9-10a »Serubbabel hat den Grund für diesen
Tempel gelegt und er wird ihn auch vollenden. Wer
blickt hier verächtlich auf den kümmerlichen Beginn?
Er wird sich noch mitfreuen, wenn er den Schlussstein
in der Hand Serubbabels sieht!« Wenn das geschieht,

werdet ihr erkennen, dass der HERR, der Herrscher der
Welt, mich zu euch gesandt hat.

SECHSTE VISION: BESTRAFUNG UNENTDECKTEN UNRECHTS

5 Als ich wieder aufblickte, sah ich: Da flog eine
Buchrolle durch die Luft; sie war ganz entrollt.
2 Der Engel fragte mich: »Was siehst du?«, und ich
antwortete: »Eine fliegende Buchrolle, zehn Meter
lang und fünf Meter breit.« 3 Da sagte er zu mir: »Das
ist der Fluch, der in das ganze Land ausgeht. Auf der
Rolle steht er geschrieben und wird alle ereilen, die
gestohlen oder einen Meineid geschworen haben. Zu
lange schon sind diese Vergehen unbestraft geblieben.
4 Der HERR, der Herrscher der Welt, sagt: ›Ich sende
diesen Fluch in das Haus jedes Diebes und in das Haus
eines jeden, der unter Anrufung meines Namens einen
Meineid schwört. Der Fluch setzt sich dort fest und zer-
stört das ganze Haus, die Balken samt den Steinen.‹«

SIEBTE VISION: DIE FRAU IM FASS

5 Der Engel, der mit mir redete, trat vor und sagte: »Blick
auf und sieh, was da erscheint!« 6 »Was ist denn das?«,
fragte ich und er antwortete: »Es ist ein Fass. Darin
steckt das, worauf das ganze Land versessen ist.« 7 Das
Fass war mit einem Deckel aus Blei verschlossen; als
er aufging, kam eine Frau zum Vorschein. 8 Der Engel
sagte: »Das ist die Auflehnung gegen Gott«, stieß die
Frau wieder hinein und schlug den bleiernen Deckel zu.
9 Dann sah ich, wie der Wind zwei Frauen mit Storchen-
flügeln dahertrug; die nahmen das Fass und flogen mit
ihm davon. 10 Ich fragte den Engel: »Wohin bringen sie
die Frau?« 11 Er antwortete: »Ins Land Schinar. Dort baut
man ihr einen Tempel und stellt sie auf ein Podest.«

ACHTE VISION: WAGEN ZUR HEIMKEHR FÜR DIE IN ALLE WELT ZERSTREUTEN

6 Als ich noch einmal aufblickte, da sah ich: Zwischen
den beiden bronzenen Bergen am Himmelseingang
kamen vier Wagen hervor. 2 Der erste wurde von rot-
braunen Pferden gezogen, der zweite von schwarzen,
3 der dritte von weißen und der vierte von gescheckten,
lauter kräftigen Tieren. 4 Ich fragte den Engel, der mit
mir sprach: »Was bedeutet das, Herr?« 5 Er antwortete:
»Diese Gespanne sind die vier Winde des Himmels. Sie
kommen eben vom Herrn der ganzen Erde, vor dem sie
gestanden haben. 6 Das schwarze Gespann wird in das
Land im Norden ziehen, das weiße hinter ihm her und
das gescheckte in das Land im Süden.« 7 Die starken
Pferde drängten ungeduldig vorwärts. Da sagte der
Engel des HERRN: »Los! Durchzieht die Erde!« Und sie
stürmten davon. 8 Mir aber rief er zu: »Achte auf die, die
nach Norden ziehen! Sie bringen meinen Geist nach
Babylonien, damit er dort wirken kann.«

DIE STELLVERTRETENDE KRÖNUNG DES PRIESTERS JESCHUA

9 Das Wort des HERRN erging an mich, er sagte: 10 »Geh
in das Haus von Joschija, dem Sohn von Zefanja! Dort
findest du Heldai, Tobija und Jedaja, die soeben aus
Babylonien angekommen sind. Sie haben dir etwas
mitgebracht. 11 Nimm das Silber und Gold und mach
daraus eine Krone! Setze sie dem Obersten Priester Je-
schua, dem Sohn Jozadaks, auf 12 und sage zu ihm: ›So
spricht der HERR, der Herrscher der Welt: Der Spross
Davids kommt und unter ihm wird es sprießen! Er wird
meinen Tempel bauen. 13 Ja, er wird ihn wieder auf-
bauen, und voller Hoheit wird er von seinem Thron aus
herrschen. Ein Priester wird seinen Thron mit ihm tei-
len und beide werden gute Freunde sein. 14 Die Krone
soll zur Erinnerung an Heldai, Tobija und Jedaja und an
die Gastfreundschaft von Joschija in meinem Tempel
aufbewahrt werden. 15 Aus weiter Ferne werden Men-
schen kommen, um an meinem Tempel mitzubauen.‹«
Wenn das geschieht, werdet ihr erkennen, dass der
HERR, der Herrscher der Welt, mich zu euch gesandt
hat. Es wird mit Sicherheit eintreffen, wenn ihr auf den
HERRN, euren Gott, hört und ihm gehorcht.

IST DER TAG VON JERUSALEMS FALL WEITERHIN ALS TRAUERTAG ZU BEGEHEN?

7 Es war im vierten Regierungsjahr des Königs Da-
rius, am 4. Tag des 9. Monats, das ist der Monat Kis-
lew. Da erging das Wort des HERRN an den Propheten
Sacharja. 2 Damals war eine Abordnung aus Bet-El
nach Jerusalem gekommen; sie bestand aus Sar-Ezer
und Regem-Melech und dessen Leuten. Sie kamen,
um den Segen des HERRN zu erbitten, 3 und legten den
Priestern am Tempel des HERRN, des Herrschers der
Welt, und den Propheten dort die Frage vor: »Sollen
wir auch künftig den Fast- und Trauertag im 5. Monat
begehen, wie wir es schon so viele Jahre tun?« 4 Da
erging an mich das Wort des HERRN, des Herrschers
der Welt, er sagte zu mir: 5 »Richte dem Volk von Juda
und den Priestern meine Antwort aus: ›Siebzig Jahre
lang haltet ihr nun schon die Fast- und Trauertage im 5.
und 7. Monat. Meint ihr, ihr hättet da für *mich* gefastet?
6 Wenn ihr esst und trinkt, tut ihr es doch auch für euch
selbst! 7 Wisst ihr nicht, was ich durch die früheren
Propheten verkünden ließ, als Jerusalem noch nicht
zerstört war und als die Städte Judas, die Steppe im
Süden und das Hügelland im Westen noch bewohnt
waren?‹« 8 Und der HERR erinnerte mich daran, wie
er euren Vorfahren durch seine Propheten verkün-
den ließ: 9 »So spricht der HERR, der Herrscher der
Welt: ›Richtet gerecht und erweist einander Liebe
und Erbarmen, 10 unterdrückt nicht Witwen und Wai-
sen, Fremde und Arme, und heckt nicht immer neue
Pläne aus, um einander zu schaden! Ihr seid doch alle
Brüder und Schwestern! 11 Aber sie wollten nicht dar-
auf hören, sie stellten sich taub und waren unwillig wie
ein störrischer Esel. 12 Sie machten ihre Herzen so hart
wie Diamant und weigerten sich, auf die Worte und
Weisungen zu hören, die ich, der Herrscher der Welt,
ihnen durch meinen Geist – durch den Mund der frühe-
ren Propheten – sagen ließ. Deshalb traf sie mein Zorn
mit voller Wucht. 13 Es kam, wie es kommen musste: Sie
hörten nicht, als ich rief, darum hörte auch ich nicht,

als sie in der Not zu mir riefen. 14 Ich zerstreute sie unter ferne Völker, von denen sie vorher nichts wussten, und ließ das Land hinter ihnen öde und menschenleer liegen. Sie selbst sind es, die das schöne Land zu einer Wüste gemacht haben!‹«

JERUSALEMS KÜNFTIGES GLÜCK

8 Das Wort des HERRN, des Herrschers der Welt, erging, er sagte: 2 »So spricht der HERR, der Herrscher der Welt: Ich bin voll brennender Liebe zur Zionsstadt, ich setze mich für sie ein und lasse ihre Feinde meinen Zorn spüren. 3 So spricht der HERR: Ich kehre zum Berg Zion zurück und werde mitten in Jerusalem wohnen. Jerusalem wird dann ›Stadt der Treue‹ heißen und der Berg, auf dem ich als Herrscher der Welt wohne, der ›Heilige Berg‹. 4 So spricht der HERR, der Herrscher der Welt: Es werden wieder alte Menschen auf den Plätzen der Stadt sitzen, Männer und Frauen, den Stock in der Hand, auf den sie sich beim Gehen stützen müssen – ein so hohes Alter werden sie erreichen. 5 Und auf den Straßen wird es von spielenden Kindern, Jungen und Mädchen, wimmeln. 6 So spricht der HERR, der Herrscher der Welt: Wenn all das dem Überrest meines Volkes unmöglich erscheint, soll es dann auch für mich, den Herrscher der Welt, unmöglich sein? 7 So spricht der HERR, der Herrscher der Welt: Ja, ich befreie die Menschen meines Volkes aus dem Land im Osten und aus dem Land im Westen, 8 ich bringe sie heim und lasse sie in Jerusalem wohnen. Sie sollen mein Volk sein, und ich will ihr Gott sein in unwandelbarer Treue.«

RÜCKBLICK UND ERMUTIGUNG

9 So spricht der HERR, der Herrscher der Welt: »Lasst nicht nach und packt zu! Denkt an die Worte, die ich euch durch meine Propheten sagen ließ an dem Tag, als der Grundstein für den Wiederaufbau meines Tempels gelegt wurde: 10-11 ›Bis jetzt war all eure Mühe vergeblich: Eure Arbeit brachte euch nichts ein und euer Vieh ebenso wenig. Es gab keinen Frieden im Land: Wer die Stadt verließ, war vor Feinden nicht sicher, und auch unter euch selbst stiftete ich Streit. Aber von jetzt an zeige ich mich dem Überrest meines Volkes von einer anderen Seite. Das sage ich, der HERR, der Herrscher der Welt. 12 Denn die Saat des Friedens wird aufgehen! Der Weinstock wird seine Frucht geben, der Boden seinen Ertrag, der Himmel Tau und Regen – und ich gebe das alles dem Rest meines Volkes zu Eigen. 13 Und wie ihr, die Leute von Juda und die Leute von Israel, für die anderen Völker zum Inbegriff eines Volkes geworden seid, das vom Fluch getroffen ist, so werdet ihr durch das, was ich an euch tue, zum Inbegriff des Segens werden.‹ Ja, so wird es geschehen. Habt also keine Angst, packt zu!« 14 Ja, so spricht der HERR, der Herrscher der Welt: »Als eure Vorfahren mich zum Zorn reizten, war ich entschlossen, euch ins Unglück zu stürzen, und ich ließ mich durch nichts davon abbringen. 15 Genauso unverrückbar ist mein Entschluss, die Leute von Jerusalem und Juda jetzt mit Gutem zu überschütten. Habt also keine Angst! 16 Aber tut auch, was ich von euch erwarte! Lügt eure Mitmenschen nicht an, fällt im Gericht gerechtes Urteil zum Wohl aller, 17 sucht nicht einander zu schaden und schwört keine Meineide. Denn all dies ist mir verhasst.« Das sagt der HERR.

ENDE DER TRAUER UND ZUSTROM DER VÖLKER

18 Das Wort des HERRN, des Herrschers der Welt, erging an mich. 19 So spricht der HERR, der Herrscher der Welt: »Die Fast- und Trauertage im vierten, fünften, siebten und zehnten Monat werden für die Leute von Juda zu Freudenfesten werden, die Klage wird sich in Jubel verwandeln. Aber haltet mir die Treue und behaltet das Wohl aller im Auge!« 20 So spricht der HERR, der Herrscher der Welt: »Viele Völker und die Bewohner großer Städte werden sich aufmachen, 21 sie werden sich gegenseitig aufsuchen und sagen: ›Kommt, wir wollen zum HERRN gehen, dem Herrscher der Welt, um seinen Segen zu erbitten und bei ihm Hilfe zu suchen! Ich jedenfalls werde hingehen.‹ 22 Und so werden große und starke Völker nach Jerusalem kommen, um beim HERRN, dem Herrscher der Welt, Hilfe zu suchen und seinen Segen zu erbitten.« 23 So spricht der HERR, der Herrscher der Welt: »Zu jener Zeit wird man es erleben, dass zehn Männer aus Völkern mit ganz verschiedenen Sprachen sich an einen Juden hängen, seinen Gewandzipfel ergreifen und sagen: ›Lasst uns mit euch nach Jerusalem ziehen! Wir haben gehört, dass Gott auf eurer Seite steht.‹«

ERWEITERUNG ISRAELS ÜBER DIE GRENZEN DES DAVIDSREICHES HINAUS

9 Prophetische Botschaft: Das Wort des HERRN hat das Land Hadrach erreicht, es wohnt in Damaskus; denn auf den HERRN richten sich die Blicke aller Menschen und der Stämme Israels. 2 Es ist ins angrenzende Hamat gelangt und es kommt bis nach Tyrus und Sidon, wo die Leute so überaus klug sind. 3 Tyrus hat sich mit mächtigen Mauern umgeben, es hat Berge von Gold und Silber aufgehäuft; 4 aber der Herr wird ihm seine Schätze wegnehmen und seine Mauern ins Meer stürzen; die Stadt wird zum Opfer der Flammen. 5 Die Philister in den Städten Aschkelon, Gaza und Ekron werden davon hören und vor Angst vergehen, weil sie nun keinen Beschützer mehr haben. Der König wird aus Gaza verschwinden, Aschkelon wird entvölkert, 6 in Aschdod werden Fremde angesiedelt. »Ich mache ein Ende mit der Überheblichkeit der Philister«, sagt der HERR. 7 Er reißt ihnen die blutigen Fleischstücke aus den Zähnen und das Fleisch der Tiere, die er verabscheut. Dann zählt der Überrest der Philister zum Volk unseres Gottes, sie werden zu einer Sippe in Juda, und die Leute von Ekron werden so unter ihnen wohnen wie die Jebusiter in Jerusalem. 8 »Ich selbst«, sagt der HERR, »stelle mich als Wache vor mein Haus und meine Stadt, sodass kein fremder Herrscher mit seinem Heer mehr dort einfällt. Ich selbst kümmere mich jetzt um mein Volk.«

DER FRIEDENSKÖNIG ZIEHT IN JERUSALEM EIN

9 Freu dich, du Zionsstadt! Jubelt laut, ihr Bewohner
Jerusalems! Seht, euer König kommt zu euch! Er bringt
Gerechtigkeit, Gott steht ihm zur Seite. Demütig ist er
vor seinem Gott. Er reitet auf einem Esel, auf einem
starken Eselshengst. 10 Er schafft die Pferde und Streit-
wagen ab in Jerusalem und ganz Israel, auch die Kriegs-
bogen werden zerbrochen. Er stiftet Frieden unter den
Völkern. Von Meer zu Meer reicht seine Herrschaft,
vom Eufratstrom bis zu den Enden der Erde.

WAS DEM EINZUG DES FRIEDENSKÖNIGS VORANGEHT

11 »Hört«, sagt der HERR, »ich werde eure Gefangenen
aus dem Kerker holen, aus der wasserlosen Grube, so
gewiss ich mit euch meinen Bund geschlossen und mit
Opferblut besiegelt habe. 12 Kehrt zurück zur befestig-
ten Stadt, ihr Gefangenen, eure Hoffnung wird nicht
enttäuscht! Die Zusage gilt noch immer: ›Ich werde
euch voll entschädigen.‹ 13 Ich selbst werde gegen das
Heer der Griechen antreten: Die Männer von Juda sind
mein Bogen, die Männer von Efraïm meine Pfeile und
die von Jerusalem mein Schwert, das ich gegen die
Feinde schwinge.« 14 Ja, der HERR wird über dem aus-
ziehenden Heer seines Volkes erscheinen: Sein Pfeil
fährt dahin wie der Blitz; donnernd stößt er ins Horn;
er fegt einher im Sturm aus dem Süden. 15 Der HERR, der
Herrscher der Welt, wird sein Volk beschützen. Seine
Krieger werden die Schleudersteine auffangen und
zu Boden treten, sie werden von Blut betrunken sein
wie von Wein, sie werden von Feindesblut überströmt
sein wie Opferschalen, wie die Ecken des Opferaltars.
16 An jenem Tag wird der HERR, der Gott Israels, die
Seinen retten, denn sie sind seine Herde. Wie funkelnde
Edelsteine werden sie das Land zieren. 17 Wie herrlich
wird das sein! Die Kinder werden zu blühenden jungen
Leuten heranwachsen, weil das Land so viel Korn und
Wein hervorbringt.

NUR GOTT SCHENKT REGEN

10 Bittet den HERRN, dass er zur rechten Zeit den
ersehnten Regen sendet! Denn der HERR ist es,
der die Wetterwolken zusammenballt; er gibt Regen
und lässt für alle etwas wachsen. 2 Befragt nicht die
Orakel, sie spenden euch falschen Trost; geht nicht
zu den Wahrsagern, sie erzählen euch lügnerische
Träume! Weil ihr das tut, seid ihr wie Schafe, die um-
herirren und umkommen, weil sie keinen Hirten haben.

BEFREIUNG JUDAS UND HEIMKEHR ALLER ISRAELITEN

3 Der HERR sagt: »Ich bin voll Zorn auf die fremden Hir-
ten, die meine Herde unterdrücken, und auch gegen
die gewalttätigen Böcke in der Herde werde ich vorge-
hen. Ich, der HERR, der Herrscher der Welt, will mich um
meine Herde, das Volk von Juda, kümmern. Ich mache
es zu meinem Kriegsross, wenn ich jetzt zum Kampf
antrete. 4 Aus meinem Volk selbst kommen dann die
Männer, die für es ›Eckstein‹ sind und ›Zeltpflock‹ und
›Kriegsbogen‹, und die fremden Unterdrücker müssen
aus ihm verschwinden. 5 Die Leute von Juda werden
kämpfen wie Helden und den Feind wie Straßendreck
zertreten, denn ich, der HERR, stehe ihnen bei. Die
feindliche Reiterei wird an ihnen zuschanden. 6 Ich
helfe nicht nur den Leuten von Juda, ich helfe auch den
Nachkommen Josefs, den Leuten von Israel. Ich habe
Erbarmen mit ihnen und lasse sie in ihr Land zurück-
kehren; es soll alles wieder wie früher sein, als ob ich
sie nie verstoßen hätte. Denn ich, der HERR, bin ihr Gott
und höre ihren Hilferuf. 7 Dann werden die Männer
Efraïms stark sein wie Helden und voller Kampfeslust
wie einer, der Wein getrunken hat. Ihre Kinder werden
jubeln, wenn sie es sehen, und werden mich voll Freude
preisen. 8 Ich werde allen Verbannten das Signal zur
Heimkehr geben; denn ich will sie befreien. Mein Volk
soll wieder so zahlreich sein wie einst. 9 Wenn sie sich
mir wieder zuwenden, dort bei den Völkern, unter die
ich sie zerstreut habe, dann werden sie es erleben, dass
sie zusammen mit ihren Kindern zurückkehren dürfen.
10 Ich lasse sie heimkehren aus Ägypten und Assyrien
und bringe sie in die Landschaft Gilead und in den Li-
banon; aber nicht einmal dort werden sie genug Raum
haben. 11 Ich werde ihnen aus der Not helfen, ich werde
die Wogen des Meeres zurücktreiben und die Nilarme
versiegen lassen. Ich werde das stolze Assyrien nie-
derwerfen und die Macht Ägyptens brechen. 12 Durch
mich, den HERRN, wird mein Volk stark sein; es wird im
Vertrauen auf mich und nach meinen Weisungen leben
und bestehen. Das sage ich, der HERR.«

DIE ENTMACHTUNG DER VÖLKER UND IHRER HERRSCHER

11 Öffne deine Tore, Libanon, damit das Feuer bei dir
eindringen und deine Zedern verzehren kann!
2 Heult, ihr Zypressen, weil die Zedern gestürzt, weil
die mächtigsten der Bäume dahin sind! Heult, ihr
Eichen von Baschan, weil der Sturm den dichten Wald
niedergelegt hat! 3 Hört, wie die Völkerhirten klagen,
weil ihre herrlichen Weiden vernichtet sind! Hört, wie
der Löwe brüllt, weil sein Versteck, der Buschwald am
Jordan, verwüstet ist!

EINE ZUKUNFTSVISION: DER GUTE HIRT WIRD ABGELEHNT

4 Der HERR, mein Gott, sagte zu mir: »Weide die Schafe,
die zum Schlachten bestimmt sind! 5 Ihre Besitzer töten
sie und machen sich kein Gewissen daraus; sie verkau-
fen sie und sagen: ›Gepriesen sei der HERR! Wir haben
ein gutes Geschäft gemacht!‹ Und auch ihre Hirten
gehen schonungslos mit der Herde um.« 6 Der HERR
sagt: »Auch ich werde die Bewohner der Erde nicht
mehr verschonen. Ich liefere jeden der Hand seiner
Mitmenschen und seines Königs aus. Mögen diese
die ganze Erde verwüsten, ich werde niemand aus ih-
rer Hand retten.« 7 Ich folgte dem Befehl des HERRN
und weidete die Schafe, die von den Viehhändlern
zum Schlachten bestimmt waren. Ich nahm mir zwei
Hirtenstöcke, den einen nannte ich »Freundschaft«,

den andern »Bruderschaft«, und damit weidete ich
die Schafe. 8 Ich entfernte die drei schlechten Hirten in
einem einzigen Monat. Aber ich verlor die Geduld mit
den Schafen, denn sie wollten nichts von mir wissen.
9 Ich sagte: »Ich will nicht mehr euer Hirte sein! Wer
unbedingt sterben will, soll eben sterben; wer in die
Irre gehen will, soll in die Irre gehen; und der Rest mag
sich gegenseitig auffressen.« 10 Darauf zerbrach ich
den Stock mit Namen »Freundschaft« und hob damit
den Waffenstillstand auf, den ich zugunsten Israels mit
allen Völkern ringsum geschlossen hatte. 11 Die Wirkung
war sofort zu spüren, und die Viehhändler, die gesehen
hatten, wie ich den Stab zerbrach, erkannten, dass ich
im Auftrag des HERRN gehandelt hatte. 12 Ich sagte zu
ihnen: »Wenn ihr wollt, gebt mir jetzt meinen Lohn,
wenn nicht, verzichte ich darauf.« Da zählten sie mir
30 Silberstücke ab und gaben sie mir. 13 Darauf sagte
der HERR zu mir: »Diese stolze Summe bin ich ihnen
also wert! Wirf das Silber dem Schmelzer hin!« Ich nahm
die 30 Silberstücke und warf sie im Tempel dem Mann
hin, der das Gold und das Silber einschmilzt. 14 Dann
zerbrach ich meinen zweiten Stock mit Namen »Bruder-
schaft« und hob damit den Bruderbund zwischen Juda
und Israel auf. 15 Weiter sagte der HERR zu mir: »Rüste
dich noch einmal als ein Hirt aus, aber spiele jetzt einen
schlechten Hirten! 16 Denn ich werde einen Völkerhirten
im Land auftreten lassen, der das Gegenteil eines guten
Hirten ist: Die Verirrten sucht er nicht; auf die kläglichen
Schreie der Bedrängten hört er nicht; hat ein Tier das
Bein gebrochen, so schient er es nicht; er kümmert sich
nicht darum, ob die Tiere Weide und Wasser haben. Die
besten Tiere der Herde schlachtet er für sich selbst und
reißt ihnen in seiner Gier sogar die Klauen auf. 17 Weh
dem Hirten, der keiner ist, der die Herde im Stich lässt!
Der rechte Arm soll ihm abgehackt, das rechte Auge
ihm ausgestochen werden! Sein Arm sei verkrüppelt,
sein Auge sei erblindet!«

GOTTES SCHUTZ FÜR JERUSALEM

12 Prophetische Botschaft, Wort des HERRN über
Israel, Ausspruch des HERRN, der den Himmel
ausgespannt und die Erde fest verankert hat, der den
Lebensgeist im Innern der Menschen geformt hat: 2 So
kommt es: Ich mache Jerusalem für alle Völker ringsum
zu einer Taumelschale. Wenn sie sich an ihm vergreifen
wollen, beginnen sie zu taumeln wie jemand, der star-
ken Wein getrunken hat. – Auch Juda wird mit betrof-
fen sein, wenn sie Jerusalem belagern. – 3 Ja, ich mache
Jerusalem an jenem Tag zu einem Hebestein für alle
Völker: Wenn sie ihn anzuheben versuchen, werden sie
sich daran die Hände wund reißen. Alle Völker der Erde
werden sich gegen Jerusalem zusammentun; 4 aber ich
lasse ihre Pferde scheuen und lasse panische Angst
über ihre Reiter kommen. Ja, ich werde die Pferde
aller Völker blind machen, sodass sie den Weg nicht
mehr finden. Ich wache darüber, dass den Leuten von
Juda kein Leid geschieht. 5 Die führenden Männer von
Juda werden nach Jerusalem blicken und sagen: »Die
Leute von Jerusalem sind stark, denn sie vertrauen fest
auf den HERRN, den Herrscher der Welt, ihren Gott.«
6 Ich werde den Anführern von Juda beistehen; für die
feindlichen Heere ringsum werden sie wie eine Schale
mit glühenden Kohlen mitten in einem Holzstoß sein
oder wie eine Fackel im Garbenhaufen. Jerusalem aber
wird für immer bestehen bleiben. 7 Der HERR wird die
Leute von Juda vor denen von Jerusalem aus der Hand
der Feinde retten, damit die Nachkommen Davids und
die Bewohner Jerusalems nicht zu stolz werden und
auf Juda herabsehen. 8 Danach wird der HERR auch
Jerusalem seine Hilfe zuwenden und dessen Bewoh-
ner stärken. Der Schwächste von ihnen wird so stark
sein wie David, und die Nachkommen Davids an ihrer
Spitze sind dann so stark wie Engel, ja wie der Engel
des HERRN.

REUE DES VOLKES UND KLAGE UM DEN DURCHBOHRTEN

9 »Zu jener Zeit«, sagt der HERR, »da werde ich alle
Völker vernichten, die gegen Jerusalem angerückt
sind. 10 Die Nachkommen Davids und die Bewohner
Jerusalems aber werde ich mit einem reumütigen Geist
erfüllen, der sie dazu treibt, mich um Erbarmen anzu-
flehen. Sie werden schuldbewusst zu mir aufblicken
wegen des Mannes, den sie durchbohrt haben. Sie
werden um ihn trauern, wie man um den einzigen Sohn
trauert, sie werden weinen und klagen wie um einen
Erstgeborenen. 11 Die Klage Jerusalems um ihn wird
so groß sein wie die Klage um Hadad-Rimmon in der
Ebene von Megiddo. 12-13 Alle Sippen im Land werden
an dieser Totenklage teilnehmen, jede für sich, Männer
und Frauen getrennt: die Sippe David, die Sippe Na-
tan, die Sippe Levi, die Sippe Schimi 14 und alle übrigen
Sippen im Land.

13 Zu jener Zeit wird in Jerusalem eine Quelle ent-
springen, die die Nachkommen Davids und die
Bewohner der Stadt von der Befleckung durch Schuld
und Ungehorsam reinigt.«

REINIGUNG DES LANDES VON GÖTZEN UND FALSCHEN PROPHETEN

2 Der HERR, der Herrscher der Welt, sagt: »Zu jener
Zeit werde ich jede Spur von Götzendienst aus dem
Land entfernen, nicht einmal an die Namen der frem-
den Götter wird man sich noch erinnern. Auch die
Propheten, die von einem fremden Geist getrieben
werden, müssen aus dem Land verschwinden. 3 Wenn
noch einer als Prophet auftritt, werden sein Vater und
seine Mutter zu ihm sagen: ›Du hast dein Leben ver-
wirkt, weil du unter Berufung auf den HERRN Lügen
verkündet hast.‹ Und seine eigenen Eltern werden
ihn mit dem Schwert durchbohren, bloß weil er als
Prophet aufgetreten ist. 4 Zu jener Zeit werden sich die
Propheten hüten, ihre Visionen öffentlich zu erzählen;
sie werden nicht mehr im Prophetenmantel aus Zie-
genhaar auftreten, um ihre trügerischen Botschaften
zu verkünden. 5 Stellt man einen von ihnen zur Rede, so
wird er sagen: ›Ich bin kein Prophet, ich bin ein Bauer!
Schon in meiner Jugend hat mich jemand als Sklaven

erworben.‹ 6 Und wenn man ihn auf die Striemen an
seinem Leib hinweist, wird er sagen: ›Das ist von einer
Schlägerei mit meinen Zechbrüdern!‹«

DAS VOLK – EINE HIRTENLOSE HERDE

7 »Schwert, stürze dich auf meinen Hirten, auf den
Mann, der mir nahesteht!«, sagt der HERR, der Herr-
scher der Welt. »Töte den Hirten, sodass die Schafe
auseinanderlaufen! Sogar die Schwachen in der Herde
werde ich nicht verschonen. 8 Das ganze Land wird ge-
troffen werden«, sagt der HERR. »Zwei Drittel seiner
Bewohner werden umkommen, nur ein Drittel wird
überleben. 9 Aber auch dieser Rest muss durchs Feuer
hindurch. Ich werde die Überlebenden reinigen, wie
man Silber im Schmelzofen von Schlacken reinigt; ich
werde sie prüfen, wie man Gold im Feuer auf seine
Echtheit prüft. Dann werden sie zu mir rufen und ich
werde ihr Rufen hören. Ich werde zu ihnen sagen: ›Ihr
seid mein Volk‹, und sie werden sagen: ›Du, HERR, bist
unser Gott.‹«

GOTT REGIERT DIE ERNEUERTE WELT VON JERUSALEM AUS

14 Der HERR sagt: »Mein Gerichtstag, der Tag des
HERRN, kommt, da werden eure Feinde vor
euren Augen die Beute verteilen, die sie euch abge-
nommen haben. 2 Alle Völker werde ich zum Kampf
gegen Jerusalem versammeln. Sie werden die Stadt
erobern, die Häuser plündern und die Frauen schän-
den. Von den Leuten in der Stadt wird die Hälfte in die
Gefangenschaft geführt; nur der Rest darf in der Stadt
bleiben.« 3 Dann aber, an jenem Tag, wird der HERR
selbst gegen diese Völker in den Kampf ziehen, wie
er in früheren Zeiten für sein Volk gekämpft hat. 4 Er
stellt sich auf den Ölberg, der östlich von Jerusalem
liegt, und der Berg wird sich von Osten nach Westen in
zwei Teile spalten. Die eine Hälfte weicht nach Norden
aus, die andere nach Süden, sodass ein breites Tal ent-
steht. 5 In dieses Tal zwischen meinen beiden Bergen
werdet ihr fliehen und das Tal wird sich bis nach Azal
erstrecken; ihr werdet fliehen, wie eure Vorfahren zur
Zeit des Königs Usija vor dem Erdbeben geflohen sind.
Dann wird der HERR, unser Gott, in Jerusalem einzie-
hen, begleitet von allen seinen heiligen Engeln. 6 An
jenem Tag wird es kein Licht mehr geben, das wieder
dunkel wird. 7 Es wird dann ununterbrochen Tag sein,
nicht abwechselnd Tag und Nacht; ja, auch am Abend
bleibt es hell. Nur der HERR weiß, wann das eintrifft.
8 An jenem Tag wird in Jerusalem eine Quelle mit Leben
spendendem Wasser entspringen; die eine Hälfte fließt
in das Meer, das im Osten liegt, die andere in das Meer
im Westen. Das Wasser wird im Winter wie im Sommer
fließen und nie versiegen. 9 Dann wird der HERR über
alle Völker der Erde König sein. Er allein wird Gott sein
an jenem Tag, zu ihm allein werden die Völker beten.
10 Das ganze Land von Geba bis Rimmon südlich von
Jerusalem verwandelt sich in eine Ebene, Jerusalem
selbst aber bleibt erhöht und überragt das übrige Land.
Die Stadt erstreckt sich dann vom Benjamintor über
das zugemauerte Tor bis zum Ecktor und vom Turm
Hananel bis zu den königlichen Weinkeltern. 11 Ihre
Bewohner werden in Sicherheit leben und keine Ver-
nichtung wird sie mehr bedrohen. 12 Die Völker aber,
die gegen Jerusalem herangezogen sind, wird der
HERR mit einer schrecklichen Krankheit schlagen. Ihr
Fleisch verfault, während sie noch auf ihren Füßen ste-
hen; die Augen in ihren Höhlen und die Zunge im Mund
werden plötzlich verwesen. 13 An jenem Tag wird der
HERR sie so sehr erschrecken, dass sie völlig verwirrt
sind und einer über den andern herfällt – 14 auch Juda
über Jerusalem. Dann werden die Schätze im Lager der
feindlichen Völker eingesammelt: eine große Menge
Gold, Silber und kostbare Gewänder. 15 Die Pferde,
Maultiere, Kamele, Esel und alle anderen Tiere im La-
ger wird der HERR mit derselben Krankheit schlagen
wie die Menschen.

DIE WALLFAHRT DER VÖLKER ZUM BERG ZION

16 Die Überlebenden aus den Völkern, die gegen
Jerusalem herangezogen sind, werden von da an
jedes Jahr nach Jerusalem pilgern, um das Laubhüt-
tenfest zu feiern und den HERRN, den Herrscher der
Welt, als ihren König zu verehren. 17 Wenn ein Volk
sich weigert zu kommen und dem HERRN, dem König
der Welt, Ehre zu erweisen, wird auf sein Land kein
Regen fallen. 18-19 Wenn es aber die Ägypter sind, wird
der HERR sie auf entsprechende Weise strafen. Es wird
sie der gleiche Schlag treffen, mit dem der HERR die
Völker bestrafen wird, die nicht nach Jerusalem zum
Laubhüttenfest ziehen. 20 Auf den Schellen der Pferde
wird dann eingeritzt sein: »Dem HERRN geweiht«. Die
Kochtöpfe im Tempel des HERRN werden so heilig sein
wie die Schalen mit dem Opferblut vor dem Altar. 21 Alle
Kochtöpfe in Jerusalem und Juda werden dem HERRN
geweiht sein; die Menschen, die zum Tempel strömen,
können sie nehmen und das Opferfleisch darin kochen.
Im Tempel des HERRN, des Herrschers der Welt, wird
es dann keinen Händler mehr geben.

DER PROPHET **MALEACHI**

BUCHÜBERSCHRIFT

1 Dieses Buch enthält die prophetische Botschaft,
die der HERR dem Volk Israel durch Maleachi aus-
richten ließ.

GOTT LIEBT SEIN VOLK

2 »Ich liebe euch, ihr Leute von Israel«, hat der HERR
gesagt; aber ihr entgegnet: »Lieben? Davon mer-
ken wir nichts!« Darauf antwortet der HERR: »Sind

nicht Esau und Jakob Brüder? Trotzdem liebe ich
Jakob, 3 Esau aber hasse ich. Ich habe das Erbland
der Nachkommen Esaus, das Bergland von Edom, zur
Wüste gemacht und es den Schakalen überlassen.
4 Die Leute von Edom erklären zwar: ›Unsere Städte
sind zerstört, doch wir bauen sie wieder auf!‹ Aber ich,
der HERR, der Herrscher der Welt, sage: Sie sollen nur
bauen, ich werde es wieder einreißen! Ihr Gebiet wird
das gottverlassene Land heißen und sie selbst das Volk,
das in alle Zukunft meinen Zorn zu spüren bekommt.
5 Mit eigenen Augen werdet ihr es noch sehen und
werdet dann sagen: ›Groß erweist sich der HERR über
dem Gebiet Israels!‹«

DIE NACHLÄSSIGKEIT BEIM OPFERDIENST BELEIDIGT GOTT

6 »Ein Sohn ehrt seinen Vater und ein Diener seinen
Herrn. Ihr nennt mich euren Vater, aber ihr ehrt mich
nicht! Ihr nennt mich euren Herrn, aber ihr gehorcht
mir nicht!« Das hat der HERR, der Herrscher der Welt,
zu euch Priestern gesagt, weil ihr ihm seine Ehre
nehmt und ihn verächtlich behandelt. Aber ihr ent-
gegnet dem HERRN: »Womit haben wir dich denn ver-
ächtlich behandelt?« 7 Darauf antwortet er: »Ihr habt
auf meinem Altar unreine Gaben dargebracht und da
fragt ihr noch: ›Womit haben wir dich verunreinigt?‹
Damit, dass ihr sagt: ›Beim Tisch des HERRN kommt es
nicht so darauf an!‹ So macht ihr mich verächtlich. 8 Ihr
bringt mir als Opfer ein blindes Tier und denkt: ›Das ist
doch nicht schlimm!‹ Ihr bringt mir ein lahmes oder
krankes Tier und denkt: ›Das ist doch nicht schlimm!‹
Versucht das doch einmal beim Statthalter! Meint ihr,
dass ihr damit seine Gunst gewinnen könnt?«, sagt
der HERR, der Herrscher der Welt. 9 Und nun kommt ihr
mit so etwas zu Gott und bittet ihn, dass er uns seine
Gnade erweist! So unsinnig handelt ihr. Bildet ihr euch
ein, dass der Herrscher der Welt sich das gefallen lässt?
10 »Wenn doch nur jemand die Zugänge zu meinem
Tempel verschließen würde, damit ihr nicht solche
sinnlosen Opfer auf meinem Altar darbringt! Ich kann
euch nicht ausstehen – sagt der HERR, der Herrscher
der Welt –, ich nehme von euch keine Opfer an! 11 Auf
der ganzen Erde – von dort, wo die Sonne aufgeht, bis
dort, wo sie niedersinkt – wird mein Name unter den
Völkern geehrt. An unzähligen Orten werden mir wür-
dige Opfergaben dargebracht. Ja, mein Name steht in
Ehren unter den Völkern – sagt der HERR, der Herrscher
der Welt. 12 Ihr aber nehmt mir meine Ehre, denn ihr
sagt: ›Den Tisch des HERRN kann man ruhig verunrei-
nigen; da kommt es nicht so darauf an, was als Gabe
darauf gelegt wird!‹ 13 Und dann stöhnt ihr noch über
euren Dienst! Damit reizt ihr mich zum Zorn, mich, den
Herrscher der Welt. Außer den lahmen und kranken
Tieren lasst ihr auch noch gestohlene Tiere zum Opfer
zu. Und das soll ich von euch annehmen, ich, der HERR?
14 Wer ein Gelübde ablegt und mir ein vollwertiges
männliches Tier aus seiner Herde verspricht, mich aber
hinterher darum betrügt und mir ein minderwertiges
opfert, den trifft mein Fluch. Denn ich bin der höchste
König und alle Völker ehren meinen Namen.« Das sagt
der HERR, der Herrscher der Welt.

WAHRES UND FALSCHES PRIESTERTUM

2 »Deshalb spreche ich jetzt mein Urteil über euch
Priester«, sagt der HERR, der Herrscher der Welt.
2 »Wenn ihr nicht meine Warnung zu Herzen nehmt
und meinem Namen die Ehre gebt, werde ich den Fluch
gegen euch schleudern und euch Unglück schicken.
Den Segen, den ihr euren Kindern zusprecht, werde ich
zum Fluch machen – ja, ich mache das bestimmt, weil
ihr meine Warnungen ja doch nicht zu Herzen nehmt.
3 Ich stürze eure Nachkommen ins Unglück. Ich schleu-
dere euch den Kot eurer Opfertiere ins Gesicht und ihr
werdet auf den Abfallhaufen geworfen, der sich von
euren Opferfesten angesammelt hat. 4 Dann werdet ihr
erkennen: Ich, der HERR, der Herrscher der Welt, habe
dieses Urteil an euch vollstreckt, damit mein Bund mit
den Nachkommen von Levi weiterbestehen kann.
5 Darin besteht mein Bund mit ihnen: Ich gab ihnen
Leben und Wohlergehen und sie erwiesen mir Ehre.
Meine Nähe erfüllte sie mit Furcht und Zittern. 6 Sie
verkündeten dem Volk meine Weisungen unverfälscht
und gaben zuverlässig Auskunft; sie versahen ihren
Dienst in ganzer Treue und in engster Verbindung mit
mir. So bewahrten sie viele Menschen davor, Schuld auf
sich zu laden. 7 Denn das ist der Auftrag der Priester: Sie
sollen mein Gesetz verkünden und wer Rat sucht, soll
bei ihnen Rat finden; sie sind Botschafter des HERRN,
des Herrschers der Welt. 8 Ihr aber seid von meinem
Weg abgewichen und habt viele in die Irre geführt
mit euren falschen Weisungen. So habt ihr den Bund
gebrochen, den ich mit den Nachkommen von Levi
geschlossen habe. Darum sage ich, der Herrscher der
Welt: 9 Weil ihr mein Gesetz missachtet und euch bei
euren Weisungen nach Rang und Stand der Menschen
richtet, die zu euch kommen, darum strafe auch ich
euch mit Verachtung; ihr sollt in Schande dastehen
vor dem ganzen Volk.«

UNERLAUBTE EHEN UND EHESCHEIDUNGEN

10 Haben wir nicht alle denselben Vater? Hat nicht der
eine Gott uns alle geschaffen? Warum handeln wir
dann treulos aneinander und entweihen so den Bund,
den Gott mit unseren Vorfahren geschlossen hat?
11 In Jerusalem und im ganzen Land ist Abscheuliches
geschehen: Männer von Juda haben Gott die Treue
gebrochen, sie haben Frauen geheiratet, die fremde
Götter verehren, und haben damit den Tempel des
HERRN entweiht, den er liebt. 12 Wer so etwas tut,
dessen Nachkommen sollen aus dem Volk Jakobs aus-
gerottet werden; er soll keine Söhne haben, die ihm
beistehen und für ihn eintreten und dem HERRN, dem
Herrscher der Welt, Opfer darbringen. 13 Aber noch
etwas Zweites muss ich euch vorhalten: Ihr über-
schwemmt den Altar des HERRN mit Tränen, ihr weint
und schluchzt, weil der HERR eure Opfer nicht annimmt
und euch nicht hilft. 14 Und dann fragt ihr: »Warum
das?« Weil der HERR als Zeuge und Richter gegen euch

auftritt! Ihr habt eurer ersten Frau die Treue gebrochen, obwohl sie zu eurem eigenen Volk gehört, dem Volk, mit dem der HERR seinen Bund geschlossen hat. 15 Das tut keiner, in dem noch etwas von der Gesinnung dieses Bundes lebt. Denn solch einem Menschen liegt alles daran, Nachkommen hervorzubringen, die zum Volk Gottes gehören. Darum hütet euch vor eigensüchtiger Gesinnung und verstoßt nicht eure erste Frau! 16 Der HERR, der Gott Israels, der Herrscher der Welt, sagt: »Ich hasse es, wenn einer seine Frau verstößt. Wer so etwas tut, begeht ein Verbrechen.« Lasst euch also warnen! Keiner verstoße seine Frau!

GOTT SORGT BESTIMMT FÜR RECHT!

17 Hört, ihr werdet dem HERRN lästig mit eurem Gerede! Ihr fragt: »Mit was für einem Gerede?« Nun, ihr sagt: »Jeder, der Böses tut, ist gut in den Augen des HERRN, an solchen Leuten hat er Gefallen. Wo bleibt er denn? Warum sorgt er nicht für Recht?«

3 Dazu sagt der HERR, der Herrscher der Welt: »Gebt acht! Ich sende meinen Boten, der mir den Weg bahnen soll. Der Engel meines Bundes, nach dem ihr ausschaut, ist schon unterwegs. Dann werde ich, der Herr, auf den ihr wartet, ganz plötzlich in meinem Tempel Einzug halten.« 2 Doch wer wird den Tag überleben, an dem der HERR kommt? Wer kann vor dem HERRN bestehen, wenn er erscheint? Er ist wie das Feuer im Schmelzofen und wie die Lauge im Waschtrog. 3 Er macht es wie einer, der Silber erhitzt, um Verunreinigungen auszuschmelzen. Er reinigt die Nachkommen von Levi, wie Gold oder Silber durchs Feuer gereinigt wird, damit sie seinen Opferdienst recht versehen. 4 Dann werden die Opfer, die in Juda und Jerusalem dargebracht werden, dem HERRN Freude machen wie einst in alten Zeiten. 5 Der HERR, der Herrscher der Welt, sagt: »Ich komme zum Gericht und werde kurzen Prozess machen mit allen, die mich nicht ehren: mit Zauberern, Ehebrechern und Meineidigen, mit denen, die ihren Arbeitern den Lohn vorenthalten, Witwen und Waisen übervorteilen und den Fremden, die bei euch leben, ihr Recht verweigern.«

GOTT DIE EHRE GEBEN MACHT NICHT ARM

6 »Nein, ich habe mich nicht geändert«, sagt der HERR, »aber ihr habt euch auch nicht geändert. Ihr seid immer noch die echten Söhne eures Stammvaters Jakob! 7 Wie alle eure Vorfahren habt ihr mir nicht gehorcht und meine Gebote nicht befolgt. Kehrt um zu mir, dann will auch ich zu euch umkehren und euch helfen, ich, der HERR, der Herrscher der Welt. Ihr fragt: ›Wovon sollen wir denn umkehren?‹ 8 Nun, ist es in Ordnung, dass der Mensch Gott beraubt? Ihr aber beraubt mich und fragt auch noch: ›Wo haben wir dich beraubt?‹ Ihr habt mir den Zehnten von euren Ernteerträgen und den Priesteranteil der Opfer nicht ordnungsgemäß übergeben. 9 Ein Fluch liegt auf euch, weil das ganze Volk mich betrügt. 10 Bringt den zehnten Teil eurer Erträge unverkürzt zu meinem Tempel, damit meine Priester nicht Hunger leiden. Habt keine Sorge, dass ihr dann selber in Not kommt! Stellt mich auf die Probe«, sagt der HERR, der Herrscher der Welt, »macht den Versuch, ob ich dann nicht die Fenster des Himmels öffne und euch mit Segen überschütte! 11 Ich werde auch die Schädlinge von euren Feldern und Weinbergen fernhalten, damit sie die Ernte nicht verderben. Das sage ich, der Herrscher der Welt! 12 Dann werden euch alle Völker glücklich preisen, weil ihr in einem so fruchtbaren Land wohnt.«

TREUE FINDET ZULETZT IHREN LOHN

13 Der HERR sagt: »Was ihr da über mich redet, geht zu weit! Ihr fragt: ›Was sagen wir denn über dich?‹ 14 Ihr sagt doch: ›Es ist ganz vergeblich, dass wir Gott die Treue halten. Was haben wir davon, dass wir seine Gebote genau befolgen und uns in Demut vor ihm, dem Herrscher der Welt, beugen? 15 Wir preisen die Menschen glücklich, die sich frech und stolz gegen den HERRN erheben! So böse sie sind, immer geht es ihnen gut. Sie fordern Gott heraus, aber sie müssen es nicht büßen.‹« 16 Der HERR hat aufmerksam zugehört, als die Menschen, die ihm treu geblieben waren, so untereinander redeten. Er hat die Namen aller, die ihn ernst nehmen und ehren, in ein Buch schreiben lassen, damit sie vor ihm in Erinnerung bleiben. 17 Und er, der Herrscher der Welt, hat gesagt: »An dem Tag, an dem ich eingreife, wird es sich erweisen, dass sie mein persönliches Eigentum sind. Ich werde sie verschonen wie ein Vater seinen gehorsamen Sohn. 18 Dann werdet ihr wieder den Unterschied sehen zwischen Bösen und Guten und ihr werdet erleben, was es ausmacht, ob jemand Gott gehorcht oder nicht. 19 Denn es kommt der Tag, an dem mein Zorn wie loderndes Feuer brennt. Dann werden alle Bösen, die mich voll Übermut verachten, dahingerafft wie Stroh, das vom Feuer verzehrt wird. Nichts bleibt von ihnen übrig, weder Wurzeln noch Zweige. Das sage ich, der HERR, der Herrscher der Welt. 20 Für euch aber, die ihr mir treu gewesen seid, wird an diesem Tag die Sonne aufgehen. Sie wird euer Recht an den Tag bringen und alle Wunden heilen. Ihr werdet Freudensprünge machen wie Kälber, die aus dem engen Stall auf die Weide gelassen werden. 21 Dann werdet ihr alle zertreten, die sich gegen mich aufgelehnt haben. So mächtig sie jetzt sind, sie werden wie Staub unter euren Füßen sein an dem Tag, den ich herbeiführe.« Das sagt der HERR, der Herrscher der Welt.

GESETZ UND PROPHETEN – EINE EINHEIT

22 Der HERR sagt: »Denkt an das Gesetz Moses, meines Bevollmächtigten! Befolgt die Gebote und Ordnungen, die ich ihm am Berg Sinai für das ganze Volk Israel gegeben habe! 23 Ich sende euch den Propheten Elija, bevor der große und schreckliche Tag kommt, an dem ich, der HERR, Gericht halte. 24 Er wird das Herz der Eltern den Kindern zuwenden und das Herz der Kinder den Eltern. Er wird beide miteinander versöhnen, damit ich nicht das ganze Volk vernichten muss, wenn ich komme.«

DAS NEUE TESTAMENT

DIE GUTE NACHRICHT NACH **MATTHÄUS**

JESUS – ZIEL UND ERFÜLLUNG DER GESCHICHTE ISRAELS

1 Dieses Buch berichtet über die Herkunft und Geschichte von Jesus Christus, dem Nachkommen Davids und Nachkommen Abrahams. // 2 Abraham zeugte Isaak. / Isaak zeugte Jakob. / Jakob zeugte Juda und seine Brüder. / 3 Juda zeugte Perez und Serach; / die Mutter war Tamar. / Perez zeugte Hezron. / Hezron zeugte Ram. / 4 Ram zeugte Amminadab. / Amminadab zeugte Nachschon. / Nachschon zeugte Salmon. / 5 Salmon zeugte Boas; / die Mutter war Rahab. / Boas zeugte Obed; / die Mutter war Rut. / Obed zeugte Isai. / 6 Isai zeugte den König David. // David zeugte Salomo; / die Mutter war die Frau Urijas. / 7 Salomo zeugte Rehabeam. / Rehabeam zeugte Abija. / Abija zeugte Asa. / 8 Asa zeugte Joschafat. / Joschafat zeugte Joram. / Joram zeugte Usija. / 9 Usija zeugte Jotam. / Jotam zeugte Ahas. / Ahas zeugte Hiskija. / 10 Hiskija zeugte Manasse. / Manasse zeugte Amon. / Amon zeugte Joschija. / 11 Joschija zeugte Jojachin und seine Brüder. / Das war zu der Zeit, als die Bevölkerung von Jerusalem und Juda nach Babylonien in die Verbannung weggeführt wurde. // 12 Nach der Wegführung zeugte Jojachin Schealtiël. / Schealtiël zeugte Serubbabel. / 13 Serubbabel zeugte Abihud. / Abihud zeugte Eljakim. / Eljakim zeugte Azor. / 14 Azor zeugte Zadok. / Zadok zeugte Achim. / Achim zeugte Eliud. / 15 Eliud zeugte Eleasar. / Eleasar zeugte Mattan. / Mattan zeugte Jakob. / 16 Jakob zeugte Josef, den Mann von Maria. / Sie wurde die Mutter von Jesus, der Christus genannt wird. // 17 Zusammengerechnet sind es vierzehn Generationen von Abraham bis David, vierzehn weitere von David bis zur Wegführung nach Babylonien und noch einmal vierzehn von dieser Zeit bis zu Christus.

JESUS – GOTTESSOHN UND DAVIDSSOHN

18 Mit der Zeugung von Jesus Christus verhielt es sich so: Seine Mutter Maria war mit Josef schon rechtsgültig verheiratet, aber sie hatten die Ehe noch nicht vollzogen. Da stellte sich heraus, dass Maria ein Kind erwartete – durch die Wirkung des Heiligen Geistes. 19 Josef, ihr Mann, war großmütig und wollte sie nicht vor Gericht bringen. Deshalb hatte er vor, sich stillschweigend von ihr zu trennen. 20 Während er noch hin und her überlegte, erschien ihm im Traum der Engel des Herrn und sagte zu ihm: »Josef, du Nachkomme Davids, scheue dich nicht, Maria, deine Frau, zu dir zu nehmen! Denn das Kind, das sie erwartet, kommt vom Geist Gottes. 21 Sie wird einen Sohn zur Welt bringen; den sollst du Jesus nennen. Denn er wird sein Volk von aller Schuld befreien.« 22 Dies alles geschah, damit in Erfüllung ging, was der Herr durch den Propheten angekündigt hatte: 23 »Die Jungfrau wird schwanger werden und einen Sohn zur Welt bringen, den werden sie Immanuël nennen.« Der Name bedeutet: »Gott steht uns bei«. 24 Als Josef erwachte, tat er, was der Engel des Herrn ihm befohlen hatte, und nahm seine Frau zu sich. 25 Er hatte aber keinen ehelichen Verkehr mit ihr, bis sie ihren Sohn geboren hatte. Und er gab ihm den Namen Jesus.

JESUS – VON DEN VÖLKERN ERWARTET UND ALS KÖNIG BEGRÜSST

2 Jesus wurde in Betlehem in Judäa geboren, zur Zeit, als König Herodes das Land regierte. Bald nach seiner Geburt kamen Sterndeuter aus dem Osten nach Jerusalem 2 und fragten: »Wo finden wir den neugeborenen König der Juden? Wir haben seinen Stern aufgehen sehen und sind gekommen, um uns vor ihm niederzuwerfen.« 3 Als König Herodes das hörte, erschrak er und mit ihm ganz Jerusalem. 4 Er ließ alle führenden Priester und Gesetzeslehrer im Volk Gottes zu sich kommen und fragte sie: »Wo soll der versprochene Retter geboren werden?« 5 Sie antworteten: »In Betlehem in Judäa. Denn so hat der Prophet geschrieben: 6 ›Du Betlehem im Land Juda! Du bist keineswegs die unbedeutendste unter den führenden Städten in Juda, denn aus dir wird der Herrscher kommen, der mein Volk Israel schützen und leiten soll.‹« 7 Daraufhin rief Herodes die Sterndeuter heimlich zu sich und fragte sie aus, wann sie den Stern zum ersten Mal gesehen hätten. 8 Dann schickte er sie nach Betlehem und sagte: »Geht und erkundigt euch genau nach dem Kind, und wenn ihr es gefunden habt, gebt mir Nachricht! Dann will ich auch hingehen und mich vor ihm niederwerfen.«
9 Nachdem sie vom König diesen Bescheid erhalten hatten, machten sich die Sterndeuter auf den Weg. Und der Stern, den sie schon bei seinem Aufgehen beobachtet hatten, ging ihnen voraus. Genau über der Stelle, wo das Kind war, blieb er stehen. 10 Als sie den Stern sahen, kam eine große Freude über sie. 11 Sie gingen in das Haus und fanden das Kind mit seiner Mutter Maria. Da warfen sie sich vor ihm zu Boden und ehrten es als König. Dann holten sie die Schätze hervor, die sie mitgebracht hatten, und legten sie vor ihm nieder: Gold, Weihrauch und Myrrhe. 12 In einem Traum befahl ihnen Gott, nicht wieder zu Herodes zu gehen. So zogen sie auf einem anderen Weg in ihr Land zurück.

JESUS – WIE EINST DAS VOLK ISRAEL FLÜCHTLING IN ÄGYPTEN

13 Nachdem die Sterndeuter wieder gegangen waren, erschien dem Josef im Traum der Engel des Herrn und sagte: »Steh auf, nimm das Kind und seine Mutter und flieh nach Ägypten! Bleib dort, bis ich dir sage, dass du wieder zurückkommen kannst. Herodes wird nämlich das Kind suchen, weil er es umbringen will.« 14 Da stand Josef auf, mitten in der Nacht, nahm das Kind und seine Mutter und floh mit ihnen nach Ägypten. 15 Dort lebten sie bis zum Tod von Herodes. So sollte in

Erfüllung gehen, was der Herr durch den Propheten
angekündigt hatte: »Aus Ägypten habe ich meinen
Sohn gerufen.«

JESUS – WIE MOSE DEM KINDERMORD ENTKOMMEN

16 Als Herodes merkte, dass die Sterndeuter ihn hin-
tergangen hatten, wurde er sehr zornig. Er befahl, in
Betlehem und Umgebung alle kleinen Jungen zu töten,
die zwei Jahre und jünger waren. Das entsprach der
Zeitspanne, die er aus den Angaben der Sterndeuter
entnommen hatte. 17 So sollte in Erfüllung gehen, was
Gott durch den Propheten Jeremia angekündigt hatte:
18 »In Rama hört man Klagerufe und bitteres Weinen:
Rahel weint um ihre Kinder und will sich nicht trösten
lassen; denn sie sind nicht mehr da.«

JESUS – DER NAZORÄER

19 Als Herodes gestorben war, erschien dem Josef in
Ägypten der Engel des Herrn im Traum 20 und sagte:
»Steh auf, nimm das Kind und seine Mutter und kehre
in das Land Israel zurück; denn alle, die das Kind um-
bringen wollten, sind gestorben.« 21 Da stand Josef
auf, nahm das Kind und seine Mutter und kehrte nach
Israel zurück. 22 Unterwegs erfuhr Josef, dass in Judäa
Archelaus als Nachfolger seines Vaters Herodes König
geworden war. Da bekam er Angst, dorthin zu ziehen.
Im Traum erhielt er eine neue Weisung und zog darauf-
hin nach Galiläa. 23 Er kam in die Stadt Nazaret und ließ
sich dort nieder. So sollte in Erfüllung gehen, was Gott
durch die Propheten angekündigt hatte: Der verspro-
chene Retter wird Nazoräer genannt werden.

JOHANNES DER TÄUFER TRITT AUF

3 Damals trat der Täufer Johannes in der Wüste von
Judäa auf und verkündete: 2 »Ändert euer Leben!
Gott wird jetzt seine Herrschaft aufrichten und sein
Werk vollenden!« 3 Diesen Johannes hatte Gott schon
durch den Propheten Jesaja angekündigt, der gesagt
hat: »In der Wüste ruft einer: ›Macht den Weg bereit,
auf dem der Herr kommt! Ebnet ihm die Straßen!‹«
4 Johannes trug ein Gewand aus Kamelhaaren und um
die Hüften einen Ledergurt. Seine Nahrung bestand
aus Heuschrecken und Honig von wilden Bienen. 5 Die
Leute aus Jerusalem, aus ganz Judäa und der ganzen
Jordangegend kamen zu ihm, 6 bekannten öffentlich
ihre Sünden und ließen sich von ihm im Jordan taufen.

DER TÄUFER FORDERT ZUR UMKEHR AUF

7 Auch viele Pharisäer und Sadduzäer kamen, um sich
von Johannes taufen zu lassen. Zu ihnen sagte er: »Ihr
Schlangenbrut, wer hat euch gesagt, dass ihr dem be-
vorstehenden Gericht Gottes entgeht? 8 Zeigt durch
euer Leben, dass ihr euch wirklich ändern wollt! 9 Ihr
bildet euch ein, dass euch nichts geschehen kann,
weil Abraham euer Stammvater ist. Aber das sage
ich euch: Gott kann Abraham aus diesen Steinen hier
neue Nachkommen schaffen! 10 Die Axt ist schon an-
gelegt, um die Bäume an der Wurzel abzuschlagen.
Jeder Baum, der keine guten Früchte bringt, wird um-
gehauen und ins Feuer geworfen.«

DER TÄUFER WEIST AUF CHRISTUS HIN

11 Johannes sagte auch: »Ich taufe euch mit Wasser,
damit ihr euer Leben ändert. Aber der, der nach mir
kommt, ist mächtiger als ich. Ich bin nicht einmal gut
genug, ihm die Schuhe auszuziehen. Er wird euch mit
dem Heiligen Geist und mit dem Feuer des Gerichts
taufen. 12 Er hat die Worfschaufel in seiner Hand. Er
wird die Spreu vom Weizen scheiden und seinen Wei-
zen in die Scheune bringen. Die Spreu wird er in einem
Feuer verbrennen, das nie mehr ausgeht.«

JESUS LÄSST SICH VON JOHANNES TAUFEN

13 Um diese Zeit kam Jesus von Galiläa her an den
Jordan, um sich von Johannes taufen zu lassen.
14 Johannes versuchte, ihn davon abzubringen, und
sagte: »Ich müsste von *dir* getauft werden und du
kommst zu mir?« 15 Aber Jesus antwortete: »Zögere
nicht, mich zu taufen! Das ist es, was wir jetzt tun müs-
sen. So eröffnen wir den Weg, auf dem der Wille Gottes
ohne Abstriche erfüllt wird.« Da gab Johannes nach.
16 Sobald Jesus getauft war, stieg er aus dem Wasser. Da
öffnete sich der Himmel, und er sah den Geist Gottes
wie eine Taube auf sich herabkommen. 17 Und eine
Stimme aus dem Himmel sagte: »Dies ist mein Sohn,
ihm gilt meine Liebe, ihn habe ich erwählt.«

JESUS WIRD AUF DIE PROBE GESTELLT

4 Danach führte der Geist Gottes Jesus in die Wüste,
wo er vom Teufel auf die Probe gestellt werden
sollte. 2 Nachdem er vierzig Tage und Nächte gefastet
hatte, war er hungrig. 3 Da trat der Versucher an ihn
heran und sagte: »Wenn du Gottes Sohn bist, dann
befiehl doch, dass die Steine hier zu Brot werden!«
4 Jesus antwortete: »In den Heiligen Schriften steht:
›Der Mensch lebt nicht nur von Brot; er lebt von jedem
Wort, das Gott spricht.‹« 5 Darauf führte der Teufel ihn
in die Heilige Stadt, stellte ihn auf den höchsten Punkt
des Tempels 6 und sagte: »Wenn du Gottes Sohn bist,
dann spring doch hinunter; denn in den Heiligen Schrif-
ten steht: ›Deinetwegen wird Gott seine Engel schicken
und sie werden dich auf Händen tragen, damit du dich
an keinem Stein stößt.‹« 7 Jesus antwortete: »In den
Heiligen Schriften heißt es auch: ›Du sollst den Herrn,
deinen Gott, nicht herausfordern.‹« 8 Zuletzt führte der
Teufel Jesus auf einen sehr hohen Berg, zeigte ihm alle
Reiche der Welt in ihrer Größe und Pracht 9 und sagte:
»Dies alles will ich dir geben, wenn du dich vor mir nie-
derwirfst und mich anbetest.« 10 Da sagte Jesus: »Weg
mit dir, Satan! In den Heiligen Schriften heißt es: ›Vor
dem Herrn, deinem Gott, wirf dich nieder, ihn sollst du
anbeten und niemand sonst.‹« 11 Darauf ließ der Teufel
von Jesus ab, und Engel kamen und versorgten ihn.

JESUS BEGINNT SEIN WIRKEN IN GALILÄA

12 Als Jesus hörte, dass man Johannes ins Gefängnis
geworfen hatte, zog er sich nach Galiläa zurück. 13 Er

blieb aber nicht in Nazaret, sondern nahm seinen
Wohnsitz in Kafarnaum, einer Stadt am See Genne-
saret, im Gebiet der Stämme Sebulon und Naftali. 14 Das
geschah, damit in Erfüllung ging, was Gott durch den
Propheten Jesaja angekündigt hatte: 15 »Du Land von
Sebulon und Naftali, am See gelegen und jenseits des
Jordans, Galiläa der gottfernen Völker! 16 Das Volk, das
im Dunkeln lebt, sieht ein großes Licht. Und für alle, die
im finsteren Land des Todes wohnen, leuchtet ein Licht
auf!« 17 Von da an verkündete Jesus seine Botschaft:
»Ändert euer Leben! Gott wird jetzt seine Herrschaft
aufrichten und sein Werk vollenden!«

JESUS BERUFT VIER FISCHER ZU JÜNGERN

18 Als Jesus am See von Galiläa entlangging, sah er zwei
Brüder: Simon – bekannt unter dem Namen Petrus –
und Andreas. Sie warfen gerade ihr Netz aus, denn
sie waren Fischer. 19 Jesus sagte zu ihnen: »Kommt,
folgt mir! Ich mache euch zu Menschenfischern.«
20 Sofort ließen sie ihre Netze liegen und folgten ihm.
21 Als Jesus von dort weiterging, sah er zwei andere
Brüder: Jakobus, den Sohn von Zebedäus, und seinen
Bruder Johannes. Sie waren mit ihrem Vater im Boot
und richteten die Netze her. Jesus rief sie, 22 und sofort
verließen sie das Boot und ihren Vater und folgten ihm.

JESUS LEHRT UND HEILT, UM IHN SAMMELT SICH DAS VOLK – DIE BERGPREDIGT

23 Jesus zog durch ganz Galiläa. Er lehrte in den Syn-
agogen und verkündete die Gute Nachricht, dass Gott
jetzt seine Herrschaft aufrichten und sein Werk voll-
enden wird. Er heilte alle Krankheiten und Leiden im
Volk. 24 Die Kunde von ihm verbreitete sich sogar in
ganz Syrien. Die Leute brachten alle zu Jesus, die an
irgendwelchen Krankheiten oder Beschwerden lit-
ten, auch Besessene, Epileptiker und Gelähmte, und
er machte sie gesund. 25 Große Menschenmengen aus
Galiläa, aus dem Gebiet der Zehn Städte, aus Jerusalem
und Judäa und von der anderen Seite des Jordans zo-
gen mit ihm.

5 Als Jesus die Menschenmenge sah, stieg er auf
einen Berg und setzte sich. Seine Jünger traten
zu ihm. 2a Dann begann er zu reden und lehrte sie, was
Gott jetzt von seinem Volk verlangt.

WER SICH FREUEN DARF … (DIE SELIGPREISUNGEN)

2b Er sagte: 3 »Freuen dürfen sich alle, die nur noch von
Gott etwas erwarten – mit Gott werden sie leben in
seiner neuen Welt. 4 Freuen dürfen sich alle, die un-
ter dieser heillosen Welt leiden – Gott wird ihrem
Leid ein Ende machen. 5 Freuen dürfen sich alle, die
unterdrückt sind und auf Gewalt verzichten – Gott
wird ihnen die Erde zum Besitz geben. 6 Freuen dürfen
sich alle, die danach hungern und dürsten, dass sich
auf der Erde Gottes gerechter Wille durchsetzt – Gott
wird ihren Hunger und Durst stillen. 7 Freuen dürfen
sich alle, die barmherzig sind – Gott wird auch mit
ihnen barmherzig sein. 8 Freuen dürfen sich alle, die
im Herzen rein sind – sie werden Gott sehen. 9 Freuen
dürfen sich alle, die Frieden stiften – Gott wird sie als
seine Söhne und Töchter annehmen. 10 Freuen dürfen
sich alle, die verfolgt werden, weil sie tun, was Gott
will – mit Gott werden sie leben in seiner neuen Welt.
11 Freuen dürft ihr euch, wenn sie euch beschimpfen
und verfolgen und verleumden, weil ihr zu mir gehört.
12 Freut euch und jubelt, denn bei Gott erwartet euch
reicher Lohn. So haben sie die Propheten vor euch
auch schon behandelt.«

DIE AUFGABE DER JÜNGER

13 »Ihr seid das Salz für die Welt. Wenn aber das Salz
seine Kraft verliert, wodurch kann es sie wiederbe-
kommen? Es ist zu nichts mehr zu gebrauchen. Es wird
weggeworfen und die Menschen zertreten es. 14 Ihr
seid das Licht für die Welt. Eine Stadt, die auf einem
Berg liegt, kann nicht verborgen bleiben. 15 Auch zün-
det niemand eine Lampe an, um sie dann unter einen
Topf zu stellen. Im Gegenteil, man stellt sie auf den
Lampenständer, damit sie allen im Haus Licht gibt.
16 Genauso muss auch euer Licht vor den Menschen
leuchten: Sie sollen eure guten Taten sehen und euren
Vater im Himmel preisen.«

DEN WILLEN GOTTES IM GESETZ GANZ ERNST NEHMEN …

17 »Denkt nicht, ich sei gekommen, um das Gesetz und
die Weisungen der Propheten außer Kraft zu setzen.
Ich bin nicht gekommen, um sie außer Kraft zu setzen,
sondern um sie zu erfüllen und ihnen volle Geltung zu
verschaffen. 18 Ich versichere euch: Solange Himmel
und Erde bestehen, wird kein i-Punkt und kein Komma
im Gesetz gestrichen. Das ganze Gesetz muss erfüllt
werden. 19 Wer also ein noch so unbedeutendes Gebot
für ungültig erklärt und die Menschen in diesem Sinne
lehrt, wird in der neuen Welt Gottes den letzten Platz
einnehmen. Wer es aber befolgt und andere dazu an-
hält, wird in der neuen Welt Gottes hoch geachtet sein.
20 Ich sage euch: Ihr werdet niemals in Gottes neue
Welt kommen, wenn ihr seinen Willen nicht besser
erfüllt als die Gesetzeslehrer und Pharisäer.«

… BEIM GEBOT, NICHT ZU MORDEN

21 »Ihr wisst, dass unseren Vorfahren gesagt worden
ist: ›Du sollst nicht morden! Wer einen Mord begeht,
soll vor Gericht gestellt werden.‹ 22 Ich aber sage euch:
Schon wer auf seinen Bruder oder seine Schwester
zornig ist, gehört vor Gericht. Wer zu seinem Bruder
oder seiner Schwester sagt: ›Du Idiot‹, gehört vor das
oberste Gericht. Und wer zu seinem Bruder oder seiner
Schwester sagt: ›Geh zum Teufel‹, gehört ins Feuer der
Hölle. 23 Wenn du zum Altar gehst, um Gott deine Ga-
be zu bringen, und dort fällt dir ein, dass dein Bruder
oder deine Schwester etwas gegen dich hat, 24 dann
lass deine Gabe vor dem Altar liegen, geh zuerst hin
und söhne dich aus. Danach komm und bring Gott dein
Opfer. 25 Einige dich mit deinem Gläubiger rechtzeitig,
solange du noch mit ihm auf dem Weg zum Gericht

bist. Sonst wird er dich dem Richter ausliefern und
der wird dich dem Gerichtsdiener übergeben, damit
er dich ins Gefängnis steckt. 26 Ich versichere dir: Dort
kommst du erst wieder heraus, wenn du deine Schuld
bis auf den letzten Pfennig bezahlt hast.«

... BEIM GEBOT, DIE EHE NICHT ZU BRECHEN

27 »Ihr wisst, dass es heißt: ›Du sollst nicht die Ehe
brechen!‹ 28 Ich aber sage euch: Wer die Frau eines
anderen begehrlich ansieht, hat in seinem Herzen
schon die Ehe mit ihr gebrochen. 29 Wenn dich dein
rechtes Auge zur Sünde verführt, dann reiß es aus und
wirf es weg! Es ist besser für dich, du verlierst eines
deiner Glieder, als dass du ganz in die Hölle geworfen
wirst. 30 Und wenn dich deine rechte Hand zur Sünde
verführt, dann hau sie ab und wirf sie weg! Es ist bes-
ser für dich, du verlierst eines deiner Glieder, als dass
du ganz in die Hölle kommst. 31 Bisher hieß es: ›Wer
sich von seiner Frau trennen will, muss ihr eine Schei-
dungsurkunde ausstellen.‹ 32 Ich aber sage euch: Wer
sich von seiner Frau trennt, außer sie hat ihrerseits die
Ehe gebrochen, der treibt sie in den Ehebruch. Und wer
eine Geschiedene heiratet, wird zum Ehebrecher.«

... BEIM GEBOT, KEINEN MEINEID ZU SCHWÖREN

33 »Ihr wisst auch, dass unseren Vorfahren gesagt
worden ist: ›Ihr sollt keinen Meineid schwören und
sollt halten, was ihr Gott mit einem Eid versprochen
habt.‹ 34 Ich aber sage euch: Ihr sollt überhaupt nicht
schwören! Nehmt weder den Himmel zum Zeugen,
denn er ist Gottes Thron, 35 noch die Erde, denn sie ist
sein Fußschemel, und auch nicht Jerusalem, denn es
ist die Stadt Gottes, des großen Königs. 36 Nicht ein-
mal mit eurem eigenen Kopf sollt ihr euch für etwas
verbürgen; denn es steht nicht in eurer Macht, dass
auch nur ein einziges Haar darauf schwarz oder weiß
wächst. 37 Sagt einfach Ja oder Nein; jedes weitere
Wort stammt vom Teufel.«

... BEIM GEBOT, NUR MASSVOLL ZU VERGELTEN

38 »Ihr wisst, dass es heißt: ›Auge um Auge, Zahn um
Zahn.‹ 39 Ich aber sage euch: Verzichtet auf Gegen-
wehr, wenn euch jemand Böses tut! Mehr noch: Wenn
dich jemand auf die rechte Backe schlägt, dann halte
auch die linke hin. 40 Wenn jemand mit dir um dein
Hemd prozessieren will, dann gib ihm den Mantel
dazu. 41 Und wenn jemand dich zwingt, *eine* Meile mit
ihm zu gehen, dann geh mit ihm zwei. 42 Wenn jemand
dich um etwas bittet, gib es ihm; wenn jemand etwas
von dir borgen möchte, sag nicht Nein.«

... BEIM GEBOT, DEN MITMENSCHEN ZU LIEBEN

43 »Ihr wisst, dass es heißt: ›Liebe deinen Mitmenschen;
hasse deinen Feind.‹ 44 Ich aber sage euch: Liebt eure
Feinde und betet für alle, die euch verfolgen. 45 So er-
weist ihr euch als Kinder eures Vaters im Himmel. Denn
er lässt seine Sonne scheinen auf böse Menschen wie
auf gute, und er lässt es regnen auf alle, ob sie ihn ehren
oder verachten. 46 Wie könnt ihr von Gott eine Beloh-
nung erwarten, wenn ihr nur die liebt, die euch eben-
falls lieben? Das tun auch die Betrüger! 47 Was ist denn
schon Besonderes daran, wenn ihr nur zu euresgleichen
freundlich seid? Das tun auch die, die Gott nicht ken-
nen! 48 Nein, wie die Liebe eures Vaters im Himmel, so
soll auch eure Liebe sein: vollkommen und ungeteilt.«

FALSCHE UND WAHRE FRÖMMIGKEIT ...

6 »Hütet euch, eure Frömmigkeit vor den Menschen
zur Schau zu stellen! Denn dann habt ihr keinen
Lohn mehr von eurem Vater im Himmel zu erwarten.«

... BEIM SPENDEN FÜR BEDÜRFTIGE

2 »Wenn du also einem Bedürftigen etwas spendest,
dann häng es nicht an die große Glocke! Benimm dich
nicht wie die Scheinheiligen in den Synagogen und auf
den Straßen. Sie wollen nur von den Menschen geehrt
werden. Ich versichere euch: Sie haben ihren Lohn
bereits bekommen. 3 Wenn du also etwas spendest,
dann tu es so unauffällig, dass deine linke Hand nicht
weiß, was die rechte tut. 4 Dein Vater, der auch das
Verborgene sieht, wird dich dafür belohnen.«

... BEIM BETEN

5 »Wenn ihr betet, dann tut es nicht wie die Schein-
heiligen! Sie beten gern öffentlich in den Synagogen
und an den Straßenecken, damit sie von allen gesehen
werden. Ich versichere euch: Sie haben ihren Lohn be-
reits bekommen. 6 Wenn du beten willst, dann geh in
dein Zimmer, schließ die Tür zu und bete zu deinem
Vater, der im Verborgenen ist. Dein Vater, der auch das
Verborgene sieht, wird dich dafür belohnen. 7 Wenn
ihr betet, dann leiert nicht Gebetsworte herunter wie
die Heiden. Sie meinen, sie könnten bei Gott etwas
erreichen, wenn sie viele Worte machen. 8 Ihr sollt es
anders halten. Euer Vater weiß, was ihr braucht, bevor
ihr ihn bittet. 9 So sollt ihr beten: // Unser Vater im Him-
mel! / Mach deinen Namen groß in der Welt. / 10 Komm
und richte deine Herrschaft auf. / Verschaff deinem
Willen Geltung, / auf der Erde genauso wie im Him-
mel. / 11 Gib uns, was wir heute zum Leben brau-
chen. / 12 Vergib uns unsere Schuld, / wie auch wir
allen vergeben haben, / die an uns schuldig geworden
sind. / 13 Lass uns nicht in die Gefahr kommen, / dir
untreu zu werden, / sondern rette uns aus der Gewalt
des Bösen. // 14 Wenn ihr den andern vergebt, was sie
euch angetan haben, dann wird euer Vater im Himmel
euch auch vergeben. 15 Wenn ihr aber den andern nicht
vergebt, dann wird euer Vater euch eure Verfehlungen
auch nicht vergeben.«

... BEIM FASTEN

16 »Wenn ihr fastet, dann setzt keine Leidensmiene
auf wie die Scheinheiligen. Sie machen ein saures Ge-
sicht, damit alle Welt merkt, dass sie fasten. Ich versi-
chere euch: Sie haben ihren Lohn bereits bekommen.
17 Wenn du fasten willst, dann wasche dein Gesicht und
kämme dich, 18 damit niemand es merkt als nur dein

Vater, der im Verborgenen ist. Dein Vater, der auch das
Verborgene sieht, wird dich dafür belohnen.«

DAS VERHÄLTNIS ZUM BESITZ

19 »Sammelt keine Schätze hier auf der Erde! Denn
ihr müsst damit rechnen, dass Motten und Rost sie
zerfressen oder Einbrecher sie stehlen. 20 Sammelt
lieber Schätze bei Gott. Dort werden sie nicht von
Motten und Rost zerfressen und können auch nicht
von Einbrechern gestohlen werden. 21 Denn euer Herz
wird immer dort sein, wo ihr eure Schätze habt. 22 Aus
dem Auge leuchtet das Innere des Menschen: Wenn
dein Auge klar blickt, ist deine ganze Erscheinung hell;
23 wenn dein Auge durch Neid oder Habgier getrübt ist,
ist deine ganze Erscheinung finster. – Wie groß muss
diese Finsternis sein, wenn statt des Lichtes in dir nur
Dunkelheit ist!«

UNGETEILTER DIENST

24 »Niemand kann zwei Herren zugleich dienen. Er
wird den einen vernachlässigen und den andern be-
vorzugen. Er wird dem einen treu sein und den andern
hintergehen. Ihr könnt nicht beiden zugleich dienen:
Gott und dem Geld. 25 Darum sage ich euch: Macht
euch keine Sorgen um euer Leben, ob ihr etwas zu es-
sen oder zu trinken habt, und um euren Leib, ob ihr
etwas anzuziehen habt! Das Leben ist mehr als Essen
und Trinken, und der Leib ist mehr als die Kleidung!
26 Seht euch die Vögel an! Sie säen nicht, sie ernten
nicht, sie sammeln keine Vorräte – aber euer Vater im
Himmel sorgt für sie. Und ihr seid ihm doch viel mehr
wert als Vögel! 27 Wer von euch kann durch Sorgen
sein Leben auch nur um einen Tag verlängern? 28 Und
warum macht ihr euch Sorgen um das, was ihr an-
ziehen sollt? Seht, wie die Blumen auf den Feldern
wachsen! Sie arbeiten nicht und machen sich keine
Kleider, 29 doch ich sage euch: Nicht einmal Salomo
bei all seinem Reichtum war so prächtig gekleidet wie
irgendeine von ihnen. 30 Wenn Gott sogar die Feldblu-
men so ausstattet, die heute blühen und morgen ver-
brannt werden, wird er sich dann nicht erst recht um
euch kümmern? Habt ihr so wenig Vertrauen? 31 Also
macht euch keine Sorgen! Fragt nicht: ›Was sollen wir
essen?‹ ›Was sollen wir trinken?‹ ›Was sollen wir an-
ziehen?‹ 32 Mit all dem plagen sich Menschen, die Gott
nicht kennen. Euer Vater im Himmel weiß, dass ihr all
das braucht. 33 Sorgt euch zuerst darum, dass ihr euch
seiner Herrschaft unterstellt, und tut, was er verlangt,
dann wird er euch schon mit all dem anderen versor-
gen. 34 Quält euch also nicht mit Gedanken an morgen;
der morgige Tag wird für sich selber sorgen. Es genügt,
dass jeder Tag seine eigene Last hat.«

NICHT VERURTEILEN

7 »Verurteilt nicht andere, damit Gott nicht *euch*
verurteilt! 2 Denn euer Urteil wird auf euch zurück-
fallen, und ihr werdet mit demselben Maß gemessen
werden, das ihr bei anderen anlegt. 3 Warum kümmerst
du dich um den Splitter im Auge deines Bruders oder
deiner Schwester und bemerkst nicht den Balken in
deinem eigenen? 4 Wie kannst du zu deinem Bruder
oder deiner Schwester sagen: ›Komm her, ich will dir
den Splitter aus dem Auge ziehen‹, wenn du selbst
einen ganzen Balken im Auge hast? 5 Scheinheilig bist
du! Zieh doch erst den Balken aus deinem eigenen
Auge, dann kannst du dich um den Splitter in einem
anderen Auge kümmern!«

VORSICHT IST ERLAUBT UND GEBOTEN

6 »Gebt das Heilige, das euch anvertraut ist, nicht den
Hunden! Und eure Perlen werft nicht den Schwei-
nen vor! Die trampeln doch nur darauf herum, und
dann wenden sie sich gegen euch und reißen euch
in Stücke.«

VOLL VERTRAUEN ZU GOTT BETEN

7 »Bittet und ihr werdet bekommen! Sucht und ihr
werdet finden! Klopft an und es wird euch geöffnet!
8 Denn wer bittet, der bekommt; wer sucht, der findet;
und wer anklopft, dem wird geöffnet. 9 Wer von euch
würde seinem Kind einen Stein geben, wenn es um
Brot bittet? 10 Oder eine Schlange, wenn es um Fisch
bittet? 11 So schlecht ihr auch seid, ihr wisst doch, was
euren Kindern guttut, und gebt es ihnen. Wie viel mehr
wird euer Vater im Himmel denen Gutes geben, die ihn
darum bitten.«

EINE EINFACHE GRUNDREGEL

12 »Behandelt die Menschen so, wie ihr selbst von
ihnen behandelt werden wollt – das ist es, was das
Gesetz und die Propheten fordern.«

ABSCHLIESSENDE MAHNUNG

13 »Geht durch das enge Tor! Denn das Tor zum
Verderben ist breit und ebenso die Straße, die dorthin
führt. Viele sind auf ihr unterwegs. 14 Aber das Tor, das
zum Leben führt, ist eng und der Weg dorthin schmal.
Nur wenige finden ihn.«

WARNUNG VOR FALSCHEN PROPHETEN

15 »Hütet euch vor den falschen Propheten! Sie sehen
zwar aus wie Schafe, die zur Herde gehören, in Wirk-
lichkeit sind sie Wölfe, die auf Raub aus sind. 16 An ihren
Taten sind sie zu erkennen. Von Dornengestrüpp lassen
sich keine Weintrauben pflücken und von Disteln keine
Feigen. 17 Ein gesunder Baum trägt gute Früchte und
ein kranker Baum schlechte. 18 Unmöglich kann ein ge-
sunder Baum schlechte Früchte tragen und ein kranker
gute. 19 Jeder Baum, der keine guten Früchte trägt, wird
umgehauen und verbrannt werden. 20 An ihren Taten
also könnt ihr die falschen Propheten erkennen.«

WARNUNG VOR SELBSTTÄUSCHUNG

21 »Nicht alle, die zu mir sagen ›Herr, Herr‹, werden
in Gottes neue Welt kommen, sondern nur die, die
auch tun, was mein Vater im Himmel will. 22 Am Tag
des Gerichts werden viele zu mir sagen: ›Herr, Herr!
In deinem Namen haben wir prophetische Weisungen

verkündet, in deinem Namen haben wir böse Geister
ausgetrieben und viele Wunder getan.‹ 23 Und trotz-
dem werde ich das Urteil sprechen: ›Ich habe euch
nie gekannt. Ihr habt versäumt, nach Gottes Willen
zu leben; geht mir aus den Augen!‹«

DAS GLEICHNIS VOM HAUSBAU

24 »Wer diese meine Worte hört und sich nach ihnen
richtet, wird am Ende dastehen wie ein kluger Mann,
der sein Haus auf felsigen Grund baute. 25 Als dann die
Regenflut kam, die Flüsse über die Ufer traten und der
Sturm tobte und an dem Haus rüttelte, stürzte es nicht
ein, weil es auf Fels gebaut war. 26 Wer dagegen diese
meine Worte hört und sich nicht nach ihnen richtet,
wird am Ende wie ein Dummkopf dastehen, der sein
Haus auf Sand baute. 27 Als dann die Regenflut kam,
die Flüsse über die Ufer traten, der Sturm tobte und
an dem Haus rüttelte, fiel es in sich zusammen und
alles lag in Trümmern.«

DIE WIRKUNG DER BERGPREDIGT

28 Als Jesus seine Rede beendet hatte, waren alle von
seinen Worten tief beeindruckt. 29 Denn er lehrte wie
einer, der Vollmacht von Gott hat – ganz anders als
ihre Gesetzeslehrer.

JESUS HEILT EINEN AUSSÄTZIGEN

8 Jesus stieg vom Berg herab und zog weiter. Eine
große Menschenmenge folgte ihm. 2 Da kam ein
Aussätziger zu ihm, warf sich vor ihm nieder und
sagte: »Herr, wenn du willst, kannst du mich gesund
machen!« 3 Jesus streckte die Hand aus und berührte
ihn. »Ich will«, sagte er, »sei gesund!« Im selben Au-
genblick war der Kranke von seinem Aussatz geheilt.
4 Jesus befahl ihm: »Sieh zu, dass du niemand etwas
sagst, sondern geh zum Priester, lass dir von ihm deine
Heilung bestätigen und bring das Opfer, das Mose vor-
geschrieben hat. Die Verantwortlichen sollen wissen,
dass ich das Gesetz ernst nehme.«

DER HAUPTMANN VON KAFARNAUM

5 Jesus kam nach Kafarnaum. Da trat ein Hauptmann,
ein Nichtjude, an ihn heran und bat ihn um Hilfe:
6 »Herr«, sagte er, »mein Diener liegt gelähmt bei
mir zu Hause und hat furchtbare Schmerzen!« 7 Jesus
fragte ihn: »Soll ich etwa kommen und ihn gesund
machen?« 8 Der Hauptmann erwiderte: »Herr, ich
weiß, dass ich dir, einem Juden, nicht zumuten kann,
mein Haus zu betreten. Aber sag nur ein Wort und mein
Diener wird gesund. 9 Auch ich unterstehe höherem
Befehl und kann meinen Soldaten Befehle erteilen.
Wenn ich zu einem sage: ›Geh!‹, dann geht er; wenn
ich zu einem andern sage: ›Komm!‹, dann kommt er;
und wenn ich meinem Diener befehle: ›Tu das!‹, dann
tut er's.« 10 Als Jesus das hörte, war er erstaunt und
sagte zu den Leuten, die ihm folgten: »Wahrhaftig,
solch ein Vertrauen habe ich in Israel nirgends gefun-
den! 11 Doch ich sage euch: Viele werden kommen, aus
Ost und West, und zusammen mit Abraham, Isaak und
Jakob in Gottes neuer Welt zu Tisch sitzen. 12 Aber die
Menschen, die bis jetzt das Anrecht darauf hatten,
werden in die Dunkelheit hinausgestoßen. Dort gibt
es nur noch Jammern und Zähneknirschen.« 13 Dann
sagte Jesus zu dem Hauptmann: »Geh nach Hause!
Wie du es im Vertrauen von mir erwartet hast, soll es
geschehen.« Zur selben Stunde wurde sein Diener
gesund.

JESUS HEILT DIE SCHWIEGERMUTTER VON PETRUS UND VIELE ANDERE KRANKE

14 Jesus ging in das Haus von Petrus und fand dort des-
sen Schwiegermutter mit Fieber im Bett. 15 Er berührte
ihre Hand; da verließ sie das Fieber, und sie stand auf
und bewirtete ihn. 16 Am Abend brachten die Leute
viele Besessene zu Jesus. Mit seinem Wort trieb er die
bösen Geister aus und heilte alle Kranken. 17 Damit
ging in Erfüllung, was Gott durch den Propheten Jesaja
angekündigt hatte: »Er hat unsere Leiden von uns ge-
nommen und unsere Krankheiten weggeschafft.«

JÜNGERSCHAFT OHNE WENN UND ABER

18 Als Jesus die vielen Menschen sah, die ihn umdräng-
ten, befahl er seinen Jüngern, mit ihm auf die andere
Seite des Sees hinüberzufahren. 19 Da kam ein Geset-
zeslehrer zu ihm und sagte: »Lehrer, ich bin bereit,
dir zu folgen, ganz gleich, wohin du gehst!« 20 Jesus
antwortete ihm: »Die Füchse haben ihren Bau und die
Vögel ihr Nest; aber der Menschensohn hat keinen
Platz, wo er sich hinlegen und ausruhen kann.« 21 Ein
anderer, einer von den Jüngern, sagte zu Jesus: »Herr,
erlaube mir, dass ich erst noch hingehe und meinen Va-
ter begrabe.« 22 Aber Jesus sagte zu ihm: »Komm, folge
mir! Überlass es den Toten, ihre Toten zu begraben!«

IM STURM AUF DIE PROBE GESTELLT

23 Jesus stieg in das Boot und seine Jünger folgten ihm.
24 Als sie auf dem See waren, kam ein schwerer Sturm
auf, und die Wellen drohten das Boot unter sich zu
begraben. Aber Jesus schlief. 25 Die Jünger gingen zu
ihm, weckten ihn und riefen: »Rette uns, Herr, wir ge-
hen unter!« 26 Jesus sagte zu ihnen: »Warum habt ihr
solche Angst? Ihr habt zu wenig Vertrauen!« Dann
stand er auf und sprach ein Machtwort zu dem Wind
und den Wellen. Da wurde es ganz still. 27 Die Leute
aber fragten voller Staunen: »Was muss das für einer
sein, dass ihm sogar Wind und Wellen gehorchen!«

DIE BEIDEN BESESSENEN VON GADARA

28 Auf der anderen Seite des Sees kam Jesus in das Ge-
biet von Gadara. Dort liefen ihm zwei Männer aus den
Grabhöhlen entgegen. Sie waren von bösen Geistern
besessen und so gefährlich, dass niemand es wagte,
jenen Weg zu benutzen. 29 Sie fingen an zu schreien:
»Was hast du bei uns zu suchen, du Sohn Gottes? Bist
du hergekommen, um uns schon vor der Zeit zu quä-
len?« 30 In der Ferne weidete eine große Schweineher-
de. 31 Die bösen Geister in den beiden Männern baten
Jesus: »Wenn du uns schon austreibst, dann schick uns

doch in die Schweineherde!« 32 »Geht!«, sagte Jesus; und die bösen Geister kamen aus den beiden heraus und fuhren in die Schweine. Da raste die ganze Herde das steile Ufer hinab in den See, und alle ertranken im Wasser. 33 Die Schweinehirten liefen davon und erzählten in der Stadt, was sie erlebt hatten und dass die beiden Besessenen aus der Gewalt der bösen Geister befreit seien. 34 Da zogen alle Leute hinaus, um Jesus zu begrüßen. Doch als sie ihn sahen, baten sie ihn, ihr Gebiet zu verlassen.

JESUS HEILT EINEN GELÄHMTEN

9 Jesus stieg wieder ins Boot, fuhr über den See zurück und ging in seine Stadt. 2 Da brachten einige Männer einen Gelähmten auf einer Tragbahre zu ihm. Als Jesus sah, wie groß ihr Vertrauen war, sagte er zu dem Gelähmten: »Mein Kind, fasse Mut! Deine Schuld ist vergeben.« 3 Da dachten einige Gesetzeslehrer: »Er lästert Gott!« 4 Jesus wusste, was in ihnen vorging, und sagte: »Warum habt ihr so böswillige Gedanken? 5 Was ist leichter – zu sagen: ›Deine Schuld ist dir vergeben‹, oder: ›Steh auf und geh‹? 6 Aber ihr sollt sehen, dass der Menschensohn Vollmacht hat, hier auf der Erde Schuld zu vergeben!« Und er sagte zu dem Gelähmten: »Steh auf, nimm deine Bahre und geh nach Hause!« 7 Da stand er auf und ging nach Hause. 8 Als die Leute das sahen, erschraken sie, und sie priesen Gott, dass er den Menschen solche Vollmacht gegeben hat.

JESUS BERUFT MATTHÄUS UND ISST MIT DEN ZOLLEINNEHMERN

9 Jesus ging weiter und sah einen Zolleinnehmer an der Zollstelle sitzen. Er hieß Matthäus. Jesus sagte zu ihm: »Komm, folge mir!« Und Matthäus stand auf und folgte ihm. 10 Als Jesus dann zu Hause zu Tisch saß, kamen viele Zolleinnehmer und andere, die einen ebenso schlechten Ruf hatten, um mit ihm und seinen Jüngern zu essen. 11 Die Pharisäer sahen es und fragten die Jünger: »Wie kann euer Lehrer sich mit den Zolleinnehmern und ähnlichem Volk an einen Tisch setzen?« 12 Jesus hörte es und antwortete: »Nicht die Gesunden brauchen den Arzt, sondern die Kranken! 13 Überlegt doch einmal, was es bedeutet, wenn Gott sagt: ›Ich fordere von euch nicht, dass ihr mir irgendwelche Opfer bringt, sondern dass ihr barmherzig seid.‹ Ich bin nicht gekommen, solche Menschen in Gottes neue Welt einzuladen, bei denen alles in Ordnung ist, sondern solche, die Gott den Rücken gekehrt haben.«

DIE HOCHZEIT HAT BEGONNEN

14 Danach kamen die Jünger des Täufers Johannes zu Jesus und fragten: »Wie kommt es, dass wir und die Pharisäer regelmäßig fasten, aber deine Jünger nicht?« 15 Jesus antwortete: »Können die Hochzeitsgäste mit Trauermienen herumsitzen, solange der Bräutigam unter ihnen ist? Die Zeit kommt früh genug, dass der Bräutigam ihnen entrissen wird; dann werden sie fasten. 16 Niemand flickt ein altes Kleid mit einem neuen Stück Stoff, sonst reißt das neue Stück wieder aus und macht das Loch nur noch größer. 17 Auch füllt niemand neuen Wein, der noch gärt, in alte Schläuche; sonst platzen die Schläuche, der Wein fließt aus und auch die Schläuche sind hin. Nein, neuen Wein füllt man in neue Schläuche, dann bleibt beides erhalten.«

JESUS HEILT EINE KRANKE FRAU UND ERWECKT EIN MÄDCHEN VOM TOD

18 Während Jesus ihnen das erklärte, kam einer der Gemeindevorsteher zu ihm, warf sich vor ihm nieder und sagte: »Meine Tochter ist gerade gestorben. Aber komm und leg ihr deine Hand auf, dann wird sie wieder leben!« 19 Jesus stand auf und folgte ihm. Auch seine Jünger gingen mit. 20 Unterwegs trat eine Frau von hinten an Jesus heran und berührte eine Quaste seines Gewandes. Sie litt seit zwölf Jahren an Blutungen 21 und sagte sich: »Wenn ich nur sein Gewand berühre, werde ich gesund.« 22 Jesus drehte sich um, sah die Frau und sagte: »Nur Mut, meine Tochter! Dein Vertrauen hat dir geholfen.« Im selben Augenblick war die Frau geheilt. 23 Jesus kam in das Trauerhaus. Als er die Flötenspieler für das Begräbnis und all die aufgeregten Menschen sah, 24 sagte er: »Hinaus mit euch! Das Mädchen ist nicht tot, es schläft nur.« Da lachten sie ihn aus. 25 Er ließ die Leute hinauswerfen, ging in den Raum, in dem das Mädchen lag, und nahm es bei der Hand; da stand es auf. 26 Die Nachricht davon verbreitete sich in der ganzen Gegend.

JESUS HEILT ZWEI BLINDE

27 Als Jesus von dort weiterging, liefen zwei Blinde hinter ihm her und riefen: »Du Sohn Davids, hab Erbarmen mit uns!« 28 Als er ins Haus ging, folgten sie ihm, und er fragte sie: »Traut ihr mir zu, dass ich euch helfen kann?« »Ja, Herr!«, antworteten sie. 29 Da berührte Jesus ihre Augen und sagte: »Was ihr in eurem Vertrauen von mir erwartet, soll geschehen.« 30 Da konnten sie sehen. Jesus befahl ihnen streng: »Seht zu, dass es niemand erfährt!« 31 Sie aber gingen hinaus und erzählten von Jesus in der ganzen Gegend.

JESUS HEILT EINEN STUMMEN. UNTERSCHIEDLICHE REAKTIONEN

32 Als die beiden gegangen waren, wurde ein Mann zu Jesus gebracht, der war stumm, weil ihn ein böser Geist in seiner Gewalt hatte. 33 Kaum war der böse Geist ausgetrieben, fing der Stumme an zu reden, und alle riefen erstaunt: »So etwas hat es in Israel noch nie gegeben!« 34 Aber die Pharisäer erklärten: »Er kann nur deshalb die bösen Geister austreiben, weil der oberste aller bösen Geister ihm die Macht dazu gibt.«

DIE AUSSENDUNG DER JÜNGER

35 Jesus zog durch alle Städte und Dörfer. Er lehrte in den Synagogen und verkündete die Gute Nachricht, dass Gott jetzt seine Herrschaft aufrichtet und sein Werk vollendet. Er heilte alle Krankheiten und Leiden. 36 Als er die vielen Menschen sah, ergriff ihn das Mitleid, denn sie waren so hilflos und erschöpft wie

Schafe, die keinen Hirten haben. 37 Darum sagte er zu seinen Jüngern: »Hier wartet eine reiche Ernte, aber es gibt nicht genug Menschen, die helfen, sie einzubringen. 38 Bittet den Herrn, dem diese Ernte gehört, dass er die nötigen Leute schickt!«

10 Und er rief seine zwölf Jünger zu sich und gab ihnen die Vollmacht, böse Geister auszutreiben und alle Krankheiten und Leiden zu heilen. 2 Hier sind die Namen dieser zwölf Apostel: Der erste von ihnen Simon, bekannt unter dem Namen Petrus; dann Andreas, der Bruder Simons; Jakobus, der Sohn von Zebedäus, und sein Bruder Johannes; 3 Philippus und Bartholomäus; Thomas und der Zolleinnehmer Matthäus; Jakobus, der Sohn von Alphäus, und Thaddäus; 4 Simon, der zur Partei der Zeloten gehört hatte, und Judas Iskariot, der Jesus später verriet.

DER AUFTRAG DER JÜNGER

5 Diese zwölf sandte Jesus aus mit dem Auftrag: »Meidet die Orte, wo Nichtjuden wohnen, und geht auch nicht in die Städte Samariens, 6 sondern geht zum Volk Israel, dieser Herde von verlorenen Schafen. 7 Verkündet ihnen: ›Jetzt wird Gott seine Herrschaft aufrichten und sein Werk vollenden!‹ 8 Heilt die Kranken, weckt die Toten auf, macht die Aussätzigen rein und treibt die bösen Geister aus! Umsonst habt ihr alles bekommen, umsonst sollt ihr es weitergeben. 9 Beschafft euch kein Reisegeld, weder Goldstücke noch Silber- oder Kupfergeld! 10 Besorgt euch auch keine Vorratstasche, kein zweites Hemd, keine Schuhe und keinen Wanderstock! Denn wer arbeitet, hat ein Anrecht auf Unterhalt. 11 Wenn ihr in eine Stadt oder in ein Dorf kommt, dann findet heraus, wer es wert ist, euch in sein Haus aufzunehmen. Bleibt dort, bis ihr weiterzieht. 12 Wenn ihr das Haus betretet, dann wünscht allen, die darin wohnen, Frieden! 13 Wenn sie es wert sind, wird euer Friedenswunsch in Erfüllung gehen. Andernfalls bleibt er wirkungslos. 14 Wo sie euch nicht aufnehmen und nicht anhören wollen, da geht aus dem Haus oder der Stadt weg und schüttelt den Staub von den Füßen. 15 Ich versichere euch: Am Tag des Gerichts wird Gott mit den Leuten von Sodom und Gomorra mehr Nachsicht haben als mit den Bewohnern einer solchen Stadt.«

DROHENDE VERFOLGUNGEN

16 »Das muss euch klar sein: Ich sende euch wie Schafe mitten unter Wölfe. Seid klug wie die Schlangen und doch ohne Hinterlist wie die Tauben. 17 Nehmt euch in Acht vor den Menschen! Sie werden euch an die Gerichte ausliefern und in ihren Synagogen auspeitschen. 18 Auch vor Statthalter und Könige werdet ihr um meinetwillen gestellt werden, um auch vor ihnen, den Vertretern der nicht jüdischen Völker, als Zeugen für mich auszusagen. 19 Wenn sie euch an die Gerichte ausliefern, dann macht euch keine Sorgen, was ihr sagen sollt oder wie ihr es sagen sollt. Es wird euch im entscheidenden Augenblick schon eingegeben werden. 20 Nicht ihr werdet dann reden, sondern der Geist eures Vaters wird aus euch sprechen. 21 Ein Bruder wird den andern dem Henker ausliefern und ein Vater seine Kinder. Kinder werden sich gegen ihre Eltern stellen und sie in den Tod schicken. 22 Alle werden euch hassen, weil ihr euch zu mir bekennt. Aber wer bis zum Ende standhaft bleibt, wird gerettet. 23 Wenn sie euch in der einen Stadt verfolgen, dann flieht in eine andere. Ich versichere euch: Ihr werdet mit eurem Auftrag in den Städten Israels nicht fertig werden, bis der Menschensohn kommt. 24 Kein Schüler steht über seinem Lehrer und kein Sklave über seinem Herrn. 25 Der Schüler kann froh sein, wenn es ihm ergeht wie seinem Lehrer, und der Sklave, wenn es ihm ergeht wie seinem Herrn. Wenn sie schon den Hausherrn Oberteufel nennen, dann werden sie seine Leute erst recht so beschimpfen.«

WEN MAN FÜRCHTEN MUSS

26 »Fürchtet euch nicht vor diesen Menschen! Was verhüllt ist, wird offenbar werden, und was niemand weiß, wird allen bekannt werden. 27 Was ich euch in der Dunkelheit anvertraue, das sagt am hellen Tag weiter, und was ich euch ins Ohr flüstere, das ruft laut in der Öffentlichkeit aus. 28 Fürchtet euch nicht vor denen, die nur den Leib, aber nicht die Seele töten können. Fürchtet euch vor Gott, der Leib und Seele ins ewige Verderben schicken kann. 29 Kauft man nicht zwei Spatzen für einen Groschen? Und doch fällt nicht einmal ein Spatz auf die Erde, ohne dass euer Vater es weiß. 30 Bei euch aber ist sogar jedes Haar auf dem Kopf gezählt. 31 Habt also keine Angst: Ihr seid Gott mehr wert als ein ganzer Schwarm Spatzen! 32 Wer sich vor den Menschen zu mir bekennt, zu dem werde auch ich mich bekennen am Gerichtstag vor meinem Vater im Himmel. 33 Wer mich aber vor den Menschen nicht kennen will, den werde auch ich am Gerichtstag vor meinem Vater im Himmel nicht kennen.«

KEIN FAULER FRIEDEN

34 »Denkt nicht, dass ich gekommen bin, Frieden in die Welt zu bringen. Nein, ich bin nicht gekommen, Frieden zu bringen, sondern Streit. 35 Ich bin gekommen, um die Söhne mit ihren Vätern zu entzweien, die Töchter mit ihren Müttern und die Schwiegertöchter mit ihren Schwiegermüttern. 36 Die nächsten Verwandten werden einander zu Feinden werden. 37 Wer Vater oder Mutter mehr liebt als mich, ist es nicht wert, zu mir zu gehören. Wer Sohn oder Tochter mehr liebt als mich, ist es nicht wert, zu mir zu gehören. 38 Wer nicht sein Kreuz auf sich nimmt und mir auf meinem Weg folgt, ist es nicht wert, zu mir zu gehören. 39 Wer sein Leben festhalten will, wird es verlieren. Wer es aber um meinetwillen verliert, wird es gewinnen.«

DIE WÜRDE DER JÜNGER

40 »Wer euch aufnimmt, nimmt mich auf; und wer mich aufnimmt, nimmt den auf, der mich gesandt hat. 41 Wer einen Propheten aufnimmt, weil er ein Prophet ist, wird auch wie ein Prophet belohnt. Wer einen Gerechten aufnimmt, weil er ein Gerechter ist,

wird auch wie ein Gerechter belohnt. 42 Und wer
einem ganz unbedeutenden Menschen auch nur einen
Schluck kaltes Wasser zu trinken gibt – einfach weil er
mein Jünger ist –, ich versichere euch, wer das tut, wird
ganz gewiss nicht leer ausgehen.«

ABSCHLUSS DER JÜNGERUNTERWEISUNG

11 Diese Anweisungen gab Jesus seinen zwölf Jün-
gern. Als er die Rede beendet hatte, zog er weiter,
um in den Städten des Landes zu lehren, was Gott jetzt
von seinem Volk verlangt, und die Gute Nachricht zu
verkünden.

DIE ANFRAGE DES TÄUFERS JOHANNES

2 Der Täufer Johannes hatte im Gefängnis von den
Taten gehört, die Jesus als den versprochenen Retter
auswiesen; darum schickte er einige seiner Jünger zu
ihm. 3 »Bist du wirklich der, der kommen soll«, ließ
er fragen, »oder müssen wir auf einen anderen war-
ten?« 4 Jesus antwortete ihnen: »Geht zu Johannes
und berichtet ihm, was ihr hört und seht: 5 Blinde se-
hen, Gelähmte gehen, Aussätzige werden gesund,
Taube hören, Tote stehen auf und den Armen wird die
Gute Nachricht verkündet. 6 Freuen darf sich, wer an
mir nicht irrewird!«

JESUS SPRICHT ÜBER JOHANNES

7 Als die Abgesandten des Täufers wieder gegangen
waren, fing Jesus an, zu der Menge über Johannes zu
sprechen: »Als ihr in die Wüste zu ihm hinausgezogen
seid, was habt ihr da erwartet? Etwa ein Schilfrohr,
das jedem Wind nachgibt? 8 Oder was sonst wolltet
ihr sehen? Einen Menschen in vornehmer Kleidung?
Solche Leute wohnen in Palästen! 9 Also, was habt ihr
erwartet? Einen Propheten? Ich versichere euch: Ihr
habt mehr gesehen als einen Propheten! 10 Johannes
ist der, von dem es in den Heiligen Schriften heißt: ›Ich
sende meinen Boten vor dir her, sagt Gott, damit er den
Weg für dich bahnt.‹ 11 Ich versichere euch: Der Täufer
Johannes ist der Bedeutendste unter allen, die je von
einer Frau geboren wurden. Aber der Geringste, der zu
Gottes neuer Welt gehört, ist größer als er. 12 Als der
Täufer Johannes auftrat, hat Gott angefangen, seine
Herrschaft aufzurichten; aber bis heute stellen sich
ihr Feinde in den Weg. Sie hindern andere mit Gewalt
daran, sich dieser Herrschaft zu unterstellen. 13 Das
Gesetz und alle Propheten bis hin zu Johannes ha-
ben angekündigt, was jetzt geschieht. 14 Und ob ihr es
wahrhaben wollt oder nicht: Johannes ist tatsächlich
der Prophet Elija, dessen Kommen vorausgesagt war.
15 Wer Ohren hat, soll gut zuhören! 16 Mit wem soll ich
die Menschen von heute vergleichen? Sie sind wie die
Kinder, die auf dem Marktplatz spielen. Die einen wer-
fen den andern vor: 17 ›Wir haben euch Hochzeitslieder
gespielt, aber ihr habt nicht getanzt!‹ ›Wir haben euch
Trauerlieder gesungen, aber ihr habt nicht geweint.‹
18 Johannes ist gekommen, aß nicht und trank nicht
und die Leute sagen: ›Er ist von einem bösen Geist
besessen.‹ 19 Der Menschensohn ist gekommen, isst
und trinkt und sie sagen: ›Seht ihn euch an, diesen
Vielfraß und Säufer, diesen Kumpan der Zolleinnehmer
und Sünder!‹ Aber die Weisheit Gottes wird bestätigt
durch die Taten, die sie vollbringt.«

WER NICHT HÖREN WILL ...

20 Dann begann Jesus mit harten Worten über die Orte
zu sprechen, in denen er die meisten Wunder getan
hatte; denn die Menschen dort hatten sich nicht ge-
ändert: 21 »Weh dir, Chorazin! Weh dir, Betsaida! Wenn
in Tyrus und Sidon die Wunder geschehen wären, die
bei euch geschehen sind, die Leute dort hätten schon
längst den Sack umgebunden, sich Asche auf den Kopf
gestreut und ihr Leben geändert. 22 Ich versichere
euch: Am Tag des Gerichts wird es den Bewohnern
von Tyrus und Sidon besser ergehen als euch! 23 Und
du, Kafarnaum, meinst du, du wirst in den Himmel er-
hoben werden? In den tiefsten Abgrund wirst du ge-
stürzt! Wenn in Sodom die Wunder geschehen wären,
die bei dir geschehen sind, dann würde es heute noch
stehen. 24 Ich versichere dir: Am Tag des Gerichts wird
es Sodom besser ergehen als dir!«

JESUS UND DER VATER. EINLADUNG ZU ERFÜLLTEM LEBEN

25 Danach rief Jesus: »Vater, Herr über Himmel und
Erde, du hast angefangen, deine Herrschaft aufzurich-
ten. Das hast du den Klugen und Gelehrten verborgen,
aber den Unwissenden hast du es offenbar gemacht.
Dafür preise ich dich! 26 Ja, Vater, so wolltest du es
haben! 27 Mein Vater hat mir alle Macht übergeben.
Niemand kennt den Sohn, nur der Vater, und niemand
den Vater, nur der Sohn – und die, denen der Sohn ihn
offenbaren will. 28 Ihr plagt euch mit den Geboten, die
die Gesetzeslehrer euch auferlegt haben. Kommt alle
zu mir; ich will euch die Last abnehmen! 29 Ich quäle
euch nicht und sehe auf niemand herab. Stellt euch
unter meine Leitung und lernt bei mir; dann findet
euer Leben Erfüllung. 30 Was *ich* anordne, ist gut für
euch, und was *ich* euch zu tragen gebe, ist keine Last.«

JESUS UND DER SABBAT

12 Damals ging Jesus an einem Sabbat durch die
Felder. Seine Jünger hatten Hunger; darum fin-
gen sie an, Ähren abzureißen und die Körner zu essen.
2 Als die Pharisäer das sahen, sagten sie zu Jesus: »Da
sieh dir an, was deine Jünger tun! Das ist nach dem
Gesetz am Sabbat verboten!« 3 Jesus antwortete ih-
nen: »Habt ihr nicht gelesen, was David tat, als er und
seine Männer hungrig waren? 4 Er ging in das Haus
Gottes und aß mit ihnen von den geweihten Broten,
obwohl das verboten war – denn nur Priester dürfen
davon essen. 5 Oder habt ihr nicht im Gesetz gelesen,
dass die Priester auch am Sabbat im Tempel arbeiten?
Dadurch übertreten sie die Sabbatvorschriften; trotz-
dem werden sie nicht schuldig. 6 Und ich sage euch:
Hier ist mehr als der Tempel! 7 Wenn ihr verstanden
hättet, was mit dem Wort gemeint ist: ›Ich fordere von
euch nicht, dass ihr mir irgendwelche Opfer bringt,

sondern dass ihr barmherzig seid‹, dann würdet ihr
nicht Unschuldige verurteilen. 8 Der Menschensohn
ist Herr über den Sabbat; er hat zu bestimmen, was
an diesem Tag getan werden darf.«

JESUS HEILT AM SABBAT

9 Jesus ging weiter und kam in ihre Synagoge. 10 Dort
war ein Mann mit einer abgestorbenen Hand. Die
Pharisäer hätten Jesus gerne angezeigt und fragten
ihn deshalb: »Ist es erlaubt, am Sabbat zu heilen?«
11 Jesus antwortete: »Stellt euch vor, einer von euch
hat nur ein einziges Schaf und das fällt an einem Sab-
bat in eine Grube. Packt er dann nicht zu und holt es
heraus? 12 Ein Mensch ist doch viel mehr wert als ein
Schaf! Also ist es erlaubt, einem Menschen am Sabbat
Gutes zu tun.« 13 Dann sagte er zu dem Mann: »Streck
deine Hand aus!« Er streckte sie aus, und sie wurde
so gesund wie die andere. 14 Da gingen die Pharisäer
hinaus und beschlossen, dass Jesus sterben müsse.

DIE ERFÜLLTE ZUSAGE

15 Als Jesus davon hörte, zog er sich von dort zurück.
Viele Menschen folgten ihm. Er heilte alle Kranken,
16 verbot ihnen aber nachdrücklich, öffentlich von ihm
zu reden. 17 Damit sollte in Erfüllung gehen, was der
Prophet Jesaja angekündigt hatte: 18 »Hier ist mein
Bevollmächtigter! Ihn habe ich erwählt, ihm gilt meine
Liebe, an ihm habe ich Freude. Ihm gebe ich meinen
Geist. Er wird den Völkern der Welt meine Rechtsord-
nung verkünden. 19 Er streitet nicht und macht keinen
Lärm, er hält keine lauten Reden auf den Straßen. 20 Das
geknickte Schilfrohr zerbricht er nicht, den glimmen-
den Docht löscht er nicht aus. So handelt er, bis er mei-
ner Rechtsordnung zum Sieg verholfen hat. 21 Auf ihn
werden die Völker ihre Hoffnung setzen.«

STEHT JESUS MIT DEM TEUFEL IM BUND?

22 Damals brachten sie einen Mann zu Jesus, der war
blind und stumm, weil er von einem bösen Geist be-
sessen war. Jesus heilte ihn, und er konnte wieder spre-
chen und sehen. 23 Darüber geriet die Menge in große
Erregung und alle fragten sich: »Ist er vielleicht der
versprochene Sohn Davids?« 24 Als die Pharisäer das
hörten, widersprachen sie: »Er kann die bösen Geister
nur austreiben, weil Beelzebul, der oberste aller bösen
Geister, ihm die Macht dazu gibt!« 25 Jesus wusste, was
sie dachten, und sagte zu ihnen: »Jeder Staat, dessen
Machthaber einander befehden, muss untergehen, und
keine Stadt oder Familie, in der die Leute miteinander
im Streit liegen, kann bestehen. 26 Würde der Satan sich
selbst austreiben, dann wäre er mit sich selbst zerstrit-
ten. Wie könnte da seine Herrschaft bestehen? 27 Wenn
ich die bösen Geister austreibe, weil ich mit Beelzebul
im Bund stehe, wer gibt dann *euren* Anhängern die
Macht, sie auszutreiben? Eure eigenen Leute werden
es sein, die euch das Urteil sprechen! 28 Nein, ich treibe
die bösen Geister mithilfe von Gottes Geist aus, und
daran könnt ihr erkennen, dass Gott schon angefangen
hat, mitten unter euch seine Herrschaft aufzurichten.
29 Oder wie kann einer in das Haus eines Starken ein-
dringen und ihm seinen Besitz rauben, wenn er den
Starken nicht zuvor gefesselt hat? Dann erst kann er
sein Haus ausrauben! 30 Wer nicht für mich ist, der ist
gegen mich, und wer mir nicht sammeln hilft, der zer-
streut. 31 Deshalb sage ich euch: Jede Sünde und jede
Gotteslästerung kann den Menschen vergeben wer-
den; aber wenn jemand den Geist Gottes beleidigt,
gibt es keine Vergebung. 32 Sogar wer den Menschen-
sohn beschimpft, kann Vergebung finden. Wer aber
den Heiligen Geist beleidigt, wird niemals Vergebung
finden, weder in dieser Welt noch in der kommenden.«

WORTE OFFENBAREN DEN MENSCHEN – UND WERDEN GEWOGEN

33 »Wenn ihr einen gesunden Baum habt, habt ihr gute
Früchte von ihm zu erwarten. Wenn ihr einen kran-
ken Baum habt, habt ihr schlechte Früchte von ihm
zu erwarten. An den Früchten ist zu erkennen, was
der Baum wert ist. 34 Ihr Schlangenbrut! Wie könnt
ihr Gutes reden, wo ihr doch böse seid! Denn wovon
das Herz voll ist, davon redet der Mund. 35 Ein guter
Mensch bringt Gutes hervor, weil er im Innersten gut
ist. Ein schlechter Mensch kann nur Böses hervorbrin-
gen, weil er von Grund auf böse ist. 36 Aber das sage ich
euch: Am Tag des Gerichts werden die Menschen sich
verantworten müssen für jedes unnütze Wort, das sie
gesprochen haben. 37 Aufgrund deiner eigenen Worte
wirst du dann freigesprochen oder verurteilt werden.«

DIE GEGNER FORDERN VON JESUS EINEN BEWEIS

38 Darauf antworteten einige der Gesetzeslehrer und
Pharisäer und forderten: »Lehrer, wir wollen von dir
ein Wunder sehen, das eindeutig beweist, dass du von
Gott beauftragt bist!« 39 Jesus erwiderte: »Diese böse
Generation, die von Gott nichts wissen will, verlangt
einen Beweis, aber es wird ihr keiner gegeben wer-
den – ausgenommen das Wunder, das am Propheten
Jona geschah: Den Beweis werden sie bekommen!
40 So wie Jona drei Tage und drei Nächte im Bauch des
Seeungeheuers war, so wird auch der Menschensohn
drei Tage und drei Nächte in der Tiefe der Erde ver-
borgen sein. 41 Am Tag des Gerichts werden die Be-
wohner von Ninive aufstehen und diese Generation
schuldig sprechen; denn als Jona sie warnte, haben
sie ihr Leben geändert. Und hier steht ein Größerer
als Jona! 42 Am Tag des Gerichts wird die Königin aus
dem Süden aufstehen und diese Generation schuldig
sprechen; denn sie kam vom Ende der Welt, um die
weisen Lehren Salomos zu hören. Und hier steht ein
Größerer als Salomo!«

WARNUNG VOR DER RÜCKKEHR DES AUSGETRIEBENEN GEISTES

43 »Wenn ein böser Geist einen Menschen verlässt,
irrt er durch Wüsten und sucht nach einer Bleibe und
findet keine. 44 Dann sagt er sich: ›Ich gehe lieber wie-
der in meine alte Behausung!‹ Er kehrt zurück und

findet alles leer, sauber und aufgeräumt. 45 Darauf geht
er hin und sucht sich sieben andere böse Geister, die
noch schlimmer sind als er selbst, und sie kommen und
wohnen dort. So ist dieser Mensch am Ende schlimmer
dran als am Anfang. Genauso wird es auch dieser bö-
sen Generation ergehen.«

DIE WAHRE FAMILIE VON JESUS

46 Während Jesus noch zu der Menschenmenge
sprach, kamen seine Mutter und seine Brüder dazu.
Sie standen vor dem Haus und wollten ihn sprechen.
47 Einer aus der Menge sagte zu Jesus: »Deine Mutter
und deine Brüder stehen draußen und wollen dich
sprechen!« 48 Jesus antwortete ihm: »Wer ist meine
Mutter? Wer sind meine Brüder?« 49 Dann streckte
er seine Hand über seine Jünger aus und sagte: »Das
hier sind meine Mutter und meine Brüder! 50 Denn wer
tut, was mein Vater im Himmel will, der ist mein Bruder,
meine Schwester und meine Mutter.«

JESUS MUSS INS BOOT STEIGEN

13 Am selben Tag verließ Jesus das Haus und setzte
sich ans Seeufer. 2 Es kamen so viele Menschen
zusammen, dass er in ein Boot steigen und darin Platz
nehmen musste. Die Menge blieb am Ufer stehen,
3a und er sagte ihnen vieles in Form von Gleichnissen.

DAS GLEICHNIS VON DER AUSSAAT

3b Er sagte: »Ein Bauer ging aufs Feld, um zu säen.
4 Als er die Körner ausstreute, fiel ein Teil von ihnen
auf den Weg. Die Vögel kamen und pickten sie auf.
5 Andere Körner fielen auf felsigen Grund, der nur mit
einer dünnen Erdschicht bedeckt war. Sie gingen rasch
auf, weil sie sich nicht in der Erde verwurzeln konn-
ten; 6 als aber die Sonne hochstieg, vertrockneten die
jungen Pflanzen, und weil sie keine Wurzeln hatten,
verdorrten sie. 7 Wieder andere Körner fielen in Dor-
nengestrüpp, das bald das Getreide überwucherte und
erstickte. 8 Andere Körner schließlich fielen auf guten
Boden und brachten Frucht. Manche brachten hundert
Körner, andere sechzig und wieder andere dreißig.«
9 Und Jesus sagte: »Wer Ohren hat, soll gut zuhören!«

WARUM JESUS GLEICHNISSE GEBRAUCHT

10 Die Jünger kamen zu Jesus und fragten: »Warum
sprichst du in Gleichnissen, wenn du zu den Leuten
redest?« 11 Jesus antwortete: »Euch hat Gott die Ge-
heimnisse seines Planes erkennen lassen, nach dem
er schon begonnen hat, seine Herrschaft in der Welt
aufzurichten; den anderen hat er diese Erkenntnis nicht
gegeben. 12 Denn wer viel hat, dem wird noch mehr ge-
geben werden, sodass er übergenug haben wird. Wer
aber wenig hat, dem wird auch noch das Wenige ge-
nommen werden, das er hat. 13 Aus diesem Grund rede
ich in Gleichnissen, wenn ich zu ihnen spreche. Denn sie
sehen zwar, aber erkennen nichts; sie hören zwar, aber
verstehen nichts. 14 An ihnen erfüllt sich die Voraussage
des Propheten Jesaja: ›Hört nur zu, ihr versteht doch
nichts; seht hin, so viel ihr wollt, ihr erkennt doch nichts!
15 Denn dieses Volk ist im Innersten verstockt. Sie halten
sich die Ohren zu und schließen die Augen, damit sie nur
ja nicht sehen, hören und begreifen, sagt Gott. Sonst
würden sie zu mir umkehren und ich könnte sie heilen.‹
16 Ihr dagegen dürft euch freuen; denn eure Augen se-
hen und eure Ohren hören. 17 Ich versichere euch: Viele
Propheten und Gerechte wollten sehen, was ihr jetzt
seht, aber sie haben es nicht gesehen. Sie wollten hö-
ren, was ihr jetzt hört, aber sie haben es nicht gehört.«

JESUS ERKLÄRT DAS GLEICHNIS VON DER AUSSAAT

18 »Euch will ich also sagen, was das Gleichnis vom
Bauern und der Saat bedeutet. 19 Es gibt Menschen,
die die Botschaft hören, dass Gott seine Herrschaft
aufrichten will; aber sie verstehen sie nicht. Dann
kommt der Feind Gottes und nimmt weg, was in ihr
Herz gesät worden ist. Bei ihnen ist es wie bei dem
Samen, der auf den Weg fällt. 20 Bei anderen ist es wie
bei dem Samen, der auf felsigen Grund fällt. Sie hören
die Botschaft und nehmen sie sogleich mit Freuden
an; 21 aber sie kann in ihnen keine Wurzeln schlagen,
weil sie unbeständig sind. Wenn sie dieser Botschaft
wegen in Schwierigkeiten geraten oder verfolgt wer-
den, werden sie gleich an ihr irre. 22 Wieder bei anderen
ist es wie bei dem Samen, der in das Dornengestrüpp
fällt. Sie hören zwar die Botschaft; aber sie hat bei ih-
nen keine Wirkung, weil sie sich in ihren Alltagssorgen
verlieren und sich vom Reichtum verführen lassen.
Dadurch wird die Botschaft erstickt. 23 Bei anderen
schließlich ist es wie bei dem Samen, der auf guten
Boden fällt. Sie hören und verstehen die Botschaft, und
sie bringen dann auch Frucht: manche hundertfach,
andere sechzigfach und wieder andere dreißigfach.«

DAS UNKRAUT IM WEIZEN

24 Dann erzählte Jesus der Volksmenge ein anderes
Gleichnis: »Mit der neuen Welt Gottes ist es wie mit
dem Mann, der guten Samen auf seinen Acker gesät
hatte: 25 Eines Nachts, als alles schlief, kam sein Feind,
säte Unkraut zwischen den Weizen und verschwand.
26 Als nun der Weizen wuchs und Ähren ansetzte,
schoss auch das Unkraut auf. 27 Da kamen die Arbei-
ter zum Gutsherrn und fragten: ›Herr, du hast doch
guten Samen auf deinen Acker gesät, woher kommt
das ganze Unkraut?‹ 28 Der Gutsherr antwortete ih-
nen: ›Das hat einer getan, der mir schaden will.‹ Die
Arbeiter fragten: ›Sollen wir hingehen und das Unkraut
ausreißen?‹ 29 ›Nein‹, sagte der Gutsherr, ›wenn ihr es
ausreißt, könntet ihr zugleich den Weizen mit ausrei-
ßen. 30 Lasst beides wachsen bis zur Ernte! Wenn es so
weit ist, will ich den Erntearbeitern sagen: Sammelt zu-
erst das Unkraut ein und bündelt es, damit es verbrannt
wird. Aber den Weizen schafft in meine Scheune.‹«

SENFKORN UND SAUERTEIG: DER ENTSCHEIDENDE ANFANG IST GEMACHT

31 Jesus erzählte ihnen noch ein anderes Gleichnis:
»Wenn Gott jetzt seine Herrschaft aufrichtet, geht

es ähnlich zu wie bei einem Senfkorn, das jemand auf
seinen Acker gesät hat. 32 Es gibt keinen kleineren
Samen; aber was daraus wächst, wird größer als alle
anderen Gartenpflanzen. Es wird ein richtiger Baum,
sodass die Vögel kommen und in seinen Zweigen ihre
Nester bauen.« 33 Noch ein Gleichnis erzählte er ihnen:
»Wenn Gott jetzt seine Herrschaft aufrichtet, ist es wie
mit dem Sauerteig: Eine Frau mengte eine Handvoll
davon unter eine riesige Menge Mehl, und er machte
den ganzen Teig sauer.«

NOCH EINMAL: WARUM GLEICHNISSE?

34 Das alles erzählte Jesus der Menschenmenge in
Form von Gleichnissen; er sagte ihnen nichts, ohne
Gleichnisse zu gebrauchen. 35 Damit sollte in Erfül-
lung gehen, was Gott durch den Propheten ange-
kündigt hatte: »Ich will in Gleichnissen reden, nur in
Gleichnissen will ich von dem sprechen, was seit der
Erschaffung der Welt verborgen ist.«

JESUS ERKLÄRT DAS GLEICHNIS VOM UNKRAUT

36 Dann schickte Jesus die Menschenmenge weg und
ging ins Haus. Seine Jünger traten zu ihm und baten:
»Erkläre uns doch das Gleichnis vom Unkraut auf dem
Acker!« 37 Jesus antwortete: »Der Mann, der den guten
Samen aussät, ist der Menschensohn, 38 und der Acker
ist die Welt. Der gute Same sind die Menschen, die
sich der Herrschaft Gottes unterstellen. Das Unkraut
sind die Menschen, die dem Bösen folgen. 39 Der Feind,
der das Unkraut gesät hat, ist der Teufel. Die Ernte ist
das Ende der Welt und die Erntearbeiter sind die En-
gel. 40 Wie das Unkraut eingesammelt und verbrannt
wird, so wird es auch am Ende der Welt zugehen: 41 Der
Menschensohn wird seine Engel aussenden und sie
werden aus seinem Herrschaftsgebiet alle einsam-
meln, die Gott ungehorsam waren und andere zum
Ungehorsam verleitet haben. 42 Sie werden sie in
den glühenden Ofen werfen; dort gibt es nur noch
Jammern und Zähneknirschen. 43 Dann werden alle,
die Gott gehorcht haben, in der neuen Welt Gottes,
ihres Vaters, so hell strahlen wie die Sonne. Wer Ohren
hat, soll gut zuhören!«

DER VERSTECKTE SCHATZ UND DIE PERLE

44 »Die neue Welt Gottes ist mit einem Schatz zu
vergleichen, der in einem Acker vergraben war: Ein
Mensch fand ihn und deckte ihn schnell wieder zu.
In seiner Freude verkaufte er alles, was er hatte, und
kaufte dafür den Acker mit dem Schatz. 45 Wer die Ein-
ladung in Gottes neue Welt hört und ihr folgt, handelt
wie der Kaufmann, der schöne Perlen suchte: 46 Als er
eine entdeckte, die besonders wertvoll war, verkaufte
er alles, was er hatte, und kaufte sie.«

DAS GLEICHNIS VOM NETZ

47 »Wenn Gott sein Werk vollendet, wird es sein wie
bei dem Netz, das im See ausgeworfen wurde und Fi-
sche aller Art einfing: 48 Als es voll war, zogen es die
Fischer an Land, setzten sich hin und sortierten den
Fang. Die guten Fische kamen in Körbe, die unbrauch-
baren wurden weggeworfen. 49 So wird es auch am
Ende der Welt sein. Die Engel Gottes werden kommen
und die Menschen, die Böses getan haben, von denen
trennen, die getan haben, was Gott will. 50 Sie werden
die Ungehorsamen in den glühenden Ofen werfen;
dort gibt es nur noch Jammern und Zähneknirschen.«

NEUE GESETZESLEHRER

51 »Habt ihr das alles verstanden?«, fragte Jesus seine
Jünger, und sie antworteten: »Ja!« 52 Da sagte er zu
ihnen: »So wird es denn künftig neue Gesetzeslehrer
geben, solche, die gelernt haben, was es mit der Herr-
schaft Gottes auf sich hat. Diese Gesetzeslehrer sind
zu vergleichen mit einem Hausherrn, der aus seiner
Vorratskammer Neues und Altes herausholt.« 53 Als
Jesus diese Reihe von Gleichnissen beendet hatte,
verließ er die Gegend am See.

JESUS IN NAZARET

54 Jesus kam in seine Heimatstadt und lehrte in der
Synagoge, und die Leute, die ihn hörten, waren sehr
verwundert. »Woher hat er diese Weisheit«, fragten
sie einander, »und woher die Kraft, solche Wunder
zu tun? 55 Ist er nicht der Sohn des Zimmermanns?
Ist nicht Maria seine Mutter und sind nicht Jakobus,
Josef, Simon und Judas seine Brüder? 56 Leben nicht
auch seine Schwestern alle hier bei uns? Woher hat er
dann das alles?« 57 Darum wollten sie nichts von ihm
wissen. Aber Jesus sagte zu ihnen: »Ein Prophet gilt
nirgends so wenig wie in seiner Heimat und in seiner
Familie.« 58 Weil sie ihm das Vertrauen verweigerten,
tat er dort nur wenige Wunder.

WAS HERODES VON JESUS DENKT

14 Zu dieser Zeit hörte Herodes Antipas, der Fürst
in jenem Teil des Landes, was sich die Leute von
Jesus erzählten. 2 »Das ist der Täufer Johannes«, sagte
er zu seinem Gefolge. »Er ist vom Tod auferweckt wor-
den, darum wirken solche Kräfte in ihm.«

VOM TOD DES TÄUFERS JOHANNES

3 Herodes hatte nämlich Johannes festnehmen und
gefesselt ins Gefängnis werfen lassen. Der Grund da-
für war: Herodes hatte seinem Bruder Philippus die
Frau, Herodias, weggenommen und sie geheiratet.
4 Johannes hatte ihm daraufhin vorgehalten: »Das
Gesetz Gottes erlaubt dir nicht, sie zu heiraten.« 5 He-
rodes hätte ihn deshalb gerne getötet; aber er hatte
Angst vor dem Volk, das Johannes für einen Propheten
hielt. 6 Als nun Herodes Geburtstag hatte, tanzte die
Tochter von Herodias vor den Gästen. Das gefiel He-
rodes so gut, 7 dass er einen Eid schwor und ihr ver-
sprach, ihr alles zu geben, was sie sich wünschte. 8 Auf
Anraten ihrer Mutter sagte das Mädchen: »Gib mir
hier auf einem Teller den Kopf des Täufers Johannes!«
9 Der König wurde traurig, aber weil er vor allen Gästen
einen Schwur geleistet hatte, befahl er, ihr den Wunsch
zu erfüllen. 10 Er schickte den Henker ins Gefängnis; der

enthauptete Johannes. 11 Sein Kopf wurde auf einem Teller hergebracht und dem Mädchen überreicht. Das gab ihn weiter an seine Mutter. 12 Die Jünger von Johannes holten den Toten und begruben ihn. Danach gingen sie zu Jesus und berichteten ihm, was geschehen war.

JESUS MACHT MEHR ALS FÜNFTAUSEND MENSCHEN SATT

13 Als Jesus das hörte, ging er von dort weg und fuhr mit dem Boot an eine einsame Stelle. Aber die Leute in den umliegenden Orten erfuhren es und folgten ihm auf dem Landweg. 14 Als Jesus aus dem Boot stieg, sah er eine große Menschenmenge vor sich. Da ergriff ihn das Mitleid und er heilte ihre Kranken. 15 Darüber wurde es Abend. Seine Jünger kamen zu ihm und sagten: »Es ist schon spät und die Gegend hier ist einsam. Schick doch die Leute weg! Sie sollen in die Dörfer gehen und sich etwas zu essen kaufen!« 16 Jesus antwortete ihnen: »Warum sollen sie weggehen? Gebt doch *ihr* ihnen zu essen!« 17 Die Jünger hielten ihm entgegen: »Wir haben nur fünf Brote und zwei Fische hier.« 18 »Bringt sie mir her!«, sagte Jesus. 19 Er forderte die Leute auf, sich ins Gras zu setzen. Dann nahm er die fünf Brote und die zwei Fische, sah zum Himmel auf und sprach das Segensgebet darüber. Er brach die Brote in Stücke und gab sie den Jüngern, und die verteilten sie an die Menge. 20 Alle aßen und wurden satt, und sie füllten sogar noch zwölf Körbe mit dem Brot, das übrig blieb. 21 Etwa fünftausend Männer hatten an der Mahlzeit teilgenommen, dazu noch Frauen und Kinder.

JESUS GEHT AUF DEM WASSER

22 Gleich darauf drängte Jesus die Jünger, ins Boot zu steigen und ans andere Seeufer vorauszufahren. Er selbst wollte erst noch die Menschenmenge verabschieden. 23 Als er damit fertig war, stieg er allein auf einen Berg, um zu beten. Als es dunkel wurde, war er immer noch dort. 24 Das Boot mit den Jüngern war inzwischen weit draußen auf dem See. Der Wind trieb ihnen die Wellen entgegen und machte ihnen schwer zu schaffen. 25 Im letzten Viertel der Nacht kam Jesus auf dem Wasser zu ihnen. 26 Als die Jünger ihn auf dem Wasser gehen sahen, erschraken sie und sagten: »Ein Gespenst!«, und schrien vor Angst. 27 Sofort sprach Jesus sie an: »Fasst Mut! *Ich* bin's, fürchtet euch nicht!« 28 Da sagte Petrus: »Herr, wenn du es bist, dann befiehl mir, auf dem Wasser zu dir zu kommen!« 29 »Komm!«, sagte Jesus. Petrus stieg aus dem Boot, ging über das Wasser und kam zu Jesus. 30 Als er dann aber die hohen Wellen sah, bekam er Angst. Er begann zu sinken und schrie: »Hilf mir, Herr!« 31 Sofort streckte Jesus seine Hand aus, fasste Petrus und sagte: »Du hast zu wenig Vertrauen! Warum hast du gezweifelt?« 32 Dann stiegen beide ins Boot, und der Wind legte sich. 33 Die Jünger im Boot warfen sich vor Jesus nieder und riefen: »Du bist wirklich Gottes Sohn!«

JESUS HEILT KRANKE IN GENNESARET

34 Sie überquerten den See und landeten bei Gennesaret. 35 Die Bewohner des Ortes erkannten Jesus und verbreiteten die Nachricht von seiner Ankunft in der ganzen Umgebung. Daraufhin brachte man alle Kranken zu ihm 36 und bat ihn, ob sie nicht wenigstens eine Quaste seines Gewandes berühren dürften. Und alle, die es taten, wurden gesund.

FALSCHER GOTTESDIENST

15 Damals kamen Pharisäer und Gesetzeslehrer aus Jerusalem zu Jesus und fragten ihn: 2 »Warum übertreten deine Jünger die Vorschriften, die von den früheren Gesetzeslehrern aufgestellt und dann weiterüberliefert worden sind? Warum waschen sie sich nicht die Hände vor dem Essen?« 3 Jesus antwortete ihnen: »Und warum übertretet ihr das Gebot Gottes euren überlieferten Vorschriften zuliebe? 4 Gott hat gesagt: ›Ehre deinen Vater und deine Mutter!‹, und: ›Wer zu seinem Vater oder seiner Mutter etwas Schändliches sagt, wird mit dem Tod bestraft.‹ 5 Ihr dagegen behauptet: ›Wenn jemand zu seinem Vater oder seiner Mutter sagt: Was ihr von mir bekommen müsstet, ist für Gott bestimmt 6 – dann darf er seine Eltern nicht mehr damit ehren.‹ So habt ihr das Wort Gottes außer Kraft gesetzt mit euren Überlieferungen. 7 Ihr Scheinheiligen, treffend hat der Prophet Jesaja euch im Voraus beschrieben: 8 ›Dieses Volk ehrt mich nur mit Worten, sagt Gott, aber mit dem Herzen ist es weit weg von mir. 9 Ihr ganzer Gottesdienst ist sinnlos, denn sie lehren nur Gebote, die sich Menschen ausgedacht haben.‹«

WAS UNREIN MACHT

10 Jesus rief die Menge hinzu und sagte: »Hört zu und versteht! 11 Nicht das macht den Menschen unrein, was er durch den Mund in sich aufnimmt, sondern das, was aus seinem Mund herauskommt!« 12 Hinterher traten seine Jünger zu ihm und sagten: »Weißt du, dass die Pharisäer empört waren, weil du das gesagt hast?« 13 Jesus antwortete: »Alles, was mein Vater im Himmel nicht selbst gepflanzt hat, wird ausgerissen werden. 14 Lasst sie reden! Sie wollen Blinde führen und sind selbst blind. Wenn ein Blinder den andern führt, fallen beide in die Grube.« 15 Da sagte Petrus: »Erkläre uns doch, was du mit dem Wort von der Unreinheit gemeint hast!« 16 »Habt auch ihr noch nichts verstanden?«, erwiderte Jesus. 17 »Begreift ihr nicht, dass alles, was durch den Mund aufgenommen wird, in den Magen gelangt und dann vom Körper wieder ausgeschieden wird? 18 Was aber aus dem Mund herauskommt, kommt aus dem Herzen, und das macht den Menschen unrein. 19 Denn aus dem Herzen kommen die bösen Gedanken und mit ihnen Mord, Ehebruch, Unzucht, Diebstahl, falsche Zeugenaussagen und Beleidigungen. 20 Das ist es, was den Menschen unrein macht, aber nicht, dass er es unterlässt, sich vor dem Essen die Hände zu waschen.«

DAS VERTRAUEN EINER NICHT JÜDISCHEN FRAU

21 Jesus verließ die Gegend und zog sich in das Gebiet von Tyrus und Sidon zurück. 22 Eine kanaanitische Frau, die dort wohnte, kam zu ihm und rief: »Herr, du Sohn Davids, hab Erbarmen mit mir! Meine Tochter wird von einem bösen Geist sehr geplagt.« 23 Aber Jesus gab ihr keine Antwort. Schließlich drängten ihn die Jünger: »Sieh zu, dass du sie loswirst; sie schreit ja hinter uns her!« 24 Aber Jesus sagte: »Ich bin nur zum Volk Israel, dieser Herde von verlorenen Schafen, gesandt worden.« 25 Da warf die Frau sich vor Jesus nieder und sagte: »Hilf mir doch, Herr!« 26 Er antwortete: »Es ist nicht recht, den Kindern das Brot wegzunehmen und es den Hunden vorzuwerfen.« 27 »Gewiss, Herr«, sagte sie; »aber die Hunde bekommen doch wenigstens die Brocken, die vom Tisch ihrer Herren herunterfallen.« 28 Da sagte Jesus zu ihr: »Du hast ein großes Vertrauen, Frau! Was du willst, soll geschehen.« Im selben Augenblick wurde ihre Tochter gesund.

JESUS HEILT VIELE MENSCHEN UND MACHT ÜBER VIERTAUSEND SATT

29 Jesus ging von dort weg und kam an den See von Galiläa. Er stieg auf einen Berg und setzte sich. 30 Eine große Menschenmenge kam zu ihm mit Gelähmten, Verkrüppelten, Blinden, Stummen und vielen anderen Kranken. Die Leute legten sie vor seinen Füßen nieder und er heilte sie. 31 Alle staunten, als sie sahen, dass die Stummen sprachen, die Verkrüppelten wiederhergestellt wurden, die Gelähmten umherliefen und die Blinden sehen konnten. Laut priesen sie den Gott Israels. 32 Danach rief Jesus seine Jünger zu sich und sagte: »Die Menschen tun mir leid. Seit drei Tagen sind sie hier bei mir und haben nichts zu essen. Ich will sie jetzt nicht hungrig nach Hause schicken, sie könnten sonst unterwegs zusammenbrechen.« 33 Aber die Jünger sagten: »Wo sollen wir hier in dieser unbewohnten Gegend genug Brot bekommen, um so viele satt zu machen?« 34 »Wie viele Brote habt ihr?«, fragte Jesus, und sie antworteten: »Sieben, und noch ein paar kleine Fische.« 35 Da forderte er die Leute auf, sich auf die Erde zu setzen. 36 Er nahm die sieben Brote und die Fische und sprach darüber das Dankgebet. Dann brach er die Brote in Stücke und gab sie seinen Jüngern; und die Jünger verteilten sie an die Menge. 37 Alle aßen und wurden satt, und sie füllten sogar noch sieben Körbe mit dem Brot, das übrig blieb. 38 Viertausend Männer hatten an der Mahlzeit teilgenommen, dazu noch Frauen und Kinder. 39 Dann schickte Jesus die Leute nach Hause, stieg in ein Boot und fuhr in das Gebiet von Magadan.

DIE GEGNER FORDERN ERNEUT EINEN BEWEIS

16 Die Pharisäer und Sadduzäer kamen zu Jesus, um ihn auf die Probe zu stellen. Sie verlangten von ihm ein Zeichen vom Himmel als Beweis dafür, dass er wirklich von Gott beauftragt sei. 2 Aber Jesus antwortete ihnen: »Wenn der Abendhimmel rot ist, dann sagt ihr: ›Morgen gibt es schönes Wetter.‹ 3 Und wenn der Morgenhimmel rot und trübe ist, sagt ihr: ›Heute gibt es Sturm.‹ Ihr könnt also das Aussehen des Himmels beurteilen und schließt daraus, wie das Wetter wird. Warum versteht ihr dann nicht auch, was die Ereignisse dieser Zeit ankündigen? 4 Diese böse Generation, die von Gott nichts wissen will, verlangt einen Beweis; aber es wird ihr keiner gegeben werden – ausgenommen das Wunder, das am Propheten Jona geschah: Den Beweis werden sie bekommen!« Damit ließ er sie stehen und ging weg.

UNVERSTÄNDIGE JÜNGER

5 Als die Jünger am anderen Seeufer ankamen, hatten sie vergessen, Brot mitzunehmen. 6 Jesus sagte zu ihnen: »Nehmt euch in Acht vor dem Sauerteig der Pharisäer und Sadduzäer!« 7 Da sagten die Jünger zueinander: »Wir haben kein Brot mitgenommen!« 8 Jesus hörte es und sagte: »Was macht ihr euch Gedanken darüber, dass ihr kein Brot habt? Habt ihr so wenig Vertrauen? 9 Habt ihr immer noch nichts begriffen? Habt ihr vergessen, wie ich die fünf Brote unter fünftausend Menschen ausgeteilt habe? Und wie viele Körbe mit Resten ihr da eingesammelt habt? 10 Und dann die sieben Brote unter die viertausend – wie viele Körbe mit Resten waren es da? 11 Ihr müsstet doch merken, dass ich nicht von Broten spreche. Ich spreche vom Sauerteig der Pharisäer und Sadduzäer; davor nehmt euch in Acht!« 12 Da endlich verstanden sie, dass er nicht den Sauerteig gemeint hatte, der zum Brotbacken verwendet wird, sondern die Lehre der Pharisäer und Sadduzäer.

DU BIST CHRISTUS! – DU BIST PETRUS!

13 Als Jesus in die Gegend der Stadt Cäsarea Philippi kam, fragte er seine Jünger: »Für wen halten die Leute den Menschensohn?« 14 Die Jünger gaben zur Antwort: »Die einen halten dich für den wiederauferstandenen Täufer Johannes, andere halten dich für den wiedergekommenen Elija, und wieder andere meinen, du seist Jeremia oder sonst einer von den alten Propheten.« 15 »Und ihr«, wollte Jesus wissen, »für wen haltet ihr mich?« 16 Da sagte Simon Petrus: »Du bist Christus, der versprochene Retter, der Sohn des lebendigen Gottes!« 17 Darauf sagte Jesus zu ihm: »Du darfst dich freuen, Simon, Sohn von Johannes, denn diese Erkenntnis hast du nicht aus dir selbst; mein Vater im Himmel hat sie dir gegeben. 18 Darum sage ich dir: Du bist Petrus; und auf diesem Felsen werde ich meine Gemeinde bauen! Nicht einmal die Macht des Todes wird sie vernichten können. 19 Ich werde dir die Schlüssel zu Gottes neuer Welt geben. Was du hier auf der Erde für verbindlich erklären wirst, das wird auch vor Gott verbindlich sein; und was du hier für nicht verbindlich erklären wirst, das wird auch vor Gott nicht verbindlich sein.« 20 Dann schärfte Jesus den Jüngern ein: »Sagt niemand, dass ich der versprochene Retter bin!«

JESUS KÜNDIGT ZUM ERSTEN MAL SEINEN TOD AN

21 Von da an begann Jesus seinen Jüngern zu eröffnen, was Gott mit ihm vorhatte: dass er nach Jerusalem gehen musste, dass er dort von den Ratsältesten, den führenden Priestern und den Gesetzeslehrern vieles erleiden musste, dass er getötet werden und am dritten Tag auferweckt werden musste. 22 Da nahm Petrus ihn beiseite, fuhr ihn an und sagte: »Das möge Gott verhüten, Herr; nie darf dir so etwas zustoßen!« 23 Aber Jesus wandte sich von ihm ab und sagte: »Geh weg! Hinter mich, an deinen Platz, du Satan! Du willst mich von meinem Weg abbringen! Deine Gedanken stammen nicht von Gott, sie sind typisch menschlich.«

JESUS FOLGEN HEISST: IHM DAS KREUZ NACHTRAGEN

24 Dann sagte Jesus zu seinen Jüngern: »Wer mir folgen will, muss sich und seine Wünsche aufgeben, sein Kreuz auf sich nehmen und auf meinem Weg hinter mir hergehen. 25 Denn wer sein Leben retten will, wird es verlieren. Aber wer sein Leben um meinetwillen verliert, wird es gewinnen. 26 Was hat ein Mensch davon, wenn er die ganze Welt gewinnt, aber zuletzt sein Leben verliert? Womit will er es dann zurückkaufen? 27 Denn der Menschensohn wird in der Herrlichkeit seines Vaters mit seinen Engeln kommen. Dann wird er allen vergelten nach ihrem Tun. 28 Ich versichere euch: Einige von euch, die jetzt hier stehen, werden noch zu ihren Lebzeiten sehen, wie der Menschensohn seine Herrschaft antritt.«

DREI JÜNGER SEHEN JESUS IN HERRLICHKEIT (DIE »VERKLÄRUNG«)

17 Sechs Tage später nahm Jesus die drei Jünger Petrus, Jakobus und Johannes, den Bruder von Jakobus, mit sich und führte sie auf einen hohen Berg. Niemand sonst war bei ihnen. 2 Vor den Augen der Jünger ging mit Jesus eine Verwandlung vor sich: Sein Gesicht leuchtete wie die Sonne und seine Kleider wurden strahlend weiß. 3 Und dann sahen sie auf einmal Mose und Elija bei Jesus stehen und mit ihm reden. 4 Da sagte Petrus zu Jesus: »Wie gut, dass wir hier sind, Herr! Wenn du willst, schlage ich hier drei Zelte auf, eins für dich, eins für Mose und eins für Elija.« 5 Während er noch redete, erschien eine leuchtende Wolke über ihnen, und eine Stimme aus der Wolke sagte: »Dies ist mein Sohn, ihm gilt meine Liebe, ihn habe ich erwählt. Auf ihn sollt ihr hören!« 6 Als die Jünger diese Worte hörten, warfen sie sich voller Angst nieder, das Gesicht zur Erde. 7 Aber Jesus trat zu ihnen, berührte sie und sagte: »Steht auf, habt keine Angst!« 8 Als sie aufblickten, sahen sie nur noch Jesus allein. 9 Während sie den Berg hinunterstiegen, befahl er ihnen: »Sprecht zu niemand über das, was ihr gesehen habt, bis der Menschensohn vom Tod auferweckt ist.«

ELIJA UND DER TÄUFER JOHANNES

10 Die drei Jünger fragten Jesus: »Warum behaupten die Gesetzeslehrer, dass vor dem Ende erst noch Elija wiederkommen muss?« 11 Jesus sagte: »Gewiss, Elija kommt und wird das ganze Volk Gottes wiederherstellen. 12 Aber ich sage euch: Elija *ist* schon gekommen; doch niemand hat ihn erkannt, sondern sie haben mit ihm gemacht, was sie wollten. So wird auch der Menschensohn durch sie zu leiden haben.« 13 Da verstanden die Jünger, dass er vom Täufer Johannes sprach.

MANGELNDES VERTRAUEN

14 Als sie zu der Volksmenge zurückkehrten, kam ein Mann zu Jesus, warf sich vor ihm auf die Knie 15 und sagte: »Herr, hab Erbarmen mit meinem Sohn! Er leidet an Epilepsie und hat so furchtbare Anfälle, dass er oft ins Feuer oder auch ins Wasser fällt. 16 Ich habe ihn zu deinen Jüngern gebracht, aber sie konnten ihn nicht heilen.« 17 Da sagte Jesus: »Was seid ihr doch für eine verkehrte Generation, die Gott nichts zutraut! Wie lange soll ich noch bei euch aushalten und euch ertragen? Bringt den Jungen her!« 18 Jesus sprach ein Machtwort zu dem bösen Geist, der den Jungen in seiner Gewalt hatte, und er verließ ihn. Der Junge war von da an gesund. 19 Später kamen die Jünger allein zu Jesus und fragten ihn: »Warum konnten wir den bösen Geist nicht austreiben?« 20 »Weil ihr Gott nicht genug vertraut«, sagte Jesus. »Ich versichere euch: Wenn euer Vertrauen auch nur so groß ist wie ein Senfkorn, dann könnt ihr zu dem Berg da sagen: ›Geh von hier nach dort‹, und er wird es tun. Dann wird euch nichts mehr unmöglich sein.«

JESUS KÜNDIGT ZUM ZWEITEN MAL SEINEN TOD AN

22 Als Jesus und die Jünger wieder alle in Galiläa beisammen waren, sagte er zu ihnen: »Bald wird der Menschensohn nach dem Willen Gottes an die Menschen ausgeliefert. 23 Sie werden ihn töten, doch am dritten Tag wird er auferweckt werden.« Da wurden sie sehr traurig.

ÜBER DIE TEMPELSTEUER

24 Als sie nach Kafarnaum zurückgekehrt waren, kamen die Kassierer der Tempelsteuer zu Petrus und fragten ihn: »Zahlt euer Lehrer nicht das Doppel-Silberstück als Tempelsteuer?« 25 »Doch!«, sagte Petrus. Als er dann ins Haus hineinging, fragte ihn Jesus, noch bevor Petrus etwas von dem Vorfall erzählen konnte: »Was meinst du, Simon? Von wem nehmen die Könige der Erde Zölle oder Steuern? Von ihren eigenen Söhnen oder von ihren Untertanen?« 26 »Von den Untertanen«, antwortete Petrus. Jesus sagte: »Das heißt also, dass die Söhne nichts zu zahlen brauchen! 27 Aber wir wollen sie nicht unnötig verärgern. Geh an den See und wirf die Angel aus. Nimm den ersten Fisch, den du fängst, und öffne ihm das Maul. Du wirst darin ein Vierfach-Silberstück finden. Nimm es und bezahle damit die Steuer für mich und für dich!«

GEGEN DIE GELTUNGSSUCHT

18 Um diese Zeit kamen die Jünger zu Jesus und fragten ihn: »Wer ist in der neuen Welt Gottes der Größte?« 2 Da rief Jesus ein Kind herbei, stellte es

in ihre Mitte 3 und sagte: »Ich versichere euch: Wenn
ihr euch nicht ändert und den Kindern gleich wer-
det, dann könnt ihr in Gottes neue Welt überhaupt
nicht hineinkommen. 4 Wer es auf sich nimmt, vor den
Menschen so klein und unbedeutend dazustehen wie
dieses Kind, ist in der neuen Welt Gottes der Größte.
5 Und wer einen solchen Menschen in meinem Namen
aufnimmt, nimmt mich auf.«

VERFÜHRER UND VERFÜHRUNGEN

6 »Wer dagegen einen dieser kleinen, unbedeuten-
den Menschen, die zu mir halten und mir vertrauen,
an mir irrewerden lässt, käme noch gut weg, wenn er
mit einem Mühlstein um den Hals im Meer versenkt
würde, dort, wo es am tiefsten ist. 7 Wehe der Welt, in
der Menschen an mir irrewerden. Das muss zwar so
kommen; aber wehe dem, der dazu beiträgt! 8 Wenn
deine Hand oder dein Fuß dich zur Sünde verführen,
dann hau sie ab und wirf sie weg. Es ist besser für dich,
mit nur einer Hand oder einem Fuß ewig bei Gott zu le-
ben, als mit beiden Händen und Füßen ins ewige Feuer
geworfen zu werden. 9 Und wenn dich dein Auge zur
Sünde verführt, dann reiß es aus und wirf es weg. Es
ist besser für dich, mit nur einem Auge ewig bei Gott
zu leben, als mit beiden Augen in das Feuer der Hölle
geworfen zu werden.«

SORGE UM DIE VERLORENGEHENDEN

10 »Hütet euch davor, einen dieser kleinen, unbedeu-
tenden Menschen überheblich zu behandeln. Denn ich
versichere euch: Ihre Engel haben immer Zugang zu
meinem Vater im Himmel! 12 Was meint ihr: Was wird
ein Mann tun, der hundert Schafe hat, und eines davon
hat sich verlaufen? Wird er nicht die neunundneun-
zig allein im Bergland weitergrasen lassen und wird
losziehen und das verirrte suchen? 13 Und wenn er es
dann findet – ich versichere euch: Er wird sich über das
eine Schaf mehr freuen als über die neunundneunzig,
die sich nicht verlaufen haben. 14 Genauso ist es mit
eurem Vater im Himmel: Er will nicht, dass einer dieser
kleinen, unbedeutenden Menschen verloren geht.«

REGELUNG BEI VERSTÖSSEN GEGEN GOTTES GEBOT

15 »Wenn dein Bruder – und das gilt entsprechend für
die Schwester – ein Unrecht begangen hat, dann geh
hin und stell ihn unter vier Augen zur Rede. Wenn er mit
sich reden lässt, hast du ihn zurückgewonnen. 16 Wenn
er aber nicht auf dich hört, dann geh wieder hin, dies-
mal mit ein oder zwei anderen; denn jede Sache soll ja
aufgrund der Aussagen von zwei oder drei Zeugen ent-
schieden werden. 17 Wenn er immer noch nicht hören
will, dann bring die Angelegenheit vor die Gemeinde.
Wenn er nicht einmal auf die Gemeinde hört, dann be-
handle ihn wie einen Ungläubigen oder Betrüger. 18 Ich
versichere euch: Was ihr hier auf der Erde für verbind-
lich erklären werdet, das wird auch vor Gott verbind-
lich sein; und was ihr hier für nicht verbindlich erklären
werdet, das wird auch vor Gott nicht verbindlich sein.
19 Aber auch das versichere ich euch: Wenn zwei von
euch auf der Erde gemeinsam um irgendetwas bitten,
wird es ihnen von meinem Vater im Himmel gegeben
werden. 20 Denn wo zwei oder drei in meinem Namen
zusammenkommen, da bin ich selbst in ihrer Mitte.«

UNBEGRENZTE BEREITSCHAFT ZUR VERGEBUNG

21 Da wandte sich Petrus an Jesus und fragte ihn:
»Herr, wenn mein Bruder oder meine Schwester an
mir schuldig wird, wie oft muss ich ihnen verzeihen?
Siebenmal?« 22 Jesus antwortete: »Nein, nicht sieben-
mal, sondern siebzigmal siebenmal!«

DAS GLEICHNIS VOM HARTHERZIGEN SCHULDNER

23 Jesus fuhr fort: »Macht euch klar, was es bedeutet,
dass Gott angefangen hat, seine Herrschaft aufzu-
richten! Er handelt dabei wie jener König, der mit den
Verwaltern seiner Güter abrechnen wollte. 24 Gleich
zu Beginn brachte man ihm einen Mann, der ihm
einen Millionenbetrag schuldete. 25 Da er nicht zah-
len konnte, befahl der Herr, ihn zu verkaufen, auch
seine Frau und seine Kinder und seinen ganzen Besitz,
und den Erlös für die Tilgung der Schulden zu verwen-
den. 26 Aber der Schuldner warf sich vor ihm nieder
und bat: ›Hab doch Geduld mit mir! Ich will dir ja alles
zurückzahlen.‹ 27 Da bekam der Herr Mitleid; er gab
ihn frei und erließ ihm auch noch die ganze Schuld.
28 Kaum draußen, traf dieser Mann auf einen Kollegen,
der ihm einen geringen Betrag schuldete. Den packte
er an der Kehle, würgte ihn und sagte: ›Gib zurück,
was du mir schuldest!‹ 29 Der Schuldner fiel auf die
Knie und bettelte: ›Hab Geduld mit mir! Ich will es dir
ja zurückgeben!‹ 30 Aber sein Gläubiger wollte nichts
davon hören, sondern ließ ihn ins Gefängnis werfen,
bis er die Schuld beglichen hätte. 31 Als das seine an-
deren Kollegen sahen, konnten sie es nicht fassen. Sie
liefen zu ihrem Herrn und erzählten ihm, was gesche-
hen war. 32 Er ließ den Mann kommen und sagte: ›Was
bist du für ein böser Mensch! Ich habe dir die ganze
Schuld erlassen, weil du mich darum gebeten hast.
33 Hättest du nicht auch Erbarmen haben können mit
deinem Kollegen, so wie ich es mit dir gehabt habe?‹
34 Dann übergab er ihn voller Zorn den Folterknechten
zur Bestrafung, bis er die ganze Schuld zurückgezahlt
haben würde. 35 So wird euch mein Vater im Himmel
auch behandeln, wenn ihr eurem Bruder oder eurer
Schwester nicht von Herzen verzeiht.«

JESUS BRICHT AUF NACH JUDÄA

19 Als Jesus diese Rede beendet hatte, ging er aus
Galiläa fort und kam in das judäische Gebiet auf
der anderen Seite des Jordans. 2 Sehr viele Menschen
folgten ihm dorthin und er heilte sie.

ÜBER EHESCHEIDUNG UND EHELOSIGKEIT

3 Da kamen einige Pharisäer zu ihm und versuchten,
ihm eine Falle zu stellen. Sie fragten ihn: »Ist es erlaubt,

dass ein Mann seine Frau aus jedem beliebigen Grund
wegschickt?« 4 Jesus antwortete: »Habt ihr nicht ge-
lesen, was in den Heiligen Schriften steht? Dort heißt
es, dass Gott am Anfang den Menschen als Mann und
Frau geschaffen hat. 5 Und er hat gesagt: ›Deshalb
verlässt ein Mann Vater und Mutter, um mit seiner
Frau zu leben. Die zwei sind dann eins, mit Leib und
Seele.‹ 6 Sie sind also nicht mehr zwei, sondern eins.
Und was Gott zusammengefügt hat, sollen Menschen
nicht scheiden.« 7 Die Pharisäer fragten: »Wie kann
Mose dann vorschreiben: Der Mann soll der Frau eine
Scheidungsurkunde ausstellen und sie wegschicken?«
8 Jesus antwortete: »Mose hat euch die Ehescheidung
nur zugestanden, weil ihr euer Herz gegen Gott ver-
härtet habt – und damit eure Hartherzigkeit ans Licht
kommt. Aber das war ursprünglich nicht so. 9 Darum
sage ich euch: Wer sich von seiner Frau trennt und eine
andere heiratet, begeht Ehebruch – ausgenommen
den Fall, dass sie ihrerseits die Ehe gebrochen hat.«
10 Da sagten seine Jünger zu ihm: »Wenn es zwischen
Mann und Frau so steht, sollte man lieber gar nicht
heiraten.« 11 Aber Jesus antwortete: »Was ich jetzt
sage, können nicht alle verstehen, sondern nur die,
denen Gott das Verständnis gegeben hat. 12 Es gibt
verschiedene Gründe, warum jemand nicht heiratet.
Manche Menschen sind von Geburt an eheunfähig,
manche – wie die Eunuchen – sind es durch einen spä-
teren Eingriff geworden. Noch andere verzichten von
sich aus auf die Ehe, weil sie ganz davon in Anspruch
genommen sind, dass Gott jetzt seine Herrschaft auf-
richtet. Das sage ich für die, die es verstehen können.«

JESUS UND DIE KINDER

13 Damals wollten einige Leute ihre Kinder zu Jesus
bringen, damit er ihnen die Hände auflege und für
sie bete; aber die Jünger fuhren sie an und wollten
sie wegschicken. 14 Da sagte Jesus: »Lasst doch die
Kinder! Hindert sie nicht, zu mir zu kommen; denn
für Menschen wie sie steht Gottes neue Welt offen.«
15 Dann legte er den Kindern segnend die Hände auf
und zog von dort weiter.

DIE GEFAHR DES REICHTUMS

16 Da kam ein Mann zu Jesus und fragte ihn: »Lehrer,
was muss ich Gutes tun, um das ewige Leben zu be-
kommen?« 17 Jesus antwortete: »Warum fragst du
mich, was gut ist? Es gibt nur Einen, der gut ist! Wenn
du bei ihm leben willst, dann befolge seine Gebote.«
18 »Welche Gebote?«, fragte der Mann. Jesus antwor-
tete: »Du sollst nicht morden, nicht die Ehe brechen,
nicht stehlen, nichts Unwahres über deinen Mitmen-
schen sagen; 19 ehre deinen Vater und deine Mutter,
und liebe deinen Mitmenschen wie dich selbst!«
20 »Ich habe alle diese Gebote befolgt«, erwiderte der
junge Mann. »Was muss ich sonst noch tun?« 21 Jesus
sagte zu ihm: »Wenn du in der Liebe zu deinen Mitmen-
schen vollkommen und ungeteilt sein willst, dann geh,
verkaufe alles, was du besitzt, und gib das Geld den
Armen, so wirst du bei Gott einen unverlierbaren Besitz
haben. Und dann komm und folge mir!« 22 Als der junge
Mann das hörte, ging er traurig weg; denn er hatte gro-
ßen Grundbesitz. 23 Da sagte Jesus zu seinen Jüngern:
»Ich versichere euch: Ein Reicher wird nur schwer in
die neue Welt Gottes kommen. 24 Ich sage es noch ein-
mal: Eher kommt ein Kamel durch ein Nadelöhr als ein
Reicher in Gottes neue Welt.« 25 Als die Jünger das
hörten, waren sie entsetzt und fragten: »Wer kann
dann überhaupt gerettet werden?« 26 Jesus sah sie an
und sagte: »Wenn es auf die Menschen ankommt, ist es
unmöglich, aber für Gott ist alles möglich.«

DER LOHN FÜR DIE, DIE ALLES AUFGEGEBEN HABEN

27 Darauf sagte Petrus zu Jesus: »Du weißt, wir haben
alles stehen und liegen lassen und sind dir gefolgt.
Was haben wir davon?« 28 Jesus antwortete: »Ich
versichere euch: Wenn Gott die Welt erneuert und
der Menschensohn auf seinem Herrscherthron Platz
nimmt, dann werdet auch ihr, die ihr mir gefolgt seid,
auf zwölf Thronen sitzen und über die zwölf Stämme
Israels Gericht halten. 29 Wer auch immer um meinet-
willen Häuser oder Brüder oder Schwestern oder Vater
oder Mutter oder Kinder oder Felder zurücklässt, wird
das alles hundertfach wiederbekommen und dazu das
ewige Leben. 30 Aber viele, die jetzt vorn sind, werden
dann am Schluss stehen, und viele, die jetzt die Letzten
sind, werden schließlich die Ersten sein.«

DIE ARBEITER IM WEINBERG

20 »Wenn Gott sein Werk vollendet, wird es sein
wie bei dem Weinbergbesitzer, der früh am
Morgen auf den Marktplatz ging, um Leute zu finden
und für die Arbeit in seinem Weinberg anzustellen. 2 Er
einigte sich mit ihnen auf den üblichen Tageslohn von
einem Silberstück, dann schickte er sie in den Wein-
berg. 3 Um neun Uhr ging er wieder auf den Marktplatz
und sah dort noch ein paar Männer arbeitslos herum-
stehen. 4 Er sagte auch zu ihnen: ›Ihr könnt in meinem
Weinberg arbeiten, ich will euch angemessen bezah-
len.‹ 5 Und sie gingen hin. Genauso machte er es mit-
tags und gegen drei Uhr. 6 Selbst als er um fünf Uhr das
letzte Mal zum Marktplatz ging, fand er noch einige
herumstehen und sagte zu ihnen: ›Warum tut ihr den
ganzen Tag nichts?‹ 7 Sie antworteten: ›Weil uns nie-
mand eingestellt hat.‹ Da sagte er: ›Geht auch ihr noch
hin und arbeitet in meinem Weinberg!‹ 8 Am Abend
sagte der Weinbergbesitzer zu seinem Verwalter: ›Ruf
die Leute zusammen und zahl allen ihren Lohn! Fang
bei denen an, die zuletzt gekommen sind, und höre
bei den ersten auf.‹ 9 Die Männer, die erst um fünf
Uhr angefangen hatten, traten vor und jeder bekam
ein Silberstück. 10 Als nun die an der Reihe waren, die
ganz früh angefangen hatten, dachten sie, sie würden
entsprechend besser bezahlt, aber auch sie bekamen
jeder ein Silberstück. 11 Da murrten sie über den Wein-
bergbesitzer 12 und sagten: ›Diese da, die zuletzt ge-
kommen sind, haben nur eine Stunde lang gearbeitet,
und du behandelst sie genauso wie uns? Dabei haben

wir den ganzen Tag über in der Hitze geschuftet!‹ 13 Da
sagte der Weinbergbesitzer zu einem von ihnen: ›Mein
Lieber, ich tue dir kein Unrecht. Hatten wir uns nicht
auf ein Silberstück geeinigt? 14 Das hast du bekom-
men, und nun geh! Ich will nun einmal dem Letzten
hier genauso viel geben wie dir! 15 Ist es nicht meine
Sache, was ich mit meinem Eigentum mache? Oder
bist du neidisch, weil ich großzügig bin?‹« 16 Jesus
schloss: »So werden die Letzten die Ersten sein und
die Ersten die Letzten.«

JESUS KÜNDIGT ZUM DRITTEN MAL SEINEN TOD AN

17 Jesus war auf dem Weg nach Jerusalem. Da rief er
einmal die zwölf Jünger allein zu sich und sagte zu
ihnen: 18 »Hört zu! Wir gehen nach Jerusalem. Dort
wird der Menschensohn nach dem Willen Gottes an
die führenden Priester und die Gesetzeslehrer aus-
geliefert werden. Sie werden ihn zum Tod verurteilen
19 und den Fremden übergeben, die Gott nicht kennen,
damit sie ihren Spott mit ihm treiben, ihn auspeitschen
und ans Kreuz nageln. Doch am dritten Tag wird er vom
Tod auferweckt werden.«

NICHT HERRSCHEN, SONDERN DIENEN

20 Damals ging die Mutter der beiden Söhne von Ze-
bedäus zusammen mit ihren Söhnen zu Jesus hin und
warf sich vor ihm nieder, weil sie ihn um etwas bitten
wollte. 21 »Was möchtest du denn?«, fragte Jesus.
Sie sagte: »Ordne doch an, dass meine beiden Söhne
rechts und links neben dir sitzen, wenn du deine Herr-
schaft angetreten hast!« 22 Jesus sagte zu den beiden
Söhnen: »Ihr wisst nicht, was ihr da verlangt. Könnt
ihr den Kelch trinken, den ich trinken werde?« »Das
können wir!«, antworteten sie. 23 Jesus erwiderte: »Ihr
werdet tatsächlich den gleichen Kelch trinken wie ich,
aber ich kann nicht darüber verfügen, wer rechts und
links neben mir sitzen wird. Auf diesen Plätzen wer-
den die sitzen, die mein Vater dafür bestimmt hat.«
24 Die anderen zehn Jünger hatten das Gespräch mit
angehört und ärgerten sich über die beiden Brüder.
25 Darum rief Jesus alle zwölf zu sich her und sagte:
»Ihr wisst: Die Herrscher der Völker, die Großen in
der Welt, unterdrücken ihre Leute und lassen sie ihre
Macht spüren. 26 Bei euch muss es anders sein! Wer
unter euch groß sein will, soll euer Diener sein, 27 und
wer an erster Stelle stehen will, soll euch Sklaven-
dienste leisten. 28 Auch der Menschensohn ist nicht
gekommen, um sich bedienen zu lassen, sondern um
zu dienen und sein Leben als Lösegeld für alle Men-
schen hinzugeben.«

JESUS HEILT ZWEI BLINDE

29 Als Jesus mit seinen Jüngern Jericho verließ, folgte
ihm eine große Menschenmenge. 30 Am Straßenrand
saßen zwei Blinde. Sie hörten, dass Jesus vorbeikam,
und riefen laut: »Herr, du Sohn Davids, hab Erbarmen
mit uns!« 31 Die Leute fuhren die beiden an, sie sollten
still sein; aber die schrien nur noch lauter: »Herr, du
Sohn Davids, hab Erbarmen mit uns!« 32 Jesus blieb
stehen, rief die beiden zu sich und fragte sie: »Was
wollt ihr? Was soll ich für euch tun?« 33 »Herr«, sag-
ten sie, »wir möchten sehen können.« 34 Jesus hatte
Erbarmen mit ihnen und berührte ihre Augen. Sofort
konnten sie sehen und folgten ihm.

JESUS ZIEHT IN JERUSALEM EIN

21 Kurz vor Jerusalem kamen sie zu der Ortschaft
Betfage am Ölberg. Dort schickte Jesus zwei
Jünger fort 2 mit dem Auftrag: »Geht in das Dorf da drü-
ben! Gleich am Ortseingang findet ihr eine Eselin und
ihr Junges angebunden. Bindet beide los und bringt sie
zu mir! 3 Und wenn jemand etwas sagt, dann antwor-
tet: ›Der Herr braucht sie.‹ Dann wird man sie euch
sofort geben.« 4 Damit sollte in Erfüllung gehen, was
der Prophet angekündigt hatte: 5 »Sagt der Zionsstadt:
Dein König kommt jetzt zu dir! Er verzichtet auf Ge-
walt. Er reitet auf einem Esel und auf einem Eselsfoh-
len, dem Jungen eines Lasttiers.« 6 Die beiden Jünger
gingen hin und taten, was Jesus ihnen aufgetragen
hatte. 7 Sie brachten die Eselin und ihr Junges und leg-
ten ihre Kleider darüber, und Jesus setzte sich darauf.
8 Viele Menschen aus der Menge breiteten ihre Kleider
als Teppich auf die Straße, andere rissen Zweige von
den Bäumen und legten sie auf den Weg. 9 Die Men-
schenmenge, die Jesus vorauslief und ihm folgte, rief
immer wieder: »Gepriesen sei der Sohn Davids! Heil
dem, der im Auftrag des Herrn kommt! Gepriesen sei
Gott in der Höhe!« 10 Als Jesus in Jerusalem einzog, ge-
riet alles in helle Aufregung. »Wer ist dieser Mann?«,
fragten die Leute in der Stadt. 11 Die Menge, die Jesus
begleitete, rief: »Das ist der Prophet Jesus aus Naza-
ret in Galiläa!«

JESUS IM TEMPEL

12 Jesus ging in den Tempel und trieb alle Händler und
Käufer hinaus. Er stieß die Tische der Geldwechsler
und die Stände der Taubenverkäufer um 13 und sagte
zu ihnen: »In den Heiligen Schriften steht, dass Gott er-
klärt hat: ›Mein Tempel soll eine Stätte sein, an der die
Menschen zu mir beten können!‹ Ihr aber macht eine
Räuberhöhle daraus!« 14 Dann kamen dort im Tempel
Blinde und Gelähmte zu ihm, und er heilte sie. 15 Die
führenden Priester und die Gesetzeslehrer sahen die
Wunder, die Jesus tat, und sie hörten, wie die Kinder im
Tempel laut riefen: »Gepriesen sei der Sohn Davids!«
Da wurden sie wütend 16 und fragten Jesus: »Hörst
du, was die da rufen?« Jesus sagte zu ihnen: »Gewiss!
Habt ihr denn nie gelesen, was in den Heiligen Schrif-
ten steht: ›Du, Gott, sorgst dafür, dass die Unmündigen
und die kleinen Kinder dich preisen‹?« 17 Damit ließ er
sie stehen, ging aus der Stadt hinaus und übernach-
tete in Betanien.

DER FEIGENBAUM: VORZEICHEN DES GERICHTS ÜBER ISRAEL. AUFRUF ZUM VERTRAUEN

18 Früh am nächsten Morgen kehrte Jesus nach
Jerusalem zurück. Unterwegs bekam er Hunger. 19 Als

er einen Feigenbaum am Straßenrand sah, ging er hin;
aber er fand nichts als Blätter daran. Da sagte er zu
dem Baum: »Du sollst niemals mehr Frucht tragen!«
Und sofort verdorrte der Baum. 20 Voller Staunen sahen
es die Jünger und fragten: »Wie konnte der Baum so
plötzlich verdorren?« 21 Jesus antwortete ihnen: »Ich
versichere euch: Wenn ihr Vertrauen zu Gott habt und
nicht zweifelt, könnt ihr nicht nur tun, was ich mit die-
sem Feigenbaum getan habe. Ihr könnt dann sogar zu
diesem Berg sagen: ›Auf, stürze dich ins Meer!‹, und
es wird geschehen. 22 Wenn ihr nur Vertrauen habt,
werdet ihr alles bekommen, worum ihr Gott bittet.«

WOHER HAT JESUS DIE VOLLMACHT?

23 Jesus ging wieder in den Tempel. Während er dort
die Menschen lehrte, traten die führenden Priester
und die Ältesten des Volkes an ihn heran und fragten:
»Woher nimmst du das Recht, hier so aufzutreten?
Wer hat dir die Vollmacht dazu gegeben?« 24 Jesus
antwortete: »Auch ich will euch eine Frage stellen.
Wenn ihr sie mir beantwortet, werde ich euch sagen,
mit welchem Recht ich so handle. 25 Sagt mir: Woher
hatte der Täufer Johannes den Auftrag, zu taufen? Von
Gott oder von Menschen?« Sie überlegten: »Wenn
wir sagen ›Von Gott‹, wird er uns fragen: Warum habt
ihr dann Johannes nicht geglaubt? 26 Wenn wir aber
sagen ›Von Menschen‹, dann haben wir die Menge
gegen uns, weil alle überzeugt sind, dass Johannes ein
Prophet war.« 27 So sagten sie zu Jesus: »Wir wissen es
nicht.« »Gut«, erwiderte Jesus, »dann sage ich euch
auch nicht, wer mich bevollmächtigt hat.«

DAS GLEICHNIS VON DEN BEIDEN SÖHNEN

28 Dann sagte Jesus: »Was meint ihr zu folgender
Geschichte? Ein Mann hatte zwei Söhne. Er sagte
zu dem einen: ›Mein Sohn, geh und arbeite heute im
Weinberg!‹ 29 ›Ich will nicht‹, erwiderte der Sohn; spä-
ter aber überlegte er es sich und ging doch. 30 Dasselbe
sagte der Vater auch zu seinem anderen Sohn. ›Ja,
Herr‹, antwortete der, ging aber nicht. 31 Wer von den
beiden hat nun nach dem Willen des Vaters gehan-
delt?« »Der Erste«, antworteten sie. Da sagte Jesus:
»Ich versichere euch: Die Zolleinnehmer und die Pro-
stituierten werden eher in die neue Welt Gottes kom-
men als ihr. 32 Der Täufer Johannes ist gekommen und
zeigte euch, was ihr jetzt tun müsst, um Gottes Willen
zu erfüllen; aber ihr habt ihm nicht geglaubt. Die Zoll-
einnehmer und die Prostituierten haben ihm geglaubt!
Aber ihr – nicht einmal als ihr das saht, habt ihr euch
besonnen und ihm Glauben geschenkt.«

DAS GLEICHNIS VON DEN BÖSEN WEINBERGSPÄCHTERN

33 »Hört ein anderes Gleichnis: Ein Grundbesitzer
legte einen Weinberg an, machte einen Zaun darum,
baute eine Weinpresse und errichtete einen Wacht-
turm. Dann verpachtete er den Weinberg und ver-
reiste. 34 Zur Zeit der Weinlese schickte er seine Boten
zu den Pächtern, um den Ertrag abholen zu lassen.
35 Die Pächter aber packten die Boten, verprügelten
den einen, schlugen einen anderen tot, und wieder
einen anderen steinigten sie. 36 Noch einmal schickte
der Besitzer Boten, mehr als beim ersten Mal; doch
mit denen machten sie es genauso. 37 Schließlich
schickte er seinen Sohn, weil er dachte: ›Vor mei-
nem Sohn werden sie Respekt haben.‹ 38 Aber als
die Pächter den Sohn kommen sahen, sagten sie zu-
einander: ›Das ist der Erbe! Wir bringen ihn um und
nehmen seine Erbschaft, den Weinberg, in Besitz.‹
39 So packten sie ihn, stießen ihn aus dem Weinberg
hinaus und töteten ihn. 40 Was wird nun der Besitzer
des Weinbergs mit den Pächtern machen, wenn er
selbst kommt?«, fragte Jesus. 41 Sie sagten: »Er wird
diesen Verbrechern ein schreckliches Ende bereiten
und den Weinberg anderen anvertrauen, die ihm zur
Erntezeit seinen Ertrag pünktlich abliefern!« 42 Jesus
sagte zu ihnen: »Ihr habt ja wohl gelesen, was in den
Heiligen Schriften steht: ›Der Stein, den die Bauleute
als wertlos weggeworfen haben, ist zum Eckstein ge-
worden. Der Herr hat dieses Wunder vollbracht, und
wir haben es gesehen.‹ 43 Darum sage ich euch: Das
Vorrecht, Gottes Volk unter Gottes Herrschaft zu sein,
wird euch entzogen. Es wird einem Volk gegeben, das
tut, was dieser Berufung entspricht. 44 Wer auf diesen
Stein stürzt, wird zerschmettert, und auf wen er fällt,
den zermalmt er.« 45 Die führenden Priester und die
Pharisäer merkten, dass die beiden Gleichnisse auf
sie gemünzt waren. 46 Sie hätten Jesus gerne festge-
nommen, wagten es aber nicht, weil die Menge ihn für
einen Propheten hielt.

DAS GLEICHNIS VOM HOCHZEITSFEST. DAS HOCHZEITLICHE KLEID

22 Darauf erzählte ihnen Jesus noch ein weite-
res Gleichnis: 2 »Gott hat angefangen, seine
Herrschaft aufzurichten, und er handelt wie jener
König, der seinem Sohn die Hochzeit ausrichtete: 3 Er
schickte seine Diener aus, um die geladenen Gäste
zum Fest zu bitten; aber sie wollten nicht kommen.
4 Darauf schickte er noch einmal andere Diener
zu den Geladenen und ließ ihnen sagen: ›Hört! Ich
habe mein Festessen vorbereitet, meine Ochsen und
meine Mastkälber sind geschlachtet, alles steht be-
reit. Kommt zur Hochzeitsfeier!‹ 5 Sie aber kümmerten
sich nicht darum, sondern gingen ihren Geschäften
nach. Einer ging auf seine Felder, ein anderer in sei-
nen Laden. 6 Manche packten sogar die Diener des
Königs, trieben ihren Spott mit ihnen und töteten
sie. 7 Da wurde der König zornig und schickte seine
Heere. Er ließ die Mörder umbringen und ihre Stadt
niederbrennen. 8 Dann sagte er zu seinen Dienern: ›Die
Vorbereitungen zum Fest sind getroffen, aber die gela-
denen Gäste waren es nicht wert, daran teilzunehmen.
9 Geht jetzt hinaus auf die Landstraßen und ladet alle
zur Hochzeit ein, die euch begegnen!‹ 10 Die Diener
gingen hinaus auf die Straßen und brachten alle mit,
die sie fanden – schlechte und gute Leute. So wurde
der Hochzeitssaal voll. 11 Als nun der König kam, um

sich die Gäste anzusehen, entdeckte er einen, der nicht hochzeitlich gekleidet war. 12 Er sprach ihn an: ›Wie bist denn du hier hereingekommen? Du bist ja gar nicht hochzeitlich angezogen.‹ Der Mann hatte keine Entschuldigung. 13 Da befahl der König seinen Dienern: ›Bindet ihm Hände und Füße und werft ihn hinaus in die Finsternis! Dort gibt es nur noch Jammern und Zähneknirschen.‹ 14 Denn viele sind berufen«, schloss Jesus, »aber nur wenige von ihnen sind erwählt.«

DIE FRAGE NACH DER STEUER FÜR DEN KAISER

15 Daraufhin beschlossen die Pharisäer, Jesus mit einer verfänglichen Frage in die Falle zu locken. 16 Sie schickten ihre Jünger zu Jesus und auch einige Parteigänger von Herodes; die sagten zu ihm: »Lehrer, wir wissen, dass es dir nur um die Wahrheit geht. Du lehrst klar und deutlich, wie wir nach Gottes Willen leben sollen. Denn du lässt dich nicht von Menschen beeinflussen, auch wenn sie noch so mächtig sind. 17 Nun sag uns deine Meinung: Ist es nach dem Gesetz Gottes erlaubt, dem römischen Kaiser Steuer zu zahlen, oder nicht?« 18 Jesus erkannte ihre böse Absicht und sagte: »Ihr Scheinheiligen, ihr wollt mir doch nur eine Falle stellen! 19 Zeigt mir eins von den Geldstücken, mit denen ihr die Steuer bezahlt.« Sie gaben ihm eine Silbermünze, 20 und er fragte: »Wessen Bild und wessen Name sind denn hier aufgeprägt?« 21 »Das Bild und der Name des Kaisers«, antworteten sie. Da sagte Jesus: »Dann gebt dem Kaiser, was dem Kaiser gehört, – aber gebt Gott, was Gott gehört!« 22 Solch eine Antwort hatten sie nicht erwartet. Sie ließen Jesus in Ruhe und gingen weg.

WERDEN DIE TOTEN AUFERSTEHEN?

23 Noch am selben Tag kamen Sadduzäer zu Jesus. Die Sadduzäer bestreiten, dass die Toten auferstehen werden. 24 »Lehrer«, sagten sie, »Mose hat angeordnet: ›Wenn ein verheirateter Mann kinderlos stirbt, dann muss sein Bruder die Witwe heiraten und dem Verstorbenen Nachkommen verschaffen.‹ 25 Nun gab es hier einmal sieben Brüder. Der älteste heiratete und starb kinderlos. 26 Darauf heiratete der zweite die Witwe, starb aber auch kinderlos; und dem dritten erging es nicht anders. So war es bei allen sieben. 27 Zuletzt starb auch die Frau. 28 Wie ist das nun bei der Auferstehung der Toten: Wem von den sieben soll die Frau dann gehören? Sie war ja mit allen verheiratet!« 29 »Ihr denkt ganz falsch«, antwortete Jesus. »Ihr kennt weder die Heiligen Schriften noch wisst ihr, was Gott in seiner Macht tun kann. 30 Wenn die Toten auferstehen, werden sie nicht mehr heiraten, sondern sie werden leben wie die Engel im Himmel. 31 Was aber die Auferstehung der Toten überhaupt betrifft: Habt ihr nicht gelesen, was Gott euch in den Heiligen Schriften gesagt hat? Er sagt dort: 32 ›Ich bin der Gott Abrahams, der Gott Isaaks und der Gott Jakobs.‹ Und er ist doch nicht ein Gott von Toten, sondern von Lebenden!« 33 Die ganze Menschenmenge, die zugehört hatte, war tief beeindruckt von dem, was Jesus da lehrte.

DAS WICHTIGSTE GEBOT

34 Als die Pharisäer erfuhren, dass Jesus die Sadduzäer zum Schweigen gebracht hatte, kamen sie bei Jesus zusammen. 35 Einer von ihnen, ein Gesetzeslehrer, stellte Jesus eine Falle. Er fragte ihn: 36 »Lehrer, welches ist das wichtigste Gebot des Gesetzes?« 37 Jesus antwortete: »›Liebe den Herrn, deinen Gott, von ganzem Herzen, mit ganzem Willen und mit deinem ganzen Verstand!‹ 38 Dies ist das größte und wichtigste Gebot. 39 Aber gleich wichtig ist ein zweites: ›Liebe deinen Mitmenschen wie dich selbst!‹ 40 In diesen beiden Geboten ist alles zusammengefasst, was das Gesetz und die Propheten fordern.«

DAVIDS SOHN ODER DAVIDS HERR?

41 Da die Pharisäer nun einmal versammelt waren, stellte Jesus auch ihnen eine Frage. 42 Er sagte zu ihnen: »Was denkt ihr über den versprochenen Retter? Wessen Sohn ist er?« Sie antworteten: »Der Sohn Davids.« 43 Da sagte Jesus: »Wie kann David ihn dann, vom Geist Gottes erleuchtet, ›Herr‹ nennen? Denn David sagt ja: 44 ›Gott, der Herr, sagte zu meinem Herrn: Setze dich an meine rechte Seite! Ich will dir deine Feinde unterwerfen, sie als Schemel unter deine Füße legen.‹ 45 Wenn also David ihn ›Herr‹ nennt, wie kann er dann sein Sohn sein?« 46 Keiner konnte ihm darauf eine Antwort geben. Und von dem Tag an wagte es auch niemand mehr, ihm noch irgendeine Frage zu stellen.

DER UNTERSCHIED ZWISCHEN LEHRE UND VORBILD

23 Darauf wandte sich Jesus an die Menschenmenge und an seine Jünger 2 und sagte: »Die Gesetzeslehrer und die Pharisäer sind die berufenen Ausleger des Gesetzes, das Mose euch gegeben hat. 3 Ihr müsst ihnen also gehorchen und tun, was sie sagen. Aber nach ihrem Verhalten dürft ihr euch nicht richten; denn sie selber tun nicht, was sie lehren. 4 Sie schnüren schwere, kaum tragbare Lasten zusammen und laden sie den Menschen auf die Schultern, aber sie selbst machen keinen Finger krumm, um sie zu tragen. 5 Alles, was sie tun, tun sie nur, um von den Leuten gesehen zu werden. Sie tragen auffällig breite Gebetsriemen und besonders lange Quasten an ihren Kleidern. 6 Bei Festmählern sitzen sie auf den Ehrenplätzen und beim Gottesdienst in der vordersten Reihe. 7 Sie haben es gern, wenn die Leute sie auf der Straße respektvoll grüßen und sie als ›ehrwürdiger Lehrer‹ anreden. 8 Aber ihr sollt euch nicht ›ehrwürdiger Lehrer‹ nennen lassen; denn ihr seid untereinander alle Brüder und Schwestern, und nur *einer* ist euer Lehrer. 9 Auch sollt ihr hier auf der Erde keinen von euch ›Vater‹ nennen; denn nur einer ist euer Vater: der im Himmel. 10 Ihr sollt euch auch nicht ›Lehrmeister‹ nennen lassen, denn auch Lehrmeister ist bei euch nur einer: Christus, der versprochene Retter. 11 Wer unter euch am größten ist, soll euer Diener sein. 12 Denn wer sich selbst groß macht, wird von Gott gedemütigt, und wer sich selbst gering achtet, wird von ihm zu Ehren gebracht.«

SIEBEN WEHERUFE ÜBER DIE GESETZESLEHRER UND PHARISÄER

13 »Weh euch Gesetzeslehrern und Pharisäern! Ihr
Scheinheiligen! Ihr versperrt den Zugang zur neuen
Welt Gottes vor den Menschen. Ihr selbst geht nicht
hinein und ihr hindert alle, die hineinwollen. 15 Weh
euch Gesetzeslehrern und Pharisäern! Ihr Schein-
heiligen! Ihr reist um die halbe Welt, um auch nur
einen einzigen Anhänger zu gewinnen, und wenn
ihr einen gefunden habt, dann macht ihr ihn zu einem
Anwärter der Hölle, der doppelt so schlimm ist wie
ihr. 16 Weh euch! Ihr wollt andere führen und seid
selbst blind. Ihr sagt: ›Wer beim Tempel schwört, ist
nicht an den Schwur gebunden; nur wer beim Gold
im Tempel schwört, muss seinen Schwur halten.‹
17 Töricht und blind seid ihr! Was ist denn wichtiger:
das Gold oder der Tempel, durch den das Gold erst
heilig wird? 18 Ihr sagt auch: ›Wenn einer beim Altar
schwört, braucht er seinen Schwur nicht zu halten,
nur wenn er beim Opfer auf dem Altar schwört.‹ 19 Ihr
Verblendeten! Was ist wichtiger: die Opfergabe oder
der Altar, der das Opfer erst heilig macht? 20 Wer beim
Altar schwört, der schwört doch zugleich bei allem,
was darauf liegt, 21 und wer beim Tempel schwört, der
schwört damit auch bei Gott, der dort wohnt. 22 Und
wenn einer beim Himmel schwört, dann schwört
er beim Thron Gottes und bei Gott, der darauf sitzt.
23 Weh euch Gesetzeslehrern und Pharisäern! Ihr
Scheinheiligen! Ihr gebt Gott den zehnten Teil von
allem, sogar noch von Gewürzen wie Minze, Dill und
Kümmel; aber um das Wichtigste an seinem Gesetz,
um Gerechtigkeit, Barmherzigkeit und Treue, darum
kümmert ihr euch nicht. Dies solltet ihr tun, ohne das
andere zu lassen! 24 Ihr wollt die Menschen führen
und seid selbst blind. Die winzigste Mücke fischt ihr
aus dem Becher, aber Kamele schluckt ihr unbesehen
hinunter. 25 Weh euch Gesetzeslehrern und Pharisä-
ern! Ihr Scheinheiligen! Ihr reinigt sogar noch das
Äußere von Becher und Schüssel. Aber was darin
ist, habt ihr euch in eurer Gier zusammengestohlen.
26 Ihr blinden Pharisäer! Sorgt zuerst dafür, dass es
mit dem Inhalt des Bechers seine Richtigkeit hat, dann
wird auch sein Äußeres rein. 27 Weh euch Gesetzes-
lehrern und Pharisäern! Ihr Scheinheiligen! Ihr seid
wie weiß angestrichene Gräber, die äußerlich schön
aussehen; aber drinnen sind Totengebeine und alles
mögliche Ungeziefer, das unrein macht. 28 So seid
ihr: Von außen hält man euch für fromm, innerlich
aber steckt ihr voller Heuchelei und Ungehorsam
gegen Gott. 29 Weh euch Gesetzeslehrern und Pha-
risäern! Ihr Scheinheiligen! Ihr baut den Propheten
wunderschöne Grabmäler und schmückt die Grä-
ber der Gerechten. 30 Und ihr sagt: ›Hätten wir zur
Zeit unserer Vorfahren gelebt, wir hätten uns nicht
daran beteiligt, die Propheten umzubringen!‹ 31 Damit
gebt ihr selbst zu, dass ihr von Prophetenmördern
abstammt. 32 Macht nur das Maß eurer Väter voll!
33 Ihr Nattern, ihr Schlangenbrut! Wie wollt ihr der
Höllenstrafe entgehen?«

DIE STRAFE WIRD KOMMEN

34 »Hört gut zu! Ich werde euch Propheten, weise
Männer und echte Gesetzeslehrer schicken. Ihr wer-
det einige von ihnen töten, andere ans Kreuz bringen,
wieder andere in euren Synagogen auspeitschen und
von Stadt zu Stadt verfolgen. 35 So stellt ihr euch in
eine Reihe mit euren Vorfahren und werdet zur Re-
chenschaft gezogen werden für die Ermordung al-
ler Gerechten, von Abel an bis hin zu Secharja, dem
Sohn von Berechja, den ihr zwischen Tempelhaus und
Brandopferaltar umgebracht habt. 36 Ich versichere
euch: Diese Generation wird die Strafe für alle diese
Schandtaten bekommen.«

KLAGE ÜBER JERUSALEM

37 »Jerusalem, Jerusalem, du tötest die Propheten
und steinigst die Boten, die Gott zu dir schickt. Wie
oft wollte ich deine Bewohner um mich scharen, wie
eine Henne ihre Küken unter die Flügel nimmt! Aber
ihr habt nicht gewollt. 38 Deshalb wird Gott euren
Tempel verlassen, und er wird verwüstet daliegen.
39 Ich sage euch, ihr werdet mich erst wiedersehen,
wenn ihr rufen werdet: ›Heil dem, der im Auftrag des
Herrn kommt!‹«

ANKÜNDIGUNG DER ZERSTÖRUNG DES TEMPELS

24 Jesus verließ den Tempel und wollte wegge-
hen. Da kamen seine Jünger zu ihm und wiesen
ihn auf die Prachtbauten der Tempelanlage hin. 2 Aber
Jesus sagte: »Ihr bewundert das alles? Ich sage euch,
hier wird kein Stein auf dem andern bleiben. Alles wird
bis auf den Grund zerstört werden.«

DER ANFANG VOM ENDE

3 Dann ging Jesus auf den Ölberg und setzte sich dort
nieder. Nur seine Jünger waren bei ihm. Sie traten zu
ihm und fragten ihn: »Sag uns, wann wird das ge-
schehen, und woran können wir erkennen, dass du
wiederkommst und das Ende der Welt da ist?« 4 Jesus
sagte zu ihnen: »Seid auf der Hut und lasst euch von
niemand täuschen! 5 Viele werden unter meinem
Namen auftreten und von sich behaupten: ›Ich bin
der wiedergekommene Christus!‹ Damit werden sie
viele irreführen. 6 Erschreckt nicht, wenn nah und fern
Kriege ausbrechen! Es muss so kommen, aber das ist
noch nicht das Ende. 7 Ein Volk wird gegen das andere
kämpfen, ein Staat den andern angreifen. In vielen
Ländern wird es Hungersnöte und Erdbeben geben.
8 Das alles ist erst der Anfang vom Ende – der Beginn
der Geburtswehen.«

DIE VERFOLGUNG DER JÜNGER

9 »Dann werden sie euch an die Gerichte ausliefern,
euch misshandeln und töten. Die ganze Welt wird
euch hassen, weil ihr euch zu mir bekennt. 10 Wenn
es so weit ist, werden viele vom Glauben abfallen
und sich gegenseitig verraten und einander hassen.
11 Zahlreiche falsche Propheten werden auftreten und

viele von euch irreführen. 12 Und weil der Ungehorsam
gegen Gottes Gesetz überhandnimmt, wird die Liebe
bei den meisten von euch erkalten. 13 Wer aber bis zum
Ende standhaft bleibt, wird gerettet. 14 Aber die Gute
Nachricht, dass Gott schon angefangen hat, seine
Herrschaft aufzurichten, wird in der ganzen Welt ver-
kündet werden. Alle Völker sollen sie hören. Danach
erst kommt das Ende.«

DIE LETZTE SCHRECKENSZEIT

15 »Im Buch des Propheten Daniel ist die Rede von
einem ›entsetzlichen Scheusal‹ – wer das liest, über-
lege sich, was es bedeutet! Wenn ihr das ›entsetzliche
Scheusal‹ im Heiligtum stehen seht, 16 dann sollen die
Bewohner Judäas in die Berge fliehen. 17 Wer gerade
auf dem Dach ist, soll keine Zeit damit verlieren, erst
noch seine Sachen aus dem Haus zu holen. 18 Wer ge-
rade zur Arbeit auf dem Feld ist, soll nicht zurückgehen,
um noch sein Obergewand mitzunehmen, das er am
Wegrand abgelegt hat. 19 Besonders hart wird es die
Frauen treffen, die gerade ein Kind erwarten oder einen
Säugling stillen. 20 Bittet Gott, dass ihr nicht im Winter
oder an einem Sabbat fliehen müsst. 21 Denn was dann
geschieht, wird furchtbarer sein als alles, was jemals
seit Beginn der Welt geschehen ist oder in Zukunft noch
geschehen wird. 22 Wenn Gott diese Schreckenszeit
nicht abkürzen würde, dann würde kein Mensch geret-
tet werden. Er wird sie aber denen zuliebe abkürzen, die
er erwählt hat. 23 Wenn dann jemand zu euch sagt: ›Seht
her, hier ist Christus, der versprochene Retter!‹, oder:
›Dort ist er!‹ – glaubt ihm nicht. 24 Denn es werden so
manche mit dem Anspruch auftreten, der versprochene
Retter oder ein Prophet zu sein. Sie werden sich durch
große und aufsehenerregende Wunder ausweisen und
würden damit sogar die von Gott Erwählten irreführen,
wenn das möglich wäre. 25 Denkt daran, dass ich es
euch vorausgesagt habe! 26 Wenn also die Leute zu
euch sagen: ›Draußen in der Wüste ist er‹, dann geht
nicht hinaus! Oder wenn sie sagen: ›Er ist hier und
hält sich in einem Haus verborgen‹, dann glaubt ihnen
nicht! 27 Denn der Menschensohn wird für alle sichtbar
kommen, wie ein Blitz, der von Ost nach West über den
Himmel zuckt. 28 Er wird so sicher zu sehen sein wie die
Geier, die hoch über einem verendenden Tier kreisen.«

DER WELTRICHTER KOMMT

29 »Doch sofort nach dieser Schreckenszeit wird sich
die Sonne verfinstern und der Mond wird nicht mehr
scheinen, die Sterne werden vom Himmel fallen und die
Ordnung des Himmels wird zusammenbrechen. 30 Dann
wird der Menschensohn für alle sichtbar am Himmel er-
scheinen. Dies ist das Zeichen, dass das Ende da ist. Die
Völker der ganzen Welt werden jammern und klagen,
wenn sie den Menschensohn auf den Wolken des Him-
mels mit göttlicher Macht und Herrlichkeit kommen
sehen. 31 Dann wird die Posaune ertönen und der Men-
schensohn wird seine Engel in alle Himmelsrichtungen
ausschicken, damit sie von überall her die Menschen
zusammenbringen, die er erwählt hat.«

DAS GLEICHNIS VOM FEIGENBAUM

32 »Am Beispiel des Feigenbaums könnt ihr etwas ler-
nen: Wenn der Saft in die Zweige schießt und der Baum
Blätter treibt, dann wisst ihr, dass der Sommer bald da
ist. 33 So ist es auch, wenn ihr dies alles geschehen seht:
Dann wisst ihr, dass das Ende unmittelbar bevorsteht.
34 Ich versichere euch: Diese Generation wird das alles
noch erleben. 35 Himmel und Erde werden vergehen,
aber meine Worte vergehen nicht; sie bleiben gültig
für immer und ewig.«

DAS ENDE KOMMT ÜBERRASCHEND

36 »Doch den Tag und die Stunde, wann das Ende da
ist, kennt niemand, auch nicht die Engel im Himmel –
nicht einmal der Sohn. Nur der Vater kennt sie. 37 Wenn
der Menschensohn kommt, wird es sein wie zur Zeit
Noachs. 38 Damals vor der großen Flut aßen die Men-
schen und tranken und heirateten, wie sie es gewohnt
waren – bis zu dem Tag, an dem Noach in die Arche
ging. 39 Sie begriffen nicht, was ihnen drohte, bis dann
die Flut hereinbrach und sie alle wegschwemmte. So
wird es auch sein, wenn der Menschensohn kommt.
40 Zwei Männer werden dann zusammen auf dem Feld
arbeiten: Der eine wird angenommen, der andere zu-
rückgelassen. 41 Zwei Frauen werden zusammen Korn
mahlen: Die eine wird angenommen, die andere zu-
rückgelassen. 42 Darum seid wachsam! Denn ihr
wisst nicht, an welchem Tag euer Herr kommen wird.
43 Macht euch doch das eine klar: Wenn ein Hausherr
im Voraus wüsste, um welche Zeit in der Nacht der
Dieb kommt, würde er aufbleiben und den Einbruch
verhindern. 44 Darum seid jederzeit bereit; denn der
Menschensohn wird zu einer Stunde kommen, wenn
ihr es nicht erwartet.«

DER VERANTWORTUNGSBEWUSSTE DIENER

45 »Wer von euch ist nun der treue und kluge Diener,
dem sein Herr den Auftrag gegeben hat, die übrige Die-
nerschaft zu beaufsichtigen und jedem pünktlich seine
Tagesration auszuteilen? 46 Ein solcher Diener darf sich
freuen, wenn der Herr zurückkehrt und ihn bei seiner
Arbeit findet. 47 Ich versichere euch: Der Herr wird ihm
die Verantwortung für alle seine Güter übertragen.
48 Wenn er aber ein schlechter Mensch ist und sich
sagt: ›So bald kommt mein Herr nicht zurück‹, 49 und
anfängt, die ihm unterstellten Diener zu schlagen und
mit Säufern Gelage zu halten, 50 dann wird sein Herr
an einem Tag und zu einer Stunde zurückkehren, wenn
der Diener überhaupt nicht damit rechnet. 51 Er wird
diesen Diener in Stücke hauen und dorthin bringen
lassen, wo die Scheinheiligen ihre Strafe verbüßen.
Dort gibt es nur noch Jammern und Zähneknirschen.«

DAS GLEICHNIS VON DEN BRAUTJUNGFERN

25 »Wenn Gott sein Werk vollendet, wird es zu-
gehen wie in der folgenden Geschichte: Zehn
Brautjungfern gingen mit ihren Lampen hinaus, dem
Bräutigam entgegen, um ihn zu empfangen. 2 Fünf von
ihnen handelten klug, die anderen fünf gedankenlos.

3 Die Gedankenlosen nahmen nur ihre gefüllten Lam-
pen mit, 4 während die Klugen auch noch Öl zum
Nachfüllen mitnahmen. 5 Weil der Bräutigam sich
verspätete, wurden sie alle müde und schliefen ein.
6 Mitten in der Nacht ertönte der Ruf: ›Der Bräutigam
kommt, geht ihm entgegen!‹ 7 Die zehn Brautjungfern
standen auf und brachten ihre Lampen in Ordnung.
8 Da baten die Gedankenlosen die anderen: ›Gebt uns
von eurem Öl etwas ab, denn unsere Lampen gehen
aus.‹ 9 Aber die Klugen sagten: ›Ausgeschlossen, dann
reicht es weder für uns noch für euch. Geht doch zum
Kaufmann und holt euch welches!‹ 10 So machten sich
die fünf auf den Weg, um Öl zu kaufen. Inzwischen kam
der Bräutigam. Die fünf Klugen, die darauf vorbereitet
waren, gingen mit ihm hinein zum Hochzeitsfest, und
die Türen wurden geschlossen. 11 Schließlich kamen
die anderen nach und riefen: ›Herr, Herr, mach uns
auf!‹ 12 Aber der Bräutigam wies sie ab und sagte: ›Ich
versichere euch, ich kenne euch nicht!‹ 13 Darum seid
wachsam, denn ihr wisst weder Tag noch Stunde im
Voraus!«

DAS GLEICHNIS VOM ANVERTRAUTEN GELD

14 »Es ist wie bei einem Mann, der verreisen wollte.
Er rief vorher seine Diener zusammen und vertraute
ihnen sein Vermögen an. 15 Dem einen gab er fünf
Zentner Silbergeld, dem anderen zwei Zentner und
dem dritten einen, je nach ihren Fähigkeiten. Dann
reiste er ab. 16 Der erste, der die fünf Zentner bekom-
men hatte, steckte sofort das ganze Geld in Geschäfte
und konnte die Summe verdoppeln. 17 Ebenso machte
es der zweite: Zu seinen zwei Zentnern gewann er
noch zwei hinzu. 18 Der aber, der nur einen Zentner
bekommen hatte, vergrub das Geld seines Herrn in
der Erde. 19 Nach langer Zeit kam der Herr zurück und
wollte mit seinen Dienern abrechnen. 20 Der erste, der
die fünf Zentner erhalten hatte, trat vor und sagte:
›Du hast mir fünf Zentner anvertraut, Herr, und ich
habe noch weitere fünf dazuverdient; hier sind sie!‹
21 ›Sehr gut‹, sagte sein Herr, ›du bist ein tüchtiger
und treuer Diener. Du hast dich in kleinen Dingen
als zuverlässig erwiesen, darum werde ich dir auch
Größeres anvertrauen. Komm zum Freudenfest deines
Herrn!‹ 22 Dann kam der mit den zwei Zentnern und
sagte: ›Du hast mir zwei Zentner gegeben, Herr, und
ich habe noch einmal zwei Zentner dazuverdient.‹
23 ›Sehr gut‹, sagte der Herr, ›du bist ein tüchtiger und
treuer Diener. Du hast dich in kleinen Dingen als zuver-
lässig erwiesen, darum werde ich dir auch Größeres
anvertrauen. Komm zum Freudenfest deines Herrn!‹
24 Zuletzt kam der mit dem einen Zentner und sagte:
›Herr, ich wusste, dass du ein harter Mann bist. Du
erntest, wo du nicht gesät hast, und sammelst ein, wo
du nichts ausgeteilt hast. 25 Deshalb hatte ich Angst
und habe dein Geld vergraben. Hier hast du zurück,
was dir gehört.‹ 26 Da sagte der Herr zu ihm: ›Du unzu-
verlässiger und fauler Diener! Du wusstest also, dass
ich ernte, wo ich nicht gesät habe, und sammle, wo
ich nichts ausgeteilt habe? 27 Dann hättest du mein
Geld wenigstens auf die Bank bringen sollen, und ich
hätte es mit Zinsen zurückbekommen! 28 Nehmt ihm
sein Teil weg und gebt es dem, der die zehn Zentner
hat! 29 Denn wer viel hat, soll noch mehr bekommen,
bis er mehr als genug hat. Wer aber wenig hat, dem
wird auch noch das Letzte weggenommen werden.
30 Und diesen Taugenichts werft hinaus in die Dun-
kelheit draußen! Dort gibt es nur noch Jammern und
Zähneknirschen.‹«

WONACH DER WELTRICHTER URTEILT

31 »Wenn der Menschensohn in seiner Herrlichkeit
kommt, begleitet von allen Engeln, dann wird er auf
seinem Herrscherthron Platz nehmen. 32 Alle Völker
der Erde werden vor ihm versammelt werden, und er
wird die Menschen in zwei Gruppen teilen, so wie ein
Hirt die Schafe von den Böcken trennt. 33 Die Schafe
wird er auf seine rechte Seite stellen und die Böcke
auf seine linke Seite. 34 Dann wird der König zu de-
nen auf seiner rechten Seite sagen: ›Kommt her! Euch
hat mein Vater gesegnet. Nehmt Gottes neue Welt in
Besitz, die er euch von allem Anfang an zugedacht
hat. 35 Denn ich war hungrig und ihr habt mir zu essen
gegeben; ich war durstig und ihr habt mir zu trinken
gegeben; ich war fremd und ihr habt mich bei euch
aufgenommen; 36 ich war nackt und ihr habt mir et-
was anzuziehen gegeben; ich war krank und ihr habt
mich versorgt; ich war im Gefängnis und ihr habt mich
besucht.‹ 37 Dann werden die, die den Willen Gottes
getan haben, fragen: ›Herr, wann sahen wir dich jemals
hungrig und gaben dir zu essen? Oder durstig und
gaben dir zu trinken? 38 Wann kamst du als Fremder
zu uns und wir nahmen dich auf, oder nackt und wir
gaben dir etwas anzuziehen? 39 Wann warst du krank
oder im Gefängnis und wir besuchten dich?‹ 40 Dann
wird der König antworten: ›Ich versichere euch: Was
ihr für einen meiner geringsten Brüder oder für eine
meiner geringsten Schwestern getan habt, das habt
ihr für mich getan.‹ 41 Dann wird der König zu denen
auf seiner linken Seite sagen: ›Geht mir aus den Augen,
Gott hat euch verflucht! Fort mit euch in das ewige
Feuer, das für den Teufel und seine Engel vorbereitet
ist! 42 Denn ich war hungrig, aber ihr habt mir nichts
zu essen gegeben; ich war durstig, aber ihr habt mir
nichts zu trinken gegeben; 43 ich war fremd, aber ihr
habt mich nicht aufgenommen; ich war nackt, aber
ihr habt mir nichts anzuziehen gegeben; ich war
krank und im Gefängnis, aber ihr habt euch nicht um
mich gekümmert.‹ 44 Dann werden auch sie ihn fra-
gen: ›Herr, wann sahen wir dich jemals hungrig oder
durstig, wann kamst du als Fremder, wann warst du
nackt oder krank oder im Gefängnis – und wir hätten
uns nicht um dich gekümmert?‹ 45 Aber er wird ihnen
antworten: ›Ich versichere euch: Was ihr an einem von
meinen geringsten Brüdern oder an einer von meinen
geringsten Schwestern zu tun versäumt habt, das habt
ihr an mir versäumt.‹ 46 Auf diese also wartet die ewige
Strafe. Die anderen aber, die den Willen Gottes getan
haben, empfangen das ewige Leben.«

DER BESCHLUSS, JESUS ZU TÖTEN

26 Als Jesus diese seine letzte Rede beendet hatte,
sagte er zu seinen Jüngern: 2 »Wie ihr wisst, ist
übermorgen das Passafest. Dann wird der Menschen-
sohn ausgeliefert und ans Kreuz genagelt werden.«
3 Da kamen die führenden Priester und die Ältesten
des Volkes im Palast des Obersten Priesters Kajaphas
zusammen. 4 Sie fassten den Beschluss, Jesus heimlich
zu verhaften und umzubringen. 5 »Aber auf keinen Fall
darf es während des Festes geschehen«, sagten sie,
»sonst gibt es einen Aufruhr im Volk.«

EINE FRAU EHRT JESUS VOR SEINEM STERBEN

6 Jesus war in Betanien bei Simon, dem Aussätzigen,
zu Gast. 7 Während des Essens trat eine Frau an Jesus
heran. Sie hatte ein Fläschchen mit sehr wertvollem
Salböl; das goss sie Jesus über den Kopf. 8 Die Jünger
sahen es und waren empört. »Was soll diese Ver-
schwendung?«, sagten sie. 9 »Dieses Öl hätte man
teuer verkaufen und das Geld den Armen geben kön-
nen!« 10 Jesus hörte das und sagte: »Warum bringt
ihr die Frau in Verlegenheit? Sie hat eine gute Tat an
mir getan. 11 Arme wird es immer bei euch geben;
aber mich habt ihr nicht mehr lange bei euch. 12 Sie
hat dieses Salböl auf meinen Körper gegossen und
hat ihn damit für das Begräbnis vorbereitet. 13 Ich ver-
sichere euch: Überall in der Welt, wo in Zukunft die
Gute Nachricht verkündet wird, wird auch berichtet
werden, was sie getan hat. Ihr Andenken wird immer
lebendig bleiben.«

JUDAS WIRD ZUM VERRÄTER

14 Darauf ging Judas Iskariot, einer aus dem Kreis
der Zwölf, zu den führenden Priestern 15 und sagte:
»Was gebt ihr mir, wenn ich ihn euch in die Hände
spiele?« Sie zahlten ihm dreißig Silberstücke. 16 Von
da an suchte Judas eine günstige Gelegenheit, Jesus
zu verraten.

VORBEREITUNGEN ZUM PASSAMAHL

17 Am ersten Tag der Festwoche, während der ungesäu-
ertes Brot gegessen wird, kamen die Jünger zu Jesus
und fragten: »Wo sollen wir für dich das Passamahl
vorbereiten?« 18 Er antwortete: »Geht zu einem Mann
in der Stadt – er nannte ihnen den Namen – und richtet
ihm aus: ›Unser Lehrer sagt: Die Stunde meines Todes
ist nah. Bei dir will ich mit meinen Jüngern das Pas-
samahl feiern.‹« 19 Die Jünger taten, was Jesus ihnen
aufgetragen hatte, und bereiteten das Passamahl vor.

JESUS FEIERT MIT DEN ZWÖLF DAS ABSCHIEDSMAHL

20 Als es Abend geworden war, setzte sich Jesus mit
den Zwölf zu Tisch. 21 Während der Mahlzeit sagte
er: »Ich versichere euch: Einer von euch wird mich
verraten.« 22 Sie waren bestürzt, und einer nach dem
andern fragte ihn: »Du meinst doch nicht mich, Herr?«
23 Jesus antwortete: »Der soeben mit mir das Brot in
die Schüssel getaucht hat, der ist es, der wird mich
verraten. 24 Der Menschensohn muss zwar sterben,
wie es in den Heiligen Schriften angekündigt ist.
Aber wehe dem Menschen, der den Menschensohn
verrät! Er wäre besser nie geboren worden!« 25 Da
fragte Judas, der ihn verraten wollte: »Du meinst doch
nicht etwa mich, Rabbi?« »Doch«, antwortete Jesus,
»dich!« 26 Während der Mahlzeit nahm Jesus ein Brot,
sprach das Segensgebet darüber, brach es in Stücke
und gab es seinen Jüngern mit den Worten: »Nehmt
und esst, das ist mein Leib!« 27 Dann nahm er den Be-
cher, sprach darüber das Dankgebet, gab ihnen auch
den und sagte: »Trinkt alle daraus; 28 das ist mein Blut,
das für alle Menschen vergossen wird zur Vergebung
ihrer Schuld. Mit ihm wird der Bund in Kraft gesetzt,
den Gott jetzt mit den Menschen schließt. 29 Ich sage
euch: Von jetzt an werde ich keinen Wein mehr trinken,
bis ich ihn neu mit euch trinken werde, wenn mein
Vater sein Werk vollendet hat!« 30 Dann sangen sie die
Dankpsalmen und gingen hinaus zum Ölberg.

JESUS SAGT DAS VERSAGEN VON PETRUS VORAUS

31 Unterwegs sagte Jesus zu ihnen: »Heute Nacht wer-
det ihr alle an mir irrewerden, denn es heißt: ›Ich werde
den Hirten töten und die Schafe der Herde werden
auseinanderlaufen.‹ 32 Aber wenn ich vom Tod aufer-
weckt worden bin, werde ich euch vorausgehen nach
Galiläa.« 33 Petrus widersprach ihm: »Selbst wenn alle
andern an dir irrewerden – ich niemals!« 34 Jesus ant-
wortete: »Ich versichere dir: In dieser Nacht, bevor der
Hahn kräht, wirst du mich dreimal verleugnen und
behaupten, dass du mich nicht kennst.« 35 Da sagte
Petrus: »Und wenn ich mit dir sterben müsste, ich
werde dich ganz bestimmt nicht verleugnen!« Das
Gleiche sagten auch alle anderen Jünger.

JESUS BETET IM GARTEN GETSEMANI

36 Dann kam Jesus mit seinen Jüngern zu einem
Grundstück, das Getsemani hieß. Er sagte zu ihnen:
»Setzt euch hier! Ich gehe dort hinüber, um zu beten.«
37 Petrus und die beiden Söhne von Zebedäus nahm er
mit. Angst und tiefe Traurigkeit befielen ihn, 38 und er
sagte zu ihnen: »Ich bin so bedrückt, ich bin mit meiner
Kraft am Ende. Bleibt hier und wacht mit mir!« 39 Dann
ging er noch ein paar Schritte weiter, warf sich nieder,
das Gesicht zur Erde, und betete: »Mein Vater, wenn
es möglich ist, erspare es mir, diesen Kelch trinken zu
müssen! Aber es soll geschehen, was *du* willst, nicht
was ich will.« 40 Dann kehrte er zu den Jüngern zurück
und sah, dass sie eingeschlafen waren. Da sagte er zu
Petrus: »Konntet ihr nicht eine einzige Stunde mit mir
wach bleiben? 41 Bleibt wach und betet, damit ihr in der
kommenden Prüfung nicht versagt. Der Geist in euch
ist willig, aber eure menschliche Natur ist schwach.«
42 Noch einmal ging Jesus weg und betete: »Mein
Vater, wenn es nicht anders sein kann und ich diesen
Kelch trinken muss, dann geschehe dein Wille!« 43 Als
er zurückkam, schliefen sie wieder; die Augen waren
ihnen zugefallen. 44 Zum dritten Mal ging Jesus ein

Stück weit weg und betete noch einmal mit den glei-
chen Worten. 45 Als er dann zu den Jüngern zurückkam,
sagte er: »Schlaft ihr denn immer noch und ruht euch
aus? Die Stunde ist da; jetzt wird der Menschensohn
an die Menschen, die Sünder, ausgeliefert. 46 Steht auf,
wir wollen gehen. Er ist schon da, der mich verrät!«

JESUS WIRD VERHAFTET

47 Noch während Jesus das sagte, kam Judas, einer
der Zwölf, mit einem großen Trupp von Männern, die
mit Schwertern und Knüppeln bewaffnet waren. Sie
waren von den führenden Priestern und den Ältesten
des Volkes geschickt worden. 48 Der Verräter hatte mit
ihnen ein Erkennungszeichen ausgemacht: »Wem ich
einen Begrüßungskuss gebe, der ist es. Den nehmt
fest!« 49 Judas ging sogleich auf Jesus zu und sagte:
»Sei gegrüßt, Rabbi!«, und er küsste ihn so, dass alle
es sehen konnten. 50 Jesus sagte zu ihm: »Freund,
komm zur Sache!« Darauf traten die Bewaffneten
heran, packten Jesus und nahmen ihn fest. 51 Einer
von den Jüngern zog sein Schwert, hieb auf den
Bevollmächtigten des Obersten Priesters ein und
schlug ihm ein Ohr ab. 52 Aber Jesus befahl ihm: »Steck
dein Schwert weg; denn alle, die zum Schwert grei-
fen, werden durch das Schwert umkommen. 53 Weißt
du nicht, dass ich nur meinen Vater um Hilfe zu bitten
brauche, und er schickt mir sofort mehr als zwölf Legi-
onen Engel? 54 Aber wie soll sich dann erfüllen, was in
den Heiligen Schriften angekündigt ist? Es *muss* doch
so kommen!« 55 In jener Stunde sagte Jesus zu denen,
die ihn festgenommen hatten: »Warum rückt ihr hier
mit Schwertern und Knüppeln an, um mich gefangen
zu nehmen? Bin ich denn ein Verbrecher? Täglich saß
ich im Tempel und lehrte die Menschen; da habt ihr
mich nicht festgenommen. 56 Aber das alles ist so ge-
kommen, damit in Erfüllung geht, was die Propheten
in ihren Schriften angekündigt haben.« Da verließen
ihn alle seine Jünger und flohen.

JESUS VOR DEM JÜDISCHEN RAT

57 Die Männer, die Jesus verhaftet hatten, brachten
ihn zum Obersten Priester Kajaphas, wo schon die
Gesetzeslehrer und Ratsältesten versammelt waren.
58 Petrus folgte Jesus in weitem Abstand und kam bis
in den Innenhof des Palastes. Dort setzte er sich zu den
Dienern, um zu sehen, wie die Sache ausgehen würde.
59 Die führenden Priester und der ganze Rat versuch-
ten, Jesus durch falsche Zeugenaussagen zu belasten,
damit sie ihn zum Tod verurteilen könnten. 60 Aber das
gelang nicht, obwohl eine ganze Reihe von Zeugen
auftrat. Schließlich kamen zwei 61 und sagten: »Dieser
Mann hat behauptet: ›Ich kann den Tempel Gottes
niederreißen und ihn in drei Tagen wieder aufbauen!‹«
62 Da stand der Oberste Priester auf und fragte Jesus:
»Hast du nichts zu sagen zu dem, was diese beiden
gegen dich vorbringen?« 63 Aber Jesus schwieg. Der
Oberste Priester sagte: »Ich nehme von dir einen Eid
bei dem lebendigen Gott und fordere dich auf, uns zu
sagen: Bist du Christus, der versprochene Retter, der
Sohn Gottes?« 64 Jesus antwortete: »Ja! Aber ich sage
euch, von jetzt an gilt: Ihr werdet den Menschensohn
sehen, wie er an der rechten Seite des Allmächtigen
sitzt und auf den Wolken des Himmels kommt!« 65 Da
zerriss der Oberste Priester sein Gewand und sagte:
»Das ist eine Gotteslästerung! Was brauchen wir
noch Zeugen? Ihr habt es selbst gehört, wie er Gott
beleidigt hat. 66 Wie lautet euer Urteil?« »Er hat den
Tod verdient!«, riefen sie. 67 Dann spuckten sie ihm ins
Gesicht und schlugen ihn mit Fäusten. Andere gaben
ihm Ohrfeigen 68 und höhnten: »He, Christus, du ver-
sprochener Retter, du bist doch ein Prophet! Sag uns:
Wie heißt der, der dich gerade schlug?«

PETRUS VERLEUGNET JESUS

69 Petrus saß noch immer draußen im Hof, als eine Die-
nerin auf ihn zukam und sagte: »Du warst doch auch
mit Jesus aus Galiläa zusammen!« 70 Petrus stritt es
vor allen Leuten ab und sagte: »Ich weiß nicht, wo-
von du redest!« 71 Dann ging er in die Torhalle hinaus.
Dort sah ihn eine andere Dienerin und sagte zu denen,
die herumstanden: »Der da war mit Jesus aus Naza-
ret zusammen!« 72 Und wieder stritt Petrus es ab und
schwor: »Ich kenne den Mann überhaupt nicht!«
73 Kurz darauf traten die Umstehenden zu Petrus und
sagten: »Natürlich gehörst du zu denen. Das merkt
man doch schon an deiner Aussprache!« 74 Petrus
aber schwor: »Gott soll mich strafen, wenn ich lüge!
Ich kenne den Mann nicht!« In diesem Augenblick
krähte ein Hahn, 75 und Petrus erinnerte sich daran,
dass Jesus zu ihm gesagt hatte: »Bevor der Hahn kräht,
wirst du mich dreimal verleugnen und behaupten, dass
du mich nicht kennst.« Da ging er hinaus und begann,
bitter zu weinen.

JESUS WIRD AN PILATUS AUSGELIEFERT

27 Früh am Morgen schließlich fassten die füh-
renden Priester und die Ältesten des Volkes
einmütig den Beschluss, Jesus hinrichten zu lassen.
2 Sie ließen ihn fesseln; dann nahmen sie ihn mit und
übergaben ihn dem römischen Statthalter Pilatus.

JUDAS BEREUT SEINEN VERRAT UND ERHÄNGT SICH

3 Als der Verräter Judas erfuhr, dass Jesus hingerichtet
werden sollte, packte ihn die Reue und er brachte die
dreißig Silberstücke zu den führenden Priestern und
den Ratsältesten zurück. 4 Er sagte zu ihnen: »Ich habe
eine schwere Schuld auf mich geladen; ein Unschuldiger
wird getötet und ich habe ihn verraten.« »Was geht das
uns an?«, antworteten sie. »Das ist deine Angelegen-
heit!« 5 Da warf Judas das Geld in den Tempel, lief fort
und erhängte sich. 6 Die führenden Priester nahmen das
Geld an sich und sagten: »An diesem Geld klebt Blut;
es ist nach dem Gesetz verboten, solches Geld in den
Tempelschatz zu tun.« 7 Sie berieten sich und beschlos-
sen, davon den Töpferacker zu kaufen und als Friedhof
für Ausländer zu benutzen. 8 Noch heute heißt darum
dieses Stück Land ›Blutacker‹. 9 So ging in Erfüllung, was

der Prophet Jeremia angekündigt hatte: »Sie nahmen
die dreißig Silberstücke, die Summe, die er den Leuten
von Israel wert war, 10 und kauften davon den Töpfer-
acker, so wie es der Herr mir gesagt hatte.«

JESUS VOR PILATUS

11 Jesus stand vor dem Statthalter. Der fragte ihn: »Bist
du der König der Juden?« »Du sagst es!«, gab Jesus
zur Antwort. 12 Aber als die führenden Priester und die
Ratsältesten ihn beschuldigten, schwieg er. 13 Darum
fragte Pilatus ihn: »Hörst du nicht, was sie alles ge-
gen dich vorbringen?« 14 Aber Jesus gab ihm auf keine
einzige Frage mehr eine Antwort. Darüber war der
Statthalter sehr erstaunt.

DAS TODESURTEIL

15 Es war üblich, dass der römische Statthalter zum
Passafest einen Gefangenen begnadigte, den das Volk
bestimmen durfte. 16 Damals gab es einen berüchtigten
Gefangenen, der Jesus Barabbas hieß. 17 Als nun die
Volksmenge versammelt war, fragte Pilatus: »Wen soll
ich euch freigeben: Jesus Barabbas oder Jesus, den an-
geblichen Retter?« 18 Denn er wusste genau, dass man
ihm Jesus nur aus Neid ausgeliefert hatte. 19 Während
Pilatus auf dem Richterstuhl saß, ließ seine Frau ihm
ausrichten: »Lass die Hände von diesem Gerechten!
Seinetwegen hatte ich letzte Nacht einen schreck-
lichen Traum.« 20 Inzwischen hatten die führenden
Priester und die Ratsältesten das Volk überredet, es
solle für Barabbas die Freilassung und für Jesus den
Tod verlangen. 21 Der Statthalter fragte noch einmal:
»Wen von den beiden soll ich euch herausgeben?«
»Barabbas!«, schrien sie. 22 »Und was soll ich mit Jesus
machen, eurem sogenannten Retter?«, fragte Pila-
tus weiter. »Kreuzigen!«, riefen alle. 23 »Was hat er
denn verbrochen?«, fragte Pilatus. Aber sie schrien
noch lauter: »Kreuzigen!« 24 Als Pilatus merkte, dass
seine Worte nichts ausrichteten und die Erregung der
Menge nur noch größer wurde, nahm er Wasser und
wusch sich vor allen Leuten die Hände. Dabei sagte
er: »Ich habe keine Schuld am Tod dieses Mannes. Das
habt ihr zu verantworten!« 25 Das ganze Volk schrie:
»Wenn er unschuldig ist, dann komme die Strafe für
seinen Tod auf uns und unsere Kinder!« 26 Da ließ Pila-
tus ihnen Barabbas frei und gab den Befehl, Jesus mit
der Geißel auszupeitschen und zu kreuzigen.

DIE SOLDATEN VERSPOTTEN JESUS

27 Die Soldaten des Statthalters brachten Jesus in den
Palast und versammelten die ganze Mannschaft um
ihn. 28 Sie zogen ihm seine Kleider aus und hängten
ihm einen roten Soldatenmantel um, 29 flochten eine
Krone aus Dornenzweigen und drückten sie ihm auf
den Kopf. Sie gaben ihm einen Stock in seine rechte
Hand, warfen sich vor ihm auf die Knie und machten
sich über ihn lustig. »Hoch lebe der König der Juden!«,
riefen sie. 30 Dann spuckten sie ihn an, nahmen ihm
den Stock wieder weg und schlugen ihn damit auf den
Kopf. 31 Nachdem sie so ihren Spott mit ihm getrieben
hatten, nahmen sie ihm den Soldatenmantel ab, zogen
ihm seine eigenen Kleider wieder an und führten ihn
hinaus, um ihn ans Kreuz zu nageln.

JESUS AM KREUZ

32 Unterwegs trafen sie einen Mann aus Kyrene namens
Simon. Den zwangen sie, für Jesus das Kreuz zu tra-
gen. 33 So kamen sie an die Stelle, die Golgota heißt,
das bedeutet »Schädelplatz«. 34 Dort gaben sie Jesus
Wein mit einem Zusatz, der bitter war wie Galle; aber
als er davon gekostet hatte, wollte er ihn nicht trinken.
35 Sie nagelten ihn ans Kreuz und losten dann unterein-
ander seine Kleider aus. 36 Danach setzten sie sich hin
und bewachten ihn. 37 Über seinem Kopf hatten sie ein
Schild angebracht, auf dem der Grund für seine Hinrich-
tung geschrieben stand: »Dies ist Jesus, der König der
Juden!« 38 Mit Jesus zusammen wurden zwei Verbre-
cher gekreuzigt, einer rechts und einer links von ihm.
39 Die Leute, die vorbeikamen, schüttelten den Kopf und
verhöhnten Jesus: 40 »Du wolltest den Tempel niederrei-
ßen und in drei Tagen wieder aufbauen! Wenn du Gottes
Sohn bist, dann befrei dich doch und komm herunter
vom Kreuz!« 41 Genauso machten sich die führenden
Priester und die Gesetzeslehrer und Ratsältesten über
Jesus lustig. 42 »Anderen hat er geholfen«, spotteten
sie, »aber sich selbst kann er nicht helfen! Wenn er der
König von Israel ist, soll er vom Kreuz herunterkommen,
dann werden wir ihm glauben. 43 Er hat doch auf Gott
vertraut; der soll ihm jetzt helfen, wenn ihm etwas an
ihm liegt. Er hat ja behauptet: ›Ich bin Gottes Sohn.‹«
44 Genauso beschimpften ihn auch die beiden Verbre-
cher, die zusammen mit ihm gekreuzigt worden waren.

JESUS STIRBT

45 Um zwölf Uhr mittags verfinsterte sich der Himmel
über dem ganzen Land. Das dauerte bis um drei Uhr.
46 Gegen drei Uhr schrie Jesus: »Eli, eli, lema sabach-
tani?« – das heißt: »Mein Gott, mein Gott, warum
hast du mich verlassen?« 47 Einige von denen, die
dabeistanden und es hörten, sagten: »Der ruft nach
Elija!« 48 Einer lief schnell nach einem Schwamm,
tauchte ihn in Essig, steckte ihn auf eine Stange und
wollte Jesus trinken lassen. 49 Aber die anderen rie-
fen: »Lass das! Wir wollen sehen, ob Elija kommt und
ihm hilft.« 50 Doch Jesus schrie noch einmal laut auf
und starb. 51 Da zerriss der Vorhang vor dem Allerhei-
ligsten im Tempel von oben bis unten. Die Erde bebte,
Felsen spalteten sich 52 und Gräber brachen auf. Viele
Tote aus dem Volk Gottes wurden auferweckt 53 und
verließen ihre Gräber. Später, als Jesus vom Tod auf-
erweckt worden war, kamen sie in die Heilige Stadt
und wurden dort von vielen Leuten gesehen. 54 Als
der römische Hauptmann und die Soldaten, die Jesus
bewachten, das Erdbeben und alles andere miterleb-
ten, erschraken sie sehr und sagten: »Er war wirklich
Gottes Sohn!« 55 Es waren auch viele Frauen da, die
alles aus der Ferne beobachteten. Sie waren Jesus seit
der Zeit seines Wirkens in Galiläa gefolgt und hatten
für ihn gesorgt; 56 darunter waren Maria aus Magdala,

Maria, die Mutter von Jakobus und Josef, sowie die
Mutter der beiden Söhne von Zebedäus.

JESUS WIRD INS GRAB GELEGT

57 Am Abend kam ein reicher Mann aus Arimathäa; er
hieß Josef und war gleichfalls ein Jünger von Jesus ge-
worden. 58 Er ging zu Pilatus und bat ihn, den Leichnam
von Jesus freizugeben. Da befahl Pilatus, ihn auszulie-
fern. 59 Josef nahm den Toten, wickelte ihn in ein neues
Leinentuch 60 und legte ihn in sein eigenes Grab, das in
einen Felsen gehauen und noch unbenutzt war. Dann
rollte er einen schweren Stein vor den Grabeingang
und ging fort. 61 Maria aus Magdala und die andere
Maria blieben dort und setzten sich dem Grab gegen-
über nieder.

DIE GRABWACHE

62 Am nächsten Tag – es war der Sabbat – kamen die
führenden Priester und die Pharisäer miteinander zu
Pilatus 63 und sagten: »Herr, uns ist eingefallen, dass
dieser Schwindler, als er noch lebte, behauptet hat:
›Nach drei Tagen werde ich vom Tod auferweckt wer-
den.‹ 64 Gib deshalb Anweisung, das Grab bis zum
dritten Tag zu bewachen! Sonst könnten seine Jünger
kommen, die Leiche stehlen und dann dem Volk erzäh-
len: ›Er ist vom Tod auferweckt worden.‹ Dieser letzte
Betrug wäre dann noch schlimmer als alles andere
vorher.« 65 »Da habt ihr eine Wache«, sagte Pilatus.
»Geht und sichert das Grab, so gut ihr könnt.« 66 Sie
gingen also zum Grab und versiegelten den Stein, der
den Eingang zur Grabkammer verschloss. Die Wache
half ihnen dabei und blieb am Grab zurück.

DIE FRAUEN AM LEEREN GRAB

28 Als der Sabbat vorüber und der Sonntag ange-
brochen war, kamen Maria aus Magdala und die
andere Maria, um nach dem Grab zu sehen. 2 Da bebte
plötzlich die Erde, denn der Engel des Herrn kam vom
Himmel herab, trat an das Grab, rollte den Stein weg und
setzte sich darauf. 3 Er leuchtete wie ein Blitz und sein
Gewand war schneeweiß. 4 Als die Wächter ihn sahen,
zitterten sie vor Angst und fielen wie tot zu Boden. 5 Der
Engel sagte zu den Frauen: »*Ihr* braucht keine Angst zu
haben! Ich weiß, ihr sucht Jesus, der ans Kreuz gena-
gelt wurde. 6 Er ist nicht hier, er ist auferweckt worden,
so wie er es angekündigt hat. Kommt her und seht die
Stelle, wo er gelegen hat! 7 Und jetzt geht schnell zu sei-
nen Jüngern und sagt ihnen: ›Gott hat ihn vom Tod auf-
erweckt! Er geht euch voraus nach Galiläa, dort werdet
ihr ihn sehen.‹ Ihr könnt euch auf mein Wort verlassen.«
8 Erschrocken und doch voller Freude liefen die Frauen
vom Grab weg. Sie gingen schnell zu den Jüngern, um
ihnen die Botschaft des Engels zu überbringen. 9 Da
stand plötzlich Jesus selbst vor ihnen und sagte: »Seid
gegrüßt!« Die Frauen warfen sich vor ihm nieder und
umfassten seine Füße. 10 »Habt keine Angst!«, sagte
Jesus zu ihnen. »Geht und sagt meinen Brüdern, sie sol-
len nach Galiläa gehen. Dort werden sie mich sehen.«

DER BERICHT DER WACHE

11 Während die Frauen noch auf dem Weg waren, liefen
einige von den Wächtern in die Stadt und meldeten den
führenden Priestern, was geschehen war. 12 Diese fass-
ten zusammen mit den Ratsältesten einen Beschluss:
Sie gaben den Soldaten viel Geld 13 und schärften ihnen
ein: »Erzählt allen: ›In der Nacht, während wir schlie-
fen, sind seine Jünger gekommen und haben den Toten
gestohlen.‹ 14 Wenn der Statthalter von der Geschichte
erfährt, werden wir mit ihm sprechen. Ihr habt nichts zu
befürchten!« 15 Die Wächter nahmen das Geld und ta-
ten, wie man sie gelehrt hatte. So kam diese Geschichte
auf und wird bei den Juden bis heute weitererzählt.

JESUS ZEIGT SICH SEINEN JÜNGERN

16 Die elf Jünger gingen nach Galiläa auf den Berg, zu
dem Jesus sie bestellt hatte. 17 Als sie ihn sahen, war-
fen sie sich vor ihm nieder, doch einige hatten auch
Zweifel. 18 Jesus trat auf sie zu und sagte: »Gott hat
mir unbeschränkte Vollmacht im Himmel und auf der
Erde gegeben. 19 Darum geht nun zu allen Völkern der
Welt und macht die Menschen zu meinen Jüngern und
Jüngerinnen! Tauft sie im Namen des Vaters und des
Sohnes und des Heiligen Geistes, 20 und lehrt sie, alles
zu befolgen, was ich euch aufgetragen habe. Und das
sollt ihr wissen: Ich bin immer bei euch, jeden Tag, bis
zum Ende der Welt.«

DIE GUTE NACHRICHT NACH **MARKUS**

WIE ES ANFING

1 In diesem Buch ist aufgeschrieben, wie die Gute
Nachricht von Jesus Christus, dem Sohn Gottes,
ihren Anfang nahm.

JOHANNES DER TÄUFER TRITT AUF UND KÜNDIGT CHRISTUS AN

2 Es begann, wie es im Buch des Propheten Jesaja an-
gekündigt wurde: »›Ich sende meinen Boten vor dir
her‹, sagt Gott, ›damit er den Weg für dich bahnt.‹ 3 In
der Wüste ruft einer: ›Macht den Weg bereit, auf dem
der Herr kommt! Ebnet ihm die Straßen!‹« 4 Dies traf
ein, als der Täufer Johannes in der Wüste auftrat und
den Menschen verkündete: »Kehrt um und lasst euch
taufen, denn Gott will euch eure Schuld vergeben!«
5 Aus dem ganzen Gebiet von Judäa und aus Jerusalem
strömten die Leute in Scharen zu ihm hinaus, bekann-
ten öffentlich ihre Sünden und ließen sich von ihm im
Jordan taufen. 6 Johannes trug ein Gewand aus Kamel-
haaren und um die Hüften einen Ledergurt; er lebte

von Heuschrecken und dem Honig wilder Bienen. 7 Er kündigte an: »Nach mir kommt der, der mächtiger ist als ich. Ich bin nicht einmal gut genug, mich zu bücken und ihm die Schuhe aufzubinden. 8 Ich habe euch mit Wasser getauft; er wird euch mit dem Heiligen Geist taufen.«

JESUS LÄSST SICH TAUFEN UND WIRD AUF DIE PROBE GESTELLT

9 Zu dieser Zeit geschah es: Jesus kam aus Nazaret in Galiläa zu Johannes und ließ sich von ihm im Jordan taufen. 10 Als er aus dem Wasser stieg, sah er, wie der Himmel aufriss und der Geist Gottes wie eine Taube auf ihn herabkam. 11 Und eine Stimme aus dem Himmel sagte zu ihm: »Du bist mein Sohn, dir gilt meine Liebe, dich habe ich erwählt.« 12 Gleich danach trieb der Geist Gottes Jesus in die Wüste. 13 Dort blieb er vierzig Tage und wurde vom Satan auf die Probe gestellt. Er lebte mit den wilden Tieren zusammen, und die Engel Gottes versorgten ihn.

JESUS BEGINNT SEIN WIRKEN

14 Nachdem man Johannes ins Gefängnis geworfen hatte, kam Jesus nach Galiläa zurück und verkündete im Auftrag Gottes: 15 »Es ist so weit: Jetzt wird Gott seine Herrschaft aufrichten und sein Werk vollenden. Ändert euer Leben und glaubt dieser guten Nachricht!«

JESUS BERUFT VIER FISCHER ZU JÜNGERN

16 Als Jesus am See von Galiläa entlangging, sah er Simon und seinen Bruder Andreas, wie sie auf dem See die Netze auswarfen, denn sie waren Fischer. 17 Jesus sagte zu ihnen: »Kommt, folgt mir! Ich mache euch zu Menschenfischern.« 18 Sofort ließen sie ihre Netze liegen und folgten ihm. 19 Als Jesus ein kleines Stück weiterging, sah er Jakobus, den Sohn von Zebedäus, und seinen Bruder Johannes. Sie richteten gerade im Boot die Netze her. 20 Jesus rief sie, und sie ließen ihren Vater Zebedäus mit den Gehilfen im Boot zurück und folgten ihm.

JESUS ZEIGT SEINE MACHT

21 Sie gingen weiter und kamen miteinander nach Kafarnaum, und gleich am Sabbat ging Jesus in die Synagoge. Dort sprach er zu den Versammelten. 22 Sie waren von seinen Worten tief beeindruckt; denn er lehrte wie einer, der Vollmacht von Gott hat – ganz anders als die Gesetzeslehrer. 23 In ihrer Synagoge war ein Mann, der von einem bösen Geist besessen war. Er schrie: 24 »Was haben wir mit dir zu schaffen, Jesus von Nazaret? Du bist doch nur gekommen, um uns zu vernichten! Ich weiß genau, wer du bist: Du bist der, der an Gottes Heiligkeit teilhat!« 25 Drohend sagte Jesus zu dem bösen Geist: »Schweig und fahr aus von diesem Menschen!« 26 Da zerrte der Geist den Mann hin und her und fuhr aus mit lautem Geschrei. 27 Die Leute erschraken alle und fragten einander: »Was hat das zu bedeuten? Er hat eine ganz neue Art zu lehren – wie einer, dem Gott Vollmacht gegeben hat! Er befiehlt sogar den bösen Geistern und sie gehorchen ihm.« 28 Wie ein Lauffeuer verbreitete sich die Kunde von Jesus ringsum in Galiläa.

JESUS HEILT DIE SCHWIEGERMUTTER VON PETRUS UND VIELE ANDERE MENSCHEN

29 Sie verließen die Synagoge und gingen in das Haus von Simon und Andreas. Auch Jakobus und Johannes kamen mit. 30 Die Schwiegermutter Simons lag mit Fieber im Bett, und gleich, als sie ins Haus kamen, sagten sie es Jesus. 31 Er ging zu ihr, nahm sie bei der Hand und richtete sie auf. Das Fieber verließ sie, und sie bereitete für alle das Essen. 32 Am Abend, nach Sonnenuntergang, brachten die Leute alle Kranken und alle Besessenen zu Jesus. 33 Die ganze Stadt hatte sich vor dem Haus versammelt. 34 Jesus heilte viele Menschen von allen möglichen Krankheiten und trieb viele böse Geister aus. Er ließ die bösen Geister nicht zu Wort kommen; denn sie wussten genau, wer er war.

JESUS ZIEHT DURCH GALILÄA

35 Am nächsten Morgen verließ Jesus lange vor Sonnenaufgang die Stadt und zog sich an eine abgelegene Stelle zurück. Dort betete er. 36 Simon und seine Gefährten zogen ihm nach 37 und fanden ihn. »Alle suchen dich«, sagten sie. 38 Jesus antwortete: »Wir wollen jetzt weitergehen, in die umliegenden Dörfer. Ich muss auch dort die Gute Nachricht verkünden, denn dazu bin ich gekommen.« 39 So zog Jesus durch ganz Galiläa, verkündete in den Synagogen die Gute Nachricht und trieb die bösen Geister aus.

JESUS HEILT EINEN AUSSÄTZIGEN

40 Einmal kam ein Aussätziger zu Jesus, warf sich vor ihm auf die Knie und bat ihn um Hilfe. »Wenn du willst«, sagte er, »kannst du mich gesund machen.« 41 Jesus hatte Mitleid mit ihm, streckte die Hand aus und berührte ihn. »Ich will«, sagte er. »Sei gesund!« 42 Im selben Augenblick verschwand der Aussatz und der Mann war geheilt. 43 Sofort schickte Jesus ihn weg und befahl ihm streng: 44 »Sag ja niemand ein Wort davon, sondern geh zum Priester, lass dir deine Heilung bestätigen und bring die Opfer, die Mose zur Wiederherstellung der Reinheit vorgeschrieben hat. Die Verantwortlichen sollen wissen, dass ich das Gesetz ernst nehme.« 45 Aber der Mann ging weg und fing überall an, von Jesus und seiner Botschaft zu erzählen und davon, wie er geheilt worden war. Jesus konnte sich bald in keiner Ortschaft mehr sehen lassen. Er hielt sich draußen in unbewohnten Gegenden auf; doch die Leute kamen von überall her zu ihm.

JESUS HEILT EINEN GELÄHMTEN

2 Einige Tage später kam Jesus nach Kafarnaum zurück, und bald wusste jeder, dass er wieder zu Hause war. 2 Die Menschen strömten so zahlreich zusammen, dass kein Platz mehr blieb, nicht einmal draußen vor der Tür. Jesus verkündete ihnen die Botschaft

Gottes. 3 Da brachten vier Männer einen Gelähmten
herbei, 4 aber sie kamen wegen der Menschenmenge
nicht bis zu Jesus durch. Darum stiegen sie auf das
flache Dach, gruben die Lehmdecke auf und beseitig-
ten das Holzgeflecht, genau über der Stelle, wo Jesus
war. Dann ließen sie den Gelähmten auf seiner Matte
durch das Loch hinunter. 5 Als Jesus sah, wie groß ihr
Vertrauen war, sagte er zu dem Gelähmten: »Mein
Kind, deine Schuld ist vergeben!« 6 Da saßen aber
einige Gesetzeslehrer, die dachten bei sich: 7 »Was
nimmt der sich heraus! Das ist eine Gotteslästerung!
Nur Gott kann den Menschen ihre Schuld vergeben,
sonst niemand!« 8 Jesus erkannte sofort, dass sie das
dachten, und fragte sie: »Was macht ihr euch da für
Gedanken? 9 Was ist leichter – diesem Gelähmten zu
sagen: ›Deine Schuld ist dir vergeben‹, oder: ›Steh auf,
nimm deine Matte und geh umher‹? 10 Aber ihr sollt
sehen, dass der Menschensohn die Vollmacht hat, hier
auf der Erde Schuld zu vergeben!« Und er sagte zu dem
Gelähmten: 11 »Ich befehle dir: Steh auf, nimm deine
Matte und geh nach Hause!« 12 Der Mann stand auf,
nahm seine Matte und ging vor aller Augen weg. Da
waren sie alle außer sich; sie priesen Gott und sagten:
»So etwas haben wir noch nie erlebt!«

JESUS BERUFT LEVI UND ISST MIT DEN ZOLLEINNEHMERN

13 Dann ging Jesus wieder hinaus an den See. Alle
kamen zu ihm und er sprach zu ihnen. 14 Als er wei-
terging, sah er einen Zolleinnehmer an der Zollstelle
sitzen: Levi, den Sohn von Alphäus. Jesus sagte zu ihm:
»Komm, folge mir!« Und Levi stand auf und folgte ihm.
15 Als Jesus dann in seinem Haus zu Tisch saß, waren
auch viele Zolleinnehmer dabei und andere, die einen
ebenso schlechten Ruf hatten. Sie alle aßen zusam-
men mit Jesus und seinen Jüngern. – Was die Zahl der
Jünger betrifft: Es waren inzwischen viele, die sich
Jesus angeschlossen hatten. 16 Die Gesetzeslehrer von
der Partei der Pharisäer sahen, wie Jesus mit diesen
Leuten zusammen aß. Sie fragten seine Jünger: »Wie
kann er sich mit den Zolleinnehmern und ähnlichem
Volk an einen Tisch setzen?« 17 Jesus hörte es und er
antwortete ihnen: »Nicht die Gesunden brauchen den
Arzt, sondern die Kranken. Ich bin nicht gekommen,
solche Menschen in Gottes neue Welt einzuladen, bei
denen alles in Ordnung ist, sondern solche, die Gott
den Rücken gekehrt haben.«

DIE HOCHZEIT HAT BEGONNEN

18 Es war an einem Tag, an dem die Jünger des Täu-
fers Johannes und die Pharisäer fasteten. Da kamen
Leute zu Jesus und fragten ihn: »Wie kommt es, dass
die Jünger des Täufers und die Jünger der Pharisäer
regelmäßig fasten, aber deine Jünger fasten nicht?«
19 Jesus antwortete: »Können die Hochzeitsgäste
fasten, während der Bräutigam unter ihnen ist?
Unmöglich können sie das, solange er bei ihnen ist!
20 Die Zeit kommt früh genug, dass der Bräutigam ih-
nen entrissen wird; dann werden sie fasten, immer an
jenem Tag. 21 Niemand flickt ein altes Kleid mit einem
neuen Stück Stoff; sonst reißt das neue Stück wieder
aus und macht das Loch nur noch größer. 22 Auch füllt
niemand neuen Wein, der noch gärt, in alte Schläuche;
sonst sprengt der Wein die Schläuche, der Wein ist hin
und die Schläuche auch. Nein, neuer Wein gehört in
neue Schläuche!«

JESUS UND DER SABBAT

23 An einem Sabbat ging Jesus durch die Felder. Seine
Jünger fingen unterwegs an, Ähren abzureißen und die
Körner zu essen. 24 Die Pharisäer sagten zu Jesus: »Da
sieh dir an, was sie tun! Das ist nach dem Gesetz am
Sabbat verboten!« 25 Jesus antwortete ihnen: »Habt
ihr nie gelesen, was David tat, als er und seine Männer
hungrig waren und etwas zu essen brauchten? 26 Er
ging in das Haus Gottes und aß von den geweihten
Broten, damals, als Abjatar Oberster Priester war. Nach
dem Gesetz dürfen doch nur die Priester dieses Brot
essen – und trotzdem aß David davon und gab es auch
seinen Begleitern!« 27 Jesus fügte hinzu: »Gott hat den
Sabbat für den Menschen geschaffen, nicht den Men-
schen für den Sabbat. 28 Also ist der Menschensohn
Herr auch über den Sabbat; er hat zu bestimmen, was
an diesem Tag getan werden darf.«

JESUS HEILT AM SABBAT

3 Wieder einmal ging Jesus in eine Synagoge. Dort
war ein Mann mit einer abgestorbenen Hand. 2 Die
Pharisäer hätten Jesus gerne angezeigt; darum be-
obachteten sie genau, ob er es wagen würde, ihn am
Sabbat zu heilen. 3 Jesus sagte zu dem Mann mit der
abgestorbenen Hand: »Steh auf und stell dich in die
Mitte!« 4 Darauf fragte er die anderen: »Was darf man
nach dem Gesetz am Sabbat tun? Gutes oder Böses?
Einem Menschen das Leben retten oder ihn umkom-
men lassen?« Er bekam keine Antwort. 5 Da sah er sie
zornig der Reihe nach an. Zugleich war er traurig, weil
sie so engstirnig und hartherzig waren. Dann sagte er
zu dem Mann: »Streck deine Hand aus!« Er streckte
sie aus und sie wurde wieder gesund. 6 Da gingen die
Pharisäer hinaus. Sie trafen sich sogleich mit den Par-
teigängern von Herodes und sie beschlossen mitein-
ander, dass Jesus sterben müsse.

ZUSTROM ZU JESUS AM SEE VON GALILÄA

7 Jesus zog sich mit seinen Jüngern an den See zu-
rück. Viele Menschen aus Galiläa folgten ihm. Auch
aus Judäa 8 und aus Jerusalem, aus Idumäa und dem
Gebiet auf der anderen Seite des Jordans und aus der
Gegend der Städte Tyrus und Sidon kamen viele zu
Jesus. Sie hatten von seinen Taten gehört und woll-
ten ihn sehen. 9 Jesus wies seine Jünger an, ein Boot
für ihn bereitzuhalten; denn die Menge war so groß,
dass sie ihn fast erdrückte. 10 Weil er schon so viele
geheilt hatte, stürzten sich alle Kranken auf ihn und
wollten ihn berühren. 11 Menschen, die von bösen
Geistern besessen waren, warfen sich vor ihm nieder,
sobald sie ihn sahen, und schrien: »Du bist der Sohn

Gottes!« 12 Aber Jesus verbot ihnen nachdrücklich,
ihn bekannt zu machen.

JESUS BERUFT DEN KREIS DER ZWÖLF

13 Dann stieg Jesus auf einen Berg und rief von seinen
Jüngern die zu sich, die er für eine besondere Aufgabe
vorgesehen hatte. Sie kamen zu ihm, 14 und er setzte
sie ein als die Zwölf. Sie sollten ständig bei ihm sein.
Sie sollten dann auch von ihm ausgesandt werden, um
die Gute Nachricht zu verkünden, 15 und sollten die
Vollmacht bekommen, die bösen Geister auszutreiben.
16 Die zwölf, die Jesus dafür bestimmte, waren: // Si-
mon, dem er den Namen Petrus gab; / 17 Jakobus
und sein Bruder Johannes, die er Donnersöhne
nannte; / 18 dazu Andreas, / Philippus, / Bartholo-
mäus, / Matthäus, / Thomas, / Jakobus, der Sohn
von Alphäus, / Thaddäus, / Simon, der zur Partei der
Zeloten gehört hatte, / 19 und Judas Iskariot, der Jesus
später verriet. //

STEHT JESUS MIT DEM TEUFEL IM BUND?

20 Dann ging Jesus nach Hause. Wieder strömte eine
so große Menge zusammen, dass er und seine Jünger
nicht einmal zum Essen kamen. 21 Als das seine Ange-
hörigen erfuhren, machten sie sich auf den Weg, um
ihn mit Gewalt wegzuholen, denn sie sagten sich: »Er
muss verrückt geworden sein.« 22 Einige Gesetzesleh-
rer, die aus Jerusalem gekommen waren, sagten: »Er
ist von Beelzebul besessen! Der oberste aller bösen
Geister gibt ihm die Macht, die Geister auszutreiben.«
23 Da rief Jesus die Gesetzeslehrer zu sich und erklärte
ihnen die Sache durch Bilder: »Wie kann der Satan sich
selbst austreiben? 24 Ein Staat muss doch untergehen,
wenn seine Machthaber einander befehden. 25 Eine
Familie muss zerfallen, wenn ihre Glieder miteinander
im Streit liegen. 26 Würde also der Satan gegen sich
selbst aufstehen und mit sich selbst im Streit liegen,
dann müsste er ja untergehen; er würde sich selbst
das Ende bereiten! 27 Hier gilt eine ganz andere Regel,
als ihr meint: Niemand kann in das Haus eines Starken
eindringen und ihm seinen Besitz rauben, wenn er den
Starken nicht zuvor gefesselt hat. Dann erst kann er
sein Haus ausrauben! 28 Das versichere ich euch: Alles
kann den Menschen vergeben werden, jede Sünde,
auch jede Gotteslästerung, wie schlimm sie auch sei.
29 Wer aber den Heiligen Geist beleidigt, für den gibt es
keine Vergebung; er ist auf ewig schuldig geworden.«
30 Das sagte Jesus, weil sie behauptet hatten: »Er ist
von einem bösen Geist besessen.«

DIE ANGEHÖRIGEN VON JESUS

31 Inzwischen waren die Mutter und die Brüder von
Jesus angekommen. Sie standen vor dem Haus und
schickten jemand, um ihn herauszurufen. 32 Rings
um Jesus saßen die Menschen dicht gedrängt. Sie
gaben die Nachricht an ihn weiter: »Deine Mutter
und deine Brüder stehen draußen und fragen nach
dir!« 33 Jesus antwortete: »Wer sind meine Mutter
und meine Brüder?« 34 Er sah auf die Leute, die um
ihn herumsaßen, und sagte: »Das hier sind meine Mut-
ter und meine Brüder! 35 Wer tut, was Gott will, der ist
mein Bruder, meine Schwester und meine Mutter!«

JESUS SPRICHT ZUM VOLK IN GLEICHNISSEN

4 Wieder einmal war Jesus am See und wollte zu
den Menschen sprechen. Es hatte sich aber eine
so große Menge versammelt, dass er sich in ein Boot
setzen und ein Stück vom Ufer abstoßen musste. Die
Menge blieb am Ufer, 2a und Jesus erklärte ihnen vieles
von seiner Botschaft mithilfe von Gleichnissen.

DAS GLEICHNIS VON DER AUSSAAT

2b Unter anderem sagte er: 3 »Hört zu! Ein Bauer ging
aufs Feld, um zu säen. 4 Als er die Körner ausstreu-
te, fiel ein Teil von ihnen auf den Weg. Da kamen die
Vögel und pickten sie auf. 5 Andere Körner fielen auf
felsigen Grund, der nur mit einer dünnen Erdschicht
bedeckt war. Sie gingen rasch auf, weil sie sich nicht
in der Erde verwurzeln konnten; 6 aber als die Sonne
hochstieg, vertrockneten die jungen Pflanzen, und
weil sie keine Wurzeln hatten, verdorrten sie. 7 Wieder
andere Körner fielen in Dornengestrüpp, das bald die
Pflanzen überwucherte und erstickte, sodass sie keine
Frucht brachten. 8 Andere Körner schließlich fielen auf
guten Boden; sie gingen auf, wuchsen und brachten
Frucht. Manche brachten dreißig Körner, andere sech-
zig, wieder andere hundert.« 9 Und Jesus sagte: »Wer
Ohren hat, soll gut zuhören!«

WARUM JESUS GLEICHNISSE GEBRAUCHT

10 Als Jesus mit dem Kreis der Zwölf und den anderen
Jüngern allein war, wollten sie wissen, warum er in
Gleichnissen sprach. 11 Jesus sagte: »Euch hat Gott sei-
nen geheimnisvollen Plan erkennen lassen, nach dem
er schon begonnen hat, seine Herrschaft in der Welt
aufzurichten; aber die Außenstehenden erfahren von
alledem nur in Gleichnissen. 12 Es heißt ja: ›Sie sollen
hinsehen, soviel sie wollen, und doch nichts erkennen;
sie sollen zuhören, soviel sie wollen, und doch nichts
verstehen, damit sie nicht zu Gott umkehren und er
ihnen ihre Schuld vergibt!‹«

JESUS ERKLÄRT DAS GLEICHNIS VON DER AUSSAAT

13 Jesus fragte die Zwölf und die anderen Jünger:
»Versteht ihr dieses Gleichnis denn nicht? Wie wollt
ihr dann all die anderen Gleichnisse verstehen? 14 Der
Bauer, der die Samenkörner ausstreut, sät die Bot-
schaft Gottes aus. 15 Manchmal fallen die Worte auf
den Weg. So ist es bei den Menschen, die die Botschaft
zwar hören, aber dann kommt sofort der Satan und
nimmt weg, was in ihr Herz gesät wurde. 16 Bei anderen
ist es wie bei dem Samen, der auf felsigen Grund fällt.
Sie hören die Botschaft und nehmen sie sogleich mit
Freuden an; 17 aber sie kann in ihnen keine Wurzeln
schlagen, weil diese Leute unbeständig sind. Wenn
sie wegen der Botschaft in Schwierigkeiten geraten
oder verfolgt werden, werden sie gleich an ihr irre.

18 Wieder bei anderen ist es wie bei dem Samen, der
in das Dornengestrüpp fällt. Sie hören zwar die Bot-
schaft, 19 aber sie verlieren sich in ihren Alltagssorgen,
lassen sich vom Reichtum verführen und leben nur für
ihre Wünsche. Dadurch wird die Botschaft erstickt und
bleibt wirkungslos. 20 Bei anderen schließlich ist es wie
bei dem Samen, der auf guten Boden fällt. Sie hören
die Botschaft, nehmen sie an und bringen Frucht, man-
che dreißigfach, andere sechzigfach, wieder andere
hundertfach.«

VOM VERSTEHEN DER GUTEN NACHRICHT

21 Jesus fuhr fort: »Ist die Lampe etwa dazu da, um sie
unter einen Topf oder unters Bett zu stellen? Nein, sie
wird auf den Lampenständer gestellt! 22 So soll alles,
was jetzt noch an Gottes Botschaft verborgen ist, ans
Licht kommen, und was jetzt noch an ihr unverständ-
lich ist, soll verstanden werden. 23 Wer Ohren hat, soll
gut zuhören!« 24 Er fügte hinzu: »Achtet auf das, was
ich euch sage! Nach dem Maß eures Zuhörens wird
Gott euch Verständnis geben, ja noch über das Maß
eures Zuhörens hinaus! 25 Denn wer viel hat, dem wird
noch mehr gegeben werden, aber wer wenig hat, dem
wird auch noch das wenige genommen werden, das
er hat.«

DAS GLEICHNIS VON DER SELBSTWACHSENDEN SAAT

26 Zu den versammelten Menschen sagte Jesus: »Mit
der neuen Welt Gottes ist es wie mit dem Bauern und
seiner Saat: Hat er gesät, 27 so geht er nach Hause, legt
sich nachts schlafen, steht morgens wieder auf – und
das viele Tage lang. Inzwischen geht die Saat auf und
wächst; der Bauer weiß nicht wie. 28 Ganz von selbst
lässt der Boden die Pflanzen wachsen und Frucht
bringen. Zuerst kommen die Halme, dann bilden sich
die Ähren und schließlich füllen sie sich mit Körnern.
29 Sobald das Korn reif ist, schickt der Bauer die Schnit-
ter, denn es ist Zeit zum Ernten.«

DAS GLEICHNIS VOM SENFKORN: DER ENTSCHEIDENDE ANFANG IST GEMACHT

30 »Wie geht es zu, wenn Gott seine Herrschaft auf-
richtet?«, fragte Jesus. »Womit können wir das ver-
gleichen? 31 Es ist wie beim Senfkorn: Wenn es in die
Erde gesät wird, ist es der kleinste Same, den es gibt.
32 Aber ist es einmal gesät, so geht es auf und wird
größer als alle anderen Gartenpflanzen. Es treibt so
große Zweige, dass die Vögel in seinem Schatten ihre
Nester bauen.« 33 Jesus erzählte den Leuten noch viele
ähnliche Gleichnisse, damit sie ihn besser verstehen
konnten, und verkündete ihnen so die Botschaft
Gottes. 34 Nie sprach er zu ihnen, ohne Gleichnisse
zu gebrauchen. Aber wenn er mit seinen Jüngern allein
war, erklärte er ihnen alles.

IM STURM AUF DIE PROBE GESTELLT

35 Am Abend jenes Tages sagte Jesus zu seinen Jüngern:
»Kommt, wir fahren zum anderen Ufer hinüber!« 36 Die
Jünger verabschiedeten die Leute; dann stiegen sie ins
Boot, in dem Jesus saß, und fuhren los. Auch andere
Boote fuhren mit. 37 Da kam ein schwerer Sturm auf, so-
dass die Wellen ins Boot schlugen. Das Boot füllte sich
schon mit Wasser, 38 Jesus aber lag hinten im Boot auf
dem Sitzkissen und schlief. Die Jünger weckten ihn und
riefen: »Lehrer, kümmert es dich nicht, dass wir unter-
gehen?« 39 Jesus stand auf, sprach ein Machtwort zu
dem Sturm und befahl dem tobenden See: »Schweig!
Sei still!« Da legte sich der Wind und es wurde ganz
still. 40 »Warum habt ihr solche Angst?«, fragte Jesus.
»Habt ihr denn immer noch kein Vertrauen?« 41 Da
befiel sie große Furcht und sie fragten sich: »Wer ist
das nur, dass ihm sogar Wind und Wellen gehorchen!«

DER BESESSENE VON GERASA

5 Auf der anderen Seite des Sees kamen sie in das
Gebiet von Gerasa. 2 Als Jesus aus dem Boot stieg,
lief ihm aus den Grabhöhlen ein Mann entgegen, der
von einem bösen Geist besessen war. 3 Er hauste dort
in den Grabhöhlen und niemand konnte ihn bändigen,
nicht einmal mit Ketten. 4 Schon oft hatte man ihn an
Händen und Füßen gefesselt, aber jedes Mal hatte
er die Ketten zerrissen. Kein Mensch wurde mit ihm
fertig. 5 Er war Tag und Nacht in den Grabhöhlen oder
auf den Bergen und schrie und schlug mit Steinen auf
sich ein. 6 Schon von Weitem sah er Jesus, rannte auf
ihn zu, warf sich vor ihm nieder 7 und schrie: »Jesus,
du Sohn des höchsten Gottes, was habe ich mit dir zu
schaffen? Ich beschwöre dich bei Gott, quäle mich
nicht!« 8 Denn Jesus hatte dem bösen Geist befoh-
len, aus dem Mann auszufahren. 9 Nun fragte Jesus
ihn: »Wie heißt du?« Er antwortete: »Legion. Wir sind
nämlich viele!« 10 Und er flehte Jesus an: »Vertreib uns
nicht aus dieser Gegend!« 11 In der Nähe weidete eine
große Schweineherde am Berghang. 12 Die bösen Geis-
ter baten: »Schick uns doch in die Schweine!« 13 Jesus
erlaubte es ihnen. Da kamen sie heraus aus dem Mann
und fuhren in die Schweine, und die Herde raste das
steile Ufer hinab in den See und ertrank. Es waren etwa
zweitausend Tiere. 14 Die Schweinehirten liefen davon
und erzählten in der Stadt und in den Dörfern, was ge-
schehen war. Die Leute wollten es mit eigenen Augen
sehen. 15 Sie kamen zu Jesus und sahen den Mann, der
von einer ganzen Legion böser Geister besessen ge-
wesen war: Er saß da, ordentlich angezogen und bei
klarem Verstand. Da befiel sie große Furcht. 16 Die Au-
genzeugen berichteten ihnen ausführlich, was an dem
Besessenen geschehen war, und sie erzählten auch die
Geschichte mit den Schweinen. 17 Darauf forderten die
Leute Jesus auf, ihr Gebiet zu verlassen. 18 Als Jesus
ins Boot stieg, bat ihn der Geheilte: »Ich möchte bei
dir bleiben!« 19 Aber Jesus erlaubte es ihm nicht, son-
dern sagte: »Geh zurück zu deinen Angehörigen und
erzähl ihnen, was Gott an dir getan und wie er mit dir
Erbarmen gehabt hat.« 20 Der Mann gehorchte und
ging. Er zog durch das Gebiet der Zehn Städte und
verkündete überall, was Jesus an ihm getan hatte. Und
alle staunten.

JESUS HEILT EINE KRANKE FRAU UND ERWECKT EIN MÄDCHEN VOM TOD

21 Jesus fuhr wieder ans andere Seeufer zurück. Bald
hatte sich eine große Menschenmenge um ihn ver-
sammelt. Noch während Jesus am See war, 22 kam ein
Synagogenvorsteher namens Jaïrus, sah ihn, warf sich
vor ihm nieder 23 und bat ihn dringlich: »Meine kleine
Tochter ist todkrank. Komm doch und leg ihr die Hände
auf, damit sie gerettet wird und am Leben bleibt!« 24 Da
ging Jesus mit ihm. Eine große Menschenmenge folgte
Jesus und umdrängte ihn. 25 Es war auch eine Frau da-
bei, die seit zwölf Jahren an Blutungen litt. 26 Sie war
schon bei den verschiedensten Ärzten gewesen und
hatte viele Behandlungen über sich ergehen lassen. Ihr
ganzes Vermögen hatte sie dabei ausgegeben, aber es
hatte nichts genützt; im Gegenteil, ihr Leiden war nur
schlimmer geworden. 27 Diese Frau hatte von Jesus
gehört; sie drängte sich in der Menge von hinten an
ihn heran und berührte sein Gewand. 28 Denn sie sagte
sich: »Wenn ich nur sein Gewand anfasse, werde ich
gesund.« 29 Im selben Augenblick hörte die Blutung
auf, und sie spürte, dass sie ihre Plage los war. 30 Jesus
bemerkte, dass heilende Kraft von ihm ausgegangen
war, und sofort drehte er sich in der Menge um und
fragte: »Wer hat mein Gewand berührt?« 31 Die Jünger
sagten: »Du siehst, wie die Leute sich um dich drängen,
und da fragst du noch: ›Wer hat mich berührt?‹« 32 Aber
Jesus blickte umher, um zu sehen, wer es gewesen war.
33 Die Frau zitterte vor Angst; sie wusste ja, was mit ihr
vorgegangen war. Darum trat sie vor, warf sich vor
Jesus nieder und erzählte ihm alles. 34 Jesus sagte zu ihr:
»Meine Tochter, dein Vertrauen hat dir geholfen. Geh
in Frieden und sei frei von deinem Leiden!« 35 Während
Jesus noch sprach, kamen Boten aus dem Haus des Syn-
agogenvorstehers und sagten zu Jaïrus: »Deine Toch-
ter ist gestorben. Du brauchst den Lehrer nicht weiter
zu bemühen.« 36 Jesus hörte mit an, was sie redeten,
und sagte zu dem Synagogenvorsteher: »Erschrick
nicht, hab nur Vertrauen!« 37 Er ließ niemand weiter
mitkommen außer Petrus, Jakobus und dessen Bruder
Johannes. 38 Als sie zum Haus des Synagogenvorstehers
kamen, sah Jesus schon die aufgeregten Menschen und
hörte das laute Klagegeschrei. 39 Er ging ins Haus und
sagte: »Was soll der Lärm? Warum weint ihr? Das Kind
ist nicht tot – es schläft nur.« 40 Da lachten sie ihn aus.
Er aber warf sie alle hinaus, nahm nur den Vater des
Kindes und die Mutter und die drei Jünger mit sich und
ging in den Raum, in dem das Kind lag. 41 Er nahm es bei
der Hand und sagte: »Talita kum!« Das heißt übersetzt:
»Steh auf, Mädchen!« 42 Das Mädchen stand sofort
auf und ging umher. Es war zwölf Jahre alt. Alle waren
vor Entsetzen außer sich. 43 Aber Jesus schärfte ihnen
nachdrücklich ein, es niemand weiterzuerzählen. Dann
sagte er: »Gebt dem Kind etwas zu essen!«

JESUS IN NAZARET

6 Von dort ging Jesus in seine Heimatstadt. Seine
Jünger begleiteten ihn. 2 Am Sabbat sprach er in
der Synagoge, und viele, die ihn hörten, waren sehr
verwundert. »Wo hat er das her?«, fragten sie einan-
der. »Was ist das für eine Weisheit, die ihm gegeben
ist? Und erst die Wunder, die durch ihn geschehen!
3 Ist er nicht der Zimmermann, der Sohn von Maria, der
Bruder von Jakobus, Joses, Judas und Simon? Und le-
ben nicht auch seine Schwestern hier bei uns?« Darum
wollten sie nichts von ihm wissen. 4 Aber Jesus sagte
zu ihnen: »Ein Prophet gilt nirgends so wenig wie in
seiner Heimat, bei seinen Verwandten und in seiner
Familie.« 5 Deshalb konnte er dort auch keine Wunder
tun; nur einigen Kranken legte er die Hände auf und
heilte sie. 6a Er wunderte sich, dass die Leute von Na-
zaret ihm das Vertrauen verweigerten.

DIE AUSSENDUNG DER ZWÖLF

6b Jesus ging in die umliegenden Dörfer und sprach
dort zu den Menschen. 7 Dann rief er die Zwölf zu sich;
er gab ihnen die Vollmacht, die bösen Geister auszu-
treiben, und sandte sie zu zweien aus. 8 Er befahl ihnen,
nichts mit auf den Weg zu nehmen außer einem Wan-
derstock; kein Brot, keine Vorratstasche und auch kein
Geld. 9 »Sandalen dürft ihr anziehen«, sagte er, »aber
nicht zwei Hemden übereinander!« 10 Weiter sagte er:
»Wenn jemand euch aufnimmt, dann bleibt in seinem
Haus, bis ihr von dem Ort weiterzieht. 11 Wenn ihr in
einen Ort kommt, wo die Leute euch nicht aufnehmen
und euch auch nicht anhören wollen, dann zieht so-
gleich weiter und schüttelt den Staub von den Füßen,
damit sie gewarnt sind.« 12 Die Zwölf machten sich auf
den Weg und forderten die Menschen auf, ihr Leben zu
ändern. 13 Sie trieben viele böse Geister aus und salbten
viele Kranke mit Öl und heilten sie.

WAS DAS VOLK UND HERODES VON JESUS DENKEN

14 Inzwischen hatte auch König Herodes von Jesus
gehört; denn überall redete man von ihm. Die einen
sagten: »Der Täufer Johannes ist vom Tod auferweckt
worden, darum wirken solche Kräfte in ihm.« 15 Andere
meinten: »Er ist der wiedergekommene Elija«; wie-
der andere: »Er ist ein Prophet wie die Propheten der
alten Zeit.« 16 Herodes aber war überzeugt, dass er
der Täufer Johannes sei. »Es ist der, dem ich den Kopf
abschlagen ließ«, sagte er, »und jetzt ist er vom Tod
auferweckt worden.«

VOM TOD DES TÄUFERS JOHANNES

17 Herodes hatte nämlich Johannes festnehmen und
gefesselt ins Gefängnis werfen lassen. Der Grund da-
für war: Herodes hatte seinem Bruder Philippus die
Frau, Herodias, weggenommen und sie geheiratet.
18 Johannes hatte ihm daraufhin vorgehalten: »Das
Gesetz Gottes erlaubt dir nicht, die Frau deines Bruders
zu heiraten.« 19 Herodias war wütend auf Johannes
und wollte ihn töten, konnte sich aber nicht durch-
setzen. 20 Denn Herodes wusste, dass Johannes ein
frommer und heiliger Mann war; darum wagte er
nicht, ihn anzutasten. Er hielt ihn zwar in Haft, ließ
sich aber gerne etwas von ihm sagen, auch wenn er

beim Zuhören jedes Mal in große Verlegenheit geriet.
21 Aber dann kam für Herodias die günstige Gelegen-
heit. Herodes hatte Geburtstag und veranstaltete ein
Festessen für seine hohen Regierungsbeamten, die
Offiziere und die angesehensten Bürger von Galiläa.
22 Dabei trat die Tochter von Herodias als Tänzerin auf.
Das gefiel Herodes und den Gästen so gut, dass der
König zu dem Mädchen sagte: »Wünsche dir, was du
willst; du wirst es bekommen.« 23 Er schwor sogar: »Ich
gebe dir alles, was du willst, und wenn es mein halbes
Königreich wäre!« 24 Das Mädchen ging hinaus zu sei-
ner Mutter und fragte: »Was soll ich mir wünschen?«
Die Mutter sagte: »Den Kopf des Täufers Johannes.«
25 Schnell ging das Mädchen wieder hinein zum König
und verlangte: »Ich will, dass du mir sofort auf einem
Teller den Kopf des Täufers Johannes überreichst!«
26 Der König wurde sehr traurig; aber weil er vor allen
Gästen einen Schwur geleistet hatte, wollte er die Bitte
nicht abschlagen. 27 Er schickte den Henker und befahl
ihm, den Kopf von Johannes zu bringen. Der Henker
ging ins Gefängnis und enthauptete Johannes. 28 Er
brachte den Kopf auf einem Teller herein, überreichte
ihn dem Mädchen, und das Mädchen gab ihn seiner
Mutter. 29 Als die Jünger des Täufers erfuhren, was
geschehen war, holten sie den Toten und legten ihn
in ein Grab.

JESUS MACHT FÜNFTAUSEND MENSCHEN SATT

30 Die Apostel kehrten zu Jesus zurück und berichteten
ihm, was sie alles in seinem Auftrag getan und den
Menschen verkündet hatten. 31 Jesus sagte zu ihnen:
»Kommt jetzt mit, ihr allein! Wir suchen einen ruhigen
Platz, damit ihr euch ausruhen könnt.« Denn es war
ein ständiges Kommen und Gehen, sodass sie nicht
einmal Zeit zum Essen hatten. 32 So stiegen sie in ein
Boot und fuhren an eine einsame Stelle. 33 Aber die
Leute sahen sie abfahren und erzählten es weiter. So
kam es, dass Menschen aus allen Orten zusammen-
liefen und noch früher dort waren als Jesus und die
Zwölf. 34 Als Jesus aus dem Boot stieg, sah er die vielen
Menschen. Da ergriff ihn das Mitleid, denn sie waren
wie Schafe, die keinen Hirten haben. Darum sprach
er lange zu ihnen. 35 Als es Abend wurde, kamen die
Jünger zu Jesus und sagten: »Es ist schon spät und die
Gegend hier ist einsam. Schick doch die Leute weg!
36 Sie sollen in die Höfe und Dörfer ringsum gehen
und sich etwas zu essen kaufen!« 37 Jesus erwiderte:
»Gebt doch *ihr* ihnen zu essen!« Die Jünger sagten:
»Da müssten wir ja losgehen und für *zweihundert*
Silberstücke Brot kaufen!« 38 Jesus fragte sie: »Wie
viele Brote habt ihr denn bei euch? Geht, seht nach!«
Sie sahen nach und sagten: »Fünf, und zwei Fische.«
39 Da ließ er die Jünger dafür sorgen, dass sich alle in
Tischgemeinschaften im grünen Gras niedersetzten.
40 So lagerten sich die Leute in Gruppen zu hundert
und zu fünfzig. 41 Dann nahm Jesus die fünf Brote und
die zwei Fische, sah zum Himmel auf und sprach das
Segensgebet darüber. Er brach die Brote in Stücke und
gab die Stücke den Jüngern, damit sie sie an die Leute
verteilten. Auch die zwei Fische ließ er an alle austei-
len. 42 Und sie aßen alle und wurden satt. 43 Sie füllten
sogar noch zwölf Körbe mit dem, was von den Broten
übrig blieb. Auch von den Fischen wurden noch Reste
eingesammelt. 44 Fünftausend Männer hatten an der
Mahlzeit teilgenommen.

JESUS GEHT ÜBER DAS WASSER

45 Gleich darauf drängte Jesus seine Jünger, ins Boot
zu steigen und nach Betsaida ans andere Seeufer
vorauszufahren. Er selbst wollte erst noch die Men-
schenmenge verabschieden. 46 Als er damit fertig war,
ging er auf einen Berg, um zu beten. 47 Bei Einbruch
der Dunkelheit war Jesus allein an Land und das Boot
mitten auf dem See. 48 Jesus sah, dass seine Jünger
beim Rudern nur mühsam vorwärtskamen, weil sie
gegen den Wind ankämpfen mussten. Deshalb kam
er im letzten Viertel der Nacht zu ihnen. Er ging über
das Wasser und wollte an ihnen vorübergehen. 49 Als
die Jünger ihn auf dem Wasser gehen sahen, meinten
sie, es sei ein Gespenst, und schrien auf. 50 Denn sie alle
sahen ihn und waren ganz verstört. Sofort sprach er sie
an: »Fasst Mut! *Ich* bin's, fürchtet euch nicht!« 51 Dann
stieg er zu ihnen ins Boot und der Wind legte sich. Da
gerieten sie vor Entsetzen ganz außer sich. 52 Denn
sie waren durch das Wunder mit den Broten nicht zur
Einsicht gekommen; sie waren im Innersten verstockt.

JESUS HEILT KRANKE IN GENNESARET

53 Sie überquerten den See und landeten bei Genne-
saret. 54 Als sie aus dem Boot stiegen, erkannten die
Leute Jesus sofort. 55 Sie liefen in der ganzen Gegend
umher und brachten die Kranken auf ihren Matten
jeweils an den Ort, von dem sie hörten, dass Jesus dort
sei. 56 Wohin er auch kam, in Städte, Dörfer oder Höfe,
überall legte man die Kranken hinaus auf die Plätze
und bat ihn, dass sie nur die Quaste seines Gewan-
des berühren dürften. Und alle, die es taten, wurden
gesund.

GOTTES GEBOT UND MENSCHLICHE ÜBERLIEFERUNG

7 Eines Tages versammelten sich die Pharisäer bei
Jesus und dazu noch eine Anzahl Gesetzeslehrer,
die von Jerusalem gekommen waren. 2 Sie sahen, dass
einige seiner Jünger mit unreinen Händen aßen, das
heißt, dass sie die Hände vor dem Essen nicht nach
der religiösen Vorschrift gewaschen hatten. 3 Denn
die Pharisäer und auch alle anderen Juden richten
sich nach den Vorschriften, die von den früheren Ge-
setzeslehrern aufgestellt und dann weiterüberliefert
worden sind: Sie essen nichts, wenn sie sich nicht vor-
her mit einer Handvoll Wasser die Hände gewaschen
haben. 4 Wenn sie vom Markt kommen, essen sie nicht,
bevor sie sich nicht ganz im Wasser untergetaucht
haben. So befolgen sie noch eine Reihe von anderen
überlieferten Vorschriften: über die Reinigung von
Bechern, Krügen, Kupferschüsseln und Sitzpolstern.
5 Daher fragten die Pharisäer und Gesetzeslehrer

Jesus: »Warum richten sich deine Jünger nicht nach
den Vorschriften, die von den früheren Gesetzeslehrern aufgestellt und uns überliefert worden sind?
Warum essen sie mit unreinen Händen?« 6 Jesus antwortete ihnen: »Euch Scheinheilige hat der Prophet
Jesaja treffend im Voraus beschrieben! In seinem Buch
heißt es ja: ›Dieses Volk ehrt mich nur mit Worten, sagt
Gott, aber mit dem Herzen ist es weit weg von mir.
7 Ihr ganzer Gottesdienst ist sinnlos, denn sie lehren
nur Gebote, die sich Menschen ausgedacht haben.‹
8 Das Gebot Gottes schiebt ihr zur Seite und haltet
euch stattdessen an Vorschriften, die von Menschen
stammen.« 9 Jesus fuhr fort: »Sehr geschickt bringt ihr
es fertig, das Gebot Gottes außer Kraft zu setzen, um
eure überlieferte Vorschrift zur Geltung zu bringen!
10 Mose hat bekanntlich gesagt: ›Ehre deinen Vater
und deine Mutter!‹, und: ›Wer zu seinem Vater oder
seiner Mutter etwas Schändliches sagt, wird mit dem
Tod bestraft.‹ 11 Ihr dagegen behauptet: Wenn jemand
zu seinem Vater oder seiner Mutter sagt: Korban – das
heißt: Was ihr von mir bekommen müsstet, ist für Gott
bestimmt –, 12 dann braucht er für seine Eltern nichts
mehr zu tun. Ja, ihr erlaubt es ihm dann nicht einmal
mehr. 13 So setzt ihr das Wort Gottes außer Kraft und
ersetzt es durch eure Überlieferungen. Dafür gibt es
noch viele andere Beispiele.«

WAS UNREIN MACHT

14 Dann rief Jesus die Menge wieder zu sich und sagte:
»Hört mir alle zu und begreift! 15 Nichts, was der
Mensch von außen in sich aufnimmt, kann ihn unrein
machen. Nur das, was aus ihm herauskommt, macht
ihn unrein!« 17 Als Jesus sich von der Menge in ein
Haus zurückgezogen hatte, fragten ihn seine Jünger,
wie er das gemeint habe. 18 Er antwortete: »Seid denn
auch ihr so unverständig? Begreift ihr das nicht? Alles,
was der Mensch von außen in sich aufnimmt, kann
ihn nicht unrein machen, 19 weil es nicht in sein Herz,
sondern nur in den Magen gelangt und dann vom
Körper wieder ausgeschieden wird.« Damit erklärte
Jesus alle Speisen für rein. 20 »Aber das«, fuhr er fort,
»was aus dem Menschen selbst herauskommt, das
macht ihn unrein! 21 Denn aus ihm selbst, aus seinem
Herzen, kommen die bösen Gedanken und mit ihnen
Unzucht, Diebstahl und Mord; 22 Ehebruch, Habsucht
und Niedertracht; Betrug, Ausschweifung und Neid;
Verleumdung, Überheblichkeit und Unvernunft. 23 All
das kommt aus dem Inneren des Menschen und macht
ihn unrein.«

DAS VERTRAUEN EINER NICHT JÜDISCHEN FRAU

24 Jesus ging von dort weg in das Gebiet von Tyrus. Er
zog sich in ein Haus zurück und wollte, dass niemand
von ihm erfuhr. Aber er konnte nicht verborgen bleiben. 25 Schon hatte eine Frau von ihm gehört, deren
Tochter von einem bösen Geist besessen war. Sie kam
und warf sich Jesus zu Füßen. 26 Sie war keine Jüdin,
sondern war in dieser Gegend zu Hause. Sie bat ihn,
den bösen Geist aus ihrer Tochter auszutreiben. 27 Aber
Jesus sagte zu ihr: »Zuerst müssen die Kinder satt werden. Es ist nicht recht, ihnen das Brot wegzunehmen
und es den Hunden vorzuwerfen.« 28 »Herr«, entgegnete sie, »aber auch die Hunde bekommen ja die
Brocken, die die Kinder unter den Tisch fallen lassen.«
29 Jesus sagte zu ihr: »Das war ein Wort! Geh nach
Hause; der böse Geist ist aus deiner Tochter ausgefahren.« 30 Die Frau ging nach Hause und fand ihr Kind
aufs Bett geworfen; der böse Geist war ausgefahren.

JESUS HEILT EINEN TAUBSTUMMEN

31 Jesus verließ wieder das Gebiet von Tyrus und zog
über Sidon zum See von Galiläa, mitten ins Gebiet der
Zehn Städte. 32 Dort brachten sie einen Taubstummen
zu ihm mit der Bitte, ihm die Hände aufzulegen. 33 Jesus
führte ihn ein Stück von der Menge fort und legte seine
Finger in die Ohren des Kranken; dann berührte er
dessen Zunge mit Speichel. 34 Er blickte zum Himmel
empor, stöhnte und sagte zu dem Mann: »Effata!«
Das heißt: »Öffne dich!« 35 Im selben Augenblick
konnte der Mann hören; auch seine Zunge löste sich
und er konnte richtig sprechen. 36 Jesus verbot den
Anwesenden, es irgendjemand weiterzusagen; aber je
mehr er es ihnen verbot, desto mehr machten sie es bekannt. 37 Die Leute waren ganz außer sich und sagten:
»Wie gut ist alles, was er gemacht hat: Den Gehörlosen
gibt er das Gehör und den Stummen die Sprache!«

JESUS MACHT VIERTAUSEND MENSCHEN SATT

8 Damals waren wieder einmal viele Menschen bei
Jesus versammelt, und sie hatten nichts zu essen.
Da rief Jesus die Jünger zu sich und sagte: 2 »Die Leute
tun mir leid. Seit drei Tagen sind sie hier bei mir und
haben nichts zu essen. 3 Wenn ich sie jetzt hungrig
nach Hause schicke, werden sie unterwegs zusammenbrechen; denn manche sind von weit her gekommen.«
4 Die Jünger gaben zu bedenken: »Wo soll jemand hier
in dieser unbewohnten Gegend das Brot hernehmen,
um all diese Menschen satt zu machen?« 5 »Wie
viele Brote habt ihr?«, fragte Jesus, und sie sagten:
»Sieben!« 6 Da forderte er die Leute auf, sich auf die
Erde zu setzen. Dann nahm er die sieben Brote, sprach
darüber das Dankgebet, brach sie in Stücke und gab
sie seinen Jüngern zum Austeilen. Die Jünger verteilten sie an die Menge. 7 Außerdem hatten sie ein paar
kleine Fische. Jesus segnete sie und ließ sie ebenfalls
austeilen. 8 Die Leute aßen und wurden satt und füllten
sogar noch sieben Körbe mit dem Brot, das übrig blieb.
9 Es waren etwa viertausend Menschen. Dann schickte
Jesus sie nach Hause, 10 stieg mit seinen Jüngern in ein
Boot und fuhr in die Gegend von Dalmanuta.

DIE PHARISÄER FORDERN EINEN BEWEIS

11 Jetzt kamen die Pharisäer zu Jesus und begannen,
mit ihm zu streiten. Sie wollten ihn auf die Probe stellen und verlangten von ihm ein Zeichen vom Himmel
als Beweis dafür, dass er wirklich von Gott beauftragt
sei. 12 Jesus stöhnte und sagte: »Wieso verlangt diese
Generation einen Beweis? Ich versichere euch: Diese

Generation bekommt nie und nimmer einen Beweis!«
13 Damit ließ er sie stehen, stieg wieder ins Boot und
fuhr ans andere Seeufer.

UNVERSTÄNDIGE JÜNGER

14 Die Jünger hatten vergessen, Brot zu besorgen;
nur ein einziges hatten sie bei sich im Boot. 15 Jesus
warnte sie: »Nehmt euch in Acht vor dem Sauerteig
der Pharisäer und vor dem Sauerteig von Herodes!«
16 Da sagten sie zueinander: »Wir haben kein Brot!«
17 Jesus hörte es und sagte zu ihnen: »Was macht ihr
euch Sorgen darüber, dass ihr kein Brot habt? Versteht
ihr denn noch immer nicht? Begreift ihr denn gar
nichts? Seid ihr genauso verstockt wie die anderen?
18 Ihr habt doch Augen, warum seht ihr nicht? Ihr habt
doch Ohren, warum hört ihr nicht? Erinnert ihr euch
nicht daran, 19 wie ich die fünf Brote unter fünftau-
send Menschen ausgeteilt habe? Wie viele Körbe mit
Resten habt ihr da eingesammelt?« »Zwölf«, sagten
sie. 20 »Und als ich die sieben Brote unter viertausend
Menschen ausgeteilt habe, wie viele Körbe mit Resten
waren es da?« »Sieben«, antworteten sie; 21 und Jesus
sagte: »Begreift ihr denn immer noch nichts?«

JESUS HEILT EINEN BLINDEN

22 Als sie nach Betsaida kamen, brachten die Leute
einen Blinden und baten Jesus, den Mann zu berühren.
23 Jesus nahm ihn bei der Hand und führte ihn aus dem
Ort hinaus. Er spuckte ihm in die Augen, legte ihm die
Hände auf und fragte: »Kannst du etwas erkennen?«
24 Der Blinde blickte auf und sagte: »Ja, ich sehe die
Menschen; sie sehen aus wie wandelnde Bäume.«
25 Noch einmal legte ihm Jesus die Hände auf die Au-
gen. Danach blickte der Mann wieder auf – und war
geheilt. Er konnte jetzt alles ganz deutlich erkennen.
26 Jesus befahl ihm: »Geh nicht erst nach Betsaida hin-
ein, sondern geh gleich nach Hause!«

PETRUS SPRICHT AUS, WER JESUS IST

27 Jesus zog mit seinen Jüngern weiter in die Dörfer
bei Cäsarea Philippi. Unterwegs fragte er sie: »Für
wen halten mich eigentlich die Leute?« 28 Die Jünger
gaben zur Antwort: »Einige halten dich für den
wiederauferstandenen Täufer Johannes, andere halten
dich für den wiedergekommenen Elija, und noch an-
dere meinen, du seist einer von den alten Propheten.«
29 »Und ihr«, wollte Jesus wissen, »für wen haltet ihr
mich?« Da sagte Petrus: »Du bist Christus, der ver-
sprochene Retter!« 30 Aber Jesus schärfte ihnen ein,
mit niemand darüber zu reden.

JESUS KÜNDIGT ZUM ERSTEN MAL SEINEN TOD AN

31 Danach begann Jesus den Jüngern klarzumachen,
was Gott mit ihm vorhatte: dass der Menschensohn
vieles erleiden und von den Ratsältesten, den füh-
renden Priestern und den Gesetzeslehrern verwor-
fen werden müsse, dass er getötet werden und nach
drei Tagen auferstehen müsse. 32 Jesus sagte ihnen
das ganz offen. Da nahm Petrus ihn beiseite, fuhr ihn
an und wollte ihm das ausreden. 33 Aber Jesus wandte
sich um, sah die anderen Jünger und wies Petrus scharf
zurecht. »Geh weg!«, sagte er. »Hinter mich, an deinen
Platz, du Satan! Deine Gedanken stammen nicht von
Gott, sie sind typisch menschlich.«

JESUS FOLGEN HEISST: IHM DAS KREUZ NACHTRAGEN

34 Dann rief Jesus die ganze Menschenmenge hinzu
und sagte: »Wer mir folgen will, muss sich und seine
Wünsche aufgeben, sein Kreuz auf sich nehmen und
auf meinem Weg hinter mir hergehen. 35 Denn wer
sein Leben retten will, wird es verlieren. Aber wer sein
Leben wegen mir und wegen der Guten Nachricht
verliert, wird es retten. 36 Was hat ein Mensch davon,
wenn er die ganze Welt gewinnt, aber zuletzt sein
Leben verliert? 37 Womit will er es dann zurückkaufen?
38 Die Menschen dieser schuldbeladenen Generation
wollen von Gott nichts wissen. Wenn jemand nicht den
Mut hat, sich vor ihnen zu mir und meiner Botschaft
zu bekennen, dann wird auch der Menschensohn kei-
nen Mut haben, sich zu ihm zu bekennen, wenn er in
der Herrlichkeit seines Vaters mit den heiligen Engeln
kommt!«
9 Und er fügte hinzu: »Ich versichere euch: Einige
von euch, die jetzt hier stehen, werden noch zu
ihren Lebzeiten sehen, wie Gottes Herrschaft macht-
voll aufgerichtet wird.«

DREI JÜNGER SEHEN JESUS IN HERRLICHKEIT (DIE »VERKLÄRUNG«)

2 Sechs Tage später nahm Jesus die drei Jünger Petrus,
Jakobus und Johannes mit sich und führte sie auf einen
hohen Berg. Niemand sonst war bei ihnen. Vor den
Augen der Jünger ging mit Jesus eine Verwandlung
vor sich: 3 Seine Kleider strahlten in einem Weiß, wie es
niemand durch Waschen oder Bleichen hervorbringen
kann. 4 Und dann sahen sie auf einmal Elija und dazu
Mose bei Jesus stehen und mit ihm reden. 5 Da sagte
Petrus zu Jesus: »Wie gut, dass wir hier sind, Rabbi!
Wir wollen drei Zelte aufschlagen, eins für dich, eins
für Mose und eins für Elija.« 6 Er wusste nämlich nicht,
was er sagen sollte, denn er und die beiden andern
waren vor Schreck ganz verstört. 7 Da kam eine Wolke
und warf ihren Schatten über sie, und eine Stimme aus
der Wolke sagte: »Dies ist mein Sohn, ihm gilt meine
Liebe; auf ihn sollt ihr hören!« 8 Dann aber, als sie um
sich blickten, sahen sie niemand mehr, nur Jesus allein
war noch bei ihnen. 9 Während sie den Berg hinun-
terstiegen, befahl ihnen Jesus, mit niemand über das
zu sprechen, was sie gesehen hatten, bevor nicht der
Menschensohn vom Tod auferstanden wäre. 10 Dieses
Wort griffen sie auf und diskutierten darüber, was denn
das heiße, vom Tod auferstehen.

VOM KOMMEN DES PROPHETEN ELIJA

11 Die drei Jünger fragten Jesus: »Warum behaupten
die Gesetzeslehrer, dass vor dem Ende erst noch Elija

wiederkommen muss?« 12 Jesus sagte: »Gewiss, Elija
kommt zuerst, um das ganze Volk Gottes wiederher-
zustellen. Aber warum heißt es dann in den Heiligen
Schriften, dass der Menschensohn vieles erleiden muss
und verachtet sein wird? 13 Doch ich sage euch: Elija
ist schon gekommen, und sie haben mit ihm gemacht,
was sie wollten. Das steht über ihn in den Heiligen
Schriften.«

JESUS HEILT EIN BESESSENES KIND UND MAHNT VERTRAUEN AN

14 Als sie zu den anderen Jüngern zurückkamen, fan-
den sie diese im Streit mit einigen Gesetzeslehrern
und umringt von einer großen Menschenmenge.
15 Sobald die Menschen Jesus sahen, gerieten sie
in Aufregung; sie liefen zu ihm hin und begrüßten
ihn. 16 Jesus fragte sie: »Was streitet ihr mit meinen
Jüngern?« 17 Ein Mann aus der Menge gab ihm zur
Antwort: »Lehrer, ich habe meinen Sohn zu dir ge-
bracht; er ist von einem bösen Geist besessen, darum
kann er nicht sprechen. 18 Immer wenn dieser Geist ihn
packt, wirft er ihn zu Boden. Schaum steht dann vor
seinem Mund, er knirscht mit den Zähnen und sein
ganzer Körper wird steif. Ich habe deine Jünger gebe-
ten, den bösen Geist auszutreiben, aber sie konnten es
nicht.« 19 Da sagte Jesus zu allen, wie sie dastanden:
»Was ist das für eine Generation, die Gott nichts zu-
traut! Wie lang soll ich noch bei euch aushalten und
euch ertragen? Bringt den Jungen her!« 20 Sie brach-
ten ihn zu Jesus. Sobald der böse Geist Jesus erblickte,
zerrte er das Kind hin und her; es fiel hin und wälzte
sich mit Schaum vor dem Mund auf der Erde. 21 »Wie
lange hat er das schon?«, fragte Jesus. »Von klein
auf«, sagte der Vater, 22 »und oft hat der böse Geist
ihn auch schon ins Feuer oder ins Wasser geworfen,
um ihn umzubringen. Hab doch Erbarmen mit uns und
hilf uns, wenn du kannst!« 23 »Was heißt hier: ›Wenn
du kannst‹?«, sagte Jesus. »Wer Gott vertraut, dem
ist alles möglich.« 24 Da rief der Vater: »Ich vertraue
ihm ja – und kann es doch nicht! Hilf mir vertrauen!«
25 Jesus sah, dass immer mehr Leute zusammenliefen;
da sagte er drohend zu dem bösen Geist: »Du stummer
und tauber Geist, ich befehle dir: Fahr aus aus diesem
Kind und komm nie wieder zurück!« 26 Der Geist schrie
anhaltend und zerrte den Jungen wie wild hin und her,
dann fuhr er aus ihm aus. Der Junge lag wie leblos am
Boden, sodass die Leute schon sagten: »Er ist tot.«
27 Aber Jesus nahm ihn bei der Hand und richtete ihn
auf, und er stand auf. 28 Als Jesus später im Haus war,
fragten ihn seine Jünger: »Warum konnten wir den
bösen Geist nicht austreiben?« 29 Er gab ihnen zur
Antwort: »Nur durch Gebet können solche Geister
ausgetrieben werden.«

JESUS KÜNDIGT ZUM ZWEITEN MAL SEINEN TOD AN

30 Sie gingen von dort weiter und zogen durch Galiläa.
Jesus wollte nicht, dass es bekannt wurde, 31 denn
ihm lag daran, seinen Jüngern zu erklären, was ihm
bevorstand. Er sagte zu ihnen: »Der Menschensohn
wird nach dem Willen Gottes an die Menschen ausge-
liefert werden, und sie werden ihn töten. Doch drei Ta-
ge nach seinem Tod wird er auferstehen.« 32 Die Jünger
wussten mit dem, was Jesus da sagte, nichts anzufan-
gen; aber sie scheuten sich, ihn zu fragen.

WER IST DER GRÖSSTE?

33 Sie kamen nach Kafarnaum. Im Haus angelangt,
fragte Jesus seine Jünger: »Worüber habt ihr euch un-
terwegs gestritten?« 34 Sie schwiegen, denn sie hatten
sich gestritten, wer von ihnen wohl der Größte wäre.
35 Da setzte Jesus sich hin, rief die Zwölf zu sich und
sagte zu ihnen: »Wer der Erste sein will, der muss der
Letzte von allen werden und allen anderen dienen!«
36 Und er winkte ein Kind heran, stellte es in ihre Mitte,
nahm es in seine Arme und sagte zu ihnen: 37 »Wer in
meinem Namen solch ein Kind aufnimmt, nimmt mich
auf. Und wer mich aufnimmt, nimmt nicht nur mich
auf, sondern gleichzeitig den, der mich gesandt hat.«

WER NICHT GEGEN UNS IST, IST FÜR UNS

38 Johannes sagte zu Jesus: »Lehrer, wir haben da
einen Mann gesehen, der hat deinen Namen dazu
benutzt, böse Geister auszutreiben. Wir haben ver-
sucht, ihn daran zu hindern, weil er nicht zu uns ge-
hört.« 39 »Lass ihn doch!«, sagte Jesus. »Wer meinen
Namen gebraucht, um Wunder zu tun, kann nicht im
nächsten Augenblick schlecht von mir reden. 40 Wer
nicht gegen uns ist, ist für uns! 41 Wer euch nur einen
Schluck Wasser zu trinken gibt, weil ihr zu Christus
gehört – ich versichere euch, ein solcher Mensch wird
ganz gewiss seinen Lohn erhalten!«

WARNUNG VOR JEDER ART VON VERFÜHRUNG

42 »Wer einen dieser kleinen, unbedeutenden Men-
schen, die mir vertrauen, an mir irrewerden lässt, der
käme noch gut weg, wenn er mit einem Mühlstein um
den Hals ins Meer geworfen würde. 43 Wenn deine
Hand dich zur Sünde verführt, dann hau sie ab! Es ist
besser für dich, mit nur einer Hand ewig bei Gott zu le-
ben, als mit beiden Händen in die Hölle zu kommen, in
das Feuer, das nie ausgeht. 45 Und wenn dein Fuß dich
zur Sünde verführt, dann hau ihn ab! Es ist besser für
dich, mit nur einem Fuß ewig bei Gott zu leben, als mit
beiden Füßen in die Hölle geworfen zu werden. 47 Und
wenn dein Auge dich zur Sünde verführt, dann reiß es
aus! Es ist besser für dich, mit nur einem Auge in die
neue Welt Gottes zu kommen, als mit beiden Augen
in die Hölle geworfen zu werden, 48 wo die Qual nicht
aufhört und das Feuer nicht ausgeht.«

EIN ERNSTES WORT AN DIE JÜNGER

49 »Zu jeder Opfergabe gehört das Salz und zu jedem
von euch das Feuer des Leidens, das euch reinigt und
bewahrt. 50 Salz ist etwas Gutes; wenn es aber seine
Kraft verliert, wodurch wollt ihr sie ihm wiedergeben?
Zeigt, dass ihr die Kraft des Salzes in euch habt: Haltet
Frieden untereinander!«

JESUS BRICHT AUF NACH JUDÄA

10 Dann brach Jesus von dort auf und zog nach Judäa und in das Gebiet auf der anderen Seite des Jordans. Auch dort versammelten sich viele Menschen bei ihm, und wie immer sprach er zu ihnen.

ÜBER DIE EHESCHEIDUNG

2 Da kamen einige Pharisäer und versuchten, ihm eine Falle zu stellen. Sie fragten ihn: »Ist es einem Mann erlaubt, seine Frau wegzuschicken?« 3 Jesus antwortete mit der Gegenfrage: »Was hat Mose euch denn für eine Vorschrift gegeben?« 4 Sie erwiderten: »Mose hat erlaubt, dass ein Mann seiner Frau eine Scheidungsurkunde ausstellen und sie dann wegschicken kann.« 5 Da sagte Jesus: »Mose hat euch diese Vorschrift nur gegeben, weil ihr euer Herz gegen Gott verhärtet habt – und damit eure Hartherzigkeit ans Licht kommt. 6 Gott hat am Anfang den Menschen als Mann und Frau geschaffen. 7 Deshalb verlässt ein Mann Vater und Mutter, um mit seiner Frau zu leben. 8 Die zwei sind dann eins, mit Leib und Seele. Sie sind also nicht mehr zwei, sondern eins. 9 Und was Gott zusammengefügt hat, das sollen Menschen nicht scheiden.« 10 Als sie dann im Haus waren, baten die Jünger Jesus wieder um eine Erklärung, 11 und er sagte zu ihnen: »Wer sich von seiner Frau trennt und eine andere heiratet, begeht Ehebruch gegenüber seiner ersten Frau. 12 Und auch umgekehrt: Eine Frau, die sich von ihrem Mann trennt und einen andern heiratet, begeht Ehebruch.«

JESUS UND DIE KINDER

13 Einige Leute wollten ihre Kinder zu Jesus bringen, damit er sie berühre; aber seine Jünger fuhren sie an und wollten sie wegschicken. 14 Als Jesus es bemerkte, wurde er zornig und sagte zu den Jüngern: »Lasst die Kinder zu mir kommen und hindert sie nicht daran; denn für Menschen wie sie steht Gottes neue Welt offen. 15 Ich versichere euch: Wer sich Gottes neue Welt nicht schenken lässt wie ein Kind, wird niemals hineinkommen.« 16 Dann nahm er die Kinder in die Arme, legte ihnen die Hände auf und segnete sie.

DIE GEFAHR DES REICHTUMS

17 Als Jesus weitergehen wollte, kam ein Mann zu ihm gelaufen, warf sich vor ihm auf die Knie und fragte: »Guter Lehrer, was muss ich tun, um das ewige Leben zu bekommen?« 18 Jesus antwortete: »Warum nennst du mich gut? Nur einer ist gut: Gott! 19 Und seine Gebote kennst du doch: Du sollst nicht morden, nicht die Ehe brechen, nicht stehlen, nichts Unwahres über deinen Mitmenschen sagen, niemand berauben; ehre deinen Vater und deine Mutter!« 20 »Lehrer«, erwiderte der Mann, »diese Gebote habe ich von Jugend an alle befolgt.« 21 Jesus sah ihn an; er gewann ihn lieb und sagte zu ihm: »Eines fehlt dir: Geh, verkauf alles, was du hast, und gib das Geld den Armen, so wirst du bei Gott einen unverlierbaren Besitz haben. Und dann komm und folge mir!« 22 Der Mann war enttäuscht über das, was Jesus ihm sagte, und ging traurig weg; denn er hatte großen Grundbesitz. 23 Jesus sah seine Jünger der Reihe nach an und sagte: »Wie schwer haben es doch die Besitzenden, in die neue Welt Gottes zu kommen!« 24 Die Jünger erschraken über seine Worte, aber Jesus sagte noch einmal: »Ja, Kinder, es ist sehr schwer, dort hineinzukommen! 25 Eher kommt ein Kamel durch ein Nadelöhr als ein Reicher in Gottes neue Welt.« 26 Da gerieten die Jünger völlig außer sich. »Wer kann dann überhaupt gerettet werden?«, fragten sie einander. 27 Jesus sah sie an und sagte: »Wenn es auf die Menschen ankommt, ist es unmöglich, aber nicht, wenn es auf Gott ankommt. Für Gott ist alles möglich.«

DER LOHN FÜR DIE, DIE ALLES AUFGEGEBEN HABEN

28 Da sagte Petrus zu Jesus: »Du weißt, wir haben alles stehen und liegen lassen und sind dir gefolgt.« 29 Jesus antwortete: »Ich versichere euch: Niemand bleibt unbelohnt, der um meinetwillen und um die Gute Nachricht weiterzusagen etwas aufgibt. Wer dafür irgendetwas zurücklässt – Haus oder Brüder oder Schwestern oder Mutter oder Vater oder Kinder oder Felder –, 30 wird das Zurückgelassene hundertfach neu bekommen: zunächst noch in dieser Welt Häuser und Brüder und Schwestern und Mütter und Kinder und Felder, wenn auch mitten in Verfolgungen, und in der kommenden Welt das ewige Leben. 31 Aber viele, die jetzt vorn sind, werden dann am Schluss stehen, und viele, die jetzt die Letzten sind, werden schließlich die Ersten sein.«

JESUS KÜNDIGT ZUM DRITTEN MAL SEINEN TOD AN

32 Sie waren unterwegs nach Jerusalem; Jesus ging ihnen voran. Alle, die dabei waren, wunderten sich; die Jünger aber hatten Angst. Wieder nahm Jesus die Zwölf beiseite und machte ihnen klar, was bald mit ihm geschehen werde. 33 »Hört zu!«, sagte er. »Wir gehen jetzt nach Jerusalem. Dort wird der Menschensohn nach dem Willen Gottes den führenden Priestern und den Gesetzeslehrern ausgeliefert werden. Sie werden ihn zum Tod verurteilen und den Fremden übergeben, die Gott nicht kennen. 34 Die werden ihren Spott mit ihm treiben, ihn anspucken, auspeitschen und töten; doch nach drei Tagen wird er vom Tod auferstehen.«

NICHT HERRSCHEN, SONDERN DIENEN

35 Da gingen Jakobus und Johannes, die Söhne von Zebedäus, zu Jesus hin und sagten zu ihm: »Lehrer, wir möchten, dass du uns eine Bitte erfüllst!« 36 »Was möchtet ihr denn?«, fragte sie Jesus. »Was soll ich für euch tun?« 37 Sie sagten: »Wir möchten, dass du uns rechts und links neben dir sitzen lässt, wenn du deine Herrschaft angetreten hast!« 38 Jesus sagte zu ihnen: »Ihr wisst nicht, was ihr da verlangt! Könnt ihr den Kelch trinken, den ich trinke? Könnt ihr die Taufe auf euch nehmen, mit der ich getauft werde?« 39 »Das können wir!«, sagten sie. Jesus erwiderte: »Ihr werdet

tatsächlich den gleichen Kelch trinken wie ich und mit
der Taufe getauft werden, die mir bevorsteht. 40 Aber
ich kann nicht darüber verfügen, wer rechts und links
neben mir sitzen wird. Auf diesen Plätzen werden die
sitzen, die Gott dafür bestimmt hat.« 41 Die anderen
zehn hatten das Gespräch mit angehört und ärgerten
sich über Jakobus und Johannes. 42 Da rief Jesus alle
zwölf zu sich her und sagte: »Ihr wisst: Die Herrscher
der Völker, ihre Großen, unterdrücken ihre Leute und
lassen sie ihre Macht spüren. 43 Bei euch muss es an-
ders sein! Wer von euch groß sein will, soll euer Diener
sein, 44 und wer der Erste sein will, soll allen anderen
Sklavendienste leisten. 45 Auch der Menschensohn ist
nicht gekommen, um sich bedienen zu lassen, sondern
um zu dienen und sein Leben als Lösegeld für alle Men-
schen hinzugeben.«

JESUS HEILT EINEN BLINDEN

46 Sie kamen nach Jericho. Als Jesus die Stadt wieder
verließ, gefolgt von seinen Jüngern und einer großen
Menschenmenge, saß da am Straßenrand ein Blinder
und bettelte. Es war Bartimäus, der Sohn von Timäus.
47 Als er hörte, dass es Jesus von Nazaret war, der da
vorbeikam, fing er an, laut zu rufen: »Jesus, Sohn
Davids! Hab Erbarmen mit mir!« 48 Viele fuhren ihn an,
er solle still sein; aber er schrie nur noch lauter: »Sohn
Davids, hab Erbarmen mit mir!« 49 Da blieb Jesus ste-
hen und sagte: »Ruft ihn her!« Einige liefen zu dem
Blinden hin und sagten zu ihm: »Fasse Mut, steh auf!
Jesus ruft dich!« 50 Da warf der Blinde seinen Mantel
ab, sprang auf und kam zu Jesus. 51 »Was willst du?«,
fragte Jesus. »Was soll ich für dich tun?« Der Blinde
sagte: »Rabbuni, ich möchte wieder sehen können!«
52 Jesus antwortete: »Geh nur, dein Vertrauen hat dir
geholfen!« Im gleichen Augenblick konnte er sehen
und folgte Jesus auf seinem Weg.

JESUS ZIEHT IN JERUSALEM EIN

11 Kurz vor Jerusalem kamen sie zu den Ortschaften
Betfage und Betanien am Ölberg. Dort schickte
Jesus zwei seiner Jünger fort 2 mit dem Auftrag: »Geht
in das Dorf da drüben! Gleich am Ortseingang werdet
ihr einen jungen Esel angebunden finden, auf dem
noch nie ein Mensch geritten ist. Bindet ihn los und
bringt ihn her! 3 Und wenn jemand fragt: ›Warum
macht ihr das?‹, dann antwortet: ›Der Herr braucht
ihn und wird ihn gleich wieder zurückschicken.‹« 4 Die
beiden gingen hin und fanden tatsächlich den jungen
Esel draußen auf der Straße an einem Hoftor angebun-
den. Als sie ihn losmachten, 5 sagten ein paar Leute,
die dort standen: »Was tut ihr da? Warum bindet ihr
den Esel los?« 6 Da sagten sie, was Jesus ihnen aufge-
tragen hatte, und die Leute ließen sie machen. 7 Die
beiden Jünger brachten den Esel zu Jesus und legten
ihre Kleider über das Tier, und Jesus setzte sich darauf.
8 Viele Menschen breiteten ihre Kleider als Teppich auf
die Straße. Andere rissen Zweige von den Büschen auf
den Feldern und legten sie auf den Weg. 9 Die Men-
schen, die Jesus vorausliefen und die ihm folgten,
riefen immer wieder: »Gepriesen sei Gott! Heil dem,
der in seinem Auftrag kommt! 10 Heil der Herrschaft
unseres Vaters David, die jetzt anbricht! Gepriesen
sei Gott in der Höhe!« 11 So zog Jesus nach Jerusalem
hinein und ging in den Tempel. Dort sah er sich alles
an. Doch weil es schon spät geworden war, verließ er
die Stadt wieder und ging nach Betanien, zusammen
mit dem Kreis der Zwölf.

ISRAEL – EIN FEIGENBAUM OHNE FRÜCHTE

12 Als sie Betanien am nächsten Morgen wieder verlie-
ßen, bekam Jesus Hunger. 13 Da sah er in einiger Ent-
fernung einen Feigenbaum, der schon Blätter trug. Er
ging hin, um zu sehen, ob nicht Früchte an ihm wären.
Aber er fand nichts als Blätter, denn es war nicht die
Jahreszeit für Feigen. 14 Da sagte Jesus zu dem Feigen-
baum: »Von dir soll nie mehr jemand Feigen essen!«
Seine Jünger konnten es hören.

JESUS IM TEMPEL

15 In Jerusalem ging Jesus wieder in den Tempel. Dort
begann er, die Händler und Käufer hinauszujagen.
Er stieß die Tische der Geldwechsler und die Stände
der Taubenverkäufer um 16 und ließ nicht zu, dass je-
mand irgendetwas durch den Vorhof des Tempels trug.
17 Dazu sagte er ihnen: »Steht nicht in den Heiligen
Schriften, dass Gott erklärt hat: ›Mein Tempel soll eine
Stätte sein, an der alle Völker zu mir beten können‹?
Ihr aber habt eine Räuberhöhle daraus gemacht!«
18 Als das die führenden Priester und die Gesetzes-
lehrer hörten, suchten sie nach einer Möglichkeit,
Jesus umzubringen. Sie fürchteten seinen Einfluss,
denn die Volksmenge war tief beeindruckt von dem,
was er sagte. 19 Am Abend verließ Jesus mit seinen
Jüngern die Stadt.

VORZEICHEN DES GERICHTS ÜBER ISRAEL. GRUNDLAGEN DER JÜNGEREXISTENZ

20 Früh am nächsten Morgen kamen sie wieder an dem
Feigenbaum vorbei. Er war bis in die Wurzel abgestor-
ben. 21 Da erinnerte sich Petrus und sagte zu Jesus:
»Rabbi, sieh, der Feigenbaum, den du verflucht hast,
ist verdorrt!« 22 Jesus antwortete: »Habt Vertrauen zu
Gott! 23 Ich versichere euch: Wenn jemand zu diesem
Berg sagt: ›Auf, stürze dich ins Meer!‹, und hat kei-
nerlei Zweifel, sondern vertraut fest darauf, dass es
geschieht, dann geschieht es auch. 24 Deshalb sage ich
euch: Wenn ihr Gott um irgendetwas bittet, müsst ihr
nur darauf vertrauen, dass er eure Bitte schon erfüllt
hat, dann *wird* sie auch erfüllt. 25 Aber wenn ihr betet,
sollt ihr euren Mitmenschen vergeben, falls ihr etwas
gegen sie habt, damit euer Vater im Himmel auch euch
die Verfehlungen vergibt.«

WOHER HAT JESUS DIE VOLLMACHT?

27 Dann gingen sie wieder nach Jerusalem hinein. Als
Jesus dort im Tempel umherging, kamen die führenden
Priester, die Gesetzeslehrer und die Ratsältesten zu
ihm 28 und sagten: »Woher nimmst du das Recht, hier

so aufzutreten? Wer hat dir die Vollmacht dazu gege-
ben?« 29 Jesus erwiderte: »Ich habe nur *eine* Frage an
euch. Die beantwortet mir, dann werde ich euch sagen,
mit welchem Recht ich so handle. 30 Sagt mir: Woher
hatte der Täufer Johannes den Auftrag, zu taufen? Von
Gott oder von Menschen?« 31 Sie überlegten: »Wenn
wir sagen ›Von Gott‹, wird er fragen: ›Warum habt ihr
dann Johannes nicht geglaubt?‹ 32 Aber können wir
etwa sagen ›Von Menschen‹?« Dafür hatten sie zu
viel Angst vor der Menge; denn alle waren überzeugt,
dass Johannes wirklich ein Prophet war. 33 So sagten
sie zu Jesus: »Wir wissen es nicht.« »Gut«, erwiderte
Jesus, »dann sage ich euch auch nicht, wer mich be-
vollmächtigt hat.«

DAS GLEICHNIS VON DEN BÖSEN WEINBERGSPÄCHTERN

12 Dann wandte sich Jesus mit einem Gleichnis an
sie. Er sagte: »Ein Mann legte einen Weinberg
an, machte einen Zaun darum, baute eine Weinpresse
und errichtete einen Wachtturm. Dann verpachtete
er den Weinberg und verreiste. 2 Zur gegebenen Zeit
schickte er einen Boten zu den Pächtern, um seinen
Anteil am Ertrag des Weinbergs abholen zu lassen.
3 Die Pächter aber verprügelten den Boten und lie-
ßen ihn unverrichteter Dinge abziehen. 4 Der Besitzer
schickte einen zweiten, dem schlugen sie den Kopf
blutig und behandelten ihn auf die schimpflichste
Weise. 5 Da schickte er einen weiteren Boten. Den
brachten sie sogar um. Und so machten sie es noch
mit vielen anderen, die er schickte: Die einen wurden
misshandelt, die anderen umgebracht. 6 Schließlich
blieb ihm nur noch sein eigener Sohn, dem seine ganze
Liebe galt. Den schickte er zu den Pächtern, weil er sich
sagte: ›Vor meinem Sohn werden sie Respekt haben.‹
7 Aber die Pächter sagten zueinander: ›Das ist der Erbe!
Wir bringen ihn um, dann gehört seine Erbschaft, der
Weinberg, uns!‹ 8 So töteten sie ihn und warfen die
Leiche aus dem Weinberg hinaus. 9 Was wird nun der
Besitzer des Weinbergs tun? Er wird selbst kommen,
die Pächter töten und den Weinberg anderen anver-
trauen. 10 Ihr kennt ja wohl die Stelle in den Heiligen
Schriften, wo es heißt: ›Der Stein, den die Bauleute als
wertlos weggeworfen haben, ist zum Eckstein gewor-
den. 11 Der Herr hat dieses Wunder vollbracht, und wir
haben es gesehen.‹« 12 Die führenden Priester, die Ge-
setzeslehrer und die Ratsältesten hätten Jesus gerne
festgenommen; denn sie merkten, dass das Gleichnis
auf sie gemünzt war. Aber sie hatten Angst vor der
Menge. So ließen sie ihn unbehelligt und gingen weg.

DIE FRAGE NACH DER STEUER FÜR DEN KAISER

13 Einige Pharisäer und dazu einige Parteigänger von
Herodes wurden nun zu Jesus geschickt, um ihm eine
verfängliche Frage zu stellen. 14 Sie kamen zu ihm
und sagten: »Lehrer, wir wissen, dass es dir nur um
die Wahrheit geht. Du lässt dich nicht von Menschen
beeinflussen, auch wenn sie noch so mächtig sind, son-
dern sagst uns klar und deutlich, wie wir nach Gottes
Willen leben sollen. Ist es nach dem Gesetz Gottes
erlaubt, dem römischen Kaiser Steuer zu zahlen, oder
nicht? Sollen wir es tun oder nicht?« 15 Jesus erkannte
ihre Scheinheiligkeit und sagte: »Ihr wollt mir doch nur
eine Falle stellen! Gebt mir eine Silbermünze; ich will
sie mir ansehen.« 16 Sie gaben ihm eine und er fragte:
»Wessen Bild und wessen Name sind denn hier aufge-
prägt?« »Das Bild und der Name des Kaisers«, antwor-
teten sie. 17 Da sagte Jesus: »Dann gebt dem Kaiser, was
dem Kaiser gehört – aber gebt Gott, was Gott gehört!«
Solch eine Antwort hatten sie nicht von ihm erwartet.

WERDEN DIE TOTEN AUFERSTEHEN?

18 Dann kamen Sadduzäer zu Jesus. Die Sadduzäer be-
streiten, dass die Toten auferstehen werden. 19 »Leh-
rer«, sagten sie, »Mose hat uns die Vorschrift gegeben:
›Wenn ein Mann stirbt und eine Frau hinterlässt, aber
kein Kind, dann muss sein Bruder die Witwe heiraten
und dem Verstorbenen Nachkommen verschaffen.‹
20 Nun gab es einmal sieben Brüder. Der älteste heira-
tete und starb kinderlos. 21 Darauf heiratete der zweite
die Witwe, starb aber auch kinderlos. Beim dritten war
es genauso. 22 Alle sieben heirateten sie und starben
ohne Nachkommen. Zuletzt starb auch die Frau. 23 Wie
ist das nun bei der Auferstehung der Toten – wenn es
eine gibt? Wem von den Männern soll die Frau dann
gehören? Sie war ja mit allen sieben verheiratet!«
24 Jesus erwiderte: »Liegt euer Fehler nicht darin, dass
ihr weder die Heiligen Schriften kennt noch wisst, was
Gott in seiner Macht tun kann? 25 Wenn die Toten auf-
erstehen, werden sie nicht mehr heiraten, sondern sie
werden leben wie die Engel im Himmel. 26 Was aber die
Sache mit den Toten überhaupt betrifft, dass sie näm-
lich auferweckt werden: Habt ihr nie im Buch Moses
die Geschichte vom brennenden Dornbusch gelesen
und wie Gott dort zu Mose sagt: ›Ich bin der Gott Abra-
hams, der Gott Isaaks und der Gott Jakobs‹? 27 Gott ist
doch nicht ein Gott von Toten, sondern von Lebenden!
Ihr seid also ganz und gar im Irrtum.«

DAS WICHTIGSTE GEBOT

28 Ein Gesetzeslehrer hatte dieser Auseinandersetzung
zugehört. Er war davon beeindruckt, wie Jesus den
Sadduzäern geantwortet hatte, und so fragte er ihn:
»Welches ist das wichtigste von allen Geboten des
Gesetzes?« 29 Jesus sagte: »Das wichtigste Gebot
ist dieses: ›Höre, Israel! Der Herr ist unser Gott, der
Herr und sonst keiner. 30 Darum liebt ihn von ganzem
Herzen und mit ganzem Willen, mit ganzem Verstand
und mit aller Kraft.‹ 31 Das zweite ist: ›Liebe deinen
Mitmenschen wie dich selbst!‹ Es gibt kein Gebot, das
wichtiger ist als diese beiden.« 32 Da sagte der Geset-
zeslehrer zu Jesus: »Du hast vollkommen recht, Lehrer!
Es ist so, wie du sagst: Nur einer ist Gott, und es gibt
keinen Gott außer ihm. 33 Ihn zu lieben von ganzem
Herzen, mit ganzem Verstand und mit aller Kraft und
unsere Mitmenschen zu lieben wie uns selbst, das ist
viel wichtiger als alle die Brandopfer und anderen
Opfer, die wir ihm darbringen.« 34 Jesus fand, dass

der Gesetzeslehrer vernünftig geantwortet hatte, und
sagte zu ihm: »Du bist nicht weit weg von der neuen
Welt Gottes.« Danach wagte es niemand mehr, ihn
noch etwas zu fragen.

DAVIDS SOHN ODER DAVIDS HERR?

35 Nach diesen Auseinandersetzungen im Tempel
stellte Jesus zuletzt selbst eine Frage an alle. Er sagte:
»Wie können die Gesetzeslehrer behaupten, dass
der versprochene Retter ein Sohn Davids ist? 36 David
selbst sagte doch, erleuchtet vom Heiligen Geist: ›Gott,
der Herr, sagte zu meinem Herrn: Setze dich an meine
rechte Seite! Ich will dir deine Feinde unterwerfen,
sie als Schemel unter deine Füße legen.‹ 37a David
selbst nennt ihn also ›Herr‹ – wie kann er dann sein
Sohn sein?«

JESUS WARNT VOR DEN GESETZESLEHRERN

37b Die Menschenmenge hörte Jesus gerne zu. 38 Als er
zu ihnen redete, warnte er sie: »Nehmt euch in Acht
vor den Gesetzeslehrern! Sie zeigen sich gern in ihren
Talaren und lassen sich auf der Straße respektvoll grü-
ßen. 39 Beim Gottesdienst sitzen sie in der vordersten
Reihe, und bei Festmählern nehmen sie die Ehrenplät-
ze ein. 40 Sie sprechen lange Gebete, um einen guten
Eindruck zu machen; in Wahrheit aber sind sie Betrü-
ger, die schutzlose Witwen um ihren Besitz bringen. Sie
werden einmal besonders streng bestraft werden.«

DAS OPFER DER WITWE

41 Dann setzte sich Jesus im Tempel in der Nähe des
Schatzhauses hin und beobachtete, wie die Besucher
des Tempels Geld in die Opferkästen warfen. Viele
wohlhabende Leute gaben großzügig. 42 Dann kam
eine arme Witwe und steckte zwei kleine Kupfer-
münzen hinein – zusammen so viel wie ein Groschen.
43 Da rief Jesus seine Jünger zu sich heran und sagte
zu ihnen: »Ich versichere euch: Diese arme Witwe hat
mehr gegeben als alle anderen. 44 Die haben alle nur
etwas von ihrem Überfluss abgegeben. Sie aber hat
alles hergegeben, was sie selbst dringend zum Leben
gebraucht hätte.«

ANKÜNDIGUNG DER ZERSTÖRUNG DES TEMPELS

13 Als Jesus danach den Tempel verließ, sagte
einer seiner Jünger zu ihm: »Lehrer, sieh doch
nur diese gewaltigen Steine und diese prachtvollen
Gebäude!« 2 Da sagte Jesus: »Du bewunderst diese
mächtigen Bauten? Hier wird kein Stein auf dem an-
dern bleiben. Alles wird bis auf den Grund zerstört
werden!«

DER ANFANG VOM ENDE

3 Dann ging Jesus auf den Ölberg. Dort setzte er
sich dem Tempel gegenüber nieder. Petrus, Jakobus,
Johannes und Andreas waren bei ihm. Sie fragten
ihn: 4 »Sag uns, wann wird das geschehen? Und wo-
ran können wir erkennen, dass das Ende von allem
bevorsteht?« 5 Jesus sagte zu ihnen: »Seid auf der
Hut und lasst euch von niemand täuschen! 6 Viele
werden unter meinem Namen auftreten und von sich
behaupten: ›*Ich* bin es!‹ Damit werden sie viele irre-
führen. 7 Erschreckt nicht, wenn nah und fern Kriege
ausbrechen. Es muss so kommen, aber das ist noch
nicht das Ende. 8 Ein Volk wird gegen das andere
kämpfen, ein Staat den andern angreifen. In vielen
Ländern wird es Erdbeben und Hungersnöte geben.
Das ist aber erst der Anfang vom Ende – der Beginn
der Geburtswehen.«

DIE VERFOLGUNG DER JÜNGER

9 »Was euch angeht, so seid darauf gefasst, dass sie
euch an die Gerichte ausliefern und in den Synago-
gen auspeitschen werden. Auch vor Statthaltern und
Königen werdet ihr stehen um meinetwillen, um auch
vor ihnen als Zeugen für mich auszusagen; 10 denn
nach Gottes Plan muss die Gute Nachricht allen
Völkern verkündet werden, bevor das Ende kommt.
11 Wenn sie euch verhaften und an die Gerichte aus-
liefern, dann macht euch keine Sorgen, wie ihr euch
verteidigen sollt. Sagt, was euch in dem Augenblick
eingegeben wird. Denn nicht ihr werdet dann reden,
sondern der Heilige Geist wird aus euch sprechen.
12 Ein Bruder wird den andern dem Henker ausliefern
und ein Vater seine Kinder. Kinder werden sich gegen
ihre Eltern stellen und sie in den Tod schicken. 13 Alle
Menschen werden euch hassen, weil ihr euch zu mir
bekennt. Aber wer bis zum Ende standhaft bleibt, wird
gerettet werden.«

DIE LETZTE SCHRECKENSZEIT

14 »In den Heiligen Schriften ist die Rede von einem
›entsetzlichen Scheusal‹ – wer das liest, überlege
sich, was es bedeutet! Wenn ihr dieses ›entsetzliche
Scheusal‹ dort stehen seht, wo es nicht stehen darf,
dann sollen die Bewohner Judäas in die Berge fliehen.
15 Wer gerade auf dem Dach ist, soll keine Zeit damit
verlieren, erst noch etwas aus dem Haus zu holen.
16 Wer gerade zur Arbeit auf dem Feld ist, soll nicht
zurückgehen, um noch sein Obergewand mitzuneh-
men, das er am Wegrand abgelegt hat. 17 Besonders
hart wird es die Frauen treffen, die gerade ein Kind
erwarten oder einen Säugling stillen. 18 Bittet Gott,
dass es dann nicht gerade Winter ist! 19 Denn was in
jenen Tagen geschieht, wird furchtbarer sein als alles,
was jemals geschah, seit Gott die Welt erschuf, und als
alles, was bis dahin noch geschehen wird. 20 Wenn
der Herr diese Schreckenszeit nicht abkürzen würde,
dann würde kein Mensch gerettet werden. Er wird
sie aber abkürzen – denen zuliebe, die er erwählt hat.
21 Wenn dann jemand zu euch sagt: ›Seht her, hier ist
Christus, der versprochene Retter!‹, oder: ›Dort ist
er!‹ – glaubt ihm nicht! 22 Denn es werden so manche
mit dem Anspruch auftreten, der versprochene Ret-
ter oder ein Prophet zu sein. Sie werden sich durch
aufsehenerregende Wunder ausweisen und würden
damit sogar die von Gott Erwählten irreführen, wenn

das möglich wäre. 23 Darum seid auf der Hut! Ich habe
euch alles vorausgesagt.«

DER WELTRICHTER KOMMT

24 »Aber dann, nach dieser Schreckenszeit, wird sich
die Sonne verfinstern und der Mond wird nicht mehr
scheinen, 25 die Sterne werden vom Himmel fallen und
die Ordnung des Himmels wird zusammenbrechen.
26 Dann kommt der Menschensohn auf den Wolken mit
göttlicher Macht und Herrlichkeit, und alle werden ihn
sehen. 27 Er wird die Engel in alle Himmelsrichtungen
ausschicken, um von überall her die Menschen zusam-
menzubringen, die er erwählt hat.«

DAS GLEICHNIS VOM FEIGENBAUM

28 »Am Beispiel des Feigenbaums könnt ihr etwas ler-
nen: Wenn der Saft in die Zweige schießt und der Baum
Blätter treibt, dann wisst ihr, dass der Sommer bald da
ist. 29 So ist es auch, wenn ihr dies alles geschehen seht:
Dann wisst ihr, dass das Ende unmittelbar bevorsteht.
30 Ich versichere euch: Diese Generation wird das alles
noch erleben. 31 Himmel und Erde werden vergehen,
aber meine Worte vergehen nicht; sie bleiben gültig
für immer und ewig.«

DAS ENDE KOMMT ÜBERRASCHEND

32 »Doch den Tag oder die Stunde, wann das Ende da
ist, kennt niemand, auch nicht die Engel im Himmel –
nicht einmal der Sohn. Nur der Vater kennt sie. 33 Seht
zu, dass ihr wach bleibt! Denn ihr wisst nicht, wann
der Zeitpunkt da ist. 34 Es ist wie bei einem Mann, der
verreist. Er verlässt sein Haus und überträgt seinen
Dienern die Verantwortung. Jedem weist er seine Auf-
gabe zu, und dem Türhüter befiehlt er, wachsam zu
sein. 35 So sollt auch ihr wach bleiben, weil ihr nicht
wisst, wann der Hausherr kommen wird: am Abend, um
Mitternacht, beim ersten Hahnenschrei oder wenn die
Sonne aufgeht. 36 Wenn er kommt, soll er euch nicht im
Schlaf überraschen! 37 Was ich euch vier Jüngern hier
sage, das gilt für alle: Bleibt wach!«

PLÄNE GEGEN JESUS

14 Es waren noch zwei Tage bis zum Passafest und
dem Fest der Ungesäuerten Brote. Die führen-
den Priester und die Gesetzeslehrer suchten nach
einer Möglichkeit, Jesus heimlich zu verhaften und
umzubringen. 2 »Auf keinen Fall darf es während des
Festes geschehen«, sagten sie, »sonst gibt es einen
Aufruhr im Volk.«

EINE FRAU EHRT JESUS VOR SEINEM STERBEN

3 Jesus war in Betanien bei Simon, dem Aussätzigen,
zu Gast. Während des Essens kam eine Frau herein. Sie
hatte ein Fläschchen mit reinem, kostbarem Nardenöl.
Das öffnete sie und goss Jesus das Öl über den Kopf.
4 Einige der Anwesenden waren empört darüber. »Was
soll diese Verschwendung?«, sagten sie zueinander.
5 »Dieses Öl hätte man für mehr als dreihundert Sil-
berstücke verkaufen und das Geld den Armen geben
können!« Sie machten der Frau heftige Vorwürfe.
6 Aber Jesus sagte: »Lasst sie in Ruhe! Warum bringt
ihr sie in Verlegenheit? Sie hat eine gute Tat an mir
getan. 7 Arme wird es immer bei euch geben und ihr
könnt ihnen helfen, sooft ihr wollt. Aber mich habt ihr
nicht mehr lange bei euch. 8 Sie hat getan, was sie jetzt
noch tun konnte: Sie hat meinen Körper im Voraus für
das Begräbnis gesalbt. 9 Ich versichere euch: Überall in
der Welt, wo in Zukunft die Gute Nachricht verkündet
wird, wird auch berichtet werden, was sie getan hat.
Ihr Andenken wird immer lebendig bleiben.«

JUDAS WIRD ZUM VERRÄTER

10 Darauf ging Judas Iskariot, einer aus dem Kreis der
Zwölf, zu den führenden Priestern, um ihnen Jesus in
die Hände zu spielen. 11 Sie freuten sich darüber und
versprachen ihm Geld. Von da an suchte Judas eine
günstige Gelegenheit, Jesus zu verraten.

VORBEREITUNGEN ZUM PASSAMAHL

12 Es kam der erste Tag der Festwoche, während der
ungesäuertes Brot gegessen wird, der Tag, an dem
die Passalämmer geschlachtet werden. Da fragten die
Jünger Jesus: »Wo sollen wir für dich das Passamahl
vorbereiten?« 13 Jesus schickte zwei von ihnen mit dem
Auftrag weg: »Geht in die Stadt! Dort werdet ihr einen
Mann treffen, der einen Wasserkrug trägt. Folgt ihm,
14 bis er in ein Haus hineingeht, und sagt dem Haus-
herrn dort: ›Unser Lehrer lässt fragen: Welchen Raum
kannst du mir zur Verfügung stellen, dass ich dort mit
meinen Jüngern das Passamahl feiere?‹ 15 Dann wird er
euch ein großes Zimmer im Obergeschoss zeigen, das
mit Polstern ausgestattet und schon zur Feier herge-
richtet ist. Dort bereitet alles für uns vor.« 16 Die beiden
gingen in die Stadt. Sie fanden alles so, wie Jesus es
ihnen gesagt hatte, und bereiteten das Passamahl vor.

JESUS FEIERT MIT DEN ZWÖLF DAS ABSCHIEDSMAHL

17 Als es Abend geworden war, kam Jesus mit den Zwölf
dorthin. 18 Während der Mahlzeit sagte er: »Ich versi-
chere euch: Einer von euch wird mich verraten – einer,
der jetzt mit mir isst.« 19 Sie waren bestürzt, und einer
nach dem andern fragte ihn: »Du meinst doch nicht
mich?« 20 Jesus antwortete: »Einer von euch zwölf
wird es tun; einer, der sein Brot mit mir in dieselbe
Schüssel taucht. 21 Der Menschensohn muss zwar
sterben, wie es in den Heiligen Schriften angekündigt
ist. Aber wehe dem Menschen, der den Menschen-
sohn verrät! Er wäre besser nie geboren worden!«
22 Während der Mahlzeit nahm Jesus ein Brot, sprach
das Segensgebet darüber, brach es in Stücke und gab
es ihnen mit den Worten: »Nehmt, das ist mein Leib!«
23 Dann nahm er den Becher, sprach darüber das Dank-
gebet, gab ihnen auch den, und alle tranken daraus.
24 Dabei sagte er zu ihnen: »Das ist mein Blut, das
für alle Menschen vergossen wird. Mit ihm wird der
Bund in Kraft gesetzt, den Gott jetzt mit den Menschen
schließt. 25 Ich sage euch: Ich werde keinen Wein mehr

trinken, bis ich ihn neu trinken werde an dem Tag, an
dem Gott sein Werk vollendet hat!« 26 Dann sangen
sie die Dankpsalmen und gingen hinaus zum Ölberg.

JESUS SAGT DAS VERSAGEN VON PETRUS VORAUS

27 Unterwegs sagte Jesus zu ihnen: »Ihr werdet alle
an mir irrewerden, denn es heißt: ›Ich werde den
Hirten töten und die Schafe werden auseinander-
laufen.‹ 28 Aber wenn ich vom Tod auferweckt wor-
den bin, werde ich euch vorausgehen nach Galiläa.«
29 Petrus widersprach ihm: »Selbst wenn alle andern
an dir irrewerden – ich nicht!« 30 Jesus antwortete:
»Ich versichere dir: Heute, in dieser Nacht, bevor der
Hahn zweimal kräht, wirst du mich dreimal verleug-
nen und behaupten, dass du mich nicht kennst.« 31 Da
sagte Petrus noch bestimmter: »Und wenn ich mit dir
sterben müsste, ich werde dich ganz bestimmt nicht
verleugnen!« Das Gleiche sagten auch alle andern.

JESUS BETET IM GARTEN GETSEMANI

32 Sie kamen zu einem Grundstück, das Getsemani
hieß. Jesus sagte zu seinen Jüngern: »Bleibt hier sit-
zen, während ich beten gehe!« 33 Petrus, Jakobus und
Johannes nahm er mit. Angst und Schrecken befielen
ihn, 34 und er sagte zu ihnen: »Ich bin so bedrückt,
ich bin mit meiner Kraft am Ende. Bleibt hier und
wacht!« 35 Dann ging er noch ein paar Schritte weiter
und warf sich auf die Erde. Er betete zu Gott, dass er
ihm, wenn es möglich wäre, diese schwere Stunde
erspare. 36 »Abba, Vater«, sagte er, »alles ist dir mög-
lich! Erspare es mir, diesen Kelch trinken zu müssen!
Aber es soll geschehen, was *du* willst, nicht was ich
will.« 37 Dann kehrte er zu den Jüngern zurück und sah,
dass sie eingeschlafen waren. Da sagte er zu Petrus:
»Simon, du schläfst? Konntest du nicht eine einzige
Stunde wach bleiben?« 38 Dann sagte er zu ihnen allen:
»Bleibt wach und betet, damit ihr in der kommenden
Prüfung nicht versagt. Der Geist in euch ist willig, aber
eure menschliche Natur ist schwach.« 39 Noch einmal
ging Jesus weg und betete mit den gleichen Worten
wie vorher. 40 Als er zurückkam, schliefen sie wieder.
Die Augen waren ihnen zugefallen, und sie wussten
nicht, was sie ihm antworten sollten. 41 Als Jesus das
dritte Mal zurückkam, sagte er zu ihnen: »Schlaft ihr
denn immer noch und ruht euch aus? Genug jetzt, die
Stunde ist da! Jetzt wird der Menschensohn an die
Menschen, die Sünder, ausgeliefert. 42 Steht auf, wir
wollen gehen; er ist schon da, der mich verrät.«

JESUS WIRD VERHAFTET

43 Noch während Jesus das sagte, kam Judas, einer der
Zwölf, mit einem Trupp von Männern, die mit Schwer-
tern und Knüppeln bewaffnet waren. Sie waren von
den führenden Priestern, den Gesetzeslehrern und den
Ratsältesten geschickt worden. 44 Der Verräter hatte
mit ihnen ein Erkennungszeichen ausgemacht: »Wem
ich einen Begrüßungskuss gebe, der ist es. Den nehmt
fest und führt ihn unter Bewachung ab!« 45 Judas ging
sogleich auf Jesus zu, begrüßte ihn mit »Rabbi!« und
küsste ihn so, dass alle es sehen konnten. 46 Da pack-
ten sie Jesus und nahmen ihn fest. 47 Aber einer von
denen, die dabeistanden, zog sein Schwert, hieb auf
den Bevollmächtigten des Obersten Priesters ein und
schlug ihm ein Ohr ab. 48 Jesus sagte zu den Männern:
»Warum rückt ihr hier mit Schwertern und Knüppeln
an, um mich gefangen zu nehmen? Bin ich denn ein
Verbrecher? 49 Täglich war ich bei euch im Tempel und
lehrte die Menschen, da habt ihr mich nicht festge-
nommen. Aber was in den Heiligen Schriften angekün-
digt wurde, muss in Erfüllung gehen.« 50 Da verließen
ihn alle seine Jünger und flohen. 51 Ein junger Mann
folgte Jesus; er war nur mit einem leichten Überwurf
bekleidet. Ihn wollten sie auch festnehmen; 52 aber
er riss sich los, ließ sein Kleidungsstück zurück und
rannte nackt davon.

JESUS VOR DEM JÜDISCHEN RAT

53 Sie brachten Jesus zum Obersten Priester. Dort
versammelten sich alle führenden Priester und alle
Ratsältesten und Gesetzeslehrer. 54 Petrus folgte Jesus
in weitem Abstand und kam bis in den Innenhof des
Palastes. Dort saß er bei den Dienern und wärmte sich
am Feuer. 55 Die führenden Priester und der ganze Rat
versuchten, Jesus durch Zeugenaussagen zu belas-
ten, damit sie ihn zum Tod verurteilen könnten; aber
es gelang ihnen nicht. 56 Es sagten zwar viele falsche
Zeugen gegen Jesus aus, aber ihre Aussagen stimmten
nicht überein. 57 Dann traten einige auf und behaupte-
ten: 58 »Wir haben ihn sagen hören: ›Ich werde diesen
Tempel, der von Menschen erbaut wurde, niederrei-
ßen und werde in drei Tagen einen anderen bauen,
der nicht von Menschen gemacht ist.‹« 59 Aber auch
ihre Aussagen widersprachen einander. 60 Da stand der
Oberste Priester auf, trat in die Mitte und fragte Jesus:
»Hast du nichts zu sagen zu dem, was diese Leute ge-
gen dich vorbringen?« 61 Aber Jesus schwieg und
sagte kein Wort. Darauf fragte der Oberste Priester ihn:
»Bist du Christus, der versprochene Retter, der Sohn
Gottes?« 62 »Ich bin es«, sagte Jesus, »und ihr werdet
den Menschensohn sehen, wie er an der rechten Seite
des Allmächtigen sitzt und mit den Wolken des Him-
mels kommt!« 63 Da zerriss der Oberste Priester sein
Gewand und sagte: »Was brauchen wir noch Zeugen?
64 Ihr habt es selbst gehört, wie er Gott beleidigt hat.
Wie lautet euer Urteil?« Einstimmig erklärten sie, er
habe den Tod verdient. 65 Einige begannen, Jesus an-
zuspucken. Sie warfen ihm ein Tuch über den Kopf,
sodass er nichts sehen konnte; dann schlugen sie ihn
mit Fäusten und sagten: »Wer war es? Du bist doch
ein Prophet!« Auch die Gerichtspolizisten gaben ihm
Ohrfeigen.

PETRUS VERLEUGNET JESUS

66 Petrus war noch immer unten im Hof. Eine Die-
nerin des Obersten Priesters kam vorbei. 67 Als sie
Petrus am Feuer bemerkte, sah sie ihn genauer an
und meinte: »Du warst doch auch mit dem Jesus aus

Nazaret zusammen!« 68 Petrus stritt es ab: »Ich habe keine Ahnung; ich weiß überhaupt nicht, wovon du redest!« Dann ging er hinaus in die Vorhalle. In dem Augenblick krähte ein Hahn. 69 Die Dienerin entdeckte Petrus dort wieder und sagte zu den Umstehenden: »Der gehört auch zu ihnen!« 70 Aber er stritt es wieder ab. Kurz darauf fingen die Umstehenden noch einmal an: »Natürlich gehörst du zu denen, du bist doch auch aus Galiläa!« 71 Aber Petrus schwor: »Gott soll mich strafen, wenn ich lüge! Ich kenne den Mann nicht, von dem ihr redet.« 72 In diesem Augenblick krähte der Hahn zum zweiten Mal, und Petrus erinnerte sich daran, dass Jesus zu ihm gesagt hatte: »Bevor der Hahn zweimal kräht, wirst du mich dreimal verleugnen und behaupten, dass du mich nicht kennst.« Da fing er an zu weinen.

JESUS VOR PILATUS

15 Früh am Morgen schließlich trafen die führenden Priester zusammen mit den Ratsältesten und Gesetzeslehrern – also der ganze jüdische Rat – die Entscheidung: Sie ließen Jesus fesseln, führten ihn ab und übergaben ihn dem Statthalter Pilatus. 2 Pilatus fragte Jesus: »Bist du der König der Juden?« »Du sagst es«, gab Jesus zur Antwort. 3 Die führenden Priester brachten viele Beschuldigungen gegen ihn vor. 4 Pilatus fragte ihn: »Willst du dich nicht verteidigen? Du hast ja gehört, was sie dir alles vorwerfen.« 5 Aber Jesus sagte kein einziges Wort. Darüber war Pilatus erstaunt.

DAS TODESURTEIL

6 Es war üblich, dass Pilatus zum Passafest einen Gefangenen begnadigte, den das Volk bestimmen durfte. 7 Damals war gerade ein gewisser Barabbas im Gefängnis, zusammen mit anderen, die während eines Aufruhrs einen Mord begangen hatten. 8 Die Volksmenge zog also zu Pilatus und bat für Barabbas um die übliche Begnadigung. 9 Pilatus erwiderte: »Soll ich euch nicht den König der Juden freigeben?« 10 Ihm wurde nämlich immer klarer, dass die führenden Priester Jesus nur aus Neid an ihn ausgeliefert hatten. 11 Doch die führenden Priester redeten auf die Leute ein, sie sollten fordern, dass er ihnen lieber Barabbas freigebe. 12 Da versuchte es Pilatus noch einmal und fragte sie: »Was soll ich dann mit dem anderen machen, den ihr den König der Juden nennt? Was wollt ihr?« 13 »Kreuzigen!«, schrien sie. 14 »Was hat er denn verbrochen?«, fragte Pilatus. Aber sie schrien noch lauter: »Kreuzigen!« 15 Um die Menge zufriedenzustellen, ließ Pilatus ihnen Barabbas frei und gab den Befehl, Jesus mit der Geißel auszupeitschen und zu kreuzigen.

DIE SOLDATEN VERSPOTTEN JESUS

16 Die Soldaten brachten Jesus in den Innenhof des Palastes, der dem Statthalter als Amtssitz diente, und riefen die ganze Mannschaft zusammen. 17 Sie hängten ihm einen purpurfarbenen Mantel um, flochten eine Krone aus Dornenzweigen und setzten sie ihm auf. 18 Dann fingen sie an, ihn zu grüßen: »Hoch lebe der König der Juden!« 19 Sie schlugen ihn mit einem Stock auf den Kopf, spuckten ihn an, knieten vor ihm nieder und huldigten ihm wie einem König. 20 Nachdem sie so ihren Spott mit ihm getrieben hatten, nahmen sie ihm den Mantel wieder ab, zogen ihm seine eigenen Kleider wieder an und führten ihn hinaus, um ihn ans Kreuz zu nageln.

JESUS AM KREUZ

21 Sie zwangen einen Mann, der gerade vorbeiging, für Jesus das Kreuz zu tragen. Es war Simon aus Kyrene, der Vater von Alexander und Rufus, der gerade vom Feld in die Stadt zurückkam. 22 Sie brachten Jesus an die Stelle, die Golgota heißt, das bedeutet übersetzt »Schädelplatz«. 23 Dort wollten sie ihm Wein mit einem betäubenden Zusatz zu trinken geben; aber Jesus nahm nichts davon. 24 Sie nagelten ihn ans Kreuz und verteilten dann untereinander seine Kleider. Durch das Los bestimmten sie, was jeder bekommen sollte. 25 Es war neun Uhr morgens, als sie ihn kreuzigten. 26 Als Grund für seine Hinrichtung hatte man auf ein Schild geschrieben: »Der König der Juden!« 27 Zugleich mit Jesus kreuzigten sie zwei Verbrecher, einen links und einen rechts von ihm. 29 Die Leute, die vorbeikamen, schüttelten den Kopf und verhöhnten Jesus: »Ha! Du wolltest den Tempel niederreißen und in drei Tagen einen neuen bauen! 30 Dann befreie dich doch und komm herunter vom Kreuz!« 31 Genauso machten sich die führenden Priester und die Gesetzeslehrer über ihn lustig. »Anderen hat er geholfen«, spotteten sie, »aber sich selbst kann er nicht helfen! 32 Wenn er der versprochene Retter ist, der König von Israel, dann soll er doch jetzt vom Kreuz herunterkommen! Wenn wir das sehen, werden wir ihm glauben.« Auch die beiden, die mit ihm gekreuzigt waren, beschimpften ihn.

JESUS STIRBT

33 Um zwölf Uhr mittags verfinsterte sich der Himmel über dem ganzen Land. Das dauerte bis um drei Uhr. 34 Gegen drei Uhr schrie Jesus: »Eloï, eloï, lema sabachtani?« – das heißt übersetzt: »Mein Gott, mein Gott, warum hast du mich verlassen?« 35 Einige von denen, die dabeistanden und es hörten, sagten: »Der ruft nach Elija!« 36 Einer holte schnell einen Schwamm, tauchte ihn in Essig, steckte ihn auf eine Stange und wollte Jesus trinken lassen. Dabei sagte er: »Lasst mich machen! Wir wollen doch sehen, ob Elija kommt und ihn herunterholt.« 37 Aber Jesus schrie laut auf und starb. 38 Da zerriss der Vorhang vor dem Allerheiligsten im Tempel von oben bis unten. 39 Der römische Hauptmann aber, der dem Kreuz gegenüberstand und miterlebte, wie Jesus aufschrie und starb, sagte: »Dieser Mensch war wirklich Gottes Sohn!« 40 Auch einige Frauen waren da, die alles aus der Ferne beobachteten, unter ihnen Maria aus Magdala und Maria, die Mutter von Jakobus dem Jüngeren und von Joses, sowie

Salome. 41 Schon während seines Wirkens in Galiläa waren sie Jesus gefolgt und hatten für ihn gesorgt. Außer ihnen waren noch viele andere Frauen da, die mit Jesus nach Jerusalem gekommen waren.

JESUS WIRD INS GRAB GELEGT

42 Weil es ein Freitag war, der Vorbereitungstag für den Sabbat, und weil es schon Abend wurde, 43 wagte Josef von Arimathäa, zu Pilatus zu gehen und ihn um den Leichnam von Jesus zu bitten. Josef war ein hoch geachtetes Ratsmitglied und einer von denen, die auch darauf warteten, dass Gott seine Herrschaft aufrichte. 44 Pilatus war erstaunt zu hören, dass Jesus schon gestorben sei. Er ließ sich daher von dem Hauptmann Bericht erstatten und fragte ihn, ob es sich so verhalte. 45 Als der Hauptmann es ihm bestätigte, überließ er Josef den Leichnam. 46 Josef kaufte ein Leinentuch, nahm Jesus vom Kreuz und wickelte ihn in das Tuch. Dann legte er ihn in ein Grab, das in einen Felsen gehauen war, und rollte einen Stein vor den Grabeingang. 47 Maria aus Magdala und Maria, die Mutter von Joses, sahen sich genau an, wo Jesus bestattet worden war.

DIE FRAUEN AM LEEREN GRAB

16 Am Abend, als der Sabbat vorbei war, kauften Maria aus Magdala und Maria, die Mutter von Jakobus, und Salome wohlriechende Öle, um den Toten damit zu salben. 2 Ganz früh am Sonntagmorgen, als die Sonne gerade aufging, kamen sie zum Grab. 3 Unterwegs hatten sie noch zueinander gesagt: »Wer wird uns den Stein vom Grabeingang wegrollen?« 4 Denn der Stein war sehr groß. Aber als sie hinsahen, bemerkten sie, dass er schon weggerollt worden war. 5 Sie gingen in die Grabkammer hinein und sahen dort auf der rechten Seite einen jungen Mann in einem weißen Gewand sitzen. Sie erschraken sehr. 6 Er aber sagte zu ihnen: »Habt keine Angst! Ihr sucht Jesus aus Nazaret, der ans Kreuz genagelt wurde. Er ist nicht hier; Gott hat ihn vom Tod auferweckt! Hier seht ihr die Stelle, wo sie ihn hingelegt hatten. 7 Und nun geht und sagt seinen Jüngern, vor allem Petrus: ›Er geht euch nach Galiläa voraus. Dort werdet ihr ihn sehen, so wie er es euch gesagt hat.‹« 8 Da verließen die Frauen die Grabkammer und flohen. Sie zitterten vor Entsetzen und sagten niemand ein Wort. Solche Angst hatten sie.

DIE ERSCHEINUNGEN DES AUFERSTANDENEN

9 Nachdem Jesus früh am Sonntag auferstanden war, zeigte er sich zuerst Maria aus Magdala, die er von sieben bösen Geistern befreit hatte. 10 Sie ging und berichtete es denen, die früher mit Jesus zusammen gewesen waren und die jetzt trauerten und weinten. 11 Als sie hörten, dass Jesus lebe und Maria ihn gesehen habe, glaubten sie es nicht. 12 Danach zeigte sich Jesus in fremder Gestalt zwei von ihnen, die zu einem Ort auf dem Land unterwegs waren. 13 Sie kehrten um und erzählten es den anderen, aber die glaubten ihnen auch nicht. 14 Schließlich zeigte sich Jesus den Elf, während sie beim Essen waren. Er machte ihnen Vorwürfe, weil sie gezweifelt hatten und denen nicht glauben wollten, die ihn nach seiner Auferstehung gesehen hatten. 15 Dann sagte er zu ihnen: »Geht in die ganze Welt und verkündet die Gute Nachricht allen Menschen! 16 Wer zum Glauben kommt und sich taufen lässt, wird gerettet. Wer nicht glaubt, den wird Gott verurteilen. 17 Die Glaubenden aber werden an folgenden Zeichen zu erkennen sein: In meinem Namen werden sie böse Geister austreiben und in unbekannten Sprachen reden. 18 Wenn sie Schlangen anfassen oder Gift trinken, wird ihnen das nicht schaden, und Kranke, denen sie die Hände auflegen, werden gesund.« 19 Nachdem Jesus, der Herr, ihnen dies gesagt hatte, wurde er in den Himmel aufgenommen und setzte sich an die rechte Seite Gottes. 20 Die Jünger aber gingen und verkündeten überall die Gute Nachricht. Der Herr half ihnen dabei und bekräftigte die Botschaft durch die Wunder, die er geschehen ließ.

DIE GUTE NACHRICHT NACH **LUKAS**

LUKAS SCHREIBT AN THEOPHILUS

1 Schon viele haben versucht, die Ereignisse zusammenhängend darzustellen, die Gott unter uns geschehen ließ und mit denen er seine Zusagen eingelöst hat. 2 Diese Ereignisse sind uns überliefert in den Berichten der Augenzeugen, die von Anfang an alles miterlebt hatten und die den Auftrag erhielten, die Botschaft Gottes weiterzugeben. 3 So habe auch ich mich dazu entschlossen, all diesen Überlieferungen bis hin zu den ersten Anfängen sorgfältig nachzugehen und sie für dich, verehrter Theophilus, in der rechten Ordnung und Abfolge niederzuschreiben. 4 Du sollst dadurch die Zuverlässigkeit der Lehre erkennen, in der du unterwiesen wurdest.

DIE GEBURT DES TÄUFERS JOHANNES WIRD ANGEKÜNDIGT

5 Zu der Zeit, als König Herodes über das jüdische Land herrschte, lebte ein Priester namens Zacharias, der zur Priestergruppe Abija gehörte. Auch seine Frau stammte aus einer Priesterfamilie; sie hieß Elisabet. 6 Beide führten ein Leben, das Gott gefiel; sie richteten sich in allem nach den Geboten und Anweisungen des Herrn. 7 Sie waren aber kinderlos, denn Elisabet konnte keine Kinder bekommen; außerdem waren sie auch schon sehr alt. 8 Einmal hatte Zacharias wieder Dienst am Tempel in Jerusalem, weil die Priestergruppe, zu der er gehörte, gerade an der Reihe war. 9 Es war unter den Priestern üblich, die einzelnen Dienste durch das Los zu verteilen.

An einem bestimmten Tag fiel Zacharias die Aufgabe
zu, das Räucheropfer darzubringen. So ging er in das
Innere des Tempels, 10 während das ganze versammelte
Volk draußen betete. 11 Da erschien ihm plötzlich der
Engel des Herrn. Der Engel stand an der rechten Seite
des Altars, auf dem der Weihrauch verbrannt wurde.
12 Als Zacharias ihn sah, erschrak er und bekam große
Angst. 13 Aber der Engel sagte zu ihm: »Hab keine Angst,
Zacharias! Gott hat dein Gebet erhört. Deine Frau Elisa-
bet wird dir einen Sohn gebären, den sollst du Johannes
nennen. 14 Dann wirst du voll Freude und Jubel sein,
und noch viele andere werden sich freuen über seine
Geburt. 15 Denn er ist vom Herrn zu großen Taten beru-
fen. Als Gottgeweihter wird er keinen Wein und auch
sonst keinen Alkohol trinken. Schon im Mutterleib wird
der Geist Gottes ihn erfüllen, 16 und er wird viele aus
dem Volk Israel zum Herrn, ihrem Gott, zurückführen.
17 Er wird dem Herrn als Bote vorausgehen, im gleichen
Geist und mit der gleichen Kraft wie der Prophet Elija.
Seine Aufgabe wird es sein, das Herz der Eltern den
Kindern zuzuwenden und alle Ungehorsamen auf den
rechten Weg zurückzubringen. So wird er dem Herrn
ein Volk zuführen, das auf sein Kommen vorbereitet
ist.« 18 Zacharias sagte zu dem Engel: »Woran soll ich
erkennen, dass es wirklich so kommen wird? Ich bin
doch ein alter Mann, und meine Frau ist auch schon
in vorgeschrittenen Jahren.« 19 Der Engel antwortete:
»Ich bin Gabriel, der vor Gottes Thron steht. Gott hat
mich zu dir gesandt, um dir diese gute Nachricht zu
bringen. 20 Was ich gesagt habe, wird zur gegebenen
Zeit eintreffen. Aber weil du mir nicht geglaubt hast,
wirst du so lange stumm sein und nicht mehr sprechen
können, bis es eingetroffen ist.« 21 Das Volk wartete
draußen auf Zacharias und wunderte sich, dass er so
lange im Tempel blieb. 22 Als er schließlich herauskam,
konnte er nicht zu ihnen sprechen. Da merkten sie, dass
er im Tempel eine Erscheinung gehabt hatte. Er gab
ihnen Zeichen mit der Hand und blieb auch weiterhin
stumm. 23 Als seine Dienstwoche im Tempel beendet
war, ging Zacharias nach Hause. 24 Bald darauf wurde
seine Frau Elisabet schwanger und zog sich fünf Mo-
nate lang völlig zurück. Sie sagte: 25 »Das hat der Herr
an mir getan! Wegen meiner Kinderlosigkeit haben
mich die Leute verachtet; aber er hat sich um mich ge-
kümmert und die Schande von mir genommen.«

DIE GEBURT DES RETTERS JESUS WIRD ANGEKÜNDIGT

26 Als Elisabet im sechsten Monat war, sandte Gott
den Engel Gabriel nach Nazaret in Galiläa 27 zu einem
jungen Mädchen mit Namen Maria. Sie war noch unbe-
rührt und war verlobt mit einem Mann namens Josef,
einem Nachkommen Davids. 28 Der Engel kam zu ihr
und sagte: »Sei gegrüßt, Maria, der Herr ist mit dir; er
hat dich zu Großem ausersehen!« 29 Maria erschrak
über diesen Gruß und überlegte, was er bedeuten
sollte. 30 Da sagte der Engel zu ihr: »Hab keine Angst,
du hast Gnade bei Gott gefunden! 31 Du wirst schwan-
ger werden und einen Sohn gebären. Dem sollst du
den Namen Jesus geben. 32 Er wird groß sein und wird
›Sohn des Höchsten‹ genannt werden. Gott, der Herr,
wird ihn auf den Thron seines Ahnherrn David erheben,
33 und er wird für immer über die Nachkommen Jakobs
regieren. Seine Herrschaft wird nie zu Ende gehen.«
34 Maria fragte den Engel: »Wie soll das zugehen? Ich
bin doch mit keinem Mann zusammen!« 35 Er antwor-
tete: »Gottes Geist wird über dich kommen, seine Kraft
wird das Wunder vollbringen. Deshalb wird auch das
Kind, das du zur Welt bringst, heilig und Sohn Gottes
genannt werden. 36 Auch Elisabet, deine Verwandte,
bekommt einen Sohn – trotz ihres Alters. Sie ist bereits
im sechsten Monat, und es hieß doch von ihr, sie könne
keine Kinder bekommen. 37 Für Gott ist nichts unmög-
lich.« 38 Da sagte Maria: »Ich gehöre dem Herrn, ich bin
bereit. Es soll an mir geschehen, was du gesagt hast.«
Darauf verließ sie der Engel.

MARIA BESUCHT ELISABET

39 Bald danach machte sich Maria auf den Weg und
eilte zu einer Stadt im Bergland von Judäa. 40 Dort ging
sie in das Haus von Zacharias und begrüßte Elisabet.
41 Als Elisabet ihren Gruß hörte, hüpfte das Kind in ih-
rem Leib. Da wurde sie vom Geist Gottes erfüllt 42 und
rief laut: »Gesegnet bist du von Gott, auserwählt unter
allen Frauen, und gesegnet ist die Frucht deines Leibes!
43 Wie komme ich zu der Ehre, dass die Mutter meines
Herrn mich besucht? 44 Ja, das bist du; denn in dem Au-
genblick, als dein Gruß an mein Ohr drang, machte das
Kind einen Freudensprung in meinem Leib. 45 Du darfst
dich freuen, denn du hast geglaubt, dass sich erfüllen
wird, was der Herr dir ankündigen ließ.«

MARIA PREIST GOTT (DER LOBGESANG MARIAS: MAGNIFICAT)

46 Maria aber sprach: // »Mein Herz preist den
Herrn, / 47 alles in mir jubelt vor Freude / über Gott,
meinen Retter! / 48 Ich bin nur seine geringste Die-
nerin, / und doch hat er sich mir zugewandt. / Jetzt
werden die Menschen mich glücklich preisen / in
allen kommenden Generationen; / 49 denn Gott hat
Großes an mir getan, / er, der mächtig und heilig
ist. / 50 Sein Erbarmen hört niemals auf; / er schenkt
es allen, die ihn ehren, / von einer Generation zur an-
dern. // 51 Jetzt hebt er seinen gewaltigen Arm / und
fegt die Stolzen weg samt ihren Plänen. / 52 Jetzt
stürzt er die Mächtigen vom Thron / und richtet
die Unterdrückten auf. / 53 Den Hungernden gibt er
reichlich zu essen / und schickt die Reichen mit lee-
ren Händen fort. / 54 Er hat an seinen Diener Israel
gedacht / und sich über sein Volk erbarmt. / 55 Wie
er es unsern Vorfahren versprochen hatte, / Abraham
und seinen Nachkommen / für alle Zeiten.« // 56 Maria
blieb etwa drei Monate bei Elisabet und kehrte dann
wieder nach Hause zurück.

DER TÄUFER JOHANNES WIRD GEBOREN

57 Als für Elisabet die Zeit der Entbindung gekom-
men war, gebar sie einen Sohn. 58 Die Nachbarn und

Nachbarinnen und die Verwandten hörten es und
freuten sich mit, dass Gott so großes Erbarmen mit ihr
gehabt hatte. 59 Als das Kind acht Tage alt war und be-
schnitten werden sollte, kamen sie alle dazu. Sie woll-
ten es nach seinem Vater Zacharias nennen. 60 Aber
die Mutter sagte: »Nein, er soll Johannes heißen!«
61 Sie wandten ein: »Warum denn? In deiner ganzen
Verwandtschaft gibt es keinen, der so heißt.« 62 Sie
fragten den Vater durch Zeichen, wie der Sohn heißen
solle. 63 Zacharias ließ sich eine Schreibtafel geben und
schrieb: »Er heißt Johannes.« Und sie wunderten sich
alle. 64 Im selben Augenblick konnte Zacharias wieder
sprechen, und sofort fing er an, Gott zu preisen. 65 Da
ergriff alle, die aus der Nachbarschaft gekommen wa-
ren, ehrfürchtiges Staunen, und im ganzen Bergland
von Judäa sprachen die Leute über das, was geschehen
war. 66 Alle, die davon hörten, dachten darüber nach
und fragten sich: »Was wird aus dem Kind einmal wer-
den?« Denn es war offensichtlich, dass der Herr etwas
Besonderes mit Johannes vorhatte.

DANK FÜR DIE BEVORSTEHENDE RETTUNG. VORBLICK AUF DEN AUFTRAG VON JOHANNES (DER LOBGESANG VON ZACHARIAS: BENEDICTUS)

67 Erfüllt vom Geist Gottes sprach der Vater des Kin-
des prophetische Worte: // 68 »Gepriesen sei der
Herr, der Gott Israels; / denn er ist uns zu Hilfe ge-
kommen / und hat sein Volk befreit! / 69 Einen starken
Retter hat er uns gesandt, / einen Nachkommen seines
Dieners David! // 70 So hat er es durch seine heiligen
Propheten schon seit Langem angekündigt: / 71 Er
wollte uns retten vor unseren Feinden, / aus der Ge-
walt all derer, die uns hassen. / 72 Er wollte unseren
Vorfahren Erbarmen erweisen / und die Zusagen
seines heiligen Bundes nicht vergessen, / den er mit
ihnen geschlossen hatte. / 73 Schon unserem Ahn-
vater Abraham / hat er mit einem Eid versprochen, /
74-75 uns aus der Macht der Feinde zu befreien, / da-
mit wir keine Furcht mehr haben müssen / und unser
Leben lang ihm dienen können / als Menschen, die
ganz ihrem Gott gehören / und tun, was er von ih-
nen verlangt. // 76 Und du, mein Kind – / ein Prophet
des Höchsten wirst du sein; / du wirst dem Herrn vor-
ausgehen, / um den Weg für ihn zu bahnen. / 77 Du
wirst dem Volk des Herrn verkünden, / dass nun die
versprochene Rettung kommt, / weil Gott ihnen ihre
Schuld vergeben will. // 78 Unser Gott ist voll Liebe
und Erbarmen; / er schickt uns den Retter, / das Licht,
das von oben kommt. / 79 Dieses Licht leuchtet allen,
die im Dunkeln sind, / die im finsteren Land des Todes
leben; / es wird uns führen und leiten, / dass wir den
Weg des Friedens finden.« //

DAS LEBEN DES TÄUFERS JOHANNES BIS ZU SEINEM AUFTRETEN

80 Johannes wuchs heran und nahm zu an Verstand.
Später zog er sich in die Wüste zurück bis zu dem
Tag, an dem er unter dem Volk Israel offen mit seinem
Auftrag hervortreten sollte.

JESUS, DER RETTER, WIRD GEBOREN ...

2 Zu jener Zeit ordnete Kaiser Augustus an, dass
alle Menschen in seinem Reich gezählt und für die
Steuer erfasst werden sollten. 2 Diese Zählung war die
erste und wurde durchgeführt, als Quirinius Statthalter
der Provinz Syrien war. 3 Und alle gingen hin, um sich
einschreiben zu lassen, jeder in die Heimatstadt seiner
Vorfahren. 4 Auch Josef machte sich auf den Weg. Aus
Galiläa, aus der Stadt Nazaret, ging er nach Judäa in
die Stadt Davids, nach Betlehem. Denn er stammte aus
der Familie von König David. 5 Dorthin ging er, um sich
einschreiben zu lassen, zusammen mit Maria, seiner
Verlobten; die war schwanger. 6 Während sie dort wa-
ren, kam für Maria die Zeit der Entbindung. 7 Sie gebar
ihren Sohn, den Erstgeborenen, wickelte ihn in Win-
deln und legte ihn in eine Futterkrippe im Stall. Denn in
der Herberge hatten sie keinen Platz gefunden.

... VON ENGELN VERKÜNDET ...

8 In jener Gegend waren Hirten auf freiem Feld, die
hielten Wache bei ihren Herden in der Nacht. 9 Da trat
der Engel des Herrn zu ihnen, und die Herrlichkeit des
Herrn umstrahlte sie, und sie fürchteten sich sehr.
10 Aber der Engel sagte zu ihnen: »Habt keine Angst!
Ich habe eine große Freudenbotschaft für euch und
für das ganze Volk. 11 Heute ist euch der Retter geboren
worden, in der Stadt Davids: Christus, der Herr! 12 Und
dies ist das Zeichen, an dem ihr ihn erkennt: Ihr werdet
ein neugeborenes Kind finden, das liegt in Windeln
gewickelt in einer Futterkrippe.« 13 Und plötzlich war
bei dem Engel ein ganzes Heer von Engeln, all die vie-
len, die im Himmel Gott dienen; die priesen Gott und
riefen: 14 »Groß ist von jetzt an Gottes Herrlichkeit im
Himmel; denn sein Frieden ist herabgekommen auf die
Erde zu den Menschen, die er erwählt hat und liebt!«

... VON HIRTEN BEKANNT GEMACHT

15 Als die Engel in den Himmel zurückgekehrt waren,
sagten die Hirten zueinander: »Kommt, wir gehen nach
Betlehem und sehen uns an, was da geschehen ist, was
Gott uns bekannt gemacht hat!« 16 Sie liefen hin, kamen
zum Stall und fanden Maria und Josef und bei ihnen das
Kind in der Futterkrippe. 17 Als sie es sahen, berichteten
sie, was ihnen der Engel von diesem Kind gesagt hatte.
18 Und alle, die dabei waren, staunten über das, was
ihnen die Hirten erzählten. 19 Maria aber bewahrte all
das Gehörte in ihrem Herzen und dachte viel darüber
nach. 20 Die Hirten kehrten zu ihren Herden zurück und
priesen Gott und dankten ihm für das, was sie gehört
und gesehen hatten. Es war alles genauso gewesen,
wie der Engel es ihnen verkündet hatte.

JESUS ERHÄLT SEINEN NAMEN UND WIRD IM TEMPEL GOTT GEWEIHT

21 Nach acht Tagen war es Zeit, das Kind beschneiden
zu lassen. Es bekam den Namen Jesus – so wie es der
Engel des Herrn angeordnet hatte, noch ehe Maria das
Kind empfing. 22 Vierzig Tage nach der Geburt war die
Zeit der Unreinheit für Mutter und Kind vorüber, die im

Gesetz Moses festgelegt ist. Da brachten die Eltern das Kind in den Tempel nach Jerusalem, um es Gott zu weihen. 23 Denn im Gesetz Gottes heißt es: »Wenn das erste Kind, das eine Frau zur Welt bringt, ein Sohn ist, soll es dem Herrn gehören.« 24 Zugleich brachten sie das Reinigungsopfer, wie es im Gesetz des Herrn vorgeschrieben ist: ein Paar Turteltauben oder zwei junge Tauben.

SIMEON UND HANNA ERKENNEN DEN RETTER UND MACHEN IHN BEKANNT (DER LOBGESANG SIMEONS: NUNC DIMITTIS)

25 Damals lebte in Jerusalem ein Mann namens Simeon. Er war fromm, hielt sich treu an Gottes Gesetz und wartete auf die Rettung Israels. Er war vom Geist Gottes erfüllt, 26 und der hatte ihm die Gewissheit gegeben, er werde nicht sterben, bevor er den von Gott versprochenen Retter mit eigenen Augen gesehen habe. 27 Simeon folgte einer Eingebung des Heiligen Geistes und ging in den Tempel. Als die Eltern das Kind Jesus dorthin brachten und es Gott weihen wollten, wie es nach dem Gesetz üblich war, 28 nahm Simeon das Kind auf die Arme, pries Gott und sagte: // 29 »Herr, nun kann ich in Frieden sterben, / denn du hast dein Versprechen eingelöst! / 30-31 Mit eigenen Augen habe ich es gesehen: / Du hast dein rettendes Werk begonnen, / und alle Welt wird es erfahren. / 32 Allen Völkern sendest du das Licht, / und dein Volk Israel bringst du zu Ehren.« // 33 Der Vater von Jesus und seine Mutter wunderten sich über das, was Simeon von dem Kind sagte. 34-35 Simeon segnete sie und sagte zur Mutter Maria: »Dieses Kind ist von Gott dazu bestimmt, viele in Israel zu Fall zu bringen und viele aufzurichten. Es wird ein Zeichen Gottes sein, gegen das sich viele auflehnen werden. So sollen ihre innersten Gedanken an den Tag kommen. Du aber wirst um dieses Kind viele Schmerzen leiden müssen; wie ein scharfes Schwert werden sie dir ins Herz schneiden.« 36 In Jerusalem lebte auch eine Prophetin namens Hanna, eine Tochter Penuëls aus dem Stamm Ascher. Sie war schon sehr alt. Sieben Jahre war sie verheiratet gewesen, 37 und seit vierundachtzig Jahren war sie Witwe. Sie verließ den Tempel nicht mehr und diente Gott Tag und Nacht mit Fasten und Beten. 38 Auch sie kam jetzt hinzu und pries Gott. Sie sprach über das Kind zu allen, die auf die Rettung Jerusalems warteten.

DIE RÜCKKEHR NACH NAZARET

39 Als Maria und Josef alles getan hatten, was das Gesetz des Herrn vorschreibt, kehrten sie mit Jesus nach Galiläa in ihre Heimatstadt Nazaret zurück. 40 Das Kind wuchs heran und wurde kräftig. Es hatte ein ungewöhnliches Verständnis für den Willen Gottes, und Gottes Liebe ruhte sichtbar auf ihm.

GOTTES SOHN, DER KOMMENDE LEHRER ISRAELS (DER ZWÖLFJÄHRIGE JESUS IM TEMPEL)

41 Die Eltern von Jesus gingen jedes Jahr zum Passafest nach Jerusalem. 42 Als Jesus zwölf Jahre alt war, nahmen sie ihn zum ersten Mal mit. 43 Nach den Festtagen machten die Eltern sich wieder auf den Heimweg, während der junge Jesus in Jerusalem blieb. Seine Eltern wussten aber nichts davon. 44 Sie dachten, er sei irgendwo unter den Pilgern. Sie wanderten den ganzen Tag und suchten ihn dann abends unter ihren Verwandten und Bekannten. 45 Als sie ihn nicht fanden, kehrten sie am folgenden Tag nach Jerusalem zurück und suchten ihn dort. 46 Endlich am dritten Tag entdeckten sie ihn im Tempel. Er saß mitten unter den Gesetzeslehrern, hörte ihnen zu und diskutierte mit ihnen. 47 Alle, die dabei waren, staunten über sein Verständnis und seine Antworten. 48 Seine Eltern waren ganz außer sich, als sie ihn hier fanden. Die Mutter sagte zu ihm: »Kind, warum hast du uns das angetan? Dein Vater und ich haben dich überall gesucht und große Angst um dich ausgestanden.« 49 Jesus antwortete: »Warum habt ihr mich denn gesucht? Habt ihr nicht gewusst, dass ich im Haus meines Vaters sein muss?« 50 Aber sie verstanden nicht, was er damit meinte. 51 Jesus kehrte mit seinen Eltern nach Nazaret zurück und gehorchte ihnen willig. Seine Mutter aber bewahrte das alles in ihrem Herzen. 52 Jesus nahm weiter zu an Jahren wie an Verständnis, und Gott und die Menschen hatten ihre Freude an ihm.

JOHANNES DER TÄUFER TRITT AUF

3 Es war im fünfzehnten Regierungsjahr des Kaisers Tiberius. Pontius Pilatus war Statthalter von Judäa, Herodes Antipas regierte in Galiläa, sein Bruder Philippus in Ituräa und Trachonitis, Lysanias regierte in Abilene. 2 Die Obersten Priester waren Hannas und Kajaphas. Johannes, der Sohn von Zacharias, hielt sich noch in der Wüste auf. Dort erging an ihn der Ruf Gottes. 3 Da machte er sich auf, durchzog die ganze Gegend am Jordan und verkündete: »Kehrt um und lasst euch taufen, denn Gott will euch eure Schuld vergeben!« 4 Schon im Buch des Propheten Jesaja steht: »In der Wüste ruft einer: ›Macht den Weg bereit, auf dem der Herr kommt! Ebnet ihm die Straßen! 5 Füllt alle Täler auf, tragt Berge und Hügel ab, beseitigt die Windungen und räumt die Hindernisse aus dem Weg! 6 Dann wird alle Welt sehen, wie Gott die Rettung bringt.‹«

DER TÄUFER FORDERT RADIKALE UMKEHR

7 Die Menschen kamen in Scharen zu Johannes, um sich von ihm taufen zu lassen. Er hielt ihnen vor: »Ihr Schlangenbrut, wer hat euch gesagt, dass ihr dem bevorstehenden Gericht Gottes entgeht? 8 Zeigt durch eure Taten, dass ihr es mit der Umkehr ernst meint! Ihr bildet euch ein, dass euch nichts geschehen kann, weil Abraham euer Stammvater ist. Aber das sage ich euch: Gott kann Abraham aus diesen Steinen hier neue Nachkommen schaffen! 9 Die Axt ist auch schon angelegt, um die Bäume an der Wurzel abzuschlagen. Jeder Baum, der keine guten Früchte bringt, wird umgehauen und ins Feuer geworfen.« 10 Die Menschen fragten Johannes: »Was sollen wir denn tun?« 11 Seine Antwort war: »Wer zwei Hemden hat, soll dem eins geben, der keines hat. Und wer etwas zu essen hat, soll es mit jemand teilen, der hungert.« 12 Auch Zolleinnehmer kamen und wollten sich taufen lassen; sie fragten

ihn: »Lehrer, was sollen wir tun?« 13 Seine Antwort
war: »Verlangt nicht mehr, als festgesetzt ist!« 14 Auch
Soldaten fragten ihn: »Was sollen denn *wir* tun?« Die
Antwort war: »Beraubt und erpresst niemand, sondern
gebt euch mit eurem Sold zufrieden!«

DER TÄUFER WEIST AUF CHRISTUS HIN

15 Das Volk war voll Erwartung und fragte sich, ob
Johannes vielleicht der versprochene Retter sei. 16 Da
erklärte er allen: »Ich taufe euch mit Wasser. Es kommt
aber der, der mächtiger ist als ich. Ich bin nicht einmal
gut genug, ihm die Schuhe aufzubinden. Er wird euch
mit dem Heiligen Geist und mit dem Feuer des Gerichts
taufen. 17 Er hat die Worfschaufel in seiner Hand, um
die Spreu vom Weizen zu scheiden und den Weizen in
seine Scheune zu bringen. Die Spreu wird er in einem
Feuer verbrennen, das nie mehr ausgeht.« 18 Mit die-
sen und vielen anderen Worten rüttelte Johannes das
Volk auf und verkündete ihm die Gute Nachricht vom
Kommen des versprochenen Retters.

DAS WIRKEN DES TÄUFERS GEHT ZU ENDE

19 Johannes tadelte auch den Fürsten Herodes, weil
er Herodias, die Frau seines Bruders, geheiratet und
auch sonst viel Unrecht getan hatte. 20 Deswegen ließ
Herodes ihn ins Gefängnis werfen und lud zu allem
anderen auch noch diese Schuld auf sich.

JESUS LÄSST SICH TAUFEN

21 Zusammen mit dem ganzen Volk hatte auch Jesus
sich taufen lassen. Gleich darauf, während er betete,
öffnete sich der Himmel. 22 Der Heilige Geist kam sicht-
bar auf ihn herab, anzusehen wie eine Taube. Und eine
Stimme sagte vom Himmel her: »Du bist mein Sohn, dir
gilt meine Liebe, dich habe ich erwählt.«

JESUS – ZIEL UND ERFÜLLUNG DER GESCHICHTE ISRAELS UND DER MENSCHHEIT

23 Als Jesus sein Werk begann, war er etwa dreißig Jahre
alt. Er galt als Sohn Josefs. // Josef war ein Sohn Elis;
24 seine weiteren Vorfahren waren: Mattat, Levi, Melchi,
Jannai, Josef, / 25 Mattitja, Amos, Nahum, Hesli, Naggai,
26 Mahat, Mattitja, / Schimi, Josech, Joda, 27 Johanan,
Resa, Serubbabel, Schealtiël, / Neri, 28 Melchi, Addi, Ko-
sam, Elmadam, Er, 29 Joschua, / Eliëser, Jorim, Mattat,
Levi, 30 Simeon, Juda, Josef, / Jonam, Eljakim, 31 Melea,
Menna, Mattata, Natan, David, / 32 Isai, Obed, Boas,
Salmon, Nachschon, 33 Amminadab, Admin, / Arni, Hez-
ron, Perez, Juda, 34 Jakob, Isaak, Abraham, / Terach,
Nahor, 35 Serug, Regu, Peleg, Eber, Schelach, / 36 Kenan,
Arpachschad, Sem, Noach, Lamech, 37 Metuschelach,
Henoch, / Jered, Mahalalel, Kenan, 38 Enosch, Set,
Adam – und Adam stammte von Gott. //

JESUS WIRD AUF DIE PROBE GESTELLT

4 1-2 Vom Heiligen Geist erfüllt, ging Jesus vom Jordan
weg. Vierzig Tage lang wurde er vom Geist in der
Wüste umhergetrieben und vom Teufel auf die Probe
gestellt. Während dieser ganzen Zeit aß er nichts, sodass
er schließlich sehr hungrig war. 3 Da sagte der Teufel
zu ihm: »Wenn du Gottes Sohn bist, dann befiehl doch
diesem Stein hier, dass er zu Brot wird!« 4 Jesus ant-
wortete: »In den Heiligen Schriften steht: ›Der Mensch
lebt nicht nur von Brot.‹« 5 Darauf führte ihn der Teufel
hinauf und zeigte ihm auf einen Blick alle Reiche der
Welt 6 und sagte: »Ich will dir die Macht über alle diese
Reiche in ihrer ganzen Größe und Pracht geben. Sie ist
mir übertragen worden und ich kann sie weitergeben,
an wen ich will. 7 Alles soll dir gehören, wenn du dich
vor mir niederwirfst und mich anbetest.« 8 Aber Jesus
sagte: »In den Heiligen Schriften heißt es: ›Vor dem
Herrn, deinem Gott, wirf dich nieder, ihn sollst du an-
beten und niemand sonst!‹« 9 Dann führte ihn der Teufel
nach Jerusalem, stellte ihn auf den höchsten Punkt des
Tempels und sagte: »Wenn du Gottes Sohn bist, dann
spring doch hinunter; 10 denn in den Heiligen Schriften
steht: ›Deinetwegen wird Gott seine Engel schicken,
dass sie dich beschützen.‹ 11 Und: ›Sie werden dich auf
Händen tragen, damit du dich an keinem Stein stößt.‹«
12 Jesus antwortete ihm: »Es heißt in den Heiligen Schrif-
ten auch: ›Du sollst den Herrn, deinen Gott, nicht her-
ausfordern.‹« 13 Als der Teufel mit alldem Jesus nicht zu
Fall bringen konnte, ließ er ihn vorläufig in Ruhe.

JESUS BEGINNT SEIN WIRKEN IN GALILÄA

14 Erfüllt mit der Kraft des Heiligen Geistes kehrte Jesus
nach Galiläa zurück. Die Kunde von ihm verbreitete
sich in der ganzen Gegend. 15 Er lehrte in den Synago-
gen und alle sprachen mit höchster Achtung von ihm.

JESUS WIRD IN NAZARET ABGELEHNT

16 So kam Jesus auch nach Nazaret, wo er aufgewach-
sen war. Am Sabbat ging er wie immer in die Synagoge.
Er stand auf, um aus den Heiligen Schriften vorzulesen,
17 und der Synagogendiener reichte ihm die Buchrolle
mit den Worten des Propheten Jesaja. Jesus rollte sie
auf und wählte die Stelle aus, an der es heißt: 18 »Der
Geist des Herrn hat von mir Besitz ergriffen, weil der
Herr mich gesalbt und bevollmächtigt hat. Er hat mich
gesandt, den Armen gute Nachricht zu bringen, den
Gefangenen zu verkünden, dass sie frei sein sollen, und
den Blinden, dass sie sehen werden. Den Misshandelten
soll ich die Freiheit bringen, 19 und das Jahr ausrufen,
in dem der Herr sich seinem Volk gnädig zuwendet.«
20 Jesus rollte das Buch wieder zusammen, gab es
dem Synagogendiener zurück und setzte sich. Alle in
der Synagoge blickten gespannt auf ihn. 21 Er begann
und sagte: »Heute, da ihr dieses Prophetenwort aus
meinem Mund hört, ist es unter euch in Erfüllung ge-
gangen.« 22 Alle spendeten seiner Rede Beifall und
staunten über die Botschaft von Gottes rettender
Gnade. Aber sie wunderten sich, so etwas aus seinem
Mund zu hören, und sagten zueinander: »Ist das nicht
der Sohn Josefs?« 23 Da sagte Jesus zu ihnen: »Sicher
werdet ihr mir jetzt mit dem Sprichwort kommen: ›Arzt,
hilf dir selbst! Wenn du in Kafarnaum so große Dinge
getan hast, wie wir gehört haben, dann tu sie auch hier
in deiner Vaterstadt!‹ 24 Aber ich versichere euch: Kein

Prophet gilt etwas in seiner Heimat. 25 Ja, ich muss euch noch mehr sagen: Zur Zeit des Propheten Elija lebten viele Witwen in Israel, damals, als es dreieinhalb Jahre lang nicht regnete und im ganzen Land große Hungersnot herrschte. 26 Trotzdem wurde Elija zu keiner von ihnen geschickt, sondern zu einer Witwe in Sarepta im Gebiet von Sidon. 27 Und zur Zeit des Propheten Elischa gab es viele Aussätzige in Israel; aber keiner von ihnen wurde geheilt, nur der Syrer Naaman.« 28 Als die Menschen in der Synagoge das hörten, wurden sie wütend. 29 Sie sprangen auf und trieben Jesus aus der Stadt hinaus, bis an den Rand des Berges, auf dem Nazaret liegt. Dort wollten sie ihn hinunterstürzen. 30 Aber Jesus ging mitten durch die Menge hindurch und zog weiter.

JESUS ZEIGT SEINE MACHT

31 Jesus ging hinunter nach Kafarnaum, einer Stadt in Galiläa. Dort sprach er jeweils am Sabbat in der Synagoge, 32 und die Menschen waren sehr beeindruckt; denn er redete wie einer, den Gott dazu ermächtigt hat. 33 In der Synagoge war ein Mann, der von einem bösen Geist besessen war. Der schrie laut: 34 »Lass uns in Ruhe, Jesus von Nazaret! Was hast du bei uns zu suchen? Du bist doch nur gekommen, um uns zu vernichten! Ich weiß genau, wer du bist: Du bist der, der an Gottes Heiligkeit teilhat!« 35 Drohend sagte Jesus zu dem bösen Geist: »Schweig und fahr aus von diesem Menschen!« Da schleuderte der Geist den Mann in die Mitte der Synagoge und fuhr aus, ohne ihm einen Schaden zuzufügen. 36 Die Leute erschraken alle und sagten zueinander: »Was für eine Wortgewalt! Mit Vollmacht und Kraft gibt er den bösen Geistern einen Befehl und sie fahren aus!« 37 So kam es, dass man bald in der ganzen Gegend von Jesus sprach.

JESUS HEILT DIE SCHWIEGERMUTTER VON PETRUS UND VIELE ANDERE MENSCHEN

38 Jesus verließ die Synagoge und ging in das Haus Simons. Dessen Schwiegermutter lag mit hohem Fieber im Bett, und die Leute im Haus baten Jesus, ihr zu helfen. 39 Jesus trat zu ihr hin, bedrohte das Fieber, und es verschwand. Sofort stand sie auf und bereitete für alle das Essen. 40 Als die Sonne unterging, brachten alle Leute ihre Kranken zu Jesus, Männer und Frauen mit den verschiedensten Leiden. Jedem Einzelnen legte Jesus die Hände auf und heilte sie. 41 Von vielen Besessenen fuhren böse Geister aus, die schrien: »Du bist der Sohn Gottes!« Aber Jesus drohte ihnen und ließ sie nicht weiterreden; denn sie wussten, dass er der versprochene Retter war.

AUFBRUCH ZUR VERKÜNDIGUNG DER BOTSCHAFT IM GANZEN LAND

42 Am nächsten Morgen verließ Jesus die Stadt und zog sich an eine abgelegene Stelle zurück. Aber die Leute suchten nach ihm, bis sie ihn fanden; sie wollten ihn festhalten und nicht weggehen lassen. 43 Doch er sagte zu ihnen: »Ich muss auch den anderen Städten die Gute Nachricht verkünden, dass Gott seine Herrschaft aufrichtet; denn dazu hat Gott mich gesandt.« 44 Von da an verkündete Jesus die Gute Nachricht überall in den Synagogen des jüdischen Landes.

DIE ERSTEN JÜNGER

5 Eines Tages stand Jesus am Ufer des Sees von Gennesaret. Die Menschen drängten sich um ihn und wollten Gottes Botschaft hören. 2 Da sah er zwei Boote am Ufer liegen. Die Fischer waren ausgestiegen und reinigten ihre Netze. 3 Er stieg in das eine der Boote, das Simon gehörte, und bat ihn, ein Stück vom Ufer abzustoßen. Dann setzte er sich und sprach vom Boot aus zu der Menschenmenge. 4 Als er seine Rede beendet hatte, sagte er zu Simon: »Fahr hinaus auf den See und wirf mit deinen Leuten die Netze zum Fang aus!« 5 Simon erwiderte: »Herr, wir haben uns die ganze Nacht abgemüht und nichts gefangen. Aber weil du es sagst, will ich die Netze noch einmal auswerfen.« 6 Sie taten es und fingen so viele Fische, dass die Netze zu reißen drohten. 7 Sie mussten die Fischer im anderen Boot zur Hilfe herbeiwinken. Schließlich waren beide Boote so überladen, dass sie fast untergingen. 8 Als Simon Petrus das sah, warf er sich vor Jesus nieder und bat: »Herr, geh fort von mir! Ich bin ein sündiger Mensch!« 9 Denn ihn und alle anderen, die bei ihm im Boot waren, hatte die Furcht gepackt, weil sie einen so gewaltigen Fang gemacht hatten. 10 So ging es auch denen aus dem anderen Boot, Jakobus und Johannes, den Söhnen von Zebedäus, die mit Simon zusammenarbeiteten. Jesus aber sagte zu Simon: »Hab keine Angst! Von jetzt an wirst du Menschen fischen!« 11 Da zogen sie die Boote an Land, ließen alles zurück und folgten Jesus.

JESUS HEILT EINEN AUSSÄTZIGEN

12 In einer der Ortschaften traf Jesus einen Mann, der am ganzen Körper den Aussatz hatte. Als er Jesus sah, warf er sich vor ihm nieder, das Gesicht zur Erde, und flehte ihn an: »Herr, wenn du willst, kannst du mich gesund machen!« 13 Jesus streckte die Hand aus und berührte ihn. »Ich will«, sagte er, »sei gesund!« Im selben Augenblick verschwand der Aussatz. 14 Jesus befahl ihm, niemand etwas zu sagen. »Sondern geh zum Priester«, sagte er, »lass dir von ihm deine Heilung bestätigen und bring die Opfer, die Mose zur Wiederherstellung der Reinheit vorgeschrieben hat. So sollen alle erfahren, dass du geheilt worden bist.« 15 Darauf verbreitete sich die Nachricht von Jesus noch mehr. Scharenweise kamen die Menschen, um ihn zu hören und sich von ihren Krankheiten heilen zu lassen. 16 Aber Jesus zog sich zurück und hielt sich in einsamen Gegenden auf, um zu beten.

JESUS HEILT EINEN GELÄHMTEN

17 Während dieser Zeit geschah einmal Folgendes: Jesus sprach gerade zu den Menschen, und vor ihm saßen Pharisäer und Gesetzeslehrer, die aus allen Ortschaften Galiläas und Judäas und sogar aus Jerusalem gekommen waren. In Jesus war Gottes Kraft am Werk und trieb ihn dazu, Kranke zu heilen. 18 Da brachten

einige Männer einen Gelähmten auf einer Tragbahre
herbei. Sie wollten ihn in das Haus hineintragen und
vor Jesus niederlegen. 19 Aber wegen der Menschen-
menge konnten sie nicht bis zu Jesus durchkommen. So
stiegen sie auf das Dach, deckten einige Ziegel ab und
ließen die Bahre mit dem Kranken mitten in der Menge
genau vor Jesus nieder. 20 Als Jesus sah, wie groß ihr
Vertrauen war, sagte er zu dem Kranken: »Du Mensch,
deine Schuld ist dir vergeben!« 21 Die Gesetzeslehrer
und Pharisäer dachten: »Was maßt der sich an, dass
er eine solche Gotteslästerung auszusprechen wagt!
Nur Gott kann den Menschen ihre Schuld vergeben,
sonst niemand!« 22 Aber Jesus wusste, was sie dachten,
und fragte sie: »Was macht ihr euch da für Gedanken?
23 Was ist leichter – zu sagen: ›Deine Schuld ist dir ver-
geben‹, oder: ›Steh auf und geh umher‹? 24 Aber ihr sollt
sehen, dass der Menschensohn die Vollmacht hat, hier
auf der Erde Schuld zu vergeben!« Und er sagte zu dem
Gelähmten: »Ich befehle dir: Steh auf, nimm deine Trag-
bahre und geh nach Hause!« 25 Sofort stand der Mann
vor aller Augen auf, nahm die Bahre, auf der er gelegen
hatte, und ging nach Hause. Dabei pries er Gott. 26 Eine
große Erregung erfasste alle, die versammelt waren,
und auch sie priesen Gott. Von Furcht erfüllt, sagten sie:
»Unglaubliche Dinge haben wir heute erlebt!«

JESUS BERUFT LEVI UND ISST MIT DEN ZOLLEINNEHMERN

27 Als Jesus danach die Stadt verließ, sah er einen Zollein-
nehmer an der Zollstelle sitzen. Er hieß Levi. Jesus sagte
zu ihm: »Komm, folge mir!« 28 Und Levi ließ alles zurück,
stand auf und folgte Jesus. 29 Später gab Levi für Jesus
ein großes Festessen in seinem Haus. Daran nahmen
viele seiner bisherigen Kollegen und andere Bekannte
teil. 30 Die Pharisäer, besonders die Gesetzeslehrer un-
ter ihnen, murrten darüber und sagten zu den Jüngern:
»Warum esst und trinkt ihr mit den Zolleinnehmern
und ähnlichem Volk?« 31 Aber Jesus antwortete ihnen:
»Nicht die Gesunden brauchen den Arzt, sondern die
Kranken. 32 Ich bin nicht gekommen, solche Menschen in
Gottes neue Welt einzuladen, bei denen alles in Ordnung
ist, sondern solche, die Gott den Rücken gekehrt haben.
Sie soll ich dazu aufrufen, ihr Leben zu ändern.«

DIE HOCHZEIT HAT BEGONNEN

33 Darauf hielten die Pharisäer und ihre Gesetzeslehrer
Jesus vor: »Die Jünger des Täufers Johannes fasten oft
und verrichten Gebete, so wie es auch unsere Jünger
tun. Aber deine Jünger essen und trinken!« 34 Jesus
antwortete: »Ihr könnt doch nicht verlangen, dass die
Hochzeitsgäste fasten, solange der Bräutigam da ist!
35 Die Zeit kommt früh genug, dass der Bräutigam ih-
nen entrissen wird; dann werden sie fasten.« 36 Jesus
erklärte ihnen das Verhalten seiner Jünger noch weiter
in Bildern; er sagte: »Niemand schneidet ein Stück von
einem neuen Kleid ab, um damit ein altes zu flicken. Sonst
hat er das neue Kleid zerschnitten, und zu dem alten
passt der Flicken von dem neuen gar nicht. 37 Auch füllt
niemand neuen Wein, der noch gärt, in alte Schläuche.
Sonst sprengt der neue Wein die alten Schläuche; der
Wein fließt aus und auch die Schläuche sind hin. 38 Nein,
neuer Wein gehört in neue Schläuche! 39 Aber niemand,
der alten Wein getrunken hat, wird danach neuen haben
wollen. Denn er wird sagen: ›Der alte ist besser.‹«

JESUS UND DER SABBAT

6 An einem Sabbat ging Jesus durch die Felder. Seine
Jünger rissen Ähren ab, zerrieben sie in der Hand
und aßen die Körner. 2 Da sagten einige von den Pharisä-
ern: »Warum tut ihr da etwas, was nach dem Gesetz am
Sabbat verboten ist?« 3 Jesus antwortete ihnen: »Habt
ihr denn nicht gelesen, was David tat, als er und seine
Männer hungrig waren? 4 Er ging in das Haus Gottes,
nahm die geweihten Brote, aß davon und gab auch sei-
nen Begleitern zu essen, obwohl nach dem Gesetz nur
Priester davon essen dürfen.« 5 Und Jesus fügte hinzu:
»Der Menschensohn ist Herr über den Sabbat; er hat
zu bestimmen, was an diesem Tag getan werden darf.«

JESUS HEILT AM SABBAT

6 An einem anderen Sabbat ging Jesus in die Synagoge
und sprach zu den Menschen. Dort war ein Mann,
dessen rechte Hand war abgestorben. 7 Die Geset-
zeslehrer und die Pharisäer suchten einen Anlass,
Jesus anzuzeigen; sie beobachteten deshalb genau,
ob er am Sabbat heilen würde. 8 Aber Jesus kannte
ihre Gedanken. Er sagte zu dem Mann mit der abge-
storbenen Hand: »Steh auf und stell dich in die Mitte!«
Der Mann stand auf und trat vor. 9 Dann sagte Jesus zu
den Gesetzeslehrern und den Pharisäern: »Ich frage
euch, was darf man nach dem Gesetz am Sabbat tun?
Gutes oder Böses? Einem Menschen das Leben retten
oder ihn umkommen lassen?« 10 Er schaute sie alle der
Reihe nach an und sagte zu dem Mann: »Streck deine
Hand aus!« Er tat es und sie wurde wieder gesund.
11 Die Gesetzeslehrer und die Pharisäer packte eine
unsinnige Wut und sie berieten miteinander, was sie
gegen Jesus unternehmen könnten.

JESUS WÄHLT DIE ZWÖLF APOSTEL AUS

12 Damals geschah Folgendes: Jesus ging auf einen
Berg, um zu beten. Die ganze Nacht hindurch sprach
er im Gebet mit Gott. 13 Als es Tag wurde, rief er seine
Jünger zu sich und wählte aus ihnen zwölf aus, die er
auch Apostel nannte. 14-16 Es waren: // Simon, dem
er den Namen Petrus gab, / und dessen Bruder An-
dreas; / dazu Jakobus, / Johannes, / Philippus, / Bar-
tholomäus, / Matthäus, / Thomas, / Jakobus, der Sohn
von Alphäus, / Simon, genannt der Zelot, / Judas, der
Sohn von Jakobus, / und Judas Iskariot, der Jesus spä-
ter verriet. //

DIE BERGPREDIGT – DIE SCHAR DER ZUHÖRENDEN: DIE APOSTEL, DIE JÜNGER UND DAS VOLK

17 Jesus stieg mit den Aposteln den Berg hinunter. Auf
einem ebenen Platz hatte sich eine große Menge sei-
ner Jünger versammelt, Männer und Frauen, und dazu

noch viele Menschen aus dem ganzen jüdischen Land
und aus Jerusalem und aus dem Küstengebiet von Ty-
rus und Sidon. 18 Sie wollten ihn hören und sich von
ihren Krankheiten heilen lassen. Menschen, die von
bösen Geistern besessen waren, wurden von ihnen
befreit. 19 Alle wollten Jesus berühren, denn es ging
heilende Kraft von ihm aus und machte sie alle gesund.

WER SICH FREUEN DARF ...
SELIGPREISUNGEN UND WEHERUFE

20 Jesus blickte auf die große Schar seiner Jünger,
die Männer und Frauen, und sagte: »Freut euch, ihr
Armen! Ihr werdet mit Gott leben in seiner neuen Welt.
21 Freut euch, die ihr jetzt Hunger habt! Gott wird euch
satt machen. Freut euch, die ihr jetzt weint! Bald wer-
det ihr lachen. 22 Freuen dürft ihr euch, wenn euch die
Leute hassen, ja, wenn sie euch aus ihrer Gemeinschaft
ausstoßen und beschimpfen und verleumden, weil ihr
euch zum Menschensohn bekennt! 23 Freut euch und
springt vor Freude, wenn das geschieht; denn Gott
wird euch reich belohnen. Mit den Propheten haben
es die Vorfahren dieser Leute auch so gemacht. 24 Aber
weh euch, ihr Reichen! Ihr habt euren Anteil bereits
bekommen. 25 Weh euch, die ihr jetzt satt seid! Ihr wer-
det hungern. Weh euch, die ihr jetzt lacht! Ihr werdet
weinen und klagen. 26 Weh euch, wenn euch alle Leute
loben; denn genauso haben es ihre Vorfahren mit den
falschen Propheten gemacht.«

DIE FEINDE LIEBEN

27 »Euch, die ihr mir zuhört, sage ich: Liebt eure Feinde;
tut denen Gutes, die euch hassen; 28 segnet die, die
euch verfluchen, und betet für alle, die euch schlecht
behandeln. 29 Wenn dich jemand auf die Backe schlägt,
dann halte ihm auch die andere Backe hin. Wenn dir
jemand den Mantel wegnimmt, dann gib ihm noch das
Hemd dazu. 30 Wenn jemand dich um etwas bittet, dann
gib es ihm; und wenn jemand dir etwas wegnimmt,
dann fordere es nicht zurück. 31 Behandelt die Men-
schen so, wie ihr selbst von ihnen behandelt sein wollt.
32 Warum erwartet ihr von Gott eine Belohnung, wenn
ihr nur die liebt, die euch auch lieben? Das tun sogar
die Menschen, die nicht nach dem Willen Gottes fra-
gen. 33 Warum erwartet ihr von Gott eine Belohnung,
wenn ihr nur die gut behandelt, die euch auch gut be-
handeln? Das tun auch die hartgesottensten Sünder.
34 Warum erwartet ihr von Gott eine Belohnung, wenn
ihr nur denen etwas leiht, von denen ihr wisst, dass
sie es euch zurückgeben werden? Ausleihen, um es
auf Heller und Pfennig zurückzubekommen, das tun
auch die Sünder gegenüber ihresgleichen! 35 Nein, eure
Feinde sollt ihr lieben! Tut Gutes und leiht, ohne etwas
zurückzuerwarten! Dann bekommt ihr reichen Lohn:
Ihr werdet zu Kindern des Höchsten. Denn auch er ist
gut zu den undankbaren und schlechten Menschen.«

NIEMAND VERURTEILEN

36 »Werdet barmherzig, so wie euer Vater barmher-
zig ist! 37 Verurteilt nicht andere, dann wird Gott auch
euch nicht verurteilen. Sitzt über niemand zu Gericht,
dann wird Gott auch über euch nicht zu Gericht sitzen.
Verzeiht, dann wird Gott euch verzeihen. 38 Schenkt,
dann wird Gott euch schenken; ja, er wird euch so
überreich beschenken, dass ihr gar nicht alles fas-
sen könnt. Darum gebraucht anderen gegenüber ein
reichliches Maß; denn Gott wird bei euch dasselbe
Maß verwenden.«

GEGEN BLINDE UND ÜBERHEBLICHE BESSERWISSEREI

39 Jesus machte ihnen auch in Bildern deutlich, wo-
vor sie sich hüten sollen; er sagte: »Kein Blinder kann
einen Blinden führen, sonst fallen beide in die Grube.
40 Kein Schüler steht *über* seinem Lehrer. Und wenn er
ausgelernt hat, soll er *wie* sein Lehrer sein. 41 Warum
kümmerst du dich um den Splitter im Auge deines Bru-
ders oder deiner Schwester und bemerkst nicht den
Balken in deinem eigenen? 42 Wie kannst du zu dei-
nem Bruder oder deiner Schwester sagen: ›Komm her,
Bruder; komm her, Schwester; ich will dir den Splitter
aus dem Auge ziehen‹, und merkst gar nicht, dass du
selbst einen ganzen Balken im Auge hast? Scheinheilig
bist du! Zieh doch erst den Balken aus deinem eigenen
Auge, dann kannst du dich um den Splitter in einem
anderen Auge kümmern!«

DER BAUM UND DIE FRÜCHTE

43 »Ein gesunder Baum trägt keine schlechten Früchte
und ein kranker Baum trägt keine guten. 44 An den
Früchten ist zu erkennen, was jeder Baum wert ist.
Von Disteln kann man ja auch keine Feigen pflücken
und von Dornengestrüpp keine Weintrauben ernten.
45 Ein guter Mensch bringt Gutes hervor, weil er im
Herzen gut ist. Aber ein schlechter Mensch kann nur
Böses hervorbringen, weil er von Grund auf böse ist.
Denn wovon das Herz voll ist, davon redet der Mund!«

DAS GLEICHNIS VOM HAUSBAU

46 »Was nennt ihr mich immerzu ›Herr‹, wenn ihr doch
nicht tut, was ich sage? 47 Wer zu mir kommt und meine
Worte hört und sich nach ihnen richtet – ich werde
euch zeigen, wem er gleicht: 48 Er gleicht einem Men-
schen, der ein Haus baute und dabei tief grub und die
Fundamente auf Felsgrund legte. Als das Hochwasser
kam, prallten die Fluten gegen das Haus, aber es blieb
stehen, weil es so fest gebaut war. 49 Wer dagegen
meine Worte hört und sich nicht nach ihnen richtet, ist
wie ein Mensch, der sein Haus einfach auf das Erdreich
stellte, ohne ein Fundament. Als die Fluten dagegen-
prallten, fiel es sofort in sich zusammen und alles lag
in Trümmern.«

DER HAUPTMANN VON KAFARNAUM

7 Nachdem Jesus das alles vor den Ohren des ver-
sammelten Volkes gesagt und seine Rede been-
det hatte, ging er nach Kafarnaum. 2 Dort lebte ein
Hauptmann, ein Nichtjude. Er hatte einen Diener,
den er sehr schätzte; der war schwer krank und lag

im Sterben. 3 Als der Hauptmann von Jesus hörte,
schickte er einige von den jüdischen Ortsvorstehern
zu ihm. Sie sollten ihn bitten, zu kommen und seinem
Diener das Leben zu retten. 4 Die Männer kamen zu
Jesus und baten ihn dringend: »Der Mann ist es wert,
dass du ihm hilfst. 5 Er liebt unser Volk. Er hat uns so-
gar die Synagoge gebaut.« 6 Jesus ging mit ihnen. Als
er nicht mehr weit vom Haus entfernt war, schickte
der Hauptmann ihm Freunde entgegen und ließ ihm
ausrichten: »Herr, bemühe dich doch nicht! Ich weiß,
dass ich dir, einem Juden, nicht zumuten kann, mein
Haus zu betreten. 7 Deshalb hielt ich mich auch nicht
für würdig, selbst zu dir zu kommen. Sag nur ein Wort
und mein Diener wird gesund! 8 Auch ich unterstehe
höherem Befehl und kann meinen Soldaten Befehle
erteilen. Wenn ich zu einem sage: ›Geh!‹, dann geht er;
wenn ich zu einem andern sage: ›Komm!‹, dann kommt
er; und wenn ich meinem Diener befehle: ›Tu das!‹,
dann tut er's.« 9 Als Jesus das hörte, wunderte er sich
über ihn. Er drehte sich um und sagte zu der Menge,
die ihm folgte: »Wahrhaftig, solch ein Vertrauen habe
ich nicht einmal in Israel gefunden!« 10 Als die Boten
des Hauptmanns in das Haus zurückkamen, war der
Diener gesund.

JESUS MACHT EINEN TOTEN LEBENDIG

11 Bald darauf ging Jesus nach Naïn. Seine Jünger, die
Männer und Frauen, und noch viele Leute folgten ihm.
12 Als sie in die Nähe des Stadttores kamen, wurde ge-
rade ein Toter zur Bestattung hinausgetragen. Es war
der Sohn einer Witwe, ihr einziger. Zahlreiche Bewoh-
ner der Stadt begleiteten die Mutter. 13 Als der Herr die
Witwe sah, ergriff ihn das Mitleid und er sagte zu ihr:
»Weine nicht!« 14 Dann trat er näher und berührte
die Bahre; die Träger blieben stehen. Er sagte zu dem
Toten: »Du junger Mann, ich befehle dir: Steh auf!«
15 Da richtete der Tote sich auf und fing an zu reden,
und Jesus gab ihn seiner Mutter zurück. 16 Alle wurden
von Furcht gepackt; sie priesen Gott und riefen: »Ein
großer Prophet ist unter uns aufgetreten! Gott selbst
ist seinem Volk zu Hilfe gekommen!« 17 Die Kunde von
dem, was Jesus getan hatte, verbreitete sich im ganzen
jüdischen Land und in allen angrenzenden Gebieten.

DIE ANFRAGE DES TÄUFERS JOHANNES

18 Johannes hörte durch seine Jünger von all diesen Er-
eignissen. Er rief zwei von ihnen zu sich 19 und schickte
sie zum Herrn mit der Frage: »Bist du wirklich der, der
kommen soll, oder müssen wir auf einen anderen war-
ten?« 20 Die beiden kamen zu Jesus und sagten zu ihm:
»Der Täufer Johannes hat uns zu dir geschickt, um
dich zu fragen: ›Bist du wirklich der, der kommen soll,
oder müssen wir auf einen anderen warten?‹« 21 Jesus
heilte damals gerade viele Leute von Krankheiten und
schlimmen Leiden; er befreite Menschen von bösen
Geistern und gab vielen Blinden das Augenlicht. 22 Er
antwortete den Boten: »Geht zurück zu Johannes und
berichtet ihm, was ihr hier gesehen und gehört habt:
Blinde sehen, Gelähmte gehen, Aussätzige werden
gesund, Taube hören, Tote stehen auf und den Armen
wird die Gute Nachricht verkündet. 23 Freuen darf sich,
wer an mir nicht irrewird!«

JESUS SPRICHT ÜBER DEN TÄUFER

24 Als die Boten des Täufers wieder weggegangen
waren, fing Jesus an, zu der Menge über Johannes zu
sprechen: »Als ihr zu ihm in die Wüste hinausgezogen
seid, was habt ihr da erwartet? Etwa ein Schilfrohr, das
jedem Windzug nachgibt? 25 Oder was sonst wolltet
ihr sehen? Einen Menschen in vornehmer Kleidung?
Leute mit prächtigen Kleidern, die im Luxus leben,
wohnen in Palästen! 26 Also, was habt ihr erwartet?
Einen Propheten? Ich versichere euch: Ihr habt mehr
gesehen als einen Propheten! 27 Johannes ist der, von
dem es in den Heiligen Schriften heißt: ›Ich sende mei-
nen Boten vor dir her, sagt Gott, damit er den Weg für
dich bahnt.‹ 28 Ich versichere euch: Johannes ist der
Bedeutendste unter allen, die je von einer Frau ge-
boren wurden. Aber der Geringste, der miterlebt, wie
Gott jetzt seine Herrschaft aufrichtet, ist größer als
er. 29 Das ganze Volk, das Johannes zuhörte, sogar die
Zolleinnehmer, unterwarfen sich dem Urteil Gottes
und ließen sich von Johannes taufen. 30 Nur die Phari-
säer und die Gesetzeslehrer missachteten die Rettung,
die Gott ihnen zugedacht hatte, und lehnten es ab, sich
von Johannes taufen zu lassen. 31 Mit wem soll ich die
Menschen von heute vergleichen? Was für ein Bild
passt auf sie? 32 Sie sind wie die Kinder, die auf dem
Marktplatz herumsitzen und sich gegenseitig vorwer-
fen: ›Wir haben euch Hochzeitslieder gespielt, aber ihr
habt nicht getanzt!‹ – ›Wir haben euch Trauerlieder
gesungen, aber ihr habt nicht geweint!‹ 33 Der Täufer
Johannes ist gekommen, aß kein Brot und trank keinen
Wein, und ihr sagt: ›Er ist von einem bösen Geist be-
sessen.‹ 34 Der Menschensohn ist gekommen, isst und
trinkt, und ihr sagt: ›Seht ihn euch an, diesen Vielfraß
und Säufer, diesen Kumpan der Zolleinnehmer und
Sünder!‹ 35 Aber die Weisheit Gottes wird bestätigt
durch alle, die für sie offen sind.«

JESUS, DER PHARISÄER UND DIE PROSTITUIERTE

36 Ein Pharisäer hatte Jesus zum Essen eingeladen.
Jesus ging in sein Haus und legte sich zu Tisch. 37 In
derselben Stadt lebte eine Frau, die als Prostituierte
bekannt war. Als sie hörte, dass Jesus bei dem Pha-
risäer eingeladen war, kam sie mit einem Fläschchen
voll kostbarem Salböl. 38 Weinend trat sie an das Fuß-
ende des Polsters, auf dem Jesus lag, und ihre Tränen
fielen auf seine Füße. Mit ihren Haaren trocknete sie
ihm die Füße ab, bedeckte sie mit Küssen und salbte
sie mit dem Öl. 39 Als der Pharisäer, der Jesus eingela-
den hatte, das sah, sagte er sich: »Wenn dieser Mann
wirklich ein Prophet wäre, wüsste er, was für eine das
ist, von der er sich da anfassen lässt! Er müsste wissen,
dass sie eine Hure ist.« 40 Da sprach Jesus ihn an: »Si-
mon, ich muss dir etwas sagen!« Simon sagte: »Lehrer,
bitte sprich!« 41 Jesus begann: »Zwei Männer hatten
Schulden bei einem Geldverleiher, der eine schuldete

ihm fünfhundert Silberstücke, der andere fünfzig.
42 Weil keiner von ihnen zahlen konnte, erließ er bei-
den ihre Schulden. Welcher von ihnen wird ihm wohl
dankbarer sein?« 43 Simon antwortete: »Ich nehme an:
der, der ihm mehr geschuldet hat.« »Du hast recht«,
sagte Jesus. 44 Dann wies er auf die Frau und sagte
zu Simon: »Sieh diese Frau an! Ich kam in dein Haus
und du hast mir kein Wasser für die Füße gereicht; sie
aber hat mir die Füße mit Tränen gewaschen und mit
ihren Haaren abgetrocknet. 45 Du gabst mir keinen
Kuss zur Begrüßung, sie aber hat nicht aufgehört, mir
die Füße zu küssen, seit ich hier bin. 46 Du hast meinen
Kopf nicht mit Öl gesalbt, sie aber hat mit kostbarem Öl
meine Füße gesalbt. 47 Darum sage ich dir: Ihre große
Schuld ist ihr vergeben worden. Eben deshalb hat sie
mir so viel Liebe erwiesen. Wem wenig vergeben wird,
der zeigt auch nur wenig Liebe.« 48 Dann sagte Jesus
zu der Frau: »Deine Schuld ist dir vergeben!« 49 Die
anderen Gäste fragten einander: »Was ist das für ein
Mensch, dass er sogar Sünden vergibt?« 50 Jesus aber
sagte zu der Frau: »Dein Vertrauen hat dich gerettet.
Geh in Frieden!«

VERKÜNDIGUNG DER BOTSCHAFT IM GANZEN LAND. DIE ZWÖLF UND VIELE FRAUEN BEGLEITEN JESUS

8 In der nun folgenden Zeit zog Jesus von Stadt zu
Stadt und von Dorf zu Dorf. Überall verkündete er
die Gute Nachricht, dass Gott jetzt seine Herrschaft
aufrichten und sein Werk vollenden werde. Dabei be-
gleiteten ihn ständig die Zwölf 2 und einige Frauen, die
er von bösen Geistern befreit und von Krankheiten
geheilt hatte. Es waren Maria aus Magdala, aus der
er sieben böse Geister ausgetrieben hatte, 3 Johanna,
die Frau von Chuzas, einem Beamten in der Verwaltung
des Fürsten Herodes, sowie Susanna; dazu kamen noch
viele andere Frauen. Sie alle sorgten aus ihren eigenen
Mitteln für Jesus und den Kreis der Zwölf.

DAS GLEICHNIS VON DER AUSSAAT

4 Eine große Menschenmenge sammelte sich um Jesus,
aus allen Orten strömten die Leute zu ihm. Da erzählte
er ihnen ein Gleichnis: 5 »Ein Bauer ging aufs Feld, um
seinen Samen zu säen. Als er die Körner ausstreute,
fiel ein Teil von ihnen auf den Weg. Dort wurden sie
zertreten und von den Vögeln aufgepickt. 6 Andere
Körner fielen auf felsigen Boden. Sie gingen auf, ver-
trockneten dann aber, weil sie nicht genug Feuchtig-
keit hatten. 7 Wieder andere Körner fielen mitten in
Dornengestrüpp, das wuchs mit auf und erstickte das
Korn. 8 Andere Körner schließlich fielen auf guten Bo-
den, gingen auf und brachten hundertfache Frucht.«
Darauf rief Jesus: »Wer Ohren hat, soll gut zuhören!«

JESUS ERKLÄRT DAS GLEICHNIS VON DER AUSSAAT

9 Die Jünger fragten Jesus, was dieses Gleichnis be-
deute. 10 Jesus antwortete: »Euch hat Gott die Ge-
heimnisse seines Planes erkennen lassen, nach dem
er schon begonnen hat, seine Herrschaft in der Welt
aufzurichten; die anderen bekommen davon nur in
Gleichnissen zu hören. Sie sollen sehen und doch
nichts erkennen, sie sollen hören und doch nichts
verstehen. 11 Das Gleichnis will Folgendes sagen: Der
Samen ist die Botschaft Gottes. 12 Bei manchen, die sie
hören, geht es wie bei dem Samen, der auf den Weg
fällt. Der Teufel kommt und nimmt weg, was in ihr Herz
gesät worden ist. Er will nicht, dass sie die Botschaft
annehmen und gerettet werden. 13 Bei anderen ist es
wie bei dem Samen, der auf felsigen Boden fällt. Sie hö-
ren die Botschaft und nehmen sie mit Freuden an. Aber
sie sind Menschen ohne Wurzel: Eine Zeit lang halten
sie sich an die Botschaft; aber wenn sie auf die Probe
gestellt werden, fallen sie ab. 14 Wieder bei anderen ist
es wie bei dem Samen, der in das Dornengestrüpp fällt.
Sie hören zwar die Botschaft, aber dann gehen sie da-
von und ersticken in ihren Alltagssorgen, in Reichtum
und Vergnügungen und bringen keine Frucht. 15 Bei
anderen schließlich ist es wie bei dem Samen, der auf
guten Boden fällt. Sie nehmen die Botschaft mit gutem
und willigem Herzen an, bewahren sie und bringen
durch Standhaftigkeit Frucht.«

ZUHÖREN UND WEITERSAGEN

16 »Niemand zündet eine Lampe an und deckt sie dann
mit einem Topf zu oder stellt sie unters Bett. Im Gegen-
teil, sie wird auf einen Lampenständer gestellt, damit
alle, die das Haus betreten, das Licht sehen können.
17 So verhält es sich auch mit der Botschaft Gottes:
Es gibt nichts Verborgenes an ihr, das nicht ans Licht
kommen wird; nichts Geheimes, das nicht bekannt
und öffentlich verkündet werden wird. 18 Gebt also
acht, dass ihr richtig zuhört! Denn wer viel hat, dem
wird noch mehr gegeben werden, und wer wenig hat,
dem wird auch noch das Wenige genommen werden,
das er zu haben meint.«

DIE ANGEHÖRIGEN VON JESUS

19 Die Mutter und die Brüder von Jesus wollten ihn
besuchen, konnten aber wegen der Menge nicht bis
zu ihm durchkommen. 20 Es wurde ihm ausgerichtet:
»Deine Mutter und deine Brüder stehen da hinten und
wollen dich besuchen.« 21 Aber Jesus sagte: »Meine
Mutter und meine Brüder sind die, die Gottes Botschaft
hören und danach handeln.«

IM STURM AUF DIE PROBE GESTELLT

22 Während dieser Zeit geschah es einmal, dass Jesus
mit seinen Jüngern in ein Boot stieg und zu ihnen
sagte: »Wir fahren ans andere Ufer!« So fuhren sie
ab. 23 Unterwegs schlief Jesus ein. Plötzlich kam ein
Sturm auf, ein Fallwind von den Bergen. Das Wasser
schlug ins Boot und sie waren in großer Gefahr. 24 Die
Jünger gingen zu Jesus, weckten ihn und riefen: »Herr,
Herr, wir gehen unter!« Jesus stand auf und sprach ein
Machtwort zu dem Wind und den Wellen. Da hörten
sie auf zu toben und es wurde ganz still. 25 Zu den Jün-
gern aber sagte er: »Wo ist euer Vertrauen?« Sie waren

erschrocken und sehr erstaunt und sagten zueinander:
»Wer ist das nur, dass er sogar dem Wind und den Wel-
len befiehlt, und sie gehorchen ihm!«

DER BESESSENE VON GERASA

26 Sie fuhren weiter und erreichten das Gebiet von Ge-
rasa, das Galiläa gegenüber am anderen Seeufer liegt.
27 Als Jesus aus dem Boot stieg, lief ihm ein Mann aus
jener Stadt entgegen. Er war von bösen Geistern be-
sessen. Kleider trug er schon lange nicht mehr; er war
auch nicht im Haus festzuhalten, sondern lebte in den
Grabhöhlen. 28 Als er Jesus sah, schrie er auf, warf sich
vor ihm zu Boden und rief: »Was hast du bei mir zu su-
chen, Jesus, du Sohn des höchsten Gottes? Bitte, quäle
mich nicht!« 29 Jesus hatte nämlich dem bösen Geist
befohlen, aus dem Besessenen auszufahren. Dieser
Geist hatte den Mann schon lange in seiner Gewalt.
Man hatte den Besessenen zwar immer wieder wie
einen Gefangenen an Händen und Füßen gefesselt,
aber jedes Mal hatte er die Ketten zerrissen und war
von dem bösen Geist in die Wildnis getrieben worden.
30 Jesus fragte ihn: »Wie heißt du?« Er antwortete:
»Legion.« Es waren nämlich viele böse Geister in den
Mann gefahren. 31 Die baten Jesus, er solle sie nicht in
den Abgrund verbannen. 32 In der Nähe weidete eine
große Schweineherde auf dem Berg, und die bösen
Geister baten ihn, in die Schweine fahren zu dürfen.
Jesus erlaubte es ihnen. 33 Da kamen sie heraus aus
dem Mann und fuhren in die Schweine, und die Herde
raste das steile Ufer hinab in den See und ertrank. 34 Als
die Schweinehirten das sahen, liefen sie davon und er-
zählten in der Stadt und in den Dörfern, was geschehen
war. 35 Die Leute wollten es selbst sehen. Sie kamen zu
Jesus und fanden den Mann, aus dem die bösen Geister
ausgefahren waren, zu seinen Füßen sitzen. Er war or-
dentlich angezogen und bei klarem Verstand. Da befiel
sie große Furcht. 36 Die Augenzeugen erzählten ihnen,
wie der Besessene geheilt worden war. 37 Darauf bat
die gesamte Bevölkerung von Gerasa und Umgebung,
Jesus möge ihr Gebiet verlassen; so sehr fürchteten sie
sich. Da stieg er ins Boot, um zurückzufahren. 38 Der
Mann, aus dem die bösen Geister ausgefahren wa-
ren, bat Jesus, mit ihm gehen zu dürfen. Aber Jesus
schickte ihn weg und sagte: 39 »Geh nach Hause und
erzähl, was Gott für dich getan hat!« Der Mann zog
durch die ganze Stadt und machte überall bekannt,
was Jesus für ihn getan hatte.

JESUS HEILT EINE KRANKE FRAU UND ERWECKT EIN MÄDCHEN VOM TOD

40 Als Jesus ans andere Seeufer zurückkam, empfing
ihn die Volksmenge voll Freude; alle hatten auf ihn
gewartet. 41 Da trat ein Mann namens Jaïrus auf ihn
zu. Er war der Synagogenvorsteher am Ort. Er warf
sich vor Jesus nieder und bat ihn, doch in sein Haus
zu kommen; 42 seine etwa zwölfjährige Tochter, sein
einziges Kind, lag nämlich im Sterben. Unterwegs
umdrängten die Leute Jesus so, dass sie ihn fast er-
drückten. 43 Es war auch eine Frau dabei, die seit zwölf
Jahren an Blutungen litt. Niemand hatte ihr bisher hel-
fen können, obwohl sie ihr ganzes Vermögen an Ärzte
ausgegeben hatte. 44 Sie drängte sich von hinten an
Jesus heran und berührte eine Quaste seines Gewan-
des. Sofort hörte die Blutung auf. 45 Jesus fragte: »Wer
hat mich berührt?« Niemand wollte es gewesen sein,
und Petrus sagte: »Herr, die Leute umringen dich so
und erdrücken dich fast!« 46 Aber Jesus erwiderte:
»Jemand hat mich berührt. Ich spürte, wie heilende
Kraft von mir ausging.« 47 Als die Frau merkte, dass
ihr Tun nicht verborgen geblieben war, trat sie zitternd
vor und warf sich vor Jesus nieder. Vor dem ganzen
Volk erklärte sie, warum sie ihn angefasst hatte und
dass sie im selben Augenblick geheilt worden war.
48 Jesus sagte zu ihr: »Meine Tochter, dein Vertrauen
hat dir geholfen. Geh in Frieden!« 49 Während Jesus
noch sprach, kam ein Bote aus dem Haus des Synago-
genvorstehers und sagte zu Jaïrus: »Deine Tochter ist
gestorben. Bemühe den Lehrer nicht weiter!« 50 Jesus
hörte es und sagte zu Jaïrus: »Hab keine Angst! Fass
nur Vertrauen, dann wird sie gerettet!« 51 Als er zum
Haus kam, ließ er nur Petrus, Johannes und Jakobus
mit hineingehen und dazu den Vater des Kindes und
die Mutter. 52 Drinnen weinten alle und trauerten um
das Mädchen. Jesus sagte: »Weint nicht! Es ist nicht
tot, es schläft nur.« 53 Da lachten sie ihn aus, denn sie
wussten, es war tot. 54 Aber Jesus nahm es bei der Hand
und rief: »Mädchen, steh auf!« 55 Da kehrte wieder
Leben in das Mädchen zurück und es stand sofort auf;
und Jesus ließ ihm etwas zu essen geben. 56 Die Eltern
waren fassungslos. Jesus aber befahl ihnen, es nie-
mand weiterzusagen.

DIE AUSSENDUNG DER ZWÖLF

9 Jesus rief die Zwölf zusammen und gab ihnen
Kraft und Vollmacht, alle bösen Geister auszu-
treiben und Krankheiten zu heilen. 2 Er sandte sie aus
mit dem Auftrag, das Kommen der Herrschaft Gottes
zu verkünden und die Kranken gesund zu machen.
3 Er sagte zu ihnen: »Nehmt nichts mit auf den Weg,
keinen Wanderstock, keine Vorratstasche, kein Brot,
kein Geld und auch kein zweites Hemd! 4 Wenn jemand
euch aufnimmt, dann bleibt in seinem Haus, bis ihr
von dort weiterzieht. 5 Wo sie euch nicht aufnehmen
wollen, da verlasst den Ort und schüttelt den Staub von
den Füßen, damit die Bewohner gewarnt sind.« 6 Die
Zwölf machten sich auf den Weg und wanderten durch
die Dörfer. Sie verkündeten überall die Gute Nachricht
und heilten die Kranken.

HERODES IST RATLOS

7 Herodes Antipas, der Fürst in jenem Teil des Landes,
hörte von all diesen Vorgängen. Er wusste nicht, was
er davon halten sollte. Denn manche Leute sagten:
»Der Täufer Johannes ist vom Tod auferweckt wor-
den.« 8 Andere meinten, Elija sei aus dem Himmel zu-
rückgekommen, und wieder andere, einer der alten
Propheten sei auferstanden. 9 Herodes aber sagte:
»Johannes habe ich doch selber den Kopf abschlagen

lassen. Wer ist dann der, von dem ich solche Dinge
höre?« Darum wollte Herodes Jesus kennenlernen.

JESUS MACHT FÜNFTAUSEND MENSCHEN SATT

10 Die Apostel kamen zurück und berichteten Jesus,
was sie getan hatten. Darauf zog er sich mit ihnen
in Richtung Betsaida zurück. 11 Sobald die Leute das
merkten, folgten sie ihm. Jesus wies sie nicht ab, son-
dern sprach zu ihnen über das Kommen der Herrschaft
Gottes und heilte alle, die Hilfe brauchten. 12 Darüber
wurde es Abend, und die Zwölf kamen und sagten zu
ihm: »Schick doch die Leute weg! Sie sollen in die Dör-
fer und Höfe ringsum gehen, damit sie dort übernach-
ten können und etwas zu essen bekommen. Hier sind
wir ja in einer ganz einsamen Gegend.« 13 Aber Jesus
sagte zu ihnen: »Gebt doch ihr ihnen zu essen!« Sie
antworteten: »Wir haben nur fünf Brote und zwei Fi-
sche; wir müssten erst losgehen und für dieses ganze
Volk zu essen kaufen!« 14 Es waren nämlich an die fünf-
tausend Männer versammelt. Jesus sagte zu seinen
Jüngern: »Sorgt dafür, dass die Leute sich hinsetzen,
in Tischgemeinschaften von je etwa fünfzig.« 15 Die
Jünger taten es und alle setzten sich. 16 Dann nahm
Jesus die fünf Brote und die zwei Fische, sah zum Him-
mel auf und sprach das Segensgebet darüber. Er brach
die Brote in Stücke, zerteilte auch die Fische und gab
alles den Jüngern, damit sie es an die Menge austeil-
ten. 17 Und die Leute aßen und wurden alle satt. Was
sie an Brotstücken übrig ließen, wurde eingesammelt:
Es waren zwölf volle Körbe.

PETRUS SPRICHT AUS, WER JESUS IST, UND JESUS KÜNDIGT ZUM ERSTEN MAL SEINEN TOD AN

18 Einmal hatte sich Jesus zum Gebet zurückgezogen
und nur seine Jünger waren bei ihm. Da fragte er sie:
»Für wen halten mich eigentlich die Leute?« 19 Die
Jünger gaben zur Antwort: »Einige halten dich für
den wiederauferstandenen Täufer Johannes, andere
für den wiedergekommenen Elija, und wieder andere
meinen, einer der alten Propheten sei auferstanden.«
20 »Und ihr«, wollte Jesus wissen, »für wen haltet ihr
mich?« Petrus antwortete: »Für Christus, den von Gott
versprochenen Retter!« 21 Da verbot er ihnen streng,
es irgendjemand zu sagen, 22 und fügte hinzu: »Der
Menschensohn muss vieles erleiden und muss von
den Ratsältesten, den führenden Priestern und den
Gesetzeslehrern verworfen werden, er muss getötet
und am dritten Tag auferweckt werden.«

JESUS FOLGEN HEISST IHM DAS KREUZ NACHTRAGEN

23 Dann wandte sich Jesus an alle und sagte: »Wer mir
folgen will, muss sich und seine Wünsche aufgeben,
muss Tag für Tag sein Kreuz auf sich nehmen und auf
meinem Weg hinter mir hergehen. 24 Denn wer sein
Leben retten will, wird es verlieren. Wer aber sein Leben
um meinetwillen verliert, gerade der wird es retten.
25 Was hat ein Mensch davon, wenn er die ganze Welt
gewinnt, aber zuletzt sich selbst verliert oder sich doch
schweren Schaden zufügt? 26 Wenn jemand nicht den
Mut hat, sich zu mir und meiner Botschaft zu bekennen,
dann wird auch der Menschensohn keinen Mut haben,
sich zu ihm zu bekennen, wenn er in seiner Herrlich-
keit kommt und in der Herrlichkeit des Vaters und der
heiligen Engel. 27 Doch ich versichere euch: Einige von
euch, die jetzt hier stehen, werden noch zu ihren Leb-
zeiten sehen, wie Gottes Herrschaft sich durchsetzt!«

DREI JÜNGER SEHEN JESUS IN HERRLICHKEIT (DIE »VERKLÄRUNG«)

28 Etwa acht Tage nachdem Jesus das gesagt hatte,
nahm er Petrus, Johannes und Jakobus mit sich und
stieg auf einen Berg, um zu beten. 29 Während er be-
tete, veränderte sich sein Gesicht und seine Kleider
wurden leuchtend weiß. 30 Und dann standen auf
einmal zwei Männer neben ihm und redeten mit ihm.
Es waren Mose und Elija. 31 Sie erschienen in himm-
lischem Glanz und sprachen mit ihm über das Ende,
das er nach Gottes Plan in Jerusalem nehmen sollte.
32 Petrus und die zwei anderen Jünger waren in tiefen
Schlaf gefallen. Als sie aufwachten, sahen sie Jesus in
seinem himmlischen Glanz und die zwei Männer, die
bei ihm standen. 33 Als die beiden von Jesus weggehen
wollten, sagte Petrus zu Jesus: »Wie gut, dass wir hier
sind, Herr! Wir wollen drei Zelte aufschlagen, eins für
dich, eins für Mose und eins für Elija.« – Er wusste
nicht, was er da redete. 34 Noch während Petrus das
sagte, kam eine Wolke und warf ihren Schatten auf
Jesus und auf Mose und Elija. Die drei wurden ganz
eingehüllt von der Wolke, und die Jünger bekamen
Angst. 35 Eine Stimme aus der Wolke sagte: »Dies ist
mein Sohn, ihn habe ich erwählt; auf ihn sollt ihr hö-
ren!« 36 Nachdem die Stimme das gesagt hatte, war nur
noch Jesus allein zu sehen. Die drei Jünger behielten
dies alles für sich und erzählten damals niemand, was
sie gesehen hatten.

JESUS HEILT EIN BESESSENES KIND. DIE HILFLOSIGKEIT DER JÜNGER

37 Als Jesus mit den drei Jüngern am nächsten Tag den
Berg hinunterstieg, kamen ihm viele Menschen ent-
gegen. 38 Aus der Menge rief ein Mann ihm zu: »Leh-
rer, ich bitte dich, sieh nach meinem Sohn! Er ist mein
einziges Kind. 39 Ein böser Geist packt ihn, lässt ihn
plötzlich aufschreien, zerrt ihn hin und her, bis ihm der
Schaum vor dem Mund steht, und lässt ihn kaum wie-
der los; er richtet ihn noch zugrunde. 40 Ich habe deine
Jünger gebeten, den bösen Geist auszutreiben, aber
sie konnten es nicht.« 41 Jesus antwortete: »Was seid
ihr doch für eine verkehrte Generation, die Gott nichts
zutraut! Wie lange soll ich noch bei euch aushalten und
euch ertragen? Bring deinen Sohn hierher!« 42 Als der
Junge kam, riss ihn der böse Geist zu Boden und zerrte
ihn hin und her. Jesus sprach ein Machtwort zu dem
bösen Geist, machte den Jungen gesund und gab ihn
seinem Vater zurück. 43a Da erschraken alle sehr über
die Macht und Größe Gottes.

JESUS KÜNDIGT ZUM ZWEITEN MAL SEINEN TOD AN

43b Während die Menge staunte über all das, was Jesus
tat, sagte er zu seinen Jüngern: 44 »Merkt euch gut,
was ich sage: Bald wird der Menschensohn den Men-
schen ausgeliefert werden.« 45 Aber sie verstanden
nicht, was er damit sagen wollte. Gott hatte es ihnen
verborgen; sie sollten es noch nicht begreifen. Doch sie
fürchteten sich auch, Jesus danach zu fragen.

WER IST DER GRÖSSTE?

46 Unter den Jüngern kam die Frage auf, wer von ih-
nen der Größte sei. 47 Jesus kannte ihre Gedanken. Er
nahm ein Kind, stellte es neben sich 48 und sagte zu
ihnen: »Wer dieses Kind in meinem Namen aufnimmt,
nimmt mich auf. Und wer mich aufnimmt, nimmt den
auf, der mich gesandt hat. Also: Wer unter euch der
Allergeringste ist, der ist groß.«

WER NICHT GEGEN EUCH IST, IST FÜR EUCH

49 Darauf sagte Johannes zu Jesus: »Herr, wir haben
einen Mann gesehen, der hat deinen Namen dazu be-
nutzt, böse Geister auszutreiben. Wir haben versucht,
ihn daran zu hindern, weil er sich dir nicht anschließt
so wie wir.« 50 »Lasst ihn doch!«, sagte Jesus. »Wer
nicht gegen euch ist, der ist für euch.«

JESUS MACHT SICH AUF DEN WEG UND WIRD ABGEWIESEN

51 Als der von Gott bestimmte Zeitpunkt näher
rückte, an dem Jesus in den Himmel aufgenom-
men werden sollte, fasste er fest in den Blick, was
auf ihn zukam, und machte sich auf den Weg nach
Jerusalem. 52 Jesus schickte Boten vor sich her. Die
kamen in ein Dorf in Samarien und wollten eine Un-
terkunft für ihn bereit machen. 53 Aber die Dorfbe-
wohner weigerten sich, Jesus aufzunehmen, weil
er auf dem Weg nach Jerusalem war. 54 Als seine
Jünger Jakobus und Johannes das hörten, sagten sie
zu Jesus: »Herr, sollen wir befehlen, dass Feuer vom
Himmel fällt und sie vernichtet?« 55 Jesus wandte
sich nach ihnen um und wies sie zurecht. 56 So zogen
sie in ein anderes Dorf.

JÜNGERSCHAFT OHNE WENN UND ABER

57 Unterwegs sagte jemand zu Jesus: »Ich bin bereit,
dir zu folgen, ganz gleich, wohin du gehst!« 58 Jesus
antwortete ihm: »Die Füchse haben ihren Bau und
die Vögel ihr Nest; aber der Menschensohn hat kei-
nen Platz, wo er sich hinlegen und ausruhen kann.«
59 Zu einem anderen sagte Jesus: »Komm, folge mir!«
Er aber antwortete: »Herr, erlaube mir, dass ich erst
noch hingehe und meinen Vater begrabe.« 60 Jesus
sagte zu ihm: »Überlass es den Toten, ihre Toten zu
begraben! Du aber geh hin und verkünde, dass Gott
jetzt seine Herrschaft aufrichten will!« 61 Ein ande-
rer sagte: »Herr, ich will ja gerne mit dir gehen, aber
lass mich erst noch von meiner Familie Abschied
nehmen!« 62 Jesus sagte zu ihm: »Wer seine Hand
an den Pflug legt und zurückschaut, den kann Gott
nicht gebrauchen, wenn er jetzt seine Herrschaft
aufrichten will.«

DIE AUSSENDUNG DER SIEBZIG

10 Danach bestimmte der Herr weitere siebzig
Boten und sandte sie zu zweien aus. Sie soll-
ten vor ihm her in alle Städte und Ortschaften gehen,
durch die er kommen würde. 2 Er sagte zu ihnen: »Hier
wartet eine reiche Ernte, aber es gibt nicht genug Men-
schen, die helfen, sie einzubringen. Bittet den Herrn,
dem diese Ernte gehört, dass er die nötigen Leute
schickt! 3 Und nun geht! Ich sende euch wie Lämmer
mitten unter Wölfe. 4 Nehmt keinen Geldbeutel mit,
keine Vorratstasche und keine Schuhe. Und bleibt
unterwegs nicht stehen, um jemand zu begrüßen.
5 Wenn ihr in ein Haus kommt, sagt zuerst: ›Frieden
sei mit diesem Haus!‹ 6 Wenn dort jemand wohnt, der
für diesen Frieden bereit ist, wird euer Wunsch an ihm
in Erfüllung gehen; andernfalls bleibt er wirkungslos.
7 Bleibt in diesem Haus und esst und trinkt, was euch
angeboten wird; denn wer arbeitet, hat ein Anrecht auf
Lohn. Geht nicht von einem Haus zum andern. 8 Wenn
ihr in eine Stadt kommt und sie euch aufnehmen, dann
esst, was euch angeboten wird. 9 Heilt die Kranken in
der Stadt und sagt den Leuten: ›Gott richtet jetzt seine
Herrschaft bei euch auf!‹ 10 Aber wenn ihr in eine Stadt
kommt und niemand euch aufnehmen will, dann geht
hinaus auf die Straßen der Stadt und ruft: 11 ›Sogar den
Staub eurer Stadt, der sich an unsere Füße geheftet
hat, wischen wir ab und lassen ihn euch da. Aber das
sollt ihr wissen: Gott richtet jetzt seine Herrschaft auf!‹
12 Ich sage euch: Am Tag des Gerichts wird es den Men-
schen von Sodom besser ergehen als den Leuten einer
solchen Stadt.«

WER NICHT HÖREN WILL …

13 »Weh dir, Chorazin! Weh dir, Betsaida! Wenn in Tyrus
und Sidon die Wunder geschehen wären, die bei euch
geschehen sind, die Leute dort hätten schon längst den
Sack umgebunden, sich Asche auf den Kopf gestreut
und ihr Leben geändert. 14 Am Tag des Gerichts wird es
den Bewohnern von Tyrus und Sidon besser ergehen
als euch! 15 Und du, Kafarnaum, meinst du, du wirst in
den Himmel erhoben werden? In den tiefsten Abgrund
wirst du gestürzt! 16 Wer auf euch hört, hört auf mich.
Wer euch abweist, weist mich ab. Wer aber mich ab-
weist, weist den ab, der mich gesandt hat.«

DIE RÜCKKEHR DER SIEBZIG

17 Die Siebzig kamen zurück und berichteten voller
Freude: »Herr, sogar die bösen Geister gehorchen uns,
wenn wir uns auf deinen Namen berufen!« 18 Jesus
sagte zu ihnen: »Ich sah den Satan wie einen Blitz
vom Himmel fallen. 19 Ja, es ist wahr: Ich habe euch
Vollmacht gegeben, auf Schlangen und Skorpione zu
treten und die ganze Macht des Feindes zunichtezu-
machen. Er wird euch nicht das Geringste antun kön-
nen. 20 Aber nicht darüber sollt ihr euch freuen, dass

euch die bösen Geister gehorchen. Freut euch lieber darüber, dass eure Namen bei Gott aufgeschrieben sind!«

GRUND ZU FREUDE UND JUBEL

21 Damals wurde Jesus vom Geist Gottes mit jubelnder Freude erfüllt und rief: »Vater, Herr über Himmel und Erde, du hast angefangen, deine Herrschaft aufzurichten. Das hast du den Klugen und Gelehrten verborgen, aber den Unwissenden hast du es offenbar gemacht. Dafür preise ich dich! Ja, Vater, so wolltest du es haben! 22 Mein Vater hat mir alle Macht übergeben. Niemand kennt den Sohn, nur der Vater, und niemand den Vater, nur der Sohn – und die, denen der Sohn ihn offenbaren will.« 23 Dann wandte sich Jesus zu seinen Jüngern, den Männern und Frauen, und sagte: »Ihr dürft euch freuen, dass Gott euch die Augen gab, zu sehen und zu verstehen, was hier geschieht. 24 Ich sage euch: Viele Propheten und Könige wollten sehen, was ihr jetzt seht, aber sie haben es nicht gesehen. Sie wollten hören, was ihr jetzt hört, aber sie haben es nicht gehört.«

DAS WICHTIGSTE GEBOT

25 Da kam ein Gesetzeslehrer und wollte Jesus auf die Probe stellen; er fragte ihn: »Lehrer, was muss ich tun, um das ewige Leben zu bekommen?« 26 Jesus antwortete: »Was steht denn im Gesetz? Was liest du dort?« 27 Der Gesetzeslehrer antwortete: »Liebe den Herrn, deinen Gott, von ganzem Herzen, mit ganzem Willen und mit aller deiner Kraft und deinem ganzen Verstand! Und: Liebe deinen Mitmenschen wie dich selbst!« 28 »Du hast richtig geantwortet«, sagte Jesus. »Handle so, dann wirst du leben.«

DAS BEISPIEL DES BARMHERZIGEN SAMARITERS

29 Aber dem Gesetzeslehrer war das zu einfach, und er fragte weiter: »Wer ist denn mein Mitmensch?« 30 Jesus nahm die Frage auf und erzählte die folgende Geschichte: »Ein Mann ging von Jerusalem nach Jericho hinab. Unterwegs überfielen ihn Räuber. Sie nahmen ihm alles weg, schlugen ihn zusammen und ließen ihn halb tot liegen. 31 Nun kam zufällig ein Priester denselben Weg. Er sah den Mann liegen und ging vorbei. 32 Genauso machte es ein Levit, als er an die Stelle kam: Er sah ihn liegen und ging vorbei. 33 Schließlich kam ein Reisender aus Samarien. Als er den Überfallenen sah, ergriff ihn das Mitleid. 34 Er ging zu ihm hin, behandelte seine Wunden mit Öl und Wein und verband sie. Dann setzte er ihn auf sein eigenes Reittier und brachte ihn in das nächste Gasthaus, wo er sich weiter um ihn kümmerte. 35 Am anderen Tag zog er seinen Geldbeutel heraus, gab dem Wirt zwei Silberstücke und sagte: ›Pflege ihn! Wenn du noch mehr brauchst, will ich es dir bezahlen, wenn ich zurückkomme.‹« 36 »Was meinst du?«, fragte Jesus. »Wer von den dreien hat an dem Überfallenen als Mitmensch gehandelt?« 37 Der Gesetzeslehrer antwortete: »Der ihm geholfen hat!« Jesus erwiderte: »Dann geh und mach du es ebenso!«

JESUS BEI MARIA UND MARTA

38 Als Jesus mit seinen Jüngern weiterzog, kam er in ein Dorf. Dort nahm ihn eine Frau namens Marta gastlich auf. 39 Sie hatte eine Schwester mit Namen Maria, die setzte sich zu Füßen des Herrn nieder und hörte ihm zu. 40 Marta dagegen war voll damit beschäftigt, das Essen vorzubereiten. Schließlich trat Marta vor Jesus hin und sagte: »Herr, kümmert es dich nicht, dass mich meine Schwester die ganze Arbeit allein tun lässt? Sag ihr doch, dass sie mir helfen soll!« 41 Der Herr antwortete ihr: »Marta, Marta, du machst dir viele Sorgen und verlierst dich an vielerlei, 42 aber nur *eins* ist nötig. Maria hat die richtige Wahl getroffen. Sie hat sich für ein Gut entschieden, das ihr niemand wegnehmen kann.«

ÜBER DAS BETEN

11 Einmal hatte sich Jesus zum Gebet zurückgezogen. Als er es beendet hatte, bat ihn einer der Jünger: »Herr, sag uns doch, wie wir beten sollen! Johannes hat es seine Jünger auch gelehrt.« 2 Jesus antwortete: »Das soll euer Gebet sein: // Vater! / Mach deinen Namen groß in der Welt! / Komm und richte deine Herrschaft auf! / 3 Gib uns jeden Tag, was wir zum Leben brauchen. / 4 Vergib uns unsere Verfehlungen, / denn auch wir vergeben allen, die an uns schuldig geworden sind. / Und lass uns nicht in die Gefahr kommen, dir untreu zu werden.« // 5 Dann sagte Jesus zu seinen Jüngern: »Stellt euch vor, einer von euch geht mitten in der Nacht zu seinem Freund und bittet ihn: ›Lieber Freund, leih mir doch drei Brote! 6 Ich habe gerade Besuch von auswärts bekommen und kann ihm nichts anbieten.‹ 7 Würde da der Freund im Haus wohl rufen: ›Lass mich in Ruhe! Die Tür ist schon zugeschlossen und meine Kinder liegen bei mir im Bett. Ich kann nicht aufstehen und dir etwas geben‹? 8 Ich sage euch, wenn er auch nicht gerade aus Freundschaft aufsteht und es ihm gibt, so wird er es doch wegen der Unverschämtheit jenes Menschen tun und ihm alles geben, was er braucht. 9 Deshalb sage ich euch: Bittet und ihr werdet bekommen! Sucht und ihr werdet finden! Klopft an und es wird euch geöffnet! 10 Denn wer bittet, der bekommt; wer sucht, der findet; und wer anklopft, dem wird geöffnet. 11 Ist unter euch ein Vater, der seinem Kind eine Schlange geben würde, wenn es um einen Fisch bittet? 12 Oder einen Skorpion, wenn es um ein Ei bittet? 13 So schlecht ihr auch seid, ihr wisst doch, was euren Kindern guttut, und gebt es ihnen. Wie viel mehr wird der Vater im Himmel denen den Heiligen Geist geben, die ihn darum bitten.«

STEHT JESUS MIT DEM TEUFEL IM BUND?

14 Jesus heilte einen Stummen, der von einem bösen Geist besessen war. Als der böse Geist von ihm ausgefahren war, konnte der Mann wieder sprechen. Die Menge staunte, 15 aber einige sagten: »Er kann die bösen Geister nur austreiben, weil Beelzebul, der oberste aller bösen Geister, ihm die Macht dazu gibt.« 16 Andere wollten Jesus auf die Probe stellen und verlangten von ihm ein Zeichen vom Himmel als Beweis dafür, dass er

wirklich von Gott beauftragt sei. 17 Jesus wusste, was sie dachten, und sagte zu ihnen: »Jeder Staat, dessen Machthaber einander befehden, muss untergehen, und alle Häuser sinken in Trümmer. 18 Wenn nun der Satan mit sich im Streit läge – und das behauptet ihr ja, wenn ihr sagt, ich würde die bösen Geister mithilfe von Beelzebul austreiben –, wie könnte da seine Herrschaft bestehen? 19 Und wenn ich die bösen Geister austreibe, weil ich mit Beelzebul im Bund stehe, wer gibt dann *euren* Leuten die Macht, sie auszutreiben? Eure eigenen Leute werden es sein, die euch das Urteil sprechen! 20 Nein, ich treibe die bösen Geister mit dem Finger Gottes aus, und daran könnt ihr sehen, dass Gott schon angefangen hat, mitten unter euch seine Herrschaft aufzurichten. 21 Solange ein Starker, mit Waffen gut ausgerüstet, seinen Palast bewacht, ist sein Besitz in Sicherheit. 22 Sobald aber ein Stärkerer kommt, der ihn besiegt, nimmt der ihm alle Waffen weg, auf die er sich verließ, und verteilt die Beute, die er bei sich aufgehäuft hat. 23 Wer nicht für mich ist, der ist gegen mich, und wer mir nicht sammeln hilft, der zerstreut.«

WARNUNG VOR DER RÜCKKEHR DES AUSGETRIEBENEN GEISTES

24 »Wenn ein böser Geist einen Menschen verlässt, irrt er durch Wüsten und sucht nach einer Bleibe. Wenn er keine findet, sagt er sich: ›Ich gehe lieber wieder in meine alte Behausung!‹ 25 Er kehrt zurück und findet alles sauber und aufgeräumt. 26 Darauf geht er hin und sucht sich sieben andere böse Geister, die noch schlimmer sind als er selbst, und sie kommen und wohnen dort. So ist dieser Mensch am Ende schlimmer dran als am Anfang.«

WER SICH FREUEN DARF …

27 Als Jesus das sagte, rief eine Frau aus der Menge: »Die Frau darf sich freuen, die dich geboren und aufgezogen hat!« 28 Aber Jesus erwiderte: »Mehr noch dürfen die sich freuen, die Gottes Wort hören und danach leben!«

JESUS VERWEIGERT DEN GEWÜNSCHTEN BEWEIS

29 Als immer mehr Menschen bei Jesus zusammenströmten, sagte er: »Diese Generation ist eine böse Generation. Sie verlangt einen Beweis, aber es wird ihr keiner gegeben werden. Ausgenommen das Wunder, das an Jona geschah – den Beweis wird sie bekommen! 30 Wie nämlich Jona für die Leute von Ninive zu einem ›Beweis‹ wurde, so wird es der Menschensohn für diese Generation werden. 31 Am Tag des Gerichts wird die Königin aus dem Süden aufstehen und die Menschen dieser Generation schuldig sprechen; denn sie kam vom Ende der Welt, um die weisen Lehren Salomos zu hören. Und hier steht ein Größerer als Salomo! 32 Am Tag des Gerichts werden die Bewohner von Ninive aufstehen und diese Generation schuldig sprechen; denn als Jona sie warnte, haben sie ihr Leben geändert. Und hier steht ein Größerer als Jona!«

JESUS ALS DAS LICHT SEHEN, EMPFANGEN UND FESTHALTEN

33 »Niemand zündet eine Lampe an, um sie dann zu verstecken oder unter einen Topf zu stellen. Im Gegenteil, sie kommt auf den Lampenständer, damit alle, die das Haus betreten, das Licht sehen können. 34 Dein Auge vermittelt dir das Licht. Ist dein Auge gut, so bist du ganz von Licht durchdrungen; ist es schlecht, so bist du voller Finsternis. 35 Gib also acht, dass das Licht in dir nicht Finsternis ist! 36 Wenn du nun ganz vom Licht durchdrungen bist und nichts mehr an dir finster ist, dann wirst du ganz und gar im Licht sein – so wie du es bist, wenn der Lichtstrahl der Lampe dich trifft.«

WEHERUFE ÜBER DIE PHARISÄER UND DIE GESETZESLEHRER

37 Jesus hatte gerade aufgehört zu sprechen, da lud ihn ein Pharisäer zum Essen ein. Jesus ging zu ihm ins Haus und setzte sich zu Tisch. 38 Der Pharisäer war überrascht, als er sah, dass Jesus sich vor dem Essen die Hände nicht wusch. 39 Da sagte der Herr zu ihm: »So seid ihr Pharisäer! Ihr reinigt sogar noch das Äußere von Becher und Schüssel. Aber ihr selbst seid in eurem Innern voll von Raub und Schlechtigkeit. 40 Was seid ihr doch unverständig! Hat Gott, der das Äußere gemacht hat, nicht auch das Innere gemacht? 41 Gebt den Armen, was in den Schüsseln ist, und alles ist euch rein! 42 Weh euch Pharisäern! Ihr gebt Gott den zehnten Teil von allem, sogar noch von Gewürzen wie Minze und Raute und von jedem Gartenkraut. Aber ihr kümmert euch nicht um das Recht eurer Mitmenschen und die Liebe zu Gott. Dies solltet ihr tun, ohne das andere zu vernachlässigen! 43 Weh euch Pharisäern! Ihr liebt die Ehrenplätze im Gottesdienst und lasst euch auf der Straße gern respektvoll grüßen. 44 Weh euch! Ihr seid wie unkenntlich gewordene Gräber, über die die Menschen nichts ahnend hinweggehen und dadurch unrein werden.« 45 Einer der Gesetzeslehrer sagte: »Lehrer, damit beleidigst du auch uns!« 46 Jesus antwortete: »Weh auch euch Gesetzeslehrern! Ihr ladet den Menschen kaum tragbare Lasten auf, macht aber selbst keinen Finger krumm, um sie zu tragen. 47 Weh euch! Ihr baut wunderschöne Grabmäler für die Propheten, die von euren Vorfahren umgebracht worden sind. 48 Damit bezeugt ihr öffentlich, dass ihr mit den Taten eurer Vorfahren einverstanden seid: Sie haben die Propheten umgebracht und ihr baut die Grabmäler. 49 Deshalb hat die Weisheit Gottes ja auch über euch gesagt: ›Ich werde ihnen Propheten und Apostel senden; sie aber werden einige von ihnen töten und die anderen verfolgen. 50 So kommt es dahin, dass diese Generation zur Rechenschaft gezogen wird für die Ermordung aller Propheten seit der Erschaffung der Welt, 51 von Abel bis hin zu Secharja, der zwischen Brandopferaltar und Tempelhaus umgebracht worden ist.‹ Ich versichere euch: Diese Generation wird für das alles zur Rechenschaft gezogen werden. 52 Weh euch, ihr Gesetzeslehrer! Ihr habt den Schlüssel weggenommen, der die Tür zur Erkenntnis öffnet. Ihr selbst seid

nicht hineingegangen, und ihr habt alle gehindert, die
hineinwollten.« 53 Nachdem Jesus das Haus verlassen
hatte, ließen die Gesetzeslehrer und die Pharisäer ihn
nicht mehr aus den Augen und achteten genau auf
alles, was er sagte. 54 Sie lauerten darauf, eine verfäng-
liche Äußerung aus seinem Mund zu hören.

WARNUNG VOR SCHEINHEILIGKEIT

12 Inzwischen waren Tausende von Menschen zu-
sammengekommen, so viele, dass sie einander
auf die Füße traten. Jesus wandte sich zuerst seinen
Jüngern zu, den Männern und Frauen; er sagte zu
ihnen: »Nehmt euch in Acht vor dem Sauerteig der
Pharisäer – ich meine: Lasst euch nicht von ihrer
Scheinheiligkeit anstecken! 2 Was verhüllt ist, wird
offenbar werden, und was niemand weiß, wird allen
bekannt werden. 3 Deshalb lasst auch ihr euch warnen:
Was ihr in der Dunkelheit gesagt habt, werden alle am
hellen Tag zu hören bekommen. Was ihr jemand hinter
verschlossener Tür ins Ohr geflüstert habt, wird laut in
der Öffentlichkeit ausgerufen werden.«

AUFFORDERUNG ZU FURCHTLOSEM BEKENNEN

4 »Euch, meinen Freunden, den Männern und Frauen,
sage ich: Fürchtet euch nicht vor Menschen! Sie kön-
nen nur den Leib töten, aber darüber hinaus können
sie euch nichts anhaben. 5 Ich will euch sagen, wen
ihr fürchten sollt: Fürchtet den, der nicht nur töten
kann, sondern auch noch die Macht hat, euch ins
ewige Verderben zu schicken. Ja, ich sage euch, den
sollt ihr fürchten! 6 Kauft man nicht fünf Spatzen für
zwei Groschen? Und doch kümmert sich Gott um jeden
Einzelnen von ihnen. 7 Doch bei euch ist sogar jedes
Haar auf dem Kopf gezählt. Habt keine Angst: Ihr seid
Gott mehr wert als ein ganzer Schwarm Spatzen! 8 Ich
sage euch: Wer sich vor den Menschen zu mir bekennt,
zu dem wird sich auch der Menschensohn am Gerichts-
tag bekennen vor den Engeln Gottes. 9 Wer mich aber
vor den Menschen nicht kennen will, den wird auch der
Menschensohn nicht kennen am Gerichtstag vor den
Engeln Gottes. 10 Wer den Menschensohn beschimpft,
kann Vergebung finden. Wer aber den Heiligen Geist
beleidigt, wird keine Vergebung finden. 11 Wenn sie
euch vor die Synagogengerichte schleppen und vor an-
dere Richter und Machthaber, dann macht euch keine
Sorgen darüber, wie ihr euch verteidigen oder was ihr
sagen sollt. 12 Denn der Heilige Geist wird euch in dem
Augenblick eingeben, was ihr sagen müsst.«

GEGEN DIE SORGE UM REICHTUM UND LEBENSSICHERUNG

13 Ein Mann in der Menge wandte sich an Jesus: »Leh-
rer, sag doch meinem Bruder, er soll mit mir das Erbe
teilen, das unser Vater uns hinterlassen hat!« 14 Jesus
antwortete ihm: »Freund, ich bin nicht zum Richter
für eure Erbstreitigkeiten bestellt!« 15 Dann sagte er
zu allen: »Gebt acht! Hütet euch vor jeder Art von
Habgier! Denn der Mensch gewinnt sein Leben nicht
aus seinem Besitz, auch wenn der noch so groß ist.«
16 Jesus erzählte ihnen dazu eine Geschichte: »Ein rei-
cher Grundbesitzer hatte eine besonders gute Ernte
gehabt. 17 ›Was soll ich jetzt tun?‹, überlegte er. ›Ich
weiß gar nicht, wo ich das alles unterbringen soll! 18 Ich
hab's‹, sagte er, ›ich reiße meine Scheunen ab und
baue größere! Dann kann ich das ganze Getreide und
alle meine Vorräte dort unterbringen 19 und kann zu
mir selbst sagen: Gut gemacht! Jetzt bist du auf viele
Jahre versorgt. Gönne dir Ruhe, iss und trink nach Her-
zenslust und genieße das Leben!‹ 20 Aber Gott sagte
zu ihm: ›Du Narr, noch in dieser Nacht werde ich dein
Leben von dir zurückfordern! Wem gehört dann dein
Besitz?‹« 21 Und Jesus schloss: »So steht es mit allen,
die für sich selber Besitz aufhäufen, aber bei Gott
nichts besitzen.«

DIE VIELEN SORGEN UND DIE EINZIGE SORGE

22 Dann sagte Jesus zu seinen Jüngern, den Männern
und Frauen: »Darum sage ich euch: Macht euch keine
Sorgen um euer Leben, ob ihr etwas zu essen habt, und
um euren Leib, ob ihr etwas anzuziehen habt! 23 Das
Leben ist mehr als Essen und Trinken, und der Leib ist
mehr als die Kleidung! 24 Seht euch die Raben an! Sie
säen nicht und ernten nicht, sie haben weder Scheune
noch Vorratskammer. Aber Gott sorgt für sie. Und ihr
seid ihm doch viel mehr wert als die Vögel! 25 Wer von
euch kann durch Sorgen sein Leben auch nur um einen
Tag verlängern? 26 Wenn ihr nicht einmal so eine Klei-
nigkeit zustande bringt, warum quält ihr euch dann
mit Sorgen um all die anderen Dinge? 27 Seht euch die
Blumen auf den Feldern an, wie sie wachsen! Sie arbei-
ten nicht und machen sich keine Kleider, doch ich sage
euch: Nicht einmal Salomo bei all seinem Reichtum
war so prächtig gekleidet wie irgendeine von ihnen.
28 Wenn Gott sogar die Feldblumen so ausstattet, die
heute blühen und morgen verbrannt werden, dann
wird er sich erst recht um euch kümmern. Habt doch
mehr Vertrauen! 29 Zerbrecht euch also nicht den Kopf
darüber, was ihr essen und trinken werdet. 30 Mit all-
dem plagen sich Menschen, die Gott nicht kennen.
Euer Vater weiß, was ihr braucht. 31 Sorgt euch nur
darum, dass ihr euch seiner Herrschaft unterstellt,
dann wird er euch schon mit dem anderen versor-
gen. 32 Sei ohne Angst, du kleine Herde! Euer Vater
ist entschlossen, euch seine neue Welt zu schenken!«

REICHTUM BEI GOTT

33 »Verkauft euren Besitz und schenkt das Geld den
Armen! Verschafft euch Geldbeutel, die kein Loch be-
kommen, und sammelt Reichtümer bei Gott, die euch
nicht zwischen den Fingern zerrinnen und nicht von
Dieben gestohlen und von Motten zerfressen werden.
34 Denn euer Herz wird immer dort sein, wo ihr eure
Schätze habt.«

BEREIT FÜR GOTTES NEUE WELT UND DAS KOMMEN DES MENSCHENSOHNES

35 »Haltet euch bereit und lasst eure Lampen nicht
verlöschen! 36 Seid wie Diener und Dienerinnen, die

auf ihren Herrn warten, der auf einer Hochzeit ist.
Wenn er dann spät zurückkommt und an die Tür klopft,
können sie ihm sofort aufmachen. 37 Sie dürfen sich
freuen, wenn der Herr sie bei seiner Ankunft wach
und dienstbereit findet. Ich versichere euch: Er wird
sich die Schürze umbinden, sie zu Tisch bitten und sie
selber bedienen. 38 Vielleicht kommt er erst um Mit-
ternacht oder sogar noch später. Freude ohne Ende
ist ihnen gewiss, wenn er sie dann wachend antrifft!
39 Macht euch das eine klar: Wenn ein Hausherr im
Voraus wüsste, zu welcher Stunde der Dieb kommt,
würde er den Einbruch verhindern. 40 So müsst auch
ihr jederzeit bereit sein; denn der Menschensohn wird
zu einer Stunde kommen, wenn ihr es nicht erwartet.«

DIE BESONDERE VERANTWORTUNG DER APOSTEL

41 Petrus fragte: »Herr, bezieht sich der Vergleich mit
dem Hausherrn auf alle oder nur auf uns Apostel?«
42 Der Herr antwortete: »Wer ist denn wohl der treue
und kluge Verwalter, dem sein Herr den Auftrag ge-
ben wird, die Dienerschaft zu beaufsichtigen und
jedem pünktlich die Tagesration auszuteilen? 43 Er
darf sich freuen, wenn sein Herr zurückkehrt und ihn
bei seiner Arbeit findet. 44 Ich versichere euch: Sein
Herr wird ihm die Verantwortung für alle seine Güter
übertragen. 45 Wenn er sich aber sagt: ›So bald kommt
mein Herr nicht zurück‹, und anfängt, die Diener und
Dienerinnen zu schlagen, üppig zu essen und sich zu
betrinken, 46 dann wird sein Herr an einem Tag und zu
einer Stunde zurückkehren, wenn er überhaupt nicht
damit rechnet. Er wird ihn in Stücke hauen und ihn
dorthin bringen lassen, wo die Treulosen ihre Strafe
verbüßen. 47 Der Diener, der die Anweisungen seines
Herrn kennt und sie nicht bereitwillig befolgt, wird
hart bestraft. 48 Ein Diener, der den Willen seines Herrn
nicht kennt und etwas tut, wofür er Strafe verdient
hätte, wird besser davonkommen. Wem viel gegeben
worden ist, von dem wird auch viel verlangt. Je mehr
einem Menschen anvertraut wird, desto mehr wird
von ihm gefordert.«

ZEIT DER ENTSCHEIDUNG, ZEIT DER ENTZWEIUNG

49 »Ich bin gekommen, um auf der Erde ein Feuer zu
entzünden, und ich wollte, es stünde schon in hel-
len Flammen. 50 Aber ich muss noch eine Taufe auf
mich nehmen – hätte ich sie doch schon hinter mir!
51 Meint ihr, ich sei gekommen, um Frieden in die
Welt zu bringen? Nein, nicht Frieden, sage ich euch,
sondern Entzweiung. 52 Denn so wird es von nun an
zugehen: Wenn fünf Menschen in einer Familie zu-
sammenleben, werden drei gegen zwei stehen und
zwei gegen drei. 53 Der Vater wird gegen den Sohn
sein und der Sohn gegen den Vater. Die Mutter wird
gegen die Tochter sein und die Tochter gegen die
Mutter. Die Schwiegermutter wird gegen die Schwie-
gertochter sein und die Schwiegertochter gegen die
Schwiegermutter.«

LETZTE GELEGENHEIT, SEIN LEBEN IN ORDNUNG ZU BRINGEN

54 Jesus wandte sich wieder der Volksmenge zu und
sagte: »Wenn ihr eine Wolke im Westen aufsteigen seht,
sagt ihr gleich: ›Es wird regnen‹, und dann regnet es
auch. 55 Wenn ihr merkt, dass Südwind weht, sagt ihr:
›Es wird heiß werden‹, und so geschieht es auch. 56 Ihr
Scheinheiligen! Das Aussehen von Himmel und Erde
könnt ihr beurteilen und schließt daraus, wie das Wetter
wird. Warum versteht ihr dann nicht, was die Ereignisse
dieser Zeit ankündigen? 57 Könnt ihr denn nicht von
selbst erkennen, worauf es jetzt ankommt? 58 Es ist, wie
wenn du von deinem Gläubiger vor Gericht geschleppt
wirst. Dann gibst du dir doch auch Mühe, die Sache mit
ihm in Ordnung zu bringen, solange du noch mit ihm auf
dem Weg bist. Wenn du erst einmal vor Gericht stehst,
wird dich der Richter dem Gefängniswärter übergeben,
und der bringt dich ins Gefängnis. 59 Ich sage dir: Dort
kommst du erst wieder heraus, wenn du deine Schuld
bis auf den letzten Pfennig bezahlt hast!«

WENN IHR EUCH NICHT ÄNDERT ...

13 Um diese Zeit kamen einige Leute zu Jesus und
erzählten ihm von den Männern aus Galiläa, die
Pilatus töten ließ, als sie gerade im Tempel Opfer dar-
brachten; ihr Blut vermischte sich mit dem Blut ihrer
Opfertiere. 2 Jesus sagte zu ihnen: »Meint ihr etwa,
dass sie einen so schrecklichen Tod fanden, weil sie
schlimmere Sünder waren als die anderen Leute in
Galiläa? 3 Nein, ich sage euch: Wenn ihr euch nicht
ändert, werdet ihr alle genauso umkommen! 4 Oder
denkt an die achtzehn, die der Turm am Teich Schiloach
unter sich begrub! Meint ihr, dass sie schlechter waren
als die übrigen Einwohner Jerusalems? 5 Nein, ich sage
euch: Ihr werdet alle genauso umkommen, wenn ihr
euch nicht ändert!«

EINE LETZTE GNADENFRIST

6 Dann erzählte ihnen Jesus folgendes Gleichnis: »Ein
Mann hatte in seinem Weinberg einen Feigenbaum
gepflanzt. Er kam und suchte Früchte an ihm und fand
keine. 7 Da sagte er zu seinem Weingärtner: ›Hör zu:
Drei Jahre sind es nun schon, dass ich herkomme und
an diesem Feigenbaum nach Früchten suche und keine
finde. Also hau ihn um, was soll er für nichts und wieder
nichts den Boden aussaugen!‹ 8 Aber der Weingärtner
sagte: ›Herr, lass ihn doch dieses Jahr noch stehen! Ich
will den Boden rundherum gut auflockern und dün-
gen. 9 Vielleicht trägt der Baum dann im nächsten Jahr
Früchte. Wenn nicht, dann lass ihn umhauen!‹«

JESUS HEILT EINE FRAU AM SABBAT

10 Einmal sprach Jesus am Sabbat in einer Synagoge.
11 Nun war dort eine Frau, die schon achtzehn Jahre lang
von einem bösen Geist geplagt wurde, der sie krank
machte. Sie war verkrümmt und konnte sich nicht mehr
aufrichten. 12 Als Jesus sie sah, rief er sie zu sich und
sagte zu ihr: »Frau, du sollst deine Krankheit los sein!«
13 Und er legte ihr die Hände auf. Sofort richtete sie sich

auf und pries Gott. 14 Da griff der Synagogenvorsteher ein. Er ärgerte sich, dass Jesus die Frau ausgerechnet am Sabbat geheilt hatte, und sagte zu der Menge: »Die Woche hat sechs Tage zum Arbeiten. Also kommt an einem Werktag, um euch heilen zu lassen, aber nicht am Sabbat.« 15 Der Herr erwiderte ihm: »Ihr Scheinheiligen! Jeder von euch bindet doch am Sabbat seinen Ochsen oder Esel von der Futterkrippe los und führt ihn zur Tränke. 16 Aber diese Frau hier, die eine Tochter Abrahams ist – achtzehn Jahre lang hielt sie der Satan gebunden, und sie sollte nicht an einem Sabbat von dieser Fessel befreit werden dürfen?« 17 Als Jesus das sagte, mussten alle seine Gegner sich geschlagen geben. Aber die ganze große Menge freute sich über all die wunderbaren Taten, die Jesus vollbrachte.

SENFKORN UND SAUERTEIG: DER ENTSCHEIDENDE ANFANG IST GEMACHT

18 Dann sagte Jesus: »Wie geht es zu, wenn Gott seine Herrschaft aufrichtet? Womit kann ich das vergleichen? 19 Es ist wie bei dem Senfkorn, das jemand in seinem Garten in die Erde steckte. Es ging auf und wuchs und wurde zu einem Baum, und die Vögel bauten ihre Nester in seinen Zweigen.« 20 Noch einmal fragte Jesus: »Womit kann ich das vergleichen, wenn Gott seine Herrschaft aufrichtet? 21 Es ist wie mit dem Sauerteig: Eine Frau mengte eine Handvoll davon unter eine riesige Menge Mehl, und er machte den ganzen Teig sauer.«

DIE ENGE TÜR – DIE VERSCHLOSSENE TÜR: AUFRUF ZU RECHTZEITIGEM HANDELN

22 Jesus zog weiter auf dem Weg nach Jerusalem. Unterwegs sprach er in Städten und Dörfern. 23 Einmal fragte ihn jemand: »Herr, werden nur wenige gerettet?« Jesus antwortete: 24 »Die Tür zu Gottes neuer Welt ist eng; kämpft darum, dass ihr Einlass findet! Denn viele, sage ich euch, werden sich am Ende darum bemühen, aber es nicht mehr schaffen. 25 Wenn der Hausherr aufsteht und die Tür abschließt, werdet ihr draußen stehen und klopfen und rufen: ›Herr, mach uns auf!‹ Doch er wird euch antworten: ›Ich weiß nicht, wo ihr herkommt!‹ 26 Dann werdet ihr sagen: ›Wir haben doch mit dir zusammen gegessen und getrunken und du hast auf den Straßen unserer Stadt gelehrt.‹ 27 Aber er wird euch antworten: ›Ich weiß nicht, wo ihr herkommt. Ihr habt es allesamt versäumt, das Rechte zu tun, geht mir aus den Augen!‹ 28 Da werdet ihr dann jammern und mit den Zähnen knirschen, wenn ihr Abraham, Isaak, Jakob und alle Propheten in Gottes neuer Welt seht, doch ihr selbst seid ausgeschlossen. 29 Aus Ost und West, aus Nord und Süd werden die Menschen kommen und in Gottes neuer Welt zu Tisch sitzen. 30 Seid darauf gefasst: Es gibt solche, die jetzt noch zu den Letzten zählen; die werden dann die Ersten sein. Und andere zählen jetzt zu den Ersten, die werden dann die Letzten sein.«

JESUS MUSS BIS NACH JERUSALEM KOMMEN

31 Da kamen einige Pharisäer zu Jesus und warnten ihn: »Verlass diese Gegend und geh anderswohin; Herodes will dich töten!« 32 Jesus antwortete: »Geht und sagt diesem Fuchs: ›Ich treibe böse Geister aus und heile Kranke heute und morgen; erst am dritten Tag werde ich am Ziel sein. 33 Aber heute und morgen und auch am Tag danach muss ich meinen Weg noch fortsetzen; denn es ist undenkbar, dass ein Prophet außerhalb von Jerusalem umgebracht wird.‹«

KLAGE ÜBER JERUSALEM

34 »Jerusalem, Jerusalem, du tötest die Propheten und steinigst die Boten, die Gott zu dir schickt! Wie oft wollte ich deine Bewohner um mich scharen, wie eine Henne ihre Küken unter die Flügel nimmt! Aber ihr habt nicht gewollt. 35 Deshalb wird Gott euren Tempel verlassen. Ich sage euch, ihr werdet mich erst wiedersehen, wenn ihr rufen werdet: ›Heil dem, der im Auftrag des Herrn kommt!‹«

KRITIK AN DER GESETZESAUSLEGUNG DER PHARISÄER: HEILUNG AM SABBAT

14 An einem Sabbat ging Jesus zum Essen in das Haus eines der führenden Pharisäer, und die dort versammelten Männer beobachteten ihn genau. 2 Auf einmal stand vor Jesus ein Mann, der an Wassersucht litt. 3 Jesus fragte die Gesetzeslehrer und Pharisäer: »Ist es nach dem Gesetz Gottes erlaubt, am Sabbat Kranke zu heilen, oder nicht?« 4 Sie gaben ihm keine Antwort. Da berührte Jesus den Kranken, machte ihn gesund und ließ ihn gehen. 5 Dann sagte er zu den Anwesenden: »Wenn einem von euch ein Kind in den Brunnen fällt oder auch nur ein Rind, holt er es dann nicht auf der Stelle heraus, auch wenn es gerade Sabbat ist?« 6 Sie wussten nicht, was sie dagegen vorbringen sollten.

KRITIK AN DER SELBSTEINSCHÄTZUNG DER PHARISÄER: WER BEKOMMT DIE EHRENPLÄTZE?

7 Jesus hatte beobachtet, wie die zum Essen Geladenen die Ehrenplätze für sich aussuchten. Das nahm er zum Anlass, sie in einem Bild darauf hinzuweisen, welche Regeln an Gottes Tisch gelten. 8 »Wenn dich jemand zu einem Hochzeitsmahl einlädt, dann setz dich nicht gleich auf den Ehrenplatz. Es könnte ja sein, dass eine noch vornehmere Person eingeladen ist. 9 Der Gastgeber, der euch beide geladen hat, müsste dann kommen und dich auffordern, den Ehrenplatz abzutreten. Dann müsstest du beschämt auf dem untersten Platz sitzen. 10 Setz dich lieber auf den letzten Platz, wenn du eingeladen bist. Wenn dann der Gastgeber kommt, wird er zu dir sagen: ›Lieber Freund, komm, nimm weiter oben Platz!‹ So wirst du vor allen geehrt, die mit dir eingeladen sind. 11 Denn alle, die sich selbst groß machen, werden von Gott gedemütigt, und alle, die sich selbst gering achten, werden von ihm zu Ehren gebracht.«

KRITIK AM BERECHNENDEN WESEN DER PHARISÄER: WER IST EINZULADEN?

12 Dann wandte sich Jesus an den Gastgeber: »Wenn du ein Essen gibst, am Mittag oder am Abend, dann

lade nicht deine Freunde ein, deine Brüder und Ver-
wandten oder die reichen Nachbarn. Sie laden dich
dann nur wieder ein, und du hast deinen Lohn gehabt.
13 Nein, wenn du ein Essen gibst, dann lade Arme, Ver-
krüppelte, Gelähmte und Blinde ein! 14 Dann darfst
du dich freuen, weil sie es dir nicht vergelten können;
denn Gott selbst wird es dir vergelten, wenn er die
vom Tod erweckt, die getan haben, was ihm gefällt.«

WARNUNG, GOTTES EINLADUNG AUSZUSCHLAGEN: GLEICHNIS VOM GROSSEN FESTMAHL

15 Einer von den Gästen griff dieses Wort auf und sagte
zu Jesus: »Ja, freuen dürfen sich alle, die mit zu Tisch
sitzen werden in Gottes neuer Welt!« 16 Doch Jesus ant-
wortete ihm mit einem Gleichnis; er sagte: »Ein Mann
hatte viele Leute zu einem großen Essen eingeladen.
17 Als die Stunde für das Mahl da war, schickte er sei-
nen Diener, um die Gäste zu bitten: ›Kommt! Alles ist
hergerichtet!‹ 18 Aber einer nach dem andern begann,
sich zu entschuldigen. Der erste erklärte: ›Ich habe
ein Stück Land gekauft, das muss ich mir jetzt unbe-
dingt ansehen; bitte, entschuldige mich.‹ 19 Ein anderer
sagte: ›Ich habe fünf Ochsengespanne gekauft und will
gerade sehen, ob sie etwas taugen; bitte, entschuldige
mich.‹ 20 Ein dritter sagte: ›Ich habe eben erst geheira-
tet, darum kann ich nicht kommen.‹ 21 Der Diener kam
zurück und berichtete alles seinem Herrn. Da wurde
der Herr zornig und befahl ihm: ›Lauf schnell auf die
Straßen und Gassen der Stadt und hol die Armen, Ver-
krüppelten, Blinden und Gelähmten her!‹ 22 Der Diener
kam zurück und meldete: ›Herr, ich habe deinen Befehl
ausgeführt, aber es ist immer noch Platz da.‹ 23 Der Herr
sagte zu ihm: ›Dann geh auf die Landstraßen und an die
Zäune draußen vor der Stadt, wo die Landstreicher sich
treffen, und dränge die Leute hereinzukommen, damit
mein Haus voll wird!‹« 24 Jesus schloss: »Das sollt ihr
wissen: Von den zuerst geladenen Gästen kommt mir
niemand an meinen Tisch!«

WAS JESUS VON DENEN VERLANGT, DIE IHM FOLGEN WOLLEN

25 Als Jesus wieder unterwegs war, zog eine große
Menge Menschen hinter ihm her. Er wandte sich nach
ihnen um und sagte: 26 »Wer sich mir anschließen will,
muss bereit sein, mit Vater und Mutter zu brechen,
ebenso mit Frau und Kindern, mit Brüdern und Schwes-
tern; er muss bereit sein, sogar das eigene Leben auf-
zugeben. Sonst kann er nicht mein Jünger sein. 27 Wer
nicht sein Kreuz trägt und mir auf meinem Weg folgt,
kann nicht mein Jünger sein. 28 Wenn jemand von euch
ein Haus bauen will, setzt er sich doch auch zuerst hin
und überschlägt die Kosten. Er muss ja sehen, ob sein
Geld dafür reicht. 29 Sonst hat er vielleicht das Funda-
ment gelegt und kann nicht mehr weiterbauen. Alle,
die das sehen, werden ihn dann auslachen und werden
sagen: 30 ›Dieser Mensch wollte ein Haus bauen, aber
er kann es nicht vollenden.‹ 31 Oder wenn ein König ge-
gen einen anderen König Krieg führen will, wird er sich
auch zuerst überlegen, ob er mit zehntausend Mann
stark genug ist, sich den zwanzigtausend des anderen
entgegenzustellen. 32 Wenn nicht, tut er besser daran,
dem Gegner Unterhändler entgegenzuschicken, so-
lange er noch weit weg ist, und die Friedensbedin-
gungen zu erkunden.« 33 Jesus schloss: »Niemand von
euch kann mein Jünger sein, wenn er nicht zuvor alles
aufgibt, was er hat.«

EIN ERNSTES WORT AN DIE JÜNGER

34 »Salz ist etwas Gutes; wenn es aber seine Kraft
verliert, wie kann es sie wiederbekommen? 35 Selbst
für den Acker oder den Misthaufen taugt es nicht
mehr und wird weggeworfen. Wer Ohren hat, soll
gut zuhören!«

DAS VERLORENE SCHAF

15 Eines Tages waren wieder einmal alle Zollein-
nehmer und all die anderen, die einen ebenso
schlechten Ruf hatten, bei Jesus versammelt und woll-
ten ihn hören. 2 Die Pharisäer und die Gesetzeslehrer
murrten und sagten: »Er lässt das Gesindel zu sich!
Er isst sogar mit ihnen!« 3 Da erzählte ihnen Jesus fol-
gendes Gleichnis: 4 »Stellt euch vor, einer von euch hat
hundert Schafe und eines davon verläuft sich. Lässt er
dann nicht die neunundneunzig allein in der Steppe
weitergrasen und sucht das verlorene so lange, bis
er es findet? 5 Und wenn er es gefunden hat, dann
freut er sich, nimmt es auf die Schultern 6 und trägt
es nach Hause. Dort ruft er seine Freunde und Nach-
barn zusammen und sagt zu ihnen: ›Freut euch mit
mir, ich habe mein verlorenes Schaf wiedergefunden!‹
7 Ich sage euch: Genauso ist bei Gott im Himmel mehr
Freude über einen Sünder, der ein neues Leben an-
fängt, als über neunundneunzig andere, die das nicht
nötig haben.«

DAS VERLORENE GELDSTÜCK

8 »Oder stellt euch vor, eine Frau hat zehn Silberstücke
und verliert eins davon. Zündet sie da nicht eine Lampe
an, fegt das ganze Haus und sucht in allen Ecken, bis
sie das Geldstück gefunden hat? 9 Und wenn sie es
gefunden hat, ruft sie ihre Freundinnen und Nach-
barinnen zusammen und sagt zu ihnen: ›Freut euch
mit mir, ich habe mein verlorenes Silberstück wieder-
gefunden!‹ 10 Ich sage euch: Genauso freuen sich die
Engel Gottes über einen einzigen Sünder, der ein neues
Leben anfängt.«

DER VATER UND SEINE ZWEI SÖHNE

11 Jesus erzählte weiter: »Ein Mann hatte zwei Söhne.
12 Der jüngere sagte: ›Vater, gib mir den Teil der Erb-
schaft, der mir zusteht!‹ Da teilte der Vater seinen Besitz
unter die beiden auf. 13 Nach ein paar Tagen machte der
jüngere Sohn seinen ganzen Anteil zu Geld und zog
weit weg in die Fremde. Dort lebte er in Saus und Braus
und verjubelte alles. 14 Als er nichts mehr hatte, brach in
jenem Land eine große Hungersnot aus; da ging es ihm
schlecht. 15 Er hängte sich an einen Bürger des Landes,

der schickte ihn aufs Feld zum Schweinehüten. 16 Er
war so hungrig, dass er auch mit dem Schweinefutter
zufrieden gewesen wäre; aber er bekam nichts davon.
17 Endlich ging er in sich und sagte: ›Mein Vater hat so
viele Arbeiter, die bekommen alle mehr, als sie essen
können, und ich komme hier um vor Hunger. 18 Ich will
zu meinem Vater gehen und zu ihm sagen: Vater, ich
bin vor Gott und vor dir schuldig geworden; 19 ich bin
es nicht mehr wert, dein Sohn zu sein. Nimm mich als
einen deiner Arbeiter in Dienst!‹ 20 So machte er sich
auf den Weg zu seinem Vater. Er war noch ein gutes
Stück vom Haus entfernt, da sah ihn schon sein Vater
kommen, und das Mitleid ergriff ihn. Er lief ihm ent-
gegen, fiel ihm um den Hals und überhäufte ihn mit
Küssen. 21 ›Vater‹, sagte der Sohn, ›ich bin vor Gott und
vor dir schuldig geworden, ich bin es nicht mehr wert,
dein Sohn zu sein!‹ 22 Aber der Vater rief seinen Dienern
zu: ›Schnell, holt die besten Kleider für ihn, steckt ihm
einen Ring an den Finger und bringt ihm Schuhe! 23 Holt
das Mastkalb und schlachtet es! Wir wollen ein Fest
feiern und uns freuen! 24 Denn mein Sohn hier war tot,
jetzt lebt er wieder. Er war verloren, jetzt ist er wieder-
gefunden.‹ Und sie begannen zu feiern. 25 Der ältere
Sohn war noch auf dem Feld. Als er zurückkam und sich
dem Haus näherte, hörte er das Singen und Tanzen. 26 Er
rief einen der Diener herbei und fragte ihn, was denn da
los sei. 27 Der sagte: ›Dein Bruder ist zurückgekommen
und dein Vater hat das Mastkalb schlachten lassen, weil
er ihn gesund wiederhat.‹ 28 Der ältere Sohn wurde zor-
nig und wollte nicht ins Haus gehen. Da kam der Vater
heraus und redete ihm gut zu. 29 Aber der Sohn sagte
zu ihm: ›Du weißt doch: All die Jahre habe ich wie ein
Sklave für dich geschuftet, nie war ich dir ungehorsam.
Was habe ich dafür bekommen? Mir hast du nie auch
nur einen Ziegenbock gegeben, damit ich mit meinen
Freunden feiern konnte. 30 Aber der da, dein Sohn, hat
dein Geld mit Huren durchgebracht; und jetzt kommt
er nach Hause, da schlachtest du gleich das Mastkalb
für ihn.‹ 31 ›Mein Sohn‹, sagte der Vater, ›du bist immer
bei mir, und dir gehört alles, was ich habe. 32 Aber jetzt
mussten wir doch feiern und uns freuen! Denn dein
Bruder war tot und ist wieder am Leben. Er war verloren
und ist wiedergefunden.‹«

VOM UMGANG MIT GELD: DIE GESCHICHTE VOM UNTREUEN VERWALTER

16 Dann wandte sich Jesus seinen Jüngern zu,
den Männern und Frauen, und erzählte ihnen
folgende Geschichte: »Ein reicher Mann hatte einen
Verwalter, der ihn betrog. Als sein Herr davon erfuhr,
2 ließ er ihn rufen und stellte ihn zur Rede: ›Was muss
ich von dir hören? Leg die Abrechnung vor, du kannst
nicht länger mein Verwalter sein!‹ 3 Da sagte sich der
Mann: ›Was soll ich machen, wenn mein Herr mir die
Stelle wegnimmt? Für schwere Arbeiten bin ich zu
schwach, und zu betteln schäme ich mich. 4 Ich weiß,
was ich tun werde: Ich muss mir Freunde verschaf-
fen, die mich in ihre Häuser aufnehmen, wenn ich
hier entlassen werde.‹ 5 So rief er nacheinander alle
zu sich, die bei seinem Herrn Schulden hatten. Er fragte
den Ersten: ›Wie viel schuldest du meinem Herrn?‹
6 ›Hundert Fässer Olivenöl‹, war die Antwort. ›Hier ist
dein Schuldschein‹, sagte der Verwalter; ›setz dich hin
und schreib fünfzig!‹ 7 Einen anderen fragte er: ›Wie
steht es bei dir, wie viel Schulden hast du?‹ ›Hundert
Sack Weizen‹, war die Antwort. ›Hier ist dein Schuld-
schein, schreib achtzig!‹« 8 Jesus, der Herr, lobte den
betrügerischen Verwalter wegen seines klugen Vorge-
hens. Denn in der Tat: Die Menschen dieser Welt sind,
wenn es ums Überleben geht, viel klüger als die Men-
schen des Lichtes. 9 »Ich sage euch«, forderte Jesus
seine Jünger auf, »nutzt das leidige Geld dazu, durch
Wohltaten Freunde zu gewinnen. Wenn es mit euch
und eurem Geld zu Ende geht, werden sie euch in der
neuen Welt Gottes in ihre Wohnungen aufnehmen.«

VOM UMGANG MIT GELD: ZUVERLÄSSIGKEIT, WIE JESUS SIE VERSTEHT

10 Jesus fuhr fort: »Wer in kleinen Dingen zuverlässig
ist, wird es auch in großen sein, und wer in kleinen un-
zuverlässig ist, ist es auch in großen. 11 Wenn ihr also im
Umgang mit dem leidigen Geld nicht zuverlässig seid,
wird euch niemand das wirklich Wertvolle anvertrauen.
12 Wenn ihr mit dem nicht umgehen könnt, was euch gar
nicht gehört, wie soll Gott euch dann schenken, was er
euch als Eigentum zugedacht hat? 13 Kein Diener kann
zwei Herren zugleich dienen. Er wird den einen ver-
nachlässigen und den anderen bevorzugen. Er wird dem
einen treu sein und den anderen hintergehen. Ihr könnt
nicht beiden zugleich dienen: Gott und dem Geld.«

VOM UMGANG MIT GELD: DER SPOTT DER PHARISÄER

14 Das alles hatten die Pharisäer mit angehört. Weil
sie geldgierig waren, lachten sie über Jesus. 15 Er aber
sagte zu ihnen: »Vor den Menschen stellt ihr euch so
hin, als führtet ihr ein Leben, das Gott gefällt; aber Gott
sieht euch ins Herz. Was bei den Menschen Eindruck
macht, das verabscheut Gott.«

DAS GESETZ MOSES UND DIE NEUE ZEIT. AM BEISPIEL DER EHE …

16 »Bisher gab es nur das Gesetz und die Weisungen
der Propheten. Diese Zeit ist mit dem Täufer Johannes
abgeschlossen. Seitdem wird die Gute Nachricht ver-
kündet, dass Gott seine Herrschaft aufrichtet, und alle
drängen herbei und wollen in die neue Welt Gottes
eingelassen werden. 17 Doch eher werden Himmel und
Erde vergehen, als dass auch nur ein Komma im Gesetz
ungültig wird. 18 Das bedeutet zum Beispiel: Wer sich
von seiner Frau trennt und eine andere heiratet, be-
geht Ehebruch. Und wer eine Geschiedene heiratet,
wird zum Ehebrecher.«

… UND AM BEISPIEL DES BESITZES (DER REICHE MANN UND DER ARME LAZARUS)

19 »Es war einmal ein reicher Mann, der immer die
teuerste Kleidung trug und Tag für Tag im Luxus lebte.

20 Vor seinem Haustor lag ein Armer, der hieß Lazarus.
Sein Körper war ganz mit Geschwüren bedeckt. 21 Er
wartete darauf, dass von den Mahlzeiten des Reichen
ein paar kümmerliche Reste für ihn abfielen. Er konnte
sich nicht einmal gegen die Hunde wehren, die seine
Wunden beleckten. 22 Der Arme starb und die Engel
trugen ihn an den Ort, wo das ewige Freudenmahl ge-
feiert wird; dort erhielt er den Ehrenplatz an der Seite
Abrahams. Auch der Reiche starb und wurde begraben.
23 In der Totenwelt litt er große Qualen. Als er aufblickte,
sah er in weiter Ferne Abraham, und Lazarus auf dem
Platz neben ihm. 24 Da rief er laut: ›Vater Abraham, hab
Erbarmen mit mir! Schick mir doch Lazarus! Er soll seine
Fingerspitze ins Wasser tauchen und meine Zunge ein
wenig kühlen, denn das Feuer hier brennt entsetzlich.‹
25 Aber Abraham sagte: ›Mein Sohn, denk daran, dass du
schon zu Lebzeiten das dir zugemessene Glück erhalten
hast, Lazarus aber nur Unglück. Dafür kann er sich nun
hier freuen, während du Qualen leidest. 26 Außerdem
liegt zwischen uns und euch ein riesiger Graben. Selbst
wenn jemand wollte, könnte er nicht zu euch kommen,
genauso wie keiner von dort zu uns gelangen kann.‹
27 Da bat der reiche Mann: ›Vater Abraham, dann
schick Lazarus doch wenigstens in mein Elternhaus!
28 Ich habe noch fünf Brüder. Er soll sie warnen, damit
sie nicht auch an diesen schrecklichen Ort kommen!‹
29 Doch Abraham sagte: ›Deine Brüder haben das
Gesetz Moses und die Weisungen der Propheten. Sie
brauchen nur darauf zu hören.‹ 30 Der Reiche erwiderte:
›Vater Abraham, das genügt nicht! Aber wenn einer von
den Toten zu ihnen käme, dann würden sie ihr Leben
ändern.‹ 31 Abraham sagte: ›Wenn sie auf Mose und
die Propheten nicht hören, dann lassen sie sich auch
nicht überzeugen, wenn jemand vom Tod aufersteht.‹«

VOM GEGENSEITIGEN VERHALTEN IN DER JÜNGERGEMEINSCHAFT

17 Jesus wandte sich wieder seinen Jüngern zu, den
Männern und Frauen, und sagte zu ihnen: »Es
ist unvermeidlich, dass Menschen an mir irrewerden.
Aber wehe dem, der dazu beiträgt! 2 Es wäre besser
für ihn, er würde mit einem Mühlstein um den Hals
ins Meer geworfen, als dass er auch nur einen dieser
kleinen, unbedeutenden Menschen, die zu mir halten,
an mir irremacht. 3 Seid wachsam gegen euch selbst!
Wenn dein Bruder – und das gilt entsprechend für die
Schwester – ein Unrecht begangen hat, dann stell ihn
zur Rede, und wenn er es bereut, dann verzeih ihm.
4 Selbst wenn er siebenmal am Tag an dir schuldig wird,
sollst du ihm verzeihen, wenn er kommt und sagt: ›Es
tut mir leid!‹«

VON DER MACHT DES GOTTVERTRAUENS

5 Die Apostel sagten zum Herrn: »Stärke doch unser
Vertrauen zu Gott!« 6 Der Herr antwortete: »Wenn
euer Vertrauen auch nur so groß wäre wie ein Senf-
korn, dann könntet ihr zu dem Maulbeerbaum dort sa-
gen: ›Zieh deine Wurzeln aus der Erde und verpflanze
dich ins Meer!‹, und er würde euch gehorchen.«

KEIN ANSPRUCH AUF BESONDERE ANERKENNUNG

7 »Stellt euch vor, jemand von euch hat einen Sklaven
und der kommt vom Pflügen oder Schafehüten nach
Hause. Wird er wohl gleich als Erstes zu ihm sagen:
›Bitte, komm und setz dich zu Tisch‹? 8 Gewiss nicht!
Er wird ihm sagen: ›Mach mir das Essen fertig, binde
dir die Schürze um und bediene mich bei Tisch! Wenn
ich fertig bin, kannst du auch essen und trinken.‹ 9 Wird
er sich etwa bei dem Sklaven bedanken, weil der getan
hat, was ihm befohlen war? 10 So ist es auch mit euch.
Wenn ihr alles getan habt, was Gott euch befohlen hat,
dann sagt: ›Wir sind Diener, weiter nichts; wir haben
nur getan, was uns aufgetragen war.‹«

DER DANKBARE SAMARITER

11 Auf dem Weg nach Jerusalem zog Jesus durch das
Grenzgebiet von Samarien und Galiläa. 12 Als er in ein
Dorf ging, kamen ihm zehn Aussätzige entgegen. Sie
blieben in gehörigem Abstand stehen 13 und riefen laut:
»Jesus! Herr! Hab Erbarmen mit uns!« 14 Jesus sah sie
und befahl ihnen: »Geht zu den Priestern und lasst
euch eure Heilung bestätigen!« Und als sie unterwegs
waren, wurden sie tatsächlich gesund. 15 Einer aus der
Gruppe kam zurück, als er es merkte. Laut pries er Gott,
16 warf sich vor Jesus nieder, das Gesicht zur Erde, und
dankte ihm. Und das war ein Samariter. 17 Jesus sagte:
»Sind nicht alle zehn gesund geworden? Wo sind dann
die anderen neun? 18 Ist keiner zurückgekommen, um
Gott die Ehre zu erweisen, nur dieser Fremde hier?«
19 Dann sagte er zu dem Mann: »Steh auf und geh nach
Hause, dein Vertrauen hat dich gerettet.«

WANN RICHTET GOTT SEINE HERRSCHAFT AUF?

20 Einige Pharisäer fragten Jesus, wann die Herrschaft
Gottes anbrechen werde. Jesus antwortete: »Ihr dürft
nicht nach Vorzeichen ausschauen 21 und an allen mög-
lichen Orten nach ihr suchen! Denn schon jetzt, mitten
unter euch, richtet Gott seine Herrschaft auf!«

VOM KOMMEN DES MENSCHENSOHNES

22 Dann sagte Jesus zu den Jüngern, den Männern und
Frauen: »Es wird die Zeit kommen, wo ihr euch danach
sehnt, auch nur einen Tag unter der Herrschaft des
Menschensohnes zu erleben. Aber es wird euch nicht
vergönnt sein. 23 Sie werden zu euch sagen: ›Schaut
doch hierher!‹, oder: ›Schaut dorthin!‹ Aber geht nicht
hin und gebt nichts darauf. 24 Wenn sein Tag da ist, wird
der Menschensohn kommen wie ein Blitz, der mit einem
Schlag den ganzen Horizont ringsum erhellt. 25 Aber
zuvor muss er noch vieles erleiden und von den Men-
schen dieser Generation verworfen werden. 26 Wenn
der Menschensohn kommt, wird es genauso sein wie
zur Zeit Noachs: 27 Die Menschen aßen und tranken und
heirateten, wie sie es gewohnt waren – bis zu dem Tag,
an dem Noach in die Arche ging. Dann kam die Flut und
vernichtete sie alle. 28 Und es wird auch genauso sein
wie in den Tagen Lots: Sie aßen und tranken, sie kauften
und verkauften, bestellten das Land und bauten Häuser,

wie sie es gewohnt waren. 29 An dem Tag aber, an dem
Lot die Stadt Sodom verließ, fiel Feuer und Schwefel
vom Himmel und vernichtete sie alle. 30 Ganz genauso
wird es an dem Tag sein, an dem der Menschensohn
erscheint. 31 Wer an jenem Tag gerade auf dem Dach ist
und seine Sachen unten im Haus liegen hat, soll keine
Zeit damit verlieren, erst noch hineinzugehen, um sie
zu holen. Und wer gerade auf dem Feld ist, soll nicht
einmal mehr zurückschauen, um sein Haus noch einmal
zu sehen. 32 Denkt an Lots Frau! 33 Wer sein Leben retten
will, wird es verlieren, und wer es verliert, wird es retten.
34 Ich sage euch: Zwei Männer werden in jener Nacht
auf einem Bett schlafen: Der eine wird angenommen,
der andere zurückgelassen. 35 Zwei Frauen werden zu-
sammen Korn mahlen: Die eine wird angenommen, die
andere zurückgelassen.« 37 Die Jünger fragten: »Wo
wird das geschehen, Herr?« Jesus antwortete ihnen:
»Wo Aas liegt, da sammeln sich die Geier.«

DAS GLEICHNIS VOM RICHTER UND DER WITWE

18 Mit einem Gleichnis zeigte Jesus seinen Jün-
gern, den Männern und Frauen, dass sie immer
beten müssen und darin nicht nachlassen dürfen. Er
erzählte: 2 »In einer Stadt lebte ein Richter, der nicht
nach Gott fragte und alle Menschen verachtete. 3 In
der gleichen Stadt lebte auch eine Witwe. Sie kam
immer wieder zu ihm gelaufen und bat ihn: ›Verhilf
mir zu meinem Recht!‹ 4 Lange Zeit wollte der Richter
nicht, doch schließlich sagte er sich: ›Es ist mir zwar
völlig gleichgültig, was Gott und Menschen von mir
halten; 5 aber weil die Frau mir lästig wird, will ich da-
für sorgen, dass sie ihr Recht bekommt. Sonst kratzt
sie mir noch die Augen aus.‹« 6 Und der Herr fuhr fort:
»Habt ihr gehört, was dieser korrupte Richter sagt?
7 Wird dann nicht Gott erst recht seinen Erwählten
zu ihrem Recht verhelfen, wenn sie Tag und Nacht zu
ihm schreien? Wird er sie etwa lange warten lassen?
8 Ich sage euch: Er wird ihnen sehr schnell ihr Recht
verschaffen. Aber wird der Menschensohn, wenn er
kommt, auf der Erde überhaupt noch Menschen fin-
den, die in Treue auf ihn warten?«

DIE BEISPIELGESCHICHTE VON DEM PHARISÄER UND DEM ZOLLEINNEHMER

9 Dann wandte sich Jesus einigen Leuten zu, die voller
Selbstvertrauen meinten, in Gottes Augen untadelig da-
zustehen, und deshalb für alle anderen nur Verachtung
übrig hatten. Er erzählte ihnen folgende Geschichte:
10 »Zwei Männer gingen hinauf in den Tempel, um zu
beten, ein Pharisäer und ein Zolleinnehmer. 11 Der Phari-
säer stellte sich vorne hin und betete leise bei sich: ›Gott,
ich danke dir, dass ich nicht so bin wie die anderen Men-
schen, alle diese Räuber, Betrüger und Ehebrecher, oder
auch wie dieser Zolleinnehmer hier! 12 Ich faste zwei
Tage in der Woche und gebe dir den vorgeschriebenen
Zehnten sogar noch von dem, was ich bei anderen ein-
kaufe!‹ 13 Der Zolleinnehmer aber stand ganz hinten und
getraute sich nicht einmal, zum Himmel aufzublicken.
Er schlug sich zerknirscht an die Brust und sagte: ›Gott,
hab Erbarmen mit mir, ich bin ein sündiger Mensch!‹«
14 Jesus schloss: »Ich sage euch, der Zolleinnehmer ging
aus dem Tempel in sein Haus hinunter als einer, den Gott
für gerecht erklärt hatte – ganz im Unterschied zu dem
Pharisäer. Denn alle, die sich selbst groß machen, wer-
den von Gott gedemütigt, und alle, die sich selbst gering
achten, werden von ihm zu Ehren gebracht.«

JESUS UND DIE KINDER

15 Einige Leute wollten auch ihre kleinen Kinder zu
Jesus bringen, damit er sie berühre. Als die Jünger es
sahen, fuhren sie die Leute an und wollten sie wegschi-
cken. 16 Doch Jesus rief die Kinder zu sich und sagte:
»Lasst die Kinder zu mir kommen und hindert sie nicht,
denn für Menschen wie sie steht Gottes neue Welt
offen. 17 Ich versichere euch: Wer sich Gottes neue
Welt nicht schenken lässt wie ein Kind, wird niemals
hineinkommen.«

DIE GEFAHR DES REICHTUMS

18 Ein einflussreicher Mann fragte Jesus: »Guter Lehrer,
was muss ich tun, um das ewige Leben zu bekommen?«
19 Jesus antwortete: »Warum nennst du mich gut? Nur
einer ist gut, Gott! 20 Und seine Gebote kennst du doch:
Du sollst nicht die Ehe brechen, nicht morden, nicht
stehlen, nichts Unwahres über deinen Mitmenschen
sagen; ehre deinen Vater und deine Mutter!« 21 »Diese
Gebote habe ich von Jugend an alle befolgt«, erwiderte
der Mann. 22 Als Jesus das hörte, sagte er zu ihm: »Eines
fehlt dir noch: Verkauf alles, was du hast, und verteil
das Geld an die Armen, so wirst du bei Gott einen un-
verlierbaren Besitz haben. Und dann komm und folge
mir!« 23 Als der Mann das hörte, wurde er sehr traurig,
denn er war überaus reich. 24 Jesus sah ihn so daste-
hen und sagte: »Wie schwer haben es doch die Besit-
zenden, in die neue Welt Gottes zu kommen! 25 Eher
kommt ein Kamel durch ein Nadelöhr als ein Reicher in
Gottes neue Welt.« 26 Als die Leute das hörten, fragten
sie Jesus: »Wer kann dann überhaupt gerettet wer-
den?« 27 Er antwortete: »Was für die Menschen un-
möglich ist, das ist für Gott möglich.«

DER LOHN FÜR DIE, DIE ALLES AUFGEGEBEN HABEN

28 Da sagte Petrus: »Du weißt, wir haben unser
Eigentum aufgegeben und sind dir gefolgt.« 29 Jesus
wandte sich seinen Jüngern zu und sagte: »Ich versi-
chere euch: Niemand bleibt unbelohnt, der irgend-
etwas aufgibt, um die Gute Nachricht verkünden zu
können, dass Gott jetzt seine Herrschaft aufrichtet.
Wer dafür etwas zurücklässt – Haus, Frau, Geschwis-
ter oder Eltern oder Kinder –, 30 wird schon in dieser
Welt ein Vielfaches davon wiederbekommen und in
der kommenden Welt das ewige Leben.«

JESUS KÜNDIGT ZUM DRITTEN MAL SEINEN TOD AN

31 Jesus nahm die Zwölf beiseite und sagte zu ihnen:
»Hört zu! Wir gehen nach Jerusalem. Dort wird alles

in Erfüllung gehen, was die Propheten über den Menschensohn geschrieben haben: 32 Er wird den Fremden ausgeliefert werden, die Gott nicht kennen. Er wird verspottet und beleidigt und angespuckt werden. 33 Sie werden ihn auspeitschen und töten, doch am dritten Tag wird er auferstehen.« 34 Die Zwölf verstanden kein Wort. Was Jesus sagte, blieb ihnen verborgen; sie wussten nicht, wovon er sprach.

JESUS HEILT EINEN BLINDEN

35 Als Jesus in die Nähe von Jericho kam, saß dort ein Blinder am Straßenrand und bettelte. 36 Er hörte die Menge vorbeiziehen und fragte, was da los sei. 37 Er erfuhr, dass Jesus aus Nazaret vorbeikomme. 38 Da rief er laut: »Jesus, Sohn Davids! Hab Erbarmen mit mir!« 39 Die Leute, die Jesus vorausgingen, fuhren ihn an, er solle still sein; aber er schrie nur noch lauter: »Sohn Davids, hab Erbarmen mit mir!« 40 Jesus blieb stehen und ließ ihn zu sich holen. Als er herangekommen war, fragte ihn Jesus: 41 »Was soll ich für dich tun?« Er antwortete: »Herr, ich möchte wieder sehen können!« 42 Jesus sagte: »Du sollst sehen können! Dein Vertrauen hat dich gerettet.« 43 Sofort konnte der Blinde sehen. Er pries Gott und folgte Jesus. Und das ganze Volk, das dabei war, rühmte Gott.

JESUS UND ZACHÄUS

19 Jesus ging nach Jericho hinein und zog durch die Stadt. 2 In Jericho lebte ein Mann namens Zachäus. Er war der oberste Zolleinnehmer in der Stadt und war sehr reich. 3 Er wollte unbedingt sehen, wer dieser Jesus sei. Aber er war klein und die Menschenmenge versperrte ihm die Sicht. 4 So lief er voraus und kletterte auf einen Maulbeerfeigenbaum, um Jesus sehen zu können; denn dort musste er vorbeikommen. 5 Als Jesus an die Stelle kam, schaute er hinauf und redete ihn an: »Zachäus, komm schnell herunter, ich muss heute dein Gast sein!« 6 Zachäus stieg schnell vom Baum und nahm Jesus voller Freude bei sich auf. 7 Alle sahen es und murrten; sie sagten: »Bei einem ausgemachten Sünder ist er eingekehrt!« 8 Aber Zachäus wandte sich an den Herrn und sagte zu ihm: »Herr, ich verspreche dir, ich werde die Hälfte meines Besitzes den Armen geben. Und wenn ich jemand zu viel abgenommen habe, will ich es ihm vierfach zurückgeben.« 9 Darauf sagte Jesus zu ihm: »Heute ist dir und deiner ganzen Hausgemeinschaft die Rettung zuteilgeworden! Auch du bist ja ein Sohn Abrahams. 10 Der Menschensohn ist gekommen, um die Verlorenen zu suchen und zu retten.«

JESUS KÜNDIGT SEINEN WEGGANG UND SEINE WIEDERKUNFT AN (DAS GLEICHNIS VOM ANVERTRAUTEN GELD)

11 Alle Leute hatten gehört, was Jesus zu Zachäus sagte. Deshalb und weil Jesus nun auch schon nahe bei Jerusalem war, meinten sie, die neue Welt Gottes werde in allernächster Zukunft anbrechen. Darum fügte Jesus noch ein Gleichnis hinzu. 12 Er sagte: »Ein Mann von königlicher Herkunft reiste in ein fernes Land. Dort wollte er sich zum König über sein eigenes Volk und Land einsetzen lassen und danach zurückkehren. 13 Bevor er abreiste, rief er zehn seiner Diener, gab jedem ein Pfund Silberstücke und sagte zu ihnen: ›Treibt Handel damit und macht etwas daraus, bis ich komme!‹ 14 Aber seine Landsleute konnten ihn nicht leiden. Deshalb schickten sie Boten hinter ihm her, die erklären sollten: ›Wir wollen diesen Mann nicht als König haben!‹ 15 Als er nun König geworden war, kam er zurück und ließ die Diener rufen, denen er das Geld anvertraut hatte. Er wollte sehen, was sie damit erwirtschaftet hatten. 16 Der erste kam und berichtete: ›Herr, dein Pfund Silberstücke hat zehn weitere Pfund eingebracht.‹ 17 ›Sehr gut‹, sagte sein Herr, ›du bist ein tüchtiger Diener. Weil du in so kleinen Dingen zuverlässig warst, mache ich dich zum Herrn über zehn Städte.‹ 18 Der zweite kam und berichtete: ›Herr, dein Pfund Silberstücke hat fünf weitere Pfund eingebracht.‹ 19 Der Herr sagte zu ihm: ›Dich mache ich zum Herrn über fünf Städte.‹ 20 Ein dritter aber kam und sagte: ›Herr, hier hast du dein Pfund Silberstücke zurück. Ich habe es im Tuch verwahrt und immer bei mir getragen. 21 Ich hatte Angst vor dir, weil du ein strenger Mann bist. Du hebst Geld ab, das du nicht eingezahlt hast, und du erntest, was du nicht gesät hast.‹ 22 Zu ihm sagte der Herr: ›Du Nichtsnutz, du hast dir selbst das Urteil gesprochen. Du wusstest also, dass ich ein strenger Mann bin, dass ich abhebe, was ich nicht eingezahlt habe, und ernte, was ich nicht gesät habe. 23 Warum hast du dann mein Geld nicht wenigstens auf die Bank gebracht? Dort hätte ich es bei meiner Rückkehr mit Zinsen wiederbekommen.‹ 24 Dann sagte er zu den Umstehenden: ›Nehmt ihm sein Pfund ab und gebt es dem, der die zehn erwirtschaftet hat.‹ 25 Sie wandten ein: ›Herr, der hat doch schon zehn!‹ 26 Aber der König erwiderte: ›Ich sage euch, wer viel hat, soll noch mehr bekommen. Wer aber wenig hat, dem wird auch noch das Letzte weggenommen werden. 27 Nun aber zu meinen Feinden, die mich nicht als König haben wollten! Bringt sie her und macht sie vor meinen Augen nieder!‹«

JESUS KOMMT NACH JERUSALEM

28 Nachdem Jesus dieses Gleichnis erzählt hatte, zog er weiter, hinauf nach Jerusalem. 29 In der Nähe der Ortschaften Betfage und Betanien am Ölberg schickte er zwei seiner Jünger fort 30 mit dem Auftrag: »Geht in das Dorf da drüben! Am Ortseingang werdet ihr einen jungen Esel angebunden finden, auf dem noch nie ein Mensch geritten ist. Bindet ihn los und bringt ihn her! 31 Und wenn euch jemand fragt: ›Warum bindet ihr den Esel los?‹, dann antwortet: ›Der Herr braucht ihn.‹« 32 Die beiden gingen hin und fanden alles so, wie Jesus es ihnen gesagt hatte. 33 Als sie den Esel losbanden, fragten die Besitzer: »Warum bindet ihr den Esel los?« 34 »Der Herr braucht ihn«, antworteten sie 35 und brachten ihn zu Jesus. Sie legten ihre Kleider über das Tier und ließen Jesus aufsteigen. 36 Während er einherritt, breiteten die anderen Jünger ihre Kleider

als Teppich auf die Straße. 37 Als Jesus dann an die
Stelle kam, wo der Weg den Ölberg hinunterführt
nach Jerusalem, brach die ganze Menge der Jünger,
die Männer und Frauen, in lauten Jubel aus. Sie prie-
sen Gott für all die Wunder, die sie miterlebt hatten.
38 Sie riefen: »Heil dem König, der im Auftrag des Herrn
kommt! Gott hat Frieden bereitet im Himmel! Ihm in
der Höhe gehört alle Ehre!« 39 Ein paar Pharisäer riefen
aus der Menge: »Lehrer, bring doch deine Jünger zur
Vernunft!« 40 Jesus antwortete: »Ich sage euch, wenn
sie schweigen, dann werden die Steine schreien!«

JESUS WEINT ÜBER JERUSALEM

41 Als Jesus sich der Stadt näherte und sie vor sich lie-
gen sah, weinte er 42 und sagte: »Wenn doch auch du
heute erkannt hättest, was dir Frieden bringt! Aber
Gott hat dich blind dafür gemacht. 43 Darum kommt
jetzt über dich eine Zeit, da werden deine Feinde einen
Wall rings um dich aufwerfen, dich belagern und von
allen Seiten einschließen. 44 Sie werden dich und deine
Bewohner völlig vernichten und keinen Stein auf dem
andern lassen. Denn du hast den Tag nicht erkannt, an
dem Gott dir zu Hilfe kommen wollte.«

JESUS IM TEMPEL

45 Jesus ging in den Tempel und fing an, die Händ-
ler hinauszujagen. 46 Dazu sagte er ihnen: »In den
Heiligen Schriften steht, dass Gott erklärt hat: ›Mein
Tempel soll eine Stätte sein, an der die Menschen zu
mir beten können!‹ Ihr aber habt eine Räuberhöhle
daraus gemacht!« 47 Jesus lehrte jeden Tag im Tempel.
Die führenden Priester, die Gesetzeslehrer und auch
die Ältesten des Volkes suchten nach einer Möglich-
keit, ihn zu töten; 48 aber sie wussten nicht, wie sie es
anfangen sollten. Denn das Volk war dauernd um ihn
und wollte sich keines seiner Worte entgehen lassen.

DIE FRAGE NACH DEM AUFTRAGGEBER

20 Eines Tages lehrte Jesus wieder im Tempel und
verkündete dem Volk die Gute Nachricht. Da
kamen die führenden Priester, die Gesetzeslehrer und
auch die Ratsältesten 2 und fragten: »Sag uns, woher
nimmst du das Recht, hier so aufzutreten? Wer hat
dir die Vollmacht dazu gegeben?« 3 Jesus antwortete
ihnen: »Auch ich will euch eine Frage stellen. Sagt mir:
4 Woher hatte der Täufer Johannes den Auftrag, zu
taufen? Von Gott oder von Menschen?« 5 Sie überleg-
ten: »Wenn wir sagen ›Von Gott‹, dann wird er fragen:
Warum habt ihr dann Johannes nicht geglaubt? 6 Wenn
wir aber sagen ›Von Menschen‹, dann wird das Volk
uns steinigen, denn alle sind überzeugt, dass Johannes
ein Prophet war.« 7 So sagten sie zu Jesus, dass sie es
nicht wüssten. 8 »Gut«, erwiderte Jesus, »dann sage
ich euch auch nicht, wer mich bevollmächtigt hat.«

DAS GLEICHNIS VON DEN BÖSEN WEINBERGSPÄCHTERN

9 Darauf wandte sich Jesus wieder dem Volk zu und
erzählte ihm dieses Gleichnis: »Ein Mann legte einen
Weinberg an. Den verpachtete er und verreiste dann
für längere Zeit. 10 Zum gegebenen Zeitpunkt schickte
er einen Boten zu den Pächtern, um seinen Anteil am
Ertrag des Weinbergs abholen zu lassen. Aber die
Pächter verprügelten den Boten und ließen ihn un-
verrichteter Dinge abziehen. 11 Der Besitzer schickte
einen zweiten, aber auch den verprügelten sie, behan-
delten ihn auf die schimpflichste Weise und schickten
ihn mit leeren Händen weg. 12 Er sandte auch noch
einen dritten. Den schlugen die Pächter blutig und
jagten ihn ebenfalls davon. 13 Da sagte der Besitzer
des Weinbergs: ›Was soll ich tun? Ich werde meinen
Sohn schicken, dem meine ganze Liebe gilt; vor dem
werden sie wohl Respekt haben.‹ 14 Aber als die Päch-
ter ihn kommen sahen, sagten sie zueinander: ›Das
ist der Erbe! Wir bringen ihn um, dann gehört seine
Erbschaft, der Weinberg, uns.‹ 15 So stießen sie ihn aus
dem Weinberg hinaus und töteten ihn. Was wird nun
der Besitzer des Weinbergs mit ihnen machen? 16 Er
wird kommen und diese bösen Pächter töten und wird
den Weinberg anderen anvertrauen.« Als die Leute
das hörten, sagten sie: »Das darf nicht geschehen!«
17 Jesus schaute sie an und sagte: »Was bedeutet denn
dieses Wort in den Heiligen Schriften: ›Der Stein, den
die Bauleute als wertlos weggeworfen haben, ist zum
Eckstein geworden‹? 18 Wer auf diesen Stein stürzt,
wird zerschmettert, und auf wen er fällt, den zermalmt
er!« 19 Die Gesetzeslehrer und die führenden Priester
hätten Jesus am liebsten auf der Stelle festgenommen;
denn sie merkten, dass das Gleichnis auf sie gemünzt
war. Aber sie hatten Angst vor dem Volk.

DIE FRAGE NACH DER STEUER FÜR DEN KAISER

20 Die Gesetzeslehrer und die führenden Priester lie-
ßen Jesus jetzt nicht mehr aus den Augen. Sie schick-
ten Spitzel zu ihm, die so tun sollten, als ob es ihnen nur
um die gewissenhafte Befolgung des Gesetzes ginge.
Die sollten Jesus bei einem verfänglichen Wort ertap-
pen, damit sie ihn an den römischen Statthalter auslie-
fern könnten. 21 Diese Leute legten Jesus die Frage vor:
»Lehrer, wir wissen, dass du die richtige Lehre hast.
Du lässt dich auch nicht von Menschen beeinflussen,
selbst wenn sie noch so mächtig sind, sondern sagst
uns klar und deutlich, wie wir nach Gottes Willen leben
sollen. 22 Sag uns: Ist es uns nach dem Gesetz Gottes
erlaubt, dem römischen Kaiser Steuer zu zahlen, oder
nicht?« 23 Jesus durchschaute ihre Hinterlist und sagte
zu ihnen: 24 »Zeigt mir eine Silbermünze her! Wessen
Bild und Name ist denn hier aufgeprägt?« »Das Bild
und der Name des Kaisers«, antworteten sie. 25 Da
sagte Jesus: »Dann gebt dem Kaiser, was dem Kaiser
gehört – aber gebt Gott, was Gott gehört!« 26 So konn-
ten sie ihn vor dem Volk nicht zu einer verfänglichen
Aussage verleiten. Sie waren von seiner Antwort so
überrascht, dass sie nichts mehr zu sagen wussten.

WERDEN DIE TOTEN AUFERSTEHEN?

27 Dann kamen einige Sadduzäer zu Jesus. Die Saddu-
zäer bestreiten, dass die Toten auferstehen werden.

28 »Lehrer«, sagten sie, »Mose hat uns die Vorschrift
gegeben: ›Wenn ein Mann stirbt und er hat eine Frau,
ist aber kinderlos, dann muss sein Bruder die Witwe
heiraten und dem Verstorbenen Nachkommen ver-
schaffen.‹ 29 Nun gab es einmal sieben Brüder. Der
älteste heiratete und starb kinderlos. 30 Darauf hei-
ratete der zweite die Witwe, 31 darauf der dritte. Und
so alle sieben: Sie heirateten die Frau, hinterließen
keine Kinder und starben. 32 Zuletzt starb auch
die Frau. 33 Wie ist das nun mit dieser Frau bei der
Auferstehung der Toten? Wem von den Männern soll
sie dann gehören? Sie war ja mit allen sieben verhei-
ratet!« 34 Jesus antwortete: »Heiraten ist eine Sache
für diese gegenwärtige Welt. 35 Die Menschen aber, die
Gott auferstehen lässt und die in seiner kommenden
Welt leben dürfen, werden nicht mehr heiraten. 36 Sie
können dann ja auch nicht mehr sterben und brauchen
nicht mehr für Nachkommen zu sorgen. Weil sie vom
Tod auferstanden sind, sind sie wie die Engel: Sie sind
Söhne und Töchter Gottes! 37 Dass Gott aber wirklich
die Toten auferwecken wird, das hat Mose schon bei
der Begegnung am Dornbusch deutlich zu verstehen
gegeben, als er den Herrn dort den ›Gott Abrahams,
den Gott Isaaks und den Gott Jakobs‹ nannte. 38 Gott
ist doch kein Gott von Toten, sondern von Lebenden!
Für ihn sind alle lebendig.« 39 Einige Gesetzeslehrer
sagten dazu: »Lehrer, das war eine gute Antwort.«
40 Die Sadduzäer wagten es nämlich nicht mehr, ihm
noch irgendeine weitere Frage zu stellen.

DAVIDS SOHN ODER DAVIDS HERR?

41 Nun wandte Jesus sich an sie alle und fragte: »Wie
lässt sich behaupten, der versprochene Retter müsse
ein Sohn Davids sein? 42 David selbst sagt doch im
Buch der Psalmen: ›Gott, der Herr, sagte zu meinem
Herrn: Setze dich an meine rechte Seite! 43 Ich will dir
deine Feinde unterwerfen, sie als Schemel unter deine
Füße legen.‹ 44 David nennt ihn also ›Herr‹ – wie kann
er dann sein Sohn sein?«

JESUS WARNT VOR DEN GESETZESLEHRERN

45 Vor dem ganzen versammelten Volk warnte Jesus
seine Jünger, die Männer und Frauen: 46 »Nehmt euch
in Acht vor den Gesetzeslehrern! Sie zeigen sich gern
in ihren Talaren und fühlen sich geschmeichelt, wenn
sie auf der Straße respektvoll gegrüßt werden. Beim
Gottesdienst sitzen sie in der vordersten Reihe und
bei Festmählern nehmen sie die Ehrenplätze ein. 47 Sie
sprechen lange Gebete, um einen guten Eindruck zu
machen; in Wahrheit aber sind sie Betrüger, die schutz-
lose Witwen um ihren Besitz bringen. Sie werden ein-
mal besonders streng bestraft werden.«

DAS OPFER DER WITWE

21 Jesus blickte auf und sah, wie reiche Leute ihre
Geldspenden in den Opferkasten warfen. 2 Er
sah auch eine arme Witwe, die steckte zwei kleine Kup-
fermünzen hinein. 3 Da sagte er: »Ich versichere euch:
Diese arme Witwe hat mehr gegeben als alle anderen.
4 Die haben alle nur etwas von ihrem Überfluss abge-
geben. Sie aber hat alles hergegeben, was sie selbst
dringend zum Leben gebraucht hätte.«

ANKÜNDIGUNG DER ZERSTÖRUNG DES TEMPELS

5 Einige Leute dort im Tempel unterhielten sich
über den Bau – über die herrlichen Steine und die
Ausstattung mit kostbaren Weihegeschenken. 6 Da
sagte Jesus: »Alles, was ihr da seht, wird bis auf den
Grund zerstört werden. Es kommt die Zeit, dass kein
Stein auf dem andern bleiben wird.«

DIE ZERSTÖRUNG DES TEMPELS BEDEUTET NOCH NICHT DAS ENDE DER WELT

7 Da fragten sie ihn: »Lehrer, wann wird das geschehen,
und woran können wir erkennen, dass es so weit ist?«
8 Jesus antwortete: »Seid auf der Hut und lasst euch
nicht täuschen! Viele werden unter meinem Namen
auftreten und von sich behaupten: ›*Ich* bin es! Jetzt
ist es so weit!‹ Lauft ihnen nicht nach! 9 Erschreckt
auch nicht, wenn ihr von Krieg und Aufruhr hört. Das
muss so kommen, aber dann kommt noch nicht sofort
das Ende.«

VORZEICHEN DES WELTENDES

10 Dann sagte er zu ihnen: »Ein Volk wird gegen das
andere kämpfen, ein Staat den andern angreifen.
11 Schwere Erdbeben wird es geben und in vielen Län-
dern Hungersnöte und Seuchen. Noch Schrecklicheres
wird geschehen, und am Himmel werden gewaltige
Zeichen zu sehen sein.«

EIN WORT AN DIE JÜNGERGEMEINSCHAFT

12 »Aber bevor dies alles geschieht, werden sie euch
verfolgen und festnehmen. Weil ihr zu mir gehört,
werdet ihr an die Synagogengerichte ausgeliefert
und ins Gefängnis geworfen werden. Vor Könige und
Statthalter werden sie euch stellen. 13 Das wird euch
Gelegenheit bieten, als Zeugen für mich auszusagen.
14 Verzichtet aber bewusst darauf, im Voraus festzu-
legen, wie ihr eure Sache vertreten wollt! 15 Ich selbst
werde euch Worte eingeben, die keiner von euren
Gegnern zu widerlegen weiß; ich werde euch eine
Weisheit schenken, der niemand widerstehen kann.
16 Sogar eure Eltern werden euch ausliefern, eure Ge-
schwister, Verwandten und Freunde. Einige von euch
werden getötet werden. 17 Alle Menschen werden euch
hassen, weil ihr euch zu mir bekennt. 18 Aber nicht ein
Haar von eurem Kopf wird verloren gehen. 19 Haltet
durch, dann werdet ihr das wahre Leben gewinnen!«

ÜBER DIE ZERSTÖRUNG JERUSALEMS

20 »Wenn ihr Jerusalem von feindlichen Heeren ein-
geschlossen seht, dann seid gewiss: Seine Zerstörung
steht bevor. 21 Dann sollen die Bewohner Judäas in die
Berge fliehen! Wer in der Stadt ist, soll sie schnell ver-
lassen, und die Leute vom Land sollen nicht in die Stadt
gehen! 22 Denn dann kommen die Tage der Vergeltung,

an denen alles in Erfüllung geht, was in den Heiligen Schriften vorausgesagt ist. 23 Weh den Frauen, die dann gerade ein Kind erwarten oder einen Säugling stillen. Denn das ganze Land wird in schreckliche Not kommen, weil Gott über dieses Volk Gericht hält. 24 Die Menschen werden mit dem Schwert erschlagen oder als Gefangene in die ganze Welt verschleppt werden. Jerusalem wird von den Völkern, die Gott nicht kennen, verwüstet werden und wird in Trümmern liegen, bis die Zeit der Völker abgelaufen ist.«

DER WELTRICHTER KOMMT

25 »Unheil kündende Zeichen werden zu sehen sein an der Sonne, am Mond und an den Sternen, und auf der Erde werden die Völker zittern und nicht mehr aus und ein wissen vor dem tobenden Meer und seinen Wellen. 26 Die Menschen werden halb tot vor Angst darauf warten, was für Katastrophen die Erde noch heimsuchen werden. Denn die ganze Ordnung des Himmels wird zusammenbrechen. 27 Dann kommt der Menschensohn auf einer Wolke mit göttlicher Macht und Herrlichkeit, und alle werden ihn sehen. 28 Wenn ihr die ersten Anzeichen von alldem bemerkt, dann richtet euch auf und erhebt freudig den Kopf: Bald werdet ihr gerettet!«

DAS GLEICHNIS VOM FEIGENBAUM

29 Jesus gebrauchte einen Vergleich; er sagte: »Seht den Feigenbaum an oder die anderen Bäume! 30 Wenn die ersten Blätter herauskommen, dann erkennt ihr daran, dass der Sommer bald da ist. 31 So ist es auch, wenn ihr diese Anzeichen seht. Dann wisst ihr, dass die neue Welt Gottes anbricht. 32 Ich versichere euch: Diese Generation wird das alles noch erleben. 33 Himmel und Erde werden vergehen, aber meine Worte vergehen nicht; sie bleiben gültig für immer und ewig.«

WACH BLEIBEN!

34 »Seht euch vor! Lasst euch nicht vom Rausch umnebeln oder von den Alltagssorgen gefangen nehmen! Sonst werdet ihr von jenem Tag unvorbereitet überrascht wie von einer Falle, die zuschlägt. 35 Denn er kommt plötzlich über alle, die auf der Erde leben. 36 Bleibt wach und hört nicht auf zu beten, damit ihr alles, was noch kommen wird, durchstehen und zuversichtlich vor den Menschensohn treten könnt!«

JESUS, DER LEHRER DES VOLKES

37 Jeden Tag lehrte Jesus im Tempel. Am Abend ging er dann auf den Ölberg und blieb die Nacht über dort. 38 Früh am Morgen war schon wieder das ganze Volk im Tempel versammelt und wollte ihn hören.

PLÄNE GEGEN JESUS

22 Es war kurz vor dem Fest der Ungesäuerten Brote, dem Passafest. 2 Die führenden Priester und die Gesetzeslehrer suchten nach einer Möglichkeit, Jesus zu beseitigen, aber so, dass es kein Aufsehen erregte; denn sie hatten Angst vor dem Volk.

JUDAS WIRD ZUM VERRÄTER

3 Da fuhr der Satan in Judas, der auch Iskariot genannt wird. Judas war einer aus dem Kreis der Zwölf. 4 Er ging zu den führenden Priestern und den Hauptleuten der Tempelwache und besprach mit ihnen, wie er ihnen Jesus in die Hände spielen könnte. 5 Sie freuten sich und boten ihm eine Geldsumme an. 6 Judas war einverstanden. Er suchte von da an eine günstige Gelegenheit, Jesus zu verraten, ohne dass das Volk etwas merkte.

VORBEREITUNGEN ZUM PASSAMAHL

7 Es kam nun der Tag, von dem an ungesäuertes Brot gegessen wurde und an dem die Passalämmer geschlachtet werden mussten. 8 Jesus gab Petrus und Johannes den Auftrag: »Geht und bereitet das Passamahl für uns vor!« 9 »Wo willst du es vorbereitet haben?«, fragten sie. 10 Er sagte: »Hört zu! Wenn ihr in die Stadt kommt, werdet ihr einen Mann treffen, der einen Wasserkrug trägt. Folgt ihm in das Haus, in das er geht, 11 und sagt zum Hausherrn dort: ›Unser Lehrer lässt dich fragen: Welchen Raum kannst du zur Verfügung stellen, dass ich dort mit meinen Jüngern das Passamahl feiere?‹ 12 Er wird euch ein großes Zimmer im Obergeschoss zeigen, das mit Polstern ausgestattet ist. Dort bereitet alles vor.« 13 Die beiden gingen und fanden alles so, wie Jesus es ihnen gesagt hatte, und sie bereiteten das Passamahl vor.

JESUS FEIERT MIT DEN APOSTELN DAS ABSCHIEDSMAHL

14 Als die Stunde gekommen war, setzte sich Jesus zu Tisch und die Apostel mit ihm. 15 Er sagte: »Ich habe mich sehr danach gesehnt, dieses Passamahl mit euch zu feiern, bevor ich leiden muss. 16 Denn ich sage euch: Ich werde es erst wieder feiern, wenn das, worauf jedes Passamahl hinweist, in der neuen Welt Gottes zur Erfüllung gekommen ist.« 17 Dann nahm er den Becher mit Wein, sprach darüber das Dankgebet und sagte: »Nehmt diesen Becher und teilt ihn unter euch! 18 Denn ich sage euch: Ich werde erst wieder Wein trinken, wenn die neue Welt Gottes da ist.« 19 Dann nahm Jesus ein Brot, sprach darüber das Dankgebet, brach es in Stücke und gab es ihnen mit den Worten: »Das ist mein Leib, der für euch geopfert wird. Tut das immer wieder, damit unter euch gegenwärtig ist, was ich für euch getan habe!« 20 Ebenso nahm er nach dem Essen den Becher mit Wein und sagte: »Dieser Becher ist Gottes neuer Bund, der in Kraft gesetzt wird durch mein Blut, das für euch vergossen wird. 21 Aber ihr müsst wissen: Der Verräter sitzt hier mit mir am gleichen Tisch. 22 Der Menschensohn muss zwar den Weg gehen, der ihm bestimmt ist; aber wehe dem Menschen, der ihn verrät.« 23 Da fingen sie an, einander zu fragen, wer von ihnen es wohl sei, der so etwas tun würde.

WER IST DER GRÖSSTE?

24 Es kam unter ihnen auch ein Streit darüber auf, wer von ihnen als der Größte zu gelten habe. 25 Da

sagte Jesus zu ihnen: »Die Könige üben Macht über
ihre Völker aus, und die Tyrannen lassen sich sogar
noch ›Wohltäter des Volkes‹ nennen. 26 Bei euch muss
es anders sein! Der Größte unter euch muss wie der
Geringste werden und der Führende wie einer, der
dient. 27 Wer ist denn größer: der am Tisch sitzt oder
der bedient? Natürlich der am Tisch! Aber ich bin un-
ter euch wie der Diener. 28 Ihr habt mit mir durchge-
halten in allen Prüfungen, die ich zu bestehen hatte.
29 Dafür werde ich euch an der Herrschaft beteiligen,
die mein Vater mir übertragen hat. 30 Wenn ich meine
Herrschaft angetreten habe, werdet ihr an meinem
Tisch essen und trinken und über die zwölf Stämme
Israels herrschen.«

JESUS UND SIMON PETRUS

31 »Simon, Simon! Pass gut auf! Gott hat dem Satan er-
laubt, euch auf die Probe zu stellen und die Spreu vom
Weizen zu scheiden. 32 Aber ich habe für dich gebetet,
dass dein Glaube an mich nicht aufhört. Wenn du dann
wieder zu mir zurückgefunden hast, musst du deine
Brüder und Schwestern im Glauben an mich stärken!«
33 Petrus antwortete: »Herr, ich bin bereit, mit dir ins
Gefängnis zu gehen, ja mit dir zu sterben!« 34 Jesus
antwortete: »Ich sage dir, Petrus, noch ehe heute der
Hahn kräht, wirst du mich dreimal verleugnen und
behaupten, dass du mich nicht kennst.«

VON JETZT AB WIRD FÜR DIE JÜNGER ALLES ANDERS

35 Dann fragte Jesus die Apostel: »Als ich euch ohne
Geldbeutel, Vorratstasche und Schuhe auf den Weg
schickte, habt ihr da an irgendetwas Mangel gehabt?«
»Nein, an nichts«, sagten sie. 36 Jesus erwiderte: »Von
jetzt ab gilt etwas anderes: Wer einen Geldbeutel hat,
soll ihn mitnehmen, und wer eine Vorratstasche hat,
ebenso! Wer nichts hat als sein Obergewand, soll es
verkaufen und sich ein Schwert dafür beschaffen.
37 Denn ich sage euch, es muss an mir in Erfüllung ge-
hen, was in den Heiligen Schriften steht: ›Er wurde
unter die Verbrecher gezählt.‹ Mit mir geht es jetzt
zu Ende.« 38 Die Apostel sagten: »Herr, da haben wir
zwei Schwerter!« Jesus antwortete: »Ihr versteht mich
nicht.«

JESUS BETET IM GARTEN GETSEMANI

39 Jesus ging wie gewohnt zum Ölberg und seine Jünger
folgten ihm. 40 Als er dort war, sagte er zu ihnen: »Betet
darum, dass ihr in der kommenden Prüfung nicht ver-
sagt.« 41 Dann ging er allein weiter. Einen Steinwurf
von ihnen entfernt kniete er nieder und betete: 42 »Va-
ter, wenn es dein Wille ist, dann erspare es mir, diesen
Kelch trinken zu müssen. Aber dein Wille soll gesche-
hen, nicht der meine!« 43 Da erschien ihm ein Engel
vom Himmel und gab ihm Kraft. 44 In seiner Todesangst
betete Jesus noch angespannter und sein Schweiß
tropfte wie Blut auf den Boden. 45 Als er sich vom Gebet
erhob und wieder zu den Jüngern kam, schliefen sie;
so erschöpft waren sie vor Kummer. 46 »Wie könnt ihr
schlafen?«, sagte er zu ihnen. »Steht auf und betet,
damit ihr in der kommenden Prüfung nicht versagt!«

JESUS WIRD VERHAFTET

47 Noch während Jesus das sagte, kam ein Trupp von
Männern, voran Judas, einer von den Zwölf. Er ging auf
Jesus zu und wollte ihm den Begrüßungskuss geben.
48 Aber Jesus sagte zu ihm: »Judas, mit einem Kuss
willst du den Menschensohn verraten?« 49 Da merkten
auch die Jünger, was bevorstand, und fragten: »Herr,
sollen wir mit dem Schwert zuschlagen?« 50 Und einer
von ihnen hieb auf den Bevollmächtigten des Obersten
Priesters ein und schlug ihm das rechte Ohr ab. 51 Aber
Jesus sagte: »Halt! Hört auf!« Er berührte das Ohr und
heilte den Mann. 52 Dann wandte er sich an die führen-
den Priester, die Hauptleute der Tempelwache und die
Ratsältesten, die ihn festnehmen wollten: »Warum
rückt ihr hier mit Schwertern und Knüppeln an; bin
ich denn ein Verbrecher? 53 Täglich war ich bei euch
im Tempel und ihr seid nicht gegen mich vorgegangen.
Aber jetzt ist eure Stunde gekommen. Jetzt haben die
dunklen Mächte Gewalt über mich.«

PETRUS VERLEUGNET JESUS

54 Sie nahmen Jesus fest, führten ihn ab und brachten
ihn in das Haus des Obersten Priesters. Petrus folgte
ihnen in weitem Abstand. 55 Im Hof war ein Feuer an-
gezündet. Viele saßen darum herum, und Petrus setzte
sich mitten unter sie. 56 Eine Dienerin bemerkte ihn
im Schein des Feuers, sah ihn genauer an und sagte:
»Der da war auch mit ihm zusammen!« 57 Aber Petrus
stritt es ab: »Frau, ich kenne ihn überhaupt nicht!«
58 Bald darauf wurde ein Mann auf ihn aufmerksam
und sagte: »Du gehörst doch auch zu denen!« Aber
Petrus widersprach: »Mensch, ich habe nichts mit
ihnen zu tun!« 59 Etwa eine Stunde später bestand
ein anderer darauf und sagte: »Kein Zweifel, der war
auch mit ihm zusammen, er ist doch auch aus Galiläa.«
60 Aber Petrus stritt es ab: »Mensch, ich weiß über-
haupt nicht, wovon du sprichst!« Und sofort, während
er noch redete, krähte ein Hahn. 61 Der Herr drehte
sich um und sah Petrus an. Da fiel Petrus ein, was er zu
ihm gesagt hatte: »Bevor heute der Hahn kräht, wirst
du mich dreimal verleugnen und behaupten, dass du
mich nicht kennst.« 62 Und er ging hinaus und begann,
bitter zu weinen.

JESUS WIRD VERSPOTTET UND GESCHLAGEN

63 Die Männer, die Jesus bewachten, trieben ihren Spott
mit ihm. 64 Sie warfen ihm ein Tuch über den Kopf, so-
dass er nichts sehen konnte; dann schlugen sie ihn
und riefen: »Du bist doch ein Prophet! Sag uns: Wer
war es, der dich gerade schlug?« 65 Und noch viele
andere Schmähungen musste er sich gefallen lassen.

JESUS VOR DEM JÜDISCHEN RAT

66 Als es Tag wurde, versammelten sich die Ältesten
des Volkes, dazu die führenden Priester und die Geset-
zeslehrer, und ließen Jesus vor ihre Ratsversammlung

bringen. 67 Sie forderten ihn auf: »Wenn du Christus bist, der versprochene Retter, dann sag es uns!« Jesus antwortete: »Wenn ich es euch sage, werdet ihr mir nicht glauben, 68 und wenn ich euch etwas frage, werdet ihr keine Antwort geben. 69 Aber von nun an wird der Menschensohn an der rechten Seite des allmächtigen Gottes sitzen!« 70 Da riefen sie alle: »Dann bist du also der Sohn Gottes?« Er antwortete: »Ihr sagt es: Ich bin's.« 71 Darauf erklärten sie: »Was brauchen wir noch eine Zeugenaussage? Wir haben es selbst aus seinem Mund gehört!«

JESUS VOR PILATUS

23 Alle standen auf und brachten Jesus zu Pilatus. 2 Dort erhoben sie Anklage gegen ihn; sie sagten: »Wir haben festgestellt, dass dieser Mann unser Volk aufhetzt! Er sagt, wir sollen keine Steuern mehr an den Kaiser zahlen, und er sei Christus, der König, den Gott uns als Retter zu schicken versprach.« 3 Pilatus fragte ihn: »Bist du der König der Juden?« »Du sagst es«, gab Jesus zur Antwort. 4 Pilatus erklärte darauf den führenden Priestern und der versammelten Volksmenge: »Ich sehe keinen Grund, diesen Menschen zu verurteilen.« 5 Aber sie drängten weiter: »Mit seiner Lehre wiegelt er das Volk auf im ganzen jüdischen Land. Angefangen hat er in Galiläa und jetzt ist er bis hierher gekommen.«

JESUS VOR HERODES ANTIPAS

6 Als Pilatus das Wort »Galiläa« hörte, fragte er, ob der Mann aus Galiläa sei. 7 Es wurde ihm bestätigt, dass Jesus aus dem Herrschaftsbereich von Herodes stamme. Da ließ Pilatus ihn zu Herodes bringen, der zu dieser Zeit ebenfalls in Jerusalem war. 8 Herodes freute sich sehr, als er Jesus sah; denn er wollte ihn schon lange einmal kennenlernen. Er hatte viel von ihm gehört und hoffte nun, selbst eines seiner Wunder mitzuerleben. 9 Er stellte ihm viele Fragen, aber Jesus gab keine Antwort. 10 Die führenden Priester und die Gesetzeslehrer stellten sich hin und brachten schwere Beschuldigungen gegen Jesus vor. 11 Aber Herodes und seine Soldaten hatten nur Spott für ihn übrig. Zum Hohn ließ Herodes ihm ein Prachtgewand anziehen und schickte ihn in diesem Aufzug zu Pilatus zurück. 12 Herodes und Pilatus hatten sich früher gehasst, aber an diesem Tag wurden sie Freunde.

PILATUS ERKLÄRT JESUS FÜR UNSCHULDIG

13 Pilatus ließ die führenden Priester, die anderen Mitglieder des jüdischen Rates und das Volk zusammenrufen 14 und erklärte vor ihnen allen: »Ihr habt mir diesen Menschen gebracht und behauptet, er wiegle das Volk auf. Nun, ich habe ihn in eurem Beisein verhört und von den Anklagen, die ihr gegen ihn vorgebracht habt, keine einzige bestätigt gefunden. 15 Aber auch Herodes hat nichts herausgefunden; er hat ihn ja zu uns zurückgeschickt. Ich stelle also fest: Dieser Mensch hat nichts getan, worauf die Todesstrafe steht. 16 Deshalb lasse ich ihn jetzt auspeitschen und gebe ihn frei.«

DAS TODESURTEIL

18 Aber sie alle miteinander schrien laut: »Weg mit ihm! Gib uns Barabbas frei!« 19 Barabbas hatte sich an einem Aufruhr in der Stadt beteiligt und einen Mord begangen; deshalb saß er im Gefängnis. 20 Pilatus wollte dagegen Jesus freilassen und redete auf die Leute ein. 21 Doch alle schrien: »Ans Kreuz mit ihm, ans Kreuz!« 22 Pilatus versuchte es ein drittes Mal und sagte zu ihnen: »Was hat er denn verbrochen? Ich habe bei ihm kein Vergehen entdeckt, auf das die Todesstrafe steht. Deshalb lasse ich ihn jetzt auspeitschen und gebe ihn frei.« 23 Sie aber setzten ihm weiter zu und forderten mit lautem Geschrei, dass Jesus gekreuzigt werden müsse. Und ihr Geschrei zeigte Wirkung. 24 Pilatus entschied, dass sie ihren Willen haben sollten. 25 Den, der wegen Aufruhr und Mord im Gefängnis saß und um den sie gebeten hatten, ließ er frei, Jesus aber gab er ihrem Willen preis.

JESUS AUF DEM WEG ZUR HINRICHTUNG

26 Sie führten Jesus zur Hinrichtung. Unterwegs hielten die Soldaten einen Mann aus Kyrene mit Namen Simon an, der gerade vom Feld in die Stadt zurückkam. Ihm luden sie das Kreuz auf, damit er es hinter Jesus hertrage. 27 Eine große Volksmenge folgte Jesus, darunter auch viele Frauen, die sich auf die Brüste schlugen und laut weinten. 28 Aber er drehte sich zu ihnen um und sagte: »Ihr Frauen von Jerusalem! Klagt nicht um mich! Klagt um euch selbst und um eure Kinder! 29 Denn bald kommt die Zeit, dass die Menschen sagen werden: ›Glücklich die Frauen, die keine Kinder bekommen können! Glücklich der Schoß, der nie geboren hat, und die Brüste, die nie gestillt haben!‹ 30 Die Leute werden dann zu den Bergen sagen: ›Stürzt auf uns!‹, und zu den Hügeln: ›Begrabt uns!‹ 31 Denn wenn schon das grüne Holz vom Feuer erfasst wird, wie wird es dann erst dem dürren ergehen?« 32 Zusammen mit Jesus wurden auch zwei Verbrecher zur Hinrichtung geführt.

JESUS AM KREUZ

33 Als sie zu der Stelle kamen, die »Schädel« genannt wird, nagelten die Soldaten Jesus ans Kreuz und mit ihm die beiden Verbrecher, den einen links von Jesus, den anderen rechts. 34 Jesus sagte: »Vater, vergib ihnen! Sie wissen nicht, was sie tun.« Dann losten die Soldaten untereinander seine Kleider aus. 35 Das Volk stand dabei und sah bei der Hinrichtung zu. Die Ratsmitglieder verhöhnten Jesus: »Anderen hat er geholfen; jetzt soll er sich selbst helfen, wenn er wirklich der ist, den Gott uns zum Retter bestimmt hat!« 36 Auch die Soldaten machten sich lustig über ihn. Sie gingen zu ihm hin, reichten ihm Essig 37 und sagten: »Hilf dir selbst, wenn du wirklich der König der Juden bist!« 38 Über seinem Kopf hatten sie eine Aufschrift angebracht: »Dies ist der König der Juden.« 39 Einer der Verbrecher, die mit ihm gekreuzigt worden waren, beschimpfte ihn: »Bist du denn nicht der versprochene Retter? Dann hilf dir selbst und uns!« 40 Aber der andere wies ihn zurecht und sagte: »Nimmst du Gott

immer noch nicht ernst? Du bist doch genauso zum Tod
verurteilt wie er, 41 aber du bist es mit Recht. Wir beide
leiden hier die Strafe, die wir verdient haben. Aber der
da hat nichts Unrechtes getan!« 42 Und zu Jesus sagte
er: »Denk an mich, Jesus, wenn du deine Herrschaft
antrittst!« 43 Jesus antwortete ihm: »Ich versichere dir,
du wirst noch heute mit mir im Paradies sein.«

JESUS STIRBT

44-45 Es war schon etwa zwölf Uhr mittags, da verfins-
terte sich die Sonne und es wurde dunkel im ganzen
Land bis um drei Uhr. Dann riss der Vorhang vor dem
Allerheiligsten im Tempel mitten durch, 46 und Jesus
rief laut: »Vater, ich gebe mein Leben in deine Hände!«
Mit diesen Worten starb er. 47 Als der römische Haupt-
mann, der die Aufsicht hatte, dies alles geschehen sah,
pries er Gott und sagte: »Wahrhaftig, dieser Mensch
war unschuldig, er war ein Gerechter!« 48 Auch all die
Leute, die nur aus Schaulust zusammengelaufen wa-
ren, schlugen sich an die Brust und kehrten betroffen
in die Stadt zurück, nachdem sie gesehen hatten, was
da geschah. 49 Alle Freunde von Jesus aber standen
weit entfernt, auch die Frauen, die seit der Zeit sei-
nes Wirkens in Galiläa mit Jesus gezogen waren. Die
Frauen sahen dies alles mit an.

JESUS WIRD INS GRAB GELEGT

50 Es war auch ein Mann da namens Josef. Obwohl Mit-
glied des jüdischen Rates, war er ein vorbildlicher und
gerechter Mensch; 51 er hatte den Beschlüssen und
dem Vorgehen der anderen Ratsmitglieder nicht zuge-
stimmt. Er stammte aus der jüdischen Stadt Arimathäa
und lebte in der Erwartung, dass Gott seine Herrschaft
aufrichten und sein Werk vollenden werde. 52 Dieser
Mann nun ging zu Pilatus und bat ihn um den Leich-
nam von Jesus. 53 Dann nahm er den Toten vom Kreuz,
hüllte ihn in ein Leinentuch und legte ihn in ein Grab,
das in einen Felsen gehauen war. Noch nie war jemand
darin bestattet worden. 54 Das geschah am Freitag,
unmittelbar vor Beginn des Sabbats. 55 Die Frauen, die
zusammen mit Jesus aus Galiläa gekommen waren,
folgten Josef. Sie sahen das Grab und waren dabei, als
der Leichnam von Jesus hineingelegt wurde. 56 Dann
kehrten sie in die Stadt zurück und beschafften sich
wohlriechende Salböle. Doch den Sabbat verbrachten
sie in Ruhe, wie das Gesetz es vorschreibt.

DIE FRAUEN AM LEEREN GRAB

24 Am Sonntagmorgen dann, in aller Frühe, nah-
men die Frauen die wohlriechenden Öle, die
sie sich beschafft hatten, und gingen zum Grab. 2 Da
sahen sie, dass der Stein vom Grabeingang wegge-
rollt war. 3 Sie gingen hinein, doch der Leichnam von
Jesus, dem Herrn, war nicht mehr da. 4 Während sie
noch ratlos dastanden, traten plötzlich zwei Männer
in strahlend hellem Gewand zu ihnen. 5 Die Frauen
fürchteten sich und wagten sie nicht anzusehen; sie
blickten zu Boden. Die beiden sagten zu ihnen: »Was
sucht ihr den Lebenden bei den Toten? 6 Er ist nicht
hier; Gott hat ihn vom Tod auferweckt! Erinnert euch
an das, was er euch schon in Galiläa gesagt hat: 7 ›Der
Menschensohn muss den Menschen, den Sündern,
ausgeliefert und ans Kreuz genagelt werden und am
dritten Tag vom Tod auferstehen.‹« 8 Da erinnerten
sich die Frauen an seine Worte. 9 Sie verließen das Grab
und gingen zu den Elf und allen Übrigen, die bei ihnen
waren, und berichteten ihnen alles. 10a Es waren Maria
aus Magdala und Johanna und Maria, die Mutter von
Jakobus, sowie die anderen Frauen, die mit ihnen am
Grab gewesen waren.

PETRUS AM LEEREN GRAB

10b Als die Frauen den Aposteln sagten, was sie erlebt
hatten, 11 hielten die es für leeres Gerede und wollten
ihnen nicht glauben. 12 Nur Petrus stand auf und lief
zum Grab. Er schaute hinein und sah dort nichts als die
Leinenbinden liegen. Darauf ging er wieder zurück und
fragte sich verwundert, was da wohl geschehen war.

JESUS BEGLEITET ZWEI JÜNGER AUF DEM WEG NACH EMMAUS

13 Am selben Tag gingen zwei, die zu den Jüngern von
Jesus gehört hatten, nach dem Dorf Emmaus, das zwölf
Kilometer von Jerusalem entfernt lag. 14 Unterwegs
unterhielten sie sich über alles, was geschehen war.
15 Als sie so miteinander sprachen und alles hin und
her überlegten, kam Jesus selbst hinzu und ging mit
ihnen. 16 Aber sie erkannten ihn nicht; sie waren wie
mit Blindheit geschlagen. 17 Jesus fragte sie: »Worüber
redet ihr denn so erregt unterwegs?« Da blieben sie
stehen und blickten ganz traurig drein, 18 und der
eine – er hieß Kleopas – sagte: »Du bist wohl der
Einzige in Jerusalem, der nicht weiß, was dort in diesen
Tagen geschehen ist?« 19 »Was denn?«, fragte Jesus.
»Das mit Jesus von Nazaret«, sagten sie. »Er war ein
Prophet; in Worten und Taten hat er vor Gott und dem
ganzen Volk seine Macht erwiesen. 20 Unsere führen-
den Priester und die anderen Ratsmitglieder haben ihn
zum Tod verurteilt und ihn ans Kreuz nageln lassen.
21 Und wir hatten doch gehofft, er sei der erwartete Ret-
ter, der Israel befreien soll! Aber zu alledem ist heute
auch schon der dritte Tag, seitdem dies geschehen ist!
22 Und dann haben uns auch noch einige Frauen, die zu
uns gehören, in Schrecken versetzt. Sie waren heute
früh zu seinem Grab gegangen 23 und fanden seinen
Leichnam nicht mehr dort. Sie kamen zurück und er-
zählten, sie hätten Engel gesehen, die hätten ihnen
gesagt, dass er lebt. 24 Einige von uns sind gleich zum
Grab gelaufen und haben alles so gefunden, wie es
die Frauen erzählten. Nur ihn selbst sahen sie nicht.«
25 Da sagte Jesus zu ihnen: »Was seid ihr doch schwer
von Begriff! Warum rafft ihr euch nicht endlich auf zu
glauben, was die Propheten gesagt haben? 26 *Musste*
der versprochene Retter nicht dies alles erleiden und
auf diesem Weg zu seiner Herrschaft gelangen?«
27 Und Jesus erklärte ihnen die Worte, die sich auf ihn
bezogen, von den Büchern Moses und der Propheten
angefangen durch die ganzen Heiligen Schriften.

JESUS GIBT SICH DEN BEIDEN JÜNGERN ZU ERKENNEN

28 Inzwischen waren sie in die Nähe von Emmaus
gekommen. Jesus tat so, als wollte er weitergehen.
29 Aber sie ließen es nicht zu und sagten: »Bleib doch
bei uns! Es geht schon auf den Abend zu, gleich wird
es dunkel!« Da folgte er ihrer Einladung und blieb bei
ihnen. 30 Als er dann mit ihnen zu Tisch saß, nahm er
das Brot, sprach das Segensgebet darüber, brach es in
Stücke und gab es ihnen. 31 Da gingen ihnen die Augen
auf und sie erkannten ihn. Aber im selben Augenblick
verschwand er vor ihnen. 32 Sie sagten zueinander:
»Brannte es nicht wie ein Feuer in unserem Herzen,
als er unterwegs mit uns sprach und uns den Sinn der
Heiligen Schriften aufschloss?« 33 Und sie machten
sich sofort auf den Rückweg nach Jerusalem. Als sie
dort ankamen, waren die Elf mit allen Übrigen ver-
sammelt 34 und riefen ihnen zu: »Der Herr ist wirklich
auferweckt worden! Er hat sich Simon gezeigt!« 35 Da
erzählten sie ihnen, was sie selbst unterwegs erlebt
hatten und wie sie den Herrn erkannten, als er das
Brot brach und an sie austeilte.

JESUS ZEIGT SICH DEM GANZEN JÜNGERKREIS IN JERUSALEM

36 Während die beiden noch erzählten, stand plötzlich
der Herr selbst mitten unter ihnen. Er grüßte sie: »Frie-
den sei mit euch!« 37 Sie erschraken und fürchteten
sich; denn sie meinten, einen Geist zu sehen. 38 Aber er
sagte: »Warum seid ihr so erschrocken? Warum kom-
men euch solche Gedanken? 39 Schaut mich doch an,
meine Hände, meine Füße, dann erkennt ihr, dass ich
es wirklich bin! Fasst mich an und überzeugt euch; ein
Geist hat doch nicht Fleisch und Knochen wie ich!«
40 Während er das sagte, zeigte er ihnen seine Hände
und seine Füße. 41 Als sie es in ihrer Freude und Ver-
wunderung noch immer nicht fassen konnten, fragte
er: »Habt ihr etwas zu essen hier?« 42 Da gaben sie ihm
ein Stück gebratenen Fisch, 43 und er nahm es und aß
es vor ihren Augen.

DIE LETZTEN WORTE VON JESUS

44 Dann sagte er zu ihnen: »Als ich noch mit euch
zusammen war, habe ich euch gesagt: ›Alles, was im
Gesetz, in den Schriften der Propheten und in den
Psalmen über mich steht, muss in Erfüllung gehen.‹«
45 Und er half ihnen, die Heiligen Schriften richtig zu
verstehen. 46 »Hier steht es geschrieben«, erklärte er
ihnen: »Der versprochene Retter muss leiden und ster-
ben und am dritten Tag vom Tod auferstehen. 47 Und
den Menschen aller Völker muss verkündet werden,
dass ihnen um seinetwillen Umkehr zu Gott und Ver-
gebung der Schuld angeboten wird. In Jerusalem muss
der Anfang gemacht werden. 48 Ihr seid Zeugen ge-
worden von allem, was geschehen ist, und sollt es
überall bezeugen! 49 Ich aber werde den Geist, den
mein Vater versprochen hat, zu euch herabsenden.
Wartet hier in der Stadt, bis das eintritt und ihr mit der
Kraft von oben gestärkt werdet.«

JESUS WIRD IN DEN HIMMEL AUFGENOMMEN

50 Darauf führte Jesus sie aus der Stadt hinaus nach
Betanien. Dort erhob er die Hände, um sie zu segnen.
51 Und während er sie segnete, entfernte er sich von
ihnen und wurde zum Himmel emporgehoben. 52 Sie
aber warfen sich vor ihm nieder. Dann kehrten sie vol-
ler Freude nach Jerusalem zurück. 53 Sie verbrachten
ihre ganze Zeit im Tempel und priesen Gott.

DIE GUTE NACHRICHT NACH **JOHANNES**

JESUS CHRISTUS – GOTTES WORT VON EWIGKEIT HER

1 Am Anfang war das Wort. Das Wort war bei Gott,
und in allem war es Gott gleich. 2 Von Anfang an
war es bei Gott. 3 Alles wurde durch das Wort geschaf-
fen; und ohne das Wort ist nichts entstanden. 4 In ihm
war das Leben, und dieses Leben war das Licht für die
Menschen. 5 Das Licht strahlt in der Dunkelheit, aber
die Dunkelheit hat sich ihm verschlossen. 6 Es trat
einer auf, den Gott gesandt hatte; er hieß Johannes.
7 Er sollte Zeuge sein für das Licht und alle darauf hin-
weisen, damit sie es erkennen und annehmen. 8 Er
selbst war nicht das Licht; er sollte nur auf das Licht
hinweisen. 9 Das wahre Licht, das in die Welt gekom-
men ist und nun allen Menschen leuchtet, ist Er, der
das Wort ist. 10 Er, das Wort, war schon immer in der
Welt, die Welt ist durch ihn geschaffen worden, und
doch erkannte sie ihn nicht. 11 Er kam in seine eigene
Schöpfung, doch seine Geschöpfe, die Menschen,
wiesen ihn ab. 12 Aber allen, die ihn aufnahmen und
ihm Glauben schenkten, verlieh er das Recht, Kinder
Gottes zu werden. 13 – Das werden sie nicht durch
natürliche Geburt oder menschliches Wollen und
Machen, sondern weil Gott ihnen ein neues Leben
gibt. – 14 Er, das Wort, wurde ein Mensch, ein wirkli-
cher Mensch von Fleisch und Blut. Er lebte unter uns,
und wir sahen seine Macht und Hoheit, die göttliche
Hoheit, die ihm der Vater gegeben hat, ihm, seinem
einzigen Sohn. Gottes ganze Güte und Treue ist uns in
ihm begegnet. 15 Johannes trat als Zeuge für ihn auf
und rief: »Das ist der, von dem ich sagte: ›Nach mir
kommt einer, der über mir steht; denn bevor ich gebo-
ren wurde, war er schon da.‹« 16 Aus seinem Reichtum
hat er uns beschenkt, uns alle mit grenzenloser Güte
überschüttet. 17 Durch Mose gab Gott uns das Gesetz,
in Jesus Christus aber ist uns seine Güte und Treue
begegnet. 18 Kein Mensch hat Gott jemals gesehen.
Nur der Eine, der selbst Gott ist und mit dem Vater

in engster Gemeinschaft steht, hat uns gesagt und
gezeigt, wer Gott ist.

DIE ZEUGENAUSSAGE DES TÄUFERS

19 Die führenden Männer aus Jerusalem schickten
Priester und Leviten zu Johannes. Die sollten ihn fra-
gen: »Wer bist du?« Da machte Johannes seine Zeu-
genaussage; 20 er wich der Antwort nicht aus, sondern
bezeugte mit aller Deutlichkeit: »Ich bin nicht der ver-
sprochene Retter.« 21 »Wer bist du dann?«, fragten sie
ihn. »Bist du Elija?« »Nein, der bin ich auch nicht.«
»Bist du der erwartete Prophet?« »Nein.« 22 »Sag uns,
wer du bist«, forderten sie. »Die Männer, die uns ge-
schickt haben, verlangen eine Antwort von uns. Was
sagst du selbst von dir?« 23 Johannes antwortete: »Der
Prophet Jesaja hat von mir gesprochen. Ich bin die
Stimme, die in der Wüste ruft: ›Macht den Weg bereit,
auf dem der Herr kommt!‹« 24 Unter den Abgesandten
waren auch Pharisäer. 25 Sie fragten Johannes: »Wenn
du weder der versprochene Retter bist noch Elija und
auch nicht der Prophet, warum taufst du dann die
Leute?« 26 Johannes antwortete: »Ich taufe nur mit
Wasser. Aber mitten unter euch steht schon der, den ihr
nicht kennt: 27 er, der nach mir kommt. Ich bin nicht gut
genug, ihm die Schuhe aufzubinden.« 28 Das ereignete
sich in Betanien auf der anderen Seite des Jordans, wo
Johannes taufte.

DAS GOTTESLAMM

29 Als Johannes am nächsten Tag Jesus auf sich zu-
kommen sah, sagte er: »Seht dort das Opferlamm
Gottes, das die Schuld der ganzen Welt wegnimmt.
30 Von ihm habe ich gesprochen, als ich sagte: ›Nach
mir kommt einer, der über mir steht; denn bevor ich
geboren wurde, war er schon da.‹ 31 Auch ich kannte
ihn vorher nicht. Aber eben deshalb bin ich gekommen
und habe mit Wasser getauft, damit er in Israel bekannt
wird.« 32 Johannes machte dazu folgende Zeugenaus-
sage: »Ich sah, dass der Geist Gottes wie eine Taube
vom Himmel auf ihn kam und bei ihm blieb. 33 Vorher
wusste ich nicht, dass er es war. Aber Gott, der mir
den Auftrag gab, mit Wasser zu taufen, hatte zu mir
gesagt: ›Wenn du einen siehst, auf den sich der Geist
niederlässt und bei dem er bleibt, dann weißt du: Das
ist der, der mit dem Heiligen Geist tauft.‹ 34 Das habe
ich gesehen«, sagte Johannes, »und ich verbürge mich
dafür, dass dieser der Sohn Gottes ist.«

DIE ERSTEN JÜNGER

35 Am nächsten Tag stand Johannes an derselben Stelle,
und zwei von seinen Jüngern waren bei ihm. 36 Als er
Jesus vorbeigehen sah, sagte er: »Seht dort das Op-
ferlamm Gottes.« 37 Die beiden hörten es und gingen
Jesus nach. 38 Jesus drehte sich um, sah, dass sie ihm
folgten, und fragte: »Was sucht ihr?« Sie antworteten:
»Wo wohnst du, Rabbi?« – Rabbi bedeutet Lehrer.
39 »Kommt, dann werdet ihr es sehen!«, antwortete
er. Sie gingen mit ihm, sahen, wo er wohnte, und ver-
brachten den Rest des Tages mit ihm. Es war ungefähr
vier Uhr nachmittags. 40 Der eine von den beiden, die
Johannes reden gehört hatten und Jesus gefolgt wa-
ren, war Andreas, der Bruder von Simon Petrus. 41 Als
er bald darauf seinen Bruder Simon traf, sagte er zu
ihm: »Wir haben den Messias gefunden, den verspro-
chenen Retter.« 42 Dann brachte er ihn zu Jesus. Jesus
sah ihn an und sagte: »Du bist Simon, der Sohn von
Johannes. Du wirst einmal Kephas genannt werden.«
Kephas ist das hebräische Wort für Petrus (Fels).

PHILIPPUS UND NATANAËL

43 Am Tag darauf wollte Jesus nach Galiläa aufbrechen.
Er traf Philippus und forderte ihn auf: »Komm, folge
mir!« 44 Philippus stammte wie Andreas und Petrus
aus Betsaida. 45 Philippus wiederum traf Natanaël
und sagte zu ihm: »Wir haben den gefunden, über
den Mose im Gesetz geschrieben hat und den die
Propheten angekündigt haben. Es ist Jesus aus Na-
zaret, der Sohn Josefs.« 46 »Kann aus Nazaret etwas
Gutes kommen?«, fragte Natanaël. Philippus antwor-
tete: »Komm mit und überzeuge dich selbst!« 47 Als
Jesus Natanaël kommen sah, sagte er: »Da kommt ein
wahrer Israelit, ein Mann ohne Falschheit.« 48 Nata-
naël fragte ihn: »Woher kennst du mich?« Jesus ant-
wortete: »Bevor Philippus dich rief, habe ich dich unter
dem Feigenbaum gesehen.« 49 Da sagte Natanaël:
»Rabbi, du bist der Sohn Gottes! Du bist der König von
Israel!« 50 Jesus sagte: »Glaubst du das jetzt, weil ich
dir sagte, dass ich dich unter dem Feigenbaum sah?
Du wirst noch viel größere Dinge erleben.« 51 Und er
fuhr fort: »Amen, ich versichere euch: Ihr werdet den
Himmel offen sehen und erleben, wie die Engel Gottes
zum Menschensohn herab- und von ihm zum Himmel
hinaufsteigen!«

DIE HOCHZEIT IN KANA

2 Am dritten Tag wurde in Kana in Galiläa eine Hoch-
zeit gefeiert. Die Mutter von Jesus war dabei, 2 und
auch Jesus war mit seinen Jüngern dazu eingeladen.
3 Als der Weinvorrat zu Ende war, sagte seine Mutter
zu ihm: »Sie haben keinen Wein mehr!« 4 Jesus er-
widerte ihr: »Frau, das ist meine Sache, nicht deine!
Meine Stunde ist noch nicht gekommen.« 5 Da wandte
sich seine Mutter an die Diener und sagte: »Tut alles,
was er euch befiehlt!« 6 Im Haus standen sechs Was-
serkrüge aus Stein, von denen jeder etwa hundert Liter
fasste. Man brauchte sie wegen der Reinigung, die
das Gesetz vorschreibt. 7 Jesus sagte zu den Dienern:
»Füllt diese Krüge mit Wasser!« Sie füllten sie bis an
den Rand. 8 Dann befahl er ihnen: »Jetzt nehmt eine
Probe davon und bringt sie dem Mann, der für das Fest-
essen verantwortlich ist.« Sie brachten ihm eine Probe,
9 und er kostete das Wasser, das zu Wein geworden
war. Er wusste nicht, woher dieser Wein kam; nur die
Diener, die das Wasser geschöpft hatten, wussten es. Er
rief den Bräutigam zu sich 10 und sagte: »Jeder bringt
doch zuerst den guten Wein auf den Tisch, und wenn
die Gäste schon reichlich getrunken haben, folgt der
schlechtere. Aber du hast den guten Wein bis zuletzt

aufgehoben!« 11 So vollbrachte Jesus in Kana in Galiläa
sein erstes Wunderzeichen und offenbarte seine Herr-
lichkeit. Und seine Jünger kamen zum Glauben an ihn.
12 Danach ging er mit seiner Mutter, seinen Brüdern
und seinen Jüngern nach Kafarnaum hinunter und
blieb einige Tage dort.

JESUS IM TEMPEL

13 Als das Passafest näher kam, ging Jesus hinauf nach
Jerusalem. 14 Im Vorhof des Tempels sah er die Händler,
die dort Rinder, Schafe und Tauben verkauften; auch
die Geldwechsler saßen dort an ihren Tischen. 15 Da
machte er sich aus Stricken eine Peitsche und trieb sie
alle aus dem Tempelbezirk, mitsamt ihren Rindern und
Schafen. Er fegte das Geld der Wechsler zu Boden und
warf ihre Tische um. 16 Den Taubenverkäufern befahl
er: »Schafft das hier weg! Macht aus dem Haus mei-
nes Vaters keine Markthalle!« 17 Seinen Jüngern kam
das Wort aus den Heiligen Schriften in den Sinn: »Die
Liebe zu deinem Haus wird mich noch umbringen.«
18 Die führenden Männer fragten ihn: »Woran können
wir erkennen, dass du so etwas tun darfst? Gib uns
ein Wunderzeichen als Beweis!« 19 Jesus antwortete
ihnen: »Reißt diesen Tempel nieder, und in drei Tagen
werde ich ihn wieder aufbauen!« 20 Sie hielten ihm
entgegen: »Für den Bau dieses Tempels wurden sechs-
undvierzig Jahre gebraucht! Und du willst ihn in drei
Tagen wieder aufbauen?« 21 Mit dem Tempel meinte
Jesus aber seinen Leib. 22 Als er vom Tod auferstanden
war, erinnerten sich seine Jünger an dieses Wort. Da
glaubten sie den Heiligen Schriften und dem, was Jesus
damals gesagt hatte.

JESUS KENNT DIE MENSCHEN

23 Während sich Jesus am Passafest in Jerusalem auf-
hielt, kamen viele zum Glauben an ihn, weil sie die
Wunder sahen, die er vollbrachte. 24 Aber Jesus traute
ihnen nicht und hielt sich ihnen gegenüber zurück,
weil er sie alle durchschaute. 25 Über die Menschen
brauchte ihm niemand etwas zu sagen, denn er kannte
das menschliche Herz bis auf den Grund.

JESUS UND NIKODEMUS

3 Einer von den Pharisäern war Nikodemus, ein Mit-
glied des jüdischen Rates. 2 Eines Nachts kam er zu
Jesus und sagte zu ihm: »Rabbi, wir wissen, dass Gott
dich gesandt und dich als Lehrer bestätigt hat. Nur mit
Gottes Hilfe kann jemand solche Wunder vollbringen,
wie du sie tust.« 3 Jesus antwortete: »Amen, ich versi-
chere dir: Nur wer von oben her geboren wird, kann
Gottes neue Welt zu sehen bekommen.« 4 »Wie kann
ein Mensch geboren werden, der schon ein Greis ist?«,
fragte Nikodemus. »Er kann doch nicht noch einmal
in den Mutterschoß zurückkehren und ein zweites
Mal auf die Welt kommen!« 5 Jesus sagte: »Amen, ich
versichere dir: Nur wer von Wasser und Geist geboren
wird, kann in Gottes neue Welt hineinkommen. 6 Was
Menschen zur Welt bringen, ist und bleibt von mensch-
licher Art. Von geistlicher Art kann nur sein, was vom
Geist Gottes geboren wird. 7 Wundere dich also nicht,
dass ich zu dir sagte: ›Ihr müsst alle von oben her ge-
boren werden.‹ 8 Der Wind weht, wo es ihm gefällt. Du
hörst ihn nur rauschen, aber du weißt nicht, woher
er kommt und wohin er geht. So geheimnisvoll ist es
auch, wenn ein Mensch vom Geist geboren wird.«
9 »Wie ist so etwas möglich?«, fragte Nikodemus.
10 Jesus antwortete: »Du bist ein anerkannter Lehrer
Israels und weißt das nicht? 11 Amen, ich versichere
dir: Wir sprechen über Dinge, die wir kennen, und be-
zeugen das, was wir gesehen haben. Aber keiner von
euch ist bereit, auf unsere Aussage zu hören. 12 Wenn
ich zu euch über die irdischen Dinge rede und ihr mir
nicht glaubt, wie werdet ihr mir dann glauben, wenn
ich über die himmlischen Dinge mit euch rede?«

OHNE GLAUBEN AN JESUS KEIN LEBEN

13 Niemand ist in den Himmel hinaufgestiegen als nur
der eine, der vom Himmel herabgekommen ist, der
Menschensohn. 14 Mose richtete in der Wüste den
Pfahl mit der bronzenen Schlange auf. Genauso muss
auch der Menschensohn erhöht werden, 15 damit alle,
die sich im Glauben ihm zuwenden, durch ihn ewiges
Leben bekommen. 16 Gott hat die Menschen so sehr
geliebt, dass er seinen einzigen Sohn hergab. Nun wer-
den alle, die sich auf den Sohn Gottes verlassen, nicht
zugrunde gehen, sondern ewig leben. 17 Gott sandte
den Sohn nicht in die Welt, um die Menschen zu ver-
urteilen, sondern um sie zu retten. 18 Wer sich an den
Sohn Gottes hält, wird nicht verurteilt. Wer sich aber
nicht an ihn hält, ist schon verurteilt, weil er Gottes
einzigen Sohn nicht angenommen hat. 19 So geschieht
die Verurteilung: Das Licht ist in die Welt gekommen,
aber die Menschen liebten die Dunkelheit mehr als
das Licht; denn ihre Taten waren schlecht. 20 Jeder,
der Böses tut, hasst das Licht und bleibt im Dunkeln,
damit seine schlechten Taten nicht offenbar werden.
21 Aber wer der Wahrheit gehorcht, kommt zum Licht;
denn das Licht macht offenbar, dass er mit seinen Taten
Gott gehorsam war.

JESUS UND DER TÄUFER

22 Danach ging Jesus mit seinen Jüngern in das Gebiet
von Judäa. Dort verbrachte er einige Zeit mit ihnen und
taufte. 23 Auch Johannes taufte in Änon, nicht weit
von Salim, denn dort gab es reichlich Wasser. Immer
noch kamen Leute zu ihm und er taufte sie; 24 denn er
war zu jener Zeit noch nicht im Gefängnis. 25 Einmal
stritten sich einige Jünger von Johannes mit einem
anderen Juden darüber, welche Taufe den höheren
Rang habe. 26 Sie kamen deshalb zu Johannes und
sagten zu ihm: »Rabbi, der Mann, der dich am ande-
ren Jordanufer aufsuchte und auf den du als Zeuge
hingewiesen hast, der tauft jetzt auch und alle ge-
hen zu ihm!« 27 Johannes antwortete: »Kein Mensch
kann sich etwas nehmen, auch nicht das Geringste,
wenn Gott es ihm nicht gegeben hat. 28 Ihr könnt
selbst bestätigen, dass ich sagte: ›Ich bin nicht der
versprochene Retter, sondern ich bin nur vor ihm

hergesandt worden.‹ 29 Wer die Braut bekommt, ist
der Bräutigam. Der Freund des Bräutigams steht dabei,
und wenn er den Bräutigam jubeln hört, ist er voller
Freude. Genauso geht es jetzt mir: An meiner Freude
fehlt nichts mehr. 30 Sein Einfluss muss wachsen, mei-
ner muss abnehmen.«

GOTTES SOHN BRINGT DAS LEBEN

31 Er, der von oben kommt, steht über allen. Wer von der
Erde stammt, gehört zur Erde und redet aus irdischer
Sicht. Er aber, der vom Himmel kommt, 32 bezeugt das,
was er dort gesehen und gehört hat. Doch keiner hört
auf ihn. 33 Wer auf ihn hört, bestätigt damit, dass Gott
die Wahrheit sagt. 34 Der von Gott Gesandte spricht
ja die Worte Gottes, denn Gott gibt ihm seinen Geist
in grenzenloser Fülle. 35 Der Vater liebt den Sohn und
hat alles in seine Hand gegeben. 36 Wer sich an den
Sohn hält, hat das ewige Leben. Wer nicht auf den Sohn
hört, wird niemals das Leben finden; er wird dem Zorn-
gericht Gottes nicht entgehen.

JESUS UND DIE FRAU AUS SAMARIEN

4 Jesus erfuhr, dass die Pharisäer auf ihn aufmerk-
sam wurden, weil er mehr Anhänger gewann und
taufte als Johannes. – 2 Er selbst taufte übrigens nicht;
das taten seine Jünger. – 3 Deshalb verließ Jesus Judäa
und ging zurück nach Galiläa. 4 Dabei musste er durch
Samarien ziehen. 5 Unterwegs kam er in die Nähe des
Dorfes Sychar, das nicht weit von dem Feld entfernt
liegt, das Jakob einst seinem Sohn Josef vererbt hatte.
6 Dort befand sich der Jakobsbrunnen. Jesus war von
dem langen Weg müde geworden und setzte sich an
den Brunnen. Es war gegen Mittag. 7 Da kam eine sa-
maritische Frau zum Wasserholen. Jesus sagte zu ihr:
»Gib mir einen Schluck Wasser!« 8 Seine Jünger wa-
ren ins Dorf gegangen, um etwas zu essen zu kaufen.
9 Die Frau antwortete: »Du bist ein Jude und ich bin
eine Samariterin. Wie kannst du mich da um etwas zu
trinken bitten?« – Die Juden vermeiden nämlich jeden
Umgang mit Samaritern. 10 Jesus antwortete: »Wenn
du wüsstest, was Gott den Menschen schenken will
und wer es ist, der dich jetzt um Wasser bittet, dann
hättest du *ihn* um Wasser gebeten und er hätte dir le-
bendiges Wasser gegeben.« 11 »Herr, du hast doch kei-
nen Eimer«, sagte die Frau, »und der Brunnen ist tief.
Woher willst du dann das lebendige Wasser haben?
12 Unser Stammvater Jakob hat uns diesen Brunnen
hinterlassen. Er selbst, seine Söhne und seine ganze
Herde tranken daraus. Du willst doch nicht sagen, dass
du mehr bist als Jakob?« 13 Jesus antwortete: »Wer
dieses Wasser trinkt, wird wieder durstig. 14 Wer aber
von dem Wasser trinkt, das ich ihm geben werde, wird
nie mehr Durst haben. Ich gebe ihm Wasser, das in ihm
zu einer Quelle wird, die bis ins ewige Leben weiter-
sprudelt.« 15 »Herr, gib mir von diesem Wasser«, bat
die Frau, »dann werde ich keinen Durst mehr haben
und muss nicht mehr hierherkommen, um Wasser zu
schöpfen.« 16 Jesus sagte zu ihr: »Geh und bring dei-
nen Mann her!« 17 »Ich habe keinen Mann«, sagte die
Frau. Jesus erwiderte: »Es stimmt, wenn du sagst: ›Ich
habe keinen Mann.‹ 18 Fünfmal warst du verheiratet,
und der, mit dem du jetzt zusammenlebst, ist nicht dein
Mann. Da hast du die Wahrheit gesagt.« 19 »Herr, ich
sehe, du bist ein Prophet«, sagte die Frau. 20 »Unsere
Vorfahren verehrten Gott auf diesem Berg. Ihr Juden
dagegen behauptet, dass Jerusalem der Ort ist, an
dem Gott verehrt werden will.« 21 Jesus sagte zu ihr:
»Glaube mir, Frau, es kommt die Zeit, da werdet ihr
den Vater weder auf diesem Berg noch in Jerusalem
anbeten. 22 Ihr Samariter betet zu Gott, aber ihr kennt
ihn nicht; doch wir kennen ihn, denn die Rettung für
alle Menschen kommt von den Juden. 23-24 Aber die
Stunde kommt, ja sie ist schon gekommen, da wird
der Heilige Geist, der Gottes Wahrheit enthüllt, Men-
schen befähigen, den Vater an jedem Ort anzubeten.
Gott ist ganz anders als diese Welt, er ist machtvoller
Geist, und alle, die ihn anbeten wollen, müssen vom
Geist der Wahrheit erfüllt sein. Von solchen Men-
schen will der Vater angebetet werden.« 25 Die Frau
sagte zu ihm: »Ich weiß, dass der Messias kommen
wird, der versprochene Retter. Wenn er kommt, wird
er uns alles sagen.« 26 Jesus antwortete: »Er spricht
mit dir; *ich* bin es.« 27 In diesem Augenblick kehrten
seine Jünger zurück. Sie wunderten sich, ihn im Ge-
spräch mit einer Frau anzutreffen. Aber keiner fragte
ihn: »Was willst du von ihr?«, oder: »Worüber redest
du mit ihr?« 28 Die Frau ließ ihren Wasserkrug stehen,
ging ins Dorf und sagte zu den Leuten: 29 »Da ist einer,
der mir alles gesagt hat, was ich getan habe. Kommt
mit und seht ihn euch an! Ist er vielleicht der verspro-
chene Retter?« 30 Da gingen sie alle hinaus zu Jesus.
31 Inzwischen forderten die Jünger ihn auf: »Rabbi,
iss doch etwas!« 32 Aber er antwortete: »Ich lebe von
einer Nahrung, die ihr nicht kennt.« 33 Da fragten sie
einander: »Hat ihm vielleicht jemand etwas zu essen
gebracht?« 34 Jesus sagte zu ihnen: »Meine Nahrung
ist, dass ich dem gehorche, der mich gesandt hat, und
sein Werk vollende. 35 Ihr denkt, wie es im Sprichwort
heißt: ›Zwischen Saat und Ernte liegen vier Monate!‹
Aber ich sage euch: Macht die Augen auf und seht euch
die Felder an! Das Korn ist schon reif für die Ernte. 36 Er,
der sie einbringt, erhält schon jetzt seinen Lohn und
sammelt Frucht für das ewige Leben. Er freut sich zur
gleichen Zeit wie der, der gesät hat. 37 Aber das andere
Sprichwort, das trifft zu: ›Einer sät und ein anderer
erntet.‹ 38 Denn ich habe euch zum Ernten auf ein Feld
geschickt, auf dem ihr nicht gearbeitet habt. Andere
haben sich vor euch dort abgemüht, ihr braucht ihre
Arbeit nur weiterzuführen.« 39 Viele Samariter in je-
nem Ort kamen zum Glauben an Jesus, weil die Frau
bezeugt hatte: »Er hat mir alles gesagt, was ich getan
habe.« 40 Als sie nun bei Jesus eintrafen, baten sie ihn
zu bleiben, und er verbrachte zwei Tage bei ihnen. 41 Da
kamen noch viel mehr von ihnen zum Glauben auf-
grund seiner Worte. 42 Sie erklärten der Frau: »Jetzt
glauben wir nicht länger wegen deiner Erzählung,
sondern weil wir ihn selbst gehört haben. Wir wissen
jetzt, dass er wirklich der Retter der Welt ist.«

JESUS HEILT DEN SOHN EINES KÖNIGLICHEN BEAMTEN

43 Nachdem Jesus zwei Tage dort geblieben war, ver-
ließ er die Gegend und ging weiter nach Galiläa. 44 Er
selbst hatte gesagt: »Kein Prophet gilt etwas in seiner
Heimat.« 45 Als er nun nach Galiläa kam, nahmen ihn
die Leute freundlich auf. Sie waren nämlich beim Passa-
fest in Jerusalem gewesen und hatten alles gesehen,
was er dort während der Feiertage getan hatte. 46 In
Galiläa kam Jesus auch wieder nach Kana, wo er das
Wasser zu Wein gemacht hatte. Damals lebte in Ka-
farnaum ein königlicher Beamter, dessen Sohn war
krank. 47 Als er hörte, dass Jesus von Judäa nach Galiläa
gekommen war, ging er zu ihm und bat ihn: »Komm
doch nach Kafarnaum und mach meinen Sohn gesund;
er liegt im Sterben.« 48 Jesus sagte zu ihm: »Ihr alle
glaubt mir nur, wenn ihr aufsehenerregende Wunder
seht.« 49 Der Beamte bat ihn: »Herr, komm doch mit
mir, bevor mein Kind stirbt!« 50 »Geh ruhig heim«,
sagte Jesus zu ihm, »dein Sohn lebt!« Er glaubte dem
Wort, das Jesus zu ihm gesagt hatte, und ging. 51 Schon
unterwegs kamen ihm seine Diener entgegen und be-
richteten: »Dein Sohn lebt!« 52 Er fragte sie, seit wann
es ihm besser gehe, und sie antworteten: »Gestern
Mittag um ein Uhr hat das Fieber aufgehört.« 53 Da
erkannte der Vater, dass es genau zu der Stunde ge-
schehen war, als Jesus zu ihm sagte: »Dein Sohn lebt!«
Er kam zum Glauben an Jesus, er und seine ganze
Hausgemeinschaft. 54 Dieses zweite Wunderzeichen
vollbrachte Jesus, als er von Judäa wieder nach Galiläa
gekommen war.

DIE HEILUNG AM TEICH BETESDA

5 Bald darauf war ein jüdisches Fest und Jesus ging
hinauf nach Jerusalem. 2 Am Schaftor in Jerusalem
befindet sich ein Teich mit fünf offenen Hallen. Auf
Hebräisch wird er Betesda genannt. 3 Eine große An-
zahl von Kranken lag ständig in den Hallen: Blinde,
Gelähmte und Menschen mit erstorbenen Gliedern.
5 Unter ihnen war auch ein Mann, der seit achtund-
dreißig Jahren krank war. 6 Jesus sah ihn dort liegen.
Er erkannte, dass der Mann schon lange unter seiner
Krankheit litt, und fragte ihn: »Willst du gesund wer-
den?« 7 Der Kranke antwortete: »Herr, ich habe kei-
nen, der mir in den Teich hilft, wenn das Wasser sich
bewegt. Wenn ich es allein versuche, ist immer schon
jemand vor mir da.« 8 Jesus sagte zu ihm: »Steh auf,
nimm deine Matte und geh!« 9 Im selben Augenblick
wurde der Mann gesund. Er nahm seine Matte und
konnte wieder gehen. Der Tag, an dem dies geschah,
war ein Sabbat. 10 Einige von den führenden Männern
sagten deshalb zu dem Geheilten: »Heute ist Sabbat,
da darfst du deine Matte nicht tragen!« 11 Er antwor-
tete: »Der Mann, der mich geheilt hat, sagte zu mir:
›Nimm deine Matte und geh!‹« 12 Da fragten sie ihn:
»Wer ist es, der dir so etwas befohlen hat?« 13 Aber
er konnte keine Auskunft darüber geben; denn Jesus
hatte den Ort wegen der vielen Menschen schon
wieder verlassen. 14 Später traf Jesus ihn im Tempel
und sagte: »Hör zu! Du bist jetzt gesund. Tu nichts
Unrechtes mehr, sonst wird es dir noch schlimmer er-
gehen.« 15 Der Geheilte ging fort und berichtete den
führenden Männern, dass es Jesus war, der ihn gesund
gemacht hatte. 16 Da begannen sie, Jesus zu verfolgen,
weil er an einem Sabbat geheilt hatte. 17 Jesus aber
sagte zu ihnen: »Mein Vater ist ständig am Werk und
deshalb bin ich es auch.« 18 Daraufhin waren sie noch
fester entschlossen, ihn zu töten. Denn Jesus setzte
nicht nur die Sabbatvorschriften außer Kraft, er be-
hauptete sogar, dass Gott sein Vater sei, und stellte
sich so mit Gott auf eine Stufe.

DIE VOLLMACHT DES SOHNES

19 Jesus erwiderte auf ihre Vorwürfe: »Amen, ich ver-
sichere euch: Der Sohn kann nichts von sich aus tun; er
kann nur tun, was er den Vater tun sieht. Was der Vater
tut, genau das tut auch der Sohn. 20 Der Vater liebt den
Sohn und zeigt ihm alles, was er selber tut. Er wird ihm
noch größere Taten zeigen, sodass ihr staunen werdet.
21 Denn wie der Vater die Toten auferweckt und ihnen
das Leben gibt, so gibt auch der Sohn das Leben, wem
er will. 22 Auch seine ganze richterliche Macht hat der
Vater dem Sohn übergeben; er selbst spricht über nie-
mand das Urteil. 23 Denn alle sollen den Sohn ebenso
ehren wie den Vater. Wer den Sohn nicht ehrt, ehrt
auch den Vater nicht, der ihn gesandt hat. 24 Amen,
ich versichere euch: Alle, die auf mein Wort hören und
dem glauben, der mich gesandt hat, haben das ewige
Leben. Sie kommen nicht mehr vor Gottes Gericht; sie
haben den Tod schon hinter sich gelassen und das un-
vergängliche Leben erreicht. 25 Amen, ich versichere
euch: Die Stunde kommt – ja, sie ist schon da –, dass
die Toten die Stimme des Gottessohnes hören wer-
den, und wer sie hört, wird leben. 26 Wie der Vater der
Geber des Lebens ist, so hat er auch dem Sohn Macht
verliehen, Leben zu geben. 27 Und er hat dem Sohn die
Macht verliehen, Gericht zu halten, weil er der Men-
schensohn ist. 28 Wundert euch nicht darüber! Die
Stunde kommt, da werden alle Toten in den Gräbern
seine Stimme hören 29 und ihre Gräber verlassen. Alle,
die Gutes getan haben, werden auferstehen, um das
Leben zu empfangen, und die Böses getan haben, um
verurteilt zu werden. 30 Ich kann nichts von mir aus tun,
sondern entscheide als Richter so, wie ich den Vater
entscheiden höre. Meine Entscheidung ist gerecht,
denn ich setze nicht meinen eigenen Willen durch,
sondern den Willen dessen, der mich gesandt hat.«

ZEUGEN FÜR JESUS

31 »Wenn ich für mich selbst als Zeuge auftreten
wollte, hätte meine Aussage keine Beweiskraft. 32 Es
gibt einen anderen Zeugen, der für mich aussagt,
und ich weiß, dass er die Wahrheit über mich sagt.
33 Ich meine damit nicht Johannes. Ihr habt Boten zu
ihm geschickt und er ist als Zeuge für die Wahrheit
eingetreten. 34 Ich brauche aber keinen Menschen
als Zeugen; auf Johannes verweise ich nur, weil ich
möchte, dass ihr gerettet werdet. 35 Johannes war

wie eine brennende Lampe, ihr aber wolltet nichts weiter, als eine Zeit lang an seinem Licht eure Freude haben. 36 Ich habe ein Zeugnis auf meiner Seite, das die Aussage von Johannes weit übertrifft: die Taten meines Vaters, die ich in seinem Auftrag vollenden soll. Sie sprechen für mich und bestätigen, dass mein Vater mich gesandt hat. 37 Der Vater selbst, der mich gesandt hat, hat mit diesen Taten für mich ausgesagt. Ihr habt seine Stimme niemals gehört und seine Gestalt nie gesehen. 38 Auch sein Wort in den Heiligen Schriften nützt euch nichts mehr – weil ihr dem, den er gesandt hat, keinen Glauben schenkt. 39 Ihr forscht doch in den Heiligen Schriften und seid überzeugt, in ihnen das ewige Leben zu finden – und gerade sie weisen auf mich hin. 40 Aber ihr seid nicht bereit, zu mir zu kommen und so das ewige Leben zu haben. 41 Ich bin nicht darauf aus, von Menschen geehrt zu werden. 42 Außerdem kenne ich euch; ich weiß, dass in euren Herzen keine Liebe zu Gott ist. 43 Ich bin im Auftrag meines Vaters gekommen, doch ihr weist mich ab. Wenn aber jemand in seinem eigenen Auftrag kommt, werdet ihr ihn aufnehmen. 44 Wie könntet ihr denn auch zum Glauben an mich kommen? Ihr legt ja nur Wert darauf, einer vom andern bestätigt zu werden. Aber die Anerkennung bei Gott, dem Einen, zu dem ihr euch bekennt, die sucht ihr nicht. 45 Ihr braucht aber nicht zu denken, dass ich euch bei meinem Vater verklagen werde. Mose klagt euch an, derselbe Mose, auf dessen Fürsprache ihr hofft. 46 Wenn ihr Mose wirklich glaubtet, dann würdet ihr auch mir glauben; denn er hat über mich geschrieben. 47 Da ihr aber seinen geschriebenen Worten nicht glaubt, wie könnt ihr dann meinen gesprochenen glauben?«

JESUS MACHT MEHR ALS FÜNFTAUSEND MENSCHEN SATT

6 Danach fuhr Jesus über den See von Galiläa, der auch See von Tiberias heißt. 2 Eine große Menge Menschen folgten ihm, weil sie seine Wunder an den Kranken gesehen hatten. 3 Jesus stieg auf einen Berg und setzte sich mit seinen Jüngern. 4 Es war kurz vor dem jüdischen Passafest. 5 Jesus blickte auf und sah die Menschenmenge auf sich zukommen. Er wandte sich an Philippus: »Wo können wir Brot kaufen, damit alle diese Leute zu essen bekommen?« 6 Das sagte er, um Philippus auf die Probe zu stellen; er selbst wusste schon, was er tun würde. 7 Philippus antwortete: »Zweihundert Silberstücke wären nicht genug, um so viel zu kaufen, dass jeder auch nur einen Brocken abbekommt.« 8 Andreas, ein anderer Jünger, der Bruder von Simon Petrus, sagte: 9 »Hier ist ein Junge, der hat fünf Gerstenbrote und zwei Fische. Aber was ist das schon bei so einer Menschenmenge?« 10 »Sorgt dafür, dass die Leute sich setzen«, sagte Jesus. Es gab viel Gras an dem Ort. Sie setzten sich; ungefähr fünftausend Männer waren da. 11 Jesus nahm die Brote, sprach darüber das Dankgebet und verteilte sie an die Menge. Mit den Fischen tat er dasselbe, und alle hatten reichlich zu essen. 12 Als sie satt waren, sagte er zu seinen Jüngern: »Sammelt die Brotreste auf, damit nichts verdirbt.« 13 Sie taten es und füllten zwölf Körbe mit den Resten. So viel war von den fünf Gerstenbroten übrig geblieben. 14 Als die Leute das Wunder sahen, das Jesus vollbracht hatte, sagten sie: »Das ist wirklich der Prophet, der in die Welt kommen soll!« 15 Jesus merkte, dass sie drauf und dran waren, ihn mit Gewalt zu ihrem König zu machen. Deshalb zog er sich wieder auf den Berg zurück, ganz für sich allein.

JESUS GEHT ÜBER DAS WASSER

16 Als es Abend geworden war, gingen seine Jünger zum See hinunter. 17 Sie stiegen in ein Boot, um über den See nach Kafarnaum zurückzufahren. Es wurde Nacht und Jesus war immer noch nicht zu ihnen gekommen. 18 Das Wetter war sehr stürmisch und das Wasser schlug hohe Wellen. 19 Die Jünger hatten eine Strecke von etwa fünf Kilometern zurückgelegt, da sahen sie plötzlich Jesus, wie er über das Wasser ging und sich ihrem Boot näherte. Die Angst packte sie. 20 Aber Jesus sagte: »Habt keine Angst, *ich* bin's!« 21 Sie wollten ihn zu sich ins Boot nehmen. Aber da waren sie auch schon am Ufer, dort, wo sie hinwollten.

JESUS IST DAS BROT, DAS LEBEN GIBT

22 Die Volksmenge, die am anderen Ufer geblieben war, erinnerte sich am nächsten Tag, dass nur ein einziges Boot am Ufer gelegen hatte. Die Leute wussten, dass Jesus nicht ins Boot gestiegen war und seine Jünger ohne ihn abgefahren waren. 23 Es legten aber andere Boote, die von Tiberias kamen, nahe bei dem Ort an, wo der Herr das Dankgebet gesprochen und die Menge das Brot gegessen hatte. 24 Als die Leute nun sahen, dass Jesus nicht mehr da war und seine Jünger auch nicht, stiegen sie in diese Boote. Sie fuhren nach Kafarnaum und wollten Jesus dort suchen. 25 Sie fanden ihn tatsächlich auf der anderen Seite des Sees und fragten ihn: »Rabbi, wann bist du hierhergekommen?« 26 Jesus antwortete: »Amen, ich versichere euch: Ihr sucht mich nicht, weil ihr meine Wunder als Zeichen verstanden habt, sondern weil ihr von dem Brot gegessen habt und satt geworden seid. 27 Bemüht euch nicht um vergängliche Nahrung, sondern um wirkliche Nahrung, die für das ewige Leben vorhält. Diese Nahrung wird euch der Menschensohn geben, denn ihn hat Gott, der Vater, als seinen Gesandten bestätigt.« 28 Da fragten sie ihn: »Was müssen wir denn tun, um Gottes Willen zu erfüllen?« 29 Jesus antwortete: »Gott verlangt nur eins von euch: Ihr sollt den anerkennen, den er gesandt hat.« 30 Sie erwiderten: »Gib uns einen Beweis für deine Bevollmächtigung! Lass uns ein eindeutiges Wunderzeichen sehen, damit wir dir glauben. 31 Unsere Vorfahren aßen das Manna in der Wüste. In den Heiligen Schriften heißt es von Mose: ›Er gab ihnen Brot *vom Himmel* zu essen.‹« 32 Jesus entgegnete: »Amen, ich versichere euch: Nicht Mose hat euch das Brot vom Himmel gegeben, sondern mein Vater gibt euch das wahre Brot vom Himmel. 33 Das wahre Brot Gottes ist das, das vom Himmel herabsteigt und der

Welt das Leben gibt.« 34 »Herr«, sagten sie, »gib uns
immer von diesem Brot!« 35 »*Ich* bin das Brot, das
Leben schenkt«, sagte Jesus zu ihnen. »Wer zu mir
kommt, wird nie mehr hungrig sein. Wer sich an mich
hält, wird keinen Durst mehr haben. 36 Aber ich habe
es euch bereits gesagt: Obwohl ihr meine Taten ge-
sehen habt, schenkt ihr mir keinen Glauben. 37 Alle,
die mein Vater mir gibt, werden zu mir kommen, und
niemand, der zu mir kommt, wird von mir abgewiesen.
38 Ich bin vom Himmel gekommen, nicht um zu tun,
was *ich* will, sondern um zu tun, was der will, der mich
gesandt hat. 39 Und er will von mir, dass ich niemand
von denen verliere, die er mir gegeben hat. Vielmehr
soll ich sie alle am letzten Tag zum Leben erwecken.
40 Mein Vater will, dass alle, die den Sohn sehen und
sich an ihn halten, ewig leben. Ich werde sie am letzten
Tag vom Tod auferwecken.« 41 Die Zuhörenden murr-
ten, weil er gesagt hatte: »Ich bin das Brot, das vom
Himmel gekommen ist.« 42 Sie sagten: »Wir kennen
doch seinen Vater und seine Mutter! Er ist doch Jesus,
der Sohn Josefs! Wie kann er behaupten: ›Ich komme
vom Himmel‹?« 43 Jesus sagte zu ihnen: »Was murrt
ihr? 44 Nur die können zu mir kommen, die der Vater,
der mich gesandt hat, zu mir führt. Und ich werde alle,
die zu mir kommen, am letzten Tag vom Tod auferwe-
cken. 45 In den Schriften der Propheten heißt es: ›Alle
werden von Gott unterwiesen sein.‹ Wer den Vater
hört und von ihm lernt, kommt zu mir. 46 Nicht, dass
je ein Mensch den Vater gesehen hätte. Nur der Eine,
der von Gott gekommen ist, hat den Vater gesehen.
47 Amen, ich versichere euch: Wer sich an mich hält,
hat das ewige Leben. 48 *Ich* bin das Brot, das Leben
schenkt. 49 Eure Vorfahren aßen das Manna in der
Wüste und sind trotzdem gestorben. 50 Hier aber ist
das Brot, das vom Himmel herabkommt, damit, wer
davon isst, *nicht* stirbt. 51 *Ich* bin das lebendige Brot,
das vom Himmel gekommen ist. Wer von diesem Brot
isst, wird ewig leben. Das Brot, das ich geben werde,
ist mein Leib. Ich gebe ihn hin, damit die Menschen
zum Leben gelangen können.« 52 Das löste unter den
Zuhörern einen heftigen Streit aus. »Wie kann dieser
Mensch uns seinen Leib, sein Fleisch, zu essen ge-
ben?«, fragten sie. 53 Jesus sagte zu ihnen: »Amen,
ich versichere euch: Ihr habt keinen Anteil am Leben,
wenn ihr das Fleisch des Menschensohns nicht esst
und sein Blut nicht trinkt. 54 Wer mein Fleisch isst und
mein Blut trinkt, hat das ewige Leben, und ich werde
ihn am letzten Tag vom Tod erwecken. 55 Denn mein
Fleisch ist die wahre Nahrung, und mein Blut ist der
wahre Trank. 56 Wer mein Fleisch isst und mein Blut
trinkt, bleibt mit mir verbunden und ich mit ihm. 57 Der
Vater, von dem das Leben kommt, hat mich gesandt,
und ich lebe durch ihn. Genauso wird jeder, der mich
isst, durch mich leben. 58 Das also ist das Brot, das vom
Himmel herabgekommen ist. Es ist etwas ganz anderes
als das Brot, das eure Vorfahren gegessen haben. Sie
sind gestorben, wer aber dieses Brot isst, wird ewig
leben.« 59 Dies sagte Jesus in der Synagoge von Ka-
farnaum, so lehrte er dort die Menschen.

WORTE, DIE ZUM EWIGEN LEBEN FÜHREN

60 Als sie das hörten, sagten viele, die sich Jesus ange-
schlossen hatten: »Was er da redet, geht zu weit! So
etwas kann man nicht mit anhören!« 61 Jesus wusste
schon von sich aus, dass sie murrten, und sagte zu ih-
nen: »Daran nehmt ihr Anstoß? 62 Wartet doch, bis ihr
den Menschensohn dorthin zurückkehren seht, wo
er vorher war! 63 Gottes Geist allein macht lebendig;
alle menschlichen Möglichkeiten richten nichts aus.
Die Worte, die ich zu euch gesprochen habe, sind von
diesem Geist erfüllt und bringen das Leben. 64 Doch
einige von euch haben keinen Glauben.« Jesus kannte
nämlich von Anfang an die, die ihn nicht annehmen
würden, und wusste auch, wer ihn verraten würde.
65 Und er fügte hinzu: »Aus diesem Grund habe ich zu
euch gesagt: Nur die können zu mir kommen, die der
Vater dazu fähig macht.« 66 Als sie das hörten, wand-
ten sich viele seiner Anhänger von ihm ab und woll-
ten nicht länger mit ihm gehen. 67 Da fragte Jesus die
Zwölf: »Und ihr, was habt ihr vor? Wollt ihr mich auch
verlassen?« 68 Simon Petrus antwortete ihm: »Herr, zu
wem sonst sollten wir gehen? Deine Worte bringen das
ewige Leben. 69 Wir glauben und wissen, dass du der
bist, in dem Gott uns begegnet.« 70 Jesus antwortete
ihm: »Euch zwölf habe ich doch selber ausgewählt.
Trotzdem ist einer von euch ein Teufel!« 71 Er meinte
Judas, den Sohn von Simon Iskariot. Judas war es, der
Jesus später verriet – einer aus dem Kreis der Zwölf.

JESUS UND SEINE BRÜDER

7 Danach zog Jesus in Galiläa umher. Er hielt sich von
Judäa fern, weil die führenden Männer dort ihn
töten wollten. 2 Das jüdische Laubhüttenfest stand vor
der Tür. 3 Da sagten seine Brüder zu ihm: »Du solltest
nicht hierbleiben, sondern nach Judäa gehen, damit
deine Anhänger dort die großen Taten zu sehen be-
kommen, die du tust. 4 Wenn jemand bekannt wer-
den möchte, versteckt er sich nicht. Wenn du schon
solche Taten vollbringst, dann sorge auch dafür, dass
alle Welt davon erfährt!« 5 Denn nicht einmal seine
Brüder schenkten ihm Glauben. 6 Jesus sagte zu ihnen:
»Meine Zeit ist noch nicht da. Für euch dagegen passt
jede Zeit. 7 Euch kann die Welt nicht hassen; aber mich
hasst sie, weil ich als Zeuge gegen sie bestätige, dass
ihr Tun böse ist. 8 Zieht doch ihr zu diesem Fest hinauf!
Ich gehe nicht zum Fest, weil meine Zeit noch nicht
da ist.« 9 Das sagte er zu ihnen und blieb in Galiläa.

JESUS IN JERUSALEM

10 Nachdem seine Brüder zum Fest nach Jerusalem
hinaufgegangen waren, kam Jesus nach; aber er
zeigte sich nicht in der Öffentlichkeit. 11 Die führen-
den Männer suchten ihn unter den Festbesuchern.
»Wo ist er?«, fragten sie. 12 In der Volksmenge wurde
viel über ihn geflüstert. »Der Mann ist gut«, meinten
einige. Andere entgegneten: »Nein, er ist ein Volks-
verführer.« 13 Aber niemand sprach offen über ihn,
weil sie Angst vor ihren führenden Männern hatten.
14 Die Hälfte der Festwoche war schon vorüber, da

ging Jesus hinauf in den Tempel und lehrte das Volk.
15 Die Leute waren sehr erstaunt und sagten: »Er hat
doch keinen Lehrer gehabt. Wie kommt es, dass er die
Heiligen Schriften so gut kennt?« 16 Jesus ging darauf
ein und sagte: »Meine Lehre habe ich nicht selbst aus-
gedacht. Ich habe sie von Gott, der mich gesandt hat.
17 Wer bereit ist, Gott zu gehorchen, wird merken, ob
meine Lehre von Gott ist oder ob ich meine eigenen
Gedanken vortrage. 18 Wer seine eigenen Gedanken
vorträgt, dem geht es um die eigene Ehre. Wer aber
die Ehre dessen sucht, der ihn gesandt hat, ist vertrau-
enswürdig. Man kann ihm keinen Betrug vorwerfen.
19 Mose hat euch doch das Gesetz gegeben. Aber nie-
mand von euch hält sich daran. Ihr wollt mich sogar
töten!« 20 Die Menge antwortete: »Du bist wohl von
einem bösen Geist besessen! Wer will dich töten?«
21 Jesus antwortete: »Ich habe hier in Jerusalem eine
einzige Tat vollbracht und ihr nehmt alle Anstoß daran.
22 Ihr beschneidet eure Söhne, wenn es sein muss, auch
am Sabbat, weil Mose angeordnet hat, dass eure Kin-
der am achten Tag beschnitten werden sollen. – Aber
eigentlich haben schon die Stammväter die Beschnei-
dung eingeführt und nicht erst Mose. – 23 Ein Junge
wird also auch am Sabbat an einem Teil seines Kör-
pers beschnitten, damit die Vorschriften Moses nicht
verletzt werden. Wie könnt ihr euch dann über mich
aufregen, weil ich am Sabbat einen ganzen Menschen
gesund gemacht habe? 24 Urteilt nicht nach dem äu-
ßeren Eindruck, sondern wie es wirklich dem Gesetz
entspricht!«

IST ER DER VERSPROCHENE RETTER?

25 Einige Leute in Jerusalem sagten: »Seht euch das an!
Ist das nicht der, den sie töten wollten? 26 Er redet in
aller Öffentlichkeit und keiner verbietet es ihm! Sollten
die Ratsmitglieder zu der Überzeugung gekommen
sein, dass er der versprochene Retter ist? 27 Aber wenn
der Retter eines Tages auftritt, wird keiner wissen, wo-
her er kommt. Und die Herkunft dieses Menschen ken-
nen wir doch alle!« 28 Jesus aber, der gerade im Tempel
lehrte, rief mit lauter Stimme: »Wisst ihr wirklich, wer
ich bin und woher ich komme? Ich bin nicht im eigenen
Auftrag gekommen. Aber der, der mich gesandt hat, ist
glaubwürdig. Und den kennt ihr nicht. 29 Ich kenne ihn,
denn ich komme von ihm und er hat mich gesandt.«
30 Da wollten sie ihn festnehmen. Aber keiner konnte
Hand an ihn legen, denn seine Stunde war noch nicht
gekommen. 31 Viele in der Menge kamen zum Glauben
an ihn und sagten: »Kann der versprochene Retter,
wenn er kommt, mehr Wunderzeichen tun, als dieser
Mann getan hat?«

JESUS KÜNDIGT SEINEN WEGGANG AN

32 Die Pharisäer hörten, dass die Leute so über Jesus
redeten. Auf ihre Veranlassung schickten die führen-
den Priester einige Gerichtspolizisten aus, die ihn ver-
haften sollten. 33 Jesus sagte: »Nur noch kurze Zeit
bin ich bei euch, dann kehre ich zu dem zurück, der
mich gesandt hat. 34 Ihr werdet mich suchen, aber nicht
finden; denn wo ich dann bin, dorthin könnt ihr nicht
kommen.« 35 Die Leute sagten unter sich: »Wohin wird
er gehen, dass wir ihn nicht finden können? Will er ins
Ausland reisen und dort den Nichtjuden seine Lehre
vortragen? 36 Was soll das heißen, wenn er sagt: ›Ihr
werdet mich suchen, aber nicht finden‹? Und: ›Wo ich
dann bin, dorthin könnt ihr nicht kommen‹?«

LEBENDIGES WASSER IM ÜBERFLUSS

37 Am letzten Festtag, dem Höhepunkt des ganzen
Festes, trat Jesus vor die Menge und rief: »Wer durs-
tig ist, soll zu mir kommen und trinken – 38 jeder, der mir
vertraut! Denn in den Heiligen Schriften heißt es: ›Aus
seinem Innern wird lebendiges Wasser strömen.‹«
39 Jesus meinte damit den Geist Gottes, den die erhal-
ten sollten, die ihn im Glauben annehmen. Damals war
der Geist noch nicht gekommen, weil Jesus noch nicht
in Gottes Herrlichkeit aufgenommen war.

MEINUNGSVERSCHIEDENHEITEN

40 Als die Leute in der Menge dieses Wort von Jesus
hörten, sagten einige: »Er ist wirklich der Prophet,
der kommen soll!« 41 Andere meinten: »Er ist der ver-
sprochene Retter!« Wieder andere sagten: »Der Ret-
ter kommt doch nicht aus Galiläa! 42 In den Heiligen
Schriften steht, dass er von David abstammt und aus
Betlehem kommt, dem Dorf, in dem David lebte.« 43 Die
Menge war also geteilter Meinung über ihn. 44 Einige
hätten ihn am liebsten festgenommen; aber niemand
konnte Hand an ihn legen.

DER UNGLAUBE DER VERANTWORTLICHEN

45 Die Gerichtspolizisten kehrten wieder zurück. Die
führenden Priester und die Pharisäer fragten sie:
»Warum habt ihr ihn nicht mitgebracht?« 46 Die Män-
ner antworteten: »So wie dieser Mensch hat noch kei-
ner gesprochen.« 47 »Ihr habt euch also auch von ihm
hinters Licht führen lassen!«, sagten die Pharisäer.
48 »Gibt es denn unter den Mitgliedern des Rates oder
den Pharisäern einen Einzigen, der seinen Anspruch
ernst nimmt? 49 Die Menge tut es. Sie kennt Gottes
Gesetz nicht und steht deshalb unter seinem Fluch.«
50 Da sagte Nikodemus, der selbst Pharisäer und Rats-
mitglied war und der Jesus früher einmal aufgesucht
hatte: 51 »Ist es nach unserem Gesetz möglich, einen
Menschen zu verurteilen, ohne dass wir ihn verhört
haben? Erst muss doch festgestellt werden, ob er sich
strafbar gemacht hat.« 52 »Du kommst anscheinend
auch aus Galiläa«, erwiderten sie. »Lies die Heiligen
Schriften genauer, dann wirst du sehen, dass der er-
wartete Prophet nicht aus Galiläa kommt.«

JESUS UND DIE EHEBRECHERIN

8 7,53 Dann gingen sie alle nach Hause. 1 Jesus aber
ging zum Ölberg. 2 Am nächsten Morgen kehrte er
sehr früh zum Tempel zurück. Alle Leute dort versam-
melten sich um ihn. Er setzte sich und sprach zu ihnen
über den Willen Gottes. 3 Da führten die Gesetzeslehrer
und Pharisäer eine Frau herbei, die beim Ehebruch

ertappt worden war. Sie stellten sie in die Mitte 4 und
sagten zu Jesus: »Lehrer, diese Frau wurde ertappt,
als sie gerade Ehebruch beging. 5 Im Gesetz schreibt
Mose uns vor, dass eine solche Frau gesteinigt werden
muss. Was sagst du dazu?« 6 Mit dieser Frage wollten
sie ihm eine Falle stellen, um ihn anklagen zu können.
Aber Jesus bückte sich nur und schrieb mit dem Finger
auf die Erde. 7 Als sie nicht aufhörten zu fragen, richtete
er sich auf und sagte zu ihnen: »Wer von euch noch nie
eine Sünde begangen hat, soll den ersten Stein auf sie
werfen!« 8 Dann bückte er sich wieder und schrieb auf
die Erde. 9 Als sie das hörten, zog sich einer nach dem
andern zurück; die Älteren gingen zuerst. Zuletzt war
Jesus allein mit der Frau, die immer noch dort stand.
10 Er richtete sich wieder auf und fragte sie: »Frau, wo
sind sie geblieben? Ist keiner mehr da, um dich zu ver-
urteilen?« 11 »Keiner, Herr«, antwortete sie. Da sagte
Jesus: »Ich verurteile dich auch nicht. Du kannst ge-
hen; aber tu diese Sünde nicht mehr!«

JESUS IST DAS LICHT DER WELT

12 Jesus sprach weiter zu den Leuten: »*Ich* bin das
Licht für die Welt. Wer mir folgt, tappt nicht mehr
im Dunkeln, sondern hat das Licht und mit ihm das
Leben.« 13 Die Pharisäer sagten zu ihm: »Jetzt trittst du
als Zeuge in eigener Sache auf. Was du sagst, hat keine
Beweiskraft!« 14 »Was ich sage, ist wahr«, entgegnete
Jesus, »selbst wenn ich mein eigener Zeuge bin. Ich
weiß nämlich, woher ich gekommen bin und wohin ich
gehe. Ihr aber wisst nicht, woher ich komme und wohin
ich gehe. 15 Ihr urteilt und *ver*urteilt nach menschlichen
Maßstäben; *ich* verurteile niemand. 16 *Wenn* ich aber
ein Urteil fälle, dann ist es auf die Wahrheit gegründet
und gültig; denn ich stehe damit nicht allein da. Es ist
mein Urteil und das meines Vaters, der mich gesandt
hat. 17 In eurem Gesetz heißt es, dass die übereinstim-
mende Aussage von zwei Zeugen gültig ist. 18 Ich bin
mein eigener Zeuge, und auch der Vater, der mich
gesandt hat, tritt für mich als Zeuge auf.« 19 »Wo ist
denn dein Vater?«, fragten sie ihn. Jesus antwortete:
»Ihr kennt weder mich noch meinen Vater. Wenn ihr
mich kennen würdet, würdet ihr auch meinen Vater
kennen.« 20 Das alles sagte Jesus, als er im Tempel
lehrte. Es geschah in der Halle, wo die Kästen für die
Geldspenden aufgestellt waren. Und keiner konnte
ihn festnehmen; denn seine Stunde war noch nicht
gekommen.

WO ICH HINGEHE, DORTHIN KÖNNT IHR NICHT KOMMEN

21 Jesus sagte noch einmal zu ihnen: »Ich werde fort-
gehen. Dann werdet ihr vergeblich nach mir suchen
und in eurem Unglauben zugrunde gehen. Wo ich hin-
gehe, dorthin könnt ihr nicht kommen.« 22 Die Leute
meinten: »Wenn er sagt: ›Wo ich hingehe, dorthin
könnt ihr nicht kommen‹ – heißt das, dass er Selbst-
mord begehen will?« 23 Jesus antwortete: »Ihr seid
von hier unten, aber ich komme von oben. Ihr gehört
zu dieser Welt, aber ich bin nicht von dieser Welt. 24 Ich
habe es euch ja gesagt, dass ihr in eurem Unglauben
zugrunde gehen werdet. *Ich* bin der, an dem sich alles
entscheidet. Wenn ihr das nicht glauben wollt, werdet
ihr in eurem Unglauben zugrunde gehen.« 25 »Du?
Wer bist du denn?«, fragten sie ihn. Jesus antwortete:
»Was rede ich überhaupt noch zu euch? 26 Ich hätte
zwar vieles *über* euch zu sagen und allen Grund, euch
zu verurteilen; aber der, der mich gesandt hat, steht zu
seinen Zusagen; und ich sage der Welt nur das, was ich
bei ihm gehört habe.« 27 Sie verstanden nicht, dass
Jesus vom Vater sprach. 28 Deshalb sagte er zu ihnen:
»Wenn ihr den Menschensohn erhöht habt, werdet ihr
es begreifen: *Ich* bin der, an dem sich alles entscheidet.
Dann werdet ihr auch erkennen, dass ich nichts von
mir aus tue, sondern nur das sage, was der Vater mich
gelehrt hat. 29 Er, der mich gesandt hat, steht mir zur
Seite und lässt mich nicht allein; denn ich tue stets,
was ihm gefällt.« 30 Als Jesus das sagte, kamen viele
zum Glauben an ihn.

FREIHEIT ODER SKLAVEREI

31 Jesus sagte zu den Juden, die zum Glauben an ihn
gekommen waren: »Wenn ihr bei dem bleibt, was ich
euch gesagt habe, und euer Leben darauf gründet,
seid ihr wirklich meine Jünger. 32 Dann werdet ihr die
Wahrheit erkennen und die Wahrheit wird euch frei
machen.« 33 »Wir stammen von Abraham ab«, antwor-
teten sie ihm, »und wir haben nie jemand als Sklaven
gedient. Was meinst du, wenn du sagst: ›Ihr werdet
frei werden‹?« 34 Jesus sagte zu ihnen: »Amen, ich
versichere euch: Wer sündigt, ist ein Sklave der Sünde.
35 Ein Sklave gehört nicht für immer zur Familie. Nur der
Sohn gehört für immer dazu. 36 Wenn der Sohn euch
frei macht, dann seid ihr wirklich frei. 37 Ich weiß wohl,
dass ihr von Abraham abstammt. Trotzdem versucht
ihr, mich zu töten, weil ihr mein Wort nicht in euch
wohnen und wirken lasst. 38 Ich rede von dem, was
mein Vater mir gezeigt hat. Ihr aber tut, was *euer* Vater
euch gesagt hat.« 39 Sie wandten ein: »Unser Vater ist
Abraham!« Jesus erwiderte: »Wenn ihr wirklich Abra-
hams Kinder wärt, würdet ihr in seinem Sinne handeln.
40 Alles, was ich getan habe, war, euch die Wahrheit
weiterzugeben, wie ich sie von Gott gehört habe. Ihr
aber versucht, mich zu töten. So etwas hat Abraham
nicht getan. 41 Ihr handelt wie euer wirklicher Vater!«
»Wir sind nicht im Ehebruch gezeugt«, erwiderten sie.
»Wir haben nur den einen Vater: Gott.« 42 Jesus sagte
zu ihnen: »Wäre Gott euer Vater, dann würdet ihr mich
lieben. Denn ich bin von Gott zu euch gekommen. Ich
kam nicht in eigenem Auftrag, sondern er hat mich ge-
sandt. 43 Warum versteht ihr denn nicht, was ich sage?
Weil ihr unfähig seid, mein Wort aufzunehmen. 44 Ihr
seid Kinder des Teufels, der ist euer Vater, und ihr wollt
nur ausführen, wonach ihm der Sinn steht. Er ist von
Anfang an ein Mörder gewesen und hat niemals etwas
mit der Wahrheit zu tun gehabt, weil es in ihm keine
Wahrheit gibt. Wenn er lügt, so entspricht das seinem
Wesen; denn er ist ein Lügner und alle Lüge stammt
von ihm. 45 Gerade weil ich die Wahrheit sage, glaubt

ihr mir nicht. 46 Wer von euch kann mir eine Sünde
nachweisen? Wenn ich die Wahrheit sage, warum
glaubt ihr mir dann nicht? 47 Wer Gott zum Vater hat,
hört, was Gott sagt. Aber ihr hört es nicht, weil ihr ihn
nicht zum Vater habt.«

JESUS UND ABRAHAM

48 Die Juden erwiderten: »Wir haben doch recht! Du
bist ein Samariter und bist von einem bösen Geist
besessen.« 49 »Ich bin nicht besessen«, sagte Jesus,
»ich erweise nur meinem Vater Ehre; aber ihr verach-
tet mich. 50 Ich selbst suche keine Ehre für mich. Ein
anderer sucht sie, und er ist der Richter. 51 Amen, ich
versichere euch: Wer sich nach meinem Wort rich-
tet, wird in Ewigkeit nicht sterben.« 52 Da sagten sie:
»Jetzt sind wir sicher, dass ein böser Geist aus dir
spricht. Abraham ist gestorben, die Propheten sind
gestorben, und du sagst: ›Wer sich nach meinem Wort
richtet, wird in Ewigkeit nicht sterben.‹ 53 Unser Vater
Abraham ist tot. Du willst doch nicht etwa behaupten,
dass du mehr bist als Abraham? Auch die Propheten
sind gestorben. Für wen hältst du dich eigentlich?«
54 Jesus antwortete: »Wenn ich mich selbst ehren
wollte, hätte diese Ehre keinen Wert. Mein Vater ehrt
mich, von dem ihr sagt, er sei euer Gott. 55 Ihr habt ihn
nie wirklich erkannt, ich aber kenne ihn. Ich wäre ein
Lügner wie ihr, wenn ich behauptete, ihn nicht zu ken-
nen. Ich kenne ihn und gehorche seinem Wort. 56 Euer
Vater Abraham jubelte darüber, dass er mein Kommen
erleben sollte. Er erlebte es und war glücklich!« 57 Da
sagten sie zu ihm: »Du bist noch keine fünfzig Jahre
alt und willst Abraham gesehen haben?« 58 Jesus er-
widerte: »Amen, ich versichere euch: *Ich* bin – bevor
Abraham überhaupt geboren wurde.« 59 Da hoben sie
Steine auf und wollten ihn töten. Aber Jesus brachte
sich in Sicherheit und verließ den Tempel.

JESUS HEILT EINEN BLINDGEBORENEN

9 Im Vorbeigehen sah Jesus einen Mann, der von
Geburt blind war. 2 Die Jünger fragten Jesus:
»Rabbi, wer ist schuld, dass er blind geboren wurde?
Wer hat hier gesündigt, er selbst oder seine Eltern?«
3 Jesus antwortete: »Weder er ist schuld noch seine
Eltern. Er ist blind, damit Gottes Macht an ihm sichtbar
wird. 4 Solange es Tag ist, müssen wir die Taten Gottes
vollbringen, der mich gesandt hat. Es kommt eine
Nacht, in der niemand mehr wirken kann. 5 Solange ich
in der Welt bin, bin ich das Licht der Welt.« 6 Als Jesus
dies gesagt hatte, spuckte er auf den Boden und rührte
einen Brei mit seinem Speichel an. Er strich den Brei
auf die Augen des Mannes 7 und befahl ihm: »Geh zum
Teich Schiloach und wasche dir das Gesicht.« Schilo-
ach bedeutet: der Gesandte. Der Mann ging dorthin
und wusch sein Gesicht. Als er zurückkam, konnte er
sehen. 8 Da sagten seine Nachbarn und die Leute, die
ihn vorher als Bettler gekannt hatten: »Ist das nicht
der Mann, der immer an der Straße saß und bettelte?«
9 Einige meinten: »Das ist er.« Andere sagten: »Nein,
er ist es nicht; er sieht ihm nur ähnlich.« Der Mann
selbst bestätigte: »Ich bin es!« 10 »Wieso kannst du auf
einmal sehen?«, fragten sie ihn. 11 Er antwortete: »Der
Mann, der Jesus heißt, machte einen Brei, strich ihn auf
meine Augen und sagte: ›Geh zum Teich Schiloach und
wasche dein Gesicht.‹ Ich ging hin, und als ich mich
gewaschen hatte, konnte ich sehen.« 12 »Wo ist er?«,
fragten sie ihn. Er antwortete: »Ich weiß es nicht.«

DIE PHARISÄER VERHÖREN DEN GEHEILTEN

13 Sie brachten den Mann, der blind gewesen war, vor
die Pharisäer. 14 Der Tag, an dem Jesus den Brei ge-
macht und den Blinden geheilt hatte, war ein Sabbat.
15 Auch die Pharisäer fragten ihn, wie er sehend ge-
worden sei. Er erzählte ihnen: »Der Mann strich einen
Brei auf meine Augen, ich wusch mein Gesicht, und
jetzt kann ich sehen.« 16 Einige von den Pharisäern
sagten: »Wenn er das getan hat, kann er nicht von Gott
kommen, weil er die Sabbatvorschriften nicht einhält.«
Andere aber sagten: »Wie kann jemand ein Sünder
sein, der solche Wunder vollbringt?« Die Meinungen
waren geteilt. 17 Da befragten sie den Geheilten noch
einmal: »Was hältst denn *du* von ihm? Du bist doch der,
den er sehend gemacht hat.« »Er ist ein Prophet!«,
antwortete der Mann. 18 Die Pharisäer wollten ihm
aber nicht glauben, dass er blind gewesen war und nun
sehen konnte. Sie riefen seine Eltern 19 und verhörten
sie: »Ist das euer Sohn? Besteht ihr darauf, dass er blind
geboren wurde? Wie ist es dann möglich, dass er jetzt
sehen kann?« 20 Die Eltern antworteten: »Wir wis-
sen, dass er unser Sohn ist und blind geboren wurde.
21 Aber wir haben keine Ahnung, auf welche Weise er
sehend wurde oder wer ihn sehend gemacht hat. Fragt
ihn selbst! Er ist alt genug, um selbst zu antworten.«
22 Sie sagten das, weil sie vor den führenden Männern
Angst hatten. Diese hatten nämlich beschlossen, alle
aus der Synagogengemeinde auszuschließen, die sich
zu Jesus als dem versprochenen Retter bekennen wür-
den. 23 Aus diesem Grund sagten seine Eltern: »Er ist
alt genug. Fragt ihn selbst!« 24 Die Pharisäer ließen
den Blindgeborenen ein zweites Mal rufen und for-
derten ihn auf: »Gib Gott die Ehre! Wir wissen, dass
dieser Mensch ein Sünder ist!« 25 »Ob er ein Sünder ist
oder nicht, das weiß ich nicht«, entgegnete der Mann,
»aber eins weiß ich: Ich war blind, und jetzt kann ich
sehen.« 26 »Was hat er mit dir gemacht?«, fragten sie.
»Wie hat er dich sehend gemacht?« 27 »Das habe ich
euch schon erzählt«, sagte er, »aber ihr habt ja nicht
zugehört. Warum wollt ihr es noch einmal hören?
Möchtet ihr vielleicht auch seine Jünger werden?«
28 Da beschimpften sie ihn und sagten: »*Du* bist ein
Jünger dieses Menschen! Wir aber sind Jünger von
Mose. 29 Wir wissen, dass Gott zu Mose gesprochen
hat. Aber von diesem Menschen wissen wir nicht ein-
mal, woher er kommt.« 30 Der Geheilte antwortete:
»Das ist wirklich seltsam! Ihr wisst nicht, woher er
kommt, und mich hat er sehend gemacht! 31 Wir wissen
doch alle, dass Gott das Gebet von Sündern nicht hört.
Er hört nur auf die, die ihn ehren und seinen Willen
befolgen. 32 Seit die Welt besteht, hat noch niemand

von einem Menschen berichtet, der einen Blindge-
borenen sehend gemacht hat. 33 Käme dieser Mann
nicht von Gott, so wäre er dazu nicht fähig gewesen.«
34 Sie erwiderten: »Du bist ja schon von deiner Geburt
her ein ausgemachter Sünder, und dann willst du uns
belehren?« Und sie warfen ihn hinaus.

DIE BLINDHEIT DER PHARISÄER

35 Als Jesus hörte, dass sie ihn aus der Synagogen-
gemeinde ausgeschlossen hatten, suchte er ihn auf
und fragte ihn: »Willst du ganz zum Menschensohn
gehören?« 36 Der Mann antwortete: »Herr, wenn du
mir sagst, wer es ist, will ich es tun.« 37 Jesus sagte:
»Er steht vor dir und spricht mit dir.« 38 »Herr, ich will
dir allein gehören!«, sagte der Mann und warf sich
vor Jesus nieder. 39 Jesus sagte: »Ich bin in diese Welt
gekommen, damit die Blinden sehend und die Sehen-
den blind werden. Darin vollzieht sich das Gericht.«
40 Einige Pharisäer, die in der Nähe standen, hörten
das und sagten: »Soll das etwa heißen, dass wir auch
blind sind?« 41 Jesus antwortete: »Wenn ihr blind
wärt, würde euch keine Schuld angerechnet. Weil
ihr aber sagt: ›Wir können sehen‹, bleibt eure Schuld
bestehen.«

VOM HIRTEN UND SEINEN SCHAFEN

10 Jesus sagte: »Amen, ich versichere euch: Wer
den Schafstall nicht durch die Tür betritt, son-
dern auf einem anderen Weg eindringt, ist ein Räuber
und ein Dieb. 2 Der Schafhirt geht durch die Tür hin-
ein; 3 der Wächter am Eingang öffnet ihm. Die Schafe
erkennen seine Stimme; er ruft die, die ihm gehören,
einzeln beim Namen und führt sie ins Freie. 4 Wenn sie
alle draußen sind, geht er vor ihnen her und sie folgen
ihm, weil sie seine Stimme kennen. 5 Einem anderen
Menschen werden sie niemals folgen. Im Gegenteil:
Sie werden vor ihm davonlaufen, weil sie seine Stimme
nicht kennen.« 6 Dieses Gleichnis erzählte Jesus, aber
seine Zuhörer verstanden nicht, was er ihnen damit
sagen wollte.

JESUS – DIE TÜR

7 Darum begann Jesus noch einmal: »Amen, ich ver-
sichere euch: *Ich* bin die Tür zu den Schafen. 8 Alle, die
vor mir gekommen sind, sind Räuber und Diebe, doch
die Schafe haben nicht auf sie gehört. 9 *Ich* bin die Tür
für die Schafe. Wer durch mich hineingeht, wird geret-
tet. Er wird ein- und ausgehen und Weideland finden.
10 Der Dieb kommt nur, um die Schafe zu stehlen, zu
schlachten und ins Verderben zu stürzen. Ich aber bin
gekommen, um ihnen das Leben zu geben, Leben im
Überfluss.«

JESUS – DER GUTE HIRT

11 »*Ich* bin der gute Hirt. Ein guter Hirt ist bereit, für
seine Schafe zu sterben. 12 Einer, dem die Schafe nicht
selbst gehören, ist kein richtiger Hirt. Darum lässt er
sie im Stich, wenn er den Wolf kommen sieht, und
läuft davon. Dann stürzt sich der Wolf auf die Schafe
und jagt die Herde auseinander. 13 Wer die Schafe nur
gegen Lohn hütet, läuft davon; denn die Schafe sind
ihm gleichgültig. 14 *Ich* bin der gute Hirt. Ich kenne
meine Schafe und sie kennen mich, 15 so wie der Vater
mich kennt und ich ihn kenne. Ich bin bereit, für sie zu
sterben. 16 Ich habe noch andere Schafe, die nicht zu
diesem Schafstall gehören; auch die muss ich herbei-
bringen. Sie werden auf meine Stimme hören, und alle
werden in *einer* Herde unter *einem* Hirten vereint sein.
17 Der Vater liebt mich, weil ich bereit bin, mein Leben
zu opfern, um es aufs Neue zu erhalten. 18 Niemand
kann mir das Leben nehmen. Ich gebe es aus freiem
Entschluss. Es steht in meiner Macht, es zu geben, und
auch in meiner Macht, es wieder an mich zu nehmen.
Damit erfülle ich den Auftrag meines Vaters.« 19 Wegen
dieser Rede waren die Leute wieder geteilter Meinung
über Jesus. 20 Viele von ihnen sagten: »Er ist von einem
bösen Geist besessen. Er ist verrückt! Warum hört ihr
ihm überhaupt zu?« 21 Aber andere meinten: »So redet
kein Besessener! Kann ein böser Geist etwa blinde
Menschen sehend machen?«

JESUS WIRD ABGELEHNT

22 Es war im Winter, als in Jerusalem das Fest zur Erin-
nerung an die Wiedereinweihung des Tempels gefeiert
wurde. 23 Jesus ging im Tempel in der Salomohalle um-
her. 24 Da umringten ihn die Leute und fragten: »Wie
lange willst du uns noch hinhalten? Sag es uns frei
heraus: Bist du der versprochene Retter?« 25 Jesus
antwortete: »Ich habe es euch schon gesagt, aber ihr
wollt mir nicht glauben. Die Taten, die ich im Auftrag
meines Vaters vollbringe, sprechen für mich. 26 Aber
ihr gehört nicht zu meinen Schafen, darum glaubt ihr
mir nicht. 27 Meine Schafe hören auf mich. Ich kenne sie
und sie folgen mir. 28 Ich gebe ihnen das ewige Leben
und sie werden niemals umkommen. Niemand kann
sie mir aus den Händen reißen, 29 weil niemand sie aus
den Händen meines Vaters reißen kann. Er schützt die,
die er mir gegeben hat; denn er ist mächtiger als alle.
30 Der Vater und ich sind untrennbar eins.« 31 Da hoben
die Leute wieder Steine auf, um ihn zu töten. 32 Jesus
aber sagte zu ihnen: »Viele gute Taten habe ich vor
euren Augen getan, die meine Verbundenheit mit dem
Vater bezeugen. Für welche davon wollt ihr mich stei-
nigen?« 33 Sie gaben ihm zur Antwort: »Wir steinigen
dich nicht wegen einer guten Tat, sondern weil du ein
Gotteslästerer bist. Du bist nur ein Mensch und gibst
dich als Gott aus.« 34 Jesus antwortete: »In eurem eige-
nen Gesetz heißt es doch: ›Ich habe zu euch gesagt:
Ihr seid Götter.‹ 35 Und was in den Heiligen Schriften
steht, ist unumstößlich, das wissen wir. Gott nannte
also die, an die er sein Wort richtete, Götter. 36 Mich
aber hat der Vater bevollmächtigt und in die Welt ge-
sandt. Wie könnt ihr da behaupten, ich lästere Gott,
wenn ich sage, dass ich sein Sohn bin? 37 Wenn das,
was ich tue, nicht die Taten meines Vaters sind, braucht
ihr mir nicht zu glauben. 38 Sind sie es aber, dann solltet
ihr wenigstens diesen Taten glauben, wenn ihr mir
selbst schon nicht glauben wollt. An ihnen müsste

euch doch aufgehen, dass der Vater in mir lebt und
ich im Vater lebe.« 39 Von Neuem versuchten sie, Jesus
festzunehmen, aber er entkam ihnen. 40 Er überquerte
den Jordan und ging an die Stelle zurück, wo Johannes
früher getauft hatte. Er blieb dort, 41 und viele kamen
zu ihm und sagten: »Johannes hat keine Wunder getan;
aber alles, was er über diesen Menschen gesagt hat,
entspricht der Wahrheit.« 42 Viele von denen, die dort
waren, kamen zum Glauben an ihn.

LAZARUS STIRBT

11 Lazarus aus Betanien war krank geworden –
aus dem Dorf, in dem Maria und ihre Schwester
Marta wohnten. 2 Maria war es, die später die Füße
des Herrn mit dem kostbaren Öl übergossen und dann
mit ihrem Haar getrocknet hat; deren Bruder war der
erkrankte Lazarus. 3 Da ließen die Schwestern Jesus
mitteilen: »Herr, dein Freund ist krank.« 4 Als Jesus
das hörte, sagte er: »Diese Krankheit führt nicht zum
Tod. Sie dient dazu, die Herrlichkeit Gottes offenbar
zu machen; denn durch sie wird der Sohn Gottes zu
seiner Herrlichkeit gelangen.« 5 Jesus liebte Marta und
ihre Schwester und Lazarus. 6 Aber als er die Nachricht
erhielt, dass Lazarus krank sei, blieb er noch zwei Ta-
ge an demselben Ort. 7 Erst dann sagte er zu seinen
Jüngern: »Wir gehen nach Judäa zurück!« 8 Sie ant-
worteten: »Rabbi, kürzlich erst hätten dich die Leute
dort beinahe gesteinigt. Und nun willst du zu ihnen
zurückkehren?« 9 Jesus sagte: »Der Tag hat zwölf Stun-
den. Wenn jemand am hellen Tag wandert, stolpert er
nicht, weil er das Tageslicht sieht. 10 Lauft ihr aber in
der Nacht umher, so stolpert ihr, weil das Licht nicht
mehr bei euch ist.« 11 Danach sagte Jesus zu seinen
Jüngern: »Unser Freund Lazarus ist eingeschlafen.
Aber ich werde hingehen und ihn aufwecken.« 12 Sie
antworteten: »Herr, wenn er schläft, dann geht's ihm
bald besser.« 13 Jesus hatte jedoch von seinem Tod ge-
sprochen; sie aber meinten, er rede nur vom Schlaf.
14 Da sagte Jesus ihnen ganz offen: »Lazarus ist tot.
15 Und euretwegen bin ich froh, dass ich nicht bei ihm
war. So wird euer Glaube gefestigt. Aber gehen wir
jetzt zu ihm!« 16 Thomas, der auch Zwilling genannt
wird, sagte zu den anderen Jüngern: »Auf, gehen wir
mit Jesus und sterben mit ihm!«

JESUS IST DAS LEBEN. LAZARUS WIRD VOM TOD AUFERWECKT

17 Als Jesus nach Betanien kam, lag Lazarus schon vier
Tage im Grab. 18 Das Dorf war keine drei Kilometer von
Jerusalem entfernt, 19 und viele Leute aus der Stadt
hatten Marta und Maria aufgesucht, um sie zu trösten.
20 Als Marta hörte, dass Jesus kam, ging sie ihm entge-
gen vor das Dorf, aber Maria blieb im Haus. 21 Marta
sagte zu Jesus: »Herr, wenn du hier gewesen wärst,
hätte mein Bruder nicht sterben müssen. 22 Aber ich
weiß, dass Gott dir auch jetzt keine Bitte abschlägt.«
23 »Dein Bruder wird auferstehen«, sagte Jesus zu
Marta. 24 »Ich weiß«, erwiderte sie, »er wird aufer-
stehen, wenn alle Toten lebendig werden, am letzten
Tag.« 25 Jesus sagte zu ihr: »*Ich* bin die Auferstehung
und das Leben. Wer mich annimmt, wird leben, auch
wenn er stirbt, 26 und wer lebt und sich auf mich ver-
lässt, wird niemals sterben, in Ewigkeit nicht. Glaubst
du mir das?« 27 Sie antwortete: »Ja, Herr, ich glaube,
dass du der versprochene Retter bist, der Sohn Gottes,
der in die Welt kommen soll.« 28 Nach diesen Worten
ging Marta zu ihrer Schwester zurück, nahm sie bei-
seite und sagte zu ihr: »Unser Lehrer ist hier und will
dich sehen!« 29 Als Maria das hörte, stand sie schnell
auf und lief zu ihm hinaus. 30 Jesus selbst war noch
nicht in das Dorf hineingegangen. Er war immer noch
an der Stelle, wo Marta ihn getroffen hatte. 31 Die Leute
aus Jerusalem, die bei Maria im Haus waren, um sie zu
trösten, sahen, wie sie aufsprang und hinauseilte. Sie
meinten, Maria wolle zum Grab gehen, um dort zu
weinen, und folgten ihr. 32 Als Maria zu Jesus kam und
ihn sah, warf sie sich vor ihm nieder. »Herr, wenn du
hier gewesen wärst, hätte mein Bruder nicht sterben
müssen«, sagte sie zu ihm. 33 Jesus sah sie weinen;
auch die Leute, die mit ihr gekommen waren, wein-
ten. Da wurde er zornig und war sehr erregt. 34 »Wo
habt ihr ihn hingelegt?«, fragte er. »Komm und sieh
es selbst, Herr!«, sagten sie. 35 Jesus fing an zu wei-
nen. 36 Da sagten die Leute: »Er muss ihn sehr geliebt
haben!« 37 Aber einige meinten: »Den Blinden hat er
sehend gemacht. Hätte er nicht verhindern können,
dass Lazarus stirbt?« 38 Aufs Neue wurde Jesus zornig.
Er ging zum Grab. Es bestand aus einer Höhle, deren
Zugang mit einem Stein verschlossen war. 39 »Nehmt
den Stein weg!«, befahl er. Marta, die Schwester des
Toten, wandte ein: »Herr, der Geruch! Er liegt doch
schon vier Tage im Grab.« 40 Jesus sagte zu ihr: »Ich
habe dir doch gesagt, dass du die Herrlichkeit Gottes
sehen wirst, wenn du nur Glauben hast.« 41 Da nahmen
sie den Stein weg. Jesus blickte zum Himmel auf und
sagte: »Vater, ich danke dir, dass du meine Bitte erfüllst.
42 Ich weiß, dass du mich immer erhörst. Aber wegen
der Menschenmenge, die hier steht, spreche ich es
aus – damit sie glauben, dass du mich gesandt hast.«
43 Nach diesen Worten rief er laut: »Lazarus, komm her-
aus!« 44 Der Tote kam heraus; seine Hände und Füße
waren mit Binden umwickelt und sein Gesicht war mit
einem Tuch verhüllt. Jesus sagte: »Nehmt ihm das alles
ab und lasst ihn nach Hause gehen!«

EINER SOLL FÜR DAS VOLK STERBEN

45 Viele Leute aus der Stadt, die zu Maria gekommen
waren und alles miterlebt hatten, kamen zum Glauben
an Jesus. 46 Aber einige von ihnen gingen zu den Phari-
säern und berichteten ihnen, was er getan hatte. 47 Da
beriefen die führenden Priester mit den Pharisäern
eine Sitzung des Rates ein und sagten: »Was sollen
wir machen? Dieser Mann tut viele Wunder. 48 Wenn
wir ihn so weitermachen lassen, werden sich ihm noch
alle anschließen. Dann werden die Römer einschreiten
und uns auch noch den Rest an Verfügungsgewalt über
Tempel und Volk entziehen.« 49 Kajaphas, einer von ih-
nen, der in jenem Jahr der Oberste Priester war, sagte:

»Ihr begreift rein gar nichts! 50 Seht ihr nicht, dass es euer Vorteil ist, wenn einer für alle stirbt und nicht das ganze Volk vernichtet wird?« 51 Das sagte er aber nicht aus sich selbst, sondern als der Oberste Priester in jenem Jahr sprach er aus prophetischer Eingebung, und so sagte er voraus, dass Jesus für das jüdische Volk sterben werde – 52 und nicht nur für dieses Volk, sondern auch, um die in aller Welt verstreut lebenden Kinder Gottes zusammenzuführen. 53 Von diesem Tag an waren die führenden Männer fest entschlossen, Jesus zu töten. 54 Er zeigte sich deshalb nicht mehr in der Öffentlichkeit, sondern ging von dort weg in die Gegend am Rand der Wüste, in eine Ortschaft namens Efraïm. Dort blieb er mit seinen Jüngern. 55 Es war kurz vor dem jüdischen Passafest, und viele Bewohner aus dem ganzen Land zogen nach Jerusalem hinauf. Sie wollten sich vor dem Fest nach den vorgeschriebenen Regeln reinigen. 56 Sie suchten Jesus überall, und als sie im Tempel beisammenstanden, fragten sie einander: »Was meint ihr? Zum Fest wird er doch sicher kommen!« 57 Die führenden Priester und Pharisäer hatten aber angeordnet: »Jeder, der seinen Aufenthaltsort kennt, soll es melden!« Denn sie wollten ihn verhaften.

EINE FRAU EHRT JESUS VOR SEINEM STERBEN

12 Sechs Tage vor dem Passafest kam Jesus wieder nach Betanien, dem Ort, wo Lazarus wohnte, den er vom Tod auferweckt hatte. 2 Die Geschwister hatten Jesus zu Ehren ein Festessen vorbereitet. Marta trug auf, während Lazarus mit Jesus und den anderen zu Tisch lag. 3 Maria aber nahm eine Flasche mit reinem, kostbarem Nardenöl, goss es Jesus über die Füße und trocknete diese mit ihrem Haar. Das ganze Haus duftete nach dem Öl. 4 Judas Iskariot, einer von den Jüngern, der Jesus später verriet, sagte: 5 »Warum wurde dieses Öl nicht für dreihundert Silberstücke verkauft und das Geld an die Armen verteilt?« 6 Er sagte das nicht etwa, weil er ein Herz für die Armen hatte, sondern weil er ein Dieb war. Er verwaltete die gemeinsame Kasse und griff oft zur eigenen Verwendung hinein. 7 Jesus sagte: »Lass sie in Ruhe! Nach Gottes Willen hat sie dieses Öl für den Tag meines Begräbnisses aufbewahrt.« 8 Und an alle Jünger gewandt, fügte er hinzu: »Arme wird es immer bei euch geben, aber mich habt ihr nicht mehr lange bei euch.«

LAZARUS IN GEFAHR

9 Die große Menge der Leute in Jerusalem hatte inzwischen gehört, dass Jesus in Betanien sei, und sie gingen dorthin. Sie kamen nicht nur seinetwegen, sondern auch weil sie Lazarus sehen wollten, den Jesus vom Tod auferweckt hatte. 10 Da beschlossen die führenden Priester, auch Lazarus zu töten; 11 denn seinetwegen gingen viele Juden dorthin und kamen zum Glauben an Jesus.

JESUS ZIEHT IN JERUSALEM EIN

12 Am nächsten Tag hörte die große Menge, die zum Passafest gekommen war, Jesus sei auf dem Weg nach Jerusalem. 13 Da nahmen sie Palmzweige, zogen ihm entgegen vor die Stadt und riefen laut: »Gepriesen sei Gott! Heil dem, der in seinem Auftrag kommt! Heil dem König Israels!« 14 Jesus aber fand einen jungen Esel und setzte sich darauf, so wie es schon in den Heiligen Schriften heißt: 15 »Fürchte dich nicht, du Zionsstadt! Sieh, dein König kommt! Er reitet auf einem jungen Esel.« 16 Damals verstanden seine Jünger dies alles noch nicht; aber als Jesus in Gottes Herrlichkeit aufgenommen war, wurde ihnen bewusst, dass dieses Schriftwort sich auf ihn bezog und dass die Volksmenge ihn dementsprechend empfangen hatte. 17 Als Jesus Lazarus aus dem Grab gerufen und vom Tod auferweckt hatte, waren viele dabei gewesen und hatten es als Zeugen weitererzählt. 18 Aus diesem Grund kam ihm jetzt eine so große Menschenmenge entgegen. Sie alle hatten von dem Wunder gehört, das er vollbracht hatte. 19 Die Pharisäer aber sagten zueinander: »Da seht ihr doch, dass wir so nicht weiterkommen! Alle Welt läuft ihm nach!«

VERTRETER DER NICHT JÜDISCHEN WELT SUCHEN JESUS

20 Unter denen, die zum Fest nach Jerusalem gekommen waren, um Gott anzubeten, befanden sich auch einige Nichtjuden. 21 Sie gingen zu Philippus, der aus Betsaida in Galiläa stammte, und sagten zu ihm: »Herr, wir möchten gerne Jesus kennenlernen.« 22 Philippus sagte es Andreas, und die beiden gingen zu Jesus. 23 Er antwortete ihnen: »Die Stunde ist gekommen! Jetzt wird die Herrlichkeit des Menschensohns sichtbar werden. 24 Amen, ich versichere euch: Das Weizenkorn muss in die Erde fallen und sterben, sonst bleibt es allein. Aber wenn es stirbt, bringt es viel Frucht. 25 Wer sein Leben liebt, wird es verlieren. Wer aber sein Leben in dieser Welt gering achtet, wird es für das ewige Leben bewahren. 26 Wer mir dienen will, muss mir auf meinem Weg folgen, und wo ich bin, werden dann auch die sein, die mir gedient haben. Sie alle werden von meinem Vater geehrt werden.«

JESUS SPRICHT VON SEINEM TOD

27 »Mir ist jetzt sehr bange. Was soll ich tun? Soll ich sagen: ›Vater, lass diese Stunde an mir vorbeigehen‹? Aber ich bin ja in diese Stunde gekommen, um sie durchzustehen. 28 Vater, bring du deinen Namen jetzt zu Ehren!« Da sagte eine Stimme vom Himmel: »Das habe ich bisher getan, ich werde es auch jetzt tun.« 29 Die Menge, die dort stand, hörte die Stimme, und einige sagten: »Es hat gedonnert!« Andere meinten: »Ein Engel hat mit ihm gesprochen.« 30 Aber Jesus sagte zu ihnen: »Diese Stimme wollte nicht mir etwas sagen, sondern euch. 31 Jetzt wird Gericht gehalten über diese Welt. Jetzt wird der Herrscher dieser Welt gestürzt. 32 Ich aber werde von der Erde erhöht werden, und dann werde ich alle zu mir ziehen.« 33 Mit diesem Wort deutete er an, welche Todesart er erleiden würde. 34 Die Menge wandte ein: »Das Gesetz sagt uns, dass der versprochene Retter in alle Ewigkeit bleiben

wird. Wie kannst du dann sagen, dass der Menschen-
sohn erhöht werden muss? Wer ist überhaupt dieser
Menschensohn?« 35 Jesus antwortete: »Das Licht
wird noch kurze Zeit unter euch sein. Geht euren Weg,
solange es hell ist, damit die Dunkelheit euch nicht
überfällt! Wer im Dunkeln geht, weiß nicht, wohin der
Weg führt. 36a Haltet euch an das Licht, solange ihr es
habt! Dann werdet ihr Menschen, die ganz vom Licht
erfüllt sind.«

DIE MENGE LEHNT JESUS AB

36b Nachdem Jesus das gesagt hatte, ging er fort und
verbarg sich vor ihnen. 37 Obwohl er sich durch so
große Wunderzeichen vor ihnen ausgewiesen hatte,
schenkten sie ihm keinen Glauben. 38 Aber es sollte
so kommen, wie es der Prophet Jesaja vorausgesagt
hatte: »Herr, wer hat unserer Botschaft geglaubt?
Wem ist die Macht des Herrn sichtbar geworden?«
39 Sie konnten nicht glauben, weil Jesaja auch das vor-
ausgesagt hat: 40 »Gott hat ihre Augen geblendet und
ihre Herzen verschlossen. So kommt es, dass sie mit
ihren Augen nicht sehen und mit ihrem Verstand nichts
begreifen und nicht zu mir, dem Herrn, kommen, damit
ich sie heile.« 41 Jesaja sprach hier von Jesus. Er konnte
das sagen, weil er dessen Herrlichkeit geschaut hatte.
42 Es gab sogar unter den Ratsmitgliedern viele, die
zum Glauben an Jesus gekommen waren, aber wegen
der Pharisäer bekannten sie sich nicht öffentlich dazu;
denn sie wollten nicht aus der Synagogengemeinde
ausgeschlossen werden. 43 Der Beifall von Menschen
war ihnen wichtiger als die Anerkennung von Gott.

JESUS RUFT ZUR ENTSCHEIDUNG AUF

44 Jesus rief laut: »Wer mich annimmt, nimmt nicht
mich an, sondern den, der mich gesandt hat. 45 Wer
mich sieht, sieht den, der mich gesandt hat. 46 Ich bin
als Licht in die Welt gekommen, damit alle, die mich
annehmen, nicht im Dunkeln bleiben. 47 Wer hört, was
ich sage, und sich nicht danach richtet, den verurtei-
le ich nicht; denn ich bin nicht als Richter in die Welt
gekommen, sondern als Retter. 48 Wer mich ablehnt
und nicht annimmt, was ich sage, hat seinen Richter
schon gefunden: Die Worte, die ich gesprochen habe,
werden ihn am letzten Tag verurteilen. 49 Was ich euch
gesagt habe, stammt nicht von mir; der Vater, der mich
gesandt hat, hat mir aufgetragen, was ich zu sagen und
zu reden habe. 50 Und ich weiß, dass das, was er mir
aufgetragen hat, euch ewiges Leben bringt. Für alle
meine Worte gilt also: Ich sage euch genau das, was
der Vater mir gesagt hat.«

JESUS WÄSCHT SEINEN JÜNGERN DIE FÜSSE

13 Das Passafest stand bevor. Jesus wusste, dass
für ihn die Stunde gekommen war, diese Welt zu
verlassen und zum Vater zu gehen. Er hatte die Men-
schen, die in der Welt zu ihm gehörten, immer geliebt.
Jetzt gab er ihnen einen letzten und äußersten Beweis
seiner Liebe. 2 Jesus aß mit seinen Jüngern zu Abend.
Der Teufel hatte Judas, dem Sohn von Simon Iskariot,
schon den Gedanken eingegeben, Jesus zu verraten.
3 Jesus wusste, dass der Vater ihm alles in die Hand
gegeben hatte. Er wusste, dass er von Gott gekommen
war und bald wieder zu Gott zurückkehren würde.
4 Da stand er vom Tisch auf, legte sein Obergewand
ab, band sich ein Tuch um 5 und goss Wasser in eine
Schüssel. Dann fing er an, seinen Jüngern die Füße zu
waschen und sie mit dem Tuch abzutrocknen. 6 Als er
zu Simon Petrus kam, sagte der: »Du, Herr, willst *mir*
die Füße waschen?« 7 Jesus antwortete ihm: »Was ich
tue, kannst du jetzt noch nicht verstehen, aber spä-
ter wirst du es begreifen.« 8 Petrus widersetzte sich:
»Niemals sollst *du mir* die Füße waschen, in Ewigkeit
nicht!« Jesus antwortete: »Wenn ich dir nicht die Fü-
ße wasche, hast du keinen Anteil an mir und an dem,
was ich bringe.« 9 Da sagte Simon Petrus: »Herr, dann
nicht nur die Füße, sondern auch die Hände und den
Kopf!« 10 Jesus erwiderte: »Wer vorher gebadet hat,
ist am ganzen Körper rein und braucht sich nur noch
die Füße zu waschen. Ihr seid alle rein – bis auf einen.«
11 Jesus wusste, wer ihn verraten würde. Deshalb sagte
er: »Ihr seid alle rein, bis auf einen.« 12 Nachdem Jesus
ihnen die Füße gewaschen hatte, zog er sein Oberkleid
wieder an und kehrte zu seinem Platz am Tisch zurück.
»Begreift ihr, was ich eben getan habe?«, fragte er sie.
13 »Ihr nennt mich Lehrer und Herr. Ihr habt recht, das
bin ich. 14 Ich bin euer Herr und Lehrer, und doch habe
ich euch soeben die Füße gewaschen. So sollt auch ihr
euch gegenseitig die Füße waschen. 15 Ich habe euch
ein Beispiel gegeben, damit auch ihr so handelt, wie
ich an euch gehandelt habe. 16 Amen, ich versichere
euch: Ein Diener ist nicht größer als sein Herr und ein
Bote nicht größer als sein Auftraggeber. 17 Das wisst
ihr jetzt; freuen dürft ihr euch, wenn ihr auch danach
handelt! 18 Ich meine nicht euch alle. Ich weiß, wen ich
erwählt habe; aber was die Heiligen Schriften voraus-
gesagt haben, muss eintreffen: ›Einer, der mein Brot
isst, tritt nach mir.‹ 19 Ich sage euch dies jetzt, bevor
es eintrifft, damit ihr nicht an mir irrewerdet, wenn es
dann so kommt, sondern im Glauben daran festhaltet:
Ich bin der, an dem sich alles entscheidet. 20 Amen, ich
versichere euch: Wer einen Menschen aufnimmt, den
ich gesandt habe, nimmt mich auf. Und wer mich auf-
nimmt, nimmt den auf, der mich gesandt hat.«

JESUS UND SEIN VERRÄTER

21 Als Jesus das gesagt hatte, wurde er sehr traurig und
sagte ihnen ganz offen: »Amen, ich versichere euch:
Einer von euch wird mich verraten.« 22 Seine Jünger
sahen sich ratlos an und fragten sich, wen er meinte.
23 Der Jünger, den Jesus besonders lieb hatte, saß ne-
ben ihm. 24 Simon Petrus gab ihm durch ein Zeichen
zu verstehen: »Frag du ihn, von wem er spricht!« 25 Da
rückte er näher an Jesus heran und fragte: »Herr, wer
ist es?« 26 Jesus sagte zu ihm: »Ich werde ein Stück
Brot in die Schüssel tauchen, und wem ich es gebe,
der ist es.« Er nahm ein Stück Brot, tauchte es ein und
gab es Judas, dem Sohn von Simon Iskariot. 27 Sobald
Judas das Brot genommen hatte, nahm der Satan ihn

in Besitz. Jesus sagte zu ihm: »Beeile dich und tu, was
du tun musst!« 28 Keiner von den Übrigen am Tisch
begriff, was Jesus ihm da gesagt hatte. 29 Weil Judas
das Geld verwaltete, dachten manche, Jesus habe ihn
beauftragt, die nötigen Einkäufe für das Fest zu ma-
chen, oder er habe ihn angewiesen, den Armen etwas
zu geben. 30 Nachdem Judas das Stück Brot gegessen
hatte, ging er sofort hinaus. Es war Nacht.

DAS NEUE GEBOT

31 Als Judas gegangen war, sagte Jesus: »Jetzt gelangt
der Menschensohn zu seiner Herrlichkeit, und durch
ihn wird die Herrlichkeit Gottes offenbar. 32 Wenn aber
der Menschensohn die Herrlichkeit Gottes sichtbar ge-
macht hat, dann wird Gott ihm dafür auch seine eigene
Herrlichkeit schenken. Und das wird bald geschehen.
33 Ich bin nicht mehr lange bei euch, meine Kinder. Ihr
werdet mich suchen; aber ich muss euch jetzt dasselbe
sagen, was ich früher schon den anderen gesagt habe:
Wo ich hingehe, dorthin könnt ihr nicht kommen. 34 Ich
gebe euch jetzt ein neues Gebot: Ihr sollt einander
lieben! Genauso wie ich euch geliebt habe, sollt ihr
einander lieben! 35 An eurer Liebe zueinander werden
alle erkennen, dass ihr meine Jünger seid.«

JESUS UND PETRUS

36 »Herr, wohin willst du gehen?«, fragte ihn Simon
Petrus. Jesus antwortete: »Wo ich hingehe, dorthin
kannst du mir jetzt nicht folgen, aber später wirst du
nachkommen.« 37 »Herr, warum kann ich jetzt nicht
mitkommen?«, fragte Petrus. »Ich bin bereit, für dich
zu sterben!« 38 »Für mich sterben?«, erwiderte Jesus.
»Amen, ich versichere dir: Bevor der Hahn kräht, wirst
du mich dreimal verleugnen und behaupten, dass du
mich nicht kennst.«

JESUS IST DER WEG ZUM VATER

14 Dann sagte Jesus zu allen: »Erschreckt nicht,
habt keine Angst! Vertraut auf Gott und vertraut
auch auf mich! 2 Im Haus meines Vaters gibt es viele
Wohnungen, und ich gehe jetzt hin, um dort einen
Platz für euch bereit zu machen. Sonst hätte ich euch
doch nicht mit der Ankündigung beunruhigt, dass ich
weggehe. 3 Und wenn ich gegangen bin und euch den
Platz bereitet habe, dann werde ich zurückkommen
und euch zu mir nehmen, damit auch ihr seid, wo ich
bin. 4 Den Weg zu dem Ort, an den ich gehe, den kennt
ihr ja.« 5 Thomas sagte zu ihm: »Herr, wir wissen nicht
einmal, wohin du gehst! Wie sollen wir dann den Weg
dorthin kennen?« 6 Jesus antwortete: »*Ich* bin der
Weg, denn ich bin die Wahrheit und das Leben. Einen
anderen Weg zum Vater gibt es nicht. 7 Wenn ihr mich
kennt, werdet ihr auch meinen Vater kennen. Schon
jetzt kennt ihr ihn und habt ihn gesehen.« 8 Philippus
sagte zu ihm: »Herr, zeige uns den Vater! Mehr brau-
chen wir nicht.« 9 Jesus antwortete: »Nun bin ich so
lange mit euch zusammen gewesen, Philippus, und
du kennst mich immer noch nicht? Wer mich gesehen
hat, hat den Vater gesehen. Wie kannst du dann sagen:
›Zeige uns den Vater‹? 10 Glaubst du nicht, dass du in
mir dem Vater begegnest? Was ich zu euch gesprochen
habe, das stammt nicht von mir. Der Vater, der immer
in mir ist, vollbringt durch mich seine Taten. 11 Glaubt
mir: Ich lebe im Vater und der Vater in mir. Wenn ihr
mir nicht auf mein Wort hin glaubt, dann glaubt mir
wegen dieser Taten. 12 Amen, ich versichere euch: Wer
im Glauben mit mir verbunden bleibt, wird die gleichen
Taten vollbringen, die ich tue. Ja, er wird noch größere
Taten vollbringen, denn ich gehe zum Vater. 13 Wenn ihr
dann in meinem Namen, unter Berufung auf mich, um
irgendetwas bittet, werde ich es tun. So wird durch den
Sohn die Herrlichkeit des Vaters offenbar werden. 14 Ja,
wenn ihr mich um etwas bittet und euch dabei auf mich
beruft, werde ich eure Bitte erfüllen.«

JESUS VERSPRICHT DEN HEILIGEN GEIST

15 »Wenn ihr mich liebt, werdet ihr meine Gebote be-
folgen. 16 Und ich werde den Vater bitten, dass er euch
an meiner Stelle einen anderen Helfer gibt, der für im-
mer bei euch bleibt, 17 den Geist der Wahrheit. Die Welt
kann ihn nicht bekommen, weil sie ihn nicht sehen
kann und nichts von ihm versteht. Aber ihr kennt ihn,
denn er wird bei euch bleiben und in euch leben. 18 Ich
lasse euch nicht wie Waisenkinder allein; ich komme
wieder zu euch. 19 Es dauert noch eine kurze Zeit, dann
wird die Welt mich nicht mehr sehen. Aber ihr werdet
mich dann sehen, und ihr werdet leben, weil ich lebe.
20 Wenn dieser Tag kommt, werdet ihr erkennen, dass
ich in meinem Vater lebe und dass ihr in mir lebt und ich
in euch. 21 Wer meine Gebote annimmt und sie befolgt,
der liebt mich wirklich. Und wer mich liebt, den wird
mein Vater lieben. Auch ich werde ihn lieben und ihm
meine Herrlichkeit offenbaren.« 22 Judas – nicht der
Judas Iskariot – sagte: »Warum willst du deine Herr-
lichkeit nur uns zeigen und nicht der Welt?« 23 Jesus
antwortete ihm: »Wer mich liebt, wird sich nach mei-
nem Wort richten; dann wird ihn mein Vater lieben,
und wir werden zu ihm kommen und bei ihm wohnen.
24 Wer mich nicht liebt, richtet sich nicht nach meinen
Worten – und dabei kommen doch die Worte, die ihr
gehört habt, nicht von mir, sondern von meinem Vater,
der mich gesandt hat. 25 Ich habe euch dies gesagt,
solange ich noch bei euch bin. 26 Der Vater wird euch
in meinem Namen den Helfer senden, der an meine
Stelle tritt, den Heiligen Geist. Der wird euch alles
Weitere lehren und euch an alles erinnern, was ich
selbst schon gesagt habe. 27 Zum Abschied gebe ich
euch den Frieden, *meinen* Frieden, nicht den Frieden,
den die Welt gibt. Erschreckt nicht, habt keine Angst!
28 Ihr habt gehört, wie ich zu euch sagte: ›Ich verlasse
euch und werde wieder zu euch kommen.‹ Wenn ihr
mich wirklich liebtet, würdet ihr euch freuen, dass ich
zum Vater gehe; denn er ist größer als ich. 29 Ich habe
euch das alles im Voraus gesagt, damit euer Glaube
festbleibt, wenn es dann eintrifft. 30 Ich werde nicht
mehr viel mit euch reden, weil der Herrscher dieser
Welt schon auf dem Weg ist. Er hat keine Macht über
mich, 31 aber die Welt soll erkennen, dass ich den Vater

liebe. Darum handle ich so, wie es mir mein Vater auf-
getragen hat. Und nun steht auf! Wir wollen gehen!«

JESUS IST DER WAHRE WEINSTOCK

15 »*Ich* bin der wahre Weinstock, und mein Vater ist
der Weinbauer. 2 Er entfernt jede Rebe an mir, die
keine Frucht bringt; aber die fruchttragenden Reben
reinigt er, damit sie noch mehr Frucht bringen. 3 Ihr
seid schon rein geworden durch das Wort, das ich euch
verkündet habe. 4 Bleibt mit mir vereint, dann werde
auch ich mit euch vereint bleiben. Nur wenn ihr mit
mir vereint bleibt, könnt ihr Frucht bringen, genauso
wie eine Rebe nur Frucht bringen kann, wenn sie am
Weinstock bleibt. 5 *Ich* bin der Weinstock und ihr seid
die Reben. Wer mit mir verbunden bleibt, so wie ich
mit ihm, bringt reiche Frucht. Denn ohne mich könnt
ihr nichts ausrichten. 6 Wer nicht mit mir vereint bleibt,
wird wie eine abgeschnittene Rebe fortgeworfen und
vertrocknet. Solche Reben werden gesammelt und ins
Feuer geworfen, wo sie verbrennen. 7 Wenn ihr mit mir
vereint bleibt und meine Worte in euch lebendig sind,
könnt ihr den Vater um alles bitten, was ihr wollt, und
ihr werdet es bekommen. 8 Die Herrlichkeit meines
Vaters wird ja dadurch sichtbar, dass ihr reiche Frucht
bringt und euch so als meine Jünger erweist. 9 So wie
der Vater mich liebt, habe ich euch meine Liebe erwie-
sen. Bleibt in dieser Liebe! 10 Wenn ihr meine Gebote
befolgt, dann bleibt ihr in meiner Liebe, so wie ich
die Gebote meines Vaters befolgt habe und in seiner
Liebe bleibe. 11 Ich habe euch dies gesagt, damit meine
Freude euch erfüllt und an eurer Freude nichts mehr
fehlt. 12 Dies ist mein Gebot: Ihr sollt einander so lieben,
wie ich euch geliebt habe. 13 Niemand liebt mehr als
einer, der sein Leben für seine Freunde opfert. 14 Ihr
seid meine Freunde, wenn ihr mein Gebot befolgt.
15 Ich nenne euch nicht mehr Diener; denn ein Diener
weiß nicht, was sein Herr tut. Vielmehr nenne ich euch
Freunde; denn ich habe euch alles gesagt, was ich von
meinem Vater gehört habe. 16 Nicht ihr habt mich er-
wählt, sondern ich habe euch erwählt. Ich habe euch
dazu bestimmt, reiche Frucht zu bringen, Frucht, die
Bestand hat. Darum gilt auch: Alles, was ihr vom Vater
in meinem Namen, unter Berufung auf mich, erbittet,
wird er euch geben. 17 Dieses eine Gebot gebe ich euch:
Ihr sollt einander lieben!«

DER HASS DER WELT

18 »Wenn die Welt euch hasst, dann denkt daran, dass
sie mich zuerst gehasst hat. 19 Die Welt würde euch als
ihre Kinder lieben, wenn ihr zu ihr gehören würdet.
Aber ich habe euch aus der Welt herausgerufen und ihr
gehört nicht zu ihr. Aus diesem Grund hasst euch die
Welt. 20 Denkt an das, was ich euch gesagt habe: Kein
Diener ist größer als sein Herr. Wie sie mich verfolgt
haben, werden sie auch euch verfolgen. Und so viel
oder so wenig sie sich nach meinem Wort gerichtet
haben, werden sie sich auch nach dem euren richten.
21 Das alles werden sie euch antun, weil ihr euch zu
mir bekennt. Sie kennen nämlich den nicht, der mich
gesandt hat. 22 Sie hätten keine Schuld, wenn ich nicht
gekommen wäre und zu ihnen gesprochen hätte. So
aber haben sie keine Entschuldigung mehr. 23 Wer mich
hasst, der hasst auch meinen Vater. 24 Sie hätten keine
Schuld, wenn ich nicht Taten unter ihnen vollbracht
hätte, die noch kein Mensch getan hat. Doch sie ha-
ben diese Taten gesehen und hassen mich trotzdem,
mich und meinen Vater. 25 Aber das muss so sein, damit
in Erfüllung geht, was in ihrem Gesetz steht: ›Ohne
jeden Grund haben sie mich gehasst.‹ 26 Der Helfer
wird kommen, der an meine Stelle tritt. Es ist der Geist
der Wahrheit, der vom Vater kommt. Ich werde ihn zu
euch senden, wenn ich beim Vater bin, und er wird als
Zeuge über mich aussagen. 27 Und auch ihr werdet
meine Zeugen sein, denn ihr seid von Anfang an bei
mir gewesen.

16 Ich habe euch dies gesagt, damit ihr an mir nicht
irrewerdet. 2 Sie werden euch aus den Synago-
gengemeinden ausschließen. Es wird sogar so weit
kommen, dass alle, die euch töten, es als einen Opfer-
dienst zur Ehre Gottes verstehen. 3 Das alles werden
sie euch antun, weil sie weder mich noch den Vater
erkannt haben. 4a Aber ich habe es euch gesagt. Wenn
es eintrifft, werdet ihr an meine Worte denken.«

DIE AUFGABE DES HEILIGEN GEISTES

4b »Ich habe euch dies alles zu Anfang nicht gesagt,
weil ich ja bei euch war. 5 Jetzt gehe ich zu dem, der
mich gesandt hat. Doch keiner von euch fragt mich,
wohin ich gehe. 6 Ihr seid nur traurig, weil ich euch
dies alles gesagt habe. 7 Aber glaubt mir, es ist gut für
euch, dass ich fortgehe; denn sonst wird der Helfer
nicht zu euch kommen. Wenn ich aber fortgehe, dann
werde ich ihn zu euch senden und er wird meine Stelle
einnehmen. 8 Wenn er kommt, wird er gegen die Welt
auftreten. Er wird den Menschen zeigen, was Sünde
ist und was Gerechtigkeit und was Gericht. 9 Die Sünde
besteht darin, dass sie mich ablehnen. 10 Die Gerech-
tigkeit besteht darin, dass Gott mir recht gibt; denn ich
gehe zum Vater und ihr werdet mich nicht mehr sehen.
11 Das Gericht aber besteht darin, dass der Herrscher
dieser Welt schon verurteilt ist. 12 Ich hätte euch noch
vieles zu sagen, doch das würde euch jetzt überfor-
dern. 13 Aber wenn der Helfer kommt, der Geist der
Wahrheit, wird er euch anleiten, in der vollen Wahrheit
zu leben. Was er euch sagen wird, hat er nicht von sich
selbst, sondern er wird euch nur sagen, was er hört. Er
wird euch jeweils vorbereiten auf das, was auf euch zu-
kommt. 14 Er wird meine Herrlichkeit sichtbar machen;
denn was er an euch weitergibt, hat er von mir. 15 Alles,
was der Vater hat, gehört auch mir. Darum habe ich ge-
sagt: Was der Geist an euch weitergibt, hat er von mir.«

ABSCHIED UND WIEDERSEHEN

16 »Es dauert noch eine kurze Zeit, und ihr werdet mich
nicht mehr sehen. Dann wird wieder eine kurze Zeit
vergehen, und ihr werdet mich wiedersehen.« 17 Unter
seinen Jüngern erhob sich die Frage: »Wie sollen wir
das verstehen – und das andere Wort: ›Ich gehe zum

Vater‹? 18 Was bedeutet ›eine kurze Zeit‹? Wir verstehen nicht, was er sagt.« 19 Jesus wusste schon, dass sie ihn fragen wollten. Darum sagte er zu ihnen: »Ich habe gesagt: ›Es dauert noch eine kurze Zeit, und ihr werdet mich nicht mehr sehen. Dann wird wieder eine kurze Zeit vergehen, und ihr werdet mich wiedersehen.‹ Darüber macht ihr euch nun Gedanken? 20 Amen, ich versichere euch: Ihr werdet jammern und weinen, und die Welt wird sich freuen. Ihr werdet traurig sein; doch ich sage euch: Eure Trauer wird sich in Freude verwandeln. 21 Wenn eine Frau ein Kind zur Welt bringt, leidet sie Angst und Schmerzen; aber wenn das Kind geboren ist, denkt sie nicht mehr daran, was sie ausgestanden hat, und ist nur noch glücklich, dass ein Mensch zur Welt gekommen ist. 22 So wird es auch mit euch sein: Jetzt seid ihr voll Angst und Trauer. Aber ich werde euch wiedersehen. Dann wird euer Herz voll Freude sein, und diese Freude kann euch niemand nehmen. 23 Wenn dieser Tag kommt, werdet ihr mich nichts mehr fragen. Amen, ich versichere euch: Der Vater wird euch dann alles geben, worum ihr ihn bittet, weil ihr es in meinem Namen tut und euch auf mich beruft. 24 Bisher habt ihr nichts in meinem Namen erbeten. Bittet, und ihr werdet es bekommen, damit eure Freude vollkommen und ungetrübt ist.«

DER SIEG ÜBER DIE WELT

25 »Ich habe euch dies alles in Andeutungen gesagt, die euch rätselhaft erscheinen müssen. Die Stunde kommt, dass ich nicht mehr in Rätseln zu euch rede, sondern offen und unverhüllt zu euch über den Vater spreche. 26 Dann werdet ihr ihn unter Berufung auf mich bitten. Ich sage aber nicht, dass *ich* dann den Vater für euch bitten werde; 27 denn der Vater liebt euch. Er liebt euch, weil ihr mich liebt und nicht daran zweifelt, dass ich von Gott gekommen bin. 28 Ich bin vom Vater in die Welt gekommen. Jetzt verlasse ich die Welt wieder und gehe zum Vater.« 29 Da sagten seine Jünger zu ihm: »Nun sprichst du offen zu uns, nicht mehr in Rätseln. 30 Jetzt haben wir verstanden, dass du alles weißt. Du weißt schon vorher, was man dich fragen möchte. Darum glauben wir, dass du von Gott gekommen bist.« 31 Jesus erwiderte: »Ihr meint, ihr glaubt? Jetzt schon? 32 Die Stunde kommt, ja, sie ist schon da, dass man euch auseinandertreiben wird. Jeder wird nur noch an sich denken, und mich werdet ihr allein lassen. Trotzdem bin ich nicht allein, weil mein Vater bei mir ist. 33 Dies alles habe ich euch gesagt, damit ihr in meinem Frieden geborgen seid. In der Welt wird man euch hart zusetzen, aber verliert nicht den Mut: Ich habe die Welt besiegt!«

JESUS BETET FÜR SEINE JÜNGER

17 Als Jesus diese Rede beendet hatte, blickte er zum Himmel auf und sagte: »Vater, die Stunde ist gekommen! Setze deinen Sohn in seine Herrlichkeit ein, damit der Sohn deine Herrlichkeit offenbar machen kann. 2 Du hast ihm ja die Macht über alle Menschen gegeben, damit er denen, die du ihm anvertraut hast, ewiges Leben schenkt. 3 Und das ewige Leben besteht darin, dich zu erkennen, den einzig wahren Gott, und den, den du gesandt hast, Jesus Christus. 4 Ich habe deine Herrlichkeit auf der Erde sichtbar gemacht; denn ich habe die Aufgabe erfüllt, die du mir übertragen hast. 5 Vater, gib mir nun wieder die Herrlichkeit, die ich schon bei dir hatte, bevor die Welt geschaffen wurde! 6 Ich habe dich den Menschen bekannt gemacht, die du aus der Welt ausgesondert und mir anvertraut hast. Dir haben sie schon immer gehört, und du hast sie mir gegeben. Sie haben sich nach deinem Wort gerichtet 7 und wissen jetzt, dass alles, was du mir gegeben hast, von dir stammt. 8 Ich habe ihnen die Worte weitergesagt, die du mir gegeben hast, und sie haben sie aufgenommen. Sie haben erkannt, dass ich wirklich von dir komme, und sind zum Glauben gekommen, dass du mich gesandt hast. 9 Für sie bete ich. Ich bete nicht für die Welt, sondern für die Menschen, die du mir gegeben hast; denn sie gehören dir. 10 Alles, was mir gehört, gehört auch dir, und dein Eigentum ist auch mein Eigentum. Durch sie wird meine Herrlichkeit sichtbar. 11 Ich bin jetzt auf dem Weg zu dir. Ich bleibe nicht länger in der Welt, aber sie bleiben in der Welt. Heiliger Vater, bewahre sie in deiner göttlichen Gegenwart, die ich ihnen vermitteln durfte, damit sie eins sind, so wie du und ich eins sind. 12 Solange ich bei ihnen war, habe *ich* sie in deiner göttlichen Gegenwart beschützt und bewahrt. Keiner von ihnen ist verloren gegangen, nur der eine, der verloren gehen musste, damit die Voraussage der Heiligen Schriften in Erfüllung ging. 13 Und jetzt bin ich auf dem Weg zu dir. Ich sage dies alles, solange ich noch bei ihnen in der Welt bin, damit meine Freude ihnen in ganzer Fülle zuteilwird. 14 Ich habe ihnen dein Wort weitergesagt. Deshalb hasst sie die Welt, denn sie gehören nicht zu ihr, ebenso wie ich nicht zu ihr gehöre. 15 Ich bitte dich nicht, sie aus der Welt wegzunehmen, aber sie vor dem Bösen in Schutz zu nehmen. 16 Sie gehören nicht zu dieser Welt, so wie ich nicht zu ihr gehöre. 17 Lass sie in deiner göttlichen Wirklichkeit leben und weihe sie dadurch zum Dienst. Dein Wort erschließt diese Wirklichkeit. 18 Ich sende sie in die Welt, wie du mich in die Welt gesandt hast. 19 Ich weihe mein Leben für sie zum Opfer, damit sie in deiner göttlichen Wirklichkeit leben und zum Dienst geweiht sind. 20 Ich bete nicht nur für sie, sondern auch für alle, die durch ihr Wort von mir hören und zum Glauben an mich kommen werden. 21 Ich bete darum, dass sie alle eins seien, so wie du in mir bist, Vater, und ich in dir. So wie wir sollen auch sie in uns eins sein, damit die Welt glaubt, dass du mich gesandt hast. 22 Ich habe ihnen die gleiche Herrlichkeit gegeben, die du mir gegeben hast, damit sie eins sind, so wie du und ich. 23 Ich lebe in ihnen und du lebst in mir; so sollen auch sie vollkommen eins sein, damit die Welt erkennt, dass du mich gesandt hast und dass du sie, die zu mir gehören, ebenso liebst wie mich. 24 Vater, du hast sie mir gegeben, und ich will, dass sie mit mir dort sind, wo ich bin. Sie sollen meine Herrlichkeit sehen, die du mir gegeben hast, weil du mich schon liebtest, bevor die Welt geschaffen wurde. 25 Vater, du bist gerecht. Die

Welt hat dich nicht erkannt; aber ich kenne dich, und
diese hier haben erkannt, dass du mich gesandt hast.
26 Ich habe ihnen gezeigt, wer du bist, und werde es
weiter tun. So wird die Liebe, die du zu mir hast, auch
sie erfüllen und ich werde in ihnen leben.«

JESUS WIRD VERHAFTET

18 Nachdem Jesus dies gesagt hatte, brach er mit
seinen Jüngern auf. Sie überquerten den Kidron-
bach. Auf der anderen Seite befand sich ein Garten,
und Jesus ging mit seinen Jüngern hinein. 2 Der Verrä-
ter Judas kannte diesen Ort gut, denn Jesus war dort
oft mit seinen Jüngern zusammen gewesen. 3 Er nahm
also die Soldaten der römischen Besatzung und einige
Gerichtspolizisten, die von den führenden Priestern
und den Pharisäern mitgeschickt wurden, und kam
dorthin. Die Männer waren bewaffnet und trugen
Fackeln und Laternen. 4 Im vollen Wissen um alles,
was nun mit ihm geschehen würde, ging Jesus hin-
aus aus dem Garten, ihnen entgegen, und fragte sie:
»Wen sucht ihr?« 5 »Jesus von Nazaret!«, antworte-
ten sie. »*Ich* bin es!«, sagte Jesus. Der Verräter Judas
stand bei ihnen. 6 Als Jesus zu ihnen sagte: »*Ich* bin
es«, wichen sie zurück und fielen zu Boden. 7 Jesus
fragte sie noch einmal: »Wen sucht ihr?« »Jesus von
Nazaret!«, antworteten sie. 8 »Ich habe euch gesagt,
ich bin es«, sagte Jesus. »Wenn ihr also mich sucht,
dann lasst diese hier gehen.« 9 So bestätigte sich, was
Jesus früher gesagt hatte: »Von denen, die du mir ge-
geben hast, Vater, habe ich keinen verloren.« 10 Simon
Petrus hatte ein Schwert. Er zog es, holte gegen den
Bevollmächtigten des Obersten Priesters aus und
schlug ihm das rechte Ohr ab. Der Bevollmächtigte
hieß Malchus. 11 Jesus sagte zu Petrus: »Steck dein
Schwert weg! Diesen Kelch hat mein Vater für mich
bestimmt. Muss ich ihn dann nicht trinken?«

JESUS WIRD HANNAS VORGEFÜHRT

12 Die römischen Soldaten mit ihrem Kommandanten
und die Gerichtspolizisten verhafteten Jesus, fesselten
ihn 13 und brachten ihn zuerst zu Hannas. Hannas war
der Schwiegervater von Kajaphas, der in jenem Jahr
das Amt des Obersten Priesters ausübte. 14 Kajaphas
war es, der den Ratsmitgliedern klargemacht hatte,
dass es von Vorteil sei, wenn ein Einziger für das ganze
Volk sterbe.

PETRUS VERLEUGNET JESUS

15 Simon Petrus und ein anderer Jünger folgten Jesus.
Der andere Jünger war mit dem Obersten Priester
gut bekannt, deshalb konnte er mit Jesus bis in den
Innenhof des Hauses gehen. 16 Petrus blieb draußen
am Tor stehen. Der andere Jünger, der Bekannte des
Obersten Priesters, kam wieder zurück, verhandelte
mit der Pförtnerin und nahm dann Petrus mit hinein.
17 Die Pförtnerin fragte Petrus: »Bist du nicht auch ein
Jünger von diesem Menschen?« »Nein, das bin ich
nicht«, antwortete Petrus. 18 Es war kalt. Die Diener des
Obersten Priesters und die Gerichtspolizisten hatten
deshalb einen Stoß Holzkohlen angezündet, standen
um das Feuer herum und wärmten sich. Petrus ging
hin, stellte sich zu ihnen und wärmte sich auch.

HANNAS VERHÖRT JESUS

19 Der Oberste Priester fragte Jesus nach seinen Jün-
gern und nach seiner Lehre. 20 Jesus antwortete:
»Ich habe immer offen vor aller Welt gesprochen.
Ich habe in den Synagogen und im Tempel gelehrt,
wo sich alle Juden treffen, und habe niemals etwas
im Geheimen gesagt. 21 Warum fragst du dann *mich*?
Frag doch die Leute, die meine Worte gehört haben!
Sie wissen es.« 22 Als Jesus das sagte, schlug ihn einer
der Gerichtspolizisten ins Gesicht und sagte: »Wie
kannst du es wagen, so mit dem Obersten Priester zu
sprechen?« 23 Jesus erwiderte ihm: »Wenn ich etwas
Unrechtes gesagt habe, dann weise es mir nach! Bin
ich aber im Recht, warum schlägst du mich?« 24 Han-
nas schickte darauf Jesus in Fesseln zum Obersten
Priester Kajaphas.

PETRUS VERLEUGNET JESUS NOCH EINMAL

25 Simon Petrus stand noch immer beim Feuer und
wärmte sich. Da sagten die anderen zu ihm: »Bist
du nicht auch einer von seinen Jüngern?« Petrus er-
widerte: »Nein, ich bin es nicht!« 26 Ein Diener des
Obersten Priesters, ein Verwandter des Mannes, dem
Petrus das Ohr abgeschlagen hatte, sagte: »Ich habe
dich doch mit eigenen Augen bei ihm in dem Garten
gesehen!« 27 Wieder stritt Petrus es ab, und in diesem
Augenblick krähte ein Hahn.

JESUS VOR PILATUS

28 Die führenden Priester brachten Jesus am frühen
Morgen von Kajaphas zum Palast des römischen Statt-
halters. Sie selbst gingen nicht in den Palast hinein,
weil sie nicht unrein werden wollten. Sonst hätten
sie nicht am Passamahl teilnehmen können. 29 Pilatus
kam zu ihnen heraus und fragte: »Welche Anklage
erhebt ihr gegen diesen Mann?« 30 Sie antworteten:
»Wenn er kein Verbrecher wäre, hätten wir ihn dir
nicht übergeben.« 31 »Nehmt *ihr* ihn doch«, sagte Pi-
latus, »und verurteilt ihn nach eurem eigenen Gesetz!«
»Wir dürfen ja niemand hinrichten!«, erwiderten sie.
32 So ging in Erfüllung, was Jesus gesagt hatte, als er
von der Art seines Todes sprach. 33 Pilatus ging in den
Palast zurück und ließ Jesus vorführen. »Bist du der
König der Juden?«, fragte er ihn. 34 Jesus antwortete:
»Bist du selbst auf diese Frage gekommen, oder haben
dir andere von mir erzählt?« 35 Pilatus erwiderte: »Bin
ich etwa ein Jude? Dein eigenes Volk und die führen-
den Priester haben dich mir übergeben. Was hast du
getan?« 36 Jesus sagte: »Mein Königtum stammt nicht
von dieser Welt. Sonst hätten meine Leute dafür ge-
kämpft, dass ich den Juden nicht in die Hände falle.
Nein, mein Königtum ist von ganz anderer Art!« 37 Da
fragte Pilatus ihn: »Du bist also doch ein König?« Jesus
antwortete: »Ja, ich bin ein König. Ich wurde gebo-
ren und bin in die Welt gekommen, um die Wahrheit

offenbar zu machen und als Zeuge für sie einzutreten.
Wem es um die Wahrheit geht, der hört auf mich.«
38a »Wahrheit«, meinte Pilatus, »was ist das?«

DAS TODESURTEIL

38b Pilatus ging wieder zu den führenden Priestern
hinaus und sagte zu ihnen: »Ich sehe keinen Grund,
ihn zu verurteilen. 39 Es ist aber üblich, dass ich euch
jedes Jahr zum Passafest einen Gefangenen freilasse.
Soll ich euch den König der Juden freigeben?« 40 Sie
schrien: »Nein, den nicht! Wir wollen Barabbas!« Ba-
rabbas aber war ein Straßenräuber.

19 Da ließ Pilatus Jesus abführen und auspeitschen.
2 Die Soldaten flochten aus Dornenzweigen eine
Krone und setzten sie Jesus auf. Sie hängten ihm einen
purpurfarbenen Mantel um, 3 traten vor ihn hin und rie-
fen: »Hoch lebe der König der Juden!« Dabei schlugen
sie ihm ins Gesicht. 4 Darauf ging Pilatus noch einmal
zu ihnen hinaus und sagte: »Ich bringe ihn euch hier
heraus, damit ihr seht, dass ich keinen Grund zu seiner
Verurteilung finden kann.« 5 Als Jesus herauskam, trug
er die Dornenkrone und den purpurfarbenen Mantel.
Pilatus sagte zu ihnen: »Da, seht ihn euch an, den Men-
schen!« 6 Als die führenden Priester und die Gerichts-
polizisten ihn sahen, schrien sie im Chor: »Kreuzigen!
Kreuzigen!« Pilatus sagte zu ihnen: »Nehmt ihn doch
und kreuzigt ihn selbst! Ich finde keinen Grund, ihn zu
verurteilen.« 7 Sie hielten ihm entgegen: »Wir haben
ein Gesetz und nach diesem Gesetz muss er sterben,
denn er hat sich zu Gottes Sohn erklärt.« 8 Als Pilatus
das hörte, bekam er noch mehr Angst. 9 Er ging in den
Palast zurück und fragte Jesus: »Woher kommst du?«
Aber Jesus antwortete ihm nicht. 10 Pilatus sagte zu
ihm: »Willst du nicht mit mir reden? Vergiss nicht, dass
ich die Macht habe, dich freizugeben, aber auch die
Macht, dich ans Kreuz zu bringen!« 11 Jesus antwortete:
»Du hättest keine Macht über mich, wenn Gott es nicht
zugelassen hätte. Darum liegt die größere Schuld bei
denen, die mich dir ausgeliefert haben.« 12 Wegen die-
ser Worte versuchte Pilatus noch einmal, ihn freizulas-
sen. Aber die Wortführer der Juden schrien: »Wenn du
ihn freilässt, bist du kein Freund des Kaisers! Wer sich
als König ausgibt, stellt sich gegen den Kaiser!« 13 Als
Pilatus das hörte, ließ er Jesus herausführen. Er setzte
sich auf den Richterstuhl an der Stelle, die Steinpflaster
heißt, auf Hebräisch: Gabbata. 14 Es war der Tag vor
dem Passafest, etwa zwölf Uhr mittags. Pilatus sagte
zu den anwesenden Juden: »Da habt ihr euren König!«
15 Sie schrien: »Weg mit ihm! Ans Kreuz!« Pilatus fragte
sie: »Euren König soll ich kreuzigen lassen?« Die füh-
renden Priester antworteten: »Unser einziger König ist
der Kaiser in Rom!« 16a Da lieferte Pilatus ihnen Jesus
aus und gab ihn frei zur Kreuzigung.

JESUS AM KREUZ

16b Die Soldaten übernahmen Jesus. 17 Er trug selber
sein Kreuz aus der Stadt hinaus, bis zum sogenannten
Schädelplatz – auf Hebräisch heißt er Golgota. 18 Dort
nagelten sie Jesus ans Kreuz und mit ihm noch zwei
andere, den einen links, den anderen rechts und Jesus
in der Mitte. 19 Pilatus ließ ein Schild am Kreuz anbrin-
gen; darauf stand: »Jesus von Nazaret, der König der
Juden«. 20 Der Ort, wo Jesus gekreuzigt wurde, war
nicht weit von der Stadt entfernt, deshalb lasen viele
Juden diese Aufschrift. Sie war in hebräischer, lateini-
scher und griechischer Sprache abgefasst. 21 Die füh-
renden Priester sagten zu Pilatus: »Schreib nicht: ›Der
König der Juden‹, sondern dass dieser Mann behaup-
tet hat: ›Ich bin der König der Juden.‹« 22 Pilatus sagte:
»Was ich geschrieben habe, habe ich geschrieben.«
23 Nachdem die Soldaten Jesus ans Kreuz genagelt
hatten, nahmen sie seine Kleider und teilten sie in vier
Teile. Jeder erhielt einen Teil. Das Untergewand aber
war in einem Stück gewebt und hatte keine Naht. 24 Die
Soldaten sagten zueinander: »Wir wollen es nicht zer-
reißen; das Los soll entscheiden, wer es bekommt.«
So traf ein, was in den Heiligen Schriften vorausge-
sagt war: »Sie haben meine Kleider unter sich verteilt.
Mein Gewand haben sie verlost.« Genau das taten
die Soldaten. 25 Nahe bei dem Kreuz, an dem Jesus
hing, standen seine Mutter und deren Schwester sowie
Maria, die Frau von Klopas, und Maria aus Magdala.
26 Jesus sah seine Mutter dort stehen und neben ihr
den Jünger, den er besonders lieb hatte. Da sagte er zu
seiner Mutter: »Frau, er ist jetzt dein Sohn!« 27 Und zu
dem Jünger sagte er: »Sie ist jetzt deine Mutter!« Von
da an nahm der Jünger sie bei sich auf.

JESUS STIRBT

28 Jesus wusste, dass nun alles zu Ende gebracht war.
Aber damit die Voraussagen der Heiligen Schriften
vollends ganz in Erfüllung gingen, sagte er: »Ich habe
Durst!« 29 In der Nähe stand ein Gefäß mit Essig. Die
Soldaten tauchten einen Schwamm hinein, steckten
ihn auf einen Ysopstängel und hielten ihn Jesus an die
Lippen. 30 Jesus nahm davon und sagte: »Jetzt ist alles
vollendet.« Dann ließ er den Kopf sinken und gab sein
Leben in die Hände des Vaters zurück.

JESUS WIRD DIE SEITE DURCHSTOCHEN

31 Es war Freitag, der Vorbereitungstag für den Sab-
bat. Die führenden Priester wollten nicht, dass die
Gekreuzigten den Sabbat über am Kreuz hängen
blieben. Darum baten sie Pilatus, ihnen die Beine bre-
chen und die Toten dann wegschaffen zu lassen. Der
kommende Sabbat war außerdem ein ganz besonders
hoher Feiertag. 32 Die Soldaten gingen hin und brachen
die Beine der beiden Männer, die mit Jesus zusammen
gekreuzigt worden waren. 33 Als sie zu Jesus kamen,
merkten sie, dass er schon tot war. Darum brachen sie
seine Beine nicht. 34 Aber einer der Soldaten stach ihm
mit seinem Speer in die Seite. Da kam Blut und Wasser
heraus. 35 Der Jünger, der dies gesehen hat, hat es be-
zeugt. Was er sagt, ist wahr, und er weiß, dass er die
Wahrheit sagt. Deshalb könnt auch ihr euren Glauben
darauf gründen. 36 Das geschah, damit eintraf, was in
den Heiligen Schriften vorausgesagt war: »Sie wer-
den ihm keinen Knochen brechen.« 37 Und an einer

anderen Stelle heißt es: »Sie werden auf den blicken,
den sie durchbohrt haben.«

JESUS WIRD INS GRAB GELEGT

38 Als das geschehen war, bat Josef aus Arimathäa Pila-
tus um die Erlaubnis, den Leichnam vom Kreuz abneh-
men zu dürfen. Josef war ein Jünger von Jesus, aber nur
heimlich, weil er vor den führenden Männern Angst
hatte. Pilatus überließ ihm den Toten, und Josef ging
und nahm ihn vom Kreuz ab. 39 Auch Nikodemus, der
Jesus anfangs einmal bei Nacht aufgesucht hatte, kam
dazu; er brachte ungefähr hundert Pfund Myrrhenharz
mit Aloë. 40 Die beiden nahmen den Leichnam von Jesus
und wickelten ihn mit den Duftstoffen in Leinenbinden,
wie es der jüdischen Begräbnissitte entspricht. 41 Nahe
bei der Stelle, wo Jesus gekreuzigt worden war, befand
sich ein Garten. Darin war eine neue Grabkammer, in
der noch niemand gelegen hatte. 42 Dort hinein legten
sie Jesus, weil es für die Juden der Vorbereitungstag auf
den Sabbat war und das Grab in der Nähe lag.

DAS LEERE GRAB

20 Am Tag nach dem Sabbat kam Maria aus Mag-
dala in aller Frühe zum Grab, als es noch dunkel
war. Sie sah, dass der Stein vom Eingang des Grabes
entfernt war. 2 Da lief sie zu Simon Petrus und zu dem
Jünger, den Jesus besonders lieb hatte, und berichtete
ihnen: »Sie haben den Herrn aus dem Grab genommen
und wir wissen nicht, wohin sie ihn gelegt haben!«
3 Petrus und der andere Jünger machten sich auf den
Weg zum Grab. 4 Sie liefen miteinander los, aber der an-
dere Jünger lief schneller als Petrus und war als Erster
am Grab. 5 Er beugte sich vor und sah die Leinenbinden
liegen, aber er ging nicht hinein. 6 Als Simon Petrus
nachkam, ging er sofort in die Grabkammer. Er sah
die Leinenbinden 7 und das Tuch, mit dem sie Jesus
das Gesicht bedeckt hatten. Dieses Tuch lag nicht bei
den Binden, sondern war getrennt davon zusammen-
gelegt. 8 Nun ging auch der andere Jünger hinein, der
zuerst am Grab angekommen war. Er sah alles und kam
zum Glauben. 9 Denn sie hatten die Heiligen Schriften
noch nicht verstanden, in denen doch steht, dass Jesus
vom Tod auferstehen muss. 10 Danach gingen die bei-
den Jünger nach Hause zurück.

JESUS ZEIGT SICH MARIA AUS MAGDALA

11 Maria stand noch draußen vor dem Grab und weinte.
Dabei beugte sie sich vor und schaute hinein. 12 Da sah
sie zwei weiß gekleidete Engel. Sie saßen an der Stelle,
wo Jesus gelegen hatte, einer am Kopfende und einer
am Fußende. 13 »Frau, warum weinst du?«, fragten die
Engel. Maria antwortete: »Sie haben meinen Herrn fort-
getragen und ich weiß nicht, wo sie ihn hingelegt ha-
ben!« 14 Als sie sich umdrehte, sah sie Jesus dastehen.
Aber sie wusste nicht, dass es Jesus war. 15 Er fragte sie:
»Frau, warum weinst du? Wen suchst du?« Sie dachte,
er sei der Gärtner, und sagte zu ihm: »Herr, wenn du ihn
fortgenommen hast, dann sag mir, wo du ihn hingelegt
hast. Ich will hingehen und ihn holen.« 16 »Maria!«,
sagte Jesus zu ihr. Sie wandte sich ihm zu und sagte:
»Rabbuni!« Das ist Hebräisch und heißt: Mein Lehrer!
17 Jesus sagte zu ihr: »Halte mich nicht fest! Ich bin noch
nicht zum Vater zurückgekehrt. Aber geh zu meinen
Brüdern und sag ihnen von mir: ›Ich kehre zurück zu
meinem Vater und eurem Vater, zu meinem Gott und
eurem Gott.‹« 18 Maria aus Magdala ging zu den Jün-
gern und verkündete: »Ich habe den Herrn gesehen!«
Und sie richtete ihnen aus, was er ihr aufgetragen hatte.

JESUS ZEIGT SICH SEINEN JÜNGERN

19 Es war Abend geworden an jenem Sonntag. Die
Jünger waren beisammen und hatten aus Angst vor
den führenden Juden die Türen abgeschlossen. Da
kam Jesus, trat in ihre Mitte und sagte: »Frieden sei
mit euch!« 20 Dann zeigte er ihnen seine Hände und
seine Seite. Als die Jünger den Herrn sahen, kam große
Freude über sie. 21 Noch einmal sagte Jesus zu ihnen:
»Frieden sei mit euch! Wie der Vater mich gesandt
hat, so sende ich nun euch.« 22 Dann hauchte er sie
an und sagte: »Empfangt den Heiligen Geist! 23 Wenn
ihr jemand die Vergebung seiner Schuld zusprecht,
ist die Schuld auch von Gott vergeben. Wenn ihr die
Vergebung verweigert, bleibt die Schuld bestehen.«

JESUS ZEIGT SICH THOMAS

24 Als Jesus kam, war Thomas, genannt der Zwilling,
einer aus dem Kreis der Zwölf, nicht dabei gewesen.
25 Die anderen Jünger erzählten ihm: »Wir haben den
Herrn gesehen!« Thomas sagte zu ihnen: »Niemals
werde ich das glauben! Da müsste ich erst die Spuren
von den Nägeln an seinen Händen sehen und sie mit
meinem Finger fühlen und meine Hand in seine Sei-
tenwunde legen – sonst nicht!« 26 Eine Woche später
waren die Jünger wieder im Haus versammelt und Tho-
mas war bei ihnen. Die Türen waren abgeschlossen.
Jesus kam, trat in ihre Mitte und sagte: »Frieden sei mit
euch!« 27 Dann wandte er sich an Thomas und sagte:
»Leg deinen Finger hierher und sieh dir meine Hände
an! Streck deine Hand aus und lege sie in meine Sei-
tenwunde! Hör auf zu zweifeln und glaube!« 28 Da ant-
wortete Thomas: »Mein Herr und mein Gott!« 29 Jesus
sagte zu ihm: »Du glaubst, weil du mich gesehen hast.
Freuen dürfen sich alle, die mich nicht sehen und trotz-
dem glauben!«

DER ZWECK DIESES BUCHES

30 Jesus tat vor den Augen seiner Jünger noch viele an-
dere Wunderzeichen, die nicht in diesem Buch stehen.
31 Was aber in diesem Buch steht, wurde aufgeschrie-
ben, damit ihr festbleibt in dem Glauben, dass Jesus
der versprochene Retter ist, der Sohn Gottes. Wenn
ihr das tut, habt ihr durch ihn das Leben.

JESUS ZEIGT SICH SIEBEN JÜNGERN AM SEE VON TIBERIAS

21 Später zeigte sich Jesus seinen Jüngern noch
einmal am See von Tiberias. Das geschah so:
2 Einige von ihnen waren dort am See beisammen –

Simon Petrus, Thomas, der auch Zwilling genannt wurde, Natanaël aus Kana in Galiläa, die Söhne von Zebedäus und zwei andere Jünger. 3 Simon Petrus sagte zu den anderen: »Ich gehe fischen!« »Wir kommen mit«, sagten sie. Gemeinsam gingen sie zum See und stiegen ins Boot; aber während der ganzen Nacht fingen sie nichts. 4 Es wurde schon Morgen, da stand Jesus am Ufer. Die Jünger wussten aber nicht, dass es Jesus war. 5 Er redete sie an: »Kinder, habt ihr nicht ein paar Fische?« »Nein, keinen einzigen!«, antworteten sie. 6 Er sagte zu ihnen: »Werft euer Netz an der rechten Bootsseite aus! Dort werdet ihr welche finden.« Sie warfen das Netz aus und fingen so viele Fische, dass sie das Netz nicht ins Boot ziehen konnten. 7 Der Jünger, den Jesus besonders lieb hatte, sagte zu Petrus: »Es ist der Herr!« Als Simon Petrus das hörte, warf er sich das Obergewand über, band es hoch und sprang ins Wasser. Er hatte es nämlich zum Arbeiten abgelegt. 8 Die anderen Jünger ruderten das Boot an Land – es waren noch etwa hundert Meter – und zogen das Netz mit den Fischen hinter sich her. 9 Als sie an Land gingen, sahen sie ein Holzkohlenfeuer mit Fischen darauf, auch Brot lag dabei. 10 Jesus sagte zu ihnen: »Bringt ein paar von den Fischen, die ihr gerade gefangen habt!« 11 Simon Petrus ging zum Boot und zog das Netz an Land. Es war voll von großen Fischen, genau hundertdreiundfünfzig. Aber das Netz riss nicht, obwohl es so viele waren. 12 Jesus sagte zu ihnen: »Kommt her und esst!« Keiner von den Jüngern wagte zu fragen: »Wer bist du?« Sie wussten, dass es der Herr war. 13 Jesus trat zu ihnen, nahm das Brot und verteilte es unter sie, ebenso die Fische. 14 Dies war das dritte Mal, dass sich Jesus seinen Jüngern zeigte, seit er vom Tod auferstanden war.

JESUS UND PETRUS

15 Nachdem sie gegessen hatten, sagte Jesus zu Simon Petrus: »Simon, Sohn von Johannes, liebst du mich mehr, als die hier mich lieben?« Petrus antwortete: »Ja, Herr, du weißt, dass ich dich liebe.« Jesus sagte zu ihm: »Sorge für meine Lämmer!« 16 Ein zweites Mal sagte Jesus zu ihm: »Simon, Sohn von Johannes, liebst du mich?« »Ja, Herr, du weißt, dass ich dich liebe«, antwortete er. Jesus sagte zu ihm: »Leite meine Schafe!« 17 Ein drittes Mal fragte Jesus: »Simon, Sohn von Johannes, liebst du mich?« Petrus wurde traurig, weil er ihn ein drittes Mal fragte: »Liebst du mich?« Er sagte zu ihm: »Herr, du weißt alles, du weißt auch, dass ich dich liebe.« Jesus sagte zu ihm: »Sorge für meine Schafe! 18 Amen, ich versichere dir: Als du jung warst, hast du deinen Gürtel selbst umgebunden und bist gegangen, wohin du wolltest; aber wenn du einmal alt bist, wirst du deine Hände ausstrecken, und ein anderer wird dich binden und dich dorthin bringen, wohin du *nicht* willst.« 19 Mit diesen Worten deutete Jesus an, mit welchem Tod Petrus einst Gott ehren werde. Dann sagte Jesus zu ihm: »Komm, folge mir!«

PETRUS UND DER ANDERE JÜNGER

20 Petrus drehte sich um und sah hinter sich den Jünger, den Jesus besonders lieb hatte. Es war derselbe, der während des letzten Mahles neben Jesus gesessen und ihn gefragt hatte: »Herr, wer wird dich verraten?« 21 Als Petrus ihn sah, fragte er Jesus: »Herr, was geschieht denn mit dem?« 22 Jesus antwortete ihm: »Wenn ich will, dass er so lange lebt, bis ich wiederkomme, was geht das *dich* an? Du sollst mir folgen!« 23 Deswegen verbreitete sich in der Gemeinde das Gerücht, dass der andere Jünger nicht sterben werde. Aber Jesus hatte nicht gesagt, dass er nicht sterben werde, sondern: »Wenn ich will, dass er so lange lebt, bis ich wiederkomme, was geht *dich* das an?«

SCHLUSSWORT ZUM GESAMTEN BUCH

24 Dieser Jünger ist es, der alles bezeugt, was in diesem Buch steht. Er selbst hat es niedergeschrieben, und wir wissen, dass er die Wahrheit sagt. 25 Es gibt noch vieles andere, was Jesus getan hat. Wenn alles einzeln aufgeschrieben würde – ich denke, die ganze Welt könnte die Bücher nicht fassen, die dann geschrieben werden müssten.

DIE GESCHICHTE DER **APOSTEL**

LUKAS SCHREIBT DIE FORTSETZUNG

1 Verehrter Theophilus, in meiner ersten Schrift habe ich alles berichtet, was Jesus tat und lehrte, von Anfang an 2 bis zu dem Tag, an dem er in den Himmel aufgenommen wurde. Zuvor gab er den Aposteln Anweisungen für die Zukunft. Er hatte sie früher mit dem Beistand des Heiligen Geistes ausgewählt. 3 Nach seinem Leiden und Sterben hatte er sich ihnen wiederholt gezeigt und ihnen die Gewissheit gegeben, dass er lebte. Während vierzig Tagen kam er damals zu ihnen und sprach mit ihnen darüber, wie Gott seine Herrschaft aufrichten und sein Werk vollenden werde.

JESUS NIMMT ABSCHIED VON SEINEN JÜNGERN

4 Als Jesus wieder einmal bei ihnen war und mit ihnen aß, schärfte er ihnen ein: »Bleibt in Jerusalem und wartet auf den Geist, den mein Vater versprochen hat. Ich habe euch sein Kommen angekündigt, als ich euch sagte: 5 ›Johannes hat mit Wasser getauft, aber ihr werdet schon bald mit dem Geist Gottes getauft werden.‹« 6 Die Versammelten fragten Jesus: »Herr, wirst du dann die Herrschaft Gottes in Israel wieder aufrichten?« 7 Jesus antwortete: »Mein Vater hat festgelegt, welche Zeiten bis dahin noch verstreichen müssen und wann es so weit ist. Ihr braucht das nicht zu wissen. 8 Aber ihr werdet mit dem Heiligen Geist erfüllt werden,

und dieser Geist wird euch die Kraft geben, überall
als meine Zeugen aufzutreten: in Jerusalem, in ganz
Judäa und Samarien und bis ans äußerste Ende der
Erde.« 9 Während er das sagte, wurde er vor ihren Au-
gen emporgehoben. Eine Wolke nahm ihn auf, sodass
sie ihn nicht mehr sehen konnten. 10 Als sie noch wie
gebannt nach oben starrten und hinter ihm hersahen,
standen plötzlich zwei weiß gekleidete Männer ne-
ben ihnen. 11 »Ihr Galiläer«, sagten sie, »warum steht
ihr hier und schaut nach oben? Dieser Jesus, der von
euch weg in den Himmel aufgenommen wurde, wird
auf dieselbe Weise wiederkommen, wie ihr ihn habt
weggehen sehen!«

DIE LÜCKE IM APOSTELKREIS WIRD GESCHLOSSEN

12 Darauf kehrten sie vom Ölberg nach Jerusalem zu-
rück. Das ist ein Weg von etwa einer halben Stunde.
13 Dort gingen sie in das Obergemach des Hauses, wo
sie von nun an beisammenblieben. Es waren: Petrus,
Johannes, Jakobus und Andreas, Philippus und Tho-
mas, Bartholomäus und Matthäus, Jakobus, der Sohn
von Alphäus, und Simon, der zur Partei der Zeloten
gehört hatte, und schließlich Judas, der Sohn von
Jakobus. 14 Auch die Frauen waren dabei und Maria,
die Mutter von Jesus, sowie seine Brüder. Sie alle wa-
ren einmütig beieinander und beteten beharrlich um
das Kommen des Heiligen Geistes. 15 Einmal während
dieser Zeit stand Petrus auf und ergriff das Wort – es
waren etwa hundertundzwanzig Menschen versam-
melt. 16 »Liebe Brüder«, sagte er, »was in den Heiligen
Schriften über Judas vorausgesagt worden ist, musste
eintreffen. Dort hat der Geist Gottes durch David von
dem Verräter gesprochen, der den Männern den Weg
wies, die Jesus verhaften sollten. 17 Der Verräter ge-
hörte zu uns Aposteln und hatte denselben Auftrag
empfangen wie wir. 18 Mit dem Geld, das er als Be-
lohnung für seine böse Tat erhielt, kaufte er sich ein
Landgut. Dort stürzte er so schlimm, dass sein Leib
aufplatzte und die Eingeweide heraustraten. 19 Alle
Bewohner von Jerusalem hörten davon, und sie nann-
ten das Grundstück in ihrer Sprache Hakeldamach,
das bedeutet ›Blutacker‹. 20 Im Buch der Psalmen
steht es geschrieben: ›Sein Gehöft soll leer stehen;
niemand soll es bewohnen.‹ Dort wird aber auch ge-
sagt: ›Sein Amt soll ein anderer übernehmen.‹ 21 Wir
brauchen also einen Ersatz für ihn. Es muss einer von
den Männern sein, die mit uns Aposteln zusammen
waren während der ganzen Zeit, in der Jesus, der Herr,
unter uns gelebt und gewirkt hat – 22 angefangen von
seiner Taufe durch Johannes bis zu dem Tag, an dem er
in den Himmel aufgenommen wurde. Einer von denen,
die das alles miterlebt haben, soll mit uns zusammen
Zeuge dafür sein, dass Jesus vom Tod auferstanden
ist.« 23 Die Versammelten schlugen zwei Männer vor:
Josef, der auch Barsabbas genannt wurde und den
Beinamen Justus trug, und Matthias. 24 Dann beteten
sie: »Herr, du kennst die Menschen durch und durch.
Zeige uns, welchen von diesen beiden du ausgewählt
hast! 25 Judas hat uns verlassen, um dorthin zu gehen,
wohin er gehört. Wer von ihnen soll an seiner Stelle das
Apostelamt übernehmen?« 26 Sie ließen das Los zwi-
schen den beiden entscheiden und es fiel auf Matthias.
Darauf wurde er als Zwölfter in den Kreis der Apostel
aufgenommen.

AN PFINGSTEN KOMMT DER HEILIGE GEIST

2 Als das Pfingstfest kam, waren wieder alle, die
zu Jesus hielten, versammelt. 2 Plötzlich gab es
ein mächtiges Rauschen, wie wenn ein Sturm vom
Himmel herabweht. Das Rauschen erfüllte das ganze
Haus, in dem sie waren. 3 Dann sahen sie etwas wie
Feuer, das sich zerteilte, und auf jeden ließ sich eine
Flammenzunge nieder. 4 Alle wurden vom Geist Gottes
erfüllt und begannen in anderen Sprachen zu reden,
jeder und jede, wie es ihnen der Geist Gottes eingab.
5 Nun lebten in Jerusalem fromme Juden aus aller
Welt, die sich hier niedergelassen hatten. 6 Als sie das
mächtige Rauschen hörten, strömten sie alle zusam-
men. Sie waren ganz verwirrt, denn jeder hörte die
Versammelten, die Apostel und die anderen, in sei-
ner eigenen Sprache reden. 7 Außer sich vor Staunen
riefen sie: »Die Leute, die da reden, sind doch alle aus
Galiläa! 8 Wie kommt es, dass jeder von uns sie in seiner
Muttersprache reden hört? 9 Wir kommen aus Persien,
Medien und Elam, aus Mesopotamien, aus Judäa und
Kappadokien, aus Pontus und aus der Provinz Asien,
10 aus Phrygien und Pamphylien, aus Ägypten, aus
der Gegend von Kyrene in Libyen und sogar aus Rom.
11 Wir sind geborene Juden und Fremde, die sich der
jüdischen Gemeinde angeschlossen haben, Insel- und
Wüstenbewohner. Und wir alle hören sie in unserer
eigenen Sprache die großen Taten Gottes verkünden!«
12 Erstaunt und ratlos fragten sie einander, was das be-
deuten solle. 13 Andere machten sich darüber lustig und
meinten: »Die Leute sind doch betrunken!«

DIE PFINGSTPREDIGT DES APOSTELS PETRUS

14 Da stand Petrus auf und die elf anderen Apostel
mit ihm, und er rief laut: »Ihr Juden aus aller Welt und
alle Bewohner Jerusalems! Lasst euch erklären, was
hier vorgeht; hört mich an! 15 Die Leute hier sind nicht
betrunken, wie ihr meint; es ist ja erst neun Uhr früh.
16 Nein, hier geschieht, was Gott durch den Propheten
Joël angekündigt hat: 17 ›Wenn die letzte Zeit anbricht,
sagt Gott, dann gieße ich über alle Menschen meinen
Geist aus. Männer und Frauen in Israel werden dann zu
Propheten. Junge Leute haben Visionen und die Alten
prophetische Träume. 18 Über alle, die mir dienen, Män-
ner und Frauen, gieße ich zu jener Zeit meinen Geist
aus und sie werden als Propheten reden. 19 Danach
lasse ich erschreckende Zeichen erscheinen, unten
auf der Erde und droben am Himmel: Menschen liegen
erschlagen in ihrem Blut, Flammen und Rauchwolken
steigen auf; 20 die Sonne verfinstert sich und der Mond
wird blutrot. So kündigt sich der große Tag des Herrn
an, dem niemand entrinnen kann. 21 Wer sich dann
zum Herrn bekennt und seinen Namen anruft, wird

gerettet.‹ 22 Ihr Männer von Israel, hört, was ich euch
zu sagen habe! Jesus von Nazaret wurde von Gott be-
stätigt durch die machtvollen und staunenerregenden
Wunder, die Gott durch ihn unter euch vollbracht hat;
ihr wisst es selbst. 23 Den habt ihr durch Menschen, die
das Gesetz Gottes nicht kennen, ans Kreuz schlagen
und töten lassen. So hatte Gott es nach seinem Plan
im Voraus bestimmt. 24 Und genau den hat Gott aus
der Gewalt des Todes befreit und zum Leben erweckt;
denn der Tod konnte ihn unmöglich gefangen halten.
25 Schon David hat von ihm gesprochen und ihn sagen
lassen: ›Ich hatte den Herrn immer vor Augen. Er steht
mir zur Seite, darum kann mich nichts erschüttern.
26 Das erfüllte mein Herz mit Freude und ließ mich
jubelnd singen. Selbst im Grab ruht mein Leib voll
Hoffnung. 27 Ich bin gewiss: Du, Herr, lässt mich nicht
bei den Toten; du gibst deinen treuen Diener nicht der
Verwesung preis. 28 Du hast mir den Weg zum Leben
gezeigt; in deiner Nähe werde ich froh und glücklich
sein.‹ 29 Liebe Brüder, ich darf ganz offen zu euch über
unseren großen Vater David sprechen: Er starb und
wurde begraben, und sein Grab ist noch heute bei uns
zu sehen. 30 Aber er war ein Prophet, und Gott hatte
ihm feierlich zugesagt, einer seiner Nachkommen
werde auf Gottes Thron sitzen. 31 David sah also vor-
aus, was Gott vorhatte, und seine Worte beziehen sich
auf die Auferstehung des versprochenen Retters. Von
diesem gilt, dass Gott ihn nicht bei den Toten ließ und
sein Körper nicht der Verwesung anheimfiel. 32 Diesen
Jesus also hat Gott vom Tod auferweckt; wir alle sind
dafür Zeugen. 33 Er wurde zu dem Ehrenplatz an Gottes
rechter Seite erhoben und erhielt von seinem Vater
die versprochene Gabe, den Heiligen Geist, damit er
ihn über uns ausgießt. Was ihr hier seht und hört, sind
die Wirkungen dieses Geistes! 34 Nicht David ist ja in
den Himmel aufgenommen worden; vielmehr sagt er
selbst: ›Gott, der Herr, sagte *zu meinem Herrn*: Setze
dich an meine rechte Seite! 35 Ich will dir deine Feinde
unterwerfen, sie als Schemel unter deine Füße legen.‹
36 Alle Menschen in Israel sollen also an dem, was sie
hier sehen und hören, mit Gewissheit erkennen: Gott
hat diesen Jesus, den ihr gekreuzigt habt, zum Herrn
und Christus gemacht.«

DIE WIRKUNG DER PREDIGT

37 Dieses Wort traf die Zuhörer mitten ins Herz und
sie fragten Petrus und die anderen Apostel: »Brüder,
was sollen wir tun?« 38 Petrus antwortete: »Kehrt jetzt
um und lasst euch taufen auf Jesus Christus; lasst sei-
nen Namen über euch ausrufen und bekennt euch zu
ihm – jeder und jede im Volk! Dann wird Gott euch
eure Schuld vergeben und euch seinen Heiligen Geist
schenken. 39 Denn was Gott versprochen hat, ist für
euch und eure Kinder bestimmt und für alle, die jetzt
noch fern sind und die der Herr, unser Gott, hinzurufen
wird.« 40 Noch mit vielen anderen Worten beschwor
und ermahnte sie Petrus. Und er sagte zu ihnen: »Lasst
euch retten vor dem Strafgericht, das über diese ver-
dorbene Generation hereinbrechen wird!« 41 Viele
nahmen seine Botschaft an und ließen sich taufen.
Etwa dreitausend Menschen wurden an diesem Tag
zur Gemeinde hinzugefügt.

DAS LEBEN DER GEMEINDE

42 Sie alle widmeten sich eifrig dem, was für sie als
Gemeinde wichtig war: Sie ließen sich von den Apos-
teln unterweisen, sie hielten in gegenseitiger Liebe
zusammen, sie feierten das Mahl des Herrn, und sie
beteten gemeinsam. 43 Alle Menschen in Jerusalem
wurden von ehrfürchtiger Scheu ergriffen; denn Gott
ließ durch die Apostel viele staunenerregende Wunder
geschehen. 44 Alle, die zum Glauben gekommen wa-
ren, bildeten eine enge Gemeinschaft und taten ihren
ganzen Besitz zusammen. 45 Von Fall zu Fall verkauften
sie Grundstücke und Wertgegenstände und verteilten
den Erlös unter die Bedürftigen in der Gemeinde. 46 Tag
für Tag versammelten sie sich einmütig im Tempel, und
in ihren Häusern hielten sie das Mahl des Herrn und
aßen gemeinsam, mit jubelnder Freude und reinem
Herzen. 47 Sie priesen Gott und wurden vom ganzen
Volk geachtet. Der Herr aber führte ihnen jeden Tag
weitere Menschen zu, die gerettet werden sollten.

EIN GELÄHMTER WIRD GEHEILT

3 Einmal gingen Petrus und Johannes in den Tempel.
Es war drei Uhr, die Zeit für das Nachmittagsgebet.
2 Am Schönen Tor des Tempelvorhofs saß ein Mann,
der von Geburt an gelähmt war. Jeden Tag ließ er sich
dorthin tragen und bettelte die Leute an, die in den
Tempel gingen. 3 Als er Petrus und Johannes sah, wie
sie gerade durch das Tor gehen wollten, bat er sie um
eine Gabe. 4 Die beiden blickten ihn fest an und Petrus
sagte: »Sieh uns an!« 5 Der Gelähmte tat es und erwar-
tete, dass sie ihm etwas geben würden. 6 Aber Petrus
sagte: »Gold und Silber habe ich nicht; doch was ich
habe, will ich dir geben. Im Namen von Jesus Christus
aus Nazaret: Steh auf und geh umher!« 7 Und er fasste
den Gelähmten bei der rechten Hand und half ihm auf.
Im gleichen Augenblick erstarkten seine Füße und
Knöchel; 8 mit einem Sprung war er auf den Beinen
und ging umher. Er folgte Petrus und Johannes in den
Vorhof des Tempels, lief umher, sprang vor Freude und
dankte Gott mit lauter Stimme. 9 Das ganze Volk dort
sah, wie er umherging und Gott dankte. 10 Sie erkann-
ten in ihm den Bettler, der sonst immer am Schönen
Tor gesessen hatte. Und sie staunten und waren ganz
außer sich über das, was mit ihm geschehen war.

PETRUS SPRICHT IM TEMPEL

11 Das ganze Volk im Tempel beobachtete, wie der
Geheilte sich eng an Petrus und Johannes hielt, und alle
folgten ihnen voll Staunen in die Salomohalle. 12 Petrus
aber sagte zu dem Volk, das dort zusammengeströmt
war: »Ihr Männer von Israel, warum staunt ihr? Was
starrt ihr uns so an? Denkt nur nicht, wir hätten aus
eigener Kraft oder durch unsere Frömmigkeit erreicht,
dass der Mann hier gehen kann! 13 Nein, der Gott unse-
rer Vorfahren, der Gott Abrahams, Isaaks und Jakobs,

hat Jesus, seinen Bevollmächtigten, durch dieses
Wunder verherrlicht – denselben Jesus, den ihr an Pi-
latus ausgeliefert und vor seinem Richterstuhl preisge-
geben habt, obwohl Pilatus ihn freilassen wollte. 14 Den
Heiligen und Gerechten habt ihr abgelehnt und lieber
die Freigabe eines Mörders verlangt. 15 So habt ihr den,
der euch das Leben bringen sollte, getötet. Doch Gott
hat ihn vom Tod auferweckt; dafür sind wir Zeugen.
16 Das Vertrauen auf diesen Jesus hat dem Mann, der
hier steht und den ihr alle kennt, Kraft gegeben. Der
Name von Jesus hat in ihm Glauben geweckt und ihm
die volle Gesundheit geschenkt, die ihr an ihm seht.
17 Ich weiß wohl, meine Brüder: Ihr habt so gehandelt,
ihr und eure Führer, weil ihr es nicht besser gewusst
habt. 18 Aber Gott selbst hat gewollt, dass der verspro-
chene Retter leiden sollte. Durch alle Propheten hat
er es im Voraus angekündigt, und auf diese Weise ließ
er es jetzt in Erfüllung gehen. 19 Geht also in euch und
kehrt um, damit Gott eure Schuld auslöscht! 20 Auch
für euch will er die Heilszeit anbrechen lassen und den
Retter senden, den er im Voraus für euch bestimmt hat.
Jesus ist dieser Retter, 21 doch muss er den Platz im Him-
mel einnehmen, bis wirklich auch *alles* eingetroffen ist,
was Gott schon vor langer Zeit durch seine heiligen
Propheten angekündigt hat. 22 Mose hat nämlich ge-
sagt: ›Einen Propheten wie mich wird der Herr, euer
Gott, aus euren Brüdern berufen. Auf ihn sollt ihr hören
und alles befolgen, was er euch sagt. 23 Wer nicht auf
diesen Propheten hört, wird aus dem Volk Gottes ausge-
stoßen.‹ 24 Und auch alle Propheten – angefangen mit
Samuel und dann der Reihe nach alle, die ihm folgten –
haben von all dem gesprochen, was in unserer Zeit
in Erfüllung gehen soll. 25 Euch als den Nachkommen
der Propheten gilt, was sie angekündigt haben; euch
gilt auch der Bund, den Gott mit euren Vorfahren ge-
schlossen hat, als er zu Abraham sagte: ›Durch deinen
Nachkommen werde ich alle Völker der Erde segnen.‹
26 Euch zuerst hat Gott nun seinen Bevollmächtigten ge-
sandt, nachdem er ihn vom Tod auferweckt hat. Durch
ihn sollt ihr gesegnet werden, wenn ihr euch von euren
bösen Taten abkehrt – jeder und jede im Volk!«

PETRUS UND JOHANNES VOR DEM JÜDISCHEN RAT

4 Während Petrus und Johannes noch zum Volk
sprachen, traten ihnen die Priester mit dem Be-
fehlshaber der Tempelwache und die Sadduzäer ent-
gegen. 2 Sie waren aufgebracht, weil die Apostel sich
herausnahmen, das Volk zu lehren und am Beispiel
von Jesus die Auferstehung der Toten zu verkünden.
3 Darum nahmen sie die beiden fest und brachten sie bis
zum nächsten Tag ins Gefängnis; es war nämlich schon
Abend. 4 Aber viele, die die Apostel gehört hatten, ka-
men zum Glauben, und die Gemeinde wuchs so stark
an, dass allein die Zahl der Männer bei fünftausend
lag. 5 Am nächsten Tag kamen in Jerusalem die führen-
den Priester, die Ratsältesten und die Gesetzeslehrer
zusammen, 6 dazu der Oberste Priester Hannas mit
Kajaphas, Johannes, Alexander und all den anderen,
die zur Familie des Obersten Priesters gehörten. 7 Sie
ließen die Apostel vorführen und fragten sie: »Woher
hattet ihr die Kraft, diesen Mann zu heilen? In wessen
Namen habt ihr es getan?« 8 Petrus antwortete ihnen,
erfüllt vom Heiligen Geist: »Führer des Volkes und seine
Ältesten! 9 Wir werden hier vor Gericht gestellt, weil
wir einem Kranken geholfen haben, und wir sollen
Rechenschaft geben, wodurch er geheilt worden ist.
10 Nun, ihr und das ganze Volk Israel sollt es wissen: Es
geschah im Namen von Jesus Christus aus Nazaret,
ebendem, den ihr gekreuzigt habt und den Gott vom
Tod auferweckt hat! Durch die Kraft seines Namens
steht der Mann hier gesund vor euch. 11 Auf diesen
Jesus bezieht sich das Wort in den Heiligen Schriften:
›Der Stein, den die Bauleute weggeworfen haben, weil
sie ihn für unbrauchbar hielten, ist zum Eckstein ge-
worden.‹ 12 Jesus Christus und sonst niemand kann die
Rettung bringen. Auf der ganzen Welt hat Gott keinen
anderen Namen bekannt gemacht, durch den wir ge-
rettet werden könnten.« 13 Die Mitglieder des jüdischen
Rates waren überrascht, mit welcher Sicherheit Petrus
und Johannes sich verteidigten, obwohl sie offenkun-
dig keine Gelehrten waren, sondern einfache Leute. Es
war ihnen schnell klar, dass die beiden zur Gefolgschaft
von Jesus gehörten, 14 und den Mann, der geheilt wor-
den war, sahen sie bei ihnen stehen. So konnten sie
nichts gegen ihre Aussagen vorbringen. 15 Sie schickten
Petrus und Johannes aus dem Sitzungssaal, berieten
sich 16 und sagten zueinander: »Was sollen wir mit
ihnen machen? Dass ein eindeutiges Wunder durch
sie geschehen ist, können wir nicht leugnen. Ganz
Jerusalem hat davon gehört. 17 Aber damit nicht noch
mehr Leute im Volk davon erfahren« – das war ihr Be-
schluss –, »wollen wir ihnen mit Nachdruck verbieten,
zu irgendeinem Menschen unter Berufung auf diesen
Namen zu sprechen.« 18 Sie riefen also die beiden wie-
der herein und verboten ihnen streng, die Botschaft
von Jesus noch weiter in der Öffentlichkeit zu verbrei-
ten und unter Berufung auf seinen Namen vor dem Volk
als Lehrer aufzutreten. 19 Aber Petrus und Johannes
erwiderten ihnen: »Entscheidet selbst, ob es vor Gott
recht ist, euch mehr zu gehorchen als ihm! 20 Wir kön-
nen nicht verschweigen, was wir gesehen und gehört
haben!« 21 Da drohten sie ihnen noch einmal und ließen
sie dann gehen. Mit Rücksicht auf das Volk wagten sie
nicht, sie zu bestrafen; denn alle priesen Gott für das,
was geschehen war. 22 Der Mann, der auf so wunder-
bare Weise geheilt wurde, war nämlich von Geburt an
über vierzig Jahre lang gelähmt gewesen.

DIE GEMEINDE BETET UM KRAFT

23 Nach ihrer Freilassung gingen Petrus und Johannes
zu der versammelten Gemeinde und erzählten dort,
was die führenden Priester und Ratsältesten zu ih-
nen gesagt hatten. 24 Darauf beteten alle miteinander
einmütig zu Gott: »Herr, du hast Himmel, Erde und
Meer geschaffen und alles, was lebt. 25 Durch den
Heiligen Geist hast du unseren Vater David, deinen
Diener, sagen lassen: ›Was soll das Toben der Völker?

Wozu schmieden die Menschen im Land vergebliche Pläne? 26 Die Könige der Erde haben sich aufgelehnt, die Machthaber haben sich verbündet gegen den Herrn und seinen Christus.‹ 27 Tatsächlich haben sie sich hier in Jerusalem verbündet gegen Jesus, deinen heiligen Bevollmächtigten, den du zum Retter bestimmt hast: Herodes und Pontius Pilatus, Menschen aus den fremden Völkern und Menschen aus dem Volk Israel. 28 Aber sie konnten nur vollziehen, was du in deiner Macht schon längst geplant und vorherbestimmt hattest. 29 Höre nun, Herr, wie sie uns drohen! Gib uns, deinen Dienern und Dienerinnen, die Kraft, deine Botschaft mutig und offen zu verkünden! 30 Hilf uns dabei! Strecke deine Hand aus und heile Kranke! Und lass staunenerregende Wunder geschehen durch den Namen deines heiligen Bevollmächtigten Jesus!« 31 Als sie geendet hatten, bebte die Erde an ihrem Versammlungsort. Alle wurden vom Heiligen Geist erfüllt und verkündeten die Botschaft Gottes ohne Furcht.

BRÜDERLICHES TEILEN IN DER GEMEINDE

32 All die vielen Menschen, die zum Glauben an Jesus gefunden hatten, waren ein Herz und eine Seele. Niemand von ihnen betrachtete etwas von seinem Besitz als persönliches Eigentum; alles, was sie besaßen, gehörte ihnen gemeinsam. 33 Mit großer Kraft und bestätigt durch Wundertaten bezeugten die Apostel Jesus als den auferstandenen Herrn, und für alle sichtbar lag großer Segen auf der ganzen Gemeinde. 34 Es gab unter ihnen niemand, der Not leiden musste. Denn die in der Gemeinde, die Grundstücke oder Häuser besaßen, verkauften sie, wenn es an etwas fehlte, brachten den Erlös herbei 35 und legten ihn vor den Füßen der Apostel nieder. Das wurde dann unter die Bedürftigen verteilt. 36 So machte es auch Josef, ein Levit aus Zypern, den die Apostel Barnabas nannten, das heißt »der Mann, der anderen Mut macht«. 37 Er verkaufte seinen Acker, brachte das Geld und legte es den Aposteln zu Füßen.

HANANIAS UND SAPHIRA BELÜGEN DEN HEILIGEN GEIST

5 Auch ein Mann namens Hananias und seine Frau Saphira verkauften ein Stück Land. 2 Hananias behielt mit Wissen seiner Frau einen Teil des Geldes zurück; das Übrige brachte er und legte es den Aposteln zu Füßen. 3 Doch Petrus sagte zu ihm: »Hananias, warum hast du dein Herz dem Satan geöffnet? Warum belügst du den Heiligen Geist und behältst einen Teil vom Erlös deines Feldes für dich? 4 Du hättest ja das Land behalten können, und nachdem du es verkauft hattest, auch das Geld. Warum hast du dich auf dieses falsche Spiel eingelassen? Du hast nicht Menschen, sondern Gott belogen!« 5 Als Hananias diese Worte hörte, brach er zusammen und starb. Ein gewaltiger Schrecken packte alle, die davon erfuhren. 6 Ein paar junge Leute standen auf, wickelten den Toten in ein Tuch, trugen ihn hinaus und begruben ihn. 7 Etwa drei Stunden später kam seine Frau. Sie wusste noch nicht, was geschehen war. 8 Petrus fragte sie: »Sag mir, habt ihr das Feld zu diesem Preis verkauft?« »Ja«, antwortete sie, »zu diesem Preis.« 9 Da sagte Petrus: »Warum habt ihr euch verabredet, den Geist des Herrn herauszufordern? Ich sage dir: Vor der Tür stehen schon die Leute, die deinen Mann begraben haben. Sie werden auch dich hinaustragen!« 10 Im selben Augenblick fiel sie vor seinen Füßen zu Boden und starb. Die jungen Leute kamen herein, sahen sie tot daliegen, trugen sie hinaus und begruben sie neben ihrem Mann. 11 Ein gewaltiger Schrecken packte die ganze Gemeinde und alle, die davon hörten.

DAS ANSEHEN DER GEMEINDE WÄCHST

12 Durch die Apostel geschahen viele staunenerregende Wunder unter dem Volk. Die ganze Gemeinde war Tag für Tag einmütig in der Salomohalle beisammen. 13 Das Volk sprach voller Lob von ihnen, doch eine heilige Scheu hielt die Außenstehenden davon ab, sich zu ihnen zu gesellen. 14 Umso mehr führte der Herr selbst ihnen Menschen zu, die zum Glauben gekommen waren, eine große Zahl von Männern und Frauen. 15 Die Leute trugen die Kranken auf die Straße und legten sie dort auf Betten und Matten. Wenn Petrus vorbeiging, sollte wenigstens sein Schatten auf einige von ihnen fallen. 16 Auch aus der Umgebung von Jerusalem brachten die Leute Kranke und solche, die von bösen Geistern besessen waren, und alle wurden gesund.

DIE APOSTEL WERDEN VERHAFTET UND VOR DEN RAT GESTELLT

17 Der Oberste Priester und sein ganzer Anhang, die Partei der Sadduzäer, wurden neidisch und beschlossen einzugreifen. 18 Sie ließen die Apostel verhaften und ins öffentliche Gefängnis werfen. 19 Doch in der Nacht öffnete der Engel des Herrn die Gefängnistore, führte die Apostel heraus und sagte zu ihnen: 20 »Geht in den Tempel und verkündet dem Volk die Botschaft von dem Leben, das Jesus gebracht hat!« 21 Die Apostel gehorchten, gingen früh am Morgen in den Tempel, stellten sich hin und lehrten das Volk. Der Oberste Priester und sein Anhang hatten inzwischen den jüdischen Rat samt allen Ältesten des Volkes Israel zu einer Sitzung zusammengerufen. Sie schickten in das Gefängnis, um die Apostel vorführen zu lassen. 22 Aber die Diener, die sie hinschickten, konnten die Apostel dort nicht finden. Sie kamen zurück und berichteten: 23 »Wir fanden das Gefängnis ordnungsgemäß verschlossen und vor allen Türen standen die Wachen. Aber als wir aufschlossen, war niemand darin.« 24 Der Befehlshaber der Tempelwache und die führenden Priester waren ratlos und konnten sich das nicht erklären. 25 Da kam einer und berichtete: »Die Männer, die ihr ins Gefängnis gesperrt habt, stehen im Tempel und lehren das Volk!« 26 Der Befehlshaber ging mit der Tempelwache hin, um sie zu holen. Sie vermieden es aber, Gewalt anzuwenden; denn sie hatten Angst, das Volk würde sie steinigen. 27 Sie brachten die Apostel vor den jüdischen Rat und der Oberste Priester verhörte sie. 28 Er sagte: »Wir haben euch deutlich genug befohlen, nicht mehr unter Berufung auf diesen Namen vor dem Volk als Lehrer aufzutreten. Und was

habt ihr getan? Ganz Jerusalem ist voll von dem, was
ihr lehrt! Ihr macht uns für den Tod dieses Menschen
verantwortlich und wollt die Strafe Gottes über uns
bringen!« 29 Aber Petrus und die anderen Apostel ant-
worteten: »Gott muss man mehr gehorchen als den
Menschen. 30 Der Gott unserer Vorfahren hat Jesus vom
Tod auferweckt, ebenden, den ihr ans Kreuz gebracht
und damit zu einem von Gott Verfluchten erklärt habt.
31 Und er hat ihn als Bringer des Lebens und Retter der
Menschen auf den Ehrenplatz an seiner rechten Seite
erhoben. Damit gibt er dem Volk Israel die Gelegenheit
umzukehren, damit ihm seine Schuld vergeben wird.
32 Das alles haben wir zu bezeugen und durch uns be-
zeugt es der Heilige Geist, den Gott denen gegeben hat,
die ihm gehorchen.«

DER PHARISÄER GAMALIËL RÄT ZUM ZUWARTEN

33 Als die Ratsmitglieder das hörten, wurden sie zornig
und wollten die Apostel töten. 34 Da meldete sich im Rat
ein Pharisäer namens Gamaliël zu Wort, ein Gesetzes-
lehrer, der beim ganzen Volk in hohem Ansehen stand.
Er verlangte, dass die Angeklagten vorübergehend aus
dem Saal gebracht werden, 35 und sagte dann zu dem
versammelten Rat: »Ihr Männer aus Israel, seid vorsich-
tig und überlegt euch gut, wie ihr mit diesen Leuten
verfahren wollt. 36 Vor einiger Zeit trat Theudas auf
und behauptete, eine besondere Sendung zu haben.
Etwa vierhundert Männer schlossen sich ihm an; aber
dann fand er den Tod, seine Anhänger liefen auseinan-
der und alles war zu Ende. 37 Danach kam zur Zeit der
Volkszählung der Galiläer Judas und rief zum Aufstand
auf. Er brachte eine stattliche Schar von Anhängern zu-
sammen; aber auch er kam um, und alle, die ihm gefolgt
waren, wurden auseinandergetrieben. 38 Darum rate
ich euch: Geht nicht gegen diese Leute vor! Lasst sie
laufen! Wenn das, was sie wollen und was sie da an-
gefangen haben, nur von Menschen kommt, löst sich
alles von selbst wieder auf. 39 Kommt es aber von Gott,
dann könnt ihr nichts gegen sie machen. Wollt ihr am
Ende als Leute dastehen, die gegen *Gott* kämpfen?«
Die Ratsmitglieder gaben Gamaliël recht. 40 Sie riefen
die Apostel wieder herein, ließen sie auspeitschen und
verboten ihnen, weiterhin von Jesus zu sprechen und
unter Berufung auf seinen Namen öffentlich aufzutre-
ten. Dann ließen sie sie frei. 41 Die Apostel gingen aus
dem Rat weg und waren voller Freude, weil Gott sie
für wert gehalten hatte, für den Namen von Jesus zu
leiden. 42 Unbeirrt lehrten sie Tag für Tag im Tempel und
in den Häusern und verkündeten die Gute Nachricht
von Jesus, dem versprochenen Retter.

SIEBEN HELFER FÜR DIE APOSTEL

6 Die Gemeinde wuchs und die Zahl der Jünger
und Jüngerinnen wurde immer größer. Da kam
es – um ebendiese Zeit – zu einem Streit zwischen den
Griechisch sprechenden Juden in der Gemeinde und
denen mit hebräischer Muttersprache. Die griechische
Gruppe beschwerte sich darüber, dass ihre Witwen bei
der täglichen Verteilung von Lebensmitteln benachtei-
ligt würden. 2 Da riefen die Zwölf die ganze Gemeinde
zusammen und sagten: »Es geht nicht an, dass wir die
Verkündigung der Botschaft Gottes vernachlässigen
und uns um die Verteilung der Lebensmittel kümmern.
3 Darum, liebe Brüder, wählt aus eurer Mitte sieben
Männer aus, die einen guten Ruf haben und vom Geist
Gottes und von Weisheit erfüllt sind. Ihnen wollen wir
diese Aufgabe übertragen. 4 Wir selbst werden uns
auch weiterhin mit ganzer Kraft dem Gebet und der
Verkündigung der Botschaft Gottes widmen.« 5 Alle
waren mit dem Vorschlag einverstanden. Sie wähl-
ten Stephanus, einen Mann voll lebendigen Glaubens
und erfüllt vom Heiligen Geist; außerdem Philippus,
Prochorus, Nikanor, Timon, Parmenas und Nikolaus,
einen Nichtjuden aus der Stadt Antiochia, der zum
Judentum übergetreten war. 6 Diese sieben brachten
sie zu den Aposteln. Die beteten für sie und legten ih-
nen die Hände auf. 7 Die Botschaft Gottes aber breitete
sich weiter aus. Die Zahl der Glaubenden in Jerusalem
stieg von Tag zu Tag. Auch viele Priester folgten dem
Aufruf zum Glauben.

STEPHANUS WIRD VERHAFTET

8 In der Kraft, die Gott ihm schenkte, vollbrachte Ste-
phanus große und staunenerregende Wunder. 9 Da
traten Leute aus verschiedenen jüdischen Gemeinden
gegen ihn auf und verwickelten ihn in ein Streitge-
spräch. Es waren Männer aus der Synagoge der Frei-
gelassenen und den Synagogen der Juden aus Kyrene
und Alexandria sowie derer aus Kilikien und der Pro-
vinz Asien. 10 Aber sie waren der Weisheit und dem
Geist nicht gewachsen, die aus Stephanus sprachen.
11 Darauf stifteten sie eine Anzahl Männer dazu an,
dass sie überall verbreiten sollten: »Wir haben ihn
Dinge sagen hören! Er hat Mose und Gott gelästert!«
12 Damit brachten sie das Volk, die Ratsältesten und
die Gesetzeslehrer gegen ihn auf. Dann ergriffen sie
Stephanus und schleppten ihn vor den jüdischen Rat.
13 In der Ratsversammlung ließen sie falsche Zeugen
auftreten, die behaupteten: »Dieser Mann hält un-
unterbrochen Reden gegen diese heilige Stätte und
gegen das Gesetz. 14 Wir haben selbst gehört, wie er
sagte: ›Jesus von Nazaret wird diesen Tempel nieder-
reißen und die Ordnungen ändern, die Mose uns im
Auftrag Gottes übergeben hat.‹« 15 Alle im Rat blickten
gespannt auf Stephanus. Sie sahen, dass sein Gesicht
leuchtete wie das eines Engels.

DIE REDE VON STEPHANUS VOR DEM JÜDISCHEN RAT

7 Der Oberste Priester fragte: »Stimmt das, was
diese Männer gegen dich vorbringen?« 2a Ste-
phanus antwortete:

ERINNERUNG AN DEN BUND GOTTES MIT ABRAHAM

2b »Brüder und Väter, hört mich an! Gott im Glanz sei-
ner Herrlichkeit erschien unserem Ahnvater Abraham,

als er noch in Mesopotamien lebte und noch nicht
nach Haran gezogen war. 3 Er sagte zu ihm: ›Verlass
deine Heimat und deine Sippe und zieh in das Land,
das ich dir zeigen werde!‹ 4 Da verließ Abraham das
Land der Chaldäer und zog nach Haran. Nachdem dann
sein Vater gestorben war, brachte Gott ihn hierher in
dieses Land, in dem ihr heute lebt. 5 Doch gab er ihm
darin keinen Grundbesitz, nicht einen Fußbreit. Er ver-
sprach ihm nur, ihm das Land zum Besitz zu geben, ihm
und seinen Nachkommen. Dabei war Abraham damals
noch kinderlos! 6 Über Abrahams Nachkommen aber
sagte Gott: ›Sie werden als Fremde in einem Land le-
ben, das ihnen nicht gehört; vierhundert Jahre lang
wird man sie hart behandeln und zu Sklavendiensten
zwingen. 7 Aber ich – sagte Gott – werde das Volk,
das sie unterdrückt, bestrafen, und dann werden sie
von dort wegziehen und mir hier an diesem Ort Opfer
darbringen und mich anbeten.‹ 8 Gott schloss mit
Abraham einen Bund, dessen Zeichen die Beschnei-
dung ist. Auf der Grundlage dieses Bundes zeugte
Abraham seinen Sohn Isaak und beschnitt ihn am ach-
ten Tag nach der Geburt; und so zeugte und beschnitt
auch Isaak seinen Sohn Jakob und Jakob seine zwölf
Söhne, unsere Stammväter.«

JOSEF UND DIE ÜBERSIEDLUNG NACH ÄGYPTEN

9 »Jakobs Söhne, unsere Stammväter, waren jedoch
eifersüchtig auf ihren Bruder Josef und verkauften
ihn als Sklaven nach Ägypten. Aber Gott war mit
Josef 10 und half ihm aus allen Schwierigkeiten. Er
schenkte ihm Weisheit und verschaffte ihm Ansehen
beim Pharao, dem König von Ägypten. So vertraute
der Pharao ihm die Verwaltung ganz Ägyptens und
die Aufsicht über die königlichen Güter an. 11 Da kam
eine Hungersnot und brachte große Bedrängnis über
ganz Ägypten und über das Land Kanaan, und unsere
Vorfahren hatten nichts mehr zu essen. 12 Als Jakob
hörte, dass es in Ägypten noch Getreide gab, schickte
er seine Söhne, unsere Stammväter, dorthin. 13 Als sie
noch ein zweites Mal dorthin kamen, gab sich Josef
seinen Brüdern zu erkennen, und der Pharao erfuhr,
aus welcher Familie Josef stammte. 14 Josef lud dann
seinen Vater Jakob ein, mit der gesamten Familie, ins-
gesamt 75 Personen, nach Ägypten überzusiedeln.
15 So kam Jakob nach Ägypten. Dort starb er auch, er
und seine Söhne, unsere Stammväter. 16 Nach ihrem
Tod wurden sie nach Sichem überführt und dort in dem
Familiengrab bestattet, das Abraham von der Sippe
Hamors durch Kauf erworben hatte.«

MOSES RETTUNG UND SEIN EINSATZ FÜR DAS UNTERDRÜCKTE VOLK

17 »Dann kam die Zeit, dass Gott das Versprechen ein-
lösen wollte, das er einst Abraham gegeben hatte. Die
Nachkommen Jakobs waren inzwischen in Ägypten
zu einem großen Volk geworden. 18 Da kam ein neuer
König an die Macht, der von Josef nichts mehr wusste.
19 Nach einem heimtückischen Plan wollte er unser
Volk ausrotten. Er zwang unsere Vorfahren, ihre
neugeborenen Kinder auszusetzen; keines sollte am
Leben bleiben. 20 In dieser Zeit wurde Mose gebo-
ren, ein Kind, an dem Gott Gefallen hatte. Drei Mo-
nate lang konnte er in seinem Elternhaus verborgen
gehalten werden. 21 Als er dann ausgesetzt werden
musste, rettete ihn die Tochter des Pharaos und ließ
ihn als ihren eigenen Sohn aufziehen. 22 Er studier-
te alle Wissenschaften der Ägypter und wurde ein
wortmächtiger und tatkräftiger Mann. 23 Als Mose
vierzig Jahre alt war, fasste er den Entschluss, sich um
seine Brüder, die Israeliten, zu kümmern. 24 Er wurde
Zeuge, wie ein Israelit von einem Ägypter geschlagen
wurde. Da griff er ein, zahlte es dem Ägypter heim und
schlug ihn tot. 25 Er dachte, seine Brüder, die Israeliten,
würden begreifen, dass Gott sie durch ihn befreien
wollte; aber sie begriffen es nicht. 26 Am nächsten Tag
nämlich kam er gerade dazu, als zwei Israeliten mit-
einander stritten. Er wollte sie versöhnen und sagte:
›Hört her, ihr seid doch Brüder! Warum schlagt ihr
einander?‹ 27 Aber der eine, der angefangen hatte,
stieß Mose beiseite und fragte: ›Wer hat dich zum
Aufseher und Richter über uns eingesetzt? 28 Willst
du mich auch umbringen wie gestern den Ägypter?‹
29 Als Mose das hörte, floh er aus Ägypten und lebte
als Fremder im Land Midian. Dort wurden ihm zwei
Söhne geboren.«

MOSES BERUFUNG UND AUSZUG ISRAELS AUS ÄGYPTEN. HINWEIS AUF CHRISTUS UND OFFENBARUNG DES GESETZES

30 »Wieder waren vierzig Jahre vergangen, und
Mose war eines Tages in der Wüste am Berg Sinai. Da
erschien ihm ein Engel in einem brennenden Dorn-
busch. 31 Mose wunderte sich über den brennenden
Busch; er wollte hingehen und ihn genauer ansehen.
Doch da hörte er die Stimme des Herrn: 32 ›Ich bin
der Gott deiner Vorfahren, der Gott Abrahams, Isa-
aks und Jakobs.‹ Mose zitterte vor Angst und wagte
nicht hinzuschauen. 33 Der Herr aber sagte: ›Zieh deine
Schuhe aus, denn du stehst auf heiligem Boden! 34 Ich
habe genau gesehen, wie mein Volk in Ägypten miss-
handelt wird, und habe sein Stöhnen gehört; ich bin
gekommen, um es zu retten. Deshalb geh jetzt, ich
schicke dich nach Ägypten!‹ 35 Ebenden Mose, den
die Israeliten abgelehnt und zu dem sie gesagt hat-
ten: ›Wer hat dich zum Aufseher und Richter einge-
setzt?‹, ebenden schickte Gott ihnen als Anführer und
Befreier – durch den Engel, der ihm im Dornbusch er-
schienen war. 36 Genau dieser Mose führte sie in die
Freiheit. Er vollbrachte staunenerregende Wunder,
zuerst in Ägypten, dann am Roten Meer und dann vier-
zig Jahre lang in der Wüste. 37 Genau dieser Mose ist es
auch, der zu den Israeliten sagte: ›Einen Propheten wie
mich wird Gott aus euren Brüdern berufen.‹ 38 Er war
es auch, der in der Wüste, als das Volk am Berg Sinai
versammelt war, als Vermittler auftrat zwischen dem
Engel, der auf dem Berg zu ihm sprach, und unseren
Vorfahren. Er empfing Weisungen, die zum Leben füh-
ren, damit er sie an uns weitergebe.«

UNGEHORSAM DES VOLKES IN DER WÜSTE

39 »Aber unsere Vorfahren wollten Mose nicht gehorchen, sondern lehnten sich gegen ihn auf. Sie waren mit ihrem Herzen schon wieder auf dem Weg zurück nach Ägypten, 40 als sie zu Aaron sagten: ›Mach uns Götter, die uns voranziehen! Denn was aus diesem Mose geworden ist, der uns aus Ägypten herausgeführt hat – niemand weiß es.‹ 41 So machten sie sich damals ein Stierbild, brachten ihm Opfer und feierten ein Fest zu Ehren ihres selbst gemachten Götzen. 42 Da wandte sich Gott von ihnen ab und lieferte sie noch anderen Götzen aus. Er ließ es zu, dass sie die Sterne am Himmel anbeteten, wie das im Buch der zwölf Propheten nachzulesen ist. Dort sagt Gott: ›Habt ihr Israeliten etwa *mir* zu Ehren Opfertiere geschlachtet und andere Opfer dargebracht die vierzig Jahre in der Wüste? 43 Nein, das Zelt des Götzen Moloch habt ihr mitgeführt und den Stern eures Götzen Räfan – Bilder, die ihr euch gemacht hattet, um sie anzubeten. Deshalb werde ich euch in die Verbannung führen, noch über Babylon hinaus!‹«

DER IRRTUM DES TEMPELBAUS

44 »Unsere Vorfahren hatten in der Wüste das Heilige Zelt; es war angefertigt aufgrund der Weisung Gottes an Mose und nach dem Modell, das Mose von Gott gezeigt worden war. 45 Die folgende Generation brachte dieses Zelt mit, als sie unter der Führung von Josua das Land in Besitz nahm, aus dem Gott die früheren Bewohner vor ihnen vertrieb. Jede neue Generation übernahm das Zelt von der vorhergehenden, bis zur Zeit Davids. 46 David gewann Gottes Gunst und bat Gott darum, ihn für das Zeltheiligtum der Nachkommen Jakobs einen festen Platz finden zu lassen. 47 Salomo aber maßte sich an, Gott ein *Haus* zu bauen. 48 Der höchste Gott wohnt jedoch nicht in Häusern, die von Menschen gemacht sind! Durch den Propheten Jesaja hat er gesagt: 49 ›Der Himmel ist mein Thron, die Erde mein Fußschemel. Was für ein Haus wollt ihr da für mich bauen? Wo ist die Wohnung, in der ich Raum finden könnte? 50 Habe ich nicht mit eigener Hand Himmel und Erde geschaffen?‹«

ANKLAGE GEGEN DIE ANKLÄGER

51 »Ihr widerspenstiges Volk, am Körper seid ihr beschnitten, aber euer Herz ist unbeschnitten, und eure Ohren sind verschlossen für Gottes Botschaft! Ständig widersetzt ihr euch dem Geist Gottes, ihr genauso wie damals eure Vorfahren! 52 Gibt es einen einzigen Propheten, den sie nicht verfolgt haben? Sie haben die Boten Gottes umgebracht, die das Kommen des einzig Gerechten angekündigt hatten. Den habt ihr nun verraten und ermordet! 53 Gott hat euch durch Vermittlung von Engeln sein Gesetz gegeben; aber ihr habt es nicht befolgt!«

STEPHANUS WIRD GESTEINIGT

54 Bei diesen Worten gerieten die Mitglieder des jüdischen Rates über Stephanus in solche Wut, dass sie mit den Zähnen knirschten. 55 Stephanus aber blickte zum Himmel empor, vom Heiligen Geist erfüllt; er sah Gott im Glanz seiner Herrlichkeit und Jesus an seiner rechten Seite 56 und rief: »Ich sehe den Himmel offen und den Menschensohn an der rechten Seite Gottes stehen!« 57 Als sie das hörten, schrien sie laut auf und hielten sich die Ohren zu. Alle miteinander stürzten sich auf Stephanus 58 und schleppten ihn vor die Stadt, um ihn zu steinigen. Die Zeugen legten ihre Oberkleider vor einem jungen Mann namens Saulus ab, damit er sie bewachte. 59 Während sie ihn steinigten, bekannte sich Stephanus zu Jesus, dem Herrn, und rief: »Herr Jesus, nimm meinen Geist auf!« 60 Dann fiel er auf die Knie und rief laut: »Herr, strafe sie nicht für diese Schuld!« Mit diesen Worten starb er.

8 1a Saulus aber war völlig einverstanden mit dieser Hinrichtung.

DIE GEMEINDE WIRD VERFOLGT

1b An diesem Tag begann für die Gemeinde in Jerusalem eine harte Verfolgung. Alle, die zu ihr gehörten, zerstreuten sich über Judäa und Samarien; nur die Apostel blieben in Jerusalem zurück. 2 Ein paar fromme Männer begruben Stephanus und hielten eine große Totenklage für ihn. 3 Saulus aber wollte die Gemeinde vernichten. Er durchsuchte die Häuser und ließ Männer und Frauen ins Gefängnis werfen.

DIE BOTSCHAFT KOMMT NACH SAMARIEN

4 Die über das Land zerstreuten Christen zogen umher und verkündeten die Botschaft Gottes. 5 Unter ihnen war auch Philippus. Er kam nach Samaria, der Hauptstadt von Samarien, und verkündete, dass in Jesus der versprochene Retter gekommen sei. 6 Die Menge schenkte dem, was Philippus sagte, durchweg die größte Aufmerksamkeit; denn alle hörten von den Wundern, die er vollbrachte, und wurden auch selbst Augenzeugen davon. 7 Mit lautem Geschrei fuhren aus vielen Besessenen böse Geister aus, und viele Gelähmte und Verkrüppelte wurden geheilt. 8 In der ganzen Stadt herrschte große Freude. 9 Nun lebte dort in der Stadt seit einiger Zeit ein Mann namens Simon, der sich mit Magie befasste und mit dem Anspruch auftrat, ein ganz Großer zu sein. Das ganze Volk von Samaria war von ihm hellauf begeistert. 10 Bis jetzt war *er* es gewesen, der alle Aufmerksamkeit auf sich gezogen hatte, und alle Leute, von den einfachsten bis zu den gebildetsten, sagten von ihm: »Er ist die Kraft Gottes, die die Große genannt wird!« 11 Dass er so im Mittelpunkt der Aufmerksamkeit stand, hatte seinen Grund; denn durch seine Zauberkünste hatte er die Menschen im Lauf der Zeit regelrecht um den Verstand gebracht. 12 Als nun Philippus die Botschaft von der anbrechenden Herrschaft Gottes verkündete und von Jesus Christus und der Macht seines Namens, glaubten die Leute ihm und ließen sich taufen, Männer wie Frauen. 13 Auch Simon kam zum Glauben. Nach seiner Taufe schloss er sich eng an Philippus an und konnte nicht genug staunen über die großen, machtvollen Wunder, die durch ihn geschahen.

DIE GETAUFTEN EMPFANGEN DEN HEILIGEN GEIST

14 Die Apostel in Jerusalem hörten, dass die Leute in
Samarien die Botschaft Gottes angenommen hatten.
Deshalb schickten sie Petrus und Johannes dorthin.
15 Die beiden kamen in die Stadt Samaria und beteten
zu Gott, dass er den Getauften seinen Geist schenke.
16 Denn die Menschen waren zwar im Namen von
Jesus, dem Herrn, getauft worden, aber der Heilige
Geist war noch auf keinen von ihnen herabgekom-
men. 17 Nach dem Gebet legten Petrus und Johannes
den Getauften die Hände auf, und sie wurden vom
Heiligen Geist erfüllt.

DER MAGIER SIMON WIRD ZURECHTGEWIESEN

18 Als Simon sah, dass die Menschen den Heiligen Geist
empfingen, wenn die Apostel ihnen die Hände aufleg-
ten, bot er Petrus und Johannes Geld an 19 und sagte:
»Verleiht doch auch mir diese Fähigkeit! Ich möchte,
dass jeder, dem ich die Hände auflege, den Heiligen
Geist empfängt!« 20 Aber Petrus sagte zu ihm: »Zur
Hölle mit dir und deinem Geld! Meinst du vielleicht, du
könntest kaufen, was Gott schenkt? 21 Du gehörst nicht
mehr zu uns, für dich ist kein Platz in der Gemeinde,
weil du dich Gott nicht aufrichtig zuwendest. 22 Kehr
um und gib deine Falschheit auf! Bete zum Herrn,
dass er dir vielleicht deine bösen Absichten verzeiht!
23 Ich sehe, du bist voller Verkehrtheit und ganz ins
Böse verstrickt!« 24 Da bat Simon die Apostel: »Betet
ihr für mich zum Herrn, dass die Strafen nicht über
mich kommen, die ihr mir angedroht habt!« 25 Petrus
und Johannes blieben noch in Samaria, bezeugten
Jesus als den Herrn und sagten den Menschen die
Botschaft Gottes; dann kehrten sie nach Jerusalem
zurück. Unterwegs verkündeten sie die Gute Nachricht
in vielen Dörfern Samariens.

PHILIPPUS UND DER EUNUCH AUS ÄTHIOPIEN

26 Der Engel des Herrn aber sagte zu Philippus: »Mach
dich auf den Weg und geh nach Süden, zu der Straße,
die von Jerusalem nach Gaza hinabführt!« Diese
Straße wird kaum von jemand benutzt. 27 Philippus
machte sich auf den Weg und ging dorthin. Da kam in
seinem Reisewagen ein Äthiopier gefahren. Es war ein
hochgestellter Mann, der Finanzverwalter der äthiopi-
schen Königin, die den Titel Kandake führt, ein Eunuch.
Er war in Jerusalem gewesen, um den Gott Israels anzu-
beten. 28 Jetzt befand er sich auf der Rückreise. Er saß in
seinem Wagen und las im Buch des Propheten Jesaja.
29 Der Geist Gottes sagte zu Philippus: »Lauf hin und
folge diesem Wagen!« 30 Philippus lief hin und hörte,
wie der Mann laut aus dem Buch des Propheten Jesaja
las. Er fragte ihn: »Verstehst du denn, was du da liest?«
31 Der Äthiopier sagte: »Wie kann ich es verstehen,
wenn mir niemand hilft!« Und er forderte Philippus
auf, zu ihm in den Wagen zu steigen. 32 Die Stelle, die
er gerade gelesen hatte, lautete: »Wie ein Lamm, wenn
es zum Schlachten geführt wird, wie ein Schaf, wenn es
geschoren wird, so duldete er alles schweigend, ohne
zu klagen. 33 Er wurde aufs Tiefste erniedrigt; aber mit-
ten in seiner Erniedrigung wurde das Urteil gegen ihn
aufgehoben. Wer wird je seine Nachkommen zählen
können? Denn von der Erde weg wurde sein Leben
emporgehoben.« 34 Der Mann aus Äthiopien fragte:
»Bitte, sag mir doch: Um wen geht es hier eigentlich?
Meint der Prophet sich selbst oder einen anderen?«
35 Da ergriff Philippus die Gelegenheit und verkün-
dete ihm, von dem Prophetenwort ausgehend, die
Gute Nachricht von Jesus. 36 Unterwegs kamen sie
an einer Wasserstelle vorbei, und der Äthiopier sagte:
»Hier gibt es Wasser! Spricht etwas dagegen, dass ich
getauft werde?« 38 Er ließ den Wagen anhalten. Die
beiden stiegen ins Wasser hinab, Philippus und der
Äthiopier, und Philippus taufte ihn. 39 Als sie aus dem
Wasser herausstiegen, wurde Philippus vom Geist des
Herrn gepackt und weggeführt, und der Äthiopier sah
ihn nicht mehr. Von Freude erfüllt setzte er seine Reise
fort. 40 Philippus tauchte danach in Aschdod auf. Von
dort zog er nach Cäsarea und verkündete unterwegs
in allen Städten, durch die er kam, die Gute Nachricht.

DIE BEKEHRUNG VON SAULUS

9 Saulus verfolgte die Jünger und Jüngerinnen des
Herrn weiterhin voller Wut und mit schweren
Drohungen. Er ging zum Obersten Priester 2 und ließ
sich Briefe an die jüdischen Gemeinden in Damaskus
geben. Darin wurde ihm die Vollmacht erteilt, auch
dort nach Anhängern der neuen Lehre zu suchen und
sie gegebenenfalls – Männer wie Frauen – festzuneh-
men und nach Jerusalem zu schaffen. 3 Auf dem Weg
nach Damaskus, kurz vor der Stadt, umstrahlte ihn
plötzlich ein Licht vom Himmel. 4 Er stürzte zu Boden
und hörte eine Stimme: »Saul, Saul, warum verfolgst
du mich?« 5 »Wer bist du, Herr?«, fragte Saulus. Die
Stimme sagte: »Ich bin Jesus, den du verfolgst! 6 Aber
steh auf und geh in die Stadt! Dort wirst du erfahren,
was du tun sollst.« 7 Den Männern, die Saulus beglei-
teten, verschlug es die Sprache. Sie hörten zwar die
Stimme, aber sie sahen niemand. 8 Saulus stand von
der Erde auf und öffnete die Augen – aber er konnte
nichts mehr sehen. Da nahmen sie ihn an der Hand
und führten ihn nach Damaskus. 9 Drei Tage lang war
er blind und aß nichts und trank nichts. 10 In Damaskus
lebte ein Jünger namens Hananias. Dem erschien der
Herr und sagte: »Hananias!« »Ja, Herr«, antwortete er.
11 Der Herr sagte: »Steh auf, geh in die Gerade Straße
in das Haus von Judas und frag nach Saulus aus Tarsus.
Er ist dort und betet. 12 In einer Vision hat er gesehen,
wie ein Mann namens Hananias zu ihm kommt und ihm
die Hände auflegt, damit er wieder sehen kann.« 13 Ha-
nanias antwortete: »Herr, ich habe von vielen Seiten
gehört, wie viel Böses dieser Mann in Jerusalem dei-
ner Gemeinde angetan hat. 14 Und jetzt ist er hier und
hat von den führenden Priestern die Vollmacht, alle
zu verhaften, die sich zu deinem Namen bekennen.«
15 Aber der Herr sagte: »Geh nur hin! Gerade ihn habe
ich als mein Werkzeug ausgesucht. Er wird meinen Na-
men den nicht jüdischen Völkern und ihren Herrschern

bekannt machen und auch dem Volk Israel. 16 Und ich will ihm zeigen, wie viel nun *er* für das Bekenntnis zu meinem Namen leiden muss.« 17 Da ging Hananias in jenes Haus. Er legte Saulus die Hände auf und sagte: »Bruder Saul, der Herr hat mich geschickt – Jesus, der dir unterwegs erschienen ist. Du sollst wieder sehen können und mit dem Heiligen Geist erfüllt werden.« 18 Im selben Augenblick fiel es Saulus wie Schuppen von den Augen und er konnte wieder sehen. Er stand auf und ließ sich taufen. 19a Dann aß er etwas und kam wieder zu Kräften.

SAULUS VERKÜNDET JESUS IN DAMASKUS

19b Saulus war erst ein paar Tage bei den Jüngern und Jüngerinnen in Damaskus, 20 da ging er auch schon in die Synagogen und verkündete dort Jesus als den Sohn Gottes. 21 Alle, die ihn hörten, waren außer sich und sagten: »Ist das nicht der, der in Jerusalem alle verfolgt hat, die sich zu Jesus bekannt haben? Er ist doch eigens hergekommen, um auch hier die Anhänger dieses Menschen festzunehmen und den führenden Priestern auszuliefern!« 22 Aber Saulus trat nur umso entschiedener auf und brachte die Juden in Damaskus völlig aus der Fassung, indem er aus den Heiligen Schriften nachwies, dass Jesus der versprochene Retter ist. 23 Nach einiger Zeit beschlossen die Juden, Saulus zu töten; 24 aber er erfuhr davon. Um ihn in die Hand zu bekommen und beseitigen zu können, stellten sie sogar bei Tag und Nacht Wachen an die Stadttore. 25 Da ließen ihn seine Jünger eines Nachts in einem Korb die Stadtmauer hinunter und verhalfen ihm so zur Flucht.

SAULUS IN JERUSALEM. SEINE ABREISE NACH TARSUS

26 Saulus kam nach Jerusalem und wollte sich dort den Jüngern und Jüngerinnen anschließen. Aber sie hatten noch immer Angst vor ihm; sie konnten es nicht glauben, dass er wirklich einer der Ihren geworden war. 27 Da nahm Barnabas die Sache in die Hand und brachte ihn zu den Aposteln. Er erzählte ihnen, wie Saulus auf dem Weg nach Damaskus den Herrn gesehen und der Herr zu ihm gesprochen hatte. Er schilderte ihnen auch, wie mutig Saulus dann in Damaskus im Namen von Jesus aufgetreten und für diesen Namen eingetreten war. 28 Von da an ging Saulus bei den Aposteln in Jerusalem aus und ein. Mit ihnen zusammen trat er offen und mutig für Jesus und seinen Namen ein. 29 Vor allem sprach und diskutierte Saulus mit den Griechisch sprechenden Juden. Die aber wollten ihn umbringen. 30 Als seine Glaubensbrüder das erfuhren, brachten sie ihn in die Hafenstadt Cäsarea hinab, damit er von dort nach Tarsus fahren konnte.

PETRUS BESUCHT DIE GEMEINDEN UND KOMMT NACH LYDDA UND JOPPE. WUNDER AN ÄNEAS UND TABITA

31 Die Gemeinde in ganz Judäa, Galiläa und Samarien erlebte nun eine friedliche Zeit. Sie festigte sich und machte Fortschritte in einem gottgefälligen Leben. Der Heilige Geist stand ihr bei und ließ die Zahl der Glaubenden ständig zunehmen. 32 Petrus durchzog das ganze Land und besuchte die einzelnen Gemeinden. Dabei kam er auch zu den Christen in Lydda. 33 Dort sah er einen Menschen – er hieß Äneas –, der seit acht Jahren das Bett nicht mehr verlassen konnte; er war gelähmt. 34 »Äneas«, sagte Petrus zu ihm, »Jesus Christus hat dich geheilt. Steh auf und mach dein Bett!« Im selben Augenblick konnte Äneas aufstehen. 35 Alle Bewohner von Lydda und der ganzen Scharon-Ebene sahen ihn gesund umhergehen und nahmen Jesus als den Herrn an. 36 In Joppe wohnte eine Jüngerin mit Namen Tabita. Ihr griechischer Name war Dorkas; beides bedeutet »Gazelle«. Sie hatte viel Gutes getan und den Armen geholfen. 37 Nun aber war sie krank geworden und gestorben. Sie wurde gewaschen und im Obergemach aufgebahrt. 38 Von Joppe war es nicht weit nach Lydda, und als sie in Joppe erfuhren, dass Petrus gerade dort war, schickten sie zwei Männer zu ihm und ließen ihn bitten, so schnell wie möglich zu kommen. 39 Petrus ging sofort mit, und als er in Joppe ankam, führten sie ihn in das Obergemach. Die Witwen der Gemeinde drängten sich um ihn und zeigten ihm unter Tränen die vielen Kleider und Mäntel, die Dorkas für sie gemacht hatte, als sie noch unter ihnen lebte. 40 Petrus aber schickte sie alle aus dem Zimmer, kniete nieder und betete. Dann wandte er sich der Toten zu und sagte: »Tabita, steh auf!« Sie öffnete die Augen, und als sie Petrus erblickte, setzte sie sich auf. 41 Er reichte ihr die Hand und half ihr auf die Füße. Dann rief er die Witwen und die ganze Gemeinde herein und gab ihnen Dorkas lebendig zurück. 42 Die Nachricht verbreitete sich im ganzen Ort und viele kamen zum Glauben an Jesus als den Herrn. 43 Petrus blieb längere Zeit in Joppe; er wohnte bei einem Gerber namens Simon.

KORNELIUS IN CÄSAREA HAT EINE VISION

10 In Cäsarea lebte Kornelius, ein Hauptmann, der zum sogenannten Italischen Regiment gehörte. 2 Er glaubte an Gott und hielt sich mit seiner ganzen Hausgemeinschaft zur jüdischen Gemeinde. Er tat viel für Not leidende Juden und betete regelmäßig. 3 An einem Nachmittag gegen drei Uhr hatte er eine Vision. Er sah deutlich, wie ein Engel Gottes bei ihm eintrat, und hörte, wie er zu ihm sagte: »Kornelius!« 4 Erschrocken blickte er den Engel an und fragte: »Warum kommst du, Herr?« Der Engel antwortete: »Gott hat genau bemerkt, wie treu du betest und wie viel Gutes du den Armen tust, und er will dich dafür belohnen. 5 Darum schicke jetzt Boten nach Joppe und lass einen gewissen Simon zu dir bitten, der den Beinamen Petrus trägt. 6 Er ist zu Gast bei einem Gerber Simon, der sein Haus unten am Meer hat.« 7 Als der Engel wieder fortgegangen war, rief Kornelius zwei Diener und einen frommen Soldaten aus seinem persönlichen Gefolge. 8 Er erzählte ihnen, was er erlebt hatte, und schickte sie nach Joppe.

PETRUS IN JOPPE HAT EINE VISION

9 Am nächsten Tag, als die Boten von Kornelius Joppe
schon fast erreicht hatten, begab sich Petrus um die
Mittagszeit auf das flache Dach des Hauses, um zu be-
ten. 10 Da bekam er Hunger und wollte essen. Während
das Essen zubereitet wurde, hatte er eine Vision. 11 Er
sah den Himmel geöffnet und es kam daraus etwas auf
die Erde herab, das sah aus wie ein großes Tuch, das
an vier Ecken gehalten wird. 12 Darin befanden sich
alle Arten von vierfüßigen Tieren, Kriechtieren und
Vögeln. 13 Eine Stimme rief: »Auf, Petrus, schlachte und
iss!« 14 Aber Petrus antwortete: »Auf keinen Fall, Herr!
Noch nie habe ich etwas Verbotenes oder Unreines ge-
gessen.« 15 Doch die Stimme forderte ihn ein zweites
Mal auf und sagte: »Was Gott für rein erklärt hat, das
erkläre du nicht für unrein!« 16 Und noch ein drittes
Mal erging an Petrus dieselbe Aufforderung. Gleich
danach wurde das Tuch samt Inhalt wieder in den Him-
mel hinaufgehoben.

DIE BOTEN VON KORNELIUS BEI PETRUS IN JOPPE

17 Während Petrus noch ratlos war und darüber nach-
dachte, was die Vision bedeuten sollte, hatten sich die
Boten aus Cäsarea zu Simons Haus durchgefragt und
standen unten vor dem Tor. 18 »Ist hier ein Simon mit
dem Beinamen Petrus zu Gast?«, riefen sie. 19 Petrus
grübelte noch über den Sinn seiner Vision, da sagte ihm
der Geist Gottes: »Drei Männer wollen zu dir! 20 Geh
hinunter und folge ihnen ohne Bedenken; ich habe sie
geschickt.« 21 Da ging er hinunter und sagte zu ihnen:
»Ich bin der, den ihr sucht. Was führt euch zu mir?«
22 »Wir kommen vom Hauptmann Kornelius«, sagten
sie. »Er führt ein vorbildliches Leben und hält sich zur
jüdischen Gemeinde; alle Juden bei uns reden nur das
Beste über ihn. Ein heiliger Engel hat ihm aufgetragen,
dich in sein Haus einzuladen und zu hören, was du zu
sagen hast.« 23a Darauf ließ Petrus die Männer herein,
bewirtete sie und gab ihnen ein Nachtquartier.

PETRUS BEI KORNELIUS IN CÄSAREA

23b Am anderen Morgen machte sich Petrus mit ihnen
auf den Weg; einige Brüder aus Joppe begleiteten ihn.
24 Am Tag darauf kamen sie in Cäsarea an. Kornelius
hatte seine Verwandten und die engsten Freunde zu-
sammengerufen und erwartete sie. 25 Als Petrus durchs
Hoftor trat, kam ihm Kornelius entgegen und warf sich
vor ihm nieder. 26 Doch Petrus zog ihn hoch und sagte:
»Steh auf, ich bin auch nur ein Mensch!« 27 Er sprach
noch weiter mit ihm und betrat dabei das Haus. Als er
die vielen Leute sah, 28 sagte er zu ihnen: »Ihr wisst,
dass ein Jude nicht mit einem Nichtjuden verkehren
und vollends nicht sein Haus betreten darf. Aber mir
hat Gott gezeigt, dass ich keinen Menschen als unrein
oder unberührbar betrachten soll. 29 Deshalb bin ich
eurer Einladung ohne Widerrede gefolgt. Aber jetzt
möchte ich doch gern erfahren, warum ihr mich ge-
rufen habt!« 30 Kornelius antwortete: »Es war vor drei
Tagen, ungefähr zur selben Zeit wie jetzt. Ich betete
hier im Haus zur Gebetszeit um drei Uhr nachmittags,
als plötzlich ein Mann in leuchtendem Gewand vor
mir stand 31 und sagte: ›Kornelius, Gott hat deine Ge-
bete erhört und er will dir das Gute vergelten, das du
den Armen getan hast. 32 Schicke darum Boten nach
Joppe und lass Simon mit dem Beinamen Petrus zu
dir bitten! Er ist zu Gast beim Gerber Simon unten am
Meer!‹ 33 Da habe ich sofort zu dir geschickt, und ich
freue mich, dass du gekommen bist. Nun sind wir alle
hier vor Gott versammelt und bereit zu hören, was der
Herr dir aufgetragen hat.«

PETRUS PREDIGT VOR DEN NICHTJUDEN IM HAUS VON KORNELIUS

34 Petrus begann zu sprechen: »Wahrhaftig, jetzt be-
greife ich, dass Gott keine Unterschiede macht! 35 Er
liebt alle Menschen, ganz gleich, zu welchem Volk sie
gehören, wenn sie ihn nur ernst nehmen und tun, was
vor ihm recht ist. 36 Seinem Volk Israel hat er die Bot-
schaft verkünden lassen, dass er Frieden gestiftet hat
durch Jesus Christus – aber dieser Jesus Christus ist ja
der Herr über *alle*! 37 Ihr habt sicherlich erfahren, was
sich im jüdischen Land zugetragen hat, beginnend
in Galiläa, nachdem Johannes zur Taufe aufgerufen
hatte. 38 Ihr wisst von Jesus aus Nazaret, den Gott
zum Retter bestimmt und mit seinem Geist und sei-
ner Kraft erfüllt hat. Wo er hinkam, tat er Gutes und
heilte alle, die der Teufel in seiner Gewalt hatte; denn
Gott stand ihm bei. 39 Wir können alles bezeugen, was
er im jüdischen Land und in Jerusalem getan hat. Die
Juden töteten ihn, sie hängten ihn ans Kreuz, an das
Fluchholz. 40 Aber Gott hat ihn am dritten Tag vom
Tod auferweckt und ihn sichtbar erscheinen lassen –
41 nicht vor dem ganzen Volk, sondern vor den Zeugen,
die er im Voraus dazu bestimmt hatte. Wir, die Apostel,
sind diese Zeugen; wir haben mit Jesus gegessen und
getrunken, nachdem er von den Toten auferstanden
war. 42 Und uns gab Jesus den Auftrag, dem Volk Israel
zu verkünden und zu bezeugen, dass er von Gott zum
Richter über die Lebenden und die Toten eingesetzt
ist. 43 Alle Propheten haben von ihm gesprochen; sie
bezeugen, dass durch die Macht seines Namens alle
Menschen die Vergebung ihrer Schuld empfangen sol-
len, alle, die auf ihn vertrauen.«

DER HEILIGE GEIST KOMMT NOCH VOR DER TAUFE AUF DIE NICHTJUDEN HERAB

44 Petrus hatte noch nicht zu Ende gesprochen, da
kam der Heilige Geist auf alle herab, die bei Kornelius
versammelt waren und die Botschaft hörten. 45 Die
Christen jüdischer Herkunft, die mit Petrus aus Joppe
gekommen waren, gerieten außer sich vor Staunen,
dass Gott nun auch über die Nichtjuden seinen Geist
ausgegossen hatte. 46 Sie hörten nämlich, wie die
Versammelten in unbekannten Sprachen redeten und
Gott priesen. Darauf sagte Petrus zu seinen Beglei-
tern: 47 »Diese Leute haben genau wie wir den Heiligen
Geist empfangen. Wer kann ihnen da noch die Taufe
verweigern?« 48 Und er befahl, sie im Namen von Jesus

Christus zu taufen. Danach baten sie ihn, noch ein paar
Tage bei ihnen zu bleiben.

PETRUS RECHTFERTIGT SICH VOR DER GEMEINDE IN JERUSALEM

11 Die Apostel und die Brüder in Judäa hörten, dass
auch die Nichtjuden die Botschaft Gottes an-
genommen hatten. 2 Als nun Petrus nach Jerusalem
zurückkehrte, machten sie ihm Vorwürfe: 3 »Du bist zu
Leuten gegangen, die nicht zu unserem Volk gehören!
Du hast sogar mit ihnen gegessen!« 4 Da erzählte ih-
nen Petrus ausführlich, was geschehen war: 5 »Als ich
eines Tages in Joppe betete, hatte ich eine Vision. Ich
sah etwas vom Himmel herabkommen, das sah aus wie
ein großes Tuch, das an den vier Ecken gehalten wird.
Es kam bis zu mir herunter. 6 Als ich genau hinschaute,
sah ich darin alle Arten von vierfüßigen und wilden
Tieren, von Kriechtieren und Vögeln. 7 Dann hörte ich
auch eine Stimme, die sagte: ›Auf, Petrus, schlachte
und iss!‹ 8 Aber ich sagte: ›Auf gar keinen Fall, Herr!
Ich habe noch nie in meinem Leben etwas Verbotenes
oder Unreines gegessen.‹ 9 Doch die Stimme von oben
forderte mich ein zweites Mal auf und sagte: ›Was Gott
für rein erklärt, das erkläre du nicht für unrein!‹ 10 Und
noch ein drittes Mal erging an mich dieselbe Auffor-
derung. Danach wurde alles wieder in den Himmel
hinaufgezogen. 11 In diesem Augenblick kamen drei
Männer vor dem Haus an, in dem wir waren, Boten, die
man aus Cäsarea zu mir geschickt hatte. 12 Der Geist
Gottes befahl mir, ihnen ohne Widerrede zu folgen. So
ging ich mit. Die sechs Brüder, die ich hierher mitge-
bracht habe, begleiteten mich. Wir kamen nach Cäsa-
rea und betraten das Haus des Mannes, der nach mir
geschickt hatte. 13 Er erzählte uns, er habe den Engel
in seinem Haus stehen gesehen, der ihm sagte: ›Schick
jemand nach Joppe und lass Simon zu dir bitten, den
mit dem Beinamen Petrus! 14 Was er dir zu sagen hat,
wird dir die Rettung bringen, dir und deiner ganzen
Hausgemeinschaft.‹ 15 Ich hatte aber noch kaum be-
gonnen, zu ihnen zu sprechen, da kam der Heilige
Geist auf sie herab, genauso wie damals am Anfang
auf uns. 16 Mir fiel sofort das Wort ein, das der Herr
gesagt hatte: ›Johannes hat mit Wasser getauft, aber
ihr werdet mit dem Geist Gottes getauft werden.‹ 17 Da
war mir klar: Gott hatte ihnen das gleiche Geschenk
gegeben wie damals uns, als wir zum Glauben an Jesus
Christus, den Herrn, gekommen waren. Wie hätte *ich*
mich da Gott in den Weg stellen können?« 18 Als die
Apostel und die anderen das hörten, gaben sie ihren
Widerstand auf. Sie priesen Gott und sagten: »Also
hat Gott auch den Nichtjuden den Weg eröffnet, zu
ihm umzukehren und das wahre Leben zu gewinnen.«

DIE GEMEINDE IN ANTIOCHIA

19 Die von der Gemeinde, die in der Verfolgungszeit
nach der Ermordung von Stephanus aus Jerusalem
geflohen waren, kamen zum Teil bis nach Phönizien,
Zypern und Antiochia. Sie verkündeten die Botschaft
Gottes zunächst nur unter den Juden. 20 Aber einige
von ihnen, die aus Zypern und Kyrene stammten, ka-
men nach Antiochia und verkündeten dort auch den
Nichtjuden die Gute Nachricht von Jesus, dem Herrn.
21 Gott stand ihnen zur Seite, sodass viele Menschen
zum Glauben kamen und Jesus als den Herrn annah-
men. 22 Die Gemeinde in Jerusalem hörte davon, und
die Apostel schickten Barnabas nach Antiochia. 23 Als
er hinkam und sah, was Gott dort gewirkt hatte, freute
er sich. Er machte allen Mut und bestärkte sie in ihrem
Vorsatz, dem Herrn treu zu bleiben. 24 Denn Barna-
bas war ein tüchtiger Mann, erfüllt mit dem Heiligen
Geist und mit lebendigem Glauben. Gott führte der
Gemeinde immer mehr Menschen zu. 25 Barnabas
aber ging nach Tarsus, um Saulus zu suchen; 26 und
als er ihn gefunden hatte, nahm er ihn mit nach Antio-
chia. Ein ganzes Jahr lang wirkten beide gemeinsam
in der Gemeinde und unterwiesen viele Menschen
im Glauben. Hier in Antiochia kam für die Jünger
und Jüngerinnen zum ersten Mal die Bezeichnung
»Christen« auf.

IHRE FÜRSORGE FÜR DIE GEMEINDE IN JERUSALEM

27 Während dieser Zeit kamen Propheten von
Jerusalem nach Antiochia. 28 Einer von ihnen, Agabus,
trat vor die versammelte Gemeinde und sagte auf Ein-
gebung des Heiligen Geistes voraus, dass eine große
Hungersnot über die ganze Erde kommen werde – wie
sie dann auch tatsächlich unter der Regierung des Kai-
sers Klaudius eintraf. 29 Da beschloss die Gemeinde
in Antiochia, den Brüdern und Schwestern in Judäa
nach Kräften zu helfen – entsprechend dem, was die
Einzelnen in der Gemeinde erübrigen konnten. 30 Sie
schickten ihre Spende durch Barnabas und Saulus an
die Gemeindeältesten in Jerusalem.

JAKOBUS WIRD HINGERICHTET, PETRUS GEFANGEN GENOMMEN

12 Um diese Zeit ließ König Herodes verschie-
dene Mitglieder der Gemeinde von Jerusalem
festnehmen und schwer misshandeln. 2 Jakobus, den
Bruder von Johannes, ließ er enthaupten. 3 Als er
merkte, dass dies den Juden gefiel, ging er noch einen
Schritt weiter und ließ auch Petrus gefangen nehmen –
gerade in den Tagen des Passafestes. 4 Petrus wurde ins
Gefängnis gebracht; zu seiner Bewachung wurden vier
Gruppen zu je vier Soldaten abgestellt, die einander
ablösen sollten. Herodes wollte ihm nach dem Fest
vor allem Volk den Prozess machen. 5 So saß Petrus
also streng bewacht im Gefängnis. Die Gemeinde aber
betete Tag und Nacht inständig für ihn zu Gott.

PETRUS WIRD AUS DEM GEFÄNGNIS BEFREIT

6 In der Nacht, bevor Herodes ihn vor Gericht stellen
wollte, schlief Petrus zwischen zwei der Wachsolda-
ten, mit Ketten an sie gefesselt. Vor der Tür der Zelle
waren die zwei anderen als Wachtposten aufgestellt.
7 Plötzlich stand da der Engel des Herrn, und die ganze
Zelle war von strahlendem Licht erfüllt. Der Engel

weckte Petrus durch einen Stoß in die Seite und sagte:
»Schnell, steh auf!« Da fielen Petrus die Ketten von
den Händen. 8 Der Engel sagte: »Leg den Gürtel um
und zieh die Sandalen an!« Petrus tat es, und der En-
gel sagte: »Wirf dir den Mantel um und komm mit!«
9 Petrus folgte ihm nach draußen. Er wusste nicht, dass
es Wirklichkeit war, was er da mit dem Engel erlebte; er
meinte, er hätte eine Vision. 10 Sie kamen ungehindert
am ersten der Wachtposten vorbei, ebenso am zwei-
ten, und standen schließlich vor dem eisernen Tor, das
in die Stadt führte. Das Tor öffnete sich von selbst. Sie
traten hinaus und gingen die Straße entlang, doch als
Petrus in die nächste einbog, war der Engel plötzlich
verschwunden. 11 Als Petrus zu sich kam, sagte er: »Es
ist also wirklich wahr! Der Herr hat seinen Engel ge-
schickt, um mich vor Herodes zu retten und vor dem
zu bewahren, was das jüdische Volk sich erhofft hat!«
12 Als ihm das klar geworden war, ging er zu dem Haus,
das Maria gehörte, der Mutter von Johannes mit dem
Beinamen Markus. Dort waren viele Christen versam-
melt und beteten immer noch für seine Freilassung.
13 Petrus klopfte an das Hoftor, und die Dienerin Rhode
kam, um zu hören, wer draußen sei. 14 Als sie Petrus an
der Stimme erkannte, vergaß sie vor Freude, das Tor zu
öffnen; sie rannte ins Haus und meldete, Petrus stehe
draußen. 15 »Du bist nicht ganz bei Verstand!«, sagten
die im Haus. Und als Rhode darauf bestand, meinten
sie: »Das ist sein Schutzengel!« 16 Petrus aber klopfte
und klopfte, bis sie schließlich aufmachten. Als sie
ihn sahen, gerieten sie außer sich. 17 Er bat mit einer
Handbewegung um Ruhe und erklärte ihnen, wie ihn
Gott aus dem Gefängnis befreit hatte. »Berichtet das
Jakobus und allen anderen Brüdern und Schwestern!«,
sagte er. Dann verließ er Jerusalem. 18 Als es Tag wurde,
gab es bei der Wachmannschaft eine große Aufregung,
weil Petrus verschwunden war. 19 Herodes ließ überall
nach ihm suchen, aber vergeblich. Darauf verhörte er
die Soldaten. Er befand sie für schuldig und ließ sie
hinrichten. Danach begab sich Herodes von Jerusalem
hinab nach Cäsarea in seine Hauptresidenz.

DER TOD VON HERODES AGRIPPA I.

20 König Herodes lag im Streit mit den Bürgern von
Tyrus und Sidon, und sein Zorn über sie war groß.
Nun hatten sie eine Abordnung geschickt und um
eine friedliche Beilegung des Konflikts gebeten. Den
königlichen Palastverwalter Blastus hatten sie dafür
gewonnen, beim König ein Wort für sie einzulegen.
Die Bürger von Tyrus und Sidon waren nämlich für ihre
Lebensmittelversorgung auf Lieferungen aus dem Ge-
biet des Königs angewiesen. 21 An dem Tag, an dem
die Beilegung des Streits feierlich verkündet werden
sollte, nahm Herodes in der Pracht seiner königlichen
Gewänder auf der Tribüne Platz und hielt in öffentli-
cher Volksversammlung eine Rede an die Abordnung
aus Tyrus und Sidon. 22 Das Volk von Cäsarea aber rief
laut: »So redet ein Gott, nicht ein Mensch!« 23 Im sel-
ben Augenblick schlug ihn der Engel des Herrn – weil
er sich als einen Gott feiern ließ, anstatt dem wahren
Gott die Ehre zu geben. Der König wurde von Wür-
mern zerfressen und starb. 24 Die Botschaft Gottes aber
breitete sich aus und die Zahl der Glaubenden nahm
immer mehr zu.

BARNABAS UND SAULUS VON DER GEMEINDE IN ANTIOCHIA AUSGESANDT

25 Nachdem Barnabas und Saulus die Geldspende in
Jerusalem übergeben hatten, kehrten sie nach Antio-
chia zurück. Sie brachten Johannes mit dem Beinamen
Markus aus Jerusalem mit.

13 In der Gemeinde von Antiochia gab es eine Reihe
von Propheten und Lehrern; es waren Barnabas,
Simeon, genannt »der Schwarze«, Luzius von Kyrene,
Manaën, der zusammen mit dem Fürsten Herodes
erzogen worden war, und Saulus. 2 Als sie einmal für
einige Zeit fasteten und sich ganz dem Gebet widme-
ten, sagte ihnen der Heilige Geist: »Gebt mir Barnabas
und Saulus für die besondere Aufgabe frei, zu der ich
sie berufen habe!« 3 Nach einer weiteren Zeit des Fas-
tens und Betens legten sie den beiden die Hände auf
und ließen sie ziehen.

BARNABAS UND SAULUS AUF ZYPERN

4 So wurden Barnabas und Saulus vom Heiligen Geist
ausgesandt und auf den Weg geschickt. Sie gingen
hinab nach Seleukia und reisten von dort mit dem
Schiff zur Insel Zypern. 5 Als sie in die Stadt Salamis
kamen, verkündeten sie die Botschaft Gottes in den
jüdischen Synagogen. Als Helfer hatten sie noch
Johannes Markus bei sich. 6 Dann durchzogen sie
die ganze Insel und kamen nach Paphos. Dort trafen
sie einen Juden namens Barjesus, der war ein Magier
und falscher Prophet. 7 Er gehörte zum Gefolge des
römischen Statthalters der Insel, Sergius Paulus, einem
gebildeten Mann. Der Statthalter hatte Barnabas und
Saulus rufen lassen und wollte die Botschaft Gottes hö-
ren. 8 Aber Elymas, wie Barjesus sich auch nannte – das
bedeutet »Magier« –, trat ihnen entgegen und suchte
mit allen Mitteln zu verhindern, dass der Statthalter der
Botschaft glaubte. 9 Saulus – mit seinem römischen Na-
men heißt er übrigens Paulus – sah den Magier scharf
an; erfüllt vom Heiligen Geist, 10 sagte er zu ihm: »Du
Sohn des Teufels, du bist voll List und Tücke und kämpfst
gegen alles Gute. Willst du nicht endlich aufhören, die
klaren Absichten Gottes zu durchkreuzen? 11 Der Herr
wird dich dafür bestrafen: Du sollst blind sein und für
einige Zeit das Sonnenlicht nicht mehr sehen!« Im sel-
ben Augenblick fand sich der Magier in die tiefste Dun-
kelheit getaucht. Er tappte umher und suchte einen,
der ihn an der Hand führte. 12 Als der Statthalter sah,
was geschehen war, kam er zum Glauben; denn er war
tief beeindruckt davon, wie mächtig sich die Lehre von
Jesus, dem Herrn, erwiesen hatte.

DIE PREDIGT IN DER SYNAGOGE VON ANTIOCHIA IN PISIDIEN

13 Paulus und seine Begleiter bestiegen in Paphos ein
Schiff und fuhren nach Perge in Pamphylien. Dort

trennte sich Johannes Markus von ihnen und kehrte
nach Jerusalem zurück. 14 Die beiden anderen zogen
von Perge weiter nach Antiochia in Pisidien. Am Sab-
bat gingen sie dort in die Synagoge und setzten sich
unter die Zuhörer. 15 Nach der Lesung aus dem Gesetz
und den Schriften der Propheten ließen die Synago-
genvorsteher den Gästen sagen: »Brüder, wenn ihr
dem Volk ein ermutigendes Wort zu sagen habt, dann
sprecht!« 16 Da stand Paulus auf, bat mit einer Hand-
bewegung um Ruhe und begann: »Ihr Männer aus
dem Volk Israel und ihr anderen, die ihr den Glauben
Israels teilt, hört mich an! 17 Der Gott unseres Volkes,
der Gott Israels, hat unsere Vorfahren erwählt und hat
sie zu einem großen Volk gemacht, während sie als
Fremde in Ägypten lebten. Mit hocherhobenem Arm
führte er sie aus Ägypten heraus, 18 und vierzig Jahre
lang ertrug er sie in der Wüste. 19 Er vernichtete vor
ihnen sieben Völker im Land Kanaan und gab ihnen ihr
Land zum Besitz. 20 Das war etwa 450 Jahre nachdem
unsere Vorfahren nach Ägypten gekommen waren.
Dann gab er ihnen Richter bis zur Zeit des Propheten
Samuel. 21 Von da an wollten sie einen König haben,
und Gott gab ihnen Saul, den Sohn von Kisch aus dem
Stamm Benjamin. Nach vierzigjähriger Herrschaft aber
22 verstieß er Saul und erhob David zu ihrem König.
Ihm stellte er das Zeugnis aus: ›David, den Sohn von
Isai, habe ich erwählt, einen Mann, der mir gefällt. Er
wird alles ausführen, was ich will.‹ 23 Und einen der
Nachkommen von ebendiesem David hat Gott nun
seinem Volk Israel als Retter gesandt, wie er es ver-
sprochen hatte, nämlich Jesus. 24 Vor ihm her hatte
Johannes alle im Volk Israel dazu aufgerufen, sie soll-
ten umkehren und sich taufen lassen. 25 Als Johannes
am Ende seines Wirkens stand, sagte er zu den Leuten:
›Ich bin nicht der, für den ihr mich haltet. Aber *nach*
mir kommt der Erwartete; ich bin nicht einmal gut ge-
nug, ihm die Schuhe aufzubinden.‹ 26 Liebe Brüder, ihr
Nachkommen Abrahams, und ihr anderen hier, die ihr
den Glauben Israels teilt: Jetzt hat Gott *uns*, die wir hier
versammelt sind, die Botschaft von dieser Rettung
gesandt! 27 Denn die Bewohner Jerusalems und ihre
führenden Männer haben Jesus nicht erkannt. Sie ha-
ben ihn verurteilt, aber mit diesem Urteil haben sie nur
die Ankündigungen der Propheten in Erfüllung gehen
lassen, die jeden Sabbat vorgelesen werden. 28 Sie for-
derten nämlich von Pilatus seine Hinrichtung, obwohl
sie kein todeswürdiges Verbrechen an ihm gefunden
hatten. 29 Und nachdem sie alles getan hatten, was in
den Heiligen Schriften über Jesus vorhergesagt ist,
nahmen sie ihn vom Kreuz und legten ihn ins Grab.
30 Aber Gott hat ihn vom Tod auferweckt, 31 und als
Auferstandener zeigte er sich während vieler Tage den
Männern, die mit ihm von Galiläa nach Jerusalem ge-
kommen waren. Diese sind heute seine Zeugen vor
dem Volk Israel. 32 Und wir verkünden euch nun also die
gute Nachricht, dass Gott seine Zusagen eingelöst hat!
Was er unseren Vorfahren versprochen hatte, 33 das
hat er für uns, die Nachkommen, in Erfüllung gehen
lassen. Er hat Jesus vom Tod auferweckt, und damit
ist eingetreten, was beispielsweise im zweiten Psalm
geschrieben steht, wo Gott sagt: ›Du bist mein Sohn,
heute habe ich dich dazu gemacht!‹ 34 Dass er ihn mit
der Auferweckung aber *für immer* dem Tod und der
Verwesung entrissen hat – und mit ihm auch uns –,
das stellt er klar mit den Worten: ›Ich gebe euch die
heiligen und unvergänglichen Gaben, die ich David
versprochen habe.‹ 35 Darum sagt auch David in einem
anderen Psalm: ›Du gibst deinen Heiligen nicht der
Verwesung preis.‹ 36 David selbst hatte nur eine Auf-
gabe an seiner eigenen Generation zu erfüllen. Dann
ist er nach Gottes Willen gestorben, wurde neben
seinen Vorfahren beigesetzt und fiel der Verwesung
anheim. 37 Doch der, den Gott vom Tod auferweckt hat,
der fiel nicht der Verwesung anheim. 38 Und durch die-
sen Jesus – das sollt ihr wissen, Brüder – wird euch
die Vergebung eurer Schuld angeboten! Das Gesetz
Moses hatte nicht die Kraft, eure Schuld wegzuneh-
men; 39 aber wer von euch Jesus vertraut, wird vor Gott
als gerecht bestehen können. 40 Gebt also acht, dass
nicht eintrifft, was im Buch der zwölf Propheten gesagt
wird: 41 ›Schaut her, ihr Verächter, wundert euch und
geht zugrunde! Denn in euren Tagen werde ich etwas
tun – wenn es euch jemand erzählte, ihr würdet es ihm
nicht glauben!‹« 42 Als Paulus und Barnabas aus der
Synagoge gingen, wurden sie gebeten, am folgenden
Sabbat weiter über diese Sache zu sprechen. 43 Doch
schon gleich nach dem Gottesdienst kamen viele mit
Paulus und Barnabas mit, Juden und Leute, die zum
Judentum übergetreten waren. Die beiden sprachen
zu ihnen und redeten ihnen zu, die angebotene Gnade
Gottes zu ergreifen und an ihr festzuhalten.

KONFLIKT MIT DEN JUDEN, HINWENDUNG ZU DEN NICHTJUDEN

44 Am nächsten Sabbat war fast die ganze Stadt in der
Synagoge versammelt, um die Botschaft Gottes zu
hören. 45 Als die Juden den großen Andrang sahen,
wurden sie eifersüchtig. Ständig widersprachen sie
dem, was Paulus sagte, und stießen Lästerungen gegen
Jesus aus. 46 Schließlich erklärten Paulus und Barnabas
frei und offen: »Euch musste als Ersten die Botschaft
Gottes verkündet werden. Aber weil ihr nichts davon
wissen wollt und euch damit als unwürdig erweist,
das ewige Leben zu empfangen, wenden wir uns
jetzt an die Nichtjuden. 47 Dazu haben wir vom Herrn
den Auftrag erhalten; denn er hat gesagt: ›Ich mache
dich zum Licht für die anderen Völker, damit alle bis
ans Ende der Erde durch dich meine rettende Hilfe
erfahren.‹« 48 Als die Nichtjuden das hörten, brachen
sie in Jubel aus. Sie wollten gar nicht mehr aufhören,
Gott für seine rettende Botschaft zu preisen. Und alle,
die für das ewige Leben bestimmt waren, kamen zum
Glauben. 49 Die Botschaft Gottes verbreitete sich in der
ganzen Gegend. 50 Aber die Juden hetzten vornehme
Frauen, die sich zur jüdischen Gemeinde hielten, und
die führenden Männer der Stadt gegen Paulus und Bar-
nabas auf. Die beiden wurden festgenommen, aus der
Stadt ausgewiesen und mussten die Gegend verlassen.

51 Vor der Stadt schüttelten sie den Staub von ihren
Füßen, ihnen zur Warnung, und gingen nach Ikonion.
52 Die neu gewonnenen Jünger und Jüngerinnen in
Antiochia aber wurden von Freude und vom Heiligen
Geist erfüllt.

PAULUS UND BARNABAS IN IKONION

14 In Ikonion gingen Paulus und Barnabas wieder
genauso in die jüdische Synagoge und sie spra-
chen dort auch so, wie sie es schon in Antiochia getan
hatten. Eine große Zahl von Menschen kam daraufhin
zum Glauben, Juden wie Griechen. 2 Aber die übrigen
Juden, die sich nicht überzeugen lassen wollten, fingen
an, die nicht jüdische Bevölkerung der Stadt gegen die
Christen aufzuhetzen. 3 Trotzdem konnten Paulus und
Barnabas noch längere Zeit in der Stadt bleiben. Im
Vertrauen auf den Herrn verkündeten sie die Botschaft
von der rettenden Gnade frei und offen, und der Herr
bestätigte die Botschaft durch die staunenerregenden
Wunder, die er durch Paulus und Barnabas geschehen
ließ. 4 So kam es, dass die Stadt schließlich in zwei La-
ger gespalten war: Die einen hielten zu den Juden,
die andern zu den Aposteln. 5 Die feindlich gesinnte
Gruppe – Nichtjuden ebenso wie Juden samt den bei-
derseitigen führenden Männern – bereitete einen An-
schlag gegen Paulus und Barnabas vor. Sie wollten an
den beiden ihre Wut auslassen und sie steinigen. 6 Aber
Paulus und Barnabas merkten, was sie vorhatten. Sie
flohen nach Lystra und dann weiter nach Derbe, zwei
Städten in Lykaonien. 7 Dort und in der weiteren Um-
gebung verkündeten sie die Gute Nachricht.

PAULUS UND BARNABAS IN LYSTRA

8 In Lystra sahen Paulus und Barnabas einen Mann
sitzen, der seit seiner Geburt gelähmt war. Seine Fü-
ße waren kraftlos; er hatte in seinem ganzen Leben
noch keinen Schritt getan. 9 Er hörte zu, wie Paulus die
Gute Nachricht verkündete. Paulus blickte ihn an, und
als er merkte, dass der Gelähmte das feste Vertrauen
hatte, geheilt zu werden, 10 sagte er laut: »Steh auf,
stell dich aufrecht auf deine Beine!« Da sprang der
Mann auf und ging umher. 11 Als die Volksmenge sah,
was Paulus getan hatte, riefen alle in ihrer lykaoni-
schen Sprache: »Die Götter haben Menschengestalt
angenommen und sind zu uns herabgestiegen!« 12 Sie
nannten Barnabas Zeus und Paulus nannten sie Her-
mes – weil er das Wort geführt hatte. 13 Der Priester
aus dem Zeus-Tempel vor der Stadt brachte Stiere und
Blumenkränze ans Stadttor und wollte zusammen mit
der Menge den beiden Opfer darbringen. 14 Als die
Apostel merkten, was da vor sich ging, zerrissen sie
ihre Kleider, stürzten sich in die Menge und riefen:
15 »Ihr Männer, was macht ihr da? Wir sind doch Men-
schen genauso wie ihr! Mit unserer Botschaft wollen
wir euch ja gerade dazu aufrufen, dass ihr euch *ab-
wendet* von all diesen Göttern, die gar keine sind, und
euch dem lebendigen Gott zuwendet – dem Gott, der
Himmel, Erde, Meer und alles, was lebt, geschaffen
hat! 16 Bis jetzt hat er alle Völker außer den Juden ihre
eigenen Wege gehen lassen. 17 Und doch hat er sich
auch ihnen schon immer zu erkennen gegeben: *Er* ist
es doch, der euch Wohltaten erweist! *Er* gibt euch den
Regen und lässt die Ernte reifen! *Er* gibt euch zu es-
sen und macht euch froh und glücklich!« 18 Doch auch
damit konnten sie die Leute kaum davon abbringen,
ihnen zu opfern. 19 Aber dann kamen Juden aus An-
tiochia in Pisidien und aus Ikonion. Sie brachten die
Menge auf ihre Seite und bewarfen Paulus mit Steinen.
Darauf schleiften sie ihn aus der Stadt hinaus; denn
sie hielten ihn für tot. 20 Doch als die Christen sich um
ihn drängten, kam er wieder zu sich, stand auf und
ging ganz offen in die Stadt zurück. Am nächsten Tag
machte er sich mit Barnabas auf den Weg nach Derbe.

BESUCH DER GEMEINDEN AUF DER RÜCKREISE VON DERBE AUS

21 In Derbe verkündeten Paulus und Barnabas die Gute
Nachricht und konnten viele Menschen als Jünger und
Jüngerinnen für Jesus gewinnen. Dann traten sie die
Rückreise an. Sie kamen wieder nach Lystra und dann
nach Ikonion und schließlich nach dem pisidischen
Antiochia. 22 Überall machten sie den Christen Mut
und ermahnten sie, unbeirrt am Glauben festzuhal-
ten. »Der Weg in Gottes neue Welt«, sagten sie zu
ihnen, »führt uns durch viel Not und Verfolgung. So
ist es der Wille Gottes.« 23 In jeder Gemeinde setzten
sie Gemeindeälteste ein und stellten sie und alle, die
zum Glauben an den Herrn gekommen waren, mit
Gebet und Fasten unter dessen Schutz. 24 Sie zogen
dann weiter durch Pisidien nach Pamphylien. 25 Sie
verkündeten die Botschaft Gottes in Perge und gingen
hinunter ans Meer nach Attalia. 26 Von dort kehrten sie
mit dem Schiff zum Ausgangspunkt ihrer Reise, nach
Antiochia in Syrien, zurück. Hier waren sie der Gnade
Gottes anbefohlen worden für das Werk, das sie nun
vollendet hatten. 27 Nach ihrer Ankunft riefen sie die
ganze Gemeinde zusammen und berichteten, was Gott
alles durch sie getan hatte und dass er den Nichtjuden
die Tür zum Glauben geöffnet habe. 28 Paulus und Bar-
nabas blieben nun für längere Zeit bei den Brüdern und
Schwestern in Antiochia.

MÜSSEN DIE NICHTJUDEN AUF DAS GESETZ VERPFLICHTET WERDEN?

15 Damals kamen einige Christen aus Judäa nach
Antiochia und erklärten den Brüdern: »Ihr könnt
nicht gerettet werden, wenn ihr euch nicht beschnei-
den lasst, wie es das Gesetz Moses vorschreibt!«
2 Paulus und Barnabas bestritten das und hatten eine
heftige Auseinandersetzung mit ihnen. Die Brüder
beschlossen deshalb, Paulus und Barnabas und einige
andere aus der Gemeinde nach Jerusalem zu senden.
Sie sollten den Aposteln und Gemeindeältesten dort
die Streitfrage vorlegen. 3 Paulus und Barnabas wur-
den von der Gemeinde feierlich verabschiedet. Sie
zogen durch Phönizien und Samarien und erzählten
überall in den Gemeinden, wie die Nichtjuden Jesus
als den Herrn angenommen hatten. Bei allen Brüdern

und Schwestern lösten sie damit große Freude aus.
4 Als sie nach Jerusalem kamen, wurden sie von der
ganzen Gemeinde und den Aposteln und Gemeinde-
ältesten freundlich aufgenommen. Sie berichteten
ihnen, was Gott alles durch sie unter den Nichtjuden
getan hatte. 5 Aber einige von der Richtung der Pha-
risäer, die Christen geworden waren, standen auf und
erklärten: »Man muss sie beschneiden und von ihnen
fordern, dass sie das Gesetz Moses befolgen!«

PETRUS: GOTT HAT SCHON ENTSCHIEDEN!

6 Daraufhin fand eine weitere Versammlung statt: Die
Apostel und die Gemeindeältesten traten zusammen,
um vor der gesamten Gemeinde die Frage zu erörtern.
7 Als die Diskussion heftig wurde, stand Petrus auf und
sagte: »Liebe Brüder, ihr wisst doch: Gott hat schon
seit Langem unter euch seinen Willen kundgegeben.
Er hat entschieden, dass die Menschen der anderen
Völker durch mich die Gute Nachricht hören und zum
Glauben kommen sollten. 8 Und er, der ins Herz sieht,
hat diesen Menschen ein gutes Zeugnis ausgestellt:
Er hat ihnen genauso wie uns den Heiligen Geist ge-
schenkt. 9 In keinem Punkt hat er einen Unterschied
gemacht zwischen ihnen und uns. Sie sind rein, weil
er sie durch den Glauben im Herzen rein gemacht hat.
10 Warum also fordert ihr Gott heraus und wollt diesen
Menschen eine Last auferlegen, die weder unsere Vor-
fahren noch wir selbst tragen konnten? 11 Es ist doch
allein die Gnade Gottes, auf die wir unser Vertrauen
setzen und von der wir unsere Rettung erwarten – wir
genauso wie sie!« 12 Aus der ganzen Versammlung kam
kein Wort des Widerspruchs und alle hörten aufmerk-
sam zu, als nun Paulus und Barnabas noch eingehen-
der berichteten, was für staunenerregende Wunder
Gott durch sie unter den Nichtjuden vollbracht hatte.

JAKOBUS MACHT SICH ZUM ANWALT DER NICHT JÜDISCHEN CHRISTEN

13 Als die beiden geendet hatten, stand Jakobus auf
und sagte: »Hört mir zu, liebe Brüder! 14 Simon hat uns
gezeigt, wie Gott selbst von Anfang an darauf bedacht
war, aus den Nichtjuden Menschen zu sammeln, die
sein Volk sind und ihn ehren. 15 Das stimmt mit den
Worten der Propheten überein, denn bei ihnen heißt
es: 16 ›Danach werde ich mich euch zuwenden, sagt
der Herr, und die verfallene Hütte Davids wieder auf-
bauen. Aus den Trümmern werde ich sie von Neuem
errichten. 17 Das werde ich tun, damit auch die übrigen
Menschen nach mir fragen, alle Völker, die doch von
jeher mein Eigentum sind. Ich, der Herr, werde tun,
18 was ich seit Urzeiten beschlossen habe.‹ 19 Darum
bin ich der Ansicht, wir sollten den Menschen aus den
anderen Völkern, die sich Gott zuwenden, nicht eine
unnötige Last auferlegen. Wir sollten sie nicht dazu
verpflichten, das ganze jüdische Gesetz zu befolgen,
20 sondern sie nur in einem Schreiben auffordern, dass
sie kein Fleisch von Tieren essen, die als Opfer für die
Götzen geschlachtet worden sind, denn es ist unrein;
weiter sollen sie sich vor Blutschande hüten, kein
Fleisch von Tieren essen, deren Blut nicht vollständig
ausgeflossen ist, und kein Tierblut genießen. 21 Denn
diese Vorschriften Moses sind seit alten Zeiten in je-
der Stadt bekannt; jeden Sabbat wird ja überall in den
Synagogen aus dem Gesetz vorgelesen.«

BESCHLUSS UND BRIEF AN DIE NICHT JÜDISCHEN CHRISTEN

22 Darauf beschlossen die Apostel und die Gemeinde-
ältesten zusammen mit der ganzen Gemeinde, Män-
ner aus ihrer Mitte auszuwählen und mit Paulus und
Barnabas nach Antiochia zu schicken. Sie bestimmten
dafür Judas mit dem Beinamen Barsabbas und Silas,
zwei führende Leute der Gemeinde, 23 und gaben ih-
nen folgendes Schreiben mit: »Die Apostel und die
Gemeindeältesten, eure Brüder, grüßen ihre Brüder
und Schwestern nicht jüdischer Abstammung in An-
tiochia, Syrien und Kilikien. 24 Wir haben erfahren, dass
einige aus unserer Gemeinde mit ihren Äußerungen
Verwirrung und Niedergeschlagenheit unter euch
verbreitet haben. Sie hatten aber keinerlei Auftrag
von uns. 25 Nachdem wir nun in dieser Frage zu einer
einhelligen Auffassung gekommen sind, haben wir
beschlossen, ausgewählte Männer unserer Gemeinde
zu euch zu schicken. Sie kommen zusammen mit un-
seren geliebten Brüdern Barnabas und Paulus, 26 die
im Dienst für Jesus Christus, unseren Herrn, ihr Leben
aufs Spiel gesetzt haben. 27 Unsere Abgesandten Judas
und Silas werden euch alles auch noch mündlich mit-
teilen und erläutern. 28 Vom Heiligen Geist geleitet,
haben wir nämlich beschlossen, euch keine weitere
Last aufzuladen außer den folgenden Einschränkun-
gen, die unbedingt von euch zu beachten sind: 29 Esst
kein Fleisch von Tieren, die als Opfer für die Götzen ge-
schlachtet wurden; genießt kein Blut; esst kein Fleisch
von Tieren, deren Blut nicht vollständig ausgeflossen
ist; und hütet euch vor Blutschande. Wenn ihr euch
vor diesen Dingen in Acht nehmt, tut ihr recht. Lebt
wohl!« 30 Die beiden Abgesandten gingen mit Paulus
und Barnabas nach Antiochia. Vor der versammelten
Gemeinde übergaben sie den Brief. 31 Als er vorgele-
sen wurde, freuten sich alle über den ermutigenden
Bescheid. 32 Judas und Silas, die selbst Propheten wa-
ren, sprachen lange mit den Brüdern und Schwestern,
machten ihnen weiter Mut und stärkten sie. 33 Sie blie-
ben noch einige Zeit dort; dann wurden sie von der
Gemeinde herzlich verabschiedet, um nach Jerusalem
zurückzukehren. 35 Paulus und Barnabas blieben in
Antiochia. Zusammen mit vielen anderen unterwiesen
sie die Gemeinde und verkündeten den Menschen in
der Stadt die Botschaft Gottes.

AUFBRUCH UND TRENNUNG VON BARNABAS

36 Nach einiger Zeit sagte Paulus zu Barnabas: »Lass
uns noch einmal alle die Orte besuchen, in denen wir
die Botschaft Gottes verkündet haben! Wir wollen
sehen, wie es den Brüdern und Schwestern geht!«
37 Barnabas wollte Johannes Markus mitnehmen,
38 aber Paulus lehnte es ab, noch einmal mit ihm

zusammenzuarbeiten; denn er hatte sie auf der vor-
hergehenden Reise in Pamphylien im Stich gelassen
und die Zusammenarbeit abgebrochen. 39 Es kam zu
einer heftigen Auseinandersetzung, und Paulus und
Barnabas trennten sich. Barnabas fuhr mit Markus
nach Zypern, 40 Paulus aber wählte sich Silas als Be-
gleiter. Die Brüder und Schwestern beteten für Paulus,
dass Gottes Gnade ihn begleite, und er machte sich
auf den Weg. 41 Er zog durch Syrien und Kilikien und
stärkte die Gemeinden im Glauben.

PAULUS GEWINNT TIMOTHEUS. BEKANNTGABE DES BESCHLUSSES VON JERUSALEM

16 Paulus kam auch wieder nach Derbe und nach
Lystra. In Lystra lebte ein Jünger mit Namen
Timotheus. Seine Mutter, selbst Christin, war jüdischer
Herkunft, der Vater dagegen Grieche. 2 Timotheus
stand bei den Brüdern und Schwestern in Lystra und
Ikonion in gutem Ruf. 3 Paulus wollte ihn gern als sei-
nen Begleiter auf die Reise mitnehmen. Mit Rücksicht
auf die Juden in der Gegend beschnitt er ihn; denn
sie wussten alle, dass sein Vater ein Grieche war. 4 In
allen Städten, durch die sie kamen, übergaben sie
den Gemeinden die Vorschriften, die die Apostel und
Gemeindeältesten in Jerusalem erlassen hatten, und
sie ermahnten sie, danach zu leben. 5 So wurden die
Gemeinden in ihrem Glauben gefestigt, und täglich
schlossen sich ihnen weitere Menschen an.

PAULUS IN TROAS: DER RUF NACH EUROPA

6 Danach zogen sie weiter durch Phrygien und die
Landschaft Galatien; denn der Heilige Geist erlaubte
ihnen nicht, in der Provinz Asien die Botschaft Gottes
zu verkünden. 7 Als sie, westwärts ziehend, an die
Grenze von Mysien kamen, wollten sie von dort in das
nördlich gelegene Bithynien weiterziehen. Aber auch
das ließ der Geist, durch den Jesus sie leitete, nicht zu.
8 So zogen sie an Mysien vorbei und gingen ans Meer
hinunter nach Troas. 9 Dort in Troas hatte Paulus in der
Nacht eine Vision: Er sah einen Mann aus Mazedonien
vor sich stehen, der bat ihn: »Komm zu uns herüber
nach Mazedonien und hilf uns!« 10 Darauf suchten
wir sofort nach einem Schiff, das uns nach Mazedo-
nien mitnehmen konnte. Denn wir waren sicher, dass
Gott uns gerufen hatte, den Menschen dort die Gute
Nachricht zu bringen.

PAULUS IN PHILIPPI: DIE BEKEHRUNG VON LYDIA

11 Wir fuhren von Troas auf dem kürzesten Weg zur
Insel Samothrake und am zweiten Tag erreichten wir
Neapolis. 12 Von dort gingen wir landeinwärts nach
Philippi, einer Stadt im ersten Bezirk Mazedoniens,
einer Ansiedlung von römischen Bürgern. Wir hielten
uns einige Tage dort auf 13 und warteten auf den Sab-
bat. Am Sabbat gingen wir vor das Tor an den Fluss.
Wir vermuteten dort eine jüdische Gebetsstätte und
fanden sie auch. Wir setzten uns und sprachen zu den
Frauen, die zusammengekommen waren. 14 Auch eine
Frau namens Lydia war darunter; sie stammte aus Thya-
tira und handelte mit Purpurstoffen. Sie hielt sich zur
jüdischen Gemeinde. Der Herr öffnete ihr das Herz,
sodass sie begierig aufnahm, was Paulus sagte. 15 Sie
ließ sich mit ihrer ganzen Hausgemeinschaft, ihren
Angehörigen und Dienstleuten, taufen. Darauf lud sie
uns ein und sagte: »Wenn ihr überzeugt seid, dass ich
treu zum Herrn stehe, dann kommt in mein Haus und
nehmt dort Quartier!« Sie drängte uns, die Einladung
anzunehmen.

PAULUS TREIBT EINEN WAHRSAGEGEIST AUS …

16 Auf dem Weg zur Gebetsstätte der Juden trafen wir
eines Tages eine Sklavin, aus der redete ein Geist, der
die Zukunft wusste. Mit ihren Prophezeiungen brachte
sie ihren Besitzern viel Geld ein. 17 Die Frau lief hinter
Paulus und uns anderen her und rief: »Diese Leute sind
Diener des höchsten Gottes! Sie zeigen euch den Weg
zur Rettung.« 18 Das ging viele Tage so, bis Paulus es
nicht länger anhören konnte. Er drehte sich um und
sagte zu dem Geist: »Ich befehle dir im Namen von
Jesus Christus: Fahre von ihr aus!« Im gleichen Augen-
blick fuhr der Wahrsagegeist von ihr aus.

… UND MUSS MIT SILAS INS GEFÄNGNIS

19 Die Besitzer der Sklavin sahen sofort, dass mit dem
Geist auch ihre Hoffnung auf Gewinn ausgefahren war.
Sie packten Paulus und Silas und schleppten sie zum
Marktplatz vor das städtische Gericht. 20 Sie stellten
sie vor die beiden Stadtobersten und erklärten: »Diese
Menschen hier stiften Unruhe in unserer Stadt. Juden
sind sie; 21 sie wollen Sitten einführen, die gegen un-
sere Ordnung sind und die wir als römische Bürger
nicht annehmen dürfen.« 22 Auch die Volksmenge war
aufgebracht und verlangte ihre Bestrafung. Die Stadt-
obersten ließen Paulus und Silas die Kleider vom Leib
reißen und gaben Befehl, sie mit Stöcken zu prügeln.
23 Nachdem man ihnen viele Schläge verabreicht hatte,
brachte man sie ins Gefängnis. Dem Gefängniswär-
ter wurde eingeschärft, sie sicher zu verwahren. 24 Er
sperrte sie darauf in die hinterste Zelle und schloss
ihre Füße in den Block.

BEFREIUNG DER GEFANGENEN UND BEKEHRUNG DES GEFÄNGNISWÄRTERS

25 Um Mitternacht beteten Paulus und Silas und prie-
sen Gott in Lobgesängen. Die anderen Gefangenen
hörten zu. 26 Da gab es plötzlich ein gewaltiges Erd-
beben. Die Mauern des Gefängnisses schwankten,
alle Türen sprangen auf und die Ketten fielen von den
Gefangenen ab. 27 Der Gefängniswärter fuhr aus dem
Schlaf. Als er die Türen offen stehen sah, zog er sein
Schwert und wollte sich töten; denn er dachte, die
Gefangenen seien geflohen. 28 Aber Paulus rief, so laut
er konnte: »Tu dir nichts an! Wir sind alle noch hier.«
29 Der Wärter rief nach Licht, stürzte in die Zelle und
warf sich zitternd vor Paulus und Silas nieder. 30 Dann
führte er sie hinaus und fragte: »Ihr Herren, Götter
oder Boten der Götter! Was muss ich tun, um gerettet

zu werden?« **31** Sie antworteten: »*Jesus* ist der Herr!
Erkenne ihn als Herrn an und setze dein Vertrauen auf
ihn, dann wirst du gerettet und die Deinen mit dir!«
32 Und sie verkündeten ihm und allen in seinem Haus
die Botschaft Gottes. **33** Der Gefängniswärter nahm
Paulus und Silas noch in derselben Nachtstunde mit
sich und wusch ihre Wunden. Dann ließ er sich mit
seiner ganzen Hausgemeinschaft, seiner Familie und
seinen Dienstleuten, taufen. **34** Anschließend führte
er die beiden hinauf ins Haus und lud sie zu Tisch. Er
und alle die Seinen waren überglücklich, dass sie zum
Glauben an Gott gefunden hatten.

ENTSCHULDIGUNG DER RICHTER UND ABSCHIED VON PHILIPPI

35 Als es Tag geworden war, schickten die Stadtobers-
ten die Amtsdiener zum Gefängniswärter mit der Wei-
sung: »Lass die beiden Männer frei und sorge dafür,
dass sie das Stadtgebiet verlassen!« **36** Der Gefäng-
niswärter berichtete es Paulus und sagte: »Die Stadt-
obersten haben mir befohlen, euch freizulassen und
wegzuschicken. Verlasst also das Gefängnis und die
Stadt; geht im Frieden Gottes!« **37** Aber Paulus wandte
sich an die Amtsdiener und sagte: »Die Stadtobersten
haben uns öffentlich prügeln lassen, ohne Prozess und
richterliches Urteil. Dabei besitzen wir das römische
Bürgerrecht! Auch noch ins Gefängnis haben sie uns
gesteckt. Und jetzt wollen sie uns heimlich abschie-
ben? Das kommt nicht infrage! Sie sollen persönlich
herkommen und uns freilassen.« **38** Die Amtsboten
meldeten das den Stadtobersten. Als diese hörten,
dass Paulus und Silas römische Bürger seien, erschra-
ken sie. **39** Sie kamen selbst und entschuldigten sich.
Dann führten sie die beiden aus dem Gefängnis und
baten sie, die Stadt zu verlassen. **40** Vom Gefängnis
aus gingen Paulus und Silas zu Lydia. Dort trafen sie
die Brüder und Schwestern und machten ihnen Mut.
Danach verließen sie die Stadt.

DER KONFLIKT IN THESSALONICH

17 Über Amphipolis und Apollonia kamen Paulus
und Silas nach Thessalonich. Dort gab es eine jü-
dische Gemeinde, **2** und nach seiner Gewohnheit ging
Paulus in ihre Synagoge. An drei aufeinanderfolgenden
Sabbaten sprach er zu den Versammelten. Er ging von
den Heiligen Schriften aus, **3** half ihnen, sie zu verste-
hen, und wies ihnen daraus nach, dass der verspro-
chene Retter leiden und sterben und danach vom
Tod auferstehen musste. »Und dieser versprochene
Retter«, sagte Paulus, »ist Jesus. Den verkündige
ich euch.« **4** Von den Juden ließen sich nur wenige
überzeugen; aber von den Griechen, die sich zur jü-
dischen Gemeinde hielten, schloss sich eine große
Anzahl Paulus und Silas an, darunter auch viele ein-
flussreiche Frauen. **5** Da wurden die Juden von Eifer-
sucht gepackt. Sie holten sich ein paar Männer, die
auf dem Markt herumlungerten und zu allem fähig
waren, brachten mit ihrer Hilfe einen Volksauflauf zu-
stande und versetzten die ganze Stadt in Aufregung.
Mit der Volksmenge zogen sie vor das Haus Jasons
und wollten Paulus und Silas herausholen, um sie vor
die Volksversammlung zu stellen. **6** Als sie die beiden
dort nicht fanden, schleppten sie Jason und einige
andere Brüder vor die Stadtobersten und riefen: »Die
Leute, die in der ganzen Welt Unruhe stiften, sind in
unsere Stadt gekommen! **7** Jason hat sie in sein Haus
aufgenommen. Allesamt verletzen sie die Gesetze des
Kaisers und behaupten, ein anderer sei König, nämlich
Jesus.« **8** Mit diesen Worten versetzten sie die Volks-
menge und die Stadtobersten in große Aufregung.
9 Jason und die anderen Christen mussten eine Kaution
stellen, bevor man sie wieder freiließ.

KURZER AUFENTHALT IN BERÖA

10 Noch in der Nacht brachten die Brüder Paulus und
Silas auf den Weg nach Beröa. Auch dort gingen die
beiden bei der ersten Gelegenheit in die Synagoge.
11 Die Juden in Beröa waren aufgeschlossener als die
in Thessalonich. Sie nahmen die Botschaft mit großer
Bereitwilligkeit auf und studierten täglich die Heiligen
Schriften, um zu sehen, ob das, was Paulus sagte, auch
zutraf. **12** Viele von ihnen kamen zum Glauben, auch
viele einflussreiche Griechen, Frauen wie Männer.
13 Als die Juden von Thessalonich erfuhren, dass Paulus
auch in Beröa die Botschaft Gottes verkündete, kamen
sie und brachten mit ihren Hetzreden auch hier die
Volksmenge gegen ihn auf. **14** Deshalb schickten die
Brüder Paulus schnell weiter, hinunter zur Küste. Si-
las und Timotheus blieben in Beröa. **15** Die Brüder, die
Paulus das Geleit gaben, brachten ihn bis nach Athen,
dann kehrten sie zurück. Für Silas und Timotheus gab
Paulus ihnen die Anweisung mit, sie sollten so bald
wie möglich nachkommen.

PAULUS IN ATHEN

16 Während Paulus in Athen auf die beiden wartete, war
er im Innersten empört, weil die Stadt voll von Götzen-
bildern war. **17** Er redete in der Synagoge zu den Juden
und zu denen, die sich zur jüdischen Gemeinde hielten,
und er sprach jeden Tag mit den Leuten, die er auf dem
Marktplatz antraf. **18** Darunter waren auch Philosophen
der epikureischen und stoischen Richtung, die mit ihm
diskutierten. Einige von ihnen meinten: »Was will die-
ser Schwätzer eigentlich?« Andere sagten: »Er scheint
irgendwelche fremden Götter zu verkünden.« Paulus
hatte ihnen nämlich die Gute Nachricht von Jesus und
der Auferstehung verkündet. **19** Sie nahmen ihn mit
zum Areopag und wollten Näheres erfahren. »Uns in-
teressiert deine Lehre«, sagten sie. **20** »Manches klingt
sehr fremdartig und wir würden gerne genauer wis-
sen, was es damit auf sich hat.« **21** Denn die Athener
und die Fremden in Athen kennen keinen besseren
Zeitvertreib, als stets das Allerneueste in Erfahrung
zu bringen und es weiterzuerzählen.

PAULUS SPRICHT AUF DEM AREOPAG

22 Paulus trat in die Mitte des Areopags und sagte:
»Ihr Männer von Athen! Ich sehe, dass es euch mit

der Religion sehr ernst ist. 23 Ich bin durch eure Stadt
gegangen und habe mir eure heiligen Stätten ange-
sehen. Dabei habe ich auch einen Altar entdeckt mit
der Inschrift: ›Für einen unbekannten Gott‹. Was ihr
da verehrt, ohne es zu kennen, das mache *ich* euch
bekannt. 24 Es ist der Gott, der die Welt geschaffen
hat und alles, was darin lebt. Als Herr über Himmel
und Erde wohnt er nicht in Tempeln, die ihm die Men-
schen gebaut haben. 25 Er ist auch nicht darauf an-
gewiesen, von den Menschen versorgt zu werden;
denn er selbst gibt ihnen das Leben und alles, was
sie zum Leben brauchen. 26 Er hat aus einem einzi-
gen Menschen die ganze Menschheit hervorgehen
lassen, damit sie die Erde bewohnt. Für jedes Volk
hat er im Voraus bestimmt, wie lange es bestehen
und in welchen Grenzen es leben soll. 27 Und er hat
gewollt, dass die Menschen ihn suchen, damit sie
ihn vielleicht ertasten und finden könnten. Denn er
ist ja jedem von uns ganz nahe. 28 Durch ihn leben
wir doch, regen wir uns, sind wir! Oder wie es einige
eurer Dichter ausgedrückt haben: ›Wir sind sogar von
seiner Art.‹ 29 Wenn wir Menschen aber von Gottes
Art sind, dann dürfen wir nicht meinen, die Gottheit
gleiche den Bildern aus Gold, Silber und Stein, die von
Menschen mit ihrer Erfindungskraft und Kunstfertig-
keit geschaffen wurden! 30 Nun, Gott ist bereit, mit
Nachsicht über das hinwegzusehen, was ihr bisher
aus reiner Unwissenheit getan habt. Jetzt aber for-
dert er alle Menschen überall auf, umzudenken und
einen neuen Anfang zu machen. 31 Denn er hat einen
Tag festgesetzt, an dem er über die ganze Menschheit
ein gerechtes Gericht halten will, und zwar durch den
Mann, den er dazu bestimmt hat. Ihn hat er vor aller
Welt dadurch ausgewiesen, dass er ihn vom Tod auf-
erweckt hat.«

GETEILTES ECHO AUF DIE REDE

32 Als sie Paulus von der Auferstehung reden hörten,
lachten ihn einige aus; andere sagten: »Darüber musst
du uns ein andermal mehr erzählen.« 33 Als Paulus dar-
auf die Versammlung verließ, 34 schlossen sich ihm ein
paar Männer an und kamen zum Glauben, darunter
Dionysius, der dem Areopag angehörte, außerdem
eine Frau namens Damaris.

PAULUS IN KORINTH

18 Danach verließ Paulus Athen und ging nach
Korinth. 2 Dort traf er einen Christen jüdischer
Abkunft aus Pontus. Er hieß Aquila und war mit seiner
Frau Priszilla vor Kurzem aus Italien angekommen;
denn Kaiser Klaudius hatte alle Juden aus Rom auswei-
sen lassen. Paulus fand Aufnahme bei den beiden, 3 und
weil er dasselbe Handwerk ausübte wie sie, blieb er bei
ihnen und arbeitete dort. Sie waren nämlich Zeltma-
cher. 4 An jedem Sabbat sprach Paulus in der Synagoge
und versuchte, Juden und Griechen zu überzeugen.
5 Als Silas und Timotheus aus Mazedonien nachka-
men, konnte Paulus sich ganz seiner eigentlichen Auf-
gabe widmen. Er bezeugte den Juden, dass Jesus der
versprochene Retter ist. 6 Als sie ihm aber widerspra-
chen und Lästerungen gegen Jesus ausstießen, schüt-
telte er den Staub aus seinen Kleidern und sagte: »Ihr
habt es euch selbst zuzuschreiben, wenn ihr verloren
geht. Mich trifft keine Schuld. Von jetzt ab werde ich
mich an die Nichtjuden wenden.« 7 Er verließ die Syn-
agoge und sprach von nun an im Haus von Titius Justus,
einem Griechen, der sich zur jüdischen Gemeinde hielt;
das Haus lag direkt neben der Synagoge. 8 Der Synago-
genvorsteher Krispus kam zum Glauben an Jesus als
den Herrn und mit ihm seine ganze Hausgemeinschaft.
Viele in Korinth, die davon erfuhren, kamen ebenfalls
zum Glauben und ließen sich taufen. 9 Der Herr sagte in
einer nächtlichen Vision zu Paulus: »Hab keine Angst,
sondern verkünde unbeirrt die Gute Nachricht! 10 Ich
bin bei dir! Niemand kann dir etwas anhaben; denn
mir gehört ein großes Volk in dieser Stadt.« 11 So blieb
Paulus eineinhalb Jahre in Korinth, verkündete die
Botschaft Gottes und sagte den Menschen, wie sie
dieser Botschaft gemäß leben sollten.

PAULUS VOR DEM STATTHALTER GALLIO

12 Damals war Gallio Statthalter der römischen Pro-
vinz Achaia. Die Juden rotteten sich zusammen und
schleppten Paulus vor seinen Richterstuhl. 13 »Dieser
Mann«, sagten sie, »überredet die Leute, Gott auf
eine Weise zu verehren, die gegen das Gesetz ver-
stößt.« 14 Paulus wollte gerade mit seiner Verteidi-
gung beginnen, da erklärte Gallio: »Wenn es sich um
ein Verbrechen oder einen heimtückischen Anschlag
handeln würde, wäre es meine Pflicht, euch Juden
anzuhören. 15 Aber weil es hier um Streitfragen über
religiöse Lehren und Autoritäten und um euer eigenes
Gesetz geht, müsst ihr die Angelegenheit schon unter
euch abmachen. Ich mag in solchen Fragen nicht den
Richter spielen.« 16 Und er trieb sie von seinem Richter-
stuhl weg. 17 Das Volk aus Korinth aber, das dabeistand,
packte den Synagogenvorsteher Sosthenes und ver-
prügelte ihn unter Gallios Augen; doch der kümmerte
sich überhaupt nicht darum.

REISE NACH JERUSALEM, ANTIOCHIA UND WIEDER NACH KLEINASIEN

18 Paulus blieb noch eine Zeit lang bei den Brüdern und
Schwestern in Korinth, dann verabschiedete er sich,
um nach Syrien zu fahren. Priszilla und Aquila fuhren
mit. Bevor sie in Kenchreä an Bord gingen, ließ sich
Paulus wegen eines Gelübdes das Haar abschneiden.
19 Sie kamen nach Ephesus; dort ließ Paulus Priszilla
und Aquila zurück. Er selbst ging in die Synagoge und
sprach zu den Juden. 20 Sie baten ihn, doch länger zu
bleiben, aber er ging nicht darauf ein. 21 »Wenn Gott es
will, werde ich zu euch zurückkommen«, sagte er und
nahm Abschied. 22 Er fuhr mit dem Schiff bis Cäsarea
und ging von dort zu Fuß nach Jerusalem hinauf. Nach
einem kurzen Besuch bei der Gemeinde reiste er weiter
nach Antiochia. 23 Auch hier blieb er nicht lange. Er zog
durch Galatien und Phrygien und stärkte alle Jünger
und Jüngerinnen in ihrem Glauben.

APOLLOS IN EPHESUS UND KORINTH

24 Inzwischen kam nach Ephesus ein Jude, der Apollos hieß und aus Alexandria stammte. Er war ein gebildeter, wortgewandter Mann und kannte sich bestens in den Heiligen Schriften aus. 25 Er war auch in der christlichen Lehre unterrichtet worden, sprach von Jesus mit großer innerer Begeisterung und unterrichtete zuverlässig über sein Leben und seine Lehre; er kannte jedoch nur die Taufe, wie sie Johannes geübt hatte. 26 Dieser Apollos nun trat in der Synagoge von Ephesus auf und sprach dort frei und offen von Jesus. Priszilla und Aquila hörten ihn, luden ihn zu sich ein und erklärten ihm die christliche Lehre noch genauer. 27 Als Apollos dann nach Achaia gehen wollte, bestärkten ihn die Christen in Ephesus in diesem Vorsatz und gaben ihm einen Empfehlungsbrief mit. Darin baten sie die Brüder und Schwestern in Korinth, sie möchten ihn freundlich aufnehmen. Tatsächlich konnte er den Glaubenden dort mit seiner besonderen Gabe viel helfen. 28 In öffentlichen Streitgesprächen widerlegte er die Juden mit schlagenden Argumenten und bewies ihnen aus den Heiligen Schriften, dass Jesus der versprochene Retter ist.

PAULUS IN EPHESUS. BEGEGNUNG MIT JOHANNESJÜNGERN

19 Während Apollos in Korinth war, kam Paulus auf dem Weg über das kleinasiatische Hochland nach Ephesus. Er traf dort einige Jünger 2 und fragte sie: »Habt ihr den Heiligen Geist empfangen, als ihr zum Glauben gekommen seid?« Sie antworteten: »Nein. Wir haben noch nicht einmal gehört, dass es so etwas wie einen Heiligen Geist gibt.« 3 »Was für eine Taufe habt ihr denn empfangen?« »Die Taufe, die auf Johannes zurückgeht«, sagten sie. 4 Daraufhin erklärte ihnen Paulus: »Johannes hat das Volk zur Umkehr aufgefordert; seine Taufe war das Siegel auf die Bereitschaft, ein neues Leben anzufangen. Doch sagte er allen, sie müssten, um gerettet zu werden, ihr Vertrauen auf den setzen, der nach ihm komme: auf Jesus.« 5 Als sie das hörten, ließen sie sich im Namen von Jesus, dem Herrn, taufen, zur Übereignung an ihn. 6 Dann legte Paulus ihnen die Hände auf und der Heilige Geist kam auf sie herab. Sie redeten in unbekannten Sprachen und mit prophetischen Worten. 7 Es waren etwa zwölf Männer.

PAULUS WIRKT ÜBER ZWEI JAHRE LANG IN EPHESUS

8 In den nächsten drei Monaten ging Paulus regelmäßig in die Synagoge. Dort verkündete er frei und offen, dass Gott schon angefangen hat, durch Jesus seine Herrschaft aufzurichten. Er setzte sich mit Einwänden auseinander und suchte die Zuhörenden zu überzeugen. 9 Aber einige verschlossen sich der Botschaft und wollten nichts von ihr wissen. Als sie die neue Lehre vor der ganzen Versammlung verspotteten, kehrte Paulus ihnen den Rücken und löste die Jünger und Jüngerinnen aus der Synagogengemeinde. Von nun an sprach er täglich im Lehrsaal eines Griechen namens Tyrannus. 10 Er tat dies zwei Jahre lang, sodass alle in der Provinz Asien, Juden und Griechen, die Botschaft Gottes hörten.

ÜBERWINDUNG VON RELIGIÖSEN SCHARLATANEN, BEFREIUNG AUS MAGISCHEN BINDUNGEN

11 Gott ließ durch Paulus ganz ungewöhnliche Dinge geschehen. 12 Die Leute nahmen sogar seine noch schweißfeuchten Kopf- und Taschentücher und legten sie den Kranken auf. Dann verschwanden die Krankheiten und die bösen Geister fuhren von den Besessenen aus. 13 Auch manche Juden, die als Dämonenbeschwörer durchs Land zogen, gebrauchten bei ihren Beschwörungen den Namen von Jesus, dem Herrn. Sie sagten zu den bösen Geistern: »Ich beschwöre euch bei dem Jesus, den Paulus verkündet!« 14 Das versuchten einmal auch die sieben Söhne eines gewissen Skevas, eines führenden jüdischen Priesters. 15 Aber der böse Geist in dem Kranken erwiderte: »Ich kenne Jesus und ich kenne auch Paulus. Aber wer seid ihr?« 16 Der Besessene fiel über sie her und schlug sie allesamt zu Boden. Blutend und halb nackt mussten sie aus dem Haus fliehen. 17 Die Geschichte wurde in ganz Ephesus bekannt. Juden wie Nichtjuden erschraken und sie ehrten und priesen den Namen von Jesus, dem Herrn. 18 Viele von denen, die zum Glauben gekommen waren, kamen jetzt und gaben offen zu, dass auch sie früher Zauberkünste getrieben hatten. 19 Eine beträchtliche Anzahl von ihnen brachte ihre Zauberbücher und verbrannte sie öffentlich. Man schätzte, dass die verbrannten Bücher 50 000 Silberstücke wert waren. 20 So erwies die Botschaft Gottes ihre Macht und breitete sich immer weiter aus.

DER ENTSCHLUSS ZUR REISE

21 Nach all diesen Ereignissen entschloss sich Paulus, über Mazedonien und Griechenland nach Jerusalem zu reisen. »Danach«, sagte er, »muss ich auch Rom besuchen.« 22 Zwei seiner Helfer, Timotheus und Erastus, schickte er nach Mazedonien voraus. Er selbst blieb noch eine Weile in der Provinz Asien.

GEFÄHRLICHE UNRUHEN IN EPHESUS

23 In dieser Zeit kam es wegen der neuen Lehre zu schweren Unruhen in Ephesus. 24 Es gab dort nämlich einen Silberschmied namens Demetrius, der silberne Nachbildungen vom Tempel der Göttin Artemis verkaufte; das brachte ihm und den Handwerkern, die er beschäftigte, einen schönen Gewinn. 25 Dieser Demetrius rief alle, die in diesem Gewerbe tätig waren, zusammen und sagte: »Männer, ihr wisst: Unser ganzer Wohlstand hängt davon ab, dass wir diese Nachbildungen herstellen. 26 Und ihr werdet erfahren haben, dass dieser Paulus den Leuten einredet: ›Götter, die man mit Händen macht, sind gar keine Götter.‹ Er hat mit seinen Reden nicht nur hier in Ephesus Erfolg, sondern fast überall in der Provinz Asien. 27 Es besteht

aber nicht nur die Gefahr, dass er unseren Geschäfts-
zweig in Verruf bringt, nein, auch die Achtung vor dem
Tempel der großen Göttin Artemis wird schwinden! Es
wird noch dahin kommen, dass die Göttin ihr Ansehen
vollständig einbüßt – sie, die heute in der ganzen Pro-
vinz Asien und überall in der Welt verehrt wird!« 28 Als
die Männer das hörten, wurden sie wütend und riefen:
»Groß ist die Artemis von Ephesus!« 29 Die ganze Stadt
geriet in Aufruhr und die Leute stürmten ins Theater.
Gaius und Aristarch, Reisegefährten von Paulus aus
Mazedonien, wurden von der Menge gepackt und
mit dorthin geschleppt. 30 Paulus selbst wollte sich
der Menge stellen, aber die Jünger ließen ihn nicht
aus dem Haus. 31 Auch einige hohe Beamte der Pro-
vinz, die ihm freundlich gesinnt waren, warnten ihn
durch Boten davor, sich im Theater sehen zu lassen.
32 Unter den dort Zusammengeströmten herrschte
größte Verwirrung. Alle schrien durcheinander und die
meisten wussten nicht einmal, worum es ging. 33 Die
Juden schickten Alexander nach vorn und einige aus
der Menge erklärten ihm den Anlass. Alexander winkte
mit der Hand und wollte vor dem Volk eine Verteidi-
gungsrede für die Juden halten. 34 Aber als die Leute
merkten, dass er Jude war, schrien sie ihn nieder und
riefen zwei Stunden lang im Chor: »Groß ist die Arte-
mis von Ephesus!« 35 Schließlich gelang es dem Ver-
waltungsdirektor der Stadt, die Menge zu beruhigen.
»Männer von Ephesus«, rief er, »in der ganzen Welt
weiß man doch, dass unsere Stadt den Tempel und das
vom Himmel gefallene Standbild der großen Artemis
hütet. 36 Das wird kein Mensch bestreiten! Beruhigt
euch also und lasst euch zu nichts hinreißen! 37 Ihr habt
diese Männer hergeschleppt, obwohl sie weder den
Tempel beraubt noch unsere Göttin beleidigt haben.
38 Wenn Demetrius und seine Handwerker Anklage
wegen Geschäftsschädigung gegen jemand erheben
wollen, dann gibt es dafür Gerichte und Behörden.
Dort können sie ihre Sache vorbringen. 39 Wenn ihr
aber irgendwelche anderen Forderungen habt, muss
das auf einer ordentlich einberufenen Volksversamm-
lung geklärt werden. 40 Was heute geschehen ist, kann
uns leicht als Rebellion ausgelegt werden. Es gibt kei-
nen Grund für diesen Aufruhr; wir können ihn durch
nichts rechtfertigen.« Mit diesen Worten löste er die
Versammlung auf.

REISE DURCH MAZEDONIEN UND GRIECHENLAND UND RÜCKKEHR NACH TROAS

20 Als der Tumult sich gelegt hatte, rief Paulus
die Gemeinde zusammen. Er machte den Jün-
gern und Jüngerinnen noch einmal Mut und verab-
schiedete sich von ihnen, um nach Mazedonien zu
reisen. 2 Dort besuchte er überall die Gemeinden
und stärkte sie durch seine Worte. Schließlich kam
er nach Griechenland 3 und blieb drei Monate dort.
Dann wollte er mit einem Schiff nach Syrien fahren.
Weil aber die Juden während der Schiffsreise einen
Anschlag auf ihn machen wollten, entschloss er sich,
wieder den Landweg über Mazedonien zu nehmen.
4 Auf dieser Reise begleiteten ihn sieben Vertreter der
Gemeinden: aus Beröa Sopater, der Sohn von Pyrrhus,
aus Thessalonich Aristarch und Sekundus, aus Derbe
Gaius, weiter Timotheus und schließlich aus der Pro-
vinz Asien Tychikus und Trophimus. 5 Diese beiden fuh-
ren nach Troas voraus und erwarteten uns dort. 6 Wir
anderen bestiegen nach dem Passafest in Philippi ein
Schiff und stießen nach fünftägiger Fahrt in Troas zu
ihnen. Wir blieben dort eine Woche.

ABSCHIED IN TROAS. TOD UND AUFERWECKUNG VON EUTYCHUS

7 Am Sonntagabend kamen wir zum Mahl des Herrn zu-
sammen. Paulus sprach zu den Versammelten, und weil
er zum letzten Mal mit ihnen zusammen war – denn er
wollte am nächsten Tag weiterreisen –, dehnte er seine
Rede bis Mitternacht aus. 8 In unserem Versammlungs-
raum im obersten Stock brannten zahlreiche Lampen.
9 Auf der Fensterbank saß ein junger Mann mit Namen
Eutychus. Als Paulus so lange sprach, schlief er ein
und fiel drei Stockwerke tief aus dem Fenster. Als sie
ihn aufhoben, war er tot. 10 Paulus aber ging hinunter,
legte sich auf ihn, umfasste ihn und sagte: »Macht
euch keine Sorgen, er lebt!« 11 Dann ging er wieder
hinauf. Er brach das Brot, teilte es aus und aß es mit
ihnen. Danach sprach er noch lange mit ihnen und
verabschiedete sich erst, als die Sonne aufging. 12 Den
jungen Mann aber brachten sie gesund nach Hause
und alle waren von großer Freude erfüllt.

VON TROAS NACH MILET

13 Wir alle außer Paulus bestiegen ein Schiff und fuhren
nach Assos. Dort sollten wir Paulus an Bord nehmen.
Er hatte es so angeordnet, weil er die Strecke zu Fuß
gehen wollte. 14 Als er in Assos zu uns stieß, fuhren
wir gemeinsam nach Mitylene. 15 Von da aus ging es
am nächsten Tag weiter bis in die Nähe von Chios. Am
Tag darauf legten wir in Samos an und noch einen Tag
später erreichten wir Milet.

ABSCHIEDSREDE AN DIE ÄLTESTEN DER GEMEINDE VON EPHESUS

16 Paulus hatte beschlossen, an Ephesus vorbeizu-
fahren, um nicht zu viel Zeit zu verlieren. Er wollte so
schnell wie möglich weiterkommen, um bis Pfings-
ten in Jerusalem zu sein. 17 Von Milet aus schickte er
jedoch den Ältesten der Gemeinde in Ephesus eine
Nachricht und ließ sie bitten, zu ihm zu kommen. 18 Als
sie eingetroffen waren, sagte Paulus zu ihnen: »Ihr
wisst, wie ich von dem Tag an, als ich die Provinz Asien
betrat, bei euch gelebt habe. 19 Mit selbstloser Hin-
gabe habe ich mich für den Herrn eingesetzt und ihm
gedient, manchmal unter Tränen und unter schweren
Prüfungen, die ich zu bestehen hatte, wenn die Juden
mich verfolgten. 20 Ich habe euch nichts verschwiegen,
was für euch wichtig ist, wenn ich in der Öffentlichkeit
oder in euren Hausgemeinden sprach. 21 Juden wie
Nichtjuden habe ich beschworen, zu Gott umzukehren

und ihr Vertrauen auf Jesus, unseren Herrn, zu setzen.
22 Seht, ich gehe jetzt nach Jerusalem – gefesselt vom
Heiligen Geist und als sein Gefangener. Ich weiß nicht,
wie es mir dort ergehen wird; 23 aber das weiß ich: In
jeder Stadt, in die ich komme, kündigt der Heilige Geist
mir an, dass in Jerusalem Verfolgung und Fesselung
auf mich warten. 24 Doch was liegt schon an meinem
Leben! Wichtig ist nur, dass ich bis zum Schluss den
Auftrag erfülle, den mir Jesus, der Herr, übertragen
hat: die Gute Nachricht zu verkünden, dass Gott sich
über die Menschen erbarmt hat. 25 Seht, ich weiß, dass
ich jetzt zum letzten Mal unter euch bin. Ihr und alle,
denen ich die Botschaft von der anbrechenden Herr-
schaft Gottes gebracht habe, ihr werdet mich nicht
wiedersehen. 26 Deshalb erkläre ich heute feierlich
vor euch: Mich trifft keine Schuld, wenn einer von euch
verloren geht. 27 Ich habe euch nichts vorenthalten,
sondern euch die Heilsabsicht Gottes unverkürzt ver-
kündet. 28 Gebt acht auf euch selbst und auf die ganze
Herde, die der Heilige Geist eurer Aufsicht und Leitung
anvertraut hat! Seid treue Hirten der Gemeinde, die
Gott durch das Blut seines eigenen Sohnes für sich
erworben hat! 29 Denn ich weiß, wenn ich nicht mehr
unter euch bin, werden gefährliche Wölfe bei euch
eindringen und unter der Herde wüten. 30 Aus euren
eigenen Reihen werden Männer auftreten und mit
ihren verkehrten Lehren die Jünger und Jüngerinnen
zu verführen suchen, sodass sie nicht mehr dem Herrn,
sondern *ihnen* folgen. 31 Darum gebt acht und denkt
daran, dass ich mich drei Jahre lang bei Tag und Nacht,
oft unter Tränen, um jeden und jede in der Gemeinde
bemüht habe. 32 Nun stelle ich euch unter den Schutz
Gottes und unter die Botschaft seiner rettenden
Gnade. Durch sie wird er eure Gemeinde im Glauben
reifen lassen und ihr das ewige Erbe schenken, ge-
meinsam mit allen anderen, die er zu seinem heiligen
Volk gemacht hat. 33-34 Noch etwas: Ihr wisst, dass ich
nie Unterstützung angenommen habe. Weder Geld
noch Kleider habe ich je von jemand erbeten. Mit die-
sen meinen Händen habe ich erarbeitet, was ich und
meine Begleiter zum Leben brauchten. 35 Überhaupt
habe ich euch mit meiner Lebensführung gezeigt, dass
wir hart arbeiten müssen, um auch den Bedürftigen
etwas abgeben zu können. Wir sollen uns immer an
das erinnern, was Jesus, der Herr, darüber gesagt hat.
Von ihm stammt das Wort: ›Auf dem Geben liegt mehr
Segen als auf dem Nehmen.‹« 36 Nachdem Paulus ge-
endet hatte, kniete er zusammen mit allen nieder und
betete. 37 Als es an den Abschied ging, brachen alle in
lautes Weinen aus, umarmten und küssten ihn. 38 Am
meisten bedrückten sie seine Worte: »Ihr werdet mich
nicht wiedersehen.« Dann begleiteten sie ihn zum
Schiff.

VON MILET NACH TYRUS. PAULUS WIRD GEWARNT

21 Nachdem wir uns von ihnen losgerissen hatten,
fuhren wir ab, kamen auf direktem Weg nach
Kos, erreichten am nächsten Tag Rhodos und dann
Patara. 2 Dort fanden wir ein Schiff, das nach Phönizien
fuhr, und gingen an Bord. 3 Als Zypern in Sicht kam,
steuerten wir südlich an der Insel vorbei mit Kurs auf
Syrien. In Tyrus musste das Schiff die Ladung löschen
und wir gingen an Land. 4 Wir suchten die Jünger
am Ort auf und blieben eine Woche bei ihnen. Vom
Heiligen Geist getrieben, warnten sie Paulus vor der
Reise nach Jerusalem. 5 Als unser vorgesehener Auf-
enthalt zu Ende ging, begleiteten sie uns mit ihren
Frauen und Kindern bis vor die Stadt. Am Strand knie-
ten wir mit ihnen nieder und beteten. 6 Dann verab-
schiedeten wir uns und bestiegen das Schiff, während
sie nach Hause zurückkehrten.

VON TYRUS NACH CÄSAREA. WARNUNG DURCH DEN PROPHETEN AGABUS

7 Von Tyrus fuhren wir nach Ptolemaïs; dort war unsere
Schiffsreise zu Ende. Wir besuchten die Brüder und
Schwestern am Ort und blieben einen Tag bei ihnen.
8 Am anderen Morgen gingen wir zu Fuß weiter und
erreichten Cäsarea. Dort kehrten wir im Haus des Evan-
gelisten Philippus ein. Er war einer aus dem Kreis der
Sieben 9 und hatte vier Töchter, die ehelos geblieben
waren und die Gabe hatten, prophetische Weisungen
zu verkünden. 10 Nach einigen Tagen kam aus Judäa
ein Prophet namens Agabus. 11 Er trat in unsere Mitte,
nahm Paulus den Gürtel ab, fesselte sich damit die
Hände und die Füße und sagte: »So spricht der Heilige
Geist: ›Den Mann, dem dieser Gürtel gehört, werden
die Juden in Jerusalem genauso fesseln und ihn den
Fremden ausliefern, die Gott nicht kennen.‹« 12 Als
wir das hörten, flehten wir und ebenso die Brüder und
Schwestern am Ort Paulus an, nicht nach Jerusalem zu
gehen. 13 Er aber sagte: »Warum weint ihr und macht
mir das Herz schwer? Ich bin bereit, mich in Jerusalem
nicht nur fesseln zu lassen, sondern auch für Jesus, den
Herrn, zu sterben.« 14 Da Paulus sich nicht umstimmen
ließ, gaben wir nach und sagten: »Wie der Herr es will,
so soll es geschehen!«

EMPFANG IN JERUSALEM. RÜCKSICHT AUF DAS MISSTRAUEN DER GESETZESTREUEN CHRISTEN

15 Nach diesen Tagen in Cäsarea machten wir uns
wieder reisefertig und zogen hinauf nach Jerusalem.
16 Einige Jünger aus Cäsarea begleiteten uns. Sie brach-
ten uns zu einem Mann namens Mnason aus Zypern,
bei dem wir unterwegs ein Nachtquartier fanden;
er war ein Jünger aus der Anfangszeit. 17 Bei der An-
kunft in Jerusalem wurden wir von den Brüdern und
Schwestern herzlich aufgenommen. 18 Am nächsten
Tag ging Paulus mit uns zu Jakobus. Auch alle Ältesten
der Gemeinde waren versammelt. 19 Paulus begrüßte
sie und gab einen ausführlichen Bericht über das, was
Gott durch seinen Dienst als Verkünder der Guten
Nachricht bei den Nichtjuden vollbracht hatte. 20 Als
sie das hörten, priesen sie Gott. Doch dann sagten sie
zu Paulus: »Du siehst, lieber Bruder, wie es hier steht.
Wir haben Tausende von Juden, die Jesus als den Herrn

angenommen haben, und sie alle halten sich weiterhin
streng an das Gesetz Moses. 21 Man hat ihnen erzählt,
du würdest allen Juden, die unter den fremden Völkern
leben, den Abfall von Mose predigen. Du würdest sie
auffordern, ihre Kinder nicht mehr zu beschneiden
und nicht länger nach den Vorschriften des Gesetzes
zu leben. 22 Was sollen wir machen? Sie werden sicher
erfahren, dass du hier bist. 23 Deshalb solltest du unse-
rem Rat folgen. Wir haben hier vier Männer, die das Ge-
lübde auf sich genommen haben, eine Zeit lang keinen
Wein zu trinken und sich das Haar nicht schneiden zu
lassen. 24 Die Zeit ihres Gelübdes läuft in diesen Tagen
aus. Kümmere dich um diese Männer, bereite dich mit
ihnen zusammen auf die abschließende gottesdienstli-
che Feier im Tempel vor und übernimm die anfallenden
Kosten. Dann werden alle erkennen, dass die Berichte
über dich falsch sind und dass auch du sehr wohl nach
dem Gesetz Moses lebst. 25 Was die Nichtjuden angeht,
die Christen geworden sind, so haben wir ja schon eine
Entscheidung getroffen. Wir haben ihnen geschrieben,
sie sollen weder Fleisch vom Götzenopfer essen noch
Blut genießen, kein Fleisch von Tieren essen, deren Blut
nicht vollständig ausgeflossen ist, und sich vor Blut-
schande hüten.« 26 Paulus folgte dem Rat, den Jakobus
und die Ältesten ihm gegeben hatten. Er kümmerte
sich um die vier Männer, begann gleich am nächsten
Tag mit den Vorbereitungen und ging zu den Priestern
und meldete ihnen, dass die Zeit ihres Gelübdes abge-
laufen sei. Nach der üblichen Frist von sieben Tagen
sollte dann für jeden von ihnen das vorgeschriebene
Opfer dargebracht werden.

PAULUS WIRD IM TEMPEL VERHAFTET

27 Die sieben Tage waren fast vorüber, da sahen Juden
aus der Provinz Asien Paulus im Tempel. Sie hetzten das
Volk auf, packten Paulus 28 und schrien: »Männer von
Israel, zu Hilfe! Das ist der Verräter, der überall unter al-
len Menschen Lehren verbreitet, die gegen unser Volk
und gegen das Gesetz und gegen diesen Tempel ge-
richtet sind! Jetzt hat er sogar Griechen in den Tempel
mitgebracht und diesen heiligen Ort entweiht!« 29 Sie
hatten nämlich Paulus vorher in der Stadt mit Trophi-
mus aus Ephesus zusammen gesehen und meinten,
er hätte ihn auch in den Tempel mitgenommen. 30 In
Windeseile sprach es sich in der Stadt herum und das
Volk lief zusammen. Sie packten Paulus, zerrten ihn
aus dem Heiligtum, aus dem inneren Vorhof, hinaus,
und sofort wurden die Tore hinter ihm geschlossen.
31 Die Menge stürzte sich auf Paulus und wollte ihn
schon umbringen, da wurde dem Kommandanten der
römischen Garnison gemeldet: »Ganz Jerusalem ist in
Aufruhr!« 32 Sofort nahm er seine Soldaten samt ihren
Hauptleuten und eilte zu der Volksmenge. Als die Leute
den Kommandanten und die Soldaten kommen sahen,
ließen sie davon ab, auf Paulus einzuschlagen. 33 Der
Kommandant ging auf Paulus zu, nahm ihn fest und
ließ ihn mit zwei Ketten fesseln. Dann wollte er von
den Umstehenden wissen, wer der Mann sei und was
er getan habe. 34 Aber in der Menge schrien die einen
dies, die andern jenes. Weil der Kommandant bei dem
Tumult nichts Sicheres herausbekommen konnte, be-
fahl er, Paulus in die Kaserne zu bringen. 35 Am Aufgang
zur Kaserne kam die Menge Paulus gefährlich nahe,
sodass die Soldaten ihn tragen mussten. 36 Denn das
ganze Volk lief hinterher und schrie: »Weg mit ihm!«

PAULUS DARF ZUM VOLK SPRECHEN

37 Bevor Paulus in die Kaserne geführt wurde, sagte
er zu dem Kommandanten: »Darf ich ein Wort mit dir
reden?« »Du sprichst griechisch?«, erwiderte der
Kommandant. 38 »Dann bist du also nicht der Ägyp-
ter, der vor einiger Zeit den Aufstand angezettelt und
die viertausend bewaffneten Terroristen in die Wüste
hinausgeführt hat?« 39 Paulus antwortete: »Ich bin ein
Jude aus Kilikien, ein Bürger der bekannten Stadt Tar-
sus. Ich habe eine Bitte an dich: Erlaube mir, zum Volk
zu sprechen.« 40 Der Kommandant war einverstanden.
Paulus stand auf der Freitreppe und bat die Menge mit
einer Handbewegung um Ruhe. Es wurde sehr still und
er begann auf Hebräisch zu reden.

PAULUS SCHILDERT SEINE VERGANGENHEIT ALS CHRISTENVERFOLGER

22 »Liebe Brüder und Väter, hört, was ich euch zu
meiner Verteidigung zu sagen habe!« 2 Als sie
hörten, dass er auf Hebräisch zu ihnen sprach, wurden
sie noch stiller und Paulus konnte weiterreden: 3 »Ich
bin ein Jude aus Tarsus in Kilikien, aber aufgewachsen
bin ich hier in Jerusalem. Mein Lehrer war Gamaliël. Bei
ihm erhielt ich eine sorgfältige Ausbildung im Gesetz
unserer Vorfahren, und ich trat ebenso leidenschaftlich
für den Gott Israels ein, wie ihr alle es heute tut. 4 Ich
bekämpfte die Lehre der Christen bis aufs Blut. Männer
und Frauen nahm ich fest und ließ sie ins Gefängnis
werfen. 5 Der Oberste Priester und der ganze jüdische
Rat können das bestätigen. Ich ließ mir von ihnen so-
gar Briefe an die jüdischen Brüder in den Synagogen
von Damaskus geben. Darin wurde mir die Vollmacht
erteilt, auch dort die Menschen, die zu Jesus hielten,
festzunehmen und sie in Ketten nach Jerusalem zu
bringen, damit sie dort bestraft würden.«

PAULUS SCHILDERT SEINE BERUFUNG DURCH CHRISTUS UND SEINE SENDUNG ZU DEN NICHT JÜDISCHEN VÖLKERN

6 »Doch dann geschah es: Auf dem Weg nach Damas-
kus, kurz vor der Stadt, umstrahlte mich plötzlich ge-
gen Mittag ein blendend helles Licht vom Himmel. 7 Ich
stürzte zu Boden und hörte eine Stimme zu mir sagen:
›Saul, Saul, warum verfolgst du mich?‹ 8 ›Wer bist du,
Herr?‹, fragte ich und die Stimme sagte: ›Ich bin Jesus
von Nazaret, den du verfolgst!‹ 9 Meine Begleiter sahen
wohl das Licht, hörten aber nicht die Stimme, die mit mir
redete. 10 Ich fragte: ›Herr, was soll ich tun?‹ Der Herr
sagte: ›Steh auf und geh nach Damaskus! Dort wirst du
alles erfahren, was Gott dir zu tun bestimmt hat.‹ 11 Von
dem hellen Lichtstrahl war ich blind geworden und
musste mich von meinen Begleitern nach Damaskus

führen lassen. 12 Dort lebte ein frommer Mann, Hana-
nias, der sich streng an das Gesetz hielt und bei allen
Juden in der Stadt in gutem Ruf stand. 13 Er suchte mich
auf, trat zu mir und sagte: ›Bruder Saul, du sollst wieder
sehen!‹ Im gleichen Augenblick wurden meine Augen
geöffnet und ich sah ihn vor mir stehen. 14 Er sagte: ›Der
Gott unserer Vorfahren hat dich dazu erwählt, seinen
Heilsplan kennenzulernen und den einzig Gerechten
zu sehen und aus seinem Mund das Wort zu hören,
das dich auf den Weg weist. 15 Denn du sollst vor allen
Menschen für ihn eintreten und allen bezeugen, was du
gesehen und gehört hast. 16 Was zögerst du noch? Steh
auf und lass dich taufen! Bekenne dich zum Namen von
Jesus und lass dir deine Sünden abwaschen!‹ 17 Als ich
dann wieder nach Jerusalem zurückgekehrt war und
hier im Tempel betete, hatte ich eine Vision. 18 Ich sah
den Herrn, der sagte zu mir: ›Verlass Jerusalem auf dem
schnellsten Weg, denn die Leute hier werden dir nicht
glauben, wenn du für mich eintrittst.‹ 19 ›Herr‹, sagte
ich, ›aber gerade sie müssten mir doch glauben; denn
sie wissen ja, wie ich früher in den Synagogen deine
Anhänger festnehmen und auspeitschen ließ. 20 Auch
als dein Zeuge Stephanus gesteinigt wurde, war ich
dabei; ich war mit allem einverstanden und bewachte
die Kleider seiner Mörder.‹ 21 Doch der Herr sagte: ›Geh,
ich will dich weit hinaus zu fremden Völkern senden!‹«

PAULUS LÖST EINEN TUMULT AUS UND STELLT SICH UNTER DEN SCHUTZ DES RÖMISCHEN BÜRGERRECHTS

22 Bis dahin hatte die Menge Paulus ruhig zugehört.
Aber jetzt, bei diesem letzten Satz, fingen sie alle an zu
schreien: »Weg mit ihm! So einer muss von der Erde
verschwinden! Es gehört sich nicht, dass er lebt!« 23 Sie
tobten, rissen sich die Kleider vom Leib und warfen
Staub in die Luft. 24 Der Kommandant befahl, Paulus
in die Kaserne zu bringen. Er wollte ihn unter Peit-
schenhieben verhören lassen, um herauszubringen,
warum die Juden so wütend auf ihn waren. 25 Als die
Soldaten ihn schon festbinden wollten, sagte Paulus
zu dem Hauptmann, der die Ausführung überwachte:
»Dürft ihr denn einen römischen Bürger auspeitschen,
noch dazu ohne ein ordentliches Gerichtsverfahren?«
26 Der Hauptmann lief zum Kommandanten und sagte:
»Weißt du, was du da tust? Der Mann hat das römi-
sche Bürgerrecht!« 27 Der Kommandant ging selbst
zu Paulus und fragte ihn: »Bist du wirklich römischer
Bürger?« Paulus bestätigte es, 28 und der Kommandant
sagte zu ihm: »Ich musste für mein Bürgerrecht viel
Geld bezahlen.« Paulus erwiderte: »Ich besitze es von
Geburt an!« 29 Die Männer, die ihn verhören sollten,
ließen sofort von ihm ab, und der Kommandant bekam
es mit der Angst zu tun, weil er einen römischen Bürger
hatte fesseln lassen.

PAULUS VOR DEM JÜDISCHEN RAT

30 Am folgenden Tag machte der Kommandant einen
weiteren Versuch, herauszubringen, was die Juden so
gegen Paulus aufgebracht hatte. Er ließ ihm die Ketten
abnehmen, gab Befehl, die führenden Priester und den
ganzen jüdischen Rat zusammenzurufen, und stellte
Paulus vor die Versammlung.

23 Paulus richtete den Blick fest auf die Ver-
sammelten und erklärte: »Brüder, ich habe
immer so gehandelt, dass ich mir vor Gott nicht das
Mindeste vorzuwerfen habe, und das bis zum heuti-
gen Tag!« 2 Der Oberste Priester Hananias befahl den
dabeistehenden Dienern, Paulus auf den Mund zu
schlagen. 3 Da sagte Paulus zu ihm: »Dich wird *Gott*
schlagen, du übertünchte Wand! Du willst nach dem
Gesetz über mich richten und lässt mich *gegen* alles
Gesetz schlagen?« 4 Die Diener sagten: »Wie, du wagst
den Obersten Priester Gottes zu beleidigen?« 5 Paulus
entschuldigte sich und sagte: »Ich habe nicht gewusst,
Brüder, dass er der Oberste Priester ist. Ich weiß wohl,
dass in den Heiligen Schriften steht: ›Ihr sollt ein Ober-
haupt eures Volkes nicht verfluchen.‹« 6 Da Paulus
wusste, dass die Anwesenden teils Sadduzäer, teils
Pharisäer waren, rief er in die Versammlung hinein:
»Brüder, ich bin ein Pharisäer und komme aus einer
Pharisäerfamilie. Ich stehe hier vor Gericht, nur weil
ich daran glaube, dass die Toten auferstehen!« 7 Damit
spaltete er den Rat in zwei Lager, denn Sadduzäer und
Pharisäer fingen sofort an, miteinander zu streiten.
8 Die Sadduzäer leugnen nämlich die Auferstehung
der Toten und sie bestreiten auch, dass es Engel und
andere unsichtbare Wesen gibt. Die Pharisäer dagegen
bekennen sich zum Glauben an beides. 9 So kam es zu
einer lautstarken Auseinandersetzung. Schließlich
traten einige Gesetzeslehrer aus der Gruppe der Phari-
säer vor und erklärten: »Wir können dem Mann nichts
vorwerfen. Vielleicht hat ja tatsächlich ein Geist zu ihm
gesprochen oder ein Engel!« 10 Der Tumult wurde am
Ende so heftig, dass der Kommandant fürchtete, sie
könnten Paulus in Stücke reißen. So ließ er aus der
Kaserne eine Abteilung Soldaten kommen, die ihn her-
ausholten und wieder dorthin zurückbrachten. 11 In der
folgenden Nacht aber trat der Herr zu Paulus und sagte
zu ihm: »Nur Mut! Wie du hier in Jerusalem für mich
eingetreten bist, so musst du es auch in Rom tun.«

EINE VERSCHWÖRUNG GEGEN PAULUS

12 Am nächsten Morgen taten sich eine Anzahl Juden
zu einem Anschlag gegen Paulus zusammen. Sie
schworen, nichts zu essen und zu trinken, bis sie ihn
umgebracht hätten. 13 Mehr als vierzig Männer betei-
ligten sich an dieser Verschwörung. 14 Sie gingen zu
den führenden Priestern und den Ratsältesten und
weihten sie ein: »Wir haben feierlich geschworen,
nichts zu essen und zu trinken, bis wir Paulus getö-
tet haben. 15 Geht also jetzt im Namen des ganzen
jüdischen Rates zum Kommandanten und fordert ihn
auf, euch Paulus noch einmal vorzuführen; ihr wolltet
seinen Fall noch genauer untersuchen. Wir halten uns
dann bereit und bringen ihn um, noch bevor er hier
eintrifft.« 16 Aber ein Neffe von Paulus, der Sohn seiner
Schwester, hörte von dem geplanten Anschlag. Er ging
in die Kaserne und erzählte Paulus davon. 17 Der rief

einen von den Hauptleuten und sagte zu ihm: »Bring diesen jungen Mann zum Kommandanten! Er hat eine wichtige Nachricht für ihn.« 18 Der Hauptmann brachte ihn zum Kommandanten und sagte: »Der Gefangene Paulus hat mich rufen lassen und mich gebeten, diesen jungen Mann zu dir zu führen. Er soll eine wichtige Nachricht für dich haben.« 19 Der Kommandant nahm den jungen Mann beiseite und fragte ihn: »Was hast du mir zu berichten?« 20 Da erzählte er: »Die Juden wollen dich bitten, Paulus morgen noch einmal vor ihren Rat zu bringen, damit sie ihn noch genauer verhören können. 21 Aber du darfst ihnen nicht glauben, denn mehr als vierzig Männer planen einen Anschlag. Sie alle haben geschworen, erst wieder zu essen und zu trinken, wenn sie Paulus getötet haben. Sie halten sich bereit und warten nur darauf, dass du ihn herausführen lässt.« 22 Der Kommandant sagte: »Verrate keinem, dass du mir davon erzählt hast!« Dann ließ er den jungen Mann gehen.

PAULUS WIRD ZUM STATTHALTER NACH CÄSAREA GEBRACHT

23 Der Kommandant rief zwei Hauptleute und befahl ihnen: »Sorgt dafür, dass zweihundert Soldaten sich für heute Abend um neun Uhr zum Abmarsch nach Cäsarea bereit machen, dazu siebzig Reiter und noch zweihundert Leichtbewaffnete. 24 Besorgt ein paar Reittiere für Paulus und bringt ihn sicher zum Statthalter Felix!« 25 Dann schrieb er folgenden Brief: 26 »Klaudius Lysias grüßt den hochverehrten Statthalter Felix. 27 Den Mann, den ich dir sende, hatten die Juden ergriffen und wollten ihn töten. Als ich erfuhr, dass er römischer Bürger ist, ließ ich ihn durch meine Soldaten in Sicherheit bringen. 28 Weil ich herausbekommen wollte, weshalb sie ihn verfolgen, brachte ich ihn vor ihren Rat. 29 Aber es stellte sich heraus, dass er nichts getan hat, worauf Todesstrafe oder Gefängnis steht. Ihre Vorwürfe beziehen sich nur auf strittige Fragen des jüdischen Gesetzes. 30 Nun wurde mir gemeldet, dass ein Anschlag gegen ihn geplant ist, deshalb schicke ich ihn umgehend zu dir. Ich habe auch die Kläger angewiesen, ihre Sache gegen ihn bei dir vorzutragen.« 31 Die Soldaten übernahmen Paulus und brachten ihn befehlsgemäß noch in der Nacht bis nach Antipatris. 32 Am nächsten Tag kehrten die Fußtruppen nach Jerusalem in die Kaserne zurück, während die Reiter Paulus weitergeleiteten. 33 Sie brachten ihn nach Cäsarea und übergaben den Brief und den Gefangenen dem Statthalter Felix. 34 Der Statthalter las den Brief und fragte Paulus, aus welcher Provinz er stamme. »Aus Kilikien«, sagte Paulus. 35 Felix erklärte: »Ich werde dich verhören, sobald deine Ankläger auch hier sind.« Dann befahl er, Paulus an seinem Amtssitz, in dem von Herodes erbauten Palast, gefangen zu halten.

DIE FÜHRENDEN JUDEN KLAGEN PAULUS AN

24 Nach fünf Tagen kam der Oberste Priester Hananias mit einigen Ratsältesten und dem Anwalt Tertullus nach Cäsarea. Sie erhoben beim Statthalter Felix Anklage gegen Paulus. 2-3 Als man Paulus gerufen hatte, begann Tertullus seine Anklagerede: »Hochverehrter Felix! Dein Verdienst ist es, dass wir schon so lange in Frieden leben. Deiner Umsicht verdanken wir auch eine ganze Reihe von wichtigen Reformen in unserem Land. Das erkennen wir in tiefer Dankbarkeit an, wo und wann immer sich die Gelegenheit bietet. 4 Ich will aber jetzt deine kostbare Zeit nicht unnötig in Anspruch nehmen und bitte dich, uns für einen Augenblick freundlich anzuhören. 5 Wir haben festgestellt, dass dieser Paulus so gefährlich ist wie die Pest. Als Hauptprädelsführer der Nazarener-Sekte stiftet er die Juden in der ganzen Welt zum Aufruhr an. 6a Er hat auch versucht, den Tempel zu entweihen. Dabei haben wir ihn festgenommen. 8b Wenn du ihn verhörst, wird er dir gegenüber alles zugeben müssen, was wir ihm vorwerfen.« 9 Die anderen Juden schlossen sich der Anklage an und bestätigten alles.

PAULUS VERTEIDIGT SICH VOR DEM STATTHALTER

10 Mit einem Zeichen forderte der Statthalter Paulus zum Reden auf, und der begann: »Weil ich weiß, dass du seit vielen Jahren in diesem Land der oberste Richter bist, gehe ich voll Zuversicht daran, mich zu verteidigen. 11 Wie du leicht nachprüfen kannst, bin ich erst vor zwölf Tagen nach Jerusalem gekommen, um dort im Tempel anzubeten. 12 Niemand hat gesehen, dass ich diskutiert oder die Leute aufgehetzt hätte, weder im Tempel noch in den Synagogen noch sonst wo in der Stadt. 13 Für das, was mir hier vorgeworfen wird, gibt es keinerlei Beweise. 14 Das allerdings bekenne ich offen vor dir: Ich diene dem Gott unserer Vorfahren in der Weise, wie es jener neuen Richtung entspricht, die sie als Sekte bezeichnen. Doch genau auf diese Weise diene ich ihm wirklich! Ich erkenne alles an, was im Gesetz Moses und in den Prophetenbüchern steht. 15 Ich habe die gleiche feste Hoffnung auf Gott wie sie, nämlich dass er die Toten auferwecken wird, die Guten wie die Bösen. 16 Und aus diesem Grund bemühe auch ich mich, immer ein reines Gewissen zu haben vor Gott und den Menschen. 17 Nach vielen Jahren im Ausland war ich nun nach Jerusalem zurückgekommen. Ich wollte Geldspenden für mein Volk übergeben und Gott Opfer darbringen. 18-19 Da sahen mich einige Juden aus der Provinz Asien im Tempel, als ich mich gerade auf ein Opfer vorbereitete; ich hatte keine Anhänger um mich gesammelt, es gab auch keinen Aufruhr. Diese Leute sollten jetzt eigentlich hier sein und ihre Klage vorbringen, wenn sie mir etwas vorzuwerfen haben! 20 Du kannst aber auch diese Männer hier fragen, was für ein Vergehen sie mir im Verhör vor dem Rat der Juden denn nachweisen konnten. 21 Es könnte höchstens der eine Satz sein, den ich dem versammelten Rat zurief: ›Ich stehe heute vor eurem Gericht, weil ich glaube, dass die Toten auferstehen.‹« 22 Felix, der über die christliche Lehre genau Bescheid wusste, ließ die Verhandlung abbrechen und sagte: »Der Fall wird entschieden, sobald der Kommandant Lysias aus

Jerusalem eintrifft.« 23 Er ließ Paulus wieder abführen, befahl aber dem Hauptmann, dem Gefangenen einige Erleichterungen zu gewähren. Seine Freunde sollten die Erlaubnis haben, ihn zu versorgen.

FELIX UND DRUSILLA BEI PAULUS. VERSCHLEPPUNG DES PROZESSES

24 Einige Tage später erschien Felix zusammen mit seiner Frau Drusilla, einer Jüdin, in seinem Amtssitz und ließ Paulus aus dem Gefängnis zu sich bringen; denn er wollte noch mehr über den Glauben an Jesus Christus erfahren. 25 Als aber Paulus zuletzt von einem Leben nach Gottes Geboten, von der Zügelung der Leidenschaften und vom kommenden Gericht Gottes sprach, wurde es Felix unbehaglich und er sagte: »Für diesmal ist es genug, du kannst jetzt gehen! Wenn ich wieder Zeit habe, lasse ich dich holen.« 26 Er hoffte auch im Stillen, von Paulus Bestechungsgelder zu bekommen. Darum ließ er ihn von Zeit zu Zeit rufen und unterhielt sich mit ihm. 27 Als Felix zwei Jahre später durch Porzius Festus abgelöst wurde, wollte er den Juden noch einen Gefallen tun und ließ Paulus im Gefängnis.

WIEDERAUFNAHME DES VERFAHRENS UNTER FESTUS. PAULUS APPELLIERT AN DEN KAISER IN ROM

25
Drei Tage nach seinem Amtsantritt zog Festus von Cäsarea nach Jerusalem hinauf. 2 Die führenden Priester und die angesehensten Männer des jüdischen Volkes erneuerten bei ihm ihre Anklage gegen Paulus, und sie erbaten sich von ihm 3 als besonderes Zeichen seiner Gunst, dass er den Gefangenen wieder nach Jerusalem verlegen lasse. Sie planten nämlich einen Anschlag und wollten ihn unterwegs töten. 4 Doch Festus erklärte, Paulus werde in Cäsarea bleiben. Er selbst kehre bald wieder dorthin zurück. 5 »Eure Bevollmächtigten«, sagte er, »können ja mitkommen und ihre Anklage vorbringen, wenn der Mann wirklich das Recht verletzt hat.« 6 Festus blieb noch eine gute Woche in Jerusalem und reiste dann nach Cäsarea zurück. Gleich am nächsten Tag eröffnete er die Gerichtsverhandlung und ließ Paulus vorführen. 7 Als er erschien, umstellten ihn die Juden aus Jerusalem und brachten viele schwere Anklagen gegen ihn vor, konnten sie aber nicht belegen. 8 Paulus verteidigte sich: »Ich habe mich weder gegen das Gesetz der Juden noch gegen den Tempel noch gegen den Kaiser vergangen.« 9 Festus wollte den Juden nun doch den Gefallen tun und fragte Paulus: »Willst du nicht nach Jerusalem gehen, damit dort in meinem Beisein über diese Punkte verhandelt und entschieden werden kann?« 10 Aber Paulus erwiderte: »Ich stehe hier vor dem kaiserlichen Gericht, und vor ihm muss mein Fall entschieden werden. Ich habe mich gegen die Juden in keiner Weise vergangen, wie du selbst genau weißt. 11 Wäre ich im Unrecht und hätte etwas getan, worauf die Todesstrafe steht, so wäre ich sofort bereit zu sterben. Da aber feststeht, dass ihre Anklagen falsch sind, kann mich niemand bloß aus Gefälligkeit an sie ausliefern. Ich verlange, dass mein Fall vor den Kaiser kommt!« 12 Festus besprach sich mit seinen Beratern und entschied dann: »Du hast an den Kaiser appelliert, darum sollst du vor den Kaiser gebracht werden.«

FESTUS INFORMIERT KÖNIG AGRIPPA ÜBER DEN FALL PAULUS

13 Einige Zeit später kamen König Agrippa und seine Schwester Berenike nach Cäsarea, um Festus zu besuchen. 14 Nach einigen Tagen brachte Festus den Fall Paulus zur Sprache: »Mein Vorgänger Felix hat mir hier einen Gefangenen hinterlassen. 15 Als ich nach Jerusalem kam, erhoben die führenden Priester und die jüdischen Ratsältesten Anklage gegen ihn und drängten mich, ihn zu verurteilen. 16 Aber ich machte ihnen klar, dass es bei uns Römern nicht üblich ist, einen Angeklagten – nur um jemand einen Gefallen zu tun – abzuurteilen, bevor er sich nicht persönlich gegenüber seinen Anklägern verteidigen konnte. 17 Als sie dann hierherkamen, habe ich sofort eine Verhandlung angesetzt und den Mann vorführen lassen. 18 Aber die Anklagen, die seine Gegner vorbrachten, gingen gar nicht auf irgendeinen Rechtsbruch, wie ich bis dahin vermuten musste. 19 Alles drehte sich vielmehr um religiöse Streitfragen und um einen Toten namens Jesus, von dem Paulus behauptet, er lebe. 20 Da ich mich auf solche Fragen nicht genügend verstehe, fragte ich ihn, ob er nicht lieber nach Jerusalem gehen wolle, damit dort über diese Punkte verhandelt und entschieden wird. 21 Aber Paulus legte dagegen Beschwerde ein: Er wolle vor den Kaiser gebracht werden und bis dahin in Haft bleiben. Also gab ich Befehl, ihn weiter in Haft zu halten, bis ich ihn zum Kaiser schicken kann.« 22 Agrippa sagte zu Festus: »Ich würde den Mann gern einmal kennenlernen.« »Morgen sollst du dazu Gelegenheit haben«, sagte Festus.

PAULUS WIRD KÖNIG AGRIPPA VORGEFÜHRT

23 Agrippa und Berenike erschienen also am nächsten Tag in ihrer ganzen fürstlichen Pracht und betraten, begleitet von hohen römischen Offizieren und den maßgebenden Persönlichkeiten der Stadt, den Audienzsaal. Festus gab den Befehl, und Paulus wurde hereingeführt. 24 Darauf sagte Festus: »König Agrippa! Meine verehrten Gäste! Hier seht ihr den Mann, dessentwegen mich alle Juden sowohl in Jerusalem als auch hier in dieser Stadt bestürmt haben. Sie schrien, er dürfe nicht länger am Leben bleiben. 25 Ich musste jedoch feststellen, dass er nichts getan hat, worauf die Todesstrafe steht. Da er selbst an den Kaiser appelliert hat, habe ich beschlossen, ihn nach Rom zu schicken. 26 Ich habe allerdings kaum etwas Stichhaltiges, was ich meinem Herrn, dem Kaiser, schreiben könnte. Deshalb stelle ich euch den Mann vor, besonders dir, König Agrippa, damit ich durch ein neues Verhör einige Anhaltspunkte für meinen Brief bekomme. 27 Denn es erscheint mir unsinnig, einen Gefangenen nach Rom zu schicken, ohne eine Aufstellung der Anklagepunkte mitzugeben.«

DIE REDE VON PAULUS VOR KÖNIG AGRIPPA

26 Agrippa sagte zu Paulus: »Du hast die Gele-
genheit, in eigener Sache zu sprechen.« Paulus
machte eine Handbewegung und begann seine Ver-
teidigungsrede: 2 »König Agrippa! Ich freue mich,
dass ich mich heute vor dir gegen die Angriffe der
Juden verteidigen kann, 3 vor allem, weil du dich in
ihren Gebräuchen und religiösen Streitfragen aus-
kennst. Bitte, hör mich geduldig an! 4 Mein Leben, wie
ich es seit meiner Jugend unter meinem Volk und in
Jerusalem geführt habe, ist allen Juden von Anfang
an bekannt. 5 Sie kennen mich von früher her und kön-
nen, wenn sie wollen, bezeugen, dass ich nach der
strengsten Richtung unserer Religion gelebt habe.
Ich war nämlich Pharisäer. 6 Und wenn ich jetzt vor
Gericht stehe, dann nur deshalb, weil ich fest auf die
Zusage vertraue, die Gott unseren Vorfahren gegeben
hat. 7 Unser Zwölfstämmevolk Israel dient Gott unab-
lässig bei Tag und Nacht in der Hoffnung, endlich die
Erfüllung dieser Zusage zu erleben. Und ich, König
Agrippa, werde um derselben Hoffnung willen aus-
gerechnet von Juden angeklagt! 8 Warum wollt ihr
Juden es denn nicht glauben, dass Gott tatsächlich
einen Toten auferweckt hat? 9 Anfangs allerdings hatte
auch ich gemeint, ich müsste dem Bekenntnis zu Jesus
von Nazaret mit allen Mitteln entgegentreten. 10 Das
habe ich in Jerusalem auch getan. Ausgestattet mit
einer Vollmacht der führenden Priester brachte ich
viele Christen ins Gefängnis und gab meine Stimme
gegen sie ab, wenn sie zum Tod verurteilt wurden. 11 In
allen Synagogen habe ich immer wieder versucht, sie
durch Auspeitschen dahin zu bringen, dass sie ihrem
Glauben abschwören. Mein Hass war so groß, dass
ich sie sogar noch über die Grenzen des Landes hin-
aus verfolgen wollte. 12 In dieser Absicht reiste ich im
Auftrag der führenden Priester und mit ihrer Vollmacht
nach Damaskus. 13 Auf dem Weg dorthin, mein König,
umstrahlte mich und meine Begleiter mitten am Tag
ein Licht vom Himmel, heller als die Sonne. 14 Wir
stürzten alle zu Boden und ich hörte eine Stimme auf
Hebräisch rufen: ›Saul, Saul, warum verfolgst du mich?
Es ist sinnlos, dass du gegen mich ankämpfst!‹ 15 ›Wer
bist du, Herr?‹, fragte ich, und der Herr sagte: ›Ich bin
Jesus, den du verfolgst. 16 Doch steh auf, denn ich bin
dir erschienen, um dich in meinen Dienst zu stellen.
Du sollst bezeugen, was du heute gesehen hast und
was ich dir noch zeigen werde. 17 Ich werde dich be-
schützen vor den Juden und auch vor den Nichtjuden,
zu denen ich dich sende. 18 Gerade ihnen sollst du die
Augen öffnen, damit sie aus der Finsternis ins Licht
kommen, aus der Gewalt des Satans zu Gott. Denn
wenn sie auf mich vertrauen, wird ihnen ihre Schuld
vergeben und sie erhalten ihren Platz unter denen,
die Gott zu seinem heiligen Volk gemacht hat.‹ 19 Ich
habe mich, König Agrippa, dem nicht widersetzt, was
diese Erscheinung vom Himmel mir befohlen hatte.
20 Zuerst in Damaskus und Jerusalem und später in
ganz Judäa und bei den nicht jüdischen Völkern rief
ich die Menschen dazu auf, umzukehren, sich Gott
zuzuwenden und durch ihre Lebensführung zu zeigen,
dass es ihnen mit der Umkehr ernst ist. 21 Einzig deswe-
gen haben mich die Juden im Tempel ergriffen und zu
töten versucht. 22 Aber bis heute hat Gott mir geholfen,
und so stehe ich als sein Zeuge vor den Menschen, den
hochgestellten wie den ganz einfachen. Ich verkünde
nichts anderes, als was die Propheten und Mose ange-
kündigt haben: 23 Der versprochene Retter, sagten sie,
muss leiden und sterben und wird als der Erste unter
allen Toten auferstehen, um dem jüdischen Volk und
allen Völkern der Welt das rettende Licht zu bringen.«

DIE REAKTION VON FESTUS UND AGRIPPA AUF DIE REDE

24 Als Paulus sich auf diese Weise verteidigte, rief Fes-
tus ihm zu: »Du bist verrückt geworden, Paulus! Das
viele Studieren hat dich um den Verstand gebracht!«
25 Paulus aber antwortete: »Hochverehrter Festus,
ich bin nicht verrückt. Was ich sage, ist wahr und ver-
nünftig. 26 Der König weiß, wovon ich rede, und mit
ihm kann ich frei und offen darüber sprechen. Ich bin
überzeugt, dass ich ihm auch gar nichts Neues sage;
denn die Sache hat sich ja nicht irgendwo im Winkel
abgespielt. 27 König Agrippa, glaubst du den Ankündi-
gungen der Propheten? Ich weiß, du glaubst ihnen!«
28 Agrippa erwiderte: »Es dauert nicht mehr lange
und du überredest mich noch dazu, dass ich selber
Christ werde!« 29 »Ob es nun kurz oder lang dauert«,
sagte Paulus, »ich bete zu Gott, dass nicht nur du, son-
dern alle, die mich hier hören, mir gleich werden – die
Fesseln natürlich ausgenommen.« 30 Darauf standen
der König, der Statthalter, Berenike und die anderen
auf 31 und gingen hinaus. »Der Mann verdient weder
den Tod noch das Gefängnis«, war das einmütige Ur-
teil. 32 Und Agrippa sagte zu Festus: »Der Mann könnte
freigelassen werden, wenn er nicht an den Kaiser ap-
pelliert hätte.«

PAULUS ALS GEFANGENER AUF DEM WEG NACH ROM

27 Als unsere Abreise nach Italien beschlossen war,
übergab man Paulus und einige andere Gefan-
gene einem Hauptmann namens Julius aus einem sy-
rischen Regiment, das den Ehrennamen ›Kaiserliches
Regiment‹ trug. 2 Wir gingen an Bord eines Schiffes aus
Adramyttion, das die Häfen an der Küste der Provinz
Asien anlaufen sollte, und fuhren ab. Der Mazedo-
nier Aristarch aus Thessalonich begleitete uns. 3 Am
nächsten Tag erreichten wir Sidon. Julius war Paulus
gegenüber sehr entgegenkommend und erlaubte ihm,
seine Glaubensgenossen dort zu besuchen und sich
bei ihnen zu erholen. 4 Als wir von dort weiterfuhren,
hatten wir Gegenwind; darum segelten wir auf der
Ostseite um Zypern herum. 5 Kilikien und Pamphylien
ließen wir rechts liegen und erreichten schließlich
Myra in Lykien. 6 Dort fand der Hauptmann ein Schiff
aus Alexandria, das nach Italien fuhr, und brachte uns
an Bord. 7 Viele Tage lang machten wir nur wenig Fahrt
und kamen mit Mühe bis auf die Höhe von Knidos.

Dann zwang uns der Wind, den Kurs zu ändern. Wir
hielten auf die Insel Kreta zu, umsegelten Kap Sal-
mone 8 und erreichten mit knapper Not einen Ort, der
Kaloi Limenes (Guthäfen) heißt, nicht weit von der
Stadt Lasäa.

PAULUS IM SEESTURM

9 Wir hatten inzwischen viel Zeit verloren. Das Herbst-
fasten war vorbei und die Schifffahrt wurde gefährlich.
Deshalb warnte Paulus seine Bewacher. 10 »Ich sehe
voraus«, sagte er, »dass eine Weiterfahrt zu großen
Schwierigkeiten führen wird. Sie bringt nicht nur La-
dung und Schiff in Gefahr, sondern auch das Leben
der Menschen an Bord.« 11 Aber der Hauptmann hörte
mehr auf den Steuermann und den Kapitän als auf
das, was Paulus sagte. 12 Außerdem war der Hafen zum
Überwintern nicht sehr geeignet. So waren die meis-
ten dafür, wieder in See zu stechen und zu versuchen,
noch bis nach Phönix zu kommen. Dieser ebenfalls
auf Kreta gelegene Hafen ist nach Westen hin offen
und man konnte dort den Winter zubringen. 13 Als ein
leichter Südwind einsetzte, nahmen die Seeleute es
für ein günstiges Zeichen. Die Anker wurden gelich-
tet, und das Schiff segelte so dicht wie möglich an der
Küste Kretas entlang. 14 Aber bald brach aus der Rich-
tung der Insel ein Sturm los, der gefürchtete Nordost,
15 und riss das Schiff mit. Da es unmöglich war, Kurs
zu halten, ließen wir uns einfach treiben. 16 Im Schutz
der kleinen Insel Kauda war der Sturm etwas weniger
heftig und wir konnten mit einiger Mühe das Beiboot
einholen. 17 Danach legten die Seeleute zur Sicherung
ein paar Taue fest um das ganze Schiff. Um nicht in
die Große Syrte verschlagen zu werden, brachten sie
den Treibanker aus und ließen das Schiff dahintreiben.
18 Der Sturm setzte dem Schiff stark zu, deshalb warf
man am nächsten Tag einen Teil der Ladung ins Meer.
19 Am Tag darauf warfen die Seeleute eigenhändig die
Schiffsausrüstung über Bord. 20 Tagelang zeigten sich
weder Sonne noch Sterne am Himmel. Der Sturm ließ
nicht nach, und so verloren wir am Ende jede Hoffnung
auf Rettung. 21 Niemand wollte mehr etwas essen. Da
erhob sich Paulus und sagte: »Ihr hättet auf meine
Warnung hören und im Hafen bleiben sollen. Dann
wäre uns dies erspart geblieben. 22 Doch jetzt bitte
ich euch: Lasst den Mut nicht sinken! Alle werden am
Leben bleiben, nur das Schiff geht verloren. 23 In der
vergangenen Nacht erschien mir nämlich ein Engel
des Gottes, dem ich gehöre und dem ich diene, 24 und
sagte zu mir: ›Hab keine Angst, Paulus! Du musst vor
den Kaiser treten, und auch alle anderen, die mit dir
auf dem Schiff sind, wird Gott deinetwegen retten.‹
25 Also seid mutig, Männer! Ich vertraue Gott, dass al-
les so kommen wird, wie er es zu mir gesagt hat. 26 Wir
werden an einer Insel stranden.« 27 Wir trieben nun
schon die vierzehnte Nacht im Sturm auf dem Mit-
telmeer. Gegen Mitternacht vermuteten die Seeleute
Land in der Nähe. 28 Sie warfen ein Lot aus und kamen
auf 37 Meter Wassertiefe. Etwas später waren es nur
noch 28 Meter. 29 Sie fürchteten, auf ein Küstenriff
aufzulaufen, darum warfen sie vom Heck vier Anker
aus und wünschten sehnlichst den Tag herbei. 30 Aber
noch in der Dunkelheit versuchten die Seeleute, das
Schiff zu verlassen. Unter dem Vorwand, auch vom
Bug aus Anker auswerfen zu wollen, brachten sie das
Beiboot zu Wasser. 31 Doch Paulus warnte den Haupt-
mann und die Soldaten: »Wenn die Seeleute das Schiff
verlassen, habt ihr keine Aussicht auf Rettung mehr.«
32 Da hieben die Soldaten die Taue durch und ließen das
Beiboot davontreiben. 33 Noch bevor der Tag anbrach,
forderte Paulus alle auf, doch etwas zu essen. »Ihr war-
tet nun schon vierzehn Tage auf Rettung«, sagte er,
»und habt die ganze Zeit über nichts gegessen. 34 Ich
bitte euch deshalb, esst etwas; das habt ihr nötig, wenn
ihr überleben wollt. Niemand von euch wird auch nur
ein Haar von seinem Kopf verlieren.« 35 Dann nahm
Paulus ein Brot, sprach darüber vor allen ein Dankge-
bet, brach das Brot in Stücke und fing an zu essen. 36 Da
bekamen sie alle wieder Mut und aßen ebenfalls. 37 Wir
waren insgesamt 276 Leute auf dem Schiff. 38 Als alle
satt waren, warfen sie die Getreideladung über Bord,
um das Schiff zu erleichtern.

SCHIFFBRUCH

39 Bei Tagesanbruch sahen die Seeleute eine Küste, die
ihnen unbekannt war. Doch entdeckten sie eine Bucht
mit einem flachen Strand und wollten versuchen, das
Schiff dort auf Grund zu setzen. 40 Sie kappten die An-
kertaue, ließen die Anker im Meer zurück und mach-
ten zugleich die Steuerruder klar. Dann hissten sie das
Vordersegel, und als das Schiff im Wind wieder Fahrt
machte, hielten sie auf die Küste zu. 41 Sie liefen jedoch
auf eine Sandbank auf. Der Bug rammte sich so fest ein,
dass das Schiff nicht wieder flottzumachen war, und
das Hinterdeck zerbrach unter der Wucht der Wellen.
42 Da beschlossen die Soldaten, alle Gefangenen zu
töten, damit keiner durch Schwimmen entkommen
könne. 43 Aber der Hauptmann wollte Paulus retten
und verhinderte es. Er befahl den Schwimmern, sie
sollten als Erste über Bord springen und das Land zu
erreichen suchen; 44 die Übrigen sollten sich Planken
und anderen Wrackteilen anvertrauen. So kamen alle
unversehrt an Land.

AUF DER INSEL MALTA

28 Nach unserer Rettung erfuhren wir, dass die In-
sel Malta hieß. 2 Die Eingeborenen – keine Grie-
chen – waren überaus freundlich zu uns. Sie machten
ein offenes Feuer und holten uns alle dorthin; denn es
hatte angefangen zu regnen und es war kalt. 3 Paulus
raffte ein Bündel Reisig zusammen und warf es in die
Flammen. Da schoss eine Schlange heraus und biss sich
an seiner Hand fest; die Hitze hatte sie aufgescheucht.
4 Die Eingeborenen sahen die Schlange an seiner Hand
und sagten: »Der Mann muss ein Mörder sein: Aus
dem Meer hat er sich gerettet, aber jetzt fordert die
Rachegöttin sein Leben.« 5 Doch Paulus schüttelte die
Schlange ins Feuer und es geschah ihm nichts. 6 Die
Leute warteten darauf, dass er langsam anschwellen

oder plötzlich tot umfallen würde. Nachdem sie ihn aber eine Zeit lang beobachtet hatten und nichts dergleichen geschah, änderten sie ihre Meinung und sagten, er sei ein Gott. 7 In der Nähe der Stelle, an der wir uns befanden, hatte der Angesehenste unter den Leuten der Insel, Publius, seine Besitzungen. Er nahm uns freundlich auf und wir waren für drei Tage seine Gäste. 8 Sein Vater hatte die Ruhr und lag mit Fieber im Bett. Paulus ging zu ihm ins Zimmer, betete über ihm, legte ihm die Hände auf und machte ihn gesund. 9 Darauf kamen auch alle anderen Kranken der Insel und ließen sich heilen. 10 Sie überschütteten uns mit ehrenvollen Geschenken, und bei der Abfahrt brachten sie uns alles, was wir für die Reise brauchten.

VON MALTA NACH ROM

11 Nach drei Monaten fuhren wir mit einem Schiff weiter, das in einem Hafen von Malta überwintert hatte. Es kam aus Alexandria und trug an seinem Bug als Schiffszeichen das Bild der Dioskuren. 12 Wir kamen nach Syrakus, wo wir drei Tage blieben. 13 Von dort ging es weiter nach Rhegion. Am Tag darauf kam Südwind auf und wir brauchten nur zwei Tage bis Puteoli. 14 In der Stadt fanden wir Christen, die uns einluden, eine Woche bei ihnen zu bleiben. Und dann kamen wir nach Rom. 15 Die Christen dort hatten von unserer Ankunft in Puteoli gehört und kamen uns bis Tres-Tabernae (Drei Tavernen) entgegen, einige sogar bis Forum Appii (Appiusmarkt). Als Paulus sie sah, dankte er Gott und wurde voller Zuversicht.

PAULUS IN ROM. BEGEGNUNG MIT DEN JUDEN DER STADT

16 In Rom bekam Paulus die Erlaubnis, sich eine Privatunterkunft zu suchen. Er hatte nur einen Soldaten als Wache. 17 Nach drei Tagen lud er die führenden Juden der Stadt ein. Als sie alle versammelt waren, sagte er: »Liebe Brüder! Obwohl ich nichts gegen unser Volk oder das Gesetz unserer Vorfahren getan habe, wurde ich in Jerusalem festgenommen und an die Römer ausgeliefert. 18 Die Römer haben mich verhört und wollten mich freilassen, weil sie keinen Grund fanden, mich zum Tod zu verurteilen. 19 Doch weil die Juden dagegen protestierten, blieb mir nur der Ausweg, an den Kaiser zu appellieren. Ich hatte dabei aber nicht die Absicht, mein Volk anzuklagen. 20 Das wollte ich euch sagen und darum habe ich euch hergebeten. Ich bin gefangen, weil ich das verkünde, worauf ganz Israel hofft.« 21 Sie antworteten ihm: »Uns hat niemand aus Judäa über dich geschrieben; es ist auch kein Bruder gekommen, der uns offiziell oder privat etwas Belastendes über dich mitgeteilt hätte. 22 Wir würden aber gern deine Ansichten hören, denn wir haben erfahren, dass die Glaubensrichtung, zu der du gehörst, überall auf Widerspruch stößt.« 23 So verabredeten sie sich für ein andermal. Am festgesetzten Tag kamen noch mehr von ihnen zu Paulus in seine Unterkunft. Er erklärte und bezeugte ihnen, dass Gott angefangen hat, seine Herrschaft aufzurichten. Er wies sie auf die Ankündigungen im Gesetz Moses und in den Schriften der Propheten hin, um sie für Jesus zu gewinnen – den ganzen Tag über, vom Morgen bis zum Abend. 24 Die einen ließen sich von seinen Worten überzeugen, die andern schenkten ihm keinen Glauben. 25 Sie konnten sich darüber nicht einig werden und so gingen sie weg. Paulus sagte noch zu ihnen: »Ich sehe, es ist wahr, was der Heilige Geist durch den Propheten Jesaja zu euren Vorfahren gesagt hat: 26 ›Geh zu diesem Volk und sage: Hört nur zu, ihr versteht doch nichts; seht hin, so viel ihr wollt, ihr erkennt doch nichts! 27 Denn dieses Volk ist im Innersten verstockt. Sie halten sich die Ohren zu und schließen die Augen, damit sie nur ja nicht sehen, hören und begreifen, sagt Gott. Sonst würden sie zu mir umkehren und ich könnte sie heilen.‹« 28 Paulus fügte hinzu: »Ich muss euch sagen, Gott hat dieses Heil jetzt den anderen Völkern angeboten. Und die werden hören!«

PAULUS VERKÜNDET DIE BOTSCHAFT GOTTES UNGEHINDERT IN DER HAUPTSTADT DER WELT

30 Volle zwei Jahre lang blieb Paulus in seiner Mietwohnung und konnte dort alle empfangen, die ihn aufsuchen wollten. 31 Ihnen allen verkündete er, wie Gott jetzt seine Herrschaft aufrichtet, und lehrte sie alles über Jesus Christus, den Herrn – frei und offen und völlig ungehindert.

DER BRIEF DES APOSTELS PAULUS AN DIE GEMEINDE IN **ROM**

PAULUS IM DIENST DER GUTEN NACHRICHT

1 Diesen Brief schreibt Paulus, der Jesus Christus dient, zum Apostel berufen und dazu erwählt, Gottes Gute Nachricht bekannt zu machen. 2 Diese Gute Nachricht hat Gott durch seine Propheten in den Heiligen Schriften schon lange angekündigt. 3-4 Es ist die Botschaft von seinem Sohn, Jesus Christus, unserem Herrn. Als Mensch geboren, ist er ein Nachkomme des Königs David. Durch die Kraft des Heiligen Geistes als Erster vom Tod erweckt, ist ihm die Macht übertragen, die ihm als Sohn Gottes zusteht. 5 Er hat mich bevollmächtigt, sein Apostel zu sein. Mein Auftrag ist es, zur Ehre seines Namens Menschen aus allen Völkern dafür zu gewinnen, dass sie sich Gott im Gehorsam unterstellen und ihm vertrauen. 6 Zu ihnen gehört auch ihr. Denn Gott hat euch in die Gemeinschaft mit Jesus Christus berufen. 7 Dieser Brief ist für alle in Rom, die Gott liebt und dazu berufen hat, ihm als sein heiliges Volk zu gehören. Gnade und Frieden sei mit euch von Gott, unserem Vater, und von Jesus Christus, dem Herrn!

PAULUS MÖCHTE NACH ROM KOMMEN

8 Als Erstes danke ich meinem Gott durch Jesus Christus für euch alle; denn in der ganzen Welt erzählen sie von eurem Glauben. 9 Gott selbst, dem ich durch die Verbreitung der Guten Nachricht von seinem Sohn mit ganzer Hingabe diene, kann mir bezeugen: In meinen Gebeten denke ich stets an euch 10 und bitte Gott immer darum, dass er es mir doch endlich einmal erlaubt, euch zu besuchen. 11 Ich sehne mich danach, bei euch zu sein und euch etwas von dem weiterzugeben, was mir der Geist Gottes geschenkt hat. Ich möchte euch damit in eurem Glauben stärken. 12 Oder besser gesagt: Ich möchte in eurer Mitte zusammen mit euch ermutigt werden durch den gegenseitigen Austausch über unseren gemeinsamen Glauben. 13 Ich kann euch versichern, liebe Brüder und Schwestern: Ich hatte schon oft einen Besuch bei euch geplant, nur bin ich bis jetzt immer daran gehindert worden. Wie bei den anderen Völkern wollte ich auch bei euch Menschen für Christus gewinnen. 14 Ich bin die Botschaft von Christus allen Menschen schuldig: solchen aus hochkultivierten wie aus unzivilisierten Völkern, Gebildeten wie Unwissenden. 15 Darum war ich schon immer bereit, auch euch in Rom die Gute Nachricht zu verkünden.

DIE GUTE NACHRICHT BRINGT ALLEN RETTUNG

16 Zur Guten Nachricht bekenne ich mich offen und ohne Scheu. In ihr ist die Kraft Gottes am Werk und rettet alle, die der Botschaft glauben und sie im Vertrauen annehmen – an erster Stelle die Menschen aus dem jüdischen Volk und dann auch die aus den anderen Völkern. 17 In der Guten Nachricht macht Gott seine Gerechtigkeit offenbar: seine rettende Treue, die selbst für das aufkommt, was er vom Menschen fordert. Nur auf den vertrauenden Glauben kommt es an, und alle sind zu solchem Glauben aufgerufen. So steht es ja in den Heiligen Schriften: »Wer durch Glauben vor Gott als gerecht gilt, wird leben.«

DIE MENSCHEN HABEN GOTTES STRAFGERICHT VERDIENT

18 Alle Menschen sind nämlich dem Gericht Gottes verfallen und dieses Gericht beginnt schon offenbar zu werden. Sein heiliger Zorn wird vom Himmel herab alle treffen, die Gott nicht ehren und seinen Willen missachten. Mit ihrem verkehrten Tun verdunkeln sie die offenkundige Wahrheit Gottes. 19 Denn was Menschen von Gott wissen können, ist ihnen bekannt. Gott selbst hat ihnen dieses Wissen zugänglich gemacht. 20 Weil Gott die Welt geschaffen hat, können die Menschen sein unsichtbares Wesen, seine ewige Macht und göttliche Majestät mit ihrem Verstand an seinen Schöpfungswerken wahrnehmen. Sie haben also keine Entschuldigung. 21 Obwohl sie Gott kannten, ehrten sie ihn nicht als Gott und dankten ihm nicht. Ihre Gedanken liefen ins Leere und in ihren unverständigen Herzen wurde es finster. 22 Sie gaben sich für besonders gescheit aus und wurden dabei zu Narren: 23 An die Stelle des ewigen Gottes in seiner Herrlichkeit setzten sie Bilder von sterblichen Menschen und von Vögeln und vierfüßigen und kriechenden Tieren. 24 Darum lieferte Gott sie ihren Begierden aus und gab sie der Ausschweifung preis, sodass sie ihre eigenen Körper schänden. 25 Sie tauschten den wahren Gott gegen ein Lügengespinst ein, sie haben die Geschöpfe geehrt und angebetet anstatt den Schöpfer – gepriesen sei er in Ewigkeit, Amen! 26 Darum lieferte er sie schändlichen Leidenschaften aus. Ihre Frauen vertauschten den natürlichen Geschlechtsverkehr mit dem widernatürlichen. 27 Ebenso gaben die Männer den natürlichen Verkehr mit Frauen auf und entbrannten in Begierde zueinander. Männer treiben es schamlos mit Männern. So empfangen sie am eigenen Leib den gebührenden Lohn für die Verirrung ihres Denkens. 28 Weil sie es verwarfen, Gott zu erkennen, überließ er sie ihrem untauglichen Verstand, sodass sie alles Verwerfliche tun. 29 Es findet sich bei ihnen jede Art von Unrecht, Niedertracht, Gier, Gemeinheit. Sie sind voll Neid, sie morden, streiten, betrügen und stellen einander Fallen. Sie reden gehässig über andere 30 und verleumden sie. Sie verachten Gott, sind gewalttätig, überheblich und prahlerisch. Sie sind erfinderisch im Bösen. Sie wollen sich ihren Eltern nicht unterordnen. 31 Unverständig sind sie und unzuverlässig, lieblos und ohne Erbarmen. 32 Dabei kennen sie genau den Willen Gottes und wissen, dass alle, die so etwas tun, vor seinem Gericht den Tod verdient haben. Trotzdem tun sie es und ermuntern mit ihrem Beifall auch noch andere, die so handeln.

FÜR ALLE GILT DER GLEICHE MASSSTAB

2 Aber auch du, Mensch, der du dieses Treiben missbilligst: du hast keine Entschuldigung. Wenn du solche Leute verurteilst, sprichst du damit dir selbst das Urteil; denn du handelst genauso wie sie. 2 Wir wissen: Über die Menschen, die all dies Böse tun, wird Gott ein unbestechliches Gericht halten. 3 Wie wollt ihr da der Strafe entgehen, wo ihr doch genau das tut, was ihr an den anderen verurteilt? 4 Missachtet ihr die große Güte, Nachsicht und Geduld, die Gott euch bis jetzt erwiesen hat? Seht ihr nicht, dass er euch durch seine Güte zur Umkehr bewegen will? 5 Aber ihr kommt nicht zur Einsicht und wollt euch nicht ändern. Damit häuft ihr ständig noch mehr Schuld auf und bereitet euch selbst das Verderben, das am Tag der Abrechnung über euch hereinbricht – an dem Tag, an dem Gott sich als Richter offenbart und gerechtes Gericht hält. 6 Dann wird Gott alle Menschen belohnen oder bestrafen, wie sie es mit ihren Taten verdient haben. 7 Den einen gibt er unvergängliches Leben in Ehre und Herrlichkeit – es sind die, die sich auf das ewige Ziel hin ausrichten und unermüdlich das Gute tun. 8 Die

anderen trifft sein vernichtendes Gericht – es sind die,
die nur an sich selbst denken, sich den Ordnungen
Gottes widersetzen und dem Unrecht folgen. 9-10 Über
alle, die Böses tun, lässt Gott Not und Verzweiflung
hereinbrechen. Denen aber, die das Gute tun, wird
Gott ewige Herrlichkeit, Ehre und Frieden schen-
ken. Dies beides gilt in erster Linie für die Juden, aber
ebenso auch für die Menschen aus den anderen Völ-
kern. 11 Denn Gott ist ein unparteiischer Richter. 12 Da
sind die einen, die das Gesetz Gottes nicht kennen:
Wenn sie Unrecht tun, werden sie auch ohne dieses
Gesetz verloren gehen. Und da sind die anderen, de-
nen Gott sein Gesetz schriftlich gegeben hat: Wenn
sie Unrecht tun, werden sie aufgrund ebendieses Ge-
setzes verurteilt werden. 13 Denn es genügt nicht, das
Gesetz zu *hören*, um vor Gott als gerecht bestehen zu
können. Nur wer auch *tut*, was das Gesetz verlangt,
wird bei Gott Anerkennung finden. 14 Auch wenn die
anderen Völker das Gesetz Gottes nicht haben, gibt
es unter ihnen doch Menschen, die aus natürlichem
Empfinden heraus tun, was das Gesetz verlangt. Ohne
das Gesetz zu kennen, tragen sie es also in sich selbst.
15 Ihr Verhalten beweist, dass ihnen die Forderungen
des Gesetzes ins Herz geschrieben sind, und das zeigt
sich auch an der Stimme ihres Gewissens und an den
Gedanken, die sich gegenseitig anklagen oder auch
verteidigen. 16 Dies alles kommt ans Licht, wenn Gott
durch Jesus Christus Gericht halten und das Innerste
der Menschen aufdecken wird. So bezeugt es die Gute
Nachricht, die mir anvertraut ist.

DAS JÜDISCHE VOLK MACHT KEINE AUSNAHME

17 Wie steht es denn mit euch Juden? Ihr führt euren
Namen als Ehrennamen, ihr gründet euer Vertrauen
auf das Gesetz und ihr seid stolz auf eure besondere
Beziehung zu Gott. 18 Aus dem Gesetz kennt ihr sei-
nen Willen und könnt beurteilen, was in jeder Lage
das Rechte ist. 19 Ihr wisst euch berufen, die Blinden
zu führen und denen, die im Dunkeln sind, das Licht
zu bringen, 20 die Unverständigen zu erziehen und
die Unwissenden zu belehren; denn mit dem Gesetz
habt ihr in vollendeter Form alles, was der Mensch
über Gott und seinen Willen wissen muss. 21 Ihr be-
lehrt also andere – aber euch selbst belehrt ihr nicht.
Ihr predigt: »Stehlt nicht« – und stehlt selbst. 22 Ihr
sagt: »Brecht nicht die Ehe« – und tut es selbst. Ihr
verabscheut die Götzenbilder – und bereichert euch
am Handel mit ihnen. 23 Ihr seid stolz auf das Gesetz;
aber ihr lebt nicht danach und macht Gott Schande.
24 So steht es in den Heiligen Schriften: »Durch euch
kommt der Name Gottes bei den Völkern in Verruf.«
25 Auch die Beschneidung nützt euch nur, wenn ihr
das Gesetz befolgt. Wenn ihr es übertretet, steht ihr
in Wahrheit den Unbeschnittenen gleich. 26 Wenn
aber nun Unbeschnittene nach den Vorschriften des
Gesetzes leben – werden sie dann nicht von Gott den
Beschnittenen gleichgestellt? 27 So kommt es dahin,
dass Unbeschnittene einst über euch Juden das Ur-
teil sprechen werden. Solche nämlich, die das Gesetz
Gottes befolgen, während ihr es übertretet, obwohl
ihr es schriftlich habt und beschnitten seid. 28 Beim Ju-
desein geht es nicht um äußerliche Merkmale und bei
der Beschneidung nicht um den äußeren, körperlichen
Vollzug. 29 Die wahren Juden sind die, die es innerlich
sind, und die wahre Beschneidung ist die Beschnei-
dung des Herzens, die nicht nach dem Buchstaben
des Gesetzes erfolgt, sondern durch den Geist Gottes.
Juden in diesem Sinn suchen nicht den Beifall der Men-
schen, aber sie werden bei Gott Anerkennung finden.

AUSEINANDERSETZUNG MIT EINWENDUNGEN

3 Was hat dann das jüdische Volk den anderen Völ-
kern voraus? Bedeutet es überhaupt noch etwas,
zum Volk der Beschneidung zu gehören? 2 Doch, in je-
der Hinsicht eine ganze Menge! Erstens hat Gott ihnen
sein Wort anvertraut. 3 Es stimmt zwar, dass einige die-
ses Vertrauen enttäuscht haben. Aber kann das Gottes
Treue aufheben? 4 Auf keinen Fall! Vielmehr wird sich
am Ende herausstellen, dass Gott zuverlässig ist, die
Menschen aber samt und sonders versagt haben. So
steht es in den Heiligen Schriften: »Es wird sich erwei-
sen, Herr, dass deine Worte zuverlässig sind; du wirst
recht behalten, wenn dich jemand zur Rechenschaft
ziehen will.« 5 Wenn aber unsere Untreue die Treue
Gottes erst richtig ins Licht setzt, was dann? Ist Gott
dann nicht ungerecht, wenn er uns vor sein Gericht
stellt? Ich rede eben, wie Menschen reden. 6 Aber das
kann nicht sein! Wie könnte er sonst die ganze Welt
richten? 7 Du sagst: »Wenn durch mein Versagen die
Zuverlässigkeit Gottes erst voll zur Geltung kommt und
sein Ruhm vergrößert wird, dann darf er mich doch
nicht als Sünder verurteilen!« 8 Nun, dann könnten wir
auch gleich sagen: »Tun wir doch Böses, damit Gutes
dabei herauskommt!« Einige verleumden mich und
unterstellen mir solche Grundsätze. Sie werden der
verdienten Strafe nicht entgehen!

DAS ERGEBNIS:
KEIN MENSCH KANN VOR GOTT BESTEHEN

9 Also wie steht es nun mit den Juden? Drücke ich mich
um eine klare Auskunft? Durchaus nicht! Ich habe ein-
deutig klargestellt, dass die Menschen aus dem jüdi-
schen Volk genauso wie die aus den anderen Völkern
in der Gewalt der Sünde sind. 10 So heißt es auch in
den Heiligen Schriften: »Kein Mensch kann vor Gott
als gerecht bestehen; 11 kein Mensch hat Einsicht und
fragt nach Gottes Willen. 12 Alle haben den rechten
Weg verlassen; verdorben sind sie alle, ausnahmslos.
Niemand ist da, der Gutes tut, nicht einer. 13 Ihre Worte
bringen Tod und Verderben, von ihren Lippen kommen
böse Lügen, tödlich wie Natterngift sind ihre Reden.
14 Nur Fluch und Drohung quillt aus ihrem Mund.
15 Rücksichtslos opfern sie Menschenleben. 16 Wo sie
gehen, hinterlassen sie Trümmer und Elend. 17 Was zum
Frieden führt, ist ihnen unbekannt. 18 Sie wissen nichts
von Gottesfurcht.« 19 So steht es im Buch des Gesetzes.
Wir wissen aber: Was das Gesetz sagt, das gilt für die,
denen das Gesetz gegeben ist. Niemand kann sich

also herausreden. Die ganze Menschheit ist vor Gott schuldig. 20 Denn das steht fest: Mit Taten, wie sie das Gesetz verlangt, kann kein Mensch vor Gott als gerecht bestehen. Durch das Gesetz lernen wir erst die ganze Macht der Sünde kennen.

GOTT SELBST HAT EINGEGRIFFEN

21 Jetzt aber ist die Gerechtigkeit Gottes, nämlich seine rettende Treue, offenbar geworden: Er hat einen Weg zum Leben eröffnet, der nicht über das Gesetz führt und doch in Übereinstimmung steht mit dem, was das Gesetz und die Propheten bezeugen. 22 Dieser Weg besteht im Glauben, das heißt im Vertrauen auf das, was Gott durch Jesus Christus getan hat. Alle erfahren Gottes rettende Treue, die in diesem Glauben stehen. Es gibt hier keinen Unterschied: 23 Alle sind schuldig geworden und haben die Herrlichkeit verloren, in der Gott den Menschen ursprünglich geschaffen hatte. 24 Ganz unverdient, aus reiner Gnade, lässt Gott sie vor seinem Urteil als gerecht bestehen – aufgrund der Erlösung, die durch Jesus Christus geschehen ist. 25 Ihn hat Gott als Sühnezeichen aufgerichtet vor aller Welt. Sein Blut, das am Kreuz vergossen wurde, hat die Schuld getilgt – und das wird wirksam für alle, die es im Glauben annehmen. Damit hat Gott seine Gerechtigkeit unter Beweis gestellt, nachdem er früher die Verfehlungen der Menschen ungestraft hingehen ließ, 26 in der Zeit seiner Geduld. Ja, jetzt in unserer Zeit erweist Gott seine Gerechtigkeit als Treue zu sich selbst und zu seinen Menschen: Er verschafft seinem Rechtsanspruch Geltung und schafft selber die von den Menschen schuldig gebliebene Gerechtigkeit, und das für alle, die einzig und allein auf das vertrauen, was er durch Jesus getan hat. 27 Gibt es da noch irgendeinen Grund, sich mit etwas zu rühmen? Nein, alles Rühmen ist ausgeschlossen! Durch welches Gesetz? Etwa durch das Gesetz der Werke, das vom Menschen Leistungen fordert? Nein, sondern durch das Gesetz des Glaubens, das den Menschen zum Vertrauen einlädt! 28 Denn für mich steht fest: Allein aufgrund des Glaubens nimmt Gott Menschen an und lässt sie vor seinem Urteil als gerecht bestehen. Er fragt dabei nicht nach Leistungen, wie das Gesetz sie fordert. 29 Oder ist Gott nur ein Gott für Juden? Ist er nicht auch für Menschen aus den anderen Völkern da? Ganz gewiss ist er das! 30 Gott ist der Eine und Einzige, darum gilt auch: Beschnittene wie Unbeschnittene nimmt er aufgrund des Glaubens an. 31 Setze ich etwa durch den Glauben das Gesetz außer Kraft? Im Gegenteil: Gerade so bringe ich es zur Geltung!

DAS BEISPIEL ABRAHAMS

4 Wie war es denn bei unserem leiblichen Stammvater Abraham? Wird von ihm nicht gesagt, dass er »Gnade gefunden« hat? 2 Wenn er, wie man sagt, aufgrund seiner Gehorsamsleistungen als gerecht anerkannt wurde, hat er Grund, sich zu rühmen – aber nicht vor Gott! 3 Wie heißt es denn in den Heiligen Schriften? »Abraham vertraute Gott und glaubte seiner Zusage, und dies rechnete Gott ihm als Gerechtigkeit an.« 4 Nun, einem Arbeiter, der Leistungen erbracht hat, wird sein Lohn nicht als etwas Unverdientes angerechnet, sondern als etwas, worauf er Anspruch hat. 5 Wenn dagegen ein Mensch vor Gott keine Leistungen vorzuweisen hat, aber er vertraut auf den, der die Gottlosen annimmt, dann wird ihm sein Glaube als Gerechtigkeit angerechnet. 6 Im gleichen Sinn preist David die Menschen glücklich, denen Gott Gerechtigkeit anrechnet, obwohl sie keine guten Werke vorzuweisen haben: 7 »Freuen dürfen sich alle, denen der Herr ihr Unrecht vergeben und ihre Verfehlungen zugedeckt hat! 8 Freuen dürfen sich alle, denen der Herr die Schuld nicht anrechnet!« 9 Gilt das nur für Beschnittene oder auch für Unbeschnittene? Ich habe schon gesagt: Abrahams Glaube wurde ihm von Gott als Gerechtigkeit angerechnet. 10 Unter welchen Umständen geschah dies? War er damals schon beschnitten, oder war er es noch nicht? Er war es noch nicht! 11 Die Beschneidung erhielt Abraham erst als Bestätigung. Durch sie wurde besiegelt, dass Gott ihn schon vor seiner Beschneidung um seines Glaubens willen angenommen hatte. So ist Abraham der Vater aller geworden, die Gott vertrauen, ohne beschnitten zu sein – und denen dieses Vertrauen als Gerechtigkeit angerechnet wird. 12 Er ist aber genauso der Vater der Beschnittenen, sofern sie nicht nur wie Abraham beschnitten sind, sondern auch in dessen Spuren gehen und Gott so vertrauen wie unser Vater Abraham, als er noch nicht beschnitten war.

ES KOMMT NUR AUF DEN VERTRAUENSVOLLEN GLAUBEN AN

13 Dasselbe gilt für die Zusage, die Gott Abraham und seinen Nachkommen gab: sie sollten die ganze Erde zum Besitz erhalten. Diese Zusage erfolgte nicht auf der Grundlage des Gesetzes, sondern auf der Grundlage der Gerechtigkeit, die Gott dem Glauben zuspricht. 14 Wenn die Erde denen als Besitz versprochen wäre, die das Gesetz befolgen, wäre der Glaube entwertet und die Zusage hätte ihren Sinn verloren. 15 Das Gesetz führt aber in Wirklichkeit zu Gottes Strafgericht; denn nur wo kein Gesetz ist, gibt es auch keine Übertretungen. 16 Deshalb hat Gott alles auf den Glauben gestellt, damit alles auf Gnade beruht. Auf diese Weise gilt die Zusage unverbrüchlich für alle Nachkommen Abrahams, nicht nur für die, die nach den Ordnungen des Gesetzes leben, sondern auch für alle, die wie Abraham der Zusage Gottes glauben. So ist Abraham der Vater von uns allen. 17 Denn Gott hat zu ihm gesagt: »Ich habe dich zum Vater vieler Völker gemacht.« Abraham hatte Gott vor Augen und glaubte ihm, der die Toten lebendig macht und das Nichtseiende ins Dasein ruft. 18 Obwohl nichts mehr zu hoffen war, hielt er an der Hoffnung fest und vertraute darauf, dass Gott ihn zum Vater vieler Völker machen werde. Denn Gott hatte zu ihm gesagt: »Deine Nachkommen werden so zahlreich sein wie die Sterne.« 19 Abraham, fast hundertjährig, wusste genau, dass seine Lebenskraft

aufgezehrt und der Mutterschoß Saras erstorben war.
Trotzdem wurde er nicht schwach im Glauben 20 und
zweifelte nicht an der Zusage Gottes, vielmehr wurde
sein Glaube nur umso fester. Er gab Gott die Ehre 21 und
war felsenfest davon überzeugt: Was Gott zusagt, das
kann er auch tun. 22 Darum wurde ihm sein Glaube
als Gerechtigkeit angerechnet. 23 Dass er angerech-
net wurde, ist aber nicht nur wegen Abraham gesagt,
24 sondern auch wegen uns. Auch uns wird Gott einst
den Glauben als Gerechtigkeit anrechnen, so gewiss
wir auf Ihn vertrauen, der Jesus, unseren Herrn, aus
dem Tod auferweckt hat. 25 Er gab ihn dahin, um unsere
Vergehen zu sühnen, und hat ihn zum Leben erweckt,
damit wir vor ihm als gerecht bestehen können.

GOTTES LIEBE ALS GRUND UNSERER HOFFNUNG

5 Nachdem wir nun aufgrund des Glaubens bei Gott
angenommen sind, haben wir Frieden mit Gott.
Das verdanken wir Jesus Christus, unserem Herrn.
2 Er öffnete uns den Weg des Vertrauens und damit
den Zugang zur Gnade Gottes, in der wir jetzt fes-
ten Stand gewonnen haben. Nun haben wir Grund,
uns zu rühmen, weil wir die gewisse Hoffnung ha-
ben, dass Gott uns an seiner Herrlichkeit teilnehmen
lässt. 3 Mehr noch: Wir rühmen uns sogar der Leiden,
die wir für Christus auf uns nehmen müssen. Denn
wir wissen: Durch Leiden lernen wir Geduld, 4 durch
Geduld kommt es zur Bewährung, durch Bewährung
festigt sich die Hoffnung. 5 Unsere Hoffnung aber wird
uns nicht enttäuschen. Denn dass Gott uns liebt, ist
uns unumstößlich gewiss. Seine Liebe ist ja in unsere
Herzen ausgegossen durch den Heiligen Geist, den
er uns geschenkt hat. 6 Diese Liebe zeigt sich darin,
dass Christus sein Leben für uns hingegeben hat. Zur
rechten Zeit, als wir noch in der Gewalt der Sünde wa-
ren, ist er für uns gottlose Menschen gestorben. 7 Nun
wird sich kaum jemand finden, der für einen Gerechten
stirbt; allenfalls opfert sich jemand für einen Wohl-
täter. 8 Wie sehr Gott uns liebt, beweist er uns damit,
dass Christus für uns starb, als wir noch Sünder wa-
ren. 9 Wenn wir aber jetzt bei Gott angenommen sind,
weil Christus sein Leben für uns gab, dann werden wir
durch ihn erst recht aus dem kommenden Strafge-
richt gerettet werden. 10 Als wir Gott noch als Feinde
gegenüberstanden, hat er uns durch den *Tod* seines
Sohnes mit sich versöhnt. Dann werden wir als mit
Gott Versöhnte nun erst recht durch das *Leben* seines
Sohnes vor dem Verderben gerettet werden. 11 Darauf
hoffen wir – ja noch mehr: Wir rühmen uns damit, dass
wir Gott auf unserer Seite haben. Das verdanken wir
Jesus Christus, unserem Herrn, der uns die Versöhnung
mit Gott gebracht hat.

CHRISTUS ÜBERWINDET DIE SÜNDE ADAMS UND IHRE FOLGEN

12 Deshalb gilt: Wie die Sünde durch einen einzigen
Menschen in die Welt kam, so auch die Überwindung
der Sünde. Die Sünde dieses einen brachte den Tod mit
sich, und alle verfielen dem Tod, weil sie auch alle selbst
sündigten. 13 Die Sünde war schon in der Welt, bevor das
Gesetz durch Mose verkündet wurde; aber solange es
kein Gesetz gibt, wird Sünde nicht als Übertretung an-
gerechnet. 14 Trotzdem herrschte der Tod schon in der
Zeit von Adam bis Mose über die Menschen, auch wenn
sie nicht wie Adam gegen einen ausdrücklichen Be-
fehl Gottes verstoßen hatten. Mit seinem Ungehorsam
ist Adam das genaue Gegenbild zu dem Anderen, der
kommen sollte. 15 Doch die rettende Gnade ist nicht
einfach das Gegenstück der begangenen Sünde. Die
Verfehlung des *einen* Menschen hat allen übrigen den
Tod gebracht. Das wird mehr als aufgewogen durch die
Gnade Gottes und das Geschenk, das allen durch die
Liebestat des *einen* Menschen Jesus Christus zuteil-
wird. 16 Dieses Gnadengeschenk und das Gericht über
die Schuld des *einen* sind überhaupt nicht vergleichbar.
Das Gericht hat es mit der Verfehlung eines Einzigen
zu tun und führt zur Verurteilung. Die Gnade hat es mit
einer Unzahl von Verfehlungen zu tun und führt zur
Gerechtsprechung. 17 Durch die Verfehlung des *einen*
kam – dieses *einen* wegen – der Tod zur Herrschaft über
die Menschen. Umso mehr werden durch den *einen*
Jesus Christus alle die im ewigen Leben zur Herrschaft
gelangen, die die überreiche Gnade Gottes und das
Geschenk der Gerechtsprechung empfangen! 18 Also:
Durch die Gebotsübertretung des *einen* Menschen kam
es dazu, dass alle verurteilt wurden. Ebenso bewirkt die
Gehorsamstat des *einen*, dass alle für gerecht erklärt
werden und leben. 19 Weil ein Einziger ungehorsam
war, sind alle zu Sündern geworden. Ebenso werden
alle vor Gott zu Gerechten, weil der *eine* gehorsam
war. 20 Das Gesetz ist nachträglich hinzugekommen,
damit die Macht der Sünde sich in Gesetzesübertre-
tungen entfalten sollte. Wo aber die Sünde ihr volles
Maß erreicht hatte, da wuchs die Gnade über alles Maß
hinaus. 21 Wie die Sünde ihre Macht ausübte, indem sie
den Tod brachte, so wird die Gnade ihre Macht aus-
üben, indem sie uns vor Gott bestehen lässt und zum
ewigen Leben führt. Das verdanken wir Jesus Christus,
unserem Herrn.

DURCH CHRISTUS BEFREIT ZU EINEM NEUEN LEBEN

6 Was folgt nun daraus? Sollen wir ruhig weitersün-
digen, damit die Gnade sich noch mächtiger ent-
falten kann? 2 Unmöglich! Die Sünde hat kein Anrecht
mehr an uns, für sie sind wir tot – wie könnten wir dann
noch weiter in der Sünde leben? 3 Ihr müsst euch doch
darüber im Klaren sein, was bei der Taufe mit euch
geschehen ist. Wir alle, die »in Jesus Christus hinein«
getauft wurden, sind damit in seinen Tod hineinge-
tauft, ja hinein*getaucht* worden. 4 Durch diese Taufe
wurden wir auch zusammen mit ihm begraben. Und
wie Christus durch die Lebensmacht Gottes, des Vaters,
vom Tod auferweckt wurde, so ist uns ein neues Leben
geschenkt worden, in dem wir nun auch *leben* sol-
len. 5 Denn wenn wir mit seinem Tod verbunden wur-
den, dann werden wir auch mit seiner Auferstehung

verbunden sein. 6 Das gilt es also zu begreifen: Der
alte Mensch, der wir früher waren, ist mit Christus am
Kreuz gestorben. Unser von der Sünde beherrschtes
Ich ist damit tot und wir müssen nicht länger Sklaven
der Sünde sein. 7 Denn wer gestorben ist, kann nicht
mehr sündigen; er ist von der Herrschaft der Sünde
befreit. 8 Wenn wir nun mit Christus gestorben sind,
werden wir – davon sind wir überzeugt – auch zu-
sammen mit ihm leben. 9 Wir wissen ja, dass Christus
vom Tod auferweckt wurde und nie mehr stirbt. Der
Tod hat keine Macht mehr über ihn. 10 Mit seinem Tod
hat Christus der Sünde ein für alle Mal gegeben, was
sie zu fordern hat; mit seinem Leben aber gehört er
Gott. 11 Genauso müsst ihr von euch selbst denken: Ihr
seid tot für die Sünde, aber weil ihr mit Jesus Christus
verbunden seid, lebt ihr für Gott. 12 Lasst also nicht zu,
dass euer sterblicher Leib von der Sünde beherrscht
wird. Gehorcht nicht seinen Begierden! 13 Stellt eure
Glieder und alle eure Fähigkeiten nicht länger in den
Dienst der Sünde, die sie als Waffen gegen das Gute
benutzt. Stellt euch vielmehr in den Dienst Gottes als
Menschen, die gewissermaßen schon von den Toten
auferstanden sind, damit Gott eure Glieder und Fähig-
keiten als Waffen im Kampf für das Gute gebrauchen
kann. 14 Die Sünde *wird* nicht Herr werden über euch!
Denn ihr lebt nicht mehr unter dem Gesetz, sondern
unter der Gnade.

ENTWEDER VERSKLAVT AN DIE SÜNDE ODER FREI ZUM TUN DES GUTEN

15 Wie steht es nun also? Können wir ruhig sündigen,
weil das Gesetz uns nicht mehr verurteilt, sondern die
Gnade Gottes uns von unserer Schuld freispricht? Auf
keinen Fall! 16 Ihr wisst doch: Wem ihr euch als Sklaven
unterstellt, dem müsst ihr dienen. Entweder ihr wählt
die Sünde; dann werdet ihr sterben. Oder ihr wählt den
Gehorsam; dann werdet ihr vor dem Gericht Gottes
bestehen können. 17 Gott sei gedankt! Früher wart ihr
Sklaven der Sünde; aber jetzt gehorcht ihr von Herzen
der Lehre, die für euch verbindlich geworden ist. 18 Ihr
seid vom Sklavendienst der Sünde befreit und als Skla-
ven in den Dienst der Gerechtigkeit gestellt, das heißt
in den Dienst des Guten, das Gott will. 19 Ich rede sehr
menschlich vom »Sklavendienst« der Gerechtigkeit –
ich gebrauche dieses Bild, weil euer Verständnis noch
schwach ist. Früher hattet ihr eure Glieder und alle
eure Fähigkeiten in den Dienst der Ausschweifung
und Zügellosigkeit gestellt. Ihr führtet ein Leben, das
Gott nicht gefallen konnte. So stellt jetzt umgekehrt
eure Glieder und Fähigkeiten in den Dienst des Guten
und führt euer Leben als Menschen, die Gott gehören.
20 Solange ihr Sklaven der Sünde wart, wart ihr dem
Guten gegenüber frei. 21 Was kam dabei heraus? Ihr
schämt euch jetzt, wenn ihr daran denkt; denn was ihr
damals getan habt, führt am Ende zum Tod. 22 Aber jetzt
seid ihr vom Dienst der Sünde frei geworden und dient
Gott. Was dabei herauskommt, ist eine Lebensführung,
durch die ihr euch als Gottes heiliges Volk erweist, und
am Ende erwartet euch ewiges Leben. 23 Der Lohn, den
die Sünde zahlt, ist der Tod. Gott aber schenkt uns un-
verdient, aus reiner Gnade, ewiges Leben durch Jesus
Christus, unseren Herrn.

FREIHEIT VOM GESETZ

7 Brüder und Schwestern, ihr kennt doch das Gesetz
und wisst: Es hat für einen Menschen nur Geltung,
solange er lebt. 2 Eine verheiratete Frau zum Beispiel
ist durch das Gesetz an ihren Mann gebunden, solange
er lebt. Wenn der Mann stirbt, gilt für sie das Gesetz
nicht mehr, das sie an ihn bindet. 3 Wenn sie sich also
zu Lebzeiten ihres Mannes mit einem anderen ein-
lässt, nennt man sie zu Recht eine Ehebrecherin. Stirbt
aber der Mann, so ist sie frei von dem Gesetz, das sie
an ihren Mann bindet. Sie begeht keinen Ehebruch,
wenn sie sich einem anderen hingibt. 4 So steht es
auch mit euch, meine Brüder und Schwestern! Weil
ihr mit Christus gestorben seid, seid ihr dem Gesetz
gegenüber tot. Ihr gehört jetzt nicht mehr dem Gesetz,
sondern Christus, der vom Tod erweckt worden ist.
Darum können wir nun so leben, dass unser Tun für
Gott Frucht bringt. 5 Als wir noch unserer selbstsüch-
tigen Natur folgten, war unser ganzes Verhalten be-
herrscht von den sündigen Leidenschaften, die durch
das Gesetz in uns geweckt wurden. Wir lebten so, dass
unser Tun nur dem Tod Gewinn brachte. 6 Aber jetzt ste-
hen wir nicht mehr unter dem Gesetz; wir sind tot für
das Gesetz, das uns früher gefangen hielt. So dienen
wir Gott in einem neuen Leben, das sein Geist in uns
schafft, und nicht mehr auf die alte Weise nach dem
Buchstaben des Gesetzes.

DIE SÜNDE MISSBRAUCHT DAS GESETZ

7 Behaupte ich damit, dass Gesetz und Sünde dasselbe
sind? Das ganz gewiss nicht! Aber ohne das Gesetz
hätten wir Menschen die Sünde nie kennen gelernt.
Die Begehrlichkeit wäre nicht in uns erwacht, wenn
das Gesetz nicht gesagt hätte: »Du sollst nicht be-
gehren!« 8 Die Sünde machte sich das Gebot zunutze
und stachelte mit seiner Hilfe alle Begierden in uns
an. Ohne das Gesetz ist die Sünde tot. 9 Einst kannten
wir das Gesetz noch nicht. Damals *lebten* wir; aber als
das Gebot kam, lebte die Sünde auf 10 und wir mussten
sterben. Das Gebot, das uns das Leben erhalten sollte,
brachte uns den Tod. 11 Denn die Sünde benutzte es für
ihre Zwecke: Sie täuschte uns Leben vor und tötete
uns – eben durch das von ihr missbrauchte Gebot.
12 Es bleibt also dabei: Das Gesetz ist der heilige Wille
Gottes, und die Gebote sind heilig, gerecht und gut.
13 Hat dann etwa das Gute, das Gesetz, unseren Tod
bewirkt? Auf keinen Fall! Die Sünde war schuld; sie
hat das gute Gesetz benutzt, um uns den Tod zu brin-
gen. So sollte sie ihr wahres Gesicht zeigen und sich
durch den Missbrauch des Gesetzes in ihrer ganzen
Verworfenheit enthüllen.

DIE OHNMACHT DES GUTEN WILLENS

14 Es steht außer Frage: Das Gesetz ist »geistlich«, es
kommt von Gott. Wir aber sind »fleischlich«, das heißt

schwache Menschen, der Macht der Sünde ausgelie-
fert. 15 Wir sind uns nicht im Klaren darüber, was wir
anrichten. Wir tun nämlich nicht, was wir eigentlich
wollen, sondern das, was wir verabscheuen. 16 Wenn
wir aber das Böse, das wir tun, gar nicht tun wollen,
dann beweist das, dass wir dem Gesetz zustimmen und
seine Forderungen als berechtigt anerkennen. 17 Nicht
wir sind es also, die das Böse tun, vielmehr tut es die
Sünde, die sich in uns eingenistet hat. 18 Wir wissen
genau: In uns selbst, so wie wir der Sünde ausgeliefert
sind, lebt nicht die Kraft zum Guten. Wir bringen es
zwar fertig, uns das Gute vorzunehmen; aber wir sind
zu schwach, es auszuführen. 19 Wir tun nicht das Gute,
das wir wollen, sondern gerade das Böse, das wir nicht
wollen. 20 Wenn wir aber tun, was wir gar nicht wollen,
dann verfügen nicht wir selbst über uns, sondern die
Sünde, die sich in uns eingenistet hat. 21 Wir finden
demnach unser Leben von folgender Gesetzmäßigkeit
bestimmt: Ich will das Gute tun, bringe aber nur Böses
zustande. 22 In meinem Innern stimme ich dem Gesetz
Gottes freudig zu. 23 Aber in meinen Gliedern, in mei-
nem ganzen Verhalten, sehe ich ein anderes Gesetz
am Werk. Dieses Gesetz liegt im Streit mit dem Gesetz,
das ich innerlich bejahe, und macht mich zu seinem
Gefangenen. Es ist das Gesetz der Sünde, das in mei-
nen Gliedern regiert und mir mein Verhalten diktiert.
24 Ich unglückseliger Mensch! Wer rettet mich aus die-
ser tödlichen Verstrickung? 25 Gott sei gedankt durch
Jesus Christus, unseren Herrn: Er hat es getan! Nun
diene also ich, ein und derselbe Mensch, mit meinem
bewussten Streben dem Gesetz Gottes, aber mit mei-
nen Gliedern dem Gesetz der Sünde.

DER GEIST GOTTES ÜBERWINDET DIE SÜNDE

8 Vor dem Gericht Gottes gibt es also keine Verurtei-
lung mehr für die, die mit Jesus Christus verbun-
den sind. 2 Denn dort, wo Jesus Christus ist, gilt: Du
bist befreit von dem Gesetz, das von der Sünde miss-
braucht wird und zum Tod führt. Denn du stehst jetzt
unter dem Gesetz, in dem der Geist Gottes wirkt, der
zum Leben führt. 3 Das Gesetz konnte uns Menschen
kein Leben bringen, weil es gegen unsere selbstsüch-
tige Natur nicht ankam. Deshalb sandte Gott seinen
Sohn in der leiblichen Gestalt von uns selbstsüchti-
gen, der Sünde verfallenen Menschen und ließ ihn
sterben als Opfer für die Sündenschuld. So machte er
der Sünde den Prozess ebendort, wo sie ihre Macht
entfaltet hatte: in der menschlichen Natur. 4 Als Folge
davon kann jetzt die Forderung des Gesetzes von uns
erfüllt werden, so gewiss unser Leben nicht mehr von
unserer selbstsüchtigen Natur bestimmt wird, sondern
vom Geist Gottes. 5 Wenn wir von unserer selbstsüchti-
gen Natur bestimmt werden, liegt uns an dem, was un-
sere Natur will; wenn wir vom Geist Gottes bestimmt
werden, liegt uns an dem, was der Geist Gottes will.
6 Was unsere selbstsüchtige Natur will, führt zum Tod.
Was der Geist Gottes will, führt zum Leben, zu Heil und
Frieden. 7 Denn unser selbstsüchtiger Wille lehnt sich
gegen Gott auf. Er gehorcht seinen Geboten nicht;
er kann es gar nicht. 8 An denen, die Gefangene ih-
rer selbstsüchtigen Natur sind, kann Gott unmöglich
Gefallen finden. 9 Ihr aber seid nicht mehr von eurer
eigenen Natur bestimmt, sondern vom Geist, so gewiss
der Geist Gottes in euch Wohnung genommen hat.
Wer diesen Geist – den Geist von Christus – nicht hat,
gehört auch nicht zu ihm. 10 Wenn nun also Christus
durch den Geist in euch lebt, dann bedeutet das: Euer
Leib ist zwar wegen der Sünde dem Tod verfallen,
aber der Geist erfüllt euch mit Leben, weil Christus
die Sünde besiegt hat und ihr deshalb bei Gott ange-
nommen seid. 11 Mehr noch: Der Geist, der in euch lebt,
ist ja der Geist dessen, der Jesus vom Tod auferweckt
hat. Dann wird derselbe Gott, der Jesus Christus vom
Tod auferweckt hat, auch euren todverfallenen Leib
lebendig machen. Das bewirkt er durch seinen Geist,
der schon jetzt in euch lebt.

NICHT MEHR SKLAVEN, SONDERN KINDER

12 Brüder und Schwestern! Wir stehen also nicht mehr
unter dem Zwang, unserer selbstsüchtigen Natur zu
folgen. 13 Wenn ihr nach eurer eigenen Natur lebt, wer-
det ihr sterben. Wenn ihr aber in der Kraft des Geistes
euren selbstsüchtigen Willen tötet, werdet ihr leben.
14 Alle, die sich vom Geist Gottes führen lassen, die
sind Gottes Söhne und Töchter. 15 Der Geist, den Gott
euch gegeben hat, ist ja nicht ein Sklavengeist, so-
dass ihr wie früher in Angst leben müsstet. Es ist der
Geist, den ihr als seine Söhne und Töchter habt. Von
diesem Geist erfüllt rufen wir zu Gott: »Abba! Vater!«
16 So macht sein Geist uns im Innersten gewiss, dass
wir Kinder Gottes sind. 17 Wenn wir aber Kinder sind,
dann sind wir auch Erben, und das heißt: wir bekom-
men teil am unvergänglichen Leben des Vaters, ge-
nauso wie Christus und zusammen mit ihm. Wie wir
mit Christus leiden, sollen wir auch seine Herrlichkeit
mit ihm teilen.

DIE GANZE SCHÖPFUNG WARTET AUF UNSERE ENDGÜLTIGE BEFREIUNG

18 Ich bin überzeugt: Was wir in der gegenwärtigen
Zeit noch leiden müssen, fällt überhaupt nicht ins
Gewicht im Vergleich mit der Herrlichkeit, die Gott
uns zugedacht hat und die er in der Zukunft offenbar
machen wird. 19 Die ganze Schöpfung wartet sehn-
süchtig auf den Tag, an dem die Kinder Gottes vor aller
Augen in dieser Herrlichkeit offenbar werden. 20 Denn
alles Geschaffene ist der Sinnlosigkeit ausgeliefert,
versklavt an die Vergänglichkeit, und das nicht durch
eigene Schuld, sondern weil Gott es so verfügt hat.
Er gab aber seinen Geschöpfen die Hoffnung, 21 dass
auch sie eines Tages von der Versklavung an die Ver-
gänglichkeit befreit werden und teilhaben an der un-
vergänglichen Herrlichkeit, die Gott seinen Kindern
schenkt. 22 Wir wissen, dass die ganze Schöpfung bis
jetzt noch stöhnt und in Wehen liegt wie eine Frau bei
der Geburt. 23 Aber auch wir selbst, die doch schon als
Anfang des neuen Lebens – gleichsam als Anzahlung –
den Heiligen Geist bekommen haben, stöhnen ebenso

in unserem Innern. Denn wir warten sehnsüchtig auf
die volle Verwirklichung dessen, was Gott uns als sei-
nen Kindern zugedacht hat: dass unser Leib von der
Vergänglichkeit erlöst wird. 24 Wir sind gerettet, aber
noch ist alles Hoffnung. Eine Hoffnung, die sich schon
sichtbar erfüllt hat, ist keine Hoffnung. Ich kann nicht
erhoffen, was ich vor Augen habe. 25 Wenn wir aber auf
etwas hoffen, das wir noch nicht sehen können, dann
heißt das, dass wir beharrlich danach Ausschau halten.

DER BEISTAND DES GEISTES UND DIE GEWISSHEIT UNSERER RETTUNG

26 Aber ebenso wie wir seufzt und stöhnt auch der
Geist Gottes, der uns zu Hilfe kommt. Wir sind schwa-
che Menschen und unfähig, unsere Bitten in der rech-
ten Weise vor Gott zu bringen. Deshalb tritt sein Geist
für uns ein mit einem Stöhnen, das sich nicht in Worte
fassen lässt. 27 Und Gott, vor dem unser Innerstes of-
fen liegt, weiß, was sein Geist in unserem Innern ihm
sagen will. Denn so, wie es vor Gott angemessen ist,
legt er Fürsprache ein für die, die Gott als sein Eigen-
tum ausgesondert hat. 28 Was auch geschieht, das
eine wissen wir: Für die, die Gott lieben, muss alles zu
ihrem Heil dienen. Es sind die Menschen, die er nach
seinem freien Entschluss berufen hat. 29 Sie alle, die
Gott im Voraus ausgewählt hat, die hat er auch dazu
bestimmt, seinem Sohn gleich zu werden. Nach des-
sen Bild sollen sie alle gestaltet werden, damit er der
Erstgeborene unter vielen Brüdern und Schwestern
ist. 30 Und wenn Gott sie dazu bestimmt hat, dann hat
er sie auch berufen, und wenn er sie berufen hat, dann
hat er sie auch für gerecht erklärt, und wenn er sie für
gerecht erklärt hat, dann steht auch fest, dass sie an
seiner Herrlichkeit teilhaben.

NICHTS KANN UNS TRENNEN VON DER LIEBE GOTTES

31 Was bleibt zu alldem noch zu sagen? Gott selbst ist *für*
uns, wer will sich dann *gegen* uns stellen? 32 Er hat sei-
nen eigenen Sohn nicht verschont, sondern hat ihn für
uns alle in den Tod gegeben. Wenn er uns aber den Sohn
geschenkt hat, wird er uns dann noch irgendetwas vor-
enthalten? 33 Wer kann die Menschen anklagen, die
Gott erwählt hat? Gott selbst spricht sie frei. 34 Wer
kann sie verurteilen? Christus ist für sie gestorben, ja
noch mehr: Er ist vom Tod erweckt worden. Er hat sei-
nen Platz an Gottes rechter Seite. Dort tritt er für uns
ein. 35 Kann uns noch irgendetwas von Christus und sei-
ner Liebe trennen? Etwa Leiden, Angst und Verfolgung,
Hunger oder Kälte, Gefahren für Leib und Leben oder
gar die Hinrichtung? 36 Es ergeht uns wirklich so, wie
es in den Heiligen Schriften steht: »Weil wir zu dir, Herr,
gehören, sind wir ständig in Todesgefahr. Wir werden
angesehen wie Schafe, die zum Schlachten bestimmt
sind.« 37 Aber mitten in alldem triumphieren wir als
Sieger mithilfe dessen, der uns so sehr geliebt hat. 38 Ich
bin ganz sicher, dass nichts uns von seiner Liebe tren-
nen kann: weder Tod noch Leben, weder Engel noch
Dämonen noch andere gottfeindliche Mächte, weder
Gegenwärtiges noch Zukünftiges, 39 weder Himmel
noch Hölle. Nichts in der ganzen Welt kann uns jemals
trennen von der Liebe Gottes, die uns verbürgt ist in
Jesus Christus, unserem Herrn.

SIND DIE ZUSAGEN GOTTES AN SEIN VOLK ISRAEL UNGÜLTIG GEWORDEN?

9 Für das, was ich jetzt sage, rufe ich Christus als
Zeugen an. Es ist die Wahrheit; ich lüge nicht. Auch
mein Gewissen bezeugt es, das vom Heiligen Geist
bestätigt wird: 2 Ich bin tieftraurig und es quält mich
unablässig, 3 wenn ich an meine Brüder und Schwes-
tern denke, die Menschen aus meinem Volk. Wenn es
möglich wäre, würde ich es auf mich nehmen, selbst
an ihrer Stelle verflucht und für immer von Christus
getrennt zu sein. 4 Sie sind doch Israel, das von Gott er-
wählte Volk. Ihnen gehört das Vorrecht, Kinder Gottes
zu sein. Ihnen offenbarte er seine Herrlichkeit. Mit ih-
nen hat er wiederholt seinen Bund geschlossen. Ihnen
hat er sein Gesetz gegeben und die Ordnungen für
den Opferdienst zu seiner Verehrung. Ihnen hat er das
künftige Heil versprochen. 5 Sie sind die Nachkommen
der von Gott erwählten Väter, und zu ihnen zählt nach
seiner menschlichen Herkunft auch Christus, der ver-
sprochene Retter. Dafür sei Gott, der Herr über alles,
in Ewigkeit gepriesen! Amen.

GOTT TRIFFT EINE AUSWAHL

6 Es kann keine Rede davon sein, dass dies alles nicht
mehr gilt und also das Wort Gottes ungültig geworden
ist. Aber nicht alle Israeliten gehören wirklich zu Israel,
7 und nicht alle leiblichen Nachkommen Abrahams
sind als solche schon Abrahams Kinder. Gott sagte zu
Abraham: »Durch *Isaak* gebe ich dir die Nachkommen,
die ich dir versprochen habe.« 8 Das heißt: Nicht die
natürliche Abstammung von Abraham, sondern erst
die göttliche Zusage macht zu echten Abrahamskin-
dern und damit zu Kindern Gottes. 9 Denn es war eine
göttliche Zusage, mit der die Geburt Isaaks angekün-
digt wurde: »Nächstes Jahr um diese Zeit komme ich
wieder, dann hat Sara einen Sohn.« 10 Das wird be-
stätigt durch ein zweites Beispiel: Rebekka war von
unserem Vorfahren Isaak mit Zwillingen schwanger,
mit Esau und Jakob. 11-12 Die beiden Kinder waren noch
nicht geboren und keines von beiden hatte irgendet-
was Gutes oder Böses getan. Da sagte Gott zu ihrer
Mutter Rebekka: »Der Ältere muss dem Jüngeren
dienen.« Damit stellte er klar, dass es allein von sei-
nem freien Entschluss abhängt, wenn er einen Men-
schen erwählt. Es kommt dabei nicht auf menschliche
Leistungen, sondern nur auf den göttlichen Ruf an.
13 Dasselbe geht aus der anderen Stelle hervor, wo Gott
sagt: »Ich liebe Jakob, Esau aber hasse ich.«

GOTT VERTEILT SEIN ERBARMEN NACH FREIEM ERMESSEN

14 Folgt daraus, dass Gott ungerecht ist? Keineswegs!
15 Er sagte ja zu Mose: »Es liegt in meiner freien Ent-
scheidung, wem ich meine Gnade erweise; es ist allein

meine Sache, wem ich mein Erbarmen schenke.« 16 Es
kommt also nicht auf den Willen und die Anstrengung
des Menschen an, sondern einzig auf Gott und sein
Erbarmen. 17 So verfährt er auch mit dem Pharao, dem
er seine Gunst entzieht, indem er zu ihm sagt: »Nur
deshalb habe ich dich als König eingesetzt, um an dir
meine Überlegenheit zu beweisen und meinen Na-
men in der ganzen Welt bekannt zu machen.« 18 Gott
verfährt also ganz nach seinem freien Willen: Mit den
einen hat er Erbarmen, die andern macht er starrsinnig,
sodass sie ins Verderben laufen. 19 Vielleicht wird mir
jemand entgegenhalten: »Warum zieht uns dann Gott
für unser Tun zur Rechenschaft? Wenn er bestimmt,
dann kann doch niemand dagegen ankommen!« 20 Du
Mensch, vergiss nicht, wer du bist! Du kannst dir doch
nicht herausnehmen, Gott zu kritisieren! Sagt viel-
leicht ein Gebilde aus Ton zu seinem Bildner: »Warum
hast du mich so gemacht?« 21 Und hat ein Töpfer nicht
das Recht, aus einem Tonklumpen zwei ganz verschie-
dene Gefäße zu machen: eines, das auf der Festtafel
zu Ehren kommt, und ein anderes als Behälter für den
Abfall? 22 Du kannst also Gott nicht anklagen, wenn er
an den Gefäßen seines Zorns sein Gericht vollstrecken
und seine Macht erweisen will; aber selbst sie, die zum
Untergang bestimmt waren, hat er mit großer Geduld
ertragen. 23 So handelt er, damit er an den Gefäßen sei-
nes Erbarmens zeigen kann, wie unerschöpflich reich
seine Herrlichkeit ist – an ihnen, die er im Voraus zum
Leben in seiner Herrlichkeit bestimmt hat. 24 Das sind
wir, die er berufen hat – nicht nur aus dem jüdischen
Volk, sondern auch aus den anderen Völkern. 25 Das ist
schon beim Propheten Hosea angekündigt, durch den
Gott im Blick auf die anderen Völker sagt: »Ich werde
die, die nicht mein Volk sind, ›mein Volk‹ nennen und
die Ungeliebten ›Geliebte‹. 26 Und dieselben Leute,
zu denen ich gesagt hatte: ›Ihr seid nicht mein Volk‹,
werden dann ›Kinder des lebendigen Gottes‹ genannt
werden.« 27 Über das Volk Israel aber sagt Jesaja das
prophetische Wort: »Selbst wenn die Israeliten so zahl-
reich wären wie der Sand am Meer, nur ein kleiner Rest
wird gerettet. 28 Der Herr wird sein Rettungswerk auf
der Erde endgültig und doch mit Einschränkung aus-
führen.« 29 Es ist so, wie Jesaja es vorausgesagt hat:
»Hätte der Herr, der Herrscher der Welt, nicht einen
kleinen Rest von uns Israeliten übrig gelassen, so wäre
es uns wie Sodom und Gomorra ergangen.«

AN JESUS CHRISTUS SCHEIDEN SICH DIE WEGE

30 Was folgt daraus? Es ist offenbar so: Menschen aus
den anderen Völkern, die sich gar nicht darum bemüht
hatten, haben das Ziel erreicht, vor Gott als gerecht zu
bestehen. Sie haben es dadurch erreicht, dass sie in ver-
trauendem Glauben angenommen haben, was Gott für
sie getan hat. 31 Das Volk Israel aber, das mit aller Kraft
danach strebt, auf dem Weg der Gesetzeserfüllung vor
Gott als gerecht zu bestehen, hat das vom Gesetz in
Aussicht gestellte Ziel nicht erreicht. 32 Warum nicht?
Weil sie den Weg des Glaubens abwiesen und mein-
ten, ihre Gehorsamsleistungen müssten sie ans Ziel
bringen. Sie kamen zu Fall an dem ›Stein des Anstoßes‹,
33 von dem Gott sagt: »Auf dem Zionsberg lege ich ein
festes Fundament, einen Stein, an dem sie sich stoßen,
einen Felsblock, an dem sie zu Fall kommen. Aber wer
auf ihn vertraut, wird nicht zugrunde gehen.«

DER GLAUBE ALS WEG ZUR RETTUNG FÜR ALLE

10 Liebe Brüder und Schwestern, mein Herzens-
wunsch und meine Bitte an Gott ist, dass die An-
gehörigen meines Volkes gerettet werden. 2 Ich kann
ihnen bezeugen, dass sie sich mit brennendem Eifer
für die Sache Gottes einsetzen. Aber ihr Eifer beruht
nicht auf der richtigen Einsicht. 3 Sie begreifen nicht,
dass Gott selbst eingegriffen hat, damit Menschen
vor ihm als gerecht bestehen können. Deshalb suchen
sie durch eigene Anstrengungen Gerechtigkeit zu er-
ringen, anstatt sich Gott zu unterwerfen, der in *seiner*
Gerechtigkeit, nämlich seiner heilschaffenden Treue,
für sie gehandelt hat. 4 Denn seit Christus ist das Gesetz
nicht mehr der Weg zum Heil. Vielmehr gilt jetzt: Alle, die
im Glauben auf Christus vertrauen, werden vor dem
Gericht Gottes als gerecht anerkannt werden. 5 Wenn
es darum geht, auf der Grundlage des Gesetzes vor
Gott als gerecht zu bestehen, gilt, was Mose schreibt:
»Wer die Gebote befolgt, gewinnt dadurch das Leben.«
6 Ganz anders spricht die Stimme, die dazu aufruft, auf
der Grundlage vertrauenden Glaubens vor Gott als ge-
recht zu bestehen; sie sagt: »Ihr braucht nicht zu fra-
gen: ›Wer steigt für uns in den Himmel hinauf?‹« – als
müsste man Christus erst von dort herabholen. 7 »Auch
nicht: ›Wer steigt für uns in die Totenwelt hinab?‹« – als
müsste man Christus aus dem Tod zurückholen. 8 Nein,
die Stimme sagt: »Das Wort, das von Gott kommt, ist
euch ganz nahe; es ist in eurem Mund und in eurem
Herzen.« Das ist das Wort vom Glauben, das wir ver-
künden. 9 Wenn ihr also mit dem Mund bekennt: »Jesus
ist der Herr«, und im Herzen glaubt, dass Gott ihn vom
Tod auferweckt hat, werdet ihr gerettet. 10 Wer mit dem
Herzen glaubt, wird von Gott als gerecht anerkannt;
und wer mit dem Mund bekennt, wird im letzten Gericht
gerettet. 11 So steht es ja in den Heiligen Schriften: »Wer
ihm glaubt und auf ihn vertraut, wird nicht zugrunde
gehen.« 12 Das gilt ohne Unterschied für Juden und
Nichtjuden. Sie alle haben ein und denselben Herrn:
Jesus Christus. Aus seinem Reichtum schenkt er allen,
die sich zu ihm als ihrem Herrn bekennen, ewiges Leben.
13 Es heißt ja auch: »Alle, die sich zum Herrn bekennen
und seinen Namen anrufen, werden gerettet.«

ISRAEL HAT DIE BOTSCHAFT GEHÖRT UND ABGELEHNT

14 Sie können sich aber nur zu ihm bekennen, wenn sie
vorher zum Glauben gekommen sind. Und sie können
nur zum Glauben kommen, wenn sie die Botschaft ge-
hört haben. Die Botschaft aber können sie nur hören,
wenn sie ihnen verkündet worden ist. 15 Und sie kann
ihnen nur verkündet werden, wenn Boten mit der Bot-
schaft ausgesandt worden sind. Aber genau das ist
geschehen! Es ist eingetroffen, was vorausgesagt war:

»Welche Freude ist es, wenn die Boten kommen und die
Gute Nachricht bringen!« 16 Doch nicht alle sind dem
Ruf der Guten Nachricht gefolgt. Schon der Prophet
Jesaja sagt: »Herr, wer hat schon unserer Botschaft
Glauben geschenkt?« 17 Der Glaube kommt also aus
dem Hören der Botschaft; die Botschaft aber gründet
in dem Auftrag, den Christus gegeben hat. 18 Haben sie
vielleicht die Botschaft nicht gehört? Aber natürlich ha-
ben sie die Botschaft gehört; in den Heiligen Schriften
heißt es ja: »Ihr Ruf ging über die ganze Erde, bis hin zu
ihren äußersten Grenzen war er zu hören.« 19 Ich frage
weiter: Hat vielleicht das Volk Israel die Botschaft nicht
verstanden? O doch! Der erste Zeuge dafür ist Mose,
wenn er sagt: »Ich will euch Israeliten eifersüchtig ma-
chen auf ein Un-Volk, sagt Gott. Ich reize euch zum
Zorn über ein Volk ohne Einsicht.« 20 Jesaja aber wagt
sogar zu sagen: »Ich ließ mich finden von denen, die
mich nicht suchten, sagt Gott. Ich habe mich denen
gezeigt, die nicht nach mir fragten.« 21 Über Israel da-
gegen heißt es an derselben Stelle: »Tag für Tag habe
ich einladend die Hände ausgestreckt nach einem Volk,
das mir nicht gehorcht und mir ständig widerspricht.«

NUR EIN REST HAT DIE BOTSCHAFT ANGENOMMEN

11 Ich frage nun: Hat Gott sein eigenes Volk versto-
ßen? Das kann nicht sein! Ich selbst bin ja ein
Israelit, ein Nachkomme Abrahams aus dem Stamm
Benjamin. 2 Gott hat das Volk, das er von Anfang an
erwählt hatte, nicht verstoßen. Ihr wisst doch, was in
den Heiligen Schriften von Elija berichtet wird, der sich
bei Gott über dieses Volk beklagte. 3 »Herr!«, sagte er,
»sie haben deine Propheten umgebracht und deine
Altäre niedergerissen. Ich allein bin übrig geblieben,
und nun wollen sie mich auch noch töten!« 4 Was gab
Gott ihm zur Antwort? »Siebentausend Männer habe
ich mir übrig behalten, die alle den Götzen Baal nicht
angebetet haben.« 5 So ist es auch jetzt: Aus Gnade hat
Gott einen Rest ausgewählt. 6 Wenn aber aus Gnade,
dann gibt nicht mehr das menschliche Tun den Aus-
schlag. Sonst wäre die Gnade nicht wirklich Gnade.
7 Wie steht es also? Das jüdische Volk als Ganzes hat
nicht erreicht, worum es sich so sehr abmüht: die Aner-
kennung bei Gott. Nur die haben dieses Ziel erreicht, die
Gott aus seinem Volk ausgewählt hat. Die Übrigen hat
er starrsinnig gemacht, 8 wie es in den Heiligen Schrif-
ten vorhergesagt ist: »Gott hat ihren Geist verdunkelt,
sodass sie mit ihren Augen nicht sehen und mit ihren
Ohren nicht hören, bis zum heutigen Tag.« 9 Und David
sagt: »Ihre Opfer sollen ihnen zur Schlinge und zum
Fallstrick werden, zum Verderben und zum Strafgericht.
10 Lass sie blind werden, damit sie nichts mehr sehen.
Beuge ihren Rücken für immer unter das Sklavenjoch!«

JUDEN UND NICHTJUDEN SOLLEN GEMEINSAM ZUM ZIEL KOMMEN

11 Ich frage nun: Haben die Juden sich an Christus ge-
stoßen, um für immer zu Fall zu kommen? Gewiss nicht!
Es ist vielmehr so: Weil sie Gottes Rettungsangebot
ablehnten, wurde es den anderen Völkern gebracht,
und das soll dazu führen, dass die Juden auf die ande-
ren eifersüchtig werden und es ihnen gleichtun wollen.
12 Schon ihr Nein brachte der Welt reichen Gewinn,
und dass sie bis auf den kleinen Rest ausgefallen sind,
wurde für die anderen Völker eine Quelle des Segens.
Wie groß wird dann erst der Segen für die Welt sein,
wenn das Volk Israel in seiner Gesamtheit zu Gottes
Rettungstat Ja sagt! 13 Den Nichtjuden unter euch aber
sage ich: Es stimmt, dass mein Auftrag als Apostel den
nicht jüdischen Völkern gilt, und ich danke Gott dafür,
dass es so ist. 14 Denn vielleicht kann ich durch meine
Missionsarbeit die Angehörigen meines eigenen Volkes
eifersüchtig machen und so wenigstens einige von ih-
nen retten. 15 Schon ihre Verstoßung hat der übrigen
Welt die Versöhnung mit Gott gebracht, was wird dann
erst ihre Wiederannahme bringen? Nicht weniger als
die Auferstehung der Toten!

DAS BILD VOM ÖLBAUM: WARNUNG AN DIE NICHTJUDEN

16 Wenn das erste Brot von der neuen Ernte Gott
geweiht worden ist, gilt alles Brot von dieser Ernte
als geweiht. Wenn die Wurzeln des Baumes Gott ge-
weiht sind, sind es auch die Zweige. 17 Nun sind einige
Zweige an dem edlen Ölbaum ausgebrochen worden,
und unter die übrigen wurdet ihr als neue Zweige
eingepfropft. Obwohl ihr von einem wilden Ölbaum
stammt, habt ihr jetzt Anteil an den guten Säften des
edlen Ölbaums. 18 Darum überhebt euch nicht über
die Zweige, die ausgebrochen wurden. Ihr habt kei-
nen Grund, euch etwas einzubilden! Nicht ihr tragt
die Wurzel, sondern die Wurzel trägt euch. 19 Ihr wer-
det vielleicht sagen: »Die Zweige sind ausgebrochen
worden, um uns Platz zu machen!« 20 Gewiss, aber
sie wurden ausgebrochen, weil sie nicht glaubten.
Und ihr gehört nur dazu, weil ihr glaubt – und wenn
ihr im Glauben beharrt. Seid also nicht überheblich,
sondern bedenkt, mit wem ihr es zu tun habt! 21 Wenn
Gott schon die Juden nicht verschont hat, obwohl sie
die natürlichen Zweige sind, dann wird er euch be-
stimmt nicht verschonen. 22 Ihr seht hier die Güte und
zugleich die Strenge Gottes. Streng ist er zu denen, die
sich von ihm abwenden. Gütig ist er zu euch – wenn
ihr euch nur bewusst bleibt, dass ihr allein von seiner
Güte lebt; sonst werdet ihr auch ausgehauen. 23 Aber
auch die Juden werden wieder eingepfropft, wenn sie
die Einladung zum Glauben nicht länger abweisen.
Gott hat sehr wohl die Macht dazu. 24 Er hat euch als
Zweige eines wilden Ölbaums ganz gegen die natür-
liche Ordnung in den edlen Ölbaum eingepfropft. Dann
kann er erst recht die Juden als die natürlichen Zweige
wieder in ihren eigenen Baum einpfropfen.

ZULETZT WIRD GANZ ISRAEL GERETTET

25 Meine Brüder und Schwestern, ich muss euch jetzt mit
Gottes geheimnisvollem Plan bekannt machen. Wenn
ihr euch auf eure eigene Klugheit verlasst, könnt ihr
leicht zu falschen Schlüssen kommen. Gott hat verfügt,

dass ein Großteil des jüdischen Volkes sich gegen die
Einladung zum Glauben verhärtet. Aber das gilt nur so
lange, bis alle, die er aus den anderen Völkern erwählt
hat, den Weg zum Heil gefunden haben. 26 Wenn das
geschehen ist, dann wird das ganze Volk Israel gerettet
werden, wie es in den Heiligen Schriften vorhergesagt
ist: »Vom Zionsberg wird der Retter kommen und alle
Auflehnung gegen Gott von den Nachkommen Jakobs
nehmen. 27 Dann werde ich ihnen ihre Verfehlungen
vergeben, sagt Gott; und so erfüllt sich der Bund, den ich
mit ihnen geschlossen habe.« 28 Im Blick auf die Gute
Nachricht gilt: Sie sind Gottes Feinde geworden, damit
die Botschaft zu euch kommen konnte. Im Blick auf ihre
Erwählung gilt: Sie bleiben die von Gott Geliebten, weil
sie die Nachkommen der erwählten Väter sind. 29 Denn
Gott nimmt seine Gnadengeschenke nicht zurück, und
eine einmal ausgesprochene Berufung widerruft er
nicht. 30 Ihr aus den anderen Völkern habt Gott *früher*
nicht gehorcht; aber weil *sie* ungehorsam waren, hat
Gott jetzt *euch* sein Erbarmen geschenkt. 31 Genau
entsprechend gehorchen sie Gott *jetzt* nicht, weil er
euch sein Erbarmen schenken wollte; und so werden
künftig auch *sie* Erbarmen finden. 32 Gott hat alle ohne
Ausnahme dem Ungehorsam ausgeliefert, weil er sich
über alle erbarmen will.

LOBPREIS DER WUNDERBAREN WEISHEIT GOTTES

33 Wie unergründlich tief ist Gottes Reichtum, wie tief
seine Weisheit und seine Voraussicht! Wie unerforsch-
lich sind seine Gerichtsurteile, wie unbegreiflich seine
Führungen! 34 Denn wer hat die Gedanken des Herrn
erkannt, oder wer ist sein Ratgeber gewesen? 35 Wer
hat ihm je ein Geschenk gemacht, sodass er etwas da-
für fordern könnte? 36 *Von* Gott kommt alles, *durch* Gott
lebt alles, *zu* Gott geht alles. Ihm gehört die Herrlichkeit
für immer und ewig! Amen.

UNSER LEBEN ALS GOTTESDIENST

12 Brüder und Schwestern, weil Gott so viel
Erbarmen mit euch gehabt hat, bitte und er-
mahne ich euch: Stellt euer ganzes Leben Gott zur
Verfügung! Bringt euch Gott als lebendiges Opfer
dar, ein Opfer völliger Hingabe, an dem er Freude hat.
Das ist für euch der »vernunftgemäße« Gottesdienst.
2 Passt euch nicht den Maßstäben dieser Welt an. Lasst
euch vielmehr von Gott umwandeln, damit euer gan-
zes Denken erneuert wird. Dann könnt ihr euch ein
sicheres Urteil bilden, welches Verhalten dem Willen
Gottes entspricht, und wisst in jedem einzelnen Fall,
was gut und gottgefällig und vollkommen ist.

GABEN UND DIENSTE IN DER GEMEINDE

3 In der Vollmacht, die Gott mir als Apostel gegeben hat,
wende ich mich an jeden Einzelnen von euch. Niemand
soll sich über andere erheben und höher von sich den-
ken, als es angemessen ist. Bleibt bescheiden und sucht
das rechte Maß! Durch den Glauben hat jeder von
euch seinen besonderen Anteil an den Gnadengaben
bekommen. Daran hat jeder den Maßstab, nach dem
er sich einschätzen soll. 4 Denkt an den menschlichen
Leib: Er bildet ein lebendiges Ganzes und hat doch viele
Teile, und jeder Teil hat seine besondere Funktion. 5 So
ist es auch mit uns: Als Menschen, die zu Christus ge-
hören, bilden wir alle ein unteilbares Ganzes; aber als
Einzelne stehen wir zueinander wie Teile mit ihrer be-
sonderen Funktion. 6 Wir haben ganz verschiedene
Gaben, so wie Gott sie uns in seiner Gnade zugeteilt
hat. Einige sind befähigt, Weisungen für die Gemeinde
von Gott zu empfangen; was sie sagen, muss dem ge-
meinsamen Bekenntnis entsprechen. 7 Andere sind
befähigt, praktische Aufgaben in der Gemeinde zu
übernehmen; sie sollen sich treu diesen Aufgaben wid-
men. Wer die Gabe hat, als Lehrer die Gemeinde zu un-
terweisen, gebrauche sie. 8 Wer die Gabe hat, andere zu
ermahnen und zu ermutigen, nutze sie. Wer Bedürftige
unterstützt, soll sich dabei nicht in Szene setzen. Wer in
der Gemeinde eine Verantwortung übernimmt, soll mit
Hingabe bei der Sache sein. Wer sich um Notleidende
kümmert, soll es nicht mit saurer Miene tun.

WEISUNGEN FÜR EIN LEBEN AUS DER LIEBE

9 Die Liebe darf nicht geheuchelt sein. Verabscheut das
Böse, tut mit ganzer Kraft das Gute! 10 Liebt einander
von Herzen als Brüder und Schwestern, und ehrt euch
gegenseitig in zuvorkommender Weise. 11 Werdet im
Eifer nicht nachlässig, sondern lasst euch vom Geist
Gottes entflammen. Dient in allem Christus, dem
Herrn. 12 Seid fröhlich als Menschen der Hoffnung,
bleibt standhaft in aller Bedrängnis, lasst nicht nach
im Gebet. 13 Sorgt für alle in der Gemeinde, die Not lei-
den, und wetteifert in der Gastfreundschaft. 14 Wünscht
denen, die euch verfolgen, Gutes. Segnet sie, anstatt
sie zu verfluchen. 15 Freut euch mit den Fröhlichen und
weint mit den Traurigen. 16 Seid alle miteinander auf
Einigkeit bedacht. Strebt nicht hoch hinaus, sondern
haltet Gemeinschaft mit den Verachteten. Verlasst euch
nicht auf eure eigene Klugheit. 17 Wenn euch jemand
unrecht tut, dann zahlt es niemals mit gleicher Münze
heim. Seid darauf bedacht, vor den Augen aller Men-
schen bestehen zu können. 18 Soweit es möglich ist und
auf euch ankommt, lebt mit allen in Frieden. 19 Nehmt
keine Rache, holt euch nicht selbst euer Recht, meine
Lieben, sondern überlasst das Gericht Gott. Er sagt ja in
den Heiligen Schriften: »Ich bin der Rächer, ich habe mir
das Gericht vorbehalten, ich selbst werde vergelten.«
20 Handelt vielmehr nach dem Wort: »Wenn dein Feind
hungrig ist, dann gib ihm zu essen, und wenn er Durst
hat, gib ihm zu trinken. Dann wird es ihm bald leid tun,
dein Feind zu sein.« 21 Lass dich nicht vom Bösen besie-
gen, sondern überwinde es durch das Gute!

WEISUNGEN FÜR DAS VERHALTEN GEGENÜBER STAATLICHEN ORGANEN

13 Alle ohne Ausnahme müssen sich den Trägern
der Staatsgewalt unterordnen. Denn es gibt
keine staatliche Macht, die nicht von Gott kommt.
Die jeweiligen Amtsträger sind von ihm eingesetzt.

2 Wer sich also gegen die staatliche Ordnung auflehnt, widersetzt sich der Anordnung Gottes, und wer das tut, zieht sich damit die Verurteilung im Gericht Gottes zu. 3 Vor den staatlichen Machthabern müssen sich nicht die fürchten, die Gutes tun, sondern nur die, die Böses tun. Wenn du also ohne Angst vor der Staatsgewalt leben willst, dann tu, was recht ist, und sie wird dich dafür loben. 4 Denn die staatliche Macht steht im Dienst Gottes, um dich zum Tun des Guten anzuspornen. Wenn du aber Böses tust, musst du dich vor ihr fürchten. Ihre Vertreter tragen nicht umsonst das Schwert. Sie stehen im Dienst Gottes und vollstrecken sein Urteil an denen, die Böses tun. 5 Darum müsst ihr euch der Staatsgewalt unterordnen, nicht nur aus Furcht vor dem Gericht Gottes, sondern auch, weil euer Gewissen euch dazu anhält. 6 Deshalb zahlt ihr ja auch Steuern. Denn die Staatsbeamten handeln als Beamte Gottes, wenn sie beharrlich darauf bestehen. 7 Gebt also jedem, was ihr ihm schuldig seid! Wem Steuern zustehen, dem zahlt Steuern, wem Zoll zusteht, dem zahlt Zoll. Wem Respekt zusteht, dem erweist Respekt, und wem Ehre zusteht, dem erweist Ehre.

DAS LIEBESGEBOT ALS SUMME DER GEBOTE GOTTES

8 Bleibt niemand etwas schuldig – außer der Schuld, die ihr niemals abtragen könnt: der Liebe, die ihr einander erweisen sollt. Wer den Mitmenschen liebt, hat alles getan, was das Gesetz fordert. 9 Ihr kennt die Gebote: »Brich nicht die Ehe, morde nicht, beraube niemand, blicke nicht begehrlich auf das, was anderen gehört.« Diese Gebote und alle anderen sind in dem *einen* Satz zusammengefasst: »Liebe deinen Mitmenschen wie dich selbst.« 10 Wer liebt, fügt seinem Mitmenschen nichts Böses zu. Also wird durch die Liebe das ganze Gesetz erfüllt.

LEBEN IM LICHT DES KOMMENDEN TAGES

11 Macht Ernst damit – und das erst recht, weil ihr wisst, was die Stunde geschlagen hat! Es ist Zeit für euch, aus dem Schlaf aufzuwachen. Denn unsere endgültige Rettung ist nahe; sie ist uns jetzt näher als damals, als wir zum Glauben kamen. 12 Die Nacht geht zu Ende, bald ist es Tag. Deshalb wollen wir alles ablegen, was zur Finsternis gehört, und wollen uns mit den Waffen des Lichtes rüsten. 13 Wir wollen so leben, wie es zum hellen Tag passt. Keine Sauf- und Fressgelage, keine sexuellen Ausschweifungen, keine Streitigkeiten und Rivalitäten! 14 Lasst Jesus Christus, den Herrn, euer ganzes Leben bestimmen, und hätschelt nicht eure alte selbstsüchtige Natur, damit die Begierden keine Macht über euch gewinnen.

DIE »STARKEN« UND DIE »SCHWACHEN« DIENEN DEMSELBEN HERRN

14 Haltet Gemeinschaft mit denen, die einen schwachen Glauben haben! Streitet nicht mit ihnen über unterschiedliche Auffassungen! 2 Die einen sind überzeugt, dass ihr Glaube ihnen erlaubt, *alles* zu essen. Die anderen haben Angst, sich zu versündigen, und essen lieber nur Pflanzenkost. 3 Wer Fleisch isst, soll die anderen nicht verachten; aber wer kein Fleisch isst, soll die anderen auch nicht verurteilen, denn Gott hat sie ja in seine Gemeinschaft aufgenommen. 4 Wie kommst du dazu, den Sklaven oder die Sklavin eines anderen zur Rechenschaft zu ziehen? Es geht nur ihren Herrn etwas an, ob sie stehen oder fallen. Sie werden aber stehen bleiben; denn ihr Herr hat die Macht, sie aufrecht zu halten. 5 Die einen beachten an bestimmten Tagen besondere Regeln; für die anderen sind alle Tage gleich. Es kommt nur darauf an, dass jeder nach seiner festen Überzeugung handelt. 6 Wer besondere Regeln beachtet, tut es für den Herrn, für Christus. Auch wer alles isst, tut es für den Herrn; denn er dankt ja Gott für das, was er isst. Und auch wer nur Pflanzenkost isst, tut es für den Herrn und dankt Gott dafür. 7 Niemand von uns lebt für sich selbst und niemand stirbt für sich selbst. 8 Wenn wir leben, leben wir für den Herrn, und wenn wir sterben, sterben wir für den Herrn. Wir gehören dem Herrn im Leben und im Tod. 9 Denn Christus ist gestorben und wieder lebendig geworden, um Herr zu sein über alle, Tote wie Lebende. 10 Warum verurteilst du dann deinen Bruder oder deine Schwester? Und du, warum verachtest du sie? Wir werden alle einmal vor Gott stehen und von ihm gerichtet werden. 11 In den Heiligen Schriften heißt es ja: »So gewiss ich, der Herr, lebe: Alle werden vor mir auf die Knie fallen, alle werden Gott die Ehre geben.« 12 So wird also jeder Einzelne von uns sich für sein eigenes Tun verantworten müssen.

RÜCKSICHT DER »STARKEN« AUF DIE »SCHWACHEN«

13 Hören wir also auf, uns gegenseitig zu verurteilen! Seid vielmehr kritisch gegen euch selbst, wenn ihr euch im Glauben stark fühlt, und vermeidet alles, was einem Bruder oder einer Schwester Anstoß bereiten oder sie zu Fall bringen kann. 14 Gewiss, ich bin davon überzeugt und kann mich dafür auf Jesus, den Herrn, berufen: Es gibt nichts, was aus sich heraus unrein ist und deshalb nicht gegessen werden darf. Aber wenn jemand etwas für unrein hält, dann ist es für die betreffende Person tatsächlich unrein. 15 Wenn du also deinen Bruder oder deine Schwester bloß wegen einer Speise in Verwirrung stürzt und im Glauben irremachst, dann lebst du nicht mehr in der Liebe. Bring nicht durch dein Essen den Bruder oder die Schwester ins Verderben, für die Christus gestorben ist! 16 Bringt das Gute, was Gott euch geschenkt hat, nicht in Verruf. 17 Denn wo Gott seine Herrschaft aufrichtet, geht es nicht um Essen und Trinken, sondern um ein Leben unter der rettenden Treue Gottes und in Frieden und Freude, wie es der Heilige Geist schenkt. 18 Wer Christus mit einem solchen Leben dient, gefällt Gott und wird von den Menschen geachtet. 19 Wir wollen also alles daransetzen, dass wir in Frieden miteinander leben und einander in unserem Glauben fördern. 20 Ihr als Gemeinde seid Gottes Werk – zerstört es nicht wegen einer Essensfrage! Gewiss, alles ist rein; aber

es ist schlimm, wenn jemand etwas mit schlechtem Gewissen isst und dadurch zu Fall kommt. **21** Deshalb tust du gut daran, kein Fleisch zu essen und keinen Wein zu trinken und auch sonst alles zu unterlassen, was deinen Bruder oder deine Schwester zu Fall bringen könnte. **22** Wenn du einen starken Glauben hast, dann habe ihn für dich selbst, als eine Sache zwischen dir und Gott. Freuen darf sich, wer seiner Sache sicher ist und sich nicht selbst verurteilen muss. **23** Wer aber beim Essen ein schlechtes Gewissen hat, *ist* schon verurteilt. Denn er handelt nicht so, wie es dem Glauben, dem Vertrauen auf Jesus Christus, entspricht. Und alles Tun, das nicht aus dem Glauben kommt, ist Sünde.

DEM BEISPIEL FOLGEN, DAS CHRISTUS GEGEBEN HAT

15 Wenn wir einen starken Glauben haben, ist es unsere Pflicht, die anderen in ihren Schwächen mitzutragen, anstatt selbstgefällig nur an uns zu denken. **2** Jeder von uns soll seinem Mitmenschen zu Gefallen leben, natürlich im guten Sinn, und das heißt so, dass damit die Gemeinschaft gefördert und die Gemeinde aufgebaut wird. **3** Auch Christus hat ja nicht sich selbst zu Gefallen gelebt, sondern so, wie es in den Heiligen Schriften vorhergesagt war: »Die Schmähungen, mit denen man dich, Gott, lästert, sind auf mich gefallen.« **4** Was in den Heiligen Schriften steht, wurde im Voraus aufgeschrieben, damit wir den Nutzen davon haben. Es soll uns zum geduldigen Ertragen anleiten und uns Mut machen, an der gewissen Hoffnung auf die endgültige Erlösung festzuhalten. **5** Gott, der Geduld und Mut schenkt, gebe euch, dass ihr alle in der gleichen Gesinnung miteinander verbunden seid, so wie es Jesus Christus gemäß ist. **6** Dann werdet ihr alle einmütig und wie aus einem Mund den Gott und Vater unseres Herrn Jesus Christus preisen.

ALLE WERDEN GEMEINSAM GOTT PREISEN

7 Lasst einander also gelten und nehmt euch gegenseitig an, so wie Christus euch angenommen hat. Das dient zum Ruhm und zur Ehre Gottes. **8** Denn das sage ich: Christus ist ein Diener der Juden geworden, um Gottes *Treue* zu bezeugen. Durch ihn hat Gott die Zusagen eingelöst, die er ihren Vorfahren gegeben hatte. **9** Die anderen Völker aber haben Grund, Gott für sein *Erbarmen* zu rühmen, wie es schon in den Heiligen Schriften heißt: »Dafür will ich dich, Herr, preisen unter den Völkern und deinen Ruhm besingen.« **10** Es heißt dort auch: »Jubelt, ihr Völker, zusammen mit Gottes erwähltem Volk!« **11** Und weiter: »Preist den Herrn, alle Völker; alle Nationen sollen ihn rühmen!« **12** Und der Prophet Jesaja sagt: »Es kommt der Spross aus der Wurzel Isais, er steht auf, um über die Völker zu herrschen. Auf ihn werden Menschen aller Völker ihre Hoffnung setzen.« **13** Ich bitte Gott, auf den sich unsere Hoffnung gründet, dass er euch in eurem Glauben mit aller Freude und allem Frieden erfüllt, damit eure Hoffnung durch die Kraft des Heiligen Geistes immer stärker und unerschütterlicher wird.

WARUM PAULUS SO OFFEN SCHREIBT

14 Liebe Brüder und Schwestern, ich bin ganz sicher: Ihr seid von allem guten Willen erfüllt und seid euch voll bewusst, was Gott für euch getan hat. Darum könnt ihr euch auch selbst gegenseitig ermahnen. **15** Ich habe in diesem Brief zum Teil sehr deutliche Worte gebraucht; aber ich habe den ganzen Brief nur geschrieben, um euch in Erinnerung zu rufen, was die Grundlagen unseres Glaubens sind. Und dazu bin ich bevollmächtigt durch den Auftrag, den Gott mir gegeben hat. **16** Denn er hat mich dazu berufen, Jesus Christus zu dienen und ihn unter den nicht jüdischen Völkern zu verkünden. Gleichsam als Priester im Dienst der Guten Nachricht arbeite ich darauf hin, dass die Menschen dieser Völker eine Opfergabe für Gott werden – eine Gabe, die Gott Freude macht, weil sie durch den Heiligen Geist selbst heilig gemacht worden ist. **17** Wenn ich darauf vor Gott stolz sein kann, dann nur, weil Jesus Christus mich in seinen Dienst genommen hat. **18** Ich nehme mir nicht heraus, die Botschaft auf eigene Verantwortung zu verkünden. Christus selbst hat durch mich, durch mein Reden und Tun, bewirkt, dass Menschen aus allen Völkern sich Gott im Gehorsam unterstellt haben. **19** Er selbst erwies hier seine Macht, in staunenerregenden Wundern und durch das Wirken des Heiligen Geistes. So war es mir möglich, von Jerusalem aus in weitem Bogen bis nach Illyrien die Gute Nachricht von Christus zu verbreiten. **20** Dabei war es mir stets eine Ehrensache, die Botschaft nur dort zu verkünden, wo man noch nichts von Christus gehört hatte. Ich wollte nicht auf einem Fundament aufbauen, das ein anderer gelegt hat. **21** Vielmehr richtete ich mich nach dem Wort in den Heiligen Schriften: »Gerade die sollen ihn kennenlernen, denen noch nichts von ihm gesagt worden ist. Ebendie sollen zur Einsicht kommen, die noch nie etwas davon gehört haben.«

PAULUS WILL NACH ROM KOMMEN

22 Weil mich diese Aufgabe ganz ausgefüllt hat, war ich bisher immer verhindert, zu euch zu kommen. **23** Jetzt finde ich in diesen Gegenden kein neues Missionsfeld mehr; es ist aber seit vielen Jahren mein Wunsch, euch zu besuchen, **24** wenn ich nach Spanien reise. So hoffe ich nun, dass ich euch auf dem Weg dorthin sehen kann und von euch für die Weiterreise mit allem Nötigen ausgestattet werde. Doch vorher möchte ich mich eine Weile an eurer Gemeinschaft stärken. **25** Zunächst gehe ich jetzt nach Jerusalem, um der Gemeinde dort Hilfe zu bringen. **26** Die Christen in Mazedonien und Achaia haben nämlich beschlossen, für die Armen der dortigen Gemeinde Geld zu sammeln. **27** Sie haben sich freiwillig dazu entschlossen, und sie stehen ja auch in deren Schuld. Als Angehörige der anderen Völker haben sie am geistlichen Reichtum der Christen in Jerusalem Anteil bekommen; dafür müssen sie ihnen nun auch mit irdischen Gütern aushelfen. **28** Wenn ich diese Angelegenheit zum Abschluss gebracht und ihnen den Ertrag der Sammlung ordnungsgemäß übergeben habe, möchte ich auf dem Weg über euch nach

Spanien reisen. 29 Ich weiß, wenn ich zu euch komme,
werde ich euch die ganze Fülle des Segens mitbringen,
den Christus schenkt. 30 Brüder und Schwestern, im
Namen unseres Herrn Jesus Christus und bei der Liebe,
die der Heilige Geist schenkt, bitte ich euch inständig:
Betet für mich zu Gott! Setzt euch in euren Gebeten
zusammen mit mir dafür ein, 31 dass ich vor den Nach-
stellungen der Ungläubigen in Judäa gerettet werde
und dass meine Hilfe für Jerusalem von den Gläubigen
dort gut aufgenommen wird. 32 Dann kann ich, wenn
Gott es will, voll Freude zu euch kommen und mich
bei euch von den Mühen erholen. 33 Gott, der Frieden
schenkt, sei mit euch allen! Amen.

EMPFEHLUNG FÜR PHÖBE UND PERSÖNLICHE GRÜSSE

16 Ich empfehle euch unsere Schwester Phöbe;
sie ist Diakonin der Gemeinde in Kenchreä.
2 Nehmt sie auf im Namen des Herrn, wie es sich für
Christen gehört. Gebt ihr jede Hilfe, die sie braucht.
Sie selbst hat vielen geholfen, auch mir. 3 Grüßt Priska
und ihren Mann Aquila, meine Mitarbeiter im Dienst
für Jesus Christus. 4 Unter Einsatz ihres Lebens haben
sie mich vor dem Tod gerettet. Nicht nur ich schulde
ihnen dafür Dank, sondern auch alle nicht jüdischen
Gemeinden. 5 Grüßt auch die Gemeinde, die sich in ih-
rem Haus versammelt. Grüßt meinen lieben Epänetus.
Er war der Erste, der in der Provinz Asien zum Glauben
kam. 6 Grüßt Maria, die sich so viel für euch abgemüht
hat. 7 Grüßt Andronikus und Junia, meine jüdischen
Landsleute, die mit mir gefangen waren. Sie nehmen
unter den Aposteln einen hervorragenden Platz ein
und sind schon vor mir Christen geworden. 8 Grüßt
meinen lieben Ampliatus, mit dem ich durch den Herrn
verbunden bin. 9 Grüßt Urbanus, unseren Mitarbeiter
im Missionsdienst, und meinen lieben Stachys. 10 Grüßt
Apelles, der sich als Christ bewährt hat. Grüßt die Leute
im Haus von Aristobul. 11 Grüßt meinen Landsmann
Herodion und die Christen im Haus von Narzissus.
12 Grüßt Tryphäna und Tryphosa, die sich tatkräftig für
die Gemeinde einsetzen, und die liebe Persis, die sich im
Dienst des Herrn so viel abgemüht hat. 13 Grüßt Rufus,
den erwählten Christen, und seine Mutter, die auch für
mich zu einer Mutter geworden ist. 14 Grüßt Asynkritus,
Phlegon, Hermes, Patrobas, Hermas und die Brüder und
Schwestern bei ihnen. 15 Grüßt Philologus und Julia,
Nereus und seine Schwester sowie Olympas und alle
Christen, die sich bei ihnen versammeln. 16 Grüßt euch
gegenseitig mit dem Friedenskuss! Alle Gemeinden,
die sich zu Christus bekennen, lassen euch grüßen.

EINE DRINGLICHE MAHNUNG

17 Ich bitte euch sehr, meine Brüder und Schwestern:
Nehmt euch in Acht vor denen, die Spaltungen her-
vorrufen und etwas anderes lehren, als was ihr gelernt
habt. Sie wollen euch von eurem Glauben abbringen.
Geht ihnen aus dem Weg! 18 Solche Menschen dienen
nicht Christus, unserem Herrn, sondern nur ihrem eige-
nen aufgeblähten Ich. Mit schönen Worten und ein-
schmeichelnden Reden führen sie arglose Menschen
in die Irre. 19 Von euch hört man überall, dass ihr euch
im Gehorsam Gott unterstellt habt. Deshalb freue ich
mich über euch. Ich möchte aber, dass ihr mit Klugheit
das Gute wählt und mit Entschiedenheit euch vom
Bösen abwendet. 20 Es dauert nicht mehr lange, bis
Gott, der uns Frieden schenkt, euch den endgültigen
Sieg über den Satan geben wird. Die Gnade unseres
Herrn Jesus Christus sei mit euch!

GRÜSSE AUS DER UMGEBUNG VON PAULUS

21 Mein Mitarbeiter Timotheus lässt euch grüßen,
ebenso grüßen euch meine Landsleute Luzius, Jason
und Sosipater. 22 Ich, Tertius, der diesen Brief nach Dik-
tat niedergeschrieben hat, grüße euch als einer, der mit
euch durch den Herrn verbunden ist. 23 Es grüßt euch
Gaius, mein Gastgeber und der Gastgeber der ganzen
Christenheit. Es grüßen euch Erastus, der Stadtkäm-
merer, und der Bruder Quartus.

ABSCHLIESSENDES LOBGEBET

25 Preis und Dank sei Gott! Er hat die Macht, euch in
eurem Glaubensstand zu festigen. So bezeugt es die
Gute Nachricht, die ich verkünde, die Botschaft von
Jesus Christus. Sie offenbart den geheimen Plan, der
seit Urzeiten verborgen gehalten, 26 jetzt aber enthüllt
worden ist. Auf Befehl des ewigen Gottes ist er in pro-
phetischen Schriften bekannt gemacht worden, damit
alle Völker sich Gott im Gehorsam unterstellen und ihm
vertrauen. 27 Ihm, dem allein weisen Gott, gehört die
Herrlichkeit durch Jesus Christus in Ewigkeit! Amen.

DER ERSTE BRIEF DES APOSTELS PAULUS AN DIE GEMEINDE IN **KORINTH**

EINGANGSGRUSS

1 Paulus, nach dem Willen Gottes zum Apostel von
Jesus Christus berufen, und der Bruder Sosthe-
nes schreiben diesen Brief 2 an die Gemeinde Gottes
in Korinth, an alle, die durch die Verbindung mit
Jesus Christus für Gott ausgesondert und zu seinem
heiligen Volk berufen sind. Darüber hinaus gilt un-
ser Brief allen, die sich zu Jesus Christus, unserem
gemeinsamen Herrn, bekennen und seinen Namen
anrufen, wo sie auch sind. 3 Gnade und Frieden sei mit
euch von Gott, unserem Vater, und von Jesus Christus,
dem Herrn!

DANK FÜR DAS WIRKEN DES GEISTES IN DER GEMEINDE

4 Ich danke meinem Gott immerzu dafür, dass er euch
durch Jesus Christus seine Gnade geschenkt hat.
5 Durch sie seid ihr reich geworden an allem, was aus
der Gemeinschaft mit Jesus Christus erwächst, an je-
der Art von geistgewirktem Wort und von geistlicher
Erkenntnis. 6 Weil die Botschaft von Christus zum fes-
ten Grund eures Glaubens geworden ist, 7 fehlt euch
keine von den Gaben, die der Geist Gottes schenkt.
Und so wartet ihr voll Zuversicht darauf, dass Jesus
Christus, unser Herr, kommt und vor aller Welt offen-
bar wird. 8 Er wird euch auch helfen, bis zum Ende fest
auf diesem Grund zu stehen, sodass euch an seinem
Gerichtstag niemand anklagen kann. 9 Gott selbst hat
euch dazu berufen, für immer mit seinem Sohn Jesus
Christus, unserem Herrn, verbunden zu sein, und er ist
treu: Er steht zu seinem Wort.

SPALTUNGEN IN DER GEMEINDE DURCH PERSONENKULT

10 Brüder und Schwestern, im Namen von Jesus
Christus, unserem Herrn, rufe ich euch auf: Seid einig!
Bildet keine Gruppen, die sich gegenseitig bekämpfen!
Haltet in gleicher Gesinnung und Überzeugung zusam-
men! 11 Durch Leute aus dem Haus von Chloë habe ich
erfahren, dass es unter euch Auseinandersetzungen
gibt. 12 Ich meine damit, dass ihr euch alle irgendeiner
Gruppe zurechnet. Die einen sagen: »Ich gehöre zu
Paulus!« Die andern: »Ich gehöre zu Apollos!«, oder
auch: »Ich gehöre zu Petrus!« Und wieder andere er-
klären: »Ich gehöre zu Christus!« 13 Christus lässt sich
doch nicht zerteilen! Ist vielleicht Paulus für euch am
Kreuz gestorben? Oder wurdet ihr auf seinen Namen
getauft? 14 Ich danke Gott, dass ich außer Krispus und
Gaius niemand von euch getauft habe, 15 sonst würdet
ihr am Ende noch sagen, dass ihr auf *meinen* Namen
getauft worden seid! 16 Doch, ich habe auch noch Ste-
phanas und seine Hausgemeinschaft getauft. Aber ich
kann mich nicht erinnern, dass ich sonst noch irgend-
jemand getauft hätte. 17a Denn Christus hat mich nicht
beauftragt zu taufen, sondern die Gute Nachricht zu
verkünden.

DER EINE UND EINIGENDE GRUND: DIE BOTSCHAFT VOM KREUZ

17b Die Gute Nachricht darf ich aber nicht mit Worten
tiefsinniger Weisheit verkünden; denn sonst verliert
der Tod, den Christus am Kreuz gestorben ist, seinen
ganzen Sinn. 18 Die Botschaft, dass für alle Menschen
am Kreuz die Rettung vollbracht ist, muss denen, die
verloren gehen, als barer Unsinn erscheinen. Wir aber,
die gerettet werden, erfahren darin Gottes Kraft. 19 Gott
hat doch gesagt: »Ich will die Weisheit der Weisen zu-
nichtemachen und die Klugheit der Klugen verwer-
fen.« 20 Wo bleiben da die Weisen? Wo die Kenner der
Heiligen Schriften? Wo die gewandten Diskussionsred-
ner dieser Welt? Was für diese Welt als größter Tiefsinn
gilt, das hat Gott als reinen Unsinn erwiesen. 21 Denn
obwohl die Weisheit Gottes sich in der ganzen Schöp-
fung zeigt, haben die Menschen mit ihrer Weisheit Gott
nicht erkannt. Darum beschloss er, durch die Botschaft
vom Kreuzestod, die der menschlichen Weisheit als
Torheit erscheint, alle zu retten, die diese Botschaft
annehmen. 22 Die Juden fordern von Gott sichtbare
Machterweise; die Griechen suchen in allen Dingen
einen Sinn, den die Vernunft begreift. 23 Wir aber ver-
künden den gekreuzigten Christus als den von Gott
versprochenen Retter. Für Juden ist das eine Gotteslä-
sterung, für die anderen barer Unsinn. 24 Aber alle, die
von Gott berufen sind, Juden wie Griechen, erfahren in
dem gekreuzigten Christus Gottes Kraft und erkennen
in ihm Gottes Weisheit. 25 Gott erscheint töricht – und
ist doch weiser als Menschenweisheit. Gott erscheint
schwach – und ist doch stärker als Menschenkraft.

NACH WELCHEM MASSSTAB GOTT MENSCHEN ERWÄHLT

26 Schaut doch euch selbst an, Brüder und Schwestern!
Wen hat Gott denn da berufen? Es gibt ja nicht viele
unter euch, die nach menschlichen Maßstäben klug
oder einflussreich sind oder aus einer angesehenen
Familie stammen. 27 Gott hat sich vielmehr in der Welt
die Einfältigen und Machtlosen ausgesucht, um die
Klugen und Mächtigen zu demütigen. 28 Er hat sich
die Geringen und Verachteten ausgesucht, die nichts
gelten, denn er wollte die zu nichts machen, die in der
Welt etwas ›sind‹. 29 Niemand soll sich vor Gott rüh-
men können. 30 Euch aber hat Gott zur Gemeinschaft
mit Jesus Christus berufen. Mit ihm hat er uns alles
geschenkt: Er ist unsere Weisheit – die wahre Weisheit,
die von Gott kommt. Durch ihn können wir vor Gott als
gerecht bestehen. Durch ihn hat Gott uns zu seinem
heiligen Volk gemacht und von unserer Schuld befreit.
31 Es sollte so kommen, wie es in den Heiligen Schriften
steht: »Wer sich mit etwas rühmen will, soll sich mit
dem rühmen, was der Herr getan hat.«

PAULUS ERINNERT AN SEIN ERSTES AUFTRETEN

2 Brüder und Schwestern, als ich zu euch kam und
euch Gottes verborgenen Plan zur Rettung der
Menschen verkündete, habe ich euch doch nicht mit
tiefsinniger Weisheit und geschliffener Redekunst
zu beeindrucken versucht. 2 Ich hatte mir vorgenom-
men, unter euch nichts anderes zu kennen als Jesus
Christus, und zwar Jesus Christus, den Gekreuzigten.
3 Als schwacher Mensch trat ich vor euch und zitterte
innerlich vor Angst. 4 Mein Wort und meine Botschaft
wirkten nicht durch Tiefsinn und Überredungskunst,
sondern weil Gottes Geist sich darin mächtig erwies.
5 Euer Glaube sollte sich nicht auf Menschenweisheit
gründen, sondern auf die Kraft Gottes.

DIE TIEFE WEISHEIT IN DER BOTSCHAFT VOM KREUZ

6 Auch wir verkünden tiefsinnige Weisheit – für alle, die
dafür reif sind. Aber das ist nicht die Weisheit dieser
Welt und auch nicht die ihrer Machthaber, die zum

Untergang bestimmt sind. 7 Vielmehr verkünden wir Gottes geheimnisvolle Weisheit, die bis jetzt verborgen war. Schon bevor Gott die Welt erschuf, hatte er den Plan gefasst, uns an seiner Herrlichkeit Anteil zu geben. 8 Aber keiner von den Machthabern dieser Welt konnte Gottes weisheitsvollen Plan durchschauen. Sonst hätten sie den Herrn, der die Herrlichkeit Gottes teilt, nicht ans Kreuz gebracht. 9 Es heißt ja in den Heiligen Schriften: »Was kein Auge jemals gesehen und kein Ohr gehört hat, worauf kein Mensch jemals gekommen ist, das hält Gott bereit für die, die ihn lieben.« 10 Uns hat Gott dieses Geheimnis enthüllt durch seinen Geist, den er uns gegeben hat. Denn der Geist erforscht alles, auch die geheimsten Absichten Gottes. 11 Wie die Gedanken eines Menschen nur seinem eigenen Geist bekannt sind, so weiß auch nur der Geist Gottes, was in Gott vorgeht. 12 Wir haben aber nicht den Geist dieser Welt erhalten, sondern den Geist, der von Gott kommt. Darum können wir erkennen, was Gott uns geschenkt hat. 13 Davon reden wir nicht in Worten, wie sie menschliche Weisheit lehrt, sondern in Worten, die der Geist Gottes eingibt. Von dem, was Gott uns durch seinen Geist offenbart, reden wir so, wie sein Geist es uns lehrt. 14 Menschen, die sich auf ihre natürlichen Fähigkeiten verlassen, lehnen ab, was der Geist Gottes enthüllt. Es kommt ihnen unsinnig vor. Sie können nichts damit anfangen, weil es nur mithilfe des Geistes beurteilt werden kann. 15 Wer dagegen den Geist hat, kann über alles urteilen, aber nicht von jemand beurteilt werden, der den Geist nicht hat. 16 Es heißt ja in den Heiligen Schriften: »Wer kennt den Geist des Herrn? Wer will sich herausnehmen, ihn zu belehren?« Und das ist der Geist, den wir empfangen haben: der Geist von Christus, dem Herrn.

DER PERSONENKULT BEWEIST: DIE GEMEINDE IST NOCH NICHT REIF

3 Zu euch, Brüder und Schwestern, konnte ich bisher nicht reden wie zu Menschen, die von Gottes Geist erfüllt sind. Ich musste euch behandeln wie Menschen, die sich von ihrer selbstsüchtigen Natur leiten lassen und im Glauben noch Kinder sind. 2 Darum gab ich euch Milch, nicht feste Nahrung, weil ihr die noch nicht vertragen konntet. Auch jetzt könnt ihr das noch nicht; 3 denn ihr steht immer noch im Bann eurer selbstsüchtigen Natur. Ihr rivalisiert miteinander und streitet euch. Das beweist doch, dass ihr nicht aus dem Geist Gottes lebt, sondern eurer selbstsüchtigen Natur folgt und so handelt wie alle anderen Menschen auch! 4 Wenn die einen sagen: »Ich gehöre zu Paulus«, und die andern: »Ich gehöre zu Apollos« – seid ihr da nicht immer noch die ›alten‹ Menschen?

ALLE ARBEITEN AM GLEICHEN WERK

5 Nun, was ist denn Apollos? Und was ist Paulus? Gottes Helfer sind sie, durch die ihr zum Glauben gekommen seid. Jeder von uns beiden hat von Gott seine besondere Aufgabe bekommen. 6 Ich habe gepflanzt, Apollos hat begossen; aber Gott hat es wachsen lassen. 7 Es zählt also nicht, wer pflanzt oder wer begießt; es kommt alles auf Gott an, der es wachsen lässt. 8 Wir beide arbeiten an demselben Werk: der, der pflanzt, und der, der begießt; doch wird Gott jeden nach seinem persönlichen Einsatz belohnen.

DIE GEMEINDE ALS BAU UND DIE VERANTWORTUNG DER BAULEUTE

9 Wir sind also Gottes Mitarbeiter, ihr aber seid Gottes Ackerland. Oder mit einem anderen Bild: Ihr seid Gottes Bau. 10 Nach dem Auftrag, den Gott mir gegeben hat, habe ich wie ein umsichtiger Bauleiter das Fundament gelegt. Andere bauen nun darauf weiter. Aber jeder soll sehen, wie er weiterbaut! 11 Das Fundament ist gelegt: Jesus Christus. Niemand kann ein anderes legen. 12-13 Es wird auch nicht verborgen bleiben, was jemand darauf baut, ob Gold, Silber oder wertvolle Steine, ob Holz, Schilf oder Stroh. Am Tag des Gerichts wird sich erweisen, ob es Bestand hat. Dann wird die Feuerprobe gemacht: Das Werk eines jeden wird im Feuer auf seinen Wert geprüft. 14 Wenn das, was ein Mensch gebaut hat, die Probe besteht, wird er belohnt. 15 Wenn es verbrennt, wird er bestraft. Er selbst wird zwar gerettet, aber so, wie jemand gerade noch aus dem Feuer gerissen wird. 16 Wisst ihr nicht, dass ihr als Gemeinde der Tempel Gottes seid und dass der Geist Gottes in euch wohnt? 17 Wer den Tempel Gottes zugrunde richtet, wird dafür von Gott zugrunde gerichtet. Denn der Tempel Gottes ist heilig, und dieser Tempel seid ihr.

ES GIBT KEINEN GRUND ZUR VERHERRLICHUNG VON MENSCHEN

18 Niemand soll sich etwas vormachen! Wenn es welche unter euch gibt, die sich nach den Maßstäben dieser Welt für weise halten, müssen sie erst töricht werden nach diesen Maßstäben, um wirklich weise zu sein. 19 Was die Menschen für Tiefsinn halten, ist in den Augen Gottes Unsinn. In den Heiligen Schriften heißt es: »Gott fängt die Klugen im Netz ihrer eigenen Schlauheit.« 20 Und es heißt auch: »Der Herr kennt die Gedanken der Weisen und weiß, wie sinnlos sie sind.« 21 Darum soll sich niemand etwas auf einen Menschen einbilden und mit dem von ihm bevorzugten Lehrer prahlen. Euch gehört doch alles, 22 ob es nun Paulus ist oder Apollos oder Petrus; euch gehört die ganze Welt, das Leben und der Tod, die Gegenwart und die Zukunft. Alles gehört euch, 23 ihr aber gehört Christus, und Christus gehört Gott.

NUR CHRISTUS STEHT EIN URTEIL ÜBER PAULUS ZU

4 Ihr seht also, wie ihr von uns denken müsst: Wir sind Menschen, die im Dienst von Christus stehen und Gottes Geheimnisse zu verwalten haben. 2 Von Verwaltern wird verlangt, dass sie zuverlässig sind. 3 Aber für mich zählt dabei nicht, wie ich von euch oder von irgendeinem menschlichen Gericht beurteilt werde. Auch ich selbst maße mir kein Urteil an. 4 Mein Gewissen ist zwar rein, aber damit bin ich noch

nicht freigesprochen, denn mein Richter ist der Herr.
5 Urteilt also nicht vorzeitig, bevor Christus kommt, der
das Verborgene ans Licht bringen und die geheimsten
Gedanken enthüllen wird. Dann wird Gott das Lob
austeilen, so wie jeder und jede es verdient.

WAS PAULUS ERLEIDEN MUSS, SOLL DIE GEMEINDE ZUR BESINNUNG BRINGEN

6 Brüder und Schwestern, ich habe von Apollos und
mir gesprochen. An unserem Beispiel wollte ich euch
zeigen, was der Grundsatz bedeutet: »Nicht über das
hinausgehen, was geschrieben steht!« Niemand soll
sich wichtig machen und den von ihm bevorzugten
Lehrer gegen den eines anderen ausspielen. 7 Wer gibt
dir denn das Recht, dir etwas einzubilden? Kommt
nicht alles, was du hast, von Gott? Wie kannst du dann
damit angeben, als hättest du es von dir selbst? 8 Aber
ihr seid ja schon satt. Ihr seid ja schon reich. Ihr seid
schon mit Christus zur Herrschaft gelangt – ohne mich.
Wenn es doch schon so weit wäre, dann könnte ich
mit euch herrschen! 9 Es kommt mir so vor, als hätte
Gott uns Aposteln den allerletzten Platz angewiesen.
Wir stehen da wie die Verbrecher, die zum Tod in der
Arena verurteilt sind. Ein Schauspiel sind wir für die
ganze Welt, für Engel und Menschen. 10 Wir sind die
Einfältigen, weil wir uns zu Christus halten, aber ihr
seid durch Christus klug. Wir sind schwach, aber ihr
seid stark. Ihr seid geehrt, und wir sind verachtet. 11 Bis
zu diesem Augenblick leiden wir Hunger und Durst, wir
gehen in Lumpen und werden geschlagen, heimatlos
ziehen wir von Ort zu Ort. 12 Wir arbeiten hart für unse-
ren Unterhalt. Wir werden verflucht, aber wir segnen.
Wir werden verfolgt, aber wir geben nicht auf. 13 Wir
werden beschimpft, aber wir antworten freundlich.
Wir sind zum Abschaum der ganzen Welt geworden,
zum Auswurf der Menschheit – bis zu dieser Stunde!

PAULUS ALS VATER UND VORBILD DER GEMEINDE

14 Ich sage das nicht, um euch zu beschämen. Ich
möchte euch nur auf den rechten Weg bringen. Ihr
seid doch meine geliebten Kinder! 15 Selbst wenn ihr
in eurem Christenleben Tausende von Erziehenden hät-
tet, so habt ihr doch nicht eine Vielzahl von Vätern. Als
ich euch die Gute Nachricht brachte, habe ich euch ge-
zeugt als Menschen, die zu Jesus Christus gehören, und
bin so euer Vater geworden. 16 Darum bitte ich euch:
Nehmt mich zum Vorbild! 17 Weil mir daran liegt, habe
ich Timotheus zu euch geschickt. Als Christ ist er mein
geliebtes Kind, und ich kann mich auf ihn verlassen.
Er wird euch daran erinnern, wie ich selbst lebe und
welche Weisungen ich euch für euer Leben mit Christus
gegeben habe. Es sind dieselben, die ich überall den
Gemeinden einpräge. 18 Einige von euch machen sich
wichtig und sagen: »Er selbst traut sich ja nicht her!«
19 Aber ich werde sehr bald zu euch kommen, wenn der
Herr es zulässt. Dann werde ich sehen, was an den Wor-
ten dieser Wichtigtuer dran ist, ob auch Kraft dahinter
steht. 20 Denn wo Gott seine Herrschaft aufrichtet, tut
er das nicht durch Gerede, sondern durch den Erweis
seiner Kraft. 21 Was ist euch lieber? Soll ich mit dem
Stock zu euch kommen oder mit Liebe und Nachsicht?

EIN BESCHÄMENDER FALL

5 Überhaupt hört man ganz schlimme Dinge von
euch! Es soll da einen Fall von Unzucht geben,
wie er nicht einmal unter den Menschen vorkommt,
die Gott nicht kennen: dass nämlich einer mit seiner
Stiefmutter zusammenlebt. 2 Und darauf seid ihr noch
stolz und gebt es als Zeichen eurer christlichen Freiheit
aus! Ihr solltet vielmehr traurig sein und den, der so
etwas getan hat, aus eurer Gemeinschaft ausstoßen!
3 Ich selbst bin zwar körperlich fern, aber im Geist un-
ter euch; und im Geist bei euch anwesend, habe ich
schon das Urteil gesprochen über den, der so etwas
Schlimmes getan hat. 4-5 Wenn ihr zusammenkommt
und ich im Geist dabei bin und auch Jesus, unser Herr,
mit seiner Kraft gegenwärtig ist, dann soll dieser
Mensch im Namen von Jesus, unserem Herrn, dem Sa-
tan übergeben werden. Der soll an seinem Körper die
verdiente Strafe vollziehen, damit er als einer, der von
Gott den Heiligen Geist empfangen hat, am Gerichtstag
des Herrn doch noch gerettet wird. 6 Euer Rühmen ist
wahrhaftig unangebracht! Ihr wisst, dass ein klein we-
nig Sauerteig genügt, um den ganzen Teig sauer zu ma-
chen. 7 Reinigt euch also! Entfernt den alten Sauerteig,
damit ihr wieder ein frischer, ungesäuerter Teig seid!
Denn das seid ihr doch, seit Christus als unser Passa-
lamm geopfert wurde. 8 Lasst uns darum auch entspre-
chend feiern: nicht mit Brot aus dem alten Sauerteig der
Sünde und Schlechtigkeit, sondern mit dem ungesäuer-
ten Brot der Reinheit und Rechtschaffenheit. 9 In mei-
nem früheren Brief habe ich euch geschrieben, ihr sollt
nichts mit Menschen zu tun haben, die Unzucht treiben.
10 Natürlich dachte ich dabei nicht an Menschen, die
außerhalb der Gemeinde stehen, genauso wenig, wenn
ich euch vor dem Umgang mit Geldgierigen, Räubern
und Götzenanbetern gewarnt habe. Sonst müsstet ihr
ja diese Welt überhaupt verlassen. 11 Ich schreibe euch
darum jetzt ausdrücklich: Ihr sollt mit niemand Umgang
haben, der sich Bruder nennt und trotzdem Unzucht
treibt oder am Geld hängt oder Götzen verehrt, der ein
Verleumder, Trinker oder Räuber ist. Mit solch einem
sollt ihr auch nicht zusammen essen. 12 Warum sollen
wir über die Außenstehenden zu Gericht sitzen? Eure
Aufgabe ist es, die eigenen Leute zur Rechenschaft zu
ziehen. 13 Über die draußen wird Gott Gericht halten.
Entfernt also den Bösen aus eurer Mitte!

EBENSO BESCHÄMEND: GERICHTSVERFAHREN UNTER CHRISTEN

6 Wenn jemand von euch mit einem Mitchristen
Streit hat, wie kann er da vor ungläubige Richter
gehen, anstatt die Gemeinde entscheiden zu lassen?
2 Ihr wisst doch, dass die Gemeinde Gottes einst die
Welt richten wird. Und da seid ihr nicht fähig, Bagatell-
fälle zu entscheiden? 3 Wisst ihr nicht, dass wir sogar
über Engel zu Gericht sitzen werden? Dann werden

wir doch auch Alltagsstreitigkeiten beurteilen können!
4 Und ihr lasst solche Fälle von Außenstehenden ent-
scheiden, die in der Gemeinde nichts zu sagen haben!
5 Ich sage dies, damit ihr euch schämt. Hat denn unter
euch niemand so viel Verstand und kann einen Streit
unter Brüdern und Schwestern schlichten? 6 Müsst
ihr wirklich gegeneinander prozessieren, und das
auch noch vor Ungläubigen? 7 Es ist schon schlimm
genug, dass ihr überhaupt Prozesse gegeneinander
führt. Warum lasst ihr euch nicht lieber Unrecht an-
tun? Warum lasst ihr euch nicht lieber übervorteilen?
8 Stattdessen tut ihr selbst Unrecht und übervorteilt an-
dere, und das unter Brüdern und Schwestern! 9 Denkt
daran: Für Menschen, die Unrecht tun, ist kein Platz
in Gottes neuer Welt! Täuscht euch nicht: Menschen,
die Unzucht treiben oder Götzen anbeten, die die Ehe
brechen oder als Männer mit Knaben oder ihresglei-
chen verkehren, 10 Diebe, Wucherer, Trinker, Verleumder
und Räuber werden nicht in Gottes neue Welt kommen.
11 Manche von euch gehörten früher dazu. Aber ihr seid
reingewaschen und Gott hat euch zu seinem heiligen
Volk gemacht, zu Menschen, die vor seinem Urteil als
gerecht bestehen können. Das ist geschehen, als ihr
Jesus Christus, dem Herrn, übereignet worden seid und
den Geist unseres Gottes empfangen habt.

AUCH DER KÖRPER GEHÖRT GOTT

12 Ihr sagt: »Mir ist alles erlaubt!« Mag sein, aber nicht
alles ist gut für euch. Alles ist mir erlaubt; aber das darf
nicht dazu führen, dass ich meine Freiheit an irgendet-
was verliere. 13 Ihr sagt: »Die Nahrung ist für den Ma-
gen und der Magen für die Nahrung. Gott wird ja doch
allen beiden ein Ende machen.« Aber unser Körper ist
deshalb noch lange nicht für die Unzucht da, sondern
für den Herrn, der auch der Herr über unseren Kör-
per ist. 14 Denn so wie Gott Christus, den Herrn, vom
Tod auferweckt hat, so wird er durch seine Kraft auch
uns vom Tod auferwecken. 15 Wisst ihr nicht, dass ihr
samt eurem Körper Glieder am Leib von Christus seid?
Kann ich die Glieder von Christus einfach zu Gliedern
von Prostituierten machen? Das darf nicht sein! 16 Ihr
müsst doch wissen, dass jemand, der sich mit einer
Prostituierten einlässt, mit ihr ein einziger Leib wird. In
den Heiligen Schriften heißt es ja: »Die zwei sind dann
ein Leib.« 17 Aber wer sich mit dem Herrn verbindet, ist
mit ihm *ein Geist.* 18 Hütet euch vor der Unzucht! Alle
anderen Sünden, die ein Mensch begehen kann, be-
treffen nicht seinen Körper. Wer aber Unzucht treibt,
vergeht sich an seinem eigenen Leib. 19 Wisst ihr nicht,
dass euer Leib ein Tempel des Heiligen Geistes ist, der
in euch wohnt? Gott hat euch seinen Geist gegeben
und ihr gehört nicht mehr euch selbst. 20 Er hat euch
freigekauft und als sein Eigentum erworben. Macht
ihm also Ehre an eurem Leib!

EHE, EHELOSIGKEIT UND EHESCHEIDUNG

7 Nun aber zu dem, was ihr geschrieben habt! Ihr
sagt: »Das Beste ist es, wenn ein Mann überhaupt
keine Frau berührt.« 2 Ich dagegen sage: Damit ihr
nicht der Unzucht verfallt, soll jeder Mann seine Ehe-
frau haben und jede Frau ihren Ehemann. 3 Der Mann
soll der Frau die eheliche Pflicht leisten und ebenso
die Frau dem Mann. 4 Die Frau verfügt nicht über ihren
Körper, sondern der Mann; ebenso verfügt der Mann
nicht über seinen Körper, sondern die Frau. 5 Entzieht
euch einander nicht – höchstens wenn ihr euch einig
werdet, eine Zeit lang auf den ehelichen Verkehr zu
verzichten, um euch dem Gebet zu widmen. Aber da-
nach sollt ihr wieder zusammenkommen; sonst ver-
führt euch der Satan, weil ihr ja doch nicht enthaltsam
leben könnt. 6 Was den zeitweisen Verzicht angeht,
so sage ich das als Zugeständnis, nicht als bindende
Vorschrift. 7 Allerdings wäre es mir lieber, wenn alle
ehelos lebten wie ich. Aber Gott gibt jedem Menschen
seine besondere Gnadengabe. Den einen gibt er diese,
den andern eben andere. 8 Den Unverheirateten und
den Verwitweten sage ich: Es ist am besten, wenn sie
meinem Vorbild folgen und allein bleiben. 9 Aber wenn
ihnen das zu schwer fällt, sollen sie heiraten. Das ist
besser, als wenn sie von unbefriedigtem Verlangen ver-
zehrt werden. 10 Für die Verheirateten dagegen habe
ich eine verbindliche Vorschrift. Sie stammt nicht von
mir, sondern von Christus, dem Herrn: Eine Frau darf
sich von ihrem Mann nicht trennen. 11 Hat sie sich von
ihm getrennt, so soll sie unverheiratet bleiben oder
sich wieder mit ihrem Mann aussöhnen. Ebenso wenig
darf ein Mann seine Frau fortschicken. 12 Im Übrigen
sage ich, nicht der Herr: Wenn ein Christ eine ungläu-
bige Frau hat, die weiterhin bei ihm bleiben will, soll
er sich nicht von ihr trennen. 13 Dasselbe gilt für eine
Christin, die einen ungläubigen Mann hat: Wenn er
bei ihr bleiben will, soll sie sich nicht von ihm trennen.
14 Sie wird durch die Ehe mit ihm nicht befleckt, denn
der ungläubige Mann wird durch die Verbindung mit
ihr rein. Das Entsprechende gilt für einen christlichen
Mann mit einer ungläubigen Frau. Sonst müsstet ihr
auch eure Kinder als befleckt betrachten, aber in Wirk-
lichkeit sind sie doch rein. 15 Wenn aber der ungläu-
bige Teil auf der Trennung besteht, dann gebt ihn frei.
In diesem Fall ist der christliche Teil, Mann oder Frau,
nicht an die Ehe gebunden. Gott hat euch zu einem
Leben im Frieden berufen. 16 Weißt du denn, Frau, ob
du deinen Mann zum Glauben führen und dadurch
retten kannst? Oder weißt du, Mann, ob dir das bei
deiner Frau gelingt?

NICHT NACH VERÄNDERUNGEN STREBEN

17 Grundsätzlich sollen alle sich nach dem Maß rich-
ten, das der Herr ihnen zugeteilt hat; das will sagen:
Alle sollen an dem Platz bleiben, an dem sie waren,
als Gott sie berief. Diese Anweisung gebe ich in allen
Gemeinden. 18 Wenn einer beschnitten war, als er be-
rufen wurde, soll er nicht versuchen, die Beschneidung
rückgängig zu machen. Wenn er unbeschnitten war,
soll er sich nicht beschneiden lassen. 19 Es ist vor Gott
völlig gleichgültig, ob einer beschnitten ist oder nicht.
Es kommt nur darauf an, dass er nach Gottes Geboten
lebt. 20 Alle sollen Gott an dem Platz dienen, an dem

sein Ruf sie erreicht hat. 21 Warst du Sklave oder Sklavin,
als Gott dich rief, so mach dir nichts daraus! Wenn dir
allerdings die Freilassung angeboten wird, dann nutze
ruhig die Gelegenheit. 22 Grundsätzlich gilt: Die, die bei
ihrer Berufung Sklaven oder Sklavinnen waren, sind
Freigelassene des Herrn. Und entsprechend sind die,
die bei ihrer Berufung Freie waren, Sklaven und Skla-
vinnen des Herrn. 23 Christus hat für euch bezahlt und
euch freigekauft, sodass ihr jetzt ihm gehört. Darum
macht euch nicht zu Sklaven menschlicher Maßstäbe!
24 Ihr alle, Brüder und Schwestern, sollt also an dem
Platz bleiben, an dem ihr wart, als Gott euch berief, und
ihr sollt diesen Platz so ausfüllen, wie es Gott gefällt.

BESSER IST ES, FREI ZU SEIN FÜR DEN HERRN

25 Wie sollen sich nun aber die unverheirateten jungen
Leute verhalten? Ich habe dafür keine Anweisung des
Herrn, doch sage ich euch meine Meinung als einer,
den der Herr in seinem Erbarmen als vertrauenswür-
dig erachtet und in seinen Dienst genommen hat.
26 Ich meine also, dass es wegen der bevorstehen-
den Notzeit das Beste ist, wenn jemand unverheira-
tet bleibt. 27 Wenn du eine Frau hast, dann versuche
nicht, dich von ihr zu trennen. Aber wenn du keine
hast, so bemühe dich auch nicht darum, eine zu finden.
28 Heiratest du trotzdem, so ist das keine Sünde, und
wenn die junge Frau heiratet, sündigt sie nicht. Ich
möchte euch nur die Belastungen ersparen, die jetzt
in der Endzeit auf die Eheleute zukommen. 29 Denn ich
mache euch darauf aufmerksam, Brüder und Schwes-
tern: Die Tage dieser Welt sind gezählt. Darum gilt für
die Zeit, die uns noch bleibt: Auch wer verheiratet ist,
muss innerlich so frei sein, als wäre er unverheiratet.
30 Wer traurig ist, lasse sich nicht von seiner Trauer
gefangen nehmen, und wer fröhlich ist, nicht von sei-
ner Freude. Kauft ein, als ob ihr das Gekaufte nicht
behalten würdet, 31 und geht so mit der Welt um, dass
ihr nicht darin aufgeht. Denn die gegenwärtige Welt
wird nicht mehr lange bestehen. 32 Ich möchte, dass
ihr frei seid von falschen Sorgen. Wenn einer unver-
heiratet ist, sorgt er sich, so zu leben, wie es dem Herrn
gefällt. 33 Aber wenn einer verheiratet ist, sorgt er sich
um die Dinge der Welt, nämlich wie er seiner Frau ge-
fällt. 34 So zieht es ihn nach zwei Seiten. Ebenso ist es
mit der Frau: Wenn sie unverheiratet ist, ist sie darum
besorgt, mit ihrem ganzen Tun und Denken dem Herrn
zu gehören. Wenn sie dagegen verheiratet ist, sorgt
sie sich um die Dinge der Welt, nämlich wie sie ihrem
Mann gefällt. 35 Ich sage das nicht, um euch zu bevor-
munden, sondern weil ich euch helfen will. Denn ich
möchte, dass ihr ein anständiges Leben führt und be-
harrlich und ungeteilt dem Herrn dient.

RAT FÜR VERLOBTE UND WITWEN

36 Wenn nun einer meint, er begehe ein Unrecht an
seiner Verlobten, wenn er sie nicht heiratet, und wenn
sein Verlangen nach ihr zu stark ist, dann sollen die
beiden ruhig heiraten. Es ist keine Sünde. 37 Wer aber
innerlich so fest ist, dass er nicht vom Verlangen
bedrängt wird und sich ganz in der Gewalt hat, der
soll sich nicht von dem Entschluss abbringen lassen,
seine Verlobte nicht zu berühren. 38 Wer seine Verlobte
heiratet, handelt gut; aber wer sie nicht heiratet, han-
delt noch besser. 39 Eine Frau ist gebunden, solange
ihr Mann lebt. Wenn er stirbt, ist sie frei, und sie kann
heiraten, wen sie will. Nur darf die neue Bindung ihre
Verbundenheit mit dem Herrn nicht beeinträchtigen.
40 Sie wird jedoch glücklicher sein, wenn sie unver-
heiratet bleibt. Das ist nur meine Meinung, aber ich
glaube, dass auch ich den Geist Gottes habe.

LIEBE STEHT ÜBER ERKENNTNIS

8 Nun zur nächsten Frage! Was ist von dem Fleisch
von Tieren zu halten, die als Opfer für die Götzen
geschlachtet worden sind? Grundsätzlich ist es schon
richtig: »Wir alle haben ›Erkenntnis‹.« Aber Erkenntnis
allein macht überheblich. Nur Liebe baut die Gemeinde
auf. 2 Wer meint, etwas ›erkannt‹ zu haben, hat noch
lange nicht erkannt, worauf es bei der Erkenntnis an-
kommt. 3 Wer aber Gott liebt, ist von *ihm* erkannt, und
so hat er die richtige Erkenntnis. 4 Was also das Essen
von Opferfleisch betrifft: Es ist ganz richtig, was ihr
sagt: »Es gibt überhaupt keine Götzen«, und: »Es gibt
keinen Gott außer dem Einen«. 5 Denn wenn es auch
sogenannte Götter gibt im Himmel und auf der Erde –
es gibt ja unzählige Götter, unzählige ›Herren‹ –, 6 so
gilt doch für uns das Bekenntnis: *Einer* ist Gott: der
Vater, von dem alles kommt und zu dem wir unterwegs
sind. Und *einer* ist der Herr: Jesus Christus, durch den
alles geschaffen ist und durch den wir das neue Leben
erhalten. 7 Aber nicht alle haben sich diese ›Erkenntnis‹
schon ganz zu eigen gemacht. Manche sind aus Ge-
wohnheit noch in ihren alten Vorstellungen befangen.
Wenn sie Opferfleisch essen, tun sie es in der Meinung,
dass sie damit tatsächlich den Götzen anerkennen,
dem das Opfer dargebracht wurde. Darum belastet
es ihr schwaches Gewissen. 8 Nun liegt es auf keinen
Fall an einem Nahrungsmittel, wie wir vor Gott daste-
hen. Wenn wir Bedenken haben, davon zu essen, sind
wir vor Gott nicht weniger wert; und wenn wir davon
essen, sind wir vor ihm nicht mehr wert. 9 Gebt aber
acht, dass nicht die Freiheit, die euer Verhalten be-
stimmt, die Schwachen in der Gemeinde zu Fall bringt.
10 Angenommen, du hast die ›Erkenntnis‹ und nimmst
im Tempel eines Götzen an einem Opfermahl teil. Dort
sieht dich jemand, der sich diese Erkenntnis noch nicht
zu eigen gemacht hat. Wird das diesen Schwachen
nicht ermutigen, gegen die Überzeugung seines Ge-
wissens vom Opferfleisch zu essen? 11 Der Schwache
geht also durch deine Erkenntnis zugrunde. Dabei ist
er doch dein Bruder, für den Christus gestorben ist!
12 Ihr versündigt euch an Christus, wenn ihr euch so
an euren Brüdern und Schwestern versündigt und ihr
schwaches Gewissen misshandelt. 13 Wenn ein Nah-
rungsmittel dazu führt, dass jemand in der Gemeinde
schuldig wird, will ich nie mehr Fleisch essen, in Ewig-
keit nicht! Denn ich will nicht, dass mein Bruder oder
meine Schwester verloren geht!

PAULUS ALS VORBILD: VERZICHT UM DER LIEBE WILLEN

9 Nehmt euch ein Beispiel an mir! Bin ich nicht
frei? Bin ich nicht Apostel? Habe ich nicht Jesus,
unseren Herrn, gesehen? Seid nicht ihr die Frucht
meines Wirkens für den Herrn? 2 Auch wenn andere
mich nicht als Apostel anerkennen – für euch bin ich
es! Meine Beglaubigung als Apostel seid ihr selbst,
weil ihr zum Glauben an den Herrn gekommen seid.
3 Hier ist meine Antwort an die Leute, die Kritik an mir
üben: 4 Hätte ich nicht Anspruch darauf, für meinen
Dienst als Apostel Essen und Trinken zu bekommen?
5 Hätte ich nicht das Recht, eine Christin als Ehefrau
auf meine Reisen mitzunehmen, wie es die ande-
ren Apostel tun und die Brüder des Herrn und auch
Petrus? 6 Sind ich und Barnabas die Einzigen, die mit
ihrer Hände Arbeit für ihren Unterhalt aufkommen
müssen? 7 Wer zieht denn schon auf eigene Kosten
in den Krieg? Wer pflanzt einen Weinberg, ohne von
seinen Trauben zu essen? Wer hütet Schafe, ohne von
ihrer Milch zu trinken? 8 Ich berufe mich nicht nur auf
das, was allgemein üblich ist. Das Gesetz Gottes sagt
dasselbe. 9 Im Gesetzbuch Moses steht geschrieben:
»Einem Ochsen, der zum Dreschen eingespannt wird,
darfst du das Maul nicht zubinden.« Geht es Gott viel-
leicht um die Ochsen, 10 oder meint er nicht vielmehr
uns bei allem, was er sagt? So ist es: Von uns ist hier
die Rede, um unseretwillen steht es geschrieben. Wer
pflügt und erntet, muss damit rechnen können, selbst
einen Teil vom Ertrag zu bekommen. 11 Ich habe geist-
liche Gaben, den Samen der Botschaft Gottes, unter
euch ausgesät. Ist es zu viel verlangt, wenn ich dafür
natürliche Gaben ernte, nämlich was ich zum Leben
brauche? 12 Andere nehmen dieses Recht in Anspruch
und lassen sich von euch versorgen. Habe ich nicht
einen viel größeren Anspruch darauf? Und doch habe
ich von meinem Recht keinen Gebrauch gemacht. Ich
nehme alle Mühen und Entbehrungen auf mich, um
der Guten Nachricht von Christus kein Hindernis in
den Weg zu legen. 13 Ihr wisst, dass die Priester, die
im Tempel Dienst tun, ihren Lebensunterhalt von den
Einkünften des Tempels bekommen; und wer am Altar
den Opferdienst verrichtet, bekommt einen Teil von
den Opfergaben. 14 Genauso hat es Jesus, der Herr, für
uns angeordnet: Wer die Gute Nachricht verbreitet,
soll davon leben können. 15 Aber ich habe von die-
sem Recht nie irgendwelchen Gebrauch gemacht.
Ich schreibe das auch nicht, damit ich künftig in den
Genuss davon komme. Eher sterben als das! Meinen
Ruhm soll mir niemand nehmen! 16 Denn wenn ich die
Gute Nachricht verkünde, habe ich noch keinen Grund,
mich zu rühmen. Ich kann ja gar nicht anders – weh mir,
wenn ich sie nicht weitergebe! 17 Nur wenn ich sie aus
eigenem Antrieb verkünden würde, könnte ich dafür
einen Lohn erwarten. Aber ich tue es nicht freiwillig,
sondern weil ich mit einem Amt betraut bin. 18 Worin
besteht also mein Lohn? Mein Lohn ist, dass ich die
Gute Nachricht ohne Entgelt verbreite und auf das
verzichte, was mir dafür zusteht.

FREI ZUM DIENST AN ALLEN

19 Obwohl ich also frei und von niemand abhängig bin,
habe ich mich zum Sklaven aller gemacht, um mög-
lichst viele für Christus zu gewinnen. 20 Wenn ich mit
Juden zu tun hatte, lebte ich wie ein Jude, um sie für
Christus zu gewinnen. Unter ihnen, die von der Befol-
gung des Gesetzes das Heil erwarten, lebte auch ich
nach den Vorschriften des Gesetzes, obwohl ich selbst
das Heil nicht mehr vom Gesetz erwarte – und das nur,
um sie für Christus zu gewinnen. 21 Wenn ich dagegen
mit Menschen zu tun hatte, die nichts vom Gesetz wis-
sen, lebte auch ich nicht nach dem Gesetz, obwohl ich
doch vor Gott nicht gesetzlos lebe; ich stehe ja unter
dem Gesetz, das Christus gegeben hat – und auch das
tat ich, um sie für Christus zu gewinnen. 22 Und wenn
ich mit Menschen zu tun hatte, deren Glaube noch
schwach war, wurde ich wie sie und machte von mei-
ner Freiheit keinen Gebrauch – nur um sie für Christus
zu gewinnen. Ich stellte mich allen gleich, um überall
wenigstens einige zu retten. 23 Das alles tue ich für die
Gute Nachricht, damit ich selbst Anteil bekomme an
dem, was sie verspricht.

VERZICHT FÜR EIN GROSSES ZIEL

24 Ihr wisst doch, dass an einem Wettlauf viele teil-
nehmen; aber nur einer bekommt den Preis, den Sie-
geskranz. Darum lauft so, dass ihr den Kranz gewinnt!
25 Alle, die an einem Wettkampf teilnehmen wollen,
nehmen harte Einschränkungen auf sich. Sie tun es
für einen Siegeskranz, der vergeht. Aber auf uns wartet
ein Siegeskranz, der unvergänglich ist. 26 Darum laufe
ich wie einer, der das Ziel erreichen will. Darum kämpfe
ich wie ein Faustkämpfer, der nicht danebenschlägt.
27 Ich treffe mit meinen Schlägen den eigenen Körper,
sodass ich ihn ganz in die Gewalt bekomme. Ich will
nicht anderen predigen und selbst versagen.

WARNUNG VOR SELBSTSICHERHEIT: TAUFE UND MAHL DES HERRN SIND KEINE GARANTIE

10 Ich will, dass ihr euch klarmacht, Brüder und
Schwestern, 2 wie es unseren Vorfahren nach
dem Auszug aus Ägypten ergangen ist. Sie waren alle
unter der Wolke und gingen alle durch das Meer. Sie alle
wurden durch die Wolke und das Wasser des Meeres auf
Mose getauft. 3 Alle aßen auch dieselbe geistliche Speise
4 und tranken denselben geistlichen Trank. Sie tranken
ja aus dem geistlichen Felsen, der mit ihnen ging, und
dieser Felsen war Christus. 5 Trotzdem verwarf Gott die
meisten von ihnen und ließ sie in der Wüste sterben.
6 Alle diese Ereignisse sind uns als warnendes Beispiel
gegeben. Wir sollen unser Verlangen nicht auf das Böse
richten, so wie sie es taten, als sie ihren Gelüsten folgten.
7 Betet auch keine Götzen an, wie es ein Teil von ihnen
getan hat – es heißt ja in den Heiligen Schriften: »Sie
setzten sich zum Essen und Trinken nieder und danach
tanzten sie vor dem goldenen Stier.« 8 Wir wollen auch
nicht Unzucht treiben wie ein Teil von ihnen; damals
starben an einem Tag dreiundzwanzigtausend. 9 Wir

wollen Christus nicht herausfordern wie ein Teil von
ihnen; sie kamen durch Schlangen um. 10 Murrt auch
nicht wie ein Teil von ihnen, die Mose und Aaron Vor-
würfe machten; der Todesengel vernichtete sie. 11 Dies
alles geschah mit ihnen in vorausdeutender Weise. Es
ist zu unserer Warnung aufgeschrieben worden; denn
wir leben in der letzten Zeit. 12 Du meinst sicher zu ste-
hen? Gib acht, dass du nicht fällst! 13 Die Proben, auf die
euer Glaube bisher gestellt worden ist, sind über das
gewöhnliche Maß noch nicht hinausgegangen. Aber
Gott ist treu und wird nicht zulassen, dass die Prüfung
über eure Kraft geht. Wenn er euch auf die Probe stellt,
sorgt er auch dafür, dass ihr sie bestehen könnt.

TEILNAHME AM GÖTZENOPFER UND AM MAHL DES HERRN SIND UNVEREINBAR

14 Meine Lieben, haltet euch also von Götzendienst fern!
15 Ihr seid doch verständige Leute; beurteilt selbst, was
ich sage. 16 Denkt an den Segensbecher, über den wir
beim Mahl des Herrn das Segensgebet sprechen: Gibt
er uns nicht teil an dem Blut, das Christus für uns ver-
gossen hat? Denkt an das Brot, das wir austeilen: Gibt
es uns nicht teil an seinem Leib? 17 Es ist nur ein einziges
Brot. Darum bilden wir alle, auch wenn wir viele sind,
einen einzigen Leib; denn wir essen alle von dem einen
Brot. 18 Seht doch, wie es bis heute beim Volk Israel ist!
Alle, die vom Fleisch der Opfertiere essen, kommen in
engste Verbindung mit Gott, dem das Opfer dargebracht
wurde. 19 Will ich damit sagen, dass das Opferfleisch
etwas bedeutet? Oder dass der Götze, dem das Opfer
dargebracht wurde, etwas bedeutet? 20 Nein! Aber was
die Götzenverehrer opfern, das opfern sie nicht Gott,
sondern den Dämonen. Ich möchte aber nicht, dass
ihr euch mit Dämonen verbindet. 21 Ihr könnt nicht aus
dem Becher des Herrn trinken und zugleich aus dem
Becher der Dämonen. Ihr könnt nicht am Tisch des Herrn
essen und am Tisch der Dämonen. 22 Oder wollen wir
den Herrn herausfordern? Sind wir etwa stärker als er?

ABSCHLIESSENDE STELLUNGNAHME: LIEBE GEHT VOR FREIHEIT

23 Ihr sagt: »Alles ist erlaubt!« Mag sein, aber nicht alles
ist deshalb auch schon gut. Alles ist erlaubt, aber nicht
alles fördert die Gemeinde. 24 Ihr sollt nicht an euch
selbst denken, sondern an die anderen. 25 Ihr könnt
jedes Fleisch essen, das auf dem Markt verkauft wird.
Es ist nicht nötig, dass ihr eine Gewissenssache daraus
macht und nachforscht, woher das Fleisch kommt.
26 Denn es heißt: »Dem Herrn gehört die ganze Erde mit
allem, was darauf lebt.« 27 Auch wenn Ungläubige euch
zum Essen einladen und ihr die Einladung annehmen
wollt, könnt ihr essen, was euch angeboten wird. Es
ist nicht nötig, dass ihr aus Gewissensgründen nach-
forscht, woher das Fleisch kommt. 28 Nur wenn euch
dort jemand sagt: »Das Fleisch ist von einem Opfer«,
dann esst nicht davon. Unterlasst es mit Rücksicht auf
die Person, die euch darauf hingewiesen hat, und mit
Rücksicht auf das Gewissen. 29 Ich meine nicht euer
Gewissen, sondern das ihre. Ein fremdes Gewissen darf
sich allerdings nicht zum Richter über meine Freiheit
machen. 30 Ich genieße das Opferfleisch mit Dank ge-
gen Gott. Niemand hat das Recht, mich zu tadeln, wenn
ich etwas esse, wofür ich Gott danke. 31 Ich sage also:
Ob ihr esst oder trinkt oder sonst etwas tut, so tut al-
les zur Ehre Gottes. 32 Lebt so, dass ihr für niemand
ein Glaubenshindernis seid, weder für Juden noch für
Nichtjuden noch für die Gemeinde Gottes. 33 Macht es
so wie ich: Ich nehme in allem Rücksicht auf alle. Ich su-
che nicht meinen eigenen Vorteil, sondern den Vorteil
aller anderen, damit sie gerettet werden.

11 Nehmt mich zum Vorbild, so wie ich Christus zum
Vorbild nehme!

VOM VERHALTEN DER FRAUEN BEIM GOTTESDIENST

2 Ich muss euch dafür loben, dass ihr immer an mich
denkt und die Anweisungen befolgt, die ich euch wei-
tergegeben habe. 3 Ich muss euch aber auch noch dies
sagen: Jeder Mann ist unmittelbar Christus unterstellt,
die Frau aber dem Mann; und Christus ist Gott unter-
stellt. 4 Ein Mann, der im Gottesdienst öffentlich betet
oder Weisungen Gottes verkündet, entehrt sich selbst,
wenn er dabei seinen Kopf bedeckt. 5 Eine Frau, die im
Gottesdienst öffentlich betet oder Weisungen Gottes
verkündet, entehrt sich selbst, wenn sie dabei ihren
Kopf *nicht* bedeckt. Es ist genauso, als ob sie kahl ge-
schoren wäre. 6 Wenn sie keine Kopfbedeckung trägt,
kann sie sich gleich die Haare abschneiden lassen. Es
ist doch eine Schande für eine Frau, sich die Haare ab-
schneiden oder den Kopf kahl scheren zu lassen. Dann
soll sie auch ihren Kopf verhüllen. 7 Der Mann dagegen
soll seinen Kopf nicht bedecken; denn der Mann ist das
Abbild Gottes und spiegelt die Herrlichkeit Gottes wider.
In der Frau spiegelt sich die Herrlichkeit des Mannes.
8 Der Mann wurde nicht aus der Frau geschaffen, son-
dern die Frau aus dem Mann. 9 Der Mann wurde auch
nicht für die Frau geschaffen, wohl aber die Frau für den
Mann. 10 Deshalb muss die Frau ein Zeichen der Unter-
ordnung und zugleich der Bevollmächtigung auf dem
Kopf tragen. Damit genügt sie der Ordnung, über die
die Engel wachen. 11 Vor dem Herrn gibt es jedoch die
Frau nicht ohne den Mann und den Mann nicht ohne die
Frau. 12 Zwar wurde die Frau aus dem Mann geschaffen;
aber der Mann wird von der Frau geboren. Und beide
kommen von Gott, der alles geschaffen hat. 13 Urteilt
selbst: Gehört es sich für eine Frau, im Gottesdienst ein
Gebet zu sprechen, ohne dass sie eine Kopfbedeckung
trägt? 14 Schon die Natur lehrt euch, dass langes Haar für
den Mann eine Schande ist, 15 aber eine Ehre für die Frau.
Die Frau hat langes Haar erhalten, um sich zu verhüllen.
16 Falls aber jemand mit mir darüber streiten möchte,
kann ich nur eines sagen: Weder ich noch die Gemeinden
Gottes kennen eine andere Sitte im Gottesdienst.

WIE DAS MAHL DES HERRN GEFEIERT WERDEN SOLL

17 Wenn ich schon einmal Anweisungen gebe: Ich kann
es nicht loben, dass eure Gemeindeversammlungen

den Aufbau der Gemeinde nicht fördern, sondern
beeinträchtigen. 18 Erstens wurde mir berichtet, dass
es unter euch Spaltungen gibt, wenn ihr zusammen-
kommt. Ich glaube, dass dies mindestens teilweise
zutrifft. 19 Es *muss* ja auch zu Spaltungen unter euch
kommen, damit offenbar wird, wer sich bei euch im
Glauben bewährt. 20 Wenn ihr zusammenkommt, feiert
ihr in Wirklichkeit gar nicht das Mahl des Herrn. 21 Denn
bevor das gemeinsame Mahl beginnt, fangen die
Anwesenden schon einmal an zu essen, was sie mitge-
bracht haben; und wenn dann die später Kommenden
hungrig eintreffen, sind die Ersten schon betrunken.
22 Könnt ihr denn nicht zu Hause essen und trinken?
Oder verachtet ihr die Gemeinde Gottes und wollt die
unter euch beschämen, die nichts haben? Was soll ich
dazu sagen? Soll ich euch loben? In diesem Punkt lobe
ich euch nicht! 23 Ich nämlich habe als Überlieferung,
die vom Herrn kommt, empfangen, was ich euch wei-
tergegeben habe: In der Nacht, in der Jesus, der Herr,
ausgeliefert wurde, nahm er Brot, 24 sprach darüber
das Dankgebet, brach es in Stücke und sagte: »Das ist
mein Leib, der für euch geopfert wird. Tut das immer
wieder, damit unter euch gegenwärtig ist, was ich für
euch getan habe!« 25 Ebenso nahm er nach dem Essen
den Becher und sagte: »Dieser Becher ist Gottes neuer
Bund, der durch mein Blut in Kraft gesetzt wird. Tut das,
sooft ihr von ihm trinkt, damit unter euch gegenwärtig
ist, was ich für euch getan habe!« 26 Jedes Mal also,
wenn ihr dieses Brot esst und von diesem Becher trinkt,
verkündet ihr damit die Rettung, die durch den Tod des
Herrn geschehen ist, bis er wiederkommt. 27 Wer daher
auf unwürdige Weise das Brot des Herrn isst und von
seinem Becher trinkt, macht sich am Leib und am Blut
des Herrn schuldig. 28 Darum sollt ihr euch prüfen, be-
vor ihr das Brot esst und von dem Becher trinkt. 29 Denn
wenn ihr esst und trinkt ohne Rücksicht darauf, dass ihr
es mit dem Leib des Herrn zu tun habt, zieht ihr euch
durch euer Essen und Trinken Gottes Strafgericht zu.
30 Das ist ja auch der Grund, weshalb viele von euch
schwach und krank sind und nicht wenige sind sogar
gestorben. 31 Wenn wir uns selbst zur Rechenschaft
ziehen würden, müsste der Herr uns nicht auf diese
Weise richten. 32 Wenn er es aber tut, dann geschieht
es, um uns zurechtzuweisen, damit wir nicht im letzten
Gericht zusammen mit der ungläubigen Welt verurteilt
werden. 33 Meine Brüder und Schwestern, wenn ihr
also zusammenkommt, um das Mahl des Herrn zu fei-
ern, dann wartet aufeinander. 34 Wer zu großen Hunger
hat, soll vorher zu Hause essen. Sonst bringen eure
Versammlungen euch nur Bestrafung ein. Alles Weitere
werde ich regeln, wenn ich komme.

VON DEN FÄHIGKEITEN, DIE GOTTES GEIST SCHENKT

12 Brüder und Schwestern! Ich komme nun zu
den Fähigkeiten, die der Geist Gottes schenkt,
und sage euch, was ihr darüber wissen müsst. 2 Ihr
erinnert euch: Als ihr noch Ungläubige wart, seid ihr
vor den stummen Götzen in Ekstase geraten. 3 Darum
muss ich euch vor allem eines sagen: Wenn Gottes
Geist von einem Menschen Besitz ergriffen hat, kann
dieser nicht sagen: »Jesus sei verflucht!« Umgekehrt
kann niemand sagen: »Jesus ist der Herr!«, wenn nicht
der Heilige Geist in ihm wirkt. 4 Es gibt verschiedene
Gaben, doch ein und derselbe Geist teilt sie zu. 5 Es
gibt verschiedene Dienste, doch ein und derselbe Herr
macht dazu fähig. 6 Es gibt verschiedene Wunderkräf-
te, doch ein und derselbe Gott schenkt sie – er, der
alles in allen wirkt. 7 Doch an jedem und jeder in der
Gemeinde zeigt der Heilige Geist seine Wirkung in der
Weise und mit dem Ziel, dass alle etwas davon haben.
8 Die einen befähigt der Geist dazu, Gottes weisheits-
volle Pläne zu enthüllen; andere lässt er erkennen, was
in einer schwierigen Lage getan werden soll. 9 Derselbe
Geist gibt den einen besondere Glaubenskraft und
den anderen die Kraft, zu heilen. 10 Der Geist ermäch-
tigt die einen, Wunder zu tun; andere macht er fähig,
Weisungen Gottes zu verkünden. Wieder andere kön-
nen unterscheiden, was aus dem Geist Gottes kommt
und was nicht. Die einen befähigt der Geist, in unbe-
kannten Sprachen zu reden; anderen gibt er die Fähig-
keit, das Gesagte zu deuten. 11 Aber das alles bewirkt
ein und derselbe Geist. So wie er es will, teilt er jedem
und jeder in der Gemeinde die eigene Fähigkeit zu.

DAS BILD VOM KÖRPER UND SEINEN TEILEN: NIEMAND HAT SEINE FÄHIGKEITEN FÜR SICH ALLEIN

12 Der Körper des Menschen ist einer und besteht doch
aus vielen Teilen. Aber all die vielen Teile gehören zu-
sammen und bilden einen unteilbaren Organismus.
So ist es auch mit Christus: mit der Gemeinde, die sein
Leib ist. 13 Denn wir alle, Juden wie Griechen, Men-
schen im Sklavenstand wie Freie, sind in der Taufe
durch denselben Geist in den einen Leib, in Christus,
eingegliedert und auch alle mit demselben Geist erfüllt
worden. 14 Ein Körper besteht nicht aus einem einzi-
gen Teil, sondern aus vielen Teilen. 15 Wenn der Fuß
erklärt: »Ich gehöre nicht zum Leib, weil ich nicht die
Hand bin« – hört er damit auf, ein Teil des Körpers zu
sein? 16 Oder wenn das Ohr erklärt: »Ich gehöre nicht
zum Leib, weil ich nicht das Auge bin« – hört es da-
mit auf, ein Teil des Körpers zu sein? 17 Wie könnte ein
Mensch hören, wenn er nur aus Augen bestünde? Wie
könnte er riechen, wenn er nur aus Ohren bestünde?
18 Nun aber hat Gott im Körper viele Teile geschaffen
und hat jedem Teil seinen Platz zugewiesen, so wie
er es gewollt hat. 19 Wenn alles nur ein einzelner Teil
wäre, wo bliebe da der Leib? 20 Aber nun gibt es viele
Teile, und alle gehören zu dem einen Leib. 21 Das Auge
kann nicht zur Hand sagen: »Ich brauche dich nicht!«
Und der Kopf kann nicht zu den Füßen sagen: »Ich
brauche euch nicht!« 22 Gerade die Teile des Körpers,
die schwächer scheinen, sind besonders wichtig.
23 Die Teile, die als unansehnlich gelten, kleiden wir
mit besonderer Sorgfalt und die unanständigen mit
besonderem Anstand. 24 Die edleren Teile haben das
nicht nötig. Gott hat unseren Körper zu einem Ganzen

zusammengefügt und hat dafür gesorgt, dass die ge-
ringeren Teile besonders geehrt werden. 25 Denn er
wollte, dass es keine Uneinigkeit im Körper gibt, son-
dern jeder Teil sich um den anderen kümmert. 26 Wenn
irgendein Teil des Körpers leidet, leiden alle anderen
mit. Und wenn irgendein Teil geehrt wird, freuen sich
alle anderen mit. 27 Ihr alle seid zusammen der Leib
von Christus, und als Einzelne seid ihr Teile an diesem
Leib. 28 So hat Gott in der Gemeinde allen ihre Aufgabe
zugewiesen. Da gibt es erstens die Apostel, zweitens
die, die prophetische Weisungen erteilen, drittens
die, die zum Lehren befähigt sind. Dann kommen die,
die Wunder tun oder heilen können, die Dienste oder
Leitungsaufgaben übernehmen oder in unbekann-
ten Sprachen reden. 29 Nicht alle sind Apostel, nicht
alle erteilen prophetische Weisungen, nicht alle sind
zum Lehren befähigt. Nicht alle können Wunder tun,
30 nicht alle Kranke heilen, nicht alle in unbekannten
Sprachen reden, nicht alle diese Sprachen deuten.
31a Bemüht euch aber um die höheren Geistesgaben!

NICHTS GEHT ÜBER DIE LIEBE (DAS »HOHELIED DER LIEBE«)

31b Ich zeige euch jetzt etwas, das noch weit wichtiger
ist als alle diese Fähigkeiten.

13 Wenn ich die Sprachen aller Menschen spreche
und sogar die Sprache der Engel, aber ich habe
keine Liebe – dann bin ich doch nur ein dröhnender
Gong oder eine lärmende Trommel. 2 Wenn ich pro-
phetische Eingebungen habe und alle himmlischen
Geheimnisse weiß und alle Erkenntnis besitze, wenn
ich einen so starken Glauben habe, dass ich Berge ver-
setzen kann, aber ich habe keine Liebe – dann bin ich
nichts. 3 Und wenn ich all meinen Besitz verteile und
den Tod in den Flammen auf mich nehme, aber ich habe
keine Liebe – dann nützt es mir nichts. 4 Die Liebe ist
geduldig und gütig. Die Liebe eifert nicht für den eige-
nen Standpunkt, sie prahlt nicht und spielt sich nicht
auf. 5 Die Liebe nimmt sich keine Freiheiten heraus,
sie sucht nicht den eigenen Vorteil. Sie lässt sich nicht
zum Zorn reizen und trägt das Böse nicht nach. 6 Sie ist
nicht schadenfroh, wenn anderen Unrecht geschieht,
sondern freut sich mit, wenn jemand das Rechte tut.
7 Die Liebe gibt nie jemand auf, in jeder Lage vertraut
und hofft sie für andere; alles erträgt sie mit großer Ge-
duld. 8 Niemals wird die Liebe vergehen. Prophetische
Eingebungen hören einmal auf, das Reden in Sprachen
des Geistes verstummt, auch die Erkenntnis wird ein
Ende nehmen. 9 Denn unser Erkennen ist Stückwerk,
und unser prophetisches Reden ist Stückwerk. 10 Wenn
sich die ganze Wahrheit enthüllen wird, ist es mit dem
Stückwerk vorbei. 11 Einst, als ich noch ein Kind war, da
redete ich wie ein Kind, ich fühlte und dachte wie ein
Kind. Als ich dann aber erwachsen war, habe ich die
kindlichen Vorstellungen abgelegt. 12 Jetzt sehen wir
nur ein unklares Bild wie in einem trüben Spiegel; dann
aber schauen wir Gott von Angesicht. Jetzt kennen wir
Gott nur unvollkommen; dann aber werden wir Gott
völlig kennen, so wie *er* uns jetzt schon kennt. 13 Auch
wenn alles einmal aufhört – Glaube, Hoffnung und
Liebe nicht. Diese drei werden immer bleiben; doch
am höchsten steht die Liebe.

ZUR BEURTEILUNG DES »REDENS IN UNBEKANNTEN SPRACHEN« (ZUNGENREDEN)

14 Bemüht euch also darum, dass euch die Liebe
geschenkt wird! Von den Gaben des Geistes
wünscht euch besonders die Fähigkeit, prophetische
Weisungen zu verkünden. 2 Wenn du in unbekann-
ten Sprachen redest, sprichst du nicht zu Menschen,
sondern zu Gott. Niemand versteht dich. Durch die
Wirkung des Geistes redest du geheimnisvolle Worte.
3 Wenn du aber prophetische Weisungen empfängst,
kannst du sie an andere weitergeben. Du kannst da-
mit die Gemeinde aufbauen, ermutigen und trösten.
4 Wenn jemand in unbekannten Sprachen spricht,
hat niemand sonst etwas davon. Wer prophetische
Weisungen gibt, dient der ganzen Gemeinde. 5 Ich
wünschte, dass ihr alle in Sprachen des Geistes reden
könntet; aber noch lieber wäre es mir, ihr alle könntet
prophetische Weisungen verkünden. Das hat mehr
Gewicht, als in unbekannten Sprachen zu reden,
außer es gibt jemand gleich die Deutung dazu, damit
die Gemeinde etwas davon hat. 6 Was nützt es euch,
Brüder und Schwestern, wenn ich zu euch komme und
in unbekannten Sprachen rede? Ihr habt nur etwas da-
von, wenn ich euch göttliche Wahrheiten enthülle oder
Erkenntnisse bringe oder Weisungen von Gott oder
Lehren weitergebe. 7 Denkt an die Musikinstrumente,
an die Flöte oder die Harfe. Wenn sich die einzelnen
Töne nicht deutlich unterscheiden, ist keine Melodie zu
erkennen. 8 Und wenn die Trompete kein klares Signal
gibt, wird keiner zu den Waffen greifen. 9 Bei euch ist es
genauso: Wenn ihr mit eurer Stimme undeutliche Laute
von euch gebt, kann niemand verstehen, was ihr sagt.
Ihr sprecht dann in den Wind. 10 Oder denkt an die vie-
len Sprachen in der Welt! Jedes Volk hat seine eigene.
11 Wenn ich nun die Sprache eines anderen Menschen
nicht kenne, kann er sich nicht mit mir verständigen,
und mir geht es genauso mit ihm. 12 Das gilt auch für
euch. Wenn ihr schon so großen Wert auf die Gaben des
Geistes legt, dann bemüht euch um die, die dem Aufbau
der Gemeinde dienen. An solchen Gaben sollt ihr reich
werden. 13 Wer also in unbekannten Sprachen spricht,
soll um die Gabe bitten, das Gesprochene auch deuten
zu können. 14 Wenn ich in solchen Sprachen rede, betet
der Geist, der von mir Besitz ergriffen hat, aber mein
Verstand ist untätig, und niemand hat etwas davon.
15 Was folgt daraus? Ich will beides tun: mit dem Geist
beten und mit dem Verstand beten. Ich will mit dem
Geist singen und auch mit dem Verstand. 16 Wenn du
Gott nur in der Sprache des Geistes rühmst, wie können
dann andere, die diese Sprache nicht verstehen, auf
dein Gebet mit »Amen« antworten? Sie wissen ja gar
nicht, was du gesagt hast. 17 Die anderen werden nicht
in ihrem Glauben gefördert, auch wenn du ein noch
so schönes Gebet sprichst. 18 Ich danke Gott, dass ich
mehr als ihr alle in Sprachen des Geistes rede. 19 Aber

in der Gemeindeversammlung spreche ich lieber fünf
verständliche Sätze, um die anderen im Glauben zu
unterweisen, als zehntausend Wörter, die niemand
versteht. 20 Brüder und Schwestern, seid nicht Kinder
dem Verstand nach! In der Schlechtigkeit sollt ihr wie
kleine Kinder sein, aber im Denken müsst ihr erwach-
sen sein. 21 Im Buch des Gesetzes heißt es: »Ich werde
zu diesem Volk in unbekannten Sprachen reden und in
fremden Worten, sagt der Herr. Aber auch dann werden
sie nicht auf mich hören.« 22 Das Reden in Sprachen des
Geistes ist also gar nicht für die Glaubenden bestimmt,
sondern für die Ungläubigen – es ist ein Zeichen des
Gerichts über ihren Unglauben. Bei den prophetischen
Botschaften ist es umgekehrt: Sie sind nicht für die
Ungläubigen bestimmt, sondern für die Glaubenden
oder die, die zum Glauben kommen sollen. 23 Stellt euch
vor, die ganze Gemeinde versammelt sich und alle fan-
gen an, in unbekannten Sprachen zu reden. Wenn nun
Neulinge oder Ungläubige hereinkommen, werden sie
euch bestimmt für verrückt erklären. 24 Nehmt dagegen
an, ihr alle verkündet prophetische Weisungen. Wenn
dann ein Neuling, der noch nicht glaubt, hereinkommt,
wird ihn alles, was er hört, von seiner Schuld überzeu-
gen. Er wird sich von allen zur Rechenschaft gezogen
sehen. 25 Seine geheimen Gedanken kommen ans Licht.
Er wird sich niederwerfen, wird Gott anbeten und be-
kennen: »Wahrhaftig, Gott ist mitten unter euch!«

DIE ORDNUNG BEI DER GEMEINDEVERSAMMLUNG

26 Was folgt daraus für euch, Brüder und Schwestern?
Wenn ihr zum Gottesdienst zusammenkommt, kann
jeder und jede etwas dazu beitragen: ein Lied vorsin-
gen oder eine Lehre vortragen oder eine Offenbarung
weitergeben oder in unbekannten Sprachen reden
oder die Deutung dazu geben. Aber alles muss dem
Aufbau der Gemeinde dienen. 27 In unbekannten
Sprachen sollen zwei oder höchstens drei sprechen,
aber der Reihe nach, und jemand soll die Deutung ge-
ben. 28 Wenn niemand da ist, der es deuten kann, sollen
die Betreffenden schweigen. Sie sollen dann für sich
zu Hause reden, wo nur sie selbst und Gott es hören.
29 Auch von denen, die prophetische Weisungen ver-
künden können, sollen nur zwei oder drei sprechen. Die
andern, die diese Fähigkeit haben, sollen das Gesagte
beurteilen. 30 Vielleicht erhält von diesen andern, die
dabeisitzen, jemand eine Botschaft, während gerade
einer spricht; dann soll der Erste aufhören. 31 Ihr könnt
doch alle der Reihe nach sprechen. Dann werden alle
etwas lernen und alle werden ermutigt werden. 32 Die
prophetisch Begabten werden von ihren Eingebungen
nicht überwältigt, sondern haben es selbst in der Hand,
wann und wie sie sie weitergeben. 33 Gott liebt doch
nicht die Unordnung, sondern er schafft Frieden! Wie
es bei allen christlichen Gemeinden üblich ist, 34 sollen
die Frauen in euren Versammlungen schweigen. Sie
dürfen nicht lehren, sondern sollen sich unterordnen,
wie es auch das Gesetz vorschreibt. 35 Wenn sie et-
was wissen wollen, sollen sie zu Hause ihren Ehemann
fragen. Denn es schickt sich nicht für eine Frau, dass sie
in der Gemeindeversammlung spricht. 36 Ist denn die
Botschaft Gottes von euch in die Welt ausgegangen?
Oder ist sie nur zu euch gekommen? 37 Wer von euch
meint, die Prophetengabe zu besitzen oder vom Geist
Gottes erfüllt zu sein, muss auch einsehen, dass meine
Anweisungen vom Herrn kommen. 38 Wer das nicht an-
erkennt, wird auch von Gott nicht anerkannt. 39 Meine
Brüder und Schwestern, bemüht euch also um die Gabe
der prophetischen Rede, hindert aber auch niemand
daran, in unbekannten Sprachen zu reden. 40 Nur soll
alles anständig und geordnet zugehen.

CHRISTUS WURDE VOM TOD AUFERWECKT …

15 Brüder und Schwestern, ich erinnere euch an die
Gute Nachricht, die ich euch verkündet habe. Ihr
habt sie angenommen; sie ist der Grund, auf dem ihr im
Glauben steht. 2 Durch sie werdet ihr gerettet, wenn
ihr sie unverfälscht festhaltet – und zwar dem Wort-
laut entsprechend, in dem ich sie euch übermittelt
habe. Anderenfalls wärt ihr vergeblich zum Glauben
gekommen! 3 Ich habe an euch weitergegeben, was
ich selbst als Überlieferung empfangen habe, nämlich
als Erstes und Grundlegendes: Christus ist für unsere
Sünden gestorben, wie es in den Heiligen Schriften
vorausgesagt war, 4 und wurde begraben. Er ist am
dritten Tag vom Tod auferweckt worden, wie es in den
Heiligen Schriften vorausgesagt war, 5 und hat sich
Petrus gezeigt, danach dem ganzen Kreis der Zwölf.
6 Später sahen ihn über fünfhundert Brüder auf einmal;
einige sind inzwischen gestorben, aber die meisten
leben noch. 7 Dann erschien er Jakobus und schließlich
allen Aposteln. 8 Ganz zuletzt ist er auch mir erschie-
nen, der »Fehlgeburt«. 9 Ich bin der geringste unter
den Aposteln, ich verdiene es überhaupt nicht, Apostel
zu sein; denn ich habe die Gemeinde Gottes verfolgt.
10 Aber durch Gottes Gnade bin ich es dennoch gewor-
den, und sein gnädiges Eingreifen ist nicht vergeblich
gewesen. Ich habe viel mehr für die Gute Nachricht
gearbeitet als alle anderen Apostel. Doch nicht mir
habe ich das zuzuschreiben – die Gnade Gottes hat
durch mich gewirkt. 11 Mit den anderen Aposteln bin
ich in dieser Sache völlig einig. Wir alle verkünden die
Gute Nachricht genau so, wie ich es gerade angeführt
habe, und genau so habt ihr sie auch angenommen.

… DESHALB WERDEN AUCH WIR AUFERWECKT WERDEN

12 Das also ist unsere Botschaft: Gott hat Christus vom
Tod auferweckt. Wie können dann einige von euch
behaupten, dass die Toten nicht auferstehen werden?
13 Wenn es keine Auferstehung der Toten gibt, dann ist
auch Christus nicht auferweckt worden. 14 Und wenn
Christus nicht auferweckt worden ist, dann hat weder
unsere Verkündigung einen Sinn noch euer Glaube.
15 Wir wären dann als falsche Zeugen für Gott entlarvt;
denn wir hätten gegen die Wahrheit bezeugt, dass er
Christus vom Tod auferweckt hat – den er doch gar
nicht auferweckt hat, wenn wirklich die Toten nicht

auferweckt werden. 16 Wenn die Toten nicht aufer-
weckt werden, ist auch Christus nicht auferweckt wor-
den. 17 Ist aber Christus nicht auferweckt worden, so ist
euer ganzer Glaube vergeblich. Eure Schuld ist dann
nicht von euch genommen, 18 und wer im Vertrauen
auf Christus gestorben ist, ist dann verloren. 19 Wenn
wir nur für das jetzige Leben auf Christus hoffen, sind
wir bedauernswerter als irgendjemand sonst auf der
Welt. 20 Nun aber *ist* Christus vom Tod auferweckt wor-
den, und als der erste Auferweckte gibt er uns die Ge-
währ, dass auch die übrigen Toten auferweckt werden.
21 Durch einen Menschen kam der Tod. So kommt auch
durch einen Menschen die Auferstehung vom Tod.
22 Alle Menschen gehören zu Adam, darum müssen sie
sterben; aber durch die Verbindung mit Christus wird
ihnen das neue Leben geschenkt werden.

DIE VOLLENDUNG STEHT NOCH AUS

23 Doch das alles geschieht zu seiner Zeit und in seiner
vorbestimmten Ordnung: Als Erster wurde Christus
vom Tod auferweckt. Wenn er wiederkommt, werden
die auferweckt, die zu ihm gehören. 24 Dann ist das
Ende da: Christus übergibt die Herrschaft Gott, dem
Vater, nachdem er alles vernichtet hat, was sich ge-
gen Gott erhebt und was Macht und Herrschaft be-
ansprucht. 25 Denn Christus muss so lange herrschen,
bis er alle Feinde unter seinen Füßen hat. 26 Als letzten
Feind vernichtet er den Tod. 27 Denn es heißt in den
Heiligen Schriften: »Alles hat Gott ihm unterworfen.«
Wenn hier gesagt wird, dass *alles* ihm unterworfen ist,
dann ist natürlich der nicht eingeschlossen, der ihm al-
les unterworfen hat. 28 Wenn aber alles Christus unter-
worfen sein wird, dann unterwirft auch er selbst, der
Sohn, sich dem Vater, der ihm alles unterworfen hat.
Dann ist Gott allein der Herr – über alles und in allem.

AUFRUF ZUR BESINNUNG

29 Überlegt einmal: Was machen denn die unter euch,
die sich für ungetauft Verstorbene taufen lassen?
Wenn die Toten gar nicht auferweckt werden, welchen
Sinn hat es dann, dass sie sich für sie taufen lassen?
30 Und warum begebe ich mich stündlich in Lebens-
gefahr? 31 Brüder und Schwestern, täglich sehe ich
dem Tod ins Auge. Das ist die Wahrheit, so gewiss ihr
durch Jesus Christus mein Ruhm seid vor Gott! 32 In
Ephesus habe ich mit wilden Tieren gekämpft. Wenn
ich keine Hoffnung hätte, hätte ich mir das ersparen
können! Wenn die Toten nicht auferweckt werden,
dann halten wir uns doch lieber an das Sprichwort:
»Lasst uns essen und trinken, denn morgen sind wir
tot!« 33 Macht euch nichts vor! »Schlechter Umgang
verdirbt gute Sitten.« 34 Werdet wieder nüchtern und
lebt, wie es Gott gefällt. Ich muss zu eurer Schande
sagen: Einige von euch kennen Gott nicht.

WIE SOLLEN WIR UNS DIE AUFERSTEHUNG VORSTELLEN?

35 Aber vielleicht fragt jemand: »Wie soll denn das zu-
gehen, wenn die Toten auferweckt werden? Was für
einen Körper werden sie dann haben?« 36 Wie kannst
du nur so fragen! Wenn du einen Samen ausgesät hast,
muss er zuerst sterben, damit die Pflanze leben kann.
37 Du säst nicht die ausgewachsene Pflanze, sondern
nur den Samen, ein Weizenkorn oder irgendein ande-
res Korn. 38 Gott aber gibt jedem Samen, wenn er keimt,
den Pflanzenkörper, den er für ihn bestimmt hat. Jede
Samenart erhält ihre besondere Gestalt. 39 Auch die
Lebewesen haben ja nicht alle ein und dieselbe Gestalt.
Menschen haben eine andere Gestalt als Tiere, Vögel
eine andere als Fische. 40 Außer den Körpern auf der
Erde aber gibt es auch noch solche am Himmel. Die
Himmelskörper haben eine andere Schönheit als die
Körper auf der Erde, 41 und unter ihnen leuchtet die
Sonne anders als der Mond, der Mond wieder anders
als die Sterne. Auch die einzelnen Sterne unterschei-
den sich voneinander durch ihren Glanz. 42 So könnt ihr
euch auch ein Bild von der Auferstehung der Toten ma-
chen. Was in die Erde gelegt wird, ist vergänglich; aber
was zum neuen Leben erweckt wird, ist unvergänglich.
43 Was in die Erde gelegt wird, ist armselig; aber was
zum neuen Leben erweckt wird, ist voll Herrlichkeit.
Was in die Erde gelegt wird, ist hinfällig; aber was zum
neuen Leben erweckt wird, ist voll Kraft. 44 Was in die
Erde gelegt wird, war von natürlichem Leben beseelt;
aber was zu neuem Leben erwacht, wird ganz vom
Geist Gottes beseelt sein. Wenn es einen natürlichen
Körper gibt, muss es auch einen vom Geist beseelten
Körper geben. 45 Es heißt ja in den Heiligen Schrif-
ten: »Der erste Mensch Adam wurde von natürlichem
Leben beseelt.« Christus dagegen, der letzte Adam,
wurde zum Geist, der lebendig macht. 46 Aber zuerst
kommt die Natur, dann der Geist, nicht umgekehrt.
47 Der erste Adam wurde aus Erde gemacht; er ist
Erde. Der zweite Adam stammt vom Himmel. 48 Die
irdischen Menschen sind wie der irdische Adam, die
himmlischen Menschen wie der himmlische Adam.
49 So wie wir jetzt dem Menschen gleichen, der aus
Erde gemacht wurde, so werden wir künftig dem glei-
chen, der vom Himmel gekommen ist.

DIE VERWANDLUNG DER LEBENDEN UND DER LETZTE SIEG

50 Brüder und Schwestern, das ist ganz sicher: Men-
schen aus Fleisch und Blut können nicht in Gottes
neue Welt gelangen. Ein vergänglicher Körper kann
nicht unsterblich werden. 51 Ich sage euch jetzt ein
Geheimnis: Wir werden nicht alle sterben, wir wer-
den aber alle verwandelt werden. 52 Das geschieht
in einem Augenblick, so schnell, wie jemand mit der
Wimper zuckt, sobald die Posaune das Ende ankün-
digt. Die Posaune gibt das Signal, dann werden die
Verstorbenen zu unvergänglichem Leben erweckt,
und wir, die dann noch am Leben sind, bekommen
den neuen Körper. 53 Unser vergänglicher Körper,
der dem Tod verfallen ist, muss in einen unvergäng-
lichen Körper verwandelt werden, über den der Tod
keine Macht hat. 54 Wenn das geschieht, wenn das
Vergängliche mit Unvergänglichkeit überkleidet wird

und das Sterbliche mit Unsterblichkeit, dann wird das
Prophetenwort wahr: »Der Tod ist vernichtet! Der Sieg
ist vollkommen! 55 Tod, wo ist dein Sieg? Tod, wo ist
deine Macht?« 56 Die Macht des Todes kommt von der
Sünde. Die Sünde aber hat ihre Kraft aus dem Gesetz.
57 Dank sei Gott, dass er uns durch Jesus Christus, un-
seren Herrn, den Sieg schenkt! 58 Darum, meine lieben
Brüder und Schwestern, werdet fest und unerschütter-
lich in eurem Glauben und tut stets euer Bestes für die
Sache des Herrn. Ihr wisst, dass der Herr euren Einsatz
belohnen wird.

DIE SAMMLUNG FÜR DIE URGEMEINDE

16 Ich komme jetzt zu der Geldsammlung für die
Gemeinde in Jerusalem. Ihr müsst es so halten,
wie ich es auch den Gemeinden in Galatien gesagt
habe: 2 Jeden Sonntag legt ihr bei euch zu Hause etwas
auf die Seite, so viel jeder oder jede entbehren kann.
Bewahrt es auf; dann muss nicht erst gesammelt wer-
den, wenn ich komme. 3 Nach meiner Ankunft werde
ich die Brüder, die ihr aussucht, mit Empfehlungs-
schreiben nach Jerusalem schicken, damit sie eure
Spende übergeben. 4 Wenn es sich empfiehlt, dass
ich selbst mitkomme, werden wir gemeinsam reisen.

DIE PLÄNE DES APOSTELS

5 Ich komme über Mazedonien zu euch. Dort werde ich
nur durchreisen, 6 bei euch dagegen möchte ich, wenn
möglich, eine Zeit lang bleiben, vielleicht sogar den
Winter über. Dann könnt ihr mich für die Weiterreise
mit allem Nötigen ausstatten. 7 Ich möchte euch dies-
mal nicht nur flüchtig auf der Durchreise besuchen.
Ich hoffe, dass ich einige Zeit bei euch verbringen
kann, wenn der Herr es erlaubt. 8 Ich habe vor, noch
bis Pfingsten in Ephesus zu bleiben. 9 Hier steht mir
die Tür weit offen für ein erfolgreiches Wirken, und
ich muss mich mit vielen Gegnern auseinandersetzen.
10 Wenn Timotheus zu euch kommt, dann seht darauf,
dass ihr ihn nicht entmutigt. Denn er arbeitet genau
wie ich für den Herrn. 11 Niemand soll ihn verachten.
Verabschiedet ihn in gutem Einvernehmen und gebt
ihm, was er braucht, damit er zu mir zurückkommen
kann. Ich erwarte ihn zusammen mit den Brüdern, die
bei ihm sind. 12 Dem Bruder Apollos habe ich lange zu-
geredet, mit den Brüdern zusammen zu euch zu reisen,
aber er wollte jetzt einfach nicht. Wenn es ihm besser
passt, wird er kommen.

ABSCHLIESSENDE ERMAHNUNGEN UND GRÜSSE

13 Seid wachsam! Steht im Glauben fest! Seid mutig und
stark! 14 Alles, was ihr tut, soll von der Liebe bestimmt
sein. 15 Ihr wisst, Brüder und Schwestern: Die Stepha-
nas-Familie war die erste bei euch in Achaia, die zum
Glauben kam, und sie hat sich ganz für den Dienst an
der Gemeinde zur Verfügung gestellt. Ich bitte euch:
16 Ordnet euch solchen Menschen unter! Begegnet
allen mit Achtung, die in der Gemeinde mitarbeiten
und Aufgaben übernehmen. 17 Ich freue mich, dass
Stephanas, Fortunatus und Achaikus bei mir sind. Sie
haben mich dafür entschädigt, dass ihr nicht alle hier
sein könnt. 18 Sie haben mich aufgemuntert, so wie
sie es auch mit euch getan haben. Solche Menschen
sollt ihr achten. 19 Die Gemeinden der Provinz Asien
lassen euch grüßen. Das Ehepaar Aquila und Priska
und die Gemeinde, die sich in ihrem Haus versammelt,
grüßen vielmals euch alle, mit denen sie durch den
Herrn verbunden sind. 20 Alle Brüder und Schwestern
lassen euch grüßen. Grüßt euch gegenseitig mit dem
Friedenskuss!

EIGENHÄNDIGES SCHLUSSWORT

21 Zum Schluss mein persönlicher Gruß! Ich, Paulus,
schreibe ihn mit eigener Hand. 22 Wer den Herrn ver-
achtet, soll verflucht sein, dem Gericht Gottes überge-
ben! Maranata – Unser Herr, komm! 23 Die Gnade des
Herrn Jesus sei mit euch! 24 Meine Liebe gilt euch allen.
Durch Jesus Christus sind wir miteinander verbunden.

DER ZWEITE BRIEF DES APOSTELS PAULUS AN DIE GEMEINDE IN **KORINTH**

EINGANGSGRUSS

1 Paulus, Apostel von Jesus Christus nach dem Willen
Gottes, und der Bruder Timotheus schreiben diesen
Brief an die Gemeinde Gottes in Korinth und zugleich
an alle Christen in der Provinz Achaia. 2 Gnade und
Frieden sei mit euch von Gott, unserem Vater, und von
Jesus Christus, dem Herrn!

PAULUS DANKT GOTT FÜR TROST UND ERMUTIGUNG

3 Gepriesen sei der Gott und Vater unseres Herrn
Jesus Christus! Er ist ein Vater, dessen Erbarmen
unerschöpflich ist, und ein Gott, der uns nie verzwei-
feln lässt. 4 Auch wenn ich viel durchstehen muss, gibt
er mir immer wieder Mut. Darum kann ich auch anderen
Mut machen, die Ähnliches durchstehen müssen. Ich
kann sie trösten und ermutigen, so wie Gott mich selbst
getröstet und ermutigt hat. 5 Ich leide mit Christus und
in seinem Dienst in reichem Maß. Aber ebenso reich
sind der Trost und die Ermutigung, die mir durch ihn
geschenkt werden. 6 Wenn ich leide, so geschieht es,
damit ihr Mut bekommt und zur Rettung gelangt. Und
wenn ich getröstet werde, so geschieht es, damit ihr
den Mut bekommt, die gleichen Leiden wie ich geduldig

zu ertragen. 7 Ich bin voller Zuversicht, wenn ich an
euch denke; denn ich weiß: Wie ihr meine Leiden teilt,
so habt ihr auch teil an dem Trost und der Ermutigung,
die mir geschenkt werden. 8 Ihr sollt wissen, Brüder
und Schwestern, dass ich in der Provinz Asien in einer
ausweglosen Lage war. Was ich zu ertragen hatte, war
so schwer, dass es über meine Kraft ging. Ich hatte keine
Hoffnung mehr, mit dem Leben davonzukommen, 9 ja,
ich war ganz sicher, dass das Todesurteil über mich
gesprochen war. Aber das geschah, damit ich nicht
auf mich selbst vertraue, sondern mich allein auf Gott
verlasse, der die Toten zum Leben erweckt. 10 Und er hat
mich ja auch vor dem sicheren Tod gerettet – und wird
es auch künftig tun. Ich setze die feste Hoffnung auf
ihn: Er wird mich auch in Zukunft aus Todesgefahr ret-
ten. 11 Dazu helfen auch eure Gebete für mich, und aus
vielen Herzen wird dann der Dank für meine gnädige
Bewahrung vielstimmig zu Gott aufsteigen.

WARUM PAULUS NICHT NACH KORINTH KAM

12 Wenn ich mich mit etwas rühme, dann mit dem, was
mir auch mein Gewissen bezeugt: Mein Verhalten
überall in der Welt und besonders bei euch war stets
bestimmt von völliger Ehrlichkeit und Selbstlosigkeit,
wie es dem Willen Gottes entspricht. Ich ließ mich nicht
von eigennütziger Klugheit leiten, sondern vom Wirken
der Gnade Gottes. 13 Auch was ich in meinen Briefen
schreibe, meine ich genau so, wie ihr es lesen und
verstehen könnt. Ich hoffe, dass ihr es vollends ganz
verstehen werdet. 14 Zum Teil habt ihr mich ja schon
verstanden, nämlich dass ihr auf mich stolz sein dürft,
so wie ich auf euch – an dem Tag, an dem Jesus, unser
Herr, kommt. 15 Im Vertrauen auf all das hatte ich den
Plan gefasst, zuerst zu euch zu kommen, damit ich euch
zweimal besuchen und euch zweimal die Gnade Gottes
bringen könnte. 16 Ich wollte über euch nach Mazedo-
nien reisen und von dort wieder zu euch zurückkeh-
ren, damit ihr mich für die Reise nach Judäa mit allem
Nötigen ausrüstet. 17 War ich leichtfertig, als ich mir
das vorgenommen habe? Oder mache ich meine Pläne
nach Menschenart, sodass mein Ja auch ein Nein sein
kann? 18 Gott ist mein Zeuge: Kein Wort, das ich euch
sage, ist Ja und Nein zugleich! 19 Denn Jesus Christus,
der Sohn Gottes, den Silvanus, Timotheus und ich bei
euch verkündet haben, war nicht Ja und Nein zugleich.
In ihm ist das reine Ja Wirklichkeit geworden. 20 Mit ihm
sagt Gott Ja zu allen seinen Zusagen. Von ihm gedrängt
und ermächtigt sprechen wir darum auch das Amen
zur Ehre Gottes. 21 Gott hat uns zusammen mit euch
auf diesen festen Grund gestellt: auf Christus. Er hat
uns gesalbt 22 und uns sein Siegel aufgedrückt. Er hat
seinen Geist in unser Herz gegeben als Anzahlung auf
das ewige Leben, das er uns schenken will. 23 Ich rufe
Gott als Zeugen an; er soll mich zur Rechenschaft zie-
hen, wenn ich nicht die Wahrheit sage! Nur um euch zu
schonen, bin ich nicht wieder nach Korinth gekommen.
24 Denn ich betrachte mich nicht als Richter über euren
Glauben. Meine Aufgabe ist es doch, zu eurer Freude
beizutragen! Im Glauben steht ihr ja fest.

DER »TRÄNENBRIEF« UND SEINE ABSICHT

2 Ich war fest entschlossen: Ich wollte nicht noch
einmal zu euch kommen und euch nur wieder
traurig machen. 2 Denn wenn ich euch traurig mache,
bleibt mir ja niemand, der mich wieder froh machen
kann. 3 Genau das habe ich euch in meinem Brief ge-
schrieben. Ich wollte nicht kommen und erleben, dass
die mich traurig machen, die mir eigentlich Freude
bereiten sollten. Denn ich bin ganz sicher: Euch allen
macht es Freude, wenn ihr mir Freude machen könnt.
4 Ich war sehr bedrückt und niedergeschlagen und
habe euch unter vielen Tränen geschrieben. Aber ich
wollte euch nicht betrüben. Ihr solltet vielmehr sehen,
wie sehr ich gerade euch liebe.

PAULUS BITTET DIE GEMEINDE, SEINEM GEGNER ZU VERZEIHEN

5 Wenn einer von euch jemand Kummer bereitet
hat, so hat er ihn nicht mir bereitet, sondern euch
allen. Oder doch einem großen Teil von euch, damit
ich nicht übertreibe. 6 Er ist genug gestraft mit dem,
was die Mehrheit von euch über ihn verhängt hat.
7 Jetzt ist es an der Zeit, dass ihr ihm verzeiht und ihn
ermutigt, damit er nicht in Verzweiflung getrieben
wird. 8 Ich bitte euch also: Beschließt, ihn wieder
in Liebe anzunehmen! 9 Mit meinem Brief wollte
ich eure Treue erproben und sehen, ob ihr meinen
Anweisungen in allem Folge leistet. 10 Wem ihr ver-
zeiht, dem verzeihe ich auch. Wenn ich hier über-
haupt etwas zu verzeihen hatte, so habe ich es um
euretwillen vor Christus getan. 11 Der Satan soll uns
nicht überlisten. Wir wissen doch genau, was für Ab-
sichten er verfolgt!

PAULUS WARTETE SEHNLICHST AUF NACHRICHT

12 Ich war bis nach Troas gekommen und verkündete
dort die Gute Nachricht von Christus. Der Herr hatte
mir die Tür geöffnet für ein erfolgreiches Wirken;
13 aber ich war unruhig, weil mein Mitarbeiter Titus
nicht eintraf. Darum nahm ich Abschied und reiste
nach Mazedonien.

PAULUS ALS APOSTEL IM DIENST VON CHRISTUS

14 Ich danke Gott, dass er mich immer im Triumphzug
von Christus mitführt und seine rettende Botschaft
durch mich an allen Orten bekannt macht, wie einen
Wohlgeruch, der sich ausbreitet. 15 Von mir geht der
Wohlgeruch der Botschaft von Christus aus, und das
zur Ehre Gottes. Er erreicht die, die gerettet werden,
und die, die verloren gehen. 16 Für die Verlorengehen-
den ist es ein tödlicher Duft, an dem sie sterben. Für
die, die gerettet werden, ist es ein Duft, der sie zum
Leben führt. Wer ist einer solchen Aufgabe gewach-
sen? 17 Viele verbreiten die Botschaft Gottes, wie man
ein Geschäft betreibt. Ich dagegen verkünde sie völlig
uneigennützig. Ich rede als einer, der Christus dient.
Was ich sage, kommt von Gott, dem ich mich verant-
wortlich weiß.

DIE GEMEINDE ALS EMPFEHLUNGSBRIEF FÜR PAULUS

3 Fange ich schon wieder an, mich selbst anzupreisen? Oder brauche ich vielleicht Empfehlungsschreiben an euch oder von euch, wie gewisse Leute sie nötig haben? 2 Ihr selbst seid mein Empfehlungsbrief! Er ist in mein Herz geschrieben und alle können ihn sehen und lesen. 3 Für alle ist sichtbar: Ihr seid ein Brief von Christus, ausgefertigt und überbracht durch meinen Dienst als Apostel. Dieser Brief ist nicht mit Tinte geschrieben, sondern mit dem Geist des lebendigen Gottes. Er steht nicht auf Steintafeln, sondern in den Herzen von Menschen.

PAULUS ALS DIENER DES NEUEN BUNDES

4 So viel Selbstvertrauen habe ich vor Gott, weil Christus mich in seinen Dienst gestellt hat. 5 Ich meine nicht, dass ich einem solchen Auftrag aus eigener Kraft gewachsen bin und mir irgendetwas selbst zuschreiben kann. Gott ist es, der mir die Fähigkeit dazu geschenkt hat. 6 Er hat mich fähig gemacht, ihm zu dienen durch die Bekanntmachung seines neuen Bundes. Dieser Bund unterscheidet sich dadurch von dem früheren Bund, dass Gott jetzt nicht ein geschriebenes Gesetz gibt, sondern seinen Geist. Der Buchstabe des Gesetzes führt zum Tod; der Geist aber führt zum Leben.

DER NEUE BUND FÜHRT ZUM LEBEN

7 Der Dienst, der Mose übertragen wurde, galt dem Gesetz, das mit Buchstaben in steinerne Tafeln eingegraben war. Obwohl dieser Dienst den Menschen den Tod brachte, war der Glanz auf dem Gesicht Moses so stark, dass die Israeliten ihn nicht ertragen konnten. Und das war doch nur ein vergänglicher Glanz! Wenn also schon der Dienst, der den Menschen den Tod brachte, mit so viel Herrlichkeit ausgestattet gewesen ist, 8 wie herrlich muss dann erst der Dienst sein, der sie durch den Geist zum Leben führt! 9 Wenn schon der Dienst, der den Menschen die Verurteilung brachte, Gottes Herrlichkeit ausstrahlte, wie viel mehr wird dann der Dienst die Herrlichkeit Gottes ausstrahlen, der ihnen den Freispruch bringt! 10 Verglichen mit diesem überwältigenden Glanz ist jener andere Glanz gar nichts. 11 Schon das, was vergehen muss, hat Gottes Herrlichkeit ausgestrahlt. Wie viel mehr wird dann die Herrlichkeit Gottes von dem ausstrahlen, was für immer besteht!

DER NEUE BUND FÜHRT ZUR FREIHEIT

12 Weil ich eine so große Hoffnung habe, kann ich frei und offen auftreten. 13 Ich brauche es nicht wie Mose zu machen, der sein Gesicht jedes Mal mit einem Tuch bedeckte. Denn die Israeliten sollten nicht sehen, dass der Glanz wieder verschwand. 14 Aber sie wurden ja auch mit Blindheit geschlagen. Wenn sie die Schriften des alten Bundes lesen, liegt für sie bis heute immer noch dieselbe Decke über deren Worten, und es wird ihnen nicht klar, dass dieser Bund durch Christus an sein Ende gekommen ist. 15 Auch über ihrem Verstand liegt bis heute eine Decke, wenn sie die Schriften Moses lesen. 16 Aber was für Mose galt, gilt auch für sie alle: »Wenn er sich dem Herrn zuwendet, wird die Verhüllung weggenommen.« 17 Der Herr aber, von dem dieses Wort spricht, nämlich Jesus Christus, wirkt durch seinen Geist. Und wo der Geist des Herrn ist, da ist Freiheit. 18 Wir alle sehen in Christus mit unverhülltem Gesicht die Herrlichkeit Gottes wie in einem Spiegel. Dabei werden wir selbst in das Spiegelbild verwandelt und bekommen mehr und mehr Anteil an der göttlichen Herrlichkeit. Das bewirkt der Herr durch seinen Geist.

DER APOSTEL HAT NICHTS ZU VERBERGEN

4 Gott hat sich über mich erbarmt und mir diesen Dienst übertragen. Darum verliere ich nicht den Mut. 2 Ich meide alle dunklen Machenschaften. Ich handle nicht hinterhältig und verdrehe nicht das Wort Gottes. Vielmehr verkünde ich offen die unverfälschte Wahrheit der Guten Nachricht in Verantwortung vor Gott. Das ist meine ›Empfehlung‹, und das werden alle erkennen, die ihr Gewissen prüfen. 3 Wenn die Gute Nachricht, die ich verkünde, glanzlos und verhüllt erscheint, so ist sie das nur für die Menschen, die verloren gehen. 4 Der Satan, der Herrscher dieser Welt, hat sie mit Blindheit geschlagen, sodass sie der Guten Nachricht nicht glauben. Und so können sie auch deren hellen Glanz nicht sehen – den Glanz, in dem Christus aufleuchtet, der das Bild Gottes ist. 5 Denn ich verkünde nicht mich selbst, sondern Jesus Christus als den Herrn. Ich selbst komme nur als euer Diener in Betracht, und das bin ich, weil ich Christus diene. 6 Gott hat einst gesagt: »Licht strahle auf aus der Dunkelheit!« So hat er auch sein Licht in meinem Herzen aufleuchten lassen und mich zur Erkenntnis seiner Herrlichkeit geführt, der Herrlichkeit Gottes, wie sie aufgestrahlt ist in Jesus Christus.

DER DIENST DES APOSTELS IN SCHWACHHEIT UND LEIDEN

7 Ich trage diesen Schatz in einem ganz gewöhnlichen, zerbrechlichen Gefäß. Denn es soll deutlich sichtbar sein, dass das Übermaß an Kraft, mit dem ich wirke, von Gott kommt und nicht aus mir selbst. 8 Ich bin von allen Seiten bedrängt, aber ich werde nicht erdrückt. Ich weiß oft nicht mehr weiter, aber ich verzweifle nicht. 9 Ich werde verfolgt, aber Gott lässt mich nicht im Stich. Ich werde niedergeworfen, aber ich komme wieder auf. 10 Ich erleide fortwährend das Sterben, das Jesus durchlitten hat, an meinem eigenen Leib. Aber das geschieht, damit auch das Leben, zu dem Jesus auferweckt worden ist, an mir sichtbar wird. 11 Denn als Lebender bin ich ständig für Jesus dem Tod ausgeliefert, damit auch das Leben, das Jesus hat, an meinem todverfallenen Körper offenkundig wird. 12 So wirkt nun also der Tod in mir, das Leben aber in euch. 13 Ich bin erfüllt vom Geist des Vertrauens, von dem in den Heiligen Schriften gesagt wird: »Ich vertraute auf

Gott, darum redete ich.« Genauso vertraue auch ich
auf Gott, und darum rede ich auch und verkünde die
Gute Nachricht. 14 Gott hat Jesus, den Herrn, vom Tod
auferweckt, und ich weiß, dass er mich genauso wie
Jesus auferwecken und zusammen mit euch vor seinen
Thron stellen wird. 15 Ich tue ja das alles für euch! Die
Botschaft von Gottes Gnade soll immer mehr Men-
schen erreichen, und der Dank dafür soll überströmen
zur Ehre Gottes.

DIE HOFFNUNG DES APOSTELS AUF DIE KÜNFTIGE HERRLICHKEIT

16 Darum verliere ich nicht den Mut. Die Lebenskräfte,
die ich von Natur aus habe, werden aufgerieben; aber
das Leben, das Gott mir schenkt, erneuert sich jeden
Tag. 17 Die Leiden, die ich jetzt ertragen muss, wiegen
nicht schwer und gehen vorüber. Sie werden mir eine
Herrlichkeit bringen, die alle Vorstellungen übersteigt
und kein Ende hat. 18 Ich baue nicht auf das Sichtbare,
sondern auf das, was jetzt noch niemand sehen kann.
Denn was wir jetzt sehen, besteht nur eine gewisse
Zeit. Das Unsichtbare aber bleibt ewig bestehen.

5 Wir wissen ja: Wenn das irdische Zelt, in dem wir
jetzt leben, nämlich unser Körper, abgebrochen
wird, hat Gott eine andere Behausung für uns bereit:
ein Haus im Himmel, das nicht von Menschen gebaut
ist und das in Ewigkeit bestehen bleibt. 2 Weil wir das
wissen, stöhnen wir und sehnen uns danach, mit dieser
himmlischen Behausung umkleidet zu werden; 3 denn
wir wollen ja nicht nackt dastehen, wenn wir den irdi-
schen Körper ablegen müssen. 4 Ja, wir sind bedrückt
und stöhnen, solange wir noch in diesem Körper leben;
wir wollen aber nicht von unserem sterblichen Kör-
per befreit werden, sondern in den unvergänglichen
Körper hineinschlüpfen. Was an uns vergänglich ist,
soll vom Leben verschlungen werden. 5 Wir werden
auch an dieses Ziel gelangen, denn Gott selbst hat in
uns die Voraussetzung dafür geschaffen: Er hat uns ja
schon als Anzahlung auf das ewige Leben seinen Geist
gegeben. 6 Deshalb bin ich in jeder Lage zuversichtlich.
Ich weiß zwar: Solange ich in diesem Körper lebe, bin
ich vom Herrn getrennt. 7 Wir leben ja noch in der Zeit
des Glaubens, noch nicht in der Zeit des Schauens. 8 Ich
bin aber voller Zuversicht und würde am liebsten so-
gleich von meinem Körper getrennt und beim Herrn
zu Hause sein. 9 Weil ich mich danach sehne, setze ich
aber auch alles daran, zu tun, was ihm gefällt, ob ich
nun in diesem Körper lebe oder zu Hause bin beim
Herrn. 10 Denn wir alle müssen vor Christus erschei-
nen, wenn er Gericht hält. Dann wird jeder Mensch
bekommen, was er verdient, je nachdem, ob er in sei-
nem irdischen Leben Gutes getan hat oder Schlechtes.

GOTTES FRIEDENSANGEBOT IN CHRISTUS

11 Im Bewusstsein, dass ich dem Herrn Rechenschaft
schuldig bin, suche ich Menschen zu gewinnen. Vor
Gott habe ich nichts zu verbergen. Ich hoffe, dass auch
ihr zu dieser Einsicht kommt, wenn ihr euer Gewissen
befragt. 12 Ich preise mich nicht schon wieder selbst
an. Vielmehr möchte ich euch zeigen, dass ihr Grund
habt, auf mich stolz zu sein. Dann wisst ihr auch, wie
ihr die zum Schweigen bringen könnt, die auf äußere
Vorzüge stolz sind, aber im Innern haben sie nichts
vorzuweisen. 13 Wenn mich der Geist ergreift und in
ekstatische Zustände versetzt – das gibt es auch bei
mir –, dann geht das nur Gott etwas an. Wenn ich da-
gegen bei klarem Verstand bin, dann geht das *euch*
an, und ich bin es *euch* zugute! 14 Denn die Liebe, die
Christus uns erwiesen hat, bestimmt mein ganzes
Handeln. Ich habe mir stets vor Augen: Einer ist für
alle in den Tod gegangen, also sind sie alle gestorben.
15 Weil er für sie gestorben ist, gehört ihr Leben nicht
mehr ihnen selbst, sondern dem, der für sie gestorben
und zum Leben erweckt worden ist. 16 Darum beurteile
ich von jetzt an niemand mehr nach menschlichen
Maßstäben. Auch Christus nicht, den ich einst so beur-
teilt habe. 17 Wenn also ein Mensch zu Christus gehört,
ist er schon »neue Schöpfung«. Was er früher war, ist
vorbei; etwas ganz Neues hat begonnen. 18 Das alles
aber kommt von Gott. Obwohl ich sein Feind war, hat
er sich durch Christus mit mir ausgesöhnt und mir den
Auftrag gegeben, seine Versöhnungsbotschaft zu ver-
breiten. 19 So lautet diese Botschaft: In Christus hat
Gott selbst gehandelt und hat die Menschen mit sich
versöhnt. Er hat ihnen ihre Verfehlungen vergeben und
rechnet sie nicht an. Diese Versöhnungsbotschaft lässt
er unter uns verkünden. 20 Uns Aposteln hat Christus
den Auftrag und die Vollmacht gegeben, diese Bot-
schaft überall bekannt zu machen. Ja, Gott selbst ist
es, der durch uns die Menschen ruft. So bitten wir im
Auftrag von Christus: »Bleibt nicht Gottes Feinde!
Nehmt die Versöhnung an, die Gott euch anbietet!«
21 Gott hat Christus, der ohne Sünde war, an unserer
Stelle als Sünder verurteilt, damit wir durch ihn vor
Gott als gerecht bestehen können.

6 Als Gottes Mitarbeiter rufe ich euch also auf: Gebt
acht, dass ihr die Gnade Gottes nicht vergeblich
empfangt! 2 Gott sagt: »Wenn die Zeit kommt, dass ich
mich über euch erbarme, erhöre ich euch; wenn der
Tag eurer Rettung da ist, helfe ich euch.« *Jetzt* ist die
Zeit der Gnade! *Jetzt* ist der Tag der Rettung!

DER APOSTEL IM DIENST DER VERSÖHNUNGSBOTSCHAFT

3 Weil mir diese Botschaft anvertraut ist, sehe ich dar-
auf, dass mein Verhalten in jeder Hinsicht einwandfrei
ist; denn ich möchte nicht, dass der Dienst, der mir
aufgetragen ist, in Verruf kommt. 4 Meine »Empfeh-
lung« ist es, dass ich mich in allem als Diener Gottes
erweise: Mit großer Geduld ertrage ich Sorgen, Nö-
te und Schwierigkeiten. 5 Ich werde geschlagen, ich
werde eingesperrt, sie hetzen das Volk gegen mich
auf. Ich arbeite mich ab, ich verzichte auf Schlaf und
Nahrung. 6 Ich empfehle mich weiter durch ein ein-
wandfreies Leben, durch Erkenntnis, durch Geduld
und durch Freundlichkeit, durch Wirkungen des
Heiligen Geistes und durch aufrichtige Liebe, 7 durch
das Verkünden der Wahrheit und durch die Kraft, die

von Gott kommt. Meine Waffe für Angriff und Verteidi-
gung ist, dass ich tue, was vor Gott und vor Menschen
recht ist. 8 Es macht mir nichts aus, ob ich geehrt oder
beleidigt werde, ob man Gutes über mich redet oder
Schlechtes. Ich werde als Betrüger verdächtigt und
bin doch ehrlich. 9 Ich werde verkannt und bin doch
anerkannt. Ich bin ein Sterbender und doch lebe ich.
Ich werde misshandelt und doch komme ich nicht um.
10 Ich erlebe Kummer und bin doch immer fröhlich. Ich
bin arm wie ein Bettler und mache doch viele reich. Ich
besitze nichts und habe doch alles.

PAULUS WIRBT UM DIE GEMEINDE

11 Meine Lieben in Korinth, ich habe kein Blatt vor den
Mund genommen! Ich habe euch mein Herz weit ge-
öffnet. 12 Es stimmt nicht, dass ihr keinen Platz darin
habt. Ihr habt nur euer eigenes Herz zugemacht. 13 Ich
spreche zu euch als zu meinen Kindern. Begegnet mir
so, wie ich euch begegne! Öffnet auch ihr eure Her-
zen weit!

WARNUNG VOR SCHÄDLICHEN EINFLÜSSEN

14 Macht keine gemeinsame Sache mit Ungläubigen!
Wie passen denn Gerechtigkeit und Ungerechtigkeit
zusammen? Was hat das Licht mit der Finsternis zu
tun? 15 Ist Christus in Einklang zu bringen mit dem
Teufel? Haben Glaubende etwas mit Ungläubigen
gemeinsam? 16 Haben Götzenbilder etwas im Tempel
Gottes zu suchen? Und das sind wir doch: der Tempel
des lebendigen Gottes! Denn Gott hat gesagt: »Ich
will bei ihnen wohnen und mitten unter ihnen leben.
Ich will ihr Gott sein und sie sollen mein Volk sein.«
17 Deshalb sagt er auch: »Zieht weg von hier, trennt
euch von ihnen! Berührt nichts Unreines! Dann werde
ich euch meine Liebe zuwenden. 18 Ich will euer Vater
sein und ihr sollt meine Söhne und Töchter sein. Das
sagt der Herr, der Herrscher der ganzen Welt.«
7 Uns, meine Lieben, gelten diese Zusagen! Wir
wollen uns darum von allem reinigen, was Körper
und Geist beschmutzt. Wir wollen Gott ernst nehmen
und uns bemühen, vollends ganz sein heiliges Volk
zu werden.

WEITERES WERBEN UM DIE GEMEINDE

2 Gebt mir Raum in euren Herzen! Ich habe doch
keinem von euch unrecht getan! Ich habe niemand
zugrunde gerichtet oder ausgebeutet! 3 Ich sage das
nicht, um euch zu verurteilen. Ich habe euch ja schon
gesagt, dass ich euch in meinem Herzen trage. Ihr seid
in Tod und Leben so untrennbar mit mir verbunden,
wie wir es mit Christus im Sterben und Leben sind.
4 Ich habe volles Vertrauen zu euch, ich bin sogar stolz
auf euch. Trotz aller Not bin ich zuversichtlich und voll
überschwänglicher Freude.

TITUS IST GEKOMMEN: ENDE DER SORGEN FÜR PAULUS

5 Auch als ich nach Mazedonien kam, fand ich keine
Ruhe. Von allen Seiten stürmte es auf mich ein: von
außen Feinde, von innen Sorgen. 6 Doch Gott, der die
Niedergeschlagenen ermutigt, gab mir durch die An-
kunft von Titus neuen Mut. 7 Es war aber nicht nur seine
Ankunft – noch viel mehr bedeutet es für mich, dass
ihr Titus so ermutigt habt. Er hat mir erzählt, wie gern
ihr mich sehen wollt, wie sehr ihr das Vorgefallene
bedauert und wie rückhaltlos ihr bereit seid, euch auf
meine Seite zu stellen. Das hat mich noch glücklicher
gemacht.

HEILSAMER SCHMERZ DURCH DEN »TRÄNENBRIEF«

8 Ich habe euch durch meinen Brief wehgetan; aber
ich bedaure es nicht, dass ich ihn geschrieben habe.
Als ich hörte, wie hart er euch zuerst getroffen hat,
tat es mir zwar leid, 9 aber jetzt freue ich mich dar-
über. Natürlich nicht deshalb, weil mein Brief euch
Schmerz bereitet hat, sondern weil dieser Schmerz
euch zur Besinnung gebracht hat. Es war ein Schmerz,
wie Gott ihn haben will. Deshalb war es nicht zu eurem
Schaden, dass ich euch so geschrieben habe. 10 Denn
der Schmerz, wie Gott ihn haben will, ruft eine Reue
hervor, die niemand je bereut; denn sie führt zur ewi-
gen Rettung. Der Schmerz, wie ihn die Menschen die-
ser Welt empfinden, führt dagegen zum ewigen Tod.
11 Meine Worte haben euch einen Schmerz bereitet, wie
Gott ihn haben will. Seht doch, welchen Gewinn euch
das gebracht hat! Wie viel guten Willen zeigt ihr jetzt!
Wie eifrig seid ihr bemüht, eure Unschuld zu bewei-
sen! Der Unwille über den Schuldigen, die Furcht vor
meinem Zorn, die Sehnsucht nach meiner Gegenwart
und der Eifer, den Schuldigen zu bestrafen – das alles
ist daraus erwachsen. Damit habt ihr gezeigt, dass ihr
in dieser Sache unschuldig seid. 12 Es ging mir also bei
meinem Brief nicht um den, der Unrecht getan hat,
oder um mich, dem Unrecht geschehen ist. Ihr solltet
Gelegenheit bekommen, vor Gott zu beweisen, dass
ihr voll zu mir steht. 13a So ist es geschehen und das hat
mir wieder Mut gegeben.

PAULUS FREUT SICH FÜR UND MIT TITUS

13b Aber noch viel mehr als über diese Ermutigung habe
ich mich gefreut über die Freude, mit der Titus von
euch zurückkam. Er war ganz glücklich, weil ihr alle
so freundlich zu ihm gewesen seid. 14 Ich hatte euch
vor ihm gerühmt und ihr habt mich nicht enttäuscht.
So wie ich euch gegenüber immer die Wahrheit gesagt
habe, so hat sich nun auch das, was ich Titus gegen-
über von euch gerühmt habe, als Wahrheit erwiesen.
15 Jetzt liebt er euch noch mehr als zuvor. Er hat ja er-
lebt, wie ihr ihn mit Angst und Bangen aufnahmt und
wie bereitwillig ihr euch meinen Anordnungen gefügt
habt. 16 Ich bin froh, dass ich mich in allem auf euch
verlassen kann.

ERINNERUNG UND ERMUNTERUNG

8 Ich will euch berichten, Brüder und Schwestern,
was Gottes Gnade in den Gemeinden in Mazedo-
nien bewirkt hat. 2 Sie hatten viel zu leiden und haben

es nicht nur standhaft ertragen; vielmehr wurde ihre
Freude im Glauben nur umso stärker und führte trotz
ihrer großen Armut zu einer erstaunlichen Hilfsbe-
reitschaft. 3 Ihr könnt es mir glauben: Sie spendeten,
soviel sie konnten, ja noch mehr, und sie taten es ohne
Aufforderung. 4 Sie haben sich mir geradezu aufge-
drängt und darum gebeten, sich an diesem Werk der
Gnade Gottes beteiligen zu dürfen – an dieser Hilfe-
leistung, in der die Verbundenheit mit der Gemeinde
in Jerusalem zum Ausdruck kommt. 5 Sie taten dabei
noch mehr, als ich gehofft hatte: Sie schenkten sich
selbst, zuerst dem Herrn und dann, dem Willen Gottes
gemäß, auch mir. 6 Deshalb habe ich Titus zugeredet,
dass er sich bei euch um diese Sache kümmert. Er hat
ja schon früher bei euch damit angefangen. Nun soll
er euch helfen, dieses Werk der Gnade auch zu Ende
zu bringen. 7 Ihr habt alles im Überfluss: Glauben,
kraftvolles Wort, Erkenntnis, guten Willen und die
gegenseitige Liebe, die ich euch vorgelebt und unter
euch geweckt habe. Ich möchte, dass euer Beitrag zu
diesem Gnadenwerk ebenso reich wird. 8 Ich gebe
euch keinen Befehl. Ich sage euch nur, wie hilfsbe-
reit andere sind, um euch dadurch anzuspornen. Ich
möchte erproben, wie ernst es euch mit eurer Liebe
ist. 9 Ihr wisst ja, was Jesus Christus, unser Herr, in sei-
ner Liebe für euch getan hat. Er war reich und wurde
für euch arm; denn er wollte euch durch seine Armut
reich machen. 10 Ich gebe euch nur meinen Rat. Ich
meine, es ist zu eurem eigenen Besten, dass ihr euch
an der Sammlung beteiligt. Ihr habt euch ja schon im
vorigen Jahr dazu entschlossen und habt auch schon
damit angefangen. 11 Bringt das Begonnene jetzt zum
guten Ende, damit die Ausführung nicht hinter dem
Vorsatz zurückbleibt. Natürlich immer entsprechend
dem, was ihr habt! 12 Wenn der gute Wille da ist, ist er
willkommen mit dem, was jemand hat, nicht mit dem,
was jemand nicht hat. 13 Ihr sollt nicht selbst Mangel
leiden, damit andern geholfen wird. Vielmehr soll es
zu einem Ausgleich kommen. 14 Im Augenblick habt ihr
mehr als die andern. Darum ist es nur recht, dass ihr de-
nen helft, die in Not sind. Wenn dann einmal ihr in Not
seid und sie mehr haben als ihr, sollen sie euch helfen.
So kommt es zu einem Ausgleich zwischen euch. 15 In
den Heiligen Schriften heißt es: »Wer viel gesammelt
hatte, hatte nicht zu viel, und wer wenig gesammelt
hatte, hatte nicht zu wenig.«

DIE HELFER BEI DER SAMMLUNG

16 Ich danke Gott dafür, dass er Titus den gleichen Eifer
für euch ins Herz gegeben hat, den ich für euch habe.
17 Titus hat nicht nur meinen Vorschlag angenommen;
er war noch viel eifriger und hatte schon von sich aus
beschlossen, zu euch zu reisen. 18 Mit ihm schicke ich
den Bruder, der wegen seines Wirkens für die Gute
Nachricht bei allen Gemeinden in hohem Ansehen
steht. 19 Und nicht nur das: Die Gemeinden haben ihn
auch dazu bestimmt, mich zu begleiten, wenn ich
diese Liebesgabe überbringe – die Gabe, die ich jetzt
einsammle zur Ehre Gottes und zum Zeichen meines
guten Willens. 20 So soll vermieden werden, dass man
mich verdächtigt, wenn ich eine so große Summe allein
verwalte. 21 Es liegt mir daran, dass alles einwandfrei
zugeht, nicht nur vor dem Herrn, sondern auch vor den
Menschen. 22 Ich schicke noch einen anderen Bruder
mit ihnen. Ich habe ihn oft erprobt, und jedes Mal war
er sehr eifrig. Jetzt ist er noch viel eifriger als sonst,
eine so hohe Meinung hat er von euch. 23 Titus ist mein
Gefährte und mein Mitarbeiter im Dienst an euch. Die
anderen Brüder kommen im Auftrag der Gemeinden
und sind Menschen, die Christus Ehre machen. 24 Zeigt
ihnen, dass eure Liebe echt ist, und beweist den ande-
ren Gemeinden, dass ich euch zu Recht gelobt habe.

NOCHMALS ZUR SAMMLUNG

9 Ich brauche euch über den Liebesdienst für die
Gemeinde in Jerusalem ja nicht mehr ausführlich
zu schreiben. 2 Ich weiß, dass ihr helfen wollt. Ich habe
euch schon bei den Mazedoniern gelobt: »Die Brüder
und Schwestern in Korinth und Umgebung sammeln
seit dem vorigen Jahr!« Euer Eifer hat die meisten
von ihnen angesteckt. 3 Ich schicke jetzt die Brüder
zu euch; denn ich will nicht enttäuscht werden, weil
ich euch gelobt und erklärt habe: »Sie haben schon
gesammelt.« 4 Wie stehe ich da, wenn dann Leute von
Mazedonien mit mir kommen und feststellen, dass es
gar nicht so ist! Wie würde ich mich schämen müssen –
und erst ihr selbst! 5 Darum hielt ich es für nötig, die
Brüder zu bitten, dass sie mir vorausreisen und die
angekündigte Spende einsammeln, damit sie dann
wirklich bereitliegt. Sie soll eine echte Spende sein:
eine Gabe des Dankes und nicht eine Gabe des Geizes.

GOTT GIBT, DAMIT WIR GEBEN KÖNNEN

6 Denkt daran: Wer spärlich sät, wird nur wenig ernten.
Aber wer mit vollen Händen sät, auf den wartet eine
reiche Ernte. 7 Jeder soll so viel geben, wie er sich in
seinem Herzen vorgenommen hat. Es soll ihm nicht
leid tun und er soll es auch nicht nur geben, weil er
sich dazu gezwungen fühlt. Gott liebt fröhliche Ge-
ber! 8 Er hat die Macht, euch so reich zu beschenken,
dass ihr nicht nur jederzeit genug habt für euch selbst,
sondern auch noch anderen reichlich Gutes tun könnt.
9 Dann gilt von euch, was in den Heiligen Schriften
steht: »Großzügig gibt er den Bedürftigen; seine Wohl-
tätigkeit wird in Ewigkeit nicht vergessen werden.«
10 Gott, der dem Sämann Saatgut und Brot gibt, wird
auch euch Samen geben und ihn wachsen lassen, da-
mit eure Wohltätigkeit eine reiche Ernte bringt. 11 Er
wird euch so reich machen, dass ihr jederzeit freigebig
sein könnt. Dann werden viele Menschen Gott wegen
der Gaben danken, die wir ihnen von euch überge-
ben. 12 Dieser Liebesdienst soll ja nicht nur die Not der
Gemeinde in Jerusalem lindern, sondern darüber hin-
aus viele Menschen zum Dank gegen Gott bewegen.
13 Wenn ihr euch in dieser Sache bewährt, werden die
Brüder und Schwestern in Jerusalem Gott dafür prei-
sen. Sie werden ihm danken, dass ihr so treu zur Guten
Nachricht von Christus steht und so selbstverständlich

mit ihnen und mit allen teilt. 14 Und weil sie sehen, dass
Gott euch in so überreichem Maß seine Gnade erwie-
sen hat, werden sie für euch beten und sich nach euch
sehnen. 15 Lasst uns Gott danken für sein unsagbar
großes Geschenk!

PAULUS VERTEIDIGT SICH GEGEN ANGRIFFE

10 Ich, Paulus, muss jetzt von mir selbst reden. Ich
bin angeblich kleinlaut, wenn ich bei euch bin,
aber aus der Ferne spiele ich den starken Mann. Ich
bitte euch bei der Güte und Freundlichkeit, die Christus
uns erwiesen hat: 2 Zwingt mich nicht, meine Stärke zu
zeigen, wenn ich komme! Ich habe keine Angst vor de-
nen, die mir menschliche Schwächen und mangelnde
geistliche Vollmacht vorwerfen. 3 Ich bin zwar nur ein
Mensch, aber ich kämpfe nicht nach Menschenart.
4 Meine Waffen in diesem Kampf sind nicht die eines
schwachen Menschen, sondern die mächtigen Waffen
Gottes. Mit ihnen zerstöre ich feindliche Festungen:
Ich bringe falsche Gedankengebäude zum Einsturz
5 und reiße den Hochmut nieder, der sich der wahren
Gotteserkenntnis entgegenstellt. Jeden Gedanken,
der sich gegen Gott auflehnt, nehme ich gefangen
und unterstelle ihn dem Befehl von Christus. 6 Ich stehe
bereit, alle Widersetzlichen zu bestrafen, sobald ihr als
Gemeinde zum vollen Gehorsam gefunden habt. 7 Seht
doch den Tatsachen ins Auge! Wenn jemand bei euch
den Anspruch erhebt, zu Christus zu gehören, darf er
nicht übersehen: Ich gehöre zu Christus genauso wie
er. 8 Ich könnte sogar noch mehr für mich in Anspruch
nehmen und die Vollmacht ausspielen, die der Herr mir
gegeben hat. Damit würde ich mich bestimmt nicht
übernehmen. Aber ich erhielt meinen Auftrag, um
euch als Gemeinde aufzubauen, und nicht, um euch
zugrunde zu richten. 9 Es soll nicht so aussehen, als
ob ich euch mit meinen Briefen einschüchtern wollte.
10 Sie sagen ja schon: »Die Briefe, die er schreibt, sind
gewichtig und kraftvoll; aber wenn er persönlich bei
uns ist, macht er eine erbärmliche Figur, und was er
sagt, hat keine Kraft.« 11 Wer so denkt, dem sage ich:
Genau so, wie meine Briefe auf euch wirken, werde
ich handeln, wenn ich zu euch komme.

GEGEN DEN SELBSTRUHM DER EINGEDRUNGENEN MISSIONARE

12 Ich wage allerdings nicht, mich mit denen in eine
Reihe zu stellen, die sich selbst anpreisen. Ich kann
mich selbstverständlich nicht mit ihnen messen. Sie
sind so unverständig, dass sie ihre eigenen Maßstä-
be aufrichten und sich an sich selbst messen. 13 Ich
dagegen rühme mich nicht ohne Maß. Gott hat mich
mit der Guten Nachricht bis zu euch gelangen lassen.
Das ist der Maßstab, nach dem ich mich beurteile. 14 Ich
brauche meine Leistung nicht zu übertreiben, denn ich
bin ja tatsächlich mit der Guten Nachricht von Christus
auch bis zu euch gekommen! 15 Ich verliere also nicht
das Maß und prahle nicht mit der Arbeit, die andere
getan haben. Ich hoffe vielmehr, dass euer Glaube
wächst und ich dann noch weit mehr Ruhm ernten
werde – und zwar nach dem Maßstab, der für *mich* gilt.
16 Statt nach einem fremden Maßstab mit einer Arbeit
zu prahlen, die andere schon vor mir getan haben,
werde ich dann die Gute Nachricht noch weit über
Korinth hinaus verkünden. 17 In den Heiligen Schriften
heißt es: »Wer sich mit etwas rühmen will, soll sich mit
dem rühmen, was der Herr getan hat.« 18 Als bewährt
gilt, wer vom Herrn gelobt wird, und nicht, wer sich
selbst anpreist.

PAULUS UND DIE FALSCHEN APOSTEL

11 Wenn ihr mir doch erlauben würdet, einmal den
Verrückten zu spielen – aber das erlaubt ihr ja
gern – und mich selbst anzupreisen! 2 Wache ich doch
ebenso eifersüchtig über euch wie Gott selbst. Ihr seid
für mich wie eine Tochter, die ich für *einen* Mann be-
stimmt und mit ihm verlobt habe, um sie ihm unbe-
rührt zuzuführen, nämlich Christus. 3 Eva wurde durch
die klugen Lügen der Schlange verführt. Ich fürchte,
dass eure Gedanken genauso verwirrt werden und
ihr Christus nicht mehr rein und ungeteilt liebt. 4 Ihr
lasst es euch gefallen, wenn jemand kommt und euch
einen anderen Jesus verkündet als den, den ich euch
gebracht habe. Ihr lasst euch gerne einen anderen
Geist geben als den, den ihr zuerst empfangen habt,
und nehmt eine andere Gute Nachricht an als die, die
ihr von mir gehört habt. 5 Ich bin überzeugt, dass ich
euren Überaposteln in nichts nachstehe. 6 Vielleicht
bin ich kein Meister im Reden, aber in der Erkenntnis
nehme ich es mit jedem auf. Das habe ich euch gegen-
über zu jeder Zeit und in jeder Lage bewiesen. 7 Oder
war es vielleicht unrecht von mir, dass ich euch die
Gute Nachricht ohne jede Gegenleistung verkündete?
Ich habe mich selbst erniedrigt, um euch zu erhöhen!
8 Für meinen Dienst an euch habe ich mich von an-
deren Gemeinden bezahlen lassen; ich habe sie um
euretwillen beraubt. 9 Solange ich bei euch war, bin
ich niemand zur Last gefallen, wenn ich in Not war.
Denn die Brüder, die aus Mazedonien kamen, brach-
ten mir, was ich brauchte. Ich habe nichts von euch
in Anspruch genommen. So werde ich es auch in
Zukunft halten. 10 Ich verspreche euch bei Christus,
der die Wahrheit ist und der in mir lebt: Meinen Ruhm
in diesem Punkt wird mir niemand in der ganzen Pro-
vinz Achaia nehmen! 11 Warum bestehe ich darauf?
Etwa weil ich euch nicht liebe? Gott weiß, wie es
damit steht! 12 Wenn ich auch in Zukunft nichts von
euch annehme, so hat das einen anderen Grund: Den
Gefallen tue ich euren Überaposteln nicht! Sie warten
nur auf die Gelegenheit, mich zu sich herabzuziehen
und sich noch ungehinderter anpreisen zu können.
13 In Wirklichkeit sind sie falsche Apostel; sie sind Be-
trüger, die sich nur für Apostel von Christus ausgeben.
14 Das braucht euch nicht zu wundern. Sogar der Satan
verstellt sich und gibt sich für einen Engel aus! 15 Es ist
also nichts Besonderes, wenn auch seine Helfer sich
verstellen und sich als Diener Gottes ausgeben. Aber
am Ende ergeht es ihnen, wie sie es mit ihren Taten
verdient haben.

WAS PAULUS VORZUWEISEN HAT

16 Ich wiederhole: Niemand soll glauben, ich sei nicht
ganz bei Verstand! Aber wer es meint, soll mich dann
eben so nehmen, damit ich mich auch ein klein wenig
anpreisen kann. 17 Was ich jetzt sage, ist nicht im Sinne
des Herrn gesagt. Ich spreche wie ein Unzurechnungs-
fähiger, wenn ich mich darauf einlasse, mich zu rüh-
men. 18 Aber weil so viele sich auf ihre Vorzüge berufen,
will ich es auch einmal tun. 19 Ihr seid ja so vernünftig,
dass ihr die Verrückten gerne ertragt. 20 Ihr duldet es,
wenn euch jemand unterdrückt, euch ausbeutet und
einfängt, euch verachtet und ins Gesicht schlägt. 21 Ich
muss zu meiner Schande gestehen: Dazu war ich zu
schwach! Ich rede jetzt wirklich wie ein Verrückter:
Womit andere prahlen, damit kann ich auch prahlen.
22 Sie sind echte Hebräer? Das bin ich auch. Sie sind
Israeliten? Das bin ich auch. Sie sind Nachkommen
Abrahams? Das bin ich auch. 23 Sie dienen Christus?
Ich rede im Wahnsinn: Ich diene ihm noch viel mehr!
Ich habe härter für Christus gearbeitet. Ich bin öfter
im Gefängnis gewesen, öfter geschlagen worden.
Häufig war ich in Todesgefahr. 24 Fünfmal habe ich
von den Juden die neununddreißig Schläge bekom-
men. 25 Dreimal wurde ich von den Römern mit Stöcken
geprügelt, einmal wurde ich gesteinigt. Ich habe drei
Schiffbrüche erlebt; das eine Mal trieb ich eine Nacht
und einen Tag auf dem Meer. 26 Auf meinen vielen
Reisen haben mich Hochwasser und Räuber bedroht.
Juden und Nichtjuden haben mir nachgestellt. Es gab
Gefahren in Städten und in Einöden, Gefahren auf ho-
her See und Gefahren bei falschen Brüdern. 27 Ich hatte
Mühe und Not und oftmals schlaflose Nächte. Ich war
hungrig und durstig, oft hatte ich tagelang nichts zu
essen. Ich fror und hatte nichts Warmes anzuziehen.
28 Ich könnte noch vieles aufzählen; aber ich will nur
noch eins nennen: die Sorge um alle Gemeinden, die
mir täglich zu schaffen macht. 29 Wenn irgendwo
jemand schwach ist, bin ich es mit ihm. Und wenn
jemand an Gott irrewird, brennt es mich wie Feuer.
30 Wenn schon geprahlt werden muss, will ich mit mei-
ner Schwäche prahlen. 31 Der Gott und Vater unseres
Herrn Jesus – gepriesen sei er in Ewigkeit – weiß, dass
ich nicht lüge. 32 Als ich in Damaskus war, stellte der Be-
vollmächtigte des Königs Aretas Wachen an die Stadt-
tore, um mich zu verhaften. 33 Aber durch das Fenster
eines an die Stadtmauer gebauten Hauses wurde ich
in einem Korb hinuntergelassen und entkam.

HOHE OFFENBARUNGEN – UND WAS WIRKLICH ZÄHLT

12 Ihr zwingt mich dazu, dass ich mein Selbstlob
noch weiter treibe. Zwar hat niemand einen
Nutzen davon; trotzdem will ich jetzt von den Visionen
und Offenbarungen sprechen, die vom Herrn kommen.
2 Ich kenne einen mit Christus verbundenen Menschen,
der vor vierzehn Jahren in den dritten Himmel versetzt
wurde. Ich bin nicht sicher, ob er körperlich dort war
oder nur im Geist; das weiß nur Gott. 3-4 Jedenfalls
weiß ich, dass diese Person ins Paradies versetzt
wurde, ob körperlich oder nur im Geist, das weiß nur
Gott. Dort hörte sie geheimnisvolle Worte, die kein
Mensch aussprechen kann. 5 Im Blick auf diese Person
will ich prahlen. Im Blick auf mich selbst prahle ich nur
mit meiner Schwäche. 6 Wollte ich aber für mich selbst
damit prahlen, so wäre das kein Anzeichen, dass ich
den Verstand verloren hätte; ich würde ja die reine
Wahrheit sagen. Trotzdem verzichte ich darauf; denn
jeder soll mich nach dem beurteilen, was er an mir sieht
und mich reden hört, und nicht höher von mir denken.
7 Ich habe unbeschreibliche Dinge geschaut. Aber da-
mit ich mir nichts darauf einbilde, hat Gott mir einen
»Stachel ins Fleisch« gegeben: Ein Engel des Satans
darf mich mit Fäusten schlagen, damit ich nicht über-
heblich werde. 8 Dreimal habe ich zum Herrn gebetet,
dass der Satansengel von mir ablässt. 9 Aber der Herr
hat zu mir gesagt: »Du brauchst nicht mehr als meine
Gnade. Je schwächer du bist, desto stärker erweist
sich an dir meine Kraft.« Jetzt trage ich meine Schwä-
che gern, ja, ich bin stolz darauf, weil dann Christus
seine Kraft an mir erweisen kann. 10 Darum freue ich
mich über meine Schwächen, über Misshandlungen,
Notlagen, Verfolgungen und Schwierigkeiten. Denn
gerade wenn ich schwach bin, dann bin ich stark.

PAULUS SORGT SICH UM DIE KORINTHER

11 Jetzt habe ich mich wirklich wie ein Unzurech-
nungsfähiger aufgeführt! Aber ihr habt mich ja dazu
gezwungen. Es wäre doch eigentlich *eure* Sache ge-
wesen, meine Vorzüge herauszustreichen! Auch wenn
ich nichts bin, euren Überaposteln stehe ich in kei-
ner Weise nach. 12 Unter schwierigen Umständen, in
großer Geduld, sind durch mich staunenerregende,
machtvolle Wunder geschehen: die Zeichen, an de-
nen man den Apostel erkennt. 13 Habe ich euch in
irgendeinem Punkt schlechter behandelt als die üb-
rigen Gemeinden? Ich weiß nur, dass ich euch nicht
mit der Forderung nach Unterhalt zur Last gefallen
bin. Verzeiht mir dieses Unrecht! 14 Jetzt will ich zum
dritten Mal zu euch kommen und auch diesmal werde
ich keine Ansprüche erheben. Euch selbst möchte ich,
nicht euer Geld! Schließlich sollen nicht die Kinder für
ihre Eltern sorgen, sondern die Eltern für ihre Kinder.
15 Euch zugute würde ich gerne alles hergeben, auch
mein eigenes Leben. Es kann doch nicht sein, dass
ihr mich umso weniger liebt, je mehr ich euch liebe!
16 Nun gut, das gebt ihr zu, dass ich euch nicht zur Last
gefallen bin. Aber vielleicht war ich listig und hinter-
hältig? 17 Vielleicht habe ich euch durch einen meiner
Boten ausgebeutet? 18 Ich schickte euch Titus und den
anderen Bruder. Wollt ihr behaupten, dass Titus euch
ausgebeutet hat? Handelten wir nicht beide im glei-
chen Geist? Gingen wir nicht in denselben Spuren?
19 Ihr denkt vielleicht schon lange, dass ich mich wie
ein Angeklagter vor euch verteidige. Aber ich rede vor
Gott als einer, der Christus gehört. Ich tue das alles zu
eurem Besten, meine Lieben! 20 Denn ich habe Angst,
dass ich euch bei meiner Ankunft nicht so antreffe, wie
ich euch haben möchte – und dass dann auch ihr mich

anders findet, als ihr mich haben wollt. Ich befürchte,
dass ich Streit und Rivalität vorfinde, Wutausbrüche,
Intrigen, Beleidigungen, Verleumdungen, Überheb-
lichkeit und Unordnung. 21 Ich möchte nicht, dass mich
Gott nochmals vor euch demütigt, wenn ich jetzt zu
euch komme. Ich möchte nicht traurig sein müssen
über die vielen, die früher gesündigt haben und die
sich immer noch nicht abgekehrt haben von ihrem
schmutzigen, unzüchtigen, ausschweifenden Leben.

LETZTE WARNUNGEN UND GRÜSSE

13 Ich besuche euch jetzt zum dritten Mal. Denkt an
den Grundsatz: »Aufgrund von zwei oder drei
Zeugenaussagen wird der Schuldspruch gefällt.« 2 Für
die von euch, die früher gesündigt haben, und für alle
anderen wiederhole ich jetzt aus der Ferne, was ich
schon während meines zweiten Besuches angekün-
digt habe: Wenn ich das nächste Mal komme, gibt es
keine Schonung! 3 Da habt ihr dann den gewünsch-
ten Beweis dafür, dass Christus durch mich spricht.
Christus ist euch gegenüber nicht schwach, sondern
erweist unter euch seine Kraft. 4 Als er am Kreuz starb,
war er schwach. Aber jetzt lebt er durch Gottes Kraft.
Auch ich bin mit Christus schwach. Aber ich werde mit
ihm leben und mich stark erweisen euch gegenüber
aus Gottes Kraft. 5 Anstatt *mich* zu prüfen, prüft lieber
euch selbst, ob ihr überhaupt noch im Glauben steht!
Tretet *ihr* den Beweis an, dass ihr euch bewährt habt,
statt von mir einen zu verlangen! Ihr müsst ja doch an
euch selbst erkennen können, ob Jesus Christus noch
in eurer Mitte ist. Wenn er es nicht ist, dann habt *ihr*
versagt! 6 Ich hoffe nur, ihr werdet noch einsehen, dass
ich jedenfalls *nicht* versagt habe. 7 Ich bete zu Gott,
dass ihr keinerlei Böses und Verwerfliches tut. Nicht,
damit ich dann dastehe als der, der recht behalten und
sich durchgesetzt hat! Nein, wenn nur ihr das Gute tut,
will ich gern auch weiterhin wie ein Schwächling und
Versager dastehen. 8 Denn ich kann ja nichts *gegen* die
Wahrheit der Guten Nachricht ausrichten, sondern nur
für sie. 9 Deshalb freue ich mich, wenn ich schwach bin
und ihr stark seid. Genau darum bete ich zu Gott: Ich
bitte ihn, dass er euch wieder zurechtbringt. 10 Dies
alles schreibe ich euch, solange ich noch fern von euch
bin. Ich möchte nicht streng mit euch umgehen müs-
sen, wenn ich komme. Die Vollmacht, die der Herr mir
gab, habe ich nicht bekommen, um die Gemeinde zu
zerstören, sondern um sie aufzubauen. 11 Im Übrigen,
Brüder und Schwestern, freut euch! Nehmt meine
Worte zu Herzen und lasst euch wieder auf den rech-
ten Weg bringen. Seid einer Meinung und lebt in Frie-
den miteinander. Dann wird Gott, der uns seine Liebe
und seinen Frieden schenkt, bei euch sein. 12 Grüßt ein-
ander mit dem Friedenskuss! Die ganze Gemeinde hier
lässt euch grüßen. 13 Die Gnade unseres Herrn Jesus
Christus und die Liebe Gottes und die Gemeinschaft
stiftende Kraft des Heiligen Geistes sei mit euch allen!

DER BRIEF DES APOSTELS PAULUS AN DIE GEMEINDEN IN **GALATIEN**

EIN UNGEWÖHNLICHER BRIEFEINGANG

1 Diesen Brief schreibt Paulus, der Apostel. Ich
schreibe ihn als einer, der seinen Auftrag nicht von
Menschen erhalten hat, auch nicht durch mensch-
liche Vermittlung, sondern von Jesus Christus und von
Gott, dem Vater, der Jesus vom Tod auferweckt hat.
2 Zusammen mit allen Brüdern und Schwestern, die bei
mir sind, schreibe ich an die Gemeinden in Galatien.
3 Gnade und Frieden sei mit euch von Gott, unserem
Vater, und von Jesus Christus, dem Herrn, 4 der sein
Leben für unsere Sünden hingegeben hat. Das tat er,
um uns aus der gegenwärtigen Welt zu befreien, die
vom Bösen beherrscht wird. So war es der Wille unse-
res Gottes und Vaters – 5 ihm gehört die Herrlichkeit
für alle Ewigkeit! Amen.

ES GIBT NUR DIE EINE GUTE NACHRICHT

6 Ich wundere mich über euch! Gott hat euch durch
die Gute Nachricht dazu berufen, dass ihr unter der
Gnade steht, die Christus gebracht hat. Und nun
kehrt ihr ihm so schnell den Rücken und wendet euch
einer *anderen* Guten Nachricht zu! 7 Es gibt jedoch
gar keine andere; es gibt nur gewisse Leute, die unter
euch Verwirrung stiften. Sie wollen die Gute Nachricht
von Christus in ihr Gegenteil verkehren. 8 Aber nicht
einmal ich selbst oder ein Engel vom Himmel darf euch
eine Gute Nachricht bringen, die der widerspricht, die
ich euch gebracht habe. Wer es tut, soll verflucht sein,
dem Gericht Gottes übergeben! 9 Ich habe es euch
schon früher eingeschärft und wiederhole es jetzt: Wer
euch eine andere Gute Nachricht bringt als die, die ihr
angenommen habt, soll verflucht sein, dem Gericht
Gottes übergeben! 10 Will ich jetzt wieder Menschen
beschwatzen – oder gar Gott selbst? Oder rede ich
etwa Menschen nach dem Mund? Ich gehöre Christus
und diene ihm – wie kann ich da noch den Beifall der
Menschen suchen!

DIE VON PAULUS VERKÜNDETE GUTE NACHRICHT KOMMT DIREKT VON CHRISTUS

11 Das müsst ihr wissen, Brüder und Schwestern:
Die Gute Nachricht, die ich verkünde, ist kein Men-
schenwort. 12 Ich habe sie nicht von irgendeinem
Menschen übernommen und bin auch von keinem
Menschen darüber belehrt worden. Ich habe sie da-
durch empfangen, dass Gott mich Jesus als den von

ihm bestätigten Retter schauen ließ. 13 Ihr habt doch
gehört, wie entschieden ich früher für die jüdische
Religion eingetreten bin. Über alles Maß hinaus ver-
folgte ich die Gemeinde Gottes und tat alles, um sie
zu vernichten. 14 In meiner Treue zum Gesetz über-
traf ich viele meiner Altersgenossen in meinem Volk.
Leidenschaftlicher als die anderen setzte ich mich für
die Befolgung der strengen Vorschriften ein, die die
früheren Gesetzeslehrer aufgestellt haben. 15 Aber
dann kam es ganz anders. Gott hatte mich ja schon
vom Mutterleib an ausgesondert und in seiner Gnade
berufen. Und so gefiel es ihm jetzt, 16 mir seinen Sohn
zu zeigen, damit ich ihn unter den nicht jüdischen Völ-
kern bekannt mache. Als mir diese Offenbarung zuteil-
wurde, fragte ich nicht erst Menschen um Rat. 17 Ich
ging auch nicht nach Jerusalem zu denen, die schon
vor mir Apostel waren, sondern begab mich nach Ara-
bien und kehrte dann wieder nach Damaskus zurück.
18 Erst drei Jahre später ging ich nach Jerusalem, um
Petrus kennenzulernen. Ich blieb zwei Wochen bei ihm.
19 Von den anderen Aposteln sah ich damals keinen,
nur Jakobus, den Bruder des Herrn. 20 Was ich euch hier
schreibe, ist die reine Wahrheit; Gott weiß es. 21 Dann
ging ich nach Syrien und Kilikien. 22 Den christlichen
Gemeinden in Judäa blieb ich persönlich unbekannt.
23 Sie hatten nur gehört: »Der Mann, der uns verfolgte,
verkündet jetzt den Glauben, den er früher ausrotten
wollte!« 24 Und sie dankten Gott dafür, dass er dies an
mir bewirkt hatte.

DIE MASSGEBENDEN LEUTE IN DER URGEMEINDE ERKENNEN PAULUS AN

2 Erst vierzehn Jahre später ging ich wieder nach
Jerusalem, diesmal mit Barnabas; auch Titus nahm
ich mit. 2 Ich ging aufgrund einer göttlichen Weisung
und trug dort vor, was ich als Gute Nachricht bei den
nicht jüdischen Völkern verkünde. Das tat ich vor der
versammelten Gemeinde und auch noch in beson-
deren Zusammenkünften vor ihren maßgebenden
Leuten. Denn ich war in Sorge, meine Missionsarbeit
könnte nicht anerkannt werden und meine ganze
Mühe vergeblich sein, die künftige wie die bisherige.
3 Aber nicht einmal mein Begleiter Titus, ein Grieche,
wurde gezwungen, sich beschneiden zu lassen. 4 Es
waren allerdings falsche Brüder eingedrungen, wie sie
sich damals auch anderswo in den Gemeinden einge-
schlichen hatten. Sie wollten sich zu Richtern über die
Freiheit machen, die wir durch Jesus Christus haben,
und uns wieder unter das Gesetz zwingen. 5 Aber ich
habe ihnen nicht einen Augenblick nachgegeben. Die
Gute Nachricht sollte euch unverfälscht erhalten blei-
ben! 6 Dagegen machten mir die maßgebenden Leute
in der Gemeinde keinerlei Auflagen. – Was sie früher
einmal waren, interessiert mich im Übrigen nicht;
bei Gott gibt es keine Rangunterschiede. – 7 Ganz im
Gegenteil: Sie erkannten, dass Gott mich beauftragt
hat, die Gute Nachricht den nicht jüdischen Völkern
zu bringen, so wie er Petrus beauftragt hat, sie den
Juden zu bringen. 8 Denn Gott wirkte durch Petrus bei
seiner Missionsarbeit unter den Juden und hat ihn
so als Apostel für die Juden bestätigt. Und er wirkte
auch durch mich in meiner Missionsarbeit unter den
Nichtjuden und hat mich so als Apostel für die ande-
ren Völker bestätigt. 9 Die maßgebenden Leute, die als
»die Säulen« gelten, Jakobus, Petrus und Johannes, er-
kannten, dass Gott mir diesen Auftrag anvertraut hat.
So gaben sie mir und Barnabas die Hand zum Zeichen
der Gemeinschaft. Wir einigten uns, dass Barnabas und
ich unter den anderen Völkern die Gute Nachricht ver-
künden sollten und sie unter den Juden. 10 Sie machten
nur zur Bedingung, dass wir die verarmte Gemeinde in
Jerusalem unterstützten. Darum habe ich mich auch
wirklich bemüht.

EINE NOTWENDIGE KLARSTELLUNG

11 Als Petrus später in Antiochia war, stellte ich ihn öf-
fentlich zur Rede, weil sein Verhalten unentschuldbar
war. 12 Zuerst nämlich nahm er zusammen mit den nicht
jüdischen Brüdern und Schwestern an den gemein-
samen Mahlzeiten teil. Aber dann kamen Leute aus
dem Kreis um Jakobus, die das jüdische Gesetz streng
befolgen. Da zog sich Petrus von den gemeinsamen
Mahlzeiten zurück und aß aus Furcht vor ihnen nicht
mehr mit den Nichtjuden. 13 Auch die anderen Juden
in der Gemeinde blieben gegen ihre Überzeugung
den gemeinsamen Mahlzeiten fern, sodass sogar
Barnabas angesteckt wurde und genau wie sie seine
Überzeugung verleugnete. 14 Als ich sah, dass sie damit
die Wahrheit der Guten Nachricht preisgaben, sagte
ich zu Petrus vor der ganzen Gemeinde: »Obwohl du
ein Jude bist, hast du bisher die Vorschriften des jüdi-
schen Gesetzes nicht beachtet und hast wie ein Nicht-
jude gelebt. Warum zwingst du dann jetzt durch dein
Verhalten die nicht jüdischen Brüder und Schwestern,
so wie Juden nach den Vorschriften des Gesetzes zu
leben?« 15 Es stimmt, wir sind von Geburt Juden und
nicht Sünder wie die Angehörigen der anderen Völker.
16 Aber wir wissen, dass kein Mensch deshalb vor Gott
als gerecht bestehen kann, weil er das Gesetz befolgt.
Nur die finden bei Gott Anerkennung, die in vertrau-
endem Glauben annehmen, was Gott durch Jesus
Christus für uns getan hat. Deshalb haben auch wir
unser Vertrauen auf Jesus Christus gesetzt, um durch
das Vertrauen auf ihn bei Gott Anerkennung zu fin-
den und nicht durch Erfüllung des Gesetzes; denn mit
Taten, wie sie das Gesetz verlangt, kann kein Mensch
vor Gott bestehen.

GESETZ UND GNADE

17 Auch wir als Juden suchen also durch Christus vor
dem Urteil Gottes zu bestehen, und damit geben
wir zu, dass wir genauso Sünder sind wie die Men-
schen der anderen Völker. Soll das heißen, dass es
nicht mehr auf gut und böse ankommt und demnach
Christus der Sünde Vorschub leistet? Auf keinen Fall!
18 Vielmehr mache ich mich selbst zum Sünder, nämlich
zum Übertreter des Gesetzes, wenn ich durch mein
Verhalten das Gesetz zuerst für ungültig erkläre und

es dann doch wieder in Geltung setze. 19 Das Gesetz
hat nichts mehr von mir zu fordern: Es hat mir den
Tod gebracht, deshalb bin ich für das Gesetz tot und
lebe jetzt für Gott. Weil ich aber mit Christus am Kreuz
gestorben bin, 20 lebe in Wirklichkeit nicht mehr ich,
sondern Christus lebt in mir. Das Leben, das ich jetzt
noch in diesem vergänglichen Körper lebe, lebe ich
im Vertrauen auf den Sohn Gottes, der mir seine Liebe
erwiesen und sein Leben für mich gegeben hat. 21 Ich
weise die Gnade Gottes nicht zurück. Wenn wir vor
Gott damit bestehen könnten, dass wir das Gesetz
erfüllen, dann wäre ja Christus vergeblich gestorben!

DER UNBEGREIFLICHE RÜCKFALL DER GEMEINDE

3 Ihr unvernünftigen Galater! Welcher Dämon hat
euch um den Verstand gebracht? Habe ich euch
nicht Jesus Christus, den Gekreuzigten, in aller Deut-
lichkeit vor Augen gestellt? 2 Ich möchte euch nur
eines fragen: Hat Gott euch seinen Geist gegeben,
weil ihr das Gesetz befolgt habt oder weil ihr die Bot-
schaft gehört und angenommen habt, dass es vor Gott
auf den vertrauenden Glauben ankommt? 3 Warum
begreift ihr denn nicht? Was der Geist Gottes in euch
angefangen hat, das wollt ihr jetzt aus eigener Kraft zu
Ende führen? 4 Ihr habt so große Dinge erlebt – war das
alles vergeblich? Es kann nicht vergeblich gewesen
sein! 5 Gott gibt euch seinen Geist und lässt Wunder
bei euch geschehen – tut er das, weil ihr das Gesetz
befolgt oder weil ihr die Botschaft vom Glauben gehört
und angenommen habt?

DIE GUTE NACHRICHT GRÜNDET IN DER ZUSAGE AN ABRAHAM

6 Von Abraham heißt es doch in den Heiligen Schriften:
»Er vertraute Gott und glaubte seiner Zusage, und dies
rechnete Gott ihm als Gerechtigkeit an.« 7 Ihr seht also,
wer die echten Nachkommen Abrahams sind: Es sind
die Menschen, die der Zusage Gottes glauben. 8 In den
Heiligen Schriften ist auch vorausgesehen, dass Gott
die nicht jüdischen Völker aufgrund des Glaubens an-
nehmen werde. Deshalb wird dort Abraham im Voraus
die Gute Nachricht verkündet: »Durch dich werden
alle Völker der Erde gesegnet werden.« 9 Daraus geht
hervor, dass alle, die Gott glauben und ihm vertrauen,
zusammen mit dem glaubenden Abraham gesegnet
werden.

DAS GESETZ FÜHRT NICHT ZUM LEBEN

10 Die anderen dagegen, die durch Erfüllung des Geset-
zes vor Gott als gerecht bestehen wollen, leben unter
einem Fluch. Denn es heißt in den Heiligen Schriften:
»Fluch über jeden, der nicht alle Bestimmungen im
Buch des Gesetzes genau befolgt!« 11 Es ist offenkun-
dig: Wo das Gesetz regiert, kann niemand vor Gott
als gerecht bestehen. Denn es heißt ja auch: »Wer
durch Glauben vor Gott als gerecht gilt, wird leben.«
12 Beim Gesetz jedoch geht es nicht um Glauben und
Vertrauen; vom Gesetz gilt: »Wer seine Vorschriften
befolgt, wird dadurch leben.« 13 Christus hat uns von
dem Fluch losgekauft, unter den uns das Gesetz ge-
stellt hatte. Denn er hat an unserer Stelle den Fluch
auf sich genommen. Es heißt ja in den Heiligen Schrif-
ten: »Wer am Holz hängt, ist von Gott verflucht.« 14 So
sollte durch Jesus Christus der Segen, der Abraham
zugesagt wurde, zu allen Völkern kommen, damit wir
alle durch vertrauenden Glauben den Geist erhalten,
den Gott versprochen hat.

GOTTES ZUSAGE IST ÄLTER ALS DAS GESETZ

15 Brüder und Schwestern, ich nehme einen Vergleich
aus dem täglichen Leben. Wenn ein Mensch ein Testa-
ment aufgesetzt hat und es rechtsgültig geworden ist,
kann niemand sonst es für ungültig erklären oder et-
was hinzufügen. 16 So ist es auch mit den Zusagen, die
Gott Abraham und seinem Nachkommen gemacht hat.
Er sagt übrigens nicht: »und dei*nen* Nachkommen«,
als ob viele gemeint wären, sondern er sagt ausdrück-
lich: »dei*nem* Nachkommen«, und er meint damit
Christus. 17 Ich will damit Folgendes sagen: Das Tes-
tament, das Gott rechtskräftig ausgefertigt hat, kann
nicht außer Kraft gesetzt werden durch das Gesetz,
das erst 430 Jahre später erlassen wurde. Es kann die
Zusage nicht aufheben. 18 Gott hat ein großartiges Er-
be ausgesetzt. Wenn sein Empfang von der Befolgung
des Gesetzes abhinge, dann wäre es nicht mehr ein
Geschenk der freien Zusage. Gott aber hat Abraham
aus reiner Gnade diese Zusage gemacht.

DIE HERRSCHAFT DES GESETZES IST BEFRISTET

19 Was für einen Sinn hat dann das Gesetz? Es ist hin-
zugefügt worden, damit die Macht der Sünde in den
Gesetzesübertretungen sichtbar wird. Es sollte auch
nur so lange gelten, bis der Nachkomme Abrahams da
wäre, an dem die Zusage in Erfüllung geht. Im Übrigen
ist das Gesetz durch Engel gegeben und von einem
Vermittler überbracht. 20 Es braucht aber keinen Ver-
mittler, wenn eine einzige Person handelt; und Gott ist
doch Einer. 21 Steht dann das Gesetz in Widerspruch
zu den göttlichen Zusagen? Keineswegs! Es wurde
ja nicht ein Gesetz erlassen, das zum Leben führen
kann. Nur dann könnten die Menschen durch Erfül-
lung des Gesetzes vor Gott als gerecht bestehen. 22 In
den Heiligen Schriften heißt es aber, dass die gesamte
Menschheit in der Gewalt der Sünde ist. Was Gott zu-
gesagt hat, sollten die Menschen geschenkt bekom-
men aufgrund des Glaubens, nämlich des Vertrauens
auf das, was Gott durch Jesus Christus getan hat. Alle,
die darauf vertrauen, sollen es bekommen. 23 Bevor uns
Gott diesen Weg des Glaubens geöffnet hat, waren wir
unter der Aufsicht des Gesetzes in das Gefängnis der
Sünde eingeschlossen. Das sollte so lange dauern, bis
Gott den vertrauenden Glauben als Weg in die Freiheit
bekannt machen würde, 24 und das heißt: bis Christus
kam. So lange war das Gesetz unser Aufseher; es war
für uns wie der Sklave, der die Kinder mit dem Stock zur
Ordnung anhält. Denn nicht durch das Gesetz, sondern
einzig und allein durch vertrauenden Glauben sollten

wir vor Gott als gerecht bestehen. 25 Jetzt ist der Weg
des Glaubens geöffnet; darum sind wir nicht mehr
unter dem Aufseher mit dem Stock.

STATT SKLAVEN DES GESETZES KINDER GOTTES

26 Ihr alle seid jetzt mündige Söhne und Töchter
Gottes – durch den Glauben und weil ihr in engster
Gemeinschaft mit Jesus Christus verbunden seid.
27 Denn als ihr in der Taufe Christus übereignet wur-
det, habt ihr Christus angezogen wie ein Gewand. 28 Es
hat darum auch nichts mehr zu sagen, ob ein Mensch
Jude ist oder Nichtjude, ob im Sklavenstand oder frei,
ob Mann oder Frau. Durch eure Verbindung mit Jesus
Christus seid ihr alle zu *einem* Menschen geworden.
29 Wenn ihr aber zu Christus gehört, seid ihr auch Ab-
rahams Nachkommen und bekommt das Erbe, das Gott
Abraham versprochen hat.

4 Nun sage ich: Solange der rechtmäßige Erbe
minderjährig ist, unterscheidet er sich in nichts
von einem Sklaven, auch wenn ihm in Wirklichkeit al-
les gehört. 2 Bis zu dem Zeitpunkt, den der Vater im
Testament festgelegt hat, ist er von Vormündern und
Vermögensverwaltern abhängig. 3 So standen auch wir
früher als Unmündige unter der Herrschaft der Mächte
dieser Welt. 4 Als aber die Zeit gekommen war, sandte
Gott seinen Sohn. Der wurde als Mensch geboren und
dem Gesetz unterstellt, 5 um alle zu befreien, die unter
der Herrschaft des Gesetzes standen. Durch ihn wollte
Gott uns als seine mündigen Söhne und Töchter an-
nehmen. 6 Weil ihr nun Gottes Söhne und Töchter seid,
gab Gott euch den Geist seines Sohnes ins Herz. Der
ruft aus uns: »Abba! Vater!« 7 Du bist also nicht länger
Sklave, sondern mündiger Sohn und mündige Toch-
ter, und wenn du das bist, dann bist du nach Gottes
Willen auch Erbe: Du bekommst, was Gott Abraham
versprochen hat.

PAULUS SORGT SICH UM DIE GEMEINDE

8 Ganz anders war es damals, als ihr Gott noch nicht
gekannt habt: Wie Sklaven dientet ihr Göttern, die
gar keine sind. 9 Jetzt habt ihr Gott erkannt, besser
gesagt: Gott hat *euch* erkannt. Wie könnt ihr dann
wieder zu diesen schwachen und armseligen Mäch-
ten zurückkehren? Wollt ihr von Neuem ihre Sklaven
sein? 10 Ihr meint, ihr müsst auf bestimmte Tage, Mo-
nate, Festzeiten, Jahre achten und euch danach rich-
ten. 11 Ihr macht mir Sorgen! Soll meine ganze Arbeit
an euch vergeblich gewesen sein? 12 Ich bitte euch,
liebe Brüder und Schwestern: Werdet wie ich, weil
ich ja auch wie ihr geworden bin – nämlich frei vom
Gesetz. Ihr habt mir nie eine Kränkung zugefügt. 13 Ihr
wisst doch noch, wie ich zum ersten Mal bei euch war
und euch die Gute Nachricht brachte. Ich war krank,
14 und mein Zustand stellte euch auf eine harte Probe.
Trotzdem habt ihr mich nicht verachtet oder verab-
scheut. Im Gegenteil, ihr habt mich wie einen Engel
Gottes aufgenommen, ja wie Jesus Christus selbst.
15 Damals habt ihr euch glücklich gepriesen. Wo ist
das nun geblieben? Ich kann euch bezeugen: Wenn
es möglich gewesen wäre, hättet ihr euch sogar die
Augen ausgerissen und sie mir gegeben. 16 Bin ich jetzt
euer Feind geworden, weil ich euch die Gute Nachricht
unverfälscht bewahren will? 17 Ihr werdet von Leu-
ten umworben, die es nicht gut mit euch meinen. Sie
wollen euch nur von mir und von Christus trennen,
damit ihr *sie* umwerbt. 18 Dagegen ist es gut, wenn
ihr im guten Sinne *mich* umwerbt, und das nicht nur,
wenn ich bei euch bin. 19 Meine Kinder, ich leide noch
einmal Geburtswehen um euch, bis Christus in eurer
Mitte Gestalt angenommen hat! 20 Könnte ich nur bei
euch sein und so zu euch reden, dass es euch ins Herz
dringt! Ich bin ratlos, was ich mit euch machen soll.

DIE BEIDEN SÖHNE ABRAHAMS

21 Ihr wollt euch dem Gesetz unterwerfen. Ich frage
euch: Hört ihr nicht, was das Gesetz sagt? 22 Im Buch
des Gesetzes steht: Abraham hatte zwei Söhne, einen
von der Sklavin Hagar und einen von der freien Frau
Sara. 23 Der Sohn der Sklavin verdankte sein Leben den
menschlichen Kräften, der Sohn der Freien verdankte
es der Zusage Gottes. 24 Diese Erzählung hat einen
tieferen Sinn: Die beiden Mütter bedeuten zwei ver-
schiedene Ordnungen Gottes. Die eine Ordnung, für
die Hagar steht, wurde am Berg Sinai erlassen und
bringt Sklaven hervor. 25 Das Wort Hagar bezeichnet
nämlich den Berg Sinai in Arabien. Er entspricht dem
jetzigen Jerusalem; denn dies lebt mit seinen Kindern
in der Sklaverei. 26 Das Jerusalem dagegen, das im Him-
mel bereitsteht, ist frei. Das ist unsere Mutter! 27 Von
ihr heißt es: »Freu dich, du Unfruchtbare, obwohl du
keine Kinder zur Welt bringst! Juble laut, obwohl du
nicht in Wehen kommst! Denn die verlassene Frau hat
viele Kinder, mehr als die, die den Mann hat.« 28 Brüder
und Schwestern, ihr verdankt wie Isaak euer Leben
der Zusage Gottes. 29 Aber schon damals verfolgte der
Sohn, der aus menschlichen Kräften geboren wurde,
den andern, der sein Leben vom Geist Gottes hatte.
So ist es auch jetzt. 30 Aber was steht in den Heiligen
Schriften? »Jage die Sklavin und ihren Sohn fort;
denn der Sohn der Sklavin darf nicht mit dem Sohn
der Freien zusammen erben.« 31 Begreift doch, Brüder
und Schwestern: Wir sind nicht Kinder der Sklavin,
sondern der Freien!

LASST EUCH EURE FREIHEIT NICHT NEHMEN!

5 Christus hat uns befreit; er will, dass wir jetzt auch
frei *bleiben*. Steht also fest und lasst euch nicht
wieder ins Sklavenjoch einspannen! 2 Ich, Paulus, sage
euch mit aller Deutlichkeit: Wenn ihr euch beschneiden
lasst, dann wird Christus und alles, was er gebracht hat,
für euch nutzlos sein. 3 Ich sage noch einmal mit Nach-
druck jedem, der sich beschneiden lässt: Er verpflichtet
sich damit, das ganze Gesetz zu befolgen. 4 Wenn ihr
wirklich vor Gott als gerecht bestehen wollt, indem ihr
das Gesetz befolgt, habt ihr euch von Christus losge-
sagt und die Gnade vertan. 5 Wir dagegen leben aus der
Kraft des Heiligen Geistes und setzen alles auf Glauben
und Vertrauen, und so erwarten wir das Ziel, auf das wir

hoffen dürfen: dass wir vor Gott als gerecht bestehen
und das Heil erlangen werden. 6 Wo Menschen mit
Jesus Christus verbunden sind, zählt nicht, ob jemand
beschnitten ist oder nicht. Es zählt nur der vertrauende
Glaube, der sich in tätiger Liebe auswirkt. 7 Ihr kamt
so gut voran! Wer hat euch aufgehalten, dass ihr der
Wahrheit nicht mehr folgen wollt? 8 Das, was man euch
da einreden will, kommt nicht von Gott, der euch be-
rufen hat. 9 Denkt daran: »Ein klein wenig Sauerteig
macht den ganzen Teig sauer.« 10 Weil ich mit Christus,
dem Herrn, rechne, bin ich zuversichtlich, dass ihr zur
gleichen Überzeugung kommen werdet. Die, die euch
irremachen, werden ihr Urteil empfangen, ganz gleich,
wer sie sind. 11 Meine Brüder und Schwestern, wenn ich
selbst fordern würde, dass Christen sich beschneiden
lassen müssen, wie manche mir unterstellen: Warum
werde ich dann noch verfolgt? Dann wäre ja der Stein
des Anstoßes beseitigt, dass wir allein durch das ge-
rettet werden, was am Kreuz für uns geschehen ist.
12 Wenn die Leute, die euch aufhetzen, schon so viel
Wert aufs Beschneiden legen, dann sollen sie sich doch
gleich kastrieren lassen!

LEBEN IN LIEBE AUS DER KRAFT DES GEISTES

13 Gott hat euch zur Freiheit berufen, meine Brüder
und Schwestern! Aber missbraucht eure Freiheit nicht
als Freibrief zur Befriedigung eurer selbstsüchtigen
Wünsche, sondern dient einander in Liebe. 14 Das ganze
Gesetz ist erfüllt, wenn dieses eine Gebot befolgt wird:
»Liebe deinen Mitmenschen wie dich selbst.« 15 Wenn
ihr einander wie wilde Tiere kratzt und beißt, dann
passt nur auf, dass ihr euch nicht gegenseitig ver-
schlingt! 16 Ich will damit sagen: Lebt aus der Kraft,
die der Geist Gottes gibt; dann müsst ihr nicht euren
selbstsüchtigen Wünschen folgen. 17 Die menschliche
Selbstsucht kämpft gegen den Geist Gottes und der
Geist Gottes gegen die menschliche Selbstsucht: Die
beiden liegen im Streit miteinander, sodass ihr von
euch aus das Gute nicht tun könnt, das ihr doch eigent-
lich wollt. 18 Wenn ihr euch aber vom Geist Gottes füh-
ren lasst, dann steht ihr nicht mehr unter dem Gesetz,
das euch diesem Widerspruch ausliefert. 19 Was die
menschliche Selbstsucht hervorbringt, ist offenkundig,
nämlich: Unzucht, Verdorbenheit und Ausschweifung,
20 Götzenanbetung und magische Praktiken, Feind-
schaft, Streit und Rivalität, Wutausbrüche, Intrigen,
Uneinigkeit und Spaltungen, 21 Neid, Trunk- und Fress-
sucht und noch vieles dergleichen. Ich warne euch, wie
ich es schon früher getan habe: Menschen, die solche
Dinge tun, werden nicht erben, was Gott versprochen
hat; für sie ist kein Platz in Gottes neuer Welt. 22 Der
Geist Gottes dagegen lässt als Frucht eine Fülle von
Gutem wachsen, nämlich: Liebe, Freude und Frieden,
Geduld, Freundlichkeit und Güte, Treue, 23 Beschei-
denheit und Selbstbeherrschung. Gegen all dies hat
das Gesetz nichts einzuwenden. 24 Menschen, die zu
Jesus Christus gehören, haben ja doch ihre selbstsüch-
tige Natur mit allen Leidenschaften und Begierden ans
Kreuz genagelt.

DIE LAST TEILEN

25 Wenn wir nun durch Gottes Geist ein neues Leben
haben, dann wollen wir auch aus diesem Geist unser
Leben führen. 26 Wir wollen nicht mit unseren ver-
meintlichen Vorzügen voreinander großtun, uns damit
gegenseitig herausfordern oder einander beneiden.
6 Brüder und Schwestern, auch wenn jemand unter
euch in Sünde fällt, müsst ihr zeigen, dass der Geist
Gottes euch leitet. Bringt einen solchen Menschen mit
Nachsicht wieder auf den rechten Weg. Passt aber auf,
dass ihr dabei nicht selbst zu Fall kommt! 2 Helft einan-
der, eure Lasten zu tragen. So erfüllt ihr das Gesetz, das
Christus uns gibt. 3 Wer sich dagegen einbildet, besser
zu sein als andere, und es doch gar nicht ist, betrügt
sich selbst. 4 Jeder und jede von euch soll das eigene
Tun überprüfen, ob es vor Gott bestehen kann. Ob sie
etwas an sich zu rühmen haben, das lesen sie dann an
sich selber ab und nicht an anderen, über die sie sich
erheben. 5 Jeder wird genug an dem zu tragen haben,
was er selbst vor Gott verantworten muss. 6 Wer im
christlichen Glauben unterwiesen wird, soll dafür sei-
nem Lehrer von allem etwas abgeben, was zum Leben
nötig ist. 7 Macht euch nichts vor! Gott lässt keinen
Spott mit sich treiben. Jeder Mensch wird ernten, was
er gesät hat. 8 Wer auf den Boden der menschlichen
Selbstsucht sät, wird von ihr den Tod ernten. Wer auf
den Boden von Gottes Geist sät, wird von ihm unver-
gängliches Leben ernten. 9 Wir wollen nicht müde wer-
den zu tun, was gut und recht ist. Denn wenn die Zeit
da ist, werden wir die Ernte einbringen; wir dürfen nur
nicht aufgeben. 10 Solange wir also noch Zeit haben,
wollen wir allen Menschen Gutes tun, besonders de-
nen, die mit uns durch den Glauben verbunden sind.

LETZTE MAHNUNG: DAS KREUZ ALS MASSSTAB

11 Ihr seht die großen Buchstaben, mit denen ich euch
jetzt eigenhändig schreibe! 12 Diese Leute drängen
euch zur Beschneidung, weil sie damit vor Menschen
gut dastehen wollen. Sie tun es nämlich nur, damit sie
für ihr Bekenntnis zum gekreuzigten Christus nicht
von den Juden verfolgt werden. 13 Sie treten zwar für
die Beschneidung ein und sind auch beschnitten, aber
nicht einmal sie selbst befolgen das Gesetz in vollem
Umfang. Ihr sollt euch nur deshalb beschneiden lassen,
damit sie das vorweisen und sich damit rühmen kön-
nen. 14 Ich aber will sonst nichts vorweisen als allein das
Kreuz unseres Herrn Jesus Christus und mich mit nichts
anderem rühmen. Weil er am Kreuz gestorben ist, ist für
mich die Welt gekreuzigt und ich bin gekreuzigt für die
Welt. 15 Darum hat es keine Bedeutung mehr, beschnit-
ten zu sein, und auch keine, unbeschnitten zu sein. Was
allein zählt, ist: durch Christus neu geschaffen sein.
16 Allen bei euch, die sich an diesen Grundsatz halten,
schenke Gott seinen Frieden und sein Erbarmen, ihnen
und dem ganzen Israel Gottes. 17 Künftig soll mir nie-
mand mehr in dieser Sache das Leben schwer machen!
Durch die Wundnarben an meinem Körper bin ich als
Eigentum von Jesus ausgewiesen. 18 Die Gnade unseres
Herrn Jesus Christus sei mit euch.

DER BRIEF DES APOSTELS PAULUS AN DIE GEMEINDE IN **EPHESUS**

EINGANGSGRUSS

1 Paulus, Apostel von Jesus Christus durch den Willen
Gottes, schreibt diesen Brief an alle in Ephesus, die
Gott für sich ausgesondert hat und die durch Jesus
Christus zum Glauben an ihn gekommen sind. 2 Gnade
und Frieden sei mit euch von Gott, unserem Vater, und
von Jesus Christus, dem Herrn!

GOTTES LIEBE IN CHRISTUS

3 Gepriesen sei unser Gott, / der Gott und Vater un-
seres Herrn Jesus Christus! / Denn durch Christus
hat er uns Anteil gegeben / an der Fülle der Gaben
seines Geistes / in der himmlischen Welt. / 4 Schon
bevor er die Welt erschuf, / hat er uns vor Augen ge-
habt / als Menschen, die zu Christus gehören; / in
ihm hat er uns dazu erwählt, / dass wir heilig und
fehlerlos vor ihm stehen. / Aus Liebe 5 hat er uns
dazu bestimmt, / seine Söhne und Töchter zu
werden – / durch Jesus Christus und im Blick auf
ihn. / Das war sein Wille und so gefiel es ihm, / 6 da-
mit der Lobpreis seiner Herrlichkeit erklingt: / der
Lobpreis der Gnade, die er uns erwiesen hat / durch
Jesus Christus, seinen geliebten Sohn // 7 Durch des-
sen Blut sind wir erlöst: / Unsere ganze Schuld ist uns
vergeben. / So zeigte Gott uns den Reichtum seiner
Gnade. / 8 In seiner überströmenden Güte / schenkte
er uns Einsicht / und ließ uns seine Wege erken-
nen. / 9 Er hielt sein Geheimnis vor allen verbor-
gen; / niemand erfuhr etwas von seinem Plan, / den
er durch Christus ausführen wollte. / Uns aber hat er
bekannt gemacht, / 10 wie er nach seiner Absicht / die
Zeiten zur Erfüllung bringt: / Alles im Himmel und
auf der Erde / wollte er zur Einheit zusammen-
führen / unter Christus als dem Haupt. // 11 Durch
Christus / haben wir Anteil bekommen am künfti-
gen Heil. / Dazu hat Gott uns von Anfang an be-
stimmt / nach seinem Plan und Willen – / er, der alle
Dinge bewirkt. / 12 Denn ein Lobpreis seiner Herrlich-
keit / sollen wir sein – wir alle, / die wir durch Christus
von Hoffnung erfüllt sind! // 13 Durch Christus / hat
Gott auch euch sein Siegel aufgedrückt: / Er hat euch
den Heiligen Geist gegeben, / den er den Seinen
versprochen hatte – / nachdem ihr zuvor das Wort
der Wahrheit gehört hattet, / die Gute Nachricht,
die euch die Rettung bringt, / und ihr zum Glauben
gekommen seid. / 14 Dieser Geist ist das Angeld da-
für, / dass wir auch alles andere erhalten, / alles, was
Gott uns versprochen hat. / Gott will uns die Erlösung
schenken, / das endgültige, volle Heil – / und das alles
wird geschehen / zum Lobpreis seiner Herrlichkeit.

DANK UND BITTE

15 Weil das so ist und weil ich von eurem Glauben und
eurer Liebe gehört habe – dem Glauben, der durch
Jesus, den Herrn, in euch lebt, und der Liebe zu allen
Christen –, 16 darum danke ich Gott unermüdlich für
euch, wenn ich in meinen Gebeten an euch denke.
17 Und ich bitte den Gott unseres Herrn Jesus Christus,
den Vater, dem alle Macht und Herrlichkeit gehört,
euch durch seinen Geist Weisheit und Einblick zu
geben, sodass ihr ihn und seine Heilsabsicht erken-
nen könnt. 18 Er öffne euch das innere Auge, damit ihr
seht, welche Hoffnung er euch gegeben, zu welch
großartigem Ziel er euch berufen hat. Er lasse euch
erkennen, wie reich er euch beschenken will und zu
welcher Herrlichkeit er euch in der Gemeinschaft der
heiligen Engel bestimmt hat. 19 Ihr sollt begreifen, wie
überwältigend groß die Kraft ist, mit der er an uns, den
Glaubenden, wirkt. Es ist dieselbe gewaltige Kraft,
20 mit der er an Christus gewirkt hat, als er ihn vom
Tod auferweckte und in der himmlischen Welt an seine
rechte Seite setzte. 21 Dort thront jetzt Christus über
allen unsichtbaren Mächten und Gewalten, über al-
lem, was irgend Rang und Namen hat, in dieser Welt
und auch in der kommenden. 22 Alles hat Gott ihm un-
terworfen; ihn aber, den Herrn über alles, gab er der
Gemeinde zum Haupt. 23 Die Gemeinde ist sein Leib:
Er, der alles zur Vollendung führen wird, lebt in ihr mit
seiner ganzen Fülle.

VOM TOD ZUM LEBEN

2 Auch ihr habt an diesem Leben teil. In der Vergan-
genheit wart ihr tot; denn ihr wart Gott ungehor-
sam und habt gesündigt. 2 Ihr habt nach der Art dieser
Welt gelebt und euch jener Geistesmacht unterworfen,
die ihr Reich zwischen Himmel und Erde hat und von
dort her ihre Herrschaft über diese Welt ausübt. Sie
wirkt noch jetzt als Geist der Verführung in den Men-
schen, die sich Gott nicht unterstellen. 3 So wie sie ha-
ben wir alle früher gelebt. Wir haben uns von unseren
selbstsüchtigen Wünschen leiten lassen und getan,
was unsere Triebe und Sinne verlangten. Darum waren
wir wie alle anderen Menschen nach unserer ganzen
Wesensart dem Strafgericht Gottes verfallen. 4 Aber
Gott ist reich an Erbarmen. Er hat uns seine ganze
Liebe geschenkt. 5 Durch unseren Ungehorsam wa-
ren wir tot; aber er hat uns mit Christus zusammen
lebendig gemacht. – Bedenkt: Aus reiner Gnade hat er
euch gerettet! – 6 Er hat uns mit Jesus Christus vom Tod
auferweckt und zusammen mit ihm in die himmlische
Herrschaft eingesetzt. 7 In den kommenden Zeiten soll
das enthüllt werden. Dann soll der unendliche Reich-
tum seiner Gnade sichtbar werden: die Liebe, die Gott
uns durch Jesus Christus erwiesen hat. 8 Eure Rettung
ist wirklich reine Gnade, und ihr empfangt sie allein
durch den Glauben. Ihr selbst habt nichts dazu ge-
tan, sie ist Gottes Geschenk. 9 Ihr habt sie nicht durch
irgendein Tun verdient; denn niemand soll sich mit
irgendetwas rühmen können. 10 Wir sind ganz und
gar Gottes Werk. Durch Jesus Christus hat er uns so

geschaffen, dass wir nun Gutes tun können. Er hat sogar unsere guten Taten im Voraus geschaffen, damit sie nun in unserem Leben Wirklichkeit werden.

DURCH CHRISTUS GEEINT

11 Denkt daran, was ihr früher gewesen seid! Ihr gehörtet ja zu den Völkern, die von den Juden die »Unbeschnittenen« genannt werden – dabei haben sie selbst doch nur die Beschneidung, die von Menschen vollzogen wird. 12 Jedenfalls wart ihr damals von Christus getrennt. Ihr wart Fremde und gehörtet nicht zur Gemeinde Israels. Die Zusagen, die Gott bei seinen Bundschließungen gemacht hatte, galten für euch nicht. Ohne Hoffnung und ohne Gott lebtet ihr in der Welt. 13 Damals wart ihr fern von Gott, jetzt aber seid ihr ihm nahe durch die Verbindung mit Jesus Christus, durch das Blut, das er vergossen hat. 14 Christus ist es, der uns allen den Frieden gebracht und Juden und Nichtjuden zu einem einzigen Volk verbunden hat. Er hat die Mauer eingerissen, die die beiden trennte und zu Feinden machte. Denn durch sein Sterben 15 hat er das jüdische Gesetz mit seinen zur Trennung führenden Vorschriften beseitigt. So hat er Frieden gestiftet. Er hat die getrennten Teile der Menschheit mit sich verbunden und daraus den einen neuen Menschen geschaffen. 16 Durch seinen Tod am Kreuz hat er die beiden – als in *einem* Leib, der Gemeinde, vereinigte – zur Aussöhnung mit Gott gebracht. In seiner Person, durch seinen Tod, hat er alle Feindschaft für immer getötet. 17 Und dann kam er und hat diesen Frieden allen verkündet: euch, die ihr fern wart, und ebenso denen, die nahe waren. 18 Durch ihn dürfen wir beide, Juden und Nichtjuden, in *einem* Geist vor Gott, den Vater, treten. 19 Ihr Menschen aus den anderen Völkern seid also nicht länger Fremde und Gäste. Ihr habt Bürgerrecht im Himmel zusammen mit den heiligen Engeln, ihr seid Gottes Hausgenossen. 20 Denn ihr seid ja in den Bau eingefügt, dessen Fundament die Apostel und Propheten bilden, und der Eckstein im Fundament ist Jesus Christus. 21 Durch ihn wird der ganze Bau zusammengehalten, durch ihn, den Herrn, wächst er auf zu einem heiligen Tempel. 22 Weil ihr zu Christus gehört, seid auch ihr als Bausteine in diesen Tempel eingefügt, in dem Gott durch seinen Geist wohnt.

DER BESONDERE AUFTRAG DES APOSTELS

3 Deshalb bete ich, Paulus, für euch zu Gott. Ich bin im Gefängnis, weil ich Jesus Christus diene. Für euch, die Menschen aus den anderen Völkern, leide ich dies alles. 2 Ihr habt gehört, wie Gott mich für seinen Plan in Dienst genommen und mir den Auftrag gegeben hat, die Gute Nachricht euch, den Nichtjuden, zu verkünden. 3 Durch Offenbarung hat er mir das Geheimnis enthüllt, von dem ich soeben schon kurz gesprochen habe. 4 Wenn dieser Brief bei euch vorgelesen wird, könnt ihr aus ihm entnehmen, welch tiefe Einsicht Gott mir geschenkt hat – Einsicht in den geheimnisvollen Plan, den er mit Christus verfolgt. 5 Frühere Generationen kannten dieses Geheimnis noch nicht; aber jetzt hat Gott es seinen Aposteln und Propheten durch seinen Geist enthüllt. 6 Dies ist das Geheimnis: Durch Jesus Christus bekommen die nicht jüdischen Völker Anteil am Heil, sind ein Teil am Leib von Christus, sind mit einbezogen in die Zusagen Gottes für sein Volk. Dies wird öffentlich bekannt gemacht und kommt zur Wirkung durch die Gute Nachricht, 7 in deren Dienst ich stehe. In seiner Gnade hat Gott mir meinen Auftrag gegeben und damit an mir seine Macht gezeigt. 8 Gerade mir, dem Geringsten von allen, die er in sein heiliges Volk berief, hat er diesen Auftrag anvertraut, den anderen Völkern die Gute Nachricht von dem unergründlichen Reichtum zu bringen, der uns durch Christus geschenkt wird. 9 Ich sollte ans Licht bringen, wie Gott seinen verborgenen Plan verwirklicht. Er, der alles geschaffen hat, hat diesen Plan vor aller Zeit gefasst und als sein Geheimnis bewahrt. 10 Jetzt macht er ihn den Mächten und Gewalten in der himmlischen Welt durch seine Gemeinde bekannt: An ihr und durch sie sollen sie seine Weisheit in ihrem ganzen Reichtum erkennen. 11 So entspricht es Gottes ewigem Plan, den er durch Jesus Christus, unseren Herrn, ausgeführt hat. 12 Weil wir uns auf diesen Herrn verlassen, dürfen wir zuversichtlich und vertrauensvoll vor Gott treten. 13 Darum bitte ich euch: Lasst euch nicht irremachen durch das, was ich leiden muss. Es geschieht zu eurem Besten, damit ihr an der Herrlichkeit Anteil bekommt, die für euch bestimmt ist.

PAULUS BETET FÜR DIE GEMEINDE

14 Deshalb knie ich vor Gott nieder und bete zu ihm. Er ist der Vater, 15 der alle Wesen in der himmlischen und in der irdischen Welt beim Namen gerufen hat und am Leben erhält. 16 Ich bitte ihn, dass er euch aus dem Reichtum seiner Herrlichkeit beschenkt und euch durch seinen Geist innerlich stark macht. 17 Ich bitte ihn, dass Christus durch den Glauben in euch lebt und ihr fest in seiner Liebe wurzelt und auf sie gegründet seid. 18 Ich bitte ihn, dass ihr zusammen mit der ganzen Gemeinschaft der Glaubenden begreifen lernt, wie unermesslich reich euch Gott beschenkt. 19 Ihr sollt die Liebe erkennen, die Christus zu uns hat und die alle Erkenntnis übersteigt. So werdet ihr immer umfassender Anteil bekommen an der ganzen Fülle des Lebens mit Gott. 20 Gott kann unendlich viel mehr an uns tun, als wir jemals von ihm erbitten oder uns ausdenken können. So mächtig ist die Kraft, mit der er in uns wirkt. 21 Ihm gehört die Ehre in der Gemeinde und durch Jesus Christus in allen Generationen, für Zeit und Ewigkeit! Amen.

DIE EINHEIT DER KIRCHE

4 Nun bitte ich euch als einer, der für den Herrn im Gefängnis ist: Lebt so, wie es sich für Menschen gehört, die Gott in seine Gemeinde berufen hat. 2 Erhebt euch nicht über andere, sondern seid immer freundlich. Habt Geduld und sucht in Liebe miteinander auszukommen. 3 Bemüht euch darum, die Einheit zu bewahren, die der Geist Gottes euch geschenkt hat. Der Frieden, der von Gott kommt, soll euch alle

miteinander verbinden! 4 Ihr alle seid ja *ein* Leib, in euch
allen lebt *ein* Geist, ihr alle habt die *eine* Hoffnung, die
Gott euch gegeben hat, als er euch in seine Gemeinde
berief. 5 Es gibt für euch nur *einen* Herrn, nur *einen*
Glauben und nur *eine* Taufe. 6 Und ihr kennt nur den
einen Gott, den Vater von allem, was lebt. Er steht über
allen. Er wirkt durch alle und in allen. 7 Jeder und jede
von uns hat einen eigenen Anteil an den Gaben erhal-
ten, die Christus in seiner Gnade ausgeteilt hat. 8 Von
ihm heißt es in den Heiligen Schriften: »Er ist in den
Himmel hinaufgestiegen und hat gefangen genom-
men, was uns gefangen hielt. Er hat den Menschen
Gaben ausgeteilt.« 9 Wenn es heißt: »Er ist hinaufge-
stiegen«, dann setzt das voraus, dass er zuerst herab-
gekommen ist. 10 Er ist auf die Erde herabgekommen
und dann wieder hinaufgestiegen. Dabei hat er alle
Himmel unter sich gelassen und durchdringt jetzt das
ganze All samt allem, was darin lebt, mit seiner gött-
lichen Macht. 11 Und auch die versprochenen »Gaben«
hat er ausgeteilt: Er hat die einen zu Aposteln gemacht,
andere zu Propheten, andere zu Evangelisten, wieder
andere zu Hirten und Lehrern der Gemeinde. 12 Deren
Aufgabe ist es, die Glaubenden zum Dienst bereit zu
machen, damit die Gemeinde, der Leib von Christus,
aufgebaut wird. 13 So soll es dahin kommen, dass wir
alle die einende Kraft des *einen* Glaubens und der
einen Erkenntnis des Sohnes Gottes an uns zur Wir-
kung kommen lassen und darin eins werden – dass wir
alle zusammen den vollkommenen Menschen bilden,
der Christus ist, und hineinwachsen in die ganze Fülle,
die Christus in sich umfasst. 14 Wir sind dann nicht mehr
wie unmündige Kinder, die kein festes Urteil haben und
auf dem Meer der Meinungen umhergetrieben werden
wie ein Schiff von den Winden. Wir fallen nicht auf das
falsche Spiel herein, mit dem betrügerische Menschen
andere zum Irrtum verführen. 15 Vielmehr stehen wir
fest zu der Wahrheit, die Gott uns bekannt gemacht
hat, und halten in Liebe zusammen. So wachsen wir
in allem zu Christus empor, der unser Haupt ist. 16 Von
ihm her wird der ganze Leib zu einer Einheit zusam-
mengefügt und durch verbindende Glieder zusam-
mengehalten und versorgt. Jeder einzelne Teil erfüllt
seine Aufgabe, und so wächst der ganze Leib und baut
sich durch die Liebe auf.

DAS NEUE LEBEN DER CHRISTEN

17 Das aber sage ich euch im Auftrag des Herrn mit al-
lem Nachdruck: Ihr dürft nicht mehr wie die Menschen
leben, die Gott nicht kennen und deshalb von ihrem
verkehrten Denken in die Irre geführt werden. 18 Ihr
Verstand ist verdunkelt und sie haben keinen Zugang
mehr zum wahren Leben, zu Gott. Das kommt von ihrer
Unwissenheit und ihrem verhärteten Herzen. 19 Aus ih-
rer inneren Leere heraus überlassen sie sich dem Laster.
Sie treiben jede Art von Unzucht und sind von unersätt-
licher Habgier. 20 Ihr wisst, dass sich ein solches Leben
nicht mit dem verträgt, was ihr über Christus gelernt
habt. 21 Ihr habt doch von ihm gehört, ihr seid über ihn
unterrichtet worden und habt an Jesus den Maßstab
für euer eigenes Leben. 22 Legt also eure frühere Le-
bensweise ab! Ja, legt den ganzen alten Menschen
ab, der seinen Begierden folgt! Die betrügen ihn nur
und führen ihn ins Verderben. 23 Lasst euch in eurem
Denken erneuern durch den Geist, der euch geschenkt
ist. 24 Zieht den neuen Menschen an, den Gott nach sei-
nem Bild geschaffen hat und der gerecht und heilig lebt
aus der Wahrheit Gottes, an der nichts trügerisch ist.

WAS BEDEUTET DAS IM EINZELNEN?

25 Legt das Lügen ab und sagt zueinander die Wahr-
heit; denn wir alle sind Glieder am Leib von Christus.
26 Versündigt euch nicht, wenn ihr in Zorn geratet!
Versöhnt euch wieder und lasst die Sonne nicht über
eurem Zorn untergehen. 27 Gebt dem Versucher keine
Chance! 28 Wer vom Diebstahl gelebt hat, muss jetzt
damit aufhören. Er soll seinen Lebensunterhalt durch
eigene Arbeit verdienen und zusehen, dass er auch noch
etwas für die Armen übrig hat. 29 Lasst ja kein giftiges
Wort über eure Lippen kommen! Seht lieber zu, dass ihr
für die anderen, wo es nötig ist, ein gutes Wort habt, das
weiterhilft und denen wohltut, die es hören. 30 Beleidigt
nicht durch euer Verhalten den Heiligen Geist! Er ist wie
ein Siegel, das Gott euch aufgedrückt hat, und er ver-
bürgt euch die endgültige Erlösung. 31 Weg also mit aller
Verbitterung, mit Aufbrausen, Zorn und jeder Art von
Beleidigung! Schreit einander nicht an! Legt jede feind-
selige Gesinnung ab! 32 Seid freundlich und hilfsbereit
zueinander und vergebt euch gegenseitig, was ihr ein-
ander angetan habt, so wie Gott euch durch Christus
vergeben hat, was ihr *ihm* angetan habt.

5 Nehmt also Gott zum Vorbild! Ihr seid doch seine
geliebten Kinder! 2 Euer ganzes Leben soll von der
Liebe bestimmt sein. Denkt daran, wie Christus uns
geliebt und sein Leben für uns gegeben hat, als eine
Opfergabe, an der Gott Gefallen hatte.

LEBEN IM LICHT

3 Weil ihr Gottes heiliges Volk seid, schickt es sich nicht,
dass bei euch von Unzucht, Ausschweifung und Hab-
gier auch nur gesprochen wird. 4 Es passt auch nicht
zu euch, gemeine, dumme oder schlüpfrige Reden zu
führen. Benutzt eure Zunge lieber, um Gott zu danken!
5 Ihr müsst wissen: Wer Unzucht treibt, ein ausschwei-
fendes Leben führt oder von Habgier erfüllt ist – und
Habgier ist eine Form von Götzendienst –, für den ist
kein Platz in der neuen Welt, in der Christus zusammen
mit Gott herrschen wird. 6 Lasst euch nicht durch lee-
res Geschwätz verführen! Genau diese Dinge sind es,
mit denen die Menschen, die Gott nicht gehorchen
wollen, sich sein Strafgericht zuziehen. 7 Mit solchen
Leuten dürft ihr nichts zu tun haben! 8 Auch ihr gehör-
tet einst zur Finsternis, ja, ihr wart selbst Finsternis,
aber jetzt seid ihr Licht, weil ihr mit dem Herrn ver-
bunden seid. Lebt nun auch als Menschen des Lichts!
9 Aus dem Licht erwächst als Frucht jede Art von Güte,
Rechtschaffenheit und Treue. 10 Fragt immer, was dem
Herrn gefällt! 11 Beteiligt euch nicht an dem finsteren
Treiben, das keine Frucht hervorbringt. Im Gegenteil,

deckt es auf! 12 Man muss sich schämen, auch nur zu
nennen, was manche heimlich tun. 13 Wenn es aber
vom Licht, das ihr ausstrahlt, aufgedeckt wird, kommt
es ans Licht. 14 Und was ans Licht kommt, wird selbst
Licht. Darum singen wir: »Wach auf, du Schläfer! Steh
auf vom Tod! Und Christus, deine Sonne, geht für dich
auf.« 15 Darum achtet genau auf eure Lebensweise!
Lebt nicht wie Unwissende, sondern wie Menschen,
die wissen, worauf es ankommt. 16 Nutzt die Zeit; denn
wir leben in einer bösen Welt. 17 Seid also nicht un-
einsichtig, sondern begreift, was der Herr von euch
erwartet. 18 Betrinkt euch nicht; denn zu viel Wein
verführt zu einem liederlichen Lebenswandel. Lasst
euch lieber vom Geist Gottes erfüllen! 19 Ermuntert
einander mit Psalmen und Lobliedern, wie der Geist
sie euch eingibt. Singt und spielt Christus, dem Herrn,
von ganzem Herzen. 20 Dankt Gott, dem Vater, zu jeder
Zeit für alles im Namen unseres Herrn Jesus Christus.

GEGENSEITIGE UNTERORDNUNG: MÄNNER UND FRAUEN

21 Ordnet euch einander unter, wie es die Ehrfurcht
vor Christus verlangt. 22 Ihr Frauen, ordnet euch euren
Männern unter, so wie ihr euch dem Herrn unterordnet.
23 Denn der Mann steht über der Frau, so wie Christus
über der Gemeinde steht. Christus als dem Haupt ver-
dankt die Gemeinde, die sein Leib ist, ihre Rettung.
24 Wie nun die Gemeinde Christus untergeordnet ist,
so müssen auch die Frauen sich ihren Männern in allem
unterordnen. 25 Ihr Männer, liebt eure Frauen so, wie
Christus die Gemeinde geliebt hat! Er hat sein Leben
für sie gegeben, 26 um sie rein und heilig zu machen im
Wasser der Taufe und durch das dabei gesprochene
Wort. 27 Denn er wollte sie als seine Braut in makelloser
Schönheit vor sich stellen, ohne Flecken und Falten
oder einen anderen Fehler, heilig und vollkommen.
28 So müssen auch die Männer ihre Frauen lieben wie
ihren eigenen Körper. Denn ein Mann, der seine Frau
liebt, liebt sich selbst. 29 Niemand hat doch je seinen
eigenen Körper gehasst; im Gegenteil, er ernährt und
pflegt ihn. So tut es auch Christus mit der Gemeinde,
30 die sein Leib ist. Und wir alle sind doch Teile an die-
sem Leib. 31 Ihr kennt das Wort: »Deshalb verlässt ein
Mann Vater und Mutter, um mit seiner Frau zu leben.
Die zwei sind dann eins, mit Leib und Seele.« 32 In die-
sem Wort liegt ein tiefes Geheimnis. Ich beziehe die
Aussage auf Christus und die Gemeinde. 33 Es gilt aber
auch für euch: Jeder von euch muss seine Frau so lieben
wie sich selbst. Die Frau aber soll ihren Mann achten.

KINDER UND ELTERN

6 Ihr Kinder, gehorcht euren Eltern, wie es der
Gemeinschaft mit dem Herrn entspricht; denn so
ist es recht. 2 »Du sollst deinen Vater und deine Mutter
ehren« ist das erste und grundlegende der Gebote, die
das Verhalten der Menschen untereinander betreffen.
Darum folgt ihm auch eine Zusage: 3 »Dann wird es dir
gut gehen und du wirst lange leben auf dieser Erde.«
4 Ihr Väter, behandelt eure Kinder nicht so, dass sie
widerspenstig werden! Erzieht sie mit Wort und Tat so,
wie es dem Herrn gemäß ist.

SKLAVEN UND HERREN

5 Ihr Sklaven und Sklavinnen, gehorcht euren irdischen
Herren und Herrinnen! Ehrt und fürchtet sie. Dient ih-
nen so aufrichtig, als dientet ihr Christus. 6 Tut es nicht
nur äußerlich, um euch bei ihnen einzuschmeicheln.
Betrachtet euch vielmehr als Sklaven von Christus,
die den Willen Gottes gerne tun. 7 Tut eure Arbeit mit
Lust und Liebe, als Leute, die nicht Menschen dienen,
sondern dem Herrn. 8 Denkt daran: Der Herr wird jeden
für seine guten Taten belohnen, gleichgültig ob jemand
Sklave ist oder frei. 9 Ihr Herren und Herrinnen, behan-
delt eure Sklaven und Sklavinnen im gleichen Geist!
Lasst das Schelten und Drohen! Denkt daran, dass sie
einen Herrn im Himmel haben, der auch euer Herr ist.
Und der ist ein unparteiischer Richter.

DIE WAFFEN GOTTES

10 Noch ein letztes Wort: Werdet stark durch die Verbin-
dung mit dem Herrn! Lasst euch stärken von seiner Kraft!
11 Legt die Waffen an, die Gott euch gibt, dann können
euch die Schliche des Teufels nichts anhaben. 12 Denn wir
kämpfen nicht gegen Menschen. Wir kämpfen gegen
unsichtbare Mächte und Gewalten, gegen die bösen
Geister, die diese finstere Welt beherrschen. 13 Darum
greift zu den Waffen Gottes! Wenn dann der schlimme
Tag kommt, könnt ihr Widerstand leisten, jeden Feind
niederkämpfen und siegreich das Feld behaupten. 14 Seid
also bereit! Legt die Wahrheit als Gürtel um und die Ge-
rechtigkeit als Panzer an. 15 Bekleidet euch an den Füßen
mit der Bereitschaft, die Gute Nachricht vom Frieden mit
Gott zu verkünden. 16 Vor allem haltet das Vertrauen auf
Gott als Schild vor euch, mit dem ihr alle Brandpfeile des
Satans abfangen könnt. 17 Die Gewissheit eurer Rettung
sei euer Helm und das Wort Gottes das Schwert, das
der Geist euch gibt. 18 Betet dabei zu jeder Zeit und bit-
tet Gott in der Kraft seines Geistes. Seid wach und hört
nicht auf, für alle Gläubigen zu beten. 19 Betet auch für
mich, dass Gott mir die rechten Worte in den Mund legt
und ich das Geheimnis der Guten Nachricht freimütig
bekannt machen kann. 20 Auch jetzt im Gefängnis bin
ich ein Botschafter in ihrem Dienst. Betet darum, dass
ich aus ihr die Kraft gewinne, sie mutig und offen zu
verkünden, wie es mein Auftrag ist.

GRÜSSE UND WÜNSCHE

21 Ihr sollt aber auch etwas über mich erfahren, damit
ihr wisst, wie es mit mir steht. Tychikus, der geliebte
Bruder und treue Sachwalter im Dienst des Herrn, wird
euch alles erzählen. 22 Ich schicke ihn eben deshalb zu
euch, damit er euch von mir berichtet und euch Mut
macht. 23 Allen Brüdern und Schwestern wünsche ich
den Frieden und die Liebe und das unerschütterliche
Vertrauen, die von Gott, dem Vater, kommen und von
Jesus Christus, dem Herrn. 24 Die Gnade Gottes sei mit
allen, die unseren Herrn Jesus Christus lieben, und
schenke ihnen unvergängliches Leben!

DER BRIEF DES APOSTELS PAULUS AN DIE GEMEINDE IN **PHILIPPI**

EINGANGSGRUSS

1 Paulus und Timotheus, die Jesus Christus dienen, schreiben diesen Brief an alle in Philippi, die Gott durch Jesus Christus für sich ausgesondert hat, an die ganze Gemeinde mit ihren leitenden Mitgliedern und den Diakonen. 2 Gnade und Frieden sei mit euch von Gott, unserem Vater, und von Jesus Christus, dem Herrn.

PAULUS, IM GEFÄNGNIS FÜR DIE GUTE NACHRICHT, BETET FÜR DIE GEMEINDE

3 Ich danke meinem Gott jedes Mal, wenn ich beim Beten an euch denke. 4 Jedes Gebet für euch – für euch alle! – wird mir erneut zum Dank und erfüllt mich mit Freude: Dank und Freude, 5 dass ihr euch so eifrig für die Gute Nachricht einsetzt, seit dem Tag, an dem ihr sie angenommen habt, und bis heute. 6 Ich bin ganz sicher: Gott wird das gute Werk, das er bei euch angefangen hat, auch vollenden bis zu dem Tag, an dem Jesus Christus kommt. 7 Ich kann gar nicht anders, als so über euch denken; denn ich trage euch alle in meinem Herzen, gerade jetzt, da ich für die Gute Nachricht im Gefängnis bin und sie vor Gericht verteidige und ihre Wahrheit bezeuge. Ihr alle habt ja teil an der Gnade, die Gott mir damit erweist. 8 Er weiß auch, wie sehr ich mich nach euch allen sehne mit der herzlichen Liebe, die Jesus Christus in mir geweckt hat. 9 Ich bete zu Gott, dass eure Liebe immer reicher wird an Einsicht und Verständnis. 10 Dann könnt ihr in jeder Lage entscheiden, was das Rechte ist, und werdet an dem Tag, an dem Christus Gericht hält, rein und ohne Fehler dastehen, 11 reich an guten Taten, die Jesus Christus zum Ruhm und zur Ehre Gottes durch euch gewirkt hat.

DIE GEFANGENSCHAFT DES APOSTELS DIENT DER VERBREITUNG DER GUTEN NACHRICHT

12 Ihr sollt wissen, Brüder und Schwestern, dass meine Gefangenschaft sogar zur Verbreitung der Guten Nachricht beigetragen hat. 13 Die Beamten am Sitz des Statthalters und alle, die meinen Prozess verfolgt haben, wissen jetzt, dass ich angeklagt bin, weil ich Christus diene. 14 Und gerade weil ich im Gefängnis sitze, sind die meisten Brüder und Schwestern hier am Ort durch den Beistand des Herrn voller Zuversicht und getrauen sich, die Botschaft Gottes nun erst recht und ohne Furcht weiterzusagen. 15 Manche tun es zwar, weil sie neidisch sind und mich »ausstechen« wollen; aber andere verkünden Christus in der besten Absicht. 16 Sie tun es aus Liebe zu mir; denn sie wissen, dass Gott mich dazu bestimmt hat, vor Gericht die Gute Nachricht zu verteidigen. 17 Die anderen allerdings verbreiten die Botschaft von Christus in unehrlicher und eigennütziger Absicht. Sie wollen mir in meiner Gefangenschaft Kummer bereiten. 18a Aber was macht das? Ob es mit Hintergedanken geschieht oder aufrichtig – die Hauptsache ist, dass Christus auf jede Weise verkündet wird.

WIE ES AUCH AUSGEHT: DIE ZUKUNFT HEISST CHRISTUS

18b Darüber freue ich mich; aber auch künftig werde ich Grund haben, mich zu freuen. 19 Denn ich weiß, dass meine Gefangenschaft – gleichgültig, wie sie endet – letztlich zu meiner Rettung führen wird. Das verbürgen mir eure Gebete und Jesus Christus, der mir durch seinen Geist beisteht. 20 Ich hoffe und erwarte voller Zuversicht, dass Gott mich nicht versagen lässt. Ich vertraue darauf: Auch jetzt, so wie bisher stets, wird Christus in aller Öffentlichkeit groß gemacht werden durch das, was mit mir geschieht, ob ich nun am Leben bleibe oder sterbe. 21 Denn Leben, das ist für mich Christus; darum bringt Sterben für mich nur Gewinn. 22 Aber wenn ich am Leben bleibe, kann ich noch weiter für Christus wirken. Deshalb weiß ich nicht, was ich wählen soll. 23 Es zieht mich nach beiden Seiten: Ich möchte am liebsten aus diesem Leben scheiden und bei Christus sein; das wäre bei Weitem das Beste. 24 Aber es ist wichtiger, dass ich noch hier ausharre, weil ihr mich braucht. 25 Darauf baue ich und bin deshalb ganz sicher, dass ich euch allen erhalten bleibe. Dann kann ich euch helfen, dass ihr weiterkommt und die volle Freude erlebt, die der Glaube schenkt. 26 Und ihr werdet euch noch viel zuversichtlicher dessen rühmen können, was Jesus Christus durch mich an euch getan hat, wenn ich wieder bei euch bin und unter euch wirken kann.

FÜR CHRISTUS KÄMPFEN UND LEIDEN

27 Das Wichtigste ist: Lebt als Gemeinde so, dass ihr der Guten Nachricht von Christus Ehre macht, ob ich euch nun besuchen und sehen kann oder ob ich nur aus der Ferne von euch höre. Steht alle fest zusammen in derselben Gesinnung! Kämpft einmütig für den Glauben, der in der Guten Nachricht gründet. 28 Lasst euch von den Gegnern in keiner Weise einschüchtern! Gott will ihnen durch eure Standhaftigkeit zeigen, dass sie verloren sind, ihr aber gerettet werdet. 29 Gott hat euch die Gnade erwiesen, dass ihr etwas für Christus tun dürft – nicht nur ihm vertrauen, sondern auch für ihn leiden. 30 Ihr habt jetzt denselben Kampf zu bestehen wie ich. Was für ein Kampf das ist, habt ihr früher an mir erlebt und hört es jetzt von mir aus der Ferne.

DER WEG, DEN CHRISTUS GING, ALS MASSSTAB FÜR DAS LEBEN DER CHRISTEN

2 Bei euch gibt es doch das ermutigende Wort im Auftrag von Christus; es gibt den tröstenden Zuspruch, der aus der Liebe kommt; es gibt Gemeinschaft durch den Heiligen Geist; es gibt herzliches Erbarmen.

2 Dann macht mich vollends glücklich und habt alle
dieselbe Gesinnung, dieselbe Liebe und Eintracht!
Verfolgt alle dasselbe Ziel! 3 Handelt nicht aus Selbst-
sucht oder Eitelkeit! Seid bescheiden und achtet den
Bruder oder die Schwester mehr als euch selbst.
4 Denkt nicht an euren eigenen Vorteil, sondern an
den der anderen, jeder und jede von euch! 5 Habt im
Umgang miteinander stets vor Augen, was für einen
Maßstab Jesus Christus gesetzt hat: // 6 Er war in al-
lem Gott gleich, / und doch hielt er nicht gierig daran
fest, / so wie Gott zu sein. / 7 Er gab alle seine Vor-
rechte auf / und wurde einem Sklaven gleich. / Er
wurde ein Mensch in dieser Welt / und teilte das Leben
der Menschen. / 8 Im Gehorsam gegen Gott / ernied-
rigte er sich so tief, / dass er sogar den Tod auf sich
nahm, / ja, den Verbrechertod am Kreuz. // 9 Darum
hat Gott ihn auch erhöht / und ihm den Rang und Na-
men verliehen, / der ihn hoch über alle stellt. / 10 Vor
Jesus müssen alle auf die Knie fallen – / alle, die im
Himmel sind, / auf der Erde und unter der Erde; / 11 alle
müssen feierlich bekennen: / »Jesus Christus ist der
Herr!« / Und so wird Gott, der Vater, geehrt. //

BEWÄHRUNG DER GEMEINDE AUF DEM WEG ZUR VOLLENDUNG

12 Meine Lieben! Ihr habt doch immer auf mich ge-
hört. Tut es nicht nur, wenn ich unter euch anwesend
bin, sondern jetzt erst recht, da ich fern von euch bin.
Arbeitet an euch selbst mit Furcht und Zittern, damit
ihr gerettet werdet! 13 Ihr könnt es, denn Gott selbst
bewirkt in euch nicht nur das Wollen, sondern auch
das Vollbringen, so wie es ihm gefällt. 14 Tut das alles
ohne Murren und langes Hin- und Herreden! 15 Ihr sollt
ja rein und fehlerlos sein und euch als Gottes vollkom-
mene Kinder erweisen mitten unter verirrten und ver-
dorbenen Menschen; ihr sollt leuchten unter ihnen wie
die Sterne am nächtlichen Himmel. 16 Dazu müsst ihr
an der Botschaft festhalten, die euch das ewige Leben
verspricht. Dann werdet ihr mein Ruhm sein an dem
Tag, an dem Christus kommt, weil meine Arbeit und
Mühe nicht vergeblich gewesen sind. 17 Aber auch
wenn ich bei meinem Dienst – diesem Opferdienst,
in dem ich Gott euren Glauben darbringe – mein Blut
wie ein dazugehöriges Trankopfer vergießen muss:
Ich freue mich und freue mich mit euch allen. 18 Freut
ihr euch ebenso und freut euch mit mir!

TIMOTHEUS UND EPAPHRODITUS

19 Ich hoffe im Vertrauen auf Jesus, den Herrn, dass ich
Timotheus bald zu euch schicken kann. Ich möchte
gern erfahren, wie es um euch steht, damit auch mir
das Herz leichter wird. 20 Ich habe sonst niemand, der
so zuverlässig ist und sich so selbstlos wie er um euch
kümmern wird. 21 Die andern kümmern sich alle nur
um ihre eigenen Angelegenheiten und nicht um Jesus
Christus und seine Sache. 22 Ihr wisst, wie bewährt er
ist. Ihr habt selbst erlebt, wie er sich mit mir zusam-
men für die Gute Nachricht eingesetzt hat – so wie
ein Sohn dem Vater zur Hand geht. 23 Ihn also hoffe ich
euch schicken zu können, sobald ich sehe, wie mein
Prozess ausgehen wird. 24 Aber im Vertrauen auf den
Herrn rechne ich sogar damit, dass ich euch in Kürze
selbst besuchen kann. 25 Es erschien mir notwendig,
Epaphroditus zu euch zurückzuschicken, meinen
Bruder, Mitarbeiter und Mitstreiter. Ihr hattet ihn zu
mir geschickt als Überbringer eurer Gabe, mit der ihr
meinem Mangel abhelfen wolltet. 26 Jetzt aber sehnte
er sich so sehr nach euch allen und war in Sorge, weil
ihr von seiner Krankheit gehört hattet. 27 Es stand tat-
sächlich schlimm um ihn; er war dem Tode nah. Aber
Gott hat sich über ihn erbarmt – und nicht nur über
ihn, sondern auch über mich. Habe ich doch schon
Kummer genug! 28 Umso schneller schicke ich jetzt
Epaphroditus zu euch zurück, damit ihr euch freut,
ihn wohlbehalten wiederzusehen, und ich selbst eine
Sorge weniger habe. 29 Empfangt ihn als Bruder und
nehmt ihn voll Freude auf. Solchen Menschen müsst
ihr Achtung entgegenbringen. 30 Denn beim Einsatz
für Christus wäre er fast zu Tode gekommen. Er hat
sein Leben gewagt, um mir den Dienst zu leisten, den
ihr selbst mir nicht leisten konntet.

AUFRUF ZUR FREUDE

3 Im Übrigen, meine Brüder und Schwestern, freut
euch mit der Freude, die vom Herrn kommt! Ich
schreibe euch immer wieder dasselbe; aber mir ist das
keine Last und euch macht es noch sicherer.

MENSCHLICHE VORZÜGE UND LEISTUNGEN ZÄHLEN NICHT

2 Nehmt euch in Acht vor diesen elenden Hunden, die-
sen falschen Missionaren, diesen Zerschnittenen! 3 Ich
nenne sie so, denn die wirklich Beschnittenen sind
wir, die der Geist Gottes befähigt, Gott in der rechten
Weise zu dienen. Denn wir bauen nicht auf Vorzüge,
die irdisch und menschlich sind, sondern rühmen
uns allein damit, dass wir zu Jesus Christus gehören.
4 Auch ich könnte mich auf solche Vorzüge berufen.
Wenn andere meinen, sie könnten mit irdischen Vor-
zügen großtun – ich hätte viel mehr Grund dazu. 5 Ich
wurde beschnitten, als ich eine Woche alt war. Ich bin
von Geburt ein Israelit aus dem Stamm Benjamin, ein
Hebräer von reinster Abstammung. Was die Stellung
zum Gesetz angeht, so gehörte ich zur strengen Rich-
tung der Pharisäer. 6 Mein Eifer ging so weit, dass ich
die christliche Gemeinde verfolgte. Gemessen an dem,
was das Gesetz vorschreibt, stand ich vor Gott ohne
Tadel da. 7 Aber dies alles, was mir früher als Vorteil
erschien, habe ich durch Christus als Nachteil er-
kannt. 8 Ich betrachte überhaupt alles als Verlust im
Vergleich mit dem überwältigenden Gewinn, dass
ich Jesus Christus als meinen Herrn kenne. Durch ihn
hat für mich alles andere seinen Wert verloren, ja, ich
halte es für bloßen Dreck. Nur noch Christus besitzt für
mich einen Wert. 9 Zu ihm möchte ich um jeden Preis
gehören. Deshalb will ich nicht mehr durch mein eige-
nes Tun vor Gott als gerecht bestehen. Ich suche nicht
meine eigene Gerechtigkeit, die aus der Befolgung des

Gesetzes kommt, sondern die Gerechtigkeit, die von Gott kommt und denen geschenkt wird, die glauben. Ich möchte vor Gott als gerecht bestehen, indem ich mich in vertrauendem Glauben auf das verlasse, was er durch Christus für mich getan hat. 10 Ich möchte nichts anderes mehr kennen als Christus: Ich möchte die Kraft seiner Auferstehung erfahren, ich möchte sein Leiden mit ihm teilen. Mit ihm gleich geworden in seinem Tod, 11 hoffe ich, auch zur Auferstehung der Toten zu gelangen.

WIR SIND NOCH NICHT AM ZIEL!

12 Ich meine nicht, dass ich schon vollkommen bin und das Ziel erreicht habe. Ich laufe aber auf das Ziel zu, um es zu ergreifen, nachdem Jesus Christus von mir Besitz ergriffen hat. 13 Ich bilde mir nicht ein, Brüder und Schwestern, dass ich es schon geschafft habe. Aber die Entscheidung ist gefallen! Ich lasse alles hinter mir und sehe nur noch, was vor mir liegt. 14 Ich halte geradewegs auf das Ziel zu, um den Siegespreis zu gewinnen. Dieser Preis ist das ewige Leben, zu dem Gott mich durch Jesus Christus berufen hat. 15 So wollen wir denken – wenn wir uns zu den »Vollkommenen« zählen. Wenn ihr in irgendeiner Einzelheit anderer Meinung seid, wird euch Gott auch das noch offenbaren. 16 Aber lasst uns auf jeden Fall auf dem Weg bleiben, den wir als richtig erkannt haben. 17 Haltet euch an mein Vorbild, Brüder und Schwestern, und nehmt euch ein Beispiel an denen, die so leben, wie ihr es an mir seht. 18 Ich habe euch schon oft gewarnt und wiederhole es jetzt unter Tränen: Die Botschaft, dass allein im Kreuzestod von Christus unsere Rettung liegt, hat viele Feinde. 19 Ihr Ende ist die ewige Vernichtung. Der Bauch ist ihr Gott. Statt der Herrlichkeit bei Gott warten auf sie Spott und Schande. Sie haben nichts als Irdisches im Sinn. 20 Wir dagegen haben schon jetzt Bürgerrecht im Himmel, bei Gott. Von dorther erwarten wir auch unseren Retter, Jesus Christus, den Herrn. 21 Er wird unseren schwachen, vergänglichen Körper verwandeln, sodass er genauso herrlich und unvergänglich wird wie der Körper, den er selber seit seiner Auferstehung hat. Denn er hat die Macht, alles seiner Herrschaft zu unterwerfen.

ERMAHNUNG ZU EINTRACHT, FREUDE UND STREBEN NACH DEM GUTEN. FRIEDENSWUNSCH

4 Also, meine geliebten Brüder und Schwestern, nach denen ich mich sehne, meine Freude und mein Siegeskranz: Steht fest in der Kraft, die der Herr euch schenkt, meine Lieben! 2 Ich ermahne Evodia und ich ermahne Syntyche, dass sie sich als Schwestern im Glauben vertragen. 3 Dich aber, mein bewährter Syzygus, bitte ich, dass du ihnen dabei hilfst. Die beiden haben sich mit mir für die Verbreitung der Guten Nachricht eingesetzt, zusammen mit Klemens und meinen anderen Mitarbeitern, deren Namen im Buch des Lebens stehen. 4 Freut euch immerzu, mit der Freude, die vom Herrn kommt! Und noch einmal sage ich: Freut euch! 5 Alle in eurer Umgebung sollen zu spüren bekommen, wie freundlich und gütig ihr seid. Der Herr kommt bald! 6 Macht euch keine Sorgen, sondern wendet euch in jeder Lage an Gott und bringt eure Bitten vor ihn. Tut es mit Dank für das, was er euch geschenkt hat. 7 Dann wird der Frieden Gottes, der alles menschliche Begreifen weit übersteigt, euer Denken und Wollen im Guten bewahren, geborgen in der Gemeinschaft mit Jesus Christus. 8 Im Übrigen, meine Brüder und Schwestern: Richtet eure Gedanken auf das, was schon bei euren Mitmenschen als rechtschaffen, ehrbar und gerecht gilt, was rein, liebenswert und ansprechend ist, auf alles, was Tugend heißt und Lob verdient. 9 Lebt so, wie ich es euch gelehrt und euch als verbindliche Weisung weitergegeben habe und wie ihr es von mir gehört und an mir gesehen habt. Gott, der Frieden schenkt, wird euch beistehen!

DANK FÜR DIE UNTERSTÜTZUNG

10 Es war mir eine große Freude und ein Geschenk vom Herrn, dass eure Fürsorge für mich wieder einmal so richtig aufgeblüht ist. Ihr wolltet ja schon die ganze Zeit etwas für mich tun, aber es ergab sich keine Gelegenheit. 11 Ich sage das nicht, weil ich in Not war. Ich habe gelernt, in jeder Lage zurechtzukommen und nicht von äußeren Umständen abhängig zu sein: 12 Ich kann Not leiden, ich kann im Wohlstand leben; mit jeder Lage bin ich vertraut. Ich kenne Sattsein und Hungern, ich kenne Mangel und Überfluss. 13 Allem bin ich gewachsen durch den, der mich stark macht. 14 Aber es war freundlich von euch, dass ihr an meiner Notlage Anteil genommen und mir geholfen habt. 15 Ihr wisst ja selbst, ihr in Philippi: Am Anfang meiner Missionstätigkeit, als ich die Gute Nachricht von Mazedonien aus weitertrug, wart ihr die einzige Gemeinde, von der ich als Gegenleistung für meinen Dienst etwas annahm. 16 Schon nach Thessalonich habt ihr mir etwas für meinen Unterhalt geschickt und auch später bei der einen oder andern Gelegenheit. 17 Denkt nicht, dass es mir auf euer Geld ankommt! Mir liegt daran, dass sich euer eigenes Guthaben vermehrt – ich meine: dass euer Glaube einen Ertrag bringt, der euch bei Gott gutgeschrieben wird. 18 Ich bestätige, dass ich durch Epaphroditus den ganzen Betrag erhalten habe. Es ist mehr als genug; ich habe nun wirklich alles, was ich brauche. Diese Gabe ist wie ein Opfer, dessen Duft zu Gott aufsteigt und an dem er seine Freude hat. 19 Gott, dem ich diene, wird euch alles geben, was ihr braucht, so gewiss er euch durch Jesus Christus am Reichtum seiner Herrlichkeit teilhaben lässt. 20 Unserem Gott und Vater gehört die Herrlichkeit für alle Ewigkeit! Amen.

GRÜSSE UND SCHLUSSWUNSCH

21 Grüßt alle, die zur Gemeinde gehören – alle, die mit Jesus Christus verbunden sind! Die Brüder, die bei mir sind, lassen euch grüßen. 22 Es grüßen euch alle Christen hier am Ort, die ganze hiesige Gemeinde, besonders die, die im kaiserlichen Dienst stehen. 23 Die Gnade des Herrn Jesus Christus sei mit euch!

DER BRIEF DES APOSTELS PAULUS AN DIE GEMEINDE IN **KOLOSSÄ**

EINGANGSGRUSS

1 Paulus, Apostel von Jesus Christus nach dem Willen
Gottes, und der Bruder Timotheus schreiben diesen
Brief. 2 Er richtet sich an alle in Kolossä, die Gott für
sich ausgesondert hat, die Brüder und Schwestern,
die durch Christus zum Glauben an Gott gekommen
sind. Gnade und Frieden sei mit euch von Gott, un-
serem Vater!

DANK DES APOSTELS FÜR DEN LEBENDIGEN GLAUBEN DER GEMEINDE

3 Immer, wenn wir für euch beten, danken wir Gott,
dem Vater unseres Herrn Jesus Christus. 4 Wir haben
von eurem Glauben gehört, der durch Jesus Christus
in euch lebt, und von eurer Liebe zu allen Christen. 5 Sie
beide erwachsen aus eurer festen Hoffnung auf das
Leben, das Gott im Himmel für euch bereithält. Er hat es
euch durch das Wort der Wahrheit, die Gute Nachricht,
zugesichert. 6 Diese Gute Nachricht ist nicht nur bei
euch, sondern in der ganzen Welt bekannt. Überall
breitet sie sich aus und bringt Frucht. Sie tut es auch
bei euch, seit dem Tag, an dem euch Gottes Gnade ver-
kündet worden ist und ihr von der Wahrheit der euch
verkündeten Botschaft überzeugt worden seid. 7 Unser
geliebter Epaphras, der zusammen mit uns Christus
dient, hat euch mit dieser Botschaft bekannt gemacht.
Er ist treu in seinem Dienst für Christus, den er an euch
tut. 8 Durch ihn haben wir auch von der Liebe gehört,
die der Geist Gottes in euch geweckt hat.

DAS LEBEN DER CHRISTEN IM LICHT

9 Deshalb hören wir auch nicht auf, für euch zu beten,
seit wir von euch gehört haben. Wir bitten Gott, dass
er euch mit all der Weisheit und Einsicht erfüllt, die sein
Geist euch schenkt, und dass er euch erkennen lässt,
was sein Wille ist. 10 Denn ihr sollt ja so leben, wie es
dem Herrn Ehre macht, und stets tun, was ihm gefällt.
Dazu kommt es, wenn euer Leben als Frucht gute Taten
aller Art hervorbringt, wenn ihr darin ständig fortschrei-
tet durch die immer tiefere Erkenntnis dessen, was Gott
für euch getan hat, – 11-12 wenn ihr, gestärkt von Gott mit
seiner ganzen Kraft und göttlichen Macht, geduldig
und standhaft bleibt in allem, was ihr zu ertragen habt,
wenn ihr voll Freude dem Vater dankt, dass er euch be-
fähigt hat, teilzuhaben am Leben seiner heiligen Engel
im Reich des Lichts. 13 Denn er hat uns aus der Gewalt
der dunklen Mächte gerettet und uns unter die Herr-
schaft seines geliebten Sohnes gestellt. 14 Durch den
Sohn und in dessen Machtbereich ist uns die Erlösung
zuteilgeworden: Unsere Schuld ist uns vergeben.

CHRISTUS, BILD GOTTES UND BRINGER DES FRIEDENS

15 Er ist das Bild des unsichtbaren Gottes, / der erst-
geborene Sohn des Vaters, / aller Schöpfung voraus
und ihr weit überlegen. / 16 Denn in ihm ist alles er-
schaffen worden, / was im Himmel und auf der Erde
lebt, / die sichtbaren Geschöpfe auf der Erde / und
die unsichtbaren im Himmel – / die Thronenden, die
Herrschenden, / die Mächte, die Gewalten. / Alles hat
Gott durch ihn geschaffen, / und alles findet in ihm
sein letztes Ziel. / 17 Er steht über allem, / und alles be-
steht durch ihn. / 18 Er ist das Haupt des Leibes, / das
heißt: der Gemeinde. // Er ist der Anfang der neuen
Schöpfung, / der Erstgeborene aller Toten, / der zu-
erst zum neuen Leben gelangt ist, / damit er in jeder
Hinsicht der Erste sei. / 19 Denn Gott gefiel es, / in ihm
die ganze Fülle des Heils / Wohnung nehmen zu las-
sen. / 20 Durch ihn wollte Gott alles versöhnen / und
zu neuer, heilvoller Einheit verbinden. / Alles, was ge-
geneinander streitet, / wollte er zur Einheit zusam-
menführen, / nachdem er Frieden gestiftet hat / durch
das Blut, das Jesus am Kreuz vergoss; / alles, was auf
der Erde und im Himmel lebt, / sollte geeint werden
durch ihn / und in ihm als dem letzten Ziel.

LEBENSWENDE DURCH DIE GUTE NACHRICHT

21 Das gilt auch für euch. Einst standet ihr Gott fremd
und feindlich gegenüber und habt das durch eure
bösen Taten gezeigt. 22 Aber weil Christus in seinem
menschlichen Leib den Tod auf sich nahm, hat Gott
jetzt mit euch Frieden gemacht. Als sein heiliges Volk
steht ihr jetzt rein und fehlerlos vor ihm da. 23 Ihr müsst
jedoch im Glauben fest und unerschütterlich bleiben
und dürft euch nicht von der Hoffnung abbringen
lassen, die euch durch die Gute Nachricht gegeben
ist. Ihr habt sie gehört, und sie ist in der ganzen Welt
verkündet worden. Mich, Paulus, hat Gott in seinen
Dienst genommen, damit ich sie überall bekannt
mache.

DER DIENST DES APOSTELS

24 Ich freue mich, dass ich jetzt für euch leiden darf.
An den Leiden von Christus würde noch etwas fehlen,
wenn ich sie nicht durch das, was ich selbst körper-
lich leide, ergänzen würde – seinem Leib zugute, der
Gemeinde. 25 Zu ihrem Dienst bin ich bestellt durch
das Amt, das Gott mir zu eurem Besten übertragen
hat. Seine Botschaft soll ich überall verbreiten. 26 Ich
soll das Geheimnis enthüllen, das er seit Urzeiten allen
Generationen verborgen gehalten hatte, jetzt aber
denen offenbart hat, die er in seine Gemeinschaft
rief. 27 Ihnen wollte er zeigen, welch herrlichen Reich-
tum dieses Geheimnis für euch, die nicht jüdischen
Völker, in sich birgt: Christus mitten unter euch, ge-
rade euch! Das bedeutet die sichere Hoffnung, dass
Gott euch Anteil gibt an seiner Herrlichkeit! 28 Diesen
Christus verkünden wir. Und wir hören nicht auf, je-
den Einzelnen in der Gemeinde zu ermahnen und je-
dem Einzelnen in der Gemeinde den Weg zu zeigen,

den uns Christus gewiesen hat. Das tun wir mit der
ganzen Weisheit, die uns gegeben ist. Denn wir möch-
ten jeden und jede in der Gemeinde dahin bringen,
dass sie vor Gott dastehen in der Vollkommenheit,
die aus der Verbindung mit Christus erwächst. 29 Eben
dafür kämpfe ich und mühe mich ab, und Christus
selbst wirkt durch mich mit seiner Kraft, die sich in
mir als mächtig erweist.

SORGE UM DIE EMPFÄNGER DES BRIEFS

2 Es liegt mir daran, dass ihr wisst, wie sehr es bei
diesem meinem Kampf um euch in Kolossä geht
und auch um die Gemeinde in Laodizea und überhaupt
um alle, die mich persönlich nicht kennengelernt ha-
ben. 2 Ich möchte, dass sie alle Mut bekommen und in
Liebe zusammenhalten und dass sie zur ganzen rei-
chen Fülle des Verstehens gelangen und Gottes Ge-
heimnis begreifen, nämlich Christus. 3 In ihm sind alle
Schätze der Weisheit und Erkenntnis verborgen. 4 Ich
sage das, damit euch niemand durch Überredungs-
künste hinters Licht führt. 5 Obwohl ich fern von euch
bin, bin ich im Geist bei euch und freue mich zu sehen,
wie fest ihr zusammenhaltet und wie unerschütterlich
euer Glaube an Christus ist.

CHRISTUS MUSS DIE MITTE BLEIBEN

6 Ihr habt Jesus Christus als den Herrn angenommen;
darum lebt nun auch in der Gemeinschaft mit ihm
und nach seiner Art! 7 Seid in ihm verwurzelt und
baut euer Leben ganz auf ihn. Bleibt im Glauben
fest und lasst euch nicht von dem abbringen, was
euch gelehrt worden ist. Hört nicht auf zu danken
für das, was Gott euch geschenkt hat. 8 Gebt acht,
dass euch niemand mit der leeren Vorspiegelung
einfängt, euch die wahre Religion zu bringen. Das
beruht doch alles auf Menschenlehren und hat nur
mit den kosmischen Mächten zu tun, aber nicht mit
Christus. 9 In Christus wohnt wirklich und wahrhaftig
die Heilsmacht Gottes in ihrer ganzen Fülle, 10 und
durch ihn wird euch die Fülle des Heils zuteil, nicht
durch irgendwelche anderen Mächte. Denn Christus
ist das Oberhaupt jeder Macht und Gewalt im ganzen
Kosmos. 11 Durch Christus seid ihr auch beschnitten
worden – nicht am Körper, sondern so, dass ihr den
ganzen Körper, sofern er unter der Herrschaft der
Sünde steht, abgelegt habt. Dies geschah in der
Christus-Beschneidung, 12 der Taufe. Als ihr getauft
wurdet, seid ihr mit Christus begraben worden, und
durch die Taufe seid ihr auch mit ihm zusammen auf-
erweckt worden. Denn als ihr euch taufen ließt, habt
ihr euch ja im Glauben der Macht Gottes anvertraut,
der Christus vom Tod auferweckt hat. 13 Einst wart
ihr tot, denn ihr wart unbeschnitten, das heißt in ein
Leben voller Schuld verstrickt. Aber Gott hat euch mit
Christus zusammen lebendig gemacht. Er hat uns un-
sere ganze Schuld vergeben. 14 Den Schuldschein, der
uns wegen der nicht befolgten Gesetzesvorschriften
belastete, hat er für ungültig erklärt. Er hat ihn ans
Kreuz genagelt und damit für immer beseitigt. 15 Die
Mächte und Gewalten, die diesen Schuldschein ge-
gen uns geltend machen wollten, hat er entwaffnet
und vor aller Welt zur Schau gestellt, er hat sie in sei-
nem Triumphzug mitgeführt – und das alles in und
durch Christus.

ÜBER CHRISTUS HINAUS BRAUCHEN WIR NICHTS

16 Darum soll euch niemand verurteilen wegen eurer
Ess- und Trinkgewohnheiten oder weil ihr bestimmte
Festtage oder den Neumondstag oder den Sabbat
nicht beachtet. 17 Das alles ist nur ein Schatten der
kommenden neuen Welt; doch die Wirklichkeit ist
Christus, und die ist schon zugänglich in seinem Leib,
der Gemeinde. 18 Niemand soll euch das Heil abspre-
chen, der sich in Demutsübungen und Engelvereh-
rung gefällt und das mit irgendwelchen visionären
Erlebnissen begründet. Solche Menschen blähen
sich grundlos auf in ihrer rein irdischen Gesinnung,
19 statt sich an Christus zu halten, der doch der Herr
über alles ist und das Haupt des Leibes, der Gemeinde.
Von ihm her wird der ganze Leib zusammengehal-
ten und versorgt, damit er zur vollen Größe empor-
wächst, wie es Gott gefällt. 20 Wenn ihr mit Christus
gestorben seid, seid ihr den kosmischen Mächten
weggestorben. Warum tut ihr dann so, als ob ihr
noch unter ihrer Herrschaft lebtet? Ihr lasst euch
vorschreiben: 21 »Dies sollst du nicht anfassen, das
sollst du nicht kosten, jenes sollst du nicht berüh-
ren!« 22 Alle diese Dinge sind doch zum Gebrauch
und Verzehr bestimmt! Warum lasst ihr euch dann von
Menschen darüber Vorschriften machen? 23 Es sieht
nur so aus, als ob diese selbst gewählte Verehrung,
die Demutsübungen und die Kasteiung des Körpers
Zeichen besonderer Weisheit seien. In Wirklichkeit
bringt das alles uns Gott nicht näher, sondern dient
nur der Befriedigung menschlicher Selbstsucht und
Eitelkeit.

EIN NEUES LEBEN DURCH CHRISTUS

3 Wenn ihr nun mit Christus auferweckt seid, dann
orientiert euch nach oben, wo Christus ist! Gott
hat ihm den Ehrenplatz an seiner rechten Seite ge-
geben. 2 Richtet also eure Gedanken nach oben und
nicht auf die irdischen Dinge! 3 Ihr seid doch gestor-
ben, und euer Leben ist mit Christus bei Gott ver-
borgen. 4 Wenn einmal Christus, euer Leben, allen
sichtbar wird, dann werdet auch ihr mit ihm zusam-
men in der ganzen Herrlichkeit sichtbar werden, die
euch jetzt schon geschenkt ist. 5 Darum tötet alles,
was an euch noch irdisch ist: Unzucht, Ausschwei-
fung, Leidenschaft, böse Lust und die Habsucht.
Habsucht ist so viel wie Götzendienst. 6 Wegen die-
ser Dinge kommt das Gericht Gottes. 7 Auch ihr habt
früher entsprechend gelebt, als ihr noch ganz dem
Irdischen verhaftet wart. 8 Aber jetzt müsst ihr das
alles ablegen, auch Zorn und Aufbrausen, Boshaftig-
keit, Beleidigung und Verleumdung. 9 Belügt einander
nicht mehr! Ihr habt doch den alten Menschen mit

seinen Gewohnheiten ausgezogen 10 und habt den
neuen Menschen angezogen: den Menschen, der
in der Weise erneuert ist, dass er nun Gott erkennt
und weiß, was Gott will – der erneuert ist nach dem
Bild dessen, der ihn am Anfang nach seinem Bild ge-
schaffen hat! 11 Wo diese Erneuerung geschehen ist,
da zählt es nicht mehr, ob jemand zu den Griechen
gehört oder zu den Juden, ob jemand beschnitten
ist oder unbeschnitten, ob jemand zu einem unzivi-
lisierten Volk gehört oder gar zu einem Stamm von
Wilden, ob jemand im Sklavenstand ist oder frei. Was
einzig noch zählt, ist Christus, der in allen lebt und
der alles wirkt.

ANWEISUNGEN FÜR ALLE

12 Ihr seid von Gott erwählt, der euch liebt und zu
seinem heiligen Volk gemacht hat. Darum zieht nun
wie eine neue Bekleidung alles an, was den neuen
Menschen ausmacht: herzliches Erbarmen, Freund-
lichkeit, Bescheidenheit, Milde, Geduld. 13 Ertragt ein-
ander! Seid nicht nachtragend, wenn euch jemand
unrecht getan hat, sondern vergebt einander, so wie
der Herr euch vergeben hat. 14 Und *über* das alles zieht
die Liebe an, die alles andere in sich umfasst. Sie ist
das Band, das euch zu vollkommener Einheit zusam-
menschließt. 15 Der Frieden, den Christus schenkt,
muss euer ganzes Denken und Tun bestimmen. In die-
sen Frieden hat Gott euch alle miteinander gerufen;
ihr seid ja durch Christus *ein* Leib. Werdet dankbar!
16 Gebt dem Wort Raum, in dem Christus bei euch
gegenwärtig ist. Lasst es seinen ganzen Reichtum
unter euch entfalten. Unterweist und ermahnt ein-
ander mit aller Weisheit. Singt Gott von ganzem Her-
zen Psalmen, Hymnen, Loblieder, wie seine Gnade sie
schenkt und sein Geist sie euch eingibt. 17 Alles, was
ihr tut und was ihr sagt, soll zu erkennen geben, dass
ihr Jesus, dem Herrn, gehört. Euer ganzes Leben soll
ein einziger Dank sein, den ihr Gott, dem Vater, durch
Jesus Christus darbringt.

ANWEISUNGEN FÜR EINZELNE GRUPPEN

18 Ihr Frauen, ordnet euch euren Männern unter!
So gehört es sich – gerade in der Gemeinschaft mit
dem Herrn. 19 Ihr Männer, liebt eure Frauen und seid
nicht rücksichtslos gegen sie. 20 Ihr Kinder, gehorcht
euren Eltern in allem! So ist es richtig – gerade in der
Gemeinschaft mit dem Herrn. 21 Ihr Väter, behandelt
eure Kinder nicht zu streng, damit sie nicht entmutigt
werden! 22 Ihr Sklaven und Sklavinnen, gehorcht in al-
lem euren irdischen Herren und Herrinnen! Tut es nicht
nur äußerlich, um euch bei ihnen einzuschmeicheln.
Dient ihnen aufrichtig, als Menschen, die Christus als
Herrn ernst nehmen. 23 Alles, was ihr tut, tut von Her-
zen, als etwas, das ihr für den Herrn tut und nicht für
Menschen. 24 Seid euch bewusst, dass ihr dafür vom
Herrn das ewige Leben als Lohn bekommt. Dient mit
eurem Tun Christus, dem Herrn! 25 Denn wer Unrecht
tut, wird dafür die volle Strafe erhalten. Gott ist ein
unparteiischer Richter.

4 Ihr Herren und Herrinnen, behandelt eure Sklaven
und Sklavinnen, wie es recht und billig ist! Seid
euch bewusst, dass auch ihr einen Herrn im Himmel
habt!

WEITERE ERMAHNUNGEN

2 Lasst nicht nach im Beten, werdet nicht müde darin
und tut es immer mit Dank! 3 Betet dabei auch für uns,
dass Gott uns eine Tür öffnet für seine Botschaft.
Wir sollen ja das Geheimnis bekannt machen, das
in Christus beschlossen ist. Als Verkünder dieses
Geheimnisses sitze ich hier im Gefängnis. 4 Bittet
Gott darum, dass ich es weiterhin offenbar machen
kann, wie es mein Auftrag ist. 5 Im Blick auf die, die
nicht zur Gemeinde gehören, und im Unterschied
zu ihnen sollt ihr leben wie Menschen, die wissen,
worauf es ankommt, und sollt die Zeit, die euch noch
verbleibt, gut ausnutzen. 6 Wenn ihr Außenstehen-
den über euren Glauben Auskunft gebt, so tut es im-
mer freundlich und in ansprechender Weise. Bemüht
euch, für jeden und jede die treffende Antwort zu
finden.

EMPFEHLUNGEN, GRÜSSE UND ANWEISUNGEN

7 Über mein Ergehen wird euch Tychikus ausführlich
berichten, der geliebte Bruder und treue Sachwal-
ter, der mit mir zusammen im Dienst für den Herrn
steht. 8 Ich schicke ihn gerade deshalb zu euch, da-
mit er euch von uns berichtet und euch Mut macht.
9 Mit ihm zusammen schicke ich den treuen und
geliebten Bruder Onesimus, der ja zu euch gehört.
Die beiden werden euch alles erzählen, was hier vor-
geht. 10 Es grüßt euch Aristarch, der mit mir im Ge-
fängnis ist, ebenso Markus, der Vetter von Barnabas.
Seinetwegen habe ich euch ja schon Anweisungen
gegeben. Nehmt ihn freundlich auf, wenn er zu euch
kommt! 11 Auch Jesus mit dem Beinamen Justus lässt
euch grüßen. Diese drei sind die Einzigen aus dem
Judentum, die noch mit mir zusammen für die Aufrich-
tung der Herrschaft Gottes arbeiten. Sie sind mir ein
wirklicher Trost geworden. 12 Es grüßt euch Epaphras,
der zu euch gehört und im Dienst von Jesus Christus
steht. Ständig kämpft er in seinen Gebeten für euch,
dass ihr euch als reife Christen bewährt und ganz da-
von erfüllt seid, in allem den Willen Gottes zu tun.
13 Ich kann bezeugen, wie viel Mühe und Plage er für
euch auf sich nimmt und ebenso für die Glaubenden
in Laodizea und Hiërapolis. 14 Es grüßen euch unser
lieber Lukas, der Arzt, und Demas. 15 Grüßt die Brüder
und Schwestern in Laodizea, besonders Nympha und
die Gemeinde in ihrem Haus. 16 Wenn dieser Brief bei
euch vorgelesen worden ist, dann schickt ihn nach
Laodizea, damit er auch dort vor der Gemeinde ver-
lesen wird. Und lest auch ihr den Brief, den ich nach
Laodizea geschrieben habe. 17 Sagt Archippus: Sei
treu im Dienst für den Herrn und erfülle den Auftrag,
den du erhalten hast! 18 Mit eigener Hand schreibe
ich, Paulus, hier meinen Gruß. Vergesst meine Ketten
nicht! Die Gnade sei mit euch!

DER ERSTE BRIEF DES APOSTELS PAULUS AN DIE GEMEINDE IN **THESSALONICH**

EINGANGSGRUSS

1 Paulus, Silvanus und Timotheus schreiben diesen
Brief an die Gemeinde in Thessalonich, die Gott,
dem Vater, und Jesus Christus, dem Herrn, gehört.
Gnade und Frieden sei mit euch!

DIE GEMEINDE IN THESSALONICH ALS VORBILD

2 Wir danken Gott immerzu für euch alle, wenn wir in
unseren Gebeten an euch denken. 3 Vor unserem Gott
und Vater erinnern wir uns stets voll Dank daran, was
als Frucht eurer Gemeinschaft mit Jesus Christus, un-
serem Herrn, bei euch herangereift ist: wie bewährt
euer Glaube ist und wie aufopfernd eure Liebe und
wie unerschütterlich eure Hoffnung. 4 Gott liebt euch,
Brüder und Schwestern, und wir wissen, dass er euch
dazu erwählt hat, ihm zu gehören. 5 Denn als wir euch
die Gute Nachricht verkündeten, geschah das nicht
nur mit Worten, sondern auch mit Taten, in denen
sich die Macht Gottes zeigte, mit dem Beistand des
Heiligen Geistes und mit voller Überzeugung. Ihr wisst
ja, wie wir unter euch gelebt und gewirkt haben, um
euch die Rettung zu bringen. 6 Ihr aber seid unserem
Vorbild gefolgt und damit dem Vorbild unseres Herrn.
Obwohl ihr schwere Anfeindungen ertragen musstet,
habt ihr die Botschaft mit der Freude angenommen,
die der Geist Gottes schenkt. 7 So seid ihr ein Vorbild
für alle Glaubenden in Mazedonien und Achaia ge-
worden. 8 Und nicht nur dorthin ist die Botschaft des
Herrn von euch aus gelangt; es hat sich auch überall
sonst herumgesprochen, dass ihr euch Gott zuge-
wandt habt. Wir brauchen niemand etwas davon zu
erzählen. 9 Wo wir auch hinkommen, sprechen sie da-
von, was für ein segensreiches Wirken wir unter euch
entfalten konnten. Überall erzählen sie, wie ihr euch
von den Götzen abgewandt habt, um dem wahren
und lebendigen Gott zu dienen – 10 und wie ihr nun
vom Himmel her seinen Sohn erwartet, den er vom
Tod auferweckt hat: Jesus, der uns vor dem bevorste-
henden Gericht rettet.

DIE GLAUBWÜRDIGKEIT DER VERKÜNDIGER

2 Aber auch ihr selbst, Brüder und Schwestern,
erinnert euch ja noch genau an das Wirken, das
wir unter euch entfaltet haben: dass es von Gott
gesegnet und nicht vergeblich war. 2 Wie ihr wisst,
hatten wir zuvor in Philippi viel ausstehen müssen
und waren misshandelt worden. Trotzdem fassten
wir im Vertrauen auf unseren Gott den Mut, euch
seine Gute Nachricht zu verkünden, und ließen uns
nicht davon abbringen, als es auch bei euch zu har-
ten Auseinandersetzungen kam. 3 Ihr könnt daran se-
hen: Wenn wir zum Glauben an die Gute Nachricht
aufrufen, folgen wir nicht irgendwelchen Hirnge-
spinsten. Wir tun es auch nicht in eigennütziger und
betrügerischer Absicht. 4 Nein, Gott hat uns geprüft
und zum Dienst für die Gute Nachricht brauchbar
gefunden – deshalb und nur deshalb verkünden wir
sie! Wir wollen nicht Menschen gefallen, sondern
ihm, der unsere geheimsten Gedanken kennt. 5 Ich
habe euch nie nach dem Mund geredet – ihr wisst es.
Genauso wenig ging es mir jemals insgeheim um den
eigenen Vorteil – Gott kann es bezeugen! 6 Ich wollte
auch nicht von Menschen geehrt werden, weder von
euch noch von irgendjemand sonst. 7 Als Apostel von
Christus hätte ich meine Autorität hervorkehren kön-
nen; aber stattdessen war ich sanft und freundlich zu
euch, wie eine stillende Mutter zu ihren Kindern. 8 Ich
hatte eine solche Zuneigung zu euch, dass ich bereit
war, nicht nur Gottes Gute Nachricht mit euch zu tei-
len, sondern auch mein eigenes Leben. So lieb hatte
ich euch gewonnen. 9 Ihr erinnert euch doch, Brüder
und Schwestern, dass ich keine Mühe gescheut habe.
Während ich euch Gottes Gute Nachricht verkündete,
habe ich Tag und Nacht für meinen Lebensunterhalt
gearbeitet, um niemand von euch zur Last zu fallen.
10 Ich rufe euch selbst und Gott als Zeugen an: Mein
Verhalten gegen euch, die ihr die Gute Nachricht an-
nahmt, war gottgefällig, redlich und untadelig. 11 Ihr
wisst selbst: Ich war zu euch allen, zu jedem und zu
jeder, wie ein Vater zu seinen Kindern. 12 Ich habe euch
ermutigt und angespornt und euch beschworen, ein
Leben zu führen, das Gott Ehre macht. Er hat euch
doch dazu berufen, in seiner neuen Welt zu leben und
seine Herrlichkeit mit ihm zu teilen.

DANK AN GOTT FÜR DIE ANNAHME DER VERKÜNDIGUNG IN THESSALONICH

13 Und auch deswegen danken wir Gott unaufhörlich,
dass ihr die Botschaft, die wir euch brachten, als Wort
Gottes aufgenommen habt – nicht als Menschenwort,
sondern als Wort Gottes, das sie tatsächlich ist! Und
als solches erweist sie sich auch wirksam unter euch,
die ihr dieser Botschaft glaubt. 14 Das zeigt sich daran,
Brüder und Schwestern, dass es euch ebenso ergan-
gen ist wie den christlichen Gemeinden in Judäa. Ihr
habt von euren Landsleuten dasselbe erduldet, was
sie von ihren jüdischen Landsleuten erdulden muss-
ten. 15 Diese haben schon Jesus, den Herrn, getötet
und ebenso die Propheten, und auch uns haben sie
verfolgt. Sie missfallen Gott und sind allen Menschen
feindlich gesinnt. 16 Denn sie wollen verhindern, dass
wir den anderen Völkern die Gute Nachricht verkün-
den, die sie retten kann. So machen sie fortgesetzt das
Maß ihrer Sünden voll. Aber das Strafgericht Gottes
hat sie schon in vollem Umfang erreicht.

PAULUS IN SORGE UM DIE GEMEINDE

17 Brüder und Schwestern! Wir sind richtig verwaist,
wenn auch nur vorübergehend, seit wir von euch ge-
trennt sind. Wir sind es auch nur äußerlich, nicht in

unseren Herzen; aber wir sehnen uns so sehr nach
euch, dass wir nach einer Möglichkeit suchten, euch
wiederzusehen. 18 Wir hatten die feste Absicht, zu
euch zu kommen. Ich, Paulus, versuchte es mehrere
Male; aber der Satan hinderte uns daran. 19 Ihr seid
doch unsere Hoffnung und unsere Freude und unser
Siegeskranz, auf den wir stolz sein können, wenn Jesus,
unser Herr, kommt. Ja, gerade auch ihr! 20 Ihr seid doch
unsere Ehre und unsere Freude!

3 Schließlich hielt ich es nicht länger aus. Ich be-
schloss, mit Silvanus in Athen zu bleiben, 2 und
schickte Timotheus zu euch, unseren Bruder und
Gottes Mitarbeiter bei der Verbreitung der Guten
Nachricht von Christus. Er sollte euch in eurem
Glauben stärken und ermutigen, 3 damit niemand
von euch durch die Verfolgungen in seinem Glauben
wankend wird. Ihr wisst ja selbst, dass wir Verfolgung
erleiden müssen. 4 Schon als ich noch bei euch war,
haben wir euch vorausgesagt, dass sie uns verfolgen
werden. Das ist nun eingetreten und ihr habt es an
euch selbst erlebt. 5 Darum hielt ich es auch nicht mehr
aus und schickte Timotheus zu euch, um zu erfahren,
wie es um euren Glauben steht. Ich war in Sorge, der
Versucher könnte euch zu Fall gebracht haben und
unsere ganze Arbeit könnte vergeblich gewesen sein.

BERUHIGUNG DURCH NACHRICHTEN AUS THESSALONICH

6 Aber soeben ist nun Timotheus von euch zurückge-
kehrt und hat uns gute Nachricht über euren Glauben
und eure Liebe gebracht. Er hat uns erzählt, dass ihr
immer an uns denkt, uns in guter Erinnerung habt und
euch ebenso sehr nach uns sehnt, wie wir uns nach
euch sehnen. 7 Ihr habt euren Glauben bewahrt, Brüder
und Schwestern, und das hat uns mitten in unserer
Angst und Sorge neuen Mut gegeben. 8 Jetzt leben
wir wieder auf, weil wir wissen, dass ihr fest steht in
der Verbundenheit mit dem Herrn. 9 Wir können un-
serem Gott nicht genug für euch danken und für die
große Freude, die er uns an euch erleben lässt. 10 Tag
und Nacht bitten wir ihn von ganzem Herzen, dass
wir euch wiedersehen dürfen. Denn wir möchten
euch gerne helfen, dass an eurem Glauben nichts
mehr fehlt. 11 Wir bitten unseren Gott und Vater und
Jesus, unseren Herrn, uns den Weg zu euch zu ebnen.
12 Der Herr lasse eure Liebe zueinander und zu allen
Menschen wachsen und überströmen, sodass sie so
stark wird wie unsere Liebe zu euch. 13 Er mache euch
innerlich stark, damit ihr vor unserem Gott und Vater
in untadeliger Heiligkeit dasteht, wenn Jesus, unser
Herr, mit allen seinen Engeln kommt. Amen.

EIN LEBEN, DAS GOTT GEFÄLLT

4 Brüder, ihr habt von uns gelernt, wie ihr leben sollt,
um Gott zu gefallen; und ihr lebt auch schon so.
Nun bitten und ermahnen wir euch im Namen von
Jesus, dem Herrn, dass ihr darin auch weiterhin Fort-
schritte macht. 2 Ihr wisst, welche Anweisungen wir
euch in seinem Auftrag gegeben haben. 3 Gott will,
dass ihr heilig seid: dass ihm euer ganzes Leben gehört.
Das bedeutet, dass ihr euch von Unzucht fernhalten
sollt. 4 Jeder von euch Männern soll lernen, mit seiner
Frau so zusammenzuleben, wie es Gott und den Men-
schen gefällt. 5 Ihr sollt nicht blind eurer Leidenschaft
folgen, wie die Menschen, die Gott nicht kennen. 6 Es
soll sich auch keiner Übergriffe erlauben und seinen
Bruder bei Geschäften übervorteilen. Wir haben euch
das schon früher gesagt, und wir haben euch nach-
drücklich gewarnt: Wer so etwas tut, den wird der Herr
bestrafen. 7 Gott hat uns nicht dazu berufen, dass wir
zügellos und eigennützig leben, sondern dass wir sein
heiliges Volk sind und ihm Ehre machen. 8 Wer also
diese Anweisungen in den Wind schlägt, lehnt sich
nicht gegen einen Menschen auf, sondern gegen Gott,
der euch ja mit seinem Heiligen Geist erfüllt, damit ihr
so leben könnt, wie es ihm gefällt. 9 Über die Liebe zu
den Brüdern und Schwestern brauchen wir euch nichts
zu schreiben. Gott selbst hat es euch ins Herz gegeben,
einander zu lieben. 10 Ihr erweist solche Liebe ja auch
allen Glaubensgeschwistern in ganz Mazedonien. Wir
bitten euch, dass ihr darin noch vollkommener werdet!
11 Betrachtet es als Ehrensache, ein geregeltes Leben zu
führen. Kümmert euch um eure eigenen Angelegen-
heiten und arbeitet für euren Lebensunterhalt, wie
wir euch das gesagt haben. 12 Lebt so, dass ihr denen,
die nicht zur Gemeinde gehören, keinen Anstoß gebt
und niemand zur Last fallt.

WAS IST MIT DENEN IN DER GEMEINDE, DIE STERBEN, BEVOR JESUS WIEDERKOMMT?

13 Wir wollen euch nicht im Unklaren lassen, liebe
Brüder und Schwestern, wie es mit denen aus eurer
Gemeinde steht, die schon gestorben sind. Dann
braucht ihr nicht traurig zu sein wie die übrigen Men-
schen, die keine Hoffnung haben. 14 Wir glauben doch,
dass Jesus gestorben und auferstanden ist. Ebenso
gewiss wird Gott auch die Verstorbenen durch Jesus
und mit ihm zusammen zum ewigen Leben führen.
15 Mit einem Wort des Herrn sagen wir euch: Die Brüder
und Schwestern, die schon gestorben sind, werden
gegenüber uns, die beim Kommen des Herrn noch am
Leben sind, nicht benachteiligt sein. 16 Wenn Gottes
Befehl ergeht, der oberste Engel ruft und die himm-
lische Posaune ertönt, wird Christus, der Herr, selbst
vom Himmel kommen. Zuerst werden dann alle, die
im Vertrauen auf ihn gestorben sind, aus dem Grab
auferstehen. 17 Danach werden wir, die noch am Leben
sind, mit ihnen zusammen auf Wolken in die Luft ge-
hoben und dem Herrn entgegengeführt werden, um
ihn zu empfangen. Dann werden wir für immer mit
ihm zusammen sein. 18 Macht euch also damit gegen-
seitig Mut!

JEDERZEIT BEREIT SEIN!

5 Über die Frage, wann das geschehen wird, Brüder
und Schwestern, zu welchem näheren Zeitpunkt
es eintreten wird, brauchen wir euch nichts zu schrei-
ben. 2 Ihr wisst selbst ganz genau, dass der Tag des

Herrn so unvorhergesehen kommt wie ein Dieb in der Nacht. 3 Wenn die Menschen sagen werden: »Alles ist ruhig und sicher«, wird plötzlich Gottes vernichtendes Strafgericht über sie hereinbrechen, so wie die Wehen über eine schwangere Frau. Da gibt es kein Entrinnen. 4 Ihr aber lebt ja nicht in der Dunkelheit, Brüder und Schwestern, sodass euch der Tag des Herrn wie ein Dieb überraschen könnte. 5 Ihr alle seid vielmehr Menschen, die dem Licht und dem Tag gehören. Und weil wir nicht mehr der Nacht und der Dunkelheit gehören, 6 wollen wir auch nicht schlafen wie die anderen, sondern wach und nüchtern sein. 7 Wer schläft, tut es in der Nacht, und wer sich betrinkt, tut es in der Nacht. 8 Wir aber gehören dem Tag und wollen deshalb nüchtern sein. Wir wollen Glauben und Liebe als Panzer anlegen und die Hoffnung auf Rettung als Helm. 9 Denn Gott hat uns nicht dazu bestimmt, dass wir seinem Gericht verfallen, sondern dass wir durch Jesus Christus, unseren Herrn, gerettet werden. 10 Er, unser Herr, ist für uns gestorben, damit wir zusammen mit ihm leben. Das gilt für uns alle, ob wir noch am Leben sind, wenn er kommt, oder ob wir schon vorher gestorben sind. 11 Macht also einander Mut und helft euch gegenseitig weiter, wie ihr es ja schon tut.

ABSCHLIESSENDE ANWEISUNGEN

12 Brüder und Schwestern, wir bitten euch: Erkennt die an, die sich für euch abmühen und in der Gemeinde des Herrn Verantwortung übernehmen, um euch den rechten Weg zu zeigen. 13 Liebt sie wegen des Dienstes, den sie an euch tun, und begegnet ihnen mit größter Achtung. Lebt in Frieden und Eintracht miteinander! 14 Wir bitten euch weiter, liebe Brüder und Schwestern: Weist die zurecht, die ein ungeregeltes Leben führen. Ermutigt die Ängstlichen. Helft den Schwachen und habt Geduld mit allen. 15 Achtet darauf, dass niemand von euch Böses mit Bösem heimzahlt. Bemüht euch vielmehr stets, das Gute zu tun, im Umgang miteinander und mit allen Menschen. 16 Freut euch immerzu! 17 Betet unablässig! 18 Dankt Gott in jeder Lebenslage! Das will Gott von euch als Menschen, die mit Jesus Christus verbunden sind. 19 Unterdrückt nicht das Wirken des Heiligen Geistes. 20 Verachtet nicht die Weisungen, die er euch gibt. 21 Prüft aber alles, und nehmt nur an, was gut ist. 22 Von jeder Art des Bösen haltet euch fern!

SCHLUSSWORT UND GRÜSSE

23 Gott aber, der uns seinen Frieden schenkt, vollende euch als sein heiliges Volk und bewahre euch völlig unversehrt, fehlerlos an Geist, Seele und Leib, für den Tag, an dem Jesus Christus, unser Herr, kommt. 24 Gott ist treu, der euch berufen hat; er wird euch auch vollenden. 25 Betet auch ihr für uns, Brüder und Schwestern! 26 Grüßt alle in der Gemeinde mit dem Friedenskuss. 27 Ich beschwöre euch bei dem Herrn, diesen Brief vor allen Brüdern und Schwestern zu verlesen. 28 Die Gnade unseres Herrn Jesus Christus sei mit euch.

DER ZWEITE BRIEF DES APOSTELS PAULUS AN DIE GEMEINDE IN **THESSALONICH**

EINGANGSGRUSS

1 Paulus, Silvanus und Timotheus schreiben diesen Brief an die Gemeinde in Thessalonich, die Gott, unserem Vater, und dem Herrn Jesus Christus gehört. 2 Gnade und Frieden sei mit euch von Gott, unserem Vater, und von Jesus Christus, dem Herrn.

CHRISTUS KOMMT ZUM GERICHT

3 Wir müssen Gott immerzu für euch danken, Brüder und Schwestern! Wir haben allen Grund dazu, denn euer Glaube wächst, und die gegenseitige Liebe nimmt bei euch allen, bei jedem Einzelnen von euch, zu. 4 Mit Stolz erzählen wir in den Gemeinden Gottes von eurer Standhaftigkeit und Treue in all den Verfolgungen und Leiden, die ihr zu ertragen habt. 5 Diese Verfolgungen erinnern euch daran, dass Gott ein gerechtes Gericht halten und euch ehrenvoll in seine neue Welt aufnehmen wird, für die ihr ja leidet. 6 Denn es entspricht der Gerechtigkeit Gottes, dass er die, die euch Leiden bereiten, selbst leiden lässt 7 und dass er euch, die ihr jetzt leiden müsst, mit uns zusammen von allen Leiden befreit. Das wird geschehen, wenn Jesus, der Herr, vom Himmel kommt und alle ihn sehen werden. Er kommt mit den Engeln, die seine Befehle vollstrecken, 8 und in loderndem Feuer, um Vergeltung zu üben an allen, die Gott nicht ehren und die Gute Nachricht von Jesus, unserem Herrn, nicht gehorsam annehmen. 9 Als Strafe verhängt der Herr in seiner Macht und Herrlichkeit ewiges Verderben über sie. 10 Das geschieht an dem Tag, an dem er kommt, um von allen, die ihm gehören, von allen, die zum Glauben an ihn gekommen sind, geehrt und umjubelt zu werden – auch von euch, denn ihr habt ja der Botschaft geglaubt, die wir euch gebracht haben. 11 Im Blick darauf beten wir auch immer für euch. Wir bitten unseren Gott, euch würdig zu machen für das ewige Leben, zu dem er euch berufen hat. Durch seine Macht führe er alle eure guten Vorsätze und euer Wirken aus dem Glauben heraus zur Vollendung. 12 So soll der Name unseres Herrn Jesus durch euch zu Ehren kommen – und ebenso auch ihr durch ihn. Die Gnade unseres Gottes und Herrn Jesus Christus wird euch dazu verhelfen!

WAS ZUVOR NOCH GESCHEHEN MUSS: DAS AUFTRETEN DES ANTICHRIST

2 Ihr wartet darauf, Brüder und Schwestern, dass
Jesus Christus, unser Herr, kommt und wir mit ihm
vereinigt werden. Wir bitten euch aber: 2 Lasst euch
nicht so rasch verwirren oder erschrecken durch die
Behauptung, der Tag, an dem der Herr kommt, stehe
unmittelbar bevor. Glaubt es nicht, auch wenn sich
jemand auf eine Eingebung des Heiligen Geistes be-
ruft oder auf irgendeinen Ausspruch oder auf einen
Brief von uns. 3 Lasst euch durch nichts und niemand
täuschen: Erst muss es dahin kommen, dass viele ih-
rem Glauben untreu werden. Der Feind Gottes muss
auftreten, der alles Böse in sich vereint und der zum
Untergang bestimmt ist. 4 Er wird sich gegen alles auf-
lehnen und sich über alles erheben, was als göttlich
und verehrungswürdig gilt. Ja, er wird seinen Thron
im Tempel Gottes aufstellen und wird behaupten,
er sei Gott! 5 Erinnert ihr euch nicht, dass ich euch
dies angekündigt habe, als ich noch bei euch war?
6 Inzwischen wisst ihr aber auch, wodurch das noch
aufgehalten wird. Der Feind Gottes kann erst hervor-
treten, wenn die Zeit dafür reif ist. 7 Die geheimnis-
volle Macht der Auflehnung ist zwar schon am Werk;
doch der, der sie bisher noch zurückhält, muss ihr
erst den Weg freigeben. 8 Dann wird der Feind Gottes
offen hervortreten. Aber Jesus, der Herr, wird in Herr-
lichkeit kommen und ihn mit dem Hauch seines Mun-
des töten; durch sein bloßes Erscheinen wird er ihn
vernichten.

DIE GEFÄHRDUNG DURCH DEN ANTICHRIST

9 Der Feind Gottes wird bei seinem Auftreten vom
Satan unterstützt, sodass er aufsehenerregende
Wunder vollbringen und die Menschen damit blen-
den kann. 10 Alle, die verloren gehen, wird er durch
seine bösen Künste täuschen. Sie erliegen ihnen,
weil sie ihr Herz nicht der Wahrheit geöffnet haben,
die sie retten könnte. 11 Deshalb liefert Gott sie dem
Irrtum aus, sodass sie der Lüge Glauben schenken.
12 Alle, die der Wahrheit nicht geglaubt haben, son-
dern am Bösen Gefallen hatten, werden so ihre Strafe
finden.

AUFRUF ZUR STANDHAFTIGKEIT AN DIE ERWÄHLTEN

13 Doch für euch, Brüder und Schwestern, müssen
wir Gott immerzu danken. Ihr seid von Jesus, dem
Herrn, geliebt. Von allem Anfang an hat Gott euch
dazu erwählt, dass ihr gerettet werdet. Und das wer-
det ihr, weil Gottes Geist euer Leben bestimmt und
euch heilig macht und weil ihr der Wahrheit Gottes
glaubt. 14 Durch die Gute Nachricht, die wir euch ge-
bracht haben, hat Gott euch dazu berufen, an der
Herrlichkeit unseres Herrn Jesus Christus teilzuha-
ben. 15 Steht also fest, Brüder und Schwestern, und
haltet euch an die Überlieferungen, an alles, was wir
euch mündlich oder brieflich gelehrt haben. 16 Gott,
unser Vater, hat uns seine Liebe erwiesen und uns
in seiner Gnade einen ewig gültigen Trost und eine
sichere Hoffnung geschenkt. Wir bitten ihn und un-
seren Herrn Jesus Christus, 17 euch getrost und mutig
zu machen und euch Kraft zu geben zu allem Guten,
in Wort und Tat.

ABSCHLIESSENDE BITTEN UND WÜNSCHE

3 Im Übrigen: Betet für uns, Brüder und Schwes-
tern! Bittet darum, dass die Botschaft des Herrn
sich rasch verbreitet und überall so wie bei euch mit
Dank gegen Gott angenommen wird. 2 Bittet auch
darum, dass Gott uns vor den Anschlägen böser und
schlechter Menschen rettet. Denn nicht alle nehmen
den Glauben an. 3 Doch der Herr ist treu. Er wird euch
stärken und vor dem Bösen beschützen. 4 Er gibt uns
auch das Vertrauen zu euch, dass ihr jetzt und in
Zukunft meinen Anweisungen folgen werdet. 5 Der
Herr richte euer ganzes Denken und Wollen darauf,
dass ihr Gott liebt und standhaft zu Christus haltet.

SPEZIELLE MAHNUNG: DIE PFLICHT ZUR ARBEIT

6 Brüder und Schwestern! Wir befehlen euch im
Namen unseres Herrn Jesus Christus: Meidet
den Umgang mit allen in der Gemeinde, die die
Anweisungen missachten, die sie von uns erhalten
haben, und ihre täglichen Pflichten vernachlässigen.
7 Ihr wisst doch selbst, wie ich bei euch gelebt habe.
Das muss euch ein Vorbild sein. Ich habe mich nicht
vor der Arbeit gedrückt 8 und bei niemand umsonst
mitgegessen. Ich habe keine Mühe gescheut und
habe Tag und Nacht für meinen Lebensunterhalt gear-
beitet, um keinem von euch zur Last zu fallen. 9 Dabei
hätte ich sehr wohl das Recht gehabt, Unterstützung
von euch zu verlangen. Aber ich wollte euch ein Bei-
spiel geben, dem ihr nachleben sollt. 10 Wir haben es
euch ja auch ausdrücklich gesagt, als wir bei euch
waren: Wer nicht arbeiten will, soll auch nicht essen.
11 Nun hören wir, dass es einige unter euch gibt, die
ein ungeregeltes Leben führen. Sie arbeiten nicht,
sondern treiben sich unnütz herum. 12 Wir ermah-
nen sie im Namen des Herrn Jesus Christus mit allem
Nachdruck, dass sie einer geregelten Arbeit nach-
gehen und ihren Lebensunterhalt selbst verdienen.
13 Brüder und Schwestern, werdet nicht müde, das
Gute zu tun! 14 Wenn jemand unseren Anweisungen
in diesem Brief nicht folgen will, so merkt ihn euch
und geht ihm aus dem Weg, damit er sich schämt.
15 Behandelt ihn aber nicht wie einen Feind, sondern
ermahnt ihn als Bruder oder Schwester. 16 Der Herr
selbst aber, von dem aller Frieden kommt, schenke
euch jederzeit und auf jede Weise seinen Frieden.
Der Herr stehe euch allen bei!

EIGENHÄNDIGER GRUSS

17 Zum Schluss mein persönlicher Gruß! Ich, Paulus,
schreibe ihn mit eigener Hand. Dies ist meine Hand-
schrift. Daran sind alle meine Briefe zu erkennen.
18 Die Gnade unseres Herrn Jesus Christus sei mit
euch allen.

DER ERSTE BRIEF DES APOSTELS PAULUS AN **TIMOTHEUS**

EINGANGSGRUSS

1 Diesen Brief schreibt Paulus, Apostel von Jesus
Christus durch einen Auftrag von Gott, der unser
Retter ist, und von Jesus Christus, auf den wir hoffen.
2 Ich schreibe an Timotheus, der mir ein richtiger Sohn
geworden ist, weil ich ihn zum Glauben geführt habe.
Gnade, Erbarmen und Frieden sei mit dir von Gott, dem
Vater, und von Jesus Christus, unserem Herrn!

DIE IRRLEHRER IN EPHESUS UND DER AUFTRAG AN TIMOTHEUS

3 Es gilt noch, Timotheus, was ich dir aufgetragen habe,
als ich nach Mazedonien abreiste! Damals habe ich
dich gebeten, in Ephesus zurückzubleiben und dafür
zu sorgen, dass bestimmte Leute dort keine falschen
Lehren verbreiten. 4 Sie sollten sich nicht mit uferlosen
Spekulationen über die Anfänge der Welt und die ers-
ten Geschlechterfolgen befassen; denn das führt nur
zu unfruchtbaren Spitzfindigkeiten, anstatt dem Heils-
plan Gottes zu dienen, der auf den Glauben zielt. 5 Jede
Unterweisung der Gemeinde muss nämlich zur Liebe
hinführen, die aus einem reinen Herzen, einem guten
Gewissen und einem aufrichtigen Glauben kommt.
6 Davon haben sich einige abgewandt und haben sich
in leeres Gerede verloren. 7 Sie wollen Lehrer des gött-
lichen Gesetzes sein; aber sie wissen nicht, was sie
sagen, und haben keine Ahnung von dem, worüber
sie so selbstsicher ihre Behauptungen aufstellen.
8 Wir dagegen wissen: Das Gesetz, das Gott gegeben
hat, ist gut, wenn es in der rechten Weise gebraucht
wird. 9 Wir dürfen nämlich eines nicht vergessen: Das
Gesetz ist nicht für Menschen da, die tun, was Gott will,
sondern für solche, die sich um Recht und Ordnung
nicht kümmern. Es ist für Sünder bestimmt, die Gott
und seine Gebote verachten, für Leute, die Vater und
Mutter töten, Mord 10 und Unzucht begehen und als
Männer mit Knaben oder ihresgleichen verkehren,
für Menschenhändler und solche, die lügen und fal-
sche Eide schwören oder sonst etwas tun, was im Wi-
derspruch zur gesunden Lehre steht. 11 Diese Lehre
entspricht der Guten Nachricht, die mir anvertraut
worden ist – der Botschaft, in der die Herrlichkeit des
in sich vollkommenen Gottes aufleuchtet.

DANK FÜR GOTTES ERBARMEN

12 Ich bin voll Dank gegenüber Jesus Christus, unserem
Herrn, der mir für meinen Auftrag die Kraft gegeben
hat. Denn er hat mich für vertrauenswürdig erach-
tet und in seinen Dienst genommen, 13 obwohl ich
ihn doch früher beschimpft, verfolgt und verhöhnt
habe. Aber er hat mit mir Erbarmen gehabt, weil ich
nicht wusste, was ich tat. Ich kannte ihn ja noch nicht.
14 Er, unser Herr, hat mir seine Gnade im Überfluss ge-
schenkt und mit ihr den Glauben und die Liebe, die aus
der Verbindung mit ihm erwachsen. 15 Es ist ein wahres
Wort und verdient volles Vertrauen: Jesus Christus
ist in die Welt gekommen, um die Sünder zu retten.
Unter ihnen bin ich selbst der schlimmste. 16 Deshalb
hatte er gerade mit mir Erbarmen und wollte an mir
als Erstem seine ganze Geduld zeigen. Er wollte mit
mir ein Beispiel aufstellen, was für Menschen künf-
tig durch den Glauben – das Vertrauen auf ihn – zum
ewigen Leben kommen können. 17 Gott, dem ewigen
König, dem unsterblichen, unsichtbaren und einzi-
gen Gott, gehört die Ehre und Herrlichkeit für alle
Ewigkeit! Amen. 18 Mein Sohn Timotheus, ich lege
dir erneut den Auftrag ans Herz, mit dem ich dich zu-
rückließ. Er entspricht den prophetischen Worten,
die über dich ergangen waren. Erinnere dich an sie
und schöpfe aus ihnen Kraft für den guten Kampf, den
du zu kämpfen hast. 19 Bewahre den Glauben und ein
reines Gewissen! Manche haben in ihrem Glauben
Schiffbruch erlitten, weil sie nicht auf die Stimme ihres
Gewissens gehört haben. 20 Hymenäus und Alexander
gehören zu ihnen. Ich habe sie dem Satan übergeben,
damit er sie bestraft. So sollen sie lernen, Gott nicht
mehr mit ihrem Gerede zu beleidigen.

DAS GEBET FÜR ALLE MENSCHEN, BESONDERS DIE REGIERENDEN

2 Das Erste und Wichtigste, wozu ich die Gemeinde
aufrufe, ist das Gebet, und zwar für alle Menschen.
Bringt Bitten und Fürbitten und Dank für sie alle vor
Gott! 2 Betet für die Regierenden und für alle, die Ge-
walt haben, damit wir in Ruhe und Frieden leben kön-
nen, in Ehrfurcht vor Gott und in Rechtschaffenheit.
3 So ist es gut und gefällt Gott, unserem Retter. 4 Er
will, dass alle Menschen zur Erkenntnis der Wahrheit
kommen und gerettet werden. 5 Denn dies ist ja un-
ser Bekenntnis: Nur einer ist Gott, und nur einer ist
auch der Vermittler zwischen Gott und den Menschen:
der Mensch Jesus Christus. 6 Er gab sein Leben, um
die ganze Menschheit von ihrer Schuld loszukaufen.
Das gilt es zu bezeugen in dieser von Gott vorherbe-
stimmten Zeit. 7 Um es öffentlich zu verkünden, hat
Gott mich zum Apostel eingesetzt. So ist es; ich sage
die reine Wahrheit. Er hat mich zum Lehrer der nicht
jüdischen Völker gemacht, damit ich sie zum Glauben
und zur Wahrheit führe.

DAS VERHALTEN VON MÄNNERN UND FRAUEN IM GOTTESDIENST

8 Ich will, dass überall in den Gottesdiensten die Männer
reine Hände zu Gott erheben, im Herzen frei von Zorn
oder Streitsucht. 9 Ebenso will ich, dass die Frauen im
Gottesdienst passend angezogen sind. Sie sollen sich
mit Anstand und Schamgefühl schmücken anstatt mit
auffallenden Frisuren, goldenem Schmuck, Perlen oder
teuren Kleidern. 10 Gute Taten sollen ihre Zierde sein. So
gehört es sich für Frauen, die zeigen wollen, dass sie

Gott ehren. 11 Die Frauen sollen still zuhören und das
Gehörte in sich aufnehmen; sie müssen sich völlig unter-
ordnen. 12 Ich lasse nicht zu, dass sie vor der Gemeinde
sprechen oder sich über die Männer erheben. Sie sollen
sich ruhig und still verhalten. 13 Denn zuerst wurde Adam
geschaffen, dann erst Eva. 14 Es war auch nicht Adam,
der vom Verführer getäuscht wurde; die Frau ließ sich
täuschen und übertrat das Gebot Gottes. 15 Eine Frau
soll Kinder zur Welt bringen; dann wird sie gerettet. Sie
muss aber auch an Glauben und Liebe festhalten und in
aller Besonnenheit ein Leben führen, wie es Gott gefällt.

VORAUSSETZUNGEN FÜR DAS AMT DES GEMEINDELEITERS

3 Es ist ein wahres Wort: »Wenn jemand die Leitung
einer Gemeinde erstrebt, dann sucht er eine große
und schöne Aufgabe.« 2 Der Gemeindeleiter soll ein
Mann sein, an dem es nichts auszusetzen gibt. Er darf
nur einmal verheiratet sein. Er muss ein nüchternes
Urteil haben, besonnen und charakterfest sein. Er muss
gastfreundlich und ein guter Lehrer sein. 3 Er soll kein
Trinker oder gewalttätiger Mensch sein, sondern ein
freundlicher und friedliebender Mann. Er darf auch
nicht am Geld hängen. 4 Er muss die Pflichten eines Fa-
milienoberhaupts vorbildlich erfüllen und Kinder ha-
ben, die ihn achten und ihm gehorchen. 5 Denn wenn
jemand seine eigene Familie nicht zu leiten versteht,
wie kann er dann die Sorge für die Gemeinde Gottes
übernehmen? 6 Er darf nicht erst vor Kurzem Christ
geworden sein; sonst wird er stolz, und der Teufel wird
im letzten Gericht gegen ihn auftreten, sodass Gott
ihn verurteilen muss. 7 Auch außerhalb der Gemeinde
muss er in gutem Ruf stehen; es darf nichts Belasten-
des gegen ihn vorgebracht werden können. Sonst
kann ihm der Teufel daraus einen Strick drehen.

ANFORDERUNGEN AN DIE DIAKONE

8 Auch die Diakone müssen ehrbare Männer sein. Auf
ihr Wort muss man sich verlassen können. Sie dürfen
nicht übermäßig Wein trinken und nicht darauf aus
sein, sich zu bereichern. 9 Sie sollen durch ein untadeli-
ges Leben dem Geheimnis des Glaubens Ehre machen.
10 Zuerst ist zu prüfen, ob sie auch geeignet sind. Nur
wenn ihnen niemand etwas nachsagen kann, dürfen
sie zum Dienst zugelassen werden. 11 Auch die Diako-
ninnen müssen ehrbar sein, nicht klatschsüchtig, son-
dern nüchtern im Urteil und in allem zuverlässig. 12 Ein
Diakon darf nur einmal verheiratet sein. Er muss seine
Kinder zum Guten anhalten und sein Hauswesen or-
dentlich führen. 13 Wer seinen Diakonendienst gut ver-
sieht, verschafft sich damit Ansehen in der Gemeinde.
Er kann im Umgang mit ihr offen und freimütig auftre-
ten als einer, dessen Glaube an Jesus Christus sich in
der Ausübung seines Dienstes bewährt hat.

DIE GEMEINDE ALS ZEUGIN FÜR GOTTES GEHEIMNIS

14 Dies alles schreibe ich dir, obwohl ich hoffe, dich
bald besuchen zu können. 15 Aber für den Fall, dass
mein Kommen sich hinauszögert, sagt dir dieser Brief,
wie wir uns in Gottes Hausgemeinschaft verhalten
sollen. Diese Hausgemeinschaft ist die Gemeinde des
lebendigen Gottes, der Pfeiler und das Fundament
der Wahrheit. 16 Niemand kann es bestreiten: Groß
und einzigartig ist die geheimnisvolle Wahrheit un-
seres Glaubens: In der Welt erschienen als schwacher
Mensch, im Himmel in seiner göttlichen Würde bestä-
tigt – so wurde Christus den Engeln gezeigt und den
Völkern der Erde verkündet. Überall in der Welt fand
er Glauben, und im Himmel erhielt er die höchste Ehre.

ABWEHR FALSCHER LEHREN

4 Der Geist Gottes sagt durch den Mund von
Propheten klar und deutlich voraus, dass in den
letzten Tagen dieser Welt manche den Glauben preis-
geben werden. Sie werden sich Leuten anschließen,
die sie mit ihren Eingebungen in die Irre führen, und
werden den Lehren dämonischer Mächte folgen.
2 Diese Leute sind scheinheilige Lügner; ihre Schande
ist ihrem Gewissen eingebrannt. 3 Sie lehren, dass man
nicht heiraten darf, und verbieten, bestimmte Speisen
zu essen. Dabei hat doch Gott diese Speisen geschaf-
fen, damit sie von denen, die an ihn glauben und die
Wahrheit erkannt haben, mit Dank verzehrt werden.
4 Denn alles, was Gott geschaffen hat, ist gut. Wir
brauchen nichts davon abzulehnen, sondern dürfen
es alles gebrauchen – wenn wir es nur mit Dank aus
der Hand Gottes empfangen. 5 Denn durch das Wort
Gottes und durch unser Dankgebet wird es rein und
heilig. 6 Wenn du dies den Brüdern und Schwestern
klarmachst, bist du ein guter Diener von Jesus Christus.
Du bewährst dich dann als einer, der sich vom überlie-
ferten Glauben nährt, von der wahren Lehre, die du
dir zur Richtschnur genommen hast. 7 Die gottlosen
und kindischen Spekulationen über die Anfänge der
Welt dagegen musst du ablehnen. Übe dich vielmehr
darin, den Willen Gottes zu tun! 8 Sich in körperlichen
Entbehrungen zu üben bringt nur wenig Nutzen. Aber
sich im Gehorsam gegen Gott zu üben ist für alles gut;
denn es bringt Gottes Segen für dieses und für das zu-
künftige Leben. 9 Dies ist ein wahres Wort und verdient
volles Vertrauen. 10 Auf dieses Ziel hin mühen wir uns
ja und setzen unsere Kräfte ein; denn wir haben un-
sere Hoffnung auf den lebendigen Gott gesetzt. Er ist
der Retter aller Menschen, und besonders derer, die
zum Glauben gekommen sind. 11 Das sollst du allen
gut einschärfen.

TIMOTHEUS ALS VORBILD, LEHRER UND SEELSORGER

12 Niemand soll dich verachten, weil du noch jung
bist. Sei allen Glaubenden ein Beispiel mit deinem
Reden und Tun, deiner Liebe, deinem Glauben und
deiner Reinheit. 13 Bis ich komme, lies wie bisher aus
den Heiligen Schriften vor, predige und unterrichte.
14 Vernachlässige nicht die Gabe, die Gott dir ge-
schenkt hat, als die Ältesten dir aufgrund propheti-
scher Weisungen die Hände auflegten. 15 Mühe dich

um das, was dir aufgetragen ist, damit deine Fortschrit-
te allen sichtbar werden. 16 Achte auf dein Leben und
auf deine Lehre; überprüfe sie beide ständig. Dann
wirst du dich selbst retten und die, die dir zuhören.

5 Fahre einen Älteren nicht hart an. Wenn du ihn
zurechtweisen musst, dann sprich zu ihm, als ob
er dein Vater wäre. Ebenso sollst du die jungen Männer
ermahnen wie Brüder, 2 die älteren Frauen wie Mütter
und die jungen Frauen wie Schwestern, mit der gebo-
tenen Zurückhaltung.

DIE WITWEN IN DER GEMEINDE – IHRE VERSORGUNG UND IHR DIENST

3 Sorge dafür, dass Witwen für ihren Dienst in der
Gemeinde entlohnt werden, sofern sie tatsächlich
darauf angewiesen sind. 4 Wenn eine Witwe jedoch
Kinder oder Enkel hat, muss sie von diesen unterstützt
werden. Die jüngeren Familienmitglieder sollen lernen,
zuerst einmal ihre Pflichten gegenüber den eigenen
Angehörigen zu erfüllen und ihrer Mutter oder Groß-
mutter zu vergelten, was sie an ihnen getan hat. So ge-
fällt es Gott. 5 Eine Witwe, die keine Angehörigen hat
und ganz allein steht, setzt ihre Hoffnung einzig auf
Gott und hört nicht auf, Tag und Nacht zu ihm zu beten.
6 Wenn eine dagegen ein ausschweifendes Leben führt,
ist sie schon tot, auch wenn sie noch lebt. 7 Schärfe das
allen Witwen ein, damit ihr Lebenswandel keinen An-
stoß erregt. 8 Kümmert sich aber jemand nicht um die
Not leidenden Witwen der eigenen Familie, besonders
wenn sie im selben Haus wohnen, dann hat ein solcher
Mensch den Glauben verleugnet und steht weit unter
den Ungläubigen. 9 Eine Frau soll erst dann in das Ver-
zeichnis der Witwen eingetragen werden, wenn sie
über sechzig Jahre alt ist. Außerdem darf sie nur einmal
verheiratet gewesen sein. 10 Sie muss für ihre guten
Taten bekannt sein: dass sie ihre Kinder ordentlich er-
zogen hat und gastfrei gewesen ist, dass sie den Mit-
christen, die bei ihr zu Gast waren, die Füße gewaschen
und denen geholfen hat, die in Schwierigkeiten waren;
kurz, dass sie sich auf jede Weise bemüht hat, Gutes zu
tun. 11 Jüngere Witwen nimm nicht in das Verzeichnis
auf. Wenn ihr sinnliches Verlangen sie dazu treibt, ge-
ben sie die ausschließliche Bindung an Christus preis
und wollen wieder heiraten. 12 Dann verfallen sie dem
göttlichen Gericht, weil sie ihr Treuegelöbnis gebrochen
haben. 13 Außerdem gewöhnen sie sich ans Nichtstun
und gehen von Haus zu Haus – und nicht nur das: Sie
werden geschwätzig, mischen sich in fremde Angele-
genheiten und verbreiten falsche Lehren. 14 Deshalb
möchte ich, dass die jüngeren Witwen wieder heiraten,
Kinder haben und sich um ihren Haushalt kümmern.
Dann geben sie unseren Gegnern keine Gelegenheit,
schlecht über uns zu reden. 15 Denn schon haben sich
einige solche Witwen von Christus abgewandt und
folgen dem Satan. 16 Wenn eine vermögende Christin
Witwen in ihr Haus aufgenommen hat, soll sie auch wei-
terhin für sie sorgen und die Last nicht der Gemeinde
aufbürden. Die Mittel der Gemeinde sollen den Witwen
zugutekommen, die sonst keine Versorgung haben.

DIE ÄLTESTEN DER GEMEINDE

17 Älteste, die leitend in der Gemeinde tätig sind und
ihren Dienst gut versehen, haben doppelten Lohn
verdient, besonders wenn sie sich mit ganzer Kraft
als Prediger und Lehrer einsetzen. 18 In den Heiligen
Schriften heißt es: »Einem Rind, das zum Dreschen ein-
gespannt wird, darfst du das Maul nicht zubinden.« Es
heißt auch: »Wer arbeitet, hat ein Anrecht auf seinen
Lohn.« 19 Eine Klage gegen einen Ältesten höre nur
an, wenn sie von zwei oder drei Zeugen bestätigt wird.
20 Wenn einer sich wirklich etwas zuschulden kom-
men ließ, dann sollst du ihn vor den anderen Ältesten
zurechtweisen, damit auch sie gewarnt sind. 21 Ich
beschwöre dich bei Gott, bei Jesus Christus und bei
den höchsten Engeln, dass du in solch einem Fall völ-
lig unparteiisch vorgehst. Sei nicht voreingenommen
gegen irgendjemand, aber begünstige auch keinen.
22 Lege niemand zu schnell die Hände auf, um ihn in
das Ältestenamt einzusetzen; sonst machst du dich
mitschuldig, wenn er sich verfehlt. Sieh zu, dass du
nicht in so etwas verstrickt wirst.

WARNUNG VOR ASKETISCHER ÜBERTREIBUNG

23 Trinke in Zukunft nicht nur Wasser! Nimm ein wenig
Wein dazu, um deinen Magen zu stärken und weil du
so oft krank bist.

AM ENDE WIRD ALLES OFFENBAR

24 Die Sünden mancher Menschen sind so offenkun-
dig, dass sie ihnen gleichsam zum Gericht Gottes
vorauslaufen; bei anderen sind sie schwerer zu
erkennen – sie laufen ihnen dann eben hinterher.
25 Ebenso offenkundig sind die guten Taten, und wenn
es einmal nicht der Fall ist, können sie doch nicht auf
die Dauer verborgen bleiben.

DIE SKLAVEN UND SKLAVINNEN

6 Sklaven oder Sklavinnen, die bei nicht christlichen
Herren oder Herrinnen dienen müssen, sollen die-
sen mit aller schuldigen Achtung begegnen. Sie sollen
niemand Anlass geben, schlecht über Gott und unsere
Lehre zu reden. 2 Wenn ein Sklave einen Christen zum
Herrn hat – und dasselbe gilt für eine Sklavin gegen-
über ihrer Herrin –, darf er ihn deshalb nicht weniger
achten, weil er sein Bruder ist. Er muss ihm sogar noch
besser dienen, gerade *weil* sein Herr Christ ist und von
Christus geliebt wird und sich deshalb Mühe gibt, an-
deren Gutes zu tun. So sollst du lehren, in diesem Sinn
sollst du alle ermahnen.

GEWINNSUCHT ALS BEWEGGRUND DER IRRLEHRER

3 Wenn jemand etwas anderes lehrt und sich nicht
an die gesunden Worte unseres Herrn Jesus Christus
und die allgemeine christliche Lehre hält, 4 dann
ist er aufgeblasen und versteht nichts. Er hat einen
krankhaften Hang zu spitzfindigen Untersuchun-
gen und Wortgefechten. Daraus entstehen Neid und
Streit, Beleidigungen, böse Verdächtigungen 5 und

fortwährender Zank. Solche Menschen haben ihren gesunden Verstand verloren. Sie sind so weit von der Wahrheit abgeirrt, dass sie meinen, Gott zu dienen sei ein Mittel, um reich zu werden. 6 Gewiss bringt es großen Gewinn, Gott zu dienen – wenn jemand nur sein Herz nicht an irdischen Besitz hängt. 7 Was haben wir denn in die Welt mitgebracht? Nichts! Was können wir aus der Welt mitnehmen? Nichts! 8 Wenn wir also Nahrung und Kleidung haben, soll uns das genügen. 9 Die, die unbedingt reich werden wollen, geraten in Versuchung. Sie verfangen sich in unsinnigen und schädlichen Wünschen, die sie zugrunde richten und ins ewige Verderben stürzen. 10 Denn Geldgier ist die Wurzel alles Bösen. Manche sind ihr so verfallen, dass sie vom Glauben abgeirrt sind und sich selbst viele Qualen bereiteten.

TREUE ZUM ÜBERNOMMENEN AUFTRAG

11 Du aber gehörst Gott, deshalb fliehe vor alldem! Jage dagegen der Gerechtigkeit nach, der Gottesfurcht, dem Glauben, der Liebe, der Geduld und der Freundlichkeit! 12 Kämpfe den guten Kampf des Glaubens, damit du das ewige Leben gewinnst, zu dem Gott dich berufen hat. Zu diesem Kampf hast du dich in besonderer Weise verpflichtet, als du vor vielen Zeugen das gute Bekenntnis abgelegt hast. 13 Ich befehle dir vor Gott, von dem alles Leben kommt, und vor Jesus Christus, der vor Pontius Pilatus für das gute Bekenntnis eingetreten ist: 14 Erfülle den Auftrag, der dir gegeben ist, so zuverlässig, dass dich kein Tadel trifft, und bleibe darin treu, bis Jesus Christus, unser Herr, vor aller Welt in Erscheinung tritt. 15 Zur vorbestimmten Zeit wird Gott das herbeiführen, er, der in sich vollkommene und alleinige Herrscher, der König der Könige und Herr aller Herren, 16 der allein Unsterblichkeit besitzt, der in einem unzugänglichen Licht wohnt, den kein Mensch je gesehen hat und kein Mensch jemals sehen kann. Ihm gehören Ehre und ewige Macht! Amen.

MAHNUNG AN DIE REICHEN IN DER GEMEINDE

17 Ermahne die, die im Sinne dieser Welt reich sind, nicht überheblich zu werden. Sie sollen ihr Vertrauen nicht auf etwas so Unsicheres wie den Reichtum setzen; vielmehr sollen sie auf Gott vertrauen, der uns alles reichlich gibt, was wir zum Leben brauchen. 18 Sie sollen Gutes tun, freigebig sein und ihren Reichtum gerne mit anderen teilen. Wenn sie an guten Taten reich werden, 19 schaffen sie sich einen sicheren Grundstock für die Zukunft, damit sie das wirkliche Leben gewinnen.

LETZTE MAHNUNG AN TIMOTHEUS

20 Timotheus, bewahre unverfälscht, was dir anvertraut worden ist! Hab nichts zu schaffen mit dem gottlosen Geschwätz dieser Leute und den fragwürdigen Behauptungen, die sie im Namen einer fälschlich so genannten »Erkenntnis« aufstellen. 21 Schon manche, die sich darauf eingelassen haben, sind vom Weg des Glaubens abgekommen. Die Gnade sei mit euch!

DER ZWEITE BRIEF DES APOSTELS PAULUS AN **TIMOTHEUS**

EINGANGSGRUSS

1 Diesen Brief schreibt Paulus, zum Apostel von Jesus Christus bestimmt durch den Willen Gottes und dazu beauftragt, das Leben zu verkünden, das uns durch Jesus Christus versprochen ist. 2 Ich schreibe an Timotheus, meinen lieben Sohn. Gnade, Erbarmen und Frieden sei mit dir von Gott, dem Vater, und von Jesus Christus, unserem Herrn!

DANK DES APOSTELS FÜR TIMOTHEUS

3 Wenn ich an dich denke, bin ich voll Dank gegen Gott, dem ich mit reinem Gewissen diene, wie es schon meine Vorfahren taten. Tag und Nacht denke ich unablässig an dich in meinen Gebeten. 4 Ich erinnere mich an deine Abschiedstränen und sehne mich danach, dich wiederzusehen, damit ich mich so recht von Herzen freuen kann. 5 Ich habe deinen aufrichtigen Glauben vor Augen, denselben Glauben, der schon in deiner Großmutter Loïs und deiner Mutter Eunike lebte und der nun – da bin ich ganz sicher – auch in dir lebt.

ERMAHNUNG ZUR TREUE

6 Darum ermahne ich dich: Lass die Gabe wieder aufleben, die Gottes Geist in dich gelegt hat und die dir geschenkt wurde, als ich dir die Hände auflegte! 7 Denn Gott hat uns nicht einen Geist der Feigheit gegeben, sondern den Geist der Kraft und der Liebe und der Besonnenheit. 8 Bekenne dich also offen und ohne Scheu zur Botschaft von unserem Herrn! Schäme dich nicht meinetwegen, weil ich für ihn im Gefängnis sitze, sondern sei bereit, mit mir für die Gute Nachricht zu leiden. Gott gibt dir die Kraft dazu. 9 Er hat uns gerettet und uns dazu berufen, ihm ganz als sein Eigentum zu gehören – nicht wegen unserer guten Taten, sondern aus seinem eigenen freien Entschluss. Ihm gehören wir aus reiner Gnade, wie er sie uns durch Jesus Christus geschenkt hat schon vor aller Zeit. 10 Jetzt aber ist diese Gnade offenbar geworden, als Jesus Christus, unser Retter, auf der Erde erschien. Er hat dem Tod die Macht genommen und das unvergängliche Leben ans Licht gebracht. Darum geht es in der Guten Nachricht, 11 die ich als Apostel und Lehrer öffentlich bekannt zu machen habe. 12 Darum

muss ich auch dies alles erleiden. Aber ich stehe dazu;
denn ich weiß, wem ich Glauben geschenkt habe, und
bin überzeugt, dass er die Macht hat, bis zum Tag des
Gerichts sicher zu bewahren, was er mir anvertraut hat.
13 Halte dich an die gesunden Worte, die du von mir ge-
hört hast. Nimm dir daran ein Beispiel, wie du selber re-
den sollst. So hast du teil an dem Glauben und der Liebe,
wie sie durch Jesus Christus in uns leben. 14 Bewahre die
Lehre, die dir anvertraut worden ist! Der Geist Gottes,
der uns geschenkt wurde, wird dir die Kraft dazu geben.

SCHLECHTE UND GUTE ERFAHRUNGEN MIT MITARBEITERN

15 Du weißt ja, dass alle in der Provinz Asien mich im
Stich gelassen haben, auch Phygelus und Hermogenes.
16 Der Herr schenke den Angehörigen von Onesiphorus
sein Erbarmen. Er hat mich oft ermutigt. Dass ich im Ge-
fängnis bin, hat ihn nicht abgeschreckt, er hat sich nicht
ängstlich von mir zurückgezogen. 17 Sobald er hier in
Rom ankam, hat er nach mir gesucht, bis er mich fand.
18 Und was er in Ephesus alles für die Gemeinde getan
hat, weißt du besser als ich. Unser Herr möge ihm hel-
fen, am Tag des Gerichts bei Gott Erbarmen zu finden!

AUFFORDERUNG ZU GANZEM EINSATZ IN DER WEITERGABE DES GLAUBENS

2 Du aber, mein Sohn, werde stark durch die
Gnade, die dir durch Jesus Christus geschenkt
ist! 2 Was ich dir vor vielen Zeugen als die Lehre unse-
res Glaubens übergeben habe, das gib in derselben
Weise an zuverlässige Menschen weiter, die imstande
sind, es anderen zu vermitteln. 3 Nimm es auf dich, als
treuer Soldat im Dienst von Jesus Christus zusammen
mit mir für ihn zu leiden. 4 Niemand, der in den Krieg
zieht, kümmert sich noch um seine Alltagsgeschäfte,
sondern es geht ihm einzig darum, die Anerkennung
seines Befehlshabers zu finden. 5 Ein Sportler, der an
einem Wettkampf teilnimmt, kann den Preis nur ge-
winnen, wenn er die Regeln des Wettkampfs einhält.
6 Der Bauer, der sich müht und plagt, hat auch als Erster
das Anrecht, vom Ertrag des Feldes zu essen. 7 Du ver-
stehst, was ich damit sagen will. Der Herr wird dir in
allem das rechte Verständnis geben.

ZUSAGE FÜR TREUES AUSHALTEN IN KAMPF UND LEIDEN

8 Halte dir Jesus Christus vor Augen, auferweckt vom
Tod, aus der Nachkommenschaft Davids, wie es der
Guten Nachricht entspricht, die ich verkünde! 9 Um ih-
retwillen leide ich; sie haben mich sogar wie einen Ver-
brecher in Fesseln gelegt – aber das Wort Gottes kann
nicht in Fesseln gelegt werden. 10 Ich ertrage das alles
für die Menschen, die Gott erwählt hat, damit auch sie
durch Jesus Christus gerettet werden und die ewige
Herrlichkeit erhalten. 11 Es ist ein wahres Wort: Wenn
wir mit Christus gestorben sind, werden wir auch mit
ihm leben. 12 Wenn wir mit ihm geduldig leiden, wer-
den wir auch mit ihm herrschen. Wenn wir aber nicht
zu ihm halten, wird auch er nicht zu uns halten. 13 Und
doch bleibt er treu, auch wenn wir ihm untreu sind;
denn er kann sich selbst nicht untreu werden.

VOM VERHALTEN GEGENÜBER DEN IRRLEHRERN

14 Erinnere alle, die in der Gemeinde Verantwortung tra-
gen, an dieses Wort und beschwöre sie bei Gott, dass sie
sich vor der Gemeinde nicht in fruchtlose Diskussionen
einlassen, die den Zuhörenden nur Schaden bringen.
15 Bemühe dich, dass du vor Gott bestehen kannst – mit
deiner Lebensführung und deinem unbeirrbaren Wirken,
als einer, der das Wort der Wahrheit, die Gute Nachricht
von Jesus Christus, klar und unverkürzt verkündet. 16 Auf
das gottlose Geschwätz gewisser Leute lass dich nicht
ein! Sie werden sich immer noch weiter von Gott entfer-
nen, 17 und ihre Lehre wird wie ein Krebsgeschwür um
sich fressen. Ich denke zum Beispiel an Hymenäus und
Philetus, 18 die von der Wahrheit der Guten Nachricht
abgeirrt sind, wenn sie behaupten, unsere Auferstehung
sei bereits geschehen. Damit bringen sie manche vom
wahren Glauben ab. 19 Aber das sichere Fundament,
das Gott gelegt hat, ist unverrückbar. Es trägt den Ab-
druck von Gottes Siegel, auf dem zu lesen ist: »Der Herr
kennt die, die zu ihm gehören.« Und: »Wer sich zum
Namen des Herrn bekennt, muss aufhören, Unrecht zu
tun.« 20 In einem großen Haushalt gibt es eben nicht
nur Gefäße aus Gold und Silber, sondern auch solche
aus Holz oder Ton. Die einen sind für ehrenvolle Anlässe
bestimmt, die andern dienen als Behälter für den Abfall.
21 Wer sich von solchen Lehren fern und rein hält, wird
ein Gefäß zu ehrenvollem Gebrauch, ein heiliges Gefäß,
dem Hausherrn von Nutzen und fähig zu jeder guten Tat.

VOM VERHALTEN GEGENÜBER DENEN, DIE DER IRRLEHRE VERFALLEN SIND

22 Hüte dich vor den Leidenschaften, die einen jungen
Menschen in Gefahr bringen. Bemühe dich um Ge-
rechtigkeit, Glauben, Liebe und Frieden, zusammen mit
allen, die sich mit reinem Gewissen zum Herrn beken-
nen. 23 Lass dich nicht auf die unsinnigen und frucht-
losen Spitzfindigkeiten dieser Leute ein; du weißt,
dass das nur zu Streitigkeiten führt. 24 Ein Mensch,
der dem Herrn dient, soll aber nicht streiten, sondern
allen freundlich begegnen. Er muss in der Lage sein,
ihnen die wahre Lehre zu vermitteln. Er darf sich nicht
provozieren lassen, 25 sondern muss die Gegner ver-
ständnisvoll auf den rechten Weg weisen. Vielleicht
gibt Gott ihnen die Gelegenheit zur Umkehr und lässt
sie zur Besinnung kommen, sodass sie die Wahrheit
erkennen. 26 Dann können sie sich aus der Schlinge
befreien, in der sie der Teufel gefangen hatte, um sie
für seine Absichten zu missbrauchen.

DIE ZEIT VOR DEM ENDE DER WELT UND DAS TREIBEN DER IRRLEHRER

3 Du musst wissen: In der letzten Zeit vor dem Ende
der Welt stehen uns schlimme Zustände bevor. 2 Die
Menschen werden selbstsüchtig, geldgierig, prahle-
risch und eingebildet sein. Sie werden Gott lästern, ihren

Eltern nicht gehorchen und vor nichts mehr Ehrfurcht haben. Sie sind undankbar, 3 lieblos und unversöhnlich, verleumderisch, unbeherrscht und gewalttätig, sie hassen das Gute, 4 sind untreu und unzuverlässig und aufgeblasen vor Überheblichkeit. Sie kümmern sich nicht um das, was Gott Freude macht, sondern suchen nur, was ihre eigene Lust vermehrt. 5 Sie geben sich zwar den Anschein der Frömmigkeit, aber von der wahren Lehre, von der Kraft, aus der echte Frömmigkeit lebt, wollen sie nichts wissen. Halte dich von diesen Menschen fern! 6 Aus diesen Kreisen kommen nämlich die Leute, die sich in die Häuser einschleichen. Sie suchen gewisse Frauen für sich zu gewinnen, die mit Sünden beladen sind und von allen möglichen Leidenschaften umgetrieben werden, 7 solche, die immerfort lernen wollen und doch nie zur Erkenntnis der Wahrheit durchdringen können. 8 So wie die ägyptischen Zauberer Jannes und Jambres sich Mose widersetzten, so widersetzen sich diese Verführer der Wahrheit. Diese Menschen haben den gesunden Verstand verloren und taugen zu nichts, was den Glauben betrifft. 9 Aber sie werden keinen großen Erfolg haben; es wird noch allen offenbar werden, dass sie im Unverstand handeln, genauso wie sich das bei den Ägyptern gezeigt hat.

ORIENTIERUNG AM VORBILD DES APOSTELS, AN DER ÜBERLIEFERTEN LEHRE UND AN DEN HEILIGEN SCHRIFTEN

10 Du aber hast dich an meiner Lehre, meiner Lebensführung und meinem Lebensziel ausgerichtet. Du hast dich an das Vorbild meines Glaubens, meiner Geduld und meiner Liebe gehalten. Du kennst meine Standhaftigkeit 11 in allen Verfolgungen und Leiden; du hast es in Antiochia, Ikonion und Lystra miterlebt und weißt, was ich dort alles durchstehen musste – und aus all diesen Gefahren und Leiden hat mich der Herr gerettet. 12 Alle, die in der Bindung an Jesus Christus ein Leben führen wollen, das Gott gefällt, werden Verfolgungen erleiden. 13 Die Verführer und Schwindler dagegen bringen es noch weit – auf dem Weg ins Verderben! Betrüger sind sie und selbst Betrogene! 14 Du aber bleibe bei dem, was du gelernt und worauf du dein Vertrauen gesetzt hast. Du weißt, wer deine Lehrer waren, 15 und du kennst auch seit deiner Kindheit die Heiligen Schriften. Sie können dich den Weg zur Rettung lehren, die dir zuteilwird durch den Glauben, der sich auf Jesus Christus gründet. 16 Sie dienen dir aber auch bei deiner Aufgabe als Lehrer der Gemeinde. Denn jede Schrift, die von Gottes Geist eingegeben wurde, ist nützlich für die Unterweisung im Glauben, für die Zurechtweisung und Besserung der Irrenden, für die Erziehung zu einem Leben, das Gott gefällt. 17 Mit den Heiligen Schriften in der Hand ist der Mensch, der sich Gott zur Verfügung gestellt hat, ausgerüstet für alle Aufgaben seines Dienstes.

DAS TESTAMENT DES APOSTELS

4 Ich ermahne dich nachdrücklich vor Gott und vor Jesus Christus, der alle Menschen richten wird, die Lebenden und die Toten! Ich beschwöre dich, so gewiss Christus erscheinen und seine Herrschaft aufrichten wird: 2 Verkünde den Menschen die Botschaft Gottes, gleichgültig, ob es ihnen passt oder nicht! Rede ihnen ins Gewissen, weise sie zurecht und ermutige sie! Werde nicht müde, ihnen den rechten Weg zu zeigen! 3 Denn es wird eine Zeit kommen, da werden sie die gesunde Lehre unerträglich finden und sich Lehrer nach ihrem Geschmack aussuchen, die sagen, was ihnen die Ohren kitzelt. 4 Sie werden nicht mehr auf die Wahrheit hören, sondern sich fruchtlosen Spekulationen zuwenden. 5 Du aber musst in jeder Hinsicht ein klares Urteil behalten. Mach dir nichts daraus, wenn du dafür leiden musst. Erfülle deinen Auftrag als Verkünder der Guten Nachricht; tu deinen Dienst mit ganzer Hingabe. 6 Für mich ist nun die Zeit gekommen, dass mein Blut wie ein Trankopfer ausgegossen wird und ich aus diesem Leben scheide. 7 Ich habe den guten Kampf gekämpft. Ich bin am Ziel des Wettlaufs, zu dem ich angetreten bin. Ich habe den Glauben bewahrt und unversehrt weitergegeben. 8 Nun wartet auf mich der Siegeskranz, mit dem der Herr, der gerechte Richter, mich an seinem Gerichtstag belohnen wird – und nicht nur mich, sondern alle, die sehnlich darauf gewartet haben, dass er kommt.

ANWEISUNGEN UND MITTEILUNGEN. DER APOSTEL VOR GERICHT

9 Komm so bald wie möglich zu mir! 10 Demas hat mich verlassen und ist nach Thessalonich gegangen, weil ihm mehr an dieser Welt gelegen ist als an der kommenden; Kreszens ging nach Galatien und Titus nach Dalmatien. 11 Nur Lukas ist noch bei mir. Bring Markus mit; er kann mir gute Dienste leisten. 12 Tychikus habe ich nach Ephesus geschickt. 13 Bring, wenn du kommst, meinen Mantel mit, den ich in Troas bei Karpus zurückgelassen habe. Bring auch die Buchrollen mit, vor allem die aus Pergament. 14 Alexander, der Schmied, hat mir viel Böses angetan. Der Herr wird ihm nach seinen Taten das Urteil sprechen. 15 Nimm auch du dich vor ihm in Acht; er hat sich unserer Lehre und Weisung besonders hartnäckig widersetzt. 16 Als ich mich das erste Mal vor Gericht verteidigte, hat niemand zu mir gehalten. Alle haben mich im Stich gelassen – Gott möge es ihnen nicht anrechnen! 17 Doch der Herr stand mir bei und gab mir Kraft. Denn durch mich soll ja die Verkündigung seiner Botschaft zum Ziel kommen: Alle Völker sollen sie hören. Und so hat er mich noch einmal aus dem Rachen des Löwen gerettet. 18 Der Herr wird mich auch künftig vor allen bösen Anschlägen retten und mich sicher in sein himmlisches Reich bringen. Ihm gehört die Herrlichkeit für alle Ewigkeit! Amen.

SCHLUSSGRÜSSE UND SEGENSWÜNSCHE

19 Grüße das Ehepaar Priska und Aquila und die Angehörigen von Onesiphorus. 20 Erastus blieb in Korinth, Trophimus habe ich in Milet gelassen, weil er krank war. 21 Sieh zu, dass du noch vor Anbruch des Winters hier bist. Eubulus, Pudens, Linus und Klaudia lassen grüßen, ebenso alle anderen Brüder und Schwestern. 22 Der Herr sei mit dir! Die Gnade sei mit euch allen!

DER BRIEF DES APOSTELS PAULUS AN **TITUS**

PAULUS IM DIENST DER GUTEN NACHRICHT

1 Diesen Brief schreibt Paulus, ein Diener Gottes
und Apostel von Jesus Christus. Ich, Paulus, soll
die Menschen, die Gott erwählt hat, zum Glauben und
zur wahren Gottesverehrung führen. 2 Sie sollen wis-
sen, dass sie auf ein ewiges Leben hoffen dürfen. Das
hat Gott, der nicht lügt, schon vor unendlich langer
Zeit versprochen; 3 jetzt aber, zum vorherbestimm-
ten Zeitpunkt, hat er seine Zusage öffentlich bekannt
machen lassen. Mit ihrer Bekanntmachung bin ich
durch einen Auftrag von Gott, unserem Retter, betraut.
4 Ich schreibe an Titus, der im Glauben wie ein echter
Sohn mit mir verbunden ist. Gnade und Frieden sei
mit dir von Gott, dem Vater, und von Jesus Christus,
unserem Retter!

DIE EINSETZUNG VON ÄLTESTEN

5 Ich habe dich, Titus, in Kreta zurückgelassen, damit
du tust, was ich selbst nicht mehr ausführen konnte:
In jeder Stadt solltest du Älteste einsetzen. Denk dabei
an meine Anweisungen! 6 Einem Ältesten darf niemand
etwas nachsagen können. Er darf nur einmal verheira-
tet sein. Auch seine Kinder sollen sich zur Gemeinde
halten; sie dürfen nicht in dem Ruf stehen, liederlich
oder ungehorsam zu sein. 7 Denn der Gemeindeleiter
darf als Hausverwalter Gottes keinerlei Anlass zum
Tadel geben. Er soll nicht anmaßend oder jähzornig
sein, auch kein Trinker oder gewalttätiger Mensch. Er
darf nicht darauf aus sein, sich zu bereichern, 8 sondern
soll gastfreundlich sein und das Gute lieben. Er soll
besonnen sein, gerecht, untadelig und beherrscht. 9 Er
muss sich an die zuverlässige Botschaft halten, wie sie
ihm gelehrt worden ist. Dann wird er in der Lage sein,
die Gemeinde auf dem rechten Weg zu halten und den
Gegnern ihren Irrtum nachzuweisen.

GEGEN DAS TREIBEN DER IRRLEHRER

10 Es gibt viele Schwätzer und Verführer, die sich der
Wahrheit nicht unterordnen wollen, besonders unter
den bekehrten Juden. 11 Du musst ihnen das Wort ver-
bieten; denn durch ihre verwerflichen Lehren bringen
sie ganze Familien vom rechten Weg ab, und das nur in
der schändlichen Absicht, sich zu bereichern. 12 Einer
von ihren eigenen Landsleuten hat als Prophet über
sie gesprochen, als er sagte: »Die Kreter lügen immer.
Sie sind Raubtiere, liegen auf der faulen Haut und den-
ken nur ans Fressen.« 13 Er hat die Wahrheit gesagt.
Darum musst du diese Leute hart anfassen, damit ihr
Glaube wieder gesund wird. 14 Sie sollen sich nicht
mit jüdischen Spekulationen über die Anfänge der
Welt beschäftigen und sich nicht von Leuten, die der
Wahrheit den Rücken gekehrt haben, vorschreiben
lassen, was rein und was unrein ist. 15 Für die, die ein
reines Gewissen haben, ist alles rein. Für die dage-
gen, die durch Schuld befleckt sind und den Glauben
aufgegeben haben, ist nichts rein; ihr ganzes Denken
und Fühlen ist beschmutzt. 16 Diese Leute behaupten,
Gott zu kennen, aber durch ihre Taten beweisen sie
das Gegenteil. Sie sind zu verabscheuen, denn sie
wollen nicht hören und sind unfähig, irgendetwas
Gutes zu tun.

DIE PFLICHTEN VON MÄNNERN, FRAUEN UND SKLAVEN

2 Du aber lehre alle in der Gemeinde, so wie es der
gesunden Lehre entspricht! 2 Die älteren Männer
fordere auf, nüchtern im Urteil, ehrbar und besonnen
zu sein, gesund im Glauben, in der Liebe und in der
Standhaftigkeit. 3 Ebenso sage den älteren Frauen, dass
ihre Lebensführung der Würde des Christenstandes
entsprechen muss. Sie sollen nicht andere verleum-
den oder dem Trunk verfallen sein. Als Lehrmeiste-
rinnen eines guten Lebenswandels 4 müssen sie die
jüngeren Frauen dazu anleiten, dass sie ihre Männer
und Kinder lieben, 5 besonnen und zuchtvoll leben,
ihren Haushalt ordentlich führen und ihren Männern
gehorchen, damit Gottes Botschaft nicht in Verruf
kommt. 6-7 Entsprechend fordere die jungen Männer
auf, in allem besonnen und beherrscht zu sein. Sei du
selbst ihnen ein Vorbild im Tun des Guten. Lehre die
Wahrheit unverfälscht und mit gebührendem Ernst,
8 in gesunden und unanfechtbaren Worten. Dann kön-
nen unsere Gegner uns nichts Schlechtes nachsagen
und müssen sich beschämt zurückziehen. 9 Die Sklaven
und Sklavinnen sollen ihren Herren oder Herrinnen in
allem gehorchen und ihnen zu Willen sein. Sie sollen
ihnen nicht widersprechen 10 und nichts unterschla-
gen, sondern ihnen treu und zuverlässig dienen. Mit
allem, was sie tun, sollen sie der Lehre Gottes, unseres
Retters, Ehre machen.

DIE RETTUNG GILT ALLEN MENSCHEN UND VERPFLICHTET DIE GEMEINDE ZU VORBILDLICHEM LEBEN

11 Denn die rettende Gnade Gottes ist offenbar gewor-
den, und sie gilt allen Menschen. 12 Sie bringt uns dazu,
dass wir dem Ungehorsam gegen Gott den Abschied
geben, den Begierden, die uns umstricken, und dass
wir besonnen, gerecht und fromm in dieser Welt leben,
13 als Menschen, die auf die beseligende Erfüllung ih-
rer Hoffnung warten und darauf, dass unser großer
Gott und Retter Jesus Christus in seiner Herrlichkeit
erscheint. 14 Er hat sein Leben für uns gegeben, um
uns von aller Schuld zu befreien und sich so ein reines
Volk zu schaffen, das nur ihm gehört und alles dar-
ansetzt, das Gute zu tun. 15 In diesem Sinn sollst du
lehren, ermahnen und zurechtweisen. Tu es mit allem
Nachdruck! Niemand darf deine Autorität anzweifeln.

DAS VERHALTEN ZU STAAT UND MITMENSCHEN UND SEINE BEGRÜNDUNG

3 Erinnere alle in der Gemeinde daran, sich der Re-
gierung und den staatlichen Behörden unterzuord-
nen. Sie sollen ihnen gehorchen und darüber hinaus

bereit sein, bei allem Guten mitzuwirken. 2 Ermahne sie, über niemand schlecht zu reden und nicht zu streiten, sondern friedfertig zu sein und allen Menschen freundlich zu begegnen. 3 Wir wollen nicht vergessen, dass wir selbst früher unverständig und ungehorsam waren. Wir waren vom rechten Weg abgeirrt und wurden von allen möglichen Wünschen und Leidenschaften beherrscht. Wir lebten in Bosheit und Neid, waren hassenswert und hassten uns gegenseitig. 4 Aber dann erschien die Freundlichkeit und Menschenliebe Gottes, unseres Retters. 5 Wir selbst hatten keine guten Taten vorzuweisen, mit denen wir vor ihm hätten bestehen können. Nein, aus reinem Erbarmen hat er uns gerettet durch das Bad der Taufe – das Bad, in dem wir zu einem neuen Leben geboren wurden, erneuert durch den Heiligen Geist. 6 Ihn hat er in reichem Maß über uns ausgegossen durch Jesus Christus, unseren Retter. 7 Durch dessen Gnade können wir vor Gott als gerecht bestehen, und darum sind wir auch eingesetzt zu Erben des ewigen Lebens, auf das wir nun hoffen dürfen.

ZUSAMMENFASSENDER APPELL AN TITUS

8 Diese Botschaft ist wahr und vertrauenswürdig. Ich erwarte, dass du mit Nachdruck für sie eintrittst und sie weitergibst. Du musst darauf hinwirken, dass alle, die zum Glauben an Gott gekommen sind, sich ernsthaft darum bemühen, das Gute zu tun. Das ist recht und bringt den Menschen Nutzen. 9 Dagegen beteilige dich nicht an den sinnlosen Untersuchungen über die Geschlechterfolgen der Urväter und an Streitigkeiten über das jüdische Gesetz. Das ist nutzlos und führt zu nichts. 10 Wer solche Irrlehren verbreitet, den sollst du zurechtweisen, einmal und noch ein zweites Mal. Hört er dann immer noch nicht auf dich, so musst du ihn aus der Gemeinde ausschließen. 11 Du siehst ja, dass ihm nicht mehr zu helfen ist. Wenn er weiter auf dem falschen Weg bleibt, dann tut er es bewusst und spricht sich selbst das Urteil.

PERSÖNLICHE AUFTRÄGE UND BRIEFSCHLUSS

12 Sobald ich Artemas oder Tychikus zu dir schicke, komm möglichst schnell zu mir nach Nikopolis. Ich habe beschlossen, den Winter dort zu verbringen. 13 Sorge gut für Zenas, den Rechtskundigen, und für Apollos, damit sie alles bekommen, was sie für ihre Weiterreise brauchen. 14 Auch unsere Gemeinden müssen lernen, Gutes zu tun, wo es nötig ist, sonst bringt ihr Glaube keine Frucht. 15 Alle, die bei mir sind, lassen dich grüßen. Grüße die, die durch den Glauben in Liebe mit uns verbunden sind. Die Gnade sei mit euch allen!

DER BRIEF DES APOSTELS PAULUS AN **PHILEMON**

EINGANGSGRUSS

1 Paulus, der für Jesus Christus im Gefängnis ist, und der Bruder Timotheus schreiben diesen Brief. Er richtet sich an Philemon, der von Gott und von uns geliebt und unser Mitarbeiter ist, 2 sowie an unsere Schwester Aphia, unseren Mitstreiter Archippus und die Gemeinde in Philemons Haus. 3 Gnade und Frieden sei mit euch von Gott, unserem Vater, und von Jesus Christus, dem Herrn.

GLAUBE UND LIEBE PHILEMONS

4 Ich danke meinem Gott immer, Philemon, wenn ich in meinen Gebeten an dich denke. 5 Denn ich höre von deiner Liebe und deinem Glauben: dem Glauben an Jesus, den Herrn, und der Liebe, die du allen Christen erweist. 6 Und meine Bitte an Gott ist: Der Glaube, an dem du Anteil hast, möge sich bei dir dahin auswirken, dass du all das Gute erkennst, das unter uns im Blick auf Christus und zu seiner Ehre zu tun ist. 7 Es war mir wirklich eine große Freude und hat mir Mut gemacht, von der Liebe zu hören, die du den Brüdern und Schwestern erweist. Du hast ihren Herzen wohlgetan, lieber Bruder!

PAULUS VERWENDET SICH FÜR ONESIMUS

8 Deshalb möchte ich auch nicht von meiner Vollmacht Gebrauch machen. Ich könnte dir ja unter Berufung auf Christus einfach befehlen, was du zu tun hast; 9 aber um der Liebe Raum zu geben, bitte ich dich nur. Ich, Paulus, als ein Mann von Alter und Autorität, dazu jetzt auch noch ein Gefangener für Jesus Christus, 10 ich bitte dich für meinen Sohn, den ich hier im Gefängnis gezeugt, das heißt zum Glauben geführt habe: für Onesimus! 11 Früher hattest du an ihm nur einen Nichtsnutz, aber jetzt kann er dir und mir von Nutzen sein. 12 Ich schicke ihn hiermit zu dir zurück – was sage ich: Ich schicke dir mein eigenes Herz! 13 Ich hätte ihn gerne bei mir behalten, damit er mir an deiner Stelle Dienste leistet, jetzt, da ich für die Gute Nachricht im Gefängnis sitze. 14 Aber ohne deine Zustimmung wollte ich nichts entscheiden. Du sollst die gute Tat ja nicht unter Zwang, sondern aus freiem Willen tun! 15 Vielleicht ist er ja nur deshalb eine Zeit lang von dir getrennt worden, damit du ihn nun für alle Zeiten zurückhast, 16 und das nicht als Sklaven, sondern als viel mehr: als geliebten Bruder. Das ist er jedenfalls für mich in höchstem Maße; aber wie viel mehr muss er es dann für dich sein, im täglichen Leben und in der Gemeinde des Herrn! 17 Wenn es stimmt, dass wir beide für Christus arbeiten und ich also gewissermaßen dein »Geschäftspartner« bin, dann nimm ihn auf, als ob ich es selber wäre. 18 Wenn er dich geschädigt hat oder dir etwas schuldet, dann rechne es *mir* an. 19 Ich, Paulus, schreibe hier mit eigener Hand: Ich werde es dir erstatten. Ich könnte auch sagen: Rechne es *dir* an; denn du bist mir ja schließlich

dich selber schuldig! 20 Ja, lieber Bruder, ich möchte gerne, dass du mir eine Freude machst, so gewiss wir durch den Herrn verbunden sind! Tu meinem Herzen wohl durch die Liebe, die von Christus kommt! 21 Ich schreibe dir im Vertrauen darauf, dass du dich mir nicht widersetzen wirst. Ich bin sicher, du wirst sogar noch mehr tun, als ich erbitte. 22 Halte auch schon ein Quartier für mich bereit! Denn ich rechne zuversichtlich damit, dass Gott eure Gebete erhört und ich euch wiedergeschenkt werde.

GRÜSSE

23 Epaphras lässt dich grüßen, der hier mit mir für Jesus Christus im Gefängnis sitzt; 24 ebenso grüßen meine Mitarbeiter Markus, Aristarch, Demas und Lukas. 25 Die Gnade unseres Herrn Jesus Christus sei mit euch!

DER BRIEF AN DIE **HEBRÄER**

GOTT HAT DURCH SEINEN SOHN GESPROCHEN

1 In der Vergangenheit hat Gott in vielfältigster Weise durch die Propheten zu unseren Vorfahren gesprochen. 2 Aber jetzt, am Ende der Zeit, hat er zu uns gesprochen durch den Sohn. Ihn hat Gott dazu bestimmt, dass ihm am Ende alles als sein Erbbesitz gehören soll. Durch ihn hat er auch am Anfang die Welt geschaffen. 3 Die ganze Herrlichkeit Gottes leuchtet in ihm auf; in ihm hat Gott sein innerstes Wesen sichtbar gemacht. Durch sein machtvolles Wort sichert er den Bestand des Weltalls. Nachdem er sein Leben zum Opfer gebracht hat, um uns von unseren Sünden zu reinigen, hat er sich im Himmel an die rechte Seite der göttlichen Majestät gesetzt. 4 Er steht so hoch über den Engeln, wie der Sohnesname, den Gott ihm verliehen hat, den Engelnamen an Würde übertrifft.

DER SOHN STEHT ÜBER DEN ENGELN (SIEBEN BELEGE AUS DEN HEILIGEN SCHRIFTEN)

5 Hat Gott etwa je zu einem Engel gesagt: »Du bist mein Sohn, heute habe ich dich dazu gemacht«? Oder auch: »Ich will sein Vater sein, und er soll mein Sohn sein«? 6 Und er sagt doch auch, wenn er ihn mit allen Rechten des Erstgeborenen in die Welt einführt – in die himmlische und zugleich die künftige irdische: »Alle Engel Gottes sollen sich vor ihm niederwerfen.« 7 Von den Engeln heißt es: »Gott macht seine Engel zu Stürmen und seine Diener zu flammendem Feuer.« 8 Aber zum Sohn sagt er: »Gott, dein Thron bleibt bestehen in alle Ewigkeit! Dein königliches Zepter bürgt für gerechte Herrschaft. 9 Du hast das Recht geliebt und das Unrecht gehasst; darum, Gott, hat dein Gott dich erwählt und dir Ehre und Freude gegeben, mehr als allen, die zu dir gehören.« 10 Von ihm heißt es auch: »Am Anfang hast du, Herr, die Erde gegründet und die Himmel mit eigenen Händen geformt. 11 Sie werden vergehen, du aber bleibst. Sie werden alt und zerfallen wie Kleider. 12 Du wirst sie zusammenrollen wie einen Mantel; sie werden ausgewechselt wie ein Gewand. Du aber bleibst derselbe, und deine Jahre enden nicht.« 13 Niemals hat Gott zu einem Engel gesagt: »Setze dich an meine rechte Seite! Ich will dir deine Feinde unterwerfen, sie als Schemel unter deine Füße legen.« 14 Die Engel sind doch alle nur Geister, die Gott geschaffen hat zum Dienst an den Seinen. Er schickt sie denen zu Hilfe, die Anteil an der endgültigen Rettung haben sollen.

DIE GROSSE RETTUNGSTAT NICHT MISSACHTEN!

2 Darum müssen wir uns erst recht nach dem richten, was wir gehört haben, damit wir nicht am Ziel vorbeitreiben. 2 Schon die Botschaft, die einst Mose von Engeln überbracht wurde, war verbindlich, und wer nicht auf sie hörte und gegen sie verstieß, erhielt die verdiente Strafe. 3 Wie sollten dann *wir* heil davonkommen, wenn wir jetzt das große Rettungswerk Gottes missachten? Dieses Rettungswerk hat damit angefangen, dass der Herr es verkündet hat, und es ist uns bestätigt worden von denen, die ihn gehört haben. 4 Gott selbst hat dazu seine Beglaubigung gegeben durch staunenerregende Wunder und vielerlei machtvolle Taten und durch die Gaben des Heiligen Geistes, die er nach seinem Willen ausgeteilt hat.

JESUS ALS RETTER DER MENSCHEN MUSSTE DEN MENSCHEN GLEICH WERDEN

5 Die kommende Welt, von der ich spreche, hat Gott nicht der Herrschaft von Engeln unterstellt. 6 Vielmehr heißt es an einer Stelle in den Heiligen Schriften: »Was ist der Mensch, dass du an ihn denkst? Was der Sohn eines Menschen, dass du dich um ihn kümmerst? 7 Du hast ihn – den Menschensohn – für eine kurze Zeit erniedrigt, ihn tiefer gestellt als die Engel. Dann aber hast du ihn gekrönt mit Ruhm und Ehre 8 und hast ihm alles unterworfen.« Obwohl es heißt, dass Gott ihm alles unterworfen hat und nichts davon ausgenommen ist, sehen wir jetzt noch nicht, dass er über alles herrscht. 9 Aber wir sehen, wie Jesus, der für kurze Zeit tiefer gestellt war als die Engel, wegen seines Sterbens mit Ruhm und Ehre gekrönt worden ist. Denn Gott hat in seiner Gnade gewollt, dass er allen Menschen zugute den Tod erleidet. 10 Weil Gott wollte, dass viele Kinder Gottes in sein herrliches Reich aufgenommen werden, hat er den, der sie zur Rettung führen sollte, durch Leiden zur Vollendung gebracht. Das war der angemessene Weg für Gott, den Ursprung und das Ziel von allem. 11 Denn der Sohn, der die Menschen Gott weiht, und die Menschen, die von ihm Gott geweiht werden, stammen alle von demselben Vater.

Darum schämt der Sohn sich nicht, sie seine Brüder zu
nennen. 12 Er sagt zu Gott: »Ich will dich meinen Brü-
dern bekannt machen; in der Gemeinde will ich dich
preisen.« 13 Er sagt auch: »Ich will mein Vertrauen auf
Gott setzen!«, und fährt fort: »Hier bin ich mit den Kin-
dern, die Gott mir gegeben hat.« 14 Weil diese Kinder
Menschen von Fleisch und Blut sind, wurde der Sohn
ein Mensch wie sie, um durch seinen Tod den zu ver-
nichten, der über den Tod verfügt, nämlich den Teufel.
15 So hat er die Menschen befreit, die durch ihre Angst
vor dem Tod das ganze Leben lang Sklaven gewesen
sind. 16 Nicht für die Engel setzt er sich ein, sondern
für die Nachkommen Abrahams. 17 Deshalb musste er
in jeder Beziehung seinen Brüdern und Schwestern
gleich werden. So konnte er ein barmherziger und
treuer Oberster Priester für sie werden, um vor Gott
Sühne zu leisten für die Sünden des Volkes. 18 Weil er
selbst gelitten hat und dadurch auf die Probe gestellt
worden ist, kann er nun den Menschen helfen, die
ebenfalls auf die Probe gestellt werden.

JESUS STEHT ÜBER MOSE

3 Darum, meine Brüder und Schwestern, die ihr Gott
geweiht und zur Teilhabe an der himmlischen Welt
berufen seid, schaut auf Jesus, den bevollmächtigten
Gesandten Gottes und Obersten Priester, zu dem wir
uns bekennen. 2 Er war dem, der ihn eingesetzt hat,
genauso treu wie Mose, von dem gesagt wird: »Er
war Gott treu in seinem ganzen Haus« – nämlich dem
»Haus« Gottes, dem Volk Israel. 3 Doch wie der Erbauer
eines Hauses mehr geehrt wird als das Haus selbst, so
verdient Jesus viel größere Ehre als Mose. 4 Jedes Haus
wird von jemand erbaut. Der aber, der alles erbaut hat,
ist Gott. 5 Mose war ein Hinweis auf Dinge, die erst in
Zukunft verkündet werden sollten. Er war treu »*in* sei-
nem ganzen Haus«, als *Diener*. 6 Christus aber ist der
Sohn, der *über* Gottes Haus gestellt ist. Sein »Haus«,
Gottes Haus, sind wir, die Gemeinde, wenn wir mit
Zuversicht und freudigem Stolz an dem festhalten,
worauf wir hoffen.

DIE RUHE GOTTES FÜR SEIN VOLK

7 Darum gilt, was Gott durch den Heiligen Geist sagt:
»Seid heute, wenn ihr *seine* Stimme hört, 8 nicht so
verstockt wie damals eure Vorfahren, die sich gegen
mich, Gott, auflehnten an jenem Tag der Prüfung in
der Wüste. 9-10 Sie haben mich herausgefordert und
mich auf die Probe gestellt, nachdem sie vierzig Jahre
lang gesehen hatten, was ich tat. Diese Generation
hat mich angewidert; ich sagte: ›Alles, was sie wollen,
ist verkehrt; nie haben sie meine Wege verstanden.‹
11 Schließlich schwor ich in meinem Zorn: ›In meine
Ruhe nehme ich sie niemals auf!‹« 12 Achtet darauf,
liebe Brüder und Schwestern, dass niemand von euch
ein widerspenstiges, ungehorsames Herz hat und sich
von dem lebendigen Gott abwendet. 13 Ermahnt euch
gegenseitig jeden Tag, solange jenes »Heute« gilt, da-
mit niemand von euch dem Betrug der Sünde erliegt
und sich dem Ruf dieser Stimme verschließt. 14 Wir
gehören erst wirklich zu Christus, wenn wir die Zu-
versicht, die uns am Anfang geschenkt wurde, bis zum
Ende unerschütterlich festhalten! 15 Wenn es heißt:
»Seid heute, wenn ihr seine Stimme hört, nicht so ver-
stockt wie damals eure Vorfahren, die sich gegen Gott
aufgelehnt haben«, 16 so stellt sich doch die Frage: Wer
waren denn die, die einstmals »die Stimme gehört«
und sich dann »gegen Gott aufgelehnt« haben? Es
waren alle, die Mose aus Ägypten geführt hatte! 17 Wer
waren denn die, die Gott »vierzig Jahre lang ange-
widert« haben? Es waren die, die gesündigt hatten
und dann tot in der Wüste lagen! 18 Wer waren denn
die, denen Gott »schwor«: »In meine Ruhe nehme
ich sie niemals auf!«? Es waren die, die sich ihm wi-
dersetzt hatten! 19 Wir sehen: Sie konnten nicht in die
Ruhe Gottes gelangen, weil sie Gott das Vertrauen
verweigert hatten.

4 Darum dürfen wir nicht leichtfertig sein, sondern
müssen darauf achten, dass nicht womöglich je-
mand von uns zurückbleibt. Denn Gottes Zusage,
Menschen in seine Ruhe aufzunehmen, gilt ja weiter.
2 Genauso wie den Leuten damals in der Wüste ist auch
uns die Gute Nachricht verkündet worden, die Bot-
schaft, dass wir in Gottes Ruhe aufgenommen werden
sollen. Aber denen hat diese Botschaft nichts genützt;
sie ist ihnen nicht in Fleisch und Blut übergegangen –
was durch die Kraft ihres Vertrauens hätte geschehen
müssen. 3a So werden auch wir nur in die Ruhe Gottes
hineinkommen, wenn wir im Vertrauen festbleiben;
sonst gilt, was Gott von den anderen gesagt hat: »Ich
schwor in meinem Zorn: ›In meine Ruhe nehme ich
sie niemals auf!‹«

GOTTES RUHE – DIE ZUSAGE, DIE WEITERHIN OFFENSTEHT

3b Dabei stehen doch Gottes Werke schon seit Vollen-
dung der Weltschöpfung fertig da – auch seine Ruhe!
4 Es heißt vom siebten Schöpfungstag: »Am siebten
Tag ruhte Gott von aller seiner Arbeit aus.« 5 An der
vorher genannten Stelle heißt es jedoch: »In meine
Ruhe nehme ich sie niemals auf!« 6 Dann muss es
also noch Leute geben, die aufgenommen werden,
nachdem die anderen, die die Gute Nachricht zuerst
gehört haben, durch ihren Ungehorsam ausgeschlos-
sen blieben. 7 Deshalb setzt Gott aufs Neue einen Tag
fest, ein neues »Heute«! Nach so langer Zeit lässt
er – ich habe es schon angeführt – durch David aus-
rufen: »Seid heute, wenn ihr seine Stimme hört, nicht
so verstockt!« 8 Denn hätte schon Josua das Volk in die
Ruhe hineingeführt, dann würde Gott nicht noch von
einem anderen Tag *danach* sprechen. 9 Folglich steht
die versprochene Ruhe, der große Sabbat, dem Volk
Gottes erst noch bevor. 10 Denn wer in die Ruhe Gottes
gelangt ist, ruht auch selbst aus von seiner Arbeit, so
wie Gott ausruht von der seinen. 11 Wir wollen also alles
daransetzen, zu dieser Ruhe zu gelangen! Niemand
soll – nach dem abschreckenden Beispiel, das damals
das Volk in der Wüste gab – durch Ungehorsam zu Fall
kommen und von ihr ausgeschlossen bleiben. 12 Das

Wort Gottes ist lebendig, es ist eine wirkende Macht.
Es ist schärfer als das schärfste beidseitig geschliffene
Schwert. So wie ein Schwert tief einschneidet, die Ge-
lenke durchtrennt und das Mark der Knochen freilegt,
so dringt das Wort Gottes ins Innerste von Seele und
Geist. Es deckt die geheimen Wünsche und Gedanken
des Menschenherzens auf und hält über sie Gericht.
13 Es gibt niemand, dessen Inneres vor Gott verborgen
wäre. Alles liegt nackt und bloß vor den Augen dessen
da, dem wir Rechenschaft schuldig sind.

JESUS, UNSER OBERSTER PRIESTER, TRITT BEI GOTT FÜR UNS EIN

14 Lasst uns also festhalten an der Hoffnung, zu der wir
uns bekennen. Wir haben doch einen überragenden
Obersten Priester, der alle Himmel durchschritten hat
und sich schon bei Gott, im himmlischen Heiligtum,
befindet: Jesus, den Sohn Gottes. 15 Dieser Oberste
Priester ist nicht einer, der kein Mitgefühl für unsere
Schwächen haben könnte. Er wurde ja genau wie
wir auf die Probe gestellt – aber er blieb ohne Sünde.
16 Darum wollen wir mit Zuversicht vor den Thron un-
seres gnädigen Gottes treten. Dort werden wir, wenn
wir Hilfe brauchen, stets Liebe und Erbarmen finden.
5 Jeder Oberste Priester wird *aus* den Menschen
genommen und *für* die Menschen eingesetzt, um
ihre Angelegenheiten vor Gott zu vertreten: Er soll
Gaben und Opfer für ihre Sünden darbringen. 2 Weil
er selbst ein schwacher Mensch ist, kann er mitfüh-
len mit den Unwissenden und Irrenden. 3 Weil er in
seiner Schwachheit selber sündigt, muss er sogar für
sich selbst Opfer darbringen, nicht nur für das Volk.
4 Auch nimmt sich niemand selbst die Würde, Oberster
Priester zu sein. Er erhält sie vielmehr durch Gottes
Berufung, so wie Aaron. 5 So hat sich auch Christus
nicht selbst die Würde des Obersten Priesters genom-
men, sondern Gott hat sie ihm gegeben, der zu ihm
sagte: »Du bist mein Sohn, heute habe ich dich dazu
gemacht.« 6 Und an einer anderen Stelle sagt Gott: »Du
bist Priester auf ewig, nach der Art Melchisedeks.«
7 Als er noch auf der Erde lebte, hat Jesus sich im Gebet
mit Bitten und Flehen an Gott gewandt, der ihn vom
Tod retten konnte; mit lautem Rufen und unter Tränen
hat er seine Not vor ihn gebracht. Weil er treu zu Gott
hielt, ist er schließlich auch erhört worden. 8 Und doch:
Obwohl er Gottes Sohn war, hat er zunächst durch
das, was er durchmachen musste, Gehorsam gelernt.
9 Nachdem er nun das Ziel erreicht hat, ist er für alle,
die ihm gehorchen, zum Begründer ihrer endgültigen
Rettung geworden. 10 Denn Gott hat ihn zum Obersten
Priester ernannt – und zwar zum Obersten Priester
»nach der Art Melchisedeks«.

DER ZUSTAND DER ANGESCHRIEBENEN UND DIE GRÖSSE DES THEMAS

11 Hierüber muss ich nun einiges sagen. Das ist nicht
leicht, zumal ihr stumpf geworden seid und Mühe
habt, zuzuhören und mitzudenken. 12 Ihr solltet inzwi-
schen längst andere unterrichten können; stattdessen
habt ihr wieder jemand nötig, der euch ganz von vorne
das ABC der Botschaft Gottes erklärt. Ihr braucht wie-
der Milch statt fester Nahrung. 13 Wer Milch braucht,
ist ein kleines Kind, das die Sprache der Erwachsenen
noch nicht versteht. 14 Erwachsene aber brauchen
feste Nahrung – solche Leute nämlich, die durch
beharrliche Übung ihr Wahrnehmungsvermögen ge-
schärft haben, um Gut und Böse zu unterscheiden.
6 Deshalb wollen wir jetzt die Anfangslektionen der
christlichen Botschaft hinter uns lassen und uns
dem zuwenden, was für die im Glauben Erwachsenen
bestimmt ist. Ich will mich also nicht noch einmal mit
den grundlegenden Themen befassen wie der Abkehr
vom Götzendienst und der Hinwendung zum wahren,
lebendigen Gott, 2 der Taufe und der Handauflegung,
der Auferstehung der Toten und dem letzten Gericht.
3 Ich werde jetzt vielmehr weitergehen, und wenn Gott
will, wird es euch von Nutzen sein. 4-6 Denn es ist un-
möglich, Menschen, die Gott *einmal* mit seinem Licht
erfüllt hat und die ihm dann den Rücken kehren, dahin
zu bringen, dass sie sich Gott wieder zuwenden. Sie ha-
ben doch schon die Gaben des Himmels gekostet und
den Heiligen Geist empfangen. Sie haben erfahren,
wie zuverlässig Gottes Wort ist, und haben schon die
Kräfte der kommenden Welt gespürt. Und dann haben
sie trotzdem Gott den Rücken gekehrt und haben da-
mit den Sohn Gottes noch einmal ans Kreuz genagelt,
sich selbst zum Gericht, und ihn öffentlich zum Ge-
spött gemacht. 7 Gott segnet den Boden, der den reich-
lich auf ihn fallenden Regen aufnimmt und Pflanzen
wachsen lässt für die, die den Boden bebauen. 8 Aber
der Boden, der nur Dornen und Disteln trägt, ist nichts
wert. Ihm droht, dass er von Gott verflucht und zum
Schluss verbrannt wird.

ERMUTIGUNG ZUM DURCHHALTEN

9 Aber auch wenn ich so hart rede, meine Lieben, bin
ich doch überzeugt, dass es um euch so schlimm nicht
steht und dass ihr gerettet werdet. 10 Denn Gott ist
nicht ungerecht. Er vergisst nicht, was ihr getan habt.
Ihr habt anderen Christen geholfen und tut es noch.
Damit beweist ihr eure Liebe zu ihm. 11 Ich wünsche
nur sehnlichst, dass jeder und jede von euch genau
denselben Eifer auch an den Tag legt, wenn es darum
geht, die Hoffnung auf das, was Gott uns versprochen
hat, mit voller Kraft bis zum Ende durchzuhalten. 12 Ihr
dürft darin nicht nachlassen! Nehmt euch ein Beispiel
an denen, die Vertrauen und Ausdauer bewahrt und
darum empfangen haben, was Gott versprochen hat.

GOTT IST ZUVERLÄSSIG UND TREU

13 Gott machte Abraham eine Zusage und schwor bei
seinem eigenen Namen, da er bei nichts Höherem
schwören konnte als bei sich selbst. 14 Er sagte: »Ich
gebe dir mein Wort, dass ich dich überaus segnen
und dir viele Nachkommen geben werde.« 15 Und so
wartete Abraham beharrlich und erhielt, was Gott
ihm versprochen hatte. 16 Menschen schwören beim
Namen eines Größeren, und der Eid dient dazu, die

Aussage zu bekräftigen und jeden Zweifel zu besei-
tigen. 17 So bekräftigte auch Gott seine Zusage mit
einem Eid. Damit wollte er den Menschen, denen die
Zusage galt, die feste Gewissheit geben, dass seine
Absicht unumstößlich ist. 18 Er wollte uns doppelte
Sicherheit geben: durch die Zusage und durch den
Eid; und da Gott nicht lügen kann, ist auf beide un-
bedingt Verlass. Das soll uns einen starken Ansporn
geben, dass wir unsere Zuversicht nicht preisgeben
und an der Hoffnung auf die uns zugesagte Erfüllung
festhalten. 19 Diese Hoffnung ist für uns wie ein siche-
rer und fester Anker, der hineinreicht bis ins innerste
Heiligtum, in das Allerheiligste hinter dem Vorhang im
himmlischen Tempel. 20 Dorthin ist Jesus uns vorausge-
gangen, um uns den Weg zu bereiten; denn so wurde
er zum Obersten Priester nach der Art Melchisedeks,
und das heißt: auf ewig.

MELCHISEDEK, DAS BILD DES SOHNES GOTTES

7 Dieser Melchisedek nämlich war König von Sa-
lem und Priester des höchsten Gottes. Er ging
Abraham entgegen, als der vom Sieg über die Könige
heimkehrte, und segnete ihn. 2 Ihm gab Abraham den
zehnten Teil von allem, was er erbeutet hatte. Sein Na-
me bedeutet »König der Gerechtigkeit«; er heißt aber
auch »König von Salem«, und das bedeutet »König
des Friedens«. 3 Er hat weder Vater noch Mutter; einen
Stammbaum von ihm gibt es nicht. Seine Lebenszeit
hat weder Anfang noch Ende – darin gleicht er dem
Sohn Gottes. Dieser Melchisedek also bleibt Priester
auf ewig.

MELCHISEDEK STEHT ÜBER ABRAHAM UND DEN PRIESTERN AUS DESSEN NACHKOMMENSCHAFT

4 Wie groß dieser Melchisedek ist, seht ihr daran,
dass sogar der Stammvater Abraham ihm den zehn-
ten Teil von allen wertvollen Stücken seiner Beute
gab. 5 Nun sammeln ja die unter den Nachkommen
von Levi, denen das Priestertum übertragen wurde,
den Zehnten vom Volk Israel ein. Sie erheben den
Zehnten von ihren Brüdern, obwohl diese genau wie
sie selbst Nachkommen Abrahams sind; sie haben
durch das Gesetz den Auftrag dazu. 6 Aber Melchi-
sedek, der abstammungsmäßig überhaupt nichts
mit Levi zu tun hat, nimmt sogar von Abraham den
Zehnten! Und er *segnet* Abraham, dem doch Gott
seine Zusagen gegeben hat. 7 Wer segnet, ist ohne
Zweifel größer als der, der gesegnet wird. 8 Und hier,
im Fall der Nachkommen von Levi, sind es sterbliche
Menschen, die den Zehnten entgegennehmen. Dort
aber, im Fall von Melchisedek, ist es einer, von dem
in den Heiligen Schriften bezeugt wird, dass er ewig
lebt! 9 Um es geradeheraus zu sagen: Als Abraham
Melchisedek den Zehnten gab, da gab ihn zugleich
auch Levi, dessen Nachkommen in Israel den Zehnten
einsammeln. 10 Denn Levi war damals schon im Samen
seines Ahnvaters Abraham gegenwärtig, als der mit
Melchisedek zusammentraf.

DAS PRIESTERTUM DER NACHKOMMEN LEVIS ABGELÖST DURCH DAS PRIESTERTUM NACH DER ART MELCHISEDEKS

11 Dem Volk Israel wurde das Priestertum der
Nachkommen Levis gegeben; es wurde durch das
Gesetz angeordnet, und das Gesetz steht und fällt
mit ihm. Hätte nun durch dieses Priestertum die Voll-
endung des Volkes vor Gott erreicht werden können,
dann wäre es ja nicht nötig gewesen, noch einen ande-
ren Priester aufzustellen, einen »nach der Art Melchi-
sedeks« und nicht nach der Art Aarons! 12 Wenn aber
das Priestertum sich ändert, bedeutet das notwendig,
dass auch das Gesetz sich ändert. 13 Und in der Tat: Der,
auf den sich dies alles bezieht, gehört einem ande-
ren Stamm an als dem Stamm Levi, einem Stamm, aus
dem noch nie jemand als Priester am Altar gestanden
hat. 14 Unser Herr ist bekanntlich aus dem Stamm Juda
hervorgegangen, den Mose nie erwähnt hat, wenn er
vom Priestertum sprach. 15 Aber noch viel deutlicher
zeigt sich die Veränderung an Folgendem: Es wird ein
Priester aufgestellt, der wie Melchisedek von ganz
anderer Art ist – 16 der nicht Priester ist aufgrund einer
menschlich-irdischen Bestimmung des Gesetzes, son-
dern aufgrund der Macht seines unvergänglichen Le-
bens. 17 In den Heiligen Schriften heißt es: »Du bist
Priester auf ewig, nach der Art Melchisedeks«! 18 Die
frühere Bestimmung wird außer Kraft gesetzt, weil sie
schwach und nutzlos war. 19 Denn in keiner Hinsicht hat
das Gesetz es geschafft, dass die Menschen vor Gott
vollkommen und untadelig dastehen können. An die
Stelle des vom Gesetz verordneten Priestertums tritt
deshalb eines, das eine bessere Hoffnung begründet:
das uns die Möglichkeit eröffnet, *wirklich* Gott nahen
und vor ihm bestehen zu können.

DAS NEUE PRIESTERTUM – EIDLICH BESTÄTIGT UND VON EWIGEM BESTAND

20 Das neue Priestertum ist außerdem durch einen Eid
eingeführt worden. Als die anderen zu Priestern einge-
setzt wurden, hat Gott nicht geschworen. 21 Jesus aber
wurde mit einem Schwur zum Priester eingesetzt; ihm
gilt das Wort: »Der Herr hat geschworen, und er wird
es nicht zurücknehmen: ›Du bist Priester auf ewig.‹«
22 Deshalb ist Jesus auch der Garant für einen besseren
Bund. 23 Es gibt noch einen weiteren Unterschied: Von
den anderen Priestern gab es viele, weil sie sterben
mussten und der Tod sie hinderte, Priester zu bleiben.
24 Jesus aber lebt in alle Ewigkeit, und sein Priester-
tum ist deshalb unvergänglich. 25 Darum kann er auch
vollständig und für immer alle retten, die sich durch
ihn an Gott wenden. Er lebt für immer, um bei Gott
für sie einzutreten.

LOBPREIS AUF JESUS ALS OBERSTEN PRIESTER

26 Jesus ist der Oberste Priester, den wir brauchen: Er
ist heilig, an ihm ist nichts Verwerfliches, er hat keinen
Fehler. Er ist ganz anders als wir sündigen Menschen
und wurde über alle Himmel erhoben. 27 Er muss nicht
wie die Obersten Priester vor ihm täglich zuerst für die

eigenen Sünden und dann für die des Volkes opfern.
Er sühnte die Sünden aller ein für alle Mal, als er sich
selbst zum Opfer brachte. 28 Das Gesetz Moses machte
Menschen voller Fehler zu Priestern; der göttliche
Schwur, der *nach* dem Gesetz ergangen ist, ernannte
dazu den Sohn, der für ewig zur Vollendung gelangt ist.

ALTER UND NEUER PRIESTERDIENST

8 Dies ist der Punkt, auf den alles ankommt: Wir
haben einen Obersten Priester, der Platz genom-
men hat zur rechten Seite Gottes auf dem Thron der
göttlichen Majestät im Himmel. 2 Dort versieht er den
priesterlichen Dienst im himmlischen Allerheiligsten,
in dem einzig wahren Heiligen Zelt, das von Gott und
nicht von einem Menschen errichtet worden ist. 3 Jeder
Oberste Priester wird dazu eingesetzt, Gott Gaben
und Opfer darzubringen. Auch unser Oberster Priester
muss darum etwas zu opfern haben. 4 Wäre er nun auf
der Erde, so könnte er nicht einmal Priester sein, denn
hier gibt es ja Priester, die nach den Vorschriften des
Gesetzes Opfergaben darbringen. 5 Sie verrichten ih-
ren Dienst allerdings in einem Heiligtum, das nur einen
Schatten, nur eine unvollkommene Nachbildung des
wahren Heiligtums darstellt, das im Himmel ist. Denn
als Mose daranging, das Heilige Zelt zu errichten, er-
hielt er von Gott die Weisung: »Gib acht, dass alles
genau nach dem Urbild angefertigt wird, das ich dir
hier auf dem Berg gezeigt habe.« 6 Nun ist aber Jesus
zu einem viel höheren Priesterdienst berufen worden
als die Priester auf der Erde. Sein Priesterdienst ist um
so viel höher, als der Bund besser ist, der durch Ver-
mittlung von Jesus zwischen Gott und den Menschen
geschlossen wurde. Dieser Bund gründet auf besseren
Zusagen als der erste.

ALTER UND NEUER BUND

7 Wäre am ersten Bund nichts auszusetzen gewesen, so
hätte es keinen zweiten gebraucht. 8 Aber Gott musste
sein Volk tadeln; er sagte ja zu ihnen: »Die Zeit kommt,
da werde ich mit dem Volk von Israel und dem Volk
von Juda einen neuen Bund schließen. 9 Er wird nicht
dem Bund gleichen, den ich mit ihren Vorfahren ge-
schlossen habe, als ich sie bei der Hand nahm und aus
Ägypten herausführte. Sie haben sich nicht an diesen
Bund gehalten; darum habe ich sie sich selbst überlas-
sen.« Und weiter sagte der Herr: 10 »Der neue Bund,
den ich dann mit dem Volk Israel schließen will, wird
völlig anders sein: Ich werde ihnen meine Gesetze
nicht auf Steintafeln, sondern in Herz und Gewissen
schreiben. Ich werde ihr Gott sein und sie werden mein
Volk sein. 11 Niemand muss dann noch seinen Mitbür-
ger belehren oder zu seinem Bruder sagen: ›Lerne den
Herrn kennen!‹ Denn alle werden dann wissen, wer
ich bin, von den Geringsten bis zu den Vornehmsten.
12 Ich will ihnen ihren Ungehorsam vergeben und will
nie mehr an ihre Sünden denken.« 13 Wenn Gott von
einem »neuen Bund« spricht, dann hat er damit den
ersten für veraltet erklärt. Was aber veraltet und ver-
braucht ist, wird bald verschwinden.

DER GOTTESDIENST DES ALTEN BUNDES

9 Nun hatte auch schon der erste Bund Vorschrif-
ten für den Gottesdienst und er hatte das irdi-
sche Heiligtum. 2 Da war ein Zelt aufgerichtet mit
zwei Räumen: Der vordere Raum hieß »das Heilige«;
in ihm befanden sich der Leuchter und der Tisch und
auf dem Tisch die geweihten Brote. 3 Hinter dem zwei-
ten Vorhang lag der andere Raum, genannt »das Aller-
heiligste«. 4 Darin standen der goldene Altar, auf dem
Weihrauch verbrannt wurde, und die Bundeslade, die
ganz mit Gold überzogen war. In ihr befanden sich der
goldene Krug mit dem Manna, der Stab Aarons, an dem
Blüten gewachsen waren, und die Steintafeln mit dem
Bundesgesetz. 5 Über der Lade waren die Kerubim,
die auf die Gegenwart Gottes hinwiesen. Sie breite-
ten ihre Flügel aus über der Deckplatte, auf der die
Sünden gesühnt wurden. Aber davon soll jetzt nicht
im Einzelnen die Rede sein. 6 Das Heiligtum besteht
also aus zwei Teilen. In den vorderen Teil des Zeltes
gehen die Priester jeden Tag und verrichten dort ih-
ren Dienst. 7 Den hinteren Teil darf nur der Oberste
Priester betreten, und das auch nur einmal im Jahr.
Dabei nimmt er Blut mit und opfert es für sich und
für die Menschen, die ohne bösen Willen schuldig
geworden sind. 8 Der Heilige Geist weist mit alldem
auf Folgendes hin: Solange noch der vordere Teil des
Zeltes besteht und der Zugang zum hinteren Teil den
genannten Einschränkungen unterliegt, ist dies ein
Zeichen dafür, dass der Zugang zum eigentlichen –
himmlischen – Allerheiligsten noch nicht eröffnet wor-
den ist. 9 Der vordere Teil des Zeltes ist ein Sinnbild für
die gegenwärtige Zeit und den in ihr herrschenden
Zustand: Da werden Opfer und Gaben dargebracht, die
nicht die Kraft haben, die Menschen, die sie darbrin-
gen, in ihrem Innern vollkommen zu machen, sodass
ihr Gewissen sie nicht mehr anklagt. 10 Da geht es allein
um Vorschriften über Essen und Trinken und über re-
ligiöse Waschungen, also um äußerliche, irdisch-ver-
gängliche Vorschriften, die nur auferlegt waren bis
zu dem Zeitpunkt, an dem Gott die wahre Ordnung
aufrichten würde.

DER GOTTESDIENST DES NEUEN BUNDES

11 Jetzt aber ist Christus gekommen als der Oberste
Priester, dessen Opfer uns in Gottes Augen wirklich
vollkommen gemacht hat. Er ist durch den vorderen
Teil des Zeltes hindurchgegangen – des Zeltes, das
größer und vollkommener ist, weil es nicht von Men-
schen errichtet wurde, und das heißt: nicht zu dieser
Welt gehört. 12 Und er ist ein für alle Mal hineingegan-
gen in das eigentliche, das himmlische Allerheiligste.
Das tat er nicht mit dem Blut von Böcken und jungen
Stieren, sondern mit seinem eigenen Blut. Und so hat
er uns für immer von unserer Schuld befreit. 13 Men-
schen, die im Sinn der religiösen Vorschriften unrein
geworden sind, werden durch Besprengung mit dem
Blut von Böcken und Stieren und der Asche einer Kuh
äußerlich von ihrer Befleckung gereinigt. Wenn das
Blut der Tiere diese Kraft hat, 14 um wie viel mehr wird

dann das Blut von Christus uns im Innern reinigen von den Folgen unseres Götzendienstes, sodass wir dem lebendigen Gott dienen können! Denn in der Kraft des ewigen göttlichen Geistes hat Christus sich selbst als fehlerloses Opfer Gott dargebracht.

DER NEUE BUND – RECHTSKRÄFTIG DURCH TOD UND BLUT VON JESUS

15 Deshalb kommt auch durch Christus der neue Bund zustande, damit alle, die Gott berufen hat, das zugesagte ewige Erbe empfangen. Christus ist in den Tod gegangen, um sie von den Folgen ihres Ungehorsams unter dem ersten Bund zu erlösen. 16 Wenn ein Testament wirksam werden soll, muss erst der Tod dessen nachgewiesen werden, der es aufgesetzt hat. 17 Denn erst durch seinen Tod tritt es in Kraft; solange er lebt, hat es keine Bedeutung. 18 So wurde ja auch schon der erste Bund durch Blut in Kraft gesetzt. 19 Mose teilte zunächst dem ganzen Volk die einzelnen Gebote mit, wie sie im Gesetz festgelegt sind. Dann vermischte er das Blut der Jungstiere und Böcke mit Wasser, tat Ysop und rote Wolle hinzu und besprengte damit zuerst das Gesetzbuch und dann das ganze Volk. 20 Dabei sagte er: »Durch dieses Blut wird der Bund besiegelt, den Gott mit euch geschlossen hat.« 21 Ebenso besprengte Mose mit dem Blut auch das Zelt und alle Geräte, die beim Gottesdienst gebraucht werden. 22 Nach dem, was im Gesetz steht, gibt es fast nichts, was nicht durch Blut gereinigt werden muss. Und es gilt in der Tat: Schuld wird nicht vergeben, wenn nicht Blut dafür fließt.

CHRISTUS DAS EINMALIGE UND ENDGÜLTIGE OPFER

23 Alle Nachbildungen der himmlischen Wirklichkeit müssen auf solche Weise gereinigt werden; aber für die himmlischen Urbilder selbst sind bessere Opfer nötig. 24 Christus ging nicht in ein Allerheiligstes, das Menschen errichtet haben und das doch nur eine unvollkommene Nachbildung des wirklichen Allerheiligsten ist. Er ging in den Himmel selbst, um von jetzt an ständig in der Gegenwart Gottes zu verweilen und bei ihm für uns einzutreten. 25 Der Oberste Priester des jüdischen Volkes muss Jahr für Jahr aufs Neue in das Allerheiligste hineingehen, mit fremdem Blut, dem Blut von Böcken und Jungstieren. Doch Christus ist nicht in den Himmel gegangen, um sich immer wieder selbst zu opfern; 26 er hätte dann ja seit Anfang der Welt schon viele Male den Tod erleiden müssen. Nein, jetzt, am Ende der Zeiten, ist er erschienen, um ein für alle Mal die Sünde der Welt dadurch fortzuschaffen, dass er sich selbst zum Opfer brachte. 27 So wie jeder Mensch nur einmal sterben muss, danach kommt er vor Gottes Gericht, 28 so wurde auch Christus nur einmal geopfert, um die Sünden aller Menschen wegzuschaffen. Wenn er zum zweiten Mal erscheint, dann nicht nochmals wegen der Sünde, sondern nur noch, um alle, die auf ihn warten, endgültig zu retten.

DIE ENDGÜLTIGE SÜNDENVERGEBUNG

10 Im Gesetz zeigt sich nur ein Schatten von dem, was Gott künftig schenken will – ein Schatten, nicht die eigentliche Gestalt. Deshalb kann das Gesetz die Menschen, die im irdischen Heiligtum vor Gott treten, auch niemals zur Vollendung führen – obwohl nach Anordnung des Gesetzes Jahr für Jahr immer wieder die gleichen Opfer für sie dargebracht werden. 2 Wenn die Menschen durch das Gesetz und die von ihm vorgeschriebenen Opfer ein für alle Mal von ihren Sünden gereinigt werden könnten, dann hätten sie doch einmal mit dem Opfern aufhören müssen, weil sie sich nicht mehr schuldig gefühlt hätten. 3 Doch durch diese Opfer werden sie nur Jahr für Jahr aufs Neue an ihre Sünden erinnert! 4 Denn das Blut von Stieren und Böcken kann niemals die Schuld beseitigen. 5 Darum sagte Christus, als er in die Welt kam, zu Gott: »Opfer und Gaben hast du nicht verlangt; aber du hast mir einen Leib gegeben. 6 Über Brandopfer und Sühneopfer freust du dich nicht. 7 Da habe ich gesagt: ›Hier bin ich, Gott! Ich will tun, was du von mir verlangst, wie es in den Heiligen Schriften über mich vorausgesagt ist!‹« 8 Zuerst sagte er: »Opfer und Gaben hast du nicht verlangt, über Brandopfer und Sühneopfer freust du dich nicht«, obwohl alle diese Opfer vom Gesetz vorgeschrieben sind. 9 Dann aber hat er gesagt: »Hier bin ich, Gott! Ich will tun, was du von mir verlangst.« So hebt Christus die alte Ordnung auf und setzt die neue in Kraft. 10 Durch das, was Gott »verlangt« hat, nämlich dadurch, dass Jesus Christus seinen eigenen »Leib« zum Opfer brachte, sind wir nun ein für alle Mal von jeder Schuld gereinigt und zu Gottes Eigentum geworden. 11 Jeder Priester verrichtet Tag für Tag seinen Dienst und bringt wieder und wieder die gleichen Opfer, die doch niemals die Sünden wegschaffen können. 12 Christus dagegen hat nur ein einziges Opfer für die Sünden gebracht und dann für immer den Platz an Gottes rechter Seite eingenommen. 13 Dort wartet er nur noch darauf, dass Gott ihm seine Feinde als Schemel unter die Füße legt. 14 Denn mit einem einzigen Opfer hat er alle, die Gottes Eigentum werden sollen, für immer zur Vollendung geführt. 15 Auch der Heilige Geist bezeugt uns das in den Heiligen Schriften. Nachdem der Herr zunächst gesagt hat: 16 »Der Bund, den ich dann mit ihnen schließen werde, wird völlig anders sein«, fährt er fort: »Ich werde ihnen meine Gesetze nicht auf Steintafeln, sondern in Herz und Gewissen schreiben, 17 und ich will nie mehr an ihre Sünden und an ihre bösen Taten denken.« 18 Wenn aber die Sünden vergeben sind, ist ein Opfer nicht mehr nötig.

DIE HOFFNUNG NICHT AUFGEBEN UND GEMEINSCHAFT HALTEN!

19 Liebe Brüder und Schwestern! Wir haben also freien Zutritt zum Allerheiligsten! Jesus hat sein Blut geopfert 20 und uns den Weg durch den Vorhang hindurch frei gemacht, diesen neuen Weg, der zum Leben führt. Der »Vorhang« aber, das ist er selbst, so wie er in einem

irdischen Leib gelebt hat. 21 Wir haben also einen ganz unvergleichlichen Obersten Priester, der über das Haus Gottes gesetzt ist. 22 Darum wollen wir vor Gott hintreten mit offenem Herzen und in festem *Glauben;* unser Gewissen wurde ja von aller Schuld gereinigt und unser Leib in reinem Wasser gewaschen. 23 Wir wollen an der *Hoffnung* festhalten, zu der wir uns bekennen, und wollen nicht schwanken; denn Gott, der die Zusagen gegeben hat, steht zu seinem Wort. 24 Und wir wollen aufeinander acht geben und uns gegenseitig zur *Liebe* und zu guten Taten anspornen. 25 Einige haben sich angewöhnt, den Gemeindeversammlungen fernzubleiben. Das ist nicht gut; vielmehr sollt ihr einander Mut machen. Und das umso mehr, als ihr doch merken müsst, dass der Tag näher rückt, an dem der Herr kommt!

WARNUNG VOR DER ABKEHR VON DER ERKANNTEN WAHRHEIT

26 Wir haben die Wahrheit kennengelernt. Wenn wir jetzt vorsätzlich weiterhin sündigen, gibt es kein Opfer mehr, um unsere Sünden gutzumachen. 27 Wir müssen dann ein schreckliches Gericht fürchten; denn wie ein Feuer wird Gottes Zorn alle vernichten, die sich gegen ihn auflehnen. 28 Wer gegen das Gesetz Moses verstößt, wird ohne Mitleid getötet, wenn seine Schuld durch zwei oder drei Zeugenaussagen festgestellt ist. 29 Um wie viel schlimmer wird dann bestraft werden, wer den Sohn Gottes mit Füßen tritt und das Blut des Bundes, das ihn rein und heilig gemacht hat, wie eine gewöhnliche Sache abtut und den Geist beleidigt, dem er die Gnade verdankt! 30 Wir kennen doch den, der gesagt hat: »Ich werde Vergeltung üben und sie für alle Bosheit hart bestrafen.« Es heißt an derselben Stelle auch: »Der Herr wird seinem Volk das Urteil sprechen.« 31 Dem lebendigen Gott in die Hände zu fallen ist schrecklich!

BEISPIELE TAPFEREN VERTRAUENS AUS DER ANFANGSGESCHICHTE DER EIGENEN GEMEINDE

32 Erinnert euch doch an die Zeiten, als ihr gerade mit dem göttlichen Licht erleuchtet worden wart und dann sogleich einen harten, leidvollen Kampf durchstehen musstet! 33 Die einen wurden öffentlich beleidigt und misshandelt, die andern standen denen treu zur Seite, die dies ertragen mussten. 34 Ihr habt mit den Gefangenen gelitten, und wenn euch euer Eigentum weggenommen wurde, habt ihr das mit Freude ertragen; denn ihr wusstet, dass ihr einen viel besseren Besitz habt, der euch nicht genommen werden kann. 35 Werft nur jetzt eure Zuversicht nicht weg, die doch so reich belohnt werden soll! 36 Ihr braucht Kraft zum Durchhalten, damit ihr weiterhin tut, was Gott von euch will, und so auch bekommt, was er versprochen hat. 37 Es heißt ja in den Heiligen Schriften: »Noch eine kurze, ganz kurze Zeit, dann kommt der, den Gott angekündigt hat. Er wird sich nicht verspäten. 38 Wer mir im Glauben vertraut und das Rechte tut, wird durch sein Vertrauen am Leben bleiben. Wer aber mutlos aufgibt, mit dem will ich nichts zu tun haben.« 39 Wir gehören doch nicht zu den Menschen, die den Mut verlieren und deshalb zugrunde gehen! Vielmehr gehören wir zu denen, die Gott im Glauben vertrauen und das Leben gewinnen.

BEISPIELE VORBILDLICHEN VERTRAUENS AUS DER GESCHICHTE DES GOTTESVOLKES

11 Glauben heißt Vertrauen, und im Vertrauen bezeugt sich die Wirklichkeit dessen, worauf wir hoffen. Das, was wir jetzt noch nicht sehen: im Vertrauen beweist es sich selbst. 2 In diesem Vertrauen haben unsere Vorfahren gelebt und dafür bei Gott Anerkennung gefunden. 3 Durch solches Vertrauen gelangen wir zu der Einsicht, dass die ganze Welt durch das Wort Gottes geschaffen wurde und alle sichtbaren Dinge aus Unsichtbarem entstanden sind. 4 Aus solchem Vertrauen brachte *Abel* Gott ein besseres Opfer als sein Bruder Kain. Denn weil Abel Gott vertraute, nahm Gott sein Opfer an und bestätigte damit, dass Abel vor ihm als gerecht bestehen konnte. Durch sein Vertrauen spricht er noch heute zu uns, obwohl er doch längst gestorben ist. 5 In solchem Vertrauen lebte *Henoch;* deshalb wurde er zu Gott entrückt und musste nicht sterben. In den Heiligen Schriften heißt es von ihm: »Niemand konnte ihn finden, weil Gott ihn weggeholt hatte.« Und bevor dies berichtet wird, wird ihm das Zeugnis ausgestellt, dass Gott an ihm Gefallen hatte. 6 Es ist aber unmöglich, dass Gott an jemand Gefallen hat, der ihm nicht vertraut. Wer zu Gott kommen will, muss ja fest damit rechnen, dass es ihn gibt und dass er die Menschen belohnt, die ihn suchen. 7 In solchem Vertrauen befolgte *Noach* die Anweisungen Gottes, obwohl von der angekündigten Katastrophe noch nichts zu sehen war. Er gehorchte Gott und baute die Arche, in der er mit seiner ganzen Familie gerettet wurde. Durch sein Vertrauen sprach er der Welt und ihrem Unglauben das Urteil und erhielt dafür von Gott den Lohn, der den Gerechten für ihr Vertrauen zugesagt ist. 8 In solchem Vertrauen gehorchte *Abraham*, als Gott ihn rief. Er brach auf in das Land, das er als Erbbesitz bekommen sollte, und verließ seine Heimat, ohne zu wissen, wohin er kommen würde. 9 Und in solchem Vertrauen lebte er in dem Land, das Gott ihm zugesagt hatte, als ein Fremder und in Zelten, zusammen mit Isaak und Jakob, die dieselbe Zusage bekommen hatten. 10 Denn er wartete auf die Stadt mit festen Grundmauern, die Gott selbst entworfen und gebaut hat. 11 In solchem Vertrauen bekam Abraham die Kraft, mit *Sara*, seiner unfruchtbaren Frau, einen Nachkommen zu zeugen, obwohl beide schon sehr alt waren. Er hielt Gott, der ihm einen Sohn versprochen hatte, für vertrauenswürdig. 12 So bekam dieser eine Mann, der fast schon tot war, so viele Nachkommen, wie es Sterne am Himmel oder Sandkörner am Meeresstrand gibt. 13 In solchem Vertrauen sind sie alle gestorben – Abraham, Isaak und Jakob. Sie haben zu Lebzeiten nicht bekommen, was Gott ihnen

versprochen hatte. Doch sie sahen es aus der Ferne
und freuten sich darauf. Sie bekannten sich offen dazu,
dass sie Gäste und Fremde auf der Erde waren. 14 Wenn
sie so etwas sagen, bringen sie damit zum Ausdruck,
dass sie ihre wahre Heimat erst noch suchen. 15 Wenn
sie nämlich unter »Heimat« das Land verstanden hät-
ten, aus dem sie weggezogen waren, dann hätten sie
Gelegenheit gehabt, dorthin zurückzukehren. 16 Doch
sie sehnten sich nach einer besseren Heimat, nach der
himmlischen, und deshalb schämt Gott sich auch nicht,
ihr Gott – der Gott Abrahams, Isaaks und Jakobs – zu
heißen. Er hatte ja auch schon eine Stadt für sie ge-
baut. 17 In solchem Vertrauen brachte Abraham, als
Gott ihn auf die Probe stellte, seinen Sohn Isaak zum
Opfer. Er war bereit, Gott seinen einzigen Sohn zu ge-
ben, obwohl ihm Gott doch die Zusage gemacht 18 und
gesagt hatte: »Durch Isaak wirst du Nachkommen ha-
ben.« 19 Denn Abraham rechnete fest damit, dass Gott
auch Tote zum Leben erwecken kann. Darum bekam
er auch seinen Sohn lebendig zurück – als bildhaften
Hinweis auf die künftige Auferweckung. 20 In solchem
Vertrauen segnete *Isaak* seine Söhne Jakob und Esau.
Er rechnete fest damit, dass die Segensworte einst
in Erfüllung gehen würden. 21 In solchem Vertrauen
segnete *Jakob* vor seinem Tod die beiden Söhne Josefs
und gab jedem seinen besonderen Segen. Gestützt auf
seinen Wanderstab neigte er sich vor Gott und betete
ihn an. 22 In solchem Vertrauen erinnerte *Josef* vor sei-
nem Tod an den von Gott angekündigten Auszug der
Israeliten aus Ägypten und gab Anweisungen, was
dann mit seinen Gebeinen geschehen sollte. 23 In sol-
chem Vertrauen hielten die *Eltern von Mose* ihr Kind
nach dessen Geburt drei Monate lang versteckt. Sie
sahen seine Schönheit und ahnten, dass Gott Großes
mit ihm vorhatte. So hatten sie keine Angst, dem Befehl
des Königs zu trotzen. 24 In solchem Vertrauen wehrte
sich *Mose*, als er erwachsen war, dagegen, dass die
Leute ihn »Sohn der Königstochter« nannten. 25 Er
zog es vor, mit dem Volk Gottes misshandelt zu werden,
anstatt für kurze Zeit gut zu leben und dabei Schuld
auf sich zu laden. 26 Er war sicher, dass alle Schätze
Ägyptens nicht so viel wert waren wie die Schande, die
wir zusammen mit Christus ertragen. Denn er blickte
auf die künftige Belohnung. 27 In solchem Vertrauen
verließ Mose Ägypten und fürchtete sich nicht vor
dem Zorn des Königs. Er hatte den unsichtbaren Gott
vor Augen, als ob er ihn wirklich sehen würde, und das
gab ihm Mut und Ausdauer. 28 In solchem Vertrauen
führte Mose das Passafest ein und befahl, die Türpfos-
ten und Türbalken mit Blut zu bestreichen, damit der
Todesengel die erstgeborenen Söhne der Israeliten
verschone. 29 In solchem Vertrauen konnten *die Is-
raeliten* das Rote Meer durchqueren wie trockenes
Land. Als die Ägypter das auch versuchten, ertranken
sie. 30 Solches Vertrauen brachte die Mauern von Jeri-
cho zum Einsturz, nachdem die Israeliten sieben Tage
lang um die Stadt gezogen waren. 31 Solches Vertrauen
rettete der Hure *Rahab* das Leben. Sie hatte die isra-
elitischen Kundschafter freundlich aufgenommen;
deshalb wurde sie nicht zusammen mit den anderen
getötet, die sich Gott widersetzten. 32 Soll ich noch
mehr aufzählen? Die Zeit würde nicht ausreichen, um
von *Gideon* und *Barak* und *Simson* und *Jiftach*, von
David und *Samuel* und den *Propheten* zu erzählen. 33 In
solchem Vertrauen kämpften sie gegen Königreiche
und trugen den Sieg davon. Sie sorgten für Recht und
durften erleben, dass Gott seine Zusagen erfüllt. Sie
verschlossen den Rachen von Löwen 34 und löschten
glühendes Feuer. Sie entrannen dem Tod durch das
Schwert. Sie waren schwach und wurden stark. Im
Kampf wuchsen ihnen Heldenkräfte zu, sie trieben
fremde Heere zurück. 35 In solchem Vertrauen beka-
men Frauen ihre Toten als Auferstandene lebendig
zurück. Doch andere in Israel ließen sich zu Tode fol-
tern, sie weigerten sich, die angebotene Freilassung
anzunehmen; denn sie wollten zu einer weit besseren
Auferstehung gelangen. 36 Andere wiederum wurden
verspottet und ausgepeitscht, gefesselt und ins Ge-
fängnis geworfen. 37 Sie wurden gesteinigt, zersägt
und mit dem Schwert hingerichtet. Sie zogen in Schaf-
und Ziegenfellen umher, Not leidend, bedrängt, miss-
handelt. 38 Wie Flüchtlinge irrten sie durch Wüsten
und Gebirge und lebten in Höhlen und Erdlöchern.
Die Welt war es nicht wert, dass solche Menschen in
ihr lebten. 39 Diese alle fanden durch ihr Vertrauen bei
Gott Anerkennung, und doch haben sie bis heute noch
nicht bekommen, was Gott den Seinen versprochen
hat. 40 Gott hatte für uns noch etwas Besseres vorge-
sehen, deshalb sollten sie erst zusammen mit uns zur
Vollendung gelangen.

DAS VERTRAUEN AUCH IM LEIDEN NICHT AUFGEBEN: DAS BEISPIEL VON JESUS

12 Alle diese Zeugen, die uns wie eine Wolke um-
geben, spornen uns an. Darum lasst uns durch-
halten in dem Wettlauf, zu dem wir angetreten sind,
und alles ablegen, was uns dabei hindert, vor allem die
Sünde, die uns so leicht umgarnt! 2 Wir wollen den Blick
auf Jesus richten, der uns auf dem Weg vertrauenden
Glaubens vorangegangen ist und uns auch ans Ziel
bringt. Er hat das Kreuz auf sich genommen und die
Schande des Todes für nichts gehalten, weil eine so
große Freude auf ihn wartete. Jetzt hat er den Platz an
der rechten Seite Gottes eingenommen. 3 Denkt daran,
welche Anfeindung er von den sündigen Menschen er-
dulden musste! Das wird euch helfen, mutig zu bleiben
und nicht aufzugeben.

DAS VERTRAUEN AUCH IM LEIDEN NICHT AUFGEBEN: GOTT ERZIEHT UNS

4 In eurem Kampf gegen die Sünde ist es bis jetzt noch
nicht auf Leben und Tod gegangen. 5 Und da habt ihr
schon die ermutigenden Worte vergessen, die Gott an
euch, seine Kinder, gerichtet hat: »Nimm es an, mein
Sohn, wenn der Herr dich hart anfasst! Verlier nicht
den Mut, wenn er dich schlägt! 6 Denn wen der Herr
liebt, den erzieht er mit Strenge; und wen er als seinen
Sohn annimmt, dem gibt er auch Schläge.« 7 Ertragt

also die Schläge! Gott behandelt euch als seine Kin-
der! Gibt es einen Sohn, der von seinem Vater nicht
mit Strenge erzogen wird? 8 Alle seine Kinder hat Gott
so erzogen. Wenn es euch anders erginge, dann wärt
ihr ja sozusagen unehelich geboren und nicht seine
rechtmäßigen Kinder. 9 Unsere leiblichen Väter erzo-
gen uns mit Strafen, und wir hatten Respekt vor ihnen.
Erst recht sollen wir uns unserem himmlischen Vater
unterordnen, damit wir das ewige Leben gewinnen.
10 Unsere leiblichen Väter straften uns eine Zeit lang,
wie es ihnen gerade gut schien. Aber Gott handelt an
uns zu unserem Besten, damit wir an seiner Heiligkeit
Anteil bekommen. 11 In dem Augenblick, in dem wir
gestraft werden, bereitet uns das nicht Freude, son-
dern Schmerz. Aber später bringt es denen, die durch
diese Schule gegangen sind, als Frucht Frieden und
die Annahme bei Gott.

AUFRUF ZU ERNSTHAFTEM NEUBEGINN

12 Macht also die erschlafften Hände wieder stark, die
zitternden Knie wieder fest! 13 Geht auf rechten Wegen,
damit die lahm gewordenen Füße nicht auch noch ver-
renkt, sondern wieder heil werden! 14 Bemüht euch um
Frieden mit allen in der Gemeinde und darum, dass ihr
heilig seid und euer ganzes Leben Gott gehört. Wer das
versäumt, wird den Herrn nicht zu sehen bekommen.
15 Gebt aufeinander acht, dass niemand die Gnade
Gottes verscherzt und keiner unter euch wie eine gif-
tige Wurzel austreibt und viele vergiftet. 16 Keiner von
euch soll ein ausschweifendes Leben führen wie Esau.
Weil er Gott nicht ehrte, verkaufte er das Vorrecht des
Erstgeborenen für eine einzige Mahlzeit. 17 Und ihr
wisst: Als er später den Segen seines Vaters und da-
mit sein Erbe haben wollte, wurde er abgewiesen. Es
war zu spät zur Umkehr, auch wenn er noch so sehr
und unter Tränen nach einer Möglichkeit dazu suchte.

NOCH EINMAL: DIE GRÖSSE UND DER ERNST DER BERUFUNG

18 Ihr seid nicht zu dem Berg Sinai gekommen, den man
berühren konnte. Ihr seid nicht zum lodernden Feuer
gekommen, zur Dunkelheit und schwarzen Nacht, zum
Sturm, 19 zum Schall der Posaune und zu der donnern-
den Stimme. Als das Volk Israel diese Stimme hörte,
bat es darum, kein weiteres Wort hören zu müssen.
20 Denn sie konnten den Befehl nicht ertragen, der lau-
tete: »Auch kein Tier darf den Berg berühren, sonst
muss es gesteinigt werden.« 21 Ja, so furchtbar war
der Anblick, dass sogar Mose sagte: »Ich zittere vor
Angst!« 22 Ihr seid vielmehr zum Berg Zion gekommen
und zur Stadt des lebendigen Gottes. Diese Stadt ist
das himmlische Jerusalem mit seinen vielen Tausend
Engeln. 23 Ihr seid zu einer festlichen Versammlung
gekommen, zur Gemeinde von Gottes erstgeborenen
Söhnen und Töchtern, deren Namen im Himmel auf-
geschrieben sind. Ihr seid zu Gott gekommen, der alle
Menschen richtet, und zu den seligen Geistern: den
Menschen, die den Willen Gottes getan haben und
schon vollendet sind. 24 Ihr seid zu Jesus gekommen,
der als Mittler den neuen Bund in Kraft gesetzt hat,
und zu dem reinigenden Blut, das – anders als Abels
Blut – Vergebung zuspricht, nicht nach Vergeltung
ruft. 25 Gebt also acht und verweigert euch dem nicht,
der jetzt spricht! Das Volk, das am Berg Sinai den nicht
hören wollte, der auf der Erde sprach, ist der Strafe
nicht entgangen. Wie viel weniger werden wir unge-
straft davonkommen, wenn wir den zurückweisen,
der vom Himmel spricht! 26 Damals erschütterte seine
Stimme die Erde, aber jetzt hat er angekündigt: »Noch
einmal werde ich die Erde zum Beben bringen und den
Himmel dazu!« 27 Die Worte »noch einmal« weisen
darauf hin, dass bei dieser Erschütterung die ganze
Welt, die Gott geschaffen hat, umgewandelt werden
soll. Nur das bleibt unverändert, was nicht erschüt-
tert werden kann. 28 Wir wollen dankbar sein, weil wir
schon jetzt Anteil an jener neuen Welt bekommen,
die durch nichts erschüttert werden kann. Lasst uns
Gott in heiliger Scheu und Ehrfurcht danken und ihm
dienen, wie es ihm gefällt! 29 Denn auch *unser* Gott ist
ein verzehrendes Feuer!

EINZELNE ERMAHNUNGEN

13 Hört nicht auf, einander als Brüder und Schwes-
tern zu lieben. 2 Vergesst nicht, Gastfreundschaft
zu üben, denn auf diese Weise haben einige, ohne es
zu wissen, Engel bei sich aufgenommen. 3 Denkt an
die Gefangenen, als ob ihr selbst mit ihnen im Ge-
fängnis wärt! Denkt an die Misshandelten, als ob ihr
die Misshandlungen am eigenen Leib spüren würdet!
4 Die Ehe soll von allen geachtet werden. Ihr dürft das
Ehebett nicht durch Untreue beflecken; denn Gott wird
alle verurteilen, die Unzucht treiben und Ehebruch
begehen. 5 Seid nicht hinter dem Geld her, sondern
seid zufrieden mit dem, was ihr habt. Gott hat doch
gesagt: »Niemals werde ich dir meine Hilfe entzie-
hen, nie dich im Stich lassen.« 6 Wir dürfen also ge-
trost sagen: »Der Herr steht mir bei; nun fürchte ich
nichts mehr. Was könnte ein Mensch mir schon tun?«
7 Haltet das Andenken der Gemeindeleiter lebendig,
die euch in der Anfangszeit die Botschaft Gottes ver-
kündet haben. Erinnert euch daran, wie sie gelebt ha-
ben und wie sie gestorben sind. Folgt dem Beispiel,
das sie euch mit ihrer Glaubenstreue gegeben haben.
8 Jesus Christus ist derselbe gestern und heute und in
alle Ewigkeit! 9 Lasst euch nicht durch alle möglichen
fremden Lehren verführen. Gottes Gnade wird euch
innerlich fest machen. Speisen können das nicht be-
wirken. Sie haben denen nichts genützt, die sich mit
ihnen befassten. 10 Wir haben einen Altar, von dem
die, die noch dem alten Heiligtum dienen, nicht essen
dürfen. 11 Die Leiber der Tiere, deren Blut der Oberste
Priester ins Allerheiligste bringt, werden außerhalb
des Lagers verbrannt. 12 So ist auch Jesus außerhalb
der Stadt gestorben, um durch sein Blut das Volk von
aller Schuld zu reinigen. 13 Also lasst uns zu ihm vor
das Lager hinausgehen und die Schande mit ihm tei-
len. 14 Denn auf der Erde gibt es keine Stadt, in der wir
bleiben können. Wir sind unterwegs zu der Stadt, die

kommen wird. 15 Durch Jesus wollen wir Gott jederzeit
und in jeder Lebenslage Dankopfer darbringen; das
heißt: Wir wollen uns mit unserem Beten und Singen zu
ihm bekennen und ihn preisen. 16 Vergesst nicht, Gutes
zu tun und mit anderen zu teilen. Das sind die Opfer, an
denen Gott Gefallen hat. 17 Gehorcht euren Gemeinde-
leitern und folgt ihren Anweisungen. Ihre Aufgabe ist
es, über euch zu wachen, und sie werden über ihren
Dienst Rechenschaft geben müssen. Das sollen sie mit
Freude tun können anstatt mit Seufzen und Stöhnen;
denn das würde für euch böse Folgen haben.

ABSCHLIESSENDE BITTEN, GEBETSWÜNSCHE, MITTEILUNGEN UND GRÜSSE

18 Betet für mich! Ich bin sicher, dass ich ein reines
Gewissen habe; denn ich will ja stets in allem das
Rechte tun. 19 Umso mehr bitte ich euch: Betet zu Gott,
dass ich euch möglichst bald wiedergegeben werde.
20 Gott ist es, der Frieden bringt. Er hat den großen
Hirten der Schafe aus dem Reich der Toten heraufge-
führt, Jesus, unseren Herrn, durch dessen Blut er den
ewigen Bund in Kraft gesetzt hat. 21 Er mache euch
fähig, all das Gute zu tun, das er haben will; er schaffe
in uns durch Jesus Christus, was ihm gefällt. Ihm gehört
die Herrlichkeit für alle Ewigkeit! Amen. 22 Ich bitte
euch, liebe Brüder und Schwestern, nehmt dieses Wort
der Ermahnung und Ermutigung bereitwillig an; ich
habe mich ja so kurz wie möglich gefasst. 23 Ihr sollt
noch wissen, dass unser Bruder Timotheus aus dem
Gefängnis freigelassen wurde. Wenn er rechtzeitig
hierherkommt, werde ich ihn mitbringen, wenn ich
euch besuche. 24 Grüßt alle eure Gemeindeleiter und
alle, die zur Gemeinde gehören! Die Brüder aus Italien
lassen euch grüßen. 25 Die Gnade sei mit euch allen!

DER BRIEF VON **JAKOBUS**

BRIEFEINGANG

1 Jakobus, der Gott und dem Herrn Jesus Christus
dient, grüßt die zwölf Stämme des Gottesvolks,
die über die ganze Welt zerstreut sind.

GLAUBE IN DER ERPROBUNG

2 Meine Brüder und Schwestern, nehmt es als Grund
zur Freude, zur reinsten Freude, wenn ihr in vielfältiger
Weise auf die Probe gestellt werdet. 3 Denn ihr wisst:
Wenn euer Glaube erprobt wird, führt euch das zur
Standhaftigkeit; 4 die Standhaftigkeit aber soll zum
Tun des Rechten und Guten führen, damit ihr in jeder
Hinsicht untadelig seid und euch zur Vollkommenheit
nichts mehr fehlt. 5 Wenn es aber unter euch welche
gibt, die nicht wissen, was sie in einem bestimmten
Fall tun müssen, sollen sie Gott um Weisheit bitten, und
Gott wird sie ihnen geben. Denn er gibt sie allen gerne,
ohne ihnen Vorwürfe zu machen. 6 Sie müssen Gott aber
in festem Vertrauen bitten und dürfen nicht zweifeln.
Wer zweifelt, gleicht den Meereswogen, die vom Wind
gepeitscht und hin und her getrieben werden. 7 Solche
Menschen können nicht erwarten, dass sie vom Herrn
etwas empfangen; 8 denn sie sind in sich gespalten und
unbeständig in allem, was sie unternehmen.

DIE ARMEN SOLLEN SICH RÜHMEN!

9 Wenn Brüder oder Schwestern arm und verachtet sind,
sollen sie sich damit rühmen, dass sie bei Gott hoch an-
gesehen sind. 10 Wenn sie dagegen reich und mächtig
sind, sollen sie sich bewusst sein, dass sie Gott damit
keinen Eindruck machen können; denn wie eine Blume
auf der Wiese werden sie vergehen. 11 Wenn die Sonne
mit ihren sengenden Strahlen emporsteigt, verdorren
die Blätter, und die Blüte fällt ab; ihre ganze Schönheit
ist dahin. Genauso werden die Reichen zugrunde ge-
hen, und mit all ihren Unternehmungen hat es ein Ende.

WOHER DIE VERSUCHUNGEN KOMMEN

12 Freuen darf sich, wer auf die Probe gestellt wird und
sie besteht; denn Gott wird ihm den Siegeskranz geben,
das ewige Leben, das er allen versprochen hat, die ihn
lieben. 13 Wenn ein Mensch in Versuchung gerät, soll er
nicht sagen: »Gott hat mich in Versuchung geführt.« So
wie Gott nicht zum Bösen verführt werden kann, so ver-
führt er auch niemand dazu. 14 Es ist die eigene Begehr-
lichkeit, die den Menschen ködert und einfängt. 15 Wenn
jemand ihr nachgibt, wird die Begehrlichkeit gleichsam
schwanger und gebiert die Sünde. Und wenn die Sünde
ausgewachsen ist, bringt sie den Tod hervor. 16 Meine lie-
ben Brüder und Schwestern, lasst euch nicht irreführen!
17 Lauter gute Gaben, nur vollkommene Gaben kom-
men von oben, von dem Schöpfer der Gestirne. Bei ihm
gibt es kein Zu- und Abnehmen des Lichtes und keine
Verfinsterung. 18 Aus seinem freien Willen hat er uns
durch das Wort der Wahrheit, durch die Gute Nachricht,
ein neues Leben geschenkt. So sind wir gleichsam die
Erstgeborenen seiner neuen Schöpfung.

HÖREN UND TUN

19 Denkt daran, liebe Brüder und Schwestern: Jeder soll
stets bereit sein zu hören, aber sich Zeit lassen, bevor
er redet, und noch mehr, bevor er zornig wird. 20 Denn
im Zorn tut niemand, was vor Gott recht ist. 21 Legt also
alles Gemeine und Schlechte ab und nehmt bereitwillig
das Wort an, das Gott euch ins Herz gepflanzt hat. Es hat
die Macht, euch zu retten. 22 Es genügt aber nicht, die-
ses Wort nur anzuhören. Ihr müsst es in die Tat umset-
zen, sonst betrügt ihr euch selbst! 23 Wer die Botschaft
Gottes nur hört, aber nicht danach handelt, ist wie ein
Mensch, der in einen Spiegel blickt: 24 Er sieht sich, wie
er ist, und betrachtet sich kurz. Aber dann geht er weg –
und schon hat er vergessen, wie er aussah. 25 Anders
der Mensch, der tief und anhaltend in das vollkommene

Gesetz Gottes blickt, das uns frei macht. Er hört nicht
nur hin, um es gleich wieder zu vergessen, sondern
handelt danach. Freuen darf sich, wer das wirklich tut.

MASSSTÄBE ECHTER FRÖMMIGKEIT

26 Wenn jemand meint, Gott zu ehren, aber seine
Zunge nicht im Zaum halten kann, ist seine ganze
Gottesverehrung wertlos und er betrügt sich selbst.
27 Gott, der Vater, wird auf die rechte Art geehrt, wenn
jemand den Waisen und Witwen in ihrer Not beisteht
und sich nicht an dem ungerechten Treiben dieser
Welt beteiligt.

KEINE BEVORZUGUNG DER REICHEN!

2 Meine Brüder und Schwestern, ihr glaubt an Jesus
Christus, unseren Herrn, der Gottes Herrlichkeit
teilt und dem allein alle Ehre zusteht. Dann dürft ihr
aber auch nicht Unterschiede machen, je nachdem,
ob ein Mensch in der sozialen Rangordnung hoch
oder niedrig steht! 2 Nehmt einmal an, ihr seid zum
Gottesdienst versammelt, und es kommt ein Mann mit
goldenen Ringen und in vornehmer Kleidung herein
und ebenso ein Armer in Lumpen. 3 Und ihr sagt zu
dem gut gekleideten Mann respektvoll: »Bitte, hier
ist noch ein bequemer Platz!« Aber zu dem Armen
sagt ihr: »Du kannst dort hinten stehen«, oder auch:
»Setz dich hier neben meinen Stuhl auf den Boden!«
4 Trefft ihr da nicht höchst fragwürdige Unterschei-
dungen und urteilt nach verwerflichen Maßstäben?
5 Hört gut zu, meine lieben Brüder und Schwestern!
Hat Gott nicht gerade die erwählt, die in den Augen
dieser Welt arm sind, um sie aufgrund ihres Glaubens
reich zu machen? Sie sollen in Gottes neue Welt kom-
men, die er denen versprochen hat, die ihn lieben. 6 Ihr
aber verachtet die Armen! Und wer unterdrückt euch
und bringt euch vor Gericht? Die Reichen! 7 Sind sie es
nicht, die den hohen Namen lästern, der bei der Taufe
über euch ausgerufen wurde? 8 Handelt nach dem
wahrhaft königlichen Gesetz, wie es in den Heiligen
Schriften steht: »Liebe deinen Mitmenschen wie dich
selbst!« Dann tut ihr recht. 9 Wenn ihr aber dabei Un-
terschiede macht, begeht ihr eine Sünde und steht vor
dem Gesetz als Übertreter da. 10 Denn wer das gesamte
Gesetz befolgt, aber gegen ein einziges Gebot ver-
stößt, hat gegen alle verstoßen und ist vor dem ganzen
Gesetz schuldig geworden. 11 Derselbe Gott, der gesagt
hat: »Brich nicht die Ehe!«, hat auch gesagt: »Morde
nicht!« Wenn du also keinen Ehebruch begehst, aber
jemand umbringst, bist du ein Übertreter des Gesetzes.
12 Redet und handelt als Menschen, die einst vor Gott
nach dem Gesetz beurteilt werden sollen, das wahr-
haft frei macht. 13 Wer selbst kein Erbarmen gehabt
hat, über den wird auch Gott erbarmungslos Gericht
halten. Wenn aber jemand barmherzig war, dann gilt:
Das Erbarmen triumphiert über das Gericht.

GLAUBE HAT FOLGEN

14 Meine Brüder und Schwestern, was hat es für einen
Wert, wenn jemand behauptet: »Ich vertraue auf Gott,
ich habe Glauben!«, aber er hat keine guten Taten vor-
zuweisen? Kann der bloße Glaube ihn retten? 15 Nehmt
einmal an, bei euch gibt es einen Bruder oder eine
Schwester, die nichts anzuziehen haben und hungern
müssen. 16 Was nützt es ihnen, wenn dann jemand von
euch zu ihnen sagt: »Ich wünsche euch das Beste; ich
hoffe, dass ihr euch warm anziehen und satt essen
könnt!« –, aber er gibt ihnen nicht, was sie zum Leben
brauchen? 17 Genauso ist es auch mit dem Glauben:
Wenn er allein bleibt und aus ihm keine Taten her-
vorgehen, ist er tot. 18 Aber vielleicht wendet jemand
ein: »Hast du überhaupt Glauben?« Darauf antworte
ich: Ich habe die Taten! Zeig mir doch einmal *deinen*
Glauben, wenn du mir nicht die entsprechenden Taten
zeigen kannst! Aber ich will dir *meinen* Glauben aus
meinen Taten beweisen. 19 Du glaubst, dass nur *einer*
Gott ist? Gut! Das glauben die bösen Geister auch –
und zittern vor Angst. 20 Du gedankenloser Mensch!
Willst du nicht einsehen, dass ein Glaube, der nicht zu
Taten führt, nutzlos ist? 21 Wurde nicht unser Ahnvater
Abraham aufgrund seines Tuns von Gott als gerecht an-
erkannt – nämlich weil er seinen Sohn Isaak als Opfer
auf den Altar legte? 22 Du siehst also: Sein Glaube und
seine Taten wirkten zusammen; sein Glaube wurde
durch sein Tun vollkommen. 23 Auf diese Weise bestä-
tigte sich das Wort in den Heiligen Schriften: »Abraham
glaubte Gott, und dies rechnete Gott ihm als Gerech-
tigkeit an.« Er wird sogar Freund Gottes genannt. 24 Ihr
seht also, dass ein Mensch aufgrund seiner Taten von
Gott als gerecht anerkannt wird und nicht schon durch
bloßen Glauben. 25 War es nicht ebenso bei der Hure
Rahab? Auch sie wurde doch aufgrund ihrer Taten als
gerecht anerkannt – weil sie die Kundschafter bei sich
aufnahm und auf einem geheimen Fluchtweg aus der
Stadt entkommen ließ. 26 Genauso wie der mensch-
liche Leib ohne den Lebensgeist tot ist, so ist auch der
Glaube ohne entsprechende Taten tot.

DIE GEFÄHRLICHE MACHT DER ZUNGE

3 Meine Brüder, nicht zu viele von euch sollten Lehrer
der Gemeinde werden wollen. Ihr wisst ja, dass wir
Lehrer vor Gottes Gericht strenger beurteilt werden als
die anderen. 2 Wir alle sind in vieler Hinsicht fehlerhafte
Menschen. Wer nie ein verkehrtes Wort redet, ist ein
vollkommener Mensch; er ist fähig, auch seinen gan-
zen Leib im Zaum zu halten. 3 Wir legen den Pferden
das Zaumzeug ins Maul, damit sie uns gehorchen; so
lenken wir das ganze Tier. 4 Oder denkt an ein Schiff:
Es ist groß und wird von starken Winden getrieben;
trotzdem wird es mit einem winzigen Ruder gesteuert,
wohin der Steuermann es haben will. 5 Ebenso ist es mit
der Zunge: Sie ist nur klein und bringt doch gewaltige
Dinge fertig. Denkt daran, wie klein die Flamme sein
kann, die einen großen Wald in Brand setzt! 6 Auch die
Zunge ist ein Feuer. Sie ist eine Welt voller Unrecht und
beschmutzt den ganzen Menschen. Sie setzt unser
Leben von der Geburt bis zum Tod in Brand mit einem
Feuer, das aus der Hölle selbst kommt. 7 Der Mensch
hat es fertiggebracht, alle Tiere zu bändigen: Raubtiere,

Vögel, Schlangen und Fische. 8 Aber die Zunge hat
noch niemand bändigen können, diesen ruhelosen
Störenfried, voll von tödlichem Gift. 9 Mit der Zunge
loben wir Gott, unseren Herrn und Vater – und mit ihr
verfluchen wir unsere Mitmenschen, die nach Gottes
Bild geschaffen sind. 10 Aus demselben Mund kommen
Segen und Fluch. Meine Brüder und Schwestern, das
darf nicht sein! 11 Eine Quelle lässt doch nicht aus der
gleichen Öffnung genießbares und ungenießbares
Wasser fließen. 12 Meine Brüder und Schwestern, auf
einem Feigenbaum wachsen doch keine Oliven, an
einem Weinstock hängen keine Feigen, und eine sal-
zige Quelle kann niemals Süßwasser hervorbringen!

DIE WEISHEIT, DIE VON GOTT KOMMT

13 Will jemand unter euch als klug und weise gelten?
Dann zeige er das in der ganzen Lebensführung, mit
der Bescheidenheit, die den Weisen ansteht! 14 Wenn
ihr dagegen bittere Eifersucht und Streit in euren Her-
zen hegt, dann rühmt euch nicht eurer Weisheit und
verdreht damit die Wahrheit! 15 Diese Art von Weisheit
kommt nicht von oben, sie ist irdisch, sinnlich und teuf-
lisch. 16 Wo Eifersucht und Streit herrschen, gibt es
Unordnung und jede Art von Gemeinheit. 17 Aber die
Weisheit von oben ist zuerst einmal rein und klar; so-
dann ist sie friedliebend, freundlich, nachgiebig. Sie
ist voller Erbarmen und bringt viele gute Taten hervor.
Sie kennt weder Vorurteil noch Verstellung. 18 Die Saat
der Gerechtigkeit, von Gott gesät, geht nur bei denen
auf, die auf Frieden aus sind, und nur bei ihnen bringt
sie Frucht.

VOM UNFRIEDEN IN DER GEMEINDE, SEINEN URSACHEN UND SEINER ÜBERWINDUNG

4 Woher kommen denn die Kämpfe und Streitigkei-
ten zwischen euch? Doch nur aus den Leidenschaf-
ten, die ständig in eurem Innern toben! 2 Ihr verzehrt
euch nach etwas, was ihr gerne hättet. Ihr mordet und
seid eifersüchtig, aber das bringt euch dem ersehnten
Ziel nicht näher. Ihr versucht es mit Kampf und Gewalt;
aber ihr bekommt trotzdem nicht, was ihr wollt, weil
ihr Gott nicht darum bittet. 3 Und wenn ihr ihn bittet,
bekommt ihr es nicht, weil ihr nur in der Absicht bittet,
eure unersättliche Genusssucht zu befriedigen. 4 Eure
Liebe gehört nicht Gott, ihr handelt an ihm wie Ehebre-
cher! Wisst ihr denn nicht: Freundschaft mit dieser Welt
bedeutet Feindschaft gegen Gott. Wer sich also mit der
Welt befreunden will, verfeindet sich mit Gott. 5 Es heißt
nicht umsonst in den Heiligen Schriften: »Mit Leiden-
schaft erhebt Gott Anspruch auf den Geist, den er, der
Schöpfer, in uns wohnen ließ.« 6 Aber in seiner Gnade
will er uns noch viel mehr schenken; denn es heißt auch:
»Gott widersetzt sich den Überheblichen, aber denen,
die gering von sich denken, wendet er seine Liebe zu.«
7 Deshalb ordnet euch Gott unter! Leistet dem Teufel
Widerstand, und er wird vor euch fliehen. 8 Nähert
euch Gott, und er wird sich euch nähern. Reinigt eure
Hände von Schuld, ihr Sünder! Gebt eure Herzen Gott
hin, ihr Unentschlossenen! 9 Klagt über euren Zustand,
trauert und weint! Nicht mehr lachen sollt ihr, sondern
weinen. Euer Jubel soll sich in Jammer verkehren und
eure Freude in Trauer. 10 Beugt euch tief vor dem Herrn,
dann wird er euch hoch erheben!

NICHT VERURTEILEN

11 Liebe Brüder und Schwestern, verleumdet einan-
der nicht! Wer seinen Bruder oder seine Schwester
verleumdet oder verurteilt, verleumdet und verurteilt
damit das Gesetz Gottes, das ein solches Verhalten
untersagt. Anstatt das Gesetz zu befolgen, wirft er
sich zum Richter auf. 12 Aber nur Gott, der das Gesetz
gegeben hat, darf richten. Er allein kann verurteilen
oder freisprechen. Für wen hältst du dich, dass du dei-
nen Mitmenschen verurteilst!

WARNUNG VOR SELBSTSICHERHEIT UND ÜBERHEBLICHKEIT

13 Nun zu euch, die ihr sagt: »Heute oder morgen wer-
den wir in die und die Stadt reisen! Dort werden wir ein
Jahr lang Geschäfte machen und viel Geld verdienen.«
14 Woher wisst ihr denn, was morgen sein wird? Was
ist euer Leben? Es gleicht einem Dampfwölkchen, das
aufsteigt und sich sogleich wieder auflöst. 15 Sagt lie-
ber: »*Wenn der Herr es will,* werden wir noch leben und
dies oder jenes tun.« 16 Ihr aber seid stolz und überheb-
lich; und ein solcher Stolz ist verwerflich. 17 Im Übrigen
gilt: Wer die Zeit und die Mittel hat, Gutes zu tun, und
es nicht tut, macht sich schuldig.

WARNUNG AN DIE REICHEN

5 Und nun zu euch, ihr Reichen! Weint und jammert
über das Elend, das euch erwartet am Tag, an dem
Gott Gericht hält! 2 Eure Reichtümer werden dann ver-
fault sein, eure Kleider von den Motten zerfressen,
3 und eure Schätze verrostet. Und dieser Rost wird
euch anklagen und euer Fleisch wie Feuer verzehren.
Ihr habt in den letzten Tagen der Welt Reichtümer an-
gehäuft. 4 Ihr habt den Leuten, die auf euren Feldern
gearbeitet und eure Ernte eingebracht haben, den ver-
dienten Lohn vorenthalten. Das schreit zum Himmel!
Ihre Klage ist bis zu den Ohren des Herrn, des Herr-
schers der Welt, gedrungen. 5 Euer Leben auf der Erde
war mit Luxus und Vergnügen ausgefüllt. Während der
Schlachttag schon vor der Tür stand, habt ihr euch noch
gemästet. 6 Ihr habt den Schuldlosen verurteilt und
umgebracht, der sich nicht gegen euch gewehrt hat!

GEDULDIG WARTEN

7 Liebe Brüder und Schwestern, haltet geduldig aus,
bis der Herr kommt! Seht, wie der Bauer voller Geduld
auf die kostbare Frucht der Erde wartet. Er weiß, dass
sie zum Wachsen den Herbstregen und den Frühjahrs-
regen braucht. 8 Auch ihr müsst geduldig ausharren!
Fasst Mut; denn der Tag, an dem der Herr kommt, ist
nahe. 9 Klagt nicht übereinander, sonst muss Gott euch
verurteilen. Der Richter steht schon vor der Tür. 10 Liebe
Brüder und Schwestern, denkt an die Propheten, die
im Auftrag des Herrn geredet haben. Nehmt euch ein

Beispiel daran, wie standhaft sie alles ertrugen, was
man ihnen antat. 11 Sie alle, die durchgehalten haben,
preisen wir glücklich. Ihr habt gehört, wie geduldig
Ijob die Proben ertrug, die ihm auferlegt wurden, und
wisst, wie der Herr ihn am Ende belohnt hat. Der Herr
ist voller Liebe und Erbarmen.

NICHT SCHWÖREN

12 Vor allem, meine Brüder und Schwestern, lasst das
Schwören, wenn ihr irgendetwas beteuern wollt.
Schwört weder beim Himmel noch bei der Erde noch
bei sonst etwas. Euer Ja muss ein Ja sein und euer Nein
ein Nein. Sonst verfallt ihr dem Gericht Gottes.

BETEN IN JEDER LAGE. DAS GEBET FÜR DIE KRANKEN

13 Wer von euch Schweres zu ertragen hat, soll be-
ten. Wer von euch glücklich ist, soll Loblieder sin-
gen. 14 Wer von euch krank ist, soll die Ältesten der
Gemeinde rufen, damit sie für ihn beten und ihn im
Namen des Herrn mit Öl salben. 15 Ihr vertrauensvol-
les Gebet wird den Kranken retten. Der Herr wird die
betreffende Person wieder aufrichten und wird ihr
vergeben, wenn sie Schuld auf sich geladen hat.

GEGENSEITIGES SÜNDENBEKENNTNIS UND GEBET FÜREINANDER

16 Überhaupt sollt ihr einander eure Verfehlungen
bekennen und füreinander beten, damit ihr geheilt
werdet. Das inständige Gebet eines Menschen, der so
lebt, wie Gott es verlangt, kann viel bewirken. 17 Elija
war auch nur ein Mensch wie wir. Er flehte zu Gott, es
nicht regnen zu lassen, da fiel dreieinhalb Jahre kein
Tropfen auf das Land. 18 Dann betete er nochmals; da
schenkte der Himmel Regen, und die Erde brachte wie-
der ihre Früchte hervor.

SORGE UM DIE IRRENDEN

19 Meine Brüder und Schwestern, wenn jemand unter
euch vom rechten Weg abirrt und ein anderer bringt
ihn zur Umkehr, 20 dann soll der wissen: Wer einen
Menschen, der sündigt, von seinem Irrweg abbringt,
rettet ihn vor dem Tod und macht viele eigene Sün-
den gut.

DER ERSTE BRIEF DES APOSTELS **PETRUS**

EINGANGSGRUSS

1 Diesen Brief schreibt Petrus, der Apostel von Jesus
Christus, nach Pontus, Galatien, Kappadokien,
Asien und Bithynien. Ich schreibe an die Erwählten
Gottes, die dort als Fremde in dieser Welt leben, mitten
unter Ungläubigen. 2 Gott, der Vater, hat euch erwählt,
wie er es von Anfang an beschlossen hatte. Er hat euch
durch den Heiligen Geist ausgesondert und zubereitet,
damit ihr euch Jesus Christus im Gehorsam unterstellt
und durch sein Blut rein gemacht werdet. Gnade und
Frieden sei mit euch in immer reicherem Maß!

HOFFNUNG AUF EINE HERRLICHE ZUKUNFT

3 Gepriesen sei der Gott und Vater unseres Herrn
Jesus Christus! In seinem großen Erbarmen hat er uns
neu geboren und mit einer lebendigen Hoffnung er-
füllt. Diese Hoffnung gründet sich darauf, dass Jesus
Christus vom Tod auferstanden ist. 4 Sie richtet sich
auf das neue Leben, das Gott schon jetzt im Himmel
für euch bereithält als einen Besitz, der niemals vergeht
oder verdirbt oder aufgezehrt wird. 5 Wenn ihr Gott
fest vertraut, wird er euch durch seine Macht bewah-
ren, sodass ihr die volle Rettung erlangt, die am Ende
der Zeit offenbar wird. 6 Deshalb seid ihr voll Freude,
auch wenn ihr jetzt – wenn Gott es so will – für kurze
Zeit leiden müsst und auf die verschiedensten Proben
gestellt werdet. 7 Das geschieht nur, damit euer Glaube
sich bewähren kann, als festes Vertrauen auf das, was
Gott euch geschenkt und noch versprochen hat. Wie
das vergängliche Gold im Feuer auf seine Echtheit ge-
prüft wird, so wird euer Glaube, der viel kostbarer ist
als Gold, im Feuer des Leidens geprüft. Wenn er sich als
echt erweist, wird Gott euch mit Ehre und Herrlichkeit
belohnen an dem Tag, an dem Jesus Christus sich in
seiner Herrlichkeit offenbart. 8 Ihn liebt ihr, obwohl ihr
ihn nie gesehen habt. Auf ihn setzt ihr euer Vertrauen,
obwohl ihr ihn jetzt noch nicht sehen könnt. Und darum
jubelt ihr mit unaussprechlicher und herrlicher Freude.
9 Denn ihr wisst, dass euer Vertrauen, euer Glaube, euch
die endgültige Rettung bringen wird. 10 Nach dieser
Rettung schauten schon die Propheten aus. Sie haben
euch angekündigt, welches Gnadengeschenk Gott
euch zugedacht hat, 11 und sie haben eifrig gesucht
und geforscht, um herauszufinden, wann und wie dies
alles eintreffen sollte. Der Geist, den wir durch Christus
empfangen haben, war schon in ihnen wirksam und
zeigte ihnen im Voraus die Leiden, die Christus erdul-
den musste, und die Herrlichkeit, die ihm daraufhin
zuteilwurde. 12 Gott ließ sie erkennen, dass sie ihre
Offenbarungen nicht für sich selbst empfangen hat-
ten, sondern für euch, denen dies alles jetzt verkündet
worden ist. Die Boten der Guten Nachricht haben es
euch bekannt gemacht, ausgerüstet mit dem Heiligen
Geist, den Gott ihnen vom Himmel gesandt hat. Sogar
die Engel brennen darauf, etwas davon zu erfahren.

AUFRUF ZU EINEM LEBEN, DAS GOTT GEFÄLLT

13 Darum seid wach und haltet euch bereit! Bleibt nüch-
tern und setzt eure ganze Hoffnung auf die Gnade, die
Gott euch schenken wird, wenn Jesus Christus in seiner
Herrlichkeit erscheint. 14 Lebt als gehorsame Kinder
Gottes und nicht mehr nach euren selbstsüchtigen

Wünschen wie damals, als ihr die Wahrheit noch nicht
kanntet. 15 Euer ganzes Tun soll ausgerichtet sein an
dem heiligen Gott, der euch berufen hat. 16 In den
Heiligen Schriften heißt es ja: »Ihr sollt heilig sein, denn
ich bin heilig.« 17 Ihr ruft Gott im Gebet als »Vater« an –
ihn, der jeden Menschen als unbestechlicher Richter
für seine Taten zur Rechenschaft ziehen wird. Führt
darum, solange ihr noch hier in der Fremde seid, ein
Leben, mit dem ihr vor ihm bestehen könnt! 18 Ihr wisst,
um welchen Preis ihr freigekauft worden seid, damit
ihr nun nicht mehr ein so sinn- und nutzloses Leben
führen müsst, wie ihr es von euren Vorfahren übernommen
habt. Nicht mit Silber und Gold seid ihr freigekauft
worden – sie verlieren ihren Wert –, 19 sondern mit dem
kostbaren Blut eines reinen und fehlerlosen Opferlammes,
dem Blut von Christus. 20 Ihn hatte Gott schon zu
diesem Opfer bestimmt, bevor er die Welt schuf. Jetzt
aber, am Ende der Zeit, hat er ihn euretwegen in die
Welt gesandt. 21 Durch ihn habt ihr zum Glauben gefunden
an Gott, der ihn von den Toten auferweckt und ihm
göttliche Herrlichkeit gegeben hat. Darum setzt ihr nun
euer Vertrauen und eure Hoffnung auf Gott. 22 Ihr habt
die rettende Wahrheit im Gehorsam angenommen und
dadurch euer Denken und Fühlen gereinigt, um eure
Brüder und Schwestern aufrichtig lieben zu können.
Hört also nicht auf, einander aus reinem Herzen zu
lieben! 23 Ihr seid doch als neue Menschen wiedergeboren
worden, aber diesmal nicht gezeugt durch den
Samen von sterblichen Menschen, sondern durch das
Wort Gottes, das lebt und für immer bestehen bleibt.
24 Ihr wisst ja: »Alle Menschen sind vergänglich wie das
Gras; mit all ihrer Herrlichkeit ergeht es ihnen wie den
Blumen auf der Wiese. Das Gras verdorrt, die Blumen
verwelken; 25 aber das Wort des Herrn bleibt für ewig
in Kraft.« Und ebendieses Wort ist euch als die Gute
Nachricht verkündet worden.

DER LEBENDIGE STEIN UND DAS HEILIGE VOLK

2 Macht darum Schluss mit allem, was unrecht ist!
Hört auf zu lügen und euch zu verstellen, andere
zu beneiden oder schlecht über sie zu reden. 2 Wie
neugeborene Kinder nach Milch schreien, so sollt ihr
nach dem unverfälschten Wort Gottes verlangen, um
im Glauben zu wachsen und das Ziel, eure Rettung,
zu erreichen. 3 Ihr habt doch schon gekostet, wie gütig
Christus, der Herr, ist. 4 Kommt zu ihm! Er ist der
lebendige Stein, den die Menschen als unbrauchbar
weggeworfen haben; aber bei Gott ist er ausgesucht
und wertvoll. 5 Lasst euch selbst als lebendige Steine zu
einem geistigen Haus erbauen, zu einer Priesterschaft,
die Gott geweiht ist und die ihm, vermittelt durch Jesus
Christus, Opfer darbringt, Opfer geistiger Art, an denen
er Gefallen hat, nämlich den Opferdienst des ganzen
Lebens. 6 In den Heiligen Schriften heißt es: »Auf dem
Zionsberg lege ich einen Stein, einen ausgesuchten,
wertvollen Grundstein. Wer auf ihn vertraut, wird nicht
zugrunde gehen.« 7 Wertvoll ist dieser Stein für euch,
die ihr auf Jesus Christus vertraut. Aber für die, die ihn
ablehnen, gilt: »Der Stein, den die Bauleute als wertlos
weggeworfen haben, ist zum Eckstein geworden. 8 An
ihm stoßen sich die Menschen. Er ist zum Felsblock
geworden, an dem sie zu Fall kommen.« An ihm stoßen
sich alle, die dem Wort Gottes nicht gehorchen. Doch
so hatte es Gott für sie bestimmt. 9 Ihr aber seid das
erwählte Volk, das Haus des Königs, die Priesterschaft,
das heilige Volk, das Gott selbst gehört. Er hat euch
aus der Dunkelheit in sein wunderbares Licht gerufen,
damit ihr seine machtvollen Taten verkündet. 10 Früher
wart ihr nicht sein Volk; aber jetzt seid ihr das Volk, das
Gott gehört. Früher galt euch nicht sein Erbarmen;
aber jetzt habt ihr sein Erbarmen erfahren.

FREI ZUM TUN DES GUTEN

11 Ihr wisst, meine Lieben, dass ihr Gäste und Fremde in
dieser Welt seid. Darum ermahne ich euch: Gebt den
Leidenschaften nicht nach, die aus eurer selbstsüchtigen
Natur aufsteigen und die ständig mit eurem guten
Willen im Streit liegen. 12 Euer Leben mitten unter den
Menschen, die Gott nicht kennen, muss einwandfrei
sein. Wenn sie euch alles mögliche Böse nachsagen,
sollen sie eure guten Taten sehen und von ihren eigenen
Augen eines Besseren belehrt werden. Vielleicht
kommen sie dann zur Besinnung und preisen Gott für
ihre Rettung am Tag seines Gerichts. 13 Fügt euch um des
Herrn willen jeder von Menschen gesetzten Ordnung.
Ordnet euch dem Kaiser unter, der an höchster Stelle
steht. 14 Ordnet euch seinen Vertretern unter, die er
eingesetzt hat, um alle zu bestrafen, die Unrecht tun,
und alle mit Anerkennung zu belohnen, die das Rechte
tun. 15 Denn Gott will, dass ihr durch eure guten Taten
alle zum Schweigen bringt, die aus Dummheit und
Unwissenheit gegen euch reden. 16 Handelt als freie
Menschen; aber missbraucht eure Freiheit nicht, um
ein zuchtloses Handeln damit zu entschuldigen. Denkt
daran, dass ihr nur frei seid, weil Gott euer Herr geworden
ist. 17 Ehrt alle Menschen, liebt die Gemeinschaft der
Brüder und Schwestern, fürchtet Gott, ehrt den Kaiser!

CHRISTUS ALS BEISPIEL

18 Ihr Sklaven und Sklavinnen, ordnet euch euren Herren
und Herrinnen unter, und erweist ihnen den schuldigen
Respekt, nicht nur den guten und freundlichen, sondern
auch den launischen. 19 Es ist eine Gnade Gottes, wenn
jemand ohne Schuld nur deshalb Kränkungen erfährt
und leiden muss, weil er im Gewissen an Gott gebunden
ist. 20 Habt ihr etwa Grund, euch zu rühmen, wenn
ihr ein Unrecht begangen habt und dafür geschlagen
werdet? Aber wenn ihr das Rechte getan habt und dafür
leiden müsst, ist das eine Gnade von Gott. 21 Und
eben dazu hat er euch berufen. Ihr wisst doch: Christus
hat für euch gelitten und euch ein Beispiel gegeben,
damit ihr seinen Spuren folgt. 22 Ihr wisst: »Er hat kein
Unrecht getan; nie ist ein unwahres Wort aus seinem
Mund gekommen.« 23 Wenn er beleidigt wurde, gab
er es nicht zurück. Wenn er leiden musste, drohte er
nicht mit Vergeltung, sondern überließ es Gott, ihm
zum Recht zu verhelfen. 24 Unsere Sünden hat er ans
Kreuz hinaufgetragen, mit seinem eigenen Leib. Damit

sind wir für die Sünden tot und können nun für das Gute
leben. Durch seine Wunden seid ihr geheilt worden!
25 Ihr wart wie Schafe, die sich verlaufen haben; jetzt
aber seid ihr auf den rechten Weg zurückgekehrt und
folgt dem Hirten, der euch leitet und schützt.

ANWEISUNGEN FÜR EHELEUTE

3 Für euch Frauen gilt dieselbe Regel: Ihr müsst euch
eurer Männern unterordnen, damit diejenigen von
ihnen, die das Wort der Guten Nachricht nicht hören
wollen, durch eure Lebensführung auch ohne Wort für
den Glauben gewonnen werden. 2 Das kann gesche-
hen, wenn sie sehen, dass ihr ihnen Respekt erweist
und ein vorbildliches Leben führt. 3 Putzt euch nicht
äußerlich heraus mit aufwendigen Frisuren, kostbarem
Schmuck oder prächtigen Kleidern. 4 Eure Schönheit
soll von innen kommen! Freundlichkeit und ein ausge-
glichenes Wesen sind der unvergängliche Schmuck,
der in Gottes Augen Wert hat. 5 Auf diese Weise haben
sich auch früher die frommen Frauen geschmückt, die
ihre Hoffnung auf Gott setzten. Sie haben sich ihren
Männern untergeordnet, 6 wie zum Beispiel Sara, die
Abraham gehorchte und ihn ihren »Herrn« nannte.
Ihre Töchter seid ihr, wenn ihr das Rechte tut und
euch davon durch keine Drohung abbringen lasst.
7 Ihr Männer müsst euch entsprechend verhalten. Seid
rücksichtsvoll zu euren Frauen! Bedenkt, dass sie der
schwächere Teil sind. Achtet und ehrt sie; denn sie ha-
ben mit euch am ewigen Leben teil, das Gott schenkt.
Handelt so, dass nichts euren Gebeten im Weg steht.

FÜR DIE GERECHTIGKEIT LEIDEN ...

8 Euch allen schließlich sage ich: Haltet in derselben
Gesinnung zusammen und habt Mitgefühl füreinander!
Liebt euch gegenseitig als Brüder und Schwestern! Seid
gütig und zuvorkommend zueinander! 9 Vergeltet Böses
nicht mit Bösem, und gebt Beleidigungen nicht wieder
zurück! Im Gegenteil, segnet eure Beleidiger, denn Gott
hat euch dazu berufen, seinen Segen zu empfangen.
10 Ihr wisst ja: »Wer nach dem wahren Leben verlangt
und glückliche Tage sehen will, der nehme seine Zunge
gut in Acht, dass er nichts Schlechtes und Hinterhältiges
sagt. 11 Er kehre sich vom Bösen ab und tue das Gute. Er
mühe sich mit ganzer Kraft darum, mit allen Menschen
in Frieden zu leben. 12 Denn der Herr hat ein offenes Au-
ge für die, die das Rechte tun, und ein offenes Ohr für
ihre Bitten. Aber er wendet sich gegen alle, die Böses
tun.« 13 Kann euch überhaupt jemand Böses antun,
wenn ihr euch mit ganzer Hingabe darum bemüht, das
Gute zu tun? 14 Wenn ihr aber trotzdem leiden müsst,
weil ihr tut, was Gott will, dann dürft ihr euch glücklich
preisen. Habt keine Angst vor Menschen; lasst euch
nicht erschrecken! 15 Christus allein ist der Herr; haltet
ihn heilig in euren Herzen und weicht vor niemand zu-
rück! Seid immer bereit, Rede und Antwort zu stehen,
wenn jemand fragt, warum ihr so von Hoffnung erfüllt
seid. 16 Antwortet taktvoll und bescheiden und mit dem
gebotenen Respekt – in dem Bewusstsein, dass ihr ein
reines Gewissen habt. Dann werden alle beschämt sein,
die euch verleumden, wenn sie sehen, was für ein ein-
wandfreies Leben ihr in Verbindung mit Christus führt.
17 Wenn Gott es aber anders beschlossen hat und es auf
sie keinen Eindruck macht, ist es auf jeden Fall besser,
für gute Taten zu leiden als für schlechte.

... SO WIE CHRISTUS ES GETAN HAT. DIE REICHWEITE SEINES HEILSWIRKENS

18 Auch Christus hat ja für die Sünden der Menschen ge-
litten, der Gerechte für die Schuldigen, ein für alle Mal.
So sollte er euch – als Mensch getötet, aber durch den
Geist Gottes zum Leben erweckt – den Zugang zu Gott
eröffnen. 19 In der Kraft dieses Geistes ging er auch zu
den Geistern im Gefängnis und verkündete ihnen seinen
Sieg. 20 Sie waren ungehorsam gewesen zur Zeit Noachs,
als Gott in seiner Geduld mit der Strafe noch wartete,
solange Noach die Arche baute. Nur wenige Menschen,
nämlich acht, wurden damals in die Arche aufgenom-
men und durch das Wasser gerettet, das die Arche trug.
21 Das ist ein Hinweis auf das Wasser der Taufe, die euch
jetzt rettet. Denn der Sinn der Taufe ist ja nicht, dass der
Körper vom Schmutz gereinigt wird. Wer sich taufen
lässt, bittet damit Gott, sein Gewissen von aller Schuld
zu reinigen. Das ist möglich, weil Jesus Christus von den
Toten auferstanden 22 und zum Himmel aufgestiegen
ist. Dort hat er den Ehrenplatz an Gottes rechter Seite
eingenommen, und die Engel und alle überirdischen
Mächte und Gewalten sind ihm unterworfen.

EIN NEUES LEBEN

4 Christus also hat gelitten, und zwar körperlich.
Darum rüstet auch ihr euch mit seiner Gesinnung
aus, wenn ihr seinetwegen leiden müsst! Denn wer
einmal wegen Christus körperlich zu leiden hatte,
in dem ist die Sünde abgestorben, 2 und er wird sich
für den Rest seines Lebens in dieser Welt nicht mehr
von menschlichen Leidenschaften fortreißen lassen,
sondern nur noch tun, was Gott will. 3 Ihr habt euch ja
lange genug an dem Treiben der Menschen beteiligt,
die Gott nicht kennen; ihr habt euch hemmungsloser
Gier und Ausschweifung hingegeben, habt an wüsten
Fress- und Saufgelagen teilgenommen und an einem
abscheulichen Götzendienst. 4 Jetzt wundern sich die
anderen, dass ihr bei ihrem zügellosen Treiben nicht
mehr mitmacht, und beschimpfen euch deswegen.
5 Aber sie werden sich vor dem verantworten müssen,
der schon bereitsteht, um über die Lebenden und die
Toten das Urteil zu sprechen. 6 Deshalb wurde sogar
den schon Verstorbenen die Gute Nachricht verkün-
det, damit sie wie alle Menschen für ihre Taten zur Re-
chenschaft gezogen werden können, aber auch die
Möglichkeit erhalten, zum Leben bei Gott zu gelangen.

GUTE VERWALTER DER GABEN GOTTES

7 Das Ende der Welt ist nahe. Seid besonnen und nüch-
tern, damit nichts euch am Beten hindert. 8 Vor allem
lasst nicht nach in der Liebe zueinander! Denn die
Liebe macht viele Sünden wieder gut. 9 Nehmt ein-
ander gastfreundlich auf, ohne zu murren. 10 Dient

einander mit den Fähigkeiten, die Gott euch geschenkt
hat – jeder und jede mit der eigenen, besonderen Ga-
be! Dann seid ihr gute Verwalter der vielfältigen Gnade
Gottes. 11 Wenn jemand die Gabe der Rede hat, soll
Gott durch ihn zu Wort kommen. Wenn jemand die
Gabe der helfenden Tat hat, soll er aus der Kraft han-
deln, die Gott ihm verleiht. Alles, was ihr tut, soll durch
Jesus Christus zur Ehre Gottes geschehen. Ihm gehört
die Herrlichkeit und die Macht für alle Ewigkeit! Amen.

MIT CHRISTUS LEIDEN

12 Meine Lieben, wundert euch nicht über die harte
Probe, die wie ein Feuersturm über euch gekommen
ist. Sie kann euch nicht unerwartet treffen; 13 denn ihr
erleidet ja nur etwas von dem mit, was Christus gelit-
ten hat. Freut euch vielmehr darüber, denn wenn er in
seiner Herrlichkeit erscheint, werdet ihr erst recht von
Freude und Jubel erfüllt sein. 14 Ihr könnt euch glück-
lich preisen, wenn ihr beschimpft werdet, nur weil
ihr euch zu Christus bekennt; denn dann ist der Geist
Gottes bei euch, in dem Gottes Herrlichkeit gegen-
wärtig ist. 15 Natürlich darf es nicht sein, dass jemand
von euch als Verbrecher leidet, als Mörder oder Dieb
oder Aufrührer. 16 Aber wer einzig wegen Christus lei-
det, soll sich nicht schämen, sondern sich ohne Scheu
zum Christsein bekennen und Gott dadurch ehren.
17 Denn jetzt ist die Zeit, in der das Gericht Gottes bei
seiner Gemeinde den Anfang nimmt. Wenn es aber bei
uns anfängt, wie wird es dann am Ende denen erge-
hen, die Gottes Gute Nachricht ablehnen? 18 Ihr wisst
doch: »Sogar wer Gott gehorcht, wird nur mit knapper
Not gerettet. Was wird dann aus dem Sünder, der Gott
verachtet?« 19 Darum sollen alle, die nach dem Willen
Gottes zu leiden haben, sich ganz ihrem Schöpfer an-
vertrauen und nicht davon ablassen, das Rechte zu tun.

VOM ZUSAMMENLEBEN IN DER GEMEINDE

5 Ich wende mich an die Ältesten unter euch. Ich bin
selbst Ältester der Gemeinde, und ich habe teil an
den Leiden von Christus wie an seiner Herrlichkeit, die
bald offenbar werden wird. Deshalb ermahne ich euch:
2 Leitet die Gemeinde, die Herde Gottes, die euch anver-
traut ist, als rechte Hirten! Kümmert euch um sie, nicht
weil es eure Pflicht ist, sondern aus innerem Antrieb, so
wie es Gott gefällt. Tut es nicht, um euch zu bereichern,
sondern aus Hingabe. 3 In eurem Verantwortungs-
bereich führt euch nicht als Herren auf, sondern gebt
euren Gemeinden ein Vorbild. 4 Dann werdet ihr, wenn
der oberste Hirt kommt, den Siegeskranz erhalten, der
nie verwelkt. 5 Euch Jüngeren aber sage ich: Ordnet
euch den Ältesten unter! Überhaupt müsst ihr – das
sage ich allen – im Umgang miteinander jede Überheb-
lichkeit ablegen. Ihr wisst doch: »Gott widersetzt sich
den Überheblichen, aber denen, die gering von sich
denken, wendet er seine Liebe zu.« 6 Beugt euch also
unter Gottes starke Hand, damit er euch erhöhen kann,
wenn die Zeit gekommen ist. 7 Alle eure Sorgen werft
auf ihn, denn er sorgt für euch. 8 Seid wachsam und
nüchtern! Euer Feind, der Teufel, schleicht um die Herde
wie ein hungriger Löwe. Er wartet nur darauf, dass er je-
mand von euch verschlingen kann. 9 Leistet ihm Wider-
stand und haltet unbeirrt am Glauben fest. Denkt daran,
dass die Gemeinschaft eurer Brüder und Schwestern in
der ganzen Welt die gleichen Leiden durchzustehen
hat. 10 Ihr müsst jetzt für eine kurze Zeit leiden. Aber
Gott hat euch in seiner großen Gnade dazu berufen,
in Gemeinschaft mit Jesus Christus für immer in seiner
Herrlichkeit zu leben. Er wird euch Kraft geben, sodass
euer Glaube stark und fest bleibt und ihr nicht zu Fall
kommt. 11 Ihm gehört die Macht in Ewigkeit! Amen.

ABSCHLIESSENDE GRÜSSE

12 Ich habe euch diesen kurzen Brief mithilfe von Sil-
vanus geschrieben, den ich als treuen Bruder schätze.
Ich wollte euch ermutigen und euch bezeugen, dass
ihr gerade in eurem Leiden die wahre Gnade Gottes
erlebt. Bleibt fest in dieser Gnade! 13 Eure Schwesterge-
meinde hier in Babylon, die so wie ihr von Gott erwählt
wurde, grüßt euch; ebenso mein Sohn Markus. 14 Grüßt
einander mit dem heiligen Kuss, dem Zeichen eurer
Verbundenheit als Brüder und Schwestern! Frieden
sei mit euch allen, die ihr mit Christus verbunden seid!

DER ZWEITE BRIEF DES APOSTELS **PETRUS**

EINGANGSGRUSS

1 Simon Petrus, der als Apostel Jesus Christus dient,
schreibt diesen Brief an alle, die aufgrund der Ge-
rechtigkeit unseres Gottes und Retters Jesus Christus
den gleichen kostbaren Glauben empfangen haben
wie wir Apostel selbst. 2 Gnade und Frieden werde
euch in reichem Maß zuteil durch die Erkenntnis
Gottes und unseres Herrn Jesus!

EIN ZIEL, DAS JEDE MÜHE WERT IST

3 Ja, so ist es: Gott in seiner Macht hat uns alles ge-
schenkt, was wir zu einem Leben in wahrer Frömmigkeit
brauchen. Er hat es dadurch getan, dass er uns Jesus
Christus erkennen ließ, ihn, der uns in seiner Herr-
lichkeit und Kraft berufen hat. 4 Durch ihn haben wir
wertvolle, unüberbietbare Zusagen erhalten: Wir sol-
len der Vernichtung entrinnen, der diese Welt durch
ihre Leidenschaften verfallen ist, und an der gött-
lichen Unsterblichkeit teilhaben. 5 Setzt deshalb alles
daran, dass aus eurem Glauben sittliche Bewährung
erwächst, aus der sittlichen Bewährung Erkenntnis,
6 aus der Erkenntnis Selbstbeherrschung, aus der
Selbstbeherrschung Standhaftigkeit, aus der Stand-
haftigkeit echte Frömmigkeit, 7 aus der Frömmigkeit

Liebe zu den Glaubensgeschwistern, aus der Liebe zu den Glaubensgeschwistern Liebe zu allen Menschen. 8 Wenn ihr dies alles habt und ständig darin zunehmt, wird sich das auswirken und Frucht bringen in einer vertieften Erkenntnis unseres Herrn Jesus Christus. 9 Wer dagegen all das nicht hat, ist kurzsichtig und geistlich blind. Ein solcher Mensch hat völlig vergessen, was es bedeutet, dass er von seinen früheren Sünden gereinigt worden ist. 10 Deshalb, meine Brüder und Schwestern, setzt alles daran, so zu leben, dass eure Berufung und Erwählung gefestigt wird. Dann werdet ihr niemals zu Fall kommen, 11 und Gott bereitet euch einen herrlichen Einzug in das ewige Reich unseres Herrn und Retters Jesus Christus.

DER BRIEF ALS TESTAMENT DES APOSTELS

12 Darum werde ich euch immer wieder an diese Zusammenhänge erinnern. Ihr wisst zwar Bescheid und seid fest in der Wahrheit gegründet, die euch bekannt gemacht worden ist. 13 Aber ich halte es für meine Pflicht, euch zu erinnern und euch wach zu halten, solange ich noch bei euch lebe. 14 Ich weiß allerdings, dass das Zelt meines Körpers bald abgebrochen wird; unser Herr Jesus Christus hat es mir angekündigt. 15 Darum schreibe ich dies für euch nieder, damit ihr auch nach meinem Tod jederzeit die Möglichkeit habt, euch alles in Erinnerung zu rufen.

UNSERE HOFFNUNG AUF DAS KOMMEN DES HERRN IST FEST GEGRÜNDET

16 Wir haben uns keineswegs auf geschickt erfundene Märchen gestützt, als wir euch ankündigten, dass Jesus Christus, unser Herr, wiederkommen wird, ausgestattet mit Macht. Vielmehr haben wir ihn mit eigenen Augen in der hohen Würde gesehen, in der er künftig offenbar werden soll. 17 Denn er empfing von Gott, seinem Vater, Ehre und Herrlichkeit – damals, als Gott, der die höchste Macht hat, das Wort an ihn ergehen ließ: »Dies ist mein Sohn, ihm gilt meine Liebe, ihn habe ich erwählt.« 18 Als wir mit ihm auf dem heiligen Berg waren, haben wir diese Stimme vom Himmel gehört. 19 Dadurch wissen wir nun noch sicherer, dass die Voraussagen der Propheten zuverlässig sind, und ihr tut gut daran, auf sie zu achten. Ihre Botschaft ist für euch wie eine Lampe, die in der Dunkelheit brennt, bis der Tag anbricht und das Licht des Morgensterns eure Herzen hell macht. 20 Ihr müsst aber vor allem Folgendes bedenken: Keine Voraussage in den Heiligen Schriften darf eigenwillig gedeutet werden; 21 sie ist ja auch nicht durch menschlichen Willen entstanden. Die Propheten sind vom Geist Gottes ergriffen worden und haben verkündet, was Gott ihnen aufgetragen hatte.

FALSCHE LEHRER UND IHRE BESTRAFUNG

2 Aber genauso wie im Volk Israel falsche Propheten aufgetreten sind, werden auch unter euch falsche Lehrer auftreten, die gefährliche Irrlehren verkünden. Durch ihre Lebensführung werden sie den erhabenen Herrn verleugnen, der sie freigekauft hat. Damit werden sie sehr schnell ihren eigenen Untergang herbeiführen. 2 Viele werden dem Beispiel ihres ausschweifenden Lebens folgen, und so wird ihretwegen die wahre Glaubenslehre in Verruf geraten. 3 In ihrer Habgier werden sie euch mit erfundenen Geschichten einzufangen suchen. Aber ihre Bestrafung ist bei Gott schon seit Langem beschlossene Sache; ihr Untergang wird nicht auf sich warten lassen. 4 Gott hat ja auch die Engel, die sich gegen ihn vergangen hatten, nicht geschont, sondern sie in den tiefsten Abgrund geworfen. Dort liegen sie gefesselt in der Finsternis und warten auf den Tag des Gerichts. 5 Er hat auch die frühere Welt zur Zeit Noachs nicht geschont, sondern hat die große Flut über die Welt der gottlosen Menschen kommen lassen. Nur acht hat er gerettet: Noach, der die Menschen zum Gehorsam gegen Gott aufgerufen hatte, und sieben andere mit ihm. 6 Auch die Städte Sodom und Gomorra hat Gott verurteilt und sie in Schutt und Asche sinken lassen. Er hat an diesem Beispiel gezeigt, wie es allen ergehen wird, die Gott nicht ernst nehmen. 7 Nur einen hat er gerettet: den rechtschaffenen Lot, der unter dem zügellosen Leben der anderen zu leiden hatte. 8 Denn täglich musste er unter seinen Mitbürgern Dinge sehen und hören, die ihm Qualen bereiteten. 9 Der Herr weiß, wie er die, die ihn ehren, aus der Bedrängnis herausreißt. Aber alle, die Unrecht tun, lässt er warten, bis sie am Tag des Gerichts ihre Strafe bekommen. 10a Besonders hart werden die bestraft, die ihren schmutzigen Begierden folgen und den Gedanken frech von sich weisen, dass Gott ihr Herr und Richter ist.

ABRECHNUNG MIT DEN FALSCHEN LEHRERN

10b Diese falschen Lehrer sind frech und anmaßend. Sie haben keine Hemmungen, überirdische Mächte zu lästern. 11 Sogar hohe Engel, die noch stärker und mächtiger sind als diese Mächte, bringen vor Gott keine beleidigenden Anklagen gegen sie vor. 12 Aber diese falschen Lehrer handeln unvernünftig wie die wilden Tiere, die nur geboren werden, damit man sie fängt und tötet. Sie beschimpfen das, wovon sie keine Ahnung haben. Sie werden auch wie wilde Tiere vernichtet werden. 13 Für das Unrecht, das sie tun, bekommen sie den verdienten Lohn. Sie lieben es, schon am hellen Tag zu schlemmen. Als Schmutz- und Schandflecken schwelgen sie in Täuscherei, wenn sie es sich an euren Tischen wohl sein lassen. 14 Ihre Augen halten ständig Ausschau nach einer Frau, die bereit ist, sich mit ihnen einzulassen; ständig sind sie auf der Suche nach Gelegenheiten, zu sündigen. Wohltrainiert in Besitzgier, suchen sie Menschen zu ködern, die im Glauben nicht gefestigt sind – die Strafe ist ihnen sicher! 15 Sie haben sich vom geraden Weg abgewendet und die Richtung verloren; sie sind dem Weg gefolgt, den Bileam, der Sohn Beors, gegangen ist. Er liebte das Geld, das er als Lohn für seine böse Tat erhalten sollte; 16 aber er musste sich sein Unrecht vorhalten lassen: Ein Esel, der doch eigentlich nicht reden kann, sprach mit menschlicher Stimme und hinderte den Propheten daran, sein unsinniges Vorhaben auszuführen. 17 Diese Menschen sind wie

Quellen, die kein Wasser geben, wie Nebelschwaden, die der Sturm vor sich hertreibt. Gott hat ihnen einen Platz in der tiefsten Finsternis bestimmt. 18 Sie reden hochtrabende, leere Worte und ziehen durch die Verlockungen eines ausschweifenden Lebens Menschen an sich, die eben dabei sind, dem Leben im Irrtum wirklich zu entkommen. 19 Freiheit versprechen sie ihnen – wo sie doch selbst Sklaven der Vergänglichkeit sind. Denn jeder ist ein Sklave dessen, der ihn besiegt hat. 20 Sie haben den Herrn und Retter Jesus Christus kennengelernt und waren dadurch schon einmal aus der Verstrickung in den Schmutz der Welt freigekommen. Aber dann sind sie wieder von ihren alten Gewohnheiten eingefangen und besiegt worden. Darum sind sie am Ende schlimmer dran als am Anfang. 21 Es wäre besser gewesen, sie hätten den rechten Weg nie kennengelernt, anstatt ihn kennenzulernen und sich danach wieder von der verbindlichen göttlichen Weisung abzuwenden, die ihnen übergeben wurde. 22 Es ist ihnen ergangen, wie das Sprichwort sagt: »Der Hund frisst wieder, was er erbrochen hat.« Oder wie ein anderes Sprichwort sagt: »Die gebadete Sau wälzt sich wieder im Dreck.«

CHRISTUS WIRD WIEDERKOMMEN

3 Meine Lieben, dies ist schon der zweite Brief, den ich euch schreibe. Mit beiden rufe ich euch längst Bekanntes ins Gedächtnis, aber ich will euch dadurch wach halten und in eurer unverdorbenen Gesinnung bestärken. 2 Erinnert euch an das, was die heiligen Propheten vorausgesagt haben, und ebenso an die verbindliche Weisung unseres Herrn und Retters, die euch die Apostel übergeben haben! 3 Ihr müsst euch vor allem darüber im Klaren sein: In der letzten Zeit werden Menschen auftreten, die nur ihren eigenen selbstsüchtigen Wünschen folgen. Sie werden sich über euch lustig machen 4 und sagen: »Er hat doch versprochen wiederzukommen! Wo bleibt er denn? Inzwischen ist die Generation unserer Väter gestorben; aber alles ist noch so, wie es seit der Erschaffung der Welt war!« 5 Sie wollen nicht wahrhaben, dass es schon einmal einen Himmel und eine Erde gab. Gott hatte sie durch sein Wort geschaffen. Die Erde war aus dem Wasser aufgestiegen, und auf dem Wasser ruhte sie. 6 Durch das Wort Gottes ging die damalige Welt zugrunde, bei der großen Flut. 7 Ebenso ist es mit dem jetzigen Himmel und der jetzigen Erde: Sie sind durch dasselbe Wort Gottes für das Feuer bestimmt worden. Wenn der Tag des Gerichts da ist, werden sie untergehen und mit ihnen alle, die Gott nicht gehorcht haben. 8 Meine Lieben, eines dürft ihr dabei nicht übersehen: Beim Herrn gilt ein anderes Zeitmaß als bei uns Menschen. Ein Tag ist für ihn wie tausend Jahre, und tausend Jahre wie ein einziger Tag. 9 Der Herr erfüllt seine Zusagen nicht zögernd, wie manche meinen. Im Gegenteil: Er hat Geduld mit euch, weil er nicht will, dass einige zugrunde gehen. Er möchte, dass alle Gelegenheit finden, von ihrem falschen Weg umzukehren.

EIN NEUER HIMMEL UND EINE NEUE ERDE

10 Doch der Tag des Herrn kommt unvorhergesehen wie ein Dieb. Dann wird der Himmel unter tosendem Lärm vergehen, die Himmelskörper verglühen im Feuer, und die Erde und alles, was auf ihr ist, wird zerschmelzen. 11 Wenn ihr bedenkt, dass alles auf diese Weise vergehen wird, was für ein Ansporn muss das für euch sein, ein heiliges Leben zu führen, das Gott gefällt! 12 Lebt in der Erwartung des großen Tages, den Gott heraufführen wird! Tut das Eure dazu, dass er bald kommen kann. Der Himmel wird dann in Flammen vergehen, und die Himmelskörper werden im Feuer zerschmelzen. 13 Aber Gott hat uns einen neuen Himmel und eine neue Erde versprochen. Dort wird es kein Unrecht mehr geben, weil Gottes Wille regiert. Auf diese neue Welt warten wir.

ERMUTIGUNG UND WARNUNG

14 Meine Lieben, weil ihr darauf wartet, darum setzt auch alles daran, dass eure Gemeinschaft mit dem Herrn durch nichts beeinträchtigt wird. Bemüht euch, rein und fehlerlos vor ihm zu stehen, wenn er kommt. 15 Begreift doch: Unser Herr zögert nur aus Geduld, damit ihr gerettet werdet! Genau dasselbe hat euch auch unser lieber Bruder Paulus geschrieben, dem Gott viel Weisheit gegeben hat. 16 Er sagt das in allen seinen Briefen, wenn er über dieses Thema schreibt. Es gibt in ihnen allerdings einige schwierige Stellen. Die werden von unverständigen Leuten missdeutet, die im Glauben nicht gefestigt sind. Aber so verfahren diese Leute ja auch mit den übrigen Heiligen Schriften. Sie verurteilen sich damit selbst zum Untergang. 17 Ihr, meine Lieben, wisst das jetzt alles im Voraus. Seid auf der Hut und lasst euch nicht von denen in die Irre führen, die jede Ordnung verachten. Sonst verliert ihr den festen Stand und kommt zu Fall. 18 Lebt immer mehr aus der Gnade unseres Herrn und Retters Jesus Christus und lernt ihn immer tiefer erkennen. Ihm gehört die Ehre, jetzt und in Ewigkeit!

DER ERSTE BRIEF VON **JOHANNES**

DAS LEBEN BRINGENDE WORT

1 Was von allem Anfang an da war, was wir gehört haben, was wir mit eigenen Augen gesehen haben, was wir angeschaut haben und betastet haben mit unseren Händen, nämlich das Wort, das Leben bringt – davon reden wir. 2 Denn das Leben ist offenbar geworden, und wir haben es gesehen; wir sind Zeugen dafür und verkünden euch das unvergängliche Leben, das beim Vater war und sich uns offenbart hat. 3 Was wir so gesehen und gehört haben, das verkünden wir

euch, damit ihr in Gemeinschaft mit uns verbunden
seid. Und die Gemeinschaft, die uns miteinander ver-
bindet, ist zugleich Gemeinschaft mit dem Vater und
mit Jesus Christus, seinem Sohn. 4 Das erfüllt uns mit
großer Freude. Und wir schreiben euch diesen Brief,
damit unsere Freude vollkommen wird.

GOTT IST LICHT

5 Von ihm, Jesus Christus, dem offenbar gewordenen
Wort, haben wir die Botschaft gehört, die wir euch
weitersagen: Gott ist Licht, in ihm gibt es keine Spur
von Finsternis. 6 Wenn wir behaupten: »Wir haben
Gemeinschaft mit Gott«, und gleichzeitig im Dunkeln
leben, dann lügen wir und gehorchen nicht der Wahr-
heit. 7 Leben wir aber im Licht, so wie Gott im Licht ist,
dann haben wir Gemeinschaft untereinander, und das
Blut, das Jesus, sein Sohn, für uns vergossen hat, rei-
nigt uns von jeder Schuld.

NIEMAND IST OHNE SÜNDE

8 Wenn wir behaupten: »Wir sind ohne Schuld«, be-
trügen wir uns selbst und die Wahrheit lebt nicht in
uns. 9 Wenn wir aber unsere Verfehlungen eingeste-
hen, können wir damit rechnen, dass Gott treu und
gerecht ist: Er wird uns dann unsere Verfehlungen
vergeben und uns von aller Schuld reinigen. 10 Wenn
wir behaupten: »Seit wir Christen sind, haben wir nie
mehr Unrecht getan«, machen wir Gott zum Lügner
und sein Wort lebt nicht in uns.

2 Meine lieben Kinder, ich schreibe euch dies, damit
ihr kein Unrecht tut. Sollte aber jemand schuldig
werden, so haben wir einen, der beim Vater für uns ein-
tritt: Jesus Christus, den Gerechten, der ohne Schuld
ist. 2 Durch seinen Tod hat er Sühne für unsere Schuld
geleistet, ja sogar für die Schuld der ganzen Welt.

WAHRE GOTTESERKENNTNIS: SEIN WORT BEFOLGEN

3 Ob wir Gott wirklich kennen, erkennen wir daran,
dass wir auf seine Befehle hören. 4 Wer behauptet:
»Ich kenne Gott«, ihm aber nicht gehorcht, ist ein
Lügner und die Wahrheit lebt nicht in ihm. 5 Wer aber
Gottes Wort befolgt, bei dem hat die göttliche Liebe
ihr Ziel erreicht. Und daran erkennen wir, dass wir
Gemeinschaft mit ihm haben. 6 Wer behauptet, stän-
dig Gemeinschaft mit ihm zu haben, muss so leben,
wie Jesus gelebt hat.

DAS NEUE GEBOT

7 Ihr Lieben, was ich euch schreibe, ist kein neues Ge-
bot, sondern das alte, das ihr von Anfang an kennt. Es
ist die Botschaft, die ihr gehört habt. 8 Und doch ist es
ein stets neues Gebot – so wie Christus es verkündet
und selbst erfüllt hat und wie er es euch gegeben und
euch zu seiner Erfüllung befähigt hat. Denn die Dun-
kelheit weicht zurück und das wahre Licht leuchtet
schon. 9 Wer behauptet, im Licht zu leben, aber seinen
Bruder oder seine Schwester nicht liebt, ist immer noch
im Dunkeln. 10 Nur wer seine Glaubensgeschwister
liebt, lebt wirklich im Licht. Und im Licht gibt es nichts,
wodurch jemand zu Fall kommen könnte. 11 Wer aber
seinen Bruder oder seine Schwester nicht liebt, lebt in
der Dunkelheit. Ein solcher Mensch tappt im Dunkeln
und weiß nicht, wo sein Weg endet; denn die Dunkel-
heit hat ihn blind gemacht.

ABSAGE AN DIE GOTTFEINDLICHE WELT

12 Ihr Kinder, ich gebe es euch schriftlich: Eure Verfeh-
lungen sind vergeben; das verbürgt der Name Jesus
Christus. 13 Ihr Väter und Mütter, ich gebe es euch
schriftlich: Ihr habt den erkannt, der von Anfang an
da ist. Ihr jungen Leute, ich gebe es euch schriftlich: Ihr
habt den Teufel besiegt. 14 So habt ihr es jetzt schwarz
auf weiß, ihr Kinder: Ihr habt den Vater erkannt! Ihr
habt es schwarz auf weiß, ihr Väter und Mütter: Ihr
habt den erkannt, der von Anfang an da ist! Ihr habt
es schwarz auf weiß, ihr jungen Leute: Ihr seid stark,
denn das Wort Gottes ist in euch lebendig und ihr habt
den Teufel besiegt! 15 Liebt nicht die Welt und das, was
zu ihr gehört! Wer die Welt liebt, in dessen Herz gibt
es keine Liebe zum Vater. 16 Die Welt ist erfüllt von der
Gier der Triebe und Sinne, von der Gier der Augen, vom
Prahlen mit Geld und Macht. Das alles kommt nicht
vom Vater, sondern gehört zur Welt. 17 Die Welt vergeht
und mit ihr die ganze Lust und Gier. Wer aber tut, was
Gott will, wird ewig leben.

DIE BOTEN DES ANTICHRIST

18 Meine Kinder, die letzte Stunde ist da! Ihr habt gehört,
dass der Antichrist kommen wird, und er ist schon da:
Viele »Antichristen« sind aufgetreten, und daran er-
kennen wir, dass es die letzte Stunde ist. 19 Sie waren
früher mit uns zusammen; aber sie gehörten nicht wirk-
lich zu uns, sonst wären sie bei uns geblieben. Sie haben
sich von uns getrennt, damit sie allesamt bloßgestellt
würden als solche, die nie zu uns gehört haben. 20 Ihr
aber habt von Christus den Heiligen Geist empfangen,
und ihr alle habt die wahre Erkenntnis. 21 Ich schreibe
euch also nicht, weil ich meine, dass ihr die Wahrheit
noch nicht kennt. Ihr kennt sie sehr wohl und wisst
deshalb auch, dass aus der Wahrheit keinerlei Lüge
kommen kann. 22 Wer ist der Lügner? Der, der verneint,
dass in Jesus der Sohn Gottes erschienen ist. Das ist der
Antichrist; er verneint mit dem Sohn auch den Vater.
23 Wer den Sohn leugnet, hat auch keine Verbindung
mit dem Vater. Wer sich aber zum Sohn bekennt, ist auch
mit dem Vater verbunden. 24 Bewahrt also in eurem
Herzen die Botschaft, die ihr von Anfang an gehört
habt. Wenn das, was ihr von Anfang an gehört habt, in
eurem Herzen bleibt, dann werdet auch ihr stets mit
dem Sohn und dem Vater verbunden bleiben. 25 Und
das ist es auch, was Christus uns versprochen hat: ewi-
ges Leben. 26 So viel über die Leute, die euch irreführen
wollen. 27 Ihr aber habt von Christus den Heiligen Geist
empfangen. Solange dieser Geist in euch bleibt, habt ihr
keinen anderen Lehrer nötig. Denn er belehrt euch über
alles. Was er sagt, ist wahr und keine Lüge. Tut darum,
was der Geist euch lehrt: Bleibt mit Christus vereint!

MAHNUNG ZUR TREUE

28 Bleibt also mit ihm vereint, meine Kinder! Dann werden wir voll Zuversicht sein, wenn er erscheint, und müssen nicht als Schuldige vor ihm stehen, wenn er kommt. 29 Ihr wisst doch, dass Christus nie etwas Unrechtes getan hat. Dann wisst ihr auch, dass jeder, der das Rechte tut, genau wie Christus Gott zum Vater hat.

KINDER GOTTES UND KINDER DES TEUFELS

3 Seht doch, wie sehr uns der Vater geliebt hat! Seine Liebe ist so groß, dass er uns seine Kinder nennt. Und wir sind es wirklich: Gottes Kinder! Deshalb kennt uns die Welt nicht; sie hat ja auch ihn nicht erkannt. 2 Ihr Lieben, wir sind schon Kinder Gottes. Was wir einmal sein werden, ist jetzt noch nicht sichtbar. Aber wir wissen, wenn es offenbar wird, werden wir Gott ähnlich sein; denn wir werden ihn sehen, wie er wirklich ist. 3 Alle, die das voller Zuversicht von ihm erwarten, halten sich von allem Unrecht fern, so wie Christus es getan hat. 4 Wer sündigt, lehnt sich gegen Gott auf, denn Sünde ist nichts anderes als Auflehnung gegen Gott. 5 Ihr wisst doch, dass Christus auf die Erde gekommen ist, um die Sünden der Menschen wegzuschaffen. In ihm gibt es keine Spur von Sünde. 6 Wer mit ihm verbunden bleibt, sündigt nicht mehr. Wer aber sündigt, hat ihn nie gesehen und kennt ihn nicht. 7 Lasst euch von niemand irreführen, meine Kinder! Wer das Rechte tut, kann wie Christus vor dem Urteil Gottes bestehen. 8 Wer sündigt, stammt vom Teufel, denn der Teufel hat von Anfang an gesündigt. Der Sohn Gottes aber ist auf die Erde gekommen, um die Werke des Teufels zu zerstören. 9 Wer Gott zum Vater hat, sündigt nicht, weil das Erbgut seines Vaters in ihm wirkt. Ein solcher Mensch kann gar nicht sündigen, weil er von Gott stammt. 10 Aber wer Unrecht tut oder seinen Bruder und seine Schwester nicht liebt, stammt nicht von Gott. Daran sind die Kinder Gottes und die Kinder des Teufels zu erkennen.

IHR SOLLT EINANDER LIEBEN!

11 Die Botschaft, die ihr von Anfang an gehört habt, lautet: Wir sollen einander lieben! 12 Wir sollen nicht sein wie Kain, der vom Teufel stammte und seinen Bruder ermordete. Warum hat er ihn ermordet? Weil seine eigenen Taten schlecht waren, aber die seines Bruders gut. 13 Wundert euch also nicht, meine Brüder und Schwestern, wenn die Welt euch hasst. 14 Wir wissen, dass wir den Tod hinter uns gelassen und das unvergängliche Leben erreicht haben. Wir erkennen es daran, dass wir unsere Glaubensgeschwister lieben. Wer dagegen nicht liebt, bleibt im Tod. 15 Wer seinen Bruder oder seine Schwester hasst, ist ein Mörder, und ihr wisst, dass in keinem Mörder ewiges Leben sein und bleiben kann. 16 Christus gab sein Leben für uns hin; daran haben wir erkannt, was Liebe ist. Auch wir müssen deshalb unser Leben für unsere Brüder und Schwestern einsetzen. 17 Angenommen, jemand hat alles, was er in der Welt braucht. Nun sieht er seinen Bruder oder seine Schwester Not leiden, verschließt aber sein Herz vor ihnen. Wie kann da die Liebe Gottes in ihm bleiben und er in ihr?

WER LIEBT, DARF AUF ERBARMEN HOFFEN

18 Meine Kinder, unsere Liebe darf nicht nur aus schönen Worten bestehen. Sie muss sich in Taten zeigen, die der Wahrheit entsprechen: der Liebe, die Gott uns erwiesen hat. 19 Daran werden wir erkennen, dass die Wahrheit Gottes unser Leben bestimmt. Damit werden wir auch unser Herz vor Gott beruhigen können, 20 wenn es uns anklagt, weil unsere Liebe doch immer Stückwerk bleibt. Denn wir dürfen wissen: Gott ist größer als unser Herz und weiß alles, er kennt unser Bemühen wie unsere Grenzen. 21 Ihr Lieben, wenn unser Herz uns nicht mehr anklagt, dann können wir mit Zuversicht zu Gott aufschauen. 22 Wir erhalten von ihm, worum wir bitten, weil wir seine Gebote befolgen und tun, was ihm gefällt. 23 Sein Gebot ist: Wir sollen uns zu seinem Sohn Jesus Christus bekennen und einander so lieben, wie er es uns befohlen hat. 24 Wer Gottes Gebot befolgt, bleibt mit Gott verbunden und Gott mit ihm. Durch den Geist, den er uns gegeben hat, wissen wir, dass Gott in uns lebt.

UNTERSCHEIDUNG DER GEISTER

4 Ihr Lieben, glaubt nicht allen, die vorgeben, Botschaften des Geistes zu verkünden! Prüft sie, ob der Geist Gottes aus ihnen redet. Denn diese Welt ist voll von falschen Propheten. 2 An folgendem Merkmal könnt ihr erkennen, ob es sich um den Geist Gottes handelt: Wer bekennt, dass Jesus Christus ein Mensch von Fleisch und Blut wurde, hat den Geist Gottes. 3 Wer das leugnet, aus dem redet nicht der Geist Gottes, sondern der Geist des Antichrist. Ihr habt gehört, dass er in die Welt kommen soll, und er ist schon da. 4 Aber ihr, meine Kinder, stammt von Gott und habt die falschen Propheten besiegt. Er, der in euch wirkt, ist mächtiger als der, der diese Welt regiert. 5 Sie stammen aus der Welt und reden die Sprache der Welt. Deshalb hört die Welt auf sie. 6 Aber wir stammen von Gott, und wer Gott kennt, hört auf uns. Wer nicht von Gott stammt, hört nicht auf uns. So können wir den Geist der Wahrheit vom Geist des Irrtums unterscheiden.

GOTTES LIEBE ZU UNS: QUELLE DER BRÜDERLICH-SCHWESTERLICHEN LIEBE

7 Ihr Lieben, wir wollen einander lieben, denn die Liebe kommt von Gott! Wer liebt, hat Gott zum Vater und kennt ihn. 8 Wer nicht liebt, hat Gott nicht erkannt; denn Gott ist Liebe. 9 Dadurch ist Gottes Liebe unter uns offenbar geworden, dass er seinen einzigen Sohn in die Welt sandte. Durch ihn wollte er uns das neue Leben schenken. 10 Das Einzigartige an dieser Liebe ist: Nicht wir haben Gott geliebt, sondern er hat uns geliebt. Er hat seinen Sohn gesandt, damit er durch seinen Tod Sühne leiste für unsere Schuld. 11 Ihr Lieben, wenn Gott uns so sehr geliebt hat, dann müssen auch wir einander lieben. 12 Niemand hat Gott je gesehen. Aber wenn wir einander lieben, lebt Gott in uns. Dann hat seine Liebe bei uns ihr Ziel erreicht. 13 Dass wir in Gott leben und er in uns, wissen wir, weil er uns Anteil an seinem Geist gegeben hat. 14 Wir haben es selbst

gesehen und sind Zeugen dafür, dass der Vater seinen
Sohn gesandt hat als den Retter der Welt. 15 Wer sich zu
Jesus als dem Sohn Gottes bekennt, in dem lebt Gott
und er lebt in Gott. 16 Wir jedenfalls haben erkannt und
halten im Glauben daran fest, dass Gott uns liebt. Gott
ist Liebe. Wer in der Liebe lebt, lebt in Gott und Gott
lebt in ihm. 17 Auch darin hat die Liebe Gottes bei uns
ihr Ziel erreicht, dass wir dem Tag des Gerichts voller
Zuversicht entgegensehen; denn so wie Christus mit
dem Vater verbunden ist, so sind ja auch wir es in dieser
Welt. 18 Die Liebe kennt keine Angst. Wahre Liebe ver-
treibt die Angst. Wer Angst hat und vor der Strafe zit-
tert, bei dem hat die Liebe ihr Ziel noch nicht erreicht.
19 Wir lieben, weil Gott uns zuerst geliebt hat. 20 Wenn
jemand behauptet: »Ich liebe Gott«, und dabei seinen
Bruder oder seine Schwester hasst, dann lügt er. Wenn
er seine Glaubensgeschwister, die er sieht, nicht liebt,
dann kann er Gott, den er nicht sieht, erst recht nicht
lieben. 21 Gott gab uns dieses Gebot: Wer ihn liebt,
muss auch seinen Bruder und seine Schwester lieben.

DER SIEG DES GLAUBENS ÜBER DIE WELT

5 Wer glaubt, dass in Jesus der Sohn Gottes er-
schienen ist, hat Gott zum Vater. Und wer den Va-
ter liebt, der ihn gezeugt hat, wird auch alle anderen
lieben, die vom selben Vater stammen. 2 Doch ob wir
die Kinder Gottes auch wirklich lieben, das erkennen
wir daran, dass wir *Gott* lieben, und das heißt: seine
Gebote befolgen. 3 Die Liebe zu Gott ist nur echt, wenn
wir nach seinen Geboten leben. Und seine Gebote
sind nicht schwer zu befolgen; 4 denn alle, die Gott
zum Vater haben, siegen über die Welt. Der Sieg über
die Welt ist schon errungen – unser Glaube ist dieser
Sieg! 5 Denn wer kann die Welt besiegen? Nur wer im
Glauben daran festhält, dass Jesus der Sohn Gottes ist!

DREI ZEUGEN FÜR JESUS CHRISTUS

6 Jesus Christus kam zu uns mit dem Wasser seiner
Taufe und mit dem Blut seines Todes. Er kam nicht
allein mit dem Wasser, sondern mit Wasser und mit
Blut. Der Geist bezeugt dies, und der Geist sagt die
Wahrheit. 7 Es gibt also drei Zeugen: 8 den Geist, das
Wasser und das Blut. Die Aussagen dieser drei Zeugen
stimmen überein.

GOTT SELBST ALS ZEUGE

9 Wenn wir schon die Zeugenaussage von Menschen
annehmen, dann hat die Zeugenaussage Gottes noch
viel mehr Gewicht. Es ist die Aussage, mit der Gott für
seinen Sohn eingetreten ist. 10 Wer den Sohn Gottes
anerkennt, trägt dieses Zeugnis in seinem Herzen.
Wer Gott nicht glaubt, macht ihn zum Lügner; denn
er verwirft die Aussage, die Gott über seinen Sohn ge-
macht hat. 11 Diese besagt: Gott hat uns ewiges Leben
gegeben, und wir erhalten dieses Leben durch seinen
Sohn. 12 Wer den Sohn Gottes hat, hat auch das Leben.
Wer aber den Sohn nicht hat, hat auch das Leben nicht.

BRIEFSCHLUSS

13 Ich habe euch diesen Brief geschrieben, damit euch
aufs Neue bewusst wird: Ihr habt das ewige Leben, so
gewiss ihr euch zu seinem Sohn Jesus Christus bekennt.

NACHTRAG: DAS GEBET UM SÜNDENVERGEBUNG

14 Wir sind Gott gegenüber voller Zuversicht, dass er
uns hört, wenn wir ihn um etwas bitten, das seinem
Willen entspricht. 15 Und wenn wir wissen, dass er uns
hört bei allem, was wir bitten, dann wissen wir auch,
dass wir schon haben, worum wir ihn bitten. 16 Wenn
jemand sieht, dass sein Bruder oder seine Schwester
eine Sünde tut, eine solche, die nicht zum Tod führt,
dann soll er zu Gott beten, und Gott wird dem Bruder
oder der Schwester das Leben geben. Das betrifft die,
deren Sünden nicht zum Tod führen. Es gibt eine Sünde,
die den Tod bringt. In einem solchen Fall sage ich nicht,
dass ihr beten sollt. 17 Jedes Unrecht ist Sünde. Aber
nicht jede Sünde führt zum Tod. 18 Wir wissen: Wer Gott
zum Vater hat, sündigt nicht; denn wer Gott zum Vater
hat, nimmt sich in Acht, und der Teufel kann ihm nicht
schaden. 19 Wir wissen, dass wir von Gott stammen;
doch die ganze Welt ist in der Gewalt des Teufels. 20 Wir
wissen aber: Der Sohn Gottes ist gekommen und hat
uns die Augen geöffnet, damit wir den einzig wahren
Gott erkennen. Wir sind mit dem einzig wahren Gott
verbunden, so gewiss wir verbunden sind mit seinem
Sohn Jesus Christus. Der ist der einzig wahre Gott, der
ist das ewige Leben. 21 Meine Kinder, hütet euch vor
den falschen Göttern!

DER ZWEITE BRIEF VON **JOHANNES**

EINGANGSGRUSS

1 Vom Ältesten an die von Gott erwählte Herrin und
ihre Kinder: an die Gemeinde, die ich liebe, weil wir
miteinander verbunden sind durch die Wahrheit, die
von Gott kommt. Und nicht nur ich allein liebe sie, son-
dern alle, die Gottes Wahrheit kennen. 2 Denn diese
Wahrheit bleibt in uns und wird bei uns sein in Ewig-
keit. 3 Gnade, Erbarmen und Frieden werden mit uns
sein von Gott, dem Vater, und von Jesus Christus, dem
Sohn des Vaters, sodass wir auch untereinander in der
Wahrheit und in der Liebe verbunden bleiben.

AUFRUF ZUR GEGENSEITIGEN LIEBE

4 Ich habe mich sehr gefreut, unter deinen Kindern
einige zu finden, die in der Wahrheit leben, nämlich
nach dem Gebot, das wir vom Vater empfangen haben.
5 Deshalb bitte ich dich, liebe Herrin, dieses Gebot auch
weiterhin zu befolgen. Ich schreibe dir damit nicht ein

neues Gebot; es ist ja dasselbe, das wir von Anfang an
gehabt haben, und es lautet: Wir sollen einander lieben!
6 Darin besteht die Liebe, dass wir nach den Geboten des
Vaters leben, und sein Gebot ist dasselbe, das ihr von
Anfang an gehört habt; danach sollt ihr nun auch leben.

KEIN »FORTSCHRITT« ÜBER CHRISTUS HINAUS!

7 In der Welt sind nämlich neuerdings viele Verführer
unterwegs. Sie leugnen, dass Jesus Christus ein Mensch
von Fleisch und Blut wurde. In ihnen ist der große Ver-
führer, der Antichrist, schon erschienen. 8 Nehmt euch
in Acht, damit ihr nicht verliert, was ihr erarbeitet habt,
sondern den vollen Lohn bekommt. 9 Wer nicht bei
dem bleibt, was Christus gelehrt hat, sondern darüber
hinausgeht, hat keine Verbindung mit Gott. Wer sich
aber an das hält, was Christus gelehrt hat, hat den Vater
und auch den Sohn. 10 Wenn also jemand zu euch kommt
und euch etwas anderes lehrt, dann lasst ihn nicht in
euer Haus. Ihr sollt ihn nicht einmal grüßen; 11 denn wer
ihn grüßt, ist an seinen schlechten Taten mitbeteiligt.

BRIEFSCHLUSS

12 Ich hätte euch noch viel zu sagen, aber ich möchte es
nicht schriftlich tun. Ich hoffe, euch zu besuchen und
persönlich mit euch zu sprechen. Dann wird an unse-
rer gemeinsamen Freude nichts mehr fehlen. 13 Die
Kinder eurer von Gott erwählten Schwester lassen
euch grüßen.

DER DRITTE BRIEF VON **JOHANNES**

EINGANGSGRUSS

1 Vom Ältesten an den geliebten Gaius, den ich liebe,
weil wir miteinander verbunden sind durch die Wahr-
heit, die von Gott kommt. 2 Mein Lieber! Ich wünsche
dir, dass es dir in jeder Hinsicht gut geht und du ge-
sund bist, so wie ich das von deinem inneren Leben
weiß. 3 Als unsere Brüder zurückkamen, haben sie be-
zeugt, wie treu du zur Wahrheit stehst und in ihr lebst.
Darüber habe ich mich sehr gefreut. 4 Nichts macht
mich glücklicher, als zu hören, dass meine Kinder der
Wahrheit gemäß leben.

AUFNAHME UND UNTERSTÜTZUNG WANDERNDER GLAUBENSBOTEN

5 Mein Lieber, du bist sehr treu in deinen Bemühungen
für die Brüder, auch wenn sie aus fremden Gemeinden
kommen. 6 Die Brüder aus der unseren haben vor ver-
sammelter Gemeinde von deiner Liebe berichtet. Wenn
sie nun erneut zu euch kommen, dann hilf ihnen, dass
sie ihre Reise so fortsetzen können, wie es Gottes wür-
dig ist, in dessen Dienst sie stehen. 7 Sie haben sich auf
den Weg gemacht, um die Botschaft von Christus zu
verkünden, und nehmen von den Ungläubigen keine
Unterstützung an. 8 Darum sind wir verpflichtet, sol-
che Menschen zu unterstützen. So helfen wir mit, die
Wahrheit zu verbreiten, die von Gott kommt.

HARTE KRITIK AN DIOTREPHES UND EMPFEHLUNG FÜR DEMETRIUS

9 Ich habe der Gemeinde einen Brief geschrieben. Aber
Diotrephes, der sich für den Wichtigsten hält, verwei-
gert die Annahme und verhindert, dass er vorgelesen
wird. 10 Wenn ich komme, werde ich ihm alles vorhal-
ten, was er getan hat. Er lügt und erzählt unglaubliche
Dinge über uns. Aber das ist noch nicht alles. Er nimmt
die durchreisenden Brüder nicht auf! Und wenn an-
dere sie aufnehmen wollen, verbietet er es ihnen und
schließt sie aus der Gemeinde aus. 11 Mein Lieber, nimm
dir nicht das Schlechte zum Vorbild, sondern das Gute!
Wer Gutes tut, stammt von Gott. Wer Schlechtes tut,
hat ihn nie gesehen. 12 Demetrius stellen alle ein gu-
tes Zeugnis aus; die Wahrheit selbst empfiehlt ihn.
Auch ich kann nur das Beste über ihn sagen, und du
weißt, dass meine Empfehlungen immer wahrheits-
gemäß sind.

SCHLUSSWORTE

13 Ich hätte dir noch viel zu sagen, aber ich will es
nicht schriftlich tun. 14 Ich hoffe, dich bald zu se-
hen, und dann werden wir miteinander über alles
sprechen. 15 Ich wünsche dir Frieden! Die Freunde
hier lassen grüßen. Grüße die Freunde dort, jeden
persönlich!

DER BRIEF VON **JUDAS**

EINGANGSGRUSS

1 Judas, der Jesus Christus dient, ein Bruder von
Jakobus, schreibt diesen Brief an alle, die Gott, der Va-
ter, berufen hat und liebt und die er bewahrt für den
Tag, an dem Jesus Christus wiederkommt. 2 Erbarmen
und Frieden und Liebe mögen euch in reichem Maß
von Gott zuteilwerden!

FALSCHE LEHRER

3 Meine Lieben, eigentlich drängt es mich, euch etwas
über die Rettung zu schreiben, auf die wir gemeinsam
hoffen. Doch ich sehe, es ist dringlicher, dass ich euch
ermahne und euch aufrufe: Tretet entschieden für den
überlieferten Glauben ein, der dem heiligen Volk Gottes
ein für alle Mal anvertraut worden ist. 4 Denn gewisse

Leute haben sich bei euch eingeschlichen, Menschen,
die Gott nicht ernst nehmen. Sie deuten die Botschaft
von der Gnade unseres Gottes als Freibrief für ein zügel-
loses Leben und verraten damit Jesus Christus, der al-
lein unser Herr und Herrscher ist. Gott hat schon längst
die Strafe für sie festgesetzt. 5 Obwohl ihr über alles
Bescheid wisst, möchte ich euch daran erinnern, dass
Jesus zwar zuerst sein Volk aus Ägypten gerettet hat,
danach aber hat er alle vernichtet, die ihm nicht glaub-
ten. 6 Denkt auch an die Engel, die ihre Herrscherwürde
preisgegeben und den Wohnsitz verlassen haben, den
Gott ihnen angewiesen hatte. Gott hält sie mit dauer-
haften Fesseln in tiefer Finsternis gefangen bis zum gro-
ßen Tag des Gerichts. 7 Und vergesst nicht Sodom und
Gomorra und die umliegenden Städte! Ihre Bewohner
haben sich auf ganz ähnliche Weise vergangen wie jene
Engel und wollten mit Wesen anderer Art geschlecht-
lich verkehren. Als warnendes Beispiel für alle sind sie
mit ewigem Feuer bestraft worden. 8 Ebenso schänden
auch diese Träumer ihre eigenen Körper. Sie wollen
nichts davon wissen, dass Gott ihr Herr und Richter ist,
und lästern die überirdischen Mächte. 9 Das tat nicht
einmal der Engelfürst Michael, als er dem Teufel ge-
genüberstand, der ihm den Leichnam Moses streitig
machen wollte. Er wagte es nicht, ihn mit beleidigenden
Worten zu verurteilen, sondern sagte nur: »Der Herr
soll dich strafen!« 10 Aber diese Menschen lästern über
alles, wovon sie nichts verstehen – und wovon sie allein
etwas verstehen, das bringt ihnen den Untergang: die
naturhaften Triebe und Instinkte, die sie mit den ver-
nunftlosen Tieren teilen! 11 Weh ihnen! Sie haben den
Weg Kains eingeschlagen. Des Geldes wegen sind sie
auf denselben Abweg geraten wie Bileam. Wie Korach
haben sie sich durch ihre Auflehnung zugrunde gerich-
tet. 12 Sie sind ein Schandfleck für eure Liebesmähler,
an denen sie unverfroren teilnehmen und es sich wohl
sein lassen. Sie sind wie Hirten, die nur für sich selber
sorgen, wie Wolken, die vom Wind vorbeigeweht wer-
den und keinen Regen bringen. Sie sind wie Bäume,
die zur Erntezeit ohne Früchte dastehen, Bäume, die
abgestorben sind und auch noch umgehauen werden,
völlig entwurzelte Bäume! 13 Sie gleichen den Wogen
auf dem Meer: Ihre schändlichen Taten treten hervor
wie der Schaum auf der Brandung. Sie sind wie aus der
Bahn geratene Sterne. Gott hält ihnen einen Platz in der
tiefsten Finsternis bereit, wo sie auf ewig bleiben müs-
sen. 14 Henoch, der siebte Nachkomme Adams, hat auch
ihnen die Strafe angekündigt, als er sagte: »Gebt acht!
Der Herr kommt mit vielen tausend heiligen Engeln,
15 um über alle Menschen Gericht zu halten. Alle, die
nicht nach Gott gefragt haben, werden dann verurteilt
für die Taten, mit denen sie sich gegen ihn aufgelehnt,
und für die frechen Reden, mit denen sie ihn beleidigt
haben.« 16 Diese Menschen haben ständig etwas zu
murren und sind unzufrieden mit ihrem Schicksal. Sie
folgen ihren Begierden, machen große Worte und sa-
gen den Menschen Schmeicheleien, um sich Vorteile
zu verschaffen.

ERMAHNUNG ZUR TREUE UND VERHALTENSREGELN

17 Ihr aber, meine Lieben, sollt euch daran erinnern,
was euch die Apostel unseres Herrn Jesus Christus im
Voraus gesagt haben. 18 Sie haben euch immer wieder
eingeschärft: »In der letzten Zeit werden Spötter auf-
treten, denen nichts heilig ist und die nur ihren eigenen
schlimmen Begierden folgen.« 19 Diese Leute sind es,
die Spaltungen hervorrufen. »Sinnesmenschen« sind
sie, den Geist Gottes haben sie bestimmt nicht! 20 Ihr
aber, meine Lieben, gründet euch auf den hochheiligen
Glauben, den ihr angenommen habt. Baut auf diesem
Fundament weiter! Betet in der Kraft des Heiligen
Geistes! 21 Bleibt im Schutz der Liebe Gottes und war-
tet geduldig darauf, dass Jesus Christus, unser Herr,
wiederkommt und euch in seinem Erbarmen das ewige
Leben schenkt. 22 Mit denen, die im Glauben unsicher
geworden sind, habt Erbarmen und kümmert euch um
sie. 23 Andere könnt ihr vielleicht gerade noch aus dem
Feuer des Gerichts retten. Mit wieder anderen sollt ihr
zwar Erbarmen haben und für sie beten, nehmt euch
aber in Acht und meidet jeden Kontakt mit ihnen, selbst
mit der von ihrer sündigen Natur infizierten Kleidung.

ABSCHLIESSENDER LOBPREIS

24 Gott hat die Macht, euch vor dem Versagen zu be-
wahren und dahin zu bringen, wo ihr fehlerlos und voll
Freude seine Herrlichkeit sehen werdet. 25 Ihm, dem ein-
zigen Gott, der uns rettet durch Jesus Christus, unseren
Herrn, gehören Herrlichkeit, Hoheit, Macht und Herr-
schaft von Ewigkeit her, jetzt und in alle Ewigkeit! Amen.

DIE **OFFENBARUNG** AN JOHANNES

ÜBER DIESES BUCH

1 In diesem Buch ist die Offenbarung aufgeschrie-
ben, die Jesus Christus von Gott empfangen hat,
damit er denen, die ihm dienen, zeigt, was sich in Kürze
ereignen muss. Jesus Christus sandte seinen Engel zu
seinem Diener Johannes und machte ihm dies alles be-
kannt. 2 Johannes bezeugt hier die Botschaft, die von Gott
kommt und für die Jesus Christus als Zeuge einsteht: alles,
was er gesehen hat. 3 Freuen darf sich, wer die propheti-
schen Worte in diesem Buch anderen vorliest, und freuen
dürfen sich alle, die sie hören und beherzigen; denn
die Zeit ist nahe, dass alles hier Angekündigte eintrifft.

GRÜSSE AN DIE SIEBEN GEMEINDEN

4 Johannes schreibt an die sieben Gemeinden in der
Provinz Asien. Gnade und Frieden sei mit euch von

Gott – von ihm, der *ist* und der *war* und der *kommt* – und
von den sieben Geistern vor seinem Thron 5 und von
Jesus Christus, dem treuen Zeugen, der als erster von
allen Toten zu neuem Leben geboren worden ist und
über die Könige der Erde herrscht. Ihm, der uns liebt,
ihm, der sein Blut für uns vergossen hat, um uns von
unseren Sünden freizukaufen, 6 der uns zu Königen ge-
macht hat und zu Priestern, die seinem Gott und Vater
dienen dürfen: Ihm gehört die Herrlichkeit und Macht
für alle Ewigkeit! Amen. 7 Gebt acht, er kommt mit den
Wolken! Alle werden ihn sehen, auch die, die ihn durch-
bohrt haben. Alle Völker der Erde werden seinetwegen
jammern und klagen; das ist gewiss. Amen! 8 »Ich bin
das A und das O – der *ist* und der *war* und der *kommt*,
der Herrscher der ganzen Welt«, sagt Gott, der Herr.

DER AUFTRAG AN JOHANNES

9 Ich, Johannes, euer Bruder, teile mit euch die Bedräng-
nis und die Hoffnung auf Gottes neue Welt und die
Standhaftigkeit, die Jesus uns schenkt. Ich wurde auf
die Insel Patmos verbannt, weil ich die Botschaft Gottes
verkündet habe, alles, wofür Jesus als Zeuge einsteht.
10 Am Tag des Herrn nahm der Geist Gottes von mir Be-
sitz. Ich hörte hinter mir eine laute Stimme, die wie eine
Posaune klang. 11 Sie sagte: »Schreib das, was du siehst,
in ein Buch, und schicke es an die sieben Gemeinden in
Ephesus, Smyrna, Pergamon, Thyatira, Sardes, Philadel-
phia und Laodizea!« 12 Ich wandte mich um und wollte
sehen, wer zu mir sprach. Da erblickte ich sieben goldene
Leuchter. 13 In ihrer Mitte stand jemand, der aussah wie
der Sohn eines Menschen. Er trug ein langes Gewand
und hatte ein breites goldenes Band um die Brust. 14 Sein
Kopf und sein Haar strahlten wie weiße Wolle, ja wie
Schnee. Seine Augen brannten wie Flammen. 15 Seine
Füße glänzten wie gleißendes Gold, das im Schmelzofen
glüht, und seine Stimme klang wie das Tosen des Meeres.
16 Er hielt sieben Sterne in seiner rechten Hand, und aus
seinem Mund kam ein scharfes, beidseitig geschliffenes
Schwert. Sein Gesicht leuchtete wie die Sonne am Mit-
tag. 17 Als ich ihn sah, fiel ich wie tot vor seinen Füßen zu
Boden. Er legte seine rechte Hand auf mich und sagte:
»Hab keine Angst! Ich bin der Erste und der Letzte. 18 Ich
bin der Lebendige! Ich war tot, doch nun lebe ich in alle
Ewigkeit. Ich habe Macht über den Tod und die Totenwelt.
19 Schreib alles auf, was du soeben gesehen hast und was
dir noch offenbart wird über die Gegenwart und über das,
was in Zukunft geschehen wird. 20 Du siehst die Sterne in
meiner rechten Hand und die sieben goldenen Leuchter.
Ich sage dir, was sie bedeuten: Die sieben Sterne sind die
Engel der sieben Gemeinden und die sieben Leuchter
sind die Gemeinden selbst.«

AN DIE GEMEINDE IN EPHESUS

2 »Schreibe an den Engel der Gemeinde in Ephesus:
So spricht Er, der die sieben Sterne in seiner rechten
Hand hält und zwischen den sieben goldenen Leuch-
tern einhergeht: 2 Ich weiß von all dem Guten, das ihr
tut: von eurem Einsatz und eurer Ausdauer. Von eurem
Einsatz: Ihr duldet niemand unter euch, der Böses tut;
und die Leute, die sich als Apostel ausgeben, aber keine
sind, habt ihr geprüft und als Lügner entlarvt. 3 Und
von eurer Ausdauer: Um meinetwillen habt ihr gelitten
und doch nicht aufgegeben. 4 Aber etwas habe ich an
euch auszusetzen: Eure Liebe ist nicht mehr so wie am
Anfang. 5 Bedenkt, von welcher Höhe ihr herabgestürzt
seid! Kehrt um und handelt wieder so wie zu Beginn!
Wenn ihr euch nicht ändert, werde ich zu euch kommen
und euren Leuchter von seinem Platz stoßen. 6 Doch
eins spricht für euch: Ihr hasst das Treiben der Nikolaï-
ten genauso wie ich. 7 Wer Ohren hat, soll hören, was
der Geist den Gemeinden sagt! Allen, die durchhalten
und den Sieg erringen, gebe ich vom Baum des Lebens
zu essen, der im Garten Gottes steht.«

AN DIE GEMEINDE IN SMYRNA

8 »Schreibe an den Engel der Gemeinde in Smyrna:
So spricht Er, der der Erste und der Letzte ist, der tot
war und wieder lebt: 9 Ich weiß, dass ihr unterdrückt
werdet und dass ihr arm seid. Aber in Wirklichkeit seid
ihr reich! Ich kenne auch die üblen Nachreden, die von
Leuten über euch verbreitet werden, die sich als Ange-
hörige des Gottesvolkes ausgeben. Aber das sind sie
nicht, sondern sie gehören zur Synagoge des Satans.
10 Habt keine Angst vor dem, was ihr noch erleiden
müsst. Der Teufel wird einige von euch ins Gefängnis
werfen, um euch auf die Probe zu stellen. Zehn Tage
lang werden sie euch verfolgen. Haltet in Treue durch,
auch wenn es euch das Leben kostet. Dann werde ich
euch als Siegespreis ewiges Leben schenken. 11 Wer
Ohren hat, soll hören, was der Geist den Gemeinden
sagt! Allen, die durchhalten und den Sieg erringen,
wird der zweite und endgültige Tod nichts anhaben.«

AN DIE GEMEINDE IN PERGAMON

12 »Schreibe an den Engel der Gemeinde in Pergamon:
So spricht Er, der das scharfe, beidseitig geschliffene
Schwert hat: 13 Ich weiß, wo ihr wohnt: dort, wo der Thron
des Satans steht. Und doch haltet ihr am Bekenntnis zu
meinem Namen fest und habt euren Glauben an mich
nicht widerrufen, nicht einmal, als mein treuer Zeuge An-
tipas bei euch getötet wurde, dort, wo der Satan wohnt.
14 Trotzdem habe ich einiges an euch auszusetzen: Bei
euch gibt es Anhänger der Lehre Bileams. Der stiftete Ba-
lak an, die Israeliten zur Sünde zu verführen. Da aßen sie
Fleisch vom Götzenopfer und trieben Unzucht. 15 Solche
Leute gibt es auch bei euch – solche, die der Lehre der
Nikolaïten folgen. 16 Kehrt um! Sonst komme ich in Kürze
über euch und werde gegen diese Leute mit dem Schwert
aus meinem Mund Krieg führen. 17 Wer Ohren hat, soll
hören, was der Geist den Gemeinden sagt! Allen, die
durchhalten und den Sieg erringen, werde ich von dem
verborgenen Manna zu essen geben. Jeder und jede von
ihnen wird einen weißen Stein bekommen; darauf steht
ein neuer Name, den nur die kennen, die ihn empfangen.«

AN DIE GEMEINDE IN THYATIRA

18 »Schreibe an den Engel der Gemeinde in Thyatira: So
spricht der Sohn Gottes, dessen Augen wie Feuer glühen

und dessen Füße glänzen wie gleißendes Gold: 19 Ich
weiß von all dem Guten, das ihr tut: von eurer Liebe,
eurer Glaubenstreue, eurem Dienst füreinander, eurer
Standhaftigkeit. Ich weiß auch, dass ihr in alldem jetzt
noch eifriger seid als früher. 20 Aber eins habe ich an euch
auszusetzen: Ihr duldet diese Isebel, die sich als Prophe-
tin ausgibt. Mit ihrer Lehre verführt sie meine Diener und
Dienerinnen, Unzucht zu treiben und Fleisch von Tieren
zu essen, die als Götzenopfer geschlachtet worden sind.
21 Ich habe ihr Zeit gelassen, sich zu ändern; aber sie will
ihr zuchtloses Leben nicht aufgeben. 22 Darum werde
ich sie aufs Krankenbett werfen. Alle, die sich mit ihr
eingelassen haben, werden Schlimmes durchmachen
müssen, wenn sie nicht den Verkehr mit dieser Frau ab-
brechen. 23 Denn auch sie alle werde ich töten durch
die Pest. Dann werden alle Gemeinden wissen, dass ich
die geheimsten Gedanken und Wünsche der Menschen
kenne. Ich werde mit jedem von euch nach seinen Taten
verfahren. 24 Den anderen in Thyatira, die dieser falschen
Lehre nicht gefolgt sind und die sogenannten Tiefen
des Satans nicht kennengelernt haben, sage ich: Ich
will euch keine weiteren Einschränkungen auferlegen.
25 Aber haltet fest, was ihr habt, bis ich komme! 26 Allen,
die den Sieg erringen und sich bis zuletzt an das halten,
was ich gelehrt und vorgelebt habe, werde ich Macht
über die Völker geben; 27 sie werden die Völker mit eiser-
nem Zepter regieren und zerschlagen wie Tontöpfe. 28 Es
ist dieselbe Macht, die ich von meinem Vater bekommen
habe; und als Zeichen dieser Macht werde ich ihnen den
Morgenstern geben. 29 Wer Ohren hat, soll hören, was
der Geist den Gemeinden sagt!«

AN DIE GEMEINDE IN SARDES

3 »Schreibe an den Engel der Gemeinde in Sardes:
So spricht Er, dem die sieben Geister Gottes dienen
und der die sieben Sterne in der Hand hält: Ich kenne
euer Tun. Ich weiß, dass ihr in dem Ruf steht, eine le-
bendige Gemeinde zu sein; aber in Wirklichkeit seid
ihr tot. 2 Werdet wach und stärkt den Rest, der noch
Leben hat, bevor er vollends stirbt. Was ich bei euch
an Taten vorgefunden habe, kann in den Augen meines
Gottes nicht bestehen. 3 Erinnert euch daran, wie ihr
die Botschaft anfangs gehört und aufgenommen habt!
Richtet euch nach ihr und lebt wieder wie damals!
Wenn ihr nicht aufwacht und wach bleibt, werde ich
euch wie ein Dieb überraschen; ihr werdet nicht wis-
sen, in welcher Stunde ich über euch komme. 4 Aber
einige von euch in Sardes haben sich nicht beschmutzt.
Sie werden weiße Kleider tragen und immer bei mir
sein; denn sie sind es wert. 5 Alle, die durchhalten und
den Sieg erringen, werden solch ein weißes Kleid tra-
gen. Ich will ihren Namen nicht aus dem Buch des Le-
bens streichen. Vor meinem Vater und seinen Engeln
werde ich mich offen zu ihnen bekennen. 6 Wer Ohren
hat, soll hören, was der Geist den Gemeinden sagt!«

AN DIE GEMEINDE IN PHILADELPHIA

7 »Schreibe an den Engel der Gemeinde in Philadel-
phia: So spricht Er, der heilig ist und Treue hält, Er, der
den Schlüssel Davids hat – wo Er öffnet, kann niemand
zuschließen, und wo Er zuschließt, kann niemand öff-
nen –, Er lässt euch sagen: 8 Ich kenne euer Tun. Ich
habe euch eine Tür geöffnet, die niemand zuschlie-
ßen kann. Eure Kraft ist nur klein. Trotzdem habt ihr
euch nach meinem Wort gerichtet und das Bekenntnis
zu mir nicht widerrufen. 9 Hört zu! Ich werde Men-
schen zu euch schicken, die zur Synagoge des Satans
gehören. Sie behaupten, dass sie zum Volk Gottes
zählen; das stimmt aber nicht, sie lügen. Ich werde
dafür sorgen, dass sie sich vor euch niederwerfen und
anerkennen, dass ich euch erwählt habe und liebe.
10 Ihr habt mein Wort beherzigt, mit dem ich euch
zum Durchhalten aufrief. Darum werde ich euch in
der Zeit der Versuchung bewahren, die demnächst
über die ganze Erde kommen und alle Menschen auf
die Probe stellen wird. 11 Ich komme bald! Haltet fest,
was ihr habt, damit euch niemand den Siegeskranz
streitig macht! 12 Alle, die durchhalten und den Sieg
erringen, werde ich zu einer Säule im Tempel meines
Gottes machen, und sie werden immer darin bleiben.
Ich werde den Namen meines Gottes auf sie schreiben
und den Namen der Stadt meines Gottes. Diese Stadt
ist das neue Jerusalem, das von meinem Gott aus dem
Himmel herabkommen wird. Ich werde auch meinen
eigenen neuen Namen auf sie schreiben. 13 Wer Ohren
hat, soll hören, was der Geist den Gemeinden sagt!«

AN DIE GEMEINDE IN LAODIZEA

14 »Schreibe an den Engel der Gemeinde in Laodizea: So
spricht Er, der Amen heißt, der treue und wahrhaftige
Zeuge, der vor allem da war, was Gott geschaffen hat:
15 Ich kenne euer Tun: Ihr seid weder warm noch kalt.
Wenn ihr wenigstens eins von beiden wärt! 16 Aber ihr
seid weder warm noch kalt; ihr seid lauwarm. Darum
werde ich euch aus meinem Mund ausspucken. 17 Ihr
sagt: ›Wir sind reich und bestens versorgt; uns fehlt
nichts.‹ Aber ihr wisst nicht, wie unglücklich und be-
jammernswert ihr seid, elend, blind und nackt. 18 Ich
rate euch: Kauft von mir Gold, das im Feuer gereinigt
wurde; dann werdet ihr reich! Kauft euch weiße Kleider,
damit ihr nicht nackt dasteht und euch schämen müsst!
Kauft euch Salbe für eure Augen, damit ihr sehen könnt!
19 Alle, die ich liebe, weise ich zurecht und erziehe sie
streng. Macht also Ernst und kehrt um! 20 Gebt acht, ich
stehe vor der Tür und klopfe an! Wenn jemand meine
Stimme hört und die Tür öffnet, werde ich bei ihm ein-
kehren. Ich werde mit ihm das Mahl halten und er mit
mir. 21 Alle, die durchhalten und den Sieg erringen, er-
halten von mir das Recht, mit mir auf meinem Thron zu
sitzen, so wie ich selbst den Sieg errungen habe und nun
mit meinem Vater auf seinem Thron sitze. 22 Wer Ohren
hat, soll hören, was der Geist den Gemeinden sagt!«

4 Danach blickte ich auf, da sah ich im Himmel eine
offene Tür. Die Stimme, die vorher zu mir gespro-
chen hatte und die wie eine Posaune klang, sagte:
»Komm herauf! Ich werde dir zeigen, was in Zukunft
geschehen muss.«

VORSPIEL IM HIMMEL (1): DER SCHÖPFER DER WELT STEHT BEREIT, SEINE HERRSCHAFT IN DER WELT ENDGÜLTIG DURCHZUSETZEN

2 Sofort nahm der Geist von mir Besitz und ich sah: Im
Himmel stand ein Thron, und auf dem Thron saß einer.
3 Er strahlte wie die Edelsteine Jaspis und Karneol. Über
dem Thron stand ein Regenbogen, der leuchtete wie
ein Smaragd. 4 Um den Thron standen im Kreis vierund-
zwanzig andere Throne, darauf saßen vierundzwanzig
Älteste. Sie trugen weiße Kleider und goldene Kronen.
5 Von dem Thron gingen Blitze aus und dröhnende Don-
nerschläge. Vor dem Thron brannten sieben Fackeln,
das sind die sieben Geister Gottes. 6 Im Vordergrund
war etwas wie ein gläsernes Meer, so klar wie Kris-
tall. In der Mitte, in einem inneren Kreis um den Thron,
waren vier mächtige Gestalten, die nach allen Seiten
voller Augen waren. 7 Die erste sah aus wie ein Löwe,
die zweite wie ein Stier, die dritte hatte ein Gesicht
wie ein Mensch, und die vierte glich einem fliegenden
Adler. 8 Jede der vier Gestalten hatte sechs Flügel, die
innen und außen mit Augen bedeckt waren. Tag und
Nacht rufen sie unaufhörlich: »Heilig, heilig, heilig ist
der Herr, der Gott, der die ganze Welt regiert, der war
und der ist und der kommt!« 9-10 Immer wieder riefen
die vier mächtigen Gestalten Preis, Ehre und Dank aus
für den, der auf dem Thron sitzt und in alle Ewigkeit
lebt. Und jedes Mal, wenn sie das taten, warfen sich
die vierundzwanzig Ältesten nieder vor dem, der auf
dem Thron sitzt, und beteten den an, der in alle Ewig-
keit lebt. Sie legten ihre Kronen vor dem Thron nieder
und sagten: 11 »Würdig bist du, unser Herr und Gott,
dass alle dich preisen und ehren und deine Macht an-
erkennen. Denn du hast die ganze Welt geschaffen;
weil du es gewollt hast, ist sie entstanden.«

VORSPIEL IM HIMMEL (2): DIE BUCHROLLE MIT DEN SIEBEN SIEGELN UND DIE ERMÄCHTIGUNG DES LAMMES, DIE SIEGEL ZU LÖSEN

5 In der rechten Hand dessen, der auf dem Thron saß,
sah ich eine Buchrolle. Sie war innen und außen
beschrieben und mit sieben Siegeln verschlossen. 2 Und
ich sah einen mächtigen Engel, der mit lauter Stimme
fragte: »Wer ist würdig, die Siegel aufzubrechen und
das Buch zu öffnen?« 3 Aber es gab niemand, der es öff-
nen und hineinsehen konnte, weder im Himmel noch
auf der Erde noch unter der Erde. 4 Ich weinte sehr,
weil niemand gefunden wurde, der würdig war, das
Buch zu öffnen und hineinzusehen. 5 Da sagte einer der
Ältesten zu mir: »Hör auf zu weinen! Der Löwe aus dem
Stamm Juda und Nachkomme Davids hat den Sieg er-
rungen. Er ist würdig; er wird die sieben Siegel aufbre-
chen und das Buch öffnen.« 6 Da sah ich direkt vor dem
Thron, umgeben von den vier mächtigen Gestalten und
vom Kreis der Ältesten, ein Lamm stehen. Es sah aus,
als ob es geschlachtet wäre. Es hatte sieben Hörner und
sieben Augen; das sind die sieben Geister Gottes, die in
die ganze Welt gesandt worden sind. 7 Das Lamm ging
zu dem, der auf dem Thron saß, und nahm die Buchrolle
aus seiner rechten Hand. 8 Und als es sie genommen
hatte, warfen sich die vier mächtigen Gestalten und
die vierundzwanzig Ältesten vor dem Lamm nieder.
Jeder Älteste hatte eine Harfe und eine goldene Schale
mit Weihrauch; das sind die Gebete der Menschen,
die zu Gottes heiligem Volk gehören. 9 Sie sangen ein
neues Lied: »Du bist würdig, das Buch zu nehmen und
seine Siegel aufzubrechen! Denn du wurdest als Opfer
geschlachtet, und mit deinem vergossenen Blut hast
du Menschen für Gott erworben, Menschen aus allen
Sprachen und Stämmen, aus allen Völkern und Natio-
nen. 10 Zu Königen hast du sie gemacht und zu Pries-
tern für unseren Gott; und sie werden über die Erde
herrschen.« 11 Dann sah und hörte ich Tausende und
Abertausende von Engeln, eine unübersehbare Zahl.
Sie standen rund um den Thron und die vier mächti-
gen Gestalten und die Ältesten 12 und riefen mit lauter
Stimme: »Würdig ist das geopferte Lamm, Macht zu
empfangen, Reichtum und Weisheit, Kraft und Ehre,
Ruhm und Preis!« 13 Und alle Geschöpfe in der Luft,
auf der Erde, unter der Erde und im Meer – alles, was
in der Welt lebt – hörte ich laut mit einstimmen: »Preis
und Ehre, Ruhm und Macht gehören ihm, der auf dem
Thron sitzt, und dem Lamm, für alle Ewigkeit.« 14 Die
vier mächtigen Gestalten antworteten: »Amen!« Und
die Ältesten fielen nieder und beteten an.

DIE ÖFFNUNG DER ERSTEN SECHS SIEGEL

6 Dann sah ich, wie das Lamm das *erste* von den sie-
ben Siegeln aufbrach. Und ich hörte, wie eine der
vier mächtigen Gestalten mit Donnerstimme sagte:
»Komm!« 2 Ich schaute hin, da kam ein weißes Pferd.
Sein Reiter hatte einen Bogen und erhielt eine Krone.
Als Sieger zog er aus, um zu siegen. 3 Dann brach das
Lamm das *zweite* Siegel auf. Ich hörte, wie die zweite
der mächtigen Gestalten sagte: »Komm!« 4 Da kam
ein anderes Pferd hervor, ein feuerrotes. Sein Reiter
wurde ermächtigt, den Frieden von der Erde zu nehmen,
damit sich die Menschen gegenseitig töteten. Dazu
wurde ihm ein großes Schwert gegeben. 5 Dann brach
das Lamm das *dritte* Siegel auf. Ich hörte, wie die dritte
der mächtigen Gestalten sagte: »Komm!« Ich schaute
hin, da kam ein schwarzes Pferd. Sein Reiter hielt eine
Waage in der Hand. 6 Aus dem Kreis der vier mächtigen
Gestalten hörte ich eine Stimme rufen: »Eine Ration
Weizen oder drei Rationen Gerste für den Lohn eines
ganzen Tages. Nur Öl und Wein zum alten Preis!« 7 Dann
brach das Lamm das *vierte* Siegel auf. Ich hörte, wie die
vierte der mächtigen Gestalten sagte: »Komm!« 8 Ich
schaute hin, da kam ein leichenfarbenes Pferd. Sein
Reiter hieß Tod, und die Totenwelt folgte ihm auf den
Fersen. Ein Viertel der Erde wurde in ihre Macht gege-
ben. Durch das Schwert, durch Hunger, Seuchen und
wilde Tiere sollten sie die Menschen töten. 9 Dann brach
das Lamm das *fünfte* Siegel auf. Da sah ich am Fuß des
Altars die Seelen der Menschen, die man umgebracht
hatte, weil sie an Gottes Wort festgehalten hatten – an
alldem, wofür Jesus Christus als Zeuge einsteht. 10 Sie
riefen mit lauter Stimme: »Herr, du bist heilig und hältst,
was du versprichst! Wie lange soll es noch dauern, bis

du die Bewohner der Erde vor Gericht rufst und Ver-
geltung an ihnen übst, weil sie unser Blut vergossen
haben?« 11 Sie alle erhielten weiße Gewänder, und es
wurde ihnen gesagt: »Gebt noch für kurze Zeit Ruhe,
denn eure Zahl ist noch nicht voll. Von euren Brüdern
und Schwestern, die Gott dienen genau wie ihr, müssen
noch so viele getötet werden, wie Gott bestimmt hat.«
12 Ich sah, wie das Lamm das *sechste* Siegel aufbrach.
Da gab es ein gewaltiges Erdbeben. Die Sonne wurde
schwarz wie ein Trauerkleid und der ganze Mond wurde
blutrot. 13 Wie unreife Feigen, die ein starker Wind vom
Baum schüttelt, fielen die Sterne vom Himmel auf die
Erde. 14 Der Himmel verschwand wie eine Buchrolle,
die zusammengerollt wird. Weder Berg noch Insel
blieben an ihren Plätzen. 15 Alle Menschen versteck-
ten sich in Höhlen und zwischen den Felsen der Berge:
die Könige und Herrscher, die Heerführer, die Reichen
und Mächtigen und alle Sklaven und Freien. 16 Sie riefen
den Bergen und Felsen zu: »Fallt auf uns und verbergt
uns vor dem Blick dessen, der auf dem Thron sitzt, und
vor dem Zorn des Lammes! 17 Der große Tag, an dem sie
Gericht halten, ist gekommen. Wer kann da bestehen?«

DIE 144 000 MIT DEM SIEGEL GOTTES GEKENNZEICHNETEN AUF DER ERDE …

7 Danach sah ich an den vier Enden der Erde vier
Engel stehen. Sie hielten die vier Winde zurück,
damit kein Wind auf der Erde, auf dem Meer und in den
Bäumen wehte. 2 Von dorther, wo die Sonne aufgeht,
sah ich einen anderen Engel emporsteigen, er hatte
das Siegel des lebendigen Gottes in der Hand. Mit lau-
ter Stimme wandte er sich an die vier Engel, denen Gott
die Macht gegeben hatte, dem Land und dem Meer
Schaden zuzufügen, 3 und sagte: »Verwüstet weder das
Land noch das Meer noch die Bäume! Erst müssen wir
die Diener und Dienerinnen unseres Gottes mit dem
Siegel auf der Stirn kennzeichnen.« 4 Und ich hörte,
wie viele mit dem Siegel gekennzeichnet wurden. Es
waren hundertvierundvierzigtausend aus allen Stäm-
men des Volkes Israel: // 5 zwölftausend vom Stamm
Juda, / zwölftausend vom Stamm Ruben, / zwölftau-
send vom Stamm Gad, / 6 zwölftausend vom Stamm
Ascher, / zwölftausend vom Stamm Naftali, / zwölf-
tausend vom Stamm Manasse, / 7 zwölftausend
vom Stamm Simeon, / zwölftausend vom Stamm
Levi, / zwölftausend vom Stamm Issachar, / 8 zwölf-
tausend vom Stamm Sebulon, / zwölftausend vom
Stamm Josef, / zwölftausend vom Stamm Benjamin. //

… UND DIE UNZÄHLBAR GROSSE SCHAR DER SCHON VOLLENDETEN IM HIMMEL

9 Danach sah ich eine große Menge Menschen, so viele,
dass niemand sie zählen konnte. Es waren Menschen
aus allen Nationen, Stämmen, Völkern und Sprachen.
Sie standen in weißen Kleidern vor dem Thron und dem
Lamm und hielten Palmzweige in den Händen. 10 Mit
lauter Stimme riefen sie: »Der Sieg gehört unserem Gott,
der auf dem Thron sitzt, und dem Lamm!« 11 Alle Engel
standen im Kreis um den Thron und um die Ältesten und
um die vier mächtigen Gestalten. Sie warfen sich vor
dem Thron zu Boden, beteten Gott an 12 und sprachen:
»Das ist gewiss: Preis und Herrlichkeit, Weisheit und
Dank, Ehre, Macht und Stärke gehören unserem Gott für
alle Ewigkeit! Amen.« 13 Einer der Ältesten fragte mich:
»Wer sind diese Menschen in weißen Kleidern? Woher
kommen sie?« 14 Ich antwortete: »Ich weiß es nicht,
Herr. *Du* weißt es!« Da sagte er zu mir: »Diese Menschen
haben die große Verfolgung durchgestanden. Sie haben
ihre Kleider gewaschen und im Blut des Lammes weiß
gemacht. 15 Darum stehen sie vor dem Thron Gottes und
dienen ihm Tag und Nacht in seinem Tempel. Er, der auf
dem Thron sitzt, wird bei ihnen wohnen. 16 Sie werden
keinen Hunger oder Durst mehr haben; weder die Sonne
noch irgendeine Glut wird sie versengen. 17 Das Lamm,
das in der Mitte des Thrones steht, wird ihr Hirt sein und
sie an die Quellen führen, deren Wasser Leben spendet.
Und Gott wird alle ihre Tränen abwischen.«

DIE ÖFFNUNG DES SIEBTEN SIEGELS

8 Als das Lamm das *siebte* Siegel aufbrach, wurde es
im Himmel ganz still, etwa eine halbe Stunde lang.
2 Dann sah ich, wie die sieben Engel, die immer vor Gott
stehen, sieben Posaunen erhielten. 3 Ein anderer Engel
kam mit einer goldenen Räucherpfanne und stellte sich
an den Altar. Er erhielt eine große Menge Weihrauch,
um ihn auf dem goldenen Altar vor Gottes Thron als
Opfer darzubringen, zusammen mit den Gebeten al-
ler Menschen in Gottes heiligem Volk. 4 Aus der Hand
des Engels, der vor Gott stand, stieg der Weihrauch in
die Höhe, zusammen mit den Gebeten der Menschen.
5 Dann nahm der Engel die Räucherpfanne, füllte sie mit
Feuer vom Altar und warf es auf die Erde. Da blitzte und
donnerte und dröhnte es heftig, und die Erde bebte.

6 Darauf machten sich die sieben Engel bereit, die sie-
ben Posaunen zu blasen.

DIE ERSTEN VIER POSAUNEN

7 Der *erste* Engel blies seine Posaune. Da entstanden
Hagel und Feuer und wurden mit Blut gemischt auf die
Erde geschleudert. Ein Drittel der Erde und ein Drittel
aller Bäume verbrannten, auch alles Gras verbrannte.
8 Dann blies der *zweite* Engel seine Posaune. Etwas,
das wie ein großer brennender Berg aussah, wurde
ins Meer geworfen. Ein Drittel des Meeres wurde zu
Blut. 9 Ein Drittel aller Meerestiere starb und ein Drittel
aller Schiffe wurde vernichtet. 10 Dann blies der *dritte*
Engel seine Posaune. Ein großer Stern, der wie eine
Fackel brannte, stürzte vom Himmel. Er fiel auf ein Drit-
tel der Flüsse und auf die Quellen. 11 Der Stern heißt
»Wermut«. Ein Drittel des Wassers wurde bitter. Viele
Menschen starben an diesem Wasser, weil es vergiftet
war. 12 Dann blies der *vierte* Engel seine Posaune. Ein
Drittel der Sonne, des Mondes und der Sterne wurden
durch Schläge getroffen. Ihr Licht verlor ein Drittel sei-
ner Helligkeit, und ein Drittel des Tages und der Nacht
wurden finster. 13 Dann sah ich einen Adler, der hoch
am Himmel daherflog, und hörte ihn mit lauter Stimme

rufen: »Schrecken, Schrecken, Schrecken! Wenn erst die anderen drei Engel ihre Posaunen blasen, wird es denen, die auf der Erde leben, schrecklich ergehen!«

DIE FÜNFTE POSAUNE

9 Dann blies der *fünfte* Engel seine Posaune. Ich sah einen Stern, der vom Himmel auf die Erde gestürzt war. Dieser Stern erhielt die Schlüssel zu dem Schacht, der in den Abgrund führt. 2 Er öffnete den Schacht, da quoll Rauch daraus hervor wie aus einem großen Ofen und verdunkelte die Sonne und die Luft. 3 Aus dem Rauch kamen Heuschrecken auf die Erde, denen die Kraft von Skorpionen gegeben war. 4 Sie durften weder dem Gras noch den Bäumen noch anderen Pflanzen Schaden zufügen; sie sollten nur die Menschen quälen, die nicht mit dem Siegel Gottes auf der Stirn gekennzeichnet waren. 5 Es war ihnen verboten, diese Menschen zu töten; sie durften sie nur fünf Monate lang quälen. Die Menschen sollten solche Schmerzen leiden, wie wenn ein Skorpion sie gestochen hätte. 6 Während dieser fünf Monate werden die Menschen den Tod suchen, ihn aber nicht finden. Sie möchten dann gerne sterben, aber der Tod wird vor ihnen fliehen. 7 Die Heuschrecken sahen aus wie Pferde, die in die Schlacht ziehen. Auf ihren Köpfen trugen sie goldene Kronen, und sie hatten Gesichter wie Menschen. 8 Ihr Haar war wie Frauenhaar und ihre Zähne wie Löwenzähne. 9 Ihre Brust war wie mit einem eisernen Panzer bedeckt. Ihre Flügel machten einen Lärm, als ob viele mit Pferden bespannte Wagen in die Schlacht rollten. 10 Sie hatten Schwänze und Stacheln wie Skorpione. In ihren Schwänzen steckte die Kraft, die Menschen fünf Monate lang zu quälen. 11 Der Engel, der für den Abgrund zuständig ist, herrscht als König über sie. Auf Hebräisch heißt sein Name Abaddon, auf Griechisch Apollyon (Zerstörer). 12 Der erste Schrecken ist damit vorüber; es werden noch zwei weitere folgen.

DIE SECHSTE POSAUNE

13 Dann blies der *sechste* Engel seine Posaune. Ich hörte eine Stimme, die von den vier Hörnern des goldenen Altars kam, der vor Gott steht. 14 Die Stimme sagte zu dem sechsten Engel mit der Posaune: »Lass die vier Engel frei, die am Eufrat, dem großen Strom, in Fesseln liegen!« 15 Die vier Engel wurden freigelassen. Sie waren auf das Jahr, den Monat, den Tag und die Stunde genau für diesen Zeitpunkt dazu bereitgestellt, ein Drittel der Menschheit zu töten. 16 Man nannte mir die Anzahl ihrer berittenen Truppen; es waren Millionen und Abermillionen. 17 Und so sah ich sie in der Vision, die Reiter mit ihren Pferden: Ihr Brustpanzer war feuerrot, rauchblau und schwefelgelb. Die Pferde hatten Köpfe wie Löwen und aus ihren Mäulern kamen Feuer, Rauch und Schwefel. 18 Feuer, Rauch und Schwefel sind die drei Katastrophen, durch die ein Drittel der Menschen vernichtet wurde. 19 Die tödliche Wirkung der Pferde geht von ihren Mäulern aus und von ihren Schwänzen. Die Schwänze sind wie Schlangen mit einem Schlangenkopf am Ende. Mit ihnen fügen sie den Menschen Schaden zu. 20 Aber die Menschen, die nicht durch diese Katastrophen getötet wurden, änderten sich nicht. Sie hörten nicht auf, die Dämonen und die Götzen aus Gold, Silber, Bronze, Stein und Holz anzubeten, diese selbst gemachten Götter, die weder sehen noch hören noch gehen können. 21 Nein, sie änderten sich nicht; sie hörten nicht auf zu morden, Zauberei und Unzucht zu treiben und zu stehlen.

DER ENGEL MIT DER BUCHROLLE UND ERNEUTER AUFTRAG FÜR DEN PROPHETEN

10 Dann sah ich einen anderen mächtigen Engel vom Himmel auf die Erde herabsteigen. Er war von einer Wolke umgeben und der Regenbogen stand über seinem Kopf. Sein Gesicht war wie die Sonne, und seine Beine glichen Säulen aus Feuer. 2 Er hielt eine kleine Buchrolle geöffnet in der Hand. Seinen rechten Fuß setzte er auf das Meer und seinen linken Fuß auf das Land. 3 Er rief mit einer Stimme, die sich wie Löwengebrüll anhörte, und auf seinen Ruf antworteten die sieben Donner mit Gebrüll. 4 Ich wollte aufschreiben, was sie sagten; aber ich hörte eine Stimme vom Himmel: »Was die sieben Donner gesagt haben, sollst du geheim halten! Schreib es nicht auf!« 5 Dann hob der Engel, den ich auf dem Meer und dem Land stehen sah, seine rechte Hand zum Himmel. 6 Er schwor bei dem, der in alle Ewigkeit lebt, der den Himmel, die Erde, das Meer und alle ihre Bewohner geschaffen hat, und sagte: »Die Frist ist abgelaufen! 7 Wenn der Tag gekommen ist, dass der *siebte* Engel seine Posaune bläst, wird Gott seinen geheimen Plan ausführen, so wie er es seinen Dienern, den Propheten, angekündigt hat.« 8 Dann sprach die Stimme aus dem Himmel, die ich zuvor gehört hatte, noch einmal zu mir: »Geh und nimm die offene Buchrolle aus der Hand des Engels, der auf dem Meer und dem Land steht!« 9 Ich ging zu dem Engel und bat ihn, mir die Buchrolle zu geben. Er sagte zu mir: »Nimm sie und iss sie auf! Sie wird dir bitter im Magen liegen, aber in deinem Mund wird sie süß sein wie Honig.« 10 Ich nahm die kleine Buchrolle aus seiner Hand und aß sie auf. Sie schmeckte wie Honig. Aber als ich sie hinuntergeschluckt hatte, lag sie mir bitter im Magen. 11 Dann sagte mir jemand: »Du musst noch ein weiteres Mal als Prophet verkünden, was Gott mit den Völkern, Nationen, Stämmen und Königen vorhat.«

DIE TÖDLICHE BEDROHUNG DER GEMEINDE UND DAS AUFTRETEN DER ZWEI ZEUGEN

11 Dann erhielt ich ein Rohr, das wie ein Messstab war, und jemand sagte: »Steh auf und miss den Tempel Gottes aus und den inneren Vorhof, in dem der Altar steht. Zähle, wie viele Menschen dort beten. 2 Den äußeren Vorhof lass weg! Dort brauchst du nicht zu messen, weil er den Fremden preisgegeben wird. Zweiundvierzig Monate lang werden sie die Heilige Stadt verwüsten. 3 Ich werde meine zwei Zeugen beauftragen. Sie sollen Trauerkleidung tragen und während dieser zwölfhundertsechzig Tage prophetisch reden.« 4 Diese beiden Zeugen sind die zwei Ölbäume und die zwei Leuchter, die vor dem Herrn der Erde stehen. 5 Wenn jemand versucht, gegen sie einzuschreiten, kommt Feuer aus ihrem Mund und verbrennt ihre Feinde. Auf diese Weise werden alle getötet, die ihnen Schaden zufügen wollen. 6 Sie haben die Macht, den Himmel zu verschließen, sodass es nicht regnet, solange sie ihre prophetische Botschaft ausrichten. Sie haben auch die Macht, alle Gewässer in Blut zu verwandeln und die Erde mit allen möglichen Katastrophen zu erschüttern, sooft sie wollen. 7 Wenn sie ihre Botschaft vollständig ausgerichtet haben, wird das Tier aus dem Abgrund kommen und gegen sie kämpfen. Es wird sie besiegen und sie töten. 8 Ihre Leichen werden auf dem Platz mitten in der großen Stadt liegen, in der auch ihr Herr gekreuzigt wurde. Geistlich gesprochen heißt diese Stadt »Sodom« und »Ägypten«. 9 Menschen aus aller Welt, aus allen Völkern, Stämmen und Sprachen werden kommen und sich dreieinhalb Tage lang die beiden Toten ansehen; sie werden nicht zulassen, dass sie beerdigt werden. 10 Alle Menschen auf der Erde werden sich über den Tod dieser beiden freuen, sie werden jubeln und sich gegenseitig Geschenke schicken; denn diese Propheten waren ihnen lästig geworden. 11 Doch nach dreieinhalb Tagen kam der Lebensgeist Gottes wieder in die beiden Propheten, und sie standen auf. Alle, die das sahen, erschraken sehr. 12 Dann hörten sie eine mächtige Stimme vom Himmel, die den beiden befahl: »Kommt herauf!« Und vor den Augen ihrer Feinde stiegen sie in einer Wolke zum Himmel hinauf. 13 In diesem Augenblick gab es ein heftiges Erdbeben. Ein Zehntel der Stadt wurde zerstört; siebentausend Menschen kamen bei dem Erdbeben ums Leben. Die Überlebenden waren zu Tode erschrocken und erwiesen Gott im Himmel Ehre. 14 Der zweite Schrecken ist damit vorüber, doch der dritte Schrecken wird bald folgen!

DIE SIEBTE POSAUNE

15 Dann blies der *siebte* Engel seine Posaune. Da erhoben sich im Himmel laute Stimmen, die sagten: »Jetzt gehört die Herrschaft über die Erde unserem Gott und seinem gesalbten König, und Gott wird in alle Ewigkeit regieren!« 16 Die vierundzwanzig Ältesten, die vor Gott auf ihren Thronen sitzen, warfen sich zu Boden und beteten Gott an. 17 Sie sagten: »Wir danken dir, Herr, unser Gott, du Herrscher der ganzen Welt, der du bist und der du warst! Du hast deine große Macht gebraucht und die Herrschaft angetreten! 18 Die Völker lehnten sich gegen dich auf; darum bist du zornig geworden. Jetzt ist die Zeit gekommen, Gericht zu halten über die Toten. Nun ist die Zeit der Belohnung da für deine Diener, die Propheten, und für dein ganzes heiliges Volk, alle, die deinen Namen ehren, Hohe und Niedrige. Nun ist die Zeit der Bestrafung gekommen für alle, die die Erde zugrunde richten: Jetzt werden sie selbst zugrunde gerichtet.« 19 Die Türen am Tempel Gottes im Himmel wurden geöffnet, sodass die Lade mit den Zeichen des Bundes zu sehen war. Zugleich blitzte es und donnerte und dröhnte; die Erde bebte und schwerer Hagel fiel nieder.

WAS VORAUSGEHT: DIE ERHÖHUNG DES VERSPROCHENEN RETTERS, DER STURZ DES DRACHEN UND SEINE WUT

12 Darauf zeigte sich am Himmel eine gewaltige Erscheinung: Es war eine Frau, die war mit der Sonne bekleidet und hatte den Mond unter ihren Füßen und trug auf dem Kopf eine Krone von zwölf Sternen. 2 Sie stand kurz vor der Geburt und die Wehen ließen sie vor Schmerz aufschreien. 3 Dann zeigte sich am Himmel eine andere Erscheinung: ein großer, feuerroter Drache mit sieben Köpfen und zehn Hörnern. Jeder Kopf trug eine Krone. 4 Mit seinem Schwanz fegte der Drache ein Drittel der Sterne vom Himmel und schleuderte sie auf die Erde. Er stand vor der Frau, die ihr Kind gebären sollte, und wollte es verschlingen, sobald es geboren wäre. 5 Die Frau brachte einen Sohn zur Welt, der alle Völker der Erde mit eisernem Zepter regieren wird. Das Kind wurde sofort nach der Geburt weggenommen und zu Gott, zum Thron Gottes, gebracht. 6 Die Frau aber flüchtete in die Wüste; dort hatte Gott ihr einen Zufluchtsort geschaffen, an dem sie zwölfhundertsechzig Tage lang mit Nahrung versorgt werden sollte. 7 Dann brach im Himmel ein Krieg aus. Michael mit seinen Engeln kämpfte gegen den Drachen. Der Drache mit seinen Engeln wehrte sich; 8 aber er konnte nicht standhalten. Samt seinen Engeln musste er seinen Platz im Himmel räumen. 9 Der große Drache wurde hinuntergestürzt! Er ist die alte Schlange, die auch Teufel oder Satan genannt wird und die ganze Welt verführt. Er wurde auf die Erde hinuntergestürzt mit allen seinen Engeln. 10 Dann hörte ich eine mächtige Stimme im Himmel sagen: »Jetzt ist es geschehen: Unser Gott hat gesiegt! Jetzt hat er seine Gewalt gezeigt und seine Herrschaft angetreten! Jetzt liegt die Macht in den Händen des Königs, den er gesalbt und eingesetzt hat! Der Ankläger unserer Brüder und Schwestern ist gestürzt; er, der sie Tag und Nacht vor Gott beschuldigte, ist nun aus dem Himmel hinausgeworfen. 11 Unsere Brüder und Schwestern haben ihn besiegt durch das Blut des Lammes und durch ihr standhaftes Bekenntnis. Sie waren bereit, dafür ihr Leben zu opfern und den Tod auf sich zu nehmen. 12 Darum freue dich, Himmel, mit allen, die in dir wohnen! Ihr aber, Land und Meer, müsst zittern, seit der Teufel dort unten bei euch ist! Seine Wut ist ungeheuer groß; denn er weiß, er hat nur noch wenig Zeit!« 13 Als der Drache sah, dass er auf die Erde geworfen war, begann er, die Frau zu verfolgen, die den Sohn geboren hatte. 14 Aber die Frau erhielt die beiden Flügel des großen Adlers, um an ihren Zufluchtsort in der Wüste zu fliehen. Dort sollte sie dreieinhalb Jahre mit Nahrung versorgt werden und vor der Schlange sicher sein. 15 Die Schlange schickte aus ihrem Rachen einen Wasserstrom hinter der Frau her, um sie fortzuschwemmen. 16 Aber die Erde kam der Frau zu Hilfe: Sie öffnete sich und schluckte den Strom, den der Drache aus seinem Rachen ausstieß. 17 Da wurde der Drache wütend über die Frau und ging fort, um ihre übrigen Nachkommen zu bekämpfen. Das sind die Menschen, die Gottes Gebote befolgen und festhalten an dem, wofür Jesus als Zeuge einsteht.

DAS TIER AUS DEM MEER: DIE RELIGIÖS ÜBERHÖHTE WELTMACHT

18 Der Drache trat ans Ufer des Meeres.

13 Und ich sah ein Tier aus dem Meer heraufsteigen, das hatte zehn Hörner und sieben Köpfe. Auf jedem Horn trug es eine Krone, und auf seine Köpfe waren Herrschertitel geschrieben, die Gott beleidigten. 2 Das Tier, das ich sah, war wie ein Leopard, hatte Füße wie Bärentatzen und einen Rachen wie ein Löwe. Der Drache verlieh dem Tier seine eigene Kraft, seinen Thron und seine große Macht. 3 Einer der Köpfe des Tieres sah aus, als hätte er eine tödliche Wunde erhalten; aber die Wunde wurde geheilt. Die ganze Erde lief dem Tier staunend nach. 4 Alle Menschen beteten den Drachen an, weil er seine Macht dem Tier verliehen hatte. Sie beteten auch das Tier an und sagten: »Wer kommt diesem Tier gleich? Wer kann es mit ihm aufnehmen?« 5 Das Tier durfte unerhörte Reden halten, mit denen es Gott beleidigte, und es konnte zweiundvierzig Monate lang seinen Einfluss ausüben. 6 Es öffnete sein Maul und lästerte Gott und seinen Namen, ebenso seine himmlische Wohnung und alle, die dort im Himmel bei Gott wohnen. 7 Gott ließ zu, dass es mit seinem heiligen Volk Krieg führte und es besiegte; es bekam Macht über alle Völker und Nationen, über die Menschen aller Sprachen. 8 Alle auf der Erde werden es anbeten, alle, deren Namen nicht seit der Erschaffung der Welt im Lebensbuch des geopferten Lammes stehen. 9 Wer Ohren hat, soll gut zuhören: 10 Wer dazu bestimmt ist, gefangen zu werden, kommt in Gefangenschaft. Wer dazu bestimmt ist, mit dem Schwert getötet zu werden, wird mit dem Schwert getötet. Dann braucht Gottes heiliges Volk Standhaftigkeit und Treue!

IHRE PROPAGANDA: DAS TIER AUS DER ERDE

11 Dann sah ich ein anderes Tier aus der Erde heraufsteigen. Es hatte zwei Hörner wie ein Lamm, aber es redete wie ein Drache. 12 Unter den Augen des ersten Tieres übte es dessen ganze Macht aus. Es brachte die Erde und alle ihre Bewohner dazu, das erste Tier mit der verheilten Todeswunde anzubeten. 13 Das zweite Tier tat große Wunder: Vor allen Menschen ließ es sogar Feuer vom Himmel auf die Erde herabfallen. 14 Durch die Wunder, die es im Dienst des ersten Tieres tun konnte, täuschte es alle Menschen, die auf der Erde lebten. Es überredete sie, ein Standbild zu errichten zu Ehren des ersten Tieres, das mit dem Schwert tödlich verwundet worden und wieder ins Leben zurückgekehrt war. 15 Das zweite Tier bekam sogar die Macht, das Standbild des ersten Tieres zu beleben, sodass dieses Bild sprechen konnte und dafür sorgte, dass alle getötet wurden, die es nicht anbeteten. 16 Dieses Tier hatte alle Menschen in seiner Gewalt: Hohe und Niedrige, Reiche und Arme, Sklaven und Freie. Sie mussten sich ein Zeichen auf ihre rechte Hand oder ihre Stirn machen. 17 Nur wer dieses Zeichen hatte, konnte kaufen oder verkaufen. Das Zeichen bestand aus dem Namen des ersten Tieres oder der Zahl für diesen Namen. 18 Hier braucht es Weisheit! Wer Verstand hat, kann herausfinden, was die Zahl des Tieres bedeutet, denn sie steht für den Namen eines Menschen. Es ist die Zahl sechshundertsechsundsechzig.

DAS LAMM UND SEINE GEFOLGSCHAFT

14 Dann schaute ich das Gegenbild: Das Lamm stand auf dem Zionsberg. Bei ihm waren hundertvierundvierzigtausend Menschen. Sie trugen seinen Namen und den Namen seines Vaters auf ihrer Stirn. 2 Und ich hörte einen Schall aus dem Himmel. Es klang wie das Tosen des Meeres und wie lautes Donnerrollen, aber zugleich hörte es sich an wie Musik von Harfenspielern. 3 Vor dem Thron und vor den vier mächtigen Gestalten und den Ältesten sangen die Engel ein neues Lied. Dieses Lied konnten nur die hundertvierundvierzigtausend Menschen lernen, die von der Erde losgekauft worden sind. 4 Es sind die, die sich rein gehalten haben vom Verkehr mit Frauen; sie folgen dem Lamm überallhin. Sie sind aus der übrigen Menschheit losgekauft worden als Eigentum für Gott und das Lamm. 5 Nie hat jemand aus ihrem Mund ein unwahres Wort gehört, es ist kein Fehler an ihnen.

ANDROHUNG DES GERICHTS FÜR DIE ANBETER DES TIERES

6 Dann sah ich einen anderen Engel hoch am Himmel fliegen. Er hatte eine Botschaft, die niemals ihre Gültigkeit verlieren wird. Die sollte er allen Bewohnern der Erde verkünden, allen Völkern und Nationen, den Menschen aller Sprachen. 7 Er rief mit lauter Stimme: »Fürchtet euch vor Gott und gebt ihm die Ehre! Die Zeit ist gekommen: Jetzt hält er Gericht! Betet ihn an, der den Himmel, die Erde, das Meer und die Quellen geschaffen hat!« 8 Dem ersten Engel folgte ein zweiter und sagte: »Gefallen! Gefallen ist das mächtige Babylon, das alle Völker gezwungen hatte, den todbringenden Wein seiner Unzucht zu trinken!« 9 Ein dritter Engel folgte ihnen. Er rief mit lauter Stimme: »Wer das Tier und sein Standbild verehrt und das Zeichen des Tieres auf seiner Stirn oder seiner Hand anbringen lässt, 10 wird den Wein Gottes trinken müssen. Es ist der Wein seiner Entrüstung, den er unverdünnt in den Becher seines Zornes gegossen hat. Wer das Tier verehrt, wird vor den Augen des Lammes und der heiligen Engel mit Feuer und Schwefel gequält. 11 Der Rauch von diesem quälenden Feuer steigt in alle Ewigkeit zum Himmel. Alle, die das Tier und sein Standbild verehren und das Kennzeichen seines Namens tragen, werden Tag und Nacht keine Ruhe finden. 12 Hier muss Gottes heiliges Volk Standhaftigkeit beweisen, alle, die Gottes Gebote befolgen und den Glauben an Jesus bewahren.« 13 Dann hörte ich eine Stimme vom Himmel, die sagte: »Schreib auf: Freuen dürfen sich alle, die für ihr Bekenntnis zum Herrn sterben müssen – von jetzt an!« »So ist es«, antwortet der Geist, »sie werden sich von ihrer Mühe ausruhen; denn ihre Taten gehen mit ihnen und sprechen für sie.«

VORBLICK AUF DAS LETZTE, ALLGEMEINE GERICHT

14 Dann blickte ich auf, und ich sah eine weiße Wolke;
darauf saß einer, der aussah wie der Sohn eines Men-
schen. Er hatte eine goldene Krone auf dem Kopf und
eine scharfe Sichel in der Hand. 15 Dann kam wieder ein
Engel aus dem Tempel. Er rief dem, der auf der Wolke
saß, mit lauter Stimme zu: »Lass deine Sichel schnei-
den und bring die Ernte ein! Die Stunde für die Ernte
ist gekommen, die Erde ist reif!« 16 Da warf der, der auf
der Wolke saß, seine Sichel über die Erde, und die Ernte
wurde eingebracht. 17 Dann sah ich einen anderen En-
gel aus dem Tempel im Himmel kommen; auch er hatte
eine scharfe Sichel. 18 Ein weiterer Engel kam vom Altar.
Es war der Engel, der für das Feuer zuständig ist. Er
rief dem mit der scharfen Sichel mit lauter Stimme zu:
»Lass deine scharfe Sichel schneiden und schneide
die Trauben am Weinstock der Erde ab! Sie sind reif!«
19 Der Engel warf seine Sichel über die Erde, die schnitt
die Trauben vom Weinstock. Er warf die Trauben in die
große Weinpresse, die den Zorn Gottes bedeutet.
20 Außerhalb der Stadt wurden sie in der Presse aus-
gedrückt. Da kam ein Blutstrom aus der Weinpresse,
der stieg so hoch, dass er den Pferden bis an die Zügel
reichte, und floss sechzehnhundert Wegmaße weit.

15 Dann sah ich eine weitere große und staunen-
erregende Erscheinung am Himmel: sieben
Engel, die sieben Katastrophen bringen. Dies sind
die letzten Katastrophen, denn mit ihnen geht Got-
tes Zorn zu Ende.

VORSPIEL IM HIMMEL

2 Ich sah etwas wie ein gläsernes Meer, das mit Feuer
vermischt war. Auf diesem Meer sah ich alle die ste-
hen, die den Sieg über das Tier erlangt hatten und über
sein Standbild und die Zahl seines Namens. Sie hielten
himmlische Harfen in den Händen. 3 Sie sangen ein Lied,
das das Siegeslied Moses, des Bevollmächtigten Gottes,
noch weit überbietet, das Siegeslied des Lammes: »Herr,
unser Gott, du Herrscher der ganzen Welt, wie groß und
wunderbar sind deine Taten! In allem, was du planst und
ausführst, bist du vollkommen und gerecht, du König
über alle Völker! 4 Wer wollte dich, Herr, nicht fürchten
und deinem Namen keine Ehre erweisen? Du allein bist
heilig. Alle Völker werden kommen und sich vor dir nie-
derwerfen; denn deine gerechten Taten sind nun für alle
offenbar geworden.« 5 Danach sah ich, wie im Himmel
der Tempel, das Heilige Zelt, geöffnet wurde. 6 Die sie-
ben Engel mit den sieben Katastrophen kamen aus dem
Tempel. Sie waren in reines, weißes Leinen gekleidet und
trugen ein breites goldenes Band um die Brust. 7 Eine von
den vier mächtigen Gestalten gab den sieben Engeln sie-
ben goldene Schalen. Sie waren bis an den Rand gefüllt
mit dem Zorn des Gottes, der in alle Ewigkeit lebt. 8 Der
Tempel füllte sich mit Rauch, der von der Herrlichkeit
und Macht Gottes ausging. Keiner konnte den Tempel
betreten, solange nicht die sieben Katastrophen zu Ende
waren, die von den sieben Engeln gebracht wurden.

DAS AUSGIESSEN DER SIEBEN SCHALEN

16 Dann hörte ich eine mächtige Stimme aus dem
Tempel, die sagte zu den sieben Engeln: »Geht
und gießt die sieben Schalen mit dem Zorn Gottes über
die Erde aus!« 2 Der *erste* Engel ging und goss seine
Schale auf die Erde. Da bekamen alle, die das Kennzei-
chen des Tieres trugen und sein Standbild anbeteten,
ein schmerzhaftes und schlimmes Geschwür. 3 Der
zweite Engel goss seine Schale ins Meer. Da wurde
das Wasser zu Blut wie von Toten, und alle Lebewesen
im Meer gingen zugrunde. 4 Der *dritte* Engel goss seine
Schale in die Flüsse und Quellen, da wurden sie zu Blut.
5 Ich hörte, wie der Engel, der für das Wasser zuständig
ist, sagte: »Du Heiliger, der du bist und warst, in diesen
Urteilen hast du dich als gerechter Richter erwiesen.
6 Allen, die das Blut des heiligen Gottesvolkes und sei-
ner Propheten vergossen haben, hast du Blut zu trin-
ken gegeben. Sie haben es verdient!« 7 Und ich hörte
vom Fuß des Altars her Stimmen, die riefen: »So ist es,
Herr, unser Gott, du Herrscher der ganzen Welt; deine
Urteile sind wahr und gerecht!« 8 Der *vierte* Engel goss
seine Schale auf die Sonne. Da wurde der Sonne er-
laubt, die Menschen mit glühenden Feuerstrahlen zu
quälen. 9 Und die Menschen wurden von glühender
Hitze versengt. Sie verfluchten den Namen Gottes,
der Verfügungsgewalt hat über solche Katastrophen;
aber sie änderten sich nicht und wollten Gott nicht die
Ehre geben. 10 Der *fünfte* Engel goss seine Schale auf
den Thron des Tieres. Da wurde es im ganzen Herr-
schaftsbereich des Tieres dunkel. Die Menschen zer-
bissen sich vor Schmerzen die Zunge. 11 Sie verfluchten
den Gott des Himmels wegen ihrer Qualen und ihrer
Geschwüre; aber sie hörten nicht auf mit ihren schänd-
lichen Taten. 12 Der *sechste* Engel goss seine Schale in
den Eufrat, den großen Strom; da trocknete er aus. So
wurde den Königen, die von Osten her einbrechen, der
Weg gebahnt. 13 Dann sah ich, wie aus den Mäulern
des Drachen, des Tieres und des falschen Propheten
drei unreine Geister hervorkamen, die aussahen wie
Frösche. 14 Es sind dämonische Geister, die Wunder tun.
Sie suchen alle Könige der Erde auf, um sie zum Kampf
zu sammeln für den großen Tag Gottes, des Herrschers
der ganzen Welt. 15 »Gebt acht, ich werde kommen
wie ein Dieb! Freuen dürfen sich alle, die ihre Kleider
anbehalten. Sie müssen dann nicht nackt umherlaufen,
sodass ihre Schande allen offenbar wird.« 16 Die drei
Geister versammelten die Könige an einem Ort, der auf
Hebräisch Harmagedon heißt. 17 Der *siebte* Engel goss
seine Schale in die Luft. Da kam eine mächtige Stimme
aus dem Tempel, vom Thron Gottes her, die sagte: »Es
ist alles ausgeführt!« 18 Es blitzte und donnerte und
dröhnte, und die Erde bebte heftig. Seit Menschenge-
denken hat es auf der Erde noch nie ein so schweres
Erdbeben gegeben. 19 Die große Stadt wurde in drei
Teile gespalten, und die Städte aller Völker wurden
zerstört. Gott rechnete ab mit dem großen Babylon:
Es musste den Wein aus dem Becher trinken, der mit
seinem glühenden Zorn gefüllt war. 20 Alle Inseln ent-
flohen, und von den Bergen war keine Spur mehr zu

sehen. 21 Es hagelte zentnerschwere Eisbrocken vom Himmel auf die Menschen. Sie verfluchten Gott wegen dieses Hagels, denn er war schrecklich.

DIE HURE BABYLON UND DAS TIER

17 Einer der sieben Engel, die die sieben Schalen trugen, kam zu mir und sagte: »Komm! Ich werde dir zeigen, wie die große Hure bestraft wird, die Stadt, die an vielen Wasserarmen erbaut ist! 2 Die Könige der Erde haben sich mit ihr eingelassen. Alle Menschen sind betrunken geworden, weil sie sich am Wein ihrer Unzucht berauscht haben.« 3 Der Geist Gottes nahm Besitz von mir, und der Engel trug mich in die Wüste. Dort sah ich eine Frau. Sie saß auf einem scharlachroten Tier, das über und über mit Namen beschrieben war, die Gott beleidigten. Das Tier hatte sieben Köpfe und zehn Hörner. 4 Die Frau trug ein purpur- und scharlachrotes Gewand und war mit Gold, kostbaren Steinen und Perlen geschmückt. In ihrer Hand hielt sie einen goldenen Becher. Er war gefüllt mit den abscheulichen Gräueln ihrer Unzucht. 5 Auf ihrer Stirn stand ein geheimnisvoller Name: »Babylon, die Große, die Mutter aller Hurerei und allen Götzendienstes auf der Erde«. 6 Ich sah, dass die Frau betrunken war vom Blut der Menschen aus Gottes heiligem Volk. Sie hatte das Blut aller getrunken, die als Zeugen für Jesus getötet worden waren. Ich war starr vor Entsetzen, als ich sie sah. 7 »Warum bist du so entsetzt?«, fragte mich der Engel. »Ich verrate dir das Geheimnis dieser Frau und das Geheimnis des Tieres mit den sieben Köpfen und den zehn Hörnern, auf dem sie sitzt. 8 Das Tier, das du gesehen hast, es war einmal und ist nicht mehr. Und es wird wieder aus dem Abgrund auftauchen – um in seinen Untergang zu rennen. Die Menschen auf der Erde – alle, deren Namen nicht seit Erschaffung der Welt im Buch des Lebens stehen – werden staunen, wenn sie das sehen: Das Tier, das da war und dann nicht mehr da war, das ist wiedergekommen! 9 Hier ist Weisheit gefragt und ein Verstand, der zu deuten versteht! Die sieben Köpfe bedeuten ebenso viele Hügel: die sieben Hügel, auf denen die Frau sitzt. Sie stehen aber auch für sieben Könige. 10 Davon sind fünf gefallen, einer herrscht noch, und der letzte ist noch nicht erschienen. Wenn er kommt, darf er nur kurze Zeit bleiben. 11 Das Tier, das war und nicht mehr ist, ist ein achter König. Es ist aber auch einer von den sieben Königen und rennt in seinen Untergang. 12 Die zehn Hörner, die du gesehen hast, sind zehn Könige, deren Herrschaft noch nicht begonnen hat. Eine Stunde lang werden sie zusammen mit dem Tier königliche Macht bekommen. 13 Diese zehn verfolgen dasselbe Ziel und übergeben ihre Macht und ihren Einfluss dem Tier. 14 Sie werden gegen das Lamm kämpfen. Aber das Lamm wird sie besiegen. Denn es ist der Herr über alle Herren und der König über alle Könige, und bei ihm sind seine treuen Anhänger, die es erwählt und berufen hat.« 15 Der Engel sagte weiter zu mir: »Du hast das Wasser gesehen, an dem die Hure sitzt. Das sind Völker und Menschenmassen aller Sprachen. 16 Die zehn Hörner, die du gesehen hast, und das Tier werden die Hure hassen. Sie werden ihr alles wegnehmen, sogar die Kleider vom Leib. Sie werden ihr Fleisch fressen und sie verbrennen. 17 Denn Gott hat ihr Herz so gelenkt, dass sie seine Absichten ausführen. Sie handeln gemeinsam und überlassen dem Tier ihre Herrschaftsgewalt, bis sich Gottes Voraussagen erfüllen. 18 Die Frau, die du gesehen hast, ist die große Stadt, die die Könige der Erde in ihrer Gewalt hat.«

DER UNTERGANG BABYLONS

18 Danach sah ich einen anderen Engel aus dem Himmel herabkommen. Er hatte große Macht und sein Glanz erhellte die ganze Erde. 2 Er rief mit mächtiger Stimme: »Gefallen! Gefallen ist Babylon, die große Stadt! Von jetzt an wird sie nur noch von Dämonen und unreinen Geistern bewohnt werden. Alle Arten von unreinen und abscheulichen Vögeln werden in ihren Mauern hausen. 3 Denn alle Völker haben von ihrem Wein getrunken, dem schweren Wein ausschweifender Unzucht. Die Könige der Erde haben es mit ihr getrieben. Die Kaufleute der Erde sind durch ihren ungeheuren Wohlstand reich geworden.« 4 Dann hörte ich aus dem Himmel eine andere Stimme, die sagte: »Auf, mein Volk! Verlasst diese Stadt! Sonst werdet ihr mitschuldig an ihren Sünden und bekommt Anteil an ihren Strafen. 5 Denn Gott hat ihr schändliches Tun nicht vergessen. Ihre Sünden häufen sich bis an den Himmel! 6 Behandelt sie so, wie sie es mit euch getan hat; zahlt ihr alles zweifach heim. Gießt ein Getränk in ihren Becher, das doppelt so stark ist wie das, was sie für euch bereithielt. 7 Gebt ihr so viel Schmerzen und Trauer, wie sie sich Glanz und Luxus geleistet hat. Sie sagt zu sich selbst: ›Als Königin sitze ich hier! Ich bin keine Witwe, und Trauer werde ich niemals kennenlernen!‹ 8 Deshalb werden an einem einzigen Tag alle Katastrophen über sie hereinbrechen, Pest, Unglück und Hunger, und sie wird im Feuer umkommen. Denn Gott, der Herr, der sie verurteilt hat, ist mächtig.« 9 Wenn die Könige der Erde, die mit ihr Unzucht getrieben und im Luxus gelebt haben, den Rauch der brennenden Stadt sehen, werden sie ihretwegen jammern und klagen. 10 Sie werden sich in weiter Entfernung halten, weil sie Angst vor den Qualen der Stadt haben. Sie werden klagen: »Wie schrecklich! Wie furchtbar! Du große Stadt! Babylon, du mächtige Stadt! Innerhalb einer Stunde ist das Gericht über dich hereingebrochen!« 11 Auch die Kaufleute auf der Erde werden um sie weinen und trauern; denn niemand kauft jetzt mehr ihre Waren: 12 Gold und Silber, kostbare Steine und Perlen, feinstes Leinen, Seide, purpur- und scharlachrote Stoffe; seltene Hölzer, Gegenstände aus Elfenbein, Edelholz, Bronze, Eisen und Marmor; 13 Zimt, Salbe, Räucherwerk, Myrrhe und Weihrauch; Wein, Öl, feines Mehl und Weizen, Rinder und Schafe, Pferde und Wagen und Sklaven, ja: lebende Menschen. 14 »Das Obst, das du über alles liebtest, bekommst du nicht mehr. All dein Glanz und dein Reichtum, sie kommen nie mehr zurück.« 15 Die Kaufleute, die durch ihre

Geschäfte in dieser Stadt reich geworden sind, wer-
den sich in weiter Entfernung aufhalten, weil sie Angst
haben vor den Qualen der Stadt. Sie werden trauern
und klagen 16 und sagen: »Wie schrecklich! Wie furcht-
bar für diese mächtige Stadt! Sie war es gewohnt, sich
in feinstes Leinen, in Purpur- und Scharlachstoffe
zu kleiden. Sie schmückte sich mit Gold, kostbaren
Steinen und Perlen. 17 Und innerhalb einer einzigen
Stunde hat sie den ganzen Reichtum verloren!« Die
Kapitäne und die Reisenden, die Matrosen und alle,
die ihren Unterhalt auf See verdienen, hielten sich in
weiter Entfernung. 18 Als sie den Rauch der brennen-
den Stadt sahen, riefen sie: »An diese großartige Stadt
kam keine heran!« 19 Sie streuten Staub auf ihre Köpfe,
weinten und jammerten laut: »Wie schrecklich! Wie
furchtbar für diese große Stadt! Durch ihre Schätze
sind alle reich geworden, die Schiffe auf dem Meer
haben. Und innerhalb einer einzigen Stunde ist sie
vernichtet worden!« 20 »Himmel, freu dich über ih-
ren Untergang! Freu dich, heiliges Gottesvolk; freut
euch, ihr Apostel und Propheten! Gott hat sie ver-
urteilt für alles, was sie euch angetan hat.« 21 Dann
hob ein starker Engel einen Stein auf, der war so groß
wie ein Mühlstein. Der Engel warf ihn ins Meer und
sagte: »Babylon, du mächtige Stadt! Genauso wirst
du mit aller Kraft hinuntergeworfen, nichts wird von
dir übrig bleiben! 22 Die Harfenspieler und Sänger, die
Flötenspieler und Trompetenbläser werden nie mehr
in dir zu hören sein. Kein Handwerker, der irgendein
Handwerk betreibt, wird jemals wieder in dir leben.
Das Geräusch der Mühle wird verstummen. 23 Niemals
mehr wird in dir eine Lampe brennen. Der Jubel von
Braut und Bräutigam wird in dir nicht mehr zu hören
sein. Deine Kaufleute führten sich auf als Herren der
Erde, und mit deiner Zauberei hast du alle Völker ver-
führt! 24 Das Blut der Propheten und der Menschen
aus Gottes heiligem Volk ist in dieser Stadt geflossen.
Sie ist für das Blut aller Menschen verantwortlich, die
auf der Erde ermordet worden sind.«

SIEGESLIEDER IM HIMMEL …

19 Danach hörte ich im Himmel das laute Rufen
einer großen Menge: »Halleluja – Preist den
Herrn! Der Sieg und die Herrlichkeit und die Macht
gehören unserem Gott! 2 Seine Urteile sind wahr und
gerecht. Er hat die große Hure verurteilt, die mit ihrer
Unzucht die Erde zugrunde gerichtet hat. Er hat das
Blut seiner Diener und Dienerinnen gerächt, das an
ihren Händen klebte.« 3 Und wieder riefen sie: »Hal-
leluja – Preist den Herrn! Der Rauch der brennenden
Stadt steigt in alle Ewigkeit zum Himmel!« 4 Die vier-
undzwanzig Ältesten und die vier mächtigen Gestalten
warfen sich nieder und beteten Gott an, der auf dem
Thron saß. Sie riefen: »Amen! Halleluja!«

… UND AUF DER ERDE

5 Dann sprach eine Stimme vom Thron her: »Preist un-
seren Gott, ihr seine Diener und Dienerinnen, ihr alle,
die ihr ihn verehrt, Hohe und Niedrige miteinander!«
6 Dann hörte ich das Rufen einer großen Menge. Es
klang wie das Tosen des Meeres und wie lautes Don-
nerrollen. Sie riefen: »Halleluja – Preist den Herrn! Der
Herr hat nun die Herrschaft angetreten, er, unser Gott,
der Herrscher der ganzen Welt! 7 Wir wollen uns freuen
und jubeln und ihm die Ehre geben! Der Hochzeitstag
des Lammes ist gekommen; seine Braut hat sich bereit
gemacht. 8 Ihr wurde ein herrliches Kleid gegeben aus
reinem, leuchtendem Leinen!« Das Leinen steht für die
gerechten Taten der Menschen in Gottes heiligem Volk.
9 Dann sagte der Engel zu mir: »Schreib auf: Freuen
dürfen sich alle, die zum Hochzeitsmahl des Lammes
eingeladen sind.« Und er fügte hinzu: »Dies alles sind
Worte, die von Gott kommen; auf sie ist Verlass.« 10 Ich
warf mich vor ihm nieder, um ihn anzubeten. Aber er
sagte zu mir: »Tu das nicht! Ich bin nur ein Diener wie
du und wie deine Brüder und Schwestern, die festhal-
ten an dem, wofür Jesus als Zeuge einsteht. Bete Gott
an!« Wofür Jesus als Zeuge einsteht: das ist es, was die
Propheten in der Kraft des Geistes verkünden.

DAS MACHTVOLLE ERSCHEINEN DES RETTERS. SEIN SIEG ÜBER DAS TIER UND DESSEN VERBÜNDETE

11 Dann sah ich den Himmel weit geöffnet. Und ich
sah ein weißes Pferd, auf dem saß einer, der heißt der
Treue und Wahrhaftige. Er urteilt und kämpft gerecht.
12 Seine Augen waren wie Flammen und auf dem Kopf
trug er viele Kronen. Ein Name stand auf ihm geschrie-
ben, den nur er selbst kennt. 13 Sein Mantel war blut-
getränkt, und sein Name ist »Das Wort Gottes«. 14 Die
Heere des Himmels folgten ihm. Alle ritten auf weißen
Pferden und waren in reines weißes Leinen geklei-
det. 15 Aus seinem Mund kam ein scharfes Schwert,
mit dem er die Völker besiegen sollte. Er wird sie mit
eisernem Zepter regieren und sie zertreten, wie man
die Trauben in der Weinpresse zertritt. So vollstreckt
er den glühenden Zorn Gottes, des Herrschers der
ganzen Welt. 16 Auf seinem Mantel und auf seinem
Schenkel stand sein Name: »König der Könige und
Herr der Herren«. 17 Dann sah ich einen Engel, der
stand in der Sonne. Er rief allen Vögeln, die hoch am
Himmel flogen, mit lauter Stimme zu: »Kommt, ver-
sammelt euch für Gottes großes Festmahl! 18 Kommt
und fresst das Fleisch von Königen, Heerführern und
Kriegern! Fresst das Fleisch der Pferde und ihrer Rei-
ter, das Fleisch von allen Menschen, von Sklaven und
Freien, von Hohen und Niedrigen!« 19 Dann sah ich
das Tier zusammen mit den Königen der Erde. Ihre
Heere waren angetreten, um gegen den Reiter und
sein Heer zu kämpfen. 20 Das Tier wurde gefangen
genommen und auch der falsche Prophet, der unter
den Augen des Tieres die Wunder getan hatte. Durch
diese Wunder hatte er alle verführt, die das Zeichen
des Tieres angenommen und das Standbild des Tieres
angebetet hatten. Das Tier und der falsche Prophet
wurden bei lebendigem Leib in einen See von bren-
nendem Schwefel geworfen. 21 Alle Übrigen wurden
durch das Schwert vernichtet, das aus dem Mund

dessen kommt, der auf dem Pferd reitet. Alle Vögel wurden satt von ihrem Fleisch.

DIE VORLÄUFIGE FESSELUNG DES SATANS UND DIE TAUSENDJÄHRIGE HERRSCHAFT DES RETTERS UND DER MENSCHEN, DIE FÜR IHN IHR LEBEN LIESSEN

20 Danach sah ich einen Engel aus dem Himmel herabkommen, der hatte den Schlüssel zum Abgrund und eine starke Kette in der Hand. 2 Er packte den Drachen, die alte Schlange, die auch Teufel und Satan genannt wird, und fesselte ihn für tausend Jahre. 3 Der Engel warf ihn in den Abgrund, schloss den Eingang ab und versiegelte ihn. So konnte der Drache die Völker tausend Jahre lang nicht mehr verführen. Wenn sie um sind, muss er für eine kurze Zeit freigelassen werden. 4 Dann sah ich Thronsessel. Denen, die darauf Platz nahmen, wurde die Vollmacht erteilt, Gericht zu halten. Weiter sah ich die Seelen der Menschen, die enthauptet worden waren, weil sie an der Botschaft Gottes festhielten, an alldem, wofür Jesus als Zeuge einsteht. Ich sah auch die Seelen der Menschen, die weder das Tier noch sein Standbild angebetet hatten und auch nicht das Kennzeichen des Tieres auf ihrer Stirn oder ihrer Hand trugen. Sie alle wurden wieder lebendig und herrschten zusammen mit Christus tausend Jahre lang. 5 Die übrigen Toten wurden noch nicht wieder lebendig; das wird erst geschehen, wenn die tausend Jahre um sind. Dies ist die erste Auferstehung. 6 Freuen dürfen sich die Auserwählten, die an der ersten Auferstehung teilhaben. Der zweite Tod, der endgültige, kann ihnen nichts anhaben. Sie werden Gott und Christus als Priester dienen und tausend Jahre lang mit Christus herrschen.

DIE ENDGÜLTIGE ÜBERWINDUNG DES SATANS

7 Wenn die tausend Jahre um sind, wird der Satan aus seinem Gefängnis freigelassen. 8 Er wird ausziehen, um die Völker an allen vier Enden der Erde zu überreden – das sind Gog und Magog. Sie sind so zahlreich wie der Sand am Meer, und der Satan wird sie alle zum Kampf sammeln. 9 Sie zogen herauf von den Enden der Erde und umstellten das Lager des heiligen Gottesvolkes und die von Gott geliebte Stadt. Aber es fiel Feuer vom Himmel und verbrannte sie alle. 10 Dann wurde der Teufel, der sie verführt hatte, in den See von brennendem Schwefel geworfen, in dem schon das Tier und der falsche Prophet waren. Dort werden sie in alle Ewigkeit Tag und Nacht gequält.

DAS ENDE DER ALTEN WELT UND DAS GERICHT ÜBER ALLE TOTEN. DER TOD DES TODES

11 Dann sah ich einen großen weißen Thron und den, der darauf sitzt. Die Erde und der Himmel flohen bei seinem Anblick und verschwanden für immer. 12 Ich sah alle Toten, Hohe und Niedrige, vor dem Thron stehen. Die Bücher wurden geöffnet, in denen alle Taten aufgeschrieben sind. Dann wurde noch ein Buch aufgeschlagen: das Buch des Lebens. Den Toten wurde das Urteil gesprochen; es richtete sich nach ihren Taten, die in den Büchern aufgeschrieben waren. 13 Auch das Meer gab seine Toten heraus, und der Tod und die Totenwelt gaben ihre Toten heraus. Alle empfingen das Urteil, das ihren Taten entsprach. 14 Der Tod und die Totenwelt wurden in den See von Feuer geworfen. Dieser See von Feuer ist der zweite, der endgültige Tod. 15 Alle, deren Namen nicht im Buch des Lebens standen, wurden in den See von Feuer geworfen.

DER NEUE HIMMEL UND DIE NEUE ERDE

21 Dann sah ich einen neuen Himmel und eine neue Erde. Der erste Himmel und die erste Erde waren verschwunden und das Meer war nicht mehr da. 2 Ich sah, wie die Heilige Stadt, das neue Jerusalem, von Gott aus dem Himmel herabkam. Sie war festlich geschmückt wie eine Braut für ihren Bräutigam. 3 Und vom Thron her hörte ich eine starke Stimme rufen: »Dies ist die Wohnstätte Gottes bei den Menschen! Er wird bei ihnen wohnen, und sie werden seine Völker sein. Gott selbst wird als ihr Gott bei ihnen sein. 4 Er wird alle ihre Tränen abwischen. Es wird keinen Tod mehr geben und keine Traurigkeit, keine Klage mehr und keine Qual. Was bisher war, ist für immer vorbei.« 5 Dann sagte der, der auf dem Thron saß: »Gebt acht, jetzt mache ich alles neu!« Zu mir sagte er: »Schreib dieses Wort auf, denn es ist wahr und zuverlässig.« 6 Und er fuhr fort: »Es ist bereits in Erfüllung gegangen! Ich bin das A und das O, der Anfang und das Ende. Wer durstig ist, dem gebe ich umsonst zu trinken. Ich gebe ihm Wasser aus der Quelle des Lebens. 7 Alle, die durchhalten und den Sieg erringen, werden dies als Anteil von mir erhalten: Ich werde ihr Gott sein und sie werden meine Söhne und Töchter sein. 8 Aber die Feiglinge und Treulosen, die Abgefallenen, Mörder und Ehebrecher, die Zauberer, die Götzenanbeter und alle, die sich nicht an die Wahrheit hielten, finden ihren Platz in dem See von brennendem Schwefel. Das ist der zweite, der endgültige Tod.«

DIE NEUE STADT JERUSALEM, IHRE MAUERN UND TORE

9 Einer von den sieben Engeln, die die sieben Schalen mit den sieben letzten Katastrophen getragen hatten, trat zu mir und sagte: »Komm! Ich werde dir die Braut zeigen, die Frau des Lammes!« 10 Der Geist nahm von mir Besitz, und in der Vision trug mich der Engel auf die Spitze eines sehr hohen Berges. Er zeigte mir die Heilige Stadt Jerusalem, die von Gott aus dem Himmel herabkam. 11 Sie strahlte die Herrlichkeit Gottes aus und glänzte wie ein kostbarer Stein, wie ein kristallklarer Jaspis. 12 Sie war von einer mächtigen, hohen Mauer mit zwölf Toren umgeben. Die Tore wurden von zwölf Engeln bewacht, und die Namen der zwölf Stämme Israels waren an die Tore geschrieben. 13 Nach jeder Himmelsrichtung befanden sich drei Tore, nach Osten, nach Norden, nach Süden und nach Westen. 14 Die Stadtmauer war auf zwölf Grundsteinen errichtet, auf denen die Namen der zwölf Apostel des Lammes standen.

IHRE AUSMASSE UND BAUSTOFFE

15 Der Engel, der zu mir sprach, hatte einen goldenen
Messstab, um die Stadt, ihre Tore und ihre Mauern aus-
zumessen. 16 Die Stadt war viereckig angelegt, ebenso
lang wie breit. Der Engel maß die Stadt mit seinem
Messstab. Sie war zwölftausend Wegmaße lang und
ebenso breit und hoch. 17 Er maß auch die Stadtmauer.
Nach dem Menschenmaß, das der Engel gebrauchte,
war sie hundertvierundvierzig Ellen dick. 18 Die Mauer
bestand aus Jaspis. Die Stadt selbst war aus reinem
Gold erbaut, das so durchsichtig war wie Glas. 19 Die
Fundamente der Stadtmauer waren mit allen Arten
von kostbaren Steinen geschmückt. Der erste Grund-
stein ist ein Jaspis, der zweite ein Saphir, der dritte
ein Chalzedon, der vierte ein Smaragd, 20 der fünfte
ein Sardonyx, der sechste ein Karneol, der siebte ein
Chrysolith, der achte ein Beryll, der neunte ein Topas,
der zehnte ein Chrysopras, der elfte ein Hyazinth und
der zwölfte ein Amethyst. 21 Die zwölf Tore waren zwölf
Perlen. Jedes Tor bestand aus einer einzigen Perle. Die
Hauptstraße der Stadt war aus reinem Gold, so durch-
sichtig wie Glas.

IHR LICHT, IHR REICHTUM, IHRE REINHEIT

22 Einen Tempel sah ich nicht in der Stadt. Gott, der
Herrscher der ganzen Welt, ist selbst ihr Tempel, und
das Lamm mit ihm. 23 Die Stadt braucht weder Sonne
noch Mond, damit es hell in ihr wird. Die Herrlichkeit
Gottes strahlt in ihr und das Lamm ist ihre Leuchte.
24 In dem Licht, das von der Stadt ausgeht, werden
die Völker leben. Die Könige der Erde werden ihren
Reichtum in die Stadt tragen. 25 Ihre Tore werden den
ganzen Tag offen stehen, mehr noch: Sie werden nie
geschlossen, weil es dort keine Nacht gibt. 26 Pracht
und Reichtum der Völker werden in diese Stadt ge-
bracht. 27 Aber nichts Unreines wird Einlass finden.
Wer Götzen anbetet und sich nicht an die Wahrheit
hält, kann die Stadt nicht betreten. Nur wer im Lebens-
buch des Lammes aufgeschrieben ist, wird in die Stadt
eingelassen.

DIE STADT ALS DAS WIEDERHERGESTELLTE PARADIES

22 Der Engel zeigte mir auch den Strom mit dem
Wasser des Lebens, der wie Kristall funkelt. Der
Strom entspringt am Thron Gottes und des Lammes
2 und fließt entlang der Hauptstraße mitten durch die
Stadt. An beiden Seiten des Flusses wachsen Bäume:
der Baum des Lebens aus dem Paradies. Sie bringen
zwölfmal im Jahr Frucht, jeden Monat einmal. Ihre
Blätter dienen den Menschen aller Völker als Heil-
mittel. 3 In der Stadt wird es nichts mehr geben, was
unter dem Fluch Gottes steht. Der Thron Gottes und
des Lammes wird in der Stadt stehen. Alle, die dort
sind, werden Gott als Priester dienen, 4 sie werden
ihn sehen, und sein Name wird auf ihrer Stirn stehen.
5 Es wird keine Nacht mehr geben und sie brauchen
weder Lampen- noch Sonnenlicht. Gott, der Herr, wird
über ihnen leuchten, und sie werden in alle Ewigkeit
als Könige herrschen.

DER ENGEL, DER SEHER JOHANNES UND JESUS SELBST VERBÜRGEN DIE WAHRHEIT DIESES BUCHES

6 Der Engel sagte zu mir: »Diese Worte sind wahr und
zuverlässig. Gott, der Herr, der den Propheten seinen
Geist gibt, hat seinen Engel gesandt, um denen, die ihm
dienen, zu zeigen, was sich in Kürze ereignen muss.«
7 »Gebt acht! Ich komme bald!« – sagt Jesus Christus –
»Freuen darf sich, wer die prophetischen Worte dieses
Buches beherzigt.« 8 Ich, Johannes, bin es, der das alles
gehört und gesehen hat. Als es vorüber war, warf ich
mich vor dem Engel, der mir diese Dinge gezeigt hatte,
nieder, um ihn anzubeten. 9 Er aber sagte: »Tu das nicht!
Ich bin ein Diener Gottes wie du und deine Brüder, die
Propheten, und wie alle, die sich nach den Worten
dieses Buches richten. Bete Gott an!« 10 Dann sagte
Jesus zu mir: »Du darfst das Buch, in dem diese pro-
phetischen Worte stehen, nicht für später versiegeln;
denn die Zeit ihrer Erfüllung ist nahe. 11 Wer Unrecht tut,
mag es weiterhin tun. Wer den Schmutz liebt, mag sich
weiter beschmutzen. Wer aber recht handelt, soll auch
weiterhin recht handeln. Und wer heilig ist, soll weiter
nach Heiligkeit streben. 12 Gebt acht, ich komme bald,
und euren Lohn bringe ich mit. Jeder empfängt das, was
seinen Taten entspricht. 13 Ich bin das A und das O, der
Erste und der Letzte, der Anfang und das Ende. 14 Freuen
dürfen sich alle, die ihre Kleider reinwaschen. Sie emp-
fangen das Recht, die Frucht vom Baum des Lebens zu
essen und durch die Tore in die Stadt hineinzugehen.
15 Aber die Verworfenen, die Zauberer, die Ehebrecher
und die Mörder müssen draußen vor der Stadt bleiben,
und die Götzenanbeter und alle, die die Lüge lieben
und entsprechend handeln. 16 Ich, Jesus, habe meinen
Engel gesandt, um euch, den Propheten, zuverlässig
mitzuteilen, was auf die Gemeinden zukommt. Ich bin
der Wurzelspross und Nachkomme Davids. Ich bin
der leuchtende Morgenstern.« 17 Der Geist und die
Braut antworten: »Komm!« Wer dies hört, soll sagen:
»Komm!« Wer durstig ist, soll kommen, und wer von
dem Wasser des Lebens trinken will, wird es geschenkt
bekommen.

WARNUNG UND ZUSAGE. BRIEFLICHER ABSCHLUSS

18 Ich, Johannes, warne alle, die die prophetischen
Worte aus diesem Buch hören: Wer diesen Worten
etwas hinzufügt, dem wird Gott die Qualen zufügen,
die in diesem Buch beschrieben sind. 19 Wenn aber
jemand von diesen Worten etwas wegnimmt, wird
Gott ihm seinen Anteil an der Frucht vom Baum des
Lebens und an der Heiligen Stadt wegnehmen, die in
diesem Buch beschrieben sind. 20 Der aber, der dies
alles bezeugt, sagt: »Ganz gewiss, ich komme bald!«
Amen, komm, Herr Jesus! 21 Die Gnade unseres Herrn
Jesus sei mit allen!